DICIONÁRIO DE PORTUGUÊS - INGLÊS

Um
Dicionário
com a Qualidade

Este dicionário foi elaborado, produzido e acabado segundo as normas mais exigentes de controlo de qualidade.

Contudo, é possível que um reduzidíssimo número de exemplares apresente algum defeito de fabrico.

Neste caso, agradecemos a sua devolução à livraria onde foi comprado, para que de imediato seja reparado gratuitamente ou substituído por um novo.

DICIONÁRIO DE PORTUGUÊS - INGLÊS

2.ª edição

DICIONÁRIOS EDITORA

DICIONÁRIO DE PORTUGUÊS - INGLÊS

O título **DICIONÁRIOS EDITORA** está devidamente registado

2.ª edição, 1998: Revista e actualizada pelo Departamento de Dicionários da Porto Editora

PORTO EDITORA

Adm. /Escrit. /Arm. **R. da Restauração, 365**
4099-023 PORTO
PORTUGAL
Tel.: (351) 22 608 83 00
Fax: (351) 22 608 83 01
E-mail: pe@portoeditora.pt
www.portoeditora.pt

Livrarias R. da Fábrica, 90
4050-246 PORTO • PORTUGAL
Tel.: (351) 22 200 76 69

Pr. de D. Filipa de Lencastre, 42
4050-259 PORTO • PORTUGAL
Tel.: (351) 22 200 76 81

DISTRIBUIDORES

ZONA CENTRO **Livraria Arnado, Lda.**
Escrit. /Arm. R. de Manuel Madeira, 20 (à Pedrulha)
3020-303 COIMBRA • PORTUGAL
Tel.: (351) 239 49 70 90
Fax: (351) 239 49 70 91

Livraria R. de João Machado, 9-11
3000-226 COIMBRA • PORTUGAL
Tel.: (351) 239 83 35 28

ZONA SUL **Emp. L. Fluminense, Lda.**
Escrit. /Arm. Av. Almirante Gago Coutinho, 59-A
1700-027 LISBOA • PORTUGAL
Tel.: (351) 21 843 09 00
Fax: (351) 21 843 09 01

Livrarias Av. Almirante Gago Coutinho, 59-D
1700-027 LISBOA • PORTUGAL
Tel.: (351) 21 843 09 00

AGO/2000
ISBN 972-0-05021-7 Execução gráfica de: **BLOCO GRÁFICO, LDA.** – R. da Restauração, 387 4050-506 PORTO PORTUGAL

NOTA DA EDITORA

2.ª edição

O progresso científico e o desenvolvimento dos novos processos de comunicação implicam, cada vez mais, uma evolução linguística que os dicionários não podem deixar de registar. A disponibilidade de meios informáticos e o acesso às mais variadas fontes de informação tornaram indispensável o domínio da língua inglesa, que neste contexto se foi assumindo progressivamente como forma de comunicação universalmente reconhecível.

No sentido de corresponder a esta exigência de actualização da linguagem e das diversas formas de comunicação, a equipa de lexicógrafos da Porto Editora aliou os seus esforços às mais recentes tecnologias, com vista à elaboração de um dicionário moderno, reflexo do estado actual das línguas portuguesa e inglesa. A inclusão de neologismos, o registo de variantes regionais e a integração de vocábulos de origem estrangeira que entraram no uso corrente testemunham a vitalidade de ambos os idiomas e comprovam a vontade da Porto Editora de acompanhar essa evolução. A nova concepção gráfica deste dicionário, fruto do mesmo progresso tecnológico que caracteriza o nosso quotidiano, proporcionará certamente aos seus utilizadores clareza de informação e rapidez de consulta, por forma a facilitar a expressão oral e escrita em língua inglesa nos novos contextos comunicativos.

Esperando ter proporcionado aos leitores um instrumento útil e actual, registamos o nosso sincero agradecimento a todos os que, ao longo dos anos, contribuíram para o aperfeiçoamento dos nossos dicionários, e manifestamos mais uma vez o desejo de que continuem a participar, enviando sugestões para que os *Dicionários Editora* sejam cada vez melhores.

Porto, Maio de 1998

Guia de Utilização

Entrada

abafado *adj.* sweltry, sultry, close, smothered; well-covered; well-wrapped up; [fig.] hidden, kept secret, hushed up; [coloq.] swamped; ***ar abafado*** sultry air; ***estar bem abafado*** to be well-wrapped up

abafador Ⓐ *s. m.* damper (of stove or piano); silencer, muffler (of sound); cosy, cozy (for a teapot) Ⓑ *adj.* suffocating, sweltering, oppressive

Distinção de categorias gramaticais

Remete para

abafadura *s. f.* ⇒ **abafação**

abafamento *s. m.* oppression, suffocation, choking

abafante *adj.* suffocating, stifling, choking

abafar[1] *v. tr. e intr.* to choke; to suffocate, to stifle, to overlay, to smother; to hush up, to keep concealed; to cover up, to wrap up, to keep oneself warm; to warm, to muffle; ***abafar a questão (um escândalo)*** to hush up the affair (a scandal); ***abafar com calor*** to be stifling; ***abafe-se bem*** keep yourself warm; ***abafa-se com o calor*** the heat is stifling; ***abafar um bocejo*** to smother a yawn; ***toma cuidado, abafa-te bem se vais sair*** mind you wrap up well if you go out; ***abafar o fogo*** to smother (to quench) the fire; ***abafar a terra*** to harrow (to break) the clods after the first ploughing

Exemplo

Distinção de palavras homógrafas

abafar[2] *s. m.* ⇒ **albafar**

abutre *s. m.* ORNITOLOGIA vulture; [fig.] bad or cruel individual; ***abutre dos cordeiros*** bearded vulture; ***abutre real*** king vulture

abutreiro *s. m.* vulture hunter

abuzinar Ⓐ *v. intr.* to hoot, to toot; to sound the horn; to make a loud noise; to speak in a loud voice Ⓑ *v. tr.* to importune

Expansão da abreviatura em português

a. C. ||*abrev. de* **antes de Cristo**|| BC |*abrev. de* Before Christ|

Expansão da abreviatura em inglês

A/C. ||*abrev. de* **ao cuidado de**|| c/o |*abrev. de* in care of|

aça Ⓐ *s. m. e f.* [Bras.] one who or that which is albino, mulatto or whitish; bright-complexioned mulatto Ⓑ *adj.* albino

Variante geográfica

acabaçado *adj.* gourd-like; looking like a pumpkin

acabaçar *v. tr.* to shape like a gourd or pumpkin

acabado *adj.* finished, accomplished, faultless, complete, ready; old, worn-out; exhausted, downcast, feeble; ***acabado a frio*** cold-finished; ***acabado em ponta*** tapered, pointed; ***bem acabado*** fair, well finished

acabador *s. m.* finisher

acabadote *adj.* [coloq.] shaky, decrepit, ramshackle; aged

Registo

Explicação gramatical

apesar *[elem. de loc. prep.]* ***apesar de*** in spite of, notwithstanding, despite; ***apesar de tudo isso*** for all that, in spite of all that

apessoado *adj.* wise; judicious

apestanado *adj.* with heavy eye-lashes

apestar *v. tr.* to infect with pest, to plague

apétala *adj. f.* BOTÂNICA apetalous

Domínio

às *contr. da prep.* **a** + *art. def.* **as**; *contr. da prep.* **a** + *pron. dem.* **as**

Análise morfológica

Categoria gramatical

ás *s. m.* ace; hero, champion; ***o ás de espadas*** the ace of spades; ***um ás da aviação*** an air ace

Lista de Abreviaturas

abrev.	abreviatura
Açor.	Açores
adj.	adjectivo
adv.	advérbio, adverbial
Ang.	Angola
arc.	arcaico
art.	artigo
aum.	aumentativo
aux.	auxiliar
Bras.	Brasil
cal.	calão
card.	cardinal
coloq.	coloquial
comp.	comparativo
conj.	conjunção, conjuncional
def.	definido
dem.	demonstrativo
depr.	depreciativo
dim.	diminutivo
elem.	elemento
E.U.A.	Estados Unidos da América
Esc.	Escócia
f.	feminino
fam.	familiar
fig.	figurado
gal.	galicismo
Índ.	Índia
indef.	indefinido
Ingl.	Inglaterra
interj.	interjeição, interjeccional
interr.	interrogativo
intr.	intransitivo
irón.	irónico
lat.	latim
loc.	locução
m.	masculino
Mad.	Madeira
Moçamb.	Moçambique
neol.	neologismo
num.	numeral
ord.	ordinal
pess.	pessoal
pl.	plural
poét.	poético
pop.	popular
Port.	Portugal
poss.	possessivo
pref.	prefixo
prep.	preposição, preposicional
pron.	pronome, pronominal
refl.	reflexo
reg.	regionalismo
rel.	relativo
s.	substantivo
sing.	singular
suf.	sufixo
superl.	superlativo
técn.	técnico
tr.	transitivo
v.	verbo
vd.	vide
vulg.	vulgar

a, A *s. m.* the first letter of the alphabet

a[1] *art. def. f.* the; ***a rapariga*** the girl; *pl.* the; ***as raparigas*** the girls

a[2] *pron. pess.* her, it; ***levo-a*** I take her; *pl.* them; ***levo-as*** I take them

a[3] *pron. dem.* that, the one, her, she; *pl.* those, the ones, them, they

a[4] *prep.* [traduz-se pelas preposições indicadas, geralmente seguidas do artigo *the*] at, after; according to; against; by; in; of; on; to; under; with; within; towards; ***a que horas?*** at what time?; ***a seu modo*** after his (her) own way; ***a seu gosto*** according to his (her) taste; ***encostar-se a uma árvore*** to lean against a tree; ***um a um*** one by one; ***a propósito*** by the way; ***a meu ver*** in my opinion; ***a tempo*** on time; ***cheirar a rosas*** to smell of roses; ***a pé*** on foot; ***ir a Londres*** to go to London; ***a norte*** to the north; ***inferior a*** under; ***a custo*** with difficulty; ***a pouca distância*** within a short distance; ***a valer*** for good; ***ir a casa*** to go home; ***ensinar a dançar*** to teach to dance; ***pagar a alguém*** to pay someone

à *contr. da prep.* **a** + *art. def.* **a**

aba *s. f.* brim (of a hat); flap (of a coat, envelope or saddle); tail (of a coat); skirt (of a saddle); bank, side (of a river); border; brink (of a precipice); edge (boundary-line of surface); extremity; *pl.* leaves (of a roof); ***as abas de uma cidade*** the outskirts of a city; ***de aba(s) larga(s)*** broad-brimmed; ***aba (sopé) da montanha*** foot of the mountain

ababalhar *v. tr.* to slaver; to dirty, to smear with saliva

ababosar-se *v. refl.* to slaver, to dribble, to slobber, to drivel; to let saliva trickle from the mouth

abacá *s. m.* manil(l) a hemp plant; hemp

abaçanado *adj.* dark-complexioned, swarthy, sunburnt, tawny, dusky

abaçanar Ⓐ *v. tr.* to darken; to tan, to bronze Ⓑ *v. intr.* to lose brilliancy

abacate *s. m.* BOTÂNICA avocado-pear, alligator-pear

abacateiro *s. m.* BOTÂNICA avocado-pear tree

abacaxi *s. m.* BOTÂNICA [Bras.] ananas, pineapple

abacelamento *s. m.* planting of young vines; laying of young vines under ground

abacelar *v. tr.* to plant young vines; to lay vine branches under ground; to graft; to heap up earth round about a plant

abacharelar Ⓐ *v. tr.* to graduate as a bachelor Ⓑ *v. intr.* to live or act as a bachelor Ⓒ *v. refl.* to take the degree of bachelor

abacial *adj.* abbatial

abacinar Ⓐ *v. tr.* ⇒ **abaçanar** Ⓑ *v. refl.* to become dark

abacista *s. m.* abacist; one who counts with the abacus

ábaco *s. m.* abacus, a counting-frame (or table); ARQUITECTURA level tablet on the capital of a column supporting the entablature; the part of a baluster on which the handrail rests

abacto *s. m.* theft of cattle

abactor *s. m.* cattle thief; rustler

abada *s. f.* lot, great quantity; the skirt of a garment tucked and full of something; a lapful; ZOOLOGIA abada (rhinoceros)

abadado *s. m.* ⇒ **abadia**

abadágio *s. m.* a parish priest's meal (formerly provided by his parishioners); an abbey's benefice

abadar *v. tr.* to introduce a parish priest to his parish; to provide with an abbot or parish priest

abade *s. m.* abbot (the head of an abbey or monastery), parish priest; [fig.] fat and easy-going man

abadejo *s. m.* ⇒ **badejo** (fish); redstart (bird); stag-beetle (insect)

abadengo Ⓐ *s. m.* benefice of an abbot or parish priest Ⓑ *adj.* abbatial

abadernar *v. tr.* NÁUTICA to fasten the sails with hooks

abadernas *s. f. pl.* NÁUTICA hooks to hitch ropes to, in order to fasten the sails

abadesco *adj.* proper or relating to an abbot, abbess, or abbacy; abbatial

abadessa *s. f.* abbess (Mother superior of a convent); [fig.] matron, elderly lady

abadessado *s. m.* position of an abbess; tenure of an abbess; festival of her election

abadessar Ⓐ *v. tr.* to provide with an abbess Ⓑ *v. intr.* to be (or act) as an abbess

abadia *s. f.* abbey (building and community of monks or nuns), monastery; parish and its benefice

abadiado *s. m.* abbey (building and community of monks or nuns), monastery; parish and its benefice

abadiar *v. tr.* to provide with an abbot

abádida Ⓐ *adj.* relating to the Abbadides Ⓑ *s. m. pl.* a Mohammedan dynasty ruling in Seville in the eleventh century

abado *adj.* large-brimmed

abaetado *adj.* baize-like, hairy, shaggy; well clothed

abaetar Ⓐ *v. tr.* to cover with baize; to wrap up (in woollies) Ⓑ *v. refl.* to clothe (oneself) well; to manufacture baize-like cloth

abafa! *interj.* NÁUTICA word of command to furl the sails

abafação *s. f.* suffocation, asphyxiation, short-windedness

abafadamente *adv.* warmly; privately, secretly, slyly; suffocatingly

abafadela *s. f.* ⇒ **abafação**

abafadiço *adj.* airless, ill-ventilated, close, sultry, stifling, sweltering; [fig.] cross; ***quarto abafadiço*** a very close room; ***calor abafadiço*** sultriness, sweltering heat

abafado *adj.* sweltry, sultry, close, smothered; well-covered; well-wrapped up; [fig.] hidden, kept secret, hushed up; [coloq.] swamped; ***ar abafado*** sultry air; ***estar bem abafado*** to be well-wrapped up

abafador Ⓐ *s. m.* damper (of stove or piano); silencer, muffler (of sound); cosy, cozy (for a teapot) Ⓑ *adj.* suffocating, sweltering, oppressive

abafadura *s. f.* ⇒ **abafação**

abafamento *s. m.* oppression, suffocation, choking

abafante *adj.* suffocating, stifling, choking

abafar[1] *v. tr. e intr.* to choke; to suffocate, to stifle, to overlay, to smother; to hush up, to keep concealed; to cover up, to wrap up, to keep oneself warm; to warm, to muffle; ***abafar a questão (um escândalo)*** to hush up the affair (a scandal); ***abafar com calor*** to be stifling; ***abafe-se bem*** keep yourself warm; ***abafa-se com o calor*** the heat is stifling; ***abafar um bocejo*** to smother a yawn; ***toma cuidado, abafa-te bem se vais sair*** mind you wrap up well if you go out; ***abafar o fogo*** to smother (to quench) the fire; ***abafar a terra*** to harrow (to break) the clods after the first ploughing

abafar[2] *s. m.* ⇒ **albafar**

abafarete *s. m.* choking, smothering; stoppage, arrest, act of stopping the course of something; hushing up
abafas *s. f. pl.* bravadoes; boastful (or threatening) behaviour
abafável *adj.* that which may be hushed up, that may be suffocated; kept warm
abafeira *s. f.* muffler, marsh, bog, swamp, morass
abafo *s. m.* sultriness; muffler, wrapper, warming cloth; [fig.] kindness, endearment
abagaçar *v. tr.* to press grapes until only skin and grape-pips are left; to feed with sediment of grapes
abaganhar *v. intr.* to develop (to grow) pellicles (flax); to cajole, to coax
abagoar Ⓐ *v. intr.* to grow grains Ⓑ *v. tr.* to unthread beads
abagulhado *adj.* grape-pip shaped, kernel shaped; kernel-like; pip shaped; stone shaped
abainhar *v. tr.* to hem
abaionetar *v. tr.* to bayonet, to wound or kill with a bayonet
abairramento *s. m.* division into wards, districts or quarters
abairrar *v. tr.* to divide (a town) into wards, districts or quarters; to classify (voters, etc.) by districts
abaiucar *v. tr.* to transform into a low gin-shop
abaixa *s. f.* lamprey spear used by fishermen in the river Minho
abaixadela *s. f.* ⇒ **abaixamento**
abaixador Ⓐ *adj.* lowering, reducing, depressing Ⓑ *s. m.* ANATOMIA depressor (muscle); person who or thing which lowers; depressor; ***abaixador de língua*** tongue depressor
abaixamento *s. m.* abatement; lowering; falling, dropping; declining; diminution, depression, sinking, giving way; [fig.] humiliation; reduction of prices; ***abaixamento de nível*** lowering of surface level, subsidence of ground; ***abaixamento de pressão*** pressure drop; ***abaixamento da temperatura*** drop in temperature; ***abaixamento do som*** lowering of a sound
abaixante Ⓐ *s. m.* depressor, abater, person who or thing which lowers Ⓑ *adj.* lowering, sinking; falling; [fig.] humiliating
abaixar Ⓐ *v. tr.* to lower; to let (to bring, to take, to pull) down; to diminish, to reduce; to drop; to fall; [fig.] to degrade, to humiliate Ⓑ *v. intr.* to settle, to sink Ⓒ *v. refl.* to bend down, to humble, to stoop (down); ***abaixar a cabeça*** to bow the head, to duck; ***abaixar a janela*** to let the window down, to lower the window; [fam.] ***abaixar a crista (a proa) a alguém*** to take someone down a peg; TEATRO ***abaixar o pano*** to ring down the curtain
abaixável *adj.* lowerable
abaixo Ⓐ *adv.* beneath, under, underneath; down Ⓑ *prep.* under, below Ⓒ *interj.* down!; down with!; ***abaixo e acima*** up and down; ***abaixo assinado*** undersigned; ***abaixo mencionado*** undermentioned, mentioned below; ***deitar abaixo (demolir)*** to demolish, to pull down, to destroy, to raze; TEATRO ***deitar a casa abaixo (com aplausos)*** to bring down the house (with applause); ***ela canta abaixo do tom*** she sings flat
abaixo-assinado *s. m.* signed petition, application with the signature of several petitioners; subscription; the undersigned
abajoujado *adj.* gone, dotty, booby; given to star-gazing; foolish; clumsy
abajoujamento *s. m.* flattery; infatuation
abajoujar-se *v. refl.* to be (or pretend to be) foolish; to become infatuated; to be conceited
abajur *s. m.* lampshade; *abat-jour*
abalada *s. f.* trail, track; direction (of a bird's flight); hasty departure, decamping; [fam.] departure; setting out; ***estar de abalada*** to be about to leave
abaladela *s. f.* tremble, shake, vibration, tremor; departure, leave
abaladiço *adj.* panicky, easily affected by panic; easily shaken
abalado *adj.* loose, shaken; agitated, excited; ***dente abalado*** loose tooth
abaladura *s. f.* ⇒ **abalamento**
abalaiado *adj.* basket-like, basket shaped
abalamento *s. m.* shock, shake, commotion, shaking, concussion
abalançado *adj.* bold, daring, determined, resolute, courageous; weighed in a balance
abalançamento *s. m.* spring, swing, start; sudden motion; balance, control of accounts
abalançar Ⓐ *v. tr.* to balance (accounts); to weigh (goods); to poise; to hold in equilibrium; to move Ⓑ *v. refl.* to swing; to stir; to venture, to dare, to rush on; ***abalançar-se a*** to throw oneself upon, to dare (to venture) to (upon)
abalar Ⓐ *v. tr.* to shake, to excite, to affect, to touch, to shock, to jolt Ⓑ *v. intr.* to decamp, to run away, to scurry off; to start, to scamper; to be loose; ***abalou sem dizer adeus*** he took French leave; ***abalar o crédito (a reputação, a confiança)*** to shake the credit (the reputation, the confidence); ***a morte do filho abalou-a muito*** the son's death was a great blow to her; ***abalar a saúde*** to affect health
abalaustrado *adj.* railed; provided with banisters or balusters; in form of balusters
abalaustramento *s. m.* set of balusters; act of setting or placing the balusters
abalaustrar *v. tr.* to rail; to supply or provide with rails (or banisters); to shape like a baluster; to set (or place) the balusters
abalável *adj.* shakeable; liable to be agitated, sensible
abalienação *s. f.* right, among the Romans, of transmitting estate, cattle or slaves to those who could buy them
abalienar *v. tr.* to transmit through abalienação
abalistar *v. tr.* HISTÓRIA to attack with a ballista
abalizadamente *adv.* knowingly, discerningly, understandingly, excellently, competently
abalizado *adj.* authoritative, competent; distinguished, notable; marked out by bounds or buoys; measured; ***autor abalizado*** distinguished author
abalizador *s. m.* surveyor; measuring rod; person that sets up marks; stake (for surveying)
abalizar Ⓐ *v. tr.* to survey, to measure (lands); to beacon, to fix buoys or marks, to mark with buoys Ⓑ *v. refl.* to acquire fame, to become renowned, to make one's mark, to distinguish oneself; ***abalizar um canal*** to fix buoys or floating beacons to mark the course of vessels
abalo *s. m.* shake, shock; jerk, jolt; disturbance, grief, trouble of mind; ***abalo de terra*** earthquake; ***causar abalo*** to affect; ***provocar um abalo a alguém*** to give someone a push, to impress a person
abaloar *v. tr.* to give (or form) the shape of a balloon; to balloon, to inflate; to puff up (out)
abalofado *adj.* flaccid, fluffy, swollen; vain, pretentious, arrogant
abalofar Ⓐ *v. tr.* to swell, to puff up Ⓑ *v. refl.* to be puffed up, to be presumptuous (pretentious or arrogant)
abalroa *s. f.* grappling-hook; grapnel
abalroação *s. f.* collision (of vehicles); fouling, grappling
abalroada *s. f.* grapple; crash, collision
abalroador Ⓐ *s. m.* grappler; crasher, collider Ⓑ *adj.* colliding
abalroamento *s. m.* collision, shock, grapple; ***abalroamento pela popa*** pooping
abalroar Ⓐ *v. tr.* to collide, to come into, to foul, to run into Ⓑ *v. intr.* to run into, to crash into; to collide (with), to bump against Ⓒ *v. refl.* to come into collision; ***abalroar de popa*** to poop
abalsar *v. tr.* to put into the must-tub
abalseirar *v. tr.* to put into the must-tub
abaluartamento *s. m.* fortification (with bulwarks or bastions); defence

abaluartar Ⓐ *v. tr.* to fortify with bulwarks (or bastions); to give the form of bulwarks (or bastions) Ⓑ *v. refl.* to entrench oneself
abambolinar *v. tr.* to fit with a valance (short curtain) or lambrequin
abanação *s. f.* ⇒ **abanadela**
abanadela *s. f.* fanning, winnowing (of cereals)
abanado *adj.* ventilated, fanned; agitated, moving to and fro; heedless, reckless; [coloq.] sick; valetudinarian, ailing
abanador *s. m.* fan (for fire); fanner; winnower
abanadura *s. f.* fanning, joggling; shake; jolting
abananado *adj.* banana-like; soft mild; [fig.] puzzled, confounded, confused, bewildered, amazed; silly
abananar Ⓐ *v. tr.* [fig.] to puzzle, to bewilder, to confuse, to embarrass, to confound, to amaze Ⓑ *v. intr.* to grow stupid
abanão *s. m.* shake, big jerk or jolt
abanar Ⓐ *v. tr.* to fan, to shake, to winnow; to air Ⓑ *v. refl.* to cool oneself with a fan Ⓒ *v. intr.* to be loose; ***abanar (com) a cabeça (em desaprovação)*** to shake one's head (to say no); [fig., coloq.] ***vir com as mãos a abanar*** to return empty-handed; ***abanar as moscas*** to drive the flies away; ***abanar as árvores*** to shake the trees; ***abanar o lume*** to fan the fire; ***abanar as asas*** to flap the wings; ***abanar (atear) a chama*** to fan the flame; ***os dentes abanam-lhe*** his teeth are loose; ***as árvores abanavam quando o vento soprava*** the trees shook as the wind blew
abancar Ⓐ *v. tr.* to seat on a bench Ⓑ *v. intr.* to sit on a bench or at table Ⓒ *v. refl.* to sit down
abandado *adj.* gathered in bands, flocks, etc. (of animals); having sides, borders, etc. (vd. **banda**)
abandalhação *s. f.* debasement, degradation, vileness
abandalhado *adj.* debased, degraded, vile; demoralized
abandalhar *v. tr. e refl.* to debase (oneself), to degrade (oneself), to disgrace (oneself); to play the fool; to sink
abandar *v. tr.* to provide with sides, borders, etc; to gather or to assemble as in a flock (sheep) or in a flight (birds) or in a gang (people)
abandear *v. tr.* to provide with sides, borders, etc; to gather or to assemble as in a flock (sheep) or in a flight (birds) or in a gang (people)
abandeirar *v. tr.* ⇒ **embandeirar**
abandejar *v. tr.* to give something the shape of a tray; to winnow with a tray
abandejo *s. m.* act of giving something the shape of a tray; act of winnowing with a tray
abandidar-se *v. refl.* to become a bandit
abandoador *s. m.* gang-summoner; muster-master (army, navy)
abandoar Ⓐ *v. tr.* to assemble, to gather in troops or a mob Ⓑ *v. refl.* to band together, to flock together, to gather in crowds; ⇒ **abandar**
abandonadamente *adv.* in abandon, in confusion, at random
abandonado *adj.* abandoned, given up, deserted, forlorn, isolated, friendless, alone, helpless, destitute, waif; ***navio abandonado*** derelict ship stray
abandonamento *s. m.* ⇒ **abandono**
abandonar Ⓐ *v. tr.* to abandon, to relinquish; to give up; to leave, to forsake, to yield, to renounce; to discard; to surrender; to throw over Ⓑ *v. refl.* to despond, to despair, to flinch; to indulge in, to give oneself up to; ***abandonar o avião em voo (saltar de pára-quedas)*** to bail out; ***abandonar o campo*** to quit the field; ***abandonar os amigos*** to abandon one's friends; ***abandonar os negócios*** to give up business; ***abandonar o país*** to leave the country for good; ***abandonar o concurso*** to give up the competition; ***abandonar o lugar*** to abandon (to leave) the post; ***abandonar o trabalho*** to stop work; ***abandonar todos os (seus) bens aos credores*** to give over one's assets to the creditors; ***abandonar uma acção judicial*** to drop a lawsuit; ***abandonar uma ideia*** to lay an idea aside; ***abandonar a caça*** to give up the chase; ***abandonar um amigo (numa ocasião crítica)*** to let down a friend (in need), to throw a friend overboard; ***abandonar uma rapariga*** to jilt a girl
abandonatário *s. m.* one who acquires abandoned rights or things
abandonável *adj.* that which may (or should) be abandoned
abandono *s. m.* abandon(ment), desertion, forsaking; forlornness; destitution; dereliction; helplessness; ***ao abandono*** abandoned, neglected, in disorder, out in the cold; DIREITO ***abandono de menores*** child abandonment; ***abandono de mercadorias avariadas aos seguradores*** abandon of damaged goods to the underwriters; MILITAR ***abandono de posto*** abandonment of post (or duty)
abanga *s. f.* bhang, bang; BOTÂNICA Indian hemp
abanicar *v. tr.* to fan with an *abanico* (small fan); to make a certain movement with a cape (bullfighter)
abanico *s. m.* small fan; *pl.* gallantries, witty sayings, fine words
abano *s. m.* fan (for fire); ventilator; fly-swat, fly-flap; shake; ***fruta de abano*** ripe fruit that falls with a slight shake of the tree
abantesma *s. f.* phantom; ghost, spectre; [fig.] a very big and not elegant object or person
abanto *s. m.* frightened bull (in bullfighting)
abaquetar *v. tr.* to shape like a drum-stick; to taper
abar *v. tr.* to provide with a brim, eaves, flap, tail, skirt, etc. (vd. **aba**); to cock
abaratar Ⓐ *v. tr.* to make (or sell) cheaper; to reduce, to fall (price); to beat down the price; [fig.] to have in less regard Ⓑ *v. intr.* to become cheaper, to come down (price); [fig.] to have in less regard; ⇒ **baratear**
abarbado *adj.* overloaded (with work), very busy; vexed; quite close; filled up; embarassed, troubled
abarbar Ⓐ *v. tr.* to overload oneself, to equalize; to touch with the beard; to offer resistance Ⓑ *v. refl.* to cluster (bees)
abarbarizar-se *v. refl.* to become a barbarian, to barbarize oneself
abarbatar *v. tr.* [pop.] to pilfer, to pinch; to poach
abarbelar *v. tr.* to place something to secure the dewlap
abarbetar *v. tr.* NÁUTICA to weigh anchor up to the cat-head (a cock bill)
abarbilhar *v. tr.* to muzzle; [fig.] to hinder, to obstruct
abarca *s. f.* simple leather sandal with strings to bind around the legs; ill-shaped (or badly made) footwear
abarcador Ⓐ *adj.* monopolistic, surrouding Ⓑ *s. m.* monopolizer, racketeer, monopolist, profiteer
abarcamento *s. m.* monopoly, monopolizing; enclosing, inclusion
abarcante *adj., s. m. e f.* ⇒ **abarcador**
abarcar *v. tr.* to monopolize, to forestall; to embrace; to encircle; to surround, to contain; to enclose, to grasp, to clasp; ***quem muito abarca pouco aperta*** grasp all, lose all; ***querer abarcar o céu com as pernas (mãos)*** to cry for the moon
abarcas *s. f. pl.* a kind of mock fight to show strength
abargantar-se *v. refl.* to become licentious, to corrupt oneself, to turn profligate
abariga *s. f.* palm-tree from S. Tomé, the fruit of which is called abanga
abaritonado *adj.* baritone-like
abaritonar Ⓐ *v. tr.* to adapt the voice to that of a baritone Ⓑ *v. refl.* to become a baritone
abaronar *v. tr.* to make a baron of
abarqueiro *s. m.* maker of abarcas
abarracado *adj.* barrack-like, hut-like; lodged in tents, huts or sheds
abarracamento *s. m.* barracks, camp, camping, encampment

abarracar Ⓐ *v. tr.* to pitch tents; to encamp, to quarter Ⓑ *v. refl.* to hut, to lodge in barracks
abarrancamento *s. m.* gully, gorge, ravine
abarrancar *v. tr.* to form or cause gullies, gorges or ravines; to hit against (to fall down) a slope or bank; to run into an obstacle
abarregado *adj.* concubinary, living in concubinage
abarregar-se *v. refl.* to live in concubinage
abarreirar *v. tr.* to surround with (to erect) walls or barriers; to entrench
abarretar *v. tr.* to put on a cap
abarretinar *v. tr.* to shape like a soldier's cap
abarricar *v. tr.* to shape like a cask
abarrigar Ⓐ *v. tr.* to give to something the shape of a belly Ⓑ *v. intr.* to bulge, to swell out
abarrilar *v. tr.* to shape like a barrel
abarroado *adj.* obstinate, stubborn, pig-headed; ill-bred, rude
abarrocado *adj.* blocked by holes, obstructed with holes
abarrocar *v. tr.* to block, to obstruct a small gully (with clay)
abarrotado *adj.* full, filled up, glutted; stuffed with food; overloaded; overcrowded; ***algibeiras abarrotadas de dinheiro*** pockets full of money
abarrotamento *s. m.* cramming; fulness, overfilling, repletion; stuffing
abarrotar *v. tr.* to fill, to fill up, to stuff, to overstock; to glut; to overload; to strenghten with bars, rafters or beams
abasbacar-se *v. refl.* to gaze (like a fool), to be foolishly amazed, to gape at; to stare at
abasia *s. f.* MEDICINA abasia (impossibility of walking due to lack of coordination of movements)
abásico *adj.* MEDICINA one who suffers from *abasia*
abastadamente *adv.* abundantly, largely, amply
abastado *adj.* rich, wealthy, well off; in easy circumstances, opulent, well-to-do
abastamento *s. m.* great supply; act of supplying
abastança *s. f.* plenty, abundance, easy circumstances, riches, affluence; ***viver na abastança*** to live upon one's riches, to live in plenty, to live in affluence
abastar Ⓐ *v. tr. e refl.* to store, to supply with, to provision Ⓑ *v. intr.* to suffice, to be sufficient; to provide with the necessary
abastardado *adj.* degenerate
abastardamento *s. m.* degeneration (through bastardy)
abastardar Ⓐ *v. tr.* to degrade, to debase Ⓑ *v. refl.* to corrupt, to degenerate; to cause degeneration
abastecedor Ⓐ *s. m.* provider, caterer, supplier, victualler Ⓑ *adj.* providing, catering
abastecedouro *s. m.* supply market, supply centre
abastecer *v. tr. e refl.* to provide, to supply, to cater, to furnish, to provision, to stock up; ***abastecer uma cidade*** to supply a city; ***abastecer o mercado*** to supply the market; ***abastecer um navio de mantimentos*** to supply a ship with provisions; ***abastecer de víveres*** to supply (to provide) with provisions, to victual; ***abastecer um automóvel de gasolina*** to fill up the tank; ***abastecer um avião de combustível*** to refuel an aircraft; ***abastecer-se de*** to provide oneself with; ***abastecer-se na casa de ...*** to get one's supplies from; ***abastecer-se de mercadorias*** to provide oneself with goods
abastecido *adj.* provided, supplied, catered; provisioned; furnished
abastecimento *s. m.* supply, provisions, stock; provisioning; ***abastecimento de água*** water supply; ***abastecimento de água potável às cidades*** town water supply; ***abastecimento de combustível a um avião*** refuelling of an aircraft; ***abastecimento de energia eléctrica*** supply of electrical energy; ***abastecimento de gasolina a um automóvel*** filling up of a tank; ***abastecimento de víveres*** supplying of provisions, victualling
abastimento *s. m.* supply, provisions, stock; provisioning
abastonar *v. tr.* to cane, to thrash; to shape like a cane (a baton, a stick)
abastoso *adj.* abundant; plentiful; rich
abatatado *adj.* potato-like; wide, big; ***nariz abatatado*** bulbous nose
abatatar *v. tr.* to shape like a potato; to widen, to broaden
abate *s. m.* abatement, reduction, discount; ***abate de árvores*** treefelling; ***abate de gado*** slaughtering, killing
abatedor *s. m.* abater, reducer
abatelar *v. tr.* to shape like a small boat (dinghy, canoe)
abater *v. tr. e intr.* to abate, to reduce, to diminish, to subside, to lessen, to deduct; to fall down; to calm, to humble, to cast down; to pull down, to cut down; to slaughter, to kill (cattle); to decrease; to despond, to shrink down; to go down, to drift, to make leeway; ***abater (o vento, o mar)*** to abate, to subside (the wind, the sea), to drop (the wind); [fig.] ***abater o orgulho*** to swallow one's pride; ***abater o preço*** to reduce the price; ***abater o pó*** to lay the dust; ***abater a árvore*** to fell the tree; ***abater o desconto*** to deduct the discount; ***abater um avião*** to shoot down an aircraft, to bring down an aircraft; ***abater(-se) (com o peso)*** to collapse, to yield, to give way (under the weight); ***abata-me qualquer coisa no preço*** knock me something off (the price)
abatidamente *adv.* despondently, dejectedly; humbly
abatido *adj.* abated; dejected, discouraged; downcast, spiritless, faint; feeble; depressed; killed, slaughtered (cattle); ***estar abatido (desanimado)*** [coloq.] to be in the dumps, to be in the doldrums, to be down in the mouth, to have the blues, to be low-spirited
abatimento *s. m.* abatement, discount, reduction, allowance; decrease; abasement, weakness, decay, depression; humbleness, submissiveness; NÁUTICA drift, leeway; ***abatimento de espírito*** dejectedeness, low spirits, depression of mind; ***abatimento de terreno*** subsidence of the ground; ***abatimento do telhado*** falling in of the roof; ***abatimento por dano*** allowance for damage; ***abatimento por falta de peso*** allowance for short weight; ***abatimento de preço*** price reduction, discount
abatinar *v. tr.* to make a cassock; to put on (to dress) a cassock
abatis *s. m.* MILITAR abatis, abattis, rampart made of logs to keep away the enemy; CULINÁRIA giblets (of chicken)
abatocado *adj.* bunged
abatocar *v. tr.* to bung (casks); to reply in such a way that there is no answering back
abatufado *adj.* plump, chubby
abaulado Ⓐ *adj.* cambered, bulged, bulgy, convex, arched Ⓑ *s. m.* camber; ***o abaulado da superfície da estrada*** camber of the road surface
abaulamento *s. m.* camber, vault, convexity, bulge; act of giving the form of an arch
abaular *v. tr.* to cambers, to arch, to bulge, to curve, to swell, to vault; to give the form of an arch
abaunilhar *v. tr.* to season with vanilla, to flavour with vanilla; to add vanilla
ABC *s. m.* the alphabet; ABC; the rudiments of any subject
abceder *v. intr.* to form an abscess; to suppurate
abcesso *s. m.* abscess; ***formar abcesso*** to develop into an abscess
abcisão *s. f.* abscission; the act of cutting off
abcissa *s. f.* GEOMETRIA abscissa, absciss
abdicação *s. f.* abdication, renunciation
abdicador *s. m.* abdicator, renouncer, resigner
abdicante *adj., s. m. e f.* abdicant
abdicar Ⓐ *v. tr.* to abdicate, to renounce Ⓑ *v. intr.* to resign, to give up (over)
abdicatário *s. m.* the person in whose favour the abdication is made; he who has abdicated
abdicativo *adj.* abdicative
abdicatório *adj.* abdicative

abdicável *adj.* renounceable
abdome *s. m.* abdomen
abdómen *s. m.* abdomen
abdominal *adj.* abdominal
abdominia *s. f.* insatiable appetite
abdominoscopia *s. f.* MEDICINA abdominoscopy
abdominoso *adj.* abdominal (related to the abdomen)
abdominotorácico *adj.* abdominothoraxic
abdução *s. f.* abduction
abducente *adj.* abducent
abdutivo *adj.* abducent
abdutor Ⓐ *s. m.* abductor Ⓑ *adj.* abducent
abduzir *v. tr.* to abduce, to abduct, to take away by fraud or violence
abeatar-se *v. refl.* to become sanctimonious; to become very devout (sincerely or affectedly)
abêbera *s. f.* ⇒ **bêbera**
abeberação *s. f.* watering (cattle); soaking
abeberar Ⓐ *v. tr.* to give to drink to; to water (animals) Ⓑ *v. refl.* to soak, to steep
abebereira *s. f.* ⇒ **bebereira**
abecedar *v. tr.* to arrange in alphabetical order; to list in ABC order
abecedário *s. m.* the alphabet; a spelling-book, a primer; ***abecedário com gravuras*** illustrated primer
abecoinha *s. f.* ORNITOLOGIA peewit, lapwing
abegão *s. m.* farm hand; farm overseer; drone; ⇒ **abelhão, zângão**
abegoaria *s. f.* barn, shed, stable; farmwork
abeiçar *v. tr.* to hold with one's lips; [fig.] to get, to obtain
abeiramento *s. m.* approach
abeirar Ⓐ *v. tr.* to border; to draw (to come) near Ⓑ *v. refl.* to approach, to come near; to arrive at the brink; to walk up to a person
abelgar *v. tr.* ⇒ **embelgar**
abelha *s. f.* ENTOMOLOGIA bee; ***abelha obreira*** worker bee; ***abelha do mel*** honney-bee; ***abelha macho*** drone; ***enxame de abelhas*** swarm of bees; ***o zumbido das abelhas*** the hum of bees
abelha-flor *s. f.* BOTÂNICA bee orchis
abelhal *s. m.* swarm of bees; BOTÂNICA a kind of very sweet white grape
abelha-mestra *s. f.* queen bee
abelhão *s. m.* drone
abelhar-se *v. refl.* to work busily (as bee); to make haste; to busy oneself
abelharuco *s. m.* bee-eater (bird)
abelheira *s. f.* beehive; swarm of bees; hole in a tree where bees make their hive
abelheiro *s. m.* bee-eater (bird); bee-keeper
abelhuco *s. m.* ⇒ **abelharuco**
abelhudamente *adv.* indiscretly, inconsiderately, too hastily, tactlessly
abelhudice *s. f.* indiscretion, curiosity, interference, meddlesomeness; impudence, boldness; hastiness, fussiness
abelhudo Ⓐ *s. m.* meddlesome person; busy-body Ⓑ *adj.* indiscreet, overhasty
abeliano *adj.* innocent; related to Äbel, a Norwegian mathematician, or to Abel (from the Bible)
abelidar-se *v. refl.* to have dimness (in the eye); to become blear-eyed
abemolado *adj.* MÚSICA flat; soft, sweet; [fig.] agreeable
abemolar Ⓐ *v. tr.* MÚSICA to mark (to set) with a flat; to make flat; to solten, to appease Ⓑ *v. refl.* to grow sweet
abencerrage *s. m.* last representative
abencerragem *s. m.* last representative
abençoadeiro Ⓐ *s. m.* quack doctor, who cures with prayers or charms; witch Ⓑ *adj.* blessing
abençoado *adj.* blessed; [poét.] blest; fortunate, happy, blissful, favourable
abençoador *s. m.* one who blesses
abençoar *v. tr.* to bless; to wish well; to praise, to glorify, to favour; to consecrate; to invoke blessings upon
aberingelado *adj.* tasting of aubergine; shaped like the aubergine; coloured like the fruit of the brinjal
aberlindado *adj.* bead-shaped
aberração *s. f.* aberration, aberrance, departure from what is normal or regarded as the right path; error, lapse; deficiency; ***aberração de refrangibilidade*** colour aberration, Newtonian aberration; ***aberração da luz*** aberration of light; ***aberração da natureza*** freak of nature; ***aberração planetária*** planetary aberration; ***aberração mental*** mental disturbance
aberrante *adj.* aberrant; wandering; exceptional
aberrar *v. intr.* to deviate; to become different or strange; to deviate from the normal type
aberrativo *adj.* aberrant, indicating aberration
aberta *s. f.* opening, crevice, gap, aperture; trench, ditch, drain; opportunity; fine spell (in the weather); break in the clouds; ***aberta (de mar ou tempo)*** smooth patch, fine spell
abertamente *adv.* openly, frankly, honestly, candidly, plainly, freely
abertiço *adj.* easily opened; easy to separate
abertivo Ⓐ *s. m.* an appetizer Ⓑ *adj.* useful for opening
aberto *adj.* open, free, frank, clear, ingenious, artless, candid, sincere; honest, wide, broad; spacious; ***aberto de par em par*** wide-open; ***o mar aberto*** the open sea, the wide sea; ***estar de olho aberto*** to be on one's guard, to be on the look-out; ***em aberto*** incomplete, unfinished; ***homem de coração aberto*** open-hearted man; NÁUTICA ***com água aberta*** leaky; COMÉRCIO ***conta aberta*** open account; ***aberto ao trânsito público*** open to public traffic; ***aberto ao público*** open to the public; ***aberto das ... (horas) às ... (horas)*** open from ... to; ***aberto no alto*** open at the top
abertoiras *s. f. pl.* ropes that keep a fishing-net open (river Minho)
abertona *s. f.* NÁUTICA hatchway
abertouras *s. f. pl.* ⇒ **abertoiras**
abertura *s. f.* opening, aperture; gap; fissure, chink, gap; outlet, loophole; MÚSICA overture; inauguration; ***abertura da caça*** opening of the shooting season; ***abertura de falência*** opening of bankruptcy; ***abertura das hostilidades*** outbreak of hostilities; ***abertura de crédito*** opening of credit; ***abertura (postigo) de inspecção*** peep-hole; ***abertura de um testamento*** reading of a (last) will
abesourar *v. tr.* to pester (to bother) with silly talk
abespinhadamente *adv.* peevishly, angrily, waspishly, acrimoniously
abespinhado *adj.* peevish, waspish, acrimonious, snappish, resentful, angry, cross
abespinhamento *s. m.* irritation; irritability, excitability
abespinhar-se *v. refl.* to get angry, to become irritated
abessim *s. m. e f., adj.* ⇒ **abexim**
abestalhar-se *v. refl.* to become an ass, to make an ass of oneself; to become a beast
abestiar *v. tr.* to turn somebody into a beast; to make a beast of someone
abetarda *s. f.* ZOOLOGIA bustard
abetardado *adj.* like a bustard
abetardinha *s. f.* ZOOLOGIA small bustard
abetesgado *adj.* short and narrow
abeto *s. m.* BOTÂNICA fir-tree, fir; ***abeto alvar*** silver-fir, silver fir-tree; ***abeto glauco*** grey fir; ***abeto gigante*** giant fir, great silver-fir
abetoninha *s. f.* ORNITOLOGIA peewit, lapwing
abetumado *adj.* covered with bitumen; bituminized; compact and heavy (bread); caulked
abetumar *v. tr.* to caulk, to bituminize, to putty

abexigar *v. tr.* [fig.] to ridicule, to make fun of, to laugh at
abexim *s. m. e f., adj.* Abyssinian
abezerrado *adj.* calf-like, calvish
abibe *s. m.* ORNITOLOGIA peewit; lapwing
abibliotecar *v. tr.* to place books in a library
abicar *v. tr. e intr.* NÁUTICA to beach to land, to cast anchor with the prow touching the shore; to set an edge on; to sharpen, to put a point on; to whet
abichar *v. tr.* [fam.] to obtain, to get, to catch; to bait the hook; to queue; to fill one's pockets
abieiro *s. m.* BOTÂNICA silver-fir
abiético *adj.* QUÍMICA abietic; ***ácido abiético*** abietic acid
abíeto *s. m.* ⇒ **abeto**
abigodado *adj.* moustached; in the shape of a moustache
abinício *adv.* from the beginning
abio *s. m.* BOTÂNICA ⇒ **abieiro**
abiofilia *s. f.* weakening of the self-preservation instinct; moral aberration which leads to the practice of cruelties
abiogénese *s. f.* abiogenesis
abiombar *v. tr.* to shape like a screen; to screen; to screen off
abiose *s. f.* MEDICINA abiosis (suspension of signs of life; a latent state of life)
abiótico *adj.* MEDICINA abiotic (living in a latent state of life)
abioto *s. m.* BOTÂNICA hemlock; that which hinders the conditions of life
abiqueirado *adj.* pointed; shaped as a toe-cap
abirritação *s. f.* weakness; atony; softness; reduction of irritation, reducer of irritation
abirritante *adj.* abirritant
abirritar *v. tr.* to diminish irritation; to stop the irritation; to abirritate
abiscoitar *v. tr.* to bake (to make) like a biscuit, to give the shape of a biscuit; [fig.] to gain, to get, to win
abismado *adj.* astonished, amazed, stupefied; absorbed in profound meditation, thrown into an abyss, swallowed up in an abyss
abismal *adj.* abysmal; abyssal, bottomless, profound, unfathomable
abismar Ⓐ *v. tr.* to cast (to throw) into an abyss; to astonish, to amaze, to stupefy, to surprise Ⓑ *v. refl. e intr.* to fall into an abyss; to plunge, to drown; to lose oneself in a thing; to be astonished
abismo *s. m.* abyss, chasm, depth; canyon
abisonhar *v. tr.* to make someone look (or feel) shy, silly
abispado *adj.* with bishop manners; bishop-like; [fig.] wise, prudent, prepared
abispamento *s. m.* cunning; wisdom; prudence; cave
abispar *v. tr.* to discover, to catch a glimpse, to foresee; to be prepared
abissal *adj.* abyssal
abisseiro *adj.* ⇒ **abixeiro**
abíssico *adj.* ⇒ **abissal**
abissínio *s. m., adj.* ⇒ **abexim**
abita *s. f.* NÁUTICA bitts, riding bitts
abitar *v. tr.* NÁUTICA to bitt; ***abitar a amarra*** to fasten round the bitts
abitoninha *s. f.* ⇒ **abetoninha**
abiu *s. m.* [Bras.] ⇒ **abieiro**
abivacar *v. intr.* to bivouac
abixeiro *adj.* dark, sombre, gloomy; dismal, sullen
abjecção *s. f.* abjection, abasement, degradation, low state
abjectamente *adv.* abjectly, basely, servilely, contemptibly
abjecto *adj.* abject, degraded, despicable, mean, contemptible
abjudicação *s. f.* abjudication, dispossession
abjudicador *s. m., adj.* abjudicator
abjudicante *s. m. e f., adj.* ⇒ **abjudicador**
abjudicar *v. tr.* to abjudicate, to dispossess
abjudicável *adj.* that may be abjudicated
abjugar *v. tr.* to unyoke, to take off the yoke; to liberate, to free
abjunção *s. f.* separation; freedom
abjungir *v. tr.* ⇒ **abjugar**
abjuração *s. f.* abjuration
abjurador Ⓐ *s. m.* abjurer Ⓑ *adj.* abjuring
abjuramento *s. m.* ⇒ **abjuração**
abjurante *adj.* abjuring
abjurar *v. tr. e intr.* to abjure, to renounce, to deny on oath; to recant
abjuratório *adj.* abjuratory
abjurável *adj.* that may be abjured; rejectable
abjurgar *v. tr.* to abjure, to renounce, to reject, to recant
abjurgatório *adj.* renouncing, rejecting
ablação *s. f.* ablation, removal; CIRURGIA amputation; cutting off; carrying away; GRAMÁTICA aphaeresis
ablactação *s. f.* ablactation, weaning
ablactar *v. tr.* to wean
ablaqueação *s. f.* the act of laying bare the roots of trees
ablaquear *v. tr.* to lay bare the roots of trees; to loose; to free
ablativo *s. m., adj.* GRAMÁTICA ablative
ablator Ⓐ *s. m.* ablator (instrument for cutting or extracting) Ⓑ *adj.* extractive
ablefaria *s. f.* quality of having no eyelids
abléfaro *adj.* ablepharous (without eyelids)
ablegação *s. f.* proscription, banishment
ablegado *s. m., adj.* RELIGIÃO ablegate; papal envoy; renegade
ablegar *v. tr.* to proscribe, to banish
ablepsia *s. f.* blindness
ablução *s. f.* ablution; washing, purifying; cleansing by water or any other liquid
abluente Ⓐ *s. m. e f.* abluent Ⓑ *adj.* abluent, abstergent, detergent
abluir *v. tr.* to cleanse, to wash; to purify (with water)
ablutor *s. m.* purifier, washer
abnegação *s. f.* abnegation, self-denial, self-sacrifice
abnegado Ⓐ *s. m.* unselfish person Ⓑ *adj.* unselfish, forgetful
abnegador *s. m.* abnegator
abnegar Ⓐ *v. tr.* to abnegate, to deny, to renounce, to forsake Ⓑ *v. intr.* to deny (to sacrifice) oneself
abnegativo *adj.* unselfish
abnodação *s. f.* cutting away of knots (trees)
abnodar *v. tr.* to cut away knots (trees)
abnóxio *adj.* harmless, innocent
aboar *v. intr.* to clear up (weather)
abóbada *s. f.* vault, arch, arched roof; ***abóbada acústica*** acoustic vault; ***abóbada esconsa*** half-barrel vault; ***abóbada celeste*** heavenly vault, roof of heaven (firmament); ***abóbada craniana*** cranial vault; ***abóbada ogival*** gothic vault; ***abóbada da faringe*** roof of pharynx; ***abóbada palatina*** palate, the roof of the mouth; ***abóbada (de arco) de claustro*** cloister vault; ***fecho (chave) da abóbada*** keystone
abobadado *adj.* vaulted, arched, dome-shaped
abobadar *v. tr.* to vault, to arch
abobadilha *s. f.* a flat vault formed by bricks or plaster
abobado *adj.* foolish, silly, witless, clownlike
abobalhado *adj.* [Bras.] stupefied, senseless, dumbfound; stupid
abobar Ⓐ *v. tr.* to make silly Ⓑ *v. refl.* to become silly; to act (or simulate) the fool; to act like a jester
abóbora *s. f.* BOTÂNICA squash, gourd, pumpkin; [fig.] lazy or timid man, fat woman
abóbora-carneira *s. f.* BOTÂNICA bottle-gourd, calabash
abóbora-menina *s. f.* BOTÂNICA winter squash, giant gourd
abóbora-porqueira *s. f.* pumpkin, melon pumpkin
aboborado *adj.* pumpkin-like, gourd-like; gourd-shaped
aboboral *s. m.* pumpkin-field; gourd-field
aboborar *v. tr.* to ripen; to soak; [fig.] to keep an idea for future use; to keep in bed

aboboreira *s. f.* pumpkin, gourd plant
abobra *s. f.* ⇒ **abóbora**
abocadura *s. f.* loophole, embrasure, opening (in the wall of a fortress); mouth (of a canon)
abocamento *s. m.* meeting of two mouths, channels, ducts, veins, etc; conversation, conference, interview
aboçamento *s. m.* NÁUTICA use of stoppers
abocanhar *v. tr.* to bite, to catch at, to snap; [fig.] to slander, to defame; ***abocanhar muitas coisas a um tempo*** to have many irons in the fire; ***abocanhar uma língua estrangeira*** to murder a foreign language
abocar *v. tr.* to snatch, to catch up; ***abocar a artilharia*** to point guns; ***abocar um estreito*** to enter the mouth of a strait
aboçar *v. tr.* NÁUTICA to fasten with stoppers
abocetado *adj.* oval or round; orbicular
abocetar *v. tr.* to give the form of a small box usually round or oval; to keep in such a box
abochornado *adj.* suffocating; warm, hot; stuffy, sultry, stifling
abochornar *v. tr.* to stifle, to choke; to heat; to be shy
abodegar *v. tr.* to dirty, to soil, to daub; [Bras.] to be in a bad mood; to bore; to annoy
aboiado Ⓐ *s. m.* ⇒ **aboio** Ⓑ *adj.* afloat
aboiar *v. tr. e intr.* to float; to buoy, to moor to the buoy; to furnish (or mark) with a buoy or buoys; [Bras.] to work with oxen; to sing to the oxen
aboio *s. m.* sad song by which the cowboys guide herds of oxen; that which stays afloat
aboiz *s. m.* snare
abojar *v. tr.* to swell out, to puff up, to distend; to swallow; to engulf
abolachado *adj.* biscuit-like; flat like a biscuit
abolachar *v. tr.* to shape like a biscuit (or cracker)
aboladura *s. f.* bump, lump
abolar *v. tr.* to bruise, to batter
abolçar *v. tr.* to vomit; to retch, to throw up; to eject from the stomach through the mouth; ⇒ **bolçar**
aboldriar *v. tr.* to shape like a baldric (shoulder-sash); to put on the warrior's belt or shoulder-sash
aboleimado *adj.* stupid, blockish, dull; flat; boring
aboleimar *v. tr.* to flatten giving the form of a rough cake; to frighten, to stupefy; to be (or act) foolish, silly
aboletado *adj.* billeted, quartered; lodged
aboletamento *s. m.* MILITAR billeting, quartering, lodging
aboletar Ⓐ *v. tr.* MILITAR to billet, to quarter (soldiers) Ⓑ *v. refl.* to lodge oneself
abolição *s. f.* abolition, abolishment, abrogation; cancelling, annulment, suppression; ***abolição (supressão) dos bairros pobres*** suppression of slums
abolicionismo *s. m.* abolitionism
abolicionista *s. m. e f., adj.* abolitionist
abolido *adj.* abolished; cancelled, annuled
abolidor *s. m., adj.* abolisher
abolimento *s. m.* abolition; abolishment
abolinar *v. tr.* to sail close to the wind
abolir *v. tr.* to abolish, to annul, to cancel, to do away with, to revoke, to repeal, to rescind; ***abolir uma lei*** to abolish a law, to abrogate a law; ***abolir um monopólio*** to abolish a monopoly; ***abolir um direito*** to abolish a right
abolitivo *adj.* with power to abolish
abolitório *adj.* ⇒ **abolitivo**
abolorecer *v. tr.* to become musty; to grow mouldy; to rot
abolorecido *adj.* mouldy, musty, mildewy; moulded
abolorecimento *s. m.* moulding, act or fact of becoming mouldy; mould, mouldiness
abolorentar Ⓐ *v. tr.* to make mouldy or musty Ⓑ *v. intr.* to grow mouldy or musty
abolsar *v. intr.* to pucker; to bag; to be (to become) pocket-shaped
abomaso *s. m.* abomasum (the fourth stomach of a grass-eating animal)
abominação *s. f.* abomination, detestation, loathing, execration, abhorrence
abominador *s. m.* abominator
abominando *adj.* ⇒ **abominável**
abominar *v. tr.* to abominate, to abhor, to detest, to loathe; to dislike, to hate
abominável *adj.* abominable, detestable, odious, loathsome; hateful, heinous
abominoso *adj.* ⇒ **abominável**
abonação *s. f.* warranty, guarantee, bail
abonado *adj.* rich, wealthy, creditable, having credit and money; warranted; bailed
abonador *s. m.* warrantor; guarantor; trustee
abonamento *s. m.* ⇒ **abonação**
abonançar Ⓐ *v. tr.* to calm (down), to appease, to quiet Ⓑ *v. intr.* to become calm, to clear up
abonar Ⓐ *v. tr.* to bail, to warrant, to guarantee; to answer for; to credit; to prove Ⓑ *v. refl.* to pride, to flatter oneself, to boast
abonatório *adj.* guaranteeing, warranting
abondar *v. intr.* to suffice, to do, to be enough
abonecado *adj.* foppish; affected, dandy; doll-like; empty-headed
abonecar *v. tr.* to make a person resemble a doll
abono *s. m.* warranty, guaranty, bail; loan; ***falar em abono de alguém*** to speak on someone's behalf; ***abono de família*** child benefit
aboquejar *v. tr.* ⇒ **abocanhar**
aboquejo *s. m.* a snap, a bite; *pl.* the last moment of life
aborbulhar *v. intr.* to grow (to become) pimpled; to develop pimples
abordada *s. f.* approach; NÁUTICA boarding, collision
abordador *s. m.* NÁUTICA boarder
abordagem *s. f.* approach; NÁUTICA boarding; ***abordagem etnocêntrica*** ethnocentric approach
abordar *v. tr.* to board, to fall aboard; to collide with a ship; to accost a person; to come up to a person
abordável *adj.* accessible; accostable; affable
abordo *s. m.* boarding of a ship; access; entrance; ***de fácil abordo*** of easy access
abordoar *v. tr. e refl.* to prop with a staff, to support; to walk leaning on a staff; to beat with a stick
aborígene *adj.* aboriginal
Aborígenes *s. m. pl.* Aborigines
abornalar *v. tr.* to put into the foddersack, to pouch; [fig.] to economize, to spare, to save
aborrascado *adj.* stormy, tempestuous, wild
aborrascar-se *v. refl.* to become stormy; to get angry
aborrecedor Ⓐ *s. m.* bore, a tedious person Ⓑ *adj.* boring, tiresome
aborrecer Ⓐ *v. tr.* to cause boredom; to detest, to hate, to abhor, to displease Ⓑ *v. refl.* to disgust, to grow (to get) weary, to get tired, to be sick and tired of, to bore; ***aborrece-me isto*** I'm sick of this; ***aborrecer de morte*** to be sick to death (of); ***aborrece-me a vida*** I am weary of life; ***aborrecer alguém com uma conversa fútil*** to weary a person with idle talk
aborrecidamente *adv.* tediously, wearily, odiously
aborrecido *adj.* annoyed; tired, sick, weary; bored, tedious; tiresome, wearisome, dull, detested, hated; ***pessoa aborrecida*** a peevish person; ***estar aborrecido da vida*** to be weary of life; ***estar horrivelmente aborrecido*** to be bored to death; ***estar muito aborrecido*** to be sick at heart; ***estou aborrecido disso*** I'm tired of it; ***conversa aborrecida*** tiresome talk; ***que aborrecido!*** what a bore!
aborrecimento *s. m.* dislike; boredom; hatred; nuisance; aversion, tediousness, weariness, detestation, abhorrence,

peevishness, moroseness; ***que aborrecimento!*** what a nuisance!
aborrecível *adj.* annoying; hateful, detestable, odious; tiresome, wearisome; boring
aborregado *adj.* lamblike; polished by glaciers (rocks); said of the sky when the clouds form cirrocumulus
aborregar Ⓐ *v. tr.* to turn into a lamb Ⓑ *v. refl.* to become stupid
aborrido *adj.* very disgusting or annoying; sorrowful, peevish, melancholic, gloomy; angry; afflicted
aborrimento *s. m.* ⇒ **aborrecimento**
aborrir *v. tr.* ⇒ **aborrecer**
abortadeira *s. f.* abortionist
abortamento *s. m.* ⇒ **aborto**
abortar Ⓐ *v. tr.* to miscarry, to abort Ⓑ *v. intr.* to fail, to come to nothing (schemes); to remain in an elementary state
abortício *adj.* abortive; born prematurely
abortífero *adj.* abortifacient; abortive
abortivamente *adv.* abortively
abortivo *adj.* abortive
aborto *s. m.* abortion; [fig.] monster; MEDICINA ***aborto espontâneo*** miscarriage
abostelado *adj.* pimple or blotch covered (or marked)
abostelar *v. intr.* to pustulate; to become blotchy
abotequinar *v. tr.* to turn into a tavern (pub, coffee-house)
abotijar *v. tr.* to enclose (liquors) into a clay cylindric vessel with a small handle; to give the shape of that vessel
abotinado *adj.* boot-shaped
abotinar *v. tr.* to shape like a boot, to give the form of a boot
abotoação *s. f.* action of fastening the buttons; budding, bloom, florescence
abotoadeira *s. f.* button-hook; button-maker (sewer)
abotoado *adj.* buttoned; BOTÂNICA budded
abotoador *s. m.* buttonhook; buttoner; one who buttons
abotoadura *s. f.* buttoning; set of buttons
abotoar Ⓐ *v. tr. e intr.* to button, to fasten with buttons; NÁUTICA to frap, to seize, to stop; BOTÂNICA to bud, to bloom; to germinate Ⓑ *v. refl.* to button oneself up; ***abotoar o casaco*** to button one's coat; [coloq.] ***abotoar-se com*** to purloin, to pinch
aboubar-se *v. refl.* MEDICINA to be covered with tumours (skin)
abra *s. f.* creek, inlet, bay; anchorage; cove
abracadabra *s. m.* abracadabra; superstition; unintelligible terms or expressions; gibberish
abracadabrante *adj.* mysterious, magic; extraordinary; stunning, amazing
abracadabrista *s. m. e f.* one who arranges abracadabra
abraçadeira *s. f.* cramp; brace, clamp, locking collar; curtain-arm; curtain-band; NÁUTICA clip, hank; ***abraçadeira de escotilha*** hatch bar
abraçado *adj.* embraced, hugged; surrounded; adopted
abraçador Ⓐ *s. m.* embracer Ⓑ *adj.* embracing
abraçamento *s. m.* embrace, embracing
abraçar Ⓐ *v. tr.* to embrace, to hug, to encircle, to encompass, to surround; to comprise, to include, to contain; to adopt, to follow, to accept Ⓑ *v. refl.* to embrace each other; ***abraçar o cristianismo*** to embrace Christianity; ***abraçaram-no*** they fell on his neck; ***ele abraçou a criança*** he strained the child to his heart; ***ele abraçou uma profissão intelectual*** he entered a learned profession
abraço *s. m.* embrace, embracing, hug; clasp; ***abraços da videira (gavinhas)*** vine tendrils
abrancaçado *adj.* ⇒ **esbranquiçado**
abrandamento *s. m.* softening; slackening; reduction; relenting; ***abrandamento da água*** softening of water; ***abrandamento da marcha*** slacking of speed, slowing down
abrandar Ⓐ *v. tr.* to soften, to reduce, to soothe, to appease, to lessen, to abate, to calm, to relent Ⓑ *v. intr.* to decrease, to get mild; to slacken, to fall; ***abrandar a marcha (velocidade)*** to slow down, to slacken speed; ***o vento abrandou*** the wind has dropped; ***abrandar a dor*** to soothe (to ease) the pain; ***abrandar o aço*** to soften the steel; ***abrandar (baixar) a voz*** to lower one's voice
abrandecer Ⓐ *v. tr.* to mellow, to soften, to soothe, to appease, to lessen, to abate, to calm, to relent Ⓑ *v. intr.* to decrease, to get mild; to slacken, to fall
abranger *v. tr.* to comprise, to include, to reach, to embrace, to comprehend, to contain, to take in; ***abranger o sentido*** to grasp the meaning; ***abranger com a mão*** to seize; ***poder abranger-se com a vista*** to be within sight; ***os seus estudos abrangiam muitas matérias*** his studies embraced many subjects
abraquia *s. f.* ANATOMIA abrachia (absence of arms)
abráquio *s. m., adj.* armless (born without arms)
abrasadamente *adv.* vehemently, ardently
abrasado *adj.* inflamed, burnt; burning, on fire; excited; very hot
abrasador *adj.* burning, scorching, parching, glowing; ardent, devouring; ***está abrasador*** [coloq.] it is scorching hot; ***um dia abrasador*** [coloq.] a scorching day, a scorcher; ***sob um sol abrasador*** under a blazing sky
abrasamento *s. m.* fire, conflagration, violent burning; [fig.] enthusiasm
abrasante *adj.* ⇒ **abrasador**
abrasão *s. f.* abrasion, scraping off; GEOLOGIA marine abrasion or erosion; soil erosion
abrasar Ⓐ *v. tr.* to burn, to consume to waste (by fire); to inflame; to scorch, to scald; to polish a rough surface; ***abrasar de calor*** to burn with heat Ⓑ *v. refl. e intr.* to be on fire, to glow; to be inflamed with passion; to become excited
abraseado *adj.* red-hot, glowing; like embers
abrasear Ⓐ *v. tr.* to make red-hot, to heat to a white heat, to reduce to embers Ⓑ *v. refl.* to redden, to grow red
abrasileirado *adj.* Brazilianized (similar to Brazilian in features, manners or accent); Brazilian looking
abrasileirar-se *v. refl.* to adopt Brazilian ways and manners; to become Brazilian
abrasivo *s. m.* abrasive, abrading agent
abrasoar *v. tr.* to bestow with a coat of arms, to raise to nobility, to put a coat of arms on
abrasonar *v. tr.* to bestow with a coat of arms, to raise to nobility, to put a coat of arms on
ab-reacção *s. f.* FILOSOFIA psychological phenomenon by which a person modifies the exterior world into the desired sense
abre-boca *s. m.* sharp bit (for horses); jaw-lever, gag
abre-cartas *s. m.* letter opener; paper knife
abre-cu *s. m.* ⇒ **pirilampo**
ábrego *s. m.* south-west wind
abre-ilhós *s. m.* bodkin, punch
abrejar Ⓐ *v. tr.* to swamp Ⓑ *v. refl. e intr.* to abound; to become swampy
abrejeirado *adj.* waggish, mischievous; naughty, wicked; coquettish; provocative
abrejeirar-se *v. refl.* to become malicious (roguish, naughty, blackguard, rascal)
abre-latas *s. m.* tin-opener; can-opener
abrenhar *v. tr. e refl.* to penetrate or hide in brushwood or in a thicket
abrenunciação *s. f.* renouncing; RELIGIÃO renunciation
abrenunciar *v. tr.* to renounce; RELIGIÃO to reject
abrenúncio! *interj.* God forbid!, far be it from me!, away!
ab-reptício *adj.* possessed; impassioned; excited; enraptured
abretanhado *adj.* said of a quality of very white cloth made of cotton or thin linen; like linen
abreviação *s. f.* abbreviation; abridgement, shortening, curtailment

abreviadamente *adv.* in an abridged manner, summarily, briefly, succintly
abreviado *adj.* abridged, condensed, summarized, shortened, reduced
abreviador *s. m.* abbreviator, abridger, shortener, summarist
abreviamento *s. m.* abbreviation, abridgement
abreviar *v. tr.* to abbreviate, to shorten, to abridge, to curtail, to summarize, to epitomize, to reduce; to cut short; ***abreviar a viagem*** to shorten the journey (or voyage); ***para abreviar*** to be short, to make a long story short, in short
abreviativo *adj.* abbreviated, shortening, reducing
abreviatura *s. f.* abbreviation, contraction, shortening, abridgement; ***em abreviatura*** in brief, in short
abricó *s. m.* fleshy fruit (drupe) like the plum; apricot; the tree which produces it
abricote *s. m.* fleshy fruit (drupe) like the plum; apricot; the tree which produces it
abricoteiro *s. m.* [Bras.] kind of plum tree; apricot tree
abricozeiro *s. m.* ⇒ **abricoteiro**
abrideira *s. f.* [técn.] willow (machine for cleaning wool); liquor, brandy which is good for increasing the appetite; appetitive, aperitif
abridela *s. m.* act of opening (mouth, eyes); looking up
abridor *s. m.* opener; engraver; (of liquor) serving as an appetizer; ***abridor de algodão*** cotton opener; ***abridor de fardos*** bale opener; ***abridor mecânico*** opener, opening-machine
abrigada *s. f.* shelter, covert, cover; protection, refuge
abrigado *adj.* sheltered; well-covered, protected
abrigadoiro *s. m.* ⇒ **abrigadouro**
abrigador Ⓐ *s. m.* shelterer, protector Ⓑ *adj.* sheltering, protecting
abrigadouro *s. m.* shelter, covert, cover; protection, refuge
abrigar Ⓐ *v. tr.* to shelter, to protect, to hedge; to lodge; to cover, to harbour; to isolate Ⓑ *v. refl.* to shelter oneself, to take shelter; ***abrigar-se por detrás de uma sebe*** to shelter behind a hedge; ***abrigar-se de*** to shelter from; ***abrigar-se do vento*** to shelter from the wind; ***abrigar-se da chuva*** to take shelter from the rain
abrigo *s. m.* shelter, protection, cover, screen, refuge; ***ao abrigo de*** under the cover of, favoured by, under the lee of; ***ao abrigo da escuridão*** under the cover of darkness; ***abrigo de lona, de encerado*** weather cloth; ***abrigo antiaéreo*** air-raid shelter; ***abrigo do caçador*** shooter's screen (or blind); ***abrigo subterrâneo*** underground shelter (or refuge); ***sem abrigo*** without roof, shelterless
abrigueiro *s. m.* shelter, shed; bay; refuge; discreet corner, secluded place
Abril *s. m.* fourth month of the year, April; [fig.] springtime; youth, innocence; ***o primeiro de Abril (dia das mentiras, dia dos enganos)*** All Fools' day
abrilhantar *v. tr.* to brighten, to enliven, to embellish; to polish; to cut diamonds
abrimento *s. m.* opening; ***abrimento da boca*** yawning, gaping; ***abrimento de furos*** drilling holes (in metal or rock), boring holes (in wood), perforation
abrir Ⓐ *v. tr.* to open (a book, a door, a letter, an account); to unlock (a trunk, a gate); to split, to cleave (the trunk of a tree); to turn on (the light); to uncover, to begin, to unfasten, to untie (a packet) Ⓑ *v. intr.* to break (day), to clear up (weather) Ⓒ *v. refl.* to bloom, to blossom (flowers); to unfold, to spread out, to expand; ***abrir o apetite*** to whet the appetite; ***abrir o concerto*** to strike up; ***abrir caminho*** to break through, to open the way, to clear the way, to make way, to lead the way, to work one's way, [fig.] to break the ice; ***abrir os olhos*** to open one's eyes; ***abrir os olhos de alguém*** to open someone's eyes; ***abrir fogo*** to open fire, to begin firing; ***abrir o seu coração a alguém*** to open one's heart, to unbosom oneself to someone; ***abrir loja*** to set up a shop; ***abrir o entendimento*** to open one's mind; ***abrir uma garrafa*** to uncork a bottle; ***abrir a coroa*** to shave one's crown; ***abrir a cabeça*** to split one's head; ***abrir preço*** to fix a price; ***abrir a audiência*** to open the court, to open the session; ***abrir a lã*** to tease wool; ***abrir a luz*** to switch on the light, to turn on the light; ***abrir a torneira da água*** to turn on the water-tap; ***abrir as cortinas*** to draw back the curtains; ***abrir uma conta com ...*** to open an account with; ***abrir falência*** to go (to become) bankrupt; ***abrir o gás*** to turn on the gas; NÁUTICA ***abrir água*** to spring a leak; ***abrir rosca (ao torno)*** to screw out; ***abrir peixe*** to gut fish; ***abrir mão de*** to abandon, to give up, to renounce; ***abrir a discussão*** to start the discussion; ***abrir os fardos*** to open the bales, to unpack; ***abrir caminho através das ruínas*** to force a passage through the ruins; ***abrir sulcos*** to cut grooves, to groove, to furrow; ***abrir completamente a torneira da água*** to turn the water-tap full on; ***abrir e fechar o interruptor*** to switch on and off; ***a porta abriu-se repentinamente*** the door flew open; ***abrir uma porta de par em par*** to push a door open; ***abrir encaixes*** to cut notches; ***abrir fendas em*** to fissure, to crack, to split; ***abrir novos mercados*** to open new channels, to open new markets; MECÂNICA ***abrir o estrangulador*** to open the throttle; ***abrir (quebrar) o gelo*** [fig.] to break the ice, to split the ice; ***abrir os debates*** to open the proceedings (or the pleadings); ***não abrir boca*** not to utter a word, to keep silent; ***abrir o pára-quedas*** to open the parachute; ***abrir os caboucos*** to dig the foundations; ***abrir regos*** to plough furrows; ***abrir trincheiras*** to dig trenches, to trench; ***abrir um concurso (para um emprego)*** to open a competition (for a situation); ***abrir e fechar parênteses*** to bracket; ***abrir uma estrada*** to open a road; ***abrir um túnel*** to drive a tunnel, to cut a tunel; ***abrir uma fechadura*** to open a lock; ***abrir um barril de vinho*** to broach a cask of wine; ***abrir um crédito*** to open a credit; ***abrir as asas*** to spread the wings; ***o Parlamento abre hoje*** Parliament opens today; ***abrir um poço*** to sink a well; ***abrir caminho aos empurrões por entre a multidão*** to shoulder one's way through the crowd, to thrust one's way through the crowd; ***num abrir e fechar de olhos*** in the twinkling of an eye, in a trice
abrocadado *adj.* brocade-like
abrocadar *v. tr.* to brocade
abrocado *v. tr.* ⇒ **abrocadado**
abrochador Ⓐ *s. m.* clasper; hook and eye; button-hook Ⓑ *adj.* clasping
abrochadura *s. f.* clasping, clasp
abrochar *v. tr.* to clasp, to fasten with clasps
ab-rogação *s. f.* abrogation, repeal; abolishment, suppression
ab-rogador *s. m.* repealer, abrogater, abolisher
ab-rogar *v. tr.* to abrogate, to repeal, to cancel, to annul, to abolish
ab-rogativo *adj.* abrogative
ab-rogatório *adj.* abrogative
ab-rogável *adj.* that which can be abrogated
abrolhado *adj.* blossomy, buddy; thorny, bristling; [fig.] started; begun
abrolhal *s. m.* thorn-hedge; thorny-ground
abrolhamento *s. m.* the growth of thorns
abrolhar Ⓐ *v. tr.* to bristle Ⓑ *v. intr.* to blossom, to bud, to shoot, to grow (to become) thorny; [fig.] to start, to begin
abrolho *s. m.* BOTÂNICA, MILITAR thorn; caltrop; thistle; [fig.] pain, trouble, difficulty, obstacle; ***abrolho aquático*** water chestnut
abrolhoso *adj.* thorny
abronzear *v. tr.* to bronze, to turn into the colour of bronze
abroquelar Ⓐ *v. tr.* to protect (or cover) with a buckler; to shield; to defend Ⓑ *v. refl.* to protect oneself; to shield oneself; to defend oneself
abrotal *s. m.* place where asphodels grow
abrótea *s. f.* BOTÂNICA asphodel; daddofil; ICTIOLOGIA squirrelfish

abroteal *s. m.* ⇒ **abrotal**
abrumar Ⓐ *v. tr.* to fog, to fill (to cover) with fog; to darken, to dim, to blur; to sadden Ⓑ *v. tr. e refl.* to make or become apprehensive
abrunhal *s. m.* plum-orchard
abrunheiro *s. m.* BOTÂNICA plum; ***abrunheiro bravo*** sloe-tree, blackthorn; ***abrunheiro manso*** a kind of plum-tree
abrunho *s. m.* sloe, wild plum, small bluish black plum
abrupção *s. f.* CIRURGIA transverse fracture of a bone
abruptamente *adv.* abruptly, suddenly, roughly; [fig.] rudely
abrupto *adj.* abrupt, sudden; hasty; steep, rough, rude, disconnected; ***rochedo abrupto*** steep cliff
abrutado *adj.* brutish, coarse, rough, rude, blunt
abrutalhado *adj.* rude, uncivil, coarse, brutish, churlish
abrutalhar *v. tr.* to brutify; to coarsen
abrutar *v. refl.* to grow stupid; to become rude or coarse
abrutecer *v. refl.* to grow stupid; to become rude or coarse
absceder *v. intr.* ⇒ **abceder**
abscesso *s. m.* ⇒ **abcesso**
abscisão *s. f.* ⇒ **abcisão**
abscissa *s. f.* ⇒ **abcissa**
absconder *v. tr.* to abscond, to hide, to conceal, to disguise
abscôndito *adj.* hidden, concealed
absconsa *s. f.* a kind of portable lamp used in convents
absconso *adj.* hidden, secret, mysterious
absentismo *s. m.* absenteeism (absentee administration of an estate, factory, etc.); absenteeism (an employee's repeated absence from work)
absentista *s. m. e f., adj.* absentee
absidal *adj.* apsidal; absidal
abside *s. f.* ARQUITECTURA apse; ASTRONOMIA apsis; reliquary, shrine
absidíolos *s. m. pl.* apses
absíntico *adj.* absinthic
absíntio *s. m.* absinth; wormwood
absintismo *s. m.* MEDICINA absinthism; [fig.] intoxication
absinto *s. m.* ⇒ **absíntio**
absolutamente *adv.* absolutely, positively, utterly, quite, completely, unrestrictedly, by all means; ***absolutamente nada*** not at all, nothing at all; ***eles não se importam absolutamente nada com isso*** they do not care twopence (a rap) for it
absolutismo *s. m.* absolutism
absolutista *s. m. e f.* absolutist
absoluto *adj.* absolute, independent, unlimited, unconditional; unrestricted, complete, perfect, real; actual, positive; pure (free from mixture); FILOSOFIA unconditioned; ***conhecimento absoluto*** absolute knowledge; ***gravidade absoluta*** absolute gravity; ***número absoluto*** absolute number; ***confiança absoluta*** absolute trust
absolutório *adj.* absolutory; DIREITO ***sentença absolutória*** acquittal
absolver Ⓐ *v. tr.* to absolve, to set free, to acquit, to discharge, to pardon; to exempt, to dispense, to pronounce not guilty Ⓑ *v. refl.* to acquit (to excuse) oneself
absolvição *s. f.* absolution, discharge, acquittal, forgiveness, pardon, pardoning; remission of sins declared by a priest, or the formula by which such is expressed
absolvido *adj.* absolved, pardoned, acquitted; forgiven; discharged; declared innocent
ábsono *adj.* discordant, dissonant, absonant, untunable
absorção *s. f.* absorption; mental engrossment; ***absorção acústica*** acoustic absorption; ***absorção cutânea*** cutaneous absorption; ***absorção dos raios X*** absorption of X-rays; ***absorção de alimento*** absorption of food
absorciometria *s. f.* absorptiometry
absorciométrico *adj.* absorptiometric
absorciómetro *s. m.* FÍSICA absorptiometer
absorto *adj.* absorbed, amazed, engrossed, enraptured; deep in thought, swallowed up; ***estar absorto (em)*** to be engrossed (in); ***ficar absorto*** to be lost in thought; ***absorto em êxtase*** wrapped up in an ecstasy; ***absorto em reflexão*** in a brown study; ***absorto com o seu trabalho*** full of one's subject, wrapped in one's work
absorvedor Ⓐ *s. m.* absorber Ⓑ *adj.* absorbent, absorbing
absorvedouro *s. m.* ⇒ **sorvedouro**
absorvência *s. f.* absorbency, absorbancy
absorvente Ⓐ *s. m.* absorbent Ⓑ *adj.* absorbent, absorbing; [fig.] attractive, dominating
absorver Ⓐ *v. tr.* to absorb; to swallow up, to suck in, to imbibe; to take in, to assimilate; to consume; to engross the attention of Ⓑ *v. refl.* to devote oneself exclusively to, to become absorbed (or wrapt) in; ***absorver a humidade*** to absorb the moisture; ***absorver o calor*** to absorb heat; ***ela está absorvida com os filhos*** she is wrapped up in her children and thinks of nobody else
absorvibilidade *s. f.* absorbability
absorvidade *s. f.* absorptivity
absorvimento *s. m.* ⇒ **absorção**
absorvível *adj.* absorbable
abstémio Ⓐ *s. m.* teetotaller, [E. U. A.] teetotaler Ⓑ *adj.* abstemious, teetotal
abstenção *s. f.* abstention, teetotalism
abstencionismo *s. m.* abstentionism
abstencionista *s. m. e f.* abstentionist, teetotaller, [E. U. A.] teetotaler
abster Ⓐ *v. tr.* to keep away from, to refrain Ⓑ *v. refl.* to abstain from, to refrain from; ***abster-se de votar*** to abstain from voting
abstergência *s. f.* ⇒ **abstersão**
abstergente *s. m., adj.* abstergent
absterger *v. tr.* to absterge, to cleanse
abstersão *s. f.* abstersion, cleansing
abstersivo *adj.* abstersive, abstergent, cleansing
absterso *adj.* clean, washed, cleansed, absterged
abstinência *s. f.* abstinence, temperance, sobriety
abstinente Ⓐ *s. m. e f.* abstainer Ⓑ *adj.* abstinent, sober, temperate, moderate, forbearing
abstracção *s. f.* abstraction, abstractedness; ***abstracção de espírito*** absence of mind; ***fazer abstracção de*** to abstract
abstraccionismo *s. m.* abstractedness
abstractamente *adv.* abstractly
abstractivo *adj.* abstractive
abstracto Ⓐ *s. m.* abstract Ⓑ *adj.* abstracted, absent-minded, lost in thought; separated, isolated, abstract
abstraído *adj.* absent-minded, aloof
abstrair Ⓐ *v. tr.* to abstract, to separate, to remove, to lay aside, to consider apart Ⓑ *v. refl.* to become absorbed in thought; to distract oneself
abstruir *v. tr.* to occult, to conceal; to obscure; to confuse
abstrusamente *adv.* abstrusely; obscurely, vaguely; confusedly, unintelligibly
abstrusidade *s. f.* abstruseness
abstruso *adj.* abstruse, unintelligible, confused, intricate; difficult to be understood; remote from apprehension
absurdamente *adv.* absurdly, senselessly, nonsensically, confusedly
absurdeza *s. f.* absurdity, folly, nonsense
absurdidade *s. f.* absurdity, folly, nonsense
absurdo Ⓐ *adj.* preposterous; absurd, foolish, nonsensical, silly, unreasonable, obviously unreasonable or false; ridiculous Ⓑ *s. m.* absurdity, folly, nonsense; preposterousness
abular *v. tr.* to seal with a bull, to seal with lead
abulia *s. f.* MEDICINA abulia (a disease distinguished by the increasing lack of will)
abúlico *adj.* MEDICINA abulic (lacking will-power)
Abuna *s. m.* abuna (the Patriarch of the Abyssinian Church); name by which the priests are known among the Abyssinians
abundância *s. f.* abundance, plenty, plentifulness, ful(l)ness, copiousness; affluence; wealth, riches; ***com abun-***

dância abundantly; ***abundância de alimentos*** abundance of food; ***viver na abundância*** to live in plenty; ***abundância de bons operários*** plenty of good workmen

abundante *adj.* abundant, copious, plentiful, abounding with (in); rich (in); rife; ***abundante de água*** abounding in water

abundantemente *adv.* abundantly, copiously, plentifully

abundar *v. intr.* to abound in (with); to have more than enough, to be well supplied with; ***os rios abundam em trutas*** the rivers abound with trout

abunhadio *s. m.* bondage, serfdom

abunhado *s. m.* Indian held in serfdom (being no slave)

abunhar *v. intr.* to live in bondage; [fig.] to live parsimoniously

aburacado *adj.* pierced, perforated; with holes

aburacar *v. tr.* to bore, to pierce, to perforate; to make holes in

aburelado *adj.* very coarse (cloth); like a monk's outer garment

aburelar *v. tr.* to give the appearance or the consistency of coarse wool cloth

aburguesado *adj.* bourgeois-like; having the habits of the middle-class

aburguesamento *s. m.* the act of becoming a bourgeois or a middle-class person

aburguesar *v. tr. e refl.* to make (to become) bourgeois

aburilar *v. tr.* to engrave; to shape like a burin (graver)

aburrar *v. intr.* ⇒ **amuar**

abusador Ⓐ *s. m.* abuser Ⓑ *adj.* abusive

abusão *s. f.* abuse; mistake, error; fabrication, fib; superstition; RETÓRICA catachresis (misuse or strained use of words)

abusar *v. tr.* to abuse, to misuse; to make bad use of; to revile; to delude, to deceive; to violate; ***abusar da autoridade*** to abuse one's authority; ***abusar da paciência de alguém*** to wear out someone's patience; ***abusar do crédito*** to abuse the credit; ***abusar da bondade de alguém*** to trespass on a person's kindness; ***abusar da confiança*** to abuse the confidence; ***abusar do álcool*** to overindulge in spirits; ***receio realmente abusar da vossa bondade*** I am really afraid of intruding on your kindness

abusivamente *adv.* abusively, improperly

abusivo *adj.* abusive, improper, offensive

abuso *s. m.* abuse, misuse, error, overuse; ***abuso de álcool*** alcohol abuse, abuse of spirits; ***abuso de poder*** abuse of power

abutre *s. m.* ORNITOLOGIA vulture; [fig.] bad or cruel individual; ***abutre dos cordeiros*** bearded vulture; ***abutre real*** king vulture

abutreiro *s. m.* vulture hunter

abuzinar Ⓐ *v. intr.* to hoot, to toot; to sound the horn; to make a loud noise; to speak in a loud voice Ⓑ *v. tr.* to importune

a. C. ||*abrev. de* **antes de Cristo**|| BC |*abrev. de* Before Christ|

A/C. ||*abrev. de* **ao cuidado de**|| c/o |*abrev. de* in care of|

aça Ⓐ *s. m. e f.* [Bras.] one who or that which is albino, mulatto or whitish; bright-complexioned mulatto Ⓑ *adj.* albino

acabaçado *adj.* gourd-like; looking like a pumpkin

acabaçar *v. tr.* to shape like a gourd or pumpkin

acabado *adj.* finished, accomplished, faultless, complete, ready; old, worn-out; exhausted, downcast, feeble; ***acabado a frio*** cold-finished; ***acabado em ponta*** tapered, pointed; ***bem acabado*** fair, well finished

acabador *s. m.* finisher

acabadote *adj.* [coloq.] shaky, decrepit, ramshackle; aged

acabamento *s. m.* finish, finishing, completion, end, accomplishing; conclusion, death; ***acabamento do prazo*** expiration of the term; ***acabamento do trabalho*** finishing of the work; ***acabamento muito esmerado*** perfect finish

acabanado *adj.* hut-like, shack-like; having horizontal (or drooping) horns (oxen); [fig.] poor, untidy

acabanar *v. tr.* to bind like a hut

acabar *v. tr. e refl.* to finish, to end, to accomplish, to conclude, to achieve, to perfect, to consume; to close, to terminate, to complete; to extinguish; to die; to come to an end; to give the finishing stroke (touch) to; to be over; to be finished; to put an end to; ***acabar de imprimir*** to finish printing; ***vou acabar com isto*** I'll put an end (a stop) to this; ***isto é um nunca acabar*** there is no end to this; ***acabar com alguém*** to have done with someone; ***acabar em bem*** to end well; ***acabar em ponta*** to taper; ***estar a acabar*** to draw to a close; ***acabar a tarefa*** to accomplish one's task; ***acabar de chegar*** to have just arrived; ***acabar de fazer uma coisa*** to have just done a thing; ***acabar por fazer*** to end by doing; ***acabarei com ele para sempre*** I will have nothing to do with him any more; ***acabou-se*** it is over, it's up, there is no help for it; ***acabou-se!*** that will do!, call it a day!; ***acabar um trabalho*** to give the last stroke to, to give the final touch to; ***acabar um turno*** to work out a shift; ***acabo de receber uma carta de Londres*** I have just received a letter from London; ***você já acabou?*** have you done?, have you finished?; ***ainda bem que já acabou*** I am glad it's over; ***acabar apressadamente*** to finish in a hurry; ***acabar em nada*** to end in smoke, to come to nothing; ***como acabará tudo isto?*** how will it all turn out?; ***a tinta está a acabar*** we are running short of ink; ***os tolos nunca acabam*** there is a sucker born every minute

acabelado *adj.* hairy

acabelar *v. tr.* to form a growth of hair

acaboclado *adj.* [Bras.] from peasant stock; like a peasant; rustic, rural; churlish, boorish

acabramar *v. tr.* to tie one foot of an ox to its horns so that it cannot injure the person treating it

acabramo *s. m.* halter or tether used for the above purpose

acabrunhadamente *adv.* despondently, dejectedly, oppressively, sorrowfully

acabrunhado *adj.* despondent, downcast, dispirited, downhearted, feeble, weak, distressed; ***acabrunhado pela dor*** heavy-hearted; ***está acabrunhada pelos cuidados*** she is weighed down with cares

acabrunhador *adj.* oppressive, depressive, distressing

acabrunhamento *s. m.* despondency, dejection, distress, oppressiveness

acabrunhar Ⓐ *v. tr.* to oppress, to vex, to overwhelm; to grieve, to distress, to give pain; to humble; to depress; to humiliate; to weigh down Ⓑ *v. refl.* to lose courage; to afflict oneself, to become dispirited; to be distressed

açacalador *s. m.* burnisher of arms (weapons)

açacaladura *s. f.* act of burnishing arms

açacalar *v. tr.* to burnish (arms); to polish; [fig.] to refine, to repair, to improve

acaçapado *adj.* crouched, squat, dumpy; crouching; crushed; short and plump; close to the ground; low; thickset

acaçapar *v. tr.* not to give enough room; to lower, to flatten, to shrink

acaçapar-se *v. refl.* to cower, to squat, to crouch; ***acaçapar-se com medo*** to shrink with fear

acachapar *v. tr.* ⇒ **acaçapar**

acachapar-se *v. refl.* ⇒ **acaçapar-se**

acachoar *v. tr. e intr.* to bubble, to rise in bubbles; to cause to bubble; to spout; to gush out, to surge; to foam

acácia *s. f.* BOTÂNICA acacia; acacia-tree; ***falsa acácia*** false acacia

acacifar *v. tr.* to put in a box or drawer; to keep in a safe or basket (things of small value); to hide

academia *s. f.* academy; literary society; higher school; ***Academia das Ciências*** Academy of Sciences; ***Academia das Belas-Artes*** Academy of Fine Arts; ***Academia de Letras*** Academy of Arts; ***Academia de Música*** Academy of Music

académia *s. f.* plaster model (painting); academy figure
academial *adj.* academic(al); theoretic(al)
academiar *v. intr.* to talk or to act as an academician
academicamente *adv.* academically
académico Ⓐ *s. m.* an academician Ⓑ *adj.* academical
academismo *s. m.* academism; formalism; lack of originality
academista *s. m. e f.* academician; student or member of a school for recreative activities
academizar *v. tr.* to academize, to make academic
acadiano *s. m., adj.* Acadian (of or native of Nova Scotia, Acadia being the name given to the country by the first French settlers in 1604)
acadimado *adj.* accustomed to, used to
acadimar *v. tr., intr. e refl.* to accustom; to take the habit (or liking) of
açafata *s. f.* maid of honour, lady of the royal household
açafate *s. m.* small wicker basket without cover or handles
açafateiro *s. m.* maker or seller of baskets
acafelador *s. m.* plasterer
acafelamento *s. m.* plastering
acafelar *v. tr.* to plaster; [fig.] to hide; ***acafelar uma porta (uma janela)*** to wall up a door (a window)
acafetar *v. tr.* to colour like coffee
açaflor *s. m.* ⇒ **açafrão**
açafrão *s. m.* BOTÂNICA saffron, crocus; ***açafrão bastardo*** bastard saffron; ***flor de açafrão*** saffron flower
açafroa *s. f.* safflower
açafroado *adj.* saffron-coloured; deep-orange coloured; (food) curried; seasoned with saffron
açafroal *s. m.* saffron field; crowsfield
açafroar *v. tr.* to colour with saffron; to season with saffron; to condiment with saffron
açafroeira *s. f.* BOTÂNICA Indian saffron
açafrol *s. m.* ⇒ **açafroa**
açaí *s. m.* BOTÂNICA the fruit of a Brazilian species of palm-tree; ⇒ **açaizeiro**
acaico *s. m., adj.* ⇒ **acadiano**
açaimar *v. tr.* to muzzle; to repress, to stifle
açaime *s. m.* muzzle
açaimo *s. m.* ⇒ **açaime**
acairelado *adj.* laced, hemmed in a garment with lace or with a different material
acairelador *s. m.* lacer (one who hems in a garment with lace or other material)
acairelamento *s. m.* lacing
acairelar *v. tr.* to lace, to adorn, to trim; to hem in a garment with a different material
açaizeiro *s. m.* BOTÂNICA Brazilian species of palm-tree
acajadar *v. tr.* to beat with a staff or club
acaju *s. m.* cashew, cashew-apple; acajou; ***acaju (para móveis)*** polished mahogany
acajueiro *s. m.* cashew
acalantar *v. tr.* ⇒ **acalentar**
acalanto *s. m.* warmer (foot-warmer, platewarmer, etc.); trick, trap; flattery; cajolery; to certain authors a kind of goldfinch
acalcado *adj.* crushed, trampled, down-trodden; [fig.] oppressed
acalcanhado *adj.* trodden, trampled; stepped on; squashed; vexed, annoyed, humiliated, humbled; worn by use (heel)
acalcanhamento *s. m.* treading or trampling with the heel; vexation, annoyance; humiliation; a wearing down at the heels
acalcanhar *v. tr. e intr.* to tread or trample with the heels; to wear down at the heel; to crush; to vex; to humiliate
acalcar *v. tr.* ⇒ **calcar**
acalefa *s. f.* ZOOLOGIA acaleph
acalefo *s. m.* ⇒ **acalefa**
acalentador *adj.* warming, lulling; soothing, hushing
acalentar *v. tr.* to rock, to lull (to sleep); to warm; to comfort, to soothe; ***acalentado pela esperança*** rocked in hopes
acalento *s. m.* rocking, lulling, warming; soothing
acalhoar *v. tr.* to stone; to pelt
acálice *adj.* BOTÂNICA acalycine (having no calyx)
acalicino *adj.* ⇒ **acálice**
acalmação *s. f.* soothing, calm, calmness, tranquillity; a lull
acalmado *adj.* calm, calmed, tranquil, quiet, still
acalmamento *s. m.* ⇒ **acalmação**
acalmar Ⓐ *v. tr. e intr.* to calm, to appease, to moderate, to tranquilize; to soothe, to quiet, to soften; to hush, to pacify; to calm down, to abate, to lull, to alleviate Ⓑ *v. refl.* to grow calm; to settle down, to steady; to moderate one's feelings; ***acalmar os protestos dos clientes*** to pacify the clients; ***acalmar a dor*** to soothe the pain; ***acalmar os nervos de alguém*** to soothe somebody's nerves; ***acalmar a ira*** to calm down; ***acalmar (mar)*** to calm down, to fall calm; ***acalmar (vento)*** to abate, to drop; ***acalmar alguém*** to pacify somebody
acalmia *s. f.* pause, lull; absence of wind
acalorado *adj.* heated; agitated, excited, lively; vehement; passionate; ***uma discussão acalorada*** a heated discussion
acaloramento *s. m.* heating; agitation
acalorar *v. tr.* to heat, to warm; to stir up, to excite
acamação *s. f.* arrangement in layers; stratification
acamamento *s. m.* GEOLOGIA stratification
acamar Ⓐ *v. tr.* to arrange in layers, to lay Ⓑ *v. intr.* to lie in bed, to fall ill, to have to stay in bed; to lay (corn)
açamar *v. tr.* ⇒ **açaimar**
acamaradar *v. refl. e intr.* to associate with; to mix with; to side with; to befriend
açambarcador *s. m.* monopolist, monopolizer, forestaller; racketeer
açambarcagem *s. f.* monopoly, forestalling
açambarcamento *s. m.* monopoly, forestalling
açambarcar *v. tr.* to monopolize, to forestall, to buy up, to hoard; ***açambarcar o mercado*** to corner the market
açambarque *s. m.* ⇒ **açambarcagem**
acamboar *v. tr.* to get the oxen ready to pull; to crook, to bend, to make or to become awry
acambraiado *adj.* cambric-like; all-white
acambulhar *v. tr.* to pile (cereals) in layers; to disorder
açame *s. m.* ⇒ **açaime**
açamo *s. m.* ⇒ **açaime**
açamoucado Ⓐ *s. m.* bad use of materials (resulting in an artless, unsafe construction); jerry-building Ⓑ *adj.* jerry-built
acampado *adj.* camping
acampainhar *v. tr.* to give the shape (or the sound) of a bell; to make bell-like; to ring the bell
acampamento *s. m.* camping, camp, encampment; ***acampamento militar*** camp, encampment; ***levantar o acampamento*** to break up a camp; ***material de acampamento*** camping-kit, camping equipment
acampar *v. tr. e intr.* to camp, to encamp; to go camping; ***as tropas acamparam num vale*** the troops encamped in a valley
acampsia *s. f.* MEDICINA acampsia
acampto *adj.* opaque; shady, dark, not transparent
acamurçado *adj.* chamois-like; tanned in same way as chamois (skin)
acamurçar *v. tr.* to dress chamois leather; to make chamois-like
acanalado *adj.* channelled, grooved, fluted, furrowed
acanalador Ⓐ *s. m.* person who (or thing that) makes channels, etc Ⓑ *adj.* making channels, grooves or furrows
acanaladura *s. f.* channel, groove, flute, fluting, furrow, chamfer; ***acanaladura plana*** flat channel

acanalar *v. tr.* to flute, to groove, to channel, to chamfer; to furrow; to slot; ***acanalar uma coluna*** to flute a column
acanalhado *adj.* roguish, rascally
acanalhar Ⓐ *v. tr.* to make roguish Ⓑ *v. refl.* to become a rogue (a scoundrel)
acanastrar *v. tr.* to pack into a basket
acanaveadura *s. f.* torturing by piercing needlelike pieces of bamboo under the nails; [fig.] torment, torture
acanavear *v. tr.* to torture by piercing needlelike pieces of bamboo under the nails; [fig.] to torment, to torture
acancelar *v. tr.* to form like a barred gate; to gate
acanelado *adj.* cinnamon-flavoured, flavoured with cinnamon; of a cinnamon colour, cinnamon-coloured; ⇒ **acanalado**
acaneladura *s. f.* act of flavouring with cinnamon
acanelar *v. tr.* to flavour with cinnamon; to cover with cinnamon; to give cinnamon colour; ⇒ **acanalar**
acanhado *adj.* shy, bashful, timid; narrow, tight, close; overshadowed (of plants); ***de começo as crianças estavam acanhadas*** the children were shy at first; ***sinto-me acanhado*** I do not feel at ease; ***espaço acanhado*** narrow space
acanhador Ⓐ *s. m.* scoffer, mocker Ⓑ *adj.* deriding, jeering
acanhamento *s. m.* shyness, bashfulness, timidity; narrowness, tightness
acanhar Ⓐ *v. tr. e intr.* to depress, to intimidate; to inspire fear, to make short, to make tight; to get discouraged, to be intimidated Ⓑ *v. refl.* to become narrower; to be shy (ashamed), to grow timorous, to get discouraged; to humble
acanho *s. m.* ⇒ **acanhamento**
acanhonear *v. tr.* ⇒ **canhonear**
acanhotado *adj.* left-handed, maladroit
acanónico *adj.* contrary to the canon-law; not following the general rule; not bound by certain vows
acanonista *s. m. e f.* transgressor of a canon-law; one who does not follow the general rule or is not bound by certain vows
acantáceo *adj.* BOTÂNICA acanthaceous
acanteirar *v. tr.* to divide (the garden or kitchen-garden) into flowerbeds; to give to something the shape of flowerbeds
acântico *adj.* BOTÂNICA referring to acanthus (bear's-breech or brank-ursine)
acanto *s. m.* BOTÂNICA acanthus; bear's breech or brank-ursine
acantoado *adj.* placed in a corner; set aside; neglected; hidden
acantoamento *s. m.* placement in a corner; settlement aside; separation, isolation
acantoar Ⓐ *v. tr.* to place in a corner; to set aside; to hide Ⓑ *v. refl.* to flee from society, to live apart
acantocárpico *adj.* BOTÂNICA related to the spiny acanthus
acantocarpo *s. m.* BOTÂNICA acanthocarpous
acantocéfalo *adj.* MEDICINA acanthocephalous
acantodáctilo *adj.* acanthodactyl
acantófago *adj.* said of the animal which feeds on thistles
acantonamento *s. m.* cantonment
acantonar *v. tr.* to canton, to quarter
acantopterígio *adj.* acanthopterygian
acantóptero *adj.* acanthopterygian
acanudar *v. tr.* to shape like a tube
acanular *v. tr.* to shape like a cannula or tube
acapachar *v. tr.* to cover with a mat; to humiliate, to humble; [fig.] to crush; to demoralize
acapelar Ⓐ *v. tr.* to cover with a hood, to overwhelm, to submerge; to shape like a hood or cap Ⓑ *v. refl.* to sink; to roughen (sea)
acapitular *v. tr.* to divide into chapters; RELIGIÃO to reprimand (in presence of the chapter); to admonish, to warn
acapna *s. f.* dry wood that does not smoke
acapno *adj.* said of the wood that does not smoke; smokeless; said of the best honey which is obtained without driving the bees out of the beehive by means of smoke
acaramelar *v. tr.* to turn into caramel; to cover with caramel
acaramular *v. tr.* to pile up, to heap up
acarapinhar *v. tr.* ⇒ **encarapinhar**
acarapuçar *v. tr.* to cover with a cap (hood)
acarar *v. tr.* ⇒ **encarar**
acardia *s. f.* MEDICINA acardia (a congenital absence of heart [in the embryo])
acardumar-se *v. refl.* to shoal, to form a shoal (fish)
acareação *s. f.* confrontation (of witnesses)
acareamento *s. m.* confronting (confrontation) and questioning of witnesses
acarear *v. tr.* to confront (witnesses); to compare; ***acarear as testemunhas com o acusado*** to confront the witnesses with the accused
acari *s. m.* ⇒ **uacari**
acaríase *s. f.* MEDICINA an irritating skin infection produced by acarus (kind of mite)
acariciador Ⓐ *s. m.* fondler, caresser Ⓑ *adj.* fondling, caressing
acariciante *adj.* fondling, caressing
acariciar *v. tr.* to fondle, to caress; to pet; to stroke, to cherish, to polish, to smooth
acariciativo *adj.* fondling, caressing
acaricida *s. m., adj.* that which destroys the mites or acarus
acaridar Ⓐ *v. tr.* to treat with kindness or charity Ⓑ *v. refl.* to feel pity (for), to have charity, compassion, pity (for), to commiserate
Acarídeos *s. m. pl.* ZOOLOGIA *Acaridae*, mites
Acáridos *s. m. pl.* ⇒ **Acarídeos**
acarinhar *v. tr.* to fondle, to caress; to pet; ***acarinhar os filhos*** to fondle one's children
acarinos *s. m. pl.* ZOOLOGIA ⇒ **Acarídeos**
acarminar *v. tr.* to colour (to tincture) with carmine, to dye with carmine
acarneirado *adj.* sheep-like
acarneirar Ⓐ *v. tr.* to make wooly (or fleecy); to curl Ⓑ *v. refl.* to be turned into something similar to a sheep
ácaro *s. m.* ZOOLOGIA acarus, acarid
acarochado *adj.* beetlelike
acarofobia *s. f.* acarophobia; mitephobia
acaróide *adj.* similar to an acarus or mite
acarpelado *adj.* BOTÂNICA that which has no carpels
acarpia *s. f.* sterility, infertility
acárpico *adj.* BOTÂNICA fruitless
acarpo *adj.* BOTÂNICA fruitless
acarraçado *adj.* sticking (clinging) like a tick
acarração *s. f.* leading (cattle) to a shady spot
acarraçar-se *v. refl.* to develop ticks (acaridan arachnids which infest dogs, sheep, etc.); to hang on (to cling) to a person
acarradoiro *s. m.* ⇒ **acarradouro**
acarradouro *s. m.* shelter from the sun (for cattle)
acarrancar-se *v. refl.* to put on a stern face (or a grim look)
acarrapatado *adj.* tick-like
acarrapatar-se *v. refl.* [fig.] to hold on, to hang on, to stick like a tick
acarrar Ⓐ *v. tr.* to cart Ⓑ *v. intr.* to rest in the shade (the cattle); to be asleep
acarrear *v. tr. e intr.* to cart, to convey in a cart; to occasion, to cause; to carry
acarreio *s. m.* carting, cartage; cause; GEOLOGIA insertion of new substances into the rocks
acarreja *s. f.* cartage (of cereals) in a cart pulled by animals; season for the carting (of cereals)

acarrejar *v. tr.* to carry (burdens); to cart (cereals) in a cart pulled by animals
acarretadeira *s. f.* woman bearer, carrier
acarretado *adj.* said of a gun provided with a carriage or a cart; conveyed in a cart
acarretador *s. m.* carter, carrier, waggoner; bearer, porter
acarretadura *s. f.* carting, conveying, carriage, transport; porterage, portage, freight
acarretamento *s. m.* carting, conveying, carriage, transport; porterage, portage, freight
acarretar *v. tr.* to cart, to carry, to convey; [fig.] to occasion, to cause, to originate, to result in; ***acarretar dificuldades*** to bring about difficulties; ***acarretar inconvenientes*** to cause disadvantages (damages), to cause inconvenience
acarreto *s. m.* ⇒ **carreto**
acarro *s. m.* ⇒ **acarradoiro**
acartamento *s. m.* ⇒ **acarretadura**
acartar *v. tr.* ⇒ **acarretar**
acartolado *adj.* shaped like a top-hat; topper-like
acartolar *v. tr.* to shape like (to provide with) a top-hat
acartonado *adj.* cardboard-like, carton-like
acartonar *v. tr.* to make like cardboard
acartuchar *v. tr.* to shape like a cartridge; to provide with cartridges; to shape like a paper-bag, to put into a paper-bag
acasacar *v. tr.* to wear a tail-coat; to cut (to tailor) like a tail-coat
acasalação *s. f.* mating, coupling; joining, bringing together; equalling, matching
acasalamento *s. m.* mating, coupling; joining, bringing together; equalling, matching
acasalar *v. tr.* to mate, to couple, to match
acasamatar *v. tr.* to provide with casemates
acasernar *v. tr.* to house in barracks
acasmurrado *adj.* stubborn, obstinate; sullen, grumpy, surly, sulky, gloomy
acasmurrar *v. refl. e intr.* to become obstinate (stubborn)
acaso Ⓐ *s. m.* chance, hazard, fortune, luck Ⓑ *adv.* by chance, perhaps, incidentally; ***por acaso*** by chance, incidentally; ***ao acaso*** at random; ***encontrei-o por acaso*** I met him by chance; ***por um feliz acaso*** by a fluke
acasquilar *v. tr.* to smarten; to beautify
acastanhado *adj.* chestnut-coloured; brownish; nut-brown
acastanhar *v. tr.* to give to something a brown or chestnut colour
acastelado *adj.* fortified with (protected by) a castle; castle-like; castellated; piled up; ⇒ **encastelado**
acastelamento *s. m.* fortified place or position
acastelar Ⓐ *v. tr.* to fortify (to protect) with castles; to pile up Ⓑ *v. refl.* to be cautious
acastelhanado *adj.* Castilian-like; Spaniard-like; sympathizing with the Castilians
acastelhanar *v. tr.* to give a Castilian (or Spanish) appearance (or style) to; to do in a Castilian way
acastiçar *v. tr.* to make a person (or a thing) look genuine
acastoar *v. tr.* to fit with a head or knob (walking stick, etc.); ⇒ **encastoar**
acastorado *adj.* similar to the fur of a beaver
acasulado *adj.* with (or like) a cocoon-shaped
acasular *v. tr.* to shape like a cocoon; [fig.] to hide
acatado *adj.* respected, esteemed
acatador *adj.* respectful, obedient
acataléctico *adj.* acatalectic (having the complete number of syllables as a verse; without defect)
acatalepsia *s. f.* MEDICINA acatalepsia; FILOSOFIA acatalepsy; incomprehensibility
acataléptico *adj.* acataleptic
acatamento *s. m.* respect, regard, reverence, deference; veneration; observation
acatar *v. tr.* to respect, to regard, to revere; to observe, to follow, to fulfil; ***acatar uma ordem*** to observe (obey) an order
acatarrado *adj.* catarrhal; with a cold
acatarroado *adj.* catarrhal; with a cold
acatassolado *adj.* multicoloured (cloth); woven like camlet; [fig.] fickle, unsteady
acatastático *adj.* said of certain sicknesses the symptoms of which change constantly; unstable; unsteady
acatável *adj.* respectable, deserving deference
acatingado *adj.* foul; fetid; stinking, goaty-smelling
acatisia *s. f.* the impossibility of being seated
acatisto *s. m.* hymn of the Byzantine liturgy concerning the Annunciation mystery
acatitar *v. tr.* to dress smartly, to dress sprucely, to adorn
acato *s. m.* respect, regard, reverence
acatólico *s. m., adj.* non-catholic
acauã *s. m.* [Bras.] falcon considered ill-omened and the terror of women
acaudado *adj.* tailless
acaudalar *v. tr.* to turn (to develop) into a torrent
acaudatar *v. tr.* to follow; to bring up the rear
acaudelar *v. tr.* to ⇒ **acaudilhar**
acaudilhar *v. tr.* to command, to lead, to head
acaule *adj.* BOTÂNICA acaulous
acaulescência *s. f.* BOTÂNICA acaulescence
acaulescente *adj.* BOTÂNICA acaulescent, acaulous
acauteladamente *adv.* prudently, cautiously, discreetly, wisely, carefully, warily
acautelado *adj.* cautious, prudent, discreet, wise, careful, wary
acautelar Ⓐ *v. tr.* to caution, to warn, to advise, to (safe)guard; to forewarn Ⓑ *v. refl.* to be on one's guard; to be careful, to be cautious; to take precautions, to take care, to beware; ***acautelar-se das falsificações*** to beware of imitations; ***acautelem-se dos gatunos!*** beware of pickpockets!; ***acautele-se, não vá ser atropelado*** take care not to get run over
acavalado *adj.* ready to ride (a horse); [fig.] superimposed one on the other; [Bras.] very large
acavalar *v. tr.* to cover a mare; [fig.] to superimpose one on the other
acavaleirar *v. tr.* to place in a superior (leading) position; to put oneself at the head of, to lead; to heap up; to surmount
acavaletado *adj.* crooked, aquiline (nose)
acavaletar *v. tr.* to crook, to bend, to curve
acaveirado *adj.* like a skull
acção *s. f.* action, feat, deed; act; MILITAR operation, battle, engagement, fight; RETÓRICA gesture, gesticulation; DIREITO proceeding, lawsuit; COMÉRCIO stock, share; ***acção de graças*** thanksgiving; ***intentar uma acção (contra)*** to sue, to go to law, to bring an action against; ***entrar em acção*** to go (to come) into operation; ***acção atmosférica*** atmospheric action; ***acção combinada*** joint action, combined action; ***acção da luz*** action of light; ***acção de alavanca*** effect of lever, leverage; ***acção directa*** direct action; ***acção do tempo*** effect of weather (time); ***acção do medicamento*** action (effect) of the medicine; ***acção retardada*** delayed action, time-lag action, retarded action; ***acção naval*** naval action, naval engagement; ***uma má acção*** a wicked deed; ***uma boa acção*** a good deed; ***acção feia*** a naughty deed; ***acção dos caminhos-de-ferro*** railway share; ***acção beneficiária*** beneficiary share; ***acção liberada*** fully-paid share; ***acção privilegiada*** preference share; ***acção ao portador*** bearer share; ***acção deferida*** deferred share; ***acção nominativa*** nominal (personal) share; ***acção não liberada*** partially paid-up share; ***acção averbada*** personal share; COMÉRCIO ***acção bonificada*** bonus share; ***acção ordinária*** ordinary share
accionado Ⓐ *adj.* driven (action) Ⓑ *s. m.* (declamation) gesture; delivery
accionador Ⓐ *s. m.* person (or thing) that sets in motion, mover, driver Ⓑ *adj.* driving, operating
accional *adj.* acting, actional

accionamento *s. m.* drive, driving action
accionar *v. tr.* DIREITO to sue, to go to law, to bring an action against; COMÉRCIO to incorporate; to gesticulate; to drive, to work, to set in motion
accionário *s. m.* ⇒ **accionista**
accionável *adj.* drivable; liable to be set in motion; DIREITO liable to court action
accionista *s. m. e f.* shareholder; stockholder; ***accionista maioritário*** majority shareholder; ***accionista minoritário*** minority shareholder
accipitriformes *s. m. pl.* a kind of birds of prey with rough plumage and the eyes set at the sides of the head
acebolado *adj.* like an onion; tasting of onion
acedares *s. m. pl.* fishing net (for sardines); a place in the water where the flax is seasoned
acedência *s. f.* assent, agreement, accordance
acedente *adj.* assentient, complying, assenting, accordant, agreeing
aceder *v. intr.* to accede, to grant; to acquiesce, to yield, to consent; to assent; to agree; to comply; ***aceder a um pedido*** to accede to a request, to comply with a request; ***aceder a um desejo*** to yield to a wish, to comply with a wish, to meet a wish, to grant a wish; ***aceder a um convite*** to accept an invitation
acedia *s. f.* negligence, slackness, laziness
acedioso *adj.* lazy, inactive, dull
acefalia *s. f.* a headless monstrosity
acefálico *adj.* ⇒ **acéfalo**
acefalita Ⓐ *adj.* ⇒ **acéfalo** Ⓑ *s. m. pl.* Acephali
acéfalo *s. m., adj.* acephalous, headless
acefalópode *s. m., adj.* acephalopod
acefalopodia *s. f.* quality or state of an acephalopod
aceiração *s. f.* METALURGIA steeling
aceiramento *s. m.* METALURGIA steeling
aceirar *v. tr.* to steel, to overlay with steel; to make a clearing around a wood
aceiraria *s. f.* steel works; steelware shop
aceiro *s. m.* steel-worker
aceitabilidade *s. f.* acceptability, acceptableness
aceitação *s. f.* acceptance, reception; approval; applause; consideration; ***aceitação beneficiária de uma apólice*** beneficiary acceptance of a policy; ***aceitação das mercadorias*** acceptance of goods; ***aceitação de uma doutrina*** acceptance of a doctrine
aceitador Ⓐ *s. m.* accepter, acceptor; endorser Ⓑ *adj.* accepting, approving
aceitamento *s. m.* ⇒ **aceitação**
aceitante Ⓐ *s. m. e f.* COMÉRCIO acceptor, receiver Ⓑ *adj.* accepting, acceptant, receiving
aceitar *v. tr.* to accept; to receive, to take, to agree, to admit; to permit; ***aceitar condições*** to accept conditions; ***aceitar combate*** to accept combat; ***aceitar uma letra*** to accept a bill; ***aceitar um convite*** to accept an invitation; ***aceitar de boa fé*** to take on trust; COMÉRCIO ***aceitar uma proposta*** to accept a tender; ***aceitar a responsabilidade de*** to take upon oneself, to accept (to assume) the responsibility for; ***aceitar um desafio*** to take up a challenge; COMÉRCIO ***aceitar em pagamento*** to accept in payment; ***aceitar sob protesto*** to accept under protest; ***aceitar por honra da firma*** to accept for the honour of the firm; ***aceitar uma proposta*** to accept a proposition; ***aceitar trinta ou quarenta por cento numa concordata*** to accept six or eight shillings in the pound in a composition (with creditors); ***aceitar uma oferta*** to accept an offer; ***queira aceitar a expressão da minha mais alta consideração*** (conclusion of a letter) Yours faithfully; ***aceita uma bebida?*** would you like a drink?, will you have a drink?
aceitável *adj.* acceptable, agreeable
aceite Ⓐ *adj.* acceptable, agreed, admitted; Ⓑ *s. m.* COMÉRCIO acceptance ***apresentar para aceite*** to present for acceptance; ***por falta de aceite*** for non-acceptance; ***pôr o aceite*** to set the acceptance; ***recusa de aceite*** refusal to accept; ***aceite condicional*** conditional acceptance; ***aceite em branco*** acceptance in blank; ***aceite incondicional*** absolute acceptance; ***aceite parcial*** partial acceptance
aceito *adj.* received; esteemed, accepted; admitted
aceitoso *adj.* ⇒ **aceitável**
aceleirar *v. tr.* ⇒ **enceleirar**
aceleração *s. f.* acceleration, increase in speed; swiftness; ***aceleração negativa*** deceleration, retardation; ***aceleração da circulação*** acceleration of circulation
aceleradamente *adv.* hastily, quickly, speedily, in a hurry; swiftly
acelerado *adj.* accelerated, quickened, swift; ***passo acelerado*** quick march
acelerador Ⓐ *s. m.* [técn.] accelerator Ⓑ *adj.* accelerating
aceleramento *s. m.* ⇒ **aceleração**
acelerando *adv.* MÚSICA accelerando
acelerante *adj.* accelerating
acelerar Ⓐ *v. tr.* to accelerate, to push on; to speed up; to put on speed, to hasten; to quicken; to press Ⓑ *v. refl.* to gather speed, to hasten, to make haste; to fly into a passion; ***acelerar a velocidade*** to increase the speed, to raise the velocity; ***acelerar a execução*** to press the execution; ***acelerar a execução dos trabalhos*** to speed up the work, to push on the work; ***acelerar o passo*** to go faster
acelerativo *adj.* accelerative
acelerógrafo *s. m.* accelerograph
acelerómetro *s. m.* accelerometer
acelga *s. f.* BOTÂNICA Swiss chard; leap beet
acém *s. m.* loin, sirloin; surloin; the forerib, middle rib (or chuck rib) of an ox
acenamento *s. m.* ⇒ **aceno**
acenar *v. intr.* to nod (head); to beckon; to call attention; to make a sign; to wave; ***acenar com a mão*** to wave one's hand; ***acenar com um lenço*** to wave a handkerchief
acendalha *s. f.* everything that can be used for making a fire; lighter
acendedalha *s. f.* ⇒ **acendalha**
acendedor *s. m.* lighter; igniter; ***acendedor de cigarros (isqueiro)*** cigarette lighter; ***acendedor eléctrico*** electric lighter
acender Ⓐ *v. tr.* to light, to kindle, to set fire, to set on fire; to ignite; to switch (to put) on; [fig.] to excite, to inflame Ⓑ *v. refl.* to be (to become) lighted, to brighten up; to catch fire; [fig.] to be excited; ***acender a luz*** to switch on the light; ***acender uma fogueira*** to light (to kindle) a fire; ***acender um fósforo*** to light (to strike) a match; ***acender os faróis*** to switch on the headlights; ***acender a fornalha (de uma caldeira)*** to light a boiler, to start a boiler
acendidamente *adv.* excitedly, with excitement, with enthusiasm
acendimento *s. m.* lighting, igniting, firing; [fig.] ardour, fervour, passion; ***acendimento das lâmpadas*** lighting of the lamps, lamp-lighting
acendível *adj.* inflammable, ignitable, combustible
acendrado *adj.* greyish; [fig.] purified; vehement
acendrador Ⓐ *s. m.* one that purifies Ⓑ *adj.* purifying
acendramento *s. m.* cleaning with ash; polishing, purifying; refining; scouring
acendrar *v. tr.* to clean with ash; [fig.] to purify; to refine (metals)
aceno *s. m.* nodding (of head); calling (or invitation); wink; beck
acensão *s. f.* ⇒ **acendimento**
acento *s. m.* accent; tone; stress; emphasis, modulation; ***acento agudo*** acute accent; ***acento grave*** grave accent; ***acento circunflexo*** circumflex accent; ***acento tónico*** stress
acentuação *s. f.* accentuation; accent; stress; emphasis
acentuado *adj.* stressful, striking; conspicuous; unmistakable; stressed; accentuated, accented; pronounced, evident, emphasized; outstanding

acentuar *v. tr.* to accent, to accentuate, to stress, to emphasize, to lay stress on; to mark with an accent
acepção *s. f.* acceptation (of a word); meaning; sense; signification; ***na acepção lata da palavra*** in the full strength (or meaning) of the word
acepilhador *s. m.* CARPINTARIA planer (one who planishes with a plane); the plane itself; planing-machine
acepilhadura *s. f.* planing; ***acepilhaduras*** shavings, parings
acepilhar *v. tr.* CARPINTARIA to plane; METALURGIA to planish; to smooth off; to polish; to perfect; ***acepilhar à máquina*** to polish with the planing-machine
acepipar *v. tr.* to season generously; to make more palatable (or tasty)
acepipe *s. m.* dainty, tit-bit; delicacy; hors d'œuvre
acéquia *s. f.* aqueduct; a channel for conveying water, gutter; cascade; ***acéquia do moinho*** mill-race
ácer *s. m.* BOTÂNICA maple
aceração *s. f.* ⇒ **aceramento**
Aceráceas *s. f. pl.* BOTÂNICA *Aceraceae*
acerado *adj.* steeled; that hurts very much; exacerbated; excited; sharpened; acierated; converted into steel
acerador *s. m.* cutler; steel-worker
aceramento *s. m.* steeling, tempering iron with steel; sharpening; stimulation
acerante *adj.* having the qualities of steel; stimulating
acerar *v. tr.* to steel, to coat with steel; to sharpen, to stimulate; to refine
aceraria *s. f.* steel-works
acerbamente *adv.* bitterly, roughly, acrimoniously, harshly, fiercely
acerbar *v. tr.* to acerbate, to embitter, to exacerbate, to irritate
acerbidade *s. f.* acerbity, fierceness; bitterness, cruelty, harshness; severity
acerbo *adj.* acerb, bitter, harsh, rough; cruel; tart
acerca *adv.* near, about, nearly; ***acerca de*** concerning, as regards, as to, as for
acercar Ⓐ *v. tr.* to surround; to approach; to encircle, to enclose Ⓑ *v. refl.* to draw near, to come near; to approach
acerejado *adj.* cherry-coloured, cherry-red
acerejar Ⓐ *v. tr.* to give a cherry colour to Ⓑ *v. refl. e intr.* to become the colour of a cherry
acerífero *adj.* that which contains or produces steel
Aceríneas *s. f. pl.* BOTÂNICA ⇒ **Aceráceas**
ácero *adj.* having no horns, antennae or tentacles (insects or molluscs)
aceroso *adj.* BOTÂNICA needle-shaped; steely; steel-like
acérrimo *adj.* acrid; sour, bitter; caustic, pertinacious
acertado *adj.* right, judicious; proper; fit; fitting; wise
acertar Ⓐ *v. tr.* to set (to make) right, to adapt, to adjust, to fit, to harmonize, to settle; to conjecture right, to hit upon Ⓑ *v. intr.* to succeed; ***acertar no alvo*** to hit the mark (or target); ***acertar em cheio*** to hit the nail on the head; ***acertar um relógio*** to set a watch (or clock) right; ***acertar contas*** to balance (to settle) accounts, to get the sum right; ***não acertar no alvo*** to miss the mark; ***não acertei*** I've missed
acerto *s. m.* reason, wisdom, sense; judgement, discretion; hit; skill; chance; ***falar com acerto*** to speak to the point; ***isto foi feito com acerto*** this was done rightly
acervação *s. f.* heap; pile
acervar *v. tr.* to heap, to pile up; to accumulate
acervejado *adj.* tasting of beer; fond of beer
acervo *s. m.* pile, heap; mass, lot
acérvulo *s. m.* little heap (or pile)
acescência *s. f.* bitterness; sourness; disposition to be bitter or sour
acescente *adj.* acescent; sourish, acid, bitter
aceso *adj.* lighted, lit, kindled, burning; [fig.] eager, vehement, fiery, fierce, hot, excited, inflamed; ***luta acesa*** hot strife, heated struggle; ***onde a luta era mais acesa*** in the thick of the fight
acesoar *v. tr.* to cause an access of fever
acessão *s. f.* accession; increase; addition; promotion
acessibilidade *s. f.* accessibility
acessional *adj.* having access; accessional, additional
acessível *adj.* accessible, approachable; attainable; easy to be spoken with; communicative
acesso *s. m.* access; admission; admittance; entrance; approach; fit, attack, paroxysm; promotion, advancement in rank (or dignity); ***acesso ao edifício*** access to the building; ***acesso de febre*** an attack of fever; ***um acesso de fúria*** a fit of anger (or rage); ***um acesso (ataque) de tosse*** a fit of coughing; ***acesso de irritação*** fit of temper; ***acesso (ataque) de gota*** attack of gout; ***acesso (ataque) nervoso*** attack of nerves; ***acesso de vertigem*** attack of dizziness; ***por acessos (irregularmente)*** by fits and starts; INFORMÁTICA ***acesso aleatório*** random access
acessoriamente *adv.* accessorily, complementarily, additionally, extra; increasingly
acessório Ⓐ *s. m.* accessory, appendix, appendage Ⓑ *adj.* accessory, additional; contributing to; DIREITO aiding, participating in a crime; GRAMÁTICA attribute; *pl.* accessories, fittings, belongings; ***acessórios de casa de banho*** bathroom fittings; ***acessórios de vestuário*** clothing requisites (accessories); ***acessórios de um automóvel*** accessories of a motorcar; ***acessórios de cama*** bedding; ***acessórios de instalações domésticas*** accessories for domestic fittings; ***acessórios fixos (mobiliário, etc.)*** fixtures
acetabulífero *adj.* acetabuliferous
acetabuliforme *adj.* acetabuliform
acetábulo *s. m.* ANATOMIA acetabulum
acetal *s. m.* acetal
acetamida *s. f.* acetamide
acetar Ⓐ *v. tr.* to sour, to embitter Ⓑ *v. intr.* to turn sour, to go sour
acetato *s. m.* QUÍMICA acetate; transparency
acético *adj.* acetic
acetificação *s. f.* acetification, acetifying
acetificador Ⓐ *s. m.* acetifier Ⓑ *adj.* acetifying
acetificar *v. tr. e intr.* to acetify
acetilação *s. f.* acetylation; acetylating; acetylizing
acetilénico *adj.* acetylenic
acetileno *s. m.* QUÍMICA acetylene
acetímetro *s. m.* acetimeter, acetometer; vinegar tester
acetinação *s. f.* smoothness (as in satin); action of making smooth by pressing
acetinado *adj.* smooth like satin; satin-like; silky; ***acetinado a frio*** cold pressed
acetinar *v. tr.* to make satin-like; to smooth; to calender; to make smooth as satin
acetómetro *s. m.* ⇒ **acetímetro**
acetona *s. f.* QUÍMICA acetone
acetonemia *s. f.* ⇒ **cetonemia**
acetonúria *s. f.* ⇒ **cetonúria**
acetosidade *s. f.* bitterness, sourness, acetosity
acetoso *adj.* acetous
acevadar *v. tr.* to feed with barley
acha *s. f.* billet, log (of wood); ***acha de armas*** battle-axe; ***a acha que se queima na noite de Natal*** yule-log
achaboucado *adj.* rough, uncouth, rude, clumsy
achacadiço *adj.* sickly, feeble, of poor health, valetudinarian, given to attacks of sickness; prone to attacks of sickness; frequently ailing; easily attacked by illness
achacado *adj.* sickly, feeble, of poor health, valetudinarian, given to attacks of sickness; prone to attacks of sickness; frequently ailing; easily attacked by illness
achacar Ⓐ *v. tr.* to cause sickness, to sicken Ⓑ *v. refl.* to grow sick; to be taken ill
achacoso *adj.* sickly, unhealthy

achada *s. f.* finding, find, discovery; GEOGRAFIA plain, table-land, plateau
achádego *s. m.* finder's reward; tip (reward) for good news
achadiço *adj.* easily found
achadilha *s. f.* sudden and singular idea, a brain wave; a way out
achado Ⓐ *s. m.* finding, discovery; bargain; godsend Ⓑ *adj.* found; ***um verdadeiro achado*** a real find, a real bargain; ***não se dar por achado*** to pretend ignorance, not to take notice of
achadoiro *s. m.* ⇒ **achadouro**
achador *s. m.* finder, inventor; discoverer
achadouro *s. m.* the place where something can be found, finding-place
achalezado *adj.* chalet-like
achamalotado *adj.* like a camlet
achamboado *adj.* coarse, rough, crude; spoilt
achamboar *v. tr.* to roughen, to spoil
achamento *s. m.* finding, find, discovery
achanado *adj.* evened, levelled, smoothed
achanar Ⓐ *v. tr.* to level, to even, to make plain; to pacify; to vanquish Ⓑ *v. refl.* to become simple
achaparrado *adj.* stunted; thick-set; gnarled; [fig.] short and burly
achaparrar Ⓐ *v. tr.* to stunt Ⓑ *v. refl. e intr.* to grow stunted
achaque *s. m.* illness, ailment, habitual indisposition; vice
achaqueira *s. f.* permanent ill-health; poor health
achaquento *adj.* liable (or prone) to sickness
achaquilho *s. m.* ailment of no serious character
achar[1] *s. m.* (in Asia) any sort of pickled roots (fruits or herbs); pickles
achar[2] Ⓐ *v. tr.* to find, to meet, to come across; to discover, to find out; to invent, to contrive, to devise; to think, to believe, to judge Ⓑ *v. refl.* to be met with; to be found; to find oneself; to feel; ***achar-se mal*** to be ill at ease; ***achar a ocasião para*** to find the opportunity to; NÁUTICA ***achar fundo*** to take soundings; ***achar protecção*** to meet with support; ***achar compradores*** to find purchasers; ***achar conveniente*** to think advisable; ***acho que sim*** I think so; ***acho que não*** I do not think so; ***achar-se presente*** to be present; ***achar em ordem*** to find in order; ***achar justa uma reclamação*** to find a claim founded; ***acho isto mau*** I do not approve of it; ***achar que dizer*** to find fault with; ***achar venda rápida*** to find a ready sale; ***que tal achas o bolo?*** how do you find the cake?; ***como se acha você?*** how do you feel?; ***achar um emprego*** to find a job; ***achar-se (estar) à venda*** to be for sale; ***achar-se em grandes dificuldades*** to be in great difficulties; ***achar-se numa situação crítica*** to be in a critical situation; ***achar-se no lugar (sítio)*** to be on the spot; ***achar o ar da noite agradável*** to find the night air pleasant
acharoado *adj.* japanned (varnished according to the Japanese style)
acharoamento *s. m.* japanning
acharoar *v. tr.* to japan, to varnish
achatadela *s. f.* squashing; flattening, crushing
achatado *adj.* flattened, squashed, crushed; ***achatado nos pólos*** flattened at the poles (ends)
achatadura *s. f.* ⇒ **achatadela**
achatamento *s. m.* flattening, flatness
achatar *v. tr. e intr.* to flatten; to squash; to flatten down; [fig.] to humble, to beat, to humiliate
achavascado *adj.* rude, rough, unpolished, clownish
achavascar *v. tr.* to roughen, to make imperfect, to bungle
achavetar *v. tr.* to key; to pin
achega *s. f.* addition, increase; assistance, aid, help; *pl.* building-material(s); a slight gain or profit
achegadeira *s. f.* procuress
achegado Ⓐ *s. m.* relation, kinsman; *pl.* kindred Ⓑ *adj.* near, close to
achegador *s. m.* procurer; pander; he who (that, which) brings something nearer
achegamento *s. m.* approach, proximity, nearness
acheganças *s. f. pl.* belongings; slight gains or profits
achegar *v. tr. e refl.* to approach, to approximate, to come near; to seek help (or assistance)
achego *s. m.* ⇒ **achega**
acheguilho *s. m.* accessory; complement
achibantado *adj.* boastful, braggart, vanglorious; foppy
achibantar *v. tr. e refl.* to make (to become) boastful; to become a bully
achicanado *adj.* chicaned, pettifogging, quibbling; chicane-like
achicanar *v. tr.* ⇒ **chicanar**
achicar *v. tr.* to empty, to drain, to remove water, to pump out, to draw, to bale with a bucket
achigã *s. m.* ICTIOLOGIA black bass
achinado *adj.* like a Chinaman, Chinese-looking, Chinese-like
achincalhação *s. f.* ⇒ **achincalhamento**
achincalhador Ⓐ *adj.* ridiculing, mocking; absurd; unworthy; degrading Ⓑ *s. m.* ridiculer, scoffer, mocker
achincalhamento *s. m.* scoffing, mockery, mocking; jeering; humiliation
achincalhante *adj.* ⇒ **achincalhador** Ⓐ
achincalhar *v. tr.* to scoff, to mock, to jeer; to lower, to debase
achincalhe *s. m.* ⇒ **achincalhamento**
achincalho *s. m.* ⇒ **achincalhamento**
achinelado *adj.* slipper-like; [fig.] scornful, despicable
achinelar *v. tr.* to give the form of a slipper; to wear down at the heels; [fig.] to despise, to scorn
achinesado *adj.* ⇒ **achinado**
achinesar Ⓐ *v. tr.* to give a Chinese appearance to Ⓑ *v. intr.* to acquire Chinese ways and manners
achinfrinar *v. tr.* [coloq.] to kick up a row (a shindy); to raise an uproar (a hubbub)
achocalhado *adj.* provided with a cowbell; [fig.] divulged, published, spread
achocalhar *v. tr.* to give the form of a cowbell to; [fig.] to spread, to divulge
achocolatado *adj.* chocolate-like; chocolate-coloured
achocolatar *v. tr.* to give the taste (or colour) of chocolate
achoupanado *adj.* hut-like
achouriçado *adj.* sausage-like; resembling a sausage
achouriçar Ⓐ *v. tr.* to shape like a sausage; to thicken Ⓑ *v. refl.* [fig.] to rage
achumaçar *v. tr.* to pad, to stuff
achumbado *adj.* lead-coloured, leaden; pondered
achumbar *v. tr.* to lead, to coat with lead; to ponder
acicatar *v. tr.* to spur (horse); [fig.] to stimulate, to incite; to urge
acicate *s. m.* spur, goad, incitement; incentive, stimulus
acíclico *adj.* acyclic
acícula *s. f.* acicula (*plural* aciculae)
aciculado *adj.* ⇒ **acicular**
acicular *adj.* acicular, aciculated, needle-shaped
acículo *s. m.* ⇒ **acícula**
acidação *s. f.* acidification
acidar *v. tr.* to acidify; to make sour
acidável *adj.* acidifiable
acidência *s. f.* accidence; accidentalness
acidentação *s. f.* accident; unevenness, roughness, fold, undulation (of the ground); MÚSICA accidental
acidentado *adj.* uneven, irregular, rough, hilly, broken; ***vida acidentada*** eventful life; [fig.] chequered life
acidental *adj.* accidental, casual, fortuitous, unexpected, unforeseen, happening by chance
acidentalidade *s. f.* accidentality
acidentalmente *adv.* accidentally, unexpectedly, by accident, by chance, as it happens

acidentar Ⓐ *v. tr.* to alter, to change, to vary, to cause an accident; MÚSICA to change a note by an accidental Ⓑ *v. refl.* to become irregular
acidente *s. m.* accident; misfortune, disaster, mishap, mischance; fit, stroke; casualty; MÚSICA accidental; ***acidente inesperado*** unforeseen accident; ***acidente fatal*** fatal accident; ***acidente (desastre) de viação*** road accident; ***acidente de automóvel*** car accident; ***acidente sem importância*** slight accident; ***acidente de trabalho*** industrial injury, accident at work; ***morte por acidente*** accidental death; ***seguro contra acidentes*** accident insurance; ***sofrer um acidente*** to meet with an accident, to have an accident; ***por acidente*** by accident, by chance
acidez *s. f.* acidity, sourness; ***acidez do estômago*** acidity of the stomach, gastric acidity; ***acidez do sangue*** acidity of the blood
acídia *s. f.* depression; negligence; laziness, slackness; sloth, torpor
acídico *adj.* QUÍMICA acid; that which has acid properties
acidífero *adj.* that which produces an acid; acidiferous
acidificação *s. f.* acidification, acidifying
acidificante Ⓐ *adj.* acidifying Ⓑ *s. m.* acidifier
acidificar Ⓐ *v. tr.* to acidify, to convert into acid; to make acid (or sour) Ⓑ *v. refl.* to become acid
acidificável *adj.* acidifiable
acidimetria *s. f.* acidimetry
acidimétrico *adj.* acidimetric(al)
acidímetro *s. m.* acidimeter, acidometer
acidioso *adj.* depressed, downhearted; lazy, slack
ácido Ⓐ *s. m.* QUÍMICA acid Ⓑ *adj.* acid, sour, tart; ***ácido acético*** acetic acid; ***ácido azótico*** nitric acid; ***ácido anidro*** anhydrous acid; ***ácido arsénico*** arsenic acid; ***ácido benzóico*** benzoic acid; ***ácido fénico*** carbolic acid; ***ácido láctico*** lactic acid; ***ácido pícrico*** picric acid; ***ácido clorídrico*** hydrochloric acid; ***ácido sulfúrico*** sulphuric acid; ***ácido muriático*** muriatic acid, hydrochloric acid, soldering spirit
acidófilo *adj.* acidophile (quality of showing affinity to acids)
acidrado *adj.* cider-like
acidrar *v. tr.* to make like cider, to give the flavour (or colour) of cider to
acidulação *s. f.* acidulation
acidulado *adj.* acidulous, acidulated
acidulante *adj.* acidifying
acidular *v. tr.* QUÍMICA to acidify; to make somewhat acid
acídulo *adj.* acidulous
aciforme *adj.* aciform, needle-shaped
aciganar Ⓐ *v. tr.* to make gipsy-like Ⓑ *refl.* to become gipsy-like
acima *adv.* above; up; ***acima de*** above, beyond, over; ***acima de tudo*** above all; ***acima de zero*** above zero; ***mais acima*** higher up; ***acima do solo*** overground, above ground; ***acima do nível do mar*** above sea level; ***pela rua acima*** up the street; ***acima mencionado*** above-mentioned; ***pelo rio acima*** up the river; ***pela árvore acima*** up the tree; ***acima!*** up!, upwards!; ***acima de 100*** more than 100
acimar *v. tr.* to reach the top; to finish
acínace *s. m.* a short sword; scimitar
acináceo *adj.* scimitar-shaped
acinaciforme *adj.* scimitar-shaped
acincho *s. m.* cheese-press, cheese-mould
acinese *s. f.* BIOLOGIA ⇒ **amitose**
acinesia *s. f.* immovability; MEDICINA paralysis
acinésico *adj.* ⇒ **acinético**
acinético *adj.* it is said of the remedy given to calm down the patient; calmative; immovable; MEDICINA paralysing
aciniforme *adj.* aciniform
ácino *s. m.* BOTÂNICA acinus; a grape
acinoso *adj.* acinous; related to grapes
acinte *s. m.* spite, malice, ill-will; hate, grudge, pique; ***por acinte*** out of spite, intentionally
acintosamente *adv.* spitefully, in a spiteful manner
acintoso *adj.* spiteful, malicious, malignant, evil-minded, ill-natured
acinzado *adj.* greyish, ashen; ash-coloured
acinzamento *s. m.* the act of colouring grey
acinzar Ⓐ *v. tr.* to make gray, to paint grey Ⓑ *v. refl.* to become grey
acinzentado *adj.* greyish
acinzentar *v. tr.* ⇒ **acinzar**
acipreste *s. m.* BOTÂNICA cypress
acirandar *v. tr.* to screen, to winnow, to sift
acirologia *s. f.* bad diction; erroneous use of words
acirramento *s. m.* irritation, incitement
acirrante *adj.* irritating, inciting
acirrar *v. tr.* to irritate, to anger, to provoke; to incite, to instigate, to nettle, to nag, to tease
acistia *s. f.* a congenital absence of the bladder
acitara *s. f.* silk covering; saddle-cloth; veil (used in church)
acitrinado *adj.* citrine, lemon-coloured or lemon-flavoured
acitrinar *v. tr.* to flavour like lemon; to paint the colour of lemon
aclamação *s. f.* acclamation, applause, shouting, outcry, plaudit, cheer; ***por aclamação*** by acclamation, unanimously; ***agradecer as aclamações*** to acknowledge the cheers; ***grandes aclamações*** loud shouting; ***as aclamações da multidão*** the shouting and cheering of the crowd
aclamador Ⓐ *s. m.* applauder Ⓑ *adj.* applauding
aclamar *v. tr.* to acclaim; to applaud; to praise, to proclaim; to cheer, to clap; ***aclamar o vencedor*** to cheer the victor
aclamativo *adj.* acclamatory
aclamatório *adj.* acclamatory, acclaiming, applauding
aclaração *s. f.* explanation; clarification, elucidation
aclaramento *s. m.* explanation; clarification, elucidation
aclarar Ⓐ *v. tr.* to brighten, to clarify; to clear; to make clear, to elucidate, to explain Ⓑ *v. intr.* to clear up, to uncloud Ⓒ *v. refl.* to clear up, to become clear; ***aclarar uma dúvida*** to clear up a doubt
aclástico *adj.* aclastic, not refracting
aclasto *adj.* ⇒ **aclasto**
aclaustrado *adj.* cloister-like
aclavado *adj.* club-shaped, claviform; clavate
aclerizar Ⓐ *v. tr.* to make clergyman Ⓑ *v. refl.* to become a clergyman
áclide *s. f.* arrow, dart
aclimação *s. f.* ⇒ **aclimatação**
aclimar *v. tr. e refl.* ⇒ **aclimatar**
aclimatação *s. f.* acclimatization, acclimation; [fig.] adaptation
aclimatador Ⓐ *adj.* acclimatizing Ⓑ *s. m.* acclimatizer
aclimatar *v. tr. e refl.* to acclimatize, to acclimate; to accustom to the climate; [fig.] to adapt oneself to; to get used to
aclimatizar *v. tr.* ⇒ **aclimatar**
aclínico *adj.* aclinic
aclive Ⓐ *s. m.* acclivity, ascent, hill Ⓑ *adj.* acclivitous, steep, abrupt, precipitous
acloroblepsia *s. f.* incapacity of the eye to distinguish the green colour
acmástico *adj.* said of the state of being in a crisis (the crisis of a disease); ***febre acmástica*** a fever which is gradually increasing up to the crisis and then decreases also gradually
acme *s. f.* acme (the top or highest point); the culmination or perfection in the career of anything; crisis (as of a disease)
acmite *s. f.* MINERALOGIA acmite
acne *s. f.* MEDICINA acne
aço *s. m.* steel, amalgam of tin and mercury (for silvering mirrors); [fig.] power, hardness, flexibility; ***aço em barra*** bar steel; ***aço cementado (endurecido)*** case-hardened steel; ***aço macio*** mild steel, welding steel; ***aço fino*** fine steel; ***aço prateado*** silver steel; ***aço para ferramentas de corte*** shear

steel; ***aço niquelado*** nickel steel; ***aço temperado*** hardened steel; ***aço fundido*** ingot steel, fluid steel; ***aço laminado*** rolled steel; ***aço de molas*** spring steel; ***aço queimado*** burnt steel; ***aço fundido no cadinho*** cast steel; ***aço superior para ferramentas*** tool steel; ***artigos de aço*** steelwares; ***cor de aço*** steel-blue; ***gravura em aço*** steel-engraving; ***limalha de aço*** steel-filings

acoalhar *v. tr.* ⇒ **coalhar**

acobardado *adj.* cowardly, faint-hearted

acobardamento *s. m.* cowardice, pusillanimity, discouragement

acobardar Ⓐ *v. tr.* to intimidate, to despond, to dishearten, to discourage Ⓑ *v. refl.* to be discouraged, to become a coward, to become faint-hearted

acobertado *adj.* covered, concealed, disguised, dissembled, hidden

acobertar *v. tr. e refl.* to cover; to cloak; to conceal, to hide, to disguise, to dissemble, to dissimulate; to harness

acobreação *s. f.* copper-plating

acobreado *adj.* lurid (sky); copper coloured

acobrear *v. tr.* to copper, to copper-plate; to colour like copper

acocado *adj.* bewildered, confused; dizzy; puzzled; [Bras.] spoiled

acochar Ⓐ *v. tr.* to compact in layers; to tighten; to press together; to hasten, to urge on; to twist (a rope) Ⓑ *v. refl.* to squat; to crouch, to stoop down

acochichar *v. tr.* to wrinkle, to crumple; to whisper

acocoração *s. f.* squatting; crouching, cowering

acocoramento *s. m.* squatting; crouching, cowering

acocorar-se *v. refl.* to squat, to crouch, to cower, to sit close to the ground

açodadamente *adv.* hastily, hurriedly, in a hurry; diligently, industriously

açodado *adj.* hasty, hurried, urged

açodamento *s. m.* haste, hurry, speed, celerity, quickness; urge, urging, acceleration

açodar Ⓐ *v. tr.* to incite, to instigate, to stimulate; to urge, to hasten; to hurry Ⓑ *v. refl.* to make haste

açofeifa *s. f.* BOTÂNICA jujube

açofeifeira *s. f.* BOTÂNICA jujube-tree

acognosia *s. f.* acknowledgement of the processes of therapeutics

acoguladura *s. f.* overmeasure, heaped measure, heaping measure; surplus, excess, remainder

acogular *v. tr.* to pile up, to heap up, to pack, to cram; to overfill, to fill to the brim

acoimador Ⓐ *s. m.* punisher, person who fines; reproacher, censurer Ⓑ *adj.* punishing, fining, reproachful, censuring

acoimar *v. tr.* to punish, to censure, to reproach, to fine, to recognize one's guilt, to declare oneself guilty

acoirado *adj.* leather-like; resembling leather

acoirelamento *s. m.* division of land into parts only separated by furrows

acoirelar *v. tr.* to divide land into parts separated by furrows

acoitador Ⓐ *s. m.* shelterer, protector Ⓑ *adj.* sheltering, protecting

açoitador *s. m.* lasher, flogger, whipper, beater

acoitamento *s. m.* shelter, protection

açoitamento *s. m.* lashing, whipping, flogging, scourging

acoitar *v. tr.* to shelter, to protect

açoitar *v. tr.* to lash, to whip, to flog, to scourge; ***açoitado pela tempestade*** storm-beaten

açoite *s. m.* whip, lash, scourge; whipping, lashing; a clap or slap (on a child's bottom)

açoiteira *s. f.* end of the rein used to lash the horse; short horsewhip

acoito *s. m.* ⇒ **acoitamento**

acolá *adv.* there, yonder, thither; ***acolá adiante*** over there

acolchetador Ⓐ *s. m.* clasper Ⓑ *adj.* clasping

acolchetamento *s. m.* clasping, hooking, fastening

acolchetar *v. tr.* to clasp, to hook, to fasten

acolchoadeira *s. f.* padder, wadder; woman who fills mattresses

acolchoadinho *s. m.* quilting, piqué

acolchoado *adj.* wadded, padded, quilted; stuffed

acolchoamento *s. m.* wadding, padding, quilting; stuffing

acolchoar *v. tr.* to wad, to pad, to quilt; to stuff

acoletado *adj.* shaped like a waistcoat

acolhedor Ⓐ *s. m.* welcomer, entertainer Ⓑ *adj.* welcome, welcoming

acolheita *s. f.* welcome, shelter, reception; *(colheita)* harvest

acolher Ⓐ *v. tr.* to welcome, to greet, to bid welcome, to hail; to entertain; to receive; to shelter Ⓑ *v. refl.* to take shelter (or refuge); ***acolher com reserva*** to receive with reserve; COMÉRCIO ***acolher um saque à sua apresentação*** to honour a draft on presentation

acolherar *v. tr.* to shape like a spoon or a shell; [Bras.] to gather (people)

acolhida *s. f.* reception, welcome; shelter, refuge; hospitality

acolhimento *s. m.* welcome, reception, honour; shelter; ***bom acolhimento*** due honour; ***acolhimento cordial*** hearty welcome; ***ter bom acolhimento*** to meet with a favourable reception

acolia *s. f.* MEDICINA acholia (lack of bile)

acolitado Ⓐ *s. m.* acolyte or acolyth (lower order in Roman Catholic Church) Ⓑ *adj.* accompanied, assisted, attended

acolitar *v. tr.* to accompany, to assist; to attend

acólito *s. m.* acolyte; attendant, assistant, helper

acologia *s. f.* ⇒ **acognosia**

acomadrar-se *v. refl.* to become a godmother; [fig.] to be closely acquainted; to be intimate with

acometedor Ⓐ *s. m.* aggressor; assailant, provoker Ⓑ *adj.* attacking, assailing; provoking; enterprising, bold

acometer *v. tr. e intr.* to attack, to assault, to assail, to storm; to attempt, to undertake; to rush, to run a risk

acometida *s. f.* sudden attack; assault

acometimento *s. m.* attack, onset, assault; attempt; fit, access (of a disease)

acometível *adj.* assailable

acomia *s. f.* baldness

acomodação *s. f.* accommodation, adaptation; adjustment; agreement; arrangement; convenience; settlement; room, lodgings; reconciliation; ***acomodação para passageiros*** accommodation for passengers

acomodadamente *adv.* accommodatingly, fitly; opportunely

acomodadiço *adj.* easy to be settled (or accommodated); adjustable, adaptable; condescending, yielding, compromising

acomodado *adj.* accommodated; settled; adjusted; quiet, calm; well installed; reasonably cheap

acomodamento *s. m.* ⇒ **acomodação**

acomodar Ⓐ *v. tr.* to accommodate, to adapt, to fit, to adjust; to suit; to appropriate; to settle; to lodge; to agree; to reconcile Ⓑ *v. refl.* to accommodate (to submit) oneself to; to comply with

acomodatício *adj.* accommodating, complying, compromising, yielding

acomodável *adj.* adjustable, adaptable; condescending, compromising

acompadrar-se *v. refl.* to become a godfather, to become familiar; to be intimate with, to be closely acquainted

acompanhador *s. m.* companion, attendant; follower

acompanhamento *s. m.* attendance; retinue, train, suite; accompanying; appendage; MÚSICA accompaniment

acompanhante Ⓐ *s. m. e f.* escort; companion; MÚSICA accompanist Ⓑ *adj.* escorting, accompanying

acompanhar *v. tr.* to accompany, to escort, to attend, to follow; to keep up with; to lead along, to wait on; to go with; to keep company with; MÚSICA to play an accompaniment; ***acompanhar alguém*** to keep someone company; ***acompanhar o passo*** to keep up with; ***acompanhar alguém à porta*** to see somebody to the door, to show somebody out; ***acompanhar a moda*** to follow the fashion, to keep up with the fashion; ***acompanhar um cantor ao piano*** to accompany a singer on the piano; ***dois acompanham-se, três aborrecem-se*** two's company, three's none; ***acompanha os bons e serás um deles*** keep good men company, and you shall be one of their number; ***acompanhar alguém a casa*** to see somebody home; ***acompanhar de perto*** to follow closely

acompassar *v. tr.* MÚSICA to play (to sing) in time

acompridar *v. tr.* to elongate, to lenghten, to prolong; to make long(er)

acomunar Ⓐ *v. tr.* to bring together, to associate, to congregate Ⓑ *v. refl.* to agree mutually, to act in concert

aconchado *adj.* shell-like; resembling a shell

aconchegante *adj.* cosy, snug; comfortable

aconchegar *v. tr.* to bring near; to wrap close; to make cosy (comfortable or snug); to shelter, to tuck; ***aconchegar-se na cama*** to tuck under the sheets; ***aconchegar-se*** to snug together

aconchego *s. m.* snugness, cosiness; comfort; warmth; protection

acondicionação *s. f.* packing, wrapping

acondicionado *adj.* packed (up); conditioned; disposed; ***acondicionado com palha*** packed up in straw; ***acondicionado em caixas*** packed in cases; ***mal acondicionado*** badly packed

acondicionador *s. m.* packer, conditioner; conditioning apparatus; ***acondicionador de ar*** air-conditioner

acondicionamento *s. m.* packing, wrapping; ***acondicionamento de ar*** air-conditioning; ***acondicionamento do trigo*** conditioning of wheat

acondicionar *v. tr.* to condition; to pack, to box; to accommodate, to arrange; to place suitably

acondiçoar *v. tr.* to condition; to pack, to box; to accommodate, to arrange; to place suitably

acôndilo *adj.* ANATOMIA acondyle

acondimentar *v. tr.* ⇒ **condimentar**

acondrito *s. m.* a kind of lytic meteorite

aconfeitar *v. tr.* to make like comfit or sweetmeat

aconfradar-se *v. refl.* to become a colleague (a fellow member); to flock together

aconitato *s. m.* QUÍMICA aconitate

aconítico *adj.* QUÍMICA aconitic

aconitina *s. f.* QUÍMICA aconitine

acónito *s. m.* BOTÂNICA aconite, monk's hood, wolf's bane

aconselhadamente *adv.* wisely, prudently, judiciously

aconselhado *adj.* wise, prudent, judicious; well-advised

aconselhador Ⓐ *s. m.* adviser, counsellor Ⓑ *adj.* counselling

aconselhar Ⓐ *v. tr.* to advise, to counsel Ⓑ *v. refl.* to take advice (counsel), to consult; ***aconselhar-se com alguém*** to ask someone's advice, to consult someone; ***aconselhar-se com o travesseiro*** to sleep on, to sleep over; ***aconselhar-se com um advogado*** to consult a lawyer, to seek a lawyer's advice, to see a lawyer

aconselhável *adj.* advisable

aconsoantar *v. tr.* to make consonant, to bring in accord; to rhyme

acontecer *v. intr.* to happen, to occur, to take place, to come about; to come to pass, to chance, to befall; ***aconteça o que acontecer*** whatever may happen, come what may; ***isto não acontece mais*** this won't happen (occur) again; ***acontecer meramente por equívoco*** to happen by mistake; ***isto havia de acontecer*** this would happen; ***aconteceu por acaso eu saber tudo isso*** I happened (chanced) to know all about it; ***alguma coisa aconteceu*** something must have happened; ***aconteceu o que eu previra*** it turned out as I had foretold; ***aconteceu o pior*** the worst happened; ***nunca se sabe o que acontecerá*** there's no telling what may happen; ***coisas que acontecem todos os dias*** everyday occurrence; ***esperemos que nada lhe tenha acontecido*** let us hope nothing has happened to (befallen) him; ***como se nada tivesse acontecido*** as if nothing had happened

acontecido Ⓐ *s. m.* ⇒ **acontecimento** Ⓑ *adj.* past, done, bygone

acontecimento *s. m.* event, occurrence, happening, incident; ***um acontecimento feliz*** a fortunate happening; ***acontecimentos imprevistos*** unexpected (unforeseen) events; ***acontecimento sem precedentes*** an occurrence without precedent, an unprecedented occurrence; ***acontecimento diário*** daily event, everyday event; ***acontecimento sensacional que se esquece depressa*** a nine days' wonder

acoplado *adj.* linked, coupled

acoplagem *s. f.* coupling; linking

acoplamento *s. m.* coupling; ELECTRICIDADE linking

acoplar *v. tr.* to couple, to connect, to join, to link; ELECTRICIDADE to group

açor *s. m.* ZOOLOGIA goshawk, falcon

açorado *adj.* greedy, gluttonous; avid, eager

açoramento *s. m.* avidity, greediness, desire

açorar *v. tr.* to entice; to provoke, to tempt

acorcovar *v. tr.* ⇒ **corcovar**

açorda *s. f.* panada

acordadamente *adv.* unanimously

acordado *adj.* awaked, awake; alert, watchful; fixed, settled, arranged, agreed, determined; MÚSICA tuned in; ***bem acordado*** wide wake

acordamento *s. m.* awaking, waking

acordante *adj.* harmonious, harmonic; accordant, agreeing

acórdão *s. m.* sentence, judgement, decision, determination of the Court of Appeal (High Court of Justice)

acordar *v. tr. e intr.* *(despertar)* to awake, to wake, to awaken, to rouse; to stir up; *(resolver, concordar)* to agree with, to resolve by common consent; *(recordar)* to remind, to recollect, to call to mind; ***acordar em sobressalto*** to awake in a fright; ***acordar sobressaltado*** to wake with a start; ***estar acordado*** to be awake; ***acorda!*** wake up!

acorde Ⓐ *s. m.* MÚSICA accord, harmony; ***acorde consonante*** consonant accord; ***acorde dissonante*** dissonant accord Ⓑ *adj.* concordant, harmonious; MÚSICA accordant, consonant; conformable, correspondent; [fig.] agreed

acordeão *s. m.* accordion

acordeonista *s. m. e f.* accordionist, accordion-player

acordo *s. m.* agreement, understanding, terms, pact, treaty, contract, deal; settlement; accord, accordance; harmony; ***estar de acordo com*** to agree with; ***estar de acordo em*** to agree to; ***de comum acordo*** by mutual consent; ***não estar de acordo*** to disagree, to dissent, to differ; ***acordo amigável*** amicable agreement; ***acordo de cavalheiros*** a gentleman's agreement; ***acordo (concordata) com os credores*** arrangement (composition) with the creditors; ***acordo verbal*** agreement by word of mouth, verbal agreement; ***acordo por escrito*** agreement in writing, written agreement; ***chegar a um acordo*** to come to terms; ***pôr-se de acordo*** to come to an understanding; ***um acordo secreto*** a secret understanding; ***de acordo com o tratado*** under the treaty; ***está de acordo com*** it is in keeping with; ***fazer um acordo*** to make a deal; ***não dar acordo de si*** to show no sign of life, to remain insensible; ***de acordo com*** according to, in agreement with, in accordance with

acordoado *adj.* rope-like, furnished with ropes; supplied with cordage (a ship)

acordoar *v. tr.* to supply a ship with the necessary cordage for sailing
açorenho *s. m., adj.* ⇒ **açoriano**
açorense *s. m. e f., adj.* ⇒ **açoriano**
acores *s. m. pl.* shores; props; stanchions
acória *s. f.* MEDICINA acoria (strong desire for food; insatiable appetite)
açoriano *s. m., adj.* native of the Azores; Azorean
acornar *v. tr.* to shape like a horn
acoroçoado *adj.* heartened, encouraged, animated; hopeful
acoroçoamento *s. m.* encouragement, heartening
acoroçoar *v. tr.* to encourage, to hearten; to animate, to stimulate
acorrentamento *s. m.* chaining, fettering; subordination
acorrentar *v. tr.* to chain, to fetter, to link, to shackle; [fig.] to enslave; to subordinate
acorrer Ⓐ *v. tr.* to run for help, to assist Ⓑ *v. intr.* to come in haste
acorrilhar *v. tr.* to corner; to force into a corner; to enclose, to shut in
acorrimento *s. m.* aid, help, assistance, succour; hastening
acorro *s. m.* assistance, help; remedy
acortinar *v. tr.* to curtain, to cover (to fit, to provide) with curtains; ***acortinar uma janela*** to curtain a window
acoruchado *adj.* pyramid-like, cone-like; like a dome or cupola
acoruchar *v. tr.* to shape like a pinnacle, a cone, a dome or a cupola
acosmia *s. f.* abnormal manifestation of the crisis of a sickness
acosmismo *s. m.* FILOSOFIA acosmism (refusal to believe in the existence of an eternal world)
acossa *s. f.* pursuit, close pursuit; weariness, harassment, torment
acossador Ⓐ *s. m.* pursuer; harasser Ⓑ *adj.* pursuing, harassing
acossamento *s. m.* pursuit, chase; punishment; torment; harassment
acossar *v. tr.* to pursue, to chase; to persecute; to tease, to vex, to harass
acostado *s. m.* dependent; [fig.] a sponge; leaning (or resting) against
acostagem *s. f.* NÁUTICA action of bringing (the ship) alongside; boarding
acostamento *s. m.* approaching; coasting; back (of a seat); support; seat; bracket
acostar Ⓐ *v. tr.* to approach Ⓑ *v. intr.* to come near the coast, to keep close to the coast; to come alongside Ⓒ *v. refl.* to lean on (or against); to lie down, to go to bed; [fig.] to follow one's advice
acostável *adj.* of easy access; NÁUTICA easy for landing
acosto *s. m.* ⇒ **encosto**
acostumadamente *adv.* customarily
acostumado *adj.* accustomed, used, habituated, inured, wont; ***acostumado a fazer a sua vontade*** used to having his own way; ***estar mal acostumado*** to be unaccustomed; ***estou acostumado a isso*** I am used to that
acostumar Ⓐ *v. tr.* to accustom, to habituate, to inure, to familiarize Ⓑ *v. intr.* to be used to, to be in the habit of Ⓒ *v. refl.* to accustom oneself to; to get used to; to get accustomed to; ***acostumar-se a trabalho árduo*** to get accustomed to hard work; ***acostumar-se mal*** to adapt oneself badly
açoteado *adj.* terraced, provided with a terrace
açoteia *s. f.* belvedere, terrace
acotiar *v. tr.* to use daily; to frequent; to be assiduous (or persistent)
acotilédone *adj.* BOTÂNICA acotyledonous
acotiledóneo *adj.* ⇒ **acotilédone**
acotoar *v. tr.* to cover with dust; to be dusty
acotovelado *adj.* elbowed, pushed, shoved
acotovelamento *s. m.* thrust (or blow) with the elbow; nudge
acotovelar *v. tr. e refl.* to elbow, to push, to shove, to thrust (with the elbows); to nudge
açougada *s. f.* clamour, shouting, halloing; row, uproar, bustle; noise
açougagem *s. f.* a tax on meat; market dues
açougaria *s. f.* ⇒ **açougada**
açougue *s. m.* butcher's shop; slaughter-house, shambles; [fig.] butchery, slaughter, slaughtering
açougueiro *s. m.* butcher
acourelamento *s. m.* ⇒ **acoirelamento**
acourelar *v. tr.* ⇒ **acoirelar**
açoutador *s. m., adj.* ⇒ **açoitador**
acoutar *v. tr.* ⇒ **acoitar**
açoutar *v. tr.* ⇒ **açoitar**
açoute *s. m.* ⇒ **açoite**
açouteira *s. f.* ⇒ **açoiteira**
acovar *v. tr.* to make holes (or caves) in; ⇒ **encovar**
acovardar *v. tr.* ⇒ **acobardar**
acovilhar *v. tr.* to drive into a den or lair; [fig.] to shelter, to protect
acracia *s. f.* anarchy, lack of government
acrania *s. f.* total (or partial) absence of the skull (congenital); born with a total (or partial) absence of the cranium
acraniano *adj.* ⇒ **acrânio Ⓐ**
acrânio Ⓐ *adj.* without cranium Ⓑ *s. m. pl.* Acrania
acraniota Ⓐ *adj.* acranial Ⓑ *s. m. pl.* Acrania
acrasia *s. f.* immoderation; intemperance
acrata Ⓐ *s. m. e f.* person sympathizing with immoderation or intemperance; anarchist Ⓑ *adj.* referred to a person who is immoderate or intemperate; anarchial, anarchist
acratismo *s. m.* system based upon anarchy, intemperance or immoderation
acrato *adj.* pure, unmixed
acratóforo *s. m.* vase used by Romans and Greeks to drink wine
acravar *v. tr.* to sink or drive in, to plunge into; to inter; to nail, to pierce with nails; to soak up, to be soaked in; to sink in mud or mire; [coloq.] to ask for money without intention of paying back
acravelhar *v. tr.* to close with a peg or wooden latch
acre Ⓐ *s. m.* acre Ⓑ *adj.* acrid, sour, pungent, tart, bitter, acrimonious; [fig.] biting, mordant, keen; rough, rude, nasty; active, eager
acreditado *adj.* credited, accredited; recognized; with credentials
acreditador Ⓐ *s. m.* creditor, warrantor Ⓑ *adj.* crediting, accrediting
acreditar *v. tr.* to believe, to credit, to accredit; to give (to obtain, to open) credit; to warrant, to guarantee; to put faith in; to send with credentials; to give credentials to; ***acreditar em alguém*** to believe a person, to give credit to (a person); ***pode acreditar-me*** you can take it from me; ***acreditar com certa reserva*** to take it with a grain of salt; COMÉRCIO ***acreditar uma marca*** to establish a brand (on the market); ***ela acredita em tudo o que ele diz*** she takes his words as gospel, she believes everything he says
acreditável *adj.* believable, creditable
acre-doce *adj.* ⇒ **agridoce**
acremente *adv.* bitterly, sourly, acrimoniously, harshly
acrescência *s. f.* ⇒ **acréscimo**
acrescentamento *s. m.* addition, increase, extension, enlargement, augmentation, growth
acrescentar *v. tr.* to add, to increase, to extend, to join, to lengthen, to augment; ***acrescentar uma cláusula*** to add a clause; ***acrescentar água ao leite*** to water the milk

acrescente *adj.* increasing, enlarging
acrescento *s. m.* ⇒ **acrescentamento**
acrescer Ⓐ *v. intr.* to increase, to grow Ⓑ *v. tr.* to add, to increase; to amend
acrescido Ⓐ *adj.* enlarged, augmented, increased; amended Ⓑ *s. m.* addition, increase
acrescimento *s. m.* addition, increase, augmentation, rise, growth; surplus; amendment
acréscimo *s. m.* addition, increase, rise, growth, augmentation; surplus; amendment; ***acréscimo (aumento) da temperatura*** increase (rise) in temperature; ***acréscimo (aumento) de peso*** increase in weight, increased weight; ***acréscimo de velocidade*** increase in speed, increased velocity
acriançado *adj.* childish
acriançar-se *v. refl.* to behave (to become) childishly (or childlike)
acribia *s. f.* precise or rigorous style; rigour in research for a work
acribologia *s. f.* severity and precision of style, rigorous choice of words
acridez *s. f.* acridity, acridness, sourness; acrimony
acridiano *s. m., adj.* ⇒ **acrídio**
acrídio Ⓐ *s. m.* locust, grasshopper Ⓑ *adj.* of (referring to) locusts
acridofagia *s. f.* practice of eating locusts
acridófago Ⓐ *s. m.* locust-eater Ⓑ *adj.* locust-eating
acrílico *adj.* acrylic
acrimónia *s. f.* acrimony, sharpness, pungency; harshness, bitterness; [fig.] asperity of temper, manner or speech
acrimonioso *adj.* acrimonious
acrinia *s. f.* MEDICINA degradation or actual suspension of the secretive action
acrínico *adj.* related with acrinia
acrisia *s. f.* MEDICINA acrisia
acrisolado *adj.* vehement; intense; purified
acrisolador Ⓐ *s. m.* purifier Ⓑ *adj.* purifying
acrisolamento *s. m.* refinement; purification (of metals); test, examination
acrisolar *v. tr.* to refine, to purify (metals); to test, to examine
acrítico *adj.* uncritical; MEDICINA related to the illness acrisia
acritude *s. f.* ⇒ **acrimónia**
acro *adj.* brittle, fragile; severe, hard; bitter
acroama *s. m.* harmonious speech or song; instrumental music, musical performance or play
acroamático *adj.* acroamatic; agreeable to the ear; communicated orally
acroase *s. f.* impossibility of understanding without explanations; an erudite speech
acroático *adj.* uncomprehensible, without explanation
acrobacia *s. f.* acrobatics, acrobacy, acrobatism; ***acrobacia aérea*** aerial acrobatics; ***acrobacia aérea de alta escola*** advanced aerial acrobatics
acrobata *s. m. e f.* acrobat, tight-rope walker, tumbler
acrobático *adj.* acrobatic, acrobatical
acrobatismo *s. m.* acrobatism
acrofobia *s. f.* acrophobia
acroleína *s. f.* acrolein; acrylaldehyde; propenal
acrólito *s. m.* acrolith
acrologia *s. f.* FILOSOFIA investigation of the primary principles
acromania *s. f.* MEDICINA acromania
acromático *adj.* ÓPTICA, BIOLOGIA achromatic
acromatina *s. f.* achromatin
acromatismo *s. m.* achromatism (property of achromatic lens)
acromatização *s. f.* achromatization
acromatizar *v. tr.* to achromatize
acromatopsia *s. f.* MEDICINA daltonism, colour blindness
acromia *s. f.* MEDICINA discolouration of the skin
acromial *adj.* ANATOMIA related to the discolouration of the skin
acrómio *s. m.* ANATOMIA acromion
acromo *adj.* colourless
acrónico *adj.* ASTRONOMIA acronychal (applied to stars that rise at sunset and set at sunrise or opposite to the sun)
acrónimo *s. m.* acronym
acrópole *s. f.* acropolis
acropólio *s. m.* acropolis
acrosofia *s. f.* divine wisdom
acrossoma *s. m.* acrosome, apical body, perforatorium
acróstico *s. m.* [poét.] acrostic
acrotério *s. m.* ARQUITECTURA acroterium (a pedestal on a pediment for a statue)
acrotismo *s. m.* MEDICINA failure of pulse
acta *s. f.* record of proceedings; minutes; official report, note, memorandum; ***acta das sessões do conselho de administração*** minutes of the Board of Administration
actínia *s. f.* ZOOLOGIA actinia (sea anemone)
actínico *adj.* actinic, actinal; ambulacral
actínio *s. m.* QUÍMICA actinium
actinógrafo *s. m.* actinograph
actinolite *s. f.* MINERALOGIA actinolite
actinometria *s. f.* actinometry
actinómetro *s. m.* actinometer
actinomorfia *s. f.* actinomorphy
actinomorfo *adj.* actinomorphic; star-shaped
actinoscopia *s. f.* MEDICINA actinoscopy
actinoterapia *s. f.* actinotherapy
actinoto *s. m.* MINERALOGIA ⇒ **actinolite**
activa *s. f.* GRAMÁTICA active voice (of verbs)
activação *s. f.* activation, furtherance
activador *s. m.* activator
activante *adj.* activating, working, compelling, pushing
activar *v. tr.* to activate, to urge, to push on, to hasten, to accelerate; ***activar (acelerar) a venda*** to push on the sale; ***activar os fogos*** to stoke, to rake
actividade *s. f.* activity, function; energy, intensity, power, vigour; liveliness; alertness, smartness, agility, nimbleness; diligence, pursuit; industry; ***actividade dos negócios*** activity of business (or of trade); ***actividade mental*** mental activity; ***actividades literárias*** literary pursuits; ***actividade vulcânica*** volcanic activity; ***em actividade*** at work; ***em plena actividade*** in full swing; ***conservar a sua actividade*** [fig.] to keep the pot boiling
activismo *s. m.* activism (a philosophy of practical idealism originated by Rudolph Eucken, 1846-1926)
activista *s. m. e f., adj.* activist
activo Ⓐ *s. m.* assets, estate, effects, possessions Ⓑ *adj.* active, pushing, quick, prompt, ready, lively, vivacious, vivid, nimble, agile; energetic; industrious; effective, efficient; busy, bustling, diligent, employed; COMÉRCIO ***activo e passivo*** assets and liabilities; ***ter uma vida activa*** to lead an active life; ***não ter voz activa*** to have no right to interfere, to have no say; ***um espírito activo*** an active mind; ***em serviço activo*** on active service; ***tomar parte activa nos negócios*** to take an active part in affairs
acto *s. m.* act; action, deed, achievement; instrument, indenture; TEATRO act; ***acto contínuo*** immediately; ***fazer acto*** to pass (to sit for, to undergo) a University examination; ***somos todos responsáveis pelos nossos actos*** we are all responsible for our own acts; ***acto notarial*** notarial act; ***acto de navegação*** navigation act; ***pôr em acto*** to put into practice, to execute; ***no acto de*** in the act of; ***Acto Único*** Single European Act
actor *s. m.* actor, player, performer; [fig.] simulator, imitator; ***seguir a carreira de actor*** to go on the stage; ***ansioso por ser actor*** stage-struck; ***desejo ardente de ser actor ou actriz*** stage fever; ***deixar o palco*** to quit the stage
actriz *s. f.* actress

actuação *s. f.* actuation, performance; activity, energy
actual *adj.* present; real, actual, existing; ***a actual posição*** the present position
actualidade *s. f.* actuality, actualness; reality; opportunity; the present time; ***actualidades cinematográficas*** newsreel
actualismo *s. m.* actuality; actualism
actualista Ⓐ *s. m. e f.* actualist Ⓑ *adj.* actualistic
actualização *s. f.* modernization, updating; the act or effect of actualizing, actualization
actualizar *v. tr.* to modernize, to update, to actualize
actualmente *adv.* at present, now, nowadays, today, modernly, actually
actuante *adj.* that is in action, acting, performing, operating, pushing, driving
actuar *v. intr.* to act, to actuate, to do, to operate; to perform, to push, to drive; to put into action; to influence; ***actuar energicamente*** to act energetically; ***actuar separadamente*** to act singly (separately)
actuarial *adj.* actuarial, concerned with actuary, register or clerk
actuário *s. m.* actuary; ***actuário de seguros*** insurance actuary
actuável *adj.* manageable, governable; docile, easy
actuoso *adj.* ⇒ **actuante**
acuado *adj.* NÁUTICA said of a ship the stern of which is lower than normal, while the bow is in the normal position
acuamento *s. m.* recoiling, contraction (before leaping); retrogression, retrocession, rearing, prancing, stopping, balking (horse); perplexity; abandonment of a person in need; rounding up (game), surrounding and harassing by hounds; hiding, concealing; cornering, checking; humiliating retreat
acuar *v. intr.* to recoil, to cower; to retrograde, to retrocede, to recede; to rear, to refuse to go on (horse); to abandon a person; to round up, to chase down (game); [fig.] to desist, to give up
acúbito *s. m.* accubitum
açúcar *s. m.* sugar; ***açúcar de cana*** cane-sugar; ***açúcar cândi*** sugar-candy; ***açúcar de pedra*** rock-candy; ***açúcar mascavado*** raw (brown) sugar; ***açúcar em quadrados*** cube sugar, lump sugar; ***açúcar em pedaços*** lump sugar; ***açúcar em pó*** powder(ed) sugar; ***açúcar refinado*** refined sugar, castor sugar; ***açúcar em rama*** raw sugar; ***açúcar de uvas*** grape-sugar; ***açúcar de mel*** honey-sugar; ***açúcar puro*** pure (white) sugar; ***açúcar pilé*** granulated sugar; ***açúcar queimado*** burnt sugar; ***açúcar de beterraba*** beetroot sugar, beet sugar; ***refinaria de açúcar*** sugar refinery; ***plantação de açúcar*** sugar plantation; ***cultivador de açúcar*** sugar planter; ***açúcar moído*** castor sugar; ***um torrão de açúcar*** a lump of sugar
açucarado *adj.* sugared; sugary; sweet; mellifluous
açucarar *v. tr.* to sugar, to sweeten with sugar
açúcar-de-madeira *s. m.* ⇒ **xilose**
açucareiro *s. m.* sugar-basin; sugar-bowl; sugar-pot; sugar-castor; sugar manufacturer, sugar dealer
açucena *s. f.* white lily; [fig.] harmless person
açucenal *s. m.* plantation of white lilies
acuchilar *v. tr.* to knife; to cut or to wound with a knife, to slash, to slit
acucular *v. tr.* to heap up, to pile up, to overfill, to pack, to cram
açudada *s. f.* a full reservoir in a river before a dam
açudagem *s. f.* damming, barraging; [fig.] stopping up, blocking
açudar *v. tr. e intr.* to dam, to dam up, to embank; [fig.] to dam up (to control, to hold back) one's feelings, to obstruct; ***açudar um curso de água*** to dam the course of a stream
açude *s. m.* dam, weir; ***açude de comportas*** sluice, valve-weir; ***açude de persianas*** shutter; ***açude móvel*** movable dam; ***açude fixo*** fixed weir
acudir *v. tr.* *(auxiliar)* to help, to run to help, to assist; *(evitar)* to prevent, to stop; *(juntar-se)* to flock to, to throng; *(retorquir)* to retort, to reply; ***acudir por alguém*** to take someone's side, to speak in favour of someone; ***acudir prontamente à chamada*** to hasten to the call; ***Deus me acuda!*** God help me!
acuidade *s. f.* acuity, perspicacity, acuteness, sharpness, intensity, keenness; cunning, craft; ***acuidade auditiva*** auditive acuity; ***acuidade visual total*** total visual acuity
açulador *s. m.* instigator, prompter
açulamento *s. m.* instigation; provocation; setting on (of dogs); hallooing
açular *v. tr.* to incite, to halloo; to set on (dogs); to instigate, to prompt
aculeado *adj.* aculeate, prickly; pointed, pungent, incisive
aculear *v. tr.* to provide with stings, prickles, etc
aculeiforme *adj.* aculeate; prickly, spiny
acúleo *s. m.* BOTÂNICA, ZOOLOGIA aculeum; sting, prickle; [fig.] incentive, stimulus, spur
aculturação *s. f.* acculturation
acume *s. m.* top, summit, height; acumen; [fig.] penetration
acúmen *s. m.* ⇒ **acume**
acumetria *s. f.* acoumetry
acúmetro *s. m.* MEDICINA acoumeter, acousimeter
acuminado *adj.* acuminate, pointed; BOTÂNICA acuminated
acuminar *v. tr.* to acuminate, to sharpen, to point
acuminoso *adj.* ⇒ **acuminado**
acumulação *s. f.* accumulation, cumulation, heaping up, amassing, pile, heap; cumulus (*plural* cumuli); ***acumulação de lixo*** accumulation of rubbish; ***acumulação de juros*** cumulation of interest
acumulador *s. m.* accumulator; ELECTRICIDADE accumulator, battery; ***acumulador de pressão*** pressure accumulator; ***acumulador de pressão de vapor*** steam-pressure accumulator; ***acumulador eléctrico*** storage battery; ***acumulador eléctrico de calor*** electric heat accumulator; ***acumulador hidráulico de energia*** hydraulic accumulator
acumulamento *s. m.* ⇒ **acumulação**
acumular *v. tr.* to accumulate, to pile up, to heap up, to amass; to gather, to agglomerate, to collect; to store up; ***acumular riquezas*** to amass a fortune, to accumulate riches; ***acumular calor*** to accumulate heat
acumulativamente *adv.* accumulatively
acumulativo *adj.* accumulative, cumulative
acumulável *adj.* accumulative, cumulative
acunhamento *s. m.* wedging up, jamming
acunhar *v. tr.* to wedge, to wedge up; to shape as a wedge, to wedge
acunhear *v. tr.* to shape like a wedge
acuo *s. m.* ⇒ **acuamento**
acupremir *v. tr.* MEDICINA to acupress
acupressão *s. f.* MEDICINA acupressure
acupressura *s. f.* ⇒ **acupressão**
acupunctura *s. f.* MEDICINA acupuncture
acuradamente *adv.* accurately, exactly, carefully
acurado *adj.* accurate, exact, careful
acurar *v. tr.* to improve, to perfect, to give the finishing touch
acurralar *v. tr.* to pen (up); to corral; to enclose in a corral
acurvamento *s. m.* curving, arching, bending
acurvar Ⓐ *v. tr.* to curve, to bend, to incurvate, to round; to yield, to give up, to cede, to submit, to succumb Ⓑ *v. refl.* to stoop down
acurvilhar *v. intr.* to kneel, to fall on the knees (referring to animals, mainly horses)
acusabilidade *s. f.* accusability
acusação *s. f.* accusation, charge; indictment, impeachment, prosecution; ***acusação escrita*** bill of indictment
acusado Ⓐ *s. m.* defendant, accused (person); a defender Ⓑ *adj.* accused

acusador *s. m.* accuser, plaintiff, complainant, prosecutor
acusamento *s. m.* ⇒ **acusação**
acusa-pilatos *s. m. e f.* informer, delator, denouncer
acusar Ⓐ *v. tr.* to accuse, to charge with, to make a charge against, to indict, to tax with, to impeach; to arraign Ⓑ *v. refl.* to accuse oneself, to avow, to confess; to reveal; to register; to acknowledge; NÁUTICA to ease away; ***acusar a recepção de uma carta*** to acknowledge receipt of a letter; ***acusar (culpar) alguém*** to accuse someone, to impute a fault to someone; ***acusar de um crime*** to charge with a crime
acusativo *s. m., adj.* accusative
acusatório *adj.* accusatory, accusatorial
acusável *adj.* accusable, censurable, impeachable
acusma *s. m.* aural hallucination
acusmático *adj.* suffering aural hallucination
acústica *s. f.* acoustics
acústico *adj.* acoustic
acuta *s. f.* CARPINTARIA instrument for measuring angles; ⇒ **suta**
acutangulado *adj.* ⇒ **acutângulo**
acutangular *adj.* that forms an acute angle
acutângulo *adj.* acute-angled
acutelado *adj.* chopperlike
acutelar *v. tr.* to make like a chopper
acutenáculo *s. m.* CIRURGIA needle-holder
acuticaude *adj.* acute-tailed, sharp-tailed
acuticórneo *adj.* ZOOLOGIA acute horned
acutifoliado *adj.* ⇒ **acutifólio**
acutifólio *adj.* BOTÂNICA with acuminated leaves
acutiladiço *adj.* often-slashed
acutilador Ⓐ *s. m.* slasher Ⓑ *adj.* pugnacious, quarrelsome
acutilamento *s. m.* gash, slash, cut
acutilante *adj.* slashing, gashing; [fig.] piercing, sharp
acutilar *v. tr.* to gash, to slash, to cut
acutilingue ZOOLOGIA *adj.* acute-tongued, sharp-tongued
acutilíngue *adj.* ⇒ **acutilingue**
acutirrostro *adj.* ZOOLOGIA having a rostriform (or beak-shaped) head
adactilia *s. f.* MEDICINA congenital absence of fingers or toes or of both
adáctilo *adj.* ZOOLOGIA fingerless
adaga *s. f.* dagger
adagada *s. f.* stab, thrust of the dagger
adagial *adj.* proverbial
adagiar *v. tr.* to quote adages
adagiário *s. m.* collection of adages or proverbs
adágio *s. m.* adage, proverb, saying; MÚSICA adagio
adagueiro *s. m.* young stag, the horns of which look like a dagger; that who makes daggers; that who is armed with a dagger
adaião *s. m.* ⇒ **deão**
adail *s. m.* leader, guide
adamado *adj.* effeminate, womanlike; soft, delicate; unmanly; it is said of wine with a small percentage of alcohol and sweet taste
adamantino *adj.* adamantine
adamar-se *v. refl.* to adorn oneself like a lady; to behave like a lady
adamascado *adj.* damasked; ***tecido adamascado*** damask
adamascar *v. tr.* to damask
adâmico *adj.* Adamic, Adamical; primitive, simple
Adamita *s. m. e f.* Adamite
adamítico *adj.* Adamitic, Adamitical
adansónia *s. f.* BOTÂNICA adansonia; baobab
adaptabilidade *s. f.* adaptability, adaptiveness
adaptação *s. f.* adaptation; [técn.] fitting, matching; ***adaptação à obscuridade*** darkness adaptation; ***adaptação ao clima*** acclimatization; ***adaptação à luz*** light adaptation; ***adaptação da vista*** adaptability of vision; ***falta de adaptação*** failure of adaptation
adaptadamente *adv.* suitably, in a fit manner
adaptado *adj.* adapted, fit, suitable for
adaptador *s. m.* adapter; ***adaptador duplo*** double-nipple adapter; ***adaptador de onda curta*** short wave adapter
adaptar Ⓐ *v. tr.* to adapt, to fit, to adjust, to suit Ⓑ *v. refl.* to conform; ***adaptar-se a*** to adapt oneself to; ***adaptar-se à vida*** to adapt oneself to life; ***adaptar (ajustar) as peças uma à outra*** to fit the pieces together; ***adaptar-se perfeitamente*** to fit like a glove; ***ele tem de adaptar-se às suas possibilidades*** he must cut his suit according to his cloth
adaptável *adj.* adaptable, adjustable, suitable
adarga *s. f.* oval leather shield; [fig.] defense; help
adargueiro *s. m.* soldier armed with an oval leather shield; person who makes oval leather shields
adarme *s. m.* ancient weight (1,793 grams); calibre of a gun bullet
adarvar *v. tr.* to provide with battlements (or a passage along the battlement)
adarve *s. m.* battlement, parapet
adastra *s. f.* [técn.] hand-anvil; triblet
adastragem *s. f.* straightening (redressing or correcting) with a triblet (or a hand anvil)
adastrar *v. tr.* to straighten (to redress or correct) with a triblet (or hand-anvil)
adedentro *adv.* internally
adega *s. f.* cellar; ***adega de vinho*** wine cellar, wine vaults
adegar Ⓐ *v. tr.* to cellar, to keep in a cellar (wine) Ⓑ *v. intr.* to tipple, to drink too much
adegueiro *s. m.* cellarer, cellar-man (the keeper of a cellar)
adejamento *s. m.* flapping, flutter, flop, flicker
adejar *v. tr.* to flutter, to flit, to flap, to flicker; ***a ave adeja as asas*** the bird flutters its wings
adejo *s. m.* fluttering, flitting, flapping, flickering; flight
adela *s. f.* woman-junk-dealer
adeleira *s. f.* second-hand dealer
adeleiro *s. m.* junk-dealer
adelfa *s. f.* BOTÂNICA rose-bay, oleander
adelfal *s. m.* oleander plantation
adelfeira *s. f.* BOTÂNICA rose-bay
adelfia *s. f.* BOTÂNICA adelphia
adelfo *adj.* BOTÂNICA adelphous
adelgaçadamente *adv.* slenderly, thinly, pointedly
adelgaçado *adj.* thinned, pointed; thin, slender; tapered
adelgaçador Ⓐ *s. m.* person (thing, machine) that makes something thin (pointed or narrow) Ⓑ *adj.* thinning, pointing, narrowing
adelgaçamento *s. m.* thinning, tapering, pointing; diminishing, decreasing, decrease
adelgaçar Ⓐ *v. tr.* to thin, to make thin; to thin down, to taper, to taper off, to pare (to cut) off; to diminish Ⓑ *v. refl.* to become thin; ***adelgaçar tintas*** to dilute (to weaken, to soften) paints; ***adelgaçar os bordos*** to chamfer
adelha *s. f.* mill-hopper; a wooden box shaped as a pyramidal trunk which stores the cereals in the mill ready to pass through the channel which carries them to the centre of the grinding stone
adelhão *s. m.* hopper; the wooden channel which carries the cereals to the centre of the grinding stone
adelo *s. m.* frippery; second-hand shop; junk shop
adem *s. m.* mallard, wild duck
ademã *s. m.* ⇒ **ademane**
ademais *adv.* besides, moreover
ademane *s. m.* affectation, affected manners (or gestures); foppery
adenção *s. f.* ademption, annulment, the revocation of grant, request, etc

adenda *s. f.* addendum (*plural* addenda)
adengar *v. tr.* to pat, to fondle, to caress, to pet
adenite *s. f.* MEDICINA adenitis (inflammation of the lymphatic glands)
adenóide Ⓐ *s. m.* adenoids (swollen tissue at the back of the nose) Ⓑ *adj.* PATOLOGIA adenoid; of a gland-like shape; glandular
adenoidectomia *s. f.* CIRURGIA adenotomy (a cutting or incision of a gland)
adenologia *s. f.* adenology
adenoma *s. m.* PATOLOGIA adenoma (a tumour with a gland-like structure)
adenopatia *s. f.* adenopathy
adensado *adj.* thick, thickened, close, dense, condensed, compact
adensar *v. tr.* to thicken, to condense, to densify, to compact
adentado *adj.* toothed; indented
adentar Ⓐ *v. tr.* to tooth, to furnish with teeth Ⓑ *v. intr.* to cut teeth; to bite; to indent; to notch
adentrar *v. intr.* to enter, to penetrate into; to intern, to confine oneself to (a place)
adentro *adv.* within doors; inwards, indoors
adepto *s. m.* follower, adherent, partisan; supporter; [coloq.] addict
adequabilidade *s. f.* adequacy, suitability
adequação *s. f.* adequacy, adequateness, fitness, suitability, adaptation, adjustment, accommodation; addiction
adequadamente *adv.* adequately, fitly, appropriately, suitably, properly
adequado *adj.* adequate, fit, suitable, appropriate, proper; fitting
adequar *v. tr.* to adapt, to adjust, to suit, to fit, to accommodate
adereçar *v. tr.* to adorn, to trim up; to attire; to address
aderecista *s. m. e f.* decorator; property-man
adereço *s. m.* finery, attire, ornament; *pl.* ornaments, trimmings, decorations, regalia; *pl.* TEATRO stage properties, [coloq.] stage props; ***um adereço de jóias*** a set of jewels
aderência *s. f.* adherence; adhesion; sticking; attachment; [fig.] consent, assent, compliance
aderente Ⓐ *s. m.* adherent, follower, supporter Ⓑ *adj.* adherent, clinging, sticking
adergar Ⓐ *v. intr.* to chance; to happen, to hit on Ⓑ *v. tr.* to deceive, to fool, to trick, to make a fool of a person
aderir *v. intr.* to adhere, to stick, to cleave to; to join, to unite; ***aderir a uma opinião*** to adhere to an opinion; ***aderir a um partido*** to adhere to a party; ***aderir à sua própria opinião (ficar na sua)*** to stick to one's point; ***aderir a uma teoria*** to subscribe to a theory
adermia *s. f.* MEDICINA complete or partial congenital absence of the skin
adermotrofia *s. f.* atrophy of the skin
adernado *adj.* NÁUTICA on her beam-ends; heeled over
adernal *s. m.* place where shrubs similar to the buckthorn grow; shrubbery
adernamento *s. m.* NÁUTICA heeling, lean, careen
adernar *v. intr.* NÁUTICA to heel over; to careen; ***adernar a bombordo*** to heel to port
aderno *s. m.* BOTÂNICA privet (kind of shrub similar to buckthorn)
adesão *s. f.* adhesion, adherence; joining, enrolment; membership; approbation, approval
adesividade *s. f.* adhesiveness
adesivo Ⓐ *s. m.* sticking plaster; adhesive tape Ⓑ *adj.* adhesive, sticky
adestradamente *adv.* dexterously, skilfully, cleverly
adestrado *adj.* skilled, dexterous, trained, expert
adestrador *s. m.* teacher, trainer, instructor, coach
adestramento *s. m.* teaching, instruction, training, coaching; break-in (horses)
adestrar Ⓐ *v. tr.* to teach, to instruct; to train, to coach Ⓑ *v. refl.* *(exercitar-se)* to practise, to exercise oneself
adestrável *adj.* trainable, teachable
adeus *interj.* good-bye, farewell, adieu; [fam.] bye-bye, ta-ta; ***dizer adeus*** to say good-bye, to take leave, to bid farewell; ***adeus, até breve*** so long, good-bye, see you again soon; ***adeus, até à vista*** good-bye, till we meet again; see you later; ***adeusinho!*** cheerio!; ***adeus eterno*** eternal farewell
adeusar *v. tr.* ⇒ **endeusar**
adiabática *s. f.* FÍSICA adiabatic
adiabático *adj.* FÍSICA adiabatic; BOTÂNICA not capable of translocation
adiáfano *adj.* opaque, obscure
adiaforese *s. f.* adiaphoresis
adiáforo *adj.* not essential, accessory
adiamantado *adj.* diamond-like; shaped like a diamond
adiamantar *v. tr.* to shape or to make like a diamond
adiamantino *adj.* adamantine
adiamento *s. m.* adjournment, deferment, putting off, postponement; delay; ***adiamento de uma causa*** adjournment of a case
adiantadamente *adv.* in advance; beforehand
adiantado Ⓐ *adv.* in advance; (*relógio*) fast Ⓑ *adj.* advanced; insolent, abusive, impudent, saucy, cheeky; ***adiantado nos estudos*** ahead in one's studies; ***adiantado na idade*** stricken in years; ***o meu relógio está adiantado*** my watch is fast; ***dinheiro adiantado*** advanced money; ***pagar adiantado*** to pay in advance; ***chegar adiantado*** to arrive ahead of time; ***o adiantado da hora*** the lateness of the hour
adiantamento *s. m.* advancement, progress, improvement; advance, increase, anticipation; advance payment; ***adiantamentos de dinheiro*** advances of money; ***adiantamento de fundos contra depósito de títulos*** advance on securities
adiantar Ⓐ *v. tr.* to advance; to move forward; to pay in advance; to anticipate; to improve, to make progress; to go too fast, to go too far; to set forward Ⓑ *v. refl.* [fig.] to become too familiar, to take liberties; to go too far, to exceed oneself; ***adiantar dinheiro*** to advance money; ***adiantar uma soma*** to advance a sum; ***adiantar-se a*** to get the start of someone, to get ahead, to get forward, to stand forward; ***adiantar um relógio*** to put a clock on, to put a clock forth; ***isso não adianta nada*** that doesn't help at all; ***não adianta insistir*** it's no use insisting; ***que é que adianta?*** what's the use?
adiante *adv.* before, in front, ahead; onward(s), forward(s); farther along, further along; ***pelo tempo adiante*** in time to come; ***adiante!*** go on!; ***adiante e atrás*** before and behind; ***passar adiante,*** to get ahead, to overtake
adianto *s. m.* ⇒ **adiantamento**
adiar *v. tr.* to postpone, to adjourn; to prorogue, to delay, to procrastinate; to put off, to defer; to reject or to fail (an examinee); [coloq.] to plough, to pluck (an examination); ***adiar a partida*** to put off (to defer) the departure; ***adiar a sessão*** to adjourn the meeting; DIREITO ***adiar uma causa*** to adjourn (to prorogue) a suit; ***adiar é perder tempo*** procrastination is the thief of time; ***adiar o pagamento*** to defer payment
adiatermia *s. f.* adiathermancy
adiatérmico *adj.* related to that which does not transmit heat
adiável *adj.* delayable
adibe *s. m.* ZOOLOGIA kind of jackal (or wolf)
adição *s. f.* addition; appendix; supplement; DIREITO addiction; ***adição aritmética*** arithmetical addition; ***adição geométrica*** geometrical addition
adicionação *s. f.* addition, adding up
adicionador Ⓐ *s. m.* adding machine; that who (or which) adds Ⓑ *adj.* adding

adicional Ⓐ *s. m.* additional, extra, supplement Ⓑ *adj.* additional, extra, supplementary
adicionamento *s. m.* ⇒ **adicionação**
adicionar *v. tr.* to add; MATEMÁTICA to sum, to sum up, to add, to add up, to reckon up, to cast up, to tot up; ***adicionar água*** to add water
adicionável *adj.* that which may be added
adictício *adj.* inclined to be devoted
adicto *adj.* inclined, devoted; dedicated
adido *s. m.* attaché; ***adido naval*** naval attaché; ***adido militar*** military attaché; ***adido aeronáutico*** air-attaché; ***adido da imprensa*** press attaché; ***adido comercial*** commercial representative
adietar *v. tr.* to diet, to keep on (to) a diet
adinamia *s. f.* adynamia; atony; debility
adinâmico *adj.* adynamic; weak, feeble
adipoma *s. m.* adipoma; lipoma
adipose *s. f.* adiposis; obesity
adiposidade *s. f.* adiposity
adiposo *adj.* adipose, fat, fatty
adipsia *s. f.* absense of thirst
adir *v. tr.* to add, to adjoin; to come into possession of, to accept an inheritance
aditamento *s. m.* additament; addition, supplement; ***em aditamento a*** in addition to
aditar Ⓐ *v. tr.* to make happy, to bless Ⓑ *v. tr. e intr.* to join, to subjoin, to adjoin, to add, to superadd, to append
aditício *adj.* added, additional, supplemental
aditivo Ⓐ *s. m.* MATEMÁTICA minuend, subtrahend; (food) additive Ⓑ *adj.* additive, that which (or who) is to be added
ádito *s. m.* horizontal entrance (of mines); adit; act of approaching
adivinha *s. f.* riddle, conundrum, puzzle, enigma; guess; woman fortune-teller; ***uma adivinha acertada*** a lucky guess
adivinhação *s. f.* divination, divining, foretelling, prediction, guessing
adivinhador *s. m.* ⇒ **adivinho**
adivinhão *s. m.* ⇒ **adivinho**
adivinhar *v. tr.* to guess, to divine, to foretell, to predict, to soothsay; to make out; to find out, to unriddle, to decipher; ***deitar-se a adivinhar*** to speak at random; ***eu cá adivinhei ...*** a little bird told me so; ***coisa fácil de adivinhar*** easily guessed, easy guess; ***adivinhando*** at a guess; ***adivinhar bem*** to decipher a shrewd guess
adivinhável *adj.* predictable; that can be guessed
adivinho *s. m.* fortune-teller, guesser, predictor, diviner, soothsayer
adjacência *s. f.* adjacency; contiguity; neighbourhood
adjacente *adj.* adjacent, adjoining; neighbouring
adjacer *v. intr.* to be adjacent; to lie near
adjecção *s. f.* addition
adjectivação *s. f.* use of adjectives
adjectivado *adj.* qualified; adjectival, used as an adjective
adjectival *adj.* adjectival
adjectivamente *adv.* adjectively
adjectivamento *s. m.* ⇒ **adjectivação**
adjectivar *v. tr.* to qualify; to use adjectives; to make adjectival
adjectividade *s. f.* quality or value of adjective
adjectivo Ⓐ *s. m.* adjective, adjunct, attribute Ⓑ *adj.* adjective; additional, not standing by itself
adjudicação *s. f.* adjudication, sentence, award, decision, decree; ***adjudicação dos trabalhos*** work contract
adjudicador *s. m.* adjudicator
adjudicar Ⓐ *v. tr.* to adjudicate, to adjudge, to decide, to award Ⓑ *v. refl.* to assume, to arrogate, to take upon oneself; ***adjudicar (ou distribuir) prémios*** to award prizes; ***adjudicar ao maior oferente*** to award to the highest bidder
adjudicatário *s. m.* purchaser, highest bidder, contractor; allottee
adjudicativo *adj.* adjudicative, adjudicating
adjudicatório *adj.* adjudicative, adjudicating
adjudicável *adj.* adjudicable; awardable
adjunção *s. f.* adjunction
adjungir *v. tr.* to adjoin
adjunto Ⓐ *s. m.* assistant, adjunct Ⓑ *adj.* adjoined, annexed
adjuração *s. f.* adjuration, adjuring
adjurar *v. tr.* to adjure, to swear by, to invoke (by oath), to take oath upon; to entreat; to conjure, to exorcise
adjutor *s. m.* assistant, helper, aider; MILITAR adjutant
adjutório *s. m.* assistance; assistant; help, aid, support, good offices
adjuvante *adj.* adjuvant, helpful, assisting, assistant, auxiliary
adjuvar *v. tr.* ⇒ **ajudar**
adlegação *s. f.* special delegation
adminicular *adj.* adminicular; auxiliary
adminículo *s. m.* adminicle; assistance, help; support, protection, subsidiary; corroborative (or explanatory) proof; an ornament surrounding old coins or medals
administração *s. f.* administration; management, control, direction; directorship; ***conselho de administração*** board of directors; ***administração das alfândegas*** Board of Customs; ***administração das finanças*** Exchequer; ***administração dos correios*** postal authorities; ***administração de um jornal*** newspaper office; ***administração da falência*** Bankruptcy Court; ***administração dos faróis e balizagem das costas da Inglaterra*** Trinity House; ***administração de empresas*** business administration; ***administração fiduciária*** trusteeship
administrado *adj.* administered, managed; governed, controlled, handled
administrador *s. m.* administrator (*feminine* administratrix), director, manager; ***administrador-gerente*** managing director; ***administrador de falências*** trustee; ***administrador do activo da falência*** trustee of bankrupt's estate
administrador-geral *s. m.* general manager
administrante *adj.* administrant
administrar *v. tr.* to administer; to govern; to administrate, to manage, to control, to direct, to run; ***administrar uma propriedade*** to administer an estate, to manage an estate; ***administrar justiça*** to administer justice; ***administrar remédios*** to give (to administer) medicine to a person
administrativamente *adv.* administratively
administrativo *adj.* administrative, managing
admirabilidade *s. f.* admirableness
admiração *s. f.* admiration, wonder, astonishment, amazement, surprise; ***ela causava admiração a todos os espectadores*** she was the admiration of all beholders; ***ponto de admiração*** exclamation mark
admirado *adj.* astonished, surprised, amazed; ***estar admirado de*** to be astonished at, to be surprised at, to be amazed at
admirador *s. m.* admirer; [fig.] sweetheart, suitor, lover
admirando *adj.* worthy of admiration; admiring
admirar Ⓐ *v. tr.* to admire, to appreciate, to esteem; *(causar admiração)* to surprise, to astonish Ⓑ *v. refl.* to be surprised, to be astonished; to wonder, to marvel; ***admiro-me disso*** I am surprised at it; ***admirar-se de*** to wonder at; ***não admira*** no wonder; ***é de admirar*** it's a wonder; ***não admira que chegasse tarde numa noite destas*** no wonder you arrived late on a night like this; ***não me admiro disso*** I am not surprised at that
admirativamente *adv.* admiringly, admiredly, surprisingly
admirativo *adj.* admiring, wondering, surprising
admirável *adj.* admirable, wonderful, worthy of admiration, excellent, praiseworthy, astonishingly good; ***ele é uma pessoa admirável*** he is a perfect wonder
admiravelmente *adv.* admirably, wonderfully, excellently, fine

admissão *s. f.* admission; admittance; entry, way in; [técn.] intake, inlet; ***admissão (entrada) grátis*** admission free; ***recusaram-nos admissão (entrada) no teatro*** we were refused admittance in the theatre; ***exame de admissão*** entrance examination; ***ele recusou admitir a sua culpa*** he refused to make an admission of his guilt; ***admissão dos carros*** entry for cars; ***admissão de água*** water inlet; ***admissão de ar*** air inlet; ***admissão de um sócio numa sociedade*** admission of a partner into a company; ***admissão de vapor*** steam admission, steam inlet

admissibilidade *s. f.* admissibility, receptibility

admissível *adj.* admissible, likely, permissible, allowable; credible, believable

admitância *s. f.* FÍSICA admittance

admitir *v. tr.* to let in; to admit; to allow, to aknowledge, to confess, to grant; to take in; ***admitir um empregado*** to engage an employee; ***admitir dúvida*** to admit a doubt; ***admitir em casa*** to take in one's home (or house); ***admitir demora*** to admit a delay; ***admitido isso*** admitting that; ***admitamos que*** let us suppose that; ***admito que me enganei*** I admit (allow, grant, acknowledge) I made a mistake; ***não admito isso*** I won't have it

admoestação *s. f.* admonition, warning, reproof, rebuke, censure

admoestador *s. m.* admonisher

admoestamento *s. m.* ⇒ **admoestação**

admoestar *v. tr.* to admonish, to warn, to reprove, to reprimand, to rebuke, to censure, to take notice that; ***admoestar alguém para ser mais cuidadoso*** to warn someone to be more careful; ***admoestar alguém*** to reprove a person, [fam.] to give someone a piece of one's mind

admoestatório *adj.* admonitory, admonitive, reprehensive

admonição *s. f.* ⇒ **admoestação**

admonitor Ⓐ *s. m.* admonisher Ⓑ *adj.* admonitory, reprehensive

admonitório Ⓐ *adj.* admonitory Ⓑ *s. m.* ⇒ **admoestação**

adnato *adj.* adnate; growing close to the stem

adnominação *s. f.* similarity between words of different languages by which one can see the common origin

adnotação *s. f.* papal reply to a petition by simply signing it

adobar *v. tr.* to make adobes

adobe *s. m.* adobe (unburnt sun-dried brick)

adobeira *s. f.* adobe mould

adobo *s. m.* ⇒ **adobe**

adoçamento *s. m.* sweetening; dulcifying; softening; ARQUITECTURA hollow moulding; ***adoçamento de uma curva*** easing of a bend

adoçante *adj.* sweetening, dulcifying; assuaging; soothing

adoçar *v. tr.* to sweeten, to make sweet; to dulcify; to soften, to mollify, to milden, to assuage; [fig.] ***adoçar a pílula*** to sugar the pill; ***adoçar as cores*** to soften the colours; ***adoçar (aliviar) uma dor*** to assuage a pain

adocicado *adj.* sweetish; ***palavras adocicadas*** sugared words; ***molho adocicado*** sweet sauce

adocicar *v. tr.* to make sweet, to sweeten; ***adocicar o molho*** to sweeten the sauce

adoecer Ⓐ *v. intr.* to fall (to become) ill; to be taken ill; to fall sick Ⓑ *v. tr.* to make ill (sick), to sicken; ***adoeceu com uma pneumonia*** he was taken ill with pneumonia

adoecimento *s. m.* falling ill, sickening, onset of disease

adoentado *adj.* indisposed, ill, sickly, ailing, unwell, poorly, seedy, out of sorts; peaky; ***ele tem um ar adoentado*** he looks rather sick; ***sentir-se adoentado*** to feel seedy

adoentar Ⓐ *v. tr.* to sicken Ⓑ *v. intr.* to become (to fall) sick (ill)

adoestar *v. tr.* to insult, to offend, to affront

adoidar Ⓐ *v. tr.* to render foolish, to madden; to make mad (crazy), to drive mad, to turn one's head Ⓑ *v. intr.* to become (to go) crazy

adolescência *s. f.* adolescence, adolescency, youth, teens

adolescente Ⓐ *s. m. e f.* adolescent Ⓑ *adj.* adolescent, youthful, in the teens

adolescer *v. intr.* to advance from childhood to maturity

adomingar-se *v. refl.* to put on one's Sunday best (or Sunday clothes); to attire

adonairar *v. tr.* to dandify, to spruce up, to smarten up, to adorn

adonde *adv.* ⇒ **onde**

adónico *adj.* ⇒ **adónio**

adónio *adj.* like Adonis

adónis *s. m.* Adonis; a handsome man; dandy, beau, fop

adonisar *v. tr.* to adonize, to make dandylike (or foppish); to embellish, to decorate

adopção *s. f.* adoption, acceptance, approval, support; adopting, affiliation

adoptado *adj.* adopted; chosen, selected; followed, embraced; accepted, assumed

adoptante *adj.* adopting, adoptive

adoptar *v. tr.* to adopt, to follow, to embrace; to choose, to select; to affiliate; ***adoptar um livro*** to adopt a book; ***vou adoptar o teu sistema*** I shall follow your system; ***ele adoptou o catolicismo*** he embraced catholicism; ***adoptar medidas de precaução*** to adopt precautionary measures; ***adoptar uma criança*** to adopt a child

adoptável *adj.* adoptable; selectable; embraceable; acceptable

adoptivo *adj.* adoptive; ***pai adoptivo*** adoptive father, foster father; ***filho adoptivo*** adoptive son

adoração *s. f.* adoration, worship, devotion, veneration; adoring, act of adoring; ***ele tem uma adoração louca por ela*** he worships (adores) her

adorador *s. m.* adorer, worshipper; admirer, lover, idolater

adorar *v. tr.* to adore; to worship, to venerate, to revere, to idolize, to love devotedly; ***adorar a Deus*** to worship God; ***eu adoro pudim inglês*** I simply adore plum-pudding

adorativo *adj.* adorable, adoring; religious

adorável *adj.* adorable, lovable, charming, enchanting, fascinating, lovely, captivating; ***ela é uma criança adorável*** she is an adorable (lovable, lovely, charming) child

adoravelmente *adv.* adorably, charmingly, lovingly

adorbital *s. m., adj.* orbital

adormecedor *adj.* soporific, somniferous, slumberous, dormitive

adormecer Ⓐ *v. tr.* to put to sleep, to lull asleep; to soothe, to assuage Ⓑ *v. intr.* to fall asleep; to go to sleep, to go off to sleep, to doze off, to grow torpid; NÁUTICA to careen; ***adormecer sobre um assunto*** to sleep on a matter; ***adormecer uma criança (cantando)*** to sing a child to sleep; ***adormecer (alguém)*** to put to sleep; ***adormecer uma dor*** to soothe a pain; ***adormeceram-me as mãos*** my hands have gone to sleep

adormecido *adj.* asleep; sleeping, slumbering, dormant; NÁUTICA on her beam ends; ***profundamente adormecido*** fast (sound) asleep; ***A Bela Adormecida*** The Sleeping Beauty

adormecimento *s. m.* sleepiness, somnolence, doziness, dormancy, drowsiness, slumber; numbness, torpor, torpidity; [fig.] negligence, carelessness

adormentador *s. m., adj.* soporific

adormentar *v. tr.* ⇒ **adormecer**

adornado *adj.* adorned, decorated, embellished, ornamented, ornate

adornamento *s. m.* ⇒ **adorno**

adornar *v. tr. e intr.* to adorn, to deck, to decorate, to embellish, to enrich, to set off, to trim, to garnish, to dress (up), to ornament; NÁUTICA to heel over; to harness (horses)

adorno *s. m.* ornament, embellishment, adornment, decoration, trimming; *pl.* [coloq.] trimmings (parts cut away in trimming, additions to a simple dish of food), garnishment (with food for the table), trappings (with clothes)

adossado *adj.* addorsed, back to back

adosselado *adj.* shaped like a dossal
adoudar *v. tr.* ⇒ **adoidar**
adquirente *s. m. e f.* purchaser, acquirer, buyer
adquirição *s. f.* acquirement, acquisition
adquiridor *s. m.* acquirer, buyer; ***adquiridor de títulos de renda*** buyer of securities
adquirir *v. tr.* to acquire, to gain, to gather, to obtain, to get, to buy, to procure; to achieve; to earn; to get possession of; AERONÁUTICA ***adquirir (ganhar) altura*** to climb up; ***adquirir uma doença*** to catch a disease, to get a disease; ***adquirir um direito*** to acquire a right; ***adquirir fama*** to get a good name; ***adquirir má reputação*** to acquire a bad reputation; ***adquirir importância*** to acquire importance, to gain importance; ***adquirir velocidade*** to acquire speed, to gain speed, to gather speed; ***onde adquiriste esse livro?*** where did you get that book?, where did you obtain that book?; ***precisas de adquirir um chapéu novo*** you must get a new hat, you must buy a new hat; ***bens mal adquiridos*** ill-gotten property
adquirível *adj.* available, acquirable
adraganta *s. f.* ⇒ **alcatira**
adraganto *s. m.* ⇒ **alcatira**
ad-rectal *adj.* adrectal; adjacent to the rectum
adrede *adv.* purposely, intentionally, deliberately, on purpose
adregar Ⓐ *v. intr.* to chance; to risk; to happen by chance; to meet by chance; to come upon Ⓑ *v. tr.* to fool; to deceive; to mislead
adrego *s. m.* chance; fortune, luck; risk
ad-renal *adj.* adrenal; adjacent to the kidney; pertaining to the adrenal gland
adrenalina *s. f.* adrenaline; a compound obtained from the suprarenal glands
Adriático *adj.* Adriatic (of or referring to the Adriatic Sea and its surroundings)
adriça *s. f.* NÁUTICA halyard, halliard; ***adriça de bandeira*** ensign halyard; ***a meia adriça*** at half-mast, flag at the dip; ***adriça da pena*** outhaul, outhauler; ***adriça do pique*** peak-halyard; ***adriça da boca*** throat halyard
adriçar *v. tr.* NÁUTICA to right (ship); to haul up (a boat, a flag); to unfurl, to shake out (sail, flag)
adro *s. m.* churchyard
ad-rogação *s. f.* adoption (affiliation of an adult person)
ad-rogar *v. tr.* to adopt (to affiliate an adult person)
adscrever *v. tr.* to add (in writing), to make a postcript; to register, to inscribe; to insert
adscrição *s. f.* addition to something written, postscript; insertion
adscritício *adj.* adscript; attached to the soil (said of a serf)
adscrito *adj.* added, adjoined; enlisted, enrolled
adsorção *s. f.* adsorption; the taking up of one substance at the surface of another
adsorvente *adj.* adsorbent
adsorver *v. tr.* to adsorb
adstrição *s. f.* astriction, contraction; action of an astringent
adstringência *s. f.* MEDICINA astringency
adstringente *adj.* astringent (contracting a medicine which causes costiveness)
adstringir *v. tr.* to astringe, to contract
adstritivo *adj.* astringent
adstrito *adj.* astricted; tight; contracted
adua *s. f.* a pack of hounds running; a flock of sheep with different owners; common pasture; sharing of irrigation water among neighbours
aduada *s. f.* flock in a common pasture
aduagem *s. f.* division into aduas
aduana *s. f.* custom-house, customs; ***direitos aduaneiros*** customs dues (duties)
aduanar *v. tr.* to enter goods at the custom-house; to pass goods through the custom-house; to clear goods; to go (to get, to pass) through the customs
aduaneiro Ⓐ *adj.* pertaining to the customs; customs tariff, customs formalities Ⓑ *s. m.* custom-house officer; NÁUTICA tidewaiter; ***regulamento aduaneiro*** customs regulations
aduar[1] *s. m.* Moorish village (or encampment)
aduar[2] *v. tr.* to supply water for the irrigation of common lands; to irrigate (adua)
adubação *s. f.* manuring, fertilizing; fertilization; seasoning (food)
adubadela *s. f.* manuring, fertilizing; fertilization; seasoning (food)
adubador Ⓐ *s. m.* manurer Ⓑ *adj.* manuring
adubadura *s. f.* ⇒ **adubação**
adubamento *s. m.* ⇒ **adubação**
adubar *v. tr.* to manure, to fertilize; to tan, to dress (skin of animals); to season (food); ***adubar a vinha*** to manure the vineyard
adubo *s. m.* AGRICULTURA manure, fertilizer, compost; CULINÁRIA condiment, seasoning, dressing, spices; ***adubo para correias*** belt composition; ***adubo químico*** artificial manure, fertilizer
adução *s. f.* adduction
aduchar *v. tr.* to coil (a cable or rope)
aduchas *s. f. pl.* NÁUTICA coils (of a cable or rope)
aducir *v. tr.* to make flexible or pliant (metals)
adueiro *s. m.* shepherd, herdsman; scout
aduela *s. f.* stave; opening at the end of the worm (the instrument used to withdraw the charge of a gun); ARQUITECTURA group of stones which form an arch or a vault; ***aduela da abóbada*** arch stone, vaussoir; ***aduela de fecho (da abóbada)*** keystone; [fig.] ***ter uma aduela a menos*** to be crazy, to have a screw loose, to have a tile loose
aduelagem *s. f.* making (or applying) staves (intrados or clapboards)
adufa *s. f.* shutter, lattice; dam, weir; sluice, gate; crusher (in an olive press); ***adufa hidráulica*** watersluice
adufar *v. tr.* to provide with lattices; to beat the timbrel
adufe *s. m.* timbrel, tambourine
adufeiro *s. m.* timbrel-player; timbrel-maker
adufo *s. m.* adobe, sun-dried (unburnt) brick
adulação *s. f.* flattery, adulation, cajolery, fawning, praise, coaxing, sycophancy, blarney, blandishment; ***adulação servil*** toadyism, obsequiousness, kissing of the Blarney stone
adulador *s. m.* adulator, cajoler, flatterer, fawner, coaxer, sycophant, toady
adular *v. tr.* to flatter, to fawn upon, to cajole, to coax, to adulate; ***adular servilmente*** to toady; ***adular com baixeza*** to cringe
adulária *s. f.* GEOLOGIA adularia; glassy feldspar
adulatório *adj.* adulatory, flattering, fawning, sycophantic, blandishing, cajoling
adulável *adj.* flatterable
adulçorar *v. tr.* ⇒ **adoçar**
adúltera *s. f.* adulteress
adulteração *s. f.* adulteration, falsification; debasement, corruption, sophistication; ***adulteração do vinho*** adulteration of wine
adulteradamente *adv.* corruptly; falsely; debasingly, sophistically
adulterado *adj.* adulterated; counterfeit, debased, falsified; impure, corrupted; spurious
adulterador Ⓐ *s. m.* adulterer; adulterator, falsifier; corruptor, sophisticator Ⓑ *adj.* adulterating, falsifying; corrupting; adulterous, sophistical
adulterante *s. m., adj.* adulterant
adulterar Ⓐ *v. tr.* to adulterate, to falsify, to vitiate, to sophisticate; to corrupt, to debase, to deteriorate Ⓑ *v. intr.* to commit adultery
adulterável *adj.* falsifiable; spurious
adulterinidade *s. f.* spuriousness, illegitimacy; bastardy

adulterino *adj.* adulterine, spurious; illegal, unlicensed; falsified, counterfeit; [cal.] bastard
adultério *s. m.* adultery; ***culpado de adultério*** guilty of adultery
adúltero Ⓐ *s. m.* adulterer Ⓑ *adj.* adulterous
adulteroso *adj.* adulterous
adulto *s. m., adj.* adult, grown-up
adumbração *s. f.* adumbration
adumbrar *v. tr.* to adumbrate; to give a faint shadow of; to exhibite imperfectly; [fig.] to symbolize
adunação *s. f.* gathering (act or effect of assembling); incorporation; subordination
adunado *adj.* united, joined, linked, coupled
adunar *v. tr.* to unite, to join, to gather, to assemble, to incorporate; to subordinate
aduncar *v. tr.* to crook, to bend, to curve
aduncidade *s. f.* crookedness, crooked shape
aduncirrostro *adj.* ZOOLOGIA uncirostrate (having a hooked beak)
adunco *adj.* hooked, crooked, bent; ***nariz adunco (aquilino)*** aquiline nose, hook-nose
adurência *s. f.* causticity, smarting, burning, burning taste
adurente Ⓐ *s. m.* caustic, corrosive; MEDICINA caustic Ⓑ *adj.* caustic, corrosive; burning
adurir *v. tr.* to apply cauteries, to cauterize
adustão *s. f.* cauterization; searing; scorching
adustez *s. f.* excessive heat; scorching
adustivo *adj.* burning, caustic; [fig.] fiery
adusto *adj.* adust; scorched, dried up, parched; sunburnt
adutor *s. m.* adductor
aduzir *v. tr.* to adduce, to allege, to cite, to bring forward, to offer, to advance; ***aduzir desculpas frívolas*** to plead empty excuses; ***aduzir motivos*** to adduce motives, to adduce reasons
ádvena *s. m. e f.* foreigner; stranger, exotic person; alien
adveniente *adj.* coming after; added
adventiciamente *adv.* adventitiously, casually, accidentally
adventício Ⓐ *s. m.* foreigner, alien, stranger; intruder Ⓑ *adj.* adventitious, foreign, extraneous, casual, accidental
adventismo *s. m.* Adventism
adventista *s. m. e f., adj.* Adventist
advento *s. m.* advent, coming, approach, arrival
Advento *s. m.* Advent
adverbial *adj.* GRAMÁTICA adverbial
adverbializar *v. tr.* GRAMÁTICA to use adverbs; to employ as an adverb
adverbialmente *adv.* GRAMÁTICA adverbially
adverbiar *v. tr.* GRAMÁTICA to use adverbs; to employ as an adverb
advérbio *s. m.* GRAMÁTICA adverb
adversamente *adv.* adversely, unfavourably, unfortunately
adversão *s. f.* opposition, contradiction, adverseness
adversar *v. tr.* to oppose, to contradict, to resist, to withstand, to thwart, to make a stand against
adversário Ⓐ *s. m.* adversary, enemy, opponent, opposer, antagonist, foe Ⓑ *adj.* adverse, opposing, hostile
adversativo *adj.* GRAMÁTICA adversative
adversidade *s. f.* adversity, misfortune, affliction, mishap, ill-luck, bad-luck, distress, frowns of fortune, reverses, ills of life, a sea of troubles
adverso *adj.* adverse, opposed, hostile, inimical, contrary, hurtful, injurious, harmful, unfavourable; ***sorte adversa*** bad luck
advertência *s. f.* warning; rebuke, admonition, censure; remark
advertidamente *adv.* deliberately, advisedly
advertido *adj.* attentive, watchful; cautious; discreet, judicious; warned, advised
advertimento *s. m.* ⇒ **advertência**
advertir *v. tr.* to warn, to advise; to admonish, to rebuke, to advert; to remark, to draw one's attention to
advim *s. m.* ⇒ **pimpim** (fish)
advindo Ⓐ *s. m.* chance-comer Ⓑ *adj.* supervening
advir *v. tr.* to arrive; to happen, to come upon, to occur, to befall; to follow
advocacia *s. f.* advocacy, advocation, advocateship; ***exercer a advocacia*** to practise law
advocatório *adj.* advocatory
advocatura *s. f.* ⇒ **advocacia**
advogado *s. m.* advocate, lawyer, barrister; counsel; attorney, solicitor; patron, protector, intercessor; ***advogado de acusação*** prosecution advocate; ***advogado de defesa*** defence advocate; ***advogado do Diabo*** Devil's advocate; ***advogado oficioso*** lawyer appointed by the court in behalf of a defendant; ***Ordem dos Advogados*** Bar Association; ***ser advogado de causa própria*** to plead one's own cause
advogar *v. tr.* to advocate, to plead (for), to defend; to support; to uphold, to stand up for; ***advogar uma causa (em juízo)*** to plead a cause (at court)
aeração *s. f.* aeration, airing, ventilation
aerador *s. m.* aerator; ventilator
aeragem *s. f.* ⇒ **aeração**
aereamente *adv.* aerially; in the air; lightly, thoughtlessly, carelessly
aeremia *s. f.* presence of air in the blood
aéreo *adj.* aerial, airy; imaginary, airlike, immaterial; futile, trifling; [fig.] ***estar aéreo*** to be in the clouds; ***ataque aéreo*** air raid; ***navegação aérea*** air navigation; ***Força Aérea*** Air Force; ***por via aérea*** by air; ***por correio aéreo*** by airmail, [E.U.A.] via airmail
aerícola *adj.* BOTÂNICA living in the air (plant)
aerífero *adj.* aeriferous
aerificação *s. f.* aeration
aerificar *v. tr.* to aerify; to aerate
aeriforme *adj.* aeriform
aerívoro *adj.* feeding on air
aerização *s. f.* aerifaction
aerizar *v. tr.* ⇒ **aerificar**
aeróbata *s. m. e f.* dreamer, day-dreamer
aeróbica *s. f.* DESPORTO aerobics
aeróbio Ⓐ *s. m.* aerobia Ⓑ *adj.* aerobic
aeroclube *s. m.* aeroclub
aerocondensador *s. m.* air-condenser
aerodinâmica *s. f.* aerodynamics
aerodinâmico *adj.* aerodynamical, streamlined
aeródino *s. m.* aerodyne
aeródromo *s. m.* airport, air-field
aeroduto *s. m.* airduct
aeroelasticidade *s. f.* aero-elasticity
aerofagia *s. f.* MEDICINA aerophagy
aerófago *adj.* aerophagist
aerofísica *s. f.* aerophysics
aerófito *adj.* aerophyte
aerofobia *s. f.* aerophobia (a sick horror of the wind or any current of air)
aerófobo *s. m., adj.* that who suffers from aerophobia
aerofone *s. m.* aerophone
aerofotografia *s. f.* aerial photography
aerognosia *s. f.* the study of the properties of the air
aerografia *s. f.* description of the properties and dimensions of the atmosphere
aerógrafo *s. m.* aerographer
aerograma *s. m.* aerogram, cablegram
aeróide *adj.* similar to the air; of the air; of the same origin as the air
aerolítico *adj.* aerolitic
aerólito *s. m.* aerolite, aerolith

aerologia *s. f.* aerology (science which describes the atmosphere)
aerológico *adj.* aerologic(al)
aerólogo *s. m.* aerologist
aeromancia *s. f.* aeromancy
aeromante *s. m. e f.* aeromancer
aeromântico *adj.* aeromantic
aeromecânica *s. f.* aeromechanics
aerometria *s. f.* aerometry (pneumatics)
aerométrico *adj.* aerometric
aerómetro *s. m.* aerometer; air-gauge (instrument for measuring the weight or density of air and gases)
aeromodelismo *s. m.* aircraft miniaturing
aeromodelista *s. m. e f.* modeller of aircraft miniaturing
aeromodelo *s. m.* model aircraft
aeromotor *s. m.* aeromotor
aeronauta *s. m. e f.* aeronaut, air-navigator; airman, airwoman
aeronáutica *s. f.* aeronautics
aeronáutico *adj.* aeronautic(al)
aeronaval *adj.* aeronautical; pertaining to aeronautics
aeronave *s. f.* aircraft, airship
aeronavegação *s. f.* air navigation
aeronavegador *s. m.* air-navigator
aeroplanismo *s. m.* experience concerning aeroplanes; flying as a sport; joy-flying
aeroplano *s. m.* aeroplane, airplane, plane; ***aeroplano de combate*** fighter-plane; ***aeroplano propulsor*** jet plane
aeroporto *s. m.* airport, airfield; ***aeroporto comercial*** commercial airport; ***aeroporto de destino*** airport of destination; ***aeroporto de partida*** airport of departure; ***aeroporto marítimo*** marine airport
aeroposta *s. f.* air-mail
aeropostal *adj.* airmail
aeroscopia *s. f.* aeroscopy
aeroscópio *s. m.* aeroscope
aerosfera *s. f.* ⇒ **atmosfera**
aerospacial *adj.* (of) aerospace; ***ciência aerospacial*** aerospace science
aerossol *s. m.* aerosol
aerostação *s. f.* aerostation; balloon-station
aerostática *s. f.* aerostatics
aerostático *adj.* aerostatic, aerostatical
aeróstato *s. m.* HISTÓRIA aerostat; airship, balloon; ***aeróstato cativo*** captive balloon
aerotecnia *s. f.* technique of air application in industry
aerotécnico *adj.* aerotechnical
aeroterapêutica *s. f.* aerotherapeutics
aeroterapia *s. f.* aerotherapy
aeroterápico *adj.* aerotherapeutic
aerotérmico *adj.* aerothermal
aerotermo *s. m.* aerothermos
aerotransportar *v. tr.* to aerotransport
aerotropismo *s. m.* aerotropism
aeroveleiro *s. m.* glider, sailplane
aerovia *s. f.* airway; air-highway
aetite *s. f.* GEOLOGIA eaglestone
afã *s. m.* anxiety; solicitude, eagerness, exertion, ardour, will; toil; ***trabalhar com afã*** to work with a will
afabilidade *s. f.* affability, affableness, kindness, courtesy, courteousness, civility, politeness, complaisance, graciousness
afacia *s. f.* aphacia, aphakia
afadigar Ⓐ *v. tr.* to fatigue, to tire, to weary; to worry, to vex, to bore, to tease, to importune Ⓑ *v. refl.* to become (to get, to grow) weary (tired); to tire oneself out; to take great pains
afadigoso *adj.* fatiguing, tiring, laborious, toilsome, wearing, exhausting; boring, vexing
afadistado *adj.* ruffian-like; rough, violent
afadistar-se *v. refl.* to become a ruffian; to behave like a ruffian
afagador Ⓐ *s. m.* fondler, caresser, flatterer Ⓑ *adj.* caressing, flattering, fondling
afagamento *s. m.* caressing, fondling, pat, stroking; flattering, soothing
afagar *v. tr.* to fondle, to pet, to cherish; to treat with affection, to caress, to pat, to stroke, to smooth; ***afagar esperanças*** to cherish hopes; ***afagar um cavalo*** to stroke a horse
afago *s. m.* caress, stroke, pat; endearment, allurement; wrap shawl, fur, scarf, rug, etc.; ***com afago*** caressingly, alluringly
afagoso *adj.* amiable, affable; flattering
afaimar Ⓐ *v. intr.* to famish, to starve, to perish (with hunger) Ⓑ *v. tr.* to starve (to death), to kill with hunger
afainar-se *v. refl.* to set to work, to do one's best; ⇒ **afanar**
afalado *adj.* said of animals that obey when spoken to
afalar *v. tr.* to talk to animals, to make them work or do something
afalcoado *adj.* falconlike; not in good health; ⌈pop.⌋ tired
afamadamente *adv.* famously, notoriously, remarkably
afamado *adj.* renowned, noted, celebrated, famous, remarkable, notorious
afamar Ⓐ *v. tr.* to make renowned (famous, notorious) Ⓑ *v. refl.* to become famous (renowned), to win a reputation
afanado *adj.* toilsome; labourious; anxious, eager; tired, weary
afanar Ⓐ *v. tr.* to strive (for, after); to toil, to labour (at) Ⓑ *v. intr.* to toil and moil, to work hard; to be anxious; to get weary (tired)
afanchonado *adj.* with a virile or manly air
afandangado *adj.* like a fandango
afandangar *v. tr.* to play (to dance) in the fandango style
afanítica *adj.* MINERALOGIA said of the volcanic rock the grains of which are not visible to the naked eye
afanoso *adj.* laborious, toiling, plodding, strenuous, hard-working, painstaking
afantochado *adj.* puppet-like; ridiculous, dummy, fool
afantochar *v. tr.* to transform into a dummy; to ridicule
afarar-se *v. refl.* to find the scent (dog), to be on the scent
afasia *s. f.* MEDICINA aphasia (loss of speech by reason of some brain disease)
afásico *adj.* MEDICINA aphasic
afasta! *interj.* clear the way!, be off!, make way!
afastado *adj.* remote, distant, far, far off, away; removed; secluded; ***parente afastado*** distant relation; ***afastado do serviço*** retired, not on active service, temporarily released from the service
afastador Ⓐ *s. m.* remover, dispeller; CIRURGIA retractor Ⓑ *adj.* removing, dispelling; ***afastador ortostático*** lock retractor; ***afastador de gancho*** prong retractor
afastamento *s. m.* remoteness; distance; spacing; removal, dismissal; retirement, withdrawal, withdrawing, seclusion; ***afastamento polar*** pole pitch; ***afastamento angular*** angular pitch
afastar Ⓐ *v. tr.* to remove, to withdraw; to swerve; to divert, to deviate; to deflect; to avert; to drive away; to keep away; NÁUTICA to shove, to shove off Ⓑ *v. refl.* to keep out of the way; ***ele afastou (retirou) a mão do meu ombro*** he removed his hand from my shoulder; ***o príncipe afastou-se (retirou-se) depois do almoço*** the prince withdrew after lunch; ***o carro afastou-se (guinou) para a direita*** the car swerved to the right; ***todo o trânsito foi afastado (desviado) da estrada velha*** all traffic was diverted from the old road; ***a pedra atingiu o poste do candeeiro e foi afastada (desviada) para a janela*** the stone struck the lamp-post and was deflected to the window; ***afastar de si toda a suspeita*** to clear oneself of all suspicion; ***afastar-se da regra*** to deviate

from the rule; ***afastar-se do verdadeiro caminho*** to deviate from the right way; ***afastar-se da sociedade*** to withdraw from society

afatiar *v. tr.* to slice, to cut into slices

afável *adj.* affable, courteous, polite, complaisant; pleasant-spoken, kind, civil, obliging, gracious; condescending, easy to be spoken to

afavelmente *adv.* affably, courteously, politely, kindly, obligingly, graciously

afaxinar *v. tr.* to clean, to cleanse

afazendado *adj.* rich; wealthy

afazendar-se *v. refl.* to acquire lands; to grow rich

afazer Ⓐ *v. tr.* to inure, to train, to accustom; to habituate Ⓑ *v. refl.* to get (grow) used to, to accustom oneself to, to get accustomed to; to get on well with

afazeres *s. m. pl.* work, affairs, business, occupation

afazimento *s. m.* habituation, accustoming; ⇒ **hábito**

afeamento *s. m.* defacing, defacement, disfiguration, disfigurement, injury; the effect of becoming ugly

afear Ⓐ *v. tr.* to blur, to mar, to injure, to blemish, to make ugly, to disfigure, to deface, to deform; [fig.] to exaggerate, to overstate, to stretch, to overcolour Ⓑ *v. refl.* to grow ugly

afecção *s. f.* affection, disease, ailment, sickness, illness; complaint

afectação *s. f.* affectation, artifice, pretence, primness, formality; foppery; pedantry, presumption, vanity

afectadamente *adv.* unnaturally, affectedly, artificially

afectado *adj.* affected, artificial, assumed, stagy, pretentious, vain, foppish, unnatural, conceited, prim

afectante *adj.* affecting, touching

afectar *v. tr.* to affect; to influence; to pretend, to feign, to make believe, to simulate, to sham, to make a show of

afectivamente *adv.* kindly, affectionately, with good-will, in kindness; with love

afectividade *s. f.* affectionateness; kindliness, kindness; love

afectivo *adj.* affective, affectionate, loving, devoted

afecto Ⓐ *s. m.* affection, love, kindness, fondness, tenderness Ⓑ *adj.* ⇒ **afectivo**

afectuosamente *adv.* lovingly, affectionately, kindly, friendly, lovingly, devotedly

afectuosidade *s. f.* ⇒ **afectividade**

afectuoso *adj.* affectionate, tender, kind; warm-hearted; ***uma carta afectuosa*** an affectionate letter

afegã *s. f., adj.* Afghan

afegão *s. m., adj.* Afghan

afeição *s. f.* affection, love, tenderness, fondness, attachment, liking, endearment; ***ter afeição por*** to have an affection for; ***ganhar a afeição de alguém*** to win a person's affection; ***ter viva afeição por*** to be very affectionate towards; ***testemunhar afeição*** to show affection; ***afeição oculta*** sneaking fondness

afeiçoadamente *adv.* affectionately, lovingly, tenderly, in an affectionate (loving, tender) manner

afeiçoado *adj.* affectionate, loving, inclined, given to; shaped, cut out, moulded

afeiçoamento *s. m.* endearment, affection, inclination; shaping, fashioning

afeiçoar Ⓐ *v. tr.* to shape; to trim; to form, to fashion, to mould; to adapt Ⓑ *v. refl.* to take a fancy to; to devote oneself to, to take kindly to; ***afeiçoar (o molde)*** to fashion (the mould); ***afeiçoar (aparar) o cabelo*** to trim one's hair

afeito *adj.* accustomed, used to

afelear *v. tr.* to embitter, to add bitterness to

afélio *s. m.* ASTRONOMIA aphelion (the point in the orbit of a planet where it is furthest away from the sun)

afemear *v. tr.* to procure a female (animal)

afemia *s. f.* MEDICINA aphemia (loss of speech due to paralysis)

afeminar *v. tr.* ⇒ **efeminar**

aferente *adj.* afferent

aférese *s. f.* GRAMÁTICA aphaeresis

aferético *adj.* GRAMÁTICA aphaeretic

aferição *s. f.* gauging, calibration; standardization; checking, callation; confrontation, comparison; ***aferição dos pesos e medidas*** control of weights and measures

aferido Ⓐ *s. m.* mill-race Ⓑ *adj.* gauged, calibrated; checked, collated, standardized

aferidor Ⓐ *s. m.* gauger; surveyor of weights and measures Ⓑ *adj.* gauging, calibrating, checking

aferimento *s. m.* ⇒ **aferição**

aferir *v. tr.* to gauge, to calibrate; to check, to collate; to confront, to compare, to standardize

aferível *adj.* gaugeable; measurable; checkable

aferradamente *adv.* obstinately, stubbornly; pigheadedly

aferrado *adj.* insistent, persistent, pertinacious, obstinate, stubborn

aferramento *s. m.* ⇒ **aferro**

aferrar Ⓐ *v. tr.* to grapple, to hold fast, to grip, to grasp; NÁUTICA to anchor, to cast anchor Ⓑ *v. refl.* to be obstinate, to stick stubbornly to; to persist in, to insist on; NÁUTICA ***aferrar as velas*** to furl the sails

aferrenhar Ⓐ *v. tr.* to harden, to make as hard as iron Ⓑ *v. refl.* to refuse stubbornly, to become obstinate

aferretado *adj.* branded; marked with a burning iron; marked with disgrace, stigmatized

aferretoar *v. tr.* to sting, to prick; to spur; to incite (by mocking)

aferro *s. m.* obstinacy, stubbornness, doggedness, headiness, pigheadedness

aferroador Ⓐ *s. m.* stinger; pricker; prodder; goadster; [fig.] teaser Ⓑ *adj.* stinging; pricking, prickly; prodding; goading; [fig.] teasing; mocking

aferroar *v. tr.* ⇒ **aferretoar**

aferrolhador *s. m.* jailer, person who shuts up (or imprisons); hoarder

aferrolhar *v. tr.* to bolt, to shut up; to keep with care; to imprison, to put into prison; ***aferrolhar dinheiro*** to amass (to pile up) riches

aferventar *v. tr.* to parboil, to halfboil; [fig.] to stir up, to excite

afervoradamente *adv.* fervently

afervorado *adj.* excited, enthusiastic; encouraged; stirred up

afervorar *v. tr.* to excite; to fill with enthusiasm; to simulate, to incite, to encourage, to stir up; to spur on

afervorizar *v. tr.* to fill with fervour, to inflame

afestoado *adj.* festooned

afestoar *v. tr.* to festoon, to decorate with festoons, to garland, to decorate with garlands, to hang with looped garlands

affidavit *s. m.* statement (or declaration) upon oath; affidavit

afiação *s. f.* sharpening; grinding, whetting

afiadeira *s. f.* grindstone

afiado *adj.* sharpened; whetted; ground; sharp; ***afiado em ponta*** sharp-pointed; ***bem afiado*** sharp-edged

afiador *s. m.* grinder; hone; whetstone; ***afiador (de lápis)*** pencil-sharpener; ***afiador mecânico*** pencil-sharpening machine

afiambrado *adj.* ham-like; (of dressing, clothes) spruce, smart, neat

afiambrar Ⓐ *v. tr.* to prepare meat like ham Ⓑ *v. refl.* to overdress oneself, to dress smartly

afiançado Ⓐ *s. m.* warrantee Ⓑ *adj.* warranted, guaranteed; DIREITO bailed

afiançador Ⓐ *s. m.* warranter, bailee Ⓑ *adj.* warranting, bailing

afiançar *v. tr.* to warrant, to bail, to guarantee, to assure; to stand security (to go bail) for (an accused person)

afiar *v. tr.* to sharpen; to grind; to whet; ***afiar em seco*** to grind dry; ***afiar o lápis*** to sharpen the pencil; ***pedra de afiar*** grindstone; ***afiar os dentes de uma serra*** to sharpen the teeth of a saw
afidalgado *adj.* distinguished, noble, gentlemanly; of noble birth
afidalgar Ⓐ *v. tr.* to make noble, to raise to nobility, to give the appearance of nobility Ⓑ *v. refl.* to become a noble; to acquire the appearance (or habits) of a noble; to lose the habit of working
afídio *s. m.* ZOOLOGIA aphis (*plural* aphides), plantlouse
afiguração *s. f.* whim, fancy, imagination, supposition; apprehension; semblance, appearance
afigurado *adj.* good (or bad) looking; ***negócio mal afigurado*** poor deal, bad business
afigurar Ⓐ *v. tr.* to imagine, to fancy; to shape, to give a shape Ⓑ *v. refl.* to seem; ***afigura-se-me vê-lo ainda*** it seems to me that I still see him
afigurativo *adj.* figurative
afilado *adj.* gauged, calibrated; thin, slender; sharp, pointed
afilador *s. m.* person who calibrates the weights and measures; person who sets on dogs; person who (or thing that) tapers or sharpens
afilamento *s. m.* gauging, calibrating, standardization; tapering, narrowing; sharpening; setting on (of dogs)
afilar *v. tr.* to gauge, to calibrate, to standardize; to sharpen, to make pointed, to taper; to set dogs, to halloo
afilhada *s. f.* goddaughter; protégée
afilhadagem *s. f.* godchildren; protégés
afilhado *s. m.* godson; protégé
afilhar *v. intr.* to bud, to sprout
afiliação *s. f.* affiliation; connection
afiliar Ⓐ *v. tr.* to adopt, to receive (as a member) Ⓑ *v. tr. e refl.* to affiliate, to incorporate, to join
afilo *adj.* leafless; aphyllous
afim Ⓐ *s. m.* relative, kinsman, kinswoman; *pl.* the kin, one's family Ⓑ *adj.* similar, alike, akin, related
afinação *s. f.* MÚSICA tuning (up); refining (of metals); perfection, improvement, finishing touch, adjustment; [fig.] excitement; ***afinação da prata*** silver refining; ***afinação do motor*** tuning of the engine; ***afinação dos travões*** adjustment of the brakes; ***afinação dum piano*** tuning of a piano
afinadamente *adv.* in tune, tunefully; smoothly; with accuracy
afinado *adj.* tuned; refined; [fig.] angry, irritated; ***cantar afinado*** to sing in tune
afinador *s. m.* tuner; refiner
afinagem *s. f.* refining (of metals)
afinal *adv.* finally, at last; after all; ***afinal de contas*** after all
afinamento *s. m.* ⇒ **afinação**
afinar *v. tr. e intr.* to tune (instruments); to adjust (parts of machinery); to refine (metals); to put the finishing touch, to finish, to polish; [fig.] to get angry, to be offended; ***afinar (uma orquestra)*** to tune up (an orchestra)
afincadamente *adv.* stubbornly, earnestly, pertinaciously
afincamento *s. m.* attachment, assiduity, tenacity; insistence, obstinacy, stubbornness
afincar Ⓐ *v. tr.* to fix, to make firm, to drive in (stakes); to insist on, to persist Ⓑ *v. refl.* to stick stubbornly to
afinco *s. m.* tenacity, obstinacy, eagerness, assiduity; ***trabalhar com afinco*** to work doggedly
afinfar *v. tr.* to beat; to spank, to thrash, to flog
afinidade *s. f.* affinity, empathy; relationship; analogy; connection; attraction; ***afinidade química*** chemical affinity
áfio *adj.* successive, consecutive, uninterrupted, continuous
afirmação *s. f.* affirmation, assertion, statement, asseveration; ***afirmação clara e categórica*** round assertion; ***afirmação geral*** sweeping assertion
afirmar *v. tr.* to affirm, to assert, to asseverate, to vouch, to state, to declare, to aver; ***afirmar o contrário*** to affirm just the contrary; ***afirmar sob juramento*** to confirm by oath; ***afirmar a verdade*** to declare the truth
afirmativa *s. f.* affirmative (statement)
afirmativamente *adv.* affirmatively; ***responder afirmativamente*** to answer in the affirmative
afirmativo *adj.* affirmative
afirmável *adj.* affirmable
afistulado *adj.* fistulous
afistular-se *v. refl.* to grow into a fistula, to become fistulous
afitado *adj.* ribbonlike, adorned with ribbons; suffering of diarrhœa
afitamento *s. m.* the act of adorning with ribbons
afitar *v. tr.* to ribbon, to adorn with ribbons
afito *s. m.* indigestion; diarrhœa
afivelado *adj.* buckled
afivelar *v. tr.* to buckle, to fasten with a buckle
afixação *s. f.* the act of fixing or affixing; GRAMÁTICA the use of affixes; ***afixação de cartazes ou de anúncios*** bill-sticking, bill-posting, placarding; ***afixação proibida*** post no bills!, stick no bills!
afixar *v. tr.* to fix, to post, to stick; ***é proibido afixar cartazes*** stick no bills!; ***afixar cartazes*** to stick bills
afixo *s. m.* GRAMÁTICA affix
aflamengado *adj.* Flemish, after the Flemish fashion; similar in taste or colour to the Flemish cheese
aflar *v. tr.* to breathe; to blow, to puff; to inspire; to insufflate
aflautado *adj.* flutelike, shrill (voice); strident
aflautar *v. tr.* to shape like a flute; to thin at (the voice); to utter sounds similar to the sounds of the flute
afleimar Ⓐ *v. tr.* to make phlegmatic Ⓑ *v. refl.* to become phlegmatic (sluggish or dull)
afleumar Ⓐ *v. tr.* to make phlegmatic Ⓑ *v. refl.* to become phlegmatic (sluggish or dull)
aflição *s. f.* affliction, worry, trouble, distress, grief, agony, anguish, woe; torture; blow
afligimento *s. m.* affliction, act (or fact) of afflicting .
afligir *v. tr. e refl.* to afflict, to trouble, to fret, to distress, to grieve; to torment; to worry; ***não se aflija por chegar tarde*** don't worry at being late; ***não se aflija com isso*** don't worry about it; ***aflige-se com a menor coisa*** he frets at the least thing; ***não se aflija!*** don't worry!; ***que é que o aflige?*** what's wrong with you?
aflitivo *adj.* afflictive, afflicting, distressing, grievous
aflito *adj.* afflicted, anxious, distressed, grieved, worried; ***estar aflito*** to be in trouble
aflogístico *adj.* that which burns without flame
afloração *s. f.* blossom (of trees, flowers); outcrop, cropping out; flush; levelling (of soil)
afloramento *s. m.* blossom (of trees, flowers); outcrop, cropping out; flush; levelling (of soil); ***afloramento de um filão*** outcrop of a lode; ***afloramento de carvão*** coal outcrop
aflorar *v. tr. e intr.* to level, to flush, to make flush, to come to the levelling point; QUÍMICA to adjust (liquids); to emerge; to come out to the surface; to appear; to start fattening the cattle; to crop out
afluência *s. f.* affluence, abundance, copiousness; crowd, concourse; rush, influx, flow; confluence, conflux; ***afluência de água*** influx of water; ***afluência de tráfego*** heavy traffic
afluente Ⓐ *s. m.* affluent, tributary; tributary stream Ⓑ *adj.* affluent, confluent, copious, abounding
afluir *v. intr.* to flow, to run; to flock into (towards), to pour into, to crowd; to meet, to gather, to assemble, to flow into, to stream towards; to run into; to abound; ***afluir ao recipiente*** to flow into the receiver
afluxo *s. m.* afflux, afluxion, flowing; accession; concourse, gathering
afocinhar *v. tr. e intr.* to plunge, to fall down upon the snout; to strike (root or dig) with the snout; to root (of a pig); to plunge, to pitch; [fig.] to plunge (the bow of a ship)

afofado *adj.* fluffy, soft, spongy; vainglorious
afofamento *s. m.* softness; fluffiness; sponginess; vainglory
afofar *v. tr.* to soften; [fig.] to make proud, to puff up
afogadela *s. f.* haste, hurry, precipitation; suffocation, asphyxia
afogadiço *adj.* susceptible to suffocation; suffocating, stifling, airless
afogadilho *s. m.* haste, hurry, bustle, flurry, hurryskurry; ***de afogadilho*** hastily, in a hurry
afogado *adj.* drowned; NÁUTICA waterlogged; suffocated, choked, stifled; high-necked (dress); ***morrer afogado*** to be drowned, to drown
afogador Ⓐ *s. m.* person who (or thing that) suffocates; necklace, collar Ⓑ *adj.* suffocating, stifling
afogamento *s. m.* drowning; suffocation
afogar *v. tr.* to drown; to choke, to suffocate, to stifle; to strangle; to check (to stop, to holdback); to quench, to extinguish (a fire); ***afogar os seus cuidados no vinho*** to drown one's cares in wine; ***afogar-se em pouca água*** to be overhasty
afogo *s. m.* suffocation; oppression; trouble, affliction; hurry, haste, speed; anguish
afogueadamente *adv.* fervently, glowingly, warmly
afogueado *adj.* aglow, burning, hot, fiery; ***com as faces afogueadas*** with his cheeks all aglow
afogueamento *s. m.* heating; burning; blushing; animation
afoguear Ⓐ *v. tr.* to inflame, to set fire to, to kindle, to make red-hot; to make blush Ⓑ *v. refl.* to redden, to blush, to become aglow
afoitamente *adv.* boldly, courageously, fearlessly, bravely, daringly, valiantly; gallantly
afoitar Ⓐ *v. tr.* to encourage, to embolden, to inspirit, to animate, to hearten, to urge on, to stir up Ⓑ *v. refl.* to dare, to venture, to make bold
afoiteza *s. f.* courage, boldness, bravery, pluck, fearlessness, daring
afoito *adj.* courageous, bold, brave, plucky, fearless, daring; forward
afolar Ⓐ *s. m.* Easter gift (or present) Ⓑ *v. tr.* to blow (a fire); to blow air (in a fire) with a bellows
afolhado *adj.* submitted to crop rotation (a price of land); rubricated and numbered (book)
afolhamento *s. m.* shooting of leaves; partition of land for crop rotation
afolhar *v. tr. e intr.* to practise the rotation of crops; to leaf, to shoot out (leaves)
afonia *s. f.* aphonia
afónico *adj.* aphonic, voiceless
áfono *adj.* aphonic, voiceless
afonsinho *adj.* very old, ancient, antique, of old
afonsino *adj.* concerning the early kings of Portugal
afora *prep.* besides, except (for), save (for)
aforação *s. f.* ⇒ **aforamento**
aforador *s. m.* leaser (person who gives or takes a lease on)
aforamento *s. m.* the act of letting by lease
aforar Ⓐ *v. tr.* to let by lease; to lease; to grant (to take) lease of Ⓑ *v. refl.* to arrogate to oneself
aforismático *adj.* ⇒ **aforístico**
aforismo *s. m.* aphorism, maxim, pithy sentence (saying); adage
aforista *s. m. e f.* aphorist
aforístico *adj.* aphoristic
aformoseador Ⓐ *s. m.* embellisher, beautifier Ⓑ *adj.* embellishing, beautifying
aformoseamento *s. m.* embellishment, ornamentation, adornment, decoration, garnish
aformosear *v. tr.* to embellish; to beautify, to adorn, to bedizen
aformosentar *v. tr.* to embellish; to beautify, to adorn, to bedizen
aforquilhado *adj.* forked
aforquilhamento *s. m.* shaping like a fork; fork (of a road, river or tree)
aforquilhar *v. tr.* to fork
aforrado *adj.* free, unhindered; lined; disguised; incognito; [reg.] in shirt sleeves; hasty, nimble
aforrar *v. tr.* to line, to put a lining to (a garment); to save, to economize, to put aside; to free, to clear; to turn (to tuck) up; to obtain (to buy) the freedom
aforro *s. m.* freedom; economizing, economy
afortalezar *v. tr.* to fortify; [fig.] to strengthen, to invigorate, to vitalize
afortunadamente *adv.* fortunately, luckily, happily
afortunado *adj.* fortunate, lucky, happy
afortunar *v. tr.* to make happy, to give luck to; to enrich
afoutar *v. tr.* ⇒ **afoitar**
afouteza *s. f.* ⇒ **afoiteza**
afouto *adj.* ⇒ **afoito**
afracamento *s. m.* weakening, enfeeblement
afracar *v. tr.* to weaken, to enfeeble; to discourage, to dispirit, to depress
afragatado *adj.* frigate-like
afragatar-se *v. refl.* to insinuate oneself in order to attain illicit ends; to flirt, to dally
afrancesado *adj.* frenchified, after the French way; [fig., pej.] disloyal, false
afrancesamento *s. m.* gallicizing
afrancesar Ⓐ *v. tr.* to frenchify, to gallicize Ⓑ *v. refl.* to acquire (to follow) French manners
afranzinar-se *v. refl.* to grow thin, to lose weight
afrechar *v. tr.* to shape like an arrow; to wound with an arrow
afreguesado *adj.* frequented, patronized, sought after; with a lot of customers
afreguesamento *s. m.* act or effect of being client or customer
afreguesar Ⓐ *v. tr.* to gather customers Ⓑ *v. refl.* to become a customer
afreimar Ⓐ *v. tr.* to put a person out of patience; to provoke Ⓑ *v. refl.* to worry, to fret, to become impatient
afrentar *v. tr.* to face; to stand next to
afresco *s. m.* ⇒ **fresco** (painting)
afretamento *s. m.* freightage; freight
afretar *v. tr.* to freight, to charter; ***afretar um navio*** to freight a ship
áfrica *s. f.* bravery, exploit, feat, prowess, deed; ***meter uma lança em África*** to set the Thames on fire
africanar *v. tr.* to Africanize
africanas *s. f. pl.* African golden earrings
africânder *s. m., adj.* Africaner
africanista *s. m. e f.* name given to someone who has established himself in Africa for good; explorer of Africa or person who travels in Africa
africanizar *v. tr.* ⇒ **africanar**
africano Ⓐ *s. m.* African native Ⓑ *adj.* African
áfrico Ⓐ *s. m.* African (inhabitant of Africa); south eastern wind Ⓑ *adj.* African
afro *adj.* ⇒ **africano**
afro-americano Ⓐ *s. m., adj.* Afro-American, African-American
afro-brasileiro *adj.* Afro-Brazilian
afrodisia *s. f.* aphrodisia
afrodisíaco *s. m., adj.* aphrodisiac
afrodita Ⓐ *s. f.* BOTÂNICA a cryptogamic plant Ⓑ *adj.* of (referring to) cryptogamic plants
afroixamento *s. m.* ⇒ **afrouxamento**
afroixar *v. tr.* ⇒ **afrouxar**

afroixelar *v. tr.* ⇒ **afrouxelar**
afronhar *v. tr.* to shape like a pillow-case, a pillow bier or a pillow slip
afronta *s. f.* affront; insult, outrage, abuse, offense, menace, threat; faintness, fatigue, weariness, tiredness; ***sofrer uma afronta*** to suffer an insult
afrontação *s. f.* dyspnœa (shortness of breath, feeling of heat in the face)
afrontadiço *adj.* easily affronted
afrontador Ⓐ *s. m.* affronter, insulter Ⓑ *adj.* affronting; importunate
afrontamento *s. m.* affront, insult, offence; suffocation, stifling; annoyance; exhaustion, pant, puff, hard breath; indigestion which causes heat in the face
afrontar Ⓐ *v. tr.* to affront, to insult, to offend, to outrage; to face (danger); to brave; to dare; to threaten, to menace; to tire, to weary; to oppress, to make dizzy Ⓑ *v. refl.* to get ashamed; to face (a person), to meet face to face; ***afrontar a morte centenas de vezes*** to brave (to face) death a hundred times; ***afrontar o perigo confiadamente*** to ride out the storm
afrontosamente *adv.* spitefully, outrageously, disdainfully
afrontoso *adj.* outrageous, abusive, ignominious, contumelious, insulting, insolent
afrouxamento *s. m.* slackening, slackness, negligence, tardiness, slowness, looseness, relaxation; ***afrouxamento da marcha*** slackening speed, slowing down
afrouxar Ⓐ *v. tr.* to slacken, to relax, to loosen, to abate, to diminish; to neglect, to slow down Ⓑ *v. intr.* to become less energetic or active; to weaken; to moderate; ***afrouxar a velocidade*** to slow down; ***afrouxar o passo*** to slacken the pace; ***afrouxar a marcha da máquina*** to slow down the engine; ***não deve afrouxar os seus esforços*** you must not relax in your efforts; ***afrouxar a vontade*** to slacken off (away)
afrouxelar *v. tr.* to soften, to give a downlike softness to; to down, to cover with down
afrutado *adj.* fruited, fruity, fruit-laden
afrutar Ⓐ *v. tr.* to make bear fruit Ⓑ *v. intr.* to fruit; to bear fruit
afta *s. f.* aphtha (*plural* aphthae)
aftoso *adj.* aphthous, having aphtha or aphthae
afugentador Ⓐ *s. m.* chaser Ⓑ *adj.* chasing
afugentamento *s. m.* chase, chasing away; removal; repellence
afugentar *v. tr.* to chase; to drive away; to scare away; to frighten away; ***afugentar as moscas*** to drive away the flies
afulvar *v. tr.* to make fulvous; to paint fulvous
afumados *s. m. pl.* village outskirts identified by the smoke of kitchen open fires
afumadura *s. f.* smoking, smoke-drying; filling with smoke
afumar *v. tr.* to smoke, to smoke-dry, to fill with smoke
afunado *adj.* angry, picked, bad-tempered
afundamento *s. m.* sinking, depression, subsiding, submersion
afundar *v. tr., intr. e refl.* to sink, to founder, to go to the bottom; to dig; to deepen; to sink down, to vanish; [fig.] to meditate, to reflect, to muse, to collect one's thoughts, to advise with one's pillow; ***afundar (abrindo rombos)*** to scuttle
afundimento *s. m.* sinking, subsidence, breaking down, caving in (of land by any cataclysm)
afundir Ⓐ *v. tr.* to sink; to swamp, to burry Ⓑ *v. refl.* to disappear, to sink, to submerge
afunilado *adj.* funnelled, funnel-shaped
afunilamento *s. m.* funnel-shaping; narrowing; bottleneck
afunilar *v. intr.* to funnel, to shape like a funnel; to make narrow
afuroador *s. m.* person who hunts with ferrets; searcher, investigator
afuroar *v. tr.* to ferret, to hunt with ferrets; to search, to investigate, to find out
afusado *adj.* spindle-shaped; thin; tapered
afusal *s. m.* quantity woven with one spindle of thread
afusão *s. f.* affusion, aspersion; douche
afusar *v. tr.* to make slender like a spindle; to thin, to taper
afuselado *adj.* slender, tapering; spindleshaped
afustado *adj.* ARQUITECTURA provided with shafts
afutricar *v. tr.* to patch, to make hastily (or badly); to pester, to vex; to cheapen
afuzilar *v. tr.* to shoot down; to fulgurate
agacha *s. f.* ⇒ **agachamento**
agachado Ⓐ *s. m.* [Bras.] gallop Ⓑ *adj.* short; hidden
agachamento *s. m.* crouching, squatting, cowering, humiliation; surrender, giving in
agachar Ⓐ *v. tr.* to conceal, to hide Ⓑ *v. refl.* to crouch, to squat, to stoop down; to cower
agachis *s. m.* hiding-place (like a hut for hunters)
agacho *s. m.* crouch
agadanhado *adj.* clawed, scratched; like an iron rake
agadanhador *s. m.* scratcher, person who (or thing that) scratches; raker; pilferer
agadanhar *v. tr.* to rake, to wound with a rake; to scratch, to claw; [fig.] to snatch, to lay hands on, to pilfer
agafanhar *v. tr.* to gaff, to spear; to claw, to scratch; to steal
agafite *s. f.* MINERALOGIA turquoise
agaiatado *adj.* roguish, mischievous, knavish, trickish, tricky; naughty
agaiatar-se *v. refl.* to behave naughtily (mischievously, boyishly or roguishly)
agaitado *adj.* like a flute (or reed) in shape or tune
agalacta *adj.* suffering from agalactia or agalacia
agalactação *s. f.* MEDICINA, VETERINÁRIA ⇒ **agalactia**
agalactia *s. f.* MEDICINA, VETERINÁRIA agalactia (failure of lactation)
agalanar *v. tr.* to adorn, to trim, to embellish
agalaxia *s. f.* ⇒ **agalactia**
agalegado *adj.* [pop., depr.] rude, boorish, coarse, loutish
agalegar Ⓐ *v. tr.* [pop., depr.] to make rude Ⓑ *v. refl.* [pop., depr.] to become rude
agalgado *adj.* ground in the olive-mill; looking like a greyhound; tall and thin
agalgar *v. tr.* to grow similar to a greyhound; to grind in the olive-mill with the mill-stone which is called a galge
agalhar *v. intr.* to branch, to grow shoots
agaloadura *s. f.* lace, lacing, trimming, braid; MILITAR awarding of stripes
agaloar *v. tr.* to lace, to adorn with gold (or silver) lace; MILITAR to award (to grant) stripes
agalopado *adj.* gallop-like
agami *s. m.* ZOOLOGIA trumpeter; agami
agâmia *s. f.* general name for the agamic plants
agâmico *adj.* agamic; agamous
ágamo *adj.* ZOOLOGIA, BOTÂNICA agamous
agamogénese *s. f.* BIOLOGIA agamogenesis
aganar *v. intr.* to wither, to dry up, to shrivel; to pant (of dogs)
ágape *s. f.* agape (love feast of the early Christians)
agapetas *s. f. pl.* *agapetae*
agapetos *s. m. pl.* *agapetae*
ágar-ágar *s. m.* agar-agar
agareno Ⓐ *s. m.* Arab, Moor Ⓑ *adj.* Arabian
agargalado *adj.* shaped like the neck of a bottle
Agaricáceas *s. f. pl.* BOTÂNICA *Agaricales*
Agaríceas *s. f. pl.* BOTÂNICA *Agaricales*
agaricina *s. f.* kind of medicine extracted from *Agaricales*
agárico *s. m.* BOTÂNICA agaric (a family of fungi including the mushroom)
agarnachar *v. tr.* to gown, to invest with a gown

agarotado *adj.* roguish, mischievous, naughty
agarotar-se *v. refl.* to become roguish
agarra Ⓐ *s. f.* rounding cattle Ⓑ *interj.* Stop thief!
agarração *s. f.* seizing, holding, catching
agarradiço *adj.* clinging; cleaving, adhering, adhesive; apt to cling
agarrado *s. m.* niggard, miser, skinflint, stingy (avaricious) person
agarrador *s. m.* catcher, seizer, clutcher
agarranado *adj.* like a pony; knavish, dishonest, roguish
agarrar Ⓐ *v. tr.* to catch, to seize, to grasp, to snatch, to grip, to clasp, to clutch, to lay hold of; to grapple Ⓑ *v. refl.* to stick, to cling to, to hold fast, to catch hold of; ***agarra-o!*** stop him!; ***agarra(-o) que é ladrão!*** stop thief!; ***a criança agarrou-se à mãe*** the child clung to his mother; ***agarrar-se aos amigos*** to cling to one's friends; ***agarrar-se com unhas e dentes*** to hold on like grim death, to cling fast to anything; ***agarra-te bem!*** hold fast!; ***ele agarrou a bola no ar*** he caught the ball in the air; ***agarrar o toiro pelos chifres*** to grapple the bull by the horns; ***agarrar-se a um emprego*** to hold down a job; ***agarrar alguém pelo braço*** to seize a person by the arm; ***andar sempre agarrado a uma pessoa*** to be tacked on to someone
agarrochar *v. tr.* to hurt with a goad; to shape like a goad, to prick with a pike; to incite, to urge on
agarrotar *v. tr.* to gar(r)otte; to strangle with a gar(r)otte
agarruchar *v. tr.* to tighten, to firm
agarrunchar *v. tr.* NÁUTICA to make fast by means of cringles
agasalhadeiro *adj.* hospitable, serviceable, obliging, kind; sheltering
agasalhado *adj.* warmed, warmly clad, well wrapped up, cosy; sheltered, lodged
agasalhador Ⓐ *s. m.* host, welcomer, entertainer; obliging person; shelterer Ⓑ *adj.* kind, hospitable, friendly, obliging; sheltering
agasalhar Ⓐ *v. tr.* to lodge, to house, to shelter, to take shelter; to warm, to wrap up, to cover up Ⓑ *v. refl.* to wrap oneself up; to keep oneself warm
agasalho *s. m.* lodging, shelter; welcome, kind reception; comfort; muffler; warm clothes, wrappings; ***pedir agasalho*** to ask for hospitality
agastadamente *adv.* angrily; irritably, indignantly, moodily, furiously
agastadiço *adj.* irascible, irritable, peppery, peevish
agastado *adj.* angry, irritated, fretful, peevish, indignant, moody, sulky, resentful
agastamento *s. m.* anger, rage, indignation, tiff, ill-humour, passion
agastar Ⓐ *v. tr.* to irritate, to vex, to provoke, to chafe, to nettle, to rouse, to fret Ⓑ *v. refl.* to get angry
ágata *s. f.* agate
agatafunhar *v. tr.* to scrawl, to scribble
agatanhado *adj.* scratched, clawed
agatanhadura *s. f.* scratch, superficial wound
agatanhamento *s. m.* ⇒ **agatanhadura**
agatanhar *v. tr.* to scratch, to claw
agáteo *adj.* looking like an agate
agatífero *adj.* agatiferous (containing agate)
agatificar *v. tr.* to turn into agate
agatóide *adj.* similar to agate; benign; good-natured
agatunado *adj.* thievish
agave *s. f.* BOTÂNICA agave (American aloe or century plant)
agavelar *v. tr.* to sheaf; to bundle, to bind corn in bundles
agavetado *adj.* drawer-like
agazuado *adj.* like a picklock
agazuar *v. tr.* to shape like a picklock; [fig.] to steal, to filch
agazular *v. tr.* to collar; to arrest, to pilfer, to crib, to bag
agemado *adj.* yellowish, yolk-like
agenceio *s. m.* profit; income; pay
agência *s. f.* agency; branch; activity, diligence, industry, exertion; office; ***agência bancária*** bank agency; ***agência de informações*** inquiry office; ***agência de publicidade*** advertising agency; ***agência de navegação*** steamship agency; ***agência de venda de jornais*** news-agent; ***agência do selo fiscal*** stamp-office; ***agência marítima*** shipping-office; ***agência de viagens*** travel agency; ***agência noticiosa*** news agency
agenciadeira Ⓐ *s. f.* procuress Ⓑ *adj.* ⇒ **agenciador Ⓑ**
agenciador Ⓐ *s. m.* arranger, negotiator, mediator; agent Ⓑ *adj.* active, diligent, hard-working
agenciamento *s. m.* arrangement
agenciar *v. tr.* to manage; to procure; to negotiate, to try hard, to obtain
agenciário *s. m.* ⇒ **agente**
agencioso *adj.* diligent, industrious, active, zealous
agenda *s. f.* agenda; note-book; memo-book
agenesia *s. f.* MEDICINA agenesia; agenesis
agenésico *adj.* MEDICINA suffering from agenesia
agengibrado *adj.* ginger-flavoured
agengibrar *v. tr.* to mix with (or flavour like) ginger
agente Ⓐ *adj.* acting, active Ⓑ *s. m.* agent, broker; ***agente comercial*** mercantile (or commercial) agent; ***agente de câmbios*** stock-broker; ***agente de compras*** buying agent; ***agente consular*** consular agent; ***agente expedidor*** forwarding agent; ***agente comissionista*** commission agent; ***agente marítimo*** shipping-agent; ***agente de seguros marítimos*** underwriter; ***agente de publicidade*** advertising agent; ***agente de seguros*** insurance agent; ***agente geral*** general agent; ***agente da polícia (de segurança pública)*** policeman; ***agente de ligação*** communication agent; ***agente transmissor de uma doença*** agent for the transmission of a disease, carrier, vector; ***agentes químicos*** chemical agents; ***agente exclusivo*** sole agent
agerasia *s. f.* old age without sicknesses or ailments; vigour in old age
agerásico *adj.* vigorous in old age
agermanar *v. tr.* to fraternize; to make equal; to associate, to join, to unite
ageusia *s. f.* MEDICINA loss of taste
ageustia *s. f.* MEDICINA loss of taste
agigantadamente *adv.* gigantically, like a giant
agigantado *adj.* gigantic; huge, enormous; ***a passos agigantados*** with giant strides
agigantamento *s. m.* gigantic increase of proportions
agigantar Ⓐ *v. tr.* to give gigantic proportions, to make like a giant Ⓑ *v. refl.* to assume gigantic proportions; to aggrandize; [fig.] to exaggerate
ágil *adj.* agile, nimble, swift, active, quick, lively, light-footed, light-heeled
agilidade *s. f.* agility, nimbleness, quickness, vivacity
agilitar *v. tr.* to drill, to exercise; to make agile (nimble), to supple
agilmente *adv.* agilely, nimbly, quickly, swiftly, lightfootedly
aginia *s. f.* celibacy
ágino *adj.* agynous
ágio *s. m.* COMÉRCIO agio, premium, interest; ***ágio do ouro*** agio on gold, premium on gold
agiota *s. m. e f.* jobber, stock-jobber; money-jobber, money lender, usurer
agiotagem *s. f.* agiotage, stock-jobbing, jobbery, usury
agiotar *v. intr.* to job, to work as a stock-jobber; to speculate
agir *v. intr.* to act, to behave; to proceed; to operate, to take action, to do, to play; ***agir com energia*** to act energetically; ***agir como intermediário*** to act as mediator, to act as go-between; ***agir em favor de*** to act to the advantage of, to act in the best interests of; ***agir de acordo com …*** to act in accordance with; ***agir mal*** to do wrong; ***agir com cautela*** to play safe; ***agir lealmente*** to play fair, to play the game

agirafado *adj.* like a giraffe (tall and slender)
agitabilidade *s. f.* shaking; swing; quality of what can be agitated
agitação *s. f.* agitation (of the mind); disturbance (trouble, confusion); excitement, perturbation, trouble; tumult (noise, uproar); restlessness; stirring; shaking (of liquids); roughness (of the sea)
agitadamente *adv.* agitatedly, excitedly, turbulently, tumultuously, restlessly
agitadiço *adj.* easily agitated, agitable; nervous
agitado *adj.* agitated, excited, disturbed, disquieted, troubled, restless, tumultuous; ***mar agitado*** rough sea; ***passar uma noite agitada*** to have a restless night
agitador Ⓐ *s. m.* agitator Ⓑ *adj.* agitating
agitamento *s. m.* ⇒ **agitação**
agitar Ⓐ *v. tr.* to agitate; to wave; to shake; to disturb; to excite; to stir Ⓑ *v. refl.* to fret; to ruffle, to worry; to get rough (the sea); ***agitar a garrafa antes de usar*** to shake the bottle before using; ***agitar o fundo*** to stir up the bottom; ***agitar os braços*** to swing (to wave) one's arms
agitável *adj.* agitable; excitable
aglobulia *s. f.* MEDICINA erythropenia mainly but also leucocytopenia
aglomeração *s. f.* BOTÂNICA, GEOLOGIA agglomerate; ZOOLOGIA agglomeration; mass, heap, gathering; ***aglomeração de trabalho*** a backlog of work; ***uma aglomeração de nuvens*** a bank of clouds; ***aglomeração de carros*** traffic jam
aglomerado Ⓐ *s. m.* ⇒ **aglomeração** Ⓑ *adj.* agglomerate, agglomerated; heaped up; collected into a mass
aglomerante *s. m.* agglomerative
aglomerar *v. tr. e intr.* to agglomerate; to heap up; to collect into a mass; to gather
aglossia *s. f.* MEDICINA aglossia (congenital absence of the tongue)
aglosso *adj.* tongueless
aglutição *s. f.* MEDICINA aphagia, aglutition
aglutinabilidade *s. f.* aglutinability
aglutinação *s. f.* agglutination
aglutinado *adj.* agglutinated
aglutinador Ⓐ *adj.* agglutinating; agglutinative Ⓑ *s. m.* agglutinant; ⌈fig.⌋ ***pólo aglutinador*** centre of attraction
aglutinamento *s. m.* ⇒ **aglutinação**
aglutinante *adj.* agglutinant
aglutinar *v. tr.* to agglutinate
aglutinativo *adj.* agglutinative
aglutinável *adj.* agglutinative
aglutinina *s. f.* agglutinin
aglutinogénio *s. m.* agglutinogen
agma *s. m.* fracture
agmatologia *s. f.* surgery that deals with fractures of the bones
agnação *s. f.* agnation
agnado *s. m.* agnate
agnatia *s. f.* congenital absence of the jaw
agnatício *adj.* agnatical
agnático *adj.* agnatical
agnato *s. m.* ⇒ **agnado**
agnatóstomos *s. m. pl.* agnathostomatous; agnathous having a mouth without jaws as in the lampreys
agnelina *s. f.* lamb skin tanned with the wool; the first wool of a lamb
agnelino *adj.* related to the first wool of a lamb
agnição *s. f.* recognition, acknowledgment
agnocasto *s. m.* BOTÂNICA agnus castus
agnome *s. m.* agnomen, nickname
agnominação *s. f.* the act of giving the agnomen
agnosia *s. f.* MEDICINA agnosia
agnosticismo *s. m.* agnosticism
agnosticista *s. m. e f., adj.* agnostic
agnóstico *s. m., adj.* agnostic
agodelhar *v. tr.* ⌈pop.⌋ to confuse, to mistake, to muddle up
agoiral *adj.* ⇒ **agoural**
agoirar *v. tr.* ⇒ **agourar**
agoireiro *s. m., adj.* ⇒ **agoureiro**
agoirentar *v. tr.* ⇒ **agourentar**
agoirento *adj.* ⇒ **agourento**
agoiro *s. m.* ⇒ **agouro**
agolfinhado *adj.* dolphin-like
agolpear *v. tr.* ⇒ **golpear**
agomar *v. intr.* to bud, to germinate
agomia *s. f.* scimitar; dagger
agomiada *s. f.* a stroke (or slash) with a scimitar
agomil *s. m.* ⇒ **gomil**
agomilado *adj.* juglike
agongorado *adj.* bombastic (style); inflated
agongorar *v. tr.* to write in a bombastic style
agonia *s. f.* agony; anguish; pangs of death; distress, suffering; struggle; ⌈pop.⌋ nausea; ***agonia da morte*** the death agony
agoniação *s. f.* agony; anguish; pangs of death; distress, suffering; struggle; ⌈pop.⌋ nausea
agoniado *adj.* afflicted, distressed; nauseated, seasick; ***estar agoniado*** to feel seasick, to feel nauseous, to feel sick
agoniante *adj.* afflictive, worrisome; distressful; nauseous
agoniar Ⓐ *v. tr.* to afflict, to distress, to worry, to fret Ⓑ *v. refl. e intr.* to feel sick
agónico *adj.* MEDICINA agonizing
agonistarca *s. m.* one who presided at the fights between athletes
agonística *s. f.* agonistics (gymnastics related with fights)
agonístico *adj.* related to fights; agonistic
agonizante *adj.* agonizing; dying
agonizar Ⓐ *v. tr.* to agonize, to distress, to torment Ⓑ *v. intr.* to be tortured (or tormented); to suffer agony; to be dying
ágono *adj.* agonic; without angles
agora *adv.* now, at present; at this time; ***agora mesmo*** just now, right now; ***agora não*** not now; ***até agora*** till now, so far; ***agora ou nunca*** now or never; ***desde agora*** henceforth, from now on; ***por agora*** for the present, for the time being; ***e agora?*** and now?, how now?, now what?
agora! *interj.* impossible!
ágora *s. f.* agora, place of assembly (especially the market place) in ancient Greek cities
agorafobia *s. f.* MEDICINA agoraphobia (the fear of being alone in an open place)
agoráfobo *s. m., adj.* agoraphobic
agorentar *v. tr.* to trim, to clip, to lop; to diminish; to curtail; to pare all round
agorinha *adv.* just now; this minute; a few moments ago
agostado *adj.* etiolated, withered, dry, faded
agostadoiro *s. m.* ⇒ **agostadouro**
agostadouro *s. m.* gleanings, stubble
agostar-se *v. refl.* to etiolate, to wither, to dry (by lack of water)
agostinho *adj.* Augustinian; said of some qualities of fruits; ***frade agostinho*** Augustine friar
agostiniano Ⓐ *adj.* Augustinian Ⓑ *s. m.* Augustinian, member of an Augustinian order
Agosto *s. m.* August
agoural *adj.* of (referring to) an omen; foreboding, ominious
agourar *v. tr.* to augur, to omen, to forebode, to pressage, to portend; to predict, to foretell; ***agourar mal*** to augur ill, to bode ill
agoureiro Ⓐ *s. m.* soothsayer; diviner Ⓑ *adj.* foreboding, ill-omened
agourentar *v. tr.* to forebode ill, to portend; to pressage, to have an inward conviction of a calamity
agourento *adj.* foreboding; ominous, portentous, threatening

agouro *s. m.* augury, omen, foreboding, presage; ***de mau agouro*** ill-omened; ***ave de mau agouro*** bird of ill-omen; ***é de bom agouro*** it is of good omen
agra *s. f.* field; bog, fen
agraciado *adj.* honoured; graced, favoured; absolved, pardoned
agraciamento *s. m.* endowment; bestowal; grace; award
agraciar *v. tr.* to grace, to favour, to honour, to award, to invest (to bestow) with a title (insignia, etc.); ***ser agraciado com a Ordem do Império Britânico*** to be awarded the Order of the British Empire
agraciável *adj.* grantable
agraço *s. m.* verjuice; unripe grape
agradado *adj.* pleased, glad; gratified
agradar Ⓐ *v. intr.* to please, to delight, to gratify, to oblige Ⓑ *v. refl.* to be pleased with; to take a liking to Ⓒ *v. tr.* to harrow (land); ***agradar-se de*** to take pleasure in; ***agradar a todos*** to please everybody; ***agradar à vista*** to please the eye
agradável *adj.* pleasant, agreeable, pleasing, enjoyable, grateful, gratifying, nice, pleasurable; palatable (to the taste); ***pouco agradável*** rather unpleasant
agradavelmente *adv.* pleasantly; pleasingly, agreeably, nicely
agradecer *v. tr. e intr.* to thank; to thank for; to express gratitude to, to show gratitude; to acknowledge (a kindness, a favour, help, etc.); to give thanks, to return thanks; ***agradeço-lhe muito*** (I) thank you very much; ***agradecer um favor a alguém*** to thank somebody for a favour; ***resta-me agradecer-lhe*** I have still to thank you; ***agradeço-lhe sinceramente ...*** I thank you most sincerely for; ***agradeço e retribuo os melhores votos de felicidade*** I reciprocate with thanks and best wishes for your happiness; ***não tem que agradecer*** don't mention it; ***muito lhe agradeceria se ...*** I should feel obliged to you if, I should be most grateful if; ***agradeço e retribuo cordialmente vivos votos de prosperidades*** heartiest thanks for your good wishes which I return most cordially; ***agradecer antecipadamente*** to thank in advance (beforehand); ***agradeça-lhe da minha parte*** give him my best thanks; ***agradeço-lhe na mesma*** thank you all the same
agradecidamente *adv.* gratefully, thankfully
agradecido *adj.* thankful, grateful, obliged, indebted; ***ficar muito agradecido*** to thank most kindly
agradecimento *s. m.* gratitude; *pl.* thanks; ***apresentar agradecimentos*** to express one's thanks, to render thanks; ***dar agradecimentos*** to give one's thanks; ***aceite os meus melhores agradecimentos*** please accept my best thanks; ***mil agradecimentos!*** thanks a lot!
agrado *s. m.* pleasure, liking; satisfaction, contentment, delight, kindness, affability; ***com agrado*** with pleasure, willingly; ***se for do seu agrado*** if it pleases you, if it is all right with you; ***isto não é do meu agrado*** this does not please me
agrafador *s. m.* stapler
agrafar *v. tr.* to stapler; to clip
agrafia *s. f.* MEDICINA agraphia (inability to write)
agrafo *s. m.* staple; agraffe, clasp
ágrafo *adj.* unwritten; that which is not written
agranar *v. intr.* to grain (of cereals)
agranjado *adj.* resembling a farm
agrário *adj.* agrarian, pertaining to land; ***leis agrárias*** agrarian laws
agraudar Ⓐ *v. tr.* to increase, to enlarge, to augment Ⓑ *v. intr.* to grow
agravação *s. f.* aggravation; worsening
agravado *adj.* aggravated, worsened, made worse; DIREITO augmented
agravamento *s. m.* ⇒ **agravação**
agravante Ⓐ *adj.* aggravating, aggravative Ⓑ *s. f.* aggravating circunstance
agravar Ⓐ *v. tr. e intr.* to aggravate, to worsen, to make worse; to offend, to wrong, to injure; DIREITO to augment; to appeal Ⓑ *v. refl.* to become worse
agravativo *adj.* aggravating, aggravative
agravatório *adj.* aggravating, aggravative
agraviar *v. tr.* [pop.] to afflict, to trouble
agravista *s. m.* judge who decided on appeals
agravo *s. m.* offence, injury, wrong, hurt; DIREITO appeal
agravoso *adj.* injuring, aggravating
agraz *s. m.* ⇒ **agraço**
agre *adj.* sour; bitter
agredir *v. tr.* to attack, to assault, to aggress; to strike, to beat, to hit
agregação *s. f.* aggregation; association; agglomeration
agregado Ⓐ *s. m.* aggregate; sum total, sum; assemblage Ⓑ *adj.* aggregate, collective, total
agregar *v. tr.* to aggregate; to collect together, to heap, to amass; to add, to join, to associate
agregativo *adj.* aggregative
agremiação *s. f.* association, assembly
agremiado Ⓐ *s. m.* associate Ⓑ *adj.* associated, assembled
agremiador Ⓐ *s. m.* associator, assembler Ⓑ *adj.* associating, assembling
agremiar *v. tr.* to associate; to join (to); to unite (with)
agressão *s. f.* aggression, assault, attack; offence
agressividade *s. f.* aggressiveness
agressivo *adj.* aggressive; offensive, attacking
agressor *s. m.* aggressor, assailant
agreste *adj.* rustic, rural; rough, wild
agrestia *s. f.* rurality; roughness, crudeness, rusticity; rudeness, impoliteness
agrial *s. m.* watercress bed
agrião *s. m.* BOTÂNICA watercress
agrícola Ⓐ *s. m.* farmer, husbandman, tiller, agricultur(al)ist Ⓑ *adj.* agricultural; ***Exército Agrícola Feminino*** Women's Land Army
agricultar *v. tr.* to farm, to till, to cultivate; to plough
agricultável *adj.* arable, tillable
agricultor *s. m.* ⇒ **agrícola** Ⓐ
agricultura *s. f.* agriculture, husbandry; farming; tillage
agridoce *adj.* acrid and sweet at the same time; half-sweet, half-sour; bitter-sweet; [fig.] which causes sadness and joy at the same time
agrilhetar *v. tr.* to fetter, to chain
agrilhoamento *s. m.* chaining, fettering; restraint, control
agrilhoar *v. tr.* to fetter, to chain, to shackle, to put in irons; [fig.] to constrain, to coerce
agrimar-se *v. refl.* to enrage, to get mad; to be overpowered by superstitious awe
agrimensão *s. f.* ⇒ **agrimensura**
agrimensar *v. tr.* to survey (land)
agrimensor *s. m.* surveyor; ***agrimensor de minas*** mine surveyor
agrimensura *s. f.* surveying, land-surveying
agrimónia *s. f.* BOTÂNICA agrimony
agrinaldar *v. tr.* to garland; to festoon
agriófago Ⓐ *s. m.* animal that feeds on wild animals Ⓑ *adj.* feeding on wild animals
agriota *s. f.* wild cherry
agripene *adj.* fanlike (said of bird's tails)
agripnia *s. f.* agrypnia, insomnia, sleeplessness
agrisalhado *adj.* greyish
agrisalhar Ⓐ *v. tr.* to make grey (greyish) Ⓑ *v. refl.* to become grey (greyish)
agro Ⓐ *s. m.* field, meadow, tilled ground; arable Ⓑ *adj.* sour, bitter; acrid; [fig.] steep, rough, rugged, uneven
agro-doce *adj.* ⇒ **agridoce**
agrografia *s. f.* treatise on agriculture

agrográfico *adj.* of (referring to) a treatise on agriculture
agrologia *s. f.* agrology, science that deals with the acknowledgment of land in relation to the most convenient agricultural aspect
agrológico *adj.* agrological; of (referring to) agronomy (especially its geological aspect)
agromania *s. f.* agromania (passion for farming)
agromaníaco *adj.* agromaniac, crazy about farming
agro-meteorologia *s. f.* agro-meteorology
agronometria *s. f.* agronometry (calculation of the agricultural possibilities of a piece of land)
agronométrico *adj.* agronometric, agronometrical (referring to the calculation of the agricultural possibilities)
agronomia *s. f.* agronomy; agronomics
agronómico *adj.* agronomic(al)
agrónomo *s. m.* agronomist; agriculturalist
agro-pecuária *s. f.* farming and cattle raising
agro-pecuário *adj.* concerning farming and cattle raising
agrosseirado *adj.* rather coarse; rather uncivil
agrosseirar-se *v. refl.* to coarsen; to get rude, to become vulgar
agrumelar *v. tr.* to curdle, to coagulate, to thicken, to clot
agrumular *v. tr.* to curdle, to coagulate, to thicken, to clot
agrupado *adj.* grouped, gathered; rallied
agrupamento *s. m.* grouping, group; assembly, gathering; ***agrupamento de casas*** group of houses; ***agrupamento de fontes*** group of springs; ***agrupamento em série*** grouping in series
agrupar *v. tr.* to group, to form (arrange) into groups; to cluster, to assemble, to gather; ***agrupar em série*** to group in series; ***agrupar algarismos*** to group figures
agrura *s. f.* sourness; roughness; [fig.] sorrow, grief; ***as agruras da vida despedaçaram-lhe o coração*** the sorrows of life broke his heart
água *s. f.* water; ***água doce*** fresh water; ***água filtrada*** filtered water; ***água salobra*** brackish water; ***água potável*** drinking water; ***água da torneira*** tap water; ***água abaixo*** downstream; ***água açucarada*** sugared water; ***água arejada*** aerated water; ***água calcária*** calcareous water; ***água de cheiro*** scented water; ***água turva*** turbid water; ***água pura*** pure water; ***água límpida*** clear water; ***água da fonte, água de nascente*** spring water; ***água cristalina*** crystalline water; ***água de alfazema*** lavender water; ***água de arroz*** rice water; ***água de casca de limão*** infusion of lemon peel; ***água de chuva*** rain-water; ***água de cisterna*** cistern water; ***água de consumo*** drinking-water; ***cano de água*** water main; ***água iodada*** iodine water; ***água de lavagem*** washingwater; ***água destilada*** distilled water; ***água de malvas*** mallow water; ***água salgada*** salt-water, brine; ***água do mar*** sea water; ***água de mina*** spring water; ***água de poço*** well water; ***água de nora*** pump-water; ***água de rega*** irrigation water; ***água de ribeiro*** river water; ***água de sabão*** soapy water, suds; ***água com gás*** mineral water, sparkling water; ***água esterilizada*** sterilized water; ***água férrea*** chalybeate water; ***água a ferver*** boiling water; ***água estagnada*** stagnant water; ***água fervida*** boiled water; ***água gasosa (simples)*** soda-water; ***água gelada*** iced-water; ***água inquinada*** polluted water; ***água mineral*** mineral water; ***água clorada*** bleaching water; ***água de pântano*** marshy water; ***água represada*** back water; ***água de repuxo*** water spout; ***água salina*** saline water; ***água do subsolo*** subsoil water; ***água sulfurosa*** sulphurous water; ***águas territoriais*** territorial waters; ***água funda*** deep water; ***água pouco funda*** shallow water; ***água benta*** holy water; ***água morna*** tepid (or lukewarm) water; ***água termal*** thermal water, hot mineral water; ***água chilra*** flat water; ***água de mel*** honey water; NÁUTICA ***com água aberta*** bilged, sprung, leaky; ***na água (flutuando)*** afloat; ***por água abaixo (à deriva)*** adrift; ***ir por água abaixo*** to drift, [fig.] to lose everything; ***esteira de águas*** wake; ***águas mortas*** neap tides; ***águas vivas*** spring tides; ***águas tranquilas*** still water(s); ***linha de água*** water-line; ***saturado de água*** water-logged; ***à prova de água*** waterproof; ***linha divisória da água*** watershed; ***à flor da água*** awash; ***lançar um navio à água*** to launch a ship; ***ir tomar as águas*** to drink (take) the waters; ***saber levar a água ao moinho*** to know how to bring grist to the mill; ***águas vertentes*** mountain streams; ***afogar-se em pouca água*** to be overhasty; ***águas passadas não movem moinhos*** let bygones be bygones; ***sem dizer «água vai»*** without saying a word; ***dar água pela barba a alguém*** to give serious trouble to a person; ***estar como peixe na água*** to be as happy as the day is long; ***deitar água na fervura*** to pour oil on troubled waters; ***fazer crescer água na boca*** to make one's mouth water; ***pescar em águas turvas*** to fish in troubled waters; ***claro como água*** as plain as a pikestaff, as plain as ABC, as plain as plain can be; ***lançar água no mar*** to carry coals to Newcastle; ***levar água no bico*** to have something beneath (behind it); ***entre a cruz e a água benta*** in a sad dilemma; ***água o dá, água o leva*** lightly come, lightly gone; ***recolher água em cesto*** to put water in a sieve; ***água mole em pedra dura tanto bate até que fura*** constant dropping wears away a stone; ***gato escaldado da água fria tem medo*** a burnt child dreads the fire; ***por que carga de água?*** upon what score?, by what right?; ***mudar como da água para o vinho*** to change radically; ***desta água não beberei!*** that won't happen to me!
água-ardente *s. f.* ⇒ **aguardente**
aguaça *s. f.* stream of water after a shower
aguaçal *s. m.* puddle, marsh, swamp, bog
aguacate *s. m.* ⇒ **abacate, abacateiro**
aguaceira *s. f.* an abundance of saliva due to an indisposition of the stomach
aguaceirada *s. f.* a heavy shower
aguaceiro *s. m.* heavy shower (of rain), downpour, squall; [fig.] a series of unlucky events like drawbacks, nuisances, disappointments, scolds or chiding; ***um forte aguaceiro*** a steady downpour; ***tempo de aguaceiros*** showery weather
aguacento *adj.* watery, waterish; rainy, wet
aguachado *adj.* fat, overfat, said of a horse unable to take long rides
aguada *s. f.* NÁUTICA watering; water-supply; watering place; aquarelle, water-colour; bookbinder's glue; ***aguada de cal*** whitewash; NÁUTICA ***fazer aguadas*** to take in fresh water
água-de-colónia *s. f.* eau de Cologne
aguadeiro *s. m.* man who carries water; a bunch of flex or linen which is going to be soaked in water
aguadilha *s. f.* lymph; serosity
aguado *adj.* watered, watery, mixed with water; [fig.] frustrated, failed
aguador *s. m.* waterer; watering can
aguadouro *s. m.* ⇒ **alagadouro**
água-forte *s. f.* aqua-fortis, an etching
água-fortista *s. m. e f.* aquafortist
água-furtada *s. f.* garret, attic, loft
aguagem *s. f.* dilution, watering; NÁUTICA backwater, wake, wash, dead water
água-marinha *s. f.* aquamarine, variety of beryl
água-mel *s. f.* hydromel
aguamento *s. m.* VETERINÁRIA laminitis (founder); act or effect of aguar
aguantar *v. tr.* [pop.] ⇒ **aguentar**
aguante *s. m.* the volume of sail a ship can safely carry
água-oxigenada *s. f.* QUÍMICA hydrogen peroxide
água-pé *s. f.* a very light wine made by adding water to the grape husk kept after the real wine was made; paltry-wine
aguar *v. tr. e intr.* to water; to mix with water; to colour-wash; to make the mouth water; to have laminitis; to suffer from laminitis; to cause laminitis by overwork; [fig.] to frustrate, to disturb
aguardador *s. m.* expectant

aguardar *v. tr.* to wait; to wait for; to await; to expect; to watch; ***aguardar a vez*** to wait for one's turn; ***aguardar uma pronta resposta*** to await an early reply; ***aguardando as suas prezadas notícias*** looking forward to your good news; ***aguardar uma ocasião favorável*** to bide one's time; ***aguardar ordens*** to await orders
aguardentação *s. f.* mixing with brandy, adding of brandy
aguardentar *v. tr.* to mix with brandy, to fill with brandy, to add brandy
aguardente *s. f.* brandy; aquavitae; [E.U.A.] firewater; ***aguardente de cana-de-açúcar (rum ou cachaça)*** rum; ***aguardente de cerejas*** cherry-brandy
aguardenteiro *s. m.* distiller (or vender) of brandy; drunkard
aguardentia *s. f.* drunkness caused by brandy
aguardentoso *adj.* smelling (or tasting) of brandy
água-régia *s. f.* aqua regia
aguarela *s. f.* aquarelle, water-colour (painting); a painting in water-colours
aguarelar *v. tr.* to paint in water-colours
aguarelista *s. m. e f.* aquarellist
aguarentador *s. m.* that who cuts (or pares) around; blemisher; slanderer
aguarentar *v. tr.* to pare all round, to curtail; [fig.] to blemish, to slander, to murmur about
aguaritar *v. tr. e refl.* to shelter in a sentry-box
aguarrás *s. f.* essence of turpentine; turpentine
água-ruça *s. f.* olive-oil dregs
águas-furtadas *s. f. pl.* ⇒ **água-furtada**
água-tinta *s. f.* aquatint
água-tintista *s. m. e f.* maker of aquatints
aguazil *s. m.* HISTÓRIA a minor clerk at a court of Justice
aguçadeira *s. f.* grindstone; ***aguçadeira de lápis*** pencil-sharpener
aguçado *adj.* pointed, sharpened, spiked; whetted; [fig.] incited, stimulated, goaded, instigated; ***aguçado como uma agulha*** needle-sharp, pointed
aguçadoira *s. f.* ⇒ **aguçadeira**
aguçador Ⓐ *s. m.* grinder, sharpener, whetter; stimulant Ⓑ *adj.* sharpening, whetting; exciting, stimulating, inciting
aguçadura *s. f.* grinding, sharpening, whetting
aguçamento *s. m.* ⇒ **aguçadura**; [fig.] perspicacity, sagacity, discernment
aguçar *v. tr.* to sharpen, to whet, to grind; [fig.] to incite, to stimulate, to excite; ***aguçar o apetite*** to whet one's appetite; ***aguçar a vista*** to keep one's eyes peeled
aguço *s. m.* sharp (edged or pointed) object
agudez *s. f.* sharpness, keenness; acuteness; cunning, smartness; perspicacity, insight; intensity
agudeza *s. f.* sharpness, keenness; acuteness; cunning, smartness; perspicacity, insight; intensity
agudo *adj.* MÚSICA sharp; pointed, acute, keen; quickwitted, perspicacious; intense; ***ângulo agudo*** acute angle; ***vista aguda*** keen sight; ***palavra aguda*** word stressed on the last syllable
agueiro *s. m.* a small open duct where the rain water from the roads collects; gutter; drain, water-spout
aguentador Ⓐ *s. m.* supporter, support, stand Ⓑ *adj.* supporting, sustaining
aguentar *v. tr.* to support, to hold (on), to sustain; to resist, to stand, to endure, to bear; to maintain, to keep, to retain; ***aguentar a tempestade*** to stand the storm; ***aguentar a pressão*** to keep up steam; NÁUTICA ***aguentar o tempo*** to ride out the weather; ***aguentar-se contra a corrente*** to stem the tide; ***aguentar-se (com mau tempo)*** to weather, to weather out; ***aguentar despesas*** to bear expenses; ***aguentar e mostrar cara alegre*** to grin and bear it; ***aguentar bem a fadiga*** to support fatigue well; ***aguentar firme*** to keep a stiff upper lip, to hold out; ***aguenta-te bem!*** steady!, hold tight!
aguerreação *s. f.* warfare; making of war
aguerrear Ⓐ *v. tr.* to accustom to war Ⓑ *v. intr.* to get accustomed to war
aguerrido *adj.* war-like; aggressive, pugnacious, bellicose; courageous, brave
aguerrilhar Ⓐ *v. tr.* to transform (to convert) into gue(r)rillas Ⓑ *v. refl.* to join in a gue(r)rilla
aguerrimento *s. m.* inurement, hardening to war; aggressiveness
aguerrir Ⓐ *v. tr.* to accustom to war; to inure to war Ⓑ *v. refl.* to exercise oneself in war
águia *s. f.* eagle; ***olhos de águia*** piercing eyes, eagle's eyes; ***pedra de águia*** eagle-stone; ***águia pesqueira*** osprey, fish-hawk; ***ninho de águia*** aerie; [fig.] ***ser águia*** to be talented; ***águia calva (da América do Norte)*** white-headed eagle
aguião *s. m.* ⇒ **gavião**
aguiar *v. intr.* to play knavish tricks
aguieiro *s. m.* crosspiece of timber, brace
aguieta *s. f.* eaglet
águila *s. f.* BOTÂNICA aloeswood
aguilhada *s. f.* goad; old agarian measure
aguilhão *s. m.* goad, sting (of insects); [fig.] spur, incentive
aguilhar *v. tr.* ⇒ **aguilhoar**
aguilhoada *s. f.* prod with a goad
aguilhoadela *s. f.* prod with a goad
aguilhoador Ⓐ *s. m.* person who goads, goad Ⓑ *adj.* goading
aguilhoamento *s. m.* goading, picking, incitation, incitement
aguilhoar *v. tr.* to goad, to prick; [fig.] to spur, to incite, to urge on, to stir up
aguilhoeiro *s. m.* goad-maker; goad-seller
aguioto *s. m.* ⇒ **gavião**
aguisar *v. tr.* to arrange, to settle, to fix
aguista *s. m. e f.* ⇒ **aquista**
aguitarrado *adj.* guitar-like in shape or sound
aguitarrar *v. tr.* to shape like a guitar
agulha *s. f.* needle; obelisk; spire (of a church); pointer (of electric machinery); switch (of the railway); piquancy of certain wines; ***agulha de marear*** mariner's compass; ***agulha de inclinação*** dipping needle; ***agulha de fundo redondo*** round-eyed needle; ***agulha de bitácula*** binnacle compass; ***agulha de câmara*** cabin compass, overhead compass, telltale compass; ***agulha de líquido*** spirit compass; ***agulha aérea*** aircraft compass; ***agulha de bússola*** compass needle; ***agulha de rede*** netting needle; ***agulha cirúrgica*** surgical needle; ***agulha hipodérmica*** hypodermic needle; ***agulha de sutura*** suture needle; ***agulha curva*** curved needle; ***agulha de bordar*** embroidery needle; ***agulha de croché*** crochet hook; ***agulha de cerzir*** darning-needle; ***agulha de enfardar*** packing-needle; ***agulha de colchoeiro*** square needle; ***agulha de meia*** knitting needle; ***agulha de marinheiro*** sailmaker's needle; ***agulha de encadernador*** bookbinder's needle; ***agulha de gramofone*** gramophone needle; ***(caminho-de-ferro) agulha de mudança de via*** (switch-) point, pointer; ***agulha fixa*** fixed point; ***agulha de pontear (desenho)*** dotting needle; ***agulha para máquina de costura*** sewing machine needle; ***trabalho de agulha*** needlework; ***enfiar a agulha*** to thread the needle; ***fundo de uma agulha*** the eye of a needle; [fig.] ***agulha ferrugenta*** meddler, intriguer; ***procurar agulha em palheiro*** to look for a needle in a haystack
agulhada *s. f.* needle-prick
agulha-de-pastor *s. f.* BOTÂNICA shepherd's needle
agulhagem *s. f.* (point)-switching
agulhão *s. m.* large needle; a big needle fish; NÁUTICA pole compass
agulhar *v. tr.* to prick with a needle; to goad; to vex; to torture

agulheado *adj.* needle-shaped
agulheiro *s. m.* needle-case; needlemaker; pointsman, switchman, switcher (of a railway); NÁUTICA ***agulheiro da amarra*** chain pipe; ***agulheiro de andaime*** scaffolding hole
agulheta *s. f.* nozzle, jet-pipe; bodkin; ***agulheta de jacto de água*** water jet nozzle; ***agulheta de mangueira*** watering nozzle; ***agulheta de jacto de vapor*** steam jet nozzle
agustia *s. f.* alteration of the sense of taste
ah! *interj.* ah!; ***ah, sim?*** is it so?, oh, really?
ai! *s. m., adj.* oh!, alas!, woe!; ***ai não!*** rather!; ***dar ais*** to moan, to groan; ***ai de mim!*** poor me!, woe to me!; ***ai dos vencidos!*** woe to the vanquished!
aí *adv.* there, then; ***aí mesmo*** in that very place, right there; ***por aí*** that way, thereabouts; ***de aí por diante*** thenceforth; ***não vá por aí*** don't go that way; ***espere aí*** wait a moment, hang on a minute!; ***ora aí tens!*** there you are!; ***vem daí!*** come along!; ***e daí?*** and what about it?; ***daí a alguns dias*** in a couple of days; ***aí é que está!*** that's just the point!
aia *s. f.* chambermaid; nurse; [fam.] ***aia de crianças*** nursemaid, nanny
aiala *s. f.* fishing boat used in Setúbal
aiapana *s. f.* ⇒ **japana**
aiar *v. intr.* to moan, to wail, to lament, to groan
aicebergue *s. m.* iceberg
aido *s. m.* courtyard; backyard
ai-jesus Ⓐ *s. m.* favourite, darling Ⓑ *interj.* (denoting grief or surprise) dear me!, good gracious!; ***ser o ai-jesus de alguém*** to be the apple of one's eye
ailanticultura *s. f.* plantation and cultivation of ailantus
ailantina *s. f.* ailantine
ailanto *s. m.* BOTÂNICA ailantus, ailanto; tree of heaven
ailó! *interj.* closing interjection to some popular songs
aimoré *s. m.* seafish of the family Gabiidae
ainda *adv.* still, yet, even; again; further; ***ainda não*** not yet; ***ele ainda está na cama*** he is still in bed; ***ele ainda não está na cama*** he is not yet in bed; ***ainda bem*** fortunately; ***ainda mais*** still more; ***ainda outra vez*** once more, once again; ***ainda menos*** still less; ***ainda assim*** nevertheless; ***ainda que*** though, although; ***ainda quando*** even though; ***ainda mesmo que*** although, even if; ***ainda agora*** just now; ***ainda hoje*** even today, only today; ***ainda há tempo*** there is yet time; ***ainda uma vez*** once more, over again; ***eles indagarão ainda*** they will inquire further; ***posso mencionar ainda*** I may mention further; ***ainda por cima*** into the bargain, over and above, on top of all that, in addition; ***ainda mais essa!*** how now!; ***ainda assim*** even so, nevertheless
aio *s. m.* tutor, preceptor; valet; chamberlain; squire to a knight
aipo *s. m.* celery
airado Ⓐ *s. m.* loafer, rake, libertine Ⓑ *adj.* airy; distracted; ***vida airada*** loose living
airo *s. m.* ⇒ **arau**
airó *s. m.* ⇒ **arau**
airoga *s. f.* ⇒ **eiroga**
airosia *s. f.* elegance; gracefulness; grace; comeliness
airosidade *s. f.* elegance; gracefulness; grace; comeliness
airoso *adj.* comely, graceful, elegant, handsome; genteel
aivado *s. m.* the small entrance in the beehive; the eye of a hoe
aivão *s. m.* martin
aiveca *s. f.* earth-board (or mould-board) of the plough
ajaezado *adj.* in full harness; trimmed, adorned
ajaezar *v. tr.* to harness; to trim, to adorn
ajambrar *v. tr.* to patch badly; to bungle
ajanotado *adj.* dandyish, foppish
ajanotar Ⓐ *v. tr.* to dress in a dandyish fashion Ⓑ *v. refl.* to put on one's Sunday best
ajantarado *adj.* dinner-like; hearty (meal); ***almoço ajantarado*** hearty lunch
ajardinado *adj.* garden-like; landscaped
ajardinamento *s. m.* gardening; landscape-gardening; formation into a garden
ajardinar *v. tr.* to garden; to make into a garden; to lay out as a garden
ajaulado *adj.* cage-like
ajavardar Ⓐ *v. tr.* to make a savage of Ⓑ *v. refl.* to become a savage
ajeirar *v. tr.* to divide or cultivate in small partitions of land
ajeitadamente *adv.* conveniently, skilfully
ajeitar *v. tr. e refl.* to arrange; to manage; to adapt; to fit; ***ajeitar-se ao serviço*** to adapt oneself to the work; ***eles não se ajeitam*** they do not fit; ***eu cá me ajeitarei sozinho*** I'll manage alone
ajeropigado *adj.* tasting of jeropiga
ajesuitado *adj.* jesuitlike; false
ajesuitar Ⓐ *v. tr.* to make a jesuit out of; to have the manners of a jesuit Ⓑ *v. refl.* to become a jesuit
ajoanetado *adj.* having a bunion; looking like a bunion
ajoelhação *s. f.* genuflexion, kneeling
ajoelhar *v. refl. e intr.* to kneel, to keel down; to go on one's knees
ajornalar *v. tr.* to hire by the day
ajoujamento *s. m.* bashing; coupling, union; overloading, burdening; oppression
ajoujar Ⓐ *v. tr.* to leash; [fig.] to overburden, to overload, to oppress Ⓑ *v. refl.* to couple
ajoujo *s. m.* a leash that couples two animals; [fig.] enforced union
ajuaga *s. f.* cutaneous tumour in animals; enforced union
ajuda *s. f.* help, aid, assistance, succour; relief; support; ***com a ajuda de Deus*** by God's help; ***ajuda de custo*** living allowance, indemnity of transfer; ***dar uma ajuda*** to lend a hand
ajudante *s. m. e f.* helper, assistant; MILITAR adjutant; ***ajudante de cozinha*** kitchen-boy, kitchen-maid; ***ajudante de fogueiro*** assistant stocker; ***ajudante de maquinista*** (railway) assistant engine driver; NÁUTICA ***ajudante de cozinheiro*** cook's mate
ajudante-às-ordens *s. m.* NÁUTICA flag lieutenant
ajudante-de-campo *s. m.* aide-de-camp
ajudar *v. tr.* to help, to assist, to succour, to aid; to relieve; to support; to lend (to give) a hand, to lend assistance (help); to serve (at mass); ***ajudar-se mutuamente*** to help each other; ***ajudar (a vencer uma dificuldade)*** to help out; ***ajuda-me neste problema*** help me out with this problem; ***ajudar a vestir*** to help on; ***ajuda-me a vestir o casaco*** help me on with the coat; ***ajudar a subir*** to help up; ***ajuda-me a subir os degraus*** help me up the steps; ***ajudar a descer*** to help down; ***ajuda-me a descer esta caixa*** help me down with the box; ***ajudar a passar*** to help over; ***ajuda-me a passar a cancela*** help me over the gate; ***ajudar a atravessar*** to help across; ***ajuda-me a atravessar a rua*** help me across the street; ***assim Deus me ajude!*** so help me God!; ***ajudar à missa*** to serve at mass; ***ajudar a avançar rapidamente*** to put the wind in a person's sails; ***ajude-me!*** give (lend) me a hand!
ajudengar *v. tr. e refl.* to transmit (to acquire) Jewish ways and manners; to Judaize
ajudeuzado *adj.* Judaized, turned Jew
ajuizado *adj.* wise, judicious, sensible, reasonable; ***ser considerado pessoa ajuizada*** to be credited with good sense
ajuizador Ⓐ *adj.* estimative, judicial, arbitrational Ⓑ *s.* estimator, judger, arbitrer
ajuizar Ⓐ *v. tr.* to judge; to form an opinion about; to estimate; to judge, to pronounce judgement on Ⓑ *v. intr.* to be sensible Ⓒ *v. refl.* to think, (to consider) oneself sensible
ajuizável *adj.* judgeable, triable
ajular *v. tr.* NÁUTICA to turn leewards
ajumentado *adj.* donkeyish, donkeylike
ajunta *s. f.* junction, connexion, joint; confluence; reunion

ajuntadeira *s. f.* woman who assembles and sews uppers (of shoes)
ajuntadoiro *s. m.* ⇒ **ajuntadouro**
ajuntador *s. m.* collector, assembler
ajuntadouro *s. m.* place where things or persons gather
ajuntamento *s. m.* meeting, reunion, assembly, gathering; crowd, throng
ajuntar Ⓐ *v. tr.* to join, to link (together), to unite; to assemble, to gather; to add; to collect; to attach; to save, to lay up (money); to tie; to muster (an army) Ⓑ *v. refl.* to collect (to gather, to meet); ***ajuntar dinheiro*** to hoard (to lay up) money; ***ajuntar juros ao capital*** to add the interest to the capital; ***ajuntar os documentos*** to attach documents
ajuntável *adj.* that may be assembled (associated or brought) together
ajuntoira *s. f.* header (stone)
ajuntoura *s. f.* header (stone)
ajuramentação *s. f.* swearing in, attestation, oath
ajuramentado *adj.* sworn in; bound by oath, on oath
ajuramentar Ⓐ *v. tr.* to bind by oath, to swear Ⓑ *v. refl.* to bind oneself by oath
ajustado *adj.* settled; agreed on; proper, fair (reasonable); fit, suitable; adjusted, fitting; close fitting (of clothes)
ajustador *s. m.* fitter; adjuster
ajustamento *s. m.* adjustment, adjusting; fitting; arrangement; disposition; agreement; settling, settlement (of accounts), reconciliation; ***ajustamento de máquina*** fitting, adjustment of engine; ***ajustamento de precisão*** fine adjustment, fine-fit
ajustar Ⓐ *v. tr.* to adjust, to regulate, to order, to fit, to suit, to adapt; to accord, to settle, to agree, to make an agreement, to come to terms Ⓑ *v. refl.* to adapt (to conform) oneself to; [fig.] to square accounts with, to settle a dispute with a person; ***ajustar um preço*** to agree on a price; ***ajustar contas*** to settle accounts; ***ajustar a ferramenta*** to set the tools; TIPOGRAFIA ***ajustar tipo*** to finish type; ***ajustar um assunto pendente*** to settle a pending affair; ***ajustar a chumaceira*** to line up bearings; ***ajustar peças de máquina*** to fit parts of machinery; ***tenho contas a ajustar contigo*** I have a bone to pick with you
ajustável *adj.* adjustable; adaptable, appliable
ajuste *s. m.* ⇒ **ajustamento**; [fig.] ***ajuste de contas*** settlement of a dispute, squaring of accounts with a person
ala Ⓐ *s. f.* file, row, tier; aisle (of a church); wing (of a building, an army, a fleet, an insect, or a bird) Ⓑ *interj.* off you go!; ***ala de muro*** wing of wall; ***ala esquerda (de uma esquadra)*** port wing
alabanda *s. f.* MINERALOGIA black marble
alabandina *s. f.* almandine
alabandite *s. f.* almandite, mangan-blende
alabão *s. m.* ⇒ **alavão**
alabarar *v. tr.* to roast; to burn, to destroy; to ruin
alabarda *s. f.* halberd
alabardada *s. f.* stroke (or beat) with a halberd
alabardar *v. tr.* to arm with halberd
alabardeiro *s. m.* halberdier (yeoman of the guard)
alabardino *adj.* halberd-shaped
alabástrica *s. f.* the art of carving alabaster
alabástrico *adj.* alabastrine
alabastrino *adj.* alabastrine
alabastrite *s. f.* MINERALOGIA alabastrite, gypsum
alabastrizar *v. tr.* to make look like alabaster
alabastro *s. m.* alabaster
alabirintado *adj.* labyrinthine, labyrinthian; tortuous, confused
alabirintar *v. tr.* to lay out like a maze; to maze; [fig.] to confuse, to disturb
alaboeiro *s. m.* ⇒ **alavoeiro**
alabregar *v. tr.* to act like a yokel
alacaiado *adj.* lackey-like; servile
alacaiar Ⓐ *v. tr.* to act (behave) like a lackey Ⓑ *v. refl.* to humble oneself
alacar *v. tr.* to bend under a load
alacoado *adj.* rubicund, reddish; rosy
alacrado *adj.* varnish-coloured
alacrau *s. m.* ⇒ **lacrau**
alacre *adj.* cheerful, gay, lively, sprightly, joyful
alacreado *adj.* ⇒ **alacrado**
alacridade *s. f.* alacrity; promptitude, liveliness, sprightliness
alactação *s. f.* ⇒ **amamentação**
alactar *v. tr.* to suckle, to nurse; to feed with milk
aladainhado *adj.* litany-like; monotonous
alado *adj.* winged
aladroado *adj.* thievish; stealing; fraudulent (weight or measure)
alagadela *s. f.* ⇒ **alagamento**
alagadiceiro Ⓐ *adj.* [Bras.] said of the ox which pastures or grazes on boggy ground Ⓑ *s. m.* puddle
alagadiço *adj.* marshy, boggy, swampy
alagado *adj.* waterlogged (ship); drenched, soaked, flooded, inundated (fields); NÁUTICA down; ***pedra alagada*** sunken stone
alagador Ⓐ *s. m.* flooder, inundator Ⓑ *adj.* flooding, invading
alagadouro *s. m.* a hole with water for the tanning of linen
alagamento *s. m.* overflow, inundation, over-flowing, flooding; foundering (of a ship)
alagar Ⓐ *v. tr.* to overflow, to inundate; to flood; NÁUTICA to settle; to founder (a ship); to turn into a lake; [fig.] to squander, to waste (money) Ⓑ *v. refl.* to submerge, to sink; ***os rios alagam os campos*** the rivers overflow the fields
alagartado *adj.* like a lizard, lizard-coloured
alagem *s. f.* hoisting; winding
alagoa *s. f.* ⇒ **lagoa**
alagoado *adj.* resembling a lake or a lagoon
alagoeiro *s. m.* puddle, pool
alagoso *adj.* swampish, marshy, boggy
alagostado *adj.* lobsterlike (colour)
alalia *s. f.* MEDICINA alalia (lack of ability to talk)
álalo *adj.* suffering from alalia
alamar *s. m.* gold braiding, galloon, lace, braid
alamarado *adj.* gold-braided
alambazado *adj.* coarse, ill-shaped; clumsy, boorish; full of food
alambazar-se *v. refl.* to cram oneself (with), to eat and drink to the full; to grow clumsy
alambel *s. m.* coloured stool (table, etc.) covering
alambicado *adj.* prim, prissy, finicky; affected, arrogant, conceited, presumptuous; ***estilo alambicado*** overrefined, affected or presumptuous style (of speech or writing)
alambicar Ⓐ *v. tr.* to distil in the alembic; [fig.] to make affected (presumptuous) Ⓑ *v. refl.* to look very closely (minutely) into something; [fig.] to become affected
alambique *s. m.* still; alembic
alambiqueiro *s. m.* distiller, person who works with a still or alembic
alambor *s. m.* stronger (or thicker) base of a wall
alamborar *v. tr.* to thicken (or to make stronger) at the base (wall); to slope; to give a convex form to; to make crooked
alambra *s. f.* black poplar; resin extracted from black poplar
alambrar *v. tr.* to fence in (with wire fence)
alambre *s. m.* amber; [fig.] cunning fellow
alambreado *adj.* amber-coloured, yellowish-brown

alameda *s. f.* grove; lane; broad walk; avenue; ***alameda das faias*** beech grove; ***bosquedos e alamedas*** groves and lanes
alamedar *v. tr.* to provide with poplars (lane, alley, park); to transform into an avenue
alamento *s. m.* setting in rows; fitting (furnishing) with wings; elevation, raising
alamiré *s. m.* diapason
álamo *s. m.* BOTÂNICA poplar; ***álamo branco*** white poplar; ***álamo negro*** black poplar; ***álamo cinzento*** grey poplar; ***álamo amarelo*** yellow poplar
alâmpada *s. f.* ⇒ **lâmpada**
alampadário *s. m.* ⇒ **lampadário**
alancar Ⓐ *v. tr.* to overload Ⓑ *v. intr.* to escape, to flee, to avoid
alanceador Ⓐ *s. m.* lancer; [fig.] mortifier Ⓑ *adj.* lancing; piercing; [fig.] harrowing; distressing
alanceamento *s. m.* wounding (with a lance); [fig.] pain, distress, chagrin, mortification; stimulation, stimulus
alancear *v. tr.* to wound (with a lance); [fig.] to mortify, to chagrin; to stimulate, to encourage
alandeado *adj.* glandiform, acorn-shaped
alandro *s. m.* BOTÂNICA oleander, rosebay
alandroal *s. m.* oleander-wood
alandroeiro *s. m.* oleander
alanguidar-se *v. refl.* to become languid; to languish, to pine away
alanhador Ⓐ *s. m.* slasher, cutter Ⓑ *adj.* slashing, cutting, knifing
alanhamento *s. m.* slashing, ripping, gutting
alanhar *v. tr.* to rip; to slash; to gut; to knife
alanina *s. f.* alanine
alanite *s. f.* allanite, orthite
alanterna *s. f.* ⇒ **lanterna**
alantíase *s. f.* intoxication provoked by sausages in bad condition
alantóide *s. f.* ANATOMIA allantois
alanzoado *s. m.* babbling, prattling
alanzoador *s. m.* idle talker, boaster, chatterbox
alanzoar *v. tr. e intr.* to talk idly; to talk monotonously; to boast; to chatter, to gossip
alanzoeiro Ⓐ *s. m.* prater, babbler, chatterer Ⓑ *adj.* prating, talkative
alão *s. m.* mastiff; a big slate placed on top of a wall made of smaller stones to prevent them from getting loose
alapar Ⓐ *v. tr.* to hide Ⓑ *v. refl.* to squat, to crouch
alapardar-se *v. refl.* to crouch, to squat, to cower
alaparotado *adj.* roguish, foolish, clumsy
alapoado *adj.* like a Lapp; churlish, uncivil
alapuzar *v. tr. e refl.* to make (to become) coarse (boorish, uncouth)
alar[1] Ⓐ *adj.* wing-shaped, used as a wing Ⓑ *v. tr.* to set in rows; to provide with wings
alar[2] *v. tr.* to haul, to hoist, to lift; to soar; to ascend; to take flight; ***alar o cabo*** to haul in the cable; ***alar a artilharia*** to haul the artillery; ***alar à espia*** to warp; ***alar com força*** to pull away; ***alar à sirga*** to track; ***alar à mão*** to haul
alarachado *adj.* witty, facetious, waggish, droll
alaranjado Ⓐ *s. m.* orange (colour) Ⓑ *adj.* orange-coloured; shaped like an orange
alaranjar *v. tr.* to shape (to colour) like an orange
alarar *v. tr.* to hang (clothes) in the house (near the open stove or fire)
alarde *s. m.* show, parade, spectacle, ostentation, pomp; vanity; ***fazer alarde de*** to make a show (a parade) of
alardeador Ⓐ *s. m.* boaster, braggart Ⓑ *adj.* boastful, ostentatious
alardeamento *s. m.* boasting, bragging, showing-off, parading
alardear *v. tr.* to show off, to parade, to flaunt; to display; to vaunt, to boast (about), to brag (about); ***alardear riquezas*** to make a show of one's riches; ***alardear conhecimentos*** to make a show (a parade) of knowledge
alardo *s. m.* MILITAR muster; muster-roll
alares *s. m. pl.* traps to catch partridges
alargador *s. m.* who or that which widens, widener
alargamento *s. m.* enlargement; extension, widening; dilatation, expansion; ***alargamento de um curso de água*** widening of a stream; ***alargamento de um furo*** enlargement or widening of a hole
alargar Ⓐ *v. tr.* to enlarge; to widen, to broaden, to amplify; to extend, to prolong; to dilate; to spread, to stretch, to outstretch; to slacken, to loosen (a knot); Ⓑ *v. refl.* to spend a lot (of money); ***alargar o passo*** to go faster; ***alargar-se com alguém*** to impart a secret; ***alargar o limite*** to enlarge the limit; ***alargar o campo de acção dos negócios*** to extend the business circle; NÁUTICA ***alargar o vento*** to veer; ***alargar os cordões à bolsa*** to loosen the purse-strings
alarida *s. f.* uproar, row, shouting, vociferation, outcry, clamour, ado, bustle
alarido *s. m.* uproar, row, shouting, vociferation, outcry, clamour, ado, bustle
alarma *s. f.* ⇒ **alarme**
alarmante *adj.* alarming, frightening
alarmar Ⓐ *v. tr.* to alarm; to frighten; to trouble, to disturb Ⓑ *v. refl.* to become frightened
alarme *s. m.* alarm; alert; danger signal; tumult; fear, uproar; ***dar sinal de alarme*** to alarm, to sound (raise) the alarm, to warn; ***alarme de ataque aéreo*** air-raid warning; ***alarme aéreo*** air alert; ***alarme de incêndio*** fire alarm (signal); ***campainha de alarme*** alarm-bell; ***dar falso alarme*** to cry wolf
alarmista *s. m. e f.* alarmist, panic-monger
alarvada *s. f.* rudeness, roughness, boisterousness, violence
alarvado *adj.* churlish, rustic, rough
alarvaria *s. f.* churlishness, rusticity; brutality; gluttony
alarve *s. m.* boor, lout, bumpkin; ***um alarve*** a perfect boor
alarvejar *v. tr. e refl.* to make (to become) boorish (rude, boisterous)
alarvemente *adv.* boorishly
alarvia *s. f.* a crowd of brutes
alarvice *s. f.* ⇒ **alarvada**
alassar *v. tr.* to loosen, to slacken
alastradeira Ⓐ *s. f.* creeper Ⓑ *adj.* creeping (plant)
alastramento *s. m.* spreading, expansion; widening; levelling (soil); ballasting (of a ship)
alastrar *v. tr. e intr.* to spread; to strew, to scatter; to level, to cover, to fill; to ballast (a ship)
alastrim *s. m.* MEDICINA varioloid
alatinado *adj.* Latinized
alatinar *v. tr. e intr.* to Latinize
alatoamento *s. m.* inlaying pieces of tin-plate or brass strips
alatoar *v. tr.* to provide with ornaments of brass or tin-plate; to inlay with brass or tin-plate
alaudar *v. tr.* to shape (to sound) like a lute
alaúde *s. m.* MÚSICA lute
alaudina *s. f.* MÚSICA ⇒ **lutina**
alavanca *s. f.* lever, handspike, handle; ***alavanca de arranque*** starting lever (or handle); ***alavanca de marcha*** control lever; ***alavanca de embraiagem*** operating lever, clutch, gearbox lever; ***alavanca de mudança (de direcção)*** reversing handle; ***alavanca manual*** hand lever; ***alavanca de pedal*** foot-lever
alavanco *s. m.* ⇒ **lavanco**
alavão Ⓐ *s. m.* flock of sheep that yield milk Ⓑ *adj.* yielding milk, lactescent, lactiferous; said of animals that yield milk; milky

alavoeiro *s. m.* shepherd who cares for sheep
alazão Ⓐ *s. m.* sorrel horse ***alazão claro*** bright sorrel horse Ⓑ *adj.* sorrel
alazarado *adj.* lazarlike, full of pustules; indebted
alazeirado *adj.* hungry, starving, miserable
alba *s. f.* dawn, dawning, break of day, daybreak
albacar *s. m.* gate on Moorish fortress through which the cattle went in and out
albacor *s. m.* ICTIOLOGIA ⇒ **albacora**
albacora *s. f.* ICTIOLOGIA albacore, albicore
albafar *s. m.* aromatic substance
albaflor *s. f.* BOTÂNICA ⇒ **albafor**
albafor *s. f.* BOTÂNICA galingale
albanês *s. m., adj.* Albanian
albanesa *s. f.* white anemone
albano Ⓐ *s. m.* native (or inhabitant) of Alba Longa; Albanian Ⓑ *adj.* of (referring to) Alba Longa; Albanian
albarca *s. f.* ⌈reg., Açor.⌋ sandal
albarda *s. f.* pack-saddle
albardada *adj.* said of a slice of bread dipped in beaten eggs fried in olive oil and then covered with sugar
albardadura *s. f.* act or effect of placing the pack-saddle or harness
albardão *s. m.* big pack-saddle; bungler, muddler
albardar *v. tr.* to saddle; to bungle, to muddle; to make slices of bread dipped in beaten eggs fried in olive oil and covered with sugar
albardaria *s. f.* pack-saddle shop; a quantity of pack-saddles
albardeira *s. f.* BOTÂNICA wild rose; a special needle to darn the pack-saddles
albardeiro Ⓐ *s. m.* maker (or seller) of pack-saddles; botcher; ⌈fig.⌋ a bad tailor Ⓑ *adj.* clumsy, muddling, bungling
albardilha *s. f.* a small pack-saddle; trap for falcons
albarela *s. f.* edible mushroom
albarrã *s. f.* BOTÂNICA wild onion; HISTÓRIA tower of a fort (fortification or castle); barbican
albatroz *s. m.* ORNITOLOGIA albatross
albena *s. f.* a kind of grapes
albente *adj.* whitening
albergagem *s. f.* act or effect of lodging (or sheltering)
albergamento *s. m.* lodging, sheltering, housing
albergar Ⓐ *v. tr.* to lodge, to shelter, to receive, to quarter; to harbour; to lodge at an inn Ⓑ *v. refl.* to take shelter (or refuge), to lodge
albergaria *s. f.* inn; guest-house
albergue *s. m.* lodging-house, inn; hospice, asylum; den; place that houses poor, old people or those who have no place to live
albergueiro *s. m.* innkeeper; host
albicaude *adj.* white-tailed
albicaule *adj.* BOTÂNICA white-stemmed
albíceps *adj.* white-headed (animal)
albicípite *adj.* white-headed (animal)
albicole *adj.* white-necked
albicórneo *adj.* white-horned (insects)
albificação *s. f.* albification, whitening, blanching, bleaching
albificar Ⓐ *v. tr.* to whiten Ⓑ *v. refl.* to become white
albiflor *adj.* white-blossomed
albigense Ⓐ *s. m. e f., adj.* Albigensian
albinia *s. f.* albinism; albinoism
albinismo *s. m.* albinism; albinoism
albino *s. m.* albino; ***coelho albino*** albino rabbit
albípede *adj.* white-footed
albipene *adj.* white-feathered
albirrosado *adj.* pale-pink
albirrostro *adj.* white-beaked; white-snouted
albite *s. f.* MINERALOGIA albite, white feldspar
albivetre *adj.* white-bellied
albogue *s. m.* a very old shepherd's flute
albóio *s. m.* large derelict house; shed; ⌈pop.⌋ stout woman
alboque *s. m.* ⇒ **albogue**
albor *s. m.* ⇒ **alvor**
alborcar *v. tr.* to exchange; to barter, to truck
albornoz *s. m.* burnous, burnouse
alborotar *v. tr.* ⇒ **alvorotar**
alboroto *s. m.* ⇒ **alvoroto**
alborque *s. m.* exchange, barter; truck
albricoque *s. m.* apricot
albricoqueiro *s. m.* apricot(-tree)
albufeira *s. f.* lagoon, shallow lake; weir, dam; the lees of olive oil
albufeirar *v. tr.* to turn into a lagoon; to put up a dam
albugem *s. f.* MEDICINA leucoma
albuginado *adj.* MEDICINA albugineous, whitish
albugínea *s. f.* ANATOMIA sclera, sclerotic
albugíneo *adj.* ⇒ **albuginado**
albuginite *s. f.* MEDICINA inflammation of the sclerotic
albuginoso *adj.* ⇒ **albuginado**
albugo *s. m.* ⇒ **albugem**
álbum *s. m.* album; ***álbum de desenhos*** album of drawings; ***álbum fotográfico*** photo album; ***álbum para recortes*** scrap-book
albume *s. m.* albumen; the white of the egg
albúmen *s. m.* ⇒ **albume**
albumina *s. f.* QUÍMICA albumin; ***albumina do sangue*** blood albumin
albuminado *adj.* albuminous
albuminagem *s. f.* administration of albumin
albuminar *v. tr.* to albuminize
albuminato *s. m.* QUÍMICA albuminate
albuminemia *s. f.* the presence of albumin in blood
albuminiforme *adj.* QUÍMICA albuminiform
albuminímetro *s. m.* albuminometer
albuminina *s. f.* QUÍMICA albuminin
albuminóide *adj.* QUÍMICA albuminoid
albuminómetro *s. m.* albuminometer
albuminose *s. f.* MEDICINA albuminosis
albuminoso *adj.* albuminous
albuminúria *s. f.* PATOLOGIA albuminuria
albuminúrico Ⓐ *adj.* albuminuric Ⓑ *s. m.* person suffering from albuminuria
albumose *s. f.* resulting product of the action of gastric and pancreatic juices over the albuminoid substances
alburno *s. m.* BOTÂNICA sap-wood
alça Ⓐ *s. f.* ring, eye, loop; *pl.* braces; strap (of apron, etc.); backsight (of a gun); ***alça de parafuso*** screwsight; NÁUTICA ***alça de cabo*** eye, grommet, loop Ⓑ *interj.* heave!
alçação *s. f.* raising, lifting
alcáçar *s. m.* alcazar, castle, fortress
alcaçareiro *s. m.* guard of the alcazar
alcaçaria *s. f.* tannery; tan-yard
alcaçárico *adj.* related to tannery
alcácel *s. m.* green oats (or barley) for feeding animals
alcácer *s. m.* ⇒ **alcáçar**
alcachinado *adj.* curved, bent; hunchbacked; ⌈pop.⌋ downcast, distressed
alcachinar-se *v. refl.* to curve, to bend, to bow; to be distressed; to shrink, to contract; to stoop down
alcachofra *s. f.* BOTÂNICA artichoke; thistle
alcachofral *s. m.* artichoke plantation
alcachofrar *v. tr.* to pattern like an artichoke; to rug; to embroider with embossments
alcáçova *s. f.* fortress; castle
alcaçuz *s. m.* liquorice plant
alçada *s. f.* jurisdiction, sphere; power; ***isso não está na minha alçada*** that is not in my province, that is no matter of mine; ***isto é da minha alçada*** that comes within my scope
alcadafe *s. m.* a barkeeper's vessel to collect the drippings

alçadeira *s. f.* ribbon used to tie long clothes
alçado *s. m.* elevation, upright projection; TIPOGRAFIA dry-room; ***alçado de um edifício*** elevation of a building; ***alçado principal*** front elevation
alçador *s. m.* lifter, raiser, heaver
alçadura *s. f.* elevation, raising, lifting, heaving
alçagem *s. f.* hanging up (printed sheets for drying)
alcagoita *s. f.* ⇒ **amendoim**
alcaico *adj.* alcaic
alcaidaria *s. f.* position (or dignity) of an alcayde
alcaide *s. m.* alcayde, alcaide
alcaidia *s. f.* ⇒ **alcaidaria**
alcaiotar *v. tr. e intr.* ⇒ **alcovitar**
alcaiotaria *s. f.* ⇒ **alcovitaria**
alcaiote *s. m.* telltale, gossiper; panderer
alcaixa *s. f.* NÁUTICA strip on the ship's side
alcala *s. f.* string for mending fishing-nets
alcalena *s. f.* sardine-net
alcalescência *s. f.* alkalescence
alcalescente *adj.* alkalescent
alcali *s. m.* alkali
alcalicidade *s. f.* alkalinity
alcálico *adj.* alkaline
alcalificante *adj.* alkalizing
alcalificar *v. tr.* to alkalify
alcalígeno *adj.* alkaligenous
alcalimetria *s. f.* alkalimetry
alcalimétrico *adj.* alkalimetric(al)
alcalímetro *s. m.* alkalimeter
alcalinidade *s. f.* alkalinity
alcalinismo *s. m.* excessive use of alkali or its effect
alcalinizar *v. tr.* to alkalinize, to alkalize
alcalino *adj.* alkaline
alcalinúria *s. f.* the presence of alkali in urine
alcalização *s. f.* alkalization
alcalizar *v. tr.* to alkalize; to alkalizate
alcalóide *s. m.* alkaloid
alçamento *s. m.* TIPOGRAFIA raising; hoisting, heaving, lifting, lift, throw; ARQUITECTURA ***alçamento do arco*** stilting
alcamonia *s. f.* sweet made of honey and manioc flower
alcana *s. f.* alcanna
alcânave *s. m.* variety of flax
alcançadela *s. f.* reaching, attainment; a pustule produced on the front legs by the hind feet of a beast
alcançadiço *adj.* easily reached; [fig.] daft, silly, foolish
alcançado *adj.* attained, reached, obtained; in debt, behind in payment, in arrears (of debt)
alcançadura *s. f.* ⇒ **alcançadela**
alcançamento *s. m.* ⇒ **alcançadela**
alcançar Ⓐ *v. tr.* to reach, to attain; to arrive at, to get to; to obtain; to get; to catch, to overtake; to succeed; [fig.] to understand, to grasp (an idea), to conceive; to pass, to reach, to hand over Ⓑ *v. intr.* [pop.] to become pregnant; to reach, to carry (fire-arms) Ⓒ *v. refl.* to be in arrears; ***alcançar fundeadouro*** to fetch anchorage; ***alcançar (um navio)*** to come up with a ship; ***alcançar a maioria de votos*** to obtain a majority; ***alcançar o limite*** to reach the limit; ***alcançar o preço fixado*** to get the price quoted; ***anda tão depressa que é impossível alcançá-lo*** he walks so fast that it is impossible to overtake him; ***alcançar um resultado*** to obtain a result; ***alcançar um porto*** to fetch a harbour; ***o canhão não alcançava a aldeia*** the gun wouldn't carry as far as the village; ***alcançar uma altura de muitos metros*** to reach a height of many metres; ***alcança-me o pão!*** pass me the bread!
alcâncara *s. f.* (a sort of) timbrel or tambourine
alcancareiro *s. m.* timbrel-player; tambourine-player
alcançável *adj.* reachable, attainable; gettable, get-at-able; understandable, conceivable
alcance *s. m.* attainment; obtaining; reach, range (of a gun); overtaking; value, importance; fraud; arrears; understanding, comprehension; ***alcance visual*** range of vision; ***ao alcance de*** at hand, within one's reach; ***ao meu alcance*** within my reach, within my power; ***ao alcance da vista*** within sight; ***alcance de tiro*** firing range; ***alcance do som*** range of sound; ***ao alcance da voz*** within call; ***fora do meu alcance*** beyond my reach; ***ao alcance da artilharia*** within gunshot; ***resolução de grande alcance*** decision of great consequence; ***estar ao alcance de todas as inteligências*** to be intelligible to all
alcanço *s. m.* attainment; obtaining; reach, range (of a gun); overtaking; value, importance; fraud; arrears; understanding, comprehension
alcandor *s. m.* summit, top, pinnacle
alcândora *s. f.* perch (roost) of a falcon
alcandorado *adj.* placed at a great height; puffed up (style)
alcandorar-se *v. refl.* to perch, to roost; to rise to a height, to soar; [fig.] to exalt oneself, to become puffed up; to sublimate
alcanfor *s. m.* ⇒ **alcânfora**
alcânfora *s. f.* camphor-tree
alcanforar *v. tr.* ⇒ **canforar**
alcanforeira *s. f.* ⇒ **canforeira**
alcanforeiro *s. m.* camphorphial; camphor-tree
alcântara *s. f.* stone bridge
alcantarilha *s. f.* ⇒ **cantariz**
alcantil *s. m.* crag, precipice, slope
alcantilada *s. f.* chain of mountains (crags)
alcantilado *adj.* precipitous, steep, craggy, cragged, rugged
alcantilar Ⓐ *v. tr.* to escarp; to cut steep down Ⓑ *v. refl.* to soar, to rise, to fly aloft
alcantiloso *adj.* ⇒ **alcantilado**
alcanzia *s. f.* pot full of flowers (or other small tokens) formerly thrown at knights during tournaments; a sort of earthen grenade
alcanziada *s. f.* throwing of alcanzia
alção *s. m.* big strap (ring, eye or loop)
alçapão *s. m.* trap, trap-door, folding door; trap, snare, pitfall; ***alçapão de fundo (de carro)*** trap-door in bottom (of the car)
alcaparra *s. f.* caper
alcaparral *s. m.* plot of capers
alcaparrar *v. tr.* to flavour with caper; [fig.] to stimulate, to incite
alcaparreira *s. f.* caper-bush; caper-tree
alcaparreiro *s. m.* seller of capers; caper seller
alça-pé *s. m.* snare (for catching birds); dummy (to throw down a man); trick, snare, fraud
alçaprema *s. f.* upright prop; crowbar, lever; dentist's forceps
alçapremar *v. tr.* to prop; to lift with a lever; to prize up; [fig.] to oppress
alcar *s. m.* kind of cistus
alçar Ⓐ *v. tr.* to heighten, to raise, to lift, to heave up, to elevate; to build, to edify; to hoist (sails); [fig.] to exalt, to praise, to pride oneself Ⓑ *v. refl.* to rise, to stand out; to revolt, to rebel; ***alçar (alcear) (as folhas de um livro)*** to arrange (the pages of a book)
alcaravão *s. m.* bittern
alcaravia *s. f.* BOTÂNICA caraway; *pl.* caraway seeds
alcaraviz *s. m.* tuyère
alcaria *s. f.* implements-shed; name of a plant which grows in sandy places
alcarial *s. m.* sandy land where *alcaria* grows
alcarrada *s. f.* the movements of a bird of prey to catch its victim
alcarraza *s. f.* alcarraza (a water vessel)

alcarroteira *s. f.* gossip, tattler, newsmonger
alcarsina *s. f.* alkarsin
alcatear *v. tr.* to form a pack (wolves); [fig.] to band
alcateia *s. f.* pack of wolves; gang (of criminals); ***estar de alcateia*** to be on the watch (on the lurk, on the look out, upon one's guard)
alcatifa *s. f.* wall-to-wall carpet, (fitted) carpet
alcatifado *adj.* carpetted; covered with a wall-to-wall carpet
alcatifar *v. tr.* to carpet, to cover with wall-to-wall (or fitted) carpet
alcatifeiro *s. m.* carpet-maker (or manufacturer)
alcatira *s. f.* BOTÂNICA tragacanth, tragacanth-shrub, goat's-thorn
alcatra *s. f.* rump (of beef)
alcatrão *s. m.* tar; NÁUTICA pitch; ***de alcatrão*** tarry; ***alcatrão de pinheiro*** pine tar; ***alcatrão de turfa*** peat tar; ***alcatrão para estradas*** road tar; ***alcatrão vegetal*** vegetable tar
alcatrate *s. m.* NÁUTICA plank gunwale
alcatraz *s. m.* frigate bird, man-of-war bird; albatross; [pop.] bone-setter
alcatreiro *adj.* big-rumped
alcatroado *adj.* tarred; ***estrada alcatroada*** asphalt road
alcatroador *s. m.* tar-spreader, tar-sprayer
alcatroadora *s. f.* tar-sprayer, tar-spraying machine
alcatroagem *s. f.* tarring; tar-spraying
alcatroamento *s. m.* tarring; tar-spraying; ***alcatroamento das estradas*** tarring of roads
alcatroar *v. tr.* to tar; ***alcatroar uma estrada*** to tar a road
alcatroeiro *s. m.* tar-maker; tar-seller
alcatruz *s. m.* each one of the buckets of the bucket-conveyor; *pl.* [pop.] clogs, heavy boots
alcatruzada *s. f.* bucketful
alcatruzar *v. tr.* to shape like a bucket; to furnish with buckets; to crook, to bend; to raise and lower
alcavala *s. f.* old tax; [fig.] roguery, knavery; reward
alcavaleiro *s. m.* taxator, tax-renter; tax assessor; tollman, tax-collector
alce *s. m.* ZOOLOGIA moose
álcea *s. f.* BOTÂNICA hollyhock
alceamento *s. m.* arrangement, ordering of the leaves of a book prior to binding
alcear *v. tr.* to heave, to lift; to bear the weight; to provide with loops (handles, straps, etc.); to arrange printed sheets for binding
alcião *s. m.* kingfisher, halcyon
alcicorne *adj.* antlered like a moose
alcióneo *adj.* halcyonian; peaceful, tranquil, happy; ***dias alcióneos*** halcyon days
alcmânico *adj.* said of the Greek or Latin verse which has three dactyls and one spondee
alcobaça *s. m.* (large) handkerchief
alcofa *s. f.* flat basket; [fig.] telltale, gossiper, intriguer
alcofada *s. f.* basketful
alcofar *v. tr.* to pander
alcofeira *s. f.* ⇒ **alcoviteira**
alcofinha *s. m. e f.* ⇒ **alcoviteira**
alcoice *s. m.* ⇒ **alcouce**
alcoiceiro *s. m.* ⇒ **alcouceiro**
álcool *s. m.* alcohol; ***álcool vínico*** wine spirit, common alcohol; ***álcool etílico*** ethyl alcohol; ***lâmpada a álcool*** spirit lamp
alcoólase *s. f.* alcoholasis
alcoolato *s. m.* QUÍMICA alcoholate; alcoholic solution; FARMACOLOGIA alcohol preparation
alcoólatra Ⓐ *s. m. e f.* alcoholic, drunkard Ⓑ *adj.* alcoholic
alcoolatura *s. f.* alcoholature, alcoholic tincture
alcoolemia *s. f.* alcoholaemia; the presence of alcohol in blood
alcoólico Ⓐ *s. m.* drinker; drunkard Ⓑ *adj.* alcoholic
alcoolificação *s. f.* ⇒ **alcoolização**
alcoolificar *v. tr.* ⇒ **alcoolizar**
alcoolismo *s. m.* alcoholism; drunkenness; ***alcoolismo agudo*** acute alcoholism; ***alcoolismo crónico*** chronic alcoholism
alcoolização *s. f.* alcoholization
alcoolizar *v. tr.* to alcoholize; to intoxicate
alcoomel *s. m.* a mixture of alcohol and honey
alcoometria *s. f.* alcoholometry
alcoómetro *s. m.* alcoholometer
alcorânico *adj.* Alcoranic, Koranic
alcoranista Ⓐ *s. m. e f.* Alcoranist; Alcoran expert Ⓑ *adj.* Alcoranic; expert in the Alcoran
Alcorão *s. m.* the Koran, the Alcoran
alcorca *s. f.* furrow, drainage-channel
alcorça *s. f.* sugar-icing, sugar-coating
alcorraz *s. m.* ⇒ **choupa** (fish)
alcouce *s. m.* brothel, bawdy-house
alcouceiro *s. m.* bawd, brothel-keeper, whore-monger; person who frequents brothels
alcova *s. f.* alcove; recess
alcovista *s. m. e f.* whoremonger; womanizer
alcovitar *v. tr.* to pander; to tell tales
alcovitaria *s. f.* profession of a whoremonger
alcoviteira *s. f.* panderess
alcoviteirice *s. f.* procuring, pimping; seduction, allurement; gossip, tittle-tattle
alcoviteiro *s. m.* telltale, gossiper; intriguer; whoremonger; pimp
alcovitice *s. f.* intrigue; gossip
alcunha *s. f.* nickname
alcunhar *v. tr.* to nickname, to give a nickname to
alcunho *s. m.* ⇒ **alcunha**
aldazina *s. f.* name for compounds resulting from the condensation of two molecules of an aldehyde with one molecule of an hydrazine
aldeã *s. f.* country-woman; villager
aldeaga *s. m. e f.* chatterer, babbler
aldeagante *s. m. e f.* wanderer, wayfarer; agile person
aldeagar *v. tr.* to wander, to rove
aldeamento *s. m.* division into villages; quarters; [Bras.] Indian settlement (directed by a missionary or lay authority)
aldeão *s. m.* countryman; peasant; villager
aldear *v. tr.* to divide into villages; to populate (forming villages); to join or unite in to one village only; to settle in villages
aldeia *s. f.* village; ***viver na aldeia*** to live in the country; ***vida da aldeia*** country life, village life
aldeído *s. m.* QUÍMICA aldehyde
aldeola *s. f.* hamlet
aldino *adj.* aldine (italic print)
aldose *s. f.* QUÍMICA generical name of glycides which show aldehyde function
aldóxima *s. m.* QUÍMICA generical name given to the products of combination of hidroxylammie with acids
aldraba *s. f.* latch (of the door); knocker; door-handle
aldrabação *s. f.* ⇒ **aldrabice**
aldrabada *s. f.* stroke (or knock) with a knocker; a lie
aldrabado *adj.* bungled, botched
aldrabão *s. m.* large knocker (or latch); bungler, clumsy workman, botcher; deceiver, blusterer; liar; ***ele é um grande aldrabão*** he is a scoundrel, he is a swindler
aldrabar *v. tr.* to latch; to bungle, to botch, to do clumsily; to deceive, to lie
aldrabeiro *s. m., adj.* ⇒ **aldrabão**
aldrabice *s. f.* deceit; fake; swindling
aldrabos *s. m. pl.* faulty stitches
aldrava *s. f.* ⇒ **aldraba**
aldravada *s. f.* ⇒ **aldrabada**

aldravão *s. m.* ⇒ **aldrabão**
aldravar *v. tr. e intr.* ⇒ **aldrabar**
aldravice *s. f.* ⇒ **aldrabice**
aldrope *s. m.* arm-guard, armlet, brassard
aldrúbio *s. m.* cheater, swindler, impostor
álea *s. f.* alley; walk
alear *v. intr.* to flutter, to fly about, to hover
aleatório *adj.* aleatory, random, contingent, fortuitous, casual, uncertain
alecítico *adj.* alecithal
alecrim *s. m.* BOTÂNICA rosemary; ***alecrim bravo*** St. John's wort; ***alecrim de São José*** jump-up-and-kiss-me, the shaggy Portulaca; ***alecrim do campo*** romerillo, lantana; ***alecrim do mato*** baccharis thistle
alecrim-do-norte *s. m.* sweet-gale
alecrineiro *s. m.* rosemary shrub
alecrinzeiro *s. m.* rosemary shrub
alectória *s. f.* a genus of lichens
alectório *adj.* referring to the cock; ***pedra alectória*** a wonderful stone fancied to be at the liver or gizzard of the cock
alectoromancia *s. f.* alectryomancy
alectoromante *s. m. e f.* person who practised alectryomancy
alectoromaquia *s. f.* alectryomanchy
alectriomancia *s. f.* ⇒ **alectoromancia**
alefriz *s. m.* NÁUTICA garboard, garboard-strake
alegação[1] *s. f.* ⇒ **legação**
alegação[2] *s. f.* allegation; assertion, statement
alegado *s. m., adj.* alleged; cited; presumed
alegante Ⓐ *s. m. e f.* alleger Ⓑ *adj.* alleging
alegar *v. tr.* to allege, to declare, to assert, to affirm, to quote; ***alegar uma desculpa*** to give an excuse; ***alegar doença*** to feign illness, to malinger; ***alegar pretextos vãos*** to make vain excuses
alegável *adj.* pleadable
alegoria *s. f.* allegory
alegoricamente *adj.* allegorically
alegórico *adj.* allegoric(al)
alegorismo *s. m.* the use of allegory
alegorista *s. m. e f.* allegorist
alegorização *s. f.* allegorical interpretation
alegorizar *v. tr.* to allegorize
alegra-campo *s. m.* ⇒ **legação**
alegrador Ⓐ *adj.* cheering, animating Ⓑ *s. m.* cheerer, animator
alegramento *s. m.* ⇒ **alegria**
alegrão *s. m.* great joy; happy surprise
alegrar Ⓐ *v. tr.* to cheer, to gladden, to delight, to rejoice, to give joy to; to cheer up; to make tipsy Ⓑ *v. refl.* to be glad; to be delighted; to rejoice; to be a little tipsy; ***alegrar-se por saber*** to have pleasure in knowing, to be pleased to know; ***as notícias alegraram-no*** the news rejoiced his heart; ***alegrar o coração*** to warm one's heart
alegras *s. f. pl.* an extra net for fishing sardines
alegre *adj.* merry, cheerful, glad, happy, lively; brisk; contented; bright (colour); tipsy; ***alegre como um pássaro*** as lively as a cricket, gay as a lark; ***estar alegre e bem-disposto*** to be full of beans
alegremente *adv.* merrily, cheerfully, joyfully
alegrete Ⓐ *s. m.* flower-bed Ⓑ *adj.* a little tipsy
alegreto *s. m.* MÚSICA allegreto
alegria *s. f.* joy, gladness, cheerfulness; mirth, happiness, delight, exultation; high spirits; ***alegria indizível*** unspeakable joy; ***no auge da alegria*** in the seventh heaven; ***não se conter de alegria*** to be beside oneself with joy; ***saltar de alegria*** to leap for joy; ***chorar de alegria*** to weep for joy; ***alegria e animação*** high spirits; ***a alegria converteu-se em amargura*** joy has turned to bitterness; ***transbordar de alegria*** to be overjoyed
alegrinho *s. m.* the white-crested fly-catcher
alegro *s. m.* MÚSICA allegro
alegrório *s. m.* ⇒ **alegrão**
alegrote *adj.* somewhat merry; a little tipsy
aleia *s. f.* alley; row of shrubs (or trees); gardenpath, lane, walk; an elephant without tusks
aleijado Ⓐ *adj.* crippled, disabled, maimed; lame Ⓑ *s. m.* cripple
aleijamento *s. m.* crippling, maiming; deformity; ⇒ **aleijão**
aleijão *s. m.* lameness; deformity (of body or character)
aleijar *v. tr.* to cripple, to lame, to disable, to maim, to disfigure, to alter, to corrupt
aleirar *v. tr.* to divide land into fields for different cultures
aleitação *s. f.* nursing, suckling, lactation
aleitamento *s. m.* nursing, suckling, lactation; ***aleitamento artificial*** artificial feeding; ***aleitamento materno*** breast feeding; ***aleitamento misto*** mixed feeding
aleitar *v. tr.* to suckle; to nurse; to feed on milk, to milk-feed; to make white as milk
aleive *s. m.* calumny, slander, defamation; fraud, treachery
aleivosamente *adv.* slanderously; perfidiously; treacherously; defamatorily
aleivosia *s. f.* perfidy, slander; treachery; double-dealing
aleivoso *adj.* treacherous, perfidious, false
alelarga *s. f.* NÁUTICA messenger (for weighing an anchor)
aleli *s. m.* white stock, lily-flower
alelomórficos *adj. pl.* allelomorph
alelomorfos *adj. pl.* allelomorph
alelos *adj. pl.* allelomorph
aleluia *s. f.* alleluia, hallelujah; BOTÂNICA wood-sorrel, alleluia
aleluiático *adj.* laudatory; welcome, greeting; festive celebrating
aleluítico *adj.* laudatory; welcome, greeting; festive celebrating
além Ⓐ *adv.* beyond, on the other side, yonder, in that place, over there Ⓑ *s. m.* the beyond, the hereafter, the unknown; ***além disso*** besides, add to this, furthermore; ***além de que*** in addition to, moreover; ***não é nada por aí além*** it is nothing out of the ordinary, it is nothing out of the way (extraordinary); ***muito além*** far beyond; ***isso está além das minhas forças*** that surpasses my possibilities; ***passar além de*** to pass over
Alemanha *s. f.* Germany
alemânico *adj.* German; Germanic
alemão *s. m., adj.* German
alembrar *v. tr. e refl.* ⇒ **lembrar**
além-fronteiras *adv.* beyond the frontiers
além-mar Ⓐ *adv.* oversea(s) Ⓑ *s. m.* oversea country (territories, lands, etc.); overseas
além-mundo Ⓐ *adv.* hereafter Ⓑ *s. m.* the hereafter
além-Pirenéus *adv.* beyond the Pyrenees
além-túmulo Ⓐ *adv.* beyond the grave Ⓑ *s. m.* ⇒ **além-mundo**
alentado *adj.* valiant, brave, courageous; stout; vigorous, sturdy
alentador Ⓐ *adj.* encouraging, animating, cheering; nourishing Ⓑ *s. m.* encourager, animator, cheerer
alentar *v. tr.* to encourage, to stimulate, to cheer, to rouse; to comfort; to nourish (hopes)
alentecer *v. tr. e intr.* to become (to turn) slow
alentejano Ⓐ *adj.* of (referring to) Alentejo Ⓑ *s. m.* native (or inhabitant) of Alentejo
alento *s. m.* breath; courage, boldness; ***dar alento a*** to encourage, to embolden; ***tomar alento*** to recover one's breath, [fig.] to pluck up one's courage; ***lutar até ao último alento*** to fight to one's dying breath
aleonado *adj.* related to the colour (or the aspect) of the lion; tawny; fulvous; reddishyellow

aleopardado *adj.* said of the lion represented on a coat of arms with one of the fore paws lifted in the direction of the body and the other steady
alepidoto *adj.* alepidote
alepina *s. f.* alepine; alapeen
alepino *adj.* said of a native of Alepo or related to Alepo
alequeado *adj.* fan-shaped; flabelliform
alerdar *v. tr.* to delay, to retard; to make slow
alergénico *adj.* allergenic
alergénio *s. m.* allergen
alergia *s. f.* allergy
alérgico *adj.* allergic
alerta Ⓐ *adv.* vigilantly, alert, on the alert Ⓑ *s. m.* alarm; alert (signal) Ⓒ *interj.* attention!, look out!; ***estar alerta*** to be on the alert, to be vigilant, to be on the watch
alertamente *adv.* on the alert
alertar Ⓐ *v. tr.* to alert, to warn; to give alarm Ⓑ *v. refl.* to be watchful, to be on the lookout
alesmar Ⓐ *v. tr.* to turn into a slug Ⓑ *v. refl.* to become a slug, to drivel, to slaver, to creep, to drag oneself
alestar Ⓐ *v. tr.* to disembarrass, to rid; to make nimble; to lighten (a ship) Ⓑ *v. refl.* to become nimble, quick, to hurry
aleta *s. f.* little wing; ANATOMIA wing of the nose
aletargar-se *v. refl.* to be affected with lethargy
aletófilo *adj.* veratious, truthful
aletologia *s. f.* alethiology
aletoscópio *s. m.* alethoscope
aletradar-se *v. refl.* to become learned (or lettered)
aletria *s. f.* vermicelli
aleuromancia *s. f.* aleuromancy (divination with flowers)
aleuromante *s. m. e f.* person who practised aleuromancy
aleurómetro *s. m.* aleurometer
aleurona *s. f.* aleuron(e)
alevadoiro *s. m.* ⇒ **alevadouro**
alevadouro *s. m.* wooden lever to raise (or to lower) the millstone in a horsemill
alevantadiço *adj.* riotous, seditious, turbulent
alevantado *adj.* heedless, thoughtless
alevantar *v. tr., intr. e refl.* ⇒ **levantar**
alevante *s. m.* ⇒ **levantamento**
alevanto *s. m.* ⇒ **levantamento**
alevedar *v. tr.* ⇒ **levedar**
alevim *s. m.* a very young fish
alexandrino *adj.* Alexandrine; ***verso alexandrino*** Alexandrine verse
alexia *s. f.* PATOLOGIA alexia, word-blindness
alexíaco *s. m., adj.* word-blind
aléxico *s. m., adj.* word-blind
alexina *s. f.* a substance of the blood serum which acts as a bactericidal
aleziriado *adj.* boggy, marshy, swampy
alfa Ⓐ *s. m.* alpha Ⓑ *s. f.* alfa (esparto grass)
alfabetação *s. f.* alphabetizing
alfabetador *s. m., adj.* alphabetizer
alfabetar *v. tr.* to arrange alphabetically; to alphabetize
alfabetário Ⓐ *adj.* alphabetic(al), of (or referring to) the alphabet Ⓑ *s. m.* ⇒ **abecedário**
alfabético *adj.* alphabetic(al)
alfabetismo *s. m.* alphabetism; early stage of learning
alfabetista *s. m. e f.* alphabetist
alfabetizado *adj.* literate; educated
alfabetizar *v. tr. e intr.* to teach how to read and write
alfabeto *s. m.* alphabet; ***alfabeto dos cegos*** alphabet for the blind; ***alfabeto dos surdos-mudos*** deaf-and-dumb alphabet; ***alfabeto manual*** signlanguage
alfaçal *s. m.* lettuce plantation
alface *s. f.* BOTÂNICA lettuce; ***fresco como uma alface*** fresh as a daisy, fresh as a paint
alfacinha *s. m. e f.* small lettuce; a native of Lisbon
alfádega *s. f.* ⇒ **alfavaca**
alfádiga *s. f.* ⇒ **alfavaca**
alfafa *s. f.* alfalfa, lucerne; ***alfafa arbórea*** Australian saltbush; ***alfafa da Suécia*** sickle alfalfa; ***alfafa de flor amarela*** yellow-flowered alfalfa; ***alfafa de folhas manchadas*** the spotted medick; ***alfafa espinhosa*** the calvary medick; ***alfafa gigante, alfafa sempre verde*** the tree medick; ***alfafa verdadeira*** lucerne, common alfafa; ***alfafa de flor roxa, alfafa da provença*** lucerne, purple medick
alfageme *s. m.* sword-cutler, armourer
alfaia *s. f.* household furniture; table-ware; tool, implement, utensil; ornament; vestments; ***alfaias agrícolas*** agricultural implements
alfaiamento *s. m.* attire, dress, ornament
alfaiar *v. tr.* to furnish; to adorn
alfaiatar Ⓐ *v. tr.* to sew Ⓑ *v. intr.* to tailor; to perform the profession of a tailor
alfaiataria *s. f.* tailor's (workshop)
alfaiate *s. m.* tailor; ***alfaiate de teatro*** costumier, costume maker; ***trabalhar de alfaiate*** to tailor; ***alfaiate remendão*** patcher, botcher; ***cadeira de alfaiate*** tailor's chair; ***sabe indicar-me um bom alfaite?*** can you recommend me a good tailor?
alfalfa *s. f.* ⇒ **alfafa**
alfama *s. f.* Jewish quarters (or districts); asylum, shelter, refuge; ***Alfama*** one of the most ancient quarters in Lisbon
alfanado *s. m.* wood-wren
alfândega *s. f.* custom-house; customs; ***verificador da alfândega*** inspector of customs; ***declaração na alfândega*** customs declaration; ***direitos de alfândega*** customs duties, customs; ***na alfândega*** in bond; ***regulamentos da alfândega*** customs regulations; ***despachante da alfândega*** customs agent, custom-house clerk; ***cais da alfândega*** legal quay; ***cais da alfândega (para descarga)*** discharging berth; ***cais da alfândega com linha-férrea*** railway berth through the custom-house
alfandegado *adj.* bonded, cleared in (or passed)
alfandegagem *s. f.* customs; storage in the custom-house
alfandegar *v. tr.* to pay duties; to store in warehouses
alfandegário Ⓐ *s. m.* custom-house officer Ⓑ *adj.* belonging to the custom-house; ***direitos alfandegários*** customs duties
alfange *s. m.* scimitar, cutlass
alfanjada *s. f.* stroke with scimitar (or cutlass)
alfanjado *adj.* scimitar-like
alfanumérico *adj.* alphanumeric
alfaque *s. m.* sand-bank, shoal, rock, reef
alfaqueque *s. m.* ⇒ **alfaqui**
alfaqui *s. m.* dory (fish); a priest (Muslim religion)
alfaquim *s. m.* ⇒ **alfaqui**
alfaquique *s. m.* ⇒ **alfaqui**
alfaraz *s. m.* Arabian horse trained for war
alfarge *s. m., adj.* style or refering to an Iberian style in decorative arts, characterized by multiform fancy works; ⇒ **alfarja**
alfario *adj.* said of a playful and neighing horse
alfarja *s. f.* stone vase used for the grinding of olives
alfarrábio *s. m.* old book of little merit; very voluminous book, ponderous tome
alfarrabista *s. m. e f.* second-hand bookseller
alfarroba *s. f.* BOTÂNICA carob (bean), locust pods; John's bread
alfarrobal *s. m.* BOTÂNICA carob-shrub plantation
alfarrobar *v. tr.* to rub (fishing lines) with carob
alfarrobeira *s. f.* BOTÂNICA carob-shrub, locust podshrub
alfar-se *v. refl.* to wither, to dry up and shrivel (the fruits)
alfavaca *s. f.* BOTÂNICA basil
alfavaca-da-guiné *s. f.* fever basil
alfavaca-de-cheiro *s. f.* sweet-basil
alfavaca-de-cobra *s. f.* pellitory
alfavaca-do-campo *s. f.* savory

alfávega *s. f.* BOTÂNICA basil
alfazema *s. f.* BOTÂNICA lavender; ***água de alfazema*** lavender water
alfazemar *v. tr.* to perfume with lavender
alfeça *s. f.* die holder; block (or plate), under a die; stripper (for freeing a punch); bolster
alfece *s. m.* die holder; block (or plate), under a die; stripper (for freeing a punch); bolster
alfeirada *s. f.* herd of pigs
alfeire *s. m.* pigsty; barren pigs for fattening
alfeireiro *s. m.* keeper of barren cattle
alfeirio *adj.* said of a young barren animal
alfeiro *adj.* said of a young barren animal
alfeizar *s. m.* stretcher of a frame; handles where the saw fits
alféloa *s. f.* candy; candystick; sweet thing
alfeloeiro *s. m.* confectioner of candysticks
alfena *s. f.* BOTÂNICA privet
alfenar *v. tr.* to dye with privet-berries; to embellish
alfeneiro *s. m.* privet
alfenicado *adj.* effeminate, delicate; tender, sensitive; soft; downy
alfénico *s. m.* candy-sugar; alphenic
alfenide *s. m.* alloy of copper, nickel, zinc and iron that imitates silver
alfenim *s. m.* sugar-paste; a touchy person; fop; dandy
alfeninar-se *v. refl.* to become fragile (touchy, effeminate)
alferça *s. f.* pick-axe; mattock
alferce *s. m.* ⇒ **alferça**
alferena *s. f.* banner, guidon; flag
alferes *s. m.* second-lieutenant
alfil *s. m.* alfin, alphin (former name of "bishop" in chess)
alfim *adv.* at last
alfinetada *s. f.* pin-prick; acute and quick pain; sarcasm; biting criticism
alfinetar *v. tr.* to prick (with a pin); [fig.] to satirize
alfinete *s. m.* pin; ***alfinete de gravata*** tie-pin; ***alfinete de cabelo*** hairpin; ***não vale um alfinete*** it is not worth a rap; ***alfinete de peito*** brooch; ***dinheiro para os alfinetes*** pin-money; ***cabeça de alfinete*** pin-head; ***ponta de alfinete*** pin-point
alfinetear *v. tr.* ⇒ **alfinetar**
alfinete-de-ama *s. m.* safety pin
alfinete-de-dama *s. m.* safety pin
alfineteira *s. f.* pin-cushion
alfineteiro *s. m.* pin-maker
alfitete *s. m.* dough containing eggs (sugar, butter or bacon); big pie or pastry
alfobre *s. m.* plot of ground; bed (of a garden)
alfombra *s. f.* carpet; sward
alfombrar *v. tr.* to carpet; to sward, to sod, to moss
alfonsia *s. f.* mildew
alfonsim *s. m.* silver coin formerly used in Portugal; a surgical apparatus to extract bullets
alforge *s. m.* bag with two pouches; saddle-bag; NÁUTICA quarter gallery
alforgeiro *s. m.* tramp, beggar
alforjada *s. f.* bagful; contents of a bag; great many different things; huge bag entirely filled
alforjar *v. tr.* to bag (in a saddlebag); to pocket
alforques *s. m. pl.* cables (of certain nets)
alforra *s. f.* mildew
alforrar *v. intr.* to mildew
alforreca *s. f.* medusa; jellyfish
alforria *s. f.* enfranchisement
alforriado *adj.* enfranchised; freed, released, liberated
alforriar *v. tr.* to enfranchise; to liberate
alforva *s. f.* BOTÂNICA fenugreek
alfoz *s. m.* autonomous land; surrounding of a village
alfridária *s. f.* ASTRONOMIA alfridary (hypothetical influence exerted by the planets during a certain time, according to Arabic astronomers)
alfrocheira *s. f.* ⇒ **alfrocheiro**
alfrocheiro *s. m.* variety of vine
alfurja *s. f.* inner yard, inner court; den, cavern; dung-heap, open sewer
alfusqueiro *s. m.* variety of vine
alga *s. f.* seaweed, alga; ***alga das lagoas*** grass-wrack
algáceo *adj.* algal
algaço *s. m.* seaweed thrown on the beach
algália *s. f.* MEDICINA catheter, probe
algaliação *s. f.* catheterization
algaliar *v. tr.* to catheterize; to probe
algar *s. m.* ravine; precipice; gully, pit, den, cavern
algara *s. f.* attack; insult, affront, uproar, outcry
algarada *s. f.* attack; insult, affront, uproar, outcry
algaravia *s. f.* Arabic language, [fig.] gibberish
algaraviada *s. f.* confusion, bawling, hubbub
algaraviar *v. intr.* to gibber; to jabber; to write confusedly
algarbito *s. m.* a rock first found in the Algarve (Portugal)
algarejo *s. m.* small ravine, cavern
algariça *s. f.* hive
algarismo *s. m.* figure, cipher, cypher
algarrada *s. f.* catapult
algarviense *s. m. e f., adj.* ⇒ **algarvio**
algarvio Ⓐ *s. m., adj.* native of the Algarve; Ⓑ *adj.* of or from the Algarve
algarvismo *s. m.* Algarvism; characteristic of the Algarve (in idiom or pronunciation)
algarvite *s. f.* ⇒ **algarbito**
algaz *s. m.* date (small); the fruit of the date-palm; date-plum, date-sugar
algazarra *s. f.* noise, outcry, uproar, hubbub; clamour, row, din, stir; ***fazer algazarra*** to make a racket
algazarrar *v. intr.* to clamour
algazarrear *v. intr.* to clamour
álgebra *s. f.* algebra
algebrado *s. m.* ⇒ **urgebão**
algebrão *s. m.* ⇒ **urgebão**
algebricamente *adv.* algebraically
algébrico *adj.* algebraic(al)
algebrista *s. m. e f.* algebraist, algebrist, algebrician; [coloq.] bonesetter
algebrizar *v. tr.* to employ algebraic formulae and processes; to algebraize
algemar *v. tr.* to manacle, to shackle, to handcuff; [fig.] to oppress, to dominate
algemas *s. f. pl.* manacles, shackles, handcuffs
algemia *s. f.* ⇒ **aljamia**
algenil *s. m.* ⇒ **asnil**
algente *adj.* very cold, glacial; algid, frozen
algerife *s. m.* big fishing-net (for trawling)
algeroz *s. m.* gutter
algesia *s. f.* MEDICINA sensitiveness to pain
algesímetro *s. m.* apparatus for measuring the intensity of pain
algia *s. f.* MEDICINA pain
algibe *s. m.* cistern
algibé *s. m.* second rectangular basin in a saline
algibebe *s. m.* seller of ready-made clothes
algibeira *s. f.* pocket; ***portinhola de algibeira*** pocket-flap; ***algibeira vazia*** empty pocket; ***pagou-o da sua algibeira*** he paid it out of his own pocket; ***furtar da algibeira*** to pick a pocket; ***ter a algibeira bem recheada*** to have a well-lined purse; ***lenço de algibeira*** pocket handkerchief; ***pergunta de algibeira*** trick question; ***uma algibeira recheada ajuda a tornar a vida agradável*** a long purse helps to oil the wheels of life; ***andar de mãos nas algibeiras*** to idle; ***ciência de algibeira*** smattering, imperfect knowledge
álgico *adj.* referring to the pain; painful
algidez *s. f.* algidity; coldness

álgido *adj.* algid, cold
algina *s. f.* algin
algirão *s. m.* mouth of fishing-net
algo Ⓐ *s. m.* wealth; riches, fortune, goods; a wealthy man Ⓑ *pron. indef.* something, anything Ⓒ *adv.* somewhat, a bit, a little
algodão *s. m.* cotton; ***fazenda de algodão*** cotton cloth; ***fio de algodão*** cotton thread; ***fiação de algodão*** cotton spinning; ***tecidos de algodão*** cotton goods; ***tecido de algodão entrançado*** twilled cotton; ***tecido de algodão de fantasia*** fancy cotton; ***fiado de algodão (filaça)*** cotton yarn; ***tecido de algodão lavrado*** figured cotton; ***tecido de algodão estampado*** printed cotton; ***veludo de algodão*** cotton velvet; ***desperdícios de algodão*** cotton waste; ***algodão hidrófilo*** cotton wool; ***algodão em semente*** seed cotton; ***algodão mercerizado*** mercerized cotton
algodão-doce *s. m.* candy floss
algodão-em-rama *s. m.* raw cotton, cotton-wool
algodão-pólvora *s. m.* gun-cotton
algodoal *s. m.* cotton plantation
algodoaria *s. f.* cotton manufacture; cotton mill
algodoeiro Ⓐ *s. m.* cotton-plant; cotton-manufacturer; cotton Ⓑ *adj.* of (referring to) cotton
algofilia *s. f.* PATOLOGIA a morbid state of feeling pleasure with painful sensations
algófilo *s. m., adj.* MEDICINA one who (or said of one who) suffers from *algofilia*
algofobia *s. f.* MEDICINA algophobia
algófobo *s. m.* MEDICINA person suffering from *algophobia*
algóide *adj.* algoid
algolagnia *s. f.* MEDICINA pleasure in suffering (or inflicting) pain
algolania *s. f.* MEDICINA ⇒ **algolagnia**
algologia *s. f.* BOTÂNICA algology; the study of algae, or seaweeds
algológico *adj.* BOTÂNICA algological
algologista *s. m. e f.* BOTÂNICA algologist
algólogo *s. m.* BOTÂNICA algologist
algomania *s. f.* algomania
algómano *s. m., adj.* algomaniac
algor *s. m.* MEDICINA algor, chill; abnormal or extreme cold
algorítmico *adj.* algorithmic
algoritmo *s. m.* MATEMÁTICA algorithm
algoso *adj.* algous, full of seaweeds; algous
algospasmo *s. m.* MEDICINA cramp, kink (painful convulsion)
algoz *s. m.* executioner, hangman; torturer; cruel (inhuman) man
algozar Ⓐ *v. tr.* to treat cruelly; to torment, to martyrize Ⓑ *v. intr.* to be cruel
algozaria *s. f.* cruelty, barbarity
algravão *s. m.* ⇒ **alcaravão**
algravia *s. f.* ⇒ **algaravia**
algraviada *s. f.* ⇒ **algaraviada**
algrubão *s. m.* ⇒ **alcaravão**
alguém *pron. indef.* someone; somebody; anyone, anybody, one; ***alguém deseja falar à Sra. Grey*** somebody wishes to speak to Mrs. Grey; ***está alguém no quarto?*** is there anyone in the room?; ***ser alguém na vida*** to be somebody in life
alguergar *v. tr.* to mosaic (to decorate with mosaics)
alguergue *s. m.* stone at the olive mill where the baskets for the olives are placed; stones of a mosaic; kind of quoit game
alguidar *s. m.* a rough clay bowl tapered towards the bottom
alguidarada *s. f.* contents of an alguidar
alguirradeira *s. f.* carding-machine
algum *pron. indef.* some, any; ***algum tanto*** somewhat; ***de modo algum*** not at all; ***de algum modo*** in some way; ***algum dia*** one day, some day; ***eu andei algumas três milhas*** I walked about three miles; ***tens algum dinheiro?*** have you any money?; ***tenho algumas cartas para ti*** I have some letters for you; ***algumas vezes*** sometimes, now and then; ***algum tanto*** somewhat, a little; ***(por) algum tempo*** awhile, for a time, for sometime; ***alguma vez*** sometime; ***coisa alguma*** nothing; ***em tempo algum*** at no time, never; ***algum tempo depois*** after some time; ***algum vento*** a little wind; ***alguns dos seus amigos*** some of his (her) friends; ***algumas pessoas dizem*** some people say
algures *adv.* somewhere
alhada *s. f.* a quantity of garlic; stew with garlic; mess, muddle, any intricate affair
alhal *s. m.* garlic plantation; place in the kitchen for firewood
alhanar *v. tr.* to level, to make even; to remove doubts; to appease; to soften; to devastate
alhas *adj. pl.* ***palhas alhas*** dry garlic leaves; [fig.] trifles
alheabilidade *s. f.* alienability
alheação *s. f.* alienation
alheado *adj.* enraptured; ecstasized; absent-minded, distracted; lost in thought
alheador *s. m.* person who alienates
alheamento *s. m.* alienation, aloofness
alhear *v. tr. e refl.* to alienate, to separate; ***alhear-se de*** to turn away from
alheável *adj.* alienable
alheio Ⓐ *adj.* alien, belonging to another; foreign, strange; improper; inattentive; foreign to Ⓑ *s. m.* another's property; ***amigo do alheio*** thief; ***direitos alheios*** rights of others; ***falar da vida alheia*** to gossip, to talk about others; ***opiniões alheias*** others' opinions
alheira *s. f.* BOTÂNICA winter-rocket, winter cress; kind of garlic sausage
alheiro *s. m.* garlic seller, dealer in garlic; storage of garlic
alhela *s. f.* group of Arabic villages; camping
alheta *s. f.* track; NÁUTICA quarter-wind; [fam.] ***pôr-se na alheta*** to run away, to decamp; ***ir na alheta de*** to track; NÁUTICA ***pela alheta*** on the quarter
alho *s. m.* garlic; ***réstia de alhos*** string heads of garlic; ***dente de alho*** clove of garlic; ***alho das vinhas*** crow garlic; ***cabeça de alho*** head of garlic; ***cheirar a alho*** to smell of garlic; [fig.] ***ser um alho*** to be clever; ***misturar alhos com bugalhos*** to make a mess
alho-porro *s. m.* leek
alhorca *s. f.* ORNITOLOGIA blue tree-creeper
alhures *adv.* elsewhere, somewhere else
ali *adv.* there, in that place, over there; yonder; ***ali vem ele*** there he comes; ***por ali*** that way; ***ali mesmo*** right there; ***aqui e ali*** here and there
aliáceo *adj.* BOTÂNICA alliaceous
aliado Ⓐ *s. m.* ally; ***os Aliados*** the Allies Ⓑ *adj.* allied
aliadofilia *s. f.* sympathy for (or affinity with) the Allies
aliadófilo Ⓐ *s. m.* sympathizer (or adherent) of the Allies Ⓑ *adj.* pro-Allies
aliadofobia *s. f.* aversion towards the Allies
aliadófobo Ⓐ *s. m.* person adverse to the Allies Ⓑ *adj.* having aversion to the Allies
aliagem *s. f.* alloy, mixture; MATEMÁTICA alligation
aliança *s. f.* alliance; union; treaty, league, pact, confederation; wedding ring
aliançar *v. tr.* ⇒ **aliar**
aliar *v. tr.* to ally, to unite; to combine; to confederate; to unite by marriage; to mix, to alloy (metal)
aliás *adv.* else, otherwise, besides, furthermore, as a matter of fact
aliável *adj.* able to be allied (or alloyed)
aliazar *s. m.* marshy, muddy river island
alibi *s. m.* DIREITO alibi; [coloq.] plausible excuse
alíbil *adj.* alible; nourishing, nutritious
alibilidade *s. f.* alibility
álica *s. f.* fermented beverage made out of spelt

alicaído *adj.* dropwinged; depressed, discouraged; faint, feeble
alicante *s. m. e f.* kind of black grape (Algarve); wine from that kind of grapes
alicantina *s. f.* fraud, trickery, deceit
alicantinador *s. m.* trickster, crook
alicantineiro *s. m.* trickster, crook
alicantino Ⓐ *adj.* relating to Alicante Ⓑ *s. m.* native of Alicante
alicário *s. m.* man that brews spelt and sells it
alicatão *s. m.* tongs, pincers; big pliers
alicate *s. m.* pliers, nippers, pincers; ***alicate de pontas redondas*** round-nosed pliers; ***alicate de soldador*** welder's pliers; ***alicate de punção*** punch pliers; ***alicate de cortar*** cutting nippers; ***alicate de bico curvo*** snipe nose pliers; ***alicate de revisor*** ticket punch; ***alicate para cortar arame*** wire cutters; ***alicate de unhas*** nail clipper
alicerçagem *s. f.* laying of foundations; cementing; consolidation
alicerçar *v. tr.* to lay the foundations; to cement; to found; to consolidate; to base (opinions on something)
alicerce *s. m.* foundation, basis; ***a casa estremeceu até aos alicerces*** the house racked to its foundations; ***lançar os alicerces*** to lay the foundations
alicercear *v. tr.* ⇒ **alicerçar**
aliciação *s. f.* allurement, enticement; seduction; bribe
aliciador *s. m.* allurer, enticer
aliciamento *s. m.* ⇒ **aliciação**
aliciante Ⓐ *adj.* enticing, alluring Ⓑ *s. m.* temptation, seduction
aliciar *v. tr.* to allure, to entice, to seduce; to bribe
alicíclico *adj.* alicyclic, alicyclical
aliciente Ⓐ *adj.* enticing, alluring, seductive Ⓑ *s. m.* temptation, seduction
alícula *s. f.* short tunic worn by the Romans
alidada *s. f.* ⇒ **alidade**
alidade *s. f.* alidad(e)
alienabilidade *s. f.* alienability
alienação *s. f.* alienation; transfer; insanity; estrangement; separation; ***alienação mental*** mental alienation, insanity, psychosis
alienado *s. m., adj.* alienated, transferred; estranged; lunatic; insane; ***hospital de alienados*** lunatic asylum, mental hospital
alienamento *s. m.* ⇒ **alienação**
alienante Ⓐ *s. m. e f.* alienator Ⓑ *adj.* maddening
alienar *v. tr.* to alienate, to transfer ownership; to estrange, to indispose; to make insane, to madden; to separate; to deviate
alienatário *s. m.* DIREITO alienee (one to whom property is transferred)
alienatório *adj.* alienable, transferable
alienável *adj.* alienable
alienígena Ⓐ *s. m. e f.* alien, foreigner Ⓑ *adj.* alien, foreign
alienismo *s. m.* alienism; insanity, mental alienation
alienista *s. m. e f.* alienist
alifafe *s. m.* wind-gall (soft tumour on the fetlock of a horse); bed-spread; quilt
alifático *adj.* aliphatic
alífero *adj.* winged; fast
aliforme *adj.* aliform, wing-shaped
alífugo *adj.* [poét.] the one that escapes flying
aligátor *s. m.* ZOOLOGIA alligator
aligeiramento *s. m.* relief, alleviation; unloading, hurrying up; stepping out
aligeirar *v. tr.* to lighten (a burden, a ship), to ease; to make haste, to speed up, to quicken (steps); to hasten; to alleviate, to assuage; to lessen, to moderate
alígero *adj.* winged, fast
alijação *s. f.* throwing overboard, jettison; riddance
alijamento *s. m.* jettison; throwing overboard
alijar *v. tr.* to throw overboard; to lighten (a ship); to get rid of; to jettison; ***alijar carga*** to jettison cargo
alijo *s. m.* a boat which catches the cargo that another one throws overboard; the cargo thrown overboard
alimária *s. f.* beast; stupid fellow
alimentação *s. f.* nourishment, nourishing; food; feeding, feed (of machinery or beasts); ***alimentação de caldeira*** boiler feeding; ***alimentação a óleo*** oil feeding; ***alimentação forçada*** forced feeding
alimentador Ⓐ *adj.* feeding, nourishing Ⓑ *s. m.* feeder; hopper
alimentar Ⓐ *adj.* nourishing, nutritious Ⓑ *v. tr.* to nourish; to feed; to support; to maintain; ***alimentar-se de*** to feed on; ***alimentar esperanças*** to cherish hopes; ***alimentar ódio*** to harbour hatred; ***alimentar-se bem*** to feed well; ***alimentar a caldeira*** to feed the boiler
alimentício *adj.* nutritive, nourishing, nutritious; ***géneros alimentícios*** victuals, food stuff; ***indústria alimentícia*** provision industry
alimentista *s. m. e f.* pensioner (who receives rations)
alimentividade *s. f.* function of alimentary organ
alimento *s. m.* food, nourishment, maintenance, nutriment, alimony; *pl.* victuals, provisions; allowance; ***alimento de gados*** fodder; ***alimento farináceo*** farinaceous feeding; ***alimento para crianças*** food stuffs for children
alimentoso *adj.* ⇒ **alimentício**
alimpa *s. f.* cleaning, cleansing; lopping; winnowing, weeding; chaff, refuse
alimpadeira *s. f.* charwoman; *pl.* a group of bees which precedes the swarm and is charged to clean the place where the bee-hive is to be placed
alimpador *s. m.* cleaner, cleanser; winnower, weeder
alimpaduras *s. f. pl.* winnowing; chaff, refuse
alimpamento *s. m.* cleaning, cleansing
alimpar *v. tr.* to clean, to cleanse; to lop; to pick; [fam.] to steal; ***alimpar o trigo*** to winnow the corn; ***alimpar as algibeiras*** to pick one's pockets; ***alimpar as árvores*** to lop (to prune) the trees
alimpas *s. f. pl.* chaff, siftings
alimpo *s. m.* trimmed branches of a tree, as the result of lopping
alindamento *s. m.* embellishment
alindar *v. tr.* to embellish, to beautify, to make beautiful, to trim; ***alindar as coisas*** to spruce things up
alínea *s. f.* paragraph; break; sub-heading
alinear *v. tr.* to paragraph; to separate per item
alinegro *adj.* with black wings; black-winged
alinguetado *adj.* latch-shaped
alinhado *adj.* in line, lined up; carefully (or elegantly) dressed, well-behaved; ***alinhado à esquerda / direita*** ranged left / right
alinhador *s. m.* aligner
alinhamento *s. m.* alignment, arrangement in a line; formation in a straight line; ranging; [fig.] ***alinhamento da rua*** street line, elegance
alinhar *v. tr.* to align, to range, to draw up in line, to line up; to dress up; to spruce up; ***alinhar com bandeirolas*** to line out with stakes (or pegs), to mark out a line; ***alinhar com o cordel*** to erect by line
alinhavar *v. tr.* to baste, to tack, to sew loosely; [fig.] to scribble, to scrawl, to improvise; NÁUTICA ***alinhavar o pano*** to tack the sails
alinhavo *s. m.* outline; NÁUTICA tack, basting, sewing loosely, tacking; sketch, outline
alinho *s. m.* arrangement in a straight line; good order; neatness; ornament; decency

alípede *adj.* wing-footed, aliped; swift
alipotente *adj.* strong-winged
alipta *s. m.* slave (who in ancient Rome and Greece used to oint the athletes with essences)
alíptico *adj.* aleiptic (relating to embrocation)
aliquanta *adj.* aliquant
aliquebrado *adj.* with broken wings
alíquota *adj.* aliquot
alisado *adj.* smoothed, polished; ***alisado (vento)*** trade wind
alisador *s. m.* polisher, smoother, smoothing machine; sleeker; slaker; TIPOGRAFIA glazing roller
alisamento *s. m.* smoothing, polishing, glazing
alisar *v. tr.* to smooth, to polish; to smooth off; to smooth down; to unwrinkle, to unplait; to comb; to soften, to calm; ***alisar a superfície*** to smooth the surface; ***alisar a madeira*** to plane the wood; ***alisar o cabelo*** to smooth one's hair
aliseu *s. m., adj.* ⇒ **alísio**
alisfenóide *s. m.* ⇒ **proótico** (bone)
alísio *s. m., adj.* ⇒ **alisado** (wind)
Alismáceas *s. f. pl.* BOTÂNICA ⇒ **Alismatáceas**
Alismatáceas *s. f. pl.* BOTÂNICA *Alismataciae*
alistamento *s. m.* enlistment, enrolment, joining, recruiting
alistão *s. m.* squared stone (stone-masonry)
alistar Ⓐ *v. tr.* to enlist, to enrol; to list, to register; to recruit Ⓑ *v. refl.* to join, to enlist in; NÁUTICA to register, to ship; ***alistar-se no exército*** to join the ranks (the Army); ***ele alistou-se*** he signed up
alistridente *adj.* that makes a strident noise with its wings
aliteração *s. f.* alliteration
aliterante *adj.* alliterating
aliterar *v. intr.* to alliterate
aliteratado *adj.* being, having (or showing) airs of a literate
alitúrgico *adj.* nonliturgical
aliveloz *adj.* quickflying
aliviação *s. f.* ⇒ **aliviamento, alívio**
aliviado *adj.* alleviated, soothed; eased, relieved, lightened; ***luto aliviado*** half-mourning
aliviadoiro *s. m.* ⇒ **aliviadouro**
aliviador Ⓐ *s. m.* alleviator, comforter, assuager Ⓑ *adj.* alleviating, assuaging, comforting
aliviadouro *s. m.* place of relief
aliviamento *s. m.* alleviation, relief, mitigation, easing, comforting
aliviar Ⓐ *v. tr.* to alleviate, to assuage, to mitigate; to relieve, to ease; to comfort; to lighten, to lessen; to assuage (pain) Ⓑ *v. intr.* to clear up (weather) Ⓒ *v. refl.* to relieve oneself; NÁUTICA to loosen, to slack, to trice; ***aliviar um navio*** to lighten a ship; ***aliviar um peso*** to ease up the weight; ***aliviar a situação*** to alleviate the situation; ***aliviar a carga*** to lighten the load
alívio *s. m.* alleviation, mitigation, relief, ease; comfort; lightening; ***sentir um grande alívio*** to feel greatly relieved
alivioso *adj.* aiding, mitigating, comforting, consoling
alizaba *s. f.* wide-sleeved Moorish tunic
alizar *s. m.* door-case; skirting-board; panel of tiles in lower part of a wall; ***alizar de azulejo*** a tiled wall
alizari *s. m.* madder-root; alizarie root
alizarina *s. f.* alizarin, red madder
aljafra *s. f.* pouch of a drag-net (or trawl-net); pouch
aljamia *s. f.* adulteration of a Latin word by its simultaneous use with Arabic words
aljaraz *s. m.* small round bell (for dogs)
aljava *s. f.* quiver, case for arrows
aljazar *s. m.* isle, island
aljôfar *s. m.* seed-pearl, dew-drops; tears
aljofarar *v. tr.* to cover with tears; to cover with dew; to decorate with seed-pearls
aljofareira *s. f.* gromwell
aljofrar *v. tr.* ⇒ **aljofarar**
aljofre *s. m.* ⇒ **aljôfar**
aljorce *s. m.* cattle-bell
aljorge *s. m.* **aljorce**
aljorze *s. m.* ⇒ **aljorce**
aljuba *s. f.* wide garment used by Moorish similar to a waistcoat
aljube *s. m.* prison, dungeon, den, cavern; prison for clergymen; remand prison
aljubeiro *s. m.* gaoler, jailer
aljubeteiro *s. m.* maker of *aljubas*
alma *s. f.* soul; spirit, courage; [fig.] person, human being; [fig.] heart, center, core, essence; ***ela é uma boa alma*** she is a good soul; ***alma da pintura*** expression of a picture; ***do fundo da alma*** from the bottom of one's heart; ***alma penada*** ghost; ***alma de padeiro*** large air hole in a loaf of bread; ***alma nova*** new life; ***alma viva*** living soul, living creature; ***abrir a sua alma*** to make a clean breast; ***de alma e coração*** with heart and soul; ***força de alma*** fortitude; ***grandeza de alma*** magnanimity; ***dar a alma a Deus*** to expire; ***ela era a vida e alma do grupo*** she was the life and soul of the party; ***não se salvou uma única alma*** not a soul was saved; ***ele era uma alma generosa*** he was a generous soul; ***não havia uma única alma com quem falar*** there was not a soul to speak to; ***pela alma que Deus me deu*** upon my soul; ***alma do violino*** sound-post; ***alma de arma de fogo*** bore; ***almas benditas*** the blessed; ***era a sua alma danada*** he was his shadow; ***alma de eleição*** the salt of the earth; ***encomendar a alma a Deus*** to commend one's soul to God; ***ter (uma) alma grande*** to have a large heart, to have a great soul
almácega *s. f.* receptacle for the water from a bucket-conveyor
almácego *s. m.* ⇒ **almáfego**
almaço *s. m., adj.* kind of paper; ***papel almaço*** foolscap paper
alma-de-mestre *s. m.* storm petrel or stormy petrel *(Oceanites oceanicus)*
almádena *s. f.* minaret
almadia *s. f.* almadia; long and narrow Indian (or African) boat
almadra *s. f.* ⇒ **almadrava**
almadraque *s. m.* pallet, straw mattress; cushion
almadrava *s. f.* trap made with nets for catching tunny; fishing place for tunny
almadraveiro *s. m.* fisherman who uses the almadrava
almáfego *s. m.* kind of grapes, also known as *malvasia-do-bairro*
almagesto *s. m.* almagest
almagral *s. m.* ⇒ **almagreira**
almagrar *v. tr.* to colour (to mark) with red ochre; to signalize; to mark
almagre *s. m.* almagra, red ochre; [fig.] villain blood
almagreira *s. f.* a deep (or mine) of red ochre
almanaque *s. m.* almanac; ***almanaque náutico*** nautical almanac
almanaqueiro *s. m.* almanac-seller
almança *s. f.* Portuguese sword (17th century)
almandina *s. f.* MINERALOGIA almandite (deep-red variety of garnet)
alma-negra Ⓐ *s. m. e f.* bad person Ⓑ *s. f.* name of a bird from Madeira
almanxar *s. m.* place where figs are dried
almarado *adj.* said of cattle or horses with circular spots around the natural apertures

almárfega *s. f.* fustian; white fustian worn in mourning
almarge *s. m.* herbage for cattle; pasture, grazing; meadow
almargeado *adj.* said of grassy land covered only with grass and herbage for cattle
almargeal *s. m.* land full of grass for grazing; pasture
almargem *s. m.* ⇒ **almarge**
almargio *adj.* said of an animal that is kept on the pasture
almártaga *s. f.* residue of silver
almártega *s. f.* ⇒ **almártaga**
almece *s. m.* whey
almécega *s. f.* gum mastic; adhesive
almecegar *v. tr.* to dye with mastic; to put mastic to
almecegueira *s. f.* mastic (tree)
almedina *s. f.* central (fortified) part in a town
almegue *s. m.* river-ford
almeia *s. f.* balsam of oriental origin; oriental female dancer
almeida Ⓐ *s. f.* opening in the helm (of a small boat) where the steerling handle fits Ⓑ *s. m.* ⌈reg.⌋ municipal sweeper (scavenger), street sweeper
almeirão *s. m.* wild chicory
almeiroa *s. f.* BOTÂNICA crepis (like chicory)
almejado *adj.* desired, yearned, coveted
almejante *adj.* longing, wistful, desirous, craving
almejar Ⓐ *v. tr.* to long for, to yearn for, to desire; to crave for, to covet Ⓑ *v. intr.* to agonize
almejo *s. m.* craving, desire, longing, yearning
almenara *s. f.* light or signal fire on the walls (or turrets) of a castle
almiara *s. f.* stack of wheat or straw
alminhas *s. f. pl.* shrine
almiranta *s. f.* flagship
almirantado *s. m.* admiralty; admiralship
almirante *s. m.* admiral; ***navio almirante*** flagship
almíscar *s. m.* musk
almiscarar *v. tr.* to perfume with musk
almiscareira *s. f.* BOTÂNICA musk, musk plant, geranium
almiscareiro *s. m.* ZOOLOGIA musk-deer; BOTÂNICA musk plant; ***rato almiscareiro*** musk-rat
almiscre *s. m.* ⇒ **almíscar**
almo *adj.* ⌈poét.⌋ cherishing, genial; fostering; venerable, adorable
almocábar *s. m.* Moorish cemetery
almoçadeira *s. f.* large breakfast cup
almocadém *s. m.* military chief or commander among the Moors
almocafre *s. m.* a miner's pickaxe
almoçar *v. tr.* to have breakfast (or lunch)
almocela *s. f.* church-carpet to kneel on while praying
almoço *s. m.* lunch; ***almoço de garfo*** fork lunch; ***ela está a tratar do almoço*** she is taking care of lunch
almocouvar *s. m.* shepherd; of lower rank
almocrevar *v. tr.* to transport on muleback; to work as a muleteer
almocrevaria *s. f.* trade (or work) of a mule-driver; the taxes assessed on this trade
almocreve *s. m.* mule-driver; muleteer; carter; porter
almoeda *s. f.* auction, public sale
almoedar *v. tr.* to put up for auction; to sell by auction
almofaça *s. f.* curry-comb
almofaçar *v. tr.* to curry; to dress (horse) with a curry-comb
almofada *s. f.* cushion; NÁUTICA ***almofada de cama*** pillow; ***almofada de encapeladuras*** bolster, masthead batten; ***almofada de tinta para carimbos*** ink-pad; ***almofada de molas*** spring cushion; ***almofada eléctrica*** electric cushion; ***almofada de porta*** door-panel; ***almofada de ar*** air-cushion
almofadado *adj.* cushioned, provided with cushions; panelled; padded; lined
almofadão *s. m.* big cushion; pillow-case
almofadar *v. tr.* to furnish with cushions; to pad, to panel; ***portas almofadadas*** panelled doors
almofadilha *s. f.* small cushion
almofadinha Ⓐ *s. f. dim. de* **almofada** Ⓑ *s. m.* fop, dandy
almofariz *s. m.* mortar; ***pilão de almofariz*** pestle
almofate *s. m.* awl, bodkin, sort of punch
almofeira *s. f.* black liquid that runs out of olive bins; lees of olive oil
almofreixar *v. tr.* to pack (in a large travelling trunk)
almofreixe *s. m.* large travelling trunk
almogávar *s. m.* HISTÓRIA ancient soldier of the Spanish militia on duty at the border land
almogavaria *s. f.* any assignment of *almogávares*
almôndega *s. f.* meat-ball; quenelle
Almorávidas *s. m. pl.* members of a religious and political Moorish sect originating at the end of the 11th century in North Africa and employed to conquer the South of the Peninsula
Almorávides *s. m. pl.* members of a religious and political Moorish sect originating at the end of the 11th century in North Africa and employed to conquer the South of the Peninsula
almorreimas *s. f. pl.* ⌈pop.⌋ ⇒ **hemorróidas**
almorróidas *s. f. pl.* ⌈pop.⌋ ⇒ **hemorróidas**
almotaçar *v. tr.* to do the job of inspecting the weights and measures (of old); to fix the price according to tables
almotaçaria *s. f.* position of a price-fixer; court presided by the almotacé
almotacé *s. m.* price-fixer, an inspector of weights and measures
almotacel *s. m.* price-fixer, an inspector of weights and measures
almotolia *s. f.* oil-can
almoxarifado *s. m.* position, department or area of administration of the *almoxarife*
almoxarife *s. m.* administrator or steward of the royal domains; treasurer of the royal household; tax collector
almuadem *s. m.* muezzin
almucábala *s. f.* ancient name for algebra
almudação *s. f.* the act of measuring in *almudes*
almudada *s. f.* a grain measure of about 32 litres; land into which such a measure has been sown
almudar *v. tr.* to measure in *almudes*
almude *s. m.* measure for liquids equivalent to 25 litres
almudeiro *s. m.* maker of *almudes*
almuinha *s. f.* enclosure, paddock
alnico *s. m.* Alnico
aló *adv.* windward
alô! *interj.* hullo!, hallo!, hello!
alóbaro *s. m., adj.* QUÍMICA allobar, element or characteristic of the element, which has an isotopic composition, different from that of the natural element
alocarpia *s. f.* cross-pollination; fruit formation where pollination happened through allogamy
alocêntrico *adj.* allocentric
alocentrismo *s. m.* allocentrism
alocinesia *s. f.* MEDICINA allokinesics
alocroado *adj.* allochroous (changing colour)
alocroísmo *s. m.* change of colour
alocromatia *s. f.* propriety of being allochromatic
alocromático *adj.* allochromatic
alóctone *adj.* foreign
alocução *s. f.* address; speech; discourse
alodial *adj.* allodial
alodialidade *s. f.* allodiality, free tenure; exemption from charges
alodializar *v. tr.* to free (feudal estate); to exempt from charges
alódio *s. m.* allod, allodium, freehold, freeland

aloendreiro *s. m.* ⇒ **loendro**
aloendro *s. m.* ⇒ **loendro**
aloés *s. m.* common name for a kind of plants of *Liliaceae* family called *azebres*; aloes
aloético *adj.* that has aloes; QUÍMICA aloetic (said of the acid obtained from aloes by treatment with nitric acid)
aloetina *s. f.* QUÍMICA medicinal solution of the aloetic acid
alofana *s. f.* allophane
alofânio *s. m.* allophane
alofilo Ⓐ *adj.* allophylian Ⓑ *s. m. e f.* foreigner; from another race or tribe; allogeneous
aloftalmia *s. f.* MEDICINA difference in the colour of the eyes of one person
aloftálmico *adj.* MEDICINA related to the difference of the eyes of one person
alogamia *s. f.* BOTÂNICA allogamy, cross-fertilization
alógamo *adj.* BOTÂNICA related to the vegetal that shows allogamy
alogénico *s. m., adj.* allogenic (having a diverse and usually distant origin)
alogia *s. f.* absurdity; nonsense
alogiano *s. m.* RELIGIÃO alogian
alógico *adj.* related to that which doesn't need demonstration to be taken as certain; related to that to which the rules and principles of logic don't apply
alogismo *s. m.* thought lacking coordination of sense and seeming to oppose logic
aloilado *adj.* foolish; mad
aloína *s. f.* QUÍMICA aloin
aloinado *adj.* like aloes, aloetic
aloirado *adj.* blondish, fair; CULINÁRIA roasted
aloirar *v. tr.* ⇒ **alourar**
aloisar *v. tr.* ⇒ **alousar**
alojamento *s. m.* lodgment, lodging; MILITAR quartering; accommodation, quarters; billeting; shelter, dwelling; ***alojamento de luxo (em navio)*** state cabin, suite of rooms; ***alojamentos de proa*** crew space; ***alojamento à ré de embarcação*** cuddy; ***alojamento da tripulação*** quarters for the crew; ***problema do alojamento*** housing problem
alojar *v. tr.* to lodge, to harbour; to billet (troops); to accommodate; ***alojar-se em*** to take up quarters at, to put up at
alombamento *s. m.* crooking; arching; bowing; the backing (of books)
alombar *v. tr.* to make crooked; to bend one's back; to wear out; to put backs (or spines) on books
alomborar *v. tr.* ⇒ **alamborar**
alomorfia *s. f.* allomorphism
alomórfico *adj.* allomorphic
alomorfismo *s. m.* allomorphism
alonga *s. f.* QUÍMICA adapter; border, margin; supplement
alongadamente *adv.* with delay
alongado *adj.* elongated, lengthened
alongamento *s. m.* lengthening, elongation, extension, prolonging, prolongation; delay; stretching *(ginástica)*
alongar Ⓐ *v. tr.* to lengthen, to prolong, to extend, to elongate; to delay Ⓑ *v. refl.* to take more time; ***alongar-se sobre um assunto*** to dwell on a subject
alónimo *s. m.* pseudonym; who signs a name different from his own
alopata *s. m.* MEDICINA allopath
alopatia *s. f.* MEDICINA allopathy
alopático *adj.* MEDICINA allopathic
alopecia *s. f.* MEDICINA alopecia, baldness
alopécico Ⓐ *s. m.* person suffering from alopecia Ⓑ *adj.* alopecic, referring to *alopecia*
alopético Ⓐ *s. m.* person suffering from *alopecia* Ⓑ *adj.* alopecic, referring to alopecia
aloplastia *s. f.* CIRURGIA the use of parts of different bodies in plastic surgery
aloque *s. m.* [reg.] place in rivers where the fishes hide; a doll made of bread and sugar that children suck; rubber teat, comforter
aloquete *s. m.* padlock; bolt, slide bar
alor *s. m.* flight; impulse; stimulus; way of walking or acting
alorpado *adj.* imbecile, silly, foolish
alosna *s. f.* wormwood
alotador *s. m.* [Bras.] stud-horse, stallion
alotar *v. tr.* to allot, to divide into lots; to keep the mares of a group together; to round up cattle and get them accustomed to the herd
alotriodontia *s. f.* MEDICINA allotriodontia (a defective implantation of the teeth)
alotriofagia *s. f.* MEDICINA allotriophagy (morbid tendency to eat improper or nasty things; extravagant appetite in certain women during pregnancy)
alotriomórfico *adj.* xenomorphic
alotropia *s. f.* QUÍMICA allotropy
alotrópico *adj.* QUÍMICA allotropic
alótropo *adj.* QUÍMICA allotropic
aloucado *adj.* tending to madness; deranged, crazy; foolish
aloucar-se *v. refl.* to behave as mad
alourar Ⓐ *v. tr.* to make fair; to dye the hair blond; CULINÁRIA to brown Ⓑ *v. intr.* to become brown
alousar *v. tr.* to slate, to cover with slates
aloxantina *s. f.* QUÍMICA alloxantin
alpaca *s. f.* alpaca; light cloth made from the wool of alpaca; ZOOLOGIA alpaca; ***prata de alpaca*** alpaca
alparca *s. f.* sandal
alparcata *s. f.* a kind of sandal; rope-sandal; canvas shoe (with rope soles)
alparcateiro *s. m.* manufacturer of sandals
alparcheiro *s. m.* grape (variety of white grapes)
alpargata *s. f.* ⇒ **alparcata**
alparqueiro *s. m.* ⇒ **alparcateiro**
alpechim *s. m.* black and bitter olive-juice
alpendorada *s. f.* ⇒ **alpendrada**
alpendrada *s. f.* large porch
alpendrado Ⓐ *s. m.* ⇒ **alpendrada** Ⓑ *adj.* like a shed (or porch)
alpendrar *v. tr.* to provide with a shed (or porch), or to build in such a way
alpendre *s. m.* shed; porch; ***alpendre para arrecadação de madeiras*** store shed
alpendroada *s. f.* ⇒ **alpendrada**
alpense *adj.* alpine
alpercata *s. f.* ⇒ **alparcata**
alpercateiro *s. m.* ⇒ **alparcateiro**
alperce *s. m.* BOTÂNICA kind of apricot
alperceiro *s. m.* BOTÂNICA apricot-tree
alperche *s. m.* ⇒ **alperce**
alpercheiro *s. m.* ⇒ **alperceiro**
alpergata *s. f.* ⇒ **alparcata**
alpes *s. m. pl.* pastures among mountains
alpestrar *v. tr.* to turn into steep places
alpestre *adj.* alpine; mountainous
alpícola Ⓐ *adj.* Alpine (referring to inhabitants) Ⓑ *s. m.* inhabitant of the Alps
alpinismo *s. m.* alpinism; mountaineering; mountain climbing
alpinista *s. m. e f.* alpinist; mountain climber, mountaineer
alpino *adj.* Alpine
alpista *s. f.* canary seed
alpiste *s. m.* ⇒ **alpista**
alpisteiro *s. m.* bowl (for canary-seed)
alpisto *s. m.* food for those who cannot masticate
alpivre *s. f.* BOTÂNICA a terrestrial orchid *(Histera speculum)*
alpondras *s. f. pl.* stepping-stones across a river

alporca *s. f.* ⇒ **alporque**; MEDICINA scrofula
alporcar *v. tr.* BOTÂNICA, AGRICULTURA to layer (to bury shoots of a plant already with roots for reproduction)
alporque *s. m.* BOTÂNICA, AGRICULTURA layering (shoot of plant covered with earth so it develops roots)
alporquento *adj.* scrofulous
alporquia *s. f.* BOTÂNICA, AGRICULTURA process of artificial multiplication of plants by *alporques*
alquando *adv.* sometimes
alquebrado *adj.* worn out, bent; weak, feeble, broken-backed; NÁUTICA cambered, hogged
alquebramento *s. m.* weakness, debility; bending of one's back; stoop; NÁUTICA camber, hogging, warping
alquebrar *v. tr. e refl.* to weaken, to enfeeble, to stoop; to suffer from spinal curvature through muscular weakness; NÁUTICA to become hogged, to curve, to hog
alqueimão *s. m.* ⇒ **caimão**
alqueiramento *s. m.* measuring (or division) in *alqueires*
alqueirão *s. m.* bushel
alqueirar *v. tr.* to measure by *alqueires*
alqueire *s. m.* measure for grain (varying between 13 and 22 litres)
alqueireiro *s. m.* alqueire-maker
alqueivar *v. tr.* AGRICULTURA to fallow (to plough land without seeding it)
alqueive *s. m.* fallow ground
alquequenge *s. m.* BOTÂNICA alkekengi (winter cherry; also the fruit-scarlet berry)
alquermes *s. m.* alkermes
alquilador *s. m.* horse-hirer, horse-trader
alquilar *v. tr.* to hire or rent out (horse, mules)
alquilaria *s. f.* stables where hackney horses are hired
alquilato *s. m.* QUÍMICA alkylate
alquilé *s. m.* horse hirer
alquiler *s. m.* ⇒ **alquilé**
alquime *s. m.* tombac(k), tombak, pinchbeck
alquimia *s. f.* alchemy
alquimiar *v. intr.* to pracise alchemy; to take; to forge
alquímico *adj.* alchemic(al)
alquimista *s. m. e f.* alchemist
alquitara *s. f.* a sort of still without condensing coil
alquitarra *s. f.* a sort of still without condensing coil
alquitira *s. f.* ⇒ **alcatira**
alquitrave *s. f.* ⇒ **arquitrave**
alrute *s. m.* ⇒ **abelharuco**
alsácia *s. f.* Alsatian
alsaciano *s. m., adj.* Alsatian
alsonómetro *s. m.* a rudimentary araeometer to test the authenticity of a wine
alta *s. f.* rise, increase; boom; [coloq.] high society; leave, discharge; ***alta escola*** high school of riding; ***alta do hospital*** discharge from hospital; ***alta do custo de vida*** the increase in the cost of living; ***em alta*** on the rise; ***sofrer uma alta*** to be increased (prices); ***estar em alta*** [fam.] to be in the ascendant; ***alta do ágio*** rise of the premium; ***alta dos fundos públicos*** rise in stocks; ***alta pressão*** high pressure
alta-definição *s. f.* high definition
alta-fidelidade *s. f.* hi-fi; ***sistema de alta-fidelidade*** hi-fi system
altamado *adj.* of all sorts and qualities (cloth)
altamente *adv.* highly, greatly
altanado Ⓐ *s. m.* hare-brained person Ⓑ *adj.* rash, inconsiderate, haughty, arrogant
altanaria *s. f.* pride, arrogance; hawking
altanar-se *v. refl.* to get proud, to become arrogant; to become inconsiderate
altaneiro *adj.* proud, haughty; soaring, high-flying
altania *s. f.* arrogance, haughtiness, boldness
altar *s. m.* altar; ***toalha de altar*** altar-cloth; ***altar de fornalha*** fire-bridge; ***altar lateral*** secondary altar; ***levar ao altar*** to lead to the altar, to marry
altaragem *s. f.* altarage, altar dues; fees due to a priest for altar services
altareiro *s. m.* person with a propensity to church services; bigot; devotee; formerly, a person who kept the altar clean; ⇒ **sacristão**
altarista *s. m.* canon in charge of the high altar (Vatican)
altar-mor *s. m.* high altar
alta-roda *s. f.* high-life, upper ten, fashionable society, upper-class society
alta-velocidade *s. f.* high speed
alteação *s. f.* ⇒ **alteamento**
alteador Ⓐ *adj.* raising, lifting Ⓑ *s. m.* raiser, lifter
alteamento *s. m.* raising, heightening, lifting
altear Ⓐ *v. tr.* to raise, to lift (up); to make higher Ⓑ *v. intr.* to rise, to become higher; ***altear os preços*** to raise the prices; ***altear uma parede*** to heighten a wall, to raise the height of a wall
alteia *s. f.* BOTÂNICA marsh-mallow; althaea
alteína *s. f.* BIOQUÍMICA product from the root of althaea
alter *s. m.* a breed of Portuguese horses
alterabilidade *s. f.* alterability
alteração *s. f.* alteration, change; mental disorder; decomposition; discord; ***alteração dos preços*** fluctuation of prices; ***alteração das condições existentes*** alteration of existing conditions; ***alteração química*** chemical change
alterado *adj.* altered, changed; upset, angry; uneasy; unquiet; revolted
alterador Ⓐ *s. m.* rioter Ⓑ *adj.* alterative
alterante *adj.* alterative
alterar Ⓐ *v. tr.* to alter, to change; to vary, to modify; to disturb; to corrupt; to anger Ⓑ *v. refl.* to grow angry, to lose one's temper; ***alterar o sentido de um texto*** to twist the meaning of a text; ***alterar o modo de vida*** to change one's way of life, to alter one's life style; ***isso altera o caso*** that makes a difference; [coloq.] ***ele alterou o balanço*** he falsified the account, he cooked accounts
alterativo *adj.* alterative
alterável *adj.* alterable
altercação *s. f.* altercation, dispute, bickering, wrangle, quarrel
altercador *s. m.* wrangler, disputant, quarreller, bickerer
altercante *adj.* wrangling, quarrelsome
altercar *v. intr.* to altercate, to wrangle, to argue, to quarrel, to bicker
alterco *s. m.* ⇒ **altercação**
alter-ego *s. m.* alter ego
alteridade *s. f.* alterity
alterna *adj.* ⇒ **alternada**
alternação *s. f.* alternation, interchange
alternada *adj.* ELECTRICIDADE alternating; ***corrente alternada*** alternating current
alternadamente *adv.* alternately, alternatively, in reciprocal succession; by turns
alternado *adj.* alternate, by turns
alternador *s. m.* alternator; ***alternador volante*** flywheel alternator; ***alternador de alta frequência*** high frequency alternator
alternância *s. f.* alternation; reversal(s); rotation of crops; stratification, position in layers
alternante *adj.* alternating, alternant
alternar *v. tr.* to alternate; to happen by turns; to interchange; to reverse; AGRICULTURA to rotate (crops); ***as boas colheitas alternam com as más*** good harvests alternate with bad ones
alternativa *s. f.* alternative; choice between two possible things; ***não tinha outra alternativa*** I had no other alterna-

tive; ***não há outra alternativa a não ser retirar-se*** you have no other choice but to go
alternativamente *adv.* alternatively
alternativo *adj.* alternative; substitute
alternável *adj.* susceptible to alternation
alternidade *s. f.* alternity
alterniflóreo *adj.* BOTÂNICA alterniflorous
alternifloro *adj.* BOTÂNICA alterniflorous
alternípede *adj.* ZOOLOGIA alternipede
alternipétalo *adj.* BOTÂNICA alternipetalous
alternissépalo *adj.* BOTÂNICA alternisepalous
alterno *adj.* alternate; every other; ***dias alternos*** every other day
alterosamente *adv.* loftily, majestically
alteroso *adj.* lofty, high, elevated; grand, imposing, majestic; proud; NÁUTICA high boarded, high-decked; stormy (sea); ***navio alteroso*** deep-waisted ship
alteza *s. f.* loftiness; elevation; highness (a title bestowed only on princes of the royal blood); ***Sua Alteza Real*** His (Her, Your) Royal Highness
altibaixos *s. m. pl.* uneven places; ups and downs, vicissitudes; ***altibaixos da fortuna*** ups and downs of fortune
áltica *s. f.* flea-beetle
alticolúnio *adj.* high-columned
alticornígero *adj.* long-horned
altifalante *s. m.* loudspeaker
altiloquência *s. f.* altiloquence, pedantic speech; pompous language, stilted language, grandiloquence
altiloquente *adj.* altiloquent, using stilted (or pompous) language; grandiloquent
altiloquia *s. f.* ⇒ **altiloquência**
altilóquio *s. m.* ⇒ **altiloquência**
altíloquo *adj.* sublime
altimetria *s. f.* altimetry (measurement of altitudes)
altímetro *s. m.* altimeter; ***altímetro de precisão*** sensitive altimeter; ***altímetro acústico*** sound altimeter, aerial sounding line
altimurado *adj.* high-walled; having high walls
altiplano *s. m.* ⇒ **planalto**
altipotente *adj.* very powerful
altirrostro *adj.* ZOOLOGIA high-beaked, altirostrate
altíssimo Ⓐ *adj.* very high Ⓑ *s. m.* The Almighty; ***o Altíssimo*** The Almighty, All-powerful, Omnipotent
altissonância *s. f.* pomp, magnificence
altissonante *adj.* altisonant, pompous, magnificent
altíssono *adj.* altisonant, pompous, magnificent
altista *s. f.* COMÉRCIO instrument; a stock exchange broker who makes the prices rise
altitonante *adj.* altitonant; thundering in the heights; clamorous, noisy
altitude *s. f.* altitude, height; ***altitude de um lugar*** altitude of a place; ***altitude máxima*** maximum altitude; ***altitude média*** mean altitude
altívago *adj.* soaring; high-flown
altivamente *adv.* haughtily
altivez *s. f.* haughtiness, pride, arrogance, superciliousness
altivo *adj.* haughty, proud, arrogant, supercilious, contemptuous
altivolante *adj.* highflying
alto Ⓐ *s. m.* height, top, elevation, altitude, eminence; alto (voice or instrument) Ⓑ *adj.* high, elevated, lofty, eminent, noble; tall, great, extreme, chief; loud (sound); superior, domineering Ⓒ *adv.* loud, loudly Ⓓ *interj.* halt!, stop!; ***alto lá!*** just a minute!; ***mãos ao alto!*** hands up!, stick 'em up!; ***alta noite*** in the dead of night; ***a altas horas da noite*** late in the night; ***dia alto*** broad daylight, daylight; ***alto e bom som*** plainly and clearly; ***alto e malo*** at random, at haphazard; ***em voz alta*** in a loud voice, aloud; ***falar alto*** to speak loudly; ***de alto preço*** costly, expensive, high priced; ***ver por alto*** to glance through; ***de alto a baixo*** from top to bottom, from head to foot; ***maré alta*** high-tide; [poét.] ***alto mar*** the deep high seas; ***navio de alto mar*** sea-going ship; ***Câmara Alta*** House of Lords; ***alto como uma torre*** as tall as a poplar-tree; ***um homem alto*** a tall man; ***um colarinho alto*** a high collar; ***o alto da cabeça*** the top of the head; ***uma chaminé alta*** a tall chimney; ***mais alto*** higher, louder; ***fazer alto*** to halt; ***Alto Comando*** High-Command; ***alto grau de frio*** high (intense) degree of cold; ***um pouco mais alto*** a little higher; ***por alto*** superficially; ***passar por alto*** to look over, to glance at; ***sempre mais alto*** up and up; ***a vida tem os seus altos e baixos*** life has its ups and downs
alto-alemão *s. m.* German dialect from which the modern German language has derived; High German, standard German
alto-falante *s. m.* loudspeaker; megaphone
altor Ⓐ *s. m.* the nutritive part of a substance Ⓑ *adj.* nutritive
alto-relevo *s. m.* high-relief, alto-relievo
altosa *s. f.* variety of long wool
altriz Ⓐ *adj. fem. de* **altor** Ⓑ *s. f.* the nutritive part of a substance
altruísmo *s. m.* altruism, unselfishness
altruísta Ⓐ *s. m. e f.* altruist Ⓑ *adj.* altruistic, unselfish
altruístico *adj.* altruistic, unselfish
altura *s. f.* height; altitude; eminence, summit, top; greatness, loftiness; stature; pitch (sound); NÁUTICA ***pelas alturas de*** abreast of; ***altura meridiana*** meridian altitude; ***não é altura de agir*** it is not the time for action; ***altura metacêntrica*** metacentric height; ***altura de caverna*** rise; ***nas alturas*** sky-high; ***a altura do Sol era de 20°*** the sun's height was 20°; ***a altura de uma torre*** the height of a tower; ***estar à altura de*** to be up to, to be capable of, to be able to cope with; ***as duas esquadras encontraram-se nas alturas de Gibraltar*** the two fleets met off Gibraltar; ***altura de água*** depth of water; ***que altura tem a Catedral de S. Paulo?*** how high is St. Paul's (Cathedral) ?, what is the height of St. Paul's (Cathedral) ?; ***altura barométrica*** barometric height; ***altura da camada*** height of layer; ***altura do peito*** breast height; ***altura do andar*** height between floors; ***estar à altura da situação*** to be equal to the occasion; ***nesta altura do ano*** at this time of the year; ***não está à altura do trabalho*** he is unequal to the task; ***a certa altura*** at a certain point; ***a esta altura*** at this point; ***nessa altura*** then; DESPORTO ***salto em altura*** high jump; ***em que altura está o seu trabalho?*** how far has your work developed?; ***ter 1,80 m de altura*** to be 1.80 m tall
aluadamente *adv.* foolishly, crazily
aluado *adj.* lunatic, crazy, foolish; ZOOLOGIA rutting, on heat
aluamento *s. m.* curved cut of the lower side of a mainsal; ZOOLOGIA rut(ting); folly, foolishness; craziness, madness
aluarado *adj.* moon-lit
aluar-se *v. refl.* to be in rut
alucinação *s. f.* hallucination
alucinado *adj.* hallucinated
alucinador *adj.* hallucinating
alucinante *adj.* hallucinating
alucinar *v. tr.* to hallucinate
alucinatório *adj.* hallucinatory
aluda *s. f.* winged ant
alude *s. m.* avalanche, a mass of snow, earth and ice, descending swiftly from mountains
aludel *s. m.* QUÍMICA aludel
aludido *adj.* referred to, mentioned
aludir *v. tr.* to allude, to refer to, to hint at, to mention
alueiro *s. m.* opening to drain the water in the furrows
alugação *s. f.* hiring, renting; rent
alugador *s. m.* hirer
alugamento *s. m.* ⇒ **alugação**
alugar *v. tr.* to let, to hire, to rent, to lease; ***aluga-se*** to let (advertisement); ***alugar quartos*** to let rooms; ***alugar casa***

to let a house; ***casa para alugar*** house to let; ***alugar uma bicicleta*** to hire a bicycle; ***alugar uma quinta*** to rent a farm (from an owner); ***para alugar*** for hire; ***alugar um avião*** to hire a plane; ***alugam-se quartos sem mobília*** unfurnished rooms to let

aluguel *s. m.* letting, hire, hiring, rent

aluguer *s. m.* letting, hire, hiring, rent; ***quanto paga de aluguer?*** what rent do you pay?; ***tomar de aluguer*** to rent, to hire; ***de aluguer*** on hire; ***aluguer de contadores*** hire of meters; ***cavalo de aluguer*** hackney horse; ***casa de aluguer*** tenement house

aluimento *s. m.* shaking, slide, landslide, landslip; oscillation, tumbling down; collapse

aluir Ⓐ *v. tr.* to shake, to ruin Ⓑ *v. intr.* to slide, to fall in; to collapse; NÁUTICA to start; to oscillate

álula *s. f.* winglet

alumagem *s. f.* ⇒ **ignição**

alume *s. m.* MINERALOGIA ⇒ **alúmen**

alúmen *s. m.* MINERALOGIA alum

alumiação *s. f.* illumination, lighting; enlightenment

alumiador Ⓐ *s. m.* illuminator; enlightener, instructor; device for lighting Ⓑ *adj.* illuminatory; enlightening; resplendent, bright

alumiamento *s. m.* lighting, illumination

alumiana *s. f.* alumian

alumiar *v. tr.* to light; to illumine, to illuminate; to enlighten

alumina *s. f.* QUÍMICA alumina, the oxide of aluminium

aluminação *s. f.* mixing with alum, alum-making

aluminagem *s. f.* application of alum; steeping in a solution of alum

aluminar Ⓐ *v. tr.* to aluminate; to alum; to mix with alum Ⓑ *adj.* that contains alum; ***aluminar um tecido*** to steep a cloth in alum

aluminato *s. m.* QUÍMICA aluminate

alumínico *adj.* aluminic

aluminífero *adj.* aluminiferous

alumínio *s. m.* aluminium

aluminita *s. f.* MINERALOGIA ⇒ **aluminite**

aluminite *s. f.* MINERALOGIA aluminite, websterite

aluminografia *s. f.* aluminography

aluminose *s. f.* MEDICINA a lung disease caused by particles of aluminium

aluminoso *adj.* aluminous

aluminotermia *s. f.* METALURGIA aluminothermy

aluminotérmico *adj.* aluminothermic

alunagem *s. f.* ASTRONOMIA mooning, alighting on the moon

alunar *v. intr.* ASTRONOMIA to moon, to alight on the moon

alundo *s. m.* alundum, alum-stone, aluminilite

alunite *s. f.* MINERALOGIA alunite

aluno *s. m.* pupil, schoolboy; ***aluno interno*** boarder; ***aluno semi-interno*** day-boarder; ***aluno externo*** day-boy; ***o aluno mais atrasado*** the most backward pupil; ***um aluno particular*** a private pupil; ***aluno piloto*** pupil pilot; ***aluno marinheiro*** apprentice marine; ***aluno de uma escola profissional*** student of a professional school; ***aluno que promete*** a promising pupil; ***ser o melhor aluno da aula*** to be the head (top) of the class

alusão *s. f.* allusion, hint, reference

alusivamente *adv.* allusively

alusivo *adj.* allusive, hinting, suggestive

alutar *v. tr.* ⇒ **enlutar**

aluvial *adj.* alluvial

aluviamento *s. m.* alluvion

aluviano *adj.* ⇒ **aluvial**

aluvião *s. f.* alluvium, alluvion

aluviar *v. tr.* to form alluvion

alva *s. f.* dawn; daybreak; alb (priest's garment); a sort of tunic worn by sentenced criminals on their way to execution; variety of grapes; ***estrela de alva*** Venus, morning star; NÁUTICA ***o romper da alva*** morning watch

alvacá *s. m.* ⇒ **abacá**

alvação *adj.* ⇒ **alvadio**

alvacentar *v. tr.* to make whitish (light grey)

alvacento *adj.* whitish; light grey

alvacora *s. f.* ICTIOLOGIA kind of tunny

alvaçuz *s. m.* store-room aboard ship to keep powder, tools, etc

alvadio *adj.* whitish; light grey

alvado *s. m.* socket, eye (of instrument); entrance to a beehive; alveolus (of a tooth)

alvadurão *s. m.* kind of vine

alvaiadar *v. tr.* to apply white lead to, to paint with white lead

alvaiade *s. m.* QUÍMICA ceruse, white lead; ***alvaiade de chumbo*** white-lead; ***alvaiade de zinco*** white zinc; ***alvaiade em lâminas*** white flake

alvaiado Ⓐ *s. m.* ⇒ **alvaiade** Ⓑ *adj.* painted with white lead

alvalade *s. m.* platform; stand; scaffold

alvaneira *s. f.* gutter in the stable to carry liquids away

alvanel *s. m.* mason

alvar *adj.* whitish; stupid, silly, foolish

alvará *s. m.* charter; letter-patent; warrant; ***alvará de construção*** building permit

alvaraça *s. f.* kind of wine (produced by white grapes)

alvaraço *s. m.* kind of wine (produced by white grapes)

alvareja *s. f.* ⇒ **alvaraça**

alvarelha *s. f.* break of good weather in stormy day

alvarelhão *s. m.* vine (variety growing in Minho, Douro and Beiras)

alvarenga *s. f.* lighter (boat)

alvarinho *s. m.* kind of vine; harmless pox on oxen and goats; scatter-brain; [pop.] spontaneous oak (North and Centre of the country)

alvarral *s. m.* fine sieve

alvarudão *s. m.* ⇒ **alvadurão**

alvazelha *s. f.* ⇒ **alvarelha**

alveador *s. m.* whitewasher (painter)

alveamento *s. m.* whitewashing

alvear *v. tr.* to whitewash

alveário *s. m.* beehive, apiary, alveary; ANATOMIA alveary, external ear

alvedrio *s. m.* free-will

alveiro Ⓐ *adj.* white Ⓑ *s. m.* white landmark

alveitar *s. m.* farrier

alveitaria *s. f.* the farrier's profession; veterinary medicine

alvejante *adj.* whitening; bleaching

alvejar Ⓐ *v. tr.* to aim at; to try to attain; to point, to direct; to bleach, to whiten; to strike at a mark Ⓑ *v. intr.* to lose colour, to whiten, to gleam white (a snow-covered ground); to loom white in the distance (a house on a hill); to grow light

alvela *s. f.* kite; ⇒ **alvéloa**

alvéloa *s. f.* ORNITOLOGIA wagtail; pipit, titlark

alvenaria *s. f.* masonry; stonework, stone-walling; ***obra de alvenaria*** stone-work

alvenel *s. m.* ⇒ **alvanel**

alvener *s. m.* ⇒ **alvanel**

alvenéu *s. m.* ⇒ **alvanel**

álveo *s. m.* bed (of a river); excavation

alvéola *s. f.* ⇒ **alvéloa**

alveolado *adj.* alveolate

alveolar *adj.* alveolar; ***piorreia alveolar*** pyorrhea alveolaris

alveolífero *adj.* with alveoli

alveoliforme *adj.* alveoliform

alveolina *s. f.* alveolite

alvéolo *s. m.* alveolus; tooth socket; a small cavity; cell (in a honeycomb); cocoon; ***alvéolos pulmonares*** lung cavities, alveoli

alverca *s. f.* marsh, fen; pond, pool; fish-pond
alvercada *s. f.* rain producing marshes
alvergue *s. m.* tank of an olive press to store the liquid drained from the bagasse
alvescente *adj.* ⇒ **alvinitente**
alvescer *v. intr.* to whiten, to bleach; to appear (to grow, to look) white
alvião *s. m.* mattock, kind of pickaxe
alvidrador *s. m.* arbitrer, judge, referee
alvidramento *s. m.* arbitration, appraising
alvidrar *v. tr.* to arbitrate; to appraise, to evaluate
alvidro *s. m.* judge (ancient times); ⇒ **árbitro**
alvidúlcido *adj.* of a soft white colour
alvinitência *s. f.* soft whiteness
alvinitente *adj.* spotless, white
alvino *adj.* MEDICINA alvine
alvirrubro *adj.* white and red
alvissarar *v. tr.* to give a reward; to bring news
alvíssaras *s. f. pl.* gratuity, tip, reward; ***dão-se alvíssaras a quem achar ...*** reward for finding, reward offered for finding
alvissareiro *s. m.* one who promises (gives or receives) a reward; rewarder; bearer of good news
alvitana *s. f.* large narrow-meshed fish-net; sweep-net; trammel-net
alvitanado *adj.* resembling a narrow-meshed fish-net like *alvitana*
alvitrador *s. m.* suggester; proposer
alvitrajado *adj.* dressed in white
alvitramento *s. m.* act (or method) of suggesting, offering for consideration; opinion
alvitrar *v. tr.* to suggest; to propose; to hint; to arbitrate; ***alvitrar um passeio*** to suggest a walk
alvitre *s. m.* suggestion, proposal; hint; project; opinion
alvitreiro *s. m.* adviser
alvitrista *s. m. e f.* adviser
alvo Ⓐ *adj.* white; clear, white colour; sclerotic Ⓑ *s. m.* mark, target; end, intent, aim, goal; ***atingir o alvo*** to hit the mark; ***atirar ao alvo*** to shoot at a target; ***errar o alvo*** to miss one's aim, to miss the mark; ***alvo da mira*** sighting-board, target; ***centro do alvo*** bull's eye; ***ser alvo de críticas*** to be the object of criticism
alvor *s. m.* dawn; whiteness, snow-white colour; brightness
alvorada *s. f.* dawn; break of day; aubade or morning music; daybreak; MILITAR reveille; NÁUTICA morning reveille; [fig.] spring of life, blossoming of youth; ***quarto de alvorada*** morning watch; ***toque de alvorada*** reveille; ***alvorada do século*** dawn of the century
alvorar *v. intr.* to dawn; to begin; to run away, to decamp
alvorear *v. intr.* ⇒ **alvorejar**
alvorecer *v. intr.* to dawn, to begin to grow light; to rise (the sun); to begin to appear; to begin to disclose; ***ao alvorecer*** at daybreak
alvorejante *adj.* whitening
alvorejar Ⓐ *v. tr.* to whiten Ⓑ *v. intr.* to dawn
alvoriçar *v. tr.* ⇒ **alvoroçar**
alvoriço *s. m.* ⇒ **alvoroço**
alvoroçadamente *adv.* hastily, precipitately
alvoroçado *adj.* flurried, restless, anxious; transported, ravished; excited; frightened, upset, alarmed; ***estar alvoroçado*** to be in a flurry, to be agitated, to be stirred up, to be troubled
alvoroçador *s. m.* alarmist; rioter, agitator, disturber
alvoroçamento *s. m.* restlessness, agitation, fuss, bustle; fright, alarm; rioting; ravishment; enthusiasm, rejoicing
alvoroçante *adj.* alarming, upsetting
alvoroçar Ⓐ *v. tr.* to trouble, to disturb, to stir up, to flurry; to revolt; to ferment; to frighten, to alarm; to transport; to arouse enthusiasm in; ***a notícia da declaração de guerra alvoroçou toda a gente*** the news of the declaration of war put everyone in a turmoil Ⓑ *v. refl.* to be elated, to get flurried, to get troubled
alvoroço *s. m.* disturbance, alarm, tumult; commotion; agitation; enthusiasm, rut; ***que alvoroço!*** what a commotion (hurry, fuss) !
alvorotador *s. m.* alarmist, agitator, disturber
alvorotamento *s. m.* ⇒ **alvoroçamento**
alvorotar *v. tr.* ⇒ **alvoroçar**
alvoroto *s. m.* riot, uproar, tumult, commotion, alarm, agitation
alvura *s. f.* whiteness; purity
ama *s. f.* nurse; mistress (of a house); housekeeper
amábil *adj.* ⇒ **amável**
amabilidade *s. f.* kindness; amiability; affability, friendliness, politeness; ***dizer amabilidades*** to pay compliments; ***é muita amabilidade da vossa parte*** this is very kind of you; ***que amabilidade!*** how kind of you!
amacacado *adj.* monkeylike, apish
amacacar *v. tr.* to act like a monkey; to imitate, to ape; to plagiarize
amaçarocado *adj.* shaped like a corn-cob
amaçarocar *v. tr.* to shape like a spindle (or corn-cob)
amachucadela *s. f.* knock, thump; injury, damage
amachucar *v. tr.* to crumple, to wrinkle, to ruffle; to oppress, to overwhelm
amachuçar *v. tr.* to group
amaciador Ⓐ *s. m.* (hair) conditioner; (fabric) softener Ⓑ *adj.* softening
amaciar Ⓐ *v. tr.* to smooth, to soften; to soothe, to ease; to make supple Ⓑ *v. refl.* to grow smooth; to smooth down
amada *s. f.* beloved, sweetheart, darling
amadeirar *v. tr.* to colour like wood, to make something look like wood
amadeísta *s. m.* friar (member of a Franciscan congregation) who venerates Amadeu (a Portuguese friar of the same congregation)
ama-de-leite *s. f.* nurse, wet-nurse
amadia *s. f.* all the cork which develops after the first extraction (virgin cork), in some trees
amádigo *s. m.* privileges given to the royal nurses
amadis *s. m.* true lover
amado Ⓐ *s. m.* sweetheart Ⓑ *adj.* loved, beloved
amadoiro *adj.* ⇒ **amadouro**
amador *s. m.* lover; amateur; ***um simples amador*** a mere amateur
amadorismo *s. m.* fondness, fancy, hobby; amateurism, amateurship
amadornar *v. tr. e intr.* ⇒ **amodorrar**
amadorrar *v. tr.* ⇒ **amodorrar**
amadouro *adj.* worthy to be loved
amadrinhar *v. tr.* to be godmother to; to join a bull to an ox in order to get him used to work; to yoke a horse and a mare; to accustom mules (horses or asses) to follow the leader, called *madrinha*
amadurar *v. tr. e intr.* to ripen
amadurecer *v. tr. e intr.* to ripen; to mature; to become ripe; to bring to maturity
amadurecimento *s. m.* ripeness, maturity
amagar-se *v. refl.* to lie ill; to lie down
âmago *s. m.* pith, heart, core; main point, substance; soul; essence
amagotar *v. tr.* to dispose in heaps or piles
amainar Ⓐ *v. tr.* to hull, to calm down; to appease; NÁUTICA to strike sail, to furl (sails) Ⓑ *v. intr.* (wind) to fall, to lie down, to drop; (storm) to abate, to subside; to calm down, (anger) to cool down (off)
amalandrar-se *v. refl.* to become a scoundrel
amaldiçoado *adj.* cursed, accursed, execrated

amaldiçoador *s. m.* curser
amaldiçoar *v. tr.* to curse, to execrate
amalecita *adj.* Arab (descendent of Amalec)
amaleitado *adj.* suffering from malarial fever
amalfitado *adj.* referring to Amalfi
amálgama *s. f.* amalgam; mixture; ***amálgama dentária*** dental amalgam; ***amálgama de zinco*** zinc amalgam; ***amálgama de ouro*** gold amalgam
amalgamação *s. f.* amalgamation; mixture, fusion
amalgamamento *s. m.* amalgamation; mixture, fusion
amalgamar *v. tr.* to amalgamate; to mix, to unite; to combine; to blend
amalgamento *s. m.* ⇒ **amalgamação**
amalhadeira *s. f.* variety of fishing-net
amalhar *v. tr.* to pen (cattle); to fold (sheep)
amalhoar *v. tr.* to pen (cattle); to fold (sheep)
amalocar *v. tr.* to put (to shelter) in an Indian hut
amaltar *v. tr.* to gang, to troop, to mob, to form bands
amalucado *adj.* foolish, crazy, senseless, mad
amalucar *v. tr.* to turn crazy; to drive one out of his senses; to make someone mad
amame *adj.* said of a two-coloured (black and white) horse
amamentação *s. f.* suckling, lactation, breast feeding
amamentadora *s. f.* woman who suckles another's child; wet nurse
amamentar *v. tr.* to suckle, to nurse, to feed the suckling
amancebado *adj.* concubinary; ***viver amancebado*** to live in concubinage
amancebamento *s. m.* concubinage
amancebar-se *v. refl.* to live in concubinage; to get a concubine
amanchar-se *v. refl.* to lay in a slough (said of boars)
amaneirado *adj.* affected (in manners), presumptuous; finical
amaneirar-se *v. refl.* to become affected
amanequinar *v. tr.* to paint (or sculpture) from the model; to paint, to sculp, to draw artlessly
amanhã *adv.* tomorrow; ***depois de amanhã*** the day after tomorrow; ***amanhã mesmo*** tomorrow for sure; ***amanhã ou depois*** later; ***de hoje para amanhã*** from one day to the other; ***deixar para amanhã*** to leave for tomorrow; ***até amanhã*** till tomorrow; ***amanhã pode ser nunca*** tomorrow never comes; ***escreverei amanhã*** I'll write tomorrow; ***de amanhã a oito dias*** tomorrow a week
amanhação *s. f.* tillage, cultivation; dressing
amanhar Ⓐ *v. tr.* to dig, to till; to arrange, to repair Ⓑ *v. refl.* to dress badly; ***amanhar a terra*** to till the ground
amanhecer Ⓐ *v. intr.* to dawn, to begin to grow light; to begin to appear Ⓑ *s. m.* dawn; daybreak; ***ao amanhecer*** at daybreak, at dawn
amanho *s. m.* tilling, cultivation, tillage; repair; *pl.* farming tools
amaninhar Ⓐ *v. tr.* to leave untilled, sterile, unfruitful, barren Ⓑ *v. refl.* to become public (a sight-seeing place); to have no known owner
amanita *s. m.* amanita, any fungus of the genus *Amanita*
amanitina *s. f.* BIOQUÍMICA amanitine; choline
amansadela *s. f.* taming (or breaking) of a horse; ⌈pop.⌋ lesson
amansador *s. m.* tamer; ⇒ **domador**
amansar Ⓐ *v. tr.* to tame, to domesticate; to calm, to mitigate, to soften, to pacify; ***amansar a fera*** to tame the wild beast Ⓑ *v. intr.* to be tamed, to grow mild
amansia *s. f.* act, effect or way of taming
amantar Ⓐ *v. tr.* to cover with a cloak Ⓑ *v. refl.* ⇒ **amancebar-se**
amante Ⓐ *s. m. e f.* lover; NÁUTICA rope, heelrope, runner, top-rope Ⓑ *adj.* loving, fond of
amanteigado *adj.* buttery; ***queijo amanteigado*** soft (or creamy) cheese
amantelar *v. tr.* to fortify with walls, to wall in, to rampart
amantético *adj.* passionate, in love; affectionate, kind; fond of, indulgent
amantilhar *v. tr.* NÁUTICA to top the lifts
amantilho *s. m.* NÁUTICA lift, hoist
amantíssimo *adj.* most loving
amantizar-se *v. refl.* ⇒ **amancebar-se**
amanuense *s. m.* clerk, amanuensis
amaquiar-se *v. refl.* to get rich
amar *v. tr.* to love, to like; to be in love with; to be fond of; ***amar a Deus*** to love God; ***amar com ternura*** to love dearly; ***amar a nossa mãe*** to love our mother; ***amai-vos uns aos outros*** love one another
amarácino *adj.* referring to the sweet marjoram ointment
amáraco *s. m.* BOTÂNICA sweet marjoram
amarado *adj.* full of water; flooded, inundated; (of hydroplanes) afloat
amaragem *s. f.* AERONÁUTICA alighting (of an aircraft on the sea); ***amaragem forçada*** forced alighting (or descent) on the sea
amaral *s. f.* variety of Portuguese vine
amarantáceas *s. f. pl.* *Amaranthaceae*
amarantáceo *adj.* amaranthaceous
amarantina *s. f.* amarant(h)
amarantino *adj.* amarant(h)ine
amarantite *s. f.* MINERALOGIA amarantite
amaranto *s. m.* amarant(h)
amarar *v. tr.* to steer a ship (towards the offing); (of a hydroplane) to alight on water
amarasmar *v. intr.* to become apathetic
amarela *s. f.* a gold coin; a large tree *(Terminalia australis)*
amarelado *adj.* yellowish
amarelante *s. m.* ⇒ **papa-figos**
amarelão *s. m.* yellow stain on the clothes; ⌈Bras.⌋ kind of big tree
amarelar *v. tr. e intr.* ⇒ **amarelecer, amarelejar**
amarelecer Ⓐ *v. tr.* to yellow, to turn yellow, to give a yellow colour to Ⓑ *v. intr.* to grow yellow; to turn pale; to pale
amarelecimento *s. m.* yellowing
amarelejante *adj.* ⇒ **amarelado**
amarelejar *v. intr.* to grow yellow, to pale; to have a yellow colour; to take (to assume) a golden hue
amarelento *adj.* yellowish; pale
amarelidão *s. f.* yellowness, paleness
amarelinha *s. f.* BOTÂNICA black-eyed susan
amarelo Ⓐ *adj.* yellow Ⓑ *s. m.* yellow colour; ***os amarelos*** the brasses; ***tornar-se amarelo*** to get yellow; ***o perigo amarelo*** the yellow peril; ***a raça amarela*** the yellow race; ***de flores amarelas*** yellow-blossomed; ***riso amarelo*** forced smile; ***amarelo de cromo*** chrome yellow; ***amarelo de cádmio*** cadmium yellow
amarelo-canário *s. m., adj.* canary yellow
amarelo-esverdeado *s. m., adj.* greenish-yellow
amarelo-palha *s. m., adj.* straw yellow
amarelo-pálido *s. m., adj.* pale yellow
amarelo-topázio *s. m., adj.* topaz
amarelo-torrado *s. m., adj.* brownish-yellow
amarescente *adj.* bitterish, bitter
amarfalhar *v. tr.* ⇒ **amarfanhar**
amarfanhamento *s. m.* crumple; wrinkle; disorder; ill-treatment; dishevelment
amarfanhar *v. tr.* to crumple, to rumple, to wrinkle; to dishevel; to ill-treat
amarfinado *adj.* eburnine, eburnean, ivory-coloured
amargado *adj.* embittered; imbittered
amargamente *adv.* bitterly; ⌈fig.⌋ painfully, grievously
amargar Ⓐ *v. tr.* to embitter; to fill with bitterness Ⓑ *v. intr.* to pay dear for; to taste bitter; ***verdade que amarga*** bitter truth; ***há-de amargá-lo*** he will suffer for it; ***amargar o riso*** to laugh on the wrong side of one's mouth

amargo Ⓐ *adj.* bitter, acrid, sour; painful, grievous, distressing Ⓑ *s. m.* bitterness, bitter taste; *pl.* bitters
amargor *s. m.* bitterness
amargosamente *adv.* bitterly
amargoseira *s. f.* pride of China (ornamental tree)
amargoso *adj.* bitter
amargura *s. f.* bitterness; acerbity; acridity; pain, grief, sorrow
amarguradamente *adv.* ⇒ **amargamente**
amargurado *adj.* afflicted, troubled, distressed, painful, grievous
amargurar Ⓐ *v. tr.* to afflict, to grieve, to pain, to distress Ⓑ *v. refl.* to mourn, to sorrow; to repine
amaricado *adj.* effeminate, womanish, unmanly
amaricante *adj.* ⇒ **amargoso**
amariçar *v. intr.* to get close together (cattle)
amaricar-se *v. refl.* to become effeminate (womanish)
amariço *s. m.* cattle-pen
amaridar Ⓐ *v. intr.* to be intimate with a person Ⓑ *v. tr.* to give a husband to
amarídeo *s. m.* bitter
amarilha *s. f.* mumps (of animals)
Amarilidáceas *s. f. pl.* BOTÂNICA *Amarylidaceae*
amarílide *s. f.* BOTÂNICA amaryllis
amarílis *s. f.* BOTÂNICA amaryllis
amarina *s. f.* QUÍMICA amarine
amaríneo *adj.* containing bitter substances
amarinhar Ⓐ *v. tr.* to man a ship; to equip (a ship) with a crew; to command a ship Ⓑ *v. refl.* to engage as a sailor; to sign up as a sailor, to get accustomed to the sea
amarissar *v. intr.* ⇒ **amarar**
amaríssimo *adj.* very bitter; most bitter
amaritude *s. f.* ⇒ **amargor**
amarizar *v. intr.* ⇒ **amarar**
amaro *adj.* bitter; [poét.] grievous
amarotado *adj.* roguish, naughty
amarotar-se *v. refl.* to become roguish or naughty
amarra *s. f.* NÁUTICA cable, fast; support, aid, protection; ***estar seguro a duas amarras*** to have two strings to one's bow; ***amarra da corrente*** mooring-chain; ***amarra de serviço*** bower cable; ***amarra para a terra*** shore fast; ***amarras*** ground tackles, moorings; ***amarra mestra*** sheet-cable; ***amarra de proa*** bowfast, headfast; ***amarra bem mordida*** good nip; ***amarra mal mordida*** bad nip; ***largar as amarras*** to cast off
amarração *s. f.* NÁUTICA hawse, mooring; ***amarração fixa*** mooring; ***amarração com voltas*** foul hawser; ***mudar de amarração*** to shift the anchorage
amarradoiro *s. m.* ⇒ **amarradouro**
amarrador Ⓐ *adj.* fastening, binding, mooring Ⓑ *s. m.* person who (or thing that) fastens (ties, moors)
amarradouro *s. m.* berth, moorings
amarradura *s. f.* hawser
amarrar *v. tr. e refl.* to fasten, to tie, to bind; NÁUTICA to moor, to secure, to belay, to lash; ***amarrar-se ao trabalho*** to keep one's nose to the grindstone; ***amarrar um navio*** to moor a vessel
amarrecado *adj.* humpbacked
amarrecar *v. tr. e intr.* to hump; to stoop; to hunch
amarreta *s. f.* cablet
amarroado *adj.* downcast, discouraged, spiritless, melancholic; obstinate
amarroar *v. intr.* to be discouraged (downhearted, spiritless); to beat with a sledgehammer
amarroquinado *adj.* like Morocco leather
amarrotado *adj.* crumpled, wrinkled; dog-eared (leaves of a book)
amarrotamento *s. m.* crumpling
amarrotar *v. tr.* to crumple, to wrinkle, to rumple
amartelado *adj.* conquered, brought down, abated; beaten by a hammer
amartelar *v. tr.* to hammer; to pester, to tease
amarugem *s. f.* bitter(ish) taste
amarugento *adj.* tasting (or becoming) somewhat bitter
amarujar *v. intr.* to taste slightly bitter; to become somewhat bitter
amarulento *adj.* very bitter, full of bitterness
amarume *s. m.* bitter taste, bitterness
ama-seca *s. f.* dry nurse, baby sitter; nursery maid; nanny
amásia *s. f.* mistress, concubine
amasiar-se *v. refl.* to take a mistress, to live in concubinage
amasio *s. m.* concubinage
amásio *s. m.* lover, man who keeps a woman
amasónia *s. f.* any plant of the genus *Amasonia*
amassadeira *s. f.* kneading-trough, kneading-machine; baker (woman)
amassadela *s. f.* kneading; squashing
amassadia *s. f.* variety of spade
amassadoiro *s. m.* ⇒ **amassadouro**
amassador *s. m.* kneader; ***amassador mecânico*** pug-mill; ***amassador de betão*** concrete mixer
amassadouro *s. m.* kneading-trough
amassadura *s. f.* kneading; baking; squashing
amassamento *s. m.* kneading; ⇒ **amassadura**
amassar *v. tr.* to knead; to work up; to mix, to temper (plaster, mortar); to depress; ***comer o pão que o Diabo amassou*** to lead a hard life
amassaria *s. f.* bake-house
amassilho *s. m.* quantity of flour to be kneaded; kneading-machine
amastia *s. f.* absence of nipples in certain mamals
amastozoários *s. m. pl.* ZOOLOGIA nippleless mammalia
amatalar *v. tr.* to cover with sores (draught or pack animal)
amatalotar Ⓐ *v. tr.* to lodge sailors in one compartment Ⓑ *v. refl.* to enlist as a sailor, to become a sailor; to go to sea
amatilhar *v. tr.* to pack (hounds); to join, or to associate with bad companions
amatividade *s. f.* amativeness
amativo *adj.* loving, affectionate; amative
amatório *adj.* amatory, erotic
amatular-se *v. refl.* to associate with bad companions
amatutar-se *v. refl.* to become boorish, rustic
amaurose *s. f.* MEDICINA amaurosis (loss of sight)
amaurótico Ⓐ *adj.* amaurotic Ⓑ *s. m.* person suffering from amaurosis
amável *adj.* kind, affable, amiable, lovable; friendly, courteous, polite; ***você é muito amável*** you are very kind
amavelmente *adv.* kindly, affably
amavios *s. m. pl.* love potion, philtre; means of seduction; charms; incantations, allurements
amavioso *adj.* seductive, alluring; gentle, delicate; amiable
amaxofobia *s. f.* morbid fear of moving vehicles
amaxófobo *s. m., adj.* having morbid fear of moving vehicles
amazelar-se *v. refl.* to be covered with sores
amazona *s. f.* Amazon; female warrior; horsewoman; ***traje de amazona*** riding-habit
amazonense *s. m. e f., adj.* Amazonian
amazónico *adj.* ⇒ **amazonense**
amazónio *adj.* ⇒ **amazonense**
amazonite *s. f.* MINERALOGIA amazonite, green feldspar; amazon-stone
amazorrado *adj.* sullen, melancholic
ambaca *s. m.* [Ang.] man belonging to the Ambaca tribe
ambages *s. m. pl.* intricate ways; circulation; ambages
ambagioso *adj.* ambagious; [fig.] circuitous
ambaquista *s. m. e f.* related to the Ambaca tribe
âmbar *s. m.* amber; ***âmbar virgem*** ambergris
ambarado *adj.* amber-coloured
ambárico *adj.* ⇒ **ambarino**

ambarina *s. f.* QUÍMICA ambrein
ambarino *adj.* relating to amber
ambição *s. f.* ambition; aspiration; ***ter ambições*** to fly high, to be ambitious
ambicionar *v. tr.* to desire, to aspire to, to hanker after, to covet
ambiciosamente *adv.* ambitiously
ambicioso *adj.* ambitious, highflying; ***ambicioso de*** ambitious for; ***uma tentativa ambiciosa*** an ambitious attempt
ambiciúncula *s. f. dim. de* **ambição**
ambidestria *s. f.* ambidexterity, ambidextrousness
ambidestrismo *s. m.* ambidexterity, ambidextrousness
ambidestro *adj.* ambidexter
ambidextria *s. f.* ambidexterity
ambidextrismo *s. m.* ambidexterity
ambidextro Ⓐ *adj.* ambidext(e)rous Ⓑ *s. m.* ambidexter
ambiência *s. f.* ambiency, atmosphere
ambientalista Ⓐ *s. m. e f.* environmentalist, conservationist Ⓑ *adj.* environmental, conservational; ***grupo ambientalista*** environmental organization
ambientar Ⓐ *v. tr.* to form an atmosphere, to form favourable conditions; to adapt, to accustom to an environment Ⓑ *v. refl.* to adapt oneself (to get used) to an environment
ambiente Ⓐ *s. m.* atmosphere; sphere, circle; scene; surroundings, milieu; environment Ⓑ *adj.* ambient, surrounding, environmental, encircling; ***mudança de ambiente*** a change of scene; ***ambiente desordeiro*** a bear-garden; ***ambiente doméstico*** home environment; ***ar ambiente*** surrounding atmosphere; ***temperatura ambiente*** room temperature
ambiesquerdo *adj.* awkward, clumsy, unskilful
ambigenia *s. f.* hybridity
ambígeno *adj.* hybrid, ambigenous
ambiguidade *s. f.* ambiguity, ambiguousness; amphibology; double meaning; doubt; uncertainty
ambíguo *adj.* ambiguous, doubtful, obscure
ambila *s. f.* a kind of big tree in Mozambique, used for making furniture, buildings, etc
ambilateral *adj.* ⇒ **bilateral**
ambílevo *adj.* ⇒ **ambissinistro**
ambíope *adj.* suffering from diplopia
ambiopia *s. f.* ⇒ **diplopia**
ambíparo *adj.* BOTÂNICA ambiparous
ambisséxuo *adj.* bisexual
ambissinistro *adj.* double left-handed; unable to use either hand correctly
âmbito *s. m.* ambit, circuit; bounds; extent, scope; sphere of action
ambivalente *adj.* ambivalent
ambívio *s. m.* road crossing; crossway, crossroad(s)
ambligonita *s. f.* MINERALOGIA amblygonite
amblígono *adj.* obtuse-angled
amblíope *s. m. e f.* person suffering from amblyopia (weak-sightedness)
ambliopia *s. f.* MEDICINA amblyopia (weak-sightedness)
ambó *s. m.* ⇒ **mangueira, manga**
ambos *pron. indef.* both; ***nós ambos*** both of us; ***de ambos os lados*** on both sides; ***ambos os sócios têm o direito de assinar*** both partners are entitled to sign
ambotraço *s. m.* duplicator (an instrument for writing in duplicate)
ambrar Ⓐ *v. tr.* ⇒ **ambrear** Ⓑ *v. intr.* to walk or dance with waggling (wiggling, swaying or waddling) motion
ambreada *s. f.* artificial amber
ambreado *adj.* of a light amber colour
ambrear *v. tr.* to give the colour of amber to; to perfume with amber
ambreta *s. f.* BOTÂNICA muskmallow, abelmosk
ambrósia *s. f.* ambrosia (the food of the gods); anything having a delicious taste; BOTÂNICA ambrose
Ambrosiáceas *s. f. pl. Ambrosiaceae*
ambrosíaco *adj.* ambrosial; delicious
ambrosiano *adj.* ambrosian; of (pertaining to or instituted by) St. Ambrose
ambrosino *adj.* ⇒ **ambrosíaco**
ambrósio *adj.* ⇒ **ambrosíaco**
âmbula *s. f.* ampulla, phial
ambulação *s. f.* roving; wandering; stroll
ambulacrário *adj.* ambulacral
ambulacro *s. m.* ambulacrum; ambulacral sucker; plantation of trees in regular rows
ambulância *s. f.* ambulance, mobile hospital; mail-van; NÁUTICA dispensary; ***ambulância postal*** mail-van
ambulante *adj.* moving, strolling; ***vendedor ambulante*** hawker, peddlar, ⌈fam.⌋ cheap Jack
ambular *v. intr.* to rove; to wander; to stroll, to ambulate
ambulativo *adj.* ambulatory, ambulant; roving; wandering, vagrant; movable, moving; unsteady
ambulatório *adj.* ambulatory
ambulatriz *s. f.* HISTÓRIA Roman street prostitute
ambulípede *adj.* with feet good for walking
Amburbiais *s. f. pl.* Roman feasts (in which the victim was driven, in procession, along the streets)
ambustão *s. f.* MEDICINA ambustion, cauterization
ameaça *s. f.* threat, menace; foreboding
ameaçado *adj.* threatened, menaced; ***está ameaçado de morte*** he is threatened with death
ameaçador Ⓐ *adj.* threatening, menacing Ⓑ *s. m.* threatener
ameaçadoramente *adv.* threateningly, menacingly
ameaçante *s. m. e f., adj.* ⇒ **ameaçador**
ameaçar *v. tr.* to threaten, to menace; ***ameaça chuva*** there is a threat of rain, it looks like rain; ***ameaçou-me de morte*** he threatened me with death; ***ameaçou-me com o punho*** he shook his fist at me
ameaço *s. m.* threat; symptom (of a disease)
ameado *adj.* battlemented
amealhador *s. m.* thrifty person
amealhar *v. tr.* to hoard money in a money-box; to save, to economize; to bargain; to divide into small shares or portions
amear *v. tr.* to embattle
ameba *s. f.* ZOOLOGIA ameba, amoeba
amebeu *adj.* amoebaean, amebean
amebíase *s. f.* MEDICINA amebiasis, amebiosis
amebiforme *adj.* changing its shape like an ameba
amebóide *adj.* similar to an ameba
amedalhar *v. tr.* to shape like a medal
amedrontador Ⓐ *adj.* frightening, scaring Ⓑ *s. m.* frightener, intimidator, scarer
amedrontamento *s. m.* frightening, scaring, fear
amedrontar Ⓐ *v. tr.* to frighten, to scare, to scare away; to intimidate Ⓑ *v. refl.* to be afraid
ameia *s. f.* battlement
ameiar *v. tr.* ⇒ **amear**
ameigador Ⓐ *adj.* fondling, caressing; appeasing Ⓑ *s. m.* fondler, caresser; appeaser
ameigar *v. tr.* to fondle, to pet, to caress
amêijoa *s. f.* cockle; ***concha da amêijoa*** cockleshell
ameijoada *s. f.* a cockle stew; fold; pasture ground; the hunter's watch for his prey; licentious life
ameijoar Ⓐ *v. tr.* to fold (cattle), to pen Ⓑ *v. intr.* to go to the fold or pasture-ground at night
ameijoeira *s. f.* implement used in the Algarve for fishing cockles
ameixa *s. f.* plum; ***ameixa seca*** prune, dried plum
ameixial *s. m.* ⇒ **ameixoal**
ameixieira *s. f.* ⇒ **ameixoeira**
ameixoal *s. m.* plum-tree orchard

ameixoeira *s. f.* plum-tree
amelaçar *v. tr.* to colour like syrup or molasses; to make syrup or molasses of; to sweeten with (or as with) syrup
amelado *adj.* honey-coloured
amelia *s. f.* amelia
ameloado *adj.* melon-like
amelopia *s. f.* diminishing sight; partial loss of sight
amelópico *adj.* suffering from or relating to the diminishing or partial loss of sight
amém! Ⓐ *interj.* so be it! Ⓑ *s. m.* amen
amembranado *adj.* resembling a membrane
ámen! *s. m., adj.* ⇒ **amém!**
amência *s. f.* ⇒ **demência**
amendina *s. f.* albuminoid substance contained in the almond
amêndoa *s. f.* almond; kernel (of the almond-tree); ***as amêndoas*** Easter gifts; ***amêndoa torrada*** crisp almond
amendoada *s. f.* emulsion of almonds; sweet made of almonds and eggs
amendoado *adj.* almond-like; prepared with almonds
amendoal *s. m.* plantation of almond-trees
amendoeira *s. f.* BOTÂNICA almond-tree; ***amendoeiras floridas*** almond-trees in bloom
amendoim *s. m.* peanut; monkey nut; ground nut
amendoína *s. f.* cosmetic made of almond oil
amenidade *s. f.* amenity, pleasantness, agreeableness; *pl.* pleasant ways
ameninado *adj.* childish, childlike; feeble, weak
ameninar-se *v. refl.* to become (or to act) childishly; to rejuvenate, to rejuvenize
amenista *s. m. e f.* person who agrees (says yes or amen to everything); a condescending person
amenizador Ⓐ *adj.* softening, easing, soothing, appeasing Ⓑ *s. m.* softener, easer, soother, appeaser
amenizar *v. tr.* to make pleasant (or agreeable); to soften, to ease, to soothe, to appease; ***amenizar a vida*** to oil the wheels of life
ameno *adj.* pleasant, agreeable, delightful; mild
amenorreia *s. f.* amenorrhoea
amenorreico *adj.* amenorrhoeal
amenta *s. f.* remembrance, reminiscence; prayer for the dead; conjuration; offering given to the priest on All-Souls' Day
amentáceo *adj.* catkinlike; amental
amentador *s. m.* reminder; person who prays for the dead; conjurer
amentar *v. tr.* to deprive of reason; to remind, to remember; to pray for the dead; to conjure; to tie down with leather straps
amentífero *adj.* BOTÂNICA amentiferous
amentiforme *adj.* BOTÂNICA amentiform
amentilho *s. m.* BOTÂNICA ament; amentum
amento *s. m.* ⇒ **amentilho**
amerceador *s. m.* pardoner, compassionate person; pitier
amerceamento *s. m.* pity, compassion; pardon
amercear Ⓐ *v. tr.* to pardon Ⓑ *v. refl.* to take pity
americana *s. f.* four-wheeled carriage
americanada *s. f.* [depr.] typical American action (or way of proceeding)
americanice *s. f.* [depr.] characteristic American action or idea
americanismo *s. m.* Americanism
americanista *s. m. e f.* pro-American
americanização *s. f.* Americanization
americanizar *v. tr. e refl.* to Americanize
americano *s. m., adj.* American
americanófilo *s. m., adj.* Americophile
americanófobo *s. m., adj.* Americophobe
amerício *s. m.* trans-uranium element
americomania *s. f.* Americomania (a craze for what is American; excessive attachment to America)
ameríndio *s. m.* American Indian
amerissar *v. intr.* AERONÁUTICA to alight on the water
amerujar *v. tr.* ⇒ **merujar**
amesendar-se *v. refl.* to sit down (comfortably) at table; to make oneself comfortable
amesquinhado *adj.* disparaged, depreciated; humbled, humiliated; wretched
amesquinhador Ⓐ *adj.* depreciative; humiliatory Ⓑ *s. m.* depreciator; humbler; miser
amesquinhamento *s. m.* depreciation; humiliation; wretchedness; closefistedness; miserliness; stinginess
amesquinhar *v. tr.* to disparage, to depreciate; to humble, to humiliate
amestiçado *adj.* crossbred, half-bred; ZOOLOGIA mongrel
amestrado *adj.* trained; instructed; domesticated
amestrador *s. m.* trainer
amestramento *s. m.* training, instruction; domestication, teaching
amestrar Ⓐ *v. tr.* to train, to instruct Ⓑ *v. refl.* to exercise oneself, to practise, to learn; ***amestrar um cavalo*** to train a horse, to break in a horse
ametalar *v. tr.* to mix with metal; to adorn with metal; to give the appearance of metal to
ametista *s. f.* MINERALOGIA amethyst
ametístea *s. f.* BOTÂNICA a plant of the mint family *(Amethystia coerulea)*
ametístico *adj.* amethystlike; amethystine
ametria *s. f.* lack of measure; MEDICINA ametria
amétrico *adj.* having no measure; MEDICINA having no uterus
ametrope *s. m. e f., adj.* (person) suffering from ametropia
ametropia *s. f.* MEDICINA ametropia
amezinhador *s. m.* he (she) who practises household medicine
amezinhar *v. tr.* to treat or heal with household medicines
amezinhável *adj.* that can be treated with a home remedy
âmi *s. f.* ammi
amial *s. m.* alder-grove
amiantáceo *adj.* of asbestos
amiantino *adj.* of asbestos
amianto *s. m.* amianthus, asbestos
amiba *s. f.* ⇒ **ameba**
amibóide *adj.* ⇒ **amebóide**
amical *adj.* amical, friendly
amichelar *v. tr.* NÁUTICA to fasten the anchor to the chain with another cable for surety
amicíssimo *adj.* most intimate, very friendly, very fond of
amicto *s. m.* amice
amictório *s. m.* HISTÓRIA a kind of veil the Roman maidens covered their breasts with
amículo *s. m.* small dress or veil, sort of mantilla
amida *s. f.* QUÍMICA amylamine
amidálico *adj.* amylic
amidina *s. f.* amyl
amido *s. m.* starch; amyl; ***amido de batata*** potato starch
amidogénio *s. m.* QUÍMICA amidogen
amidol *s. m.* QUÍMICA Amidol
amidoleucito *s. m.* amidoleucite
amidoplastídio *s. m.* amidoleucite
amieira *s. f.* ⇒ **amieiro**
amieiral *s. m.* ⇒ **amial**
amieiro *s. m.* BOTÂNICA alder
amielencefalia *s. f.* amyelencephaly
amielencéfalo *s. m., adj.* amyelencephalic
amielia *s. f.* deformity characterized by the absence of the spinal medulla
amiélico *s. m.* amyelous
amielotrofia *s. f.* amyelotrophy

amiga s. f. friend; [fig.] lover, mistress, concubine
amigação s. f. concubinage
amigado adj. living in concubinage
amigalhaço s. m. old chap; [fam.] old pal
amigalhote s. m. fair-weather friend
amiganço s. m. ⇒ **amigação**
amigar-se v. refl. to live in concubinage
amigável adj. friendly, amiable, amicable
amigavelmente adv. amicably; in a friendly way
amígdala s. f. ANATOMIA tonsil, amygdal
Amigdaláceas s. f. pl. *Amygdalaceae*
Amigdáleas s. f. pl. *Amygdalaceae*
amigdalífero adj. amygdaliferous
amigdaliforme adj. amygdaliform
amigdalina s. f. QUÍMICA amygdalin
amigdalino s. m. QUÍMICA amygdaline
amigdalite s. f. MEDICINA amygdalitis, consillitis
amigdalóide adj. amygdaloid
amigdalotomia s. f. CIRURGIA amygdalotomy
amigo Ⓐ s. m. friend; [fig.] lover Ⓑ adj. friendly, kind, fond of; favourable, propitious; ***um amigo dedicado*** a faithful friend; ***fazer amigos*** to make friends; ***amigo influente*** a friend at court; ***amigo verdadeiro*** steady friend, true friend; ***um amigo íntimo*** a bosom friend, a close friend; ***prezado amigo*** esteemed friend; ***amigo de Peniche*** fair-weather friend; ***ter cara de poucos amigos*** to have an unfriendly look; ***um amigo leal*** a fast friend, a loyal friend; ***amigos, amigos, negócios à parte*** business is business, friendship is friendship; ***no aperto e no perigo é que se conhece o amigo*** a friend in need is a friend indeed; ***como amigo as*** a friend; ***ser amigo de*** to be fond of, to like; ***ele é amigo de flores*** he likes flowers, he is fond of flowers; ***as boas contas fazem os bons amigos*** short reckonings make long friends; ***os nossos amigos são, às vezes, os nossos piores inimigos*** save me from my friends!; ***da parte de um amigo*** from a friend; ***amigos íntimos*** great friends; ***ele tem muitos amigos*** he has lots of friends; ***um amigo digno*** a worthy friend; ***amigo fiel*** staunch friend; [coloq.] ***amigo da onça*** false friend; ***que amigo da onça me saíste!*** a fine friend you are!; ***amigo do peito*** bosom pal
amiláceo adj. amylaceous, starchy
amílase s. f. BIOQUÍMICA amylase
amilhar Ⓐ v. tr. to feed with maize Ⓑ v. intr. to include maize in the ration
amílico adj. amylic
amilífero adj. amyliferous
amílio s. m. amyl
amilo s. m. ⇒ **amílio**
amilóide adj. amyloid
amiloleucito s. m. ⇒ **amidoleucito**
amiloplastídio s. m. ⇒ **amidoleucito**
amilopsina s. f. BIOQUÍMICA amylopsin, panchreatic amylase
amilose s. f. QUÍMICA amylose
amimado adj. fondled, petted, caressed; spoiled; ***criança amimada*** a spoilt child
amimador s. m. fondler, caresser
amimalhar v. tr. to spoil, to coddle, to mollycoddle, to pamper; to indulge, to overindulge (a person)
amimar v. tr. to fondle, to caress, to coddle, to cosset, to blandish, to pet; to spoil (by over-indulgence), to indulge; ***ela amima muito os filhos*** she spoils her children
amimia s. f. MEDICINA amimia
amina s. f. amine
aminácido s. m. amino acid
aminoácido s. m. amino acid
aminol s. m. colourless liquid, with an unpleasant smell, used as antiseptic
amíntico adj. preservable; fortifiable, defendable
âmio-maior s. m. ⇒ **âmi**
amiostasia s. f. amyostasia
amiosténico adj. MEDICINA amyosthenic
amiotaxia s. f. MEDICINA amyotaxia
âmio-vulgar s. m. ⇒ **âmi**
amir s. m. emir
amiserar v. tr. e refl. to have (to take) pity (upon, on), to feel sorry for; to lament over, to wail
amissão s. f. loss
amissibilidade s. f. amissibility
amissível adj. susceptible of being lost
amistar Ⓐ v. tr. to make a friend of Ⓑ v. refl. to reconcile oneself
amistoso adj. friendly; ***ter relações amistosas com*** to have friendly relations with
amisular v. tr. ARQUITECTURA to provide with bracketing
amitose s. f. BIOLOGIA amitosis
amiudadamente adv. frequently
amiudado adj. frequent; ***amiudadas vezes*** very often
amiudar v. tr. to do often; to redouble; to repeat
amiúde adv. often, frequently
amixia s. f. loss of the faculty of procreating
amizade s. f. friendship, friendliness, affection; amity; ***cultivar a amizade*** to cultivate friendship; ***quebrar a amizade*** to break off friendship; ***amizade íntima*** intimacy; ***fazer amizades*** to make friends
amnésia s. f. MEDICINA amnesia (loss of memory)
amnesiar v. tr. MEDICINA to cause amnesia
amnésico adj. MEDICINA amnesic
amnéstico adj. MEDICINA amnestic, amnesic; causing amnesia
amniado adj. amniota, amniote
amnícola adj. amnigenous, living at the sides of rivers
âmnio s. m. ANATOMIA amnion
amniota s. m. amniota, amniote
amnistia s. f. amnesty; Act (Bill) of oblivion; general pardon; ***Amnistia Internacional*** Amnesty International
amnistiar v. tr. to amnesty, to give amnesty to; to pardon
amo s. m. master; owner, landlord; [fam.] governor; boss
amocambar v. tr. to shelter (or take refuge) in the woods (said of fugitive slaves or stray cattle); to withdraw, to retire, to seclude
amocar v. tr. to beat with a club; to hide
amochar-se v. refl. to withdraw, to retire, to seclude; to take shelter, to hide
amodernar v. tr. to make fashionable; to modernize
amódita adj. said of a living animal or vegetable buried in sand
amodorradamente adv. drowsily, sleepily
amodorrado adj. drowsy, sleepy, lethargical
amodorrar Ⓐ v. tr. to make drowsy Ⓑ v. refl. to become sleepy (drowsy, lethargic)
amoedação s. f. coinage, coining
amoedar v. tr. to mint, to coin; to reduce to a coin
amoedável adj. coinable, that can (or may) be minted
amofinação s. f. vexation; repining, affliction, uneasiness, fretfulness, mortification, trouble, agitation, grief, sorrow, distress; torment; plague, annoyance, nuisance, curse
amofinado adj. vexed; tormented, harassed, afflicted; worried, grieved; upset, jittery, fretful; distressed, irritated
amofinador s. m. tormenter
amofinar Ⓐ v. tr. to vex, to torment, to harass Ⓑ v. refl. to fret, to repine; to be vexed; ***não se amofine!*** relax!, take it easy!
amofinativo adj. tormenting
amoinar v. intr. to loaf, to be idle; to beg
amoirar v. tr. ⇒ **amouriscar**
amoiriscado adj. ⇒ **amouriscado**
amoiriscar v. tr. ⇒ **amouriscar**
amoitar-se v. refl. to hide oneself

amojar *v. intr.* to swell, to fill (to be filled) with milk (said of the breasts or the udder)
amojo *s. m.* swelling (or hardening) of the udder or breasts with milk
amojudo *adj.* with big breasts or teats
amolação *s. f.* grinding; sharpening; whetting; [coloq.] annoyance; ***que amolação!*** what a nuisance!
amoladeira *s. f.* grindstone; grinding-machine
amoladela *s. f.* act of sharpening or grinding; ⇒ **amoladura**; [fig.] punishment
amolador *s. m.* grinder, whetter; ***amolador de facas e navalhas*** knife-grinder
amoladura *s. f.* grinding, sharpening, whetting; ***amoladura de uma superfície cónica*** cone (or taper) grinding
amolancar *v. tr.* to soften, to molify; to enfeeble
amolar Ⓐ *v. tr.* to grind, to sharpen, to whet; to harass; to bother, to annoy, to pester; to put in a fix Ⓑ *v. refl.* to worry; ***não me amole!*** leave me alone!, don't be a nuisance!
amolaxar *v. tr.* ⇒ **amolgar**
amoldar Ⓐ *v. tr.* to mould, to cast in a mould; to shape; to adjust, to adapt; to frame Ⓑ *v. refl.* to accustom oneself to, to get used to
amoldável *adj.* mouldable; adaptable
amoldurar *v. tr.* ⇒ **moldurar**
amolecar Ⓐ *v. tr.* to ill-treat, to treat unbecomingly; to ridicularize; to lower, to degrade Ⓑ *v. refl.* to become mischievous
amolecedor *s. m., adj.* softening; softener, mollifier
amolecer Ⓐ *v. tr.* to soften, to mollify; to make soft Ⓑ *v. intr.* to be touched; to effeminate
amolecido *adj.* softened; moved; touched
amolecimento *s. m.* softening; mollification; ***amolecimento cerebral*** softening of the brain; ***amolecimento dos ossos*** softening of the bones
amolegar *v. tr.* to crush, to crash; to soften
amolengar *v. tr.* ⇒ **amolecer**
amolentar *v. tr.* ⇒ **amolecer**
amolgadela *s. f.* squashing, bruise, flattening, crushing, indentation, notch, jag
amolgado *adj.* squashed, smashed, crushed; battered
amolgadura *s. f.* squashing, crush; indentation
amolgamento *s. m.* squashing, crush; indentation
amolgar *v. tr.* to squash, to crush, to bruise; to indent; to flatten; to disconcert; to abash
amolgável *adj.* that can (or may) be crushed (squashed, beaten, subdued, forced, etc.)
Amomáceas *s. f. pl.* *Amomaceae*
amomáceo *adj.* related to amomum
amomo *s. m.* amomum
amónia *s. f.* QUÍMICA ammonia
amoniacado *adj.* QUÍMICA ammoniacal
amoniacal *adj.* QUÍMICA ammoniac(al)
amoníaco Ⓐ *s. m.* QUÍMICA ammonia (of commerce) Ⓑ *adj.* ⇒ **amoniacal**; QUÍMICA ***sal amoníaco*** salt ammoniac; ***amoníaco cáustico*** caustic ammonia; ***goma amoníaca*** gum ammoniac
amonímetro *s. m.* QUÍMICA ammometer
amónio *s. m.* QUÍMICA ammonium
amonita *s. f.* ammonite
amonite *s. f.* PALEONTOLOGIA ammonite, snakestone
amoniúria *s. f.* MEDICINA ammoniuria
amonização *s. f.* ammonification
amonizante *adj.* ammonifying
amontado *adj.* said of a domestic stray animal that runs wild again; wretched
amontanhar Ⓐ *v. tr.* to accumulate, to heap up Ⓑ *v. intr.* to rise like a mountain
amontar *v. tr.* to heap, to shape like a heap; to go (or to allow to go) up a hill or mountain; to run away and run wild
amontijar *v. tr.* to form small mounds (by digging)
amontilhar *v. tr.* ⇒ **amontijar**
amontoa *s. f.* action of getting the earth close to the roots
amontoação *s. f.* ⇒ **amontoamento**
amontoado Ⓐ *s. m.* heap, pile, mass Ⓑ *adj.* heaped up, piled up
amontoador *s. m.* heaper, accumulator
amontoamento *s. m.* heap, pile, accumulation
amontoar *v. tr.* to heap up, to pile up; to accumulate; to collect, to amass; AGRICULTURA to raise in a mound
amonturar *v. tr.* to heap, to pile up (dung, dirt, filth)
amoque *s. m.* amuck, amok
amor *s. m.* love, affection, affectionate regard, tenderness, attachment, devotion; good-will, benevolence, friendship, kindness, charity; fondness, delight; ***não morremos de amor um pelo outro*** there's no love lost between us; ***um amor e uma cabana*** love in a cottage; ***um amor de criança*** a lovable child; ***casamento por amor*** love-match; ***prenda de amor*** love-token; ***pelo amor de Deus!*** for God's sake!; ***ela é um amor*** she is a dear; ***por amor da justiça*** for justice's sake; ***morrer de amores*** to be love-sick; ***é como o amor*** it's lovelike; ***amor com amor se paga*** one good turn deserves another; ***o amor é cego*** love is blind; ***amor querido*** sweet love; ***desiludido do amor*** crossed in love; ***amor à primeira vista*** love at first sight; ***amor de um dia*** dwarf glory-bind; ***amor platónico*** Platonic love; ***estar a morrer de amores por alguém*** to be dying of love for someone; ***não ter amor à vida*** to be reckless (heedless); ***perdido de amor*** head over heels in love; ***simpatia é quase amor*** to like is almost to love; ***ter amor à pele*** to be careful of one's skin, to be wary of danger; ***viver de amor e brisas*** to live on bread and cheese and kisses; ***sem amor*** loveless; ***que amor!*** what a darling!, how charming!, how delightful!
amora *s. f.* mulberry; ***amora silvestre*** blackberry; ***amora vermelha*** the roseleaf raspberry
amorado *adj.* mulberry-coloured
amor-agarrado *s. m.* the mountainrose coralvine
amoral *adj.* amoral
amoralidade *s. f.* lack of morality
amoralismo *s. m.* an amoral action; amoralism
amoralizar *v. tr.* to deprive of moral
amorangado *adj.* strawberry-like
amorável *adj.* loving; caressing, gentle, inclined to love
amoravelmente *adv.* lovingly, gently; dearly
amorcegar *v. tr. e intr.* ⇒ **morcegar**
amor-crescido *s. m.* the jump-up-and-kiss-me or shaggy portucala
amordaçar *v. tr.* to gag; to silence; to put to silence, to muzzle, to muffle
amor-das-onze-horas *s. m.* the common star-of-Bethlehem
amor-de-hortelão *s. m.* goose-grass
amor-de-moça *s. m.* yellow cosmos
amor-de-negro *s. m.* [Bras.] Paraguay starbur
amor-de-vaqueiro *s. m.* a tickclover
amor-dos-homens *s. m.* confederate rose
amoreia *s. f.* [Bras.] name of a kind of fish
amoreira *s. f.* BOTÂNICA mulberry tree
amoreiral *s. m.* plantation of mulberries
amorenar *v. refl. e intr.* to become tawny, to tan
amores *s. m. pl.* love affairs
amorfia *s. f.* amorphy, amorphism
amórfico *adj.* amorphous
amorfismo *s. m.* ⇒ **amorfia**
amorfo *adj.* amorphous, shapeless, formless
amoricos *s. m. pl.* amourettes, petty love affairs
amorífero *adj.* causing or provoking love
amorim *adj.* amorim (variety of pear tree)

amorinhos *s. m. pl.* ⇒ **amoricos**
amorio *s. m.* love-making; courtship
amoriscado *adj.* loverly
amoriscar-se *v. refl.* to fall in love
amorismo *s. m.* tendency to love; cult
amormado *adj.* VETERINÁRIA glandered; feeling sick
amornado *adj.* lukewarm
amornar *v. tr.* to warm up, to make lukewarm
amornecer *v. tr.* ⇒ **amornar**
amorosamente *adv.* amorously, lovingly
amorosidade *s. f.* lovingness, affectionateness, fondness; gentleness; mildness; smoothness; softness; amorosity
amorosinho *adj.* very soft
amoroso *adj.* loving; in love; kind; mild; amorous
amor-perfeito *s. m.* BOTÂNICA pansy, heart's ease; ***amor perfeito azul*** the altai violet; ***amor-perfeito da China*** the blue torenia
amor-próprio *s. m.* self-esteem; self-love; self-respect; pride; amour-propre
amorrinhar-se *v. refl.* VETERINÁRIA to get murrain; to grow feeble, to enfeeble
amorroar *v. intr.* to burn (the fire) with difficulty
amorsegar *v. tr.* to bite off; to tear off with the teeth
amortalhadeira *s. f.* she who shrouds (corpses) for burial
amortalhador *s. m.* he who shrouds (corpses) for burial
amortalhamento *s. m.* shrouding
amortalhar *v. tr.* to shroud, to lay out a corpse (for burial); [fig.] to cover with a white layer
amortecedor *s. m.* shock-absorber; damper; muffler (of sound); ***amortecedor de direcção*** spring ball joint of steering-gear; ***amortecedor pneumático*** pneumatic shock-absorber
amortecer Ⓐ *v. tr.* to benumb; to absorb; to deaden (sounds); to damp; to slacken; to weaken, to abate; to dull; to grow dim; to flatten; to allay; to appease, to calm, to lessen Ⓑ *v. intr.* to die away; to faint; ***amortecer os choques*** to absorb the shocks; ***amortecer as oscilações*** to damp the oscillations
amortecido *adj.* weak, dim, dull; deadened; muffled, fainted away; ***luz amortecida*** faint light, a glimmer
amortecimento *s. m.* deadening, weakening; ***amortecimento dos choques*** shock absorption, damping of blows
amortiçar *v. tr. e refl.* to deaden; to debilitate, to weaken, to lessen; to soften, to mitigate, to diminish, to benumb, to grow torpid; to dampen (sound); to dim (light); to absorb (shock)
amortização *s. f.* amortization, paying off gradually (a debt); ***caixa de amortizações*** sinking-fund; ***amortização de um empréstimo*** amortization (sinking, or paying off) of a loan; ***amortização da dívida pública*** sinking (redemption, or paying off) of the national (public) debt
amortizar *v. tr.* to pay gradually (a debt); to amortize, to alienate in mortmain; ***amortizar um débito*** to sink (to redeem) a debt
amortizável *adj.* amortizable, that can be paid off
amorudo *adj.* inclined to love; in love
amossadela *s. f.* crushing
amossar *v. tr.* to crush, to crumple, to bump; to blunt, to fissure, to notch
amossegar *v. tr.* to crush, to crumple, to bump; to blunt, to fissure, to notch
amostado *adj.* mustlike, tasting like must (unfermented fruit or grape juice)
amostardado *adj.* spiced with mustard; mustardlike
amostardar *v. tr.* to spice (to prepare) with mustard
amostra *s. f.* sample; pattern; specimen; representative illustration, sign, indication; proof; ***livro de amostras*** pattern-book; ***colecção de amostras*** set of samples; ***tirar amostra de*** to draw a sample of; ***por amostra*** by sample; ***amostra sem valor*** sample post, sample without commercial value; ***amostra genuína*** genuine sample; ***amostra para análise*** test sample, sample for analysis; ***amostra grátis*** free sample
amostradiço *adj.* showy, exhibitive, ostentatious
amostragem *s. f.* sampling; showing; disclosure; display, presentation, exhibition
amostrar *v. tr.* to show, to disclose, to display, to exhibit, to reveal
amota *s. f.* dike, dam, mound; earthing up (around trees)
amotar *v. tr.* to mound, to dike, to dam; to earth up (around trees)
amotinação *s. f.* mutiny, riot, sedition, insurrection, rebellion
amotinado *adj.* mutinous, tumultuous, riotous, rebellious; insurgent, instigated; unruly, revolted
amotinador *s. m.* mutineer, rebel, rioter
amotinar *v. tr. e intr.* to mutiny, to revolt, to rebel
amotinável *adj.* rebellious; susceptible of revolt
amoucado *adj.* rather deaf, hard of hearing; servile, submissive, cringing
amoucar-se *v. refl.* to turn deaf; to submit
amouco Ⓐ *adj.* voted to death; desperate Ⓑ *s. m.* servile or submissive person; [Ind.] person who swears to die for his master
amouriscado *adj.* Moorish, Moorish-looking
amouriscar *v. tr.* to give a Moorish appearance to
amouroar *v. tr.* to lean; to cart (the cattle)
amoutar-se *v. refl.* to hide oneself
amouxar *v. tr.* to hoard, to amass, to treasure, to store up (with avarice)
amover *v. tr.* to dispossess; to deprive, to expropriate; to remove
amovibilidade *s. f.* removability; transferability; transitoriness
amovível *adj.* removable, movable; transferable; transitory, not lifelong
amoxamar *v. tr.* to dry like fish; to emaciate
amparador *s. m.* supporter; sustainer; protector
amparamento *s. m.* ⇒ **amparo**
amparar Ⓐ *v. tr.* to support; to protect, to assist, to aid; to shelter; to lean on; to prop; to recline Ⓑ *v. refl.* to take refuge with, to have recourse to, to resort to; to seek shelter; ***amparar-se na lei*** to stand on (under the protection of) the law
amparo *s. m.* support, protection, aid, assistance; prop; refuge, shelter, stand by; ***buscar amparo*** to seek refuge
Ampelidáceas *s. f. pl.* BOTÂNICA *Vitaceae* (grape or vine family)
Ampélidas *s. m. pl.* ⇒ **Ampelidáceas**
ampelídeas *s. f. pl.* ⇒ **Ampelidáceas**
Ampelídeos *s. m. pl.* ORNITOLOGIA *Ampelidae*
ampelito *s. m.* MINERALOGIA ampelite
ampelofagia *s. f.* ampelophagy
ampelófago *adj.* ampelophagous
ampelografia *s. f.* ampelography (scientific description of the vine)
ampelógrafo *s. m.* person who writes scientifically about vines
ampelologia *s. f.* principles and theories about the cultivation of vine
ampelológico *adj.* concerning the cultivation of vine
ampeloterapia *s. f.* MEDICINA ampelotherapy
amperagem *s. f.* ELECTRICIDADE amperage, current intensity
ampere *s. m.* ELECTRICIDADE ampere
ampere-espira *s. m.* ELECTRICIDADE ampere-turn; ⇒ **ampere-volta**
ampere-hora *s. m.* ELECTRICIDADE ampere-hour
ampere-volta *s. m.* ELECTRICIDADE ampere-volt
amperímetro *s. m.* ELECTRICIDADE ammeter; ampere-meter; ***amperímetro térmico, amperímetro de fio quente*** thermal (hot-wire) ammeter

ampério *s. m.* ⇒ **ampere**
amperómetro *s. m.* ELECTRICIDADE ammeter; ***amperómetro registador*** recording ammeter
amplamente *adv.* amply; largely; at ease
amplectivo *adj.* said of the vegetal organ embracing another completely
amplexicaude *adj.* ZOOLOGIA amplexicaudate
amplexicaule *adj.* BOTÂNICA amplexicaul(ine)
amplexifloro *adj.* BOTÂNICA amplexiflorous
amplexifólio *adj.* BOTÂNICA amplexifoliate
amplexivo *adj.* ⇒ **amplectivo**
amplexo *s. m.* embrace, embracing
ampliação *s. f.* ampliation, amplification, enlargement, extension; ***ampliação máxima*** maximum magnification; ***ampliação de um desenho*** enlargement of a drawing
ampliador Ⓐ *adj.* amplifying, increasing Ⓑ *s. m.* amplifier, enlarger
ampliar *v. tr.* to amplify, to enlarge, to increase, to extend; ***ampliar o limite*** to extend the limit
ampliativo *adj.* ampliative; enlarging
ampliatório *adj.* serving to amplify; amplifying
ampliável *adj.* that may be enlarged (or augmented)
amplidão *s. f.* amplitude, width, ampleness; extent; largeness, spaciousness
amplificação *s. f.* amplification; enlargement; the act of amplifying
amplificador Ⓐ *adj.* amplifying Ⓑ *s. m.* amplifier
amplificar *v. tr.* to amplify, to enlarge, to increase, to extend; to exaggerate
amplificativo *adj.* amplifying, amplificatory
amplificável *adj.* that may be amplified
amplimamoso *adj.* with many udders
amplitude *s. f.* amplitude; breadth, extent, largeness, greatness; ***amplitude da maré*** range of tide; ***amplitude de um astro*** amplitude of a star; ***amplitude da onda*** wave amplitude; ECONOMIA ***amplitude de preços*** price range
amplo *adj.* ample, large, spacious, extensive; ***espaço amplo para todos*** ample room for everyone; ***de amplas consequências*** far reaching consequences
ampola *s. f.* blister; bubble of water; ***ampola (para injecção hipodérmica)*** phial, vial (for hypodermic injection)
ampulheta *s. f.* sand-glass, log-glass, hour-glass
amputação *s. f.* amputation
amputar *v. tr.* to amputate, to cut off (a limb)
amuado *adj.* surly, angry; sulky, sullen; improductive (capital)
amuamento *s. m.* surliness, sulkiness; obstinacy; improductivity (of capital)
amuar Ⓐ *v. tr.* to make sullen, to vex, to annoy Ⓑ *v. intr.* to pout, to sulk, to be in a pet, to be sulky
amulatado *adj.* mulatto-like
amulatar-se *v. refl.* to become dark or tawny (like a mulatto)
amulético *adj.* of (pertaining to) amulets
amuleto *s. m.* amulet, talisman
amulherado *adj.* effeminate, womanish; woman-like
amulherar-se *v. refl.* to effeminate
amulherengar-se *v. refl.* to effeminate
amumiado *adj.* mummylike
amumiar-se *v. refl.* to become mummylike
amuniciamento *s. m.* munitioning
amuniciar *v. tr.* to munition; to provide with munitions
amuo *s. m.* pout, pouting, sulkiness, ill-humour
amura *s. f. (de bandeira)* hoist (of the flag); *(de navio)* bow, loof, luff (of the ship); *(de vela)* tack (of sail)
amurada *s. f.* side, wall, wing; ship's rail, bulwark; ***linha do convés (à amurada)*** gunwale
amuralhar *v. tr.* to wall in
amurar *v. tr.* NÁUTICA to hold the tacks aboard; to surround with walls; ***amurar uma vela*** to board a tack
amurca *s. f.* black liquid that runs out of olive bins; olive-water
amusia *s. f.* MEDICINA amusia, lack of ability to follow or appreciate music; ignorance of fine arts
ana- Ⓐ *pref.* ana-, up; in place or time, back, again, anew (in words and derivatives from Greek) Ⓑ *s. f.* ⇒ **corvo-marinho**
aná *s. f.* FARMACOLOGIA ana
anã *s. f.* woman dwarf
anabaptismo *s. m.* anabaptism
anabaptista *s. m. e f.* anabaptist
anabasia *s. f.* MEDICINA anabasis
anábata *s. m.* ancient Greek horseman who competed in the Olympic Games with two horses
anabático *adj.* anabatic
anabenodáctilo *adj.* ZOOLOGIA having toes suitable for climbing
anabólico *adj.* BIOLOGIA, FISIOLOGIA anabolic
anabolizante *adj.* anabolic; ***esteróides anabolizantes*** anabolic steroids
anabolismo *s. m.* BIOLOGIA, FISIOLOGIA anabolism
anacâmptico *adj.* anacamptic
anacanto *adj.* anacanthous, having no thorns
anaçar *v. tr.* to mix, to stir up (liquids)
anacarado *adj.* nacreous; nacrous
anacarar *v. tr.* to give a nacreous appearance to; to redden
anacardeiro *s. m.* BOTÂNICA cashew-tree
Anacardiáceas *s. f. pl.* *Anacardiaceae*
anacardiáceo *adj.* anacardiaceous
anacárdico *adj.* anacardic
anacárdio *s. m.* cashewnut; anacard
anacardo *s. m.* cashewnut; anacard; ***anacardo da América*** the common cashew
anacatarse *s. f.* MEDICINA anacatharsis
anacatarsia *s. f.* ⇒ **anacatarse**
anacatártico *adj.* anacathartic; expectorant
anacefaleose *s. f.* recapitulation; summary
anacíclico *adj.* [poét.] readable from left to right or from right to left
anacinese *s. f.* QUÍMICA anakinesis
anacinesia *s. f.* QUÍMICA anakinesis
anáclase *s. f.* ÓPTICA, MEDICINA anaclasis
anaclástica *s. f.* ÓPTICA anaclastic, dioptrics
anaclástico *adj.* anaclastic
anaco *adj.* ⇒ **anejo**
anacolutia *s. f.* GRAMÁTICA anacoluthia
anacolútico *adj.* anacoluthic; lacking grammatical sequence
anacoluto *s. m.* GRAMÁTICA anacoluthon; sentence (words) lacking grammatical sequence
anacoreta Ⓐ *s. m.* anchoret, anchorite, hermit Ⓑ *s. f.* anchoress, ancress
anacorético *adj.* anchoretic
anacoretismo *s. m.* the devotion to an anchoretic life; anchoretism
anacreôntica *s. f.* Anacreontic (poetry)
anacreôntico *adj.* Anacreontic
anacreontismo *s. m.* cultivation of the Anacreontic style
anacreontizar *v. tr.* to write poetry in Anacreontic style
anacrónico *adj.* anachronic
anacronismo *s. m.* anachronism
anacruse *s. f.* MÚSICA anacrusis
anactesia *s. f.* MEDICINA convalescence
anadaria *s. f.* commandership
anadel *s. m.* captain, commander
anadelaria *s. f.* captainship, commandership
anadiplose *s. f.* RETÓRICA anadiplosis
anaduva *s. f.* HISTÓRIA compulsory work (repairing castles, etc.) made at the vassals' expenses
anaeróbio Ⓐ *s. m.* BIOLOGIA anaerobe Ⓑ *adj.* anaerobic

anaerobiose *s. f.* anaerobiosis
anafa *s. f.* BOTÂNICA meliot; yellow sweet clover
anafado *adj.* fattened; plump; well-fed
anafaia *s. f.* floss-silk
anafar *v. tr.* to fatten (animals for slaughter)
anáfase *s. f.* BIOLOGIA anaphase
anafe *s. m.* ⇒ **anafa**
anáfega *s. f.* jujube; jujube-tree
anafia *s. f.* MEDICINA anaphia
anafil Ⓐ *s. m.* Moorish trumpet Ⓑ *adj.* said of a variety of corn (wheat)
anafilaxia *s. f.* MEDICINA anaphylaxis
anafileiro *s. m.* Moorish trumpet blower
anáfora *s. f.* RETÓRICA anaphora
anaforese *s. f.* QUÍMICA anaphoresis
anafórico *adj.* RETÓRICA anaphoric(al)
anaforismo *s. m.* RETÓRICA excessive use of anaphora
anafrodisia *s. f.* MEDICINA anaphrodisia
anafrodisíaco *adj.* MEDICINA anaphrodisiac
anafrodita Ⓐ *s. m. e f.* MEDICINA anaphroditous person Ⓑ *adj.* anaphroditous
anafrodítico *adj.* BIOLOGIA anaphroditic
anafrodito *s. m., adj.* ⇒ **anafrodita**
anagalhar *v. tr.* to bind (to tie up) with string
anagálide *s. f.* BOTÂNICA pimpernel
anagénese *s. f.* FISIOLOGIA anagenesis
anaglífico *adj.* anaglyphic, anaglyptic
anáglifo *s. m.* anaglyph (embossed ornament in low relief)
anagliptografia *s. f.* anaglyptography; embossed letter writing for the blind
anagliptográfico *adj.* anaglyptographic
anagnosigrafia *s. f.* the art of teaching how to read and write at the same time
anagnosta *s. m.* anagnost(es)
anagnóstico *adj.* anagnostic
anagogia *s. f.* RELIGIÃO anagoge; elevation of the soul; mystic sense of the Bible
anagógico *adj.* RELIGIÃO anagogic(al)
anagogismo *s. m.* ⇒ **anagogia**
anagogista *s. m. e f.* RELIGIÃO anagogical interpreter
anagrama *s. m.* anagram
anagramático *adj.* anagrammatic(al)
anagramatista *s. m. e f.* anagrammatist
anagramatizar *v. tr.* to anagrammatize, to form into an anagram
anágua *s. f.* petticoat, slip, underskirt
anaguel *s. m.* cork tray
anaia *s. f.* kind of talisman among the Kabiles
anainho *adj.* dwarfish
anais *s. f. pl.* annals, chronicles
anal *adj.* ANATOMIA anal
analabo *s. m.* kind of stole (worn by the ancient Greek monks Analabas)
análcime *s. m.* ⇒ **analcite**
análcimo *s. m.* ⇒ **analcite**
analcite *s. f.* MINERALOGIA analcite; analcime
analecta *s. f.* analects, analecto; collectanea
analecto *s. m.* analects, analecto; collectanea
analector *s. m.* author of a collectanea
analema *s. m.* ASTRONOMIA planisphere
analemático *adj.* ASTRONOMIA related to planisphere
analepse *s. f.* MEDICINA analepsy, recovery, convalescence; LITERATURA narration of past events
analepsia *s. f.* MEDICINA ⇒ **analepse**
analéptica *s. f.* MEDICINA analeptic (branch of hygiene dealing with convalescence)
analéptico *adj.* MEDICINA analeptic
analérgico *adj.* anallergic, non-allergic
analfabetismo *s. m.* illiteracy, illiterateness
analfabeto *s. m., adj.* illiterate, unlearned, ignorant of letters; unable to read; untaught, unread; illiterate person
analgesia *s. f.* MEDICINA analgesia (absence of pain)
analgésico *adj.* MEDICINA analgesic
analgia *s. f.* ⇒ **analgesia**
análgico *adj.* MEDICINA analgesic
analgina *s. f.* ⇒ **antipirina**
analgizar *v. tr.* ⇒ **insensibilizar**
analisador *s. m.* analyser
analisar *v. tr.* to analyse, to examine; GRAMÁTICA to parse; QUÍMICA to separate into its elements; to study the facts; ***analisar um tecido*** to decompose a design, to dissect a fabric
analisável *adj.* analysable
análise *s. f.* analysis; QUÍMICA separation; GRAMÁTICA parsing of a sentence; ***análise clínica*** clinical analysis; ***análise da urina*** analysis of the urine; ***análise espectral*** spectrum analysis
analista *s. m. e f.* analyst
analiticamente *adv.* analytically
analítico *adj.* analytic(al)
analogia *s. f.* analogy, similarity, likeness; ***analogia com*** analogy to
analogicamente *adv.* analogically
analógico *adj.* analogical; INFORMÁTICA analogue
analogismo *s. m.* analogism
analogista *s. m. e f.* analogist
analogístico *adj.* analogistic
análogo *adj.* analogous, similar, alike, resembling, corresponding
analose *s. f.* weakness, debility
anambé *s. m.* ZOOLOGIA cotinga; ***anambé azul*** the purple-breasted cotinga; ***anambé branco*** the cayenne tityra; ***anambé grande*** the large, high-flying crimson fruit-crow; ***anambé preto*** the umbrella bind
anamês *adj.* ⇒ **anamita**
anamita Ⓐ *adj.* Annamese Ⓑ *s. m. e f.* Annamese; native or inhabitant of Annam; the Annamese language
anamítico *adj.* annamitic
anamnese *s. f.* anamnesis; a recalling to mind; MEDICINA the history of a disease
anamnesia *s. f.* ⇒ **anamnese**
anamnésia *s. f.* ⇒ **anamnese**
anamnésico *adj.* anamnestic
anamnéstico *adj.* anamnestic
anamniado Ⓐ *adj.* anamniotic Ⓑ *s. m.* anamniote
anamniota *adj., s. m.* ⇒ **anamniado**
anamórfico *adj.* anamorphic; anamorphous
anamorfismo *s. m.* anamorphism
anamorfose *s. f.* BIOLOGIA anamorphosis
ananás *s. m.* pineapple
ananaseiro *s. m.* pineapple plant
anandria *s. f.* MEDICINA quality of being anandrous
anandrino *adj.* anandrous
anândrio *adj.* anandrous
anandro *adj.* anandrous
ananicar *v. tr.* to dwarf; to debilitate; to make weak
ananico *adj.* dwarflike; small
anânico *adj.* dwarflike; small
ananismo *s. m.* underdevelopment of a plant
ananto *adj.* BOTÂNICA ananthous, flowerless
anão Ⓐ *s. m.* dwarf Ⓑ *adj.* dwarfish; undersized, puny, stunted, small
anapéstico *adj.* [poét.] anapaestic(al)
anapesto *s. m.* [poét.] anapaest
anaplasia *s. f.* ⇒ **anaplastia**
anaplasmose *s. f.* VETERINÁRIA anaplasmosis, tick fever
anaplastia *s. f.* MEDICINA anaplasty (plastic surgery)
anaplástico *adj.* MEDICINA anaplastic
anapnógrafo *s. m.* anapnograph

anaptíctico *adj.* GRAMÁTICA anaptyctic
anaptixe *s. f.* GRAMÁTICA anaptyxis
anarmónico *adj.* inharmonic
anarquia *s. f.* anarchy (absence of government or law); disorder, confusion
anárquico *adj.* anarchic(al); instigating an anarchy; confuse, chaotic
anarquismo *s. m.* anarchism
anarquista *s. m. e f.* anarchist
anarquização *s. f.* the turning into (or becoming) an anarchy
anarquizante *adj.* anarchizing
anarquizar *v. tr.* to anarchize; to reduce to anarchy; to make anarchic; to cause confusion and disorder
anartria *s. f.* MEDICINA quality of being anarthrous; anarthrousness
anartro *adj.* GRAMÁTICA anarthrous
anasarca *s. f.* VETERINÁRIA anasarca
anasárcico *adj.* VETERINÁRIA anasarcous
anasarco *adj.* VETERINÁRIA anasarcous
anastácio *s. m.* ⇒ **pacóvio**
anastalse *s. f.* MEDICINA anastalsis
anastáltico *adj.* anastaltic, styptic
anastático *adj.* TIPOGRAFIA anastatic
anastigmático *adj.* anastygmatic
anastigmatismo *s. m.* anastigmatism
anastomosar *v. tr. e intr.* ANATOMIA to anastomose
anastomose *s. f.* ANATOMIA anastomosis
anastomótico *adj.* anastomotic
anástrofe *s. f.* RETÓRICA anastrophe
anata *s. f.* annates (annual tax paid on a benefice)
anatado *adj.* creamy, covered with cream
anatar Ⓐ *v. tr.* to cover with cream Ⓑ *v. intr.* to become creamlike
anátase *s. f.* anatase
anatásio *s. m.* anatase
anateirar *v. tr.* to cover with slime or soft mud (said of an overflowing river)
anátema Ⓐ *s. m.* anathema; curse, malediction Ⓑ *adj.* excommunicated, cursed
anatemático *adj.* anathematic
anatematismo *s. m.* anathematism; condemnatory bull; imprecation
anatematização *s. f.* anathematization
anatematizador *s. m.* anathematizer
anatematizar *v. tr.* to anathematize, to curse; to excommunicate; to condemn
anatemizar *v. tr.* to anathematize; to curse; to condemn, to ban
Anátidas *s. m. pl.* ⇒ **Anatídeos**
Anatídeos *s. m. pl.* ZOOLOGIA *Anatidae* (family of birds including ducks, geese, swans)
anatista *s. m.* clerk who registered the taxes on benefices
anatocismo *s. m.* anatocism, compound interest
anatomia *s. f.* anatomy; ***anatomia descritiva*** descriptive anatomy; ***anatomia geral*** general anatomy; ***anatomia patológica*** pathological or morbid anatomy; ***anatomia topográfica*** regional or topographical anatomy
anatomicamente *adv.* anatomically
anatómico *adj.* anatomical
anatomista *s. m. e f.* anatomist; dissector
anatomização *s. f.* anatomization; dissection
anatomizar *v. tr.* to anatomize; to dissect
anatoxina *s. f.* anatoxin
anatríptico *adj.* anatriptic
anatrópico *adj.* ⇒ **anátropo**
anátropo *adj.* BOTÂNICA anatropous
anaudia *s. f.* loss of voice
anavalhar *v. tr.* to cut with a knife; to knife
anãzado *adj.* dwarfish
anazótico *adj.* non-nitrogenous
anazotúria *s. f.* MEDICINA anazoturia
anca *s. f.* buttock; haunch; croup(e) (of a horse); *pl.* hips
ancestral *adj.* ancestral
ancestralidade *s. f.* ancestry
ancho *adj.* broad, wide, ample; vain, conceited
anchova *s. f.* ICTIOLOGIA anchovy
anciã *s. f.* old woman
anciania *s. f.* ⇒ **ancianidade**
ancianidade *s. f.* old age; ancientry, ancientness
ancião Ⓐ *s. m.* venerable old man; elder; old man Ⓑ *adj.* ancient, very old
ancil *s. m.* Roman oval-shaped shield
ancila *s. f.* ancille, ancilla (woman slave or female servant); [fig.] support, subsidy
ancilar *adj.* ancillary; servile
anciloglossia *s. f.* MEDICINA ankyloglossia
ancilóide *adj.* hook-shaped
ancilosar *v. tr.* to ankylose, to stiffen (of a joint)
ancilose *s. f.* ankylosis
ancilostomíase *s. f.* MEDICINA ankylostomiasis (roundworm disease)
ancilóstomo *s. m.* ZOOLOGIA ankylostome (parasitical roundworm)
ancilostomose *s. f.* ⇒ **ancilostomíase**
ancinhar *v. tr.* to rake
ancinho *s. m.* rake
ancipitado *adj.* BOTÂNICA ancipital; ancipitous
ancipital *adj.* ⇒ **ancipitado**
ancípite *adj.* ancipital, ancipitous, double-headed; uncertain, doubtful
ancióide *adj.* ANATOMIA hook-shaped; ancistroid
anco *s. m.* crooked frith (or firth) or inlet; any elbow, angle or bend, especially in the coastline
ancólia *s. f.* ⇒ **aquilégia**
ancóneo *adj.* ANATOMIA said of the anconeus (muscle)
âncora *s. f.* anchor; shelter, refuge; ***âncora flutuante*** drag anchor, drift anchor, drogue, sea-anchor; ***âncora de chapéu*** mud-anchor, sinker; ***luz de âncora*** anchor light; ***pata da âncora*** fluke of an anchor; ***cepo de âncora*** anchor stock; ***braços da âncora*** anchor arms; ***cruz de âncora*** crown of the anchor, drogue, sea-anchor; ***âncora de sino*** mushroom anchor, mud-anchor; ***âncora do hidroavião*** seaplane anchor; ***âncora flutuante*** drag-anchor; ***haste de âncora*** shank of an anchor; ***âncora de salvação*** sheet anchor; ***lançar âncora*** to drop anchor; ***levantar âncora*** to weigh anchor
ancoração *s. f.* anchoring; anchorage
ancorado *adj.* moored, anchored; ***o navio está ancorado no fundeadouro*** the ship rides at anchor in the roadstead
ancoradoiro *s. m.* anchorage, anchoring-place, berth, anchor-ground; roadsted
ancoradouro *s. m.* anchorage, anchoring-place, berth, anchor-ground; roadsted
ancoragem *s. f.* dropping of the anchor; anchorage dues, port charges
ancorar Ⓐ *v. tr.* to anchor, to moor Ⓑ *v. intr.* to cast anchor
ancoreta *s. f.* small anchor; breaker
ancorote *s. m.* boat-anchor, kedge-anchor
ancudo *adj.* haunchy, large-hipped, having large buttocks (haunches or hips)
andábata *s. m.* andabata
andaço *s. m.* [pop.] epidemic disease; epidemic
andada *s. f.* tramp, long walk, way
andadeiras *s. f. pl.* leading-strings for teaching children to walk
andadeiro *adj.* light-footed; that walks much
andador Ⓐ *s. m.* a good walker Ⓑ *adj.* light-footed

andadoria *s. f.* occupation of messenger (or collector of alms)
andadura *s. f.* going, walking, gait; pacing; ***cavalo de boa andadura*** well-gaited horse
andaimar *v. tr.* ARQUITECTURA to provide with a scaffold
andaimaria *s. f.* scaffolding
andaime *s. m.* ARQUITECTURA scaffolding; flake, stage; NÁUTICA staging
andaimo *s. m.* ⇒ **andaime**
andaina *s. f.* range, row; suit (of clothes); NÁUTICA set of sails
andala *s. f.* palm-leaf
andaluz Ⓐ *s. m.* Andalusian; native or inhabitant of Andalusia (Spain) Ⓑ *adj.* Andalusian
andamento *s. m.* going, pacing; proceeding, progress, process, course; MÚSICA tempo, movement; NÁUTICA headway, sailing; ***andamento de um automóvel*** running of a car; ***andamento natural das coisas*** course of nature; ***em andamento*** in process, under way; ***dar andamento a alguma coisa*** to start a matter on its way (especially through governmental ways)
andana *s. f.* ⇒ **andaina**
andança *s. f.* pacing; [coloq.] labour, toil, work, struggle
andanhos *s. m. pl.* hidden-corners, hidings
andante Ⓐ *adj.* going, errant Ⓑ *s. m.* MÚSICA andante; ***cavaleiro andante*** knight-errant
andantesco *adj.* pertaining to knight-errantry; gentlemanly, chivalrous
andantino *s. m., adj.* MÚSICA andantino
andapé *s. m.* scaffolding near the ground
andar Ⓐ *v. intr.* to go, to walk, to step; to rove, to wander, to tramp; to drive, to ride, to sail; to move; to run, to function, to work; to proceed, to act; to pass (time), to live, to be, to feel; ***andar a cavalo*** to ride on horseback; ***andar de automóvel*** to drive, to ride in a motor-car; NÁUTICA ***andar ao caminho*** to steer the course; ***andar à bolina*** to haul close; ***andar à vela*** to sail; ***andar de gatas*** to go on all fours; ***andar à solta*** to be at large; ***andar na alta-roda*** to move in the upper circles; ***andar a pé*** to walk, to go on foot; ***andar de comboio*** to travel by train; ***andar de avião*** to travel by air; ***andar devagar*** to go at a slow pace, to walk slowly; ***andar para diante*** to go forwards, to go on; ***andar para trás*** to go backward; ***andar às apalpadelas*** to grope along, to grope, to feel one's way; ***andar com o tempo*** to go according to the time; ***andar perdido*** to go astray; ***andar de esguelha*** to go sidling; ***andar depressa*** to walk at a great pace, to stride along; ***andar a passos lentos*** to walk very slowly; ***andar sem pressa*** to walk leisurely; ***andar de um lado para o outro*** to go about, to walk about, to go backwards and forwards, to go from place to place, to gad about; ***andar triste*** to look sad; ***andar à chuva*** to be out in the rain; ***andar numa roda-viva*** [coloq.] to be on the go; ***andar pé ante pé*** to go on tiptoe; ***andar para (estar prestes a)*** to be about (to); ***sentir a cabeça a andar à roda*** to be dizzy; ***andar sobre brasas*** to be on thorns, to be upon pins and needles; ***andar desesperado*** to be desperate; ***andar a esmo*** to poke off; ***andar com rodeios*** to beat about the bush; ***andar mal de dinheiro*** to be short of money; ***andar ao laré*** to loaf; ***andar às turras com alguém*** to be at sword's point with someone; ***andar de ronda*** to go the rounds, to prowl; ***andar às voltas com*** to be having trouble with; ***andar atravessado com alguém*** to be at outs with someone; ***andar em dia*** to be up-to-date; ***andar com a pedra no sapato*** to feel uneasy (about something); ***andar com a pulga atrás da orelha*** to smell a rat, to be suspicious; ***andar com pezinhos de lã*** to be overcautious; ***andar como unha e carne com alguém*** to be hand and glove with someone; ***andar com azar*** to be down at one's luck; ***andar de mal a pior*** to go from bad to worse; ***andar ao pé-coxinho*** to limp, to hop on one foot; ***andar na corda bamba*** to be in difficulties, to walk a tightrope, to walk on thin ice; ***fazer alguém andar com a cabeça à roda*** to turn a person's head; ***os que se entendem andam juntos*** birds of a feather flock together; ***quem corre cansa, quem anda alcança*** haste makes waste, make haste slowly!; ***saber a quantas anda*** to get one's bearings, to know what one is about; ***anda!*** go on!, get going!, come along!; ***como andam as coisas!*** as things go!; ***diz-me com quem andas, dir-te-ei quem és*** tell me your company and I will tell you your character, tell me the company you keep and I'll tell you what you are; ***ele andou armado*** he carried arms; ***ele andou pelo mundo*** he has been around; ***andar a monte*** to take to the hills; ***andar embarcado*** to be on board; ***andar mal vestido*** to be badly dressed; ***andar com fome*** to be hungry; ***andar de mansinho*** to go softly; ***andar à bulha*** to fight; ***andar bem no exame*** to do well in the examination; ***andar a estudar*** to be studying; ***andar na escola*** to be at school, to go to school; ***andar bem*** to do well; ***andar na boca do mundo*** to be spoken of by everybody; ***andar dez milhas à hora*** to run at ten miles an hour; ***andar depressa*** to walk fast; ***andar para baixo e para cima*** to walk up and down; ***continuar a andar*** to walk on; ***andar como o caranguejo*** to walk crab-wise; ***você andou (fez) bem*** you did well; ***andar com alguém*** to have an affair with somebody, to go out with someone; ***andar na linha*** [coloq.] to toe the line Ⓑ *s. m.* walk, gait; floor, story, storey, flat; ***com o andar dos tempos*** as time goes on, in the long run; ***conheço-o pelo andar*** I know him by his walk; ***pôr alguém no andar da rua*** to turn someone out of doors; ***primeiro andar*** first floor; ***em que andar mora?*** on what floor do you live?; ***o andar de cima*** the floor above, upstairs; ***andar superior*** upper floor, top floor; ***uma casa de cinco andares*** a five-storeyed house
andarejo *adj.* wandering, roving; quick-footed, light-footed; [fig.] versatile
andarengo *adj.* ⇒ **andarejo**
andarilhar *v. intr.* to go here and there
andarilho *s. m.* runner; good walker; errand-boy; he who at bullfights collects the hooks (or parts of them) left in the ring
andas *s. f. pl.* stilts
andável *adj.* said of the place by which one can pass; passable
andeiro *adj.* ⇒ **andarilho**
andejar *v. intr.* to wander, to rove
andejo *adj.* roving, wandering; [fig.] versatile
andesina *s. f.* ⇒ **andesite**
andesite *s. f.* MINERALOGIA andesine
andícola Ⓐ *s. m. e f.* inhabitant of the Andes Ⓑ *adj.* living (or growing) in the Andes
andilhas *s. f. pl.* supporting frame for a woman's saddle
andilheiro *s. m.* maker of andilhas
andino *adj.* Andean
andirá *s. m.* [Bras.] common name for a kind of bat and of a kind of deer; ***andirá guaçu*** Brazilian bat
andiroba *s. f.* crab-tree; crab-apple
andirobal *s. m.* crab-tree wood
andirobeira *s. f.* ⇒ **andiroba**
ândito *s. m.* footpath, sidewalk; passage, corridor, path around a building
andóbia *s. f.* stone upon which the millstone turns
andor *s. m.* a wooden framework for carrying statues of saints in procession
andorinha *s. f.* ORNITOLOGIA swallow; martin; ***andorinha do mato*** swallow-wing, puff-bird; ***andorinha das chaminés*** the chimney swallow; ***andorinha de rabo branco*** the white-tailed swallow; ***andorinha do campo*** the brown-chested martin; ***andorinha do mar*** the long-billed tern; ***andorinha fusca do mar*** the noddy tern; ***andorinha grande, andorinha da casa*** azara's martin; ***andorinha pequena, andorinha de bando*** the blue-and-white swallow; ***uma andorinha não faz a Primavera*** one swallow does not make a summer; ***andorinha das tormentas*** petrel
andorinhão *s. m.* ORNITOLOGIA swift

andorinho *s. m.* ORNITOLOGIA a little swallow; NÁUTICA stirrup
andorino *adj.* swallow-coloured
andorrano *s. m., adj.* Andorran
andradite *s. f.* MINERALOGIA andradite
andrage *s. f.* ⇒ **endrão**
andrajo *s. m.* rag, tatter
andrajosamente *adv.* ragged, in tatters
andrajoso *adj.* ragged, tattered, in tatters, shabby, torn
andrio *s. m.* a poisonous snake
andro- *pref.* andro- (expressing the idea of "masculine" or related to "man")
androceu *s. m.* BOTÂNICA androecium
androdínamo *adj.* BOTÂNICA androdýnamous
androfagia *s. f.* ⇒ **antropofagia**
androfilia *s. f.* androphilia
androfobia *s. f.* androphobia
andróforo *s. m.* BOTÂNICA androphore
androgenesia *s. f.* androgenesis (science of the moral and physical development of man)
androgenésico *adj.* concerning (pertaining to) the science of the physical and moral development of man
androginia *s. f.* androgyny, hermaphroditism
androgínico *adj.* androgynous, hermaphroditic
androginismo *s. m.* ⇒ **androginia**
andrógino *adj.* androgynous; hermaphroditic
andróide *s. m.* android; puppet
andrólatra *adj.* worshipper of a human being as a deity
androlatria *s. f.* worship of a deified human being
andrologia *s. f.* science of man and his ailments; MEDICINA study of venereal diseases of males
andrómana *s. f., adj.* ⇒ **andromaníaca**
andromania *s. f.* MEDICINA andromania, nymphomania
andromaníaca *s. f., adj.* andromanic, nymphomaniac
andromorfo *adj.* andromorphic; andromorphous
andropausa *s. f.* male menopause; male climacteric
androsemo *s. m.* ⇒ **hipericão**
andu *s. m.* pigeon-pea
andurrial *s. m.* bad and lonely road (or path); lonely and abandoned place
anduzeiro *s. m.* ⇒ **andu**
anediar *v. tr.* to make shiny, to polish; to smooth; to fatten
anedonia *s. f.* MEDICINA lack of pleasure
anedota *s. f.* anecdote; joke; ***ele tem muita graça a contar anedotas*** he is very clever at telling funny stories; ***a anedota veio muito a propósito*** the anecdote came pat to the occasion
anedotário *s. m.* collection of anecdotes
anedótico *adj.* anecdotal; anecdotic(al)
anedotista *s. m. e f.* anecdotist
anedotizar *v. tr.* to give the form of an anecdote to; to tell anecdotes, to tell jokes
anegar *v. tr.* to flood, to inundate; to drown; to submerge
anegrar Ⓐ *v. tr.* to blacken, to darken Ⓑ *v. intr.* to become somewhat black, dark
anegrejar *v. tr.* to blacken, to darken
anegriscado *adj.* blackish, dark
aneiro *adj.* eventual; uncertain; that bears fruit in alternate years (tree), subject to the vicissitudes of the seasons
aneixa *s. f.* ⇒ **rábano**
anejo *adj.* one year old (of a calf)
anel *s. m.* ring; link (of a chain); ***anel de cabelo*** lock of hair, curl, ringlet; ***anel com sinete*** signet-ring; ***anel real*** the king's seal; ***anel pastoral*** bishop's ring; ***anel de casamento (aliança)*** wedding ring; ***anel de noivado*** engagement ring; NÁUTICA ***anel de veio*** collar; ***anel de impulso (do veio)*** thrust collar
anelação *s. f.* short breath, panting, difficult breathing; longing, craving
anelado *adj.* curled; curly; ringlike; annulate
aneladura *s. f.* lock, curl; annulation
anelante *adj.* breathless, panting for breath; longing, craving, yearning
anelar Ⓐ *adj.* annular Ⓑ *v. tr.* to long for, to desire; to shape like a ring; to curl Ⓒ *v. intr.* to pant, to gasp for breath
aneléctrico *adj.* FÍSICA anelectric
aneleira *s. f.* ring-box
anelho *adj.* ⇒ **anejo**
anelídeo Ⓐ *adj.* annelidan Ⓑ *s. m.* ZOOLOGIA annelid, annelidan (of or pertaining to the *Annelida*)
Anélidas *s. m. pl.* ZOOLOGIA *Annelida*
aneliforme *adj.* ringlike, circular, ring-shaped; annular
anélito *s. m.* breath; panting for; great desire, craving
anélitro *adj.* anelytrous (of insects)
anelo *s. m.* desire, coveting; anxiety
anemático *adj.* said of a bloodless animal
anemia *s. f.* MEDICINA anaemia; lack of blood; ***anemia cerebral*** cerebral anaemia
anemiante *adj.* MEDICINA causing anaemia
anemiar *v. tr.* to make anaemic; to enfeeble, to weaken
anémico *adj.* anaemic; bloodless; weak, feeble; pale
anemizante *adj.* ⇒ **anemiante**
anemizar *v. tr.* ⇒ **anemiar**
anemofilia *s. f.* BOTÂNICA anemophilia
anemófilo *adj.* BOTÂNICA anemophilous
anemofobia *s. f.* anemophobia
anemófobo *adj.* anemophobic
anemógamo *adj.* anemogamous
anemografia *s. f.* anemography (description of the winds)
anemógrafo *s. m.* anemograph; anemography expert
anemograma *s. m.* anemogram
anemologia *s. f.* anemology (the science of the winds)
anemológico *adj.* anemological
anemólogo *s. m.* specialist in anemology
anemometria *s. f.* anemometry
anemómetro *s. m.* anemometer; wind gauge
anemometrógrafo *s. m.* anemometrograph
anémona *s. f.* BOTÂNICA anemone; ***anémona dos bosques*** wood anemone; ***anémona dos prados*** meadow anemone
anemopluviógrafo *s. m.* METEOROLOGIA anemopluviograph
anemoscopia *s. f.* study of the directions of winds
anemoscópio *s. m.* anemoscope
anemoterapia *s. f.* anemotherapy
anemotropismo *s. m.* anemotropism
anemótropo *s. m.* anemotropous
anencefalia *s. f.* MEDICINA anencephaly
anencefálico *adj.* anencephalic
anencéfalo Ⓐ *adj.* anencephalic Ⓑ *s. m.* anencephalic being
anepatia *s. f.* diminution or abolition of the functional activity of the liver
anepigrafia *s. f.* loss of inscription
anepígrafo *adj.* without inscription
anequim *s. m.* maneater, great white shark
aneróide Ⓐ *adj.* aneroid Ⓑ *s. m.* aneroid barometer
anérveo *adj.* paralytic
anervia *s. f.* paralysis
anervismo *s. m.* paralysis
anesia *s. f.* MEDICINA anesis (the abatement of symptoms)
anestesia *s. f.* MEDICINA anaesthesia; [E.U.A.] anesthesia; insensibility; ***anestesia cirúrgica*** surgical anaesthesia; ***anestesia geral*** general anaesthetic; ***anestesia local*** local anaesthetic
anestesiador *s. m.* anaesthetist; [E.U.A.] anesthizer
anestesiante *adj.* anaesthetizing
anestesiar *v. tr.* to anaesthetize
anestésico *s. m., adj.* MEDICINA anaesthetic
anestesiologista *s. m. e f.* ⇒ **anestesiador**
anestesista Ⓐ *s. m. e f.* ⇒ **anestesiador** Ⓑ *adj.* anesthetic

anestético *adj.* anesthetic
anete *s. m.* NÁUTICA anchor ring; ***anete de âncora*** shackle
aneto *s. m.* BOTÂNICA dill
aneurisma *s. m.* PATOLOGIA aneurysm
aneurismal *adj.* PATOLOGIA aneurysmal
aneurismático *adj.* PATOLOGIA aneurysmatic(al)
aneuritmia *s. f.* MEDICINA aneurythmia
aneurítmico *adj.* MEDICINA aneurythmic
aneurose *s. f.* MEDICINA aneurosis
anexação *s. f.* annexation
anexar *v. tr.* to annex, to add, to join, to attach, to append to
anexim *s. m.* byword, saying, adage, proverb
anexionismo *s. m.* the principle of annexing small states
anexionista *s. m. e f.* annexationist
anexo Ⓐ *adj.* annexed, joined; attached; BOTÂNICA adnexed Ⓑ *s. m.* annex, additament; appurtenance; supplementary building; outbuilding
anfetamina *s. f.* MEDICINA amphetamine
anfi- *pref.* amphi-, both, of both kinds, on both sides, about, around
anfiartrose *s. f.* ANATOMIA amphiarthrosis
anfíbio Ⓐ *adj.* amphibian, amphibious Ⓑ *s. m.* amphibian
anfibiografia *s. f.* description of amphibia
anfibiologia *s. f.* ZOOLOGIA amphibiology
anfibiólogo *s. m.* amphibiologist
anfíbios *s. m. pl.* amphibia
anfíbola *s. f.* amphibole
anfibolia *s. f.* amphiboly; MEDICINA amphibolia
anfibólio *s. m.* ⇒ **anfíbola**
anfibolito *s. m.* MINERALOGIA amphibolite
anfíbolo *s. m.* ⇒ **anfíbola**
anfibologia *s. f.* amphibology, quibble; ambiguous wording
anfibológico *adj.* amphibological; ambiguous
anfibologista *s. m. e f.* amphibologist
anfíbraco *s. m.* [poét.] amphibrach
anficéfalo *adj.* amphicephalic
anfictião *s. m.* HISTÓRIA amphictyon
anfictionia *s. m.* HISTÓRIA amphictyony
anfictiónico *adj.* HISTÓRIA amphictyonic
anfictiónio *adj.* HISTÓRIA amphictyonic
anfidiartrose *s. f.* ANATOMIA amphidiarthrosis
anfido *adj.* amphid
anfigamia *s. f.* amphigam
anfígamo *adj.* amphigamous
anfigénio *s. m.* MINERALOGIA leucite, amphigene
anfígeno *adj.* BOTÂNICA amphigen
anfiguri *s. m.* amphigoury, amphigory; meaningless, rigmarole
anfigúrico *adj.* amphigouric, amphigoric; meaningless
anfigurítico *adj.* ⇒ **anfigúrico**
anfímacro *s. m.* amphimacer
anfioxo *s. m.* ZOOLOGIA amphioxus; any lancelet
anfípode Ⓐ *adj.* ZOOLOGIA amphipodous Ⓑ *s. m.* amphipod; *pl.* amphipoda
anfipróstilo *s. m.* amphiprostyle
anfíptero *s. m.* amphipterous
anfisarca *s. f.* BOTÂNICA amphisarca
anfisbena *s. f.* amphisbaena; two-headed snake
anfíscios *s. m. pl.* amphiscians
anfiteatral *adj.* amphitheatric(al)
anfiteátrico *adj.* amphitheatric(al)
anfiteatro *s. m.* amphitheatre; [E.U.A.] amphitheater
anfitrião *s. m.* host
anfitropia *s. f.* state of amphitropal embryo
anfitrópico *adj.* BOTÂNICA amphitropous
anfítropo *adj.* BOTÂNICA amphitropous
ânfora *s. f.* amphora
anforal *adj.* amphoral
anforicidade *s. f.* amphoricity
anfórico *adj.* amphoric
anfotérico *adj.* amphoteric
anfótero *adj.* amphoteric
anfracto Ⓐ *adj.* anfractuous, winding Ⓑ *s. m.* [arc.] sinuous way, circuitous, spiral, roundabout
anfractuosidade *s. f.* anfractuosity, roughness; intricacy; uneveness as of the bark of a tree (or of a rock wall); ***anfractuosidade da costa*** indentation of the coastline; ***anfractuosidades do cérebro*** the sinuous depression separating the convolutions of the brain
anfractuoso *adj.* anfractuous, sinuous, winding, unequal; spiral
angareira *s. f.* a type of small net adapted for catching mullets
angariação *s. f.* enlistment, engagement, enrolment, recruitment; allurement, enticement; attainment, getting
angariador *s. m.* recruiter, engager, canvasser; enticer; collector; ***angariador de anúncios*** advertisement-canvasser
angariar *v. tr.* to recruit, to engage, to canvass; to allure; to entice; to procure diligently; to get; to solicit; to enlist; to collect
angarilha *s. f.* straw cover; wicker (of wicker bottles and other such vessels)
angélia *s. f.* [poét.] Aurora (messenger of the day)
angélica *s. f.* BOTÂNICA angelica; ***angélica branca*** plantain-lily; ***angélica do Pará*** the Para angelwood; BOTÂNICA ***angélica silvestre*** wild angelica
angelical *adj.* angelical
angélico *adj.* angelic; ***rosto de expressão angélica*** an angelic expression of countenance
angelim *s. m.* Brazilian hardwood tree
angelino *adj.* ⇒ **angélico**
angelita *s. m. e f.* Mesopotamian sect which adored angels
angelitude *s. f.* angelicalness
angelização *s. f.* angelhood (the condition of an angel)
angelizar *v. tr.* to compare to an angel, to idealize; to angelize, to angelify
angelografia *s. f.* angelography
angelólatra *s. m. e f.* follower of angelolatry, worshipper of angels
angelolatria *s. f.* angelolatry (worship of angels)
angelologia *s. f.* angelology
angina *s. f.* MEDICINA angina, quinsy, tonsillitis; ***angina de peito*** angina pectoris; ***angina diftérica*** croup; ***angina estreptocócica*** septic sore throat
anginoso *adj.* MEDICINA anginous
angiocolite *s. f.* MEDICINA angiocholitis
angiografia *s. f.* MEDICINA angiography
angiologia *s. f.* ANATOMIA angiology
angiólogo *s. m.* angiologist
angioma *s. m.* MEDICINA angioma
angiorragia *s. f.* MEDICINA angiorrhagia
angioscopia *s. f.* angioscopy
angioscópio *s. m.* MEDICINA angioscope
angiose *s. f.* MEDICINA angiosis, angionosis
angiosperma *s. f.* BOTÂNICA angiosperm
angiospermal *adj.* ⇒ **angiospérmico**
Angiospérmicas *s. f. pl.* *Angiospermae*
angiospérmico *adj.* BOTÂNICA angiospermic, angiospermous
angiotomia *s. f.* CIRURGIA angiotomy
anglesite *s. f.* anglesite, lead sulfate, ore of lead
anglicanismo *s. m.* Anglicanism
anglicano *s. m., adj.* Anglican
anglicismo *s. m.* Anglicism
anglicizar *v. tr.* to anglicize
ânglico *adj.* English, Anglo
anglo-americano *adj., s. m.* Anglo-American

anglofilia *s. f.* Anglophilia
anglófilo *adj., s. m.* Anglophile, Anglophil
anglofobia *s. f.* Anglophobia
anglófobo *adj.* Anglophobe
anglo-luso *adj.* Anglo-Portuguese
anglomania *s. f.* Anglomania
anglomaníaco *adj.* Anglomaniac
anglomanizar *v. tr.* to cause Anglomania
anglómano *s. m.* Anglomaniac, Anglomane
anglo-saxão *s. m., adj.* Anglo-Saxon
anglo-saxónico *s. m., adj.* Anglo-Saxon
angola *s. m. e f., adj.* Angolan
angolano *s. m., adj.* Angolan
angolar *s. m.* the former monetary unit of Angola
angolense *s. m. e f., adj.* ⇒ **angola**
angora Ⓐ *adj.* of Angora (breed); of (pertaining to) Angora Ⓑ *s. m.* designation of an Angora cat, goat or rabbit
angoreta *s. f.* ⇒ **ancoreta**
angra *s. f.* creek, bay, bight, cove, inlet
angrense Ⓐ *adj.* of (pertaining to) Angra Ⓑ *s. m. e f.* native or inhabitant of Angra do Heroísmo (Azores)
angström *s. m.* angström (unit)
angu *s. m.* [Bras.] manioc flower (or maize) boiled in water and salt; mess, bad outcome; intrigue, plot, machination; quarrel, strife
anguicida *adj.* snake-killing
anguícomo *adj.* [poét.] crowned with snakes
anguífero *adj.* snake breeding; full of snakes
anguiforme *adj.* snake-shaped
anguílidas *s. m. pl.* a family of lizards
anguiliforme *adj.* eel-shaped
anguilóide *adj.* eel-shaped
anguílula *s. f.* ZOOLOGIA the vinegar eel *(Anguillula aceti)*
Anguilúlidas *s. m. pl.* ⇒ **Anguilulídeos**
Anguilulídeos *s. m. pl.* *Anguillulidae*
anguino *adj.* anguine
anguípede *adj.* ZOOLOGIA anguiped(e) (with members or feet like a dragon)
angulado *adj.* angulate, angled
angular *adj.* angular; sharp-cornered; ***pedra angular*** corner-stone
angularidade *s. f.* angularity
angulário *s. m.* anglemeter, angulimeter (for wood)
angularmente *adv.* angularly
angulatura *s. f.* angularity
angulete *s. m.* right-angled cutting
angulirrostro *adj.* ZOOLOGIA said of a bird with a tapered and angular bill (beak)
ângulo *s. m.* angle; corner, nook; NÁUTICA ***ângulo horário*** hour angle; ***ângulo de abatimento*** drift angle; ***ângulo alterno*** alternate angle; ***ângulo recto*** right angle; ***ângulo adjacente*** adjacent angle; ***ângulos verticalmente opostos*** opposite angles; ***ângulo obtuso*** obtuse angle; ***ângulo agudo*** acute angle; ***ângulo oblíquo*** oblique angle; ***ângulo de declive*** angle of slope; ***ângulo de desvio*** deflection angle; ÓPTICA, AERONÁUTICA ***ângulo crítico*** critical angle; AERONÁUTICA ***ângulo de aproximação*** angle of approach; AERONÁUTICA ***ângulo de ascensão*** angle of climb; AERONÁUTICA ***ângulo de ataque*** angle of attack; AERONÁUTICA ***ângulo de aterragem*** landing angle; MATEMÁTICA ***ângulo de contingência*** angle of contingency; AERONÁUTICA ***ângulo de deriva*** angle of crab; AERONÁUTICA ***ângulo de descida*** angle of descent; AERONÁUTICA ***ângulo de guinada*** angle of yaw; ***ângulo de incidência*** FÍSICA angle of incidence AERONÁUTICA angle of attack; ***ângulo de reflexão*** angle of reflection; ***ângulo de refracção*** angle of refraction; ***ângulo de repouso*** angle of repose, angle of rest; ***ângulo de tiro*** angle of elevation; ***ângulo de torção*** angle of torsion, angle of twist; ***ângulo do olho*** corner of the eye; ***ângulo reentrante*** re-entrant angle; ***ângulo facial*** facial angle; ***ângulo visual*** visual angle; ***em ângulo recto*** at right angle
angulometria *s. f.* angulometry
angulómetro *s. m.* angulometer
angulosidade *s. f.* angularity
anguloso *adj.* angulate, angular
angúrria *s. f.* ⇒ **estrangúria**
angusti- *pref.* angusti- ("narrow", as in angustifoliate)
angústia *s. f.* anguish, agony, grief; anxiety; distressing narrowness (of space)
angustiador *adj.* afflictive, distressing, annoying
angustiante *adj.* agonizing, torturing, tormenting
angustiar Ⓐ *v. tr.* to grieve, to afflict, to distress Ⓑ *v. refl.* to be in anguish; to be tortured, to torture oneself
angustifoliado *adj.* BOTÂNICA angustifoliate
angustifólio *adj.* ⇒ **angustifoliado**
angustímano *adj.* narrow-handed
angustioso *adj.* grievous, afflicting, torturing, tormenting
angustirrostro *adj.* ORNITOLOGIA angustirostrate
angustura *s. f.* narrowness, straightness, tightness; narrow passage; BOTÂNICA angostura, angustura
anguzada *s. f.* [Bras.] minglemangle, mixture; confusion; intrigue, gossip; boisterous (or tumultuous) reunion
anhangá *s. m.* [Bras.] evil spirit; devil
anhanguera Ⓐ *s. f.* [Bras.] evil spirit; the personified devil; resolute daring person Ⓑ *adj.* bold, daring, determined
anho *s. m.* lamb
aniagem *s. f.* burlap, sacking, sackcloth; rudeness
anião *s. m.* FÍSICA, QUÍMICA anion
anichar Ⓐ *v. tr.* to niche, to place in a niche, to furnish a niche for Ⓑ *v. refl.* to find a niche for oneself; to get a job
anídrico *adj.* QUÍMICA anhydrous
anidrido *s. m.* QUÍMICA anhydride
anidrite *s. f.* MINERALOGIA anhydrite
anidro *adj.* ⇒ **anídrico**
anidrose *s. f.* MEDICINA anhydrosis (deficiency of perspiration)
anielagem *s. f.* enamel(l)ing
anielar *v. tr.* to enamel, to inlay (to ornament) with niello
anil *s. m.* anil, indigo; ***anil bravo*** the ashen tephrosia; ***anil trepador*** waterwhile treebine
anilado *adj.* dyed with indigo, bluish
anilar *v. tr.* to dye with indigo
anileira *s. f.* indigo-plant; anil
anilha *s. f.* washer, ring
anilhaçar *v. tr.* to fasten with washers
anilha-freio *s. f.* check-ring, guard-ring, safety ring
anilhar *v. tr.* to place washers or to fasten with washers
anilho *s. m.* swivel; NÁUTICA ***anilho de amarração*** mooring swivel
anilina *s. f.* aniline
anilismo *s. m.* MEDICINA anilinism (intoxication by aniline)
animação *s. f.* animation, liveliness; stir and bustle; life, spirit; ***animação por computador*** computer animation; ***é uma casa de gente nova, cheia de animação*** it is a young people's lively house
animado *adj.* animated, lively, brisk, vivacious, cheerful, spirited; full of life; encouraged; ***uma conversa animada*** an animated conversation; ***uma descrição animada*** a lively description; ***uma cor animada*** a bright colour; ***estar animado*** to be in high spirits; ***animado do desejo de*** prompted by the desire to
animador Ⓐ *s. m.* animator; organizer, activity leader; host Ⓑ *adj.* animating, encouraging
animadversão *s. f.* animadversion, censure, reproach, criticism; punishment
animadvertir *v. tr.* to animadvert, to censure, to blame; to punish
animal *s. m., adj.* animal; [coloq.] rough person; ***animal feroz*** fierce beast; ***animal selvagem*** wild animal; ***sê bom para os***

animais be kind to animals; ***animal ensinado (ou amestrado)*** tame animal, domesticated animal; ***animal abatido*** slaughtered animal; ***animal aquático*** aquatic animal, water animal; ***animal terrestre*** land animal; ***animal carnívoro*** carnivorous animal, carnivore; ***animal de carga*** pack animal; ***animal de estimação*** pet (animal)
animalaço *s. m.* great animal; big brute; blockhead
animalão *s. m.* great animal; big brute; blockhead
animalcular *adj.* animalcular
animalculismo *s. m.* animalculism
animalculista *s. m. e f., adj.* animalculist
animálculo *s. m.* animalcule
animalejo *s. m.* little animal; lout, ninny, clodhopper, very stupid person
animalesco *adj.* animal, referring to animals; brutal, bestial; animalistic
animália *s. f.* dumb, irrational animal, beast
animalicida *s. m. e f.* a person who kills animals
animalicídio *s. m.* violent death of an animal
animalidade *s. f.* animality
animalismo *s. m.* animalism
animalista *s. m. e f.* animalist
animalização *s. f.* animalization
animalizar *v. tr.* to animalize; to sensualize
animante *adj.* animating; heartening, encouraging; inspiring; life-giving
animar Ⓐ *v. tr.* to animate, to vivify, to breathe life into; to enliven, to inspirit, to encourage; to urge; to arouse enthusiasm; to embolden Ⓑ *v. refl.* to grow animate; to take heart; to cheer up; to be emboldened
animato *s. m.* MÚSICA animato
animatógrafo *s. m.* ⇒ **cinematógrafo**
animável *adj.* capable of being enlivened, animated
anime *s. m.* animé; sweet gum
animicida *s. m. e f.* person who kills the soul
anímico *adj.* pertaining to the soul
animismo *s. m.* animism
animista Ⓐ *s. m. e f.* animist Ⓑ *adj.* animistic
ânimo Ⓐ *s. m.* animation, vitality; soul; courage, spirit; valour; heart; resolution; purpose; mind; intention Ⓑ *interj.* cheer up!, courage!, keep your chin up!; ***perder o ânimo*** to be discouraged; ***recobrar ânimo*** to recover one's spirits; ***dar ânimo a*** to encourage; ***perdi o ânimo*** my heart sank; ***grandeza de ânimo*** greatness of soul; ***fraqueza de ânimo*** faint-heartedness; ***ânimo desafogado*** carefree spirit; ***não tivemos ânimo para*** we hadn't the heart to; ***temos de manter o ânimo*** we must keep the flag flying; ***sem ânimo*** weak-hearted
animosamente *adv.* courageously
animosidade *s. f.* animosity, dislike; hatred; courage; boldness
animoso *adj.* courageous, brave, bold; resolute
anina *s. f.* iron-ring, nursery-song
aninhador *s. m.* nestler; said of the egg that is placed in the nest so that the chicken can lay there
aninhar Ⓐ *v. tr.* to put in a nest; to shelter, to lodge; to hide Ⓑ *v. refl.* to snuggle; to squat; to hide oneself, to cuddle up, to nestle; to take shelter
aninho *s. m.* one-year old lamb; first wool of a sheep; tranquillity
anínio *adj.* pertaining (or relating) to lambs
aniquilação *s. f.* annihilation, destruction, extinction, demolition
aniquilador *s. m.* annihilator, destroyer
aniquilamento *s. m.* ⇒ **aniquilação**
aniquilar Ⓐ *v. tr.* to annihilate, to destroy, to demolish, to extinguish; to bring to nothing Ⓑ *v. refl.* to run to ruin; ***aniquilar totalmente*** to put to rout
anis *s. m.* BOTÂNICA anise; aniseed; ***licor de anis*** anisette
anisado *adj.* anisated, flavoured with anise
anisal *s. m.* anise plantation
anisante *adj.* conveying the flavour of anise; anisating
anisanto *adj.* BOTÂNICA anisanthous (having perianths of different form)
anisar *v. tr.* to flavour with anise
aniseira *s. f.* anise
anis-estrelado *s. m.* BOTÂNICA the Japanese star-anise tree
aniseta *s. f.* anisette
anísico *adj.* anisic
anisina *s. f.* QUÍMICA the stimulant principle of anise
anisocoria *s. f.* MEDICINA anisocoria
anisocromia *s. f.* MEDICINA anisochromy
anisodactilia *s. f.* ZOOLOGIA anisodactylia
anisodáctilo *adj.* ZOOLOGIA anisodactylic
anisofilia *s. f.* BOTÂNICA anisophyllia (quality of being anisophyllous)
anisofilo *adj.* BOTÂNICA anisophyllous
anisogamia *s. f.* BOTÂNICA anisogamia
anisopétalo *adj.* BOTÂNICA anisopetalous
anisóptero *adj.* anisopterous
anisostémone *adj.* BOTÂNICA anisostemonous
anisotropia *s. f.* FÍSICA anisotropy
anisotrópico *adj.* FÍSICA anisotropic
anisótropo *adj.* FÍSICA anisotropic
anistia *s. f.* quality of what has no recognizable histological structure
anisto *adj.* BIOLOGIA without recognizable histological structure
anite *s. f.* ⇒ **proctite**
anivelar *v. tr.* ⇒ **nivelar**
aniversariante Ⓐ *adj.* referring to a birthday Ⓑ *s. m. e f.* person on (having, celebrating) his (her) birthday
aniversariar *v. intr.* to have (to celebrate) one's birthday
aniversário *s. m.* anniversary; ***aniversário natalício*** birthday
anjinho *s. m.* little angel; dead child; [fig.] innocent person; *pl.* iron rings with which the fingers of criminals were tightened; [coloq.] ***ir para os anjinhos*** to die
anjo *s. m.* angel; ***Anjo Custódio, Anjo da Guarda*** guardian angel
anjo-custódio *s. m.* [fig.] guardian angel; bodyguard
anjo-da-guarda *s. m.* [fig.] guardian angel; bodyguard
anjounil *s. m.* ⇒ **angelina**
ano *s. m.* year; ***ano comum*** common year; ***ano bissexto*** leap year; ***ano económico*** financial year; ***ano passado*** last year; ***próximo ano*** next year; ***uma vez por ano*** once a year; ***de dois em dois anos*** every other year; ***destes últimos anos*** of late years; ***ao ano*** by the year; ***dia de Ano Novo*** New Year's Day; ***os anos passam depressa*** the years pass quickly; ***para o ano que vem*** next year; ***nesta altura do ano*** at this time of the year; ***todo o ano*** all the year round; ***o ano todo*** the whole year; ***de hoje a um ano*** a year from today; ***há um ano*** a year ago; ***no ano de Nosso Senhor*** in the year of Our Lord; ***passado um ano*** after a year; ***dentro de um ano*** within a year; ***um ano por outro*** once every few years; ***ano escolar*** school year; ***ano lectivo*** academic year; ***todos os anos*** every year; ***dia de anos*** birthday; ***festejar o dia de anos*** to celebrate one's birthday; ***ele faz anos no dia 5 de Setembro*** his birthday is on the 5th of September; ***alguns anos atrás*** some years ago; ***primeiro ano (do liceu)*** first form; ***ela esteve ausente dois anos*** she was away for two years; ***anos de vacas magras*** lean years; ***ano corrente*** present year, current year; ***ano da graça*** year of grace; ***ano de jubileu*** jubilee year, holy year; ***ano secular*** the last year of a century; ***ano sideral*** sideral year, astral year; ***anos maduros*** years of maturity; ***ano a ano*** year by year; ***muitos anos a fio*** many a long year; ***ele já fez os seus anos de serviço*** he has already served his time; ***no começo deste ano*** on the threshold of this year; ***o peso dos anos*** the burden of the years; ***Feliz Ano Novo!*** Happy New Year!; ***ano civil*** civil year, calendar year; ***ano financeiro*** financial year; ***por ano*** per anuum, yearly

anodia *s. f.* MEDICINA mania for saying obscenities
anódico *adj.* ELECTRICIDADE anodic
anodinia *s. f.* anodynia; insensibility
anódino *adj.* anodyne, anodic; assuaging, softening; insignificant, unimportant
anódio *s. m.* ELECTRICIDADE anode
anodização *s. f.* anodizing
ânodo *s. m.* ⇒ **anódio**
anodontia *s. f.* MEDICINA anodontia (absence of the teeth)
anófele *s. m.* the malaria carried by mosquitoes of the genus Anopheles
anoftalmia *s. f.* PATOLOGIA anophthalmia (congenital absence of the eyes)
anogueirado *adj.* having the colour of walnut wood
anoitecer Ⓐ *v. intr.* to grow dark; ***anoiteceu antes de ele chegar a casa*** night fell before he reached home; ***começar a anoitecer*** to be getting dark Ⓑ *s. m.* nightfall; ***ao anoitecer*** at nightfall
anojadiço *adj.* easily nauseated or disgusted
anojado *adj.* grieved, in mourning; nauseated, disgusted
anojador *adj.* nauseating, wearisome; loathsome, tiresome, troublesome, dull; sad
anojamento *s. m.* nausea; mourning; sorrow, grief
anojar Ⓐ *v. tr.* to make sick, to sicken, to weary Ⓑ *v. refl.* to mourn; to be weary, to become sick of
anojo *s. m.* nausea; disgust
anojoso *adj.* nauseous, disgusting
ano-luz *s. m.* light-year
anomalia *s. f.* anomaly, irregularity
anomalístico *adj.* ASTRONOMIA anomalistic
anómalo *adj.* anomalous, irregular; abnormal, aberrant; extra; incongruous
anomia *s. f.* violation of law; illegality
anominação *s. f.* alteration of a word to change its sense
anomocefalia *s. f.* MEDICINA anomocephaly
anomocéfalo *adj.* MEDICINA anomocephalous (having an irregular head)
anona *s. f.* custard (fruit of the annona); also known as *ateira*
Anonáceas *s. f. pl.* BOTÂNICA *Annonaceae*
anonáceo *adj.* BOTÂNICA annonaceous
anonário *adj.* said of the Roman provinces that paid their dues in victuals, especially corn
anoneira *s. f.* ⇒ **anona**
anonimado *s. m.* ⇒ **anonimato**
anonimar-se *v. refl.* to become anonymous
anonimato *s. m.* anonymity
anonímia *s. f.* anonymousness, anonymity
anónimo Ⓐ *s. m.* anonym Ⓑ *adj.* anonymous, nameless
anopétalo *adj.* BOTÂNICA with straight petals
anopluros *s. m. pl.* ZOOLOGIA the order *(Anoplura)* comprising louse-like insects
anopsia *s. f.* MEDICINA anopsy, blindness
anoque *s. m.* tannery (place where hides are tanned)
anoraque *s. m.* anorak
anordestear *v. tr.* to steer (or decline) to the northeast
anoréctico *adj.* anorexous, anorectous
anorexia *s. f.* MEDICINA anorexy (lack of appetite)
anormal *adj.* abnormal; irregular, aberrant; exceptional
anormalidade *s. f.* abnormality, irregularity
anorteamento *s. m.* act (or fact) of steering northwards
anortear *v. tr.* to steer northwards; to decline to the north; to guide, to govern, to direct
anortite *s. f.* MINERALOGIA anorthite
anortóclase *s. f.* MINERALOGIA anortoclase
anortografia *s. f.* anorthography (missing of orthographic rules)
anosfresia *s. f.* MEDICINA anosmia
anosia *s. f.* absence of sickness, state of health
anosidade *s. f.* old age
anosmia *s. f.* MEDICINA anosmia (loss of the sense of smell)
anósmico *adj.* anosmic
anoso *adj.* old; aged; advanced in years
anosteozoário Ⓐ *s. m.* boneless animal Ⓑ *adj.* boneless (animal)
anotação *s. f.* annotation, comment, note
anotado *adj.* annotated, registered
anotador *s. m.* annotator
anotar *v. tr.* to annotate, to comment, to elucidate; to mark down; to note down
anoto *adj.* earless
anoutecer *v. intr.* ⇒ **anoitecer**
anovamento *s. m.* contract which derogates a previous one
anovear *v. tr.* to multiply by nine; to make someone pay *anóveas*
anóveas *s. f. pl.* nine times the price of something
anovelar *v. tr.* to wind into a ball (yarn)
anoxemia *s. f.* MEDICINA anoxemia, anoxaemia, anoxia
anoxiemia *s. f.* ⇒ **anoxemia**
anquilosar *v. intr.* to anchylose, to ankylose; to stiffen (joints, bones)
anquilose *s. f.* anchylosis; ankylosis
anquinhas *s. f. pl.* pannier (of a dress)
ansa *s. f.* wing; small cut; occasion; opportunity
ansarinha-malhada *s. f.* ⇒ **cicuta**
anseio *s. m.* longing, craving, yearning; wistfulness, wish; anxiety, disquietude, trouble
anseriforme Ⓐ *adj.* pertaining to the *Anseriformes* Ⓑ *s. m. pl.* the *Anseriformes* (birds comprising ducks, geese, swans, mergansers and the screamers)
anserina *s. f.* chenopod
ânsia *s. f.* anxiety, uneasiness, worry; agony; eager desire; ***as ânsias da morte*** the pangs of death; ***estar em ânsias*** to be anxious; ***ânsia de aprender*** thirst for knowledge; ***na ânsia (de)*** longing (for)
ansiamento *s. m.* anxiety, uneasiness, worry; agony; eager desire
ansiar *v. tr.* to cause anguish; to desire ardently; ***ansiar por*** to hanker after, to yearn (to long, to pine) for
ansiedade *s. f.* anxiety, anguish, uneasiness; eager desire; ***esperar com ansiedade*** to await anxiously
ansiforme *adj.* aliform; shaped like the handle of a basket (or of a jug)
ansiolítico Ⓐ *s. m.* MEDICINA tranquillizer Ⓑ *adj.* tranquillizing
ansioso *adj.* anxious, uneasy, troubled; eager, longing for; ***estar ansioso por*** to be anxious for
anspeçada *s. m.* old military rank of a private first class; lance-corporal
anta *s. f.* dolmen, cromlech; ZOOLOGIA tapir; African bufalo or tapir hide; ***cor de anta*** buff colour
antado *adj.* buff-coloured
antagonicamente *adv.* antagonistically
antagónico *adj.* opposed to, hostile to, antagonistic(al)
antagonismo *s. m.* antagonism, opposition, hostility, incompatibility
antagonista *s. m. e f.* antagonist, opponent, adversary
antagonizar *v. intr.* to antagonize
antalgia *s. f.* MEDICINA absence or lessening of pain
antálgico *adj.* MEDICINA anodyne, analgesic
antanáclase *s. f.* RETÓRICA antanaclasis (repetition of words having the same sound but with different meanings)
antanagoge *s. f.* RETÓRICA antanagoge
antanho *adv.* of last years; in bygone times; ***tempos de antanho*** bygone days, the good old days
antapódose *s. f.* GRAMÁTICA antapodosis
antar *v. tr.* to prepare with buff skin
antárctico *adj.* antarctic; ***Pólo Antárctico*** Antarctic Pole, South Pole

ante Ⓐ *prep.* before; in the face of; in view of; ***pé ante pé*** slowly, cautiously Ⓑ *pref.* fore-, pre-, ante- (used in composition with verbs, substantives, other substantives and adjectives derived from phrases, as ante-mundane, etc.)
anteacto *s. m.* introductory piece (theatre); short representation preceding the main performance
anteâmbulo *s. m.* Roman slave who made the way for his master; preface
anteaurora *s. f.* predawn
anteboca *s. f.* forepart of the mouth
antebraço *s. m.* ANATOMIA forearm, antebrachium
antebraquial *adj.* of the forearm, antebrachial
antecâmara *s. f.* antechamber; NÁUTICA cuddy, lobby
antecanto *s. m.* MÚSICA refrain, burden, chorus
antecedência *s. f.* antecedence, precedence, priority; ***com antecedência*** beforehand, in advance; ***com duas semanas de antecedência*** two weeks ahead of time
antecedente Ⓐ *adj.* antecedent, previous, preceding, prior Ⓑ *s. m.* antecedent, precedent; MATEMÁTICA the first term of a ratio; *pl.* antecedents, background; ***antecedentes criminais*** criminal record
antecedentemente *adv.* antecedently
anteceder *v. tr.* to precede, to go before; to be earlier than
antecena *s. f.* ⇒ **proscénio**
antecessor *s. m.* predecessor; *pl.* ancestors
antecéu *s. m.* great happiness
antecipação *s. f.* anticipation, forestalling; ***com um mês de antecipação*** a month in advance
antecipadamente *adv.* ahead, beforehand, in advance; ***agradecendo-lhe antecipadamente*** thanking you in anticipation, in advance
antecipador Ⓐ *adj.* anticipant, anticipating Ⓑ *s. m.* anticipator
antecipar *v. tr.* to anticipate; to do in advance; to advance; to forestall, to prevent; ***antecipar-se a*** to go ahead of; ***antecipar-se a um rival na execução de um plano*** to steal a march on someone; ***antecipar a data*** to advance the date; ***antecipar o pagamento*** to advance the payment
anteconhecimento *s. m.* foreknowledge
anteconjugal *adj.* anteconjugal
antecoro *s. m.* ARQUITECTURA antechoir
antecos *s. m. pl.* antiscii, antiscian
antedar *v. tr.* to give before; to have already given
antedata *s. f.* antedate
antedatar *v. tr.* to antedate, to predate
antedia *s. m.* dawn
antediluviano *adj.* antediluvian; very old
antedito *adj.* foretold
antedizer *v. tr.* to foretell, to presage, to predict
antedoca *s. f.* basin
anteface *s. f.* veil (cover of the face), mask
anteferir *v. tr.* to prefer
antefirma *s. f.* usual final phrase of compliments at the end of a letter before the signature
antefixa *s. f.* antefixe
antefixo Ⓐ *s. m.* antefixe Ⓑ *adj.* antefixal
antefosso *s. m.* fore-ditch, vanfoss
antefruir *v. tr.* to foretaste
antegabinete *s. m.* antechamber
antegalha *s. f.* the balance of a sail (according to the weather)
antegostar *v. tr.* to foretaste
antegosto *s. m.* foretaste
antegozar *v. tr.* to look forward to, to anticipate with pleasure
antegozo *s. m.* foretaste, anticipation of pleasure
anteguarda *s. f.* vanguard
ante-histórico *adj.* antehistoric, prehistoric
antela *s. f.* BOTÂNICA panicle, raceme
antelação *s. f.* antelation; precedence; preference; antecedence, previousness
antélice *s. f.* ANATOMIA antihelix, anthelix
antélio *s. m.* METEOROLOGIA anthelion
antelmíntico Ⓐ *s. m.* MEDICINA anthelmintic (remedy that destroys intestinal worms) Ⓑ *adj.* anthelmintic
antelóquio *s. m.* prologue, preface
antelucano *adj.* antelucan; of or pertaining to the hours before dawn
antemanhã Ⓐ *s. f.* dawn Ⓑ *adv.* before daylight
antemão *adv.* ***de antemão*** beforehand; previously; in advance; ***isso já se sabia de antemão*** it was a foregone conclusion
antemeridiano *adj.* antemeridian (a. m.); of or belonging to the forenoon
antemesa *s. f.* a sacred cloth (on which the Greek priest celebrates when there is no altar)
antemolar *s. m., adj.* ⇒ **pré-molar**
antemostrar *v. tr.* to show beforehand
antemover *v. tr.* to move before time; to promote
antemural *adj.* referring to a barbican rampart
antemuralha *s. f.* ⇒ **antemuro**
antemurar *v. tr.* to provide with a barbican, an outer wall or rampart; to defend, to protect
antemuro *s. m.* antemural; barbican; avantmure; outside wall; rampart
antena *s. f.* antenna (*plural* antennae) (of insects and crustacea); feeler; aerial (wireless); NÁUTICA wireless spar; ***antena sobresselente*** spare wireless spar, spare wireless aerial; ***antena parabólica*** satellite dish; ***antena direccional*** directional aerial
antenado *adj.* provided with antennae, tentaculate, tentacled
antenal *adj.* antennal, antennary
antenífero Ⓐ *adj.* ⇒ **antenado** Ⓑ *s. m.* ZOOLOGIA antenniferous
anteniforme *adj.* ZOOLOGIA antenniform
antenome *s. m.* word or title which precedes the Christian name
anténula *s. f.* ZOOLOGIA short antenna, antennule
antenular *adj.* pertaining to the antennule
antenupcial *adj.* antenuptial; ***contrato antenupcial*** antenuptial contract
anteocular *adj.* ante-orbital, antocular
anteocupação *s. f.* preoccupation, prepossession
anteocupante *adj.* preoccupying
anteocupar *v. tr.* to preoccupy, to occupy beforehand
anteontem *adv.* the day before yesterday
antepaga *s. f.* advance payment
antepagar *v. tr.* to pay in advance, to pay ahead of time
antepara *s. f.* NÁUTICA bulkhead; ***antepara de colisão*** collision bulkhead; ***antepara do alvaçuz*** peak bulkhead; ***antepara lateral*** wing bulkhead
anteparar Ⓐ *v. tr.* to defend, to shelter, to secure from; to stop, to suspend before Ⓑ *v. intr.* to be careful, to beware
anteparo *s. m.* fence; rampart; wind-screen; fire-screen; defence
anteparto *s. m.* characteristic symptoms or period immediately before parturition
antepassado Ⓐ *adj.* past, foregone, bygone Ⓑ *s. m.* ancestor, forefather
antepassar Ⓐ *v. tr.* to precede Ⓑ *v. intr.* to happen before
antepasto *s. m.* first course, hors d'œuvres, entrée, aperitif, relish, appetizer, first dish
antepectoral *adj.* belonging to the front part of the breast
antepenúltimo *adj.* the last but two; antepenult, antepenultime, antepenultimate (of syllables in a word)
antepor *v. tr.* to prefer, to set before
anteporta *s. f.* outer door

anteportaria *s. f.* porch
anteporto *s. m.* safe anchorage for ships near the harbour
anteposição *s. f.* preference, precedence
anteposto *adj.* placed before
antepotente *adj.* ⇒ **prepotente**
anteprimeiro *adj.* preceding the first, preliminary
anteprojecto *s. m.* scheme, groundwork; draft
antera *s. f.* BOTÂNICA anther
anterídio Ⓐ *s. m.* BOTÂNICA antheridium Ⓑ *adj.* antheridial
anterífero *adj.* BOTÂNICA antheriferous
anteriforme *adj.* BOTÂNICA antheriform
anterino *adj.* BOTÂNICA antheral
anterior *adj.* former, anterior, preceding, earlier, previous; fore, in front, front
anterioridade *s. f.* anteriority
anteriorizar *v. tr.* to precede
anteriormente *adj.* before, previously; anteriorly; hitherto
antero- *pref.* antero- ("front", "fore", as in anterodorsal, anteroinferior)
ântero-dorsal *adj.* ANATOMIA anterodorsal
ântero-inferior *adj.* ANATOMIA anteroinferior
ântero-posterior *adj.* ANATOMIA anteroposterior
ântero-superior *adj.* ANATOMIA anterosuperior
anterozóide *s. m.* BOTÂNICA antherozoid; antherozooid
anterrosto *s. m.* title page of a book; frontispiece of a book
antes *adv.* before; rather; better; ***pouco antes*** shortly before; ***antes de mais nada*** first of all; ***muito tempo antes*** long before; ***quanto antes*** as soon as possible; ***duas semanas antes*** two weeks before; ***eu antes quis ficar*** I had rather stay; ***antes de*** before; ***antes de tempo*** ahead of time; ***antes pelo contrário*** rather the contrary; ***antes que cases, vê o que fazes*** look before you leap; ***antes só que mal acompanhado*** better alone than in bad company; ***ou antes*** or rather; ***antes pouco do que nada*** half a loaf is better than no bread; ***antes tarde do que nunca*** better late than never; ***quanto antes, melhor*** the sooner, the better; ***antes da expiração do prazo estabelecido*** previous (prior) to the expiration of the fixed time
antese *s. f.* BOTÂNICA anthesis, full bloom
antessala *s. f.* antechamber; anteroom
antessazão *adv.* out of season, prematurely
antessentir *v. tr.* ⇒ **pressentir**
antestatura *s. f.* an improvised entrenchment or work of palisades, sacks of earth, etc
antestreia *s. f.* première; début
antetempo *adv.* too soon, ahead of time, early, untimely
antever *v. tr.* to foresee
anteversão *s. f.* MEDICINA anteversion, anteflexion (inversion of the matrix)
anteverter *v. tr.* to precede; to prevent; MEDICINA to antevert
antevéspera *s. f.* the day before the eve
antevisão *s. f.* foresight, foretelling; prediction
anti- *pref.* anti- (used in compounds already formed in Greek, or others modelled on them)
antiabolicionismo *s. m.* antiabolitionism
antiabolicionista *s. m. e f.* antiabolitionist
antiabortivo *adj.* antiabortive
antiacadémico *adj.* antiacademic
antiácido *adj.* antacid
antiaéreo *adj.* antiaircraft; ***canhão antiaéreo*** antiaircraft gun
antiafrodisíaco *adj.* ⇒ **anafrodisíaco**
antiaglutinante *adj.* antiagglutinating
antialcoólico *adj.* antialcoholic, teetotal
antialcoolismo *s. m.* antialcoholism
antialgésico *adj.* ⇒ **analgésico**
antiálgico *adj.* ⇒ **análgico**
antiapopléctico *adj.* antiapoplectic
antiarina *s. f.* QUÍMICA antiar
antiaristocrata Ⓐ *s. m. e f.* antiaristocrat Ⓑ *adj.* antiaristocratic
antiaristocrático *adj.* antiaristocratic
antiartístico *adj.* antiartistic
antiartrítico *adj.* MEDICINA antiarthritic
antiasmático *adj.* antiasthmatic
antibaquio *adj.* antibacchius
antibilioso *adj.* antibilious
antibiose *s. f.* BIOLOGIA antibiosis
antibioterapia *s. f.* antibiotherapy
antibiótico *s. m., adj.* antibiotic
antiblenorrágico *adj.* antiblennorrhagic
antibritânico *adj.* anti-Britannic, anti-British
antibrómico *adj.* antibromic, deodorant
antibula *s. f.* antibull
anticanceroso *adj.* anticancerous
anticanónico *adj.* anticanonic(al)
anticardeal *s. m.* anticardinal
anticárdio *s. m.* ANATOMIA anticardium (pit of the stomach)
anticatolicismo *s. m.* anticatholicism
anticatólico *adj.* anticatholic
anticefalálgico *adj.* anticephalalgic
anticéptico *adj.* antisceptic
anticiclone *s. m.* METEOROLOGIA anticyclone
anticientífico *adj.* unscientific
anticívico *adj.* anticivic
anticivilizador *adj.* anticivilizing
anticivismo *s. m.* anticivism
anticlássico *adj.* anticlassic
anticlerical Ⓐ *adj.* anticlerical Ⓑ *s. m. e f.* anticlerical person
anticlericalismo *s. m.* anticlericalism
anticlímax *s. m.* anticlimax
anticlinal Ⓐ *s. m.* anticline Ⓑ *adj.* anticlinal
anticoagulante *s. m., adj.* anticoagulant
anticolérico *adj.* anticholeric
anticomania *s. f.* mania for antiquities
anticomercial *adj.* anticommercial
anticomunismo *s. m.* POLÍTICA anticommunism
anticomunista *s. m. e f., adj.* POLÍTICA anticommunist
anticoncepcional *s. m.* contraceptive
anticoncílio *s. m.* anticouncil
anticonformista *adj.* nonconformist
anticongelante *s. m.* antifreeze, antifreezing
anticonjugal *adj.* anticonjugal
anticonstitucional *adj.* anticonstitutional
antícope *s. f.* ⇒ **repercussão**
anticoposcópio *s. m.* ⇒ **plessímetro**
anticorpo *s. m.* QUÍMICA, MEDICINA antibody, antitoxin
anticorrosivo *adj.* anticorrosive
anticosmético *s. m., adj.* anticosmetic
anticrepuscular *adj.* anticrepuscular
anticrepúsculo *s. m.* anticrepuscule
anticristão *s. m., adj.* antichristian
anticristianismo *s. m.* antichristianism
Anticristo *s. m.* Antichrist
anticrítico *adj.* anticritic
antíctones *s. m. pl.* ⇒ **antípodas**
antidáctilo *adj.* antidactyl, anapest
antidemocracia *s. f.* POLÍTICA antidemocracy
antidemocrata *s. m. e f.* POLÍTICA antidemocrat
antidemocrático *adj.* POLÍTICA antidemocratic
antidemocratismo *s. m.* POLÍTICA antidemocracy
antidepressivo *s. m. e f., adj.* antidepressant
Antidesmáceas *s. f. pl.* ⇒ **Euforbiáceas**
antidesportista Ⓐ *adj.* opposed to sports Ⓑ *s. m. e f.* an unfair player
antidesportivo *adj.* unsportsmanlike, unsporting, unfair

antidiabético *adj.* MEDICINA antidiabetic
antidiarreico *adj.* MEDICINA antidysenteric
antidiftérico *adj.* MEDICINA antidiphtheric, antidiphtheritic
antidinástico *adj.* antidynastic
antidínico *adj.* MEDICINA against giddiness
antidisentérico *adj.* MEDICINA antidysenteric
antidispéptico *adj.* MEDICINA antidyspeptic(al)
antidispneico *adj.* antidyspneal, antidyspneic
antidiurético *adj.* MEDICINA antidiuretic
antidogmático *adj.* antidogmatic
antidogmatismo *s. m.* antidogmatism
antidotal *adj.* antidotal
antídoto *s. m.* MEDICINA antidote
antidramático *adj.* antidramatical
antídromo *s. m.* BOTÂNICA antidromy
antieconómico *adj.* uneconomical
antiemético *adj.* MEDICINA antiemetic; antiephialtic
antiepidémico *adj.* MEDICINA antiepidemic
antiepiléptico *adj.* MEDICINA antipileptic
antiesclavagista Ⓐ *adj.* antislavery Ⓑ *s. m. e f.* person opposed to slavery
antiescorbútico *adj.* MEDICINA antiscorbutic
antiescravista *s. m. e f., adj.* ⇒ **antiesclavagista**
antiescrofuloso *adj.* MEDICINA antiscrofulous
antiespasmódico *adj.* MEDICINA antispasmodic
antiespiritualismo *s. m.* antispiritualism
antiestafilocócico *adj.* MEDICINA antistaphylococcic
antiestético *adj.* antiaesthetic
antietimológico *adj.* antietymologic(al)
antievangélico *adj.* antievangelic(al)
antifascismo *s. m.* POLÍTICA antifascism
antifascista *s. m. e f.* POLÍTICA antifascist
antifebril *adj.* MEDICINA antifebrile
antiferruginoso *adj.* antirust
antifilosófico *adj.* antiphilosophic
antifisiológico *adj.* MEDICINA antiphysiological
antiflatulento *adj.* MEDICINA antiflatulent
antiflogístico *adj.* MEDICINA antiphlogistic
antífona *s. f.* MÚSICA antiphon
antifonário *s. m.* antiphonary
antifoneiro *s. m.* precentor
antifonia *s. f.* MÚSICA antiphony
antiformoso *adj.* ugly
antífrase *s. f.* RETÓRICA antiphrasis
antigalha *s. f.* lumber, trash, trumpery; curio; antique; old thing
antigalho *s. m.* NÁUTICA wooden utensil where the yards are fastened temporarily while the shrouds are improperly fixed
antigalicanismo *s. m.* antigallicanism
antigamente *adv.* formerly, in the past, in past times, in old days, of yore; at one time, in former days
antigangrenoso *adj.* MEDICINA antigangrenous
antigénico *adj.* MEDICINA antigenic
antigénio *s. m.* MEDICINA antigen
antígeno *s. m.* ⇒ **antigénio**
antigermânico *adj.* anti-German(ic)
antigo *adj.* ancient, old; antique, archaic, old-fashioned, antiquated; former, early, pre-existing; ***os Antigos*** the ancients; ***objectos antigos*** antiquities; ***à moda antiga*** in the old fashion, in the old manner, old-fashioned; ***Antigo Testamento*** Old Testament; ***estilo antigo*** old-fashioned style; ***História Antiga*** Ancient History
antigório *adj.* old-fashioned
antigorite *s. f.* MINERALOGIA antigorite
antigotoso *adj.* MEDICINA antipodagric, against gout
antigovernamental *adj.* contrary to government
antígrafo *s. m.* a sign to distinguish the words of the text being glossed; a signal which separates the text from the notes or observations
antigramatical *adj.* antigrammatical
antigripal *adj.* MEDICINA anti-flu
antigualha *s. f.* old thing; rubbish; *pl.* antiques, curiosities
antiguidade *s. f.* antiquity; old times; days of yore; ancientness; seniority; the ancients; MILITAR ***por ordem de antiguidade*** in order of seniority, seniority; ***loja de antiguidades*** curiosity shop, antique shop; ***antiguidade (no serviço)*** seniority, length (or years) of service
anti-helmíntico *adj.* ⇒ **antelmíntico**
anti-hemorrágico *adj.* MEDICINA antihaemorrhagic
anti-hemorroidal *adj.* MEDICINA antihaemorrhoidal
anti-hidrofóbico *adj.* VETERINÁRIA antihydrophobic, antilyssic
anti-hidrópico *adj.* antihydropic
anti-higiénico *adj.* anti-hygienic
anti-hipnótico *s. m., adj.* MEDICINA antihypnotic
anti-histérico *adj.* antihysteric
anti-histórico *adj.* antihistoric
anti-hitlerismo *s. m.* anti-Hitlerism
anti-infalibilismo *s. m.* anti-infallibility
anti-infeccioso *adj.* anti-infectious
antiletárgico *adj.* antilethargic
antiliberal *adj.* antiliberal
antilítico *adj.* antilithic
antilogaritmo *s. m.* MATEMÁTICA antilogarithm
antilogia *s. f.* antilogy (a contradiction in terms or ideas)
antilógico *adj.* antilogical (against logic)
antilogismo *s. m.* antilogism
antílope *s. m.* ZOOLOGIA antelope
antiluético *adj.* ⇒ **anti-sifilítico**
antimaçónico *adj.* anti-masonic
antimagnético *adj.* antimagnetic(al)
antimarxista *adj.* anti-marxist
antimefítico *adj.* antimephitic
antimelancólico *adj.* antimelancholic
antimelódico *adj.* antimelodic
antímero *adj.* ZOOLOGIA antimere
antimetábole *s. f.* ⇒ **antimetátese**
antimetalepse *s. f.* ⇒ **antimetátese**
antimetátese *s. f.* GRAMÁTICA antimetathesis
antimilitar *adj.* antimilitary
antimilitarismo *s. m.* antimilitarism
antimilitarista *s. m. e f., adj.* antimilitarist
antiministerial *adj.* antiministerial
antimonacal *adj.* antimonac(h)al, antimonastic
antimonárquico *adj.* antimonarchic(al)
antimonástico *adj.* ⇒ **antimonacal**
antimoniado *adj.* QUÍMICA antimoniated, mixed (prepared) with antimony
antimonial *adj.* QUÍMICA antimonial
antimoniato *s. m.* QUÍMICA antimoniate
antimónico *adj.* QUÍMICA antimonic
antimónio *s. m.* QUÍMICA antimony
antimonite *s. f.* QUÍMICA antimonite
antimonopólio *adj.* antitrust; ***leis antimonopólio*** antitrust laws
antimonóxido *s. m.* QUÍMICA antimony oxide
antimoral *adj.* antimoral
antinacional *adj.* antinational
antinarcótico *adj.* MEDICINA antinarcotic
antinatural *adj.* unnatural
antinefrítico *adj.* MEDICINA antinephritic
antinevrálgico *adj.* MEDICINA antineuralgic
antinodo *s. m.* FÍSICA antinode
antinomia *s. f.* antinomy (contradiction between two laws or principles); paradox
antinomiano *s. m., adj.* antinomian
antinómico *adj.* antinomian
antinomismo *s. m.* FILOSOFIA antinomianism

antinuclear *adj.* antinuclear; ***medidas antinucleares*** antinuclear measures
antinupcial *adj.* opposed to marriage
antiofídico *adj.* antidotal (against snake bites)
antipapa *s. m.* antipope
antipapado *s. m.* jurisdiction of the antipope
antipapismo *s. m.* antipapism
antipapista Ⓐ *s. m. e f.* antipapist, a person opposed to the pope Ⓑ *adj.* of (referring to) antipapism
antiparalelas *s. f. pl.* antiparallel (lines)
antiparalelismo *s. m.* antiparallelism
antiparástase *s. f.* DIREITO allegation stating that the accused should be praised if he had commited the act for which he is being prosecuted
antiparlamentar *adj.* antiparliamentary
antiparlamentarismo *s. m.* antiparliamentarism
antipatia *s. f.* aversion, dislike; detestation; antipathy; ***ter antipatia por*** to have antipathy towards, to have an aversion to, to dislike; ***causar antipatia*** to cause aversion
antipático *adj.* uncongenial, disagreeable, unpleasant, antipathetic(al), averse
antipatizar *v. intr.* to feel antipathy towards, to dislike
antipatriota *s. m. e f.* antipatriot
antipatriótico *adj.* antipatriotic
antipatriotismo *s. m.* antipatriotism
antipedagógico *adj.* contrary to the precepts of pedagogy
antipêndio *s. m.* antipendium
antiperiódico *adj.* antiperiodic
antiperistáltico *adj.* MEDICINA antiperistaltic
antiperístase *s. f.* antiperistasis
antipestilencial *adj.* antipestilential
antipirético Ⓐ *adj.* MEDICINA antipyretic, febrifuge, antifebrile Ⓑ *s. m.* febrifuge, antipyretic remedy
antipirina *s. f.* MEDICINA antipyrine
antipirótico *adj.* antipyrotic
antiplástico *adj.* antiplastic, diminishing plasticity
antipleurítico *adj.* MEDICINA antipleuritic
antipneumocócico *adj.* MEDICINA antipneumococcic
antipneumónico *adj.* MEDICINA antipneumonic
antipodágrico *adj.* antipodagric(al)
antipodal *adj.* antipodal
antípodas *s. m. pl.* antipodes
antipódico *adj.* antipodean
antipoético *adj.* antipoetic
antipolítica *s. f.* antipolitics
antipolítico *adj.* antipolitical
antipopular *adj.* antipopular
antipsórico *adj.* MEDICINA antipsoric
antiptose *s. f.* GRAMÁTICA antiptosis
antipútrido *adj.* antiputrid
antiquado *adj.* antiquated, out of use; out of date; old-fashioned; obsolete; archaic, ancient; ***tornar antiquado*** to outmode
antiqualha *s. f.* antiquity; old stuff
antiquar Ⓐ *v. tr.* to make antique, to antiquate; to outmode Ⓑ *v. refl.* to fall into disuse, to become obsolete
antiquário *s. m.* antiquarian; antiquary
antiquíssimo *adj.* very old, very ancient
anti-rábico *adj.* MEDICINA antirabic, antihydrophobic
anti-racional *adj.* antirational
anti-racista *s. m. e f., adj.* anti-racist
anti-raquítico *adj.* MEDICINA antirachitic, antirickets
anti-realismo *s. m.* antirealism
anti-religioso *adj.* antireligious
anti-republicano *adj.* antirepublican
anti-reumático *adj.* MEDICINA antirheumatic, antirheumatismal
anti-reumatismal *adj.* MEDICINA antirheumatic, antirheumatismal
anti-revolucionário *adj.* antirevolutionary
antirracrina *s. f.* BOTÂNICA antirrhinum; snapdragon
antirrina *s. f.* BOTÂNICA antirrhinum; snapdragon
antirrino *s. m.* BOTÂNICA antirrhinum; snapdragon
anti-rugas *adj.* anti-wrinkle; non-wrinkling, unwrinkling
anti-sátira *s. f.* satyrical refutation of a satyre
antíscios *s. m. pl.* Antiscii
anti-semita Ⓐ *adj.* anti-Semitic Ⓑ *s. m. e f.* anti-Semite
anti-semítico *adj.* anti-Semitic
anti-semitismo *s. m.* anti-Semitism
anti-sepsia *s. f.* MEDICINA antisepsis
anti-séptico *s. m., adj.* MEDICINA antiseptic
anti-sida *adj.* against AIDS
anti-sifilítico *adj.* MEDICINA antisyphilitic
anti-social *adj.* antisocial
anti-sofista *adj.* antisophist
anti-soviético *adj.* anti-Soviet
antíspase *s. f.* MEDICINA antispasis, revulsion
antispasmódico *s. m., adj.* MEDICINA anti-spasmodic
antispástico *adj.* MEDICINA antispastic
antispasto *s. m.* antispast
antístite *s. m.* RELIGIÃO pontiff; prelate
antístrofe *s. f.* MÚSICA antistrophe; GRAMÁTICA inversion
anti-submarino *adj.* anti-submarine
antiteísmo *s. m.* antitheism
antiteísta *s. m. e f.* antitheist
antitérmico *adj.* MEDICINA antipyretic
antítese *s. f.* antithesis (*plural* antitheses); opposition; contrast
antitetânico *adj.* MEDICINA antitetanic
antitético *adj.* antithetic
antítipo *s. m.* antitype; figure representing another figure
antitóxico Ⓐ *adj.* MEDICINA antitoxic Ⓑ *s. m.* antidote; antitoxin
antitoxina *s. f.* MEDICINA antitoxin
antítrago *s. m.* ANATOMIA antitragus
antitrinitário *adj.* RELIGIÃO antitrinitarian
antítropo *adj.* antitropel
antituberculoso *adj.* MEDICINA antitubercular
antivariólico *adj.* MEDICINA antivariolous; ***certificado de vacina antivariólica*** certificate of vaccination against smallpox
antivenenoso *adj.* MEDICINA antipoisonous
antivenéreo *adj.* MEDICINA antivenereal
antiviril *adj.* effeminate
antivirulento *adj.* MEDICINA antivirus
antivírus *s. m.* antivirus
antizímico *adj.* antizymic
anto- *pref.* antho- (meaning "flower")
antófago *adj.* anthophagous (flower-eating)
antofilite *s. f.* MINERALOGIA anthophyllite
antófilo *adj.* ZOOLOGIA anthophilous
antóforo Ⓐ *s. m.* BOTÂNICA anthophore Ⓑ *adj.* anthophorous
antografia *s. f.* description of flowers
antógrafo *s. m.* anthograph
antojadiço *adj.* capricious, whimsical
antojar *v. tr.* to picture to oneself; to fancy; to covet, to lust after, to long for
antojo *s. m.* whim; fancy; representation, prefiguration, desire
antolhar *v. tr.* ⇒ **antojar**
antolho *s. m.* ⇒ **antojo**
antolhos *s. m. pl.* blinkers
antólito *s. m.* antholite
antologia *s. f.* anthology
antológico *adj.* anthological; destined to become a classic; of exceptional quality
antologista *s. m. e f.* anthologist

antólogo *s. m.* anthologist
antomania *s. f.* anthomania, passion for flowers
antomaníaco *s. m., adj.* anthomaniac
antoniano *adj.* Anthonian
antonímia *s. f.* GRAMÁTICA the use of antonyms
antónimo *s. m.* GRAMÁTICA antonym
antonino *adj.* ⇒ **antoniano**
antonomásia *s. f.* antonomasia (substitution of epithet for proper name)
antonomástico *adj.* antonomastic
antorismo *s. m.* substitution of one word for a better one
antoxantina *s. f.* BIOQUÍMICA anthoxanthin
antozoário *s. m.* ZOOLOGIA anthozoan
antracénico *adj.* QUÍMICA anthracenic; related to anthracene
antraceno *s. m.* QUÍMICA anthracene
antrácia *s. f.* MEDICINA anthrax
antrácico *adj.* anthracic
antracífero *adj.* anthracitous; anthracitic
antraciforme *adj.* anthraciform
antracito *s. m.* anthracite; non-bituminous variety of coal
antracitoso *adj.* ⇒ **antracífero**
antracnose *s. f.* BOTÂNICA kind of illness caused by fungi in some plants, specially in vines
antracóide *adj.* MEDICINA anthracoid; coal-coloured
antracomancia *s. f.* conjecture done over burning coal
antracomante *s. m. e f.* person who practises antracomancia
antracómetro *s. m.* anthracometer
antracose *s. f.* MEDICINA anthracosis, miner's malady
antraz *s. m.* MEDICINA anthrax, carbuncle
antreno *s. m.* a small coleopteron the larva of which causes irreparable damage to museums
antro *s. m.* cavern, cave, den, cavity; MEDICINA antrum
antropagogia *s. f.* pedagogic system following the education beyond school and family
antropo- *pref.* anthropo- (''mar'', ''human'')
antropobiologia *s. f.* anthropobiology
antropocêntrico *adj.* anthropocentric, said of a philosophical system wherein the human being is the center of the universe and the final cause of creation
antropocentrismo *s. m.* anthropocentrism
antropofagia *s. f.* anthropophagy, cannibalism
antropófago Ⓐ *s. m.* anthropophagite (*plural* anthropophagi); man-eater; cannibal Ⓑ *adj.* anthropophagous
antropofilia *s. f.* anthropophilia; philanthropy
antropofobia *s. f.* anthropophobia, misanthropy
antropófobo Ⓐ *s. f.* misanthrope Ⓑ *adj.* misanthropic(al)
antropogénese *s. f.* BIOLOGIA anthropogenesis
antropogenesia *s. f.* ⇒ **antropogénese**
antropogenético *adj.* BIOLOGIA anthropogenetic
antropogenia *s. f.* BIOLOGIA anthropogeny
antropogeografia *s. f.* anthropogeography (human geography)
antropognosia *s. f.* ⇒ **antropologia**
antropografia *s. f.* anthropography (description of the human body)
antropóide *s. m., adj.* anthropoid
antropólatra Ⓐ *s. m. e f.* anthropolater Ⓑ *adj.* anthropolatric
antropolatria *s. f.* anthropolatry (adoration of a human being)
antropólito *s. m.* anthropolith; antropolite
antropologia *s. f.* anthropology (the science of man in the widest sense)
antropológico *adj.* anthropological
antropólogo *s. m.* anthropologist
antropometria *s. f.* anthropometry (measurement of the human body)
antropométrico *adj.* anthropometrical
antropomorfia *s. f.* ⇒ **antropomorfismo**
antropomórfico *adj.* anthropomorphic, anthropomorphical
antropomorfismo *s. m.* anthropomorphism
antropomorfizar *v. tr.* to anthropomorphize
antropomorfo *adj.* ZOOLOGIA anthropomorphous
antropomorfose *s. f.* anthropomorphosis
antropopatia *s. f.* anthropopathy (attribution of human feelings to a divinity or to animals or objects)
antropopiteco *s. m.* Anthropopithecus
antroposofia *s. f.* anthroposophy
antropoteísmo *s. m.* anthropotheism (deification of humanity)
antropoteísta *s. m. e f.* anthropotheist
antropoterapia *s. f.* anthropotherapy
antropotomia *s. f.* anthropotomy (anatomy of the human body)
antropozóico *adj.* anthropozoic; quaternary
antúrio *s. m.* BOTÂNICA a plant of the *Araceae* family
anual *adj.* annual; yearly
anualidade *s. f.* annuity
anualmente *adv.* yearly; annually
anuário *s. m.* year-book; directory; ***anuário da marinha*** navy list; ***anuário comercial*** commercial directory
anúduva *s. f.* ⇒ **adua**
anuência *s. f.* assent, acquiescence, consent, agreement
anuente *s. m. e f.* assenter, assentor, consenter; complier
anuidade *s. f.* annuity; yearly grant
anuir *v. intr.* to assent, to acquiesce, to agree, to consent, to adhere; ***anuir a uma proposta*** to assent to a proposal; ***anuir aos desejos de alguém*** to comply with someone's wishes
anuitário *adj.* said of the one who pays his debt by annuities
anulabilidade *s. f.* defeasibility, voidness; annulation, annulment
anulação *s. f.* annulment; nullification, cancellation; invalidation; rescission; ***anulação de contrato*** cancellation of agreement
anulado *adj.* annulled, cancelled, rescinded; null and void
anulador *s. m.* annuller, canceller
anulante *adj.* annulling, nullifying
anular Ⓐ *adj.* annular, ring-like Ⓑ *v. tr.* to annul, to cancel, to nullify, to abolish, to rescind; ***anular um voto*** to annul a vote; ***ele não pode anular a sua assinatura*** he cannot go back on his signature
anulativo *adj.* ⇒ **anulante**
anulatório *adj.* nullifying
anulável *adj.* cancellable, defeasible, voidable, annullable, liable to forfeiture
ânulo *s. m.* annulet
anunciação *s. f.* annunciation, announcement; ***dia da Anunciação da Virgem*** Ladyday
anunciada *s. f.* annunciation
anunciador *s. m.* announcer; annunciator
anunciante Ⓐ *adj.* announcing, advertising Ⓑ *s. m. e f.* advertiser
anunciar *v. tr. e refl.* to announce, to annunciate; to advertise; to give notice; to make known; to publish, to proclaim; to inform; to usher; to foretell, to prophesy; ***se não achares casa, é melhor anunciares*** if you can't find a house, you had better advertise; ***anunciar pela rádio*** to broadcast; ***anunciar publicamente*** to tell the world; ***o casamento foi anunciado*** the banns were called
anunciativo *adj.* annunciatory
anúncio *s. m.* advertisement, announcement; notice; proclamation; publication; ***agente de anúncios*** advertising agent; ***anúncio em separado*** underline; ***anúncios judiciais*** law notices; ***anúncio luminoso*** neon sign; ***anúncio para***

encher stop advertisement; *anúncios de ofertas ou colocações* advertisements or positions (vacant, or wanted); *anúncio de imprensa* press advertisement; *anúncio de rádio* radio announcement; *anúncios classificados* small / classified ads

ânuo *adj.* annual

anúria *s. f.* MEDICINA anuresis, anuria (absence or lack of urine)

anuro *s. m.* ZOOLOGIA anuran

ânus *s. m.* ANATOMIA anus

anuviador *adj.* that causes melancholy; that darkens (clouds); clouding; gloomy

anuviar Ⓐ *v. tr.* to cloud, to darken, to overcast Ⓑ *v. refl.* to look gloomy, to sadden; to grow cloudy

anverso *s. m.* obverse; side of coin or medal, which bears the head, or principal device

anzol *s. m.* fish-hook; *cair no anzol* to take the bait; *pescar com cana e anzol* to angle, to fish with an angle and a hook

anzolado *adj.* formed like a fish-hook; [Bras.] lean, skinny, emaciated

anzoleiro *s. m.* manufacturer of (trader in) fish-hooks

ao *contr. da prep.* **a** + *art. def.* **o**

aonde *adj.* where; *aonde vais?* where are you going?

aorístico *adj.* GRAMÁTICA aoristic

aoristo *s. m.* GRAMÁTICA aorist

aorta *s. f.* ANATOMIA aorta

aortalgia *s. f.* a pain in the aorta region

aortectasia *s. f.* MEDICINA dilation of the aorta

aórtico *adj.* MEDICINA aortic

aortite *s. f.* MEDICINA inflammation of the aorta

aortoclasia *s. f.* MEDICINA aortoclasia (hernia of the aorta)

aortoclastia *s. f.* ⇒ **aortoclasia**

apache *s. m. e f.* Apache (member of an Indian tribe); apache, Parisian criminal, gangster

apachorrar-se *v. refl.* to become idle, sluggish, apathetic, phlegmatic

apadrinhador Ⓐ *s. m.* protector, supporter, patronizer, backer Ⓑ *adj.* supporting, sponsoring, favouring

apadrinhamento *s. m.* act (or fact) of sponsoring, protecting

apadrinhar *v. tr.* to be a godfather to; to protect, to support, to favour; to patronize; to stand for

apadroar *v. tr.* to protect, to support, to sponsor, to patronize

apagado *adj.* extinguished, put out; quenched; erased, struck out, rubbed out, wiped out; dull; slaked; dark, dim, unlit; quiet, modest; ELECTRICIDADE switched off; *pessoa apagada* unimportant person, person of no account, a nonentity

apagador *s. m.* extinguisher; damper, eraser

apagamento *s. m.* extinction; extinguishment; putting out (of lights); ELECTRICIDADE switching off; erasure, rubbing out

apaga-penóis *s. m. pl.* NÁUTICA cables to furl the topsails

apagar Ⓐ *v. tr.* to extinguish, to quench, to damp; to put out; ELECTRICIDADE to switch off; to strike out, to wipe out (off); to slake; to erase; to delete; to fade Ⓑ *v. refl.* to go out, to be extinguished; to die away; to weaken; *apagar (raspando)* to scrape out; *apagar a luz* to put out the light; *apagar com a esponja* to sponge out; *apagar com os pés* to tread out; *apagar com sopros* to blow out

ápage! *interj.* away!, go!, get out!, be gone!

apagogia *s. f.* FILOSOFIA apagoge (demonstration which proves something by showing the impossibility or absurdity of denying it)

apaijar *v. tr.* ⇒ **apajear**

apainelado *adj.* panelled, panellike, adorned with panel-pictures

apainelamento *s. m.* panelling; series of panels on a wall

apainelar *v. tr.* to panel; to ornament with panels

apaiolar *v. tr.* to put in a barn or shed

apaisanar *v. tr.* to behave (or dress) like a civilian

apaisar *v. tr.* to paint landscapes on

apaixonadamente *adv.* passionately

apaixonadiço *adj.* inclined to fall in love

apaixonado *adj.* passionate; in love with; [fam.] keen on; vehement, warm, ardent

apaixonar *v. tr. e refl.* to fall in love with; [fam.] to be keen on; to be passionately in love; to stir deeply; to get heated in argument; to exalt

apajar *v. tr.* ⇒ **apajear**

apajear *v. tr.* to page; to attend upon; to work as a nurse-maid or as a footman

apalaçado *adj.* palacelike

apalaçar *v. tr.* to give the aspect (or form) of a palace to

apalacianar *v. tr.* to give courtly manners to; to become courteous

apaladar *v. tr.* to give a good taste to, to give savour

apalancar *v. tr.* to barricade; to erect platforms as band-stands or the like

apalavrado *adj.* agreed, settled, adjusted, by word

apalavrar Ⓐ *v. tr.* to settle, to bind by word; to agree Ⓑ *v. refl.* to engage oneself, to commit oneself

apaleação *s. f.* ⇒ **apaleamento**

apaleador *s. m.* cudgeller; he who cleans cereals (with a shovel) by the wind

apaleamento *s. m.* cudgelling; cleaning cereals

apalear *v. tr.* to cudgel; to clean cereals by the wind (with a shovel)

apalermado *adj.* silly, foolish, stupid

apalermar-se *v. refl.* to become silly, to behave like an imbecile, to grow foolish

apalhaçado *adj.* clownish, foolish; ridiculous

apalhaçar *v. tr.* to act like a clown

apalmado *adj.* palmlike

apalmar *v. tr.* to give the form of a palm to; to flatten, to smooth

apalpação *s. f.* groping, feeling, touching; MEDICINA percussion

apalpadeira *s. f.* woman employed at the Customs for searching suspected smugglers

apalpadela *s. f.* groping, touch, touching, feeling; *andar às apalpadelas* to grope about, to grope along, to feel one's way; *às apalpadelas* groping

apalpamento *s. m.* ⇒ **apalpação**

apalpão *s. m.* crude touch or contact with the hand usually with dishonest intention; fumbling, petting

apalpar *v. tr.* to grope, to touch, to feel; to fumble; to sound; to sift; *apalpar às escuras* to grope in the dark; *apalpar as algibeiras* to fumble in one's pockets, to search one's pockets; *apalpar o terreno* to spy out the land, to proceed cautiously; [fig.] *apalpar a situação* to sound the situation; NÁUTICA *apalpar o fundo* to touch the bottom

apalpo *s. m.* ⇒ **apalpadela**

apanágio *s. m.* attribute; characteristic quality; apanage, appanage

apancadado *adj.* lunatic, crazy; idiotic

apancado *adj.* lunatic, crazy; idiotic

apancar *v. tr.* to level (or smooth) the salt in the salina

apandar *v. tr.* ⇒ **enfunar**

apandilhar-se *v. refl.* to swindle, to cheat (as at cards); to join a fraudulent scheme

apanha *s. f.* harvest, gathering, reaping; *tempo da apanha* harvest time

apanhadeira *s. f.* gatherer, reaper; dust-pan

apanhadiço *adj.* easily collected, ready for harvest

apanhado Ⓐ *s. m.* summary, résumé, abstract; fold tuck (of a dress) Ⓑ *adj.* gathered, caught, collected; surprised, overtaken; taken; tucked; *ser apanhado em flagrante* to be taken redhanded; *apanhado por um mar* struck by a sea; *apanhado por uma vaga da popa* pooped; *apanhado pela tempestade* overtaken by the storm

apanhador *s. m.* reaper; catcher; harvester, dust-pan
apanhadura *s. f.* gathering, reaping; seizing, grasping, catching
apanhamento *s. m.* harvesting, gathering; ⇒ **apanhado**
apanha-moscas Ⓐ *s. m.* fly-trap Ⓑ *s. f.* BOTÂNICA Venus's fly-trap; dionaea
apanhar Ⓐ *v. tr.* to catch, to gather, to pick up; to seize, to lay hold on; to grasp; to reap; to overtake; to take; to collect; to get Ⓑ *v. intr.* to be beaten; ***apanhar o fundo*** to get soundings; ***apanhar uma constipação*** to catch a cold; ***apanhar o sentido*** to catch the sense; ***apanhar uma doença*** to contract a disease; ***apanhar flores*** to pick flowers; ***apanhar desprevenido*** to catch napping; ***apanhar pancada*** to be beaten; ***apanhar o comboio*** to catch the train; ***apanhar fruta*** to gather fruit; ***apanhar na rede*** to lay by the heels, to catch, to trap; ***as melhores casas estão todas apanhadas (alugadas) nesta altura*** all the best houses have been snapped up by this time
apanhia *s. f.* act of gathering sardines when the net bursts; extortion
apanho *s. m.* ⇒ **apanha**
apanicar *v. tr.* to fondle, to caress, to wheedle
apaniguado *s. m.* follower, henchman, supporter
apaniguar *v. tr.* to protect, to favour, to sustain, to support
apantomancia *s. f.* divination based on interpreting things seen suddenly
apantropia *s. f.* misanthropy (aversion to mankind)
apantufar *v. tr.* to put on slippers
apaparicamento *s. m.* wheedling, caressing
apaparicar *v. tr.* to fondle, to caress, to wheedle; to nibble, to pick at
apaparicos *s. m. pl.* dainty, delicacy, choice morsel of food
apapoilado *adj.* scarlet like a popy, papaverous
apar *s. m.* apar, appar, the three-banded armadillo
apara *s. f.* chip, scrap, snip, snippet, shred; *pl.* shreds, shavings, parings, clippings, chips
aparabolar *v. tr.* to present in the form of a parable
aparadeira *s. f.* unskilled midwife; any receptacle for liquids
aparador *s. m.* sideboard
aparafusamento *s. m.* fastening with screw(s)
aparafusar *v. tr.* to bolt, to fasten with screw(s)
aparagem *s. f.* trimming, clipping
apara-lápis *s. m.* pencil-sharpener
aparaltar *v. tr.* ⇒ **aperaltar**
aparamentar Ⓐ *v. tr.* to adorn with hangings Ⓑ *v. refl.* to put on vestments
aparamentoso *adj.* with one's best clothes on, adorned; dressed with ecclesiastical vestments
aparar *v. tr.* to pare, to clip, to trim, to cut; to prune; to parry (a blow); to accept; ***aparar as unhas*** to pare the nails; ***aparar o cabelo*** to trim the hair; ***aparar o papel*** to cut the paper; ***aparar um lápis*** to sharpen a pencil
aparatar *v. tr.* to bedeck with pomp; to adorn, to trim, to decorate
aparato *s. m.* pomp, state, grandeur, pageantry; ostentation; preparation; apparatus; ***a festa revestiu-se de grande aparato*** great splendour marked the ocasion; ***exibir grande aparato*** to make a great display
aparatoso *adj.* pompous, sumptuous, showy, stately, splendid
aparceirar Ⓐ *v. tr.* to take into partnership; to make partner Ⓑ *v. refl.* to associate; to become partner
aparcelado *adj.* parcelled, divided into parcels
aparcelamento *s. m.* parcelling; rocky bottom (in the sea)
aparcelar *v. tr.* to parcel; to divide into portions
apardaçar Ⓐ *v. tr.* to make brown or grey Ⓑ *v. refl.* to become (to turn) brown, dusky, dark grey; to become (to turn) something drab

aparecer *v. intr.* to appear, to come out; to turn up; to arrive; to be present; to come into sight; to become visible; to go into society; to show one's face, to show up; to arise; ***aparecer no horizonte*** to appear on the horizon; ***aparecer na sociedade*** to appear in society; ***aparecer em público*** to appear in public, to show oneself; ***apareceu um novo livro*** a new book came out; ***o livro que eu perdi ainda não apareceu*** the book I lost hasn't turned up yet; ***não aparece em minha casa há muito tempo*** you haven't shown your face in my house for ages; ***apareceu terra à vista*** land came into sight; ***aparecer inesperadamente*** to turn up unexpectedly; ***quem não aparece, esquece*** out of sight out of mind
aparecido *adj.* appeared, become visible, happened; ***seja bem aparecido*** you are very welcome
aparecimento *s. m.* appearing, coming in sight; appearance
aparelhado *adj.* prepared; harnessed (a horse)
aparelhador *s. m.* preparer, fitter
aparelhagem *s. f.* implements, tools, equipments; planning (of wood); a complex of tackles, gears
aparelhamento *s. m.* equipment, apparatus; outfit; rig; fig; caparison
aparelhar *v. tr.* to prepare, to fit, to make ready; to equip, to fit up; to outfit, to furnish; to harness (a horse); to pare, to give the first coat (paint); to size a canvas; to adorn; to apparel; ***aparelhar um navio*** to rig a ship; ***aparelhar madeira*** to pare timber
aparelho *s. m.* preparation; harness; equipment; apparatus; set; appliance; gear; first colours or size (given to a cloth, board, etc.); the rigging (of a ship); *pl.* tools, tackle, gear, implements; ***aparelho de sondar*** sounding-machine; ***aparelho de salvação*** life preserver; NÁUTICA ***aparelho de largar o ferro*** tumbler; ***aparelho de manobra*** driving-gear; ***aparelho de marcha*** starting-gear; ***aparelho de içar*** lifting apparatus; ***aparelho de gesso*** plaster cast; ***aparelho de verificação*** test-set; ANATOMIA ***aparelho visual*** visual organs, organs of sight; ***aparelho digestivo*** digestive system
aparência *s. f.* aspect, appearance; look; semblance; outward appearance, likelihood, likeness; shape, form; ***guardar (manter) as aparências*** to keep up appearances; ***as aparências iludem*** still waters run deep, appearances are deceptive; ***contra as aparências*** contrary to all expectations; ***sob a aparência de santo*** under the cloak of sanctity; ***ter boa aparência*** to look well; ***segundo todas as aparências*** to all appearances; ***de má aparência*** ugly-looking
aparentado *adj.* related, allied by marriage; connected, kin; allied; ***bem aparentado*** well descended, well connected
aparentar *v. tr. e refl.* to pretend, to feign; to have the appearance of; to make a show of; to contract kindred; ***aparentar menos idade*** to look younger; ***aparentar o que não é*** to make a show, to make a false show; ***aparentar riquezas*** to simulate wealth
aparente *adj.* apparent, visible; obvious, seeming
aparentelar *v. tr.* ⇒ **aparentar**
aparentemente *adv.* apparently
aparição *s. f.* apparition, ghost, appearance
aparício *s. m.* a visitor that arrives when not desired, especially at meal-time; gate-crasher
aparo *s. m.* nib (of a pen)
aparoquianar-se *v. refl.* to turn oneself parochial, to settle in a parish
aparoquiar-se *v. refl.* to turn oneself parochial, to settle in a parish
aparração *s. f.* the act (the result) of being covered with leaves (of vine)
aparrado *adj.* like a grapevine leaf; squat, stocky, chunky, dumpy
aparrar *v. intr.* to become full of leaves (the vine)
aparreirado *adj.* having vine-arbours
aparreirar *v. tr.* to surround (or to cover) with vines; to plant vines, to look like a vineyard

aparta *s. f.* partition, dividing, choice, division
apartação *s. f.* separation; act of separating cattle
apartadamente *adv.* separately, privately
apartadiço *adj.* strayed; lonesome, retired
apartado Ⓐ *adj.* separated; distant; retired from; chosen, selected; dissuaded; weaned Ⓑ *s. m.* Post-Office Box, P.O. Box
apartamento *s. m.* separation, removal; solitude; division; weaning; [Ingl.] flat; [E.U.A.] apartment
apartar Ⓐ *v. tr.* to separate, to remove; to divide; to dissuade; to set apart; to choose; to adjust quarrels Ⓑ *v. refl.* to part with one; to withdraw from a place; to be weaned
aparte *s. m.* incidental remark; an aside; ⇒ **apartação**
apartear *v. tr.* to interrupt an orator or speaker
aparvajar *v. tr.* ⇒ **aparvalhar**
aparvalhado *adj.* puzzled, bewildered, confused; silly; stupid; foolish
aparvalhar *v. tr.* to puzzle, to bewilder; to confuse, to confound; to make silly; to make a fool of
aparvar *v. tr.* to puzzle, to bewilder; to confuse, to confound; to make silly; to make a fool of
aparvoamento *s. m.* stupidity, dullness
aparvoar *v. tr. e refl.* to become stupid, idiotic
apascaçar-se *v. refl.* to become silly, to be foolish
apascentação *s. f.* ⇒ **apascentamento**
apascentador *s. m.* herdsman; shepherd; pastor
apascentamento *s. m.* feeding (of cattle), pasturage
apascentar *v. tr.* to feed (cattle); to pasture; to lead to pasture; [fig.] to teach; to instruct spiritually
apascoar *v. tr.* ⇒ **apascentar**
apasquinado *adj.* satirical, virulent, scurrilous, insulting
apassamanar *v. tr.* to lace, to braid, to adorn with lace
apassivação *s. f.* act (or fact) of changing into the passive
apassivador *adj.* ⇒ **apassivante**
apassivante *adj.* GRAMÁTICA rendering passive
apassivar *v. tr.* GRAMÁTICA to put into the passive voice; to give a passive form to
apassivativo *adj.* rendering passive
apatacado *adj.* having plenty of *patacas* (silver coins); rich
apatanhar *v. tr.* to paw, to strike with hoofs; to crush with feet, to stamp
apatetado *adj.* simple, imbecile, idiotic, doltish, doting, foolish
apatetar *v. tr.* to make silly, to besot
apatia *s. f.* apathy, insensibility to suffering; listlessness, indifference; indolence (of mind)
apático *adj.* apathetic, indifferent, insensible, cool
apatifar *v. tr.* to make a rogue of
apatite *s. f.* MINERALOGIA apatite
apatizar *v. tr.* to turn apathetic, indifferent
apátrida *s. m. e f.* a person who, for any reason, lost his (her) nationality; stateless person
apatriota *s. m. e f.* a person who is not patriotic
apatrulhar *v. tr.* ⇒ **patrulhar**
apaulado *adj.* marshy, boggy, swampy
apaular *v. tr.* to make marshy
apavesar *v. tr.* ⇒ **empavesar**
apavonado *adj.* peacock-like; [fig.] vain, conceited
apavonar Ⓐ *v. tr.* to trim; to make vain; to fill with pride Ⓑ *v. refl.* to swell, to prance; to strut, to flaunt
apavorado *adj.* terrified, frightened; terror-stricken, panic-driven; appalled, aghast, dismayed
apavorador *adj.* fearful, terrifying, appalling
apavoramento *s. m.* act (or fact) of appalling, dismaying
apavorar *v. tr.* to terrify, to dismay, to frighten, to appal
apaziguador Ⓐ *adj.* pacifying Ⓑ *s. m.* pacifier
apaziguamento *s. m.* pacification, appeasement
apaziguar *v. tr.* to appease, to pacify, to quiet, to calm, to restore serenity; to soothe, to quieten, to comfort
apé *s. m.* [Bras.] medicinal plant of the *Araceae* family
apeaça *s. f.* belt that ties the horns of an ox to the yoke or to the horns of another ox
apeadeira *s. f.* horse-block used to mount a horse
apeadeiro *s. m.* wayside-station; halt; alighting-place
apeado *adj.* dismounted, unhorsed; put (or helped) down
apeamento *s. m.* dismounting (from a horse); demolition; dismissal
apeanha *s. f.* a small pedestal; pedal of a weaver's loom
apeanhar *v. tr.* to place on a pedestal
apear *v. tr.* to dismount, to alight; to unhorse; to get off, to take down; to descend; to put or help down; [fig.] to depose
apeçonhar *v. tr.* to poison; [fig.] to corrupt; to pervert
apeçonhentar *v. tr.* to poison; [fig.] to corrupt; to pervert
apedado *adj.* pedunculate; provided with a pedicel
apedantado *adj.* pedantic, priggish
apedar *v. tr.* ⇒ **pear**
apedeuta *s. m., adj.* ignorant, unlearned person
apedeutismo *s. m.* ignorance
apedeuto *s. m., adj.* ⇒ **apedeuta**
apedicelado *adj.* pedicellate; pediculate
apedoirar *v. tr.* to (en)treasure, to hoard, to keep in a money-box (or jewel-box)
apedourar *v. tr.* ⇒ **apedoirar**
apedramento *s. m.* act (or process) of paving; gravelling
apedrar Ⓐ *v. tr.* to stone; to pave with stones; to gravel Ⓑ *v. intr.* to harden (fruit)
apedregulhar *v. tr.* to fill with big stones; to fill with gravel
apedrejador *s. m.* one who stones; [fig.] offender; persecutor
apedrejamento *s. m.* stoning
apedrejar *v. tr.* to stone, to throw stones at; to pelt with stones; [fig.] to insult, to offend
apegação *s. f.* attachment
apegadamente *adv.* affectionately, devotedly; stickily
apegadas *s. f. pl.* platform in Douro boats *(rabelos)* from where the helm is steered
apegadiço *adj.* sticky, viscous; contagious
apegado *adj.* stuck, fastened; affectionate; attached; next door to, neighbouring; ***muito apegado ao cigarro*** much addicted to smoking
apegador *s. m.* one that attaches himself (that clings) to; sticker
apegamento *s. m.* adherence; tenacity
apeganhar *v. tr.* to attach, to infect, to transmit by contagion
apegar[1] Ⓐ *v. tr.* to join, to communicate; to stick to; to infect Ⓑ *v. refl.* to be much taken with a thing; to be contagious; to cling to; [fig.] to attach oneself to
apegar[2] *v. intr. e refl.* to sink, to submerge
apego *s. m.* attachment, affection, fondness; obstinacy; beam of a plough; ***ter apego às coisas*** to be possessive, to be very fond of one's possessions
apeguilhar *v. intr.* to eat bread and boiled pork; to eat moderately
apeguilho *s. m.* boiled pork; [fig.] affection, friendly feeling, inclination
apeirador *s. m.* overseer, foreman of a gang of workmen
apeiragem *s. f.* yoke (for oxen); farm implements
apeirar *v. tr.* to yoke the oxen to the ox-cart or to the plough
apeiria *s. f.* ⇒ **apeiro, apeiragem**
apeiro *s. m.* farm implements (including harnesses and tools); hunting gear; fishing gear; a piece of leather which fastens the yoke to the ox-cart (or to the plough)
apejar-se *v. refl.* to be ashamed; to feel shame
apelabilidade *s. f.* quality of being appealable, or of what can be appealed against

apelação *s. f.* appeal, appelation; recourse, resort; act of calling
apelado *s. m.* DIREITO appealed; appellee
apelador *s. m., adj.* appellant
apelamento *s. m.* appeal; act of appealing
apelante Ⓐ *s. m. e f.* appealer, appellant Ⓑ *adj.* appealing
apelar *v. tr. e intr.* to appeal; to call to a higher court; to entreat; to implore; to call for help, to solicit, to plead; to retrace; ***apelar de*** to appeal against; ***apelar para*** to appeal to; ***apelar da sentença*** to appeal against the sentence; ***apelar à violência*** to resort to violence
apelativo *s. m., adj.* appelative; GRAMÁTICA common
apelatório *adj.* appellatory
apelável *adj.* appealable, that can be appealed against, or to
apelidação *s. f.* nomination, naming
apelidar *v. tr.* to surname, to give a surname to; to nickname
apelido *s. m.* surname, cognomen, family name, patronymic; ***apelido de solteira*** maiden name
apelintrar-se *v. refl.* to become poor but pretentious or self-important
apelo *s. m.* appeal; entreaty
apenar *v. tr.* to punish, to fine; to pass sentence on
apenas *adv., conj.* hardly, scarcely, but; only, merely, just; as soon as
apendência *s. f.* appendancy, appendency
apender *v. tr.* ⇒ **apensar**
apendicalgia *s. f.* an appendical pain
apêndice *s. m.* appendix, addition, supplement
apendicectomia *s. f.* CIRURGIA appendectomy; appendicectomy
apendiciado *adj.* provided with an appendix or annexment
apendiciforme *adj.* appendiciform
apendicite *s. f.* MEDICINA appendicitis
apendicografia *s. f.* an X-ray of the appendix
apendiculado *adj.* BOTÂNICA appendiculate
apendicular *adj.* BOTÂNICA, ZOOLOGIA appendicular
apendiculário *adj.* ⇒ **apendiculado**
apendículo *s. m.* appendicle
apendoamento *s. m.* act of flagging; decoration with flags, or tassels
apendoar *v. tr.* to ornament with standards; to provide with flags; to grow tassels (corn)
apenhado *adj.* rocky, full of cliffs
apenhascado *adj.* rocky, craggy, cliffy, having the form of a massive rock
apeninsulado *adj.* having the form of a peninsula
apensação *s. f.* appendage; annexation
apensar *v. tr.* to append, to add, to annex
apensionar *v. tr.* ⇒ **pensionar**
apenso *s. m., adj.* appendage; appended, added, annexed
apenumbrar *v. tr.* to shadow, to obscure, to dim
apepinação *s. f.* mockery, derision, banter
apepinar *v. tr.* to ridicule, to scoff, to mock, to laugh at
apepsia *s. f.* apepsia, indigestion
apéptico *adj.* referring to apepsia
apequenar Ⓐ *v. tr.* to make smaller, to diminish Ⓑ *v. refl.* to become smaller
aperaltado *adj.* foppish affected
aperaltar Ⓐ *v. tr.* to dress in Sunday best; to give manners of dandy Ⓑ *v. refl.* to put on one's Sunday clothes; to spruce up; to become a dandy
aperalvilhar Ⓐ *v. tr.* to give manners of a dandy Ⓑ *v. refl.* to become a dandy
aperceber Ⓐ *v. tr.* to perceive, to distinguish; to descry, to see (at a distance) Ⓑ *v. refl.* to notice; to become aware; to provide oneself; to prepare

apercebimento *s. m.* perceiving; preparation; the act of providing, or getting ready
apercepção *s. f.* apperception; insight; intuition
aperceptibilidade *s. f.* perceptibility; perceptivity
aperceptível *adj.* perceptible, perceivable
aperceptivo *adj.* perceptive
aperfeiçoadamente *adv.* perfectly, in a perfect manner
aperfeiçoado *adj.* perfected, improved; finished
aperfeiçoador *s. m.* improver
aperfeiçoamento *s. m.* improvement; perfection, finish; progress
aperfeiçoar *v. tr.* to improve, to perfect
aperfilhar *v. tr.* ⇒ **perfilhar**
apergaminhar *v. tr.* to parchmentize
Aperiantáceas *s. f. pl.* ⇒ **Cicadáceas**
aperiantáceo *adj.* BOTÂNICA without perianth (flower)
aperiantado *adj.* ⇒ **aperiantáceo**
aperiente *s. m., adj.* aperitive; appetizer
aperiódico *adj.* aperiodic
aperitivo *s. m., adj.* aperitive; appetizer
apernadeira *s. f.* rope to tie animals' legs; tether
apernar *v. tr.* to fasten an animal by the legs; to fetter
aperolado *adj.* pearly, pearled
aperolar *v. tr.* to give the shape (or colour) of pearls
aperrar *v. tr.* to cock (a gun)
aperreação *s. f.* tormenting, vexing
aperreadamente *adv.* hardly; under restraint
aperreador Ⓐ *s. m.* vexer; bully Ⓑ *adj.* tormentous
aperreamento *s. m.* subjection, oppression, restraint, vexing, tormenting
aperrear *v. tr.* to torment, to vex; to bully; to subject; to put under restraint, to harass
apertada *s. f.* defile, ravine; plight; oppression; difficulty; affliction
apertadamente *adv.* narrowly, closely, strictly
apertadeira *s. f.* fastener; clasper
apertadela *s. f.* squeeze, tightening
apertado *adj.* narrow, tight; fast; urgent; pressing; stingy, close-fisted, niggardly
apertadoiro *s. m.* ⇒ **apertadouro**
apertador *s. m.* band; tightener
apertadouro *s. m.* place where one tightens; belt, band, girth (or the like) used for tightening; bodice
aperta-livros *s. m.* book-binder
apertamento *s. m.* act (or result) of being tightened or held fast
apertão *s. m.* pressure; squeeze; crowd, throng in a small place; ***um apertão*** a tight squeeze
aperta-papéis *s. m.* paper-clip; spring-holder (for papers)
apertar *v. tr. e intr.* to tighten up; to tie, to clasp, to hold fast; to bind; to press, to urge, to insist upon; to squeeze; to pinch; to straighten; to thrust together; to make narrow; to shorten; to restrain, to repress; to draw close; to press close to each other; ***apertar com alguém para fazer uma coisa*** to press a person to do something, to urge a person to do something; ***apertar o passo*** to quicken one's pace; ***apertar a mão*** to shake hands; ***apertar o coração*** to rend one's heart; ***apertar os freios*** to apply the brakes; ***apertar o casaco*** to button up one's coat; ***apertar os parafusos a*** to screw; ***os sapatos apertam-me os pés*** my shoes pinch my feet; ***o calor aperta*** the heat is intense; ***a multidão apertava-me muito*** the crowd pressed me closely; ***apertar as mãos com emoção*** to clasp one's hands; ***apertar a fundo um parafuso*** to tighten up a screw; [fig.] ***apertar o cinto*** to tighten one's belt
aperto *s. m.* pressing, pressure, squeeze; embarrassment, perplexity, difficulty; danger; urgent need; want; oppression (of heart); mob, throng; tightness; ***aperto do coração*** sense

of constriction of the heart; ***aperto de mão*** handshake; ***aperto de gente*** mob, throng; ***ver-se em grandes apertos*** to be hard up, to be in a fix, to be in a hole, to be in great straits, to be in a tight corner
apertura *s. f.* pressing, pressure, squeeze; embarrassment, perplexity, difficulty; danger; urgent need; want; oppression (of heart); mob, throng; tightness
aperuado *adj.* turkeylike
apesarar *v. tr.* to make sorry, to sadden
apesar *[elem. de loc. prep.]* ***apesar de*** in spite of, notwithstanding, despite; ***apesar de tudo isso*** for all that, in spite of all that
apessoado *adj.* wise; judicious
apestanado *adj.* with heavy eye-lashes
apestar *v. tr.* to infect with pest, to plague
apétala *adj. f.* BOTÂNICA apetalous
apetalífero *adj.* BOTÂNICA said of the plant with apetalous flowers
apetalifloro *adj.* BOTÂNICA said of the plant with apetalous flowers
apétalo *adj.* BOTÂNICA apetalous
apetar Ⓐ *v. tr.* to damage fruit by pressing it Ⓑ *v. intr.* to begin to undergo decomposition (of fruit), to rot
apetecedor *adj.* appetizing
apetecer Ⓐ *v. tr.* to have an appetite for, to appetize; to desire, to long for, to covet; to feel like; to crave Ⓑ *v. intr.* to be appetizing; ***não me apetece escrever cartas hoje*** I don't feel like writing letters today; ***não me apetece trabalhar hoje*** I do not feel like working today; ***quando nos apetece*** at one's own will
apetecimento *s. m.* craving; attractiveness
apetecível *adj.* appetizing, desirable, appetitive
apetência *s. f.* appetence, desire, appetency
apetente *adj.* appetizing, desirable, appreciable
apetibilidade *s. f.* [arc.] appetibility; desirability
apetição *s. f.* hunger; avidity, appetition
apetitar *v. tr.* to appetize; to arouse a desire for
apetite *s. m.* appetite, desire; ***ter bom apetite*** to have a good appetite; ***perder o apetite*** to lose one's appetite; ***ter um apetite devorador*** to have a ravenous appetite
apetitivo *adj.* appetizing; appetitive; pleasant, agreeable
apetitoso *adj.* appetizing; appetitive; pleasant, agreeable
apetrechamento *s. m.* act (or result) of supplying or equipping; equipment, outfit
apetrechar *v. tr.* to equip, to fit out, to rig (ship); to furnish, to supply, to provide
apetrechos *s. m. pl.* equipment; outfit; utensils, implements, tools; ***apetrechos de pesca*** fishing-tackle
apezunhar *v. tr.* to hold by the feet
Apiáceas *s. f. pl.* BOTÂNICA *Apiaceae, Umbelliferae*
apiário Ⓐ *adj.* apiarian Ⓑ *s. m.* apiary; *pl.* bees
apiastro *s. m.* BOTÂNICA honeysuckle; lemon balm; garden balm; balm mint; bee balm
apicaçar *v. tr.* to sting, to prick, to spur, to goad
apicado *adj.* apical
apical *adj.* apical
ápice *s. m.* apex, vertex, top, summit; [fig.] pink, climax; ***num ápice*** very fast
apichelar *v. tr.* to give the form of a pewter (vessel)
apiciadura *s. f.* flower (or bow) that covers a hem-stitch
apicida *s. m. e f., adj.* causing the death of bees
apicifloro *adj.* BOTÂNICA having terminal flowers
apiciforme *adj.* having the form of an apex or a top
apicilar *adj.* apicilar
apicoar *v. tr.* to pare down as with a chisel or an axe; to start being sour (the wine)
apicodental *adj.* with sharp teeth; consonant produced with the tip of the tongue against the upper incisors
apícola Ⓐ *s. m.* bee-keeper; apiarist Ⓑ *adj.* of the bees
apícula *s. f.* apiculus
apiculado *adj.* pointed
apículo *s. m.* sharp point
apicultor *s. m.* apiarist, bee-keeper
apicultura *s. f.* apiculture; bee-keeping, rearing and care of bees
apicultural *adj.* related to the apiculture
Ápidas *s. m. pl.* ⇒ **Apídeos**
Apídeos *s. m. pl.* ZOOLOGIA *Apidae* (bees)
apiedar Ⓐ *v. tr.* to pity Ⓑ *v. refl.* to be moved; to take pity on; to feel sorry for; to grieve over
apifobia *s. f.* horror of bees
apiforme *adj.* bee-shaped
apilandrar-se *v. refl.* to dress smartly, to dress up, to attire elaborately
apilarar Ⓐ *v. tr.* to provide with pillars Ⓑ *v. refl.* to beautify, to grace, to adorn
apilhar *v. tr.* ⇒ **empilhar**
apimentado *adj.* peppered; peppery; sharp; malicious; piquant
apimentar *v. tr.* to pepper, to spice; to make piquant (a story, a remark, etc.)
apimpolhar-se *v. refl.* to put forth shoots; to grow shoots; to have (to raise) children
apimponar-se *v. refl.* to flaunt, to show off
apinário *s. m.* buffoon, jester, clown
apincelar *v. tr.* to give the form of a brush; to paint with a brush; to white-wash; to daub
apingentar *v. tr.* to adorn with trinkets
apinhar *v. tr.* to heap up; to press together; to crowd; ***o povo apinhou-se para ver passar o cortejo*** the people crowded to see the procession pass along; ***apinhar-se de gente*** to swarm with people; ***o povo apinhava-se para ver o jogo*** the people swarmed to see the game
apinhoar *v. tr.* to heap up; to press together; to crowd
apintalhar *v. tr.* to mark off or stake out (a boundary)
apiol *s. m.* QUÍMICA apiol
apipado *adj.* barrel-shaped
apipar *v. tr.* to give the shape of a pipe or barrel to
apirético *adj.* MEDICINA apyretic (free from fever)
apirexia *s. f.* MEDICINA apyrexia
apirina *s. f.* alkaloid extracted from coconut
ápiro *adj.* incombustible
apisina *s. f.* bee-poison
apisinação *s. f.* poisoning caused by the sting of a bee
apisoar *v. tr.* to full, to mill (cloth)
apisteiro *s. m.* a small pot for a sick person to have soup
apisto *s. m.* substantial soup for sick persons; [fig.] comfort
apitar *v. intr.* to whistle, to blow the whistle, to pipe, to toot; ***apitar à faina*** to pipe the men down; NÁUTICA ***apitar a cabos*** to pipe the side; ***ficar a apitar*** to be left in the air
apito *s. m.* whistle, pipe; signal; NÁUTICA ***apito de manobra*** pipe; ***apito de vapor*** whistle; ***toque de apito de manobra*** call for work; ***o apito das sereias no nevoeiro*** the hooting of the sirens in the fog
apívoro *adj.* apivorous, bee-eating
aplacação *s. f.* appeasement
aplacador *s. m.* appeaser, pacifier
aplacar *v. tr.* to appease, to calm, to soothe, to assuage, to placate
aplacável *adj.* placable, easily appeased
aplainação *s. f.* ⇒ **aplainamento**
aplainador Ⓐ *s. m.* planer Ⓑ *adj.* smoothing, levelling
aplainamento *s. m.* planing; smoothing
aplainar *v. tr.* to plane, to smooth, to make even, to make flat
aplanação *s. f.* levelling
aplanador *adj.* levelling; leveller, grader; flattener; smoother, facilitator

aplanar *v. tr.* to level; to make easy; ***aplanar dificuldades*** to remove difficulties, to smooth difficulties away
aplanético *adj.* aplanatic
aplanetismo *s. m.* aplanatism
aplanogâmeta *s. m.* zygogamete
aplasia *s. f.* aplasia
aplastar *v. tr.* NÁUTICA to unfurl (the sails of a ship)
aplástico *adj.* having no plasticity; referring to aplastia
aplaudente *adj.* applauding, plauditory, praiseworthy
aplaudidor *s. m.* applauder
aplaudir *v. tr.* to applaud; to approve, to commend, to praise; to clap (hands)
aplaudível *adj.* praiseworthy, plausible, worthy of applause
aplausível *adj.* praiseworthy, plausible, worthy of applause
aplauso *s. m.* applause; commendation, approval; ***aplausos estrondosos*** loud applause, thunderous applause
aplebear *v. tr. e refl.* to become plebeian
aplestia *s. f.* voracity, insatiability
aplicabilidade *s. f.* applicability, applicableness; relevancy, relevance; workability
aplicação *s. f.* application; care; attention; diligence
aplicado *adj.* applied; employed, used for; apposed; diligent, hard-working; attentive; ***matemática aplicada*** applied mathematics
aplicante Ⓐ *s. m. e f.* applier Ⓑ *adj.* applicant
aplicar Ⓐ *v. tr.* to apply; to put, to set, to lay on; to adapt; to suit; to employ; to administer (remedy, etc.) Ⓑ *v. refl.* to apply oneself; to exert oneself, to be diligent; ***aplicar-se ao estudo*** to devote oneself to study; ***aplicar a vista*** to strain one's eyes; ***aplicar mal*** to misapply; ***isto não se aplica ao caso*** this does not suit the case
aplicativo *adj.* applicable, suitable; appropriate; appliable
aplicável *adj.* applicable, suitable; appropriate; appliable
aplique *s. m.* wall-lamp, wall-chandelier
aplísia *s. f.* ZOOLOGIA mollusc belonging to the *Gastropoda*
aplito *s. m.* GEOLOGIA aplite, haplite
aplomado *adj.* said of the bull which does not respond to the wishes of the bullfighter
aplotomia *s. f.* CIRURGIA aplotomy; simple incision
apneia *s. f.* apnoea, suspension of breathing
apneosfixia *s. f.* apnoea
apneumia *s. f.* MEDICINA absence of lungs
apnêumone *adj.* MEDICINA without lungs
apo *s. m.* plough beam
apoatropina *s. f.* atropine
ápoca *s. f.* written declaration of debt
apocalbase *s. f.* African poisoning resin used for poisoning arrows
Apocalipse *s. m.* Apocalypse; Revelation
apocalíptico *adj.* apocalyptic
apocapnismo *s. m.* fumigation with cromatic vapours
apocarpado *adj.* apocarpous
apocárpico *adj.* apocarpous
apocarpo Ⓐ *s. m.* apocarp Ⓑ *adj.* apocarpous
apocatástase *s. f.* ASTRONOMIA apocatastasis (periodical revolution of a star)
apocatastático *adj.* that which returns to the same apparent position
apoceirar *v. tr.* to dig a furrow round a plant to water it
Apocináceas *s. f. pl.* BOTÂNICA *Apocynaceae*
Apocíneas *s. f. pl.* BOTÂNICA ⇒ **Apocináceas**
apocinina *s. f.* extract of an apocynaceous plant
apóclise *s. f.* GRAMÁTICA subordination of an atonic word to the stress of the preceding tonic word
apoclítico *adj.* GRAMÁTICA unstressed, atonic
apocopar *v. tr.* GRAMÁTICA to apocopate
apócope *s. f.* GRAMÁTICA apocope
apocópico *adj.* GRAMÁTICA apocopic
apocrenato *s. m.* QUÍMICA salt derived from the acid reacting with a base
apocrénico *adj.* said of an acid extracted from ferrous waters
apocrifamente *adv.* apocryphally
apocrifia *s. f.* apocrypha
apócrifo *adj.* apocryphal; fictitious, false
apocrisia *s. f.* dyarrhœa
apocromático *adj.* apochromatic
apocromatismo *s. m.* state of being apochromatic
apodacrítico *adj.* lachrymatory; causing (or provoking) tears
apodador *s. m.* jester; mocker
apodar *v. tr.* to jest; to give nicknames; to nickname; ***apodar de avarento*** to accuse of avarice
ápode *s. m., adj.* ZOOLOGIA apode; bird, reptile, fish, without feet or ventral fins; apodal; lacking feet or pelvic fins
apodecta *s. m.* finance servant in ancient Greece
apódema *s. m.* apodeme
apodemialgia *s. f.* incapacity to remain in the same place
apodengado *adj.* like a hunting dog
apoderado Ⓐ *s. m.* bullfighter's manager Ⓑ *adj.* possessing; dominated
apoderamento *s. m.* act (or result) of taking (in possession)
apoderar-se *v. refl.* to seize, to lay hold on; to take in possession; to get hold of; ***apoderar-se do trono*** to seize the throne; ***apoderar-se de*** to take hold of
apodia *s. f.* absence of feet; quality of being apodal
apodíctico *adj.* apodeictic, apodictic (clearly proved or demonstrated)
apodioxe *s. f.* apodioxis
apoditério *s. m.* dressing-room
apodixe *s. f.* apodixis, apodeixis
apodo *s. m.* scoff; taunt; nickname
ápodo *s. m., adj.* ⇒ **ápode**
apódose *s. f.* RETÓRICA apodosis
apodrecer Ⓐ *v. tr.* to rot, to decay, to putrefy; to decompose Ⓑ *v. intr.* to go rotten, to go bad
apodrecido *adj.* rotten, putrefied; ***apodrecido por excesso de humidade*** damped off (a plant)
apodrecimento *s. m.* rot, rottenness; putrefaction, decay
apodrentar *v. tr. e intr.* ⇒ **apodrecer**
apodrido *adj.* beginning to decay; spoiled, putrefied
apodrir *v. intr.* to begin to decay
apófase *s. f.* apophasis
apófige *s. f.* ARQUITECTURA apophyge
apofilite *s. f.* apophylite
apófise *s. f.* ANATOMIA apophysis (protuberance on a bone); BOTÂNICA a swelling of the stalk at the base of the capsule in certain mosses
apoflegmático *adj.* apophlegmatic
apoflegmatismo *s. m.* apophlegmatism
apofonia *s. f.* GRAMÁTICA apophony
apogamia *s. f.* BIOLOGIA apogamy, apomixis
apogeu *s. m.* ASTRONOMIA apogee; the highest point
apogiatura *s. f.* MÚSICA appoggiatura
apoginia *s. f.* apogeny (aversion to women)
apogístico *adj.* apogeal, apogean, referring to the apogee
apografia *s. f.* art of drawing an exact transcript
apógrafo *s. m.* reproduction, copy, transcript; apograph
apoiado Ⓐ *s. m.* applause; approbation Ⓑ *interj.* hear! hear! (in Parliament); bravo!, very good!
apoiante Ⓐ *s. m.* supporter, well-wisher; ally Ⓑ *adj.* supporting
apoiar Ⓐ *v. tr.* to support, to second, to back; to protect, to favour, to defend, to applaud Ⓑ *v. refl.* to lean on, to rest, to recline; to rely on; to stick by; to depend on; ***apoiar o braço*** to rest one's arm; ***apoiar energicamente*** to give strong support to

apoio *s. m.* support, protection; footing; prop, stay; supporter; countenance
apoitar *v. tr.* ⇒ **apoutar**
apojadura *s. f.* abundance of milk in the breasts or udder
apojar *v. intr.* to fill up (of milk); to make the calf suck again in order to get rid of excessive milk of the cow; to intumesce; to swell up with milk
apojo *s. m.* the thicker milk (of the cow); abundance of milk in the breasts or udder
apolainado *adj.* having the form of leggings, puttees or gaiters
apolar *adj.* having no poles or elongations (nervous cell)
apolazar *v. tr.* to crease, to plait, to press
apoldrada *adj.* said of a mare when having a colt
apoleação *s. f.* the act of creasing or pressing
apolear *v. tr.* to beat (using strappado)
apolegadura *s. f.* act (or effect) of smashing with the nail of the thumb, or of feeling by the same nail
apolegar *v. tr.* to hurt (or crumble) with the nail of the thumb; to smash, to crush; to tighten with the fingers
apolejar *v. tr.* to hurt (or crumble) with the nail of the thumb; to smash, to crush; to tighten with the fingers
apolentar *v. tr.* to fatten (animals) with polenta; to touch fruits with the fingers in order to find out if they are ripe
apólice *s. f.* policy; ***apólice de seguro*** insurance policy; ***apólice em aberto*** open policy; ***apólice flutuante*** floating policy
apolíneo *adj.* Apolline, Apollonian
apolítico *adj.* nonpolitical
apologal *adj.* which contains apologues
apologética *s. f.* the part of theology that teaches apologetics
apologeticamente *adv.* apologetically
apologético *adj.* apologetic, apologetical
apologia *s. f.* apology
apológico *adj.* ⇒ **apologético**
apologismo *s. m.* apology
apologista *s. m. e f.* apologist
apologizar *v. tr.* to apologize
apólogo *s. m.* apologue
apoltronar-se *v. refl.* to take a *poltrona* (armchair); to become a coward, a poltroon
apolvilhar *v. tr.* ⇒ **polvilhar**
apomecometria *s. f.* apomecometry
apomecómetro *s. m.* apomecometer
apomorfina *s. f.* QUÍMICA apomorphine
aponeurologia *s. f.* ANATOMIA aponeurology
aponeurose *s. f.* ANATOMIA aponeurosis
aponeurótico *adj.* ANATOMIA aponeurotic
aponevrologia *s. f.* ⇒ **aponeurologia**
aponevrose *s. f.* ⇒ **aponeurose**
aponevrótico *adj.* ⇒ **aponeurótico**
apontadamente *adv.* exactly, accurately
apontado *adj.* pointed; marked, noted
apontador *s. m.* gunlayer; marker; TEATRO prompter; overseer (of labourers); sharpener
apontamento *s. m.* note, annotation; remark; notice, entry; ***livro de apontamentos*** notebook, jotter; ***tomar apontamentos*** to jot down, to take notes; ***assenta isso no teu livro de apontamentos*** put it down in your notebook
apontar *v. tr. e intr.* to aim, to take one's aim; to point out, to show, to indicate; to jot, to make a note of; to hint; to sharpen edged tools; to peep, to come out, to appear; to stake (at play); to sight; ***apontar uma arma*** to lay a gun, to point a gun; NÁUTICA ***apontar em direcção*** to traverse for direction, to lay for direction; ***apontar em elevação*** to elevate (a gun), to lay for elevation; ***apontar uma letra*** to note a bill; ***apontar, fogo!*** take aim, fire!
apontear *v. tr.* ⇒ **pontear**
apontoar *v. tr.* to prop, to shore up; to stitch loosely; NÁUTICA ***apontoar costuras*** to prick
apopléctico *adj.* apoplectic
apoplexia *s. f.* MEDICINA apoplexy
apoquentação *s. f.* worry, bother, vexation, affliction, torment
apoquentador Ⓐ *s. m.* one who annoys, that which annoys Ⓑ *adj.* troublesome, annoying
apoquentar Ⓐ *v. tr.* to worry, to bother, to vex, to tease, to torment; to upset; to afflict Ⓑ *v. refl.* to be troubled; to get worried or upset; to worry over; ***não se apoquente com isso*** don't worry about it; ***não se apoquente por chegar tarde*** don't worry about being late; ***não me apoquentes!*** don't tease me!; ***a dor de dentes apoquenta-o muito*** his toothache worries him a good deal; ***ele apoquentou-se muito com o mau procedimento do filho*** he was greatly troubled about his son's misconduct; ***estar apoquentado*** to be in distress
apor *v. tr.* to set, to add, to insert; to append; ***apor o selo oficial*** to set the seal of office
aporema *s. m.* FILOSOFIA a dubious syllogism demonstrating the equal validity of two antagonistic reasonings
aporética *s. f.* discussion of problems without drawing any conclusions; Pirro's scepticism
aporfiar *v. intr.* ⇒ **porfiar**
aporia *s. f.* aporia
aporisma *s. m.* aporisma; flowing of blood
aporismo *s. m.* difficult problem
aporobrânquio *adj.* ZOOLOGIA animal (specially fish) with underdeveloped gills
aporocéfalo *s. m., adj.* (animal) whose head is hardly differentiated from the body
aporrear *v. tr.* to beat with a stick; to spank; to annoy; to afflict
aporretar *v. tr.* to beat with a cudgel
aporrinhação *s. f.* annoyance, pestering, worry, vexation
aporrinhar *v. tr.* to bother, to pester, to annoy
aporrinose *s. f.* mucus of the nose
aportação *s. f.* arrival of a ship at a port; the calling at a port
aportada *s. f.* ⇒ **aportação**
aportamento *s. m.* arrival of a ship at a port; the calling at a port
aportar *v. intr.* to call at a port; to arrive at a port, to enter a port, to cast anchor, to shore
aportelado *s. m.* a village judge whose jurisdiction is inferior to that of the municipal judge
aportilhar *v. tr.* to open a passage
aportuguesamento *s. m.* act (or fact) of giving or taking Portuguese characteristics
aportuguesar Ⓐ *v. tr. e intr.* to make Portuguese; to render Portuguese in character, habits, feelings, appearance or language Ⓑ *v. refl.* to behave like a Portuguese
após Ⓐ *prep.* after, behind Ⓑ *adv.* after, thereafter, thereon, thereupon; ***dia após dia*** day after day
aposentação *s. f.* retirement; pensioning off; [arc.] lodgings
aposentado Ⓐ *adj.* retired, on the retired list; emeritus Ⓑ *s. m.* pensioner; retired officer; ***professor aposentado*** professor emeritus
aposentador *s. m.* one who provides lodgings
aposentadoria *s. f.* lodg(e)ment; hospitality; retreat
aposentamento *s. m.* ⇒ **aposentação**
aposentar Ⓐ *v. tr.* to lodge; to pension off Ⓑ *v. refl.* to retire
aposento *s. m.* home, house; room; apartment; lodging; *pl.* digs, lodgings; ***aposentos seguidos (em hotel)*** suite (of rooms)
aposia *s. f.* adipsy
aposição *s. f.* apposition; juxtaposition; appendage; addition

aposiopese *s. f.* RETÓRICA aposiopesis
apositia *s. f.* MEDICINA apositia (distaste of food)
apositico *adj.* MEDICINA apositic
apositivo *adj.* appositive
apósito Ⓐ *s. m.* apposite Ⓑ *adj.* apposed; fit, suitable
apossar *v. tr. e refl.* to put in possession; to seize, to take possession; to come into possession
aposta *s. f.* bet, wager
apostado *adj.* resolute; bet on
apostar Ⓐ *v. tr.* to bet, to wager, to lay, to wage, to stake Ⓑ *v. intr.* to wager, to lay a wager, to make a bet Ⓒ *v. refl.* to bind, to pledge oneself; to get ready; ***apostar cinco libras num cavalo*** to put five pounds on a horse; ***aposto contigo dez contra dois*** I bet you ten to two; ***apostar contra*** to bet against; ***aposto o que quiseres*** I'll bet anything you want, I'll bet you anything
apóstase *s. f.* MEDICINA apostasis
apostasia *s. f.* apostasy
apóstata *s. m. e f., adj.* apostate
apostatar *v. intr.* to apostatize; to abjure; to become an apostate
apostático *adj.* apostatic
apostema *s. m.* MEDICINA abscess; [fig.] moral wound
apostemação *s. f.* MEDICINA abscess; [fig.] moral wound
apostemar *v. tr. e intr.* to form an abscess; to gather; to fester; to apostemate
apostemático *adj.* of (or referring to) an aposteme
apostemoso *adj.* ⇒ **apostemátio**
apostia *s. f.* aposthia
apostiçar *v. tr.* ⇒ **enjeitar**
apostila *s. f.* apostil, apostille
apostilador *s. m.* person who makes apostils, comments
apostilar *v. tr.* to comment, to make a marginal note
apostilha *s. f.* ⇒ **apostila**
aposto Ⓐ *adj.* added, appended Ⓑ *s. m.* GRAMÁTICA noun in apposition
apostolado *s. m.* apostolate; apostleship
apostolar Ⓐ *v. tr.* to preach; to evangelize Ⓑ *v. intr.* to preach the Gospel
apostolicidade *s. f.* apostolicity, apostolicism; apostolic character, conformity with the doctrine of the Apostles
apostólico *adj.* apostolic(al)
apostolino *adj.* belonging to a religious congregation whose patron is St. Barnaby
apostolização *s. f.* evangelization
apostolizar *v. tr.* ⇒ **apostolar**
apóstolo *s. m.* apostle; ***Credo dos Apóstolos*** Apostles' Creed; ***os doze Apóstolos*** the Twelve
apostrofar *v. tr.* to apostrophize; to address an apostrophe
apóstrofe *s. f.* RETÓRICA apostrophe
apóstrofo *s. m.* apostrophe (sign of omission of letter)
apostura *s. f.* posture, carriage, deportment, bearing, politeness; NÁUTICA riders
apotanásia *s. f.* the science concerned with prolonging life
apotécia *s. f.* apothecium
apotécio *s. m.* apothecium
apotegma *s. m.* apothegm, apophthegm; terse saying; pithy maxim
apotegmático *adj.* apothegmatic(al)
apotegmatismo *s. m.* the use of apothegms
apótema *s. m.* GEOMETRIA apothem
apotentar *v. tr.* to make powerful
apoteosar *v. tr.* to apotheosize, to exalt, to deify, to glorify
apoteose *s. f.* apotheosis
apoteótico *adj.* referring to an apotheosis; very eulogizing
apótese *s. f.* MEDICINA apothesis
apótipo *s. m.* specimen used as a basis for an incomplete description of a species
apótomo *s. m.* apotome (the difference of two imponderable quantities)
apoucadamente *adv.* poorly, meanly
apoucado *adj.* mean; pusillanimous; small-minded; belittled; shy; poorly developed, stunted
apoucamento *s. m.* meanness (of spirit); littleness, pettiness, narrowness; deficiency of energy
apoucar *v. tr.* to belittle, to depreciate; to lower; to humble; to make little of, to disdain
apoutar *v. tr.* to anchor casting stones *(poutas)* instead of an anchor
apózema *s. f.* apozem, decoction (of herbs); infusion
apraxia *s. f.* MEDICINA loss of the faculty of coordinating movements due to psychic disturbance
aprazador *s. m.* appointer, assigner, summoner; convener
aprazamento *s. m.* appointment, convocation; assignation; summons; adjournment
aprazar *v. tr.* to appoint; to fix a date; to summon; to adjourn, to cite, to convoke
aprazedor *adj.* ⇒ **aprazível**
aprazer *v. intr.* to please; to be delighted, to gratify; ***pode fazer como lhe aprouver*** you may do as you please
aprazibilidade *s. f.* pleasantness; agreeableness; kindness
aprazimento *s. m.* pleasure, contentment, satisfaction, delight; consent
aprazível *adj.* pleasant, agreeable, charming, delightful; ***lugar aprazível*** beauty spot
aprazivelmente *adv.* pleasantly, agreeably, charmingly, merrily
apre! *interj.* by Jove!, by Jingo!, by, away!, the devil!
apreçador *s. m.* inquirer of prices; prospective customer; appraiser, esteemer; bargainer
apreçamento *s. m.* estimation, valuation; inquiry about price, estimate
apreçar *v. tr.* to price, to ask the price, to fix the price; to value, to appraise, to rate, to esteem; to bargain, to haggle
apreciação *s. f.* appreciation; estimation; value; recognition; critique; judgement
apreciador *s. m.* appreciator; appraiser
apreciamento *s. m.* ⇒ **apreciação**
apreciar *v. tr.* to appreciate; to estimate; to judge; to admire, to recognize the value of; ***aprecio muito a sua bondade*** I greatly appreciate your kindness
apreciativo *adj.* appreciative, appreciatory, appreciating
apreciável *adj.* appreciable, deserving regard
apreço *s. m.* regard, consideration, esteem; estimation; ***dar muito apreço*** to set great store by; ***saber dar apreço às pessoas ou às coisas*** to know how to appreciate persons or things; ***tenho-o em grande apreço*** I have a very high opinion of him; ***ter em grande apreço*** to value highly, to think much of
apreendedor Ⓐ *s. m.* apprehender, perceiver Ⓑ *adj.* apprehending, perceving
apreender *v. tr.* to apprehend, to understand, to perceive; to seize, to arrest; to fear, to lay hold of
apreensão *s. f.* apprehension; seizure, arrest; grasping (of ideas); understanding; perception; gloomy foreboding
apreensibilidade *s. f.* apprehensibility
apreensiva *s. f.* understanding, power of apprehension
apreensível *adj.* apprehensible, perceptible
apreensivo *adj.* apprehensive, uneasy, fearful, afraid
apreensor *s. m.* apprehender, capturer; that apprehends
apreensório *adj.* that serves to apprehend; that serves to arrest
aprefixar *v. tr.* to prefix (words)
apregoado *adj.* divulged, well known; notorious; proclaimed
apregoador *s. m.* crier, proclaimer
apregoar Ⓐ *v. tr.* to proclaim; to divulge Ⓑ *v. refl.* to praise oneself; to shout, to cry out; ***apregoar a venda de*** to sing out

apremedeira *s. f.* squeezer, smasher; ⇒ **premedeira**
apremer *v. tr.* ⇒ **premer**
aprender Ⓐ *v. tr.* to learn; to get, to know Ⓑ *v. intr.* to acquire knowledge; ***aprender de cor*** to learn by heart, to learn by rote, [coloq.] to get by heart; ***aprendo francês com um professor excelente*** I am learning French from an excellent teacher; ***aprende a ser mais delicado*** learn to be more polite; ***aprender naturalmente e com facilidade*** to learn anything easily; ***aprender a andar a cavalo*** to learn to ride; ***aprender por experiência própria*** to learn from own experience
aprendiz *s. m.* apprentice; [fig.] inexperienced person; ***aprendiz de tudo e oficial de nada*** Jack of all trades and master of none
aprendizado *s. m.* apprenticeship
aprendizagem *s. f.* apprenticeship; learning
apresador Ⓐ *s. m.* capturer Ⓑ *adj.* apprehensible
apresamento *s. m.* capture, seizure
apresar *v. tr.* to capture, to seize; to apprehend, to grab, to clutch
apresentação *s. f.* introduction; presentation; exhibition; ***carta de apresentação*** letter of introduction
apresentado Ⓐ *adj.* presented, introduced Ⓑ *s. m.* person who is introduced
apresentador *s. m.* presenter; introducer; one who offers a benefice
apresentante Ⓐ *s. m. e f.* presenter; bearer of a bill or a draft Ⓑ *adj.* presenting
apresentar Ⓐ *v. tr.* to introduce; to present; to exhibit; to put on view; MILITAR to report Ⓑ *v. refl.* to show up, to present oneself; ***apresentar um alibi*** to establish one's alibi; ***apresentar armas*** to present arms; ***apresentar uma proposta*** to tender; ***apresentar os seus cumprimentos*** to present one's respects; ***apresentar-se pessoalmente*** to present oneself in person; ***apresentar uma letra à cobrança*** to present a bill for payment; ***apresentar as contas*** to render accounts; ***apresentar um projecto de lei*** to introduce a bill; ***permita-me que lhe apresente meu irmão João*** I should like to introduce my brother John to you; ***quer que o apresente à senhora X?*** would you like to be introduced to Mrs. X?; ***apresentar-se como (candidato, opositor)*** to stand for
apresentável *adj.* presentable; good-looking
apresigar *v. tr.* to eat something with bread
apresigo *s. m.* anything eaten with bread
apresilhar *v. tr.* to fasten with loops (or buckle)
apressadamente *adv.* hastily, in a hurry
apressado *adj.* hasty, speedy; hurried, swift, quick, fast; ***anda sempre apressado*** he is always in a hurry
apressador Ⓐ *s. m.* hastener Ⓑ *adj.* pressing; speeding up, urging on
apressar Ⓐ *v. tr.* to hasten; to hurry; to accelerate; to quicken, to urge, to press; to dispatch; to forward Ⓑ *v. refl.* to bustle, to get moving; to make haste; ***apressar o passo*** to hasten one's pace; ***apressar o desenvolvimento das plantas*** to hasten the growth of plants; ***a compilação de um dicionário é um trabalho que não se pode apressar*** compiling a dictionary is a work which cannot be hurried; ***não te apresses, temos muito tempo*** don't hurry, there is plenty of time; ***não se apresse!*** take your time!; ***apressa-te!*** get a move on!, get moving!, hurry up!; ***temos de nos apressar*** we had better hurry; ***apressar a conclusão de um assunto*** to hasten the termination of a matter
apresso *s. m.* ⇒ **pressa**
apressuradamente *adv.* hastily, forwardly, quickly, hurriedly
apressurado *adj.* hasty, expeditious, quick, nimble, speedy
apressuramento *s. m.* eagerness, forwardness, rapidity, diligence
apressurar *v. tr. e refl.* to hasten, to hurry, to forward, to accelerate
aprestação *s. f.* ⇒ **aprestamento**
aprestador *s. m.* person who makes ready; preparer; fitter
aprestamento *s. m.* preparation, disposition; perceiving
aprestar Ⓐ *v. tr.* to equip, to fit out; to prepare Ⓑ *v. refl.* to get ready
apreste *s. m.* preparation; equipment; *pl.* tools, implements, utensils; fitting, apparel; NÁUTICA furniture, tackling, rigging, stores
apresto *s. m.* preparation; equipment; *pl.* tools, implements, utensils; fitting, apparel; NÁUTICA furniture, tackling, rigging, stores; ***aprestos de pesca*** fishing-gear
apresuntado *adj.* having the aspect of ham or gammon
aprilino *adj.* fresh, young
aprimorado *adj.* perfect, neat, consummate; excellent; refined, fine
aprimoramento *s. m.* refinement, betterment
aprimorar Ⓐ *v. tr.* to perfect; to improve Ⓑ *v. refl.* to do one's best; to accomplish
aprincesar-se *v. refl.* to assume manners of a princess
aprioridade *s. f.* apriority
apriorismo *s. m.* apriorism, a priori reasoning
apriorista *s. m. e f.* apriorist, follower of a priori reasoning
apriorístico *adj.* aprioristic, referring to apriorisms
apriscar *v. tr.* to corral, to pound, to pen up (sheep); to confine, to shut up
aprisco *s. m.* sheepfold, pen; shack; hut; cave, den (for sheep)
aprisionamento *s. m.* capture; imprisonment; seizure, arrest
aprisionar *v. tr.* to capture, to imprison, to arrest, to confine someone in a jail; to send to jail
aproamento *s. m.* act of heading for (land, harbour, etc.)
aproar *v. tr. e intr.* NÁUTICA to bow, to stand in shore, to ride; to steer
aprobativo *adj.* approbatory, approbative; ***gesto aprobativo*** nod of approval
aprobatório *adj.* approbatory, approbative
aproctia *s. f.* MEDICINA quality of being aproctous (having no anus)
aproejar *v. tr.* ⇒ **aproar**
aprofundação *s. f.* getting to the bottom of; making deeper
aprofundamento *s. m.* getting to the bottom of; making deeper
aprofundar *v. tr.* to deepen, to sink, to examine thoroughly; to fathom, to sound; to investigate
aprontação *s. f.* act of making (or getting) ready; preparation; finishing
aprontamento *s. m.* act of making (or getting) ready; preparation; finishing
aprontar Ⓐ *v. tr.* to prepare, to get ready, to finish Ⓑ *v. refl.* to prepare oneself, to make ready to; ***aprontar-se para aterrar*** to come in to land
apropinquação *s. f.* approximation, act of coming nearer to
apropinquar *v. tr.* to approximate, to approach, to come nearer to
apropositadamente *adv.* opportunely; to the purpose, purposely
apropositado *adj.* opportune; convenient, seasonable; pertinent
apropositar Ⓐ *v. tr.* to make appropriate; to speak to the point Ⓑ *v. refl.* to present itself opportunely
apropriação *s. f.* appropriation
apropriadamente *adv.* appropriately, fitly, suitably
apropriado *adj.* appropriate, fit, suitable, adequate, proper, opportune; ***apropriado para servir*** suitable for use
apropriador *s. m.* appropriator
apropriagem *s. f.* finishing (or final) touches of hats
apropriar Ⓐ *v. tr.* to appropriate; to fit up, to adapt, to accommodate; to apply Ⓑ *v. refl.* to take possession of; to take to oneself; ***estar apropriado para*** to be suited for

aprosado *adj.* blank (verse), similar to prose
aprosar *v. tr.* to turn verse into prose; to compose (or make) blank verse
aprosexia *s. f.* MEDICINA inability to pay attention
aprosopia *s. f.* the quality of having no face
aprosopo *adj.* faceless monster
aprovação *s. f.* approval, approbation; ratification, enactment (of a bill); sympathy, applause; sanction, consent
aprovado *adj.* approved, accepted; one who has passed an examination; ***aprovado!*** agreed!, right!
aprovador Ⓐ *s. m.* approver Ⓑ *adj.* approving
aprovar *v. tr.* to approve, to confirm, to ratify, to sanction; ***aprovar um aluno*** to pass a candidate; ***aprovar as contas*** to pass the accounts; ***aprovar um relatório*** to approve a report; ***aprovo absolutamente a tua escolha*** I quite approve of your choice; ***aprovar por unanimidade (de votos)*** to approve with unanimity; ***aprovar uma decisão*** to pass a resolution
aprovável *adj.* approvable; passable
aproveitabilidade *s. f.* profitability, usability
aproveitação *s. f.* utilization, exploitation
aproveitado *adj.* profited; sparing, saving; utilized, put to use
aproveitador *s. m.* saver, saver of time; one who turns everything to good account
aproveitamento *s. m.* profit, gain, advantage; progress, improvement, exploitation
aproveitante *adj.* taking advantage of, making the best of
aproveitar Ⓐ *v. tr. e intr.* to profit, to benefit; to turn to advantage; to make progress; to advance; to gain; to profit by; to save Ⓑ *v. refl.* to take advantage of; to avail oneself of; to improve; to take the opportunity of; ***aproveitar-se da ocasião*** to avail oneself of the opportunity; ***aproveitar uma ocasião*** to take time by the forelock, to seize an opportunity; NÁUTICA ***aproveitando o vento*** full and by; ***aproveitar (a corrente, o vento)*** to underbow (the current, the wind); ***aproveita a oportunidade, senão arrependes-te*** seize the chance, otherwise you will regret it; ***aproveitar-se de*** to take advantage of; ***aproveitar uma oferta*** to take advantage of an offer; ***aproveitar os serviços de alguém*** to avail oneself of a person's services
aproveitável *adj.* profitable, available, useful
aprovisionamento *s. m.* supply, victualling, provisioning; purveyance; ***aprovisionamento de navio*** outfit
aprovisionar *v. tr.* to supply, to victual; to provision; to provide; ***aprovisionar de víveres*** to victual, to stock
aproximação *s. f.* approximation; approach; approaching; a coming on; forthcoming, nearing, convergence; ***aproximação da tempestade*** approach of the storm
aproximadamente *adv.* approximately, nearly; almost, about, circa; by approximation; roughly; ***aproximadamente certo*** near enough
aproximado *adj.* approximate; close, near
aproximar Ⓐ *v. tr.* to approach, to approximate; to draw near; to bring near Ⓑ *v. refl.* to come near or close; to draw near; NÁUTICA to close, to near; ***aproximar-se de (fazer-se a) terra*** to near the land, the coast; ***o fim aproxima-se*** the end approaches; ***aproximar-se sem ruído*** to steal upon; ***o caminho aproxima-se da beira dum precipício*** the path verges on the edge of a precipice
aproximativo *adj.* approximative, close to
aprumação *s. f.* act of setting upright, making plumb
aprumado *adj.* plumb; upright, erect; correct, honest; well-dressed; straightened
aprumar Ⓐ *v. tr.* to plumb Ⓑ *v. refl.* to straighten oneself
aprumo *s. m.* vertical position; straightness, uprightness; self-assurance; haughtiness; correctness
apside *s. f.* ASTRONOMIA apse, apsis; ARQUITECTURA vault, choir (of a church)
ápside *s. f.* ⇒ **apside**
apsiquia *s. f.* loss of knowledge; quality of being apsychical, unspiritual
apsiquismo *s. m.* idiocy, imbecility
apsitiria *s. f.* MEDICINA aphony (paralysis of the vocal cords)
aptá *s. f.* BOTÂNICA plant pertaining to the Leguminous
apteira *s. f.* BOTÂNICA plant pertaining to the Leguminous
apterigianos *s. m.* ⇒ **apterígios**
apterígios *s. m. pl.* ZOOLOGIA wingless group of animals
apterigogénios *s. m. pl.* ZOOLOGIA apterous insects
apterigotas *s. m. pl.* ⇒ **apterigogénios**
aptério *s. m.* Greek building without columns
áptero Ⓐ *adj.* apterous, wingless Ⓑ *s. m. pl.* ⇒ **apterigogénios**
apterogénios *s. m. pl.* ⇒ **apterigogénios**
apterologia *s. f.* ZOOLOGIA the branch of zoology that deals with apterous insects
apterólogo *s. m.* person versed in the study of apterous insects
aptialia *s. f.* aptyalia, aptyalism; lack of saliva
aptidão *s. f.* aptitude, capacity, ability; fitness, aptness; ***ter aptidão para*** to have aptitude for; ***aptidões comerciais*** business capacities; ***exame de aptidão*** university entrance examination; ***aptidão física*** physical fitness; ***aptidão para o trabalho*** ability for work
aptificar *v. tr.* to render apt
aptitude *s. f.* ⇒ **aptidão**
apto *adj.* apt, fit, suited, suitable, appropriate, proper; able; skilled; promising; ***estar apto*** to be fit; ***apto para o trabalho*** able to work
apuado *adj.* pierced all over, pricked; sharp-pointed
apuamento *s. m.* act of boring with an auger; torture by piercing, pricking
apuar *v. tr.* to bore with an auger; to torture with pointed instruments
apucarado *adj.* muglike
apudorado *adj.* chaste, modest, pure-minded, shy
apulhastrar-se *v. refl.* to become a scoundrel, a rascal, a villain
apunhalado *adj.* stabbed (or killed) with a dagger or dirk
apunhalante *adj.* poignant, piercing, pungent, lacerating
apunhalar *v. tr.* to stab; to hurt severely; ***apunhalar pelas costas*** to stab in the back
apunhar *v. tr.* to grasp (a sword) by the hilt; to beat with the fists
apupada *s. f.* hiss, hoot, shout, railing, yell of contempt, derision
apupar *v. tr.* to hiss, to hoot, to shout; to whistle one out
apupo *s. m.* ⇒ **apupada**
apuração *s. f.* purifying; refinement; liquidation; settling of accounts, examination, verification
apurado *adj.* refined; elegant; smartly dressed; select; perfect
apurador *s. m.* refiner; verifier
apuramento *s. m.* research; inquiry; depuration; verification; liquidation; choosing, selection; ***exercício de apuramento*** test-paper
apurar Ⓐ *v. tr.* to purify, to clear up; to choose, to select; to verify; to investigate; to straighten (a matter) out, to square, to settle; to perfect; to infer, to conclude; to improve; to discuss Ⓑ *v. refl.* to dress up; to be perfected; to become perfect; ***pelo que pude apurar*** as far as I could glean; ***apurar a verdade*** to find out the truth; ***apurar contas*** to settle accounts
apurativo *adj.* detersive, purgative; cleansing, purifying; MEDICINA depurative
apuro *s. m.* refinement, elegance; purifying; affliction; want; the amount of a day's taking; ***estar em apuros*** to be hard up, to be in a fix, to be in a quandary, ⌈fam.⌋ to be up the pole, to be penniless; ***ver-se em apuros*** to be at a pinch; ***meter-se em apuros*** to get into trouble
apurpurado *adj.* purplish; purple

aquacultura *s. f.* aquaculture, aquiculture
aquadrelar *v. tr.* to divide in long narrow pieces of land; to enumerate
aquadrilhamento *s. m.* band of armed men; band
aquadrilhar *v. tr.* to form bands
aquaforte *s. f.* ⇒ **água-forte**
aquafortista *s. m. e f.* ⇒ **água-fortista**
aquando *conj., adv.* when; ***aquando de*** on the occasion of, at the time when
aquarela *s. f.* ⇒ **aguarela**
aquarelista *s. m. e f.* ⇒ **aguarelista**
aquariano *s. m.* aquarian, one of a sect of early Christians
aquário Ⓐ *s. m.* aquarium Ⓑ *adj.* aquatic
Aquário *s. m.* ASTRONOMIA, ASTROLOGIA Aquarius
aquartalado *adj.* thick-set (horse)
aquartelado *adj.* quartered; lodged in barracks, billeted
aquartelamento *s. m.* quartering (of troops); quarters, billets
aquartelar Ⓐ *v. tr.* MILITAR to quarter (troops); to billet; to lodge in barracks Ⓑ *v. refl.* to take quarters
aquartilhar *v. tr.* to measure (gauge or sell) in *quartilhos* (half a litre)
aquático *adj.* aquatic; ***plantas aquáticas*** aquatic plants
aquátil *adj.* aquatic
aquatinta *s. m. e f.* aquatint (engraving)
aquatofana *s. f.* poison, solution of arsenious acid
aquebrantar *v. tr. e refl.* to break; to bruise, to despond, to lose heart; to infringe
aquecedela *s. f.* act (or fact) of warming, heating; beating
aquecedor *s. m.* heater, radiator
aquecedouro *s. m.* heating-place
aquecer Ⓐ *v. tr.* to heat, to warm; to make hot; to excite, to stir Ⓑ *v. intr.* to get warm; to grow warm; to get hot; ***aquecer-se ao sol*** to bask in the sun, to sun oneself; [fam.] ***isso não aquece nem arrefece*** it is neither here nor there; ***aquecer-se à lareira*** to warm oneself at the fire; ***o fogão aquece a sala*** the fire warms the room; ***aquecer as mãos*** to warm one's hands; ***aquecer um ferro*** to heat an iron; ***aquecer o motor*** to warm up the engine
aquecimento *s. m.* heating; ***aquecimento central*** central heating; ***aquecimento das casas*** house heating
aquecível *adj.* heatable, warmable; irritable
aquedar Ⓐ *v. tr. e intr.* to quiet down, to calm down Ⓑ *v. refl.* to tranquillize
aqueduto *s. m.* aqueduct
aquela *pron. dem.* that; that one; she; her; ***aquela que*** she who, she whom; ***sem mais aquelas*** without ceremony
àquela *contr. da prep.* **a** + *pron. dem.* **aquela**
aquelar *v. tr.* to arrange, to set in order; to prefer
aquele *pron. dem.* that, that one; ***aquele que*** he who, he whom
àquele *contr. da prep.* **a** + *pron. dem.* **aquele**
aqueloutro *contr. do pron. dem.* **aquele** + *pron. dem.* **outro**
aquém *adv.* here, on this side; ***aquém e além*** here and there, on all sides; ***estar aquém de*** to be inferior to, not to come up to; ***ficou aquém das minhas esperanças*** it did not come up to my expectations
aquém-fronteiras *adv.* within the country; inside of the border
aquém-mar *adv.* on this side of the ocean
aquénio *s. m.* BOTÂNICA achene, achenium, achaene
aquenódio *s. m.* cremocarp
aquentamento *s. m.* act (or fact) of warming, heating
aquentar Ⓐ *v. tr.* to warm, to heat, to make hot Ⓑ *v. refl.* to warm oneself; to animate; to favour
áqueo *adj.* aqueous, watery
aquerenciar *v. tr.* to accustom an animal to live with another
aqui *adv.* here; on this; ***ei-lo aqui*** here it is; ***por aqui e por ali*** to and fro, here and there; ***aqui jaz*** here lies; ***por aqui*** this way; ***aqui dentro*** herewithin; ***daqui em diante*** henceforth; ***até aqui*** as far as here, hitherto; ***daqui a pouco*** shortly; ***daqui a dois meses*** in two months' time; [fam.] ***aqui é que foram elas*** there was the rub
aquícola *adj.* aquicolous (living in the water)
aquicultura *s. f.* aquiculture
aquiescência *s. f.* acquiescence (act of consenting, assent, accession, compliance, agreement)
aquiescente *adj.* acquiescent
aquiescer *v. intr.* to acquiesce; to comply, to consent, to agree, to permit
aquietação *s. f.* appeasing; calm; tranquillity, quietness, pacification
aquietador *s. m.* appeaser, quieter
aquietar Ⓐ *v. tr.* to quiet, to still, to lull; to appease Ⓑ *v. intr.* to become quiet
aquífero *adj.* aquiferous; bearing (yielding) water
aquifólio *s. m.* holly
aquígeno *adj.* generated in water
Aquilão *s. m.* [poét.] the North wind
aquilária *s. f.* BOTÂNICA Indian tree pertaining to the *Thymeleaceae*; thyme
Aquilaríneas *s. f. pl.* BOTÂNICA group of plants similar to the *aquilária*
aquilatação *s. f.* act of assaying
aquilatador *s. m.* assayer, appraiser; valuer
aquilatar *v. tr.* to assay (metals); to value; to examine; to perfect
aquilégia *s. f.* BOTÂNICA columbine, aquilegia
aquileia *s. f.* yarrow
aquilhado *adj.* NÁUTICA keeled, carinated
aquilia *s. f.* MEDICINA achylia (absence of lips)
aquilífero *adj.* having eagles painted on it
aquilino *adj.* aquiline, hooked, curved; ***nariz aquilino*** Roman nose, aquiline nose
aquilo *pron. dem.* that; it
àquilo *contr. da prep.* **a** + *pron. dem.* **aquilo**
Áquilo *s. m.* ⇒ **Aquilão**
aquilodinia *s. f.* pain or infection in Achylles' tendon
aquilonal *adj.* northerly; boreal
aquilónio *adj.* northerly (coming from the north)
aquinhoador *s. m.* portioner, sharer
aquinhoamento *s. m.* division, distribution, dividing, sharing of portions; allotment
aquinhoar *v. tr.* to share, to portion, to divide; to assess, to allot
aquiria *s. f.* absence of one (or both) hands
aquisição *s. f.* acquisition, acquirement, purchase; takeover; ***a aquisição de terras*** the acquisition of land; ***uma aquisição útil*** a useful addition; ***aquisições recentes*** recent additions
aquisitividade *s. f.* acquisitiveness
aquisitivo *adj.* acquisitive
aquista *s. m. e f.* person who undergoes medical treatment by bathing in thermal baths
aquosidade *s. f.* aquosity, wateriness
aquoso *adj.* aqueous, watery
ar *s. m.* air; breeze; climate; look; countenance; appearance, grace; ***ar comprimido*** compressed air; ***ar viciado*** foul air; ***ar livre*** open air; ***corrente de ar*** draught; ***ar fortificante*** bracing air; ***um ar triunfante*** a triumphant air; ***ar puro*** fresh air; ***fazer castelos no ar*** to build castles in the air; ***fazer as coisas no ar*** to do things inconsiderately, to do things at random; ***tomar ar*** to take fresh air, to take the point of; ***dar ares de*** to look like; ***ares de família*** family likeness; ***ir aos ares*** to fly into a passion, to grow angry; ***falar no ar*** to talk idly; ***grandes ares*** haughty manners; ***ir tomar ares*** to go into the country; ***bolha de ar*** air-bubble; ***ter um ar abatido*** to look pulled down; ***anda coisa no ar*** there's something in

the wind; ***dar-se ares (de), assumir ares de importância*** to put on side, to put on airs; ***ar aspirado*** air sucked-in; ***ar tranquilo*** still air, undisturbed air; ***ar refrigerado*** cooling air; ***ar impuro*** polluted air; ***ao ar livre*** in the open air; ***entrar no ar*** to go on the air; ***sair do ar*** to go off the air; ***fazer ir pelos ares*** to blow up; ***ar condicionado*** air conditioning

ara *s. f.* sacrificial altar

ará *s. m.* macaw (a Brazilian parrot); common aladium

árabe *s. m., adj.* Arab

arabescar *v. tr.* to adorn with arabesques

arabesco *s. m.* arabesque; scroll; flourish

arabia *s. f.* corruption of the Arab language

arábico *s. m., adj.* Arabic

arábigo *s. m., adj.* ⇒ **arábico**

arabina *s. f.* QUÍMICA arabin; Arabic acid

arabinose *s. f.* QUÍMICA arabinose

arabismo *s. m.* Arabic expression or phrase

arabista *s. m. e f.* Arabist, student of Arabic

arabizante *adj.* arabizing

arabizar *v. tr.* to arabize, to give an Arabian form to

arabote *s. m.* waterboat (used for taking water to ships)

arabutã *s. m.* Brazil-wood

araca *s. f.* arrack (ricebrandy)

aracá *s. m.* any BOTÂNICA Brazilian guava

araçaíba *s. m.* BOTÂNICA Brazilian guava

aração *s. f.* ploughing

araçazeiro *s. m.* Brazilian guava

Aráceas *s. f. pl.* BOTÂNICA *Araceae*

aracniano *adj.* related to cobwebs

Aracnídeos *s. m. pl.* ZOOLOGIA *Arachnida*

aracnodérmico *adj.* having a thin skin like a cobweb

aracnofilia *s. f.* love of the study of spiders

aracnófilo *s. m., adj.* interested in the study of spiders

aracnofobia *s. f.* arachnophobia

aracnóide *s. f.* arachnoid

aracnóideo *adj.* arachnoid

aracnoidiano *adj.* ⇒ **aracnóideo**

aracnoidite *s. f.* arachnoiditis, inflammation of the arachnoid

aracnologia *s. f.* arachnology (study of spiders)

aracnopsia *s. f.* a defect in vision by which the patient sees shadows similar to a cobweb

arada *s. f.* ploughed ground; ploughing

aradar *v. tr.* to till the soil, to plough

arado *s. m.* plough; ***relha do arado*** ploughshare; ***timão do arado*** plough-beam; ***rabo do arado*** plough-handle; ***arado sementeiro*** drill plough

arador *s. m.* ploughman; plougher

aradouro *s. m.* ⇒ **arado**

aradura *s. f.* ploughing, tilling

aragem *s. f.* breeze, light breeze; ***apanhar uma aragem*** to get a breath of air; ***aragem branda*** fanning breeze; ***aragens doidas*** baffling wind

aragonês Ⓐ *adj.* Aragonese, of or pertaining to Aragon Ⓑ *s. m.* native of Aragon

aragonite *s. f.* MINERALOGIA aragonite

aralha *s. f.* a two year old calf

Araliáceas *s. f. pl.* BOTÂNICA the *Araliaceae*

aramado *adj.* garnished with wire; tightened with wire

aramagem *s. f.* wire grating, wire netting, chicken wire, wire lattice

aramaico *s. m., adj.* Aramaean

aramar *v. tr.* to enclose, to fence with wire

arame *s. m.* wire; ***arame farpado*** barbed wire; ***andar por arames*** to go cautiously; [fam.] ***ir aos arames*** to see red, to fly into a passion; ***calibrador de arame*** wire gauge; ***fábrica de arame*** wire-works; ***cabo de arame*** wire rope; ***arame de latão*** brass wire

arameiro *s. m.* person who works with wire; he who is in the wire industry

aramenha *s. f.* aloe (bird trap in Brazil)

arameu *s. m., adj.* ⇒ **aramaico**

arâmico *s. m., adj.* ⇒ **aramaico**

aramista *s. m. e f.* wire-dancer, rope-walker, funambulist

arandela *s. f.* candle-guard; lamp holder; hand-guard (sword)

arando *s. m.* bilberry

araneídeo *s. m.* group of arachnids dealing only with spiders; a spider

araneífero *adj.* having spider webs

araneiforme *adj.* araneiform; spiderlike

araneografia *s. f.* arachnography

araneologia *s. f.* arachnology

araneólogo *s. m.* arachnologist

aranha *s. f.* spider; ***teia de aranha*** cobweb; ***andar às aranhas*** to be irresolute, not to know what to do; ***tirar as teias de aranha (refrescar as ideias)*** to blow away the cobwebs; NÁUTICA ***aranha de remo*** outrigger; ***aranha de veio*** stern bracket

aranha-do-mar *s. f.* spider crab; crawfish; starfish

aranhagato *s. m.* Brazilian mahogany

aranhão *s. m.* large spider

aranheira *s. f.* spider web, cobweb

aranheiro *s. m.* spider's hole

aranhento *adj.* peculiar to spiders; full of cobwebs

aranhiço *s. m.* field-spider; tall and thin person

aranhol *s. m.* ⇒ **aranheiro**

aranhola *s. f.* ⇒ **arola**

aranhoso *adj.* cobwebbed

aranhuço *s. m.* a huge spider

aranzel *s. m.* long, tedious speech; rigmarole

arão *s. m.* BOTÂNICA arum; not to know what to do (plant); *(jarro branco)* arum lily

arapapá *s. m.* boatbill (bird)

araponga *s. f.* ORNITOLOGIA bellbird, campanero

arapouca *s. f.* bird trap

araquídico *adj.* arachidic (acid)

araquina *s. f.* arachin

arar *v. tr.* to plough, to till

arara *s. f.* macaw; [fam.] lie, fib

ararambóia *s. f.* large snake of the Amazonian region also known as parrot-snake

araribá *s. f.* a porcupine pod tree

araribina *s. f.* alkaloid extracted from the *araribá*

araruta *s. f.* arrowroot

arasão *s. f.* platform resulting from erosion

arataca *s. f.* trap for wild animals

aratório *adj.* related to husbandry

aratriforme *adj.* ploughlike; [E.U.A.] plowlike

arau *s. m.* puffin (sea-bird of the *Alcidae* family)

araucária *s. f.* BOTÂNICA araucaria

arauto *s. m.* [arc.] herald, town-crier

arável *adj.* arable, capable of being ploughed, tillable

aravela *s. f.* plough-staff, plough-handle

aravessa *s. f.* plough with one plough-handle

aravia *s. f.* jargon, gibberish

araviada *s. f.* confusion of voices, vociferation, clamour, shouting

araviar *v. intr.* to gibber; to write confusedly; to express in Arabic

arbitração *s. f.* arbitration, decision

arbitrador *s. m.* arbitrator

arbitragem *s. f.* arbitrage, award; ***comissão de arbitragem*** arbitrage committee

arbitral *adj.* arbitrational, by umpire

arbitramento *s. m.* arbitrament; authoritative decision
arbitrar *v. tr.* to arbitrate, to decide by arbitration; to umpire, to mediate
arbitrariamente *adv.* arbitrarily
arbitrariedade *s. f.* arbitrariness, wilfulness; action against the law
arbitrário *adj.* arbitrary; despotic
arbitrativo *adj.* arbitrative, arbitrable, arbitrational
arbítrio *s. m.* discretion; freedom of choice; determination; decision; vote; suggestion; arbitration; ***livre arbítrio*** free will; ***ao arbítrio de*** at the mercy of
árbitro *s. m.* arbiter; umpire; arbitrator; referee; DESPORTO ***árbitro auxiliar*** linesman
arbóis *s. m. pl.* ⌈reg., Açor.⌋ skylight
arbóreo *adj.* arboreous, arboreal; ***feto arbóreo*** tree-fern
arborescência *s. f.* arborescence
arborescente *adj.* arborescent
arborescer *v. intr.* to grow into a tree
arboricida Ⓐ *adj.* tree-destroying Ⓑ *s. m. e f.* person who destroys trees
arborícola *adj.* ZOOLOGIA living in the trees
arboricultor *s. m.* arboriculturist
arboricultura *s. f.* arboriculture
arboriforme *adj.* dendriform, tree-shaped
arborista *s. m. e f.* arboriculturist
arborização *s. f.* arborization, treelike appearance
arborizar *v. tr.* to plant with trees
arbúsculo *s. m.* a little shrub
arbustáceo *adj.* shrubby
arbustal *adj.* bushy
arbústeo *adj.* bushy
arbustiforme *adj.* shrublike
arbustivo *adj.* shrubby
arbusto *s. m.* shrub; bush
arbutáceo *adj.* BOTÂNICA belonging to the *Ericaceae*; arbutus
arbutina *s. f.* arbutine
arca *s. f.* ark; chest, coffer, trunk; chest, thorax; ***arca de Noé*** Noah's ark; NÁUTICA ***arca da bomba*** well
arça *s. f.* rosemary; French lavender
arcabém *s. m.* posterior part of the frame of a cart
arcaboiçar *v. tr.* to frame, to put up the carcass
arcaboiço *s. m.* chest; framework (of a building)
arcabouçar *v. tr.* ⇒ **arcaboiçar**
arcabouço *s. m.* ⇒ **arcaboiço**
arcabujar *v. intr.* to breathe with difficulty; to heave
arcabuz *s. m.* HISTÓRIA arquebus, harquebus, handgun
arcabuzada *s. f.* HISTÓRIA musket-shot, series of musket-shots
arcabuzamento *s. m.* HISTÓRIA discharge, volley of muskets
arcabuzar *v. tr.* HISTÓRIA to shoot, to kill by shooting with a musket
arcabuzaria *s. f.* HISTÓRIA corps of musketeers or riflemen; discharge (or volley) of muskets
arcabuzeiro *s. m.* HISTÓRIA arquebusier, harquebusier; gunsmith
arcabuzeta *s. f.* little musket
arcada *s. f.* arcade, arched vault
árcade Ⓐ *s. m. e f.* Arcadian (member of the Arcadia) Ⓑ *adj.* Arcadian (referring to the style of the members of the Arcadia)
arcádia *s. f.* a Portuguese literary academy in the 18th century
arcadiano *adj.* ⇒ **arcádico**
arcádico *adj.* Arcadian (relating to the literary academy Arcadia)
arcádio Ⓐ *adj.* Arcadian, of Arcadia, in Greece Ⓑ *s. m.* native or inhabitant of Arcadia, in Greece
arcadismo *s. m.* literary influence of the *Arcadias*
arcado *adj.* arched, curved, bowed
arcadura *s. f.* curvature, bow, bend, curved line
arcaico *adj.* archaic, disused, antique
arcaísmo *s. m.* archaism, archaic expression or word
arcaísta Ⓐ *s. m. e f.* archaist Ⓑ *adj.* archaistic
arcaizamento *s. m.* quality of being archaic
arcaizar *v. tr.* to archaize, to use archaisms
arcane *s. m.* arcane, hidden, secret
arcangélica *s. f.* BOTÂNICA archangel
arcangélico *adj.* archangelic, archangelical
arcanjo *s. m.* archangel
arcano *s. m.* arcanum; secret, mystery; elixir
arção *s. m.* saddle-bow, pommel
arcar Ⓐ *v. tr.* to arch; to bow; to hoop (casks) Ⓑ *v. intr.* to struggle; to grapple; ***arcar com a responsabilidade*** to take the responsibility; ***arcar com uma dificuldade*** to face a difficulty
arcaria *s. f.* series of arches; arcade
arcário *s. m.* treasurer, bill collector; exactor
arcatura *s. f.* ARQUITECTURA ornamental imitation of arcades on a façade
arcaz *s. m.* chest of drawers shaped like an ark
arcebispado *s. m.* archbishopric; archiepiscopate; archiepiscopacy
arcebispal *adj.* archiepiscopal
arcebispo *s. m.* archbishop
arcediagado *s. m.* archdeaconry, archdeaconate
arcediago *s. m.* archdeacon
arcela *s. f.* arcella (kind of amoeba)
Arcélidas *s. m. pl.* ⇒ **Arcelídeos**
Arcelídeos *s. m. pl.* ZOOLOGIA family of *Protozoa,* amoeboid to which the arcella belongs
arcelíneo *adj.* similar to the arcella
arcete *s. m.* saw to cut stone
arcêutide *s. f.* a berrylike juniper
archa *s. f.* halberd
archeiro *s. m.* halberdier
archete *s. m.* arched ornament; surgical apparatus to crush the calculi of the bladder; urn (for ashes)
archotada *s. f.* torch-light procession or parade
archote *s. m.* torch; torchlight
archoteiro *s. m.* torch maker
archotista *s. m. e f.* person taking part in a torch-light procession
arcífero *adj.* armed with a bow
arcifinal *adj.* arcifinious
arcifínio *adj.* arcifinious
arciforme *adj.* bow-shaped
arciprestado *s. m.* the dignity of an archpriest, archpriesthood, archpriestship
arciprestal *adj.* belonging to an archpriest
arcipreste *s. m.* archpriest
arcíria *s. f.* plant belonging to the mycetozoan, living in rotten wood
arcitenente *adj.* with a bow in his hand
arco *s. m.* GEOMETRIA arc; ARQUITECTURA arch; bow; NÁUTICA ***arco de cantaria*** stone arche, hoop, hank, bow; ***arco de círculo máximo*** arc of great circle; NÁUTICA ***arco da gávea*** rim; ***arco de reboque*** bow rail; ***arco de rabeca*** fiddle-bow, arc light; ***arco de pua*** drill
arcobotante *s. m.* buttress; arch; pier
arco-celeste *s. m.* ⇒ **arco-íris**
arco-da-aliança *s. m.* ⇒ **arco-íris**
arco-da-velha *s. m.* ⇒ **arco-íris**; ***dizer coisas do arco-da--velha*** to tell tall stories, apocryphal story
arco-íris *s. m.* rainbow
arco-irisar *v. tr.* to give the colour of the rainbow
arcontado *s. m.* archonship
arcontaria *s. f.* place where the archons met

arconte *s. m.* archon, one of the chief magistrates in ancient Athens
arcoptose *s. f.* MEDICINA archoptosis (displacement of the anus)
arcorragia *s. f.* ⇒ **arcorreia**
arcorreia *s. f.* MEDICINA archorrhea (flow of humours from the anus)
arcose *s. f.* arkose
arcoso *adj.* with many bows
arctação *s. f.* arctation
arctar *v. tr.* to press, to contract, to constrict
árctico *adj.* Arctic
arctícola *adj.* living in the Arctic regions
arctocéfalo Ⓐ *adj.* (of animals) having a head like a bear Ⓑ *s. m.* ⇒ **foca**
arctopiteco *s. m.* American ape
Arcturo *s. m.* ASTRONOMIA Arcturus (a fixed star in the constellation Boötes)
arcual *adj.* arched, bowed
arcuar *v. tr.* ⇒ **arquear**
arda *s. f.* squirrel
Ardeidas *s. m. pl.* ⇒ **Ardeídos**
Ardeídeos *s. m. pl.* ORNITOLOGIA the herons (*Ardeidae*)
ardência *s. f.* ardency, vehemence, glow, fire
ardente *adj.* ardent, fiery, hot, glowing, shining; zealous, eager, fervent; ***amor ardente*** ardent love
ardentemente *adv.* ardently, eagerly, fiercely, passionately
ardentia *s. f.* phosphorescence of the sea; gleam, glow; excessive heat
ardentoso *adj.* stinging like nettles; inflammable
arder *v. intr.* to burn, to glow, to flame; to smart (a pain); to blaze; to rage; to be impatient, eager; ***arder em cólera*** to boil with rage; ***arder de entusiasmo*** to burn with enthusiasm; ***arder em febre*** to have a burning fever
ardidamente *adv.* bravely, ardently
ardidez *s. f.* courage, bravery, boldness; eagerness, dauntlessness
ardido *adj.* burnt; fermented; bold, courageous; spoilt, rancid; ***farinha ardida*** musty (mouldy) flour
ardífero *adj.* fire-bearing, producing fire, fiery, ardent
ardil *s. m.* stratagem, artifice, trick, contrivance; craftiness; cunning, slyness; ***usar de ardil*** to dodge
ardileza *s. f.* cunning, craftiness; clever trick; trickery
ardilosamente *adv.* craftily, knavishly; artfully
ardiloso *adj.* subtle, crafty; knavish; tricky; astute, wily
ardimento *s. m.* ardency; boldness; ardour; blazing or taking fire
ardina *s. m.* newsvendor (boy who sells newspapers)
Ardisiáceas *s. f. pl. Mirsinaceae*
ardómetro *s. m.* a kind of pyrometer
ardor *s. m.* ardour, warmth; [fig.] fervour, zeal, eagerness; heat; burning
ardorosamente *adv.* ardently, fervently; zealously; strenuously; energetically
ardoroso *adj.* ardent, fervent, fervid; zealous
ardósia *s. f.* slate; ***cor de ardósia*** slate-coloured
ardosiar *v. tr.* to cover with slate
ardosieira *s. f.* slate-quarry
ardosieiro *s. m.* owner of a slate-quarry; slater
arduidade *s. f.* arduousness
ardume *s. m.* pungency, piquancy
árduo *adj.* arduous, hard, difficult, strenuous, laborious; steep, hard to climb; ***trabalho árduo*** hard work, toil
are *s. m.* are (119.6 square yards)
área *s. f.* area, space, extent of ground; region, tract; sphere, surface, range, scope; ***áreas de população*** areas of population; ***área de cultura de trigo*** wheat-growing area; ***área de uma superfície*** area of a surface; ***área de golo*** goal area; ***grande área*** great penalty area (football)
areação *s. f.* covering with sand; use of hot sand in therapeutics; arenation
areado *adj.* sandy; foolish, crazy; ***açúcar areado*** castor sugar, powdered sugar
areador *s. m.* (sugar) refiner
areal *s. m.* sand-pit, sandy strand, shore; sands; beach
areamento *s. m.* sanding
areão *s. m.* large beach; coarse sand
arear Ⓐ *v. tr.* to cover with sand; to scour with sand; to refine (sugar) Ⓑ *v. intr.* to be crazy; to become insane
areca *s. f.* any areca palm, especially the betel-nut palm
arecaína *s. f.* arecaine, arecaidine
arecal *s. m.* grove of areca palms
Arecíneas *s. f. pl.* BOTÂNICA group of plants of the palmaceous order similar to the *areca*
arecíneo *adj.* QUÍMICA aricine
areeiro *s. m.* sand-box; sand-pit; person who transports or sells sand; a sole-like fish; a kind of ratite birds
areento *adj.* sandy; gravelly, gritty
arefacção *s. f.* arefaction
arefeçado *adj.* abased, humiliated; fatigued, exhausted
areia *s. f.* sand; grit; gravel; ***areia movediça*** quicksand; ***banco de areia*** sand-bank; ***tromba de areia*** sand-spout; ***banco de areia movediça*** shifting-sand; ***monte de areia levantado pelo vento*** sand-drift; ***tempestade de areia*** sandstorm; ***semear na areia*** to labour in vain; ***brincar na areia*** to play on the sands; ***areia fina*** fine sand; ***areia grossa*** coarse sand, gravel; ***ter areia*** to be crazy
areinho *s. m.* small sandy river shore; sand-bank covered at high-tide
areísca *s. f.* kind of mortar made of a mixture of sand and clay
areísco *adj.* sandy
arejado *adj.* aired, ventilated
arejador Ⓐ *adj.* aerating, aering Ⓑ *s. m.* ventilator pipe
arejamento *s. m.* airing, ventilation
arejar Ⓐ *v. tr.* to air; to ventilate; to change the air of; to expose to air Ⓑ *v. intr.* to take in fresh air, to go out into the fresh air, to become aired; ***arejar uma cama*** to air a bed; ***arejar roupas*** to air clothes; ***arejar a sala*** to air the room
arejo *s. m.* airing; blight; [fig.] evil eye
arelha *s. f.* small plough
arena *s. f.* arena; amphitheatre
arenação *s. f.* ⇒ **areação**
arenáceo *adj.* arenaceous, sandy, gravelly
arenário Ⓐ *adj.* growing in sandy soil Ⓑ *s. m.* gladiator
arenata *s. f.* stone in the composition of which one finds sand grains; barren land (on account of sand)
arenato *adj.* arenaceous
arenga *s. f.* harangue, loud address, tedious speech; tirade; screed; quarrel
arengador *s. m.* speechmaker; stump-orator; haranguer; windbag
arengar *v. tr.* to harangue, to make a harangue
arengueiro *s. m.* ⇒ **arengador**
arenícola Ⓐ *adj.* arenicolous Ⓑ *s. m. e f.* sandworm
arenífero *adj.* that contains sand; arenaceous
areniforme *adj.* sandlike, arenaceous
arenisco *adj.* ⇒ **arenoso**
arenito *s. m.* sandstone, grit
arenoso *adj.* sandy, gravelly, gritty; ***terreno arenoso*** sandy soil
arenque *s. m.* herring; ***arenque fumado*** smoked herring, kipper, bloater; ***espinha de arenque*** herring-bone; ***arenque salgado*** pickled herring
arenqueiro *s. m.* herring seller
arensar Ⓐ *v. intr.* to sing (swan) Ⓑ *s. m.* a swan's voice or song
arenuláceo *adj.* sandy; having fine sand

areola *s. f.* sand-pit; sandy ground
aréola *s. f.* areola; areole; aureole; flower-bed
areolação *s. f.* areolation
areolado *adj.* areolate, areolar
areolar Ⓐ *adj.* areolate, areolar Ⓑ *v. tr.* to areolate
areolite *s. f.* areolitis (inflammation of the areola)
areometria *s. f.* areometry
areométrico *adj.* areometrical; areometer
areómetro *s. m.* FÍSICA areometer, hydrometer
areopagita *s. m. e f.* areopagite
areópago *s. m.* areopagus
areoso *adj.* ⇒ **arenoso**
areotectónica *s. f.* strategy of attacking and defending fortifications
arequeira *s. f.* ⇒ **areca**
aresta *s. f.* awn (of corn); edge; corner; intersecting line; ridge (of a mountain); NÁUTICA cant; ***aresta viva*** sharp edge; ***aresta quebrada*** notched edge
arestado *adj.* awned; angular; having edges
arestal *adj.* ⇒ **arestado**
aresteiro *s. m.* lawyer who refers to (and bases on) judged cases
arestelado *adj.* hackled flax
arestizar *v. tr.* to sharpen
aresto *s. m.* judicial decision; sentence based upon a precedent; decree; judgement that becomes a law
arestoso *adj.* ⇒ **arestado**
arestudo *adj.* ⇒ **arestado**; rough, coarse (as linen)
aretologia *s. f.* FILOSOFIA ethics (a treatise on morals or virtue)
aréu *adj.* puzzled, bewildered; hesitant
arfada *s. f.* NÁUTICA pitching, rocking; palpitation
arfadura *s. f.* NÁUTICA pitching, rocking; palpitation
arfagem *s. f.* ⇒ **arfadura**
arfante *adj.* gasping, heaving, pitching, rolling
arfar *v. intr.* to pant, to gasp for breath; to pant for breath; to heave; NÁUTICA to pitch
arfvedsonite *s. f.* MINERALOGIA arfvedsonite
argaceiro *s. m.* man that gathers algae
argaço *s. m.* dried pine leaf; sargasso; algae used as dung
argala *s. f.* ZOOLOGIA argala (adjutant bird)
argali *s. m.* argali, wild Asiatic sheep
argamassa *s. f.* mortar; bond, daub; ***argamassa de gesso*** plaster of Paris, mortar
argamassador *s. m.* one who makes mortar; plasterer
argamassar *v. tr.* to mortar, to plaster; to pug
arganaça *s. f.* ⇒ **arganaz**
arganaz *s. m.* dormouse; [fig.] thin and disproportional man
arganel *s. m.* small brass ring
arganéu *s. m.* small brass ring; NÁUTICA ***arganéu de haste*** ring bolt
argânia *s. f.* argan
arganil *s. m.* ⇒ **arganel**
argano *s. m.* cattle disease (also called *bubble*)
argão *s. m.* ⇒ **argo; arga**
arga *s. f.* tick that attacks fowls
argau *s. m.* pump for sampling wines; pipette
argel *adj.* said of a horse with a white spot on the right front leg
argelino *s. m., adj.* Algerian
argentado *adj.* silvered
argentador *s. m., adj.* silver-plater
argentamina *s. f.* MEDICINA antiseptic against gonorrhoea
argentão *s. m.* German silver, white metal, argentan
argentar *v. tr.* to silver
argentaria *s. f.* table silverware; garniture of silver
argentário *s. m.* cupboard for silver-plate; [fig.] rich man
argentarismo *s. m.* plutocracy (rule or dominion of the wealthy)
argentato *s. m.* QUÍMICA argentate
argentear *v. tr.* ⇒ **argentar**
argênteo *adj.* silvery-white, silvery
argêntico *adj.* argentic
argentífero *adj.* argentiferous; silvery
argentífico *adj.* argentific (producing silver)
argentifólio *adj.* with silvery leaves
argentina *s. f.* BOTÂNICA silver-weed; argentine
argentino[1] *adj.* argentinean, argentine; silvery; shrill, clear
argentino[2] *s. m., adj.* Argentinean, native (inhabitant) of Argentina
argentite *s. f.* MINERALOGIA argentite
argila *s. f.* argil; clay
argiláceo *adj.* argillaceous; clayish
argileira *s. f.* clay pit
argilífero *adj.* argilliferous
argilito *s. m.* argillite
argilofagia *s. f.* earth hunger (the habit of eating earth)
argilóide *adj.* argilloid
argilólito *s. m.* volcanic tuff
argiloso *adj.* argillaceous
argirismo *s. m.* argyrism; silver poisoning
argirite *s. f.* argyrite, argentite
argirol *s. m.* FARMACOLOGIA argyrol
argirólito *s. m.* precious stone similar to silver known in ancient times
argirose *s. f.* ⇒ **argentite**
argivo *s. m., adj.* Argive, Greek
argo *s. m.* QUÍMICA argon
Argo *s. f.* ASTRONOMIA Argo (constellation)
argola *s. f.* ring; hoop, link; ***argola da porta*** knocker; ***argola de guardanapo*** napkin-ring
argolada *s. f.* large ring; a knock (with the knocker)
argolagem *s. f.* series of rings
argolão *s. m.* a large and massive ring
argolar *v. tr.* to fasten with rings; to put rings to
argoleiro *s. m.* ring-maker; a seller of metal rings
argolista *s. m. e f.* gymnast working with suspension rings
árgon *s. m.* QUÍMICA argon
argonauta *s. m.* MITOLOGIA Argonaut; [fig.] a daring navigator; ZOOLOGIA paper nautilus
argonáutico *adj.* Argonautic
argonina *s. f.* silver albuminate
Argos *s. m.* Argus; [fig.] sharp-witted man
argúcia *s. f.* wit; subtlety; witticism; astuteness
arguciar *v. intr.* to proceed with subtleness, to argue cleverly or astutely
argucioso *adj.* witty; subtle; sophistical
argueirar *v. tr. e intr.* to scrutinize, to examine
argueireiro *adj.* hairsplitting; quibbling; petty, paltry
argueirice *s. f.* too much made of a small thing
argueirinha *s. f.* natural magnet, loadstone
argueiro *s. m.* straw; trifling thing; ***de um argueiro fazer um cavaleiro*** to make a mountain out of a molehill; ***o argueiro no olho do vizinho*** the mote in another's eye
arguente *s. m. e f.* arguer, reasoner, debater, controversialist, disputant, disputer
arguição *s. f.* arguing; pleading, argument; reprimand; rebuke
arguiço *s. m.* [reg.] ⇒ **caruma**
arguido Ⓐ *s. m.* offender Ⓑ *adj.* accused
arguidor *s. m.* arguer; accuser; blamer
arguir *v. tr. e intr.* to argue; to debate, to discuss; to reason; to accuse, to plead, to reprove
arguitivo *adj.* demonstrative; accusing; accusatory
arguível *adj.* accusable, censurable, discussable
argumentação *s. f.* argumentation, ratiocination, reasoning; debate, controversy
argumentador *s. m.* arguer; debater; disputer, disputant

argumental *adj.* argumental, argumentative
argumentante Ⓐ *adj.* arguing Ⓑ *s. m. e f.* arguer
argumentar *v. tr.* to argue, to debate, to discuss, to dispute; to prove; to infer, to draw conclusions
argumentativo *adj.* argumentative, disputatious
argumentilho *s. m.* weak argument or proof
argumentista *s. m. e f.* screen-play writer
argumento *s. m.* argument, proof; discussion, debate; reason; summary of the subject; matter of a book; plot of a story; ***argumentos convincentes*** convincing arguments; ***argumentos fortes*** strong arguments; ***como argumento*** argumentatively; ***argumento cinematográfico*** screen-play
argutamente *adv.* shrewdly, sharply; wittily
arguto *adj.* argute, acute, witty, cunning; shrewd; clear; shrill (sounds)
ária *s. f.* MÚSICA aria, tune, melody, air
arianismo *s. m.* Arianism
arianizar *v. tr.* to Arianize
ariano *s. m., adj.* Arian
ariar *v. tr.* to weed, to clear of weeds
aricar *v. intr.* [reg.] to plough, to rake, to weed using the plough
Ariciidas *s. m. pl.* ⇒ **Ariciídeos**
Ariciídeos *s. m. pl.* *Ariciidae* (family of insects)
Aricíneos *s. m. pl.* group of *Diptera* of the genus *Aricia*
árico *adj.* Arian
aridez *s. f.* aridity, dryness; barrenness; infertility
aridificar *v. tr.* to dry, to make arid
árido *adj.* arid, dry, parched, barren; infertile, unfruitful; uninteresting
Áries *s. m.* ASTRONOMIA Aries (constellation)
arietar *v. tr.* to strike with a battering-ram
aríete *s. m.* battering-ram; hydraulic-ram
arietino *adj.* shaped like a ram's head
arilado *adj.* BOTÂNICA arilled, arillate
arilo *s. m.* BOTÂNICA aril, seed-coat
aringa *s. f.* fortified field among natives of West Africa
arinque *s. m.* buoy, rope; cable of the anchor buoy
arinta *s. f.* kind of white grapes; wine produced with this variety of grapes
arinto *s. m.* kind of white grapes; wine produced with this variety of grapes
aríolo *s. m.* diviner, magician
aripar *v. tr.* to sift (the sand); to dig the shore (in search for pearls)
aripeiro *s. m.* sifter, digger (in search for pearls)
aripo *s. m.* the act of excavating (in search for pearls)
Ariquenas *s. m. pl.* [Bras.] natives of the banks of the Amazon
ariscar Ⓐ *v. tr.* to refuse Ⓑ *v. refl.* to be intractable; to be grumpy
arisco *adj.* sandy; indocile, intractable, harsh; grumpy; coy, unsociable; peevish; (of horses) vicious, wild
arista *s. f.* BOTÂNICA ⇒ **pragana**
aristado *adj.* awned; aristate; furnished with several awns
aristarco *s. m.* Aristarch, a severe critic
aristiforme *adj.* beardlike, shaped like an awn
aristocracia *s. f.* aristocracy; upper ten; nobility; superiority
aristocrata *s. m. e f.* aristocrat
aristocraticamente *adv.* aristocratically
aristocrático *adj.* aristocratic(al)
aristocratismo *s. m.* aristocratic principles or manners
aristocratizar *v. tr.* to make aristocratic; to aristocratize
aristodemocracia *s. f.* rule of nobility and people
aristoso *adj.* ⇒ **aristado**
aristotélico *adj.* Aristotelian, Aristotelic, of (or pertaining to) Aristole
aristotelismo *s. m.* Aristotelianism
aritenóide *s. f., adj.* arytenoid
aritenóideo *adj.* arytenoidal
aritenoideu *adj.* arytenoidal
aritenoidite *s. f.* inflammatory disease of the arytenoid
aritmancia *s. f.* ⇒ **aritmomancia**
aritmética *s. f.* arithmetic
aritmeticamente *adv.* arithmetically
aritmético Ⓐ *adj.* arithmetical Ⓑ *s. m.* arithmetician
aritmetógrafo *s. m.* ⇒ **aritmógrafo**
aritmografia *s. f.* arithmography
aritmógrafo *s. m.* arithmograph
aritmologia *s. f.* arithmology
aritmomancia *s. f.* arithmomancy (divination by means of numbers)
aritmometria *s. f.* arithmometry
aritmométrico *adj.* arithmometric(al)
aritmómetro *s. m.* calculating machine, arithmometer
arjunça *s. f.* gluteous substance extracted from a variety of thistle
arlequim *s. m.* harlequin; buffoon; a fickle person
arlequinada *s. f.* harlequinade
arlequíneo *adj.* multicoloured (animals)
arlequinesco *adj.* harlequin; in varied colours; variegated, buffonish
arma *s. f.* arm; weapon; *pl.* arms, coat of arms, heraldic devices; *pl.* military profession; *pl.* weapons; *pl.* power; *pl.* [fig.] defence; ***arma branca*** cold-steel; ***armas portáteis*** small arms, side arms; ***arma de fogo*** fire-arm; ***estar em armas*** to be up in arms; ***depor as armas*** to lay down arms; ***pegar em armas*** to take up arms; ***seguir as Armas*** to adopt a military career, to join the Army; ***arma de precisão*** precision arm; ***arma de tiro rápido*** quick-firing arm; ***apresentar armas!*** present arms!; ***passar pelas armas*** to shoot; ***feitos de armas*** deeds of arms; ***brasão de armas*** coat of arms; ***descansar armas!*** support arms!, trail arms!; ***às armas!*** turn on the guard!, to arms!; ***ombro, armas!*** shoulder arms!; ***mestre de armas*** fencing-master; ***de armas e bagagens*** with all one's belongings
armação *s. f.* framework, structure; horns; furniture; tapestry; hangings; ***armação de veado*** antler; ***armação de cama*** bedstead; ***armação de janela*** casement; ***armação de navio*** rig, rigging; ***armação de pesca*** fishing-net; NÁUTICA ***armação redonda*** square rig; ***armação latina*** fore and aft rig, lateen rig; ***armação de óculos*** spectacle frame
armada *s. f.* fleet; ***a Armada*** the Navy; ***a Armada Invencível*** The Invincible Armada; ***Armada da Metrópole*** Home Fleet
armadilha *s. f.* snare, trap, gin, noose; springe; stratagem, trick, plot, scheme; ***apanhar na armadilha*** to trap, to catch in a trap, to snare; ***cair numa armadilha*** to put one's head in a noose, to fall into a trap
armadilhado *adj.* full of traps; ***encomenda armadilhada*** mail bomb, parcel bomb; [fig.] ***piada armadilhada*** barbed joke
armadilho *s. m.* ZOOLOGIA armadillo
armado *adj.* armed; harnessed; rigged, built up; prepared, ready; ***armado em galera*** full-rigged, ship-rigged; ***à mão armada*** by force of arms, violently; ***armado de ponto em branco*** armed from top to toe
armador *s. m.* shipowner; church decorator; undertaker (of funerals); trapper
armadouras *s. f. pl.* shores, props to support a ship (when out of the water)
armadura *s. f.* armour, mail, array, harness; arms; horns of animal; ***armadura completa*** suit of arms
armamento *s. m.* armament; weapons; military equipment; equipment; ***armamento (de navio)*** outfit; ***em meio armamento (navio)*** in ordinary (ship)
armando *s. m.* remedy for horses to whet their appetite
armão *s. m.* futchel (waggon)

armar Ⓐ *v. tr.* to arm; to fit (or provide) with arms; to adorn, to decorate; to fit out; to put together; NÁUTICA to rig, to ship; to furnish; to mount (an engine); to mount (a battery); to set; to raise Ⓑ *v. refl.* to arm oneself; to take up arms; ***armar ciladas*** to trap, to lay a snare; ***armar contendas*** to pick a quarrel with; ***armar confusão*** to cause chaos; ***armar uma bernarda*** to raise Cain (the devil, the dickens, mischief); ***armar-se de coragem*** to summon up all one's courage; ***armar os remos*** to ship the oars; ***armar um motim*** [coloq.] to make the fur fly; ***armar uma máquina*** to mount an engine

armaria *s. f.* armoury; arsenal, heraldry

armarinheiro *s. m.* haberdasher

armarinho *s. m.* small cupboard, cabinet; haberdashery, shop of small wares; notion store

armário *s. m.* cupboard; press; locker, cabinet, case; NÁUTICA ***armário das cartas*** chart case, chest; NÁUTICA ***armário das luzes*** lamp locker; ***armário de cozinha*** kitchen dresser; ***armário de medicamentos*** medicine chest

armazelo *s. m.* a sort of fishing-net

armazém *s. m.* warehouse, store, storehouse; depot; ***fiel de armazém*** warehouse-keeper, store-keeper; ***armazéns gerais da alfândega*** bonded warehouses; ***armazém de retém*** storehouse; ***em armazém*** in stock; ***armazém de fábrica*** works stores; ***armazém de sucata*** scrap yard; ***armazém de vendas*** show-room, sale-room, shop

armazenagem *s. f.* storage; warehousing, laying up; demurrage charges

armazenar *v. tr.* to store; ***armazenar mercadorias*** to warehouse (to stock, to store) goods

armazenário *s. m.* dealer in sugar or cotton; owner of a warehouse of sugar or cotton

armazenista *s. m. e f.* warehouseman, storekeeper; owner of a warehouse; wholesaler; wholesale merchant

armeiro *s. m.* armourer, gunmaker, gunsmith; NÁUTICA armrack

armela *s. f.* an iron (or wooden) staple for a lock or bolt

armelina *s. f.* ermine fur

armelino Ⓐ *s. m.* ermine (from Asia), a sort of weasel Ⓑ *adj.* ermined, adorned with ermine

arménio *s. m., adj.* Armenian

armenista *s. m. e f.* person versed in the Armenian language

armental *adj.* referring to a herd of cattle or to a flock (of sheep)

armentário *s. m.* cattle owner; herdsman

armentio *s. m.* ⇒ **armento**

armento *s. m.* herd of cattle

armentoso *adj.* abounding in cattle or herds

arméu *s. m.* the quantity of yarn, linen or flax to charge a distaff

armífero Ⓐ *adj.* armigerous, bearing arms or weapons Ⓑ *s. m.* armiger

armígero *adj.* armigerous

armila *s. f.* ARQUITECTURA annulet, fillet

armilado *adj.* girded with annulets

armilar *adj.* armillary; ASTRONOMIA ***esfera armilar*** armillary sphere

armim *s. m.* tuft of hairs (on horse's hoof)

arminado *adj.* spotted (black or white)

arminhado *adj.* ermined

arminhar *v. tr.* to trim with ermine; to make white as ermine

arminho *s. m.* ermine

armíssono *adj.* that rings like the clash of arms

armista *s. m.* armorist, one skilled in heraldry

armistício *s. m.* armistice; truce; suspension of hostilities

armistrondo *s. m.* the sound produced by weapons in fight

armo *s. m.* ⇒ **arméu**

armola *s. f.* garden orach

armolão *s. m.* spinach

armole *s. m.* BOTÂNICA garden orach; spinach

armorácia *s. f.* horseradish

armorejado *adj.* armorial

armoriado *adj.* armorial

armorial *s. m., adj.* a book on coats of arms, armorial

armoriar *v. tr.* to furnish (to provide) with heraldic arms

armur *s. m.* transparent material

armuzelo *s. m.* a variety of net

arnado *s. m.* barren sandy ground

arnal *adj.* growing in sand; sandy

arneirar *v. tr.* to sift

arneiro *s. m.* ⇒ **arnado**

arnela *s. f.* stump (of a tooth)

arnês *s. m.* armour; harness

arnesar *v. tr.* to harness; to protect with (to put on) an armour

arnica *s. f.* arnica

arnicina *s. f.* arnicine

arnilha *s. f.* ⇒ **ranilha**

arnoglossa *s. f.* medicinal plant belonging to the class of the Dicotyledons

arnoso Ⓐ *adj.* sandy Ⓑ *s. m.* barren sandy ground

arnoto *s. m.* the anatto or anatta tree

aro *s. m.* ring, hoop, rim, disk; ***aro de êmbolo*** piston-ring; ***aro de charneira*** clasp hoop; ***aro de segurança (de manilha)*** safety collar; ***aro de borracha*** rubber ring; ***aro de ferro*** iron-band, iron hoop; ***aro de fecho*** locking-ring

aroeira *s. f.* BOTÂNICA lentiscus, mastic-tree

aroeiro *s. m.* BOTÂNICA lentiscus, mastic-tree

Aroídeas *s. f. pl.* subfamily of the *Araceae*

arola *s. f.* trap; lie; kind of big crab, spider-crab; ⇒ **santola**

arolas *s. m.* [reg.] person of no importance; good for nothing, a nonentity

aroma *s. m.* aroma, sweet, smell, fragrance, scent, perfume; flavour

aromar *v. tr.* ⇒ **aromatizar**

aromaticidade *s. f.* perfume; aroma

aromático *adj.* aromatic, sweetsmelling, fragrant, spicy, balsamic

aromatismo *s. m.* intoxication caused by aromatic drinks

aromatização *s. f.* aromatization

aromatizante *adj.* aromatic, aromatizing, flavouring

aromatizar *v. tr.* to perfume; to scent; to aromatize; to flavour

aromato *s. m.* [arc.] aromatic

aromatóforo *s. m.* slave that carried the perfumes in ancient Greece

aromoso *adj.* ⇒ **aromático**

arpado *adj.* barbed

arpão *s. m.* harpoon; eelspear

arpar *v. tr.* to harpoon, to strike with a harpoon; to spear

arpear *v. tr.* to harpoon, to strike with a harpoon; to spear

arpejar *v. intr.* MÚSICA ⇒ **harpejar**

arpejo *s. m.* MÚSICA ⇒ **harpejo**

arpentagem *s. f.* measuring of land by the arpent

arpente *s. m.* arpent

arpento *s. m.* ⇒ **arpento**

arpéu *s. m.* small harpoon; grappling iron

arpoação *s. f.* harpooning; grappling

arpoador *s. m.* harpooner

arpoar *v. tr.* to harpoon; to spear

arpoeira *s. f.* the rope attached to the harpoon; iron head of harpoon

arpoeiro *s. m.* harpooner

arqueação *s. f.* gauging, measure; measurement; arching; vaulting; ***arqueação de navios*** gauging of ships

arqueado *adj.* gauged; arched; bent; hooped; round

arqueador *s. m.* NÁUTICA gauger, measuring officer, person who arches
arqueadura *s. f.* ⇒ **arqueação**
arqueamento *s. m.* ⇒ **arqueação**
arquear Ⓐ *v. tr.* to gauge, to warp, to curve; to measure Ⓑ *v. refl.* to become arched
arquegoniado *adj.* archegonial
arquegónio *s. m.* archegonium
arqueio *s. m.* ⇒ **arqueação**
arqueiro *s. m.* hoop-maker, hoop-seller; archer; one who sells (or makes) chests
arquejante *adj.* panting, gasping, puffing; out of breath
arquejar *v. intr.* to pant for breath; to gasp for breath
arquejo *s. m.* panting, quick-breathing; gasp
arquêntero *s. m.* ANATOMIA archenteron
arqueografia *s. f.* archaeography
arqueógrafo *s. m.* archaeographer
arqueologia *s. f.* archaeology
arqueologicamente *adv.* archaeologically
arqueológico *adj.* archaeologic(al)
arqueólogo *s. m.* archaeologist
arqueoptérix *s. m.* PALEONTOLOGIA archeopteryx; fossilized bird with reptilian characteristics
arqueta *s. f.* a small chest or safe; a money-box
arquétipo Ⓐ *s. m.* archetype, original pattern, prototype Ⓑ *adj.* archetypical
arqui- *pref.* chief, first in authority or order, effort, intensity
arquiacólito *s. m.* first acolyte
arquiapóstata *s. m. e f.* archapostate
arquiatro *s. m.* the first doctor; the monarch's doctor
arquibancada *s. f.* rows of seats (or benches) as in a stadium
arquibanco *s. m.* bench with a drawer below the seat
arquiburro *adj.* most stupid or foolish
arquicancelário *s. m.* arch-chancellor
arquicantor *s. m.* archicantor
arquiconfraria *s. f.* brotherhood (or fraternity) having priority over others
arquidiácono *s. m.* archdeacon
arquídio *s. m.* BOTÂNICA spore-case
arquidiocesano *adj.* archdiocesan
arquidiocese *s. f.* archdiocese
arquiducado *s. m.* archduchy, archdukedom
arquiducal *adj.* archducal
arquiduque *s. m.* archduke
arquiduquesa *s. f.* archduchess
arquiepiscopado *s. m.* archiepiscopate
arquiepiscopal *adj.* archiepiscopal
arquiforme *adj.* arched
arqui-hierarca *s. m.* arch-hierarch
arqui-hierarquia *s. f.* arch-hierarchy
arqui-hipérbole *s. f.* an exaggerated hyperbole
arqui-irmandade *s. f.* ⇒ **arquiconfraria**
arquilevita *s. m.* chief Levite
arquimártir *s. m.* first martyr
arquimilionário *s. m.* multimillionaire
arquimosteiro *s. m.* the main monastery of an order
arquinave *s. f.* chief nave
arquipélago *s. m.* archipelago
arquipotente *adj.* most powerful
arquipresbítero *s. m.* arch-presbyter
arquiprior *s. m.* grandmaster
arquipriorado *s. m.* grandmastership
arquiprofeta *s. m.* the first prophet
arquípteros *s. m. pl.* ⇒ **pseudoneurópteros**
arqui-rabino *s. m.* chief rabbi
arqui-rival *s. m. e f.* arch-enemy
arqui-sacerdote *s. m.* arch-priest
arquitectação *s. f.* project, plan; scheme; projecting
arquitectar *v. tr.* to build; to plan; to design buildings; to draw plans
arquitecto *s. m.* architect; master builder; ***o Grande Arquitecto do Universo, o Criador*** the Great Architect of the Universe, the Creator; ***arquitecto naval*** naval architect
arquitectónica *s. f.* architectonics, the science of architecture
arquitectónico *adj.* architectonic; architectonical
arquitectura *s. f.* architecture; architectonics; form; ***arquitectura naval*** naval architecture; ***arquitectura romana*** Roman architecture; ***arquitectura gótica*** Gothic architecture; ***arquitectura grega*** Greek architecture
arquitectural *adj.* architectural
arquitolo *s. m., adj.* complete fool
arquitravado *adj.* architraved
arquitrave *s. f.* architrave
arquitriclino *s. m.* architricline
arquivar *v. tr.* to keep, to store records and documents in the archives; to record
arquivista *s. m. e f.* archivist, keeper of public records; register, recorder
arquivo *s. m.* archive; records; place where public records and documents are kept; INFORMÁTICA file; ***repartição do arquivo*** record-office
arquivologia *s. f.* methods to organize archives
arquivolta *s. f.* archivolt
arrã *s. f.* ⇒ **rã**
arrabalde *s. m.* suburb(s), environs, outskirts
arrabaldeiro *adj.* living in adjacent parts of a town
arrabaldio *adj.* living in adjacent parts of a town
arrabar *v. tr.* to run away (cattle) because of flies
arrabeirar *v. intr.* to take away straw from cereal
arrabil *s. m.* musical instrument like a small fiddle
arrabinado *adj.* ⇒ **carrancudo**
arrábio *s. m.* web-footed bird living by the rivers
arrabujar-se *v. refl.* to become ill-humoured
arraçado *adj.* mongrel; resulting from the crossing of different breeds
arraçar *v. tr.* to improve the livestock by crossbreeding with superior animals
arracimar-se *v. refl.* to be covered with bunches of grapes; to take the form of a bunch
arraçoamento *s. m.* division into rations
arraçoar *v. tr.* to ration
arraia *s. f.* ray, skate (fish); frontier, border
arraiada *s. f.* sunrise, dawn
arraial *s. m.* an open-air popular festival with fireworks, dances and songs
arraialesco *adj.* of (or referring to) a camp or bivouac, rural festivity of a hamlet
arraia-miúda *s. f.* the mob, the rabble, the populace, riff-raff
arraiano *s. m.* borderer; dweller on the frontier
arraião *s. m.* variety of fish; myrtle
arraiar *v. intr.* ⇒ **raiar**
arraieira *s. f.* fishing-net (especially to catch rays)
arraigada *s. f.* ⇒ **arreigada**
arraigado *adj.* rooted, inveterate, radicated, deep-rooted
arraigamento *s. m.* rooting, implanting; tenacity
arraigar Ⓐ *v. tr.* to root, to fix, to implant Ⓑ *v. intr.* to take root
arrair *v. tr.* to cut a tree at the base of its trunk
arrais *s. m.* skipper; ***arrais de barcaça*** lighterman
arralentar *v. tr.* to delute, to make thinner, watery (as coffee or soup); to pare down
arramalhar Ⓐ *v. intr.* to rustle; to flounder (fish); to hide under the bushes (reptile) Ⓑ *v. refl.* to come close to
arramar *v. refl. e intr.* to ramify, to branch out (tree); to spread; to shelter

arrampadoiro *s. m.* ⇒ **arrampadouro**
arrampadouro *s. m.* sloping ground, hill-side; fallow field
arranca *s. f.* harvesting of the cassava; ⇒ **arrancada**
arrancada *s. f.* start; dash; impulse, sudden motion; uprooting; plucking out; pull, jolt
arrancadamente *adv.* suddenly, abruptly
arrancadeira *s. f.* machine for digging potatoes, etc.
arrancadela *s. f.* ⇒ **arrancada**
arranca-dentes *s. m.* [pop.] ⇒ **dentista**
arrancado *adj.* rooted up; violent; NÁUTICA ***arrancado (ferro)*** atrip, aweigh (anchor); ***arrancado das amarras*** broken loose from her moorings
arrancador *s. m.* extirpator; puller; jerker
arrancadura *s. f.* uprooting; digging up (plants); plucking away; weeding out, grubbing
arrancamento *s. m.* uprooting; digging up (plants); plucking away; weeding out, grubbing
arrancão *s. m.* a heavy pull or jerk
arranca-pinheiros *s. m.* elephant; very strong individual
arranca-pregos *s. m.* nail puller
arrancar Ⓐ *v. tr.* to pull violently; to pluck out; to tear away or off; to root up; to snatch away; to pick up, to dig up (plants); to grub; to extract; to extort Ⓑ *v. intr.* to rush out; to start; to set or put in motion; NÁUTICA ***arrancar (ao cabrestante)*** to heave astrain the capstan; ***arrancar um dente*** to pull a tooth; ***arrancar os cabelos*** to tear one's hair; ***arrancar um segredo*** to force (to drag out) a secret; ***não havia nada que o arrancasse de lá*** wild horses would not drag him from there; ***arrancar (o automóvel)*** to start (the car); ***arrancar suavemente*** to start slowly; ***arrancar embraiado*** to start up in gear; ***arrancar contra alguém*** to fly at a person; ***arrancar à morte*** to snatch from death
arranchar *v. tr. e refl.* to make a messmate; to mess with others; to mess together; to have one's meals in a mess; MILITAR to band together
arranco *s. m.* start, spring (sudden motion); impulse; rattle (in the throat); sudden pull, jerk; rooting up; ***arrancos da morte*** agony, pangs of death, death-rattle; ***dar os últimos arrancos*** to breathe one's last, to die; ***aos arrancos*** by fits and starts
arrancorar-se *v. refl.* to become rancorous
arranha-céus *s. m.* skyscraper
arranhadela *s. f.* ⇒ **arranhadura**
arranhador *s. m.* scratcher, scraper; [fig.] bad musician
arranhadura *s. f.* scratch; light wound; ***sem uma arranhadura*** without a scratch
arranhão *s. m.* scratch; ***sem um arranhão*** without a scratch; ***um arranhão no braço*** a scratch on the arm; ***um arranhão na pintura fresca*** a scratch on fresh paint
arranhar Ⓐ *v. tr. e intr.* to scratch (as with nails or claws); to scrabble; to scrape (on a musical instrument); to get by (in a foreign language) Ⓑ *v. refl.* to scratch oneself; to mangle; to play badly; [fig.] ***arranhar a cabeça*** to scratch one's head (over), to ponder; to pause, to hesitate; ***arranhar a cara a alguém*** to scratch a person's face
arranjadeiro *adj.* methodical; careful; neat
arranjadela *s. f.* a slight repair
arranjado *adj.* arranged; almost wealthy; well-off, prosperous
arranjamento *s. m.* arrangement; disposition; order; settlement; preparation; settling; agreement
arranjar Ⓐ *v. tr.* to arrange, to put into order; to group; to manage; to obtain, to get; to settle; to tidy; to accommodate; to wangle Ⓑ *v. refl.* to fend for oneself; to take care of oneself; ***arranjar o quarto*** to tidy (up) the room; ***arranjar-se (compor-se)*** to tidy oneself, to make oneself tidy; ***arranje-se lá como puder*** manage it as best you can; ***não sei como hei-de arranjar-me!*** I don't know what I shall do!; ***arranjar-me-ei de qualquer maneira*** I will manage somehow; ***bem arranjado*** well got up; ***arranjar tempo*** to find time for; ***como se arranjou?*** how did you manage?; ***arranjar na devida ordem*** to put to rights; ***arranjar dinheiro*** to get money
arranjinho *s. m.* combination; arrangement; love-making, wooing; liaison
arranjismo *s. m.* opportunism; an unscrupulous behaviour
arranjista *s. m. e f.* go-getter, hustler; fixer-upper, opportunist
arranjo *s. m.* arrangement; agreement; order; adjustment; convenience; contrivance; settlement; disposition; good order; means, furniture, economy; repair, fixing; ***ter um bom arranjo de casa*** to be well furnished, to be complete with every convenience; ***arranjo com credores*** arrangement with the creditors
arranque *s. m.* ⇒ **arrancada**
arrapazar-se *v. refl.* to behave like a boy
arraposar-se *v. refl.* to be astute and cunning like a fox; to curl up to sleep
arrarar *v. tr.* to make rare
arras *s. f. pl.* earnest money; pledge, deposit; token
arrás *s. m.* arras tapestry
arrasa *s. f.* the act of levelling
arrasadeira *s. f.* strickle
arrasado *adj.* destroyed, wasted, demolished; [fam.] ***estar arrasado*** to be run down; ***olhos arrasados de lágrimas*** eyes swimming in tears
arrasador *s. m.* destroyer
arrasadura *s. f.* scraping; levelling; destruction
arrasamento *s. m.* razing, demolishing; ravage; overthrow
arrasar *v. tr.* to raze, to demolish, to pull down; to overthrow, to destroy; to lay in ruins; to level; to tire out, to fag; to strike (for levelling a measure of grain); to humble; to crush; ***arrasar completamente*** to raze to the ground; ***arrasar uma cidade*** to raze a city to the ground; ***arrasar um navio*** to raze a ship
arrastadamente *adv.* painfully, laboriously, with difficulty
arrastadeira *s. f.* special chamber vessel for the use of sick people; bed-pan
arrastadeiro *adj.* dragging, trailing
arrastadiço *adj.* easily dragged; [fig.] easily influenced
arrastado *adj.* dragged, drawn; delayed, prolonged, slow; drawling (voice); plunged; ***arrastado por ventos, arrastado por tempestades*** weather driven; ***arrastado pela corrente*** drifted (carried) by the current
arrastador *s. m.* one who (or which) drags; [reg., Mad.] lift
arrastadura *s. f.* ⇒ **arrastamento**
arrastamento *s. m.* dragging; creeping, crawling
arrastão *s. m.* dragging; hauling; trawler; fishing-net
arrastar *v. tr. e refl.* to drag, to draw; to haul, to trail; to bring over; to induce; to crawl; to pull; to move slowly; ***arrastar a rede*** to trawl (to sweep) the net; ***arrastar os pés*** to drag one's feet; [fam.] ***arrastar a asa*** to woo, to court, to make love; ***arrastar a voz*** to drawl; ***arrastar-se (uma doença)*** to drag on, to become chronic (a disease); ***arrastar tudo*** to sweep away; ***arrastar por atrito*** to drag by friction; ***arrastar (a reputação) na lama*** to drag a person's reputation in the mud, to besmirch
arrasto *s. m.* dragging; crawling; creeping; ***rede de arrasto*** trawling net, sweep-net; ***peixe de arrasto*** fish caught in trawling
arrátel *s. m.* a pound weight (sixteen ounces, 16 oz.); ***ao arrátel*** by the pound
arratelar *v. tr.* to weigh (to sell) by the pound
arrazoadamente *adv.* reasonably; conveniently
arrazoado Ⓐ *s. m.* speech; defence; DIREITO pleading, plea Ⓑ *adj.* reasonable, just, right
arrazoador Ⓐ *s. m.* pleader (in court), orator; arguer, reasoner; talker, chatterbox Ⓑ *adj.* reasoning, arguing
arrazoamento *s. m.* reasoning; argument; discourse; judgement

arrazoar *v. tr.* to plead, to defend; to reason, to argue, to discuss, to discourse, to dispute; to talk idly
arre! *interj.* gee up!; the deuce!, damn it!; ***arre, burro!*** gee up!, donkey!; giddap! (to horses)
arreação *s. f.* tapping of a rubber tree; act or fact of harnessing
arreado *adj.* harnessed
arreador *s. m.* harnesser; mule-driver, muleteer
arreamento *s. m.* act (fact) of harnessing; furniture of a house; household goods or trappings
arrear *v. tr. e intr.* to harness; to adorn; to furnish
arrearia *s. f.* house of a mule-driver; mule-driver, muleteer
arreata *s. f.* halter, halter rope
arreatada *s. f.* stroke with the halter
arreatadura *s. f.* cordage; mooring cables act (fact) of fastening with ropes
arreatar *v. tr.* to halter; to tie horses; NÁUTICA to woold
arrebanhador *s. m.* gatherer (of flocks); shepherd; monopolizer
arrebanhadura *s. f.* gathering, bringing together, drawing together
arrebanhar *v. tr.* to gather (flocks); to assemble; to bring together; to monopolize
arrebanho *s. m.* levelling of the soil after ploughing
arrebatadamente *adv.* hastily; rashly; on a sudden; passionately; impetuously; precipitately
arrebatado *adj.* hasty, rash, fiery, impetuous, precipitate; hot-tempered, hot-headed, violent; enraptured; caught, carried away
arrebatador Ⓐ *s. m.* ravisher; kidnapper Ⓑ *adj.* ravishing, charming, delightful, entrancing, rapturous
arrebatamento *s. m.* rapture, ecstasy, transport, ravishment; passion, anger, indignation; warmth; hastiness; snatching
arrebatante *adj.* delightful, entrancing
arrebatar Ⓐ *v. tr.* to snatch; to pull violently; to grab; to carry off; to wash away from; to charm, to transport, to delight, to entrance, to enrapture, to anger, to irritate; to snatch away; to enrage; to sweep off Ⓑ *v. refl.* to be in ecstasy; to fly into a passion; ***foi arrebatado por morte prematura*** he was snatched away by premature death; ***o homem foi arrebatado da praia pelas ondas*** the man was washed off the beach by the waves
arrebate *s. m.* jerk; impetus; impetuosity; violent movement
arrebato *s. m.* jerk; impetus; impetuosity; violent movement
arrebém *s. m.* a small rope used aboard for various purposes
arrebenta-bois *s. m.* BOTÂNICA cuckoo-pint, wake-robin, harebell, bluebell
arrebentação *s. f.* breakers, surf, broken water, swell; budding
arrebenta-diabos *s. m.* [coloq.] a round of wine after a meal
arrebentadiço *adj.* easily torn or broken; explosive
arrebentamento *s. m.* burst; sound produced by something that bursts
arrebentão *s. m.* ⇒ **rebento**
arrebentar *v. tr. e intr.* to burst, to break, to crack; to break out; to bud (trees); to appear suddenly; to long for; to be dead beat; to break, to tear, to explode; ***arrebentar de riso*** to burst out laughing, to burst one's sides with laughing
arrebento *s. m.* ⇒ **rebento**
arrebicado *adj.* embellished; affected, dolled
arrebicar Ⓐ *v. tr.* to embellish, to trim; to paint, to rouge, to make up (face); to overdress Ⓑ *v. refl.* to rig oneself out, to smarten
arrebique *s. m.* rouge, paint, make-up; affectation of style; frippery
arrebitaço *s. m.* excitement; sudden wish
arrebitado *adj.* turned up; [fig.] bold, forward, saucy; ***nariz arrebitado*** snub nose
arrebitar Ⓐ *v. tr.* to turn up; to lift Ⓑ *v. intr.* to get proud, to be saucy
arrebite *s. m.* ⇒ **arrebitaço**
arrebito *s. m.* upturn, raising; clinched nail; [fig.] insolence, haughtiness
arrebol *s. m.* red sky; orange colour (at sunrise or sunset); aurora, afterglow
arrebolar *v. tr.* to make red, to give the colour of the sunset; to round, to give round shape to; to shape like a ball; to grind in a circular grindstone
arrebunhar *v. tr.* to scratch, to scrape
arre-burrinho *s. m.* swing; [fam.] butt; person at another's command
arrecabe *s. m.* ⇒ **arrecabo**
arrecabo *s. m.* rope of the drawnet (dragnet)
arrecada *s. f.* ear-ring
arrecadação *s. f.* collecting (of money or taxes); deposit, left-luggage office; storehouse, store-room
arrecadado *adj.* kept in a safe place; locked up; sparing
arrecadador *s. m.* collector; tax-collector; exactor
arrecadamento *s. m.* collecting; safe-keeping; attainment
arrecadar *v. tr.* to collect; to collect (taxes); to deposit; to lay up; to keep locked up; to levy, to demand
arrecear-se *v. refl.* ⇒ **recear**
arrecuão *s. m.* act or fact of moving backwards
arrecuar *v. tr. e intr.* ⇒ **recuar**
arrecuas *s. f. pl.* ***às arrecuas*** backwards
arreda! *interj.* out of the way!, get back!, back with you!, go away!
arredamento *s. m.* removal; removing, withdrawal
arredar *v. tr. e refl.* to remove, to withdraw; to get out of the way; to draw back; to deviate from; to put aside; to leave off; to cause to give up; ***não arredar pé*** to stand one's ground
arredio *adj.* retired, lonesome; strayed; aloof
arredondado *adj.* round, roundish; cambered
arredondamento *s. m.* rounding (off); ***arredondamento da aresta*** rounding-off of the edge
arredondar *v. tr.* to round, to make round, to give round shape to; to round off; to complete; ***arredondar uma conta*** to round off an account, to make a round sum
arredor Ⓐ *adj.* near, close by Ⓑ *adv.* around, about
arredores *s. m. pl.* suburbs, environs, surroundings, outskirts; ***uma casa nos arredores*** a house in the suburbs; ***arredores pitorescos*** picturesque surroundings; ***viver nos arredores*** to live in the suburbs; ***Oxford e os seus arredores*** Oxford and its environs; ***os arredores da cidade*** the outskirts of the town (city)
arrefanhar *v. tr.* to snatch away, to carry off
arrefeçar *v. tr.* to abate, to lower (the prices), to sell under the price; [fig.] to degrade; to reduce, to diminish
arrefecedor Ⓐ *adj.* growing indifferent; diminishing Ⓑ *s. m.* that which cools down (off); cooler
arrefecer Ⓐ *v. tr. e intr.* to cool, to grow cool; to chill; to get cold; to make cool; to grow indifferent; to become less ardent (zealous, angry or affectionate); to moderate Ⓑ *v. refl.* to cool down; ***arrefecer o entusiasmo*** to throw cold water on; ***não deixar arrefecer*** to keep warm
arrefecimento *s. m.* coolness; cooling (off); ***há um leve arrefecimento entre nós*** there is a slight coolness between us
arrefentar *v. tr.* to cool, to make cold
arrefertar *v. tr.* to reproach, to blame, to rebuke
arregaçada *s. f.* lapful; a lot; tucking up (of sleeve)
arregaçar *v. tr.* to pin up, to roll up, to tuck up (sleeves, trousers, skirts); to gather in the lap; ***arregaçar as mangas*** to roll up one's sleeves

arregacha *s. f.* ⇒ **narceja**
arregalar *v. tr.* to stare at, to gaze at; to open wide (one's eyes)
arreganhada *s. f.* variety of fish of the *Selachii* class, like skate
arreganhado *adj.* shown openly; wide open; separated
arreganhar *v. tr. e intr.* to grin, to show one's teeth; to crack, to split, to sneer; to split, to open (ripe fruit); ***arreganhar os dentes (rir tolamente)*** to grin like a Cheshire cat
arreganho *s. m.* grinning, showing of teeth; fierceness; courage
arregimentação *s. f.* regimentation
arregimentar *v. tr.* to regiment; to form into a regiment or regiments; to organize in groups according to a system
arregoar *v. tr.* to furrow, to channel; to crack, to split
arregougado *adj.* hoarse, raucous, husky
arregrar *v. tr.* to adjust things, to settle, to combine; to put in order
arregueirar *v. tr.* to furrow, to make furrows in
arreguilar *v. tr.* ⇒ **arregalar**
arreia *s. f.* pruning of grown cork-trees
arreigada *s. f.* ZOOLOGIA root to which an organ is tied
arreigamento *s. m.* ⇒ **arraigamento**
arreigar *v. tr. e refl.* ⇒ **arraigar**
arreio *s. m.* harness; saddlery; *pl.* horse-trappings
arreitado *adj.* excited (sexually); dandyish, foppish
arreitamento *s. m.* sexual excitement
arreitar *v. tr.* to excite lust in
arrelampar *v. tr. e intr.* to lighten; to terrify, to frighten
arrelhada *s. f.* scraper to clean the plough
arrelhador *s. m.* [Bras.] rope to tie the calf to the leg of the cow while milking it
arrelhar *v. tr.* [Bras.] to tie the calf to the cow to milk it
arrelia *s. f.* tease, worry, annoyance; vexation; trouble; anger, quarrel; ill-omen; ***ter muitas arrelias*** to have many worries; ***muitas arrelias*** lots of trouble; ***arrelias sem fim*** a world of trouble
arreliação *s. f.* ⇒ **arrelia**
arreliador Ⓐ *s. m.* teaser Ⓑ *adj.* teasing, worrying, annoying, troublesome
arreliante *adj.* annoying
arreliar *v. tr. e refl.* to tease, to worry, to annoy, to upset, to fret; to fuss; to vex; to harass, to plague; ***não se arrelie com isso*** don't let that worry you; ***não te arrelies!*** don't fuss!, keep your temper!
arreliento *adj.* teasing, irritating
arrelvar *v. tr.* to sward, to turf, to sod
arremangar *v. tr.* to roll up the sleeves; to take one's own defense; to make up one's mind
arremansar-se *v. refl.* to stagnate (flow) countercurrent-wise along the riverside
arrematação *s. f.* public sale, auction; final touch
arrematado *adj.* bought at an auction
arrematador Ⓐ *s. m.* the highest bidder at an auction, buyer at an auction; that which (or one who) completes a work; finisher Ⓑ *adj.* outbidding
arrematante *s. m. e f.* bidder (at an auction); auctioneer; ⇒ **arrematador**
arrematar *v. tr. e intr.* to complete; to buy (to sell) by auction; to end, to finish; to tie with a knot; to put the final touch to
arremate *s. m.* ⇒ **remate, arrematação**
arremedador *s. m.* imitator, mimic; mocker, scoffer; deceiver
arremedar *v. tr.* to mimic; to ape; to imitate; to counterfeit; ***arremedar a voz de alguém*** to mimic somebody's voice
arremedo *s. m.* mimicry, mimicking; imitation, apishness; counterfeitment
arremelgar *v. tr.* to stare at; to turn up the eyelids
arremessado *adj.* [reg.] well supplied; having plenty at home
arremessador Ⓐ *s. m.* thrower, hurler, darter Ⓑ *adj.* throwing
arremessamento *s. m.* ⇒ **arremesso**
arremessão *s. m.* impulse; shove; dart
arremessar[1] Ⓐ *v. tr.* to throw, to fling, to hurl, to cast (not using great force), to toss (suddenly and quickly); to dart; to throw down headlong Ⓑ *v. refl.* to run (or rush) headlong into; to throw oneself; to dash oneself; to launch out into
arremessar[2] *v. tr.* to supply, to provide, to furnish, to replenish, to store
arremesso *s. m.* throw; toss, hurl, cast, fling; (the act of) throwing, tossing, hurling, casting, flinging; impetus; threat; *pl.* appearances; ***fazer arremesso de*** to pretend to, to make a show of, to make much fun about, to threaten to; ***armas de arremesso*** darts, javelins, etc.; ***arremessos de poeta*** poetical flight (genius); ***entrar de arremesso*** to rush in
arremetedor *s. m.* aggressor; assailant, assaulter, attacker
arremetedura *s. f.* ⇒ **arremetida**
arremetente *adj.* aggressive, assaulting, on the onset
arremeter *v. tr. e intr.* to attack; to assail, to assault; to charge; to dash against; to rush; to set on; to strike at
arremetida *s. f.* attack; onset, charge; assault, dash, sally; thrust
arremetimento *s. m.* ⇒ **arremetida**
arreminação *s. f.* act (fact) of flying into a passion
arreminar-se *v. refl.* to fly into a passion; to threaten
arrenda *s. f.* AGRICULTURA second weeding of a corn field (hoeing)
arrendação *s. f.* ⇒ **arrendamento**
arrendado *adj.* rented, leased (out), let (out); hired; lace-like; lace-trimmed; hoed, weeded
arrendador Ⓐ *s. m.* renter, hirer, lessor Ⓑ *adj.* leasing
arrendamento *s. m.* rent, renting (for a short time), hire; lease; leasehold (of lands); ***arrendamento a longo prazo*** lease; ***livro de arrendamentos*** rent-roll; ***contrato de arrendamento*** lease contract; ***dar em arrendamento*** to let out on lease; ***arrendamento vitalício*** life tenancy; ***arrendamento e empréstimo*** lend-lease
arrendar *v. tr.* to let, to lease, to rent (for a short time), to hire; to trim with lace; to weed, to hoe; to harness (horses); ***arrenda-se casa*** house to let
arrendatário *s. m.* tenant, renter, lessee, leaseholder; ***arrendatário de terras*** tenant farmer
arrendável *adj.* rentable, leasable
arrenegação *s. f.* apostasy; fury, anger, rage, fit; boredom, tedium, weariness; abjuration, denial
arrenegada *s. f.* ombre, a sort of game of cards; fight
arrenegador *s. m.* renegade, apostate, abjurer; turncoat; teaser
arrenegar Ⓐ *v. tr.* to anger, to fill with anger, to make angry, to irritate, to gall, to infuriate, to madden; to bore, to weary, to worry; to curse, to execrate; to abjure, to forswear, to deny, to renounce; to detest, to abhor, to feel aversion to Ⓑ *v. refl.* to get angry (furious, mad)
arrenego *s. m.* anger, fury, rage, fit of bad temper, execration, detestation; curse
arrentar *v. intr.* [pop.] to show off; to flirt, to dally
arrepanhar *v. tr.* to tuck (up), to fold (up); to wrinkle, to crumple, to crease; to snatch (up); to amass, to save (up), to hoard
arrepanho *s. m.* fold, wrinkle, crease, ridge
arrepelação *s. f.* dishevelment, tearing, plucking (hair, feathers); lament, distress, tugging, tug, (violent) pull, pulling
arrepeladela *s. f.* ⇒ **arrepelação**
arrepelador *adj.* pulling violently
arrepelão *s. m.* ⇒ **arrepelação**

arrepelar *v. tr. e refl.* to pull (to tear) one's hair; to tug; to lament, to deplore
arrepelo *s. m.* ⇒ **arrepelação**
arrepender-se *v. refl.* to regret, to repent, to be sorry (for), to rue; [fig.] to retract, to take back; to change one's mind; ***há-de arrepender-se da sua decisão*** you will repent (regret) your decision; ***nunca se há-de arrepender*** you won't ever regret it; ***hás-de arrepender-te*** you shall rue it; ***arrepender-se de ter perdido boas oportunidades*** to regret one's lost chances; ***não me arrependo de ter ido a*** I am not sorry that I went to; ***arrepender-se muito*** to repent deeply
arrependido *adj.* regretful, repentant, penitent, rueful, contrite, repenting, sorry; ***estou arrependido de ter vindo*** I'm sorry I came
arrependimento *s. m.* repentance, penitence, contrition, rue, compunction, stings of conscience, sorrow, regret
arrepia *s. f.* MÚSICA typical accompaniment of popular dance musics
arrepia-cabelo *s. m. e f.* sullen, stand-offish person
arrepiado *adj.* standing on end (hair), horrent; unkempt; terrified, creepy; BOTÂNICA, ZOOLOGIA hispid, bristly; ***pele arrepiada (pele de galinha)*** goose-flesh
arrepiador *adj.* ⇒ **arrepiante**
arrepiamento *s. m.* bristle, act of bristling; ⇒ **arrepio**
arrepiante *adj.* bristly; horrid, terrible
arrepiar Ⓐ *v. tr.* to ruffle, to fluff up (hair, feathers); to roughen, to bristle; to make one shiver; to make one's flesh creep; to make one's hair stand on end Ⓑ *v. intr.* to shiver (with cold), to shudder (at something frightful or disgusting) Ⓒ *v. refl.* to shudder; to dither; to shiver (with cold or fear); ***isso arrepia-me!*** that gives me goose flesh; ***arrepiar caminho*** to retrace one's way (steps); ***arrepiar (assustar) alguém*** to give a person the shivers
arrepio *s. m.* chill, shiver; shivering fit; shudder; ***ao arrepio*** the wrong way, against the grain
arrepolhado *adj.* like a cabbage head; short and thick; stout
arrepolhar Ⓐ *v. tr.* to give the form of a cabbage to Ⓑ *v. refl.* to take the form of a cabbage; to become puffed up
arrepsia *s. f.* hesitation; irresolution; uncertainty
arrequifar *v. tr.* to provide (trim) with hem, lace or piping
arrequife *s. m.* iron spike at the end of the sticks used for cleaning cotton
arrestado *s. m.* distrainee; distrained
arrestante *s. m. e f.* distrainer
arrestar *v. tr.* to arrest, to seize, to apprehend, to distrain, to confiscate
arresto *s. m.* DIREITO arrest, seizure, distraint; attachment, stoppage, embargo
arretadura *s. f.* halt, holding, stoppage; embargo
arretar *v. tr.* to stop; to force to turn back
arreto *s. m.* ⇒ **arretadura**
arrevesadamente *adv.* against the grain; in a difficult (complicated, intricate) way
arrevesado *adj.* reversed, inside out; difficult, intricate, obscure
arrevesar *v. tr.* to turn inside out (upside down); to reverse; to alterate the meaning of words; to make intricate (obscure, difficult, complicated)
arreveso *s. m.* difficult thing; puzzle, problem; [pop.] a hard nut
arrevessar Ⓐ *v. tr.* to vomit; to detest, to hate; to breathe out, to breathe one's last Ⓑ *v. refl.* to become rough (sea)
arrevesso *adj.* twisted
arria! *interj.* NÁUTICA down!
arriação *s. f.* act of dropping, lowering, striking (flag, sails); putting down (burden)
arriamento *s. m.* act of dropping, lowering, striking (flag, sails); putting down (burden)
arriar *v. tr.* NÁUTICA to lower, to strike (flags sails); to take down, to haul down; to collapse, to break down; to give up, to lose courage; to put down; ***arriar a carga*** to lower the load
arriaz *s. m.* stirrup-buckle
arriba Ⓐ *s. f.* cliff Ⓑ *adv.* above, up, upward Ⓒ *interj.* up!, ahead onward!; ***água arriba*** upstream
arribação *s. f.* arrival, putting into (landing in) a harbour (port); ***arribação ao porto de partida*** putting back to the port of departure; ***ave de arribação*** bird of passage, migratory bird
arribada *s. f.* ⇒ **arribação**; [fig.] convalescence
arribadeira *s. f.* ORNITOLOGIA ⇒ **trepadeira**
arribadeiro *s. m.* hauling-cable (rope)
arribadiço *adj.* migratory (birds); [fig.] intruding; vagrant; roving
arribana *s. f.* thatched hut (shed) to shelter cattle in
arribanceirado *adj.* having steep descents (as of a riverbank)
arribar Ⓐ *v. intr.* to call at a port for shelter; to put into a port owing to bad weather; [fig.] to arrive; to convalesce, to get better, to recover one's health Ⓑ *v. refl.* to bring by the lee; to fall off; ***arribar a um porto*** to put into a harbour; ***arribar (ao porto de partida)*** to put back (into the port of departure)
arriçar *v. tr.* NÁUTICA to reef, to lash; ⇒ **eriçar**; to bristle, to stand on end (hair); ⇒ **enrijar**; to stiffen, to toughen
arridar *v. tr.* NÁUTICA to fasten with lanyards
arridas *s. f. pl.* lanyards
arrieirada *s. f.* rudeness, coarseness
arrieirado *adj.* rude, coarse, vulgar, boorish
arrieiral *adj.* like (concerning) a muleteer
arrieirático *adj.* ⇒ **arrieiral**
arrieiro *s. m.* muleteer
arriel *s. m.* earrings formerly used; gold or silver bar; ring
arrife *s. m.* narrow clearing through a wood; [reg., Açor.] reef (of rocks)
arrifeiro *s. m.* a man that opens clearings through a forest
arrijar *v. tr. e intr.* ⇒ **enrijar, enrijecer**
arrilhada *s. f.* scaper to clean the plough
arrimadiço *adj.* sponging; [fig.] parasitical
arrimador *s. m.* supporter; prop; rhymer
arrimar Ⓐ *v. tr.* to rhyme; to support, to prop, to uphold; to lean (against); [fam.] to strike, to beat Ⓑ *v. refl.* to rely (to depend) on; to have resource to
arrimo *s. m.* prop, support; help, stand-by, protection; ***o filho é o único arrimo da mãe idosa*** the son is the only support of his aged mother
arrincoar *v. tr. e refl.* to place in farrow; to corral; to isolate oneself, to live in isolation; to withdraw to oneself
arrió *s. m.* missile of a cross-bow; marble (small ball of marble, glass, etc.), taw; *pl.* taws (a game played with such marbles)
arriosca *s. f.* snare, trap; intrigue, plot; trick; ***cair na arriosca*** to fall into the trap
arriscadamente *adv.* daringly, fearlessly, boldly, intrepidly; hazardously, dangerously, perilously
arriscado Ⓐ *adj.* daring; risky, delicate, dangerous, perilous, hazardous, insecure; ***estar arriscado*** to be running the risk; ***negócio arriscado*** a risky business; a touch-and-go business; ***é arriscado de mais*** there is too much at stake
arriscar *v. tr. e refl.* to risk, to dare, to venture; to gamble, to hazard; to take the chance of; to endanger, to expose to risk; ***arriscar toda a fortuna numa empresa*** to put all one's eggs into one basket; ***arriscar a sorte*** to try one's luck; ***arriscar a vida, a saúde, etc.*** to risk one's life, health, etc.; ***quem não arrisca não petisca*** nothing ventured, nothing gained; ***homens que arriscaram a vida pela causa*** men who have ventured their lives for the cause; ***arriscar dinheiro*** to risk money

arrispidar-se *v. refl.* to become rispid (unsociable)
arritmia *s. f.* MEDICINA arrhythmia
arrítmico *adj.* arrhythmical, rhythmless
arritmo *adj.* ⇒ **arrítmico**
arrivismo *s. m.* practice of using all means in order to succeed in life
arrivista *s. m. e f.* person who stops at nothing to achieve his aims; ambitious or unscrupulous person; climber, parvenu, upstart, pusher
arrizar *v. tr.* NÁUTICA to reef (sail)
arrizo *adj.* BOTÂNICA arrhizal, rootless
arrizotónico *adj.* said of verbal forms with unstressed root vowel
arroba *s. f.* thirty-two pounds (weight) or about fifteen kg
arrobação *s. f.* weighing by *arrobas*
arrobagem *s. f.* ⇒ **arrobação**
arrobamento *s. m.* ⇒ **arrobação**
arrobar *v. tr.* to weigh by arrobas; [fig.] to make an offhand appraisal; to ravish, to go into ecstasies
arrobe *s. m.* syrup made of the juice of grapes before fermentation; sodden wine; fruit juice; tinned fruit
arrobustado *adj.* invigorated, strengthened; fortified, reinforced
arrobustar Ⓐ *v. tr.* to strengthen, to invigorate Ⓑ *v. refl.* to become strong
arrochada *s. f.* blow (with a cudgel); stroke
arrochadura *s. f.* act (fact) of tightening by twisting (as with a tightening stick)
arrochar *v. tr.* to pack close; to press, to compress, to tighten, to bind fast; to cudgel
arrocheiro *s. m.* muleteer
arrochelar *v. tr.* to fortify, to strengthen, to reinforce
arrocho *s. m.* cudgel; tightener; tourniquet; severity; tightening; blow, stroke; *pl.* NÁUTICA becket; ***propender para o arrocho*** to be inclined to severity (toughness)
arrodelar *v. tr.* to arm (to cover) with a shield or buckler; to cut in circular pieces; to give the form of circular pieces
arrodilhar Ⓐ *v. tr.* to shape like a pad (on head) Ⓑ *v. refl.* to kneel, to fall on one's knees
arrofo *s. m.* hole in a trammel or dragnet
arrogação *s. f.* arrogation, usurpation, presumptuous claim; adoption
arrogador Ⓐ *s. m.* arrogator, usurper Ⓑ *adj.* arrogating, usurping
arrogância *s. f.* arrogance; haughtiness, pride, loftiness, superciliousness; ***arrogância do cargo*** pride of place
arrogante *adj.* arrogant, haughty, overbearing, proud, assuming, lofty, top-lofty, uppish; high and mighty; on the high rope
arrogantemente *adv.* arrogantly, haughtily, proudly, loftily, overbearingly, uppishly
arrogar Ⓐ *v. tr.* to arrogate, to claim, to usurp Ⓑ *v. refl.* to arrogate to oneself
arroiar *v. intr.* to spring, to rise; to wind, to meander
arroio *s. m.* brook, rivulet, runnel, rill, small stream
arrojadamente *adv.* boldly, daringly, bravely, audaciously
arrojadiço *adj.* bold, audacious, fearless, rash, inconsiderate
arrojado *adj.* bold, daring, courageous, rash, fearless, spirited, brave; confident
arrojador *s. m.* darter, thrower, flinger, caster, hurler
arrojamento *s. m.* boldness, audacity; act of dragging (throwing)
arrojão *s. m.* wrench, violent push given to that which is being dragged
arrojar Ⓐ *v. tr.* to drag; to trail; to throw, to cast, to fling, to hurl; to wash (ashore); to dare (to have the courage) Ⓑ *v. refl.* to throw (to cast, to fling) oneself down (on one's knees)
arrojeitar *v. intr.* to throw a spear
arrojeito *s. m.* a spear
arrojo *s. m.* boldness, audacity, fearlessness, intrepidity, bravery, spirit, mettle, daring, pluck; effrontery, impudence, sauciness, face; ***arrojos do mar*** stranded goods, wreck, wreckage
arrolada *s. f.* flapper (woman)
arrolado Ⓐ *adj.* listed, registered, catalogued; shaped like a pebble Ⓑ *s. m.* one who sleeps at night in the open air
arrolador *s. m.* enroller
arrolamento *s. m.* enrolment, enlistment, inventory, record, register
arrolar *v. tr.* to enrol, to enlist, to list, to inventory, to make an inventory of; to roll up; [pop.] to lull asleep (a child); to coo (pigeons)
arrolhador *s. m.* bottle corker; corking machine; person who gathers the animals
arrolhamento *s. m.* corkage; operation of stripping leaves from mate shrubs
arrolhar *v. tr.* to cork, to stopper; to gather (animals)
arrolho *s. m.* ⇒ **arrolhamento**
arrolo *s. m.* lullaby
arromançar *v. tr.* to romanticize, to write as a romance; to translate into the vernacular
arromba *s. f.* noisy song played on the guitar; ***coisa de arromba*** something extraordinary (important, excellent, first class), something to write home about
arrombada *s. f.* NÁUTICA breaking open; bilging; weather-boards, bulwark; gap, hole; forced entry
arrombadela *s. f.* ⇒ **arrombamento**
arrombado *adj.* NÁUTICA bilged, smashed; broken (up), forced open
arrombador *s. m.* burglar, housebreaker; ***arrombador de cofres*** safecracker
arrombamento *s. m.* breaking in (out, through); forcing open; housebreaking, burglary; ***entrar numa casa por arrombamento*** to break into a house
arrombar *v. tr.* to break into (down, through); to wrench open; to bilge (ship); to stave (cask); [fig.] to silence, to humble, to humiliate; ***arrombar uma porta*** to break open a door
arrosetado *adj.* BOTÂNICA rosette(-)like
arrostar Ⓐ *v. tr.* to face, to confront, to encounter, to defy, to brave Ⓑ *v. refl.* to expose oneself; ***arrostar com as consequências*** to face the music, to face the consequences
arrota *s. f.* newly cleared (broken up) land
arrotação *s. f.* ⇒ **ostentação**
arrotador *s. m.* belcher; [fig.] boaster, braggart, swaggerer
arrotar *v. tr.* to belch; [fig.] to boast, to swagger
arroteador *s. m.* person who improves (cultivates) land
arroteamento *s. m.* assart, assartment; clearing up, breaking up (of land for tillage); piece of cleared land
arrotear *v. tr.* to assart; to clear up (break up) a piece of ground; NÁUTICA to woold; [fig.] to educate
arroteia *s. f.* recently cultivated land, newly ploughed ground
arroto *s. m.* belch, eructation
arroubamento *s. m.* ecstasy, ravishment, rapture, trance, transport, delight
arroubar Ⓐ *v. tr.* to enrapture, to ravish, to transport, to enchant, to entrance Ⓑ *v. refl.* to be enraptured; to fall into ecstasy
arroubo *s. m.* ⇒ **arroubamento**
arroxado *adj.* violaceous
arroxar *v. tr.* ⇒ **arroxear**
arroxeado *adj.* violaceous
arroxear Ⓐ *v. tr.* to make violet, to turn violet Ⓑ *v. refl. e intr.* to become violet
arroz *s. m.* rice; ***pudim de arroz*** rice-pudding; ***farinha de arroz*** rice-flour; ***papel de palha de arroz (papel da China)*** rice-paper; ***água de arroz*** rice-water

arrozada *s. f.* delicacy made of rice
arrozal *s. m.* rice-field, rice-paddy, rice-swamp
arroz-doce *s. m.* rice pudding
arrozeira *s. f.* ⇒ **arrozal**
arrozeiro Ⓐ *s. m.* rice grower; rice merchant; grain of rice Ⓑ *adj.* fond of rice
arruaça *s. f.* riot, tumult, uproar, rout, mutiny; hoot; ***cabecilha de arruaça*** ringleader
arruação *s. f.* ⇒ **arruamento**
arruaçar *v. intr.* to row; to kick up a row, to riot
arruaceiro Ⓐ *s. m.* rioter, hooligan, mobber, rowdy Ⓑ *adj.* rowdyish
arruadeira *s. f.* street-walker, prostitute
arruado *adj.* provided with streets, arranged (divided) into streets
arruador *s. m.* street loafer, idler; sluggard, vagrant; person who plans street layouts
arruamento *s. m.* street layout; dividing or arrangement into streets; row (line) of similar shops
arruar Ⓐ *v. tr.* to divide into (to provide with) streets; to lay out streets Ⓑ *v. intr.* to loaf, to bum around; to grunt (like a boar), to moo (like a cow)
arruçar *v. intr.* to grey, to go (to grow, to become) grey
arruda *s. f.* BOTÂNICA rue, herb grace
arrudão *s. m.* a species of rue
arruela *s. f.* HERÁLDICA bezant; washer, ring; NÁUTICA ferrule; ***arruela de aperto (de pressão)*** lock washer; ***arruela elástica*** spring washer, spacing washer
arruelado *adj.* provided with bezants (washers, rings)
arrufada *s. f.* bun
arrufadiço *adj.* peevish, fretful, touchy, cross, snappish, peppery, hot-tempered
arrufar Ⓐ *v. tr.* to make angry, to irritate, to vex; to ruffle, to anger, to tease Ⓑ *v. refl.* to sulk, to fret, to get angry; to take offence; to take the huff; to bristle up
arrufianado *adj.* ruffianly, like a ruffian, rascally, rowdyish
arrufo *s. m.* tiff; pouting, sulkiness, ill-humour, resentment; pique, falling-out
arrugado *adj.* crisp, crisped; rugose, wrinkled, shrivelled; corrugated
arrugamento *s. m.* wrinkle, wrinkling, shrivelling, crinkle, rugosity; corrugation
arrugar *v. tr.* to wrinkle, to crinkle, to shrivel, to dry up; to pucker; to corrugate; ***arrugar a fronte*** to frown, to knit the brow
arrúgia *s. f.* drain (in mines)
arruído *s. m.* noise, tumult, brawl, stir, uproar
arruinado *adj.* ruined, decayed, wrecked, broken-down; damaged, ravaged; ***arruinado de saúde*** broken in health; ***estar arruinado*** [fam.] to go to pot, to be broke
arruinador Ⓐ *s. m.* ruiner, wrecker, demolisher Ⓑ *adj.* ruinous, wrecking, demolishing
arruinamento *s. m.* ruining, ruin, decay, overthrow; wreck; unrepair
arruinar Ⓐ *v. tr.* to ruin; to demolish, to destroy, to damage, to wreck; to spoil, to bring to ruin Ⓑ *v. refl.* to fall into ruin; to decay; [fam.] to go to the dogs; to split on a rock; to go broke; to go to sticks and staves; to go to rack and ruin; ***arruinar alguém*** to ruin someone; ***arruinar o mercado*** to spoil the market; ***arruinar a sua carreira*** to ruin one's career; ***arruinou-se com as suas extravagâncias*** he was ruined by his own extravagance
arruivado *adj.* reddish; gingery, sandy (hair)
arruivascado *adj.* ⇒ **arruivado**
arrulhador *adj.* cooing; [fig.] bullying; whispering, murmuring
arrulhar *v. intr.* to coo (pigeons); to lull a child to sleep, to lullaby; to court, to woo
arrulho *s. m.* cooing; lullaby
arrumação *s. f.* arrangement; ordering; setting in order; order, tidiness; NÁUTICA stowage, trim; ***arrumação da casa*** tidying up the house, tidiness of the house; ***arrumação da carga*** trim of the hold
arrumaços *s. m. pl.* ⇒ **amuo**
arrumadeira *s. f.* [Bras.] housemaid; a good housekeeper (woman)
arrumadela *s. f.* slight clear-up, hasty tidying-up
arrumador *s. m.* arranger; NÁUTICA stower; usher (in theatre, cinema, etc.)
arrumar Ⓐ *v. tr.* to arrange, to set in order, to tidy up; to put aside, to put by (keep, save); NÁUTICA to stow, to trim; [pop.] to hit (strike) hard Ⓑ *v. refl.* [fig.] to get married, to get a job; ***arrumar a casa*** to do the house; ***arrumar um quarto*** to tidy a room; ***arrumar (guardar) os livros*** to put the books away; ***arrumar um filho*** to establish a son in life; ***preciso de arrumar estas coisas*** I must tidy up a bit; ***arrumar a carga*** to stow the goods; ***arrumar a trouxa e ir-se embora*** to pack up one's things and leave
arrumo *s. m.* ⇒ **arrumação**; ***quarto de arrumos*** box-room, store-room
arrunhar *v. tr.* to smoothen the sides of a sole (shoe); to ruin; to open; to tear
arse *s. f.* MÚSICA arsis, the accented part of the measure
arsenal *s. m.* arsenal; ***arsenal de guerra*** army arsenal
arseniado *adj.* QUÍMICA which contains arsenic
arseniato *s. m.* QUÍMICA arsenate
arsenicado *adj.* QUÍMICA ⇒ **arseniado**
arsenical *adj.* QUÍMICA arsenical
arsenicíase *s. f.* QUÍMICA arsenism, chronic arsenical poisoning
arsenicismo *s. m.* QUÍMICA arsenism, chronic arsenical poisoning
arsénico *s. m.* QUÍMICA arsenic
arsenicofagia *s. f.* the habit of eating arsenic
arsenicófago *s. m.* person who has the habit of eating arsenic
arsenieto *s. m.* QUÍMICA arsenide
arsenífero *adj.* QUÍMICA arseniferous
arsénio *s. m.* QUÍMICA arsenic
arsenioso *adj.* QUÍMICA arsenious
arsenite *s. m.* QUÍMICA arsenite
arsenito *s. m.* QUÍMICA arsenite
arsenopirite *s. f.* QUÍMICA arsenopyrites, mispickel
arsina *s. f.* QUÍMICA arsine
ársis *s. f.* arsis
artanita *s. f.* BOTÂNICA cyclamen; sowbread
arte *s. f.* art; craft, skill; trade, business; artifice, cunning, artfulness, astuteness, craftiness; *pl.* arts, crafts; ***a arte da guerra*** the art of war; ***arte de marinheiro*** seamanship; ***arte mágica*** black magic, necromancy; ***arte de decorar árvores e arbustos*** the topiary art; ***com arte*** artistically; ***desta arte*** thus; ***de tal arte*** in such a manner; ***obra de arte*** work of art, masterpiece; ***sem arte*** artless, inartistically; ***artes e ofícios*** arts and crafts; ***artes liberais*** liberal arts; ***artes manuais*** handcrafts, handicrafts; ***artes mecânicas*** mechanical arts; ***ele tem artes de fazê-lo*** he is well able to do it, he knows how to go about it, he has ways and means of doing it
artefactar *v. tr.* to practise a handicraft; to produce as a craft
artefacto *s. m.* artefact, workmanship; product, manufacture
arteirice *s. f.* craft, cunning, guile, artfulness, artifice, shrewdness, craftiness, subtlety
arteiro *adj.* artful, crafty, wily, guileful, shrewd, cunning, sly, subtle, tricky
artelete *s. m.* meat pie (mainly of fowl and veal)
artelho *s. m.* ANATOMIA ankle, anklebone
arte-maior *s. f.* eleven-syllable verse
artemão *s. m.* NÁUTICA mizen; a fore and aft sail
artemísia *s. f.* BOTÂNICA artemisia

artemisina *s. f.* bitter product extracted from artemisia
artéria *s. f.* ANATOMIA artery, blood vessel; thoroughfare (highway, road); ***as principais artérias da cidade*** the main thoroughfares of the city; ***estradas arteriais*** arterial roads
arterial *adj.* arterial; ***sangue arterial*** arterial blood; ***tensão arterial*** blood pressure
arterialização *s. f.* FISIOLOGIA arterialization
arterializar *v. tr.* to arterialize
arteriectasia *s. f.* arterioectasia
arteriectomia *s. f.* MEDICINA arterioectomy
arteriografia *s. f.* MEDICINA arteriography
arteríola *s. f.* MEDICINA arteriole
arteriologia *s. f.* MEDICINA arteriology
arteriólogo *s. m.* MEDICINA arteriologist
arteriorrafia *s. f.* MEDICINA arteriorrhaphy
arteriorragia *s. f.* MEDICINA arteriorrhagia
arteriosclerose *s. f.* MEDICINA arteriosclerosis
arteriosclerótico *adj.* MEDICINA arteriosclerotic
arterioso *adj.* FISIOLOGIA arterious, arterial
arteriotomia *s. f.* CIRURGIA arteriotomy
arterite *s. f.* MEDICINA arteritis
artesanato *s. m.* workmanship, industrial arts
artesão *s. m.* vaulted roof, paintings thereon; soffit; artisan, craftsman
artesiano *adj.* artesian; ***poço artesiano*** artesian well
artesoar *v. tr.* ARQUITECTURA to ornament ceilings (or vaults) as with panels or paintings
artice *s. f.* ⇒ **arteirice**
articida *s. m. e f.* destroyer of art
articulação *s. f.* articulation; joint, link; pronunciation, enunciation; DIREITO division into articles or paragraphs; enunciation of things article by article; ***articulação em cruz*** cross-piece
articuladamente *adv.* articulately
articulado Ⓐ *s. m.* article; indictment, articled exposition Ⓑ *adj.* articulate, articulated, joined, jointed
articulante Ⓐ *s. m. e f.* person who writes articles, newswriter Ⓑ *adj.* articulate, distinct
articular Ⓐ *v. tr.* to articulate; to pronounce, to utter distinctly; to set down in articles; to join, to link Ⓑ *adj.* articular
articulatório *adj.* articulatory
articulável *adj.* capable of being articulated
articulista *s. m. e f.* writer of articles, gazetteer; [E.U.A.] columnist
artículo *s. m.* section of a literary work; ANATOMIA knuckle, joint; BOTÂNICA internode, knot
articuloso *adj.* articulated
artífice *s. m.* artist, artisan; craftsman; [fig.] author; inventor
artificial *adj.* artificial; false, fictitious; feigned, affected; ***flores artificiais*** artificial flowers; ***riso artificial*** artificial (forced) smile; ***dentes artificiais*** false teeth
artificialidade *s. f.* artificiality, artificialness, affectation; falseness
artificialismo *s. m.* artificiality, artificialness, affectation; falseness
artificialmente *adv.* artificially, affectedly
artificiar *v. tr.* to contrive skilfully; to contrive, to plan, to plot, to machinate
artifício *s. m.* artifice; craft; skill, cunning device, trick, trickery; feigning
artificiosamente *adv.* artificially, skilfully; craftily, cunningly
artificioso *adj.* artful, skilful; clever, cunning, crafty; ingenious
artigo *s. m.* article; item; commodity, product; *pl.* goods; ***artigo de fundo*** leading article, leader; ***artigos para escritório*** office stationery; ***artigos para viagem*** travelling outfit; ***artigos de fantasia*** fancy articles; ***artigo não manufacturado*** staple article; ***artigos de caça*** hunting and shooting requisites; ***artigos de luxo*** luxury goods; ***artigos de importação*** imports; ***artigos de exportação*** exports; ***artigos de consumo*** consumer goods; ***artigos de primeira necessidade*** essential commodities, articles of prime necessity; ***artigos da moda*** fancy goods; ***em artigo de morte*** at the point of death, on the article of death; ***artigo de fé*** article of faith
artiguelho *s. m.* an insignificant article; a scurrilous newspaper article
artilhado *adj.* mounted with cannon, provided with guns
artilhamento *s. m.* gunnage; mounting of artillery, providing (furnishing, supplying) of guns
artilhar *v. tr.* to mount artillery; to furnish (supply) with guns; to go gunning
artilharia *s. f.* artillery, gunnery (science and art); ***artilharia pesada*** heavy artillery; ***artilharia ligeira*** flying (light) artillery; ***artilharia naval*** naval guns; ***parque de artilharia*** artillery base or depot; ***artilharia a pé*** foot-artillery; ***artilharia montada*** horse artillery; ***artilharia antiaérea*** antiaircraft artillery; ***artilharia antitanque*** antitank artillery; ***artilharia de costa*** coast artillery; ***peça de artilharia*** cannon
artilheiro *s. m.* gunner, artillery-man, artillery soldier
artimanha *s. f.* artifice, stratagem, trick, fraud, cunning
artiodáctilo *adj.* ZOOLOGIA artiodactyl
artista Ⓐ *s. m. e f.* artist; artisan, craftsman, artificer, workman Ⓑ *adj.* artistic, skilful, ingenious; sly, crafty, cunning; ***é um verdadeiro artista*** [fam.] he is an artful blade, a knowing car
artisticamente *adv.* artistically, masterfully, skilfully
artístico *adj.* artistic(al), masterly, skilful
artócopo *s. m.* HISTÓRIA artocopous (slave amongst the Romans who sliced the bread at table)
artófago *adj.* artophagous, bread-eating; fond of bread
artóforo *s. m.* chalice for sacred host
artola Ⓐ *s. f.* handbarrow Ⓑ *adj.* light-headed
artólatra *s. m. e f.* artolater; one who practises artolatry
artolatria *s. f.* artolatry
artonomia *s. f.* the art of making bread
artonómico *adj.* related to the art of making bread
artralgia *s. f.* MEDICINA arthralgia (articular pain)
artrite *s. f.* MEDICINA arthritis
artrítico *adj.* arthritic
artritismo *s. m.* arthritis
artrobrânquia *s. f.* ZOOLOGIA arthrobranchia, arthrobranch
artrocéfalo *adj.* arthrocephalous, arthrocephalic
artrodinia *s. f.* arthrodynia
artrografia *s. f.* MEDICINA arthrography
artrologia *s. f.* arthrology
artropatia *s. f.* MEDICINA arthropathy
artropiose *s. f.* arthropiosis
artrópode *s. m., adj.* ZOOLOGIA arthropod; *pl.* Arthropoda
artrose *s. f.* ANATOMIA arthrosis
artrotomia *s. f.* CIRURGIA arthrotomy
artrozoário *s. m., adj.* ZOOLOGIA arthrozoan
aruga *s. f.* subterranean canal
arujo *s. m.* a straw, a nothing; spark
árula *s. f.* small altar
árum *s. m.* arum
arunco *s. m.* BOTÂNICA goat's-beard
arundina *s. f.* arum lily
Arundináceas *s. f. pl.* *Arundinaceae*
arundináceo *adj.* BOTÂNICA arundinaceous, reedy, reedlike
Arundíneas *s. f. pl.* ⇒ **Arundináceas**
arundíneo *adj.* made of reeds
arundinoso *adj.* BOTÂNICA arundineous
aruspicação *s. f.* haruspication
aruspicatório *adj.* haruspical
arúspice *s. m.* haruspex, soothsayer
aruspicina *s. f.* woman-haruspex, woman-soothsayer

aruspicino *adj.* haruspical
aruspício *s. m.* haruspicy (the oracle of a haruspex)
aruspicismo *s. m.* haruspication
arval *adj.* arval
arvela *s. f.* ⇒ **arvéloa**
arvéloa *s. f.* ORNITOLOGIA wagtail
arvense *adj.* growing on tilled ground
arvéola *s. f.* ⇒ **arvéloa**
arvião *s. m.* ORNITOLOGIA ⇒ **pedreiro**
arvícola Ⓐ *adj.* rural, living in the country Ⓑ *s. m. e f.* countryman, countrywoman; agriculturist
arvicultor *s. m., adj.* a grower of field crops
arvicultura *s. f.* agriculture
arvingel *s. m.* name of a boat (Tagus river)
arvoamento *s. m.* giddiness, amazement, dizziness
arvoar *v. tr.* to make giddy, to make dizzy
arvorada *s. f.* unfurling (of sails); ⇒ **alvorada**
arvorado Ⓐ *adj.* tree-planted; lifted, raised (as a flag); promoted to a higher post Ⓑ *s. m.* a soldier with the privileges of a corporal
arvoragem *s. f.* ⇒ **arvorada**
arvorar Ⓐ *v. tr.* to hoist (flags, sails, weights), to unfurl (sails); to plant with trees; to set upright, to raise, to lift up; to erect Ⓑ *v. intr.* to decamp, to escape Ⓒ *v. refl.* to arrogate, to ascribe to oneself; ***arvorar-se em*** to pretend to be; ***arvorar bandeira*** to bear (to fly) a flag; ***arvorar remos*** to toss oars
árvore *s. f.* tree; MECÂNICA axle, shaft, spindle, axle-tree; NÁUTICA mast; ***árvore genealógica*** family-tree, genealogical tree, pedigree; ***árvore de Natal*** Christmas-tree; ***árvore de fruto*** fruit-tree; ***árvore torcida*** crooked tree; ***árvore maciça*** solid shaft; ***árvore anã*** dwarf-tree; ***corte de árvores*** tree-felling; ***árvore motora*** driving-shaft; ***árvore de direcção*** steering column; ***árvore do eixo*** axle-tree; ***árvore da hélice*** propeller shaft; NÁUTICA ***em árvore seca*** under bare poles, ahull
árvore-da-borracha *s. f.* rubber tree
arvoredo *s. m.* grove of trees; NÁUTICA masting
arvorejar *v. tr.* to cover with trees
arxar *v. tr.* to hoe vines of weeds (for the second time)
arzola *s. f.* BOTÂNICA burweed
as Ⓐ *art. def. f. pl.* the Ⓑ *adj., pron. dem.* those Ⓒ *pron. dem.* the ones Ⓓ *pron. pess.* them
às *contr. da prep.* **a** + *art. def.* **as;** *contr. da prep.* **a** + *pron. dem.* **as**
ás *s. m.* ace; hero, champion; ***o ás de espadas*** the ace of spades; ***um ás da aviação*** an air ace
asa *s. f.* wing (of birds, aeroplanes; of the nose); handle (of a basket or pot); ***asa articulada*** flapper wing; ***asa desmontável*** detachable wing; ***cortar as asas a alguém*** to clip someone's wings, to limit the activities of; ***o dinheiro tem asas (voa)*** money takes to its wings; ***bater as asas*** to run away, to decamp, to flee, to escape; ***ter asas nos pés*** to be wing-footed, to be swift, to have wings on one's feet; ***abrir as asas*** to stretch the wings; [fig.] ***arrastar a asa a*** to court, to woo, to make up to
asa-delta *s. f.* hang-glider
asado Ⓐ *s. m.* vessel with ears (a handle) Ⓑ *adj.* winged, having ears or a handle; proper, fit, convenient
asar *v. tr.* to wing, to provide with wings
asarina *s. f.* asarin, asarone
ásaro *s. m.* BOTÂNICA asarabacca
asarona *s. f.* product obtained from the dried root of asarabacca
asbestino *adj.* asbestine, asbestous
asbesto *s. m.* asbestos
asbolina *s. f.* asboline
asca *s. f.* aversion, repugnance, hatred, loathing, disgust, abhorrence
ascaricida Ⓐ *adj.* ascaricidal Ⓑ *s. m.* ascaricide
Ascáridas *s. m. pl. Ascaridae* (ascarides, thread worms)
Ascarídeos *s. m. pl.* ⇒ **Ascáridas**
ascaridíase *s. f.* MEDICINA ascaridiasis, ascariasis
ascaula *s. f.* bagpiper
ascendência *s. f.* ancestry, genealogy, lineage; ascendancy; power, influence
ascendente Ⓐ *s. m.* ascendant, ascendent, influence, power; *pl.* ancestors Ⓑ *adj.* ascendant, ascendent, ascending, rising, increasing
ascender *v. intr.* to ascend, to lift, to rise, to reach, to climb, to go up; to mount to, to come to, to add up to (prices, costs, expenses); ***ascender aos mais altos cargos*** to reach the top of the tree; ***ascender ao poder*** to take over power
ascendimento *s. m.* ascension; ascent, ascending; climbing (mountains); promotion, rising
ascensão *s. f.* ascension; ascent, ascending; climbing (mountains); promotion, rising; ***dia da Ascensão*** Ascension Day; ***ascensão oblíqua*** oblique ascension; ***ascensão recta*** right ascension
ascensional *adj.* ascensional
ascensionista *s. m. e f.* person fond of climbing mountains; baloonist
ascenso Ⓐ *adj.* high Ⓑ *s. m.* ascension; promotion
ascensor *s. m.* lift; [E.U.A.] elevator
ascensorista *s. m. e f.* lift boy; [E.U.A.] elevator operator
ascese *s. f.* ascesis, asceticism (spiritual exercise of devotion; religious meditation and self-denial)
asceta *s. m. e f.* hermit, ascetic
ascética *s. f.* ascetics
ascético *adj.* ascetic
ascetismo *s. m.* asceticism
ascetizar *v. tr.* to turn ascetic
ascídia *s. f.* BOTÂNICA ascidium
ascidiáceo *adj.* ZOOLOGIA ascidian
ascidiado *adj.* ascidiate
ascídio *s. m.* BOTÂNICA ascidium
áscio Ⓐ *adj.* shadeless Ⓑ *s. m. pl.* ascians
ascite *s. m.* MEDICINA ascites; dropsy
asclepiadáceo *adj.* BOTÂNICA asclepiadaceous
asclepiadeu *adj.* asclepiad (verse invented by Asclepiades)
asco *s. m.* aversion, loathing, abhorrence, disgust, dislike, repulsion; ***ter asco a alguém*** to detest a person
Ascóforos *s. m. pl.* ascophorous fungi
ascoma *s. m.* piece of leather on oars (or paddles) as a protection against wear by friction
ascomicetes *s. m. pl.* ascomycetes
áscon *s. m.* ascon grade
ascórbico *adj.* QUÍMICA ascorbia, name of the acid that forms vitamin C
ascorosidade *s. f.* ⇒ **asquerosidade**
ascoroso *adj.* ⇒ **asqueroso**
ascósporo *s. m.* ascospore
áscua *s. f.* ember, live coal; red-hot iron; piercing (angry) look
aselha Ⓐ *s. f.* little wing, ear; loop, tag, tab, bootstrap Ⓑ *s. m.* clumsy person
Asélidas *s. m. pl.* a family of freshwater isopodous crustaceans
Aselídeos *s. m. pl.* a family of freshwater isopodous crustaceans
asfalina *s. f.* a very strong explosive made of nitroglycerine
asfaltado *adj.* asphalted; paved or covered with asphalt
asfaltador *s. m.* asphalter
asfaltagem *s. f.* asphalting
asfaltar *v. tr.* to asphalt, to cover with asphalt; ***asfaltar um cabo*** to coat a cable with asphalt
asfáltico *adj.* asphaltic

asfalto *s. m.* asphalt
asfixia *s. f.* asphyxia; suffocation, choking, stifling
asfixiante *adj.* suffocating, stifling, choking, asphyxiating
asfixiar *v. tr. e intr.* to asphyxiate, to suffocate, to choke, to stifle, to smother
asfódelo *s. m.* asphodel
asiarca *s. m.* asiarch
asiaticismo *s. m.* Asiaticism, word (or expression) of Asiatic origin
asiático Ⓐ *adj.* Asiatic; [fig.] bombastic, luxurious, indolent Ⓑ *s. m.* Asiatic
asiatismo *s. m.* pompous (prolix) style
asilado Ⓐ *s. m.* inmate of an asylum Ⓑ *adj.* sheltered
asilar Ⓐ *v. tr.* to receive into an asylum; to give shelter to Ⓑ *v. refl.* to take (find) shelter, to shelter, to take (find) refuge
asilo *s. m.* asylum; shelter, refuge
asimina *s. f.* BOTÂNICA papaw, pawpaw; custard-apple
asimineiro *s. m.* papaw-tree
asinário *adj.* ⇒ **asinino**
asinha Ⓐ *s. f.* small wing Ⓑ *adv.* [arc.] rapidly, hurriedly
asinino *adj.* asinine, asslike
asir *v. tr.* to catch, to seize, to take hold of
asma *s. f.* asthma; ***asma bronquial*** bronchial asthma; ***asma cardíaca*** cardiac asthma
asmático *s. m., adj.* asthmatic
asmento *adj.* ⇒ **asmático**
Asmodeu *s. m.* Asmodeus, prince of demons
asna *s. f.* she-ass, jenny-ass; CARPINTARIA chevron, rafter; triangular roof truss
asnada *s. f.* drove of asses; ⇒ **asneira**
asnal *adj.* asinine; obstinate, stupid, silly
asnaria *s. f.* drove of donkeys; framework of beams; the rafters
asnático *adj.* ⇒ **asnal**
asnear *v. intr.* to talk nonsense; to go wrong; to blunder; to make an ass of oneself
asneira *s. f.* nonsense, folly, foolishness; absurdity, stupidity, daftness; blunder, silliness; ***dizer asneiras*** to talk nonsense; ***um chorrilho de asneiras*** a pack of nonsense; ***uma grande asneira*** a downright nonsense, a howler
asneirada *s. f.* a big blunder, nonsense, absurdity
asneirão *s. m.* fool, booby, idiot, big ass
asneirento Ⓐ *s. m.* [coloq.] one in the habit of using vulgar, indecent or obscene words Ⓑ *adj.* stupid, foolish, nonsensical
asneiro Ⓐ *adj.* asinine; mulelike Ⓑ *s. m.* ass driver, donkey driver
asneirola *s. f.* obscenity; ambiguous (vulgar) expression or statement
asnice *s. f.* ⇒ **asneira**
asnidade *s. f.* ⇒ **asneira**
asnil Ⓐ *s. m.* fish like the black grouper or black jewfish; harness Ⓑ *adj.* ⇒ **asnal**
asno Ⓐ *s. m.* ass, jackass, donkey; stupid fellow Ⓑ *adj.* silly, foolish; vain
asofia *s. f.* ignorance; rashness, imprudence
aspa Ⓐ *s. f.* St. Andrew's cross Ⓑ *s. f. pl.* inverted commas, quotation marks; ***aspas de moinho*** fans of a windmill; ***aspas para bobinas*** bobbin reel; ***entre aspas*** in inverted commas
aspar *v. tr.* to put inverted commas; to wipe out, to strike out, to expunge, to vex; to crucify, to nail to a St. Andrew's cross
asparagina *s. f.* asparagine
aspárago *s. m.* asparagus
aspargo *s. m.* ⇒ **espargo**
aspártico *adj.* QUÍMICA aspartic
aspectável *adj.* aspectable, aspectible; fit (or fair) to look upon
aspecto *s. m.* aspect, appearance; look, mien, air; ***ter aspecto de doente*** to have a sickly appearance; ***mudar o aspecto de*** to put a new face on; ***ter bom aspecto*** to look well; ***o aspecto alegre (do caso)*** the sunny side; ***aspecto fresco da carne*** fresh appearance of the meat; ***aspecto geral de uma cidade*** general aspect of a town
aspeito *s. m.* ⇒ **aspecto**
asperamente *adv.* harshly, roughly, rudely, coarsely, severely; ***tratar alguém asperamente*** to treat a person roughly
aspereza *s. f.* harshness; roughness, asperity; rudeness, coarseness; severity, austerity; discordance (of sounds); ***as asperezas de uma campanha de Inverno*** the asperities of a winter campaign
asperger *v. tr.* ⇒ **aspergir**
asperges *s. m.* sprinkling; sprinkler, asperges (recitation); ***capa de asperges*** pluvial
aspergilário *adj.* aspergilliform
aspergiliforme *adj.* aspergilliform
aspergilo *s. m.* BOTÂNICA aspergillus
aspergimento *s. m.* aspersion, sprinkling, besprinkling; spraying
aspergir *v. tr.* to asperge, to besprinkle
asperidade *s. f.* ⇒ **aspereza**
asperidão *s. f.* ⇒ **aspereza**
Asperifoliáceas *s. f. pl.* family of the asperifoliate plants
asperifólio *adj.* BOTÂNICA asperifolious, asperifoliate
aspermado *adj.* ⇒ **aspermo**
aspermatismo *s. m.* aspermatism
aspermia *s. f.* quality of being aspermous; seedlessness; aspermatism
aspermo *adj.* seedless
áspero *adj.* rough; harsh; rude, crude, coarse; jarring (of sound); gruff; crusty; severe, hard, stern; ***génio áspero*** short temper, hot temper; ***superfície áspera*** rough surface; ***modos ásperos*** rough (rude, coarse) manners; ***palavras ásperas*** harsh (hard, stern, severe) words
aspérrimo *adj.* very rough, most rough; very (most) harsh (rude, coarse, severe, hard, etc.)
aspersão *s. f.* ⇒ **aspergimento**
aspersar *v. tr.* ⇒ **aspergir**
aspersionismo *s. m.* aspersion
asperso *adj.* aspersed, besprinkled
aspersor Ⓐ *adj.* sprinkling, spraying Ⓑ *s. m.* sprinkler, sprayer
aspersório *s. m.* aspergill(um)
aspérula *s. f.* BOTÂNICA squinancywort; woodruff
aspiciência *s. f.* aspection
áspide *s. f.* ZOOLOGIA asp (viper)
aspidistra *s. f.* aspidistra
aspidocéfalo *adj.* aspidocephalous
aspidospermina *s. f.* aspidospermine
aspiração *s. f.* aspiration, drawing of breath; [técn.] suction; strong desire; longing, yearning; aim, goal; GRAMÁTICA aspiration; ***aspiração a seco*** dry suction; ***aspiração de ar*** drawing in of air; ***aspiração do pó*** removal of dust by suction; ***aspiração de água, vapor, etc.*** inlet of water, steam, etc.
aspirador *s. m.* aspirator; inhaler; suction apparatus; ***aspirador eléctrico*** vacuum cleaner; ***aspirador de ventilação*** suction ventilator
aspirante Ⓐ *s. m.* aspirant, candidate; NÁUTICA midshipman Ⓑ *adj.* sucking, drawing, aspiring
aspirar *v. tr.* to inspire, to breathe in, to inhale; to suck, to draw in, to absorb; to covet, to yearn, to desire, to set one's hopes upon; to aspire to; FONÉTICA to aspirate; ***aspirar ar*** to draw in air; ***aspirar a um emprego*** to aspire to a situation
aspirativo *adj.* FONÉTICA aspirate, aspirated
aspiratório *adj.* aspiratory
aspirina *s. f.* FARMACOLOGIA aspirin; ***comprimido de aspirina*** aspirin tablet

asquerosidade *s. f.* foulness, filthiness, dirt, uncleanliness
asqueroso *adj.* foul, filthy, dirty, squalid, rank, loathsome, nasty
assa *s. f.* BOTÂNICA masterwort
assaborar *v. tr.* to flavour, to give flavour (taste, scent)
assacadilha *s. f.* false imputation, slander
assacador Ⓐ *adj.* imputing, slanderous Ⓑ *s. m.* slanderer, imputer
assacar *v. tr.* to impute (calumniously), to slander, to defame, to decry, to reproach, to backbite
assadeira *s. f.* woman who roasts and sells chestnuts; roasting or baking pan; a shallow oval roasting pan
assadeiro *s. m.* ⇒ **assador**
assado Ⓐ *s. m.* roast Ⓑ *adj.* roasted, baked; ***ver-se em maus assados*** to be in a fix (a mess); ***carne assada*** roast meat; ***carne de vaca assada*** roast beef; ***carne de vitela assada*** roast veal; ***assado de mais*** over-roasted, overdone; ***mal assado*** underroasted, underdone; ***assim ou assado*** by hook or by crook; ***nem assim, nem assado*** neither this way nor that
assador *s. m.* roaster; spit, turnspit; baking tin; ***assador eléctrico*** electric roaster
assadura *s. f.* roasting, baking; ***ter rasca na assadura*** [fam.] to have a finger in the pie
assa-fétida *s. f.* BOTÂNICA asafoetida
assafiado *adj.* exhausted, dog-tired, fagged out, worn-out (by work)
assalariação *s. f.* payment of wages
assalariado Ⓐ *adj.* employed, on the pay roll; wage-earning Ⓑ *s. m.* employee, wage earner; retainer; henchman
assalariador *s. m.* employer
assalariamento *s. m.* ⇒ **assalariação**
assalariar *v. tr.* to engage (an employee); to take into one's pay; to hire
assalganhar *v. tr.* to mixture; to confuse
assalmoado *adj.* ⇒ **assalmonado**
assalmonado *adj.* salmon-coloured
assaloiado *adj.* rural, rustic, uncouth, outlandish, unmannerly, boorish, rude
assaltada *s. f.* assault, onset, attack, onslaught, charge, storm; unexpected demand
assaltador *s. m.* assaulter, assailant, assailer; burglar; waylayer
assaltante Ⓐ *s. m. e f.* ⇒ **assaltador** Ⓑ *adj.* assailing, assaulting, attacking, charging, storming
assaltar *v. tr.* to burgle; to assault, to assail, to attack, to charge, to storm; to fall upon, to waylay
assaltear *v. tr.* to burgle; to assault, to assail, to attack, to charge, to storm; to fall upon, to waylay
assalto *s. m.* assault, attack; charge, onset; ***tropas de assalto*** shock troops; ***assalto de esgrima*** fencing match; ***assalto à mão armada*** armed assault, hold-up; ***tomar de assalto*** to take by assault
assamara *s. f.* assamar
assanhadiço *adj.* irascible, irritable, touchy, testy, quick, peevish, hasty
assanhado *adj.* enraged, soured, frantic, exasperated, furious, excited, raging, fuming, frenzied
assanhamento *s. m.* anger, rage, wrath, fury, frenzy, indignation, spleen, bad temper
assanhar *v. tr.* to irritate, to provoke, to anger; to inflame; to sour, to exasperate, to rouse, to chafe, to gall, to nettle, to inflame
assanho *s. m.* ⇒ **assanhamento**
assapado *adj.* squatting, crouching, cowering
assapar Ⓐ *v. intr.* to fall, to cave in Ⓑ *v. refl.* to hide, to crouch, to squat
assapatar *v. tr.* to shape like a shoe; to tread
assapateirar-se *v. refl.* to become ridiculous (vulgar)
assar *v. tr.* to roast; to bake (on a gridiron); to burn; ***assar no espeto*** to roast on a spit (barbecue); ***assar ao sol (bronzear-se)*** to sunburn, to grill in the sun, to get a tan
assarapantado *adj.* frightened, confused; disconcerted, confounded, upset
assarapantamento *s. m.* confusion, muddle, disconcertment; fright
assarapantar Ⓐ *v. tr.* to frighten; to confound; to disconcert, to upset, to scare Ⓑ *v. refl.* to disconcert oneself, to get frightened, to panic
assarapanto *s. m.* ⇒ **assarapantamento**
assaria *s. f.* a sort of grapes
assarilhado *adj.* shaped like a reel
assarina *s. f.* ⇒ **anserina**
assassinado *adj.* assassinated, murdered, killed
assassinador *s. m., adj.* ⇒ **assassino**
assassinamento *s. m.* ⇒ **assassinato**
assassinar *v. tr.* to assassinate, to kill, to murder; ***assassinar uma canção (uma língua)*** to murder a song (a language)
assassinato *s. m.* ⇒ **assassínio**
assassínio *s. m.* assassination, murder
assassino *s. m.* assassin, murderer; ***assassino contratado*** hired assassin, desperado
assaz *adv.* enough, sufficiently; quite, rather; ***assaz longe*** a good way, quite a way
assazoar Ⓐ *v. tr.* to ripen, to mature, to make ripe, to bring to maturity Ⓑ *v. intr.* to grow ripe, to be matured; to be fitted
assazonado *adj.* ripe, matured, mellow, seasoned; fit, ready
assazonar *v. tr. e intr.* ⇒ **assazoar**
asse *s. m.* assary (Roman copper coin)
asseado *adj.* clean, neat, spotless, unsoiled, orderly, trim, tidy; ***ter a casa asseada*** to keep one's house clean; ***ser asseado*** to keep oneself clean, to maintain personal cleanliness
assear Ⓐ *v. tr.* to clean, to make clean; to trim, to tidy up Ⓑ *v. refl.* to tidy oneself up; to dress oneself up
assedadeira *s. f.* flax-dresser, flax-comber
assedador *s. m.* flax-dresser, hackler, heckler; hackle
assedagem *s. f.* hackling
assedar *v. tr.* to hackle, to heckle; to smooth like silk; to make smooth
assedentado *adj.* thirsty
assediado *adj.* besieged; importuned, molested, bothered, pestered; ***assediado por*** beset with, surrounded by
assediador Ⓐ *s. m.* besieger; bore, troublesome person Ⓑ *adj.* besieging; boring, troublesome
assediar *v. tr.* to besiege, to surround, to lay siege, to beleaguer, to beset; to assail importunately; [fig.] to importune, to molest, to bother, to pester; ***assediar com perguntas*** to bombard with questions
assédio *s. m.* siege; blockade; [fig.] impertinence, insolence; harassment; ***assédio sexual*** sexual harassment
asseguração *s. f.* security, safety; assurance; reliance
asseguradamente *adv.* assuredly
assegurado *adj.* insured; assured; secure
assegurador Ⓐ *s. m.* assurer; insurer Ⓑ *adj.* assuring, reassuring
assegurar Ⓐ *v. tr.* to assert, to affirm; to assure, to aver, to guarantee; to ensure; to secure; to make sure Ⓑ *v. refl.* to verify, to check, to make sure, to ascertain; ***posso assegurar-lhe!*** take my word for it!; ***isto assegura-lhe o bem-estar*** this will ensure his comfort; ***assegurar o êxito de*** to ensure the success of; ***a vitória está assegurada*** victory is secure
asseidade *s. f.* FILOSOFIA characteristic of what exists for itself; attribute of God
asseio *s. m.* cleanliness, neatness, tidiness; cleanness, niceness

asselado *adj.* saddle-shaped; stamped, marked
asselvajado *adj.* savage, wild, rough, brutal, uncivilized, untaught
asselvajamento *s. m.* savageness, rudeness, bluntness
asselvajar Ⓐ *v. tr.* to make savage (wild, rude) Ⓑ *v. refl.* to become savage (wild, unsociable)
assembleia *s. f.* assembly, meeting, company; gathering, congregation; ***assembleia de credores*** meeting of creditors; ***assembleia geral*** general meeting
assemelhação *s. f.* similarity; analogy; assimilation
assemelhar Ⓐ *v. tr.* to imitate, to assimilate, to liken to; to compare to (with) Ⓑ *v. refl.* to resemble, to look like; to be similar
assemia *s. f.* impossibility of using the signs or signals of the spoken language to express or understand ideas
assémico *adj., s. m.* one who suffers from *assemia*
assémio *adj., s. m.* ⇒ **assémico**
assemo *adj., s. m.* ⇒ **assémico**
assenhorar-se *v. refl.* to assume lady's manners; ⇒ **assenhorear-se**
assenhoreamento *s. m.* taking into possession, appropriation, seizure; act of domineering; conquering
assenhorear-se *v. refl.* to secure, to seize, to conquer, to take possession of, to lay hold of, to lay hands on; to master; to take control of
assenso *s. m.* ⇒ **assentimento**
assentada *s. f.* sitting; session; ***de uma assentada*** all at once, all together; ***trabalha dez horas de uma assentada*** he (she) works ten hours at a stretch; ***ler um livro de uma assentada*** to read a book at one sitting
assentadamente *adv.* sedately; steadily, gravely, wisely
assentadeira *s. f.* planer
assentado *adj.* seated, sat down; steady, firm; settled, agreed, fixed, arranged
assentador *s. m.* recorder, register; marker, scorer; razor-strop; ***assentador de tijolos*** brick-layer
assentamento *s. m.* seating, sitting down; setting, putting into place; registration, registry; recording, entry, enrolment; base, foundation; ***fazer o assentamento*** to register, to enrol; ***assentamento da quilha*** laying of the keel; ***assentamento da via (trilhos)*** track laying
assentar Ⓐ *v. tr.* to seat (to cause to sit down); to register, to set down, to record, to note, to take (to write, to jot) down; to make an entry; to settle, to decide, to arrange, to fix; to place, to set, to lay; to adjust, to make firm; to take for granted, to suppose; to stand, to place, to rest; to settle (of dregs); to fit (of clothes) Ⓑ *v. refl.* to sit down, to take a seat; to clear (wine); NÁUTICA to lay on; ***assentar o fio a uma navalha*** to strop a razor; MILITAR ***assentar praça*** to enlist; ***assentar a primeira pedra*** to lay the foundation-stone; ***assentar pedras preciosas*** to set jewels; ***assentar pedras (tijolos)*** to lay stones (bricks); ***assentar nos livros*** to book; ***assentar as despesas*** to jot down (to book) the expenses; ***assentar no papel*** to write down; NÁUTICA ***assentar no fundo*** to lay on the bottom; ***assentar a quilha*** to lay down, to lay a keel on the stocks; ***assentar carris*** to lay rails; ***assentar por escrito*** to set down; ***assentar no livro mestre*** to enter into the ledger; ***este casaco não me assenta bem*** this coat does not fit me
assente *adj.* firm, steady, solid; settled, established, fixed, decided, resolved, agreed; placed (based) upon; [fig.] judicious, sensible; ***está assente*** that's settled; NÁUTICA ***assente no fundo*** aground
assentimento *s. m.* assent, consent, agreement, approval; permission; ***dar o seu assentimento*** to set one's seal
assentir *v. tr.* to assent, to consent, to agree to, to acquiesce in, to concur in, to approve, to accept
assento *s. m.* seat; ANATOMIA buttocks, seat; support, base, bottom; entry, note, register, record; sediment, clearing (of liquids); agreement, pact, contract, permission; habitation, seat, place, abode; stability, firmness, persistence, steadiness, tranquillity, rest; good sense; ***assento de praça*** enlistment; ***assento das máquinas*** engine-sleepers; ***assento do passageiro*** passenger seat; NÁUTICA ***assento corrediço*** sliding seat; ***assento de dobrar*** tip-up seat, flap-up seat
assépalo *adj.* BOTÂNICA asepalous
assepsia *s. f.* asepsis
assepsiar *v. tr.* to asepticize
asséptico *adj.* aseptic, antiseptic
asseptol *s. m.* aseptol
asserção *s. f.* assertion, statement, affirmation, asseveration, averment, allegation; ***asserção pessoal*** self-assertion
asserenar *v. tr.* ⇒ **serenar**
asserio *s. m.* ⇒ **assaria**
asserir *v. tr.* to assert, to aver, to affirm
assertar *v. tr.* ⇒ **asserir**
assertividade *s. f.* assertiveness; confidence; decision; firmness; forcefulness
assertivo *adj.* assertive; confident; decided; firm; forceful
asserto *s. m.* ⇒ **asserção**
assertoar *v. tr.* to make (to cut out) a piece of cloth in such a way that it superposes (or overlaps) for buttoning
assertor *s. m.* assertor; defender
assertórico *adj.* ⇒ **assertório**
assertório *adj.* assertory, assertive, affirmative
assessor *s. m.* assistant, adviser, attaché, assessor; ***assessor de imprensa*** press attaché
assessorado *s. m.* assessorship
assessoria *s. f.* advisory body; advising
assessorial *adj.* assessorial
assessório *adj.* assessorial
assestar *v. tr.* to point (fire arms); to aim, to level; to direct against; to fire, to discharge; ***assestar um telescópio*** to point a telescope; ***assestar uma peça de artilharia*** to take aim, to aim a gun
assesto *s. m.* aim, aiming, pointing, levelling (of artillery)
assetar *v. tr.* to wound (to kill) with arrows; to attack; to injure
asseteador *s. m.* archer
assetear *v. tr.* ⇒ **assetar**
asseveração *s. f.* ⇒ **asserção**
asseverador Ⓐ *s. m.* asserter, affirmer Ⓑ *adj.* asserting, affirmative
asseverante *adj.* asserting, affirmative
asseverar *v. tr.* to asseverate, to aver, to assert, to avouch, to affirm, to assure, to certify
asseverativo *adj.* assertory, affirmative
assexo *adj.* ⇒ **assexuado**
assexuado *adj.* asexual, non-sexual, sexless
assexual *adj.* ⇒ **assexuado**
assexualidade *s. f.* asexuality
assezoar *v. tr.* ⇒ **assazoar**
assialia *s. f.* MEDICINA aptyalism
assibilação *s. f.* assibilation; making sibilant
assibilar *v. tr.* to assibilate
assideração *s. f.* a mortal effect; death caused by very cold water
assidrar *v. tr.* to flavour like cider
assiduamente *adv.* assiduously; perseveringly, diligently, industriously
assiduidade *s. f.* assiduity, assiduousness, diligence, industry, sedulousness
assíduo *adj.* assiduous, diligent, persevering, sedulous, industrious, persistent, nevertiring, tireless, constant; ***com assíduo cuidado*** with studious care
assigmático *adj.* having no sigma
assilabia *s. f.* asyllabia
assilábico *adj.* asyllabic

assim *adv.* so, thus, like this, like that, in this manner, in this way; consequently; ***assim como*** as well as; ***como assim?*** how so?, how come?, why?, how!, indeed!; ***ainda assim*** even so; ***assim que*** as soon as; ***é assim mesmo!*** there you are!; ***por assim dizer*** so to speak, so to say; ***assim ou assado*** in this way or that, in one way or another, anyway, anyhow, in any case; ***e assim por diante (sucessivamente)*** and so on, and so forth; ***sendo assim*** this being the case, if so; ***pois seja assim!*** then be it so!; ***assim é*** so it is; ***assim seja!*** so be it!, be it so!, let's hope so!, I would it happens!, God have mercy!; ***é assim ou não?*** is it so or not?; ***assim Deus me ajude!*** so help me God!; ***assim Deus me salve!*** as I hope to be saved; ***assim mesmo*** just so; NÁUTICA ***assim! (voz para o leme)*** thus!, dyce!, so!, steady!; ***assim chamado*** so-called; ***assim como assim*** since things are so, in that case

assim-assim *adv., adj.* so-so

assimbolia *s. f.* ⇒ **assemia**

assimetria *s. f.* asymmetry

assimétrico *adj.* asymmetric(al)

assimilabilidade *s. f.* assimilability

assimilação *s. f.* assimilation

assimilador *s. m.* assimilator

assimilar Ⓐ *v. tr.* to assimilate; to absorb; to incorporate; to make similar (alike); to compare to (or with) Ⓑ *v. refl.* to grow (to become, to be) similar

assimilativo *adj.* assimilative

assimilável *adj.* assimilable

assimptota *s. f.* asymptote

assimptótico *adj.* asymptotic(al)

assimulação *s. f.* ⇒ **dissimulação**

assinação *s. f.* signature, act of signing; notification; citation, summons; consignment

assinado Ⓐ *s. m.* signed document Ⓑ *adj.* signed (of a person's name); subscribed; ***abaixo assinado*** undersigned; ***assinado por mim*** under my hand; ***assinado e selado por*** under hand and seal of; ***assinado pelo próprio punho*** signed in person

assinalação *s. f.* ⇒ **assinalamento**

assinaladamente *adv.* remarkably, notably, signally, singularly, uncommonly, markedly

assinalado *adj.* signalized, marked; branded (of animals, goods); distinguished, remarkable, notable, outstanding, famous

assinalador Ⓐ *s. m.* marker; brander; signaller; scorer Ⓑ *adj.* marking, branding, signalling

assinalamento *s. m.* signalment, marking; signalizing; branding, earmark (animals, goods)

assinalante *adj.* ⇒ **assinalador**

assinalar Ⓐ *v. tr.* to mark, to signalize; to earmark, to brand (animals, goods); to point out, to stress, to emphasize; to distinguish Ⓑ *v. refl.* to distinguish oneself, to become famous (eminent)

assinalável *adj.* remarkable, notable, singular, distinguished, noteworthy, famous

assinamento *s. m.* ⇒ **assinação**

assinante *s. m. e f.* underwriter (of an insurance policy or company shares); subscriber (to newspapers, magazines, etc.); ***ser assinante de*** to take regularly, to be a subscriber to (a newspaper or periodical); ***assinante do telefone*** telephone subscriber

assinar *v. tr. e intr.* to sign (one's name); to underwrite; to subscribe (newspapers, magazines, etc.); to approve; to assign, to fix; to appoint, to order; to mark out, to note; ***assinar de cruz*** to make one's mark; ***assinar em branco*** [fig.] to approve without examining; ***nada me induzirá a assinar*** nothing shall induce me to sign; ***assinar o nome num cheque*** to sign one's name on a cheque; ***assinar o ponto*** to sign the attendance sheet (list or register), to sign in and out; ***assinar pelo próprio punho*** to sign in person; ***assinar um contrato*** to sign a contract

assinatura *s. f.* signature (of a person); subscription (newspapers, magazines, etc.); signing (act of writing one's signature); ***reconhecer a assinatura*** to witness a signature; ***forjar uma assinatura*** to forge a signature; ***fazer a assinatura de (jornais, revistas, etc.)*** to subscribe, to take a subscription to; ***assinatura anual*** yearly subscription; ***assinatura para a temporada (ópera, etc.)*** season ticket

assinável *adj.* that can be signed

assíncrono *adj.* asynchronous

assindético *adj.* without expressed conjunction; asyndetic (the contrary of syndetic)

assíndeto *s. m.* RETÓRICA asyndeton

assíndeton *s. m.* ⇒ **assíndeto**

assinergia *s. f.* lack of synergy (between muscles)

assinérgico *adj.* referring to lack of synergy

assingelar *v. tr.* to simplify, to turn (make) simple (easy)

assintáctico *adj.* asyntactic

assírio *s. m., adj.* Assyrian

assiriologia *s. f.* Assyriology

assiriologista *s. m. e f.* Assyriologist

assiriólogo *s. m.* Assyriologist

assisado *adj.* wise, prudent, sensible, sage, judicious, reasonable, sound

assisar Ⓐ *v. tr.* to put sense into a person Ⓑ *v. intr.* to be sensible Ⓒ *v. refl.* to become sensible

assísmico *adj.* aseismic, the contrary of seismic, not subject to earthquakes

assistência *s. f.* audience, auditory; attendance, gathering; assistance, help, aid, relief, protection, support; presence; assiduity; abode, residence; ***assistência médica*** medical assistance; ***assistência técnica e financeira*** technical and financial assistance; ***assistência social*** social welfare work; ***assistência à infância*** child welfare work; ***assistência religiosa*** ministerial office; ***assistência hospitalar*** hospitalization

assistencial *adj.* assisting

assistente Ⓐ *adj.* assistant, helping, auxiliary Ⓑ *s. m. e f.* assistant, helper, auxiliary; spectator, looker on; by-stander; RELIGIÃO acolyte; ***assistente de bordo (de avião)*** hostess; ***assistente social*** social worker; ***professor assistente*** assistant reader, assistant lecturer; ***médico assistente*** attending physician

assistir Ⓐ *v. intr.* to attend, to be present; to dwell, to reside; to stand by, to wait upon Ⓑ *v. tr.* to aid, to help; to watch (a play, a film, etc.); ***assistir às conferências*** to attend the lectures; ***assistir à sessão*** to attend the meeting; ***assistir a um enfermo*** to attend a sick person; ***assistir com o necessário*** to provide for, to maintain; ***assistir à morte de alguém*** to witness someone's death, to be present at someone's death; ***assiste-lhe a razão*** reason is on his side; ***assiste-lhe o direito de*** he has the right to

assistolia *s. f.* FISIOLOGIA asystole

assoadela *s. f.* nose-blowing

assoado *adj.* sounding, resounding, full-toned, sonorous; having a clean nose

assoalhado *adj.* floored; sunny, exposed to the sun; [fig.] made public, divulged; NÁUTICA ***assoalhado da penha*** head-board

assoalhadura *s. f.* flooring; exposing (to the sun); [fig.] divulgation, revelation

assoalhamento *s. m.* flooring; exposing (to the sun); [fig.] divulgation, revelation

assoalhar Ⓐ *v. tr.* to floor, to plank; to expose to the sun, to sun; [fig.] to spread, to make public, to reveal, to divulge Ⓑ *v. refl.* to show oneself

assoante *adj.* assonant

assoar *v. tr. e refl.* to blow (to wipe) one's nose; ***assoa-te a esse guardanapo!*** put that in your pipe and smoke it!

assobarcar *v. tr.* to carry under one's arm; [fig.] to monopolize, to buy up

assoberbado *adj.* haughty, proud, lofty, supercilious, lordly; overwhelmed (with work); submerged, swamped, drowned; afraid, fearful, anxious, uneasy
assoberbamento *s. m.* the act or effect of being contemptuous; overwhelming
assoberbante *adj.* overbearing, contemptuous
assoberbar Ⓐ *v. tr.* to treat with contempt (disdain), to handle haughtily; to humiliate; to threaten, to dominate, to pester; to overwhelm, to overload (with work) Ⓑ *v. refl.* to become haughty, to behave with pride
assobiada *s. f.* whistling; hissing; booing, hooting
assobiadeira *s. f.* ZOOLOGIA widgeon; pigeon; wood-wren
assobiadela *s. f.* ⇒ **assobio**; whistling, hissing
assobiado *adj.* whistled; jeered (hissed) at; hooted
assobiador *s. m.* whistler
assobiante *adj.* whistling
assobiar *v. tr. e intr.* to whistle (of person, bird, engine, ship, wind); to hiss (of serpent, goose, etc.); to whirr, to whizz (of missile); NÁUTICA to pipe (an order); ***assobiar uma melodia*** to whistle a tune; ***assobiar por um cão*** to whistle to (after) a dog; ***assobiar por um táxi*** to whistle for (up) a cab; ***assobiar um actor*** to boo (to hoot, to hiss) an actor
assobio *s. m.* whistle; hiss; ***o assobio do vento nas árvores*** the whistling of the wind in the trees
assobradar *v. tr.* to floor, to plank, to lay a floor
assocar *v. tr.* to tramp in the mud; to get stuck in the mud; to cover the manure with the earth left aside by the mould board in ploughing
associabilidade *s. f.* associability, associableness
associação *s. f.* association; community; companionship; partnership; union, guild; ***associação de ideias*** association of ideas; ***associação de socorros mútuos*** benefit society, provident society, friendly society; ***associação comercial*** trading association; ***associações profissionais*** trade unions; ***associações profissionais (na Idade Média)*** guilds; ***associação industrial*** industrial association
associacionismo *s. m.* associationism
associado Ⓐ *s. m.* associate, partner (in business); member (of a group, society or organization) Ⓑ *adj.* associate, allied
associal *adj.* non-social
associar Ⓐ *v. tr.* to take (to associate) someone as partner; to unite, to join, to put together Ⓑ *v. intr.* to mix (to associate) with Ⓒ *v. refl.* to join (as member of some organization); to accompany, to partake, to participate; to enter into partnership; ***associar ideias*** to link ideas
associativo *adj.* associative; sociable
associável *adj.* associable
assolação *s. f.* devastation, ravage, wasting, desolation, havoc
assolador Ⓐ *s. m.* ravager, desolator, devastator, waster, destroyer Ⓑ *adj.* devastating, wasting, ravaging
assolamento *s. m.* ⇒ **assolação**
assolapado *adj.* hidden; disguised
assolapar *v. tr.* ⇒ **solapar**
assolar *v. tr.* to devastate, to ravage, to waste, to destroy; to lay waste; to play havoc with (among), to make havoc of
assoldadar Ⓐ *v. tr.* to hire, to engage Ⓑ *v. refl.* to hire oneself out
assoldar Ⓐ *v. tr.* to hire, to engage Ⓑ *v. refl.* to hire oneself out
assolear *v. tr.* [Bras.] to tire, to fatigue excessively (animal) due to prolonged walking (or work) under the sun
assolhar *v. tr.* ⇒ **assoalhar**
assomada *s. f.* height; top, summit; appearing; fit of passion (rage)
assomadamente *adv.* angrily, rashly, irascibly, hastily; haughtily, disdainfully, proudly, loftily, contemptuously
assomadiço *adj.* irritable, irascible, fretful, testy, touchy, peevish, excitable, hot, hasty, peppery, hot-tempered
assomado *adj.* irascible, rash, overhasty; [Bras.] skittish, easily frightened
assomadoiro *s. m.* ⇒ **assomada**; fit (proper) place for an appearance
assomadouro *s. m.* ⇒ **assomada**; fit (proper) place for an appearance
assomar Ⓐ *v. intr.* to climb to the top, to ascend; to emerge; to dawn, to loom; to peep, to appear; to vex, to irritate Ⓑ *v. refl.* to show up in public; to become (get) angry, to fly into a passion (fury)
assomático *adj.* non-somatic; incorporeal, bodiless; having no bodily form; spiritual, immaterial, metaphysical
assombração *s. f.* terror, awe, spook, apparition
assombradiço *adj.* timid, timorous, skittish, fearful, easily frightened; suspicious, distrustful
assombrado *adj.* shady, shadowy; alarmed, terrified, appalled, scared, frightened, astonished, amazed, surprised, dazed, confounded, staggered; haunted (of ghosts and spirits); ***ficar assombrado*** to jump out of one's skin, to be affected by an electric discharge; ***ele ficou assombrado com a notícia*** he was thunderstruck by the news; ***castelo assombrado*** haunted castle
assombramento *s. m.* shading; astonishment, amazement, wonder, surprise; fright, fear, alarm, scare, dread, dismay; haunt (of ghosts and spirits)
assombrar Ⓐ *v. tr.* to shade, to shadow, to darken; to astonish, to amaze, to astound, to confound, to bewilder, to daze, to stagger, to dumbfound; to frighten; to stupefy, to dull, to blunt, to make stupid, to make dull; to haunt (of ghosts and spirits) Ⓑ *v. refl.* to be frightened; to be surprised (perplexed, awe-stricken); to be affected by an electric discharge
assombreamento *s. m.* ⇒ **assombramento**
assombrear Ⓐ *v. tr.* to shade (a picture); to shadow; to obscure, to darken; to stain Ⓑ *v. intr.* to become sad (gloomy, depressed); ⇒ **sombrear**
assombro *s. m.* amazement, surprise, astonishment, wonder, marvel; fright, terror, dismay, scare, horror; prodigy, portent, phenomenon, marvel
assombroso *adj.* amazing, wonderful, astonishing, astounding, surprising, marvellous, bewildering; frightful, dreadful, horrid, terrific, awful, awesome, weird
assomo *s. m.* appearance, appearing; sign, mark; irritation, fit of passion; ***assomo de raiva*** fit of anger
assonância *s. f.* assonance, assonancy
assonante *adj.* assonant
assonar *v. intr.* to resound, to echo, to reverberate
assonorentado *adj.* sleepy, drowsy
assopeado *adj.* ⇒ **sopeado**
assopear *v. tr.* ⇒ **sopear**
assopradela *s. f.* blowing; blow
assoprado *adj.* blown; [fig.] blown up, vain
assoprador *s. m.* blower; bellows; [fig.] instigator, prompter, inciter, setter-on
assopradura *s. f.* blowing
assopramento *s. m.* blowing
assoprar Ⓐ *v. tr.* to blow, to puff Ⓑ *v. intr.* to pant, to gasp, to breathe hard; to whisper; [fig.] to prompt
assopro *s. m.* blowing, puff; blast; breath; denunciation
assoreamento *s. m.* silting up, siltation
assorear *v. tr.* to silt up
assossegar *v. tr. e intr.* ⇒ **sossegar**
assossego *s. m.* ⇒ **sossego**
assotado *adj.* garret-shaped, garretlike; like an attic
assotar *v. tr.* to shape like a garret (an attic)
assovacar Ⓐ *v. tr.* to put (to keep, to carry) under one's arm Ⓑ *v. refl.* to be afraid, to get scared
assovelado *adj.* BOTÂNICA subulate, of the shape of an awl
assovelar *v. tr.* to prick with an awl; [fig.] to tease, to pester, to annoy, to harass
assovinado *adj.* pricked (perforated, drilled) by a wooden peg or pin; angry; stingy

assovinar Ⓐ *v. tr.* to prick (to perforate, to bore) with a wooden peg or pin; to sting with an awl; to tease, to vex Ⓑ *v. refl.* to become sordid (stingy)

assuada *s. f.* riot, uproar, outcry; mutiny, tumult, rout, hurly-burly

assuar *v. tr.* to jeer at; to boo, to hiss

assucador *s. m.* double mould-board plough

assucadouro *s. m.* ⇒ **assucador**

assucar *v. tr.* to make furrows along the edge of a field

assumagrar *v. tr.* to mix with sumac(h)

assumir *v. tr.* to assume, to take upon oneself; to shoulder; to arrogate; to undertake; to take over; to claim; ***assumir as rédeas do governo*** to assume the reins of government; ***assumir a presidência*** to take the chair; ***assumir a direcção*** to take the lead; ***assumir grandes proporções*** to take on large proportions; ***assumir um dever*** to assume a duty; ***assumiu as responsabilidades*** he shouldered the burdens; ***assumir a direcção de uma companhia (negócio)*** to take on the management of a company (business)

assumptível *adj.* assumable, admissible, legitimate

assumptivo *adj.* assumptive

assunção *s. f.* assumption; promotion; elevation to a high dignity

Assunção *s. f.* Assumption (of Our Blessed Lady)

assuntar *v. tr.* [Bras.] to pay attention to; to think about; to verify

assunto *s. m.* subject, matter, topic; theme; business, affair; question, point; ***assuntos domésticos*** household affairs, family affairs; ***falar de um assunto delicado*** [fig.] to skate over thin ice; ***o assunto resolve-se facilmente*** the matter will be easily settled; ***entrar no assunto*** to come to the matter; ***é um assunto para ser estudado*** it is a matter for consideration; ***fugir ao assunto*** to stray from the subject; ***resolver o assunto*** to settle the case; ***um assunto intrincado*** a knotty problem; ***assunto particular*** private affair; ***assunto muito urgente*** urgent business; ***assunto de pouca importância*** trifling business; ***ter outros assuntos a tratar*** [fig.] to have other fish to fry; ***o assunto em questão*** the matter in hand; ***limitar-se ao assunto*** to keep to the point; ***não tocar no assunto*** to leave the matter at rest; ***assunto especial*** special subject; ***assunto para discussão*** subject for discussion; ***mudar de assunto*** to change the subject; ***o assunto de todas as conversas*** the talk of the town; ***assunto arrumado*** settled matter; ***assunto desagradável*** regrettable matter; ***ir directo ao assunto*** to go straight to the point; ***é agora a altura de tratar do assunto*** now is the time to deal with the matter; ***isso não tem nada a ver com o assunto*** that has nothing to do with the question

assurgente *adj.* emerging

assustadamente *adv.* fearfully, timidly; timorously, shyly, bashfully

assustadiço *adj.* timid, timorous, fearful, shy, bashful

assustado *adj.* frightened, afraid; alarmed, fearful, timid, timorous; ***estar muito assustado*** [fam.] to be in a blue funk

assustador Ⓐ *adj.* frightening, startling, terrifying, appalling, dismaying; alarming, frightful Ⓑ *s. m.* one who (that, which) causes fright (alarm, terror, scare); alarmist; ***as notícias eram assustadoras*** the news was alarming

assustar Ⓐ *v. tr.* to frighten, to alarm, to startle, to terrify, to scare; to take fright Ⓑ *v. refl.* to become afraid (scared, alarmed, etc.); to have one's heart in one's mouth; ***não se assuste!*** don't be frightened!; ***assustaste-me por entrares tão repentinamente*** you startled me by bursting in

assustoso *adj.* ⇒ **assustador**

asta! *interj.* ⇒ **afasta!**

Ástaco *s. m.* ASTRONOMIA Cancer

astasia *s. f.* MEDICINA astasia

astaticidade *s. f.* astaticity

astático *adj.* astatic

astatínio *s. m.* ⇒ **ástato**

ástato *s. m.* QUÍMICA astatine (radioactive element number 85)

asteca Ⓐ *s. m. e f.* Aztec Ⓑ *adj.* Aztec, Aztecan

asteísmo *s. m.* RETÓRICA asteism, genteel irony

astela *s. f.* splint

astélica *adj.* astelic

astenia *s. f.* MEDICINA asthenia

asténico *adj.* MEDICINA asthenic; weak

astenofonia *s. f.* asthenophony

astenopia *s. f.* asthenopia

áster *s. m.* aster

astereognosia *s. f.* astereognosis

astéria *s. f.* MINERALOGIA asteria (star-stone); ZOOLOGIA starfish

asteriforme *adj.* star-shaped

astério *s. m.* asterion

asterisco *s. m.* asterisk

asterismo *s. m.* asterism, constellation

asternal *adj.* ANATOMIA asternal

asteróide Ⓐ *s. m.* asteroid Ⓑ *adj.* asteroidal, star-shaped

astigmático *adj.* astigmatic

astigmatismo *s. m.* ÓPTICA, MEDICINA astigmatism

astigmómetro *s. m.* astigmometer

astilha *s. f.* splinter

astinomia *s. f.* dignity of being *astínomo*

astínomo *s. m.* official for police supervision and cleanliness of the streets in ancient Greece

astomático *adj.* ⇒ **ástomo**

astómato *adj.* ⇒ **ástomo**

astomia *s. f.* quality of being astomous

ástomo *adj.* astomous, astomatous

astracã *s. f.* astrakhan, astrachan

astragália *s. f.* ARQUITECTURA astragal

astragaliano *adj.* referring to the astragalus

astragálico *adj.* referring to the astragalus

astrágalo *s. m.* ANATOMIA astragalus, anklebone; ARQUITECTURA astragal; BOTÂNICA astragalus

astragalóide *adj.* astragal-shaped

astragalomancia *s. f.* astragalomancy

astral *adj.* astral, sidereal, starry

astralidade *s. f.* astrology

astralização *s. f.* astrologizing

astralizar *v. tr.* to astrologize

ástreo *adj.* starry

astrífero *adj.* [poét.] astriferous, starred

astrígero *adj.* ⇒ **astrífero**

astro *s. m.* star, planet, comet or nebule; celebrity; belle; ***astro do dia*** the sun; ***astro da noite*** the moon; ***astro do cinema*** movie-star

astrobiologia *s. f.* astrobiology, the study of the possibility of life outside the earth

astrobolismo *s. m.* astrobolism

astrodinâmica *s. m.* astrodynamics

astrofísica *s. f.* astrophysics

astrofísico *s. m.* astrophysicist

astrofobia *s. f.* MEDICINA astrophobia

astrófobo *s. m.* MEDICINA a person who suffers from astrophobia

astrofotometria *s. f.* astrophotometry

astrognosia *s. f.* astrognosy

astrográfica *adj. f.* astrographic

astróide Ⓐ *s. m.* asteroid Ⓑ *adj.* asteroidal, star-shaped

astrolábio *s. m.* astrolabe

astrólatra *s. m. e f.* astrolater, star-worshipper

astrolatria *s. f.* astrolatry, star-worship

astrologia *s. f.* astrology

astrológico *adj.* astrologic(al)

astrólogo *s. m.* astrologer, astrologist

astromancia *s. f.* astromancy (art of divining by means of the stars)
astromante *s. m. e f.* astromancer
astrometria *s. f.* astrometry, measurement of stars
astrométrico *adj.* astrometric(al)
astrómetro *s. m.* astrometer
astronauta *s. m. e f.* astronaut, spaceman, spacewoman
astronáutica *s. f.* astronautics
astronomia *s. f.* astronomy
astronómico *adj.* astronomic(al)
astrónomo *s. m.* astronomer
astroquímica *s. f.* astrochemistry
astroscopia *s. f.* astroscopy (observation of stars)
astroscópio *s. m.* astroscope
astrosfera *s. f.* astrosphere
astúcia *s. f.* cunning, art, sagacity, astuteness, shrewdness, craft, artifice, subtlety
astuciar Ⓐ *v. tr.* to invent, to contrive, to plot Ⓑ *v. intr.* to use crafty devices, to be cunning (astute)
astucioso *adj.* cunning, crafty, astute, shrewd, sagacious, subtle, artful, sly, sharp, guileful
ásture *s. m., adj.* ⇒ **asturiano**
asturiano *s. m., adj.* Asturian; related to Asturias
astutamente *adv.* cunningly, craftily, astutely, artfully, slyly, sharply
astuto *adj.* ⇒ **astucioso**; ***era mais astuto do que eu*** he was too sharp for me
ata *s. f.* [Bras.] sugar apple; ZOOLOGIA any leaf-cutting ant
atabacado *adj.* tobacco-coloured; tobacco-smelling
atabafado *adj.* hushed up, kept (in) secret; well covered; close
atabafador Ⓐ *adj.* concealing, hushing, suppressing Ⓑ *s. m.* a person who conceals, hushes or suppresses
atabafamento *s. m.* concealment, hushing up, suppression
atabafar Ⓐ *v. tr.* to hush up; to smother; to cover; to hide; to suppress, to put a stop to Ⓑ *v. intr.* to breathe with difficulty, to gasp for breath
atabafeira *s. f.* difficult breathing
atabalar *v. intr.* to beat (to play) the atabal (kettle-drum)
atabale *s. m.* kettledrum
atabaleiro *s. m.* kettledrummer
atabales *s. m. pl.* kettledrum
atabalhoação *s. f.* ⇒ **atabalhoamento**
atabalhoadamente *adv.* clumsily, awkwardly; confusedly, hastily, in a disorderly manner
atabalhoado *adj.* clumsy, awkward; hasty, disordered, reckless, heedless
atabalhoamento *s. m.* helter-skelter, confusion; senseless or precipitate way of speaking or acting
atabalhoar *v. tr.* to bungle, to botch, to do clumsily, to blunder, to make a mess of; to say (to do) anything badly (or clumsily)
atabão *s. m.* ⇒ **tavão**
atabaque *s. m.* ⇒ **atabales**
atabarda *s. f.* military cloak (worn in old times)
atabernar *v. tr.* to sell in a tavern; to retail; to convert into a tavern
atabular *v. tr.* [Bras.] to hurry, to make haste; to wrangle; to be incoherent in speech, to talk nonsense
ataca *s. f.* lace, staylace, shoe-lace, shoe-string
atacabilidade *s. f.* attackability
atacado *adj.* laced, fastened, tied, done up (with laces); attacked; ***por atacado*** wholesale; ***ser atacado pela gota*** to be attacked by gout; ***atacado por um submarino*** attacked by a submarine
atacador *s. m.* lace, staylace; shoe-lace, shoe-string; attacker, aggressor; ramrod (of guns)
atacadura *s. f.* fastening, lacing
atacanhar *v. tr.* to diminish, to belittle, to reduce, to make smaller
atacaniça *s. f.* eaves (of a roof)
atacante Ⓐ *s. m. e f.* assailant, assailer, assaulter, attacker; forward (in soccer) Ⓑ *adj.* attacking, offensive, insulting
atação *s. f.* act of binding
atacar *v. tr.* to attack, to assail, to assault, to charge, to fall upon; to raid (aviation); to seize; to insult; to lace, to tie up; to do up; to cram (with food); ***atacar subitamente*** to fly at; ***atacar na imprensa*** to attack in the press; ***atacar a reputação alheia*** to attack a person's reputation; ***o ácido ataca os metais*** acid attacks (corrodes) metals; ***foi atacado de apoplexia*** he was seized by apoplexy
atacoar *v. tr.* to botch; to heel (shoes)
atáctico *adj.* ataxic
atadinho *adj.* [coloq.] timid, shy, timorous, skittish, chicken-hearted, awkward
atado Ⓐ *s. m.* bundle, faggot Ⓑ *adj.* timid, shy; clumsy, bungling, awkward; tied, fastened, bound, done up; ***estar atado de pés e mãos*** to be tied hand and foot; ***ter as mãos atadas*** to have one's hands bound (tied)
atador *s. m.* binder
atadura *s. f.* tie, string, band; CIRURGIA bandage; knot; [fig.] union, connection, link
atafal *s. m.* crupper (of a saddle or harness)
atafegação *s. f.* ⇒ **atafego**
atafegar *v. tr.* to suffocate, to choke
atafego *s. m.* suffocation, choking, stifling, asphyxia, asphyxiation
atafina *s. f.* kind of hook which opens and closes
atafona *s. f.* hand-mill; horse-mill; water-mill
atafoneiro *s. m.* miller
atafular-se *v. refl.* to dress up, to dress one's best, to become a dandy
atafulhamento *s. m.* filling to excess; cramming, stuffing
atafulhar *v. tr.* to cram, to stuff; to glut; to fill up, to fill to repletion
ataganhar *v. tr.* to afflict, to torment; to strangle, to throttle
atagantar *v. tr.* to beat with a whip; to flagellate; to vex
atalaia *s. f.* watch-tower; sentinel, guard, watchman; ***estar de atalaia*** to be on the look-out
atalaiar *v. tr.* to stand sentinel; to guard; to watch; to observe, to be on the watch (on the look-out); to lie in wait
atálamo *adj.* athalamous
atalanta *s. f.* white admiral; white butterfly
atalante *s. m.* [reg.] sudden wish of possessing something
atalhada *s. f.* cut through the woods as a barrier against the fire; firebreak
atalhado *adj.* embarrassed, dumb
atalhador *s. m.* stopper, interrupter(or); butcher's supplier
atalhamento *s. m.* stop, stoppage, stopping; hindrance, obstruction, drawback, obstacle; cut, cutting
atalhar *v. tr.* to stop; to put a stop to; to intercept, to hinder, to obstruct, to bar; to short-cut; to interrupt, to cut short; to puzzle, to embarrass, to perplex; ***atalhar o caminho*** to take the shortest way, to short-cut
atalho *s. m.* by-path, side-path, by-way; short-cut; abbreviation, shortening; obstacle, obstruction, impediment, hindrance, barrier, check, bar
atamancador *s. m.* botcher, bungler, patcher, lubber, muddler, bad hand
atamancamento *s. m.* botchery, a botch, a bungle, a patch-up
atamancar *v. tr.* to botch, to patch roughly, to bungle, to do clumsily, to foozle
atamarado *adj.* date-coloured; date-flavoured
atambor *s. m.* ⇒ **tambor**
atamento *s. m.* tying, binding; ligament; [fig.] timidity, shyness

atanado *s. m.* tan; tanned hide, tanned leather
atanar *v. tr.* to tan (leather, hide)
atanásia *s. f.* ORNITOLOGIA tansy
atanazar *v. tr.* to grip (hold) with tongs; to tease, to torment, to plague, to worry, to harrass
atanchar *v. tr.* ⇒ **tanchar**
atapetar *v. tr.* to carpet, to cover (spread) with a carpet; [fig.] to strew (to scatter)
atapulhar *v. tr.* to fill up; to plug, to stop with a plug; to cork, to stop (shut up) with a cork; ⇒ **atafulhar**
ataque *s. m.* attack, assault, charge, onset, onslaught, aggression; fit, stroke, seizure (of sickness); bout (illness); ***deu-lhe um ataque*** a fit seized him; ***um ataque de fúria*** a burst of passion, a fit of rage; ***um ataque de tosse*** a fit of coughing, a bout of coughing; ***ataque cardíaco*** heart attack, cardiac arrest; ***ataque de asma*** asthma attack; ***ataque de gota*** attack of gout; ***ataque de paralisia*** paralytic stroke; ***ataque de energia*** a fit of energy; ***ataque aéreo*** air raid
atar Ⓐ *v. tr.* to tie, to fasten, to bind; to do up (shoe laces), to wind round (on); to tie up; to lace, to bandage Ⓑ *v. refl.* to tie (bind) oneself, to perplex oneself, to be irresolute; ***atar um ao outro*** to tie together; ***atar um embrulho*** to tie up a parcel; ***atar uma corda*** to fasten a rope; ***atar uma corda à volta de*** to wind a rope round; ***atar os feixes*** to bind the bundles; ***não ata nem desata*** he does not make up his mind, he keeps shilly-shallying
atarantação *s. f.* embarrassment, perplexity; bewilderment, fluster, confusion, puzzle
atarantado *adj.* embarrassed, perplexed, bewildered, flustered, puzzled, disconcerted, confused; ***estar atarantado*** to be at one's wits end
atarantamento *s. m.* ⇒ **atarantação**
atarantar Ⓐ *v. tr.* to embarrass, to perplex, to puzzle, to confuse, to disconcert, to bewilder, to fluster, to fuddle (with drink) Ⓑ *v. refl.* to become disconcerted, to be at a loss, to become confused; ***atarantar uma pessoa*** to perplex a person; ***ele ataranta-se com tudo*** he is perplexed about everything
ataranto *s. m.* ⇒ **atarantação**
ataraxia *s. f.* ataraxy, ataraxia
atardar *v. tr.* to retard; to delay, to defer; to be late
atarefado *adj.* busy, occupied, engaged, at work, hard at work; ***um dia atarefado*** a busy day; ***o meu trabalho faz-me andar sempre atarefado*** my work keeps me busy all the time
atarefamento *s. m.* overburdening with work, overexertion
atarefar Ⓐ *v. tr.* to overwork, to burden with work, to task, to set a task Ⓑ *v. refl.* to be busy (diligent), to overwork, to set to a task
ataroucado *adj.* silly, foolish, simple; half-witted; imbecile
ataroucar *v. tr.* to turn stupid (silly, foolish)
atarracado *adj.* short and stout, stocky, blocky, squatty, thickset
atarracar *v. tr.* to press close; to bind fast; to hammer (horseshoes and horseshoe nails); to make low and thick
atarrafado *adj.* covered with a casting-net; shaped (cut) like a casting-net
atarraxador *s. m.* screw-driver; screwing-machine
atarraxar *v. tr.* to screw, to rivet
atartamelado *adj.* wobbly, shaky, unsteady
atartarugado *adj.* having the colour or shape of a turtle
atarugar *v. tr.* ⇒ **tarugar**
atascadeiro *s. m.* marshy place, puddle
atascar Ⓐ *v. tr.* to stick in the mud or mire Ⓑ *v. refl.* to stick (get stuck) in the mud; [fig.] to involve oneself in difficulties; to become degraded
atassalhador *s. m.* tearer, render; [fig.] calumniator
atassalhadura *s. f.* tearing, rending
atassalhar *v. tr.* to tear, to rend, to mangle; to tear to pieces; [fig.] to slander, to calumniate, to backbite
atataranhado *adj.* shy, embarrassed; puzzled, flustered
atataranhar-se *v. refl.* to be (get) shy (embarrassed, puzzled, flustered)
ataúde *s. m.* coffin; hearse, bier
atauxiar *v. tr.* ⇒ **tauxiar**
atavanado *adj.* dapple, dappled (horse)
atavão *s. m.* ⇒ **tavão**
atavernar *v. tr.* ⇒ **atabernar**
ataviador *s. m.* trimmer; dresser; decorator
ataviamento *s. m.* ornament, rigging, array; spruceness
ataviar Ⓐ *v. tr.* to dress, to trim, to bedeck, to adorn, to decorate Ⓑ *v. refl.* to dress up, to spruce
atávico *adj.* BIOLOGIA atavic, atavistic
atavio *s. m.* attire, ornament, dressing up; caparison
atavismo *s. m.* BIOLOGIA atavism
atavonado *adj.* resembling a cattle or horse fly
ataxia *s. f.* PATOLOGIA ataxy
atáxico *adj.* ataxic
atazanar *v. tr.* ⇒ **atenazar**
até Ⓐ *prep.* till, until (time); up to (time, place and quantity); as far as, to (place) Ⓑ *adv.* even, even if; still; yet; ***até agora*** till now, hitherto, as yet; ***até então*** till then; ***até sábado*** till Saturday; ***até às nove horas*** till nine o'clock; ***até quando?*** till when?, how long?; ***até onde?*** how far?; ***até que*** until; ***até à estação*** up to the station, as far as the station; ***até novo aviso*** until further notice; ***até ordem em contrário*** until countermand; ***até à quantia de*** to the amount of; ***até mais ver!*** so long!, see you again!; ***adeus, até à vista!*** good-bye, till we meet again!; ***até hoje*** up to this time; ***até Paris*** as far as Paris; ***até aqui*** so far, thus far; ***até mais não*** to the utmost; ***até que enfim!*** at last!; ***esperei até ao fim*** I waited till the end; ***até ele chegar*** until he comes; ***até o Pedro sabe isso*** even Peter knows that; ***há ainda muito tempo até lá*** it is a long time yet
ateador *s. m.* lighter; kindler; incendiary; [fig.] instigator, inciter, agitator
atear Ⓐ *v. tr.* to kindle; to light, to inflame, to set fire; to stir, to poke, to fan Ⓑ *v. refl.* to take fire; [fig.] to sow dissention; ***atear o fogo*** to kindle a fire; ***atear uma questão*** to aggravate a quarrel
ateatrado *adj.* resembling a theatre
atecnia *s. f.* artlessness, lack of technicality, unskilfulness; MEDICINA sterility, barrenness
atediar Ⓐ *v. tr.* to annoy, to tire, to bore, to weary; to disgust, to sicken Ⓑ *v. refl.* to become weary; to become tedious
ateigamento *s. m.* measuring by *teiga*; estimation of a crop
ateigar *v. tr.* to measure by a *teiga*; to estimate a crop
ateimar *v. intr.* ⇒ **teimar**
ateira *s. f.* the sugar apple
ateiró *s. f.* part of a plough serving as a joint piece
ateísmo *s. m.* atheism
ateísta *s. m. e f., adj.* atheist
ateístico *adj.* atheistic(al)
atelanas *s. f. pl.* HISTÓRIA satiric shows (performed in the Roman theatres)
atelectasia *s. f.* atelectasis
atelencefalia *s. f.* atelencephalia
atelocardia *s. f.* atelocardia
atemorização *s. f.* fright, alarm, terror, scare, panic
atemorizador *adj.* alarming, frightening, terrifying; alarmist, intimidator, scaremonger
atemorizamento *s. m.* ⇒ **atemorização**
atemorizar Ⓐ *v. tr.* to frighten, to terrify, to daunt; to intimidate, to scare, to give one the creeps Ⓑ *v. refl.* to become frightened, to become afraid, to get the creeps
atempação *s. f.* limitation (time); stated time
atempadamente *adv.* on time; in due time, opportunely
atempado *adj.* punctual, on time; opportune

atempar *v. tr.* to fix the time (delay); to finish the time; to ripen (grapes); to state a period
atenazar *v. tr.* to grip (to clasp, to hold, to press) with tongs; to tease, to pester; to torture, to vex
atença *s. f.* action of being confident; confidence; presumption
atenção Ⓐ *s. f.* attention, concentration; heed, care; consideration, regard, respect; kindness, deference, politeness, courtesy Ⓑ *interj.* mind!; look out!; stand by!; ***atenção aos trabalhos (na estrada)*** danger! road up!; NÁUTICA ***atenção ao governo!*** mind the helm!; ***prestar atenção*** to give heed to, to pay attention to, to lend an ear to, to pay regard to; ***chamar a atenção para*** to draw attention to; ***dirigir a atenção para*** to direct one's attention to; ***posso chamar a sua atenção para o facto ...?*** may I call your attention to the fact ...?; ***atenção rigorosa*** strict attention, close attention; ***em atenção a*** out of regard for, out of respect; ***fazer uma coisa com atenção*** to do something with care; ***tratar com atenção*** to be courteous with
atenciosamente *adv.* respectfully, attentively, considerately; kindly; courteously, obligingly, politely, regardfully, thoughtfully
atencioso *adj.* attentive, respectful, courteous, kind, regardful, obliging, considerate, polite, respectful, thoughtful
atendedor *s. m.* answering machine
atender *v. tr.* to attend; to pay attention to, to lend (give) an ear to, to listen, to mind, to give heed to; to wait on; to wait for, to await; ***tens de atender ao que diz o professor*** you must attend to what the teacher says; ***atender à porta*** to answer the door; ***atende o telefone!*** answer the phone!; ***já te atendo*** I'll attend to you directly; ***atender os fregueses*** to attend to (to help, to serve) the customers; ***atender um pedido*** to comply with a request
atendimento *s. m.* service; reception; answering; ***horário de atendimento*** opening hours, surgery hours, office hours
atendível *adj.* attendable, deserving consideration, worthy of notice
ateneu *s. m.* athenaeum
ateniense Ⓐ *adj.* Athenian Ⓑ *s. m. e f.* Athenian, native (or inhabitant) of Athens
atenorar *v. tr.* to set in tenor (voice)
atenrar *v. tr.* to make tender (soft)
atentadamente *adv.* attentively, carefully, intently, heedfully, diligently, fixedly
atentado *s. m.* attack; attempt; assault, onset; outrage, insult, abuse, offence; ***atentado contra a vida de alguém*** attempt (attack) on someone's life; ***atentado ao pudor*** indecent exposure
atentamente *adv.* respectfully, politely, courteously, obligingly, attentively, carefully, intently, heedfully, diligently
atentar *v. tr. e intr.* to pay attention to; to consider, to mind; to attempt (endeavour, try) to kill; ***atentar contra a vida de alguém*** to make an attempt on a person's life
atentatório *adj.* offensive; criminal, felonious
atentivo *adj.* attentive
atento *adj.* attentive, heedful, observant; careful; respectful, considerate; diligent; ***estar atento*** to be attentive
atenuação *s. f.* attenuation, thinning, thinness; tapering; lessening; ***atenuação da luz*** light subduing
atenuador *adj.* attenuating; attenuant, thinning
atenuante *adj.* attenuating; attenuant, thinning; ***circunstâncias atenuantes*** attenuating circumstances
atenuar *v. tr.* to attenuate, to reduce, to lessen, to diminish; to soften, to mitigate; to thin, to make thin (slender); to thin out, to extenuate
atenuativo *adj.* attenuating, attenuative; ⇒ **atenuante**
atenuável *adj.* that may be attenuated
aterecer-se *v. refl.* to freeze
atermal *adj.* athermal, without heat
atérmano *adj.* FÍSICA athermanous
atermia *s. f.* FÍSICA athermancy, adiathermancy (absence of heat)
atérmico *adj.* athermic
ateroma *s. m.* PATOLOGIA atheroma
ateromatoso *adj.* atheromatous
aterosclerose *s. f.* MEDICINA atherosclerosis
ateroscleròtico *adj.* atherosclerotic
aterrado *adj.* horror-stricken, awestruck, frightened, startled, scared; levelled, filled up with earth; landed, grounded (plane)
aterrador *adj.* appalling, frightful, frightening, alarming, astounding, awe-inspiring, shocking
aterragem *s. f.* landing, descent (aeroplane); grounding; ***uma aterragem forçada*** a forced landing; ***aterragem com mau tempo*** bad-weather landing; ***aterragem imprevista*** unintentional landing; ***aterragem mal feita*** unskilful landing
aterraplenar *v. tr.* ⇒ **terraplenar**
aterrar Ⓐ *v. tr.* to terrify, to horrify, to appal, to frighten, to astound, to startle, to alarm, to scare; to throw into consternation; to cover with earth, to level (to raise) with earth Ⓑ *v. intr.* to land (aeroplane); NÁUTICA to approach (to make) land
aterro *s. m.* embankment, earthwork; levelling (of low-lying ground); the action of filling up a hole in order to level the ground
aterrorar *v. tr.* ⇒ **aterrorizar**
aterrorizado *adj.* terrorized, frightened, scared, terrified; apalled, horrified, alarmed, shocked
aterrorizador *adj.* frightful, terrifying, apalling
aterrorizante *adj.* ⇒ **aterrorizador**
aterrorizar *v. tr.* to terrify, to terrorize, to fill with terror, to horrify, to appal, to frighten, to alarm, to scare
ater-se *v. refl.* to lean against (on); to stick to, to keep to; to cling to; to confide in, to rely on; ***ater-se ao regulamento*** to conform (to stick) to the regulation
atestação *s. f.* attestation
atestado *s. m.* certificate, testimonial (often a letter); ***atestado de doença*** sick-voucher, medical certificate; ***atestado de saúde*** certificate of health, bill of health; ***atestado de comportamento*** certificate of character; ***ele apresentou um atestado do seu antigo patrão*** he produced a testimonial from his former employer
atestador Ⓐ *adj.* attestant, certifying, attesting Ⓑ *s. m.* certifier, attestor; testimony, witness
atestadura *s. f.* portion of liquid used for filling up barrels, casks or reservoirs
atestamento *s. m.* portion of liquid used for filling up barrels, casks or reservoirs
atestante Ⓐ *adj.* attesting, certifying Ⓑ *s. m.* attestor; certifier
atestar *v. tr.* to attest, to certify, to vouch, to confirm; to fill, to fill up, to stock, to replenish
atesto *s. m.* ⇒ **atestadura**
atetose *s. f.* athetosis (involuntary movements)
atetótico *adj.* athetoid
ateu Ⓐ *adj.* atheistic Ⓑ *s. m.* atheist
atibiar *v. tr.* ⇒ **entibiar**
atiçação *s. f.* ⇒ **atiçamento**
atiçador *s. m.* poker, stoking iron; [fig.] instigator, fomenter, plotter
atiçamento *s. m.* poking; [fig.] instigation, provocation
atiçar *v. tr.* to poke (the fire); [fig.] to instigate; to stir up, to rouse, to spur, to foment, to plot
aticismo *s. m.* atticism
aticista *s. m. e f.* atticist
ático Ⓐ *adj.* Attic; refined, simple, elegant Ⓑ *s. m.* Attic
atiçoar *v. tr.* to burn with firebrands
atido *adj.* relying (on), trusting, depending; confident, hoping

atigrado *adj.* tigerlike; spotted (striped) like a tiger
atijolado *adj.* paved with bricks; brick coloured
atijolar *v. tr.* to pave with bricks
atiladamente *adv.* wisely, wittily, sensibly, soundly; ingeniously, cleverly
atilado *adj.* wise, sensible, judicious, sound, intelligent, clever, shrewd, conscientious, scrupulous; nice, smart; witty
atilar *v. tr.* to perform with care; to perfect, to improve; to refine
atilho *s. m.* tie, band, string
atimia *s. f.* athymia, melancholy, depression
atímico *adj.* athymic
átimo *s. m.* instant, moment; ***num átimo*** in an instant
atinadamente *adv.* ⇒ **atiladamente**
atinado *adj.* ⇒ **atilado**
atinar *v. tr. e intr.* to guess right; to find out, to hit upon, to make out, to make head or tail of; to reach (the point); to remember; ***não sou capaz de atinar com este problema*** I cannot make head or tail of this problem; ***não atino com o que ele diz*** I cannot make out what he is saying
atinente *adj.* concerning; relative
atingir *v. tr.* to reach, to get to, to attain, to grasp, to understand; to conceive, to hit; to touch lightly upon; to refer to; ***atingir a maioridade*** to come of age; ***atingir a soma (a cifra) de*** to reach the sum (the figure) of; ***atingir uma grande velocidade*** to attain a high speed; ***atingir o ponto culminante*** to reach the climax; ***ser atingido por uma bomba*** to be hit by a bomb; ***atingir o alvo*** to hit the target
atingível *adj.* attainable, achievable, compassable; conceivable, picturable, imaginable, thinkable
atino *s. m.* guess, act or fact of guessing; a hit, hitting upon, catching on
atintar *v. tr.* to lay a thin coat of paint
atipia *s. f.* irregularity in the appearance of certain periodic diseases
atípico *adj.* atypic
atiplado *adj.* like a soprano
atiplar *v. tr.* to put (or set) in soprano
atirada *s. f.* throw, hurl, cast; act (or fact) of throwing (hurling, casting)
atiradiço *adj.* daring, bold, fearless, adventurous; forward, petulant
atirador *s. m.* shooter, shot, marksman; sniper; MILITAR sharp-shooter; ***é um bom atirador*** he is a good shot; ***é um atirador de primeira classe*** he is a first-class shot
atirar Ⓐ *v. tr. e intr.* to cast, to throw, to hurl, to toss, to fling (objects, etc.); to shoot at, to snipe, to fire, to discharge (firearms); to toss up (in the air); [fig.] to aim at Ⓑ *v. refl.* to rush; to throw oneself; to venture; ***atirar uma pessoa ao chão*** to knock a person down; ***atirar pedras*** to throw stones, to hurl stones; ***atirar com a porta*** to bang the door, to slam the door; ***atirar-se a alguém*** to fall upon a person; ***atirar ao alvo*** to shoot at a target; ***atirar de atalaia*** to snipe; ***atirou ao veado e não acertou*** he shot at the deer and missed it; ***atirar a esmo*** to shoot at random; ***ele atira muito bem*** he is a very good shot; ***atirar (com) uma bola*** to throw a ball; ***atirar uma moeda ao ar e apostar caras ou cunhos*** to toss a coin; ***atirar para longe*** to toss away; ***atirar de um lado para o outro*** to toss about; ***atirar ao chão*** to fling on to the ground, to throw down
atitar *v. intr.* to shriek, to squawk, to scream (birds); to yell; to hiss
atito *s. m.* squawk, scream (birds); shrill sound; yell; hiss
atitude *s. f.* attitude; posture, position; disposition; ***tomar uma atitude arrogante*** to ride (to mount) the high horse; ***atitudes grosseiras*** coarse manners; ***tomar uma atitude*** to assume an attitude
atlante *s. m.* atlas, figure of a man supporting a heavy weight (used as a pillar); a strong man; [fig.] pillar, support
atlântico Ⓐ *adj.* Atlantic Ⓑ *s. m.* the Atlantic (Ocean)
atlas *s. m.* atlas
atleta *s. m.* athlete
atlética *s. f.* athletics
atlético *adj.* athletic; [fig.] vigorous, strong; ***desportos atléticos*** athletic sports
atletismo *s. m.* athletics; the practice of physical exercises
atmiatria *s. f.* treatment of disease by inhalation of vapours or gases
atmidiatria *s. f.* treatment of disease by inhalation of vapours or gases
atmidómetro *s. m.* atmometer, atmidometer, instrument for measuring evaporation
atmómetro *s. m.* atmometer, evaporation meter
atmosfera *s. f.* atmosphere; ***numa atmosfera viciada*** amid reek and squalor
atmosférico *adj.* atmospheric(al)
atmosferografia *s. f.* atmospherography
à-toa *adj.* worthless; useless
atoada *s. f.* rumour, report, talk, gossip, story, flying report, scandal
atoalhado Ⓐ *adj.* like a table-cloth; covered with a table-cloth or linen Ⓑ *s. m.* table-cloth, linen
atoalhar *v. tr.* to cover with a table-cloth or linen; to cover
atoar *v. tr.* to tow, to haul, to drag; to buck, to jib, to refuse to move on (animal); to follow another's opinion
atoarda *s. f.* ⇒ **atoada**
atocaiar *v. tr.* to waylay; to stalk (game); to assault in the dark
atochado *adj.* tight, wedged in; overloaded
atochador *adj.* tightening, squeezing
atochar *v. tr.* to fasten, to beat, to drive in by force; to wedge; to force in; to press, to pack in; to put between splints; [fig.] to fill up, to replenish, to stuff
atocho *s. m.* wedge; chock
atocia *s. f.* sterility in the female
à-toinha *adj.* very easy
atol *s. m.* atoll
atoladeiro *s. m.* ⇒ **atoleiro**
atoladela *s. f.* mire; difficult situation; embarrassment
atoladiço *adj.* muddy, miry
atoladoiro *s. m.* ⇒ **atoleiro**
atoladouro *s. m.* ⇒ **atoleiro**
atolambar *v. tr.* ⇒ **atoleimar**
atolar[1] Ⓐ *v. tr.* to stick in the mud (mire); to sink in the mud Ⓑ *v. refl.* to become (get) dirty; [fig.] to get into trouble, to involve in difficulties; to degenerate, to be dissolute, to sink in life
atolar[2] Ⓐ *v. tr.* to make silly; to make a fool of Ⓑ *v. refl.* to grow foolish; to grow silly
atoleimado *adj.* silly, foolish, simple, weak-minded, shallow
atoleimar Ⓐ *v. tr.* to make silly Ⓑ *v. refl.* to grow foolish (silly, shallow)
atoleiro *s. m.* mire, marsh, quagmire; swamp, bog, slough, fen; mud; [fig.] degradation, dishonour, disgrace, abasement; ***tirar uma criança do atoleiro*** to take a child out of the gutter
atomatar *v. tr.* to shame; to confuse; to mash, to squash (as a tomato)
atombar *v. tr.* to enroll, to list; to annotate, to register
atomicidade *s. f.* atomicity
atómico *adj.* atomic; ***energia atómica*** atomic energy; ***bomba atómica*** atomic bomb; ***calor atómico*** atomic heat; ***física atómica*** atomic physics; ***massa atómica*** atomic mass; ***número atómico*** atomic number; ***pilha atómica*** atomic pile
atomismo *s. m.* atomism
atomista *s. m. e f.* atomist
atomístico *adj.* atomistic
atomização *s. f.* atomization
atomizar *v. tr.* to atomize, to reduce to atoms

átomo *s. m.* atom; corpuscle; little mote
atomologia *s. f.* atomology
atomológico *adj.* atomologic
atomologista *s. m. e f.* atomologist; learned in atomology; atomist
atonar *v. intr.* to come to the surface (of water)
atonelado *adj.* having the form of a tun or large cask
atonia *s. f.* MEDICINA atony; debility; weakness; moral or intellectual inertia
atónico *adj.* atonic
atónito *adj.* astonished, amazed, surprised, stupefied, aghast, perplexed
atonização *s. f.* act of causing atony
atonizar *v. tr.* to cause atony; to weaken, to enfeeble
átono *adj.* GRAMÁTICA atonic; unstressed
atontadiço *adj.* related to that which (or one who) becomes easily dizzy
atontar *v. tr.* to stupefy, to besot, to make dull; to make dizzy, to bewilder, to fluster
atontear *v. tr.* to stupefy, to besot, to make dull; to make dizzy, to bewilder, to fluster
atopetar *v. tr.* to haul to the top (of a mast); to fill, to fill up, to cram
atora *s. f.* piece of round timber, log
atorácico *adj.* without thorax
atorar *v. tr.* to cut wood into logs
atorçoar *v. tr.* to grind grossly as oatmeal; to crush, to crunch
atordoado *adj.* stunned, stupefied; dazed, dizzy, giddy; ***ficar atordoado*** to be stunned, to be knocked out
atordoador *adj.* stunning, stupefying, confounding
atordoamento *s. m.* stupefaction; daze, stun, dizziness; giddiness
atordoante *adj.* ⇒ **atordoador**
atordoar *v. tr.* to stun; to stupefy, to astound, to amaze, to puzzle, to confuse, to bewilder; to make giddy; to over-noise, to deafen
atormentação *s. f.* torment; anguish, torture, pain, trouble
atormentadiço *adj.* easily tormented (or afflicted); worrisome
atormentado *adj.* worried, afflicted, tormented, tortured; troubled, pinched, pained, vexed; harassed, bothered, pestered; annoyed, distressed, upset
atormentador Ⓐ *adj.* tormenting Ⓑ *s. m.* torturer, tormentor; persecutor
atormentar Ⓐ *v. tr.* to worry, to pester, to torment, to torture; to vex, to harass, to tease Ⓑ *v. refl.* to fret, to bother, to worry, to be afflicted; ***atormentar com constantes pedidos de dinheiro*** to bother (to pester) with constant demands for money; ***não atormentes o animal!*** don't tease the animal!
atorrear *v. tr.* to provide with towers
atorrejar *v. tr.* ⇒ **atorrear**
atorresmar *v. tr.* to turn into cracklings; to over-roast
atortemelado *adj.* that has no strength in the legs; that walks clumsily
atoscalhado *adj.* roughish, somewhat coarse
atoucado *adj.* toquelike, like a bonnet or hood; hooded
atoucinhado *adj.* lardy, fat; cooked with lard
atoucinhar *v. tr.* to fatten (pigs) for making lard; to make bacon
atóxico *adj.* not toxic, non-toxic; innocuous, non-poisonous
atrabelhar *v. tr.* to close with a toggle; to toggle; to move any piece at the game of chess
atrabile *s. f.* atrabile; black cholera; black bile, melancholy
atrabiliariamente *adv.* atrabiliously; melancholically; violently
atrabiliário *adj.* atrabiliarious, atrabilious, hypochondriacal; acrimonious
atrabilioso *adj.* atrabiliarious, atrabilious, hypochondriacal; acrimonious
atrabílis *s. f.* ⇒ **atrabile**
atracação *s. f.* NÁUTICA boarding; mooring, docking
atracadela *s. f.* ⇒ **atracação**
atracado *adj.* alongside, moored
atracador *s. m.* mooring line, seizing, lashing, hawser
atracadura *s. f.* ⇒ **atracação**
atracão *s. m.* collision, thrust, push, shock; impertinence
atracar *v. tr.* NÁUTICA to bring alongside, to come (to haul) alongside; to moor; to seize, to lash; to accost (a person); to grapple (to come to blows with) someone; ***o barco atracou à muralha*** the ship came alongside
atracção *s. f.* attraction; allurement; magnetization; affinity; *pl.* amusements; ***atracção eléctrica*** electrical attraction; ***atracção magnética*** magnetic attraction; ***atracção molecular*** cohesion, adhesion; ***atracção química*** chemical affinity; ***atracção sexual*** sex appeal; GRAMÁTICA ***atracção sintáctica*** attraction; ***atracção terrestre*** terrestrial gravitation; ***atracção universal*** gravitation; ***exercer uma atracção*** to exert an attraction; FÍSICA ***força de atracção*** attractive power; ***a principal atracção*** the great attraction; ***as atracções de uma grande cidade*** the sights of a great metropolis
atractividade *s. f.* attraction
atractivo Ⓐ *adj.* attractive, alluring, charming, engaging Ⓑ *s. m.* attraction, allurement; *pl.* charms
atraente *adj.* attractive, charming, enticing, engaging, attracting; appealing, interesting; alluring, tempting, seductive
atrafegar-se *v. refl.* to fatigue, to tire oneself, to overburden oneself with work (responsibilities, etc.); to have several jobs at the same time
atraiçoadamente *adv.* treacherously
atraiçoado *adj.* betrayed; treacherous
atraiçoador Ⓐ *s. m.* traitor, betrayer Ⓑ *adj.* traitorous, treacherous
atraiçoar Ⓐ *v. tr.* to betray, to play foul; to delude, to mislead Ⓑ *v. refl.* to betray oneself, to reveal oneself
atraimento *s. m.* ⇒ **atracção**
atrair *v. tr.* to attract, to allure; to entice, to draw; to induce; ***atrair o auditório*** to win one's audience; ***atrair simpatias*** to arouse liking and admiration for oneself; ***ele atraiu um grande público*** he drew a large public; ***este livro já não me atrai*** this book has lost all interest for me
atralhoar *v. tr.* to yoke (oxen at the plough)
atramar *v. intr.* to show the texture; to become thin (cloth); to wear off
atrancamento *s. m.* act (or fact) of barring (bolting, locking up)
atrancar Ⓐ *v. tr.* to bar, to bolt Ⓑ *v. refl.* to entrench, to barricade oneself
atranco *s. m.* ⇒ **atrancamento**
atrangalhar *v. tr.* to do badly and in a hurry or carelessly
atranqueirado *adj.* provided with stockades, trenches
atrapalhação *s. f.* confusion, disorder, muddle; embarrassment, perplexity; agitation
atrapalhador *s. m.* person who causes confusion
atrapalhar Ⓐ *v. tr.* to confuse, to embarrass; to trouble; to muddle; to confound; to make a mess of Ⓑ *v. refl.* to become confused; to get mixed up; to flounder; ***ele nunca se atrapalha*** he never gets flustered; ***estar atrapalhado*** to be quite puzzled, to be up a tree; ***o pequeno atrapalhou-se no exame*** the child muddled his examination; ***atrapalhar-se com pouca coisa*** to be upset by trifles; ***atrapalhar os planos de alguém*** to upset another's plans
atrás *adv.* behind, back, backwards; ago, formerly, previously; ***anos atrás*** years ago; ***anda atrás de quê?*** what are you after?; ***voltar com a palavra atrás*** to go back on one's word; ***estar de pé atrás com*** to be mistrustful of someone; ***voltar atrás*** to go back; ***seguir atrás de alguém*** to go after some-

one; ***correr atrás de alguém*** to run after a person; ***um atrás do outro*** one behind the other; ***ficar atrás*** to remain behind; ***ele não te fica nada atrás*** he is not inferior to you; ***esconder--se atrás de uma árvore*** to hide behind a tree; ***deixámo-los atrás*** we surpassed them; ***fazer pé atrás*** to shrink back from; ***eu não vou atrás dele*** I do not mind him, I do not listen to him

atrasado *adj.* backward; late; behindhand; slow (of clocks and watches); ***estar atrasado*** to be behindhand, to be late; ***chegar atrasado*** to arrive late, to be behind time; ***uma criança atrasada*** a backward child; ***atrasado nos preparativos*** backward in one's preparations; ***estar a dever o atrasado*** to be in arrears; ***estar atrasado nos estudos*** to be behind in one's studies; ***o meu relógio está atrasado cinco minutos*** my watch is five minutes slow

atrasador Ⓐ *s. m.* delayer, retarder, person who retards or delays Ⓑ *adj.* delaying

atrasamento *s. m.* ⇒ **atraso**

atrasar Ⓐ *v. tr.* to delay, to retard, to postpone, to defer, to put off; to put (or to set) back (clocks, watches) Ⓑ *v. intr.* to stay behind, to remain behind; to go (or to be) slow, to be late Ⓒ *v. refl.* to get into arrears (of payment); ***atrasar-se nos pagamentos*** to be in arrears; ***atrasar o trabalho*** to get behind with work; ***atrasar o serviço*** to get behind in one's duties; ***atrasar o relógio*** to put the clock back

atraso *s. m.* delay, retardment, retardation; backwardness; slowness (of clocks and watches); decay; NÁUTICA lag; ***em atraso (navio)*** overdue (ship); ***atraso no fornecimento*** delay in delivery; ***atraso de pagamento*** delay of payment; ***em atraso*** in arrears; ***ele costuma pagar com atraso*** he is of slow payment; ***dívidas em atraso*** arrearage, arrears; ***trabalho em atraso*** a backlog of work; ***um atraso de vida*** a hindrance

atravancamento *s. m.* obstacle, impediment

atravancar *v. tr.* to obstruct, to encumber, to block, to bar

atravanco *s. m.* ⇒ **atravancamento**

através *adv.* through; ***através de*** across, through; ***através dos campos*** through the fields; ***através dos mares*** across the seas; ***através da cidade*** through the town; ***através dos séculos*** throughout the centuries, down the ages; ***ele vê através das paredes*** he sees through a brick wall

atravessadeira *s. f.* monopolizer; profiteer; forestaller

atravessadiço *adj.* thwarting, opposing; cross

atravessado *adj.* laid across; athwart (ship); naughty; half-bred; mongrel; treacherous, insidious; ***estar atravessado com alguém*** to be at odds with someone; ***ter qualquer coisa atravessada na garganta*** to have something stuck in the throat

atravessadoiro *s. m.* cross-way, by-path

atravessador *s. m.* person who (or thing that) crosses; profiteer, commodity monopolist

atravessadouro *adj.* ⇒ **atravessadoiro**

atravessamento *s. m.* crossing, passing over

atravessar *v. tr.* to cross; to go through, to pass over, to traverse, to walk across; to travel across; to go over; to pierce through; to perforate; to oppose, to thwart, to hinder; to interpose, to lay across; to frustrate; ***atravessar a correr*** to run across; ***atravessar o equador*** to cross the line; ***atravessar (o navio)*** to heave (the ship) to, to bring (the ship) to; ***atravessar de uma margem para a outra*** to ferry over; ***atravessar um canal*** to pass through a channel; ***atravessar um momento crítico*** to pass through a crisis; ***atravessar a rua*** to cross the street; ***atravessar o rio*** to cross the river; ***atravessar o oceano*** to traverse the ocean; ***a linha-férrea atravessa a estrada neste ponto*** the railway line crosses the road at this point; ***atravessar apressadamente*** to rush through; ***atravessar rapidamente a corrente*** to shoot the flood; ***atravessar alguém com o olhar*** to pierce someone with a look; ***atravessar-se no caminho de alguém*** to block another's path, to interfere in his affairs

atravincar *v. tr.* to hold fast, to grip; to secure with a pin, to pin

atreguar *v. intr.* to declare a truce; to give a rest; to relieve

atreito *adj.* given to, prone (inclined, disposed) to; accustomed to, used to; ***ele é atreito a doenças*** he is prone to illness; ***atreito à bebida*** given to drink

atrelagem *s. f.* drawing near; coupling

atrelar Ⓐ *v. tr.* to leash, to put on a leash; to seduce, to allure Ⓑ *v. refl.* to associate oneself with; ***atrelar-se a alguém*** to stick close to someone; ***andar sempre atrelado a outro*** to be always tacked on to another; ***atrelar os vagões*** to couple the trucks

atremar *v. intr.* to use good judgement; to be wise

atrepa *s. f.* ORNITOLOGIA ⇒ **trepadeira**

atrepar *v. tr.* ⇒ **trepar**

atrepsia *s. f.* MEDICINA athrepsia

atréptico *adj.* athreptic

atresia *s. f.* MEDICINA atresia

atrever-se *v. refl.* to dare, to venture; to attempt, to have courage for; ***como se atreve?*** how dare you?; ***ele não se atreve a dizer uma mentira*** he dares not tell a lie; ***atreve-se a dizer-lhe a verdade?*** dare you tell him the truth?; ***ele atreve-se a desobedecer ao pai*** he dares to disobey his father; ***só me atrevi a fazer uma observação*** I only ventured to remark; ***atrever-se a alguma coisa*** to risk (to try) something; ***atreva-se!*** you just try!

atrevidaço *adj.* insolent, very impertinent

atrevidamente *adv.* boldly, audaciously; saucily

atrevidão *adj.* ⇒ **atrevidaço**

atrevido *adj.* bold, brave, daring, courageous; saucy, impudent, forward, inconsiderate; confident; *(descarado)* as bold as brass

atrevidote *adj.* somewhat cheeky, a bit too free

atrevimento *s. m.* boldness, audacity, daring; impudence, sauciness; ***nada de atrevimentos!*** none of your impudence!, no cheek!; ***ele tem o atrevimento de fazer isso*** he has the insolence to do that; ***o seu atrevimento confunde-me*** his assurance baffles me; ***que atrevimento!*** what a cheek!

atrial *adj.* ⇒ **gastrovascular**

atribuição *s. f.* attribution; power; prerogative; act of attributing

atribuidor *s. m.* attributor, attributer

atribuir *v. tr.* to attribute, to ascribe, to impute; to put down to; to confer, to bestow; ***atribuir ao nervosismo*** to put down to one's nervousness; ***atribuir o êxito ao seu trabalho excessivo*** to attribute one's success to hard work; ***atribuir a culpa a alguém*** to lay the blame on; ***atribuir importância a uma coisa*** to attach importance to a thing; ***atribuir a um erro*** to attribute (something) to a mistake; ***foi-lhe atribuída uma função*** he was assigned a function; ***a constituição atribui-lhe essa prerrogativa*** the constitution assures him that privilege

atribuível *adj.* attributable, ascribable

atribulação *s. f.* tribulation, suffering, grief, distress

atribuladamente *adv.* afflictively

atribulador Ⓐ *s. m.* persecutor Ⓑ *adj.* afflicting, distressing, grievous

atribular Ⓐ *v. tr.* to afflict, to distress, to grieve; to trouble, to mortify Ⓑ *v. refl.* to afflict oneself, to be distressed (troubled)

atributivo *adj.* attributive

atributo *s. m.* attribute; quality, characteristic quality; property; symbol, emblem; predicable; GRAMÁTICA apposition; ***a coroa e o ceptro são atributos dos reis*** crown and sceptre are attributes of kings

atrição *s. f.* attrition; friction; abrasion; RELIGIÃO attrition, contrition

atricapilo *adj.* having black hair

atricaude *adj.* having a black tail

atricolo *adj.* having a black neck

atricose *s. f.* baldness; absence of hair

atrigado *adj.* corn-coloured; bad-tempered; bashful; afflicted; in a hurry

atrigar-se *v. refl.* to hurry; to make haste; to fluster, to be very busy; to be troubled (shame, fear); to get embarrassed
atrigueirado *adj.* almost brunette; of dark complexion
atril *s. m.* lectern, reading desk
atrincheirar *v. tr.* to open trench(es); to trench
átrio *s. m.* atrium; hall, vestibule; porch; court
atríolo *s. m.* little hall
atrípede *adj.* black-footed
atriquia *s. f.* baldness, hairlessness
atrirrostro *adj.* blackbeaked (bird); black snouted (animal)
atrito Ⓐ *s. m.* attrition, friction; rubbing; disagreement; *pl.* difficulties Ⓑ *adj.* repentant, penitent, contrite; ***provocar atritos*** to cause trouble; ***sem atrito*** frictionless
atro *adj.* atrous, black; gloomy, dark, tenebrous
atroada *s. f.* thundering noise, row, hubbub, clamour
atroador Ⓐ *adj.* noisy, riotous; thundering Ⓑ *s. m.* one who makes a thundering noise, rioter
atroamento *s. m.* thundering; stunning (as by a shock or deafening noise)
atroante *adj.* ⇒ **atroador**
atroar *v. tr.* to thunder, to resound; to roar; to shake (with noise); to stun, to stupefy
atrocidade *s. f.* atrocity, atrociousness, cruelty; fierceness, wickedness, monstrosity
atrofia *s. f.* atrophy; ***atrofia dos músculos*** atrophy of the muscles; ***atrofia cerebral*** cerebral atrophy
atrofiado *adj.* atrophous, atrophic
atrofiante *adj.* that makes atrophous
atrofiar *v. tr.* to atrophy; to waste away
atrófico *adj.* atrophic
atrófita *s. f.* a fungus parasite which causes the atrophy of the plant
atrogalhar *v. tr.* to make hastily or poorly
atrolhar *v. tr.* to plough superficially
atrombetado *adj.* trumpet-like
atronchado *adj.* short and sturdy
atroo *s. m.* thunder; clamour; loud noise
atropar *v. tr.* to provide with troops; to assemble; to enlist
atropelação *s. f.* ⇒ **atropelamento**
atropeladamente *adv.* confusedly; hastily, tumultuously, disorderly
atropelador Ⓐ *adj.* that runs over, that tramples Ⓑ *s. m.* trampler, person who runs over (knocks down)
atropelamento *s. m.* trampling; overthrowing, running over, knocking over, offence
atropelante *s. m. e f., adj.* ⇒ **atropelador**
atropelar Ⓐ *v. tr.* to tread (to step) on, to trample; to tread under foot, to crush; to run over; to knock down; to overthrow; to overturn; to despise, to treat with scorn, to spurn, to defy, to set at naught Ⓑ *v. refl.* to crowd together; (of thoughts) to crowd in one after another; to do things in a hurry
atropelo *s. m.* ⇒ **atropelamento**
atropilhar *v. tr.* to form a drove, flock (horses)
atropina *s. f.* atropine, atropin; BOTÂNICA belladonna
átropo *adj.* orthotropous
atroviscado *adj.* bitter; blackened (said of bread that has been submitted to sudden strong heat)
atroz *adj.* atrocious, cruel, heinous, nefarious, monstrous, horrible; fierce, merciless; excruciating (of pain)
atrozmente *adv.* atrociously, heinously, horribly; excruciatingly
atrutado *adj.* spotted like a trout; [fig.] artful like a trout
atuar *v. tr.* to thee-and-thou; to address familiarly with *tu* (thou)
atuarro *s. m.* small tunny fish
atucanar *v. tr.* to beset, to harass
atueira *s. f.* net to catch tunny
atufar *v. tr.* to fill, to full; to dive, to plunge, to penetrate
atulhamento *s. m.* filling up, blocking up, jam
atulhar *v. tr.* to fill up, to block up; to obstruct; to heap up; to cram
atulho *s. m.* ⇒ **atulhamento**
atum *s. m.* tunny, tuna, tuna-fish; ***atum de conserva*** tinned tunny; ***armação de atum*** tunny-net
atumultuador Ⓐ *adj.* riotous, tumultuous Ⓑ *s. m.* rioter; person who causes a tumult
atumultuar *v. tr.* to cause a tumult, to riot
atundir *v. tr.* ⇒ **contundir**
atuneira *s. f.* big vat used to salt tuna
atupir *v. tr.* to cover the corn seeds with earth; to fill, to cram
aturá *s. m.* a cylindrical Indian basket carried on the back and held by a strap across the forehead
aturadamente *adv.* unceasingly; ceaselessly; patiently
aturado *adj.* unceasing, constant, incessant, steady; persevering, ceaseless; ***estudo aturado*** constant study; ***trabalho aturado*** ceaseless work
aturadoiro *adj.* ⇒ **aturadouro**
aturador *s. m.* sufferer
aturadouro *adj.* persistent, enduring
aturar *v. tr.* to endure, to tolerate, to bear, to suffer, to undergo; to prolong; to last; to persevere; ***eu não aturaria isso*** I wouldn't stand that, I wouldn't take it from anybody
aturável *adj.* supportable, endurable, tolerable
aturdido *adj.* stunned, stupefied; astounded; confounded, amazed; ***ficar aturdido*** to be stunned
aturdidor *adj.* bewildering, confounding
aturdimento *s. m.* stunning, stupefaction, bewilderment; dizziness, giddiness
aturdir *v. tr.* to stun, to stupefy, to daze, to bewilder; to make dizzy or giddy; to astound, to amaze; to intimidate
audácia *s. f.* audacity, courage, daring, fearlessness; intrepidity; boldness, impudence, insolence
audacioso *adj.* audacious, daring, bold, fearless; impudent, presumptuous, insolent
audaz *adj.* audacious, daring, bold, fearless; impudent, presumptuous, insolent
audazmente *adv.* audaciously, daringly, boldly, fearlessly
audião *s. m.* RÁDIO vacuum tube with three electrodes
audibilidade *s. f.* audibility
audição *s. f.* audition, hearing; performance; MÚSICA recital
audiência *s. f.* audience; session; court; assembly; interview; hearing; reception; *pl.* TELEVISÃO ratings; ***dar audiência*** to give audience; ***pedir audiência*** to request an audience; ***audiência à porta fechada*** session behind closed doors; ***audiência judicial*** court session, hearing; ***audiência pública (no tribunal)*** public sitting; ***julgar em audiência*** to sit in judgement
audiente *adj.* that hears
audiofone *s. m.* audiophone
audiófono *s. m.* ⇒ **audiofone**
audiofrequência *s. f.* audiofrequency
audiometria *s. f.* audiometry
audiómetro *s. m.* audiometer
audiovisual *adj.* audiovisual
auditivo *adj.* auditive
auditor *s. m.* auditor; assessor provost; judge
auditoria *s. f.* audit, auditing; judgeship; courtroom
auditório *s. m.* audience; auditorium; assembly
audível *adj.* audible
auferir *v. tr.* to get, to obtain, to gain; to profit by; ***auferir grandes lucros no negócio*** to make large profits in business
auferível *adj.* that can be profited (earned, obtained, received)
augar *v. intr.* ⇒ **aguar**
auge *s. m.* height, apex, acme, summit, culmination; climax; apogee; zenith; ***no auge da felicidade*** on the height of one's happiness, on the crest of the wave; ***o auge da loucura*** the height of folly; ***no auge*** at its height; ***no auge do desespero*** in the depth of despair; ***o auge da alegria*** the height of enjoyment; ***atingir o auge*** to reach the climax;

auge da perfeição the acme of perfection; *o auge da glória* the pinnacle of glory; *atingir o auge de uma profissão* to get to the top of the tree; *o movimento chegou ao auge* the movement reached its culmination
augir *v. tr.* to reach the summit (the acme) of
augita *s. f.* ⇒ **augite**
augite *s. f.* MINERALOGIA augite
augitito *s. m.* igneous rock where augite is to be found
auguração *s. f.* auguration
augural *adj.* augural
augurar *v. tr.* to augur, to forebode, to bode, to portend, to presage, to betoken; to conjecture; *augurar bem* to bode well, to augur well; *pelo que me dizes, não auguro nada de bom para o futuro* from what you tell me I cannot augur well for the future
auguratório Ⓐ *s. m.* place where the augurers met Ⓑ *adj.* referring to auguries
auguratriz *s. f.* woman-augurer
áugure *s. m.* augur, soothsayer, fortune-teller
augúrio *s. m.* augury, omen, divination, soothsaying
augustal *adj.* Augustal, referring to August; august, majestic
augustinianismo *s. m.* Augustinism, the philosophical doctrines of St. Augustine
augustiniano *s. m., adj.* ⇒ **agostiniano**
augusto *adj.* august, royal, majestic, imposing; venerable
aula *s. f.* class; lesson; schoolroom; *sala de aula* classroom, schoolroom; *ser o melhor aluno da aula* to be the top of the form; *entrar na aula* to go into the classroom; *sair da aula* to leave the classroom; *as aulas acabam no dia 11 de Junho* classes break up on the 11th June; *dar uma aula* to give a lesson; *faltar a uma aula* to miss a lesson
aularca *s. m.* governor of a palace
auleta *s. f.* HISTÓRIA aulete (Greek flute-player)
aulética *s. f.* HISTÓRIA art of flute-playing (among the Greeks and the Romans)
aulétride *s. f.* HISTÓRIA female flute-player
aulicano *adj.* ⇒ **áulico**
aulicismo *s. m.* aulicism
áulico Ⓐ *adj.* aulic Ⓑ *s. m.* courtier
aulido *s. m.* howl, howling; roar, roaring; yell, yelling
aulir *v. intr.* to bark (the dog to another animal); to howl; to yell
aulo *s. m.* aulos, Greek name for the flute
aulodia *s. f.* song with flute accompaniment
aumentação *s. f.* augmentation, enlargement, growth
aumentador *s. m.* amplifier, magnifier; one who augments
aumentar Ⓐ *v. tr.* to increase, to enlarge, to extend, to augment, to swell, to intensify; to aggravate; to improve Ⓑ *v. intr.* to grow larger; to increase; to rise; to develop; *aumentar a fortuna* to increase one's wealth; *aumentar a velocidade* to increase (one's) speed; *aumentar a produção* to increase the output; *aumentar a taxa de juro* to raise the rate of interest; *aumentar de dia para dia* to rise daily; *aumentar de valor* to rise in value; *aumentar o ganho* to increase the gain; *aumentar a casa* to enlarge one's house; *aumentar a dor* to increase the pain; *aumentar a renda de casa* to put up the rent of a house; NÁUTICA *aumentar a estabilidade* to stiffen; *aumentar o ordenado* to raise the salary; *isto aumenta as dificuldades* this adds to the difficulties; *aumentar de peso* to put on weight
aumentativo *s. m., adj.* augmentative
aumentável *adj.* augmentable
aumento *s. m.* increase, growth, enlargement; raise, rise; advance; augmentation, extension; addition; expansion; increment; improvement; *aumento da imagem* magnifying power; *aumento de temperatura* rise of temperature; *aumento de preço* rise in (of) price; MÚSICA *aumento de sonoridade* swell
aunar *v. tr.* to unite, to join into one
aura *s. f.* aura, gentle breeze; fame, renown, popularity
auramina *s. f.* auramine, auramines
auranciáceo Ⓐ *adj.* aurantiaceous Ⓑ *s. m. e f. pl.* Aurantiaceae
aurantina *s. f.* the bitter taste of orange peel
aurato *s. m.* aurate
aurélia *s. f.* ⇒ **grindélia**
áureo *adj.* aureate, aureal, golden; magnificent, precious, valuable; *tempos áureos* palmy days
auréola *s. f.* aureola, aureole; halo; glory
aureolar[1] *adj.* halo-shaped, like a halo
aureolar[2] *v. tr.* to halo, to adorn with a halo; to glorify
auricerúleo *adj.* golden-blue
auricolo *adj.* with golden neck
auricolor *adj.* golden-coloured
aurícomo *adj.* golden-haired, having golden hair
auricórneo *adj.* ZOOLOGIA having yellow (or golden-coloured) antennae
auricrinito *adj.* [poét.] having a golden braid or hair
aurícula *s. f.* ANATOMIA, ZOOLOGIA auricle; ANATOMIA atrium; BOTÂNICA auricula (primrose); ZOOLOGIA auricula (snail)
auriculado *adj.* auriculate, auriculated
auricular *adj.* auricular; *testemunha auricular* ear witness; *dedo auricular* little finger
auriculiforme *adj.* having the form of an ear
auriculista *s. m. e f.* ear specialist, otologist, aurist
aurículo *s. m.* ⇒ **aurícula**
aurífero *adj.* auriferous
aurificação *s. f.* aurification
aurificar *v. tr.* to stop a tooth with gold leaf
aurífice *s. m.* goldsmith
aurifícia *s. f.* goldsmithery
aurifício *adj.* manufacturing gold objects
aurífico *adj.* aurific
auriflama *s. f.* flag used in war by the kings of France
auriflamante *adj.* ⇒ **aurifulgente**
auriforme *adj.* auriform
aurifrísio *s. m.* fisher-eagle
aurifulgente *adj.* shining like gold
aurifúlgido *adj.* ⇒ **aurifulgente**
auriga *s. m.* auriga, waggoner; ASTRONOMIA the constellation Auriga
aurigastro *adj.* ZOOLOGIA with yellow abdomen
aurígero *adj.* ⇒ **aurífero**
aurígia *s. f.* coachman's profession; the art of teaching and driving teams of horses
aurígico *adj.* referring to the coachman
auriginoso *adj.* icteric, jaundiced
aurigo *s. m.* aurigo, the colour of people suffering from jaundice
aurilavrado *adj.* carved in gold
auriluzente *adj.* shining like gold
auriluzir *v. intr.* to shine like gold
aurimesclado *adj.* mixed with gold; gold coloured
auripene *adj.* golden-feathered
auripigmento *s. m.* auripigment; orpigment
auripurpúreo *adj.* purple and golden; coloured
aurir *v. intr.* to run deliriously; to have hallucinations
aurirrosado *adj.* ⇒ **aurirróseo**
aurirróseo *adj.* rose and golden coloured
auriterapia *s. f.* therapeutics by the golden salts
aurito *adj.* long-eared, big-eared; that can hear well
auritrémulo *adj.* shimmering like gold
auriverde *adj.* green and golden; green and yellow coloured
aurívoro *adj.* aurivorous, gold-devouring, dissipating
auroque *s. m.* aurochs
aurora *s. f.* aurora; dawn; daybreak; beginning, advent; *aurora boreal* aurora borealis, northern lights; *aurora aus-*

tral aurora australis, southern lights; ***ao romper da aurora*** at daybreak
auroral *adj.* auroral
aurorar *v. intr.* to lighten in the beginning of any fact or enterprise; to glorify
auroreal *adj.* ⇒ **auroral**
aurorescer *v. intr.* to dawn, to begin to grow light
auscultação *s. f.* auscultation, sounding; MEDICINA ***auscultação directa, auscultação imediata*** immediate auscultation; MEDICINA ***auscultação instrumental, auscultação mediata*** mediate auscultation
auscultador *s. m.* auscultator; stethoscope; receiver (telephone); ***esperar com o auscultador ao ouvido*** to hold the line
auscultadora *s. f.* nun that accompanies another nun to the locutory and listens to the conversation; listener
auscultar *v. tr.* to auscultate; to sound with a stethoscope; to sound (a persons's opinion); to try to find out, to enquire
ausência *s. f.* absence; want, lack, deficiency; ***brilhar pela sua ausência*** to be conspicuous by one's absence; ***ausência de espírito*** abstraction of mind, absent-mindedness; ***a ausência fortalece o amor*** absence makes the heart grow fonder; ***fazer boas ausências a alguém*** to speak fair of an absent person; ***fazer más ausências a alguém*** to speak ill of an absent person; ***período de ausência*** absence time
ausentar-se *v. refl.* to absent oneself (from); to stay away; to keep oneself away; ***não me ausentarei por muito tempo*** I shall not be away for long
ausente Ⓐ *adj.* absent, missing; ***amigos ausentes*** absent friends; ***estar ausente*** to stay away Ⓑ *s. m. e f.* absentee; ***os ausentes nunca têm razão*** the absent party is always to blame
ausio *s. m.* ⇒ **ousio**
auso *s. m.* ⇒ **ousadia**
auspicar *v. tr.* ⇒ **auspiciar**
áuspice *s. m.* augur, soothsayer
auspiciador *adj.* auspicious, promising
auspiciar *v. tr.* to augur, to presage, to bode
auspício *s. m.* auspex (*plural* auspices), omen; patronage, protection; ***sob os auspícios de*** under the auspices of
auspicioso *adj.* auspicious, favourable
austar *v. tr.* to strengthen the cables of a ship
aúste *s. m.* splice
austeramente *adv.* austerely, severely
austeridade *s. f.* austerity, severity, strictness, sternness, rigidity
austerismo *s. m.* excess of austerity
austerizar *v. tr.* to make austere
austero *adj.* austere, severe, strict, harsh, stern; ascetic; strait-laced
austral *adj.* austral, southern
austrália *s. f.* BOTÂNICA australia, a sort of acacia
australiano *s. m., adj.* Australian
austríaco *s. m., adj.* Austrian
austrífero *adj.* bringing rain from the south; rainy
austrino *adj.* ⇒ **austral**
austro *s. m.* auster, the south wind
austromancia *s. f.* divination based on the observation of the wind
autarcia *s. f.* self-sufficiency; autarchy
autarquia *s. f.* autarchy
autárquico *adj.* autarchic(al), autonomous; referring to an autarchy
autêntica *s. f.* attest of authenticity
autenticação *s. f.* authentication
autenticador *adj.* attesting
autenticar *v. tr.* to authenticate, to attest, to confirm, to verify; to countersign, to legalize (a document)
autenticidade *s. f.* authenticity
autêntico *adj.* authentic, genuine, real; ***notícias autênticas*** authentic news
autentificar *v. tr.* ⇒ **autenticar**
autismo *s. m.* MEDICINA autism, mental propension to isolate oneself from the exterior world
autista *s. m. e f., adj.* autistic
auto *s. m.* act, document; indenture; official papers; morality play; motor-car; ***levantar um auto contra*** to bring an action against; ***levantar autos*** to take the minutes
auto- *pref.* auto-, self-; one's own, by oneself, independently
auto-acusação *s. f.* self-accusation
auto-análise *s. f.* self-analysis
auto-avaliação *s. f.* self-assessment
autobiografia *s. f.* autobiography
autobiográfico *adj.* autobiographic(al)
autobiógrafo *s. m.* autobiographer
autobomba *s. f.* pump-car
autocamião *s. m.* motor-lorry, motor-truck; *(para recolha do lixo da cidade)* public cleansing vehicle, dust cart (for town refuse collection)
autocarro *s. m.* omnibus, bus; ***autocarro de dois andares*** double-decker
autocatálise *s. f.* autoc-catalysis
autocéfalo *adj.* autocephalous, governed by itself
autociclo *s. m.* motor-cycle
autocinese *s. f.* autokinesis
autocinesia *s. f.* ⇒ **autocinese**
autoclave *s. f.* autoclave, sterilizer
autoclínica *s. f.* study of the illness made by the patient himself
autoclismo *s. m.* flushing cistern
autocolimador *s. m.* autocollimator
autoconsciência *s. f.* self-consciousness
autocópia *s. f.* copy; stencil copy; roneo copy
autocopiar *v. tr.* to copy with a roneo or stencil; to manifold
autocopista *s. m.* a roneo or stencil manifolding apparatus
autocracia *s. f.* autocracy; absolute authority
autocrata *s. m. e f.* autocrat; overbearing person
autocrático *adj.* autocratic(al); high-handed, dictatorial, overbearing
autocratismo *s. m.* autocratism
autocrítica *s. f.* self-criticism
autóctone Ⓐ *adj.* autochthonous, aboriginal Ⓑ *s. m.* autochthon, native; *pl.* aborigines
autoctonia *s. f.* autochthony
autoctonismo *s. m.* ⇒ **autoctonic**
auto-de-fé *s. m.* auto-da-fé
autodeterminação *s. f.* self-determination
autodidacta Ⓐ *s. m. e f.* self-taught person Ⓑ *adj.* self-taught
autodidáctica *s. f.* self-instruction
autodidáctico *adj.* autodidactic
autodidaxia *s. f.* self-struction
autodinamia *s. f.* autodynamism
autodinâmico *adj.* autodynamic
autodisciplina *s. f.* self-discipline
autodomínio *s. m.* self-control
autódromo *s. m.* racetrack [Ingl.] racecource [E. U. A.]
auto-educação *s. f.* self-education, self-instruction
auto-estrada *s. f.* motorway
auto-excitação *s. f.* self-excitation
autofagia *s. f.* MEDICINA autophagia
autófago *s. m.* autophagous, self-devouring
autofecundação *s. f.* self-fertilization, self-fertility
autofilia *s. f.* MEDICINA self-love
autofilismo *s. m.* ⇒ **autofilio**

autogamia *s. f.* BIOLOGIA autogamy, self-fertilization, self-fertility
autógamo *adj.* BIOLOGIA autogamous
autogéneo *adj.* BIOLOGIA autogenous, autogenic
autogénese *s. f.* BIOLOGIA autogenesis
autogenético *adj.* BIOLOGIA autogenetic
autógeno *adj.* ⇒ **autogéneo**
autogestão *s. f.* self-management; self-administration
autogiro *s. m.* autogyro, autogiro
autognose *s. f.* autognosis, self-knowledge, self-understanding
autografar *v. tr.* to autograph; to write one's name on; to put one's name to; to copy by lithography
autografia *s. f.* autography
autográfico *adj.* autographic(al)
autógrafo *s. m.* autograph
auto-indução *s. f.* self-induction
auto-infecção *s. f.* self-infection
auto-intoxicação *s. f.* self-intoxication, auto-intoxication
autólatra *adj.* self-worshipping
autolatria *s. f.* self-worship
autólise *s. f.* BIOQUÍMICA autolysis
autolítico *adj.* autolytic
automaca *s. f.* stretcher-car
automaticamente *adv.* automatically
automático *adj.* automatic(al); self-acting; self-moving; ***telefone automático*** automatic telephone; ***pistola automática*** automatic pistol; ***alimentação automática*** automatic feed; ***controlo automático (de som)*** automatic volume control; MECÂNICA ***registador automático*** telltale, tear-power loom
automatismo *s. m.* automatism
automatização *s. f.* automatization, automation
automatizar *v. tr.* to automatize
autómato *s. m.* automaton
automedonte *s. m.* skillful charioteer (coachman)
autometralhadora *s. f.* light armoured car
automobilismo *s. m.* motoring, automobilism
automobilista *s. m. e f.* driver, motorist, chauffeur; road user; automobilist
automobilístico *adj.* motoring; ***torneio automobilístico*** motor rally
automobilizar *v. tr.* to adapt a road for the use of cars
automórfico *adj.* automorphic
automorfismo *s. m.* ⇒ **isomorfismo**
automorfo *adj.* automorphic
automotor *s. m.* self-propelled vehicle or mechanism
automotora *s. f.* railcar, railbus
automóvel Ⓐ *s. m.* car, motor car; [E.U.A.] automobile Ⓑ *adj.* self-moving; ***ter automóvel*** to run a car; ***automóvel de praça*** taxi, cab; ***parque de estacionamento de automóveis*** car park; ***automóvel de corrida*** racing car; ***automóvel de turismo*** touring car; ***automóvel ligeiro*** (motor) car; ***automóvel fechado*** closed motor car; ***automóvel de dois lugares*** two-seater; ***automóvel aerodinâmico*** streamlined automobile; ***automóvel blindado*** armoured car; ***o buzinar dos automóveis na rua*** the hooting of the motor-cars in the street
autónimo *adj.* signed by its author
autonomia *s. f.* autonomy, self-government; ***autonomia administrativa*** Home Rule
autonómico *adj.* autonomous, autonomic(al)
autonomismo *s. m.* autonomism
autonomista *s. m. e f.* autonomist
autónomo *adj.* autonomous
auto-observação *s. f.* self-examination; introspection
auto-ónibus *s. m.* omnibus, autobus
autopata *s. m. e f.* person suffering from exaggerated egotism
autopatia *s. f.* selfishness; feeling for self
autopiano *s. m.* ⇒ **pianola**
autoplastia *s. f.* CIRURGIA autoplasty
autópsia *s. f.* autopsy
autopsiar *v. tr.* to conduct an autopsy upon
autóptico *adj.* autoptic(al) (law)
autor *s. m.* author, writer; composer, creator, producer, maker, inventor; plaintiff or claimant; ***autor de uma novela*** author of a short story; ***ter obras de muitos autores*** to have many authors on one's shelves; ***autores clássicos*** classical writers, standard authors; ***o autor do crime*** the criminal; ***autor da sua fortuna*** the framer of one's own fortune; ***autor de peças teatrais*** playwright
autora *s. f.* author(ess)
auto-retrato *s. m.* self-portrait
autoria *s. f.* authorship; paternity; responsibility
autoridade *s. f.* authority; power, prestige, influence; rule, sway, dominion; an expert; headship; ***ser uma autoridade no assunto*** to be an authority on the matter; ***autoridades do porto*** harbour authorities; ***as autoridades do Exército e da Armada*** the Naval and Military Authorities; ***autoridade soberana*** paramount authority, administrative board; ***autoridades governamentais*** state authorities; ***dar autoridade a*** to invest with authority; ***ele é uma autoridade neste assunto*** he is an authority on this matter; ***fazer valer a sua autoridade*** to speak a decisive word
autoritário *adj.* authoritative, commanding; arrogant; despotic, dictatorial; ***modos autoritários*** high-handed manners; ***pessoa autoritária*** despot, autocrat
autoritarismo *s. m.* authoritarianism
autorização *s. f.* authorization, sanction, allowance, permission; ***dar autorização a alguém para*** to give somebody permission to, to authorize somebody to
autorizadamente *adv.* authoritatively, officially
autorizado *adj.* authorized, sanctioned, approved; respectable, commendable, permitted, legal
autorizador *s. m.* authorizer
autorizar *v. tr.* to authorize, to empower; to sanction, to permit; to give authority; to legalize
autorizável *adj.* authorizable, warrantable, permissible
autoscopia *s. f.* autoscopy
autoscópio *s. m.* autoscope
autossoma *s. m.* autosome
auto-sugestão *s. f.* self-suggestion, auto-suggestion
auto-sugestionar-se *v. refl.* to auto-suggest, to self-suggest
autoterapia *s. f.* self-treatment
autotipia *s. f.* autotype
autotomia *s. f.* autotomy, self-mutilation
autotoxinas *s. f. pl.* autotoxins, toxins produced by the alteration of the tissues
autotrófico *adj.* autotrophic
autovacina *s. f.* autovaccin
autoviação *s. f.* motor-coach route system
autuação *s. f.* proceedings; pleadings; the drawing up of a verbal process; recording, deposition; fine
autuar *v. tr.* to draw up a written statement; to make a verbal process or inquest; to report on; to fine
autumnação *s. f.* influence of autumn on plants
autumnal *adj.* autumnal
autunite *s. f.* autunite, lime uranite
auxanómetro *s. m.* auxanometer
auxese *s. f.* RETÓRICA auxesis, amplification
auxiliador *s. m., adj.* auxiliary; helper, assistant, forwarder
auxiliante *adj.* ⇒ **auxiliador**
auxiliar[1] Ⓐ *adj.* auxiliary, helping, assisting; ***verbo auxiliar*** auxiliary verb Ⓑ *s. m.* helper, assistant, auxiliary
auxiliar[2] *v. tr.* to help, to aid, to assist; to lend a hand; to stand by; ***ele auxilia muito os pais com o seu pequeno ren-***

dimento he helps his parents a great deal out of his small income; ***auxiliar alguém (a fazer qualquer coisa)*** to aid someone (to do something); ***auxiliar uma pessoa numa aflição*** to help a lame dog over a stile
auxiliário *adj.* ⇒ **auxiliar**
auxílio *s. m.* aid, help, assistance; relief; succour, backing; subsidy; ***sem auxílio*** without help, helpless; ***agradeço-lhe o seu bom auxílio*** thanks for your kind help; ***auxílio imediato*** immediate assistance; ***auxílio mútuo*** reciprocal help; ***dar-te-ei todo o auxílio possível*** I will give you what help is possible
auxómetro *s. m.* apparatus for the valuation of the apparent diameter augment produced by optical instruments
avacá *s. m.* ⇒ **abacá**
avacalhar *v. tr.* to demoralize, to depress, to lower
avagarar *v. tr.* to slow, to delay, to retard
aval *s. m.* surety bond; guarantee of payment by a third party; surety for a bill; ***dador de aval*** guarantor
avaladar *v. tr.* to surround with a trench or rampart
avalancha *s. f.* avalanche, snow-slip; ***uma avalancha de automóveis*** a stream of motor-cars
avalanche *s. f.* ⇒ **avalancha**
avalentoado *adj.* bold, intrepid, daring, brave
avaliação *s. f.* estimate, valuation, estimation, appraisement, reckoning, computation; assessment; ***avaliação judicial*** judicial valuation; ***avaliação dos peritos*** estimate made by experts
avaliado *adj.* appraised, rated; valued, estimated; [fig.] esteemed, considered
avaliador *s. m.* appraiser, valuer; valuator, rater
avaliamento *s. m.* ⇒ **avaliação**
avaliar *v. tr.* to appraise, to value, to estimate, to rate; to price, to appreciate; to judge, to consider, to esteem, to assess; ***avaliar por baixo*** to undervalue; ***avalio as minhas perdas em mil libras*** I estimate my losses at a thousand pounds; ***avaliar por alto*** to overvalue; ***avalio as dificuldades da situação*** I appreciate the difficulties of the situation; ***avaliar em muito*** to set much store by; ***avaliar em pouco*** to set little store by; ***avaliar os danos*** to appraise the damages; ***avaliar de novo*** to reassess
avalista *s. m. e f.* guarantor; surety (of bonds or bills)
avalizador *s. m.* ⇒ **avalista**
avalizar *v. tr.* to guarantee, to vouch for bonds or shares
avaloar *v. tr.* ⇒ **avaliar**
avaluar *v. tr.* ⇒ **avaliar**
avançada *s. f.* attack, onset, assault, charge; thrust
avançado Ⓐ *adj.* advanced, onward, forward; ***guarda avançada*** advance guard, out-guard; ***hora avançada*** late hour; ***avançado em idade*** advanced in years, long in the tooth Ⓑ *s. m.* DESPORTO forward
avançador *s. m.* [pop., Bras.] unfaithful depositary of money; pilferer
avançamento *s. m.* advancement; projection
avançar Ⓐ *v. tr.* to advance, to forward; to bring forward Ⓑ *v. intr.* to proceed; to march up, to thrive; to progress; to attack; to stand out, to project (buildings); to make headway; ***avançar contra*** to attack, to go for
avanço *s. m.* advance; advancement, gaining rate; promotion; profit; progress, progression, improvement; NÁUTICA lead; ***de avanço*** beforehand; ***o avanço da ciência*** the advance in science; ***avanço de salário*** advance
avantajadamente *adv.* in a superior way; advantageously
avantajado *adj.* advantageous, profitable, beneficial, excellent; ***de estatura avantajada*** tall
avantajar *v. tr. e refl.* to give an advantage to; to exceed; to promote; to improve, to progress; to excel, to surpass, to advantage
avante Ⓐ *adv.* forward, onward; forth, along Ⓑ *interj.* forward!, on!, go on!
avantesma *s. f.* phantom, ghost, spirit, phantasm, spectre
avão *s. m.* ORNITOLOGIA ⇒ **pedreiro**
avaqueirado *adj.* having the manners of a cowboy
avaramente *adv.* avariciously, niggardly, stingily
avarandado *adj.* with a veranda
avarento Ⓐ *s. m.* miser, curmudgeon, niggard, hunks, skinflint, lickpenny, screw Ⓑ *adj.* avaricious, miserly; tight-fisted; stingy, covetous, greedy; close-fisted; niggardly, grasping, sordid, close, eager for gain, mean; ***ser um avarento*** to be a niggard
avareza *s. f.* avarice, covetousness, niggardliness, stinginess, miserliness, sordidness, graspingness
avaria *s. f.* damage; breakdown; engine failure; sufferance; average; ***avaria grossa*** general average; ***avaria particular*** particular average; ***pequena avaria*** petty average; ***indemnizar uma avaria*** to make good an average; ***avaria causada pela tempestade*** damage by storm; ***avaria do mecanismo*** breakdown of the mechanism; ***avaria numa linha*** fault on a line; ***avarias e reparações*** damages and costs; ***fazer avarias*** to damage; ***regulação de avaria*** statement of average; ***repartição de avarias*** department of average; NÁUTICA ***com avaria*** disabled
avariado *adj.* damaged; out of order; rotten; ***avariado do juízo*** crackbrained; ***avariado levemente*** slightly damaged
avariar Ⓐ *v. tr.* to damage; to impair; to disable Ⓑ *v. refl.* to become damaged; ***avariar-se (a máquina)*** to break down (the engine)
avariose *s. f.* MEDICINA syphilis
avaro *s. m., adj.* ⇒ **avarento**
avarzeado *adj.* meadowy
avassalador Ⓐ *adj.* overwhelming Ⓑ *s. m.* conqueror, subduer, oppressor
avassalante *adj.* ⇒ **avassalador**
avassalar Ⓐ *v. tr.* to enslave, to make a vassal; to subject Ⓑ *v. refl.* to become a vassal; to become subject
ave[1] *s. f.* bird; fowl; ***ave de arribação*** bird of passage, visitant bird, migratory bird; ***ave de rapina*** bird of prey; ***aves domésticas (de capoeira)*** fowls, poultry; ***ave canora*** songbird, songster, singing-bird; ***ave de mau agoiro*** ominous bird; ***ave nocturna*** night bird; ***ave trepadora*** climbing bird; [fig.] ***ave agoirenta*** a skeleton at the feast; ***ave caçadeira*** golden eagle; ***ave rabagueira*** vulture
ave[2] *interj.* hail!, ave!
aveado *adj.* mad, hare-brained, giddy; lunatic
aveal *s. m.* oat-field
aveão *s. m.* kind of oats with bigger spicules (good for cattle)
avecoinha *s. f.* ⇒ **abecoinha**
ave-do-paraíso *s. f.* bird of paradise
ave-fria *s. f.* lapwing
aveia *s. f.* oats, groats; ***bolo de aveia*** oatcake; ***aveia silvestre*** wild oats; ***flocos de aveia*** corn flakes; ***farinha de aveia*** oat-flour
avejão *s. m.* big bird; monster, ugly and strong man; phantom
avelã *s. f.* hazel-nut, filbert
avelado *adj.* shrivelled, shrunken; withered; wrinkled, aged
avelamento *s. m.* withering
avelanado *adj.* of a light brown colour, like a hazel-nut
avelanal *s. m.* grove of hazels, plantation of hazels
avelaneira *s. f.* hazel-tree
avelar Ⓐ *s. m.* wood of hazel-trees; plantation of hazels Ⓑ *v. intr.* to wither, to shrivel, to grow as dry as a nut
avelãzeira *s. f.* hazel-tree
aveleira *s. f.* ⇒ **avelãzeira**
aveleiral *s. m.* ⇒ **avelar**
avelhacado *adj.* roguish, knavish, rascally, tricky; crooked
avelhado *adj.* oldish, grown old, aged; looking old
avelhantado *adj.* oldish, rather old

avelhar *v. tr.* ⇒ **avelhentar**
avelhentado *adj.* oldish; rather old
avelhentador *adj.* that makes one grow old
avelhentar Ⓐ *v. tr.* to make old before time Ⓑ *v. refl.* to grow old before time
avelórios *s. m. pl.* small glass beads to make necklaces or strings for the arms; [fig.] wares of small value; trifles
aveludado *adj.* velvet, velvety
aveludar *v. tr.* to make like velvet
ave-maria *s. f.* Ave-Maria, Hail Mary, the angelic salutation; ***tocar as ave-marias*** to toll the Angelus
avena *s. f.* shepherd's pipe; ⇒ **aveia**
avenáceo *adj.* avenaceous
avenado *adj.* whimsical, freakish, odd, maniac
avenaína *s. f.* avenin
avenal *s. m.* oat-field
avenca *s. f.* BOTÂNICA maidenhair, spleenwort; ***avenca negra*** black spleenwort
avença *s. f.* agreement, postage; adjustment
avençal *s. m.* person who works under a certain agreement
avencão *s. m.* BOTÂNICA spleenwort
avençar *v. intr.* to agree, to pay in advance
avenida *s. f.* avenue
avenina *s. f.* avenin
avental *s. m.* apron, smock
aventar *v. tr. e refl.* to air, to ventilate; to expose (an idea, an opinion); to foresee; to manifest; to snap, to catch by the mouth
aventesma *s. f.* phantom, apparition, spectre
aventura *s. f.* adventure; hazard, risk; trial; incident; speculation; chance; love intrigue, love affair; ***pronto para qualquer aventura*** ready for any venture; ***saiu-se mal em todas as suas aventuras*** he failed in all his ventures
aventurado *adj.* adventurous, adventuresome, venturesome, dangerous, risky
aventurar *v. tr. e refl.* to venture, to hazard; to risk, to chance; to undertake risk, to expose; to venture oneself; to make fortunate; ***eu não me aventurava a dar uma opinião*** I should not venture to offer an opinion; ***aventurar-se em empresas*** to engage in undertakings; ***aventurar-se em maus negócios*** to launch out into bad speculations; ***quem nunca se aventurou, nunca perdeu nem ganhou*** nothing ventured, nothing gained; ***aventurar tudo*** to stake all; ***aventurar muito*** to play high
aventureirismo *s. m.* adventurism; adventure spirit
aventureiro Ⓐ *s. m.* adventurer Ⓑ *adj.* rash, bold
aventurina *s. f.* MINERALOGIA aventurin(e)
aventuroso *adj.* adventurous, hazardous, perilous, venturesome; rash, daring
averano *s. m.* summer-bird
averbação *s. f.* registration, registering; note (on the margin); protocolling, legalization
averbamento *s. m.* registration, registering; note (on the margin); protocolling, legalization
averbar *v. tr.* to register, to protocol; to write (to sign) on the margin; to annotate; to accuse; to label; to use as a verb
averiguação *s. f.* inquiry, inquest, investigation, search, finding
averiguadamente *adv.* assuredly, with cognizance of the case, provedly
averiguado *adj.* proved; ascertained; averred, established by evidence; justified (law)
averiguador Ⓐ *s. m.* investigator, examiner Ⓑ *adj.* investigating, searching
averiguar *v. tr.* to inquire, to sift; to investigate; to examine; to search; to discuss; to explore; ***averiguar uma questão*** to inquire into a matter; ***averiguar a verdade*** to determine the truth
averiguável *adj.* examinable, investigable, verifiable
avermelhado *adj.* reddish
avermelhar *v. tr. e refl.* to redden; to blush, to flush; to become red
avernal *adj.* avernal, infernal
averno *s. m.* avernus, inferno, hell
averroísmo *s. m.* Averroism
averroísta *s. m. e f., adj.* Averroist
averrugar *v. tr.* ⇒ **enverrugar**
averrumar *v. tr.* ⇒ **verrumar**
aversão *s. f.* aversion, dislike; repugnance, loathing; antipathy; ***ter aversão a*** to feel a dislike for
avessado *adj.* made (done) the wrong way, done contrariwise
avessar *v. tr.* to do things the wrong way round, to act or to do contrariwise; to impugn, to oppose
avessas *s. f. pl.* opposites, contraries; ***às avessas*** inside out, in the wrong way; ***ler às avessas*** to read backwards; ***virar às avessas*** to turn inside out, to turn upside down
avesseiro *adj.* wet and cold (soil without sun)
avessia *s. f.* oppositeness, contrariness
avessidade *s. f.* ⇒ **avessia**
avesso Ⓐ *s. m.* wrong side; facing (of a coat) Ⓑ *adj.* contrary, adverse; inverted, reverted; ***do avesso*** inside out, wrong side out; ***avesso do tecido*** reverse side of a cloth
avestruz *s. m.* ostrich; ***pena de avestruz*** ostrich-plume
avestruzeiro *s. m.* person (or horse) trained to catch ostriches
avexar *v. tr.* ⇒ **vexar**
avezar Ⓐ *v. tr.* to accustom, to habituate Ⓑ *v. refl.* to be used to, to accustom oneself; to have money; to possess
avezinha *s. f.* little bird
aviação *s. f.* aviation, flying; ***aviação comercial*** commercial aviation; ***aviação inglesa*** Royal Air Force (R. A. F.); ***aviação civil*** civil aviation; ***aviação de caça*** fighter air force; ***aviação de bombardeamento*** bomber force; ***aviação naval*** naval aviation; ***aviação militar*** military aviation
aviado Ⓐ *adj.* made up, ready, dispatched Ⓑ *s. m.* [Bras.] trader who sells on another's responsibility; ***estamos aviados!*** we are in a fine pickle!, we are in a nice plight!
aviador *s. m.* airman, aviator, flyer, flier, aeronaut; ***arte de aviador*** airmanship; ***aviador civil*** civil(ian) aviator; ***aviador militar*** military flyer; ***aviador naval*** naval flyer
aviajado *adj.* ARQUITECTURA rampant (arch)
aviamento *s. m.* preparation, arrangement; furnishing; dispatching (or supplying) of merchandises; *pl.* implements, utensils, furnishings; furniture; apparatus
avião *s. m.* aeroplane, plane, flying-machine, airplane, aircraft; ***de avião*** by air; ***avião de caça*** fighter aircraft; ***avião correio*** mail-plane; ***avião bombardeiro*** bomber; ***avião de passageiros*** passenger-plane; ***avião de guerra*** war-plane; ***avião de tráfico*** transport plane; ***avião (de propulsão) a jacto*** jet (propulsion) plane; ***avião a jacto*** jet aeroplane; ***avião de reconhecimento*** scout aeroplane; ***avião bimotor*** two-motor aeroplane; ***avião quadrimotor*** four-motor aeroplane; ***avião de carga*** freighter (aeroplane); ***avião foguete*** rocket aircraft; ***viajar de avião*** to travel by plane, to fly
aviar *v. tr. e refl.* to dispatch, to hasten; to prepare; to make up; to make ready, to get ready; to make haste; to prepare oneself; to attend; ***avia-te!*** do hurry up!; ***aviar uma receita*** to put up a prescription; ***aviar os fregueses*** to attend to the customers
aviário *s. m.* aviary
avicénia *s. f.* tropical shrub (or tree) belonging to the verbenaceous family
aviceptologia *s. f.* catching and snaring birds
avicida *s. m. e f.* one who kills birds
avícola *s. m.* aviarist, bird-fancier
avícula *s. f.* small bird
avicular Ⓐ *s. m.* ⇒ **aviculário** Ⓑ *adj.* pertaining to birds
aviculário Ⓐ *s. m.* aviarist, aviculturist Ⓑ *adj.* pertaining to birds

Avicúlidas *s. m. pl.* ZOOLOGIA ⇒ **Avicúlidas**
Aviculídeos *s. m. pl.* ZOOLOGIA *Aviculidae* (family of molluscs)
aviculinha *s. f.* ZOOLOGIA a mollusc of the *Aviculidae* family
avicultor *s. m.* poultry-farmer; aviarist, aviculturist bird-fancier
avicultura *s. f.* aviculture; poultry-breeding
avidamente *adv.* avidly, eagerly, hungrily, greedily, voraciously
avidez *s. f.* avidity, greediness, voracity; eagerness, longing; ***olhar com avidez*** to gloat
ávido *adj.* avid (of, for); eager, greedy, covetous, desirous; hungry, voracious, ravenous, edacious
avieirado *adj.* adorned with shells
aviesar *v. tr.* ⇒ **enviesar**
avigoramento *s. m.* invigoration, act (or fact) of invigorating; consolidation
avigorar *v. tr.* to invigorate, to brace, to fortify, to strengthen; to consolidate
avilanado *adj.* ignoble, rather villainous ruffian; rustic
avilanar Ⓐ *v. tr.* to degrade, to debase Ⓑ *v. refl.* to become mean
aviltação *s. f.* degradation, debasement, disgrace, dishonour; humiliation
aviltador Ⓐ *s. m.* debaser, degrader, defiler Ⓑ *adj.* debasing, humiliating
aviltamento *s. m.* abasement, debasement, degradation, dishonour, humiliation, disgrace
aviltante *adj.* debasing, degrading, humiliating
aviltar *v. tr. e refl.* to abase, to vilify, to debase, to demean oneself; to disgrace; to grow contemptible, to dishonour, to profane
avinagrado *adj.* sourish, mixed with vinegar; [fig.] waspish, irritable, cross, crabbed, peevish, fretful
avinagrar Ⓐ *v. tr.* to sour, to steep in vinegar; to make sour or sharp Ⓑ *v. refl.* to turn sour; [fig.] to irritate, to grow sour or sharp
avincar *v. tr.* ⇒ **vincar**
avindo *adj.* agreed upon, harmonized
avindor *s. m.* mediator; arbiter
avinhado *adj.* wine-coloured; smelling of wine; tasting of wine; mixed with wine; drunken
avinhar Ⓐ *v. tr.* to season (to mix) with wine Ⓑ *v. refl.* to get drunk
avio *s. m.* ⇒ **aviamento**
aviolado *adj.* having the form of a guitar; made of violets, violet, vidaceous
avioletar *v. tr.* to violet, to tinge with a violet dye, to make violaceous
aviominiatura *s. f.* manufacturing of model airplanes for experiments
avioneta *s. f.* small aeroplane
avir Ⓐ *v. tr.* to reconcile; to adjust, to conciliate, to harmonize Ⓑ *v. refl.* to be of the same mind, to get along with
avisadamente *adv.* wisely, prudently, cautiously
avisado *adj.* warned, informed; wise, prudent, considerate, discreet, judicious
avisador *s. m.* informer, adviser, warner
avisar *v. tr.* to warn, to inform, to give notice (to); to advise; to admonish; to apprise; to acquaint; to give warning; ***avisar com uma semana de antecedência*** to give a week's notice; ***avisar de antemão*** to inform in advance; ***avisei-o*** I warned him
aviso *s. m.* warning; notice; advice; advertisement; information, intelligence; admonition, tip, hint; NÁUTICA dispatch vessel; sloop, sloop of war; ***conforme o aviso*** as per advice; ***sem aviso prévio*** at a moment's notice, without warning; ***aviso de embarque*** notice of shipment; ***aviso de recepção*** acknowledgment of receipt; ***aviso de falta de pagamento*** notice of dishonour; ***aviso de ataque aéreo*** air-raid warning; ***aviso aos navegantes*** notice to mariners
avissuga *s. f.* parasite of birds
avistar Ⓐ *v. tr.* to descry, to catch sight of; to discern; to get a glimpse of Ⓑ *v. refl.* to have an interview; NÁUTICA to heave in sight; ***avistar terra*** to come in sight of land; ***avistar alguém ao longe*** to catch a glimpse of someone in the distance
avistável *adj.* visible, that can be sighted
avitaminose *s. f.* MEDICINA avitaminosis
avito *adj.* ancestral, proceeding from ancestors
avitualhar *v. tr.* to victual, to supply, to provide with food or stores; to take in stores (of a ship)
avivado Ⓐ *adj.* renewed, retouched Ⓑ *s. m.* ⇒ **avivamento**
avivador *s. m.* burnisher; stimulator; enlivener
avivamento *s. m.* enlivening, awakening, revival, invigoration
avivar *v. tr.* to enliven, to invigorate; to give life to; to encourage, to kindle; to stir up; to quicken; to make brisk; to excite; to revive; to refresh, to renew; to heighten (colours); to trim (with another colour); ***avivar o fogo*** to stir the fire
aviventador Ⓐ *s. m.* reviver, revivifier, animator, inspirer Ⓑ *adj.* animating, encouraging
aviventar *v. tr.* to vivify; to reanimate, to give life to; to strengthen; to encourage; to revive
avizinhar Ⓐ *v. tr.* to approach, to bring near, to draw near Ⓑ *v. refl.* to come nearer
avo *s. m.* MATEMÁTICA fraction of unity when divided into more than ten parts with the exception of potencies of ten; **5/11,** ***cinco onze avos*** five elevenths
avó *s. f.* grandmother; [fam.] grandma(ma)
avô *s. m.* grandfather; [fam.] grandpa(pa)
avoão *s. m.* ORNITOLOGIA ⇒ **pedreiro**
avocação *s. f.* avocation
avocar *v. tr.* to call up, to take a thing upon oneself; to evoke, to carry a lawsuit to a higher court; to deviate; to avoke
avocatório *adj.* avocatory
avocatura *s. f.* avocation; appeal
avocável *adj.* appealable
avoceta *s. f.* avocet
avoeira *s. f.* ⇒ **boieira**
avoejo *s. m.* capricious drawing on ceramics or lacquer
avoengo Ⓐ *adj.* ancestral Ⓑ *s. m. pl.* forefathers, ancestors
avoengueiro *adj.* for (from) the ancestors, ancestral
avolumar Ⓐ *v. tr.* to swell, to increase, to enlarge, to magnify Ⓑ *v. refl.* to grow bulky; ***avolumam-se as suspeitas dia a dia*** things become more and more suspicious every day
avondar *v. intr.* ⇒ **abundar**
à-vontade *s. m.* relaxation
avós *s. m. pl.* grandparents; ancestors
avozear *v. tr.* ⇒ **vozear**
avozinha *s. f.* granny, grannie, grandma(ma)
avulsão *s. f.* avulsion; tearing away
avulsivo *adj.* violent
avulso *adj.* separated, torn away from; detached, unconnected, loose; vague, anonymous; ***papéis avulsos*** sundry papers, single copies
avultações *s. f. pl.* resemblances, similarity
avultado *adj.* bulky, large, huge, great, voluminous
avultar *v. tr. e intr.* to augment, to enlarge, to enhance, to increase; to make larger; to raise; to stand out
avultoso *adj.* voluminous, large
avuncular *adj.* avuncular (of or pertaining to an uncle)
axadrezado *adj.* chequered, checked
axe *s. m.* ⇒ **áxis**
axial *adj.* axial, referring to an axle or an axis
axicarar *v. tr.* to shape like a cup

axículo *s. m.* a small axle
axífero *adj.* axled, axiled
áxil *adj.* axile
axila *s. f.* ANATOMIA axilla, arm-pit; BOTÂNICA axil
axilar *adj.* axillary
áxilo *adj.* producing no wood (plant)
aximez *s. m.* arched window supported at the middle by a small vertical column
axinite *s. f.* MINERALOGIA axinite
axinomancia *s. f.* axinomancy
axiologia *s. f.* axiology
axioma *s. m.* axiom, self-evident truth; maxim
axiomático *adj.* axiomatic; axiomatical
axiómetro *s. m.* NÁUTICA telltale (of the rudder)
axionímia *s. f.* the study of titles
axiónimo *s. m.* expression of reverence
axípeto *adj.* inclined towards the axis
áxis *s. m.* axis; ANATOMIA the second cervical vertebra
axóide *adj.* axoid; axiform
axorca *s. f.* bracelet (or leg-ring) worn by natives (in Africa)
axúngia *s. f.* lard, fat or drippings to lubricate the axles of carts
axungiar *v. tr.* to grease, to besmear
az *s. m.* edge (of a tool); squadron
azabumbado *adj.* astonished, stunned, frightened
azabumbante *adj.* deafening, roaring, thundering
azabumbar Ⓐ *v. tr.* to stun, to confound Ⓑ *v. intr.* to pout; to sulk
azado *adj.* propitious, opportune, favourable, lucky; able, dexterous
azáfama *s. f.* hurry, bustle, haste, press (in business); stir; fuss, flurry; ***que grande azáfama!*** what a great bustle!
azafamado *adj.* busy; up to the eyes in work; occupied, engaged; pressing; in a hurry; ***andar azafamado*** to be very busy, to fluster
azafamar *v. tr. e refl.* to press, to urge, to push; to hasten, to be busy; to work hard
azagaia *s. f.* assagai, assegai
azagaiada *s. f.* thrust with an assagai
azagaiar *v. tr.* to wound (or to kill) with an assagai
azaguchada *s. f.* wound inflicted by means of an assagai
azagunchar *v. tr.* to wound with an assagai
azal *s. m.* variety of vine
azálea *s. f.* BOTÂNICA azalea
azamboamento *s. m.* ⇒ **atordoamento**
azamboar *v. tr.* to stun; [fig.] to turn insipid (dull)
azambuja *s. f.* ⇒ **azambujeiro**
azambujeira *s. f.* ⇒ **azambujeiro**
azambujeiro *s. m.* oleaster, wild olive tree
azambujo *s. m.* ⇒ **azambujeiro**
azar *s. m.* bad luck, hazard, misfortune, mischance, mishap; ***estar com azar*** to have a run of ill luck; ***ter azar a alguém*** to take a dislike to someone; ***jogo de azar*** game of chance
azarado Ⓐ *adj.* unfortunate, unlucky, luckless, ill-starred Ⓑ *s. m.* ill-starred fellow
azaranzar *v. tr. e refl.* to get mixed up, to blunder, to be at a loss; to be giddy (dizzy)
azarcão *s. m.* red lead
azarento *adj. e s. m.* ⇒ **azarado**
azarola *s. f.* azarole (fruit of the Napolitan medlar)
azaroleira *s. f.* ⇒ **azarola**
azaroleiro *s. m.* ⇒ **azarola**
azarolo *s. m.* ⇒ **azarola**
azebrar *v. tr.* to become verdigrised, to become covered with aloe
azebre *s. m.* verdigris; BOTÂNICA aloe
azeda *s. f.* ⇒ **azedas**
azedador Ⓐ *s. m.* one who makes sour; an irritating person Ⓑ *adj.* sour-making, souring
azedamente *adv.* sourly, sharply
azedamento *s. m.* acidification; sourness; [fig.] irritation, crabbedness
azedar Ⓐ *v. tr.* to sour, to embitter; [fig.] to make angry Ⓑ *v. refl.* to turn sour; [fig.] to get angry; to grow tart
azedas *s. f. pl.* BOTÂNICA sorrel dock; sour dock
azedeira *s. f.* ⇒ **azedas**
azedete *adj.* sourish, acidulous
azedia *s. f.* acidity, sourness, acidness
azedinha *s. f.* ⇒ **azedinhas**
azedinhas *s. f. pl.* BOTÂNICA sheep-sorrel
azedo Ⓐ *adj.* sour, acid, tart; [fig.] harsh, rough, ill-humoured; sharp Ⓑ *s. m.* sourness, sharpness; acrimony
azedote *adj.* sourish
azedum *s. m.* sourness, acidness, acrimony; [fig.] sharpness; harshness
azedume *s. m.* sourness, acidness, acrimony; [fig.] sharpness; harshness
azegrino *s. m.* ⇒ **serzino**
azeitada *s. f.* big portion of olive oil (in the food); portion of spilt olive oil
azeitado *adj.* oily
azeitador *s. m.* oiler, greaser
azeitagem *s. f.* oiling; lubrication
azeitar *v. tr.* to oil, to grease, to lubricate; to season with oil
azeite *s. m.* olive oil
azeite-de-cheiro *s. m.* palm-oil
azeiteira *s. f.* cruet, oil-can
azeiteiro *s. m.* oil-man; oil-seller
azeitona *s. f.* olive
azeitonado *adj.* olive-coloured
azeitonar *v. tr. e refl.* to make or to become similar to the olive
azeitoneira *s. f.* plate for olives, vessel to hold olives; olive-tree
azeitoneiro *s. m.* olive-seller
azeitoso *adj.* relating to olive oil; oily, greasy, fatty
azemel *s. m.* mule driver, muleteer; Moorish village
azemeleiro *s. m.* caretaker of pack animals
azémola *s. f.* beast of burden; pack-horse; blockhead, simpleton
azenha *s. f.* water-mill
azenheiro *s. m.* miller
azerado *adj.* steel-coloured
azerar *v. tr.* to give the colour of steel to; to make acierage
azeredo *s. m.* grove of laurel cherry-trees
azereiro *s. m.* Portuguese laurel cherry
azevém *s. m.* rye-grass
azevia *s. f.* kind of flounder (fish)
azevichado *adj.* jet black
azevichar *v. tr.* to make black like jet
azeviche *s. m.* jet; a jet black thing
azevieiro *adj.* clever, crafty, cunning; malicious, roguish
azevinheiro *s. m.* BOTÂNICA holly
azevinho *s. m.* BOTÂNICA holly
azia *s. f.* heartburn; acidity, pyrose, sour stomach; [pop.] ***azia de queixos*** good appetite
aziago *adj.* unlucky, ill-omened; ill-fated
aziar *s. m.* barnacles
azimia *s. f.* lack of leaven
ázimo *adj.* unleavened; azymous
azimutal *adj.* azimuthal
azimute *s. m.* ASTRONOMIA azimuth
azinha *s. f.* ⇒ **azinheira**
azinhaga *s. f.* lane; footpath
azinhal *s. m.* grove of holm-oaks
azinhavre *s. m.* verdigris
azinheira *s. f.* BOTÂNICA holm-oak; scarlet-oak

azinheiral *s. m.* ⇒ **azinhal**
azinheiro *s. m.* ⇒ **azinheira**
azinho *s. m.* ⇒ **azinheira**
azinhoso *adj.* abounding in holm-oaks
aziumar *v. tr. e intr.* to render sour, to cause bitterness; [fig.] to irritate
aziúme *s. m.* sourness, peevishness; vexation; [fig.] irritation
azo *s. m.* occasion, motive, pretext; opportunity; ***dar azo a*** to give occasion for
azoada *s. f.* hum, buzz; drone; zing; noise
azoado *adj.* stunned, amazed, angry, irritated
azoamento *s. m.* act of stunning, bothering; unpleasant feeling of annoyance, displeasure
azoar Ⓐ *v. tr.* to stun, to make dizzy; to amaze, to stupefy; to importune; to make angry Ⓑ *v. refl.* to get angry
azoeirado *adj.* rather stupid (or confused); frivolous
azóico *adj.* GEOLOGIA azoic
azoinante *adj.* irksome, wearisome
azoinar *v. tr. e refl.* ⇒ **azoar**
azoospermia *s. f.* azoospermia
azoque *s. m.* Arabian market
azoratado *adj.* silly, hare-brained; giddy, dazed
azoratar *v. tr.* to besot, to stupefy; to befool; to make dull
azorragada *s. f.* blow with a whip
azorragar *v. tr.* to whip, to scourge; to flagellate, to flog
azorrague *s. m.* lash, scourge, whip; [fig.] punishment
azorrar *v. tr.* to drag; to transport in a trailer
azotado *adj.* QUÍMICA nitrogenous, azotized
azotar *v. tr.* to azotize, to nitrogenate, to nitrogenize
azotato *s. m.* QUÍMICA nitrate
azotemia *s. f.* azotemia (presence of nitrogenous bodies in the blood, especially in excess)
azoteto *s. m.* QUÍMICA nitride
azótico *adj.* QUÍMICA nitric; azotic
azotídrico *adj.* nitrohydric (acid)
azotito *s. m.* QUÍMICA nitrite, azotite
azoto *s. m.* QUÍMICA nitrogen, azote
azotoso *adj.* QUÍMICA nitrous, azotous
azotúria *s. f.* PATOLOGIA azoturia
azougado *adj.* restless, turbulent; quick, lively
azougamento *s. m.* liveliness, sprightliness, vivacity
azougar Ⓐ *v. tr.* to overlay with quicksilver; to make unsteady Ⓑ *v. refl.* to be restless; to enliven
azougue *s. m.* quicksilver, mercury; a lively person; ***ser um azougue*** to be very lively
azul *s. m., adj.* blue; azure; ***tingir de azul*** to dye blue; ***sangue azul*** blue blood; ***ver-se azul*** to be at one's wits' end; ***é tudo azul*** everything's rosy
azuláceo *adj.* bluish
azulado *adj.* bluish
azulador *adj.* that which colours blue
azulamento *s. m.* act (or result) of colouring blue
azular Ⓐ *v. tr.* to blue; to make blue; to dye blue Ⓑ *v. refl.* to turn blue
azul-celeste Ⓐ *s. m.* azure, sky-blue colour Ⓑ *adj.* sky-blue
azul-claro *s. m., adj.* pale blue
azul-cobalto *s. m., adj.* cobalt-blue; azure-blue
azul-da-arménia *s. m. adj.* bice, cobalt blue
azul-da-prússia *s. m., adj.* Prussian blue
azul-de-metileno *s. m., adj.* methylene blue
azulejador *s. m.* one who makes (or adorns) with glazed tiles or *azulejos*
azulejar *v. tr.* to adorn with glazed tiles or *azulejos*
azulejo *s. m.* glazed tile; Dutch tile
azul-escuro *s. m., adj.* dark blue
azul-esverdeado *s. m., adj.* greenish-blue; turquoise
azul-ferrete *s. m., adj.* navy blue, dark blue
azul-forte *s. m., adj.* royal blue
azulina *s. f.* azuline
azulino *adj.* bluish, azurine
azul-marinho *s. m., adj.* navy blue
azulóio *adj.* violet-blue
azumbrado *adj.* somewhat curved (or crooked); humped
azumbrar *v. intr.* to become crooked (stooped, humped)
azurado *s. m.* the straight (or curved) lines seen in cheques, receipts and tickets
azuraque *s. m.* BOTÂNICA bindweed
azurite *s. f.* MINERALOGIA azurite
azurrar *v. intr.* ⇒ **zurrar**
azurzir *v. tr.* ⇒ **zurzir**

b, B *s. m.* the second letter of the alphabet
Baal *s. m.* Baal, supreme deity of ancient Phoenician people
baalita *s. m. e f.* Baalist, Baalite, worshipper of Baal
baba *s. f.* slaver, slobber
babaçu *s. m.* oil palm-tree from the north of Brazil
babadinho *adj.* [fam.] wanting very badly, very fond of; said of young people who are in love; impassioned
babado *adj.* slavered, slobbered; [coloq.] keen on, extremely fond of; in love, enamoured, charmed; ⇒ **babadinho**
babadoiro *s. m.* bib
babadouro *s. m.* bib
babadura *s. f.* slobber, slaver
babão Ⓐ *s. m.* slobberer, slaverer; idiot, fool, nitwit, ninny, imbecile, moron Ⓑ *adj.* slavering, slobbering; drivelling
babar *v. tr.* to slaver, to beslaver, to slobber, to beslobber, to drivel; ***babar-se por*** to love, to be extravagantly fond of, to dote on, to be keen on, to be crazy about
babaré *s. m.* bawling, clamour, hubbub, row; alarm, warning cry
babaréu *s. m.* bawling, clamour, hubbub, row; alarm, warning cry
babau! *interj.* gone!, it can't be helped!, it's all up!
babeira *s. f.* gorget
babeiro *s. m.* bib
Babel *s. f.* city and tower of Babel; [fig.] confusion (of languages); hubbub, tumult
babelesco *adj.* ⇒ **babélico**
babélico *adj.* babelish; confused, tumultuous, disordered
babelismo *s. f.* babelism
babilónia *s. f.* Babylon; [fig.] tumult, hubbub, uproar, confusion; ***é uma verdadeira babilónia*** it is a perfect Babel
babilónico Ⓐ *adj.* Babylonian, Babylonic Ⓑ *s. m.* Babylonian
babilónio Ⓐ *s. m.* Babylonian Ⓑ *adj.* Babylonian, Babylonic
babirussa *s. f.* ZOOLOGIA babiroussa, babirussa
baboca *adj.* ⇒ **baboso**
babosa *s. f.* BOTÂNICA aloe; ZOOLOGIA tetard
baboseira *s. f.* nonsense, folly, stupidity, trash, moonshine, twaddle; tripe, tosh, bilge, piffle; ***dizer baboseiras*** to talk nonsense
babosice *s. f.* nonsense, folly, stupidity, trash, moonshine, twaddle; tripe, tosh, bilge, piffle
baboso *adj.* slobbering, drivelling; silly, stupid; enamoured, in love
babugem *s. f.* slaver, drivel; froth, foam, spray; [fig.] trifle, nothing, bauble, bubble; rests of food, residues, leavings
babugento *adj.* beslavered; slobbery, slobbering; drivelling
babuíno *s. m.* ZOOLOGIA baboon
babujar *v. tr.* to beslaver, to beslobber, to drivel, to cover (dirty) with slaver; to adulate, to cajole, to flatter; (in speaking) to stammer or stutter (with fear), to falter (with fear); to hesitate
babujaria *s. f.* flattery; adulation, cajolery
bacaba *s. f.* kind of coconut, fruit of a Brazilian palm-tree
bacabá *s. m.* drink made of *bacaba*
bacabada *s. f.* food made from fruits of *bacaba*-tree
bacabeira *s. f.* BOTÂNICA *bacaba* palm-tree
bacáceo *adj.* berried, like a berry, of a berry
bacada *s. f.* shock caused (to a vehicle) by an unevenness of the ground
bacalhau *s. m.* cod, codfish; boys' game; [Bras.] whip; ***bacalhau seco*** dried codfish, stockfish; ***bacalhau frescal*** fresh cod, green fish; ***bacalhau novo*** codling; ***óleo de fígado de bacalhau*** cod-liver oil; ***indústria da pesca do bacalhau*** codfishery; ***pescador de bacalhau*** cod-fisher; ***frota da pesca do bacalhau*** cod-fishing fleet; ***ficar (tudo) em águas de bacalhau*** to come to nothing, to bring to naught; ***para quem é, bacalhau basta*** for a disrespected person it will do, that will do for him
bacalhoada *s. f.* large quantity of codfish, a generous helping of cod; cod-meal
bacalhoeiro Ⓐ *s. m.* cod-seller Ⓑ *adj.* [fig.] coarse, boorish; ***navio bacalhoeiro*** cod-fishing ship
bacalhuço *s. m.* codfish of a poor quality
bacamartada *s. f.* shot fired from a blunderbuss
bacamarte *s. m.* blunderbuss
bacanal *s. f.* bacchanal
bacanalizar *v. tr.* to bacchanalize, to indulge in revelry
bacante *s. f.* Bacchant
bacará *s. m.* baccarat
bacarija *s. f.* ⇒ **bácaro**
bácaro *s. m.* plant used as a medicine
baceira *s. f.* VETERINÁRIA anthrax
baceiro *adj.* splenic, spleeny
bacelada *s. f.* young vineyard
baceleiro *s. m.* vine-dresser
bacelo *s. m.* twig (sprig, shoot) of a vine; newly-planted vine
bacento *adj.* dull, dim, tarnished
bacharel *s. m.* bachelor; [fig.] babbler, talker, prattler, chatterbox; ***bacharel em Ciências*** bachelor of Science
bacharela *s. f.* a woman-bachelor (graduate); a pretentious-talking woman
bacharelada *s. f.* silly (dull or pretentious) discourse
bacharelado *s. m.* bachelorship, baccalaureate, bachelorhood
bacharelando *s. m.* one who takes his degree (of bachelor); inceptor; senior student
bacharelar Ⓐ *v. intr.* to prattle, to babble, to jabber, to prate, to gibber; to confer the degree of bachelor Ⓑ *v. refl.* to take the degree of bachelor
bacharelato *s. m.* ⇒ **bacharelado**
bachareleiro *adj.* verbose, wordy, talkative, loquacious; garrulous, glib
bacharelesco *adj.* of (pertaining to) a bachelor
bacharelice *s. f.* prattle, chatter, palaver, trash, tittle-tattle, chitchat, babble
bacharelomania *s. f.* mania for having a degree
bacia *s. f.* basin; hollow space; valley; ANATOMIA pelvis, hipbone; harbour, basin; ***bacia hidrográfica*** hydrological basin
baciada *s. f.* basinful
baciado *adj.* discoloured, dull, dim; blurred
bacial *adj.* of (pertaining to or related to) a basin
baciano *adj.* BOTÂNICA berrylike
bacidez *s. f.* translucency, translucence
bacífero *adj.* BOTÂNICA bacciferous, berry-bearing
baciforme *adj.* baccate, berry-shaped

bacilar *adj.* bacillary
bacilemia *s. f.* bacillemia
baciliforme *adj.* bacilliform
bacilizar *v. tr.* to contaminate with bacilli
bacilo *s. m.* BIOLOGIA bacillus (*plural* bacilli)
baciloscopia *s. f.* bacilloscopy
bacilose *s. f.* MEDICINA bacillosis; bacillary disease
baciloso *adj.* bacilli-carrier; tuberculous, consumptive
bacinete *s. m.* MEDICINA pelvis of the kidney, renal pelvis; HISTÓRIA basinet
bacio *s. m.* chamber-pot
bacívoro *adj.* ZOOLOGIA baccivorous, berry-eating
baço Ⓐ *s. m.* spleen Ⓑ *adj.* tarnished, dark, dull, dim
bacoco Ⓐ *adj.* silly, foolish Ⓑ *s. m.* ninny, simpleton, fool, idiot, nitwit, imbecile, moron
baconiano *adj.* Baconian, of (pertaining to) Francis Bacon (or his works)
baconismo *s. m.* Baconianism; Baconian philosophy and doctrines
bacoquice *s. f.* foolishness
bacoquismo *s. m.* foolishness
bácora *s. f.* young sow
bacorada *s. f.* drove of pigs; obscenity; rudeness, incivility
bacorejar Ⓐ *v. tr.* to forebode; to have a presentiment of; to suggest Ⓑ *v. intr.* to grunt like a pig
bacorejo *s. m.* [coloq.] presentiment (of luck); premonition
bacorice *s. f.* foreboding, presentiment, premonition; gossip, chit-chat, tattle
bacorinhar *v. intr.* to throb; ⇒ **bacorejar**
bacorinho *s. m. dim. de* **bácoro**
bácoro *s. m.* piglet, pigling, piggy, sucking pig
bactéria *s. f.* bacterium (*plural* bacteria)
bacteriáceo *adj.* bacterial
bacteriano *adj.* bacterial
bactericida Ⓐ *adj.* bactericidal Ⓑ *s. m.* bactericide
bactérico *adj.* bacterial
bacteriemia *s. f.* bacteriemia (bacteria in the blood)
bacteriófago *s. m.* bacteriophage
bacteriologia *s. f.* bacteriology
bacteriológico *adj.* bacteriological
bacteriologista *s. m. e f.* ⇒ **bacteriólogo**
bacteriólogo *s. m.* bacteriologist
bacterioscopia *s. f.* bacterioscopy
bacteriose *s. f.* bacteriosis
bacterioterapia *s. f.* bacteriotherapy
bacteriúria *s. f.* bacteriuria
baculífero *adj.* baculiferous
baculiforme *adj.* baculiform, rod-shaped
baculino *adj.* baculine
báculo *s. m.* staff; [fig.] support; ***báculo pastoral*** crosier
baculometria *s. f.* method of measuring with graduated rods (or sticks)
bacurau *s. m.* a common name for the birds of the *Caprimulgidae* family; a nickname for Negroes; one who goes out only at night
badala *s. f.* talkative woman; prattler
badalada *s. f.* stroke, toll; NÁUTICA bell
badalado *adj.* much-publicized, talked about, famous
badalão *s. m.* talkative (or foolish) man, prattler, senseless gabbler
badalar *v. tr.* to ring, to peal (ring loudly), to toll (ring with slow, regular strokes); to strike (hours); [fig.] to gossip, to chatter, to prate, to babble
badaleira *s. f.* ring (eyelet) to which the clapper of a bell is fixed; [fig.] gossip, tattler, babbler, busybody, idle talker
badaleiro *s. m.* [fig.] gossip, tattler, babbler, busybody, idle talker
badalejar *v. intr.* ⇒ **badalar**; [fig.] to shake, to chatter with fear or cold (said of the teeth)
badalhoca *s. f.* slattern, slut
badalhoco *adj.* dirty, unclean, soiled; unpleasant; [coloq.] piggish, filthy
badalo *s. m.* bell, clapper; [fig.] tongue
badame *s. m.* chisel, cross-cut chisel
badameco *s. m.* [arc.] satchel, school(-)bag; [pop.] lad, stripling, youngster, youth; an impudent (inconsiderate), conceited boy
badana Ⓐ *s. f.* scraggy sheep; flabby fold of skin, dewlap; tough mutton Ⓑ *s. m. e f.* [pop.] fin; [fam.] simpleton, fool
badanagem *s. f.* group of braggarts or simpletons
badanal *s. m.* [coloq.] hubbub, racket, hullabaloo
badanar *v. intr.* to stagger, to totter, to falter; to swing, to rock, to sway, to wave; to tremble, to shake
badano *s. m.* jade (worn-out horse); braggart; ⇒ **badana**
badante *adj.* slanting, sloping (inward)
badejo *s. m.* name of several fish of the *Serranidae* family
baderna *s. f.* NÁUTICA a thin cord which fixes other cords used to tighten the shrouds; [Bras.] gang of hooligans; a good-for-nothing
badiana *s. f.* Japanese star anise-tree (an evergreen with poisonous fruit)
badião *s. m.* ICTIOLOGIA ⇒ **bodião**
badil *s. m.* shovel (for ashes)
badine *s. f.* flexible and elegant walking stick
badola *s. m. e f.* simpleton, fool, ninny, nitwit, imbecile, moron
badulaque *s. m.* [pop.] stew made of hash of lights and liver; trash, rubbish; stocky man, podgy boy
baeta *s. f.* baize, coarse
baetal *adj.* made of baize, woolly, coarse
baetão *s. m.* thick baize, heavy wool blanket
baetilha *s. f.* fine baize, flannel, flannelette; ***baetilha de lã*** duffel
bafagem *s. f.* gentle wind; breath, puff, breeze; [fig.] inspiration; stimulus; ***bafagens*** light airs
bafar *v. intr.* to breathe out, to pant, to gasp
bafareira *s. f.* the higher part of a distiller
bafari *s. m.* ⇒ **tagarote**
bafejado *adj.* protected, pampered; breathed on; ***o menino, bafejado pela sorte, escapou ileso*** favoured by his good luck, the boy escaped unhurt
bafejador Ⓐ *s. m.* puffer, inspirer, protector Ⓑ *adj.* puffing, breathing, inspiring, stimulating
bafejante *adj.* breathing; puffing
bafejar *v. tr.* to breathe in (upon); to favour, to protect; to inspire, to stimulate; to breathe (blow) softly; to caress, to pet; to exhale; ***ser bafejado pela sorte*** to have one's lines fall in pleasant places, to be smiled upon by fortune
bafejo *s. m.* breath, puff; a run (stroke) of luck; favour, help
bafiento *adj.* mouldy, musty, fusty; [fig.] old-fashioned, out of date; ***pão bafiento*** mouldy bread; ***livros bafientos*** musty books
bafio *s. m.* mould; musty smell, fustiness, frowst, stench; ***cheirar a bafio*** to smell musty; ***cheiro a bafio*** musty smell
bafo *s. m.* breath, breeze, puff of wind; [fig.] favour; protection, inspiration
baforada *s. f.* offensive breath; whiff, puff; gust, blast; fuss, ado, hustle, flurry, bustle, fluster
baforar Ⓐ *v. intr.* to exhale, to blow, to whiff; to belch Ⓑ *v. refl.* to boast, to brag
baforeira *s. f.* caprifig, wild fig-tree
baforeiro *adj.* related to the wild fig-tree
bafugem *s. f.* ⇒ **bafagem**
bafum *s. m.* [reg.] mould, musty smell
bafurdar *v. tr.* ⇒ **chafurdar**
bafureira *s. f.* ⇒ **rícino**
baga *s. f.* berry; [fig.] drop
bagaçal *s. m.* trodden husk

bagaceira *s. f.* brandy (made from husks of grapes); heap of husks (or skins); [Bras.] heap of wood; [fig.] chatter, jabber, babble
bagaceiro Ⓐ *s. m.* workman who carries the husk to a heap; husk-pit (or heap); stupid fellow; sluggard Ⓑ *adj.* feeding on husks (animal)
bagaço *s. m.* husk, skin (of a seed or fruit); [pop.] money, dough, brass; [cal.] lolly; ***bagaço de uvas*** husk; ***bagaço de azeitonas*** olive husk, oil lees
bagada *s. f.* big tear; lot of berries
bagado *adj.* with many grapes (or berries)
bagageira *s. f.* portage, cost of carriage; baggage cart, luggage-van
bagageiro *s. m.* porter; goods-train; he who (in Alentejo) carries the food for the workers
bagagem *s. f.* luggage; [E.U.A.] baggage; MILITAR kit, outfit, impedimenta; ***despachar bagagem*** to forward luggage; ***excesso de bagagem*** excess luggage; ***depósito de bagagem*** luggage depot, left luggage-office; ***rotular a bagagem*** to label the luggage; ***bagagem transportada gratuitamente*** luggage carried free of charge
bagagista *s. m. e f.* luggage-porter
bagalhão *s. m.* big berry
bagalho *s. m.* [reg.] the seeds of the pomegranate
bagalhoça *s. f.* [cal.] money, rhino, rino, oof, chink, brass, dough, lolly, riches
bagalhudo *adj.* rich, wealthy
baganda *s. m. e f.* hooligan, ruffian; rowdy, roisterer
baganha *s. f.* hull, pod, skin, seed-vessel
baganho *s. m.* olive husks, oil lees; ⇒ **baganha**
bagar *v. intr.* to produce big berries
bagatela *s. f.* bagatelle, trifle, bubble, nothing, bauble, bawble, catchpenny
bagateleiro *s. m.* trifler, fusser; piddler, potterer, hair-splitter
bago *s. m.* grains or seeds of any cereals; grape; [pop.] ⇒ **bagaço**
bagoado *adj.* grapelike, berrylike
bagoeira *s. f.* ⇒ **bagaçal**
bagre *s. m.* sheatfish, catfish
bagudo *adj.* with big grapes
baguim *s. m.* small juicy pear
bagulhado *adj.* full of seeds
bagulhento *adj.* ⇒ **bagulhado**
bagulho *s. m.* grapestone; seeds; [pop.] ⇒ **bagaço**
bagulhoso *adj.* ⇒ **bagulhado**
bagunçar *v. tr.* [Bras.] to mess up
bagunceiro *adj.* [Bras.] messy, untidy
baia *s. f.* stall, bail
baía *s. f.* bay, gulf
baiacu *s. m.* globefish, pupper; oyster-catcher; [fig.] short and fat person
baião *s. m.* Brazilian popular dance
baila *s. f.* dance; perch (fish); ***vir (trazer) à baila*** to broach a subject, to bring upon the carpet, to bring up for discussion
bailadeira Ⓐ *s. f.* dancing-girl, ballet girl Ⓑ *adj.* dance-loving
bailado *s. m.* dance; ballet
bailadoiro *s. m.* ⇒ **bailadouro**
bailador Ⓐ *s. m.* dancer, ballet-artist Ⓑ *adj.* dance-loving
bailadouro *s. m.* dance-floor; dance-space
bailante *s. m., adj.* ⇒ **bailador**
bailão *s. m.* man fond of dancing; dancing enthusiast; singer (or player) of *fado*
bailar *v. tr. e intr.* to dance; [fig.] to tremble, to oscillate; to float, to hover
bailarico *s. m.* popular dance
bailarim *s. m.* ⇒ **bailarino**
bailarina *s. f.* ballerina, dancer, ballet-dancer, professional dancer
bailarino *s. m.* dancer, ballet-dancer, professional dancer
bailariqueiro *s. m.* dance enthusiast (or habitué)
bailata *s. f.* dance; dance-song
baile *s. m.* dance; ball; [pop.] brawl, quarrel, broil, wrangle; ***dar um baile*** to hold a dance; ***abrir o baile*** to open the ball; ***baile de gala*** state-ball; ***baile de máscaras*** fancy-dress ball, masked-ball; ***dar um baile a alguém*** to pull somebody's leg
bailete *s. m.* pantomime; mimic dance
bailéu *s. m.* scaffolding; stage; NÁUTICA orlop gangway, platform deck, the deck below the berth-deck where the cables (etc.) are stowed; ***bailéu de porão*** flat of the hold
bailiado *s. m.* bailiwick
bailio *s. m.* [arc.] provincial chief magistrate, bailiff, officer; chief commander of ancient knightly orders
bailique *s. m.* bunk; [Bras.] a cell in a jail (or gaol)
bailomania *s. f.* dance mania
bailomaníaco *adj.* dance maniac
bailundo Ⓐ *s. m.* a member of the *Bailundos* people (African tribe) Ⓑ *adj.* related to the Bailundos
bainha *s. f.* hem (edge of cloth); sheath, scabbard (for blade of weapon); ***bainha de espada*** sheath of sword; ***bainha de um vestido*** the hem of a dress; ***bainha de ponto aberto*** hemstitched; ***bainha dobrada*** lapped seam
bainhar *v. tr.* to sheathe, to hem; to make a sheath (or a border)
bainharia *s. f.* sheath (scabbard) workshop
bainheiro *s. m.* sheath-maker, scabbardmaker
baio *adj.* bay (colour); ***baio escuro*** dark-brown, bay; ***baio claro*** light-bay; ***baio castanho*** chestnut; ***cavalo baio*** bay horse
baionesa *adj.* Bayonne (apple or apple-tree)
baioneta *s. f.* bayonet; ***baioneta calada*** fixed bayonet
baionetada *s. f.* stab (thrust) with the bayonet
bairrismo *s. m.* localism, parochialism; parochial outlook; petty provincialism; narrowness of view; narrow-mindedness
bairrista *s. m. e f.* defender of the interests of one's own parish (district or quarter); local inhabitant
bairro *s. m.* ward, district, quarter; ***abolição dos bairros pobres*** slum clearance; ***bairro residencial*** residential quarter
baitaca *s. f.* ORNITOLOGIA [Bras.] a kind of noisy parrot (also called *maitaca*)
baiuca *s. f.* eating-house; wineshop; public-house, pub; tavern; very small and untidy house
baiuqueiro *s. m.* publican; tavern-keeper
baixa *s. f.* decrease, abatement, fail, diminution, depression; slump, break (in price of cost); dismissal, discharge (from military service or office); sick leave; release (from hospital); casualty; ***dar baixa a*** to dismiss from service, to retire from service; ***baixa súbita (nos negócios)*** slump; ***baixa nos preços*** fall in prices; ***baixa (de pessoal)*** casualty; ***baixa dos fundos públicos*** fall of stocks; ***baixa de temperatura*** fall (drop) of temperature; ***baixa do barómetro*** fall of the barometer; ***baixa a soldado*** reduction to the ranks; ***jogar na baixa (da Bolsa)*** to speculate on the fall (of shares); ***baixa de terreno*** a depression in the ground; ***estar de baixa*** to be on sick leave
baixada *s. f.* slope, declivity; vale, basin, valley; RÁDIO ***fio de baixada*** (radio) down-lead of aerial, aerial connection
baixa-mar *s. f.* low tide; ebb; low-water
baixamente *adv.* meanly, basely, lowly, shamefully
baixante *s. f.* [reg.] the tapered wall of a chimney
baixão *s. m.* kind of bassoon, contra-bassoon
baixar Ⓐ *v. tr.* to lower, to let (to send, to bring) down; to debase, to decrease, to reduce, to diminish, to abate, to drop (prices) Ⓑ *v. intr.* to fall, to decline; to subside, to ebb (tide); to reduce, to humble, to subdue Ⓒ *v. refl.* to bow, to bend, to stoop; ***baixar a maré*** to ebb; ***baixar a***

taxa dos juros to reduce the rate of interest; *baixar o valor* to lessen the value; *baixar o custo de vida* to lower the cost of living; *baixar o rádio* to tune down the wireless; *ela baixou os olhos* she cast down her eyes; *eles baixaram a bandeira* they struck the colours; *a temperatura baixou* the temperature fell (dropped)

baixaria *s. f.* [Bras.] cheap trick, mean thing; vulgarity

baixel *s. m.* vessel, small boat (ship)

baixela *s. f.* table ware (made of silver) or articles for the divine service (also made of silver)

baixete *s. m.* a cooper's bench; a cooper's tool; a chamfered bench for making barrels

baixeza *s. f.* lowness, meanness, baseness, wickedness, wretchedness, dirtiness, flatness, vileness, mean (base) action; *baixeza de nascimento* lowly birth; *baixeza de sentimentos* meanness of sentiments

baixia *s. f.* shallowness; ⇒ **baixio**

baixinho Ⓐ *adv.* softly, in a low voice; secretly Ⓑ *adj.* rather short

baixio *s. m.* shoal, sandbank, shallow, flat, bar; *costa de baixios* shoaled coast

baixista *s. m.* COMÉRCIO bear, speculator (for a fall)

baixo Ⓐ *adj.* low, short, small; mean, base, vile, humble; (quality, value) poor; despicable, dishonourable; MÚSICA low, deep, bass; FONÉTICA grave Ⓑ *adv.* lowly (place, position); softly, whisperingly; MÚSICA gravely, in a low tone Ⓒ *s. m.* depression, hollow; shoals, sandbank, shallow, shelf; MÚSICA low (tone, note); bass (string instrument); *homem baixo* short man; *casa baixa* low house; *água baixa* shallow water; *terras baixas* lowlands; *maré baixa* low water, low tide; *em voz baixa* in a low voice; *preço baixo* low price; *baixo nível* low level; *gente baixa* the mob; *de baixo nascimento* low-born; *máquina de baixa rotação* low-speed engine; *em baixo* below; *estar muito em baixo (sem dinheiro)* to be in low water, to be badly off, to be on the rocks, to be in queer street; *para baixo* downwards, down; *por baixo* under, underneath; *falar baixo* to speak softly; *olhar para baixo* to look downwards; *dar para baixo* [coloq.] to slate; *ficar por baixo* to get the worst; *os baixos de uma casa* the groundfloor, basement, cellar; *altos e baixos* ups and downs; *com baixos* shoaly; *estar por baixo* to be down on one's luck

baixo-alemão *s. m.* Low German

baixo-império *s. m.* Low Empire (Roman History); [fig.] corrupt society; corruption

baixo-latim *s. m.* Low Latin

baixo-relevo *s. m.* bas-relief, low-relief

baixote *adj.* stunted, undersized; somewhat short (or low)

baixo-ventre *s. m.* lower part of the abdominal cavity

baixura *s. f.* depression; hollow, valley; decrease

bajoujar *v. tr.* to flatter, to adulate, to fawn upon; to fondle

bajoujice *s. f.* silliness, nonsense, tomfoolery, folly, fooling, buffoonery, flattering

bajoujo *s. m.* ⇒ **adulador;** ⇒ **lamecha;** ⇒ **parvo**

bajulação *s. f.* flattery, adulation, cajoling, fawning

bajulador *s. m.* flatterer, adulator, wheedler, coaxer, sycophant

bajular *v. tr.* to fawn on, to flatter, to adulate, to coax; [pop.] to butter, to bow and scrape

bajulatório *adj.* flattering

bajulice *s. f.* ⇒ **bajulação**

bala *s. f.* bullet, ball, shot; bale, packet; *bala blindada de aço* steel-jacketed bullet; *bala de chumbo* lead bullet; *bala de alta velocidade* high speed bullet; *bala de papel* a bale of 10 reams of paper; *bala tracejante* tracer bullet; *bala dundum* dumdum bullet; *à prova de bala* bullet-proof

balaço *s. m.* large ball; gunshot, cannon-shot; [pop.] violent kick

balada *s. f.* ballade; MÚSICA ballad, lay

balado *s. m.* bleating

balador *adj.* bleating

balaia *s. f.* low lidded basket without handles, panier, pannier

balaiada *s. f.* hamperful, a basketful

balaio *s. m.* hamper, basket made of straw (palm-leaf ribs, lianas and the like)

balalaica *s. f.* balalaika, Russian guitar

balame *s. m.* great number (a lot, a heap) of bullets

balança *s. f.* scales, pair of scales, balance, weighing-machine; [fig.] ponderation, consideration, equilibrium, steadiness; *balança romana* Roman balance; *balança comercial* balance of trade; *prato de balança* scale; *fiel de balança* needle of a balance; *fazer pender a balança (decidir)* to turn the scales; *braço de balança* scale-boom; *balança automática* automatic weighing-machine; *balança para uso doméstico* household scales; *balança de pagamentos* balance of payments

Balança *s. f.* ASTRONOMIA, ASTROLOGIA Libra

balançar *v. tr.* to balance, to equilibrate; to swing, to oscillate, to rock, to fluctuate; to weigh, to consider, to ponder, to poise; to hesitate, to be irresolute; to compensate, to counterbalance

balancé *s. m.* balance (a movement in dancing); seesaw (game); screw-press; swing; *balancé (de estampar)* coining-press

balanceamento *s. m.* balancing; swinging, rocking, oscillation

balancear *v. tr.* ⇒ **balançar**

balanceiro *s. m.* rockshaft, rocking lever, beam; weigher; *pl.* balancers, poisers (of diptera)

balancete *s. m.* trial balance; balance sheet

balancim *s. m.* pendulum, bascule, rocker arm; swingle-bar, swing-tree (of a cart); ⇒ **amantilho**

balancista *s. m. e f.* surveyor of weights and measures, keeper of public scales; weigher

balanco *s. m.* BOTÂNICA darnel (weed)

balanço *s. m.* balance, equilibrium; swinging, swing, rocking; tossing, roll, pitching, rolling (of a ship); COMÉRCIO balance; account; [fig.] ponderation, examination; *dar balanço* to draw up a balance, to draw up the balance-sheet; *fazer balanço* to take stock; *livro de balanço* balance book; *balanço de entrada* credit balance; *balanço de saída* debit balance; *balanço geral* balance-sheet; *balanço aproximado* rough balance; *balanço de popa à proa* pitching; *balanço doce* easy rolling; *balanço sacudido* lurch, lurching; *dar balanço (o navio)* to roll (the ship); *estar em balanço* to be in suspense, to be irresolute

balandra *s. f.* one-masted coastal sailing-ship

balandrau *s. m.* garment (gown) worn by members of certain confraternities

balanífero *adj.* balaniferous, acorn-bearing

balanite *s. f.* balanite; MEDICINA balanitis

bálano *s. m.* ⇒ **glande;** ⇒ **bolota**

balanófago *adj.* said of one who (or which) feeds on acorns

balanóforo *adj.* said of that which produces acorns

balanóide *adj.* balanoid; glandiform, glanduliform

balanorragia *s. f.* balanorrhagia

balanquinho *s. m.* the slender oat

Balantas *s. m. pl.* the Balante (a Sudanese Negro tribe in Guinea)

balante *adj.* bleating, bellowing (lamb)

balão *s. m.* balloon; QUÍMICA *balão de ensaio* balloon-flask, bulb, matrass; *balão de barragem* barrage (or kite) balloon; *balão cativo* captive balloon; *balão dirigível* dirigible; *balão de oxigénio* oxygen tank; *pneu balão* balloon tyre; *mangas de balão* puffed sleeves; NÁUTICA *balão horário* time-ball; *balão de sinais* signal-ball

balão-sonda *s. m.* pilot balloon

balar *v. intr.* to bleat

balária *s. f.* ⇒ **candelária**

balastragem *s. f.* ballasting

balastrar *v. tr.* to ballast
balastreira *s. f.* a ballast train
balastro *s. m.* ballast (broken stone gravel, slag, etc. for the track of a railway)
balata *s. f.* ⇒ **balada**
balaúste *s. m.* ⇒ **balaústre**
baláustio *s. m.* any fruit which resembles the pomegranate
balausto *s. m.* ⇒ **baláustio**
balaústo *s. m.* ⇒ **balaústre**
balaustrada *s. f.* balustrade; handrail; banisters, balusters; NÁUTICA rails and stanchions, stanchion and guard-rods
balaustrar *v. tr.* to furnish with balusters
balaústre *s. m.* baluster; banister; ARQUITECTURA bolster (of a Ionic capital); NÁUTICA stanchion
balázio *s. m.* large ball; gunshot, cannon-shot; ⌈pop.⌋ violent kick
balbo *adj.* stammering, stuttering
balbuciação *s. f.* stuttering, faltering, stammering, babbling; stutter, falter, stammer, babble
balbuciadela *s. f.* stuttering, faltering, stammering, babbling; stutter, falter, stammer, babble
balbuciamento *s. m.* stuttering, faltering, stammering, babbling; stutter, falter, stammer, babble
balbuciante *adj.* stuttering, stammering, faltering
balbuciar *v. tr.* to stammer, to stutter, to falter, to babble, to hem and haw; ***balbuciar uma desculpa*** to stutter out an apology; ***balbuciar algumas palavras*** to stammer out a few words
balbúcie *s. f.* speech defect (or difficulty)
balbuciência *s. f.* speech defect (or difficulty)
balbuciente *adj.* ⇒ **balbuciante**
balbucio *s. m.* ⇒ **balbuciação**
balbúrdia *s. f.* confusion, disorder, muddle, stir, tumult, bustle, flurry, to-do; ***que grande balbúrdia vai nesta casa!*** what a bustle there is in this house!
balburdiar *v. tr.* to confuse, to confound
balça *s. f.* jungle, thick forest, thicket; coppice
balcânico *adj.* Balkan, Balkanic
balcão *s. m.* ARQUITECTURA balcony; counter (of a shop); TEATRO ***primeiro balcão*** dress circle; CINEMA ***segundo balcão*** upper circle, balcony
balção *s. m.* ⇒ **balça**
balceiro *adj.* of (pertaining to or related to) thickets (or thick forests); wild, sylvan, silvan
balconista *s. m. e f.* shop assistant
balda *s. f.* fault; foible, craze; discarding, casting off from the hand, renounce (at cards); ⌈coloq.⌋ ***à balda*** carelessly, at random
baldada *s. f.* pailful
baldadamente *adv.* uselessly; vainly, in vain, to no purpose, to no end
baldado *adj.* void, useless, null, of no effect; frustrated, unsuccessful, vain, fruitless; ***todos os nossos esforços saíram baldados*** all our efforts were in vain
baldão *s. m.* stroke of bad luck, mishap, misfortune; affront, reproach, offence, insult; tidal wave, billow, breaker; ***de baldão*** tumultuously, impetuously, pell-mell, helter-skelter
baldaquim *s. m.* ⇒ **baldaqueiro**
baldaquino *s. m.* baldachin, baldaquin
baldar Ⓐ *v. tr.* to frustrate, to disappoint, to baulk, to hinder, to thwart Ⓑ *v. refl.* to flinch, to duck out; to discard (playing cards), to cast off from the hand
balde *s. m.* bucket; pail; ***balde de carvão*** coal-scuttle; ***balde de lona*** canvas bucket; ***balde para águas sujas*** slop-pail
baldeação *s. f.* transfusion, decanting; transshipment; washing down (the decks of a ship, motor-cars, etc.)
baldeador *s. m.* bailer
baldear *v. tr.* to transfuse, to decant; to transship; to wash down (the decks of a ship, motor-cars, etc.)
baldeona *s. f.* salt shovel
baldio Ⓐ *adj.* uncultivated, barren, fallow Ⓑ *s. m.* uncultivated (unused, barren) land; wasteland; fallow; ***terrenos baldios*** waste land; ***baldio agreste*** dreary waste
baldo *adj.* unprovided; wanting a colour or suit (at cards); to be void in a suit; ***estar baldo ao naipe*** ⌈fam.⌋ to be penniless, to be broke
baldoar *v. tr.* to insult, to outrage, to offend, to affront, to abuse, to shock, to maltreat
baldoeira *s. f.* variety of vine grown in Portugal (also *camarate* and *carrega-besta*)
baldoeiro *s. m.* a hole or perforation provided in walls for the scaffolding drain for rain water
baldréu *s. m.* kid-leather (for gloves)
baldroca *s. f.* cheat, fraud, deceit, humbug, hoax, sham; ***trocas e baldrocas*** fraudulent (deceitful, deceptive, false, dishonest) contracts
baldrocar *v. tr.* to cheat, to deceive, to trick, to swindle, to defraud
baldrogueiro *s. m.* ⇒ **baldroqueiro**
baldroqueiro *s. m.* trickster; deceiver
baleação *s. f.* whaling
balear Ⓐ *v. tr.* to shoot, to wound with a shot Ⓑ *adj.* Balearic, of (or pertaining to) the Balearic Isles
baleato *s. m.* whale-calf
baleeira *s. f.* whaler, whale-boat, whale-ship
baleeiro Ⓐ *s. m.* whaler, whaleman Ⓑ *adj.* whaling (vessel, industry)
baleia *s. f.* ZOOLOGIA whale; ASTRONOMIA the Whale (constellation Cetus); ***óleo de baleia*** whale-oil; ***baleia macho*** bull whale; ***baleia fêmea*** cow whale; ***pesca da baleia*** whale fishery, whaling; ***pescador de baleias*** whaleman, whaler
balela *s. f.* fib, lie, falsehood, false report
baleota *s. f.* ⇒ **baleote**
baleote *s. m.* whale-calf
balestilha *s. f.* NÁUTICA cross-staff; VETERINÁRIA lancet for bleeding
balestra *s. f.* HISTÓRIA ballista; cross-bow
balestreiro *s. m.* machicolation
balha *s. f.* ⇒ **baila**
balhadeira *s. f.* ⇒ **robalo**
balhana *s. f.* trash, rubbish, worthless stuff
baliado *s. m.* ⇒ **bailiado**
balido *s. m.* bleat
balio *s. m.* ⇒ **bailio**
balir *v. intr.* to bleat
balista *s. f.* HISTÓRIA ballista; cross-bow; arbalest
balística *s. f.* ballistics
balístico *adj.* ballistic
balistite *s. f.* balistite
baliza *s. f.* mark; seamark, buoy; landmark; beacon; limit, boundary; DESPORTO goal(-posts); target; ***baliza de terra*** landmark; ***baliza de navio*** rib, frame, timber (of a ship); ***baliza luminosa*** luminous beacon; ***baliza flutuante*** floating-beacon; ***baliza de sinalização*** signal-beacon
balizador *s. m.* marker
balizagem *s. f.* marking, demarcation; beaconnage; buoyage; laying of buoys; setting up boundaries
balizamento *s. m.* marking, demarcation; beaconnage; buoyage; laying of buoys; setting up boundaries
balizar *v. tr.* to mark, to demark, to set up a landmark; to mark out, to beacon; to set out (with stakes or poles)
balmaz *s. m.* round-head(ed) tack
balmázio *s. m.* ⇒ **balmaz**
balneação *s. f.* bathing
balnear Ⓐ *adj.* bathing; ***colónia balnear*** seaside resort Ⓑ *v. tr.* to bathe
balneário *s. m.* bath, bathing-place, bathhouse

balneável *adj.* proper for bathing, suitable for taking the waters
balneografia *s. f.* balneography
balneoterapia *s. f.* MEDICINA balneotherapy, water-cure
balneoterápico *adj.* MEDICINA balneotherapeutic
balofice *s. f.* vacuity, emptiness, hollowness; deceit, fraud
balofo *adj.* puffed up; swollen; flabby, hollow, flaccid; vain, proud
baloiçador Ⓐ *adj.* swaying, rocking Ⓑ *s. m.* a hard-trotting horse
baloiçamento *s. m.* rocking, shaking, swinging
baloiçante *adj.* ⇒ **balouçante**
baloiçar *v. tr.* ⇒ **balouçar**
baloiço *s. m.* ⇒ **balouço**
baloiçoso *adj.* ⇒ **balouçoso**
balona *s. f.* jabot; shirt-collar the flap of which covers the shoulder; kind of firework which delivers, when exploded, many coloured drawings; false rumour
balota *s. f.* the black hoardhound (horehound)
balote *s. m.* bale; small bullet
balouçador *s. m.* balancer, swinger, rocker; ***cavalo balouçador*** trotting horse; ***navio balouçador*** pitching-ship
balouçamento *s. m.* rocking, rolling, pitching, shaking, swinging
balouçante *adj.* waggly, shaky, swaying, tottering, rickety
balouçar *v. tr.* to swing, to toss, to balance, to dangle, to rock (to and fro), to dangle, to pendulate, to sway, to roll, to pitch (of a vessel); ***sentou-se na mesa a balouçar as pernas*** he sat on the table swinging (dangling) his legs
balouço *s. m.* swing; seesaw; swinging, tossing, rocking, dangling
balouçoso *adj.* rocking, swinging, rolling, pitching, swaying
balroa *s. f.* grapnel, grappling hook
balsa *s. f.* mash-tub, mash-vat; pressed grapes; straw (or wicker) case for glass-vessel; raft, float; BOTÂNICA balsa, cork-tree; HISTÓRIA banner (of the Templars Order)
balsamar *v. tr.* to balsam, to aromatize with balsam, to scent, to perfume; [fig.] to alleviate, to mitigate
balsâmico *adj.* balmy, balsamic, soothing; fragrant, aromatic
balsamífero *adj.* balsamiferous
balsamificar *v. tr.* ⇒ **balsamar**
balsamina *s. f.* BOTÂNICA balsamine
Balsamináceas *s. f. pl.* *Balsaminaceae*
balsamíneo *adj.* balsaminaceous
balsamita *s. f.* BOTÂNICA costmary
balsamização *s. f.* aromatization
balsamizar *v. tr.* to aromatize, to perfume; to soothe, to alleviate
bálsamo *s. m.* balsam, balm; [fig.] alleviation, relief; ***bálsamo de copaíba*** copaiba, copaiva
bálsamo-de-tolu *s. m.* balsam of Tolu
balsana *s. f.* hemming tape (for friar's habit)
balsão *s. m.* HISTÓRIA banner, standard, flag; banner of the Templars Order
balsedo *s. m.* thicket, wood, copse, copse wood, coppice; jungle; shrubbery
balseira *s. f.* [Bras.] inferior sugar-cane
balseiro *s. m.* mash-tub, vat; rafter, raftsman
balso *s. m.* rope, cable; knotted rope; NÁUTICA boatswain's chair; ***balso de calafate*** bowline for a sling
baltar *adj.* wild, fruitless (vines)
bálteo *s. m.* girdle, band, belt; sash
báltico *adj.* Baltic; ***o mar Báltico*** the Baltic Sea
baluarte *s. m.* bulwark, fortress, stronghold, bastion; [fig.] support stay, prop, shelter, refuge
baluma *s. f.* NÁUTICA leech
balúrdio *s. m.* [fam.] a great sum; lots of, a great deal
balurdo *s. m.* big wooden screw pressing down the stone of an oil-press
bamba *s. f.* disorder, commotion; a game played with peach stones
bambá *s. f.* an Afro-Brazilian dance
bambaleadura *s. f.* oscillation, swinging (or rocking) movement, wavering, dangle
bambaleante *adj.* swinging, dangling; wavering, reeling, staggering, tottering
bambalear Ⓐ *v. intr.* to swing, to oscillate, to dangle; to waddle, to wobble Ⓑ *v. refl.* to flounce
bambaleio *s. m.* oscillation, swing, swinging
bambalhão *adj.* slack; indolent, sluggish, lumpish, slothful
bambão *s. m.* swing; slack cord
bambar *v. tr.* to slacken, to make slack, to weaken, to make (to become) less taut; [fig.] to vacillate, to falter
bambear *v. tr.* to slacken, to make slack, to weaken, to make (to become) less taut; [fig.] to vacillate, to falter
bambi *s. m.* bambi (an African ruminant animal in Angola)
bambinar *v. intr.* to flutter, to dangle, to wave (in the wind)
bambinela *s. f.* window-curtains; valance, pelmet
bambino *s. m.* bambino, child, baby
bambo *adj.* slack; loose, unbent
bamboar *v. tr.* ⇒ **bambolear**
bambochar *v. intr.* to lark; to go on a spree
bambochata *s. f.* bambocciade (painting of rustic and grotesque scenes); spree, lark; orgy
bamboleamento *s. m.* ⇒ **bamboleio**
bamboleante *adj.* swinging; dangling
bambolear *v. refl. e intr.* ⇒ **bambalear**
bamboleio *s. m.* swinging, wagging, shaking; flouncing
bambolim *s. m.* lambrequim, valance, pelmet
bambolina *s. f.* TEATRO the upper part of the scenes in a theatre; *pl.* flies
bambu *s. m.* BOTÂNICA bamboo
bambuada *s. f.* a blow (or stroke) with a bamboo
bambual *s. m.* bamboo plantation, bamboo thicket, bamboo grove
bambueira *s. f.* bamboo (plant or shoot)
bamburral *s. m.* marshy pasture-field; ⇒ **bambual**
bambúrrio *s. m.* unexpected good luck; piece of good luck, lucky hit, windfall; godsend; happy chance; fluke; ***por um bambúrrio da sorte*** by a stroke of luck
bamburrista *s. m. e f.* person favoured by good luck, lucky fellow (chap)
bambuzal *s. m.* ⇒ **bambual**
banabóia *s. m. e f.* ⇒ **banazola**
banal *adj.* trivial, banal, trite, common, everyday; [arc.] feudatory
banalidade *s. f.* triviality, banality, triteness, commonplace; [arc.] feud
banalização *s. f.* trivialization
banalizar *v. tr.* to render banal, to trivialize
banalmente *adv.* trivially, commonly, tritely, banally
banana *s. f.* BOTÂNICA banana; [pop.] coward, dolt, ninny, fool, idiot, nit-wit
bananada *s. f.* jam of bananas
bananal *s. m.* banana grove, banana plantation
bananeira *s. f.* banana-plant
bananeiral *s. m.* ⇒ **bananal**
bananeiro *s. m.* person who sells bananas
bananice *s. f.* [coloq.] nonsense, absurdity, stuff
bananista *s. m. e f.* ⇒ **bananeiro**
bananívoro *adj.* banana-eating
banazola *s. m.* a good-for-nothing, simpleton, mug, duffer, wash-out

banca *s. f.* table; writing-desk; lawyer's office; tripod; stake (gambling); ***abrir banca de advogado*** to set up as a lawyer; ***banca dos jurados*** jury-box; ***banca de jornais*** news stand; ***banca de praça (mercado)*** market-stall, stand; ***levar a banca à glória*** to sweep the stakes

bancada *s. f.* long bench, row of benches (or seats), stand; the persons seated on a bench; ***bancada de oficina*** bench; ***bancada geral*** unreserved seats (at a stadium or bullring)

bancal *s. m.* bench-cloth (carpet, cover)

bancaria *s. f.* rows of great number of benches; interference of Roman bankers in papal bulls

bancário Ⓐ *s. m.* employee of a bank, bank clerk Ⓑ *adj.* of (or concerning) banks; ***negócio bancário*** banking business; ***empregado bancário*** bank clerk; ***cotação bancária*** bank-rate; ***sociedade bancária*** banking corporation

bancarrota *s. f.* bankruptcy, insolvency; ⌈cal.⌋ ***ir para a bancarrota*** to go bankrupt, to go bust

bancarroteiro *s. m.* bankrupt, defaulter, insolvent firm (or merchant)

banco *s. m.* bench, stool, pew, seat bank; workbench, carpenter's bench, working table; sandbank, reef, shoal (fish); layer of stone; thwart, rower's bench; emergency, first-aid (in a hospital); banking establishment; ***banco das testemunhas*** witness box; ***banco dos réus*** (prisoner's) dock; INFORMÁTICA ***banco de dados*** database; ***banco de gelo*** ice-field; ***banco de nevoeiro*** fog-bank, bank of clouds; ***banco de pesca*** fishing-bank; ***banco de areia*** sandbank; ***banco de coral*** coral reef, atoll (ring-shaped reef enclosing a lagoon); ***banco de rocha*** ridge; ***banco de igreja*** pew; ***banco emissor*** bank of issue, issue bank; ***banco prestamista*** loan-bank; ***banco hipotecário*** land-bank; ***banco por acções*** joint-stock bank; ***acções de banco*** bank-stock; ***nota de banco*** banknote; ***ter conta-corrente no banco*** to bank with; ***caderneta de banco*** pass-book; ***exceder o crédito do banco*** to overdraw the banking account; ***sucursal de banco*** bank-agency

bancocracia *s. f.* finance-dominated statesmanship

banda *s. f.* side, flank; bank (of a river), scarf, sash; waistband, shoulder-belt; band, stripe, strip; MÚSICA band, brass band; NÁUTICA heel (of ship); ***banda de onda*** wave-band (wireless); ***banda transportadora*** endless belt, conveyor belt; ***pôr de banda*** to put aside; ***pôr o chapéu à banda*** to tilt one's hat, to wear one's hat on one side; ***mestre de banda*** bandmaster; ***músico de banda*** bandsman; NÁUTICA ***banda de navio*** heel of a ship; NÁUTICA ***de banda*** heeling; ***dar a banda (navio)*** to list, to take a list, to have a list (ship); ***banda de artilharia*** broadside (of guns); ***desta banda*** this side; ***nestas bandas*** in these parts; ***banda desenhada*** cartoon; ***ficar de cara à banda*** to be taken aback; ***pôr de banda*** to lay aside

bandada *s. f.* covey, flock (flight) of birds

bandado *adj.* HERÁLDICA banded, striped

bandagem *s. f.* bandage, strip, ligature; dressing

bandalheira *s. f.* mean action, ridiculous (uncouth or improper) proceeding, shabby trick; mess

bandalhice *s. f.* mean action, ridiculous (uncouth or improper) proceeding, shabby trick; mess

bandalhismo *s. m.* mean action, ridiculous (uncouth or improper) proceeding, shabby trick; mess

bandalho *s. m.* scoundrel, rascal, scamp, villain, knave, vile, wretch; rag

bandar *v. tr.* to trim, to face (dresses); HERÁLDICA to adorn with bands

bandarilha *s. f.* banderilla

bandarilhar *v. tr.* to thrust banderillas into the neck and shoulders of a bull

bandarilheiro *s. m.* banderillero, torero, toreador, bullfighter

bandarim *s. m.* ⌈Índ.⌋ palm sapper

bandarra *s. m.* loafer, lounger, vagrant, idler

bandarrear *v. intr.* to lead an idle life, to lounge, to hang about, to loaf

bandarrice *s. f.* life (deed or saying) of a loafer (idler, vagrant)

bandarrismo *s. m.* loafing, idling, idle wandering

bandarrista *s. m. e f.* believer in cobbler Bandarra's prophecies

bandeador *s. m.* organizer of gangs (groups)

bandeamento *s. m.* joining, ganging, banding, associating, siding

bandear Ⓐ *v. tr.* to win over to one's side (or party); to form parties; Ⓑ *v. tr. e refl.* to join (to gang, to associate) oneself with; to change sides; to go over to; to side with

bandeira *s. f.* flag, ensign, colours, banner, standard; reflector (of a lamp); fan-light (over a door); weather-vane, weather-cock; panel (on vehicle showing destination); ⌈Bras.⌋ expedition, campaign; ***bandeira nacional*** national flag; ***bandeira inglesa*** Union flag, Union Jack; ***bandeira inglesa de comércio*** red ensign; ***bandeira de pedir piloto*** jack, pilot-flag; NÁUTICA ***bandeira de partida*** blue peter; ***bandeira recolhida*** waft; ***bandeira de sinais*** signal-flag; ***bandeira de correio*** mail-flag; ***bandeira de parlamentar*** flag of truce; ***bandeira a meia-haste*** the flag at half-mast; ***hastear a bandeira*** to fly (to hoist) the flag; ***arriar a bandeira*** to lower (to strike) the flag; ***pau (haste) de bandeira*** flagpole, flagstaff; ***bandeira amarela*** sick-flag; ***bandeira negra*** pirate flag, Jolly Roger, black jack; NÁUTICA ***cumprimentar com a bandeira*** to dip the flag; ***rir a bandeiras despregadas*** to have a good (hearty) laugh

bandeirada *s. f.* basic fare indicated by taximeters

bandeiral *s. m.* bunting; washing hung out in the sun

bandeirante *s. m.* ⌈Bras.⌋ member of the expeditions called *bandeiras*

bandeirar *v. intr.* ⌈Bras.⌋ to take part in a campaign or expedition; to chase (to capture) Indians

bandeirinha *s. f.* fickle person, political busybody; linesman, liner (in football and handball); a small flag

bandeiro *adj.* fickle, unreliable; factious, partial, prejudiced

bandeirola *s. f.* streamer, signal-flag, banderol(e); surveyor's pole

bandeja *s. f.* tray, salver; AGRICULTURA winnowing-fan; ***bandeja do chá*** tea-tray; NÁUTICA ***bandeja das iguarias*** kid; ***dar algo de bandeja a alguém*** to give somebody something on a plate

bandeja-d'água *s. f.* ⇒ **gólfão**

bandejar *v. tr.* to winnow

bandidismo *s. m.* brigandism; ruffianism; banditism, robbery

bandido *s. m.* bandit, brigand, gangster, robber, highwayman, footpad; outlaw

banditismo *s. m.* ⇒ **bandidismo**

bando *s. m.* flock, flight; mob, group, gang; party, faction; proclamation; ***um bando de veados (corças, gamos)*** a herd of deer; ***um bando de aves*** a flight (flock) of birds

bandó *s. m.* head-band

bandola *s. f.* cartridge-belt; emergency sail; MÚSICA mandola, mandora

bandolear *v. intr.* to lead a robber's life

bandoleira *s. f.* sling, shoulder belt; bandolier, bandoleer

bandoleirismo *s. m.* life and ways of a bandit; brigandism, brigandage

bandoleiro *s. m.* highwayman, footpad, robber, brigand

bandoleta *s. f.* small mandolin

bandolim *s. m.* mandolin(e)

bandolina *s. f.* bandoline (pomade for hairdressing)

bandolinada *s. f.* mandolin concert

bandolinista *s. m. e f.* mandolinist, mandolin player

bandónio *s. m.* large concertina

bandoria *s. f.* group of rioters (mutineers or insurgents); rebellion, insurrection; wickedness

bandulho *s. m.* [pop.] belly, paunch
bandurra *s. f.* MÚSICA bandore
bandurrar *v. intr.* to play the bandore; to idle, to lounge; to frolic, to make merry
bandurrear *v. intr.* to play the bandore; to idle, to lounge; to frolic, to make merry
bandurrilha *s. f.* small kind of bandore; vagrant; scamp
bandurrista *s. m. e f.* bandore player
baneanes *s. m. pl.* Indian tradesmen trafficking in East Africa
bangala *s. m. e f.* [Ang.] a native of Luanda
bangalé *s. m.* rustic festival consisting mainly of eating and dancing
bangaló *s. m.* bungalow
bango *s. m.* Indian hemp (its leaves chewed by Indians as a stimulant)
bangue *s. m.* Indian hemp (its leaves chewed by Indians as a stimulant)
bangué Ⓐ *s. m.* stretcher, litter; sled, skid; handbarrow; sugar-mill furnace and boilers; an old-fashioned sugar-mill; a sugar plantation Ⓑ *adj.* connected with the Bangués, natives of Beira district (Mozambique)
bangue-bangue *s. m.* [Bras.] western
bangueiro *s. m.* person intoxicated from *bangue*; drunkard, boozer
banha *s. f.* lard, fat, dripping; pomade, pomatum
banhar Ⓐ *v. tr.* to bathe; to take a bath; to wash, to water, to flow (to run) along; to flood, to inundate, to soak, to dip; to envelop Ⓑ *v. refl.* to bathe; to have a bath; ***banhar-se em sangue*** to welter in blood; ***o mar banha os rochedos*** the sea washes the cliffs
banheira *s. f.* bath, bathing-tub
banheiro *s. m.* life-guard
banhista *s. m. e f.* bather; habitué of a spa
banho *s. m.* bathe, bathing; bath; ***banho de chuveiro*** shower-bath; ***banho de vapor*** steam-bath, Turkish bath; ***banho de lodo*** mud-bath; ***banhos de casamento*** banns; ***correr os banhos (de casamento)*** to publish the banns; ***banho de prata*** silver-bath; ***banho metálico*** metal-bath; ***banho fixador*** fixing-bath; ***banho de imersão*** immersion bath; ***tomar banho (na tina)*** to have a bath; ***tomar banho (no mar, no rio)*** to bathe, to have a bathe; ***banho aos pés*** foot-bath; ***banho de água salgada*** brine-bath; ***banho de ar quente*** hot air bath; ***banho revelador*** developing bath; ***época de banhos*** the bathing season; ***fato de banho*** bathing-suit; ***calções de banho*** (bathing) trunks; [coloq.] ***vá tomar banho!*** get lost!; ***banho de sol*** sunbath; ***banho de espuma*** bubble bath
banho-maria *s. m.* CULINÁRIA, QUÍMICA water-bath; bain-marie
banidor *s. m.* banisher, expulser, exiler, proscriber
banimento *s. m.* banishment, expulsion, exile, expatriation, proscription
banir *v. tr.* to banish, to expatriate, to exile; to expel, to expulse, to exclude; to outlaw, to proscribe
banível *adj.* liable to be banished
banjo *s. m.* MÚSICA banjo
banqueiro *s. m.* banker; bank manager; *(no jogo)* dealer, croupier, stake-holder
banqueta *s. f.* bench; banquette (of a parapet), window-ledge; candlesticks and crucifix of an altar, the shelf (on which they are placed); service-path
banquete *s. m.* banquet; ***banquete real*** royal banquet
banqueteador *s. m.* banqueter
banquetear *v. tr.* to give a banquet, to banquet, to regale, to feast
banquinho *s. m.* footstool; [arc.] cricket
banquista *s. f.* [gal.] pack-ice, floe (in the polar seas)
banto *s. m., adj.* Bantu
banza *s. f.* small guitar, viola (African)
banzado *adj.* amazed, astonished, astounded, startled, staggered, dazed, dumbfounded; struck dumb (with wonder), filled with amazement; ***ficar banzado*** to be taken aback, to be struck with amazement (wonder)
banzar *v. tr. e intr.* to astonish, to surprise, to amaze; to astound; to startle, to stagger, to daze, to dumbfound, to strike dumb (with wonder), to wonder
banzé *s. m.* [pop.] revelry, jollity, merry-making; row, tumult, disorder, riot, turmoil
banzeiro *adj.* choppy; even; ***mar banzeiro*** choppy sea; ***jogo banzeiro*** even match
banzo *s. m.* day-dreaming; *pl.* the side pieces of a ladder where the steps are secured; *pl.* sideboards of an embroidering frame; *pl.* stretcher handles
baobá *s. m.* BOTÂNICA baobab, monkey-bread tree
baobabe *s. m.* BOTÂNICA ⇒ **baobá**
baptismal *adj.* baptismal
baptismo *s. m.* baptism, christening; ***baptismo de fogo*** baptism of fire; ***baptismo de sangue*** baptism of blood; ***baptismo do ar*** first flight; ***certidão de baptismo*** certificate of baptism
baptista *s. m.* baptizer; name given to St. John as the baptizer of Christ; baptist
baptistério *s. m.* baptist(e)ry
baptizado *s. m.* baptism, christening
baptizando *s. m.* infant (or person) to be christened, candidate for christening; godchild
baptizar *v. tr.* to baptize, to christen; [fig.] to nickname; [pop.] to dilute, to add water, to water
baptizo *s. m.* ⇒ **baptizado**
baque *s. m.* fall; thud; throb (of the heart); [fig.] foreboding, presentiment, premonition, omen; set-back, reverse, mishap
baquear *v. intr.* to fall, to thud; to tumble down; [fig.] to ruin oneself, to die; to prostrate (fling)
baquelite *s. f.* bakelite
baqueta *s. f.* drum-stick; spoke (of an umbrella)
baquetar *v. intr.* to drum, to beat the drum
baquetear *v. intr.* to drum, to beat the drum
báquico *adj.* Bacchic
baquio *s. m.* bacchius (metrical foot of one short and two long syllables)
baquista *s. m. e f.* drunkard, tippler, reveller
bar *s. m.* bar, counter; bar-room, tap-room, beer-shop, alehouse; [E.U.A.] saloon
baraça *s. f.* strap wrapped round the distaff
baracha *s. f.* dried mud (to separate the divisions of a salt-pan)
barachar *v. tr.* to lay down mud, to divide with mud
baraço *s. m.* string, twine, cord, rope; running knot; the rope (gibbet)
barafunda *s. f.* bustle, confusion, fuss; mess; disordered multitude; tumult, turmoil, uproar, to-do
barafusta *s. f.* fuss, ado, bustle, agitation, to-do
barafustar *v. intr.* to struggle, to strive, to gesticulate; to make a fuss; to protest, to object, to argue
baralha *s. f.* dispute, intrigue, confusion, disorder, muddle, clutter; the cards placed aside after dealing; ⇒ **baralho**
baralhada *s. f.* disorder, confusion, tumult; ⇒ **barafunda**
baralhadamente *adv.* confusedly, disorderly, in a muddle (mess, clutter)
baralhador *s. m.* shuffler (of cards); entangler, disturber
baralhamento *s. m.* shuffle, shuffling of cards; confusion, disorder; entanglement
baralhar Ⓐ *v. tr.* to shuffle (cards); to entangle, to confuse, to tangle; to disturb, to disorder; to mix up Ⓑ *v. refl.* to become (or to get) confused (disturbed, mixed up)
baralho *s. m.* pack of cards, deck of cards

barambaz *s. m.* [fam.] anything hanging down like drapery (or a valance)
barão *s. m.* baron; distinguished person
barata *s. f.* ENTOMOLOGIA black beetle, cockroach
baratar *v. tr.* ⇒ **baratear**
barataria *s. f.* barratry
barateador *s. m.* cheapener; depreciator
barateamento *s. m.* reduction, cheapening; fall of (in) price
baratear Ⓐ *v. tr.* to make cheap, to reduce; to cut down the price; to bargain Ⓑ *v. intr.* to fall, to drop (prices)
barateio *s. m.* ⇒ **barateamento**
barateira *s. f.* beetle-trap
barateiro *s. m.* underseller, one who sells cheap; cheap-jack
barateza *s. f.* cheapness, inexpensiveness
baraticida *s. m.* cockroach poison
baratim *s. m.* [pop.] cheat, deceit, trick; enticement
baratinado *adj.* [pop.] deceived; betrayed
baratinar *v. tr.* [pop.] to deceive, to cheat; to entice
baratinha *s. f.* a senna, a wood louse; a small roadster (motor-car)
barato Ⓐ *adj.* cheap, unexpensive Ⓑ *adv.* cheaply, at a low price Ⓒ *s. m.* cardmoney; favour, benefit; ***o que é barato sai caro*** the cheapest is not always the best; ***comprar barato*** to buy (to get) something cheap; ***dar de barato*** to allow, to admit, to take for granted
báratro *s. m.* vortex, whirlpool, eddy; gulf, pit; precipice, abyss; [fig.] hell
baratrómetro *s. m.* instrument used to measure the speed and to determine the direction of submarine currents
barba *s. f.* beard; awn; whalebone; *pl.* whiskers; ***fazer a barba*** to shave; [pop.] ***navalha de barba*** razor, cutthroat; ***pincel de barba*** shaving-brush; ***pau de sabão para a barba*** shaving-stick; ***sabão para a barba*** shaving-soap; ***estojo de barba*** shaving-kit; ***nas barbas de alguém*** face to face, to one's face; ***põe as barbas de molho!*** let it be a warning to you!; ***dar água pela barba*** to be hard set, to give a lot of trouble; ***barbas de milho*** maize awn
barba-azul *s. m.* bluebeard
barbacã *s. f.* barbican; countermure
barbaçana *s. m.* respectable old man; man with a long unkempt beard
barbaças Ⓐ *s. f. pl.* long beard Ⓑ *s. m.* a longbearded man
barbaçudo *adj.* thick-bearded or big-bearded man
barbada *s. f.* lower lip of a horse; dewlap (animals); double chin
barba-de-baleia *s. f.* whalebone
barbadinho *s. m.* Franciscan monk (bearded)
barbado Ⓐ *adj.* bearded Ⓑ *s. m.* vine twig, new roots
barbalho *s. m.* BOTÂNICA radicle, rootlet
barbalhoste Ⓐ *adj.* downy bearded Ⓑ *s. m.* [pop.] good-for-nothing, worthless person, ne'er-do-well
barbante *s. m.* twine, string, cord; packing-thread
barbar *v. intr.* to begin to have a beard, to be sprouting a beard; to strike root
barbaramente *adv.* barbarously, cruelly
barbaresco *adj.* barbaric, barbarous
barbaria *s. f.* multitude of barbarians; barbarity
barbarice *s. f.* barbarity, savageness; vandalism, savagery, hooliganism
barbárico *adj.* barbaric, rude, cruel, rough
barbaridade *s. f.* barbarity, cruelty, ferocity, mercilessness; brutality; [fig.] nonsense, absurdity; ***ser tratado com a maior barbaridade*** to be treated with the greatest cruelty; ***ele diz barbaridades*** he talks nonsense
barbárie *s. f.* barbarity, inhumanity
barbariloquia *s. f.* use of barbarous language
barbarismo *s. m.* barbarism, savagery, barbarity, cruelty
barbarização *s. f.* barbarization; falling into barbarism
barbarizar *v. tr.* to barbarize; to make barbarous; to corrupt (language)
bárbaro Ⓐ *adj.* barbarous, cruel, savage, uncivilized; brutal, merciless; coarse Ⓑ *s. m.* barbarian, savage
barbarolexia *s. f.* RETÓRICA a compound of a vernacular word together with a foreign word; wrong pronunciation of foreign words
barbasco *s. m.* BOTÂNICA great mullein; golden cudweed, goldenlocks
barbata *s. f.* toothless part of a horse's mouth where the bit sits
barbatana *s. f.* fin (of a fish), flipper (of a turtle, a seal); a whip; a thin cane
barbato Ⓐ *s. m.* long-bearded lay brother Ⓑ *adj.* bearded
barbeação *s. f.* shave, shaving
barbear *v. tr. e refl.* to shave (oneself); to get shaved; ***barbeio-me todas as manhãs*** I shave (myself) every morning; ***máquina de barbear*** shaver; ***navalha de barbear*** razor; ***aparelho de barbear («gilette»)*** safety-razor; ***estojo de barbear*** shaving-kit; ***por barbear*** unshaven
barbearia *s. f.* barber's shop
barbechar *v. tr.* to plough untilled (or idle) land
barbecho *s. m.* AGRICULTURA fallow, ploughing, harrowing, breaking without seeding; fallow ground
barbeiragem *s. f.* [pop., Bras.] bad driving (motor-car, etc.)
barbeirice *s. f.* clumsiness, blunder, mess; maladroitness
barbeiro *s. m.* barber, shaver; [fig.] sharp wind; ***ir ao barbeiro*** to go to the barber's
barbeirola *s. m.* clumsy barber
barbeito *s. m.* ⇒ **barbecho**; earth mound or furrow (to delimit farms)
barbela *s. f.* curb, curb chain; double chin; dewlap (of oxen); barb (of crochet-hook or knitting-needle)
barbelado *adj.* double-chinned
barbelar Ⓐ *v. tr.* to fix the curb-chain (on horses) Ⓑ *v. intr.* to barb, to shape (cut) like a barb
barbelões *s. m. pl.* tumours (or folds) under the tongue of a horse (or cow)
barbeta *s. f.* MILITAR barbette, gun platform
barbialçado *adj.* bristling (beard), erected (hair)
barbica *s. f.* little beard
barbicacho *s. m.* halter; cheekstrap, hatguard; [fig.] hindrance, obstacle, embarrassment
barbiças *s. m.* beardless and unpleasant man
barbicha *s. f.* little (or downy) beard
barbichas *s. m.* beardless man; insignificant person
barbífero *adj.* bearded, whiskered
barbiforme *adj.* beard-shaped
barbilha *s. f.* ⇒ **barbicha**
barbilhão *s. m.* wattle; barbel
barbilho *s. m.* muzzle, cover, strap; wattle (on birds, esp. the turkey); [fig.] hindrance, check, obstacle
barbiloiro *adj.* ⇒ **barbilouro**
barbilongo *adj.* long-bearded
barbilouro *adj.* blond-bearded
barbinegro *adj.* black-bearded
barbipoente *adj.* ⇒ **barbiponente**
barbiponente *adj.* beard-growing
barbirrostro *adj.* having bristles on the beak (or bill)
barbirruivo *adj.* red-bearded
barbital *s. m.* QUÍMICA barbital (product made on the basis of barbituric acid and used as antispasmodic)
barbiteso *adj.* stiff-bearded; [fig.] energetic, brave, strong
barbiturato *s. m.* QUÍMICA barbiturate (salts of the barbituric acid)
barbitúrico Ⓐ *adj.* QUÍMICA barbituric Ⓑ *s. m.* barbiturate

barbo *s. m.* ICTIOLOGIA barbel
barbote *s. m.* knot; chin-piece (of helmet)
barbotina *s. f.* BOTÂNICA wormseed, santonica
barbuda *s. f.* ancient Portuguese silver coin; kind of ancient helmet
barbudo Ⓐ *adj.* full-bearded, bearded Ⓑ *s. m.* ORNITOLOGIA puffbird; barbudo (a fish)
bárbula *s. f.* barbule
barbuzano *s. m.* BOTÂNICA ironwood
barca *s. f.* barque, bark; ***barca de carga*** barge; ***constelação da Barca*** Great Bear; ***levar a barca a bom porto*** to handle something skilfully, to bring something to a good end; ***passar na barca de Caronte*** to cross the Styx, to die
barça *s. f.* straw cover (or lining) to protect glass, china, etc; basket in which hunters carry the ferret
barcaça *s. f.* barge, lighter, pontoon
barcada *s. f.* boatful, boatload
barcagem *s. f.* freight, fare
barcarola *s. f.* MÚSICA barcarol(l)e
barceiro *s. m.* maker (or seller) of straw covers (or linings) for bottles (china, etc.)
barco *s. m.* boat, ship, vessel; ***barco de arrasto*** trawl-boat, trawler; ***barco a remos*** rowing boat; ***barco automóvel, de motor, a gasolina*** motorboat; ***barco a motor*** motorboat; ***estar no mesmo barco*** to be in the same boat; ***barco de motor à popa (automóvel)*** outboard-motor boat; ***barco de corrida*** speed-boat, racer; ***barco com farol*** light-ship; ***barco de passagem*** ferry-boat; ***barco de pesca*** fishing-boat, smack; ***barco de recreio*** pleasure-boat, sporting yacht; ***barco desmontável*** folding-boat; ***barco salva-vidas*** life-boat; ***barco de pilotos*** pilot-boat; ***barco à vela*** sailing-ship; ***barco de fiscalização*** revenue vessel; ***barco costeiro*** coaster, coasting-vessel; ***barco de velas de pendão*** lugger; ***barco a vapor*** steam-boat; ***passeio de barco*** boating ride; ***barco com acomodações para residência*** house-boat; ***saber equilibrar o barco*** to make both ends meet; ***deixar barcos e redes*** to abandon house and home; ***por aqui não faz o barco água*** that is not the worst of it
barcolas *s. f. pl.* NÁUTICA coamings (of the hatches)
barco-patrulha *s. m.* patrol-boat
barda *s. f.* fence, hedge; paling, partition; plank, prop; ⌈coloq.⌋ ***em barda*** a lot, a large quantity; ***dinheiro em barda*** plenty of money, heaps of money
bardana *s. f.* BOTÂNICA bur, burdock
bardar *v. tr.* to hedge (fence) in, to surround with hedges of brambles
bárdico *adj.* HISTÓRIA bardic
bardino *s. m.* ⌈pop.⌋ spendthrift, hot-head; rogue, scamp
bardo *s. m.* bard, poet; trellis; sheep-fold, enclosure
barege *s. m.* barège
baregina *s. f.* organic substance found in the mineral water of Barèges
barga *s. f.* straw-hut; sort of fishing-net
barganha *s. f.* barter, exchange; ⌈pop.⌋ swindle, cheat, trick
barganhar *v. tr.* to barter, to exchange, to negotiate, to trade; ⌈pop.⌋ to swindle, to cheat
bargantaria *s. f.* knavery, roguery, swindle, trick; debauchery
bargante *s. m.* vagabond, tramp, vagrant, rascal; impudent (insolent, insulting, saucy, rude) person
bargantear *v. intr.* to ramble, to roam; to be a vagabond, to go about as a tramp, to lead the life of a vagabond
bargueiro *s. m.* net-maker; fisher (with *barga*)
bária *s. f.* bar (a unit of pressure)
baricentro *s. m.* barycenter, center of pressure
bárico *adj.* QUÍMICA baric
barifonia *s. f.* MEDICINA baryphonia, hoarseness, huskiness
barimetria *s. f.* FÍSICA barymetry
barinel *s. m.* ancient cargo vessel used in the Mediterranean
bário *s. m.* QUÍMICA barium
barisfera *s. f.* barysphere
barita *s. f.* ⌈Bras.⌋ ⇒ **baritina**
barite *s. f.* MINERALOGIA ⇒ **baritina**
baritina *s. f.* MINERALOGIA barytes, baryte, baryta
baritite *s. f.* MINERALOGIA ⇒ **baritina**
barítono *s. m.* MÚSICA barytone, baritone
barjuleta *s. f.* leather bag (or knapsack), purse
barlaventeador *adj.* NÁUTICA weatherly
barlaventear Ⓐ *v. tr.* NÁUTICA to ply, to tack, to weather, to work, to windward Ⓑ *v. refl.* to beat off; to beat out
barlaventejar *v. intr.* NÁUTICA to drift with the wind
barlavento *s. m.* NÁUTICA weather, weather-board, windward, luff; ***a barlavento*** aweather; ***barlavento (bordo)*** weather side
Barnabitas *s. m. pl.* Barnabites, priests of the order of "The Regular Clerks of St. Paul"
baroado *s. m.* ⇒ **baronato**
baroclínico *adj.* baroclinic (inconstant density or temperature of the air in an isobar)
barógrafo *s. m.* barograph
barograma *s. m.* barogram
barologia *s. f.* FÍSICA barology
barometria *s. f.* FÍSICA barometry
barométrico *adj.* FÍSICA barometric(al)
barómetro *s. m.* barometer, weather-glass, glass; ***barómetro de mercúrio*** mercurial barometer; ***barómetro metálico (aneróide)*** aneroid barometer; ***barómetro de Torricelli*** cup barometer
barometrografia *s. f.* barometrography
barometrógrafo *s. m.* barometrograph
baronato *s. m.* baronage (the dignity of a baron); barony (the domain of a baron)
baronesa *s. f.* baroness
baronete *s. m.* baronet (in England)
baronia *s. f.* ⇒ **baronato**
baronial *adj.* baronial
baronizar *v. tr.* to grant the title of baron
barosânemo *s. m.* FÍSICA anemometer, wind gauge
baroscópio *s. m.* FÍSICA baroscope
baróstato *s. m.* FÍSICA barostate
barotaxia *s. f.* barotaxis
baroterapia *s. f.* barotherapy (treatment under different air pressures)
barotermógrafo *s. m.* barothermograph
barotermómetro *s. m.* barothermometer
barotropismo *s. m.* barotropism
barquear *v. intr.* ⇒ **barquejar**
barqueira *s. f.* wife of a ferryman; woman who handles a ferry-boat; fishing-line with several hooks
barqueiro *s. m.* boatman; waterman; ferryman; bargee
barquejar *v. intr.* to steer a boat; to go boating
barqueta *s. f.* small bark or barge
barquilha *s. f.* NÁUTICA log, common log
barquilheiro *s. m.* seller of wafers
barquilho *s. m.* wafers
barquinha *s. f.* NÁUTICA log; ⇒ **barqueta**; AERONÁUTICA car ***barquinha ordinária*** common log
barra *s. f.* bar; bullion (of gold or silver); crowbar; bedstead; ***barra de ferro*** flat bar; ***barra de ouro (ou prata)*** ingot of gold (or silver), bar of gold (or silver); ***barra de grelha*** fire-bar, pricker-bar, furnace bar; ***barra de sabão*** a cake of soap; NÁUTICA ***barra de cabrestante*** handspike; ***barra do leme*** tiller; ***barra de ligação, barra de engate*** coupling bar; ***jogo da barra*** prisoner's base; ***barra de ginástica*** horizontal bar; ***barra de vestido*** dress trimming, band on dress, hem; ⌈fam.⌋ ***ser barra*** to be very skilled, to be excellent at (something)
barraca *s. f.* tent, hut, stall (of a market); ***barraca de banho*** bathing-hut; ***barracas de diversões*** sideshows; ***armar uma barraca*** to pitch a tent; ⌈pop.⌋ ***dar (armar) barraca*** to fall flat

barracão *s. m.* shed, hangar; penthouse, lean-to
barracento *adj.* argillaceous, clayish
barraco *s. m.* hut, cottage
barradela *s. f.* plastering, coating (walls); obstruction; frustration
barrado *adj.* covered with clay (or mud); obstructed; striped, barred
barradura *s. f.* ⇒ **barradela**
barragem *s. f.* crawl, weir (for fish); barrage, boom; dike (dyke), dam; ***barragem de águas*** dam; ***barragem de porto*** (barrage) boom; ***barragem de protecção*** embankment; ***barragem de artilharia*** barrage fire
barral *s. m.* clay-ground; clayey soil
barramaque *s. m.* valuable antique fabric (brocade, tapestry, etc.)
barranca *s. f.* chaff; ⇒ **barranco**
barrancal *s. m.* area scored with ravines (precipices, gorges)
barranco *s. m.* ravine, precipice, gully, gorge; obstacle
barrancoso *adj.* full of ravines
barranqueiro[1] *s. m.* ⇒ **abelharuco**
barranqueiro[2] *s. m.* hut (or tent) maker; seller whose place is a tent
barranquim *s. m.* a small tent (or market stall)
barrão *s. m.* ⇒ **varrão**
barrar *v. tr.* to cover with clay; to plaster; to spread butter (cream, jam, etc.) on; to trim (a woman's dress) with bands; ⌈fig.⌋ to obstruct, to hinder, to bar, to get into the of way
barrasco *s. m.* young boar
barredo *s. m.* clay-covered area
barregã *s. f.* mistress, concubine
barregana *s. f.* barracan, a coarse camlet; a mantle made of that fabric
barregão *s. m., adj.* (man) living in concubinage
barregar *v. intr.* to shout, to scream; to cry out, to bawl
barregueiro Ⓐ *s. m.* ⇒ **berreiro** Ⓑ *adj.* ⇒ **barregão**
barreira *s. f.* clay-pit; stockade; barrier; toll gate; ⌈fig.⌋ obstruction, hindrance; DESPORTO hurdle; ***barreira alfandegária*** tariff barrier
barreiral *s. m.* clay-pit
barreirar *v. tr.* to fence in, to enclose with posts and stakes; to entrench, to surround with trenches, to barricade, to bar
barreirento *adj.* clayey, clayish
barreiro *s. m.* clay-pit, loam-pit
barrela *s. f.* lye; ⌈pop.⌋ wash; eye-wash; deceit, cheating, trickery
barrelão *s. m.* sloven; dirty fellow
barreleiro *s. m.* lye-ashes; buck (washing-tub)
barrelo *s. m.* shed, hay-loft
barrelona *s. f.* dirty woman
barrenar *v. intr.* to drill, to bore, to perforate
barreneiro Ⓐ *s. m.* driller Ⓑ *adj.* drilling
barreno *s. m.* blast, blasting
barrento *adj.* clayish, clayey; argillaceous
barreta *s. f.* strip; NÁUTICA ***barreta de distribuidor*** face of distributor
barretada *s. f.* lifting (doffing) of cap; ⌈coloq.⌋ something worse than expected, fiasco, disapointment
barrete *s. m.* cap; ⌈fig.⌋ fiasco, disappointment; ***barrete (de eclesiástico)*** birreta; ***barrete de pala*** peak-cap
barreteiro *s. m.* cap-maker; cap-seller; ⌈pop.⌋ one given to tell lies
barretina *s. f.* MILITAR shako
barrica *s. f.* cask, keg, barrel, tub
barricada *s. f.* barricade, stockade
barricar *v. tr.* to barricade; to close, to defend (with barricade)
barriga *s. f.* stomach, belly, paunch; bulge, swelling (of a wall, etc.); ***barriga da perna*** the calf of the leg; ***fazer barriga*** to bulge out; ***encher a barriga*** to fill one's belly; ***trazer o rei na barriga*** to be too proud (happy, haughty); ***estar de barriga para o ar*** to look on the sky, to be idle; ***falar de barriga cheia*** to complain for no reason
barrigada *s. f.* bellyful; repletion; ⌈pop.⌋ pregnancy; ⌈cal.⌋ belly buster; ***apanhar uma barrigada de riso*** to split one's sides with laughter, to roar with laughter
barriga-de-bicho *s. m.* large-bellied person
barrigal *adj.* of (or related to) the belly, bellied
barrigana *s. m., adj.* ⇒ **barrigudo**
barriguda Ⓐ *s. f.* ZOOLOGIA barracuda Ⓑ *adj.* ⌈pop.⌋ pregnant
barrigudo Ⓐ *adj.* potbellied, big-bellied, stout Ⓑ *s. m.* potbelly, potbellied person
barrigueira *s. f.* girth, cinch, bellyband
barriguismo *s. m.* selfishness; greediness; grasping
barriguista *s. m. e f.* selfish (greedy, grasping) person
barril *s. m.* barrel, cask; ***barril (de 80 litros)*** kilderkin; ***barril (de 380 litros)*** puncheon; ***cerveja de barril*** draught beer, beer on draught
barrilada *s. f.* barrelful; ⌈fig.⌋ disorder; prank
barrileira *s. f.* lye-vat, leaching-vat, dissolving-vat
barrileiro *s. m.* ⇒ **alquequenge**
barrilete *s. m.* runlet, small barrel; CARPINTARIA bench-hook, clamp
barrilha *s. f.* kelp, calcined ashes of saltwort, soda, barilla
barrilheira *s. f.* BOTÂNICA saltwort
barrinha *s. f.* name given in Esmoriz to a fishing instrument used to fish the grey mullet; water channel between a lagoon and the sea at certain epochs of the year
barriqueiro *s. m.* cooper, tubber; barrel-maker
barrir *v. intr.* to trumpet (elephant)
barrista *s. m. e f.* gymnast on the horizontal (or parallel) bars
barrito *s. m.* an elephant's cry, bellow (of bulls)
barro *s. m.* clay, potter's earth; argil; ⌈fig.⌋ trifle, nothing, triviality; *pl.* pimples; ***louça de barro*** earthenware, pottery
barroca *s. f.* natural excavation; clay-pit; ⇒ **barranco, barreira**
barrocal *s. m.* place full of ruts, crags or caves
barrocão *s. m.* huge gutter
barroco Ⓐ *s. m.* baroque (style); rough (irregular) pearl; gutter (made by a water-flood); small rock Ⓑ *adj.* baroque; rough; extravagant, quaint, strange; complex
barrocoso *adj.* rocky, craggy, rugged
barroqueiro *s. m.* ⌈pop.⌋ bee-eater (bird)
barroquismo *s. m.* baroque influence
barrosão *s. m.* a native of Barroso; an ox race native of Barroso
barrosinho *s. m.* a native of Barroso; an ox race native of Barroso
barroso *adj.* clayey
barrotar *v. tr.* to rafter, to put in the beams (rafters, spars, joists)
barrote *s. m.* rafter, beam, joist, spar
barrotear *v. tr.* ⇒ **barrotar**
barrufar *v. tr.* ⇒ **borrifar**
barrufo *s. m.* ⇒ **borrifo**
barruntar *v. tr.* to suspect, to doubt, to mistrust; to forebode, to portend
barrunto *s. m.* foreboding
bartedouro *s. m.* NÁUTICA scoop, skeet
bartolomeu *s. m.* ⇒ **papa-figos** (bird)
barulhada *s. f.* noise, hubbub, clamour, confusion, row, uproar; racket, disturbance
barulhar Ⓐ *v. intr.* to make a noise Ⓑ *v. tr.* to confuse; to confound, to disorder, to disarrange; to revolt, to stir up
barulheira *s. f.* ⇒ **barulhada**
barulheiro *adj.* noisy, turbulent, disorderly, riotous, tumultuous, rowdy, loud

barulhento *adj.* noisy, turbulent, disorderly, riotous, tumultuous, rowdy, loud; ***ruas barulhentas*** noisy streets

barulho *s. m.* noise, din; disturbance, tumult, quarrel, brawl, uproar, clamour, hubbub; ***muito barulho para nada*** much ado about nothing; ***fazer barulho*** to make a noise; ***barulho demasiado*** too much noise; ***um barulho infernal*** a frightful noise, a frightful row; ***fazer um barulho dos diabos*** to raise the roof; ***que barulho é esse?*** what's all this noise?

barulhoso *adj.* noisy

basal *adj.* basal, basic; MEDICINA ***metabolismo basal*** basal metabolism

basáltico *adj.* basaltic

basaltiforme *adj.* basaltiform, basaltic

basalto *s. m.* MINERALOGIA basalt; GEOLOGIA whin

basbacaria *s. f.* a number of fools (dolts, simpletons)

basbaque *s. m.* dolt, simpleton, ninny, fool, silly

basbaqueira *s. f.* ⇒ **basbaquice**

basbaquice *s. f.* foolishness, silliness

basco *s. m., adj.* Basque

báscula *s. f.* bascule; decimal balance

basculante *adj.* dumping, inclinable, tilting

basculho *s. m.* ⇒ **vasculho**

básculo *s. m.* bascule, rocker, swipe-beam, spring-bar, swing-bar; a kind of drawbridge

base *s. f.* base, basis, foundation; bottom, foot; support; NÁUTICA stool; ***não ter bases para se defender*** not to hold water, not to nave a leg to stand on; ***base naval*** naval base; NÁUTICA ***base de máquina*** seat of engine (machine), foundation, berth of engine; MILITAR ***base de operações*** base of operations; INFORMÁTICA ***base de dados*** database, data base

basear Ⓐ *v. tr.* to base, to found, to establish Ⓑ *v. refl.* to be based, to rest, to rely on; ***basear-se (em)*** to base oneself (on); ***basear argumentos em factos*** to base arguments upon facts

basebol *s. m.* baseball

basial *adj.* MEDICINA basial; ARQUITECTURA basic

basicidade *s. f.* QUÍMICA basicity

básico *adj.* basic, fundamental, principal

basicromatina *s. f.* basichromatin

basídio *s. m.* BOTÂNICA basidium

basidiomicete *s. m.* BOTÂNICA basidiomycete

basidiósporo *s. m.* basidiospore

basificação *s. f.* basification

basificar *v. tr.* QUÍMICA to change into a base; to basify

basifixo *adj.* basifixed, attached (or fixed) by the base

basífugo *adj.* basifugal

basigéneo *adj.* basigenic

basilar *adj.* basic, fundamental, essential; ANATOMIA basilar

basílica *s. f.* basilica

basilical *adj.* basilical, basilican

basilicão *s. m.* basilicon, basilicum

basílico *s. m.* basil

basilisco *s. m.* basilisk (a lizard)

basinérveo *adj.* BOTÂNICA basinerved, basal-nerved

básio *s. m.* ANATOMIA basion

basiofobia *s. f.* basiophobia (fear of movement)

basípeto *adj.* basipetal

basofilia *s. f.* basophilia

basófilo Ⓐ *adj.* BOTÂNICA basophilic Ⓑ *s. m.* basophil(e)

basofobia *s. f.* ⇒ **basiofobia**

basófobo *adj.* basiophobic

basquetebol *s. m.* basketball (game)

basquetebolista *s. m. e f.* basketball player

basquetista *s. m. e f.* basketball player

basta Ⓐ *s. f.* quilting-stitch Ⓑ *interj.* stop!; stop it!; enough!, that will do!; that's enough!; say no more!, shut up!

bastamente *adv.* thickly, densely, closely, compactly

bastante *adj., adv.* sufficient; enough; ***bastante comprido*** long enough; ***bastante de tudo*** enough of everything; ***conheço-o o bastante*** I know him well enough; ***ter bastante*** to have sufficient; ***não tive coragem bastante*** I had not sufficient courage (for); ***é homem bastante para se defender*** he is man enough to defend himself

bastão Ⓐ *s. m.* baton, staff, truncheon; [fig.] mediation; [fig.] authority Ⓑ *adj.* thick, compact; ***bastão de marechal*** marshal's baton

bastar Ⓐ *v. intr.* to suffice, to be sufficient, to be enough Ⓑ *v. refl.* to be self-sufficient; ***por hoje basta!*** call it a day!; ***basta dizer*** it is enough to say; ***basta de discussão!*** stop arguing!; ***basta!*** stop!; ***basta isso para provar*** that suffices to prove it

bastardão *s. m.* a bastard-cut file

bastardear *v. tr.* ⇒ **abastardar**

bastardeira *s. f.* morillon vine; morillon grapes

bastardeiro *s. m.* morillon wine

bastardia *s. f.* bastardy

bastardinho *s. m.* TIPOGRAFIA type of a size between bastard and cursive characters

bastardo Ⓐ *s. m.* bastard; love-child; slanting handwriting; bastard vine; bastard grapes Ⓑ *adj.* bastard, spurious, illegitimate, base-born; NÁUTICA lateen sail; ***bastardo de enxertário*** parrel rope; ***tipo bastardo de tipografia*** bastard type

basteadeira *s. f.* mattress-quilter; quilting-needle

bastear *v. tr.* to quilt a mattress

bastião *s. m.* bastion

bastida *s. f.* palisade; ditch; lathwork; movable tower higher than the enemy walls

bastidão *s. f.* thickness, density, closeness, compactness, multitude, host; fullness, plenty

bastidor *s. m.* embroidering frame; *pl.* TEATRO wings; *pl.* [fig.] intimacy, confidence; [fig.] ***atrás dos bastidores*** behind the scenes, backstage

bastilha *s. f.* HISTÓRIA defensive tower, fortress

bastimento *s. m.* ⇒ **abastecimento**

bastir *v. tr.* to bason (felt); to quilt; to line (to provide with lining)

bastissagem *s. f.* basoning (of felt); quilting; lining

basto *adj.* thick, compact, close, dense; [fig.] abundant, copious, plentiful

bastonada *s. f.* bastinado; a blow with a baton; ordinary punishment among the Turks consisting in caning on the soles of the feet; cudgelling

bastonário *s. m.* mace bearer, beadle, verger

bastonete *s. m.* short baton; rod; ***bastonetes (da retina)*** rods (of retina), rhabdoidal bacillus

bastos *s. m. pl.* net belonging to the sardine sack

bastura *s. f.* thickness; heap, pile, accumulation

bata *s. f.* smock; overall; ***bata branca*** white smock

batachim *s. m.* ⇒ **chapim, tentilhão**

batagem *s. f.* beating; churning; threshing (the cocoon of the silk worm)

batalha *s. f.* battle, fight, combat, struggle; [fig.] strife, contest; ***batalha ordenada*** pitched battle; ***ganhar a batalha*** to win the battle; ***perder a batalha*** to lose the battle; ***campo de batalha*** battle-field

batalhação *s. f.* [fam.] contention, strife, quarrel, dispute, controversy, contest; perseverance, obstinacy, persistency, firmness

batalhador Ⓐ *s. m.* champion, fighter, quarreller Ⓑ *adj.* fighting, persevering, stubborn

batalhante *adj.* HERÁLDICA rampant; fighting

batalhão *s. m.* battalion

batalhar *v. intr.* to fight, to battle, to struggle hard; [fig.] to argue, to debate

batarda *s. f.* ⇒ **abetarda**

batardão *s. m.* ⇒ **abetarda**

bataria *s. f.* ⇒ **bateria**

batata *s. f.* potato; potato-plant; [fig.] bulbous nose, potato-nose; [pop.] lie, blunder; ***batatas fritas*** [Ingl.] chips, [E. U. A.]

crisps, French fries; ***doença da batata*** potato blight; ***puré de batata*** mashed potatoes; ***fécula de batata*** potato starch; [coloq.] ***na batata!*** exactly!, precisely!; ***vá plantar batatas!*** don't worry me!, don't annoy me!, go to hell!

batatada *s. f.* a lot of potatoes; sweetmeat made with sweet potatoes

batata-da-ilha *s. f.* ⇒ **batata-doce**

batata-doce *s. f.* sweet potato, yam

batatal *s. m.* potato-field

batateira *s. f.* BOTÂNICA potato plant

batateiral *s. m.* ⇒ **batatal**

batateiro *adj.* fond of potatoes; potato-dealer; potato-plant; [coloq.] liar

batatudo *adj.* bulbous, big and shaped like a potato (nose)

batávia *s. f.* thin linen cloth; kind of tobacco (Dutch); variety of lettuce

batávico *adj.* Batavian, related to Batavia, Dutch

batávio *adj.* ⇒ **batávico**

bate *s. m.* [arc.] seed of rice; sponge cake

bateada *s. f.* contents of a bateia

batear *v. tr.* to wash minerals (gold) in a pan

bate-barba *s. f.* ⇒ **batibarba**

bate-bate *s. m.* rattling, clattering

bate-boca *s. m.* bawling, shouting, clamour; quarrel, altercation, dispute

bate-chapa *s. m.* plate-flattener, sheet metal worker

bate-chinela *s. m.* [Bras.] popular dancing (party or ball)

bate-cu *s. m.* thud, thump; a fall on the arse; a blow with the hand on the arse

batedeira *s. f.* churn, butter-vat; ***batedeira eléctrica*** mixer

batedela *s. f.* ⇒ **batedura**

batedoiro *s. m.* ⇒ **batedouro**

batedor *s. m.* batsman (in cricket); beater; MILITAR scout; coiner (of coins); explorer; ***batedor de ovos*** egg-whisk, egg-beater

batedouro *s. m.* beating-place; beating-stone; knocking, clapping; NÁUTICA bailer, scoop

batedura *s. f.* batting; beating; clapping; stamping; striking, thrashing

bate-estacas *s. m.* pile-driver; ram; ***bate-estacas de mão*** monkey

bate-folhas *s. m.* gold-beater; tinsmith

bátega *s. f.* old-fashioned metal basin; sudden shower; ***uma forte bátega de água*** a heavy shower

bategada *s. f.* heavy shower, downpour (of rain)

bateia *s. f.* wooden bowl for gold or diamond washing

bateira Ⓐ *s. f.* flat-bottomed boat Ⓑ *adj.* ***água bateira*** shallow water (of a rice paddy)

batel *s. m.* little boat; skiff; canoe; ***batel da barquinha*** log-ship

batela *s. f.* flat-bottomed boat (used in Minho)

batelada *s. f.* boatload; a great number of things

batelão *s. m.* barge, hopper barge, hopper punt

bate-latas *s. m.* [pop.] ⇒ **bate-chapa**

bateleiro *s. m.* ferryman, master of a river boat

bate-língua *s. m. e f.* chatter-box, prattler, tattler, rattle-head

batelo *s. m.* very primitive water-pump

bate-mar *s. m.* ⇒ **quebra-mar**

batente *s. m.* knocker (of a door); side, fold, or rabbet (of a door); door-post, catch; shoreline; ***batente de mola*** buffer; ***batente do leme*** rudder stop

bate-orelha *s. m.* donkey; [fig.] stupid person

bater *v. tr.* to beat, to strike; to knock, to hit, to thrash; to pound, to hammer; to cudgel; to mint, to coin (coins); to mix, to stir, to churn, to agitate, to shake; to defeat; to strike against, to collide; to flap, to flutter (the wings); ***bater manteiga*** to churn milk; ***bater trigo*** to thresh, to beat out (the grain); ***bater moeda*** to coin; ***bater-se em duelo*** to fight a duel; ***bater em retirada*** to beat a retreat; ***batiam-lhe os dentes de frio*** his teeth chattered with cold; ***aí é que bate o ponto!*** that is the point!; ***não deves bater com a porta*** you should not slam the door; ***bater ovos*** to beat up eggs; ***bater claras*** to whisk whites of eggs; MÚSICA ***bater o compasso*** to beat time; ***bater com a cabeça*** to bump one's head; ***bater na testa*** to strike one's brow; ***bater com força*** to strike hard, to hit hard; ***bater com a mão na mesa*** to strike one's hand on the table; ***bater palmas*** to clap (one's hands); ***bater com o martelo*** to hammer; NÁUTICA ***bater (o pano)*** to flap, to shake, to shiver (the sails); ***batem à porta*** there is a knock (or rap) at the door; ***ouvíamos as crianças bater com os pés no chão por cima de nós*** we heard the children stamping overhead; ***bater levemente à porta*** to tap at the door; ***bater o máximo (atletismo, etc.)*** to break the record; ***bater à máquina*** to type; ***bater-se por*** to fight for; ***bater com o carro*** to crash one's car; [coloq.] ***ele não bate bem da bola!*** he is a bit crazy!

bateria *s. f.* MILITAR battery; thrashing, beating, knocking; MÚSICA drums; ***pôr a bateria a nível (automóvel)*** to top up a battery (motor-car); ***bateria de acumuladores*** storage battery; ***bateria de ignição*** ignition battery; ***bateria de campanha*** field battery; ***montar uma bateria*** to mount a battery; ***bateria de cozinha*** kitchen utensils

baterista *s. m. e f.* MÚSICA drummer

bate-sela *s. m.* unsteady rider

bate-sola *s. m.* cobbler

bate-sornas *s. m.* pickpocket

batial *adj.* bathyal (zone)

batibarba *s. f.* chuck; a slight tap under the chin; sharp rebuke, reprimand

batida *s. f.* battue, game-drive (hunting); shooting-party (with beaters); MÚSICA beat; MILITAR scouting, reconnoit(e)ring; [fig.] reprimand, rebuke; ***de batida*** in a hurry, hastily; ***estrada batida*** rutty road

batido Ⓐ *adj.* beaten, hit; defeated, routed; ordinary, common, vulgar; ***navio batido pela tempestade*** tempest-tossed ship; ***rota batida*** straight track Ⓑ *s. m.* shake; ***batido de leite*** milkshake

batigrafia *s. f.* ⇒ **batografia**

batilhar *v. tr.* to lap (of water)

batimento *s. m.* act of beating, beat, throb; collision, shock, impact; MÚSICA interference of sounds

batimetria *s. f.* bathymetry

batímetro *s. m.* bathymeter

batina *s. f.* RELIGIÃO cassock

batipelágico *adj.* bathypelagic, abyssopelagic

batíscafo *s. m.* bathyscope

batisfera *s. f.* bathysphere, bathyscope

bato *s. m.* a children's game (with five pebbles)

batocada *s. f.* [Bras.] heavy loss (at gambling); great damage; unexpected and heavy expenses

batocadura *s. f.* bung

batocar *v. tr.* to bung; to stop a cask with a bung

batoco *s. m.* ⇒ **barranco**; ORNITOLOGIA spider-catcher; wall-creeper

batografia *s. f.* bathography

batógrafo *s. m.* bathograph

batólito *s. m.* GEOLOGIA batholith, batholite

batologia *s. f.* battology

batológico *adj.* battological

batometria *s. f.* bathymetry

batómetro *s. m.* bathymeter

bâton *s. m.* lipstick

batoque *s. m.* bunghole; bung, stopper; [fig.] stocky person

batoqueira *s. f.* bunghole; track, trace, trail

batota *s. f.* game of chance; fraud, trick, cheat; false play; ***fazer batota (às cartas)*** to cheat (at cards); ***casa de batota*** gambling house (den)

batotar *v. intr.* to defraud, to cheat, to deceive
batotear *v. intr.* ⇒ **batotar**
batoteiro *s. m.* cheater, defrauder, trickster
batracófago *adj.* batrachophagous
batracóide *adj.* batrachoid
Batráquidas *s. m. pl.* ⇒ **Batraquídeos**
Batraquídeos *s. m. pl.* ICTIOLOGIA *Batrachidae*
batráquios *s. m. pl.* ZOOLOGIA Batrachia
batucada *s. f.* music and rhythm of Afro-Brazilian dances
batucar *v. intr.* to dance the *batuque*; to knock; to hammer, to drum
batuque *s. m.* African dance; African drum; drumming
batuqueira *s. f.* bird of the *Fringillidae* family
batuqueiro *s. m.* frequenter of *batuques*, fan of African dances
batuquira *s. f.* ⇒ **batuqueira**
batuta *s. f.* a conductor's baton; wand
baú *s. m.* trunk, chest, locker
bauleiro *s. m.* trunk-maker
baunilha *s. f.* BOTÂNICA vanilla
bauxite *s. f.* MINERALOGIA bauxite
bávaro *s. m., adj.* Bavarian
bazar *s. m.* bazaar; ***bazar de caridade (de roupa usada, etc.)*** jumble-sale
bazófia *s. f.* vanity, haughtiness, pride; ⌈fig.⌋ boast, swagger, vaunt
bazofiador Ⓐ *s. m.* boaster, braggart Ⓑ *adj.* boastful, vaunting
bazofiamento *s. m.* boast, boasting, brag, vaunt
bazofiar *v. intr.* to boast, to vaunt, to brag, to swagger
bazófio *s. m.* boaster, braggart, swaggerer
bazulaque *s. m.* liver and entrails stew; trifles; ⌈pop.⌋ a short, stout person; ⌈Bras.⌋ sweet meat of grated coconut and honey
bdelar *adj.* bdelloid
bdélio *s. m.* BOTÂNICA bdellium; gum resin
bê-á-bá *s. m.* the alphabet; the ABC (of anything)
beata *s. f.* an exceedingly religious (or a sanctimonious) woman; bigot; hypocrite; ⌈pop.⌋ fag-end, dog's end
beatão *s. m.* sanctimonious man, hypocrite
beataria *s. f.* bigots; bigotry
beateiro Ⓐ *s. m.* one who has conexions with pious people Ⓑ *adj.* religious, pious
beatério *s. m.* ⇒ **beataria**
beatice *s. f.* bigotry; hypocrisy; pruderie
beático *adj.* bigoted, bigotical; hypocritical
beatificação *s. f.* beatification
beatificador Ⓐ *s. m.* beatifying consistory, beatifier Ⓑ *adj.* beatifying, beatific
beatificante *s. m. e f., adj.* ⇒ **beatificador**
beatificar *v. tr.* to beatify
beatificatório *adj.* ⇒ **beatificador**
beatífico *adj.* beatific(al)
beatilha *s. f.* wimple
beatismo *s. m.* ⇒ **beatice**
beatíssimo *adj.* most beatific (blessed)
beatitude *s. f.* beatitude, blessedness; happiness
beato Ⓐ *s. m.* beatified man; pious person; bigot Ⓑ *adj.* blessed, exceedingly pious; fanatic; hypocritical
bêbado Ⓐ *adj.* drunken, drunk, intoxicated, inebriated, tipsy Ⓑ *s. m.* drunkard, tippler, sot; ***completamente bêbado*** dead drunk, tight as a drum; ***bêbado como um cacho*** as drunk as a lord; ***estar bêbado*** to be drunk
bebé *s. m.* baby; ⌈fam.⌋ doll
bebedanas *s. m.* ⇒ **bebedolas**
bebedeira *s. f.* drunkenness, intoxication, inebriety; ***cair na bebedeira*** to get drunk; ***cozer a bebedeira*** to sleep away (off) the drunkenness, to sleep oneself sober; ***estar de bebedeira*** to be drunk
bebedice *s. f.* drunkenness
bêbedo *s. m., adj.* ⇒ **bêbado**
bebedoiro *s. m.* ⇒ **bebedouro**
bebedolas *s. m.* drunkard, tippler; rascal, scoundrel
bebedor *s. m.* drinker; ⇒ **beberrão**
bebedouro *s. m.* watering-place, drinking fountain; horse-trough; cup (for birds), bird-bath
bebedura *s. f.* drinking; drink, beverage
bebé-proveta *s. m.* test-tube baby
beber *v. tr.* to drink; to take a drink, to sip; to imbibe; to quaff; to swallow; ***beber à saúde de alguém*** to drink someone's health; ***beber em excesso*** to drink hard; ***beber como uma esponja*** to drink like a fish; ***beber de um trago*** to drink off in one gulp, to drink up; ***beber a grandes tragos*** to drink deep; ***beber sem cessar*** to drink away; ***beber do fino*** to be acquainted with important affairs, to be in the know, to be well informed; ⌈fig.⌋ ***beber azeite*** to be very bright (or clever); ***beber muita água*** to drink the well dry; ***beber chá em pequeno*** to be well brought up; ***beber os ares de*** to drool over someone; ***desta água não beberei*** this won't happen to me; ***assinar e beber não se faz sem ver*** look before you leap, investigate before you invest; ***comer e beber*** to eat and drink
bêbera *s. f.* long black fig (that ripens early)
beberagem *s. f.* drink, drinking, potation
beberar *v. tr.* ⇒ **abeberar**
bebereira *s. f.* fig-tree that bears long, black figs
beberete *s. m.* sherry-party, cocktail-party; refreshment, appetizer (drink), apéritif, cocktail
bebericar *v. tr. e intr.* ⇒ **beberricar**
beberrão *s. m.* drunkard; tippler
beberraz *s. m.* drunkard; tippler
beberrica *s. m.* ⇒ **beberricador**
beberricação *s. f.* drinking; draught, sip, pull
beberricador *s. m.* sipper, tippler, drunkard
beberricar Ⓐ *v. tr.* to sip, to tipple Ⓑ *v. intr.* to take a sip
beberronia *s. f.* spree, hard drinking; a group of heavy drinkers
bebes *s. m. pl.* drinks, beverages; ***os comes e bebes*** the eats and drinks
bebida *s. f.* drink, beverage; potation; potion; cup; draught; ***bebidas alcoólicas*** liquors; ***bebida fermentada*** brewage; ***bebida efervescente*** pop; ***bebida gasosa*** soda water, soft drink; ***dado à bebida*** addicted to drink; ***loja de bebidas*** bar, public house, pub
bebível *adj.* drinkable; potable
bebra *s. f.* ⇒ **bêbera**
beca *s. f.* magistrate's gown; toga
bechamel *s. m.* bechamel, kind of white sauce
beco *s. m.* alley, lane; ***beco sem saída*** blind alley, cul-de-sac, deadlock, tight spot, difficult situation, dilemma
bécua *s. f.* ⇒ **galispo**
becuinha *s. f.* ⇒ **galispo**
bedame *s. m.* mortise-chisel, cross-cut chisel
bedel *s. m.* beadle
bedelhar *v. intr.* to meddle, to intrude, to interfere
bedelheiro Ⓐ *adj.* meddlesome, prying Ⓑ *s. m.* intruder, gossiper
bedelho *s. m.* latch; a little trump; boy, lad, urchin; ***meter o bedelho (em)*** to poke one's nose (into)
bedelia *s. f.* office of a beadle
bedém *s. m.* Moorish tunic, raincape (or tunic) made of rush or straw
bedro *s. m.* ⇒ **bredo**
beduim *s. m.* ⇒ **beduíno**
beduíno *s. m.* Bedouin, Arab
bedum *s. m.* ⇒ **bodum**

bege *s. m., adj.* beige
begónia *s. f.* BOTÂNICA begonia
Begoniáceas *s. f. pl.* BOTÂNICA *Begoniaceae*
beguina *s. f.* Beguine, member of a certain religious sisterhood; devout (or sanctimonious) woman
beguinaria *s. f.* monastic (penitent) life
beguino *s. m.* Beguine; mendicant friar; Beghard
behaviorismo *s. m.* [Ingl.] behaviourism; [E.U.A.] behaviorism
behaviourismo *s. m.* PSICOLOGIA ⇒ **behaviorismo**
bei *s. m.* bey
beiça *s. f.* pout; ***fazer beiça*** to pout
beiçada *s. f.* blubber-lip, thick and hanging lip
beiçana *s. m. e f.* thick-lipped person
beicinha *s. f.* small lip; pout
beicinho *s. m.* small lip; pout; ***fazer beicinho*** to pout, to be about to cry (children), to sulk
beiço *s. m.* lip; ***beiço rachado*** hare-lip; ***lamber os beiços*** to lick one's lips (in anticipation); ***morder os beiços*** to bite one's lips (in chagrin); ***trazer alguém pelo beiço*** to lead someone by the nose, to turn someone round one's little finger
beiçola Ⓐ *s. f.* big pouting lip Ⓑ *adj.* with pouting (or blobber) lips
beiçudo *adj.* blobber-lipped; blubber-lipped; thick-lipped
beijadela *s. f.* kissing; kiss
beijado *adj.* kissed; ***dar uma coisa de mão beijada*** to give something for nothing, to give something gratuitously
beijador Ⓐ *s. m.* kisser Ⓑ *adj.* (fond of) kissing
beija-flor *s. m.* ORNITOLOGIA humming-bird, colibri; [Bras.] bird that lives on the nectar of flowers; ***beija-flor da água*** spot-tailed jacamar; ***beija-flor grande*** a swallow tail
beija-mão *s. m.* sovereign's levee; hand-kissing
beija-pé *s. m.* kissing the foot, ceremony of kissing the Pope's toe
beijar *v. tr.* to kiss; ***quem meu filho beija, minha boca adoça*** love me, love my child; ***ele beija o chão que ela pisa*** he worships the ground she treads on
beijinho *s. m.* light (little) kiss; [fig.] the best of a thing
beijo *s. m.* kiss; ***atirar um beijo*** to throw a kiss; ***o beijo de Judas*** the kiss of Judas; ***roubar um beijo*** to steal a kiss; ***um beijo chocho*** a perfunctory kiss; ***beijo rápido dado apenas por obrigação*** [coloq.] peck
beijoca *s. f.* [fam.] noisy kiss
beijocada *s. f.* smacking kiss
beijocadela *s. f.* smacking kiss
beijocador Ⓐ *s. m.* a hearty kisser Ⓑ *adj.* given to (or fond of) kissing
beijocar *v. tr.* to kiss frequently
beijoim *s. m.* benzoin, gum benjamim
beijoqueiro *adj.* caressing, fond of kissing
beiju *s. m.* tapioca cake
beilhó *s. f.* CULINÁRIA pancake (made of flour and pumpkin)
beira *s. f.* bank, shore; edge, border, verge; brim, rim, skirt; brink; ***mesmo à beira*** on the very brink; ***não ter eira nem beira*** to have neither house nor home; ***beiras do telhado*** eaves; ***à beira de um precipício*** on the edge of a precipice; ***à beira do abismo*** on the verge of an abyss; ***à beira da sepultura*** on the brink of the grave, near one's death; ***à beira do caminho*** at the side of the road, on the roadside; ***à beira de (prestes a)*** on the verge of; ***chegar-se à beira de*** to approach; ***à beira da miséria*** on the verge of starvation; ***à beira da água*** on the waterside; ***estar à beira da ruína*** to be nearly ruined, to be on one's last legs
beirada *s. f.* eaves (of a roof)
beirado *s. m.* eaves, the edge of a roof
beiral *s. m.* eaves, the edge of a roof
beira-mar *s. f.* seaside, seacoast, seashore, strand; ***à beira-mar*** by the sea, at the seaside
beirame *s. m.* bairam
beirão Ⓐ *s. m.* native (or inhabitant) of Beira (Portugal) Ⓑ *adj.* of or relative to the province of Beira
beirar *v. tr.* to skirt, to lie (or move) along the edge of
beirense *s. m. e f., adj.* ⇒ **beirão**
bela *s. f.* beautiful woman; ***bela adormecida*** sleeping beauty
beladona *s. f.* BOTÂNICA belladonna; deadly nightshade; ***beladona falsa*** belladonna lily
beladonado *adj.* BOTÂNICA containing (or referring to) belladona
beladónio *s. m.* BOTÂNICA belladonna extract
belamente *adv.* beautifully, perfectly, finely; gracefully, fairly; very easily
belas-artes *s. f. pl.* fine arts
belas-letras *s. f. pl.* belles-lettres, literature
belatriz *s. f.* martial (bellicose) woman
bélbute *s. m.* cotton velvet
belbutina *s. f.* fine cotton velvet
bel-canto *s. m.* MÚSICA bel canto
beldade *s. f.* a beauty, a belle
beldro *s. m.* ⇒ **bredo**
beldroega *s. f.* BOTÂNICA purslane; *pl.* [pop.] idiot, imbecile, good-for-nothing; ***beldroega do Inverno*** the miner's lettuce; ***beldroega grande*** the flame flower
beleguim *s. m.* bailiff's official; apparitor
belemita Ⓐ *adj.* coming from Ⓑ *s. m. e f.* inhabitant of Bethlehem
beletrista *s. m. e f.* belletrist, literature connoisseur, man of letters
beletrística *s. f.* belles-lettres, belletristic literature
beletrístico *adj.* belletristic
beleza *s. f.* beauty, handsomeness, good looks; beautiful person, a beauty; ***instituto (salão) de beleza*** beauty shop, beauty parlour; ***uma beleza*** a beauty; ***uma beleza encantadora*** a charming beauty; ***a paisagem tinha uma beleza característica*** the landscape had a beauty all of its own; ***beleza suprema*** supreme beauty; ***destituído de beleza*** ill-favoured; ***isso é uma beleza*** that makes a fine show; ***uma beleza de criança*** a picture of a child
belfa *s. f.* vainglory
belfo *adj.* with a drooping (hanging) underlip
belfudo *adj.* blubber-lipped
belga *s. m. e f., adj.* Belgian
belho *s. m.* [pop.] bolt; latch
belhó *s. m.* a pancake (made of flour and pumpkin)
beliche *s. m.* (sleeping) berth, cabin; ***beliche de proa*** bunk
belicismo *s. m.* martialism
belicista *s. m. e f.* martialist
bélico *adj.* warlike; bellicose
belicosidade *s. f.* bellicosity
belicoso *adj.* warlike, bellicose; pugnacious
belida *s. f.* MEDICINA nebula, corneal opacity
beligerância *s. f.* belligerency
beligerante *adj.* belligerent
belígero *adj.* bellicose, martial
belindre *s. m.* ⇒ **berlinde**
belipotência *s. f.* great military potential
belipotente *adj.* bellipotent, powerful at war, ready for war
belisária *s. f.* money which a lucky gambler hands over to his partner who has lost all his money
belisário Ⓐ *s. m.* man who lost all his money Ⓑ *adj.* poor, unfortunate
belisca *s. f.* pinch, nip, scratch
beliscadura *s. f.* pinch, nip, scratch; ***sem uma beliscadura*** without a scratch
beliscão *s. m.* pinch, nip; ***dar um beliscão*** to give someone a pinch
beliscar *v. tr.* to pinch, to nip
belisco *s. m.* pinch, nip; nibble

belíssono *adj.* with a warlike sound
belo Ⓐ *adj.* beautiful, fair, fine; handsome, graceful, comely, pretty, lovely, charming beauteous Ⓑ *s. m.* the beautiful Ⓒ *interj.* very good!; ***como é belo!*** how beautiful!; ***um belo dia*** some fine day, once; ***belas palavras não enchem a barriga*** fine words butter no parsnips; ***uma bela embrulhada*** a pretty mess
belomancia *s. f.* belomancy
Belona *s. f.* Bellona, Roman goddess of war (personification of war)
belonofobia *s. f.* morbid fear of piercing objects
bel-prazer *s. m.* free will, pleasure, liking; ***a seu bel-prazer*** to one's heart's content, to one's liking
beltrano *s. m.* Mr. So-and-so; such-and-such a man
beltrão *s. m.* Mr. So-and-so; such-and-such a man; ***quem ama beltrão, ama o seu cão*** love me, love my dog
beluária *s. f.* the art of taming wild beasts
beluário *s. m.* tamer of wild beasts
beluca *s. f.* the beluga
beluga *s. f.* the beluga
beluíno *adj.* of (or relative to) wild animals; beastly, savage, monstrous
belvedere *s. m.* belvedere
belver *s. m.* ⇒ **belvedere**
belverde *s. m.* BOTÂNICA broom; toadflax; ⇒ **valverde**
Belzebu *s. m.* Beelzebub; devil
belzebútico *adj.* demoniac
bem Ⓐ *adv.* well, right, much, very conveniently; quite Ⓑ *interj.* good!, well!, well done! Ⓒ *s. m.* the good, blessing, happiness; benefit, advantage, interest, satisfaction, object of esteem or love, darling; *pl.* goods, real estate, movables; ***levar a bem*** to approve, to take it in good part; ***querer bem*** to wish well, to love; ***dizer bem de alguém*** to speak well of someone; ***estar bem, andar bem*** [fam.] to be tiptop, to be well off; ***bastante bem*** well enough; ***passar bem*** to be well, to feel well; ***andar bem no exame*** to do well in the examination; ***bem tratado*** well-groomed, well kept; ***pôr-se (de) bem com alguém*** to make it up, to reconcile, to be friends again; ***estar de bem com alguém*** to be on good terms with a person; ***tratar bem alguém*** to treat a person well; ***bom é o que bem acaba*** all's well that ends well; ***um homem de bem*** an honest man, a reputable man; ***bem versado*** well-acquainted; ***bem fundado*** well-grounded; ***bem merecido*** well-deserved, well-earned; ***bem calculado*** well-disposed, well-meant, well-planned; ***bem acondicionado*** well packed, in good condition, well-conditioned; ***bem bom*** quite good, not bad at all; ***bem, e daí?*** well, and what of all this?; ***bem no alto*** far up, well up; ***bem dito*** well-spoken; ***bem arredondado (simétrico, primoroso)*** well-turned; ***bem governado*** well-ordered; ***bem ganho*** well won; ***bem redigido*** well worded; ***bem trabalhado*** well wrought; ***estar bem de meios (em boas circunstâncias)*** to be well off; ***pois bem!*** well then!; ***eu bem que lhe disse!*** I told him so!, I warned him!; ***ainda bem!*** good!, at least that!, so much the better!, that's better!, what a relief!; ***ainda bem que*** it's a good thing that; ***a bem de*** on account of; ***até há bem pouco*** until quite recently; ***ele é bem capaz de*** he is well able of; ***ele vai bem*** he is doing nicely, he is thriving; ***se quiseres tomar o meu conselho, está bem*** if you choose to take my advice, it is well; ***bem feito!*** well done, it serves you right!; ***uma casa bem situada*** a well-situated house; ***trabalho bem começado é meio caminho andado*** work well begun is half done; ***está bem, não é verdade?*** it is right, isn't it?; ***não se sente bem?*** don't you feel well?; ***estou perfeitamente bem*** I am quite well; ***ainda bem que já acabou*** I'm glad it's over; ***está tudo muito bem*** it is all very well; ***muito bem!*** that's excellent!; ***bem, que se segue?*** well, what next?; ***bem, bem!*** well, well!; ***bem, como ia dizendo …*** well, as I was saying; ***estamos muito bem onde estamos*** we are quite all right where we are; ***muito bem*** very well; ***bem de mais*** too well; ***por bem (licitamente)*** by fair means; ***bem se me dá*** I don't care a fig, I don't care a bit, I don't care a rap; ***nem bem nem mal*** so, so; ***bem pouco*** very little; ***bem longe*** a good way off; ***igualmente bem*** just as well; ***bem como*** in the same manner as; ***tão bem como*** as well as; ***bem está, em boa hora, pois bem!*** well then!; ***bem cedo*** very soon, very early; ***ora bem!*** well now!; ***muito bem!, bravo!*** well done!; ***não me dou bem à beira-mar*** the sea doesn't suit me; ***ora, ainda bem!*** that was one blessing; ***sentir-se tão bem como o peixe na água*** to feel as fresh as a daisy; ***passe bem!*** so long, good-bye!; ***você bem sabe o que eu quero dizer*** you know well enough what I mean; ***isso é bem dele!*** that's just like him!; ***a bem ou a mal*** whether he (she) likes it or not, compulsory; ***sair-se bem*** to come out well, to succeed; ***tão bem quanto possível*** as well as possible; ***bens mal adquiridos*** ill-gotten gains; ***bens de raiz*** assets, real estate; ***bens imóveis*** dead stock, real estate; ***com todos os bens*** with bag and baggage; ***um bem infinito*** a world of good; ***faz-me um bem infinito*** it does me a world of good; ***o bem e o mal*** good and evil, right and wrong; ***para o bem e para o mal*** for good and for evil; ***é para seu próprio bem*** it's for your own good; ***excesso de bem não faz mal a ninguém*** you can't have too much of a good thing; ***fazer o bem sem olhar a quem*** to do good for its own sake; ***não há bem que sempre dure, nem mal que nunca acabe*** it is a long lane that has no turning, even the weariest river winds somewhere safe to sea; ***meu bem!*** my darling!, sweetheart!; ***bens de consumo*** consumer goods; ***bens móveis*** moveable property; ***bens imóveis*** real estate; ***bens de capital*** capital goods
bem-afortunado *adj.* lucky, fortunate, successful
bem-amado *adj.* well-beloved, darling
bem-apessoado *adj.* well-favoured, well-shaped
bem-aventurado Ⓐ *adj.* blessed, happy; well-beloved, fortunate Ⓑ *s. m.* the blessed; ***bem-aventurados os pobres de espírito*** blessed are the poor in spirit
bem-aventurança *s. f.* bliss, blessedness, happiness; *pl.* RELIGIÃO the Beatitudes
bem-aventurar *v. tr.* to bless, to make happy
bem-avindo *adj.* amicable, friendly, peaceable, conciliatory, conciliated
bem-bom *s. m.* [Bras.] cosiness, comfort; well-being
bem-comportado *adj.* well-behaved
bem-criado *adj.* well-bred, well-mannered; (of animals) well-cared for, well-fed, fat
bem-ditoso *adj.* fortunate
bem-dizer *v. tr.* to bless; to praise; to glorify
bem-educado *adj.* well-bred, well brought up
bem-encarado *adj.* well-featured, pleasant-looking; good-looking
bem-estar *s. m.* well-being, welfare, comfort, health, happiness
bem-fadado *adj.* lucky, fortunate
bem-falante *adj.* well-spoken
bem-fazejo *adj.* ⇒ **benfazejo**
bem-fazer *v. tr.* to benefit, to do good, to oblige
bem-feito *adj.* ⇒ **perfeito, elegante**
bem-humorado *adj.* cheerful, in good spirits
bem-intencionado *adj.* well intentioned, well-meant, well-minded
bem-mandado *adj.* obedient, submissive
bem-me-quer *s. m.* BOTÂNICA daisy, the ox-eye daisy
bem-merecer *v. tr.* to well-deserve
bem-nascido *adj.* well-born; of good (noble, or distinguished) family; born under a lucky star
bemol *s. m.* MÚSICA flat
bemolado *adj.* MÚSICA ⇒ **abemolado**
bemolar *v. tr.* to add a flat to
bemolizar *v. tr.* ⇒ **bemolar**
bem-parecido *adj.* good-looking, nice, attractive, handsome

bem-posto *adj.* elegant, well-dressed; graceful, refined
bem-querença *s. f.* affection, fondness, benevolence, goodwill
bem-querente *adj.* loving
bem-querer Ⓐ *s. m.* ⇒ **bem-querença** Ⓑ *v. tr.* to like, to love, to wish well
bem-soante *adj.* harmonious, melodious
bem-te-vi *s. m.* tyrant-bird, flycatcher
bem-vindo *adj.* welcome; ***ser bem-vindo*** to be welcome; ***um hóspede bem-vindo*** a welcome guest
bem-visto *adj.* esteemed; well-beloved
bênção *s. f.* blessing; benediction; ***benção da mesa*** grace (before meals)
bendição *s. f.* ⇒ **bênção**
bendito Ⓐ *adj.* blessed, hallowed; praised Ⓑ *s. m.* Benedictus; prayer beginning with that word; ***bendito seja*** blessed be
bendizente *adj.* praising, laudatory
bendizer *v. tr.* to speak well (of others or of something); to bless; to praise, to extol, to exalt
beneditina *s. f.* Benedictine nun
beneditino *s. m.* Benedictine
beneditismo *s. m.* Benedictine behaviour; patience; perseverance
benefe *s. f.* BOTÂNICA wild violet
beneficamente *adv.* beneficially
beneficência *s. f.* beneficence, charity, kindness; practice of doing active good; ***obra de beneficência social*** social welfare work
beneficente *adj.* beneficent, charitable, kind; conferring good
beneficiação *s. f.* improvement; amelioration, reform, benefaction; NÁUTICA overhauling
beneficiado Ⓐ *s. m.* beneficed, clergyman beneficiary, grantee Ⓑ *adj.* beneficed
beneficiador Ⓐ *adj.* beneficent; kind Ⓑ *s. m.* benefactor
beneficial *adj.* beneficial, relating to ecclesiastical benefits
beneficiamento *s. m.* ⇒ **beneficiação**
beneficiar *v. tr.* to benefit, to do good; to improve, to better; ***beneficiar o arroz*** to clean and prepare the rice; NÁUTICA ***beneficiar aparelho, etc.*** to overhaul apparatus, gear, etc.
beneficiário *s. m.* beneficiary; ***beneficiário de uma promessa*** promisee; ***beneficiário de uma anuidade*** annuitant
beneficiável *adj.* susceptible of being benefited (or bettered)
benefício *s. m.* benefit, favour, service; advantage, profit, avail, gain, good, interest; privilege; RELIGIÃO benefice; help; improvement; performance at theatre the proceeds of which go to particular players; benefit-night; ***os benefícios materiais*** the loaves and fishes; ***benefício que aparentemente o não é*** a blessing in disguise; ***para benefício de outros*** for the benefit of others; ***benefício espiritual*** edification; ***benefícios fiscais*** tax incentives
benéfico *adj.* beneficial; advantageous, profitable; salutary; helpful; favourable
benemerência *s. f.* benefaction; friendly aid; worthiness, merit
benemerente *adj.* well-deserving
benemérito Ⓐ *adj.* well-deserving, very worthy Ⓑ *s. m.* benefactor
beneplácito *s. m.* consent, approval; leave, permission, sanction
benesse *s. f.* benefit; emolument; benefice
benevolamente *adv.* kindly, willingly, readily
benevolência *s. f.* benevolence, goodwill, kindness
benevolente *adj.* benevolent, charitable, kind
benévolo *adj.* benevolent, kind, favourable
benfazejo *adj.* beneficent, kind, charitable
benfeitor *s. m.* benefactor, good-doer; ***é um verdadeiro benfeitor*** he is a real benefactor
benfeitora *s. f.* benefactress
benfeitoria *s. f.* benefit, profit, improvement
benfeitorizar *v. tr.* to improve, to better, to ameliorate
bengala *s. f.* walking-stick, cane; ***bengala grossa*** thick stick
bengalada *s. f.* stroke(s) with a cane
bengalão *s. m.* large and heavy stick
bengaleira *s. f.* the Indian canna
bengaleiro *s. m.* cane-maker(-seller), umbrella-stand; hall-stand
bengalês Ⓐ *s. m.* Bengali; Bengalee, native of Bengal; language of the Bengalis Ⓑ *adj.* of (pertaining to) Bengal
bengali Ⓐ *s. m.* Bengali; Bengalee, native of Bengal; language of the Bengalis Ⓑ *adj.* of (pertaining to) Bengal
bengalinha *s. f.* green finch; small cane, small walking-stick
Benguelas *s. m. pl.* a tribe of natives of Benguela
benignamente *adv.* benignly, kindly
benignidade *s. f.* benignity, kindness, benevolence, gentleness
benigno *adj.* benign, kind, gentle; mild, favourable
benjamim *s. m.* favourite (or darling) son; the youngest son
benjoeiro *s. m.* benzoin-tree
benjoim *s. m.* benzoin
benodáctilo *adj.* ZOOLOGIA digitigrade
benquerença *s. f.* well-wishing; fondness, affection
benquistar Ⓐ *v. tr.* to conciliate, to win over Ⓑ *v. intr.* to win the general goodwill
benquisto *adj.* esteemed, respected, regarded; beloved; well-beloved; ***benquisto comerciante da nossa praça*** honest tradesman from our market
bens *s. m. pl.* estate, riches, property, goods, belongings; ***bens móveis*** personal estate, movables; ***bens imóveis*** real estate, landed estate; ***bens semoventes*** live-stock; ***bens confiscados*** escheat; ***bens adquiridos*** acquired property; ***bens de consumo*** consumer's goods; ***bens da coroa*** crown goods; ***bens doados*** donated property; ***bens hereditários*** hereditament; ***bens particulares*** private property; ***bens públicos*** public property; ***bens vacantes (vagos)*** unclaimed property (or inheritance)
bentinho *s. m.* a sanctified medal hanging from the neck by a (golden) string; scapulary
bento Ⓐ *adj.* holy, consecrated Ⓑ *s. m.* Benedictine monk
bentoinha *s. m.* ⇒ **boita**
bentos *s. m. pl.* benthos, benthon (fauna and flora of the sea bottom)
benzedeiro *s. m.* witch doctor, sorcerer; quack doctor, faith healer
benzedela *s. f.* ⇒ **benzedura**
benzedor *s. m.* ⇒ **benzedeiro**
benzedura *s. f.* conjuration
benzeno *s. m.* QUÍMICA benzene
benzer Ⓐ *v. tr.* to bless, to hallow, to consecrate; to make the sign of the cross; to amaze, to surprise Ⓑ *v. refl.* to cross oneself
benzidina *s. f.* QUÍMICA benzidine
benzido *adj.* blessed, hallowed
benzilhão *s. m.* ⇒ **benzedeiro**
benzílico *adj.* QUÍMICA benzilic
benzilo *s. m.* benzil, bibenzoyl, dibenzoyl
benzimento *s. m.* ⇒ **benzedura**
benzina *s. f.* QUÍMICA benzine
benzoato *s. m.* QUÍMICA benzoate
benzóico *adj.* QUÍMICA benzoic
benzoína *s. f.* QUÍMICA benzoin
benzol *s. m.* QUÍMICA benzol
benzonaftol *s. m.* QUÍMICA benzonaphthol
benzossulfónico *adj.* QUÍMICA benzosulphonic
beócio Ⓐ *s. m.* Boeotian Ⓑ *adj.* Boeotian; ⌈fig.⌋ dull, stupid, simple

bequadro *s. m.* MÚSICA natural note
beque *s. m.* NÁUTICA beak (prow) of a vessel; [fam.] big nose
béquico Ⓐ *adj.* FARMACOLOGIA qualifying certain medicines used to relieve coughing Ⓑ *s. m.* medicine against cough
bera *adj.* bad, disapointing; false, deceitful
berbequim *s. m.* breast-drill; borer
berbere *s. m.* Berber
berberesco *adj.* Berber
berberina *s. f.* berberine
berbicacho *s. m.* [fig.] remains; [fig.] fix, difficulty; halter
berbigão *s. m.* sort of cockle
berbigoeira *s. f.* fishing-net (for catching mussels in Ria de Aveiro)
berça *s. f.* a kind of cabbage
berço *s. m.* cradle; birth, childhood; birthplace, motherland; origin; beginning; ARQUITECTURA semicircular vault; ***desde o berço*** from the cradle; ***o que o berço dá, a tumba o leva*** what is bred in the bone will come out in the flesh; NÁUTICA ***berço para encalhar*** berth; ***berço de lançamento*** launching cradle; ***berço de navio*** bigle (of a ship); ***nascer em berço de ouro*** to be born with a silver spoon under one's mouth
bergadinha *s. f.* eagle
bergamota *s. f.* BOTÂNICA bergamot
bergantim *s. m.* NÁUTICA brigantine, brig
bergsonismo *s. m.* Bergsonism
beribéri *s. m.* MEDICINA beriberi
beribérico *s. m.* one afflicted with beriberi
beriberizar *v. tr.* to cause beriberi
berílio *s. m.* QUÍMICA ⇒ **glicínio**
berilo *s. m.* MINERALOGIA beryl
berimbau *s. m.* Jew's harp
beringela *s. f.* egg-plant; aubergine
berkeleyanismo *s. m.* berkeleyanism, berkeleyism
berlinda *s. f.* berlin, berline, old-fashioned four wheeled covered carriage; ***estar na berlinda*** to be twitted, to be in the order of the day
berlinde *s. m.* marble (smal ball of marble or glass used in children's games)
berlinense Ⓐ *s. m. e f., adj.* Berliner, native (or inhabitant) of Berlin Ⓑ *adj.* of (or related to) Berlin
berlinês *s. m., adj.* ⇒ **berlinense**
berloque *s. m.* little ornament, charm, trinket; [fig.] ***berliques e berloques*** jugglery, tricks
berma *s. f.* berm; road margin
bernaca *s. f.* wild goose
bernacho *s. m.* ⇒ **bernaca**
bernarda *s. f.* [fam.] riot, tumult, disturbance; sister of St. Bernard's Order; BOTÂNICA a variety of pear
bernardesco *adj.* concerning St. Bernard's Order
bernardice *s. f.* mistake; nonsense, tomfoolery; imbecility
bernardo Ⓐ *s. m.* Bernardine, Cistercian monk Ⓑ *adj.* stupid and gluttonous
bernardo-eremita *s. m.* ZOOLOGIA a hermit-crab
berne *s. m.* larva of the flee *Dermatobia cyanoventris;* kind of red cloth used in draperies and religious garments
bernense *s. m. e f., adj.* Bernese, native (or inhabitant) of Bern
bernês *s. m., adj.* Bernese, native (or inhabitant) of Bern
bérnio *s. m.* Irish red cloth
berquélio *s. m.* QUÍMICA berkelium
berra *s. f.* rut, heat; snip; [fig.] notoriety; ***estar na berra*** to be in vogue
berração *s. f.* yelling
berrador Ⓐ *s. m.* bellower; yeller, shouter Ⓑ *adj.* bellowing, crying
berrante *adj.* gaudy, showy, striking; harsh, vociferous, loud; ***cores berrantes*** gaudy colours, loud colours
berrão *s. m.* bellower
berrar *v. intr.* to cry; to shout; to bawl; to shriek; to vociferate, to yell, to roar, to squall; to bellow
berraria *s. f.* screaming; shrieking; bawling, yelling
berreiro *s. m.* screaming; shrieking; bawling, yelling
berro *s. m.* scream; shriek; lowing; bawl; ENTOMOLOGIA bot-fly
berroa *s. f.* ⇒ **porca**
berrona *s. f.* ⇒ **porca**
bertanjil *s. m.* cloth (ancient cambric fabric)
bertoldice *s. f.* stupidity, blunder, folly, nonsense
bertoldo *s. m.* imbecile, dolt
berzunda *s. f.* ⇒ **berzundela**
berzundela *s. f.* drunken spree; merrymaking, revel
besantar *v. tr.* HERÁLDICA to adorn with golden or silvery coins
besante *s. m.* bezant (an ancient gold or silver coin); HERÁLDICA disk resembling a gold coin
besigue *s. m.* bezique (in cards)
besoirar *v. intr.* to buzz
besoiro *s. m.* beetle
besourar *v. intr.* ⇒ **besoirar**
besouro *s. m.* ⇒ **besoiro**
besta[1] *s. f.* beast; blockhead; ***besta de carga*** beast of burden; ***deixe de ser besta*** don't be a fool!, stop making an ass of yourself; ***és uma besta!*** you are an ass!; ***besta quadrada*** utter fool, complete ass, perfect jackass
besta[2] *s. f.* cross-bow
besta-fera *s. f.* wild beast; [fig.] cruel man
besta-quadrada *s. f.* [coloq.] utter fool, perfect jackass
bestaria *s. f.* lots of beasts
bestearia *s. f.* brutality
besteira *s. f.* asininity, stupidity
besteiro *s. m.* archer, cross-bowman
béstia *s. f.* beast, animal
bestiaga *s. f.* worthless beast; blockhead; stupid fool
bestiagem *s. f.* any group of beasts
bestial *adj.* beastly, bestial, brutish, brutal; beastlike; [cal.] fantastic, corking
bestialidade *s. f.* bestiality; stupidity
bestialização *s. f.* brutalization
bestializador *adj.* bestializing
bestializar *v. tr.* to bestialize; to make stupid, to besot
bestialmente *adv.* brutishly; beastly
bestiário Ⓐ *adj.* bestial, beastly, brutish Ⓑ *s. m.* bestiary (one who fought with beasts in the amphitheatre; treatise on beasts and their habits)
bestice *s. f.* ⇒ **besteira**
bestidade *s. f.* ⇒ **bestialidade**
bestificação *s. f.* brutalization; beastliness
bestificador *adj.* ⇒ **bestificante**
bestificante *adj.* bestializing, stupefying
bestificar *v. tr.* to make stupid
bestiola *s. f.* ⇒ **bestiaga**
bestuntar *v. tr. e intr.* [depr.] to opine
bestunto *s. m.* [fam.] noddle; dull understanding; ***puxar pelo bestunto*** to use one's noddle
besugo *s. m.* kind of fish *(Pagellus)*
besuntadela *s. f.* anointment; besmearing or begriming
besuntão *s. m.* dirty fellow
besuntar *v. tr.* to anoint; to besmear, to grease; [coloq.] to bedaub, to soil
beta *s. f.* the second letter of the Greek alphabet; stripe or streak of colour (in textile fabrics or furs); metal vein; longish stain; FÍSICA ***raios beta*** beta radiation; ***partícula beta*** beta particle (or ray); ***ondas beta*** beta waves
betacismo *s. m.* the frequent use of the letter "b"
betado *adj.* striped, streaked
betão *s. m.* concrete
betar *v. tr.* to stripe with colours; to suit, to match, to harmonize
betarda *s. f.* ⇒ **abetarda**

betatrão *s. m.* FÍSICA betatron
bétele *s. m.* BOTÂNICA betel
beterraba *s. f.* BOTÂNICA beet; garden-beet, beetroot; red beet (used for salad)
beterrabal *s. m.* beetroot field
béterre *s. m.* ⇒ **bétele**
betesga *s. f.* narrow street; blind alley, cul-de-sac
betilho *s. m.* muzzle (for oxen)
betle *s. m.* ⇒ **bétele**
betlemita *s. m. e f., adj.* Bethlehemite; Bethlemite
betonagem *s. f.* beton covering; concrete cover
betonar *v. tr.* to concrete, to cover with concrete; to cement
betoneira *s. f.* concrete mixer (machine)
betónica *s. f.* BOTÂNICA betony (plant with a purple flower); ***betónica brava*** a bushmint; ***betónica das montanhas*** mountain arnica; ***betónica de água*** water figwort
betonilha *s. f.* weaker concrete
bétula *s. f.* BOTÂNICA birch-tree
Betuláceas *s. f. pl.* BOTÂNICA *Betulaceae*
betulíneo *adj.* BOTÂNICA birch(en)
betumadeira *s. f.* bitumen mixer (machine)
betumar *v. tr.* to bituminize
betume *s. m.* bitumen; ***betume da Judeia*** asphalt, pitch
betuminoso *adj.* bituminous
bexiga *s. f.* ANATOMIA bladder
bexigar *v. intr.* to jest, to joke; to jeer, to scoff
bexigas *s. f. pl.* smallpox; ***bexigas doidas*** chicken-pox, varicella; ***sinais das bexigas*** pockmarks
bexigoso *adj.* pock-marked, pitted
bexigueiro *adj.* reveller; mocker
bexiguento *adj.* pock-marked; pitted with smallpox
bezedor *s. m.* ⇒ **peixe-lua**
bezerra *s. f.* ZOOLOGIA heifer, calf; calf-skin; ***pensar na morte da bezerra*** to be in a brown study, to be distracted, to be daydreaming
bezerrada *s. f.* herd of bullocks
bezerro *s. m.* bullock; male-calf; calf-skin; ***bezerro de ouro*** mammon, riches
bezoante *adj.* yelling, bleating (like a goat)
bezoar Ⓐ *s. m.* MEDICINA bezoar, antidote Ⓑ *v. intr.* to bleat (like goats)
bi- *pref.* bi, twice, doubly, having two (used in English to form adjectives, adverbs, verbs and nouns: biangular, bicapsular, bipetalous; bi-hourly, bi-monthly)
biácido *s. m., adj.* QUÍMICA diacid
biaculeado *adj.* double-aculeated
biafada *s. m.* a tribe in ex-Portuguese Guinea
bialado *adj.* two-winged; dipterous; having two wings
bianejo *adj.* said of a two-year old animal
biangulado *adj.* biangulated; biangular
biangular *adj.* biangulated; biangular
biaristado *adj.* BOTÂNICA, ZOOLOGIA biaristate
biarticulado *adj.* BOTÂNICA, ZOOLOGIA biarticulate, two-jointed
biatómico *adj.* QUÍMICA biatomic
biauriculado *adj.* biauriculate
biauricular *adj.* biauricular
biaxial *adj.* ÓPTICA, QUÍMICA biaxial
bibásico *adj.* QUÍMICA bibasic, dibasic
bibe *s. m.* pinafore; ORNITOLOGIA peewit; lapwing
biberão *s. m.* feeding-bottle; sucking-bottle
Bíblia *s. f.* Bible
biblíaco *adj.* referring to the Bible
bibliátrica *s. f.* the art of restoring books
biblicismo *s. m.* biblicism
biblicista *s. m. e f.* biblicist
bíblico *adj.* biblic(al)
biblioclasta *s. m. e f.* biblioclast (destroyer or mutilator of books)
bibliófago Ⓐ *s. m.* bibliophagist Ⓑ *adj.* bibliophagic
bibliofilia *s. f.* bibliophily, bibliophilism
bibliófilo *s. m.* bibliophil(e); bibliophilist; book-lover
bibliofobia *s. f.* bibliophobia (dislike of books)
bibliófobo *s. m., adj.* bibliophobe (hater of books)
bibliografar *v. tr.* to bibliographize
bibliografia *s. f.* bibliography (history of books)
bibliográfico *adj.* bibliographical
bibliógrafo *s. m.* bibliographer
bibliolatria *s. f.* bibliolatry
bibliologia *s. f.* bibliology
bibliólogo *s. m.* bibliologist
bibliomancia *s. f.* bibliomancy (divination by books)
bibliomania *s. f.* bibliomania
bibliomaníaco *adj.* bibliomaniac
bibliómano *adj.* bibliomaniac
biblionímia *s. f.* biblionomy
bibliónimo *s. m.* collective designation of books of universal importance
bibliopola *s. m. e f.* bibliopole; book-seller (especially for rare books)
bibliorreia *s. f.* large stock of books
bibliótafo *s. m.* bibliotaph
biblioteca *s. f.* library; bookstand, bookcase, bookshelf; ***biblioteca de empréstimo de livros*** lending library; ***biblioteca de livros de consulta*** reference library; ***biblioteca bem provida*** well-stocked library; ***biblioteca itinerante*** circulating library; ***biblioteca pública*** public library
bibliotecário *s. m.* librarian
bibliotecnia *s. f.* art relating to the making of books (printing, binding, selection, etc.)
biblioteconomia *s. f.* bibliotheconomy
biblioterapia *s. f.* bibliotherapy
biblista *s. m. e f.* biblist, biblicist
biblística *s. f.* biblicism
biboca *s. f.* gully, gulch; straw hut
bíbulo *adj.* bibulous, absorbent, absorptive, blotting; spongy
bica *s. f.* water-outlet, water sput, spring; kind of fish; [coloq.] cup of coffee; ***estar à bica*** to be on the point of (or upon the eye), very near; ***em bica*** gushing out, streaming, running out; ***correr em bica*** to flow, to stream out; ***a suar em bica*** dropping sweat
bicada *s. f.* pecking; stroke with the beak (or bill); *pl.* branches and foliage of trees
bicado *adj.* tipsy; bicolour
bical *adj.* beaked (of cherries, grapes and olives)
bicanca Ⓐ *s. f.* big nose Ⓑ *s. m.* a big-nosed fellow
bicanço *s. m.* big beak
bicancra *adj.* big-nosed
bicancudo *adj.* big-nosed
bicapsulado *adj.* BOTÂNICA bicapsular
bicapsular *adj.* BOTÂNICA bicapsular
bicar *v. tr.* to peck with the beak (or bill)
bicarbonado *adj.* bicarbonated
bicarbonato *s. m.* QUÍMICA bicarbonate; ***bicarbonato de potássio*** potassium, acid carbonate; ***bicarbonato de sódio*** bicarbonate of soda
bicarboneto *s. m.* QUÍMICA bicarbide
bicarpelado *adj.* BOTÂNICA bicarpelled
bicaudado *adj.* bicaudal, bicaudate
bicéfalo *adj.* bicephalous; two-headed
bicelular *adj.* BIOLOGIA bicellular
bicentenário Ⓐ *adj.* bicentennial Ⓑ *s. m.* bicentenary
bíceps *s. m.* ANATOMIA biceps
bicha *s. f.* queue; leech; serpent; shrew, termagant; stripe, earrings; [coloq.] gay; ***esperar nas bichas*** to line (to stand) in queues, to queue up; NÁUTICA ***bicha da cruz*** buntgasket; ***bicha da consciência*** remorse; ***ver se as bichas pegam*** to try to get what you wish, to watch for good results

bicha-amarela *s. f.* a wireworm
bicha-cadela *s. f.* earwig
bicha-de-rabear *s. f.* serpent, cracker (firework)
bicha-de-sete-cabeças *s. f.* [fig.] ⇒ **bicho-de-sete-cabeças**
bichado *adj.* worm-eaten
bichanada *s. f.* lots of whispers; whispering; a great number of cats
bichanar *v. intr.* to whisper, to speak softly; to murmur, to speak in a low voice; to confide, to tell as a secret; to call a cat
bichancros *s. m. pl.* ridiculous (or amorous) gestures; fright, sudden terror
bichaneira *s. f.* baker's register (to regulate control of the heat of the oven)
bichaneiro *adj.* used to whispering; [fig.] gossiping, intriguing
bichanice *s. f.* habit of whispering
bichano *s. m.* puss, pussy cat
bichar *v. tr.* to become wormy
bicharada *s. f.* lots of animals; vermin; [fig.] crowd, multitude
bicharengo *s. m.* ⇒ **texugo**
bicharia *s. f.* vermin, fleas, lice; [pop.] crowd, multitude
bicharoco *s. m.* large worm; repellent animal; brute, beast
bicharrão *s. m.* large worm
bicha-solitária *s. f.* ⇒ **ténia**
bicheira *s. f.* boil, furuncle, wound full of worms (on the skin of animals)
bicheiro Ⓐ *s. m.* fish-hoop; leech-glass Ⓑ *adj.* living on worms; searching
bichento *adj.* wormy
bicheza *s. f.* ⇒ **bicharada**
bichice *s. f.* ⇒ **bicharada**; [fig.] caresses, endearment
bichinha *s. f.* small she-cat; [fam.] puss, pussy cat
bicho *s. m.* worm; grub; vermin; any insect; [fig.] an ugly person; [fig.] an ugly customer; ***pergunto a mim mesmo que bicho o mordeu*** I wonder what's bitten him; ***matar o bicho*** to take a morning dram; ***coberto de bichos*** full of vermin; ***morto o bicho morre a peçonha*** dead men tell no tales; ***bicho ruim não morre*** ill weeds grow apace
bichoca *s. f.* [pop.] earthworm; little phlegmon, boil, furuncle
bicho-careta *s. m.* a nobody
bicho-carpinteiro *s. m.* woodworm; ***ter bichos-carpinteiros*** to be fidgety
bichoco *adj.* paltry, useless (horse); wormy, worm-eaten
bicho-da-cozinha *s. m.* scullion
bicho-da-madeira *s. m.* woodworm
bicho-da-seda *s. m.* silkworm
bicho-de-conta *s. m.* wood-louse; ***bicho-de-conta aquático*** water wood-louse
bicho-de-pé *s. m.* ENTOMOLOGIA chigoe, chigger
bicho-de-sete-cabeças *s. m.* something very difficult; ***fazer de alguma coisa um bicho-de-sete-cabeças*** to make a mountain out of a mole-hill
bicho-do-buraco *s. m.* [fig.] shy person
bicho-do-mato *s. m.* coy and shy person; misanthrope, unsociable person
bicho-do-ouvido *s. m.* ***matar (moer) o bicho-do-ouvido*** to bother, to importune somebody with insistent requests or any kind of subject
bicho-galo *s. m.* wireworm
bichoiro *s. m.* pebble
bichoso *adj.* wormy
bichouro *s. m.* ⇒ **bichoiro**
bicicleta *s. f.* bicycle; [coloq.] bike; ***andar de bicicleta*** to ride (on) a bicycle, to cycle; ***bicicleta para transportes*** carrier-cycle
bicipital *adj.* bicipital
bicípite *s. m.* biceps

bico *s. m.* beak, bill; nib, pen; point, spout, prow; burner, jet; [pop.] poultry; ***bico de Bunsen*** Bunsen burner; ***abrir o bico*** to delate; ***calar o bico*** to be quiet, to shut up, to hold one's tongue, to keep a secret; ***não abrir o bico*** not to say a word; ***levar alguém no bico*** to lead someone up the garden-path; ***jogar com pau de dois bicos*** to hunt with the hounds and run with the hare, to play a double game; [fig.] ***melro de bico amarelo*** sly customer, cunning fellow; ***bico do peito*** nipple; ***pôr-se em bicos de pés*** to stand on tiptoe; ***levar água no bico*** to have something beneath (or behind) it; ***bico de gás*** gas burner, gas jet; NÁUTICA ***bico de proa*** bay, nose
bico-cruzado *s. m.* ⇒ **cruza-bico**
bico-curto *s. m.* ⇒ **serzino**
bico-de-cegonha *s. m.* BOTÂNICA erodium
bico-de-obra *s. m.* knotty problem, difficult task, difficulty
bico-de-papagaio *s. m.* hawk-nose
bico-de-pomba *s. m.* BOTÂNICA long-stalked geranium
bico-doce *s. m.* the sharp-nosed shark
bico-grosso *s. m.* a sparrow
bico-grossudo *s. m.* ⇒ **bico-grosso**
bicolor *adj.* bicolour
bicôncavo *adj.* biconcave
biconjugado *adj.* biconjugate, bigeminate
biconvexo *adj.* biconvex
bico-rasteiro *s. m.* black skimmer, Brazilian snipe; solitary sandpiper
bicorne *s. m., adj.* bicorn; cocked (hat)
bicórneo *s. m., adj.* ⇒ **bicorne**
bicornígero *adj.* ⇒ **bicorne**
bicromia *s. f.* two-colour structure
bicuda *s. f.* ICTIOLOGIA long-beaked fish; woodcock
bicudo *adj.* beaked, sharp, pointed; [fig.] difficult, intricate; ***negócio bicudo*** intricate business, tricky business
bicúspide *adj.* bicuspid(ate)
bidão *s. m.* big vessel, barrel
bidé *s. m.* bidet
bidentado *adj.* bidental, bidentate
bidente *s. m.* pitch-fork
bidigitado *adj.* ZOOLOGIA bidigitate; BOTÂNICA biconjugate
bidoeiro *s. m.* ⇒ **vidoeiro**
bíduo *s. m.* two days' time
biebdomadário *adj.* twice a week, bi-weekly
biela *s. f.* MECÂNICA connecting-rod
bielectrão *s. m.* bielectron
bienal Ⓐ *adj.* biennial Ⓑ *s. f.* biennial art exhibition
biénio *s. m.* biennium, two years' time
bifacial *adj.* bifacial
bifalhada *s. f.* lots of beefsteaks
bifana *s. f.* fried slice of pork
bifar *v. tr.* [fam.] to pilfer; to pinch, to snaffle, to filch, to purloin, to steal; to cheat
bifário *adj.* BOTÂNICA bifarious
bifarpado *adj.* with two barbs, double-barbed
bifásico *adj.* ⇒ **difásico**
bife *s. m.* beefsteak; steak; ***bife grelhado*** grilled steak; ***bife a cavalo*** beefsteak with a fried egg on it
bifeira *s. f.* utensil for cooking beefsteaks
bifendido *adj.* bifid, cleft in two
bífero *adj.* biferous; bearing fruit (or flowers) twice a year
bifesteque *s. m.* beefsteak
bífido *adj.* BOTÂNICA bifid
biflexo *adj.* biflected, bent in two directions, having two bends
bifloro *adj.* biflorous
bifocal *adj.* bifocal
bifoliado *adj.* BOTÂNICA bifoliate; having two leaves
bifólio *adj.* BOTÂNICA bifoliate; having two leaves
bífore *adj.* two-winged (doors)

biforme *adj.* biform, biformed
bifronte *adj.* bifronted, double-faced; fickle
bifurcação *s. f.* bifurcation, forking, division into two branches; ***bifurcação de estradas*** fork, parting of the ways
bifurcado *adj.* bifurcate, forked, furcated; branched, diverging, crotched
bifurcar *v. tr. e refl.* to bifurcate; to divide into two branches
biga *s. f.* HISTÓRIA Roman or Greek chariot or biga; a two-horsed chariot
bigamia *s. f.* bigamy
bigamizar *v. intr.* to practise bigamy
bígamo Ⓐ *adj.* bigamous Ⓑ *s. m.* bigamist
bigémeo *adj.* BOTÂNICA bigeminate(d)
bigeminado *adj.* bigeminate, biconjugate
bigeminismo *s. m.* bigeminal pulse
biglandular *adj.* biglandular
biglanduloso *adj.* ⇒ **biglandular**
bigle *s. m.* beagle
biglobular *adj.* biglobular
bignónia *s. f.* BOTÂNICA bignonia
Bignoniáceas *s. f. pl. Bignoneaceae*
bigodaço *s. m.* big moustache
bigodado *adj.* with a moustache
bigode *s. m.* moustache; NÁUTICA ***bigodes*** feather spray; ***dar um bigode a*** to play a practical joke on; ***deixar crescer o bigode*** to raise a moustache; ***rapar o bigode*** to shave off the moustache; ***bigode de gato (de rato, etc.)*** whiskers
bigodear *v. tr.* to deceive, to trick; to cheat, to swindle; to fool someone
bigodeira *s. f.* thick moustache
bigodinho *s. m.* little moustache; Allen's siskin (a bird)
bigorna *s. f.* anvil; ***entre o martelo e a bigorna*** between two fires
bigorrilha *s. m.* worthless man
bigorrilhas *s. m.* ⇒ **bigorrilhas**
bigota *s. f.* NÁUTICA dead-eye
bigotismo *s. m.* bigotry; falsehood, hypocrisy; knavery, villainy
bigúmeo *adj.* BOTÂNICA ancipital, ancipitate, ancipitous, two-edged
bijagó *s. m.* a tribe in former Portuguese Guinea
bijugado *adj.* BOTÂNICA bijugous
bíjugo *adj.* pulled by two horses
bijutaria *s. f.* jewellery, trinkets
bilabiado *adj.* bilabiate
bilabial *adj.* bilabial
bilaminado *adj.* bilaminated
bilaterado *adj.* BOTÂNICA bisymmetrical
bilateral *adj.* bilateral
bilbode *s. m.* fusillade; ***fogo de bilbode*** continuous discharge of numerous rifles
bilboqué *s. m.* bilboquet; cup and ball (children's wooden toy)
bile *s. f.* ⇒ **bílis**
bilénio *s. m.* billennium
bilha *s. f.* earthen pot; jar; jug; ***dar bilha de leite por bilha de azeite*** to throw a sprat to catch a mackerel
bilhar *s. m.* billiards; ***partida de bilhar*** a game of billiards; ***bolas de bilhar*** billiard-balls, ivories; ***mesa de bilhar*** billiard-table; ***sala de bilhar*** billiard-room; ***taco de bilhar*** billiard-cue; ***marcador de bilhar*** billiard-marker; ***jogar o bilhar*** to play (at) billiards
bilharda *s. f.* tip-cat (game)
bilhardar *v. tr.* to play tip-cat; to hit a ball twice; to strike two balls at the same time (billiards)
bilhardeiro *s. m.* billiard-player, tip-cat player; [pop.] loafer, meddlesome fellow
bilharista *s. m. e f.* billiard-player
bilhárzia *s. f.* ZOOLOGIA bilharzia
bilharzíase *s. f.* MEDICINA ⇒ **bilharziose**
bilharziose *s. f.* MEDICINA bilharziasis; schistosomiasis
bilhetada *s. f.* lots of tickets
bilhete *s. m.* ticket; note; billet; ***bilhete de entrada*** admission ticket; ***bilhete de comboio*** railway ticket; ***bilhete de excursão*** excursion ticket; ***bilhete de lotaria*** lottery ticket; ***bilhete de ida e volta*** return ticket; ***bilhete de ida ou de volta*** single ticket; ***bilhete directo*** through ticket; ***portador de bilhete*** ticket-holder; ***bilhete do Tesouro*** treasury bill, treasury note, exchequer bill; ***comprar bilhete para*** to take a ticket for; ***reservar um bilhete*** to book a ticket; ***bilhete de desembarque*** discharge ticket, landing ticket; ***apresentar o bilhete*** to produce (to show) one's ticket; ***custo do bilhete*** fare; ***escreva-me um bilhete*** drop me a line
bilhete-de-visita *s. m.* visiting-card
bilheteira *s. f.* booking-office (railway); box-office (theatres); card-tray
bilheteiro *s. m.* box-office clerk
bilhete-postal *s. m.* postcard; ***bilhete-postal ilustrado*** picture postcard
bilhó *s. f.* roasted chestnut (without peal); the inside of a nut ⇒ **bilhó**
bilhostre *s. m.* foreigner, stranger; intruder; rascal, scoundrel
bilião *s. m.* billion; a million millions
biliar *adj.* ANATOMIA ⇒ **biliar**
biliário *adj.* ANATOMIA biliary
bilifucsina *s. f.* bilifucsin
bilifulvina *s. f.* ⇒ **bilirrubina**
biligulado *adj.* biligulate
bilingue *adj.* bilingual
bilinguismo *s. m.* bilingualism
bilionário *s. m.* billionaire, multimillionaire
bilionésimo *num. ord., s. m.* billionth
biliosa *s. f.* black-water fever
bilioso *adj.* bilious; ***febre biliosa*** black-water fever
bilirrubina *s. f.* QUÍMICA bilirubin
bílis *s. f.* ANATOMIA bile; [fam.] ill-humour; peevishness, irritability
biliteral *adj.* biliteral
bilítero *adj.* ⇒ **biliteral**
biliverdina *s. f.* BIOQUÍMICA biliverdin
bilobado *adj.* BOTÂNICA bilobed; bilobular, bilobated
bilocação *s. f.* bilocation
bilocular *adj.* bilocular, biloculate
bilontra *s. m.* sponger; poor but pretentious man
bilontragem *s. f.* roguery, knavery, cheating
bilontrar *v. intr.* to swindle, to cheat; to lead a licentious life
biloto *s. m.* support for the corpse's head on the anatomy table
bilrar *v. tr.* to make lace with bobbins
bilreira *s. f.* ⇒ **bilreiro**
bilreiro *s. m.* lace maker
bilro *s. m.* bobbin; lace-bone; dwarf, Tom Thumb
biltragem *s. f.* knavery
biltraria *s. f.* ⇒ **biltragem**
biltre *s. m.* rascal, scoundrel, blackguard
bimaculado *adj.* bimaculate(d)
bímano *adj.* bimanous, bimanal, two-handed
bímare *adj.* placed between two seas
bimarginado *adj.* bimarginate
bimba *s. f.* (the inner part of the) thigh
bimbadura *s. f.* mud (found in the salines)
bimbalhada *s. f.* a continual clanging (or ringing) of bells; chiming; tolling
bimbalhar *v. intr.* to ring, to chime, to play, to toll (bells)
bimbarra *s. f.* big wooden lever, handspoke
bimbarreta *s. f.* little wooden lever
bimembre *adj.* having two members
bimensal *adj.* bi-monthly
bimestral *adj.* bimestrial, bi-monthly

bimestre *s. m.* bimester, a two months' period
bimetalismo *s. m.* bimetallism
bimetalista *adj.* bimetallist
bimilénio *s. m.* bimillennium (a period of two thousand years)
bimo *adj.* biennial, lasting for two years
bimotor Ⓐ *s. m.* vehicle (or plane) with two engines Ⓑ *adj.* two-winged, two-engined (plane)
binação *s. f.* bination; celebration of two masses in one day by the same priest
binado *adj.* binate, arranged in couples
binagem *s. f.* method of silk spinning
binágio *s. m.* bination
binar *v. tr.* to do double duty; to say twice on one day
binário Ⓐ *adj.* binary, dual; MÚSICA ***compasso binário*** two-four time Ⓑ *s. m.* [técn.] couple
binascido *adj.* twice born
binauricular *adj.* binaural
binda *s. f.* vessel for liquids, used in Africa
binervado *adj.* ⇒ **binérveo**
binérveo *adj.* binervate
bingo *s. m.* bingo
binoculado *adj.* binocular, binoculate
binocular *adj.* binocular
binoculizar *v. tr.* to focus with binocles (binoculars)
binóculo *s. m.* binoculars; binocles; binocular glass; opera-glass; NÁUTICA ***binóculo de noite*** night glass
binómico *adj.* binomial
binominal *adj.* binomial, binominal, binominous
binómine *adj.* binomial, binominous
binómio *s. m.* MATEMÁTICA binomial
bínubo *adj.* married twice, remarried
binucleado *adj.* binucleate(d), binuclear
binuclear *adj.* binucleate, binuclear
bio- *pref.* bio-, life, course or way of living (in modern scientific words, extended to mean organic life)
biobibliografia *s. f.* biobibliography
biobibliográfico *adj.* biobibliographical
biocatalisador *s. m.* BIOQUÍMICA biocatalyser
biocenose *s. f.* BIOLOGIA biocoenosis
bioco *s. m.* veil; affected modesty; prudery
biodegradável *adj.* biodegradable
biodinâmica *s. f.* biodynamics
biodiversidade *s. f.* biodiversity
bioelectricidade *s. f.* bioelectricity
bioenergética *s. f.* bioenergetics
biofenomenologia *s. f.* biophenomenology
biofilia *s. f.* instinct of self-preservation
biófilo *s. m., adj.* lover of life
biofísica *s. f.* biophysics
biofobia *s. f.* MEDICINA biophobia (morbid fear of life)
biófobo *s. m., adj.* biophobe
biogénese *s. f.* biogenesis
biogenésico *adj.* biogenetic
biogenético *adj.* biogenetic
biogenia *s. f.* biogeny
biogeografia *s. f.* biogeography
biogeográfico *adj.* biogeographical
biogeógrafo *s. m.* biogeographer
biografar *v. tr.* to biographize
biografia *s. f.* biography
biograficamente *adv.* biographically
biográfico *adj.* biographic(al)
biografista *s. m. e f.* biographer
biógrafo *s. m.* biographer
biologia *s. f.* biology
biológico *adj.* biologic(al)
biologismo *s. m.* biologism
biologista *s. m. e f.* biologist
biólogo *s. m.* biologist
bioluminescência *s. f.* bioluminescence
biomagnetismo *s. m.* biomagnetism
biomassa *s. f.* BIOLOGIA biomass
biombo *s. m.* screen, partition
biomecânica *s. f.* biomechanics
biometria *s. f.* BIOLOGIA biometry
biométrico *adj.* biometric(al)
biómetro *s. m.* biometer
bionose *s. f.* any disease caused by living agents
biopsia *s. f.* biopsy
bioquice *s. f.* primness; hypocrisy
bioquímica *s. f.* biochemistry, biochemics
bioquímico Ⓐ *adj.* biochemical Ⓑ *s. m.* biochemist
biorritmo *s. m.* biorhythm
bioscópio *s. m.* bioscope
biose *s. f.* biosis
biosfera *s. f.* biosphere
biostratigrafia *s. f.* GEOLOGIA biostratigraphy
biostroma *s. m.* GEOLOGIA biostrome
biotaxia *s. f.* BIOLOGIA biotaxy, taxonomy
biotecnologia *s. f.* biotechnology
biótico *adj.* biotic(al), biologic
biótipo *s. m.* BIOLOGIA biotype
biotipologia *s. f.* biotypology, typology
biotite *s. f.* biotite
biótopo *s. m.* BIOLOGIA biotope
bióxido *s. m.* QUÍMICA dioxide; ***bióxido de carbono*** carbon dioxide; ***bióxido de chumbo*** lead dioxide; ***bióxido de estanho*** tin dioxide; ***bióxido de enxofre*** sulphur dioxide; ***bióxido de manganésio*** manganese dioxide, pyrolusite, manganese peroxide; ***bióxido de nitrogénio*** nitrogen dioxide, nitrogen peroxide; ***bióxido de silício*** silicon dioxide, cristobalite
biparietal *adj.* biparietal
bíparo *adj.* BOTÂNICA, ZOOLOGIA biparous
bipartição *s. f.* bipartition, bisection
bipartidário *adj.* POLÍTICA two-party, bipartite
bipartidarismo *s. m.* POLÍTICA bipartite system
bipartidismo *s. m.* POLÍTICA bipartisanship
bipartido *adj.* BOTÂNICA bipartite, biparted
bipartir *v. tr.* to divide into two parts, to divide into halves; to bifurcate, to fork
bipartível *adj.* bipartible
bipatente *adj.* open on two sides
bipedal *adj.* bipedal, two-footed
bípede Ⓐ *adj.* biped, two-footed Ⓑ *s. m.* biped, an animal with two feet
bipene Ⓐ *adj.* two-winged; bipennate Ⓑ *s. f.* two-edged battle-axe
biperfurado *adj.* with two openings
bipétalo *adj.* BOTÂNICA bipetalous
bipiramidal *adj.* bipyramidal
biplano *s. m.* AERONÁUTICA biplane
biplume *adj.* two-winged, bipennate(d)
bipolar *adj.* bipolar
bipolaridade *s. f.* bipolarity
biprisma *s. m.* biprism
biquadrado *adj.* biquadratic
biqueira *s. f.* toe (of the shoe); tip (of a cane or umbrella); ***biqueira do telhado*** gutter; ***biqueira da bota*** toe-cap
biqueirada *s. f.* stroke with a toe-cap
biqueirão *s. m.* kind of fish; anchovy
biqueiro *adj.* [fam.] faddy, fastidious
biquotidiano *adj.* twice daily; bidiurnal
birbante *s. m.* rascal, scoundrel
biribíri *s. m.* African war drum

birmã *s. m. e f., adj.* Burmese; Burman
birmane *s. m. e f., adj.* Burmese; Burman
birmanês *s. m., adj.* Burmese; Burman
birra *s. f.* obstinacy, stubbornness; whim, freak; crib-biting; ***estar com a birra*** to be obstinate
birrar *v. intr.* to become stubborn
birrefracção *s. f.* double refraction
birrefrangência *s. f.* ⇒ **birrefringência**
birrefrangente *adj.* ⇒ **birrefringente**
birrefringência *s. f.* birefringence
birrefringente *adj.* birefringent
birreme *s. f., adj.* bireme
birrento *adj.* stubborn, obstinate; pig-headed
birrostrado *adj.* birostrate, birostrated, birotate
birrotação *s. f.* birotation
bis *adv., interj.* again; encore!; ***pedir bis*** to call for an encore
bisagra *s. f.* hinge; rudder
bisalhado *adj.* gemmed
bisalho *s. m.* [arc.] little bag (or pouch) for jewels; small portion of anything
bisanual *adj.* biennial
bisão *s. m.* ZOOLOGIA bison
bisar *v. tr.* to encore; to repeat
bisarma *s. f.* a kind of halberd, two-edged battle-axe; [fig.] a stout person, a very bulky thing
bísaro Ⓐ *s. m.* swine Ⓑ *adj.* swinelike
bisavó Ⓐ *s. f.* great-grandmother Ⓑ *s. m. pl.* great-grandparents
bisavô *s. m.* great-grandfather
bisbilhotar *v. intr.* to intrigue, to meddle, to tell tales; to gossip; to pry; to whisper
bisbilhoteiro *s. m.* intriguer; telltale, gossip
bisbilhotice *s. f.* intrigue, gossip, chit-chat; tittle-tattle
bisbórria *s. m.* [pop.] lout, bumpkin; scoundrel; fool
bisbórrias *s. m.* [pop.] ⇒ **bisbórria**
bisca *s. f.* game of cards; two-faced person, hypocrite; scoundrel, rogue; ***ele é uma boa bisca*** he is a rogue (scoundrel)
biscalheira *s. f.* stick with a fissure on one end for picking the ripe fruits from the tree
biscalho *s. m.* any fruit which is picked by the *biscalheira*; unimportant thing
biscalongo *s. m.* a sandworm
biscar *v. intr.* to play
biscate *s. m.* odd job
biscatear *v. intr.* to do odd jobs
biscateiro *s. m.* a person who does odd jobs
biscato *s. m.* beakful; odd job
biscoitada *s. f.* dainty dish made with biscuits
biscoitar *v. tr.* to bake like biscuit
biscoitaria *s. f.* [Ingl.] biscuit factory, [E. U. A.] cookie store
biscoiteira *s. f.* biscuit jar; biscuit tray (or plate)
biscoiteiro *s. m.* biscuit-maker
biscoito *s. m.* biscuit
biscoutada *s. f.* ⇒ **biscoitada**
biscoutar *v. tr.* ⇒ **biscoitar**
biscoutaria *s. f.* ⇒ **biscoitaria**
biscouteira *s. f.* ⇒ **biscoiteira**
biscouteiro *s. m.* ⇒ **biscoiteiro**
biscouto *s. m.* ⇒ **biscoito**
bisegre *s. m.* shoemaker's burnisher; burnishing-stick
bisel *s. m.* bevel; chamfer; TIPOGRAFIA sidestick; footstick; inclined quoin
biselador *s. m.* beveller, chamferer
biselamento *s. m.* bevelling, chamfering
biselar *v. tr.* to bevel, to chamfer
bisesdrúxulo *adj.* accented on the fourth syllable (counting from the last)
bismutato *s. m.* QUÍMICA bismuthate
bismútico *adj.* QUÍMICA bismuthic
bismuto *s. m.* QUÍMICA bismuth
bisnaga *s. f.* tube
bisnagar *v. tr.* to squirt, to sprinkle, to spurt
bisnau *adj.* malicious, spiteful
bisneta *s. f.* great-granddaughter
bisneto *s. m.* great-grandson; *pl.* great-grandchildren
bisonharia *s. f.* ⇒ **bisonhice**
bisonhice *s. f.* shyness, timidity, awkwardness; inexperience
bisonho Ⓐ *adj.* inexperienced Ⓑ *s. m.* greenhorn; ***soldado bisonho*** raw recruit
bisonte *s. m.* ⇒ **bisão**
bispado *s. m.* RELIGIÃO bishopric; diocese
bispal *adj.* episcopal
bispar Ⓐ *v. tr.* to discover at a distance; to descry Ⓑ *v. refl.* to skedaddle; to bolt
bispicida *s. m. e f.* a person that has killed a bishop
bispo *s. m.* bishop; [fam.] burned food; ***trabalhar para o bispo*** to work without pay, to waste time; ***bispos e arcebispos*** lords spiritual
bispote *s. m.* chamber pot
bispotear *v. tr.* to flatter submissively
bissecção *s. f.* GEOMETRIA bisection
bissectar *v. tr.* GEOMETRIA to bisect
bissector *adj.* GEOMETRIA bisecting
bissectriz *s. f.* GEOMETRIA bisector, bisecting-line
bissecular *adj.* bicentennial
bissemanal *adj.* bi-weekly
bissemanário *s. m.* bi-weekly paper
bisseriado *adj.* arranged in double series
bissextil *adj.* bissextile
bissexto *s. m., adj.* bissextile; ***ano bissexto*** leap year
bissexuado *adj.* bisexual, hermaphrodite
bissexual *adj., s. m. e f.* bisexual
bissexualidade *s. f.* bisexuality, bisexualism
bissílabo Ⓐ *adj.* GRAMÁTICA dissyllabic Ⓑ *s. m.* dissyllable, dissyllabic word
bisso *s. m.* byssus
bissulcado *adj.* bisulcate, cloven-footed
bissulfato *s. m.* QUÍMICA bisulphate
bissulfito *s. m.* QUÍMICA disulphide
bissulfureto *s. m.* QUÍMICA disulphuret
bistorta *s. f.* BOTÂNICA bistort, knotgrass
bistre *s. m.* PINTURA bistre, bister
bisturi *s. m.* bistoury, scalpel, catling
bitácula *s. f.* binnacle, binnacle-stand; [cal.] nose
bitiol *s. m.* FARMACOLOGIA ichthyol
bitocles *s. m. pl.* ***nicles de bitocles*** nothing
bitola *s. f.* standard measure, gauge, rule; standard; pattern, model; ***chegar à bitola*** to come up to the mark, to come up to scratch; ***governar-se pela própria bitola*** to do something guided by one's knowledge; ***medir tudo pela mesma bitola*** to treat all alike, to make no difference
bitolar *v. tr.* to gauge; to establish a norm (or standard); to appraise, to estimate; to measure, to mark out
bitonalidade *s. f.* bitonality
biureto *s. m.* biuret (ureal composition)
bivacar *v. intr.* to bivouac, to camp
bivalente *adj.* bivalent
bivalve *adj.* bivalve, bivalvular
bivaque *s. m.* bivouac, encampment
biviário *adj.* bivious
bívio *s. m.* parting of a road; place where two roads meet; fork (in the road), bifurcation
bixeiro *s. m.* ⇒ **abixeiro**
bixina *s. f.* bixin

bizâncio *s. m.* ancient Portuguese coin
bizantinice *s. f.* ⇒ **bizantinismo**
bizantinismo *s. m.* Byzantinism; oddity, bizarreness
bizantino Ⓐ *s. m.* Byzantine, native (inhabitant) of Byzantium Ⓑ *adj.* Byzantine, Byzantian
bizarraço *adj.* elegant, fair, graceful extravagant, eccentric
bizarramente *adv.* fairly, finely, gallantly; bizarrely, strangely
bizarrear *v. intr.* to act in a gallant manner; to boast, to brag
bizarria *s. f.* bizarreness, oddity, eccentricity; ostentation; haughtiness, arrogance
bizarrice *s. f.* ⇒ **bizarria**
bizarro *adj.* bizarre, odd, eccentric; ostentatious; proud, boastful
blague *s. f.* blague, rubbish
blandícia *s. f.* caress, endearment, blandishment
blandiciar *v. tr.* to caress, to fondle, to pet
blandicioso *adj.* caressing, fondling, gentle, flattering
blandífluo *adj.* flowing softly
blandíloquo *adj.* blandiloquent, blandiloquous, smooth-spoken, smooth-tongued
blasfemação *s. f.* blaspheming
blasfemador *s. m.* blasphemer, curser, swearer
blasfemar *v. tr. e intr.* to blaspheme, to speak profanely; to curse, to swear
blasfematório *adj.* blasphemous
blasfémia *s. f.* blasphemy; impious talk; profanity; imprecation, cursing, swearing
blasfemo Ⓐ *adj.* blasphemous; impious Ⓑ *s. m.* blasphemer
blasonador Ⓐ *s. m.* boaster, bragger Ⓑ *adj.* boastful, bragging
blasonar Ⓐ *v. tr.* to boast, to brag Ⓑ *v. intr.* to show off, to praise oneself; to blazon
blasonaria *s. f.* ostentation, display; blazonry, blazoning
blastema *s. m.* BIOLOGIA, ZOOLOGIA blastema
blasto *s. m.* germ; BOTÂNICA plumule
blastocarpo *adj.* BOTÂNICA blastocarpous
blastocélio *s. m.* blastocoel
blastoderma *s. m.* BIOLOGIA blastoderm
blastoderme *s. f.* BIOLOGIA ⇒ **blastoderma**
blastodérmico *adj.* blastodermic
blastómero *s. m.* ZOOLOGIA blastomere
blástula *s. f.* BIOLOGIA blastula
blatária *s. f.* BOTÂNICA mullein, mullen
blaterar *v. intr.* to bleat (like a camel)
blau Ⓐ *s. m.* HERÁLDICA blue colour (of escutcheons) Ⓑ *adj.* blue
blefarite *s. f.* MEDICINA blepharitis
blefaroplasta *s. m.* blepharoplast
blefaroplasto *s. m.* ⇒ **blefaroplasta**
blenda *s. f.* MINERALOGIA blende, pitchblende, zinc blende
blenorragia *s. f.* MEDICINA blennorrhea, gonorrhea
blenorrágico *adj.* MEDICINA blennorrhagic, gonnorrheal
blenorreia *s. f.* MEDICINA ⇒ **blenorragia**
blesidade *s. f.* mispronunciation consisting in replacing a strong consonant by a weak one
bleso *adj.* of (or related to) the mispronunciation of consonants
blindado *adj.* armoured; steel-plated; armour-clad; ***carro blindado*** armoured car
blindagem *s. f.* armour; armour-plate; blindage, plating, screening; ***blindagem de aço*** steel armour; ***blindagem de metal*** metal shield; ***blindagem electrostática*** electrostatic screenning
blindar *v. tr.* to plate, to cover with armour-plate, to armour, to case in steel
bloco *s. m.* block; group; unshaped mass of wood (or stone); ***bloco de cilindro*** cylinder block; ***bloco de papel*** writing pad; GEOLOGIA ***bloco errático*** erratic block (or rock); ***como um bloco*** blocky; ***em bloco*** in the lump, together, wholesale; ***eles apareceram em bloco*** they appeared in closed ranks; ***formar um bloco*** to block
bloqueado *adj.* blocked, obstructed; embarassed
bloqueador Ⓐ *s. m.* blockader Ⓑ *adj.* blockading
bloqueante *adj.* blockading
bloquear *v. tr.* to blockade; to block up
bloqueio *s. m.* blockade, siege; ***romper o bloqueio*** to run the blockade
bloquista *s. m. e f.* block member
blusa *s. f.* blouse; smock (of a worker)
blusão *s. m.* windbreaker, sports jacket; blouse, slop
boa[1] *adj.* {*fem. de* **bom**} good; ***escapou de boa*** he has had a narrow escape; ***vir às boas*** to come round, to come to reason; ***(essa) é boa!*** astonishing!, indeed!, you don't mean it!; [coloq., Bras.] ***numa boa*** well; ***estar numa boa*** to be doing fine
boa[2] *s. f.* boa (serpent)
boabá *s. m.* ⇒ **baobá**
boa-fé *s. f.* good faith, plain-dealing
boal *s. m.* variety of white grapes
boamente *adv.* ***de boamente*** willingly, gently, politely
boana *s. f.* thin board, deal; plated metal; shoal of little fish
boa-noite *s. f.* good-night; BOTÂNICA marvel of Peru; moon flower
boa-nova *s. f.* white butterfly; good news; glad tidings; the gospels
boa-praça *adj.* [Bras.] honest, reliable, trustworthy; [Bras.] nice, polite, amiable, courteous
boas-entradas *s. f. pl.* happy New Year
boas-festas *s. f. pl.* Merry Christmas!, Happy New Year!, Happy Easter!
boas-noites *s. f. pl.* ***dar as boas-noites*** to say good night
boas-tardes *s. f. pl.* ***dar as boas-tardes*** to say good afternoon
boas-vindas *s. f. pl.* welcome; ***dar as boas-vindas*** to welcome
boatar *v. intr.* to spread false reports, to rumour
boa-tarde *s. f.* good-afternoon; BOTÂNICA the bigleaf periwinkle, common evening primrose
boataria *s. f.* false reports, rumours
boateiro *s. m.* rumour-monger; rumourer; scandalmonger
boato *s. m.* rumour, report; false report, hearsay; ***não passa de um simples boato*** it's nothing but a mere rumour; ***o boato não tem fundamento*** the report has no foundation; ***corre o boato*** the rumour is afloat, it is in the air, it is rumoured that; ***o boato corria de boca em boca*** the rumour spread from mouth to mouth; ***o boato circulou pela cidade*** the rumour made the round of the town; ***espalhar boatos*** to spread rumours; ***boato falso*** canard
boazinha *s. f.* variety of pear (Alentejo)
bobagem *s. f.* [Bras.] silliness, foolishness, folly nonsense, puerility, drivel, baloney, apple-sauce, bunk; ***dizer bobagens*** to talk nonsense; ***ora, que bobagem!*** that's stuff and nonsense!, fiddlesticks!
bobalhão *s. m.* fool, blockhead, dunce, ridiculous fellow
bobear *v. intr.* to play the buffoon; to jest, to joke; to talk nonsense
bobice *s. f.* buffoonery, foolery
bobina *s. f.* bobbin; reel, spool; coil; ***bobina eléctrica*** coil; ***uma bobina de 12 películas*** a spool of 12 films; ***bobina de resistência*** resistance coil; ***bobina móvel*** moving coil; ***bobina de choque*** choking coil, impendance coil; ELECTRICIDADE ***bobina blindada*** shielded coil; ELECTRICIDADE ***bobina com núcleo de ferro*** iron-core coil; RÁDIO ***bobina de antena*** antenna coil; ELECTRICIDADE ***bobina de arranque*** starter coil; ELECTRICIDADE ***bobina de baixa perda*** low-loss coil; ELECTRICIDADE ***bobina de campo*** field coil; ELECTRICIDADE ***bobina de carga*** inductance coil; ELECTRICIDADE ***bobina de excitação*** exciter coil; ELECTRICIDADE ***bobina de exploração*** exploring coil;

ELECTRICIDADE ***bobina de ignição*** spark coil; ELECTRICIDADE ***bobina de indução*** induction coil; ELECTRICIDADE ***bobina de reacção*** reactor; ELECTRICIDADE ***bobina de resistência*** resistor; ***bobina sintonizadora*** (radio) tuner

bobinador *s. m.* coil-winder; reeler; bobbin-reeler

bobinagem *s. f.* act of reeling (or winding) as on a spool

bobinar *v. tr.* to coil, to wind, to reel

bobine *s. f.* ⇒ **bobina**

bobinete *s. m.* net lace, bobbinet

bobo *s. m.* buffoon; jester; mimic; ***fazer de bobo*** to play the buffoon, to play the fool

boca *s. f.* mouth; opening; entrance; passage; aperture; ***ter boa boca*** not to be fastidious (about food); ***ter má boca*** to be difficult about one's food; ***é só pedir por boca*** it's yours for the asking; ***a minha boca não se abre*** my lips are sealed; ***não abrir a boca (não dizer o que sabe)*** to refuse to open one's lips; ***tapar a boca (impor silêncio)*** to stop the mouth; ***tantas bocas a sustentar*** so many mouths to feed; ***à boca cheia*** loudly, freely, openly; ***fazer a boca doce a alguém*** to coax (to cajole) somebody, to raise a person's hopes falsely; ***andar nas bocas do mundo*** to be in bad repute; ***tirar da boca para poupar*** to save on food; ***pôr a boca em*** to slander a person; ***da mão à boca se perde a sopa*** there's many a slip, twixt the cup and the lip; ***pela boca morre o peixe*** much talk brings much woe; ***cala a boca!*** hold your tongue!, shut up!; ***boca torta*** wry mouth, splay mouth; ***de boca grande (ou larga)*** wide-mouthed; ***boca do estômago*** pit of the stomach; ***boca de peça*** muzzle of a cannon; ***boca do navio*** beam (breadth) of the ship; ***boca de toldo*** shark's mouth; ***boca de torno*** screw-jaw, vice-jaw; ***boca de vulcão*** crater; ***de boca aberta (barco)*** undecked (vessel), open-mouthed, amazed; ***com a boca aberta*** agape, staringly; ***não abrir a boca*** to keep quiet; ***boca da noite*** nightfall, dusk; ***boca danada*** a maligner; ***boca de cena*** the front part of a stage, apron stage; ***boca de jacaré*** a very large mouth; ***falar à boca pequena*** to speak in whispers; ***abrir a boca*** to break the silence, to yawn; ***com o credo na boca*** with one's heart in one's mouth; ***a boca não admite fiadores*** the belly has no ears; ***estar com a palavra na boca*** to have a word on the tip of one's tongue; ***cair na boca do lobo*** to fall into a trap; ***de boca em boca*** from mouth to mouth; ***andar de boca em boca*** to be spread about; ***fazer crescer água na boca*** to make one's mouth water; ***dizer o que vem à boca*** to call a spade a spade; ***encher a boca com uma coisa*** to talk too much (too big) of one thing; ***estar com a boca seca*** to miss a drink; ***apanhar com a boca na botija*** to catch red-handed

boça *s. f.* NÁUTICA lashing, stopper; ***boça da amarra*** bitt stopper; ***boça de embarcação*** painter; ***boça da cruz*** shank painter; ***boça do anete*** cat stopper; ***boça da retranca*** lazy fellow; ***boça de verga*** sling; ***boça de gávea (de corrente)*** top chain

boca-aberta *s. m. e f.* gaper, starer; booby, dunce

bocaça *s. f.* wide mouth

boca-de-fogo *s. f.* cannon

boca-de-incêndio *s. f.* fire hydrant

boca-de-lobo *s. f.* BOTÂNICA snapdragon

boca-de-sino Ⓐ *s. m.* blunderbuss Ⓑ *adj.* bell-bottomed

bocadinho *s. m.* little bit; tiny bit; morsel; ***há bocadinho*** a little while ago, not long ago, just now

bocado *s. m.* morsel, piece, bit; slice, bite, mouthful; ***morrer aos bocados*** to die by inches; ***um bom bocado*** a nice bit; ***um bocado de bolo*** a piece of cake; ***aos bocados (interruptamente)*** by snatches; ***ele é amigo de bons bocados*** he is fond of a good dish; ***há bocado*** a short time ago, recently; ***por um bocado de pão*** for a mere song

bocadura *s. f.* mouth (or muzzle) of a cannon

boçagem *s. f.* mooring cable

bocaiuva *s. f.* macaw (tree)

bocal *s. m.* mouthpiece; brim (of a well); mouth (of a flask); socket; nozzle; bush, muzzle; ***bocal de descarga*** discharger; ***bocal de ejector*** ejector nozzle; ***bocal de escapamento*** exhaust port; ***bocal de injecção de ar*** blast nozzle; ***bocal de mangueira*** hose nipple

boçal *s. m., adj.* stupid, rude; uncouth; untamed; ignorant; cur

boçalidade *s. f.* stupidity, ignorance

bocalvo *adj.* with a white mouth (a horse) and a dark head

bocanha *s. f.* wide (or big) mouth

bocanho *s. m.* blue spot in the overcast sky

bocar *v. tr.* ⇒ **abocar**

boçar *v. tr.* ⇒ **aboçar**

boçardas *s. f. pl.* NÁUTICA breasthook

bocarra *s. f.* wide (or big) mouth

bocas *s. m. pl.* small eatable crab; dents on the cutting or sharp edge of a tool

bocas-de-lobo *s. f. pl.* ⇒ **boca-de-lobo**

bocejador *s. m.* yawner, gaper

bocejar *v. intr.* to yawn, to gape

bocejo *s. m.* yawn; yawning; gape, gaping; ***disfarçar um bocejo*** to stifle a yawn

bocel *s. m.* ARQUITECTURA torus; a fluted moulding; moulding-plane; ***bocel do capitel*** throat

bocelão *s. m.* big torus

bocelar *v. tr.* to adorn with (or form like) a torus

bocelinho *s. m.* ⇒ **bocelino**

bocelino *s. m.* the thinnest part of a column at the capitel

boceta *s. f.* little box or round purse

bocete *s. m.* studded ornament; breastplate of a cuirass

boceteiro *s. m.* dealer in *bocetes*

bochaca *s. f.* bubble

boche *s. m.* lungs; animal viscera

bochecha *s. f.* cheek; ***bochecha de navio*** sny (of ship); ***bochecha de popa*** buttock; ***pregar mesmo nas bochechas*** to tell to one's face

bochechada *s. f.* mouthful, slap on the cheeks

bochechão *s. m.* ⇒ **bochechada**

bochechar *v. tr.* to rinse the mouth

bochecho *s. m.* mouthful; rinsing of the mouth; mouth-wash

bochechudo *adj.* round-cheeked; chubby-faced, apple-cheeked

bochornal *adj.* sultry, hot

bochorno *s. m.* hot wind, sultry air

bochornoso *adj.* ⇒ **bochornal**

bócio *s. m.* MEDICINA goitre, goiter

bocudo *adj.* big-mouthed

boda *s. f.* wedding, wedding feast; marriage; ***bodas de prata*** silver wedding, 25th wedding anniversary; ***bodas de ouro*** golden wedding, 50th wedding anniversary; ***bodas de diamante*** diamond wedding, 60th wedding anniversary

bodalha *s. f.* young sow

bodalhão *s. m.* ⇒ **bodegão**

bode *s. m.* he-goat, billy-goat; ***bode expiatório*** scapegoat

bodega *s. f.* wine-shop; low eating-house, filthy house; trash, garbage

bodegada *s. f.* ⇒ **bodeguice**

bodegão *s. m.* a person of unclean habits

bodegueiro *s. m.* ⇒ **bodegão**

bodeguice *s. f.* filthiness

bodejar *v. intr.* to bleat (the he-goat); to stammer, to stutter

bodelha *s. f.* sea oak, sea weed

bodião *s. m.* teleost fish of *Labridae* family

bodo *s. m.* money (or food) freely bestowed; ***dar um bodo aos pobres*** to distribute money (or food) to the poor

bodum *s. m.* the smell of the he-goat; the smell of badly washed dishes, of suet, of tallow

boeira *s. f.* ⇒ **boieira**

boeirinha *s. f.* ⇒ **boieira**

boémia *s. f.* Bohemianism
boémio *s. m.* Bohemian; [fig.] idle fellow; vagrant
bóer *s. m.* Boer
bofar Ⓐ *v. tr.* to throw out from the lungs; to exhale Ⓑ *v. intr.* [fam.] to gush
bofes *s. m. pl.* the lungs; the lights; ***deitar os bofes pela boca*** to be dead beat, to be tired out, to be fagged out
bofetada *s. f.* slap (in the face); [fig.] insult, offence; ***bofetada com as costas das mãos*** backhander; ***dar bofetadas a (esbofetear)*** to slap; ***uma tremenda bofetada*** a resounding slap
bofetão *s. m.* facer, hard blow on the face
bofete *s. m.* [pop.] light slap
bofetear *v. tr. e intr.* ⇒ **esbofetear**
bófia *s. f.* [cal.] the cops
boga *s. f.* ICTIOLOGIA boce
bogueiro *s. m.* a fishing-net (for catching small fish)
boi *s. m.* ox, bullock; ***andar a passo de boi*** to go at a snail's pace; ***couro de boi*** oxhide; ***curral de bois*** oxstall; ***rabo de boi*** oxtail; ***carro de bois*** ox-cart; ***pôr o carro diante dos bois*** to put the cart before the horse; ***junta de bois*** oxteam; [coloq.] ***olhar como boi para palácio*** to stare like a stuck pig, to stand there like a duck in a thunderstorm
bóia *s. f.* buoy, float; ball-float (in a water tank); floater; ***bóia (baliza)*** beacon-buoy, leading-buoy; ***bóia pilar*** pillar buoy; ***bóia de amarração*** dolphin, mooring-buoy; ***bóia de antena*** spar-buoy; ***bóia cónica*** nun-buoy; ***bóia luminosa*** gas-buoy; ***bóia de salvação*** life-buoy; ***bóia de calção*** breeches-buoy; ***pôr bóia na rede*** to cork a fishing-net; [coloq.] ***não ver bóia*** to obtain nothing, to be stupid
boiada *s. f.* herd of oxen, drove
boiante *adj.* buoyant, floating
boião *s. m.* pot (for jam)
boiar *v. intr.* to float; [fig.] to hesitate; ***boiar nas ondas sobre uma prancha*** surf-riding; ***a boiar*** awash
boiardo *s. m.* a Russian nobleman
boiça *s. f.* ⇒ **bouça**
boiçar *v. tr.* ⇒ **bouçar**
boicoatiara *s. f.* ⇒ **cotiara**
boicotagem *s. f.* boycott, boycotting
boicotar *v. tr.* to boycott
boicotear *v. tr.* ⇒ **boicotar**
boieira *s. f.* a kind of wagtail, herdswoman, cowherdess; ASTRONOMIA morning star; ***bo(i)eira de embarcação*** plug-hole
boieiro *s. m.* herdsman, cattle-drover
boina *s. f.* cap, beret
boirel *s. m.* a small cork-float for sardine nets
boita *s. f.* a filthy litter heap; a small bird also known as *chincra*, *garrafinha* or *papa-moscas*
boiuno *adj.* bovine (said of the soliped with a colour like an ox)
boiz *s. f.* springe-noose (to catch birds with)
bojador *adj.* bulging, prominent, jutting
bojadura *s. f.* swelling
bojante *adj.* jutting, salient, prominent, bulging
bojar *v. tr. e intr.* to swell, to bulge, to jut out, to protrude
bojarda *s. f.* variety of pear; [pop.] blunder, silly saying
bojo *s. m.* bulge, swelling; bilge; protuberance; capacity; ***bojo de navio*** bulge of ship; ***bojo de vasilhame*** bilge of casks; ***bojo de uma garrafa*** belly of a bottle; ***ele tem bojo para fazer isso*** he is able to do that
bojudo *adj.* big-bellied, pot-bellied; bulgy, protuberant
bola[1] *s. f.* ball, sphere; head, wits; ***bola de neve*** snowball; ***bola de sabão*** soap-bubble; ***jogo da bola*** ninepins, football; ***jogar uma bola*** to bowl; ***bola cheia de ar ou serrim (para exercício de boxe)*** punching-ball; ***bola de pó-de-arroz*** powder-puff; ***e se agora experimentasses com a bola (golfe) ?*** what about having a go at the ball (golf) ?; ***bolas para isto!*** to hell with this!, nuts to this!; ***boa bola!*** that's a good one!; ***ele sofre da «bola»*** he is not quite right in the upper storey; ***dar tratos à «bola»*** to rack one's brain; ***ele não regula bem da «bola»*** he has a screw loose in his head
bola[2] *s. f.* round shaped batter
bolacha *s. f.* biscuit; [fam.] a slap in the face
bolachada *s. f.* ⇒ **bofetada**
bolacheiro *s. m.* biscuit-maker
bolachudo *adj.* chubby-cheeked
bolada *s. f.* stroke (of a ball); bowl (cricket); opportunity; occasion; ***conseguiu o que queria com esta bolada*** on this occasion he attained his aim; ***ele ganhou a bolada*** he swept the stakes, he hit the jackpot
bolandas *s. f. pl.* bustle; blunders; ***andar em bolandas*** to blunder on, to rush about, to be puzzled
bolandeira *s. f.* gear which turns the main wheel of a sugar-mill
bolar *v. tr. e intr.* to hit; to tip; to serve (in tennis); to succeed (in business)
bolas Ⓐ *s. m.* a stupid (worthless) fellow Ⓑ *interj.* ***ora bolas!*** fudge!, botheration!
bolbilho *s. m.* BOTÂNICA small bulb
bolbo *s. m.* BOTÂNICA bulb, bulbous root; ***bolbo raquidiano*** medulla oblongata, bulb of the spinal cord (or brain)
bolboso *adj.* BOTÂNICA bulbous
bolçada *s. f.* ⇒ **golfada**
bolçado *s. m.* curdled milk brought up by babies
bolçar *v. tr.* to bring up (to vomit) milk (applied to babies)
bolchevique *s. m., adj.* Bolshevik
bolchevismo *s. m.* Bolshevism
bolchevista *s. m. e f., adj.* Bolshevist
bolchevização *s. f.* Bolshevistic propaganda
bolchevizante *adj.* bolshevizing
bolchevizar *v. tr.* to bolshevize
boldo *s. m.* boldo, boldu; bold-tree
boldrié *s. m.* baldric; shoulder belt; rifle sling
boleado *adj.* rounded
boleamento *s. m.* turning, rounding off, camber; improvement, perfection
bolear *v. tr.* to make round; NÁUTICA to round
bole-bole *s. m.* BOTÂNICA quaking-grass
boleeiro *s. m.* coachman; driver
boleia *s. f.* driver's seat; swingle-tree; lift; ***dar boleia*** to give a lift
boleima Ⓐ *s. f.* simple cake Ⓑ *s. m. e f.* simpleton, booby
boleio *s. m.* rounding off; making round; correction
boleiro *s. m.* man who makes (or sells) cakes; [Bras.] ball-pitcher; grafter
bolero *s. m.* bolero, a Spanish dance; a kind of short jacket
boleta *s. f.* acorn
boletar *v. tr.* to house
boletim *s. m.* bulletin; official report; periodical publication; ***boletim meteorológico*** weather forecast; ***boletim trimestral (da escola)*** school report; ***boletim dos câmbios*** exchange list
boletineiro *s. m.* distributor (of bulletins or telegrams), messenger
boletinista *s. m. e f.* writer of bulletins
boleto *s. m.* soldier's billet; billeting
boléu *s. m.* fall; tumble; thud; jolt, jerk
bolha *s. f.* bubble; blister; [fam.] craziness, madness; ***ter bolha*** to be dotty, to be cracked; ***bolha de ar*** air-bubble; ***bolha de água*** water blister
bolhante *adj.* bubbling, bubbly; frothy, foamy
bolhão *s. m.* big bubble
bolhar Ⓐ *v. intr.* to bubble; to blister Ⓑ *v. tr.* to rise in blisters; to cause to gush
bolhelho *s. m.* grimy sweat; a kind of cake
bolhento *adj.* causing bubbles; blistering
bolhoso *adj.* bubbly, bubbling, blistered; foamy, frothy
bolhudo *adj.* maniac
bólide *s. f.* bolide, large meteor, fire-ball, falling star, shooting star; racing car
bólido *s. m.* ⇒ **bólide**

bolina *s. f.* NÁUTICA bowline; ***de bolina cerrada*** close-hauled; ***de bolina folgada*** clean full; [coloq.] ***na bolina*** at full speed

bolinar *v. intr.* NÁUTICA to sail close to the wind, to haul up the bowline

bolineiro *adj.* NÁUTICA weatherly

bolinete *s. m.* NÁUTICA windlass, capstan

bolinho *s. m.* small cake; biscuit

bolívar *s. m.* Venezuelan money unit, *bolivar*

boliviano *s. m., adj.* Bolivian

bolo *s. m.* cake; stake (at play); [fam.] a blow with a ruler; ***bolo de noiva*** bride-cake, wedding-cake; ***bolo alimentar*** food mass; ***ficar num bolo*** to be in a wretched condition

bolo-arménio *s. m.* bole, soft unctuous clay; Lemnian earth

bolometria *s. f.* FÍSICA bolometry

bolométrico *adj.* bolometric

bolómetro *s. m.* FÍSICA bolometer

bolónio Ⓐ *s. m.* simpleton, ignorant fellow, rustic Ⓑ *adj.* ignorant, boorish

bolor *s. m.* mould, mouldiness, mildew, mucor, blight, smut, must, mustiness; ***pedra rolada não cria bolor*** a rolling stone gathers no moss

bolorecer *v. intr.* to mould, to gather mould, to become musty

bolo-rei *s. m.* Portuguese cake eaten mainly at Christmas

bolorência *s. f.* mouldiness, mustiness; old age, decadence; musty smell

bolorento *adj.* mouldy, musty, fusty; ***pão bolorento*** mouldy bread; ***queijo bolorento*** mouldy cheese

bolota *s. f.* acorn; mast

bolotada *s. f.* a lot of acorns

bolotado *adj.* fattened with acorn

bolotal *s. m.* oak forest

bolsa *s. f.* purse, bag; pouch; wrinkle; the Stock Exchange; purser; treasurer; ***bolsa de estudos*** scholarship; ***bolsa do comércio*** trade exchange; ***curso da Bolsa*** stock list; ***apertar os cordões à bolsa*** to tighten the purse strings; ***alargar os cordões à bolsa*** to loosen the purse strings; ***bolsa vazia*** empty purse; ***puxar pela bolsa*** to dip into one's pocket

bolsada *s. f.* the contents of one purse (or pocket)

bolsa-de-pastor *s. f.* BOTÂNICA shepherd's purse

bolsão *s. m.* big purse

bolsar *v. tr.* to wrinkle, to pucker, to crumple; to swell, to inflate

bolseiro *s. m.* pursemaker, purser; scholar; holder of a scholarship

bolsinho *s. m.* small pocket; fob

bolsista Ⓐ *s. m. e f.* stock market speculator; the holder of a scholarship Ⓑ *adj.* of (pertaining to, referring to) the stock exchange; receiving an allowance

bolso *s. m.* pocket, fob; ***nem um centavo no bolso*** not a penny in the pocket; ***bolso de vela*** belly of sail

bom Ⓐ *adj.* good, proper, fit, pleasant, beneficial, profitable, convenient; appropriate; right; able, skilful, clever; kind, nice; strong, fair, large; sound; well; plain; simple Ⓑ *s. m.* good, goodness; good quality Ⓒ *interj.* well!; ***um bom homem*** a good-natured man; ***homem bom*** a good man; ***bom tempo*** fine weather; ***bom génio*** good nature; ***bom humor*** high spirits; ***bons ares*** wholesome air; ***bons dias!*** good morning!; ***bom rapaz*** good fellow; ***ser bom em*** to be good at; ***Ano Bom*** New Year; ***bom resultado*** good success, successful issue; ***bons como uns anjinhos*** as good as gold (speaking of children); ***muito bom*** jolly good; ***bom proveito!*** may it do you much good!; ***em bom estado*** sound, well; ***bom pagador*** good payer; ***boa mesa*** good table; ***boas palavras*** fair words; ***homem de boas contas*** an honest man in his accounts; ***é tão bom que custa a acreditar*** it is too good to be true; ***bom negócio*** good bargain; ***um jantar muito bom e animado*** [fam.] a rattling good dinner; ***é muito bom*** it is excellent; ***era bom, mas acabou-se*** it was too good to last; ***achar bom*** to approve of; ***acompanha os bons e serás um deles*** a man is known by the company he keeps; ***ter bom aspecto*** to look well; NÁUTICA ***bom para o mar*** seaworthy, steady (ship); ***o óptimo é inimigo do bom*** I leave well alone; ***isto é bom para si*** this is good for you; ***vir às boas*** to come to terms

bomba *s. f.* bomb, shell; pump; supercharger; a startling unexpected event; span or well of a staircase; ***bomba atómica*** atomic bomb; ***a bomba vai rebentar*** the fat is in the fire; ***dar à bomba*** to work a pump, to pump; ***bomba de ar*** air-pump; ***bomba aspirante*** sucking-pump; ***bomba de aspiração*** suction-pump; ***bomba de pressão*** force-pump; ***bomba de gasolina*** petrol pump; ***bomba de mão*** hand-pump; ***bomba de esgoto*** exhausting-pump, bilge pump; ***bomba de vapor*** steam-pump; ***bomba de incêndio*** fire-engine; ***bomba de poço*** shaft-pump; ***bomba alimentadora*** feed-pump; ***bomba de êmbolo*** piston-pump; ***bomba centrífuga*** centrifugal pump; ***bomba de esgoto (mecânica)*** pumping engine; ***bomba de circulação*** circulating pump, circulation-pump; ***bomba aspirante-premente*** force and lifting pump, lift and force pump; ***bomba de efeito simples*** single-acting pump; ***bomba de jacto*** jet pump; ***bomba rotativa*** rotary pump; ***bomba do porão*** bilge-pump; ***corpo de bomba*** pump-barrel; ***manivela de bomba*** pump handle, brake, handle lever; ***mecanismo da bomba*** pump-gear; ***haste da bomba*** pump-rod; ***biela da bomba*** pump-link; ***capa da bomba*** pump-coat; ***bomba de êmbolo submerso*** plunger-pump; ***armar a bomba*** to man the pump; ***bomba real*** downton pump; ***bomba de bicicleta*** bicycle-pump; ***à prova de bomba*** bomb-proof

bombachas *s. f. pl.* wide breeches, sailor's breeches; long wide trousers closed (or buttoned) at the ankles; knickerbockers

bombacho *s. m.* small pump

bombada *s. f.* deceit, trick; damage, loss

bombagem *s. f.* pumping (liquids)

bombarato *s. m.* that which makes things easy or prevents difficulties; contempt

bombarda *s. f.* bombard; mortar

bombardada *s. f.* cannon-shot; shot of a mortar piece

bombardeamento *s. m.* bombardement; artillery attack; shelling; ***bombardeamento aéreo*** aerial bombing, air bombing, air raid

bombardear *v. tr.* to bombard, to shell, to bomb (aviation); to cannonade; to pelt

bombardeio *s. m.* ⇒ **bombardeamento**

bombardeira *s. f.* gun-boat; port-hole; embrasure

bombardeiro *s. m.* bombardier, gunner; AERONÁUTICA bomber

bombardino *s. m.* MÚSICA bombardon

bomba-relógio *s. f.* time bomb

bombástico *adj.* bombastic, high-flown, inflated, stilted; [cal.] high-falutin(g)

bômbax *s. m.* any silk-cotton tree of the genus *Bombax*

bombazina *s. f.* bombasine; bombazine

bombeamento *s. m.* bombardment, shelling; failure, reprovation, flunk (at examinations)

bombear *v. tr.* to pump

bombeiro *s. m.* fireman; ***corporação de bombeiros*** fire-brigade; ***balde dos bombeiros*** fire-bucket; ***quartel de bombeiros*** fire-station

bombice *s. f.* Greek reed pipe with two tubes

bômbice *s. m.* silkworm

bombicultura *s. f.* ⇒ **sericicultura**

bombista *s. m. e f.* bomber; bomb maker

bombo *s. m.* large drum, a bass drum; ***tocar bombo*** to drum

bom-bocado *s. m.* sweetmeat of sugar, yolk, coconut milk and ground peanuts

bombom *s. m.* bonbon, sweetmeat, confection; *pl.* chocolates

bombordo *s. m.* NÁUTICA port, port side; [arc.] larboard; ***a bombordo*** aport; ***de bombordo a estibordo*** athwartship, thwartship
bomboteiro *s. m.* seller of regional products at Funchal
bom-é *s. m.* ORNITOLOGIA Brazilian bird (japi)
bom-pastor *s. m.* BOTÂNICA plant found in Sintra
bom-serás *s. m.* a good-natured man, ingenuous
bom-tom *s. m.* politeness; fashion; refined manners, civility; ***não é de bom-tom*** it's not proper
bonachão *adj., s. m.* ⇒ **bonacheirão**
bonacheirão Ⓐ *adj.* good, honest, good-natured, good hearted Ⓑ *s. m.* good-natured man
bonacheirice *s. f.* good-nature
bonacheiro *s. m., adj.* ⇒ **bonachão**
bonacho *s. m., adj.* ⇒ **bonachão**; [arc.] ⇒ **bisão**
bonança *s. f.* calm weather at sea; calm, tranquillity, quietness; ***depois da tempestade vem a bonança*** after a storm comes a calm
bonançar *v. intr.* to be calm (weather); to become calm
bonançoso *adj.* gentle, moderate (wind, etc.); calm, serene; ***vento bonançoso*** gentle wind
bonda! *interj.* enough!, that's enough!, that will do!
bondade *s. f.* goodness, kindness, kindliness, amiability, affability; benevolence, charitableness; mildness, tenderheartedness; ***bondade mal compreendida*** mistaken kindness; ***tenha a bondade de dizer-me*** be so kind as to tell me; ***tratar com bondade*** to treat with kindness
bondar *v. intr.* [pop.] ⇒ **bastar**
bonde *s. m.* [Bras.] streetcar; [E.U.A.] trolley; [cal.] trick, deceit, swindle
bondosamente *adv.* kindly
bondoso *adj.* kind, good, obliging; kind-hearted, softhearted; benevolent; amiable, humane, forgiving, generous, indulgent; gentle, mild; ***ser bondoso*** to have one's heart in the right place; ***um amigo bondoso*** a kind friend; ***é tão bondosa!*** she is so very kind!
bonducina *s. f.* bonduc resin
bonduque *s. m.* BOTÂNICA bonduc, nicker-nuts
boné *s. m.* cap, bonnet
boneca *s. f.* doll, baby; [fig.] puppet
bonecada *s. f.* a lot of dolls
bonecagem *s. f.* a lot of dolls
boneco *s. m.* doll; puppet; marionette
bonecra *s. f.* [pop.] ⇒ **boneca**
bonecrada *s. f.* [pop.] ⇒ **bonecada**
bonecragem *s. f.* [pop.] ⇒ **bonecada**
bonequeiro *s. m.* puppeteer, doll seller (or maker)
bonete *s. m.* bonet, an additional jib-sail
bonico *s. m.* [pop.] manure, animal excreta, dung which serves to seal the bee-hive
bonificação *s. f.* improvement; allowance, money grant, bonus
bonificado *adj.* with a bonus; improved; ***crédito bonificado*** government-subsidized loan, low-interest loan
bonificar *v. tr.* to improve, to better, to give a bonus
bonifrate *s. m.* puppet, prig, puppy
bonina *s. f.* BOTÂNICA daisy
boninal *s. m.* field of daisies
boníssimo *adj.* very good; very kind
boniteza *s. f.* prettiness, attractiveness; beauty
bonitinho *adj.* rather pretty
bonito Ⓐ *adj.* pretty, fine, attractive, beautiful, handsome; fair; nice-looking; good-looking Ⓑ *s. m.* toy; kind of tunny; ***muito mais bonita*** prettier by far, much prettier; ***tudo isto é muito bonito*** it is all very fine; ***uma rapariga muito bonita*** a very pretty girl; ***um homem bonito*** a nice-looking man; ***que bonito!*** how pretty!; ***gosto de ver uma cara bonita*** I like to look at a pretty face; ***bonito!*** that's a nice thing!
bonitote *adj.* rather pretty, quite handsome
bonomia *s. f.* good-nature, goodness
bons-dias *s. m. pl.* good morning; BOTÂNICA edge bindweed
bónus *s. m.* bonus, gratuity; allowance
bonzo *s. m.* bonze, Buddhist priest
boqueada *s. f.* yawning, gaping
boquear *v. intr.* to gape; to agonize
boqueira *s. f.* small laceration at the corners of the mouth
boqueirão *s. m.* wide opening; pit, abyss; gully; street ending at a river (or canal), quay
boquejadura *s. f.* gape, gaping, yawn; muttering, stammer; murmur, whispering
boquejamento *s. m.* gape, gaping, yawn; muttering, stammer; murmur, whispering
boquejar *v. tr. e intr.* to gape; to yawn, to mutter; to mumble; to blame; to whisper
boquejo *s. m.* gaping; muttering
boquelho *s. m.* vent-hole of an oven
boquiaberto *adj.* open-mouthed, staring, gaping; astonished; ***ficar boquiaberto*** to gape at, to stand gaping
boquiardente *adj.* tender-mouthed (horse)
boquiduro *adj.* hard mouthed (horse)
boquifendido *adj.* that has many lip-splits (horse)
boquilargo *adj.* big-mouthed
boquilha *s. f.* cigarette-holder; cigar-holder; mouthpiece
boquim *s. m.* mouthpiece (of wind instruments)
boquimole *adj.* tender-mouthed
boquinegro *adj.* black-mouthed
boquinha *s. f.* little mouth; kiss
boquirroto *adj.* tell-tale, tale-bearer, tattler, gossip
boquisseco *adj.* thirsty; silent, mute, speechless
borace *s. m.* QUÍMICA ⇒ **bórax**
borácico *adj.* QUÍMICA boracic
boracite *s. f.* MINERALOGIA boracite
borato *s. m.* QUÍMICA borate
bórax *s. m.* QUÍMICA borax, (tetra)borate of sodium
borboleta *s. f.* ENTOMOLOGIA butterfly; [fig.] ***borboleta da couve*** white butterfly, cabbage butterfly, turnstile wicket, butterfly fish, [fig.] an unsteady (fickle) person; ***válvula de borboleta*** butterfly valve
borboletear *v. intr.* to flit; to fly (or to pass) lightly; to muse, to meditate, to dream
borborigmo *s. m.* borborygmus
borborismo *s. m.* ⇒ **borborigmo**
borbotão *s. m.* gush, flow; jet, spout; bubbling
borbotar *v. tr. e intr.* to gush, to flow, to spout; to bubble; to form buds; to bud
borboto *s. m.* bud, shoot, button
borbulha *s. f.* pimple (on the skin); bud; bubble
borbulhaço *s. m.* ⇒ **borbulhagem, borbulhão**
borbulhagem *s. f.* great quantity of pimples; crop of spots
borbulhante *adj.* bubbling, bubbly
borbulhão *s. m.* large pimple
borbulhar *v. tr. e intr.* to gush, to flow abundantly; to bubble, to rise in bubbles; to cause to bud (of trees)
borbulhento *adj.* pimpled, pimplous; bubbling, bubbly
borbulho *s. m.* large pimple
borbulhoso *adj.* pimply; bubbly
borcar *v. tr.* to turn upside down; to empty, to dump; to throw up, to vomit
borco *s. m.* ***de borco*** mouth-downwards, face-downwards
borda *s. f.* bank; brink, edge; brim; skirt; NÁUTICA board; topside; ***pela borda fora*** overboard, by the board; ***à borda, borda com borda*** abreast, alongside, side by side; ***borda falsa*** bulwark, wash strake; ***de borda acima*** aloft
bordada *s. f.* NÁUTICA tack, stretch
borda-d'água *s. m. e f.* seaside; seashore; almanac; calendar
bordadeira *s. f.* embroideress

bordado Ⓐ *adj.* embroidered Ⓑ *s. m.* embroidery; needle work, needle point
bordador *s. m.* embroiderer
bordadura *s. f.* embroidery; border, margin; border bed (garden); frame; HERÁLDICA bordure
bordagem *s. f.* NÁUTICA side-planks
bordalengo *adj.* ⇒ **bordalês;** ⌈fig.⌋ unpolished, coarse, unrefined; ignorant
bordalês *adj.* of or relating to Bordeaux; ***calda bordalesa*** Bordeaux mixture (sulphate of copper and lime)
bordalesa *s. f.* barrel for wine with a capacity for 225 litres, very common at Bordeaux; fungicide of sulphate of copper and lime
bordalo *s. m.* freshwater fish of the family *Cyprinidae* (also known as *escalho* or *escalo*)
bordão *s. m.* staff, stick; aid, support; hackneyed word (or phrase); the bass string of string instruments; ***bordão ferrado*** pikestaff
bordar *v. tr. e intr.* to embroider; to hem; to border, to edge; to embellish (narrative) with fictitious additions
bordeamento *s. m.* tacking; bordering, outskirt
bordear *v. intr.* ⇒ **bordejar**
bordejar *v. intr.* to tack; to totter, to reel
bordel *s. m.* brothel, bawdy-house, whore house
bordeleiro *s. m.* frequenter of brothels
bordelês Ⓐ *adj.* related to Bordeaux Ⓑ *s. m.* inhabitant of Bordeaux
bordo[1] *s. m.* NÁUTICA tack; board, side, shipboard; ⌈fig.⌋ humour, disposition, mood, frame of mind; turn of mind; ***a bordo*** on board, aboard; ***livro de bordo*** ship's journal; ***meter a bordo*** to take aboard; ***dar um bordo*** to make a lack; ***bordo ao mar, bordo à terra*** off and on; ***bordo livre*** freeboard; ***posto a bordo*** free on board; ***serviço de bordo*** ship-duty; ***hora de bordo*** ship's time; ***papéis de bordo*** ship's papers; ***fazer um bordo*** to make a tack; ***correr sobre o mesmo bordo*** to stand on the same tack; ***aos bordos*** staggering, drunk
bordo[2] *s. m.* BOTÂNICA small maple; silver maple
bordoada *s. f.* knock, stroke (with a stick); scuffle, fray; beating, drubbing
bordoeira *s. f.* brawl, row, quarrel; thrashing, spanking
boré *s. m.* trumpet
boreal *adj.* northern, boreal, septentrional
bóreas *s. m.* MITOLOGIA Boreas (north wind)
borga *s. f.* ⌈fam.⌋ spree; high jinks
borgonhês *s. m., adj.* Burgundian
borguinhão *s. m., adj.* Burgundian
borguista *s. m. e f.* merry-maker; reveller
bórico *adj.* QUÍMICA boric, boracic; ***ácido bórico*** boric acid
borla *s. f.* tuft, tassel; doctor's cap; ⌈pop.⌋ ***de borla*** free (of charge), for nothing, gratuitous, free-pass; ***borla de mastro*** truck (of mast)
borlado *adj.* bordered, fringed; tasselled; having a doctor's degree
borleado *adj.* tasselled
borlista *s. m. e f.* dead-head, nonpaying theatregoer (or passenger)
bornal *s. m.* provision bag; foddersack; packsack
borne *s. m.* BOTÂNICA alburn; sapwood; ELECTRICIDADE wire-clamp (terminal of an electric circuit)
bornear *v. tr.* to move a gun horizontally to the target
borneína *s. f.* QUÍMICA hydrocarbon, also known as liquid camphor of Borneo (Borneo camphor)
borneio *s. m.* turn, turning; old lance used in games
borneira *s. f.* millstone of black siliceous rock
borneiro *adj.* said of the ground bearing borneira
borneol *s. m.* borneol, bornyl chloride, camphol
bornita *s. f.* QUÍMICA ⇒ **bornite**
bornite *s. f.* QUÍMICA bornite
boro *s. m.* QUÍMICA boron
boroa *s. f.* ⇒ **broa**
borra *s. f.* lees, dregs, refuse; stuff; grounds; ***borra de lã*** flock-wool; ***borra de seda*** floss silk; ***borra de alcatrão*** dregs of tar; ***borra de algodão*** cotton waste; ***borra de vinagre*** mother of vinegar
borra-botas *s. m.* ⌈coloq.⌋ squirt; good-for-nothing; an unskilled bootblack (or shoeshiner)
borraçal *s. m.* marsh, moor; kind of dark grapes, mainly found in Minho
borraçar *v. intr.* ⇒ **chuviscar**
borraceira *s. f.* variety of olives
borraceiro Ⓐ *adj.* drizzling; rainy Ⓑ *s. m.* drizzle; drizzling rain
borracha *s. f.* India rubber; leather bottle; rubber; ***borracha (de apagar)*** eraser, erasing-rubber; ***borracha de lápis*** pencil eraser; ***borracha de tinta*** ink eraser; ***borracha esponjosa*** foam rubber
borrachão *s. m.* drunkard
borracheira *s. f.* drunkenness, intoxication; trash; foolery, nonsense; a fiasco; literary (or artistic) work of very poor quality; ***uma completa borracheira*** a perfect trash
borracheiro *s. m.* latex collector; tyre fitter (or vulcanizer)
borrachice *s. f.* drunkenness, intoxication
borracho *s. m., adj.* young pigeon; drunkard; drunk, drunken
borrachudo *adj.* full, round, fat
borrada *s. f.* nonsense; stupidity; shoddy work; filth, dirt
borradela *s. f.* blur, blot, blemish; crude layer of paint; ⇒ **borrão**
borrado *adj.* covered with blots (or scrawls); dirty; badly painted; blurry
borrador *s. m.* COMÉRCIO rough journal; waste-book; bad painter; dauber; poor writer
borradura *s. f.* blot, blur, erasure
borragem *s. f.* BOTÂNICA borage
Borragináceas *s. f. pl.* BOTÂNICA *Borraginaceae*
borraina *s. f.* saddle pad
borralha *s. f.* ⇒ **borralho**
borralheira *s. f.* fireside, ashpan
borralheiro *adj.* fond of the fireside; fond of staying at home
borralhento *adj.* ash-coloured, ashen
borralho *s. m.* embers; fireplace
borrão *s. m.* blot; rough draft; sketch; stain, blemish; COMÉRCIO blotter; ***borrão de tinta*** blot; ***(caderno de) borrão*** waste-book
borrar *v. tr.* to blot; to stain; to blur; to daub; to besmear
borrasca *s. f.* squall; fit of passion; thunderstorm, sudden contrariness
borrascoso *adj.* squally, stormy, tempestuous
borrasqueiro *s. m.* storm, tempest; squall, hurricane
borratada *s. f.* ink-blot; blur; blob
borratão *s. m.* ink-blot
borratar *v. tr.* to blot
borrazeira *s. f.* BOTÂNICA the grey willow; ***borrazeira branca*** the hoary willow
borrega *s. f.* ewe lamb, yearling sheep
borregada *s. f.* flock of lambs
borregar *v. intr.* to bleat; AERONÁUTICA to miss the landing
borrego *s. m.* male lamb; an exceedingly kind and peaceful person; ⌈reg.⌋ a small white cloud; ⌈Bras.⌋ a kind of wool
borregueiro *s. m.* lamb-driver; shepherd
borreguice *s. f.* indolence, stupidity
borreiro *s. m.* place where sediments are kept; hole at the bottom of an alembic, from which sediment is drained
borrento *adj.* dreggy, dreggish; muddy
borriçar *v. intr.* to drizzle, to mizzle
borriceiro *s. m.* ⇒ **borraceiro**
borriço *s. m.* drizzle

borrifadela *s. f.* spatter
borrifador *s. m.* watering-can
borrifar *v. tr. e intr.* to sprinkle, to besprinkle; to bedabble; to bedew; to drizzle; to damp (clothes)
borrifo *s. m.* sprinkling; drizzle, drizzling
borriscada *s. f.* ⇒ **borrasca**
borriscar *v. intr.* to storm
borrisco *s. m.* sudden little shower
borro *s. m.* ram under two years of age
borroso *adj.* large and clean (rye)
borte *s. m.* bort (carbon diamond used as abrasive)
borzeguieiro *s. m.* maker (or seller) of buskins
borzeguim *s. m.* buskin, high laced boot
borzeguineiro *s. m.* ⇒ **borzeguieiro**
bosão *s. m.* FÍSICA boson
bosboque *s. m.* designation of the buffalo
bosca *s. f.* conical lobster net
boscagem *s. f.* boscage, thicket, grove
boscarejo *adj.* living in the thickets (or groves)
bosque *s. m.* wood, forest, thicket, coppice, grove; ***uma casa no meio do bosque*** a house in the middle of the woods
bosquejar *v. tr.* to sketch, to trace, to delineate, to draw, to outline
bosquejo *s. m.* sketch, rough draught, outline
bosquete *s. m.* grove, thicket
bossa *s. f.* lump; hump; protuberance; bulge; bump, swelling; aptitude
bossagem *s. f.* bossage, projecting part, projection, adjustment
bosta *s. f.* dung
bostal *s. m.* cattle pen
bostar *v. tr.* to dirty with cowdung; to dung
bostear *v. tr.* to dirty with cowdung; to spread with excrement; to utter dirty words, to use foul language
bosteira *s. f.* pile of dung
bosteiro *s. m.* ⇒ **bosteira**
bostela *s. f.* pustule, blister
bostelento *adj.* pustulous, pimply
bostelo *s. m.* small wood, grove
bosteloso *adj.* ⇒ **bostelento**
bóstone *s. m.* boston (game of cards)
bóstrico *s. m.* BOTÂNICA bostryx
bota *s. f.* boot; ***botas de montar*** jack-boots, riding-boots; ***botas de botões*** button-boots; ***botas de polimento*** patent leather-boots; ***cordão de bota*** boot-lace; ***botas altas*** top-boots; ***botas de borracha*** gum boots, wellingtons, Wellington boots, wellies; ***bater a bota*** to kick the bucket, to die; [fam.] ***assobiar às botas*** to frustrate one's expectations; [fig.] ***um par de botas*** a pair of boots, a difficulty, a dilemma
botada *s. f.* blow (or stroke) with a boot; aggression, attack; start of cane-crushing in a sugar-mill
bota-de-elástico *s. m.* [coloq.] old fogy
bota-fogo *s. m.* MILITAR linstock, lintstock; gunner; incendiary; rioter
bota-fora *s. m.* send-off; departure; launching; NÁUTICA putting out
botalós *s. m. pl.* three-pronged grappling hook for various services aboard
botânica *s. f.* botany
botânico Ⓐ *adj.* botanic(al) Ⓑ *s. m.* botanist
botanografia *s. f.* botanography
botante *s. m.* ARQUITECTURA ⇒ **arcobotante**
botão *s. m.* button; bud (of a plant); NÁUTICA nut, seizing; ***botão de campainha*** button, bell-push; ***carregar no botão*** to press the button; ***casa de botão*** buttonhole; ***botão de punho*** cuff-link; ***com uma ordem (duas ordens) de botões*** single (double)-breasted; ***botões amarelos*** gin buttons; ***em botão*** budding; ***botão eléctrico (para chamadas)*** push-button; ***botão de interrupção*** cut-off key; ***caiu um botão*** a button came off; NÁUTICA ***botão em cruz*** cross-seizing; ***botão redondo*** flat-seizing; ***botão de rosa*** rose bud
botão-de-ouro *s. m.* BOTÂNICA creeping ranunculus; buttercup
botar *v. tr.* to put, to cast, to throw, to pour out, to fling
botaréu *s. m.* ARQUITECTURA buttress, abutment; arch of a vault
bota-selas *s. m.* trumpet signal to saddle the horses (cavalry)
bote *s. m.* boat, skiff; pass, thrust (fencing); stab; ***bote (de marinha mercante)*** row-boat; ***bote (de marinha de guerra)*** jolly-boat, dingey, dinghy; ***bote de recreio*** pleasure-boat; ***bote de remos*** rowing-boat
botelha *s. f.* bottle, flask
botelharia *s. f.* wine-cellar, cellarage
botelheiro *s. m.* butler, head man-servant in charge of the wine-cellar
botelho *s. m.* small ancient measure for corn
botequim *s. m.* bar; coffee-house; tavern
botequineiro *s. m.* barman; coffee-house keeper, tavern-keeper
botica *s. f.* dispensary, drugstore, pharmacy
boticão *s. m.* tooth-drawer, tooth-pincers
boticária *s. f.* chemist's wife; female pharmacist
boticário *s. m.* chemist; dispenser, pharmacist
botifarra *s. f.* large and coarse boot
botija *s. f.* earthen flagon; stone bottle; jar
botilhão *s. m.* ⇒ **bodelha**
botim *s. m.* half-boot
botina *s. f.* ankle-boot; small boot
botineiro *adj.* having the legs in a different colour from the rest of the body (bull)
botirão *s. m.* wicker net used for lamprey fishing; fish trap
boto *adj.* set on edge (teeth); blunt; dull, obtuse
botoaria *s. f.* button-factory, button-store
botocar *v. intr.* to jump out, to go out
botoeira *s. f.* button-hole; woman who makes buttons
botoeiro *s. m.* button-maker, button-seller
botoque *s. m.* labret, lip-plug
botrião *s. m.* ulcer of the cornea
botriocéfalo *s. m.* variety of parasite, cestoid
botrioidal *adj.* botryoid(al)
botrióide *adj.* botryoid(al)
botulina *s. f.* botuline
botulismo *s. m.* MEDICINA, VETERINÁRIA botulism
bouba *s. f.* ⇒ **buba**
bouça *s. f.* thicket
bouçar *v. tr.* to break (or to clear) uncultivated land
bouceira *s. f.* refuse of flax; coarse part of flax
boucelo *s. m.* crack or fissure on earthenware at the mouth
boutique *s. f.* boutique; shop
bovarismo *s. m.* a state of mind which gives an individual a false idea of oneself and of one's condition
Bóvidas *s. m. pl.* ⇒ **Bovídeos**
Bovídeos *s. m. pl.* ZOOLOGIA *Bovidae*, bovines
bovino *s. m., adj.* bovine
boxador *s. m.* boxer
boxe *s. m.* boxing
boxeador *s. m.* DESPORTO boxer
Boximanes *s. m. pl.* Bushmen
boxista *s. m. e f.* boxer
braça *s. f.* fathom; brace
braçada *s. f.* armful; bough of a tree; crawl stroke
braçadeira *s. f.* leather handle; curtain-band; curtain-arm; hoop
braçado *s. m.* armful
braçadura *s. f.* ⇒ **braçagem**
braçagem *s. f.* manual labour
braçal *adj.* brachial; made by strength of arms; relative to the arm
bracamarte *s. m.* two-handed sword; bog sword

braçaria *s. f.* the art of throwing darts (lances, etc.)
braceagem *s. f.* swinging the arms; manual labour; coinage, mintage
bracear *v. tr. e intr.* to swing the arms; NÁUTICA to brace; ***bracear por barlavento*** to brace in; ***bracear por sotavento*** to brace up
braceira *s. f.* mortar to hold the tiles to stop a groove (or channel)
braceiro *s. m., adj.* brachial; strong-armed; workman, hand, manual
bracejador *adj.* moving, starring (the arms); gesticulating, gesticulatory
bracejamento *s. m.* movement of the arms; gesticulation, diffusion, dissemination; germination; rankness
bracejar *v. tr. e intr.* to move one's arms; to struggle; to branch off (out)
bracejo *s. m.* ⇒ **bracejamento**
braceleira *s. f.* bracer (protective armour for the arm)
bracelete *s. m.* bracelet, armlet
braço *s. m.* arm; workman; hand; might; bough of a tree, limb of a tree; tentacle (insect); ***braço de alavanca*** lever, leverage; ***braço de mar*** inlet; ***braço de bomba*** handle, lever, brake (of pump); ***braço de serra*** saw frame; ***braço de terra*** neck of land; ***braço de um rio*** arm of a river; ***braço de rabeca (violino)*** neck of violin (fiddle); ***braço de manivela*** crank-web; ***braço de suspensão*** drag-link; ***braço de âncora*** arm of anchor; ***braço de baliza*** foot-book; ***braço da madre do leme*** rudder arm; ***à força de braços*** with elbow-grease; ***braço ao peito*** arm in a sling; ***receber de braços abertos*** to welcome with open arms; ***de braço dado*** arm-in-arm; ***ser o braço direito de*** to be one's right-hand man; ***estender os braços*** to stretch out one's arms; ***cruzar os braços*** to fold one's arms; ***lançar-se nos braços de*** to fly into the arms of; ***ficar de braços cruzados*** to stand with folded arms; ***estreitar nos braços*** to fold in one's arms; ***não dar o braço a torcer*** not to give in, to refuse to be trifled with
braço-de-ferro *s. m.* arm-wrestling; wrestling match; ***o braço-de-ferro entre as entidades patronais e os sindicatos*** the wrestling match between the bosses and the unions
braço-de-preguiça *s. m.* ⇒ **bolsa-de-pastor**
bráctea *s. f.* BOTÂNICA bract
bracteado *adj.* BOTÂNICA bracteate
bracteal *adj.* BOTÂNICA bracteal
bracteiforme *adj.* bracteiform
bractéola *s. f.* bracteole, bractlet
bracteolado *adj.* bracteolate
braçudo *adj.* sinewy, strong, stalwart, brawny
bradador *s. m.* crier, bawler
bradados *s. m. pl.* liturgical hymn, in the Passion Week, containing the words of Pontius Pilatus
bradal *s. m.* bradawl, sprig bit
bradar *v. tr. e intr.* to cry out, to bawl, to squall, to scream; ***bradar aos céus*** to cry out heaven
bradejar *v. intr.* to cry, to shout, to yell, to scream
bradicardia *s. f.* MEDICINA bradycardia
bradifasia *s. f.* bradyphasia
bradiglossia *s. f.* microglossia (a shortening of the tongue which causes a delay in speech)
bradipepsia *s. f.* bradypepsia
bradipneia *s. f.* bradypnoea (delay in breathing)
bradípode *s. m.* tardigrade; bradypod, bradypus
bradissismo *s. m.* slow movement of the Earth's crust, of the epirogenic type
brado *s. m.* cry, shout, scream, squall, roar; clamour; ***dar brado*** to win notoriety, to become famous
braga *s. f.* wall in ancient forts; shackle, fetter; *pl.* short and wide breeches; ***não se pescam trutas a bragas enxutas*** no gains without pains; ***braga de vau*** beam grabs
bragada *s. f.* part of the leg covered by shackles; veins of the leg where horses are bled
bragado *adj.* dappled, spotted, speckled
bragadura *s. f.* dapple, spottiness (said of the animal which has dapple, spotted legs)
bragal *s. m.* linen; house linen; trousseau, a bride's outfit of clothes; rough cloth
bragueiro *s. m.* hernial truss (or bandage); swaddles, clouts, hawser
braguilha *s. f.* fly (of trousers)
braille *s. m.* braille (system of writing and printing for blind people)
brama *s. f.* lust, rut, heat (cry of animal in rutting time)
bramadeiro *s. m.* place where deer gather during rutting time
bramador Ⓐ *s. m.* roarer Ⓑ *adj.* roaring, bellowing
brâmane *s. m. e f., adj.* Brahmin, Brahman; Brahminee
bramânico *adj.* relative to the Brahmanism
bramanismo *s. m.* Brahmanism
bramanista *s. m. e f.* Brahminee
bramante *adj.* ⇒ **bramador**
bramar *v. intr.* to roar; to bellow (bull); to rut (deer); to bawl out; to fret
bramido *s. m.* roar; howl; yell; bluster; ***o bramido das ondas*** the roar of the waves
bramidor Ⓐ *s. m.* roarer, yeller Ⓑ *adj.* roaring
bramir *v. intr.* to roar, to howl, to yell; to bluster
bramoso *adj.* roaring, howling
branca *s. f.* white hair; white; *pl.* grey hair
brancacento *adj.* whitish, light grey
brancaço *adj.* whitish
brancagem *s. f.* tax on retail sales of bread and meat (old word)
brancal *adj.* whitish
brancarana *s. f.* light-coloured mulatto girl (or woman)
brancarão *s. m.* light-coloured mulatto
branca-ursina *s. f.* BOTÂNICA bear's breech
branco Ⓐ *adj.* white, blank Ⓑ *s. m.* white, whiteness; sclerotic, white of the eye; ***urso branco*** white bear; ***carnes brancas*** white meat; ***de poupa branca*** white-crowned; ***vinho branco*** white wine; ***roupa branca*** linen; ***verso branco*** blank verse; ***vestida de branco*** dressed in white; ***deixar em branco*** to pass over (a thing) in silence; ***espaço em branco*** blank; ***tinta branca*** whiting; ***armas brancas*** cold steel; ***de ponto em branco*** dressed up to the nines; ***branco como a neve*** as white as snow; ***a raça branca*** the white race; ***branco como a cal*** as white as a sheet; ***deixar uma linha em branco*** to leave a line blank; ***pôr o preto no branco*** to set down in black and white; ***um branco*** a white man; ***selo branco*** embossed seal; ***passar a noite em branco*** to have a sleepless night
brancor *s. m.* ⇒ **brancura**
brancura *s. f.* whiteness
brandal *s. m.* NÁUTICA backstay; shrouds; ***brandal de vante*** breast backstay; ***brandal volante*** preventer backstay, shifting backstay
brandamente *adv.* softly, gently, mildly, quietly
brandão *s. m.* torch; large candle
brande *s. m.* brandy
brandear *v. tr.* NÁUTICA to render, to slack
brandecer *v. tr.* to soften, to mellow, to make tender
brandeza *s. f.* ⇒ **brandura**
brandíloquo *adj.* sweetly-speaking; soft-spoken, gentle-tongued
brandimento *s. m.* brandishing
brandir *v. tr. e intr.* to brandish, to wave, to shake; to vibrate; to swing, to oscillate
brando *adj.* gentle; soft; mild; quiet; kind; bland; meek; NÁUTICA light; ***cabo brando*** slack rope; ***palavras brandas*** fair words; ***fogo brando*** gentle (soft) fire; ***chuva branda*** gentle rain; ***pessoa branda*** a gentle (or meek) person; ***de temperamento brando*** mild-tempered

brandura *s. f.* gentleness, softness; mildness; quietness; meekness; affability; indulgence, clemency
branqueação *s. f.* bleaching, whitening; white-washing; cleaning; purification
branqueador Ⓐ *adj.* bleaching Ⓑ *s. m.* bleacher, blancher, whitener, whitewasher
branqueadura *s. f.* bleaching, whitening; cleaning, purification
branqueamento *s. m.* bleaching, whitening; cleaning, purification; ***branqueamento de dinheiro*** money laundering
branquear Ⓐ *v. tr.* to whiten, to bleach, to make white; [fig.] to launder; ***branquear dinheiro*** to launder money Ⓑ *v. intr.* to grow white; to turn (to go) white (of hair)
branquearia *s. f.* bleachery, bleaching yard (or ground)
branqueio *s. m.* ⇒ **branqueação**
branquejante *adj.* bleaching, decolorant
branquejar *v. intr.* to whiten, to bleach; to appear (to grow, to look) white
branqueta *s. f.* a special coarse cloth
brânquia *s. f.* ZOOLOGIA ⇒ **guelra**
branquiado *adj.* branchiate
branquial *adj.* branchial
brânquias *s. f. pl.* gills (of fishes)
branquidão *s. f.* whiteness
branquir *v. tr.* to whiten, to clean (metals)
braquia *s. f.* breve, curved mark to indicate a short vowel
braquiado *adj.* brachiate, having arms
braquial *adj.* brachial
braquialgia *s. f.* MEDICINA upper limbs neuralgia
braquicefalia *s. f.* MEDICINA brachycephaly
braquicéfalo *adj.* MEDICINA brachycephalous
braquidactilia *s. f.* brachydactyly
braquidáctilo *adj.* brachydactylous
braquidiagonal *s. f., adj.* brachydiagonal (of crystal)
braquigrafia *s. f.* brachygraphy; stenography
braquígrafo *s. m.* brachygrapher, stenographer
braquilogia *s. f.* brachylogy
braquimetropia *s. f.* brachymetropy, short-sightedness
Braquiópodes *s. m. pl.* ZOOLOGIA *Brachiopoda*
braquiotomia *s. f.* CIRURGIA brachiotomy
braquipneia *s. f.* brachypnea
braquípode *adj.* having short feet
braquípteros Ⓐ *adj. s. m.* brachypterous Ⓑ *pl.* Brachyptera
braquissílabo *s. m.* metrical foot consisting of three short syllables
braquistócrona *s. f.* brachistochrone
braquiúro *adj.* brachyurous
brasa *s. f.* live coal, burning coal; ember; cinder; [fig.] ardour, zeal; ***ferro em brasa*** red-hot iron; [E.U.A.] ***estar sobre brasas*** to be upon thorns, to be on tenterhooks; ***estar em brasa*** to be in a great passion, to be blazing; ***chegar a brasa para a sua sardinha*** to bring grist to one's mill, to seek one's own advantage; ***como gato por brasas*** like a cat on hot bricks
brasão *s. m.* arm, armorial bearings, coat of arms; escutcheon; blazonry; [fig.] honour
braseira *s. f.* live coals; brazier, brasier
braseiro *s. m.* fire-pan; chafing-dish; brazier; blazing fire
brasido *s. m.* embers, live-coals, intense heat
brasileirada *s. f.* many Brazilian people
brasileiresco *adj.* Brazilian in character
brasileirice *s. f.* Brazilianism
brasileirismo *s. m.* Brazilianism
brasileiro *s. m., adj.* Brazilian
brasilense *adj.* Brazilian
brasiliano *adj.* pertaining to (or related to) Brazil (or Brazilian Indians), Brazilian
brasílico *adj.* pertaining to (or related to) Brazil (or Brazilian Indians), Brazilian
brasiliense *s. m. e f., adj.* Brazilian
brasilina *s. f.* QUÍMICA brazilin
brasiliofilia *s. f.* friendship to Brazil
brasiliófilo Ⓐ *adj.* friendly to Brazil Ⓑ *s. m.* such a person
brasiliofobia *s. f.* unfriendliness to Brazil
brasiliófobo *adj.* unfriendly to Brazil
brasino *s. m.* singe, slight burn; burnt smell; eel
brasoar *v. tr.* ⇒ **brasonar**
brasonado *adj.* emblazoned; boasted
brasonar *v. tr. e intr.* to adorn with a coat of arms; to boast, to brag
brassadura *s. f.* ⇒ **brassagem**
brassagem *s. f.* brewing
Brassicáceas *s. f. pl.* BOTÂNICA *Brassicaceae*
brasuca *s. m. e f.* [pop.] man or woman from Brazil
braunite *s. f.* braunite
bravamente *adv.* bravely; fiercely
bravata *s. f.* bravado, defiance; boastfulness
bravatão *s. m.* bully, blusterer; boaster; swaggerer
bravateador *s. m.* bully, blusterer; boaster; swaggerer
bravatear *v. intr.* to boast; to bully; to menace; to provoke, to challenge
bravateiro *s. m.* boaster, bully
bravear *v. intr.* to rage, to cause disturbance; to make a loud noise; to be excited (or irritated)
braveira *s. f.* stubbornness, peevishness; crossness (of child)
bravejar *v. intr.* ⇒ **bravear**
braveza *s. f.* bravery, valour, heroism; ferocity; fury; impetuosity, boisterousness
bravio *s. m., adj.* untilled, wild, savage, rude, untamed; sullen; barren ground
bravo Ⓐ *adj.* brave, courageous, valiant, daring, bold; dauntless; fierce, ferocious; wild; savage; rough (the sea) Ⓑ *s. m.* courageous man; applause Ⓒ *interj.* well done!, bravo!
bravo-de-esmolfe *s. m.* variety of apple
bravosidade *s. f.* bravery; jury, rage
bravura *s. f.* bravery, courage, valour, heroism
breadura *s. f.* ⇒ **breagem**
breagem *s. f.* pitching, tarring
brear *v. tr.* NÁUTICA to pitch, to pay; ***brear as costuras*** to pitch (to play) the seams
breca *s. f.* cramp; ***ser levado da breca*** to play the devil, to be mischievous (naughty); ***vai-te com a breca!*** clear out!; ***com a breca!*** dash it all!
brecada *s. f.* ⇒ **travagem**
brecar *v. tr. e intr.* ⇒ **travar**
brecha *s. f.* gap, hole, breach; opening; damage; cleft; fissure, chasm, rent, burst; ***estar na brecha*** to fight in the front lines
bredo *s. m.* BOTÂNICA tumbleweed, prince's feather
bregma *s. m.* ANATOMIA bregma, sinciput
brejal *s. m.* big swamp (marsh or bog)
brejeirada *s. f.* knavish trick, waggery, archness, rowdyism, cant of rogues; gang of rogues
brejeiral *adj.* rascally, knavish, roguish
brejeirar *v. intr.* to swindle, to cheat; to play a roguish trick; to roam the streets, to rove, to loaf, to idle
brejeirice *s. f.* waggery, waggish trick
brejeiro Ⓐ *adj.* malicious, roguish Ⓑ *s. m.* blackguard, loafer, rascal, rogue; ***rapaz brejeiro*** naughty boy
brejeirote *adj.* rather malicious (or vulgar); astute, cunning
brejo *s. m.* marsh, swamp, bog, fen
brejoso *adj.* marshy, swampy, boggy, oozy, fenny
brema *s. f.* CITOLOGIA bream
brenha *s. f.* bush, thicket; brake; brier; bramble; confusion; complication
brenhoso *adj.* bushy, brambly, woody
breque *s. m.* break; brake (carriage)

bretanha *s. f.* sort of linen (or cotton cloth)
bretanjil *s. m.* cotton material woven by the Kaffirs
bretão *s. m., adj.* Breton (language spoken in Brittany)
brete *s. m.* trap, snare; [fig.] deceit
breu *s. m.* pitch; ***escuro como breu*** as dark (black) as pitch
breve Ⓐ *adj.* short, brief, condensed, concise, laconic Ⓑ *adv.* soon Ⓒ *s. m.* a brief; Pope's letter Ⓓ *s. f.* MÚSICA breve; short syllable; ***em breve*** (very) soon, quickly, in a short time; ***o mais breve possível*** as soon as possible; ***até breve*** see you again soon, see you later; ***esperando uma resposta em breve*** (cartas) hoping to hear from you soon; ***ser breve*** to make a long story short
brevemente *adv.* briefly, shortly; succinctly; soon
brevetar *v. tr.* to brevet, to confer a rank by brevet; to graduate as aviator
brevete *s. m.* brevet, licence; patent; warrant
breviário *s. m.* breviary; abridg(e)ment; ***ler pelo mesmo breviário*** to see eye to eye with
brevicaude *adj.* short-tailed
brevicórneo *adj.* having short antennae (or feelers)
brevidade *s. f.* brevity, shortness, conciseness, briefness; hurry, haste, speed; ***com a possível brevidade*** at your earliest convenience
brevidigitado *adj.* short-fingered
brevipene *adj.* ORNITOLOGIA short-winged; brevipennate
brevirrostrado *adj.* ZOOLOGIA brevirostral
brevirrostro *adj.* ZOOLOGIA brevirostral
brevista *s. m.* one who deals and collects in briefs
brial *s. m.* lady's tunic; tunic worn especially over the armour
bricabraque *s. m.* bric-a-brac; old curiosity shop; antique shop, lumber, useless things
bricabraquista *s. m. e f.* dealer in bric-a-brac, antique dealer
briche *s. m.* coarse kind of woollen cloth
brichote Ⓐ *s. m.* [depr.] a foreigner Ⓑ *adj.* adopting foreign customs
bricomania *s. f.* mania for grinding one's teeth
brida *s. f.* bridle, reins; ***a toda a brida*** at full gallop, at full speed
bridão *s. m.* bridoon; snaffle-bit
bridar *v. tr.* to bridle; to restrain, to check; to govern
bridge *s. m.* bridge (card game)
briga *s. f.* strife, quarrel, dispute, discord; broil; pugnacity; fighting, brawl, row, scrap, tussel
brigada *s. f.* brigade; ***brigada de pesquisa, brigada de investigação*** search-party; ***brigada de ensaios*** testing crew
brigadeiro *s. m.* brigadier; [Bras.] air-force general
brigador *s. m.* quarreller, brawler
brigante *adj.* quarreling, quarrelsome, pugnacious, contentious
brigão *adj.* contentious; quarrelsome; pugnacious; rowdy, rough
brigar *v. intr.* to fight; to quarrel; to dispute; to disagree
brigoso *adj.* ⇒ **brigão**
brigue *s. m.* NÁUTICA brig, ketch; ***brigue escuna*** brigschooner, brig-cutter
briguento *adj.* ⇒ **brigão**
brilhante Ⓐ *adj.* shining; bright, brilliant, glittering; radiant; sparkling, beaming, dazzling, vivid; successful; ***uma inteligência brilhante*** a brilliant intelligence; ***cor brilhante*** vivid colour; ***uma carreira brilhante*** a successful career Ⓑ *s. m.* a brilliant; diamond; ***engastar um brilhante*** to mount a diamond
brilhantemente *adv.* brilliantly, brightly
brilhantina *s. f.* pomade
brilhantismo *s. m.* brilliancy, brightness, radiance; splendour, grandeur, magnificence
brilhar *v. intr.* to shine, to glitter, to sparkle, to glisten; to glow, to gleam; to outshine; to excel, to surpass; ***brilhar na sociedade*** to shine in society; ***as jóias brilham ao sol*** the jewels shine in the sun; ***o Sol brilha*** the sun is shining
brilho *s. m.* brightness, splendour, brilliance, radiance; lustre; pomp; scintillation; celebrity; blaze, shininess; ***a festa decorreu com grande brilho*** the occasion was one of great splendour; ***falso brilho*** tawdriness
brim *s. m.* single canvas; sail-cloth; ***brim branco*** duck (cloth)
brinca *s. f.* fun, play; jest, joke; gaiety; merrymaking, skylarking
brinça *s. f.* BOTÂNICA hog's fennel, sulphur-weed
brincadeira *s. f.* fun, play; jest, joke; gaiety; merrymaking, skylarking; ***não é brincadeira*** it is no joke; ***por brincadeira*** in fun, as a joke, in jest; ***disse-o por brincadeira*** I said it in fun; ***não é brincadeira nenhuma*** it is no laughing matter; ***as crianças adoram a brincadeira*** children love fun; ***brincadeira pegada*** no end of fun (children)
brincado Ⓐ *s. m.* ornament, decoration, trimming; embroidery, needlework Ⓑ *adj.* trimmed with lace, embellished, ornamented
brincador Ⓐ *adj.* playful, frolicsome, funny, cheerful, roguish Ⓑ *s. m.* sport, cheery fellow, joker, jester, droll
brincalhão Ⓐ *adj.* playful, frolicsome, funny, cheerful, roguish Ⓑ *s. m.* sport, cheery fellow, joker, jester, droll
brincalheta *s. f.* broomrape, a kind of parasitic herb
brincão *s. m., adj.* ⇒ **brincalhão**
brincar *v. intr.* to play, to sport, to frolic, to gambol, to romp, to caper, to frisk, to dally, to toy, to mock, to jet; ***estás a brincar comigo*** you are having me on, you're only playing with me; ***com ele não se brinca*** he stands no nonsense; ***isto não é para brincar*** this is no jesting matter; ***brincar com alguém*** to tease somebody
brinco *s. m.* earring; plaything; jest, play, sport; something very neat (or clean)
brincos-de-princesa *s. m. pl.* fuchsia
brincos-de-viúva *s. m. pl.* a species of lupin
brindar *v. tr. e intr.* to offer, to present a person with; to toast, to drink a toast; to drink one's health; to pledge
brinde *s. m.* present; toast; ***fazer um brinde*** to propose a toast, to drink to one's health, to drink to the health of someone, to toast
brinquedo *s. m.* toy, plaything; play; pastime; knick-knack; ***brinquedos para crianças*** toys for children; ***loja de brinquedos*** toyshop; ***fabrico de brinquedos*** toy-making
brinquinharia *s. f.* toy-trade; toy-works
brinquinheiro *s. m.* toy-dealer
brinquinho *s. m.* something very neat (or clean); gewgaws, trinkets
brio *s. m.* honour; pride; valour; pluck; mettle; sense of honour (or dignity)
brioche *s. m.* brioche
Briófitas *s. f. pl.* BOTÂNICA *Bryophita*
Briófitos *s. m. pl.* BOTÂNICA *Bryophita*
briol *s. m.* NÁUTICA bunt line; [pop.] wine
briologia *s. f.* bryology, study of mosses
briologista *s. m. e f.* bryologist
briólogo *s. m.* bryologist
briosamente *adv.* bravely; honourably; generously, liberally
brioso *adj.* brave; proud; full of honour; courageous; punctilious
briozoário *s. m.* ZOOLOGIA bryozoon (*plural* bryozoa)
briquetar *v. tr.* to make briquettes (briquets)
briquete *s. m.* patent fuel, briquette, briquet
briquitar *v. tr.* [pop., Bras.] to struggle, to strive; to slave; to pain
brisa *s. f.* breeze; ***brisa da terra*** land wind, land breeze; ***brisa do mar*** sea breeze
brístol *s. m.* Bristol cloth
brita *s. f.* cracked stone for road paving
britadeira *s. f.* stone breaker, machine used for breaking stones

britador *s. m.* stonebreaker, crusher
britagem *s. f.* ⇒ **britamento**
britamento *s. m.* breaking, crushing, trituration
britânia *s. f.* Britannia; Britannia-metal
britânico *adj.* British, Britannic
britanismo *s. m.* attitude (or behaviour) characteristic of the British
brita-ossos *s. m.* vulture
britar *v. tr.* to break stones into small pieces; ***britar o minério*** to crush ore
brive *s. m.* reef-tackle
brizomancia *s. f.* oneiromancy (divination by dreams)
brizomante *s. m. e f.* oneirocritic (interpreter of dreams)
broa *s. f.* a kind of bread (or cake) made from maize; ***dar as broas*** to give a Christmas present
broca *s. f.* bit, drill; boring machine, piercer, perforator, auger, broach; a kind of woodworm; ***broca de contrapunçoar*** counter-sunk drill; ***broca helicoidal*** twist drill; ***broca de passar furos (caldeireiro)*** drift; ***broca de centrar*** centering borer; ***broca de roquete*** ratchet-drill; ***broca mecânica*** drilling-machine
broça *s. f.* pig's wash, pigswill
brocado *s. m.* brocade
brocal *s. m.* iron edging around an escutcheon
brocamento *s. m.* boring
brocar *v. tr.* to drill, to bore, to pierce
brocardo *s. m.* maxim, aphorism; proverb; legal axiom, brocard
brocatel *s. m.* linsey-woolsey; cloth; brocatelle
brocatelo *s. m.* brocatello (a sort of spotted marble)
brocha *s. f.* tack; stud, trunnion, peg; [pop.] ***estar à brocha*** to be in a fix, to be in a scrape, to be in a quandary
brochado *adj.* paper-covered (book); stitched in paper covers
brochador *s. m.* stitcher
brochagem *s. f.* stitching (or sewing) of books
brochar *v. tr.* to stitch (books); to put studs on shoes
broche *s. m.* brooch; clasp; breast-pin
brochura *s. f.* stitching (of books); brochure; tract; pamphlet
brócolos *s. m. pl.* BOTÂNICA broccoli
brocos *s. m. pl.* BOTÂNICA ⇒ **brócolos**
bródio *s. m.* feasting, spree, revelry; hilarious party; debauch; racket; alms-soup; ***andar no bródio*** to be out on the spree
brodista *s. m. e f.* banqueteer, revel(l)er; merrymaker; almsman, almsfolk
broeiro *s. m.* maizebread vendor; one who likes to eat maizebread; rustic, boor
broma *s. m., adj.* ship's worm; teredo; stupid fellow; awkward, clumsy, stupid
bromado *adj.* bromic
bromar *v. tr.* to eat up; to damage; to spoil, to waste away, to deteriorate, to corrode with teredos
bromato *s. m.* QUÍMICA bromate
bromatologia *s. f.* bromatology
Bromeliáceas *s. f. pl.* BOTÂNICA *Bromeliaceae* (family of plants)
brometo *s. m.* QUÍMICA bromide
brómico *adj.* QUÍMICA bromic
bromídrico *adj.* bromidic(al)
bromidrose *s. f:* bromidrosis; osmidrosis
brómio *s. m.* QUÍMICA bromine
bromismo *s. m.* bromism
bromo *s. m.* bromine
bromofórmio *s. m.* QUÍMICA bromoform
bronca *s. f.* [coloq.] telling-off, talking-to; ***dar uma bronca*** to give a good telling-off, to give a good talking-to; ***levar uma bronca*** to get a good telling-off
bronco *adj.* coarse, obtuse, dull, slow, stupid; slow-witted
broncocele *s. f.* MEDICINA bronchocele (a swelling of the thyroid gland); goitre; mumps
broncofonia *s. f.* MEDICINA bronchophonia
broncopleurisia *s. f.* MEDICINA bronchopleurisy (inflammation involving the bronchia and the pleura)
broncopneumonia *s. f.* MEDICINA bronchopneumonia
broncorragia *s. f.* MEDICINA broncho-haemorrhage
broncorreia *s. f.* MEDICINA bronchorrhea
broncoscopia *s. f.* MEDICINA bronchoscopy
broncoscópio *s. m.* MEDICINA bronchoscope
broncotomia *s. f.* CIRURGIA bronchotomy
bronquial *adj.* bronchial
bronquice *s. f.* stupidity, foolishness
brônquio *s. m.* ANATOMIA bronchus, bronchial tube
bronquíolo *s. m.* ANATOMIA bronchiole
bronquite *s. f.* MEDICINA bronchitis
brontómetro *s. m.* apparatus used in brontology which measures the intensity of thunder
brontossauro *s. m.* brontosaurus
bronzagem *s. f.* bronzing, brazing
bronze *s. m.* bronze; work of art, sculpture medal, etc., made of bronze; brass, gun metal; bells; harshness; insensibility; ***da cor de bronze*** bronze-coloured; ***bronze para canhões*** gun-metal; ***ter um coração de bronze*** to be hard-heartened; ***gravado em bronze*** engraved upon bronze
bronzeado *adj.* bronzed; ***bronzeado pelo sol*** sunburnt, tanned by the sun
bronzeador *s. m.* bronzer
bronzeamento *s. m.* bronzing, brazing
bronzear *v. tr.* to bronze; to give bronze-like surface to; to become brown; to tan
brônzeo *adj.* bronzy, brazen
bronzista *s. m. e f.* worker in bronze
bronzite *s. f.* MINERALOGIA bronzite
broque *s. m.* [técn.] tuyère
broqueamento *s. m.* boring
broquear *v. tr.* to drill, to bore, to pierce
broquel *s. m.* buckler, shield; [fig.] protection, defense, defence
broquelar *v. tr.* to shield, to protect
broqueleiro *s. m.* maker of bucklers; buckler-bearer
broquento *adj.* full of sores, ulcerated; corroded, worm-eaten
brossa *s. f.* printer's brush; horse-brush
brossar *v. tr.* TIPOGRAFIA to brush the typsetting with potash or turpentine
brota *s. f.* spring, fountain
brotamento *s. m.* budding, sprouting; germination
brotar *v. tr. e intr.* to produce; to bud; to spout; to shoot; to spring out; to spring, to germinate, to sprout; to break out (eruptions); to appear (rash of small-pox, etc.); to shoot out; ***as águas brotam da terra*** waters spring from the earth; ***lágrimas brotam dos seus olhos*** tears rise up to her eyes, she weeps
brotinho *s. m.* [Bras.] teenager
broto *s. m.* bud, shoot, sprout; [fig., Bras.] youngster
brotoeja *s. f.* MEDICINA rash-blotches, sudamina
broxa *s. f.* brush; painter's brush; sash tool
broxante *s. m.* house painter, whitewasher
broxar *v. tr.* to whitewash, to paint with a big brush
bruaca *s. f.* a rawhide travelling bag used on horseback; leather bag
brucela *s. f.* MEDICINA Brucella
brucelose *s. f.* MEDICINA brucellosis (ondulant fever)
brucina *s. f.* FARMACOLOGIA brucin(e)
bruco *s. m.* a laserwort
bruços *s. m. pl.* ***de bruços*** flat upon the ground, face downwards

bruega *s. f.* shower, drizzle; drunkenness
brulha *s. f.* bud, shoot (of a plant)
brulho *s. m.* olive husks
brulote *s. m.* fire-ship
bruma *s. f.* haze; mist; fog; [fig.] mystery; uncertainness, uncertainty; darkness
brumaceiro *adj.* foggy, misty, hazy, damp
brumal *adj.* foggy, misty; winterlike; sad, sorrowful; shady, dusky
Brumário *s. m.* Brumaire (second month of the French Revolution's calendar [Oct. 22 to Nov. 21])
brumoso *adj.* hazy, foggy, misty
brunideira *s. f.* ironer; shirt (or collar) dresser
brunido *adj.* ironed; starched; glossy burnished; smoothed with a flat-iron
brunidor *s. m.* burnisher; polisher; burnishing-stick
brunidura *s. f.* burnishing, polishing
brunir *v. tr.* to burnish, to polish; to iron
bruno *adj.* brown, dark; [fig.] unfortunate; sad; gloomy
brusca *s. f.* butcher's broom, knee-holly
bruscamente *adv.* abruptly, brusquely, roughly, curtly
brusco *adj.* brusque, blunt, plain-spoken, rough, abrupt; curt, ungentle, uncivil, short; sudden, hasty
brusquidão *s. f.* brusqueness, bluntness, outspokenness; suddenness
bruta *adj.* ***à bruta*** violently, exceedingly, excessively
brutal *adj.* brutal, coarse, rough, brutish, uncivilized; cruel, inhuman, savage
brutalhada *s. f.* a great number of brutes
brutalidade *s. f.* brutality, savagery; cruelty, inhumanity
brutalização *s. f.* brutalization
brutalizar *v. tr.* to brutalize, to render brutal, to make stupid or brutish
brutalmente *adv.* brutally, violently
brutamontes *s. m.* backwoodsman; boor; country-bumpkin, yokel; brute
brutesco Ⓐ *adj.* rough, unpolished; grotesque Ⓑ *s. m.* grotesque
bruteza *s. f.* brutality
brutidade *s. f.* brutality
brutidão *s. f.* brutality
brutificação *s. f.* brutification
brutificador *adj.* brutalizing
brutificar *v. tr.* to make brute (or stupid)
bruto *s. m., adj.* brute, brutish, coarse, rough, raw; rude, stupid; insensate; beastlike; brute, beast, a cruel (inhuman, gross) person, animal; ***peso bruto*** gross weight; ***força bruta*** brute force; ***em bruto*** shapeless, raw, in the raw state, in the rough
bruxa *s. f.* witch, sorceress; gipsy; soothsayer; bewitching woman; hag, hellcat
bruxar *v. intr.* to practise witchcraft
bruxaria *s. f.* witchcraft, sorcery, witchery, necromancy, the black art, magic
bruxear *v. intr.* ⇒ **bruxar**
bruxedo *s. m.* ⇒ **bruxaria**
bruxo *s. m.* wizard, sorcerer, magician, wonder-worker, necromancer, soothsayer, deviner
bruxuleante *adj.* flickering, wavering
bruxulear *v. intr.* to flicker; to flash and die away by turns, to waver, to bicker
bruxuleio *s. m.* flickering, wavering
buba *s. f.* little skin tumour (or swelling); bubo
búbalo *s. m.* bubal(e)
bubão *s. m.* bubo, adenitis
bubela *s. f.* ⇒ **poupa (bird)**
bubonalgia *s. f.* bubonalgia
bubónica *s. f.* MEDICINA bubonic plague
bubónico *adj.* bubonic; ***peste bubónica*** bubonic plague
bubonocele *s. f.* MEDICINA bubonocele (inguinal hernia)
bucal *adj.* buccal, oral; ***cavidade bucal*** buccal cavity
buçal *s. m.* head-harness, head-gear; halter(-rope)
bucéfalo *s. m.* HISTÓRIA bucephalus; a high-spirited horse; [pop.] riding horse
bucelar *adj.* like a mouth
bucelário *adj.* like a little mouth
bucentauro *s. m.* bucentaur; Venetian state barge
bucha Ⓐ *s. f.* plug, stopper, bung; wad, wadding; a mouthful; pot belly; [fig.] nuisance, inconvenience Ⓑ *s. m. e f.* fat person; ***uma bucha de pão*** a hunk of bread; ***aguentar a bucha*** [fam.] to swallow the pill; ***bucha (de torno)*** chuck
buchada *s. f.* entrails; mouthful, bit; [fig.] overeating, repletion; wad; inconvenience; damage, loss
buchado *adj.* big-bellied, pot-bellied, paunchy
buchar *v. tr.* to feed, to nourish; to fill full
bucheiro *s. m.* habitual drinker; plug seller
buchela *s. f.* goldsmith's pincers
buchim *s. m.* hub-band, metal band to reinforce a wooden hub of a wheel; metal liner
bucho *s. m.* craw, maw; [pop.] stomach, paunch, belly
buchudo *adj.* paunchy, pot-bellied
bucim *s. m.* NÁUTICA gland; ***bucim de expansão*** expansion gland
bucinador Ⓐ *adj.* masseteric Ⓑ *s. m.* MEDICINA buccinator, musticatory muscle, masseter
buco *s. m.* belly of a ship; bulge; capacity; width of a ship
buço *s. m.* down, soft hair; down (on upper lip); first growth of hair
bucólica *s. f.* bucolic, pastoral poem; eclogue
bucólico *adj.* bucolic, pastoral, rustic, simple
bucolismo *s. m.* bucolic poetry; disposition for this type of poetry
bucolista *s. m. e f.* bucolic, a pastoral poet
Bucónidas *s. m. pl.* ⇒ **Buconídeos**
Buconídeos *s. m. pl.* ORNITOLOGIA *Bucconidae* (family of puff-birds)
bucrânio *s. m.* a bullock's skull
buçu *s. m.* bussu (a low palm)
búdico *adj.* Buddhistic
budismo *s. m.* Buddhism
budista *s. m. e f., adj.* Buddhist
bueira *s. f.* NÁUTICA one of the holes cut in floor timbers for drainage to pump-well
bueiro *s. m.* drain-trap; sewer; gutter
buena-dicha *s. f.* fortune, good fortune; ***ler a buena-dicha*** to tell one's fortune, to read one's palm
bufa *s. f.* [vulg.] fart; wind
bufalino *adj.* of (pertaining to, relative to) buffaloes
búfalo *s. m.* buffalo, bison
bufão *s. m.* buffoon, jester, clown, mountebank, harlequin, droll
bufar *v. intr.* to puff; to blow; to boast; to brag; to huff
bufarinha *s. f.* a useless cosmetic; gimcrack, trinket, knick-knack
bufarinheiro *s. m.* pedlar, hawker
bufete *s. m.* sideboard; cupboard; buffet; refreshment bar (or room)
bufido *s. m.* the sound of puffs or whiffs
bufo Ⓐ *s. m.* puffing; ZOOLOGIA eagle owl; spy Ⓑ *adj.* burlesque; grotesque
bufonaria *s. f.* buffoonery, jesting
bufonear *v. intr.* to play the buffoon, to jest
Bufónidas *s. m. pl.* ⇒ **Bufonídeos**
Bufonídeos *s. m. pl.* *Bufonidae*
bufúrdio *s. m.* just, joust; tournament, tilting
bugalha *s. f.* gall-nut, oak-gall; [pop.] ⇒ **igualha**

bugalhinha *s. f.* children's game in which small gall-nuts are used
bugalho *s. m.* oak-apple, oak-gall; gall-nut; ***misturar alhos com bugalhos*** to mix things up
bugalhudo *adj.* like a gall-nut; having prominent staring eyes; goggle-eyed
buganvília *s. f.* BOTÂNICA bougainvillaea
bugia *s. f.* she-ape; wax-candle; candlestick
bugiada *s. f.* a large number of apes
bugiar *v. tr. e intr.* to ape, to mimic (the manners of a monkey); to grimace; to drive piles with a monkey (piledriver); ***mandar bugiar*** to send one packing
bugiarias *s. f. pl.* trifles; gewgaws; apish tricks
bugiganga *s. f.* trifle, gewgaw, knick-knack
bugigangaria *s. f.* a large quantity of trinkets (or trifles), of gewgaws
bugio *s. m.* ape; monkey, simian
buglossa *s. f.* BOTÂNICA bugloss
bugre *s. m.* [depr.] Indian savage (aborigines); civilized Indian; [fig.] brute, treacherous person
búgula *s. f.* BOTÂNICA prunella; self heal, heal-all; bugle
Buingelas *s. m. pl.* East Africa tribe
buinho *s. m.* willow (tree)
buir *v. tr.* to polish, to smooth down
bujão *s. m.* dowel, peg; plug, stopper; ***meter um bujão*** to plug
bujarda *s. f.* a two-headed hammer
bujarrona *s. f.* gib, jib; ***bujarrona-balão*** baloon gib; ***bujarrona de dentro*** inner gib, middle gib; ***bujarrona de fora*** main gib; ***pau da bujarrona*** jib-boom
bula *s. f.* bull, papal (or imperial) edict; *pl.* qualification, capacity
bular *v. tr.* to seal with a bull
bulário *s. m.* bullary, collection
bulastenia *s. f.* abulia, extreme lack of will-power
bulbífero *adj.* bulbiferous, bulbous
bulbiforme *adj.* bulbiform
bulbilho *s. m.* bulbil
bulbilo *s. m.* bulbil
bulbíparo *adj.* ⇒ **bulbífero**
bulbo *s. m.* ⇒ **bolbo**
bulboso *adj.* bulbous
bulcão *s. m.* darkness of the clouds; cloud of heavy smoke; whirl; [fig.] great affliction
buldogue *s. m.* bulldog
bule *s. m.* tea-pot
bule-bule *s. m.* plant pertaining to the *Gramineae*; paper vane, paper wind-mill; weather-cock; fidget
buleiro *s. m.* ecclesiastical official who used to deliver the papal bulls
bulevar *s. m.* boulevard
búlgaro *s. m., adj.* Bulgarian
bulha *s. f.* noise, quarrel, strife; din; disturbance, bustle, commotion, fight, tumult, flutter, fluster, perturbation; ***meter duas pessoas à bulha para conseguir os seus fins*** to play off one person against another; ***fazer bulha*** to make a noise; ***à bulha*** quarrelling
bulhão Ⓐ *adj.* quarrelsome Ⓑ *s. m.* dagger, poniard
bulhar *v. intr.* to fight, to quarrel; to squabble, to wrangle; to make a noise; to shout
bulhento *adj.* quarrelsome, irritable, dissentious
bulício *s. m.* noise, stir, bustle, hurry, fuss, din, blare, uproar, outcry, ado; ***longe do bulício e do movimento da cidade*** far from the maddening crowd; ***fazer grande bulício*** to make a great stir
buliçoso *adj.* restless, turbulent, noisy
bulideira *s. f.* peel, ovenpeel
bulidela *s. f.* touch, stir
bulimia *s. f.* MEDICINA bulimy, bulimia, morbid hunger; [fig.] voracity (for books)
bulir Ⓐ *v. tr. e intr.* to move, to stir, to handle lightly, to fidget, to meddle, to touch Ⓑ *v. refl.* to move oneself
bulista *s. m.* HISTÓRIA curial registerer of bulls
bum! *interj.* boom!
bumba! *interj.* crash!, bang!, splash!
bumbar *v. tr.* to slap, to bang; to beat soundly
bumbo *s. m.* large drum
bundo *s. m.* Angolan language; any Angolan dialect; [depr.] Angolan lingo, jargon; ORNITOLOGIA gambo goose, spur-winged goose
bunheiro *s. m.* basket maker, person who makes articles of osier; willow
bunho *s. m.* BOTÂNICA lake scirpus; bulrush
Bupréstidas *s. m. pl.* ⇒ **Buprestídeos**
Buprestídeos *s. m. pl.* *Buprestidae*
buque *s. m.* small boat
bur *s. m.* Boer
buraca *s. f.* cavern; gap; large hollow, cave
buracão *s. m.* large hole
buracar *v. tr.* ⇒ **esburacar**
buraco *s. m.* hole, gap, hollow, cavity; pit; ***tapar um buraco*** to stop a hole; ***buraco da fechadura*** the bore of a lock, keyhole; ***um buraco na parede*** a hole in the wall; ***buraco de ozono*** ozone hole
burato *s. m.* a lacelike textile fabric
burburinhar *v. intr.* to murmur, to babble, to whisper; to brawl
burburinho *s. m.* outcry, vociferation; disorder; riot; confusion; trouble; tumult; murmur, whisper
buré *s. m.* porridge of green Indian corn
burel *s. m.* burel, coarse woollen cloth; monk's habit
burela *s. f.* HERÁLDICA stripe in an escutcheon
burelado *adj.* horizontally striped (the breadth of the stripes being equal to their distance)
burelina *s. f.* woollen cloth, somewhat finer than burel
bureta *s. f.* burette, graduated glass tube
burgalhão *s. m.* deposit of shell limestone, shell marl
burgau *s. m.* pebble, gravel, shingle; rubble
burgaudina *s. f.* mother-of-pearl extracted from shell banks
burgesso *s. m.* lump; a fat, short, clumsy man
burgo *s. m.* borough; [Esc.] burgh; market town; palace, manor house; pebble, rubble
burgomestre *s. m.* burgomaster
burgravado *s. m.* burgraviate
burgrave *s. m.* burgrave, commander of castle (or fortified town)
burguês Ⓐ *s. m.* citizen, bourgeois, burgess, burgher Ⓑ *adj.* common, vulgar, bourgeois
burguesia *s. f.* citizens; the middle classes collectively; bourgeoisie
burguesismo *s. m.* ⇒ **burguesia**
buri *s. m.* BOTÂNICA Brazilian palm tree
buril *s. m.* chipping chisel; burin; ***buril de goiva*** hollow chisel, round-nosed chisel
burilada *s. f.* line (or stroke) of a chisel (or burin)
burilador *s. m.* engraver
burilar *v. tr.* to engrave, to chisel, to carve; to adorn, to perfect
buritizal *s. m.* grove of buriti palms
burjaca *s. f.* tinsmith's satchel
burjassote *s. m.* variety of fig-tree
burla *s. f.* fraud, cheat, deceit, trick, hoax, scoff, jest, joke
burlado *adj.* duped, deceived, cheated, mocked
burlador *s. m.* tricker; hoaxer, cheat, swindler; deceiver; mystifier
burlão *s. m.* tricker; hoaxer, cheat, swindler; deceiver; mystifier
burlar *v. tr. e intr.* to dupe, to cheat; to swindle; to trick; to take in; to mystify, to fool; ***não me deixo burlar*** I am not to

be swindled; ***burlou-me em doze libras*** he swindled me out of twelve pounds
burlescamente *adv.* ludicrously, comically, jocosely, grotesquely
burlesco *adj.* burlesque, comical, ludicrous, jocose, farcical
burlesquear *v. intr.* to burlesque, to parody; to play the buffoon
burleta *s. f.* burlesque; farce (with music)
burlista Ⓐ *adj.* joking, cheating Ⓑ *s. m. e f.* joker, jester; trickster, sharper, swindler
burloso *adj.* cheating, fraudulent; scoffing, mocking; comical, funny; jocose
burneira *adj.* juicy, sappy (grapes)
burocracia *s. f.* bureaucracy, officialism; red tape; official routine
burocrata *s. m. e f.* bureaucrat; official who works in a bureau (or office); Jack-in-office
burocrático *adj.* bureaucratic; formal, rigid
burocratismo *s. m.* bureaucratism
burocratizar *v. tr.* to give a bureaucratic character to
burra *s. f.* she-ass, jenny-ass; safe, strong-box
burrada *s. f.* drove of asses; [fig.] foolish act, nonsense, blunder
burragem *s. f.* [fig.] foolish act, nonsense, blunder
burranca Ⓐ *s. f.* ordinary she-ass Ⓑ *adj.* idiotic, lazybones, sluggard
burrão *s. m.* big ass (or donkey)
burreco *s. m.* little ass
burrego *adj.* foolish, stupid
burricada *s. f.* drove of asses; nonsense, gross blunder
burrical *adj.* asinine; stupid, doltish, duncish, duncelike
burrice *s. f.* stupidity; obstinacy; dullness, sulkiness
burrico *s. m.* little ass; young donkey
burrié *s. m.* variety of univalve marine mollusc, dog-whelk, marine gasteropods
burrificar Ⓐ *v. refl.* to become stupid (or brutish) Ⓑ *v. tr.* to make stupid (or brutish)
burrinho *s. m.* little ass, young donkey; donkey pump; duplex pump; portable air pump; meloid
burriqueiro *s. m.* donkey driver, muleteer; person who hires out donkeys
burro *s. m.* ass; donkey; stupid fellow, moron; a game at cards, crib (translation); saw-horse; NÁUTICA donkey, donkey-engine, donkey-pump; ***cabeça de burro*** dunderhead, dullhead, thickhead; ***blockhead, burro velho não aprende línguas*** an old dog will learn no tricks; ***burro de carga*** hard worker; ***dar com os burros na água*** to come a cropper
Burseráceas *s. f. pl. Burseraceae* (family of plants)
burundanga *s. f.* confused din of voices, gibberish; medley, confusion, mess; badly prepared (or dirty) food
burusso *s. m.* husk, residue (of fruit); grape-skins
busano *s. m.* ⇒ **gusano**
busardo *s. m.* ZOOLOGIA buzzard
busca *s. f.* search, quest, examination; inquiry, investigation, research; ***ir em busca de*** to go in quest of, to go and look for
buscado *adj.* forced, affected, stiff, formal
buscador *s. m.* searcher, seeker, tracker
buscante *adj.* beater, game beater
busca-pé *s. m.* serpent, cracker (fireworks)
busca-pólos *s. m.* FÍSICA pole-finder
buscar *v. tr.* to search, to seek, to look for; to hunt; to go for; to investigate, to examine; to try; ***ir buscar*** to go for, to fetch; ***ir buscar um livro*** to fetch a book; ***mandar buscar*** to send for
busca-vidas *s. m.* pushing (industrious) person; NÁUTICA creeper
busílis *s. m.* the rub; the knotty point; difficulty, flaw; ***aí é que está o busílis*** there's the rub
bússola *s. f.* compass; [fig.] guide, direction; ***bússola do piloto*** pilot's compass
busto *s. m.* bust, torso; bosom, breast
bustuário *s. m.* bustmaker, sculptor
butadieno *s. m.* QUÍMICA butadiene
butano *s. m.* QUÍMICA butane
bute *s. m.* rough boot
butebo *s. m.* drain pipe at a paper mill; [fig.] a lazy man; ORNITOLOGIA buzzard
butílico *adj.* QUÍMICA butylic
butílio *s. m.* ⇒ **butilo**
butilo *s. m.* QUÍMICA butyl
bútio *s. m.* conduit, pipe; ORNITOLOGIA buzzard; [fig.] blockhead, dunce
butiráceo *adj.* butyraceous
butirada *s. f.* butter cake
butiri *s. m.* BOTÂNICA Brazilian wine-palm
butírico *adj.* QUÍMICA butyric
butirina *s. f.* QUÍMICA butyrin
butirómetro *s. m.* butyrometer (instrument for determining the amount of fat in milk)
butiroso *adj.* butyraceous
Butomáceas *s. f. pl. Butomaceae*
bútomo *s. m.* BOTÂNICA butome
bútua *s. f.* woody tropical vines of moonseed family
butuca *s. f.* spur
butucada *s. f.* sting of gadfly; prick with a spur; stimulus, incitement
butucar *v. tr.* to sling, to prick; to stimulate, to incite
Buxáceas *s. f. pl.* BOTÂNICA *Buxaceae*
buxal *s. m.* place set with box trees
buxeira *s. f.* box tree; boxwood
buxeiro *s. m.* box tree; boxwood
buxete *s. m.* tool used by the tinsmith to enlarge pipes
buxo *s. m.* BOTÂNICA box, boxwood
buzarate Ⓐ *s. m.* boaster, braggart Ⓑ *adj.* boastful; silly, foolish
buzeira *s. f.* bird's excrement
búzera *s. f.* [pop.] belly, paunch
buzilhão *s. m.* a lot of money; [pop.] swelling, tumour
buzina *s. f.* horn, trumpet; hooter; nave of a wheel; NÁUTICA fairlead, fairleader; hawser port; mooring-pipe; warping-chock; ***buzina de nevoeiro*** fog-horn; ***buzina de caça*** hunting-horn; ***buzina de automóvel*** horn
buzinação *s. f.* horn blowing, tooting
buzinada *s. f.* hoot; honk
buzinar *v. intr.* to hoot, to blow, to sound the horn, to toot; to repeat endlessly; ***buzinar algo nos ouvidos de alguém*** to drum something into somebody
búzio Ⓐ *s. m.* dog-whelk Ⓑ *adj.* dull, dim
buzo *s. m.* popular game played with disks of orange peels, corn grains, etc
buzugo *s. m.* bungled work, a badly finished thing

c, C *s. m.* the third letter of the alphabet; 100 in Roman numerals
cá *adv.* here (in this place); hither (to this place); ***cá estamos nós*** here we are; ***cá e lá*** here and there, hither and thither; ***de cá para lá*** to and fro; ***cá no mundo*** here below; ***de então para cá*** since then; ***há cinco anos para cá*** it is five years now; ***dê cá o livro!*** give that book here!; ***venha cá já!*** come here at once!
cã *s. f.* white hair; *pl.* snowy locks
caaba *s. f.* Kaaba, Kaabeh, Caaba
caapiá *s. f.* herb of the mulberry family
caba *s. f.* ENTOMOLOGIA wasp
cabaça *s. f.* gourd; calabash; pumpkin; [Bras.] the second born of twins; ***qual cabaça!*** nothing of the sort!
cabaçada *s. f.* a gourdful
cabaçal *s. m.* gourd-field
cabação *s. m.* big gourd; big pepper
cabaceira *s. f.* calabash tree; bottle gourd, common gourd
cabaceiro *s. m.* calabash tree; bottle gourd, common gourd
cabacinha *s. f.* a small gourd; egg gourd; orange gourd
cabacinho *s. m.* gourd, cucumber, melon (cucurbitaceous plant)
cabaço *s. m.* bottle-gourd, calabash (plant or fruit); drinking vessel made of the shell of this plant; gurnad; hymen
cabaia *s. f.* cabaan, caban
cabal *adj.* just, exact, strict, complete, whole
cabala *s. f.* cabal, cabbala; [fig.] intrigue, plot
cabalar *v. intr.* to cabal, to intrigue, to plot, to conspire
cabaleta *s. f.* MÚSICA short lively song or melodious instrumental composition; duet
cabalino *adj.* [poét.] caballine; of (referring to) Pegasus
cabalista *s. m. e f.* cab(b)alist; plotter, intriguer
cabalístico *adj.* cab(b)alistic(al); secret, occult; mysterious, enigmatical; obscure
cabalmente *adv.* justly, exactly, perfectly, strictly, completely; decisively
cabana *s. f.* hut, cot, cottage; shack (America and Canada); ***amor e uma cabana*** love in a cottage
Cabanada *s. f.* HISTÓRIA [Bras.] popular designation of the insurrection which broke out in Pernambuco in 1882
cabanagem *s. f.* brutal (or bestial) act; savagery, cruelty, atrocity; popular designation of the seditious movement which broke out in Pará in 1835
cabanal *s. m.* tile-covered shed; shelter
cabaneiro *s. m.* a large wicker basket; cottager
cabanejo *s. m.* ⇒ **cabaneiro** (basket)
cabano Ⓐ *s. m.* a large wicker basket; name given to the followers of a political faction in Pernambuco (1830); a giant bat Ⓑ *adj.* having drooping horns (oxen); having drooping ears (said of horses)
cabaz *s. m.* basket; hamper (with a cover); pannier (carried on the back); frail (for packing figs, raisins, etc.); ***um cabaz de ovos*** a basket of eggs; ***um cabaz de morangos*** a basket of strawberries
cabazada *s. f.* basketful; [fig.] heaps, lots
cabazeiro *s. m.* a frail (or pannier) maker
cabe *s. m.* occasion; opportunity; cunning, trickiness, stratagem
cabear *v. intr.* to whisk (or flap) violently with the tail when bitten
cabeça *s. f.* head; chief; ringleader; ruler, leader; mind, brain; intellect; thought; top, summit; ***cada cabeça, sua sentença*** many men, many minds; ***não estar bom da cabeça*** to be off one's head; ***perder a cabeça (ficar desvairado)*** to lose one's head, to be frightened out of one's wits; ***inclinar a cabeça*** to hang one's head; ***da cabeça aos pés*** from head to foot; ***ter boa cabeça*** to have a good head on one's shoulders; ***de cabeça perdida*** off one's head; ***não podes tirar-lhe isso da cabeça*** you cannot get it out of his head; ***tanto por cabeça*** so much per head; ***sem pés nem cabeça*** without rhyme or reason; ***ter uma dor de cabeça*** to have a headache; ***dor de cabeça muito violenta*** a splitting headache; ***quebrar a cabeça*** to cudgel one's brains; ***levantar a cabeça*** to lift up one's head; [fig.] to go up in the world; ***abanar a cabeça*** to shake one's head; ***fazer sinal com a cabeça a*** to nod at; ***não ter cabeça para nada*** to be no good at anything; ***dar com a cabeça nas paredes*** to run mad; ***sentir a cabeça à roda*** to feel dizzy; ***ter cabeça*** to have good sense, to be clever; ***de cabeça para baixo*** head first, headlong; ***de cabeça ao vento*** head to wind; ***cabeça de comarca*** chief-town; ***cabeças de gado*** head of cattle; ***marchar à cabeça*** to lead the way; ***cabeça de parafuso*** screw-head; ***cabeça de rebite*** rivet-head; ***cabeça de alfinete*** pin-head; ***cabeça de ponte*** bridge-head; ***cabeça de nabo*** turniphead; ***cabeça do leme*** rudder-head; ***cabeça do molhe*** jetty head; NÁUTICA ***fazer cabeça*** to cast, to cast off; NÁUTICA ***fazer cabeça sobre o ferro*** to be brought up by her anchor; ***cuidado!, não batas com a cabeça!*** mind you don't bump your head!; ***por cabeça*** per head; ***meter na cabeça a*** to hammer anything into a person's head, to drum it in; ***ter a cabeça em água*** to be all at sea; ***quebrar a cabeça*** to rack one's brains
cabeçada *s. f.* bump with the head; nod; heading (the ball); headstall (of a bridle); ***dar uma cabeçada*** to bump one's head against, to head (a ball), to make a blunder, to make an awful faux pas
cabeça-de-alho-chocho *s. m. e f.* scatter-brain
cabeça-de-cartaz *s. f.* top of the bill; ***ser cabeça-de--cartaz*** to head the bill, to be top of the bill
cabeça-de-casal *s. m.* the surviving spouse who acts as executor of the joint estate
cabeça-de-lista *s. m. e f.* POLÍTICA chief candidate
cabeça-de-pau *s. m.* black-head
cabeça-de-prego *s. m.* boil, tadpole, pimple
cabeça-de-série *s. m. e f.* DESPORTO seeded player; ***segundo cabeça-de-série*** number two seed
cabeça-de-tremoço *s. m.* round-headed screw
cabeça-de-turco *s. m.* NÁUTICA pollard; anyone who takes the blame or appears as the head of a business or enterprise but is only an executor of other peoples' orders
cabeça-de-vento *s. m. e f.* feather-brained person; scatter-brain
cabeçal *s. m.* cotton pledget placed around a wound, compress; headrest, pillow; a cross piece of wood which holds the bell

cabeçalha *s. f.* pole or beam (of a car or carriage)
cabeçalho *s. m.* pole, beam (of a car or carriage); title, heading, head, headline; pillow, headrest; ***cabeçalho de jornal*** newspaper heading (headline, caption)
cabeção *s. m.* clerical collar, tippet; cape
cabeceamento *s. m.* nodding, shaking of the head; heading (a ball)
cabecear Ⓐ *v. intr.* to nod, to shake one's head; to doze; NÁUTICA to swing Ⓑ *v. tr.* to head (a ball)
cabeceio *s. m.* act of shaking the head; head-shake, nodding; heading (the ball)
cabeceira *s. f.* place of honour (at table); top; ***cabeceira de cama*** head of a bed; ***a cabeceira da mesa*** the head of the table
cabecel *s. m.* principal leaseholder, emphyteuta (or partner) of a country estate; vignette at the top of a page
cabecilha *s. m.* head of a faction, ringleader, caudillo
cabecinha *s. f.* little head; coarse wheat flour
cabeço *s. m.* top, round summit (of a hill); hill, hillock; NÁUTICA bitt, mooring, dolphin, timber-head; ***cabeço de cais*** bollard
cabeçorra *s. f.* [pop.] big head; pate
cabeçorro *s. m.* hill, hillock, knoll
cabeçote *s. m.* headstock; sliding-head; ***cabeçote de torno*** headstock, poppet-head; ***cabeçote fixo*** mandrel head; ***cabeçote de locomotiva*** engine-head
cabeçudo Ⓐ *s. m.* toad-fish Ⓑ *adj.* headstrong, obstinate, stubborn, self-willed; pig-headed
cabedal *s. m.* leather, hide; capital, money, fortune, wealth, means, stock
cabedelo *s. m.* sand-bank (in the mouth of a river)
cabeiro Ⓐ *s. m.* a maker of handles (hafts or knobs) Ⓑ *adj.* last; latest, hindmost; ultimate, final; wisdom (tooth)
cabeladura *s. f.* head of hair; hair (with regard to its characteristics and properties)
cabelame *s. m.* roots of a plant; fascicled growth of roots
cabeleira *s. f.* head of hair; wig; coiffure; peruke; nebula (of a comet); ***cabeleira postiça*** false hair, wig; ***cabeleira de vaga*** spoondrift, spindrift
cabeleireiro *s. m.* hairdresser; wigmaker
cabelinho *s. m.* short hair; a small hair; [pop.] ***ter cabelinho na venta*** to be irascible, to be a ticklish customer, to have a bad temper
cabelo *s. m.* hair; hairspring (of a watch); ***arrepiar o cabelo*** to brush one's hair back; ***estar pelos cabelos*** to be on pins, to be on edge; ***(mandar) cortar o cabelo*** to have one's hair cut; ***pôr os cabelos em pé*** to make one's hair stand on end; ***compor o cabelo (pentear)*** to do one's hair; ***escovar o cabelo*** to brush one's hair; ***cabelo liso*** lank hair, straight hair; ***cabelo curto*** bob, crop; ***perder cabelo*** to lose one's hair; ***cabelo postiço*** false hair; ***escova de cabelo*** hairbrush; ***corte de cabelo*** hair-cut; ***arrancar os cabelos*** to tear one's hair; ***trança de cabelo*** a tress of hair; ***cabelo crespo*** frizzy hair; ***cabelo encaracolado*** curly hair; ***gancho de cabelo*** hairpin; ***em cabelo*** bare-headed; ***agarrar a ocasião pelos cabelos*** to take the occasion by the forelock; ***por um cabelo*** by a hair's breath
cabelos *s. m. pl.* BOTÂNICA kind of dodder
cabeludo *adj.* hairy, long haired; ***couro cabeludo*** scalp
cabelugem *s. f.* ⇒ **cabeleira**
caber *v. intr.* to fit in, to go into; to have room (or place); to be one's duty, to fall to one's lot, to concern; to be proper, to be suitable; ***os pés não lhe cabem nos sapatos*** his feet won't go into his shoes; ***não cabemos aqui*** we have no room here; ***caber por sorte*** to fall to one's lot; ***não caber em si de contente*** to be overjoyed, to be beside oneself with joy
cabida *s. f.* relevancy, pertinence; room, capacity; acceptance, approval; good relations; connections, connexion, contact; prestige; worth, worthiness

cabide *s. m.* peg; rack; coat-rail; hat-rack; hanger
cabidela *s. f.* CULINÁRIA stewed giblets (of chicken, duck, goose, etc.); [fig.] opportunity; [pop.] reason, justification
cabido Ⓐ *s. m.* chapter (of a cathedral) Ⓑ *adj.* opportune
cabídola *s. f.* [arc.] capital letter
cabidual *adj.* referring to a chapter (of a cathedral)
cabila *s. f.* designation of many tribes, specially in North Africa
cabilda *s. f.* ⇒ **cabila**
cabimento *s. m.* relevancy, pertinence; capacity, room; reason; opportunity; ***isso não tem cabimento*** there is no reason for it; ***não ter cabimento*** to be irrelevant, not to fit in
cabina *s. f.* cabin; ***cabina do piloto*** pilot's compartment; ***cabina espaçosa*** roomy cabin; ***cabina (de avião)*** cockpit; ***cabina de comboio*** compartment; ***cabina telefónica*** telephone box, call box; ***cabina de provas (em loja)*** fitting room
cabinda Ⓐ *s. m. e f.* Bantu, native (or inhabitant) of the Cabinda territory (West Africa) Ⓑ *adj.* of (or pertaining to or relative to) the Cabindas
cabine *s. f.* ⇒ **cabina**
cabisbaixo *adj.* downcast, depressed, crestfallen, down-in-the-mouth; ashamed, humiliated
cabo *s. m.* the end; cape, headland; handle (of a tool or vessel); cable (a thick strong rope); line; rope; MILITAR corporal; ***cabo de terra*** cape, foreland, headland; ***cabo (pega)*** handle; ***cabo de machado*** helve; ***cabo de ferramenta*** haft; ***cabo de arame*** wire rope; ***cabo eléctrico*** electric cable; NÁUTICA ***cabo de reboque*** tow-line, warping-line; ***cabo de reforço*** preventer rope; ***cabo de salvação*** lifeline; ***cabo de rizar*** reefing-line; ***cabos fixos*** standing-rigging; ***cabo de vaivém*** hauling-line; ***cabo marítimo*** sea-cable; ***cabo de portaló*** man-rope; ***cabo telegráfico*** cable; ***cabo submarino*** submarine cable; ***cabo subterrâneo*** underground cable; ***cabo aéreo*** aerial cable; ***cabo de chapéu-de-chuva*** umbrella-handle, umbrella-stick; ***cabo de vassoura*** broomstick; ***cabo de martelo*** handle of a hammer; ***cabo marinheiro*** leading seaman; NÁUTICA ***cabo da guarda*** corporal of the guard, ship's corporal; ***cabo sinaleiro*** yeoman of signals; ***levar a cabo*** to conclude, to make an end of it, to carry out, to get through; ***dar cabo de*** to do away with, to destroy, to ruin; [coloq.] ***ir às do cabo*** to come to blows, to come to the end of one's tether; ***de cabo a rabo*** from beginning to end; ***ao cabo de uma semana ele apareceu*** at the end of a week he turned up
caboclada *s. f.* [Bras.] a group (or reunion) of *caboclos*; action (or trait) typical of *caboclos*; distrust, suspicion; perfidy, treachery; vindictiveness, revengefulness
caboclo Ⓐ *adj.* copper-coloured Ⓑ *s. m.* a Brazilian half-breed (of White and Indian); a copper-coloured Mulatto with straight black hair; [fig.] a backwoodsman
caboco Ⓐ *adj.* copper-coloured Ⓑ *s. m.* a Brazilian half-breed (of White and Indian); a copper-coloured Mulatto with straight black hair; [fig.] a backwoodsman
cabo-de-guerra *s. m.* high ranking army officer, general; [cal.] brass hat, an old war horse
cabograma *s. m.* cablegram
caboré *s. m.* [Bras.] small day-light owl; youngster among the *caboclos*; earthen pan for cooking
cabotagem *s. f.* cabotage, coasting; coastal trade, coasting-trade; ***fazer cabotagem*** to coast, to coast along; ***peguena cabotagem*** inshore coastal traffic; ***grande cabotagem*** offshore coastal traffic
cabotar *v. intr.* to coast, to coast along, to carry on coasting trade
cabotinagem *s. f.* (third rate) acting; mode of living or behaviour of a *cabotino*
cabotinismo *s. m.* (third rate) acting; mode of living or behaviour of a *cabotino*

cabotino *s. m.* itinerant actor; bad actor; [fig.] charlatan, quack, impostor
caboucar *v. intr.* to dig foundations, to lay the foundation
cabouco *s. m.* ditch, trench, foundation
cabouqueiro *s. m.* navvy; ditchdigger; quarryman; pioneer
cabo-verdiano Ⓐ *adj.* of Cabo Verde Ⓑ *s. m.* native (or inhabitant) of Cabo Verde
caboz *s. m.* ICTIOLOGIA shanny, chub (fish); blenny
cabra *s. f.* ZOOLOGIA she-goat, nanny-goat; rochet (a kind of a reddish fish); [Bras.] mongrel; [fig.] bad-tempered woman
cabra-cega *s. f.* blindman's buff; [Bras.] popular designation of a dragonfly
cabrada *s. f.* flock of goats
cabra-loira *s. f.* ⇒ **cabra-loura**
cabra-loura *s. f.* ZOOLOGIA a stag beetle
cabramo *s. m.* a rope employed to tie the foot of an ox to its horn
cabrão *s. m.* buck, he-goat, billy-goat, big goat; [pop.] a compliant cuckold
cábrea *s. f.* winch, hoist; cable (thick rope); shears; ***cábrea flutuante*** shears hulk
cabreado *adj.* said of the horse standing on its hind legs represented on the coat of arms
cabrear *v. tr.* to stand on the hind legs
cabreiro Ⓐ *s. m.* shepherd of a herd of goats Ⓑ *adj.* said of a kind of cheese
cabrejar *v. intr.* to caper, to prance, to frolic
cabrestante *s. m.* NÁUTICA capstan, winding-engine, winch; ***cabrestante e aparelhos*** ground tackle; ***cabrestante pequeno*** jeer capstan
cabrestão *s. m.* a reinforced halter
cabrestear *v. intr.* to be easily led by (or as by) a halter
cabresteira *s. f.* NÁUTICA mooring, bridle, pendant
cabresteiro Ⓐ *s. m.* halter-maker (dealer) Ⓑ *adj.* docile
cabrestilho *s. m.* a small halter, a spur strap
cabresto *s. m.* halter; lead ox; BOTÂNICA wild radish; NÁUTICA bobstays; ***cabrestos do gurupés*** bobstays of the bowsprit
cabrião *s. m.* a persistent moaner
cabril Ⓐ *s. m.* stable for goats, goat pen; way for goats Ⓑ *adj.* craggy, rough (way)
cabrilha *s. f.* NÁUTICA gin, small shears; capstan bar
cabrim *s. m.* tanned goat hide
cabrinha *s. f.* little goat, female kid; red gurnad, red crooner; [Bras.] a variety of mango
cabriola *s. f.* caper, skip, gambol, leap, frisk, frolic; somersault
cabriolar *v. intr.* to caper, to skip, to gambol, to leap, to frisk, to frolic; to caper about; to somersault, to make (to turn) a somersault
cabriolé *s. m.* cabriolet, cab, one-horse chaise
cabriolice *s. f.* capering, prancing, frolicking
cabrita *s. f.* small female kid; catapult; dissolute woman; ***às cabritas*** upon one's shoulders, pick-a-back, pick-pack
cabritada *s. f.* a flock of kids
cabritar *v. intr.* to skip, to caper, to frolic, to frisk
cabriteiro *s. m.* goat-dealer
cabrito *s. m.* kid
cabrito-montês *s. m.* mountain-goat
cabro *s. m.* billy-goat
cabrum *adj.* related to goats or kids
cabuchão *s. m.* any cone-shaped and hollow object
cabucho *s. m.* the coniform end of a sugar-loaf; a cone-shaped lapidation (of a gem)
cábula Ⓐ *s. m. e f.* lazy student, slacker Ⓑ *adj.* wily, lazy, cunning; ***cábula de estudante*** crib
cabular *v. intr.* to slack; to cheat, to crib
cabulice *s. f.* truancy, act (or habit) of playing truant; idleness, laziness
caburé *s. m.* ⇒ **caboré**
caca *s. f.* feces, excrement(s); [vulg.] shit; turd, ordure, dung; dirt, filth
caça Ⓐ *s. f.* hunting, hunt, chasing, chase; shooting (especially for sport); [fig.] pursuit, investigation, hunt, chase Ⓑ *s. m.* AERONÁUTICA fighter-plane; NÁUTICA chaser; ***ir à caça*** to go shooting, to go hunting; ***dar caça a*** to chase, to hunt; ***matar caça*** to shoot game; ***levantar a caça*** to start game; ***partida de caça*** hunting-party; ***abertura da caça*** first day of the shooting; ***tempo da caça*** open season; ***defeso da caça*** close season; ***tapada com caça para desporto*** game-preserve; ***caça grossa*** big game; ***caça miúda*** small game; ***caça à raposa*** fox-hunting; ***cão de caça (à raposa)*** hound; ***lugar de caça*** hunting-ground
cacaborrada *s. f.* [vulg.] piece of stupidity, blunder; foolishness; botching, bungling; nonsense
cacada *s. f.* old furniture; heap of potsherds; burst of laughter
caçada *s. f.* hunt; chase; hunting-party; safari; hunting (the game killed on that very day), bag; ***caçada às raposas*** fox-hunting
caçadeira *s. f.* hunting-gun, fowling-piece; hunting cape (coat)
caçado *adj.* hunted, caught, bagged; [fig.] sly, cunning; experienced
caçador *s. m.* hunter, huntsman, sportsman; MILITAR sniper, gunner; ***caçador furtivo*** poacher
caçadora *s. f.* huntress
caçamba *s. f.* bucket, pail; well-bucket; a shoelike stirrup; dump cart, a 5-gallon can; an old tub (ship); a rattletrap vehicle
caça-minas *s. m.* NÁUTICA mine-sweeper
caça-moscas *s. m.* ORNITOLOGIA fly catcher, gnat-snapper
caçante *adj.* hunting
cação *s. m.* shark, skate, dog-fish; [Bras.] a drink (or soup) made of manioc flour, salt, pepper and water
caçapear *v. intr.* to scurry, to patter (of rabbits)
caçapeira *s. f.* rabbit-hole, rabbit-burrow
caçapeiro *s. m.* BOTÂNICA purple foxglove
caçapo *s. m.* young rabbit; [fig.] stocky man; butcher
caçar Ⓐ *v. tr.* to hunt, to shoot; to chase; to pursue; to catch; NÁUTICA to haul in (sails); to draw in (cables) Ⓑ *v. intr.* NÁUTICA to make leeway; to go (be out) shooting (hunting); ***caçar com redes*** to catch with a net; ***caçar aves*** to fowl, to go birding; ***caçar coelhos*** to rabbit; ***caçar raposas*** to fox-hunt; ***caçar de espera*** to stalk; ***caçar em terreno defeso*** to poach; NÁUTICA ***caçar a beijo*** to sheet home
cacaracá *s. m.* [pop.] ***de cacaracá*** of no importance, insignificant
cacarecos *s. m. pl.* chipped old household goods, old pieces of furniture
cacarejador *s. m.* clucker; prattler, tattler
cacarejar *v. intr.* to cackle, to cluck; to crow; ***a galinha cacareja*** the hen clucks
cacarejo *s. m.* cackle, cluck
cacaréus *s. m. pl.* ⇒ **cacarecos**
cacaria *s. f.* heap of potsherds; shards; [Bras.] thieves' den
caçarola *s. f.* casserole, pan
cacatua *s. f.* ZOOLOGIA cockatoo
cacau *s. m.* cocoa; ***semente de cacau*** cocoa bean; ***manteiga de cacau*** cocoa butter
cacaual *s. m.* cocoa plantation (grove)
cacaueiro *s. m.* cocoa-palm
cacauzeiral *s. m.* ⇒ **cacaual**
cacauzeiro *s. m.* ⇒ **cacaueiro**
caçava *s. f.* manioc flour, cassava starch
cácea *s. f.* NÁUTICA leeway, drifting; ***ir à cácea*** to drift, to club
cacear *v. intr.* NÁUTICA to drift down
caceia *s. f.* a system of extensive nets which are fastened to several fishing boats
caceta *s. f.* soupladle

cacetada *s. f.* blow (with a club)
cacete Ⓐ *s. m.* club, stick, cudgel; a long loaf of bread Ⓑ *adj.* [Bras.] tiresome, boresome
caceteação *s. f.* cudgeling; boredom
cacetear *v. tr.* to cudgel; [Bras.] to pester, to bore (someone) to death
caceteiro *s. m.* clubman, wrangler, brawler, quarreller
cacha *s. f.* dissimulation; that which is made covertly; trap; the half of a handkerchief (cut diagonally)
cachaça *s. f.* rum, sugar-cane brandy
cachaçada *s. f.* blow (on the nape)
cachação *s. m.* blow (on the nape)
cachaceira *s. f.* large nape; flesh of the nape of the pig; pall piece of a bridle; [Bras.] drunkness
cachaceiro Ⓐ *adj.* haughty; proud, arrogant, overbearing Ⓑ *s. m.* a fellow given to excessive drinking; sot, tippler, swizzler; plant of the family *Rutaceae*
cachaço *s. m.* nape, the back of the neck
cachaçudo *adj.* large-necked; proud, haughty; arrogant, overbearing
cachada *s. f.* a clearing of land by fire
cachafundo *s. m.* [reg.] dive, plunge, header
cachagens *s. f. pl.* nostrils; gills
cachalote *s. m.* ZOOLOGIA cachalot
cachamorra *s. f.* club, bludgeon, cudgel
cachamorrada *s. f.* a blow with a club
cachamorreiro *s. m.* clubman, club bearer, one who beats with a club
cachão *s. m.* bubble (of boiling water); gush, rush; foam, spray; [Índ.] strong head-wind; ***fazer cachão*** to foam; ***a ferver em cachão*** piping hot
cachapeira *s. f.* mullein
cachapeiro *s. m.* mullein
cachapim *s. m.* ⇒ **chapim** (bird)
cachaporra *s. f.* [vulg.] club, mace, cudgel
cachaporrada *s. f.* a blow with a cudgel
cachar *v. tr.* to hide, to conceal; to cloak; to close, to stop up; to set traps, to lay a snare; to betray, to double-cross; to mislead, to mystify; to act (to proceed) in an under-hand way
cacharolete *s. m.* cocktail
cacheado *adj.* clustery, bunch, in clusters; curly, ondulated; tressed, braided
cachear *v. intr.* to bunch; to make into bunches; to ear, to form into ears; to copulate (birds)
cachecol *s. m.* scarf, neck-scarf, muffler, neckerchief
cacheira *s. f.* club, bludgeon, cudgel; crook
cacheirada *s. f.* blow with a club
cacheiro *adj.* hiding, concealing; [fig.] cunning, wily, sly
cachené *s. m.* neckerchief, muffler, scarf
cacherá *s. m.* ⇒ **pintarroxo**
cacheta *s. f.* cessation of bidding in spite of low cards
cachetar *v. intr.* to play around; to jest, to banter, to joke with; to jeer, to make fun of, to mock at
cachia *s. f.* the flower of the sweet acacia
cachibro *s. m.* woman's breast
cachiço *s. m.* pith; husks of grapes; twig
cachimbada *s. f.* pipeful (of tobacco), fill (of tobacco); puff; ***fumar uma cachimbada*** to smoke a pipe; ***dar cachimbadas*** to puff away at one's pipe; ***ele dava cachimbadas, enquanto conversávamos*** he puffed away at his pipe while we talked
cachimbador Ⓐ *s. m.* pipe smoker Ⓑ *adj.* pipe-smoking
cachimbar *v. tr.* to smoke a pipe; to despise, to cheat, to deceive; [Bras.] to meditate
cachimbo *s. m.* pipe, tobacco-pipe; candle socket; hinge pin, socket
cachimónia *s. f.* [pop.] head; wits, brains
cachinada *s. f.* scoffing laugh; mocking, jeering
cachinador *s. m.* mocker, jeerer, scoffer, taunter
cachinar *v. tr.* to laugh in scorn, to deride, to sneer; to break out into a fit of laughter; to scoff, to jeer, to gibe; to cachinnate
cacho *s. m.* bunch, cluster; curl, ringlet (of hair); ***um cacho de uvas*** a bunch of grapes; ***um cacho de bananas*** a bunch of bananas
cachoante *adj.* bubbling, foaming
cachoar *v. intr.* to spurt, to gush out; [fig.] to stir up a tumult
cachoça *s. f.* [reg.] beating
cachoeira *s. f.* waterfall, cataract, linn, cascade, rapids
cachoeirar *v. intr.* to cascade, to fall (to drop) in a cascade; to cataract, to fall (to tumble) in a cataract
cachola *s. f.* [pop.] head, nut, noddle; ⇒ **cachimónia**
cacholada *s. f.* stewed pork entrails
cacholeta *s. f.* rap on the head (with the hand or with a stick)
cachonceira *s. f.* a head of hair, long hair
cachonda *adj.* ruttish (of a female)
cachondear *v. intr.* to rut, to be on heat (of a bitch)
cachopa *s. f.* girl, lass; country maiden
cachopada *s. f.* a number (group) of youngsters
cachoparrão *s. m.* strong lad
cachopice *s. f.* boyish (or girlish) act, childish act
cachopo *s. m.* boy, lad, urchin; rock, shoal; [fig.] hindrance, danger
cachorra *s. f.* female puppy; she-dog, bitch; albacore (fish); [cal.] prostitute, tart
cachorrada *s. f.* a pack of dogs; ARQUITECTURA corbelling, corbel work; [fig.] wickedness, dirty trick; mob, rabble
cachorreira *s. f.* wicked action (or conduct); dirty trick; lowness, meanness; indignity, outrage
cachorrice *s. f.* wicked action (or conduct); dirty trick; lowness, meanness; indignity, outrage
cachorro *s. m.* pup, whelp, puppy; ARQUITECTURA corbel, corbelling, prop; scoundrel, wretch, dog
cachorro-da-areia *s. m.* [Bras.] ⇒ **ralo**
cachorro-quente *s. m.* hot dog
cachu *s. m.* ⇒ **catechu**
cachucha *s. f.* cachucha (Spanish dance)
cachuchar *v. intr.* to dance the cachucha
cachucho *s. m.* variety of bream (fish); curlpapers (for twisting hair into curls); massive ring; pith (of a quill)
cachudo *adj.* having big clusters
cacical *adj.* of (pertaining to or related to) a tribal chief
cacicar *v. intr.* to win votes for an election
cacifeiro *s. m.* canon of a diocese who acts as a treasurer of the chapter; the gambler who collects the stakes at certain card games; locker seller or maker
cacifo *s. m.* locker; file-case; box, drawer; dark recess; ***cacifos de uma secretária*** pigeon-holes
cacilheiro Ⓐ *s. m.* ferry operating between Lisbon and Cacilhas; inhabitant or native of Cacilhas Ⓑ *adj.* relating to Cacilhas
cacimba *s. f.* fog; haze, mist; drizzle, fine rain; dew; waterhole, well
cacimbar *v. intr.* to form a lot of water-holes; to become waterlogged (or swampy); to envelop with fog, to become foggy (or misty)
cacique *s. m.* cacique; Indian chief; local political boss
caciquismo *s. m.* influence (or power) of a cacique; rule of an Indian tribal chief; [Bras.] caciquism (domination by petty political bosses); arbitrary act
caciz *s. m.* Moorish priest (East Africa)
caco *s. m.* potsherd; piece of broken pottery; sick old person; a ruin
caço *s. m.* earthen frying pan; casserole, saucepan; ladle, spoon
caçoada *s. f.* mockery, scoff, jest, jeer, fun, derision; ***fazer caçoada de*** to make fun of

caçoador Ⓐ *s. m.* mocker, jester, joker, teaser Ⓑ *adj.* mocking, jesting, teasing
caçoar *v. tr.* to mock, to jest, to jeer, to scoff; to make sport of, to make fun of, to tease, to kid, to pull somebody's leg; ***ela está a caçoar de mim*** she is pulling my leg
caçoaria *s. f.* great mockery
cacodilato *s. m.* QUÍMICA cacodylate
cacodilo *s. m.* QUÍMICA cacodyl, nethyl arsenide
cacoépia *s. f.* bad (or incorrect) pronunciation
cacofagia *s. f.* MEDICINA predilection for repulsive food
cacófago *adj.* MEDICINA that which (he who) eats repulsive food
cacófato *s. m.* a cacophonous word (or expression); cacaphony
cacófaton *s. m.* ⇒ **cacófato**
cacofilia *s. f.* preference for mean, ugly or wrong things
cacofonia *s. f.* cacophony
cacofónico *adj.* cacophonous
cacografar *v. tr. e intr.* to spell (to write) incorrectly
cacografia *s. f.* cacography
cacográfico *adj.* cacographic(al)
cacógrafo *s. m.* cacographer
caçoila *s. f.* saucepan, casserole
caçoísta Ⓐ *s. m. e f.* joker, jester, teaser, mocker Ⓑ *adj.* mocking, jesting, jeering; teasing, bandering
cacolalia *s. f.* incorrect spelling
caçoleta *s. f.* frying-pan; crucible; fire-pan, percussion cap (of rifles)
cacologia *s. f.* cacology
cacológico *adj.* cacologic(al)
cacometria *s. f.* cacometry
cacopatia *s. f.* MEDICINA cacopathy
cacoquimia *s. f.* MEDICINA a morbid state of the bodily humours
cacosmia *s. f.* olfact aberration that makes people enjoy unpleasant smells
cacoso *adj.* dirty, filthy; [reg.] old, decayed
cacostomia *s. f.* MEDICINA cacostomia; bad breath
cacotecnia *s. f.* lack of skill
caçoula *s. f.* ⇒ **caçoila**
caçoulada *s. f.* contents of a saucepan; dish prepared in a saucepan
caçoulo *s. m.* little saucepan
Cactáceas *s. f. pl.* BOTÂNICA *Cactaceae*
cactiforme *adj.* cactiform, cacoid
cacto *s. m.* cactus
cactóide *adj.* ⇒ **cactiforme**
cacual *s. m.* ⇒ **cacaual**
cacueiro *s. m.* ⇒ **cacaueiro**
caçula Ⓐ *s. m.* the youngest child of a family, baby Ⓑ *adj.* youngest
cacúmen *s. m.* peak, top, summit
cacuminal *adj.* said of the consonant pronounced with the tip of the tongue
caçurrento *adj.* dirty, filthy
caçurro *s. m.* dirt, filth, dirtiness, filthiness
cada *adj., pron.* each, every; ***cada vez mais*** more and more; ***cada vez que*** whenever; ***cada vez pior*** worse and worse; ***cada vez melhor*** better and better; ***cada qual*** everyone; ***cada um de nós*** each of us; ***cada um por si e Deus por todos*** each one for himself and God for all; ***o rapaz diz cada disparate!*** the boy talks such nonsense!; ***cada vez menos*** less and less; ***de cada vez*** at a time, each time, every time; ***cada qual sente o seu mal*** the wearer knows best where the shoe pinches; ***cada um sabe as linhas com que se cose*** everyone knows what fits him best
cadabulhar *v. tr.* to dig a field (where the plough cannot be used)
cadabulho *s. m.* unploughed plot (which has to be dug)
cadafalso *s. m.* scaffold; scaffolding; gibbet, gallows
cadaneiro *adj.* produced each year; annual
cadarço *s. m.* floss silk; silk braid; binding tape; fringe, tassel
cadaste *s. m.* NÁUTICA post, stern post; rudderpost, rudder-stock
cadastrado Ⓐ *adj.* registered in a cadastre Ⓑ *s. m.* jail-bird, lag; a convict
cadastragem *s. f.* organizing of records
cadastral *adj.* cadastral
cadastrar *v. tr.* to register, to survey, to enter (in records)
cadastro *s. m.* cadastre, dossier; register of assessment; criminal record; census (of population); ***cadastro bancário*** credit rating
cádava *s. f.* the scorched stalks of plants after fire on a field
cadaval *s. m.* a burned area full of charred stalks
cadáver *s. m.* cadaver, dead body, corpse; ***só por cima do meu cadáver*** only over my dead body
cadavérico *adj.* cadaveric, cadaverous; ***estado cadavérico*** cadaverousness
cadaverina *s. f.* cadaverine
cadaveroso *adj.* cadaverous, cadaveric; resembling a cadaver
cadaxo *s. m.* ⇒ **cadeixo**
cade *s. m.* BOTÂNICA sharp cedar; prickly juniper
cadeado *s. m.* padlock, chain
cadeeiro *s. m.* ⇒ **carcereiro**
cadeia *s. f.* chain; fetter(s), shackle(s); prison, gaol, jail; succession, series, sequel; ***ponto de cadeia*** chain-stitch; ***cadeia métrica*** land-surveying chain; ***cadeia de engate*** coupling chain; ***cadeia de estações de rádio*** hook-up of radio stations; ***cadeia de montanhas*** mountain-chain, mountain-range; ***cadeia alimentar*** food chain
cadeira *s. f.* seat; chair; seat of authority; chair (professorial post at a University); *pl.* hips; ***cadeira de História*** Chair of History; ***cadeira de inválido*** invalid chair; ***cadeira (no teatro)*** stall (in a theatre); ***cadeira de palhinha ou de junco*** cane-chair; ***cadeira de braços*** armchair; ***cadeira estofada*** upholstered chair; ***cadeira de balouço*** rocking-chair; ***cadeira giratória*** revolving-chair, swivel-chair; ***cadeira que arma em cama*** chairbed; ***cadeira articulada*** folding-chair, camp-chair; ***cadeira de rodas*** wheel-chair, push-chair; ***enterrar-se numa cadeira de braços*** to sink down into an armchair
cadeirado Ⓐ *s. m.* rows of chairs linked together and built into the wall of a choir (lecture hall, etc.) Ⓑ *adj.* large-hipped, having broad hips
cadeiral Ⓐ *s. m.* rows of chairs linked together and built into the wall of a choir (lecture hall, etc.) Ⓑ *adj.* large-hipped, having broad hips
cadeirão *s. m.* large chair
cadeireiro *s. m.* chair-maker, chair manufacturer; [Bras.] sedan-chair bearer
cadeirinha *s. f.* sedan-chair; ladychair
cadeixo *s. m.* old book; a piece of thread (or string); a curl of hair
cadela *s. f.* she-dog; bitch (female of dog, fox or wolf); [cal.] prostitute, strumpet
cadelinha *s. f.* little she-dog; kind of cockle
cadelo Ⓐ *s. m.* little dog; millclapper Ⓑ *adj.* knavish
cadência *s. f.* cadence, cadency, rhythm, measured movement; intonation; MÚSICA cadenza; [fig.] inclination, bent, propensity
cadenciado *adj.* cadenced, regular, measured, rhythmic(al); harmonious
cadenciar *v. tr.* to give rhythm (cadence) to; to render rhythmical; to cadence
cadencioso *adj.* rhythmic(al); cadenced, regular, in cadence
cadenilha *s. f.* ARQUITECTURA a narrow lace adorned with a chain stitch embroidery; purl, lace edging

cadente *adj.* cadent, falling
caderna *s. f.* HERÁLDICA a set of four similar pieces in an escutcheon
cadernaço *s. m.* voluminous exercise-book
cadernal *s. m.* pulley block, block; ***cadernal de dois gornes*** double block; ***cadernal de rabicho*** tail-block
caderneta *s. f.* note-book; bank-book, pass-book (of a bank); register (school); ***caderneta de banco*** pass-book; ***caderneta de automóvel*** log-book; ***caderneta de poupança*** savings account
caderno *s. m.* copy-book, exercise-book; ***caderno de encargos*** building agreement, building contract, specification, copy-book; ***caderno de apontamentos*** note-book, jotter; ***caderno de papel*** quire of paper
cadete *s. m.* cadet; [fig.] a dapper fellow; ***cadete naval*** naval cadet; ***cadete militar*** military cadet
cadexo *s. m.* ⇒ **cadeixo**
cádi *s. m.* cadi
cadilha *s. f.* fringe, loose ends, cares, worries
cadilhos *s. m. pl.* fringe, loose end
cadimes *s. m. pl.* NÁUTICA curved boards forming the bow
cadimo *adj.* expert, skilful; dexterous; sly, cunning, shrewd; usual, frequent
cadinhar *v. tr.* to crucible, to melt in a crucible
cadinho *s. m.* crucible, melting-pan (pot)
cadivo *adj.* too ripe; overripe; falling; decrepit; senile, decadent; deciduous
cadmeu *adj.* cadmean
cadmia *s. f.* calamine
cádmio *s. m.* QUÍMICA cadmium
cado *s. m.* [arc.] cadus, old vessel to keep drinks; old capacity measure
cadorna *s. f.* [Bras.] common quail
cadorno *s. m.* BOTÂNICA privet
cadouço *s. m.* hiding place for fishes (in rivers)
cadoura *s. m.* linen rope to pull nets
cadoz *s. m.* an office that doesn't produce any business; ICTIOLOGIA gudgeon; [fig.] man worn out by depraved life; [Bras.] dustbin
caduca *s. f.* ANATOMIA decidua
caducante *adj.* decrepit, growing old, decadent
caducar *v. intr.* to become decrepit; to grow old; to weaken; to become invalid; to lapse; to forfeit; to become null and void
caducário *adj.* DIREITO subject to lapse (or forfeit); decayable; of (or relative to) anything transitory
caduceador *s. m.* parliamentary; herald
caduceu *s. m.* MITOLOGIA caduceus
caducidade *s. f.* caducity; decay, decadence; DIREITO lapse, forfeit; expiry
caducífero *adj.* caduceus
caducifólio *adj.* caducifoliate
caduco *adj.* decrepit; broken-down, weak; transitory; caducous, caduke; DIREITO subject to forfeit (lapse); BOTÂNICA deciduous; null and void; expired
caduquice *s. f.* ⇒ **caducidade**
cafajestada *s. f.* low behaviour; boorishness, churlishness; mob, rabble
cafajeste *s. m.* a low (dishonest, offensive) person
cafal *s. m.* Abyssinian resin
cafarnaum *s. m.* [fig.] a depot for old things; meeting place of rowdies (or hooligans or hoodlums); cavern, hut, hiding place, den
café *s. m.* coffee; coffee-house; café; a cup of coffee; ***moinho de café*** coffee-mill; ***café sem leite*** black coffee, espresso (or expresso); ***café com leite*** white coffee; ***semente de café*** coffee-bean; ***borras de café*** coffee-grounds; ***o café tem bom sabor*** the coffee tastes good; ***torrar café*** to roast coffee
cafeal *s. m.* ⇒ **cafeeiral**
cafedório *s. m.* [pop.] a weak watery coffee
cafeeiral *s. m.* coffee-plantation
cafeeiro *s. m.* BOTÂNICA coffee-tree
cafeico *adj.* QUÍMICA caffeic
cafeicultor *s. m.* coffee grower, coffee planter
cafeicultura *s. f.* coffee growing, coffee planting
cafeína *s. f.* QUÍMICA caffeine
cafeísmo *s. m.* MEDICINA caffeinism (intoxication caused by caffeine as from excessive use of coffee)
cafeona *s. f.* QUÍMICA caffeol, aromatic coffee oil
cafeteira *s. f.* coffee-pot
cafeteiro *s. m.* [Bras.] proprietor of a coffee-shop
cafezada *s. f.* large quantity of coffee being drunk
cafezal *s. m.* ⇒ **cafeeiral**
cafezeiral *s. m.* ⇒ **cafeeiral**
cafezeiro *s. m.* coffee-dealer; coffee addict; ⇒ **cafeeiro**
cafezista *s. m. e f.* coffee addict; [Bras.] coffee-planter
cáfila *s. f.* caravan, cafila; [fig.] band, gang
cafona Ⓐ *adj.* [Bras.] tacky Ⓑ *s. m. e f.* [Bras.] tacky person
cafonice *s. f.* [Bras.] tackiness; [Bras.] tacky thing
cafraria *s. f.* a crowd of Kaffirs
cafre *s. m.* Kaf(f)ir, Caffre
cafreal *adj.* Kaffir; of (or relative to) Kaffirs
cafrice *s. f.* action typical of Kaffirs; [fig.] cruelty, barbarity
cafua *s. f.* cavern, hiding-place; cave, den
cafurna *s. f.* cavern, hiding-place; cave, den
cafuzo *s. m.* [Bras.] ⇒ **carafuzo** Ⓐ
cagaçal *s. m.* dunghill; shoal of dolphins hunting sardines; [vulg.] loud noise
cágado *s. m.* ZOOLOGIA tortoise; fresh-water tortoise; [fig.] cunning (sly) fellow
cagaita *s. f.* BOTÂNICA [Bras.] myrtle-berry (the *Eugenia dysenterica* variety)
cagaiteira *s. f.* BOTÂNICA [Bras.] myrtle-tree (the *Eugenia dysenterica* variety)
caga-lume *s. m.* [pop.] glowworm, firefly
caga-na-saquinha *s. m. e f.* fearful insignificant person
caganato *s. m.* tadpole, polliwog, pollywog
caganeta *s. f.* [cal.] ⇒ **caganita**; fright
caganifância *s. f.* insignificant matter (or thing)
caganita *s. f.* droppings of goats, sheep, rabbits, rats, etc.
caganito *s. m.* a very short man; feeble child; ⇒ **caganita**
cagar *v. tr.* to defecate; [vulg.] to shit; [fig.] ***cagar-se de medo*** to be shit scared
cagarola *s. m. e f.* weakling; coward, dastard, wheyface
cagarraz *s. m.* grebe
cagarreta *s. m. e f.* stumpy person
caguinchas *s. m. e f.* [pop.] milksop, wheyface; coward, dastard
caiação *s. f.* whitewashing
caiada *s. f.* ORNITOLOGIA wheatear
caiadela *s. f.* whitewashing
caiador *s. m.* whitewasher
caiadura *s. f.* act (or effect) of whitewashing; a coat of whitewash
caiar *v. tr.* to whitewash; to overdo one's make-up; [fig.] to disguise, to conceal
cãibra *s. f.* MEDICINA cramp; ***cãibra no pescoço*** crick in the neck; ***cãibra que incapacita de escrever*** writer's cramp; ***cãibra nos dedos das mãos*** tailor's cramp
caibrada *s. f.* blow, stroke (with a *caibro*)
caibral *adj.* concerning (pertaining to or serving to fasten) rafters
caibramento *s. m.* the system of rafters of a roof, timber-work of a roof
caibrar *v. tr.* to rafter, to provide with rafters
caibro *s. m.* rafter(s), timber for the roof
caída *s. f.* fall, falling; decay; downfall; declivity
caide *s. m.* alcayde, chief among the Moors

caideiro *adj.* [pop.] deciduous; ⇒ **caduco**
caidela *s. f.* ⇒ **queda**
caidiço *adj.* ⇒ **caduco**
caído Ⓐ *adj.* fallen, decayed Ⓑ *s. m. pl.* arrears; remnants, leaving, scraps
caieira *s. f.* lime-kiln
caieiro *s. m.* boy who carries the whitewash; whitewasher
caim *s. m.* fratricide; scoundrel, rascal; yelp of a dog
caimão *s. m.* cayman
caimento *s. m.* fall, falling; dropping; depression, slope; weakening, faintness; NÁUTICA sinking; [fig.] ruin; dejectedness; ***caimento (de navio)*** trim (of ship); ***caimento (de mastro)*** rake (of mast); ***ter caimento (mastro, cadaste, etc.)*** to rake (mast, post, etc.)
cainça *s. f.* pack of dogs
cainçada *s. f.* ⇒ **cainça**
cainçalha *s. f.* ⇒ **cainça**
cainçar *v. intr.* [reg.] to rut, to be on heat (of bitch)
cainhar *v. intr.* to yelp, to bark (dogs)
cainheza *s. f.* avarice, covetousness; meanness, stinginess; pettiness, paltriness
cainho *adj.* avaricious, niggardly, stingy, miserly
caio *s. m.* ⇒ **caiadura**
caipira *s. m.* [Bras.] backwoodsman, rustic; hayseed, hick, yokel
caipirada *s. f.* a band or group of caipiras
caipora Ⓐ *adj.* unfortunate, unlucky (in business) Ⓑ *s. m. e f.* will-o'-the-wisp; goblin; imp; [Bras.] persistent misfortune
caiporice *s. f.* ⇒ **caiporismo**
caiporismo *s. m.* [Bras.] persistent misfortune; bad luck; adversity; ill-omen
caíque *s. m.* caique; light sailing-boat; coast-fishing vessel
caiqueiro *s. m.* sailor of a caique
cair *v. intr.* to fall, to fall down; to tumble; to drop; to sink; to descend, to slope down; to happen, to befall; to break down, to collapse; to drop down, to decay; ***cair desastradamente*** to come a cropper; ***cair em falta*** to put oneself in the wrong; ***cair por terra*** to fall to the ground; ***cair baixo*** to sink low; ***cair em sorte*** to come in one's way, to fall to one's lot; ***não ter onde cair morto*** to be reduced to beggary, to have nowhere to lay one's head; ***cair como um pato*** to get it in the neck; ***cair em desuso*** to fall into disuse; ***cair em graça*** to win a person's favour; ***cair de cama*** to fall ill, to be taken ill, to take to one's bed; ***cair na ratoeira*** to fall into the trap; ***cair de costas*** to fall on one's back; ***cair das nuvens*** to be flabbergasted; ***cair redondamente*** to fall flat down; ***cair na tentação*** to yield to temptation; ***cair ao mar*** to fall overboard; ***cair de cabeça*** to fall headlong; ***o coração caiu-lhe aos pés*** his heart sank into his boots; ***cair de joelhos*** to sink (to drop) to one's knees; ***cair do céu*** to drop out of the blue; ***o teu aniversário cai num domingo*** your birthday falls on a Sunday; ***ao cair da noite*** at nightfall; NÁUTICA ***cair (vento, mar)*** to lull, to subside (the wind, the sea); ***cair em cima (de um navio)*** to fall aboard; ***cair à ré*** to drop astern, to fall astern, to make stern way; ***nessa não caio eu*** you won't catch me that way; ***cai o pano*** the curtain falls; ***caíram muitas árvores com a tempestade*** many trees fell in the storm; ***cair sob a alçada da lei*** to come under the law; ***cair sobre*** to sink upon, to settle upon; ***cair como sopa no mel*** to come in the nick of time, to be just what one was wanting; ***cair por cima de*** to tumble over; ***cair de quatro*** to land on all fours; ***a bebida não me caiu bem*** the drink did not agree with me
cairel *s. m.* lace, flounce, braid; edge, rim, brink, border
cairelar *v. tr.*.to lace, to braid, to trim, to edge, to hem, to border
cairo *s. m.* coir, coconut fibre (used for ropes)
cais *s. m.* wharf, quay; railway platform; ***cais da alfândega*** legal quay; ***cais para descarga*** discharging-berth; ***cais de embarque*** landing-place, arrival platform; ***cais flutuante*** floating-stage, landing-stage; ***cais (estação de caminhos-de-ferro)*** (railway) platform; ***ao cais*** alongside the quay; ***cais acostáveis e pontes*** quayage, wharfing; ***cais de carregamento*** loading platform
caixa Ⓐ *s. f.* box; chest; case; COMÉRCIO cash; cash-book; TIPOGRAFIA typecase, printer's case; drum; road bed; frame; cash-desk Ⓑ *s. m. e f.* cashier receiver; ***caixa de ar*** air-chamber, air-tank, boat-tank; ***caixa de distribuidor de vapor*** casing, chest, steam-chest, slide-valve chest; ***caixa de interruptor*** switch box; ***caixa de tomada*** plug socket; ***Caixa Económica*** Savings Bank; ***Caixa Económica Postal*** Post-Office Savings Bank; ***caixa de amortização*** sinking fund; ***caixa para dinheiro*** cash-box; ***caixa de esmolas*** poor-box; ***caixa de fósforos*** match box; ***caixa de música*** musical-box; ***caixa de pó-de-arroz*** compact; ***caixa do correio*** letter-box; ***caixa para documentos*** deed-box; ***caixa de pensões*** pension fund; ***conta de caixa*** cash account; ***caixa de farmácia*** medicine chest, medicine kit; ***caixa de lubrificação*** oil-box; ***caixa de fundição*** moulding-box, flask; ***caixa para embalagem*** packing-case; ***caixa de parede*** wall-box, wall-frame; ***caixa de fogo*** fire-box, combustion chamber; ***caixa de válvula*** valve-box; ***caixa de válvula divisória*** slide-valve case; ***caixa de rapé*** snuff-box; ***caixa de torneira*** shell of a cock; ***caixa de roda*** paddle-box; ***caixa de válvulas*** communication-box; ***caixa do ralo (de bomba)*** mud-box, pocket of pump; ***caixa de fumo*** uptake; ***caixa de leme*** wheel-box; ***um jogo de caixas*** a set of boxes; ***caixa da direcção*** steering box; ***caixa de velocidades*** gear-box; ***caixa de aposentações*** retirement fund; ***caixa de sugestões*** suggestion box; ***pague na caixa!*** pay at the desk!; [pop.] ***calar a caixa*** to stop talking
caixa-d'água *s. f.* water tank; reservoir
caixa-forte *s. f.* safe, strongbox
caixão *s. m.* coffin; big chest; NÁUTICA locker, trunk; NÁUTICA ***caixão do leme*** rudder-trunk; ***caixão estanque*** cofferdam; ***caixão de bomba*** bomb chest; ***caixão flutuante*** caisson; [fig.] ***de caixão à cova*** with great splendour
caixaria *s. f.* great quantity of chests (or boxes); clerkship, salesmanship
caixeira *s. f.* shop-girl, shop-assistant, saleswoman
caixeirada *s. f.* the class of salesmen; a group (or assemblage) of salesmen or saleswomen
caixeiral *adj.* referring to sales people or salesmanship
caixeiro *s. m.* shop-assistant, salesman; clerk, [E.U.A.] counter-clerk; box, maker, trunk maker; ***caixeiro de balcão*** shop-assistant; ***caixeiro de praça*** agent, dealer; ***primeiro caixeiro*** head clerk
caixeiro-viajante *s. m.* commercial traveller, travelling salesman
caixeta *s. f.* a little box; pouch, little bag (or case)
caixilhame *s. m.* ⇒ **caixilharia**
caixilharia *s. f.* moulding, framework
caixilho *s. m.* frame; ***caixilho de janela*** window-frame; ***caixilho de porta*** door-frame, ARQUITECTURA architrave; ***caixilho de bateria*** port frame; ***caixilho de hélice*** stern frame
caixinha *s. f.* little box, casket; ***fazer caixinha*** to keep a secret
caixista *s. m.* typesetter, typographer
caixotão *s. m.* big box; caisson; panelled ceilling
caixotaria *s. f.* a great quantity of packing-boxes (or cases); box (or trunk) factory
caixote *s. m.* case, box, chest; ***caixote do lixo*** [Ingl.] dustbin; [E.U.A.] trash can; ***caixote para embalagem*** packing-case
caixoteiro *s. m.* box maker, trunk manufacturer
caixotim *s. m.* TIPOGRAFIA box (of type-case)
caixoto *s. m.* knee-board, used for washing
cajá *s. m.* the golden-yellow plumlike fruit of the *cajazeira*; ⇒ **cajazeira**

cajadada *s. f.* blow (with a crook); ***matar dois coelhos de uma cajadada*** to kill two birds with one stone
cajado *s. m.* crook, shepherd's crook; crosier, staff; ⌈fig.⌋ support, prop
cajado-de-são-josé *s. m.* ⇒ **açucena**
cajaeira *s. f.* ⇒ **cajazeira**
cajaeiro *s. m.* ⇒ **cajazeira**
cajazeira *s. f.* BOTÂNICA ⌈Bras.⌋ hogplum tree
cajazeiro *s. m.* ⇒ **cajazeira**
caju *s. m.* BOTÂNICA cashew(-nut), acajou
cajuada *s. f.* a cooling drink made from ripe fresh fruit of the cashew-tree
cajueiral *s. m.* a grove of cashew-trees
cajueiro *s. m.* cashew-tree
cal *s. f.* lime; whitewash; ***cal hidráulica*** hydraulic lime; ***cal apagada*** burned lime, slaked lime; ***cal viva*** quick lime, caustic lime, unslaked lime; ***pedra de cal*** limestone; ***forno de cal*** lime-kiln; ***estar de pedra e cal*** to be firmly fixed
cala *s. f.* silence, stillness; creek, inlet; esparto cordage; aperture in a fruit (as in a melon) made to see if it is ripe
calabaça *s. f.* bottle-gourd; big-headed person
calaboiço *s. m.* ⇒ **calabouço**
calabouço *s. m.* dungeon, lock-up, gaol, jail, calaboose
calabre *s. m.* NÁUTICA cable, rope, hawser; *pl.* moorings
calabrês *s. m., adj.* Calabrian
calabrete *s. m.* thin cable
calábrico *adj.* pertaining to Calabria
calabrote *s. m.* NÁUTICA thin cable, cablet
calaça *s. f.* laziness, indolence, idleness; lazy (indolent, idle) person, lazy-bones
calaçaria *s. f.* idleness, laziness, indolence
calacear *v. intr.* to idle, to idle away one's time; to loaf away; to sponge on, to be a parasite
calaceirar *v. intr.* to idle, to idle away one's time; to loaf away; to sponge on, to be a parasite
calaceirice *s. f.* idleness, sluggishness, laziness; sponging
calaceiro *s. m.* idler, loafer; sponger; a lazy (slothful) person; work-shy
calacice *s. f.* ⇒ **calaceirice**
calada *s. f.* silence, quietness, hush, stillness; ***pela calada da noite*** at dead of night; ***pela calada*** on the sly
caladamente *adv.* silently, noiselessly, quietly
calado Ⓐ *adj.* silent, quiet, reserved, close-lipped, discreet; ***calado como um rato*** as quiet as a mouse; ***o calado é o melhor*** least said, soonest mended; ***estar calado*** to be silent, to hold one's peace, to hold one's tongue, to be quiet, to save one's breath; ***ficar calado*** to remain silent, to keep mum Ⓑ *s. m.* NÁUTICA draught, gauge; ***de grande calado*** deep-going; ***calado máximo*** deep load-draught; ***calado mínimo*** light draught; ***calado de navio*** sea-gauge
calador *s. m.* member of the crew that pays out the net-ropes
caladura *s. f.* silence, quietness; reservedness; taciturnity; discretion; muteness; plug (of a fruit)
calafate *s. m.* caulker
calafetação *s. f.* caulking
calafetador *s. m.* caulker, caulking-iron
calafetagem *s. f.* caulking
calafetamento *s. m.* caulking
calafetar *v. tr.* to caulk; to stop up; ***calafetar as juntas*** to caulk the seams
calafeto *s. m.* NÁUTICA caulking; joint
calafrio *s. m.* chill, shivering, cold fit; shivering-fit; MEDICINA rigor; *pl.* (the) shivers; ***calafrios de febre intermitente*** rigors, ague
calagem *s. f.* liming of the soil (for correcting)
calagoiça *s. f.* ⇒ **calagouça**
calagoiçada *s. f.* ⇒ **calagouçada**
calagoiço *s. m.* ⇒ **calagouço**
calagouça *s. f.* bill-hook
calagouçada *s. f.* slash of (with) the bill
calagouço *s. m.* ⇒ **calagouça**
calaíta *s. f.* ⇒ **agafite**
calaíte *s. f.* ⇒ **agafite**
calamar *s. m.* a squid, cuttlefish, calamary
calamário *s. m.* a case where calamuses and quill pens were kept
calambá *s. m.* agalloch, calambac, eaglewood, agalwood, agilawood, aguilawood, aloeswood; a fragrant resin extracted from the wood
calambaque *s. m.* agalloch, calambac, eaglewood, agalwood, agilawood, aguilawood, aloeswood; a fragrant resin extracted from the wood
calambuca *s. f.* ⇒ **calambá**
calambuco *s. m.* ⇒ **calambá**
calambuque *s. m.* ⇒ **calambá**
calamento *s. m.* silence; length of cable; esparto cordage
calamidade *s. f.* calamity, catastrophe, misfortune, disaster
calamídeo *adj.* calamiform
calamífero *adj.* calamiferous
calamiforme *adj.* calamiform
calamina *s. f.* MINERALOGIA calamine, brass-ore
calaminta *s. f.* BOTÂNICA calamint
calamistrar *v. tr.* to frizzle, to curl (hair), to calamistrate
calamistro *s. m.* curling (frizzling) iron, curling tongs
calamita *s. f.* PALEONTOLOGIA calamite
calamite *s. f.* calamite, white clay
calamitoso *adj.* calamitous, disastrous, catastrophic, distressing
cálamo *s. m.* BOTÂNICA calamus; ⌈poét.⌋ flute; ⌈fig.⌋ stylus
calamocada *s. f.* a blow on the head; ⌈fig.⌋ damage, injury
calamocar *v. tr.* to give a blow on the head, to strike; ⌈fig.⌋ to spoil, to injure
calandra *s. f.* MECÂNICA calender; mangle, hot-press; NÁUTICA plate-bend; ORNITOLOGIA skylark
calandragem *s. f.* calendering; mangling
calandrar *v. tr.* to calender, to mangle, to hot-press
calandreiro *s. m.* calenderer, mangler, hot-press worker
calão *s. m.* slang, jargon, argot, patois; long fishing boat
calar Ⓐ *v. tr.* to keep secret; to conceal, to omit; to silence, to impose silence, to keep quiet Ⓑ *v. refl.* to stop talking, to be silent, to be quiet; ⌈coloq.⌋ to shut up; ⌈coloq.⌋ to hold one's tongue; ***calar baionetas*** to charge (fix) bayonets; ***fazer calar*** to command silence, to silence; ***calar um melão*** to cut (plug) a bit out of a melon; ***quem cala consente*** silence gives consent; ***calar uma bateria*** to silence a battery; ***calar (um navio)*** to draw (a ship); ***calar a boca*** to shut one's mouth; ***cala a boca!*** shut up!
calátide *s. f.* BOTÂNICA capitulum
calatiforme *adj.* calathiform, cup-shaped
calau *s. m.* ORNITOLOGIA hornbill
calaverite *s. f.* calaverite
calaza *s. f.* chalaza; MEDICINA chalazion
calça *s. f.* a leg band (or a mark) for poultry (or birds); *pl.* ⇒ **calças**
calcada *s. f.* ⇒ **calcadela**; fighting, beating, knocking, pounding
calçada *s. f.* causeway; stone-paved roadway; steep street; ***calçada de asfalto*** asphalt paved steep road
calça-de-cuco *s. m.* BOTÂNICA cornflag
calcadeira *s. f.* stamper, rammer, tamp, tamper
calçadeira *s. f.* shoehorn
calcadela *s. f.* ramming, tamping; treading
calçado Ⓐ *s. m.* foot-wear (shoes, boots, slippers, etc.) Ⓑ *adj.* white-footed (horse); paved; wedged, tightened; ***calçado feito*** ready-made shoes; ***escova de calçado*** shoe-brush; ***estar mal calçado*** to wear bad shoes; ***estar bem calçado*** to be well shod

calcadoiro *s. m.* ⇒ **calcadouro**
calcador *s. m.* treader; rammer; presser; beater; clamp shoe (of a sewing machine)
calçador *s. m.* ⇒ **calçadeira**
calcadouro *s. m.* threshing, threshing-floor; ramming, tamping
calcadura *s. f.* ramming, tamping
calcagem *s. f.* ramming, tamping; treading
calca-mares *s. m.* ⇒ **alma-de-mestre**
calcamento *s. m.* ramming, tamping, treading
calcaneano *adj.* calcanean, calcaneal
calcâneo *s. m.* ANATOMIA calcaneum, heel-bone
calcanhar *s. m.* heel; ***não chegar aos calcanhares (de alguém)*** not to be a patch on another person, not to be a match for someone; ***calcanhar de Aquiles*** Achilles heel, a weak spot; ***dar aos calcanhares*** to flee, to run away
calcanheira *s. f.* heel (of foot or shoe)
calcantes *s. m. pl.* [pop.] feet
calcão *s. m.* axle-box; ⇒ **calcadela**
calção *s. m.* knicker-bockers; breeches, shorts (sport); slips, trunks (bathing); ***um bom calção*** a skilled rider
calça-púcaros *s. m.* a short fat boy
calcar *v. tr.* to tread upon, to step on; to trample; to press, to grind, to crush; [fig.] to contemn, to slight, to disdain, to despise, to scorn; ***calcar aos pés*** to trample underfoot; ***calcado aos pés*** downtrodden
calçar *v. tr.* to shoe (a horse, the end of a stick); to put on (shoes, boots, socks, stockings, gloves); to wear (shoes, boots, etc.); to provide shoes for; to pave (streets, etc.), to wedge, to fasten, to prop; to pave; to suit, to fit; NÁUTICA to jam, to line up; ***calçar os sapatos*** to put on one's shoes; ***calçar as luvas*** to put on one's gloves; ***calçar as meias*** to pull (to put on one's stockings); ***eu calço sapatos (nº) 28*** I take size 28 in shoes
calcaré *s. m.* ⇒ **codorniz**
calcário *adj.* MINERALOGIA calcareous, limy, chalky; ***pedra calcária*** limestone
calças *s. f. pl.* trousers, pantaloons, pants; ***calças de flanela*** flannels; ***ver-se em calças pardas*** to have a hard nut to crack; to be in a tight corner
calce *s. m.* wedge, liner, pad; prop; ***calce de cava*** gap-bridge, bridge-piece
calcedónia *s. f.* MINERALOGIA chalcedony
calcedónio *adj.* chalcedonic, chalcedonous
calceiro *s. m.* trouser maker, tailor specialized in trousers
calcemia *s. f.* MEDICINA calcemia (excess of calcium in the blood)
calceolária *s. f.* BOTÂNICA slipperwort, calceolaria, campanula
calcês *s. m.* NÁUTICA masthead
calceta *s. f.* [arc.] shackle, fetter; chain for galley-slaves; galley-slave
calcetamento *s. m.* paving
calcetar *v. tr.* to pave
calcetaria *s. f.* paving, pavement
calceteiro *s. m.* paver, paviour
cálcico *adj.* calcic
calcífero *adj.* QUÍMICA calciferous
calcificação *s. f.* calcification
calcificar *v. tr.* to calcify; to petrify
calcífugo *adj.* calcifugous (of plants allergic to excessive calcium)
calcímetro *s. m.* calcimeter
cálcimo *s. m.* BOTÂNICA wood senecio; ragwort; spurge flax
calcinação *s. f.* calcination
calcinante *adj.* calciner; burning
calcinar *v. tr.* to calcine, to burn to ashes; [fig.] to inflame, to excite
calcinatório *adj.* calcinatory
calcinável *adj.* calcinable
calcinhas *s. f. pl.* drawers, (woman's) knickers; [fig.] effeminate (ridiculous) person; [coloq.] sissy
cálcio *s. m.* QUÍMICA calcium
calcioterapia *s. f.* MEDICINA calciotherapy
calcite *s. f.* MINERALOGIA calcite; calcareous spar
calcitrapa *s. f.* BOTÂNICA star-thistle (centaury)
calco *s. m.* a tracing (drawing); picture (or design) produced by decalcomania
calço *s. m.* ⇒ **calce**
calções *s. m. pl.* knicker-bockers; breeches, shorts (sport); slips, trunks (bathing); ***calções de golfe*** plus-fours; ***calções de montar*** riding-breeches
calcografar *v. tr.* to engrave on copper (or any other metal)
calcografia *s. f.* chalcography
calcógrafo *s. m.* chalcographer, chalcographist
calcolitografia *s. f.* chalcolithography
calcopirite *s. f.* MINERALOGIA chalcopyrite, copper pyrites
calcorreada *s. f.* tramping, walking, rambling, hiking
calcorreador *s. m., adj.* tramper, walker
calcorreante *adj.* tramping, walking
calcorrear *v. intr.* to tramp, to walk, to ramble, to hike
calcorros *s. m. pl.* walking-shoes
calcosina *s. f.* MINERALOGIA chalcocite, copper glance
calcosite *s. f.* ⇒ **calcosina**
calçotas *s. f. pl.* shorts
calcoxisto *s. m.* GEOLOGIA chalcocite
calçudo *adj.* with long trousers; with feathers on legs
calculador *s. m.* calculator, reckoner, computer, calculating machine
calculadora *s. f.* calculator; INFORMÁTICA ***calculadora de bolso*** pocket calculator
calcular *v. tr. e intr.* to estimate, to evaluate, to calculate, to compute; to reckon, to value, to conjecture, to figure; ***calcular a tara*** to tare; ***calcular mal (sem contar com possíveis contingências)*** to reckon whithout one's host; ***ele calculava estar livre pelas cinco horas*** he reckoned on being free by five o'clock; ***calculo as minhas perdas em mil libras*** I estimate my losses at a thousand pounds; ***calcular as despesas*** to estimate the expenses; ***calcular a média*** to average; ***calcular mentalmente*** to reckon in one's head
calculável *adj.* calculable, computable, estimable
calculismo *s. m.* calculism
calculista *s. m. e f.* calculator, reckoner; scheming (calculating) person
cálculo *s. m.* estimate, calculation, reckoning, computation; appraisal, valuation; MATEMÁTICA calculus; MEDICINA calculus, stone; ***régua de cálculo*** slide rule; ***cálculo integral*** integral calculus; ***cálculo aproximado*** rough estimate; ***cálculo diferencial*** differential calculus; ***cálculo exacto*** accurate calculation; ***enganar-se no cálculo*** to be out in one's calculation (or reckoning); ***um cálculo rápido do nosso capital disponível*** a hasty estimate of our available resources; NÁUTICA ***fazer o cálculo do meio-dia*** to work the day's work; MEDICINA ***cálculo renal*** renal calculus
calculoso *adj.* MEDICINA calculous, affected with gravel (or stone)
calda *s. f.* sirup, syrup; preserve; melted sugar (for preserving); weld, welding (of iron); ***calda de escarva*** scarf weld
caldaça *s. f.* [pop.] watery soup; gruel, skilly; [vulg.] watery wine
caldaico *adj.* HISTÓRIA Chaldaic, Chaldean
caldar *v. tr.* to pour whitewash in
caldas *s. f. pl.* hot springs, spa
caldeação *s. f.* welding, weld; tempering; mixture
caldeamento *s. m.* welding, weld; tempering; mixture
caldear *v. tr.* to weld; to braze; to temper; to mix, to blend; to add; to burn lime
caldeira *s. f.* boiler; heater; hollow (of a lake, etc.); little bay, inlet; ditch (around a tree); caldera (of an extinct volcano); ***caldeira tubular*** tubular boiler; ***caldeira cilíndrica***

barrel boiler; ***caldeira de água benta*** holy water vase; ***caldeira de tubos de água*** water-tube boiler; ***caldeira de vapor*** steam-boiler; ***caldeira de grude*** glue-pot; ***caldeira de pressão*** pressure boiler; ***caldeira de duas frentes*** double-ended boiler; ***caldeira de chama directa*** direct flame boiler; ***caldeira de alta pressão*** high-pressure boiler; ***caldeira de tubos de vapor*** steam pipe boiler

caldeirada *s. f.* potful, saucepanful; fish-stew, chowder

caldeirão *s. m.* cauldron; GEOLOGIA pothole

caldeirar *v. tr.* to put into a boiler

caldeiraria *s. f.* braziery; brazier's shop

caldeireiro *s. m.* brazier; ***caldeireiro de cobre*** coppersmith, tinker; ***caldeireiro (de ferro)*** boiler-maker, boiler-smith

caldeirinha *s. f.* little kettle; donkey-boiler; ***caldeirinha de água benta*** holy water vase, aspersorium; ***estar entre a cruz e a caldeirinha*** to be between the devil and the deep sea, to be on the horns of a dilemma

caldeiro *s. m.* bucket; preserving-pan; evaporation vat (in a saltern)

caldeu Ⓐ *s. m.* HISTÓRIA Chaldean, native (or inhabitant) of Chaldea, Babylonian Ⓑ *adj.* Chaldean, Chaldaic, Babylonian

caldivana *s. f.* ⇒ **caldaça**

caldo *s. m.* broth, soup; ***caldo de cevada*** barley water; ***caldo forte*** rich thick soup; ***caldo de galinha*** chicken broth; ***caldo de carne com legumes*** Scotch broth; ***caldo verde*** potato and cabbage broth; ***temos o caldo entornado*** things are looking ugly (black); ***muitos cozinheiros estragam o caldo*** too many cooks spoil the broth (soup)

cale *s. f.* drain, furrow-drain; canal; flat-bottomed boat

caleadela *s. f.* ⇒ **caiadela**

calear *v. tr.* ⇒ **caiar**

caleça *s. f.* calash, chariot

caleceiro *s. m.* coachman, carriage driver

caleche *s. f.* calash, chariot; same as caleça

caledónico *adj.* Caledonian, Scottish, Scotch

caledónio *s. m.* Caledonian, native (or inhabitant) of Caledonia (Scotland), Scotsman

calefacção *s. f.* calefaction, heating

calefaciente *adj.* MEDICINA calefacient, heating

calefactor Ⓐ *s. m.* calefactor, heater Ⓑ *adj.* calefactory

calefactório *s. m.* calefactory

calefrio *s. m.* ⇒ **calafrio**

caleidoscópico *adj.* kaleidoscopic

caleidoscópio *s. m.* kaleidoscope

caleira *s. f.* gutter, gutter pipe; tile; lime-pit

caleiro *s. m.* ⇒ **caleira**

caleja *s. f.* narrow street, lane

calejado *adj.* hardened; callous, horny; inured; experienced, skilled; ***mãos calejadas*** horny hands; ***homem calejado*** a horny, handed man, a hard-handed man

calejador *adj.* corn-causing

calejamento *s. m.* hardening, habit, insensibility

calejar Ⓐ *v. tr.* to harden, to inure Ⓑ *v. intr.* to harden; to grow callous

calema *s. f.* cross sea, swell, surge, roller

calembur *s. m.* pun, chestnut, play on words, calembour

calemburar *v. intr.* to make puns, to indulge in quibbles (or puns)

calemburgar *v. intr.* ⇒ **calemburar**

calemburgo *s. m.* ⇒ **calembur**

calemburista *s. m. e f.* punster

calendário *s. m.* calendar

calendarista *s. m. e f.* calendarist, one who makes calendars

calendarizar *v. tr.* to calendar, to schedule; to register

calendas *s. f. pl.* calends; ***para as calendas gregas*** in a month of Sundays

calentura *s. f.* MEDICINA calenture

calepino *s. m.* vocabulary, dictionary, lexicon; [fam.] agenda, memorandum book; notebook

calfe *s. m.* calf

calha *s. f.* gutter, shoot, sweep; trough; groove; ***calha de ligação*** split duct; NÁUTICA ***calha do trincaniz*** water-way, gutter; ***calha de caminho-de-ferro*** rail

calhamaçada *s. f.* heap of old books

calhamaço *s. m.* [pop.] worthless old book; [pop.] repulsive fat woman

calhambeque *s. m.* small coast vessel; old coach; [pop.] old car; jalopy; rattletrap; an old worthless piece of furniture; trash

calhandra *s. f.* ORNITOLOGIA calandre, calander, lark

calhandreiro *s. m.* washer-up

calhandro *s. m.* slop-basin, slop bucket; chamber-pot; [cal.] jerry

calhar *v. intr.* to happen, to come about; to fit; to come in time; to suit; to be suitable; to please; to run along a gutter; ***calha bem*** it suits me down to the ground; ***se calhar*** probably

calhariz *s. m.* basket (made of vine shoots)

calhau *s. m.* rock, boulder, stone, flint-stone; pebble; shingle; ***duro como um calhau*** as hard as flint

calhe *s. f.* gutter, gutter pipe; channel, trough, flume; a narrow street, lane, walk

calheta *s. f.* creek

calhoada *s. f.* heap of stones; wound (caused by pelting); pelting, throwing of stones; [cal.] nonsense

calhoar *v. tr. e intr.* to pelt, to throw (to hurl) stones

calhorda *s. m.* rogue, knave, scoundrel, rascal

calhordice *s. f.* roguishness, knavery

calíbio *s. m.* any fruit similar to the acorn

calibração *s. f.* calibration

calibrador *s. m.* calibrator; gauge, caliber rule

calibragem *s. f.* calibration, gauging

calibrar *v. tr.* to calibrate; to gauge, to bore

calibre *s. m.* calibre, caliber; bore; ***calibre de compasso*** snap-gauge; ***calibre de peça*** bore of a gun; ***calibre de veio*** external gauge

caliça *s. f.* rubble, debris, rubbish; [reg.] coppers, small money

caliçada *s. f.* large quantity of rubbish (rubble debris)

cálice *s. m.* wine glass, chalice; cup; calyx (of a flower); ***beber o cálice da amargura até à última gota*** to drain the cup of sorrow to the very dregs

caliche *s. f.* sodium nitrate

caliciado *adj.* BOTÂNICA calyciform, calicinated

calicida *s. m.* cornkiller

caliciforme *adj.* caliciform, cup-shaped

calicinal *adj.* calycinar, belonging to the calyx

calicinar *adj.* ⇒ **calicinal**

calicíneo *adj.* calycine

caliço *s. m.* ⇒ **caliça**

calicromo *adj.* having beautiful colours

caliculado *adj.* BOTÂNICA calyculate

calículo *adj.* calicle, calycle, epicalyx

calidez *s. f.* heat, warmth, calidity

cálido *adj.* calid, hot, warm; sanguine, shrewd, sly, smart

calidoscópio *s. m.* kaleidoscope

califa *s. m.* caliph, calif

califado *s. m.* caliphate

califasia *s. f.* good elocution

calífero *adj.* callous, corny

califonia *s. f.* pleasant voice

califórnio *s. m.* QUÍMICA californuim

cáliga *s. f.* Roman soldier's sandal; buckled-shoe (bishops)

caliganga *s. m.* ⇒ **corvo-marinho**

caligante *adj.* caliginous, misty, dim, obscure, dark

caligem *s. f.* dimness, obscurity, darkness; thick fog; MEDICINA caligo

caliginar *v. tr.* to render caliginous (misty, gloomy)
caliginoso *adj.* caliginous, misty, dark, gloomy, tenebrous
caligrafar *v. tr.* to write in a beatiful handwriting
caligrafia *s. f.* handwriting, calligraphy, penmanship; ***ter boa caligrafia*** to write a good hand
caligráfico *adj.* calligraphic(al)
calígrafo *s. m.* calligrapher, calligraphist, penman
calilogia *s. f.* beatiful speech
calinada *s. f.* blunder; [fam.] howler; nonsense, foolishness
calinite *s. f.* MINERALOGIA kalinite
calino Ⓐ *s. m.* dunderhead, muddlehead Ⓑ *adj.* stupid, silly; hot, warm
calipedia *s. f.* eugenics
calipédico *adj.* eugenic
calípico *adj.* said of a period of 76 years; callippic
calipígio *adj.* callipygian
caliptra *s. f.* calyptra
calista *s. m. e f.* chiropodist, pedicure
calistenia *s. f.* callisthenics
calisto *s. m.* unlucky fellow, skeleton at the feast; person who brings bad buck
cálix *s. m.* ⇒ **cálice**
calma *s. f.* heat, sultriness; calmness, serenety, calm, repose, tranquillity; ***calma podre*** dead calm, flat calm; ***em calma*** becalmed; ***cair em calma*** to be becalmed; ***calmas do equador*** doldrums; ***perder a calma*** to lose one's temper; ***tenha calma!*** keep calm!; ***zona das calmas tropicais*** horse latitudes; ***calma!*** take it easy!
calmante Ⓐ *s. m.* MEDICINA calmative, lenitive, sedative; anodyne Ⓑ *adj.* calming, sedative, anodyne
calmão Ⓐ *adj.* calm sea Ⓑ *s. m.* big gourd used to take water from wells in Guiné
calmar *v. tr. e intr.* ⇒ **acalmar**
calmaria *s. f.* calm, dead calm, lull; calmness, quiet
calmeirão *s. m.* big indolent fellow
calmeiro Ⓐ *adj.* navigable even in the slightest wind Ⓑ *s. m.* ⇒ **calmaria**
calmo *adj.* calm, quiet, tranquil; still, peaceful; collected, composed, serene, cool; hot, warm, sultry; ***mar calmo*** calm sea, smooth sea
calmorrear *v. tr.* ⇒ **espancar**
calmoso *adj.* calm, still; very hot; ***estação calmosa*** the hot season
calo *s. m.* corn; [fig.] hardness, indiference; ***calo no joanete*** bunion; ***quem tem calos não se mete em apertos*** you'll find your corns are being trodden on if you're not careful; ***pisar os calos de alguém*** to hit a (raw) nerve
calofilo *adj.* having beatiful leaves
caloirada *s. f.* group of freshmen (novices)
caloirice *s. f.* foolery, tomfoolery, buffoonery
caloiro *s. m.* freshman, fresher; novice; [fig.] beginner; tenderfoot, greenhorn
calombo *s. m.* swelling, cyst; pustule, blister; mound, hillock, knoll
calombro *s. m.* ⇒ **colombro**
calomelano *s. m.* FARMACOLOGIA calomel
calondro *s. m.* ⇒ **colombro, cabaça**
calóptero *adj.* ZOOLOGIA beatifully winged
calor *s. m.* heat, warmth, hotness; ardour; zeal, excitement, eagerness; ***calor sufocante*** sultry heat; ***incomoda-o o calor?*** do you feel the heat?; ***onda de calor*** heat-wave; ***abafa-se com o calor*** the heat is stifling; [fig.] ***falar com calor*** to speak vehemently (or heatedly); ***estou a arder de calor*** I'm simply roasting; ***o calor (o abafo) tem-lhe feito bem*** the warmth is doing her (him, it) good; ***estar calor, fazer calor*** to be hot, to be warm; ***ter calor*** to be hot (warm), to feel hot (warm); ***suportar o calor*** to stand the heat; ***calor de rachar*** scorching hot
calorão *s. m.* scorching (excessive) heat
caloreira *s. f.* scorching (excessive) heat
calorento *adj.* sensitive to heat; hot
calorescência *s. f.* calorescence
caloria *s. f.* calorie, calory; unit of heat
caloricidade *s. f.* caloricity
calórico *adj.* caloric
calorífero Ⓐ *s. m.* heater, heating-stove Ⓑ *adj.* caloriferous, calorific, heat-producing
calorificação *s. f.* calorification
calorificar *v. tr.* to calorify, to produce (transmit) heat
calorífico *adj.* caloric, calorific, heat-producing
calorífugo *adj.* calorifugal, avoiding (dispelling) heat
calorimetria *s. f.* FÍSICA calorimetry
calorimétrico *adj.* calorimetric, calorimetrical
calorímetro *s. m.* calorimeter
calorosamente *adv.* warmly, hotly, ardently, vigorously
caloroso *adj.* hot, warm, glowing; ardent, vigorous, eager; enthusiastic; animated; ***calorosas ovações*** warm applause
calosidade *s. f.* callosity, callousness
caloso *adj.* callous, corny, horny
calota *s. f.* GEOMETRIA calotte
calote *s. m.* [fam.] trick, wile, swindle, cheat; ***pregar um calote*** to swindle, not to pay a debt
calotear *v. tr. e intr.* to swindle, to take in, to dupe, to cheat; to fail to pay one's debts
caloteirismo *s. m.* act (or behavior) of a swindler; craffty trick, swindle; wile
caloteiro *s. m.* swindler, cheat, trickster
calotismo *s. m.* ⇒ **caloteirismo**
calouro *s. m.* ⇒ **caloiro**
calque *s. m.* ⇒ **decalque**
calquiré *s. m.* ⇒ **codorniz**
calracho *s. m.* BOTÂNICA ribwort
caluda! *interj.* hush!; quiet!; silence!
caluga *s. f.* meat of the shoulder of pork
calumba *s. f.* BOTÂNICA calumba, columba
calúnia *s. f.* calumny, calumniation, detraction, slander
caluniador *s. m.* calumniator, slanderer, vilifier, detractor
caluniar *v. tr.* to calumniate, to slander, to detract
caluniável *adj.* subject (or susceptible) to calumny (or slander)
caluniosamente *adv.* calumniously, slanderously, detractively, disparagingly
calunioso *adj.* calumnious, slanderous, detractive
calva *s. f.* baldness, bald head; clearing (in the woods); ***pôr-lhe a calva à mostra*** to show someone's weak points
calvar *v. intr.* to become bald
Calvário *s. m.* Calvary (place of the Crucifixion); [fig.] suffering, torment
calvejar *v. intr.* to grow bald; to become bald
calvescente *adj.* that begins losing his hair
calvez *s. f.* baldness
calvície *s. f.* baldness
calvinismo *s. m.* Calvinism
calvinista Ⓐ *s. m. e f.* Calvinist Ⓑ *adj.* Calvinistic(al), Calvinian
calvo Ⓐ *adj.* bald, hairless; arid, barren, bare Ⓑ *s. m.* baldheaded man
cama *s. f.* bed; ***armação de cama*** bedstead; ***roupa de cama e colchões*** bedding; ***roupa de cama*** bedclothes; ***cama de penas*** featherbed; ***cabeceira de cama*** head of bed; ***ir para a cama*** to go to bed; [fam.] to go to roost; ***fazer a cama*** to make the bed; ***levantar-se da cama maldisposto*** to get out of bed on the wrong side; ***ficar de cama*** to be confined to one's bed; ***prostrado na cama*** bedridden; ***estar de cama*** to be in bed, to keep to one's bed; ***cortinado de cama*** bedhanging; ***cama de casal*** double bed; ***cama de pessoa só*** single bed; ***cama de campanha*** camp-bed; ***cama de veado*** lair; ***cama de gado*** litter; ***cama de javali*** slough; ***cama articulada*** folding-bed; ***armar uma cama*** to put up a bed; ***ela***

tem estado de cama com sarampo [fam.] she has been laid up with the measles; ***ele está de cama com febre*** [fam.] he is down with fever; ***quem boa cama fizer, nela se deitará*** do well and have well; ***cama e mesa*** board and lodging

camada *s. f.* layer, stratum; seam, bed; lay, tier, coat, coating (of paint); ***pôr às camadas*** to lay in layers; ***camada impermeável*** impervious layer; ***camada de pintura*** coat of paint; ***camada de ozono*** ozone layer; ***camadas sociais*** strata of society; ***as mais altas camadas sociais*** the highest walks of life, the upper ten

camafeu *s. m.* cameo; [fig.] very ugly woman, fright

camal *s. m.* camail (the neck and shoulder-guard of an armour)

camáldulas *s. f. pl.* large beads of a rosary

camáldulo *s. m.* RELIGIÃO Benedictine monk

camaleão *s. m.* ZOOLOGIA chameleon

camalha *s. f.* woollen hood (worn by women)

camalhão *s. m.* a piece of cultivated land lying between two furrows (or trenches); strip (of land); the hump between ruts on a dirt road

camalote *s. m.* floating island of water-plants

camândulas *s. f. pl.* rosary of large beads

camão *s. m.* ⇒ **alqueimão**

câmara *s. f.* chamber, room; cabin; camera; ***Câmara Municipal*** Town Hall, guildhall, City Corporation, town council, city council; ***Câmara Alta*** Upper House, House of Lords; ***Câmara dos Deputados*** Lower House, House of Commons; ***Câmara Corporativa*** Chamber of Corporations; ***vereação da Câmara*** town council; ***secretário da Câmara*** town clerk; ***Câmara de Comércio*** Chamber of Commerce; ***câmara dos guarda-marinhas*** gunroom; ***câmara dos oficiais (marinha de guerra)*** wardroom; ***primeira câmara (de paquete)*** state room; ***câmara de distribuidor*** valve chest; ***câmara de condensador*** vacuum space of condenser; ***câmara de combustão*** combustion chamber; ***câmara de compressão*** compression chamber; ***câmara fotográfica*** camera; ***câmara escura*** dark room; ***filme em câmara lenta*** slow motion picture

câmara-ardente *s. f.* mourning chamber

camarada *s. m. e f.* companion, comrade, fellow; [coloq.] pal, chum, crony, sport; NÁUTICA mate; ***camarada de bordo*** shipmate; ***camarada de rancho*** messmate; ***um bom camarada*** a rattling (jolly) good fellow; [E.U.A.] a nice chap

camaradagem *s. f.* fellowship, comradeship, companionship; camaraderia; ***espírito de camaradagem*** team spirit

camaradão *s. m.* [coloq.] pal, crony, chum, sport

câmara-de-ar *s. f.* inner tube (of a tyre); bladder (of a ball)

camaranchão *s. m.* ⇒ **caramanchão**

camarão *s. m.* ZOOLOGIA shrimp, prawn

camararia *s. f.* office (or duties) of a chambermaid, groom of the chamber

camarário *adj.* of the Town Hall

camarata *s. f.* dormitory (in schools and institutions)

camarção *s. m.* sandy soil; tract of sandy land; a thicket of small trees

camarço *s. m.* misfortune, calamity; illness, sickness, disease; bad luck

camareira *s. f.* maid of honour; lady-in-waiting; chambermaid; tire woman

camareiro *s. m.* chamberlain; groom-in-waiting, valet; chamber-pot

camarilha *s. f.* camarilla, cabal, clique

camarim *s. m.* private room; boudoir, dressing-room, tiring-room (in a theatre); cabinet

camarinha *s. f.* BOTÂNICA crowberry; drop (bead) of sweat (or dew)

camarinhar *v. tr.* to cover with crowberries

camarinheira *s. f.* crowberry (crakeberry) shrub

camarlengo *s. m.* camerlingo (cardinal who substitutes the Pope when necessary)

camaroeiro *s. m.* shrimp-net, shrimping-net, landing-net; shrimper; (signal of bad weather) storm-cone

camarote *s. m.* TEATRO box; cabin, state room, cuddy (in a ship); ***camarote com beliche*** sleeping-cabin; ***camarote para passageiros*** cabin; TEATRO ***camarote de frente*** front box; TEATRO ***camarote lateral*** side-box; NÁUTICA ***camarote de vento*** portable berth, canvas berth

camaroteiro *s. m.* box office clerk; box-keeper, steward, cabin-boy

camartelada *s. f.* knock (blow) with a hammer

camartelar *v. tr.* to hammer

camartelo *s. m.* stone-mason's hammer

camauro *s. m.* cap worn by the popes

camba *s. f.* small handmill; felly; bridle bar; gore (of a skirt); crooked piece of timber

cambada *s. f.* string (of herrings, sausages, quails, etc.); band, rabble, mob, herd

cambado *adj.* bent, twisted, lopsided; bandy-legged, bow-legged; ***sapatos cambados*** shoes worn out at the heels, down at heel

cambaio *adj.* bent, twisted, lopsided; bandy-legged, bow-legged

cambal *s. m.* guard plate around a millstone

cambalachar *v. intr.* to cheat, to deceive, to swindle, to take in

cambalacho *s. m.* deceitful, barter, trick; fraud, cheat, swindle

cambaleante *adj.* tottery, tottering, staggering, reeling, shaky

cambalear *v. intr.* to sway, to reel; to totter; to stagger, to wobble; ***cambaleei quando ele me deu a notícia*** I staggered when he gave me the news; ***o homem foi a cambalear pela rua abaixo*** the man went reeling down the street

cambaleio *s. m.* reeling, tottering, totter, staggering, stagger

cambalhão *s. m.* lump (of earth)

cambalhota *s. f.* somersault, caper; fall, tumble; ***as crianças gostam muito de dar cambalhotas*** children are very fond of turning somersaults; ***dar uma cambalhota*** to tumble head over heels

cambalhotar *v. intr.* to somersault, to turn a somersault, to turn head over heels in the air

cambão *s. m.* extension shaft; yoke; ⇒ **cambado**

cambapé *s. m.* trip; trap, snare

cambar *v. intr.* to wear down at the heel; to bandy one's legs; to reel, to sway, to stagger, to hobble; to shift; NÁUTICA ***cambar uma vela*** to gybe a sail

cambeira *s. f.* ⇒ **cambal**; *pl.* the guard around the millstone to prevent flour being spoiled; *pl.* very fine flour which adheres to objects (surrounding the mill)

cambeirada *s. f.* a regular quantity of fine flour; a small quantity of fine flour

cambeiral *s. m.* ⇒ **cambal**

cambeta *adj.* ⇒ **cambado**

cambetear *v. intr.* to wear down at the heel; to bandy one's legs; to reel, to sway, to stagger, to hobble; to shift

cambiação *s. f.* exchange (money, coins); change of shade (colour)

cambial Ⓐ *s. f.* draft; bill of exchange Ⓑ *adj.* cambial, concerned with cambium

cambiante Ⓐ *adj.* shot-coloured; changing, variable; lustrous Ⓑ *s. m.* shade, tint, hue, nuance

cambiar *v. tr.* to change; to exchange (money, bills, etc.)

câmbio *s. m.* exchange (of coins, banknotes, etc.), change; cambium; BOTÂNICA cambium; ***câmbio do dia*** current exchange; ***câmbio ao par*** rate at par; ***preço do câmbio*** rate of exchange (change); ***corretor de câmbios*** bill-broker; ***casa de câmbio*** exchange office; ***câmbio marítimo*** bottomry, bottomry loan; ***câmbio favorável*** favourable exchange

cambismo *s. m.* cambism (the theory of exchange)

cambista *s. m. e f.* cambist; money-changer

cambo Ⓐ *s. m.* hook, fork; 30 ells Ⓑ *adj.* bandy-legged
camboa *s. f.* fishgarth, enclosure for fish
camboada *s. f.* act of hitching additional yokes of oxen to a cart
camboar *v. intr.* to hitch additional yokes to a cart
camboeira *s. f.* special net for fishing at fishgarths
cambolação *s. f.* engagement of porters (Central Africa)
cambolador *s. m.* engager
cambolar *v. tr.* to engage porters (Central Africa)
cambona *s. f.* NÁUTICA a sudden veering, sudden change of the course; sudden shifting of sails, tacking; backspin, reversal of rotation; caper skip; somersault
cambota *s. f.* crankshaft; crooked piece of timber; vault-frame; counter timber; lower stern-timber; stern-timber; somersault
cambraia *s. f.* cambric
cambraieta *s. f.* [técn.] lawn
cambrão *s. m.* hornet
cambrar *v. tr.* to vault
cambras *s. f. pl.* ⇒ **cãibras**
cambriano *adj.* Cambrian
Câmbrico Ⓐ *s. m.* the earliest division of the Paleozoic era; the Celtic language Ⓑ *adj.* Cambrian, Welsh
cambroeira *s. f.* boxthorn bush, bramble, brier, brake
cambudo *adj.* hooked, inward curved, aduncous (nose)
cambulhada *s. f.* ***de cambulhada*** helterskelter, pell-mell, anyhow
cambulhão *s. m.* collection of *cambulhos*
cambulho *s. m.* clay rings used by fishermen as sinkers of the nets
camear *v. tr.* to prepare the bed for the layer of grapevine
camecefalia *s. f.* low cranium
camecéfalo *adj.* having a low cranium
camédrios *s. m.* BOTÂNICA wall germander
camelão *s. m.* a water-proof garment made of wool, goat's or camel's hair
cameleão *s. m.* ⇒ **camaleão**
cameleira *s. f.* camellia
cameleiro *s. m.* camel-driver; cameleer
camélia *s. f.* BOTÂNICA camellia
Cameliáceas *s. f. pl.* BOTÂNICA *Ternstromiaceae* (tea family)
camelice *s. f.* foolishness, silliness; stupidity; blunder, nonsense; brutality
cameliforme *adj.* resembling a camel, cameline
camelina *s. f.* BOTÂNICA camelina
camelino *adj.* cameline, camlet
camelo *s. m.* camel; [fig.] stupid fellow, dunce; NÁUTICA hawser, cable
camelopárdale *s. f.* camelopard, giraffe
camena *s. f.* [poét.] Muse
camerlengado *s. m.* office, authority and functions of the cardinal who replaces the Pope; time during which the cardinal who replaces the Pope exercises his authority
camerlengo *s. m.* camerlingo (cardinal who substitutes the Pope when necessary)
camião *s. m.* lorry, motor-lorry, truck
camião-cisterna *s. m.* [Ingl.] tanker; [E.U.A.] tank truck
camião-reboque *s. m.* tow truck
camilha *s. f.* little bed, pallet; sofa, couch; easy-chair
caminhada *s. f.* long walk; tramp
caminhador *s. m.* walker, hiker, wayfarer, foot-traveller
caminhante *s. m. e f.* passer-by, pedestrian
caminhão *s. m.* ⇒ **camião**
caminhar *v. intr.* to walk, to go, to go on foot; to hike, to ramble; to tramp, to march; ***eu estava cansado de caminhar*** I was tired with walking; ***caminha para a velhice*** he is verging towards old age; ***caminhei pela estrada fora*** I walked along the road
caminheiro *s. m.* wayfarer; messenger, courier
caminheta *s. f.* ⇒ **camioneta**
caminho *s. m.* road, way, path, track; route, course; distance; stretch; [fig.] means, way, expedient; rule, principle; ***seguir o mesmo caminho*** to go the same way; ***enganar-se no caminho*** to be on the wrong road; ***seguir caminho errado*** to go wrong; ***errar o caminho*** to lose one's way; ***estar em bom caminho*** to be doing well; ***indicar o caminho a alguém*** to show someone the way; ***impedir o caminho*** to stand in one's way; ***não sei que caminho levou o meu chapéu*** I don't know what has become of my hat; ***abrir caminho*** to make way for someone; ***abrir caminho através de*** to break through; ***abrir caminho por entre*** to force one's way through; ***ir pelo caminho mais curto*** to take the shortest way; ***no caminho para casa*** on the way home; ***caminho do dever*** the path of duty; ***a caminho*** *en route*, on course, under way; ***a meio caminho*** half way; ***um dia de caminho*** a day's journey; ***no bom caminho*** getting on, on the road to success; ***siga o seu caminho*** go your way; ***caminho trilhado*** beaten track; ***caminho de carros*** cart-way, carriageway; ***caminho de gado*** drift-way; ***caminho para peões*** footway; ***fora do caminho*** out of the way; ***sair do caminho*** to get out of the way; ***seguir o seu caminho*** to go one's own way; ***pode indicar-me o caminho certo?*** could you show me the right way?; ***todos os caminhos vão dar a Roma*** all roads lead to Rome; ***sai do caminho!*** get out of the way!; ***sigamos pelo caminho mais curto*** let's take the shortest way; ***cortar caminho*** to take a short cut; ***abrir caminho por entre a multidão*** to push one's way through the crowd; ***dar caminho (deixar passar)*** to give room, to make way, to clear the way; ***seguir por mau caminho*** to be on the wrong track; ***caminho de carroças*** cart-track; NÁUTICA ***caminho directo*** direct course, distance made good; ***caminho estimado*** dead reckoning, reckoning; ***fazer caminho ao norte*** to hold a north course; ***de caminho*** right away, at once; ***levar caminho*** to vanish, to disappear, to go astray
caminho-de-ferro *s. m.* railway; [E.U.A.] railroad; ***caminho-de-ferro aéreo*** overhead railway; ***caminho-de-ferro de cremalheira*** rack railway; ***caminho-de-ferro eléctrico*** electric railway; ***caminho-de-ferro de via reduzida*** narrow-gauge railway; ***caminho-de-ferro de via única*** single-line railway; ***caminho-de-ferro de via dupla*** double-line railway; ***caminho-de-ferro de via larga*** wide-gauge railway; ***rede de caminhos-de-ferro*** network of railway
caminologia *s. f.* treatise on the building of chimneys
caminotecnia *s. f.* art of building chimneys and stoves
camionagem *s. f.* transport; cartage; carriage
camioneta *s. f.* delivery van; light truck; motor coach; bus
camionista *s. m.* carrier, carman; lorry-driver; truck-driver
camisa *s. f.* shirt (of a man); chemise (of a woman); covering, involucre, envelope; casing, lining, jacket; ***camisa de vapor*** jacket, steam-jacket; ***em fralda de camisa*** in one's shirt tails; ***camisa de noite*** night-gown (of women), night shirt (of men); [fig.] ***deixar alguém sem camisa*** to ruin, to strip of money, to fleece someone; ***em mangas de camisa*** in shirt sleeves; ***vestir uma camisa lavada*** to put on a clean shirt; ***pano de camisa*** shirting; ***camisa de cor*** coloured shirt; ***peitilho da camisa*** shirt front; ***punhos de camisa*** shirt cuffs; ***colarinho da camisa*** the collar of the shirt, shirt collar; ***camisa engomada*** evening shirt, boiled shirt; ***camisa de vela*** bunt, skin (of sail); ***camisa de cilindro*** liner
camisa-de-forças *s. f.* strait jacket, strait waistcoat
camisa-de-onze-varas *s. f.* ***meter-se numa camisa-de--onze-varas*** to get into a scrape, to put oneself into a mess
camisa-de-vénus *s. f.* [pop.] condom, contraceptive sheath, preventive sheath
camisão *s. m.* smock-frock
camisaria *s. f.* shirt shop, haberdashery, hosier's, men's outfitter
camiseira *s. f.* a closet for shirts, a chest of drawers; female shirtmaker

camiseiro Ⓐ *s. m.* men's outfitter; haberdasher, shirt maker Ⓑ *adj.* of (pertaining or relative to) shirts, their manufacture and sale
camiseta *s. f.* chemisette, blouse
camisola *s. f.* vest, undershirt, singlet
camisoleiro *s. m.* maker (or seller) of vests
camisote *s. m.* a fine cloth shirt; old armour
camita Ⓐ *s. m. e f.* Hamite, one of the descendants of Ham Ⓑ *adj.* Hamitic, of (pertaining or relative to) the Hamites
camítico *adj.* Hamitic, belonging to the Hamitic languages (or peoples)
camoeca *s. f.* [fam.] drunkenness, intoxication, drowsiness; ailment
camoesa *s. f.* pippin; ⇒ **camoeca**
camomila *s. f.* BOTÂNICA camomile
camomilha *s. f.* ⇒ **camomila**
camondongo *s. m.* mouse, house mouse
camoniana *s. f.* collection of Camões' works; any treatise on Camões (his works or his life)
camoniano Ⓐ *s. m.* admirer and collector of Camões' works Ⓑ *adj.* of (pertaining or referring to) Camões
camonologia *s. f.* treatise on the works of Camões
campa *s. f.* small bell; grave-stone; grave
campação *s. f.* camping; camp, encampment; gladness, joy; vanity, conceit
campainha *s. f.* bell, hand-bell; [fig.] talebearer; BOTÂNICA bell-flower, blue-bell; ***campainha da boca*** uvula; ***cordão da campainha*** bell-rope; ***campainha eléctrica*** electric bell; ***campainha da porta*** door-bell; ***campainha de alarme*** alarm-bell; BOTÂNICA ***campainha branca*** snowdrop
campainhada *s. f.* the ringing of a bell
campainheiro *s. m.* bellman, bell-carrier; town crier
campal *adj.* rural; camping; country-like; done on flat land; ***batalha campal*** pitched battle; ***missa campal*** open-air celebration of Mass
campana *s. f.* bell, hand-bell; ARQUITECTURA the bell-shaped part of the capital of a column; the bell-shaped opening of horns (trumpets and similar instruments)
campanado *adj.* ⇒ **campanulado**
campanário *s. m.* belfry, bell tower; [fig.] parish; village
campaneiro *s. m.* ringer, bell-ringer
campanha *s. f.* campaign; MILITAR camp, encampment; battle; ***campanha política*** political campaign; ***servir em campanha*** to serve in the field; ***campanha publicitária*** advertising campaign; ***cama de campanha*** field-bed; ***cozinha de campanha*** field-kitchen
campanhista *s. m.* veteran soldier, experienced (or battle-hardened) soldier
campaniforme *adj.* campaniform; bell-shaped
campanil *s. m.* bell metal
campanilo *s. m.* campanile; detached bell-tower; steeple
campanologia *s. f.* campanology
campanólogo *s. m.* bell-ringer, campanologer, carillonneur
campanudo *adj.* swollen; bell-shaped; campaniform, campanulate; [fig.] bombastic, inflated, high-flown, bloated
campânula *s. f.* BOTÂNICA bell, campanula, bell-flower; bell-glass, bell-jar
Campanuláceas *s. f. pl.* BOTÂNICA *Campanulaceae*
campanuláceo *adj.* BOTÂNICA campanulaceous
campanulado *adj.* BOTÂNICA campanulate, campaniform, bell-shaped
campanular *adj.* bell-shaped; BOTÂNICA campanulaceous; campanulate, campaniform, campanular
campão *s. m.* a huge tract of open grassland (or field); marble from Campan (Spain)
campar *v. intr.* to camp, to encamp; to be proud of; to flatter oneself, to boast, to brag; to shine
campeador *s. m.* cowboy, hand on a cattle ranch
campeão *s. m.* champion; hero, combatant; victor; ***campeão de xadrez*** chess-player champion
campear *v. intr.* to camp, to encamp, to pitch a camp; to scour the country; to serve in the field; to shine, to be remarkable; to show off, to boast, to brag; to excel
campeche *s. m.* BOTÂNICA logwood (American tree)
campecheiro *s. m.* ⇒ **campeche**
campéfago *adj.* lizard-eating (bird)
campeiro Ⓐ *adj.* rural, rustic Ⓑ *s. m.* ⇒ **sineiro**
campenomia *s. f.* part of the grammar dealing with the inflections of words
campeonato *s. m.* championship
campesinho *adj.* rural, rustic, country-like, campestral
campesino *adj.* rural, rustic, country-like, campestral
campestre *adj.* campestral, campestrian, country, rural, rustic; ***dança campestre*** country dance
campícola *adj.* living in the countryside
campilotrópico *adj.* campylotropous
campilótropo *adj.* campylotropous
campimetria *s. f.* PSICOLOGIA campimetry
campímetro *s. m.* PSICOLOGIA campimeter
campina *s. f.* prairie; meadow, field; plain; peasant-woman
campino Ⓐ *s. m.* peasant, countryman; herdsman; cowboy of the Ribatejo (Portugal) Ⓑ *adj.* ⇒ **campesino**
campir *v. tr. e intr.* ARTES to outline the horizon (in a drawing or painting)
campismo *s. m.* camping
campista *s. m. e f.* camper
campo *s. m.* field; meadow; ground; tract of land, open country; country-side; village square; MILITAR field, camp; field; space, room; scope, range; matter; theme, subject; ***campo de batalha*** battle-field; ***óculo de campo*** field-glass; ***campo visual*** visual-field; ***campo de minas*** mine-field; ***campo de acção*** field of action; ***campo de aterragem*** landing field, air-field; ***campo de jogos*** play-field, play-ground; ***campo de futebol*** football-field; ***vida do campo*** country-life; ***casa de campo*** country-house; ***mulher do campo*** country-woman; ***ir para o campo*** to go into the country; ***homem do campo*** countryman; ***em campo raso*** in the open country; ***gente do campo*** country-folk; ***campos experimentais*** experimental station; ***campo de tiro*** shooting range
camponês Ⓐ *s. m.* countryman, peasant Ⓑ *adj.* rural, rustic, campestral
camponesa *s. f.* countrywoman, peasant woman
campónio Ⓐ *s. m.* countryman; bumpkin Ⓑ *adj.* rustic, rural
camposo *adj.* spacious, ample, large, wide, vast
camptologia *s. f.* ⇒ **campenomia**
camuflado *adj.* camouflaged, disguised, dissembled
camuflagem *s. f.* camouflage, disguising, disguise
camuflar *v. tr.* to disguise by camouflage, to disguise; [fig.] to mask, to hide; to fake
camurça *s. f.* ZOOLOGIA chamois, chamois leather, shamoy leather, shammy leather
camurçado *adj.* chamois-coloured; dressed like chamois-leather
camurçagem *s. f.* chamoising, tawing, dressing (of leather)
camurçar *v. tr.* to chamois, to dress, to taw (leather)
camurcina *s. f.* imitation chamois leather, shamoy leather, shammy leather
camurcite *s. f.* ⇒ **camurcina**
cana *s. f.* BOTÂNICA cane, reed; cana (ornamental plants to which hemp belongs); ***cana de pescar*** fishing-rod; ***cana da perna*** shin; ***cana do nariz*** bridge of the nose; ***cana do leme*** tiller
Canabináceas *s. f. pl.* group of plants to which hemp belongs
Canabíneas *s. f. pl.* ⇒ **Canabináceas**
canabrás *s. f.* BOTÂNICA cow parsnip, hogweed

canada *s. f.* measure equivalent to 2 litres (Portugal); lane; caning (blow)
cana-da-índia *s. f.* BOTÂNICA Malacca, Indian reed
cana-de-açúcar *s. f.* sugarcane
canadense *s. m. e f., adj.* ⇒ **canadiano**
canadiana *s. f.* shooting brake, station-waggon; wagon (waggon); caliper-crutches
canadiano *s. m., adj.* Canadian
canado *s. m.* milk-can, milk-jug; measure of 12.5 litres
canafístula *s. f.* BOTÂNICA canafistula; cassia fistula, cassia, cinnamon
canafrecha *s. f.* BOTÂNICA giant fennel; uva grass
canal *s. m.* channel, strait; canal, conduit, duct; gutter; water-course; fairway; ANATOMIA canal; ***canal de um rio*** fairway of a river; ***canal da Mancha*** the English Channel; ***canal de vapor*** steam-passage; ***canal entre duas comportas*** lock; ***canal de lubrificação*** oil-groove; ***canal de ligação*** connecting canal, junction canal
canalete *s. m.* narrow channel
canalha *s. m. e f.* canaille, mob, rabble, riff-raff; wretch, scoundrel, crook, abominable man, infamous, vile, nefarious, crooked
canalhada *s. f.* dirty trick; vile behaviour
canalhice *s. f.* action of a scoundrel; meanness, baseness, roguery, dirty trick, vile behaviour
canalhismo *s. m.* action of a scoundrel; meanness, baseness, roguery, dirty trick, vile behaviour
canalicular *adj.* BOTÂNICA canaliculate(d)
canalículo *s. m.* a small channel (canal); groove; furrow, rut; ANATOMIA, BOTÂNICA canaliculus
canalífero *adj.* canaliferous
canaliforme *adj.* canaliform; like a canal (groove)
canalização *s. f.* canalization; system of canals; drams, drainage system; piping; ***tubo da canalização do gás*** gas-pipe; ***canalização urbana*** town mains
canalizador *s. m.* piper, plumber; canal constructor
canalizar *v. tr.* to canalize, to cut a canal, to intersect with canals; to direct
canalizável *adj.* that can be canalized
canana *s. f.* a leather cartridge shoulder-belt
cananeu Ⓐ *s. m.* Canaanite, Canaanaean, native (inhabitant) of Canaan Ⓑ *adj.* Canaanitic, Canaanitish
canapé *s. m.* sofa; settee; couch
canareira *s. f.* large cage for cananes
canaria *s. f.* large tubes (pipes or conduits)
canária *s. f.* ORNITOLOGIA female canary, hen-canary
canarim *s. m., adj.* [pop.] Indian (of Goa)
canário *s. m.* ORNITOLOGIA canary-bird, canary; good singer; native of the Canary isles
canasta *s. f.* game of cards
canastra *s. f.* large basket, pannier
canastrada *s. f.* full basket; basketful; a quantity of baskets
canastrado *adj.* plaited, interwoven, interlaced
canastrão *s. m.* hamper, large basket; [cal.] ham actor; barnstormer; a certain breed of Brazilian hogs
canastreiro *s. m.* basket-maker; basket-dealer
canastrel *s. m.* small hamper (or basket); basket with a long handle; a large hamper
canastro *s. m.* basket, deep basket; [pop.] body; ***dar cabo do canastro a*** to ruin one's health, to break someone's back
cânave *s. m.* ⇒ **cânhamo**
canaveira *s. f.* hemp field, hemp plot, hemp plantation
canavial *s. m.* cane-plantation, reed plot
canavieira *s. f.* durra, Indian millet, Kaffircorn, sorghum, sorgho grass
canaz *s. m.* a big dog; wicked man
cancã *s. f.* cancan (a lively French dance)
cancanar *v. tr.* to dance the cancan
cancanista *s. m. e f.* cancan dancer
canção *s. f.* song, ballad; a tune; ditty; carol; ***canção de crianças*** nursery-rhyme; ***canção de Natal*** Christmas carol; ***canção popular*** folksong; ***festival da canção*** song contest
cancela *s. f.* grilled gate, barred gate; stile
cancelada *s. f.* enclosure, yard, compound
canceladura *s. f.* ⇒ **cancelamento**
cancelamento *s. m.* cancellation; annulment; rescission; crossing out, wiping out
cancelar *v. tr.* to cancel, to annul; to cross out, to wipe out, to abolish; ***cancelar uma licença*** to cancel a leave; ***cancelar uma verba*** to cancel an item, to cross out an item
Câncer *s. m.* ASTRONOMIA Cancer
canceração *s. f.* MEDICINA canceration
cancerar Ⓐ *v. tr.* to make (to render) cancerous Ⓑ *v. intr.* to cancerate, to grow into a cancer, to grow cancerous
canceriforme *adj.* MEDICINA cancriform, cancerous, cancroid
cancerígeno *adj.* cancerigenic
cancerizar *v. intr.* to cancerate; to grow into a cancer, to become cancerous
canceroso *adj.* cancerous
canchear *v. tr.* to dilacerate the dry leaves of the Paraguay tea plant
cancioneiro *s. m.* song-book
cancionista *s. m. e f.* song-writer; ballad-writer
cançoneta *s. f.* little song, ditty, lay
cançonetista *s. m. e f.* ditty singer, ballad singer, vocalist, ballad (song) writer
cancriforme *adj.* cancriform, cancroid
cancrinite *s. f.* MINERALOGIA cancrinite
cancro *s. m.* MEDICINA cancer
cancróide *s. m.* cancroid
candado *s. m.* ⇒ **cando**
candango *s. m.* nickname given by African natives to the former Portuguese settlers
candeada *s. f.* the quantity of oil necessary to fill a lamp
candear *v. tr.* to illuminate, to light
candearia *s. f.* large number of lamps
candeeirada *s. f.* ⇒ **candeada**
candeeireiro *s. m.* lamp-maker; lamp-seller
candeeiro *s. m.* lamp; ***candeeiro de iluminação pública*** street-lamp; ***poste de candeeiro das ruas*** lamp-post
candeia *s. f.* oil-lamp, lamp, light; candle; ***andar de candeias às avessas com*** to be on ill terms with, to be at variance with; ***festa das candeias*** Candlemas
candeiada *s. f.* ⇒ **candeada**
candeio *s. m.* torch; ***pesca ao candeio*** torch-fishing
candelabro *s. m.* candelabrum (*plural* candelabra)
candelária *s. f.* BOTÂNICA campion, petry mullein
Candelária *s. f.* RELIGIÃO Candlemas
candeliça *s. f.* NÁUTICA single hoisting tackle, burton
candelinha *s. f.* ⇒ **algália**
candência *s. f.* candescence, white heat
candente *adj.* candescent, glowing (white hot)
cândi Ⓐ *adj.* candied, crystallized Ⓑ *s. m.* candy
candial *adj.* snow-white (said of a certain kind of wheat that yields a snow-white flour)
candidamente *adv.* candidly, frankly, outspokenly
candidatar-se *v. refl.* to stand for a candidate; to be a candidate; to make an application for; to stand for, to throw in for; to contend in rivalry
candidato *s. m.* candidate, aspirant, applicant; ***o candidato obteve três mil votos*** the candidate got three thousand votes; ***um candidato desconhecido*** a dark horse; ***candidato a um emprego*** applicant for a situation
candidatura *s. f.* candidature; application

candidez *s. f.* candidness; whiteness, candour; [fig.] simplicity, sincerity
cândido *adj.* candid, frank, sincere, pure, innocent, guileless; white, snow-white
candil *s. m.* lamp, light; candle; phosphorescence of the water; an ancient coin; an ancient dry measure
cândil *adj.* ⇒ **cândi**
candilar *v. tr.* to candy, to coat with sugar; to crystallize; to conserve by boiling with sugar
cando *s. m.* the part of a hoof that lies between the frog and the rim of the outer wall
candombe *s. m.* shrimp-net, bow-net; ⇒ **candomblé**
candomblé *s. m.* voodoo rites; each one of the annual voodoo feasts
candonga *s. f.* contraband, smuggling, black market; [fig.] flattery, fawning, sycophancy
candongar *v. intr.* to run contraband; to smuggle
candongueiro *s. m.* contrabandist, smuggler; sycophant; black marketeer; [fig.] flatterer, adulator
candonguice *s. f.* flattery, dissimulation, shamming; intrigue; malicious gossip, slander
candor *s. m.* whiteness; candour; candidness; simplicity, [fig.] innocence, guilelessness; sincerity
candura *s. f.* whiteness; candour; candidness; simplicity, [fig.] innocence, guilelessness; sincerity
caneca *s. f.* mug, tankard
canecada *s. f.* a mugful
caneco *s. m.* can; [pop.] top-hat; ***pintar o caneco*** to play the devil
canéfora *s. f.* ARQUITECTURA canephorus, canephor, canephora
canefórias *s. f. pl.* canephora
caneira *s. f.* the hollow (or pithy) stem of certain plants; reed, cane
caneiro *s. m.* narrow channel (canal); pipe; water-drain; water-course; arm of sea running between rocks; fish-garth
caneja *s. f.* ICTIOLOGIA dogfish, dog shark
canejo *adj.* doglike, canine; bow-legged
canela *s. f.* BOTÂNICA cinnamon; shuttle (weaver's shuttle); (of leg) shin, shinbone; ***cor de canela*** cinnamon-coloured; [fig.] ***dar às canelas*** to take to one's heels, to bolt
canelada *s. f.* blow (kick) on the shin
canelado *adj.* grooved, fluted, channelled, corrugated
caneladura *s. f.* groove, channeling, fluting; BOTÂNICA striation
canelagem *s. f.* [pop., Bras.] jealousy; fluting
canelão *s. m.* sugar-coated cinnamon comfit
canelar *v. tr.* to groove, to channel, to flute; to fill the bobbin
caneleira *s. f.* cinnamon-tree; female worker in a spinning mill who threads the weaver's quills (or spindles); winding frame; shinguard
caneleiro *s. m.* spooler, winder, reeler; bobbin (or spindle) holder; cinnamon-tree
canelim *s. m.* thin leg; cinnamon flavoured almond
canelo *s. m.* shoe for oxen; a long bone; leg of pork; [fam.] shin; ***de canelo fino*** in excellent health, at the top of one's form
canelura *s. f.* groove, fluting, flute; ARQUITECTURA stria; BOTÂNICA stria, striation, striature
canescente *adj.* canescent, whitish, greyish
caneta *s. f.* penholder, pen; ***caneta de tinta permanente*** fountain-pen; ***caneta esferográfica*** ball-point pen, ball-pen
caneta-tinteiro *s. m.* fountain-pen, stylograph; stylo
canevão *s. m.* metallic cylinder where the keys of some musical instruments roll
canfano *s. m.* QUÍMICA camphane
canfeno *s. m.* QUÍMICA camphene
cânfora *s. f.* camphor, camphor-tree
canforado *adj.* camphorated
canforar *v. tr.* to camphorate
canforato *s. m.* QUÍMICA camphorate
canforeira *s. f.* BOTÂNICA camphor-tree
canforeiro *s. m.* ⇒ **canforeira**
canfórico *adj.* camphoric
canforífero *adj.* that produces camphor
canforóide *adj.* camphorlike
canforomania *s. f.* camphor abuse
canga *s. f.* yoke; carrying pole; cangue, cang; [fig.] oppression yoke
cangaceiro *s. m.* bandit, brigand; highway-robber, outlaw
cangaço *s. m.* husks (or skins) of pressed fruits; poor people's furniture; a very thin man
cangalhada *s. f.* heap of old things, rubbish, trash
cangalhas *s. f. pl.* pack-saddle; panniers; [fam.] spectacles; [coloq.] ***de cangalhas*** topsy-turvy, upside down
cangalheiro *s. m.* muleteer; undertaker
cangalho *s. m.* small yoke; an old good-for-nothing; old piece of furniture, trash
canganho *s. m.* ⇒ **engaço**
cangar *v. tr.* to yoke oxen; [fig.] to dominate, to oppress; NÁUTICA to tilt
cangarilhada *s. f.* deception, deceit; swindle, trick
cangarinha *s. f.* golden thistle, Spanish oyster plant
cangoeira *s. f.* a small Indian flute made of human bones
cangosta *s. f.* narrow lane, passage
canguçu *s. m.* jaguar; ounce
cangueira *s. f.* a callosity on the neck of oxen and other draught animals caused by the constant friction of a yoke
cangueiro *adj.* bearing a yoke; lazy, sluggish; slow, dawdling, loitering; bent under a heavy load; oppressed; obedient, submissive
canguinhar *v. intr.* to be frail (or puny); to be weak; to be irresolute
canguinhas *s. m.* narrow-minded fellow; weakling man; man lacking energy; avaricious person
cangulo *s. m.* ICTIOLOGIA oldwife, triggerfish
canguru *s. m.* ZOOLOGIA kangaroo
canhamaço *s. m.* hemp, tow, canvas; sackcloth, packcloth
canhameiral *s. m.* hempfield
canhamiço *adj.* hempen; of (pertaining to or like) hemp
cânhamo *s. m.* hemp; ***cânhamo de Manila*** the Manila hemp; ***cânhamo de Creta*** the bastard hemp
canhão *s. m.* cannon; gun; quill (of a feather); cuff (of a coat); ***canhão de tiro rápido*** quickfiring gun; ***canhão antiaéreo*** anti-aircraft gun; NÁUTICA ***canhão de popa*** sternchaser; ***canhão sincronizado*** synchronized cannon; ***canhão antitanque*** anti-tank gun, bazooka; ***junta de canhão*** faucet joint; ***alma de um canhão*** bore of a cannon; ***estar a tiro de canhão*** to be within cannon shot; ***culatra de canhão*** breech of a gun; ***o troar dos canhões*** the roar of guns
canhenho Ⓐ *s. m.* notebook; [fig.] memory Ⓑ *adj.* left-handed; clumsy, awkward
canhestro *adj.* [pop.] left-handed; clumsy, inapt, unskilful
canho *adj.* left-handed, clumsy
canhoeira *s. f.* ⇒ **canhoneira**
canhonaço *s. m.* cannon-shot
canhonada *s. f.* cannonade
canhonar *v. tr.* to provide with guns (or cannons)
canhonear *v. tr.* to cannonade
canhoneio *s. m.* cannonade
canhoneira *s. f.* NÁUTICA gunboat
canhoneiro *adj.* cannoned, armed with cannons; of (pertaining to or relative to) artillery
canhota *s. f.* [pop.] the left hand; a blow with the left hand; a left-handed woman
canhoto Ⓐ *s. m.* left-handed man; [pop.] the devil Ⓑ *adj.* left-handed; [fig.] unskilful; [fig.] clumsy
canibal *s. m.* cannibal; man-eater

canibalesco *adj.* cannibalistic
canibalismo *s. m.* cannibalism
caniça *s. f.* wicker fence (used in the ox carts)
caniçada *s. f.* trellis; lattice-work
caniçado *s. m.* ⇒ **caniçada**
caniçal *s. m.* plantation of reeds, cane thicket
canície *s. f.* grey-headness; grey-hairs; old age
caniço *s. m.* reed, cane
canícula *s. f.* [pop.] small cane; thin leg; *pl.* dog-days, canicular days; *pl.* sultry summer
Canícula *s. f.* ASTRONOMIA Syrius, dog-star
canicular *adj.* canicular; ***dias caniculares*** dog-days
canicultura *s. f.* breeding of dogs
Cânidas *s. m. pl.* ZOOLOGIA ⇒ **Canídeos**
Canídeos *s. m. pl.* ZOOLOGIA *Canidae* (the family of dogs, wolves, jackals and foxes)
canífobo *adj.* caniniphobic
canifraz *s. m.* extremely lean (or scrawny) man
canil *s. m.* kennel
canilha *s. f.* weaver's quill
caninana *s. f.* ZOOLOGIA a harmless rat-snake; BOTÂNICA a creeping plant of the family *Polygalaceae*
caninha-verde *s. f.* a popular song and folk-dance in Minho
canino *adj.* canine, doglike; ***dente canino*** canine tooth, eye-tooth; ***fome canina*** ravenous hunger, wolfish appetite
canistrel *s. m.* basket (made from rushes of twigs)
canivetada *s. f.* cut with a penknife
canivete *s. m.* penknife, pocket-knife
caniveteiro *s. m.* pocket-knife manufacturer (or seller)
canja *s. f.* chicken-broth; [fig.] ***é canja!*** it's a pushover!, it's a give-away!
canjica *s. f.* a traditional Brazilian dish with grated green corn, sugar, coconut milk and cinnamon; a kind of tobacco dust; a kind of coarse clean river sand mixed with fine gravel; popular designation of several plants of the family *Verbenaceae*; cyst in the flesh of swine; MINERALOGIA ***canjica lustrosa*** brown hematite in pebbly forms
canjirão *s. m.* wine-jug
cano *s. m.* pipe, tube; water-pipe; channel; conduit; ***cano de algeroz*** downspout (from a roof gutter); ***cano de esgoto*** discharging pipe, drain-pipe, soil-pipe; ***cano de chaminé*** flue; ***cano de cabo*** duct for cable; ***cano de espingarda*** barrel; ***cano da bota*** leg of the boot; ***cano geral*** main sewer; ***cano de ventilação*** ventilating-pipe; ***espingarda de dois canos*** double-barrelled gun; ***cano de chumbo*** lead pipe; ***cano de drenagem*** drainage conduit, drain-pipe; ***cano de alvenaria*** brick (culvert) pipe; ***cano de órgão*** organ pipe; ELECTRICIDADE ***cano isolador*** insulated conduit; ***cano para gás de escape*** exhaust pipe
canoa *s. f.* canoe; gig
canoagem *s. f.* DESPORTO canoeing
canoeiro *s. m.* DESPORTO canoeman, canoeist; manufacturer (or seller) of canoes
canoila *s. f.* ⇒ **canoula**
canoira *s. f.* ⇒ **canoura**
canoísta *s. m. e f.* DESPORTO canoeist
cânon *s. m.* ⇒ **cânone**
cânone *s. m.* canon, canon-law
canonical *adj.* canonical
canonicamente *adv.* canonically
canonicato *s. m.* RELIGIÃO canonry, canonship
canonicidade *s. f.* RELIGIÃO canonicity, canonicalness
canónico *adj.* canonical
canonisa *s. f.* RELIGIÃO canoness
canonista *s. m.* RELIGIÃO canonist
canonização *s. f.* RELIGIÃO canonization
canonizador Ⓐ *adj.* canonizing; [fig.] flattering Ⓑ *s. m.* canonizer; [fig.] flatterer
canonizar *v. tr.* to canonize
canonizável *adj.* capable of being canonized; worthy of canonization; meritorious
canoro *adj.* canorous, melodious, musical, ringing, harmonious; ***ave canora*** song-bird
canotaria *s. f.* ⇒ **canaria**
canoula *s. f.* a stalk of corn
canoura *s. f.* mill-hopper
cansação *s. f.* chichicaste (Brazilian plant)
cansaço *s. m.* fatigue, weariness, tiredness, lassitude; ***cansaço cerebral*** brain-fag; ***morto de cansaço*** dog-tired, tired to death
cansadamente *adv.* wearily, fatiguingly
cansado *adj.* tired, weary, fatigued, exhausted; worn out; ***estar muito cansado de andar*** to be walked off one's feet; ***estou muito cansado*** I am tired out, I am fagged out; ***pareces horrivelmente cansado*** you look dreadfully tired; ***tens cara de cansado*** you look tired; ***sinto-me muito cansado esta manhã*** I feel worn out this morning; ***cansado deste mundo*** world weary; ***estou cansado de ouvir sempre a mesma coisa*** I am tired of hearing always the same thing; ***estou cansado disto tudo*** I am sick of all this; ***terra cansada*** worn out soil; MEDICINA ***ter a vista cansada*** to suffer from presbyopia
cansar Ⓐ *v. tr.* to tire, to fatigue; to exhaust; to weary, to fag; to tire out, to be tired Ⓑ *v. refl.* to tire oneself, to grow fatigued; to become bored, to get annoyed; ***cansar-se em vão*** to lose one's toil; ***cansar de mais*** to overtire, to overfatigue; ***o andar cansa-me*** walking tires me; ***não se canse! (não se incomode!)*** take it easy!; ***cansar-se demasiadamente*** to get overtired, to tire oneself out; ***ele não se cansa de obsequiar-me*** he is untiringly obliging
cansativo *adj.* tiring; tedious; stressful
cansável *adj.* that may get tired
canseira *s. f.* fatigue; toil, hardship
canseiroso *adj.* very tiresome, wearisome, toilsome; careful (on the work)
cantábrico *adj.* Basque; of (pertaining to or relative to) the Basques
cantábrio *adj.* ⇒ **cantábrico**
cântabro Ⓐ *adj.* ⇒ **cantábrico** Ⓑ *s. m.* Basque, native (or inhabitant) of the Basque provinces
cantadeira *s. f.* songstress; woman singer
cantadela *s. f.* [pop.] act of singing; ballad; popular song
cantado *adj.* sung
cantadoira *s. f.* ⇒ **cocão**
cantador *s. m.* singer, songster
cantadoura *s. f.* ⇒ **cantadoira**
cantante *adj.* singing
cantão *s. m.* canton
cantar Ⓐ *v. tr. e intr.* to sing; to chant; to singsong Ⓑ *s. m.* singing; ***cantar uma modinha*** to sing a song; ***adormecer uma criança a cantar*** to sing a child to sleep; ***os pássaros cantam os seus alegres cantos*** the birds sing their merry notes; ***isso é outro cantar*** that's another story; ***cantar num concerto*** to sing at a concert; NÁUTICA ***cantar para içar*** to sing out to hoist; ***cantar desafinado*** to sing out of tune; ***cantar missa*** to sing a high mass; ***ele canta baixo de mais*** he sings too flat; ***ele canta o seu próprio louvor*** he blows his own trumpet
cantara *s. f.* ⇒ **cântaro**
cantareira *s. f.* stand (or shelf) for jars, pitchers, etc
cantarejar *v. intr.* to sing, to hum, to croon
cantarejo *s. m.* singsong, humming, crooning
cantaria *s. f.* squared stone; ashlar masonry
cantárida *s. f.* Spanish fly, blistering fly; *pl.* cantharides
cantaridal *adj.* cantharidian, cantharidean
cantaridar *v. tr.* to cantharidize
cantáride *s. f.* ⇒ **cantárida**

cantaridina *s. f.* cantharidin
cantaridismo *s. m.* intoxication caused by cantharides
cantarilha *s. f.* ⇒ **cantariz**
cantarilho *s. m.* ICTIOLOGIA pigfoot
cantarinha *s. f.* small pitcher
cantariz *s. m.* a scorpoena (a kind of fish); a genus of acanthopterygian fishes (rarely found in Portugal)
cântaro *s. m.* pitcher; water-pot; ***tantas vezes vai o cântaro à fonte, até que lá deixa a asa*** the cracked pitcher goes to the well once too often; ***chover a cântaros*** to rain cats and dogs, to be pouring with rain
cantarola *s. f.* song; trill; humming, crooning
cantarolar *v. tr. e intr.* to hum, to croon; to warble; ***cantarolar uma modinha*** to hum a tune
cantata *s. f.* cantata; [pop.] cunning prattle, smooth talk
cantável *adj.* singable
canteira *s. f.* quarry
canteiro *s. m.* quarry-man; stone-cutter; stone-mason; flower bed (in a garden); ***canteiro de adega*** stand, stilling; ***canteiro de flores*** flower bed; ***canteiro de barril*** bed of a cask
cântico *s. m.* hymn; canticle; *pl.* Canticles, the Song of Solomon; ***cântico de Natal*** Christmas carol; ***cântico fúnebre*** dirge; ***cântico sacro*** sacred song
cantiga *s. f.* song; story; ***isso é uma cantiga!*** that's a good story!; ***cantiga de embalar*** lullaby; ***ele está sempre com a mesma cantiga*** he is always harping upon the same string
cantil *s. m.* flask, canteen, drinking-vessel; match(ing)-plane
cantilena *s. f.* lay, ditty; story; long-drawn-out story; ***voltar sempre à mesma cantilena*** to say the same thing over and over again
cantimplora *s. f.* a metallic water (or wine) cooler; siphon; oil-can with a long, narrow spout; drainpipe; sprinkler
cantina *s. f.* canteen; mess
cantineiro *s. m.* proprietor of a canteen, tavern-keeper
cantinho *s. m.* {*dim. de* **canto**} corner; retreat; a little piece
canto *s. m.* corner, angle, extremity, edge; canto (part of a poem); singing; chant, lay; ***pôr de canto*** to put (to lay, to set) aside, to neglect; ***canto de pão*** hunk, hunch; ***pôr uma pessoa ao canto*** to throw a person into the shade; ***canto da boca*** corner of the mouth; ***canto do olho*** corner of the eye; ***meter-se num canto*** to creep into a corner; ***todos os cantos do mundo*** every corner of the earth; ***cantos e recantos*** nooks and crannies; ***aos quatro cantos*** to the four corners of the earth; ***ornamento de canto*** corner-piece; ***canto dourado*** gilded edge; ***canto monótono*** singsong; ***o canto do cisne*** swan-song; ***canto de galo*** cockcrow; ***canto fúnebre*** dirge, funeral song; ***canto gregoriano*** Gregorian chant; ***canto popular*** folksong; ***aula de canto*** singing lesson
cantochanista *s. m. e f.* chanter (of Gregorian chants)
cantochão *s. m.* Gregorian chant; plain song; church songs (or hymns)
cantoeira *s. f.* ARQUITECTURA, CARPINTARIA cramp-iron
cantonado *adj.* cantoned, divided into sections (or cantons); HERÁLDICA having a gun or a charge in one or more corners of the escutcheon
cantonal *adj.* cantonal
cantoneira *s. f.* corner-cupboard; triangular cupboard; angle bar, angle iron
cantoneiro *s. m.* road-mender
cantor *s. m.* singer, songster; [poét.] poet
cantora *s. f.* singer; songstress
cantoria *s. f.* singing; singsong
canudo *s. m.* tube, pipe; HISTÓRIA [arc.] sheepskin, diploma; [pop.] drawback; trick, take-in; ***esta compra foi um canudo*** this purchase was a swindle
cânula *s. f.* CIRURGIA cannula; tube
canutilho *s. m.* purl; trimming
canzarrão *s. m.* big dog
canzeiro Ⓐ *adj.* giddy-minded Ⓑ *s. m.* swindler; cheat
canzil *s. m.* each one of the two wooden bows of a yoke which enclose the neck of a draught ox
canzoada *s. f.* a pack of dogs; large number of dogs; rabble; [fig.] a gang of scoundrels; [pop.] a lot of debts
canzoal Ⓐ *adj.* canine, doggish, doglike Ⓑ *s. m.* pack of hounds
cão *s. m.* dog; hound; [fam.] swindle; bad debt; cock (of a gun); ***cão dálmata*** Dalmatian; ***cão de fila*** bulldog, mastiff dog; ***cão de guarda*** watch-dog; ***cão perdigueiro*** pointer; ***cão de guerra*** war-dog; ***cão de São Bernardo*** St. Bernard's dog; ***cão de caça*** hound; ***cão fraldiqueiro*** lap-dog; ***cão estafeta*** messenger dog; ***cão lebreiro*** harrier; ***cão pastor alemão*** sheep-dog, Alsatian dog, Alsatian; ***cão tó-tó*** pug-dog, pug; ***cão que ladra não morde*** barking dogs seldom bite; ***perseguir como um cão*** to dog; ***curar-se com o pêlo do mesmo cão*** to take a hair of the dog that bites you; [fam.] ***dar-se como o cão e o gato*** to live like cat and dog; ***quando o cão é mau, todos lhe atiram*** give a dog a bad name and hang him; [pop.] ***pregar o cão*** to swindle; ***andar a cair na boca dos cães*** to come to grief, to go to the dogs; ***despertar o cão que dorme*** to look for trouble; [pop.] ***levar uma vida de cão*** to lead a dog's life; ***não acordes cão que dorme*** let sleeping dogs lie
cão-d'água *s. m.* poodle
cão-marinho *s. m.* sea-dog, seal
cão-polícia *s. m.* police-dog
caos *s. m.* chaos, utter confusion
caótico *adj.* chaotic
cão-tinhoso *s. m.* the devil
caotizar *v. tr.* to cause chaos; to confound; to disorder, to disarray
capa *s. f.* cape, cloak, wrapper; mantle; coat; cover; ***capa de livro*** book cover; NÁUTICA ***capa de chaminé*** funnel cover; ***capa de borracha*** raincoat; ***capa de santidade*** cloak of hypocrisy; ***de capa*** lying to; ***meter de capa, pôr-se em capa*** to have to; ***ser capa de ladrões*** to act as a cloak for thieves; MECÂNICA ***capa de biela*** cap of a connecting-rod
capação *s. f.* castration; pruning of plants
capacete *s. m.* helmet; ***capacete de aço*** steel helmet, [fam.] tin hat
capacheiro *s. m.* mat braider, matmaker, matseller
capachice *s. f.* submissiveness, servility
capachinho *s. m.* peruke, wig (for men)
capachismo *s. m.* ⇒ **capachice**
capacho *s. m.* mat; [fig.] servile flatterer, adulator; ***capacho da porta*** door-mat; ***não ser capacho de ninguém*** not to cringe, to bow to no one
capacidade *s. f.* capacity, capability, ability; capableness; cleverness; talent, content volume; ELECTRICIDADE capacitance; power; gauge, calibre; ***medida de capacidade*** measure of capacity; ***capacidade legal*** legal qualification; ***capacidade de aquecimento*** heating capacity; ***capacidade de carga*** burden hold; ***capacidade de produção*** production capacity; ***capacidade para o trabalho*** ability for work; ***capacidade aquisitiva*** purchasing power; ***capacidade de raciocínio*** reasoning power; ***capacidade de um tanque*** tankage; ***ele não tem capacidade para isso*** he has not the stuff for that; ***homem de grande capacidade*** a very able man; ***isso vai além das nossas capacidades*** this is above our ability
capacíssimo *adj.* most capable
capacitar Ⓐ *v. tr.* to convince, to enable, to conceive Ⓑ *v. refl.* to be convinced
capada *s. f.* a blow with a stick; piece of felt; flock, herd, drove
capadeira Ⓐ *s. f.* gelding knife Ⓑ *adj.* in state for gelding
capado Ⓐ *s. m.* a castrated ram (goat or boar) Ⓑ *adj.* castrated
capadócio Ⓐ *adj.* Cappadocian; pertaining to Cappadocia; [fig.] roguish, trickish; boasting Ⓑ *s. m.* Cappadocian,

native (or inhabitant) of Cappadocia; [fig.] impostor; crook; boaster, rogue
capador *s. m.* a professional gelder (or castrator)
capadura *s. f.* ⇒ **capação**
capandua *s. f.* kind of French red apple
capão *s. m.* capon (a cock); castrated horse
capar *v. tr.* to castrate; to emasculate; to capon, to caponize; to geld, to spay; to prune; to cut off the suckers of a plant
caparão *s. m.* hood
caparazão *s. m.* caparison
caparazonado *adj.* caparisoned
Caparidáceas *s. f. pl.* *Caparidaceae*, family of plants to which the caper belongs
caparoeiro *adj.* used to the caparison; tamed, domesticated
caparrosa *s. f.* QUÍMICA common designation of various sulphates; BOTÂNICA an evening primrose; QUÍMICA ***caparrosa azul*** blue-stone (copper sulphate); QUÍMICA ***caparrosa branca*** zink sulphate; QUÍMICA ***caparrosa verde*** copperas (iron sulphate)
capatão *s. m.* ICTIOLOGIA porgy, porgie (species of *Sparidae* of the genus *Pragus*)
capataz *s. m.* foreman, overseer; master workman
capatazia *s. f.* foremanship, gang of workmen under a foreman
capatázio *s. m.* [pop.] any one of the workmen led by a foreman; [fig.] buddy, companion
capatorra *s. f.* crested lark
capaz *adj.* capable, able; fit, apt; competent, skilful; sufficient; capacious, susceptible of; ***ser capaz de (poder)*** to be able to; ***não estar capaz de aparecer*** not fit to be seen; ***capaz de navegar*** sea worthy; ***ele é capaz de tudo*** he is game for everything; ***ele é capaz de tudo (das mais baixas acções)*** he is up to any mean trick
capazmente *adv.* capably, aptly, properly; effectively, efficiently, competently, skillfully; sufficiently, suitably
capcioso *adj.* captious, insidious, cavilling; cunning; tricky, deceitful; ***argumento capcioso*** sophistical argument
capeador *s. m.* one who hides (or covers up) something; deceiver, illuder; bullfighter
capeamento *s. m.* cap stone
capear Ⓐ *v. tr.* to cloak, to cover, to disguise, to mask; to deceive Ⓑ *v. intr.* NÁUTICA to lie to; to bring to; to round to; ***capear touros*** to bullbait, to bait bulls
capeia *s. f.* copestone, coping stone
capeiro *s. m.* the bearer of a canopy in a procession; wardrobe keeper
capela *s. f.* chapel, shrine; ***capela junto de um mosteiro*** chantry; ***capela dedicada a N.ª Senhora (situada detrás do altar-mor)*** Lady-Chapel
capelada *s. f.* holster cap; leather strap on buskins; a quantity of garlands
capela-mor *s. f.* chancel
capelania *s. f.* chaplaincy, chaplainship
capelão *s. m.* chaplain
capeleira *s. f.* woman who makes and sells garlands; florist
capelina *s. f.* capeline; head-piece of an armour, helmet; headdress of women or children
capelinha *s. f.* small chapel
capelista *s. f.* haberdasher; draper; wool mercer
capelo *s. m.* hood; NÁUTICA bitter; ***capelo de doutor*** doctor's cap; ***capelo da chaminé*** hood (cowl) of chimney; ***capelo de amarra*** turn of cable
capeludo *adj.* hooded, having a cowl; crested, tufted (birds)
caperotada *s. f.* a stew made from the minced, roasted meat of fowl
capiá *s. f.* ⇒ **contra-erva**
capicua *s. f.* domino that wins the game; lucky number (same figure if read backwards)
cápide *s. f.* a bowl with two hands (used by the ancients at sacrifices)
capigorrão *s. m.* [arc.] seminarist
capiláceo *adj.* capillaceous, hairlike, threadlike
capilar *adj.* capillary
capilária *s. f.* maidenhair
capilaridade *s. f.* capillarity
capilarímetro *s. m.* FÍSICA capillarimeter
capilé *s. m.* beverage with water, sugar and syrup made of maidenhair, or only the syrup
capilha *s. f.* TIPOGRAFIA the first copies of a book given as a present to printers and other collaborators
capiliforme *adj.* BOTÂNICA capilliform, hair shaped
capilota *s. f.* spanking; beating; defeat (games)
capim *s. m.* sort of grass (chiefly in Africa and Brazil)
capina *s. f.* weeding; understanding; act of cutting the grass of a meadow; clearing a field from weeds
capinação *s. f.* weeding, hoeing, grubbing
capinador *s. m.* weeder, hoer, mower
capinar *v. tr.* to clear a field from weeds; to cut the grass of a meadow; to weed, to hoe
capindó *s. m.* woman's short cloak
capineiro *s. m.* hoer, weeder; grass mower; mowing machine
capinha *s. f.* little cloak; bullfighter
capinzal *s. m.* pasture, hayfield; land covered with a dense growth of grass
capirote *s. m.* hood, old-fashioned cowl; bull whose head is single-coloured and different from the rest of the body
capiscar *v. tr.* to catch on; to understand
capista *s. m.* clergyman, covered with a cape, assisting the priest when he recites de divine office
capistrar *v. tr.* to tie with a kind of a halter
capistro *s. m.* a kind of a halter
capitação *s. f.* capitation (tax or fee payable by each person); poll-tax
capitado *adj.* capitate, capitated
capital Ⓐ *adj.* capital, principal, chief, main; [coloq.] excellent, splendid Ⓑ *s. m.* capital (money) funds, stock; means Ⓒ *s. f.* capital, metropolis; ***de importância capital*** of vital importance; ***ponto capital da questão*** nub of the question; ***pena capital*** capital punishment; ***assunto capital*** crucial question; ***capital em numerário*** moneyed capital; ***capital imobilizado*** locked up capital; ***capital inicial*** original capital; ***capital morto*** dormant capital; ***capital empatado*** engaged capital; ***capital fictício*** accommodation paper; ***capital autorizado*** authorized capital; ***capital realizado*** called-up capital; ***capital subscrito*** subscribed capital; ***capital emitido*** issued capital; ***capital social*** capital stock; ***capital nominal*** nominal capital; ***emprego de capital*** investment, investing of money; ***grandes capitais*** ample funds; ***o capital e o juro*** the principal and the interest; ***aplicação de capitais a longo prazo*** long- term investment; ***capital circulante*** floating capital; ***capital de um banco*** bank-stock; ***capital em acções*** share capital; ***capital fixo*** fixed capital; ***capital próprio*** equity capital; ***capital de risco*** venture capital
capitalismo *s. m.* capitalism
capitalista *s. m. e f.* capitalist
capitalização *s. f.* capitalization
capitalizar *v. tr.* to capitalize
capitalizável *adj.* capitalizable; that can be capitalized
capitalmente *adv.* capitally
capitanear *v. tr.* to command; to lead; to head; to govern
capitania *s. f.* captaincy; ***capitania do porto*** port authority
capitânia *s. f.* admiralship, flagship
capitão *s. m.* captain, commander; leader; chief, headman; master; ship-master, skipper; ***capitão de bandeira*** flag-captain; ***capitão do porto*** harbour-master, port captain; ***capitão de terra (marinha mercante)*** captain superinten-

dent, ship's husband; ***capitão de um navio mercante*** merchant captain; ***capitão de ladrões*** head of gang, ring-leader of robbers
capitão-de-fragata *s. m.* commander
capitão-de-mar-e-guerra *s. m.* captain
capitão-tenente *s. m.* lieutenant commander
capitar *v. tr.* to lay a head tax
capitato *adj.* capitate; head-shaped; capitated; having a head
capitel *s. m.* capital; chapiter; the dome of an alembic; ***capitel de agulha*** cap, dab, rhumb socket (of compass)
capitiforme *adj.* head-shaped
capitilúvio *s. m.* head-wash
capitoa *s. f.* woman captain
capitolino *adj.* capitoline
capitólio *s. m.* Capitol (in ancient Rome); [fig.] glory, triumph
capitoso *adj.* heady; obstinate
capítula *s. f.* RELIGIÃO any of the short lessons of the breviary
capitulação *s. f.* capitulation, surrender
capitulador *s. m.* capitulator
capitulante Ⓐ *s. m.* capitulator, member of a chapter Ⓑ *adj.* belonging (or having a voice) in a chapter; capitulating
capitular Ⓐ *adj.* capitular, capitulary Ⓑ *v. tr. e intr.* to capitulate; to surrender on terms; to qualify, to classify
capitulares *s. m. pl.* HISTÓRIA capitulary, capitularies (royal decrees in medieval France; civil or ecclesiastical ordinances)
capituleiro *s. m.* book containing excerpts of the Bible read in the liturgy
capítulo *s. m.* chapter; ***convocar o capítulo*** to call the chapter; ***ter voto no capítulo*** to have a voice in the chapter; ***isso é um capítulo à parte*** that is a horse of a different colour, that is quite a different matter
capivara *s. f.* ZOOLOGIA capybara, capibara, cavy; BOTÂNICA plant of the family *Aristolochiaceae*
capnófugo *adj.* smoke-preventing
capnóide *s. m. e f.* medicinal plant of the family *Papaveraceae*
capnomancia *s. f.* capnomancy (divination by smoke)
capnomante *s. m. e f.* capnomancer (diviner by smoke)
capoeira *s. f.* hencoop; poultry-yard; hen-roost, chicken-house, chicken-run
capoeiro Ⓐ *s. m.* chicken thief; a kind of small deer without antlers Ⓑ *adj.* [Bras.] quality of one who lives in the bushes
caporal *s. m.* squad leader, corporal; a kind of coarse, minced tobacco
capota *s. f.* hood (of a motor-car); ***capota de caleche*** calash; ***capota de motor*** motor cowling
capotar *v. intr.* to nose over (the aeroplane); to capsize, to upset, to overturn
capote *s. m.* MILITAR capote; overcloak; cloak; capot (in games); ***dar capote a cartas*** to capot; ***levar capote*** to be capotted (in card-game); ***não é chuva para quem tem capote*** that's nothing for a man who has guts
capotear *v. tr.* to capot
capotilha *s. f.* a cover for the shoulders; kerchief worn by women
capotilho *s. m.* small cloak (or cape)
cápreo *adj.* ⇒ **caprino**
capréolo *s. m.* capreol(e)
capribarbudo *adj.* having a beard like a goat
caprichar *v. intr.* to plume oneself on; to pride oneself on; ***caprichar em fazer o melhor possível*** to be on one's mettle
capricheira *s. f.* ⇒ **capricho**
capricho *s. m.* whim, fancy, caprice, freak, crotchet; fantasy; ***um capricho da natureza*** a freak of nature; ***por simples capricho*** out of mere caprice; ***a capricho*** meticulously; ***ao capricho de*** at the whim of; ***cheio de caprichos*** full of whims, capricious, fickle
caprichosamente *adv.* capriciously; whimsically
caprichoso *adj.* capricious, whimsical, freakish, petulant, fickle
capricórnio *s. m.* ZOOLOGIA capricorn beetle, goat chafer
Capricórnio *s. m.* ASTRONOMIA, ASTROLOGIA Capricorn
caprídeo *adj.* caprine
caprificação *s. f.* caprification (an artificial method of ripening and improving the flavour of figs)
caprificar *v. tr.* to caprificate
Caprifoliáceas *s. f. pl.* *Caprifoliaceae* (family of plants)
caprina *s. f.* capric acid
caprino *adj.* caprine
caprípede Ⓐ *adj.* capripede (having feet like a goat) Ⓑ *s. m.* [poét.] satyr
caprissaltante *adj.* leaping like a goat
capróico *adj.* QUÍMICA caproic, hexylic
caprum *adj.* caprine, caprinic, hircine
cápsula *s. f.* capsule
capsulação *s. f.* capsuling
capsulador *s. m.* device used to prepare caps
capsular Ⓐ *adj.* BOTÂNICA, ANATOMIA capsular; capsul shaped; being inside a capsule Ⓑ *v. tr.* to capsule
capsulífero *adj.* capsuliferous
captação *s. f.* captation; ***captação de água*** captation of water
captador *s. m.* captivator, inveigler, allurer
captar *v. tr.* to captivate; to catch; ***captar as boas graças de alguém*** to curry favour (to try to ingratiate oneself) with a person; ***captar uma onda*** to pick up a wave; ***captar a água*** to collect the water; ***captar uma emissão de rádio*** to pick up a radio broadcast
captor *s. m.* capturer, captor
captura *s. f.* capture, arrest, detention, seizure; catch, prey; MILITAR taking
capturador *s. m.* ⇒ **captor**
capturar *v. tr.* to capture; to seize; to arrest; to apprehend; to take prisoner, to conquer, to occupy, to take; ***capturar um tesouro*** to take prey of a treasure
capucha *s. f.* a kind of hood, bonnet, cowl, capuchin; the religious order of the Capuchins
capuchar *v. tr.* to put on; to dissimulate a hood; to cover with a hood; to disguise, to cloak, to veil
capucheiro *s. m.* man who uses a hood
capuchinha *s. f.* RELIGIÃO a Capuchin nun
capuchinho *s. m.* RELIGIÃO Capuchin, Franciscan friar; small hood
capucho Ⓐ *s. m.* RELIGIÃO Franciscan friar; austere penitent; Capuchin Ⓑ *adj.* penitent; repenting; austere; ***viver à capucho*** to lead an austere life
capulana *s. f.* cloth with which the natives of Mozambique cover the body from the waist to the knee
capulho *s. m.* BOTÂNICA involucre of a flower, seed-vessel; capsule, case; cotton boll
capuz *s. m.* hood; BOTÂNICA monk's hood; ***capuz de monge*** capuche (hood) of a monk
caquear *v. tr. e intr.* to think, to brood
caquéctico *adj.* cachectic
caqueirada *s. f.* heap of potsherds (or old furniture)
caqueiro *s. m.* potsherd, shard, piece of broken earthenware
caquexia *s. f.* MEDICINA cachexy
caqui *s. m.* drill, coarse twilled linen; khaki
caquizeiro *s. m.* Japanese persimon (fruit and tree)
cara *s. f.* face; countenance; look, appearance, aspect; semblance; ***cara cheia*** full face; ***cara chupada*** a drawn look (or face); ***cara de anjinho*** angel face; ***cara de boneca*** doll face; ***cara de fome*** a starved look; ***cara de fuinha*** stingy person; ***cara de juiz*** stern face; ***cara delgada*** thin face; ***uma cara alegre*** a jolly face; ***ter boa cara (ter boa aparência)*** to look well; ***cara risonha*** smiling countenance; ***cara feia*** ugly

face; [fig.] ***ter cara estanhada*** to be brazen-faced; ***cara de Páscoa*** joyful face; ***cara de gato-pingado*** a drooping face; ***cara de quem comeu e não gostou*** a disappointed face; ***cara ou coroa*** heads or tails; ***com cara descoberta*** openly; ***cara a cara*** face to face; ***pessoa de duas caras*** a double-faced person; ***cara patibular*** criminal look; ***cara de assassino*** murderous face; ***ter cara de poucos amigos*** to have an evil look; ***rir-se na cara de alguém*** to laugh in one's face; ***fazer uma cara feia*** to pull a long face; ***de caras*** in front, to one's face, straightaway; ***não ir com a cara de alguém*** not to be very keen on someone; ***ser a cara de*** to be the spitting image of; ***não ter cara para*** not to have courage to, not to have the face to; ***dar com a porta na cara a*** to slam the door in a person's face; ***ficar com a cara à banda*** to be disappointed; ***pôr outra cara*** to assume a different expression; ***está na cara dele*** that stands written on his brow; ***dar de cara(s) com*** to bump into, to come face to face with; ***mostrar boa cara*** to show a kind face; ***mostrar má cara*** to show an unfriendly face; ***torcer a cara*** to be reluctant, to show ill will; ***quem vê caras não vê corações*** one cannot judge from appearances

cará *s. m.* common name of several plants of the family *Dioscoreaceae*; the yams; common name of a fresh-water fish of Brazil

Carábidas *s. m. pl.* ⇒ **Carabídeos**

Carabídeos *s. m. pl. Carabidae;* a family of large carnivorous beetles

carabina *s. f.* rifle; carbine; carabin(e); sporting rifle; ***carregar uma carabina*** to load a rifle; ***carabina de repetição*** repeating rifle; ***carabina de ar comprimido*** air-gun

carabinada *s. f.* carabine shot; rifle shot, discharge of a carabine

carabineiro *s. m.* rifleman, carabineer, carbineer

cárabo *s. m.* ZOOLOGIA *Carabus* beetle; carabid; cockroach; ancient Asiatic boat

caraça *s. f.* mask; [fig.] big face

caracal *s. m.* ZOOLOGIA caracal (Persian lynx)

caracará *s. m.* caracara

Caráceas *s. f. pl. Characeae*

caracol *s. m.* ZOOLOGIA snail; curl of hair; ***escada de caracol*** spiral staircase, winding staircase; ***não vale um caracol*** it is not worth a straw

caracolar *v. intr.* to caracole; to prance about, to spiral; to curl, to twine

caracolear *v. intr.* ⇒ **caracolar**

caracoleiro *s. m.* BOTÂNICA snailflower

carácter *s. m.* character, mark, sign, symbol; nature, quality; disposition, cast; moral qualities, personal traits; letter, printing type; ***ter grande força de carácter*** to be full of fire, to have a strong character; ***grandeza de carácter*** noble-mindedness; ***homem de bom carácter*** man of noble character; ***carácter agradável*** pleasing ways; ***agir de acordo com o seu carácter*** to act in character; ***mostrar o seu verdadeiro carácter*** to come out in one's true colours, to unmask one's true character; ***ele imprimiu o seu carácter à sua época*** he set his stamp upon his period; ***de carácter oficioso*** of an informative (or unofficial) nature

caracteres *s. m. pl.* characters, signs, marks; written letters, printing types

caracterial *adj.* characterical

característica *s. f.* characteristic, feature, trait, mark, quality; ***características calculadas*** calculated performance; ***característica dinâmica*** dynamic characteristic

caracteristicamente *adv.* characteristically; typically

característico Ⓐ *adj.* characteristic, typical Ⓑ *s. m.* characteristic; distinctive mark

caracterização *s. f.* characterization; making up; impersonation

caracterizado *adj.* characterized; TEATRO made up

caracterizador *s. m.* characterizer; impersonator, maker up

caracterizante *adj.* characterizing; suitable (or appropriate) for characterization

caracterizar Ⓐ *v. tr.* to characterize, to make up (in character) Ⓑ *v. refl.* to manifest one's character, to distinguish oneself

caracterologia *s. f.* study of characters

caracterológico *adj.* dealing with character

caraçudo *adj.* threatening (weather); surly, frowning

Caradriídas *s. m. pl.* ⇒ **Caradriídeos**

Caradriídeos *s. m. pl. Charadriidae* (the family of shore birds)

carafuzo Ⓐ [Bras.] *s. m.* male descendant of Afro-Indian people Ⓑ *adj.* of Afro-Indian descent

carago Ⓐ *s. m.* ICTIOLOGIA black-angelfish Ⓑ *interj.* [pop.] good heavens!, damn it!

caraíba *s. m.* Carib, Caribbee Indian of the important Carib tribe; important linguistic family of South American Indians; Cariban, Caribal

carajuru *s. m.* [Bras.] plant of the family *Bignoniaceae*

caramanchão *s. m.* bower, pergola

caramanchel *s. m.* summer-house

caramba! *interj.* forsooth!; my goodness!, by Jove!

carambano *s. m.* snowball; icicle-shaped ornaments (in a garden)

carambina *s. f.* flake of ice (or snow)

carambola *s. f.* cannon (at billiards); BOTÂNICA carambola, Chinese gooseberry and its fruits; [fig.] trick, cheat, fraud; ⇒ **tarambola**

carambolar *v. intr.* to carambole, to carom (cannon) at billiards; to cheat, to trick, to deceive

caramboleira *s. f.* carambola tree

caramboleiro *s. m.* good cannon or carom player; ⇒ **caramboleira**

carambolice *s. f.* swindle, trick, fraud; intrigue, plot

carambolim *s. m.* damage

caramelga *s. f.* ⇒ **tremelga** (fish)

caramelização *s. f.* caramel making

caramelizar *v. tr.* to make caramel

caramelo *s. m.* caramel, icicle, piece of ice; burnt sugar; a sweetmeat

cara-metade *s. f.* [pop.] wife; ***a minha cara-metade*** my better half

caramilho *s. m.* a trifle; intrigue, plot

caramilo *s. m.* a kind of caramel (flavoured with peppermint)

caraminhola *s. f.* tuft of hair, chignon, long dishevelled hair; intrigue, plot; lie

caramono *s. m.* rough head sketch

carampão *s. m.* spindle of a printing press; clamp, cotter pin, cleat

caramujeiro *s. m.* the savannah hawk

caramujo *s. m.* ZOOLOGIA any sea (or fresh-water) univalve mollusc; harmful petrification caused in saltworks by molluscs; any cake in a shell form

caramulo *s. m.* prominence, elevated ground; heap

caramunha *s. f.* grimace; children's whimperings; whimper; ***fazer o mal e a caramunha*** to add insult to injury

caramunhado *adj.* whining

caramunhar *v. intr.* to wail, to whine; to lament, to moan, to bemoan; to grieve; to deplore, to regret; to pity

caramunheiro *adj.* wailing, whining, lamenting

caramuru *s. m.* the spotted moray; name by which the natives of Brazil knew the first Portuguese established there

caranga *s. f.* itching

Carângidas *s. m. pl.* ⇒ **Carangídeos**

Carangídeos *s. m. pl. Carangidae* (herring family)

carango *s. m.* [vulg.] louse; MILITAR [cal.] an infantryman; [Bras.] itching caused by parasites; cancer; common name for peanut in East Africa

carangueja *s. f.* NÁUTICA gaff; big tasteful crab; variety of plum; MEDICINA cancer, sore; ***carangueja da bandeira*** monkey gaff; NÁUTICA ***dar uma carangueja*** to catch a crab
caranguejar *v. intr.* [pop.] to walk crabwise; to sidle; [fig.] to hesitate, to vacillate; to dawdle
caranguejeira *s. f.* greengage (a kind of plum tree); [Bras.] bird spider
caranguejeiro *s. m.* crab fisher, crabber
caranguejo *s. m.* ZOOLOGIA crab; MECÂNICA traverser, traverser-table; ***andar para trás como o caranguejo*** to walk crablike
Caranguejo *s. m.* ASTRONOMIA, ASTROLOGIA Cancer
caranguejola *s. f.* ZOOLOGIA large eatable crab; [fig.] shaky wooden framework; risky enterprise
carantonha *s. f.* mask; ugly face; grimace, frown; ***fazer uma carantonha*** to make an ugly face
carão *s. m.* large face
carapaça *s. f.* ZOOLOGIA carapace; bony shield of an animal, cuirass, shell; shard
carapateiro *s. m.* ⇒ **carrapateiro**
carapau *s. m.* horse-mackerel *(Caranx trachurus)*
carapela *s. f.* husk (of maize)
carapeta *s. f.* whirligig, top; knob of a lock, door-handle; ornamental Brazilian tree known as *bilreiro*; an inofensive lie (fib)
carapetal *s. m.* a kind of satchel of African origin used to carry provisions
carapetão *s. m.* great lie; [fam.] whopper; false rumour
carapetar *v. intr.* to tell wild stories, to lie, to tell a fib
carapeteiro Ⓐ *s. m.* story-teller; BOTÂNICA wild pear-tree Ⓑ *adj.* untruthful, lying
carapeto *s. m.* BOTÂNICA ⇒ **carapeteiro** Ⓐ
carapim *s. m.* little woolen shoe for children; a kind of small cloth sack with which starts the manufacturing of cloth slippers
carapinha *s. f.* curly hair; fuzzy hair, woolly hair
carapinhada *s. f.* refreshing drink; cool (or iced) drink
carapinheira *s. f.* variety of pear
carapinho *adj.* crisp, coarse; frizzled, curled
carapinhudo *adj.* having crisp curled hair, wool-plated
carapins *s. m. pl.* socks for children; short stockings
carapuça *s. f.* cap; hood, cowl; ***se a carapuça lhe serve, enterre-a*** if the cap fits, wear it; ***a carapuça não me serve*** my withers are unwrung; ***qual carapuça!*** what a nonsense!
carapuçada *s. f.* contents of a cap
carapução *s. m.* big hood
carapuceiro *s. m.* cap-maker, cap-seller
carapuço *s. m.* cap, hood, cowl, a cloth bag for percolating coffee
carapulo *s. m.* cup of an acorn (or similar fruits)
carate *s. m.* ⇒ **quilate**
carava *s. f.* gang, mob
caravana *s. f.* caravan
caravançarai *s. m.* caravansera, caravanserai, caravansary
caravancerai *s. m.* ⇒ **caravançarai**
caravaneiro *s. m.* leader of a caravan
caravela *s. f.* caravel, carvel, ancient sailing ship with four masts
caravelão *s. m.* old sailing boat; robust person
caraveleiro *s. m.* sailor of a caravel
caravelha *s. f.* ⇒ **cravelha**
caravelho *s. m.* ⇒ **cravelho**
carbâmico *adj.* QUÍMICA carbamid
carbamida *s. f.* QUÍMICA carbamid(e), urea
cárbaso *s. m.* linen cloth for sails
carbilamina *s. f.* carbylamine; isocyanide; isonitrile
carbite *s. f.* QUÍMICA carbide
carbólico *adj.* QUÍMICA carbolic; ***ácido carbólico*** carbolic acid, phenol
carbonáceo *adj.* QUÍMICA carbonaceous
carbonado *adj.* QUÍMICA carbonated
carbonar *v. tr.* QUÍMICA to carbonate, to carbonize, to convert into a carbonate
carbonária *s. f.* carbonari (Italian secret political association)
carbonários *s. m. pl.* carbonari
carbonarismo *s. m.* carbonarism
carbonatado *adj.* carbonated
carbonatar *v. intr.* QUÍMICA to carbonate, to convert into carbonate
carbonato *s. m.* QUÍMICA carbonate; ***carbonato de amónio*** ammonium carbonate; ***carbonato de cálcio*** calcium carbonate; ***carbonato de chumbo*** lead carbonate, cerussite; ***carbonato de cobre*** copper carbonate, artificial malachite; ***carbonato hidratado de cobre*** malachite, green carbonate of copper, carbonato de magnésio, magnesium carbonate; ***carbonato de níquel*** nickel carbonate; ***carbonato de potássio*** potassium carbonate, potash, pearl ash; ***carbonato de sódio*** sodium carbonate; ***carbonato de zinco*** zinc carbonate
carbóneo *adj.* QUÍMICA carbon, carbonous
carbonetado *adj.* QUÍMICA carbonated
carboneto *s. m.* QUÍMICA carbide; ***carboneto de cálcio*** calcium carbide; ***carboneto de cobre*** copper carbide; ***carboneto de silício*** carborundum, carbon silicide; ***carboneto de tungsténio*** tungsten carbide
carbónico *adj.* QUÍMICA carbonic
carbonífero *adj.* GEOLOGIA carboniferous; ***formação carbonífera*** coal formation; ***região carbonífera*** coal district; ***terreno carbonífero*** coal-field
carbonização *s. f.* carbonization
carbonizador *s. m.* carbonizer
carbonizar *v. tr.* QUÍMICA to carbonize
carbonizável *adj.* capable of being carbonized, subject to carbonization
carbono *s. m.* QUÍMICA carbon; carbon paper
carbonoso *adj.* QUÍMICA carbonous, carbonaceous
carborundo *s. m.* QUÍMICA carborundum, silicon carbide
carboxílico *adj.* QUÍMICA carboxylic
carboxilo *s. m.* QUÍMICA carboxyl group
carbuncular *adj.* carbuncled, carbuncular
carbúnculo *s. m.* MEDICINA carbuncle; anthrax
carbunculoso *adj.* carbuncled, carbuncular
carburação *s. f.* carburation
carburador *s. m.* carburetter or carburettor; ***carburador de gasolina*** petrol carburettor; ***bóia do carburador*** tickler; ***carburador de bóia*** float carburettor; ***carburador de pulverização*** spray carburettor; ***carburador invertido*** downdraft carburettor
carburante *s. m.* fuel, petrol, kerosene
carburar *v. tr.* to carburize, to carburet
carbureto *s. m.* QUÍMICA carbide, carburet
carcaça *s. f.* carcase; carcass; hag (an ugly old woman); skeleton; old hull of a ship
carcalhota *s. f.* ⇒ **codorniz**
carcanel *s. m.* caulking-iron, caulker
carcão *s. m.* siliceous rock formations in which frequently gold veins are embedded
carcás *s. m.* quiver
carcel *s. m.* Carcel lamp, carcel; hanging lamp
carcela *s. f.* fly; lap (on garment); tape with button-holes
carceragem *s. f.* incarceration; imprisonment
carcerário *adj.* of (belonging to or relative to) a jail
cárcere *s. m.* prison, gaol, jail
carcereiro *s. m.* gaoler, jailer, warden, turnkey
carcérula *s. f.* BOTÂNICA cavity in certain indehiscent fruits
carcérulo *s. m.* ⇒ **carcérula**
carcinóide *adj.* MEDICINA carcinoid
carcinologia *s. f.* carcinology

carcinoma *s. m.* MEDICINA carcinoma, cancer
carcinomatoso *adj.* MEDICINA carcinomatous, cancerous
carcinose *s. f.* MEDICINA carcinosis (simultaneous development of carcinomata in many parts of the body)
carcolé *s. m.* ⇒ **codorniz**
carcoma *s. m.* wood-fretter, woodworm; wormhole; rottenness
carcomer *v. tr.* to fret, to gnaw, to eat into; to bore
carcomido *adj.* worm-eaten, wormy, rotten
carda *s. f.* flawcomb, separator, teasel; card; small shoe-nails
cardação *s. f.* wool-combing; carding
cardaço *s. m.* bagasse (of grapes)
cardada *s. f.* quantity of wool combed at one time
cardador *s. m.* comber, carder; ***cardador de lã*** wool carder; ***cardador de linho*** flax-dresser
cardadura *s. f.* carding, wool-combing
cardagem *s. f.* carding
cardal *s. m.* a place where cardoons grow; ground that produces nothing but thistles
cardalejas *s. f. pl.* thistle
cardamina *s. f.* BOTÂNICA meadow bitter-cress; lady's smock, cuckoo-flower
cardamomo *s. m.* cardamon
cardão *adj.* thistle coloured, bluish, blue-red
cardápio *s. m.* bill of fare, menu, carte
cardar *v. tr.* to card, to comb; to teasel
cardazol *s. m.* a thistle
cardazola *s. f.* a thistle
cardeal Ⓐ *s. m.* cardinal, small scarlet bird; Cardinal (in Roman Catholic Church); BOTÂNICA cardinal flower; scarlet Lobelia Ⓑ *adj.* cardinal; basical, fundamental; chief
cardealina *s. f.* BOTÂNICA ⇒ **cardeal**
cardeiro *s. m.* card-maker, card-seller
cardenilho *s. m.* verdigris, green vitriol
cárdeno *adj.* thistle-coloured, bluish, blue-red
cárdeo *adj.* ⇒ **cárdeno**
cárdia *s. f.* ANATOMIA cardia
cardíaco Ⓐ *adj.* MEDICINA cardiac Ⓑ *s. m.* cardiac patient
cardial *adj.* MEDICINA cardiac; cardial
cardialgia *s. f.* MEDICINA cardialgy
cardiálgico *adj.* MEDICINA cardialgic
cardiço *s. m.* hatter's car
cárdico *adj.* MEDICINA cardiac
cardida *adj.* water-rotten (wood)
cardiectasia *s. f.* cardioectasia, partial (or complete) dilatation of the heart
cardife *s. m.* coal from Cardiff
cardim *adj.* having a white hide with some black spots (cattle)
cardina *s. f.* clots of mud (or filth) in the pelt of domestic animals; dirty spots on the skin (of persons), grime, filth; [pop.] drunkenness
cardinal *adj.* chief, principal; cardinal; ***número cardinal*** cardinal number
cardinalado *s. m.* cardinalate, cardinalship
cardinalato *s. m.* cardinalate, cardinalship; ***ser elevado ao cardinalato*** to be raised to the purple
cardinalício *adj.* relating to a cardinal; ***chapéu cardinalício*** the scarlet hat; ***dignidade cardinalícia*** dignity of a cardinal, cardinalate
cardinífero *adj.* possessing a jamb or sash
cardiografia *s. f.* MEDICINA cardiography
cardiográfico *adj.* MEDICINA cardiographic
cardiógrafo *s. m.* MEDICINA cardiograph; cardiographer
cardiograma *s. m.* MEDICINA cardiogram
cardióide Ⓐ *adj.* heart-shaped Ⓑ *s. m.* GEOMETRIA cardioid
cardiologia *s. f.* MEDICINA cardiology
cardiologista *s. m. e f.* MEDICINA cardiologist
cardiómetro *s. m.* MEDICINA cardiometer
cardiopata *s. m. e f.* MEDICINA person suffering from cardiopathy
cardiopatia *s. f.* MEDICINA cardiopathy
cardiopétalo *adj.* BOTÂNICA having heart-shaped petals
cardioplegia *s. f.* MEDICINA cardioplegy, cardioplegia (paralysis of the heart)
cardióptero *adj.* cardiopterous
cardiopunctura *s. f.* MEDICINA cardiopuncture
cardioscopia *s. f.* MEDICINA cardioscopy
cardioscópio *s. m.* MEDICINA cardioscope
cardiospasmo *s. m.* cardiospasm
cardiotimia *s. f.* MEDICINA heart-neurosis
cardiotomia *s. f.* MEDICINA, CIRURGIA cardiotomy
cardiotónico *adj.* FARMACOLOGIA cardiotonic
cardiovascular *adj.* cardiovascular
cardite *s. f.* MEDICINA carditis (inflammation of the heart)
cardítico *adj.* MEDICINA carditic
cardo *s. m.* BOTÂNICA thistle; ***cardo de Santa Maria*** milk thistle; ***cardo da isca*** globe thistle; ***cardo corredor*** field eryngo; ***cardo bravo*** sow-thistle
cardómetro *s. m.* MEDICINA ⇒ **cardiómetro**
carduça *s. f.* coarse carder, breaker card, a carding machine used to card (or comb) the raw fibers before further cleaning in the finisher card
carduçador *s. m.* workman who operates a breaker card
carduçar *v. tr.* to card (or comb) raw fibers for the first time
cardume *s. m.* shoal (of fish); ***um cardume de baleias*** a shoal (or school) of whales; ***um cardume de peixes*** a shoal of fish(es)
careação *s. f.* ⇒ **acareação**
carear *v. tr.* ⇒ **acarear**
careca Ⓐ *s. f.* bald person; baldness Ⓑ *adj.* bald
carecedor *adj.* ⇒ **carecente**
carecente *adj.* wanting, lacking
carecer *v. intr.* to want, to need; to lack; to require; to stand in need of; to be short of; to be deficient; ***carecer de dinheiro*** to be very low in cash
carecidamente *adv.* wantingly, needingly, demandingly
carecimento *s. m.* ⇒ **carência**
careiro *adj.* one who sells dear
carena *s. f.* careen keel, body of a vessel below the waterline; BOTÂNICA, ZOOLOGIA carina, keel
carenado *adj.* BOTÂNICA, ZOOLOGIA carinal
carência *s. f.* lack, want; need, scantiness; shortage; DIREITO insolvency; ***ter carência de*** to stand in need of
careniforme *adj.* keel-shaped
carepa *s. f.* scurf
carepento *adj.* downy, lanuginous (fruit)
careposo *adj.* ⇒ **carepento**
carestia *s. f.* high prices; dearth, scarcity, want, lack
careta *s. f.* grimace; mask; ***fazer caretas*** to make grimaces; ***fazer uma careta*** to make a wry mouth, to make a face; ***caretas e carantonhas*** mops and mows
careteiro Ⓐ *s. m.* grimacer Ⓑ *adj.* grimacing
careto *s. m.* [reg.] a man wearing a Carnival mask
careza *s. f.* ⇒ **carestia**
carfologia *s. f.* carphology
carga *s. f.* load, burden; weight; freightage, pack; freight, cargo (of a ship); lading charge, accusation; charge (of a cannon, gun); ***carga de água*** shower; ***ter uma carga às costas*** to have a load on one's shoulders; ***tirar uma carga das costas*** to take a load off one's mind; ***carga de artilharia*** artillery charge; ***carga eléctrica*** electric charge; ***carga estática*** static load; ***carga sujeita à deterioração*** perishable cargo; ***carga de pólvora*** powder charge; ***carga abandonada*** derelict; ***carga alijada*** jetsam, jetsom, jetson, jettison; ***carga máxima*** maximum load, peak load; ***carga de convés*** deck cargo; ***carga pesada*** dead weight; ***carga de segurança*** working stress, working load; ***carga geral diversa*** general

cargo, mixed cargo; ***carga partida*** breakage; ***carga e vidas*** crew and cargo; ***navio de carga*** cargo-boat, cargo-vessel; ***à carga*** loading; ***livro de carga*** cargo-book; ***com carga a granel*** laden in bulk; ***dias úteis de carga*** loading days; ***meter carga a bordo*** to load; ***carga total*** total load; ***baldear a carga*** to tranship the cargo; [coloq.] ***deitar carga ao mar*** to be seasick, to vomit; ***lançar a carga a outrem*** to put the load on other shoulders; ***por que carga de água!*** why on earth!; ***voltar à carga*** to insist, to return to the charge; ***carga para novo enchimento*** refill

cargo *s. m.* post, job, function; place, position; responsibility; obligation, task, duty, charge; office; ***ter a seu cargo*** to have on one's hands, to be in charge of; ***a cargo de*** at the expense of; ***cargo de confiança*** position of trust; ***cargo honorífico*** honorary post; ***alto cargo*** high position (dignity); ***demitir-se do cargo*** to resign one's position; ***exercer um cargo*** to hold a position; ***exercer um cargo público*** to be in office; ***isto fica a seu cargo*** that remains up to you

cargueiro *s. m.* cargo-boat; freight ship, freighter

carguejar Ⓐ *v. intr.* to drive pack animals, to ship in bales Ⓑ *v. tr.* to transport on beasts of burden

cariado *adj.* MEDICINA carious; ***dente cariado*** carious tooth

cariar Ⓐ *v. tr.* to make carious Ⓑ *v. intr.* to decay; to become carious; to become rotten

cariátide *s. f.* ARQUITECTURA caryatid (female figure supporting an entablature, beam or cornice)

caríbdis *s. f.* Charybdis; [fig.] great danger; ***estar entre Cila e Caríbdis*** to be between Scylla and Charybdis, to be between the devil and the deep blue sea, to be in a tight corner, to be pushed to the wall, to have the back to the wall; ***fugir de Cila para cair em Caríbdis*** to escape from Scylla to fall into Charybdis, to avoid a great danger but fall in a worst situation

caribu *s. m.* ZOOLOGIA caribou, North American reindeer

Caricáceas *s. f.* BOTÂNICA *Caricaceae* (a family of tropical and subtropical trees)

caricato *adj.* ridiculous, grotesque; ***figura caricata*** grotesque figure

caricatura *s. f.* caricature, cartoon

caricatural *adj.* caricatural, grotesque

caricaturar *v. tr.* to caricature; to make a caricature of; to represent in caricature

caricaturista *s. m. e f.* caricaturist; cartoonist

carícia *s. f.* caress, endearments; fondling; ***carícias no queixo*** chuck; ***fazer carícias*** to caress, to fondle

cariciar *v. tr.* ⇒ **acariciar**

cariciável *adj.* caressing, fondling; gentle kind; cuddlesome

caricioso *adj.* caressing, endearing, fondling

caridade *s. f.* charity, charitableness, almsgiving, generosity (in giving to the poor), benevolence; benefaction; compassion, pity, mercy; ***por caridade*** for charity's sake; ***casa de caridade*** alms-house; ***irmãs de caridade*** sisters of Charity, nuns; ***deixar legados para obras de caridade*** to leave money to charities; ***por amor à caridade*** for pity's sake; ***pretexto de caridade*** colour of charity; ***acto de caridade*** act of mercy; ***caridade bem ordenada, por nós deve ser principiada*** charity begins at home

caridoso *adj.* charitable; kind; humane, benevolent; almsgiving

cárie *s. f.* MEDICINA caries; tooth decay; ***cárie dentária*** dental caries

caril *s. m.* curry

carimbador *s. m.* rubber-stamper, mail-canceller (post-office)

carimbagem *s. f.* stamping; sealing

carimbar *v. tr.* to stamp; to rubber stamp; to seal; ***carimbar a correspondência postal*** to rubber-stamp the postal correspondence

carimbo *s. m.* rubber-stamp; seal; ***carimbo postal*** postmark; ***carimbo telegráfico*** telegraph cancel; ***almofada de carimbo*** pad, ink-pad

carina *s. f.* ⇒ **carena**

carinado *adj.* carinate, carinated, keel-shaped

carinal *adj.* BOTÂNICA carinal

carinho *s. m.* affection, love, fondness, tenderness, kindness, endearment; ***tratar com carinho*** to treat with kindness; ***com carinho*** kindly, affectionately

carinhosamente *adv.* fondly, kindly, affectionately

carinhoso *adj.* affectionate, loving, kind, caressing; ***ser carinhoso*** to be kind; ***um olhar carinhoso*** a fond look

carioca Ⓐ *adj.* of Rio de Janeiro Ⓑ *s. m. e f.* native of Rio de Janeiro

Cariocaráceas *s. f. pl.* BOTÂNICA *Cariocaraceae*, *Caryocaraceae*, *Charyocaraceae*

cariocinese *s. f.* BIOLOGIA kariokynesis, mitosis

Cariofiláceas *s. f. pl.* BOTÂNICA *Caryophyllaceae*

cariofilada *s. f.* ⇒ **erva-benta**

cariogamia *s. f.* BIOLOGIA karyogamy

cariolinfa *s. f.* karyolymph

cariopse *s. f.* BOTÂNICA caryopsis

carioso *adj.* carious, cariated, rotten, putrid

cariossoma *s. m.* caryosoma (chromatin granulations)

carioteca *s. f.* nucleus membrane

carisma *s. m.* RELIGIÃO charism, divine grace

caritativamente *adv.* charitably

caritativo *adj.* charitable, kind, benevolent, beneficient

cariz *s. m.* countenance, aspect; face, visage

carlinga *s. f.* NÁUTICA keelson; mast step; AERONÁUTICA cockpit, cabin; ***carlinga de cabrestante*** saucer (saucier) of capstan

carlingagem *s. f.* NÁUTICA bearers, seat, seating, sleepers (of the railway)

carlíngio *adj.* ⇒ **carolíngio**

carlota *s. f.* a species of olive tree

carlovíngio *adj.* Carlovingian, Carolingian

carmanhola *s. f.* HISTÓRIA carmagnole

carme *s. m.* [poét.] song, poem, lyrical verses

carmelina *s. f.* vicuna-cloth, vicugna, vicuña

carmelita *s. m. e f.* Carmelite

carmelitano *adj.* relative to the Carmelites

carmesim Ⓐ *s. m.* crimson; deep-red colour Ⓑ *adj.* crimson

carmesinado *adj.* crimson-coloured, crimson

carmim *s. m.* carmine

carmina *s. f.* carmine

carminar *v. tr.* to dye carmine

carminativo *s. m., adj.* MEDICINA carminative

carmíneo *adj.* carmine, carmine-coloured

carmona *s. f.* bolt that locks a door at the top and bottom simultaneously

carnaça *s. f.* quantity of flesh, fleshy protuberance

carnação *s. f.* carnation, flesh colour, rosy pink colour

carnadura *s. f.* carnal nature; complexion; musculature

carnagem *s. f.* slaughter; carnage

carnal *adj.* carnal

carnalidade *s. f.* carnality; fleshiness; sensuality; lust, lasciviousness

carnalite *s. f.* MINERALOGIA carnallite

carnalização *s. f.* carnalization

carnalizar *v. tr.* to carnalize

carnalmente *adv.* carnally

carnar *v. tr.* to unite by kinship

carnaúba *s. f.* wax palm of South America

carnaubeira *s. f.* wax palm of South America

Carnaval *s. m.* carnival; ***dia de Carnaval*** Shrove-tide

carnavalesco *adj.* carnivalesque, grotesque

carnaz *s. m.* the inner side of the skin (or leather)

carne *s. f.* flesh, meat; the pulp of the fruit; body (in opposition to mind); sensuality, lasciviousness, concupiscence, lust; consanguinity; ***carne de vaca (boi)*** beef; ***carne de vitela*** veal; ***carne de carneiro*** mutton; ***carne de porco*** pork;

carne de veado venison; ***carne assada*** roast beef, roast meat; ***carne guisada*** stewed meat; ***carne picada*** chopped meat, minced meat; ***carne cozida*** boiled meat; ***carne bem passada*** well-cooked meat; ***carne mal passada*** underdone meat; ***carne assada na grelha*** grilled (broiled) meat; ***carne frita*** fried meat; ***carne fumada*** smoked meat; ***carne de cavalo*** horse meat; ***carne de conserva (enlatada)*** canned meat; ***carne congelada*** frozen meat; ***carne fresca*** fresh meat; ***carne própria (para consumo)*** fit meat; ***carne seca*** dried meat; ***carne sem osso*** meat without bones; [fig.] lucrative and easy employment; profit without pain; ***rações de carne*** meat rations; ***cor de carne*** flesh colour, carnation; ***da cor de carne*** flesh-coloured; ***carne seca ao sol*** biltong; ***uma boa posta de carne*** a good piece of meat; ***carnes brancas*** fowl, white meat; ***carne de peito*** brisket; ***em carne e osso*** in the flesh, bodily, in person; ***aqui estou em carne e osso*** here I am as large as life; ***nem carne nem peixe*** neither fish nor flesh, nor good red herring; neither fish nor fowl; ***ser unha e carne com*** to be hand and glove with, to be hand in glove with; ***carne salgada*** salt beef; salt junk; Irish horse; ***carne delida*** meat boiled to rags; ***carne crua*** raw meat; ***carne viva*** raw flesh; ***carne de vaca para guisar ou estufar*** stewing steak; ***uma peça de carne de vaca*** a joint of beef; ***carne podre*** carrion; ***pastel de carne*** meat-pie; ***carne de canhão*** cannon fodder; ***aguilhão da carne*** carnal temptation; ***cortar até à carne viva*** to cut to the quick; ***ele é o diabo em carne e osso*** he is the very devil; ***pão seco em casa é melhor que carne assada em casa alheia*** dry bread at home is better than roast meat abroad

carnear *v. tr.* to butcher, to slaughter (cattle); to dress meat; to make jerky; to kill, to skin and quarter cattle

carnegão *s. m.* ⇒ **carnicão**

carneira *s. f.* sheep-leather; ***carneira para encadernações*** basan, bazan

carneirada *s. f.* flock of sheep; NÁUTICA foaming sea, white-horses; foam-crested waves, white caps; [fig.] a group of defenseless (or submissive) people

carneireiro *s. m.* sheep-driver, sheep-herder; shepherd

carneiro *s. m.* sheep; ***carne de carneiro*** mutton; ***mãozinhas de carneiro*** sheep's trotters; ***costela de carneiro*** mutton chop; ***uma mão de carneiro*** a shoulder of mutton; ***uma perna de carneiro*** a leg of mutton; ***carneiro guisado com batatas e cebolas*** Irish stew; ***carneiro castrado*** wether; ***carneiro castiço*** ram; ***carneiro de guia*** bell wether; ***carneiro montês*** wild sheep; ***carneiro silvestre*** bighorn; ***como um carneiro*** rammish; ***criação de carneiros*** sheep breeding

Carneiro *s. m.* ASTRONOMIA, ASTROLOGIA Aries

cárneo *adj.* fleshy, carneous

carnéola *s. f.* carnelian

carniça *s. f.* meat; slaughter, carnage, bloodshed, massacre

carniçal *adj.* carnivorous; voracious; sanguinary

carnicão *s. m.* MEDICINA core (of an abscess)

carniçaria *s. f.* butchery; slaughter, carnage, bloodshed

carniceiramente *adv.* inhumanly, cruelly

carniceiro Ⓐ *adj.* carnivorous, voracious; cruel, sanguinary Ⓑ *s. m.* butcher, flesher

carnicento *adj.* ⇒ **encarniçado**

carnifazer Ⓐ *v. intr.* to cut dead animals into pieces Ⓑ *v. refl.* to provide with meat

carnificação *s. f.* MEDICINA carnification

carnificar-se *v. refl.* MEDICINA to carnify

carnífice Ⓐ *adj.* sanguinary Ⓑ *s. m.* hangman, executioner

carnificina *s. f.* butchery, slaughter; massacre, carnage

carniforme *adj.* carneous (resembling flesh)

carnismo *s. m.* ⇒ **carnivorismo**

carnivorismo *s. m.* BOTÂNICA carnivorism; ZOOLOGIA carnivorousness

carnívoro Ⓐ *adj.* ZOOLOGIA carnivorous; flesh-eating Ⓑ *s. m.* carnivorous mammal, carnivore (*plural* carnivora)

carnosidade *s. f.* carnosity, fleshiness

carnoso *adj.* fleshy, carneous, pulpy

carnotite *s. f.* MINERALOGIA carnotite

carnudo *adj.* fleshy, beefy; plump; fat; pulpy, pulpous, succulent

caro Ⓐ *adj.* dear, costly, expensive; darling, precious, dear, beloved; kind, sweet Ⓑ *adv.* dear, dearly, at a high price; ***sair caro*** to cost a lot; ***sai um pouco mais caro*** it does come to a bit more; ***sair cara a brincadeira*** to have the devil to pay; ***as peles são muito caras nesta loja*** furs are very dear in this shop; ***meu caro!*** my dear fellow!; ***uma loja cara*** an expensive shop; ***caro como fogo*** rather too salted; ***isto é muito caro*** that is very expensive, that touches my pocket; ***o barato sai caro!*** the cheapest comes dear in the long run!; ***tudo o que nos é caro*** all that is dear to us; ***vender cara a vida*** to die hard

caroável *adj.* loving, affectionate; fruitful, fertile

caroca *s. f.* lie, false idea; phantasy; odd job

caroça *s. f.* hull of seed

caroçame *s. m.* a lot of seed kernels (or fruit pits); many tumorous excrescences

carocar *v. intr.* to make odd jobs

carocha *s. f.* beetle, cockroach; [pop.] ***chupado das carochas*** as thin as a lath

carochinha *s. f.* little beetle; ***história da carochinha*** [fig.] cock-and-bull story; [fam.] fairy tale, nursery tale

carocho Ⓐ *s. m.* kind of small beetle; sort of fish; wizard; the devil; any of the selachii fishes known as *lixa* (sandpaper) and *pailona* Ⓑ *adj.* dark, swarthy, brown

caroço *s. m.* stone (of a fruit), fruit pit; [pop.] much money; ***ter muito caroço*** to have much money, to have a lot of brass, [cal., E.U.A.] to have a lot of dough; ***tirar os caroços às ameixas*** to remove the stones from the plums; ***caroço de algodão*** cotton seed

caroçudo *adj.* containing seed kernels

carola Ⓐ *s. m.* fanatic, devotee; [fam.] fan, lover; [pop.] head Ⓑ *adj.* fanatic(al)

carolice *s. f.* fanaticism; devotion, passion

carolíngio *adj.* Carolingian, Carlovingian; relative to Charlemagne

carolino *adj.* ⇒ **carolíngio;** of the Caroline Islands

carolismo *s. m.* ⇒ **carolice**

carolo *s. m.* spike of maize stripped of its grains; blow on the head with a pole

caronada *s. f.* a carronade, a short and light cannon with a large bore

caroteno *s. m.* carotene, carotin

carótico *adj.* carotic

carótida *s. f.* carotid, carotid artery

carótide *s. f.* ⇒ **carótida**

carotídeo *adj.* carotid

carotidiano *adj.* carotid

carpa *s. f.* carp

carpal *adj.* carpal

carpela *s. f.* ⇒ **carpelo**

carpelar *adj.* carpellary

carpelo *s. m.* BOTÂNICA carpel

cárpeo *adj.* carpal

carpiano *adj.* ⇒ **cárpico**

cárpico *adj.* carpal

carpideira *s. f.* weeping woman; weeper; mourner

carpido *s. m.* wailing, lamentation; moor-hen, coot

carpidor *s. m., adj.* weeper; weeping, hoeing

carpidura *s. f.* the act of hoeing; ⇒ **carpimento**

carpimento *s. m.* weeping; lamentation, deploration; wailing, weeping

carpins *s. m. pl.* ⇒ **carapins**

carpintaria *s. f.* carpentry, carpenter's shop
carpinteirar *v. intr.* to carpenter, to do carpenter's work
carpinteiro *s. m.* carpenter, woodworker; ***carpinteiro de obra branca*** joiner; ***carpinteiro de moldes*** moulder; ***carpinteiro de carros*** cartwright
carpintejar *v. tr. e intr.* ⇒ **carpinteirar**
carpir *v. tr. e intr.* to mourn; to lament, to deplore, to bewail; to weep; to complain; to gather, to pick; to weed, to hoe
carpo *s. m.* ANATOMIA wrist; BOTÂNICA fruit
carpofagia *s. f.* carpophagy
carpófago *adj.* carpophagous, feeding on fruits
carpofilo *s. m.* BOTÂNICA carpophyll, carpel; the modified leaf which, by its folding, produces a carpel
carpóforo *s. m.* carpophore
carpogénese *s. f.* carpogenesis
carpogónio *s. m.* carpogone, carpogonium
carpólito *s. m.* carpolite, a fossil fruit
carpologia *s. f.* carpology; study of the structure of fruits
carpológico *adj.* carpological
carpomorfo *adj.* fruit-shaped
carpósporo *s. m.* carpospore
carptor *s. m.* a Roman slave (who used to cut up the meat before banquets)
carqueja *s. f.* BOTÂNICA shrub, of the genus *Genista*; kind of broom
carquejal *s. m.* broom field
carquejar *v. intr.* to cicatrize
carquejeiro *s. m.* broom seller
carquilha *s. f.* wrinkle, crease, pleat, fold
carraca *s. f.* carrack, carak, formerly a bulky freight ship
carraça *s. f.* ZOOLOGIA tick; clinger, hanger-on; [fig.] ***ser uma carraça*** to stick like a leech, to stick like glue
carraçaria *s. f.* a lot of ticks
carrachinha *s. f.* Wilson's petrel
carracinha *s. f.* Wilson's petrel
carraço *s. m.* ⇒ **carraça**; furze
carrada *s. f.* cart-load; ***às carradas*** by cart-loads, abundantly, in plenty; ***tenho carradas de trabalho para acabar*** I have stacks of work to get through; ***ter carradas de razão*** to have lots of reason, to be absolutely right
carrajó *s. m.* ⇒ **corrijó**
carranca *s. f.* frown; ugly countenance; grimace; sullen look; ***fazer carranca*** to make grimaces; NÁUTICA ***carranca de proa*** figure-head
carrança *s. m.* old-fashioned person, slowcoach; dragging, uneventful
carranchas *s. f. pl.* ***levar às carranchas*** to carry on one's shoulders
carranchinhas *s. f. pl.* ⇒ **carranchas**
carrancholas *s. f. pl.* ⇒ **carranchas**
carrancudo *adj.* scowling, frowning, sullen; surly, sulky; grumpy; ***ar carrancudo*** sullen look
carranquear *v. intr.* to scowl, to frown; to be sullen; to be in ill humour; to become annoyed
carrão *s. m.* big car; bad stroke with the cue at billiards
carrapata *s. f.* embroilment; mischief; an aggravated wound; ***armar uma carrapata*** to embroil, to make mischief
carrapateiro *s. m.* BOTÂNICA castor-oil plant; animal (bird or mammal) which feeds on ticks
carrapato *s. m.* tick; seeds of castor-oil plant; ***feijão carrapato*** French bean
carrapeto *s. m.* BOTÂNICA water duckweed; water lentil
carrapicheiro *s. m.* ⇒ **carrapicho**
carrapicho *s. m.* bun (of hair); [pop.] whim; popular designation of the spiny seed kernels of various plants; BOTÂNICA bastard sensitive plant; burr; beggar's-lice
carrapiço *s. m.* [reg.] small bunch of grapes that remains in the vineyard after the vintage; ⇒ **carrapicho**
carrapita *s. f.* ***às carrapitas*** (carried or riding) on a person's shoulders
carrapito *s. m.* toupee; bun (of hair)
carrara *s. m.* variety of Italian marble
carrasca *s. f.* an olive tree which produces earlier (in the year); dry bark of pine trees
carrascal *s. m.* grove of holm-oaks
carrascão Ⓐ *s. m.* rough wine Ⓑ *adj.* rough
carrasco *s. m.* kind of holm-oak; hangman; executioner; cruel man
carraspana *s. f.* [pop.] drunkenness, intoxication; reproof, reprimand
carrasqueira *s. f.* ⇒ **carrasco** (plant)
carrasqueiral *s. m.* ⇒ **carrascal**
carrasqueiro *s. m.* ⇒ **carrasco** (plant)
carreação *s. f.* carting, carrying; waggon driving
carreada *s. f.* gratuitous waggon driving; transport in cart or waggon
carreamento *s. m.* carting
carrear Ⓐ *v. tr.* to cart, to carry, to convey in a cart Ⓑ *v. intr.* to drive a cart; to work with a cart
carrega Ⓐ *s. f.* a Brazilian plant Ⓑ *interj.* Hey-ho!
carrega-besta *s. f.* a type of large white grape growing in heavy bunches
carregação *s. f.* load, cargo, loading; freight of ship; shipment
carregadeira *s. f.* a woman who bears loads on her head; a kind of leaf-cutting ant; any umbrella ant; NÁUTICA brail, clew-line
carregado *adj.* charged, loaded; heavy; oppressed; full; gloomy, sullen; cloudy, overcast, threatening (weather); ***cor carregada*** deep colour; ***rosto carregado*** surly countenance; ***carregado de dívidas*** deeply in debt; ***navio carregado*** laden ship; ***carregado de electricidade*** electrically charged; ***carregado de anos*** full of years; [pop.] ***carregado de vinho*** full of wine, drunk; ***o ambiente está carregado*** there is a great wind up
carregador *s. m.* packer, loader; shipper; (railway-)porter; ***carregador de carvão*** coal-heaver; ***carregador automático (fornalha)*** mechanical stoker; ***carregador de molhe*** longshore-man; ***carregador de baterias*** charger
carregamento *s. m.* cargo, lading, shipload; oppression; ***carregamento completo*** full load; ***carregamento de lastro*** ballast; ***de carregamento automático (fornalha)*** self-feeding
carregar Ⓐ *v. tr.* to load; to freight, to burden; to carry, to bear; to attack; to exaggerate; to fill Ⓑ *v. intr.* to insist, to base on; to weigh upon; to impute, to ascribe to; to charge; ***carregar o inimigo*** to charge (attack) the enemy; ***carregar as sobrancelhas*** to knit one's brows; ***carregar uma arma de fogo*** to load a gun; ***carregar um cavalo*** to load a horse; ***carregar um navio*** to load a ship; ***carregar um vagão*** to load a wag(g)on; ***carregar electricidade*** to charge electricity; ***carregar a bateria*** to charge the battery; ***carregar (artilharia)*** to charge, to load (guns); NÁUTICA ***carregar (pano)*** to brail, to brail in (up), to haul up, to clew, to clew up, to take in (the sails); ***carregar uma vela de estai*** to haul down a staysail; ***carregar com a responsabilidade*** to bear the responsibility; ***carregar-se de família*** to raise a large family
carrego *s. m.* loading; burden; load, weight
carregoso *adj.* weighty, heavy; burdensome, toilsome; grievous, injurious
carreira *s. f.* way, road; race; run, running; course; route, track; row, rank, file; parting of the hair; career, profession; ***a carreira militar*** the military profession; ***carreira de árvores*** row of trees; ***a carreira das armas*** the career of arms; ***carreira de vapores*** steamship line; ***navio de carreira*** liner, packet-boat; ***carreira aérea diurna*** day flying route; ***carreira aérea ultramarina*** overseas air line; ***às carreiras*** hastily, in a hurry; ***em carreira desordenada*** in mad (full) career; ***carreira de construção*** slip, slipway; ***carreira de***

navegação line, service; ***fazer carreira (barco)*** to ply, to run (vessel); ***encetar uma carreira*** to enter upon a career; ***carreira literária*** literary pursuits, literary career; ***ir de carreira*** to go with all speed

carreirão *s. m.* bypath, sideway

carreiro *s. m.* carter; narrow way, foot-path; short cut

carreirola *s. f.* ZOOLOGIA the Old World skylark (*Alaudidae* family); a titlark (*Motacillidae* family)

carrejão *s. m.* porter

carrejar *v. tr. e intr.* ⇒ **carrear**

carrejo *s. m.* ⇒ **carreto**

carrela *s. f.* [reg.] hand-barrow

carreta *s. f.* cart, hand-cart; ***carreta de peça*** gun-carriage; ***carreta eléctrica*** electric truck; ***carreta giratória*** bogie

carretã *s. f.* small pulley

carretagem *s. f.* carriage, cartage

carretão *s. m.* ⇒ **carreteiro**

carretar *v. tr.* to cart; to carry, to convey, to transport; to occasion, to cause; to heap

carrete *s. m.* small cart; pinion; cog-wheel; gear; ***carrete cónico*** bevel pinion, bevel gear; ***carrete de engrenagem*** gear-pinion; ***carrete cilíndrico*** spur-pinion

carretear *v. tr.* ⇒ **carretar**

carreteira *s. f.* cart road, carriage way

carreteiro *s. m.* carter; waggoner

carretel *s. m.* reel; bobbin, spool

carretilha *s. f.* pastry-cutter; small spool

carreto *s. m.* carriage; freight; cartage; porterage

carriagem *s. f.* a train of carts (or carriages); waggon train

carrião *s. m.* fuller

carriça *s. f.* ZOOLOGIA wren

carriçal *s. m.* sedge plantation

carricinha *s. f.* ZOOLOGIA golden-crested wren

carriço *s. m.* BOTÂNICA sedge

carril *s. m.* rail; cart rut; a variety of pear; [pop.] narrow path; ***carril de aço*** steel-rail

carrilamento *s. m.* the act of placing on rails

carrilar *v. tr.* to place on rails; to enter the right way

carrilhador *s. m.* carilloneur, carillon player

carrilhanista *s. m. e f.* carilloneur, carillon player

carrilhanor *s. m.* carilloneur, carillon player

carrilhão *s. m.* carillon, set of bells; peal (or chime) of bells

carrilheira *s. f.* track

carrilho *s. m.* a corncob, cheek, jaw; [pop.] ***comer a dois carrilhos*** to eat with both jaws, to eat greedily

carrilhonar *v. intr.* to carillon, to play the carillon

carrilhoneiro *s. m.* carillonneur, carillon player

carrilhonista *s. m. e f.* carillonneur, carillon player

carrinha *s. f.* small lorry; Canadian station-waggon

carrinho *s. m.* little cart, spool, reel; ***carrinho de bebé*** perambulator, pram; ***empurrar o carrinho de bebé*** to wheel the pram; ***carrinho de boneca*** doll's pram; ***carrinho do chá*** tea trolley; ***carrinho de mão*** wheelbarrow; ***carrinho de linhas*** reel of cotton; ***carrinho de linha preta*** reel of black cotton

carriola *s. f.* cab, gig; light one-horse carriage; carryall

carripana *s. f.* old vehicle for passengers

carro *s. m.* car, motor-car; cart; chariot; van; ***carro de assalto*** armoured car; ***carro de bombeiros*** fire engine; ***carro celular*** Black Maria; ***carro eléctrico*** tramcar, tram; ***carro de luxo*** luxury car; ***carro de praça*** taxi-cab, taxi, cab; ***o meu carro avariou-se*** my car broke down; ***pôr o carro à frente dos bois*** to put the cart before the horse; ***carro de pronto-socorro*** breakdown lorry; ***carro de circo*** caravan; ***carro alegórico*** float; ***carro do lixo*** dust-cart; ***carro de rádio-patrulha*** cruiser, prowl car; ***carro fúnebre*** catafalque, hearse; ***deixar passar carros e carretas*** to be absent-minded

carroça *s. f.* cart, wag(g)on; ***carroça de vendedor ambulante*** pushcart

carroçada *s. f.* cartload

carroção *s. m.* large covered wag(g)on (or oxcart)

carroçaria *s. f.* the body of a motor-car (truck, van or wagon)

carroçável *adj.* carriageable

carroceiro *s. m.* carter, wag(g)oner

carrocel *s. m.* roundabout, merry-go-round

carrocha *s. f.* stagbeetle

carrocim *s. m.* little carriage

carro-patrulha *s. m.* patrol car, squad car

carropito *s. m.* ⇒ **trepadeira**

carruageiro *s. m.* carriage maker, manufacturer of cars and car-bodies; carriage-driver

carruagem *s. f.* carriage, coach; ***carruagem de luxo (comboio)*** special carriage, pullman-coach; ***carruagem de primeira classe*** first class carriage

carruagem-cama *s. f.* sleeping car

carruagem-restaurante *s. f.* dining-car

carruagem-salão *s. f.* pullman-car

carta *s. f.* letter; epistle; card; chart; map; charter; note; certificate; diploma; ***carta explanatória de documentos juntos*** covering letter; ***carta de apresentação*** letter of introduction; ***carta credencial*** credentials; ***carta de crédito*** letter of credit; ***carta de porte*** delivery note; ***carta de fretamento*** charter party; ***carta de recusa*** letter of regret; ***carta franquiada*** prepaid letter; ***carta não franquiada*** unpaid letter; ***carta patente*** letter patent; ***carta registada*** registered letter; ***carta de parabéns*** letter of congratulations; ***carta pedindo informações*** letter of inquiry; ***carta de aviso*** letter of advice; ***carta de pêsames*** letter of condolence; ***carta de saúde*** bill of health; ***carta de namoro*** love letter, billet-doux; ***carta de jogar*** card, playing-card; ***carta de prego*** sealed orders; ***carta de alfinetes*** paper of pins; ***carta de alforria*** document granting freedom to a slave; ***Carta do Atlântico*** Atlantic Charter; ***Carta das Nações Unidas*** United Nations Charter; ***carta constitucional*** constitution; ***carta geográfica*** geographical map; ***carta de negócios*** business letter; ***carta do estrangeiro*** foreign letter; ***carta anónima*** anonymous letter; ***carta particular*** private letter; ***carta topográfica*** contour map, topographical plan; ***carta de navegação*** pilot chart; ***carta extraviada*** miscarried letter, stray letter; ***carta de fiança*** bond; ***carta de motorista*** driving-licence; ***carta expressa*** express (letter); ***carta sem endereço*** letter without any address; ***carta de Mercador*** Mercator's chart; ***carta plana*** plane chart; ***carta com valor declarado*** letter containing valuables; ***portador de uma carta*** bearer of a letter; ***cartas (de jogo) trocadas*** the wrong cards; ***carta aberta*** open letter; ***carta de intenções*** letter of intent; ***carta não entregue por deficiência de endereço*** dead letter; ***voltar uma carta (no jogo)*** to face a card; ***fechar uma carta*** to fold up a letter; ***carta por via aérea*** air letter; ***dar cartas (ao jogo)*** to deal the cards; [fig.] ***dar cartas*** to be one's own master; ***baralho de cartas*** pack of cards; ***receber uma carta*** to receive a letter; ***levantar as cartas*** to remove the cards; ***quem levanta as cartas?*** whose turn is it to cut?; ***deitar (as) cartas*** fortune-telling (by cards); [coloq.] ***um que já deu cartas*** a has-been; ***pôr as cartas na mesa*** to put one's cards on the table; ***a sua carta chegou-me às mãos esta manhã*** your letter reached me this morning; ***papel de carta*** note-paper; [fig.] ***ter as cartas na mão*** to be master of the situation; ***partida de cartas*** card game; ***não existente na carta (mapa)*** uncharted

carta-branca *s. f.* carte blanche; full scope; full power; ***dar carta-branca a*** to give a free hand to; ***ter carta-branca*** to have full power

cartabuxa *s. f.* a wirebrush as used by printers and goldsmiths

cartabuxar *v. tr.* to clean with the wirebrush

cartáceo *adj.* chartaceous, papery

cartada *s. f.* stroke (at cards); [fig.] risky enterprise; ***foi uma cartada*** it was a gambler's stroke; ***jogar a última cartada*** to stake everything on one throw, to play one's last card

cartaginense *s. m. e f., adj.* Carthaginian
cartaginês *s. m., adj.* Carthaginian
cartalogia *s. f.* a collection of maps
cártamo *s. m.* BOTÂNICA safflower; false saffron
cartão *s. m.* card; postcard; cardboard; board; ***cartão de visita*** visiting-card; ***deixar cartões*** to leave cards on; ***cartão de amianto*** asbestos board; ***caixa de cartão*** paper box; ***cartão prensado*** press-board; ***cartão de crédito*** credit car
cartapácio *s. m.* big old book; register; a very long letter
cartapaço *s. m.* ⇒ **cartapácio**
cartar *v. tr.* to divide a pack of cards into two parts; to cut the pack
cartaxo *s. m.* ⇒ **chasco** (bird)
cartaz *s. m.* bill; poster; notice, placard, advertisement; ***é proibido afixar cartazes*** stick no bills; ***afixador de cartazes*** bill-sticker; ***cartaz de teatro*** theatre-bill; ***estar em cartaz*** to be showing
cartazeiro *s. m.* bill-poster, bill-sticker
cartazista *s. m. e f.* placard maker
carteação *s. f.* NÁUTICA traverse sailing
carteamento *s. m.* act of dealing cards; calculation of a ship's position; exchange of correspondence
cartear Ⓐ *v. tr.* to play cards Ⓑ *v. refl. e intr.* to mark the ship's place on the chart; COMÉRCIO ***cartear(-se)*** to correspond by letter; ***cartear a agulha*** to box the compass; ***cartear milhas*** to reckon, to reckon the mileage, to work out the reckoning
carteio *s. m.* ⇒ **carteamento**
carteira *s. f.* wallet, purse; writing-desk; note, book; bag; ***letra de carteira*** bill in hand
carteirista *s. m. e f.* pickpocket; mobster; ***cautela com os carteiristas!*** beware of pickpockets!
carteiro *s. m.* postman
cartel *s. m.* cartel; challenge
cartela *s. f.* tablet for inscriptions, memorial panel, commemorative (or votive) tablet
cartelização *s. f.* cartelling
cartelizar *v. intr.* to cartel
cárter *s. m.* gear housing
cartesianismo *s. m.* Cartesianism
cartesiano *adj.* Cartesian
cartilagem *s. f.* cartilage, gristle
cartilagíneo *adj.* cartilaginous
cartilaginoso *adj.* cartilaginous, of (or like) cartilage
cartilha *s. f.* spelling-book, primer, first reader; ***isso não está na cartilha*** that's not in the text book, that is rather exceptional; [pop.] ***ler a cartilha a alguém*** to reprimand someone, to give someone a piece of one's mind; [pop.] ***ler pela mesma cartilha*** to follow the same system, to think in the same way
cartismo *s. m.* HISTÓRIA Chartism
cartista *s. m. e f., adj.* chartist
cartografar *v. tr.* to draw maps
cartografia *s. f.* cartography, map-drawing
cartográfico *adj.* cartographic(al)
cartógrafo *s. m.* cartographer
cartola *s. m.* top-hat, silk hat; [cal.] topper
cartolada *s. f.* greeting (by taking off one's hat)
cartolina *s. f.* light cardboard (or pasteboard), board paper; Bristol board
cartólogo *s. m.* ⇒ **cartógrafo**
cartomancia *s. f.* cartomancy (fortune telling by means of playing cards)
cartomante *s. m. e f.* cartomancer, fortune-teller
cartonado *adj.* in boards (a book)
cartonador *s. m.* bookbinder
cartonagem *s. f.* boarding, bookbinding
cartonar *v. tr.* to board, to bind (books)
cartoonista *s. m. e f.* cartoonist
cartorário *s. m.* clerk; register (book) of deeds and donations
cartório *s. m.* notary's office; register office; registry
cartuchame *s. m.* provision of cartridges
cartucheira *s. f.* cartridge-belt
cartucheiro *s. m.* cartridge-maker
cartucho *s. m.* cartridge; paper-bag; ***cartucho sem bala*** blank cartridge; ***cartucho com bala*** loaded cartridge; ***papel de cartucho*** packing (wrapping) paper; ***queimar o último cartucho*** to resort to the last measures, to fire one's last shot
cártula *s. f.* cartouche, scroll-shaped tablet of a monument
cartulário *s. m.* cartulary, collection of records; register
cartusiano Ⓐ *adj.* Carthusian Ⓑ *s. m.* Carthusian monk
cartuxa *s. f.* Carthusian order
cartuxo *s. m.* Carthusian monk
carugem *s. f.* fog, mist
caruja *s. f.* fog, mist
carujar *v. intr.* to drizzle
carujeira *s. f.* dew
carujeiro *s. m.* fog; mist
carujo *s. m.* foggy weather
caruma *s. f.* pine-needle, leaf of pine-tree
carumba *s. f.* ⇒ **caruma**
carumeira *s. f.* dry pine needle
carunchar *v. intr.* to become worm-holed (worm-eaten, or rotten), to get on in years
carunchento *adj.* worm-eaten, wormy; rotten; [fig.] very old; [cal.] to be long in the tooth; downcast, prostrate, dejected
caruncho *s. m.* ENTOMOLOGIA wood-worm; worm-hole; rottenness; [fig.] old age
carunchoso *adj.* worm-eaten; wormy; rotten; very old
carúncula *s. f.* caruncle, fleshy excrescence
carunculoso *adj.* carunculated, carunculous, caruncular
carunha *s. f.* ⇒ **caroço** (of a fruit); ⇒ **caruma**
cárus *s. m.* MEDICINA carus, the fourth degree of insensibility, sopor (stupor), coma and lethargy
carusma *s. f.* sparkles and dust particles (which rise when blowing out a light or a fire)
carvalha *s. f.* oak-tree; a kind of potatoes
carvalhal *s. m.* oak-grove
carvalheira *s. f.* oak-grove; oak-tree
carvalheiro *s. m.* an oak tree (especially a young one); oak club
carvalhiça *s. f.* BOTÂNICA kermes oak
carvalhinha *s. f.* BOTÂNICA water germander
carvalho *s. m.* BOTÂNICA oak; oak-tree; ***madeira de carvalho*** oak-wood; ***casca de carvalho*** oak bark; ***carvalho da América*** American red oak
carvão *s. m.* coal, charcoal; charcoal sketch; a piece of carbonized wood; ***carvão de lenha, carvão vegetal*** charcoal; ***carvão de gás*** gas coal; ***carvão de lâmpada eléctrica*** carbon; ***carvão de Cardiff*** Welsh coal; ***carvão de forja*** smith's coal; ***carvão miúdo*** slack; ***pó de carvão*** coal slack, coal dust; ***meter carvão*** to coal; ***carvão britado*** broken coal; ***carvão de copiar*** carbon; ***carvão xistoso*** slaty coal; ***mina de carvão*** coal-mine; ***jazigo de carvão*** coal-field; ***mina de carvão de pedra*** coal-pit; ***dono de mina de carvão*** coalmaster, coal-owner; ***descarregador de carvão*** coal-whipper; ***carregador de carvão*** coal-heaver; ***estação de carvão*** coaling-station; ***escórias de carvão*** clinkers; ***balde do carvão*** coal-scuttle; ***pá do carvão*** coal-shovel; ***comércio de carvão*** coal-trade; ***máquina de partir carvão*** coal-breaker; ***reduzir a carvão*** to carbonize, to reduce to charcoal (or coke); ***boneca de carvão (para desenho)*** pounce-bag
carvoaria *s. f.* coal merchant's; charcoal kiln
carvoeira *s. f.* coal-cellar
carvoeiro *s. m.* coalman, coal-merchant; ***navio carvoeiro*** collier

carvoejar *v. intr.* to make charcoal, to deal in charcoal
carvoento *adj.* coallike, coaly
cãs *s. f. pl.* white hair; old age
casa *s. f.* house; building, edifice; home; residence, domicile, dwelling, lodging, abode; establishment; household; family; buttonhole; ***casas prefabricadas*** prefabricated houses; ***governo da casa*** household management; ***ir para casa*** to go home; ***acompanhar alguém a casa*** to see a person home; ***casa (ou firma) acreditada*** good firm; ***casa exportadora*** exporting firm; ***dinheiro do governo da casa*** housekeeping money; ***oferecer a casa a alguém*** to give a standing invitation to someone; ***casa de saúde*** nursing home; ***casa da cidade*** town house; ***casa de aldeia*** cottage; ***casa de quinta*** farmhouse; ***casa de verão*** summerhouse; ***casa de apartamentos*** a block of flats; ***passar pela casa de alguém*** to call at a person's house, to call on someone; ***venha a minha casa*** come to my house, come to my place; ***governar a casa*** to keep house; ***arrumar a casa*** to do the house (or rooms), to tidy up the house; [fam.] ***ser da casa*** to be intimate, to be at home in; ***dentro de casa*** indoors; ***fora de casa*** outdoors; ***ficar em casa*** to stay (to remain) at home; ***não sair de casa*** to keep to the house; ***estar em casa*** to be at home; ***feito em casa*** home-made, home-brewed; ***uma casa barulhenta*** a noisy house; ***uma casa animada*** a cheerful house; ***deixar a casa dos pais*** to leave one's father's house; ***casa das unidades*** row of units; ***casa de correcção*** reformatory, bridewell, Borstal; ***casa comercial*** commercial firm; ***casa bancária*** bank; ***casa de habitação*** dwelling-house; ***casa de toda a confiança*** house of established credit; ***casa da moeda*** mint; ***casa de orates*** madhouse, bedlam; ***casa de comissões*** commission agency; ***casa de campo*** country-house; ***Casa da Câmara*** Town-Hall; ***casa de penhores*** pawnshop, pawnbroker's shop; ***sair de casa*** to leave home; ***dono da casa*** master of the house; ***dona da casa*** mistress of the house, housewife; ***casa de jogo*** gambling house; ***pôr casa*** to set up house; ***casa roubada, trancas à porta*** to shut the stable door after the horse is stolen; NÁUTICA ***casa das caldeiras*** boiler-room, space, stokehold; ***casa do detalhe (marinha de guerra)*** ship's office; ***casa das luzes*** lamp-room, light-room; ***casa das máquinas*** engine-room; ***casa do marinheiro*** sailor's home; ***casa de navegação*** chart-room; ***casa dos sinais*** signal station; ***casa da ponte*** bridge-house; ***casa das velas (oficina)*** loft; ***casa das tintas*** paint-locker; ***em sua casa cada qual é rei*** an Englishman's home is his castle; ***procura de casa*** house-hunting; ***chegar a casa*** to reach home; ***ter casa própria*** to have a roof over one's head; ***uma casa de cinco andares*** a five-storey house; ***casa bem construída*** solid house, well-built house; ***casa rolante*** caravan; ***casa de madeira*** frame house; ***casa de má fama*** house of ill fame; ***casa de pasto*** cheap restaurant; ***casa de vinho*** wineshop; ***casa de modas*** dress shop; ***casa de móveis*** furniture store; ***casa de telha vã*** a house with tile roof but no ceiling; ***casa senhorial*** manor-house; ***estar na casa dos quarenta*** to be in the forties; ***levar alguém a casa*** to take (to see) someone home; ***não ter casa nem lar*** to be homeless; ***ter saudades de casa*** to be homesick, to be longing for home; ***casa de botão*** button hole
casa-alugada *s. m.* hermit crab
casa-amarela *s. f.* ZOOLOGIA ⇒ **vespão**
casabeque *s. m.* very short coat (for women)
casaca *s. f.* dress coat, full evening dress, tails; [pop.] ***dar uma casaca*** to rail at, to give a wigging to; [fam.] ***cortar na casaca*** to speak ill (of), to backbite; [pop.] ***virar a casaca*** to turn one's coat, to be the sport of every wind
casacão *s. m.* great coat, overcoat
casaco *s. m.* coat, jacket; ***casaco de cama*** bed-jacket; ***casaco de peles*** fur coat; ***casaco de oleado*** oil-skin jacket; ***casaco de malha de lã*** cardigan; ***casaco de desporto*** blazer; ***tire o casaco!*** take off your coat!; ***casaco de cerimónia*** dinner-jacket; ***sem casaco nem colete*** both coat and waistcoat off; ***ter o casaco vestido*** to have one's coat on

casada *s. f.* card game
casadeiro *adj.* ⇒ **casadoiro**
casadinhos *s. m. pl.* BOTÂNICA pheasant's-eye *(Adonis annua)*
casado Ⓐ *adj.* married; [fig.] joined, united Ⓑ *s. m. pl.* married couple; spouses
casadoiro *adj.* marriageable
casadouro *adj.* marriageable
casa-forte *s. f.* safe deposit; bank vault
casal *s. m.* couple, a married couple; farmhouse; property; small village
casalar *v. tr.* to couple, to pair, to match
casaleiro *s. m.* dweller in a farm-house
casalejo *s. m.* little hamlet; hovel
casamata *s. f.* MILITAR casemate, bunker
casamatar *v. tr.* to provide with a casemate; to fortify
casamentar *v. tr.* to engage in match-making
casamenteiro *s. m.* match-maker
casamento *s. m.* marriage, wedding, matrimony, wedlock; union; [fig.] harmony; ***casamento de conveniência*** marriage of convenience; ***casamento clandestino*** [pop.] hedge marriage; ***pedida em casamento*** engaged to be married; ***pedir em casamento*** to ask the hand of; ***casamento de amor*** love-match; ***dote de casamento*** dowry, marriage-portion; ***fazer um bom (ou mau) casamento*** to make a good (or bad) match; ***desmanchou-se o casamento*** the marriage was dissolved; ***casamento civil*** civil marriage; ***dia do casamento*** wedding-day; ***um casamento elegante*** a smart wedding; ***participação de casamento*** wedding-announcement; ***prenda de casamento*** wedding present; ***escritura de casamento*** marriage articles; ***primeiro aniversário do casamento*** cotton wedding; ***segundo aniversário do casamento*** leather wedding; ***quinto aniversário do casamento*** wooden wedding; ***décimo aniversário do casamento*** tin-wedding; ***décimo quinto aniversário do casamento*** crystal-wedding; ***vigésimo aniversário do casamento*** china wedding; ***vigésimo quinto aniversário do casamento*** silver wedding; ***quinquagésimo aniversário do casamento*** golden wedding; ***sexagésimo aniversário do casamento*** diamond wedding; ***propor casamento a*** to propose marriage to, to make an offer of marriage to, [coloq.] to pop the question; ***fazer um casamento desigual*** to marry below one's station
casa-mestra *s. f.* the keel (or bottom section) of a ship
casante *s. m. e f.* the betrothed
casão *s. m.* wealthy house; regimental clothing shop; full house (show, circus, etc.)
casaquelho *s. m.* coat (of a poor quality)
casaquilha *s. f.* a short jacket for women
casar *v. tr.* to marry, to wed, to espouse; to unite, to join, to make one, to get married; ***estar para casar*** to be about to marry; ***casar tarde*** to marry late in life; ***antes que cases, olha o que fazes*** look before you leap; ***casar com uma herdeira*** to marry a fortune; ***casar dentro da família*** to intermarry; ***quem pensa não casa, quem casa não pensa*** think and marry not, think not and marry; ***quem nasce bonita já nasce casada*** born beautiful, already married; NÁUTICA ***casar cabos ou cordões*** to marry ropes
casarão *s. m.* very large house
casaredo *s. m.* ⇒ **casario**
casaréu *s. m.* very large house in ruins
casaria *s. f.* block of houses
casarido *s. m.* very large house; ⇒ **casario**
casario *s. m.* a row (or group) of houses
casa-roubada *s. f.* ⇒ **casa-alugada**
casa-torre *s. f.* turret of a castle
casável *adj.* marriageable
casca *s. f.* bark (of a tree); shell (of an egg, nut, etc.); peel (of an orange, tangerine, lemon, potato, pear, etc.); skin (of

grapes, onions, apples, almonds, etc.); husk (of rice, maize, corn); pod (of leguminous fruits); rind (of cheese, orange, lemon, etc.); outwardness; ***tirar a casca*** to shell, to peel, to peel off, to skin, to husk, to pare; ***homem de casca grossa*** uncouth fellow; [fam.] ***sair da casca*** to hatch, to peep out of shell, to become lively, to come out of one's shell; ***dar a (à) casca*** to take offence, to get huffed

cascabulhagem *s. f.* pile of husks

cascabulhar *v. tr.* to husk

cascabulho *s. m.* heap of husks

casca-de-carvalho *s. m.* variety of melon

cascalhada *s. f.* loud laughter; gust of wind; gravel bed

cascalhar *v. intr.* to laugh, to burst out laughing, to chortle

cascalheira *s. f.* gravel bed; alluvial deposit; a rattling sound as of gravel being poured; difficult and noisy breathing

cascalhento *adj.* ⇒ **cascalhoso**

cascalhinho *s. m.* fine crushed rock

cascalho *s. m.* rubble; gravel; rock fragments, pebbles; shingle, grit; [fam.] money; coppers

cascalhoso *adj.* rubbly, gravelly, pebbly

cascalhudo *adj.* rubbly, gravelly, pebbly

cascalvo Ⓐ *adj.* white-footed, white-hoofed (said of horses) Ⓑ *s. m.* a certain kind of wheat

cascão *s. m.* crust; scab; scurf; rust, scale; ***cascão de laminagem*** mill scale

cascar Ⓐ *v. intr.* to strike, to beat, to thrash Ⓑ *v. tr.* to bark, to strip; to peel

cáscara *s. f.* crude copper

cáscara-sagrada *s. f.* FARMACOLOGIA cascarilla; cascarilla bark

cascaria *s. f.* casks; quantity of casks

cascarina *s. f.* cascarillin

cascarra *s. f.* sand-sole and dog fish; thirteen cards which remain after dealing, in certain games

cascarrão *s. m.* thick skin, hull or shell (of fruits); a large chip, large wood splinter; aversion, dislike; [Bras.] stiff wind blowing from the ocean

cascarrilha *s. f.* BOTÂNICA cascarrilla

cascarrolho *s. m.* a kind of woodpecker

cascata *s. f.* cascade, waterfall

cascatear *v. intr.* to cascade, to fall like a cascade

cascavel *s. m.* little bell; rattle-snake; [fig.] bad-tempered or ill-natured person

cascavelar *v. intr.* to jingle

casco *s. m.* skull, the brain pan; hoof (of cattle); cask, barrel (of wine); hull (of ship); [fig.] brain, wit, intelligence; ***casco de chapéu de senhora*** hood; ***casco de navio*** body hull, hulk; ***casco (de vasilha)*** cask, bilge; NÁUTICA ***casco alagado (no horizonte)*** hull down (on the horizon); ***casco, aparelho e sobresselentes*** hull and stores; ***casco (de navio) sem superestruturas*** main body (of a ship); [pop.] ***meter alguma coisa nos cascos*** to put something into one's head, to fancy something

cascoso *adj.* thick-shelled, thick-skinned; pertaining to animals' hoofs, having large hoofs

cascudo Ⓐ *adj.* hard-hoofed (horses, etc.); thick-rinded, barky, husky Ⓑ *s. m.* blow on the head with the knuckles; box on the ears

casculho *s. m.* husk; a variety of grapes in Douro; trifle

caseação *s. f.* making of buttonholes; caseation

caseadeira *s. f.* buttonhole-maker

caseado *s. m.* act (or process) of making buttonholes; buttonhole stitch, blanket stitch

casear *v. tr.* to make buttonholes

casebeque *s. m.* a short coat

casebre *s. m.* hovel, mean dwelling, hut

caseificação *s. f.* caseification, caseation

caseificar *v. tr.* to transform into cheese

caseiforme *adj.* cheesy, caseous

caseína *s. f.* QUÍMICA casein

caseinado *s. m.* casein salt

caseínico *adj.* caseic, caseous

caseinogénio *s. m.* QUÍMICA caseinogen

caseira Ⓐ *s. f.* a farmer's wife; peasant woman; woman tenant of a farm; housewife Ⓑ *adj.* ⇒ **caseiro Ⓑ**

caseiro Ⓐ *s. m.* husbandman, tenant, farm manager, bailiff Ⓑ *adj.* home-made, domestic, homely; private; ***pão caseiro*** home-made bread; ***remédio caseiro*** household remedy

caseoso *adj.* caseous

caserna *s. f.* MILITAR barracks, casern(e)

caserneiro *s. m.* barrack commander; inspector of barracks

casibeque *s. m.* ⇒ **casebeque**

casimira *s. f.* cashmere

casinha *s. f.* small house; home; cottage; ***nada chega à nossa casinha*** there is no place like home

casinhola *s. f.* ⇒ **casinhota**

casinholo *s. m.* ⇒ **casinhota**

casinhota *s. f.* small and poor house

casinhoto *s. m.* small and poor house

casino *s. m.* casino

casita *s. f.* ⇒ **casinha**

casitéu *s. m.* a poor little house

casmurrada *s. f.* ⇒ **casmurrice**

casmurral *adj.* obstinate, stubborn; grumpy, sullen; morose

casmurrar *v. intr.* to be stubborn; to persevere, to insist

casmurrice *s. f.* stubbornness, obstinacy; sullenness, grumpiness

casmurro *s. m.* stubborn, headstrong, obstinate, wilful; grumpy, sullen

caso *s. m.* case, event, situation, circumstance; accident; chance; predicament; example; cause, matter; ***caso imprevisto*** act of God, unforeseen case; ***um caso de consciência*** a matter of conscience; ***um caso difícil*** a hard case; ***caso de força maior*** case of emergency, case of major force, unavoidable circumstances; ***caso de honra*** affair of honour; ***caso jurídico*** law suit; ***vamos ao caso*** let us come to the point; ***um caso perdido*** a hopeless case; ***caso de urgência*** case of need; ***um caso oportuno*** a case in point; ***o caso está perdido*** the game is up, it is a lost case, it is all up; ***é um caso sério*** it is no laughing matter, it is serious; ***não faça caso*** don't take any notice; ***expor o caso*** to state the case; ***dado o caso*** in case; ***fazer muito caso de*** to make much of; ***fazer pouco caso de*** to make light of, to disregard, to treat off-handedly, to treat without consideration; ***não fazer grande caso de*** to take little notice of, to take no account of; ***isso não faz nada ao caso*** that is not to the purpose; ***isso é outro caso*** that is another matter; ***casos fortuitos*** unforeseen circumstances; ***caso extraordinário*** extraordinary case; ***caso previsto pela lei*** circumstance provided for in the law; ***em caso de necessidade*** in case of need; ***em todo o caso*** at all events, in any case, at any rate; ***apresentar um caso*** to put a case; ***o caso é que*** the fact is that; ***em tal caso*** in such a case; ***na maioria dos casos*** in the majority of cases, in most cases; ***de caso pensado*** with a deliberate purpose, on purpose, with set purpose; ***se o caso fosse comigo*** had it been my own case; ***esse não é o caso*** that is not the case; ***não faço caso dele*** I don't mind him; ***neste caso*** in this case, if it is so; ***ele não faz caso do meu conselho*** he does not listen to my advice; ***em alguns casos*** in some cases; ***é caso arrumado*** that is a settled matter, that's settled; ***agora o caso é diferente*** it is quite another story now; ***conforme o caso*** as the case may be; ***em todo o caso*** anyhow; ***é um caso raríssimo*** it is a case in a million; ***não estou metido no caso*** I am not mixed up in the case; ***vir ao caso*** to be to the purpose, to be suitable

casório *s. m.* ⇒ **casamento**

casota *s. f.* small and poor house; kennel

casoto *s. m.* ⇒ **casota**

caspa *s. f.* dandruff, scurf

caspacho *s. m.* panada, dish made of bread crumbs, boiled and flavoured
caspento *adj.* dandruffy
cáspite! *interj.* indeed!, really!, my goodness!
casposo *adj.* dandruffy, scurfy; affected with scurf
casqueira *s. f.* board irregular in shape and thickness
casqueiro *s. m.* place where wood is barked and lined up for sawing; place where fishing-nets are dyed; soldiers' brown bread
casquejar *v. intr.* to heal up; to form a new hoof
casquento *adj.* thick-shelled, thick-skinned, having a thick skin (or shell); hoofed; horny
casqueta *s. m.* cap, hat
casquete *s. m.* any old hat
casquibrando *adj.* with soft hoofs; [E.U.A.] with soft hooves
casquilha *s. f.* a piece of bark (skin, peel or shell), chip from the bark
casquilhada *s. f.* a group of dandies
casquilhar *v. intr.* to dress like a dandy; to play the fop; to act like a fop (or dude)
casquilharia *s. f.* dandyism, foppery; exaggerated elegance; coxcombry
casquilheira *s. f.* foppish woman
casquilho *s. m.* beau, dandy, fop; bush, liner; MECÂNICA, METALURGIA sleeve, thimble; ***casquilho de bucim*** gland bush, neck bush
casquimole *adj.* ⇒ **casquibrando**
casquinada *s. f.* burst of ironic laughter
casquinar *v. intr.* to laugh loudly; to laugh ironically
casquinha *s. f.* plated metal; thin rind; deal, wood of Scotch pine; silver-plated brass
casquinheiro *s. m.* metal plater
cassa *s. f.* muslin
cassação *s. f.* cassation, annulment
cassar *v. tr.* to annul, to cancel
casse *s. m.* piece of wood of the chart; name of a pest of the vineyard
cassear *v. tr.* to change course (ship); to drag the anchor; to drift
cassete *s. f.* cassette, tape
cássia *s. f.* BOTÂNICA cassia, plants yielding senna leaves
cassiafístula *s. f.* BOTÂNICA cassia, plants yielding senna leaves
cassidários *s. m. pl.* cassida
Cassídidas *s. m. pl.* ⇒ **Cassidídeos**
Cassidídeos *s. m. pl.* ZOOLOGIA *Cassididae*
cassidónia *s. f.* a variety of precious stone
cassina *s. f.* BOTÂNICA kind of holly
cassineta *s. f.* fine woolen cloth
cassino *s. m.* cassino (a card game for four players)
Cassiopeia *s. f.* ASTRONOMIA Cassiopeia
cassiterite *s. f.* MINERALOGIA cassiterite, tinstone, the chief ore of tin
casso *adj.* cancelled, null, void
cassoa *s. f.* BOTÂNICA yellow-flowered alfalfa
cassoiro *s. m.* ⇒ **cassouro**
cassouro *s. m.* NÁUTICA trucks of the shrouds
casta *s. f.* castle, lineage, race; sort; ***da mesma casta*** of the same stock (or race), of the same sort; ***de boa casta*** of good stock; ***sair à casta*** to take after one's father
castamente *adv.* chastely, honestly
castâneo *adj.* chestnut-like
castanha *s. f.* chestnut; NÁUTICA snatch block; hanging clamp
castanha-do-maranhão *s. f.* cashew apple (cashew-net)
castanhal *s. m.* grove of chestnut-trees
castanhedo *s. m.* ⇒ **castanhal**
castanheira *s. f.* woman who sells roasted chestnuts; BOTÂNICA wild chestnut-tree
castanheiro *s. m.* chestnut-tree
castanheiro-da-índia *s. f.* common horse chestnut
castanheiro-do-maranhão *s. m.* the Guiana chestnut
castanheta *s. f.* [Bras.] sergeant major (fish); *pl.* snappers, castanets
castanho Ⓐ *adj.* brown, nut-brown, maroon; of a chestnut colour Ⓑ *s. m.* chestnut-tree wood; chestnut-tree; ***um cavalo castanho*** a brown horse; ***castanho-escuro*** dark-brown; ***castanho-amarelado*** fawn, luteous; ***castanho-avermelhado*** puce
castanholas *s. f. pl.* castanets
castanhoso *adj.* abounding in chestnuts (or chestnut trees)
castão *s. m.* knob, handle; ***castão de marfim*** ivory handle
castelã *s. f.* chatelaine (lady of a castle)
castelania *s. f.* castellanship (jurisdiction of a castellan)
castelão *s. m.* castellan (lord of a castle)
casteleiro Ⓐ *adj.* castellar; of (pertaining to or referring to) a castle (or its castellan) Ⓑ *s. m.* lord of a castle, castellan
castelejo *s. m.* the uppermost part of a castle
castelhanismo *s. m.* Castilianism (idiomatic expression typical of the Castilian)
castelhano *s. m., adj.* Castilian
castelo *s. m.* castle, citadel, fortress; rook, castle (in chess); heap of things; NÁUTICA the upper part of the deck; ***fazer castelos no ar*** to build castles in the air; NÁUTICA ***castelo corrido*** partial awning deck; ***castelo de popa*** quarterdeck; ***castelo de proa*** forecastle, fo'c'sle; ***castelo de proa alterosa*** topgallant forecastle; ***os seus planos ruíram como um castelo de cartas*** his plans collapsed like a house of cards
castelório *s. m.* little castle
castiçal *s. m.* candlestick
castiçar *v. tr.* to make pure, to purify; to mate, to copulate, to cover (animals for breeding purposes)
casticidade *s. f.* ⇒ **casticismo**
casticismo *s. m.* pureness, immaculateness; vernacularness
castiço *adj.* pure, genuine, of good birth; of good breed; correct language, vernacular; ***cavalo castiço*** stallion
castidade *s. f.* chastity, purity, virtue, continence; ***castidade conjugal*** conjugal fidelity
castificação *s. f.* purification
castificar *v. tr.* to make pure, to purify; to make chaste (or virtuous)
castigação *s. f.* ⇒ **castigo**
castigador *s. m.* punisher, chastiser
castigar *v. tr.* to punish, to chastise; to beat, to correct; to reprimand, to censure; ***tenho sido dolorosamente castigado pela minha leviandade*** I have been sadly punished for my rashness; ***castigar uma criança por desobediência*** to punish a child for disobedience; ***castiga-o severamente!*** [coloq.] give it to him hot!; ***castiga-o, chega-lhe!*** [coloq.] let him have it!; ***estar pronto para castigar quando chega a ocasião*** to have a rod in pickle for somebody; ***castigar severamente*** to strafe; ***Deus me castigue!*** strike me dead!
castigável *adj.* punishable, chastisable
castigo *s. m.* punishment, chastisement, correction; penalty; reprimand; ***sem castigo*** with impunity; ***aceitar um castigo com submissão*** to kiss the rod
castina *s. f.* METALURGIA flux (a substance added to a solid to increase its fusibility)
castinçal *s. m.* a grove of wild chestnut-trees
castinceira *s. f.* ⇒ **castinceiro**
castinceiro *s. m.* wild chestnut-tree
casto *adj.* chaste, pure, undefiled, clean, continent; uncorrupt, unaffected, simple, neat; refined
castor *s. m.* ZOOLOGIA castor, beaver
castorenho Ⓐ *adj.* made of beaver fur Ⓑ *s. m.* large hat used by bullfighting picadores
castóreo *s. m.* FARMACOLOGIA castoreum, castor (a reddish-brown substance, having a strong smell and nauseous bitter taste, obtained from two sacks in the inguinal region of the beaver)

Castóridas *s. m. pl.* ⇒ **Castorídeos**
Castorídeos *s. m. pl. Castoridae*, the family of rodents represented by the beaver
castorina *s. f.* QUÍMICA castorin; a soft brilliant woollen fabric
castração *s. f.* castration, gelding; emasculation
castrado Ⓐ *adj.* castrated, emasculate, emasculated, gelded, spayed; expurgated, censored Ⓑ *s. m.* castrato
castrador *s. m.* castrator, gelder
castramentação *s. f.* castramentation, the art or science of laying out a camp
castramentar *v. tr. e intr.* to encamp; to lay out a camp
castramento *s. m.* ⇒ **castração**
castrar *v. tr.* to castrate, to geld; to emasculate
castrejo *adj.* belonging or referring to a Roman or pre-Roman castle
castrense *adj.* castral
castro *s. m.* old castle (of Roman or pre-Roman origin)
casual *adj.* casual, accidental, fortuitous, contingent, occasional, incidental; ***uma alusão casual*** a casual allusion
casualidade *s. f.* casualty, casualness, chance; contingency; eventuality; ***por casualidade*** by chance, accidentally
casualismo *s. m.* casualism
casualista *s. m. e f., adj.* casualist
casualmente *adv.* casually, fortuitously, by chance, accidentally
casuar *s. m.* ORNITOLOGIA cassowary (bird like an ostrich)
Casuáridas *s. m. pl.* ⇒ **Casuarídeos**
Casuarídeos *s. m. pl. Casuaridae* (family of birds like the ostrich)
casuarina *s. f.* casuarina (any beefwood or Australian pine)
Casuarináceas *s. f. pl.* casuarins
casuísta *s. m.* casuist
casuística *s. f.* casuistry
casuístico *adj.* casuistic(al)
casula *s. f.* RELIGIÃO chasuble; cell, pore; pod of beans or peas
casulo *s. m.* ENTOMOLOGIA cocoon; BOTÂNICA seed capsule; husk
casuloso *adj.* capsulated; shaped like a capsule; cocoon-shaped; full of seed capsules
cata *s. f.* search, quest; ***andar à cata de*** to search, to ferret out
catabaptismo *s. m.* catabaptism
catabaptista Ⓐ *s. m. e f.* RELIGIÃO catabaptist, person who opposes baptism Ⓑ *adj.* catabaptistical
catabático *adj.* catabatic
catabolismo *s. m.* BIOLOGIA, MEDICINA catabolism; katabolism, destructive metabolism
catacáustica *s. f.* ÓPTICA catacaustic, catacaustic curve
catacego *adj.* [pop.] weak-sighted, near-sighted
cataclismo *s. m.* cataclysm
catacrese *s. f.* RETÓRICA catachresis
catacumba *s. f.* catacomb
catacústica *s. f.* FÍSICA catacoustics (that part of acoustics which deals with reflected sounds)
catadióptrica *s. f.* FÍSICA catadioptrics (that part of optics which deals with reflected light)
catadióptrico *adj.* FÍSICA catadioptric
catadupa *s. f.* catadupe, cataract, waterfall
catadupejar *v. intr.* to fall like a waterfall
catadura *s. f.* countenance; look, aspect, temper, disposition; humour, frame of mind; ***estar de má catadura*** to look sulky, to be in bad humour
catafalco *s. m.* catafalque
catafasia *s. f.* psychological derangement of a pacient characterized by the repetition of an answer
catafonia *s. f.* cataphonics
catafónica *s. f.* ⇒ **catacústica**
cataforese *s. f.* cataphoresis
catafracta *s. f.* HISTÓRIA cataphract (armour for the whole body)
catafractário *adj.* cataphracted
cataglóssio *s. m.* tongue depressor
cataglosso *s. m.* tongue depressor
catalão *s. m., adj.* Catalan
catálase *s. f.* catalase
cataléctico *adj.* [poét.] catalectic; ***verso cataléctico*** catalectic verse
catalecto *s. m.* catalecta (anthology of classic literature)
catalepsia *s. f.* MEDICINA catalepsy
cataléptico *adj.* cataleptic
catalisador *s. m.* FÍSICA, QUÍMICA catalyser, catalyst, catalytic agent; [fig.] organizer, promoter
catalisar *v. tr.* QUÍMICA to catalize (to accelerate a reaction); to activate; to promote
catálise *s. f.* FÍSICA, QUÍMICA catalysis
catalítico *adj.* FÍSICA, QUÍMICA catalytic
catalogação *s. f.* cataloguing
catalogador *s. m.* cataloguer, cataloguist, catalogist
catalogal *adj.* referring to a catalogue
catalogar *v. tr.* to catalogue, to make a catalogue of; ***catalogar livros*** to catalogue books
catálogo *s. m.* catalogue, list, register; ***catálogo de livros (de quadros)*** catalogue of books (pictures); ***catálogo com os preços*** priced catalogue, price-list
catalografia *s. f.* the art and method of organizing a catalogue
catalográfico *adj.* referring to catalogue or cataloguing
catamenial *adj.* catamenial
cataménio *s. m.* MEDICINA catamenia, menses
catamento *s. m.* ⇒ **cata**
catana *s. f.* cutlass
catanada *s. f.* stroke with a cutlass, slash; reprimand, severe rebuke
catão *s. m.* austere, rigid or virtuous man
catapereiro *s. m.* wild pear-tree
cataplasma *s. m.* FARMACOLOGIA cataplasm, poultice, plaster; [fig.] a weak person
cataplasmado *adj.* covered with a cataplasm, poulticed; [fig.] weak, sickly
cataplasmar *v. tr.* to poultice, to cover with a cataplasm; to plaster
catapléctico *adj.* cataplectic
cataplexia *s. f.* cataplexy, cataplexis; sudden loss of the senses
catapora *s. f.* [Bras.] ⇒ **varicela**
catapreiro *s. m.* ⇒ **papa-formigas**
cataptose *s. f.* MEDICINA cataptosis
catapúcia *s. f.* BOTÂNICA catapuce, caper-spurge
catapulta *s. f.* catapult
catapultar *v. tr.* to catapult, to discharge a catapult
catar Ⓐ *v. tr.* to search, to seek after, to examine; to clear of lice Ⓑ *v. refl.* to clean oneself from vermin (or parasites)
catarata *s. f.* cataract, waterfall; MEDICINA cataract (disease of the eye, producing partial blindness); ***operar uma catarata*** to couch a patient's cataract
catária *s. f.* catmint, [E. U. A.] cat-nip
catarina *s. f.* balance-wheel (of a clock); kind of wine; catherine wheel
catarral *adj.* catarrhal, catarrhous
catarrão *s. m.* a strong catarrh; violent cold
catarrear *v. intr.* to cough, to clear the throat
catarréctico *adj.* catheretic, dissolving, corrosive
catarreira *s. f.* [fam.] catarrh, cold, head-cold, running of the nose
catarrento *adj.* catarrhous
catarríneos *s. m. pl.* ZOOLOGIA catarrhine, catarhine
catarrinos *s. m. pl.* ⇒ **catarrídeos**

catarro *s. m.* MEDICINA catarrh, cold, chill; ***catarro nasal*** nasal catarrh
catarroso *adj.* catarrhous
catarse *s. f.* catharsis
catarsia *s. f.* ⇒ **catarse**
catártico *s. m., adj.* FARMACOLOGIA cathartic, purgative, laxative
catassol *s. m.* shade, tint, nuance; a fine brilliant woollen fabric
catasta *s. f.* catasta (a block on which slaves stood for sale)
catástrofe *s. f.* catastrophe, disaster, misfortune, mishap, calamity
catastrófico *adj.* catastrophic
catastrofismo *s. m.* GEOLOGIA catastrophism
catatermómetro *s. m.* catathermometer (instrument used for determining the degree of cold of a body or space)
catatonia *s. f.* PSICOLOGIA catatonia
catatónico *adj.* PSICOLOGIA catatonic
catatraz! *interj.* bang!, crash!, crack!
catatua *s. f.* cockatoo
catau *s. m.* NÁUTICA sheepshank
cata-vento *s. m.* weathercock; vane; fickle person; ***ele é um cata-vento*** he is a weathercock; NÁUTICA ***cata-vento da ponte*** log-vane
catear *v. intr.* to mine, to dig for ore (or metal), to pan for gold
catechu *s. m.* catechu; rubber; caoutchouc; India-rubber
catechueira *s. f.* Indian tree of the genus Mimosa
catechueiro *s. m.* ⇒ **catechueira**
catecismo *s. m.* catechism
catecumenato *s. m.* catechumenate
catecúmeno *s. m.* catechumen
cátedra *s. f.* cathedra, chair of bishop (or professor)
catedral *s. f.* cathedral
catedralesco *adj.* cathedralic; pompous, majestic
catedrático *s. m., adj.* professor (in a university); cathedratic, professional
catedratizar *v. tr.* to make professor
categorema *s. m.* categorem
categoria *s. f.* category, class, order, kind; rank; rate; ***categoria de construções*** building class; ***de alta categoria*** highly placed, first rate; ***terceira categoria*** third-rate
categorial *adj.* categorial
categoricamente *adv.* categorically, clearly, positively, unconditionally, absolutely, peremptorically; ***recusou-o categoricamente*** he refused it point-blank
categórico *adj.* categorical, positive, unconditional, point-blank, absolute, downright, plain, explicit, direct; plain-speaking
categorização *s. f.* act of categorizing
categorizado *adj.* of good category (or rank); authoritative
categorizador *s. m.* a person that categorizes
categorizar *v. intr.* to categorize
categute *s. m.* catgut
catena *s. f.* catena
catenação *s. f.* concatenation
catenária *s. f.* MATEMÁTICA catenary, catenary curve
catenífero *adj.* catenulate (having a chainlike form)
cateniforme *adj.* cateniform, chainlike
catenóide *s. f., adj.* GEOMETRIA catenoid
caténula *s. f.* small chain
catequese *s. f.* catechesis
catequético *adj.* catechetical
catequista *s. m. e f.* catechist, catechizer
catequização *s. f.* catechization, act of catechizing; indoctrination
catequizador Ⓐ *s. m.* catechizer, catechist Ⓑ *adj.* catechistic(al), catechizing
catequizante Ⓐ *s. m. e f.* catechizing, catechist Ⓑ *adj.* catechizing, indoctrinating, convincing
catequizar *v. tr.* to catechize; to instruct; to convince; to initiate
catérese *s. f.* natural hemorrhage; depauperation
caterva *s. f.* crowd; multitude; gang; ***uma caterva de garotos*** a gang of urchins
catete *s. m.* small hen of even plumage; a variety of Indian corn
cateter *s. m.* MEDICINA catheter, probe
cateterismo *s. m.* catheterism
cateto *s. m.* GEOMETRIA cathetus; ARQUITECTURA axis
catetómetro *s. m.* FÍSICA cathetometer
catião *s. m.* cation
catilinária *s. f.* bitter satire, violent critic; Catilinarian
catimbau *s. m.* conjuration of evil spirits; a small old pipe; a ridiculous man
catinga Ⓐ *s. f.* rank smell of Negroes; nasty smell of perspiration; a forest of dwarfed knotty trees; a plant of the *Bignoniaceae* family Ⓑ *s. m.* avaricious man; miser
catingar *v. intr.* to give off a rank smell; to stink; to be stingy
catingoso *adj.* rank; strong-smelling; strong scented
catingueiro Ⓐ *adj.* ⇒ **catingoso** Ⓑ *s. m.* [Bras.] croton; vegetation typical of the northeastern dry areas; a brocket
catita Ⓐ *adj.* dandy; elegant, fine, neat and smart Ⓑ *s. m.* dandy; NÁUTICA jigger, lug-miz(z)en, miz(z)en, ring-tail
catitar *v. intr.* to be elegant
catitismo *s. m.* elegance; smartness; dandyism
cativação *s. f.* captivation
cativante *adj.* captivating, charming, fascinating, enchanting; winning; attractive; reductive
cativar *v. tr.* to captivate, to charm, to fascinate; to bewitch, to win, to catch, to capture, to enslave; ***ele estava muito cativado com as maneiras dela*** he was much taken by her manners
cativeiro *s. m.* captivity, imprisonment; bond; bondage; slavery; subjection; ***livrar do cativeiro,*** to enfranchise; ***o cativeiro do vício*** the fetters of vice
cativo Ⓐ *adj.* captive; slave; ***balão cativo*** captive balloon, kite balloon Ⓑ *s. m.* captive, prisoner
cato *s. m.* FARMACOLOGIA catechu, Japanese earth
catódico *adj.* FÍSICA cathodic(al), related to a cathode, or referring to cathode rays
catódio *s. m.* ELECTRICIDADE cathode
catodioluminescência *s. f.* ⇒ **catodoluminescência**
cátodo *s. m.* ELECTRICIDADE, FÍSICA cathode
catodoluminescência *s. f.* cathodoluminescence
catolicamente *adv.* catholically
catolicão *s. m.* a very devout man; a universal home medicine
catolicidade *s. f.* catholicity
catolicismo *s. m.* Catholicism
catolicizar *v. tr.* to catholicize
católico *s. m., adj.* Catholic; ***católico romano*** Roman Catholic
catolização *s. f.* catholization, act of catholicizing
catolizar *v. tr.* to catholicize
catoniano *adj.* Catonian
catonismo *s. m.* Catonism, Catoism; [fig.] austerity, severity
catóptrica *s. f.* FÍSICA catoptrics (the study of the reflection of light in mirrors)
catóptrico *adj.* FÍSICA catoptric(al)
catoptrofobia *s. f.* catoptrophobia
catoptromancia *s. f.* catoptromancy
catoptromante *s. m. e f.* catoptromancer
catorze *num. card.* fourteen; ***o dia catorze*** the fourteenth
catorzeno *adj.* the fourteenth
catrabucha *s. f.* fine wire brush, polishing brush
catracegar *v. intr.* to become weak-sighted or near-sighted
catracego *adj.* [pop.] ⇒ **catacego**
catraeiro *s. m.* boatman

catrafilar *v. tr.* to grasp, to seize; to arrest; to imprison
catraia *s. f.* a small one-man boat; sculler; [reg.] little girl
catraiar *v. intr.* to row a small boat, to scull
catraieiro *s. m.* boatman, rower of a sculler
catraio *s. m.* little boat; [reg.] small boy
catrâmbias Ⓐ *s. f. pl.* somersault; ***de catrâmbias*** ill-humoured Ⓑ *interj.* nuts!, nonsense!
catrapiscar *v. tr. e intr.* [pop.] to flirt (winking); [reg.] to understand
catrapós Ⓐ *s. m.* galloper, a fast running horse Ⓑ *interj.* bang!, crash!, crack!
catrapus *interj.* ⇒ **catrapós**
catre *s. m.* truckle-bed; folding-bed; little bed
catual *s. m.* [Ind.] district commander, governor
catualia *s. f.* [Ind.] governorship
caturra *s. m. e f.* an obstinate narrow-minded person
caturrada *s. f.* NÁUTICA the waving or balancing of a ship going slowly on the waves
caturrar Ⓐ *v. tr.* to be obstinate, to persist in; NÁUTICA to bruise water Ⓑ *v. intr.* NÁUTICA to send
caturreira *s. f.* ⇒ **cotovia, caturrice**
caturrice *s. f.* obstinacy, stubbornness; pigheadedness
cauã *s. m.* the snake-eating laughing hawk; bird of prey belonging to the *Falconidae* family
caução *s. f.* guarantee; surety; bond; caution; bail; ***sob caução*** on bail; ***prestar caução*** to stand bail (or security)
caucasiano *adj., s. m.* Caucasian, native of, or referred to the Caucasus
caucásico *adj.* Caucasian, referred to the Caucasus
cauchal *s. m.* a grove (or plantation) of gum-trees
caucheiro *s. m.* a gatherer of wild rubber; owner of a gum-tree plantation
caucho *s. m.* BOTÂNICA gum-tree, rubber-tree; gum-elastic; India-rubber, rubber
cauchu *s. m.* India-rubber; rubber-tree; rubber
cauchutar *v. tr.* to cover with rubber
caucionante Ⓐ *s. m. e f.* bailer Ⓑ *adj.* serving as bond
caucionar *v. tr.* to bail, to guarantee, to give (to stand) bail or security, to give as bond
caucionário Ⓐ *adj.* bonding, serving as bond Ⓑ *s. m.* guarantor, warrantor; bondsman
cauda *s. f.* tail (of animals); train (of dresses); rear (of an army); tag, tail (of a comet); end, extremity; ***cauda cortada*** docked tail, bobtail; ***cauda do avião*** tail of the airplane; ***cauda de leque*** fan tail; ***enrolar a cauda*** to sneak away with the tail between the legs; ***piano de cauda*** grand piano
caudal Ⓐ *adj.* ANATOMIA, ZOOLOGIA caudal, of (belonging to, or of the nature of) a tail; abundant, torrential Ⓑ *s. m.* torrent, waterfall; ***caudal de um rio*** discharge (flow, volume) of a river
caudalosidade *s. f.* copiousness; verbosity
caudaloso *adj.* torrential; flowing; carrying much water; [fig.] abundant, copious; ***rio caudaloso*** mighty river
caudatário *s. m.* train-bearer (to ecclesiastic dignitaries); servile or meanly submissive person; a cajoler or adulator
caudato *adj.* caudate, having a tail
caudel *s. m.* ⇒ **coudel**
caudelaria *s. f.* ⇒ **coudelaria**
cáudice *s. m.* caudex
caudículo *s. m.* BOTÂNICA caudicle
caudífero *adj.* ZOOLOGIA caudate(d), having a tail
caudilhamento *s. m.* act of leading (commanding); leadership of a military (or political) boss
caudilhar *v. tr.* to command, to lead
caudilheiro *adj.* referring to a commander (or military leader)
caudilhismo *s. m.* regime (or procedure) of a *caudilho*
caudilho *s. m.* leader; chief, commander, captain
caudímano *adj.* ZOOLOGIA having a prehensile tail
caule *s. m.* BOTÂNICA stalk, stem (of plants)
cauleoso *adj.* BOTÂNICA having a stem (or stalk)
caulescência *s. f.* BOTÂNICA caulescence, caulescency; quality of being caulescent
caulescente *adj.* BOTÂNICA caulescent
caulícola *adj.* caulicolous; (a semiparasitic plant) that lives on the stems of other plants
caulículo *s. m.* BOTÂNICA caulicle (a short stem)
caulífero *adj.* BOTÂNICA cauliferous
caulificação *s. f.* BOTÂNICA formation of a stem or stalk
caulificar *v. intr.* BOTÂNICA to form a stem (or stalk)
caulifloro *adj.* BOTÂNICA cauliflorous
cauliforme *adj.* cauliform
caulim *s. m.* kaolin, china clay
caulinar *adj.* referring to a stalk (or stem)
caulinite *s. f.* MINERALOGIA kaolinite
caulinização *s. f.* kaolinization
caulinizar *v. tr.* to kaolinize
caulino Ⓐ *s. m.* kaolin, porcelain clay Ⓑ *adj.* cauline; BOTÂNICA referring to a stalk (or stem)
caulocárpico *adj.* BOTÂNICA caulocarpic, caulocarpous
caulocarpo *s. m.* BOTÂNICA caulocarp
caúna *s. f.* [Bras.] common name of several plants of the genus *Ilex*; a holly
caurim *s. m.* cowry shell; swindle, trick
caurinar *v. tr.* to deceive, to dupe; to swindle; to play a trick
caurineiro *s. m.* swindler; sponger; rotter, scoundrel
causa *s. f.* cause, reason, motive, ground, consideration, account, inducement, incentive, incitement; purpose; object, aim, end; action, trial, case, cause, lawsuit; source, origin; spring; ***falar com conhecimento de causa*** to speak with due knowledge; ***fazer causa comum com*** to make common cause with, to side with; ***por causa de quê?*** why?; ***por causa de*** because of, on account of, for the sake of; ***a infecção é a causa de muitas doenças*** infection is the cause of many diseases; ***causa pendente*** pending lawsuit; ***causas dos acidentes*** causes of accidents; ***advogar uma causa*** to plead a cause; ***advogado sem causas*** briefless barrister; ***fê-lo por vossa causa*** he did it on your account; ***causa concorrente*** concurrent fact; ***causa final*** final cause; ***causa motora*** major cause, fundamental cause; ***dar causa a*** to give cause for; ***por causa disso*** on that account, thereupon; ***ser fiel à causa*** to stick to one's colours; ***uma causa perdida*** a lost cause; ***uma causa pública*** a public affair; ***não se deve ser juiz em causa própria*** no man should be a judge of his own cause
causador *s. m.* causer; doer; ***ele foi o causador de tão grande desgraça*** he was the cause of this great misfortune
causal Ⓐ *adj.* causal; GRAMÁTICA ***conjunção causal*** causative conjunction Ⓑ *s. m.* reason, motive; origin
causalidade *s. f.* causality
causalizar *v. tr.* to become the cause of; to occasion
causante *adj.* causing, motivating
causar *v. tr.* to cause, to occasion, to originate, to give rise to, to lead to, to bring about, to effect; to produce, to create, to originate, to bring into existence; ***causar alegria*** to give joy; ***causar enfado*** to annoy, to weary; ***causar dissabores*** to cause troubles; ***causar atraso*** to cause delay; ***causar despesas inúteis*** to occasion useless expense; ***causar escândalo*** to give offence to; ***causar piedade*** to move to pity; ***causar prejuízos*** to be prejudicial; ***causar uma grave perda*** to cause a heavy loss; ***causar suspeitas*** to give rise to suspicions, to cause suspicion; ***causar má impressão*** to make a bad impression; ***causar medo*** to frighten; ***causar aversão a*** to be repulsive to; ***causar dano*** to do harm; ***causar desgraça*** to disgrace; ***causar dificuldades*** to stir up difficulties; ***causar irritação*** to irritate; ***causar mágoa*** to grieve; ***causar ressentimentos*** to cause resentment, to rankle

causativo *adj.* causative
causídico *s. m.* barrister, lawyer
cáustica *s. f.* FÍSICA caustic curve
causticação *s. f.* cauterization; [fig.] trouble, annoyance
causticante *adj.* caustic, biting; teasing, wearisome, tiring
causticar *v. tr.* to cauterize; to apply cauteries; to tease, to weary, to importune, to harass, to annoy
causticidade *s. f.* causticity, acridity
cáustico Ⓐ *adj.* caustic, biting, satirical, stinging Ⓑ *s. m.* caustic; blister-plaster; tiresome fellow
caustobiólito *s. m.* GEOLOGIA stone-coal
cautamente *adv.* warily, cautiously; with care
cautela *s. f.* caution, carefulness, care, prudence; precaution; foresight; weariness; part-share (of a lottery ticket); ***cautela (documento)*** warrant; ***cautela de penhores*** pawn-ticket; ***cautela excessiva*** overcaution; ***à cautela*** cautiously, as a precaution; ***com cautela*** cautiously; ***ter cautela em*** to take heed to; ***cautela acima de tudo!*** safety first!
cauteleiro *s. m.* lottery-ticket seller
cautelosamente *adv.* cautiously, carefully
cauteloso *adj.* cautious, wary, prudent, discreet, careful
cautério *s. m.* cautery; ***cautério eléctrico*** electric cautery
cauterização *s. f.* cauterization, cauterizing
cauterizado *adj.* cauterized; calloused, hardened
cauterizador *s. m., adj.* cauterant
cauterizante *adj.* cauterizing
cauterizar *v. tr.* to cauterize, to burn, to sear
cauto *adj.* cautious, prudent, wary, careful
cava *s. f.* digging; ***cava (da vinha)*** digging and earthing up of vines; NÁUTICA ***cava (do leme)*** gulleting, score (of the rudder); ***cava de vaga*** trough of the sea; ***cava da manga*** arm-hole, arm-pit
cavaca *s. f.* light crisp kind of cake; chip, piece of wood
cavacão *s. m.* vexation
cavação *s. f.* act (or effect) of digging
cavacar *v. tr.* to chip
cavacaria *s. f.* lots of chips; chat, gossip
cavaco *s. m.* chip; chat; ***cavaco ameno*** cosy chat; ***dar cavaco*** to be huffed, to take offence; ***dar o cavaco por*** to be fond of, to give anything for; ***não dar cavaco*** to say nothing; [fam.] ***estar ao cavaco*** to be chatting, to chat; ***dar dois dedos de cavaco*** to chat a little
cavada *s. f.* act of digging; digging
cavadela *s. f.* digging; stroke with a shovel (or a hoe)
cavadiço *adj.* what is (or may be) digged out from the earth
cavado *adj.* dug out; hollowed; ***mar cavado*** hollow sea
cavador *s. m.* digger, hoer; ploughman
cavadora *s. f.* ploughing-machine
cavadura *s. f.* ⇒ **cavadela**
cá-vai *s. m.* ⇒ **noitibó**
cavala *s. f.* ICTIOLOGIA mackerel
cavalada *s. f.* foolish thing, sheer folly, blunder
cavalagem *s. f.* covering mares for breeding purposes; stud fee; trotting gait of a horse
cavalão *s. m.* big horse; naughty boy
cavalar Ⓐ *adj.* equine Ⓑ *v. tr.* to cavort, to curvet
cavalaria *s. f.* cavalry, horsemanship, chivalry; ***cavalaria ligeira*** light horse; ***cavalaria pesada*** heavy cavalry; ***soldado de cavalaria*** trooper, horse-soldier; ***meter-se em altas cavalarias*** to bite off more than one can chew
cavalariça *s. f.* horse-stable, stable; coach house; mews
cavalariço *s. m.* horse-boy; stable boy
cavaleira *s. f.* horsewoman, equestrienne
cavaleirado *s. m.* knighthood
cavaleirar *v. tr. e intr.* to ride
cavaleirato *s. m.* ⇒ **cavaleirado**
cavaleiro *s. m.* horseman, rider; equestrian; cavalier; nobleman, gentleman; knight (of an Order); ***cavaleiro andante*** knight-errant
cavaleirosamente *adv.* nobly, bravely, chivalrously, gallantly, gentlemanly
cavaleiroso *adj.* noble, gallant; chivalrous, knightly; [fig.] generous
cavalete *s. m.* easel; trestle; TIPOGRAFIA rack; letterboard; NÁUTICA feather, anvil; ***nariz de cavalete*** crooked-nose; ***cavalete de serrador*** sawstool; ***cavalete de tiro*** machine-rest, practice mounting
cavalgada *s. f.* cavalcade, riding-party
cavalgadura *s. f.* beast; mount, steed; [fig.] stupid (or ill-bred) fellow
cavalgamento *s. m.* enjambment
cavalgante Ⓐ *adj.* riding Ⓑ *s. m. e f.* horseman, horsewoman
cavalgar *v. tr. e intr.* to ride; to bestride; to jockey; to spring (or to leap over)
cavalgata *s. f.* ⇒ **cavalgada**
cavalhada *s. f.* a herd of horses; *pl.* a joust
cavalhariça *s. f.* ⇒ **cavalariça**
cavalheiresco *adj.* chivalrous, chivalric, gentlemanly; gallant, noble; gentlemanlike
cavalheirismo *s. m.* gentlemanliness, gentlemanship; chivalry; chivalrousness; gallantry
cavalheiro Ⓐ *s. m.* gentleman; nobleman Ⓑ *adj.* distinguished, noble, gentlemanly; ***cavalheiro de indústria*** sharper, swindler
cavalheiroso *adj.* chivalrous; gallant, gentlemanly, noble
cavalicoque *s. m.* small and worthless horse
cavalidade *s. f.* [fig.] brutality, stupidity
cavalinha *s. f.* BOTÂNICA field equisetum; common horsetail; small mackerel
cavalinho *s. m.* small horse, pony; [fam.] pound sterling; ***cavalinho de pau*** hobby-horse, cock-horse, rocking-horse
cavalitas *s. f. pl.* ***às cavalitas*** pick-a-back; ***ir às cavalitas*** to ride pick-a-back; ***levar às cavalitas*** to give a pick-a-back to
cavalo *s. m.* horse; knight (in chess); ***cavalo alazão*** sorrel; ***cavalo de batalha*** war horse; ***cavalo baixeiro*** easy-riding horse; ***cavalo com ferro*** branded horse; ***cavalo garanhão*** stallion; ***cavalo de puro sangue*** thorough-bred horse; ***cavalo de tiro*** draught-horse; ***cavalo de sela*** saddle-horse; ***cavalo de raça*** blood-horse; ***cavalo de corrida*** racehorse; ***corridas de cavalos*** horse-races; ***cavalo de carga*** pack-horse; ***cavalo castanho*** chestnut horse; ***cavalo ruço*** dapple-grey horse; ***cavalo sobresselente*** spare horse; ***cavalo de caça*** hunter; ***cavalo espantadiço*** skittish horse; ***cavalo rijo de boca*** hard-mouthed horse; ***cavalo fogoso*** fiery horse; ***tratador de cavalos*** horse-master; ***treinador de cavalos*** horse trainer; ***cavalo rebelão*** untamed horse; ***cavalo de montaria*** mount; ***cavalo dianteiro*** forehold, leader; ***cavalo empinador*** prancer; ***cavalo trotador*** trotter; ***cavalo velho*** hack, jade; ***cavalo velho e inferior*** nag; ***cavalo veloz*** courser, pelter; ***negociante de cavalos*** horse-dealer; ***feira de cavalos*** horse-fair; ***arreios do cavalo*** harness, trappings; ***beberagem para cavalos*** horse-draught; ***picar o cavalo*** to spur the horse; ***montar um cavalo*** to mount a horse; ***andar a cavalo*** to ride on horseback; ***estar a cavalo*** to be on horseback; ***a cavalo dado não se olha o dente*** don't look a gift horse in the mouth; ***cavalo de balouço*** rocking-horse; ***cavalo desbocado, cavalo desenfreado*** runaway horse; ***cavalo de arção (para exercícios de ginástica)*** vaulting-horse; ***cavalo que anda depressa*** spanking horse; NÁUTICA ***a cavalo no vento*** by the wind, on the wind; ***estar a cavalo no vento*** to jam; [coloq.] ***tira o cavalo da chuva!*** drop the idea!; ***cavalo de Tróia*** Trojan horse
cavalo-de-batalha *s. m.* favourite topic; difficulty; ***fazer cavalos-de-batalha*** to insist upon an argument; ***isto é o seu cavalo-de-batalha*** this is his hobby-horse, he harps on this subject
cavalo-de-pau *s. m.* hobby-horse, rocking-horse
cavalo-marinho *s. m.* ZOOLOGIA hippopotamus; sea-horse; whip, flog, lash

cavalo-rinchão *s. m.* woodpecker
cavalório *s. m.* big but inferior horse
cavalo-vapor *s. m.* MECÂNICA horse-power, unit of power
cavanejo *s. m.* a deep wicker basket
cavanhaque *s. m.* goatee, goatee beard
cavão *s. m.* ⇒ **cavador**
cavaqueador *s. m.* talker, chatterer
cavaquear *v. intr.* to talk, to chat, to gossip
cavaqueio *s. m.* ⇒ **cavaco**
cavaqueira *s. f.* chat, long talk, prattle
cavaquinho *s. m.* little guitar; [fig.] ***dar o cavaquinho por*** to be very fond of
cavar *v. tr.* to dig, to excavate, to scoop, to hollow out, to grub; to investigate; to contribute to; ***pôr-se a cavar*** to run away; ***cavar fundo*** to dig deep; ***cavar batatas*** to dig potatoes; ***cavar a terra*** to dig the ground; ***cavar um fosso*** to dig a ditch
cava-terra *s. f.* ⇒ **toupeira**
cavatina *s. f.* MÚSICA cavatina
cave *s. f.* cave; basement; underground floor; wine-cellar
cávea *s. f.* cage; den; hovel
cavedal *s. m.* a gunsmith's prismatic tool
caveira *s. f.* skull; ***caveira de burro*** bad luck
caveiroso *adj.* skulled; hollow, gaunt, haggard
caverna *s. f.* den; cavern; underground hollow; NÁUTICA ribs (of a ship); MEDICINA ***caverna dos pulmões*** oedema of the lungs
cavernal *adj.* cavernal, cavernous
cavername *s. m.* frame, framework, ribs, transverse framing
cavernar *v. intr.* to utter a hollow sound
cavernícola *s. m. e f., adj.* living in caverns
cavernoso *adj.* cavernous; hollow; hollow-sounding
caveto *s. m.* cavetto
cávia *s. f.* cavy, Guinea-pig or capybara
caviar *s. m.* caviar, caviare; pressed and salted sturgeon-roe eaten as a relish
cavicórneo Ⓐ *adj.* having hollow horns (oxen, sheep, goats) Ⓑ *s. m.* cavicorn
cavidade *s. f.* cavity, hollow; ANATOMIA chamber, bursa; lacuna; ***cavidade entre duas ondas*** trough of the sea; ***cavidade abdominal*** abdominal cavity; ***cavidade bucal*** buccal cavity; ***cavidade cariada ou dentária*** tooth cavity; ANATOMIA ***cavidade coronóide*** coronoid fossa; ANATOMIA ***cavidade cotilóide*** cotyloid cavity; ANATOMIA ***cavidade linfática*** cistern; ***cavidade natural*** pan, depression; ANATOMIA ***cavidade ocular*** orbit; ***cavidade craniana*** cranial cavity; ***cavidade articular*** articular cavity
Cavíidas *s. m. pl.* ⇒ **Caviídeos**
Caviídeos *s. m. pl.* ZOOLOGIA *Caviidae*
cavilação *s. f.* cavil; sophism; trickery; cunning
cavilador *s. m.* caviller, sophist, deceiver
cavilar *v. intr.* to cavil, to quibble; to raise captious objections
cavilha *s. f.* bolt, peg, pin; ***cavilha de arganéu*** ring-bolts; ***cavilha de cabeça*** fender bolt; ***cavilha de chaveta*** key-bolt; ***cavilha farpada*** rag-bolt; ***cavilha de porca*** nut-bolt; ***cavilha roscada*** screw-bolt; ***cavilha de segurança*** safety stud; ***cavilha de pau*** tree-nail; ***cavilha cónica*** taper-pin
cavilhação *s. f.* act (or result) of fastening (or bolting)
cavilhador *s. m.* peg-(pin)maker
cavilhame *s. m.* bolting, fastening
cavilhar *v. tr.* to bolt, to fasten, to pin; ***cavilhado a cobre*** copper fastened
cavilosamente *adv.* captiously
caviloso *adj.* captious, deceitful
cavirrostro *adj.* cavirostrate, having a hollow beak
cavitação *s. f.* cavitation
cavitário *adj.* cavitary
cavites *s. m.* ⇒ **gaivina**
cavo *adj.* hollow, concave, void, cavernous
cavoucar *v. tr.* to dig into; to grub; to open trenches (ditches), to drill holes for blasting
cavouco *s. m.* trench, ditch
cavouqueiro *s. m.* ditch digger; quarryman; navvy
caxa *s. f.* [Índ.] a small coin
caxemira *s. f.* cashmere
caxeta *s. f.* the Ambay pumpwood
caxo *s. m.* ⇒ **caxa**
caxumbas *s. f. pl.* MEDICINA [Bras.] mumps, parotitis
CD ||*abrev. de* **compact disc**|| CD
CD-ROM ||*abrev. de* **compact disc read-only memory**|| CD-ROM
cear *v. tr. e intr.* to sup, to have one's supper
cearense Ⓐ *adj.* [Bras.] of (pertaining to or relative to) the state of Ceará Ⓑ *s. m. e f.* native (or inhabitant) of the state of Ceará
ceata *s. f.* a sumptuous supper, banquet
cebo *s. m.* food; cebus, monkey of the genus *Cebus*
cebola *s. f.* BOTÂNICA onion; [fig.] a weak or indolent person
cebolada *s. f.* sauce made with onions; a lot of onions
cebolal *s. m.* onion-bed
ceboleira *s. f.* woman that deals in onions; a kind of apple
cebolinha *s. f.* BOTÂNICA small onion; Welsh onion
cebolinho *s. m.* BOTÂNICA onion seed; young onion shoot
cebolo *s. m.* BOTÂNICA onion seed; young onion shoot
cebolório! *interj.* [pop.] goodness!
Ceca [elem. da expressão] ***correr Ceca e Meca*** to go from John O'Groats to Land's End, to go from pillar to post
cecal *adj.* ANATOMIA caecal
ceceadura *s. f.* lisping, lisp
cecear *v. intr.* to lisp
ceceio *s. m.* lisping
cecém *s. f.* white lily
ceceoso *adj.* lisping
cecília *s. f.* ZOOLOGIA a wormlike burrowing amphibian of the genus *Caecilia*; caecilian
ceco *s. m.* ANATOMIA caecum
cecografia *s. f.* Braille printing (for the blind)
cecotomia *s. f.* MEDICINA, CIRURGIA caecostomy, cecostomy
cedência *s. f.* cession, ceding, giving up, yielding
cedente *adj.* yielding, assigning
ceder *v. tr. e intr.* to cede, to give up, to yield, to surrender; to resign; to transfer rights in; to submit; to assent, to agree; to grant, to convey; to condescend; to give way; ***ceder a instâncias de alguém*** to yield to a person's entreaties; ***ceder um direito*** to cede a right; ***ceder à pressão*** to yield to pressure; ***ceder território*** to cede territory; ***ceder à evidência*** to concede, to grant, to admit to be true; ***ceder terreno*** to give ground, to give way; ***ceder à razão*** to yield to reason; DIREITO ***ceder direitos*** to assign, to remise; ***não ceder*** to stand out, to stick in; ***não ceder a palma a ninguém*** to be second to none
cediço *adj.* rotten, stale; trite; trivial, very old, generally known (of news)
cedilha *s. f.* cedilla
cedilhado *adj.* marked with cedilla
cedilhar *v. tr.* to mark with a cedilla
cedimento *s. m.* ⇒ **cessão**
cedinho *adv.* very early in the morning; soon
cedível *adj.* transferable; alienable; yieldable
cedo *adv.* soon, early, untimely, prematurely; promptly; ***cedo de mais*** too soon, too early; ***mais cedo ou mais tarde*** sooner or later; ***o mais cedo possível*** as soon as possible; ***de manhã cedo*** early in the morning; ***se chegarmos muito cedo, teremos de esperar*** if we arrive too soon, we shall have to wait; ***o Inverno chegou mais cedo este ano*** winter has come rather early this year; ***se não for mais cedo*** if not sooner; ***ainda bastante cedo*** still quite early; ***muito cedo*** at

an early stage; ***tão cedo!*** so early!; ***bem cedo na vida*** at an early age; ***chegar suficientemente cedo*** to be in good time
cedo-vem *s. m.* titmouse; ⇒ **chapim** (bird); a variety of early cord
cédrão *s. m.* ⇒ **cedro**
Cedreláceas *s. f. pl.* ⇒ **Meliáceas**
cédria *s. f.* QUÍMICA cedrium
cedrino *adj.* cedar; [poét.] cedarn, cedrine
cedro *s. m.* BOTÂNICA cedar; ***madeira de cedro*** cedar-wood
cédula *s. f.* schedule; bill; note
cefalado *adj.* cephalate
cefalalgia *s. f.* MEDICINA cephalalgy; headache
cefalálgico *adj.* MEDICINA cephalalgic
cefaleia *s. f.* MEDICINA chronic headache, sick headache
cefalite *s. f.* MEDICINA cephalitis
cefalocordados *s. m. pl.* ZOOLOGIA cephalochordata
cefalografia *s. f.* MEDICINA cephalography
cefalóide *adj.* cephaloid
cefalomeningite *s. f.* MEDICINA cephalo-meningitis
cefalometria *s. f.* MEDICINA cephalometry
cefalómetro *s. m.* MEDICINA cephalometer
Cefalópodes *s. m. pl.* ZOOLOGIA cephalopoda
cefalorraquidiano *adj.* MEDICINA cephalorachidian
cefalotomia *s. f.* MEDICINA, CIRURGIA cephalotomy, craniotomy
cefalótomo *s. m.* MEDICINA, CIRURGIA cephalotome, craniotome
cefalotórax *s. m.* ZOOLOGIA, ANATOMIA cephalothorax
cefo *s. m.* ZOOLOGIA eland
cega *s. f.* a blind woman; ***às cegas*** blindly, in the dark, unreasoningly
cegada *s. f.* party of masqueraders
cegamente *adv.* blindly, rashly
cegar Ⓐ *v. tr.* to blind; to dazzle Ⓑ *v. intr.* to become blind, to go blind; to strike blind; to be blinded Ⓒ *v. refl.* to become hallucinated
cegarrega *s. f.* an instrument which imitates the shrill cry of a cicada; chatter, prate, tattle
cego Ⓐ *adj.* blind; sightless Ⓑ *s. m.* blind man; ***asilo dos cegos*** Blind Asylum; ***cego como um morcego*** as blind as a bat; ***a vida dos cegos é muito triste*** the lives of the blind are very sad; ***na terra dos cegos quem tem um olho é rei*** the one-eyed man is a king among the blind; ***cego de nascença*** born blind; ***cego de um olho*** one-eyed man, blind in one eye; ***completamente cego*** stone-blind; ***a faca é cega*** the knife is blunt; ***amor cego*** blind love; ***nó cego*** a very hard (or intricate) knot
cegonha *s. f.* ORNITOLOGIA stork; sweep (water-raising device); NÁUTICA ***cegonha do ferro*** crane, cat crane
cegonho *s. m.* stork; sweep (an apparatus for drawing water from a well, consisting of a long pole attached to an upright which serves as a fulcrum)
cegude *s. f.* BOTÂNICA hemlock
cegueira *s. f.* blindness; [fig.] fascination; rashness; fanaticism; ignorance, stupidity; ***ser atacado de cegueira*** to be struck blind; ***cegueira provocada pela neve*** snow-blindness
cegueta *s. m. e f.* short-sighted person; one who blinks; blinkard
ceia *s. f.* supper; ***ceia do Natal*** the midnight supper; ***a Última Ceia do Senhor*** Last Supper
ceifa *s. f.* harvest, crop, reaping; mortality; ***a ceifa do feno*** the crop of hay; ***tempo da ceifa*** reaping-time; ***agora é o tempo da ceifa*** now is the time to reap
ceifão *s. m.* ⇒ **ceifeiro**
ceifar *v. tr. e intr.* to reap, to crop, to harvest, to mow; to cut; to gather in; ***ceifar o trigo*** to reap (to cut) the corn (wheat)
ceifeira *s. f.* reaper, harvester; MECÂNICA reaping-machine; ***ceifeira mecânica*** mowing-machine, harvesting-machine, combine-harvester; ***ceifeira atadeira*** binder and reaper
ceifeiro *s. m.* reaper, harvester
ceita *s. f.* HISTÓRIA an exemption tax formerly paid to the Spanish kings
ceitil *s. m.* an old Portuguese farthing; trifle; ***não vale um ceitil*** it isn't worth a fillip (a flip)
ceiva *s. f.* unyoking; letting the water run (from a pool, a tank, etc.)
ceivar *v. intr.* to unyoke, to let the water run (from a pool, a tank, etc.)
cela *s. f.* cell
celacanto *s. m.* ICTIOLOGIA coelacanth
celação *s. f.* celation, concealment
celada *s. f.* HISTÓRIA helmet, iron, head-piece
celagem *s. f.* the colour of the sky at sunrise and sunset; the looks of the weather
celamim *s. m.* an ancient dry and liquid measure
celário *s. m.* larder, pantry
Celastráceas *s. f. pl.* BOTÂNICA *Celastraceae*
celebérrimo *adj.* exceedingly famous; most celebrated
celebração *s. f.* celebration, commemoration
celebrado *adj.* celebrated; renowned; famous, praised, glorified
celebrador *s. m.* celebrator
celebrante *s. m.* RELIGIÃO celebrant
celebrar Ⓐ *v. tr.* to celebrate, to commend; to glorify; to extol; to applaud; to commemorate, to honour; to solemnize, to perform with due solemnities Ⓑ *v. intr.* to say mass; ***celebrar o acontecimento*** to celebrate the occasion; ***celebrar missa*** to say (celebrate) mass; ***celebrar uma vitória*** to celebrate a victory; ***celebrar um contrato*** to make a contract
celebrável *adj.* praiseworthy, laudable
célebre *adj.* celebrated, famous, renowned; eminent, exalted; eccentric, original; ***um pintor célebre*** a celebrated painter; ***ele é um homem célebre*** he is a man of great renown
celebreira *s. f.* extravagance; wildness; oddness
celebremente *adv.* famously
celebridade *s. f.* celebrity, fame, renown
celebrização *s. f.* process of becoming famous
celebrizar Ⓐ *v. tr.* to make known; to render famous Ⓑ *v. refl.* to become famous; to get fame
celeireiro *s. m.* cellarman; administrator of a store-house (or barn)
celeiro *s. m.* granary; barn; ***o Canadá é o celeiro do Império Britânico*** Canada is the granary of the British Empire
celenterado *s. m.* ZOOLOGIA coelenterate
celentério *s. m.* ZOOLOGIA coelenteron
celêntero *s. m.* ZOOLOGIA coelenteron
celeradamente *adv.* villainously, wickedly
celerado *s. m.* malefactor, criminal
célere *adj.* swift, quick, speedy, rapid
celeridade *s. f.* celerity, swiftness, promptness; speed
celerígrado *adj.* said of a swift animal
celerímetro *s. m.* tachometer, speed counter; distance meter; speedometer
celerípede *adj.* [poét.] swift-footed, nimble-footed
celeste *adj.* celestial, heavenly; perfect
celestial *adj.* ⇒ **celeste**
celestialmente *adv.* celestially, in a heavenly manner; perfectly
celestina *s. f.* BOTÂNICA Mexican ageratum; MINERALOGIA celestine, native strontium sulphate
celestino Ⓐ *s. m.* MÚSICA celestina Ⓑ *adj.* [poét.] sky-blue; celestial blue
celeuma *s. f.* uproar, hubbub, row
celeumar *v. intr.* ⇒ **celeumear**
celeumear *v. intr.* to make uproar
celga *s. f.* BOTÂNICA beet
celha *s. f.* tub; NÁUTICA keeler, tub; *pl.* eyelashes, cilia
celhado *adj.* ciliate
celhas *s. f. pl.* ⇒ **celha**

celheado *adj.* ciliate
celíaco *adj.* ANATOMIA, MEDICINA coeliac
celialgia *s. f.* coelialgia; bellyache; stomachache
celibatário Ⓐ *s. m.* bachelor; celibate Ⓑ *adj.* unmarried, single, celibatarian
celibatarismo *s. m.* celibacy; single life; condition of a celibatarian
celibato *s. m.* celibacy; the unmarried state; single life
célico *adj.* [poét.] celeste, celestial, heavenly
celícola *s. f.* inhabitant of heaven
celideia *s. f.* BOTÂNICA pink anemone
celidografia *s. f.* ASTRONOMIA celidography
celidográfico *adj.* celidographic
celidónia *s. f.* BOTÂNICA celandine
celífero *adj.* celliferous
celificar *v. tr.* to put something in the sky
celífluo *adj.* flowing from heaven
celígena *adj.* heaven-born; sky-born
celígero *adj.* celliferous
celiotomia *s. f.* ⇒ **laparotomia**
celipotente *adj.* with power in heaven
celo ||*abrev. de* **violoncelo**|| cello |*abrev. de* violoncello|
celofana *s. f.* cellophane
celofane *s. m.* cellophane
celoma *s. m.* ANATOMIA coelom, coelome, celoma
celomado *adj.* ANATOMIA, ZOOLOGIA coelomate
celômata *adj.* ⇒ **celomado**
celsitude *s. f.* celsitude, exaltation, sublimation
celso *adj.* noble, high, sublime, grand, excellent, supreme
celta *s. m.* Celt, Kelt
celtibérico *adj.* Celtiberian
celtibero Ⓐ *adj.* Celtiberian Ⓑ *s. m.* Celtiberian, native (or inhabitant) of Celtiberia
céltico *s. m., adj.* Celtic, Keltic
Celtidáceas *s. f. pl.* ⇒ **Ulmáceas**
celtismo *s. m.* Celticism
célula *s. f.* cell; cellule; cavity; ***célula hepática*** hepatic cell; ***célula vegetal*** plant cell; ***célula sanguínea*** blood cell; ***célula nervosa*** nerve cell; ***célula fotoeléctrica*** electric eye, photoelectric cell
celulado *adj.* cellulate, cellulated
celular *adj.* cellular; ***tecidos celulares*** cellular tissues; ***prisão celular*** solitary confinement
celulífero *adj.* cellulliferous
celuliforme *adj.* cellulliform
celulífugo *adj.* cellulifugal
celulípeto *adj.* cellulipetal
celulite *s. f.* cellulitis (inflammation of the celular tissue)
celulóide *s. f.* QUÍMICA celluloid
celulose *s. f.* cellulose
celulósico *adj.* QUÍMICA cellulosic
celulosidade *s. f.* cellulosity
celuloso *adj.* cellular, cellulous
cem *num. card.* hundred; ***viver até aos cem anos*** to live to a hundred; ***emprestar cem libras*** to lend a hundred pounds; ***cem homens*** a hundred men; ***cem por cento*** a hundred per cent; ***cento e tantos*** a hundred odd; ***cerca de cem*** around one hundred, more or less one hundred; ***cem vezes mais*** a hundredfold; ***ele vale por cem*** he is a host in himself
cementação *s. f.* METALURGIA cementation, cementing
cementador *s. m.* cementer
cementar *v. tr.* to cement
cementite *s. f.* cementite
cemento *s. m.* cement
cemiterial *adj.* cemeterial, related to a cemetery
cemitério *s. m.* cemetery; burying-ground, churchyard, graveyard
cena *s. f.* scene; stage, dramatic event; emotional explosion, violent discussion; landscape, panorama; dramatic art; ***cena tocante*** moving scene; ***cena campestre*** sylvan scene; ***a cena passa-se em...*** the scene is laid (set) in...; ***agora não faças cenas*** now don't make a scene; ***pôr em cena*** to put on the stage, to get up for the stage; ***aparecer em cena*** to come on the scene; ***entrar em cena*** to enter the scene; ***cenas de tristeza*** scenes of sadness; ***em cena*** on the stage; ***direcção de cena*** stage-management; ***director de cena*** stage-director; ***ele retira-se da cena*** he goes off stage
cenáculo *s. m.* cenacle, supper-room
cenagal *s. m.* ⇒ **lodaçal**
cenagoso *adj.* ⇒ **lodoso**
cenário Ⓐ *s. m.* scenery, stage-setting; scenario Ⓑ *adj.* of (pertaining to or related to) a supper; ***o cenário é maravilhoso*** the scenery is marvellous; ***o cenário do crime*** the wheres and hows of the crime
cenatório *adj.* related to a supper
cendal *s. m.* a fine ashgrey veil
cendrado *adj.* ash-coloured
cendrar *v. tr.* to scour (with ashes); to scrub; to refine; to cleanse; to purify
cenestesia *s. f.* PSICOLOGIA coenoesthesia, cenesthesia
cenestésico *adj.* coenesthetic, cenesthetic
cenestesiopatia *s. f.* ⇒ **cenestopatia**
cenestopatia *s. f.* MEDICINA coenesthesiopathy
cenho *s. m.* frowning countenance; scowl; severe aspect
cenhoso *adj.* cross, surly, grim; scowling, frowning
cénico *adj.* scenical; stagy
cenismo *s. m.* the excessive use of foreign words or idiomatic expressions
cenobiarca *s. m.* superior of a monastery
cenóbio *s. m.* coenobium, cenoby, convent, monastery
cenobiose *s. f.* coenobiosis
cenobismo *s. m.* cenobitis, monastic life
cenobita *s. m. e f.* coenobite
cenobítico *adj.* coenobitic(al)
cenobitismo *s. m.* ⇒ **cenobismo**
cenofobia *s. f.* cenophobia, fear of space, giddiness
cenografia *s. f.* scenography
cenográfico *adj.* scenographic
cenógrafo *s. m.* scenographer
cenoira *s. f.* ⇒ **cenoura**
cenologia *s. f.* that part of physics dealing with vacuum and empty spaces
cenosidade *s. f.* filth, dirt, grime; a dirty puddle; sludge; puddle
cenoso *adj.* filthy, miry, sloughy
cenotáfio *s. m.* cenotaph
cenoura *s. f.* BOTÂNICA carrot
cenozóico *adj.* GEOLOGIA cenozoic
cenrada *s. f.* a solution of lye
cenreira *s. f.* obstinacy; fight; quarrel, dispute; aversion
censatário Ⓐ *adj.* census-paying Ⓑ *s. m.* annual rent payer
censionário *adj., s. m.* ⇒ **censitário**
censitário Ⓐ *adj.* pertaining to a census Ⓑ *s. m.* annual rentpayer
censítico *adj.* of (or pertaining to) a census, censual
censo *s. m.* census; yearly-rent, quit-rent; charge, tribute; ***censo perpétuo*** perpetual rent; DIREITO ***censo reservativo*** a long lease, emphyteusis; ***censo vitalício*** life annuity
censor *s. m.* censor, tax collector; critic, censurer; controller
censório *adj.* censorial, censorious; critical
censual *adj.* censual, related to a census
censualista *s. m. e f.* tax (or rent) receiver
censuário Ⓐ *adj.* ⇒ **censual** Ⓑ *s. m.* taxpayer, rent payer
censuísta *s. m. e f.* tax (or rent) receiver
censura *s. f.* censure, blame, reproof, reproach, disapproval, criticism; censorship; ***ele merece censura pela sua negligência*** he is greatly to be blamed for his negligence; ***uma censura*** a word of reproof; ***merecer censura*** to be worthy of censure; ***censura à imprensa*** censorship of the press

censurador *s. m.* censurer, censor
censurar *v. tr.* to censure, to blame, to reprove, to reprimand, to chide, to reprobate, to find fault with, to criticize; ***censurou-os pela falta de zelo*** he reproached them for their lack of zeal; ***os seus olhos censuravam-me*** his eyes reproached me; ***censurar quem merece ser censurado*** to put the saddle on the right horse
censurável *adj.* censurable, blameful, faulty, culpable
centafolho *s. m.* tripe, mesentery, part of the stomach of a ruminant with innumerable folds; [fig.] the essence
centão *s. m.* a torn old cloak; a cover for engines made of a coarse cotton cloth; a poetic composition made up of verses from different poets
centáurea *s. f.* BOTÂNICA centaury; ***centáurea azul*** corn flower; ***centáurea maior*** centaurium major; ***centáurea menor*** centaurium minor
centáureo *adj.* centauric
centáurico *adj.* centauric
centauro *s. m.* MITOLOGIA centaur, fabulous monster
Centauro *s. m.* ASTRONOMIA Centaur
centavo *s. m.* centavo (Portuguese coin); ***não ter um centavo de seu*** not to have a penny to bless oneself with; ***não vale um centavo*** he is not worth a penny; ***estar sem um centavo*** to be penniless
centeal *s. m.* rye field
centeeira *s. f.* rye field
centeeiro *adj.* made with rye flour
centeia *adj.* rye (flour)
centeio *s. m.* rye
centelha *s. f.* spark; flicker; flash (of fire); ***a centelha do saber*** the spark of learning; ***centelha da vida*** the spark of life; ***a última centelha de esperança*** the last flicker of hope; ***não há nisto nenhuma centelha de verdade*** there is not a trace of truth in it
centelhante *adj.* sparkling, glittering
centelhar *v. intr.* to spark, to scintillate
centena *s. f.* hundred; ***às centenas*** by the hundreds; ***centenas de vezes*** hundreds of times; ***centenas e mais centenas*** hundreds upon hundreds
centenar *s. m.* hundred
centenário Ⓐ *s. m.* centenary, hundredth anniversary; centenarian, person who has reached the age of 100 years Ⓑ *adj.* centenary
centénio *s. m.* a century
centenoso *adj.* rye producing, ryelike, of (or referring to) rye
centesimal *adj.* centesimal
centésimo *adj., num. ord.* hundredth; ***centésimo lugar*** hundredth place
centiare *s. m.* the hundredth part of an are; square meter
centibar *s. m.* centibar
centicular *adj.* hundred-years-old
centifólio *adj.* centifolious
centígrado *adj.* centigrade
centigrama *s. m.* centigramme
centilitro *s. m.* centilitre
centímano *adj.* having one hundred hands
centímetro *s. m.* centimetre
cêntimo *s. m.* centime (coin)
centineto *s. m.* descendant
centinódia *s. f.* BOTÂNICA knotweed, knotgrass
centípeda *s. f.* ⇒ **centopeia**
centípede *adj.* centipede
centissecular *adj.* ⇒ **multissecular**
cento *s. m.* hundred; ***por cento*** per cent; ***aos centos*** by hundreds, by the hundred
centóculo *adj.* having one hundred eyes
centola *s. f.* spider-crab, Maia, maian crab
centopeia *s. f.* ZOOLOGIA centipede
centragem *s. f.* centering
central Ⓐ *adj.* central Ⓑ *s. f.* headquarters, central office; ***central eléctrica*** power-station; NÁUTICA ***dormente central*** central stringer; ***central de energia hidráulica*** water-power station; ***central nuclear*** nuclear power station; ***central telefónica*** telephone exchange; ***central térmica*** thermal power station; ***ponto central*** nucleus; ***o nosso bairro é muito central*** our district is very central
centralidade *s. f.* centrality
centralismo *s. m.* centralism; centralization
centralista *s. m. e f.* centralist
centralização *s. f.* centralization
centralizador Ⓐ *adj.* centralizing Ⓑ *s. m.* centralist
centralizar *v. tr.* to centralize, to concentrate
centrar *v. tr.* to center; to place (to fix) in a center; to concentrate; to middle; to true up
centrifugação *s. f.* FÍSICA, QUÍMICA centrifugation
centrifugador *s. m.* centrifuge, centrifuging machine
centrifugar *v. tr.* to centrifuge, to drain, to spin, to hydro-extract
centrífugo *adj.* centrifugal; ***força centrífuga*** centrifugal force
centríolo *s. m.* BIOLOGIA centriole
centrípeto *adj.* centripetal
centrista *s. m. e f.* centrist
centro *s. m.* centre (center); middle; meeting-place; nucleus; centrum, core, club; ***marcar o centro*** to mark the centre; ***centro de emprego*** employment office; ***centro de gravidade*** centre of gravity; ***centro de giração*** pivoting point; ***centro de impulsão*** centre of pressure; ***centro de linha de água*** tipping centre; ***centro de atracção*** centre of attraction; ***centro nervoso*** nerve centre; ***centro de intriga*** centre of intrigue; ***centro principal de trânsito*** traffic centre; ***centro de rotação*** centre of rotation; NÁUTICA ***centro de querena*** centre of buoyancy (of displacement); ***centro vélico*** centre of effort of sails; ***centro do alvo*** bull's eye; MATEMÁTICA ***centro de colineação*** perspective; ***centro de diversões*** amusement centre; AERONÁUTICA ***centro de empuxo*** centre of thrust; ***centro das atenções*** centre of attention; ***centro de mesa*** centrepiece; ***centro comercial*** shopping centre, shopping complex, shopping mall
centrolécito *adj.* centrolecithal (egg)
centrómero *s. m.* BIOLOGIA centromere
centroscopia *s. f.* study on the centre of geometrical figures
centroscópico *adj.* referring to the study of the centre of geometrical figures
centrosfera *s. f.* GEOGRAFIA centrosphere
centrossoma *s. m.* BIOLOGIA centrosome
centunvirado *s. m.* centumvirate
centunviral *adj.* centumviral
centunvirato *s. m.* centumvirate
centúnviro *s. m.* centumvir
centuplicar *v. tr.* to centuplicate
cêntuplo *s. m., adj.* centuple, hundredfold
centúria *s. f.* a hundred; one of the political divisions of the Roman people; century (a subdivision of the Roman legion, consisting of 100 soldiers); centenary, century
centurial *adj.* centurial; of (pertaining to, referring to) a centurion
centurião *s. m.* centurion (in the ancient Roman army)
centuriato *s. m.* dignity of centurion
centuriónico *adj.* centurial
cepa *s. f.* vine-plant; wine-stock; ***não sair da cepa torta*** to make no progress; ***homem de boa cepa*** a man of the true kidney
cepáceo *adj.* BOTÂNICA cepaceous, onionlike
cepeira *s. f.* ⇒ **cepa**
cepilhar *v. tr.* to plane; to smooth; to perfect; to polish
cepilho *s. m.* CARPINTARIA plane; pommel of a saddle; file used by gun-makers (or gun-repairers)

cepo *s. m.* stump, block; log; ***cepo de plaina*** stock of a plane; ***cepo de âncora*** stock of anchor; ***cepo de moldar*** round-nosed plane; ***cepo de macho*** tonguing-plane; ***âncora sem cepo*** stockless anchor; ***cepo de freio*** brake lock, brake shoe
cepticismo *s. m.* scepticism
céptico *s. m., adj.* sceptic; sceptical, doubtful, incredulous
ceptrífero *adj.* using a sceptre
ceptrígero *adj.* ⇒ **ceptrífero**
ceptro *s. m.* sceptre; ***empunhar o ceptro*** to wield the sceptre
cepudo *adj.* of (pertaining to or resembling) a stump of a tree; rough, rugged
cera *s. f.* wax; ***gastar cera com ruins defuntos*** to flog a dead horse; ***fazer cera*** to dawdle, to make a pretense of working; ***fósforo de cera*** wax-match, wax-light; ***vela de cera*** wax-candle; ***objectos ou figuras de cera*** waxworks; ***modelação em cera*** wax-modelling; ***cera branca*** bleached wax; ***cera de abelhas*** beeswax; ***cera do ouvido*** earwax; ***cera em rama*** crude wax; ***cera mineral*** mineral wax, ozocerite; ***cera parafinada*** paraffin wax; ***de cera*** waxen; ***ele é feito de cera*** he is an unprincipled man; ***mole como cera*** as soft as putty
ceráceo *adj.* waxen, ceraceous
Cerambícidas *s. m. pl.* ⇒ **Cerambicídeos**
Cerambicídeos *s. m. pl.* ZOOLOGIA *Cerambycidae*
cerame *s. m.* Asian hut covered with palm leaves
cerâmica *s. f.* ceramics; pottery
cerâmico *adj.* ceramic
ceramista *s. m. e f.* ceramist, potter
céramo *s. m.* vase of clay used by Greeks during meals
ceramografia *s. f.* cerography
cerar *v. tr.* to wax; to cover (or fill) with wax; to seal with wax
cerasina *s. f.* FARMACOLOGIA cerasein; QUÍMICA cerasin; MINERALOGIA ozocerite
cerasta *s. f.* cerastes; the horned viper
ceratina *s. f.* BIOQUÍMICA keratin
ceratite *s. f.* MEDICINA keratitis
cerato *s. m.* cerate
ceratotomia *s. f.* CIRURGIA keratectomy
ceratótomo *s. m.* keratotome
ceráunia *s. f.* ceraunite, thunder stone
ceraunite *s. f.* ⇒ **ceráunia**
ceraunógrafo *s. m.* instrument used to register the existence of a long distance electrical spark
ceraunómetro *s. m.* instrument used to measure the electrical sparks intensity
ceraunoscopia *s. f.* observation of the lightning phenomena
Cérbero *s. m.* Cerberus
cerca Ⓐ *s. f.* enclosed field, enclosure, fence; wall, hedge; ***cerca de arame*** wire fence Ⓑ *adv.* near, nigh, around, about, close by; ***cerca de*** about, nearly
cercado *s. m.* enclosure; pound
cercador *s. m.* encloser
cercadura *s. f.* border, adornment, garniture
cercal *s. m.* wood of a variety of oaks
cercanias *s. f. pl.* surroundings, environs, outskirts
cercano *adj.* ⇒ **cercão**
cercante *adj.* surrounding
cercão *adj.* near, nearby, neighbouring, proximate
cercar *v. tr.* to surround, to enclose, to encircle; to environ; to encompass, to girdle, to fence about; to wall, to hedge; to besiege; ***cercar-se de amigos*** to associate with friends, to surround oneself with friends; ***cercava-o uma multidão*** a crowd surrounded him; ***um muro cerca o jardim*** a wall surrounds the garden; ***cercado por montes*** environed by hills; ***cercado de perigos*** surrounded by perils; ***cercado por gelo*** ice-bound
cerce *adv.* short; ***cortar cerce*** to cut short, to crop close
cércea *s. f.* template, gauge, pattern, mould; sweep, strickle
cerceador *s. m.* one who clips (or cuts) round
cerceadura *s. f.* clipping, retrenchment; cutting short, curtailment
cerceal *s. m.* variety of vine; grapes produced by that vine; a vine of Madeira; a variety of olive-tree
cerceamento *s. m.* ⇒ **cerceadura**
cercear *v. tr.* to retrench, to clip, to cut short, to lessen, to diminish; to check, to restrict; ***cercear o metal*** to cut away metal; ***cercear em meia-lua*** to sweep out
cerceio *s. m.* ⇒ **cerceadura**
cérceo *adj.* cut short, shorn
cerceta *s. f.* ORNITOLOGIA teal, garganey, duck
cercilhar *v. tr.* to shave the head of, to tonsure
cercilho *s. m.* tonsure
cerco *s. m.* siege; circle; a round up; ***apertar o cerco*** to close the siege; ***levantar o cerco*** to raise the siege; ***pôr cerco a*** to lay siege to
Cercopitécidas *s. m.* ⇒ **Cercopitecídeos**
Cercopitecídeos *s. m.* *Cercopithecidae*
cerda *s. f.* bristle
cerdeira *s. f.* ⇒ **cerejeira**
cerdo *s. m.* hog; wild boar
cerdoso *adj.* bristly
cereal *s. m., adj.* cereal; corn; grain; ***os cereais*** cereals, all sorts of grain (such as wheat, barley, maize, rye, etc.)
cerealicultura *s. f.* cultivation of cereals
cerealífero *adj.* bearing cereals, cerealian
cerebelar *adj.* cerebellar
cerebelite *s. f.* inflammation of the substance of the cerebellum
cerebelo *s. m.* ANATOMIA cerebellum
cerebração *s. f.* cerebration
cerebral *adj.* cerebral; ***amolecimento cerebral*** softening of the brain
cerebralizar *v. tr.* to intellectualize
cerebrastenia *s. f.* MEDICINA cerebral asthenia, brain-fag
cerebrina *s. f.* BIOQUÍMICA cerebrin
cerebrino *adj.* cerebral; fantastic
cerebrite *s. f.* cerebritis
cérebro *s. m.* ANATOMIA cerebrum; brain; [fig.] mind, intelligence; ***ter o cérebro fraco*** to have a weak mind
cerebróide *adj.* cerebroid
cerebropatia *s. f.* cerebropathy
cerebroscopia *s. f.* cerebroscopy
cerebrospinal *adj.* cerebro-spinal
cerefolho *s. m.* BOTÂNICA chervil, cerfoil
cerefólio *s. m.* ⇒ **cerefolho**
cereja *s. f.* cherry; ***aguardente de cereja*** cherry brandy; ***caroço de cereja*** cherry-stone; ***cor de cereja*** cherry-coloured; ***lábios cor de cereja*** cherry lips
cerejal *s. m.* cherry-orchard
cerejeira *s. f.* cherry-tree
céreo *adj.* cereous, waxen, waxy; pale, wax-coloured
ceresina *s. f.* ceresin(e) wax
ceresitar *v. tr.* to coat with ceresite
ceresite *s. f.* preparation added to cemento to make it hydrofuge
cerezina *s. f.* bird of the *Fringillidae* family, kind of finch
cerezino *s. m.* ⇒ **cerezina**
cerieira *s. f.* plant from which vegetable wax is obtained
cerieiro *s. m.* wax-chandler, candle maker
cerífero *adj.* ceriferous, wax-producing
cerimónia *s. f.* ceremony; ***não fazer cerimónia*** to be (very) free and easy; ***não faça cerimónia!*** don't stand on ceremony!, make yourself at home!; ***a cerimónia de abertura*** the opening ceremony; ***traje de cerimónia*** evening dress; ***fazer cerimónia*** to stand on ceremony, to be punctilious; ***estou a tratá-lo como amigo e sem cerimónia*** I am treating you as a friend and without formality; ***cerimónia de posse*** swearing-in ceremony, investiture

cerimonial Ⓐ *s. m.* ceremonial, ceremony, etiquette; rites; practice in worship Ⓑ *adj.* ceremonial, formal
cerimoniar *v. tr.* to treat a person with ceremony; to celebrate anything with ceremony
cerimoniático *adj.* ceremonious, formal; standing upon ceremonies; fussy; punctilious
cerimoniosamente *adv.* ceremoniously, with much ceremony, ceremonially, punctiliously
cerimonioso *adj.* ceremonious, ceremonial, punctilious
cerina *s. f.* cerin
cério *s. m.* QUÍMICA cerium (symbol Ce)
ceriosa *s. f.* kind of olive (and olive-tree)
cerirrostro *adj.* having a cereous membrane in its bill
cerita *s. f.* [Bras.] ⇒ **cerite**
cerite *s. f.* MINERALOGIA cerite
cernar *v. tr.* BOTÂNICA to lay bare the heart of a tree; to cut to the heart (core)
cerne *s. m.* BOTÂNICA heart of a tree; duramen; pith, core
cerneira *s. f.* the hard woody core of a tree; boards cut from this wood
cerneiro *adj.* of (pertaining to or referred to) the hardwood core of a tree
cernelha *s. f.* withers (of a horse)
cernideira *s. f.* sieve frame
cernir *v. intr.* to sift, to screen, to separate from the chaff; to walk (or to dance) with a swaying motion
ceroferário *s. m.* candle-bearer (in a procession), acolyte, altar-boy
ceróide *adj.* waxlike
cerol *s. m.* shoemaker's wax
ceromancia *s. f.* ceromancy (divination by melted wax and wax figures)
ceromante *s. m. e f.* ceromancer
ceromel *s. m.* ceromel
ceroplástica *s. f.* ceroplastics, the art of modelling in wax
ceroplástico *adj.* ceroplastic
ceroso *adj.* waxen, waxy, cereous
ceroto *s. m.* cerate
ceroulas *s. f. pl.* drawers; long pants
cerqueiro *adj.* fencing, hedging in, surrounding, envolving
cerquido *s. m.* ⇒ **cercal**
cerquinho *s. m.* BOTÂNICA a variety of an oak with a very hard wood
cerra-boca *s. m.* cable (or rope) used in whale-boats (whaler)
cerração *s. f.* fog, mist, haze, cloudiness; haze
cerrado *s. m., adj.* close, an enclosure; shut, close-locked; gloomy, dark; thick; foggy; serried; ***filas cerradas de espectadores*** serried rows of spectators; ***nevoeiro cerrado*** thick fog
cerradoiro *s. m.* ⇒ **cerradouro**
cerradouro *s. m.* drawstring (of a purse)
cerradura *s. f.* ⇒ **cerca**
cerra-fila *s. m.* file closer, the last soldier; the last ship of a convoy; one who (or that which) brings up the rear
cerramento *s. m.* closing, tightening
cerrar *v. tr. e refl.* to shut, to close, to lock; to bar; to close in (up); to enclose, to fence in; to finish, to end; to conceal, to cover up; ***cerrar-se a noite*** to darken, to grow dark; ***cerrar os dentes*** to set one's teeth
cerrilha *s. f.* the white rim of worn down incisors (of an equine older than five years)
cerro *s. m.* small hill, hillock, mound; pork loin near the hide
certa *adj.* {*fem. de* **certo**} ***à certa, pela certa*** certainly, doubtlessly
certame *s. m.* contest, test; literary controversy; dispute; fight; exhibition
certâmen *s. m.* ⇒ **certame**
certamente *adv.* certainly; of course; assuredly; for sure, surely, positively
certar *v. intr.* to fight, to combat; to argue, to plead; to debate; to endeavour
certeiro *adj.* sure; well-aimed; [fig.] convenient, adequate; right, accurate; ***tiro certeiro*** well-aimed shot
certeza *s. f.* certainty; assurance; certitude; conviction; fact; ***com toda a certeza*** for certain, assuredly, as sure as can be; ***ter a certeza absoluta*** to be confident, to be quite positive, to be quite sure; ***pode ter a certeza disso*** you may be sure of that; ***com certeza sai bem*** it is sure to turn out well; ***não tenho bem a certeza*** I'm not quite sure; ***tem a certeza?*** are you quite sure?
certidão *s. f.* certificate; voucher; written evidence; testimonial, attestation, credential; ***certidão de idade*** birth certificate; ***certidão de exame*** examination certificate; ***certidão de casamento*** marriage certificate, marriage lines; ***certidão de óbito*** death certificate; ***passar uma certidão*** to grant a certificate
certificação *s. f.* certification
certificado *s. m.* certificate; warrant; ***passar um certificado*** to certificate, to give a certificate; ***certificado de registo (documento de nacionalização)*** certificate of registry; NÁUTICA ***certificado de matrícula*** ship's certificate of registry; ***certificado de origem*** certificate of origin; ***certificado provisório*** scrip; ***certificado de alfândega para um navio sair*** clearance of a ship
certificador Ⓐ *s. m.* certifier Ⓑ *adj.* certifiable
certificante Ⓐ *s. m. e f.* certifier Ⓑ *adj.* certifying
certificar *v. tr. e refl.* to certify; to assure; to testify, to attest; to vouch for; to aver, to inform certainly, to verify, to ascertain, to determine; ***certificar-se de*** to make sure of, to ascertain
certificativo *adj.* certificatory, certifiable
certificatório *adj.* ⇒ **certificativo**
certo Ⓐ *adj.* certain, sure, positive, true, truthful, veracious, right, exact; accurate, precise; evident; correct, authentical, positive, absolute; convinced; undoubted; inevitable; fixed, agreed upon; unfailing; certain Ⓑ *adv.* certainly Ⓒ *s. m.* certainty, truth, fact, thing beyond question; the metal value of a coin; ***tão certo como a morte*** as sure as death; ***tão certo como eu estar aqui*** as sure as I am here; ***estar certo*** to feel certain, to be fully convinced; ***está certo!*** okay!, all right!; ***sempre é certo...?*** is it true after all...?; ***tão certo como dois e dois serem quatro*** as sure as eggs is eggs; ***a horas certas*** always at the same time; ***o relógio está certo*** the clock is right; ***o certo é que*** the fact is that, as a matter of fact; ***por certo*** certainly, for sure; ***um certo Fulano*** (one) Mr. So-and-So; ***ao certo*** exactly; ***ficar certo*** to rest assured; ***não deixes (troques) o certo pelo duvidoso*** never lose certainty for hope; ***andar certo (o relógio)*** to keep time (clock, watch); ***certas pessoas nunca conseguem o que desejam*** some people can never get what they want; ***deixar (trocar) o certo pelo duvidoso*** to grasp at the shadow and lose the substance; ***considerar como certo*** to take for granted; ***até certo ponto*** to some extent, in a sense
ceruda *s. f.* ⇒ **celidónia**
cerude *s. f.* ⇒ **celidónia**
cerúleo *adj.* cerulean, ceruleous, sky-blue
cerulicrinito *adj.* having blue hair
cérulo *adj.* ⇒ **cerúleo**
cerume *s. m.* MEDICINA cerumen, ear-wax
cerúmen *s. m.* ⇒ **cerume**
ceruminoso *adj.* ceruminous
cerusite *s. f.* MINERALOGIA cerusite, cerussite
cerva *s. f.* hind, a female deer, doe
cerval *adj.* ZOOLOGIA of (pertaining to or referring to) a deer
cervato *s. m.* ZOOLOGIA young deer
cerveja *s. f.* beer, ale; ***cerveja preta*** stout; ***cerveja branca*** ale; ***cerveja branda*** mild beer, small beer; ***cerveja forte*** strong beer, stout, double ale, entire; ***cerveja amarga*** bitter; ***cerveja de malte*** malt beer; ***cerveja de exportação*** export

beer; ***cerveja em garrafas*** bottled beer; ***fábrica de cerveja*** brewery; ***de cerveja*** beery; ***fabricante de cerveja*** brewer; ***um copo de cerveja*** a glass of beer; ***meio litro de cerveja*** a pint of beer; ***cerveja espumosa*** foaming beer; ***cerveja fraca*** small beer; ***vamos tomar um copo de cerveja!*** let's have a glass of beer!; ***cerveja a copo, cerveja à caneca*** beer on draught

cervejada *s. f.* a glass of beer; beer party

cervejaria *s. f.* beerhouse; alehouse; brewing house, public house, pub

cervejeiro *s. m.* brewer

cervical *adj.* ANATOMIA cervical

cervicórneo *adj.* ZOOLOGIA cervicorn

Cérvidas Ⓐ *s. m. pl.* ⇒ **Cervídeos** Ⓑ *adj.* cervine

Cervídeos Ⓐ *s. m. pl.* ZOOLOGIA *Cervidae*; mammal ruminant Ⓑ *adj.* cervine

cervigueira *s. f.* disease on the gums of pigs

cervilheira *s. f.* camail

cervino *adj.* cervine

cerviz *s. f.* neck; nape (of neck); head; ***curvar a cerviz*** to knuckle under (or down to)

cervo *s. m.* ZOOLOGIA stag

cervum *s. m.* BOTÂNICA nardus, mat-grass

cerzideira *s. f.* woman who mends invisibly; darner, mender

cerzido *s. m.* neat mending, invisible mending, darning, fine-drawing

cerzidor *s. m.* darner, fine-drawer

cerzidura *s. f.* invisible mending

cerzir *v. tr.* to fine-draw

cesáreo *adj.* Caesarean, Caesarian; [E.U.A.] Cesarean, Cesarian

cesariano *adj.* Caesarean, Caesarian; ***(operação) cesariana*** Caesarean section, Caesarian operation

cesarismo *s. m.* Caesarism; autocratic government

cesarista *s. m. e f.* Caesarist

césio *s. m.* QUÍMICA caesium, cesium

céspede *s. m.* a piece of sod, turf

cespitoso *adj.* covered with turf, turfed; BOTÂNICA cespititious

cessação *s. f.* cessation, ceasing; break; intermission, stop, stoppage, pause, rest, suspension; ***cessação de pagamentos*** suspension of payments; ***cessação do trabalho*** stoppage of labour, cease-work

cessamento *s. m.* cessation, ceasing; break; intermission, stop, stoppage, pause, rest, suspension

cessante *adj.* ceasing, cessant

cessão *s. f.* cessation, cession; surrender, relinquishment, yielding, ceding, abandonment, transferring, removal, gift, transmission; ***acta de cessão*** deed of release; ***cessão de propriedade*** transfer of property

cessar *v. tr. e intr.* to cease, to stop; to desist from; to come to an end; to discontinue, to leave off, to break off, to interrupt; ***sem cessar*** without ceasing, continually; ***cessaram todos os pagamentos*** all payments have ceased; ***cessar fogo*** to cease firing; ***cessar o trabalho*** to cease work; ***cessar as funções*** to cease the functions; ***cessar toda a responsabilidade*** to cease any responsibility; [cal.] ***cessar de falar*** to stop talking, to dry up

cessibilidade *s. f.* yieldingness, cessibility

cessionário *s. m.* cessionary; assignee, transferee, releasee

cessível *adj.* that may be given up, assignable, transferable

cesta *s. f.* wicker-basket, basket

cestada *s. f.* basketful

cestão *s. m.* large basket; gabion; large river raft

cestaria *s. f.* basketry, basket-making, basketwork

cesteiro *s. m.* basket-maker; ***cesteiro que faz um cesto faz um cento*** he who steals a pin will steal a pound

cesto *s. m.* basket; pannier, scuttle; ***cesto de pesca*** fishing-basket; ***cesto de papéis*** waste-paper basket, letter basket; NÁUTICA ***cesto de gávea*** top; ***cesto de vigia*** crow's nest

cestóide Ⓐ *s. m.* cestoid, cestode, a ribbonlike worm Ⓑ *adj.* cestoid

cestro *s. m.* cestrum, night jasmine

cesura *s. f.* cut, incision, wound; caesura

cesurar *v. tr.* to cut, to make an incision; to pause, to break, to intercalate a caesura

cetáceo Ⓐ *s. m.* cetacean; whale Ⓑ *adj.* cetaceous

cetáceos *s. m. pl.* ZOOLOGIA members of the genus *Cetacea*, marine mammalia

cetim *s. m.* satin, a soft rich silk fabric with glossy surface; ***um vestido de cetim*** a satin dress

cetina *s. f.* spermaceti

cetineta *s. f.* sateen, cotton fabric with glossy surface, satinette

cetinoso *adj.* satiny, resembling satin, silky

cetografia *s. f.* cetography; study of whales

cetográfico *adj.* cetographic

cetologia *s. f.* cetology, the natural history of the *Cetacea*

cetona *s. f.* ketone

cetonemia *s. f.* ketonaemia, ketonemia (presence of ketonic compounds in the blood)

cetónico *adj.* ketonic

cetonúria *s. f.* ketonuria (presence of ketonic compounds in the urine)

cetose *s. f.* ketosis

cetra *s. f.* a leather-covered shield (or buckler)

cetraria *s. f.* falconry

cetras *s. f. pl.* manual signs representing *et caetera*; abbreviated signature; flourishes on old manuscripts; sign, mark; signature

céu *s. m.* heaven; sky, firmament, paradise; atmosphere; [fig.] God, Providence; ***louvar aos céus*** to praise to the skies; ***viver num céu aberto*** to be in the seventh heaven; ***ir para o céu*** to go to heaven; ***céu estrelado*** starry sky; ***céu ladrilhado*** mackerel sky; ***céu carregado*** overcast sky; ***céu limpo*** blue sky; ***da cor do céu*** sky-blue, azure; ***céus!*** heavens!, good heavens!; ***cair do céu*** to come at the right time; ***mover os céus e a terra*** to move heaven and earth

céu-da-boca *s. m.* palate

ceva *s. f.* hogwash; fattening (of animals)

cevada *s. f.* barley; ***grão de cevada*** grain of barley; ***caldo de cevada*** barley water; BOTÂNICA ***cevada de raio*** sea barley; ***pão de cevada*** barley bread; ***semear um campo de cevada*** to sow a field with barley

cevadal *s. m.* barley-plantation, barley-field

cevadaria *s. f.* place where barley and other fodder were kept for the horses belonging to the royal house

cevadeira *s. f.* NÁUTICA net under the bow sprit; nose-bag, feed bag

cevadeiro *s. m.* fattening sty; falconer; fattener, one who fattens animals for slaughter; fattening pen

cevadiço *adj.* easy to fatten

cevadilha *s. f.* BOTÂNICA cevadilla, cebadilla, sabadilla, sneeze-wort (kind of Mexican barley)

cevadinha *s. f.* pearl-barley; rescue grass

cevado Ⓐ *s. m.* fattened pig; a fat man Ⓑ *adj.* fattened

cevadoiro *s. m.* ⇒ **cevadouro**

cevador *s. m.* feeder, fattener, one who fattens animals for slaughter

cevadouro *s. m.* fattening pen (or coop); pasture; decoy

cevadura *s. f.* mast feed, special feed for fattening; pasture; slaughter

cevagem *s. f.* act of fattening animals

cevando *adj.* getting ready for fattening

cevão *s. m.* a fattened hog

cevar Ⓐ *v. tr.* to fatten, to make fat, to feed up Ⓑ *v. refl.* to grow fat, to glut, to become glutted; to get rich; to bait, to chum Ⓒ *s. f.* loadstone, magnet

cevatício *adj.* good for fattening; fattening, nourishing

ceveira *s. f.* cereal for fattening animals
cevo *s. m.* bait; allurement; lure; enticement, charm
chá *s. m.* tea; ***chá verde*** green tea; ***chá preto*** black tea; ***chá pérola*** imperial tea; ***chá de Ceilão*** Ceylon tea; ***chá aromático*** scented tea; ***chá de macela*** camomile tea; ***chá em folhas*** tea in leaves; ***o chá está delicioso*** tea is delicious; ***bandeja do chá*** tea-tray; ***lata do chá*** tea-caddy; ***bolos para chá*** tea-cakes; ***amador de chá*** tea-drinker; ***coador de chá*** teastrainer; ***serviço de chá*** tea-service, tea-set; ***hora do chá*** tea-time; ***salão de chá*** tea-room; ***chávena do chá*** tea-cup; ***uma chávena de chá*** a cup of tea; ***colher do chá*** teaspoon; ***colher de chá*** spoonful of tea; ***chá forte*** strong tea; ***chá fraco*** weak tea; ***toalha de chá*** tea-cloth; ***imposto do chá*** tea-tax; ***chá das cinco*** afternoon tea; ***plantação de chá*** tea-plantation, tea-planting; ***árvore do chá*** tea-shrub; ***dar um chá*** to have a tea-party; ***quer vir tomar chá?*** will you come to tea?; ***servir o chá*** to pour out the tea; ***um chá*** a tea-party; ***cavaqueira à hora do chá*** chat over a cup of tea; ***folhas de chá*** tea-leaves; ***não tomou chá em pequeno*** he lacks polish, he is badly mannered (rude, unpolite, ill-bred, uncivil, ill-mannered)
chã *s. f.* plain, plateau
chabouqueiro *adj.* rough, coarse, rude
chacal *s. m.* ZOOLOGIA jackal
chaçar *v. tr.* to have advantage over; to surpass someone
chácara *s. f.* farm (in Brazil); country house near a town; cottage
chacareiro *s. m.* overseer (or proprietor) of a *chácara*
chacaréu *s. m.* ⇒ **biqueirão (fish)**
cha-cha-cha *s. m.* MÚSICA cha-cha
chacina *s. f.* slaughter; massacre; meat cut to be sold
chacinador *s. m.* slaughterer; killer, massacrer; meat packer, meat salter
chacinar *v. tr.* to slaughter; to kill, to butcher; to mince; to salt meat; to cut meat in pieces
chacineiro *s. m.* pork-butcher
chaço *s. m.* driver; cooper's tool; wooden plug, wedge; [pop.] lie, fib
chacoalhar *v. tr.* to shake violently; to agitate, to stir up
chacóina *s. f.* ⇒ **chacona**
chacona *s. f.* chaconne (dance and music)
chacota *s. f.* jest, jesting, mockery; derision scorn, ridicule; fun; noisy mirth; ***fazer chacota de*** to laugh at
chacoteação *s. f.* joke, jest, mockery
chacoteador *s. m.* jester, mocker
chacotear *v. intr.* to jest, to mock
chacra *s. f.* Indian missile weapon
chada *s. f.* plain, lowland, prairie
chafarica *s. f.* a freemasonic lodge; ordinary eating place; common tavern, pub; small grocery store
chafariqueiro *s. m.* freemason; owner of a common tavern; an adulterator of drinks and food
chafariz *s. m.* fountain, spring
chafarnica ⇒ **chafarica**
chafarrica ⇒ **chafarica**
chafundar *v. tr.* to sink, to submerge, to dive, to dip
chafurda *s. f.* pigsty, mire, dirt, filth; wallow
chafurdar *v. intr.* to wallow, to roll in mire (mud or water), to welter
chafurdeira *s. f.* ⇒ **chafurda**
chafurdeiro *s. m.* pigsty; bog, mire; wallower; one who becomes depraved (or degrades himself)
chafurdice *s. f.* act of wallowing; wallow; mean action
chafurdo *s. m.* ⇒ **chafurda**
chaga *s. f.* BOTÂNICA nasturtium, trailing garden plant with bright orange flowers; wound, ulcer, sore; plague; ***ser todo uma chaga*** to be one sore all over
chagado *adj.* ulcerated, wounded; [fig.] afflicted, tormented
chagar *v. tr. e refl.* to wound, to ulcerate; to become ulcerated; [fig.] to afflict, to torment
chagaz *s. m.* palmiped bird (small seagull)
chagrém *s. m.* shagreen (chagrin)
chaguento *adj.* full of sores
chá-inglês *s. m.* BOTÂNICA plant of the malvaceous genus *Malva*, spontaneous in Portugal
chalaça *s. f.* jest, joke; witty remark
chalaçar *v. intr.* to jest, to joke, to jibe, to jeer
chalaceador *s. m.* jester, joker
chalacear *v. intr.* to jest, to joke
chalaceiro *s. m.* jester, joker, jeerer
chalacista *s. m. e f.* jester, joker, jeerer
chalaço *s. m.* ⇒ **chalão**
chalado *adj.* [coloq.] slightly crazy, queer, silly, foolish
chalão *s. m.* vessel used for maritime (or river) works
chalar *v. intr.* [pop.] to become useless
chalé *s. m.* cottage
chaleira *s. f.* kettle; NÁUTICA ***chaleira de baldes*** bucket rack
chaleirar *v. tr.* to flatter, to wheedle; to fawn
chaliço *s. m.* snook, robalo
chalota *s. f.* BOTÂNICA scallion, shallot
chalrão *s. m.* fish belonging to the order *Teleostei*
chalrar *v. intr.* ⇒ **chalrear**
chalreada *s. f.* chirping, warbling, twittering; chattering
chalreador *s. m.* babbler; chatterer, chatterbox; endless talker
chalreadura *s. f.* ⇒ **chalreada**
chalrear *v. intr.* to chirp, to twitter, to warble; to chatter
chalreio *s. m.* ⇒ **chalreada**
chalreta *s. f.* kingfisher, halcyon
chalrote *s. m.* the bark of a pine-tree
chalupa *s. f.* cutter, sloop; ***chalupa de comércio*** longboat; [pop.] ***chalupa de recreio*** ketch, ordinary boat
chama *s. f.* flame, blaze, fire; light; [fig.] ardour, fire, passion, heat; ***atear a chama*** to fan the flame; ***chama ligeira*** lambent flame; ***chama luminosa*** luminous flame; ***irromper em chamas*** to burst into flame; NÁUTICA ***chama direita (de caldeira)*** direct flame (of boiler); ***chama invertida (de caldeira)*** return flame (or boiler); ***chama de retorno (de artilharia)*** return flame (of gun); ***chama de gás*** gas-jet; ***em chama*** ablaze; ***não há fumo sem chama*** no smoke without fire
chamada *s. f.* call; marginal note; MILITAR call; roll-call, muster, note; *pl.* curtains (theatre); MILITAR ***fazer a chamada*** to call the roll, to muster; ***chamada local (telefone)*** local call; ***à primeira chamada*** at call; ***chamada de emergência*** emergency call; ***chamada interurbana*** long-distance call; ***chamada tronca*** trunk call
chamadeira *s. f.* ⇒ **chamariz**
chamado *adj.* said, called, so-called, named, summoned
chamadoiro *s. m.* ⇒ **chamadouro**
chamador *s. m.* caller, summoner; town-crier
chamadouro *s. m.* the act of calling, calling
chamalote *s. m.* camlet, camel's hair cloth; wave, wavy lines, water-lines
chamamento *s. m.* calling; convocation; recall (signal); ⇒ **chamada**
chamar Ⓐ *v. tr. e intr.* to call, to summon; to convoke, to assemble; to muster; to call for, to send for; to name, to denominate, to term; to dub; to appoint, to designate; to cry out; to allure, to attract Ⓑ *v. refl.* to be named; to be called; to demand, to require; ***chamar por socorro*** to call for help; ***chamar o médico*** to send for the doctor; ***mandar chamar*** to send for; ***chamar nomes*** to call names; ***chamar por*** to shout for; ***chamar a atenção para*** to call attention to; ***chamar à ordem*** to call to order; ***não se esqueça de me chamar às 7 horas*** don't forget to call me at 7 o'clock; ***chamar à parte*** to call aside; ***chamar a miúdo*** to call often; ***chamar à lição*** to hear a pupil's lesson; ***fui chamado à lição*** I was called on to say my lesson; ***como te chamas?*** what is your name?; ***como se chama (se diz) isto em inglês?*** what do you call this in English?; ***chamar a juízo*** to

call before the judge; ***chamar alguém a prestar contas*** to call someone into question; ***chamar a capítulo*** to scold roudly; NÁUTICA ***chamar à fala (navio)*** to hail (ship), to challenge; ***chamar à faina*** to pipe (the men) to work; ***chamar a si a responsabilidade*** to shoulder responsibility; ***chamar um táxi*** to hail a taxi

chamariz *s. m.* call-bird, decoy; bait, lure, allurement, attraction, advertisement

chá-mate *s. m.* mate, maté, Paraguay and Brazil tea

chamativo *adj.* appealing, engaging, enticing; showy, flashy

chambã *s. f.* ⇒ **chambão**

chambão Ⓐ *s. m.* slender leg; beef of inferior quality Ⓑ *adj.* clumsy, coarse

chambaril *s. m.* stick with which the legs of the swine are pierced after being slaughtered

chambas *s. m.* [reg.] awkward and stupid fellow

chambo *s. m.* hemp (plant)

chamboado *adj.* coarse, rough, rude

chamboíce *s. f.* rudeness, coarseness, clumsiness

chambre *s. m.* morning-gown; négligé; dressing-gown

chamejante *adj.* burning, sparkling, flaming, glowing; blazing, ablaze

chamejar *v. tr. e intr.* to flame, to sparkle, to glow; to blaze; to dart

chamelote *s. m.* ⇒ **chamalote**

chãmente *adv.* plainly, simply

chamiça *s. f.* BOTÂNICA a variety of wild rush, matweed; a string (or rope) made of matweed fibers

chamiceiro *s. m.* maker (or seller) of matweed articles

chamiço *s. m.* kindling, small brushwood, small sticks (or twigs)

chaminé *s. f.* chimney; funnel (of a ship); stove-pipe, chimney flue; the vent in the earth's crust forming a volcano; ***chaminé de um navio*** funnel, smoke stack (of a ship); ***chaminé de fábrica*** factory chimney; ***guarda da chaminé*** funnel cape; ***tampa da chaminé*** funnel cover (or hood); ***cano de chaminé*** chimney flue

chamorro Ⓐ *s. m.* contemptuous nickname formerly given to the Portuguese by the Spaniards, because they had shaven faces and short cut hair Ⓑ *adj.* shorn, shaved, shaven

chamotim *s. m.* crack, caresses of the fingers on somebody's head

champanha *s. m.* champagne

champanhe *s. m.* champagne

champanhizar *v. tr.* to give the characteristics of champagne

champil *s. m.* bit of cork where the bait pidgeon stands in the trap for wild pidgeons

champô *s. m.* shampoo

chamusca *s. f.* singeing, slight burn

chamuscada *s. f.* ⇒ **chamusca**

chamuscadela *s. f.* singeing, scorching

chamuscadoiro *s. m.* scorch-place

chamuscador Ⓐ *s. m.* one who singes Ⓑ *adj.* singeing

chamuscadouro *s. m.* scorch-place

chamuscadura *s. f.* ⇒ **chamusca**

chamuscar *v. tr.* to singe, to burn, to scorch lightly, to char; ***chamuscar o cabelo*** to singe the hair; ***chamuscar um porco*** to singe a pig

chamusco *s. m.* singeing; ***cheirar a chamusco*** to smell something singeing

chanca *s. f.* brogue, clog; big and badly shaped foot

chança *s. f.* jest, taunt, sarcasm, scoff, sneer, mock

chancada *s. f.* heavy pace, stump, trudge

chançarina *s. f.* sea bream

chançarona *s. f.* ⇒ **chançarina**

chancear *v. intr.* to jest, to taunt, to jeer, to ridicule, to mock

chanceiro *s. m.* scoffer, jester, mocker

chancela *s. f.* seal; the great seal; signet; stamp; signature; ***assinar de chancela*** to sign with a rubber-stamp

chancelar *v. tr.* to seal, to rubber-stamp, to stamp, to sign

chancelaria *s. f.* chancery; chancellorship (office); chancellary

chanceler *s. m.* chancellor; secretary, chief minister

chanceler-mor *s. m.* head-chancellor, principal magistrate

chancudo *adj.* brogued, clogged; having big and badly shaped feet

chançudo *adj.* presumptous, arrogant, conceited, pretentious

chaneza *s. f.* plain, low, level ground; frankness, sincerity; plain-dealing

chanfalhada *s. f.* stroke (or blow) with an old sword

chanfalhão *s. m.* big knife; big old rusty sword

chanfalhar *v. intr.* to fence using an old rusty sword; to brandish an old sword; [pop.] to make fun; [reg.] to play out of tune

chanfalho *s. m.* old and rusty sword; blunt knife; old out of tune musical instrument

chanfana *s. f.* CULINÁRIA a typical Portuguese dish; [pop.] badly cooked food

chanfaneiro *s. m.* proprietor of a cheap cook-shop, tavern keeper

chanfrado *adj.* chamfered, grooved, bevelled; [fig.] fool

chanfrador *s. m.* chamfering plane, chaser

chanfradura *s. f.* chamfer; groove, bevel, notch, chamfered edge

chanfrar *v. tr.* to chamfer, to groove, to bevel, to flute

chanfro *s. m.* cut, bevel, chamfer

changueiro *s. m.* horse that doesn't know how to run well

chaníssimo *adj.* most even; most sincere; most humble

chanqueiro *s. m.* a person who sells clogs (or ordinary shoes)

chanqueta *s. f.* a kind of moccasin

chanta *s. f.* a twig (or branch) used for planting (cutting)

chantadura *s. f.* the plantation of cuttings

chantagem *s. f.* blackmail; ***fazer chantagem*** to blackmail

chantajar *v. intr.* to blackmail

chantão *s. m.* ⇒ **chanta**

chantar *v. tr.* to stick (something) in the ground; to plant a cutting

chantel *s. m.* the last piece mounted on a barrel (or vat) when being made

chantoeira *s. f.* ⇒ **chantadura**

chantrado *s. m.* dignity of a chanter

chantre *s. m.* chanter; cantor, precentor, chorister; singing-man

chantria *s. f.* office and dignity of a precentor

chão Ⓐ *s. m.* floor; ground; soil Ⓑ *adj.* level; even, flat; smooth; sincere, plain, simple; humble, frank, open; ***chão que deu uvas*** squeezed orange; ***deitar ao chão*** to throw down; ***apanhar do chão*** to pick up; ***atirar qualquer coisa para o chão*** to throw something to the floor (ground); ***mar chão*** smooth sea

chapa *s. f.* plate, plate iron; metal-sheet, lamina, plaque, layer; paten; photographic paper; negative; insignia; badge of office; glass, pane, foil; ***chapa tubular*** tube plate; ***chapa galvanizada*** galvanized iron; ***chapa ondulada*** corrugated iron; ***chapa de blindagem*** armour-plate; ***chapa de cobre*** copper sheet; ***chapa de consolidação*** tie plate; ***chapa dobrada*** double plate; ***chapa ondulada de zinco*** corrugated zinc sheet; ***chapa de frente*** face plate; ***chapa laminada*** rolled plate; ***chapa de malhete*** dovetail; ***chapa com nervuras*** ribbed plate; ***chapa de quilha*** keel plate; ***chapa de reforço*** stiffening plate; ***chapa de vidro*** plate glass; ***chapa sobreposta*** raised plate; ***latão em chapa*** brass plate; ***chapa de ferro*** iron sheet; ***chapa delgada*** thin plate; ***chapa grossa*** thick plate; ***chapa de aço*** steel plate; ***chapa de matrícula*** number plate, license plate

chapaçal *s. m.* [reg.] marshy place, slough, puddle, mire
chapaceiro *s. m.* [Bras.] ⇒ **chapaçal**
chapada *s. f.* blow, stroke; tableland; clearing; a splash
chapadinho *adj.* exact, perfect
chapado *adj.* [pop.] plated; stark, absolute, sheer, downright; ***tolo chapado*** perfect fool, rank fool; ***doido chapado*** stark mad; ***tolice chapada*** downright nonsense
chapar *v. tr. e refl.* to plate; to overlay with a coat of metal; to fall flat; ***chapar-se no chão*** to measure one's length on the ground
chaparia *s. f.* plating, plates; a lot of sheet metal
chaparra *s. f.* ⇒ **chaparro**
chaparral *s. m.* wood of young cork-oak-trees
chaparreiro *s. m.* ⇒ **chaparro**
chaparro *s. m.* young cork-oak
chapa-testa *s. f.* striking plate (of a lock)
chape Ⓐ *s. m.* a blow on the surface of the water; a splashing noise, splash Ⓑ *interj.* splash!, plash!, clap!, slap!
chapeado *adj.* plated; veneered
chapear *v. tr.* to plate; to veneer
chapeirada *s. f.* a hatful, a kettleful
chapeirão *s. m.* a hat with a broad brim; hat, hood; a reef (or ridge) of sand lying near the surface of the water
chapejar *v. tr. e intr.* to paddle, to splash, to plash
chapelada *s. f.* hatful; salute (with the hat); ***tirar uma chapelada*** to raise one's hat, to make a salutation to
chapelão *s. m.* a big (or broad-brimmed) hat
chapelaria *s. f.* hatter's (shop), hattery; millinery, millinery shop
chapeleira *s. f.* hat-box, milliner
chapeleiro *s. m.* hatter, hatmaker
chapeleta *s. f.* a little hat; valve flap leather, ricochet; a blow on the head; red cheeks
chapelete *s. m.* little hat
chapelina *s. f.* hat worn by women from the region of Douro river
chapelinha *s. f.* woman's hat decorated with flowers and plumes
chapelinho *s. m.* little hat
chapelório *s. m.* ordinary broad brimmed hat
chapéu *s. m.* hat; umbrella; upper part of the mushroom; shelter; ***reenformar um chapéu*** to reblock a hat; ***chapéu colonial*** topi, topee; ***levar a mão ao chapéu*** to touch one's hat; ***tirar o chapéu*** to take off (to raise) one's hat; ***lá vai o meu chapéu!*** there goes my hat!; ***estar de chapéu na mão*** to be hat in hand; ***de chapéu na mão*** with one's hat off; ***tirem os chapéus!*** hats off!; ***pôr o chapéu*** to put on one's hat; ***pôr o chapéu à banda*** to cock one's hat over one's ear; ***inclinar o chapéu*** to cock one's hat; ***chapéu de coco*** bowler, derby; ***chapéu mole*** soft hat; ***chapéu alto*** top-hat, silk-hat; ***chapéu de palha*** straw hat; ***fita de chapéu*** hat-band; ***chapéu de aba larga*** wide-brimmed hat; ***molde de chapéu*** hat block; ***cabide para chapéus*** hat-rack; ***escova de chapéus*** hat brush; ***chapéu armado*** cocked-hat; ***chapéu de eclesiástico*** shovel hat; ***chapéu à maruja*** sailor hat; ***chapéu de cardeal*** scarlet hat; ***com o chapéu na cabeça*** with one's hat on; ***chapéu desabado*** slouch hat; NÁUTICA ***chapéu de cabrestante*** drumhead (trundlehead) of capstan; ***chapéu de palha dura*** boater
chapéu-de-chuva *s. m.* umbrella
chapéu-de-sol *s. m.* sunshade
chapiçada *s. f.* ⇒ **borrifadela**
chapiçar *v. tr.* ⇒ **borrifar**
chapim *s. m.* slipper; skate; support; ORNITOLOGIA titmouse
chapinar *v. tr. e intr.* ⇒ **chapinhar**
chapineiro *s. m.* a manufacturer (or vendor) of slippers; ⇒ **chapinheiro**
chapinhada *s. f.* the act of splashing
chapinhar *v. tr. e intr.* to dabble, to splash about; to paddle; to wade
chapinheiro *s. m.* bog, mire; a shallow place in a body of water
chapiscar *v. tr.* ⇒ **chapinhar**
chapisco *s. m.* the act of splashing; liquid that splashes as the effect of the water being struck
chapitéu *s. m.* forepeak, afterpeak
chapoda *s. f.* ⇒ **poda**
chapodar *v. tr.* to prune (plants); to cut off
chapota *s. f.* act of pruning
chapotamento *s. m.* act of pruning
chapotar *v. tr.* ⇒ **chapodar**
chapuz *s. m.* wooden-plug, dowel; ***chapuz (reforço de convés)*** partner
chapuzar *v. tr.* to throw someone into the water head foremost; to place with the head downwards
chara *s. f.* (Orient) habit, manner of living, custom
charabã *s. m.* char-à-banc, motor-coach
charada *s. f.* charade; riddle; puzzle; [fig.] problem
charadear *v. intr.* to make charades; to solve charades
charadista *s. m. e f.* guesser (or maker) of charades; charade-maker; charadist
charadístico *adj.* charadistic(al)
charadomaníaco *s. m.* a person who has an uncontrollable desire to solve charades
charamba *s. f.* [reg., Açor.] a popular folk dance
charamela *s. f.* MÚSICA ancient type of flute (shawm, oboe)
charameleiro *s. m.* flute-(shawm-, oboe-)player
charanga *s. f.* brass-band; fanfare
charangueiro *s. m.* player of a brass band, bugler
charão *s. m.* lacker, lacquer
charca *s. f.* puddle, small dirty pool
charco *s. m.* puddle, small dirty pool; ***charco de sangue*** pool of blood
charcoso *adj.* stagnant, marshy, swampy
charcutaria *s. f.* delicatessen shop, sausage shop; meat shop
charcuteria *s. f.* delicatessen shop, sausage shop; meat shop
chardas *s. f. pl.* MÚSICA czardas (Hungarian dance)
charivari *s. m.* charivari, hubbub, babel of noise; disorder, tumult
charla *s. f.* tattle, chatter, prattle
charlador *s. m.* prattler, chatterbox
charlar *v. intr.* to tattle, to prattle, to chatter, to jabber
charlatanaria *s. f.* charlatanry, quackery; cheating, fraud
charlatanear *v. intr.* to act like a charlatan; to illude; to cheat, to dupe
charlatanesco *adj.* quackish
charlatanice *s. f.* charlatanism, quackery
charlatanismo *s. m.* ⇒ **charlatanice**
charlatão *s. m.* charlatan, quack, impostor in medicine; ***um perfeito charlatão*** a regular quack, a medicaster
charlataria *s. f.* ⇒ **charlatanaria**
charlateira *s. f.* MILITAR epaulet(te)
charló *s. m.* a person who walks like Charlie Chaplin in his silent films; ***à «charló»*** like Chaplin's moustache
charlota *s. f.* charlotte, a kind of pudding, fruit-cake
charme *s. m.* charm, appeal, glamour, enchantment; ***fazer charme*** to be nice, to use one's charm
charmoso *adj.* charming, appealing, glamorous
charneca *s. f.* moor; heath; barren (sandy) land
charneco *s. m.* blue magpie
charneira *s. f.* hinge, joint, folding-joint; sphincter muscle of a shellfish or clam; short strap to which a shoe-buckle is sewn; ANATOMIA ginglymus
charnequeiro *adj.* living on the heath; referring to the heath
charnequenho *adj.* ⇒ **charnequeiro**

charoar *v. tr.* ⇒ **acharoar**
charola *s. f.* niche; a bier to carry statues in procession; ***levar de charola*** to carry in triumph, to chair
charoleiro *s. m.* a person who makes biers to carry statues in processions
charpa *s. f.* scarf; sling; sash, band
charque *s. m.* salted and dried meat, jerked beef, junk
charqueação *s. f.* act (or process) of jerking (beef)
charqueada *s. f.* place where jerked beef is made
charqueador *s. m.* manufacturer of jerked beef
charquear *v. tr.* to jerk salt and dry meat
charqueio *s. m.* act (or process) of jerking
charramente *adv.* roughly, rudely, coarsely
charrasca *s. f.* black-cap (bird)
charro Ⓐ *adj.* rustic; coarse; ill-bred Ⓑ *s. m.* [coloq.] a joint
charrua *s. f.* plough; ***charrua plantadora*** plougher and planter
charruadeira *s. f.* large plough with more than one mould-board, mould-board plough
charruar *v. tr.* to plough
charutaria *s. f.* cigar shop, tobacconist's; tobacco shop
charuteira *s. f.* cigar-case
charuteiro *s. m.* cigar-maker
charuto *s. m.* cigar; NÁUTICA sculler, skiff; ***boquilha de charuto*** cigar-holder; ***fabricante de charutos*** cigar-maker
charuto-do-rei *s. m.* wild tobacco
chasco *s. m.* biting jest, sarcasm; ORNITOLOGIA stone-chatter; fleer, flout
chasqueador *s. m.* banterer; trickster, scoffer, teaser
chasquear *v. tr. e intr.* to banter, to chaff, to jest at, to joke
chasqueio *s. m.* banter
chasquilho *s. m.* ⇒ **alma-de-mestre**
chata *s. f.* NÁUTICA punt, flatboat, barge
chateação *s. f.* [fam.] act of annoying; importunity, bother
chateado *adj.* angry, mad, cross, irritated
chateamento *s. m.* [fam.] act of annoying; importunity, bother
chatear *v. tr.* [fam.] to annoy, to bore, to bother, to plague, to pester
chateza *s. f.* flatness; vulgarity
chatice *s. f.* [fam.] boredom; nuisance
chatim *s. m.* crooked dealer; swindler
chatinador *s. m.* ⇒ **chatim**
chatinar *v. intr.* to deal crookedly; to traffic, to swindle, to deceive
chato Ⓐ *adj.* flat; smooth, even; [pop.] importunate, annoying; ***nariz chato*** flat nose; ***chato como um prato*** as flat as a pancake; Ⓑ *s. m.* ZOOLOGIA crab-louse
chauvinismo *s. m.* chauvinism
chauvinista Ⓐ *s. m. e f.* chauvinist Ⓑ *adj.* chauvinistic(al)
chavádego *s. m.* [arc.] tithe
chavão *s. m.* a large key; cake mould; model, pattern; formule; platitude; author or work of great authority
chavaria *s. f.* lot of keys
chavascal *s. m.* filthy place; pigsty, barren land; thicket of briars
chavascar *v. tr.* to bungle, to botch; to make in an imperfect manner
chavasco *adj.* rough, coarse, bungled, imperfect
chavasqueiro *s. m.* ⇒ **chavascal**
chavasquice *s. f.* rudeness, coarseness; imperfect work
chave *s. f.* key; spanner, wrench; ***chave de porcas*** spanner; ***chave de parafusos (de fendas)*** screw-driver; ***chave de duas bocas*** double-ended spanner; ***chave de boca*** opened spanner, coach-wrench; ***chave de tubos*** pipe-wrench; ***chave de uniões (de mangueiras)*** horse wrench; ***chave de trinco*** latch-key; VETERINÁRIA ***chave da mão*** part of pig's leg; ***chave falsa*** master key, skeleton-key, double key; ***chave de um mistério*** key to a mystery; ***chave para decifrar*** cipher-key; ***chave da abóboda*** key-stone of a vault, arch-stone; ***chave oblíqua*** bent spanner; ***chave de torneiro*** cock-spanner; ***molho de chaves*** bunch of keys; ***fechar a sete chaves*** to put under lock and key; ***dar a volta à chave*** to turn the key; ***fechar à chave*** to lock up; ***deixar a chave na fechadura*** to leave the key in the lock; ***chave de afinar*** tuning hammer; ***fechar com chave de ouro*** to bring to a good end
chave-inglesa *s. f.* adjustable spanner, monkey-wrench
chaveira *s. f.* VETERINÁRIA cysticercosis (pork and ox measles)
chaveirão *s. m.* a large key; chevron
chaveiro *s. m.* key-rack; key-keeper
chavelha *s. f.* peg, pin, plug; beam of a plough or carriage
chavelhal *s. m.* hole for the beam of a cart (or plough)
chavelhão *s. m.* iron pole-pin; iron axle-pin of a plough
chavelho *s. m.* horn; feeler; tentacle; defense
chavelhudo Ⓐ *adj.* horned Ⓑ *s. m.* the devil
chávena *s. f.* cup; ***chávena do café*** coffee-cup; ***uma chávena de café*** a cup of coffee; ***uma chávena de chá*** a cup of tea; ***meia chávena*** half a cup
chaveta *s. f.* cotter-pin, cross key, slot key, pin, axle-pin; ***chaveta de passar*** through key; ***chaveta de curva*** saddle-key
chavetar *v. tr.* to key, to wedge, to drive a wedge; to fasten with a cotter-pin
chavo *s. m.* brass farthing, any small coin; ***não ter um chavo*** to be penniless, to be broke; ***não valer um chavo*** to be worthless
chazada *s. f.* a cup of tea; a medicinal tea (or brew)
chazeiro Ⓐ *s. m.* tea-shrub Ⓑ *adj.* fond of tea
chazista *adj.* fond of tea
ché! *interj.* don't tell me!, hooey!, nonsense!
cheadas *s. f. pl.* ⇒ **chedas**
checo *s. m., adj.* Czech, Czechoslovak(ian)
checoslovaco *s. m., adj.* Czech, Czechoslovak(ian)
chedas *s. f. pl.* the sideboards of a cart (or wag(g)on)
chede *s. m.* ORNITOLOGIA wren
chedeiro *s. m.* the floor timbers of an oxcart (or wag(g)on)
chedre *s. m.* ⇒ **chede**
chefatura *s. f.* ⇒ **chefia**
chefe *s. m.* chief, head, master, leader; principal, commander, captain; manager, director, conductor; authority; provost; ***chefe de turma*** head-boy; ***chefe supremo das forças armadas*** supreme chief of armed forces; ***chefe de banda*** bandmaster; ***chefe da redacção*** editor of an office; ***chefe de repartição*** head (chief) of an office; ***chefe de secção*** head (chief of a department); ***chefe de serviço*** service manager; ***chefe de oficina*** head foreman; ***chefe de uma firma*** director, principal; ***chefe de contabilidade*** accountant; ***chefe de peça*** captain of a gun; NÁUTICA ***chefe de quarto*** chief of the watch, watch-keeper; ***chefe de estação*** stationmaster; ***chefe de família*** head of the household
chefia *s. f.* leadership; command; managership; chieftaincy
chefiar *v. tr.* to command, to lead, to direct; to conduct; to manage, to head; to be the boss
chega Ⓐ *s. f.* [fam.] censure, reprimand, upbraiding Ⓑ *interj.* enough!, stop that!
chegada *s. f.* arrival, advent, forthcoming; ***chegada a casa (à praia)*** home-coming; ***à chegada*** on arrival, on arriving; ***chegada a salvamento*** safe arrival; ***chegada ao hotel*** arrival at the hotel
chegadeira *s. f.* a blacksmith's coal shovel, fire-tongs; panderess, procuress
chegadela *s. f.* rebuke, reprimand, censure; spanking, beating; approach
chegado *adj.* arrived; near, intimate, close, contiguous, nigh; allied; ***chegado o momento propício*** when a favourable opportunity occurs (arises); NÁUTICA ***mais chegado*** nigher; ***chegado ao vento*** by the wind, on the wind
chegador *s. m.* trimmer; stoker
chegamento *s. m.* arrival; drawing near (or closer)

chegançço *s. m.* reprimand, rebuke
chegante *adj.* arriving; immediate
chegar Ⓐ *v. intr.* to arrive, to reach, to come to; to land; to attain; to turn up; to suffice, to be enough (or sufficient); to be equal to, to match; to conclude; to amount to Ⓑ *v. refl.* to come near, to approach; ***chegar mesmo à hora*** to be only just in time; ***chegar a bom porto*** to arrive safely; ***chegar a um acordo*** to come to an understanding; ***chegar com muita demora*** to arrive after a long delay; ***chegar são e salvo*** to arrive safe and sound; ***chegar tarde*** to come late; ***chegar oportunamente*** to arrive in due time; NÁUTICA ***chegar-se ao vento*** to close to the wind; ***chegar-se à terra*** to haul in, to raise the land; ***chegar à fala*** to speak; ***chegar no vapor*** to arrive on the steamer; ***chegar a um lugar*** to arrive at a place; ***chegar a uma conclusão*** to come to a conclusion; ***chegar ao seu destino*** to reach one's destination; ***chegar no comboio das dez horas*** to arrive by the ten o'clock train; ***chegar ao fim*** to finish, to reach the end; [fam.] ***chegar a roupa ao pêlo a*** to thrash; ***é um que chega para ele*** he is one too many for him; ***chegar quase no fim (de um acontecimento sensacional)*** to be at the death; ***chegar ao conhecimento*** to come to one's knowledge; ***o primeiro que chega é o primeiro a ser servido*** first come, first served; ***ao chegar a*** on arriving at; ***quando ele cá chegar*** by the time he gets here; ***onde quer ele chegar?*** what is he driving at?; ***chegar no fim da reunião*** to come in at the tail-end of the meeting; ***chega!*** that's enough!, that'll do!; ***chegar a vias de facto (lutar corpo a corpo)*** to come to close quarters; ***o comboio chega às três horas*** the train is due at three o'clock
cheia *s. f.* inundation, flood, overflow, rise; increase; abundance; crowd
cheio *adj.* full; filled up; replete; satiate(d); abounding; complete, entire; copious, plentiful, abundant; large, broad, extensive; strong, loud; thick, compact; fat; ***com a boca cheia*** with full mouth; ***em cheio*** in the middle, fully, completely; ***lua cheia*** full moon; ***maré cheia*** flood-tide, high-tide; ***cheio até à borda*** full to the brim, brimmed, top-full; ***estar cheio (repleto)*** to be full to the brim; ***estar cheio (farto)*** to be fed up (to the teeth); ***um quarto cheio de mobília*** a room full of furniture; ***algibeiras cheias de dinheiro*** pockets full of money; ***ele tem cara cheia*** he is rather full in the face; ***uma mala cheia de mais*** a box full to overflowing; NÁUTICA ***andar em cheio*** to keep full; ***cheio!*** keep her full!, off the wind!; ***cheio de ervas daninhas*** weedy; ***ele atingiu-o em cheio na cara*** he hit him full in the face; [coloq.] ***cheio da nota*** rich, loaded
cheira *s. m. e f.* a meddlesome (or inquisitive) person
cheirar *v. tr. e intr.* to smell, to scent, to snuff, to snuffle; to investigate; to detect; to conjecture, to guess; to pry, to inspect, to scrutinize; ***cheirar a*** to smell of; ***cheirar a rosas*** to smell of roses; ***cheirar a cânfora*** to smell of camphor; ***cheirar bem*** to smell good; ***cheira muito mal aqui*** it smells nasty here; [coloq.] ***isto não me cheira bem!*** there's something fishy about this!; ***cheirar uma flor*** to smell a flower; ***cheirar um ramo de flores*** to smell a bunch of flowers; ***cheirar o lenço*** to scent one's handkerchief
cheireta *s. m. e f.* ⇒ **cheira**
cheirete *s. m.* stink, strong offensive smell
cheiricar *v. tr. e intr.* to poke one's nose, to look curiously; to pry
cheirinha *s. m. e f.* ⇒ **cheira**
cheirinho *s. m.* perfume, sweet smell
cheiro *s. m.* smell, scent; odour, aroma, perfume, fragrance, trace, vestige, clue; ***água de cheiro*** scented water; ***cheiro a mofo*** musty smell; ***cheiro desagradável*** offensive smell; ***cheiro agradável*** sweet smell; ***mau cheiro*** bad smell; ***não ter cheiro*** to have no smell; ***ervilha de cheiro*** sweet-pea
cheiroga *s. f.* ⇒ **queiroga**
cheiroso *adj.* odorous, odoriferous, scented, perfumed, fragrant; smelly
cheirum *s. m.* bad-smell, fetor, stink
chela *s. f.* cotton fabric worn in East Africa and India
cheldra *s. f.* bird belonging to the family *Silviidae*
cheleira *s. f.* ammunition locker in a battleship
chelpa *s. f.* [cal.] money
chelpudo *adj.* [cal.] rich, wealthy
chena *s. f.* ⇒ **cadeia**
cheque *s. m.* (bank) cheque; ***cheque cruzado*** crossed-cheque; ***cheque em branco*** blank cheque; ***caderneta de cheques*** cheque-book; ***cheque ao portador*** bearer-cheque; ***cheque à ordem*** cheque to order; ***cheque de viagem*** traveller's cheque; ***cheque sem cobertura*** [cal.] stumer, bounced cheque, dud cheque; ***cheque sem fundos*** uncovered cheque, rubber cheque
cherivia *s. f.* BOTÂNICA parsnip
cherne *s. m.* ICTIOLOGIA kind of turbot, black jewfish
cherovia *s. f.* ⇒ **cherivia**
cheruvia *s. f.* ⇒ **cherivia**
cheta *s. f.* [fam.] brass farthing, small coin; ***não ter cheta*** to be penniless, to be broke
cheviote *s. m.* cheviot, cotton (or wool) fabric
chiada *s. f.* creaking, squeaking; noise, uproar, hubbub
chiadeira *s. f.* creaking, squeaking; noise, uproar, hubbub
chiado *s. m.* chirping (of birds); squeaking, screaking, shrill sound
chiadoiro *s. m.* ⇒ **chiadouro**
chiador *adj.* creaking
chiadouro *s. m.* ⇒ **chiadeira**; hoarseness
chiadura *s. f.* ⇒ **chiada**
chiar *v. intr.* to creak; to squeak; to chirp; to hiss, to sizzle
chiba *s. f.* young goat, kid; blister on a hand; drunkness; indigestion
chibança *s. f.* [pop.] boasting, bragging
chibantaria *s. f.* boast, act of bragging, vaingloriousness
chibante *adj.* boastful, bragging, vaunting; smart
chibantear *v. intr.* to brag, to boast, to vaunt
chibantice *s. f.* haughtiness; boastful act (or saying)
chibar *v. intr.* ⇒ **chibantear**
chibarra *s. f.* [reg., Mad.] wanton woman; a licentious, unchaste or lascivious woman, a tart
chibarrada *s. f.* flock of he-goats
chibarreiro *s. m.* goatherd
chibarro *s. m.* young castrated he-goat
chibata *s. f.* switch, rod, birch, stick, cane
chibatada *s. f.* blow with a switch
chibatão *s. m.* big rod (or switch)
chibatar *v. tr.* to strike, to swish; to switch
chibato *s. m.* young he-goat; ⇒ **chibarro**
chibeiro *s. m.* goatherd
chibéu *s. m.* ⇒ **chibarro**
chibo *s. m.* kid, young buck
chica *s. f.* a lascivious Negro dance; a strong alcoholic drink flavoured with herbs; [pop.] saw; menstruation
chiça! *interj.* [cal.] what the devil!, rubbish!, my foot!, never!, nonsense!; get out!
chicana *s. f.* chicane, pettifogging, pettifoggery; ***fazer chicana*** to pettifog, to quibble
chicanar *v. tr.* to chicane, to pettifog, to quibble
chicaneiro *s. m.* pettifogger, quibbler; shuffling-fellow
chicanice *s. f.* pettifoggery; chicanery; sophistry
chicante *adj.* well-dressed, elegant
chicarola *s. f.* BOTÂNICA prickly lettuce; variety of chicory
chicha *s. f.* meat (in baby talk); a sweet-meat; interlinear translation (students' slang)
chichar *v. tr.* HISTÓRIA [arc.] to make interlinear translations on a book
chicharavelho *s. m.* ⇒ **chincharavelho**
chícharo *s. m.* BOTÂNICA chick-pea, chick vetch
chicharro *s. m.* ICTIOLOGIA large type of saurel, mackerel
chichi *s. m.* [fam.] pee, urine, piss

chichisbéu *s. m.* cicisbeo; recognized gallant of a married woman
chichorrobiar *v. intr.* [pop.] ⇒ **assobiar**
chico *s. m.* pet name applied to domestic monkeys; a pig; old gold coin of forty centavos
chiço *s. m.* girl who is learning to sew at a dressmaker's; [fam.] young girl (boy)
chico-preto *s. m.* ORNITOLOGIA a grackle
chi-coração *s. m.* [pop.] ⇒ **abraço**
chicória *s. f.* BOTÂNICA endive, chicory; ***chicória brava*** wild chicory
chicotada *s. f.* stroke with a whip; lashing, flogging; ***dar chicotadas (um mastro)*** to shake (a mast)
chicotar *v. tr.* ⇒ **chicotear**
chicote *s. m.* whip, lash; ***fazer estalar um chicote*** to crack a whip; ***ponta do chicote*** whip-lash; NÁUTICA ***chicote de cabo*** end, rope's end; ***chicote desfiado (pendente)*** [fam.] Irish pennant; ***chicote sem falcaça*** fag-end
chicoteador *s. m.* whipper
chicoteamento *s. m.* whipping
chicotear *v. tr.* to whip; ***chicotear cavalos*** to whip horses
chieira *s. f.* ⇒ **chiada**; vanity, conceitedness
chieirento *adj.* vain, conceited
chifarote *s. m.* a short straight sword; popular dance
chifra *s. f.* an iron scraper used for leathersmoothing or book-binding
chifrada *s. f.* a horn thrust
chifrar *v. tr.* to scrape, to make smooth (with *chifra*), to gore with the horns
chifre *s. m.* horn; ***chifre de bigorna (cavalete)*** horn of anvil (beak)
chifrudo *adj.* having big horns
chiita *s. m. e f., adj.* Shiite; ***terrorista chiita*** Shiite terrorist
chila *s. f.* BOTÂNICA a variety of squash (gourd) used for sugared squash; variety of pumpkin
chilacaiota *s. f.* BOTÂNICA a variety of squash (gourd) used for sugared squash; variety of pumpkin
chilena *s. f.* [Bras.] very long spur; Chilian woman
chileno *s. m., adj.* Chilian
chili *s. m.* CULINÁRIA chilli; ***chili com carne*** chilli con carne
chilido *s. m.* peep, chirp, a peeping sound
chilindró *s. m.* [pop.] police-station; jail
chilique *s. m.* [pop.] faint, swoon, fit, seizure; syncope
chilrar *v. tr.* ⇒ **chilrear**
chilre *s. m.* ⇒ **chilreio**
chilreada *s. f.* chirping, twittering, warbling; chatter
chilreador *s. m., adj.* warbling; warbler, chirper; [fig.] chatterbox, prattler
chilreante *adj.* chirping, warbling
chilrear *v. intr.* to chirp, to warble, to twitter; to chatter
chilreio *s. m.* warble, twitter; ***o chilreio dos pardais*** the twitter of the sparrows
chilreta *s. f.* ORNITOLOGIA palmiped bird
chilro Ⓐ *s. m.* warble, twitter, chirping Ⓑ *adj.* tasteless, insipid, vapid; ***caldo chilro*** slosh; ***água chilra*** stale water; ***este chá é pura água chilra*** this tea is just dish-water
chim *s. m. e f.* ⇒ **chinês**
chimarra *s. f.* cassock; coat of sheepskin fur and wool
chimarrão *s. m.* roving cattle; maté (or other hot beverage) served without sugar
chimpanzé *s. m.* ZOOLOGIA chimpanzee
chimpar *v. tr.* [pop.] to deal a blow; to apply; to punch; ***chimpou-lhe um murro*** he punched him
china *s. m. e f.* Chinaman; native of China; Chinese
chinar *v. tr.* to fill the holes of a wall with stones and mortar, to trample; [pop.] to cut the coat, to steal the wallet
chinca *s. f.* enjoyment, use; lurch; indirect rebuke; a coarse allusion
chincada *s. f.* ⇒ **chinca**
chincadela *s. f.* enjoyment, use; lurch; indirect rebuke; a coarse allusion
chincalhação *s. f.* ⇒ **achincalhação**
chincalhada *s. f.* ⇒ **achincalhação**
chincalhão *s. m.* card game; siskin, chaffinch
chincalhar *v. tr.* to shake, to stir up; to tinkle; to rattle
chincar *v. tr.* to enjoy, to use up; to make stagger; to rebuke in a roundabout manner; to make a coarse allusion
chincha *s. f.* a small trawling net; ***chincha de poupa*** titmouse
chinchafóis *s. m.* ORNITOLOGIA bird belonging to the family *Silviidae*
chinchafol *s. m.* dandy, fop, swell
chinchafoles *s. m.* dandy, fop, swell
chinchalaré *s. m.* ORNITOLOGIA titmouse
chinchão *s. m.* [reg.] a small bird which sings *shin! shin!*
chincharavelho *s. m.* ICTIOLOGIA reed-warbler, warbler; [fig.] naughty child
chincharravelho *s. m.* ⇒ **chincharavelho**
chinchavarelho *s. m.* ⇒ **chincharavelho**
chinchila *s. f.* ZOOLOGIA chinchilla, small South America rodent; soft grey fur of chinchilla
chincho *s. m.* siskin
chinchona *s. f.* [reg.] female of the *chinchão;* BOTÂNICA quinquina
chinchorra *s. f.* small boat without keel
chinchorro *s. m.* sort of large fishing-net; fishing-boat
chincra *s. f.* ⇒ **boita (bird)**
chinela *s. f.* slipper
chinelada *s. f.* blow with a slipper
chineleiro Ⓐ *s. m.* slipper maker; rough fellow Ⓑ *adj.* despicable
chinelo *s. m.* slipper; ***meter alguém num chinelo*** to put someone's nose out of joint
chinês Ⓐ *s. m.* Chinese (language); Chinaman Ⓑ *adj.* Chinese
chinesada *s. f.* peculiar behaviour of a Chinese; knick-knack; trinket, gimcrack; whim
chinesice *s. f.* ⇒ **chinesada**
chinesismo *s. m.* peculiar behaviour of a Chinese; knick-knack; trinket, gimcrack; whim; Chinese expression or word
chinfrão *s. m.* an ancient Portuguese coin (about the value of 14 *réis*)
chinfrim *s. m.* row, shindy, uproar, squabble; ***fazer chinfrim*** to kick up a shindy
chinfrinada *s. f.* ⇒ **chinfrineira**
chinfrinar *v. intr.* to make a racket (clamour); to cause a disorder; to provoke; to disturb; to exasperate
chinfrineira *s. f.* uproar, hubbub, row; ***que chinfrineira!*** what a hubbub!
chinfrineiro *adj.* troublesome; mutinous; wild
chinguiço *s. m.* a pad for the back of the neck and shoulders worn by porters when carrying burdens hanging from the ends of a pole
chino *s. m., adj.* Chinese, Chinaman; guinea-pig; game
chinó *s. m.* wig, peruke, periwig
chinquilho *s. m.* game of quoits
chio *s. m.* creak, squeak, shriek
chiola *s. f.* [reg.] very old ox cart; *pl.* rough boots with wooden soles
chipante *s. m.* Asian pearl fishing boat
chipe *s. m.* pearl-oyster
chipo *s. m.* ⇒ **chipe**
chique *adj.* chic, stylish, smart, elegant
chiqueiro *s. m.* pigsty; dirty hovel
chiquismo *s. m.* smartness, stylishness, elegance
chireta *s. f.* ORNITOLOGIA manx sherwater
chiria *s. f.* ⇒ **lavandisca**
chirila *s. f.* ⇒ **lavandisca**

chirina *s. f.* ⇒ **lavandisca**
chirinola *s. f.* confusion, perplexity; complicated matter; rigmarole; trick; trap
chirivia *s. f.* ⇒ **cherivia**
chirreante *adj.* shrill; shrieking; resembling the cry of an owl
chirrear *v. intr.* to make a shrill noise; to shriek; to hoot (as an owl)
chirrobia *s. f.* ORNITOLOGIA corn bunting
chisca *s. f.* ⇒ **chisco**
chiscar *v. tr.* to eat a little; to taste
chisco *s. m.* small portion; bit
chisme *s. m.* gossip, intrigue; bedbug; *pl.* hunting or fishing tackle
chisnar *v. tr.* to burn, to parch, to scorch
chispa *s. f.* spark; [fig.] talent, genius
chispalhada *s. f.* CULINÁRIA dish consisting of pig's trotters (feet), beans and sausage
chispante *adj.* sparkling, fiery
chispar *v. intr.* to sparkle, to flash, to gleam, to beam; to blaze up, to fume
chispe *s. m.* pig's trotters (foot)
chisquinho *s. m.* [pop.] very small portion, little bit
chisquito *s. m.* ⇒ **chisquinho**
chiste *s. m.* witticism, jest; witty remark; stroke of wit
chistoso *adj.* witty, humorous, jocular
chita *s. f.* printed cotton
chitão *interj.* silence!, hush!, mum!, shut up!
choca *s. f.* kind of hockey; the ball used in the game; bell attached to the neck of a cow, cowbell; cow that guides the wild bulls
choça *s. f.* hut, hovel, cot; log-cabin
chocadeira *s. f.* brood-hen; incubator
chocagem *s. f.* act (or process) of hatching eggs
chocalhada *s. f.* jingling
chocalhar *v. tr. e intr.* to jingle; to shake a liquid; to let out secrets, to blab
chocalheira *s. f.* BOTÂNICA quaking grass
chocalheiro *s. m.* blabber, taleteller
chocalhice *s. f.* blabbing
chocalho *s. m.* cowbell; rattle; [fig.] gossip, chatterbox
chocar *v. tr. e intr.* to hatch, to incubate (eggs), to brood, hens sitting on eggs; to go broody; to collide, to strike against; to shock, to offend; to consider; to brood; to run against; ***fiquei chocado com a sua indiferença e cinismo*** I was shocked by his callousness and cynicism
chocarrear *v. intr.* to jest, to play the buffoon, to joke, to scoff
chocarreiramente *adv.* drolly, jestingly
chocarreiro *s. m.* jester; scoffer
chocarrice *s. f.* jesting, scoffing, jeering
chochar *v. intr.* to be (or to become) tasteless (empty or insignificant)
chochice *s. f.* insipidity, dul(l)ness, flatness; insignificance; weakness
chochinha *s. m. e f.* poor devil; sorry fellow; wretch
chocho Ⓐ *adj.* dry; empty; sapless, juiceless; addle (egg); weakened; worthless Ⓑ *s. m.* [fam.] kiss; ***chocho (de fundição)*** air-hole, blister, flaw, honeycomb (of casting); NÁUTICA ***com chochos*** flawed, flawy
choco Ⓐ *s. m.* brooding, hatching, incubation; a kind of cuttle-fish Ⓑ *adj.* broody, stagnant, addled; ***galinha choca*** sitting-hen; ***água choca*** stagnant water; ***ovo choco*** addled egg
chocolataria *s. f.* chocolate factory; place where chocolate is sold
chocolate *s. m.* chocolate; ***pau de chocolate*** cake of chocolate; ***tablete de chocolate*** slab of chocolate
chocolateira *s. f.* chocolate-pot
chocolateiro *s. m.* maker (or seller) of chocolate; cocoa planter (or dealer)
chofrada *s. f.* sudden blow (or shot)
chofrado *adj.* stimulated, shocked, scandalized
chofrar *v. tr. e refl.* to hit suddenly; to strike unexpectedly; to shoot dead; to offend, to pester
chofre *s. m.* sudden blow (or shot); impact of the cue on the billiard ball; ***de chofre*** unexpectedly, all of a sudden
chofreiro *adj.* rash; abrupt, overhasty
chofrista *s. m.* sportsman who shoots at close range (or suddenly)
choldra *s. f.* [pop.] a worthless thing; trifle; common people; crowd; hodge-podge
choldraboldra *s. f.* ⇒ **choldra**
chonão *s. m.* ⇒ **cascarra** (fish)
choninha *s. m. e f.* [coloq.] a good-for-nothing person; a stunted person
choninhas *s. m. e f.* ⇒ **choninha**
chope *s. m.* [Bras.] draught beer
chopim *s. m.* ⇒ **chupim**
choque *s. m.* shock; impact; collision; clash; crash; conflict; fright; blow; ELECTRICIDADE shock; ***choque eléctrico*** electric shock; ***aguentar o choque de*** to bear the brunt of; ***choque aéreo*** aerial collision; ***tropas de choque*** shock troops; ***foi um grande choque*** it was a great shock; ***à prova de choque*** shock-proof; ***um choque violento*** a rude shock; ***tratamento de choque*** shock therapy; ***polícia de choque*** riot police
choqueiro *s. m.* hen nest, hen house, brooding coop
choquento *adj.* hatching; broody; rotten; weak; indisposed; muddled, dirty
choquice *s. f.* brooding, hatching, incubation
choquilha *s. f.* ⇒ **chocalho**
chora Ⓐ *s. f.* weeping, wailing; act of crying Ⓑ *s. m.* whimperer, whiner
choradeira *s. f.* woman that weeps; mourner, weeper; complaint, lament, whimper; wailing, crying
choradinho Ⓐ *adj.* MÚSICA played (or sung) in a plangent tone; moaning, mournful Ⓑ *s. m.* plaintive music
chorado *adj.* bewailed, mourned, regretted, mornful, sad
chora-lua *s. m.* ORNITOLOGIA a goatsucker
choramigador *s. m.* ⇒ **choramingador**
choramigar *v. intr.* ⇒ **choramingar**
choramigas *s. m. e f.* ⇒ **choramingas**
choramingador *s. m.* whimperer, whiner, sniveller
choramingar *v. intr.* to snivel, to whimper, to whine, to moan, to wail
choramingas *s. m. e f.* sniveller, whimperer, whiner
choramingueiro *s. m.* sniveller, whimperer, whiner
chorão Ⓐ *s. m.* sniveller, weeper; cry-baby; BOTÂNICA weeping-willow, swamp-oak; ORNITOLOGIA a large parrot; ICTIOLOGIA a catfish Ⓑ *adj.* crying
chorar *v. tr. e intr.* to cry, to weep, to blubber; to mourn, to bewail, to lament, to moan, to repent, to regret; ***chorar lágrimas de sangue*** to shed bitter tears; ***chorar amargamente*** to cry one's eyes out; ***fazer chorar*** to move to tears; ***chorar como uma criança*** to cry like a child; ***desatar (romper) a chorar*** to burst into tears; ***chorar de alegria*** to weep for joy; ***chorar a perda de*** to weep for the loss of; ***chorar até mais não poder*** to weep till one can weep no more; ***chorar até adormecer*** to cry oneself to sleep; ***encontrei-a a chorar*** I found her in tears; ***passar o tempo a chorar*** to weep away the time; ***não adianta chorar*** crying will not help
choricas *s. m. e f.* ⇒ **choramingas**
chorina Ⓐ *s. f.* wig; BOTÂNICA plant of the family *Umbelliferae* Ⓑ *s. m. e f.* ⇒ **choramingas**
chorincar *v. intr.* to cry like a child; to whimper; to weep
chorincas *s. m. e f.* ⇒ **choramingas**

chorinco *s. m.* ⇒ **choro**
chorinhas *s. m. e f.* ⇒ **choramingas**
chorinquento *adj.* whimpering, crying
choro *s. m.* weeping; tears
chorona Ⓐ *s. f.* a weepy woman (or girl) Ⓑ *adj.* {*fem. de* **chorão**} ***criança chorona*** crying child
chorosamente *adv.* weepingly; tearfully
choroso *adj.* weeping, in tears
chorreira *s. f.* ⇒ **enxurrada**
chorreiro *s. m.* ⇒ **chorrilho**
chorrilhar *v. tr.* to talk a lot of nonsense
chorrilho *s. m.* series; ***um chorrilho de disparates*** a pack of nonsense
chorriscar *v. tr.* to toast, to grill
chorudo *adj.* ⌈pop.⌋ fleshy; substantial; lucrative, profitable; juicy, succulent; ***um emprego chorudo*** a lucrative employment
chorume *s. m.* juice, sap; fat; abundance; richness
chorumento *adj.* juicy, succulent
choupa *s. f.* ICTIOLOGIA kind of fish; two-edged knife for slaughtering cattle; metal point of a spear; BOTÂNICA a kind of tree similar to the poplar
choupada *s. f.* blow with a double-edged knife
choupal *s. m.* plantation of poplar-trees
choupana *s. f.* hunt, hovel, cabin, cottage; thatched house, stack
choupaneiro *s. m.* hut dweller, cottager
choupar *v. tr.* to slaughter with a double-edged knife (cattle)
choupeiro *s. m.* butcher
choupilo *s. m.* BOTÂNICA pennywort, navel-wort
choupo *s. m.* BOTÂNICA poplar; ***choupo branco*** white (silver) poplar
choura *s. f.* any of the two baskets which fishmongers carry on both ends of a pole
chouriça *s. f.* smoked pork sausage
chouriçada *s. f.* large quantity of sausages; string of sausages; smoking chamber
chouriceiro *s. m.* one who makes or sells pork sausages
chouriço *s. m.* smoked pork sausage; ***chouriço de sangue*** smoked pork blood sausage
chousa *s. f.* small fenced farm; fenced bushes
chousal *s. m.* sheep-pen
chousar *v. tr.* to fence (or enclose) a piece of barren land
chouseira *s. f.* ⇒ **chousa**
chouso *s. m.* sheep-pen; small fenced farm; small bushes
choussar *v. tr.* ⇒ **chousar**
chousseira *s. f.* ⇒ **chousa**
chousura *s. f.* ⇒ **chousa**
choutador *adj.* ⇒ **choutão**
choutão *adj.* that jogs along (horse)
choutar *v. intr.* to jog along (horse), to jog-trot, to trot hard
choutear *v. intr.* ⇒ **choutar**
chouteiro *adj.* ⇒ **choutão**
chouto *s. m.* jog-trot, jolting gait of a horse
chovediço *adj.* rainy, threatening rain
chovedio *adj.* ⇒ **chovediço**
chovedor *adj.* ⇒ **chovediço**
chover *v. intr.* to rain; ***chover a cântaros, chover a potes*** to rain cats and dogs, to rain in buckets, to teem down, to be pouring with rain; ***chover continuamente*** to rain from morning till night; ***chover torrencialmente*** to rain in torrents; ***está a começar a chover*** it is just starting to rain; ***se chover*** if it rains; ***se chovesse*** if it rained; ***deixou de chover*** it has left off raining, it has stopped raining; ***quer chova ou não*** rain or shine; ***é possível que chova amanhã*** it may rain tomorrow; ***choveu copiosamente todo o dia*** the rain poured down all day long; ***se chover esta tarde, não saio*** if it rains this afternoon I shall not go out; ***chove muito*** it is raining fast; ***chover muito*** to rain very hard; ***oxalá não chova amanhã*** I hope it will not rain tomorrow; ***não chove muito, apenas chuvisca*** it is not raining much, it is only spitting (or drizzling); ***choviam convites*** invitations poured in; ***as cartas choviam de todos os lados*** the letters poured in from all quarters; ***os telegramas choviam*** the telegrams came in showers; ***parece que vai chover*** it looks like rain
chovido *adj.* wet (moistened) by rain
chuanga *s. m.* ⌈Moçamb.⌋ mediator, intermediate; interpreter
chuca *s. f.* a kind of crow, rook
chuçada *s. f.* thrust with a pike, blow with a spear (or harpoon)
chuçar *v. tr.* to thrust with a pike
chucha *s. f.* feeding-bottle, titty; act of suckling; breast; ⌈fam.⌋ ***à chucha-calada*** by stealth
chuchadeira *s. f.* ⌈pop.⌋ sucking; good business; mockery, jeering
chuchado *adj.* sucked; thin, lean, lank
chuchar *v. tr. e intr.* to suck; to draw; ⌈pop.⌋ to mock, to jeer
chuchas *s. f.* BOTÂNICA spotted dead-nettle
chucho *s. m.* chill, shivering; recurrent fever
chuchu *s. m.* BOTÂNICA shaya-root, chay-root, chay, choy
chuchurreado *adj.* smacking (kisses)
chuchurrear *v. tr.* to drink slowly little by little; to drink with sucking noises
chuchurreio *s. m.* act of drinking slowly
chuchurrubiado *adj.* ⇒ **chuchurreado**
chuchuzeiro *s. m.* chay, choy
chuço *s. m.* pike, spear; ⌈pop.⌋ umbrella
chué *adj.* insignificant; ordinary; mean, evil; paltry; poorly dressed
chufa *s. f.* mockery; taunt, raillery, scoffing; jest, coarse joke; banter; BOTÂNICA chufa; a sweetmeat made from the sugared roots of the chufa sedge; a refresher made from the sweet sedge
chufar *v. tr. e intr.* to taunt, to rally, to chaff, to banter; to tell coarse jokes
chufista *s. m. e f.* joker; buffoon
chui *s. m.* ⌈cal.⌋ cop, copper, bogey
chula *s. f.* country-dance; popular dance music
chularia *s. f.* jocosity; drollery; a coarse remark; indecency
chulé *s. m.* ⌈pop.⌋ smell of dirty feet; cheesy feet
chulear *v. tr.* to sew with large stitches; to tack, to whipstitch
chuleio *s. m.* tacking
chulice *s. f.* low jest; broad joke, a coarse indecent remark
chulipa *s. f.* sleeper (railway); ⌈pop.⌋ a kick in the pants
chulismo *s. m.* coarse (or indecent) remark
chulista *s. m. e f.* one who tells smutty (or indecent) stories; indecent fellow; one who plays or dances the *chula* (a folkloric dance)
chulo Ⓐ *adj.* coarse, vulgar, crude, obscene Ⓑ *s. m. e f.* singer of popular songs; pimp
chumaçar *v. tr.* to pack, to pad, to stuf, to quilt
chumaceira *s. f.* bearing, block, pillow-block, plummer-block; ***chumaceira de esferas*** ball-bearing; ***chumaceira horizontal*** pillow-block; ***chumaceira de agulhas*** needle-bearing; ***chumaceira de impulso*** thrust-bearing, thrust-block; ***chumaceira principal*** main bearing
chumacete *s. m.* wadding, padding; small cushion
chumaço *s. m.* wadding, padding; compress; pillow
chumbada *s. f.* shot; lead; a load of shot; wounds caused by the shot pellets; plumb, sinker; NÁUTICA ***chumbada do prumo*** sounding-lead, blue pigeon
chumbado *adj.* soldered with lead, leaded; tipsy, drunk
chumbadoiro *s. m.* stone-bolt; anchor bolt
chumbador *s. m.* person who seals with lead
chumbadouro *s. m.* ⇒ **chumbadoiro**
chumbagem *s. f.* plumbing; lead covering
chumbar Ⓐ *v. tr.* to lead; to cover, to fill, to stop with lead; to wound with shot; to seal with lead; to solder (or weld)

with lead; to weigh down with sinkers; to reject Ⓑ *v. intr.* to flunk (exam); ***chumbar um aluno*** to plough a student (at an examination); ***chumbar um dente*** to stop (to fill) a tooth
chumbear *v. tr.* to wound with buckshot
chúmbeas *s. f. pl.* pieces used to strenghten a mast (or yardarm) which has broken
chumbeira *s. f.* a casting net with sinkers; a circular fishing-net
chumbeiro *s. m.* a leather container for shot; shot, pellet of lead
chumbo *s. m.* lead; shot; plough; sinker; failure to pass examination; ***de chumbo*** leaden; ***céu de chumbo*** livid (grey, overcast, leaden) sky; ***minério de chumbo*** lead ore
chumear *v. tr.* ⇒ **chumbear**
chúmeas *s. f. pl.* ⇒ **chúmbeas**
chuna *s. f.* African plain; kind of lime obtained from oyster shells in India
chupa *s. m.* blotting-paper; ⇒ **mata-borrão**
chupa-chupa *s. m.* sweet held by a tooth-pick
chupadeira *s. f.* ⇒ **chupeta**
chupadela *s. f.* suction, sucking, suck
chupado *adj.* sucked; [fam., pop.] lean, lank, meagre, bony, gaunt; skinny
chupadoiro *s. m.* ⇒ **chupadouro**
chupador Ⓐ *s. m.* sucker, proboscis of insects Ⓑ *adj.* sucking; NÁUTICA sucking-hose
chupadouro *s. m.* sucking port; sucking pipe; sucker
chupadura *s. f.* act of sucking; suck, sucking; suction
chupa-flor *s. m.* colibri, humming-bird
chupa-mel *s. m.* BOTÂNICA honeysuckle; ORNITOLOGIA humming-bird
chupamento *s. m.* ⇒ **chupadura**
chupão *s. m.* spot made by sucking; (long, noisy) kiss
chupar *v. tr. e intr.* to suck; to draw; to drain; to sponge on; to lose flesh; to eat, to consume; to succeed in, to achieve; [fig.] ***chupar uma pessoa*** to stick like a leech; ***chupar rebuçados*** to suck sweets; ***chupar o dedo*** to suck one's finger
chupa-tinta *s. m.* ⇒ **mata-borrão**
chupeta *s. f.* [Ingl.] dummy; [E.U.A.] pacifier
chupim *s. m.* ORNITOLOGIA the shiny cowbird
chupista *s. m. e f.* sponger; tippler; parasite
chupitar *v. tr.* to tipple
churdo Ⓐ *adj.* raw, coarse, dirty (said of wool) Ⓑ *s. m.* villain, nasty person
chureta *s. f.* sea swallow, tern
churrasco *s. m.* grilled meat; barbecue
churrasquear *v. intr.* to prepare the barbecue
churrasqueira *s. f.* grill, grillroom, rotisserie
churreca *s. f.* tern; sea swallow
churrião *s. m.* a heavy cart
churro *adj.* raw, coarse, dirty
chus *adj.* not at all, in no wise; ***não dizer chus nem bus*** not to utter one single word
chusma *s. f.* throng, crowd, crew; multitude, press of people; ***entravam em chusma por todos os lados*** they poured in on all sides; ***uma chusma de curiosos*** a throng of onlookers
chusmar *v. tr.* to man a ship
chuta! *interj.* quiet!, shut up!
chutar *v. tr. e intr.* to kick (the ball), to boot the ball, to shoot
chuteira *s. f.* football boot; [coloq.] ***pendurar as chuteiras*** to retire
chuto *s. m.* a kick, a blow with the foot, a shot
chuva *s. f.* rain; ***chuva de pedra*** hail; ***chuva de balas*** a rain of bullets; ***chuva torrencial*** pelting rain; ***a chuva parou*** the rain is off; ***chuva grossa*** heavy rain; ***pingo de chuva*** raindrop; ***água da chuva*** rain-water; ***a chuva cai com força*** it is pelting with rain; ***ameaça chuva*** it looks like rain; ***chuva de cinzas*** showers of volcanic dust; ***apanhar chuva*** to be caught in the rain; ***chuva miudinha*** fine rain, drizzle; ***à chuva*** in the rain, out in the wet; ***chuva a cântaros*** pouring rain; ***chuva persistente*** settled rain; ***recolher-se da chuva*** to come in out of the rain; ***andar à chuva*** to be out in the rain; ***o açoitar da chuva nas janelas*** the patter of rain on the window-panes; ***uma chuva de presentes*** a shower of gifts; ***vamos ter chuva*** we shall have some rain
chuvada *s. f.* rainfall, downpour
chuva-de-ouro *s. f.* BOTÂNICA the drumstick tree; an orchid
chuvarada *s. f.* ⇒ **chuvada**
chuvasco *s. m.* sprinkle, light shower, light rain
chuvedice *s. f.* rain water
chuveiro *s. m.* shower; ***banho de chuveiro*** shower-bath; ***um chuveiro de presentes*** a shower of gifts
chuvinha *s. f.* drizzle, mizzle
chuvinhar *v. intr.* ⇒ **chuviscar**
chuviscar *v. intr.* to drizzle, to mizzle, to sprinkle, to dribble
chuvisco *s. m.* drizzle, drizzling rain
chuvisqueiro *s. m.* ⇒ **chuvisco**
chuvoso *adj.* rainy; ***tempo chuvoso*** rainy weather
ciado *adj.* ⇒ **ciumento**
cíamo *s. m.* taro; BOTÂNICA plant belonging to the *Araceae*
ciamóide *adj.* similar to the broad bean
cianamida *s. f.* QUÍMICA cyanamide, amide cyanogen
cianato *s. m.* QUÍMICA cyanate (a salt of cyanic acid)
cianeto *s. m.* QUÍMICA cyanide, prussiate; ***cianeto de potássio*** cyanide of potassium, potassium cyanide
ciânico *adj.* QUÍMICA cyanic
cianídrico *adj.* QUÍMICA hydrocyanic; ***ácido cianídrico*** prussic acid
cianípede *adj.* ORNITOLOGIA having blue feet or paws
cianipene *adj.* having blue wings or fins
cianirrostro *adj.* ORNITOLOGIA having a blue beak
cianismo *s. m.* the intensity of sky-blue
cianite *s. f.* MINERALOGIA cyanite
cianocéfalo *adj.* ZOOLOGIA cyanocephalous
cianodermia *s. f.* PATOLOGIA cyanoderma
Cianófitas *s. f. pl.* BOTÂNICA group of the tallophite
cianogénio *s. m.* QUÍMICA cyanogen
cianóide *adj.* similar to the centaury (plant)
cianómetro *s. m.* cyanometer
cianopatia *s. f.* MEDICINA cyanopathy, cyanosis
cianópode *adj.* ⇒ **cianípede**
cianóptero *adj.* blue-winged and blue-finned
cianose *s. m.* MEDICINA cyanosis, cyanose
cianureto *s. m.* MEDICINA cyanide, cyanuret
cianúria *s. f.* PATOLOGIA cyanurin
cião *s. m.* ORNITOLOGIA bird member of the family *Turdidae*
ciar *v. tr. e intr.* NÁUTICA to back, to back oars, to back water, to row backwards; to be jealous of; ***cia tudo à ré!*** back all!, back together!
ciática *s. f.* MEDICINA sciatica (pain in the sciatic nerve and its branches)
ciático *adj.* ANATOMIA sciatic; ***nervo ciático*** sciatic nerve; ***dor ciática*** sciatic pain
ciatiforme *adj.* cyathiform, shaped like a cup
cíato *s. m.* HISTÓRIA cyathus
ciatóide *adj.* BOTÂNICA cyathiform
cia-voga *s. f.* NÁUTICA a rotative movement of a boat produced by rowing forward on one side of the boat and backward on the other
cibalho *s. m.* food (for birds)
cíbalo *s. m.* bit of hard and compact excrement
cibar *v. tr.* to feed
cibário *s. m.* meal collected in the sieve after the thinner part has passed through
cibato *s. m.* ⇒ **cibalho**
ciberespaço *s. m.* cyberspace
cibernética *s. f.* cybernetics

cibo *s. m.* food (especially for birds)
cibório *s. m.* ciborium, pyx
cica *s. f.* acridity, adstringency (as caused by tasting unripe fruit); BOTÂNICA a cycad
Cicadáceas *s. f. pl.* BOTÂNICA members of *Cycadaceae*; palm-ferns
cicadário *s. m.* related to the cicada; *pl.* group of hemipterous (insects)
Cicádidas *s. m. pl.* ⇒ **Cicadídeos**
Cicadídeos *s. m. pl.* ZOOLOGIA *Cicadidae*, the family of cicadas (insects)
cicatricial *adj.* MEDICINA cicatricial
cicatrícula *s. f.* MEDICINA small scar; cicatricle of an egg; hyllum of a seed
cicatriz *s. f.* MEDICINA scar, scab, cicatrice, cicatrix; [fig.] stigma, psychical mark, blur; stain; resentment; ***estava cheio de cicatrizes*** he was covered with scars
cicatrização *s. f.* cicatrization
cicatrizado *adj.* scarred, cicatrized; recused, cured
cicatrizante *adj.* healing, cicatrizant, cicatrisive
cicatrizar *v. tr.* MEDICINA to cicatrize, to heal; to mark with scars
cicatrizável *adj.* cicatrisive
cícero *s. m.* TIPOGRAFIA pica; orator
cicerone *s. m.* cicerone, guide
ciceroniano *adj.* HISTÓRIA Ciceronian; eloquent; fluent and powerful
ciciamento *s. m.* whisper, murmur; rustling, lisping
ciciante *adj.* murmuring, whispering; rustling, lisping
ciciar *v. tr. e intr.* to lisp; to whisper; to speak softly, to murmur; to rustle
cicio *s. m.* lisp; whisper; murmur; rustle; sough
cicioso *adj.* lisping; rustling; murmuring
cíclame *s. m.* BOTÂNICA cyclamen
ciclâmen *s. m.* BOTÂNICA ⇒ **cíclame**
ciclamino *s. m.* BOTÂNICA cyclamen
cíclico *adj.* cyclical, cyclic
ciclismo *s. m.* DESPORTO cycling, bicycle riding
ciclista *s. m. e f.* cyclist, bicyclist
ciclo *s. m.* cycle, recurrent period (of events, phenomena, time, etc.)
cicloidal *adj.* cycloidal
ciclóide *s. f.* GEOMETRIA cycloid; MEDICINA cyclothimic condition
cicloidia *s. f.* MEDICINA excess of cyclothimia
ciclometria *s. f.* cyclometry
ciclómetro *s. m.* cyclometer
ciclomotor *s. m.* motor bicycle
ciclomotorista *s. m. e f.* person that rides a motor bicycle
ciclonal *adj.* cyclonic, cyclonical, cyclonal
ciclone *s. m.* cyclone; tornado, hurricane
ciclónico *adj.* cyclonic, typhonic
ciclope *s. m.* MITOLOGIA Cyclop(s); MITOLOGIA one-eyed giant; one-eyed person; ZOOLOGIA water flea
ciclópeo *adj.* MITOLOGIA Cyclopean, Cyclopian
ciclópico *adj.* ⇒ **ciclópeo**
cicloscópio *s. m.* apparatus for measuring the rotational speed
ciclose *s. f.* cyclosis
ciclóstomos *s. m. pl.* ICTIOLOGIA the *Cyclostomata*
ciclotimia *s. f.* MEDICINA, FÍSICA cyclothymia
ciclotímico *adj.* MEDICINA, FÍSICA cyclothymic
ciclotrão *s. m.* FÍSICA cyclotron
cicnóide *adj.* cycnoid; swanlike
Ciconíidas *s. m. pl.* ⇒ **Ciconiídeas**
Ciconiídeas *s. m. pl.* ORNITOLOGIA the *Ciconiidae*, the family of birds comprising the storks and jabirus
cicuta *s. f.* BOTÂNICA hemlock, cowbane, cicuta
cicutária *s. f.* BOTÂNICA wild chervil; cow parsley
cicutina *s. f.* cicutine
cicútis *s. m.* extract of cicuta
cidadania *s. f.* citizenship; status of rights of a citizen; freedom of a city
cidadão *s. m.* citizen, denizen; commoner, freeman, towns man; burgher; inhabitant
cidade *s. f.* city; town; ***cidade eterna*** eternal city, Rome; ***cidade marítima*** port town; ***cidade comercial*** commercial town; ***viver na cidade*** to live in town; ***ir à cidade*** to go up to town; ***fora da cidade*** out of the town; ***gente da cidade*** townsfolk; ***habitantes de uma cidade*** townsmen; ***na cidade onde se vive*** in one's own town
cidade-estado *s. f.* city-state
cidade-jardim *s. f.* garden city
cidadela *s. f.* citadel, fortress, stronghold
cidra *s. f.* BOTÂNICA cider
cidrada *s. f.* sweet made with cider
cidral *s. m.* citron garden, citron plantation
cidrão *s. m.* BOTÂNICA variety of citron; candied-citron peel; white brush
cidreira *s. f.* BOTÂNICA citron-tree
cieiro *s. m.* MEDICINA chap, crack(s) (in skin); roughness of the skin caused by exposure to cold weather
ciência *s. f.* science, learning, knowledge; ***preferir Ciências a História e Literatura*** to prefer science to history and literature
ciente *adj.* acquainted with, cognizant of, learned, conscious, sensible; wise; ***ficar ciente de*** to be aware of
cientemente *adv.* knowingly, on purpose
cientificamente *adv.* scientifically
cientificar *v. tr.* to inform; to make known; to warn
científico *adj.* scientific; ***método científico*** scientific method
cientismo *s. m.* scientism, the view of scientists
cientista *s. m. e f.* scientist
cifa *s. f.* moulding sand used by goldsmiths; the painting of a ship's hull with fish-oil
cifar *v. tr.* to paint a ship's hull with fish-oil
cifistoma *s. m.* larval form of the acalephs
cifonismo *s. m.* old punishment which consists in fastening the culprit anointed and exposed to the pillory
cifose *s. f.* MEDICINA cyphosis, kyphosis
cifótico *adj.* cyphotic hump backed
cifozoários *s. m. pl.* ZOOLOGIA acalephe
cifra *s. f.* zero; cipher, cypher; naught; code; ***escrever em cifra*** to write in ciphers
cifrado *adj.* written in code
cifrante *s. m.* book with the cipher-key (or code)
cifrão *s. m.* a symbol to indicate currency ($ mark; *escudo* mark, *cruzeiro* mark, dollar mark)
cifrar *v. tr. e refl.* to cipher, to cypher, to code, to contain, to abridge; ***cifrar-se em*** to be summed up, to amount to
cigana *s. f.* gipsy
ciganada *s. f.* crowd of gipsies; gipsy behaviour
ciganagem *s. f.* ⇒ **ciganada**
ciganar *v. intr.* to lead a gipsy life
ciganaria *s. f.* ⇒ **ciganada**
ciganice *s. f.* [depr.] trickery, cheating, craftiness
cigano *s. m., adj.* gipsy, gypsy; [depr.] a sly, artful fellow; cunning, artful, wily, crafty, sly; ***acampamento de ciganos*** gipsy camp
cigarra *s. f.* ENTOMOLOGIA cicada; ORNITOLOGIA sad singing Brazilian bird; woman fond of singing
cigarrada *s. f.* puff of smoke from a cigarette; a lot of cigarettes
cigarrar *v. intr.* to smoke cigarettes, to make cigarettes
cigarrear *v. intr.* to chirp, to stridulate (as a cicada)
cigarreira *s. f.* cigarette-case; cigarette maker, woman who works in a cigarette factory
cigarreiro *s. m.* cigarette or cigar maker; ORNITOLOGIA bird-of-prey (kind of hawk)

cigarrilha *s. f.* little cigar, cheroot
cigarrista *s. m. e f.* a cigarette smoker
cigarro *s. m.* cigarette; [cal.] fag; ***boquilha de cigarro*** cigarette-holder
cigerão *s. m.* ⇒ **cizirão**
cigude *s. m.* [pop.] ⇒ **cicuta**
cila *s. f.* BOTÂNICA scilla (medicinal plant)
cilada *s. f.* snare, trap, ambush, ambuscade; pitfall; ***armar uma cilada*** to lay a snare (for anyone), to set a trap; ***cair numa cilada*** to be caught in a trap
ciladear *v. tr.* to lay a trap for; to take unawares, to attack without warning
cilha *s. f.* cinch, saddle-girth
cilhado *adj.* said of the animal bearing a mark on the place of the cinch
cilhadoiro *s. m.* ⇒ **cilhadouro**
cilhadouro *s. m.* that part of the horse where the girth is fastened
cilhão Ⓐ *s. m.* large girth; surcingle Ⓑ *adj.* saddle-backed (horse); ***dar ao cilhão*** to resist
cilhar *v. tr.* to cinch
ciliado Ⓐ *adj.* BOTÂNICA, ZOOLOGIA ciliate(d) Ⓑ *s. m.* infusorian
ciliar *adj.* ANATOMIA ciliary
ciliciar-se *v. refl.* to wear sackcloth; to practise self-mortification; to be penitent
cilício *s. m.* cilice; garment of hair-cloth; voluntary sacrifice; hair shirt
cilífero *adj.* having or producing cilia
ciliforme *adj.* ciliform
cilígero *adj.* ⇒ **cilífero**
cilindrada *s. f.* piston displacement, cylinder charge; cylinder capacity; cylinder volume
cilindragem *s. f.* act of rolling; calendering
cilindrar *v. tr.* to roll; to press
cilindricidade *s. f.* quality of being cylindrical, cylindricity
cilíndrico *adj.* cylindrical; ***almotolia cilíndrica*** cylindrical can; ***câmara de combustão cilíndrica*** cylindrical combustion chamber; ***chaminé cilíndrica*** cylindrical stack; ***configuração cilíndrica*** cylindrical shape; ***encaixe cilíndrico*** cylindrical fit; ***rolamento de roletes cilíndricos*** cylindrical roller bearing
cilindriforme *adj.* cylindriform
cilindro *s. m.* cylinder; ***cilindro para estradas*** steam-roller; ***cilindro colector*** collecting cylinder; ***cilindro de barragem*** roller; ***cilindro laminador a frio*** roller; NÁUTICA ***cilindro de cadernal*** friction-roller of block; ***tampa do cilindro*** cylinder head; ***corpo do cilindro*** cylinder barrel; ***diâmetro do cilindro*** cylinder bore; ***fundo do cilindro*** cylinder bottom; ***camisa do cilindro*** cylinder bushings, cylinder-jacket, liner; ***purga do cilindro*** cylinder drain; ***perno da tampa do cilindro*** cylinder cover bolt, cylinder cover stud; ***porca do perno da tampa do cilindro*** cylinder cover bolt nut; ***tubo de purga do cilindro*** cylinder drain pipe; ***válvula de escape do cilindro*** cylinder exhaust valve; ***haste da válvula de escape do cilindro*** cylinder exhaust valve spindle; ***mola da válvula de escape do cilindro*** cylinder exhaust valve spring; ***orifício de evacuação do cilindro*** cylinder exhaust port; ***espelho do cilindro*** cylinder face; ***parafuso fixador do cilindro*** cylinder fastening screw; ***aba do cilindro*** cylinder flange; ***tubo da camisa do cilindro*** cylinder jacket pipe; ***revestimento do cilindro*** cylinder-lagging; ***lubrificador de cilindro*** cylinder lubrificator; ***óleo de cilindro*** cylinder oil; ***rectificação dos cilindros*** cylinder reboring; ***orifício de admissão do cilindro*** cylinder steam port, steam inlet port; ***coroa do bucim do cilindro*** cylinder stuffing box gland; ***tubo de vácuo do cilindro*** cylinder vacuum pipe
cilindrocéfalo *adj.* cylindrocephalic
cilindro-eixo *s. m.* ANATOMIA axis-cylinder, axis-band
cilindróide *adj.* cylindroid
cilindrómetro *s. m.* [técn.] cylindrometer

cílio *s. m.* BOTÂNICA, ZOOLOGIA cilium; eyelash; *pl.* cilia
ciliobranquiado *adj.* ciliobranchiate
ciliógrado *adj.* ZOOLOGIA ciliograde
cilíolo *s. m.* BOTÂNICA ciliolum
cilita *s. f.* wine of scilla
cilítico *adj.* extracted from scilla
cima *s. f.* top; summit; apex; acme, pinacle, zenith, vertex; crest, head, crown, upper part (of a mountain); ***de cima*** from above; ***por cima*** above; ***para cima*** upwards; ***em cima*** over, above; ***de cima para baixo*** from above downwards; ***ficar de cima*** to get the best of it; ***ainda por cima*** into the bargain; ***em cima, para cima*** up; NÁUTICA ***oh lá de cima!*** aloft there!; ***para cima de um milhão*** upwards of a million; ***para cima e para baixo*** upwards and downwards, up and down
cimácio *s. m.* cymatium, ogee, talon
cimalha *s. f.* cyma, cymatium
címbalo *s. m.* cymbal, cimbalo
cimbre *s. m.* ARQUITECTURA form; centre, cautering (of an arch); frame, falsework
címbrico *adj.* Cimbric, Cimbrian
cimbro *s. m.* Cimbrian; fluvial mollusc
cimeira *s. f.* crest, apex, summit, top; summit, meeting; BOTÂNICA cyme
cimeiro *adj.* uppermost, crested; ***livro cimeiro*** top book
cimêirula *s. f.* BOTÂNICA small cyme
cimélio *s. m.* cimelia, a rare and very valuable object; treasure
cimentação *s. f.* cementing, cementation; foundation
cimentar *v. tr.* to cement; to strengthen, to consolidate
cimento *s. m.* cement, concrete; ***cimento hidráulico*** hydraulic cement; ***cimento armado*** reinforced concrete; ***cimento de presa rápida*** quick-setting cement; ***argamassa de cimento*** cement mortar; ***escória de cimento*** cement clinker; ***percentagem de cimento*** cement content; ***revestido a cimento*** cement coated; ***revestimento de cimento*** cement coating
cimério *adj.* lugubrious, doleful, gloomy; infernal
cimitarra *s. f.* scimitar, falchion
cimo *s. m.* top; summit; apex, crest, acme, crown; ***no cimo*** at the top
cimógrafo *s. m.* kymograph, cymograph
cinabre *s. m.* ⇒ **cinábrio**
cinabrino *adj.* cinnabrine, cinnabaric
cinábrio *s. m.* MINERALOGIA cinnabar, red mercuric sulphide; vermilion
cinacanta *s. f.* brier
cinamomo *s. m.* BOTÂNICA the chinaberry, China tree, cinnamon; garnet
cinantropia *s. f.* cynanthropy
cinantropo *s. m.* cynanthrop
cínara *s. f.* BOTÂNICA artichoke; Cynara; cynareous
Cinaráceas *s. f. pl.* BOTÂNICA *Cynaraceae*
cinarina *s. f.* extract of the artichoke
cinca *s. f.* the loss of five points (bowling); mistake, error, blunder
cincada *s. f.* mistake, error, blunder
cincar *v. intr.* to make a mistake, to blunder; to lose five points (bowling); to misunderstand; [reg.] to pour out; to drain
cinceiro *s. m.* a thick fog
cincerro *s. m.* a bell hung on the neck of a leading pack animal
cincha *s. f.* cinch, saddlegirth, bellyband
cinchar *v. tr.* to press, to dry (cheese), to cinch, to saddlegirth
cincho *s. m.* cheese-press, cheese-vat; the wooden body of the press in which the husks are crushed
cinchona *s. f.* BOTÂNICA cinchona

cinchonina *s. f.* cinchonine
cínclise *s. f.* nervous twitching of the eyelid
cinco Ⓐ *num. card.* five Ⓑ *s. m.* the number five; ***com cinco motores*** five-engined; ***cinco por cento*** five percent; ***ir cinco a cinco*** to go five by five; ***número de cinco algarismos*** five-figure number; ***o dia 5*** the fifth (5th)
cinco-em-rama *s. m.* BOTÂNICA cinquefoil
cinco-mandamentos *s. m. pl.* [fig.] the five fingers
cinco-réis *s. m.* ancient coin; trifle; ***cinco-réis de gente*** a nobody
cindir *v. tr.* to cut, to split, to separate
cindível *adj.* susceptible of being separated; dividable, separable, detachable
cine *s. m.* ⇒ **cinema**
cineasta *s. m. e f.* cinematographer
cineclube *s. m.* film society, film club
cinefilia *s. f.* love of the cinema
cinéfilo *s. m., adj.* a cinema enthusiast or fan
cinegética *s. f.* hunting, the art of hunting with a pack
cinegético *adj.* cynegetic
cinema *s. m.* cinema; movies; [E.U.A.] movie theater; ***cinema sonoro*** talkies; [coloq.] [E.U.A.] ***ir ao cinema*** to go to the cinema, to go to the pictures, to go to the movies; ***cinema de animação*** animatronics, cartoon films
cinemascópio *s. m.* cinemascope
cinemateca *s. f.* film collection; place where films are collected
cinemática *s. f.* FÍSICA kinematics
cinemático *adj.* kinematic
cinematografar *v. tr.* to film, to cinematograph, to take motion pictures
cinematografia *s. f.* cinematography
cinematográfico *adj.* cinematographic
cinematógrafo *s. m.* cinematograph
cinematoscópio *s. m.* ⇒ **cinemascópio**
cinemoscópio *s. m.* ⇒ **cinemascópio**
cineração *s. f.* incineration, cineration, cremation
cinerar *v. tr.* to reduce to ashes; to incinerate, to cremate
cinerária *s. f.* BOTÂNICA cineraria
cinerário *adj.* cinerary; related to ashes; mortuary funereal
cinéreo *adj.* cinereous, ashen
cinéria *s. f.* a very resistant variety of American grapes
cinerício *adj.* cinereous, ashen
cineriforme *adj.* cinereal, cinereous, ashlike
cinerito *s. m.* volcanic tuff
cinescopia *s. f.* kinescopy
cinesia *s. f.* MEDICINA kinesis
cinesioterapia *s. f.* MEDICINA kinesiotherapy
cinesiterapia *s. f.* MEDICINA kinesitherapy
cineteatro *s. m.* movie theatre
cinética *s. f.* FÍSICA kinematics, kinetics, dynamics
cinético *adj.* FÍSICA kinetic; ***energia cinética*** kinetic energy
cinetofone *s. m.* kinetophone
cinetoscópio *s. m.* kinetoscopy
cingalês *s. m., adj.* Cingalese; coming from Ceylon; a Cingalese, a native from Ceylon; the language of Ceylon
cingel *s. m.* a yoke of oxen
cingelada *s. f.* a yoke of oxen
cingeleiro *s. m.* person who owns, hires or guides a yoke of oxen
cingideira *s. f.* each one of the middle claws of a bird of prey
cingido *adj.* belted, girded; encircled
cingidoiro *s. m.* ⇒ **cingidouro**
cingidouro *s. m.* girdle, sash, belt
cingir Ⓐ *v. tr.* to belt, to gird; to begird, to encircle, to surround; to limit Ⓑ *v. refl.* to restrict oneself to; ***cingir-se com a terra*** to keep the land aboard, to keep in with the land; ***cingir o vento, cingir-se com o vento*** to close to the wind, to keep close, to keep the luff, to keep to, to keep the wind
cíngulo *s. m.* cingulum, cincture
cinicamente *adv.* cynically
cínico *s. m., adj.* cynic, sneering, fault-finding; cynical; impudent, shameless
cínipe *s. f.* ZOOLOGIA gall-fly, cynips
cinira *s. f.* MÚSICA an ancient lyre-shaped string instrument
cinismo *s. m.* cynicism; shamelessness, impudence; HISTÓRIA doctrin of the Cynics
cinocéfalo Ⓐ *adj.* ZOOLOGIA cynocephalous; dog-headed Ⓑ *s. m.* a cynocephalous ape
cinofagia *s. f.* cynophagy
cinófago *s. m.* cynophagist
cinofilia *s. f.* fondness of dogs
cinófilo *adj.* fond of dogs
cinofobia *s. f.* cynophobia
cinófobo *s. m.* cynophobe
cinoglossa *s. f.* BOTÂNICA hound's tongue
cinografia *s. f.* cynography
cinologia *s. f.* cynology
cinomorfo *adj.* cynomorphous
cinorexia *s. f.* bulimy, bulimia
Cinosura *s. f.* ASTRONOMIA Cynosure, the constellation Ursa Minor
cinosuro *adj.* BOTÂNICA resembling a dog's tail
cinqueiro *adj.* making typographic mistakes frequently
cinquenta *num. card.* fifty
cinquentão Ⓐ *s. m.* a man in his fifties Ⓑ *adj.* fiftyish
cinquentavo *s. m.* the fiftieth
cinquentenário *s. m.* the fiftieth anniversary
cinta *s. f.* waist-band; sash, waistbelt; girdle; ARQUITECTURA cincture, truss; ribbon, tie; NÁUTICA wale, bend wale; ***pôr as mãos na cinta*** to put one's arms akimbo; ***pôr a espada à cinta*** to gird on a sword; ***cinta de jornal*** wrapper; ***cinta de livro*** book band; ***cinta couraçada*** armed belt; ***cinta de embarcação*** swifter; ***até à cinta*** waist-deep, waist-high, down to the waist, up to the waist; ***agarrar pela cinta*** to grip round the waist; ***cinta de vespa*** wasp-waist; ***passar o braço pela cinta de alguém*** to take someone round the waist
cintado Ⓐ *adj.* belted, girded Ⓑ *s. m.* NÁUTICA bend, sheer, strake, wale; ***cintado de navio de madeira*** binding strake
cintador *s. m.* man who wraps up newspapers
cintar *v. tr.* to bind up; to wrap, to belt, to band; to bind
cinteiro *s. m.* belt maker; belt-seller; hatband; bellyband
cintel *s. m.* circular area where the animal pulling the scoop-wheel walks
cintila *s. f.* ⇒ **centelha**
cintilação *s. f.* scintillation, sparkling, twinkling, flash; brightness, glare
cintilador Ⓐ *adj.* FÍSICA scintillating Ⓑ *s. m.* scintillator
cintilante *adj.* scintillant, sparkling, scintillating; blinking
cintilar *v. tr. e intr.* to scintillate, to sparkle, to twinkle; to gleam, to flash; to emit, to send forth, to sparkle; ***as estrelas cintilam*** the stars scintillate (twinkle)
cintilho *s. m.* small belt, sash, girdle
cinto *s. m.* belt; waist-belt; ***cinto de salvação*** life-belt; ***cinto de segurança*** safety-belt; [fig.] ***apertar o cinto*** to tighten one's belt
cintura *s. f.* waist; waistline; ***cintura curta*** short waist; ***cintura comprida*** long waist
cinturado *adj.* belted, girded, girt; wrapped; tightened at the waist
cinturão *s. m.* broad belt; sword-belt; waist-belt
cinturar *v. tr.* to belt, to encircle; to surround; to give something the shape of a waist; to make thin
cinza *s. f.* ash, cinder; ember; NÁUTICA clinker; gray; ***cinza de carvão*** coal-ash

cinzar *v. tr.* to fool, to take in, to deceive; to make or to become grey; ⇒ **acinzentar**
cinzeiro *s. m.* ashtray; ashpan; ashbin; ashpit
cinzel *s. m.* chisel, graver, burin; scooper; ***cinzel de pedreiro*** mason's chisel (for boring)
cinzelado *adj.* chiselled, engraved, carved
cinzelador *s. m.* engraver, carver, chiseller
cinzeladura *s. f.* engraving, carving
cinzelagem *s. f.* act or process of carving or engraving
cinzelamento *s. m.* carving or engraving
cinzelar *v. tr.* to chisel, to engrave; to carve, to sculpture; to chip, to hew
cinzento Ⓐ *adj.* grey; [E.U.A.] gray; ashen, cinerous; ***substância cinzenta (do cérebro)*** grey matter Ⓑ *s. m.* grey, grey colour, ash grey
cínzeo *adj.* having the appearance of ashes
cio *s. m.* rut, oestrum, heat (of mammals); spawning (of fishes); ***estar com o cio*** to rut
ciografia *s. f.* ASTRONOMIA skiagraphy; ARQUITECTURA sectional (or vertical) drawing; radiology
ciográfico *adj.* skiagraphic
ciógrafo *s. m.* skiagrapher; radiologist
cióptico *adj.* scioptic
ciosamente *adv.* jealously
cioso *adj.* jealous, envious; zealous, intolerant, solicitous
cipaio *s. m.* sepoy
cipal *s. m.* sepoy
ciperáceas *s. f. pl.* BOTÂNICA members of the family Cyperaceae
ciperáceo *adj.* BOTÂNICA cyperaceous
cipo *s. m.* HISTÓRIA a column without capital; gravestone; cippus, post, pilar
cipó *s. m.* BOTÂNICA cipo, liane; traveller's joy; old man's beard; club, stick
cipoada *s. f.* a blow with a cipo; whipping, lashing; difficulty
cipoal *s. m.* a place where lianas grow in abundance
cipolino *s. m.* cipolin; green Italian marble with greenish and white streaks
ciprestal *s. m.* plantation of cypresses
cipreste *s. m.* BOTÂNICA cypress; pine, white cedar
cíprico *adj.* relative to Cypria (Venus)
cipridofobia *s. f.* horror of venereal diseases
cipridologia *s. f.* branch of pathology that deals with venereal diseases
Ciprínidas *s. m. pl.* ⇒ **Ciprinídeos** Ⓐ
Ciprinídeos Ⓐ *s. m. pl.* ICTIOLOGIA *Cyprinidae* (family of fresh-water fishes, including carps, breams, etc.) Ⓑ *adj.* cyprine
ciprino *s. m.* oil extracted from privet
cíprio *s. m., adj.* ⇒ **cipriota**
cipriota Ⓐ *adj.* Cyprian, Cypriot(e) Ⓑ *s. m. e f.* Cypriot(e), native or inhabitant of Cyprus
Cipsélidas *s. m. pl.* ⇒ **Cipselídeos**
Cipselídeos *s. m. pl.* ORNITOLOGIA *Cypselidae*
ciranda *s. f.* sieve, screen; fan; a popular dance and music
cirandagem *s. f.* winnowing; sifting; chaff
cirandar *v. tr. e intr.* to winnow, to sift; to screen
cirandeira *s. f.* woman who goes from place to place; a hard-working woman
cirandinha *s. f.* ⇒ **ciranda**
circassiano Ⓐ *s. m.* Circassian; native or inhabitant of Circassia; language of Circassia Ⓑ *adj.* Circassian, Circassic
circeia *s. f.* BOTÂNICA bindweed, nightshade; enchanter's nightshade; wild mandrake
circense *adj.* circensian, circensial
circinado *adj.* BOTÂNICA circinate, circinal
circinal *adj.* BOTÂNICA twined, spiral, gyrate
circo *s. m.* circus; amphitheatre, ring; ***circo ambulante*** travelling circus; ***empresário ou director de um circo*** ringmaster
circuição *s. f.* circuity; a circular movement; circuit
circuitar *v. intr.* to go round; to circuit; to walk in a circle
circuito *s. m.* circuit; ***circuito eléctrico*** electric circuit; ***circuito aéreo*** air circuit; ***circuito de trânsito*** through circuit; ***circuito magnético*** magnetic circuit; ***circuito derivado*** shunt-circuit; ***circuitos sintonizados*** tuned circuits; ***circuito telegráfico*** telegraph circuit; ***interruptor de circuito*** circuit breaker; ***carga do circuito*** circuit load; ***interruptor de verificação do circuito*** circuit test switch; ***rendimento do circuito*** circuit output; ***selector do circuito*** circuit selector; ***sintonização do circuito*** circuit tuning; [fig.] ***fazer um circuito*** to go a long way round; ***curto-circuito*** short circuit
circulação *s. f.* circulation; ***ter boa (má) circulação*** to have a good (bad) circulation; ***circulação do ar*** air circulation; ***circulação do óleo*** oil circulation; ***andam em circulação muitas notas falsas*** many forged notes are in circulation; ***pôr em circulação (dinheiro)*** to emit, to issue, to give currency to
circulado *adj.* surrounded; enclosed, comprised
circulante *adj.* circulating; circling
circular Ⓐ *v. tr. e intr.* to circulate, to go round; to circle; ***fazer circular*** to send round, to move on; ***as notícias circulam rapidamente*** news circulate rapidly; ***o sangue circula no corpo*** blood circulates in the body Ⓑ *s. f.* circular, circular letter, document Ⓒ *adj.* circular; round, ring-shaped; rotund, circulatory; cochleated; orbicular; ***chaminé circular*** circular stack; ***coroa circular*** circular ring; ***exploração circular*** circular scanning; ***fresadora circular*** circular milling machine; ***serra circular*** circular saw
circularmente *adv.* circularly
circulatório *adj.* circulatory; gyratory
círculo *s. m.* circle; club, social circle; ring; period, cycle; complete series; action, sphere; area; district; ***círculo de reflexão*** reflecting circle; GEOGRAFIA ***círculo máximo*** great circle; ***círculo vicioso*** vicious circle; ASTRONOMIA ***círculo horário*** hour circle
circum-adjacente *adj.* circumjacent
circum-ambiente *adj.* circumambient
circum-labial *adj.* surrounding the lips
circum-murado *adj.* surrounded by walls
circum-navegação *s. f.* circumnavigation
circum-navegador *s. m.* circumnavigator
circum-navegar *v. tr.* to circumnavigate
circum-navegável *adj.* circumnavigable
circumpolar *adj.* circumpolar
circumpor *v. tr.* to put round
circuncentro *s. m.* centre of a circumference circunscribing a triangle
circuncidado *adj.* circumcised
circuncidar *v. tr.* to circumcise
circuncisão *s. f.* circumcision
circunciso Ⓐ *adj.* circumcised Ⓑ *s. m.* circumcised man
circundação *s. f.* encircling; surrounding
circundante *adj.* circumambient, surrounding
circundar *v. tr.* to encircle, to encompass; to surround, to enclose
circundução *s. f.* circumduction, circumvolution, rotation
circundutar *v. tr.* to rotate, to circumvolve; to abrogate
circunduto *adj.* abrogated
circunferência *s. f.* circumference, circle
circunferencial *adj.* circumferential, encircling
circunferente *adj.* circumferential, surrounding
circunflexão *s. f.* circumflexion, bending, twisting, round
circunflexo *adj.* circumflex; bent, curved; ***acento circunflexo*** circumflex accent
circunfluência *s. f.* circumfluence
circunfluente *adj.* circumfluent
circunfluir *v. tr. e intr.* to flow round
circunfundir *v. tr.* to circumfuse; to pour round

circunfusão *s. f.* circumfusion
circunfuso *adj.* [poét.] circumfused
circungirar *v. intr.* to circumgyrate; to circle; to go or pass around
circunjacência *s. f.* circumjacency
circunjacente *adj.* circumjacent, lying around, near, bordering on
circunjazer *v. intr.* to lie around, to border on every side, to surround
circunlocução *s. f.* circumlocution; redundancy
circunlóquio *s. m.* ⇒ **circunlocução**
circunrodar *v. intr.* to turn around; to gyrate
circunscrever Ⓐ *v. tr.* to circumscribe, to restrict, to confine, to limit, to draw a line around, to encircle Ⓑ *v. refl.* to be limited, to limit oneself
circunscrição *s. f.* circumscription; outline; district
circunscricional *adj.* circumscriptional
circunscritível *adj.* circumscriptible
circunscritivo *adj.* circumpscriptive, restrictive, limitable
circunscrito *adj.* circumscribed; limited; restricted, circumscript
circunsessão *s. f.* Trinity, the union of three in one Godhead
circunsonar *v. intr.* to sound on all sides
circunspecção *s. f.* circumspection
circunspeccionar *v. intr.* to look around; to ponder, to reflect, to think over
circunspectamente *adv.* circumspectly, wisely, prudently; cautiously, decorously
circunspecto *adj.* circumspect, cautious, prudent, wary; reserved, discreet
circunstância *s. f.* circumstance; condition, state; detail, concurrent fact; particularity; ***circunstância imprevista*** unforeseen circumstance; ***depende das circunstâncias*** it depends on circumstances; ***em circunstância alguma*** in no circumstance; ***estar em boas circunstâncias*** to be well-off; ***tanto quanto as suas circunstâncias lhe permitiam*** as far as his circumstances permitted; ***estar em más circunstâncias*** to be in reduced circumstances, to be badly off; ***estar nas mesmas circunstâncias*** to be (all) in the same boat; ***quando as circunstâncias o exigirem*** as occasion may require; ***circunstâncias desfavoráveis*** unfavourable circumstances; ***circunstâncias agravantes*** aggravating circumstances; ***circunstância atenuante*** extenuating circumstance, mitigating circumstances; ***circunstâncias difíceis*** strained circumstances, difficulties; ***em precárias circunstâncias*** in reduced circumstances; ***em más circunstâncias*** badly off
circunstanciadamente *adv.* circumstantially, minutely, in detail
circunstanciado *adj.* detailed
circunstancial *adj.* circumstantial
circunstanciar *v. tr.* to circumstantiate, to set forth, to support with circumstances or particulars
circunstante Ⓐ *s. m. e f.* bystander; *pl.* audience Ⓑ *adj.* near-by, surrounding, circumjacent
circunstar *v. intr.* to lie around, to surround; to be present or at hand
circuntornar *v. tr.* ⇒ **circundar**
circunvagante *adj.* vagrant; wandering about
circunvagar Ⓐ *v. intr.* to wander about, to linger Ⓑ *v. tr.* to dally round (place or on subject); to digress
circúnvago *adj.* wandering around
circunvalação *s. f.* circumvallation
circunvalar *v. tr.* to circumvallate; to defend, to strengthen
circunver *v. tr.* to look around, to see on all sides
circunvizinhança *s. f.* suburbs, environs, adjacency; neighbourhood
circunvizinho *adj.* neighbouring, circumjacent; confining; bounding
circunvoar *v. tr.* to circumfly, to fly around; to dally; to wander about
circunvolução *s. f.* circumvolution
circunvolucionário *adj.* circumvolutory
circunvolver *v. tr. e intr.* to circumvolve
cirenaico *s. m., adj.* Cyrenaic, Cyrenian, Cyrenean
cirenaísmo *s. m.* Cyrenaicism, practical hedonism
cireneu Ⓐ *s. m., adj.* Cyrenaic; from Cyrene Ⓑ *s. m.* [fig.] helper, assistant
cirial *s. m.* large candle-holder ending in a lantern which follows the cross (at church)
cirieiro *s. m.* wax-chandler; chandler
círio *s. m.* torch, wax-taper, wax-light; pilgrimage
ciriologia *s. f.* curiology, curiological writing
cirpo *s. m.* Chinese junk (boat)
cirrípedes *s. m. pl.* ZOOLOGIA the barnacles
cirro *s. m.* cirrus; BOTÂNICA tendril; ZOOLOGIA slender appendage, as beard of fishes; METEOROLOGIA form of cloud with diverging filaments like lock of hair or wool; cirrus, woolly cloud; MEDICINA scirrhous carcinoma
cirrose *s. f.* MEDICINA cirrhosis; [pop.] whisky-liver
cirrosidade *s. f.* cirrhotic condition or state, cancerous tumour
cirroso *adj.* MEDICINA cirrous; scirrhous
cirsotomia *s. f.* cirsotomy
cirtometria *s. f.* cirtometry; measurement of thorax when breathing
cirtométrico *adj.* cirtometric(al)
cirtómetro *s. m.* cirtometer
cirurgia *s. f.* surgery; ***cirurgia operatória*** operative surgery; ***cirurgia plástica*** plastic surgery, anaplasty
cirurgião *s. m.* surgeon; ***cirurgião-dentista*** surgeon-dentist, dental surgeon; ***cirurgião interno dos hospitais*** house surgeon
cirurgiar *v. tr.* to practise surgery, to perform surgical operations
cirurgicamente *adv.* surgically
cirúrgico *adj.* surgical; ***tratamento cirúrgico*** surgical treatment; ***operações cirúrgicas*** surgical operations; ***material cirúrgico*** surgical instruments
cisalha *s. f.* shearing, mechanical device for plates; *pl.* parings (of metal)
cisalhamento *s. m.* shearing, shear
cisalhar *v. tr.* to shear
cisalpino *adj.* cisalpine (situated on this side of the Alps)
cisão *s. f.* division, separation, split; divergence; disagreement; dissension, discord; secession
cisar *v. tr.* to excise
cisatlântico *adj.* cisatlantic
cisbordo *s. m., adj.* NÁUTICA starboard
cisca *s. f.* ⇒ **cisco**
ciscador *s. m.* iron rake
ciscalhada *s. f.* pile of trash
ciscalhagem *s. f.* ⇒ **ciscalhada**
ciscalho *s. m.* rubbish, refuse
ciscar Ⓐ *v. tr.* to clean up trash; to rake up trash Ⓑ *v. intr.* to scratch in litter
cisco *s. m.* [coloq.] sweepings; coaldust; trash, rubbish, refuse
cisdanubiano *adj.* cisdanubian
cisel *s. m.* ⇒ **cintel**
cisgangético *adj.* cisgangetic, living this side of the Ganges
cisjurano *adj.* cisjuran
cisma Ⓐ *s. m. e f.* schism, rent, split Ⓑ *s. f.* mania, whim, fancy, dream, reverie; caprice, craze; superstitious fear
cismador *s. m.* dreamer
cismar *v. tr.* to dream; to rack one's brain; to meditate, to ponder
cismático *s. m., adj.* schismatic; separatist, idle dreamer

cismontano *adj.* cismontane, cisalpine
cisne *s. m.* ORNITOLOGIA swan; cob; ***o canto do cisne*** swansong; ***penugem do cisne*** swansdown; ***colo de cisne*** swanneck
cispadano *adj.* cispadane
cisqueiro *s. m.* rubbish heap, trash pile; garbage collector
cisrenano *adj.* cisrhenane
cissão *s. f.* ⇒ **cisão**
cissiparidade *s. f.* BIOLOGIA scissiparity, reproduction by fission; schizogenesis
cissíparo *adj.* BIOLOGIA schizogenous, fissiparous
cissura *s. f.* ANATOMIA fissure; crack, cleft
cista *s. f.* cist, kist
Cistáceas *s. f. pl.* BOTÂNICA *Cistaceae* (a kind of shrubs)
cistagano *adj.* this side of the Tagus
cistalgia *s. f.* MEDICINA cystalgia (pain in the bladder)
cistálgico *adj.* MEDICINA cystalgic
cistectomia *s. f.* CIRURGIA cystectomy
cisterciense *adj.* RELIGIÃO Cistercian
cisterna *s. f.* cistern, water-tank; reservoir; well, water-hole, fountain
cisticerco *s. m.* ENTOMOLOGIA cysticercus
cisticercóide *adj.* cysticercoid
cisticercose *s. f.* MEDICINA cysticercosis
cístico *adj.* cystic
cisticotomia *s. f.* cysticotomy
cistina *s. f.* cystine
Cistíneas *s. f. pl.* group of plants including the *Cistaceae*
cistite *s. f.* MEDICINA cystitis (inflammation of the bladder)
cisto *s. m.* cyst
cistocarpo *s. m.* cystocarp
cistocele *s. f.* MEDICINA cystocele (hernia of the bladder)
cistóide *adj.* MEDICINA cystoid, bladderlike
cistólito *s. m.* MEDICINA cystolith (calculus of the bladder)
cistoscópio *s. m.* cystoscope
cistotomia *s. f.* MEDICINA, CIRURGIA cystotomy
cistótomo *s. m.* CIRURGIA cystotome
cita Ⓐ *s. f.* citation Ⓑ *s. m. e f., adj.* Scythian
citação *s. f.* citation, quoting; summons; subpoena (to appear before a judge), arraignment
citadino Ⓐ *s. m.* of the town; townsman, citizen Ⓑ *adj.* city-bred, civic, urban
citador Ⓐ *s. m.* summoner Ⓑ *adj.* summoning, citing
citânia *s. f.* ruins of a Roman or pre-Roman settlement in Portugal or Spain
citante Ⓐ *s. m. e f.* summoner, one who cites Ⓑ *adj.* citing, summoning
citar *v. tr.* to cite, to quote; to mention; to summon, to sue, to call; ***citar na ordem do dia*** to mention in dispatches; ***citar na íntegra*** to quote in full; ***cite-me os nomes*** give me the names
citara *s. f.* a kind of saddlecloth
cítara *s. f.* MÚSICA zither(n), cither, cithara
citaredo *s. m.* person who accompanies his songs on a cither or cithara
citarista *s. m. e f.* zitherist, citharist
Citas *s. m. pl.* Scythians (people)
citatório *adj.* citatory
citável *adj.* citable, quotable
cite *s. m.* act of calling the bull (bullfight)
citéreo *adj.* related to Venus
citerior *adj.* hither, situated on this end
cítico *adj.* Scythian, related to the Scythians
Citináceas *s. f. pl.* *Cytinaceae* (family of tropical plants)
citocinese *s. f.* BIOLOGIA cytokinesis
citode *s. m.* BIOLOGIA cytode
citodiagnóstico *s. m.* MEDICINA cytodiagnosis
citodiérese *s. f.* cytodiaeresis; cell division
citódio *s. m.* BIOLOGIA cytode
citofaringe *s. f.* ZOOLOGIA cytopharynx
citogénese *s. f.* BIOLOGIA cytogenetics
citogenética *s. f.* cytogenetics
citogenia *s. f.* BIOLOGIA cytogenetics
citóide *adj.* cytoid, cell-like
cítola *s. f.* millclapper; MÚSICA [arc.] cither
citologia *s. f.* BIOLOGIA cytology
citológico *adj.* BIOLOGIA cytological
citologista *s. m. e f.* cytologist
citoplasma *s. m.* BIOLOGIA cytoplasm
citoplasmático *adj.* BIOLOGIA cytoplasmic
citóstoma *s. m.* cytostome
Citráceas *s. f. pl.* ⇒ **Rutáceas**
citraria *s. f.* hawking
citrato *s. m.* QUÍMICA citrate
cítreo *adj.* citric, citrus; of the citron-tree
cítrico *adj.* QUÍMICA citric(al); BOTÂNICA citrean, citrine; ***ácido cítrico*** citric acid
citricultor *s. m.* citriculturist
citricultura *s. f.* citriculture
citrina *s. f.* MINERALOGIA citrine; yellow pellucid variety of quartz; BOTÂNICA lemon essence
citrino *adj.* citrine, lemon-coloured, citrinous
citro *s. m.* ⇒ **limoeiro (plant)**
citronela *s. f.* BOTÂNICA citronella, common balm mint
ciumar *v. intr.* to be jealous; to envy
ciumaria *s. f.* jealousy, jealous fit
ciúme *s. m.* jealousy, envy; green-eyed monster; ***muitas mulheres são vítimas do ciúme*** many a woman is a victim of the green-eyed monster; ***ele está doido de ciúmes*** he is mad with jealousy
ciumeira *s. f.* [pop.] jealousy, envy
ciumento *adj.* jealous, envious
cível *adj.* civil; ***Tribunal (do) Cível*** Court of Common Pleas
cívico *adj.* civic
civil Ⓐ *adj.* civil; affable, polite, considerate, courteous, urbane Ⓑ *s. m.* civilian; citizen; ***administração civil*** civil administration; ***direitos civis*** civil rights; ***engenheiro civil*** civil engineer
civilidade *s. f.* civility; politeness, courtesy; good breeding; good manners; urbanity
civilismo *s. m.* civilism; doctrine defending government by civilians
civilista *s. m. e f.* expert on Civil Law; supporter of civilism
civilização *s. f.* civilization
civilizacional *adj.* civilizational
civilizado *adj.* civilized; polite; well-bred; highly cultivated
civilizador *s. m., adj.* civilizing; civilizer
civilizar *v. tr.* to civilize, to educate, to cultivate, to humanize; ***os missionários têm civilizado muitos selvagens*** many savages have been civilized by missionaries
civilizável *adj.* civilizable
civilmente *adv.* civilly, politely, courteously
civismo *s. m.* civism; laws of good citizenship; civic patriotism
cizânia *s. f.* BOTÂNICA darnel, tare, cockle; [fig.] dissension, discord; ***semear a cizânia*** to sow discord
cizirão *s. m.* the perennial peavine; tufted vetch
clã *s. m.* clan; tribe; party, society
cladódio *s. m.* BOTÂNICA cladode, cladophyll
clamação *s. f.* noise, uproar, racket, clamour, hubbub
clamador Ⓐ *adj.* bawling; bawler Ⓑ *s. m.* town crier; crier
clamante *adj.* clamant, crying out; clamouring
clamar *v. tr. e intr.* to cry out; to clamour for, against; to shout loudly; to vociferate; to demand
clâmide *s. f.* chlamys
clamor *s. m.* clamour, outcry, uproar, shouting, loud appeal, angry complaint

clamorosamente *adv.* clamourously; uproariously; noisily; complainingly; vociferously; plaintively
clamoroso *adj.* clamorous, uproarious, noisy, complaining
clandestinamente *adv.* clandestinely; in a secret, underhand manner
clandestinidade *s. f.* secrecy, clandestineness; underhandedness
clandestino *adj.* clandestine, furtive, surreptitious secret, underhand, stealthy; illegal; illicit; hole-and-corner; ***casamento clandestino*** secret marriage; ***passageiro clandestino*** stowaway
clangor *s. m.* clangour, clang
clangorar *v. intr.* to clang, to resound
clangorejar *v. intr.* ⇒ **clangorar**
clangoroso *adj.* clangorous
claque *s. f.* claque, hired body of applauders; opera-hat
claquete *s. f.* CINEMA clapperboard
claquista *s. m. e f.* claqueur, claquer
clara *s. f.* white (of an egg)
clarabela *s. f.* MÚSICA clarabella (an organ stop)
clarabóia *s. f.* skylight; louver; top-lantern, top-light
claramente *adv.* clearly, plainly
clarão *s. m.* gleam, flash of light; brightness; radiance, beam, ray, glimmer; [fig.] clue; indicium; ***clarão do relâmpago*** flash of lightning; ***um fraco clarão*** a faint glimmer
clareação *s. f.* clarification, act or process of making clear
clarear *v. tr. e intr.* to clear up; to make clear; to become clear, to grow brighter; to dawn; to clear
clareira *s. f.* glade, opening, open space in a wood or forest
clarejar *v. tr. e intr.* ⇒ **clarear**
clarete *s. m., adj.* light red; claret (wine)
clareza *s. f.* clearness; clarity; ***clareza nos negócios*** square dealing
claridade *s. f.* clarity, brightness; brilliancy; clearness
clarificação *s. f.* clarification, clearing up, clarifying
clarificador Ⓐ *adj.* clarifying Ⓑ *s. m.* clarifier
clarificar *v. tr. e refl.* to clarify, to purify, to make clear; to get clear, to become clear
clarificativo *adj.* clarificative, tending to clarify
clarim *s. m.* MÚSICA clarion, bugle; bugler
clarimostrar *v. tr.* to show clearly
clarinada *s. f.* flourish (of horns), fanfare
clarinete *s. m.* MÚSICA clarinet; clarinetist; bugler, clarioner, trumpeter
clarinetista *s. m. e f.* clarinettist, clarinetist; clarinet player
clarissa *s. f.* Clarissa (nun)
claríssono *adj.* that sounds clearly
clarista Ⓐ *s. m. e f.* Clarist, monk or nun of the order of St. Clare Ⓑ *adj.* Clarist
clarividência *s. f.* clear-sightedness; clairvoyance; sagacity; divination
clarividente *adj.* clear-sighted; judicious; cautious, prudent
claro Ⓐ *adj.* clear, bright, light, light-coloured; pure, plain; obvious, intelligible; distinct, unequivocal; transparent, limpid; sunny, luminous; renowned, illustrious Ⓑ *s. m.* blank space; gap Ⓒ *adv.* clear, clearly, plainly, distinctly, evidently; ***é claro como água*** it is as plain as plain can be, as plain as ABC, as clear as crystal; ***é bem claro*** that's quite clear; ***era dia claro*** it was broad daylight; ***falar claro*** to speak plainly; ***passar em claro*** to pass over, to make no mention of; ***passar a noite em claro*** to pass a sleepless night, not to sleep a wink; ***às claras*** above board, openly; ***tirar a claro*** to clear up, to elucidate; ***voz clara*** clear voice; ***em termos claros*** in plain terms; NÁUTICA ***tudo claro!*** all's well!
classe *s. f.* class; rank; order, sort; kind; variety, caste; classroom (in a school); category, group, division; form (in a school); rate, rating place; ***classes dirigentes*** governing classes; ***classe média*** middle class; ***classe operária*** working class; ***classes superiores*** people of position; ***ser o melhor aluno da classe*** to be the top of the form; ***classe baixa*** lower class; ***classe de tipo*** kind of type; ***classe do navio*** class of the vessel; ***as classes baixas*** rank and file; ***gente de todas as classes sociais*** people of all ranks; ***classes e profissões*** walks of life; ***de primeira classe*** first-class, first-rate
classicamente *adv.* classically
classicismo *s. m.* classicism
classicista *s. m. e f.* classicist
clássico Ⓐ *adj.* classic(al) Ⓑ *s. m.* classic, scholar; writer of undisputed excellence; ancient, old, antique; deep-rooted
classificação *s. f.* classification; assortment; grouping, sorting; division in classes; distribution; graduation; ***classificação de navios*** classification of ships
classificado *adj.* classified; classed; qualified, ranked; ***anúncios classificados*** classified advertisements, classified ads, classifieds
classificador Ⓐ *s. m.* classifier; assorter; examiner (school); document file, file Ⓑ *adj.* classifying, assorting
classificar *v. tr. e refl.* to class; to classify, to arrange in classes; to assort; to order, to rank; to codify; to assign to a class; to be promoted; to rate
classificativa *s. f.* classifying, qualifying; ***etapa classificativa*** qualifying stage
classificativo *adj.* classifying, qualifying
classificável *adj.* classifiable; classable, classible
clástica *s. f.* clastic anatomy
clástico *adj.* GEOLOGIA clastic, fragmentary; ***rochas clásticas*** clastic rocks
claudicação *s. f.* lameness, limping, hobble; claudication; [fig.] error, mistake
claudicante *adj.* limping, hobbling
claudicar *v. intr.* to limp; to hobble, to walk lamely; to commit a fault; to err, to go wrong
claustra *s. f.* ⇒ **claustro**
claustral *adj.* claustral, monastical, cloistral
claustralidade *s. f.* monastical life
claustrar *v. tr.* to cloister
claustro *s. m.* cloister, monastic-house, monastery; monastic life; congregation of professors of a university; senate
claustrofobia *s. f.* claustrophobia
claustrofóbico *adj.* claustrophobic
claustromania *s. f.* claustromania
cláusula *s. f.* clause, condition; terms; article; proviso; ***cláusula de anulação*** cancelling clause; NÁUTICA ***cláusula de desistência*** waiver clause
clausular Ⓐ *v. tr.* to article; to limit; to restrict; to make one's terms; to lay down conditions Ⓑ *adj.* clausular
clausura *s. f.* reclusion; cloister; monastic life; enclosure; closure; retirement; ***viver em clausura*** to lead a monastic life; ***ordem com clausura*** enclosed order
clausurar Ⓐ *v. tr.* to cloister, to confine in a cloister Ⓑ *v. refl.* to cloister oneself; to become a monk
clava *s. f.* club, mace, bludgeon; MÚSICA clef
clavaria *s. f.* dignity or office of key-keeper
clavário *s. m.* key-keeper
clave *s. f.* MÚSICA clef; ***clave de fá*** bass clef; ***clave de sol*** treble clef, cotter pin
clavecinista *s. m. e f.* MÚSICA clavecinist, clavecin player
clavecino *s. m.* MÚSICA clavecin
claveiro *s. m.* key-keeper
clavicórdio *s. m.* MÚSICA clavichord
clavicordionista *s. m. e f.* MÚSICA clavichord player
clavicordista Ⓐ *adj.* of clavichord Ⓑ *s. m. e f.* MÚSICA clavichord player
clavicórneo Ⓐ *adj.* ZOOLOGIA clavicorn Ⓑ *s. m. pl.* clavicornes
clavícula *s. f.* ANATOMIA clavicle, collar bone
claviculado *adj.* ANATOMIA claviculate
clavicular *adj.* clavicular

claviculário *s. m.* key-keeper
clavifoliado *adj.* BOTÂNICA clavifoliate
claviforme *adj.* claviform
clavígero *adj.* [poét.] clavigerous
clavija *s. f.* peg, pin, bolt, plug
clavina *s. f.* rifle, carbine
clavineiro *s. m.* carabineer; gunsmith
claviórgão *s. m.* MÚSICA claviorgan
cláxon *s. m.* klaxon(-horn)
clefta *s. m.* klepht; brigand, bandit
cleistogamia *s. f.* ⇒ **clistogamia**
cleistogâmico *adj.* ⇒ **clistogâmico**
clematite *s. f.* BOTÂNICA clematis; traveller's joy; trailing, climbing plant
clemência *s. f.* clemency, mercy, lenience; leniency; forgiveness, gentleness, forbearance; ***com clemência*** mercifully
clemenciar *v. tr.* to treat with mercy
clemente *adj.* clement, merciful, gracious, lenient, indulgent, gentle, forbearing; ***ser clemente*** to show mercy, to give or to show quarter
clementemente *adv.* mercifully, clemently, with clemency, forgivingly
clementina *s. f.* clementine
clepsidra *s. f.* clepsydra, water-clock
cleptofobia *s. f.* kleptophobia
cleptófobo *s. m.* kleptophobic man
cleptomania *s. f.* MEDICINA, PSICOLOGIA kleptomania
cleptomaníaco *adj., s. m.* kleptomaniac
cleptómano *s. m.* kleptomaniac
clerezia *s. f.* clergy; priesthood
clerical *adj.* clerical; priestly, ecclesiastical
clericalismo *s. m.* clericalism; clerical party
clericalista *s. m. e f.* clericalist
clericalizar *v. tr.* to clericalize
clericalmente *adv.* clerically, ecclesiastically
clericato *s. m.* clerical office, clerkship
clérigo *s. m.* clergyman; churchman, minister, ecclesiastic; sky-pilot, kind of fish; ***tornar-se clérigo*** to go into the church, to take up priesthood
clero *s. m.* clergy, priesthood
clerocracia *s. f.* clerocracy; rule by priests
clerofobia *s. f.* clerophobia; hatred of priests
cleromancia *s. f.* cleromancy
cleromante *s. m. e f.* cleromancer
cliché *s. m.* cliché; commonplace; ***cliché negativo*** negative plate; ***cliché positivo*** positive plate
clidomancia *s. f.* clidomancy; divination by a key tied to the Bible
clidomante *s. m. e f.* clidomancer; key-diviner
clidonógrafo *s. m.* instrument used to register the characteristics of a luminous electrical discharge
clidoscopia *s. f.* ⇒ **clidomancia**
clidotomia *s. f.* CIRURGIA cut of the clavicle of the fetus to facilitate birth
cliente *s. m. e f.* customer, client; patient
clientela *s. f.* business connection; customers; clientele; MEDICINA practice; ***ter boa clientela*** to have numerous good customers
clientelismo *s. m.* jobs for the boys; partisanship, favouritism, nepotism
clima *s. m.* climate; [poét.] clime; environment, ambient, medium; ***clima marítimo*** maritime climate; ***em melhor clima que o nosso*** under brighter skies than ours
climactérico *adj.* MEDICINA climacteric, critical; menopause
climatérico *adj.* climatic
climático *adj.* climatic, climatal
climatismo *s. m.* frequency of mild climates (or resorts)
climatizar *v. tr.* to acclimatize, to acclimate
climatologia *s. f.* climatology
climatológico *adj.* climatological
climatologista *s. m. e f.* climatologist
climatoterapia *s. f.* climatotherapy
clímax *s. m.* climax; apex
clina *s. f.* ⇒ **crina**
clinámen *s. f.* ⇒ **declinação**
clínica *s. f.* clinic, medical practice; medical establishment; ***exercer clínica*** to practise medicine; ***o Dr. Grey tem muita clínica (clientela)*** Dr. Grey has a large practice; ***médico de clínica geral*** general practitioner (GP)
clinicar *v. intr.* to practise medicine
clínico Ⓐ *s. m.* doctor; physician, practitioner Ⓑ *adj.* clinical; ***termómetro clínico*** clinical thermometer
clinocefalia *s. f.* clinocephaly; flat-head
clinodactilia *s. f.* clinodactylia
clinodáctilo *s. m., adj.* clinodactylous
clinodiagonal *adj.* MINERALOGIA clinodiagonal
clinodoma *s. m.* MINERALOGIA clinodome
clinomania *s. f.* PATOLOGIA clinomania
clinómetro *s. m.* clinometer (instrument for measuring slopes and elevations)
clinopinacóide *s. m.* MINERALOGIA clinopinacoid
clinopódio *s. m.* BOTÂNICA hedge calamint, wild basil
clinoterapia *s. f.* clinotherapy; cure by resting in bed
clique *s. m.* clique, click; coterie; inner circle; short light; brief, sharp often metallic sound
clise *s. f.* injecting of liquid into the rectum
clister *s. m.* MEDICINA enema, clyster
clisterização *s. f.* the injection of liquid into the rectum
clisterizar *v. tr. e intr.* to clyster
clistogamia *s. f.* BIOLOGIA cleistogamy, clistogamy
clistogâmico *adj.* BIOLOGIA cleistogamic(al), clistogamic(al)
clistrão *s. m.* ELECTRICIDADE short wave radio tube
clitelado *adj.* having clitellum (worms)
clitelo *s. m.* ZOOLOGIA clitellum
clitóride *s. f.* ANATOMIA clitoris
clitoridismo *s. m.* masturbation
clítoris *s. m.* ANATOMIA clitoris
clitoritomia *s. f.* MEDICINA, CIRURGIA clitoridotomy
clivagem *s. f.* cleavage
clivar *v. tr.* to cleave, to split
clivo *s. m.* slope; declivity; hill side
clivoso *adj.* sloping, declivitous; hilly
cloaca *s. f.* sewer, latrine; sink; ZOOLOGIA cloaca
cloacal *adj.* cloacal
cloacário *s. m.* officer in charge of the sewers among the Romans
cloacino *adj.* of or pertaining to a sewer or sewer system; of or relative to a latrine; [fig.] indecent
clonagem *s. f.* cloning
clone *s. m.* clone
clorado *adj.* chlorinated
cloragem *s. f.* bleaching and desinfecting by means of chlorine
cloral *s. m.* QUÍMICA chloral
cloramina *s. f.* chloramine
clorato *s. m.* QUÍMICA chlorate; potassium chlorate
cloremia *s. f.* MEDICINA chloremia, chlorosis
cloreto *s. m.* QUÍMICA chloride; bleaching powder, calcium hypochlorite
clórico *adj.* QUÍMICA chloric
cloridrato *s. m.* QUÍMICA hydrochloride
clorídrico *adj.* QUÍMICA hydrochloric; ***ácido clorídrico*** hydrochloric acid
cloro *s. m.* QUÍMICA chlorine (a non-metallic element)
clorocarbonização *s. f.* QUÍMICA ⇒ **fotossíntese**
clorofíceas *s. f. pl.* BOTÂNICA *Chloroficeae* (group of green *Algae*)

clorofila *s. f.* BOTÂNICA chlorophyll; green-coloured mater in leaves, grass, etc
clorofilino *adj.* BOTÂNICA ***função clorofilina*** photosynthesis
clorofórmico *adj.* chloroformic
clorofórmio *s. m.* QUÍMICA, MEDICINA chloroform
cloroformização *s. f.* chloroformization
cloroformizar *v. tr.* to chloroform, to chloroformize
cloroleucito *s. m.* BIOLOGIA, BOTÂNICA chloroleucyte, chloroplast
cloromicetina *s. f.* FARMACOLOGIA chloromycetin
cloroplasta *s. m.* BIOLOGIA chloroplast, chloroplastid
cloroplastídio *s. m.* ⇒ **cloroplasta**
cloropreno *s. m.* QUÍMICA chloroprene
clorose *s. f.* MEDICINA chlorosis, green sickness; anaemic disease; BOTÂNICA blanching of green parts, or turning green of petals
clorótico *adj.* chlorotic
clube *s. m.* club, assembly; club-house; association, society
clubista Ⓐ *s. m. e f.* member of a club Ⓑ *s. m. e f., adj.* too much attached to a club, exaggerated love for a club
Clupeidas *s. m. pl.* ⇒ **Clupeídeos**
Clupeídeos *s. m. pl.* ICTIOLOGIA *Clupeidae*, the family of herrings, sardines, etc.
Clusiáceas *s. f. pl.* BOTÂNICA *Clusiaceae*
cnemalgia *s. f.* leg-ache
cnémide *s. f.* ANATOMIA shinbone
cnidário *s. m.* ZOOLOGIA cnidarian, coelenterate
cnidoblasto *s. m.* ZOOLOGIA cnidoblast
cnidose *s. f.* MEDICINA urticaria
côa *s. f.* filtering; fishing-net; tail
coabitação *s. f.* cohabitation; dwelling together
coabitador *s. m.* cohabiter, cohabitant
coabitante Ⓐ *s. m. e f.* cohabitant, cohabiter Ⓑ *adj.* cohabiting
coabitar *v. tr. e intr.* to cohabit
coação *s. f.* filtering
coacção *s. f.* coercion, compulsion, force, constraint; enforcement
coacervação *s. f.* coacervation, accumulation
coactar *v. tr.* to coerce, to compel
coactivo *adj.* coercive
coacto *adj.* compelled, forced
coactor Ⓐ *s. m.* coercer Ⓑ *adj.* coarctating
co-acusado *s. m.* codefendant
coada *s. f.* lye; vegetable water; liquid resulting from filtration
coadaptação *s. f.* coadaptation
coadaptar *v. tr.* to coadapt
coadjutor *s. m.* RELIGIÃO coadjutor, assistant; helper; accomplice
coadjutoria *s. f.* coadjutorship
coadjuvação *s. f.* cooperation; coadjuvancy
coadjuvante *s. m. e f., adj.* helping; helper; cooperating
coadjuvar *v. tr.* to help, to assist, to aid
co-administração *s. f.* joint-administration
co-administrador *s. m.* co-administrator
co-administrar *v. tr.* to administer jointly with another
coado *adj.* strained; filtered; ***ferro coado*** pig iron
coadoiro *s. m.* ⇒ **coadouro**
coador *s. m.* strainer, cullender; colander
coadouro *s. m.* filtering, straining; place where filtering or straining takes place
coadquirente Ⓐ *s. m. e f.* co-acquirer Ⓑ *adj.* acquiring jointly
coadquirição *s. m. e f.* act of acquiring jointly
coadquirir *v. tr.* to acquire jointly with another
coadunação *s. f.* adaptation, junction, combination; conciliation; union
coadunar *v. tr.* to join, to mix, to blend, to incorporate; to combine; to coadunate; BOTÂNICA to conciliate
coadunável *adj.* capable of being united
coadura *s. f.* strained liquid; filtration; straining, filtering; cast (metal)
coagir *v. tr.* to coerce, to constrain, to compel, to force, to oblige; to drive on
coagmentação *s. f.* cementing or joining together; kneading
coagmentar *v. tr.* to cement or to join together; to knead, to amass
coagulabilidade *s. f.* coagulability
coagulação *s. f.* coagulation
coagulador *s. m.* coagulator; rennet-bag, abomasus
coagulante Ⓐ *adj.* coagulative, coagulatory Ⓑ *s. m.* coagulant
coagular *v. tr., intr. e refl.* to coagulate, to curdle; to cause to coagulate; to clot, to thicken, to congeal
coagulável *adj.* coagulable
coágulo *s. m.* clot, coagulum; ***um coágulo de sangue*** a clot of blood, a blood-clot
coalescência *s. f.* coalescence, coalition; adhesion; agglutination
coalescente *adj.* coalescent
coalescer *v. tr.* to coalesce, to come together, to grow together; to unite; to combine; to harmonize
coalhada *s. f.* curdled-milk, clabber
coalhadura *s. f.* curdling, coagulation
coalha-leite *s. f.* BOTÂNICA lady's bedstraw
coalhamento *s. m.* curdling, coagulation
coalhar *v. tr., intr. e refl.* to curdle, to curd, to congeal; to become congealed; to clot
coalheira *s. f.* ZOOLOGIA abomasum; rennet-bag collar, hame
coalho *s. m.* curdling; coagulation
coalização *s. f.* coalition; alliance
coalizar-se *v. refl.* to form a coalition
co-aluno *s. m.* ⇒ **condiscípulo**
coandu *s. m.* ⇒ **ouriço-cacheiro**
coaptação *s. f.* coaptation, fitting together; CIRURGIA reduction, alignment
coaptar *v. tr.* to coapt
coaptidão *s. f.* cooptation; adjustment of fractured bones
coaquisição *s. f.* act or result of acquiring jointly
coar *v. tr.* to strain, to filter, to filtrate; to pass liquid, to percolate; ***coar um líquido*** to strain a liquid
coarctação *s. f.* restraint, limitation
coarctada *s. f.* categorical answer; sharp reply; refutation; coarctation
coarctar *v. tr.* to restrain, to restrict, to limit
co-arrendador *s. m.* cotenant
co-arrendamento *s. m.* the act of renting to more than one person
co-arrendar *v. tr.* to rent together with somebody
co-arrendatário *s. m.* co-tenant
co-associado *s. m.* associate
coatá *s. m.* any spider monkey
coati *s. m.* ZOOLOGIA coati (tropical American mammal allied to the racoon)
co-autor *s. m.* co-author, joint author, collaborator; DIREITO accomplice
co-autoria *s. f.* co-authorship
coaxação *s. f.* croaking (of frogs)
coaxante *adj.* croaky
coaxar *v. intr.* to croak
coaxial *adj.* coaxial, coaxal
coaxo *s. m.* croaking (of frogs)
cobaia *s. f.* ZOOLOGIA cavy; guinea-pig
cobaio *s. m.* ⇒ **cobaia**
cobáltico *adj.* MINERALOGIA cobaltic
cobaltífero *adj.* MINERALOGIA cobaltiferous
cobaltizagem *s. f.* the act of giving the colour of cobalt

cobaltizar *v. tr.* to give the colour of cobalt
cobalto *s. m.* QUÍMICA, MINERALOGIA cobalt
cobarde Ⓐ *adj.* faint-hearted, pusillanimous; white-livered; treacherous, perfidious Ⓑ *s. m. e f.* coward, bastard, poltroon; craven, recreant; ***ser cobarde*** to be a coward, to be unable to say "boo" to a goose; ***mostrar-se cobarde*** to show the white feather
cobardemente *adv.* cowardly, like a coward
cobardia *s. f.* cowardice, faint-heartedness, pusillanimity, cowardliness; timidity; treachery, perfidious act
cobardice *s. f.* ⇒ **cobardia**
coberta *s. f.* counterpane; quilt; bedspread; coverlet; cover, covering; coverture, coverlid; case, casing, casement; NÁUTICA deck; ***primeira coberta*** middle deck; ***segunda coberta*** lower deck; ***terceira coberta*** orlop deck; ***quarta coberta*** lower orlop deck; ***coberta de ré*** half-deck; ***coberta de 13.ª classe (navio mercante)*** steerage; ***na coberta*** below; ***coberta (de navio) reservada a passageiros de 1.ª classe*** saloon-deck
cobertalho *s. m.* any piece of cloth for covering
cobertamente *adv.* secretly
coberteira *s. f.* covert-feather of a falcon; pad covering the oxen's head
coberto[1] *adj.* covered; hid, hidden, secret; clothed, clad, cloaked; dressed; safe; outbid (auction); NÁUTICA decked; ***coberto de glória*** covered with glory; ***coberto de vergonha*** covered with shame; ***a coberto*** under cover, under shelter; ***estás coberto de pó*** you are covered with dust; ***coberto de moscas*** thick with flies; ***coberto de folhagem*** bowery
coberto[2] *s. m.* shed, shelter; veranda, porch
cobertor *s. m.* blanket; coverlet; counterpane; hangings; wrapper
cobertura *s. f.* covering, casing roof, roofing, roof covering; coat, cape; canopy; ***cobertura de madeira*** wood covering; ***cobertura de ardósia*** slate-roofing; ***cobertura de vidro*** roof-glazing; NÁUTICA ***cobertura da casa da máquina e caldeiras*** engine and boiler casing; ***cobertura abobadada*** arched covering
cobiça *s. f.* covetousness; envy; enviousness; violent desire or longing; greediness; avarice
cobiçador Ⓐ *adj.* envious, ambitious Ⓑ *s. m.* envier, ambitious person
cobiçante *adj.* covetous, greedy
cobiçar *v. tr.* to covet, to desire eagerly; to envy
cobiçável *adj.* covetable, enviable
cobiçosamente *adv.* covetously
cobiçoso *adj.* covetous; grasping, greedy, avaricious
cobra *s. f.* ZOOLOGIA snake; serpent, adder; ⌊fig.⌋ wicked tongue, treacherous person; ***dizer cobras e lagartos de*** to speak ill of, to defame; ***mau como as cobras*** wily (crafty, cunning) as a snake
cobra-capelo *s. f.* ZOOLOGIA hooded rattlesnake
cobra-cascavel *s. f.* ZOOLOGIA rattlesnake
cobra-cega *s. f.* ZOOLOGIA limbless lizard; slow-worm
cobra-coral *s. f.* ZOOLOGIA coral snake
cobra-d'água *s. f.* ZOOLOGIA water-snake
cobra-de-cabelo *s. f.* ZOOLOGIA hair-worm
cobra-de-pernas *s. f.* ZOOLOGIA saurian; lizard
cobra-de-vidro *s. f.* ZOOLOGIA glass snake, blind worm
cobra-do-mar *s. f.* ICTIOLOGIA sea-serpent
cobrador *s. m.* collector, receiver; conductor (in a bus, etc.); ***cobrador de contribuições*** tax-collector, tax exacter
cobradouro *s. m.* place from where the irrigation water is supplied
cobrança *s. f.* collection of money; collecting; receiving; recovery, encashment; ***cobrança dos impostos*** collection of taxes; DESPORTO ***cobrança de falta*** free kick
cobrancista *s. m. e f.* collector
cobrão *s. m.* any small snake; herpes zoster
cobra-papagaio *s. f.* pit viper
cobrar *v. tr.* to collect, to receive; to recover; to get; to acquire; ***cobrar dívidas*** to collect debts; ***cobrar ânimo*** to take courage, to take heart; ***cobrar forças*** to gather strength; ***cobrar juros*** to collect the interest; ***cobrar impostos*** to levy taxes; ***cobrar uma comissão*** to charge a commission
cobrável *adj.* payable; chargeable
cobre *s. m.* copper; copper coin; ***fundição de cobre*** copper works
cobreagem *s. f.* copper-facing
cobrear *v. tr.* to impart a coppery colour to; to copper; to coat with copper
cobreira *s. f.* a lot of money
cobrejão *s. m.* horse covering
cobrejar *v. intr.* to serpentine, to twist, to meander
cobrelo *s. m.* ZOOLOGIA any small snake; herpes which the people believed were caused by the passage of any small snake over the skin
cobre-nuca *s. m.* neckcloth
cobrição *s. f.* act of covering; copulation (of horses, cattle, dogs, etc.)
cobridor *s. m.* covering
cobril *s. m.* serpentry; place where snakes are kept
cobrimento *s. m.* act of covering; coverage
cobrir Ⓐ *v. tr.* to cover, to wrap; to envelop; to clothe, to dress; to cloak; to veil, to conceal, to disguise; to put on (a hat); to cover up, to protect; to shelter, to defend; to spread over; to overflow, to overspread; to roof (a house) Ⓑ *v. refl.* to cover oneself; to be covered; to get under cover; ***cobrir uma casa*** to tile a house; ***a neve cobre o chão*** the snow covers the ground; ***cobrir o défice*** to cover (to make good, to meet) the deficit; ***cobrir uma distância*** to cover a distance; ***cobrir as despesas*** to cover one's expenses; ***cobrir-se de glória*** to cover oneself with glory
cobro *s. m.* act of collecting a debt; end, ending, termination, stop; ***pôr cobro a*** to put a stop to, to repress
coca[1] *s. f.* BOTÂNICA coca; lookout; ***estar à coca*** to be on the lookout
coca[2] Ⓐ *s. f.* hood; ⌊pop.⌋ scarecrow; vegetation covering the bed of a river Ⓑ *adj.* said of a kind of almond
coça *s. f.* ⌊pop.⌋ drubbing, thrashing, beating, cudgelling
coca-bichinhos *s. m. e f., adj.* a person interested in trivial, insignificant things
cocada *s. f.* a sweet meat made of coconuts and sugar; ⌊pop.⌋ a blow on the head
coçadela *s. f.* scratching
coçado *adj.* worn, impaired, rubbed; scratched; worn-out, shabby; ***fatos coçados*** worn garments; ***casaco coçado*** shabby coat
coçadoiro *s. m.* act of scratching oneself frequently; object against which animals rub themselves
coçadouro *s. m.* act of scratching oneself frequently; object against which animals rub themselves
coçadura *s. f.* scratching
cocaína *s. f.* FARMACOLOGIA cocaine, dope
cocainismo *s. m.* MEDICINA cocainism
cocainização *s. f.* cocainization
cocainizar *v. tr.* to cocainize
cocainomania *s. f.* MEDICINA cocainomania
cocainómano *s. m.* MEDICINA cocainomaniac; drug addict
coca-minhocas *s. m. e f.* ⇒ **coca-bichinhos**
cocanha *s. f.* ***mastro de cocanha*** a climbing pole covered with tallow, on the top of which prizes or surprise packages can be reached by the successful climber
cocão *s. m.* the rustic wooden bearing of an oxcart
cocar *v. tr.* ⌊pop.⌋ to spy on
coçar Ⓐ *v. tr. e intr.* to scratch, to rub, to gall; to tickle; ***coçar a cabeça*** to scratch one's head Ⓑ *v. refl.* to scratch oneself
cócaras *s. f. pl.* ⇒ **cócoras**
cocarinhas *s. f. pl.* ***de cocarinhas*** squatting

cocção *s. f.* cooking, boiling, concoction; digestion
coccídeos *s. m. pl.* ZOOLOGIA *Coccidae* (hemipterous insects)
coccige *s. m.* ⇒ **cóccix**
coccigeano *adj.* ⇒ **coccígeo**
coccígeo *adj.* ANATOMIA coccygeal, coccigean
coccigodinia *s. f.* coccygodynia
coccigotomia *s. f.* MEDICINA, CIRURGIA coccygotomy
cóccix *s. m.* ANATOMIA coccyx
cocegante *adj.* referring to tickling
cocegar *v. tr.* to tickle
cócegas *s. f. pl.* tickling, tickle, titillation; [fig.] impatience, restlessness; desire, appetite; ***fazer cócegas a*** to tickle
coceguento *adj.* ticklish
coceira *s. f.* itch, itching
cocha *s. f.* wooden trough; NÁUTICA lay, twist; each strand of a rope or cable
cochada *s. f.* a coachful
cochado *adj.* NÁUTICA close to the wind; ***cochado para a esquerda*** left-handed; ***cochado para a direita*** right-handed
cochar *v. tr.* NÁUTICA to lay a rope, to twist; ***cochar-se com o vento*** to close to the wind
cocharra *s. f.* spoon
cocharrada *s. f.* spoonful
coche *s. m.* coach, carriage
cocheira *s. f.* coach-house; cart-house
cocheiral *adj.* relative to a coachman
cocheiro *s. m.* coachman, cab-driver
cochenilha *s. f.* ⇒ **cochinilha**
cochicha *s. f.* flycatcher; bird
cochichada *s. f.* whispering
cochichador *s. m.* whisperer
cochichar *v. intr.* to whisper, to speak in a low voice
cochicho *s. m.* whisper, whispering; ORNITOLOGIA skylark, field-lark; very small house
cochicholo *s. m.* a very small hut; hovel; dog-hole
cochilar *v. intr.* to nap, to nod, to doze, to snooze
cochilo *s. m.* nap, snooze; [fig.] an oversight
cochinada *s. f.* a herd of pigs; filth
cochinar *v. intr.* to grunt
cochinchino Ⓐ *s. m.* Cochin-Chinese; native or inhabitant of Cochin-China Ⓑ *adj.* relating to Cochin-China
cochinilha *s. f.* ZOOLOGIA cochineal
cochino *s. m.* hog, pig; [pop.] filthy person
cocho *s. m.* trough; hog; pig; tray used by the builders to carry cement and other materials ready to be used
cochonilha *s. f.* ⇒ **cochinilha**
cociente *s. m.* ⇒ **quociente**
cocíneo *adj.* scarlet, garnet-red
cóclea *s. f.* ANATOMIA cochlea
coclear *adj.* cochleate(d)
cocleária *s. f.* BOTÂNICA cochlearia; horse-radish
cocleariforme *adj.* BOTÂNICA cochleariform; snail-like
cocleiforme *adj.* BOTÂNICA cochleariform; snail-like
coco *s. m.* coconut, cocoa-nut, coker-nut; ***água de coco*** coconut milk
cocó *s. m.* topknot; [fam.] excrement
coconote *s. m.* coconut
cócoras *s. f. pl.* in squatting posture, squatting; ***estar de cócoras*** to squat
cocorocó *s. m.* a cock's crow
cocorote *s. m.* a rap on the head with the knuckles
cocote *s. f.* cocotte; prostitute
co-credor *s. m.* cocreditor
cocto *adj.* ⇒ **cozido**
cocuruta *s. f.* [reg.] top (of head)
cocuruto *s. m.* [reg.] top (of head), summit
coda *s. f.* MÚSICA coda
codamina *s. f.* QUÍMICA codamine, alkaloid of the opium
códão *s. m.* frozen soil; frost; icicle
côdea *s. f.* crust; scab (of sore or wound)
codeão *s. m.* ⇒ **códão**
codear *v. intr.* to eat the crust; to nibble
códega *s. f.* variety of vine *(malvasia grassa)*
codegueiro *adj.* dirty, stained
codeína *s. f.* QUÍMICA, FARMACOLOGIA codeine
codejar *v. intr.* to frost
co-delinquência *s. f.* codelinquency
co-delinquente *adj.* codelinquent
co-delinquir *v. intr.* to commit a crime with another
co-demandante *s. m. e f.* co-plaintiff
codessal *s. m.* spot covered (or grown over) with hairy cytisus (shrub)
codesseira *s. f.* ⇒ **codessal**
codesso *s. m.* BOTÂNICA hairy cytisus, laburnum
co-detentor *s. m.* joint-holder, co-owner
codeúdo *adj.* covered with a heavy crust, crusty
co-devedor *s. m.* codebtor
códex *s. m.* ⇒ **códice**
co-dialecto *s. m.* dialect which developed under the influence of a foreign language
códice *s. m.* codex; old manuscript
codicilar *adj.* codicillary
codicilo *s. m.* codicil; addition to a will
codificação *s. f.* coding
codificador *s. m.* codifier
codificar *v. tr.* to codify
código *s. m.* code, statute-book; ***código militar*** military law; ***código penal*** penal (or criminal) code; ***código do processo civil*** code of civil law; ***código comercial*** law merchant, mercantile law; ***código marítimo*** navigation act; ***código internacional de sinais*** international code; ***distintivo do código*** code signal; ***código de barras*** bar code; ***código de ética profissional*** code of practice; ***código genético*** genetic code; ***código postal*** [Ingl.] postcode, [E.U.A.] zip code
codilhar *v. tr.* to deceive, to cheat
codilho *s. m.* codille (card-playing); [fig.] deceit
co-direcção *s. f.* co-management
co-director *s. m.* co-manager
codo *s. m.* ⇒ **códão**
co-donatário *s. m.* a person who shares a donation
codonofone *s. m.* instrument that imitates the sound of bells
codório *s. m.* a sip of wine or brandy; a bit of food
codorniz *s. f.* ORNITOLOGIA quail
codornizão *s. m.* ORNITOLOGIA large quail; land-rail
codorno *s. m.* warden; tinamou
coeducação *s. f.* coeducation
coeducar *v. tr.* to coeducate
coeducativo *adj.* coeducative, coeducational
coeficiência *s. f.* coefficiency
coeficiente *s. m.* coefficient; MATEMÁTICA factor; FÍSICA rate, ratio; ***coeficiente de segurança*** safety factor; NÁUTICA ***coeficiente de finura, de forma*** coefficient of fineness; ***coeficiente de carga*** charging coefficient; ***coeficiente de velocidade*** velocity coefficient
coéfora *s. f.* Choephora
co-eleitor *s. m.* one who shares the right to vote with another
coelha *s. f.* ZOOLOGIA doe-rabbit
coelhada *s. f.* a number of rabbits
coelheira *s. f.* rabbit-warren; rabbit-hutch, cony burrow
coelheiro Ⓐ *s. m.* rabbit-hunter Ⓑ *adj.* rabbit-hunting
coelhinho *s. m.* [fam.] bunny
coelho *s. m.* ZOOLOGIA rabbit; coney, cony; ***matar dois coelhos de uma cajadada*** to kill two birds with one stone; ***toca de coelho*** burrow, warren, rabbit-hole; ***pele de coelho*** coney skin

coempção *s. f.* DIREITO coemption (purchase of whole supply); exchange
coentrada *s. f.* coriander-sauce
coentral *s. m.* BOTÂNICA coriander grow
coentro *s. m.* BOTÂNICA coriander
coepiscopado *s. m.* diocese with two bishops
coepiscopal *adj.* referring to a diocese with two bishops
coepíscopo *s. m.* bishop who shares the diocese with another
coequação *s. f.* simultaneous equation
coerção *s. f.* coercion
coercibilidade *s. f.* coerciveness
coercitividade *s. f.* compulsiveness
coercitivo *adj.* coercible
coercível *adj.* coercible
coercividade *s. f.* compulsiveness
coercivo *adj.* coercive, compulsory
coerência *s. f.* coherence; logic
coerente *adj.* coherent; consistent, cohesive
coerentemente *adv.* coherently
coerir *v. intr.* to cohere, to stick together
coesão *s. f.* cohesion; coherence; harmony, concord
coesivo *adj.* cohesive
coesor *s. m.* detector of electro-magnetic radiations
co-esposa *s. f.* one of several wives of the same man
coessência *s. f.* the same substance or essence; coessentialness
coessencial *adj.* co-essential
coestender *v. tr.* to coextend, to extend simultaneously
coetaneidade *s. f.* contemporaneity; coevity
coetâneo *adj.* contemporary; coetaneous, coeval
co-eterno *adj.* coeternal, jointly eternal
coevidade *s. f.* coevity
coevo *adj.* coeval
coexistência *s. f.* coexistence
coexistente *adj.* coexistent
coexistir *v. intr.* to coexist, to exist together
co-fiador *s. m.* co-surety, joint-warrantor
cofiar *v. tr.* to smooth, to stroke (beard or hair)
cofose *s. f.* MEDICINA cophosis, total deafness
cofre *s. m.* coffer, chest, case, casket, box, strong-box, safe; ***cofre forte*** steel safe, strong box; ***cofre de aluguer (das casas-fortes dos bancos)*** safe deposit; ***cofre forte à prova de fogo*** fireproof safe; ***arrombador de cofres*** safeblower; ***cofre de segredo*** combination safe; NÁUTICA ***cofre de vapor*** dome, steam-dome
co-gerência *s. f.* management shared with another
co-gerente *s. m. e f.* manager sharing his job with another
cogitabundo *adj.* pensive, thoughtful, musing, meditative, wrapped in thought, in a brown study
cogitação *s. f.* cogitation, thought; reflexion, meditation
cogitar *v. tr. e intr.* to cogitate, to ponder, to meditate, to ruminate; to devise; to consider, to reflect
cogitativo *adj.* cogitative, pensive
cognação *s. f.* cognation; blood-relationship; cognateness
cognado *s. m., adj.* cognate; related, kindred; akin; similar, analogous; cognatic
cognático *adj.* relating to cognation
cognato *adj.* cognate; similar, analogous
cognição *s. f.* cognition; certain knowledge; apprehension
cognitivo *adj.* cognitive
cógnito *adj.* known, cognised
cognome *s. m.* cognomen; nickname, surname; appellation
cognominação *s. f.* cognomination
cognominar *v. tr.* to surname, to nickname
cognoscibilidade *s. f.* cognoscibility
cognoscitivo *adj.* cognoscitive
cognoscível *adj.* cognoscible; able to be known, cognizable
cogoilo *s. m.* leaves decoration of a cornice
cogombral *s. m.* cucumber field
cogombro *s. m.* cucumber
cogote *s. m.* [pop.] nape of the head; scruff
cogula *s. f.* monk's cowl; monk's hooded garment; chasuble
cogular *v. tr.* to heap up, to fill up, to fill to the brim; to fill to capacity
cogulhado *adj.* ARQUITECTURA adorned with rosettes
cogulho *s. m.* ARQUITECTURA rosette ⇒ **cogoilo**
cogulo *s. m.* overmeasure; overfilling, overflowing
cogumelo *s. m.* BOTÂNICA mushroom; ***cogumelo venenoso*** toadstool; ***cogumelo da madeira*** wood fungus
co-herdar *v. tr.* to inherit jointly
co-herdeira *s. f.* coheiress, joint-heiress
co-herdeiro *s. m.* coheir, joint heir, coheritor
cói *s. m.* ⇒ **cóio**
cóia *s. f.* ⇒ **concubina**
coibição *s. f.* cohibition, restriction, inhibition; restraint
coibir *v. tr.* to cohibit, to inhibit, to prohibit, to restrain, to check; to restrict, to prevent
coice *s. m.* kick; spurn; recoil (of a gun); the rear, rear guard; rear end; the butt (of a gun); [pop.] ingratude; ***dar coices a*** to kick
coicear *v. tr. e intr.* to kick
coiceira *s. f.* jamb post of a door; sash of a door
coiçoeira *s. f.* ⇒ **coiceira**
coifa *s. f.* coif, hair net, kerchief; ANATOMIA caul; BOTÂNICA root cap; MILITAR primer cap
coifar *v. tr.* to cover with a coif
co-igual *adj.* coequal
coim *s. m.* ⇒ **galispo**
coima *s. f.* fine, mulct, penalty
coimar *v. tr.* to fine, to mulct, to impose a penalty
coimável *adj.* subject to fine or penalty; liable, responsible
coimbrão *s. m., adj.* Coimbran (from Coimbra)
coimeiro Ⓐ *adj.* ⇒ **coimável** Ⓑ *s. m.* collector of fines or penalties
coinar *v. tr.* to clean wheat with a broom
coincidência *s. f.* coincidence; ***é pura coincidência*** it is pure chance; ***vi-o por coincidência*** I happened to see him
coincidente *adj.* coincident, coinciding, coincidental
coincidir *v. tr.* to coincide; to agree; to concur
coincidível *adj.* capable of coinciding
coindicação *s. f.* coindication
coindicante *adj.* coindicant
coindicar *v. tr.* to coindicate, to indicate jointly
cóino *s. m.* [reg.] broom
co-inquilino *s. m.* co-tenant
coinquinar *v. tr.* to stain, to smear; to pollute, to contaminate
co-interessado *adj.* co-interested
coio Ⓐ *s. m.* [reg.] pebble Ⓑ *adj.* filthy, despicable
coió *s. m.* ICTIOLOGIA flying fish; a ridiculous lover
cóio *s. m.* hiding place; hide-out for criminals
coira *s. f.* ⇒ **coura**
coiraça *s. f.* ⇒ **couraça**
coiraçado *s. m.* ⇒ **couraçado**
coiraçar *v. tr.* ⇒ **couraçar**
coiraceiro *s. m.* ⇒ **couraceiro**
coiracho *adj.* ⇒ **couracho**
coirama *s. f.* ⇒ **courama**
coirão *s. m.* ⇒ **courão**
coirata *s. f.* ⇒ **courata**
coirato *s. m.* ⇒ **courato**
coireiro *s. m.* ⇒ **coureiro**
coirela *s. f.* ⇒ **courela**
coirelado *adj.* ⇒ **courelado**
coireleiro *s. m.* man encharged of the partition of *courelas*
coirmão *adj.* ***primo coirmão*** first cousin

coiro *s. m.* ⇒ **couro**
coisa *s. f.* thing, matter, affair; ***isso é outra coisa*** that's quite another thing; ***coisa curiosa*** a funny thing; ***no pé em que as coisas estão*** as things stand; ***qualquer coisa serve*** anything will do; ***coisa de pouca importância*** a small matter; ***tira essas coisas de cima da mesa*** take those things off the table; ***não dizer coisa com coisa*** to talk extravagantly, to rave; ***ele toma as coisas muito a sério*** he takes things too seriously; ***é a mesma coisa*** it is six of one and half a dozen of the other; ***coisas de nenhum valor*** things of no value; ***tal e tal coisa*** such and such a thing; ***não é coisa de cuidado*** it is no great matter; ***as coisas estão mal paradas (caminham mal)*** things are in a bad way; ***as coisas caminham bem*** things are going well; ***coisa boa*** good stuff; ***como coisa natural*** as a matter of course; ***a coisa em si*** the thing in itself; ***nunca disse tal coisa*** I never said such a thing; ⌈coloq.⌋ ***que coisa!*** gosh!; ***uma tal coisa!, coisa semelhante!*** such a thing!; ***uma coisa é dizer, outra coisa é fazer*** it is one thing to promise and another to perform; ***é coisa fácil de fazer*** it is plain sailing; ***anda coisa no ar*** something is in the wind; ***as coisas têm-me corrido mal ultimamente*** things have gone badly with me of late; ***é uma coisa completamente diferente*** it is quite another matter; ***coisa de (cerca de) cinco minutos*** about five minutes; ***aí é que está a coisa*** that is the point; ***é a mesma coisa*** it makes no difference, it is the same thing; ***há qualquer coisa?*** is anything wrong?; ***aconteceu alguma coisa?*** has anything happened?; ***aqui há coisa...*** I smell a rat; ***coisa má, coisa ruim*** the devil
coisada *s. f.* a lot or pile of heterogenous things
coisar *v. intr.* to ponder; to think something over; to imagine; to take care of
coisica *s. f.* little thing
coisificação *s. f.* shaping, forming
coisificar *v. tr.* to shape, to form
coisíssima *s. f.* ***coisíssima nenhuma*** absolutely nothing, nothing at all
coiso *s. m.* ⌈pop.⌋ any person, Mr. So-and-So
coita *s. f.* pain, ache; suffering; misfortune; big knife
coitada *s. f.* ⇒ **coutada**
coitadinho Ⓐ *interj.* poor thing!, poor dear! Ⓑ *adj.* rather unhappy
coitado *adj.* poor, miserable, pitiful, wretched; ***coitado!*** poor fellow!, poor thing!; ***coitado de mim!*** poor me!
coitamento *s. m.* ⇒ **coutamento**
coitar *v. tr.* ⇒ **coutar**
coitaria *s. f.* ⇒ **coutaria**
coiteiro *s. m.* ⇒ **couteiro**
coitelho *s. m.* ⇒ **cerrado**
coito *s. m.* coitus, coition; copulation, coupling; ⇒ **couto**
cola *s. f.* gum, paste, glue; ⌈fig.⌋ track, trail; tail (of animals); BOTÂNICA cola, kola (West African tree); ***cola de peixe*** fish-glue, isinglass; ***cola forte*** joiner's glue; ⌈fig.⌋ ***seguir na cola*** to follow on the trail
colabescente *adj.* collapsing (of feebleness)
colaboração *s. f.* collaboration, help, assistance, aid, co-operation; contribution; ***trabalhar de colaboração*** to work in collaboration
colaboracionismo *s. m.* collaborationism
colaboracionista *s. m. e f., adj.* collaborationist, collaborator
colaborador *s. m.* collaborator, assistant, co-worker; contributor (of a newspaper)
colaborar *v. intr.* to collaborate, to assist, to aid, to help, to co-operate; to contribute
colaça *s. f., adj.* ***irmã colaça*** foster-sister
colação *s. f.* gluing, pasting; collation; light meal; conference; comparison; nomination for an ecclesiastical benefice
colacia *s. f.* relationship or affinity of foster-brothers and foster-sisters; familiarity
colacionar *v. tr.* to confer; to confront; to collate; to check
colaço *s. m., adj.* ***irmão colaço*** foster-brother
colada *s. f.* col, mountain-pass
colado *adj.* glued, pasted, gummed, stuck (on paper); collated (in a benefice); ***colado ao chão*** rooted to the spot
colador *s. m.* gluer, sticker, paster
colagem *s. f.* pasting, gluing, sticking; operation of cleaning the wine with fish-glue, white of eggs or other products
colagogo Ⓐ *s. m.* MEDICINA, FARMACOLOGIA chologogue Ⓑ *adj.* cholagogic
colalgia *s. f.* MEDICINA pain in the colon
colapso *s. m.* collapse; breakdown; downfall; prostration; MEDICINA shock; ***colapso cardíaco*** heart failure
colar[1] Ⓐ *v. tr.* to paste, to gum, to glue, to stick, to stick on, to stick together; to collate (to a benefice), to clarify (wine) Ⓑ *v. intr.* to hold together, to adhere; ***colar depressa*** to stick quickly
colar[2] *s. m.* collar; necklace; NÁUTICA hoop, strap
colareja *s. f.* Lisbon market-woman
colarinho *s. m.* collar, shirt collar; ***colarinho mole*** soft collar; ***colarinho de goma*** stiff (stand-up) collar; ***colarinho postiço*** false collar; ***colarinho de ida e volta*** turn-down collar; ***colarinho direito*** stand-up collar
colatário *s. m.* one upon whom a benefice is bestowed
colateral *adj.* collateral; ***descendência colateral*** collateral descent
colateralidade *s. f.* collaterality
co-latitude *s. f.* co-latitude
colativo *adj.* collative
colator *s. m.* RELIGIÃO collator
colcha *s. f.* quilt, counterpane, coverlet; bedspread
colchão *s. m.* mattress; ***colchão de penas*** feather-bed; ***colchão de lã*** wool mattress; ***colchão de molas*** spring mattress; ***colchão de arame*** wire mattress; ***colchão de palha*** straw mattress; ***colchão de amianto*** asbestos mattress; ***colchão de espuma de borracha*** foam rubber mattress
colcheia *s. f.* MÚSICA quaver
colcheiro *s. m.* quilt maker
colcheta *s. f.* eye (of a hook)
colchete *s. m.* hook, meat hook; clasp, clip; ***par de colchetes*** hook and eye
colchetear *v. tr.* to close (to fasten) with a hook and eye fastener; to provide with a hook and eye fastener
colchoar *v. tr.* to wad, to pad, to quilt
colchoaria *s. f.* mattress factory, mattress-shop
colchoeiro *s. m.* mattress-maker, mattress dealer
colcotar *s. m.* QUÍMICA colcothar, angel red
coldre *s. m.* holster, saddle-case
coleado *adj.* sinuous, winding
coleamento *s. m.* winding, wriggle, wriggling
coleante *adj.* winding, wriggly, eely
colear *v. tr.* to wind; to zigzag, to go zigzag; to steal into, to glide, to slip, to slither
colecção *s. f.* collection; set; compilation; assortment; ***colecção de selos (livros, desenhos)*** collection (set) of stamps (books, drawings); ***temos uma boa colecção de sedas*** we have a good assortment of silk
coleccionação *s. f.* collecting, compiling
coleccionador *s. m.* collector; compiler; ***coleccionador de selos*** stamp-collector
coleccionar *v. tr.* to collect; to compile; to collate; ***coleccionar selos*** to collect stamps
coleccionável Ⓐ *adj.* collectable Ⓑ *s. m.* pull-out; ***coleccionável de uma revista*** magazine pull-out
coleccionista *s. m. e f.* ⇒ **coleccionador**
coleciste *s. f.* ANATOMIA cholecyst
colecistite *s. f.* PATOLOGIA cholecystitis
colecta *s. f.* assessment (tax); a prayer; offering (at religious service), collection

colectânea *s. f.* collectanea, anthology
colectar *v. tr.* to tax, to assess, to levy, to rate, to collect
colectário *s. m.* prayer-book with all the prayers of the year
colectável *adj.* assessable, taxable, collectable, collectible
colectivamente *adv.* collectively, in a body
colectividade *s. f.* collectivity
colectivismo *s. m.* collectivism
colectivista *s. m. e f.* collectivist
colectivo *adj.* collective; ***propriedade colectiva*** collective property
colectomia *s. f.* total or partial operation of the colon
colector *s. m.* collector, tax collector; gatherer; drain; ***colector de dínamo*** collector, commutator; ***colector de esgoto*** drain; ***colector principal de esgoto*** drainage main-pipe; ***colector de ondas*** wave collector; ***colector de vapor*** steam-collector, main steam-pipe; ***colector do gás*** gas collector; ***colector de areia para algerozes*** rain-pipe, sand-trap; ***colector de incêndio*** fire collector, fire main; ***colector principal de aspiração*** main suction pipe; NÁUTICA ***colector de ventilação*** trunk for ventilation
colectoria *s. f.* collector's office; collectorship
colédoco *s. m.* ANATOMIA the choledoch duct, common bile duct
coledoquite *s. f.* choledochitis
colega *s. m. e f.* colleague, associate (in office), fellow, comrade; mate; ***colega de escola*** schoolfellow, schoolmate
co-legatário *s. m.* co-legatee, joint legatee
colegiada *s. f.* collegiate; collegiate church
colegial Ⓐ *adj.* collegiate, collegial Ⓑ *s. m. e f.* school-boy, school-girl; ***vida colegial*** collegiate life
colegiatura *s. f.* fellowship
colégio *s. m.* college; (public, high) school; ***ter um colégio*** to have a school
co-legislativo *adj.* co-legislative
coleguismo *s. m.* collegiality; fellowship; esprit de corps
coleio *s. m.* wriggle, winding, twist, turn
coleira *s. f.* collar; BOTÂNICA cola (tree); ***coleira de cão*** dog-collar
coleirado *adj.* wearing a collar (dogs, etc.)
coleirinha *s. f.* ⇒ **coleiro**
coleirinho *adj.* still carried in mother's arms (of child); lapping
coleiro *s. m.* collared seedeater
colélito *s. m.* MEDICINA biliary calculus, gallstone
colelitomia *s. f.* CIRURGIA choledochotomy
colemia *s. f.* CIRURGIA bile in the blood
colênquima *s. m.* BOTÂNICA chollenchyma
coleoderme *adj.* ZOOLOGIA said of the animal whose body is within a kind of sac
coleóptero *adj.* ENTOMOLOGIA coleopterous
coleópteros *s. m. pl.* ENTOMOLOGIA Coleoptera
coleorriza *s. f.* coleorhiza
cólera *s. f.* anger, wrath, passion, rage, frenzy, fury, fume, indignation; MEDICINA cholera; ***num acesso de cólera*** in a fit of fury; ***refrear a cólera*** to keep down one's anger; ***abrandar a cólera a alguém*** to calm someone down
cólera-morbo *s. f.* cholera morbus, malignant cholera
colerético *adj.* choleretic (increasing (furthering) the bilious secretion)
colericamente *adv.* angrily, cholericly, indignantly, passionately, wrathfully
colérico Ⓐ *adj.* angry, passionate, indignant, choleric, wrathful, irascible; MEDICINA choleraic Ⓑ *s. m.* cholera patient
coleriforme *adj.* choleriform
colerina *s. f.* cholerine
colerínico *adj.* MEDICINA cholerinic
colesterol *s. m.* BIOQUÍMICA cholesterol, cholesterine
coleta *s. f.* a bullfighter's pigtail
colete *s. m.* waistcoat; corset; ***colete de salvação*** cork jacket, life-belt
colete-de-forças *s. m.* strait jacket
coleteiro *s. m.* waistcoat-maker
coleto *s. m.* [pop.] dwarf
colgado *adj.* hanging; adorned with draperies
colgadura *s. f.* hanging(s), drapery
colgar *v. tr.* to hang draperies, to adorn with hangings; to hang, to suspend
colha *s. f.* ⇒ **colheita**
colhedor *s. m.* gatherer, collector, receiver; *pl.* NÁUTICA lanyards
colheita *s. f.* crop, harvest (of grain); gathering, picking (of fruits); ***tempo das colheitas*** harvest time; ***festa das colheitas*** harvest home, harvest thanksgiving festival; ***colheita de trigo*** wheat harvest; ***colheita de arroz*** rice harvest; ***colheita má*** poor crop; ***uma colheita abundante*** a rich harvest
colher[1] *v. tr.* to gather, to pick, to pluck; to catch; to harvest, to reap; to get, to obtain; to receive; NÁUTICA to coil, to coil down; ***colher flores*** to pick (to gather) flowers; ***ele colheu notícias de todas as origens*** he picked up news from all sources; ***colher fruta*** to pick fruit; ***colher impressões*** to gather impressions; ***colher o fruto do seu trabalho*** to reap the fruits of one's labour; NÁUTICA ***colher cabos*** to coil (to coil down) ropes; ***colher uma vela*** to douse (or to dowse) a sail, to furl a sail; ***colher à manobra*** to fake; ***cada um colhe o que semeia*** such seeds he sows, such harvest shall he find; ***quem semeia ventos, colhe tempestades*** he who sows winds will gather tempests
colher[2] *s. f.* spoon; ladle; spoonful, ladleful; ***colher de pedreiro*** trowel; ***colher do chá*** tea-spoon; ***colher da sopa*** table-spoon, soup-spoon; ***colher da sobremesa*** dessert-spoon; ***colher de prata*** silver spoon; ***colher de brear*** pitch-ladle; ***colher de fundidor*** casting-ladle; ***colher de soldar*** soldering ladle; NÁUTICA ***colher de tubo lança-torpedos*** spoon of torpedo tube; ***dar uma colher de chá a alguém*** to do somebody a favour
colheraça *s. f.* a big spoon
colherada *s. f.* spoonful; ladleful; [coloq.] ***meter a colherada*** to have a say in the matter, to meddle in
colherão *s. m.* big ladle, pot-ladle
colhereiro *s. m.* spoon manufacturer (dealer); spoonbill, shoveller duck
colheril *s. m.* a stucco-worker's trowel
colherim *s. m.* ⇒ **colheril**
colhida *s. f.* goring (by bulls) with the horns
colhimento *s. m.* gathering, plucking, picking, reaping, taking
coliâmbico *adj.* [poét.] iambic
coliambo *s. m.* [poét.] iambic verse
colibacilo *s. m.* MEDICINA Bacillus *coli*
colibacilose *s. f.* colibacilosis
colibri *s. m.* ORNITOLOGIA humming-bird, colibri
cólica *s. f.* MEDICINA colic, belly-ache; *pl.* [fig.] difficulties, fright, scare; ***cólica intestinal*** intestinal colic, griping pains; ***cólica hepática*** hepatic colic, biliary colic; [fam.] ***ter cólicas*** to have stage fright
colicativo *adj.* referring to colic
co-licitante *s. m. e f.* co-bidder, joint-bidder
colidir *v. intr.* to collide, to come into collision, to bump into, to crash into; to clash; to be in conflict; to oppose
coliforme *adj.* collarlike
coligação *s. f.* colligation; coalition; alliance; union, confederation; scheme, plot
coligar Ⓐ *v. tr.* to ally, to unite, to join, to confederate Ⓑ *v. refl.* to ally oneself with, to band together, to confederate
coligativo *adj.* colligative, colligate
coligir *v. tr.* to collect, to gather, to compile, to select; to infer, to conclude, to deduce
colimação *s. f.* FÍSICA collimation
colimador *s. m.* FÍSICA collimator
colimar *v. tr.* FÍSICA to collimate, to adjust line of sight (of telescope), to make parallel

Colímbidas *s. m. pl.* ZOOLOGIA ⇒ **Colimbídeos**
Colimbídeos *s. m. pl.* ZOOLOGIA *Colimbidae* (the grebe family)
colimitação *s. f.* co-limitation
colimitar *v. tr.* to co-limit
colina *s. f.* hill; ***pequena colina*** hillock
colineação *s. f.* ⇒ **colimação**
colinoso *adj.* hilly
coliquação *s. f.* colliquation
coliquante *adj.* colliquating
coliquar *v. tr.* to colliquate, to melt, to liquefy
coliquativo *adj.* colliquative, dissolvent
colírio *s. m.* MEDICINA collyrium; eye-drops
colisão *s. f.* collision; crash, shock, clash, bump
coliseu *s. m.* Coliseum, Colosseum
colite *s. f.* MEDICINA colitis
co-litigação *s. f.* co-litigation
co-litigante *adj.* DIREITO joint plaintiff
co-litigar *v. intr.* to co-litigate
colmaça *s. f.* thatched cottage
colmaçar *v. tr.* to thatch, to cover with straw
colmaço *s. m.* thatched covering
colmado Ⓐ *adj.* thatched Ⓑ *s. m.* thatched hut
colmagem *s. f.* thatching
colmar *v. tr.* to thatch; to heap up; to elevate, to raise, to sublimate; to complete, to conclude
colmatagem *s. f.* AGRICULTURA warping, filling in, clogging
colmatar *v. tr.* to warp (land); to fill in; to clog up
colmeal *s. m.* apiary
colmeeiro *s. m.* apiarist, beekeeper
colmeia *s. f.* beehive, hive; swarm (of bees); [fig.] swarms of people
colmeiforme *adj.* beehivelike
colmeiro *s. m.* bundle of straw; thatcher
colmífero *adj.* calamiferous
colmilho *s. m.* canine tooth; tusk; fang
colmilhoso *adj.* tusky, tusked; having long fangs
colmilhudo *adj.* ⇒ **colmilhoso**
colmo *s. m.* stem, stalk; straw (of corn or rye); thatch, thatching
colo *s. m.* lap; neck; pass; ANATOMIA colon; ***no colo*** on one's lap; [fig.] ***trazer ao colo*** to carry (hold) in one's arms, to protect, to do everything for; ***colo de cisne*** swan-neck; NÁUTICA ***colo de preamar*** top of high water
colocação *s. f.* collocation, placing, setting; post, situation, placement; place; arrangement; ***colocação de mercadorias*** sale of goods
colocador *s. m.* one who places, or arranges; agent
colocar *v. tr.* to place, to put, to set, to lay, to stand; to place together; to collocate, to arrange, to dispose; to station; to get a job; to provide employment; ***colocar-se acima de*** to get above; ***estar colocado numa situação difícil*** to be in an awkward position; ***colocar mal*** to misplace
colocásia *s. f.* Indian yam
colocíntida *s. f.* BOTÂNICA, FARMACOLOGIA ⇒ **colocíntide**
colocíntide *s. f.* BOTÂNICA, FARMACOLOGIA colocynth, bitter cucumber, bitter apple
colocutor *s. m.* collocutor, colloquist, interlocutor
colódio *s. m.* QUÍMICA collodion
colofónia *s. f.* colophony, rosin
colofonite *s. f.* colophonite
co-logaritmo *s. m.* MATEMÁTICA cologarithm
coloidal *adj.* colloidal
colóide Ⓐ *s. m.* FÍSICA, QUÍMICA colloid Ⓑ *adj.* colloid(al)
colombiano Ⓐ *adj.* Colombian (related to Colombia); Columbian (relative to Cristopher Columbus) Ⓑ *s. m.* Colombian (native or inhabitant of Colombia)
colombino Ⓐ *adj.* Colombian (related to Colombia); Columbian (relative to Cristopher Columbus) Ⓑ *s. m.* Colombian (native or inhabitant of Colombia)
colômbio *s. m.* ⇒ **coulomb**
colombro *s. m.* gourd
cólon *s. m.* ANATOMIA colon; ***cólon transverso*** transverse colon; ***cólon ascendente*** ascending colon; ***cólon descendente*** descending colon
colonato *s. m.* farming by tenant-farmer; land tilled by settlers (colonists)
colondro *s. m.* ⇒ **colombro**
colónia *s. f.* colony, settlement; ***colónia de férias*** holiday camp; ***a colónia inglesa*** the English residents, the English community; ***colónia balnear infantil*** seaside home for children
colonial *adj.* colonial; ***produtos coloniais*** colonial products
colonialismo *s. m.* colonialism
colonialista *s. m. e f.* colonist; colonial
colonista *s. m. e f.* colonist; colonial
colonização *s. f.* colonization, settlement; colonizing, settling
colonizador *s. m.* colonizer
colonizar *v. tr.* to colonize; to establish a colony; to settle (in a colony)
colonizável *adj.* colonizable, fit to be colonized
colono *s. m.* colonist; settler; colonial farmer; ***colono que vive na floresta*** backwoodsman
colopatia *s. f.* MEDICINA sickness of the colon, colonpathy
coloquial *adj.* colloquial
colóquio *s. m.* colloquy; conversation; debate, conference
color *s. f.* colour; adornment; ***sob color de (a pretexto de)*** under the pretext of, under the disguise of
coloração *s. f.* colouring, colo(u)ration
colorado *adj.* reddish, red
colorante *adj.* colouring; ⇒ **corante**
colorar *v. tr.* to colour, to embellish; to conceal, to disguise; ⇒ **corar**
colorau *s. m.* paprika
colorear Ⓐ *v. tr.* to colour Ⓑ *v. intr.* to show a red hue
colorido Ⓐ *s. m.* colouring, colour, tint, hue Ⓑ *adj.* coloured, tinted; ***colorido leve*** light colouring; ***colorido à mão*** hand coloured
colorífico *adj.* colorific
colorimetria *s. f.* FÍSICA colorimetry
colorimétrico *adj.* colorimetric, colorimetrical
colorímetro *s. m.* FÍSICA colorimeter
colorir *v. tr.* to colour; to dye, to tinge; to make plausible; [fig.] to disguise; ***colorir à mão*** to illuminate, to colour; ***colorir um desenho*** to colour a drawing
colorista *s. m. e f.* colourist, colourer
colorização *s. f.* colo(u)ration, colouring
colorizar *v. tr.* ⇒ **colorir**
colossal *adj.* colossal; huge; [coloq.] remarkable, splendid
colossalidade *s. f.* hugeness, immensity
colosso *s. m.* colossus
colostomia *s. f.* colostomy
colostral *adj.* MEDICINA colostral
colostro *s. m.* MEDICINA colostrum
colotipia *s. f.* collotype
colpite *s. f.* MEDICINA colpitis
colporragia *s. f.* colporhagia
colposcopia *s. f.* colposcopy
colposcópio *s. m.* colposcope
colpotomia *s. f.* colpotomy
colquicina *s. f.* QUÍMICA colchicine
cólquico *s. m.* BOTÂNICA autumn crocus
coltar *s. m.* coal-tar
coltarização *s. f.* covering with coal-tar
coltarizar *v. tr.* to cover with coal-tar
colubreado *adj.* shaped like a snake
colubreante *adj.* wriggling, winding, twisting
colubrejar *v. intr.* to crawl like a snake, to meander

Colúbridas *s. m.* ⇒ **Colubrídeos**
Colubrídeos *s. m.* ZOOLOGIA the *Colubridae*
colubrina *s. f.* culverin; BOTÂNICA serpentary, common bryony
colubrino *adj.* colubrine
coludir *v. intr.* to collude; to play false; to conspire
columbário *s. m.* columbarium
Colúmbidas *s. m. pl. Columbidae*
Columbídeos *s. m. pl. Columbidae*
columbinas *s. f. pl.* ZOOLOGIA the *Columbidae* (pigeons and the dove family)
columbino *adj.* columbine, dovelike
colúmbio *s. m.* columbium, niobium
columbofilia *s. f.* pigeon-fancying (-breeding)
columbófilo *s. m.* pigeon-fancier (-breeder)
coluna *s. f.* column, pillar; post, support; row, line, file; ***coluna de assalto*** storming-party; ***em duas colunas*** in double column; ***coluna de mercúrio*** column of mercury; ***coluna vertebral*** vertebral column, spinal column, backbone; ***coluna de água*** water column; ***coluna de abastecimentos*** supply column; ***coluna de marcha*** column of march; MILITAR ***coluna cerrada*** closed column; ***coluna volante*** flying column; ***em coluna de dois*** in double file; NÁUTICA ***coluna de esquadra*** squadron column; ***coluna de roda*** knight-head
colunar *adj.* columnar, column-shaped(-like); ***estrutura colunar*** columnar structure
colunário *adj.* showing (representing) columns
colunata *s. f.* colonnade
colunável Ⓐ *adj.* famous Ⓑ *s. m. e f.* socialite, celebrity
colunelo *s. m.* a small column
coluneta *s. f.* a small slender column
coluro *s. m.* ASTRONOMIA colure
colusão *s. f.* collusion, deceit, fraud
colusório *adj.* collusive, collusory
colutório *s. m.* MEDICINA collutory
coluvião *s. f.* ⇒ **inundação**
colza *s. f.* BOTÂNICA colza; ***azeite de colza*** colza oil, rape oil
com *prep.* with; ***com a data em branco*** with blank date; ***com a ajuda de*** with the aid of; ***com a data de*** dated of; ***com o fim de*** with a view to; ***com toda a pressa*** with all possible speed, in all haste; ***com medo de*** afraid of
coma *s. f.* a head of hair; mane (of a lion or a horse); coma (head of comet); BOTÂNICA coma (tufts of hair at the end of some seeds) Ⓑ *s. m.* MEDICINA coma (lethargy)
comado *adj.* hairy, long-haired; comate; leafy, frondose
comadre *s. f.* godmother; gossiper; ⌈pop.⌋ midwife; ⌈pop.⌋ hot water-bottle
comadresco *adj.* godmotherly
comadrice *s. f.* gossip; intrigue, plotting
comadrio *s. m.* friendship, relationship
com-aluno *s. m.* ⇒ **co-aluno**
comanche *s. m.* Comanche
comandante *s. m.* commander (leader); captain, commanding officer; commandant (of a fortress, naval station or military college); leader, head; ***comandante do avião*** captain of the aircraft; ***comandante do navio*** captain of the ship; ***comandante militar do porto*** admiral superintendent; ***comandante de quarto*** officer of watch; ***comandante da expedição*** commander of the expedition
comandante-chefe *s. m.* commander-in-chief
comandar *v. tr.* to command, to be in command; to be in charge; to lead; ***comandar um navio*** to command a ship; ***comandar um batalhão*** to command a battalion
comandita *s. f.* COMÉRCIO limited partnership, limited liability; ***sociedade em comandita*** limited society
comanditar *v. tr.* COMÉRCIO to back financially, to finance, to support
comanditário *s. m.* silent (sleeping) partner, financier
comando *s. m.* command, lead; commandership, leadership; commando; control; ***assumir o comando de uma divisão*** to take command of a division; ***voz de comando*** word of command; NÁUTICA ***dar vozes de comando*** to sing out; ***comando automático de som*** (radio) automatic compensation; ***comando automático de sensibilidade*** automatic volume center; ***comando a distância*** distant control; AERONÁUTICA ***alavanca de comando*** steering rod, joy-stick; ***o Comando da Polícia de Londres*** Scotland Yard
comarca *s. f.* district; ***comarca judicial*** jurisdiction, district; ***cabeça de comarca*** chief town
comarcão *adj.* related to the district
comarcar *v. intr.* to border, to neighbour, to bound, to be related to the district
cômaro *s. m.* ⇒ **cômoro**; the marsh cinquefoil
comarqueiro Ⓐ *s. m.* district administrator Ⓑ *adj.* ⇒ **comarcão**
comatoso *adj.* MEDICINA comatose
comátula *s. f.* comatulid, feather star
Comatúlidas *s. m. pl. Comatulidae*
Comatulídeos *s. m. pl. Comatulidae*
comba *s. f.* a narrow valley between high mountains, glen
combalido *adj.* sickly, infirm, delicate, weak; bruised, rotten
combalir *v. tr.* to weaken, to enfeeble; to impair, to debilitate, to spoil
combataria *s. f.* a succession of fights (actions, engagements, combats)
combate *s. m.* combat, fight, action, warfare; contest; struggle, engagement; ***dar combate a*** to fight; ***combate em retirada*** running fight; ***entrar em combate*** to go into action; ***no auge do combate*** in the heat of the battle; ***combate à doença do sono*** sleeping sickness control (campaign); ***pôr fora de combate*** to knock out, to put out of action
combatente Ⓐ *s. m. e f.* combatant, fighter, warrior; ***combatentes da Grande Guerra*** combatants of the World War Ⓑ *adj.* combatent, fighting
combater *v. tr. e intr.* to fight; to combat; to struggle, to strive against; to contest; to oppose; ***combater contra*** to fight against; ***combater uma opinião*** to combat an opinion; ***combater uma doença*** to fight a disease; ***combater corpo a corpo*** to fight hand to hand
combatível *adj.* combatable, contestable, that can be fought
combatividade *s. f.* combativity, combativeness; pugnacity; tendency to conflict
combativo *adj.* combative; pugnacious
combinação *s. f.* combination; association; union; agreement, understanding; arrangement; slip (woman's single undergarment); petticoat
combinado *adj.* combined; agreed, settled, arranged, adjusted, fixed; ***está combinado*** that's settled, that's understood, that's a deal
combinador Ⓐ *s. m.* combiner Ⓑ *adj.* combining
combinar *v. tr. e intr.* to combine, to unite, to join, to group; to agree, to settle, to arrange, to fix, to adjust, to come to terms, to make terms, to reach an agreement; to match; ***combinar um preço*** to negotiate a price
combinatório *adj.* combinatory, combinative
combinável *adj.* combinable, compoundable
comboiamento *s. m.* convoy, convoyance, conveyance; escort
comboiar *v. tr.* to convoy; to escort, to drive (trains)
comboieiro Ⓐ *adj.* escort, convoy Ⓑ *s. m.* escort, escort ship; convoy, convoy ship
comboio *s. m.* train; convoy; ***comboio de mercadorias*** goods train; ***comboio expresso*** express train; ***comboio de passageiros*** passenger train; ***comboio de recreio*** excursion train; ***comboio de luxo*** train de luxe; ***comboio misto*** mixed train; ***comboio correio*** mail train; ***comboio directo*** through train; ***comboio descendente*** down train; ***comboio ascendente*** up train; ***comboio especial*** special train; ***comboio extraordinário*** extra train; ***comboio rápido*** fast train;

comboio de pequena velocidade slow train; ***comboio de operários*** parliamentary train, workman's train; ***de comboio*** by train; ***comboio áereo*** air convoy; ***perder um comboio*** to miss a train
combona *s. f.* ⇒ **camboa**
comborça *s. f.* concubine who lives with a married man
comborçaria *s. f.* concubinage
comborço *s. m.* man who lives in concubinage with a married woman
Combretáceas *s. f. pl.* BOTÂNICA *Combretaceae*
combro *s. m.* hillock, mound; heap of earth; flower-bed, flower-box
comburência *s. f.* combustion, burning
comburente *adj.* comburent, causing combustion, burning
comburir *v. tr.* to burn, to consume with fire
combustão *s. f.* combustion; ***combustão sem chama*** combustion without flame; ***combustão viva*** rapid combustion
combustibilidade *s. f.* combustibility
combustível Ⓐ *s. m.* combustible; fuel; ***combustível líquido*** liquid fuel, oil fuel Ⓑ *adj.* combustible, combustive
combustivo *adj.* combustible, combustive
combusto *adj.* burning, burnt
combustor *s. m.* [Bras.] street lamp post
começador Ⓐ *s. m.* beginner Ⓑ *adj.* beginning
começante *adj.* beginning, initiating
começar *v. tr. e intr.* to begin, to commence, to start; to enter upon; to set in; to open, to originate; to start at; ***começar a almoçar*** to begin one's breakfast (or lunch); ***começo a compreendê-lo*** I begin to understand you; ***começar vida nova*** to enter upon a new lease of life; ***começar bem a nova temporada*** to have a fair beginning to the new season; ***começar um negócio*** to initiate a business; ***começar um debate*** to open a debate; ***começou o negócio em pequena escala*** he started business in a small way; ***começar a trabalhar*** to set to work; ***começar uma tarefa*** to set one's hand to a task; ***começar onde outro parou*** to take up; ***começar uma coisa*** to take up a thing; ***começar a vida*** to start life; [coloq.] ***começar do zero*** to start from nothing; ***o fogo começou no sótão*** the fire originated in the attic; NÁUTICA ***começar a descarga*** to break bulk, to break out the stowage
começo *s. m.* beginning, commencement; origin; start; setting in, outset; opening; ***desde o começo*** from the outset; ***ter um bom começo de vida*** to get a good start in life; ***no começo do Inverno*** early in winter
comedeira *s. f.* theft, exploitation
comedeiro *adj.* ⇒ **comedor**
comedela *s. f.* extorsion; theft, illicit profit
comedia *s. f.* pasture; feeding grounds
comédia *s. f.* TEATRO comedy; [fig.] sham, pretence; ***a vida é uma comédia*** life is a comedy
comediante *s. m. e f.* comedian, comedienne; comic actor (actress); showman (of a circus); [fig.] impostor, deceiver, humbug
comediar Ⓐ *v. tr.* to transform into a comedy Ⓑ *v. intr.* to write a comedy
comedido *adj.* modest, moderate, unassuming, unpretentious; prudent, discreet, wary, wise, judicious
comedimento *s. m.* modesty, moderation, discretion, prudence, wisdom, judiciousness, control
comediógrafo *s. m.* writer of comedies; comedian
comedir Ⓐ *v. tr.* to moderate, to control, to repress, to restrain, to regulate Ⓑ *v. refl.* to control oneself; to restrain oneself; to behave modestly
comedoiro Ⓐ *s. m.* feeding place; food trough, feed box Ⓑ *adj.* good to eat
comedor Ⓐ *s. m.* eater; [fig.] sponger; parasite; spendthrift, wastrel; ***homem farto não é comedor*** enough is as good as a feast Ⓑ *adj.* eating, feeding
comedorias *s. f. pl.* eatables; maintenance; food, board
comedouro *s. m., adj.* ⇒ **comedoiro**
come-e-dorme *s. m. e f., adj.* [coloq.] lazy-bones, lazy-boots
come-gente *s. m.* jack-plane
Comelináceas *s. f. pl.* BOTÂNICA *Comelinaceae*
comemoração *s. f.* commemoration, celebration
comemorar *v. tr.* to commemorate, to celebrate
comemorativo *adj.* commemorative, commemoratory
comemorável *adj.* commemorable
comenda *s. f.* insignia; badge; commend
comendadeira *s. f.* nun of a commended monastery
comendador *s. m.* commendator
comendadoria *s. f.* office (dignity, authority) of a commendatory; ecclesiastical benefice; income from and fruition of a benefice
comendataria *s. f.* commendam
comendatário *adj.* commendatory
comendatício *adj.* commendable, laudatory
comendativo *adj.* commendable, recommendatory, laudatory
comendatório *adj.* commendatory
comenos *s. m.* instant; ***neste comenos*** in the meantime, meanwhile, in that moment
comensal *s. m.* commensal, messmate; boarder; BIOLOGIA commensal
comensalício *adj.* referring to a commensal
comensalidade *s. f.* commensality
comensalismo *s. m.* commensalism
comensurabilidade *s. f.* commensurability; commensurableness
comensuração *s. f.* commensuration
comensurar *v. tr.* to commensurate, to make commensurate; to proportion
comensurável *adj.* comensurable; proportionate to
comentação *s. f.* commentation; commentary
comentador *s. m.* commentator; commenter, commentor
comentar *v. tr.* to comment (on, upon), to make comments; to annotate; to criticize
comentário *s. m.* commentary; comment; remark
comentarista *s. m. e f.* commentator; author of a commentary, columnist
comentista *s. m. e f.* commentator; author of a commentary, columnist
comento *s. m.* ⇒ **comentário**
comer Ⓐ *v. tr. e intr.* to eat, to consume; to eat up; [fig.] to cheat, to swindle, to deceive; to leave out, to drop; to itch; ***comer e beber*** to eat and drink; ***comer a fartar*** to eat one's fill; ***comer até não poder mais*** to eat till one is full; ***comer de mais*** to overeat, to stuff; ***comer do que houver (visita)*** to take pot luck; ***comer tudo*** to eat it all up; ***comer bem*** to eat well, to play a good knife and fork; [coloq.] ***comer pouco*** to be a poor eater, to peck at one's food; ***comer como uma frieira*** to eat like a horse; ***ele come-lhe os olhos da cara*** he eats him out of house and home; ***comer gato por lebre*** to be taken in; ***comer como um lobo*** to eat greedily, to eat like a wolf; ***comer-se de inveja*** to be eaten up with envy; ***não ter vontade de comer*** to have no appetite, not to feel like eating; ***comer as nuvens*** to clear away the clouds; ***comer as palavras*** to clip one's words, to mumble; ***comer a dois carrilhos*** to have two jobs; NÁUTICA ***comer cabo*** to gall rope Ⓑ *s. m.* food; eating; ***o comer e o coçar está no começar*** the appetite grows by eating
comercial *adj.* commercial, mercantile; trading; business; ***anuário comercial*** trade directory, year book; ***direito comercial*** commercial law; ***relações comerciais*** business connections; ***movimento comercial*** trade, business; ***meios comerciais*** commercial circles; ***carreira comercial*** commercial pursuits; ***estabelecer relações comerciais*** to form business connections
comercialismo *s. m.* commercialism
comercialista Ⓐ *s. m. e f.* commercialist Ⓑ *adj.* commercialistic(al)

comercialização *s. f.* commercialization
comercializar *v. tr.* to commercialize
comercialmente *adv.* commercially; as a business matter
comerciante Ⓐ *s. m. e f.* merchant, trader, tradesman, business man; ***comerciante de retalho*** retailer; ***comerciante por grosso*** wholesale trader, wholesaler; ***comerciante de papel*** stationer; ***comerciante de cereais*** corn dealer Ⓑ *adj.* commercial, trading
comerciar *v. tr. e intr.* to trade, to deal in, to traffic in, to carry on trade; to do business; to barter; ***comerciar com toda a segurança*** to do business safely
comerciável *adj.* marketable, negotiable, salable
comércio *s. m.* commerce, trade, mercantile affairs; trading, dealing, business; body of merchants; shops; ***Câmara de Comércio*** Chamber of Commerce; ***paralisar o comércio*** to depress trade; ***comércio de retalho*** retail trade; ***comércio por atacado*** wholesale trade; ***comércio de importação*** import trade; ***comércio de exportação*** export trade; ***comércio interno*** home trade; ***comércio livre*** free trade; ***casa de comércio*** firm; ***ramo de comércio*** branch of business; ***comércio bancário*** banking; ***comércio de câmbios*** exchange business; ***comércio terrestre*** land trade; ***comércio marítimo*** maritime trade; ***comércio ultramarino*** overseas trade; ***comércio externo*** foreign trade; ***meter-se no comércio*** to go into business; ***deixar o comércio*** to retire from business, to leave off trading; ***aumentar o comércio*** to extend trade; ***de comércio*** mercantile; ***Ministério do Comércio*** Board of Trade; ***fazer o comércio de*** to carry on the trade of
comerete *s. m.* snack, light meal
comes *s. m. pl.* food, comestibles; ***comes e bebes*** eating and drinking, food and drink
comestibilidade *s. f.* comestibility, edibleness
comestível Ⓐ *adj.* eatable, edible, fit to be eaten Ⓑ *s. m. pl.* eatables, victuals, food; comestibles, foodstuff
cometa *s. m.* ASTRONOMIA comet; ***cauda de um cometa*** tail of a comet
cometar *adj.* of (pertaining to, related to) a comet
cometário *adj.* ⇒ **cometar**
cometedor Ⓐ *s. m.* perpetrator, committer Ⓑ *adj.* perpetrating, committing
cometente *adj.* ⇒ **comitente**
cometer Ⓐ *v. tr.* to perform, to practise, to make, to commit; to undertake; to entrust (with), to charge; to engage; to attack; to perpetrate Ⓑ *v. refl.* to venture; ***cometer um erro crasso*** to make a blunder; ***cometer um abuso*** to commit an abuse; ***cometer uma fraude*** to commit a fraud, to defraud; ***cometer uma falta*** to commit a fault; ***cometer um crime*** to commit a crime; ***cometer um pecado*** to commit a sin; ***cometer uma falta (no futebol)*** to make a foul; ***cometer uma jornada*** to undertake (to set out upon) a journey; ***cometer uma imprudência*** to be imprudent, to blunder
cometida *s. f.* attack, assault, onslaught, onrush, onset
cometimento *s. m.* undertaking, enterprise; perpetration, doing, performing, commission (as of a crime)
come-todos *s. m.* [fam.] the middle finger
cometografia *s. f.* cometography
cometologia *s. f.* cometology
cometólogo *s. m.* cometologist
cometomancia *s. f.* cometomancy; divination by comets
comezaina *s. f.* [pop.] copious meal, tuck-in
comezana *s. f.* [pop.] ⇒ **comezaina**
comezinho *adj.* easy to eat; palatable, appetizing; [fig.] plain, simple; comprehensible, easy to understand
cómica *s. f.* comédienne, comedy actress
comicamente *adv.* comically
comicha *adj.* importune, meddlesome
comichão *s. f.* itch, itching
comichento *adj.* ⇒ **comichoso**
comichona *adj.* itch causing
comichoso *adj.* itchy
comicial *adj.* comitial; ***doença comicial*** epilepsy
comicidade *s. f.* comicality, comicalness; ridiculousness; ludicrousness
comicieiro *s. m.* regular attendant of meetings (assemblies); speaker, orator
comício *s. m.* meeting, assembly, rally; HISTÓRIA comitia
cómico Ⓐ *adj.* comic, comical, funny Ⓑ *s. m.* comedian, comic, comic actor; ***cómico ambulante*** strolling player
comida *s. f.* food, feed, feeding; fare, victuals; provisions; meal; ***comida simples*** plain diet; ***comida caseira*** plain or homely fare; ***comida pesada*** stodgyfood; ***comida de porcos*** pigwash; ***esta comida faz-me mal*** this food does not agree with me; ***gostar de boa comida*** to like good food; ***comida bem cozinhada*** food done to a turn
comido *adj.* eaten, consumed; corroded; chewed, swallowed; [fig.] betrayed, deceived, duped, cheated
comigo *pron.* with me; ***isso não é comigo*** that has nothing to do with me; ***isso é comigo*** this is my business; ***eu disse para comigo*** I said to myself
comilança *s. f.* much eating; graft
comilão Ⓐ *s. m.* glutton, stodger Ⓑ *adj.* greedy, gluttonous
comilar *v. intr.* to cheat, to deceive
cominação *s. f.* commination, threatening, threat; menace
cominador Ⓐ *adj.* comminatory, threatening; menacing Ⓑ *s. m.* comminator, threatener
cominar *v. tr.* to comminate, to threaten, to menace, to anathematize
cominativo *adj.* comminatory, threatening; menacing, denunciatory
cominatório *adj.* ⇒ **cominativo**
cominho *s. m.* BOTÂNICA cumin, cummin
cominuição *s. f.* comminution
cominuir *v. tr.* to comminute, to split up into small particles (of ore), to triturate, to pulverize
cominutivo *adj.* comminuted
comirar *v. tr.* to watch, to look at, to observe; to look after, to keep an eye on
com-irmão *s. m.* ⇒ **coirmão**
comiscar *v. intr.* to nibble, to take little bites
comiseração *s. f.* commiseration, pity, compassion, sorrow, sympathy
comiserador Ⓐ *s. m.* commiserator Ⓑ *adj.* merciful, commiserating
comiserar *v. tr. e intr.* to commiserate; to feel (to express, to show) pity for (on)
comiserativo *adj.* commiserative, compassionate, sympathetic
comissão *s. f.* commission; agency, percentage, gratification, recompense; brokerage, factorage; committee, council; ***comissão de arbitragem*** council of arbitration; ***uma comissão de arte partiu para Paris*** an Arts commission has left for Paris; ***comissão técnica de estudo*** research staff; ***casa de comissões*** commission agency; ***comissão permanente*** standing commission; ***comissão de corretor*** brokerage; ***comissão bancária*** bank commission; ***comissão de cobrança*** commission for cashing; ***negócio de comissões*** commission business; ***à comissão*** on commission; ***vender à (por) comissão*** to sell for a third party; ***comissão de organização*** steering committee
comissariado *s. m.* commissariat; commissaryship
comissariaria *s. f.* commissaryship
comissário *s. m.* commissioner; commissary, commissar; delegate, deputy; commission agent; purser; ***comissário (da marinha de guerra)*** paymaster; ***comissário (de marinha mercante)*** purser; ***comissário da polícia*** chief constable
comissário-chefe *s. m.* shore purser
comissionado *adj.* commissioned, commissionary

comissionar *v. tr.* to commission; to empower, to charge (with), to entrust
comissionista *s. m. e f.* commissioner (member of a commission); commission-agent(-merchant); ⇒ **comissário**
comisso *s. m.* fine, forfeit, penalty
comissório *adj.* binding (clause), obligatory
comissura *s. f.* commissure, juncture, joint, seam
comissural *adj.* commissural
comissurante *adj.* commissure (juncture, seam) forming
comitativo *adj.* accompanying, preceding
comité *s. m.* committee
comitente *adj.* committing, constituent, committing to the charge of another
comitiva *s. f.* train of attendants; suite, retinue, following; ***o príncipe e a sua comitiva*** the prince and his train
comitre *s. m.* HISTÓRIA master of a galley, overseer of the galley-slaves
comível *adj.* eatable, edible
como Ⓐ *conj.* as, like, since, seeing that Ⓑ *adv.* how?; what? Ⓒ *interj.* what! why!; ***como se segue*** as follows; ***como quiser*** as you please; ***como de costume*** as usual; ***como lhe convier*** as you like; ***como se*** as if, as though; ***como assim?*** how so?, how then?; ***como (disse)?*** (I beg your) pardon?; ***como está?*** how are you?; ***a como é? (quanto custa?)*** how much?; ***como é ele?*** what is he like?; ***como se fora*** as if it were; ***faz como ele*** do as he does; ***doente como está*** ill as he is; ***seja como for*** anyhow, howewer it may be, be it as it may, in any case; ***não sabes como se faz?*** don't you know how to do it?; ***faz como te mandam (dizem)*** do as you are told; ***sentia-me como se estivesse a morrer de fome*** I felt as though I should die of hunger; ***como assim?*** why so?; ***velho como a sé*** as old as the hills
comoção *s. f.* commotion, shock; emotion; disturbance, agitation, flurry; upset; tumult; ***comoção nervosa*** nervous upset; ***falou com grande comoção*** he spoke with great feeling; ***uma forte comoção de alegria*** a thrill of joy
comocional *adj.* commotional
comocionar *v. tr.* to move, to touch, to impress, to affect
cómoda *s. f.* chest of drawers, commode
comodamente *adv.* comfortably, cosily, snugly
comodante *s. m. e f.* lender of a not perishable thing
comodatário *s. m.* he who keeps on loan an imperishable thing
comodato *s. m.* the act of lending a not perishable thing
comodidade *s. f.* comfort, ease, convenience, cosiness, snugness; commodity; ***a casa tem todas as comodidades modernas*** the house has all modern conveniences; ***viajar com comodidade*** to travel in comfort
comodismo *s. m.* self-seeking, selfishness, self-indulgence; egoism
comodista *s. m. e f.* person fond of comfort; self-seeking person; selfish person; egoist
cómodo Ⓐ *adj.* comfortable, commodious, snug; convenient, handy; fit, proper, cosy Ⓑ *s. m.* accommodation; comfort; ***esta cadeira é muito cómoda*** this armchair is very comfortable; ***a casa é muito pequena e não tem cómodos para tanta família*** the house is very small and has not enough accommodation for such a large family
comodoro *s. m.* NÁUTICA commodore
comoração *s. f.* a dwelling upon a certain subject (discourse)
comorante *adj.* cohabitant, cohabiting
comorar *v. intr.* to dwell upon (a certain subject); to cohabit, to live together
cômoro *s. m.* ⇒ **combro**
comoso *adj.* comose, hairy, downy; ⇒ **comado**
comotividade *s. f.* emotiveness
comovedor *adj.* moving, touching, affecting, stirring, impressive
comovente *adj.* ⇒ **comovedor**; ***uma descrição comovente do sofrimento humano*** a moving account of human suffering; ***um apelo comovente*** a moving appeal
comover Ⓐ *v. tr. e intr.* to move, to touch; to disturb, to stir; to affect, to impress Ⓑ *v. refl.* to become moved, to be touched with pity; ***a história comove-me profundamente*** the story moves me deeply; ***comover até às lágrimas*** to move to tears; ***comover vivamente*** to touch to the heart
comovidamente *adv.* movingly, touchingly; impassionedly, passionately
comovido *adj.* moved, touched, disturbed, affected; impressed, struck, shaken, upset; impassioned, excited, inflamed
compacidade *s. f.* compactness, denseness, density, closeness
compacto *adj.* compact; dense, close, massy, massive; firm, solid; (of style) concise, condensed, terse
compactuar *v. tr.* to make a compact (pact, agreement, bargain)
compadecedor *adj.* compassionate; sympathetic, tender-hearted; pitiful, pitiable, piteous
compadecer Ⓐ *v. tr.* ⇒ **comover**; to pity, to take pity upon, to treat with compassion Ⓑ *v. refl.* to sympathize with, to compassionate, to condole with; to be compatible with
compadecidamente *adv.* compassionately, humanely, pityingly, touchingly
compadecido *adj.* compassionate, sympathetic, tender-hearted, pitiful, pitiable
compadecimento *s. m.* compassion, commiseration, condolence; concordance
compadrado *s. m.* compaternity; godfathership; intimacy
compadragem *s. f.* compaternity; godfathership; intimacy
compadrar *v. tr.* to be (to become) godfather; to enter into an intimate relationship with
compadre *s. m.* godfather (in relation to the godchild's parents); TEATRO announcer; crony; mate; family friend (male)
compadrear *v. intr.* to act as announcer (in a theatre)
compadresco *adj.* of or concerning the relationship between a godfather and the child's parents
compadrice *s. f.* ⇒ **compadrio**
compadrio *s. m.* intimacy, companionship; protection, favouritism
compaginação *s. f.* compagination
compaginador *s. m.* ⇒ **paginador**
compaginar *v. tr.* to compaginate, to join, to fit together
compaixão *s. f.* compassion, pity; sympathy, fellow-feeling; ***ter compaixão de*** to have compassion upon, to take pity on; ***fazer compaixão*** to move to pity
companha *s. f.* crew; association of fishermen
companheira *s. f.* (female) companion; ⌈pop.⌋ wife
companheirão *s. m.* an excellent (jolly) fellow; ⌈coloq.⌋ chum, pal, buddy
companheirismo *s. m.* companionship, comradeship
companheiro Ⓐ *s. m.* companion, fellow, chap, mate, comrade, colleague Ⓑ *adj.* like, alike, equal; ***um companheiro de primeira ordem*** a first-rate fellow; ***um fraco companheiro*** a poor companion; ***não é grande companheiro*** not much of a companion; ***companheiro de viagem*** fellow-traveller; ***companheiro de armas*** fellow soldier; ***companheiro de escola*** schoolfellow, schoolmate; ***companheiro de brincadeira*** playmate
companhia *s. f.* company; society, fellowship; companionship; ***companhia de seguros*** insurance company; ***companhia dos caminhos-de-ferro*** railway company; ***formar uma companhia*** to establish a company; ***fazer companhia (a alguém)*** to keep (somebody) company; ***companhia teatral*** theatrical company; ***companhia de infantaria*** infantry company; ***a fundação de companhias*** the launching of companies; ***companhia de dois, companhia de bons*** two's company, three's none
cômpar *adj.* equal; similar, like; analogous; on a par with

comparabilidade *s. f.* comparability, comparableness
comparação *s. f.* comparison, confrontation, collation, likeness, simile, similitude, simularity; ***sem comparação possível*** far and away; ***em comparação com*** in comparison with; ***graus de comparação*** degrees of comparison; ***não ter comparação alguma com outrem*** not to be a patch on another; NÁUTICA ***comparação de cronómetros*** comparison of chronometers
comparado *adj.* compared, confronted, collated, similar; alike
comparador *s. m.* comparer, confronter; FÍSICA comparator; comparing, confronting
comparar Ⓐ *v. tr.* to compare, to confront, to collate, to liken Ⓑ *v. refl.* to put oneself on a level with; to rival with; ***nada com que possa comparar-se*** not to be compared with
comparativamente *adv.* comparatively
comparativo *adj.* comparative
comparável *adj.* comparable
comparecência *s. f.* ⇒ **comparência**
comparecente *adj.* appearing, present
comparecer *v. tr.* to attend to, to appear; to turn up, to put in an appearance, to show up; DIREITO ***comparecer em juízo*** to appear in court; ***comparecer numa assembleia*** to attend a meeting
comparecimento *s. m.* appearing, appearance; presence
comparência *s. f.* appearance; attendance, presence; DIREITO appearance (in court)
comparoquiano *s. m.* fellow parishioner
comparsa *s. m. e f.* TEATRO ⌈coloq.⌋ figurant; mute; nonentity; ⌈pop.⌋ accomplice
comparsaria *s. f.* a group of figurants
comparte Ⓐ *s. m.* copartner, participator; accomplice Ⓑ *adj.* participating, participant
compartição *s. f.* compartition, division, distribution
comparticipação *s. f.* copartnership, collective participation, communion
comparticipado *adj.* subsidized
comparticipante *adj.* copartner, copartaker
comparticipar *v. tr.* to share, to take part jointly
compartícipe *adj.* copartner
compartilha *s. f.* participation, sharing, share, partaking
compartilhador Ⓐ *s. m.* partaker, sharer; participator Ⓑ *adj.* partaking, sharing; participating
compartilhante *s. m. e f., adj.* ⇒ **compartilhador**
compartilhar *v. tr.* to partake, to share, to have a share, to share in; to participate; ***compartilhar da alegria de alguém*** to participate in another's joy, to share another's happiness
compartimentação *s. f.* compartmentalization; partitioning
compartimentar *v. tr.* to compartmentalize; to divide into compartments; to partition
compartimento *s. m.* compartment; room, chamber; division, partition; NÁUTICA ***compartimento lateral*** wing
compartir *v. tr.* to divide into equal parts; ⇒ **compartilhar**
compáscuo *s. m.* common pasture, public grazing ground
compassadamente *adv.* measuredly, rhythmically; moderately; slowly; by rule and measure
compassado *adj.* measured, moderate, slow, rhythmical
compassageiro *s. m.* fellow passenger
compassar *v. tr.* to measure (with compass); to arrange symmetrically; to space out; to moderate, to slow down; to keep time; MÚSICA to beat time; to cadence, to pace; ***compassar um navio*** to trim (a ship)
compassivamente *adv.* compassionately, mercifully, tender-heartedly, pitifully, commiseratively; sympathetically
compassível *adj.* pitiful, inclined to pity; merciful; sensitive
compassividade *s. f.* compassionateness
compassivo *adj.* compassionate, merciful, tender-hearted, pitiful, full of pity
compasso *s. m.* compasses (for making circles); MÚSICA time, measure, beat rule; precept; ⌈pop.⌋ compass (an instrument with a needle that always points north and south); ***compasso de pernas*** inside callipers; ***compasso de pontas curvas*** dividers, callipers; ***compasso de volta*** outside calliper; ***compasso de bico*** centring callipers; ***compasso de precisão*** hair-compasses; ***compasso de corrediça*** calliper rule; ***compasso de molas*** spring compass divider; ***compasso de arco graduado*** quadrant compass; ***compasso de três pontas*** triangular compass; ***compasso de proporção*** proportional divider; ***compasso de espera*** pause, break; MÚSICA ***sair do compasso*** not to keep time; ***a compasso*** in measure, in time; ***ir a compasso*** to keep time; ***fora do compasso*** out of time
compaternidade *s. f.* co-paternity, compaternity
compatibilidade *s. f.* compatibility, compatibleness
compatibilizar *v. tr.* to render compatible; to harmonize, to conciliate
compatível *adj.* compatible, consistent, congruous, suitable; ***compatível com o IBM*** IBM compatible
compativelmente *adv.* compatibly
compatrício Ⓐ *s. m.* fellow citizen Ⓑ *adj.* compatriotic
compatriota *s. m. e f.* compatriot, fellow-countryman, fellow-countrywoman
compatriotismo *s. m.* compatriotism, kinship
compelação *s. f.* DIREITO summons, accusation
compelativo *adj.* compellative, compelling
compelir *v. tr.* to compel, to force, to oblige, to drive, to constrain, to coerce, to press
compendiado *adj.* abridged, epitomized, condensed, summarized, concise
compendiador *s. m.* abridger, epitomist, epitomizer
compendiar *v. tr.* to abridge, to epitomize, to condense, to summarize
compêndio *s. m.* text-book; compendium, abridgement, summary
compendiosamente *adv.* compendiously; concisely, summarily
compendioso *adj.* compendium-like, compendious, abridged; short
compenetração *s. f.* compenetration, conviction
compenetradamente *adv.* convincingly
compenetrado *adj.* deeply convinced
compenetrar Ⓐ *v. tr.* to convince Ⓑ *v. intr.* to be fully convinced Ⓒ *v. refl.* to convince oneself, to make sure
compensação *s. f.* compensation; satisfaction; amends; allowance; offset; COMÉRCIO balance; ***compensação de navio (agulha, etc.)*** compensation of ship (compass, etc.)
compensador Ⓐ *adj.* remunerative, compensating; ⌈técn.⌋ equalizing Ⓑ *s. m.* compensator; ⌈técn.⌋ equalizer
compensar *v. tr.* to counterbalance, to even, to balance, to offset, to counterpoise, to compensate; to make amends for, to indemnify, to make good, to reward, to recompense; ⌈técn.⌋ to equalize; ***nada pode compensar a perda da saúde*** nothing can compensate for the loss of health; ***não compensa*** it does not pay; NÁUTICA ***compensar agulhas*** to adjust compasses, to compensate compasses
compensativo *adj.* compensative; recompensive; profitable
compensatório *adj.* compensatory
compensável *adj.* compensable, capable of being compensated
competência *s. f.* competence, competency (legal capacity), ability, capacity, qualification; scope, jurisdiction, sphere of influence; ***duvido da sua competência para tal cargo*** I doubt his competence for such a post; ***competência informática*** computer literacy
competente *adj.* competent, qualified, able, capable; adequate, sufficient; due, legal, lawful, proper; ***um professor competente*** a competent teacher
competentemente *adv.* competently, ably, capably, properly

competição *s. f.* competition, contest, contention, rivalry, rivalship, strife
competidor *s. m.* competitor, rival, opponent, antagonist
competir *v. intr.* to compete; to vie, to strive, to dispute, to contest, to emulate; to be due to, to belong to, to be incumbent on; ***um novo dicionário deve ser muito bom se é para competir com os muitos existentes no mercado*** a new dictionary must be very good if it is to compete with the many already on the market; ***compete-te avisá-los*** it is incumbent on you to warn them, it is your business to warn them; ***compete-te resolver*** it is for you to decide, it is up to you
competitividade *s. f.* competitiveness
competitivo *adj.* competitive, rivalling
compilação *s. f.* compilation, collection
compilador *s. m.* compiler, collector
compilar *v. tr.* to compile, to collect, to compose; ***compilar um dicionário*** to compile a dictionary
compilatório *adj.* compilatory
compita *s. f.* competition, concurrence; rivalry, strife; ***à compita*** in rivalry, in a spirit of competition
cômpito *s. m.* crossroads; measure, gauge
complacência *s. f.* complaisance, compliance, condescension; deference, complacence, complacency
complacente *adj.* complaisant, compliant, affable, polite, complacent
complacentemente *adv.* complacently, complaisantly, compliantly; yeldingly, sympathetically, politely
complanação *s. f.* levelling, flattening, smoothing
complanar *v. tr.* to level, to grade; to be extended on a plane surface
complectível *adj.* comprisable
complectivo *adj.* comprising, embracing
compleição *s. f.* physique, physical constitution, build; disposition of mind; humour, temperament
compleicionado *adj.* complexioned
compleicional *adj.* complexional
compleiçoado *adj.* complexioned
complementar *adj.* complementary, completing, complemental; GEOMETRIA ***ângulo complementar*** complemental angle
complementarmente *adv.* complementarilly, complementally, completingly, supplementarily, supplementally
complemento *s. m.* complement, completeness; object; GRAMÁTICA ***complemento directo (indirecto)*** direct (indirect) object
complente *adj.* filling; tiring; overfilling, satiating
completação *s. f.* completion, act of completing
completamente *adv.* completely, entirely, thoroughly, fully, utterly; root and branch
completar *v. tr.* to complete, to finish, to end, to bring to an end; to conclude; to crown, to cap, to top off; ***esta boa notícia completa a minha felicidade*** this good news completes my happiness; ***completar com pedacinhos*** to piece out; ***completar uma soma*** to make up a sum; ***ele completa 10 anos*** he has just turned ten
completas *s. f. pl.* RELIGIÃO compline, complin
completivo *adj.* completive
completo *adj.* complete, perfect; ended, finished, concluded; entire, whole, full, fulfilled; ***obter uma cura completa*** to effect a radical cure; ***educação completa*** all-round education
completório *s. m.* complin; end, finish, termination
complexão *s. f.* complexity, concatenation; union; whole; succession
complexidade *s. f.* complexity, intricacy, entanglement
complexidão *s. f.* ⇒ **complexidade**
complexo Ⓐ *adj.* complex; intricate, complicated, tangled, entangled, mazy, involved, difficult Ⓑ *s. m.* complex; ***complexo de inferioridade*** inferiority complex; ***complexo de superioridade*** exaltation
complicação *s. f.* complication, complexity, intricacy, tangle, entanglement, confusion
complicado *adj.* complicated, intricate, involved, tricky, complex; ***uma máquina complicada*** a complicated machine; ***um negócio complicado*** a complicated business
complicador Ⓐ *s. m.* complicator Ⓑ *adj.* complicating, complicative
complicar Ⓐ *v. tr.* to complicate, to involve, to entangle, to mix up; to make intricate Ⓑ *v. refl.* to become complicated (involved, entangled, mixed up); ***complicar as coisas*** to complicate matters
complúvio *s. m.* compluvium
componedor *s. m.* TIPOGRAFIA composing-stick; ***componedor de jornal*** news-stick, typesetter
componenda *s. f.* composition
componente Ⓐ *adj.* component; ***parte componente*** component part Ⓑ *s. m.* component, ingredient, constituent element
componível *adj.* composable
compor Ⓐ *v. tr.* to compose (a poem, music, speech, etc.); to compound (form by mixing); TIPOGRAFIA to set up; to make up, to constitute; to construct; to invent, to create; to arrange, to adjust, to dress; to restore, to mend, to repair; to harmonize; to reconcile Ⓑ *v. refl.* to compose oneself, to tranquilize oneself; to trim oneself up; ***compor-se de*** to be composed of; ***compor um poema*** to compose a poem; ***compor uma ópera*** to compose an opera; ***compor em colunas*** to set in columns; ***compor-se com os credores*** to make it up with one's creditors; TIPOGRAFIA ***compor tipo*** to set up type; ***compor linha por linha*** to set line by line; ***o livro compõe-se de 30 capítulos*** the book consists of 30 chapters
comporta *s. f.* flood-gate; lock; sluice, gate; dam; ***comporta de marés*** tide gate; ***comporta de retenção*** counter sluice
comportamental *adj.* behavioural; reactional
comportamento *s. m.* behaviour, conduct; ***prémio de bom comportamento*** prize for good behaviour
comportar Ⓐ *v. tr.* to admit of, to permit; to suffer, to bear; to contain, to hold; to behave; ***o avião comporta 200 passageiros*** the plane sits (holds) 200 passengers Ⓑ *v. refl.* to behave oneself; ***comportar-se mal*** to behave ill (badly); ***comportar-se bem*** to behave well
comportável *adj.* bearable; tolerable; sufferable, compatible
composição *s. f.* composition (writing, music, printing, translation, etc.); arrangement, settlement, agreement; mixture, compound; essay; TIPOGRAFIA setting-up type; ***composição de forças*** resolution of forces; ***composição de fórmulas*** composition of formulas; ***composição linotípica*** linotype composition; ***composição de jornal*** news-work; ***composição difícil*** complicated composition; ***composição manual*** hand composition; ***composição do ar*** composition of the air; ***composição (de caminho-de-ferro)*** (railway) train
compósita *adj.* composite
compositivo *adj.* compositive
compósito *adj.* heterogenous
compositor *s. m.* MÚSICA composer; TIPOGRAFIA compositor, type-setter; ***compositor de jornais*** news hand
compossessor *s. m.* joint-owner
compostamente *adv.* collectedly, modestly, discreetly, wisely
compostas *s. f. pl.* composite; flowers belonging to the *Compositae* family
composto Ⓐ *adj.* composed; modest, grave, collected, discreet, self-possessed, tranquil Ⓑ *s. m.* compound, compound substance; ***composto de*** consisting of, made up of; ***juro composto*** compound interest; ***palavra composta*** compound word; ***composto químico*** chemical compound
compostura *s. f.* composition, arrangement; manners, behaviour; modesty, circumspection; composture, calmness, serenity; repair, repairing, mending

compota *s. f.* stewed fruit; bottled fruit, fruit preserve, jam; preserve; ***um frasco de compota*** a pot of jam

compoteira *s. f.* preserving-jar, jam jar

compra *s. f.* purchase, buy; ***boa compra (pechincha)*** bargain; ***compra a crédito*** purchase on credit; ***compra a dinheiro*** cash transaction; ***compra fictícia*** fictitious purchase; ***compra a dinheiro de contado*** cash purchase; ***compra a prazo*** purchase for delivery; ***fazer compras*** to make purchase; ***ir às compras*** to go shopping; ***fazer compras é muito fatigante*** shopping is a most tiring business; ***levou a irmã às compras*** he took his sister shopping; ***cesto para as compras*** shopping-basket

compradiço *adj.* purchasable; venal, easily bribed

comprador *s. m.* buyer, purchaser, shopper; vendee (legal); taker

comprar *v. tr.* to buy, to purchase, to take; to draw (cards from a pack); to bribe, to corrupt; ***o dinheiro não compra a felicidade*** money cannot buy happiness; ***comprar por uma bagatela*** to pick up for a song; ***comprar gato por lebre*** to buy a pig in a poke; ***comprar passagens*** to book a passage; ***comprar a dinheiro*** to buy for cash; ***comprar a prazo*** to buy on account; ***comprar a crédito*** to buy on credit; ***comprar a retalho*** to buy at retail; ***comprar por junto*** to buy wholesale, to buy in bulk; ***comprar a curto prazo*** to buy at a short term; ***comprar em condições favoráveis*** to buy (or to purchase) on favourable terms; ***comprar em leilão*** to buy at an auction; ***comprar por metade do preço*** to buy at half-price; ***comprar barato*** to buy cheap, to buy a bargain; ***comprar caro*** to buy dear; ***comprar a preço razoável*** to buy at a fair price; ***comprar a prestações*** to buy by instalments, to buy on the never-never; ***comprar cartas*** to take (draw) cards (at games); ***comprar em primeira mão*** to buy first-hand; ***comprar em segunda mão*** to buy second-hand; ***comprar no mercado*** to buy in the market

comprável *adj.* buyable, purchasable; marketable, negotiable; capable of being bribed (corrupted)

comprazedor Ⓐ *s. m.* a complaisant (obliging, kind) person Ⓑ *adj.* compliant, agreeable, obliging, kind, complaisant, considerate

comprazer Ⓐ *v. intr.* to please, to humour Ⓑ *v. refl.* to comply with; to delight in, to take pleasure in, to rejoice in, to be delighted with

comprazimento *s. m.* pleasure; complaisance, self-satisfaction, compliance, desire to please

compreender *v. tr.* to understand, to grasp (get) the meaning of, to see through, to apprehend; to make out; to tumble to; to perceive; to conceive; to comprise, to include, to comprehend, to realize; to embrace, to contain; ***fazer-se compreender*** to make oneself understood; ***compreender (interpretar) mal*** to misunderstand; ***não compreendo o que você diz*** I don't understand what you say; ***compreende-me?*** do you understand me?; ***compreender o sentido*** to grasp the meaning; ***compreendo perfeitamente a sua dificuldade*** I quite understand your difficulty; ***compreender mal uma situação*** to get hold of the wrong end of the stick; ***começar a compreender*** to begin to see daylight; ***compreender o sentido de uma alusão*** to realize the drift; ***os seus estudos compreendiam muitas matérias*** his studies embraced many subjects; ***agora compreendo*** now I see, now I tumble to it; ***ah!, já compreendo!*** oh, I see!

compreendido *adj.* included, comprised; understood

compreensão *s. f.* comprehension, understanding; reasoning; intellect; open-mindedness; comprehensiveness; inclusion; ***isto vai além da minha compreensão*** this passes my comprehension, it's beyond my comprehension; ***termo de larga compreensão*** term of wide comprehension

compreensibilidade *s. f.* comprehensibility, intelligibility, conceivableness

compreensiva *s. f.* comprehensiveness, comprehension, understanding

compreensivamente *adv.* comprehensively

compreensível *adj.* comprehensible, understandable, intelligible

compreensivelmente *adv.* comprehensibly, understandably

compreensivo *adj.* comprehensive, comprehending, wide-reaching, embracing, all-embracing; open-minded, wise

compreensor *s. m.* comprehensor, one who understands mysteries; RELIGIÃO blessed one

compressa *s. f.* compress, compressing pad; ***aplicar compressas quentes*** to apply hot compresses

compressão *s. f.* compression; pressure; condensation

compressibilidade *s. f.* compressibility

compressível *adj.* compressible

compressivo *adj.* compressive

compresso *adj.* compressed, pressed, squeezed, condensed

compressor Ⓐ *s. m.* compressor; ***compressor de ar*** air-compressor Ⓑ *adj.* compressive; ***cilindro compressor*** steam-roller

compressório *adj.* compressive

compridamente *adv.* extensively, extendedly; lengthly; [fig.] diffuselly, prolixly

compridão *s. f.* ⇒ **comprimento**

comprido *adj.* long, extensive, extended, elongated, prolonged; [fig.] diffuse, prolix; ***ao comprido*** at full length, lengthwise; ***estender-se ao comprido*** to stretch oneself at full length; ***onda comprida*** long wave

comprimente *adj.* compressing, compressive

comprimento *s. m.* length; ***comprimento de onda (rádio)*** wave-length (wireless); ***comprimento de uma estrada*** the length of a road; NÁUTICA ***comprimento de fora a fora*** length over all

comprimido Ⓐ *adj.* compressed; constricted; pressed; repressed; tight; condensed; ***ar comprimido*** compressed air Ⓑ *s. m.* tablet, pill

comprimir Ⓐ *v. tr.* to compress, to press; to tighten; to condense, to compact; to repress, to constrict, to keep down (under) Ⓑ *v. refl.* to shrink

comprobatório *adj.* corroborative, probative

comprometedor *adj.* compromising, exposing, imperilling; endangering

comprometer *v. tr.* to compromise; to endanger, to imperil, to jeopardize; to engage, to pledge, to bind, to commit oneself, to undertake, to engage oneself, to compromise oneself; ***comprometer-se a ir até ao fim*** to nail one's colours to the mast; ***comprometer a reputação de alguém*** to compromise (to endanger) another's reputation; ***ele comprometeu-se a apresentar o dinheiro*** he pledged himself to produce the cash; ***ele comprometeu-se logo que abriu a boca*** he gave himself away the moment he opened his mouth

comprometido *adj.* engaged; implicated, involved; ashamed, shy, compromised, committed

comprometimento *s. m.* compromise, adjustment, settlement; pledge, commitment, engagement, assurance

compromissário Ⓐ *s. m.* arbitrator Ⓑ *adj.* obliged, committed, bound by commitment

compromissivo *adj.* compromissary, committing

compromisso *s. m.* compromise; pledge; commitment; engagement; liability, obligation; settlement, agreement; ***satisfazer os seus compromissos*** to meet one's engagements (liabilities)

compromissório *adj.* binding, pertaining to compromise

compromitente *s. m. e f.* responsible (person), one who accepts some responsibility; one who pledges oneself to do something

compropriedade *s. f.* co-ownership, joint-ownership

comproprietário *s. m.* co-proprietor, co-owner, part-owner, joint-owner

comprotector *s. m.* co-protector, joint-protector

comprovação *s. f.* confirmation, evidence, proof, verification

comprovadamente *adv.* confirmedly, corroboratively
comprovador *adj.* confirming
comprovante Ⓐ *adj.* confirming Ⓑ *s. m.* voucher
comprovar *v. tr.* to confirm, to prove; to verify, to corroborate (of evidence, statements, etc.)
comprovativo *adj.* confirming, confirmatory, corroborative
comprovincial *s. m. e f., adj.* comprovincial
comprovinciano *s. m. e f., adj.* ⇒ **comprovincial**
compugnar *v. intr.* to fight side by side
compulsação *s. f.* examining, perusal (books)
compulsador Ⓐ *s. m.* examiner Ⓑ *adj.* examining, scrutinizing
compulsão *s. f.* compulsion, coercion, constraint, forcing
compulsar *v. tr.* to examine; to consult (books or documents); to peruse; to look up; to turn over the leaves of books (for consultation); to thumb
compulsável *adj.* examinable; handy; easy to be handled
compulsivamente *adv.* compulsively, coercively
compulsivo *adj.* compulsive, compelling, coercive
compulsória *s. f.* DIREITO mandate from a judge of a superior court to a lower court; forced retirement
compulsório *adj.* compulsory
compunção *s. f.* compunction; contrition, regret, repentance; remorse
compungido *adj.* contrite, repentant; compunctious, remorseful
compungimento *s. m.* ⇒ **compunção**
compungir Ⓐ *v. tr.* to touch, to move Ⓑ *v. refl. e intr.* to feel remorse, to regret; to be contrite, to be (feel) sorry; to have (take) pity
compungitivo *adj.* compunctious, remorseful, contrite
compurgação *s. f.* compurgation; trial by ordeal
compurgar *v. tr.* to try by compurgation (ordeal)
computação *s. f.* computation, reckoning, estimate, calculation
computador *s. m.* INFORMÁTICA computer; ***computador pessoal*** personal computer, PC; ***computador portátil*** laptop computer, laptop
computadorizar *v. tr.* to computerize
computar *v. tr. e intr.* to compute, to calculate, to reckon; to estimate; to make calculation
computável *adj.* computable, calculable, reckonable
computista *s. m. e f.* computist, computer
cômputo *s. m.* computation; calculation, reckoning; estimate
computorizar *v. tr.* to computerize
comtesco *adj.* ⇒ **comtista**
comtiano *adj.* ⇒ **comtista**
comtista Ⓐ *s. m. e f.* FILOSOFIA comtist, positivist Ⓑ *adj.* comtian
comum Ⓐ *adj.* common, general, public; vulgar, coarse, trivial, commonplace, ordinary; familiar; habitual, frequent; usual, inferior Ⓑ *s. m.* vulgarity, commonness; the usual, the common place; ***senso comum*** common sense; ***em comum*** in common; ***de comum acordo*** by mutual accord, by common consent; ***comum de dois*** common gender; ***factor comum*** common factor; ***múltiplo comum*** common multiple; ***fazer causa comum com*** to make common cause with; ***interesses comuns*** common interests; ***um aspecto muito comum*** a very familiar sight; ***viver em comum*** to live in common
comummente *adv.* commonly, usually, ordinarily, generally, habitually, frequently
comuna *s. f.* commune
comunal *adj.* communal
comunalismo *s. m.* communalism
comunalista *s. m. e f.* FILOSOFIA communalist
comuneiro Ⓐ *s. m.* member of a commune Ⓑ *adj.* communal
comungante *s. m. e f.* communicant
comungar Ⓐ *v. tr.* to communicate Ⓑ *v. intr.* RELIGIÃO to administer communion; to receive (partake of) communion; [fig.] to share (ideas, opinions, etc.)
comungatório *s. m.* communion table (altar)
comunhão *s. f.* RELIGIÃO communion; ***comunhão de bens*** community of goods; ***comunhão mútua*** intercommunion
comunial *adj.* joint (property)
comunicabilidade *s. f.* communicability, communicativeness
comunicação *s. f.* communication; despatch (dispatch), message, information; transmission, conveyance; passage, connection; ***pôr-se em comunicação (telefone)*** to put through; ***receber uma comunicação*** to receive a communication; ***comunicação de aviso*** warning notice; ***comunicação de serviço*** internal message; ***comunicação interurbana*** trunk connection; ***comunicação telegráfica*** telegraphic communication; ***pôr em comunicação*** to bring into communication, to put through; ***linhas de comunicação*** lines of communication
comunicado *s. m.* announcement; communiqué; official information (statement, report); ***comunicado à imprensa*** press release
comunicador Ⓐ *s. m. e f.* communicator, reporter, informant; communicant Ⓑ *adj.* communicant, communicating, communicatory
comunicante Ⓐ *s. m. e f.* communicator, reporter, informant; communicant Ⓑ *adj.* communicant, communicating, communicatory
comunicar Ⓐ *v. tr.* to communicate, to impart, to transmit; to announce, to report, to reveal; to share with Ⓑ *v. intr.* to correspond with Ⓒ *v. refl.* to spread; ***comunicar notícias*** to communicate (to impart) news; ***comunicar um segredo*** to impart a secret; ***comunicar por telegrama*** to communicate by telegram, to wire; ***este jardim comunica com o do lado por um portão*** this garden communicates with the next by a gate; ***comunicar com alguém*** to get in touch with a person; ***pôr-se em comunicação com*** to contact
comunicativamente *adv.* communicatively
comunicativo *adj.* communicative, talkative; unreserved, open, expansive; ***tornar-se comunicativo*** to come out of one's shell
comunicável *adj.* communicable, communicative, expansive
comunidade *s. f.* community, society; ***a Comunidade Britânica*** The British Commonwealth (of Nations)
comunismo *s. m.* communism
comuníssimo *adj.* most common; most ordinary
comunista Ⓐ *s. m. e f.* communist Ⓑ *adj.* communist, communistic
comunitário *s. m.* communitarian
comunitarismo *s. m.* doctrine that advocates a classless society in which private ownership has been abolished (distinguished from communism, since it adopts a more personal aspect)
Comuns *s. m. pl.* Commons (members of the House of Commons)
comutabilidade *s. f.* commutability
comutação *s. f.* commutation; reprieval; mutation, change, exchange; ***comutação da pena de morte*** commutation of the death penalty (to life penal servitude)
comutador *s. m.* ELECTRICIDADE commutator; switch; ***comutador de cavilhas*** switch-board; ***comutador de ondas*** short-long wave switch
comutar *v. tr.* to commute, to reprieve; to change, to exchange; to substitute; ***comutar a pena de morte*** to commute the death penalty
comutativamente *adv.* commutatively
comutatividade *s. f.* commutativity
comutativo *adj.* commutative; ***justiça comutativa*** commutative justice

comutatriz *s. f.* rotary converter, rotary transformer
comutável *adj.* commutable
conação *s. f.* conation
conato *adj.* connate, innate
conatural *adj.* connatural, congenital, inborn, natural
conaturalidade *s. f.* connaturality
conca *s. f.* quoit; porringer; ANATOMIA concha, external ear
concameração *s. f.* ARQUITECTURA concameration, vaulting
concani *s. m.* the language spoken in Goa (India)
concanim *s. m.* ⇒ **concani**
concatenação *s. f.* concatenation, chain, linking, connection
concatenado *adj.* concatenated; chained, linked together; connected
concatenador *adj.* linking, chaining together, connecting
concatenamento *s. m.* ⇒ **concatenação**
concatenar *v. tr.* to concatenate, to chain, to enchain, to link together, to connect
concavar *v. tr.* to concave, to make (render) concave, to hollow out
concavidade *s. f.* concavity, cavity; hollow; hollowness
côncavo Ⓐ *adj.* concave, hollow, scooped Ⓑ *s. m.* concavity, concaveness, hollow
côncavo-convexo *adj.* concavo-convex
conceber *v. tr.* to conceive, to understand, to realize, to fancy, to imagine, to frame; ***não posso conceber tal ideia*** I cannot conceive such an idea!; ***concebido em termos singelos*** conceived in plain terms
concebimento *s. m.* conception, conceivability
concebível *adj.* conceivable, imaginable
concedente Ⓐ *adj.* allowing, conceding Ⓑ *s. m. e f.* conceder, concessor, grantor
conceder *v. tr.* to concede, to grant, to confer, to bestow; to allow, to permit; to admit, to agree with; ***conceder uma pensão*** to grant a pension; ***conceder perdão*** to grant pardon; ***conceder a palavra*** to allow someome to speak; ***conceder facilidades*** to grant facilities; ***conceder um direito*** to concede a right; ***conceder um subsídio*** to grant a subsidy; ***conceder uma entrevista*** to grant an interview; ***conceder uma audiência*** to grant an audience
concedido *adj.* conceded, granted, permitted, allowed
concedível *adj.* allowable, grantable, conferrable, permissible
conceição *s. f.* conception, conceiving
conceicionista *s. f.* member (nun) of the religious order of Our Lady of the Conception
conceitear *v. intr.* to recite concepts, to refer to concepts; to talk wisely
conceitista *s. m. e f.* conceptualist
conceito *s. m.* concept, idea, notion, thought, judgement, opinion; esteem, credit, reputation; ***fazer bom (mau) conceito de uma pessoa*** to think well (ill) of a person
conceituado *adj.* esteemed, respected, worthy; ***bem conceituado*** accredited
conceituar *v. tr.* to judge, to esteem, to appraise; to repute, to regard
conceituosamente *adv.* wittily, sententiously, wisely; spiritedly, judiciously; soundly
conceituoso *adj.* witty, sententious, wise, judicious, sound
concelebração *s. f.* concelebration
concelebrante Ⓐ *s. m. e f.* co-celebrator Ⓑ *adj.* co-celebrating
concelebrar *v. tr.* to concelebrate, to celebrate jointly (together)
concelheiro Ⓐ *s. m.* fallow (land) Ⓑ *adj.* ⇒ **concelhio**
concelhio *adj.* municipal; public
concelho *s. m.* municipality; subdivision of a district; council
concentração *s. f.* concentration; ***concentração de tropas*** concentration of troops; ***campo de concentração*** concentration camp
concentrado *adj.* concentrated; absorbed, intent; reserved
concentrador *adj.* concentrative; concentrator
concentralização *s. f.* total concentration
concentralizar *v. tr.* to concentrate totally
concentrar Ⓐ *v. tr.* to concentrate; to centralize; to condense; to assemble Ⓑ *v. refl.* to fix one's attention to; ***concentrar a atenção*** to concentrate one's attention; ***concentrar uma força militar*** to concentrate a military force
concentrável *adj.* capable of being concentrated (centralized, condensed, assembled)
concentricidade *s. f.* concentricity
concêntrico *adj.* GEOMETRIA concentric
concepção *s. f.* conception; generation; idea, notion, imagination, apprehension, comprehension
concepcional *adj.* conceptional, conceptious
conceptáculo *s. m.* receptacle; conceptacle
conceptibilidade *s. f.* conceivability, conceivableness
conceptismo *s. m.* conceptualism
conceptista *s. m. e f., adj.* conceptualist
conceptível *adj.* conceivable; comprehensible
conceptivo *adj.* conceptive, conceptional
conceptual *adj.* conceptual
conceptualismo *s. m.* FILOSOFIA conceptualism
conceptualista *s. m. e f.* FILOSOFIA conceptualist
conceptualização *s. f.* conceptualization
conceptualizar *v. tr.* to conceptualize
concernência *s. f.* relationship, affinity; concern, concernment
concernente *adj.* concerning, regarding; in regard to, with relation to, referring to, in (with) reference to, related to
concernir *v. intr.* to concern, to relate to, to respect, to regard; to affect, to apply to
concertadamente *adv.* rightly, justly; in good order; wisely, sensibly, prudently
concertado *adj.* agreed, harmonized; disposed, set in order; calm, composed, serene; wise, sensible, prudent
concertador *s. m.* mender, repairer; mediator, conciliator
concertante Ⓐ *s. m. e f.* MÚSICA concertante Ⓑ *adj.* litigant; fighting
concertar *v. tr.* to mend, to patch up; to repair; to put in order, to adjust; to agree, to concert, to settle, to arrange; to accord, to deliberate, to devise plans
concertina *s. f.* concertina, a musical wind instrument
concertino *s. m.* MÚSICA first violin (of an orchestra); player (mainly of string instruments)
concertista *s. m. e f.* MÚSICA concert performer
concerto *s. m.* concert; harmony, order; agreement, accordance; union; ***concerto musical*** musical concert; ***piano de concerto*** concert-grand
concessão *s. f.* concession, grant; COMÉRCIO franchise; ***concessão de terreno*** concession of land; ***concessão de um prazo*** granting of time
concessionar *v. tr.* to grant, to allot to
concessionário Ⓐ *s. m.* concessionaire, grantee; agent, franchise holder Ⓑ *adj.* concessionairy
concessionista *s. m. e f.* franchiser
concessível *adj.* grantable, concessible
concessivo *adj.* concessive, concessional
concessor *s. m.* concessor, conceder, grantor, granter
concha *s. f.* shell, conch; scale; ladle, scoop; ***concha do ouvido*** concha (external ear); ***concha da balança*** scale of a balance; ***concha da sopa*** soup-ladle; ***concha de Vénus (marisco)*** cowrie, porcelain shell; ***meter-se na concha*** to draw in one's horns, to go into one's shell; ***de conchas (fundo)*** shelly (bottom); ***trabalho feito com conchas*** shell-work
conchada *s. f.* scoopful, ladleful
conchado *adj.* shelled, shelly, shell-shaped; ladle-shaped, scoop-shaped

conchar Ⓐ *v. tr.* to adorn (to cover) with shells Ⓑ *v. refl.* to go into one's shell, to draw in one's horns

concharia *s. f.* a great many (lots of, heaps of) shells

conchavar Ⓐ *v. tr.* to unite, to join; to adjust Ⓑ *v. refl.* to plot, to connive

conchavo *s. m.* plot, conspiracy; agreement, arrangement, combination

conchear *v. tr.* ⇒ **conchar**

conchegado *adj.* cosy, snug, comfortable; near, close, united

conchegar Ⓐ *v. tr.* to bring nearer, to put nearer; to make comfortable Ⓑ *v. intr.* to snuggle, to nestle, to cuddle Ⓒ *v. refl.* to come nearer; to make oneself snug

conchegativo *adj.* comfortable, providing comfort and shelter

conchego *s. m.* protection, support, shelter; comfort, coziness, ease, convenience; snug place, snuggery

concheiro *s. m.* fossil shell mound

conchelo *s. m.* BOTÂNICA pennywort, hipwort

conchífero *adj.* conchiferous

concho Ⓐ *adj.* vain, (self-) conceited Ⓑ *s. m.* rustic pail or bucket; protected by a shell

conchóide *adj.* conchoidal

conchoso *adj.* full of shells

conchudo *adj.* shelly; [fig.] vain, conceited

concidadania *s. f.* co-citizenship

concidadão *s. m.* fellow-citizen

conciliábulo *s. m.* conciliabule, conventicle, secret meeting; conspiracy, conciliable

conciliação *s. f.* conciliation, reconcilement; adjustment (of differences); settlement (of disputes)

conciliador *s. m.* conciliator, appeaser, peacemaker

conciliante *adj.* conciliating, appeasing

conciliar[1] *v. tr.* to conciliate, to pacify, to appease, to propitiate; to gain (the esteem, good-will or favour); to win over; to harmonize; ***conciliar o sono*** to manage to sleep, to go off; ***conciliar uma contenda*** to patch up a quarrel

conciliar[2] *adj.* conciliar

conciliário *adj.* conciliar(y)

conciliarmente *adv.* in council

conciliativo *adj.* conciliative, conciliatory

conciliatório *adj.* conciliatory, placatory, propiciatory

conciliável *adj.* reconcilable, appeasable, adjustable

concílio *s. m.* RELIGIÃO council

concional *adj.* concional, concionary

concionar *v. intr.* to speak in public, to concionate; to preach

concionário *adj.* ⇒ **concional**

concisamente *adv.* concisely, tersely, briefly, laconically, shortly

concisão *s. f.* conciseness, terseness, briefness, concision

conciso *adj.* concise, terse, brief, laconic, condensed, short

concitação *s. f.* concitation, instigation; disturbance, trouble, agitation; incitement

concitador Ⓐ *s. m.* instigator, inciter Ⓑ *adj.* exciting, inciting, disturbing

concitar *v. tr.* to instigate, to incite, to rouse, to stir up; to disturb; to move

concitativo *adj.* concitative, inciting; exciting

conclamação *s. f.* acclamation

conclamar *v. intr.* to shout, to yell, to roar; to acclaim together; to shout together

conclave *s. m.* conclave

conclavista *s. m. e f.* RELIGIÃO conclavist, a cardinal in conclave

concludência *s. f.* conclusiveness, conclusory

concludente *adj.* concluding, conclusive, convincing

concluir *v. tr.* to conclude, to finish, to end, to terminate, to close, to come to an end; to get through with; to put an end to; to infer, to imply; to settle, to arrange; ***concluir um tratado*** to conclude a treaty; ***pelo que diz, concluo que...*** from what you say I conclude that...; ***concluir dizendo*** to conclude by saying; ***concluir a parte pior de qualquer coisa*** to break the back of anything; ***concluir um empréstimo*** to settle a loan; ***concluir um negócio*** to close a bargain; ***concluir um trabalho*** to finish a work

conclusão *s. f.* conclusion, completion; close, closing, end, finish; decision; inference, illation, deduction; ***tirar uma conclusão de certas circunstâncias*** to put two and two together; ***tirar uma conclusão*** to draw a conclusion; ***em conclusão*** in short, in conclusion; ***chegar a uma conclusão*** to come to a conclusion

conclusionista *s. m. e f.* university graduate who defends a thesis

conclusivamente *adv.* conclusively, decisively, definitely, convincingly, finally

conclusivo *adj.* conclusive, decisive, definite, final, illucidative

concluso *adj.* concluded; settled, finished

concocção *s. f.* MEDICINA concoction

concoctivo *adj.* MEDICINA concoctive

concoidal *adj.* GEOMETRIA conchoidal

concóide *s. f.* GEOMETRIA conchoid

concologia *s. f.* ZOOLOGIA conchology; ⇒ **conquiliologia**

concolor *adj.* concolorous

concomitância *s. f.* concomitance, concomitancy

concomitante *adj.* concomitant, accompanying, concurrent; ***circunstância concomitante*** concomitant circumstance

concomitantemente *adv.* concomitantly, concurrently, accessorily

concordância *s. f.* concordance, agreement; accord, harmony; GRAMÁTICA concord, agreement; ***estar em concordância*** to be in agreement, to agree

concordante *adj.* concordant, agreeing, harmonious, consistent

concordantemente *adv.* concordantly, harmoniously, consistently

concordar Ⓐ *v. tr.* to harmonize, to accord, to bring into concord Ⓑ *v. intr.* to agree, to assent, to arrange, to settle; to consent to; GRAMÁTICA to be in concord; to agree; ***não posso deixar de concordar*** I cannot but agree; ***concordo consigo*** I agree with you; ***concordar sobre o preço*** to agree about the price; ***concorda com isso?*** do you agree to that?; ***eu e ela não concordamos absolutamente nada*** she and I don't agree at all; ***concordo com o que o senhor diz*** I agree to (with) what you say; ***concordar inteiramente*** to see eye to eye; ***concordo*** so say I

concordata *s. f.* COMÉRCIO composition, bankrupt's certificate; RELIGIÃO concordat; ***concordata judiciária*** judiciary composition

concordatário Ⓐ *adj.* concordancer Ⓑ *s. m.* one who has entered into a composition with his creditors

concordável *adj.* that can be agreed to; reconcilable, concordable

concorde *adj.* unanimous, agreed; conformable; similar to; ***ser concorde*** to be of one mind

concordemente *adv.* by common consent; unanimously

concórdia *s. f.* concord, union, harmony; peace

concorpóreo *adj.* concorporate

concorrência *s. f.* COMÉRCIO competition; flocking together, turn-out, concourse; crowd; throng; ***concorrência desleal*** unfair competition; ***fazer concorrência*** to come into competition; ***muita concorrência (de gente)*** a good turn-out

concorrencial *adj.* competitive; ***vantagem concorrencial*** competitive edge, competitive advantage

concorrente Ⓐ *s. m. e f.* competitor; rival; DESPORTO entrant; candidate; ***concorrente formidável*** strong candidate Ⓑ *adj.* competitive, rival

concorrer *v. intr.* to compete; to rival; to concur, to contribute, to help, to co-operate with, to rally, to join, to gather,

to meet; ***concorrer a um lugar*** to put in for a post, to stand as a candidate for a place
concorrido *adj.* crowded, well-attended
concótomo *s. m.* MEDICINA conchotome; surgical apparatus for an operation in the nose
concreção *s. f.* concretion
concrecionar *v. tr.* to concrete, to solidify, to harden
concrecionário *adj.* concretionary
concrescência *s. f.* concrescence, adhesion
concrescibilidade *s. f.* quality of being concrescible
concrescível *adj.* concrescible
concretamente *adv.* concretely, really, in reality, truly, actually
concretização *s. f.* concreteness; formulation; act of rendering concrete
concretizar *v. tr.* to render concrete, to put (idea, question) in concrete form; to materialize
concreto Ⓐ *s. m.* concrete Ⓑ *adj.* real, concrete; ***um facto concreto*** a concrete fact
concriação *s. f.* concreation; collaboration
concriar *v. tr.* to concreate, to create together
concubina *s. f.* concubine, mistress
concubinagem *s. f.* concubinage
concubinal *adj.* concubinary, concubinarian
concubinário *s. m., adj.* concubinary
concubinar-se *v. refl.* to cohabit (said of unmarried persons)
concubinato *s. m.* concubinage
concúbito *s. m.* concubinacy, coitus, copulation
conculcador *s. m., adj.* oppressor, vilifier
conculcar *v. tr.* to trample, to tread under foot
concunhada *s. f.* wife of the husband's brother
concunhado *s. m.* husband of the wife's sister
concupiscência *s. f.* concupiscence, lust, lustfulness
concupiscente *adj.* concupiscent, lustful
concupiscível *adj.* concupiscible
concursista *s. m. e f.* competitor
concurso *s. m.* competition, contest; meeting, concourse, confluence; aid, cooperation; crowd, throng; ***concurso hípico*** steeplechase; ***abrir concurso (para um emprego)*** to open a competition (for a situation); ***abandonar o concurso*** to give up the competition; ***por concurso*** by competition
concurvar *v. tr.* ⇒ **recurvar**
concussão *s. f.* concussion; shock; commotion; peculation, embezzlement, theft
concussionário *s. m.* peculator, embezzler, thief
concussor *s. m.* peculator, embezzler, thief
concutir *v. tr.* to shake, to tremble, to concuss
concutível *adj.* that can be shaken (moved)
condado *s. m.* county, shire; earldom; ***os condados centrais da Inglaterra*** the Midlands
condal *adj.* relating to an earl or baron
condão *s. m.* prerogative, privilege, gift, talent; ***varinha de condão*** magic wand; ***ter o condão de adivinhar*** to have the gift of prophecy, to have second sight
conde *s. m.* earl; count (foreign noble corresponding to earl)
condecoração *s. f.* decorating; decoration, medal, insignia (of an Order)
condecorado Ⓐ *s. m.* decorated person Ⓑ *adj.* decorated
condecorar *v. tr.* to decorate; to distinguish, to honour; to award (to grant) a decoration; to invest with order
condecorativo *adj.* decorative
condenação *s. f.* condemnation; conviction; condemning, sentencing, sentence, penalty; censure, blame, reproof; ***cumprir uma condenação no presídio*** to serve time; ***condenação a degredo*** deportation
condenado Ⓐ *s. m.* convict Ⓑ *adj.* convicted, condemned, doomed; censured, blamed
condenador Ⓐ *adj.* condemning, condemnatory Ⓑ *s. m.* condemner, reprover
condenamento *s. m.* ⇒ **condenação**
condenar *v. tr.* to convict, to sentence, to condemn; to reject; to reprove; to censure, to blame; to doom, to damn; ***condenar à revelia*** to sentence in absence, to sentence in default; ***condenar à morte*** to sentence someone to death; ***condenar a uma multa*** to sentence to a fine; ***condenar o procedimento de alguém*** to condemn a person's behaviour
condenatório *adj.* condemnatory, damnatory, convictional
condenável *adj.* condemnable, damnable, reproachful, blamable
condenavelmente *adv.* condemnably, reproachfully, disapprovingly, reprehensibly, blameably
condensabilidade *s. f.* condensability
condensação *s. f.* condensation; condensity, thickness; abridgment, abbreviation, compression; ***condensação de superfície*** surface condensation
condensado *adj.* condensed, abridged, abbreviated, compressed; ***leite condensado*** condensed milk
condensador Ⓐ *adj.* condensing Ⓑ *s. m.* ELECTRICIDADE condenser (condensator); ***condensador de mistura*** common condenser, jet condenser; ***condensador de superfície*** condenser by contact, surface condenser; ***condensador sintonizador*** tuning condenser; ***torneira de condensador*** condenser cock; ***caixa de condensador*** condenser box; ***condensador de derivação*** by-pass condenser; ***condensador de ar*** air-condenser
condensante *adj.* condensing
condensar *v. tr.* to condense, to make dense, to thicken; to compress; to concentrate (of rays of light); to abridge, to shorten, to summarize, to epitomize, to make a precis of, to compress into few words
condensativo *adj.* condensative, tending to condensation
condensável *adj.* condensable, condensible
condescendência *s. f.* condescension, graciousness, compliance, acquiescence
condescendente *adj.* condescending, gracious, compliant, yielding, consenting
condescendentemente *adv.* condescendingly, graciously
condescender *v. intr.* to condescend, to deign, to submit, to comply, to yield; to acquiesce, to assent, to fall in
condescendimento *s. m.* ⇒ **condescendência**
condessa *s. f.* countess; small basket with a cover
condesseiro *s. m.* manufacturer of *condessas* (baskets)
condessinha *s. f.* a small *condessa* (basket); a popular game
condestabre *s. m.* HISTÓRIA constable, supreme commander
condestável *s. m.* HISTÓRIA constable, supreme commander
condição *s. f.* condition, state; rank, standing, position; clause, term; qualification (for a job); ***pôr condições*** to make conditions; ***aceitar condições*** to accept conditions; [coloq.] ***em boas condições físicas*** in good form, fit; ***condições desfavoráveis*** unfavourable conditions; ***condições inaceitáveis*** unacceptable terms; ***condições atmosféricas*** atmospheric conditions; ***condições de seguro*** warranty; ***condições de venda*** terms of sale; ***sob condição*** on condition; ***com a condição de*** on condition that; ***nas condições costumadas*** on the usual terms; ***condições mútuas*** mutual terms; ***pessoas de condição humilde*** persons of humble condition; MILITAR ***condições de promoção*** qualification for promotion; ***condição social*** social standing; ***condição prévia*** prerequisite; ***as condições de uma compra*** the terms of a bargain; ***condição «sine qua non»*** an indispensible condition
condicente *adj.* suitable, fit, agreeable
condicionado *adj.* subject, conditioned
condicionador Ⓐ *s. m.* he who sets conditions, he who bargains Ⓑ *adj.* conditioning
condicional Ⓐ *adj.* conditional, depending upon; conditioned Ⓑ *s. m.* conditional

condicionalidade *s. f.* conditionality
condicionalismo *s. m.* conditionalism; conditioning
condicionalmente *adv.* conditionally, on condition(s)
condicionamento *s. m.* conditioning
condicionar *v. tr.* to condition, to subject to conditions; to assign terms; to regulate
condignamente *adv.* condignly, worthily, deservedly, adequately
condignidade *s. f.* condignity; worthiness; suitableness; agreeableness
condigno *adj.* condign, worthy, deserved, adequate
côndilo *s. m.* ANATOMIA condyle
condilóide *adj.* ANATOMIA condyloid
condiloma *s. m.* ANATOMIA, MEDICINA condyloma
condimentação *s. f.* seasoning (of food)
condimentar *v. tr.* to season, to spice, to flavour, to render palatable (food); ***pratos muito condimentados*** highly seasoned dishes
condimentício *adj.* condimental
condimento *s. m.* seasoning, condiment, spice, flavouring
condimentoso *adj.* condimental, condimentary
condir *v. tr.* to season; to condite; to prepare remedies, to make up a prescription
condiscipulado *s. m.* fellowship, comradeship, companionship
condiscípulo *s. m.* condisciple, schoolfellow, schoolmate, fellow-student
condizente *adj.* matching; suitable; harmonious
condizer *v. intr.* to suit; to fit, to match, to tally, to agree, to correspond, to answer; ***o vestido não condiz com o chapéu*** the dress does not match the hat; ***o vermelho não condiz com a cor da tua pele*** red does not suit your complexion; ***o soldado não condiz com a descrição*** the soldier does not answer to the description
condoer-se *v. refl.* to be sorry for, to sympathize with, to pity, to condole with, to feel grief, to share one's sorrow
condoído *adj.* affected, moved, impressed, touched, sympathetic
condoimento *s. m.* sympathy, compassion, condolence, pity, fellow-feeling
condolência *s. f.* condolence, sympathy, sorrow, pity, compassion; ***apresentar condolências*** to present one's condolences, to sympathize
condolente *adj.* condolent, condoling
condomínio *s. m.* joint ownership, condominium
condómino *s. m.* joint owner
condonatário *s. m.* co-donor, joint donor
condor *s. m.* ORNITOLOGIA condor
condral *adj.* chondral; concerning tie cartilage
condrificar *v. tr.* to chondrify
condrina *s. f.* chondrin
condrioma *s. m.* chondriom
condriossoma *s. m.* chondriosome
condrite *s. f.* MEDICINA chondritis
condrócito *s. m.* ANATOMIA chondrocyte
condrocrânio *s. m.* ANATOMIA chondrocranium
condrologia *s. f.* ANATOMIA chondrology
condução *s. f.* lead, leading; conducting; driving (vehicles); carrying, transport, conveyance, haulage (in a lorry); conduction (water, electricity); ***condução grátis*** carriage free
conducente *adj.* conducive, conducent
conduta *s. f.* behaviour, conduct, deportment; conduit, duct; conveyance; ***conduta de caldeira*** flue of boiler; ***conduta de carvão*** coaling shoot, bunker pipe; ***conduta moral*** moral conduct
condutância *s. f.* ELECTRICIDADE conductance
condutar *v. tr.* to eat bread with some other food; to economize
condutibilidade *s. f.* FÍSICA conductibility
condutício *adj.* conductitious, hired; mercenary
condutismo *s. m.* PSICOLOGIA behaviourism
condutível *adj.* conductible
condutividade *s. f.* ELECTRICIDADE conductivity
condutivo *adj.* conductive
conduto *s. m.* conduit, duct, channel, tube, pipe; [pop.] anything eaten with bread (lard, butter, pork, etc.)
condutor *s. m.* conductor; cable, wire; driver (chauffeur); guide, leader; ***condutor eléctrico*** electric conductor; ***condutor de pára-raios*** lightning-conductor; ***condutor de alimentação*** feeder; ***condutor de ligação*** lead; ***condutor de automóveis*** motor-driver, chauffeur; ***condutor de autocarro*** bus-driver; ***condutor de aquecimento*** heating-conductor; ***condutor em carga*** live conductor; ***condutor sem carga*** dead wire
conduzir *v. tr. e intr.* to conduct; to drive; to direct; to manage, to govern; to lead, to take the lead, to guide; to convey, to carry, to transport; to behave (oneself), to conduct (deport) oneself; ***conduzir uma locomotiva*** to drive a locomotive; ***conduzir a mau fim*** to lead to a bad end; ***conduzir a bom fim*** to bring to a good end; ***conduzir bem um assunto*** to manage a matter as one should
cone *s. m.* GEOMETRIA cone
conectar *v. tr.* to connect, to link, to join
conectivo *adj.* connective, linking, joining, conjunctive
cónego *s. m.* RELIGIÃO canon, capitulary, prebendary
conexão *s. f.* connexion, connection
conexidade *s. f.* connexion, connexity, connectivity
conexivo *adj.* connective, linking, joining
conexo *adj.* connected; linked, joined, united
conezia *s. f.* canonship; canonry; [fig.] sinecure
confabulação *s. f.* confabulation
confabulador *s. m.* confabulator
confabular *v. tr. e intr.* to confabulate, to chat, to converse
confarreação *s. f.* confarreation
confecção *s. f.* finishing, completion; making, confection; fancy-work; ready-made article (dress, mantle, wrap, etc.); ***a confecção das leis*** the drawing up of laws
confeccionador *s. m.* confectioner; manufacturer of ready-made articles, producer
confeccionar *v. tr.* to make, to prepare; to make up, to concoct (prescriptions, dishes, stories); to confection (dresses, sweetmeats, preserves); ***confeccionar um vestido*** to make a dress; ***confeccionar uma receita médica*** to make up a prescription
confederação *s. f.* confederation, confederacy
confederado Ⓐ *adj.* confederate, associated, united Ⓑ *s. m.* associate, ally, confederate
confederar *v. tr. e refl.* to confederate, to associate, to unite (in a league)
confederativo *adj.* confederative
confeição *s. f.* confection, mixing; compounding, making up, concocting; manufacture
confeiçoar *v. tr.* to confection, to mix, to compound; to make, to prepare, to make up, to concoct (prescriptions)
confeitada *s. f.* Easter cake (given as a present); gift of comfits
confeitado *adj.* candied, sugared, sugar-coated
confeitar *v. tr.* to coat with sugar; to candy, to preserve (fruits); [fig.] to sugar, to sweeten; to disguise, to dissimulate
confeitaria *s. f.* confectionery, confectioner's shop, sweet-shop, candy-shop
confeiteira *s. f.* a woman who makes (sells) sweetmeats; plate for sweetmeats
confeiteiro *s. m.* confectioner
confeito *s. m.* sugar-plum; comfit
conferência *s. f.* lecture, talk; consultation, conference, meeting; MILITAR parley; checking, check-up; ***fazer uma conferência*** to give a lecture; ***conferência de imprensa*** press conference

conferencial *adj.* conferential
conferenciar *v. intr.* to consult together; to discuss with; to hold an interview (conference); to converse, to confer; MILITAR to parley
conferencista *s. m. e f.* public speaker, lecturer
conferente Ⓐ *s. m. e f.* lecturer; collator, comparer, checking clerk Ⓑ *adj.* conferring, conferential
conferidor Ⓐ *s. m.* checker, controller Ⓑ *adj.* checking, controlling
conferir *v. tr.* to compare, to collate; to check; to confer, to bestow, to grant; ***foi-lhe conferido o poder*** power was vested in him; ***conferir amplos poderes*** to confer full powers; ***conferir um direito*** to confer (grant) a right; ***conferir contas*** to check sums
conferva *s. f.* BOTÂNICA conferva, crow-silk
Conferváceas *s. f. pl.* BOTÂNICA *Confervoideae*
confessa *s. f.* lay sister
confessada *s. f.* confessant
confessado Ⓐ *adj.* confessed, acknowledged, avowed Ⓑ *s. m.* confessant
confessando *s. m.* confessee
confessar Ⓐ *v. tr.* to confess, to hear confession of; to acknowledge, to admit, to own, to avow, to make a clean breast of Ⓑ *v. refl.* to confess oneself; ***confessar um crime*** to confess a crime; ***confessar as suas faltas*** to own one's faults; ***confessar tudo*** to make a clean breast of it; ***confesso que estou admirado de ouvir isso*** I confess (admit) I am surprised to hear it; ***confessou-se antes de ser enforcado*** he confessed before he was hanged
confessável *adj.* acknowledgeable, confessable
confessional *adj.* confessional
confessionário *s. m.* confessional
confesso[1] Ⓐ *s. m.* lay brother Ⓑ *adj.* confessed; ***réu confesso*** one who pleads guilty
confesso[2] *s. m.* confession (to a priest); ***ir ao confesso*** to go to confession
confessor *s. m.* confessor
confessoral Ⓐ *adj.* confessionary Ⓑ *s. m.* ⇒ **confessionário**
confessório *adj.* confessionary
confiadamente *adv.* confidently
confiado *adj.* confident; hopeful, sure; impudent, saucy, pert, bold; ***confiado que tudo correrá bem*** confident that everything will go well
confiança *s. f.* confidence, trust, faith, belief, reliance, self-reliance; intimacy, familiarity; boldness, impudence, pertness; ***com toda a confiança*** in full confidence; ***inspirar confiança em*** to inspire with confidence; ***depositar confiança em alguém*** to trust a person, to place reliance upon someone; ***confiança em si próprio*** self-reliance, self-confidence; ***pessoa digna de confiança*** a trustworthy person; ***ter confiança com*** to be familiar with; ***ter a maior confiança em*** to have the greatest confidence in; ***ter confiança no futuro*** to have confidence in the future; ***tomar confiança*** to become familiar; ***esta cadeira não é de confiança*** this chair is not safe; ***temos confiança em Deus*** our trust is in God
confiante *adj.* confident, certain, sure, confiding; unsuspecting
confiar *v. tr. e intr.* to confide in, to trust, to trust in, to place confidence, to rely on, to trust to; to deliver, to entrust, to commit, to confide; to impart (secrets); to expect, to hope, to be confident; ***confiar absolutamente em*** to pin one's faith to; ***confiar um trabalho a alguém*** to entrust a task to someone; ***confiar segredos a um amigo*** to confide (to impart) one's secrets to a friend; ***confiar uma coisa a alguém*** to trust someone with a thing; ***confiar na discrição de alguém*** to rely on someone's discretion; ***pode confiar em mim*** you can trust me; ***confio-lhe a minha maleta*** I trust you with my portmanteau; ***não confio nele*** I put no trust in him; ***confiar em alguém*** to take into one's confidence
confidência *s. f.* confidence; secret; ***fazer confidências*** to impart confidences
confidencial *adj.* confidential, private, intimate, secret; ***isto é confidencial*** this is for your private ear; ***assunto confidencial*** confidential matter; ***comunicação confidencial*** confidential communication
confidencialidade *s. f.* confidentiality
confidencialmente *adv.* confidentially, privately, intimately, secretely, in confidence, between ourselves, between you and me; ***dizer confidencialmente*** to tell confidentially
confidenciar *v. tr.* to entrust a secret, to disclose, to reveal (secrets)
confidencioso *adj.* confidential
confidente Ⓐ *s. m.* confidant trusted (bosom) friend Ⓑ *adj.* confident, trustworthy; trustee
confidentemente *adv.* confidently
configuração *s. f.* configuration; shape, form, contour
configurar *v. tr.* to configure, to shape, to figure, to form
confim Ⓐ *s. m.* confine; limit, abutment; barrier Ⓑ *adj.* bordering, limiting
confinal *adj.* bordering upon
confinante *adj.* bordering upon
confinar *v. tr. e intr.* to confine, to limit; to confine with, to border upon, to have a common border
confinidade *s. f.* confinity; confinement; contiguity
confins *s. m. pl.* confines, boundaries, limits, borders; ***nos confins do mundo*** in the remotest parts of the earth
confirmação *s. f.* confirmation, ratification; RELIGIÃO confirmation; ***confirmação da(s) notícia(s)*** confirmation of the news
confirmadamente *adv.* firmly, unalterably
confirmado *adj.* confirmed, corroborated, ratified, settled
confirmador *s. m.* confirmer
confirmante Ⓐ *adj.* confirming, confirmatory Ⓑ *s. m. e f.* confirmer
confirmar *v. tr.* to confirm, to ratify, to corroborate, to sanction; to ascertain, to make certain (sure); to administer the sacrament of confirmation to; ***confirmar um tratado*** to confirm a treaty; ***confirmar uma sentença*** to confirm a sentence
confirmativo *adj.* confirmative
confirmatório *adj.* confirmatory
confiscação *s. f.* confiscation; sequestration; seizure, appropriation, forfeiture
confiscar *v. tr.* to confiscate, to seize, to appropriate; ***confiscar uma mercadoria*** to confiscate goods
confiscável *adj.* liable to confiscation, confiscable, forfeitable, liable to forfeiture
confisco *s. m.* ⇒ **confiscação**
confissão *s. f.* confession; acknowledgement, admission, avowal; confiteor; ***confissão de fé*** confession of faith; ***confissão pública*** public confession; ***ir à confissão*** to go to confession; ***ouvir a confissão*** to hear confession (a priest)
confita *s. f.* ***à confita*** certainly, no doubt; ***à certa confita*** when the opportunity presents itself
confitente *s. m.* penitent, confessant; confessor, confidant
conflagração *s. f.* conflagration, a great fire; ***conflagração mundial*** world war
conflagrar Ⓐ *v. tr.* to burn, to flame, to blaze; to convulse; to conflagrate, to set ablaze Ⓑ *v. intr.* to catch fire
conflito *s. m.* conflict; struggle, fight, contest, quarrel; discord, collision; heated discussion; war, battle
conflitualidade *s. f.* conflict, antagonism, difference
conflituosidade *s. f.* quarrelsomeness, pugnacity
conflituoso *adj.* quarrelsome, contentious, pugnacious
confluência *s. f.* confluence, meeting, junction
confluente Ⓐ *adj.* confluent Ⓑ *s. m.* a tributary, an affluent

confluir *v. intr.* to flow into, to join (of rivers); to meet
conformação *s. f.* conformation; structure, shape, form; conformity; resignation
conformado *adj.* formed, shaped; resigned; patient
conformador Ⓐ *adj.* conformating Ⓑ *s. m.* conformator
conformar Ⓐ *v. tr. e intr.* to conform; to make similar; to shape, to adjust, to adapt Ⓑ *v. refl.* to comply with, to submit; to be resigned; to adapt oneself to; ***conformar-se com a sorte*** to resign oneself to one's fate; ***ele conformar-se-á com a perda*** he will get over his loss
conformativo *adj.* conformative
conformável *adj.* capable of resigning oneself
conforme Ⓐ *adj.* conformable, similar; adapted; consistent; resigned Ⓑ *conj.* as Ⓒ *prep.* according to; ***isso é conforme*** that depends; ***conforme a factura*** as per invoice; ***conforme as necessidades*** according to requirements; ***conforme o aviso*** as per advice, as advised; ***Deus dá o frio conforme a roupa*** Our Lord tempers the wind to the shorn lamb
conformemente *adv.* conformably, accordingly, agreeably
conformidade *s. f.* conformity, likeness, compliance, agreement; resignation; ***em conformidade com*** in compliance with, accordingly to
conformismo *s. m.* compliance, acquiescence
conformista *s. m. e f.* conformist, conformer
confortabilidade *s. f.* comfortableness
confortação *s. f.* comfort, consolation, solace, encouragement
confortado *adj.* comforted, strengthened, sheltered
confortador *s. m., adj.* comforting; comforter, consoler
confortamento *s. m.* ⇒ **conforto**
confortante *adj.* comforting
confortar *v. tr.* to strengthen; to comfort, to encourage, to cheer; to console, to soothe
confortativo *s. m., adj.* comforting, encouraging; FARMACOLOGIA a tonic medicine
confortável *adj.* comfortable; ***uma cadeira confortável*** a comfortable chair
conforto *s. m.* comfort, comfortableness; well-being, ease; encouragement; consolation; relief; ***viver com conforto*** to live in comfort; ***gostar do conforto*** to be fond of comfort; ***ele era um grande conforto para os seus velhos pais*** he was a great comfort to his old parents
confrade *s. m.* colleague, fellowmember, confrère, comrade
confragoso *adj.* rugged, confragose, uneven, rough
confrangedor *adj.* heartbreaking, distressing, tormenting
confrangente *adj.* ⇒ **confrangedor**
confranger *v. tr.* to torment, to grieve, to oppress, to rack; to break one's heart; to oppress, to torture
confrangido *adj.* tormented, distressed, oppressed, tortured
confrangimento *s. m.* oppression; constraint, affliction
confraria *s. f.* brotherhood, fraternity; confraternity; friary; ***ser da mesma confraria*** [fig.] to sing the same song
confraternal *adj.* fraternal
confraternar *v. tr.* to bind together like brothers, to enter a brotherhood
confraternidade *s. f.* brotherhood, fraternity; association
confraternização *s. f.* fraternization; ***festa de confraternização (de estudantes)*** end-of-term party
confraternizar *v. tr. e intr.* to fraternize, to associate; to behave as a brother
confraterno *adj.* fraternal
confreire *s. m.* ⇒ **confrade**
confrontação *s. f.* confrontation, confronting; comparing; collation; *pl.* limits, boundaries
confrontador *s. m.* confronter
confrontante *adj.* confronting
confrontar *v. tr. e intr.* to confront, to compare; to bring face to face with; to stand facing; to be opposite (buildings); to border upon; to set together
confrontável *adj.* that can be confronted; comparable
confronte *adj.* fronting, facing, opposite
confronto *s. m.* confronting, confrontation; comparison; parallel
confuciano *adj.* Confucian
confucionismo *s. m.* Confucianism
confucionista Ⓐ *adj.* Confucianist Ⓑ *s. m. e f.* Confucian, Confucianist
confugir *v. intr.* to run away with other persons; to resort to
confundido *adj.* confused, perplexed; abashed, disconcerted
confundir *v. tr. e refl.* to confuse, to mix up in mind; to confound; to mingle; to bewilder, to perplex; to abash, to embarrass, to disconcert; to distract; to trouble; to mistake one thing for another; to become confused; to throw into disorder, to amalgamate, to blend; to entangle; ***confundir alguém*** to put a person out; ***confundir com amabilidades*** to kill with kindness
confundível *adj.* that may be confused, confusable
confusamente *adv.* confusedly; higgledy-piggledy, topsy-turvy
confusão *s. f.* confusion, disorder; chaos; stir, turmoil, tumult; uproar, clamour, hubbub; jumble; perplexity, bewilderment; muddle; ***confusão de ideias*** confusion of ideas; ***confusão de espírito*** confusion of mind
confuso *adj.* confused, confounded, mixed, medley, upside down; doubtful, obscure; perplexed, bewildered; ashamed; ***estar confuso*** to be in a fog, to be nonplussed, to be in a maze; ***ficar confuso*** to be confused, to be ashamed
confutação *s. f.* confutation, refutation
confutador *s. m.* confuter
confutar *v. tr.* to confute; to prove an argument false; to refute; to disprove; to convict of error (by proof); to expose one's own errors
confutável *adj.* confutable
conga *s. f.* conga (a lively Afro-American dance)
congelabilidade *s. f.* congealableness
congelação *s. f.* congelation, congealing, freezing
congelado *adj.* frozen; chilled; ***carne congelada*** frozen meat
congelador Ⓐ *s. m.* freezer, freezing compartment of refrigerator Ⓑ *adj.* freezing, congealing
congelante *adj.* ⇒ **congelador**
congelar *v. tr. e refl.* to congeal, to freeze; to coagulate; to benumb; to become chilled; to become coagulated
congelativo *adj.* congealable, freezing
congelável *adj.* congealable, that may be congealed
congeminação *s. f.* gemination; meditation
congeminado *adj.* thought; meditated
congeminante *adj.* pondering, meditative; dreaming; apprehensive, fearful
congeminar *v. tr.* to geminate; to double; to think, to meditate
congeminativo *adj.* ⇒ **congeminante**
congeminência *s. f.* [pop.] critical situation; conjuncture, crisis; meeting of circumstances
congénere *adj.* congenerous, congener, congeneric
congeneridade *s. f.* congeneracy, congenerousness
congenial *adj.* congenial, suited
congenialidade *s. f.* congeniality
congénito *adj.* congenital, inborn
congerie *s. f.* MEDICINA congeries, aggregation, heap
congestão *s. f.* congestion; ***ter uma congestão cerebral*** to have a cerebral attack (a stroke, an apoplexy); ***ter uma congestão pulmonar*** to have an attack of pulmonary congestion
congestionado *adj.* congested; apoplectic; overcrowded, jammed; ***órgão congestionado*** congested organ
congestionamento *s. m.* congestion; traffic jam

congestionante *adj.* congestive
congestionar *v. tr. e refl.* to congest; to affect with congestion; to overcrowd; to become congested; to be flushed
congestionável *adj.* subject to being congested
congestivo *adj.* congestive
conglobação *s. f.* conglobation, accumulation
conglobado *adj.* conglobate
conglobar *v. tr. e refl.* to conglobate, to conglobe; to form into a globe, or ball; to amass, to accumulate; to concentrate; to summarize
conglomeração *s. f.* conglomeration; congestion, accumulation
conglomerado Ⓐ *adj.* conglomerate, clustered Ⓑ *s. m.* conglomeration; GEOLOGIA pudding-stone
conglomerar *v. tr.* to conglomerate
conglomerativo *adj.* conglomeratic
conglutinação *s. f.* conglutination
conglutinante *adj.* conglutinating, conglutinant
conglutinar *v. tr.* to conglutinate, to stick together (as) with glue; to adhere; to unite or to grow together
conglutinativo *adj.* conglutinative
conglutinoso *adj.* glutinous, viscous, sticky, gluey
congolês *s. m., adj.* ⇒ **conguês**
congonha *s. f.* designation of several plants similar to holly
congorsa *s. f.* BOTÂNICA lesser periwinkle
congossa *s. f.* BOTÂNICA ⇒ **congorsa**
congosta *s. f.* narrow lane, alley
congoxa *s. f.* anguish; affliction; trouble; *pl.* the tickle or irritation felt by horses when fastening their girth
congoxado *adj.* afflicted, distressed
congraçador *adj.* reconciliatory
congraçamento *s. m.* reconciliation, harmonization
congraçar *v. tr.* to reconcile; to harmonize; to ingratiate
congratulação *s. f.* congratulation; felicitation
congratulador *s. m.* congratulator
congratulante *adj.* congratulant, congratulating
congratular Ⓐ *v. tr.* to congratulate (on) Ⓑ *v. refl.* to congratulate oneself
congratulatório *adj.* congratulatory
congregação *s. f.* congregation; society; assembly, reunion
congregacional *adj.* congregational
congregacionalista *s. m. e f.* congregationalist
congregacionista *s. m. e f.* congregationalist
congregado *s. m.* member of a congregation, congregant
congreganista Ⓐ *adj.* concerning a congregation Ⓑ *s. m. e f.* one who belongs to a congregation
congregante Ⓐ *adj.* congregating Ⓑ *s. m. e f.* member of a congregation
congregar *v. tr.* to congregate; to assemble, to gather, to bring together; to convene, to unite
congressional *adj.* congressional
congressista Ⓐ *s. m. e f.* member of a congress, congressman Ⓑ *adj.* congressional
congresso *s. m.* congress; formal meeting; conference, reunion
congressual *adj.* ⇒ **congressional**
congro *s. m.* ICTIOLOGIA conger, sea-eel
côngrua *s. f.* ecclesiastical revenue at Easter time
congruado *adj.* receiving ecclesiastical revenue
congruário *adj.* receiving ecclesiastical revenue
congruência *s. f.* congruence, congruency, agreement, consistency; propriety
congruente *adj.* congruent, suitable, agreeing (with)
congruentemente *adv.* suitably, congruently, congruously
congruidade *s. f.* congruity
congruísmo *s. m.* RELIGIÃO congruism
congruísta Ⓐ *s. m. e f.* congruist Ⓑ *adj.* congruistic(al)
côngruo *adj.* congruous, suitable, conformable, consistent; fit, competent
conguês Ⓐ *s. m.* Congolese (native or inhabitant of Congo region) Ⓑ *adj.* Congolese
conha *s. f.* gnarl (a knot in the trunk of a tree from which a branch springs)
conhaque *s. m.* cognac, brandy
conhecedor Ⓐ *s. m.* expert, specialist; connoisseur; good judge; ***conhecedor de um artigo*** connoisseur of an article; ***conhecedor do mercado*** market expert Ⓑ *adj.* knowing expert
conhecença *s. f.* knowledge
conhecer *v. tr., intr. e refl.* to know; to understand; to perceive; to comprehend; to be acquainted with; to acknowledge; to discern; to recognize; to be versed (or skilled); to have a notion of; to be familiar with; to be aware of; ***conhecer por dentro e por fora, conhecer de olhos fechados*** to know the ropes of; ***conhecer de nome, conhecer de vista*** to know by name, to know by sight; ***conhecer pessoalmente*** to know personally; ***conhecer muitas pessoas*** to have many acquaintances; ***conhecer bem o mundo (ter os olhos bem abertos)*** to know what's what; ***dar-se a conhecer*** to make oneself known; ***conhecer a lei*** to know the law; ***não conheço o seu pai*** I don't know your father; ***um homem que conheceu a miséria e o infortúnio*** a man who has known poverty and sorrow; ***conhecer a vida*** to know life; ***mal o conheço*** I scarcely know him; ***não o conheço*** he is unknown to me, he is quite a stranger to me, I don't know him from Adam; ***conhecer um idioma perfeitamente*** to know a language thoroughly
conhecidamente *adv.* knowingly
conhecido *s. m., adj.* known, public; understood; acquaintance; ***tornar conhecido*** to make known; ***conhecido em toda a parte*** widely known
conhecimento *s. m.* knowledge, knowing; learning; notion; acquaintance; understanding; information; awareness, cognizance; self-consciousness; experience, learning; *pl.* COMÉRCIO attainment, familiarity, acquirements, bill of lading; ***conhecimento dos armazéns*** dock warrant; ***conhecimento limpo*** clean bill of lading; ***conhecimento de embarque*** bill of lading; ***conhecimento pessoal*** personal acquaintance; ***perder o conhecimento (desmaiar, desfalecer)*** to faint; ***tomar conhecimento*** to take notice; ***chegou ao meu conhecimento*** it came to my knowledge; ***conhecimento próprio*** self-knowledge; ***é do conhecimento geral que*** it is common knowledge that
conhecível *adj.* easily known, recognizable
conho *s. m.* broom; round rock in the middle of a river
cónica *s. f.* conic section
conicidade *s. f.* conicity, conicalness
cónico *adj.* conic, conical; ***superfície cónica*** conic surface
Cónidas *s. m. pl.* *Conidiae*
Conídeos *s. m. pl.* *Conidiae*
conídia *s. f.* *Conidium*
conídio *s. m.* *Conidium*
conidióforo *s. m.* conidiophorous
coníferas *s. f. pl.* BOTÂNICA *Coniferae*, conifers
conífero *adj.* BOTÂNICA coniferous
conifloro *adj.* BOTÂNICA coniflorous, having cone-shaped flowers
coniforme *adj.* coniform, cone-shaped
conina *s. f.* cicutine
coninhas *s. m.* [fam.] ⇒ **maricas**
conirrostros *s. m. pl.* birds having a conical bill; conirosters
conivalve *adj.* ZOOLOGIA having a conical shell
conivência *s. f.* connivence, connivance, connivency, acquiescence
conivente *adj.* connivent
conizinas *s. f. pl.* BOTÂNICA group of plants to which the family *Conyza* belongs
conjectânea *s. f.* collection of short literary works; miscellanea of short writings

conjectura *s. f.* conjecture, guess; surmise, supposition, divining; ***é tudo conjectura*** it is purely guess-work
conjecturadamente *adv.* conjecturally
conjecturador *s. m.* conjecturer
conjectural *adj.* conjectural
conjecturar *v. tr.* to conjecture, to guess, to surmise, to make a conjecture
conjecturável *adj.* conjecturable
conjugação *s. f.* conjugation
conjugado *adj.* conjugate, conjugated
conjugal *adj.* conjugal; ***vida conjugal*** married life
conjugalidade *s. f.* conjugality
conjugar *v. tr.* to conjugate
conjugável *adj.* conjugable
cônjuge *s. m. e f.* consort, husband or wife, spouse; mate; partner
conjugicida *s. m. e f.* murderer of wife or murderess of husband
conjugicídio *s. m.* murder of one's spouse
conjúgio *s. m.* marriage, conjugality
conjunção *s. f.* conjunction, union, connexion; ASTRONOMIA apparent proximity of two heavenly bodies, transit
conjuncional *adj.* conjunctional
conjungir *v. tr.* to unite, to marry, to wed
conjuntamente *adv.* in conjunction with; conjointly; jointly
conjuntar *v. tr.* to conjoin, to join together; to combine, to unite
conjuntiva *s. f.* conjunctiva
conjuntival *adj.* conjunctival
conjuntivite *s. f.* MEDICINA conjunctivitis
conjuntivo *s. m., adj.* conjunctive; GRAMÁTICA subjunctive
conjunto Ⓐ *adj.* conjunct, joined together Ⓑ *s. m.* the whole; union, collection; mass; assemblage; combination of events; entirety, a complex whole; a twin set; set, kit; team
conjuntura *s. f.* conjuncture; occasion; combination of events; state of affairs; predicament
conjuntural *adj.* economic; ***acção conjuntural*** short-term economic policy; ***crise conjuntural*** economic crisis
conjura *s. f.* plot; conspiracy
conjuração *s. f.* conjuration, plot; conspiracy
conjurado *s. m.* conspirator
conjurador *s. m.* conjurer, conjuror; conspirator
conjurante *adj.* conjuring
conjurar *v. tr.* to conjure; to conspire, to scheme, to plot; to entreat; to avert; to ward off; to invoke
conjuratório *adj.* relating to a conspiracy
conjuro *s. m.* conjuration, exorcism; incantation, sorcery, magic
conluiado *adj.* in collusion (with), collusive
conluiar *v. tr.* to practise collusion, to plot jointly, to scheme, to conspire
conluio *s. m.* collusion, conspiracy
conluiosamente *adv.* collusively
connosco *pron.* with us
conoidal *adj.* conoidal
conóide *s. m., adj.* conoid, conoidal, coniform
conotação *s. f.* connotation; denotation; inference; signification
conquanto *conj.* although, though
conquícola *adj.* ZOOLOGIA living in a shell
conquífero *adj.* ZOOLOGIA conchiferous
conquiforme *adj.* ZOOLOGIA conchiform
conquilha *s. f.* ZOOLOGIA a mollusc
conquiliano *adj.* ZOOLOGIA ground having small shells
conquilióide *adj.* ZOOLOGIA conchilioid
conquiliologia *s. f.* ZOOLOGIA conchology
conquiliologista *s. m. e f.* ZOOLOGIA conchologist
conquilogia *s. f.* ⇒ **conquiliologia**
conquilogista *s. m. e f.* ⇒ **conquiliologista**
conquista *s. f.* conquest; ***a conquista da Inglaterra, por Guilherme da Normandia*** the Norman conquest; ***as conquistas de Napoleão*** the conquests of Napoleon; ***fazer uma conquista*** to make a conquest; ***conquista do ar*** conquest of the air
conquistado *adj.* conquered, vanquished, subjugated; won
conquistador *s. m.* conqueror, victor; [fig.] lady-killer
conquistar *v. tr.* to conquer, to subjugate, to subdue; to vanquish; to surmount; to win somebody's heart; to overcome by force; to get the better of; ***conquistar um país*** to conquer a country; ***conquistou a estima de todos*** he has won the respect of all; ***conquistar um mercado*** to secure a market
conquistável *adj.* conquerable, vincible
conquite *s. f.* fossil shell
consabedor Ⓐ *adj.* sharing knowledge with someone Ⓑ *s. m.* one who shares knowledge with another
consabido *adj.* known by many
consagração *s. f.* consecration; dedication; anointing; sacring
consagradamente *adv.* in a consecrated way
consagrador Ⓐ *s. m.* consecrator Ⓑ *adj.* consecratory
consagrante *s. m. e f., adj.* consecrator; officiant; consecrating, consecratory
consagrar Ⓐ *v. tr.* to consecrate, to hallow, to sanctify; to devote; to anoint; to ordain; to authorize Ⓑ *v. refl.* to devote oneself
consagrável *adj.* that which (or he who) can be consecrated
consanguíneo *adj.* consanguineous; inbred; ***parente consanguíneo*** blood relation; ***cruzamento (de animais) consanguíneos*** inbreeding
consanguinidade *s. f.* consanguinity; blood-relationship; kinship
consciência *s. f.* conscience, moral sense of right and wrong; intuition; ***por dever de consciência*** for conscience sake; ***ser um caso de consciência*** to be a matter of conscience; ***sem consciência*** inhuman; ***roer a consciência*** to prick one's conscience; ***consciência pouco limpa*** seared conscience; ***consciência elástica*** elastic conscience; ***a voz da consciência*** the voice of conscience, the still small voice; [coloq.] ***pôr a mão na consciência*** to act with justice, to come clean; ***consciência pesada*** guilty conscience; ***ter consciência de*** to be conscious of
consciencialismo *s. m.* name of a philosophical theory
consciencialização *s. f.* consciousness
consciencializar *v. intr.* to be conscious of, to be aware of
conscienciosamente *adv.* conscientiously
consciencioso *adj.* conscientious, conscionable
consciente *adj.* conscious, aware, knowing (of fact); ***o homem é um ser consciente*** man is a conscious being; ***esteve consciente até à última*** he was conscious to the last
conscientemente *adv.* consciously, knowingly, conscientiously, sentiently
cônscio *adj.* conscious, aware of, cognizant, sensible; ***cônscio dos seus próprios méritos*** conscious of his own merits; ***estar cônscio de*** to be sensible of
conscrição *s. f.* conscription, draft
conscrito *adj.* conscript, enrolled, recruited
consecrante *adj.* ⇒ **consagrante**
consecratório *adj.* consecratory
consectário Ⓐ *s. m.* result, consectary Ⓑ *adj.* consequent, resultant, following, consectary
consecução *s. f.* attainment; success, achievement, consecution
consecutivamente *adv.* consecutively; without break; in succession
consecutivo *adj.* GRAMÁTICA consecutive; successive, sequent, continuous; ***dias consecutivos*** days running; ***três semanas consecutivas*** three consecutive weeks

conseguidor *s. m.* accomplisher, achiever, accomplishing
conseguimento *s. m.* attainment, achievement; consecution
conseguinte *adj.* consecutive; consequent, following, subsequent; ***por conseguinte*** consequently, so, therefore, as a consequence
conseguintemente *adv.* consequently, so, therefore
conseguir *v. tr.* to obtain, to get, to attain; to manage; to succeed in, to pull off; to prevail upon; to achieve; to provide, to purchase; ***conseguir o seu fim*** to attain one's aim; ***conseguiu arranjar um bom emprego*** he succeeded in finding a good job; ***lá conseguiu chegar a casa*** he managed to get home somehow; ***conseguir bom êxito*** to have good success; ***conseguir um resultado*** to obtain a result; ***conseguir escapar*** to contrive to escape
conseguível *adj.* obtainable
conselheiral *adj.* pertaining to or typical of a counsellor; serious, ponderous
conselheirático *adj.* ⇒ **conselheiral**
conselheiresco *adj.* pertaining to or typical of a counsellor; serious, ponderous
conselheirismo *s. m.* behaviour of a counsellor; seriousness
conselheiro *s. m.* counsellor; counsel, adviser; councilman, alderman; ***o travesseiro é o melhor conselheiro*** the best thing to do is to sleep on it
conselho *s. m.* counsel, advice; council, court, board; ***conselho de administração*** board of directors; ***conselho de guerra*** council of war; ***conselho do ar*** air council; ***conselho de família*** family council; ***conselho de ministros*** cabinet; ***conselho fiscal*** watch committee, supervisory council; ***presidente do conselho*** Prime Minister; ***Conselho de Estado*** State Council; ***conselho privado*** privy council; ***dar um bom conselho*** to give a good piece of advice; ***guarda o conselho para quem to pedir*** [fam.] keep your breath to cool your porridge
consemelhança *s. f.* resemblance
consenciente *adj.* consentient, consenting
consensial *adj.* consensual
consenso *s. m.* consent, assent, consensus; agreement; harmony
consensual *adj.* consensual
consensualidade *s. f.* consensus
consentaneamente *adv.* consentaneously, in accordance with
consentaneidade *s. f.* accordance
consentâneo *adj.* consentaneous, accordant to, suited to, proper
consentidor Ⓐ *s. m.* one who consents; assenter Ⓑ *adj.* consenting, willing
consentimento *s. m.* consent, assent, acquiescence; leave; permission; approbation, aproval; ***pedir o consentimento de*** to ask the consent of; ***nada pode fazer-se sem o meu consentimento*** nothing can be done without my consent; ***deu consentimento imediato*** he gave ready consent; ***por consentimento tácito*** on sufferance
consentir *v. tr. e intr.* to consent; to permit, to concede, to grant; to tolerate; to authorise, to agree, to admit; to acquiesce in; to agree to; to assent; to comply with; to yield; to suffer; to be willing; ***não posso consentir (n)isso*** I cannot consent to that; ***quem cala consente*** silence gives consent; ***consentir com um sorriso*** to smile assent
consequência *s. f.* consequence; importance; result, conclusion; outcome, issue; fruit, deduction; logical inference; effect; end-moment; consideration; ***sofrer as consequências*** to take the consequences; ***em consequência disso*** by reason of that; ***por consequência*** therefore, so, as a result of; ***sofrer as consequências de uma acção sua*** [fam.] to stew in one's own juice; ***em consequência*** accordingly; ***as consequências de uma acção*** the consequences of an action; ***aceitar a consequência*** [fam.] to face the music
consequencial *adj.* connected with consequence
consequente Ⓐ *adj.* consequent, resulting, following Ⓑ *s. m.* consequent
consequentemente *adv.* consequently; therefore
consertador *s. m.* repairer, mender
consertar *v. tr.* to repair; to mend, to patch up; to fix; to adjust; to darn; to refit; ***consertar uma bicicleta*** to repair a bicycle; ***preciso destes sapatos consertados*** I must have these shoes repaired; ***consertar uma estrada*** to mend a road
conserto *s. m.* repair; mending; patch; ***não tem cura nem conserto*** nothing can be done; ***sem conserto*** beyond repair, past repair, it cannot be mended; ***conserto das avarias*** repair of damage
conserva *s. f.* conserve; preserve; comfit; mixed pickles; jam; ***conservas alimentícias*** canned food, preserves; ***navio de conserva*** accompanying vessel, consort ship; NÁUTICA ***navegar de conserva*** to keep company; ***de conserva*** in company
conservabilidade *s. f.* preservability, quality of what is conservable
conservação *s. f.* conservation, preservation; maintenance; keeping; ***manter em bom estado de conservação*** to keep in good repair; ***conservação do calor*** heat retention; ***conservação das estradas*** preservation of roads; ***conservação dos monumentos*** preservation of monuments
conservacionista Ⓐ *s. m. e f.* conservationist, environmentalist Ⓑ *adj.* conservational, environmental
conservador Ⓐ *adj.* conservative Ⓑ *s. m.* Tory, member of the Conservative Party; conservator; preserver; curator; ***conservador de um museu*** keeper of a museum
conservante Ⓐ *adj.* conservant, conserving, preserving Ⓑ *s. m.* preservative
conservantismo *s. m.* conservantism, toryism
conservantista Ⓐ *s. m. e f.* conservative; traditionalist; conservatist Ⓑ *adj.* conservative, traditionalistic
conservar Ⓐ *v. tr.* to keep, to maintain; to keep up; to conserve, to keep safe; to preserve; to protect; NÁUTICA to lay Ⓑ *v. refl.* to keep; to stand; to keep oneself; ***bem conservado*** well-preserved, well-kept; ***a carne salgada e as frutas secas conservam-se muito tempo*** salted meat and dried fruit keep a long time; ***conservar o seu sério*** to keep one's composure; ***conservar aptidão pela prática*** to keep in practice; ***conservar as boas graças de alguém*** to keep with someone; ***conservar-se recolhido em casa*** to keep indoors; ***conservar alguém na ignorância de um facto*** to keep someone in the dark; ***conservar-se afastado de*** to hold aloof from; ***conservar-se no ar*** to remain in the air; ***conservar bem fechado*** to keep perfectly shut up; ***conservar em lugar fresco*** to keep in a cool place; ***conservar a forma*** to keep in shape; ***conservar a saúde*** to conserve one's health; ***ele está bem conservado*** he is well preserved; NÁUTICA ***conservar os fogos*** to keep the fires alight; ***conservar a posição*** to keep station; ***conservar o rumo*** to stand on; ***conservar-se à fala*** to keep within hail
conservaria *s. f.* cannery; plant or shop where canned foods are sold
conservativo *adj.* conservative; conservatory, conservating; preservative
conservatória *s. f.* registry office, land registry office, deeds office
conservatório Ⓐ *s. m.* conservatoire, public school of music (on continent) Ⓑ *adj.* conservative, preservative
conservável *adj.* capable of being preserved or kept; preservable
conserveiro Ⓐ *s. m.* confectioner, conserver; canner; preserver Ⓑ *adj.* referring to canned food
conservidor *s. m.* one who works or serves with others
conservo *s. m.* one who is a serf with others
consideração *s. f.* consideration, reflection, meditation, pondering; appreciation, respect, regard; reason, motive;

tomar em consideração to take into account; ***em consideração por*** considering; ***se tomarmos tudo em consideração*** all things considered; ***tenho muita consideração por ele*** I have a great regard for him; ***mostrar grande consideração pelos amigos*** to show great consideration for one's friends

considerado *adj.* considerate, prudent, thoughtful, discreet; considered, pondered, weighed; esteemed

considerando *s. m.* motive, reason; grounds

considerar *v. tr.* to consider; to take into consideration; to reflect, to meditate; to study; to contemplate; to examine; to ponder, to weigh; to regard, to respect, to esteem; to think over; ***ser considerado uma pessoa inteligente*** to be reckoned a clever person; ***considerar a situação grave*** to regard the situation as serious; ***considerar nulo e de nenhum efeito*** to consider null and void; ***considerar seu dever*** to consider a duty, to make a duty of; ***considerar de um ponto de vista*** to consider from one point of view; ***considerar útil*** to think useful; ***considerar o assunto concluído*** to consider the matter as settled; ***eu considero-o um parvo*** I consider him a fool; ***não considerar*** to ignore

considerativo *adj.* judicious, circumspect, prudent

considerável *adj.* considerable, large, important, notable; ***despesa considerável*** considerable expense

consideravelmente *adv.* considerably

consignação *s. f.* consignment, consignation; deposit, trust; ***receber à consignação*** to take on consignment; ***remeter à consignação*** to consign; ***consignação de mercadorias*** consignment of goods; ***documento de consignação*** consignment note

consignador *s. m.* consignor, consigner

consignante *adj.* consigning

consignar *v. tr.* to consign, to entrust; to deposit, to hand over; to register, to record

consignatário *s. m.* consignee, receiver, consignatary; ***consignatário de navios*** shipping agent

consignativo *adj.* related to the consignement

consignável *adj.* that may be consigned; consignable

consigo *pron.* with him, with himself; with herself, with itself; with her; with it; ***ele não traz dinheiro consigo*** he has no money with himself

consílio *s. m.* council, assembly, meeting, reunion

consistência *s. f.* consistence, consistency, solidity, firmness; stability

consistente *adj.* consistent, firm, steady, solid; thick, tough

consistentemente *adv.* consistently

consistir *v. intr.* to consist (in, of); to comprise; to be composed of, to be made of; ***consistir na caridade*** to consist in charity

consistorial *adj.* consistorial

consistório *s. m.* consistory; council, convention

consoada *s. f.* Christmas supper; Christmas gift

consoante Ⓐ *adj.* consonant Ⓑ *s. m. e f.* double rhyme; consonant Ⓒ *prep.* according to

consoantemente *adv.* consonantly

consoar *v. tr. e intr.* to have a family supper on Christmas Eve; to be consonant; to rhyme

consobrinho *s. m.* nephew of the uncle's wife or of the aunt's husband

consociar *v. tr.* to consociate, to associate

consociável *adj.* consociable

consócio *s. m.* partner, copartner; colleague, consociate

consogra *s. f.* relation between the mother of hushand (or wife) and the mother of wife (or husband)

consogro *s. m.* relation between the father of husband (or wife) and the father of wife (or husband)

consola *s. f.* console, bracket, console table, consol

consolação *s. f.* consolation, comfort; ***prémio de consolação*** consolation prize

consoladamente *adv.* with satisfaction; consolingly

consolador Ⓐ *adj.* consoling, refreshing Ⓑ *s. m.* consoler, comforter; pacifier

consolar Ⓐ *v. tr.* to console, to comfort, to solace; to encourage; to relieve, to mitigate Ⓑ *v. refl.* to be consoled; to solace oneself; ***consolar os tristes*** to console the sorrowing people

consolativo *adj.* consoling

consolatório *adj.* consolatory

consolável *adj.* consolable

consolda *s. f.* BOTÂNICA comfrey

consolidação *s. f.* consolidation; solidification; funding; stiffening, strengthening; NÁUTICA tie

consolidado *adj.* consolidated, firm, solid; ***fundo consolidado*** consolidated fund, consolidated stock

consolidante *adj.* consolidative, consolidant

consolidar Ⓐ *v. tr.* to consolidate, to solidify, to compact; to strengthen; COMÉRCIO to consolidate, to fund; to unite; to stiffen Ⓑ *v. refl.* to become hard; to become firm; ***consolidar o crédito*** to strengthen the credit

consolidativo *adj.* consolidative

consolidável *adj.* that can be consolidated

consolo *s. m.* consolation; ⇒ **consola**

consonância *s. f.* consonance, agreement, congruity; harmony; assonance, rhyme

consonantal *adj.* consonantal

consonante *adj.* consonant, harmonious, consonous

consonântico *adj.* ⇒ **consonantal**

consonantismo *s. m.* consonantism

consonantização *s. f.* FONÉTICA transformation of a semivowel into a consonant, shifting of sounds

consonantizar *v. tr.* FONÉTICA to transform a semivowel into a consonant

consonar *v. intr.* to produce consonance, to rhyme

cônsono *adj.* consonant, harmonious, consonous

consorciar Ⓐ *v. tr.* to associate; to unite by marriage; to consort Ⓑ *v. refl.* to get married

consórcio *s. m.* marriage; association; partnership, society, consortium; ***consórcio bancário*** group of banks

consoror *s. f.* ⇒ **consóror**

consóror *s. f.* {*fem. de* **confrade**} fellowmember, colleague

consorte *s. m.* consort; ***príncipe consorte*** prince consort

conspecção *s. f.* vision; aspect; act of seeing

conspecto *s. m.* conspectus, presence, sight

conspeito *s. m.* ⇒ **conspecto**

conspicuamente *adv.* conspicuously

conspicuidade *s. f.* conspicuity, conspicuousness

conspícuo *adj.* conspicuous, remarkable, visible, attracting attention; notable, eminent

conspiração *s. f.* conspiracy, plot

conspirador Ⓐ *s. m.* conspirator; machinator; plotter Ⓑ *adj.* conspiring

conspirante *s. m. e f., adj.* ⇒ **conspirador**

conspirar *v. intr.* to conspire, to plot

conspirata *s. f.* plot, conspiracy, machination; frame up

conspirativo *adj.* conspiratorial, plotting, collusive

conspiratório *adj.* conspiratorial, collusive

conspurcação *s. f.* defilement, taint, stain; corruption

conspurcar *v. tr.* to defile, to corrupt, to stain, to soil, to taint

conspurcável *adj.* corruptible, pervertible

constância *s. f.* constancy, perseverance, firmness, steadfastness; unchangingness, fortitude, stability

constante *adj.* constant, firm, steadfast; unremittent, unchanging; faithful, true; courageous, resolute; ***atenção constante*** constant attention; ***arrelias constantes*** constant troubles; ***queixas constantes*** constant complaints

constantemente *adv.* constantly, always, unremittingly, ceaselessly, ever

constantiniano *adj.* Constantinian

constantinopolitano *s. m., adj.* Constantinopolitan

constar *v. intr.* to be reported, to be known; to be taken for true or granted; to consist of; to be composed of; ***consta*** it is said, it appears
constatação *s. f.* perception, observation, realization
constatar *v. tr.* to notice; to see; to realize
constelação *s. f.* constellation
constelado *adj.* starry; constellated, star-spangled
constelar *v. tr.* to constellate, to form into a constellation
consternação *s. f.* consternation, dismay; despondence; desolation; alarm; panic; fright, dread
consternado *adj.* depressed, consternated
consternador *adj.* alarming, consternating, frightful
consternar *v. intr.* to consternate, to fill with consternation; to dismay; to despond, to dishearten; ***estar consternado*** to be consternated
constipação *s. f.* MEDICINA cold; ***uma leve constipação*** a slight cold; ***apanhar uma constipação*** to catch a cold; ***ter uma constipação*** to have a cold
constipado *adj.* ***estar constipado*** to have a cold
constipar Ⓐ *v. tr.* to give a cold to Ⓑ *v. refl.* to catch (to get) a cold
constipativo *adj.* producing a cold
constitucional Ⓐ *adj.* constitutional Ⓑ *s. m.* constitutionalist
constitucionalidade *s. f.* constitutionality
constitucionalismo *s. m.* constitutionalism
constitucionalista *s. m. e f.* constitutionalist
constitucionalizar *v. tr.* to constitutionalize, to make constitutional
constitucionalmente *adv.* constitutionally
constituição *s. f.* constitution; formation, organization; composition; establishment; bodily strength; mental or physical temperament; the system of fundamental laws of a nation; statues, by-laws; ordination
constituidor *s. m.* constitutor, constituter
constituinte Ⓐ *adj.* constituent, representative; ***assembleia constituinte*** constituent assembly Ⓑ *s. m. e f.* voter; member of constituent assembly
constituir *v. tr.* to constitute, to set up, to establish; to settle; to compose, to make up; to appoint; ***constituir procurador*** to give power of attorney to; ***constituir família*** to get married, to marry
constituível *adj.* that can be constituted
constitutivo *adj.* constitutive, elemental, determinative
constrangedor *adj.* constraining, compelling
constranger *v. tr.* to constrain, to compel, to force, to coerce, to oblige; to urge; to bind, to enfetter
constrangido *adj.* constrained; compelled; uneasy, uncomfortable; bound, forced; distressed
constrangimento *s. m.* constraint, compulsion; embarrassment; force, coercion
constrição *s. f.* constriction
constringente *adj.* constringent
constringir *v. tr.* to constringe, to constrict; to compress; to press
constritivo *adj.* constrictive
constrito *adj.* constrained; uneasy
constritor Ⓐ *adj.* constrictive; constricting Ⓑ *s. m.* constrictor (muscle); boa constrictor (serpent)
construção *s. f.* construction, building; erection, structure; frame, edification; syntactical connexion between words; complexion; ***construção naval*** ship-building, naval architecture; ***construção em série*** mass production; ***construção civil*** building construction; ***construção de automóveis*** motor-car manufacture; ***construção de pontes*** bridge building; ***construção de pedra*** stone structure; ***a construção de uma ponte é um trabalho demorado*** the construction of a bridge is a slow task; ***construção barata e mal acabada*** jerry-building; ***madeira para construção*** structural timber
construir *v. tr.* to construct, to build; to form; to frame; to erect; to compose, to organize; GRAMÁTICA to build; ***construir em série*** to mass produce; ***construir uma ponte*** to construct a bridge; ***construir um navio*** to build a ship; ***construir em alvenaria*** to build in masonry; ***construir uma casa, uma igreja*** to build a house, a church; ***construir no ar*** to build in the air
construtivismo *s. m.* constructivism
construtivista *s. m. e f., adj.* constructivist
construtivo *adj.* constructive
construtor *s. m.* constructor, builder; ***construtor naval*** ship-builder, shipwright; ***construtor de edifícios baratos e mal acabados*** jerry-builder
construtura *s. f.* manner, method or form of constructing
consubstanciação *s. f.* consubstantiation; impanation
consubstancial *adj.* consubstantial
consubstancialidade *s. f.* consubstantiality
consubstanciar *v. tr.* to consubstantiate, to unite, to cause, to unite in one common substance; to consolidate, to make firm
consueto *adj.* usual, customary, consuete
consuetudinário *adj.* consuetudinary, customary, common; ***direito consuetudinário*** consuetudinary law, common law
cônsul *s. m.* consul; ***cônsul de carreira*** consul; ***cônsul substituto*** deputy consul
consulado *s. m.* consulate; office of a consul; consulship
consulado-geral *s. m.* consulate general
consulagem *s. f.* consulage
consular *adj.* consular
consulente Ⓐ *adj.* consulting Ⓑ *s. m. e f.* consulter; consultee
consulesa *s. f.* consul's wife; woman consul
cônsul-geral *s. m.* consul general
consulta *s. f.* consultation; a conference deliberation; ***a que horas é a consulta?*** what are the consultation hours?; ***quanto é a consulta?*** what is the fee for a consultation?; ***as consultas do Dr. Grey são a vinte libras cada*** Dr. Grey's fee for a consultation is £20
consultação *s. f.* consultation; a conference deliberation
consultador *s. m.* consulter
consultante Ⓐ *s. m. e f.* consultant Ⓑ *adj.* consulting, consultative
consultar *v. tr. e intr.* to consult; to take counsel; to ask the opinion or advice of; to confer; to seek information; ***consultar o travesseiro*** to take counsel of one's pillow, to sleep on it; ***consultar-se mutuamente*** to put heads together; ***consultar um advogado*** to consult a lawyer
consultável *adj.* that can be consulted
consultivo *adj.* consultive
consulto *s. m.* counsellor; consulter
consultor *s. m.* consultant, adviser; ***consultor administrativo*** management consultant; ***consultor jurídico*** consulting lawyer or legal adviser (of a society or bank); ***consultor jurídico do rei*** King's Counsel
consultório *s. m.* consulting-room(s); surgery; ***no consultório*** at the doctor's
consumação *s. f.* consummation, attainment, perfection, completion; realization
consumado *adj.* consummate, complete, perfect, excellent, masterly; finished, accomplished, well-versed; thorough-going, competent; ***é um mestre consumado na sua arte*** he is a consummate master of his craft; ***facto consumado*** "fait accompli", accomplished fact
consumador Ⓐ *adj.* consummative Ⓑ *s. m.* consummator
consumar *v. tr.* to consummate, to complete, to finish, to accomplish, to terminate
consumição *s. f.* vexation, annoyance; grief, distress, anxiety, unrest, uneasiness
consumido *adj.* consumed, spent, wasted; destroyed; [fig.] annoyed, distressed; eaten up (with envy)
consumidor Ⓐ *adj.* vexing, distressing; wasting Ⓑ *s. m.* consumer

consumir Ⓐ *v. tr.* to consume; to use up; to destroy, to do away with; to squander; to waste; to fritter; to trouble, to vex, to annoy; to fret; to waste away; to burn up Ⓑ *v. refl.* to wear away; to waste away; to fret away; ***consumimos muita manteiga*** we use a great deal of butter; ***está consumida de cuidados*** she is worn to a shadow with care; ***consumir o tempo*** to eat up the time; ***consumir de preferência antes de*** best before

consumismo *s. m.* consumerism

consumista *adj.* consumerist

consumível *adj.* consumable

consumo *s. m.* consumption, amount consumed, using up; use, wear; absorption; sale of goods; ***o consumo de cerveja na Grã-Bretanha é enorme*** the consumption of beer in Great Britain is enormous; ***consumo de corrente*** consumption of current; ***consumo de energia*** power consumption; ***consumo do país*** home consumption

consumpção *s. f.* consumption; pulmonary tuberculosis; phthisis

consumptibilidade *s. f.* quality of being consumptible, consumptivity

consumptível *adj.* consumable

consumptivo *adj.* consumptive, consuming

consumpto *adj.* consumed, spent, worn out

consútil *adj.* having a seam

conta *s. f.* account, bill; computation, calculation, reckoning; amount; count; note; report; statement; score; repute, esteem, regard; duty, care; bead (of a rosary); *pl.* arithmetic accounts (operations) (adding, subtracting, multiplying and dividing); ***conta de retorno*** return expenses account, re-exchange account; ***conta de venda*** sales account; ***conta em participação*** joint account; ***por conta e risco*** for account and risk, for all risks; ***à conta, por conta*** on account; ***conta pró-forma*** proforma account; ***extracto de conta*** statement of account; ***de conta própria*** on (for) one's own account; ***em conta (barato)*** at a cheap rate; ***conta saldada*** settled account; ***liquidação de conta*** settlement of an account; ***fechar uma conta*** to balance an account; ***prestar contas*** to render accounts; ***levar em conta*** to take into account; ***tirar uma conta*** to make out an account; ***lançar em conta*** to charge in account; ***enganar-se na conta*** to be out in one's reckoning; ***as boas contas fazem os bons amigos*** short reckonings make long friends; ***ter contas a fazer*** to have a score to settle; ***em resumidas contas*** the long and short of it; ***examinar uma conta*** to look through an account; ***por conta própria*** on one's own; ***contas a receber*** bills receivable; ***conta de lucros e perdas*** profit and loss account; ***levar à conta*** to carry to account; ***verificar uma conta*** to check an account; ***ajustar contas*** to settle accounts with; ***conta de capital*** stock account; ***por conta do Estado*** at Government expense; ***liquidar contas*** to square accounts; ***ter conta aberta*** to keep an account; ***tomar conta de*** to take care of; ***pedir contas*** to call one to account; ***tudo lhe faz conta*** nothing comes amiss to him; ***ter-se em grande conta*** to have a high opinion of oneself, to think a lot of oneself; ***por saldo de contas*** in full of all demands; ***levar a sua conta*** to be beaten; ***ter em linha de conta*** to bear in mind; ***afinal de contas, no fim de contas*** after all, in the long run; ***contas são contas*** business is business; ***fazer um resumo de contas*** to draw a statement; ***conta de caixa*** cash account; ***mandar a conta*** to send in an account; ***pagar por conta*** to pay on account; ***regulamento de contas*** statement of administration as required by credit; ***ponha na conta*** put it down to my score; ***não levar em linha de conta*** to make no account of; ***tomo isso à minha conta*** I take it upon myself; ***conta atrasada*** account in arrear, outstanding account; ***isso não é da sua conta*** that is not your business; ***já não faço conta disso*** I don't mind that any more; ***vezes sem conta*** times without number; ***levando em conta*** allowing for; ***vender em conta*** to sell cheap; ***verificação de contas*** auditing one's accounts; ***tomar conta de*** to pay attention to; ***dar contas de*** to be answerable for; ***dar contas a Deus*** to die; ***tribunal de contas*** audit office; ***contas de âmbar*** amber beads; ***estar de contas justas*** to be square; ***regular as suas contas*** to square up; ***conta conjunta*** joint account; ***contas de rezar*** beads; ***fazer contas*** to reckon, to estimate

contabescência *s. f.* contabescence

contabescente *adj.* contabescent, wasting away (of flowers)

contabescer *v. intr.* to waste away; to languish; to emaciate

contabilidade *s. f.* book-keeping, art of keeping accounts; accounting; ***chefe de contabilidade*** accountant-general, head book-keeper

contabilista *s. m. e f.* accountant

contabilização *s. f.* accounting

contabilizar *v. tr.* to keep accounts of a business, public office, etc

conta-corrente *s. f.* current account; ***abrir uma conta-corrente*** to open a running account

contactar *v. tr.* to contact; to communicate with (a person); to begin correspondence or personal dealings with (a person)

contactável *adj.* reachable, available

contacto *s. m.* contact; connexion; touch; touching; influence; proximity; ***estar em contacto com*** to be in contact with, to keep in touch with; ***fazer contacto*** to connect, to make contact; ***contacto íntimo*** close contact

contactor *s. m.* instrument that makes or breaks electric contact, switch

contactual *adj.* contactual

contado *adj.* counted, computed, reckoned; reported, told; related; ***dinheiro de contado*** ready money, cash

contador *s. m.* reckoner, counter, computer; controller; taleteller, story-teller; ***contador de gás*** gas-meter; ***contador da água*** water-meter; ***contador de rotações*** rotation counter, revolution counter; ***contador de voltas*** speed-indicator; ***contador eléctrico*** electric meter

contadoria *s. f.* accountant's or auditor's office

conta-fios *s. m.* threads counter

contagem *s. f.* counting, count; telling

contagiante *adj.* contagious; infectious

contagião *s. m.* contagion

contagiar *v. tr.* to infect, to contaminate; to corrupt, to pollute

contagífero *adj.* bringing contagion

contágio *s. m.* contagion, infection, infectiousness

contagional *adj.* contagious

contagiosidade *s. f.* contagiousness, infectiveness

contagioso *adj.* contagious, infectious, catching, infective; ***doença contagiosa*** contagious disease

conta-gotas *s. m.* MEDICINA droptube, dropping-bottle; dropper, filler; burette; ***a conta-gotas*** drop by drop

contaminabilidade *s. f.* quality of being contaminable

contaminação *s. f.* contamination, infection, pollution; contagion

contaminador Ⓐ *adj.* infectious, contaminative Ⓑ *s. m.* perverter, corrupter

contaminar *v. tr.* to contaminate, to pollute, to infect; to corrupt; to defile; to affect

contaminável *adj.* contaminable

contanilhoso *adj.* downy

contanto que *loc. conj.* provided (that), on the condition; as long as; ***contanto que ele não falte à sua palavra*** provided (that) he keeps his word; ***contanto que ele não faça mal*** provided (that) he does no harm

conta-passos *s. m.* pedometer

conta-quilómetros *s. m.* speedometer, speed counter; an apparatus which registers the total number of kilometers

contar *v. tr. e intr.* to count, to reckon; to number, to enumerate, to compute, to calculate, to cast up; to esteem, to consider, to regard; to tell, to relate, to report; to narrate; to include; to expect, to hope; to intend; to tell out; to confide in, to depend on; ***contar com alguém*** to rely (to count) on (or upon) someone; ***contar com a protecção de alguém*** to rely on the assistance of someone; ***contar com uma coisa*** to count on (upon) a thing; ***pode contar com isso*** you can rely upon it; ***conte comigo!*** rely on me!; ***conto-o no número dos meus amigos*** I include you among my friends; ***contou-me todos os pormenores da cena*** he reported all the details of the scene to me; ***contei-lhe a questão toda*** I related the whole matter to him; ***ser contado no número dos homens ilustres*** to rank with illustrious men; ***contar com*** to reckon on (upon); ***contamos com o seu valioso auxílio*** we are reckoning upon your valuable help; ***contar uma história*** to tell a tale, to spin a yarn; ***conte-me tudo*** tell me all about it; ***conta-me as novidades todas*** tell me all the news; ***vou já contar-lhe*** I will tell you directly

contarelo *s. m.* short story; lie

contaria *s. f.* shop where beads are sold; a string of beads

contável *adj.* countable, tellable

conta-voltas *s. m.* apparatus to count the number of coils (spiral lines)

conteco *s. m.* a thousand *escudos;* short story

conteira *s. f.* chape (of a scabbard); trail of a cannon; woman who makes beads; variety of sugar-cane

conteirar *v. tr.* to traverse; to move crosswise; ***conteirar artilharia*** to traverse a gun

conteiro *s. m.* bead manufacturer or dealer

contemplação *s. f.* contemplation, meditation, thought; expectation; complaisance; ***tratar sem contemplação*** to deal without fear or favour; ***proceder sem contemplações*** to act without any regard to

contemplador Ⓐ *adj.* contemplating Ⓑ *s. m.* contemplator

contemplante *adj.* contemplant, contemplative

contemplar *v. tr. e intr.* to contemplate, to gaze upon; to meditate, to muse; to consider; to expect; to regard, to admire; ***contemplar fixamente*** to gaze steadfastly

contemplativa *s. f.* faculty of thought; contemplativeness

contemplativamente *adv.* contemplatively

contemplatividade *s. f.* contemplativeness

contemplativo *adj.* contemplative

contemplável *adj.* worthy of being contemplated; considerable

contemporaneamente *adv.* contemporaneously, contemporarily, coetaneously, coevally

contemporaneidade *s. f.* contemporaneity, contemporaneousness

contemporâneo *s. m., adj.* contemporaneous; contemporary

contemporização *s. f.* compliance, condescension

contemporizador Ⓐ *s. m.* complier; contemporizer Ⓑ *adj.* temporizing

contemporizante *adj.* ⇒ **contemporizador**

contemporizar *v. tr.* to comply with, to temporize, to conform to circumstances

contemptível *adj.* contemptible

contempto *s. m.* contempt

contemptor Ⓐ *adj.* contemptuous Ⓑ *s. m.* spurner, despiser

contenção *s. f.* contention, dispute, controversy; effort; perseverance; ***contenção de despesas*** cost containment, cutbacks

contenças *s. f. pl.* small furniture

contenciosamente *adv.* contentiously

contencioso Ⓐ *adj.* contentious, litigious, quarrelsome Ⓑ *s. m.* disagreement, dispute; litigation; legal department; ***contencioso administrativo*** administrative action, administrative litigation

contenda *s. f.* contention, contest, debate, controversy, dispute, quarrel, falling out; strife, wrangle, row; dissension; plea; ***contenda em que não houve vencedor*** dead heat

contendedor *s. m.* contender, adversary

contendente *s. m. e f.* ⇒ **contendedor**

contender *v. intr.* to contend, to strive, to fight; to quarrel; to dispute, to contest; to vie with; ***contender com os nervos*** to get on one's nerves, to set the teeth on edge

contendível *adj.* contestable; disputable

contendor *s. m.* competitor; contender

contenho *s. m.* feature; aspect; garb; bearing; air; poise

contensão *s. f.* endeavour, effort; contention

contentadiço *adj.* easily satisfied, moderate

contentamento *s. m.* contentment, content, satisfaction

contentar *v. tr. e refl.* to content, to satisfy; ***contentar-se com*** to be satisfied with, to content oneself with; ***contentar os compradores*** to satisfy buyers; ***contentar os fregueses*** to satisfy one's customers; ***não posso contentar-me com isso*** I cannot be content with that; ***contentar-se com uma fatia de pão seco*** to content oneself with dry bread

contentável *adj.* contentable

contente *adj.* content, contented, satisfied, pleased, gratified, glad, cheerful, joyful; ***contente como um rato*** as pleased as Punch; ***estou muito contente*** I am very pleased

contentivo *adj.* contentive

contento *s. m.* content, satisfaction, contentment; contents (what is contained in a book, document, vessel, etc.); ***a contento*** to one's satisfaction

contentor *s. m.* container; ***contentor do lixo*** [Ingl.] skip, [E.U.A.] dumpster

conter *v. tr. e refl.* to contain, to enclose, to hold; to comprise; to include; to keep within bounds; to restrain, to repress; to refrain; to contain oneself, to keep one's feelings under control; ***não podia conter-se de alegria*** he could not contain himself for joy; ***não pôde conter a cólera*** he could not restrain his anger

contérmino Ⓐ *adj.* bordering (upon); neighbouring; conterminous Ⓑ *s. m.* border, limit, frontier, contermination

conterrâneo Ⓐ *adj.* from the same part of the country Ⓑ *s. m.* fellow-countryman, fellow-citizen

contérrito *adj.* fearful; terrorized; panic stricken

contestabilidade *s. f.* contestability

contestação *s. f.* contestation, controversy, debate; dispute; strife, disputation; contradiction; disproof

contestador *s. m., adj.* ⇒ **contestante**

contestante Ⓐ *adj.* contestant Ⓑ *s. m. e f.* contester, refuter

contestar *v. tr. e intr.* to contest, to contend; to debate; to strive for, to defend (a suit); to deny; to contradict; to reply, to retort; ***contestar um testamento*** to contest a will; ***contestar a validade de um documento*** to contest the validity of a document

contestatário *adj.* ⇒ **contestador**

contestável *adj.* contestable

conteste *adj.* concurring (witness), confirming the evidence of another; corroborative

conteúdo Ⓐ *adj.* contained Ⓑ *s. m.* content; ***conteúdo de uma carta*** contents of a letter

contexto *s. m.* context; text (of a deed); composition; argument

contextuação *s. f.* act of including in a text

contextual *adj.* contextual

contextualização *s. f.* contextualization, putting into context

contextualizar *v. tr.* to contextualize; to see in context; to put into context

contextuar *v. tr.* to include in a text

contextura *s. f.* contexture, structure; context

contido *adj.* contained; included

contigo *pron.* with you, in your company

contiguamente *adv.* contiguously

contiguar *v. tr. e intr.* to neighbour, to be or live near, to be contiguous, to adjoin; to be a neighbour

contiguidade *s. f.* contiguity, proximity, nearness; contiguousness
contíguo *adj.* contiguous, adjoining, touching; neighbouring; close, near by, next to
contilheira *s. f.* (woman) tale-bearer; busybody; newsmonger (woman)
continência *s. f.* continence, chastity; abstinence, moderation; military salute; ***fazer a continência a*** to salute
continental *adj.* continental
continentalidade *s. f.* quality of being continental; distance from the shores
continente Ⓐ *s. m.* continent; mainland Ⓑ *adj.* continent; chaste, moderate
contingência *s. f.* contingency, uncertainty of occurrence; chance occurrence
contingencial *adj.* ⇒ **contingente**
contingente Ⓐ *adj.* contingent, accidental, incidental Ⓑ *s. m.* contingent, force; quota; ***contingente de tropas*** a contingent of troops; ***contingente de marinha*** a contingent of ships
contingentismo *s. m.* FILOSOFIA theory attributing events to contingency; casualism
continuação *s. f.* continuation, prolongation, following resumption (of book, action, course, story, etc.); ***com a continuação*** in process of time
continuadamente *adv.* continuously
continuado Ⓐ *adj.* continued, prolonged; followed Ⓑ *s. m.* GRAMÁTICA noun (or sentence) in apposition
continuador *s. m.* continuator, continuer, prosecuter, follower
continuamente *adv.* continuously, unremittingly
continuar *v. tr. e intr.* to continue, to prolong; to extend; to persist, to persevere; to last; to go on, to proceed, to progress, to prosecute; to pursue; to resume; to take up; to remain at, or in a place; to be continued; to succeed; to follow; ***continuar o passeio*** to continue one's walk; ***continuar no poder*** to continue in power; ***não posso continuar, estou muito cansado*** I can go no further, I am too tired; ***continuar a gerir a casa (negócio)*** to stay on directing the business; ***continuar a viagem*** to proceed on the journey (voyage); ***continuar as negociações*** to carry on the negotiations; ***continuaram a fazer mais perguntas*** they proceeded to ask further questions; ***continue!*** go on!
continuativo *adj.* continuative
continuidade *s. f.* continuity, continuance; permanence, duration
contínuo Ⓐ *adj.* continuous, uninterrupted, unbroken; continual, incessant; ***tosse contínua*** incessant coughing; ***uma risada contínua*** incessant laughter; ***de contínuo*** incessantly; ***contínuo (sem fim)*** never-ending, never-ceasing Ⓑ *s. m.* attendant, servant; waiter
contista *s. m. e f.* writer of stories, storyteller
conto *s. m.* tale, story, fable; (money) a thousand escudos; *pl.* intrigue; ***conto do vigário*** confidence trick; ***conto da carochinha*** cock-and-bull story; ***contos largos*** a long story; ***sem conto*** countless; ***quem conta um conto acrescenta-lhe um ponto*** a story never loses in the telling; ***conto incrível*** tall story; ***conto policial*** detective story
contoada *s. f.* a blow with the butt of a lance
contorção *s. f.* contortion, distortion
contorcer *v. tr. e refl.* to contort, to twist, to distort; to pull away; ***contorcer o rosto*** to twitch one's face
contorcionar *v. tr.* to contort; to twist
contorcionismo *s. m.* contortion; distortion
contorcionista *s. m. e f.* contortionist, distortionist
contornar *v. tr.* to go round, to make the circuit of; to skirt, to border, to contour; to profile
contornear *v. tr.* to go round, to make the circuit of; to skirt, to border, to contour; to profile
contorno *s. m.* contour, outline, circuit, configuration; form, shape; profile; ***contorno de costa*** trend of a coastline
contra Ⓐ *prep.* against, contrary to; before; opposite, over against; ***contra reembolso*** cash on delivery; ***contra vontade*** with reluctance; ***contra toda a expectativa*** against all expectation Ⓑ *s. m.* inconvenient, disadvantage; ***os prós e os contras*** the pros and cons
contra-abertura *s. f.* counter-fissure, counter-opening
contra-alisados *s. m. pl.* antitrades (winds)
contra-almirante *s. m.* rear-admiral
contra-alquebramento *s. m.* NÁUTICA sagging
contra-alquebrar *v. tr.* to sag
contra-amantilho *s. m.* NÁUTICA preventer lift
contra-amura *s. f.* NÁUTICA preventer tackle, tackler
contra-arrestar *v. tr.* to hinder, to obstruct, to impede
contra-arresto *s. m.* act of obstructing
contra-asa *s. f.* piece that strengthens the upper part of a watering can
contra-assalto *s. m.* MILITAR counterassault, countercharge, counterattack
contra-atacante Ⓐ *adj.* attacking in return Ⓑ *s. m. e f.* agressor in return; counter-attacker
contra-atacar *v. tr.* to counter-attack
contra-ataque *s. m.* counter-attack
contra-aviso *s. m.* counter order
contrabaixista *s. m. e f.* MÚSICA contrabass player or singer
contrabaixo *s. m. e f.* MÚSICA double bass, contrabass
contrabalançar *v. tr.* to counter-balance; to counterpoise; to counteract
contrabaluarte *s. m.* fortress behind another that can be destroyed
contrabanda *s. f.* piece of the shield
contrabandear *v. intr.* to smuggle, to contraband
contrabandismo *s. m.* smuggling
contrabandista *s. m. e f.* smuggler, contrabandist; ***contrabandista de bebidas alcoólicas*** bootlegger, moonshiner
contrabando *s. m.* contraband, smuggling; ***contrabando de guerra*** contraband of war
contrabater *v. tr.* to attack with a counter-battery; to return fire
contrabateria *s. f.* counter-battery; cross-battery
contrabordo *s. m.* wooden or metal sheathing over the hull of a ship
contracabresto *s. m.* NÁUTICA preventer bobstay
contracadaste *s. m.* NÁUTICA inner post
contracaixilho *s. m.* pane outside or inside another one
contracambiar *v. tr.* to counter-change; to exchange, to swap
contracâmbio *s. m.* counter-change; to re-exchange
contracampanha *s. f.* countercampaign
contracanto *s. m.* MÚSICA a word or phrase sung in response to the principal theme or simultaneously with it
contracapa *s. f.* inside cover
contracarril *s. m.* guardrail
contracava *s. f.* opposing trench
contracção *s. f.* contraction; shrinkage, shrinking, contracting
contracédula *s. f.* counter-deed, defeasance; annulment
contracena *s. f.* TEATRO background action on the open scene
contracenar *v. intr.* TEATRO to express or represent by pantomime, to feign a dialogue at the back of the scene while the other players are dialoguing
contrachaveta *s. f.* gib
contracifra *s. f.* key to a cipher; code
contracorrente *s. m.* counter-current; ***contracorrente submarina (ressaca)*** undertow
contracosta *s. f.* coast opposite to another; ***da costa à contracosta*** from coast to coast
contracrítica *s. f.* review of a review; comment on a review

contráctil *adj.* contractile, contractible
contractilidade *s. f.* contractility, contractibility
contractível *adj.* ⇒ **contráctil**
contractivo *adj.* contractive
contracto *adj.* contracted
contractura *s. f.* contracture
contracturante *adj.* producing a contracture
contracultura *s. f.* counterculture
contracunhar *v. tr.* to coin again, to recoin
contracunho *s. m.* counterpunch
contracurva *s. f.* counter-curve
contradança *s. f.* contra-dance; quadrille, square dance; ***andar em contradanças*** to be the rolling-stone
contradançar *v. intr.* to dance a contra-dance
contradeclaração *s. f.* counterstatement
contradeclarar *v. tr.* to contradict; to make a counter-statement
contradição *s. f.* contradiction; opposition, denial; inconsistency, incoherence, variance; ***espírito de contradição*** spirit of contradiction; ***cair em contradição*** to contradict oneself
contradique *s. m.* counterdyke
contradistinguir *v. intr.* to contradistinguish
contradita *s. f.* contestation, rejoinder, objection, contrary statement
contraditado *adj.* contested, impugned
contraditar *v. tr.* to contradict, to deny; to gainsay, to refute, to disprove; to oppose
contraditável *adj.* contradictable
contradito *adj.* refuted, denied
contraditor *s. m.* contradictor, denier, gainsayer, impugner
contraditória *s. f.* contradictory (proposition)
contraditoriamente *adv.* contradictorily, contradictively
contraditório *adj.* contradictory; ***declarações contraditórias*** contradictory statements
contradizer Ⓐ *v. tr.* to contradict, to gainsay, to deny; to oppose, to refute Ⓑ *v. refl.* to be contradictory; ***estes boatos contradizem-se*** these rumours contradict each other
contradormente *s. m.* NÁUTICA clamp
contra-édito *s. m.* an edict revoking a former one
contra-emboscada *s. f.* counter-ambush
contraente Ⓐ *s. m. e f.* bridegroom or bride; DIREITO contracting party Ⓑ *adj.* contracting
contra-erva *s. f.* BOTÂNICA contrayerva
contra-escarpa *s. f.* counterscarp
contra-escota *s. f.* NÁUTICA preventer sheet
contra-escritura *s. f.* counter-deed, defeasance
contra-estai *s. m.* NÁUTICA preventer, spring stay; ***contra-estai do pica-peixe*** flying-jibboom stay, flying-martingale stay
contra-estimulante Ⓐ *s. m.* counterstimulant Ⓑ *adj.* counterstimulative
contra-estimular *v. tr.* to counterstimulate
contra-estímulo *s. m.* counterstimulus
contrafacção *s. f.* counterfeit, forgery, fake
contrafactor *s. m.* counterfeiter, forger, faker
contrafaixa *s. f.* HERÁLDICA counterfess
contrafazer *v. tr.* to counterfeit, to forge; to restrain, to repress oneself; to constrain, to force; ***contrafazer notas de banco*** to counterfeit bank-notes
contrafé *s. f.* copy of a summons or deed
contrafecho *s. m.* ARQUITECTURA the voussoir on either side of a keystone
contrafeição *s. f.* ⇒ **contrafacção**
contrafeitiço *s. m.* counterspell
contrafeito Ⓐ *adj.* counterfeited; coerced, constrained; forced; ***estar contrafeito*** to feel ill at ease Ⓑ *s. m.* NÁUTICA sponson
contrafigura *s. f.* double, stand-in; understudy
contrafila *s. f.* a row behind another one; counterguard; strut (of a roof)
contrafileira *s. f.* a row behind another one; counter-guard; strut (of a roof)
contrafio *s. m.* one of the fibres or filaments in a thread or cord
contraflanco *s. m.* left flank
contrafolheado *adj.* ⇒ **contraplacado**
contrafortar *v. tr.* to stiffen the heel of a shoe upper with leather
contraforte *s. m.* counterfort (of a fortress); ARQUITECTURA buttress; prop; stiffener (of a shoe); spur; NÁUTICA butt strap; ***contraforte duplo*** double butt strap; ***contraforte de cantoneira*** bosom piece
contrafosso *s. m.* a ditch parallel to another one
contrafundo Ⓐ *s. m.* NÁUTICA inner double bottom Ⓑ *adv.* downwards
contragolpe *s. m.* counterblow, counterplot; backstroke, backhand
contragosto *s. m.* dislike, distaste; ***a contragosto*** reluctantly, unwillingly
contra-habitual *adj.* against what is customary
contra-harmónico *adj.* against harmony
contra-haste *s. f.* upper part of a piston rod
contraído *adj.* contracted, drawn together; tight, shrunken
contra-indicação *s. f.* MEDICINA contra-indication
contra-indicado *adj.* contraindicated, counterindicated; inadvisable
contra-indicar *v. tr.* MEDICINA to contra-indicate, to counter-indicate
contrair *v. tr.* to contract; to make a contract; to stipulate; to assume; to acquire, to get; to shorten, to narrow; to shrink; to tighten, to construct, to compress, to constringe; ***contrair dívidas*** to run into debt; ***contrair os músculos*** to contract one's muscles; ***contrair um empréstimo*** to raise a loan; ***contrair casamento*** to contract marriage; ***contrair amizades*** to make friends with; ***contrair uma doença*** to get (to catch, or to develop) a disease
contraível *adj.* contractible, contractile
contraliga *s. f.* league in opposition to another
contralto *s. m.* MÚSICA contralto
contraluz *s. f.* against the light; counter-light
contramalha *s. f.* double mesh
contramalhar *v. tr.* to double mesh
contramandado *s. m.* countermand, counter-order
contramandar *v. tr.* to countermand
contramangas *s. f. pl.* oversleeves
contramanobra *s. f.* military manoeuvre opposing one of the enemy
contramão *s. f.* wrong way; ***na contramão*** on the wrong way down a one-way street
contramarca *s. f.* countermark
contramarcação *s. f.* the act of countermarking
contramarcar *v. tr.* to countermark
contramarcha *s. f.* countermarch
contramarchar *v. intr.* to countermarch
contramaré *s. f.* counter-tide, ebb-tide; neaptide
contramargem *s. f.* a tract of marginal land
contramestre *s. m.* foreman; overseer; overlooker; NÁUTICA boatswain's mate, petty officer; (merchant navy) boatswain, quartermaster
contrametade *s. f.* complementary half
contramezena *s. f.* mizzenmast
contramina *s. f.* countermine; counterplot
contraminar *v. tr.* to countermine; to frustrate by counter-plot
contramola *s. f.* counterspring
contramoldagem *s. f.* countermoulding
contramoldar *v. tr.* to counter-mould

contramolde *s. m.* counter-mould
contramonção *s. f.* wind opposing the monsoon; period of unfavourable winds
contramovimento *s. m.* countermovement, countermotion, countermove
contramuralha *s. f.* ⇒ **contramuro**
contramurar *v. tr.* to countermure
contramuro *s. m.* countermure
contranatura *adj.* unnatural; irregular; ***gostos contranatura*** unnatural tastes
contranatural *adj.* contrary to nature; counternatural
contranaturalidade *s. f.* unnaturalness
contranitência *s. f.* FÍSICA resistance to force
contranota *s. f.* diplomatic note opposing another
contra-ofensiva *s. f.* counter-offensive
contra-oferta *s. f.* counter-offer
contra-ordem *s. f.* countermand, counter-order
contra-ordenar *v. tr.* to countermand
contrapaiol *s. m.* NÁUTICA lobby
contraparente *s. m. e f.* distant relation; relation by marriage
contrapartida *s. f.* COMÉRCIO counter-entry; counterpart; cross-entry; compensation
contrapasso *s. m.* back step (in walking or dancing); counter-step; MÚSICA counterpoint; MILITAR change of step
contrapé *s. m.* support; prop; counterfort
contrapeçonha *s. f.* antidote
contrapelo *s. m.* wrong way of the hair; ***a contrapelo*** against the grain
contrapesar *v. tr. e intr.* to counterpoise, to counterbalance, to compensate; to be equivalent to; to countervail
contrapeso *s. m.* counterpoise, counterbalance, makeweight; balance weight; equipoise; [fig.] compensation
contrapilastra *s. f.* ARQUITECTURA opposite or secondary pilaster; counterpillar
contrapinázio *s. m.* bar parallel to the cross-bar
contrapisa *s. f.* lining
contraplacado *s. m.* plywood
contraplacar *v. tr.* to work in plywood
contrapontear *v. tr.* to compose in counterpoint; to disappoint; to contradict
contrapontista *s. m. e f.* contrapuntist, polyphonist
contraponto *s. m.* MÚSICA counterpoint, polyphonist
contrapor *v. tr.* to place opposite; to compare, to confront; to refute; to oppose; to expose
contraporca *s. f.* check, lock-nut, counternut, set-nut
contraposição *s. f.* contraposition, opposition; contrast, resistance; ***em contraposição*** on the contrary
contraposta *s. f.* contraposition, opposition; contrast, resistance
contraposto *adj.* opposite; contrary
contra-pressão *s. f.* back pressure
contraproducente *adj.* bringing contrary proof to; producing the opposite result; self defeating
contraproduzir *v. intr.* to produce the opposite result
contraprograma *s. m.* programme opposing another
contraprojecto *s. m.* counterproject
contrapropaganda *s. f.* counterpropaganda
contrapropor *v. tr.* to counterpropose
contraproposta *s. f.* counterproposition
contraprova *s. f.* proof against something; TIPOGRAFIA second proof; DIREITO impugnation
contraprovar *v. tr.* to bring proof contrary to; to disprove
contrapunção *s. f.* counterpunch
contrapunçoado *adj.* countersunk
contrapunçoar *v. tr.* to countersink
contrapunho *s. m.* NÁUTICA tack, takle
contraquartel *s. m.* HERÁLDICA counterquarter
contraquartelado *adj.* HERÁLDICA counterquartered
contraquerela *s. f.* cross-bill; cross-complaint
contraquilha *s. f.* false keel
contra-rancho *s. m.* an opposite group of men, crew or party
contra-rapante *adj.* counterrampant
contra-reacção *s. f.* counterreaction
contra-reforma *s. f.* counter-reformation
contra-regra *s. m.* TEATRO stage-manager, prompter
contra-relógio Ⓐ *s. m.* DESPORTO time trial; [fig.] race against time, race against the clock Ⓑ *adv.* against the clock; [fig.] against time
contra-reparo *s. m.* counter-approach
contra-réplica *s. f.* DIREITO rejoinder; retort
contra-retábulo *s. m.* altar-piece
contra-revolta *s. f.* ⇒ **contra-revolução**
contra-revolução *s. f.* counter-revolution
contra-revolucionar *v. tr.* to promote a counter-revolution
contra-revolucionário *adj.* counter-revolutionary
contrariador *s. m.* contradicter, gainsayer, opposer
contrariamente *adv.* contrarily; adversely, repugnantly
contrariante *adj.* contradicting
contrariar *v. tr.* to contradict, to counteract; to thwart, to cross, to oppose, to hinder; to disappoint; to vex; to annoy, to frustrate; to embarrass, to hinder; ***contrariar os planos de alguém*** to put a spoke in a person's wheel
contrariável *adj.* contradictable, disputable
contrariedade *s. f.* contrariety; disappointment; annoyance; difficulty; setback; anger, obstacle; vexation; worry; ***as pequenas contrariedades da vida*** the small worries of life
contrário Ⓐ *adj.* contrary, opposite, unfavourable, adverse; self-willed Ⓑ *s. m.* adversary, opponent, enemy, rival; ***pelo contrário, ao contrário*** on the contrary; ***de contrário*** else, otherwise; ***exactamente o contrário*** quite the contrary, quite the reverse; ***fazer exactamente o contrário*** to do just the reverse; ***ao contrário de vocês*** unlike you people; ***a não ser que eu oiça o contrário*** unless I hear to the contrary; ***contrário aos meus desejos*** contrary to my wishes; ***vento contrário*** head wind, contrary wind
contra-roda-de-proa *s. f.* NÁUTICA apron
contra-rotura *s. f.* contrarupture, double rupture
contra-ruptura *s. f.* ⇒ **contra-rotura**
contra-safra *s. f.* year when harvest was bad
contra-seguro *s. m.* counterinsurance
contra-selar *v. tr.* to seal with an additional seal
contra-selo *s. m.* a second seal placed aside the first; postage stamp
contra-senha *s. f.* watchword, password
contra-senso *s. m.* nonsense, absurdity
contra-significação *s. f.* opposite meaning, counter-signification
contra-sinal *s. m.* countersign, watchword
contrastação *s. f.* contrastment, opposition
contrastador *adj.* ⇒ **contrastante**
contrastante *adj.* contrasting, contradistinctive
contrastar *v. tr. e intr.* to contrast, to differ, to show difference; to oppose, to dispute; to stamp (gold or silver); to assay metals; to examine weights and measures
contrastaria *s. f.* assayer's office; stamp-office (for gold or silver)
contrastável *adj.* contrastable
contraste *s. m.* contrast; difference; assay (of gold and silver); mark
contrastear *v. tr.* to evaluate, to appraise, to assay
contrata *s. f.* contract, agreement
contratação *s. f.* hiring, engagement; taking on; employment
contratadeira *s. f.* woman-contractor
contratador *s. m.* contractor, bargainer

contratante Ⓐ *adj.* contracting Ⓑ *s. m. e f.* contractor, contracting party; covenant
contratar Ⓐ *v. tr.* to hire, to contract, to agree, to stipulate, to engage; to make a contract; to bargain, to deal, to trade; ***estou contratado*** I am under engagement; ***o direito de contratar e despedir*** the right to hire and dismiss Ⓑ *v. refl.* to take employment for wages
contratável *adj.* negotiable, contractable
contratela *s. f.* canvas used to reinforce another
contratelar *v. tr.* to reinforce a canvas with another one
contratempo *s. m.* drawback; reverse; disappointment, annoyance; hindrance, obstacle; MÚSICA syncopation; out of time
contratestemunhar *v. tr.* to refute the witness of, to witness to the contrary; to counterproof
contratista *s. m. e f.* contractor
contrato *s. m.* contract, agreement, pact, arrangement, bond; convention, bargain, stipulation, deed; ***fechar um contrato*** to close a bargain; ***redigir um contrato*** to draw up a contract; ***contrato de trabalho*** labour agreement; ***contrato obrigatório*** binding contract; ***contrato por escrito*** contract in writing; ***contrato verbal*** verbal contract; ***contrato de risco*** bottomry bond; ***contrato de afretamento*** charter, charter-party; ***contrato de salvamento*** bond, salvage agreement; ***contrato de venda*** bill of sale; ***contrato de fretamento para viagem redonda*** round charter; ***contrato de arrendamento*** rental agreement, lease; ***fazer um contrato*** to make an agreement; ***contrato de casamento*** marriage settlement, contract, betrothal
contratorpedeiro *s. m.* torpedo-boat, destroyer
contratual *adj.* contractual
contravalação *s. f.* contravallation
contravalar *v. tr.* to erect a chain of contravallations (in a fort)
contravapor *s. m.* countersteam, reverse steam pressure
contravenção *s. f.* contravention, infringement, violation, transgression
contraveneno *s. m.* antidote, antitoxin, counterpoison
contravento *s. m.* NÁUTICA head wind, contrary wind, windbreak; hindrance
contraventor *s. m.* contravener; transgressor, offender
contraverdade *s. f.* falsehood; statement against the truth
contraversão *s. f.* contraversion, inversion
contraverter *v. tr.* to invert; to misinterpret; to overthrow
contravir *v. tr. e intr.* to contravene, to infringe (the law); to transgress; to retort
contravolta *s. f.* counterturn
contravoto *s. m.* countervote
contribuição *s. f.* contribution, gift; donation, subscription; tribute, tax; assessment; ***exigir contribuições*** to tax, to lay under contribution; ***contribuição predial*** house rates; ***contribuições directas*** direct taxes; ***receber as contribuições*** to collect taxes; ***contribuições onerosas*** heavy taxes; ***contribuição sobre legados*** settlement duty
contribuidor Ⓐ *s. m.* contributor Ⓑ *adj.* contributory
contribuinte *s. m. e f.* contributor, taxpayer, ratepayer
contribuir *v. intr.* to contribute; to pay taxes; to furnish (for a common fund); to add to, to co-operate; to help on; to pay contributions; to donate, to give; ***contribuir com o seu esforço e dinheiro para uma causa*** to do one's bit for a cause; ***contribuir para o bom êxito*** to contribute to the success; ***contribuir com dinheiro para obras de caridade*** to contribute to charity
contributário Ⓐ *adj.* tax-paying, contributory Ⓑ *s. m.* tax-payer, contributor
contributivo *adj.* contributive, subscriptive
contributo *s. m.* ⇒ **contribuição**
contrição *s. f.* contrition; penitence; compunction; repentance, remorse
contristação *s. f.* sadness, sorrow, affliction, depression, melancholy
contristador *adj.* distressing, afflicting; grievous
contristar Ⓐ *v. tr.* to grieve, to distress, to sadden, to make sad Ⓑ *v. refl.* to feel sorry
contrito *adj.* contrite, penitent; sorrowful
controlador *s. m.* controller; ***controlador aéreo*** air traffic controller
controlar *v. tr.* to control, to dominate, to manage; to direct, to regulate, to govern, to sway, to rule; to supervise; to check, to verify; to hinder, to repress, to curb
controlável *adj.* controllable, manageable; examinable; regulable; restrainable, limitable
controlo *s. m.* control, regulation, sway, mastery, dominion; verification; scrutiny; ***controlo remoto*** remote control; ***controlo de qualidade*** quality control
controvérsia *s. f.* controversy, dispute, debate, discussion; argumentation; difference
controversista *s. m. e f.* controversialist, polemist, disputer, controvertist
controverso *adj.* controversial, questionable, disputed
controverter *v. tr.* to controvert, to debate, to dispute, to contest, to discuss; to deny
controvertível *adj.* controvertible
contubernal *s. m. e f., adj.* contubernal, commensal
contubernar-se *v. refl.* to live with, to live in concubinage
contubérnio *s. m.* co-habitation; concubinage; familiarity; fellowship
contudo *conj.* however, yet, nevertheless, notwithstanding, still, though, but
contumácia *s. f.* contumacy, obstinacy, stubbornness; disobedience, insubordination, insolence, disrespect
contumaz *adj.* contumacious, obstinate, stubborn, disobedient (esp. to an order of the court)
contumélia *s. f.* contumely; insult, outrage; reproach; [coloq.] bow, courtesy
contumelioso *adj.* contumelious, insolent, opprobrious
contundência *s. f.* contumeliousness
contundente *adj.* contusing, bruising
contundentemente *adv.* contusively, bruisingly; [fig.] offendingly, unarguably
contundir *v. tr.* to contuse, to bruise, to injure
conturbação *s. f.* agitation; trouble; disturbance
conturbadamente *adv.* agitatedly, troublesomely, disturbingly, confusingly, tumultuously
conturbador Ⓐ *s. m.* trouble rouser, disturber; perturber, perturbator Ⓑ *adj.* disorderly, turbulent, disturbing
conturbar Ⓐ *v. tr.* to agitate, to trouble; to perturb, to disturb Ⓑ *v. refl.* to become vexed (or troubled)
conturbativo *adj.* alarming, confounding, disturbing
contusão *s. f.* contusion; bruise, resentment, hurt feelings
contuso *adj.* bruised; contused
conubial *adj.* connubial, nuptial
conúbio *s. m.* matrimony, union
conumerar *v. tr.* to check, to verify; to number; to enumerate together (jointly)
convalamarina *s. f.* ⇒ **convalarina**
convalária *s. f.* BOTÂNICA lily of the valley
convalarina *s. f.* BOTÂNICA convalarin, convallamarin
convalescença *s. f.* convalescence, recovery (from disease); ***entrar em convalescença*** to be convalescent, to be recovering
convalescente *s. m. e f., adj.* convalescent; ***doente convalescente*** convalescent patient
convalescer *v. intr.* to convalesce, to recover from illness or disease; to regain health
convalves *s. m. pl.* dales or dingles surrounded with (by) hills
convecção *s. f.* convection

convelir Ⓐ *v. tr.* to displace, to remove; to subvert; to shake Ⓑ *v. intr.* to suffer from convulsions
convenção *s. f.* convention; agreement, treaty, compact, pact; formality; ***convenção postal*** postal convention
convencedor *adj.* ⇒ **convincente**
convencer Ⓐ *v. tr.* to convince, to persuade Ⓑ *v. refl.* to be convinced; to convince oneself; to be persuaded; ***convencer de que não há perigo em viajar de avião*** to convince that there is no danger in travelling by plane; ***por mais que faças, não me convences*** whatever you do, you won't convince me; ***convencer-se da verdade*** to be convinced of the truth; ***convenci-o da necessidade*** I impressed the necessity on him; ***convencer alguém de alguma coisa*** to convince someone of something; ***ele convenceu-o*** he persuaded him, he talked him round; ***ele não se deixa convencer*** he won't be dissuaded, he won't be talked out of it
convencido *adj.* convinced; satisfied, assured, self-assured; [fam.] conceited, vain, smart-alecky, stuck-up, snobbish, smug, cocksure; [fam.] ***ele é muito convencido*** he is full of conceit, he thinks no small beer of himself; ***ele está convencido que...*** he has a notion that; ***estou convencido da sinceridade dele*** I am assured of his good faith; ***estou convencido que*** I feel confident that; ***pode ficar convencido que*** you may rest assured that
convencimento *s. m.* conviction, confidence, belief; persuasion
convencionado *adj.* agreed, settled, stipulated
convencional *adj.* conventional, usual, customary; formal
convencionalidade *s. f.* conventionality; pedestrianism, wontedness
convencionalismo *s. m.* conventionalism
convencionalista *s. m. e f.* conventionalist
convencionalmente *adv.* conventionally
convencionar *v. tr.* to agree; to stipulate
convencível *adj.* convincible
convendedor *s. m.* joint seller, joint vender
conveniência *s. f.* convenience, suitableness, fitness, propriety; advantage, utility, profit; decorum; *pl.* social rules; ***casamento de conveniência*** marriage of convenience; ***guardar as conveniências*** to observe the proprieties; ***não vejo nenhuma conveniência nisso*** I do not see any advantage therein; ***por conveniência própria*** in one's own benefit
conveniente *adj.* convenient, suitable, fitting; seemingly, becoming; useful, advantageous; decent, proper, fit, appropriate; adequate; ***não é conveniente fazê-lo já*** it is not convenient to do it now; ***os dias e as horas mais convenientes*** the most suitable time
convenientemente *adv.* conveniently, suitably, properly
convénio *s. m.* convention, pact; ***convénio postal*** postal convention
conventicular *adj.* private, secret, clandestine; unlawful
conventículo *s. m.* conventicle
convento *s. m.* convent, cloister, monastery; ***convento de freiras*** nunnery; ***ir para um convento*** to go into a convent; ***salvar a honra do convento*** to save one's face
conventual *s. m. e f., adj.* conventual
conventualidade *s. f.* fixed residence in a convent
conventualmente *adv.* conventually
convergência *s. f.* convergence
convergente *adj.* convergent, converging
convergir *v. intr.* to converge
conversa *s. f.* conversation; talk, chat, imposture, tie; ***uma conversa enfadonha*** a prosy talk; ***o assunto de todas as conversas*** the talk of the town; ***conversa animada*** bright talk, lively conversation; ***conversa sem nexo*** rambling talk; ***conversa entrecortada*** interrupted conversation; ***sustentar uma conversa*** to keep the ball rolling; ***conversa íntima e leal*** heart-to-heart talk; ***açambarcar a conversa*** to monopolize the conversation; ***entabular conversa*** to start a conversation, to break the ice; ***dois dedos de conversa*** brief chat; ***ir na conversa*** to fall for (to believe) something; ***isso é outra conversa*** that's quite another thing; ***conversa fiada*** idle talk, drivel; ***conversa de homem para homem*** a man-to-man talk
conversação *s. f.* conversation, talk; ***conversação telefónica*** telephone conversation
conversada *s. f.* [pop.] sweetheart
conversadeira Ⓐ *s. f.* a double chair or bench (the seats of which face each other) Ⓑ *adj.* fond of talking; flirtatious
conversado *s. m.* [pop.] sweetheart
conversador *s. m.* talker; conversationalist, conversationist
conversalhar *v. intr.* to chat, to prattle, to gossip
conversão *s. f.* conversion; change, transformation; reduction; ***conversão de acções (obrigações) noutras diferentes*** conversion (change) of debentures (stocks) into others of different character
conversar *v. intr.* to talk, to chat, to converse; ***conversar com o travesseiro*** to take counsel of one's pillow, to sleep over (on) something
conversável *adj.* conversable; easy, pleasant in conversation; sociable
conversibilidade *s. f.* conversibility
conversível *adj.* convertible
conversivo *adj.* converting
converso Ⓐ *adj.* converted Ⓑ *s. m.* lay brother; [fam.] conversation
conversor *s. m.* converter; ***conversor de volante*** fly-wheel converter; ***conversor de arco*** arc converter
convertedor *s. m.* converter
converter Ⓐ *v. tr.* to convert; to change; to transform; to turn into; ***converter uma coisa em proveito*** to turn a thing to account; ***converter acções*** to convert shares; ***converter um judeu ao cristianismo*** to convert a Jew to Christianity Ⓑ *v. refl.* to be converted; [pop.] to turn round
convertibilidade *s. f.* convertibility
convertido Ⓐ *adj.* converted, changed Ⓑ *s. m.* converted, converted person
convertimento *s. m.* conversion
convertível *adj.* convertible
convés *s. m.* deck; ***convés corrido*** flush deck, weather deck; ***convés à ré*** quarter-deck; ***convés subido à ré*** raised deck, raised quarter-deck; ***convés entre os castelos*** waist; ***sob o convés*** under hatches
convexão *s. f.* convection
convexidade *s. f.* convexity, convexness; [técn.] camber
convexirrostro *adj.* ORNITOLOGIA convexorostrate
convexo *adj.* convex, curved
convexo-côncavo *adj.* convexo-concave
convicção *s. f.* conviction; belief, confidence, persuasion; ***convicção plena*** positiveness; ***poder de convicção*** cogency
convício *s. m.* insult, affront, outrage
convicioso *adj.* offensive, outrageous
convicto *adj.* convinced, assured, persuaded
convidado Ⓐ *adj.* invited; asked Ⓑ *s. m.* guest; ***convidado de honra*** guest of honour; ***convidados para um casamento*** wedding-guests
convidador *s. m.* inviter
convidante *adj.* ⇒ **convidativo**
convidar Ⓐ *v. tr.* to invite, to ask, to request; ***convidar para jantar*** to ask (to invite) for dinner; ***convidar para dar um passeio de automóvel*** to invite to go motoring (for a drive) Ⓑ *v. refl.* to offer oneself; to consider oneself invited
convidativo *adj.* inviting, tempting; alluring; attractive
convincente *adj.* convincing; ***argumento convincente*** a convincing argument
convincentemente *adv.* convincingly, persuasively
convinhável *adj.* convenient, suitable
convir *v. intr.* to become, to suit; to fit; to be proper; to be convenient; to agree to; to suit one's purpose; ***é isso que***

convém that is what is wanted; ***isso não convém*** that will not do; ***o que convém a um, não convém a outro*** what suits one does not suit another; ***isso não me convém*** it does not suit me; ***se isso lhe convém*** if that suits you; ***convir perfeitamente*** to suit down to the ground; ***é isto mesmo o que convém*** this is the very thing; ***convém notar*** it is worthy of notice; ***ele trabalha quando lhe convém*** he works when he feels like it; ***convenhamos que*** let us agree that; ***convém que*** it is suitable that; ***farei o que me convier*** I shall do as I choose

convite *s. m.* invitation, solicitation; donation, gift; banquet; ***mandar cartões de convite*** to send out invitation cards; ***aceitar um convite*** to accept an invitation; ***declinar um convite*** to decline an invitation; ***muito obrigado pelo vosso amável convite*** many thanks for your kind invitation; ***tenho um convite para domingo*** I am invited for next Sunday

conviva *s. m. e f.* guest, banqueter, banqueteer, feaster, commensal

convival *adj.* convivial; festive; jovial

convivência *s. f.* sociability, familiarity, intimacy; acquaintanceship; company, companionship; ***boa convivência*** healthy friendship; ***má convivência*** bad company

convivente Ⓐ *adj.* sociable, intimate, familiar Ⓑ *s. m. e f.* friend, companion

conviver *v. intr.* to live together; to be sociable; to be familiar with

convívio *s. m.* sociability, intercourse, social communication or relations; intimacy; banquet; ***convívio social*** social intercourse

convizinhança *s. f.* neighbourhood

convizinhar *v. intr.* to live next door to; to be similar to; to be neighbour to

convizinho Ⓐ *s. m.* neighbour Ⓑ *adj.* contiguous, neighbouring; bordering upon; similar, resembling

convocação *s. f.* convocation; calling together; meeting, assembly; invitation; ***convocação às armas*** call to arms; ***convocação para o serviço militar*** call-up

convocador *s. m.* convener

convocar *v. tr.* to summon, to convene, to convoke; to call together, to assemble; to call; ***convocar uma assembleia*** to hold a meeting; ***convocar a assembleia geral*** to convene the general meeting; ***convocar os accionistas*** to convoke the shareholders; ***convocar o Parlamento*** to summon Parliament

convocatória *s. f.* convocation; calling-up letter

convocatório *adj.* convocational

convolar *v. intr.* to change a political party suddenly; to change one's mind

convolução *s. f.* convolution

convoluto *adj.* convolute

convolver *v. tr.* to rotate, to revolve

Convolvuláceas *s. f. pl.* BOTÂNICA *Convolvulaceae* (a family of vines, shrubs and trees)

convolvuláceo *adj.* BOTÂNICA convolvulaceous

convólvulo *s. m.* BOTÂNICA *Convolvulus* (a large genus of plants including the English bindweeds)

convosco *pron.* with you

convulsão *s. f.* convulsion, agitation, commotion, cataclism; ***uma convulsão de riso*** a convulsion of laughter

convulsar *v. intr.* to convulse, to shake violently; to suffer from convulsions

convulsibilidade *s. f.* liability to convulsions

convulsionante *adj.* convulsing

convulsionar *v. tr.* to convulse, to shake, to agitate; to revolutionize, to revolt; to agitate, to disturb

convulsionário *s. m., adj.* convulsionary

convulsivamente *adv.* convulsively

convulsivo *adj.* convulsive

convulso *adj.* convulsed; shaking

coobação *s. f.* cohobation

coobador *adj.* cohobating

coobar *v. tr.* to cohobate

coobrar *v. intr.* to work together

coobrigação *s. f.* joint-obligation

coobrigar *v. tr.* to co-oblige; to compel jointly

co-ocupante *s. m. e f.* co-occupant

coonestação *s. f.* rehabilitation

coonestador *adj.* rehabilitating

coonestar *v. tr.* to rehabilitate

cooperação *s. f.* co-operation, collaboration; ***espírito de cooperação*** team-spirit

cooperador Ⓐ *s. m.* co-operator, collaborator Ⓑ *adj.* co-operative, co-operating

cooperante *adj.* co-operant

cooperar *v. intr.* to co-operate; to collaborate, to work together

cooperativa *s. f.* co-operative society

cooperativismo *s. m.* co-operativism

cooperativista *adj.* co-operative

cooperativo *adj.* co-operative

co-opositor *s. m.* competitor

cooptação *s. f.* co-optation

cooptar *v. tr.* to co-opt

coordenação *s. f.* co-ordination

coordenadas *s. f. pl.* MATEMÁTICA co-ordinates; ***coordenadas geográficas*** geographical co-ordinates; ***coordenadas triangulares*** trilinear coordinates

coordenador *s. m.* co-ordinator

coordenar *v. tr.* to co-ordinate; to put in order; to organize; to arrange, to order

coordenativo *adj.* co-ordinative

coorte *s. f.* cohort

copa *s. f.* pantry; *pl.* hearts (at cards); ***copa do chapéu*** crown of hat; ***copa de árvore*** tree-top

copada *s. f.* glassful; ARQUITECTURA torus

copado *adj.* bushy, tufty; leafy

copagem *s. f.* foliage

copaíba *s. f.* copaiba

copaibeira *s. f.* copaiba tree

copaibeiro *s. m.* ⇒ **copaibeira**

copaína *s. f.* copaiba; copaiba extract

copal *s. m.* copal, resin; ***goma copal*** gum-copal

copalino *adj.* similar to copal

copar Ⓐ *v. tr.* to trim the top of trees, to top Ⓑ *v. intr.* to become tufted

co-parceiro *s. m.* co-partner

co-participação *s. f.* co-participation; co-partnership

co-participante *s. m. e f.* co-partaker, co-partner

co-participar *v. intr.* to co-participate

copas *s. f. pl.* hearts (playing cards)

copázio *s. m.* large glass; a glassful

copé *s. m.* an Indian thatched hut

copeira *s. f.* dresser, cupboard, pantry

copeiro *s. m.* butler

copejada *s. f.* central part of a fishing-net; the fishes caught in it

copejador *s. m.* harpooner

copejadura *s. f.* ⇒ **copejada**

copejar *v. tr.* to harpoon, to spear; to take the fish from the central part of the net; to fish tunny (Algarve)

copejo *s. f.* act of harpooning

copel *s. m.* bag of a fishing-net

copela *s. f.* METALURGIA cupel

copelação *s. f.* METALURGIA cupellation

copelar *v. tr.* METALURGIA to cupel

cópia *s. f.* copy, reproduction; transcript; repetition; imitation; similitude, semblance; imitation or reproduction of anything; abundance, plenty; ***cópia a limpo*** fair copy; ***cópia à máquina de escrever*** typewritten copy; ***cópia de um quadro*** copy of a picture; ***fazer uma cópia de*** to make a copy of;

cópia fiel faithful copy, true copy; ***uma péssima cópia*** a travesty; ***cópia fotográfica*** print; ***cópia fotomecânica*** photoprint; ***cópia heliográfica*** cyanotype; INFORMÁTICA ***cópia de segurança*** backup copy; ***passar uma cópia a limpo*** to write out neatly

copiador *s. m.* copier, copyer; copyist, transcriber; imitator; FOTOGRAFIA printer; duplicator; copy-book; ***copiador de cartas*** letter-book; ***copiador de facturas*** copy-book of invoices

copiar Ⓐ *v. tr.* to copy, to imitate; to make a copy; to transcribe; to plagiarize; ***copiar do natural*** to copy from nature; ***prensa de copiar*** copying-press; ***tinta de copiar*** copying-ink; ***copiar as ideias dos outros*** to suck someone's brains Ⓑ *v. intr.* to crib (in examination) Ⓒ *s. m.* [Bras.] veranda; porch

copiara *s. f.* [Bras.] veranda, porch

co-piloto *s. m.* co-pilot

copio *s. m.* a small dragnet

copiografar *v. tr.* to duplicate on a hectograph or on a copygraph

copiografia *s. f.* the art of duplicating on a copying-press

copiográfico *adj.* copygraphic; hectographic

copiógrafo *s. m.* copygraph; hectograph

copiosamente *adv.* copiously, abundantly

copiosidade *s. f.* abundance, plenty, copiousness; exuberance

copioso *adj.* copious, abundant, plentiful, rich, exuberant; ***um vocabulário copioso*** a copious vocabulary

copista *s. m. e f.* copyist; plagiarist; hard drinker, tippler; ***copista de música*** music-copist

copla *s. f.* couplet

coplista *s. m. e f.* poet who writes couplets

copo *s. m.* glass, goblet, tumbler; ***copo com pé*** stemmed glass; ***copo da espada*** sword guard; ***copo de boca larga*** beaker; ***copo sem pé*** tumbler; ***pé do copo*** stem of the glass; ***copo de dados*** dice-box; ***o tilintar dos copos na mesa*** the tinkling of the glasses on the table; ***ele tem um copo a mais*** he has had a glass too much; ***tempestade num copo de água*** storm in a tea-cup

copo-d'água *s. m.* wedding-reception

copofone *s. m.* eccentric musical instrument consisting of glasses of different sizes

copra *s. f.* copra

copracrasia *s. f.* MEDICINA a defecation incontinency, diarrhoea

copraol *s. m.* copra oil, coconut oil

copremia *s. f.* copraemia

co-produção *s. f.* coproduction, joint production; ***uma co-produção franco-portuguesa*** a joint French-Portuguese production; ***em co-produção com*** in association with

coprofagia *s. f.* MEDICINA, ZOOLOGIA coprophagy

coprófago *adj.* MEDICINA, ZOOLOGIA coprophagous

coprolalia *s. f.* MEDICINA, PSICOLOGIA coprolalia

coprólito *s. m.* PALEONTOLOGIA coprolite

coprologia *s. f.* MEDICINA coprology

co-propriedade *s. f.* copropriety

co-proprietário *s. m.* joint-owner, part-owner, co-proprietor, co-owner

coprostasia *s. f.* coprostasis

copta Ⓐ *s. m. e f.* Copt; member of the Coptic church Ⓑ *s. m.* Coptic (language) Ⓒ *adj.* Coptic

cóptico *adj.* Coptic

copto Ⓐ *s. m.* ⇒ **copta** Ⓑ *adj.* ⇒ **cóptico**

cópula *s. f.* copula, coitus; GRAMÁTICA copula; *(copla)* coupler

copulação *s. f.* copulation

copulador *adj.* copulative, copulating

copular *v. tr. e intr.* to copulate; to couple

copulativamente *adv.* copulatively

copulativo *adj.* copulative; ***conjunções copulativas*** copulative conjunctions

coque *s. m.* coke; a rap on the head (esp. with the knuckles); ***coque miúdo*** breeze

coqueiral *s. m.* coco-tree plantation

coqueiro *s. m.* coconut-tree, coco, coco-tree

coqueluche *s. f.* MEDICINA whooping-cough, pertussis; [fam.] craze (fashion)

coqueluchóide *adj.* MEDICINA similar to whooping-cough; pertussal

coquete *s. f., adj.* coquette; flirtatious girl; a female flirt; coquettish; flirtatious

coquetear *v. intr.* to flirt; to coquet

coqueteria *s. f.* coquetry

coquetismo *s. m.* coquetry, flirtation

coquilheiro *s. m.* coconut tree

coquilho *s. m.* little coconut

coquinada *s. f.* ⇒ **coque**

cor[1] *s. f.* colour, tint, hue, shade, tinge, tone; complexion, rosiness, ruddiness; disguise, pretext, pretence, excuse, appearance, plea; dye, paint; ***cor natural*** natural colour; ***cor viva*** lively colour, bright colour; ***cor garrida*** gaudy colour; ***cor de carne*** flesh-colour; ***cor bronzeada*** bronze colour; ***cor luminosa*** luminous paint; ***cor primitiva*** primary colour; ***cor espalhafatosa*** glaring colour; ***cor falsa*** false colour; ***cor fixa*** fast colour; ***cor de cereja*** cherry-colour; ***cor opaca*** opaque colour; ***mudar de cor*** to turn green, to change colour; ***ficar sem cor*** to turn pale; ***não saber de que cor é*** not to have the slightest notion of a thing; ***perder a cor*** to fade away; [pop.] ***cor de burro quando foge*** a hard-to-describe colour; ***cores cruas*** crude colours; ***cor de palha*** straw-colour; ***cor macilenta*** pale colour; ***cor do rosto*** complexion; ***cor baça*** dull colour; ***cor da moda*** fashionable colour; ***cor esverdeada*** celadon; ***cor cerúlea*** sky-blue; ***pintar de cores claras*** to paint in bright colours; ***vestir de cor*** to dress in colours; ***sem cor*** colourless; ***de cores variegadas*** party-coloured; ***cor neutra*** neutral tint; ***cor composta*** secondary colour; ***cor discreta*** a quiet colour

cor[2] *s. m.* heart; ***de cor*** by heart; ***aprender de cor*** to learn by heart

cora *s. f.* bleaching (of white clothes)

coração[1] *s. m.* heart; affection, love; sentiment, feeling; courage; fortitude; centre, middle, core (of fruits); bosom, breast; kindness, generosity; essence; ***ter um coração sensível*** to have a soft heart; ***ter um coração duro*** to be as hard as nails; ***de coração duro*** hard-hearted; ***coração de ouro*** a heart of gold; ***não ter coração para*** not to find it in one's heart; ***nas fibras do coração*** deep in one's heart; ***alegrar o coração*** to do one's heart good; ***ter coração*** to have a heart; ***caiu-lhe o coração aos pés*** his heart went down to his boots; ***conquistar o coração de*** to win the heart of; ***ele sofre do coração*** he has a heart trouble; ***meter no coração*** to take to one's heart; ***com o coração em festa*** jubilant, joyfully; ***mãos frias, coração quente*** a cold hand, a warm heart; ***longe da vista, longe do coração*** out of sight, out of mind; ***o que os olhos não vêem, o coração não sente*** what the eye does not see, the heart does not grieve over; ***no coração da cidade*** in the heart of the town; ***não ter coração*** to be heartless; ***ser um coração aberto*** to be an open-hearted person; ***ter pêlos no coração*** to be wicked; ***ser um coração lavado*** to be honest, to play fair; ***fazer uma coisa com alma e coração*** to put one's heart and soul into a thing; ***tristeza no coração*** heart heaviness; ***um coração despedaçado pela incerteza*** a heart torn by anxiety; ***coração de pedra*** heart of steel, a heart of flint; ***o íntimo do coração*** the cockles of the heart; ***despedaçar o coração*** to break one's heart, to rend one's heart; ***coração de pai*** fatherly heart; ***de todo o coração*** with all one's heart; ***diz-mo o coração*** I have a presentiment; [fig.] ***fazer das tripas coração*** to pluck up courage; ***fazer saltar o coração*** to make one's heart leap; ***do fundo do coração*** from the bottom of the heart; ***abrir o seu coração*** to open one's heart, to make a clean breast of; ***ter o coração ao pé da boca*** to wear one's heart upon one's sleeve; ***tocar no coração*** to reach the heart; ***no recôndito do coração*** in the inmost recesses of the heart

coração[2] *s. f.* blushing; bleaching
coração-de-boi *s. m.* BOTÂNICA custard apple, bullock's heart
Coracíidas *s. m. pl.* ORNITOLOGIA ⇒ **Coraciídeos**
Coraciídeos *s. m. pl.* ORNITOLOGIA *Coraciidae*
coraciiformes *s. m. pl.* ORNITOLOGIA *Coracomorphae* (the crow family)
coracoidal *adj.* coracoid
coracóide *s. m., adj.* ANATOMIA coracoid
coracóideo Ⓐ *adj.* ANATOMIA coracoidal Ⓑ *s. m.* coracoid
coracomancia *s. f.* divination by the croaking of the crows
corado *adj.* red, red-faced, ruddy, rosy, blushing; ashamed, fresh, florid; ***corado como um tomate*** as red as a lobster; ***rosto corado*** ruddy face, rosy face
coradoiro *s. m.* ⇒ **coradouro**
coradouro *s. m.* bleaching place or ground, bleachery
coragem[1] Ⓐ *s. f.* courage, valour, daring, fearlessness, bravery, intrepidity, boldness, heart; pluck guts; fortitude, spirit; ***ter muita coragem*** [coloq.] to have plenty of grit; ***tomar (encher-se de) coragem*** to pluck up one's courage; ***perder a coragem*** to lose courage; ***coragem adquirida com bebidas alcoólicas*** Dutch courage; ***não perder a coragem*** to keep up one's spirits; ***criar coragem*** to take courage; ***ter coragem de responder pelas suas opiniões*** to have the courage of his opinions; ***é preciso coragem para falar dessa maneira*** it takes a lot of guts to talk like that Ⓑ *interj.* have courage!, pluck up!
coragem[2] *s. f.* bleaching (of white clothes)
corajosamente *adv.* courageously, bravely, daringly, boldly
corajoso *adj.* courageous, daring; bold, brave, valiant, audacious, dauntless, plucky; ***ser corajoso*** to have pluck; ***ser forte e corajoso na adversidade*** to keep a stiff upper lip
coral Ⓐ *adj.* choral Ⓑ *s. m.* coral; *pl.* corals; *pl.* wattles of certain birds; *pl.* strings of corals; ***coral de jardim*** capsicum, Guinea pepper; ***fino como um coral*** as sharp as a needle; NÁUTICA ***coral do cadaste*** sternson; ***coral da roda*** stemson
coraleira *s. f.* coral fishing-boat; BOTÂNICA coral-tree
coraleiro *s. m.* coral fisherman, coral diver
coraliários *s. m. pl.* ZOOLOGIA Coralligena, the group consisting of the corals and their allies
coralífero *adj.* coralliferous
coraliforme *adj.* coralliform
coralígeno *adj.* coralligenous
coralígero *adj.* coralligerous
coralina *s. f.* MINERALOGIA coraline
Coralináceas *s. f. pl.* BOTÂNICA *Corallinaceae*, a family of red algae
coralino *adj.* rosy, coralline; coral red
coralóide *adj.* similar to coral
coramina *s. f.* MEDICINA, FARMACOLOGIA tonic for the heart
corante Ⓐ *adj.* colouring Ⓑ *s. m. pl.* dyes, colour, pigment
corar Ⓐ *v. intr.* to blush, to redden, to become red; to be ashamed; ***corar de vergonha*** to blush for very shame Ⓑ *v. tr.* to colour, to dye, to bleach (in the sun), to whiten
corbelha *s. f.* flat basket (for fruits); corbeille
corca *s. f.* narrow passage amongst mountains
corça *s. f.* ZOOLOGIA doe, hind
corcar *v. intr.* to warp, to twist out of shape
corcel *s. m.* steed, charger; racer
corcha *s. f.* cork; bark of tree
corcho *s. m.* bowl made of cork; bee-hive; school of fishes
corço *s. m.* ZOOLOGIA roebuck, roe deer
corcova *s. f.* hump, hunch
corcovado Ⓐ *adj.* humpbacked, hunchbacked Ⓑ *s. m.* humpback, hunchback
corcovar Ⓐ *v. tr.* to bend, to crook, to curve; to make crooked; to hump Ⓑ *v. refl.* to become humpbacked
corcovear *v. intr.* to caper; to curvet; to capriole (horse)
corcovo *s. m.* croupade, curvet
córculo *s. m.* corcle, corcule
corcunda *s. m. e f.* hump, humpback, hunchback
corda *s. f.* rope, cord; twine; MÚSICA string; MATEMÁTICA, GEOMETRIA chord; spring (of a watch or clock); ANATOMIA ***cordas vocais*** vocal chords; ***corda do sino*** bell-rope; ***corda de rabeca, corda de tripa*** catgut; ***dar corda ao relógio*** to wind up a clock (or a watch); ***dar corda em excesso*** to overwind; ***ferir a corda sensível*** to touch the right cord; ***estar com a corda na garganta*** to have a rope round one's neck; ***corda bamba*** slack rope, precarious situation, tight rope; [pop.] ***dançar na corda bamba*** to be in a nice mess; ANATOMIA, ZOOLOGIA ***corda dorsal*** "chorda dorsalis"; ANATOMIA ***corda do tímpano*** "chorda timpani"; ***corda sensível*** his sore spot; ***quarteto de corda*** string quartet; ***instrumentos de corda*** string instruments; ***corda de aço*** steel rope; ***corda de esparto*** esparto rope; ***dar corda para se enforcar*** to give someone rope enough to hang himself; ***trabalho feito de corda*** rope work; ***dar corda a alguém*** to make someone talk, to invite confidences from; ***arranjar corda para se enforcar*** to make a rod for one's own back; [fig.] ***roer a corda*** to break one's word; ***corda para as crianças saltarem*** skipping-rope
cordados *s. m. pl.* ZOOLOGIA chordata
cordame *s. m.* NÁUTICA ropery, rigging, tackling
cordão *s. m.* string, thread; fillet, twist; cordon (of trops), strap; ***cordão umbilical*** umbilical cord, navel-string; ***cordão de ornato*** moulding; NÁUTICA ***cordão de cabo*** strand rope; ***cordão da popa*** knuckle rail, moulding; ***com um cordão partido (cabo)*** stranded (rope); ***cordão de sapato*** shoestring
cordão-de-frade *s. m.* BOTÂNICA lion's ear
cordão-de-são-francisco *s. m.* BOTÂNICA lion's ear
cordato *adj.* sober, prudent, wise, sensible, friendly
cordeação *s. f.* act of measuring with a cord; alignment of buildings, laying out of streets
cordear *v. tr.* to measure with a cord; to align; ***cordear vergas*** to point yards
cordeira *s. f.* ZOOLOGIA ewe-lamb
cordeiro *s. m.* ZOOLOGIA lamb; ***cordeiro criado sem mãe*** pet-lamb, cosset; ***cordeiro pascal*** Passover lamb, paschal lamb; ***manso como um cordeiro*** as meek as a lamb; ***lobo com pele de cordeiro*** wolf in lamb's skin
cordeiro-das-praias *s. m.* BOTÂNICA cotton weed
cordel *s. m.* string, thread; ***literatura de cordel*** cheap literature, trash; ***apertar os cordéis (cordões) à bolsa*** to save waste, to avoid waste; ***puxar os cordéis*** to pull the strings
cor-de-laranja *s. m., adj.* orange
cordelinhos *s. m. pl.* ***puxar os cordelinhos*** to pull the strings
cor-de-rosa Ⓐ *adj.* rose-coloured, pink Ⓑ *s. m.* pink; ***ver tudo cor-de-rosa*** to look at the bright side, to see everything through rose-coloured glasses
cordíaca *s. f.* a heart disease of a horse
cordial Ⓐ *adj.* cordial, warm, friendly Ⓑ *s. m.* MEDICINA cordial; ***acolhimento cordial*** a cordial welcome
cordialidade *s. f.* cordiality, warmth, affection, friendliness, kindness
cordialmente *adv.* cordially, warmly, friendly, kindly
cordierite *s. f.* MINERALOGIA cordierite, iolite, dichroite
cordifoliado *adj.* BOTÂNICA cordifolious
cordifólio *adj.* BOTÂNICA ⇒ **cordifoliado**
cordiforme *adj.* cordiform
cordilha *s. f.* designation of a tuna fish in its first stages of life
cordilheira *s. f.* cordillera, chain, ridge (of mountains); range of hills
cordite *s. f.* QUÍMICA cordite; MEDICINA a vocal cords inflammation
cordo *adj.* ⇒ **cordato**
cordoada *s. f.* blow with a rope; cordage, ropery, rigging, tackling
cordoagem *s. f.* cordage

cordoalha *s. f.* cordage
cordoame *s. m.* ⇒ **cordame**
cordoar *v. tr.* to encircle with ropes; to string
cordoaria *s. f.* rope-yard, ropery; rope-house
cordoeiro *s. m.* roper; rope-maker
cordómetro *s. m.* calibrator of cords
cordovaneiro *s. m.* manufacturer of or dealer in Cordovan leather
cordovão *s. m.* Cordovan; Cordovan leather
cordoveado *adj.* having visible jugular veins
cordoveias *s. f. pl.* jugular veins
cordovês Ⓐ *adj.* Cordovan Ⓑ *s. m.* Cordovan, native or inhabitant of Cordoba (in Spain)
cordura *s. f.* discretion, wisdom, prudence; seriousness
co-ré *s. f.* accomplice (female)
coré *s. m.* a Brazilian tree producing beautiful wood
coreano Ⓐ *adj.* Corean Ⓑ *s. m.* Corean language; Korean
co-redactor *s. m.* co-editor
co-redenção *s. f.* co-redemption
co-redentor *s. m.* co-redeemer
co-regência *s. f.* co-regency
co-regente *s. m. e f.* co-regent
corégrafo *s. m.* ⇒ **coreógrafo**
coreia *s. f.* MEDICINA chorea, St. Vitus' dance
coreico *adj.* choreic, choreal
coreiforme *adj.* choreiform
coreografia *s. f.* choreography
coreográfico *adj.* choreographic
coreógrafo *s. m.* choreographer
coreomania *s. f.* choreomania
co-responsabilidade *s. f.* co-responsibility
co-responsabilizar *v. tr.* to hold someone coresponsible for
co-responsável *adj.* co-responsible, jointly responsible
coreto *s. m.* bandstand
co-réu *s. m.* accomplice (male); co-defendant
coreu *s. m.* choree, trochee
corgo *s. m.* ⇒ **córrego**
coriáceo *adj.* coriaceous
coriâmbico *adj.* LITERATURA choriambic
coriambo *s. m.* LITERATURA choriamb
coriandro *s. m.* BOTÂNICA coriander
coriária *s. f.* Coriaria; sumach
Coriariáceas *s. f. pl.* BOTÂNICA *Coriariaceae* (a family of shrubs)
coribantes *s. m. pl.* MITOLOGIA coribants
coricida *s. m.* corn-killer
corifeu *s. m.* coryphaeus, leader of the chorus in Greek tragedy
Coriláceas *s. f. pl.* BOTÂNICA *Corylaceae*
corimbíferas *s. f. pl.* *Corymbiferae*
corimbífero *adj.* BOTÂNICA corymbiferous
corimbiforme *adj.* BOTÂNICA corymbiform
corimbo *s. m.* BOTÂNICA corymb (a kind of inflorescence)
corimboso *adj.* ⇒ **corimbífero**
corina *s. f.* ZOOLOGIA gazelle
corindo *s. m.* MINERALOGIA corundum
coringa Ⓐ *s. f.* small triangular sail Ⓑ *s. m.* lighterman; ugly and rachitic person
coríntio *s. m., adj.* Corinthian
corinto *s. m.* currant
cório *s. m.* BIOLOGIA chorion
corióide *s. f.* ANATOMIA ⇒ **coróide**
corioplastia *s. f.* artistic leather-working; artistic leather-dressing
coriscação *s. f.* coruscation, sparkling; gleaming, scintillating
coriscada *s. f.* coruscation; flash or gleam of light
coriscante *adj.* coruscant
coriscar *v. intr.* to flash, to sparkle, to scintillate; to strike (lightning)
corisco *s. m.* electric spark; lightning; ***lançar raios e coriscos*** to be in a white heat
corista *s. m. e f.* chorister; choirboy, chorus girl
coriza *s. f.* coryza, catarrh
corja *s. f.* rabble, mob
cormo *s. m.* BOTÂNICA corm; solid bulb
cormófitas *s. f. pl.* BOTÂNICA *Cormophyta*
corna *s. f.* horns (of animals)
cornaca *s. m.* elephant-driver, mahout
Cornáceas *s. f. pl.* BOTÂNICA *Cornaceae*
cornacha *s. f.* a panache used on the horse's head
cornada *s. f.* horning
cornadura *s. f.* the horns of animals, antlers
cornal *s. m.* a leather strap with which the horns are bound to the yoke
cornalão *s. m.* long-horned bull
cornalheira *s. f.* terebinth; terpentine tree
cornalina *s. f.* MINERALOGIA cornelian
cornamenta *s. f.* ⇒ **cornadura**
cornamusa *s. f.* bagpipe
cornar *v. tr.* to gore, to pierce or to wound with horns
corne *s. m.* trumpet, horn; ***corne inglês*** English horn, oboe
córnea *s. f.* ANATOMIA cornea
corneação *s. f.* act of attacking with the horns; ⌈pop.⌋ conjugal unfaithfulness
Corneáceas *s. f. pl.* ⇒ **Cornáceas**
corneador *adj.* prone to attack with the horns (bull)
corneal *adj.* ANATOMIA corneal
cornear *v. tr.* to attack with the horns; to horn; to butt; ⌈pop.⌋ to be unfaithful to one's spouse
cornecha *s. f.* variety of grapes
corneira *s. f.* ⇒ **cornal**
cornejar *v. intr.* to move the horns (snail)
córneo *adj.* ANATOMIA corneal (of or pertaining to the cornea), horny, corneous
cornéola *s. f.* MINERALOGIA coralline
corneta *s. f.* bugle, cornet, trumpet, horn; trumpeter, bugler; ***corneta acústica*** ear trumpet, speaking-trumpet; NÁUTICA ***corneta de sinais*** burgee of signals
cornetada *s. f.* trumpet-blast
cornetão *s. m.* big horn, big cornet
cornetear *v. intr.* to blow the horn; to proclaim
corneteiro *s. m.* bugler, trumpeter; horn-blower
cornetim *s. m.* French horn, trumpet
corneto *s. m.* ANATOMIA turbinate bone
corniaberto *adj.* having widely spaced horns
cornialto *adj.* long-horned
cornibaixo *adj.* having its horns turned to the ground (bull); low-horned (bull)
cornicabra *s. f.* BOTÂNICA bush, redpepper
cornicão *s. m.* ⇒ **cravagem**
cornicho *s. m.* little horn; snail's horn (or tentacle); insect's antenna
cornichoso *adj.* corniculate
cornico *s. m.* ⇒ **cornicho**
corniculado *adj.* corniculate
cornículo *s. m.* cornicle
cornicurto *adj.* shorthorned
cornífero *adj.* cornigerous
cornificar *v. intr.* to cornify
corniforme *adj.* hornlike
cornígero *adj.* cornigerous
cornija *s. f.* cornice
cornilargo *adj.* broad-horned, large-horned
cornilhão *s. m.* scorpion wort

cornimboque *s. m.* a snuff or tobacco box made from the point of a horn
corninho *s. m.* a little horn
cornìola *s. f.* ⇒ **cornalina**
cornìolo *s. m.* ⇒ **pilriteiro**
cornípede *adj.* horn-footed, hoofed
cornípeto *s. m., adj.* ⇒ **cornúpeto**
cornipo *s. m.* a little horn
cornizo *s. m.* cornel-tree
cornizolo *s. m.* fruit of the cornel-tree
corno *s. m.* horn; feeler, antenna; hornlike object; [fam.] cuckold; *pl.* head defenses of ruminants, antlers
cornofone *s. m.* modern trumpet
cornogodinho *s. m.* rowan tree, mountain ash
cornozelo *s. m.* horseshoe
cornucópia *s. f.* cornucopia, horn of plenty, the horn of the goat Amalthea
cornuda *s. f.* ICTIOLOGIA hammer fish
cornudo *adj.* cornuted, horned
cornúpeto Ⓐ *adj.* butting (with horns) Ⓑ *s. m.* bull
coro *s. m.* choir; chorus; ***fazer coro*** to join in, to back someone up
coroa *s. f.* crown, diadem; garland, wreath, coronet, chaplet; top, summit, crest; corona; rosary of seven decades offered to the Holy Virgin; tonsure; monarchy; glory; crown (monetary unit in several countries); NÁUTICA rim, ring; ***coroa de dente*** crown of a tooth; ***coroa de flores*** garland, wreath of flowers; ***coroa de mártir*** the martyr's crown; ***coroa de espinhos*** crown of thorns; ***pôr uma coroa num dente*** to crown a tooth; ***coroa dentada de roda*** rim of gear-wheel, face wheel; ***coroa de louros*** laurel wreath, the crown of one's labours; ***suceder à coroa*** to succeed to the crown; ***sucessão de coroa*** demise of the crown; ***coroa de êmbolo*** junk ring; ***coroa de gávea*** burton pendant; ***cara ou coroa?*** heads or tails?; ***coroa do pistão*** top surface of piston head; ***coroa solar*** solar corona
coroá *s. f.* BOTÂNICA coroa; coroa fibers
coroação *s. f.* coronation; crowning; ARQUITECTURA coping
coroado *adj.* crowned; ***coroado de glória*** crowned with glory; ***testas coroadas*** crowned heads
coroamento *s. m.* coronation; ARQUITECTURA corona, coping; completion
coroar *v. tr.* to crown, to enthrone; to reward; to honour; to top; to perfect, to finish; to adorn; ***coroar um rei*** to crown a king; ***coroar com louros*** to laureate
coroca *s. f.* an ugly old woman
coroça *s. f.* straw garment used by countrymen as waterproof
Corocas *s. m. pl.* a tribe in Angola
coró-coró *s. m.* an ibis (bird)
corografia *s. f.* chorography
corográfico *adj.* chorographic(al)
corógrafo *s. m.* chorographer
coróide *s. f.* ANATOMIA choroid; ***a coróide (dos olhos)*** the choroid (of the eye); ***membrana coróide*** choroid membrane
coroidite *s. f.* MEDICINA choroiditis
corola *s. f.* BOTÂNICA corolla
coroláceo *adj.* corollaceous
corolado *adj.* BOTÂNICA corollate(d)
corolário *s. m.* corollary, consequence, result; inference
corolífero *adj.* BOTÂNICA corolliferous
coroliforme *adj.* BOTÂNICA corolliform
corolino *adj.* corolliform
corolítico *adj.* ARQUITECTURA corollitic(al)
corona *s. f.* ⇒ **coroa**
coronado *adj.* coronated
coronal *s. m., adj.* coronal
coronária *s. f.* ANATOMIA coronary artery
coronário *adj.* ANATOMIA coronal, coronary
coronel *s. m.* colonel
coronelato *s. m.* colonelcy
coronha *s. f.* butt; gun-stock
coronhada *s. f.* blow with the butt of a gun
coronheiro *s. m.* rifle butt manufacturer
corónide *s. f.* cornice; top; crownwork; complement
coroniforme *adj.* crown-shaped
coronilha *s. f.* BOTÂNICA coronilla; oxseed
coronóide *adj.* resembling the beak of a rook
corónula *s. f.* a little crown
coroplastia *s. f.* the art of modelling small clay statues
corozil *s. m.* kind of thatch
corozo *s. m.* ivory-nut
corpaço *s. m.* ⇒ **corpanzil**
corpanzil *s. m.* [fam.] big body; stout person; stoutness, large stature
corpanzudo *adj.* ⇒ **corpulento**
corpete *s. m.* bodice, corselet
corpinheira *s. f.* bodice maker
corpinho *s. m.* small body; bodice; ⇒ **corpete**
corpo *s. m.* body; material substance, material part (as distinguished from the spirit or life); carcass, corpse; frame; bulk, corpus, mass, aggregate; person, being, individual, creature; company, assemblage, band, corps, force, troop; party, society, association, corporation; consistency, thickness, substance; ***corpo político*** political body; ***corpos celestes*** heavenly bodies; ***corpo de delito*** proof of evidence, "corpus delicti"; ***ausente de corpo, presente em espírito*** absent in body, present in spirit; ***corpo legislativo*** legislative body; TIPOGRAFIA ***corpo 16*** "corps seize"; TIPOGRAFIA ***corpo 10*** small pica; ***corpo do tipo*** type-body; FOTOGRAFIA ***de corpo inteiro*** full length, full-sized; FOTOGRAFIA ***meio corpo*** half length; ***fugir com o corpo*** to dodge, to avoid; ***pano com corpo*** substantial stuff; ***corpo diplomático*** diplomatic corps; ***corpo médico*** medical staff; ***corpo de bomba*** box (chamber, cylinder) of pump, pump barrel; ***corpo de caldeira*** boiler shell; ***corpo de mastro, mastaréu*** hounding of mast or topmast; ***corpo de baile*** ballet, "corps de ballet"; ***corpo a corpo*** hand-to-hand, body-against-body (contest, fight); FÍSICA ***corpo atérmico*** block body; ***corpo de bombeiros*** fire brigade; ***corpo de tropas*** body of troops; ***corpo de vestido*** waist (of a dress); ***corpo docente*** teaching staff; ***de corpo e alma*** with heart and soul; ***mal-feito de corpo*** ungainly, ill-shaped; BOTÂNICA ***corpo lenhoso*** xylem, woody tissue; ANATOMIA ***corpo tiróide*** thyroid gland (body); ***ter o diabo no corpo*** to be a sheer devil; ***dar o corpo ao manifesto*** to expose oneself to danger; ***de corpo bem-feito*** dressed lightly or insufficiently; ***corpo discente*** student body; MEDICINA ***corpo estranho*** foreign body
corporação *s. f.* corporation; association
corporal Ⓐ *adj.* corporeal, corporal, bodily Ⓑ *s. m.* corporal; communion cloth
corporalidade *s. f.* corporality, materiality
corporalização *s. f.* corporealization
corporalizar *v. tr.* to embody; to materialize, to corporealize; to give substance or body to; to make palpable
corporalmente *adv.* corporally, bodily
corporativismo *s. m.* corporatism
corporativista *adj.* corporatist
corporativo *adj.* corporative
corporatura *s. f.* bodily structure; physique
corporeidade *s. f.* corporeity, corporallity
corpóreo *adj.* corporeal
corporificação *s. f.* QUÍMICA corporification, embodiment
corporificar *v. tr.* to corporify; to solidify; to cause to assume a body or material form
corporiforme *adj.* corporeal
corporização *s. f.* ⇒ **corporificação**
corporizar *v. tr.* ⇒ **corporificar**

corpulência *s. f.* corpulence, corpulency; bulk, stoutness, fatness
corpulento *adj.* corpulent, stout, fat, fleshy, bulky (of body)
corpuscular *adj.* corpuscular
corpúsculo *s. m.* corpuscle; an atom of electricity
corra *s. f.* cord made of esparto used in pressing grapes; leather strap, thong
corrasão *s. f.* GEOLOGIA corrasion (of rocks)
correada *s. f.* lash, lashing
correagem *s. f.* straps; belts, belting; leather-work
correame *s. m.* ⇒ **correagem**
correão *s. m.* a long, broad or heavy leather strap
correar *v. tr.* to belt, to bind
correaria *s. f.* saddler's shop
correcção *s. f.* correction, improvement; punishment; rectitude, rightness; ***casa de correcção*** house of correction, bridewell, Borstal; ***correcção tipográfica*** correction, emendation; ***correcção do autor*** author's proof; NÁUTICA ***correcção da agulha*** error of the compass
correccional *adj.* correctional
corre-corre *s. m.* scurrying, scampering
correctamente *adv.* correctly, accurately; ***falar correctamente*** to speak correctly
correctivo *s. m., adj.* corrective
correcto *adj.* correct, accurate, proper, exact; decorous; faultless; dignified; upright; corrected; ***ser muito correcto*** to be refined, to be very proper; ***ele não agiu de modo correcto*** he did not act as he should; ***um homem correcto*** an upright man
corrector *s. m.* corrector
correctoria *s. f.* correctorship
correctório *s. m.* correctory
correctriz *s. f.* correctress, correctrix, correctrice
corredela *s. f.* race, running, run
corrediça *s. f.* slide, slider; ***de corrediça*** sliding; ***corrediça móvel*** sliding-neb
corrediço *adj.* running, gliding, sliding
corredio *adj.* running, gliding, sliding; ***nó corredio*** running-knot, slip-knot
corredoira *s. f.* ⇒ **corredoura**
corredoiro *s. m.* ⇒ **corredouro**
corredor Ⓐ *adj.* running Ⓑ *s. m.* runner, racer; corridor, passage; gallery; alleyway; ***o corredor de Danzig*** Danzig corridor
corredoura *s. f.* runner, upper millstone
corredouro *s. m.* track, race track
corredura *s. f.* the rest of a liquid which remains in the measuring vessel; ⇒ **corrida**
correeiro *s. m.* saddler
correento *adj.* hard as leather; leather-like
corregedor *s. m.* DIREITO corregidor, Spanish magistrate
corregedoria *s. f.* the office of a corregidor
correger *v. tr. (corrigir)* to correct; to mend; to set in order
corregimento *s. m.* correction; repair, mending; penalty
córrego *s. m.* ravine, gully; narrow path between mountains
correia *s. f.* leather strap, belt, thong; *pl.* belting; ***correia de transmissão*** driving-belt, strap; ***correia metálica*** chain belting; ***correia de segurança dos passageiros (em autocarros, carros eléctricos e comboios)*** strap; ***correia de transporte*** conveyor belt; ***correia em V*** v-belt
correição *s. f.* correction; corregidor's visit
correio *s. m.* post, post-office; mail; mailman, postman; courier, messenger; letters, correspondence; ***Correio Geral*** General Post-Office; ***administrador-geral dos correios*** Postmaster General; ***(por) correio aéreo (avião)*** (by) air mail, via air mail; ***deitar uma carta no correio*** to post a letter; ***pelo correio de hoje*** by today's post; ***na volta do correio*** by return of post; ***carimbo do correio*** postmark; ***caixa do correio*** letterbox; ***vale do correio*** postal order, money order; ***dia de correio*** mail day; ***chefe (empregada) do correio*** postmistress; ***serviço do correio*** postal service; ***perdi o correio da manhã*** I missed the morning post; ***pelo próximo correio*** by the next post; ***mande-o pelo correio*** send it by post; ***administração dos correios*** postal authorities; ***mala do correio*** postbag; ***marco do correio*** pillar-box
correlação *s. f.* correlation; analogy
correlacionante *adj.* correlating
correlacionar *v. tr.* to correlate, to establish a relation between
correlatar *v. tr.* to correlate; to bring into mutual relation
correlatividade *s. f.* correlativity
correlativo *adj.* correlative, correlate, reciprocally related
correlato *adj.* correlative
correligionário *s. m.* co-religionist, one of the same party
corrença *s. f.* ⇒ **diarreia**
corrente Ⓐ *adj.* current, instant; present; general, popular; fluent, flowing, running; common, usual Ⓑ *s. f.* flow, tendency; chain; ***ano corrente*** present year; ***a opinião corrente*** the current opinion; ***moeda corrente*** currency; ***papel corrente*** paper currency; ***preço corrente*** market price; ***mês corrente*** this month; ***é corrente*** it is said, it is current; ***seguir a corrente (ir com os outros)*** to go with the stream (or tide); ***corrente de aço*** steel chain-belt; ***corrente oceânica*** ocean current; ***corrente de engrenagem*** sprocket chain; ***corrente de superfície*** drift current; ***corrente submarina*** undercurrent; NÁUTICA ***com corrente contra*** astern of the reckoning; ***com corrente a favor*** ahead of the reckoning; ***corrente do geral*** trade drift; ***corrente de leme*** rudder chain, wheel chain; ***corrente do guincho*** cargo chain, derrick chain; ELECTRICIDADE ***corrente de arranque*** starting current; ***corrente de escape*** leakage (current); ***corrente de saída*** outgoing current; ***corrente de ar*** draught; ***lutar contra a corrente*** to ride the tide; ***água corrente*** running water; ***contra a corrente*** against the stream, upstream; ELECTRICIDADE ***corrente alternada*** alternating current; ELECTRICIDADE ***corrente contínua*** continuous current, direct current; ELECTRICIDADE ***corrente de carga*** charging current; ***corrente de alta (baixa) frequência*** high (low) frequency current; ***condutor sem corrente*** dead wire; ***corrente calibrada*** pitch chain; ***corrente de elos*** open link chain; ***corrente de ganchos*** hook link chain; ***corrente de segurança*** guard chain; ***corrente de tracção*** draught-chain; ***estar ao corrente de*** to be well informed
correntemente *adv.* currently, commonly, generally; fluently; ***falar inglês correntemente*** to speak English fluently
correnteza *s. f.* row (of houses, trees, etc.); continuation; unbroken series
correntio *adj.* running, flowing, common, usual; generally accepted
correpção *s. f.* GRAMÁTICA correption
correpto *adj.* which has suffered correption
correr Ⓐ *v. tr. e intr.* to run, to race; to hurry, to scud, to hasten; to fly; to glide, to flow, to stream, to ooze; to leak; to run about; to run after; to slip away, to elapse (time); to circulate (a report), to spread, to extend; to be exposed or subject to; to rush; to draw; ***a água corre da torneira*** the water runs from the tap; ***corre-lhe o sangue nas veias*** good blood runs in his veins; ***o sangue corria-lhe da ferida*** the blood was running from his wound; ***correr com vento em popa*** to run before the wind; ***correr sobre*** to rush at; ***correr juntamente*** to run together; ***o processo correu na ausência do réu*** the lawsuit went by default; ***correr para apanhar o comboio*** to run to catch the train, to run for the train; ***corre por minha conta*** I will be answerable for it, I will take due care; ***correr atrás de alguém*** to run after someone; ***correr até ...*** to run as far as, to take a run to; ***correr a toda a pressa*** to run at full speed, to run with all speed; ***correr com alguém*** to turn out someone; ***corre o boato ...*** it is rumoured that ..., there is rumour that ...; ***correr os banhos*** to publish the banns; ***correr à rédea solta*** to ride at full

speed; ***correr adiante*** to run before; ***correr através*** to run through; ***deixar correr o marfim*** to let things slide; NÁUTICA ***correr de vento em popa*** to bring the wind aft; NÁUTICA ***correr em árvore seca*** to scud under bare poles; ***correr com o mar (vento)*** to go before the sea (wind), to run before the sea (wind); ***correr com o tempo*** to scud, to spoon; ***deixar correr um cabo*** to fly a rope, to let a rope; ***correr mal*** to turn out badly; ***correr em auxílio*** to run to help, to run to someone's aid; ***a vida corre-lhe bem*** his life runs smoothly, he is in the clover; ***correr às armas*** to fly to arms; ***correr como nunca*** to run like the wind; ***nos dias que correm*** nowadays, in these times; ***porta de correr*** sliding door; ***correu muito sangue*** much blood has been shed; ***correu para salvar a vida*** he ran for his life; ***quem corre cansa, quem anda alcança*** haste makes waste, make haste slowly; ***correr o risco de*** to run the risk of; ***correr perigo*** to expose oneself to danger; ***correr os mares*** to sail the seas; ***correr mundo*** to rove, to roam; ***correr a mesma sorte*** to run the same chance; ***correr Ceca e Meca*** to go from Land's End to John o'Groats; ***correr a vista*** to run the eyes over; ***correr a cortina*** to draw the curtains Ⓑ *s. m.* course, duration; ***no correr dos séculos*** down the centuries

correria *s. f.* rushing; running; raid, incursion, inroad

correspondência *s. f.* correspondence; letters; intercourse, communication; conformity; harmony; ***tratar da correspondência*** to deal with the correspondence; ***ter muita correspondência*** to have a large correspondence; ***correspondência comercial*** commercial correspondence; ***estar em correspondência (vapor, comboio, etc.)*** to run in connection with (steam, train, etc.); ***correspondência atrasada*** overdue correspondence

correspondente Ⓐ *adj.* corresponding to Ⓑ *s. m. e f.* correspondent; representative

corresponder Ⓐ *v. intr.* to reciprocate; to correspond, to fit, to suit; to answer; to equal, to be in harmony with Ⓑ *v. refl.* to communicate with, to write letters to; ***corresponder da mesma forma*** to return the like; ***corresponder às exigências*** to meet the requirements; ***corresponder às previsões*** to come up to one's expectations; ***corresponde à descrição*** it answers to the description; ***raras vezes nos vemos, se bem que nos correspondamos regularmente*** we rarely meet, though we correspond regularly; ***a qualidade não corresponde ao preço*** the quality falls short of the price; ***isso corresponde*** that's according; ***o seu amor não é correspondido*** his love is not returned; ***corresponder ao vosso desejo*** to answer your purpose; ***corresponder a uma gentileza*** to return a kindness

corretã *s. f.* sheave; pulley

corretagem *s. f.* brokerage; commission

corretor *s. m.* broker, commission agent; correction strip; ***corretor de câmbios*** bill-broker, exchange broker; ***corretor de bolsa*** stock-broker; ***corretor de fundos*** stock-broker; ***corretor de letras*** exchange-broker; ***corretor de navios*** ship-broker; ***corretor de seguros*** insurance broker; ***corretor da alfândega*** custom-house broker

corrica *s. f.* wrinkle, pleat, plait

corricão *s. m.* the starting of game by means of dogs; ***caçar a corricão*** to hunt with dogs

corricar *v. intr.* to run with short steps; to walk up and down; to fish from a moving boat or during the tide

corrichar *v. intr.* [reg.] ⇒ **corricar**

corrida *s. f.* run, course, race; running; bullfight; trip in a taxi; ***corrida de cavalos*** horse-race; ***corrida de touros*** bullfight; ***corrida de corta-mato*** cross-country running; ***corrida de obstáculos*** steeplechase, hurdle race; [E.U.A.] ***corrida breve*** dash; ***corrida de galgos*** greyhound-racing; ***corrida de barcos*** boat-race; ***corrida pedestre*** foot-race; ***disputar corridas*** to run races; [Ingl.] ***corridas (de cavalos) de Derby*** the Derby; ***pista de corridas*** race-track; ***campo de corridas*** race-ground; ***corrida a um banco*** run on a bank; ***prémio de corrida*** race-cup; ***corrida de remos*** rowing-match; ***corrida de sacos*** sack-race; ***corrida pedestre (ciclista) de velocidade*** sprint; DESPORTO ***corrida final*** final heat, last event; ***de corrida*** hastily, superficially

corridinho *s. m.* a Portuguese folk music and dance (Algarve)

corrido *adj.* repelled, repulsed, driven away; ashamed, confused

corriento *adj.* soft, slippery

corrigenda *s. f.* corrigenda

corrigibilidade *s. f.* corrigibility

corrigimento *s. m.* ⇒ **corregimento**

corrigíola *s. f.* BOTÂNICA strapwort

corrigir Ⓐ *v. tr.* to correct; to rectify, to mend, to remedy, to make right, to set right; to amend, to reform, to redress, to improve; to punish, to chasten, to discipline Ⓑ *v. refl.* to correct oneself; to turn over a new leaf; ***corrigir um abuso*** to right a wrong; ***corrigir um erro*** to correct an error (a mistake); ***corrigir provas tipográficas*** to read proofs; ***corrigir uma tradução*** to correct a translation; NÁUTICA ***corrigir rumo*** to correct the course; ***ele corrigiu-se*** he mended his ways

corrigível *adj.* corrigible

corrijó *s. f.* BOTÂNICA ribwort

corrilheiro *s. m.* promoter or frequenter of secret or closed meetings, intriguer

corrilho *s. m.* conciliabule; clandestine meeting (esp. of partisans or conspirators); conventicle; intrigue

corrimaça *s. f.* hoots and cheers; uproar; run, chase

corrimão *s. m.* handrail; ***corrimão da borda do convés*** main rail of the deck; ***corrimão de escada*** handrail, banisters

corrimento *s. m.* MEDICINA the whites; hooting; vexation; leucorrhoea

corriola *s. f.* BOTÂNICA bindweed, withwind; a sort of game in which a folded ribbon is used

corriqueirice *s. f.* triviality, commonness, insignificance, trivialness

corriqueiro *adj.* vulgar; trivial, common, commonplace, current

corro *s. m.* assembly; society; circus, arena, ring

corroboração *s. f.* corroboration, confirmation; strengthening

corroborante *adj.* corroborant

corroborar *v. tr.* to corroborate, to confirm, to strengthen

corroborativo *adj.* corroborative

corroer Ⓐ *v. tr.* to corrode, to erode, to waste, to eat away Ⓑ *v. refl.* to be consumed

corroído *adj.* corroded, eroded; worm-eaten; worn-away; vitiated

corrompedor Ⓐ *adj.* corrupting Ⓑ *s. m.* corruptor

corromper Ⓐ *v. tr.* to corrupt, to adulterate, to mar, to spoil, to pollute; to bribe; to debase; to deprave, to pervert, to debauch; ***corromper o carácter*** to corrupt the character Ⓑ *v. refl.* to become corrupt, to putrefy, to deteriorate; to degenerate; to become adulterated

corrompidamente *adv.* corruptly

corrompimento *s. m.* corruption, corrupting; debasement, depravity; decomposition, putrefaction; decay; bribery

corrosão *s. f.* corrosion, erosion; *pl.* NÁUTICA pitting; GEOLOGIA ***corrosão eólica*** deflaction, wind erosion (of rocks); GEOLOGIA ***corrosão magmática*** resorptian borders (of phenocrystals); ***corrosão electrolítica*** electrolytic corrosion

corrosibilidade *s. f.* corrosibility, corrosiveness

corrosível *adj.* corrosible, corrodible; biting, fretting

corrosividade *s. f.* corrosiveness

corrosivo *s. m., adj.* corrosive; ***sublimado corrosivo*** corrosive sublimate; ***líquido corrosivo*** corrosive liquid

corruda *s. f.* BOTÂNICA a plant of the genus *Liliaceae*

corrume *s. m.* slide groove, slide slot; conduct

corrupção *s. f.* corruption; alteration; adulteration; decomposition, determination; perversion (of language); bribery; depravation, debauchment

corrupia *s. f.* quiet child
corrupião *s. m.* [Bras.] bird of the family *Pipridae*
corrupiar *v. intr.* to spin round, to twirl, to whirl, to rotate
corrupio *s. m.* children's game; whirl, whirlpool; bustle; ***andar num corrupio*** to be always on the go, to be running about
corrupixel *s. m.* small bag at the end of a pole for plucking fruits
corruptamente *adv.* corruptly
corruptela *s. f.* corruption (esp. of a word); corrupt practice; abuse
corruptibilidade *s. f.* corruptibility
corruptível *adj.* corruptible; perishable; venal
corruptivo *adj.* corruptive
corrupto *adj.* corrupt, depraved, dissolute, lewd; vicious; wicked; rotten, putrid; bribable; vitiated, incorrect (language)
corruptor Ⓐ *s. m.* corrupter; briber Ⓑ *adj.* corruptive
corsa *s. f.* [reg., Mad.] wheelless cart pulled by men, kind of sledge
corsário *s. m.* privateer; corsair; pirate; privateering vessel
corsear *v. tr.* to privateer
corselete *s. m.* corslet, bodice
córsico *s. m., adj.* Corsican
corso Ⓐ *s. m.* privateering; piracy; cortège of carriages or motor-cars; school of sardines; ***andar a corso*** to privateer Ⓑ *s. m., adj.* Corsican
corta *s. f.* cutting; pruning; butcher's shop
corta-arame *s. m.* cutting-nippers
corta-bolsos *s. m.* a pickpocket who cuts the pocket
corta-charutos *s. m.* cigar cutter
cortada *s. f.* a cross-cut, direct path
cortadeira *s. f.* pastry-cutter
cortadela *s. f.* a cut
cortado *adj.* cut
cortador *s. m.* cutter; butcher
cortadura *s. f.* cut, incision, gash; draining ditch; gap between mountains
corta-frio *s. m.* cold chisel
corta-gás *s. m.* gas switch
cortagem *s. f.* cutting; meat cutting
corta-mão *s. m.* carpenter's rule or square
corta-mar *s. m.* breakwater; angular prolongation of a bridge
corta-mato *s. m.* cross-cut (a direct path, diagonal to the main way)
cortamento *s. m.* cut, cutting; amputation; mutilation
cortante Ⓐ *adj.* cutting; biting Ⓑ *s. m.* cutter
corta-palha *s. m.* fixed saw for chopping straw
corta-papel *s. m.* paper cutter; paper knife
corta-pau *s. m.* ⇒ **pica-pau**
cortar Ⓐ *v. tr.* to cut, to wound (with a cutting instrument); to divide, to sever, to chop; to slit, to incise, to slice; to carve; to sculpture, to drisel; to intercept; to reduce; to cut off; to cross, to intersect; ***cortar a copa (das árvores)*** to nip off; ***cortar rente*** to cut off close; ***cortar em bocados*** to hew to pieces, to cut up, to cut to pieces; ***cortar ao comprido*** to cut lengthwise; ***cortar os mares*** to plough the seas; [fig.] ***cortar na casaca a*** to backbite, to slander, to speak ill of someone; ***cortar o coração*** to break the heart, to rend the heart; ***cortar por baixo*** to undercut; ***cortar a cabeça*** to behead, to decapitate; ***cortar à medida*** to cut to exact size; ***cortar a corrente ao motor*** to cut the current of the motor; ***cortar o cabelo*** to have one's hair cut; ***cortar a direito*** to go straight; ***cortar madeira*** to cut timber (or wood); ***cortar uma fatia de bolo*** to cut a slice of cake; ***cortar os dedos*** to cut one's fingers; ***cortar gelo*** to cut ice; ***cortar flores*** to cut flowers; ***cortar as unhas*** to cut one's nails, to pare the nails, to clip the nails; ***cortar as cartas (de jogar)*** to cut the cards; ***cortar despesas*** to cut down expenses; ***cortar um vestido*** to cut out a dress; ***cortar uma carreira*** to cut short a career; ***cortar as asas a alguém*** to clip someone's wings; ***cortar a corrente eléctrica*** to cut out, to break the electric(al) current; NÁUTICA ***cortar a proa*** to cross the bow; ***cortar o seguimento*** to check the way; ***cortar a vaga*** to plough the waves (or the billows); ***cortar de um golpe*** to smite off, to smite out; ***cortar com uma tesourada*** to snip off; ***cortar um botão*** to nip in the bud; ***cortar a relva*** to mow the lawn; ***cortar a palavra a alguém*** to cut a person short; ***cortar a vasa a*** to trump another's trick, to take the wind out of someone's sails; ***cortar cerce*** to cut off at the base (or at the root); ***cortar a retirada ao inimigo*** to cut off the enemy's retreat; ***cortar à esquerda*** to take the turning to the left; ***cortar com os dentes*** to bite off; ***cortar relações com*** to break with (a person), to sever relations Ⓑ *v. refl.* (cabo, etc.) to chafe, to gall (rope, etc.)
corta-redes *s. m.* net-cutter
corta-tubos *s. m.* pipe-cutter
corta-vento *s. m.* Paraguayan snipe (bird); a kind of windmill (used on top of fishing boats)
corta-vidros *s. m. pl.* glass-cutter
corte[1] *s. m.* cut, gash, incision, slit; edge, felling, cleaving (of timber); cutting, cutting out; ***dar um corte em*** to cut, to slash; ***corte de corrente eléctrica*** break of electric(al) current; ***corte brusco*** clean cut off; ***corte de madeira*** woodcutting; ***corte de árvores*** treefelling; ***corte enviesado*** oblique cut, cut on the cross; ***bom corte*** good cut; ***este vestido xadrez tem mau corte*** this check dress is badly cut (out); ***ela está a tirar o curso de corte*** she is learning dressmaking; ***corte de porcos*** pigsty; ***corte de cabelo*** haircut
corte[2] *s. f.* court; sovereign's residence, body of courtiers; courtship, homage; *pl.* the Houses of Parliament; ***fazer a corte a*** to flirt with, to woo, to court
cortejador *s. m.* courtier, gallant; flatterer; wooer (of a lady)
cortejar *v. tr.* to court, to pay court to; to make love to; to salute; to pay attentions to
cortejo *s. m.* suite, retinue, train; procession; salutation; accessory; ***cortejo fúnebre*** funeral procession, "cortège"; ***cortejo histórico-municipal de Londres*** Lord Mayor's Show
cortelha *s. f.* ⇒ **cortelho**
cortelho *s. m.* stable, corral; pigsty
cortês *adj.* courteous, polite, respectful, civil, affable, urbane, well-mannered; ***ser muito cortês*** to be refined, to be well-bred
cortesã *adj.* courtesan, courtezan
cortesanesco *adj.* courteous, courtly
cortesania *s. f.* courtliness, civility; courteous manners
cortesanice *s. f.* affected politeness; simulated urbanity; a courtier's intrigue
cortesão Ⓐ *s. m.* courtier Ⓑ *adj.* courtly
cortesia *s. f.* courtesy, courteousness, civility; courtiery; politeness, delicacy; salutation; ***fazer uma cortesia*** to bow; ***fazer cortesia com o chapéu dos outros*** to be generous at another's expense
córtex *s. m.* BOTÂNICA cortex, bark, cork; ANATOMIA superficial layer of the brain
cortiça *s. f.* bark; cork; ***cortiça preparada*** prepared cork; ***cortiça raspada*** scraped cork; ***cortiça granulada*** granulated cork
cortiçada *s. f.* great quantity of beehives; corkwood
cortiçado *adj.* covered with cork
cortical *adj.* BOTÂNICA, ANATOMIA cortical
córtice *s. m.* cortex
corticeira *s. f.* storage place for cork bark
corticeiro Ⓐ *s. m.* cork worker, cork gatherer; cork dealer Ⓑ *adj.* relating to bark
corticento *adj.* corklike, barky, resembling bark
cortíceo *adj.* made of bark or cork; corklike
corticícola *adj.* living in (the) bark
corticífero *adj.* producing bark

corticiforme *adj.* corticiform
corticite *s. f.* corticine; kind of floor covering
cortiço *s. m.* hive; ***cortiço de palha entrançada*** skep
cortiçó *s. m.* a bird of the family *Pteroclidae*
cortiçol *s. m.* ⇒ **cortiçó**
cortícola *adj.* living in the bark of trees
corticoso *adj.* thick-barked
cortiçoso *adj.* that which produces cork
cortilha *s. f.* jagging iron, jagger, pastry cutter
cortina *s. f.* curtain, casement curtain; ***atrás da cortina*** behind the curtain; ***cortina de fumo*** smoke screen; ***varão de cortina*** curtain-rod; ***cortina de ferro*** iron curtain; ***cortina de fogo*** firecurtain; TEATRO ***cortina de segurança*** safety curtain
cortinados *s. m. pl.* curtains
cortinar *v. tr.* to provide with curtains
cortinha *s. f.* cortile (enclosed area or courtyard within or attached to a building)
cortinhal *s. m.* cortile
cortinheiro *s. m.* enclosed land near a village
cortisona *s. f.* cortisone
coruchéu *s. m.* ARQUITECTURA spire pinnacle of a steeple, turret; the highest point of a turret
corucho *s. m.* tree pinnacle; hole through which bees get into or out of the hive
coruja *s. f.* ZOOLOGIA screech-owl, hag, witch; old and ugly woman; ***mãe coruja*** proud mother
corujão *s. m.* ZOOLOGIA the spectacled owl
corujar *v. intr.* ZOOLOGIA to peep as owl
corujeira *s. f.* hamlet in a rocky place
corujeiro *s. m.* ⇒ **corujeira**
corujento *adj.* owlish
corujo *s. m.* ZOOLOGIA owl
corundo *s. m.* ⇒ **corindo**
corunha *s. f.* [reg.] ⇒ **caroço**
coruscação *s. f.* coruscation, sudden flash, gleam of light
coruscante *adj.* coruscant; glittering, sparkling
coruscar *v. intr.* to coruscate, to sparkle, to flash; to gleam
corusco *s. m.* ⇒ **relâmpago**
coruta *s. f.* summit, top; pinnacle; top of a stalk
corutilho *s. m.* awn
coruto *s. m.* ⇒ **coruta**
corva *s. f.* bad woman; female crow or rook; fish from Algarve
corvacho *s. m.* small raven
corveiro *s. m.* goat shed for the he-goats while the females are milked
corvejar *v. intr.* to caw (as a crow)
corvelo *s. m.* crow
corveta *s. f.* corvette, sloop
corveu *s. m.* ⇒ **tainha**
Córvidas *s. m. pl.* ZOOLOGIA members of the family *Corvidae*
Corvídeos *s. m. pl.* ZOOLOGIA ⇒ **Córvidas**
corvina *s. f.* ZOOLOGIA corvina, kind of sea-fish
corvineira *s. f.* a fishing net
corvino *adj.* corvine; akin to the raven or crow
corvo *s. m.* ZOOLOGIA crow; raven; ***corvo nocturno (noitibó)*** fern-owl, goatsucker, night-hawk
corvo-marinho *s. m.* cormorant
cós *s. m.* waistband
coscinomancia *s. f.* coscinomancy
cosco *s. m.* ⇒ **coscorão**
coscorado *adj.* hardened
coscorão *s. m.* pancake (mainly flour and eggs), fritter
coscorar *v. tr.* to crust; to harden
coscoro *s. m.* crust; callosity; wrinkling; crinkling
cóscoro Ⓐ *s. m.* ⇒ **coscoro** Ⓑ *adj.* crusted; hardened
coscorrão *s. m.* a blow with the hand
coscorrinho *s. m.* [reg.] savings, saved money
coscuvilhar *v. intr.* to intrigue; to gossip
coscuvilheiro *s. m.* intriguer, tittle-tattler, gossiper
coscuvilhice *s. f.* gossip, tittle-tattle, intrigue
co-secante *s. f.* cosecant
cosedor *s. m.* stitcher (book bindery)
cosedura *s. f.* sewing; NÁUTICA lacing, lashing, mousing, seizing; ***fazer uma cosedura em*** to lace, to lash; ***fazer uma cosedura com voltas trincafiadas*** to marl; ***cosedura de crescente (de vela)*** latching (of sail)
co-seno *s. m.* MATEMÁTICA cosine
coser Ⓐ *v. tr.* to sew, to stitch Ⓑ *v. intr.* to sew Ⓒ *v. refl.* to lean against; ***coser um livro*** to stitch a book; ***coser-se com a parede*** to flatten oneself against the wall; ***aprender a coser*** to be taught to sew; NÁUTICA ***coser uma forra numa vela*** to table in a sail
cosicar *v. tr.* to mend, to patch (by sewing); to hand-sew
cosidela *s. f.* ⇒ **cosedura**
cosido *adj.* sewn, sewed, stitched
co-signatário *s. m.* co-signatory; joint signatory
cosipar *v. tr. e intr.* ⇒ **cosicar**
cosmética *s. f.* cosmetic
cosmético *s. m., adj.* cosmetic
cosmetologia *s. f.* science of cosmetics
cósmico *adj.* cosmic, cosmical
cosmobiologia *s. f.* cosmobiology
cosmobiológico *adj.* cosmobiologic
cosmódromo *s. m.* cosmodrome
cosmognosia *s. f.* cosmognosis
cosmogonia *s. f.* cosmogony
cosmogónico *adj.* cosmogonic(al)
cosmogonista *s. m. e f.* cosmogonist
cosmografia *s. f.* cosmography
cosmográfico *adj.* cosmographic(al)
cosmógrafo *s. m.* cosmographer
cosmolábio *s. m.* cosmolabe
cosmologia *s. f.* cosmology
cosmológico *adj.* cosmological
cosmólogo *s. m.* cosmologist
cosmometria *s. f.* cosmometry
cosmométrico *adj.* relating to cosmometry, cosmometric
cosmonauta *s. m. e f.* astronaut; space-man (woman)
cosmonáutico *adj.* cosmonautic
cosmonomia *s. f.* study of the laws of the universe
cosmopolita *s. m. e f., adj.* cosmopolitan
cosmopolitismo *s. m.* cosmopolitanism, cosmopolitism
cosmopolização *s. f.* the act of cosmopolitanizing
cosmopolizar *v. tr.* to cosmopolitanize
cosmorama *s. m.* cosmorama, peep-show illustrating all parts of the world
cosmos *s. m.* cosmos, the universe
cosmosofia *s. f.* cosmosophy
cosmotrão *s. m.* FÍSICA cosmotron
cossa *s. f.* harassment, pursuit; a kind of canoe
cossaco *s. m.* Cossack
cossoiro *s. m.* truck of a mast
cossolete *s. m.* ⇒ **corselete**
cossoleto *s. m.* ⇒ **corselete**
cossouro *s. m.* ⇒ **cossoiro**
costa *s. f.* coast, shore, strand; bank (of a lake, swamp, etc.), declivity, slope; *pl.* back; *pl.* ANATOMIA costa, loin; *pl.* protection, support; ***costa da mão*** back of the hand; ***costas com costas*** back to back; ***às costas*** upon the back; ***deitado de costas*** lying on back; ***de costas*** on one's back; ***nas costas de alguém*** behind one's back; ***voltar as costas*** to turn one's back (on); ***costas de uma cadeira*** back of a chair; ***ter às costas*** to have on one's back; ***há mouro na costa*** I smell a rat; ***costa a pique*** bold shore; ***fazer costas a*** to protect; ***costas direitas*** straight back; ***ter as costas quentes*** to be in favour, to be well backed; ***ao longo da costa*** along the coast; ***dar à costa*** to run ashore (or aground), to suffer an

ill success; ***guardar as costas*** to mind one's back; ***cair de costas e quebrar o nariz*** to have incredible bad luck; ***desejar ver pelas costas*** to desire a person's absence; ***falar pelas costas*** to speak ill of someone behind his back; ***ir costa abaixo*** to decay, to decline; ***costa marítima*** sea coast; ***costa rasa*** flat coast; ***costa de caldeira*** back plate of boiler; ***cair de costas*** to fall on one's back; ***deitar para trás das costas*** to forget something, to make light of it, to cast behind one's back; ***costas curvadas*** round-shouldered; ***costa de areia*** sandy coast; ***costa abrupta*** mountainous coast; ***costa rochosa*** rocky coast; NÁUTICA ***às costas (pano)*** aback (sail); ***ter as costas largas*** to be thick-skinned; ***ter as costas quentes*** to have powerful background

costabaixo *s. m.* [Bras.] declivity; downward slope of a hill-side

costada *s. f.* meander

costado *s. m.* side, broadside, wing; back; ***os quatro costados*** the four grandparents of a person; AERONÁUTICA ***costado de fuselagem*** fuselage side; ***de quatro costados*** dyed-in-the-wool; ***dar com os costados no chão*** to come a cropper

costal Ⓐ *adj.* coastal Ⓑ *s. m.* weight of 60 kilos

costaleira *s. f.* ⇒ **costaneira**

costalgia *s. f.* MEDICINA costalgia (rib-pain)

costálgico *adj.* relating to costalgia

costaneira *s. f.* NÁUTICA preventer, shroud, swifter; *(papel)* coarse paper used for wrapping up reams of better paper; ***costaneira de madeira*** the exterior planks (when a tree is sawn)

costaneiro *adj.* coarse (of paper); ***papel costaneiro*** wrapping-up paper, brown paper, coarse paper

costa-riquenho *s. m., adj.* Costa Rican

costeagem *s. f.* coastwise shipping

costeamento *s. m.* coastwise shipping

costear *v. intr.* NÁUTICA to coast, to coast along; to range, to range along; to go along

costeio *s. m.* ⇒ **costeagem**

costeira *s. f.* steep mountain range at the sea-shore, slope; *pl.* NÁUTICA partners of the mast

costeiro *adj.* coasting

costela *s. f.* rib; ***costela de Adão*** Adam's rib; ANATOMIA ***costelas falsas*** false ribs; ANATOMIA ***costelas esternais*** the true (vertebrosternal) ribs; ANATOMIA ***costelas flutuantes*** the floating ribs; ***podem-se-lhe contar as costelas*** he is so lean that one might count his ribs

costeleta *s. f.* cutlet; ***costeleta de carneiro*** mutton chop; ***costeleta de porco*** pork chop; ***costeleta de vitela*** veal cutlet

costiforme *adj.* rib-shaped, rib-like

costilhas *s. f. pl.* the sides of the resonance box of a string instrument

costo *s. m.* cost (the herb also called alecost or costmary)

costoclavicular *adj.* costo-clavicular

costoscapular *adj.* ANATOMIA costo-scapular

costosternal *adj.* costo-sternal

costotomia *s. f.* CIRURGIA costotomy

costótomo *s. m.* CIRURGIA costotome

costovertebral *adj.* costo-vertebral

costumado *adj.* accustomed, customary, habitual, usual

costumagem *s. f.* custom, habit, usage, consuetude; tax, duty, toll

costumança *s. f.* [pop.] custom, habit, usage, consuetude; tax, duty, toll

costumar *v. tr. e intr.* to accustom, to habituate, to get used to, to have the habit of; to be accustomed to, to be used to; to be customary; ***costumava dar um passeio no parque todas as noites*** he used to stroll in the park every evening; ***eu costumava apanhar o autocarro*** I used to take the bus

costumário *adj.* usual, habitual, common, customary

costume *s. m.* custom, habit, usage, practice, way; costume (dress); *pl.* behaviour, morals; ***como de costume*** as usual; ***ter por costume*** to have the habit of; ***na forma do costume*** in the usual way; ***contrair maus costumes*** to get into bad habits; ***ter o mau costume de*** to have the nasty habit of; ***é contra o meu costume*** it is not my habit; ***é costume gratificar o criado*** it is usual to tip the waiter; ***veio mais cedo do que o costume*** he came earlier than usual; ***fora dos costumes*** out of the way

costumeira *s. f.* usage, routine, inveterate custom, bad habit

costumeiro *adj.* usual, customary

costura *s. f.* seam; sewing, stitching; needlework; CIRURGIA suture, line of juncture, joint; ***máquina de costura*** sewing machine; ***mestra de costura*** needlework teacher; ***saca de costura*** work-bag; ***caixa de costura, estojo de costura*** work-box, sewing set; [pop.] ***assentar as costuras*** to beat down the seams, to beat a person; ***rebater as costuras*** to drive with an iron; NÁUTICA ***costura (de cabo)*** joining splice (of rope); ***costura (de chapas, de pano, de tábua)*** seam (of plates, of sail, of board); ***costura sobreposta*** overlapping joint; ***costura redonda (em pano)*** round seam (in sail); ***fazer uma costura (de cabo)*** to join (rope); ***costura calafetada*** caulked seam; ***costura de mão*** eye-splice

costurado *adj.* sewn; darned; mended, patched

costurão *s. m.* big (ugly) scar

costurar Ⓐ *v. tr.* to sew Ⓑ *v. intr.* to do needlework

costureira *s. f.* dressmaker, seamstress, sempstress, needlewoman

costureiro *s. m.* seamster, lady's tailor; ANATOMIA sartorius (muscle of the thigh)

cota *s. f.* coat of mail; annotation, notation; quotation; quota, portion, share; bench-mark, spot-level, level; back of a cutting instrument; subscription; NÁUTICA ***cota de classificação*** character

cotação *s. f.* quotation; price-list; [fig.] prestige, good repute; regard, consideration; ***cotação bancária*** bank rate; ***cotação de câmbios*** rate of exchange

cotada *s. f.* blow with the back of a cutting instrument

cotado *adj.* appraised, rated; well-reputed, esteemed, considered

cotador *s. m.* annotator

cotamento *s. m.* annotation; quotation

co-tangente *s. f.* GEOMETRIA cotangent

cotanilho *s. m.* BOTÂNICA tomentum, down

cotão *s. m.* fluff, down, nap

cota-parte *s. f.* share, quota

cotar *v. tr.* to mark; to quote; to indicate the level of; to annotate; to estimate, to valuate, to assess; ***cotar um preço inferior*** to quote a lower price; ***cotar o preço na Bolsa*** to quote the price on the Stock Exchange

cotável *adj.* marketable; negotiable

cote *s. m.* hone, whetstone; NÁUTICA blackwall hitch; hitch

cotejador *s. m.* comparer, collator, conferrer, checker

cotejar *v. tr.* to compare, to confront, to confer, to collate, to check

cotejo *s. m.* comparison, comparing, collation, check

cotia *s. f.* ancient oriental boat; kind of fig-tree (Algarve); ⇒ **cobaia**

cotiado *adj.* threadbare, worn off; frayed

cotiar *v. tr.* to fray, to render threadbare; to use daily; to repeat oneself

cotiara *s. f.* ⇒ **urutu**

cotica *s. f.* HERÁLDICA cotise, cottise

coticado *adj.* HERÁLDICA cotised

cotícula *s. f.* touchstone

Cótidas *s. m. pl.* ⇒ **Cotídeos**

Cotídeos *s. m. pl.* the *Cottidae*

cótila *s. f.* cotyle

cotiledonar *adj.* cotyledonary

cotilédone *s. f.* cotyledon

cotiledóneo *adj.* cotyledonous

cotilhão *s. m.* cotillion, cotillon

cótilo *s. m.* ⇒ **cótila**

cotilóide *adj.* cotyloid
cotim *s. m.* drill, twill; duck; ***cotim para marinheiros*** ticking; ***calças de cotim*** ducks
cotinga *s. f.* ZOOLOGIA manakin, manikin, cotinga (a bird)
Cotíngidas *s. m. pl.* ⇒ **Cotingídeos**
Cotingídeos *s. m. pl.* *Cotingidae*
cotio *s. m.* daily use; ***a cotio*** daily, every day
cotização *s. f.* assessment, allotment, rating; quota, share
cotizar Ⓐ *v. tr.* to assess, to allot, to rate Ⓑ *v. refl.* to participate, to share
cotizável *adj.* assessable, ratable
coto *s. m.* stump; *pl.* knuckles
cotó *s. m.* a very short person; large knife, cutlass
cotoco *s. m.* stump of an amputated arm (leg); point of knife
cotonar *v. tr.* to give to something the appearance of cotton
cotonaria *s. f.* cotton factory, cotton mill
cotonária *s. f.* any plant with cottony leaves
cotonário *adj.* cottony, cotton-like
cotoneira *s. f.* ⇒ **cotonária**
cotonicultor *s. m.* cotton grower
cotonicultura *s. f.* cotton growing
cotonígero *adj.* cottony, downy
cotonoso *adj.* cotton, cottony, made of cotton
cotovelada *s. f.* a blow with one's elbow, nudge
cotovelado *adj.* cranked, L-shaped
cotovelão *s. m.* a sharp blow with one's elbow, nudge
cotovelar *v. tr.* to elbow, to nudge, to push, to push one's way
cotoveleira *s. f.* elbow pad
cotovelo *s. m.* ANATOMIA elbow; angle, turn, bend; MECÂNICA crank; ***falar pelos cotovelos*** to talk nineteen to the dozen, to talk a person's head off; ***dor de cotovelo*** jealousy; ***tubo de cotovelo*** elbowpipe; ***em cotovelo*** cranked; ***andar com os cotovelos rotos*** to be out at elbows
cotovia *s. f.* ORNITOLOGIA lark, skylark
cotra *s. f.* dirt, filth or muck accumulated on the garment of lousy people
cotrim *s. m.* ancient Portuguese silver and gold coin
cotroso *adj.* dirty, filthy, mucky
coturnado *adj.* cothurned
coturno *s. m.* cothurnus, buskin; sock; ***de alto coturno*** of high position
co-tutela *s. f.* co-guardianship, co-tutelage
co-tutor *s. m.* co-tutor
coução *s. m.* ⇒ **cocão**
couce *s. m.* ⇒ **coice**
coucear *v. tr. e intr.* ⇒ **coicear**
couceira *s. f.* ⇒ **coiceira**
couceiro *adj.* hindmost, hindermost, last
coucelo *s. m.* ⇒ **conchelo**
couçoeira *s. f.* ⇒ **coiçoeira**
coudel *s. m.* ancient cavalry captain; manager of a stud-farm
coudelaria *s. f.* stud-farm
coulomb *s. m.* ELECTRICIDADE coulomb
coura *s. f.* ancient buff-coat for warriors; cuirass
couraça *s. f.* cuirass, breastplate; armour
couraçado Ⓐ *adj.* iron-clad, armour-plated, cuirassed Ⓑ *s. m.* battleship
couraçar Ⓐ *v. tr.* to armour; to fit with a cuirass Ⓑ *v. refl.* to protect oneself, to become indifferent
couraceiro *s. m.* cuirassier
couracho *s. m.* leather; hide, skin, pelt
courama *s. f.* great quantity of hides
courão *s. m.* old prostitute, old whore; hag; kind of grapes
courata *s. f.* large cuirass
courato *s. m.* hog's skin, pigskin
coureiro *s. m.* dealer in leather
courela *s. f.* strip (of cultivated land); plot
courelado *adj.* divided into land strips
coureleiro *s. m.* divider of land strips
couro *s. m.* leather; hide; [fig.] skin; ***couro cabeludo*** scalp; ***couro cru*** rawhide; ***couro curtido*** tanned hide; ***couro em verde*** rawhide; ***couro envernizado*** patent leather; ***couro preparado*** dressed hide; ***curtir couros*** to dress hides; ***levar couro e cabelo*** to fleece a person; ***couro de boi*** ox-hide; ***couro de jacaré*** crocodile leather; ***couro de porco*** pigskin
cousa *s. f.* ⇒ **coisa**
cousada *s. f.* ⇒ **coisada**
cousica *s. f.* ⇒ **coisica**
cousíssima *s. f.* ⇒ **coisíssima**
couso *s. m.* ⇒ **coiso**
coutada *s. f.* game preserve, covert, park
coutado *adj.* enclosed, fenced, surrounded; protected
coutamento *s. m.* fencing-in; enclosure; prohibition
coutar *v. tr.* to enclose, to fence; to prohibit (to forbid, to interdict by authority) hunting
coutaria *s. f.* keepership
couteiro *s. m.* game-keeper; park-keeper, ranger
coutilho *s. m.* small enclosure
couto *s. m.* enclosure; asylum, refuge; shelter, covert
couval *s. m.* cabbage plantation (field)
couve *s. f.* cabbage; ***couve lombarda*** spring cabbage; ***couve repolho*** garden cabbage; ***couve de Bruxelas*** Brussels sprouts; ***couve repolhuda*** white cabbage; ***couve saboiana*** savoy; ***conserva de couve*** pickled cabbage
couve-flor *s. f.* cauliflower
couveira *s. f.* cabbage
couveiro Ⓐ *adj.* suitable for growing cabbages Ⓑ *s. m.* dealer in cabbages
couve-marinha *s. f.* sea-weed, sea-kale
cova *s. f.* hole in the earth, excavation; cavity; grave, sepulture
côvado *s. m.* ancient measure of length (0.66 meters)
cova-do-ladrão *s. f.* depression between the neck and the back of the head
covagem *s. f.* act of opening graves; price paid for that
coval *s. m.* section on a cemetery where graves can be opened; hole in the ground (earth); division of land for sowing; ancient underground cellar (amongst the Moors)
co-valência *s. f.* QUÍMICA covalency
co-valente *adj.* QUÍMICA covalent
covão *s. m.* huge hole, gaping hole
covarde *adj.* ⇒ **cobarde**
covardia *s. f.* ⇒ **cobardia**
covato *s. m.* grave-digging; burying-ground
coveiro *s. m.* grave-digger
covelina *s. f.* MINERALOGIA covelline, covellite
covelite *s. f.* MINERALOGIA covellite; covelline
co-vendedor *s. m.* joint-seller
covil *s. m.* den; (wild beast's) lair; ***covil de ladrões*** den of thieves
covilhete *s. m.* small dish; bowl; tin tumbler used by conjurors
covinha *s. f.* dimple; ***jogo da covinha*** chuck farthing
covo Ⓐ *adj.* deep; concave; ***prato covo*** soup-plate Ⓑ *s. m.* kind of net for river fishing; basket where the hen hatches
covoada *s. f.* range of hollows, cavities
coxa *s. f.* thigh; ***osso da coxa*** femur, thigh-bone
coxal *adj.* pertaining to the thigh; ***osso coxal*** thigh bone
coxalgia *s. f.* MEDICINA coxalgia
coxálgico *adj.* relating to coxalgia
coxão *s. m.* fat thigh
coxeadura *s. f.* lameness, hobble, limp
coxeante *adj.* limping, hobbling, halting
coxear *v. intr.* to limp, to walk with a limp, to hobble, to walk lamely; [fig.] to halt, to run lamely (of verse)
coxeio *s. m.* ⇒ **coxeadura**

coxeira *s. f.* ⇒ **coxeadura**
coxêndico *adj.* said of the hip-bones, which, together with the sacrum, form the pelvis
coxete *s. m.* ⇒ **coxote**
coxia *s. f.* passage (between two rows of seats), gangway; horse's box, stall; folding-seat; ***correr a coxia*** to gad about, to idle, to roam, to loaf
coxim *s. m.* cushion; backless bench; rail-chair
coxinho *adj.* limping, hobbling, halting
coxinilho *s. m.* black, woollen saddle-cloth
coxo Ⓐ *adj.* lame, limping; missing a leg (chair, table); [fig.] defective, incomplete Ⓑ *s. m.* lame (limping) person
coxofemoral *adj.* ANATOMIA coxofemoral
coxote *s. m.* cuish, cuisse; protective armour for the thighs
coxovertebral *adj.* ANATOMIA coxovertebral
cozedeira *s. f.* (earthenware) pot
cozedor Ⓐ *s. m.* cook, baker Ⓑ *adj.* boiling, cooking, baking
cozedura *s. f.* baking, cooking; boiling
cozer *v. tr.* to bake, to cook, to boil (in water), to do, to digest; ***cozer no forno*** to bake; ***cozer tijolo*** to burn bricks; ***cozer a bebedeira*** to sleep oneself sober
cozido Ⓐ *adj.* baked; cooked; boiled (in water) Ⓑ *s. m.* boiled beef; meat course; ***muito cozido (ou cozido de mais)*** over boiled; ***pouco cozido*** underboiled; ***cozido no forno*** baked; ***cozido à portuguesa*** boiled beef and pork with vegetables, sausage, rice, etc
cozimento *s. m.* baking; boiling; cooking; MEDICINA decoction
cozinha *s. f.* kitchen; cuisine, cookery; ***cozinha (de navio de guerra)*** cook-room, cuddy, galley; ***cozinha (de navio mercante)*** caboose; ***utensílios de cozinha*** kitchen utensils; ***trem de cozinha*** kitchenware; MILITAR ***cozinha de campanha*** field-kitchen; ***cozinha simples*** plain cooking; ***cozinha francesa*** French cuisine; ***livro de cozinha*** cookery book; ***chefe de cozinha*** head cook, chef
cozinhada *s. f.* ⇒ **cozinhado**
cozinhado *s. m.* dish, cooked food
cozinhar *v. tr. e intr.* to cook, to do the cooking, to prepare food (by heat), to concoct; to look after the cooking; [fig.] to brew (mischief), to plot, to contrive, to hatch; ***arte de cozinhar*** cookery, the art of cooking; ***cozinhar petiscos*** to cook savouries; ***saber cozinhar*** to know how to cook
cozinhável *adj.* cookable
cozinheira *s. f.* (woman) cook; ***ajudanta de cozinheira*** kitchenmaid
cozinheiro *s. m.* (male) cook; ***cozinheiro hábil*** first-rate cook; ***ajudante de cozinheiro*** undercook
craca *s. f.* barnacle; flute (of a column)
crachá *s. m.* star (of a military order), medal, decoration; badge
cracolé *s. m.* ⇒ **codorniz**
cracoviana *s. f.* Cracovienne (dance of Polish origin)
cracoviano *s. m., adj.* Cracovian
crambe *s. f.* BOTÂNICA sea-kale, sea-cole
craniano *adj.* cranial, cranian
crânio *s. m.* skull, cranium; [coloq.] ***ser um crânio*** to be a very smart person
cranioclasia *s. f.* cranioclasm
craniografia *s. f.* craniography
craniográfico *adj.* relating to craniography
craniógrafo *s. m.* craniographist
cranióide *adj.* skull-like
craniolar *adj.* ⇒ **cranióide**
craniolária *s. f.* skull-shaped shell
craniologia *s. f.* craniology
craniológico *adj.* craniological
craniologista *s. m. e f.* ⇒ **craniólogo**
craniólogo *s. m.* craniologist
craniomancia *s. f.* phrenology
craniomante *s. m. e f.* phrenologist
craniometria *s. f.* craniometry
craniométrico *adj.* craniometric(al)
craniómetro *s. m.* craniometer
cranioplastia *s. f.* cranioplasty
cranioscopia *s. f.* cranioscopy
cranioscópico *adj.* cranioscopic(al)
cranioscópio *s. m.* cranioscope
craniotas *s. m. pl.* craniata, craniota
craniotomia *s. f.* CIRURGIA craniotomy
craniótomo *s. m.* craniotome
cranque *s. m.* crank
crápula Ⓐ *s. f.* crapulence, debauchery, dissoluteness Ⓑ *s. m.* debauchee, rake, libertine
crapulear *v. intr.* to indulge in debauchery
crapuloso *adj.* crapulent, dissolute, debauched, licentious
craque Ⓐ *interj.* crack!, crash! Ⓑ *s. m.* [Bras.] excellent (race-horse, footballer, racer, etc.)
crase *s. f.* crasis
crasiografia *s. f.* description of different temperaments
crasiologia *s. f.* temperaments treaty
craspédota *adj.* craspedote, craspedotal
crassicaude *adj.* thick-tailed
crassicaule *adj.* thick-stalked, thick-stemmed
crassidade *s. f.* crassness, crassitude; thickness, grossness, coarseness
crassidão *s. f.* crassness, crassitude; thickness, grossness, coarseness
crassilingue *adj.* thick-tongued
crassipene *adj.* strong-winged, dense-feathered
crassirrostro *adj.* thick-billed
crassitude *s. f.* ⇒ **crassidade**
crasso *adj.* crass, gross, thick, coarse; ***estupidez crassa*** crass stupidity; ***ignorância crassa*** crass ignorance
Crassuláceas *s. f. pl.* BOTÂNICA *Crassulaceae*
crasta *s. f.* ⇒ **claustro**
crasteiro *adj.* cloistral, claustral
crastejo *s. m.* small castle
crástino *adj.* of tomorrow; matutinal
crasto *s. m.* ⇒ **castro**
cratera *s. f.* crater, mouth (of a volcano)
crateriforme *adj.* crateriform
cratícula *s. f.* tiny square, small grid
craticulação *s. f.* marking out of squares
craticular *v. tr.* to mark out squares
craúna *s. f.* [Bras.] bird of the family Icteridae
crava *s. m.* sponger, parasite
cravação *s. f.* riveting, nailing, nail-work; ***cravação de pedras preciosas*** setting of precious stones; ***cravação decorativa*** nail-work; ***cravação dupla*** double riveting; ***cravação de cadeia*** chain riveting; ***cravação simples*** single riveting
cravadeira *s. f.* riveting-machine
cravador *s. m.* riveter; gem-setter; ***cravador de sapateiro*** punch
cravadura *s. f.* ⇒ **cravação**
cravagem *s. f.* BOTÂNICA ergot
cravanço *s. m.* borrowing, sponging
cravar *v. tr.* to rivet; to nail, to knock in, to drive in; to stick in; to set (precious stones); [fam.] to borrow (money); ***cravar os olhos em*** to stare at; ***cravar rebites em*** to rivet; ***cravar um prego*** to drive in a nail
cravaria *s. f.* riveter's (workshop)
craveira *s. f.* standard measure; gauge; size rule; nail hole (in a horse-shoe); size; ***não chegar à craveira*** to be too short, not to attain the (necessary) standard
craveiro *s. m.* BOTÂNICA carnation (plant), pink; a pot of carnations

cravejador *s. m.* gem setter; nailer; nailsmith; farrier
cravejamento *s. m.* gem-setting; nailing; interposition
cravejar *v. tr.* to set (precious stones); to nail, to stud with nails
cravelha *s. f.* peg, pin (of a string instrument); ***apertar a cravelha*** to tighten the reins, to keep a tight hand over; ***cravelha de piano*** wrest-pin
cravelhame *s. m.* peg box of a string instrument
cravelho *s. m.* wooden latch (of a door or gate)
cravelina *s. f.* ⇒ **cravina**
cravete *s. m.* buckle tongue
cravija *s. f.* pole-bolt of a coach
cravina *s. f.* BOTÂNICA pink; ancient rifle
cravineiro *s. m.* harpsichord maker
cravinho *s. m.* small pink; clove; small nail
cravinhos-da-china *s. m. pl.* Chinese pink
cravinoso *adj.* caryophyllous, caryophyllaceous (having a flower like the pink)
craviorganista *s. m. e f.* spinetist
craviórgão *s. m.* spinet
cravista *s. m. e f.* harpsichordist
cravo *s. m.* BOTÂNICA carnation, pink; clove pink; wart (small, hard growth on the surface of the skin); nail; harpsichord
cravo-da-índia *s. m.* clove (kind of spice)
cré *s. m.* chalk, fuller's-earth; ***cré com cré e lé com lé*** birds of a feather flock together
creatina *s. f.* creatine
creatinina *s. f.* creatinine
creatófago *s. m., adj.* carnivore
creatóforo *adj.* carnivorous
crebro *adj.* frequent, repeated
creche *s. f.* day-nursery, crèche
credência *s. f.* credence
credencial *s. f.* credential; *pl.* credentials, credential letters
credenciar *v. tr.* to give credence to someone
credenciário *s. m.* person in charge of a credence table
credibilidade *s. f.* credibility, credibliness
creditar *v. tr.* to credit, to place to the credit of, to carry to the credit of one's account, to enter upon the credit side; ***creditar uma importância*** to credit an amount; ***creditar o saldo em conta nova*** to credit the balance in new account
creditício *adj.* relating to public credit
crédito *s. m.* credit; credence, faith, belief; esteem, regard; trust, reliance; merit, honour; reputation, prestige; ***ter crédito ilimitado*** to have unlimited (blank) credit; ***comprar géneros a crédito*** to purchase goods on credit; ***dar crédito*** to give credit, to believe; ***crédito a descoberto*** open credit; ***crédito a curto prazo*** short credit; ***crédito a longo prazo*** long credit; ***levar ao crédito*** to carry to (the) credit; ***merecer todo o crédito*** to deserve full credit; ***a crédito*** on credit; ***abrir um crédito*** to open an account; ***o crédito da firma estava abalado*** the firm's credit was shaken; ***crédito abalado*** shaky credit; ***não deixar os seus créditos por mãos alheias*** to blow one's own trumpet, to praise oneself
creditório *adj.* relating to credit
credível *adj.* credible, believable
credo Ⓐ *s. m.* credo, the Creed; creed; ***andar com o credo na boca*** to be in great danger Ⓑ *interj.* God forbid!; my stars!
credor *s. m.* creditor; ***credor hipotecário*** mortgagee; ***reunir credores*** to call a meeting of creditors
credulamente *adv.* credulously
credulidade *s. f.* credulity, credulousness, gullibility
crédulo *adj.* credulous, gullible
cremação *s. f.* cremation
cremadeira *s. f.* ⇒ **cremadeiro**
cremadeiro *s. m.* crematorium
cremado *adj.* cream-coloured; cremated
cremadoiro *s. m.* ⇒ **cremadouro**
cremador *s. m.* cremator
cremadouro *s. m.* crematorium, crematory, cremator
cremalheira *s. f.* rack rail; ***cremalheira circular*** cog racer; ***caminho-de-ferro de cremalheira*** rack railway; ***engrenagem de cremalheira*** rack gear
cremar *v. tr.* to cremate (corpses), to incinerate
crematista *s. m. e f.* cremationist
crematologia *s. f.* treatise on conservation and production of wealth
crematório Ⓐ *adj.* crematory Ⓑ *s. m.* crematorium
creme Ⓐ *s. m.* cream; ***creme para amaciar a pele*** cold cream Ⓑ *adj.* cream-coloured
cremómetro *s. m.* cremometer
cremor *s. m.* cream; ***cremor de tártaro*** cream of tartar
cremorizar *v. tr.* to flavour (season) with cremor
crena *s. f.* notch; BOTÂNICA crenature
crenado *adj.* BOTÂNICA, ZOOLOGIA crenate(d), notched
crenar *v. tr.* ⇒ **querenar**
crença *s. f.* belief, faith, creed; opinion; persuasion, conviction
crendeirice *s. f.* ⇒ **crendice**
crendeiro *adj.* superstitious, credulous
crendice *s. f.* credulity, superstition, foolish belief
crente Ⓐ *adj.* believing, faithful Ⓑ *s. m. e f.* believer; ***os crentes*** the faithful
crénula *s. f.* dim. of crena
crenulado *adj.* toothed, indented; BOTÂNICA crenulate(d)
creofagia *s. f.* creophagy; flesh-eating
creófago *adj.* creophagus; flesh eater
creófilo *s. m., adj.* creophil; fond of meat
creogenia *s. f.* meat production in living bodies
creolina *s. f.* creolin, creosote
creosotagem *s. f.* creosoting
creosotar *v. tr.* to creosote
creosote *s. m.* ⇒ **creosoto**
creosoto *s. m.* creosote
crepe *s. m.* crêpe, crape; ***crepe da China*** crêpe de Chine
crépido *adj.* crisped, curled, frizzled
crepitação *s. f.* crepitation, crackling, crackle
crepitáculo *s. m.* crepitation, crackling
crepitante *adj.* crackling, crepitant
crepitar *v. intr.* to crackle, to crepitate
crepitoso *adj.* ⇒ **crepitante**
crepuscular *adj.* crepuscular, crepusculous; twilight, dim
crepusculários *s. m. pl.* crepuscular insects
crepusculino *adj.* ⇒ **crepuscular**
crepusculizar *v. tr.* to darken; to make dark, to deprive of light
crepúsculo *s. m.* twilight, crepuscule, dusk; ***ao crepúsculo*** in the twilight, at dusk; ***crepúsculo matutino*** dawn, daybreak; ***crepúsculo vespertino*** evening twilight, dusk
crer *v. tr. e intr.* to believe, to suppose, to think; to trust; to have faith in; ***leva-me a crer*** I am inclined to think; ***ver e crer como S. Tomé*** seeing is believing; ***creio em Deus*** I believe in God; ***eu o creio, sem dúvida*** I should rather think so; ***creio que posso fazê-lo*** I think I can do it; ***creio poder estar em casa às 4 horas*** I trust I shall be at home at 4 o'clock
crescença *s. f.* growth; swelling; increase; addition; overplus, overfilling, overflowing
crescendo *s. m.* MÚSICA crescendo, gradation, progression
crescente Ⓐ *adj.* crescent, increasing, growing; ***quarto crescente*** half moon, first quarter Ⓑ *s. m.* crescent, swelling (of a river); tide; rising height; NÁUTICA ***crescente (duma vela, toldo, etc.)*** bonnet, salve-all (of a sail, awning, etc.)
crescer *v. intr.* to grow, to grow up, to grow tall; to augment, to increase, to enlarge, to wax (of the moon); to advance; to extend, to lengthen; to swell, to rise; to spring up, to sprout, to shoot; to become more violent (intense);

to spring forth; to grow tall; ***o rio cresce depois das chuvas*** the river rises (swells) after the rain; ***o mais novo cresceu mais do que o irmão mais velho*** the younger has outgrown the elder brother; ***crescer para alguém*** to advance towards a person; ***crescer (o mar, a maré)*** to grow, to rise (sea, tide); NÁUTICA ***crescer no horizonte*** to heave in sight, to raise (on the horizon); ***crescer a olhos vistos*** to grow before one's eyes, to grow very fast; ***o meu cabelo cresceu muito depressa*** my hair has grown very fast; ***deixar crescer a barba*** to grow a beard

crescido Ⓐ *adj.* grown, increased, swollen, swelled, enlarged Ⓑ *s. m. pl.* leavings, leftovers, remains, remnants, scraps, odds and ends

crescidote *adj.* almost grown, rather grown (boy)

crescimento *s. m.* growth, increase, enlargement, development, progress; ⌈pop.⌋ fit (of fever); ***crescimento prematuro*** early growth

créscimo *s. m.* excess, surplus; *pl.* residues, remnants

crespão *s. m.* light crisp woollen fabric

crespar *v. tr.* to crisp; to frizz, to frizzle, to curl; to ripple

crespidão *s. f.* crisping, crispness, curliness, frizziness; roughness, ruggedness

crespido *s. m.* crisp layer of plaster

crespina *s. f.* reticulum

crespir *v. tr.* ⇒ **encrespar**

crespo *adj.* crisp, curly, curled, frizzled; rough (of the sea), bristling, threatening, angry

cresta *s. f.* singeing, singe; the partial taking of honey from beehives; ⌈fig.⌋ excessive expense; plundering; embezzlement; great expense; stealing, fraud; ⌈pop.⌋ thrashing, flogging; ***cresta (doença das plantas)*** fire-blast (illness of plants)

crestadeira *s. f.* instrument for cutting the honeycombs; browning iron

crestadura *s. f.* slight burn, singe, sunburn

crestamento *s. m.* ⇒ **crestadura**

crestão *s. m.* ⇒ **cresto**

crestar *v. tr.* to burn, to singe, to blast (flowers, plants); to tan, to make brown; to take away the honey and the wax from a beehive; to plunder, to embezzle

cresto *s. m.* castrated kid

crestomatia *s. f.* chrestomathy

creta *s. f.* starting point for the chariot racing at the Roman circus

cretáceo *adj.* GEOLOGIA cretaceous

cretaico *adj.* chalky

cretense *s. m. e f., adj.* Cretan

crético *adj.* cretic

cretinismo *s. m.* cretinism; idiocy

cretinização *s. f.* progressive idiocy; condition of a cretin

cretinizar *v. tr.* to cretinize

cretino *s. m.* cretin, idiot, fool, half-wit

cretinóide *adj.* almost cretin, cretin-like

cretinoso *adj.* cretinous

cretone *s. m.* cretonne

cria *s. f.* young (of animals), suckling; brood (of birds); litter (of pigs and dogs); calf (the young of the cow); kid (the young of the goat)

criação *s. f.* creation, making, forming; suckling, nursing; upbringing, rearing, breeding, raising; generation, production; breed, brood, covey, the young (of animals); poultry; ***criação de gado*** stockfarming, cattle breeding

criacionismo *s. m.* creationism

criacionista *s. m. e f., adj.* creationist

criada *s. f.* woman-servant; maid-servant; maid; ***criada de quarto*** chamber-maid; ***criada de enfermaria*** wardmaid; ***criada de fora*** daily woman, daily help; ***criada (de bordo)*** stewardess; ***criada de mesa (nos salões de chá)*** waitress; ***ela tem duas criadas*** she keeps two servants

criadagem *s. f.* servants; household staff; ⌈arc.⌋ varletry

criadeira Ⓐ *s. f.* nurse; brooder, incubator Ⓑ *adj.* prolific, fecund, fertile

criado Ⓐ *s. m.* man-servant; domestic; ***criado de mesa (nos hotéis, cafés e restaurantes)*** waiter; ***criado (de bordo)*** steward; ***criado grave*** "valet de chambre"; ***criado para todo o serviço*** general servant; ***ser teu criado*** to wait on you; ***um criado fiel*** a faithful servant Ⓑ *adj.* reared, bred, brought up, raised; suckled, nursed; educated

criadoiro *s. m., adj.* ⇒ **criadouro**

criado-mudo *s. m.* bedside table

criador Ⓐ *s. m.* creator; breeder, nourisher Ⓑ *adj.* creative; nourishing, fertile, fruitful; ***o Criador*** The Creator

criadouro Ⓐ *s. m.* nursey (for plants); day nursery for poor children Ⓑ *adj.* capable of thriving

criança *s. f.* child, baby, babe, infant, nurseling, brat, little one; ***criança traquina (mafarrico)*** naughty child; ***criança travessa*** wayward child; ***criança amimalhada*** a spoiled child; ***a criança é endiabrada*** the child is a handful; ***criança brincalhona*** mischievous child; ***criança inteligente e viva*** quick child

criançada *s. f.* a lot (bunch) of children; the children, the brats, the kids; childish action, childishness

criançalho *s. m.* child, urchin, brat; whipper-snapper

criancelho *s. m.* ⇒ **criançalho**

criancice *s. f.* childish action, childishness

crianço *s. m.* young boy; childish fellow

criançola *s. m.* childish fellow

criar Ⓐ *v. tr.* to create; to nurse, to suckle, to feed; to breed, to rear up, to bring up, to raise Ⓑ *v. intr.* to gather (pus, matter); ***criar ovinos*** to raise (breed) sheep; ***criar-se com pujança desmedida*** to run riot; ***criar dificuldades*** to raise objections; ***criar raízes*** to put forth roots; ***criar forças*** to acquire strength; ***criar ao peito*** to suckle, to give suck to; ***criar bolor*** to grow mouldy; ***cria fama e deita-te a dormir (na cama)*** rest on your laurels; ***advogado que cria nome*** a rising lawyer

criatividade *s. f.* creativity

criativo Ⓐ *adj.* creative, inventive Ⓑ *s. m.* (de publicidade) advertising designer

criatura *s. f.* person, creature; ***uma boa criatura*** a good creature, a worthy soul; ***a pobre criatura tem tido muitos desgostos*** the poor soul has had a lot of trouble; ***pobre criatura!*** poor soul!

criaturinha *s. f.* poor dear

criável *adj.* capable of creation

cribriforme *adj.* cribriform, sievelike

crica *s. f.* dry peal of peach; variety of cockle

criceto *s. m.* hamster

cricóide *adj.* ANATOMIA cricoid

cricri *s. m.* cricket's stridulation

cricrilar *v. intr.* to stridulate, to chirp like a cricket

crime *s. m.* crime; delinquency; ***crime de lesa-majestade*** high treason; ***crime de lesa-pátria*** treason against one's country; ***crime político*** political crime

criminação *s. f.* accusation, crimination, incrimination

criminador *s. m.* accuser, criminator, incriminator

criminal *adj.* criminal, criminatory; ***código criminal*** criminal code

criminalidade *s. f.* criminality

criminalista *s. m. e f.* criminalist; criminal lawyer

criminalmente *adv.* criminally

criminar Ⓐ *v. tr.* to criminate, to incriminate, to charge with crime Ⓑ *v. refl.* to criminate oneself; to prove oneself guilty of crime

criminável *adj.* criminative; condemnable

criminologia *s. f.* criminology

criminologista *s. m. e f.* criminologist

criminosamente *adv.* criminally

criminoso Ⓐ *adj.* criminal, guilty of crime Ⓑ *s. m.* criminal

crimófilo *adj.* that endures the cold climate well
crimófobo *adj.* that does not endure the cold climate
crimoterapia *s. f.* MEDICINA treatment by cold
crimoterápico *adj.* treated by cold
crina *s. f.* horse-hair; mane
crinal *adj.* crinal
crinalvo *adj.* white-maned
crináureo *s. f.* crest of a helmet; lion's mane; ⇒ **crina**
crinicórneo *adj.* BOTÂNICA having crinate (crinite) antennae
crinífero *adj.* crinite
criniforme *adj.* capillary (resembling a hair)
crinígero *adj.* crinite
crinipreto *adj.* black-maned and black-tailed
crinisparso *adj.* disheveled, tousled, ruffled
crinito *adj.* crinite
crino *s. m.* a Crinum, a kind of daffodil
crinóide *s. m., adj.* ZOOLOGIA crinoid
crinolina *s. f.* crinoline
criocéfalo *adj.* sheep-headed, ram-headed
crióforo *s. m., adj.* cryophorous
criogenia *s. f.* FÍSICA cryogenics
crioilo *s. m.* ⇒ **crioulo**
criolite *s. f.* MINERALOGIA ⇒ **criólito**
criólito *s. m.* MINERALOGIA cryolite
criómetro *s. m.* cryometer
crioplancto *s. m.* ⇒ **crioplâncton**
crioplâncton *s. m.* cryoplancton
crioscopia *s. f.* cryoscopy
crioscópico *adj.* cryoscopic
crioscópio *s. m.* cryoscope
criosfera *s. f.* cryosphere
crióstato *s. m.* cryostat
crioterapia *s. f.* cryotherapy
crioulada *s. f.* bunch of Creoles
crioulo *s. m., adj.* Creole
cripta *s. f.* crypt
críptico *adj.* of or pertaining to crypts
cripto *s. m.* krypton
criptobrânquio *adj.* cryptobranchiate
criptocarpo *adj.* BOTÂNICA cryptocarpic
criptocefalia *s. f.* cryptocephaly; ***ter criptocefalia*** to be head-concealed
criptocéfalo *adj.* cryptocephalous
criptogamia *s. f.* BOTÂNICA cryptogamia
criptogâmicas *s. f. pl.* BOTÂNICA cryptogams; members of Cryptogamia
criptogâmico *adj.* BOTÂNICA cryptogamic
criptógamo *adj.* BOTÂNICA ⇒ **criptogâmico**
criptogénese *s. f.* BOTÂNICA cryptogenesis
criptogenético *adj.* BOTÂNICA cryptogenetic
criptógeno *adj.* BOTÂNICA cryptogenous
criptografia *s. f.* cryptography
criptográfico *adj.* cryptographic
criptógrafo *s. m.* cryptographer
criptograma *s. m.* cryptogram
criptogramista *s. m. e f.* cryptogrammist
criptologia *s. f.* cryptology
crípton *s. m.* ⇒ **cripto**
criptonímia *s. f.* cryptonymity
criptónimo Ⓐ *adj.* cryptonymous Ⓑ *s. m.* cryptonym
criptorquídeo *adj.* ⇒ **roncolho**
criptozóico *adj.* cryptozoic
críquete *s. m.* cricket (game)
cris Ⓐ *s. m.* creese, kris, Malayan dagger Ⓑ *adj.* grayish, obscure
crisálida *s. f.* ZOOLOGIA chrysalis, chrysalid
crisalidação *s. f.* chrysalizing process
crisalidar *v. intr.* to chrysalize
crisântemo *s. m.* BOTÂNICA chrysanthemum
crisanto *s. m.* BOTÂNICA ⇒ **crisântemo**
crise *s. f.* crisis; emergency; turning-point (of a disease); the decisive moment (in affairs, politics, life, etc.); ***crise financeira (do governo)*** financial crisis; ***crise de identidade*** identity crisis
criselefantino *adj.* chryselephantine
crisma *s. m.* RELIGIÃO chrism; sacrament of Confirmation
crismador *s. m.* performer of Confirmation
crismal *s. m.* chrismal
crismar Ⓐ *v. tr.* to chrism, to confirm Ⓑ *v. refl.* to change one's name
crisoberilo *s. m.* chrysoberyl
crisocarpo *adj.* chrysocarpous
crisocéfalo *adj.* chrysocephalous
crisofilia *s. f.* BOTÂNICA chrysophilia
crisofilo *adj.* BOTÂNICA chrysophyll
crisófilo *adj.* BOTÂNICA chrysophilous
crisofobia *s. f.* chrysophobia; hatred of wealth
crisografia *s. f.* chrysography
crisógrafo *s. m.* chrysographist
crisol *s. m.* crucible; test, trial (somebody's feelings)
crisolite *s. f.* MINERALOGIA ⇒ **crisólito**
crisólito *s. m.* MINERALOGIA chrysolite, olivine
crisólogo *adj.* chrysologist
crisoprásio *s. m.* ⇒ **crisópraso**
crisópraso *s. m.* chrysoprase
crisóptero *adj.* chrysopterous
crisóstomo *adj.* orator
crisoterapia *s. f.* chrysotherapy; gold therapy
crispação *s. f.* crispation, wrinkling; curling; contraction of the muscles or skin
crispado *adj.* crisped, wrinkled, wringed (hands)
crispadura *s. f.* ⇒ **crispação**
crispamento *s. m.* ⇒ **crispação**
crispante *adj.* crisping, wrinkling
crispar *v. tr. e refl.* to crimp, to crinkle, to wrinkle, to contract, to shrink
crista *s. f.* crest, ridge; tuft; top, peak; HERÁLDICA distinctive device on a coat of arms; ***crista de um telhado*** the ridge of a roof; ***jogar as cristas*** to quarrel, to fight; ***abaixar a crista a alguém*** to take someone down a peg, to humble a person; ***levantar a crista*** to grow arrogant; ***na crista da vaga*** on the crest of the wave; ***estar na crista da onda*** to be in a prominent position
crista-de-galo *s. f.* BOTÂNICA cockscomb or coxcomb
cristado *adj.* crested
cristal *s. m.* crystal; ***cristal de rocha*** flint glass; ***cristal lapidado*** cut glass
cristalaria *s. f.* glass-wear; crystal-wear
cristaleira *s. f.* crystal-closet, china-closet
cristalífero *adj.* crystalliferous
cristalinidade *s. f.* crystallinity
cristalino *adj.* crystalline, crystal clear
cristalização *s. f.* crystallization
cristalizador *s. m.* crystallizer, crystallizing vessel; crystallizing tank (as in a sugarmill)
cristalizar *v. tr. e intr.* to crystallize
cristalizável *adj.* crystallizable
cristalofílico *adj.* crystallophyllian
cristalofobia *s. f.* crystallophobia; hatred of glass
cristalografia *s. f.* crystallography
cristalográfico *adj.* crystallographic
cristalógrafo *s. m.* crystallographer
cristalóide *s. m., adj.* QUÍMICA crystalloid
cristalologia *s. f.* crystallology
cristalomancia *s. f.* crystallomancy
cristalometria *s. f.* crystallometry
cristalomorfologia *s. f.* crystallomorphology

cristalonomia *s. f.* crystallonomy; science of crystals
cristalotomia *s. f.* cutting of crystals
cristandade *s. f.* Christendom, Christdom; Christianity
cristão Ⓐ *adj.* Christian, humane, charitable; ***era cristã*** Christian era Ⓑ *s. m.* Christian
cristel *s. m.* [pop.] ⇒ **clister**
cristianicida *s. m. e f.* persecutor of Christians
cristianicídio *s. m.* slaying of Christians
cristianismo *s. m.* Christianity; the Christian faith
cristianíssimo *adj.* most Christian
cristianização *s. f.* Christianization
cristianizar *v. tr.* to christianize
cristicídio *s. m.* the putting to death of Christ
cristícola *s. m. e f.* adorer of Christ
cristífero *adj.* bearing a cross
cristípara *adj.* Christ-bearing (said of Mary, mother of Jesus)
cristobalite *s. f.* cristobalite; silicon dioxide
cristofania *s. f.* Christophany
cristofle *s. m.* German silver; argentan; nickel silver; white metal
cristólatra *s. m. e f.* lover of Christ
cristolatria *s. f.* adoration of Christ
cristologia *s. f.* Christology
cristológico *adj.* Christological
cristómaco *s. m.* supporter of a false doctrine concerning the nature of Christ
critério *s. m.* criterion, judgement, discretion; ***é certamente o melhor critério a seguir*** this is much the wisest thing to do
criteriologia *s. f.* criteriology
criteriosamente *adv.* wisely, judiciously, sensibly, discerningly
criterioso *adj.* wise, judicious, sensible, discerning
crítica *s. f.* criticism; critique, censure; judg(e)ment; ***o seu procedimento está abaixo de toda a crítica*** his conduct is beneath contempt; ***crítica acerba*** sharp criticism; ***enfrentar a crítica*** to face the music
criticador *s. m.* critic, censurer, fault-finder
criticamente *adv.* critically, censoriously
criticante *s. m. e f.* ⇒ **crítico**
criticar *v. tr.* to criticize, to review, to censure, to blame; to find fault with; to pass a judgement on, to judge, to appraise; ***criticar trabalhos literários ou artísticos*** to review literary or artistic works
criticastro *s. m.* criticaster, bad critic, petty critic
criticável *adj.* criticizable, open to criticism
criticismo *s. m.* criticism
criticista Ⓐ *adj.* critical Ⓑ *s. m. e f.* criticist
crítico Ⓐ *adj.* critical; censorious, fault-finding; dangerous, serious, alarming; ***o momento crítico*** the critical moment; ***estado crítico (de saúde)*** in a critical condition (of health) Ⓑ *s. m.* critic, reviewer; censurer, censor, fault-finder
critiqueiro *s. m.* criticaster, carper
critiquice *s. f.* petty criticism
critófago *adj.* barley-eating
critomancia *s. f.* divination by barley cakes
criva *s. f.* sieve, screen, riddle (with fairly large holes)
crivação *s. f.* sifting, screening, riddling
crivado *adj.* riddled; perforated (pierced) in many places; studded; speckled
crivar *v. tr.* to sift, to screen, to riddle, to pierce all over; ***crivado de buracos*** pierced with holes; ***crivado de balas*** pierced with bullets, riddled with bullets
criveiro *s. m.* sieve-maker
crível *adj.* credible, believable
criviforme *adj.* sieve-like, sieve-shaped
crivo *s. m.* sieve, screen, riddle; rose (of a watering-can); strainer; grate
crivoso *adj.* sieve-like
crivotraqueano *adj.* sieve-tracheal
cró *s. m.* a card game
croácio *s. m., adj.* Croatian; Croat
croata *s. m. e f., adj.* Croatian; Croat
croca *s. f.* plough-staff; [fig.] a mother who does not love her children
croça *s. f.* crosier of a bishop; overcoat made of straw
crocal *s. m.* cherry-coloured precious stone
cróceo *adj.* saffron-coloured; yellowish
croché *s. m.* crochet, crochet work
crocidismo *s. m.* floccillation, carphology
crócino *adj.* of a saffron colour
crocípede *adj.* with feet having the colour of saffron
crocitante *adj.* croaking, cawing
crocitar *v. intr.* to croak (of frogs and ravens); to caw (of crows and rooks); ***o crocitar do corvo*** the raven's croak
crocito *s. m.* croak (of frog or raven)
croco *s. m.* BOTÂNICA crocus
Crocodílidas *s. m. pl.* ⇒ **Crocodilídeos**
Crocodilídeos *s. m. pl.* *Crocodilidae*
crocodilo *s. m.* crocodile; ***lágrimas de crocodilo*** crocodile tears; ***crocodilo (da América)*** alligator
croma *s. m.* chroma, chromaticity
cromado *adj.* chromium plated
cromagem *s. f.* chromium plating
cromar *v. tr.* to chromate, to chromatize; to plate with chromium; to tan by chromium
cromatia *s. f.* chromatism, chromatic aberration
cromática *s. f.* chromatics, chromatology, science of colours
cromático *adj.* chromatic
cromatídio *s. m.* chromatid
cromatina *s. f.* BIOLOGIA chromatin
cromatismo *adj.* FÍSICA chromatism
cromatizar *v. tr.* to make chromatic; to make iridescent
cromato *s. m.* QUÍMICA chromate
cromatoblasto *s. m.* chromoblast
cromatócito *s. m.* BIOLOGIA chromatocyte
cromatóforo *s. m.* ZOOLOGIA chromatophore
cromatografia *s. f.* chromatography
cromatoscopia *s. f.* chromatoscopy
cromatoscópio *s. m.* chromatoscope
cromia *s. f.* colouring
crómico *adj.* QUÍMICA chromic
cromídio *s. m.* chromidium
crómio *s. m.* QUÍMICA chromium
cromite *s. f.* chromite
cromo *s. m.* chrome
cromoblasto *s. m.* chromoblast
cromofilia *s. f.* chromophilia (liking bright colours)
cromofobia *s. f.* chromophobia (hating bright colours)
cromófobo *adj.* chromophobic (hater of bright colours)
cromóforo Ⓐ *adj.* chromophoric Ⓑ *s. m.* chromophore
cromofotografia *s. f.* chromo-photography, colour-photography
cromogéneo *adj.* chromogenic, producing colours
cromoleucito *s. m.* chromoleucyte, chromoplast
cromolitográfico *adj.* chromolithographic
cromolitografita *s. f.* chromolithography
cromómero *s. m.* chromomere
cromonema *s. m.* chromonema
cromoplasta *s. m.* chromoplast
cromoplastídio *s. m.* ⇒ **cromoplasta**
cromosfera *s. f.* chromosphere
cromossoma *s. m.* BIOLOGIA chromosome
cromoterapia *s. f.* chromotherapy
cromotipia *s. f.* chromotypography
cromotipografia *s. f.* chromotypography (colour-printing)

cronha *s. f.* ⇒ **coronha**
cronhada *s. f.* ⇒ **coronhada**
crónica *s. f.* chronicle, narrative, account
cronicão *s. m.* voluminous medieval chronicle
cronicar *v. intr.* to write chronicles
cronicidade *s. f.* MEDICINA chronicity
crónico *adj.* chronic, chronical; [fig.] inveterate; ***mal crónico*** chronic illness
croniqueiro *s. m.* chronicler; writer of news; reporter
croniquizar *v. tr.* to write newspaper reports, to write up the news of the day
cronista *s. m. e f.* chronicler; writer of chronicles; columnist; historian; ***cronista mundano*** gossip-writer
cronografia *s. f.* chronography
cronográfico *adj.* chronographic
cronógrafo *s. m.* chronographer
cronograma *s. m.* chronogram
cronologia *s. f.* chronology
cronologicamente *adv.* chronologically
cronológico *adj.* chronological
cronologista *s. m. e f.* chronologist
cronometragem *s. f.* time-keeping (as at races)
cronometrar *v. tr.* to time, to clock
cronometria *s. f.* chronometry
cronométrico *adj.* chronometric(al)
cronometrista *s. m. e f.* timekeeper
cronómetro *s. m.* chronometer, stop-watch
crononímia *s. f.* chrononimity; study of eras; names of historic eras
cronónimo *s. m.* chrononym
cronoscópio *s. m.* chronoscope
cronotrão *s. m.* instrument used to measure a time interval
croque *s. m.* boat-hook; wrap on the head
croquete *s. m.* croquette
crossopterígios *s. m. pl.* Crossopterygii
crosta *s. f.* crust; scab; slough; ***crosta terrestre*** crust of the earth
crosto *s. m.* ⇒ **colostro**
Crotálidas *s. m. pl.* ZOOLOGIA ⇒ **Crotalídeos**
Crotalídeos *s. m. pl.* ZOOLOGIA *Crotalidae*
crotalista *s. m. e f.* player of crotals (rattle)
crótalo *s. m.* rattlesnake; MÚSICA [arc.] crotalum
crotalóide *adj.* crotalin, crotaline
cru *adj.* raw; crude, inexperienced; cruel, hard, rude, hard-hearted; ***seda crua*** raw silk; ***carne crua*** raw meat
cruamente *adv.* cruelly, rudely
cruciação *s. f.* crucifixion; [fig.] torture
cruciador Ⓐ *s. m.* crucifier Ⓑ *adj.* crucifying, torturing
crucial *adj.* crucial
crucianela *s. f.* BOTÂNICA crosswort, maywort
cruciante *adj.* mortifying; excruciating, heartbreaking, heart-rending
cruciar *v. tr.* to mortify; to torment; to break (rend) the heart; to distress
cruciário *adj.* ⇒ **cruciante**
cruciferário *s. m.* cross-bearer, crucifer
Crucíferas *s. f. pl.* BOTÂNICA *Cruciferae*
crucífero Ⓐ *adj.* cruciferous, bearing a cross Ⓑ *s. m.* cross-bearer
crucificação *s. f.* crucifixion
crucificado Ⓐ *adj.* crucified, fastened to a cross Ⓑ *s. m.* the Crucified, the Crucifixed, the crucified Saviour
crucificador *s. m.* crucifier
crucificar *v. tr.* to crucify; to mortify; to torture
crucifixão *s. f.* crucifixion
crucifixar *v. tr.* ⇒ **crucificar**
crucifixo *s. m.* crucifix
cruciforme *adj.* cruciform, cross-shaped
crucígero *adj.* crucigerous
crucigiar *v. tr.* to shape like a cross
crucirrostro *adj.* with cross-shaped beak
crudelíssimo *adj.* most cruel
crudívoro *adj.* eating raw food
crueira *s. f.* residue of manioc-flour after grinding
cruel *adj.* cruel, merciless, inhuman, unfeeling, ruthless, barbarous, pitiless, savage, brutal, bloodthirsty, hard-hearted; severe, hard, sharp, bitter; painful, distressing; ***destino cruel*** cruel fate; ***sofrimento cruel*** cruel suffering
crueldade *s. f.* cruelty; inhumanity, ferocity; ***a crueldade dos homens*** the cruelty of man
cruelmente *adv.* cruelly, fiercely, unmercifully
cruentação *s. f.* bloodshed
cruentamente *adv.* bloodily
cruentar *v. tr.* to make bloody, to make sanguinary; to bloody, to ensanguine
cruento *adj.* bloody; sanguinary, ensanguined; cruel, ferocious, bloodthirsty
crueza *s. f.* crudity, rawness; cruelty, rudeness, brutality
cruor *s. m.* cruor, gore
cruorina *s. f.* cruorin, h(a)emoglobin
crupe *s. m.* croup (an inflammatory disease of the throat)
crupião *s. m.* ⇒ **pigostilo** (bone)
crural *adj.* ANATOMIA crural
crusta *s. f.* ⇒ **crosta**
crustáceo Ⓐ *adj.* crustaceous; crustacean Ⓑ *s. m. pl.* Crustaceae
crustaceologia *s. f.* crustaceology
crustaceólogo *s. m.* crustaceologist
crustaderme *adj.* hardskinned, hardened, callous
cruz *s. f.* cross, gibbet, crucifix, rood; [fig.] trial, vexation, trouble, affliction, misfortune; ***cruz de guerra*** Military Cross; ***cruz de Lorena*** Lorraine cross; ***cruz de Malta*** Maltese Cross; ***cruz gamada*** swastika; ***cruz grega*** Greek Cross; ***os braços da cruz*** the arms of the Cross; ***adoração da Cruz na Sexta-Feira Santa*** adoration of the Cross; ***cruz geométrica*** Jacob's staff; ***em cruz*** crosswise; ***estar entre a cruz e a caldeirinha*** to be on the horns of a dilemma, to be between the Devil and the deep blue sea; ***levar a cruz ao calvário*** to bear one's cross; ***fazer o sinal da Cruz*** to cross oneself, to make the sign of the cross; ***assinar de cruz*** to make one's cross, to sign by a criss-cross, to sign without reading, to have no opinion; ***todos nós temos a nossa cruz*** everyone has his troubles; ***fazer cruzes na boca*** to have nothing to eat, to be too late in the field; NÁUTICA ***cruz de âncora*** anchor crown; ***ângulo interno da cruz de âncora*** throat, trend (of the anchor); ***Cruz Vermelha*** Red Cross
cruza-bico *s. m.* ZOOLOGIA crossbill
cruzada *s. f.* crusade
cruzado Ⓐ *adj.* crossed, cross, crosswise, intersected; ***mar cruzado*** cross sea, cross running sea; ***estar de braços cruzados*** to stand with one's arms folded, to be idle; ***cheque cruzado*** crossed cheque; ***palavras cruzadas*** crossword puzzle; MILITAR ***fogo cruzado*** cross fire Ⓑ *s. m.* crusader; ancient Portuguese gold coin
cruzador *s. m.* cruiser; ***cruzador couraçado*** armoured-cruiser; ***pequeno cruzador*** light cruiser
cruzamento *s. m.* crossing; intersection (of two roads, railways, etc.); junction (of railways); cross-breeding
cruzante *s. m. e f., adj.* crossbred
cruzar Ⓐ *v. tr.* to cross; to put, to lay across or over; to place crosswise; to traverse, to pass over; to crossbreed, to intercross, to interbreed; to cruise (the sea) Ⓑ *v. refl.* to meet and pass (of persons); to intercross, to cross each other, to intersect each other; NÁUTICA to cruise, to keep on a cruise; ***cruzar-se com um navio*** to cross a ship; ***cruzar as vergas*** to cross (to get up) the yards; ***cruzar-se na rua com alguém*** to cross each other in the street; ***as nossas cartas cruzaram-se no correio*** our letters have crossed in the post;

C

cruzar as mãos to resign oneself to patience; *cruzar armas (espadas)* to cross swords; *cruzar os braços* to fold one's arms, to stay idle; *cruzar raças* to cross-breed

cruzável *adj.* that may be crossed

cruzeiro *s. m.* transept; large cross set up in roads or public places; cruise, cruiser, cruising; NÁUTICA sea route, maritime route; *Cruzeiro do Sul* Southern Cross; *andar em cruzeiro* to cruise, to be on a cruise; *fazer um cruzeiro* to go on a cruise

cruzes! *interj.* heavens, good heavens!

cruzeta *s. f.* coat-hanger; NÁUTICA crosshead

cruzetado *adj.* that has the form of a little cross

crúzio Ⓐ *s. m.* member of the congregation of Santa Cruz de Coimbra Ⓑ *adj.* referring to this congregation

ctenócero *adj.* ctenocere; with comb-shaped antennas

ctenodonte *adj.* ctenodont; with comb-shaped teeth

ctenóforos *s. m. pl.* *Ctenophora*

ctónico *adj.* chtonian, chtonic

ctónio *adj.* ⇒ **ctónico**

cu *s. m.* ⌈vulg.⌋ arse; ⌈E.U.A.⌋ ass; bum, buttocks, butt

cuada *s. f.* the act of falling on the buttocks; that part of the garments which covers the buttocks; pronounced wriggling and rocking of the hips

cualvo *s. m.* ZOOLOGIA whinchat

cuamata *adj.* pertaining to the tribe of Cuamatas (south of Angola)

cuanhama *adj.* pertaining to the tribe of Cuanhamas (south of Angola)

cuapada *s. f.* ⇒ **bate-cu**

cuaxinguba *s. f.* ⇒ **lombrigueira**

cuba *s. f.* wine vat; tub

cubagem *s. f.* cubage

cubano *s. m., adj.* Cuban

cubar *v. tr.* to cube; to find the cube (of a number); to raise to the cube

cubata *s. f.* Negro's hut; habitation

cubatura *s. f.* cubature, cubation

cubeba *s. f.* BOTÂNICA cubeb, cubeb pepper

cubebeira *s. f.* BOTÂNICA cubeb, cubeb pepper

cubelo *s. m.* cubic turret

cubicagem *s. f.* ⇒ **cubagem**

cubicar *v. tr.* ⇒ **cubar**

cúbico *adj.* cubic(al); *metro cúbico* cubic meter; MATEMÁTICA *raiz cúbica* cubic root; MINERALOGIA *sistema cúbico* isometric system, cubic system

cubicular *adj.* cubicular

cubiculário *s. m.* cubicular (an attendant in a bedchamber)

cubículo *s. m.* cubicle

cubiforme *adj.* cuboid

cubismo *s. m.* PINTURA cubism

cubista *s. m. e f., adj.* cubist

cubital *adj.* cubital

cúbito *s. m.* ANATOMIA ulna, cubitus

cubitocarpiano *adj.* cubitocarpal

cubitocutâneo *adj.* cubito-cutaneous

cubitodigital *adj.* cubito-digital

cubitopalmar *adj.* cubito-palmar

cubitorradial *adj.* cubito-radial

cubo *s. m.* cube; hexahedron; nave or hub (of a wheel); covered trough or channel for bringing water to a mill-wheel; MATEMÁTICA third power, cubic number, cubic quantity; *cubo de um número* the third power of a number

cubóide *s. m., adj.* ANATOMIA cuboid; that which is shaped as a cube

cubomancia *s. f.* divination by dice

cubomania *s. f.* mania for gambling; mania for playing with Kubrik cube

cubomante *s. m. e f.* diviner by dice

cuca *s. f.* hag; ugly old woman

cucar *v. intr.* to sing (the cuckoo); to cuckoo

cucharra *s. f.* horn spoon, spoon with which the powder for the old guns was measured

cuchilha *s. f.* kind of knife

cuchilho *s. m.* ⇒ **cuchilha**

cuco *s. m.* cuckoo; cuckoo-clock; cuckold

cu-cosido *s. m.* ⇒ **tuim**

cucular *v. intr.* ⇒ **cucar**

Cucúlidas *s. m. pl.* ⇒ **Cuculídeos**

Cuculídeos *s. m. pl.* *Cuculidae*

cuculífero *adj.* possessing appendixes shaped like a hood

cuculifólio *adj.* with hood-shaped leaves

cuculo *s. m.* cuculle; hood, cap

cucumela *s. f.* white orange

cucumiforme *adj.* cucumber-shaped

cucúrbita *s. f.* cucurbit; gourd

Cucurbitáceas *s. f. pl.* BOTÂNICA *Cucurbitaceae*

cucurbitáceo *adj.* cucurbitaceous

cucurbitar *v. intr.* to be born in the shape of a gourd

cucurbitino *adj.* gourd-like, cucurbitine

cucuricar *v. intr.* to crow (the cock)

cucuritar *v. intr.* ⇒ **cucuricar**

cucurucu *s. m.* a venimous serpent

cuecas *s. f. pl.* pants, drawers

cueiro *s. m.* swaddling-clothes; *de cueiros* in petticoats; *deixar os cueiros* to leave childhood; *ele ainda cheira a cueiros* his number is still wet, he is as green as grass

cúfico *adj.* said of Arabian writings of certain inscriptions

cuí *s. m.* ⇒ **ouriço-cacheiro**

cuia *s. f.* bottle gourd; drinking vessel made of a gourd; scale pan

cuiada *s. f.* contents of a bottle gourd or of a scale pan

cuíca *s. f.* small marsupial (genus *Marmosa*); the mouse opossum; ⌈Bras.⌋ a drumlike instrument

cuidadeira *s. f., adj.* woman caretaker

cuidado Ⓐ *s. m.* care, solicitude, anxiety, concern, trouble, worry; watchfulness, caution, heed, regard, attention, vigilance; charge, protection; oversight, custody, keep Ⓑ *adj.* premeditated, considered, cared for Ⓒ *interj.* take care!, look out!, mind!, stop!; *ter muito cuidado no que se faz ou se diz* to mind one's p's and q's; *ter cuidado* to take care, to mind; *ter ao seu cuidado* to have the care of, to take care of; *tenha cuidado com o carro!* mind the car!; *com o maior cuidado* with the utmost care; *tenha cuidado!* take care!; *ao cuidado de ...* care of ...; *o seu único cuidado* his one care; *cheio de cuidados* careworn, careladen; *sem cuidados de espécie alguma* free from cares of every kind; *com cuidado escrupuloso* with religious care; *está entregue aos meus cuidados* he is under my care; *cuidado constante* unremitting care; *cuidado com as imitações!* beware of imitations (or counterfeits)!; *cuidado com os carteiristas!* beware of pickpockets!

cuidador *s. m.* caretaker

cuidadosamente *adv.* carefully

cuidados-dos-homens *s. m. pl.* the Jupiter's beard centranthus

cuidadoso *adj.* careful, solicitous; diligent; cautious, heedful, mindful; *um estudo cuidadoso* a careful study

cuidar Ⓐ *v. tr.* to care; to mind, to take care; to pay attention; to imagine, to suppose, to think, to believe; to cogitate, to consider; to feel interested; to be inclined, to be disposed; to be anxious, to be troubled, to worry oneself, to reck; to look after, to take charge of, to provide for, to tend; *cuidar dos seus interesses* to know on which side one's bread is buttered; *dar que cuidar* to cause anxiety; *cuidar em* to think of, to reflect on; *cuidar dos filhos* to look after one's children; *cuidar dos seus negócios* to attend to one's business Ⓑ *v. refl.* to take care of oneself; *ele cuida-se bem* he takes good care of himself

cuidoso *adj.* ⇒ **cuidadoso**

cuieira *s. f.* common calabash-tree
cuim *s. m.* a hedgehog; a pig's squeal
cuincar *v. tr.* to squeal (dog, pig)
cuinchar *v. tr.* ⇒ **cuincar**
cuinha *s. f.* ⇒ **galispo**
cuité *s. f.* ⇒ **cuieira**
cuitezeira *s. f.* ⇒ **cuieira**
cujo *pron. rel.* whose, of whom, of which
culapada *s. f.* the act of falling on the buttocks; bad manners
culapar *v. intr.* to fall on one's buttocks
culatra *s. f.* breech (of a fire-arm); ***culatra de um íman*** yoke of a magnet; ***sair o tiro pela culatra*** to backfire, to be contrary to expectation
culatral *adj.* referring to the gun breech
culatrar *v. intr.* to win four games; to win the fourth and last game of a set
Culícidas *s. m. pl.* ⇒ **Culicídeos**
Culicídeos *s. m. pl.* *Culicidae*, the mosquito family
culicídio *s. m.* culicide (mosquito killer)
culiciforme *adj.* culiciform (resembling a mosquito)
culicívoro *adj.* culicivorous
culimar *v. tr.* ⌈Moçamb.⌋ to cultivate
culinária *s. f.* cookery, cooking
culinário *adj.* culinary; ***arte culinária*** culinary art
culminação *s. f.* ASTRONOMIA culmination; zenith
culminância *s. f.* apogee, zenith, acme, summit, apex
culminante *adj.* ASTRONOMIA culminant; ***momento culminante*** acme, decisive moment; ***ponto culminante*** culminating point, climax
culminar *v. intr.* to culminate, to reach the highest point
culômbio *s. m.* coulomb
culombó *s. m.* tree of the family Sapotaceae
culpa *s. f.* fault, offence; DIREITO culp(e), delict, crime; sin; flaw; mistake, error; blame; guilt; ***de quem é a culpa?*** whose fault is it?; ***não tenho culpa*** it is not my fault, I am not to blame; ***a culpa é só dele*** the fault is his own; ***a culpa de eles chegarem tarde foi minha*** it was my fault that they were late; ***ter muita culpa*** to be very wrong, to be very much to blame; ***deitar as culpas sobre alguém*** to throw the blame on another, to lay it at another person's door; ***ter culpas no cartório*** to have a guilty conscience
culpabilidade *s. f.* culpability
culpabilizar Ⓐ *v. tr.* to make (somebody) feel guilty Ⓑ *v. refl.* to blame oneself, to feel guilty
culpadamente *adv.* culpably
culpado Ⓐ *adj.* guilty; culpable; in fault; blame-worthy Ⓑ *s. m.* culprit, criminal; ***confessar-se culpado*** to plead guilty; ***tê-lo por culpado*** to hold him guilty or culpable; ***quem é o culpado?*** who is the criminal?; ***culpado ou inocente?*** guilty or not guilty?; ***sentimento de culpa*** guilty conscience
culpar *v. tr.* to blame, to censure; to inculpate, to accuse, to incriminate, to charge with, to impeach
culpável *adj.* culpable; blamable, faulty, blame-worthy
culposo *adj.* guilty
cultamente *adv.* in a cultured manner
culteranismo *s. m.* cultism, Gongorism, artificial style, euphuism
culteranista Ⓐ *s. m. e f.* cultist, Gongorist Ⓑ *adj.* gongoristic
culterano *s. m., adj.* ⇒ **culteranista**
cultiparla *adj.* finespeaking
cultismo *s. m.* cultism; civilization; ⇒ **culteranismo**
cultista *s. m. e f.* ⇒ **culteranista**
cultivação *s. f.* cultivation, culture
cultivado *adj.* cultivated; educated, learned
cultivador *s. m.* cultivator; tiller, husbandman, farmer
cultivar Ⓐ *v. tr.* to cultivate, to till, to manure; to develop, to enlighten, to refine; to strengthen; to grow; ***o lavrador cultiva grandes sementeiras de trigo*** the farmer grows large crops of wheat; ***cultivar rosas*** to grow roses; ***cultivar terras*** to till the ground; ***cultivar amizades*** to cultivate friendships; ***cultivar um talento*** to develop a talent; ***cultivar o espírito*** to cultivate the mind; ***cultivar as boas maneiras*** to cultivate good manners Ⓑ *v. refl.* to acquire culture, knowledge
cultivável *adj.* arable, cultivable, cultivatable
cultivo *s. m.* cultivation; tillage, culture
culto Ⓐ *s. m.* worship, cult, respect, homage; ***culto divino*** divine service; ***liberdade de culto*** religious freedom Ⓑ *adj.* cultured, learned; refined, polished, cultivated; civilized
cultomania *s. f.* preciosity; mania for what is refined
cultor *s. m.* cultivator; promoter; worshipper
cultridentado *adj.* having cultriform teeth
cultrifoliado *adj.* having cultriform leaves
cultriforme *adj.* cultriform
cultrirrostro Ⓐ *adj.* cultrirostral Ⓑ *s. m. pl.* cultrirostres
cultual *adj.* relating to a cult
cultuar *v. tr.* to worship, to adore
cultura *s. f.* culture; cultivation, breeding, tillage, rearing, production; refinement; mental training; learning, education; civilization; ***cultura alternada*** crop rotation; ***cultura geral*** general knowledge; ***homem de grande cultura*** a man of wide culture; ***sem cultura*** unlettered, ignorant
cultural *adj.* cultural
culturalmente *adv.* culturally
culturismo *s. m.* physical culture, physical training; body building
culturista *s. m. e f., adj.* culturist
cumano Ⓐ *adj.* pertaining to Cumas Ⓑ *s. m.* native of Cumas
cumbeca *s. f.* Brazilian creeper
cumbo *s. m.* an Indian measure; barbel; stooped
cume *s. m.* top, summit, height; the highest point; zenith; acme; apex; ***o cume da montanha*** the top of the mountain
cumeada *s. f.* mountain ridge, mountain crest
cumeado *adj.* placed high or on top of; topped by (something); crowned
cumeeira *s. f.* summit, top; tiebeam; ***cumeeira do telhado*** the ridge of the roof
cúmel *s. m.* kümmel, caraway or cumin seed
cuminal *adj.* culminant
cúmplice *s. m. e f.* accomplice; abettor; ***cúmplice em matéria de adultério*** co-respondent
cumpliciar *v. tr.* to become accomplice
cumplicidade *s. f.* complicity
cumprido *adj.* fulfilled, accomplished, effected, consummated, executed, finished
cumpridor *s. m.* accomplisher, fulfiller; executor (of a will); ***ele é cumpridor da sua palavra*** he keeps his word
cumprimentador Ⓐ *adj.* saluting Ⓑ *s. m.* one who salutes
cumprimentar *v. tr.* to salute, to greet; to compliment; to pay a compliment to; to congratulate a person; NÁUTICA to salute, to hail; ***cumprimentar com a cabeça*** to bow, to nod; ***cumprimentar com o chapéu*** to lift one's hat, to raise one's hat; NÁUTICA ***cumprimentar com a bandeira*** to dip the flag
cumprimenteiro *adj.* overcourteous, exceedingly complimentary
cumprimento *s. m.* fulfilment, accomplishment, execution, observance; compliment, salutation, greeting; salute; *pl.* compliments, respects, regards, wishes; ***dar cumprimento*** to discharge; ***desfazer-se em cumprimentos*** to be profuse in compliments; ***apresentar cumprimentos*** to pay one's respects; ***em cumprimento de*** pursuant to; ***os meus cumprimentos para a sua esposa*** remember me to your wife; ***os meus cumprimentos*** my best wishes
cumprir Ⓐ *v. tr.* to fulfil, to accomplish, to carry out, to discharge, to perform, to execute; to bring to completion, to

complete; to satisfy; to realize; ***cumpre fazermos isso*** it behoves us to do that; ***obrigar uma pessoa a cumprir o que prometeu*** to nail a person down to his promise; ***cumprir a palavra*** to keep one's word; ***cumprir todas as formalidades legais*** to fulfil all the legal formalities; ***cumprir o serviço militar*** to serve in the army, to do one's military service; ***cumprir as suas obrigações*** to fulfil one's duties or obligations; ***cumprir as suas promessas*** to fulfil one's promises; [fam.] ***cumprir ordens*** to toe the line, to obey instructions; ***cumprir o tempo de serviço*** to serve one's time; ***cumprir (com) os seus deveres*** to perform one's duties; ***ele cumpriu cinco anos de prisão*** he served a five years prison sentence Ⓑ *v. intr.* to be fitting, to be necessary, to be convenient; to behove Ⓒ *v. refl.* to come true

cumulação *s. f.* accumulation, cumulation, heaping up

cumular *v. tr.* to cumulate, to accumulate, to heap up; ***cumular de atenções*** to overwhelm with kindness

cumulativamente *adv.* cumulatively

cumulativo *adj.* accumulative, cumulative; in heaps

cúmulo *s. m.* height, top, pitch, acme; pile, heap; *pl.* cumulus (clouds in form of rounded, piled up masses); ***é o cúmulo!*** that's the limit!; ***chegar ao cúmulo da imprudência*** to carry things to the last extreme of imprudence; ***para cúmulo da desgraça*** to crown it all, to make matters worse

cunca *s. f.* quoit; a kind of rummy (card game); knee-cap; small cheese

cunco *s. m.* earthen cooking vessel; wooden scoop

cunctatório *adj.* slow, dilatory, slack; conciliatory

cuneano *adj.* cuneiform

cuneifoliado *adj.* having wedge-shaped leaves

cuneiforme *adj.* cuneiform, cuniform, arrow-headed, wedgeshaped; ***caracteres cuneiformes*** cuneiform characters

cuneirrostro Ⓐ *adj.* cuneirostral Ⓑ *s. m. pl.* the cuneirostres

cúneo *s. m.* a kind of small safe for jewels

cuneta *s. f.* a magpie

cunha *s. f.* wedge; quoin; intercession, recommendation; recommender, fixer; ***à cunha*** full up, jammed, replete; ***cunha da plaina*** wedge of a plane; MATEMÁTICA ***cunha esférica*** spherical wedge; ***vértice da cunha*** spearhead

cunhada *s. f.* sister-in-law

cunhadia *s. f.* ⇒ **cunhadio**

cunhadio *s. m.* relationship of brothers-in-law and sisters-in-law

cunhado *s. m.* brother-in-law

cunhador *s. m.* coiner (of money)

cunhagem *s. f.* coinage; minting, mintage

cunhal *s. m.* angle, corner of walls

cunhar *v. tr.* to coin, to stamp, to mint; to invent, to coin new word or expression

cunhete *s. m.* ammunition-box

cunho *s. m.* stamp; seal; coiner's die, matrix; mark; coin; type; NÁUTICA belaying pin; cleat; ***cunho grande*** kevel; ***cunho de cabrestante*** whelp of capstan; ***ter o cunho de*** to bear the stamp of; ***o cunho da verdade*** the stamp of truth

cunicultor *s. m.* rabbit-breeder

cunicultura *s. f.* rabbit-breeding

cupão *s. m.* coupon; ***cortar os cupões*** to cut off coupons

cupé *s. m.* coupé

cupidez *s. f.* cupidity, avarice, greed

cupidíneo *adj.* relating to Cupid or love

cupidinoso *adj.* cupidinous, desirous, amorous

cupido *s. m.* Cupid

cúpido *adj.* covetous, eager, greedy

cupim *s. m.* termite, white ant

cupinzeiro *s. m.* termitary, ant-hill

Cupressáceas *s. f. pl.* ⇒ **Juniperáceas**

cuprésseas *s. f. pl.* BOTÂNICA *Cupressaceae* (the cypress family)

cupressifoliado *adj.* foliated like a cypress

cupressiforme *adj.* resembling a cypress

cupressíneas *s. f. pl.* BOTÂNICA *Cupressineae*

cúprico *adj.* cupric

cupricolo *adj.* with a copper-coloured neck

cuprífero *adj.* cupriferous

cuprino *adj.* ⇒ **cúprico**

cupripene *adj.* having copper-coloured wings or elytra

cuprirrostro *adj.* having a copper-coloured bill

cuproníquel *s. m.* QUÍMICA cupro-nickel

cuproso *adj.* QUÍMICA cuprous

cupróxido *s. m.* QUÍMICA copper oxide

cúpula *s. f.* cupola, dome, vault; BOTÂNICA cupule; ***cúpula ogival*** pointed dome; ***cúpula truncada*** truncated dome; NÁUTICA ***cúpula (de ventilação)*** cowl (of ventilation)

cupulado *adj.* cupolate, having a cupola; domed

Cupulíferas *s. f. pl.* BOTÂNICA *Cupuliferae*

cupuliforme *adj.* cupuliferous

cupulim *s. m.* lantern at the top of a staircase

cuquiada *s. f.* cheers of the crew at the sight of land

cura Ⓐ *s. f.* cure, healing, recovery, restoration (to health); medical treatment; medication; ***ter cura*** to be curable; ***já não tem cura*** it is past recovery; ***conseguir cura*** to obtain a cure; ***nenhum médico garantia a sua cura*** no doctor would guarantee his cure Ⓑ *s. m.* curate (vicar's assistant); cure (of souls)

curabilidade *s. f.* curability

curaçau *s. m.* curaçao, curaçoa

curadia *s. f.* ⇒ **curadoria**

curado *adj.* cured; healed; seasoned; sun-dried

curador *s. m.* DIREITO trustee, guardian; tutor, curator

curadoria *s. f.* trusteeship, guardianship, curatory, curatorship

curandeira *s. f.* quack (medicine woman)

curandeirismo *s. m.* quackery, charlatanism

curandeiro *s. m.* quack, witch doctor, charlatan

curandice *s. f.* quackery

curar Ⓐ *v. tr.* to cure, to heal, to restore, to health; to treat; to dress a wound; to preserve (meat, fruit, etc.) by salting or drying Ⓑ *v. intr.* to take care of, to look after, to recover; to amend (a person of his faults); ***curar carne no fumeiro*** to smoke meat, to cure by smoke; ***curar uma ferida*** to dress a wound; ***o que a um cura a outro mata*** one man's meat is another man's poison; ***curar uma doença*** to cure a disease; ***curar peixe*** to cure fish

curare *s. m.* curare, curary

curarina *s. f.* curarine

curarização *s. f.* curarization

curarizar *v. tr.* to poison with curare

curatela *s. f.* curatel, curatorship

curativo Ⓐ *s. m.* MEDICINA dressing; plaster; treatment; ***fazer um curativo*** to dress a wound Ⓑ *adj.* curative

curato *s. m.* curacy; parish, parsonage

curável *adj.* curable

Curculiónidas *s. m. pl.* ⇒ **Curculionídeos**

Curculionídeos *s. m. pl.* *Curculionidae*

curcuma *s. f.* BOTÂNICA curcuma

curcumina *s. f.* curcumin

curdo Ⓐ *adj.* Kurdish Ⓑ *s. m.* Kurd (native or inhabitant of Kurdistan)

cureta *s. f.* CIRURGIA curet, curette

curetagem *s. f.* CIRURGIA curettage, curettement

curetar *v. tr.* CIRURGIA to curet, to curette

curi *s. m.* a kind of clay

cúria *s. f.* curia, the Papal court

curial *adj.* curial; proper, convenient

curialidade *s. f.* curiality

curialismo *s. m.* curialism

curião *s. m.* chief of a Roman curia

curibeca *s. f.* an apparently honest but unscrupulous assembly
curica *s. m.* name given by the natives of Angola to the lion
curicaca *s. f.* ⇒ **tapicuru**
curie *s. m.* curie, measure of the activity of radioactive substances
curimbó *s. m.* ⇒ **tabaque** (drum)
curinga *s. m.* joker (playing card); wild card
cúrio *s. m.* any finch of the genus orizoborus
curiosa *s. f.* midwife (without a diploma)
curiosamente *adv.* curiously
curiosidade *s. f.* curiosity, inquisitiveness; strangeness; oddity, rarity; ***uma curiosidade (um objecto de arte raro)*** a curio; ***com curiosidade*** agog; ***tenho curiosidade de saber*** I wonder, I should like to know
curioso Ⓐ *adj.* curious, inquisitive, prying; strange, odd, queer, singular; rare; ***é uma coisa curiosa*** it's a curious thing (that); ***vizinhos curiosos*** nosy neighbours; ***uma coincidência curiosa*** a curious coincidence Ⓑ *s. m.* amateur; looker-on
curiúva *s. f.* Brazilian pine-tree, araucaria
curral *s. m.* pen, corral; ***curral de porcos*** pigsty; ***curral de bois*** ox-stall; ***curral de vacas*** cow-shed; ***curral de cavalos*** stable; ***curral de ovelhas*** sheepfold
curralada *s. f.* a series of corrals, stockade
curralagem *s. f.* stallage
curraleira *s. f.* woman that fattens pigs
curraleiro *adj.* corralled, stabled
curre-curre *s. m.* boy's game; ring-plover (a bird)
currículo *s. m.* curriculum, course (of study in a school); by-path
curro *s. m.* pen for bulls before the fight; group of bulls in a bullfight
cursado *adj.* accustomed, used to; beaten (path); frequented
cursar Ⓐ *v. tr.* to follow a course of lectures (in a university); to attend courses Ⓑ *v. intr.* to travel, to cruise
cursável *adj.* current (money); able to follow a course
cursear *v. intr.* to rove, to roam
cúrsio *s. m.* wheelless cart (common at Madeira)
cursista *s. m. e f.* student
cursivinho *s. m.* running hand (smaller than the cursive)
cursivo *adj.* cursive; ***letra cursiva*** cursive hand, running hand
curso *s. m.* course; lecture, course of lectures; treatise; career; course of Exchange; price, rate; voyage; route, path, way, track; ASTRONOMIA revolution, orbit; ***curso de estudos*** curriculum; ***curso de êmbolo*** stroke (travel, throw) of piston; ***viagem de longo curso*** journey (voyage); ***está em curso um inquérito*** an inquiry is now in progress; ***curso constante*** steady course; ***curso dos astros*** the revolution of the stars; ***dar livre curso a alguma coisa*** to let a thing take its natural course; ***em curso*** in operation, in progress; ***ter um curso*** to have studied; ***curso de férias*** summer course; ***curso de aperfeiçoamento*** post-graduate course
cursómetro *s. m.* speedometer
cursor Ⓐ *s. m.* slide; cursor; papal messenger; runner Ⓑ *adj.* sliding; running along; ***cursor de balança*** sliding weight or poise; ***de cursor*** sliding
curtamente *adv.* shortly, timidly, shyly
curta-metragem *s. f.* short film, one-reeler
curteza *s. f.* shortness; scantiness, scarcity; thick, headiness, ignorancy, dullness, want of intelligence; timidity, shyness; ***curteza de meios*** shortness of means
curtição *s. f.* [coloq.] fun, good time
curtido *adj.* tanned; hardened, tough
curtidoiro *s. m.* ⇒ **curtidouro**
curtidor *s. m.* tanner
curtidouro *s. m.* tannery
curtimenta *s. f.* tanning of hides; fermentation of must together with the husks
curtimento *s. m.* tanning
curtípede *adj.* short-footed
curtir *v. tr.* to tan; to soak; to pickle, to harden, to inure; to toughen; to suffer; to endure, to undergo; [coloq.] to enjoy, to take pleasure in, to revel in; ***curtir mágoas*** to endure suffering, to become inured, to sorrow
curto *adj.* short; brief; scant, scarce; concise, terse; ***curto de vista*** short-sighted; ***curto de entendimento*** slow-witted; ***curto de palavras*** laconic, short in words; ***ser curto de espírito*** to be narrow-minded
curto-circuito *s. m.* ELECTRICIDADE short circuit
curtume *s. m.* tanning, tannage
curuba *s. f.* [Bras.] ⇒ **sarna**
curul *s. f., adj.* curule; curule chair
curumba Ⓐ *s. m.* black country man, rustic; tramp Ⓑ *s. f.* old woman
curva *s. f.* GEOMETRIA curve, bend, turn, crook, bow; arch, arc; MATEMÁTICA graph of co-ordinates; ***curva adiabática*** (thermodynamics) adiabatic curve or line; AERONÁUTICA ***curva cabrada*** a zooming up-curve; MATEMÁTICA ***curva catenária*** catenary; ***curva de histérese*** (magnetism) hysteresis loop (cycle); MATEMÁTICA ***curva de nível*** contour curve; AERONÁUTICA ***curva normal*** a one-minute turn; ***curva de probabilidades*** probability curve (statistics); GEOLOGIA ***curvas anaclásticas*** anaclastic curves; MATEMÁTICA ***curvas exponenciais*** exponential curves; ***uma curva na estrada*** a curve in the road; ***curva fechada*** sharp curve; ***curva apertada*** sharp bend; ***curva suave*** easy curve; ***curva de funcionamento*** performance curve; ***curva de velocidade*** speed curve; ***curva de escape*** exhaust curve; ***curva em esquadria*** square knee; ***curva horizontal*** lodging-knee; ***curva oblíqua*** raking knee; ***curva em U*** U-bend; ***curva do beque*** knee of the head; ***curva do cadaste*** heel knee; ***curva de abertona*** lodging-knee; ***curva da perna*** bend of the knee
curvado *adj.* bent, curved; ***curvado pelos anos*** bent with age, stooping, resigned, downcast, subdued
curvar Ⓐ *v. tr.* to curve, to bend; to arch, to crook; to warp, to incurve; to stoop; to make crooked; to bend one's will Ⓑ *v. intr.* to bow, to bow down; to bend, to stoop Ⓒ *v. refl.* to bow, to stoop, to bend over; ***curvar chapa*** to bend plate; ***curvo-me perante os vossos argumentos*** I yield (bow) to your arguments; ***curvar a cerviz*** to knuckle under (down) to; ***curvar a cabeça*** to hang one's head; ***curvar-se aos pés de alguém*** to prostrate before someone
curvativo *adj.* curvifoliate
curvatura *s. f.* curvature, curving, bend, sag, flection; ***curvatura da espinha dorsal*** curvature of the spine; ***curvatura de um desvio*** curve of a switch; NÁUTICA ***curvatura de vau*** crop, round of beam
curvejão *s. m.* hock, hough (of a horse)
curvejar *v. tr.* to make curves; to go round
curveta *s. f.* curvet; small curve; bend (of a rood)
curvetear *v. intr.* to curvet (a horse)
curvicaude *adj.* curvicaudate, having curved tail
curvicórneo *adj.* having curved horns
curvidade *s. f.* ⇒ **curvatura**
curvifloro *adj.* having curved corollas
curvifoliado *adj.* curvifoliate; having curved leaves
curvifronte *adj.* having an arched forehead
curvígrafo *s. m.* curvograph, arcograph
curvilhão *s. m.* ⇒ **jarrete**
curvilíneo *adj.* curvilinear, curvilineal
curvímetro *s. m.* curvometer
curvinervado *adj.* curvinervate, curvinerved
curvinérveo *adj.* ⇒ **curvinervado**
curvípede *adj.* crooked-legged
curvirrostro *adj.* ZOOLOGIA curvirostrate
curvo *adj.* curved, bent, crooked, arched

cuscúcio *s. m.* [reg.] lamb born in Autumn
cuscuta *s. f.* BOTÂNICA dodder (kind of slender, leafless thread-like parasitic plant)
Cuscutáceas *s. f. pl.* *Cuscutaceae*
cuscuz *s. m.* couscous
cuscuzeira *s. f.* couscous kettle
cuscuzeiro *s. m.* couscous dealer
cusparada *s. f.* profuse spitting
cuspe *s. m.* ⇒ **cuspo**
cuspidado *adj.* cuspidate, cuspidated
cuspidária *s. f.* Brazilian creeper of the family Bignoniaceae
cuspidato *adj.* ⇒ **cuspidado**
cúspide *s. f.* cusp; pointed end; a bee's or scorpion's sting; prick or sharp point at the end of a leaf
cuspideira *s. f.* spittoon (a snake)
cuspidela *s. f.* spitting; spit
cuspidiforme *adj.* cuspidal, peaked, pointed, sharp-ended
cuspido *adj.* spit, polluted; thrown; defamed
cuspidor *s. m.* spitter, spittoon
cuspidouro *s. m.* spittoon, cuspidor, cuspidore
cuspidura *s. f.* spitting; quantity of spit
cuspilhar *v. intr.* ⇒ **cuspinhar**
cuspinha *s. f.* ⇒ **cuspo**
cuspinhada *s. f.* frequent spitting
cuspinhador *s. m.* great spitter
cuspinhadura *s. f.* spit
cuspinhar *v. tr. e intr.* to spit often, to salivate
cuspinheira *s. f.* frequent spitting
cuspir Ⓐ *v. intr.* to spit, to spit out; to salivate Ⓑ *v. tr.* to cast off, to toss; [fig.] to fling insults at, to affront, to defame, to slander; ***cuspir sangue*** to spit blood; ***foi cuspido do cavalo*** the horse threw him off; ***cuspir calúnias*** to calumniate; ***cuspir uma injúria à face de alguém*** to hurl an insult at someone's face; ***cuspir no prato em que se come*** to bite the hand that feeds one
cuspo *s. m.* spit, saliva
custa *s. f.* expense, cost, expenditure; charges; labour; *pl.* DIREITO costs, law expenses; ***à própria custa*** at one's own expense; ***à custa de*** at the cost of, at the expense of; ***aprendi à minha custa*** I learned to my cost; ***custas do processo*** law expenses; ***custas judiciais*** legal costs
custar Ⓐ *v. tr.* to cost; to involve expenditure Ⓑ *v. intr.* to be difficult; to be painful or troublesome; to be expensive; ***custe o que custar*** cost what it may, at all costs; ***custa-me falar-te assim*** it pains me to talk to you like this; ***custou-lhe a vida*** it cost him his life; ***custar muito dinheiro*** to cost a lot of money; ***quanto custou o teu chapéu?*** how much did your hat cost?, what did you pay for your hat?; ***custar caro*** to be dear; ***a boa educação nada custa*** civility costs nothing; ***custa a crer!*** it is hard to believe!; ***custa os olhos da cara*** it costs a fortune; ***custou-lhe cara a brincadeira*** he had to pay dearly for the joke; ***ganhei, mas custou*** I won, but it was hard; ***custa-lhe a compreender*** he is slow to understand; ***não custa nada experimentar*** it is worth while trying!
custeamento *s. m.* expense, expenditure, disbursement, costs
custear *v. tr.* to defray, to pay, to discharge, to bear the cost of; ***custear as despesas*** to cover the expenses
custeio *s. m.* maintenance, expense
custo *s. m.* cost, expense, price; worth; pain, difficulty; trouble; labour; ***pelo custo*** at cost price; ***custo, seguro e frete*** cost, insurance and freight (c. i. f.); ***custo de vida*** cost of living; ***custo (preço) de fábrica*** prime cost, cost price; ***custo aproximado*** approximate cost; ***ajudas de custo*** living-allowance, indemnity of transfer, expenses; ***ele fê-lo com muito custo*** he did it painfully (with much difficulty); ***a custo*** with difficulty; ***a custo de*** by means of; ***a todo o custo*** at all cost, by all means; NÁUTICA ***custo de reboque*** towage fees; ***custo médio*** average cost; ***custo unitário*** unit cost
custódia *s. f.* custody, keeping, charge protection; detention, imprisonment; RELIGIÃO monstrance, custodial
custodiar *v. tr.* to keep (in custody); to guard, to protect
custódio *s. m.* custodian; guardian
custoso *adj.* costly; expensive; difficult, hard, painful
cutâneo *adj.* cutaneous; ***erupção cutânea*** cutaneous eruption
cute *s. f.* ⇒ **cútis**
cutela *s. f.* cleaver; chopper; pruning-knife
cutelão *s. m.* a big chopper
cutelaria *s. f.* cutlery; cutler's shop
cuteleiro *s. m.* cutler
cutelo *s. m.* chopper
cúter *s. m.* NÁUTICA cutter
cutia *s. f.* agouti
cutícola *adj.* said of the parasite living under the skin
cutícula *s. f.* BOTÂNICA cuticle, epidermis
cuticular *adj.* cuticular, epidermal
cuticuloso *adj.* cuticular, like a cuticle or small membrane
cutilada *s. f.* slash, cut
cutilão *s. m.* ⇒ **cutelão**
cutilaria *s. f.* ⇒ **cutelaria**
cutileiro *s. m.* cutler
cutina *s. f.* cutin
cutinização *s. f.* cutinisation; cutinization
cutinizar *v. tr.* to cutinise; to cutinize
cutirreacção *s. f.* MEDICINA, VETERINÁRIA cutireaction
cútis *s. f.* ANATOMIA cutis, derma; skin; complexion (hue of the skin)
cutisação *s. f.* cutification
cutisar *v. tr.* to cutify
cutisável *adj.* cutifiable; capable of being formed into skin
cutite *s. f.* ⇒ **dermatite**
cutuca *s. f.* [Bras.] small saddle with two high saddle-bows for breaking in horses
cutucada *s. f.* a jogging, poking
cutucão *s. m.* a jab, poke or prod
cutucar *v. tr.* to jab, to nudge, to poke
cuva *s. f.* ICTIOLOGIA barbel (fish)
cuvilheira *s. f.* chambermaid; meddler
cuvilheiro *s. m.* cubicular; bedchamber attendant; gossiper
cuzada *s. f.* ⇒ **culapada**
cuzapada *s. f.* ⇒ **culapada**
czar *s. m.* czar, tsar, tzar
czardas *s. f. pl.* czardas
czarina *s. f.* czarina, tsarina
czarismo *s. m.* czarism, tsarism
czarista Ⓐ *s. m. e f.* czarist, tsarist Ⓑ *adj.* czaristic, tsaristic

d, D *s. m.* fourth letter of the alphabet; 500 in Roman numerals
D. Ⓐ ||*abrev. de* **Dom**|| Don (honorific title) Ⓑ ||*abrev. de* **Dona**|| Miss, Mrs.
da *contr. da prep.* **de** + *art. def.* **a**; *contr. da prep.* **de** + *pron. dem.* **a**
dabua *s. f.* African word for certain vipers
dação *s. f.* act of giving; payment; restitution
dacito *s. m.* rock with plagioclase feldspars
dacnomania *s. f.* mania of biting oneself
dacolá *contr. da prep.* **de** + *adv.* **acolá**
dacoma *s. f.* earrings (worn by Africans in Mozambique)
dacriadenite *s. f.* MEDICINA inflammation of the lacrimal gland
dacrioblenorreia *s. f.* MEDICINA dacryoblenorrhoea
dacriocistectomia *s. f.* incision of the lacrimal duct
dacriocistite *s. f.* MEDICINA dacryocystitis
dacrióide *adj.* tear-shaped
dacriúria *s. f.* MEDICINA involuntary emission of tears and urine
dáctila *s. f.* BOTÂNICA orchard grass (Dactylis glomerata)
dactilado *adj.* dactilar
dactílico *adj.* dactylic
dactilífero *adj.* dactylic
dactilino *adj.* dactyloid, digitiform, digititate
dactiliografia *s. f.* dactyliography, typewriting
dactiliomancia *s. f.* dactyliomancy
dactiliomante *adj.* dactyliomancer
dactilioteca *s. f.* dactyliotheca
dáctilo *s. m.* dactyl, a metrical foot
dactilofasia *s. f.* ⇒ **dactilologia**
dactilografar *v. tr.* to typewrite
dactilografia *s. f.* typewriting
dactilográfico *adj.* typewriting, typing
dactilógrafo *s. m.* typist
dactilograma *s. m.* dactylogram
dactilologia *s. f.* dactylology, communication of ideas by means of the fingers (for the deaf and the dumb)
dactiloscopia *s. f.* dactyloscopy, identification by fingerprints
dactilozoário *s. m.* ZOOLOGIA dactylozoid
dada *s. f.* act of giving; present, gift
dadaísmo *s. m.* Dadaism (literary movement using maximum liberty between thought and written expression, 1917); predecessor of super-realism
dadaísta *s. m. e f., adj.* Dadaist; Dadaistic
dadeira *s. f.* a woman given to having fits
dádiva *s. f.* gift, present, donation; ***pequena dádiva*** widow's mite; ***dádiva caída do céu*** gift from the gods
dadivar *v. tr.* to present; to gift; to offer as a gift
dadivoso *adj.* liberal, bountiful, generous, open-handed
dado Ⓐ *adj.* given, affable, pleasant-spoken, familiar; given to; inclined to, addicted to; fond of; ***dado que*** so long as, assuming that, considering that, provided that; ***ele é dado à bebida*** he is addicted to drink; ***ser muito dado*** to be hail-fellow with everybody, to be well-met with everybody; ***num dado tempo*** in a given time; ***ser dado a*** to be given to Ⓑ *s. m.* die (small cube for gaming); *pl.* dice; ARQUITECTURA dado, pedestal of a column; basis, fundamental principle; indication, clue, symptom; precedent; MATEMÁTICA given quantities; INFORMÁTICA data; NÁUTICA ***dado (de sector)*** die block, link block; ***dados conhecidos*** known data; ***dados viciados*** loaded dice; INFORMÁTICA ***base de dados*** database
dador *s. m.* giver, donor, donator; ***dador de sangue*** blood-donor
Dafnáceas *s. f. pl.* BOTÂNICA *Daphnaceae*
dafnáceo *adj.* daphnean
dafnéforo *adj.* daphnephorous; laurel branch bearing
dáfnia *s. f.* ZOOLOGIA daphnia (water fleas)
dafnite *s. f.* ⇒ **espirradeira**
daguerreotipar *v. tr.* to daguerreotype
daguerreotipia *s. f.* daguerreotypy
daguerreótipo *s. m.* daguerreotype
daí *contr. da prep.* **de** + *adv.* **aí**
daimiado *s. m.* HISTÓRIA the office or rank of a daimio
daimiato *s. m.* HISTÓRIA the office or rank of a daimio
dáimio *s. m.* HISTÓRIA daimio, Japanese feudal noble
daimoso *adj.* affable, kind, charitable, generous
dala *s. f.* NÁUTICA dale, shoot, spout; ***dala das cinzas*** ash shoot
dalai-lama *s. m.* Dalai Lama
dalém *contr. da prep.* **de** + *adv.* **além**
dali *contr. da prep.* **de** + *adv.* **ali**
dália *s. f.* BOTÂNICA dahlia
dalina *s. f.* inulin; dahlin
dálmata Ⓐ *s. m. e f.* Dalmatian, native or inhabitant of Dalmatia Ⓑ *adj.* Dalmatian
dalmática *s. f.* dalmatic
daltoniano *adj.* ⇒ **daltónico**
daltónico *adj.* daltonian, colour blind
daltonismo *s. m.* daltonism; colour-blindness
dama *s. f.* lady; maid; maid of honour; queen (at cards); king (at draughts); ***jogo das damas*** draughts; ***tabuleiro do jogo das damas*** draughtboard; ***dama de honor*** maid of honour; ***jogar às damas*** to play at draughts; ***fazer dama*** to make a king at draughts or a queen at chess; ***dama de companhia*** lady-in-waiting, lady's maid; ***primeira dama*** First Lady
dama-do-lago *s. f.* BOTÂNICA ⌈Bras.⌋ water hyacinth
dama-entre-verdes *s. f.* BOTÂNICA fennelflower, love-in-a-mist
damaísmo *s. m.* ladies in a group; ladies collectively; lady's manners
damar *s. m.* dammar (resin)
damaria *s. f.* coquettishness, ladies' meeting or party; ⌈coloq.⌋ hen party; ladies' matters
damas *s. f. pl.* draughts (game)
damasceno Ⓐ *adj.* Damascene Ⓑ *s. m.* Damascene native or inhabitant of Damascus
damasco *s. m.* damask (material of silk and linen); apricot (fruit)
damasqueiro *s. m.* apricot-tree
damasquilho *s. m.* damask-like stuff
damasquinagem *s. f.* damascening, damask work
damasquinar *v. tr.* to damascene, to ornament metal with wavy patterns
damasquinaria *s. f.* ⇒ **damasquinagem**
damasquino *adj.* damascene (relating to damascening); Damascene (of or relating to Damascus)

damejar *v. tr.* to court the ladies; to please, to make love to
damice *s. f.* prudery; affectation
damismo *s. m.* ⇒ **damaísmo**
danação *s. f.* hydrophobia, rabies; rage, fury, passion, anger; damnation
danado *adj.* hydrophobic, rabid; mad; irritated, furious, raving; damned; ***cão danado*** mad dog; ***estar com uma fome danada*** to be really hungry; ***um susto danado*** a hell of a fright
danador *adj.* damning; instigating
danaide *s. f.* MITOLOGIA danaid; water wheel
danamento *s. m.* ⇒ **danação**
danar Ⓐ *v. tr.* to infect with rabies; to prejudice, to ruin; to irritate, to annoy, to make angry Ⓑ *v. refl.* to become rabid; to exasperate oneself; to get irritated; to grow furious
dança *s. f.* dance; ***salão de dança*** ballroom, dancehall; ***dança de roda*** round dance; ***dança folclórica*** folk dance; ***dança rodada*** skirt dance; ***estar na dança*** to be in the dance; [fig.] ***meter-se na dança*** to get involved into the business; ***entrar na dança*** to join in the dance; ***iniciar a dança*** to lead the dance
dançadeira *s. f.* dancer, dancing girl, ballerina
dançador *s. m.* dancer
dançante *adj.* dancing
dançar *v. intr.* to dance; [coloq.] to shake a leg; ***estar sentado a ver dançar*** to sit a dance out; ***dançar com entusiasmo*** to dance with enthusiasm; ***dançar conforme a música*** to adapt oneself to a situation
dançaricar *v. tr. e intr.* to dance light dances
dançarina *s. f.* dancing-girl, ballerina
dançarino *s. m.* dancer; ballet-dancer; ***navio dançarino*** rolling ship; ***dançarino de corda*** rope-dancer
dançata *s. f.* informal dance, country dance
dançatriz *s. f.* ⇒ **dançarina**
danda *s. f.* breech-cloth worn by black people
dândi *s. m.* dandy; fop
dandinar *v. intr.* to walk in an ungainly manner
dandismo *s. m.* dandyism; foppishness
danificação *s. f.* damnification, damaging
danificador Ⓐ *adj.* damnifying, damaging Ⓑ *s. m.* damnifier, injurer
danificar *v. tr.* DIREITO to damnify; to damage, to spoil, to injure, to hurt
danífico *adj.* ⇒ **daninho**
daninhar Ⓐ *v. tr.* to damage Ⓑ *v. intr.* to be destructive (children); to cause damage (animals)
daninho *adj.* hurtful, wicked, harmful; damaging, mischievous; ***ervas daninhas*** weeds
dano *s. m.* hurt, harm, detriment; damage; loss; injury; wrong; mischief; sufferance; ***pagar os danos*** to pay damages; ***dano considerável*** considerable damage; ***causar dano*** to do wrong, to harm, to damage
danoso *adj.* hurtful, injurious, prejudicial, harmful, detrimental
dantes *contr. da prep.* **de** + *adv.* **antes**
dantesco *adj.* Dantesque, Dantean, Dantist, dantophilist
dântico *adj.* ⇒ **dantesco**
danubiano *adj.* Danubian
daomeano Ⓐ *s. m.* native or inhabitant of Dahomey (Benin) Ⓑ *adj.* relating or pertaining to Dahomey
daquela *contr. da prep.* **de** + *pron. dem.* **aquela**
daquele *contr. da prep.* **de** + *pron. dem.* **aquele**
daquém *contr. da prep.* **de** + *adv.* **aquém**
daqui *contr. de prep.* **de** + *adv.* **aqui**
daquilo *contr. da prep.* **de** + *pron. dem.* **aquilo**
dar Ⓐ *v. tr.* to give, to bestow, to present, to confer; to supply, to afford; to donate, to contribute; to impart; to produce, to yield; to show as a product; to occasion, to cause; to deliver, to hand over; to utter, to pronounce; to bear, to bring in; to grant, to vouchsafe Ⓑ *v. intr.* to lead to; to hit, to strike; to find, to notice; to be enough, to be sufficient Ⓒ *v. refl.* to happen, to occur; ***dar-se com*** to be familiar or intimate with; ***dar cartas*** to deal cards, to control matters; ***dar a uma pessoa o louvor ou castigo que ela merece*** to reward a person according to his merits; ***dar gritos*** to cry out, to shout; ***dar ela por ela*** to give and take; ***dar audiência*** to give audience; [fig.] ***dar à luz*** to give birth to, to publish; ***dar à língua*** to talk, to wag one's tongue; ***dar com a língua nos dentes*** to blab, to tattle, to let the cat out of the bag; ***dar o seu voto*** to give one's vote; ***dar ouvidos a*** to give ear to, to listen to; ***dar em casamento*** to give away; ***dar motivo a*** to give ground for; ***dar parte de fraco*** to give in, to reveal one's weakness or inability; ***dar origem a*** to give rise to; ***dar tempo a*** to give time to; ***dar horas (relógio)*** to strike the hour (clock); ***dar no alvo*** to hit the mark; ***dar corda ao relógio*** to wind up (watch, clock); ***dar corda (a alguém)*** [fig.] to wind someone up, to encourage amorous advances, to give (an animal) more rope; ***dar a alma a Deus (ao Criador)*** to pass away; ***dar num baixio*** to run aground; ***dar a mão à palmatória*** to climb down, to own one's error; ***dar a alma ao Diabo*** to sell one's soul to the devil; ***dar a entender*** to give to understand, to hint; ***dar a palavra a*** to call on someone to speak, to yield the floor to another; ***dar a preferência*** to give preference to; ***dar a última demão*** to give the last coat (of paint, etc.) to, to put on the finishing touches; ***dar alta (de hospital)*** to discharge (a patient); ***dar andamento a*** to get something going; ***dar ares de*** to resemble (another person); ***dar as mãos*** to join hands; ***dar aula*** to teach, to tutor, to lecture (at the university); ***dar baixa ao hospital*** to be transferred from active duty to a hospital (for treatment); ***dar busca a*** to make a search of, to make a search for; ***dar cabo de*** to put an end to, to kill; ***dar certo*** to fit, to succeed; ***dar com a cabeça na parede*** to strike one's head against the wall; ***dar com o nariz na porta*** to find a door closed, to go visiting and find no one at home; ***dar com os burrinhos na água*** to founder, to be ruined; ***dar com os olhos em*** to catch sight of; ***dar confiança a*** to pay attention to (someone); ***dar conta do recado*** to do the job, to bring the bacon home; ***dar crédito a*** to believe in, to give credit to; ***dar o sim*** to give one's consent; ***dar a César o que é de César*** to render to Caesar the things that are Caesar's, to give the devil his due; ***dar conta da marcha de um assunto*** to report progress; ***dar nas vistas*** to strike the eye, to make oneself conspicuous; ***não dar tempo a*** to run it fine; ***dar de si*** to stretch, to give (as cloth), to give way, to yield; ***dar a mão a alguém*** to give a hand to someone, to help someone; ***dar de beber a alguém*** to give someone a drink; ***dar em droga*** to come to a bad end, to come to nothing, [cal.] to go to the dogs; ***dar ensejo a*** to give opportunity to, to let, to allow; ***dar entrada*** to enter in a book incoming items; ***dar saída*** to enter in a book outgoing items; ***dar espectáculo*** to make a scene; ***dar escândalo*** to make a scandal; ***dar fé de*** to notice, to heed; ***dar o lugar*** to give up one's place; ***dar lugar a*** to give room, to give rise to (suspicions, etc.); ***dar o seu parecer*** to give one's opinion; ***dar instruções*** to give instructions; ***dar largas*** to give free hand; ***dar parabéns*** to congratulate; ***dar fogo*** to fire; ***dar pêsames a*** to condole, to offer sympathy; ***dar o alarme*** to give the alarm; ***dar à bomba*** to pump; ***dar fiador*** to give bail; ***dar o nome*** to say one's name; ***dar que falar*** to be talked about; ***dar cumprimentos*** to offer kind regards, to pay one's respects; ***dar licença*** to permit, to allow, to give permission; ***dar parte*** to inform, to acquaint (someone) with (information), to let a person know; ***dar volta*** to turn round; ***dar volta à chave*** to turn a key in the lock; ***dar voltas*** to go round and round, to beat about the bush; ***dar voltas na cama*** to twist and turn in bed; ***dar mostras de*** to look as if; ***dar de mamar*** to suckle, to feed (an infant); ***dar com a porta na cara*** to shut the door in one's face; ***dar em doido*** to go mad; ***dar por certo*** to lay down as a fact, to take for granted; ***dar para*** to

look into, to look on to, to overlook; ***dar o exemplo*** to set the example; ***dar saltos*** to leap, to gambol, to frisk, to jump; ***dar lições*** to give lessons; ***dar-se bem com alguém*** to get on well with somebody; ***ir dar (chegar) a*** to come to, to end in; ***não dar por isso*** to pay no attention to it, to disregard it; ***tanto se me dá*** I don't care a tinker's curse; ***dar uma vista de olhos a*** to glance over, to look over; ***dar com uma coisa*** to come across a thing, to come upon; ***deu-lhe para ali*** he just wanted to; ***dar volta ao miolo*** to turn one's head; COMÉRCIO ***dar balanço*** to take stock, to balance accounts; ***dar às de vila-diogo*** to run away, to scamper off, [coloq.] to skedaddle, to take to one's heels; ***deu-lhe um ataque*** a fit seized him, he had a fit; ***dar a conhecer*** to make known, to let know; ***dar-se a conhecer*** to make oneself known; ***dar-se ao luxo de*** to permit oneself the luxury of, to afford; ***dar-se ao trabalho*** to take the trouble; ***dar-se por vencido*** to give in; ***dar-se por feliz*** to thank one's lucky stars; ***dar sinal de*** to give signs of, to manifest; ***dar sinal de vida*** to show signs of life (to show that one is alive and interested); ***dar o comando de um regimento*** to give the command of a regiment; ***dar um título*** to give a title; ***dar um jantar de festa*** to give a dinner-party; ***dar pano para mangas*** to give food for thought; ***dar lenha em alguém*** [coloq.] to give somebody a beating; ***dar a sua palavra*** to give one's word; ***dar uma sarabanda*** to give a person a piece of one's mind; ***as vacas dão leite*** cows give milk; ***dar prazer*** to give pleasure; ***dar ordens*** to give orders (instructions); ***dar publicidade a*** to make known; ***dar resultado*** to give results, to succeed; ***dar uma resposta negativa*** to give a refusal; ***dar um concerto*** to give a concert; ***os alicerces estão a dar de si*** the foundations are giving; ***dar importância a*** to give importance to, to attach importance to; ***dar motivo a questões*** to give rise to quarrels (disputes, trouble); ***eles não se dão bem*** they do not get on well; ***dar princípio a uma empresa*** to put one's hand to the plough; ***o meu quarto dá para o jardim*** my bedroom overlooks the garden; ***dar no preto para acertar no branco*** to proceed by indirection; ***dar nome a*** to name (something); ***dar nota a*** to grade (school papers); ***dar o braço*** to offer one's arm; ***dar o cavaco*** to embarass; ***dar o cavaco por*** to give anything for; ***dar o devido desconto*** to make allowances; ***dar o dito por não dito*** to unsay something said; ***dar o troco*** to return change, to give tit of tat, to pay back in the same coin; ***dar o último suspiro*** to draw one's last breath; ***dar palmas*** to clap hands, to applaud; ***dar para os estudos*** to be studious by nature; ***dar para ladrão*** to be a born thief; ***dar para beber*** to take to drink; ***dar para os negócios*** to have a flair for business; ***dar para trás*** to set oneself against, to object strongly to, to answer back; ***dar pela coisa*** to catch on to something; ***dar por bem empregado*** to be pleased with; ***dar (um assunto) por concluído*** to consider (a matter) settled; ***dar por ela*** to become aware of; ***dar por falta de*** to miss; ***dar providências*** to take measures; DIREITO ***dar provimento a*** to admit, to receive; ***dar que fazer*** to make trouble; ***dar realce a*** to enhance something; ***dar recados*** to deliver messages; ***dar rédeas soltas*** to loosen the reins, to remove all restraint; ***dar satisfações*** to explain oneself, to apologize; ***dê-mo!*** let me have it!; ***isso dá vontade de rir*** that sounds funny; ***isso vem a dar ao mesmo*** it all comes to the same thing; ***quem me dera ver!*** I wish I could see!; ***quem me dera que fosse verdade!*** I wish it were true!; ***não se dar por entendido*** to pretend not to hear, to take no notice of; ***dê lá por onde der*** come what may; ***dar-se por vencido*** to give in, to surrender; ***dar-se por*** to pretend to be, to acknowledge oneself; ***dar balanço (navio)*** to roll (ship); ***dar pouco balanço*** to be steady; ***dar caça a*** to chase, to give chase to; ***dar caminho*** to give room; ***dar à costa*** to drive ashore, to strand; ***dar guinadas*** to sheer, to yaw; ***dar uma salva*** to fire a salvo; ***dar em seco*** to get aground; ***dar vozes de comando*** to sing out; ***dar (cabo, espia, etc.)*** to pass, to run out, to haul along (rope, hawser, etc.); ***dar ao torno*** to rough-turn; ***dar pelo leme*** to answer the helm; ***dar por avante*** to broach to, to chapel, to be taken aback; ***o imposto dá um belo rendimento*** the tax yields a handsome revenue; ***dar o braço a torcer*** to yield; ***dá para muita gente*** it goes quite a long way; ***dar um passeio de barco*** to go for a sail; ***dar a conhecer as suas tendências políticas ou religiosas*** to show one's colours; ***pode dar-me um minuto de atenção?*** can you spare me a minute?; ***não se dê por achado!*** feign ignorance!; ***dava tudo na vida para saber*** I would give the world to know; ***dar tempo ao tempo*** to bide one's time; ***dar testemunho de*** to give witness to; [cal.] ***dar trela a*** to give someone the green light, to encourage a flirtation; [irón.] ***dar um ar da sua graça*** to drop in, to pay a visit, to drop a brick; ***dar um jeito*** to manage, to arrange; ***dar um passo*** to take a step; ***dar um mau passo*** to take a bad step; ***dar um nó*** to tie, to make a knot; ***dar o nó*** [coloq.] to tie the knot, to get married; ***dar um trambolhão, dar uma queda*** to take a tumble; ***dar uma gafe*** to drop a brick; ***dar vazão a*** to afford a way out, to keep (goods) flowing; ***água mole em pedra dura tanto dá até que fura*** constant dripping bares the stone; ***ele não dá para nada*** he is good for nothing; ***não dar uma palavra*** to say nothing; ***não se dar por achado*** to play dumb; ***o caso dá para pensar*** the matter calls for thought; ***veremos em que é que isto vai dar*** we shall see how things turn out; ***dê-lhe a mão, e ele tomará o braço*** give him an inch, he'll take an ell; ***deu-me na cabeça escrever*** I took it into my head to write; ***dar estalos com a língua*** to click one's tongue

darandina *s. f.* hurry, flurry, bustle

darbismo *s. m.* darbyism

darbista *s. m. e f.* darbyite

dardânio *adj.* ⇒ **troiano**

dardar *v. tr.* to pierce or transfix with a dart; to trouble

dardear *v. tr.* to pierce or transfix with a dart; to trouble

dardejamento *s. m.* throw or transfixion with a javelin or spear

dardejante *adj.* darting

dardejar *v. tr.* to dart, to throw missiles; to fling, to shoot; to sparkle, to flash, to twinkle

dardo *s. m.* dart, javelin; spear; sting (of certain animals); sarcasm, irony

dares *s. m. pl.* ***dares e tomares*** strife, contention, discord, dispute, quarrel

daro *s. m.* the California pepper tree

daroeira *s. f.* the California pepper tree

darto *s. m.* MEDICINA dartre, tetter

dartro *s. m.* MEDICINA dartre, tetter

dartroso *adj.* dartrous

darwinismo *s. m.* Darwinism

darwinista *s. m. e f.* Darwinist

dasimetria *s. f.* dasymetry

dasímetro *s. m.* FÍSICA dasymeter

dasípode *s. m.* dasypod

Dasipódidas *s. m. pl.* ZOOLOGIA ⇒ **Dasipodídeos**

Dasipodídeos *s. m. pl.* ZOOLOGIA *Dasypodidae*

Dasiúridas *s. m. pl.* ⇒ **Dasiurídeos**

Dasiurídeos *s. m. pl.* *Dasyuridae*

data *s. f.* date; era, epoch; large quantity; ***data do nascimento*** date of birth; ***com a data de*** under date of; ***data errada*** wrong date; ***pôr a data em*** to date; ***nesta data*** this day; ***data de emissão*** issue; ***sem data*** dateless; ***de longa data*** of long standing, of old, from formertimes; ***uma data de …*** a large quantity of …; COMÉRCIO ***data de vencimento*** date of maturity

datação *s. f.* ARQUEOLOGIA dating

datado *adj.* dated; ***datada de hoje*** dated this day; ***datada de ontem*** dated yesterday

datador *s. m.* dater; date stamp

datal *adj.* referring to the date

data-limite *s. f.* deadline

datar Ⓐ *v. tr.* to date; to put a date on Ⓑ *v. intr.* to date from; to reckon; to refer (event) to a time; ***datar um documento*** to date a document
dataria *s. f.* RELIGIÃO datary
datário *s. m.* datary (officer in the papal chancery)
dátil *s. m.* date (palm, or its fruit)
datilado *adj.* date coloured
datileira *s. f.* BOTÂNICA date palm
Datiscáceas *s. f. pl.* *Datisceae*
Datísceas *s. f. pl.* ⇒ **Datiscáceas**
datísceo *adj.* datisceous (related to *Datisceae*)
datiscina *s. f.* datiscin
datismo *s. m.* exaggerated use of synonimous in order to express a simple idea
dativo *s. m.* GRAMÁTICA dative case; dative
datolite *s. f.* MINERALOGIA datolite
dauciforme *adj.* carrot-shaped
davídico *adj.* Davidic
de *prep.* of, from; out of; for; by; on; in; with; to; ***de antemão*** beforehand; ***de propósito*** on purpose; ***de viva voz*** by word of mouth; ***de acordo com*** in accordance with; ***de afogadilho*** precipitately; ***de alto a baixo*** from top to bottom; ***de arrancada*** suddenly, with a jerk; ***de uma assentada*** at one sitting; ***de atalaia*** on the look out, on the alert; ***de boa fé*** in good faith; ***de boa vontade*** willingly; ***de boca*** orally, verbally; ***de boca aberta*** openmouthed; ***de bom grado*** gladly, willingly; ***de bruços*** face down, flat on the ground; ***de braço dado*** arm in arm; ***de cama*** sick, abed; ***de chapa*** squarely; ***de chofre*** suddenly, abruptly; ***de comum acordo*** by mutual agreement, by common consent; ***de contínuo*** constantly, continually; ***de cor*** by heart; ***saber de cor e salteado*** to know backwards and forwards; ***de corrida*** hurriedly; ***de dez em dez dias*** every ten days; ***de dia*** by day; ***de empreitada*** by the job; ***de empréstimo*** by loan, on loan; ***de enfiada*** one after another; ***de esguelha*** obliquely; ***de forma que*** so that; ***de fio a pavio*** from end to end; ***de fonte limpa*** from a reliable source; ***de frente*** face to face, fearlessly; ***de fugida*** in passing, hurriedly; ***de futuro*** in the future; ***de gatas*** on all fours; ***de graça*** gratis, free of charge, for nothing; ***de hoje para amanhã*** from one minute to the next; ***de homem para homem*** man to man; ***de improviso*** impromptu, suddenly; ***de longe a longe*** from time to time; ***de mal a pior*** from bad to worse; ***de mansinho*** quietly, softly; ***de mão em mão*** from hand to hand; ***de mão beijada*** gratuitously; ***de mão na ilharga*** haughtily; ***de mau grado*** grudgingly; ***de menos*** less; ***de molde a*** in order to; ***de momento*** offhand; ***de momento a momento*** every minute; ***de moto próprio*** spontaneously; ***de onde a onde*** now and then; ***de ora avante*** henceforth; ***de ouvido*** by hearsay; ***de par em par*** wide open (doors); ***de parte a parte*** reciprocally; ***de pé*** on foot, up and about (convalescent); ***de peito aberto*** outspokenly; ***de per si*** each in turn; ***de permeio*** intermixed; ***de porta em porta*** from door to door; ***de quarentena*** in quarantine; ***de raiz*** at the root; ***de raspão*** lightly; ***de rastos*** crawling, dragging; ***de relance*** in a glance; ***de resto*** as a matter of fact; ***de rijo*** strongly; ***de roldão*** helter-skelter; ***de rota batida*** quickly; ***de sobressalto*** by surprise; ***de socapa*** furtively; ***de sol a sol*** from sunrise to sunset; ***de soslaio*** obliquely; ***de todo*** wholy, entirely; ***de um fôlego*** in one breath; ***de um ímpeto*** in one stroke; ***de uma vez para sempre*** once for all; ***de vento em popa*** prosperously; ***conheço-o de nome*** I know him by name; ***estar de olho em alguém*** to have one's eye on someone; ***tocar de ouvido*** to play by ear; ***pôr de prevenção contra*** to warn against; ***é de regra*** it's the custom; ***vestir-se de preto*** to dress in black
deã *s. f.* woman dean; the oldest of some grown-up women
deado *s. m.* deanship
dealbação *s. f.* whitening, bleaching; QUÍMICA dealbation
dealbar *v. tr.* to whiten, to bleach, to dealbate
dealbo *s. m.* ⇒ **dealbação**
deambulação *s. f.* walk, stroll, ramble
deambulante *adj.* strolling, roving
deambular *v. intr.* to walk, to stroll about, to wander from place to place, to ramble
deambulatório *adj.* deambulatory
deambulismo *s. m.* an habitual rambling; errantry
deão *s. m.* dean
dearticulação *s. f.* clear articulation
dearticular *v. tr.* to pronounce clearly
debaga *s. f.* picking (of grapes, etc.); threshing (of corn)
debagar *v. tr.* to thresh (corn); to pick (grapes, etc.) from the bunch; to rain heavily
debaixo *adv.* below, under, beneath, underneath; ***debaixo de*** under; ***debaixo da terra (na sepultura)*** under the sod
debalde *adv.* in vain, to no purpose
debandada *s. f.* flight, escape; disbanding, dispersing; ***pôr em debandada*** to put to rout, to rout
debandar *v. tr.* to scatter; to rout, to put to flight; to disband, to disperse, to break up; to troop away (off)
debangar *v. tr.* to speak much
debate *s. m.* debate, discussion, controversy, argument; DIREITO pleadings; ***começar o debate*** to open the debate
debater Ⓐ *v. tr.* to debate, to argue, to discuss thoroughly; to contest Ⓑ *v. refl.* to fight for, to strive; to flutter (of a bird); ***debater uma questão*** to debate a question
debatidiço *adj.* fluttering
debatido *adj.* debated, discursed
debatidura *s. f.* fluttering, ruffle
debatimento *s. m.* fluttering, ruffle
debelação *s. f.* extinction, quenching, suppression, subduing, conquering; cure, healing
debelador *s. m.* conqueror, subduer, overcomer; healer, dominator, debellator
debelar *v. tr.* to extinguish, to subdue, to conquer, to vanquish; to cure, to heal, to debellate; ***debelar uma epidemia*** to check (to control) an epidemic
debelatório *adj.* conquering; healing, curing
debicador *adj.* nibbling, pecking
debicar *v. intr.* to peck, to gibe
débil *adj.* feeble, weak; dim, indistinct; ***um corpo débil*** a feeble body; ***constituição débil*** weak constitution
debilidade *s. f.* feebleness, weakness, debility
debilitação *s. f.* feebleness (of health), weakness; debilitation
debilitador *adj.* weakner, enfeebler
debilitamento *s. m.* ⇒ **debilitação**
debilitante *adj.* enfeebling, debilitating; ***um clima debilitante*** a debilitating climate
debilitar *v. tr.* to debilitate, to enfeeble, to weaken, to render weak
debilitável *adj.* able to be weakened
debilmente *adv.* feebly, weakly
debique *s. m.* nibble; taut, gibe; sarcasm, sneer
debiqueiro *s. m., adj.* nibbler
debitar *v. tr.* to debit, to charge; ***debitar em conta*** to debit the account
débito *s. m.* debit; debt
deblateração *s. f.* shouting, claiming violently
deblaterar *v. intr.* to claim violently, to demand; to shout
debloquear *v. tr.* to raise a blockade from
debochado *adj.* lewd, licentious, indecent, obscene
debochar *v. tr.* to debauch, to corrupt, to pervert
deboiçar *v. tr.* ⇒ **debouçar**
deborcar *v. tr.* to turn downwards, to turn upside down
debotar Ⓐ *v. tr.* to discolour Ⓑ *v. intr.* to fade
debouçar *v. tr.* to cultivate (the wilderness)
debruadeira *s. f.* hemming machine
debruar *v. tr.* to hem; to bind (with ribbon), to adorn, to trim
debruçado *adj.* stooped, bent downwards, leaning over

debruçar Ⓐ *v. refl.* to stoop, to bend down, to lean over; ***não se debruce à janela*** don't lean out of the window Ⓑ *v. tr.* to incline, to curve
debrum *s. m.* hem, edging, edge, border
debulha *s. f.* threshing
debulhada *s. f.* ⇒ **debulha**
debulhadeira *s. f.* ⇒ **debulhadora**
debulhador *s. m.* thresher
debulhadora *s. f.* threshing-machine, thrashing-machine
debulhar *v. tr.* to thresh, to thrash (corn); ***debulhar-se em lágrimas*** to melt into tears; ***debulhado em lágrimas*** melted into tears, reduced to tears
debulho *s. m.* chaff
debutante *s. m. e f.* debutant(e)
debutar *v. intr.* to appear for the first time in public
debute *s. m.* debut, first appearance in public
debuxador *s. m.* drawer, sketcher; designer, draughtsman
debuxar *v. tr.* to draw, to sketch, to design; to depict, to portray
debuxo *s. m.* drawing, sketch, design; draught; plan; outline; project, scheme
década *s. f.* decade
decadáctilo *adj.* having ten fingers
decadência *s. f.* decadence, falling away, decline, deterioration; ***ir em decadência*** to go down in the world; ***em decadência*** on the wane, in decay
decadente *adj.* decadent, declining; deteriorating, decaying; sinking
decadentismo *s. m.* decadence, the literary movement of the decadents
decadentista *s. m. e f., adj.* decadent
decadismo *s. m.* ⇒ **decadentismo**
decadista *s. m. e f., adj.* ⇒ **decadentista**
decaédrico *adj.* GEOMETRIA decahedral
decaedro *s. m.* GEOMETRIA decahedron
decagonal *adj.* GEOMETRIA decagonal
decágono *s. m.* GEOMETRIA decagon
decagrama *s. m.* decagram
decaída *s. f.* decay, decline, fall
decaído *adj.* decayed, declined, ruined, rotten; far gone, at low ebb
decaimento *s. m.* decline, decay, deterioration; sinking, falling off
decair *v. intr.* to decay; to fall off; to decline; to sink, to go down in the world
decalcar *v. tr.* to transfer (a drawing, a tracing); to copy, to trace; to imitate
decalco *s. m.* ⇒ **decalque**
decalcomania *s. f.* decalcomania
decalescência *s. f.* decalescence
decalitro *s. m.* decalitre
decálogo *s. m.* decalogue
decalque *s. m.* transfer (of drawing); copy, tracing
decalvação *s. f.* becoming bare or bald
decalvante *adj.* making bald (bare)
decalvar *v. tr.* to make bald; to bare, to make barren or sterile
decamerónico *adj.* relating or pertaining to Boccacio's *Decameron*
decâmetro *s. m.* decametre
decampamento *s. m.* decampment
decampar *v. intr.* to decamp, to break camp; to run away
decampartir *v. tr.* to break into ten parts
decanado *s. m.* deanery, decanate, deanship
decanal *adj.* decanal
decandria *s. f.* decandria
decândria *s. f.* BOTÂNICA class of decandrous plants
decandro *adj.* BOTÂNICA decandrous, decandrian
decangular *adj.* decangular
decania *s. f.* deanship; group of ten presided over by a dean
decano *s. m.* dean; senior, elder; ***decano dos oficiais*** senior officer
decantação *s. f.* decantation
decantado *adj.* sung, much spoken of, belauded; decantated
decantar *v. tr.* to decant, to pour off (liquid from one vessel into another without disturbing the sediment); to praise, to celebrate in song, to decantate
decapagem *s. f.* METALURGIA pickling, scouring
decapante *adj.* METALURGIA pickling
decapar *v. tr.* METALURGIA to pickle
decapétalo *adj.* BOTÂNICA decapetaled
decapetaleado *adj.* BOTÂNICA ⇒ **decapétalo**
decapitação *s. f.* decapitation, beheading
decapitar *v. tr.* to behead, to decapitate
decápode *adj.* ZOOLOGIA decapod, decapodal, decapodous
decápodes *s. m. pl.* ZOOLOGIA *Decapoda*
decapsulação *s. f.* decapsulation
decassépalo *adj.* decasepalous
decassilábico *adj.* decasyllabic
decassílabo *s. m.* decasyllable
decastere *s. m.* ⇒ **decastéreo**
decastéreo *s. m.* decastere
decastilo *s. m.* decastyle
decatlonista *s. m. e f.* decathlete
deceinar *v. tr.* to wash, to remove the ash of the bleaching bath
decemestral *adj.* decimestrial
decemestre *s. m.* a period of ten months
decêmpeda *s. f.* decempedal
decenal *adj.* decennial
decenário Ⓐ *adj.* decennary Ⓑ *s. m.* decennium; tenth anniversary
decência *s. f.* decency; propriety; decorum, respectability
decendial *adj.* lasting ten days
decêndio *s. m.* period of ten days
decénio *s. m.* decennium, period of ten years
decente *adj.* decent, seemly, respectable; proper, decorous, becoming, suitable; passable, adequate
decentemente *adv.* decently, becomingly, suitably; ***decentemente vestido*** decently clothed
decentralização *s. f.* decentralization
decentralizador Ⓐ *s. m.* person who decentralizes Ⓑ *adj.* decentralizing
decentralizar *v. tr.* to decentralize
decentralizável *adj.* that may be decentralized or separated
decenvirado *s. m.* decemvirate
decenviral *adj.* decemviral
decenvirato *s. m.* ⇒ **decenvirado**
decênviro *s. m.* decemvir
decepado *adj.* cut off; maimed, severed
decepador *s. m.* amputator, mutilator
decepagem *s. f.* felling (of trees)
decepamento *s. m.* maiming, cutting off, amputation, severance
decepar *v. tr.* to cut off, to mutilate, to mangle, to main, to severe
decepção *s. f.* disappointment, disillusionment, deception; fraud
decepcionar *v. tr.* to disappoint
deceptivo *adj.* disappointing
decertar *v. intr.* to fight, to make a battle, to combat
decerto *adv.* certainly, surely
decesso *s. m.* death
decididamente *adv.* decidedly, definitively, firmly; ***responder decididamente*** to answer decidedly
decidido *adj.* decided, determined, resolved; resolute, firm, unwavering

decidir Ⓐ *v. tr.* to decide, to determine, to resolve; to bring, to come (to a resolution), to settle; ***decidiram arriscar-se a tudo*** they resolved to take all risks; ***decidi vender a minha casa*** I have decided to sell my house; ***decidir uma questão*** to decide a question; ***decidir fazer uma coisa*** to decide to do something; ***decidir pelas armas*** to fight out; DIREITO ***decidir a favor de*** to find for; ***isto decide o assunto*** this clinches matters Ⓑ *v. refl.* to make up one's mind; to be determined
decídua *s. f.* decidua
decíduo *adj.* decidual, deciduous, caducous
decifração *s. f.* decipherment, deciphering
decifrador *s. m.* decipherer
deciframento *s. m.* ⇒ **decifração**
decifrar *v. tr.* to decipher, to make out; to interpret; ***decifrar uma carta mal escrita*** to decipher a badly written letter; ***não decifrar*** to make neither head nor tail (of something)
decifrável *adj.* decipherable
decígrado *s. m.* decigrade
decigrama *s. m.* decigram
decilitração *s. f.* act of drinking much and often
decilitragem *s. f.* act of drinking much and often
decilitrar *v. intr.* to drink much and often
decilitreiro *s. m.* drunkard
decilitro *s. m.* decilitre
décima *s. f.* tithe; the tenth part (of anything); [poét.] stanza (of ten verses)
decimal *adj.* decimal
decimalidade *s. f.* quality of what is decimal
decimalização *s. f.* decimalization
decimalizar *v. tr.* to decimalize
decimar *v. tr.* to decimalize
decimável *adj.* tithable
decímetro *s. m.* decimetre
décimo Ⓐ *adj.* tenth; ***em décimo lugar*** tenthly Ⓑ *s. m.* tenth
decisão *s. f.* decision, resolution, determination, firmness; judg(e)ment, verdict; issue; ***decisão de árbitros*** award; ***chegar a uma decisão*** to come to a resolution; ***forçar uma decisão*** to force an issue; ***por decisão do Senado*** by grace of the Senate; ***tomar uma decisão*** to take a decision; ***levar alguém a tomar uma decisão*** to bring someone to the point; ***aprovar uma decisão*** to pass a resolution
decisivamente *adv.* decisively
decisivo *adj.* decisive, conclusive, final, ultimate; ***este facto é decisivo para mim*** this fact is decisive for me; ***batalha decisiva*** decisive battle; ***resposta decisiva*** final answer
decisório *adj.* DIREITO decisive, having the power to decide
decissecular *adj.* ten hundred years old; ten centuries old
decistere *s. m.* decistere (3.53 cubic feet)
decistéreo *s. m.* ⇒ **decistere**
declamação *s. f.* declamation, art of declaiming; set speech; rhetorical exercise
declamador *s. m.* declaimer
declamante Ⓐ *adj.* declaiming Ⓑ *s. m. e f.* declaimer
declamar Ⓐ *v. tr.* to declaim, to recite Ⓑ *v. intr.* to speak rhetorically; to harangue; ***declamar contra*** to declaim against
declamativo *adj.* ⇒ **declamatório**
declamatoriamente *adv.* in a declamatory manner
declamatório *adj.* declamatory
declaração *s. f.* declaration, avowal; assertment; statement; announcement; proclamation; affirmation; ***declaração de amor*** declaration of love, proposal; ***declaração das testemunhas*** deposition of witnesses; ***declaração do valor*** declaration of value; ***declaração falsa*** false declaration; ***declaração de guerra*** declaration of war; ***declaração jurada*** affidavit; ***declaração na alfândega*** customs declaration; ***declaração adicional (na alfândega)*** post-entry (at the custom-house); ***declaração de falência*** declaration of insolvency; ***declaração de direitos*** bill of rights; ***declaração de impostos*** tax return; ***Declaração Universal dos Direitos do Homem*** Universal Declaration of Human Rights
declaradamente *adv.* declaredly, avowedly, confessedly, openly
declaradas *s. f. pl.* ***às declaradas*** openly, publicly
declarado *adj.* declared, open, avowed, revealed; ***inimigo declarado*** declared enemy, avowed enemy, sworn enemy
declarador *s. m.* declarer
declarante Ⓐ *adj.* declaring Ⓑ *s. m.* declarant
declarar Ⓐ *v. tr.* to declare, to assert, to state, to make known; to affirm, to proclaim; to announce; to explain Ⓑ *v. refl.* to pronounce oneself; to make a declaration, to declare oneself; to come out (a disease); DIREITO ***declarar alguém culpado*** to declare guilty, to adjudge someone guilty; ***declarar inocente*** to clear from blame; ***declarar alguém isento de responsabilidade*** to acquit someone of responsibility; ***declarar na alfândega*** to enter at the custom-house, to make one's declaration; ***declarar guerra*** to declare war on; ***declarar o valor*** to declare the value; ***declarar-se a favor*** to declare oneself for; ***declarar-se contra*** to declare oneself against; ***declarar-se insolvente*** to declare oneself insolvent; ***declarar greve*** to down tools, to strike, to go on strike; ***declarar-se (um incêndio)*** to break out (a fire)
declarativo *adj.* declarative
declaratório *adj.* declaratory
declarável *adj.* declarable, statable; assertible, pronounceable
declina *s. f.* ruler that shows the degrees on the astrolabe
declinação *s. f.* GRAMÁTICA declension; ASTRONOMIA declination; decay, deterioration; decadence; fall; ***declinação magnética*** magnetic variation (declination, deviation)
declinador *s. m.* declinator, declinometer
declinal *adj.* diclinic
declinante *adj.* declining
declinar Ⓐ *v. intr.* to decline, to fall off; to diminish; to sink (morally); to turn away from; to decrease; to draw to a close; ***a febre tem declinado consideravelmente*** the fever has markedly dropped Ⓑ *v. tr.* to refuse; to reject; GRAMÁTICA to inflect (the form of a word to express its grammatic function); to deteriorate; to wane; ***declinar responsabilidades*** to wash one's hands of, to decline responsibility; ***declinar uma proposta*** to decline a proposal
declinativo *adj.* GRAMÁTICA declensional
declinatória *s. f.* DIREITO declinatory plea
declinatório *adj.* declinatory
declinável *adj.* GRAMÁTICA declinable
declínio *s. m.* decline, diminution; decadence; decay; sinking; ***o declínio da vida*** the decline of life
declinismo *s. m.* BOTÂNICA diclinism
declinómetro *s. m.* FÍSICA declinometer
declivar Ⓐ *v. intr.* to be sloping Ⓑ *v. tr.* to render declivous
declive Ⓐ *s. m.* slope, declivity; descent; glacis; ***em declive*** sloping; NÁUTICA ***declive de braçola*** glacis of coamings; ***declive de uma curva*** slope of a curve Ⓑ *adj.* declivous, sloping
declividade *s. f.* declivity
declívio *s. m.* ⇒ **declive**
declivoso *adj.* declivous, sloping down
decoada *s. f.* lye
decoar *v. tr.* to wash in lye
decocção *s. f.* decoction
decocto Ⓐ *s. m.* decoction Ⓑ *adj.* decocted
decomponente *adj.* decomposing
decomponibilidade *s. f.* decomposability
decomponível *adj.* decomposable
decompor Ⓐ *v. tr.* to decompose, to disintegrate, to separate into its elements; to analyse Ⓑ *v. refl.* to dissolve; to decay, to putrefy, to rot

decomposição *s. f.* decomposition, disintegration, dissolution; analysis; decay, putrescence, rotting
decoração *s. f.* decoration, embellishment, ornament; scenery, decor; ***decoração do livro*** book ornamentation (illustration); ***decoração de montras*** window dressing
decorador *s. m.* decorator; ***decorador de montras*** window-dresser
decorar *v. tr.* to decorate, to embellish, to ornament, to deck, to adorn, to beautify; to learn by heart, to remember, to retain, to keep in mind, to commit, to memory; ***decorar uma lição*** to learn a lesson by heart; ***decorar uma sala com flores*** to decorate a room with flowers; ***decorar montras*** to dress windows
decorativo *adj.* decorative, adorning, ornamental
decorável *adj.* decorateable, ornamentable, adornable; learnable by heart, knowable by heart; retainable
decoro *s. m.* decorum, decency, propriety; dignity; seemliness; etiquette; ***sem decoro*** impudently, uncivilly, indecorously
decorosamente *adv.* decorously, becomingly
decoroso *adj.* decorous, becoming, seemly, proper
decorrente *adj.* BOTÂNICA decurrent
decorrer Ⓐ *v. intr.* to elapse, to pass away (time); to run, to slide, to slip; to happen, to occur Ⓑ *s. m.* elapsing, course; ***no decorrer do tempo*** in course of time
decorrido *adj.* passed, elapsed, run out
decorticação *s. f.* decortication
decorticar *v. tr.* to decorticate, to strip off the bark
decotado *adj.* low-necked, décolleté(e); ***vestido decotado*** low-necked dress
decotador *s. m.* pruner
decotar Ⓐ *v. tr.* to prune, to clip, to top, to trim; to cut off (the neck of a dress); to make low-necked; ***decotar uma sebe*** to trim a hedge Ⓑ *v. refl.* to wear low-necked dresses
decote *s. m.* pruning, topping, lopping (of trees); low cut (of a dress)
decremento *s. m.* decrease, decline, diminution, decrement
decrepidez *s. f.* decrepitude
decrepitação *s. f.* decrepitation
decrepitar *v. intr.* to be enfeebled by age; to decrepitate, to crackle under heat (salt, mineral, etc.)
decrépito *adj.* decrepit, worn out, very old, infirm, enfeebled by age or illness; decayed
decrepitude *s. f.* decrepitude, feebleness; old age
decrescença *s. f.* decrease, decreasing, lessening, diminution, decrement
decrescência *s. f.* decrease, decreasing, lessening, diminution, decrement
decrescente *adj.* decreasing, decrescent, diminishing, waning (esp. of moon)
decrescer *v. intr.* to decrease, to lessen, to diminish; to wane, to subside; to abate; to make smaller; ***os dias estão a decrescer rapidamente*** the days are rapidly shortening
decrescimento *s. m.* decrease, lessening, diminution, decrement; wane; abatement, fall
decréscimo *s. m.* decrease, lessening, diminution, decrement; wane; abatement, fall
decretação *s. f.* determination, the act of decreeing
decretal Ⓐ *adj.* decretal Ⓑ *s. f.* decretal, papal decree; *pl.* collection of these, forming part of canon law
decretalista *s. m.* decretist
decretar *v. tr.* to decree, to proclaim; to ordain by decree, to determine; ***decretar a falência de alguém*** to adjudge someone bankrupt
decreto *s. m.* decree, law, edict; ordinance, pronouncement; formal order, decision; ***promulgar um decreto*** to issue a decree; ***nem por decreto*** never, on no account, not on your life
decreto-lei *s. m.* a law by decree, fiat
decretoriamente *adv.* decretorily, decisively
decretório *adj.* decretory, decisive; deciding
decrua *s. f.* first ploughing
decruagem *s. f.* ⇒ **decrua**
decruar *v. tr.* to give the first ploughing; to parboil; to wash raw silk
decubitário *adj.* decubital
decúbito *s. m.* MEDICINA decubitus; ***decúbito dorsal*** dorsal decubitus
decúmano *adj.* decuman
decumbente *adj.* decumbent, lying, reclining
decuplar *v. tr.* to decuple; to multiply by ten
decuplicar *v. tr.* ⇒ **decuplar**
décuplo *s. m., adj.* decuple; tenfold (amount)
decúria *s. f.* decury
decuriado *s. m.* decurionate, decurionship
decurião *s. m.* decurion
decuriato *s. m.* ⇒ **decuriado**
decursivo *adj.* decursive, decurrent
decurso Ⓐ *s. m.* lapse (of time), course; duration; ***no decurso de um mês*** in the course of a month; ***o decurso do tempo*** the lapse of time Ⓑ *adj.* elapsed, gone by
decussado *adj.* decussated
dedada *s. f.* finger-print; thumb mark; pinch
dedal *s. m.* thimble
dedaleira *s. f.* BOTÂNICA purple foxglove; MEDICINA digitalis
dedáleo *adj.* daedalian, intricate; related to Daedalos or Daidalos, the mythical artist who constructed the Cretan labyrinth
dedálico *adj.* ⇒ **dedáleo**
dédalo *s. m.* labyrinth; confusion, mess
dedecorar *v. tr.* to dishonour, to blemish, to sully, to stain (reputation)
dedeira *s. f.* finger-stall, thumbstall
dedicação *s. f.* affection, devotion; fondness; dedication, consecration; ***dedicação a uma causa*** devotion to a cause; ***as dedicações sinceras são excepções raras neste mundo de egoísmo em que vivemos*** sincere devotion is a rare exception in the selfish world in which we live; ***dedicação simulada*** lip-homage, lip-worship
dedicadamente *adv.* dedicatedly, devotedly, zealously
dedicado *adj.* dedicated, devoted; zealous; consecrated
dedicador *s. m.* dedicator
dedicar Ⓐ *v. tr.* to dedicate, to devote, to consecrate; to offer; to inscribe (book) to a person; ***dedicar a vida ao trabalho*** to dedicate one's life to work Ⓑ *v. refl.* to devote oneself to; ***dedicar-se ao estudo*** to devote oneself to study
dedicatória *s. f.* dedication
dedignação *s. f.* disdain; aversion, haughtiness
dedignar-se *v. refl.* to disdain; to deign; to debase oneself, to humble oneself
dedilhação *s. f.* fingering
dedilhar *v. tr.* to finger; to play (an instrument) with the fingers
dedo *s. m.* finger; [fig.] skill; ***dedo polegar*** thumb; ***dedo indicador*** forefinger, index finger; ***dedo médio*** middle finger; ***dedo anular*** ring finger; ***dedo mínimo*** little finger; ***meter dedos pelos (nos) olhos*** to hoodwink, swindle; ***pôr o dedo na ferida*** to put one's finger on the spot; ***não mexer um dedo para ajudar*** not to stir a finger to help; ***largura dum dedo*** finger's breadth; ***dedos dos pés*** toes; ***dedo grande (do pé)*** great toe; ***ponta dos dedos*** fingertip; ***juntas e nós dos dedos*** joints and knuckles of the fingers; ***ter dedo para*** to be good at, to excel in; ***escolher a dedo*** to hand-pick; ***brincar com os dedos*** to twirl one's thumbs, to twiddle one's thumbs; ***lamber os dedos*** to lick one's fingers; ***dar dois dedos de conversa*** to chat a little; ***nem um dedo faz mão, nem uma andorinha Verão*** one swallow does not make a summer; ***estar a dois dedos de*** to be close to
dedução *s. f.* deduction, subtraction; inference, conclusion
deducente *adj.* deducing; deductive

deducional *adj.* inferential (made through deduction)
dedutivo *adj.* deductive
deduzir *v. tr.* to deduct, to subtract (of numbers); to deduce; to infer; to draw as conclusion (from); ***deduzir uma quantia*** to deduct a sum
defecação *s. f.* defecation; purification
defecar *v. tr.* to defecate; to purify, to clarify, to get rid of
defecatório *adj.* defecating; purifying
defecção *s. f.* defection, desertion; revolt; apostasy
defectibilidade *s. f.* defectibility
defectível *adj.* defectible
defectividade *s. f.* defectiveness
defectivo *adj.* defective, imperfect, incomplete; faulty; GRAMÁTICA ***verbo defectivo*** defective verb
defeito *s. m.* defect, want, lack, fault; flaw, imperfection, blemish; omission; deformity; shortcoming; vice; ***sem defeito*** faultless; ***defeito no mecanismo*** defect in the mechanism; ***que defeito tem ...?*** what's wrong with ...?; ***defeito próprio do navio*** natural defect of the ship; ***não se pode deixar de gostar dele, apesar dos seus muitos defeitos*** one cannot help liking him in spite of his many faults; ***pôr defeitos em*** to find fault with, to impute faults to
defeituosamente *adv.* defectively, imperfectly
defeituoso *adj.* defective, imperfect, faulty, incomplete; deformed
defendente *s. m. e f.* defendant
defender Ⓐ *v. tr.* to defend, to protect; to guard, to resist, to shield; to vindicate, to speak or to write in favour, to assert, to maintain, to uphold, to plead; to stand up for; to make a defence in court Ⓑ *v. refl.* to defend oneself from, to stand up against; to earn one's living (through smartness); ***defender com unhas e dentes*** to fight tooth and nail; ***defender uma tese*** to submit a thesis (for scholastic honours); ***defender vigorosamente*** to take up the cudgels (for); ***defender uma causa*** to plead a cause; ***defender-se da concorrência*** to guard against competition; ***defender um direito*** to vindicate a right; ***não ter bases para se defender*** not to hold water; ***defender uma opinião*** to defend an opinion, to stand up for an opinion
defendimento *s. m.* defence
defendível *adj.* defendable
defenestração *s. f.* defenestration
defenestrar *v. tr.* to throw out of a window
defensa *s. f.* defence; NÁUTICA tender, pad, skid; ***defensa de coxim*** chafing mat; ***defensa de convés, defensa de coberta*** deck skid; ***pôr defensas*** to fend, to fend off
defensão *s. f.* ⇒ **defesa**
defensar *v. tr.* ⇒ **defender**
defensável *adj.* defensible
defensavelmente *adv.* defensively
defensiva *s. f.* defensive; ***estar na defensiva*** to stand on the defensive
defensível *adj.* defensible
defensivo Ⓐ *adj.* defensive Ⓑ *s. m.* preservative, safeguard, protection
defensor *s. m.* defender, protector; pleader; DIREITO defensor
defensório *adj.* defensory, defensive
deferência *s. f.* deference, respect, consideration; compliance; ***tratar com deferência*** to treat with deference; ***por especial deferência de*** by the courtesy of
deferencial *adj.* deferential, deferent
deferente *adj.* deferent, respectful; deferential
deferentemente *adv.* deferentially, respectfully
deferentite *s. f.* inflamation of the deferent duct
deferimento *s. m.* granting, concession, compliance; ***pede deferimento*** asks that (his or her request) be granted
deferir Ⓐ *v. tr.* to concede, to yield, to grant (a request, an application) Ⓑ *v. intr.* to defer to
deferível *adj.* grantable
defervescência *s. f.* defervescence, defervescency
defervescente *adj.* defervescent
defesa *s. f.* defence, defense, maintenance, protection; guard, shield; resistance; vindication, justification; plea; apology; prohibition; tusk (of an animal); DIREITO counsel for the defence; ***defesa móvel*** mobile defence; ***linha de defesa*** line of defence; ***defesa antiaérea*** antiaircraft protection; ***defesa nacional*** home defence; ***não ter defesa*** not to have a leg to stand on; ***defesa própria*** self-defence; ***em legítima defesa*** in self-defense; ***em defesa de*** in defense of; ***um cão é uma grande defesa contra os ladrões*** a dog is a great protection against burglars; DESPORTO ***defesas (esquerdo e direito)*** full backs; ***defesa do consumidor*** consumer protection
defesa-central *s. m. e f.* DESPORTO central defender
defesa-direito *s. m.* DESPORTO right back
defesa-esquerdo *s. m.* DESPORTO left back
defeso Ⓐ *s. m.* closed season (hunt) Ⓑ *adj.* prohibited
defesso *adj.* tired, weary
défice *s. m.* deficit
deficiência *s. f.* deficiency, lack, need, want; shortage; imperfection; incompleteness
deficiente *adj.* deficient, incomplete, defective, inadequate; ***ser deficiente*** to come short of
deficientemente *adv.* deficiently, defectively; insufficiently, imperfectly, inadequately
deficit *s. m.* ⇒ **défice**
deficitário *adj.* in deficit, deficient
definhado *adj.* sickly; wasted, feeble, debilitated
definhador *adj.* withering, ematiating
definhamento *s. m.* ematiation, wasting, decay; drooping; weakening
definhar *v. refl. e intr.* to waste away; to pine away; to peak and pine; to languish, to droop; to grow lean; to wear away; to wither; ***ele está a definhar por falta de alimento*** he is wasting away for lack of food
definibilidade *s. f.* definability
definição *s. f.* definition; explanation
definido *adj.* definite; determined, explicit, positive; defined, clear, exact, precise; ***uma opinião definida*** a definite opinion; ***artigo definido*** definite article
definidor *s. m.* definer
definir Ⓐ *v. tr.* to define, to determine; to explain; to make clear; to settle limits of; ***definir a posição*** to define one's position Ⓑ *v. refl.* to take form
definitivamente *adv.* definitively
definitivo *adj.* definite, decisive; final, conclusive; ***oferta definitiva*** firm bid, firm offer; ***resposta definitiva*** definitive answer
definito *adj.* definite; exact, precise, determined
definitório *s. m.* RELIGIÃO governing chapter of a religious order
definível *adj.* definable
deflação *s. f.* deflation (of money); deflation
deflacionismo *s. m.* deflationism
deflacionista Ⓐ *adj.* deflationary Ⓑ *s. m. e f.* deflacionist
deflagração *s. f.* deflagration; outburst (of war)
deflagrador *s. m.* deflagrator
deflagrante *adj.* deflagrating
deflagrar *v. intr.* to deflagrate; to burn away (with rapid flame), to explode; to burst out
deflectir *v. tr.* to deflect
deflectómetro *s. m.* deflectometer
deflector Ⓐ *adj.* deflecting Ⓑ *s. m.* QUÍMICA deflector
deflegmação *s. f.* QUÍMICA dephlegmation
deflegmador *s. m.* QUÍMICA dephlegmator
deflegmar *v. tr.* to dephlegmate; QUÍMICA to fractionate
deflexão *s. f.* deflexion; deviation
defloração *s. f.* defloration, deflowering
deflorador Ⓐ *adj.* deflowering Ⓑ *s. m.* deflowerer, ravisher

defloramento *s. m.* defloration
deflorar *v. tr.* to deflower, to strip (of flowers)
defluência *s. f.* defluency, fluidity; decurrence
defluente *adj.* defluent, decurrent, flowing down
defluir *v. intr.* to flow, to run, to drain; to stream
deflúvio *s. m.* flow, flowing, running, stream
defluxão *s. f.* MEDICINA defluxion
defluxeira *s. f.* MEDICINA ⇒ **defluxão**
defluxo *s. m.* MEDICINA defluxion
deformabilidade *s. f.* deformability
deformação *s. f.* deformation; disfigurement; deformity; ÓPTICA distortion; NÁUTICA buckle, collapse, set, strain
deformado *adj.* deformed; ***pé deformado*** deformed foot, club-foot
deformador Ⓐ *adj.* deforming Ⓑ *s. m.* deformer
deformar Ⓐ *v. tr.* to deform, to misshapen, to deface, to disfigure, to distort Ⓑ *v. refl.* to become deformed; NÁUTICA to buckle, to collapse, to strain; ***deformar-se pela miragem*** to be distorted by the mirage
deformatório *adj.* deforming, disfiguring
deformável *adj.* deformable
deforme *adj.* deformed
deformemente *adv.* deformedly
deformidade *s. f.* deformity, disfigurement; ugliness; defacement
defraudação *s. f.* defrauding, cheating
defraudador *s. m.* defrauder, cheater
defraudamento *s. m.* ⇒ **defraudação**
defraudar *v. tr.* to defraud; to swindle (out of money), to cheat; to deprive of (due and lawful rights)
defraudável *adj.* defraudable
defrontação *s. f.* facing, meeting confidently or defiantly
defrontante *adj.* confronting, facing, opposing
defrontar Ⓐ *v. tr.* to face; to meet, to encounter Ⓑ *v. intr.* to be opposite to
defronte *adv.* opposite to; in front; before
defumação *s. f.* smoking
defumadela *s. f.* light smoking
defumado *adj.* smoky; smoked, cured
defumadoiro *s. m.* ⇒ **defumadouro**
defumador Ⓐ *adj.* smoke-curing Ⓑ *s. m.* one who smoke-cures; vessel for fumigating
defumadouro *s. m.* smoking; place for smoking bacon, sausages, etc; perfuming pan
defumadura *s. f.* smoking; perfume
defumar *v. tr.* to smoke, to smoke-cure; to throw off smoke; to perfume (with smoke)
defunção *s. f.* death, obit, decease
defunteiro Ⓐ *adj.* funeral Ⓑ *s. m.* undertaker
defunto Ⓐ *adj.* defunct, dead, deceased, late Ⓑ *s. m.* the defunct
degelador Ⓐ *adj.* defrosting Ⓑ *s. m.* deicer
degelar Ⓐ *v. tr.* to thaw Ⓑ *v. intr.* to defrost; ***começou a degelar*** a thaw has set in, it has begun to thaw
degelo *s. m.* thaw
degeneração *s. f.* degeneration, degeneracy; debasement; degradation
degenerado Ⓐ *adj.* degenerated; corrupt, debased Ⓑ *s. m.* degenerate
degenerar *v. intr.* to degenerate, to become degenerate; to decline
degenerativo *adj.* degenerative
degenerescência *s. f.* degeneracy, degeneration
degenerescente *adj.* degenerating
deglabração *s. f.* VETERINÁRIA absence of hair on certain parts of an animal's body
deglobulização *s. f.* diminution of the blood corpuscles' quantity
deglutição *s. f.* deglutition; swallowing
deglutir *v. tr.* to swallow
degola *s. f.* decollation, decapitation, beheading
degolação *s. f.* decollation, decapitation, beheading
degoladoiro *s. m.* ⇒ **degoladouro**
degolador *s. m.* executioner
degoladouro *s. m.* slaughter-house
degoladura *s. f.* beheading, decapitation
degolar *v. tr.* to behead; to decollate, to decapitate, to cut off the head; [cal.] to chop off the head
degradação *s. f.* degradation; degrading; dishonour, disgrace; debasement; desintegration (of rocks); deposition (as a punishment); loss of rank; PINTURA dimness of lights
degradado *adj.* degraded; reduced to lower rank; mean, base
degradador Ⓐ *adj.* degrading, debasing Ⓑ *s. m.* degrader
degradamento *s. m.* degradation, abasement
degradante *adj.* degrading
degradar *v. tr.* to degrade, to debase, to sink down; to banish; PINTURA to tone down the lights
degranadeira *s. f.* thresher, thrasher (for grapes)
degranar *v. tr.* to thresh, to thrash (grapes or cereals)
degranhadeira *s. f.* ⇒ **degranadeira**
degranhar *v. tr.* ⇒ **degranar**
degrau *s. m.* step (of staircase); ***degrau do altar*** altar step; ***no último degrau da escada*** on the top step of the ladder; NÁUTICA ***degrau de escada de quebra-costas*** round of the side-ladder
degredado Ⓐ *adj.* deported, banished Ⓑ *s. m.* deportee, exile
degredar *v. tr.* to deport, to banish, to remove into exile
degredo *s. m.* deportation, exile, banishment, expatriation; ***degredo perpétuo*** deportation for life, lifelong exile; ***condenar a degredo perpétuo*** to deport for life, to condemn to lifelong exile
degressivo *adj.* diminishing
degustação *s. f.* tasting (of wines)
degustar *v. tr.* to taste (wines); to sip; to savour
dei *s. m.* HISTÓRIA dey
deicida *s. m. e f.* deicide
deicídio *s. m.* deicide, murder of Christ
deícola *adj.* worshipper of one God
deidade *s. f.* deity; [fig.] a handsome woman
deificação *s. f.* deification
deificador *s. m.* deifier
deificar *v. tr.* to deify
deífico *adj.* deific, divine
deiforme *adj.* deiform; God-like
deípara *s. f.* the Mother of God
deiscência *s. f.* BOTÂNICA dehiscence
deiscente *adj.* BOTÂNICA dehiscent
deísmo *s. m.* deism
deísta *s. m. e f.* deist
deita *s. f.* [fam.] going to bed
deitada *s. f.* [pop.] going to bed, lying down
deitado *adj.* lying down, stretched out, in bed; gone to bed; ***estar deitado*** to be in bed; ***estar deitado (o mastro)*** to hang (the mast)
deitadura *s. f.* act of lying down
deitar Ⓐ *v. tr.* to cast, to throw, to fling; to lay; to pour; to put forth (leaves, buds, etc.); to put to bed; to come to, to amount to Ⓑ *v. refl.* to go to bed, to lie down; ***deitar-se e levantar-se cedo*** to keep regular hours; ***deitar a mão a*** to lay hold of, to seize; ***deitar uma carta na caixa do correio*** to drop a letter into the box; ***deitar-se tarde*** to keep late hours, to stay up late; ***ir deitar-se*** to go to bed, to retire for the night; ***deitar ao mar*** to throw overboard; ***deitar por terra*** to throw down, to raze, to demolish; ***deitar uma galinha*** to set a hen; ***deitar bênçãos*** to bless; ***deitar lágrimas*** to shed tears; ***deitar raízes*** to take root, to put

forth roots; ***deitar sortes*** to draw lots; ***deitar abaixo*** to pull down, to knock down, to knock over, to raze; ***deitar uma mão*** to assist, to support; ***deitar-se a perder*** to ruin oneself; ***deitar a perder*** to spoil, to ruin; ***deitar remendos*** to patch up; ***as árvores deitam ramos*** the trees shoot out branches; ***deitar-se aos pés de*** to fall at one's feet; ***deitar o olho a*** to glance at, to cast one's eye at; ***deitar solas*** to sole; ***deitar a rede*** to spread a net; ***deitar ao chão*** to throw down, to fling to the ground; ***deitar alguém na cama*** to put someone to bed; ***deitar a fugir*** to take to one's heels; ***deitar sangue pelo nariz*** to bleed from the nose; ***deitar chá nas chávenas*** to pour out the tea; ***deitar a culpa a*** to lay the fault on, to cast the blame on; ***deitar para um canto*** to cast into a corner; ***deitar-se vestido*** to lie down with one's clothes on; ***deitar fora*** to throw away, to throw out, to throw off; ***deitar água ao mar*** to carry coals to Newcastle; ***deitar a barca*** to heave the log; NÁUTICA ***deitar um barco ao mar*** to launch a ship; ***deitar pela borda fora*** to throw overboard; ***deitar fora dos rizes*** to shake out a reef; ***deitar nós (o navio)*** to make knots (the ship); ***deitar ao mar (escaler)*** to get out a boat (a cutter); ***não se deitar (velar)*** to stay up; ***deitei a mão a*** I caught hold of; ***deitar a língua de fora*** to put out the tongue; ***deitar as unhas a*** to seize, to grab; ***deitar poeira aos olhos de*** to throw dust in the eyes of; ***deitar um véu sobre*** to draw a veil over; ***deitar veneno em*** ⌈fig.⌋ to put an evil interpretation on

deixa *s. f.* legacy; TEATRO cue

deixação *s. f.* letting; renouncement; abandonment; abnegation

deixado *adj.* abandoned, indifferent, disinterested

deixar Ⓐ *v. tr.* to leave, to quit, to withdraw from, to depart from, to retire from; to let, to permit, to allow, to give leave; to abandon, to desert, to forsake, to renounce, to put aside, to give up; to bequeath, to demise, to will, to give by will Ⓑ *v. intr.* to stop, to desist, to cease, to forbear, to leave off Ⓒ *v. refl.* to yield to; to leave off; ***deixar de trabalhar*** to quit work; ***deixar de trabalhar temporariamente*** to rest on one's oars; ***deixar à escolha de alguém*** to let someone make his choice; ***deixar em suspenso*** to leave in suspense; ***deixar uma margem*** to leave a margin; ***deixar o campo livre*** to quit the field; ***não pode deixar de ser*** it can't be helped; ***deixar atrás*** to leave behind; ***deixar ficar*** to leave over; ***deixa muito a desejar*** it leaves much to be desired; ***deixa isso comigo!*** leave it to me!; ***deixar por fazer*** to leave undone; ***deixar só, deixar estar*** to let alone; ***deixar sangrar*** to let blood; ***deixe-me entrar, faça favor!*** please let me in!; ***deixar cair*** to drop; ***deixar cair a máscara*** to drop one's mask; ***deixar correr*** to close one's eye to, to put no stop to; ***deixar escapar uma ocasião*** to let an oportunity slip, to miss an opportunity; ***deixei o livro em cima da mesa*** I left the book on the table; ***deixar ao cuidado de alguém*** to trust to someone's care; ***deixar correr*** to let it be, to pay no attention to; ***deixar correr o marfim*** to let things drift; ***deixar às escuras*** to leave in the dark; ***deixa-te disso!*** let that alone!; ***deixar-se enganar*** to be imposed upon; ***deixar para outro dia*** to defer till another day, to put off till another day; ***não posso deixar de rir*** I can't help laughing; ***deixar em branco*** to leave blank; ***deixar de levar em linha de conta*** to fail to take into account, to overlook; ***deixar a meio*** to leave half finished; ***deixar impune*** to let unpunished, to let off; ***deixar murchar os louros*** to let one's laurels wither; ***deixar um emprego*** to quit a job; ***não deixa de ser verdade*** it's true all the same; ***deixar de fumar*** to give up smoking; ***deixemos isso!*** let us leave that!; ***deixar em testamento*** to bequeath, to leave in one's will; ***deixou de cá vir*** he left off coming here; ***deixá-lo!*** let it be!; ***ele queria ir, mas o pai não o deixou*** he wanted to go, but his father wouldn't let him; ***deixar fugir um preso*** to let a prisoner escape; ***deixar entrar a luz e o ar*** to let in light and air; ***deixar o exército*** to quit the army; ***deixar como está, para ver como fica*** to wait and see; ***deixar a sua casa*** to leave one's house; ***deixe-me ver!*** let me see!; ***deixar-se de histórias*** to stop beating about the bush; ***deixar ver*** to show, to give, to understand; ***deixar alguém à mercê do seu destino*** to abandon a person to his fate; ***deixar-se levar como um cordeiro*** to let oneself be led by the nose; ***deixa estar!*** just you wait and see!; ***não se deixe dominar pelas suas paixões*** don't let your passions overcome you; ***não se deixe levar!*** don't be carried away!; ***deixe-o fazer!*** let him have his run!; ***deixe-se de tolices!*** stop the nonsense!; ***não deixe de fazê-lo!*** be sure and do it!; NÁUTICA ***deixar para a ré (um navio)*** to drop a ship; ***deixar a granel, a reboque*** to leave in the lurch; ***deixar arribar*** to pay off

dejarretar *v. tr.* to cut the hock

dejecção *s. f.* dejection, defecation

dejectar *v. intr.* to defecate

dejectório *adj.* latrine

dejectos *s. m. pl.* sewage; faeces, feces, excrement

dejejua *s. f.* ⇒ **dejejum**

dejejuadoiro *s. m.* ⇒ **dejejum**

dejejuadouro *s. m.* ⇒ **dejejum**

dejejuar *v. intr.* to break one's fast

dejejum *s. m.* breakfast, breaking one's fast

dejungir *v. tr.* ⇒ **desjungir**

dejúrio *s. m.* solemn oath

dela *contr. da prep.* **de** + *pron. pess.* **ela**

delação *s. f.* delation, impeachment, accusation, denouncement

delamber-se *v. refl.* to lick; to rejoice, to delight, to cheer; to affect

delambido Ⓐ *adj.* affected, prudish; saucy; self-conceited Ⓑ *s. m.* prig; prude, dandy, fop

delapidação *s. f.* dilapidation; squandering; ruin; wear and tear; deterioration

delapidador *s. m.* dilapidator, spendthrift, waster, squanderer

delapidar *v. tr.* to dilapidate; to waste; to ruin; to deteriorate

delatar *v. tr.* to delate, to impeach; to denounce, to accuse; to reveal

delatável *adj.* revealable

delator *s. m.* delator; informer

delatório *adj.* delatory

dele *contr. da prep.* **de** + *pron. pess.* **ele**

delegação *s. f.* delegation

delegacia *s. f.* delegacy

delegado *s. m.* delegate; deputy; representative; ***Delegado do Ministério Público*** public prosecutor; ***delegado sindical*** union representative, shop steward; ***delegado substituto*** vice-prosecutor

delegante Ⓐ *adj.* that delegates Ⓑ *s. m. e f.* delegant

delegar *v. tr.* to delegate; to assign; to depute; to commit (authority to a substitute)

delegatário *s. m.* delegator, delegant

delegatório *adj.* delegatory

delegável *adj.* delegable

deleitação *s. f.* delectation, delight, pleasure, enjoyment

deleitamento *s. m.* delectation, delight, pleasure, enjoyment

deleitante *adj.* delightful, delectable, delightsome

deleitar Ⓐ *v. tr.* to delight, to gratify, to charm, to please Ⓑ *v. refl.* to take delight in, to find great pleasure in; to be delighted; ***deleitar-se em praticar o bem*** to delight in doing good

deleitável *adj.* delighting, pleasing

deleite *s. m.* delight, pleasure, enjoyment, charm, gladness, joy; ***com grande (o maior) deleite de*** to the great delight of

deleitoso *adj.* delightful, delicious, pleasing, agreeable, pleasant, charming

deletério *adj.* deleterious, noxious, destructive, harmful, injurious

deletrear *v. tr.* to spell, to read badly

delével *adj.* delible, erasable
délfico *adj.* Delphic
delfim *s. m.* ICTIOLOGIA Dolphin; HISTÓRIA Dauphin; ASTRONOMIA, ZOOLOGIA delphinus
delfina *s. f.* QUÍMICA delphine, delphinine
delfinado *s. m.* Dauphiné
delgadeza *s. f.* thinness, fineness, slimness, slenderness
delgado *adj.* thin, lean; slender, fine; slim; delicate; ***uma rapariga delgada*** a slim girl; ***cinta delgada*** slender waist; ***fatia delgada*** thin slice; ***dedos delgados*** thin fingers; ***casco delgado (de navio)*** sharp body (of ship); ***proa delgada*** lean head; ***delgados da popa*** run
delibação *s. f.* tasting, sipping, delibation
delibar *v. tr.* to sip, to taste, to delibate
deliberação *s. f.* deliberation, reflection, consideration; determination, decision, resolution; ***deliberação ponderada*** mature deliberation
deliberadamente *adv.* deliberately, intentionally
deliberado *adj.* deliberate, premeditated, intentional, considerate; resolute
deliberante *adj.* deliberating
deliberar Ⓐ *v. tr.* to resolve, to decide, to determine Ⓑ *v. intr.* to deliberate, to think over, to reflect; to ponder
deliberativo *adj.* deliberative
delicadamente *adv.* politely, courteously
delicadeza *s. f.* delicacy; politeness, affability, urbanity, courtesy; sensitiveness; weakness; fragility, frailty; tenderness; elegance; daintiness; fineness
delicado *adj.* polite, courteous, affable, urbane; refined, civil; delicate; weak, frail; dainty; nice; fine, elegant; tender, soft; susceptible, sensitive, intricate; ***feições delicadas*** delicate features; ***saúde delicada*** delicate health; ***manjares delicados*** dainty titbits; ***mãos delicadas*** soft hands
delícia *s. f.* delight, pleasure; dainty
deliciar Ⓐ *v. tr.* to delight, to charm, to please, to ravish, to enrapture Ⓑ *v. refl.* to delight oneself; to be delighted; ***deliciar o ouvido com boa música*** to delight the ear with good music
deliciosamente *adv.* deliciously, delightfully
delicioso *adj.* delicious, delightful, dainty; nice, choice, pleasant; savoury; ***sabor delicioso*** rich flavour; ***frescura deliciosa*** delicious coolness
delico-doce *adj.* very tasty; [fig.] very conceited; fussy
delido *adj.* efaced; worn out; ruined
deligação *s. f.* deligation; ligature, bandage
deligar *v. tr.* to bandage
delimitação *s. f.* delimitation
delimitador *s. m.* delimitator, delimiter
delimitar *v. tr.* to delimitate, to delimit, to bound, to demarcate; to restrict, to circumscribe
delimitativo *adj.* delimitative
delineação *s. f.* delineation, description; sketch, design, outline, plan
delineador *s. m.* delineator
delineamento *s. m.* delineation
delinear *v. tr.* to delineate; to outline, to sketch out; to depict; to draw; to describe; to portray; to scheme; to demarcate, to delimit
delineativo *adj.* delineative, delineatory
delingar *v. tr.* to loose the hair; to let hanging (pendant)
delinquência *s. f.* delinquency, fault, offence, guilt, misdeed
delinquente Ⓐ *adj.* guilty, defaulting Ⓑ *s. m. e f.* delinquent, offender; criminal; ***confessar-se delinquente (culpado)*** to plead guilty
delinquir *v. intr.* to offend, to transgress (the law); to commit a crime
deliquar *v. tr.* to distill
deliquescência *s. f.* deliquescence
deliquescente *adj.* deliquescent
deliquescer *v. intr.* to deliquesce
delíquio *s. m.* deliquescence; MEDICINA fainting, swoon; QUÍMICA liquefaction
delir *v. tr.* to dilute, to dissolve, to liquefy; to efface
delirante *adj.* delirious, insane; incoherent (from illness), raving, frantic, excited
delirantemente *adv.* deliriously; incoherently
delirar *v. intr.* to rave, to wander; to be delirious; to talk wildly; to be very happy; ***ele está a delirar*** he is delirious, his mind is wandering; ***o paciente delirou durante todo o dia*** the patient raved all day long; ***a assistência delirou de entusiasmo, quando o violinista apareceu*** the audience went wild with excitement when the violinist appeared
delírio *s. m.* delirium; insanity; hallucinations; mental disorder; great excitement, enthusiasm, ecstasy; ***delírio febril*** febrile delirium; ***delírio furioso*** raving madness
delirium-tremens *s. m.* delirium-tremens
delito *s. m.* delict, crime, offence (against the law); ***apanhar em flagrante delito*** to catch in the very act, to catch redhanded
delituoso *adj.* wrong, criminal, involving crime
delivração *s. f.* ⇒ **delivramento**
delivramento *s. m.* delivering of the afterbirth
delivrar-se *v. refl.* to deliver or expel the afterbirth
delonga *s. f.* delay, postponement; tardiness; retardation; hindrance; putting off; ***sem delongas*** without delay
delongador *s. m.* delayer, postponer
delongamento *s. m.* delay; putting off, deferring, postponement
delongar *v. tr.* to delay, to retard, to postpone, to put off; to hinder; to defer
delta *s. m.* delta
deltacismo *s. m.* mispronunciation of d's and t's
deltaico *adj.* deltaic
deltoedro *s. m.* deltohedron
deltoidal *adj.* deltoidal
deltóide Ⓐ *adj.* deltoid Ⓑ *s. m.* ANATOMIA deltoid, deltoid muscle
deltóideo *adj.* deltoid
delubro *s. m.* delubrum
deludir *v. tr.* ⇒ **iludir**
delusão *s. f.* delusion, misleading
deluso *adj.* deluding, deceiving
delusório *adj.* delusory, delusive; illusory, illusive
deluzir-se *v. refl.* to fade, to turn pale, to grow dim
demagogia *s. f.* demagogy
demagogice *s. f.* demagoguism
demagógico *adj.* demagogic
demagogismo *s. m.* demagogism, demagoguism
demagogista *s. m. e f.* demagogue
demagogo *s. m.* demagogue, demagog
demais *adv.* besides, moreover; ***de mais a mais*** moreover; ***os demais*** the rest
demanda *s. f.* lawsuit, plea; quarrel; contest; request, demand, petition, claim; ***em demanda de*** in search of; ***estar em demanda*** to be at law; ***ganhar a demanda*** to gain one's cause
demandado *adj.* claimed
demandador *s. m.* demander, plaintiff
demandante *s. m. e f.* demandant, plaintiff
demandão *s. m.* ⇒ **demandista**
demandar Ⓐ *v. tr.* to sue at law; to sue for; to demand, to make a demand; to ask for (something) as a right; to require; to claim; ***demandar terra*** to sue for land, to approach land, to make land, to make for the land; NÁUTICA ***demandar água*** to draw water Ⓑ *v. intr.* to dispute
demandista *s. m. e f.* litigant
demão *s. f.* coat, coating; ***dar uma demão a*** to coat; ***demão de preparação*** priming coat; ***a última demão*** the last touch; ***dar uma demão de tinta*** to apply a coat of paint

demarcação *s. f.* demarcation, boundary line; limit; AGRICULTURA ranging out; ***linha de demarcação*** demarcation line
demarcadamente *adv.* with limits
demarcado *adj.* delimited
demarcador *s. m.* demarcator
demarcar *v. tr.* to demarcate, to mark; to trace out, to fix the boundaries of; to peg out, to separate
demarcativo *adj.* serving to demarcate; denotative
demarcável *adj.* demarcable; definable, determinable
demasia *s. f.* surplus; overplus; excess, superfluity; abundance; remainder; change, odd money; ***em demasia*** excessively
demasiadamente *adv.* excessively, inordinately
demasiado Ⓐ *adj.* excessive; superfluous, overmuch; enormous Ⓑ *adv.* far too much; too much; ***com demasiada pressa*** too fast; ***é demasiado para as minhas forças*** it is too much for me
demasiar-se *v. refl.* to exceed oneself; to give or spend too much
dembado *adj.* district governed by a dembo
dembe *s. m.* [Ang.] ⇒ **dembe**
dembo *s. m.* [Ang.] a chieftain
demear *v. tr.* to break in two parts; to fill up to half capacity; to hold possession of half
demência *s. f.* MEDICINA dementia; insanity, madness, lunacy, craziness; ***demência senil*** senile dementia
demencial *adj.* relating to dementia
dementação *s. f.* ⇒ **demência**
dementado *adj.* ⇒ **demente**
dementar Ⓐ *v. tr.* to madden, to craze, to drive to madness Ⓑ *v. intr.* to become mad
demente *adj.* demented, insane, mad, deranged, lunatic, crazy
demérito *s. m.* demerit, want of merit, fault, defect
demeritório *adj.* demeritorious
démico *adj.* related to the people
demissão *s. f.* dismissal, resignation, [obs.] demission; abdication (of an office); ***pedir a demissão*** to resign, to retire from office, to give in one's resignation; ***pedido de demissão*** resignation
demissibilidade *s. f.* dismissibility
demissionário *adj.* resigning
demissível *adj.* dismissable, dismissible
demisso *adj.* dismissed
demissor Ⓐ *adj.* ⇒ **demissório** Ⓑ *s. m.* one who dismisses
demissório *adj.* referring to resignation or dismissal
demitente *adj.* ⇒ **demissionário**
demitido *adj.* dismissed, discharged, sent away
demitir Ⓐ *v. tr.* to dismiss, to remove (from office, post, situation, etc.); to discharge Ⓑ *v. refl.* to resign; to hand over (office, charge, etc.); ***demitir-se de um cargo*** to quit office, to resign from a post
demiúrgico *adj.* demiurgic(al)
demiurgo *s. m.* demiurge
demo *s. m.* devil
democracia *s. f.* democracy
democrata Ⓐ *s. m. e f.* democrat Ⓑ *adj.* democratic(al)
democrata-cristão *s. m., adj.* Christian Democrat
democraticamente *adv.* democratically
democraticidade *s. f.* quality of what is democratic
democrático *adj.* democratic
democratismo *s. m.* democratism
democratização *s. f.* democratization
democratizar *v. tr.* to democratize
demofilia *s. f.* love of the people
demófilo *s. m.* friend of the people
demófobo *s. m., adj.* demonophobe
demografar *v. tr.* to write a demography of
demografia *s. f.* demography
demográfico *adj.* demographic
demógrafo *s. m.* demographer, demographist
demolha *s. f.* steeping, soaking
demolhar *v. tr.* to steep, to soak, to dip, to imbue
demoliberalismo *s. m.* popular liberalism
demolição *s. f.* demolition, ruin, destruction, overthrow
demolidor *s. m.* demolisher; destroyer
demolir *v. tr.* to demolish, to overthrow, to pull down; to raze, to ruin, to destroy; ***demolir um edifício*** to demolish a building
demolitório *adj.* demolitionary
demonarca *s. m.* prince of demons
demonete *s. m.* little devil (child)
demonetização *s. f.* demonetization
demonetizar *v. tr.* to demonetize
demoníaco *adj.* demoniac
demonico *s. m.* deviling, devilkin, demonic; ⇒ **demonete**
demonifúgio *s. m.* demonifuge
demonífugo *adj.* scaring the Devil or evil temptations away
demoninhado *adj.* demoniac, devilish
demoninharia *s. f.* demoniac act
demónio *s. m.* demon, devil, goblin, fiend, evil one; ***por que demónio!*** why on earth!; ***demónio!*** confound it!; ***com mil demónios!*** the deuce!, what the deuce!
demoniomania *s. f.* demonomania
demoniomaníaco *adj.* demoniomaniac (suffering from demoniomania)
demonismo *s. m.* demonism
demonista *s. m. e f.* demonist
demonocracia *s. f.* demonocracy
demonografia *s. f.* demonography
demonográfico *adj.* demonographic(al)
demonógrafo *s. m.* demonographer
demonólatra *s. m. e f.* demonolater, demon worshipper
demonolatria *s. f.* demonolatry
demonologia *s. f.* demonology
demonológico *adj.* demonologic(al)
demonólogo *s. m.* demonologist, demonologer
demonomancia *s. f.* demonomancy (divination by the help of demons)
demonomania *s. f.* MEDICINA demonomania
demonomaníaco *s. m., adj.* (person) suffering from demonomania
demonómano *s. m., adj.* (person) suffering from demonomania
demonopata *s. m. e f.* PATOLOGIA demonopath
demonopatia *s. f.* PATOLOGIA demonopathy
demonstrabilidade *s. f.* demonstrability, demonstrableness
demonstração *s. f.* demonstration, manifestation, display, show; evidence, proof; ***demonstração de contas*** statement account; ***demonstração de lucros e perdas*** profit and loss statement
demonstrador *s. m.* demonstrator
demonstrante *adj.* demonstrative; demonstratory; demonstrational
demonstrar *v. tr.* to demonstrate, to show, to prove, to exhibit, to establish, to make evident, to make certain; to manifest, to display; ***demonstrar energia*** to show energy; ***demonstrar esforços (para)*** to be at pains (to), to take pains (to); ***demonstrar o contrário*** to refute another's assertions, to prove the contrary
demonstrativo *adj.* demonstrative, evincing; illustrative; conclusive, giving proof of
demonstrável *adj.* demonstrable
demopsicologia *s. f.* study of the psychology of a people; folklore

demopsicológico *adj.* concerning the study of a people's psychology
demopsicólogo *s. m.* student of a people's psychology
demora *s. f.* delay, retardation; deferring, postponement, procrastination; lingering; ***sem demora*** without delay; ***com pouca demora*** with little delay; ***sem mais demora*** without further delay; ***demora de pagamento*** delay of payment
demoradamente *adv.* lastingly, slowly, lengthily, lingeringly, tardily
demorado *adj.* lasting, slow; late, lengthy, dilatory
demorar Ⓐ *v. tr.* to delay, to retard, to put off, to defer, to postpone Ⓑ *v. intr.* to loiter; to stay; to dwell upon; to cause to wait; NÁUTICA to bear; ***não te demores com isso!*** don't be long about it!; ***demorei-me muito tempo em Londres*** I made a long stay in London; ***demoras-te?*** will you be long?; ***demorar a resposta*** to delay the answer; ***demorar a partir*** to be long in leaving
demoroso *adj.* tardy, slow, dilatory, loitering
demosténico *adj.* demosthenic, demosthenean
demostração *s. f.* ⇒ **demonstração**
demostrador *s. m., adj.* ⇒ **demonstrador**
demostrar *v. tr.* ⇒ **demonstrar**
demostrativo *adj.* ⇒ **demonstrativo**
demótico *adj.* demotic
demover *v. tr.* to dissuade, to divert (person) from, to deter, to discourage; to move, to change the position of; ***demover alguém de algo*** to talk somebody out of something
demovimento *s. m.* act of dissuading
demudança *s. f.* transformation; change
demudar *v. tr.* to change; to alter
demulcente Ⓐ *adj.* MEDICINA demulcent; softening; demulcent, soothing (ointment or medicine) Ⓑ *s. m.* demulcent
demulcir *v. tr.* to soften, to soothe, to mollify
denário Ⓐ *s. m.* denarius Ⓑ *adj.* denary
dendê *s. m.* Brazilian oil palm or its fruit
dendém *s. m.* ⇒ **dendê**
dendezeiro *s. m.* Brazilian oil palm or its fruit
dendo *s. m.* BOTÂNICA Lagos ebony, billetwood, Calabar ebony, persimmon
dendrícola *adj.* living in a tree
dendriforme *adj.* dendriform
dendrite *s. f.* ANATOMIA dendrite; mineral or stone (with markings resembling trees or plants)
dendrítico *adj.* dendritic, dendritical
dendróbata *adj.* dendrophilous, living on trees
dendroclasta *s. m. e f., adj.* one who has no respect for trees
dendroclastia *s. f.* disrespect of trees
dendrocronologia *s. f.* dendrochronology
dendrofagia *s. f.* dendrophagy
dendrófago *adj.* dendrophagous
dendrofilia *s. f.* dendrophilia
dendrófilo *adj.* dendrophile
dendrofobia *s. f.* dendrophobia
dendrófobo *adj.* dendrophobic, injuring trees
dendrografia *s. f.* dendrography
dendrógrafo *s. m.* dendrologist
dendrólatra Ⓐ *s. m. e f.* tree worshipper Ⓑ *adj.* practising tree-worship
dendrolatria *s. f.* tree cult, tree-worship
dendrólito *s. m.* dendrolite; a fossil plant
dendrologia *s. f.* dendrology
dendrologista *s. m. e f.* dendrologist
dendrólogo *s. m.* dendrologist
dendrometria *s. f.* dendrometry
dendrómetro *s. m.* dendrometer (instrument for measuring the height and diameter of trees)
denegação *s. f.* denial, contradiction; refusal (of request); negation
denegar *v. tr.* to deny, to refuse; to disavow, to abjure, to disown
denegrecer *v. tr.* ⇒ **denegrir**
denegrido *adj.* denigrated, blackened; tarnished, stained, tawny
denegrir *v. tr.* to denigrate, to blacken; to defame; to slander, to calumniate; to stain, to sully
dengosamente *adv.* affectedly, finically, vainly; conceitedly
dengosidade *s. f.* affectation, foppishness
dengoso *adj.* affected; finical; prudish; overnice
dengue Ⓐ *adj.* affected, prim, prudish; effeminate, womanly, vain, conceited Ⓑ *s. m.* MEDICINA dengue, dandy; breakbone fever; prudery; vanity, affectation
denguice *s. f.* prudery, affectation, foppishness
denguim *s. m.* almadia
denigração *s. f.* denigration
denigrativo *adj.* denigrating
denigrir *v. tr.* ⇒ **denegrir**
denodado *adj.* bold, daring, brave, dauntless, resolute, intrepid
denodar *v. tr.* to untie; to disentangle; to undo the knots
denodo *s. m.* boldness, intrepidity, valour, bravery, daring, courage
denominação *s. f.* denomination; designation, name
denominador *s. m.* denominator; ***denominador comum*** common denominator
denominar Ⓐ *v. tr.* to denominate, to name, to call, to designate; to give a name to Ⓑ *v. refl.* to be called, to be named
denominativo *adj.* denominative
denotação *s. f.* denotation, denotement
denotador *adj.* denotative
denotar *v. tr.* to denote, to mark out, to point out, to show; to indicate; to be the sign of; to signify, to mean, to symbolize
densamente *adv.* densely, compactly, thickly
densar *v. tr.* ⇒ **adensar**
densidade *s. f.* density; thickness; closeness; denseness; ***densidade dinâmica*** dynamic density; ***densidade de fluxo*** magnetic induction; ***densidade de vapor*** vapour density; ***densidade de corrente*** electric density; ***densidade de um líquido*** density of a liquid, specific gravity; ***densidade magnética*** magnetic density, flux density; ***densidade volumétrica*** volumetric density; ***densidade demográfica*** density of population; ***disco de alta densidade*** high-density disk
densidão *s. f.* density, denseness
densifloro *adj.* having a dense blossoming or flowering; thick flowered
densifoliado *adj.* BOTÂNICA densifoliate
densimetria *s. f.* densimetry
densímetro *s. m.* densimeter
denso *adj.* dense, compact, thick; impenetrable; compressed; close, tight; ***uma floresta densa*** a dense forest
dentada *s. f.* bite; wound made by biting; a bite (of food), morsel; biting remark
dentado *adj.* toothed; indented; jagged; serrated; notched; BOTÂNICA denticulate(d); ***dentado em serra*** serrated; ***roda dentada*** cog-wheel, toothed wheel
dentadura *s. f.* a set of teeth; ***dentadura postiça*** denture, set of false teeth
dental *adj.* FONÉTICA dental; ***cirurgia dental*** dentistry
dentalgia *s. f.* dentalgia; toothache
dentálio *s. m.* sea molusc having the shell shaped like a dog's tooth
dentão *s. m.* large tooth; porgy (fish)
dentar *v. tr.* to bite; to cut into or to nip (with the teeth); to indent, to engrail

dentária *s. f.* BOTÂNICA dentaria; toothwort
dentário *adj.* dental
dente *s. m.* tooth (*plural* teeth); fang, tusk (of an animal); prong (of a fork); MECÂNICA cog (of a wheel); NÁUTICA spigot, tooth; ***dente de engrenagem*** gear tooth, cog; ***dentes molares (queixais)*** molar teeth, grinders; ***dente do siso*** wisdom tooth; ***dente canino*** canine tooth; ***dente incisivo*** incisor (tooth); ***dente de espiga*** pivot-tooth; ***dente cariado*** rotten tooth; ***dentes postiços*** false teeth; ***dentes de leite*** milk teeth; ***mudar os dentes*** to lose teeth; ***cova do dente*** socket; ***tirar um dente*** to have a tooth extracted, to pull a tooth, to have a tooth pulled; ***chumbar (obturar) um dente*** to fill a tooth, to stop a tooth, to have a tooth filled; ***escova de dentes*** toothbrush; ***palitar os dentes*** to pick one's teeth; ***dente abalado*** loose tooth; ***lutar com unhas e dentes*** to fight tooth and nail, to defend to the last ditch; ***dor de dentes*** toothache; ***arreganhar os dentes*** to show one's teeth, to bare the teeth; ***ter os dentes a romper*** to cut one's teeth; ***armado até aos dentes*** armed to the teeth; ***os dentes de cima*** the top teeth; ***os dentes de baixo*** bottom teeth; ***dar ao dente*** to eat; ***falar por entre os dentes*** to mutter, to mumble, to growl; ***pasta de dentes*** toothpaste; ***ranger os dentes*** to gnash (with one's teeth); ***dar com a língua nos dentes*** to blab, to spill the beans; ***não meter dente*** not to understand; ***tomar o freio nos dentes*** to take the bit between one's teeth; ***cabe na cova dum dente*** it is a tiny morsel, it is less than a toothful; ***dente de serpente venenosa*** poison-fang; ***dente de javali (ou elefante)*** fang of wild boar (or elephant), tusk of wild boar (or elephant); ***dente de serra, de pente, de ancinho, de lima*** tooth of a saw, comb, rake, file; ***dentes dianteiros do cavalo*** gatherers; ***dente de uma roda*** cog of a wheel; ***dente dum garfo*** prong; ***dente de alho*** spike of garlic, clove of garlic; ***dente por dente*** a tooth for a tooth, tit for tat; ***olho por olho, dente por dente*** an eye for an eye, a tooth for a tooth; ***ele mente com quantos dentes tem*** he lies through his teeth, he lies in his teeth; ***dente de cavalo*** a type of corn; ***dente de ovo*** egg tooth
denteação *s. f.* dentition; denting, indentation
denteado *adj.* indented, serrated, jagged; BOTÂNICA, ZOOLOGIA dentate
dentear *v. tr.* to indent, to jag, to notch, to tooth
dentebrum *s. m.* BOTÂNICA male fern
dentebrura *s. f.* ⇒ **dentebrum**
dente-de-cão *s. m.* BOTÂNICA dog's tooth
dente-de-leão *s. m.* BOTÂNICA dandelion
denteira *s. f.* buckteeth, set of teeth
dentel *s. m.* notch
dentelar *v. tr.* ⇒ **dentear**
dentelária *s. f.* ⇒ **dentilária**
dentelete *s. m.* denticule, dentil
dentelha *s. f.* ⇒ **dentão**
dentelo *s. m.* dentil
denticão *s. m.* ⇒ **dente-de-cão**
dentição *s. f.* dentition, teething
denticórneo *adj.* provided with dentated horns or antennas
denticulado *adj.* BOTÂNICA denticulate(d); HERÁLDICA engrailed
denticular Ⓐ *adj.* denticular, denticulate, notched, jagged Ⓑ *v. tr.* to indent, to jag, to notch, to tooth
dentículo *s. m.* denticle, a small tooth; ARQUITECTURA dentil
dentificação *s. f.* dentification, formation of the teeth
dentiforme *adj.* dentiform
dentifrício *s. m.* dentifrice, toothpowder; tooth-paste
dentífrico *adj.* tooth-cleaning; ***pó dentífrico*** tooth powder
dentígero *adj.* dentigerous
dentilabial *adj.* denti-labial
dentilária *s. f.* BOTÂNICA leadwort
dentilha *s. f.* ICTIOLOGIA cuckoo wrasse, cuckoo fish
dentilhão *s. m.* ARQUITECTURA dentil
dentina *s. f.* dentine
dentípode *adj.* ZOOLOGIA dentipode
dentirrostro *adj.* ZOOLOGIA dentirostral
dentista *s. m. e f.* dentist, dental surgeon
dentola Ⓐ *s. f.* [coloq.] large tooth; bucktooth Ⓑ *s. m. e f.* person having large teeth
dentolabial *adj.* FONÉTICA denti-labial
dentolingual *adj.* FONÉTICA denti-lingual
dentoneira *s. f.* an old fishing boat (used especially in the Algarve with a ten-man crew)
dentre *prep.* among(st), in the midst of; from among
dentro *adv.* in, inside, within; ***por dentro*** inside; ***de dentro para fora*** from within outwards, inside out; ***dentro de casa*** indoors; ***dentro em pouco*** in a little while; ***dentro de poucos dias*** within a few days; ***dentro de um prazo*** within a fixed time; ***de portas a dentro*** indoors; ***para dentro*** into, inward, inwards; ***dentro de quinze dias*** in a fortnight; ***dentro dos limites*** within limits; ***de dentro*** from within; ***dentro da sua capacidade*** within the compass of his powers; ***dentro do espírito da lei*** within the meaning of the law; ***aqui dentro*** in here; ***lá dentro*** in there; ***dentro em breve*** soon, before long; ***estar por dentro de um assunto*** to know the ins and outs of something
dentuça *s. f.* large and projecting teeth; set of teeth; buck-teeth
dentudo *adj.* big toothed; buck-toothed
denudação *s. f.* denudation, divestment
denudar Ⓐ *v. tr.* to denude, to make bare; to divest; to strip (of clothing or covering); [fig.] to expose, to disclose Ⓑ *v. refl.* to undress, to unclothe
denúncia *s. f.* denunciation, denouncement; accusation, delation, denouncing; publishing of bans; (law) indictment
denunciação *s. f.* denunciation
denunciador Ⓐ *adj.* denouncing, denunciatory Ⓑ *s. m.* denouncer, informer, delator, accuser
denunciante Ⓐ *adj.* denunciatory Ⓑ *s. m. e f.* denunciator
denunciar Ⓐ *v. tr.* to denounce, to denunciate, to inform (against), to accuse; to reveal, to expose, to divulge Ⓑ *v. refl.* to reveal oneself
denunciativo *adj.* denunciative
denunciatório *adj.* denunciatory
denunciável *adj.* denounceable
denutrição *s. f.* denutrition
denutrir *v. tr.* ⇒ **desnutrir**
deontologia *s. f.* deontology
deontológico *adj.* deontological
deontologismo *s. m.* deontology
deontologista *s. m. e f.* deontologist
deoperculado *adj.* deoperculate
deparador Ⓐ *adj.* finding, discovering Ⓑ *s. m.* finder, discoverer
deparar Ⓐ *v. intr.* to meet by chance, to find, to come upon, to come across Ⓑ *v. refl.* to turn up unexpectedly
deparável *adj.* findable
departamental *adj.* departmental
departamento *s. m.* department; French administrative district; branch, section
departição *s. f.* departure, separation, partition
departimento *s. m.* departure, separation, partition
departir *v. tr.* to divide; to separate, to sever; to particularize, to detail; to deviate from
depascente *adj.* (of an illness) spreading; corroding
depauperação *s. f.* depauperation, impoverishment; weakness, pauperism
depauperado *adj.* depauperated, impoverished, weakened, reduced to pauperism
depauperador Ⓐ *adj.* depauperating; enfeebling, weakening Ⓑ *s. m.* weakener
depauperamento *s. m.* ⇒ **depauperação**
depauperante *adj.* ⇒ **depauperador Ⓐ**

depauperar *v. tr.* to depauperate, to impoverish, to pauperize; to weaken, to stunt
depenado *adj.* plucked, deplumed; [fig.] penniless, broke
depenador *s. m.* plucker; one who deplumes or strips off feathers
depenar Ⓐ *v. tr.* to pluck, to deplume, to strip off feathers; [fig.] to skin, to strip of money Ⓑ *v. refl.* to moult; ***depenar uma ave*** to pluck a fowl
dependência *s. f.* dependence, subjection; subordination; branch office; annex, outbuildings; accessories
dependente *adj.* dependent, subject; depending on; subordinate
dependentemente *adv.* dependently
depender *v. intr.* to depend on (upon); to rely, to rest; to be dependent on; to be subject to; ***depender de alguém*** to hang on to another, to depend on someone; ***farei tudo o que depender de mim*** I will do all in my power; ***depende de ti*** it depends on you, it rests with you; ***tudo depende da resposta dele*** everything turns on his answer, it all depends on his answer; ***depende da sua aprovação*** it is subject to your approval
dependura *s. f.* hanging; suspension; anything suspended; ***estar à dependura*** to be penniless, to be hard up, [coloq.] to be on the rocks
dependurado *adj.* hanging, suspended; [fig.] on hold, waiting
dependurar *v. tr.* to hang, to suspend
depenicar Ⓐ *v. tr.* to pluck off feathers with the beak Ⓑ *v. intr.* to nibble at; to eat very little; ***depenicar as uvas*** to eat grapes one by one
deperder *v. tr.* ⇒ **dissipar**
deperecer *v. intr.* to languish, to pine away; to droop
deperecimento *s. m.* languishment, drooping
depilação *s. f.* depilation; waxing; ***depilar as pernas*** to have one's legs done, do one's legs
depilar *v. tr.* to depilate
depilatório *s. m., adj.* depilatory
depleção *s. f.* depletion
depletivo *adj.* depletive
deploração *s. f.* deploration, lamentation, wail
deplorador *s. m.* deplorer
deplorando *adj.* ⇒ **deplorável**
deplorar *v. tr.* to deplore, to lament, to bewail; to regret; to bemoan
deplorativo *adj.* deploring, lamenting; pitiful, lamentable
deploratório *adj.* deploring, lamenting
deplorável *adj.* deplorable, lamentable, sad; disastrous; ***em estado deplorável*** in a deplorable plight
deploravelmente *adv.* deplorably
deplumar *v. tr.* ⇒ **depenar**
depoência *s. f.* propriety of the Latin verbal forms which in the active voice have passive meaning
depoente *s. m. e f., adj.* deponent
depoimento *s. m.* DIREITO testimony, evidence; affidavit; deposition; ***prestar depoimento*** to bear testimony
depois *adv.* after, afterwards, then, later; next; ***depois de*** after; ***depois que*** after, since; ***muito depois*** long after; ***depois de amanhã*** the day after tomorrow; ***logo depois de jantar*** just after dinner; ***depois da partida*** after departure; ***bem, e depois?*** well, what then?; ***pouco depois*** soon after; ***depois de ter verificado*** after verification; ***e depois?*** and what of that?; ***depois e não antes*** then and not till then
depolarização *s. f.* FÍSICA depolarization
depolarizar *v. tr.* FÍSICA to depolarize
deponência *s. f.* ⇒ **depoência**
deponente *adj.* ⇒ **depoente**
depopulação *s. f.* depopulation; decline in population; destruction of population
depopular *v. tr.* to depopulate
depor Ⓐ *v. tr.* to lay by; to put aside; to oust, to remove from office; to dethrone Ⓑ *v. tr.* DIREITO to depose, to give evidence (on oath or under oath), to testify, to bear witness, to depone; ***depor perante o tribunal*** to testify in court, to depose in court; ***depor contra o acusado*** to testify against the defendant
deportação *s. f.* deportation, banishment; exile
deportado Ⓐ *adj.* deported, exiled, banished Ⓑ *s. m.* convict, deportee
deportar *v. tr.* to deport, to banish, to exile, to expatriate
depós *prep.* ⇒ **após**
deposição *s. f.* deposition; evidence, statement; removal (from power); dethroning
depositador *s. m.* depositor
depositante *s. m. e f.* depositor
depositar Ⓐ *v. tr.* to deposit; to entrust; to store for keeping; to put in charge of; to trust, to rely upon Ⓑ *v. refl.* to leave (sediment); to settle, to precipitate; ***depositar dinheiro num banco*** to place (to deposit) money in a bank; ***depositar dinheiro a prazo*** to deposit money up to a fixed date; ***depositar dinheiro em conta-corrente*** to place money in current account; ***depositar títulos em garantia*** to mortgage bonds; ***a maré deposita lodo nas covas*** the tide lodges mud in the cavities
depositário *s. m.* depositor; trustee
depósito *s. m.* deposit; sum placed (in a bank); depot, storehouse, depository; sediment; ***depósito de água*** reservoir, tank; NÁUTICA ***depósito de carvão*** coaling-station; ***depósito de vapor*** steam space; ***depósito de gasolina*** petrol tank; ***depósito de calcário*** calcium deposit; GEOLOGIA ***depósito aluvial*** warp; ***depósito de armas e munições*** armoury, arsenal; ***depósito de bagagem*** luggage room, left-luggage office; QUÍMICA ***depósito electrolítico*** electrolytic precipitation; ***caixa de depósitos*** public savings bank; ***depósito de lixo*** dump
deposto *adj.* deposed, dethroned; dismissed
depravação *s. f.* depravation, depravity, corruption
depravadamente *adv.* depravedly
depravado *adj.* depraved, corrupt, immoral, perverted, vicious, degenerate
depravador *s. m.* depraver, corrupter, defiler
depravar Ⓐ *v. tr.* to deprave, to corrupt, to pervert, to demoralize, to vitiate; to degrade Ⓑ *v. refl.* to degenerate, to become depraved
deprecação *s. f.* entreaty, request, plea
deprecada *s. f.* DIREITO requisition, judicial commission (to another court)
deprecado *adj.* DIREITO designating a judge to whom an official request has been made
deprecante *adj.* deprecating; entreating
deprecar *v. tr.* to deprecate, to entreat, to implore, to beg earnestly; DIREITO to send a requisition
deprecativo *adj.* deprecative
deprecatório *adj.* deprecatory
depreciação *s. f.* depreciation; disparagement; underestimation
depreciador Ⓐ *s. m.* depreciator Ⓑ *adj.* depreciating
depreciar *v. tr.* to depreciate, to lower, to undervalue; to disparage; to make little of
depreciativamente *adv.* depreciatingly
depreciativo *adj.* depreciative, depreciatory
depreciável *adj.* depreciable
depredação *s. f.* depredation, spoliation; plundering, robbery; encroachment, inroad
depredador *s. m.* depredator; spoiler, pillager
depredar *v. tr.* to pillage, to plunder, to devastate, to lay waste, to rob, to despoil
depredativo *adj.* ⇒ **depredatório**
depredatório *adj.* depredatory, plundering
depreender *v. tr.* to understand, to perceive; to infer, to gather, to deduce, to conclude

depreensão *s. f.* understanding, perceiving, deduction, conclusion, inference
depressa *adv.* quickly, fast, rapidly, soon, immediately; quick; speedily; promptly; ***fazer qualquer coisa depressa*** to be quick at doing something, to be quick about something; ***depressa!*** hurry up!, make haste!; ***vamos depressa*** let's hurry
depressão *s. f.* depression; dejection (of mind); despondency; discouragement; hollow, cavity; fit; lowering, sinking; lack of vigour (especially of trade); lowering of atmospheric pressure; ***depressão moral*** heart-sinking; ***depressão do horizonte*** dip of the horizon
depressionário *adj.* METEOROLOGIA depressionary
depressível *adj.* depressible
depressivo *adj.* depressive, depressing
depresso *adj.* depressed, depressing
depressor *s. m.* depressor
depriméncia *s. f.* ⇒ **depressão**
deprimente *adj.* depressing
deprimir *v. tr.* to depress, to dishearten, to deject; to sadden; to lower; to weigh down; to humble
depuração *s. f.* depuration, purification
depurador *s. m., adj.* depurative, purifying; depurator, purifier
depuramento *s. m.* ⇒ **depuração**
depurante *adj.* depurant, purifying
depurar *v. tr.* to depurate, to purify, to cleanse
depurativo Ⓐ *adj.* depurative, purifying Ⓑ *s. m.* depurative
depuratório *adj.* depurative
deputação *s. f.* deputation
deputado *s. m.* deputy; Member of Parliament; Representative; commissioner, agent; ***Câmara dos Deputados*** Chamber of Deputies, House of Representatives
deputar *v. tr.* to depute, to delegate; to appoint (as one's substitute)
dequitação *s. f.* delivering of the afterbirth
dequitadura *s. f.* ⇒ **dequitação**
dequitar-se *v. refl.* MEDICINA to deliver or expel the afterbirth
dequite *s. m.* ⇒ **dequitação**
derisão *s. f.* derision, ridicule, mockery
derisório *adj.* derisory, derisive, scoffing
deriva *s. f.* NÁUTICA drift, leeway; deflection (of artillery); AERONÁUTICA drift angle; ***medidas de deriva*** drift meter; ***andar à deriva*** to drift, to float along
derivação *s. f.* derivation; shift, drift, deviation; source, origin; ELECTRICIDADE shunt; ***derivação de circuito eléctrico*** branch, junction, shunt of electric circuit
derivada *s. f.* MATEMÁTICA derivative
derivado *s. m., adj.* derived (from); GRAMÁTICA derivative; by-product
derivante *adj.* deriving
derivar Ⓐ *v. tr.* to derive; to deduce (knowledge, truth, etc.) from; to trace (source or origin) Ⓑ *v. intr.* to be derived from (words); to descend from; ELECTRICIDADE to shunt; to flow, to come from (river or brook); ***derivar uma corrente eléctrica*** to branch an electric current
derivativo *s. m., adj.* derivative
derivatório *adj.* derivative
derivável *adj.* derivable
derma *s. m.* ⇒ **derme**
dermalgia *s. f.* dermatalgia
dermatalgia *s. f.* dermatalgia
dermático *adj.* dermatic, dermic
dermatite *s. f.* MEDICINA dermatitis
dermatocisto *s. m.* dermatocyst
dermatofobia *s. f.* morbid terror of skin injuries
dermatografia *s. f.* dermatography
dermatóide *adj.* dermatoid
dermatol *s. m.* remedy for certain skin diseases
dermatologia *s. f.* dermatology
dermatológico *adj.* dermatologic
dermatologista *s. m. e f.* dermatologist
dermatoma *s. m.* dermatome
dermatomicose *s. f.* dermatomycosis
dermatopatia *s. f.* dermatopathy
dermatoplastia *s. f.* dermatoplasty
dermatópteros *s. m. pl.* dermatoptera
dermatorragia *s. f.* dermatorrhage
dermatorreia *s. f.* dermatorrhoea
dermatosar *v. tr.* to cause dermatosis
dermatose *s. f.* MEDICINA dermatosis
dermatoterapia *s. f.* dermatotherapy
dermatotomia *s. f.* dermatotomy
derme *s. f.* derm, skin
dérmico *adj.* dermic
dermite *s. f.* ⇒ **dermatite**
dermóide *adj.* dermoid
dermoterapia *s. f.* ⇒ **dermatoterapia**
derrabado *adj.* docked (tail), bobtail(ed)
derrabanho *s. m.* kite (a bird of the family *Falconidae*)
derrabar *v. tr.* to dock (tail), to bobtail
derradeiramente *adv.* lastly
derradeiro *adj.* last; final, ultimate; ***o derradeiro adeus*** the last farewell
derraigar *v. tr.* ⇒ **derreigar**
derrama *s. f.* local tax proportionally divided amongst the taxpayers; cutting of tree branches, lopping
derramação *s. f.* lopping; scattering, effusion; overflowing
derramado *adj.* shed, leaked, spilled; spread, scattered
derramador *s. m.* spiller, spreader
derramamento *s. m.* MEDICINA effusion, shedding, haemorrhage; spilling; dispersion; scattering; leakage; overflowing; lopping, pruning; hydrophobia, rabies; ***derramamento de sangue*** bloodshed; ***derramamento de líquidos*** leakage, ullage
derramar Ⓐ *v. tr.* to lop, to prune (trees and bushes), to cut off branches and twigs; to scatter; to spill; to spread; to shed; to pour; to disseminate; to dissolve; NÁUTICA to weep Ⓑ *v. refl.* to become hydrophobic; ***derramar lágrimas*** to shed tears; ***derramar sangue*** to shed blood; ***derramar líquidos*** to leak, to spill liquids
derrame *s. m.* MEDICINA effusion, pouring, spilling, shedding, haemorrhage; scattering
derrancado *adj.* spoiled; putrid; perverted; marred; corrupted
derrancamento *s. m.* corruption; putrescence
derrancar Ⓐ *v. tr.* to spoil; to deteriorate, to corrupt, to deprave; to pervert, to mar Ⓑ *v. intr.* to grow rancid Ⓒ *v. refl.* to become hydrophobic
derranco *s. m.* ⇒ **derrancamento**
derranque *s. m.* ⇒ **derrancamento**
derrapagem *s. f.* skidding, sideslip
derrapar *v. tr.* to skid, to sideslip
derreadela *s. f.* ⇒ **derreamento**
derreado *adj.* bent down, stooped; crooked; knocked down; broken-backed; worn out, faded
derreador *adj.* bending
derreamento *s. m.* exhaustion, prostration
derrear *v. tr.* to bend down, to make crooked; to break the back; to wear out, to exhaust; to knock up; to jade, to sag; to beat, to thrash, to drub
derredor *adv.* around, about
derregar *v. tr.* AGRICULTURA to furrow land for drainage ditches
derreia *s. f.* ⇒ **derreamento**
derreigar *v. tr.* AGRICULTURA to scarify, to cultivate the soil
derreio *s. m.* ⇒ **derreamento**

derrelicção *s. f.* dereliction
derrelicto *adj.* derelict, abandoned
derrengar Ⓐ *v. tr.* to beat-up Ⓑ *v. intr.* to mince; to move the body with affected motions
derrengo *s. m.* affected twisting of the body
derrengue *s. m.* ⇒ **derrengo**
derretedura *s. f.* melting, liquefaction
derreter Ⓐ *v. tr.* to melt; to dissolve, to liquefy, to fuse; to vex, to torment, to harass; to waste, to squander; to soften, to mollify Ⓑ *v. refl. e intr.* to become softened by or with pity, or love; to suffer from extreme heat; (of clouds) to break into rain; to thaw (of ice, snow, etc.); ***derreter metais*** to melt down; ***derreter-se inteiramente*** to melt away; ***derreto-me com o calor*** I'm simply melting with heat; ***derreter-se na boca*** to melt in one's mouth; ***a neve derrete-se ao sol*** snow melts in the sun
derretido *adj.* melted; deeply in love
derretimento *s. m.* melting, liquefaction, dissolution; falling in love; [fig.] affectation, tender-heartedness
derriba *s. f.* ⇒ **derribamento**
derribado *adj.* thrown down, pulled down, felled; destroyed, overthrown; sunk, depressed; discharged (from duty)
derribador Ⓐ *adj.* demolishing Ⓑ *s. m.* demolisher, subverter
derribamento *s. m.* demolition, felling; ruin, destruction, overthrow; discharge
derribar *v. tr.* to throw down, to pull down; to overthrow; to ruin, to demolish; to fell; to knock down; to exonerate, to discharge (from duty)
derriça *s. f.* [pop.] flirtation; quarrel, row; obstinacy, derision, scoffing
derriçador Ⓐ *adj.* philandering Ⓑ *s. m.* philanderer
derriçar *v. tr. e intr.* to tear, to stretch out (with the teeth); to disentangle; to flirt; to contend; to scoff at
derriço *s. m.* [pop.] sweetheart; flirt; mockery, scoff
derrisão *s. f.* derision, mockery
derrisca *s. f.* act of effacing; ⇒ **desobriga**
derriscar *v. tr.* to efface, to blot out
derrisório *adj.* derisory, derisive, mocking, scornful
derrocada *s. f.* destruction; falling in, downfall, ruin; debacle; tumbling down
derrocador Ⓐ *adj.* destructive, demolishing Ⓑ *s. m.* demolisher, destroyer
derrocamento *s. m.* ⇒ **derrocada**
derrocar *v. tr.* to throw down, to overthrow; to raze; to demolish; to ruin (the credit or fortune of)
derrogação *s. f.* derogation; lessening or impairment (of law, authority, etc.)
derrogador *s. m.* derogator
derrogamento *s. m.* derogation
derrogante *adj.* derogating
derrogar *v. tr.* to derogate, to annul; to produce essential alterations to
derrogatório *adj.* derogatory
derrota *s. f.* defeat, rout, overthrow, discomfiture; thinning, pruning (trees); ruin; NÁUTICA route, track; ASTRONOMIA orbit; path, way
derrotado *adj.* defeated, routed, beaten; ***ser derrotado*** to be defeated, to be worsted; NÁUTICA ***completamente derrotado*** beaten hollow, off course
derrotador Ⓐ *adj.* defeating Ⓑ *s. m.* defeater
derrotar *v. tr.* to defeat, to rout, to vanquish; to conquer; to beat; to cut down trees right and left; ***derrotar o inimigo numa batalha*** to defeat the enemy in a battle
derrotável *adj.* vanquishable
derrotę *s. m.* felling (of trees)
derroteiro *s. m.* ⇒ **roteiro**
derrotismo *s. m.* pessimism
derrotista *s. m. e f., adj.* pessimist; pessimistic; pessimistical
derruba *s. f.* [Bras.] felling of trees to clear land for tillage
derrubada *s. f.* ⇒ **derruba**
derrubado *adj.* thrown down, demolished, knocked down; ruined; turned down (brim of a hat)
derrubador *s. m.* demolisher
derrubamento *s. m.* throwing down; overturning; ***derrubamento de um muro*** collapse of a wall
derrubar *v. tr.* to throw down, to pull down, to overthrow, to demolish; to knock down; to fell, to cut down; ***derrubar (pelo vento)*** to blow off, to collapse; ***derrubar alguém (com automóvel)*** to knock someone down
derrubável *adj.* which can be knocked down; which can be overthrown; weak, fragile, shaky
derrube *s. m.* ⇒ **derruba, derrubamento**
derruição *s. f.* ⇒ **derruimento**
derruidor *adj.* demolisher, destroyer
derruimento *s. m.* demolishing, throwing down
derruir Ⓐ *v. tr.* to demolish, to pull down, to throw down Ⓑ *v. intr.* to fall down; to destroy
dervis *s. m.* dervish
dervixe *s. m.* ⇒ **dervis**
des- *pref.* indicating separation, distance apart
dês *prep.* [pop.] ⇒ **desde**
desabado *adj.* turned down (the brim of a hat); pulled down
desabafadamente *adv.* openly, unreservedly
desabafado *adj.* (of a house) standing by itself; free, spacious; calm, quiet, tranquil (mind); unreserved, unrestricted, frank; ***vista desabafada*** an open view
desabafamento *s. m.* ⇒ **desabafo**
desabafar *v. tr.* to air, to uncover; to open, to reveal, to disclose; to relieve from (heavy clothes); to open one's heart; to disburden; to relieve one's feelings; to breathe freely; to give vent to; ***desabafar com um amigo*** to open one's heart to a friend; ***desabafar a cólera*** to breathe out one's anger
desabafo *s. m.* opening of one's heart; expansiveness; ease, relief; alleviation, disencumbering
desabalada *s. f.* hasty departure, decamping
desabaladamente *adv.* unmeasurably; precipitately
desabalado *adj.* [pop.] enormous, huge; hurried, rushed, hastened
desabalar *v. intr.* to run away, to decamp; to lose countenance
desabalroar *v. tr.* NÁUTICA to put off
desabamento *s. m.* crumbling, falling; tumbling; collapse
desabar Ⓐ *v. intr.* to fall down, to crumble down; to fall Ⓑ *v. tr.* to pull down; to turn down (the brim of a hat); to tumble down
desabastado *adj.* poor
desabastecido *adj.* poor; wanting, lacking
desabe *s. m.* crumbling down; pulling down; part of a wall that has fallen down
desabeirar *v. tr.* to remove, to deviate
desabelhamento *s. m.* ⇒ **desabelho**
desabelhar *v. tr.* to disband, to disperse, to put to flight (as a swarm of bees)
desabelho *s. m.* disbanding, dispersing
desabilitar *v. tr.* to incapacitate, to render unfit; to disqualify
desabitado *adj.* uninhabited
desabitar *v. tr.* to disoccupy, to quit, to abandon (a house); to depopulate, to dispeople; NÁUTICA to unbitt (the cable)
desábito *s. m.* lack of habit
desabituação *s. f.* lack of habit
desabituado *adj.* disaccustomed, weaned
desabituar Ⓐ *v. tr.* to dishabituate; to make unaccustomed Ⓑ *v. refl.* to wean from a habit; to break a habit
desaboçar *v. tr.* NÁUTICA to take off the stoppers
desabonado *adj.* discredited, disreputed; penniless, destitute

desabonador Ⓐ *adj.* discrediting, disgracing Ⓑ *s. m.* depreciator; scaremonger
desabonar *v. tr.* to discredit; to bring into discredit or disrepute, to disbelieve
desabono *s. m.* discredit, disrepute; ***falar em desabono de*** to speak ill of
desabordar *v. tr.* NÁUTICA to ungrapple
desaborrecer Ⓐ *v. tr.* to amuse Ⓑ *v. refl.* to enjoy oneself
desabotoadura *s. f.* unbuttoning
desabotoamento *s. m.* unbuttoning; budding, burgeoning (of flowers)
desabotoar Ⓐ *v. tr.* to unbutton Ⓑ *v. intr.* to blow, to bloom; ***desabotoar o casaco*** to unbutton the coat
desabraçar *v. tr.* to unclasp, to release from an embrace; to get rid of
desabridamente *adv.* rudely, in an unmannerly way, roughly
desabrido *adj.* rude, peevish, insolent, unmannerly; violent, sharp, rugged, harsh, untractable, unfriendly; ***maneiras desabridas*** rough manners; ***uma resposta desabrida*** a sharp answer; ***homem desabrido*** ill-tempered man; ***linguagem desabrida*** unrestrained language
desabrigadamente *adv.* without shelter; openly
desabrigado *adj.* unsheltered, exposed, unprotected; open
desabrigar *v. tr.* to unshelter; to strip of; to uncover; to abandon; to give up
desabrigo *s. m.* want of shelter; lack of a roof; forlornness, distress
desabrimento *s. m.* roughness (of manner); sharpness (of weather or temper)
desabrir Ⓐ *v. tr.* to abandon, to desist; to give up Ⓑ *v. refl.* to fall out with someone, to become irritable
desabrochado *adj.* unclasped, loose; open; free; sprouting, blooming; full blown (flower)
desabrochamento *s. m.* unclasping; blooming, opening (of a flower)
desabrochar Ⓐ *v. tr.* to unclasp Ⓑ *v. intr.* to bloom, to blow, to blossom, to sprout
desabrolhar *v. intr.* to bloom, to blossom; to put forth flowers
desabusado *adj.* unprejudiced; impudent, impertinent; incorrect
desabusar *v. tr.* to disabuse, to undeceive; to disillusion, to disenchant
desabuso *s. m.* disabuse; disillusionment, disenchantment
desacamar *v. tr.* to unlay; to displace
desaçamar *v. tr.* to unmuzzle
desacamaradar *v. tr.* to disacquaint; to dismantle
desacampar *v. intr.* to strike camp
desacanhado *adj.* bold, forward, daring, audacious
desacanhamento *s. m.* the act of gaining self-confidence
desacanhar Ⓐ *v. tr.* to make bold; to embolden Ⓑ *v. refl.* to grow bold; to lose shyness
desacasalar *v. tr.* to separate (animals) which are mated
desacatadamente *adv.* disrespectfully, insolently, rudely
desacatamento *s. m.* disrespect, disregard; profanation
desacatar *v. tr.* to show disrespect, to disregard; to disobey; to desecrate, to profane
desacato *s. m.* disrespect, insolence; profanation
desacaudilhar *v. tr.* to deprive of a leader
desacauteladamente *adv.* incautiously; carelessly, inconsiderately
desacautelado *adj.* careless, incautious, imprudent, inconsiderate
desacautelar-se *v. refl.* to be imprudent; to be incautious; to be off one's guard
desacavalar *v. tr.* to separate, to remove (superposed things)
desaceitar *v. tr.* to decline, to refuse
desaceleração *s. f.* slowing down
desacelerar *v. intr.* to slow down
desacentuar *v. tr.* to remove the accentuation; to simplify
desacepilhado *adj.* rough, coarse
desacerbar *v. tr.* to temper, to sweeten, to mitigate, to soften
desacertadamente *adv.* imprudently, astray, inconsiderately, unwisely; wrongly, incorrectly, inconveniently
desacertado *adj.* imprudent, inconsiderate, unwise; wrong, incorrect, inconvenient
desacertar Ⓐ *v. tr.* to miss, to err, to mistake Ⓑ *v. intr.* to act inconsiderately; ***desacertar o passo*** to break step
desacerto *s. m.* mistake, error; blunder; inadvertence, carelessness; oversight
desachegar *v. tr.* to separate, to disunite
desacidificação *s. f.* deacidification
desacidificar *v. tr.* to deacidify, to neutralize the acidity of
desaclimar *v. tr.* to unacclimatize
desaclimatar *v. tr.* to unacclimatize
desacobardar Ⓐ *v. tr.* to encourage, to embolden Ⓑ *v. refl.* to grow bold
desacoimar *v. tr.* to discharge (a fine); to rehabilitate, to restore
desacoitar *v. tr.* to rouse, to frighten up (game); to unearth (rabbit, etc.); to dislodge
desacolchetar *v. tr.* to unhook; to unfasten a hook
desacolchoar *v. tr.* to unquilt
desacolher *v. tr.* to receive unkindly; to refuse shelter to
desacolhimento *s. m.* unfriendly reception
desacomodado *adj.* displaced, dislodged; disturbed, dismissed
desacomodar *v. tr.* to displace; to dislodge; to disturb; to disorder, to dismiss
desacompanhadamente *adv.* without company, alone
desacompanhado *adj.* alone, unaccompanied, lonely, solitary; isolated
desacompanhar *v. tr.* to leave alone; to abandon
desacompassado *adj.* ⇒ **descompassado**
desaconchegar *v. tr.* to discomfort
desaconselhado *adj.* dissuaded; ill-advised; unwary, unguarded, unaware
desaconselhar *v. tr.* to dissuade, to advise to the contrary
desaconselhável *adj.* inadvisable, inexpedient, inconvenient
desacoplar *v. tr.* to uncouple, to disconnect
desacorçoar *v. tr. e intr.* ⇒ **desacoroçoar**
desacordadamente *adv.* unwisely, inconsiderately
desacordado *adj.* disagreed; heedless, thoughtless; inconsiderate, unmindful
desacordante *adj.* disagreeing, discordant
desacordar Ⓐ *v. tr.* to render discordant; to put out of tune Ⓑ *v. intr.* to disagree, to dissent; to set at variance; to forget; to discord, to quarrel; to lose one's senses
desacorde Ⓐ *adj.* discordant, dissonant Ⓑ *s. m.* dissonance, discord
desacordo *s. m.* disagreement, dissension, discord, disharmony; loss of consciousness, swoon; ***estar em desacordo*** to be at variance
desacoroçoadamente *adv.* discouragingly
desacoroçoamento *s. m.* discouragement, disheartenment
desacoroçoar Ⓐ *v. tr.* to discourage, to dishearten Ⓑ *v. intr.* to lose heart
desacorrentar *v. tr.* to unchain, to unleash, to untie; to free
desacostar *v. tr.* to remove, to deviate
desacostumado *adj.* unaccustomed, unused, not habituated, unfamiliar with

desacostumar Ⓐ *v. tr.* to get (somebody) out of the habit of Ⓑ *v. refl.* to break off a custom; to lose the habit of
desacoutar *v. tr.* ⇒ **desacoitar**
desacreditado *adj.* discredited, disreputed
desacreditador Ⓐ *adj.* discrediting, slanderous Ⓑ *s. m.* slanderer, defamer
desacreditar Ⓐ *v. tr.* to discredit, to bring into disrepute, to decry; to slander, to disparage Ⓑ *v. refl.* to lose one's reputation; ***desacreditar alguém*** to bring someone into discredit
desactivação *s. f.* deactivation, inactivation
desactivar *v. tr.* to deactivate, to inactivate, to make inoperative
desactualização *s. f.* act of rendering old-fashioned
desactualizado *adj.* old-fashioned, outmoded, outdated
desactualizar *v. tr.* to render old-fashioned
desacumulação *s. f.* disencumberment, disencumbrance
desacumular *v. tr.* to unpile, to unstack
desacunhar *v. tr.* NÁUTICA to unwedge, to take off the wedges
desadaptar *v. tr.* to disadjust
desadequação *s. f.* inadequacy; unsuitableness; innefectiveness
desadmoestar *v. tr.* ⇒ **desaconselhar**
desadoração *s. f.* detestation; antipathy
desadorar *v. tr.* to cease to worship; to dislike; to despise, to hate, to detest
desadormecer *v. tr.* to awake, to wake; to awaken; to quicken (limbs)
desadormentar *v. tr.* to unbenumb, to quicken; to restore the circulation
desadornar *v. tr.* to disadorn, to divest of ornaments or decorations; to strip
desadorno *s. m.* want of ornament; want of grace
desadunado *adj.* BOTÂNICA separate, distinct
desadunar *v. tr.* to untie; to remove, to separate
desadvertidamente *adv.* inadvertently, thoughtlessly
desadvertido *adj.* unaware of, unconscious
desafabilidade *s. f.* lack of affability, arrogance
desafaimar *v. tr.* to appease hunger, to satiate; to satisfy
desafamar *v. tr.* to defame, to discredit, to disgrace, to slander
desafável *adj.* uncourteous, impolite
desafear *v. tr.* to relieve the ugliness of; to embellish
desafectação *s. f.* simplicity, unaffectedness, frankness
desafectadamente *adv.* unaffectedly
desafectado *adj.* unaffected, frankly
desafecto *s. m., adj.* disaffected, unfriendly; estrangement; ***mostrar desafecto*** to show unkindness
desafeição *s. f.* disaffection; dislike; aversion; antipathy; indifference; want of love
desafeiçoado *adj.* disaffected
desafeiçoamento *s. m.* ⇒ **desafeição**
desafeiçoar Ⓐ *v. tr.* to take a dislike to; to destroy one's affection for Ⓑ *v. refl.* to become disaffected Ⓒ *v. tr.* to disform, to disfeature, to disfigure
desafeitar *v. tr.* ⇒ **desenfeitar**
desafeito *adj.* unaccustomed, unused to; unusual; strange
desaferrar *v. tr. e intr.* to unhook; to loosen, to unfasten, to free, to untie; to advise to the contrary; to dissuade; NÁUTICA to weigh anchor
desaferro *s. m.* the action of unhooking; [fig.] unattachment
desaferroar *v. tr.* to stop pricking; to cease to be attached; to cease to be obstinate
desaferrolhar *v. tr.* to unbolt, to unbar; to unlock; to open; to set free
desafervoar *v. tr.* to cool the fervour of
desafiador *s. m.* challenger, defier
desafiante *adj.* challenging, defying
desafiar *v. tr.* to dull (of edge); to blunt; to defy, to challenge, to provoke; to set at defiance; to invite (to a game or match); ***desafiar para um duelo*** to challenge to a duel; ***desafiar para dar um passeio de automóvel*** to invite for a run in a motor-car; ***desafiar uma pessoa temida*** to beard the lion in his den; ***desafiando toda a oposição*** in the teeth of
desafilhar *v. tr.* to wean; to separate suckling from mother
desafinação *s. f.* MÚSICA dissonance, discord; flatness, disharmony
desafinado *adj.* untuned, out of tune; discordant, dissonant; inharmonious, jarring, tuneless; ***o piano está desafinado*** the piano is out of tune
desafinamento *s. m.* ⇒ **desafinação**
desafinar *v. tr. e intr.* MÚSICA to untune; to get out of tune; to fret, to get angry; to sing out of tune
desafio *s. m.* challenge, defiance; provocation; contest; competition; ***aceitar um desafio*** to take up the glove; ***desafio de futebol*** football match
desafivelar *v. tr.* to unbuckle; to unclasp, to unfasten
desafixar *v. tr.* to unfix, to detach
desafligir *v. tr.* to soothe; to tranquillize; to appease; to calm
desafogadamente *adv.* freely, comfortably off; at ease; ***viver desafogadamente*** to live in easy circumstances, to be well off
desafogado *adj.* clear, unencumbered, open; ample, spacious, airy; free from (cares), untroubled; easy, well off
desafogar *v. tr., intr. e refl.* to clear, to disencumber; to free, to ease, to unbosom, to disburden; to relieve one's feelings; ***desafogar a sua cólera*** to give vent to one's passion; ***desafogar com alguém os seus sentimentos*** to unbosom oneself
desafogo *s. m.* ease, relief, comfort; vent; easy circumstances, wealth; space; room; disencumberment; opening one's heart
desafoguear *v. tr.* to refresh, to cool; to soften
desaforadamente *adv.* impudently, saucily, forwardly, insolently
desaforado *adj.* forward, insolent, pert; saucy, disrespectful, impudent; libertine; shameless
desaforamento *s. m.* impudence, insolence, sauciness, pertness
desaforar Ⓐ *v. tr.* to exempt from ground-rent; to make insolent Ⓑ *v. refl.* to grow pert, insolent, unruly
desaforido *adj.* ⇒ **desenfreado**
desaforo *s. m.* impudence, insolence, forwardness, pertness, sauciness
desafortunadamente *adv.* unfortunately, unhappily
desafortunado *adj.* unhappy, unlucky, wretched, unfortunate, sad
desafreguesado *adj.* that has lost some customers; poorly patronized
desafreguesar *v. tr.* to take away many customers; to cease to be a customer; not to patronize
desafreimar *v. tr.* to calm; to soothe
desafronta *s. f.* revenge, retaliation; redress, amends
desafrontado *adj.* revenged, eased, redressed, repaid, free; released; open
desafrontamento *s. m.* revenging, revenge, redressing; relief
desafrontar *v. tr.* to revenge, to vindicate, to repay, to requite (by injurious action); to release, to relieve, to free, to ease
desafumar *v. tr.* to clear (the air, etc.) from smoke; to deprive of one's vanity
desafundar *v. tr.* to raise from the bottom (sea, river, etc.)
desagaloar *v. tr.* to degrade; to deprive of stripes; to divest of lace, to take away the gold braid
desagarrar Ⓐ *v. tr.* to detach, to remove from; to loose Ⓑ *v. refl.* to get loose, to unfasten, to relax
desagasalhado *adj.* unsheltered, unhoused; lightly clothed; ***não deves sair desagasalhado porque estás cons-***

D

tipado you should not go out with so little on because you have got a cold
desagasalhar *v. tr. e refl.* to unhouse, to deprive of shelter; to uncover, to undress; to clothe lightly; to remove extra clothing
desagasalho *s. m.* want of shelter; want of a roof; light clothing
desagastado *adj.* appeased, calmed; cooled down
desagastamento *s. m.* appeasement, calmness; recovery of good humour; tranquillity
desagastar Ⓐ *v. tr.* to appease, to calm Ⓑ *v. refl.* to cool down, to grow calm
desaglomerar *v. tr.* to disperse; to separate, to part; to unpile, to unstack
desagoniar *v. tr.* to soothe, to calm; to free from nausea
desagradar *v. intr.* to displease, to be disagreeable to; to dissatisfy; to fail to please, to discontent; ***isto desagrada-me*** this displeases me, I don't like that
desagradável *adj.* disagreeable, unpleasant, displeasing; offensive, unwelcome; distasteful; nasty, troublesome; joyless; ***dizer coisas desagradáveis*** to say rude things; ***tempo desagradável*** bad weather
desagradavelmente *adv.* disagreeably, unpleasantly, displeasingly; offensively
desagradecer *v. tr.* to be ungrateful (unthankful) for; to fail to thank
desagradecido *adj.* unthankful, ungrateful, thankless
desagradecimento *s. m.* unthankfulness, ingratitude, thanklessness
desagrado *s. m.* displeasure, dissatisfaction, disapproval; disagreeableness; unpleasantness, distaste; ***cair no desagrado*** to lose the favour of, to be disgraced, to be in someone's black books, to be in someone's bad books
desagravador Ⓐ *adj.* revengeful, vindictive, amendatory Ⓑ *s. m.* revenger, amender
desagravante *adj.* ⇒ **desagravador**
desagravar Ⓐ *v. tr.* to redress a wrong; to give satisfaction; to repair an affront; to make amends Ⓑ *v. refl.* to revenge oneself; to soften
desagravo *s. m.* reparation, satisfaction, redress, amends, retaliation
desagregação *s. f.* separation, disunion; disintegration; dispersion, disaggregation
desagregador Ⓐ *adj.* disintegrating Ⓑ *s. m.* disintegrator
desagregante *adj.* disintegrating
desagregar *v. tr. e refl.* to disintegrate, to separate into component parts, to disperse, to disunite
desagregável *adj.* that may be disintegrated; separable, disintegrable
desagrilhoamento *s. m.* unfettering, unbolting
desagrilhoar *v. tr.* to unfetter, to unbolt
desagrupar *v. tr.* to break up, to split, to separate
desaguadoiro *s. m.* ditch, drain, gutter, outlet
desaguador *adj.* draining, that flows into
desaguadouro *s. m.* ⇒ **desaguadoiro**
desaguamento *s. m.* drainage, draining; effluence
desaguar *v. tr. e intr.* to dry, to drain; to discharge, to flow (into a river); to empty itself, to disgorge; to give a child some food to prevent its mouth to water
desaguçar *v. tr.* to blunt
desaguisadamente *adv.* unreasonably
desaguisado *s. m.* dispute, quarrel, discussion, disagreement, conflict
desaguisar Ⓐ *v. tr.* to trouble, to confuse, to derange, to cause a dispute; to kick up a row or shindy Ⓑ *v. refl.* to get upset
desainado *adj.* thinning, losing flesh, ematiated, made lean, skinny
desainadura *s. f.* VETERINÁRIA infiltration
desainar Ⓐ *v. tr.* to take the fat of; to make thinner Ⓑ *v. intr.* to shout enragedly; to be a bully
desairado *adj.* ungracious, unhandsome; ill-shaped, ungainly
desairar *v. tr.* to have a set-back; to make ungainly; to disfigure
desaire *s. m.* set-back, check; shame; awkwardness, clumsiness; taint, blemish; ungracefulness; ***sofrer um desaire*** to have a set-back
desairoso *adj.* awkward, ungraceful; unbecoming; inconvenient; improper; ungainly
desajeitadamente *adv.* clumsily, awkwardly, ungainly; unskilfully
desajeitado *adj.* awkward, clumsy, unskilful, uncouth, dowdy; ***um desajeitado*** his fingers are all thumbs
desajeitar *v. tr.* to turn awkward, to deform, to disarrange
desajoujar *v. tr.* to uncouple (dogs), to unleash, to unharness; to free (oneself)
desajudado *adj.* unhelped, unaided, unassisted
desajudar *v. tr.* not to help; to hinder; to forbear assisting, to embarrass
desajuizado *adj.* thoughtless, foolish, unwise, witless
desajuizar *v. tr.* to make unwise, to make foolish
desajuntar *v. tr.* to disjoin, to separate, to disunite
desajustado *s. m., adj.* misfit
desajustamento *s. m.* disagreement; inadaptation, unsuitableness
desajustar *v. tr.* to break off (a treaty, a bargain); to make of no effect; to undo; to disunite; to derange, to disarrange
desajuste *s. m.* breach of contract; breaking of an agreement, disagreement
desalagar *v. tr.* to dry, to drain
desalapar *v. tr.* to force out of the den or shelter
desalastrar *v. tr.* to unballast
desalbardar *v. tr.* to unsaddle (a beast), to take off the packsaddle
desalegrar *v. tr.* to make sad, to sadden, to depress
desaleitar *v. tr.* to wean (a baby) from the breast
desalentadamente *adv.* discouragingly
desalentado *adj.* discouraged, dispirited, depressed, despondent, dejected
desalentador *adj.* discouraging
desalentar Ⓐ *v. tr.* to discourage, to dishearten, to rob of courage Ⓑ *v. refl.* to lose heart; to despond; to become discouraged
desalento *s. m.* discouragement, despondency, dejection; low spirits
desalfaiar *v. tr.* to take ornaments (decorations or implements) away
desalfandegagem *s. f.* clearance (from Customs)
desalfandegar *v. tr.* to clear (from Customs)
desalforjar *v. tr.* to take off the saddle-bag; to empty
desalgemar *v. tr.* to unfetter, to unshackle
desaliança *s. f.* breaking off an alliance
desaliar *v. tr.* to free from alliance or union, to disally, to disunite, to disjoin, to disalloy
desalijar *v. tr.* to unload, to unburden, to jettison
desalinhado *adj.* sluttish, untidy, careless, disorderly; sloppy, dowdy, slipshod, unkempt; out of line
desalinhar *v. tr.* to put out of line; to deviate from alignment; to disorder, to put out of order; to rumple (garments, hair, etc.), to make untidy; to derange; to deviate
desalinhavar *v. tr.* to remove basting stiches from
desalinho *s. m.* displacement, disarrangement; want of order; disarray; untidiness, slovenliness, carelessness; trouble, affliction, negligence; unhandsomeness
desalistar *v. tr.* to disenrol(l), to strike off a list
desalmadamente *adv.* inhumanly, cruelly
desalmado *adj.* soulless, wicked, inhuman, cruel, merciless
desalmamento *s. m.* inhumanity, cruelty, ruthlessness; perversity

desalmar-se *v. refl.* to become wicked; to be soulless; to harden one's heart
desalojamento *s. m.* dislodging, dislodgement, removal, displacement
desalojar *v. tr. e refl.* to dislodge, to remove, to drive out, to unhouse
desalterar *v. tr.* to appease, to calm
desalugar *v. tr.* to cease the rent of
desalumiado *adj.* dark; gloomy, unenlightened; ignorant
desalvorado *adj.* ⇒ **desarvorado**
desalvorar *v. tr. e intr.* ⇒ **desarvorar**
desamabilidade *s. f.* unamiability, surliness, discourtesy, impoliteness
desamado *adj.* unloved
desamador *s. m., adj.* the one who ceases to love
desamalgamar *v. tr.* to separate; to discompose, to disconnect
desamamentar *v. tr.* to wean
desamanhadamente *adv.* untidily, negligently
desamanhar *v. tr.* to disarrange, to put out of order; to neglect
desamanho *s. m.* disorder, disarray, untidiness; act of disarranging
desamantilhar *v. tr.* NÁUTICA to cockbill, to peak, to peak up, to top, to point
desamão *s. f.* ***à desamão*** out of hand, out of control
desamar *v. tr.* to cease to love; to detest, to abhor
desamarramento *s. m.* untying, unfastening, unbinding, loosening
desamarrar Ⓐ *v. tr. e intr.* to untie, to unbind; to unfasten; to loosen Ⓑ *v. refl.* to get loose; NÁUTICA to unmoor, to unbend, to weigh anchor
desamarrotar *v. tr.* to unwrinkle, to uncrumple; to smooth; to smooth out
desamassado *adj.* smoothened
desamassar *v. tr.* to undo the kneading for quicker fermentation; to smooth out (what has been bruised or battered)
desamável *adj.* unlovely, unamiable
desambição *s. f.* unambitiousness; modesty, unselfishness
desambicioso *adj.* unambitious, disinterested, modest
desambientado *adj.* uprooted; out of place; awkward, ill at ease
desamear *v. tr.* to remove battlements
desamigar *v. tr.* to spoil the friendship of
desamimar *v. tr.* to deprive of caresses; to treat with cruelty
desamistar *v. tr.* to spoil the friendship of
desamizade *s. f.* unfriendliness
desamodorrar *v. tr. e intr.* to dispel drowsiness; to enliven, to stir up
desamoedação *s. f.* demonetization
desamoedar *v. tr.* to demonetize, to depreciate money
desamoldar *v. tr.* to unmould, to strip the ingot
desamolgar *v. tr.* to take the bruises or dents out of; to smoothen
desamontoar *v. tr.* to unpile, to unstack; to scatter
desamor *s. m.* aversion, hatred; want of love; dislike, antipathy
desamorável *adj.* unlovely; harsh
desamoroso *adj.* unlovely
desamortalhar *v. tr.* to unshroud, to take off the shroud
desamortização *s. f.* freedom from entail
desamortizar *v. tr.* to disentail
desamortizável *adj.* capable of disentailment; disentailable
desamotinar *v. tr.* to crush a rebellion or a riot; to quell a rising
desamparadamente *adv.* helplessly, forlornly, forsakenly
desamparado *adj.* forlorn, forsaken; helpless, abandoned, friendless, deserted, destitute
desamparar *v. tr.* to forsake, to abandon, to desert, to withdraw one's help; to leave, to quit (a place); to deprive of assistance; to leave in the lurch; to unprop; ***desamparar os filhos*** to forsake one's children
desamparo *s. m.* abandonment, forsaking; forlornness; destitution, dereliction, helplessness; ***viver ao desamparo*** to live forsaken; ***deixar tudo ao desamparo*** to leave everything in confusion
desamuar Ⓐ *v. tr.* to bring back to good humour Ⓑ *v. refl.* to cease to be sulky
desanalfabetizar *v. tr.* to teach how to read and write
desancador *s. m.* thrasher
desancamento *s. m.* beating, thrashing
desancar *v. tr.* to beat soundly, to thrash, to pommel; to maltreat, to mishandle, to outrage
desancorar *v. tr. e intr.* to weigh anchor
desanda *s. f.* [pop.] reprimand, scolding; insult
desandadeira *s. f.* ⇒ **desandador**
desandadela *s. f.* ⇒ **desanda**
desandador *s. m.* tap wrench, screwdriver
desandar *v. tr. e intr.* to turn, to draw back; to go back; to unscrew; NÁUTICA to take charge
desanelar *v. tr.* to uncurl; to unroll
desanexação *s. f.* disunion, dissolution of an annexation
desanexar *v. tr.* to disunite, to disannex
desanexo *adj.* disannexed, separated, divided
desanichar *v. tr.* to turn out of one's job; to take out of a niche, to unhouse, to unshelter
desanimação *s. f.* discouragement, disheartenment; dejection; despondency; dismay
desanimado *adj.* discouraged, dispirited, downhearted, depressed, downcast; despondent, crestfallen; ***estar desanimado*** [coloq.] to have the blues, to be down in the dumps, [cal.] to get the hump
desanimador *adj.* discouraging
desanimar *v. tr. e intr.* to discourage, to dishearten, to dispirit; to deter from; to lose courage, to become dispirited; to cast, or to strike a damp over, or into; ***desanimar alguém*** to discourage a person; ***nunca desanime!*** never say die!; ***desanimar uma iniciativa*** to throw cold water on an enterprise
desânimo *s. m.* discouragement, despondency, depression of spirit; doldrums; gloom, dejection, hopelessness
desaninhar *v. tr.* to unnest, to turn out of nest; [fig.] to turn out of a job
desanojamento *s. m.* ⇒ **desanojo**
desanojar *v. tr.* to relieve nausea or sickness; to leave off mourning; to comfort; to lessen sorrow
desanojo *s. m.* reanimation; cheering
desanuviado *adj.* cloudless, unclouded; clear, bright
desanuviamento *s. m.* action of clearing up; action of becoming clear
desanuviar *v. tr., intr. e refl.* to clear up; to become clear, to uncloud; to disperse clouds; [fig.] to cheer, to grow calm or tranquil; ***desanuviar a atmosfera*** to clear the air
desapacientar *v. tr.* ⇒ **impacientar**
desapadrinhar *v. tr.* to withdraw one's protection; to disallow
desapaixonadamente *adv.* dispassionately; impartially; calmly; imperturbably
desapaixonado *adj.* dispassionate, calm, imperturbable, impartial, unbiassed, impassive; sober-minded
desapaixonar *v. tr. e refl.* to calm, to quiet; to free from passion; to root out love, or fondness
desaparafusamento *s. m.* unscrewing
desaparafusar Ⓐ *v. tr.* to unscrew, to screw off or out Ⓑ *v. refl.* to get loose
desaparatoso *adj.* unsophisticated; simple; unadorned

desaparecer *v. intr.* to disappear, to vanish; to fade out; to be lost; to go out of sight; ***fazer desaparecer*** to remove; ***desaparecer deste mundo*** to pass away; ***a visão desapareceu*** the vision has faded; ***a ideia desapareceu do meu espírito*** the idea has faded from my mind
desaparecido *adj.* missing, disappeared, vanished
desaparecimento *s. m.* disappearance, disappearing; vanishing
desaparelhamento *s. m.* action of unharnessing (a horse) or stripping (a boat) or unrigging (a mast)
desaparelhar *v. tr.* to unharness (a horse); to dismantle; NÁUTICA to strip (of gear), to unrig; ***desaparelhar um mastro*** to strip a mast
desaparelho *s. m.* ⇒ **desaparelhamento**
desaparentado *adj.* with no family
desaparição *s. f.* disappearance, vanishing, fading away; disappearing
desapartar *v. tr.* to separate; to part
desapavorar *v. tr.* to releave of fear or fright
desapaziguar *v. tr.* to disquiet, to perturb, to disturb
desapear *v. tr.* ⇒ **apear**
desapegado *adj.* detached; unattached; disaffected; indifferent
desapegamento *s. m.* ⇒ **desapego**
desapegar *v. tr. e intr.* to detach; to break off an attachment; to give up one's affection; to disaffect oneself
desapego *s. m.* indifference, disinterestedness, unconcern; unattachment; lack of affection; disaffection
desapeirar *v. tr.* to unleash, to unharness, to unyoke; to release, to set free
desaperceber *v. tr.* to fail to distinguish; to cease to provide or to get prepared
desapercebidamente *adv.* unawares; unexpectedly; unprovidedly
desapercebido *adj.* unprovided, unprepared for; devoid of; unguarded, careless, incautious; unwary
desapercebimento *s. m.* improvidence, unpreparedness
desaperrar *v. tr.* to uncock (a gun); to loosen
desapertar *v. tr.* to loosen, to unlace; to unbutton; to untie; to unbind; to unfasten; to release; to unscrew; to undo; to slacken, to ease; ***desapertar o cinto*** to undo (to loosen) one's belt
desaperto *s. m.* looseness; loosening, ease, relief
desapetitoso *adj.* unappetizing, undesirable
desapiedadamente *adv.* unmercifully, pitilessly, ruthlessly
desapiedado *adj.* unmerciful, pitiless, merciless, harsh, ruthless, inhuman; unfeeling, uncompassionate
desapiedar Ⓐ *v. tr.* to render pitiless; to harden Ⓑ *v. refl.* to become merciless
desaplaudir *v. tr.* to disapprove of; to express an unfavourable opinion, to reject
desaplauso *s. m.* disapproval, disapprobation, reproval, rejection
desaplicação *s. f.* inapplication, want of application, negligence
desaplicado *adj.* negligent, careless
desaplicar *v. tr.* to withdraw, to wander (thoughts); to withdraw attention, to distract, to neglect
desapoderado *adj.* deprived, destitute; dispossessed; robbed of
desapoderar *v. tr.* to deprive of power; to dispossess; to deprive of possession
desapoiado *adj.* neglected, abandoned; left to one's own devices
desapoiar *v. tr.* to unprop; to withdraw one's help; to remove the props, or support, from
desapoio *s. m.* want of support; helplessness
desapolvilhar *v. tr.* to unpowder (one's hair); to dust off
desapontado *adj.* disappointed, cheated of one's expectations or hopes; frustrated, thwarted
desapontamento *s. m.* disappointment, frustration, baffling, letdown
desapontar *v. tr.* to disappoint, to frustrate, to baffle, to disconcert; to deceive; to upset; ***o seu procedimento desapontou-me*** his behaviour has disappointed me
desapoquentar *v. tr.* to allay another's anger, to appease, to tranquillize
desapor *v. tr.* ⇒ **desapeirar**
desaportuguesar *v. tr.* to rob of Portuguese characteristics
desaposentar *v. tr.* to deprive of lodging, to unhouse
desapossar Ⓐ *v. tr.* to dispossess; to deprive of possession; to oust, to expropriate; to usurp, to despoil Ⓑ *v. refl.* to abstain from power
desaprazer *v. intr.* to displease; to annoy, to disgust
desaprazível *adj.* unpleasant, disagreeable
desapreciar *v. tr.* not to appreciate, to undervalue, to underrate
desapreço *s. m.* lack of appreciation, despising, disparagement, slight, disregard
desaprender *v. tr. e intr.* to unlearn; to forget
desapressar-se *v. refl.* not to be in a hurry
desaprestar *v. tr.* to unharness; to dismantle
desaprimorado *adj.* lacking in neatness; clumsy, slovenly
desapropositado *adj.* unsuitable, unseasonable, nonsensical; absurd
desapropósito *s. m.* nonsense, absurdity, foolery; impropriety
desapropriação *s. f.* alienation; estrangement; transference of ownership; dispossession; ouster
desapropriado *adj.* inappropriate, inadequate, unfit, dispossessed, expropriated
desapropriador Ⓐ *s. m.* expropriator, dispossessor Ⓑ *adj.* expropriating
desapropriamento *s. m.* ⇒ **desapropriação**
desapropriar *v. tr. e refl.* to alienate; to transfer to another's ownership; to dispossess; to deprive
desaprovação *s. f.* disapproval, disapprobation; criticism
desaprovador *s. m.* disapprover, blamer
desaprovar *v. tr.* to disapprove, to condemn; to reject; to disallow, to disclaim; to dislike
desaprovativo *adj.* disapprobative, disapprobatory
desaproveitado *adj.* waste, wasted; abandoned; squandered; not used to advantage
desaproveitamento *s. m.* waste; failure of utilization; lack of improvement; want of application; squandering; prodigality
desaproveitar *v. tr.* to waste; to squander; not to use; to misuse
desaproximar *v. tr.* to separate; to deviate; to withdraw
desaprumado *adj.* unplumbed, unfathomed
desaprumar Ⓐ *v. tr. e intr.* to deviate from the vertical Ⓑ *v. refl.* to be out of plumb
desaprumo *s. m.* lack of verticality; slant; lack of plumbness
desapurado *adj.* clumsy, negligent, careless
desapuro *s. m.* lack of care; untidiness, slovenliness; clumsiness; inelegance
desaquartelar *v. tr.* to dislodge, to unhouse
desaquecer *v. tr. e intr.* to make cool; to cool (what is warm)
desaquinhoar Ⓐ *v. tr.* to deprive someone of his share Ⓑ *v. refl.* to give up one's share, to forego one's part
desar *s. m.* set-back; misfortune; stain; blemish; inelegance; misfortune
desaranhar *v. tr.* to brush away cobwebs; [fig.] to enlighten; ***desaranhar uma maca*** to unsling a hammock
desarar *v. intr.* VETERINÁRIA to fall off (the hoof of a horse), to get loose (the hoofs); [fig.] to upset

desarborização *s. f.* disafforestation, disafforestment; want of trees
desarborizar *v. tr.* to cut down trees; to disforest, to deforest
desarcado *adj.* unhooped
desarcar *v. tr.* to unhoop
desarear *v. tr.* to clear of sand, to take off the sand
desarestar *v. tr.* to awn; to scutch hemp or flax, to cut the hedges
desaristado *adj.* BOTÂNICA awnless
desaristar *v. tr.* to remove the hedges
desarmação *s. f.* disarmament; unrigging (ship); taking to pieces, dismounting
desarmado *adj.* disarmed, unarmed; (ship) laid up; unprotected; knocked down
desarmador *s. m.* one who disarms, or dismounts
desarmamento *s. m.* disarmament; ***desarmamento de um navio*** laying up (of) a vessel, unmanning of a ship
desarmante *adj.* disarming, persuasive; irresistible, charming
desarmar *v. tr. e intr.* to disarm, to deprive of weapons; to dismantle; to take to pieces, to unship; to open out; to disband (troops); ***desarmar um navio*** to lay up (to unman) a ship; ***desarmar uma espingarda*** to uncock a gun
desarme *s. m.* action of disarming or depriving of weapons
desarmonia *s. f.* disharmony; discord; dissonance; discordance; variance
desarmónico *adj.* disharmonious, discordant; harsh
desarmonioso *adj.* disharmonious, lacking in harmony; discordant
desarmonização *s. f.* ⇒ **desarmonia**
desarmonizador Ⓐ *adj.* discordant Ⓑ *s. m.* one who causes discord, or creates disharmony
desarmonizar *v. tr.* to disharmonize, to put out of harmony; to make discord; to set at variance
desaromatizar *v. tr.* to deodorize
desarquear *v. tr.* to unhoop
desarquitectar *v. tr.* to undo, to unmake; to disarrange
desarraigamento *s. m.* rooting out, or up; eradication; destruction; uprooting
desarraigar *v. tr.* to root out, to uproot, to unroot; to eradicate; to pull, or to tear up by the root; to pluck
desarraigável *adj.* eradicable, capable of being rooted out
desarranchar *v. tr. e intr.* to leave a company or mess; to break up a mess; MILITAR to separate oneself from a mess
desarranjado *adj.* disjointed; disordered; untidy; careless; out of shape; not working properly
desarranjador *s. m.* one who creates confusion
desarranjamento *s. m.* ⇒ **desarranjo**
desarranjar *v. tr.* to disarrange, to put out of order, to put into confusion; to upset the arrangement of; to disturb; to derange, to unsettle
desarranjo *s. m.* disarrangement, disorder, confusion, distemper, disconcertment
desarrazoadamente *adv.* unreasonably
desarrazoado *adj.* unreasonable, nonsensical; irrational; unjust, wrong
desarrazoamento *s. m.* unreasonableness
desarrazoar *v. intr.* to talk nonsense; to reason falsely
desarrear *v. tr.* to unharness, to unsaddle
desarreatar *v. tr.* to take the halter away (from horses, etc.)
desarrebitar *v. tr.* to quiet; to moderate one's temper
desarredar *v. tr.* to remove, to withdraw; to push aside
desarredondar *v. tr.* to destroy, to alter the round shape
desarregaçar *v. tr.* to untuck, to unroll, to roll down
desarreigamento *s. m.* ⇒ **desarraigamento**
desarreigar *v. tr.* ⇒ **desarraigar**
desarrenegar-se *v. refl.* to cool down; to cheer up
desarrimar *v. tr.* to unprop; to deprive of support
desarrimo *s. m.* lack of support; forlornness, forsaking, abandonment, destitution; distress
desarrisca *s. f.* performance of one's religious duty at Easter
desarriscar Ⓐ *v. tr.* to strike out, to erase Ⓑ *v. refl.* to free oneself from one's Easter duty
desarrochar *v. tr.* to loosen, to relax
desarrolhamento *s. m.* uncorking
desarrolhar *v. tr.* to uncork; to draw the cork; to unplug, to unstop
desarruar *v. tr.* to undo; to disperse; to deviate from the street
desarrufar *v. tr. e refl.* to restore to good humour; to reconcile
desarrufo *s. m.* making up; to return to good humour; reconciliation
desarrugamento *s. m.* the act of unwrinkling; the state of being unwrinkled
desarrugar *v. tr.* to unwrinkle
desarrumação *s. f.* disorder, confusion; disturbance, untidiness
desarrumar *v. tr.* to put in disorder, to disarrange, to displace; to remove from ordinary or fitting place; to make untidy
desarrumo *s. m.* ⇒ **desarrumação**
desarterialização *s. f.* conversion of arterial blood into venous blood
desarterializado *adj.* said of venous blood
desarterializar *v. tr.* to convert arterial into venous blood
desarticulação *s. f.* disarticulation
desarticuladamente *adv.* disarticulately; disconnectingly; disengagingly; incoherently, confusingly
desarticulado *adj.* disarticulated, disconnected, disengaged; incoherent, confused
desarticular *v. tr.* to disarticulate, to disconnect, to disengage
desartificioso *adj.* disingenuous, unaffected; modest
desartilhado *adj.* having no guns
desartilhar *v. tr.* to take away the guns
desarvorado *adj.* dismantled, dismasted; unequipped
desarvoramento *s. m.* dismasting, dismantling
desarvorar *v. tr. e intr.* to pull down; to take oneself off; NÁUTICA to disable, to dismantle, to dismast; ***desarvorar com o balanço*** to roll the mast overboard; ***desarvorar (a máquina)*** to race (the engine)
desasadamente *adv.* awkwardly, inelegantly, negligently
desasado *adj.* that has clipped wings; drooping (wings); awkward, negligent; knocked down; [fig.] thrashed
desasar *v. tr.* to clip the wings; [fig.] to give a drubbing to
desasir *v. tr.* to let loose, to set free; to drop (from the hand)
desasnar *v. tr.* to open a person's eyes; to instruct; to disillusion
desassanhar *v. tr.* to calm, to appease the anger, to placate
desassazonado *adj.* unseasonable, untimely; ill-timed; unripe
desasseado *adj.* unclean, dirty, unwashed, filthy
desassear *v. tr.* to make unclean, to dirty, to soil; to pollute, to defile
desasseio *s. m.* uncleanliness, dirtiness; defilement
desasselvajar *v. tr.* to civilize, to polish
desassemelhar *v. tr.* to make unlike
desassenhorear *v. tr.* to dispossess; to deprive of possession
desassestar *v. tr.* to cease to aim; to put out of focus or aim
desassimilação *s. f.* disassimilation, catabolism
desassimilador *adj.* that which disassimilates
desassimilar *v. tr.* to disassimilate
desassisadamente *adv.* injudiciously
desassisado *adj.* foolish, silly, senseless

desassisar *v. tr.* to make foolish; to deprive of sense
desassiso *s. m.* madness, wrong-headedness; nonsense, folly
desassistência *s. f.* lack or want of protection
desassistir *v. tr.* not to be present at; not to attend; to abandon
desassociação *s. f.* dissociation, separation
desassociar *v. tr.* to dissociate, to separate, to disconnect
desassombradamente *adv.* boldly
desassombrado *adj.* unshaded, sunny; bold, fearless; self-possessed
desassombramento *s. m.* freeing from shadow; boldness, firmness; confidence; self-possession
desassombrar *v. tr.* to make unshaded; to embolden, to encourage; to enliven; to calm, to tranquillize
desassombro *s. m.* frankness; straightforwardness; firmness; resolution; boldness, intrepidity
desassoreamento *s. m.* removal of alluvion or alluvium
desassorear *v. tr.* to remove the alluvium
desassossegadamente *adv.* uneasily, unrestfully; unquietly
desassossegado *adj.* unquiet, disturbed, worried
desassossegador *s. m.* disquieter
desassossegar *v. tr.* to disquiet, to disturb, to trouble; to perturb; to vex; ***ficar desassossegado com as notícias*** to be alarmed by the news
desassossego *s. m.* disquiet, restlessness, uneasiness; anxiety, inquietude; disturbance, trouble
desassustar Ⓐ *v. tr.* to reassure, to drive fear away Ⓑ *v. refl.* to recover oneself
desastradamente *adv.* awkwardly, unluckily, inexpertly
desastrado *adj.* awkward, clumsy; bungling; unlucky, unhappy; ***ser desastrado*** to be awkward, to be like a bull in a china shop
desastrar *v. tr.* to make unhappy; to cause misfortune to
desastre *s. m.* disaster; calamity; ill-luck; accident; misfortune; unhappiness; ***ter um desastre*** to come to grief; ***ser vítima de um desastre*** to meet with an accident
desastrosamente *adv.* disastrously
desastroso *adj.* disastrous; calamitous, sinister; unlucky, unfortunate
desatabafar Ⓐ *v. tr.* to clear Ⓑ *v. intr.* to unbosom; to ease; to breathe (or to speak) freely
desatacar *v. tr.* to untie, to unbutton; to undo (a knot); to unfasten, to unlace; to loosen; to unload (gun)
desatado *adj.* untied, unbound; undone; unbuckled, unclasped
desatador *s. m.* one who unties
desatadura *s. f.* ⇒ **desatamento**
desatafulhar *v. tr.* to remove obstructions, to disencumber; to clear
desatamento *s. m.* untying; loosening
desatapetar *v. tr.* to take the carpet away; to take away the ornaments
desatapulhar *v. tr.* ⇒ **desatafulhar**
desatar Ⓐ *v. tr. e intr.* to untie, to unlace, to unlash, to unfasten; to undo; to begin, to start Ⓑ *v. refl.* to get untied (unlaced, undone, unfastened); ***desatar a chorar*** to burst into tears; ***desatar às gargalhadas*** to burst out laughing; ***desatar a língua*** to speak freely; ***desatar a trabalhar com fúria*** to set to work in earnest
desatarraxamento *s. m.* unscrewing, unbolting
desatarraxar *v. tr.* to unscrew, to screw off
desatascar *v. tr.* to pull, or to draw out of mud; to take out of the mire
desataviadamente *adv.* without attire or ornaments; carelessly, unadorned; unadornedly
desataviado *adj.* untrimmed, unadorned, simple; plain; ungarnished
desataviar *v. tr.* to deprive, to divest of adornments
desatavio *s. m.* lack of adornments or finery; simplicity; untidiness
desate *s. m.* outcome, denouement, end
desatemorizar *v. tr.* to free from fear; to encourage, to embolden
desatenção *s. f.* inattention; heedlessness, carelessness; neglect; lack of consideration; incivility
desatenciosamente *adv.* inattentively, neglectfully; impolitely, discourteously, rudely
desatencioso *adj.* inattentive, neglectful; impolite, uncivil
desatender *v. tr.* to pay no attention; to pay no heed; to neglect; to disdain; to disregard
desatendível *adj.* that deserves no attention; negligible
desatentamente *adv.* inattentively, heedlessly, carelessly, negligently
desatentar *v. tr. e intr.* to pay no attention; to take no notice of; to neglect
desatento *adj.* inattentive, heedless, careless, negligent
desaterrar *v. tr.* to excavate; to remove the rubbish; to clear away; to level (ground); to hollow out
desaterro *s. m.* excavation; removal of rubbish
desatestar *v. tr.* to be unattested
desatilado *adj.* dull, stupid, obtuse
desatilhar *v. tr.* to unlace, to untie; to unfasten
desatinação *s. f.* ⇒ **desatino**
desatinado *adj.* inconsiderate; hot-headed; rash; crazy; stunned
desatinar Ⓐ *v. tr.* to rob of sense; to render foolish Ⓑ *v. intr.* to be tactless; to say, or to do, tactless things
desatino *s. m.* lack of tact, tactlessness; folly, unwisdom
desatolar *v. tr.* to pull out of mud
desatordoar *v. tr.* to bring someone back to his senses; to rouse from a state of dizziness, or coma; to help a person to recover
desatracação *s. f.* NÁUTICA putting off, unmooring
desatracar *v. tr.* NÁUTICA to put off, to unmoor; ***desatracar a artilharia*** to clear guns
desatrancar *v. tr.* to unbar, to unbolt; to disencumber
desatravancamento *s. m.* disencumbering, removal of hindrance
desatravancar *v. tr.* to disencumber; to free from encumbrances; to clear the way; to remove every hindrance
desatravessar *v. tr.* to remove what is lying across, to disembarrass
desatrelar *v. tr.* to unleash; to take out (horses or dogs); to unharness; to unyoke; to uncouple
desatremar *v. intr.* to break away; to lose one's self-command; to deviate from the right way
desatribular *v. tr.* to lessen grief; to relieve distress
desaurido *adj.* hallucinated, crazy
desaurir *v. intr.* [pop.] to run away
desaustinado *adj.* rash, reckless, overbold, foolhardy
desautoração *s. f.* degradation; deprivation of (rank, dignity, or position)
desautorar *v. tr. e refl.* to deprive of (an office, title or dignity) as a punishment; to depose; to degrade; to discredit
desautoridade *s. f.* want of authority; unworthiness, indignity
desautorização *s. f.* stripping of authority; discredit; degradation
desautorizar *v. tr. e refl.* to withdraw, or to strip of authority; to treat as of no authority; to deny, to forbid
desauxiliado *adj.* unaided, unassisted, without help
desauxiliar *v. tr.* not to help, to fail to help; to refuse assistance
desauxílio *s. m.* helplessness, defencelessness; abandonment
desavença *s. f.* discord, dissension, disagreement, quarrel, strife, discord; debate

desaverbar *v. tr.* to cancel, to strike out
desavergonhadamente *adv.* shamelessly
desavergonhado *adj.* shameless; brazen; impudent; insolent; saucy, brazen-faced
desavergonhamento *s. m.* impudence, shamelessness
desavergonhar Ⓐ *v. tr.* to make impudent Ⓑ *v. refl.* to grow impudent; to become shameless, to lose all shame
desaveriguado *adj.* uncertain, doubtful; unproved
desavezar *v. tr.* to break off a custom, or a habit; to wean, to discourage
desavezo *s. m.* act or result of breaking off a custom or habit
desaviar *v. tr.* to obstruct, to frustrate; to mislead
desavindo *adj.* disagreed, at variance; discord
desavinhado *adj.* not smelling or tasting of wine
desavinhar *v. intr.* to suffer from *desavinho*
desavinho *s. m.* abortion of the grape's flowers that prevents the grape's full development
desavir *v. tr.* to disagree; to set at variance; to involve in trouble by dissension; to make mischief between
desavisadamente *adv.* imprudently
desavisado *adj.* ill-advised; imprudent; not informed
desavisamento *s. m.* ill-advice; imprudence
desavisar *v. tr.* to countermand, to revoke an order; to make ill-advised; to become frivolous
desaviso *s. m.* countermand; want of prudence
desavistar *v. tr.* to lose sight of
desavolumar *v. tr.* to lessen the volume of, to diminish, to reduce
desazado *adj.* ungainly, gauche; careless, clumsy
desazo *s. m.* awkwardness; blunder
desazotar *v. tr.* to take the nitrogen out of a substance
desbabar *v. tr.* to clean the dribble
desbagamento *s. m.* the picking of grapes from the bunch
desbagar *v. tr.* to pick grapes from the bunch
desbagoar *v. tr.* ⇒ **desbagar**
desbagulhar *v. tr.* to pick out fruit seeds
desbalçar *v. tr.* to grub up; to clear (brushwood)
desbalizar *v. tr.* to take away the landmarks or sea-marks
desbambar *v. tr.* to stretch; to stiffen, to tighten
desbanalizar *v. tr.* to deprive of triviality or commonplaceness
desbancar *v. tr.* to break the bank; to beat; to surpass, to excel
desbanda *s. f.* that which remains on the side; ***à desbanda*** near, on the side of
desbandar *v. tr.* to take away trimmings or border (dress); to scatter, to put to flight
desbandeira *s. f.* action of cutting the panicle of maize
desbandeirar *v. tr.* to take away the flag; to remove the tassels from corn plants
desbanque *s. m.* action of breaking the bank (gambling)
desbaptizar *v. tr.* to change the name; to excommunicate; to deprive of the grace of baptism
desbaratadamente *adv.* wastingly; consumingly
desbaratado *adj.* defeated, put to rout, or flight; wasted, dissipated; dissolute
desbaratador *s. m.* spendthrift, waster; destroyer
desbaratamento *s. m.* defeat, rout; squandering, wasting, consuming
desbaratar *v. tr.* MILITAR to defeat, to rout; to waste, to squander, to dissipate; to destroy; ***desbaratar o dinheiro todo*** to throw away all one's money
desbarate *s. m.* ⇒ **desbarato**
desbarato *s. m.* wasting; havoc; defeat; wasteful expenditure; ***ao desbarato*** at a very low price
desbarbado *adj.* beardless; shaved
desbarbador *s. m.* tool to trim corn
desbarbamento *s. m.* trimming of corn
desbarbar *v. tr.* to shave; to cut off; to trim; to cut off filaments, to clip
desbarbarizar *v. tr.* to civilize
desbarbedo *s. m.* action of cutting threads or knots of woven fabrics
desbarrancamento *s. m.* landslide, landslip
desbarrancar *v. tr.* to make deep holes, to remove much soil, to slip or slide masses of earth; to fill in gullies
desbarranco *s. m.* levelling of ground
desbarrar *v. tr.* to unbar (a door); to unbolt; to clean the clay from
desbarretado *adj.* bare-headed
desbarretar Ⓐ *v. tr.* to take off (a hat) Ⓑ *v. refl.* to take off one's cap
desbarrigado *adj.* thin-bellied; thin, not fat
desbarrigar *v. tr.* to unround, to break the roundness of; to unfasten clothes round the waist
desbastação *s. f.* rough-hewing; thinning
desbastador *s. m.* jack plane; rough-hewer; lopper
desbastamento *s. m.* rough-hewing; thinning; lopping; pruning
desbastar *v. tr.* to pare, to cut off, to rough-hew, to rough-turn; to straighten, to thin out; ***desbastar madeira*** to rough-hew timber
desbastardar *v. tr.* to legitimate, to render a child legitimate
desbaste *s. m.* rough-hewing, thinning; paring; pruning
desbastecer *v. tr.* ⇒ **desbastar**
desbatocar *v. tr.* to remove the bung (stopper, plug) from; uncover
desbeiçar *v. tr.* to mutilate the lips of someone; to break off or chip the lips or edges of something (a cup, a plate, etc.)
desbicar *v. tr.* to take the beaks or points off
desbloqueamento *s. m.* freeing, releasing; unblocking; unfreezing; unjamming
desbloquear *v. tr.* to raise the blockade; to cease to blockade; to release, to free
desbloqueio *s. m.* the act of raising the blockade
desbocadamente *adv.* unrestrainedly, shockingly, impudently
desbocado *adj.* foul-mouthed; hard-mouthed (horse); wide-mouthed (cannon); broken-lipped, broken-mouthed (as a jar)
desbocamento *s. m.* impudence, impertinence; sauciness; loose talk
desbocar Ⓐ *v. tr.* to make a horse hard-mouthed Ⓑ *v. refl.* to run away (horse); to become foul-mouthed; to talk nastily
desbolado *adj.* mad, insane, hot-headed; crackbrained
desbolinar *v. tr.* NÁUTICA to take out the kinks (of a rope); to straighten a sail that had been hauled
desborcar *v. tr.* to turn over
desborcinar *v. tr.* to chip, to break off an edge
desbordamento *s. m.* overflow, overflowing
desbordante *adj.* overflowing, brimful
desbordar *v. intr.* to overflow, to burst the banks (of a river); to flow over the brim; to overspread
desbordo *s. m.* ⇒ **desbordamento**
desboroar *v. tr.* to reduce to dust; to fall in; to pulverize
desborrar *v. tr.* to clear (of the lees)
desbotado *adj.* discoloured, faded, lusterless
desbotadura *s. f.* discolouring; tarnishing
desbotamento *s. m.* discolouring; tarnishing
desbotar Ⓐ *v. tr.* to discolour, to fade; to tarnish; to alter colour Ⓑ *v. intr.* to become discoloured; to weather
desbotoar *v. tr. e intr.* ⇒ **desabotoar**
desbragadamente *adv.* shamelessly
desbragado Ⓐ *adj.* dissolute, licentious; unbridled Ⓑ *s. m.* shameless person

desbragamento *s. m.* dissoluteness, licentiousness; impudence
desbragar *v. tr. e intr.* to unchain galley-slaves; to render dissolute
desbravado *adj.* tamed; grubbed up
desbravador *s. m.* grubber; tamer (of animals)
desbravamento *s. m.* taming; grubbing up
desbravar *v. tr.* to grub up; to tame; ***desbravar terras*** to clear land
desbriar *v. tr.* to deprive of dignity
desbridação *s. f.* unbridledness, unbridling
desbridamento *s. m.* ⇒ **desbridação**
desbridar *v. tr.* to take off the bridle, to unbridle
desbrilho *s. m.* tarnish, dulling, dimness
desbrio *s. m.* want of pride; shamelessness
desbrioso *adj.* undignified, shameless
desbuchar *v. tr.* ⇒ **desembuchar**
desbulha *s. f.* ⇒ **debulha**
desbulhar *v. tr.* ⇒ **debulhar**
desbunda *s. f.* [coloq.] binge, revelry, spree
desbundar *v. intr.* [coloq.] to run wild, to binge, to revel; [coloq.] to go on the rampage
desburocratizar *v. tr.* to do away with the bureaucracy of
descabeçado *adj.* headless; brainless; crazy, insane
descabeçador *s. m.* one who beheads
descabeçamento *s. m.* decapitation, beheading
descabeçar *v. tr.* to decapitate, to behead, to chop off the head
descabelado *adj.* bald, bald-headed, hairless, entirely devoid of hair; [fig.] violent, offensive
descabelar Ⓐ *v. tr.* to pull out a persons's hair Ⓑ *v. refl.* to tear one's hair; to unhair
descabelo *s. m.* act of piercing the spinal cord of the bull to kill it quickly
descaber *v. intr.* not to suit; to be inopportune; to be improper
descabidamente *adv.* improperly
descabido *adj.* improper, unbecoming; inopportune, untimely
descabrear *v. tr.* ⇒ **escabrear**
descaçar-se *v. refl.* to give up, to leave off
descadeirado *adj.* hip-shot; felled, beaten; disjointed
descadeirar Ⓐ *v. tr.* to fell, to knock down; to beat; to dislocate the hip Ⓑ *v. refl.* to move the hips excessively
descaída *s. f.* stewed giblets (of a hen), chicken pluck; slip, fall, oversight; negligence
descaidela *s. f.* [pop.] slip of the tongue; inadvertence; fall
descaimento *s. m.* decline, decay; falling; feebleness; crash; depression
descair *v. intr.* to decline, to decay; to drop; to abate (the wind); to sink morally; NÁUTICA to drop astern, to lose; ***descair (o rumo)*** to break off (the course); ***descair para sotavento*** to make leeway
descalabrado *adj.* ruined; prostrated, humiliated; defeated
descalabro *s. m.* collapse; downfall; ruin; defeat; fall
descalçadeira *s. f.* bootjack
descalçadela *s. f.* [pop.] a dressing down; reprimand, reproof, reprehension
descalçador *s. m.* ⇒ **descalçadeira**
descalçadura *s. f.* act or result of taking or slipping off one's shoes
descalçamento *s. m.* ⇒ **descalçadura**
descalçar *v. tr. e refl.* to remove the paving stones; to take off shoes, boots, gloves, stockings, or socks; to take off wedges or chocks; ***descalçar os sapatos*** to take off one's shoes, to pull off one's shoes; ***descalçar a bota*** [fig.] to get out of a scrape
descalcificação *s. f.* decalcification
descalcificador *s. m., adj.* decalcificator, decalcifying
descalcificante *adj.* decalcifying
descalcificar *v. tr.* to decalcify
descalço *adj.* barefooted, unprovided; unpaved
descalhoar *v. tr.* to clear (land) of rocks
descaliçar *v. tr.* to remove pieces of dry mortar or debris
descalvar *v. tr.* to bare; to render sterile; to make arid
descamação *s. f.* desquamation, scaling off; GEOLOGIA exfoliation
descamar *v. tr.* to remove the scale of fish; to desquamate
descamativo *adj.* desquamative
descambação *s. f.* slip; blunder; accidental misconduct
descambadela *s. f.* ⇒ **descambação**; [fig.] indiscretion
descambado *adj.* deteriorated, fallen, sloping
descambar *v. tr.* to slide down; to swerve; [fig.] to use bad language, to degenerate into
descaminhado *adj.* astray, off the right track; misled, ill-advised; perverted
descaminhar *v. tr.* to lead astray; to go astray; to put out of the way; to mislead, to misguide; to pervert
descaminho *s. m.* straying; going astray; embezzlement (of money); misconduct
descamisa *s. f.* husking; stripping the husks of maize
descamisada *s. f.* ⇒ **descamisa**
descamisado Ⓐ *adj.* husked Ⓑ *s. m.* shirtless; [fam.] ragamuffin
descamisador *s. m.* husker
descamisar *v. tr.* to take off a shirt; to strip the husks of maize; to husk
descampado *s. m.* open country, plane; desert; moor; ***a casa está situada num descampado*** the house is situated in an open country
descampar *v. tr.* to scour the country; to disappear; NÁUTICA to put to sea
descancelar *v. tr.* to unbolt (a gate)
descangar *v. tr.* ⇒ **desencangar**
descangotar *v. tr.* to stay with one's head down; to lose senses
descansadamente *adv.* quietly, peacefully, restfully; easily
descansadeiro *s. m.* resting-place
descansado *adj.* rested; calm, quiet; easy; tranquil, undisturbed, restful; ***viver descansado*** to live at one's ease; ***esteja descansado!*** be easy!, don't worry!
descansar *v. tr. e intr.* to rest, to repose, to take rest; to rely on, to lean; to be still; ***descansar o corpo*** to rest one's weary bones; ***descansar das labutas*** to rest from one's labours; ***descansar um pouco*** to take a short rest; ***descansar a cabeça numa almofada*** to place one's head on a pillow; ***descansemos aqui!*** let us rest here!; ***deitar-se e descansar*** to lie down and rest; ***agora descanse um pouco*** rest a little first; ***que descanse em paz*** (in a cemetery) rest in peace! (RIP); ***descansar (confiar) em*** to rely on; ***sem descansar*** without intermission; ***lugar para descansar*** resting place; ***descansar armas*** to trail arms
descanso *s. m.* rest, repose; ease, tranquillity; sleep; break; halt, pause, relaxation; quietness; NÁUTICA bed, bracket, chock; rest; shelf; shoe; supporter; ***em descanso*** at rest; NÁUTICA ***descanso do leme*** dumb chalder, cleat; ***descanso (da retranca)*** crutch, saddle, mitch board (of the boom); ***pôr a retranca no descanso*** to crutch the boom
descantar *v. tr. e intr.* to sing to an accompaniment or descant; to serenade
descante *s. m.* popular song; ballad, musical competition, descant
descantear *v. tr.* ⇒ **escantear**
descapacitar-se *v. refl.* to dissuade oneself; to change one's mind
descapelada *s. f.* husking
descapelar *v. tr.* to husk, to shuck, to strip the husks of (corn)

descapitalização *s. f.* decapitalization
descapitalizar *v. tr.* to decapitalize
descapotável *adj.* with folding hood; ***carro descapotável*** convertible
descapsulação *s. f.* the act of taking the capsule off
descapsular *v. tr.* to take the capsule off
descaracterização *s. f.* depersonalization; depriving of character
descaracterizar *v. tr.* to take away the character of; to undo the make-up
descaradamente *adv.* barefacedly, impudently, shamelessly
descarado *adj.* brazen-faced, shameless, impudent, unabashed; cheeky
descaramento *s. m.* impudence, shamelessness
descarapuçar *v. tr. e refl.* to take off one's cap
descarar Ⓐ *v. tr.* to make someone bold or impudent Ⓑ *v. refl.* to grow impudent; to become shameless
descarbonar *v. tr.* ⇒ **descarbonizar**
descarbonização *s. f.* decarbonization, decarburization
descarbonizar *v. tr.* to decarbonate, to decarbonize, to decarburize
descarecer *v. intr.* not to need; not to lack
descarga *s. f.* unloading; discharge; volley; unlading; ***dar uma descarga*** to fire around; ***descarga atmosférica*** atmospheric discharge; ***descarga (de água, de vapor)*** eduction, exhaust, discharge (of water, steam); ***descarga de artilharia*** discharge of artillery, salvo; ***descarga para a atmosfera*** waste steam; ***descarga de circulação*** waste water; ***descarga electrónica*** electron discharge; ***tubo de descarga*** discharge pipe; ***cais de descarga*** discharging-berth; ***dias úteis de descarga*** discharging-days; ***licença de descarga*** discharging-permit; ***proceder às descargas*** to discharge
descargar *v. tr.* to discharge, to unload; to disburden
descargo *s. m.* acquittal, discharging; discharge, relief; excuse, unloading, unlading; ease, release, relief; excuse, clearing; ***por descargo de consciência*** to unburden the conscience, for conscience sake
descaridade *s. f.* uncharitableness, lack of charity
descaridoso *adj.* uncharitable; harsh, censorious
descarinho *s. m.* unkindness
descarinhoso *adj.* unkind, unloving
descaritativo *adj.* ⇒ **descaridoso**
descarnado *adj.* lean, gaunt, lanky, thin, meagre; not fleshy; fleshless
descarnador *s. m.* CIRURGIA lancet for boring the neck of teeth; scraper
descarnadura *s. f.* clearing from flesh, taking off of flesh
descarnamento *s. m.* ⇒ **descarnadura**; stripping off (the flesh); the act or result of making lean
descarnar *v. tr.* to strip off (the flesh); to make lean; to bare (teeth); to grow thin; to waste away; to scrape hides or skins
descaro *s. m.* impudence, shamelessness
descaroável *adj.* uncharitable, harsh, pitiless, unmerciful
descaroçador *s. m.* gin (machine for separating cotton from its seeds); device to extract the stores or seeds from the fruits
descaroçamento *s. m.* coring, stoning, removing seeds
descaroçar *v. tr.* to remove seeds of cotton, etc., with a gin; to take out kernels (grains, stones) of fruit; [pop.] to explain, to relate in detail
descarolador *s. m.* one who removes the husk; one who separates grains of maize from the spike
descarolar *v. tr.* to remove the husk; to separate grains of maize from the spike
descarrega *s. f.* ⇒ **descarga**
descarregado *adj.* unloaded, discharged, empty; unladen
descarregadoiro *s. m.* ⇒ **descarregadouro**
descarregador *s. m.* unloader; porter; wharfer, docker; [técn.] discharger
descarregadouro *s. m.* place of discharge; unloading place; wharf, dock
descarregamento *s. m.* unloading, discharge, unlading, disembarkment
descarregar *v. tr. e intr.* to unload, to discharge; to land; to disburden, to unburden; to let off; ***descarregar a ira*** to vent one's anger, to take it out on somebody; ***descarregar um golpe*** to strike a blow; ***descarregar (vapor)*** to blow off, to let off, to discharge (steam); NÁUTICA ***descarregar para terra*** to get ashore; ***descarregar (electricidade)*** to discharge (electricity); ***descarregar a bateria*** to discharge the battery, to run the battery down; ***descarregar um acumulador*** to discharge an accumulator; ***descarregar um vagão*** to unload a truck; ***o abcesso está a descarregar*** the abcess is discharging; ***descarregar a bílis (o mau humor)*** to vent one's spleen
descarrego *s. m.* ⇒ **descarga**
descarreirar *v. tr.* to lead astray, to mislead, to misdirect; to put on the wrong way
descarrilamento *s. m.* derailment, running off the rails
descarrilar *v. tr. e intr.* to cause (a train) to leave the rails; to run off the rails; to derail (usually in passive); to act foolishly; ***a máquina descarrilou*** the engine was derailed (jumped the rails)
descartar Ⓐ *v. tr.* to discard (at cards); to throw aside; to reject Ⓑ *v. refl.* to give up; to dismiss; to get rid of; to put off; ***descartar-se de*** to put off, to get rid of, to cut up
descarte *s. m.* discarding (at cards); [fig.] evasion, excuse
descasalar *v. tr.* ⇒ **desacasalar**
descasamento *s. m.* separation; divorce, dissolution of marriage
descasar *v. tr. e refl.* to separate; to divorce
descasca *s. f.* peeling, barking, shelling, husking; [pop.] reprehension, reprimand, rebuke
descascadeira *s. f.* peeler, barker; woman who shells or peels
descascadela *s. f.* ⇒ **descasca**
descascador *s. m.* peeler; barker; husker
descascadura *s. f.* ⇒ **descasca**
descascamento *s. m.* peeling, shelling; barking, stripping the bark from
descascar *v. tr. e intr.* to peel, to shell, to rind; to strip off (skin or rind); to bark, to strip the bark (from tree); to husk; ***descascar ervilhas*** to shell peas; ***descascar fruta*** to peel fruit
descaspar *v. tr.* to take dandruff from the head; to clean from dandruff
descasque *s. m.* peeling, shelling, barking
descasquear *v. tr.* to remove dirt; to clean
descasquejar *v. tr.* ⇒ **descasquear**
descativar *v. tr.* to free from slavery, to set free
descatolização *s. f.* decatholicization
descatolizar *v. tr.* to decatholicize
descaudado *adj.* ⇒ **acaudado**
descaudar *v. tr.* to deprive of tail; to crop the tail (of horse)
descautela *s. f.* lack of caution or prudence; carelessness, negligence
descautelado *adj.* ⇒ **descauteloso**
descauteloso *adj.* careless, not cautious
descavalgar *v. tr. e intr.* to dismount (cannon, etc.), to get off one's horse; to alight (from horse)
descegar *v. tr.* to restore (the) sight; to heal the eye
descelular *v. tr.* to destroy the cells of, to decompose
descendência *s. f.* progeny, offspring (of person or animal); descendants; lineage posterity; descent; ***sem descendência*** without issue; ***de descendência ilustre*** high-born; ***de baixa descendência*** low-born; ***descendência em linha recta*** lineal descendant; ***descendência em linha colateral*** collateral descent
descendente Ⓐ *adj.* descending Ⓑ *s. m. e f.* descendant; ***comboio descendente*** down train

descender *v. intr.* to descend from, to have as ancestor; to come from
descendimento *s. m.* descension; ⇒ **descida**
descensão *s. f.* way down, decline; descent, descension, fall; lowering, lessening
descensional *adj.* pertaining to descent; descensional
descenso *s. m.* descent
descente Ⓐ *adj.* descending Ⓑ *s. f.* ebb
descentralismo *s. m.* political system in favour of decentralization
descentralista *s. m. e f., adj.* partisan of a political system believing in decentralization
descentralização *s. f.* decentralization
descentralizador *s. m.* he who, or that which, decentralizes; decentralizing
descentralizar *v. tr.* to decentralize
descentralizável *adj.* that may be decentralized
descentrar *v. tr.* to deviate from the center
descer *v. tr. e intr.* to descend, to come down; to go down; to sink, to fall; to lower, to pull down; to go downwards; to step down; to alight; to slope downwards; to walk down; ***descer (o barómetro)*** to fall (the barometer); ***descer (a maré)*** to ebb (the tide); ***descer um rio*** to sail down a river, to drop down a river; NÁUTICA ***desce!*** below!, down!; ***é tudo a descer*** it is all downhill; ***descer do avião*** to get out of the plane; ***descer as escadas*** to go downstairs; ***descer a minúcias*** to descend to details; ***fazer descer*** to take down, to lower; ***descer a correr*** to run down; ***descer um monte*** to descend a hill; ***descer de posição*** to come down in the world; ***descer na consideração de alguém*** to sink in someone's esteem; ***descer precipitadamente*** to sweep down
descercador *s. m.* one who pulls down a wall or fence; one who raises a siege
descercar *v. tr.* to pull down a wall, or fence; to raise a siege
descerco *s. m.* raising of a siege
descerebração *s. f.* decerebration
descerebrar *v. tr.* CIRURGIA to decerebrate, to deprive of brain; to render idiotic
descerimonioso *adj.* unceremonious, informal; easy; familiar; free
descerramento *s. m.* opening; unveiling
descerrar *v. tr.* to open, to break open; to disclose; ***descerrar um retrato*** to unveil a portrait
deschancelar *v. tr.* to unseal
deschumbar *v. tr.* to pull away something that was fastened with lead; to strip the lead from
descida *s. f.* descent; going (or coming) down; descending; slope, declivity; fall, falling; ***descida de temperatura*** lowering of (drop in the) temperature; ***descida da maré*** ebb of the tide; ***descida do nível das águas*** lowering of the water level
descimbramento *s. m.* removing of the moulding (of vaults, arches)
descimbrar *v. tr.* ARQUITECTURA to remove the moulding from
descimentação *s. f.* removing the cement from
descimentar *v. tr.* to remove the cement from; to fall into ruin
descimento *s. m.* descent, descending
descingir *v. tr.* to ungird; to unbuckle; to unclose
descintar *v. tr.* ⇒ **descingir**
descivilizar *v. tr.* to make less civilized
desclaridade *s. f.* lack of light
desclassificação *s. f.* forfeiture of class; disqualification; ***desclassificação de navio*** withdrawal of character (of a ship)
desclassificado *s. m., adj.* unclassed; unclassified, disqualified; someone unworthy of consideration; ***desclassificado (navio)*** outclassed (ship)
desclassificar *v. tr.* to remove from a given class; to disqualify; to degrade, to lower, to dishonour; ***desclassificar um navio*** to withdraw the character of a ship
desclipsar *v. tr.* to find out; to discover; to uncover
descloretar *v. tr.* to take or to separate the chlorides from; to suppress the salt from food
descoagulação *s. f.* solution, melting, dissolution, decoagulation, liquefaction
descoagulamento *s. m.* solution, melting, liquefaction, decoagulation
descoagulante *s. m., adj.* liquefier
descoagular *v. tr.* to melt, to liquefy, to dissolve, to decoagulate
descoalhar *v. tr.* to liquefy; to thaw; to melt
descoalho *s. m.* liquid; thaw, melt
descoberta *s. f.* discovery; invention; finding out; disclosure; ***fazer uma descoberta*** to make a discovery; ***descoberta da pólvora*** discovery (invention) of gunpowder; ***suposta descoberta de valor*** a mare's nest
descoberto *adj.* uncovered; discovered; exposed; bare, naked; open, manifest, patent; obvious; divulged; spread abroad; COMÉRCIO ***a descoberto*** without any shelter, without remittance; ***pôr a descoberto*** to lay open; COMÉRCIO ***sacar a descoberto*** to overdraw; ***a peito descoberto*** openly, frankly
descobertura *s. f.* uncovering, unveiling
descobridor *s. m.* discoverer, explorer, finder
descobrimento *s. m.* discovery, finding; disclosure; detection; ***descobrimento da América*** the discovery of America; ***descobrimento do Brasil*** the discovery of Brazil
descobrir *v. tr. e intr.* to discover; to uncover; to disclose; to find out; to reveal; to detect; to glimpse, to descry; to expose, to bare, to betray; to manifest; to unmask; to clear (the weather); to disclose oneself; to spy out; ***descobrir petróleo*** to strike oil; ***descobrir por acaso*** to hit upon; ***descobrir as suas tendências (ideias, etc.)*** to find oneself; ***descobrir uma terra*** to discover a new country; ***por acaso descobri um belo sítio para passar umas férias*** I struck a good place for a holiday; ***isto há-de descobrir-se um dia*** this will come out some day or other, time will bring it to light
descocado *adj.* bold, impudent, insolent; cheeky; saucy
descocar-se *v. refl.* to behave insolently; [coloq.] to become cheeky
descochar *v. tr. e refl.* NÁUTICA to unlay; to be shameless
descoco *s. m.* impudence, insolence, cheekiness, sauciness; nonsense; boldness
descodear *v. tr.* to cut off the crust; to take off the crust
descoifar *v. tr.* to take off the hair-net
descoimar *v. tr.* to dispense from a penalty, to release the fine
descoincidência *s. f.* uncoincidence
descolagem *s. f.* taking off; unsticking
descolamento *s. m.* detachment; ***descolamento da retina*** detachment of the retina
descolar Ⓐ *v. tr. e intr.* to unglue, to unpaste; to come off, to take off (aircraft) Ⓑ *v. refl.* to become unstuck; AERONÁUTICA ***descolar o vento de frente*** to take off into the wind
descolmar *v. tr.* to remove the thatch of a roof
descolonização *s. f.* decolonization
descolonizar *v. tr.* to decolonize
descoloração *s. f.* discolo(u)ration
descolorante *adj.* discolouring
descolorar *v. tr. e intr.* to discolour; to tarnish; to stain; to fade
descolorir *v. tr. e intr.* to discolour; to tarnish; to stain; to fade
descomandar *v. tr.* to throw into confusion, to bewilder; to deprive of command
descomedidamente *adv.* immoderately; unmannerly; excessively
descomedido *adj.* immoderate, unrestrained; enormous; excessive
descomedimento *s. m.* unmannerliness, rudeness; incivility; excess, extravagance

descomedir-se *v. refl.* to behave rashly; to grow immoderate; to give rein to indulgence; to be impolite
descometer *v. tr.* to exempt from an obligation; to release of a charge or duty; to exonerate
descomodidade *s. f.* inconvenience, uncomfortableness; discomfort, want of comfort
descómodo *s. m.* discomfort; want of comfort
descomover *v. tr.* to appease, to quiet, to calm
descompadecer-se *v. refl.* to stop feeling sorry for
descompadrar *v. tr. e refl.* [pop.] to set at variance; to fall out with someone, to disaffect
descompaginar *v. tr.* to separate, to disunite, to disjoint
descompaixão *s. f.* want of compassion, indifference
descompassadamente *adv.* excessively; disproportionately
descompassado *adj.* out of measure; unmeasured; enormous; out of proportion; extravagant; disproportionate
descompassar *v. tr. e refl.* to fail to observe due proportion; to go beyond the bounds, to exceed, to exaggerate, to overstate; MÚSICA to put (to get) out of time
descompassivo *adj.* incompassionate, uncompassionate, pitiless, merciless
descompasso *s. m.* want of measure; disorder, confusion
descompensação *s. f.* discount; disequilibrium, instability; MEDICINA body's inability of compensating a functional insufficiency of an organ
descompensado *adj.* having no compensation
descompensar *v. tr.* to discount, to counterbalance, to reduce in order to establish the balance
descomplexado *adj.* self-confident, carefree, uninhibited; open-minded, unprejudiced
descomplicar *v. tr.* to simplify, to make easier
descomponenda *s. f.* ⇒ **descompostura**
descompor Ⓐ *v. tr.* to discompose, to disarrange, to disorder; to upset; to insult, to affront; to abuse; to strip of clothing; to rebuke, to reprove or censure sharply Ⓑ *v. refl.* to uncover oneself
descomposição *s. f.* decomposition; discomposure; disorder, trouble
descompostamente *adv.* out of order; disorderly; insolently; indecorously
descomposto *adj.* disordered; immodest, indecorous; discomposed
descompostura *s. f.* immodesty; indecency; disorderliness; impropriety; sauciness; lecture, admonition; rebuke; ***dar uma descompostura a alguém*** to give someone a lecture, [coloq.] to give somebody a dressing-down
descomprazer *v. intr.* to displease, to dissatisfy, to disoblige; not to comply with
descompressão *s. f.* lack of compression, low pressure; decompression
descompressivo *adj.* decompressive
descompressor *s. m.* decompressor
descomprimir *v. tr.* to decompress
descomprometimento *s. m.* uncommitment; nonchalance, indifference, unconcern
descomunal *adj.* huge, enormous, colossal, gigantic; uncommon, rare
descomunalidade *s. f.* hugeness, enormity, immensity, monstrosity
descomungar *v. tr.* to annul the excommunication; to free from excommunication
descomunhão *s. f.* annulment of an excommunication
desconceito *s. m.* discredit, disrepute; dishonour
desconceituar *v. tr.* to discredit, to cast into disrepute, to bring into disgrace
desconcentração *s. f.* decentralization, removing from the centre
desconcentrado *adj.* inattentive, unmindful, unheeding; abstracted, distracted, diverted
desconcentrar Ⓐ *v. tr.* to remove from centre, to decentralize; [fig.] to divert, to sidetrack Ⓑ *v. refl.* to lose one's concentration
desconcertadamente *adv.* discordantly; confusedly, haphazardly; out of order
desconcertado *adj.* disorderly; disconcerted, upset; discomposed; confused
desconcertador Ⓐ *adj.* disconcerting Ⓑ *s. m.* disturber
desconcertante *adj.* disconcerting, upsetting
desconcertar Ⓐ *v. tr. e intr.* to disconcert, to disturb, to upset; to discompose; to disorder, to put out of order; to disarrange; to disagree, to discord, to differ; to talk nonsense; to put out of countenance Ⓑ *v. refl.* to lose one's temper, to lose control over oneself
desconcerto *s. m.* disorder, disarrangement; disunion; disagreement; nonsense; confusion; blunder
desconchavar Ⓐ *v. tr. e intr.* to put out of joint; to set at variance; to fall out; to take to pieces Ⓑ *v. refl.* to be deranged; to talk foolishly
desconchavo *s. m.* nonsense, derangement, foolishness; disorder
desconchegar *v. tr.* to cast out; to refuse further shelter; to separate
desconchego *s. m.* abandonment, lack of protection
desconciliação *s. f.* discord, disharmony, incongruity
desconciliar *v. tr.* to set at variance; to disharmonize
desconcordância *s. f.* disagreeing; variance; disagreement; difference of opinion; discord; wrong grammar
desconcordante *adj.* discordant; disagreeing; jarring
desconcordar *v. tr. e intr.* to commit a fault in grammar; to set at variance; to disagree; to dissent, to jar
desconcorde *adj.* ⇒ **desconcordante**
desconcórdia *s. f.* disagreement, disharmony, discord, discordance; dissonance
descondensar *v. tr.* to make less dense; to dissolve
descondizente *adj.* dissimilar, unmatching
descondizer *v. intr.* to dissimilate; to be different, to be unequal; to be discordant; not to suit
desconectar *v. tr.* to disconnect; to separate
desconexão *s. f.* disconnexion, disconnection; disconnectedness; disunion, interruption; separation
desconexo *adj.* disconnected; unconnected, separate; incoherent, abrupt; scrappy, fragmentary
desconfeito *adj.* disjointed, nearly asunder
desconfessar *v. tr.* to gainsay, to contradict, to deny
desconfiado *adj.* distrustful, suspicious, mistrustful; doubtful; diffident
desconfiança *s. f.* distrust, suspicion, mistrust; doubt, want of confidence; unbelief
desconfiante *adj.* distrustful, mistrusting, suspicious; jealous
desconfiar *v. tr. e intr.* to distrust; to suspect, to mistrust; to doubt; not to rely on; to lack confidence in; ***já desconfiava do que ele acaba de dizer-me*** I had already surmised what he has just told me
desconformar *v. intr.* to disagree; to differ (in opinion), to dissent
desconforme *adj.* disagreeing, discordant; huge, disproportional
desconformidade *s. f.* discordance, disagreement; disproportion; inequality
desconfortadamente *adv.* uncomfortably; uneasily
desconfortante *adj.* comfortless, desolate, disappointing; depressing
desconfortar *v. tr.* to discourage, to dishearten; to deprive of comfort; to distress
desconfortável *adj.* uncomfortable
desconfortavelmente *adv.* uncomfortably, distressfully, uneasily; disquietedly

desconforto *s. m.* discomfort, want of comfort; uneasiness; absence of ease and well-being; discouragement, dejection
desconfranger *v. tr.* to relax, to relieve of anguish; to unwrinkle
desconfrangimento *s. m.* relaxing; unwrinkling
desconfundir *v. tr.* to put an end to confusion
desconfusão *s. f.* act of stopping confusion
descongelação *s. f.* thaw; breaking of the ice (river); defrosting
descongelador Ⓐ *adj.* liquefying, melting Ⓑ *s. m.* liquefier, defroster
descongelamento *s. m.* ⇒ **descongelação**
descongelar *v. tr.* to thaw, to melt, to defrost
descongestionamento *s. m.* relieving of congestion
descongestionante Ⓐ *adj.* depleting, purgative Ⓑ *s. m.* MEDICINA laxative
descongestionar *v. tr. e refl.* to relieve congestion; to release, to clear
descongestivo *adj.* ⇒ **descongestionante**
desconhecedor Ⓐ *adj.* ignorant of; unacquainted with Ⓑ *s. m.* ignoramus fool
desconhecer *v. tr.* to ignore, not to know; to refuse to recognize; to cut dead; to be ignorant of; to disown, to dissemble
desconhecido Ⓐ *adj.* unknown; not known; nameless Ⓑ *s. m.* the unknown; an unknown person; anonym; stranger; ***endereço desconhecido*** unknown address; ***destino desconhecido*** unknown destination; ***o soldado desconhecido*** the unknown warrior (soldier); ***um desconhecido*** an unknown person
desconhecimento *s. m.* ignorance; lack of knowledge; ungratefulness; non acquaintance, unfamiliarity; obscurity
desconjugar *v. tr.* to separate, to disunite
desconjunção *s. f.* ⇒ **desconjuntamento**
desconjuntadamente *adv.* disjointedly
desconjuntado *adj.* dislocated; disjointed, disunited; broken
desconjuntamento *s. m.* luxation, dislocation; disunion, separation
desconjuntar *v. tr. e refl.* to dislocate; to disjoint; to disunite; to take to pieces; to separate at the joints; to break up; to disjoin; NÁUTICA to strain; to weaken
desconjunto *adj.* disjoined, separated; discordant; out of joint; dislocated
desconjuntura *s. f.* ⇒ **desconjuntamento**
desconjurar *v. tr.* to exorcise, to conjure; to offend
desconsagração *s. f.* desecration, profanation; blasphemy
desconsagrar *v. tr.* to desecrate, to profane; to revile
desconsciência *s. f.* unconscionableness; unscrupulousness
desconsciencioso *adj.* unconscientious, unscrupulous
desconsentimento *s. m.* refusal, denial; disagreement
desconsentir *v. tr. e intr.* to dissent; to disallow; not to acquiesce, to refuse; to deny
desconsertador *s. m.* one who spoils, damages or disarranges
desconsertar *v. tr.* to disarrange; to put into disrepair
desconserto *s. m.* disrepair; disarrangement
desconsideração *s. f.* disrespect, disregard; want of attention; lack of deference; impoliteness; low estimation, lack of esteem
desconsiderado *adj.* disrespected, disregarded
desconsiderar Ⓐ *v. tr.* to disregard, to disrespect; to give no attention to; to treat as of no importance; to disesteem Ⓑ *v. refl.* to loose everybody's consideration
desconsoante *adj.* divergent; discordant; unsuitable
desconsolação *s. f.* distress, grief; want of consolation; discomfort; sadness; boredom; disappointment; misfortune; affliction; desolation
desconsoladamente *adv.* disconsolately, unhappily, sadly
desconsolado *adj.* disconsolate, inconsolable, forlorn; unhappy; disappointed; dull, insipid; displeasing
desconsolador Ⓐ *adj.* sad, sorry; cheerless, forlorn, grievous, afflicting Ⓑ *s. m.* one who causes sorrow; Job's comforter
desconsolar Ⓐ *v. tr. e intr.* to discourage, to dishearten; to sadden, to afflict, to render sorrowful, to grieve; to disappoint Ⓑ *v. refl.* to become low-spirited or afflicted; to become sad
desconsolativo *adj.* displeasing, sad, grievous, desolating
desconsolável *adj.* inconsolable; that cannot be comforted
desconsolo *s. m.* sorrow, distress; trouble; mournfulness; boredom; disappointment; disconsolateness
desconstitucional *adj.* unconstitutional, unstatutable
desconstitucionalizar *v. tr.* to make unconstitutional
desconstranger *v. tr.* to loosen, to relax; to release; to unwrinkle
desconstrangimento *s. m.* loosening, relaxation
descontagiar *v. tr.* to decontaminate, to disinfect
descontaminação *s. f.* decontamination
descontaminar *v. tr.* ⇒ **descontagiar**
descontar *v. tr.* to discount; to deduct; to abate, to lessen; to rebate; to reckon off; to allow for exaggeration or inaccuracy; ***fazer descontar*** to get discounted; ***descontar uma letra de câmbio*** to discount a bill of exchange
descontável *adj.* discountable
descontentadiço *adj.* discontented, peevish, hard to please; dissatisfied, sulky
descontentamento *s. m.* discontentment, discontent, dissatisfaction; grievance, fret, trouble; sorrow
descontentar Ⓐ *v. tr.* to discontent, to fail to please, to dissatisfy Ⓑ *v. refl.* to be discontented
descontente *adj.* discontented, dissatisfied (with, at); ***estar descontente com a sua sorte*** to be discontented with one's lot
descontinuação *s. f.* discontinuation, discontinuance; interruption; intermission
descontinuadamente *adv.* discontinuously, interruptedly
descontinuador Ⓐ *adj.* discontinuing Ⓑ *s. m.* interrupter; discontinuer
descontinuar *v. tr.* to discontinue, to stop, to cease; to interrupt, to intermit, to break off
descontinuidade *s. f.* discontinuance, discontinuity, discontinuousness
descontínuo *adj.* discontinuous, intermittent, broken (line); incoherent
desconto *s. m.* discount, deduction, discounting; allowance (for exaggeration); rebate, compensation; ***desconto por pronto pagamento*** cash discount; ***com desconto*** at a discount; ***desconto para revenda*** trade discount; ***dar desconto a*** to allow for; ***desconto da tara*** discount on load, tret; ***desconto num preço*** rebate; ***qual é a taxa actual de desconto?*** what is the present discount rate?; ***desconto sobre o frete*** allowance on weight; ***dar um desconto*** [coloq.] to make allowances
descontrair *v. tr. e refl.* to relax
descontratar *v. tr.* to annul or cancel a contract
descontrolado *adj.* uncontrolled, unbridled, ungoverned; upset
descontrolar Ⓐ *v. refl.* to lose one's self-control; to lose one's temper; to get out of control, to get out of hand; ***as coisas descontrolaram-se*** things got out of hand Ⓑ *v. tr.* to drive (somebody) crazy
desconvencer *v. tr.* to dissuade, to advise against
desconveniência *s. f.* disagreement, discrepancy; disadvantage; prejudice; inconvenience

desconveniente *adj.* disagreeing, unsuitable; disproportionate
desconversão *s. f.* act or result of pushing someone away from religion
desconversar *v. tr. e intr.* to stop talking; to change the subject, or to break off a conversation
desconversável *adj.* unsociable; rough, coarse, rude; solitary
desconverter *v. tr.* to turn someone away from religion
desconvidar *v. tr.* to cancel an invitation; to disinvite; to recall an invitation
desconvidativo *adj.* uninviting, unattractive
desconvinhável *adj.* inconvenient
desconvir *v. tr. e intr.* to set at variance; to be unsuitable; not to suit; to be unlike; to disagree, to discord
desconvivência *s. f.* want of social contacts
desconvizinho *adj.* distant, far off
descoordenação *s. f.* lack of coordination
descoordenadamente *adv.* not coordinately
descoordenar *v. tr.* to break up coordination
descor *s. f.* colourlessness; lack of colour
descorado *adj.* discoloured; pale
descoragem *s. f.* discouragement, disheartening; faintheartedness, cowardice
descoramento *s. m.* paleness, pallor, wanness, bleaching, discolourment
descorante *adj.* discolouring; bleacher; decolourant
descorar[1] *v. tr.* to forget (what has been learnt by heart)
descorar[2] *v. tr. e intr.* to discolour, to change or to spoil the colour of; to grow pale; to pale
descorçoado *adj.* discouraged, disheartened; downhearted; depressed; dejected, dispirited, down in the mouth
descorçoador Ⓐ *adj.* discouraging Ⓑ *s. m.* discourager
descorçoamento *s. m.* discouragement
descorçoante *adj.* discouraging
descorçoar *v. tr. e intr.* to discourage, to dishearten, to dispirit; to lose heart
descornar *v. tr.* to break the horns (animal)
descoroar *v. tr.* to discrown, to uncrown, to take the crown from; to deprive of kingship; to depose (a sovereign), to dethrone
descoroçoado *adj.* ⇒ **descorçoado**
descoroçoador *s. m., adj.* ⇒ **descorçoador**
descoroçoamento *s. m.* ⇒ **descorçoamento**
descoroçoar *v. tr. e intr.* ⇒ **descorçoar**
descorolado *adj.* BOTÂNICA apetalous
descorrelação *s. f.* breaking of a correlation; lack of correlation
descorrelacionar *v. tr.* to break a correlation
descorrentar *v. tr.* to unfetter, to unchain; to remove the chains
descortejar *v. tr.* to be discourteous, not to salute
descortês *adj.* discourteous, ill-mannered, rude, uncivil, unkind
descortesia *s. f.* discourtesy, impoliteness, incivility, rudeness; bad manners
descortesmente *adv.* discourteously
descorticação *s. f.* MEDICINA decortication
descortiçada *s. f.* cork extraction
descorticador *s. m.* decorticator
descortiçamento *s. m.* stripping off the bark, barking
descorticar *v. tr.* to decorticate
descortiçar *v. tr.* to bark, to strip off the bark
descortinar *v. tr.* to draw back the curtain; to descry; to glimpse; to discover; to pull down a curtain; to disclose; to reveal; to put to light
descortinável *adj.* noticeable, visible
descortino *s. m.* discovering, unveiling; foresight
descosedura *s. f.* unsewing, unstitching, ripping open
descoser Ⓐ *v. tr.* to unstitch, to unsew; to remove stitches from Ⓑ *v. refl.* to let loose one's tongue; to disclose oneself
descosido *adj.* unsewn, unstitched; [fig.] incoherent, disconnected, inconsistent
descostumar *v. tr.* to break off a custom; to lose the habit of
descostume *s. m.* disuse, disusage, cessation of practice or exercise, desuetude
descotado *adj.* without quotation
descotoado *adj.* without down or fluff
descotoar *v. tr.* to clean the fluff off
descravador *s. m.* nail-drawer; wrench
descravar *v. tr.* to unrivet; to unnail; to turn away (the eyes)
descravejar *v. tr.* to unset (gems); to unnail
descravizar *v. tr.* to free from slavery; to emancipate
descrédito *s. m.* discredit, dishonour, disgrace, disesteem
descrença *s. f.* disbelief, unbelief, incredulity, faithlessness
descrente *s. m. e f.* disbeliever, unbeliever; infidel
descrer *v. tr. e intr.* to disbelieve, to have no faith in; to refuse to give credit to; to deny
descrever *v. tr.* to describe; to draw (lines); to depict, to give an account of; to relate; to narrate, to portray, to explain; ***descrever um círculo*** to trace (to draw) a circle; ***descrever uma paisagem*** to describe a landscape; ***descrever uma curva*** to sweep round a bend
descriado *adj.* not a child any more, grown up
descrição *s. f.* description, recital, report; enumeration, narration; ***descrição de uma paisagem*** description of a landscape; ***uma descrição completa*** a full description; ***corresponde à descrição*** it answers to the description; ***descrição de uma tempestade*** description of a storm
descrido *adj.* unbelieving, sceptic; unfaithful
descriminar *v. tr.* to absolve, to pronounce free from crime; to justify, to acquit
descristianização *s. f.* dechristianization
descristianizar *v. tr.* to dechristianize; to turn away from Christianity; to deprive of Christianity
descritível *adj.* describable
descritivo *adj.* descriptive
descrito *adj.* described, represented, reported; explained
descritor Ⓐ *s. m.* describer; reporter Ⓑ *adj.* describing, depicting; reporting
descruzamento *s. m.* uncrossing
descruzar *v. tr.* to uncross; ***descruzar as pernas*** to uncross one's legs
descuidadamente *adv.* carelessly, negligently, thoughtlessly, incautiously
descuidado *adj.* careless, inattentive, negligent, thoughtless; light-hearted; heedless; unmindful, unconcerned; brainless; incautious, reckless; forgetful; ***apanhar uma pessoa descuidada*** to catch someone napping
descuidadoso *adj.* ⇒ **descuidoso**
descuidar Ⓐ *v. tr.* to neglect; to slight, to disregard; to despise; to forget; to take no care of; to omit, to fail to do; to slight Ⓑ *v. refl.* to be careless; ***descuidar-se dos seus deveres*** to neglect one's duties; ***descuidar-se de executar uma ordem*** to fail to execute an order
descuido *s. m.* negligence, carelessness; neglect; inadvertence, heedlessness, forgetfulness
descuidoso *adj.* negligent, careless, inattentive, thoughtless; unheeding, unobservant, casual
desculpa *s. f.* excuse, apology; pardon; forgiveness; pretext; evasion; plea in justification; indulgence; ***desfazer-se em desculpas*** to be profuse in apologies; ***apresentar as suas desculpas*** to offer one's apologies; ***balbuciar uma desculpa*** to stammer out an excuse; ***peço-te desculpa*** I beg your pardon, I am sorry; ***não tem melhor desculpa a dar?*** have you no better excuse to give?; ***não pedir desculpa*** not to make an apology; ***desculpa tola*** lame excuse; ***dar uma fraca desculpa*** to make a poor excuse; ***pedir desculpa por*** to apologize for; ***não tem a menor desculpa*** there is not the

slightest excuse for it; ***não tem nenhuma desculpa*** he has not a leg to stand on
desculpabilizar *v. tr.* to exculpate, to indulge; to condone, to make allowances for
desculpador Ⓐ *s. m.* excuser; defender Ⓑ *adj.* excusing, apologetic
desculpar *v. tr. e refl.* to excuse, to apologize; to pardon; to overlook (a fault, injury, etc.); to extenuate; to justify; to exculpate; to make excuses for; to excuse oneself; ***desculpar-se habilmente*** to put someone off; ***queira desculpar-me, mas tenho de ir-me embora*** if you will kindly excuse me, I must go now; ***desculpar o incómodo*** to excuse the trouble; ***desculpar-se por chegar tarde*** to excuse oneself for coming late; ***desculpe!*** sorry!
desculpável *adj.* excusable; pardonable
descultivar *v. tr.* to fail to cultivate; to abandon
descultivo *s. m.* want of cultivation; absence of culture
descultura *s. f.* absence of culture
descumprir *v. tr.* to disobey, to disregard; not to comply with
descunhar *v. tr.* to remove the wedge
descuradamente *adv.* carelessly
descurado *adj.* negligent
descuramento *s. m.* negligence, carelessness, neglect, omission; dereliction
descurar *v. tr.* to neglect, to disregard, to slight, to be careless
descuriosidade *s. f.* want of curiosity, incuriosity, indifference
descurioso *adj.* incurious, indifferent; lazy
descurvar *v. tr.* to straighten, to eliminate bends
desdar *v. tr.* to take back a thing; to untie, to unlace; to undo, to unfasten; ***desdar um nó*** to untie a knot
desde *prep.* since, from, after; ***desde então*** since then, ever since; ***desde quando?*** since when?; ***desde o berço*** from the cradle; ***desde que*** since, as soon as; ***desde agora em diante*** from this time forward, from now on; ***desde já*** at once, right now; ***desde quando o conheces?*** since when have you known him?; ***desde ontem*** since yesterday; ***desde a infância*** from (one's) childhood; ***conheço-o desde criança*** I have known him since he was in petticoats; ***que tens feito desde que nos encontrámos pela última vez?*** what have you been doing since we last met?; ***tenho estado com o meu amigo João desde as onze horas*** I have been with my friend John since eleven o'clock; ***desde que nos separámos*** since we parted; ***não comi nada desde ontem*** I have eaten nothing since yesterday
desdeixar *v. tr.* ⇒ **desleixar**
desdém *s. m.* disdain, scorn, depreciation; contempt; haughtiness, superciliousness; ***com desdém*** scornfully; ***tratar com desdém*** to treat disdainfully; ***olhar com desdém para*** to look with scorn on, to look at contemptuously
desdenhador *s. m.* scorner, despiser, contemner
desdenhar *v. tr.* to disdain, to scorn, to despise, to contemn; to regard with contempt; to turn up one's nose at; to set at naught
desdenhativo *adj.* disdainful, contemptuous, scornful; supercilious
desdenhável *adj.* contemptible, despicable, mean, worthless
desdenho *s. m.* ⇒ **desdém**
desdenhosamente *adv.* disdainfully, contemptuously
desdenhoso *adj.* disdainful, scornful, contemptuous, supercilious, depreciating
desdentado *adj.* toothless, edentulous; ZOOLOGIA edentate
desdentar Ⓐ *v. tr.* to draw the teeth of Ⓑ *v. refl.* to lose one's teeth
desdita *s. f.* misfortune, unhappiness, distress, adversity; bad fortune, bad luck, infelicity
desdito *adj.* retracted, unsaid
desditosamente *adv.* unfortunately, unhappily, miserably
desditoso *adj.* unfortunate, unhappy, unlucky, fortuneless
desdizer *v. tr., intr. e refl.* to contradict, to gainsay; to take back; to deny; to retract, to differ, to oppose, to discord; ***desdizer-se de*** to back out of, to eat one's words, to swallow one's own words
desdobar *v. tr.* to unwind, to wind off; to unroll
desdobramento *s. m.* duplicate; unfolding; development, evolution
desdobrar *v. tr.* to unfold; to unroll; to develop, to separate into fractions or component parts; ***desdobrar uma turma*** to duplicate a class (school); NÁUTICA ***desdobrar um cabo*** to single a rope
desdobrável *adj.* that may be unfolded
desdobre *s. m.* ⇒ **desdobramento**
desdobro *s. m.* cutting of logs into planks
desdoirar *v. tr.* ⇒ **desdourar**
desdoiro *s. m.* ⇒ **desdouro**
desdourar *v. tr.* to take off the gilt of; to tarnish (one's reputation); to dishonour; to discredit
desdouro *s. m.* tarnishing, blemish; [fig.] dishonour, discredit
desdoutrinação *s. f.* the unteaching of a doctrine; disbelieving
desdoutrinar *v. tr.* to unteach; to cause to forget a doctrine
desdramatizar *v. tr.* to put into lighter form; to express or represent something in a less dramatic way
deseclipsar Ⓐ *v. tr. e intr.* to bring to light; to uncover Ⓑ *v. refl.* to emerge from an eclipse
desedificação *s. f.* the setting of a bad example; demoralization; scandal
desedificador Ⓐ *adj.* demoralizing; deleterious Ⓑ *s. m.* demoralizer
desedificante *adj.* unedifying, harmful, deleterious; corrupting
desedificar *v. tr.* to set a bad example; to demoralize, to scandalize
desedificativo *adj.* unedifying; harmful, corrupting
deseducação *s. f.* want of education, poor education
deseducado *adj.* uneducated, ill-mannered, uncivil, impolite
deseducador Ⓐ *s. m.* perverter Ⓑ *adj.* uneducating; demoralizing
deseducar *v. tr.* not to educate; to make ignorant
deseixar *v. tr.* to deprive of the axle; to remove from the axle
desejador *s. m.* desirer, wisher
desejar *v. tr. e intr.* to desire, to wish for; to crave; to long for; to want; to yearn for, to hanker after, to lust after; to sigh for; ***desejar com impaciência*** to long for; ***desejar ardentemente*** to wish sincerely; ***deixa muito a desejar*** it leaves much to be desired; ***desejo que vás imediatamente*** I want you to go at once; ***não deixar nada a desejar*** to leave nothing to be desired; ***que deseja?*** what do you wish?, what do you want?, what can I do for you?; ***desejar felicidades a alguém*** to wish one well; ***é de desejar que*** it is desirable that; ***eu desejava ter*** I wish I had; ***desejava poder*** I wish I could; ***não desejar mal a ninguém*** to wish nobody ill; ***farei o que deseja*** I will do what you wish; ***não podia desejar melhor*** I could not wish it better; ***desejar ver alguém pelas costas*** to wish to see the back of someone; ***desejo-te uma vida feliz*** I wish you a happy life; ***deixa a desejar*** there is room for improvement; ***acredita-se naquilo que se deseja*** the wish is father to the thought; ***quem dá o que tem, mostra o que deseja*** take the will for the deed
desejável *adj.* desirable, eligible; covetable
desejo *s. m.* desire, wish, want, will; mind; wishfulness; longing, urge; ***desejo ardente*** earnest desire; ***satisfazer os desejos de alguém*** to meet a person's wishes, to gratify

someone's desires; ***tem grande desejo de ser marinheiro*** he has a great wish to go to sea; ***o meu melhor desejo é ver-te feliz e contente*** my dearest wish is to see you happy and content; ***se os desejos fossem satisfeitos, não haveria descontentes*** if wishes were horses, beggars might ride and pigs might fly

desejoso *adj.* desirous, eager, solicitous, anxious; yearning; ***desejoso de*** desirous of, eager for; ***desejoso de aprender*** eager to learn; ***desejoso de obter*** solicitous to obtain; ***desejoso de agradar*** willing to please, eager to please

deselectrizar *v. tr.* to diselectrify

deselegância *s. f.* inelegance, ungainliness

deselegante *adj.* inelegant, ungraceful, unhandsome, frumpish, dowdy

deselegantemente *adv.* inelegantly, ungracefully, ungraciously; frumpishly, slouchily

deseliminar *v. tr.* to reestablish, to rehabilitate

desemaçar *v. tr.* to untie, to unpack (a bundle of papers); to unbundle

desemadeirar *v. tr.* to take away the planking or boarding

desemalar *v. tr.* to unpack; to open and take out the contents of (a trunk, box, etc.)

desemalhar *v. tr.* to undo the meshes of

desemalhetar *v. tr.* to separate, to disunite, to disjoin dovetails

desemaranhar *v. tr.* to disentangle; to unravel; to disembarrass

desembaçar *v. tr.* to render bright

desembaciamento *s. m.* removal of tarnish

desembaciar *v. tr.* to make untarnished

desembainhar *v. tr.* to unsheathe, to draw (a sword); to unseam, to rip open (a hem), to unsew

desembalagem *s. f.* unpacking

desembalar *v. tr.* to unpack, to open bales of goods or packages, to unbale, to unwrap

desembalsar *v. tr.* to remove the wine from the vat

desembandeirar *v. tr. e intr.* to remove the flags; to lower (to strike) a flag

desembaraçadamente *adv.* readily, speedily, easily, freely

desembaraçado *adj.* free, disengaged; prompt, ready, quick, active, agile; NÁUTICA handy, unembarrassed; ***desembaraçado nos seus movimentos*** quick in his movements

desembaraçar Ⓐ *v. tr. e intr.* to disembarrass, to rid, to free, to get rid of; to disentangle; to put out of the way Ⓑ *v. refl.* to free oneself, to rid oneself of; ***desembaraçar o cabelo*** to disentangle the hair; ***desembaraçar-se (de qualquer maneira) de um trabalho, obrigação, etc.*** to muddle through; ***desembaraçar-se de uma coisa*** to rid oneself of something; ***desembaraçar-se de alguém*** to get rid of someone

desembaraço *s. m.* riddance, disembarrassment, freedom from embarrassment; vivacity, promptness, quickness, readiness, easiness, facility, agility, forwardness; ease; ***desembaraço da alfândega*** despatch (dispatch) from the custom-house

desembaralhar *v. tr.* to disentangle, to unravel, to untwist, to desintricate, to extricate

desembarcadoiro *s. m.* landing-place; wharf, quay

desembarcadouro *s. m.* landing-place; wharf, quay; ***desembarcadouro flutuante*** landing-stage

desembarcar *v. tr. e intr.* to disembark, to debark, to land; to get ashore; to get out; to take out, to discharge; ***desembarcar mercadorias*** to unship goods, to unload cargo from a ship; ***desembarcar passageiros*** to land passengers; ***ao desembarcar*** at one's landing

desembargadamente *adv.* unrestrainedly

desembargado *adj.* free, set at liberty; unimpeded, unobstructed

desembargador *s. m.* judge of the High Court (in Portugal)

desembargar *v. tr.* to raise, to take off an embargo; to replevy; to release from embargo; to remove impediments; to forward, to dispatch

desembargatório *adj.* related to the High Court (in Portugal)

desembargo *s. m.* DIREITO replevin; act of releasing from embargo; the raising of an embargo; ***auto de desembargo*** replevin

desembarque *s. m.* disembarkation, landing; ***desembarque de mercadorias*** unshipping of goods; ***desembarque de tripulantes*** discharge of men; ***desembarque de passageiros*** disembarkation of passengers; ***despacho de desembarque*** landing order

desembarrancar *v. tr.* to draw out of mud (out of a bog, or a ditch); to take out of the mire

desembarrilar *v. tr.* to pour (wine, beer, etc.) from a barrel; to tell a person the plain truth; [fig.] ⇒ **desimpedir**

desembebedar *v. tr.* to make sober, to sober up; to recover from drunkness

desembestadamente *adv.* unmanageably

desembestado *adj.* unbridled, unmanageable; furious

desembestar *v. tr. e intr.* to discharge, to let fly an arrow; to be off, to take the bit between its teeth (horse); to be off like a shot; to lose control of oneself

desembezerrar *v. intr.* to restore to a good humour; to cease to be sulky

desembirrar *v. tr. e intr.* to make reasonable; to listen to reason; to calm

desembocadura *s. f.* mouth (of a river); outlet; issue

desembocar *v. tr. e intr.* to disembogue; (of a river) to discharge its waters at its mouth; to pour, to empty itself into sea, lake, etc; (of a road or street) to run into; to emerge

desembolado *adj.* not padded (said of bulls horns)

desembolar *v. tr.* to remove pads from the horns of a bull

desembolsar *v. tr.* to disburse, to pay out money; to expend; to make payments; to spend

desembolso *s. m.* disbursement, expenditure, payment of money, outlay

desemborcar *v. tr.* to turn right way up; to replace to its proper position

desemborra *s. f.* lye; removing of ashes from clothes after keeping them in lye; wash; cleaning

desemborrachar *v. tr.* [pop.] to make sober; to sober

desemborrar *v. tr.* to remove the ashes from clothes after washing them in lye

desemborrascar *v. tr.* to clear up (weather)

desemborro *s. m.* ⇒ **desemborra**

desemboscar Ⓐ *v. tr.* to dislodge, to displace, to drive out of Ⓑ *v. refl.* to get out of an ambuscade

desembotar *v. tr.* to sharpen, to make sharp; to make nimble

desembraçar *v. tr.* to take from the arm, to let loose

desembraiar *v. tr.* to declutch; to ungear, to disconnect, to throw out of gear; to disengage

desembravecer *v. tr. e intr.* to tame; to make tame; to appease

desembravecimento *s. m.* taming; appeasing

desembrear *v. tr.* to clean from tar; ⇒ **desembraiar**

desembrechar *v. tr.* to remove incrustations

desembrenhar *v. tr.* to disentangle; to draw forth from brambles; to pull out of the bushes

desembriagar Ⓐ *v. tr.* to sober; to make sober Ⓑ *v. refl.* to sober up

desembridar *v. tr.* ⇒ **desbridar**

desembrulhador *s. m.* disentangler; one who unpacks

desembrulhar *v. tr.* to unpack, to unwrap, to unfold, to unroll; to unravel; to clear up, to solve a mystery; ***desembrulhar uma meada*** [fig.] to unravel a mystery, to discover a plot

desembrulho *s. m.* disentangling, unravelling, unfolding

desembrutecer *v. tr.* to polish, to civilize, to educate; to humanize, to tame
desembrutecimento *s. m.* education; polishing; civilizing; taming
desembruxar *v. tr.* to free from sorcery, to disenchant
desembuçadamente *adv.* openly
desembuçar *v. tr.* to unmuffle; to uncover, to reveal, to unveil
desembuchar *v. tr. e intr.* to disgorge (birds); to speak frankly, to unbosom; to reveal (secrets), to blab out
desembuço *s. m.* unveiling, uncovering; unmuffling
desemburradela *s. f.* the act or result of teaching (first notions)
desemburrar *v. tr.* to brighten (the mind); to make reasonable, to teach
desembutir *v. tr.* to pry loose; to pry out
desemedar *v. tr.* to take away (the hay) from a heap
desemoinhar *v. tr.* to sift, to separate the chaff
desemoldurar *v. tr.* to take out of a frame, to unframe, to take apart
desempachar *v. tr.* to clear, to unblock; to disencumber; to extricate; to get rid of; to free
desempacho *s. m.* riddance; unblocking
desempacotamento *s. m.* unpacking, unwrapping
desempacotar *v. tr.* to unpack, to unwrap
desempalar *v. tr.* to free from impalement
desempalhar *v. tr.* to remove from the straw; to take out of the straw
desempalmar *v. tr.* to release, to loose (what had been concealed in the hand)
desempanado *adj.* untarnished; cleared up
desempanar *v. tr.* to remove the cloths; to brighten; to clear up, to enlighten; to unveil; to wipe clean (glass, mirror)
desempanturrar Ⓐ *v. tr.* to lose the feeling of overfullness (with food) Ⓑ *v. refl.* to be unobstructed
desempapar *v. tr.* to smooth clothes; to dry
desempapelar *v. tr.* to unwrap; to take off the wrappings (from parcel); to remove the wallpaper
desempar *v. tr.* to take away the props (from vines)
desemparceirar *v. tr.* to unmatch; to separate
desemparedar *v. tr.* to take away a wall
desemparelhamento *s. m.* act or result of unmatching
desemparelhar *v. tr.* to unmatch; to cause, to be unpaired; to unyoke
desempastar *v. tr.* to unpaste, to dissolve
desempastelar *v. tr.* TIPOGRAFIA to replace types back into their box after being reduced to a state of pie
desempatar *v. tr.* to decide, to resolve, to give the casting voter
desempate *s. m.* decision, clearing up; ***voto de desempate*** casting vote; DESPORTO ***partida de desempate*** play-off, decider
desempavesar Ⓐ *v. tr.* to take away the pavise Ⓑ *v. refl.* to stop being arrogant
desempeçar *v. tr.* ⇒ **desempecer**
desempecer *v. tr.* to disencumber; to rid; to remove hindrance, to extricate
desempecilhar *v. tr.* to rid; to disencumber; to remove hindrance
desempeço *s. m.* riddance, disencumbrance, clearing from difficulties
desempeçonhar *v. tr.* to free of poison
desempedernir *v. tr.* to soften, to mollify; to assuage, to palliate
desempedrar *v. tr.* to unpave; to clear away the stones from; to soften, to mollify
desempegar *v. tr.* to take out of the pit, or abyss
desempenadeira *s. f.* float, mortar board, plaster's trowel
desempenado *adj.* straight; unwarped; active; slim
desempenar *v. tr.* to straighten, to unwarp
desempenhar *v. tr. e refl.* to redeem or to take out of pawn; to perform; to carry out or through; to discharge; to accomplish; to act; to pay off one's debts; to acquit an obligation; ***desempenhar um penhor*** to redeem a pawn; ***desempenhar um papel*** to play a part; ***desempenhar um papel secundário*** [fig.] to sing small, to play second fiddle
desempenho *s. m.* redemption of a pledge; performance, act of performing; execution; acting, acquittal of a debt; ***o desempenho dos nossos deveres*** the discharge of our duties
desempeno *s. m.* straightening; unwarping; gracefulness; uprightness; planing; *pl.* MECÂNICA straight-edge
desemperramento *s. m.* yielding
desemperrar *v. tr.* to loosen, to let loose; to slacken; to make go; to ease; to stop crossness or obstinacy (in children); to appease, to mitigate
desemperro *s. m.* ⇒ **desemperramento**
desempertigar *v. tr.* to unstiffen, to soften, to render flexible
desempestar *v. tr.* to disinfect, to destroy infection, to purify
desempilhar *v. tr.* to unpile, to unstack
desempinar *v. tr.* to deviate from the apex; to deviate from the vertical
desemplastrar *v. tr.* to remove the plaster
desemplumar *v. tr.* to take out the feathers (or plumes)
desempoado *adj.* affable, frank; modest
desempoar *v. tr.* to shake (the) powder (from the hair); to dust, to remove dust from; ***desempoar o espírito*** to clear one's mind
desempobrecer *v. tr. e intr.* to relieve a person from poverty; to end one's poverty; to render rich
desempoçar *v. tr.* to draw up from a well; to dry up a pool
desempoeirado *adj.* clean from dust; modest, without vanity
desempoeirar *v. tr.* ⇒ **desempoar**
desempolar *v. tr.* to smooth to level; to level (plaster); to remove bubbles or blisters
desempoleirar *v. tr.* to knock off a perch or pedestal; to dislodge; to force out of a high place; to take down a peg
desempolgar *v. tr.* to let go; to loosen; to release, to set free
desempolhar *v. tr.* to prevent or stop incubation
desempossar *v. tr.* to dispossess, to deprive of possession, to oust, to expropriate
desempregado *adj.* unemployed, out of work; out of a situation; ***estar desempregado*** to be unemployed, to be out of work; ***operário desempregado*** unemployed worker
desempregar Ⓐ *v. tr.* to dismiss, to discharge from a post or job; [pop.] to sack Ⓑ *v. refl.* to lose a job or employment
desemprego *s. m.* unemployment; ***taxa de desemprego*** unemployment rate; ***subsídio de desemprego*** unemployment benefit, employment insurance, dole; ***viver do subsídio de desemprego*** to live on the dole
desemprenhar *v. intr.* to lie in, to bring forth; [fig.] to blab out
desemproar *v. tr.* to humble; to take a person down a peg
desempunhar *v. tr.* to unhand, to take the hands off or from; to let go
desemudecer *v. tr.* to break silence; to loose one's tongue; to cease to be silent
desenamorar *v. tr.* to cause someone to renounce his love; to cease to be in love with
desenastrar *v. tr.* to unbind, to unfasten, to untie
desencabar *v. tr.* to remove the handle
desencabeçar *v. tr.* to dissuade, to advise against
desencabelar *v. tr.* ⇒ **descabelar**
desencabrestado *adj.* unhaltered, unyoked
desencabrestar Ⓐ *v. tr.* to unhalter; to unyoke Ⓑ *v. refl.* to become unruly

desencachar *v. tr.* to remove loincloth
desencadeamento *s. m.* beginning; breaking out, bursting forth; unleashing, unchaining, unfettering
desencadear *v. tr. e intr.* to unchain; to let loose; to break, to burst (storm); to unfetter; ***ontem à noite desencadeou-se uma grande tempestade*** a terrible storm broke last night
desencadernação *s. f.* unbinding of books
desencadernado *adj.* unbound
desencadernar *v. tr.* to unbind
desencaixar *v. tr.* to put out of joint; to take to pieces; to dismount; to throw out of gear
desencaixe *s. m.* disjointing; dismounting; dislocation
desencaixilhar *v. tr.* to unframe
desencaixotar *v. tr.* to take out of a box; to unpack, to unbox, to uncase
desencalacração *s. f.* riddance of difficulties or debts
desencalacrar Ⓐ *v. tr.* to get (someone) out of difficulties, or out of a predicament Ⓑ *v. refl.* to get free of debts
desencalhado *adj.* floating, afloat
desencalhar *v. tr.* to get afloat, to bring off; to lift, to set, to remove an obstacle; ***desencalhar um navio*** to float a ship, to bring off a stranded vessel
desencalhe *s. m.* setting a ship afloat (again); removal of an obstruction
desencalmar *v. tr.* to cool, to refresh; to calm, to appease
desencaminhado *adj.* astray, out of the right way; on the wrong path; perverted; misguided, misled
desencaminhador Ⓐ *s. m.* seducer, corrupter of morals Ⓑ *adj.* misleading
desencaminhamento *s. m.* deviation, wandering; leading (going) astray; misconduct
desencaminhar Ⓐ *v. tr.* to mislead, to misguide, to misdirect; to lead astray Ⓑ *v. refl.* to go astray; to deviate from rectitude; to embezzle (a sum of money)
desencamisar *v. tr.* ⇒ **descamisar**
desencampar *v. tr.* to give back something, to return something to its proprietor
desencanar *v. tr.* to remove, or to turn, from the pipe, or channel
desencanastrar *v. tr.* to take out of a basket; to unplait, to untwist
desencangar *v. tr.* to unyoke
desencantação *s. f.* disenchanting, disenchantment; breaking of spell; disillusionment
desencantado *adj.* free from spell; disillusioned, disenchanted, discovered, found out
desencantador *s. m.* disenchanter
desencantamento *s. m.* disenchantment, disillusionment
desencantar *v. tr.* to disenchant, to free from enchantment, or illusion; to discover, to unearth
desencanto *s. m.* disenchantment, disenchanting
desencantoar *v. tr.* to withdraw from retirement; to raise from the dust; to take away from the corner
desencanudar *v. tr.* to uncurl; to unplait
desencapar *v. tr.* to uncover, to deprive of the cover, to unwrap
desencapelar *v. tr. e intr.* to take off the hood; to grow calm (the sea); NÁUTICA ***desencapelar duma patesca*** to snatch off (to unsnatch) a snatch block
desencapoeirar *v. tr.* to take out of the hencoop; to let out
desencapotar Ⓐ *v. tr.* to uncloak, to reveal; to expose Ⓑ *v. refl.* to take off one's cloak
desencaracolar *v. tr.* to uncurl, to unroll, to straighten out from curl
desencarapelar *v. tr.* to uncurl, to straighten
desencarapinhar *v. tr.* to uncurl, to straighten out
desencarapuçar *v. tr.* ⇒ **descarapuçar**
desencarcerar *v. tr.* to release from imprisonment; to set at liberty; to discharge (a prisoner); to disincarcerate, to disimprison
desencardideira *s. f.* bleaching-machine
desencardir *v. tr.* to bleach, to whiten, to clean, to scour, to remove dirt; to wash clean, to cleanse; ***desencardir a roupa (na barrela)*** in bleach clothes
desencarecer *v. tr. e intr.* to reduce, to lower (prices); to abate; to depreciate; to grow cheaper
desencarquilhar *v. tr.* to unwrinkle; to remove the wrinkles, to smooth
desencarrancar *v. tr.* to cheer up, to brighten up, to light up
desencarrapitar *v. tr.* to descend, to cause to move from a high place
desencarregar *v. tr.* to discharge, to exempt; to unburden, to disburden, to acquit
desencarreirar *v. tr.* to lead out of the way; to mislead, to deviate, to misguide, to lead astray
desencarretar *v. tr.* to dismount (cannon)
desencarrilar *v. tr.* to derail, to cause the train to leave the rails; to run off the rails
desencarrilhar *v. tr.* ⇒ **desencarrilar**
desencartar *v. tr.* to dismiss from chartered employment; to unpack
desencasacar-se *v. refl.* to take off one's evening apparel; to change into plain clothes
desencasar *v. tr.* to remove from its normal place; to unhouse, to dislodge
desencascado *adj.* taken out of the cask
desencascar *v. tr.* to take out of a cask; to clean, to wash
desencasquetar *v. tr.* to dissuade; to get a thing out of a person's head
desencastelar *v. tr.* to expel, to drive out of a castle, to beat out of a fortress; to throw down (a pile or heap)
desencastoar *v. tr.* to unset (precious stones), to take off the handle of a walking-stick (or umbrella)
desencatarroar *v. tr. e intr.* to get over (to cure) a cold or catarrh
desencavacar *v. tr.* to put at ease, to disembarrass
desencavalgar *v. tr.* ⇒ **descavalgar**
desencavernar *v. tr.* to drive out of a den or cave
desencavilhar *v. tr.* to unpeg, to remove the pegs from; to unpin; to unfasten, to untie
desencerar *v. tr.* to take the wax off
desencerramento *s. m.* release; disclosing, opening; manifestation
desencerrar *v. tr.* to release, to free from confinement; to disclose; to let out, to expose
desencharcar *v. tr.* to dry up, to drain
desencher *v. tr.* to empty, to pour out the contents of, to spill
desencilhar *v. tr.* to unsaddle, to unharness
desenclaustrar *v. tr.* to release from a convent or monastery, to uncloister
desenclavinhar *v. tr.* to unclench, to unclunch, to open, to force open
desencobrir *v. tr.* to uncover, to disclose, to open; to show
desencodear *v. tr.* to remove the crust
desencofrar *v. tr.* to remove from the coffer, chest or case
desencoifar *v. tr.* to take off the coif
desencolerizar Ⓐ *v. tr.* to calm, to appease, to moderate Ⓑ *v. refl.* to get calm, to soften
desencolher Ⓐ *v. tr.* to extend, to stretch out; to unshrink; to lengthen Ⓑ *v. refl.* to grow bold; to lose one's shyness
desencolhimento *s. m.* expansion, stretching, distension; assurance, ease
desencomendar *v. tr.* to countermand an order, to contradict, to cancel former orders
desenconchar *v. tr.* to draw out of a shell; to set free, to release

desencontrado *adj.* disagreeing, divergent; not meeting one another; on different ways; ***mar desencontrado*** confused sea; ***andar desencontrado*** to go different ways

desencontrar Ⓐ *v. tr.* to cause to go different ways Ⓑ *v. refl.* to go different ways; to fail to meet one another; to disagree, to diverge, to dissent

desencontro *s. m.* failure to meet; missing; disagreement, divergence

desencorajamento *s. m.* discouragement, disheartenment, depression

desencorajar *v. tr.* to discourage, to dishearten, to depress

desencordoar *v. tr.* to unstring (an instrument)

desencorpar *v. tr.* to reduce the volume of; to make meager or lean

desencorrear *v. tr.* to uncord, to untie; to unfasten (animals)

desencortiçar *v. tr.* to unwrinkle, to take out of the hive; to smooth the bark; to polish

desencostar Ⓐ *v. tr.* to remove; not to lean Ⓑ *v. refl.* to stand up

desencovar *v. tr.* to dig out; to ferret out; ⌈fig.⌋ to find out

desencovilar *v. tr.* to drive out from a lair

desencravar *v. tr.* to unnail; to unspike (a cannon); ⌈fam.⌋ to get out of a fix

desencravilhar *v. tr.* to loosen (as a girth); to relieve someone of difficulties

desencrencar *v. tr.* to straighten out; to relieve someone of troubles

desencrespar Ⓐ *v. tr.* to uncurl Ⓑ *v. refl.* to grow calm (sea)

desencruar *v. tr.* to tenderize (meat); to make (someone) tender-hearted

desencruzar *v. tr.* ⇒ **descruzar**

desencubagem *s. f.* the act or result of taking out of the cask

desencubar *v. tr.* to take out of the cask

desenculatrar *v. tr.* to unfasten; to undo; to take to pieces

desencurralar *v. tr.* to unpen, to release from a pen; to drive the bull into the ring (in a bullfight); to set at liberty

desencurvar *v. tr.* to take out the curvature to straighten, to eliminate any bends

desendemoninhar *v. tr.* to cast out the devil; to exorcise; ⌈fig.⌋ to appease, to calm, to moderate

desendeusar *v. tr.* to undeify

desendividar Ⓐ *v. tr.* to pay off someone's debts Ⓑ *v. refl.* to pay one's debts; to get out of debt

desenegrecer *v. tr.* to make white, to whiten, to bleach, to clear

desenervação *s. f.* toning up, invigoration

desenervar *v. tr.* to tone up; to invigorate, to strengthen

desenevoar *v. tr.* to uncloud, to dispel the fog; to brighten; to clear (up); to gladden, to make glad, to uncloud

desenfadadamente *adv.* at leisure; coolly; pleasantly

desenfadadiço *adj.* pleasant, amusing, delightful, entertaining

desenfadado *adj.* merry, pleasant; calm, nonchalant; free from care

desenfadamento *s. m.* amusement; diversion, recreation; rest; relaxation, repose

desenfadar *v. tr.* to cheer up, to please; to amuse, to divert, to entertain, to make calm or easy; to refresh, to relax

desenfado *s. m.* amusement, recreation; pleasure, sport, rest, relaxation, composedness, calmness; pleasantness

desenfaixar *v. tr.* to unswathe, to remove the swathings (or bandages) from; to unswaddle

desenfardamento *s. m.* unpacking

desenfardar *v. tr.* to unpack; ⌈fig.⌋ to expose

desenfardelar *v. tr.* to unpack

desenfardo *s. m.* unpacking

desenfarpelar-se *v. refl.* to undress; to take one's clothes off

desenfarruscar *v. tr.* to take out the smuts or dirt; to clean

desenfartar *v. tr.* to take away the feeling of fulness

desenfastiadamente *adv.* appetizingly; amusingly, entertainingly

desenfastiadiço *adj.* appetizing, dainty; smart, witty

desenfastiador *adj.* appetizing

desenfastiar Ⓐ *v. tr.* to whet the appetite; to amuse, to entertain, to distract Ⓑ *v. refl.* to render interesting

desenfastioso *adj.* ⇒ **desenfastiadiço**

desenfeitar *v. tr.* to deprive of adornment; to take away the ornaments of, to disembellish

desenfeite *s. m.* act or result of taking away the ornaments

desenfeitiçar *v. tr.* to disenchant, to free from sorcery

desenfeixar *v. tr.* to untie a bundle, to unbundle

desenfermar *v. intr.* to recover, to convalesce

desenferrujado *adj.* rustless, free of rust; polished

desenferrujar *v. tr.* to take off the rust from; to polish, to rush up, to make glossy; ***desenferrujar a língua*** to chat, to let one's tongue run, to blab

desenfestar *v. tr.* to take off the fold of a cloth; to smooth (out), to unroll (cloth)

desenfeudar *v. tr.* to deprive of a fief (feud)

desenfezar Ⓐ *v. tr.* to make healthy, to strengthen Ⓑ *v. refl.* to improve (growth or health); to become healthy

desenfiar *v. tr. e refl.* to unthread, to unstring, to untie

desenfileirar *v. tr.* to take out of the row, or line

desenflorar *v. tr.* to deflower, to deprive or to strip of flowers

desenforcar *v. tr.* to take from the scaffold

desenforjar *v. tr.* to take from the forge

desenformar *v. tr.* to take out of a mould, or block (hat); to lose shape

desenfornar *v. tr.* to take out of an oven

desenfrascar *v. tr.* to pour (liquids) from bottles or flasks; to spill out of a flask

desenfreadamente *adv.* unrestrainedly; ungovernably, uncontrollably, beyond control; licentiously, wildly

desenfreado *adj.* unruly, unrestrained, ungovernable; unbridled; ***estar desenfreado*** to run wild

desenfreamento *s. m.* unruliness, immoderation, excess, turbulence

desenfrear Ⓐ *v. tr.* to unbridle; to take the bit in its teeth (horse); to free from restraint Ⓑ *v. refl.* to lose one's self-control; to give rein to one's passions; to exasperate

desenfrechar *v. tr.* to discharge or shoot from a bow

desenfronhar *v. tr.* to take the pillow from the pillow-case; to show, to make known

desenfueirar *v. tr.* to remove the stakes from a cart

desenfunar-se *v. refl.* to unswell, to cease from swelling; to become modest

desenfurecer Ⓐ *v. tr.* to calm, to moderate, to abate anger; to compose Ⓑ *v. refl.* to get calm; to soften

desenfurnar *v. tr.* to take out of a cave

desenfuscar *v. tr.* to clear up; to brighten

desengaçadeira *s. f.* ⇒ **desengaçador**

desengaçador *s. m.* grape-picker (instrument)

desengaçar *v. tr.* to strip off the grapes from the stalks; to pull the stalk from the grapes; ⌈pop.⌋ to devour

desengace *s. m.* pulling grapes from the stalks; picking of grapes

desengaço *s. m.* ⇒ **desengace**

desengaiolar *v. tr.* to uncage, to set free from a cage or prison; to release

desengalfinhar *v. tr.* to separate fighters

desenganadamente *adv.* undeceivedly, frankly
desenganado *adj.* undeceived, not deceived; not under the influence of illusion or self deception; given up (by the doctor); ***estar desenganado*** to be given up; ***desenganado de falsas esperanças e promessas, preparou-se para o pior*** undeceived by false hopes and promises, he prepared himself for the worst
desenganador Ⓐ *adj.* undeceiving Ⓑ *s. m.* deceiver, one who disappoints
desenganar Ⓐ *v. tr.* to undeceive, to disillusion; to open the eyes of; to disabuse; to cause to see things as they really are; to give up a case (of doctor, or lawyer) Ⓑ *v. refl.* to undeceive oneself; to be disabused; ***desenganaram-no (perderam a esperança de o salvar)*** they have told him the worst, his life is despaired of
desenganchar *v. tr.* to unhook; to unfasten, to unclasp, to unhitch
desengano *s. m.* undeceiving, disabuse; disillusionment; *pl.* disapointments from bitter experience
desengarrafar *v. tr.* to pour (wine, beer, etc.) from bottles
desengasgar *v. tr.* to clear the throat; [fig.] to disentangle, to disembarrass
desengasgue *s. m.* the act or result of clearing the throat
desengastar *v. tr.* to unset (precious stones)
desengatar *v. tr.* to unhook, to uncramp, to unlink, to uncouple; [técn.] to disengage
desengate *s. m.* act or result of unhooking or unlinking
desengatilhar *v. tr.* to pull the trigger, to let off, to fire, to uncock
desengavetar *v. tr.* to take out of the drawer; to free, to set at liberty
desengelhar *v. tr.* to unwrinkle, to smooth
desengenhoso *adj.* unhandy; unskilful, not ingenious; simple minded
desenglobar *v. tr.* to separate from the whole
desengodar *v. tr.* to remove the bait; [fig.] to disappoint, to undeceive
desengolfar *v. tr.* to draw up from a gulf; to deliver from danger or mistake
desengolir *v. tr.* to vomit, to bring up (babies)
desengomar *v. tr.* to unstarch
desengonçado *adj.* unhinged; tottering; out of joint; unsettled, inelegant in motion, loose, floppy
desengonçar *v. tr.* to unhinge; to put out of joint; to totter, to disjoint
desengonço *s. m.* coming off the hinges; getting unhinged; unhinging
desengordar Ⓐ *v. tr.* to make thin; to waste; to cause leanness Ⓑ *v. tr.* to lose fatness; to grow lean or thin
desengordurador Ⓐ *adj.* clearing grease away, detergent Ⓑ *s. m.* grease cleaner; detergent
desengordurante *adj., s. m.* ⇒ **desengordurador**
desengordurar *v. tr.* to take off (the fat); to clear grease away; to clean (of grease)
desengorgitar *v. tr.* ⇒ **desingurgitar**
desengraçado *adj.* ungraceful, unhandsome; dull, insipid, vapid, flat; stupid, dense, lacking in spirit; uninteresting
desengraçar *v. tr. e intr.* to make ungraceful; [pop.] to dislike
desengrainhar *v. tr.* to remove the pip (of fruits)
desengralhar *v. tr.* to disconnect, to disengage, to throw out of gear
desengrandecer *v. tr.* to belittle, to lessen, to minimize; to underestimate
desengranzar *v. tr.* to unstring beads
desengravecer *v. tr.* to render less grave or serious
desengraxar *v. tr.* to remove the polish or shine (of shoes)
desengrenado *adj.* thrown out of gear; uncoupled (gears); loose, disconnected
desengrenar *v. tr.* to throw out of gear, to ungear, to uncouple
desengrilar-se *v. refl.* [pop.] to calm down, to become calm, to cool down (off)
desengrimpar-se *v. refl.* to climb down from a high horse; [fig.] to humble
desengrinaldar *v. tr.* to unwreathe, to remove the wreathes
desengrossadeira *s. f.* planing (paring)-machine (tool)
desengrossamento *s. m.* rough-planing, trimming, paring; thinning (of soup, etc.)
desengrossar *v. tr.* to hew off; to trim, to pare; to make thinner, to taper
desengrosso *s. m.* trimming, paring; thinning
desengrumar *v. tr.* ⇒ **desgrumar**
desengrunhir *v. tr.* [pop.] to free of numbness; to rid someone of laziness
desenguiçar *v. tr.* [pop.] to bring better luck, to break a spell; to free, to set going
desenguiço *s. m.* (large) comb
desengulhar *v. tr.* ⇒ **desenjoar**
desenhador *s. m.* draughtsman; [E. U. A.] draftsman, drawer, designer
desenhar Ⓐ *v. tr.* to draw, to sketch, to design, to draft Ⓑ *v. refl.* to take shape; to appear; ***desenhar do natural*** to draw from life; ***desenhar em tamanho natural*** to draw natural size (life-size); ***desenhar à escala*** to draw to scale
desenhista *s. m. e f.* draughtsman (-woman); [E. U. A.] draftsman (-woman); designer; drawer
desenho *s. m.* drawing; sketch; design, draught; [E.U.A.] draft; ***desenho de conjunto*** general drawing; ***desenho de máquinas*** machine drawing; ***desenho industrial*** industrial design; ***desenho à mão livre*** freehand sketch; ***estojo de desenho*** drawing-set; ***sala de desenho*** art-room; ***(filme de) desenhos animados*** cartoon (film)
desenjaular *v. tr.* to let out of a cage; to free
desenjoar *v. tr.* to free from nausea; to amuse, to entertain
desenjoativo Ⓐ *adj.* appetizing, tasty; that relieves nausea Ⓑ *s. m.* aperitif, aperitive, appetizer
desenjoo *s. m.* relief from nausea; appetite
desenlaçado *adj.* untied, unlaced
desenlaçamento *s. m.* unlacing, disentangling; ⇒ **desenlace**
desenlaçar *v. tr.* to unlace; to unknot, to undo, to loose, to disentangle, to untwine
desenlace *s. m.* upshot, conclusion, issue, outcome, unravelling; [gal.] denouement
desenlamear *v. tr.* to clean off the mud; to brush off the dirt; [fig.] to restore a good reputation to; to clear someone's name
desenlapar *v. tr.* to drive someone out of his (her) hiding-place
desenleado *adj.* frank, open, outspoken; expeditious, quick, ready, prompt
desenlear *v. tr.* to untie, to loose, to unravel, to disentangle; to disenchant
desenleio *s. m.* unravelling, disentanglement; untying, loosening; disenchantment
desenlevar *v. tr.* to disenchant, to free from a spell; to disillusion
desenliçar *v. tr.* to disentangle
desenlodar *v. tr.* ⇒ **desenlamear**
desenlouquecer Ⓐ *v. tr.* to cure a madness Ⓑ *v. intr.* to become sane again, to recover one's wits (sense)
desenlutar Ⓐ *v. tr.* to leave off mourning; to console, to comfort (mourners) Ⓑ *v. refl.* to go out of mourning
desenobrecer *v. tr.* to deprive of nobility, to degrade, to debase
desenodoar *v. tr.* to remove stains (spots); to clean
desenojar *v. tr.* to free from disgust (nausea)
desenovelar *v. tr.* to undo a skein; to unwind, to unthread
desenquadrar *v. tr.* to unframe; to put out of square (shape)

desenraiar *v. tr.* to release the brakes of a wheel
desenraigar *v. tr.* to unroot; to root out (up); to uproot, to pull (to drag) up by the root
desenraivar *v. tr.* ⇒ **desenraivecer**
desenraivecer *v. tr.* to appease; to calm, to mitigate, to soothe, to soften
desenraizado *adj.* uprooted; out of place
desenraizamento *s. m.* ⇒ **desarraigamento**
desenraizar *v. tr.* to unroot, to uproot; to pull up by the root, to eradicate
desenraizável *adj.* eradicable, that can be uprooted
desenramar *v. tr.* to strip off the twigs
desenrascado *adj.* resourceful, cute, smart
desenrascanço *s. m.* improvisation; band-aid approach
desenrascar *v. tr.* to clear, to unloose, to loose, to free; to disentangle, to disembarrass
desenredador *s. m.* one who unravels (disentangles)
desenredar *v. tr.* to disentangle, to unravel; to untwist, to unfold; to clear up, to solve a mystery; to straighten things out
desenredo *s. m.* disentanglement, unravelling; explanation, clearing up; [gal.] denouement
desenregelamento *s. m.* thawing, melting, defrosting; [fig.] warming, heating
desenregelar *v. tr.* to thaw, to unfreeze, to melt; to warm, to heat
desenriçar *v. tr.* to uncurl, to smooth, to unroll
desenrijar *v. tr.* to soften, to make tender
desenriquecer *v. tr. e intr.* to reduce to poverty; to impoverish; to make poor
desenristar *v. tr.* to let down the lance (to stop threatening with the lance)
desenrizar *v. tr.* NÁUTICA to take out of the reefs
desenrodilhar *v. tr.* to extend, to unroll, to spread out; to get rid of
desenrolador *s. m.* unfolder
desenrolamento *s. m.* unfolding, unrolling, uncurling; development, evolution, expansion
desenrolar *v. tr.* to unroll, to unfold, to uncurl; to spread out, to open out, to develop; ***a paisagem desenrolava-se diante de nós*** the view spread out (unfolded itself) before us
desenrolhar *v. tr.* to uncork
desenrolo *s. m.* unrolling, unwrapping, unfolding
desenroscar *v. tr.* to unscrew; to draw out screws from; to untwist, to untwine
desenroupar *v. tr.* to undress, to disrobe, to unclothe, to unrobe, to strip, to peel, to divest of clothes
desenrouquecer Ⓐ *v. tr.* to take away hoarseness, to do away with hoarseness Ⓑ *v. intr.* to cease to be hoarse
desenrubescer Ⓐ *v. tr.* to take out (to do away with, to destroy) the red colour Ⓑ *v. intr.* to lose the red colour; to grow pale
desenrugar *v. tr.* to unwrinkle, to unplait; to smooth one's brow
desensaboar *v. tr.* to remove the soap from, to rinse
desensaburrar *v. tr.* to clean away the *saburra*
desensacar *v. tr.* to take out of a sack, to unsack; NÁUTICA ***desensacar um navio*** to work off a ship
desensandecer Ⓐ *v. tr.* to cure of insanity Ⓑ *v. intr.* to become sane
desensanguentar *v. tr.* to clean (to remove, to wipe off) the blood
desensarilhar *v. tr.* to disembroil, to disentangle; to unpile; ***desensarilhar armas*** to unpile (to unstack) arms
desensebar *v. tr.* to scour, to cleanse (from grease), to remove grease
desensinar *v. tr.* to unteach, to cause to forget what has been taught; to teach the opposite
desensino *s. m.* unteaching, forgetting what has been learnt; lack of instruction
desensoberbecer Ⓐ *v. tr.* to humble (to break) someone's pride Ⓑ *v. refl.* to lose one's pride
desensombrar *v. tr.* to brighten, to clear, to clear up, to uncloud
desensopar *v. tr.* to unsoak, to dry up
desensurdecer Ⓐ *v. tr.* to restore hearing Ⓑ *v. intr.* to lose deafness
desensurrar *v. tr.* to clean, to cleanse, to make clean
desentabuar *v. tr.* to remove planks from (a floor); to take down rafters
desentabular *v. tr.* to take down the entablature (architrave, frieze and cornice)
desentaipar *v. tr.* to remove supporting framework (from walls of plaster); to open shutters; to remove rope sides (from carts); to liberate, to relieve, to free
desentalar *v. tr.* to free, to release, to set free, to take away splints; [fig.] to deliver from trouble, to get out of difficulty; to disembroil, to disentangle
desentaliscar *v. tr.* to clear, to disencumber; to take out; to release, to disengage, to free
desentaramelar *v. tr.* to unlatch; to loosen one's tongue, to chatter, to gabble, to prattle, to babble, to patter
desentarraxar *v. tr.* to unscrew, to loosen, to slacken
desentediar *v. tr.* to divert, to amuse, to entertain, to enliven
desentender *v. tr.* to ignore, to pretend ignorance, to feign ignorance; not to understand, to misunderstand; not to mind
desentendidamente *adv.* not understandingly, feigning ignorance
desentendido Ⓐ *adj.* ignorant; misunderstood Ⓑ *s. m.* ignorant, that does not understand; ***fazer-se desentendido*** to feign ignorance
desentendimento *s. m.* misunderstanding, lack of understanding; disagreement; dissension
desentenebrecer *v. tr.* to uncloud, to clear up, to lighten
desenternecer *v. tr.* to cause the loss of tenderness
desenterrado *adj.* unearthed, exhumed; dug up
desenterrador Ⓐ *adj.* exhuming, digging up Ⓑ *s. m.* person who exhumes dead bodies
desenterramento *s. m.* exhumation, unburying, disinterment; [fig.] discovering, revelation
desenterrar *v. tr.* to disinter, to unbury, to unearth, to exhume, to disentomb, to dig up; [fig.] to bring to light, to discover
desenterro *s. m.* ⇒ **desenterramento**
desenterroar *v. tr.* to remove clods
desentesar Ⓐ *v. tr.* to unstiffen, to slacken; to loosen, to unbend; to humble Ⓑ *v. intr.* to grow loose
desentesoirar *v. tr.* ⇒ **desentesourar**
desentesourar *v. tr.* to take out of a treasury
desentibiar *v. tr.* to encourage, to embolden, to animate
desentoação *s. f.* dissonance, discord, discordance
desentoadamente *adv.* out of tune, dissonantly
desentoado *adj.* dissonant, discordant, out of tune
desentoamento *s. m.* ⇒ **desentoação**
desentoar *v. tr. e intr.* to be out of tune; to sing out of tune; [fig.] to say (to do) vulgar things; to be rude
desentocar *v. tr.* to unkennel, to ferret out, to get out of the lair
desentolher *v. tr.* to free from torpidity (stiffness numbness)
desentorpecer *v. tr.* to free from numbness; to reanimate; to remove stiffness; to enliven
desentorpecimento *s. m.* removal of numbness; quickening, reviving
desentortar *v. tr.* to straighten, to make straight
desentralhar *v. tr.* to unrope, to take off the bolt-rope; to free, to loosen, to undo

desentrançar *v. tr.* to unplait (the hair); to undo a plait; to unravel, to untie, to unmake
desentranhar Ⓐ *v. tr.* to disembowel, to embowel, to eviscerate, to gut Ⓑ *v. refl.* to draw from the heart, to open one's heart to, to do all one can (for a person)
desentrapar *v. tr.* to remove rags; to unrobe, to disrobe, to dismantle, to strip
desentravar *v. tr.* to remove encumbrances, or hindrances; to free, to loosen
desentrecho *s. m.* outcome, issue, upshot, event
desentrelaçar *v. tr.* to undo interlacing, to unravel, to untwist
desentrelinhado *adj.* compact, close together, pressed; with no space between lines; unleaded (type, etc.)
desentrelinhar *v. tr.* to unlead (printing)
desentrevar *v. tr.* to cure of lameness
desentrincheirar *v. tr.* to dislodge from (to drive of) the trenches
desentristecer Ⓐ *v. tr.* to drive away sorrow, to free one's grief; to cast care aside Ⓑ *v. refl.* to cheer up, to gladden
desentroixar *v. tr.* ⇒ **desentrouxar**
desentronizar *v. tr.* to dethrone, to drive from throne, to depose
desentrouxar *v. tr.* to unpack; to open a bundle (of clothes, trappings, paraphernalia)
desentulhador *s. m.* one who removes rubbish
desentulhar *v. tr.* to remove rubbish (debris), to clear from rubbish (debris)
desentulho *s. m.* rubbish, debris
desentumecer *v. tr. e intr.* ⇒ **desintumescer**
desentupimento *s. m.* clearing, unstopping
desentupir *v. tr. e intr.* to clear, to free, to unstop, to cleanse, to open
desenturvar *v. tr.* to clear up
desenublar *v. tr. e intr.* to uncloud, to clear (of clouds), to become free from clouds
desenvasar *v. tr.* to get a ship off mud; to set a ship afloat; to launch (a ship)
desenvasilhar *v. tr.* to take out of a vessel (cask)
desenvencilhar Ⓐ *v. tr.* to loosen, to untie, to disentangle, to disengage Ⓑ *v. refl.* to get rid of, to disengage oneself
desenvenenar *v. tr.* to counteract poison; to administer antidote
desenveredar *v. intr.* to leave (to come off) the path; [fig.] to lead a dissolute life
desenvergar *v. tr.* NÁUTICA to unbend; to undo (the sails from the masts); [pop.] to undress
desenvergonhado *adj.* ⇒ **desavergonhado**
desenvernizar *v. tr.* to remove varnish
desenviesar *v. tr.* to remove bias (of cloth)
desenviolar *v. tr.* to hallow again; to reconsecrate; to purify
desenviscar *v. tr.* to remove the birdlime; to unglue; to unstick
desenvoltamente *adv.* readily, nimbly, expeditiously; rashly
desenvolto *adj.* nimble, light; quick, ready; lively, sprightly; licentious; forward; ***ser desenvolto*** to be forward, to have a nimble mind
desenvoltura *s. f.* nimbleness, agility, freedom; quickness, liveliness; effrontery, impudence, assurance
desenvolução *s. f.* ⇒ **desenvolvimento**
desenvolvente *adj.* developing, developmental, evolutionary
desenvolver Ⓐ *v. tr.* to develop; to evolve; to expand, to cause to grow; to unfold, to unravel, to disclose Ⓑ *v. refl.* to grow, to progress, to advance; ***desenvolver o negócio*** to develop one's business; ***desenvolver a inteligência*** to develop one's mind
desenvolvido *adj.* developed, grown up; mature, ripe; advanced, forward
desenvolvimento *s. m.* development; growth, upgrowth; evolution; expansion; unfolding; progress, rise, enhancement; ***desenvolvimento duma planta*** the development of a plant; ***o desenvolvimento do negócio*** the development of one's business
desenvolvível *adj.* developable, improvable
desenxabidez *s. f.* insipidity, flatness; tastelessness; want of grace
desenxabido *adj.* insipid, unsavoury, tasteless; dull, flat; uninteresting, tedious; vapid; ***muito desenxabido*** as dull as ditch-water; ***um prato desenxabido*** an unsavoury course
desenxabir *v. tr.* to make insipid (tiresome, dull)
desenxamear *v. tr.* to disperse a swarm; to destroy a swarm
desenxarciar *v. tr.* NÁUTICA to take down the shrouds, to unrig
desenxofrar *v. tr.* to clean of sulphur, to remove the sulphur; to recover good spirits; [fig.] to calm, to appease, to allay, to quiet
desenxovalhado *adj.* clean, spotless; neat, well-dressed
desenxovalhar *v. tr.* to clean, to make tidy; to unwrinkle, to smooth; to avenge, to redress
desenxovalho *s. m.* tidiness, cleaning; unwrinkling; avenging, redress, reparation
desenxovar *v. tr.* to take out of a dungeon; to liberate
desequilibrado *adj.* unbalanced, unsteady; [fig.] insane, deranged, crazy, demented, out of mind
desequilibrar Ⓐ *v. tr.* to unbalance, to upset the balance of, to throw out of balance Ⓑ *v. refl.* to lose one's balance, to be unbalanced; ***desequilibrar os nervos*** to shatter one's nerves; ***desequilibrar as finanças*** to upset the financial position
desequilíbrio *s. m.* disequilibrium, instability, unstability; imbalance
desequipar *v. tr.* to undress the equipment
desequivocar *v. tr.* to clear, to clarify, to make clear, to put things right
deserção *s. f.* desertion, defection
deserdação *s. f.* disinheritance
deserdar *v. tr. e intr.* to disinherit, to deprive of heritage; to cut off one's heir with a shilling
desertar *v. tr. e intr.* to desert, to abandon, to forsake; to quit, to fly; to leave service (in the army, navy or air force) without permission
desértico *adj.* desert, desert-like, waste, forsaken, wild
desertícola *s. m. e f.* inhabitant of the desert
desertificação *s. f.* desertification
desertificar *v. tr.* to turn (fertile land) into desert
deserto Ⓐ *s. m.* desert, wilderness, waste Ⓑ *adj.* desert, uninhabited, solitary, waste, wild, desolate, barren, uncultivated, deserted, forsaken; ***uma ilha deserta*** a desert island; ***um sítio deserto*** a desert place
desertor *s. m.* deserter, runaway, forsaker, quitter
desespartilhar *v. tr.* to take a person's corset off; to loosen a person's belt (clothes)
desesperação *s. f.* despair, hopelessness, loss of hope, desperation, despondency
desesperadamente *adv.* desperately, madly, furiously
desesperado Ⓐ *adj.* desperate, despairing, hopeless, despondent, despaired of, wretched, forlorn; reckless, rash, mad; furious Ⓑ *s. m.* madman, desperado; ***uma luta desesperada*** a desperate struggle; ***o seu estado é desesperado*** his condition is desperate; ***como um desesperado*** desperately
desesperador *adj.* despairing
desesperança *s. f.* despair, hopelessness, desperation, despondency
desesperançar *v. tr.* to destroy someone's hopes; to dash hopes; to discourage, to dishearten
desesperante *adj.* despairing

desesperar Ⓐ *v. tr.* to drive to despair; to torment, to tease, to drive mad, to anger; to exasperate Ⓑ *v. intr.* to despair; to lose hope; to fret; to despond, to lose patience Ⓒ *v. refl.* to become impatient
desesperativo *adj.* ⇒ **desesperante**
desespero *s. m.* despair, despondency, loss of hope, desperation; irritation; violent rage; ***no auge do desespero*** in the depths of blank despair
desespinhar *v. tr.* to remove thorns (or fishbones)
desestabilização *s. f.* destabilization; undermining
desestabilizar *v. tr.* to destabilize; to undermine; to subvert
desestagnação *s. f.* releasing of stagnant water; [fig.] activation, moving into activity
desestagnar *v. tr.* to make (stagnant waters) to flow again
desesteirar *v. tr.* to take away the mats of a room; [fig.] to bring to light, to discover
desestima *s. f.* disesteem, disfavour, dislike, disregard, scorn, contempt
desestimação *s. f.* ⇒ **desestima**
desestimador Ⓐ *adj.* disesteeming, disregarding Ⓑ *s. m.* depreciator, slanderer, calumniator
desestimar *v. tr.* to disesteem, to disregard, to disfavour; to despise; to scorn, to spurn, to disdain, to hold in contempt, to look down upon
desestimável *adj.* deprecable
desestorvar *v. tr.* to remove hindrance; to disencumber
desestorvo *s. m.* disencumbrance
desestribar-se *v. refl.* to remove one's feet from the stirrups; [fig.] to lose one's balance
desestudar *v. tr.* to leave off (to stop) studying; to forget what one has learned
desevangelizador Ⓐ *s. m.* he who unevangelizes Ⓑ *adj.* unevangelical
desevangelizar *v. tr.* to unevangelize
desexcomungar *v. tr.* to absolve from excommunication
desexcomunhão *s. f.* withdrawing of an excommunication
desfabricar *v. tr.* to unmake, to undo, to destroy
desfabular *v. tr.* to recant a fable; to show the truth
desfaçado *adj.* impudent, forward, shameless, insolent, bold, rude, saucy, pert, bold-faced
desfaçamento *s. m.* ⇒ **desfaçatez**
desfaçar-se *v. refl.* to grow impudent; to become insolent
desfaçatez *s. f.* effrontery, impudence, sauciness, barefacedness, insolence, forwardness, boldness, rudeness, pertness, cynicism
desfadiga *s. f.* rest, repose, peace, ease, comfort, calm, quiescence
desfadigar Ⓐ *v. tr.* to alleviate fatigue Ⓑ *v. intr.* to refresh, to relieve, to rest, to repose
desfaiar Ⓐ *v. tr.* ⇒ **desentrelinhar** Ⓑ *v. refl.* [reg.] to fall (rock) from a high place
desfalcaçar *v. tr.* to unwhip (a cable, a rope)
desfalcamento *s. m.* defalcation, peculation; embezzlement; misappropriation
desfalcar *v. tr.* to defalcate, to peculate; to diminish, to lessen, to reduce, to curtail; to cut off; to embezzle, to misappropriate
desfalcável *adj.* deductible, liable to be defrauded (cheated)
desfalecência *s. f.* ⇒ **desfalecimento**
desfalecente *adj.* fainting, swooning; weakening; enfeebling, frail
desfalecer *v. intr.* to faint, to swoon; to grow weak; to lose courage; to decline; to depress, to weaken; to collapse; to forsake
desfalecido *adj.* faint(ed), drooping
desfalecimento *s. m.* faintness, swooning; weakening, breakdown
desfalque *s. m.* defalcation, peculation, misappropriation, embezzlement; diminution, reduction
desfanatizar *v. tr.* to free from fanaticism
desfantasiar *v. tr.* to put an end to fancy (unreality); to disillusion, to free from illusions
desfardar *v. tr.* to take off a uniform from; to deprive of a uniform
desfarelar *v. tr.* to crumble, to reduce to sawdust
desfasado *adj.* out of phase
desfasagem *s. f.* phase displacement
desfasamento *s. m.* phase displacement; time lag
desfasar *v. tr.* to be out of phase
desfastio *s. m.* appetite; good humour, cheerfulness; entertainment, pastime
desfavor *s. m.* disfavour, disgrace, disrepute, disregard, dislike; disdain, disesteem, contempt
desfavorável *adj.* unfavourable, adverse, unpropitious, disadvantageous
desfavoravelmente *adv.* unfavourably, adversely
desfavorecedor *adj.* unfavourable, ill-favoured; unprepossessing
desfavorecer *v. tr.* to disfavour, to disapprove, to consider unfavourably, to discredit, to disregard
desfavorecido *adj.* ill-favoured; unprepossessing; not endowed with
desfazedor *s. m.* undoer
desfazer *v. tr. e intr.* to undo, to unmake; to annul, to cancel; to break, to cut up; to dissolve, to dilute; to rid of, to deprive of, to part with, to depreciate, to find fault with, to undervalue; to disband (troops), to destroy, to defeat; NÁUTICA to unbend; ***desfazer um nó*** to untie a knot; ***desfazer um contrato*** to break a contract; ***desfazer uma venda*** to annul a sale; ***desfazer um engano (erro)*** to clear up a mistake; ***desfazer em qualquer coisa*** to depreciate, to undervalue; ***desfazer em alguém*** to run down, to find fault with someone; ***desfazer os volumes*** to open the bales; ***desfazer um edifício*** to pull down a building; NÁUTICA ***desfazer uma cosedura*** to untie a lashing (or a lacing); ***desfazer-se em bocados*** to go to pieces; ***desfazer-se em cumprimentos*** to be profuse in compliments; ***desfazer-se em desculpas*** to offer many excuses (or apologies); ***desfazer-se em lágrimas*** to melt into tears, to dissolve into tears; ***desfazer-se em pó*** to crumble into dust; ***desfazer-se de*** to deprive of, to get rid of; ***desfazer-se duma coisa*** to part with a thing; ***a desfazer-se (um navio)*** iron sick (a ship)
desfear *v. tr.* to disfigure, to deface, to spoil, to blotch, to make ugly
desfechar *v. tr.* to unlock, to unfasten; to discharge, to fire (off), to shoot (off); to result in, to end in; ***desfechar um tiro*** to fire a shot; ***desfechar uma seta*** to let off an arrow; ***desfechar um soco*** to deal (to strike) a blow
desfecho *s. m.* issue, outcome, upshot, sequel, conclusion, solution, end, result; ***um triste desfecho*** a sad ending
desfeita *s. f.* insult, outrage, affront
desfeiteador *s. m.* offender, insulter
desfeitear *v. tr.* to offend, to insult, to abuse, to snub, to slight, to affront
desfeito *adj.* undone; dissolved, melted; disfigured, emaciated; fierce, furious, violent; ***temporal desfeito*** raging storm
desferimento *s. m.* striking; stroke; strumming (a guitar, etc.); hurling (a stone); firing (a gun)
desferir *v. tr.* to unfurl, to loosen (sails); to let fly (arrows); to vibrate, to strike; to throw, to fling
desferrado *adj.* unshod (horse); unfurled (sails); unfettered
desferrar Ⓐ *v. tr.* to unshoe (a horse); to unfurl, to loosen (sails) Ⓑ *v. refl. e intr.* to cast, to lose (a shoe of an animal)
desferrolhar *v. tr.* to unbolt (to loose)
desfertilizar *v. tr.* to render infertile

desfervoroso *adj.* lacking fervour; unresponsive, unfeeling, passionless, stony
desfiado Ⓐ *adj.* untwisted, unwoven, unspun; reduced to threads, shredded Ⓑ *s. m.* unweaving
desfiadura *s. f.* unthreading; unravelling; unweaving, untwisting
desfiar *v. tr.* to unthread, to unweave, to unspin; to unravel, to shred; to reduce to threads; to analyse minutely
desfia-trapos *s. m.* shredding-machine, doffer
desfibração *s. f.* shredding, removing of fibres
desfibrador Ⓐ *adj.* shredding Ⓑ *s. m.* shredder, shredding machine
desfibramento *s. m.* shredding, removal of the fibres
desfibrante *adj.* shredding
desfibrar *v. tr.* to shred, to remove the fibres from
desfibrinar *v. tr.* QUÍMICA to defibrinate (blood)
desfiguração *s. f.* disfigurement, disfiguration, distortion; defacement, injury, deformation, marring
desfigurado *adj.* disfigured, deformed, distorted, marred, defaced, injured
desfigurador *s. m.* deformer, one who disfigures
desfigurar Ⓐ *v. tr.* to disfigure, to deform, to deface, to mar, to blemish; to disguise, to dissemble; to change, to alter Ⓑ *v. refl.* to grow disfigured (or distorted)
desfigurável *adj.* defaceable, that may be disfigured
desfilada *s. f.* defile, file, march by files, march past; ***à desfilada*** at full speed
desfiladeiro *s. m.* gorge, defile, ravine, narrow valley, pass, canon, canyon
desfilar *v. tr.* to defile, to file, to march past, to parade, to file off, to march off in file
desfile *s. m.* march, march past; ***desfile de tropas em continência*** march past
desfilhar Ⓐ *v. tr.* BOTÂNICA to disbud, to prune; to nip the buds of plants Ⓑ *v. refl.* to lose one's children
desfitar *v. tr.* to turn away one's eyes, to cease staring
desfivelar *v. tr.* ⇒ **desafivelar**
desfloração *s. f.* deflowering, defloration, rape, ravishment
desflorador Ⓐ *adj.* deflowering, ravishing Ⓑ *s. m.* deflowerer, ravisher
desfloramento *s. m.* ⇒ **desfloração**
desflorar *v. tr.* to deflower, to strip of flowers; to deprive of virginity, to rape, to ravish
desflorescer *v. intr.* to shed blossom, to fade, to wither, to decline, to droop, to decay
desflorescimento *s. m.* fall of (the) blossom
desflorestação *s. f.* deforestation
desflorestamento *s. m.* deforestation
desflorestar *v. tr.* to deforest, to cut down the forests, to disforest
desflorido *adj.* bloomless, flowerless, without flowers
desflorir *v. tr.* ⇒ **desflorescer**
desfocado *adj.* out of focus
desfocar Ⓐ *v. tr.* to put out of focus Ⓑ *v. intr.* to be out of focus
desfolha *s. f.* fall (of the leaves); stripping of leaves; defoliation
desfolhação *s. f.* fall (of the leaves); stripping of leaves; defoliation
desfolhada *s. f.* stripping the husks of maize or corn; husking
desfolhador *s. m.* one who strips off (the) leaves
desfolhadura *s. f.* ⇒ **desfolha**
desfolhamento *s. m.* stripping off (fall of) the leaves
desfolhar Ⓐ *v. tr.* to strip off (leaves); to pull off (the leaves), to husk (maize or corn) Ⓑ *v. refl.* to shed leaves; ***desfolhar uma rosa*** to pick off rose petals one by one
desfolho *s. m.* defoliation, stripping of the leaves
desfoliação *s. f.* ⇒ **desfolha**
desforçado *adj.* avenged, revenged, redressed; bold, gallant, spirited, daring, resolute, intrepid
desforçador *s. m.* redresser, avenger
desforçamento *s. m.* ⇒ **desforço**
desforçar Ⓐ *v. tr.* to avenge, to revenge, to redress Ⓑ *v. refl.* to avenge oneself
desforço *s. m.* redress, revenge, vengeance, requital, retaliation
desformar *v. tr.* ⇒ **deformar**
desformosear *v. tr.* to deprive of beauty, to make ugly
desforra *s. f.* revenge, avengement, retaliation, retribution; ***tirar a desforra*** to take revenge on a person, to get even
desforrar Ⓐ *v. tr.* to unline, to take the lining out of; to avenge, to revenge, to requite; to win one's money back, to repay, to compensate Ⓑ *v. refl.* to get even, to be revenged of; NÁUTICA ***desforrar o fundo*** to unsheath the bottom; ***desforrar tabuado*** to rip off planks
desfortalecer *v. tr.* to deprive of strength, to weaken; to disarm, to dismantle
desfortificar *v. tr.* to deprive of fortifications; to pull down fortifications
desfortuna *s. f.* misfortune, ill fortune, bad luck, mischance, adversity
desfortúnio *s. m.* ill luck, bad luck, mischance, misfortune
desfradar *v. tr.* to disfriar, to unfrock
desfraldar *v. tr.* to display, to unfurl, to fly; ***desfraldar a bandeira nacional*** to fly (to unfurl) the national flag; ***desfraldar velas*** to unfurl sails
desfranjar *v. tr.* to take away (to cut off, to remove) the fringes; to drop (to lose) the fringes
desfranzir *v. tr.* to undo the plaits; to unplait, to unwrinkle, to smooth; ***desfranzir a testa*** to smooth one's brow
desfrear *v. tr.* ⇒ **desenfrear**
desfrechar *v. tr.* to dart (to let fly, to shoot) arrows, to throw, to hurl, to cast
desfrequentado *adj.* not frequented, unfrequented
desfrequentar *v. tr.* to stop (to leave off) visiting (attending, going to)
desfrisante *adj.* uncurling; discordant, at variance, disagreeing
desfrisar *v. tr.* to uncurl, to untwist, to uncoil, to smooth, to flatten
desfruir *v. tr.* to enjoy; to take advantage; to usufruct, to hold in usufruct
desfrutação *s. f.* usufruct; enjoyment
desfrutador *s. m.* enjoyer; usufructuary; parasite; jester
desfrutar *v. tr.* to usufruct, to hold in usufruct; to sponge on; to mock, to jest, to make fun of, to gibe at, to jeer
desfrutável *adj.* enjoyable; that lends oneself to ridicule
desfrute *s. m.* usufruct; enjoyment; [coloq.] fun, ridicule, mockery; ***dar-se ao desfrute*** to lend oneself to ridicule
desfrutescer *v. intr.* to stop bearing fruit
desfruto *s. m.* ⇒ **desfrute**
desfundar *v. tr.* to stave (a cask), to knock in the head (of a cask)
desgabador Ⓐ *adj.* depreciating; belittling; blaming Ⓑ *s. m.* depreciator, undervaluer; blamer
desgabar *v. tr.* to depreciate, to undervalue, to belittle; to blame
desgabo *s. m.* depreciation, contempt, disregard
desgadelhado *adj.* dishevelled, tousled, unkempt, disordered; in disorder (hair), hanging loose
desgadelhar *v. tr.* to dishevel, to tousle, to rumple, to loosen, to throw about in disorder (hair)
desgalante *adj.* uncourteous, uncivil, impolite
desgalgar *v. tr. e intr.* to hurtle downhill (a car); to throw headlong; ARQUITECTURA to thin
desgalhar *v. tr.* to lop (a tree), to cut off branches (from a tree)

D

desgalvanização *s. f.* disgalvanization, disgalvanizing
desgalvanizar *v. tr.* to disgalvanize
desgarantir *v. tr.* to unguarantee, to uncover
desgargalado *adj.* low-necked; decolleté
desgarrada *s. f.* popular song; ***cantar à desgarrada*** to sing impromptu in competition
desgarrado *adj.* gone astray; stray, lost; wandering, straggling; ***bala desgarrada*** stray bullet
desgarrão Ⓐ *adj.* violent, hard, strong (wind that causes a ship to drift) Ⓑ *s. m.* violent push
desgarrar *v. tr. e intr.* to lead astray, to mislead; to miss (to lose) one's way, to wander, to straggle, to stray; to grow unruly; to drift, to go astray; NÁUTICA to fall off the course
desgarre *s. m.* straying, drifting, straggling; going out of the way; impudence, boldness; elegance, smartness, impromptu song
desgarro *s. m.* ⇒ **desgarre**
desgastado *adj.* consumed; worn (down, away, out); destroyed; used up; eroded, abraded
desgastante *adj.* wasting; abrasive; erodent, erosive
desgastar *v. tr.* to consume, to wear down, to wear away; to destroy, to do away, to use up; [pop.] to digest
desgaste *s. m.* wear and tear, wearing out, using up; ***desgaste das rochas*** weathering of rocks; ***desgaste por atrito*** detrition
desgasto Ⓐ *s. m.* ⇒ **desgaste** Ⓑ *adj.* worn out, impaired by use
desgelar *v. tr.* to thaw, to defrost
desgelo *s. m.* thaw, thawing
desglabração *s. f.* becoming (going, turning) bald
desglabrar Ⓐ *v. tr.* to cut off (to shave) somebody's hair Ⓑ *v. refl.* to become (to go, to turn) bald
desglobulizar *v. tr.* to reduce the number of globules
desgoelar-se *v. refl.* to shout, to yell, to roar, to bawl, to clamour, to halloo
desgorgomilado *adj.* throatless; greedy, gluttonous, ravenous; squandering, thriftless, unthrifty
desgorjado *adj.* bare-necked
desgornir *v. tr.* to unreeve (a rope)
desgostar *v. tr. e refl.* to displease, to dissatisfy, to cause displeasure; to vex, to irritate, to annoy; to pain, to grieve, to offend; to be displeased (at, or with)
desgosto *s. m.* displeasure, dissatisfaction; annoyance, irritation, vexation, grief, sorrow, regret; ***desgosto profundo*** heart-breaking (deep) sorrow; ***imensos desgostos*** a peck (a sea) of troubles; ***sofrer desgostos*** to meet trouble; ***sei com desgosto*** I hear with regret
desgostosamente *adv.* reluctantly, with regret, regretfully
desgostoso *adj.* displeased, dissatisfied, discontent; annoyed, grieved, sorrowful, regretful; unsavoury, tasteless
desgovernação *s. f.* misgovernment, mismanagement; bad management, ill-management; unruled, uncontrolled; adrift
desgovernado *adj.* ungoverned, misgoverned, wasteful; careless, disordered; thriftless
desgovernar *v. tr. e refl.* to misgovern, to govern badly; to mismanage, to manage wrongly; to be wasteful
desgoverno *s. m.* misgovernment, incompetent government; disorder, mismanagement
desgraça *s. f.* misfortune, mishap, mischance, ill luck, ill fortune, affliction, adversity, unhappiness; disgrace; disfavour; calamity, hazard, accident, disaster; ***a perda dos nossos pais é uma grande desgraça*** the loss of one's parents is a grave misfortune; ***uma desgraça nunca vem só*** misfortunes never come singly, it never rains but it pours; ***cair na desgraça*** to meet with disaster, to be ruined; ***a causa da nossa desgraça*** the rock on which we foundered, the cause of our misfortune
desgraçadamente *adv.* unfortunately, unhappily
desgraçado *adj.* unhappy, unfortunate, unlucky, miserable, wretched, ill-fated; ***foi um dia desgraçado*** it was an unfortunate day; [coloq.] it was a hell of a day
desgraçar Ⓐ *v. tr.* to ruin; to make unhappy Ⓑ *v. refl.* to become unhappy, to ruin oneself; ***desgraçou-se por suas próprias mãos*** he ruined himself through his own folly
desgraceira *s. f.* misfortune, calamity, ill luck, ill fortune, scourge
desgrácia *s. f.* [pop.] ⇒ **desgraça**
desgraciar *v. tr. e intr.* to lament the misfortune; to complain of misfortune; to lament
desgracioso *adj.* ungraceful, ungainly, untoward, unhandsome; awkward, clumsy
desgradear *v. tr.* to take the grates off
desgraduar *v. tr.* to degrade
desgranar *v. tr.* to separate the grains of
desgravidação *s. f.* interruption of the pregnancy, abortion; delivery, parturition
desgravidar Ⓐ *v. tr.* to interrupt the pregnancy of; to abort Ⓑ *v. refl.* to give birth to
desgravitado *adj.* unbalanced, unsettled, unsteady, unsound
desgraxar *v. tr.* to unpolish
desgrenhado *adj.* dishevelled, rumpled, tousled, unkempt, disorderly, in disorder (hair)
desgrenhar *v. tr.* to loosen the hair; to disorder (hair), to rumple, to tousle
desgrilhoar *v. tr.* to unchain, to unfetter
desgrinaldar *v. tr.* to unwreathe
desgrudar *v. tr.* to unglue; to come off; to get unglued; to come unstuck
desgrumar *v. tr.* to grind
desguardar *v. tr.* to keep (to look after) something carelessly; not to worry (to care) about what one is in charge of
desguarnecer *v. tr.* MILITAR to unman, to deprive of munition; to divest of ornaments; to strip (to deprive) of furniture, to unfurnish
desguarnecido *adj.* MILITAR disarmed, unprovided of munition; unmanned; disgarnished, disfurnished
desguedelhado *adj.* dishevelled, disarranged, tousy
desguedelhar *v. tr.* to dishevel, to tousle, to disarrange, to ruffle, to rumple (hair); to untidy one's hair
desiderando *s. m.* ⇒ **desiderato**
desiderativo *adj.* desiderative
desiderato *s. m.* desideratum, object of desire, an acknowledged want
desídia *s. f.* idleness, laziness, slothfulness, sluggishness; negligence
desidioso *adj.* idle, lazy, slothful, sluggish; negligent
desidratação *s. f.* dehydration
desidratar *v. tr.* to dehydrate, to remove water from
desidrogenação *s. f.* dehydrogenization, removal of hydrogen
desidrogenar *v. tr.* to dehydrogenize
desidrose *s. f.* dehydrosis (loss of water in human tissues)
designação *s. f.* designation, title; appointment, appointing to office; choice, indication, selection, denomination
designadamente *adv.* namely, that is, that is to say, particularly, specially
designador Ⓐ *adj.* indicating, designating Ⓑ *s. m.* indicator
designar *v. tr.* to designate, to appoint, to name, to indicate, to point out, to mark out, to show clearly; to fix, to set, to arrange; ***designar um dia*** to set a day
designativo *adj.* indicative, distinctive, distinguishing, characteristic
desígnio *s. m.* design, purpose, aim, goal, intention; scheme, plan

desigual *adj.* unequal, uneven, unlike; rough; variable, inconstant, changeable; ill-matched; different; unjust, unfair
desigualar *v. tr.* to make unequal (unlike, uneven); to unequalize; to mismatch
desigualdade *s. f.* inequality; dissimilarity; difference; roughness, unevenness; variableness; disparity; inconstancy, changeableness
desigualmente *adv.* unequally, unevenly
desiludido *adj.* disappointed; disillusioned, undeceived; knowing the worst, knowing the truth
desiludir Ⓐ *v. tr.* to disappoint; to disillusion, to free from illusions, to undeceive Ⓑ *v. refl.* to be disillusioned, to be disappointed, to despair of
desiluminado *adj.* unlit, dark
desilusão *s. f.* disillusion(ment); disappointment, deception; ***veio a desilusão*** the gilt is off
desilusivo *adj.* disillusive
desiluso *adj.* disillusioned, undeceived
desilustrar *v. tr.* to remove pictures, to leave out the pictures
desimaginar *v. tr.* to dissuade, to banish from the imagination, to wipe out of the memory, to forget
desimaginoso *adj.* unimaginative
desimanação *s. f.* ⇒ **desmagnetização**
desimanar *v. tr.* ⇒ **desmagnetizar**
desimbuir *v. tr.* to make someone (or something) lose what imbibes him (or it)
desimpedido *adj.* unimpeded, unobstructed, unhindered, unrestrained; free, clear, unfettered, disencumbered, clean
desimpedimento *s. m.* riddance; disengagement, clearing up, disencumbrance
desimpedir *v. tr.* to remove an impediment; to disencumber; to disengage, to clear up; to unstop
desimplicar *v. tr.* to disentangle, to disengage; to simplify
desimpregnar *v. tr.* ⇒ **desimbuir**
desimprensar *v. tr.* to take out of the press, to remove from the press
desimpressionar *v. tr.* to take away (to blot out) an impression
desinçar *v. tr.* to extirpate; to destroy; to unroot; to disinfect
desincarnação *s. f.* disembodiment
desinchação *s. f.* decrease of swelling
desinchar Ⓐ *v. tr.* to reduce a swelling; to humble Ⓑ *v. intr.* to become less swollen; to contract, to shrink
desinclinação *s. f.* disinclination
desinclinado *adj.* disinclined
desinclinar *v. tr.* to disincline; to straighten up
desinço *s. m.* extirpation, extermination; rooting up (out)
desincompatibilizar *v. tr.* to remove incompatibility
desincorporação *s. f.* disincorporation
desincorporar *v. tr.* to disincorporate
desincrustação *s. f.* scaling (of a boiler)
desincrustar *v. tr.* to scale (boiler)
desincubação *s. f.* interrupting of incubation
desincubar *v. tr.* to cause incubation to cease
desincumbir *v. tr.* to release, to exempt, to excuse, to dispense
desindiciar *v. tr.* to discharge, to exonerate, to acquit, to clear
desinência *s. f.* GRAMÁTICA ending, termination (of a word)
desinencial *adj.* desinent, terminal
desinfamar *v. tr.* to clear (of infamy); to rehabilitate (morally)
desinfecção *s. f.* disinfection; destruction of disease germs
desinfeccionar *v. tr.* to disinfect, to free from infection (plague)
desinfectador *s. m.* disinfecter, disinfector, disinfecting apparatus
desinfectante Ⓐ *adj.* disinfectant, disinfecting Ⓑ *s. m.* disinfectant, antiseptic
desinfectar *v. tr.* to disinfect, to destroy infection; to purify; to cleanse
desinfectório *s. m.* [Bras.] disinfecting station; a delousing post
desinfelicidade *s. f.* [pop.] ⇒ **infelicidade**
desinfeliz *adj.* [pop.] ⇒ **infeliz**
desinfestar *v. tr.* to clear off, to free from (robbers, etc.); ⇒ **desinçar**
desinficionar *v. tr.* ⇒ **desinfectar**
desinflação *s. f.* deflation (of currency)
desinflamação *s. f.* reduction (assuagement) of inflammation
desinflamar *v. tr.* to reduce inflammation
desinfluenciar *v. tr.* to discourage; to stop (to cease) influencing
desinfluir *v. tr.* to discourage; to stop (to cease) influencing
desinformação *s. f.* disinformation
desingurgitamento *s. m.* to free from obstruction, to unstop, to clear
desingurgitar *v. tr.* to disgorge, to free from obstruction
desinibido *adj.* uninhibited, carefree, self-confident; liberated, open-minded
desinibir Ⓐ *v. tr.* to make less inhibited Ⓑ *v. refl.* to lose one's inhibitions
desinjuriar *v. tr.* to revenge, to vindicate, to redress
desinquietação *s. f.* uneasiness, inquietude, anxiety, restlessness; turbulence, alarm, disquiet, disquietude
desinquietador Ⓐ *adj.* alarming, disquieting Ⓑ *s. m.* disturber; enticer
desinquietante *adj.* disquieting; alarming
desinquietar *v. tr.* to disquiet, to disturb; to worry, to trouble, to annoy; to make restless; to make anxious
desinquieto *adj.* disquiet, restless, uneasy, troubled, worried, impatient, agitated; turbulent
desinsofrido *adj.* ⇒ **insofrido**
desinstruído *adj.* uninstructed, ignorant, unlearned, untaught, unread
desintegração *s. f.* disintegration, decomposition; splitting (of the atom)
desintegrar Ⓐ *v. tr.* to disintegrate, to decompose, to split Ⓑ *v. refl.* to dissolve, to crumble away, to fall to (to break off in) pieces
desinteligência *s. f.* misunderstanding; variance, difference, disagreement, dissension, discord
desintencionado *adj.* ⇒ **desintencional**
desintencional *adj.* unintentional; casual
desinteressadamente *adv.* disinterestedly; unselfishly
desinteressado *adj.* disinterested, detached; impartial, unbiassed; self-denying
desinteressante *adj.* uninteresting; insignificant
desinteressar Ⓐ *v. tr.* to disinterest, to divest of interest Ⓑ *v. refl.* to cease to concern oneself; to neglect; to lose interest; (in diplomacy) to renounce an intention, to renounce right of intervening
desinteresse *s. m.* disinterest, indifference, aloofness, detachment; self-denial, unselfishness
desinteresseiro *adj.* disinterested, without selfish motives; impartial, unbiassed; generous
desinternar Ⓐ *v. tr.* to take away from boarding-school Ⓑ *v. refl.* to leave boarding school; to cease to be a resident
desintoxicação *s. f.* detoxification, detoxication; unpoisoning
desintoxicado *adj.* unpoisoned
desintoxicante Ⓐ *adj.* detoxifying Ⓑ *s. m.* poison remover (substance used to unpoison)
desintoxicar Ⓐ *v. tr.* to detoxify, to detoxicate; to free of poison, to unpoison Ⓑ *v. refl.* to get rid of intoxication

desintricar *v. tr.* ⇒ **desintrincar**
desintrincar *v. tr.* to disentangle, to disembarrass, to extricate, to make clear (or plain), to clear up
desintumescer Ⓐ *v. tr.* to remove (reduce) a swelling Ⓑ *v. intr.* to become less swollen
desinvernar *v. intr.* to quit winter quarters; to lose its rigour (winter); to come to an end (winter)
desinvestimento *s. m.* disinvestment
desinvestir *v. tr.* to disinvest, to divest, to take away the rights granted on investiture; to remove from office, to discharge, to dismiss, to turn away
desipotecar *v. tr.* to pay off a mortgage
desirmanado *adj.* unmatched, odd; ***uma luva desirmanada*** an odd glove
desirmanar *v. tr.* to unmatch, to break a set (a pair); to spoil a pair, to divide a pair
desirmão *adj.* unmatched, odd; unequal, different
desiscar *v. tr.* to take away the bait, to eat the bait
desistência *s. f.* desistance, cessation; discontinuance; DIREITO nonsuit; the act of desisting (giving up)
desistente *adj.* desisting, renouncing
desistir *v. tr.* to desist, to stop, to cease, to discontinue, to relinquish, to abandon, to withdraw from; to give up, to go (to fall) out; ***desistir de uma empresa*** to shut up shop; ***desistir de uma tentativa*** to desist from (to give up) an attempt; ***desistir de uma pretensão*** to give up a claim; ***desistir de fazer*** to desist from doing; ***desistir da luta*** to throw up the sponge
desitivo *adj.* desistive
desjarretar *v. tr.* to hamstring
desjeito *s. m.* clumsiness, awkwardness
desjeitoso *adj.* clumsy, cumbrous, ill-shaped, botched; awkward, bungling, blundering, maladroit
desjejua *s. f.* ⇒ **dejejum**
desjejuar *v. intr.* to break one's fast
desjejum *s. m.* ⇒ **dejejum**
desjuizar *v. tr.* to make unwise, to render foolish; to drive to distraction
desjungir *v. tr.* to unyoke
desjuntar *v. tr.* to disjoint, to separate, to discouple, to disengage
deslaçamento *s. m.* unlacing; disentangling
deslaçar *v. tr.* to unlace, to untie, to undo, to unfasten
deslacrar *v. tr.* to unseal, to break the seal
deslado *s. m.* [reg.] border, skirt, side
desladrilhar *v. tr.* to take away (to remove) the bricks, to unpave
desladrilho *s. m.* removing of bricks
deslajeamento *s. m.* removing of flagstones
deslajear *v. tr.* to take up (to remove) the flagstones
deslanar *v. tr.* to clip (to shear) wool
deslapar *v. tr.* to take out of a den; hunt up; dig up
deslapidado *adj.* defaced, discoloured, dim
deslassar *v. tr.* to make slack, to slacken, to relax, to make lax, to loosen, to unloose, to loose, to let loose; to dissolve the clots
deslastrador *s. m.* NÁUTICA ballast-remover
deslastrar *v. tr.* to unballast
deslastre *s. m.* NÁUTICA unballasting, unloading of ballast
deslastro *s. m.* ⇒ **deslastre**
deslaudativo *adj.* discreditable, disgraceful, disreputable
deslavado *adj.* discoloured, faded; [fig.] shameless, saucy, impudent; insipid
deslavamento *s. m.* discolouration, bleaching; impudence, boldness, shamelessness, sauciness, pertness, cheek
deslavar *v. tr.* to discolour, to bleach; to turn insipid; to make pert; [fig.] to render shameless
deslavra *s. f.* second ploughing; riot, tumult, row, commotion
deslavrar *v. tr.* to plough a second time across the former furrows, to plough a second time crosswise
desleal *adj.* disloyal, unfaithful, perfidious, false, untrue
deslealdade *s. f.* disloyalty, treachery, unfaithfulness, perfidy, falseness
deslealdar Ⓐ *v. tr.* to betray, to deceive Ⓑ *v. intr.* to be unfair
deslealmente *adv.* disloyally, falsely, perfidiously
deslegitimar *v. tr.* to declare illegitimate (unlawful, illicit)
desleitagem *s. f.* skimming (of milk), creaming (milk)
desleitar *v. tr.* to wean; to milk
desleixação *s. f.* negligence, neglect, carelessness, indifference, heedlessness, slackness, inattention
desleixado *adj.* negligent, careless, neglectful, remiss, thoughtless, heedless, regardless, inattentive
desleixamento *s. m.* neglect, carelessness, heedlessness, indifference
desleixar Ⓐ *v. tr.* to neglect, to disregard, to overlook, to pay no heed to Ⓑ *v. refl.* to be negligent, to grow careless
desleixo *s. m.* negligence, carelessness, neglect, thoughtlessness, remissness, heedlessness, inattention, slackness, indifference, disregard
deslembrança *s. f.* lack of remembrance, failure of memory; forgetfulness, oblivion
deslembrar *v. tr.* to forget, not to remember, to let slip from the mind
deslendear *v. tr.* to clean of nits
desliar *v. tr. e refl.* ⇒ **desligar**
desligação *s. f.* ⇒ **desligamento**
desligado *adj.* loose, untied, undone, detached; disconnected, disengaged; disinterested; [técn.] off, out, turned off
desligadura *s. f.* unfastening, unbinding, undoing
desligamento *s. m.* disconnecting, disconnection, switching (cutting) off; disunion; untying; detachment
desligar Ⓐ *v. tr.* to untie, to unbind, to loosen; to detach, to disconnect; [técn.] to switch (to cut) off (out), to disengage; to ring off (telephone) Ⓑ *v. refl.* to get loose, to release oneself, to rid oneself; ***não desligar o telefone*** to hold the line
deslindação *s. f.* clearing up, disentanglement, explanation
deslindado *adj.* cleared up, unravelled, disentangled, explained, solved
deslindador *s. m.* one who disentangles (clears up, unravels)
deslindamento *s. m.* ⇒ **deslindação**
deslindar *v. tr.* to clear up, to make clear, to find out; to explain, to solve; to unfold, to disentangle, to unravel; to survey (land)
deslinde *s. m.* clearing up, disentanglement, explanation, unravelling, land-surveying
deslinguado *adj.* tongueless; [fig.] slanderous, loose-tongued
deslinguamento *s. m.* swearing, cursing, blaspheming
deslinguar *v. tr.* to cut off somebody's tongue; [fig.] to speak insolently (loosely, slanderously)
deslisura *s. f.* unfairness, want of fair play; lack of smoothness
deslizadeiro *s. m.* slide, sliding-place
deslizamento *s. m.* sliding, gliding, slipping
deslizante *adj.* slippery, slithery, glib, smooth
deslizar *v. intr.* to slide, to slip, to glide, to slide away; to make a slip, to commit a fault, to err, to trip, to fall into error; to pass lightly over; ***deslizar suavemente*** to slide smoothly, to go on wheels
deslize *s. m.* slide, glide, slipping; deviation; error, slip, blunder, trip, fault; ***cometeu pequenos deslizes na composição*** he made some slips in his composition
deslocação *s. f.* displacement; dislocation, luxation; drift (snow), disjointing
deslocado *adj.* dislocated, disjointed, out of joint; displaced

deslocador *adj.* displacing, disjointing
deslocamento *s. m.* displacement; dislocation; ***deslocamento de gelos*** snow drift; ***deslocamento de terreno*** landslide; NÁUTICA ***deslocamento leve*** light displacement; ***deslocamento de água*** displacement of water
deslocar Ⓐ *v. tr.* to dislocate, to disjoint, to put out of joint; to displace, to move, to transfer, to shift Ⓑ *v. refl.* to travel, to go about, to commute; NÁUTICA to split; ***deslocar um braço*** to dislocate one's arm
deslocável *adj.* displaceable; transportable
deslograr *v. tr.* not to obtain; to be unsuccessful
deslombrar *v. tr.* to break the back; to thrash, to beat soundly, to flog, to lash; [fig.] to defeat, to conquer
deslouvar *v. tr.* to find fault with, to blame; to belittle, to depreciate
deslouvor *s. m.* blame, reproach, reproof, disapproval
deslumbrado *adj.* dazzled, fascinated; ***deslumbrado com a linda paisagem*** dazzled by the beautiful landscape
deslumbrador Ⓐ *adj.* dazzling, amazing, fascinating Ⓑ *s. m.* dazzler, fascinator
deslumbramento *s. m.* dazzling; blindness; hallucination, fascination, dazzlement; ***deslumbramento causado pela intensidade da luz*** snow blindness
deslumbrante *adj.* dazzling, blinding; fulgent; seducing
deslumbrantemente *adv.* dazzlingly
deslumbrar *v. tr.* to dazzle, to daze, to blind; to overpower, to fascinate, to seduce
deslumbrativo *adj.* capable of dazzling; dazzling, blinding
deslumbroso *adj.* ⇒ **deslumbrante**
deslustrador *s. m.* tarnisher; tarnishing
deslustral *adj.* tarnishing, blemishing
deslustrar *v. tr.* to take off the lustre; to dim, to dull, to tarnish, to stain, to blemish, to defame, to smear
deslustre *s. m.* tarnish, tarnishing, blemish, stain, blot, dimness
deslustro *s. m.* ⇒ **deslustre**
deslustroso *adj.* tarnished, dim, dull; dishonourable, discreditable
desluzido *adj.* without lustre (splendour, magnificence); graceless, lustreless, dull
desluzidor *adj.* dimming, tarnishing
desluzimento *s. m.* lack of lustre (brilliance); depreciation, dishonour, spot, blemish
desluzir *v. tr.* to rob of lustre, to impair the beauty of; to dim, to dull, to tarnish, to blemish
desmadeirar *v. tr.* ⇒ **desemadeirar**
desmaginar *v. tr.* ⇒ **desimaginar**
desmagnetização *s. f.* demagnetization
desmagnetizador Ⓐ *adj.* demagnetizing Ⓑ *s. m.* demagnetizer
desmagnetizante *adj.* demagnetizing
desmagnetizar *v. tr.* to demagnetize
desmaiadamente *adv.* faintly, languishingly
desmaiado *adj.* fainted, in a faint; pale, palid; ***cor desmaiada*** pale colour
desmaiar Ⓐ *v. tr.* to turn faint, to discolour, to fade; to discourage Ⓑ *v. intr.* to faint, to swoon
desmaio *s. m.* swoon, faint, fainting; discouragement; paleness, pallor
desmalhar *v. tr.* to undo the meshes of
desmalicioso *adj.* goodnatured, benignant
desmama *s. f.* ⇒ **desmame**
desmamação *s. f.* weaning
desmamadeira *s. f.* sucking bag, titty bag
desmamar *v. tr.* to wean; ***desmamar uma criança*** to wean a child
desmame *s. m.* weaning
desmanar *v. tr.* to separate from the herd
desmancha *s. f.* undoing, upsetting; cutting up, carving; abortion
desmanchadamente *adv.* disorderly, carelessly, slovenly, clumsily
desmanchadão Ⓐ *adj.* negligent; unhandsome, ungracious, slipshod; sloven Ⓑ *s. m.* clumsy person
desmanchadiço *adj.* breakable, derangeable
desmanchado *adj.* taken to pieces; upset; out of joint, disjointed; disorderly
desmanchador *s. m.* undoer, unmaker; disturber
desmancha-prazeres *s. m. e f.* wet blanket, spoil-sport, kill-joy
desmanchar Ⓐ *v. tr.* to undo, to unmake, to take to pieces; to put out of joint, to disjoint; to upset, to disarrange; to spoil, to disorder Ⓑ *v. refl.* to become deranged, to get out of joint; to misconduct, to misbehave; ***desmanchar a casa*** to disarrange the house; ***desmanchar um nó*** to undo a knot
desmancho *s. m.* disorder, confusion; misconduct, misbehaviour, miscarriage, abortion
desmandado *adj.* disobedient; immoderate; gone astray, stray, strayed, wandering
desmandamento *s. m.* ⇒ **desmando**
desmandar Ⓐ *v. tr.* to countermand, to repeal an order; to deprive of command; to revoke Ⓑ *v. refl.* to exceed limits, to go too far
desmando *s. m.* abuse; disorder; disobedience; exorbitance; impertinence; insubordination
desmanilhar *v. tr.* to unshackle
desmaninhar *v. tr.* to cultivate (to till, to grub) fallow land
desmantar *v. tr.* to derobe, to pull off somebody's cloak; to take off the husks of the corn
desmantelado *adj.* dismantled; unrigged
desmantelador *adj.* dismantling, demolishing
desmantelamento *s. m.* dismantling, dismantlement; unrigging
desmantelar *v. tr.* to dismantle; to demolish, to pull down, to strip (of covering, protection, etc.); NÁUTICA to unrig, to unmast, to dismantle; ***desmantelar um navio*** to dismantle (to unrig, to unmast) a ship; ***desmantelar uma casa*** to demolish a house, to pull down a house
desmantelo *s. m.* ⇒ **desmantelamento**
desmaranhar *v. tr.* ⇒ **desemaranhar**
desmaranho *s. m.* muddle, confusion, mess, hotch-potch, jumble, disorder
desmarcadamente *adv.* excessively, enormously, immoderately
desmarcado *adj.* excessive; out of proportion; enormous; immoderate
desmarcar Ⓐ *v. tr.* to take away the marks (signs); to efface marks; to make excessive Ⓑ *v. refl.* to become excessive, to go too far, to exaggerate
desmarear Ⓐ *v. tr.* to remove the stains Ⓑ *v. refl.* NÁUTICA not to answer the helm, to be out of control
desmarelecer *v. intr.* to lose the yellow colour; to lose paleness; to regain a healthy colour
desmarrar *v. tr.* NÁUTICA to unbend, to untie, to unmoor, to weigh anchor; ***desmarrar cosedura*** to unlash lacing
desmascaradamente *adv.* in an unmasked manner; openly
desmascarado *adj.* unmasked, revealed, exposed
desmascaramento *s. m.* unmasking; revelation, disclosure
desmascarar Ⓐ *v. tr.* to unmask, to take the mask off, to remove the mask; to reveal, to expose, to bring to light Ⓑ *v. refl.* to take off one's mask, to show one's true character; ***desmascarar a pretensão*** to prick the bubble; NÁUTICA ***desmascarar (luzes, artilharia, etc.)*** to unmask (lights, guns, etc.)
desmastrar *v. tr.* ⇒ **desmastrear**
desmastreamento *s. m.* dismasting, dismastment

D

desmastrear *v. tr.* NÁUTICA to dismast, to unmast, to deprive of masts, to break down the masts
desmaterialização *s. f.* dematerialization, immateriality
desmaterializar Ⓐ *v. tr.* to immaterialize Ⓑ *v. refl.* to become immaterial
desmazeladamente *adv.* carelessly, negligently, neglectfully, lazily, slovenly
desmazelado Ⓐ *adj.* lazy, slovenly, untidy, neglectful, careless, negligent, slipshod Ⓑ *s. m.* sloven; ***é um desmazelado*** he is a slovenly fellow
desmazelar Ⓐ *v. tr.* to neglect, not to care, to maltreat Ⓑ *v. refl.* to become slovenly; to grow careless (neglectful)
desmazelo *s. m.* slovenliness, negligence, carelessness, untidiness, indolence, idleness, sloth
desmedidamente *adv.* exceedingly, without measure, beyond measure, excessively, immensely
desmedido *adj.* unmeasured, excessive, immense, out of measure, immoderate; ***ambição desmedida*** soaring ambition
desmedir-se *v. refl.* to go beyond bounds; to forget oneself, to go too far, to be rash; to lose self-control
desmedrado *adj.* stunted, impaired, diminished
desmedrança *s. f.* lack of growth; checking; stunting; diminution
desmedrar *v. intr.* to stunt, to check growth; to be stunted, to grow thin
desmedro *s. m.* ⇒ **desmedrança**
desmedroso *adj.* fearless, courageous, audacious, daring
desmedular *v. tr.* to take out the marrow
desmelancolizar *v. tr.* to free of melancholy, to cheer up, to gladden
desmelenado *adj.* dishevelled, tousled, shaggy
desmelhorar Ⓐ *v. tr.* to hinder improvement, to impair Ⓑ *v. intr.* to get worse
desmelindrar *v. tr.* to redress, to revenge; to give satisfaction
desmembração *s. f.* dismemberment, dismembering
desmembrado *adj.* [fig.] destitute, cast down, dejected
desmembrador *s. m.* one who dismembers; dismembrator (machine used in milling); divider
desmembramento *s. m.* dismembering, dismemberment; partition
desmembrar *v. tr.* to dismember, to divide up; to separate (into portions)
desmemória *s. f.* lack of memory, forgetfulness, obliviousness
desmemoriado *adj.* deprived of memory; forgetful, oblivious
desmemoriar Ⓐ *v. tr.* to cause amnesia Ⓑ *v. refl.* to lose one's memory, to forget
desmentido Ⓐ *adj.* denied, contradicted, rejected Ⓑ *s. m.* denial (of a previous statement), disavowal; contradiction, negation, rejection
desmentir Ⓐ *v. tr.* to deny (a previous statement), to disavow, to reject, to contradict; to give the lie Ⓑ *v. refl.* to contradict oneself
desmerecedor *adj.* undeserving, unworthy, unmeriting
desmerecer Ⓐ *v. tr.* not to deserve, to fail to deserve, not to merit; to become undeserving (unworthy) Ⓑ *v. intr.* to be unworthy, to lose one's worth; to fade, to lose colour; ***não desmerecer de alguém*** not to be inferior to anyone in merit
desmerecido *adj.* undeserved, unmerited, unworthy, discredit; discoloured, faded
desmerecimento *s. m.* demerit, undeservedness, unworthiness, fault
desmérito *s. m.* ⇒ **demérito**
desmesura *s. f.* discourtesy, incivility, impoliteness, rudeness, indelicacy, unkindness, ungentleness
desmesuradamente *adv.* excessively
desmesurado *adj.* excessive, huge, immeasurable; enormous, colossal
desmesurar Ⓐ *v. tr.* to go beyond bounds, to exaggerate, to overdo Ⓑ *v. refl.* to be forward; to pass the limits of propriety
desmesurável *adj.* immeasurable
Desmidáceas *s. f. pl.* BOTÂNICA *Desmidiaceae* (family of fresh-water algae)
desmilitarização *s. f.* demilitarization
desmilitarizar *v. tr.* to demilitarize
desmineralização *s. f.* removal of the property of mineralization
desmineralizar *v. tr.* to remove the property of mineralization
desmiolado *adj.* hare-brained, crack-brained, shallow-brained, brainless, crazy
desmiolar *v. tr.* to deprive of brain, to take out the brain; to make someone lose his head, to madden
desmistificação *s. f.* demystification
desmiudar *v. tr.* to break into small pieces, to crumble; to detail
desmobilado *adj.* unfurnished
desmobilar *v. tr.* to unfurnish, to deprive of furniture
desmobilização *s. f.* demobilization
desmobilizado Ⓐ *adj.* demobilized Ⓑ *s. m.* ex-service man
desmobilizar *v. tr. e intr.* to demobilize, to disband, to break up (forces)
desmobilizável *adj.* that can be demobilized
desmochar *v. tr.* to take away the horns; to mutilate; to prune, to lop branches
desmodado *adj.* out of fashion, unfashionable
desmoderado *adj.* immoderate, wanting in moderation
desmoderar Ⓐ *v. tr.* to do anything immoderately Ⓑ *v. refl.* to lose moderation; to grow immoderate
desmoita *s. f.* clearing or stubbing (soil)
desmoitador *s. m.* digger of stubs
desmoitar *v. tr.* to clear (to stub) the soil; [fig.] to instruct, to civilize
desmoldação *s. f.* the removal from a mould
desmoldar *v. tr.* to remove from a mould
desmonetização *s. f.* demonetization
desmonetizar *v. tr.* to demonetize
desmonopolizar *v. tr.* to demonopolize
desmontada *s. f.* dismounting, getting off (a horse)
desmontado *adj.* dismounted, dismantled; opened out; taken to pieces, disassembled
desmontagem *s. f.* the act of dismounting
desmontar Ⓐ *v. tr.* to dismount, to open out, to take to pieces Ⓑ *v. refl. e intr.* to dismount, to alight, to get off a horse; NÁUTICA to unship; ***desmontar uma peça de artilharia*** to dismount a gun; ***desmontar uma máquina*** to dismount a machine
desmontável *adj.* dismountable; movable, that can be taken to pieces
desmonte *s. m.* dismounting; taking to pieces; extraction (of ore from its bed)
desmoralização *s. f.* demoralization, corruption; MILITAR loss of morale
desmoralizado *adj.* demoralized, disheartened, dispirited, corrupt
desmoralizador Ⓐ *adj.* demoralizing, corrupting Ⓑ *s. m.* demoralizer
desmoralizar *v. tr.* to demoralize, to dishearten, to dispirit, to deprave, to corrupt
desmoronadiço *adj.* tottering, shaky, rocking, wabbling, ready to fall
desmoronamento *s. m.* landslip, landslide, falling down; collapse, crumbling, ruin
desmoronar Ⓐ *v. tr.* to throw (to pull) down Ⓑ *v. refl.* to crumble, to fall in, to cave in, to fall down; to collapse, to fall to pieces

desmortificar *v. tr.* to cease mortifying; to lighten
desmotivado *adj.* unmotivated, uninterested, indifferent; groundless
desmotivar *v. tr.* to remove the cause of
desmouta *s. f.* clearing, grubbing up (of land)
desmoutar *v. tr.* to clear, to grub up (land)
desmucionar *v. tr.* to deprive of ammunition
desmudar *v. tr.* ⇒ **demudar**
desmultiplicação *s. f.* MECÂNICA reduction
desmunicionar *v. tr.* ⇒ **desmucionar**
desmurar *v. tr.* to pull down (to raze, to demolish) the walls
desnacional *adj.* not national
desnacionalização *s. f.* denationalization
desnacionalizador *adj.* denationalizing
desnacionalizar *v. tr.* to denationalize
desnalgado *adj.* dry, meager, thin
desnalgar-se *v. refl.* to show the buttocks; to bare the rump; to waddle
desnamorar *v. tr.* to break off with a friend, to stop being in love, to break up, to split up
desnarigado *adj.* noseless
desnarigar *v. tr.* to cut off the nose
desnasalação *s. f.* removal of nasal sound (or nasalization)
desnasalar *v. tr.* to remove the nasal sound
desnasalização *s. f.* ⇒ **desnasalação**
desnasalizar *v. tr.* ⇒ **desnasalar**
desnastrar *v. tr.* to take away the tapes (ribbons, plaits)
desnatação *s. f.* skimming, creaming, taking cream from (milk)
desnatadeira *s. f.* cream-separator, milk skimmer
desnatado *adj.* skimmed; ***leite desnatado*** skim milk
desnatar *v. tr.* to skim, to remove the cream from milk; to cream; ***desnatar o leite*** to skim the cream of milk
desnaturação *s. f.* denaturalization, making cruel
desnaturado *adj.* unnatural, cruel, inhuman, monstrous; denatured; ***filhos desnaturados*** unnatural children; ***álcool desnaturado*** denatured alcohol
desnatural *adj.* unnatural; contrary to (the laws of) nature; old, inhuman
desnaturalidade *s. f.* unnaturality
desnaturalização *s. f.* denaturalization
desnaturalizar *v. tr.* to denaturalize, to divest of citizenship
desnaturar *v. tr.* to denature; to make inhuman; to make cruel, to make unnatural, to pervert
desnavegável *adj.* unnavigable, not navigable
desnecessariamente *adv.* unnecessarily, needlessly
desnecessário *adj.* unnecessary, needless, useless, superfluous
desnecessidade *s. f.* inutility, uselessness, needlessness, superfluousness
desnecessitar *v. tr.* not to need, not to be in need of
desnegar-se *v. refl.* to recant, to retract, to unsay, to disown, to abjure
desnegociar *v. tr.* to undo (to call off) a transaction, to cancel an agreement
desnervado *adj.* unnerved, flagging, languid (style); enervated; BOTÂNICA without nerves; unribbed
desnervamento *s. m.* enervation
desnervar Ⓐ *v. tr.* to deprive of nerves (strength), to weaken; to calm Ⓑ *v. intr.* to enervate
desnevada *s. f.* thawing
desnevar *v. tr. e intr.* to thaw, to melt (snow)
desnevoar *v. tr.* ⇒ **desenevoar**
desninhar *v. tr.* to unnest, to put out of the nest
desniquelagem *s. f.* loss of nickel-plating
desniquelar Ⓐ *v. tr.* to deprive of nickel Ⓑ *v. refl.* to lose the nickel-plating
desnível *s. m.* unevenness, difference in level, drop
desnivelado *adj.* uneven; not parallel; unequal
desnivelamento *s. m.* unlevelling, drop; ***desnivelamento de eclusa*** lockage
desnivelar *v. tr.* to unlevel, to make uneven
desnobrecer *v. tr.* to deprive of nobility; to abase, to debase; to humble; to degrade
desnodoar *v. tr.* to remove (to clean of) spots
desnodoso *adj.* unknotted, knotless
desnoitar *v. intr.* to come to the end (of night), to grow light
desnoivar *v. tr.* to break off an engagement
desnorte *s. m.* ⇒ **desnorteamento**
desnorteado *adj.* bewildered, confused, perplexed, disorientated; thoughtless, lost
desnorteador *adj.* ⇒ **desnorteante**
desnorteamento *s. m.* bewilderment, perplexity, confusion; disorientation, deviation from the course
desnorteante *adj.* baffling, confusing, bewildering
desnortear Ⓐ *v. tr.* to desorientate, to deviate from the course, to lead astray, to turn aside; to bewilder, to puzzle, to confuse Ⓑ *v. refl.* to lose one's way, to go astray; ***estar desnorteado*** to be bewildered, to be confused
desnotar *v. tr.* to remove a note (from)
desnovelar *v. tr.* to unwind a skein
desnublado *adj.* cloudless; [fig.] diaphanous, transparent
desnublar *v. tr.* to uncloud, to clear up
desnucar *v. tr.* to break (to hurt) the nape
desnudação *s. f.* denudation, stripping
desnudamento *s. m.* denudation, stripping
desnudar *v. tr.* to denude, to strip of, to make naked; to lay bare
desnudez *s. f.* nakedness, nudity, nudeness
desnudo *adj.* naked, denuded, undressed, unclothed; bare
desnutrição *s. f.* malnutrition, underfeeding; thinning, emaciation
desnutriente *adj.* thinning, slimming
desnutrir *v. tr.* to nourish poorly, to underfeed, to slim, to emaciate, to make thin
desobedecer *v. tr. e intr.* to disobey; to disregard; to infringe; ***desobedecer aos pais*** to disobey one's parents; ***desobedecer abertamente*** to fly in the face of
desobediência *s. f.* disobedience; contempt (of court); rule-breaking
desobediente *adj.* disobedient, unsubmissive, unruly, rebellious, mutinous, non-compliant
desobedientemente *adv.* disobediently, unruly, unsubmissively
desobriga *s. f.* acquittance, discharge, release, exemption, disengagement; performance of the Paschal duty
desobrigação *s. f.* release from obligation, discharge, release, exemption, disengagement
desobrigado *adj.* exempt from obligations, unpledged, disengaged
desobrigar Ⓐ *v. tr.* to release from duty (obligation); to exempt, to release, to dispense, to free, to acquit, to unbind Ⓑ *v. refl.* to perform one's duty; to perform the Paschal duties
desobrigatório *adj.* not binding, disobligatory
desobscurecer *v. tr.* to light up, to clear up, to enlighten; to free from shade
desobstinado *adj.* restless, unquiet, boisterous, riotous; foolish, indiscreet, imprudent
desobstrução *s. f.* removal of obstruction; clearing up, clearance; unstopping
desobstruente *adj.* unobstrusive, deoppilative
desobstruimento *s. m.* ⇒ **desobstrução**
desobstruir *v. tr.* to clear up; to remove obstruction; to free from impediments; to disencumber, to disembarrass, to rid, to unstop
desobstrutivo *adj.* unobstructive, deoppilative
desocasionado *adj.* untimely, inopportune, inappropriate; ill-timed; impertinent

desocupação *s. f.* disoccupation, leisure, lack of occupation, freedom, emptiness
desocupado *adj.* unoccupied, disengaged, free, vacant; at leisure, idle; untenanted (house)
desocupar *v. tr.* to quit, to clear, to leave, to vacate; to evacuate; to empty; ***desocupar uma casa (um quarto)*** to vacate a house (a room); ***desocupar um lugar*** to leave a seat
desodorante *adj.* deodorant
desodorizante *adj., s. m.* deodorant
desodorizar *v. tr.* to deodorize
desoficialização *s. f.* making unofficial (informal)
desoficializar *v. tr.* to make unofficial (informal)
desofuscar *v. tr.* to clear away, to free from clouds (mist), to uncloud; to demist; to enlighten
desolação *s. f.* desolation, ravage, destruction, devastation; [fig.] sadness, wretchedness; misery, affliction; loneliness, forlornness
desoladamente *adv.* desolately, miserably; sadly, depressingly
desolado *adj.* desolate, miserable, wretched, distressed; forlorn, forsaken, lonely; afflicted; ravaged, destroyed
desolador *adj.* desolating, grievous, afflicting, distressing
desolar *v. tr.* to desolate; to devastate, to lay waste, to ravage, to destroy; to depopulate; to make (person) wretched, to distress, to afflict, to sadden; to leave forlorn (person, heart)
desoleificação *s. f.* the act of removing oil from something
desoleificador *s. m.* oil-remover
desoleificar *v. tr.* to remove the oil, to clear of oil
desolhado *adj.* tired-eyed, sore-eyed; deprived of (superfluous) buds
desolhar *v. tr.* to disbud, to remove the buds (sprouts) of plants
desoneração *s. f.* exoneration, discharge, dismissal; [coloq.] sack, firing
desonerar *v. tr.* to exonerate, to discharge, to dismiss, to free (person) from charge; [coloq.] to sack, to fire
desonestamente *adv.* dishonestly, falsely, unfairly, unscrupulously
desonestar *v. tr.* to dishonour, to disgrace, to discredit, to degrade, to abase, to revile; to deflower, to corrupt; to ravish
desonestidade *s. f.* dishonesty, fraud, faithfulness, deceitfulness, trickery
desonesto *adj.* dishonest, dishonourable, shameful; corrupt; false, unfair, deceitful, crooked, unscrupulous, knavish, fraudulent
desonra *s. f.* dishonour, discredit, disrepute, disgrace, shame, infamy
desonradamente *adv.* dishonourably, shamefully, disgracefully
desonrar *v. tr. e refl.* to dishonour, to discredit, to disgrace; to shame, to degrade; to abase, to bring shame (reproach) upon; to defile, to foul; to seduce, to ravish, to deflower
desonroso *adj.* dishonourable, discreditable; disgraceful, shameful
desopilação *s. f.* ⇒ **desobstrução**
desopilante *adj.* exhilarant, cheering; stimulating, relieving
desopilar *v. tr.* to free from obstruction, to relieve obstruction; to cheer (up), to exhilarate, to enliven; ***desopilar o fígado*** [coloq.] to expand, to give way to mirth, to drive dull care away, to have a hearty laugh
desopilativo *adj.* exhilarant, cheering; stimulating, relieving
desoportuno *adj.* inopportune, untimely, ill-timed, not opportune
desopressão *s. f.* relief, ease, cessation of oppression, lightening
desopressor Ⓐ *adj.* easing, liberating Ⓑ *s. m.* liberator
desoprimir *v. tr.* to free from oppression, to relieve, to ease, to lighten
desoras *s. f. pl.* ***a desoras*** at an unearthly hour, at a late hour, very late, inopportunely, unseasonably
desorbitar *v. tr.* to throw out of the orbit
desordeiro Ⓐ *adj.* rowdy, rough, riotous, unruly, turbulent Ⓑ *s. m.* rowdy (person), hooligan, rough, rioter
desordem *s. f.* disorder, lack of order; confusion, muddle, mess, untidiness; disturbance, disarrangement, trouble; tumult, riot, turmoil, row, affray, brawl, commotion, quarrel; ***em desordem*** in disorder, in a muddle; ***em completa desordem*** upside down; ***promotor de desordens*** mischief-maker; ***promover desordens*** to raise a storm, to stir up a storm; ***fazer desordem*** [fam.] to kick up a shindy, to make a disturbance
desordenação *s. f.* disorder, lack of order; confusion, muddle, mess, untidiness; disturbance, disarrangement, trouble; tumult, riot, turmoil, row, affray, brawl, commotion, quarrel
desordenadamente *adv.* disorderly, confusedly; untidily; riotously
desordenado *adj.* disorderly, confused, deranged, untidy; riotous, unruly, irregular
desordenador Ⓐ *adj.* disordering, disturbing, confusing Ⓑ *s. m.* mischief-maker, disturber, trouble-maker, agitator
desordenar *v. tr.* to disorder, to disarrange, to confuse, to put out of order; to disturb, to upset, to throw into confusion, to make a mess of, to disorganize
desorelhar *v. tr.* to cut off the ears
desorganização *s. f.* disorganization, confusion, muddle, confusedness, jumble, chaos
desorganizadamente *adv.* confusingly, chaotically
desorganizador *s. m.* disorganizer
desorganizar *v. tr. e refl.* to disorganize, to upset, to disturb, to disarrange, to derange, to muddle, to break up, to throw into confusion, to make a mess of
desorientação *s. f.* disorientation, losing one's bearings; bewilderment, confusion, perplexity, puzzlement
desorientadamente *adv.* confusedly, at random; foolishly, recklessly, wildly
desorientado *adj.* bewildered, puzzled, perplexed, distracted, confused, dazed; disorientated, led astray; ***ficar desorientado*** [fam.] to be all at sea, to be at a loss
desorientador Ⓐ *adj.* perplexing, bewildering Ⓑ *s. m.* disorientator
desorientamento *s. m.* ⇒ **desorientação**
desorientar Ⓐ *v. tr.* to disorientate, to lead astray, to mislead, to put out of the way; to bewilder, to perplex, to puzzle; to throw into confusion Ⓑ *v. refl.* to lose one's way, to lose one's bearings, to get muddled
desornar *v. tr.* to strip (to divest) of ornament, to disgarnish; to undeck
desorvalhado *adj.* no longer covered with dew
desossamento *s. m.* boning, the act of taking out the bones from the meat
desossar *v. tr.* to bone, to flog, to thrash
desossificação *s. f.* decalcification (of bones)
desougar *v. tr.* ⇒ **desaguar**
desova *s. f.* spawning season; spawn, fry (of fishes); laying (of eggs)
desovação *s. f.* ⇒ **desova**
desovadouro *s. m.* place where an animal lays its eggs; spawning-ground
desovamento *s. m.* spawning (of fishes); laying (of eggs)
desovar *v. tr.* to spawn; to lay eggs
desoxidação *s. f.* deoxidization
desoxidante *adj.* deoxidizing
desoxidar *v. tr.* to deoxidize
desoxigenação *s. f.* deoxygenation
desoxigenante *adj.* deoxygenating

desoxigenar *v. tr.* to deoxygenate
despachadamente *adv.* promptly, quickly, swiftly; readily, speedily
despachado *adj.* quick, speedy, expeditious, swift; fixed, settled, resolved
despachador *s. m.* dispatcher, clearer
despachante *s. m. e f.* forwarding-agent; ***despachante da alfândega*** customs clearing-agent, customs agent
despachar *v. tr. e refl.* to dispatch, to despatch, to forward, to send off; to clear goods (at the custom-house); to execute (with promptness); [pop.] to kill off, to put out of the way (a person); to make haste, to hurry, to be quick; [coloq.] to get a move on; ***despachar um navio*** to clear a ship; ***despachar a bagagem*** to register one's luggage; ***é preciso despachar o trabalho*** you must get on with your work; ***despachar negócio*** to dispatch business; ***despachar prontamente*** to whip off, to deal rapidly, to fix up at once
despacho *s. m.* dispatch, despatch, promptitude, rapidity; forwarding, diligence, determination, speed; written message, official communication on State affairs; ***despacho alfandegário*** customs clearance; ***despacho dum navio*** clearance of a ship; ***despacho de descarga*** landing order; ***despacho ministerial*** ministerial dispatch
despadrar *v. tr.* to deprive of ecclesiastic dignity, to unfrock
despaganização *s. f.* the act of drawing someone away from paganism; the deprivation of pagan character
despaganizar *v. tr.* to draw away from paganism, to deprive of pagan character
despairecer *v. tr.* ⇒ **espairecer**
despalhar *v. tr.* to take off (away) the straw
despalmar *v. tr.* to pare a horse's hoof
despalmilhado *adj.* without an inner sole
despalmilhar *v. tr.* to remove the inner soles
despampanar *v. tr.* to lop the leafy branches of a vine
despampar *v. tr.* ⇒ **despampanar**
despapar *v. tr.* to toss (to lift) the head (of a horse)
desparafinar *v. tr. e intr.* to remove paraffine from, to remove from paraffine
desparafusar *v. tr.* to unscrew, to screw off
desparamentar *v. tr.* to disrobe, to take off vestments (priestly garments)
desparecer *v. intr.* ⇒ **desaparecer**
despargir *v. tr.* ⇒ **espargir**
desparra *s. f.* lopping of (grape-vine) leaves
desparrar *v. tr.* to lop off the leaves of a vine
desparzir *v. tr.* ⇒ **espargir**
despassar *v. tr.* to pass over; to pass beyond, to overtake
despasse *s. m.* overtaking; unwinding, uncoiling
despatriado *adj.* expatriated, exiled, banished
despatriota *adj.* unpatriotic
despatriótico *adj.* unpatriotic
despatriotismo *s. m.* unpatriotism
despautério *s. m.* nonsense, folly, trash, stuff and nonsense; moonshine, trifles
despavorido *adj.* frightened, scared, terrified, panic-struck, appaled
despavorir *v. tr.* to frighten, to scare, to terrify, to alarm
despear Ⓐ *v. tr.* to take away the hobble; to unfetter, to unshackle Ⓑ *v. refl.* to tire the feet; to wear out the hoofs
despecuniar *v. tr.* to deprive of money, to cause unnecessary expense
despedaçador Ⓐ *adj.* tearing, shattering, rending, lacerating Ⓑ *s. m.* tearer, lacerator
despedaçamento *s. m.* tearing, shattering, rending, laceration
despedaçar Ⓐ *v. tr.* to tear, to tear to pieces, to pull to pieces; to rend, to rip, to lacerate; to break up, to hackle, to smash, to shatter Ⓑ *v. refl.* to be torn; ***o automóvel despedaçou-se de encontro a uma parede*** the car was smashed to bits when it hit the wall
despedida *s. f.* farewell, good-bye, leave-taking, parting, adieu; discharge, dismissal, dismission; [fig.] end, conclusion; ***aviso de despedida*** parting words; ***jantar de despedida*** farewell dinner; ***uma despedida afectuosa*** a friendly send-off; ***um beijo de despedida*** a parting kiss
despedidas-de-verão *s. f. pl.* BOTÂNICA chrysanthemums
despedido *adj.* dismissed, discharged, sent away, turned away; [coloq.] sacked; fired; ***ser despedido*** [coloq.] to be discharged from, to get the sack; ***ser despedido do emprego*** [coloq.] to get the push, to be sacked, to lose one's job, to be fired
despedimento *s. m.* dismissal, shooting, discharge, firing, letting fly; ⇒ **despedida**; ***despedimento sem justa causa*** wrongful dismissal
despedir Ⓐ *v. tr.* to dismiss, to discharge, to send away (out), to turn away; [coloq.] to give the sack, to fire; to pay off; to shoot, to hurl, to cast Ⓑ *v. refl.* to take leave; to bid farewell, to part; to say good-bye, to part from, to part with; ***despedir-se de alguém*** to see a person off; ***despedir-se à francesa*** to take French leave; ***despedir-se de sócio*** to resign one's membership; ***despedir alguém*** [coloq.] to give someone the sack, to fire someone, to dismiss someone
despedrado *adj.* hard, severe, harsh, rough, hard-hearted
despegado *adj.* unglued, unstuck, unattached, loose; unconcerned, indifferent, disinterested
despegamento *s. m.* disaffectedness; unfriendliness, indifference; unconcern; coming off, unsticking, loosening
despegar Ⓐ *v. tr.* to unglue, to unstick; to detach, to separate; to break off; to disjoint Ⓑ *v. refl.* to become disaffected; to get loose, to come off
despego *s. m.* disaffection, apathy, coolness, indifference, unconcern, disinterestedness
despeitado *adj.* spiteful, piqued, offended, hurt, displeased, nettled
despeitador *s. m.* one who shows spite (ill-will, mean-hatred)
despeitar Ⓐ *v. tr.* to spite, to annoy, to vex, to thwart; to worry; to offend, to pique Ⓑ *v. refl.* to be offended (hurt), to fret, to grow angry
despeito *s. m.* spite, ill-will, grudge, petty hatred; ***por despeito*** out of spite; ***a despeito de*** in spite of; ***fê-lo por despeito*** he did it from pure spite
despeitorar *v. tr.* to uncover the breast; to cut low (as a dress)
despeitoso *adj.* despiteful, spiteful, malicious
despejadamente *adv.* shamelessly
despejado *adj.* emptied; vacant, unoccupied, free, void; impudent, licentious, shameless, indecent
despejador *adj.* emptying, removing, tilting
despejamento *s. m.* emptying, removal; quitting, vacating (a house); [fig.] impudence, shamelessness, licentiousness
despejar Ⓐ *v. tr.* to empty, to remove, to pour out (the contents of) Ⓑ *v. intr.* to vacate, to quit Ⓒ *v. refl.* to get rid of; to free oneself of; to grow shameless; NÁUTICA to dump, to pour; ***despejar uma casa*** to empty and leave a house; ***despejar o copo (bebendo)*** to quaff the bowl, to empty one's glass; ***despejar um saco de carvão*** to shoot coals out of a sack; NÁUTICA ***despejar o vento*** to spill
despejo *s. m.* emptying, removing, removal; evacuation, eviction; vacating (a house); [fig.] boldness, impudence; *pl.* rubbish, garbage, slops; ***mandado de despejo*** notice to quit
despela *s. f.* skinning; hulling, peeling
despelar *v. tr.* to skin; to bark, to hull, to husk, to peel
despenado *adj.* relieved from pain; deplumed; ⇒ **depenado**
despenar Ⓐ *v. tr.* to relieve from pain (sorrow); to deplume; ⇒ **depenar** Ⓑ *v. intr.* to cease suffering
despencar Ⓐ *v. tr.* to take from the bunch (bananas or grapes) Ⓑ *v. refl. e intr.* to fall down disastrously
despendedor *s. m.* squanderer, spendthrift, waster

despender *v. tr.* to spend, to lay out, to disburse, to expend; to waste, to dissipate, to squander; to use, to employ; ***despender energias em demasia*** to burn the candle at both ends, to dissipate one's energy; ***despender (desperdiçar) tempo*** to consume time, to kill time

despendurar *v. tr.* to take down (off), to unhook, to unhang

despenhadeiro *s. m.* precipice, steep, crag, slope

despenhamento *s. m.* throwing (hurling) oneself down a precipice; downfall, fall

despenhar Ⓐ *v. tr.* to throw (hurl) down a precipice, to toss down Ⓑ *v. refl.* to fall headlong; AERONÁUTICA to crash; ***o avião despenhou-se no solo*** the plane crashed on the ground

despenho *s. m.* downfall, fall, tumble; [fig.] ruin, loss, perdition, damnation

despenhoso *adj.* steep, craggy, rugged, precipitous, sheer

despenitenciar *v. tr.* to pardon, to absolve, to forgive, to free

despensa *s. f.* pantry, larder; steward's room; store-room; ***uma despensa bem sortida*** a well-stocked larder

despenseira *s. f.* stewardess; housekeeper, matron

despenseiro *s. m.* butler; steward; NÁUTICA purser

despentear *v. tr. e refl.* to ruffle (to tousle, to dishevel) the hair; to untidy one's hair

desperceber *v. tr.* not to perceive, to disregard, to pay no attention to; to fail to notice

despercebidamente *adv.* unperceivably, without being perceived; stealthily, secretly

despercebido *adj.* unnoticed, unobserved, unperceived, unheeded, unseen; ***passar despercebido*** to escape one's notice

despercebimento *s. m.* lack of perception; inattention, want of attention

desperdiçado Ⓐ *adj.* wasted, lavished, squandered, dissipated, misspent, lost Ⓑ *s. m.* waster, spendthrift, squanderer, lavisher

desperdiçador *s. m.* ⇒ **desperdiçado**

desperdiçar *v. tr.* to waste, to lavish, to squander, to dissipate, to misspend, to fritter away, to throw away; ***desperdiçar o tempo*** to fritter away time; to trifle time away; to waste time; ***desperdiçar dinheiro*** to play fast and loose with money; to fritter money away; to waste money

desperdício *s. m.* waste, loss; dissipation, squandering, lavishness; refuse, residue; *pl.* rags, waste-products; ***desperdícios de madeira*** wood-waste; ***desperdício de dinheiro*** waste of money; ***desperdício de energia*** waste of energy

desperecer *v. intr.* to wither, to decay, to fade, to fade out

desperfilar Ⓐ *v. tr.* to put out of line (troops, etc.) Ⓑ *v. refl.* to get out of line

despersonalização *s. f.* depersonalization (loss of one's personality)

despersonalizado *adj.* uncharacteristic, deprived of one's characteristics

despersonalizar Ⓐ *v. tr.* to depersonalize, to make impersonal Ⓑ *v. refl.* to lose one's personality

despersuadir Ⓐ *v. tr.* to dissuade, to advise against, to divert from Ⓑ *v. refl.* to change one's mind

despersuasão *s. f.* dissuasion

despertador *s. m.* alarm clock; awakener; exciter

despertar *v. tr. e intr.* to awake, to wake up, to stir up, to rouse up; to awaken, to arouse, to excite, to stimulate, to provoke, to kindle; ***a Primavera desperta toda a natureza*** spring awakens all nature; ***despertei do meu sonho*** I roused myself from my dream; ***despertar a vontade de saber*** to awaken (to arouse) a desire for knowledge; ***despertar interesse*** to arouse (to kindle) interest

despertativo Ⓐ *adj.* stimulating, exciting Ⓑ *s. m.* rap (on the head)

desperto *adj.* awake, wide awake, roused from sleep

despesa *s. f.* expense, expenditure, disbursement; charge, cost, outlay; *pl.* overheads; ***despesas operacionais*** operating expenses; ***despesas tributárias*** corporation tax; ***incorrer em despesas*** to incur expenses; ***lançar em despesa*** to carry to expenditure; ***custear as despesas*** to defray; ***despesas de justiça*** law expenses; ***despesas de viagem (de deslocação)*** travelling expenses; ***despesas de exploração*** working expenses; ***despesas de representação*** representation fees; ***despesas de embarque*** shipping charges; ***despesas de acostagem*** quayage (expenses); ***despesas de barcaças*** lighterage; ***despesas de porto*** port charges, port dues; ***despesas de salvamento*** salvage; ***despesas suplementares (extra)*** extra costs; ***despesas postais*** postage; ***despesas miúdas*** petty expenses; ***despesas a liquidar*** outstanding expenses; ***despesas acessórias, despesas de expediente*** incidental expenses; ***despesas de transporte*** carriage; ***livre de todas as despesas*** free of charge; ***deduzidas as despesas*** after deducting costs; ***despesas pessoais*** out-of-pocket expenses; ***fazer as despesas da festa*** to pay the piper; ***não evitar despesas*** not to spare expenses; ***pagar as despesas de um divertimento a alguém*** to stand treat; ***reduzir as despesas*** to cut down one's expenses; COMÉRCIO ***despesas de protesto*** noting expenses; ***pagar cada um a sua despesa*** [fam.] to go Dutch; ***despesas públicas*** public expenditure

despesão *s. m.* big (huge) expense (expenditure)

despesar *v. intr.* to make payments; to incur expenses

despetalar *v. tr.* to pluck the petals

despetalear *v. tr.* ⇒ **despetalar**

despetrechar *v. tr.* to deprive of equipment (gear)

despicado *adj.* unfriendly; at cross purposes; hard, tough

despicar *v. tr. e refl.* to revenge, to avenge, to take revenge, to return tit for tat, to take revenge ostentatiously

despiciendo *adj.* despicable; worthless

despiciente *adj.* despising, disdaining

despido *adj.* undressed, unclothed, naked; nude; bare; denuded (of), stripped (of), deprived of; free, exempt; ***uma região despida de vegetação*** a country denuded of vegetation; ***despido de toleima*** free from folly

despiedade *s. f.* inhumanity, unmercifulness, cruelty, ruthlessness, pitilessness

despiedado *adj.* unmerciful, cruel, pitiless, barbarous

despiedar Ⓐ *v. tr.* to render pitiless (unmerciful) Ⓑ *v. refl.* to grow merciless

despiedoso *adj.* inhuman, ruthless, cruel, pitiless

despigmentação *s. f.* lack of pigmentation

despigmentar *v. tr.* to make (something) lose the pigmentation

despimento *s. m.* undressing, unclothing, stripping

despinçar *v. tr.* to take out (away) with pincers

despintar *v. tr.* to blot out, to efface (painting); to wash out; to disfigure

despiolhação *s. f.* ⇒ **despiolhamento**

despiolhamento *s. m.* delousing

despiolhar *v. tr.* to delouse

despique *s. m.* revenge, spite; ***por despique*** out of spite

despir *v. tr. e refl.* to undress, to unclothe, to strip, to divest of (clothing); to throw (to take) off one's clothes; ***é favor ajudar-me a despir o casaco*** please help me off with my coat; ***ajudar a despir*** to help off; ***o viajante despiu o fato encharcado*** the traveller took off his soaking clothes; ***despir-se (apressadamente)*** to throw off one's clothes; NÁUTICA ***despir (relativo ao aparelho)*** to unrig

despistado *adj.* confused, mixed-up

despistagem *s. f.* leaving the track (road), coming off the track (road); [fig.] straying

despistar Ⓐ *v. tr.* to put off the scent; to throw off the track; to mislead, to lead astray; to baffle, to outwit (the police) Ⓑ *v. refl.* to go off the track (road); [fig.] to go astray, to stray (from); to draw a red herring across the path

desplantar *v. tr.* to dig (to take) a plant out of the ground; to transplant
desplante *s. m.* impudence, sauciness, cheek, insolence, pertness, boldness; oblique posture (in fencing)
desplumar *v. tr.* to deplume, to pull the feathers out of, to pluck
despoeiramento *s. m.* dusting down
despoético *adj.* unpoetic, prosaic
despoetização *s. f.* rendering unpoetic
despoetizado *adj.* rendered unpoetic
despoetizador *adj.* he who renders unpoetic
despoetizar *v. tr.* to render unpoetic, to make prosaic
despojador *s. m.* plunder, stripper, spoiler, spoliator, despoiler
despojamento *s. m.* despoilment, stripping; plundering, robbing
despojar *v. tr.* to despoil, to rob, to strip of; to plunder
despojo *s. m.* booty, plunder, plundering; despoliation, despoilment; leavings, leftovers, remains, scraps; wreck; ***despojos flutuantes (do mar)*** jetsam, flotsam; ***despojos mortais*** mortal remains
despolarização *s. f.* depolarization
despolarizador Ⓐ *adj.* depolarizing Ⓑ *s. m.* depolarizer
despolarizante *adj., s. m.* ⇒ **despolarizador**
despolarizar *v. tr.* to depolarize
despoletar *v. tr.* to defuse, to inactivate; to stop; to cause, to originate, to detonate
despolidez *s. f.* incivility, indelicacy, impoliteness, discourtesy, uncourtliness
despolimento *s. m.* tarnish, dullness; loss of polish
despolir *v. tr.* to take off polish, to tarnish, to diminish the lustre or purity of
despolitizar *v. tr.* to depoliticize
despolpa *s. f.* removal of hull, hulling
despolpador *s. m.* engine for hulling coffee
despolpar *v. tr.* to hull coffee grains; to pulp
despoluição *s. f.* the act of clearing from pollution
despoluir *v. tr.* to clear from pollution, to turn clean, to decontaminate, to disinfect
desponsório *s. m.* [arc.] betrothal, marriage-settlement
despontado *adj.* edgeless, without edge (point); blunt; trimmed (hair)
despontador Ⓐ *adj.* blunting Ⓑ *s. m.* blunting instrument
despontante *adj.* blunting, taking away the point
despontar Ⓐ *v. tr.* to blunt, to take the edge (point) off Ⓑ *v. intr.* to come into view, to begin to appear, to break (day); BOTÂNICA to bud, to sprout, to blow Ⓒ *s. m.* peep, break; ***despontar o cabelo*** to trim the hair; ***despontar uma sebe*** to clip a hedge; ***ao despontar do dia*** at the peep of day, at dawn, at the break of day
desponte *s. m.* lopping of the tops of corn stalks
despontuar *v. tr.* to remove the punctuation
despopularização *s. f.* decline in popularity
despopularizar Ⓐ *v. tr.* to make unpopular, to depopularize Ⓑ *v. refl.* to become unpopular
despor *v. tr.* ⇒ **depor**
desporte *s. m.* sport, play, recreation, amusement, pastime, pleasure
desportilhar *v. tr.* to break down the doors (gates)
desportismo *s. m.* practising sport, love of games, practice of sport
desportista *s. m. e f.* sportsman, sportswoman
desportivamente *adv.* sportively, sportingly, sportfully
desportivismo *s. m.* sporting spirit, fair play
desportivo *adj.* sportive, sporting; ***indumentária e artigos desportivos*** sports gear
desporto *s. m.* sport, play, recreation, pleasure, pastime, amusement; ***desportos atléticos*** athletic sports; ***muito dado ao desporto*** much devoted to sport; ***desporto náutico (navegação em iate)*** yachting
desposar Ⓐ *v. tr.* to marry, to wed, to betroth Ⓑ *v. refl.* to get married
desposório *s. m.* [arc.] betrothal
despossar *v. tr.* to dispossess, to deprive, to divest, to oust, to despoil, to dislodge
despossessão *s. f.* dispossession, deprivation, expropriation, ousting, dislodg(e)ment
despossuir *v. tr.* to dispossess of, to deprive, to divest; to lose the possession of
despostiçar *v. tr.* to expel, to turn out, to show the door
déspota *s. m.* despot, tyrant, autocrat, oppressor
despoticamente *adv.* despotically
despótico *adj.* despotic, tyrannical, oppressive
despotismo *s. m.* despotism, tyranny, autocracy, oppression
despovoação *s. f.* depopulation
despovoado Ⓐ *adj.* unpeopled, uninhabited, empty, desert, depopulated Ⓑ *s. m.* desert place
despovoador *s. m.* depopulator
despovoamento *s. m.* depopulation, decline in population
despovoar Ⓐ *v. tr.* to depopulate, to unpeople Ⓑ *v. refl.* to become depopulated
despratear *v. tr.* to take the silver coating off, to desilver
desprazer Ⓐ *s. m.* displeasure, dissatisfaction, discontent(ment), grief Ⓑ *v. intr.* to displease, to dissatisfy, to discontent, to grieve
desprazível *adj.* unpleasant, unpleasing, disagreeable
desprecatadamente *adv.* improvidently
desprecatado *adj.* improvident, careless, heedless
desprecatar-se• *v. refl.* to become unwary, to be improvident
desprecaução *s. f.* lack of precaution, imprudence, carelessness
desprecaver-se *v. refl.* to be unwary, to be careless, to get careless
despreconceito *s. m.* absence of prejudice
despregado *adj.* loose, unfastened, untied; unnailed, unpinned; impertinent, insolent, impudent; ***rir-se a bandeiras despregadas*** to laugh expansively, to laugh uproariously, to guffaw
despregadura *s. f.* unnailing, unfastening; unpleating
despregar Ⓐ *v. tr.* to unnail, to untuck; to unfasten, to untie; to undo (the pleats) Ⓑ *v. refl.* to get (to become) unnailed
despremiar *v. tr.* not to reward, not to recompense
desprendado *adj.* unaccomplished; untalented
desprender Ⓐ *v. tr.* to loose, to loosen; to unfasten, to untie, to undo, to unpin; to disengage, to detach, to release Ⓑ *v. refl.* to get loose
desprendido *adj.* unfastened, loose, untied, disengaged, detached, released; indifferent, independent
desprendimento *s. m.* unfastening, loosening; detachment, disinterest, indifference, apathy
despreocupação *s. f.* carelessness, heedlessness, carefreeness, lack of concern
despreocupado *adj.* carefree, careless, thoughtless, unmindful, unconcerned
despreocupar Ⓐ *v. tr.* to free from care, to relieve of worry Ⓑ *v. refl.* to ease one's mind, not to think of, to cease being absorbed in
despreparo *s. m.* disorganization, disarrangement
desprestigiador Ⓐ *adj.* discrediting, depreciating Ⓑ *s. m.* defamer, detractor
desprestigiante *adj.* discrediting, depreciating
desprestigiar Ⓐ *v. tr.* to lower prestige of; to discredit, to depreciate, to disrepute, to cast into disrepute Ⓑ *v. refl.* to lose one's prestige

desprestígio *s. m.* loss of prestige, discredit, disrepute, disrespect, depreciation
despretensão *s. f.* unpretentiousness, modesty
despretensiosamente *adv.* modestly, unpretentiously, humbly
despretensioso *adj.* unpretentious, unassuming, simple, unobtrusive, modest
desprevenção *s. f.* want of providence (foresight); improvidence, carelessness, incautiousness
desprevenidamente *adv.* improvidently, unawares, unexpectedly, without warning
desprevenido *adj.* unguarded; heedless; unwary, unaware, unprovided, not ready for, unprepared; [pop.] penniless; ***ser apanhado desprevenido*** to be taken unawares, [fig.] to be caught napping
desprevenir *v. tr.* to neglect, to disregard, to overlook; to fail to warn, to fail to provide
desprezador Ⓐ *adj.* despising, disdainful, scornful Ⓑ *s. m.* despiser, contemner, disdainer, scorner
desprezar Ⓐ *v. tr.* to despise, to contemn, to disdain, to spurn, to scorn, to depreciate; to look down upon, to hold in contempt, to slight Ⓑ *v. refl.* to debase oneself, to degrade oneself; ***desprezar uma regra*** to disregard a rule; ***sentir-se desprezado*** to feel out of it, to feel despised
desprezativo *adj.* contemptuous, disdainful, scornful, depreciative; derogatory, disparaging
desprezável *adj.* negligible
desprezível *adj.* despicable, contemptible, mean, abject, low, worthless, unworthy
desprezivelmente *adv.* despicably, contemptibly, meanly
desprezo *s. m.* contempt, disdain, scorn, disregard, neglect, carelessness; ***um riso de desprezo*** a curl of the lip; ***dar ao desprezo*** to despise, to scorn; ***dar-se ao desprezo*** to neglect oneself; ***desprezo pela autoridade (do tribunal)*** contempt of court
desprimor *s. m.* impoliteness, discourtesy, incivility, want of polish, ungentlemanliness; ***sem desprimor*** without any meaning of offence, no offence meant
desprimorar Ⓐ *v. tr.* to remove the polish from, to tarnish, to dull; to rob of finish, to make imperfect Ⓑ *v. refl.* to dishonour oneself, to lower oneself, to disgrace oneself
desprimorosamente *adv.* impolitely, rudely, discourteously
desprimoroso *adj.* impolite, ungentlemanly, discourteous, unpolished, rude; dishonourable, mean, base
desprivar *v. tr.* to put out of favour, to disgrace
desprivilegiar *v. tr.* to deprive of privilege; to generalize, to bring into general use
desprofanar *v. tr.* to purify what had been profaned
despromoção *s. f.* demotion; relegation; [fig.] snub, put-down
despromover *v. tr.* to downgrade, to demote; to relegate; [fig.] to demean, to cheapen, to debase
despronúncia *s. f.* DIREITO annulling of an indictment, acquittal, discharge, release
despronunciar *v. tr.* to cancel an indictment, to acquit, to discharge, to clear, to absolve
desproporção *s. f.* disproportion, disparity, inequality, inadequacy
desproporcionadamente *adv.* disproportionately
desproporcionado *adj.* disproportionate, out of proportion, ill-proportioned, disparate; unequal, inadequate, unsuitable; unsymmetrical
desproporcional *adj.* ⇒ **desproporcionado**
desproporcionalidade *s. f.* disproportion
desproporcionar *v. tr.* to disproportion, to cause disproportion
despropositadamente *adv.* inopportunely, nonsensically, foolishly, absurdly, preposterously, impertinently
despropositado *adj.* unreasonable, nonsensical, foolish, absurd, beside the point; ill-timed, inopportune, unseasonable, preposterous, impertinent, out of place
despropositar *v. intr.* to act unreasonably; to talk foolishly, to talk at random; to be out of place; to be impertinent
despropósito *s. m.* nonsense, folly, foolery, absurdness, absurdity, preposterousness
desprotecção *s. f.* lack of protection (support); helplessness
desproteger *v. tr.* to forsake, to abandon, to deprive of protection; to uncover, to expose
desprotegido *adj.* unprotected, undefended, unarmed; exposed, uncovered
desproveito *s. m.* waste, loss, wasting
desprover *v. tr.* to deprive, to divest, to fail to provide
desprovido *adj.* unprovided, unsupplied, unfurnished, wanting, divested; unprepared; ***estar desprovido de*** to be unprovided with, to be without
desprovimento *s. m.* want (shortage) of provisions; lack of resources
despudor *s. m.* shamelessness, impudence, immodesty
despudorado *adj.* impudent, brazen, cheeky
despundonor *s. m.* want of dignity, disrespect, irreverence
despundonoroso *adj.* undignified, unchivalrous
desquadrar *v. tr.* to diverge, to differ, to disagree
desquadrilhar *v. tr.* to beat up, to thrash, to flog, to wriggle (the hips)
desqualificação *s. f.* disqualification; elimination
desqualificado *adj.* disqualified, unqualified; worthless, dishonourable, good-for-nothing
desqualificador *s. m.* disqualifier
desqualificar *v. tr.* to disqualify; to render unfit (for post or office); to eliminate
desqualificativo *adj.* disqualifying; eliminating
desqueixar Ⓐ *v. tr.* to tear the jaw from Ⓑ *v. refl.* to cancel a complaint
desqueixolado *adj.* open-mouthed; surprised, astonished
desquerer *v. tr.* to dislike, to stop liking
desquiar *v. tr.* ⇒ **tosquiar**
desquiciar *v. tr.* to unhinge, to put out of joint
desquitação *s. f.* [Bras.] divorce, disunion; revenge, spite
desquitar *v. tr. e refl.* [Bras.] to divorce, to get free; to separate; to recoup oneself
desquite *s. m.* [Bras.] divorce, disunion; recoup; revenge, spite
desrabar *v. tr.* ⇒ **derrabar**
desraigar *v. tr.* to root out (up); to unroot, to uproot
desraizar *v. tr.* ⇒ **desenraizar**
desrama *s. f.* disbranching
desramação *s. f.* ⇒ **desrama**
desramar *v. tr.* to disbranch, to prune the branches (of trees)
desratar *v. tr.* ⇒ **desratizar**
desratização *s. f.* extermination of mice (rats)
desratizar *v. tr.* to exterminate mice (rats)
desrazão *s. f.* unreason, nonsense, absurdity
desrebuçado *adj.* undisguised; [fig.] candid, open, frank, sincere
desrefolhar *v. tr.* to pry, to nose, to search, to scrutinize
desrefolho *s. m.* prying, nosing, peering, scrutinizing
desregradamente *adv.* disorderly, dissolutely; immoderately, intemperately, uncontrolledly
desregrado *adj.* disorderly, dissolute, loose; unruly, intemperate, immoderate, uncontrolled
desregramento *s. m.* disorder, unruliness, immoderation, excess; immorality, wantoness
desregrar Ⓐ *v. tr.* to lead astray Ⓑ *v. refl.* to misconduct oneself, to behave badly, to go astray, to go off the rails
desrelvar *v. tr.* to cut (to pluck) the grass off
desremediado *adj.* remediless; necessitous, poor, needy

desremediar *v. tr.* to make worse, to cause difficulties; to aggravate
desrespeitador *s. m.* one who disrespects
desrespeitar *v. tr.* to disrespect, to disregard, to show lack of respect, to slight
desrespeito *s. m.* disrespect, disregard, slight, neglect, lack of deference, impoliteness
desrespeitoso *adj.* disrespectful, regardless, flippant
desresponsabilização *s. f.* taking away responsibility from
desresponsabilizar *v. tr.* to free from responsibility
desrevestir-se *v. refl.* to divest, to take off the vestments (the priest after mass)
desriçar *v. tr.* to uncurl, to unravel
desriscar *v. tr.* ⇒ **desarriscar**
desrolhamento *s. m.* uncorking
desrolhar *v. tr.* to uncork, to unstop; to open (a bottle)
desroscar *v. tr.* to screw out, to unscrew
desrugar *v. tr.* to unwrinkle
dessaber *v. intr.* to show ignorance; to forget
dessabor *s. m.* insipidity, tastelessness, unsavouriness
dessaborar *v. tr.* to take the savour from; to make tasteless
dessaborear *v. tr.* to take the savour from; to make tasteless
dessaborido *adj.* tasteless; unsavoury, insipid
dessaboroso *adj.* insipid, unsavoury, tasteless
dessaburrar *v. tr.* to clean the fur (coating) from the tongue; to clean from ballast or sand
dessagrar *v. tr.* to desecrate, to deconsecrate, to turn profane; to secularize; to profane
dessaibrar *v. tr.* to remove gravel from; to excavate
dessalar *v. tr.* to free from salt; to make insipid
dessalgação *s. f.* act of freeing from salt
dessalgar *v. tr.* to free from salt; to make insipid
dessalificar *v. tr.* to desalinate, to desalinize
dessalinização *s. f.* desalination
dessalinizar *v. tr.* to desalinate
dessangramento *s. m.* bleeding, blood-letting
dessangrar *v. tr. e refl.* to bleed, to draw blood from, to let blood; [fig.] to exhort money from
dessar *v. tr.* to deprive of salt by soaking
dessarroar *v. tr.* to clear (to rid) of tartar (in wine casks)
dessaudoso *adj.* unlamented, not deplored
dessazonado *adj.* unseasoned, unripe
dessazonar *v. tr.* to unseason, to take the seasoning (flavouring) from
desse *contr. da prep.* **de** + *pron. dem.* **esse**
dessecação *s. f.* desiccation, drying up, dryness
dessecado *adj.* desiccated, dried up, exsiccated, drained dry
dessecador *adj.* ⇒ **dessecante**
dessecamento *s. m.* ⇒ **dessecação**
dessecante *adj.* desiccative, drying
dessecar *v. tr.* to desiccate; to dry up; to exsiccate, to drain dry
dessecativo Ⓐ *adj.* desiccant, desiccative Ⓑ *s. m.* MEDICINA desiccant
dessedentar *v. tr.* to quench one's thirst, to slack one's thirst
dessegredo *s. m.* lack of secrecy
desseguir *v. tr.* to fail to accompany, to abandon
dessegurar *v. tr.* to make unsafe, to make insecure
desseivar *v. intr.* to lose sap (of plants), to dry up
desselar *v. tr.* to unsaddle, to remove the saddle; to break the seal, to unseal
dessemelhança *s. f.* dissimilarity, dissimilitude, unlikeness; difference, disparity; want of resemblance
dessemelhante *adj.* dissimilar, unlike, different, disparate
dessemelhantemente *adv.* dissimilarly, differently, disparately
dessemelhar Ⓐ *v. tr.* to make dissimilar (unlike) Ⓑ *v. refl.* to differ from
dessensibilização *s. f.* desensitization
dessensibilizador *adj.* desensitizing
dessensibilizante *adj.* ⇒ **dessensibilizador**
dessensibilizar *v. tr.* to desensitize
dessentir *v. tr.* to cease to feel
dessepultar *v. tr.* to exhume, to disinter, to dig up
desserviçal *adj.* unserviceable, badly served
desserviço *s. m.* disservice; an ill turn
desservir *v. tr.* to disserve, to misserve; to harm, to hurt
dessesmar *v. tr.* to collect the divided *sesmas* (any one of the sixth parts)
dessexuado *adj.* unsexed; emasculated; without sexual appetites
dessexuar *v. tr.* to unsex; to emasculate
dessimetria *s. f.* asymmetry
dessimétrico *adj.* asymmetrical
dessinalado *adj.* unmarked
dessincronizado *adj.* out of sync
dessincronizar *v. tr.* to desynchronize
dessintonia *s. f.* lack of syntony
dessiso *s. m.* want of sense
dessistema *s. m.* disorganization, disorder, derangement
dessisudo *adj.* gay, merry, mirthful; foolish, silly, daft
dessitiar *v. tr.* to break a siege
dessoante *adj.* dissonant, discordant, harsh, jarring, out of tune; disagreeing, discrepant
dessoar *v. intr.* to sound out of tune, to sound unpleasantly; to jar
dessobraçar *v. tr.* to take (to remove) from under the arm
dessociável *adj.* unsociable
dessoçobrar *v. tr.* to take out of the water
dessocorrer *v. tr.* not to give aid to
dessolar *v. tr.* to remove the soles from
dessoldar *v. tr.* to unsolder
dessolhar *v. tr.* to pull out the floor
dessorado *adj.* made into serum; weak, feeble
dessoramento *s. m.* making of serum; weakness, feebleness
dessorar *v. tr.* to make serous; to take the substance from; to become watery, to weaken
dessossegar *v. tr.* to disquiet, to disturb, to trouble, to harass, to plague, to fret, to pester, to deprive of peace; to worry
dessossego *s. m.* disquiet, unrest, restlessness, agitation, disturbance, trouble, uneasiness
dessoterrar *v. tr.* to disinter, to disentomb, to dig up, to exhume
dessuar Ⓐ *v. intr.* to cease sweating (perspiring) Ⓑ *v. tr.* to dry up the sweat (perspiration)
dessubjugar *v. tr.* to free from subjugation
dessubstanciar *v. tr.* to take the substance from; to squeeze
dessudação *s. f.* MEDICINA desudation, profuse sweating
dessuetude *s. f.* desuetude, disuse
dessujar *v. tr.* to clean of dirt; to cleanse, to sweep
dessujeito *adj.* independent, free
dessulfuração *s. f.* desulphuration
dessulfurar *v. tr.* to deprive of sulphur, to desulphur
dessumir *v. tr.* to deduct, to conclude
dessuspeitoso *adj.* unsuspected
destacado *adj.* detached; MILITAR told off; conspicuous, outstanding, distinguished, noted, marked
destacamento *s. m.* MILITAR detachment; ***destacamento de praças da Armada*** draft of man-of-war's men
destacar Ⓐ *v. tr.* to detach; to point out; to highlight; to make stand up, to put in relief Ⓑ *v. refl.* to exceed, to stand out, to surpass, to shine, to distinguish oneself; ***destacar para certo fim*** to tell off for a certain duty

destacável Ⓐ *adj.* detachable Ⓑ *s. m.* pull-out; ***destacável de uma revista*** magazine pull-out
destalhar *v. intr.* to curdle
destalingar *v. tr.* NÁUTICA to unbend
destampado *adj.* without a lid, lidless; immoderate, impertinent; silly, absurd, nonsensical
destampar Ⓐ *v. tr.* to take off the lid Ⓑ *v. intr.* to play the fool
destampatória *s. f.* dispute, quarrel; scolding
destampatório *s. m.* dispute, quarrel; scolding
destaninizar *v. tr.* to remove the tannin from
destanizar *v. tr.* ⇒ **destaninizar**
destapamento *s. m.* uncovering, disclosure
destapar *v. tr.* to uncover, to remove the cover from; ⇒ **destampar**; ***destapar uma panela*** to take off the lid of a pan
destaque *s. m.* prominence, notability, evidence, eminence, distinction, conspicuousness; ***estar em destaque*** to be in the limelight
deste *contr. da prep.* **de** + *pron. dem.* **este**
destecedura *s. f.* unweaving, unravelling, untwining
destecer *v. tr.* to unweave; to unravel; [fig.] to untwine
destelar *v. intr.* to fall down, to drop off (the fruits from a tree)
destelhamento *s. m.* untiling
destelhar *v. tr.* to untile, to remove the tiles
destemer *v. tr.* to have no fear of; to be unafraid of; not to fear; not to mind
destemeroso *adj.* unafraid
destemidamente *adv.* fearlessly, boldly, bravely
destemidez *s. f.* intrepidity, fearlessness, dauntlessness, boldness, bravery, gallantry, mettle, daring, pluck
destemido *adj.* bold, fearless, undaunted, intrepid, dauntless, brave, daring, gallant, mettlesome, bold-spirited
destemor *s. m.* fearlessness, daringness, intrepidity, boldness, courage, bravery
destêmpera *s. f.* untempering (of steel); excess, immoderacy, rudeness; quarrel, brawl, row
destemperadamente *adv.* immoderately, excessively; absurdly, foolishly, sillily; out of tune, tunelessly
destemperado *adj.* unseasoned, unflavoured, unsavoury; distempered; out of temper, furious, wild, upset, uncontrolled; MÚSICA out of tune, dissonant
destemperança *s. f.* ⇒ **intemperança**
destemperar Ⓐ *v. tr.* to untemper, to destroy the temper, to soften (metals); to upset, to derange (the bowels); MÚSICA to put out of tune, to make dissonant; to cool, to make cool; to spoil the taste Ⓑ *v. intr.* to rave, to rage, to be wild (mad, furious); ***destemperar o vinho com água*** to treat wine with water
destempero *s. m.* fit of temper; passion, folly, madness, craziness; disorder, disturbance
desteridade *s. f.* ⇒ **destreza**
desterrar Ⓐ *v. tr.* to banish (from), to exile, to expatriate, to expel, to drive out Ⓑ *v. refl.* to expatriate oneself, to emigrate
desterro *s. m.* exile, banishment, expatriation, expulsion; ***ir para o desterro*** to go into exile
desterroador *adj.* clod-breaking
desterroamento *s. m.* breaking up of clods
desterroar *v. tr.* to break clods; to break up (soil); to harrow, to till with a harrow
destetar *v. tr.* to wean
destilação *s. f.* distillation; ***aparelho de destilação*** still, distiller
destilador *s. m.* distiller
destilar Ⓐ *v. tr.* to distil Ⓑ *v. intr.* to trickle down, to drip, to give out in drops
destilaria *s. f.* distillery, still
destilatório *adj.* distillatory
destimidez *s. f.* ⇒ **destemor**
destimido *adj.* bold, brave, daring
destinação *s. f.* ⇒ **destino**
destinador *s. m.* one who destines; one who addresses
destinar Ⓐ *v. tr.* to destine, to determinate, to appoint, to design; to reserve, to allot Ⓑ *v. refl.* to be intended (meant, reserved, alloted) for
destinatário *s. m.* addressee; receiver; ***destinatário desconhecido*** addressee unknown
destingir *v. tr. e refl.* to discolour, to bleach; to fade, to lose colour, to come off (out)
destino *s. m.* destination; purpose, aim, end; destiny, fate, lot, fortune, doom; ***com destino a ...*** bound for; ***com destino a casa (à pátria)*** home bound, homeward bound; ***sem destino*** without destination
destinto *adj.* discoloured, faded, bleached
destituição *s. f.* destitution, privation (of office); dismissal, deposing; need, want
destituído *adj.* dismissed, deposed, deprived (of office); needy, destitute, bare, void, devoid; lacking in, deprived, divested; ***destituído de bons sentimentos*** destitute of good feeling
destituir *v. tr.* to dismiss, to discharge, to fire, to divest of, to deprive of; ***destituir de um cargo*** to discharge from a post, to deprive of office
destoante *adj.* dissonant, discordant, untunely, harsh, jarring, inharmonious
destoar *v. tr.* to discord, to be out of harmony, to be dissonant; to clash, to jar, not to fit in with
destocador *s. m.* machine for grubbing up the stumps (stubs) of trees
destocar *v. tr.* to grub up (the stumps of trees), to clear from stubs (stumps of trees); to rout animals from their hiding-place
destoldar Ⓐ *v. tr.* to take off (to remove) the awning; to clarify (wine, etc.) Ⓑ *v. refl.* to clear up (weather)
destolher *v. tr.* ⇒ **desentorpecer**
destom *s. m.* disharmony, dissonance, disagreement
destonar *v. tr.* to peel, to shell, to bark
destorar *v. tr.* to cut up the trunks, to chop off (down) the twigs
destorcer *v. tr.* to untwist, to untwine; to disentangle, to disentwine; to deflect, to swerve, to diverge, to deviate
destorcimento *s. m.* untwisting
destorpecer *v. tr.* ⇒ **desentorpecer**
destorroador *s. m.* harrower, harrowing machine
destorroamento *s. m.* harrowing, breaking of clods
destorroar *v. tr.* to harrow, to break up clods
destoucar *v. tr.* to take off the bonnet; to dishevel (to tousle) the hair of
destoutiçado *adj.* reckless, rash, heedless foolhardy, hotheaded, madcap
destra *s. f.* the right hand
destraçar *v. tr.* ⇒ **descruzar**
destragar *v. tr.* ⇒ **estragar**
destramar *v. tr.* to unweave; to foil a plot; to clear up, to disentangle, to make out
destrambelhadamente *adv.* foolishly, giddily; disorderly, confusedly, wildly
destrambelhado *adj.* foolish, crazy, giddy, wild, lightheaded, hare-brained
destrambelhamento *s. m.* disorder, confusion; folly, nonsense
destrambelhar *v. intr.* to behave badly; to play the fool; to talk wildly; to rave, to rage, to go wild (furious, mad)
destrambelho *s. m.* disarray; nonsense, folly
destramente *adv.* dexterously, skilfully, sharply, cleverly, readily, aptly

destrancar *v. tr.* to unbar, to unbolt
destrançar *v. tr.* to unplait the hair; to undo a pleat (plait)
destratar *v. tr.* to affront, to insult, to offend
destravado *adj.* unbraked, with no brakes on; [coloq.] talkative, loquacious, chatty; unruly, wild, reckless, light-headed
destravar *v. tr.* to pull off the brakes of; to ease the brake of; to cock (a gun); to take off the hobble of; to rid of the hobble
destreinado *adj.* unexercised, untrained, out of training
destreinar *v. tr.* to untrain
destreza *s. f.* dexterity, skill; cleverness, adroitness, deftness, knack, ability, expertness; readiness, quickness
destribar-se *v. refl.* to lose one's stirrups
destrimano *adj.* right-handed
destrinça *s. f.* specification, detail; disentanglement; individualization
destrinçador Ⓐ *adj.* disentangling Ⓑ *s. m.* disentangler
destrinçar *v. tr.* to specify, to particularize, to detail, to individualize; to make out; to disentangle, to unravel, to find out
destrinçável *adj.* specifiable
destripar *v. tr.* ⇒ **estripar**
destripular *v. tr.* NÁUTICA to unman
destro *adj.* dexterous, skilful, adroit, expert, deft, nimble-fingered, ready, able, quick; artful, cunning, sagacious
destroça *s. f.* [fam.] swop, swap return (of thing exchanged)
destroçador Ⓐ *adj.* destroying, wrecking, devastating Ⓑ *s. m.* destroyer, overthrower, wrecker
destrocar *v. tr.* to return a thing bartered (exchanged); [fam.] to swop, to swap; to carry out an exchange
destroçar *v. tr.* to defeat, to overthrow; to destroy, to ruin, to wreck, to devastate, to raze; to disband, to disperse, to scatter, to break up
destroço *s. m.* destruction, havoc, ruin, devastation; *pl.* remains, wreck, wreckage; ***destroços de um naufrágio*** flotsam and jetsam; ***que destroço!*** what a wreck!
destronação *s. f.* dethronement, dethroning
destronamento *s. m.* ⇒ **destronação**
destronar *v. tr.* to dethrone, to unthrone, to depose, to drive from the throne
destroncar *v. tr.* to cut from the trunk, to truncate, to maim, to mutilate
destronização *s. f.* dethronement
destronizar *v. tr.* ⇒ **destronar**
destruição *s. f.* destruction, overthrow, havoc, ruin, devastation, waste, ravage, spoil
destruidor Ⓐ *adj.* destroying, destructive, harmful, demolishing, ruinous Ⓑ *s. m.* destroyer, demolisher
destruir *v. tr.* to destroy, to pull down, to throw down, to demolish; to crush, to annihilate; to wreck, to ruin; to waste, to lay waste, to ravage, to raze; to subvert; to overthrow, to end, to efface; to kill, to make away with; ***destruir totalmente*** to raze to the ground; ***destruir uma cidade*** to destroy a town; ***destruir uma fonte de rendimento*** to kill the goose that laid the golden eggs; ***destruir esperanças*** to destroy a person's hopes
destruível *adj.* destructible
destrunfar *v. tr.* to draw the trumps (at cards); [fam.] to undo one's hair
destrutibilidade *s. f.* destructibility, destructibleness
destrutível *adj.* destructible
destrutivo *adj.* destructive, ruinous, deadly, fatal
destrutor *adj.* ⇒ **destruidor**
desturvar *v. tr.* to clear, to make clear, to clarify
desultor *s. m.* performer on horseback
desultório *adj.* desultory, unconnected, disconnected, irregular; rambling, roving, wandering, erratic; unmethodical, unsystematic
desultrajar Ⓐ *v. tr.* to redress, to revenge Ⓑ *v. refl.* to revenge oneself, to get amends
desumanamente *adv.* inhumanly
desumanar *v. tr.* to render inhuman
desumanidade *s. f.* inhumanity
desumanização *s. f.* deprivation of human attributes
desumanizar *v. tr.* to dehumanize, to render inhuman, to make cruel
desumano *adj.* inhuman, cruel, savage, barbarous, merciless, pitiless, brutal, ruthless, heartless
desumilde *adj.* unhumble
desunhar Ⓐ *v. tr.* to tear out the nails Ⓑ *v. refl.* to tire out, to work with a will
desunião *s. f.* disunion, severance; disjunction, separation; discord, dissension, disagreement; disruption, breach, rupture
desunidamente *adv.* singly, apart, separately, disconnectedly, disunitedly
desunido *adj.* disunited, at variance; disjoined, disconnected, divided
desunificação *s. f.* division, separation, split, disjunction
desunificar *v. tr.* to disunify
desunir *v. tr.* to disunite, to disjoin, to separate, to disjoint; to sever; to disengage, to discouple, to divide, to disconnect; [fig.] to set at variance
desunível *adj.* separable
desurdir *v. tr.* to unwrap a woof, to unweave, to unravel
desusado *adj.* disused, obsolete, not used, out of date; unusual, uncommon
desusar Ⓐ *v. tr.* to disuse, to cease to use Ⓑ *v. refl.* to be out of fashion, to be out of date, to go out of fashion
desuso *s. m.* disuse; discontinuance; desuetude; ***cair em desuso*** to fall into disuse, to become obsolete
desusual *adj.* unusual, uncommon, singular, unwonted
desvaecer *v. tr., intr. e refl.* ⇒ **desvanecer**
desvaidade *s. f.* want of vanity; modesty
desvaidoso *adj.* not conceited, modest, unpretending, unassuming
desvairado *adj.* hallucinated, crazy, frenetic, raving, wild, raging, furious, mad, distracted; confused, bewildered, confounded
desvairamento *s. m.* hallucination, distraction, madness, craze, frenzy, rage, fury; confusion (of mind), bewilderment
desvairar Ⓐ *v. tr.* to hallucinate, to distract, to madden, to make mad (crazy, wild), to drive mad, to daze, to confound, to confuse, to bewilder; to mislead Ⓑ *v. refl. e intr.* to misbehave oneself, to lose one's head, to behave crazily
desvaire *s. m.* derangement, madness, raving, folly, hallucination, delusion, wandering of the mind; discord, discordance, disagreement, variance
desvairo *s. m.* derangement, madness, raving, folly, hallucination, delusion, wandering of the mind; discord, discordance, disagreement, variance
desvair-se *v. refl.* to evaporate; to faint; to be dissipated
desvaler *v. tr. e intr.* not to help; to be out of favour, to be in disgrace
desvalia *s. f.* want of value, depreciation, devaluation; disgrace, disfavour, dereliction
desvaliação *s. f.* depreciation
desvaliar *v. tr.* to devaluate, to diminish in value, to depreciate, to underrate, to undervalue
desvalidar *v. tr.* to invalidate; to render infirm
desvalido Ⓐ *adj.* helpless, destitute, forlorn, abandoned, forsaken; out of favour, disgraced Ⓑ *s. m.* one who is out of favour, wretched person, a wretch
desvalijar *v. tr.* to rob a person's bags; to strip; to steal
desvalimento *s. m.* ⇒ **desvalia**
desvalioso *adj.* worthless, valueless, of no account, good-for-nothing
desvalor *s. m.* depreciation; disfavour, discredit, disgrace
desvalorar *v. tr.* ⇒ **desvalorizar**
desvalorização *s. f.* depreciation, devaluation; underestimate; wear and tear

desvalorizador Ⓐ *s. m.* depreciator Ⓑ *adj.* depreciating, devaluating
desvalorizar *v. tr.* to devaluate, to depreciate, to make little of, to belittle, to undervalue, to underrate
desvalvulado *adj.* BOTÂNICA unvalved
desvanecedor *adj.* flattering, encouraging, gratifying; vanishing, extinguishing, dissolving
desvanecer Ⓐ *v. tr.* to puff up, to inflate with pride (vanity, ambition, etc.); to dissipate, to dissolve, to evanesce, to frustrate Ⓑ *v. refl. e intr.* to vanish, to disappear; to melt away; ***desvanecer as esperanças*** to cut off from expectation, to frustrate one's hopes
desvanecidamente *adv.* proudly
desvanecido *adj.* proud, elate, presumptuous, vain; dissipated, vanished, dispelled, faded, melted away
desvanecimento *s. m.* pride, vanity, conceit, presumption; dizziness, giddiness; evanescence, disappearance, vanishing, fading
desvanecível *adj.* evanescent
desvantagem *s. f.* disadvantage, handicap, hindrance, drawback, inconvenience; inferiority, detriment
desvantajosamente *adv.* disadvantageously; unprofitably, at a loss
desvantajoso *adj.* disadvantageous, prejudicial, unfavourable, inconvenient; unprofitable
desvão *s. m.* corner, nook, recess, retreat, hiding-place; garret, attic
desvariar *v. tr., intr. e refl.* ⇒ **desvairar**
desvario *s. m.* derangement, madness, delirium, raving, folly, dotage; caprice, whim, extravagance
desveladamente *adv.* carefully, watchfully; kindly, tenderly
desvelado *adj.* unveiled, uncovered; careful, watchful, solicitous, zealous
desvelar Ⓐ *v. tr.* to unveil, to uncover, to disclose; to remove the sails; to watch, to keep awake Ⓑ *v. refl. e intr.* to be watchful, to be on the watch; to be zealous, to exert oneself
desvelejar *v. intr.* NÁUTICA to furl the sails, to shorten sails, to take a contrary course
desvelo *s. m.* zeal, care, watchfulness, watching, devotion
desvencilhar *v. tr.* ⇒ **desenvencilhar**
desvendamento *s. m.* unveiling, disclosure
desvendar *v. tr.* to take the bandage (blindfold) from the eyes; to discover, to reveal, to disclose, to unveil, to unriddle, to unravel, to disentangle; ***desvendar um mistério*** to solve a mystery
desvendável *adj.* revealable
desveneração *s. f.* want of veneration, disrespect, irreverence
desvenerar *v. tr.* to disrespect, to disesteem, to disregard
desventrar *v. tr.* to take out the intestines; to disembowel, to gut
desventura *s. f.* misfortune, adversity, unhappiness; bad (ill) fortune, bad (ill) luck
desventuradamente *adv.* unfortunately, unhappily, unluckily, miserably
desventurado *adj.* unfortunate, unhappy, unlucky
desventurar *v. tr.* to make (render) unhappy
desventuroso *adj.* unhappy, unlucky, unfortunate
desverdecer *v. tr.* to lose (the) green colour, to wither
desvergonha *s. f.* shamelessness, impudence, sauciness, pertness, impertinence, flippancy, insolence
desvergonhado *adj.* shameless, unblushing, brazen, bold-faced
desvergonhamento *s. m.* loss of shame
desvergonhar *v. tr.* ⇒ **desavergonhar**
desvertebrar *v. tr.* to remove the vertebrae; ⌈fig.⌋ to weaken, to enfeeble
desverticalizar *v. tr.* to make horizontal
desvestir *v. tr.* ⇒ **despir**
desvezado *adj.* unaccustomed, unfamiliar, uncommon unusual, rare, unwonted
desvezar *v. tr.* to disaccustom, to break off (a habit)
desviado *adj.* out of the way, removed (from); distant, far apart (from), wandering, strayed; deflected, turned away, ***desviado da questão*** wide of the question
desviador Ⓐ *adj.* deviatory Ⓑ *s. m.* deflector, baffleplate
desviar Ⓐ *v. tr.* to deviate from, to remove from, to turn aside, to put out of the way; to swerve, to switch, to shunt, to side-track; to divert, to turn away, to deflect; to ward off, to parry (a blow); to dissuade; to digress, to diverge, to wander from; to embezzle, to lead astray, to mislead, to misguide Ⓑ *v. refl.* to step aside; ***desviar um navio da rota*** to deviate a ship from the route (course); ***desviar dinheiro*** to embezzle money; ***desviar-se do caminho da razão*** to swerve from reason; ***desviar alguém do perigo*** to keep one from danger; ***desviar-se de um perigo*** to shun a danger; ***desviar-se do assunto*** to digress from the subject; ***desviar a suspeita*** to divert suspicion; ***ele nunca se desvia do seu dever*** he never swerves an inch from his duty; ***desviar-se da verdade*** to deviate from the truth; ***não se desviar do assunto*** to stick to the point; ***desviar-se da questão*** to wander from the point; ***desviar um avião*** to hijack a plane; ***desviar a atenção*** to draw a red herring across the path
desvidraçado *adj.* with no window-panes; unglazed
desvidraçar *v. tr.* to remove (to smash) the window-panes
desvidrado *adj.* dull, dim
desvidrar *v. tr.* to take off the glaze
desvigar *v. tr.* to deprive of framework, to take away the beams
desvigiar *v. tr.* to cease to watch, to unguard
desvigorar Ⓐ *v. tr.* to weaken, to enfeeble, to deprive of vigour Ⓑ *v. refl.* to lose one's vigour
desvigorizar Ⓐ *v. tr.* to weaken, to enfeeble, to deprive of vigour Ⓑ *v. refl.* to lose one's vigour
desvincar *v. tr.* to unwrinkle, to smooth, to iron out (creases)
desvinculação *s. f.* disentail, act of disentailing
desvincular *v. tr.* to disentail (an estate); to untie, to unbind, to undo; to free, to release, to exempt
desvio *s. m.* deviation; pathway, bypass; shift, escape, swerving from; subterfuge; digression; embezzlement (of money); misemployment; switch; shunting (railway); turning aside from a track; deflection; ***desvio da agulha magnética*** deflection of the compass needle; ***desvio da banda*** heeling error; ***desvio da corrente*** deviation of the current; ***desvio de um rio*** deflection of a stream; ***desvio de dinheiro*** embezzlement of money
desvio-padrão *s. m.* standard deviation (statistics)
desvirar *v. tr.* to turn back to the normal position
desvirginamento *s. m.* deflowering, violation
desvirginar *v. tr.* to deflower, to violate, to deprive of virginity
desvirgular *v. tr.* not to insert commas
desvirilizar *v. tr.* to destroy the virility of; to unman, to emasculate
desvirtuação *s. f.* depreciation, disrepute
desvirtuamento *s. m.* depreciation, disrepute
desvirtuar *v. tr.* to depreciate, to disparage; to misrepresent, to misconstrue; to decry; ***desvirtuar os factos*** to wrest the facts
desvirtude *s. f.* want of virtue, vice
desvirtuoso *adj.* virtueless, unvirtuous, vicious
desviscerar *v. tr.* to disembowel, to gut
desvisgar *v. tr.* to remove the birdlime
desvitalização *s. f.* devitalization
desvitalizar *v. tr.* to devitalize, to sap
desvitaminar *v. tr.* to take the vitamins from
desvitrificação *s. f.* devitrification

desviver *v. tr.* to cease to live, to die
desvizinhança *s. f.* remoteness, distance
desvizinhar *v. intr.* to cease to be neighbour
desvocalização *s. f.* devocalization
desvocalizar *v. tr.* to devocalize
desvolumar *v. tr.* ⇒ **desavolumar**
deszelar *v. tr.* to unguard, to neglect
detalhadamente *adv.* in detail, minutely
detalhado *adj.* detailed; circumstancial
detalhar *v. tr.* to detail, to describe minutely, to give details, to relate, to particularize
detalhe *s. m.* detail; particular; item, point; ***entrar em detalhes*** to go into details; ***minucioso em detalhes*** particular in details; ***detalhes biográficos*** biographical details; ***detalhes técnicos*** technicalities; NÁUTICA ***detalhe de postos*** station-bill; ***detalhe de postos de combate*** quarter bill; ***dar detalhes completos*** to give full details
detecção *s. f.* RÁDIO detection, rectification
detectar *v. tr.* to detect
detective *s. m.* detective; private eye
detector *s. m., adj.* FÍSICA detector; ***detector de fugas*** fault indicator; ***detector de metais*** metal detector; ***lâmpada detectora*** valve detector
detença *s. f.* delay, retardation, stoppage
detenção *s. f.* detention, imprisonment, confinement; arrest; apprehension; ***detenção ilegal*** detinue
detentor *s. m.* holder; trustee; detainer, withholder
deter Ⓐ *v. tr.* to detain, to keep back; to retain, to check, to hinder, to keep under arrest; to retard, to stop, to bring to a stand Ⓑ *v. refl.* to be detained, to linger, to delay, to tarry; ***deter-se com ninharias*** to dwell on trifles; ***deter alguém*** to buttonhole someone; to arrest someone
detergente *s. m., adj.* detergent, cleansing, purging, abstergent
detergir *v. tr.* to cleanse; to deterge
deterioração *s. f.* deterioration, decay, decline, impairment, waste, wear and tear
deterioramento *s. m.* deterioration, decay, decline, impairment, waste, wear and tear
deteriorante *adj.* deteriorative
deteriorar Ⓐ *v. tr.* to deteriorate, to impair, to spoil; to damage; to degenerate, to decay Ⓑ *v. refl.* to become rotten, to grow worse
deteriorável *adj.* decayable, deteriorative
determinação *s. f.* determination, resolution, decision; firmness, boldness, persistence, purpose
determinadamente *adv.* determinedly
determinado *adj.* determined; determinate, definite, fixed, positive; bold, resolute, courageous
determinador *s. m.* determinator
determinante Ⓐ *s. f.* MATEMÁTICA determinant Ⓑ *s. m.* GRAMÁTICA determiner Ⓒ *adj.* determining, determinative; decisive, conclusive, definitive
determinar Ⓐ *v. tr.* to determine, to command, to order; to fix, to stipulate, to establish, to settle, to decide; to regulate; to resolve; to delimit; to bound Ⓑ *v. refl.* to decide, to make up one's mind, to be determined; ***determinar a posição*** to fix the position
determinativo *adj.* determinative
determinável *adj.* determinable
determinismo *s. m.* determinism
determinista *s. m. e f.* determinist
detersão *s. f.* detersion (action of cleansing a sore or ulcer)
detersivo *adj.* detersive; detergent, cleansing
detersório *adj.* ⇒ **detersivo**
detestação *s. f.* detestation, hatred
detestar *v. tr.* to detest, to hate, to abhor, to abominate, to loathe
detestável *adj.* detestable, abominable, hateful
detestavelmente *adv.* detestably
detidamente *adv.* minutely
detido *adj.* detained, hindered; stopped, retarded, delayed; accosted
detonação *s. f.* detonation, explosion; fulmination, blast; report
detonador *s. m.* blasting cap, detonator; exploder
detonante *adj.* detonating
detonar *v. intr.* to detonate, to explode; to fire, to discharge (a gun)
detorar *v. tr.* to lop, to prune (trees)
detracção *s. f.* detraction, disparagement, derogation, slander, defamation, calumny
detractar *v. tr. e intr.* to detract from
detractivo *adj.* detractive
detractor *s. m.* detractor, slanderer
detraente *adj.* detracting; defaming
detraidor *s. m.* ⇒ **detractor**
detrair *v. tr.* to detract, to slander, to depreciate, to defame, to backbite
detrás *adv.* after, behind; ***detrás de*** behind, after; ***por detrás de*** at the back of, behind
detrição *s. f.* detrition
detrimento *s. m.* detriment, loss, damage, prejudice
detrítico *adj.* detrital; dreggy
detrito *s. m.* detritus, remains, debris, dreg
detumescência *s. f.* MEDICINA detumescence (subsidence of swelling)
detumescente *adj.* detumescent
deturbação *s. f.* perturbation, agitation (of mind), disorder, confusion
deturbar *v. tr.* to perturb, to disturb mentally, to agitate, to trouble
deturpação *s. f.* alteration, disfigurement; misrepresentation, corruption, debasement
deturpador *s. m.* corrupter; distorter
deturpar *v. tr.* to deturpate, to disfigure, to corrupt, to misrepresent, to distort; to juggle with; ***deturpar os factos*** to juggle with facts
Deus *s. m.* God; ***Deus me ajude!*** so help me God!; ***meu Deus!*** dear me!, good Lord!, good heavens!; ***valha-me Deus!*** good gracious!, God help me!; ***Deus te guarde!*** God bless you!; ***Deus Todo-Poderoso*** (the) Almighty God; ***Deus o ouça!*** may God hear you!; ***(só) Deus sabe!*** God knows!; ***em nome de Deus*** in the name of God; ***queira Deus!*** God grant!; ***Deus queira!*** would to God!; ***graças a Deus*** thank God, thank heavens; ***Deus me (nos) livre!*** God forbid!; ***se Deus quiser*** God willing; ***Deus seja nesta casa*** God bless this house; ***pelo amor de Deus!*** for God's sake!; ***vá com Deus*** God be with you; ***o homem põe e Deus dispõe*** man proposes, God disposes; ***temente a Deus*** God-fearing; ***Deus vá contigo!*** God speed you!, God be with you!; ***Deus não falta a quem promete*** God's reward is sure; ***com o auxílio de Deus*** under God; ***entregar a alma a Deus*** to commit one's soul to God; ***entregar-se nas mãos de Deus*** to commit oneself to Providence; ***Deus dá o frio conforme a roupa*** God tempers the wind to the shorn lamb; ***mais vale quem Deus ajuda do que quem muito madruga*** God helps those who help themselves; ***Deus lhe pague!*** God reward you!; ***prouvera a Deus!*** would to God!; ***Deus castiga quem merece*** the mills of God grind slowly, yet they grind exceedingly small; ***estar bem com Deus e com o Diabo*** to make the best of both worlds; ***não serve a Deus nem ao Diabo*** it is good for nothing; ***ao deus-dará*** at random
deusa *s. f.* goddess; adored woman
deuterão *s. m.* QUÍMICA deuteron, deuton; diplon
deutério *s. m.* QUÍMICA deuterium
deuterocanónico *adj.* deuterocanonical
deuterogamia *s. f.* deuterogamy
deuterógamo *s. m., adj.* deuterogamist

deuteropatia *s. f.* MEDICINA deuteropathy
deuteropirâmide *s. f.* deuteropyramid
deuteroprisma *s. m.* deuteroprism
deuteroscopia *s. f.* deuteroscopy
deuterose *s. f.* deuterosis; reproduction of a thing
deutolécito *s. m.* BIOLOGIA deutoplasm
deutoplasma *s. m.* ⇒ **deutolécito**
devagar *adv.* slowly, slow; softly; ***o mais devagar possível*** dead slow; ***devagar pelo seguro*** slow and sure; ***ir muito devagar*** to go at a snail's pace; ***devagar se vai ao longe*** fair and soft goes far (in a day)
devagarinho *adv.* very slowly, slow and easy; softly
devaneação *s. f.* musing; dreamy contemplation; vagrant meditation
devaneador *s. m.* day-dreamer
devanear Ⓐ *v. tr.* to muse upon; to meditate, to dream Ⓑ *v. intr.* to let one's mind wander; to day-dream, to be in a brown study
devaneio *s. m.* musing, fancy, reverie, day-dream; dreamy contemplation; ***ter devaneios*** to have day-dreams
devassa *s. f.* official inquiry; judicial inquest
devassado *adj.* inquired, examined; exposed to view; ***lugar devassado*** a place laid open to the public
devassador *s. m.* one who inquires, one who lays open to the public; divulger; corrupter
devassamente *adv.* licentiously
devassamento *s. m.* examining of witnesses; inquiry, examination; exposure; invasion of privacy
devassar Ⓐ *v. tr.* to inquire; to divulge; to look over, to view, to lay open to the public; to penetrate into; to fathom Ⓑ *v. intr.* to make an inquiry; to debauch
devassável *adj.* that can be exposed to view
devassidão *s. f.* licentiousness, loose conduct, debauchery, lewdness
devasso Ⓐ *adj.* licentious, libertine, immoral, dissolute, debauched Ⓑ *s. m.* licentious man, debauchee, libertine
devastação *s. f.* devastation; desolation, waste, havoc, ravage, despoiling
devastador Ⓐ *adj.* destroying, wasting Ⓑ *s. m.* spoiler, waster, devastator, ravager
devastar *v. tr.* to devastate, to ravage, to havoc, to lay waste, to destroy; to make desolate
deve *s. m.* COMÉRCIO debit
devedor *s. m.* debtor; ***devedor hipotecário*** mortgager, mortgagor; COMÉRCIO ***devedores diversos*** sundry debtors; ***tornar alguém devedor de um favor*** to put a person under an obligation
deve-haver *s. m.* debit and credit
deventre *s. m.* entrails (of animals)
dever Ⓐ *s. m.* duty, obligation service, business, function, office; ***é meu dever*** it's up to me; ***apenas cumpriu o seu dever*** he only did his duty; ***cumprir o dever*** to fulfil (to do) one's duty; ***faltar ao dever*** to fail in one's duty; ***dever de honra*** debt of honour Ⓑ *v. tr.* to owe (money); to be under an obligation; to have to; to be obliged to; ought to; must; shall Ⓒ *v. intr.* to be indebted; to be in debt; ***a ti o deves*** it is your doing; ***devias ir*** you ought to go; ***deve ser meio-dia*** it must be twelve o'clock; ***ele deve vir hoje*** he is to come today; ***nunca tantos deveram tanto a tão poucos*** never was so much owed by so many to so few (from a speech by Winston Churchill, 1945); ***deve-se obedecer às leis*** one ought to obey the law; ***devo seguir pela direita ou pela esquerda?*** must I keep to the right or left?; ***não devia ser permitido*** it ought not to be allowed; ***deve ser assim*** it must be so; ***já devias saber*** you ought to know better; ***dever favores a alguém*** to be under an obligation to someone; ***pagou tudo que devia*** he paid all that was owing; ***devo-lhe muitos favores*** I owe him many favours; ***devias pagar a conta hoje*** you should pay the bill today; ***dever a Deus e a todo o mundo*** to owe money to everybody; ***dever os olhos da cara*** to be over head and ears in debts
deveras *adv.* in earnest, indeed, truly, really, certainly, in truth
deverbal *adj.* post-verbal
devesa *s. f.* chestnut grove; field bordered by trees; an enclosure
deviação *s. f.* deviation, alteration of the course
devidamente *adv.* duly, justly, rightly, fairly
devido Ⓐ *adj.* due, right; owed, owing; proper; becoming just, fair Ⓑ *s. m.* due; right, just, title; ***no tempo devido*** in due course; ***devido a*** owing to, due to, on account of; ***tudo isto foi devido somente à pouca sorte*** all this was owing merely to ill luck
dévio *adj.* missing, astray; impassable
devir Ⓐ *s. m.* FILOSOFIA the act of passing from one state to another Ⓑ *v. intr.* to become; to turn out
devitrificação *s. f.* devitrification
devitrificar *v. tr.* to devitrify
devoção *s. f.* devotion, religion, adoration, affection; devotedness; zeal; dedication, attachment, adherence
devocionário *s. m.* prayer-book
devocioneiro *adj.* religious, pious
devolução *s. f.* devolution, restitution; transmission (of property); redelivery, return; refund; ***aceitar uma devolução*** to take back; ***devolução de impostos*** tax rebate
devolutivo *adj.* devolute, returnable
devoluto *adj.* vacant, empty, unoccupied; uninhabited; ***terra devoluta*** fallow ground; ***casa devoluta*** an unoccupied house, an empty house
devolutório *adj.* devolute
devolver *v. tr.* to return, to give back (again), to send back, to restore; to transfer to, to transmit; to devolve upon, to pass to; ***devolver um livro (uma carta)*** to return a book (a letter)
devolvido *adj.* returned, devolved
Devoniano *s. m.* GEOLOGIA Devonian
Devónico *s. m.* GEOLOGIA Devonian
devoração *s. f.* devouring
devorador Ⓐ *adj.* devouring Ⓑ *s. m.* devourer
devorante *adj.* devouring
devorar *v. tr.* to devour, to eat greedily; to consume utterly, to squander, to destroy; to read eagerly; [coloq.] to tuck in; ***devorar o jantar*** to devour one's dinner; ***o leão devora a presa*** the lion devours his prey; ***devorar um livro*** to devour a book; ***devorar a fortuna*** to squander away one's fortune
devorista *s. m. e f.* squanderer; devourer
devotação *s. f.* devotement
devotadamente *adv.* devotedly; with devotion; affectionately
devotado *adj.* devoted, pious; affectionate, attached, loving, fond, zealous; given up to
devotamento *s. m.* devotement
devotar Ⓐ *v. tr.* to devote, to dedicate, to consecrate Ⓑ *v. refl.* to give oneself to, to dedicate oneself to
devoto Ⓐ *s. m.* devotee Ⓑ *adj.* devout, pious, religious, devoted
dexteridade *s. f.* dexterity, dexterousness; ⇒ **destreza**
dextra *s. f.* right hand
dextralidade *s. f.* dextrality
dextrímano Ⓐ *adj.* dexterous, dextromanual, right-handed Ⓑ *s. m.* dexterous person, right-handed person
dextrina *s. f.* QUÍMICA dextrin; starch-gum
dextrivolúvel *adj.* BOTÂNICA dextrorse
dextrocardia *s. f.* dextrocardia
dextrocardíaco *adj.* dextrocardiac(al)
dextrogiro *adj.* dextrogyrous, dextro-gyrate; clockwise
dextrorso *adj.* dextrorse
dextrose *s. f.* QUÍMICA dextrose, glucose, grape, sugar
dextrossinistro *adj.* stretching from right to left

dextrosúria *s. f.* MEDICINA dextrosuria, glycosuria
dez *num. card.* ten; ***o dia dez*** the tenth; ***em dez casos, há um*** in one case out of ten; ***aos dez*** by tens; ***dez vezes*** ten times
dezanove *num. card.* nineteen; ***o dia dezanove*** the nineteenth
dezasseis *num. card.* sixteen; ***o dia dezasseis*** the sixteenth; ***ainda não tenho dezasseis anos*** I am not sixteen yet
dezassete *num. card.* seventeen; ***o dia dezassete*** the seventeenth
Dezembro *s. m.* December
dezena *s. f.* ten; half-a-score
dezoito *num. card.* eighteen; ***o dia dezoito*** the eighteenth
dez-réis *s. m.* ancient Portuguese coin corresponding to the centavo
dia *s. m.* day, daylight, daytime; ***dia de Natal*** Christmas Day; ***dia de Ano Novo (Bom)*** New Year's Day; ***dia de Reis*** Twelfth Night, Epiphany; ***dia de Páscoa*** Easter Day, Easter Sunday; ***dia de S. João*** Midsummer Day; ***dia santo*** holiday, saint's day; ***dia dos Enganos*** 1st of April, All Fool's Day; ***dia do Espírito Santo*** Whit Sunday; ***dia de Finados*** All Souls' Day; ***dia de Todos os Santos*** All Saints' (day); ***dia do Senhor*** the Lord's Day, Sunday, the Sabbath; ***dia escolar*** school day; ***dia livre*** free day; ***dia de folga*** day off; ***dia de gala*** collar day; ***dia do casamento*** wedding day; ***dia de baptismo*** christening-day; ***dia de trabalho (dia útil)*** working-day, work-day, week-day; ***dia de anos*** birthday; ***dia de jejum*** fast day; ***dia de semana*** week day; ***dia do Juízo Final*** doomsday; ***dia de audiência*** audience day; ***dia aziago*** evil day; ***dia de festa*** redletter day; ***dias de tolerância*** days of grace; ***dia astronómico*** astronomical day; ***dia civil*** civil day; NÁUTICA ***dias de estadia*** lay-days; ***dias de descarga*** discharging days; ***dias futuros*** after days, days to come; ***o dia seguinte*** the day after, the following day; ***dia de recepção*** at-home day; ***dias festivos*** high days and holidays; ***um belo dia*** one fine day; ***um dia não são dias*** Christmas comes but once a year; ***querer chegar a Roma num dia*** to aim at impossibilities; ***ele tem os dias contados*** his days are numbered; ***daquele dia em diante*** from that day on; ***há dias*** the other day; ***dia sim, dia não*** every other day; ***dias marcados*** set days; ***dia feriado*** holiday; ***dia designado para operações da Bolsa*** settling-day for exchange transactions; COMÉRCIO ***dias de vista*** days after sight; ***qualquer dia*** some day; ***há alguns dias*** some days ago, a few days ago; ***dias a fio*** days on end; ***bom dia!, bons dias!*** good morning!; ***de dia, com dia*** in the day time, by day; ***deixar para outro dia*** to postpone, to leave for another day; ***dia após dia*** day after day; ***de dia para dia*** from day to day; ***dois dias antes*** two days before; ***de uns dias a esta parte*** for the last few days; ***de um dia para o outro*** overnight; ***hoje em dia*** nowadays; ***nos dias que correm*** in these times; ***um dia da caça, outro do caçador*** every dog has his day; ***um dia ou outro*** at some time or other; ***no próprio dia*** on the very day; ***o dia inteiro*** the whole day; ***de dia*** by day, in the daytime; ***dia a dia*** daily, day by day; ***dias seguidos*** day after day; ***todos os dias*** every day; ***em dias alternados*** every two days; ***que dia é hoje?*** what day is it today?; ***dia designado*** appointed day; ***quinze dias*** a fortnight; ***por dia, ao dia*** by the day; ***de dia e de noite*** day and night; ***no dia em que*** the day on which; ***em pleno dia*** in broad daylight; ***desde o dia que*** since the day; ***durante todo o dia*** all day long; ***antes de ser dia*** before daylight; ***estar de dia*** to be on duty; ***todo o santo dia*** all the blessed day; ***de hoje a oito dias*** today week; ***há oito dias*** a week ago; ***dentro de oito dias*** within a week; ***dia de Carnaval*** Carnival Day, Shrovetide; ***na semana dos nove dias*** when two Sundays come together; ***fazer do dia noite*** to turn day into night; ***ao romper do dia*** at daybreak, at dawn; ***ao declinar do dia*** at nightfall; ***passar o dia fora*** to be out all day long; ***nos nossos dias*** these days, nowadays, in our days; ***dia de pagamento*** pay-day; ***tão diferente como o dia da noite*** as diferent as chalk from cheese; ***acabar os seus dias*** to end one's days; ***ir passar uns dias fora para descansar*** to go off for a holiday; ***estar em dia*** to be up-to-date; ***trabalhar aos dias*** to go out charring; ***que este dia se repita por muitos anos e bons*** many happy returns of the day; ***tirar dias de vida*** to drive a nail into one's coffin; ***o pão nosso de cada dia*** the daily bread; ***nuns dias*** in a day or two; ***no dia de São Nunca*** in a month of Sundays; ***os dias sucediam-se*** day followed day, the days went by; ***temos o dia por nossa conta*** the day is ours; ***até um dia!*** so long!
diaba *s. f.* demoness, she-devil
diábase *s. f.* MINERALOGIA diabase, diorite
diabásio *s. m.* MINERALOGIA diabase, diorite
diabelha *s. f.* BOTÂNICA buck's horn
diabete *s. f.* MEDICINA ⇒ **diabetes**
diabetes *s. f.* MEDICINA diabetes
diabético *adj.* diabetic
diabetómetro *s. m.* MEDICINA diabetometer
diabo *s. m.* devil; demon; fiend; old Nick; deuce, dickens; Satan; the Evil One; ***ver o Diabo pela frente*** to see a skeleton at the feast; ***como se visse o Diabo diante de si*** like a red rag to a bull; ***um pobre diabo*** a poor wretch; ***é uma coisa do diabo*** it is a confounded business; ***que diabo faz ele?*** what the deuce is he about?; ***aí é que está o diabo!*** there's the rub!, there lies the difficulty!; ***dar-se a todos os diabos*** to fret and fume; ***alma do Diabo*** fiendish person; ***com os diabos!*** the devil!; ***nem sempre o Diabo está atrás da porta*** every flow will have its ebb; ***oh diabo!*** hoity-toity!; ***o Diabo o dá e o leva*** what is got over the devil's back is spent under its belly; ***o Diabo anda à solta*** the devil has been let loose; ***por artes do Diabo*** by devilish tricks; ***fazer o diabo a quatro*** to play the devil; ***diabos me levem ...*** I'll be blowed; ***enquanto o Diabo esfrega um olho*** in two shakes of a dog's tail; ***acender uma vela a Deus e outra ao Diabo*** to engage in double-dealing; ***fazer o diabo para*** to leave no stone unturned to (achieve something); ***mandar (alguém) para o diabo*** to tell (someone) to go to the devil; ***que diabo aconteceu?*** what the deuce has happened?; ***o Diabo não é tão feio como o pintam*** the devil is not so black as he is painted; ***sorte do diabo*** devil's luck; ***cair nas mãos do Diabo*** to fall into the devil's clutches; ***que diabo!*** [coloq.] damn it!; ***o diabo do carro!*** [coloq.] this damned car!; ***está um frio dos diabos!*** [coloq.] it's damn cold!; ***foi um trabalho dos diabos!*** [coloq.] it was a hell of a job!
diabolicamente *adv.* diabolically, devilishly
diabólico *adj.* diabolic(al); devilish, fiendish
diabolismo *s. m.* diabolism, deviltry
diabrete *s. m.* imp; mischievous child; little devil; a sort of game (at cards); Puck or Robin, Good-fellow
diabril *adj.* naughty
diabrino *adj.* ⇒ **diabólico**
diabrose *s. f.* MEDICINA erosion, corrosion of the bones
diabrótico *adj.* MEDICINA diabrotic, corrosive
diabrura *s. f.* devilish trick, devilry, devilishness
diacético *adj.* QUÍMICA diacetic
diacetina *s. f.* diacetin
diacho *s. m.* deuce
diacidrão *s. m.* candied citron rind
diáclase *s. f.* GEOLOGIA diaclasite; joint, fracture
diaconado *s. m.* ⇒ **diaconato**
diaconal *adj.* diaconal
diaconato *s. m.* diaconate, deaconship, deaconry
diaconia *s. f.* deaconship, deaconry
diaconisa *s. f.* deaconess
diácono *s. m.* deacon
diácope *s. f.* CIRURGIA diacope; GRAMÁTICA tmesis
diacrítico *adj.* diacritical; ***sinais diacríticos*** diacritical marks
diacritismo *s. m.* diacritism; use of diacritic signs
diacronia *s. f.* diachrony, diachronism
diacrónico *adj.* diachronic, diachronistic, diachronous
diacústica *s. f.* diacoustics

diacústico *adj.* diacoustic
díada *s. f.* dyad, couple, pair
díade *s. f.* dyad, couple, pair
diadelfia *s. f.* BOTÂNICA diadelphia
diadelfo *adj.* BOTÂNICA diadelphian, diadelphous
diadema *s. m.* diadem
diademado *adj.* HERÁLDICA diademed, crowned
diademar *v. tr.* to diadem, to crown
diadexia *s. f.* MEDICINA diadexis
diafaneidade *s. f.* ⇒ **diafanidade**
diafanidade *s. f.* diaphaneity, transparency, translucency, pellucidness
diafanização *s. f.* the act of rendering diaphanous
diafanizar *v. tr.* to render diaphanous
diáfano *adj.* diaphanous, transparent, translucent; pellucid
diafanógeno *adj.* diaphanogenous; causing transparency
diafanometria *s. f.* diaphanometry
diafanómetro *s. m.* diaphanometer
diafanoscopia *s. f.* diaphanoscopy
diafanoscópio *s. m.* diaphanoscope
diáfise *s. f.* ANATOMIA diaphysis
diafonia *s. f.* MÚSICA diaphony
diáfora *s. f.* GRAMÁTICA repetition of a word in the same phrase but with a different meaning
diaforese *s. f.* MEDICINA diaphoresis, sweating, sweat, perspiration
diaforético *adj.* diaphoretic
diafragma *s. m.* diaphragm; ANATOMIA midriff; ÓPTICA aperture
diafragmar *v. tr.* to diaphragm
diafragmático *adj.* diaphragmatic
diafragmite *s. f.* diaphragmatitis, diaphragmitis
diagénese *s. f.* GEOLOGIA diagenesis
diagnose *s. f.* MEDICINA diagnosis; analysis
diagnosticador *s. m.* diagnostician
diagnosticar *v. tr.* to diagnose
diagnosticável *adj.* that may be diagnosed
diagnóstico Ⓐ *adj.* diagnostic Ⓑ *s. m.* diagnosis; diagnostics
diagometria *s. f.* diagometry; comparison of electric conductibility
diagométrico *adj.* diagometric(al)
diagómetro *s. m.* diagometer
diagonal *adj.* diagonal; NÁUTICA ***diagonal de pavimento*** diagonal tie plate of deck
diagonalmente *adv.* diagonally
diágrafo *s. m.* diagraph
diagrama *s. m.* diagram; graph, scheme; ***diagrama de indicador*** indicator diagram; ***diagrama das pulsações*** diagram of pulsations, polygram
dial *adj.* daily, quotidian
diálage *s. f.* MINERALOGIA diallage
dialectal *adj.* dialectal
dialéctica *s. f.* dialectic, dialectics
dialéctico Ⓐ *adj.* dialectic, dialectal Ⓑ *s. m.* dialectician
dialecto *s. m.* dialect
dialectologia *s. f.* dialectology
dialectológico *adj.* dialectological
dialectólogo *s. m.* dialectologist
dialelo *s. m.* diallelus
dialho *s. m.* [pop.] ⇒ **diabo**
dialipétalo *adj.* BOTÂNICA dialypetalous
dialisador *s. m.* QUÍMICA dialyser
dialisar *v. tr.* QUÍMICA to dialyse
diálise *s. f.* QUÍMICA dialysis
dialissépalo *adj.* BOTÂNICA dialysepalous
dialitépalo *adj.* BOTÂNICA dialytepalous
dialogação *s. f.* dialogizing; conversation
dialogado *adj.* dialogued
dialogal *adj.* dialogistical
dialogar *v. tr. e intr.* to dialogize, to talk (to write) in dialogue; to put into a dialogue
dialogia *s. f.* GRAMÁTICA repetition of a word in the same sentence but with different meaning
dialógico *adj.* dialogic
dialogismo *s. m.* dialogism
dialogista *s. m. e f.* dialogist
dialogístico *adj.* ⇒ **dialogal**
diálogo *s. m.* dialogue; ***em forma de diálogo*** in dialogue form
diamagnético *adj.* FÍSICA diamagnetic
diamagnetismo *s. m.* FÍSICA diamagnetism
diamante *s. m.* diamond, adamant, brilliant; ***diamante bruto*** rough diamond; ***diamante talhado*** cut diamond; ***diamante negro*** black diamond, carbon diamond; ***diamante de vidraceiro*** glass diamond; ***ponta de diamante*** diamond point; ***bodas de diamante*** diamond wedding; ***diamante da mais pura água*** diamond of the first water
diamantífero *adj.* diamondiferous; diamond-producing
diamantino *adj.* adamantine, diamantine
diamantista *s. m. e f.* diamond-dealer; buyer (or seller) of diamonds; diamond merchant
diamantizar *v. tr.* to diamondize; to give the gloss of a diamond to; to value; to make precious
diamantóide *s. m.* diamantoid; stone with diamond properties
diamático *adj.* relating to dialectal materialism
diamatismo *s. m.* dialectical materialism
diamba *s. f.* BOTÂNICA marijuana, hemp
diametral *adj.* diametrical
diametralmente *adv.* diametrically; ***diametralmente oposto*** diametrically opposed, diametrically opposite
diâmetro *s. m.* diameter; ***o diâmetro do tronco de uma árvore*** the diameter of a tree-trunk
diamina *s. f.* diamine
diandria *s. f.* diandria
diândria *s. f.* diandria, an order of plants having perfect flowers, with only two stamens
diandro *adj.* BOTÂNICA diandrous, having two stamens
dianho *s. m.* [pop.] ⇒ **diabo**
diante *adv.* before, in front; ***diante de*** in front of, before; ***e assim por diante*** and so forth, and so on; ***ir por diante*** to go on; ***daqui por diante*** henceforth, from this time on; ***quem ao diante não olha, atrás torna*** he who does not look ahead finds himself behind
dianteira *s. f.* front, forepart; the lead; ***porta dianteira*** front door; ***tomar a dianteira*** to get the start of, to overrun
dianteiro *adj.* fore, first, foremost, leading
dianto *adj.* BOTÂNICA having two flowers
diapasão *s. m.* MÚSICA diapason, pitch; tuning-fork; ***diapasão da voz*** pitch-pipe; ***diapasão normal*** concert-pitch
diapedese *s. f.* MEDICINA diapedesis
diapnóico *adj.* MEDICINA diapnoic
diaporese *s. f.* RETÓRICA diaporesis
diapositivo *s. m.* diapositive, slide, transparency
diaquilão *s. m.* FARMACOLOGIA diachylon, diaculum, lead plaster
diária *s. f.* daily income; daily expense; (hotel, etc.) daily charge, full board
diariamente *adv.* daily, every day
diário Ⓐ *adj.* daily Ⓑ *s. m.* diary; journal; daily paper; day-book; ***acontecimento diário*** daily event; ***diário de bordo*** log-book; ***diário de navegação*** official log-book; ***diário da máquina*** engineer's day-book; ***diário mundano*** society news
diarista *s. m. e f.* diarist; journalist, reviewer
diarreia *s. f.* MEDICINA diarrhoea, diarrhea
diarreico *adj.* diarrhoeal
diartrose *s. f.* ANATOMIA diarthrosis

Diáspora *s. f.* Diaspora
diaspório *s. m.* MINERALOGIA diaspore
diásporo *s. m.* ⇒ **diaspório**
diástase *s. f.* QUÍMICA diastase; ANATOMIA diastasis; MILITAR division
diastema *s. m.* diastema
diáster *s. m.* BIOLOGIA diaster
diastilo *s. m.* ARQUITECTURA diastyle
diástole *s. f.* ANATOMIA diastole
diastólico *adj.* diastolic
diastrofia *s. f.* ANATOMIA dislocation of muscles; luxation of bones
diastrofismo *s. m.* ANATOMIA diastrophism
diatermância *s. f.* FÍSICA diathermancy
diatérmano *adj.* diathermanous, diathermic
diatermia *s. f.* MEDICINA diathermy
diatérmico *adj.* MEDICINA diathermic
diátese *s. f.* MEDICINA diathesis
diatésico *adj.* diathetic
Diatomáceas *s. f. pl.* BOTÂNICA the diatoms
diatómico *adj.* QUÍMICA diatomic
diatomito *s. m.* GEOLOGIA diatomite
diatónico *adj.* MÚSICA diatonic
diatribe *s. f.* diatribe; bitter criticism; invective
dibranquiado Ⓐ *adj.* ZOOLOGIA dibranchiate Ⓑ *s. m. pl.* the *Dibranchiata*
dibranquiais *s. m. pl.* ⇒ **dibranquiado**
dibrânquios *s. m. pl.* ⇒ **dibranquiado**
dicacidade *s. f.* causticity, pertness
dição *s. f.* diction
dicarpelar *adj.* BOTÂNICA having a double carpel
dicarpo *adj.* having two fruits
dicastério *s. m.* dicastery
dicaz *adj.* satiric, satirical, sarcastic
dicção *s. f.* diction, expression, speech, verbal style
dicéfalo *adj.* dicephalous
dichote *s. m.* scoff, jest, jeer
dicionário *s. m.* dictionary; lexicon; ***dicionário de algibeira*** pocket-dictionary; ***dicionário técnico poliglota*** technical polyglot dictionary; ***dicionário de inglês-português*** English-Portuguese dictionary; ***compilar um dicionário*** to compile a dictionary; ***manejar bem um dicionário*** to handle a dictionary well; ***procurar uma palavra no dicionário*** to look up a word in the dictionary
dicionarista *s. m. e f.* lexicographer, dictionarian
dicionarização *s. f.* the act of compiling a dictionary
dicionarizar *v. tr.* to compile a dictionary; to arrange words in alphabetical order as in a dictionary
diclino *adj.* BOTÂNICA diclinous
dicogamia *s. f.* BOTÂNICA dichogamy
dicogâmico *adj.* BOTÂNICA dichogamous
dicórdio *s. m.* dichord
Dicotiledóneas *s. f. pl.* BOTÂNICA dicotyledons
dicotiledóneo *adj.* BOTÂNICA dicotyledonous
dicotomia *s. f.* dichotomy
dicotómico *adj.* dichotomic
dicótomo *adj.* BOTÂNICA dichotomous
dicróico *adj.* dichroic
dicroísmo *s. m.* dichroism
dicromático *adj.* dichromatic
dicromia *s. f.* QUÍMICA dichromium
dícromo *adj.* QUÍMICA dichromic
dictafone *s. m.* dictaphone
díctico *s. m.* LINGUÍSTICA deictic
didacta *s. m. e f.* expert teacher
didáctica *s. f.* didactics (the science or art of teaching)
didacticamente *adv.* didactically
didáctico *adj.* didactic; instructive, preceptive; ***livro didáctico*** schoolbook
didáctilo *adj.* didactylous
didactismo *s. m.* didacticism
didactologia *s. f.* pedagogy, pedagogics; science of teaching
didactológico *adj.* pedagogic(al)
didascália *s. f.* stage direction
didascálica *s. f.* didascalics
didascálico *adj.* didascalic, didactic
didélfido *s. m., adj.* ⇒ **didelfo**
Didelfiídas *s. m. pl.* ⇒ **Didelfiídeos**
Didelfiídeos *s. m. pl.* ZOOLOGIA *Didelphidae*
didelfo Ⓐ *s. m.* ZOOLOGIA didelph, marsupial Ⓑ *adj.* didelphic, didelphian
dídimo Ⓐ *adj.* BOTÂNICA didymous, didymate Ⓑ *s. m.* (chem) didymium
didinâmico *adj.* BOTÂNICA didynamous
didodecaedro *s. m.* didodechaedral
diédrico *adj.* dihedral
diedro *s. m.* MATEMÁTICA dihedron
diegese *s. f.* narrative, narration; story, tale
diegético *adj.* relating to narrative
dieléctrico *s. m., adj.* ELECTRICIDADE dielectric
diencéfalo *s. m.* ANATOMIA diencephalon
diérese *s. f.* GRAMÁTICA di(a)eresis
dierético *adj.* diaeretic
diese *s. f.* MÚSICA diesis, semitone
diesel *s. m.* diesel
dieta *s. f.* diet; MEDICINA regimen; diet, assembly; ***devo pôr-me a dieta?*** must I diet myself?; ***pôr um doente a dieta rigorosa*** to put a patient on a strict diet
dietética *s. f.* dietetics
dietético *adj.* MEDICINA dietetic
dietista *s. m. e f.* dietitian
difamação *s. f.* defamation, calumny, detraction, backbiting, slander
difamador Ⓐ *adj.* defamatory, defaming Ⓑ *s. m.* defamer, detractor
difamante *adj.* defamatory, defaming
difamar Ⓐ *v. tr.* to defame, to asperse, to speak ill of; to slander, to calumniate Ⓑ *v. refl.* to lose one's credit (prestige or reputation)
difamatório *adj.* defamatory, slanderous, calumnious; ***libelo difamatório*** defamatory libel
difarreação *s. f.* diffarreation
difásico *adj.* ELECTRICIDADE diphase, diphasic
diferença *s. f.* difference, dissimilarity, disparity; distinction; contrast; deviation; divergence; subtraction; disagreement; ***diferença mínima*** small difference, shade; ELECTRICIDADE ***diferença potencial*** potencial difference, voltage; ***não faz diferença*** it does not matter; ***diferença de temperatura*** difference in temperature; ***faz pouca diferença*** it matters little; ***sem diferença*** without difference; ***faz muita diferença*** it makes a great difference; ***uma diferença notável*** a marked difference; ***fazer diferença*** to be different, to differ, to make a difference, to distinguish; NÁUTICA ***sem diferença de inversão*** on an even keel
diferençar Ⓐ *v. tr.* to distinguish; to discriminate; to differentiate Ⓑ *v. refl.* to become different; to grow unlike; to be distinguished from, to vary, to differ
diferençável *adj.* differentiable, distinguishable
diferenciação *s. f.* differentiation
diferenciado *adj.* differentiated
diferencial Ⓐ *adj.* differential, characteristic, distinguishable; special Ⓑ *s. m.* differential; MATEMÁTICA differential coefficient; MECÂNICA differential (gear)
diferenciar Ⓐ *v. tr.* to differentiate; to distinguish Ⓑ *v. refl.* to differ, to contrast
diferendo *s. m.* difference, disagreement; argument
diferente *adj.* different, distinct; separate, other; unlike; various, dissimilar, diverse; divergent, disagreeing, incongru-

ous; ***muito diferente*** quite different; ***muitas coisas diferentes*** a lot of different things; ***diferentes qualidades*** different kinds; ***diferentes um do outro*** unlike each other, different from each other; ***isso é uma coisa totalmente diferente*** that is quite another matter

diferentemente *adv.* differently; unlikely, unusually; distinctly, separately, divergently

diferido Ⓐ *adj.* pre-recorded, recorded Ⓑ *s. m.* pre-recorded programme, recording; ***transmitido em diferido*** broadcast at a later time

diferimento *s. m.* deferment; delay, postponement

diferir Ⓐ *v. tr.* to differ, to postpone, to delay; to put off, to defer Ⓑ *v. intr.* to be unlike, to be distinct from; to disagree with

difícil *adj.* difficult, hard, arduous, uneasy, toilsome, laborious, intricate, involved; perplexing; unmanageable; awkward; ***difícil de contentar*** hard to please; ***um problema difícil*** a hard problem; ***acho-o bastante difícil*** I find it pretty difficult; ***circunstâncias difíceis*** strained circumstances; ***empreitada difícil*** a tough job; ***situação difícil*** awkward position; ***ser de difícil compreensão*** to be slow in understanding

dificílimo *adj.* very difficult; very hard

dificilmente *adv.* with difficulty, painfully; hardly

dificuldade *s. f.* difficulty, hardness; arduousness; hindrance, objection, obstacle, trouble; perplexity, dilemma; embarrassment; ***aplanar dificuldades*** to smooth over difficulties; ***buscar dificuldades onde não as há*** to stumble upon plain ground; ***dificuldades sem conta*** no end of troubles; ***vencer uma dificuldade*** to master a difficulty, to overcome a difficulty; ***ter dificuldade em compreender*** to have difficulty in understanding; ***encontrar uma dificuldade imprevista e desastrosa*** to split on a rock; ***levantar dificuldades*** to raise objections; ***superar todas as dificuldades*** to overcome all difficulties; ***meter-se em dificuldades*** to get into a scrape; ***tirar uma dificuldade*** to remove a difficulty; ***agora estou livre de dificuldades*** I am now in smooth water, I am now out of the wood; ***desembaraçar-se de dificuldades*** to get out of a scrape; ***achar-se envolvido em dificuldades*** to find oneself in a hole; ***ter grandes dificuldades*** to be in deep water; ***isso causa dificuldades*** that makes heavy weather; ***fica em pé a dificuldade*** the question is not yet decided; ***fugir de uma dificuldade*** to evade a difficulty; ***respirar com dificuldade*** to gasp for breath

dificultação *s. f.* difficultating, act of making difficult

dificultar Ⓐ *v. tr.* to render difficult, to make difficult; to raise difficulties, to obstruct, to impede Ⓑ *v. refl.* to grow difficult

dificultoso *adj.* difficult, hard, laborious, troublesome, perplexing

difidência *s. f.* diffidence, distrust; want of self-confidence or self-assertion; modesty, shyness

difidente *adj.* diffident, shy, retiring, bashful; lacking self-confidence

difiodonte *adj.* ZOOLOGIA diphyodont

difluência *s. f.* diffluence, fluidity, deliquescence

difluente *adj.* diffluent, fluid, melting, deliquescent

difluir Ⓐ *v. intr.* to flow away, to stream, to pour Ⓑ *v. refl.* to become liquid

difonia *s. f.* ⇒ **diafonia**

difracção *s. f.* FÍSICA diffraction

difractar *v. tr.* to diffract

difractivo *adj.* diffractive

difractómetro *s. m.* apparatus for measuring the diffraction

difrigente *adj.* diffractive

difteria *s. f.* MEDICINA diphtheria

diftérico *adj.* MEDICINA diphtheric, diphtheritic

difundido *adj.* diffused; widespread; spread, scattered, dispersed, divulged

difundir *v. tr.* to diffuse; to scatter, to spread; to disperse; to divulge, to publish; to give out, to shed out; to transmit

difusamente *adv.* diffusely, diffusively, prolixly

difusão *s. f.* diffusion, circulation, dissemination; transmission; divulgation, propagation; diffusiveness; ***difusão da luz*** diffusion of light

difusibilidade *s. f.* diffusibility

difusiómetro *s. m.* diffusiometer

difusível *adj.* diffusible

difusivo *adj.* ⇒ **difusível**

difuso *adj.* diffuse, diffused; spread out, long-winded, verbose, prolix

difusor *s. m.* diffusor; ***difusor de carburador*** choke-tube

dígamo *adj.* BOTÂNICA digamous, androgynous

digástrico *adj.* ANATOMIA digastric

digénese *s. f.* BIOLOGIA digenesis

digenético *adj.* BIOLOGIA digenetic

digenia *s. f.* ⇒ **digénie**

digénie *s. f.* digeny, sexual reproduction

digerir *v. tr. e intr.* to digest; to assimilate; to master; to tolerate; to undergo digestion; to study; to ponder, to reflect upon, to think on, to consider; ***não digiro a gordura*** fat does not agree with me

digerível *adj.* digestible, capable of being digested

digestão *s. f.* digestion; ***uma boa digestão*** a good digestion; ***uma má digestão*** a bad digestion; ***de fácil digestão*** easily digested; ***de difícil digestão*** rather indigestible

digestibilidade *s. f.* digestibility

digestível *adj.* digestible

digestivo Ⓐ *adj.* digestive Ⓑ *s. m.* MEDICINA digestive

digesto Ⓐ *adj.* digested Ⓑ *s. m.* digest, summary of Roman laws compiled by order of Justinian

digestor Ⓐ *s. m.* QUÍMICA digester (vessel) Ⓑ *adj.* digestive

digestório *adj.* digestive, that can digest

diginia *s. f.* digynia

dígino *adj.* digynian, digynious

digitação *s. f.* ANATOMIA digitation; MÚSICA finger exercise

digitado *adj.* digitate, digitated

digital Ⓐ *adj.* digital; ***impressão digital*** fingerprint Ⓑ *s. m.* BOTÂNICA digitalis, foxglove

digitaliforme *adj.* digitaliform

digitalina *s. f.* MEDICINA, QUÍMICA digitalin

digitalização *s. f.* INFORMÁTICA digitization

digitar *v. tr.* to digitate

digitifoliado *adj.* BOTÂNICA digitate

digitiforme *adj.* digitaliform, digitate, digitated

digitígrado *s. m., adj.* ZOOLOGIA digitigrade

dígito Ⓐ *s. m.* ASTRONOMIA digit; [poét.] finger Ⓑ *adj.* MATEMÁTICA digital

digladiação *s. f.* digladiation; fencing; wrangling, disputing

digladiador Ⓐ *adj.* gladiatorial Ⓑ *s. m.* gladiator, fencer; swordsman

digladiar *v. intr.* to digladiate, to fight; to argue heatedly

díglifo *s. m.* ARQUITECTURA diglyph

diglossia *s. f.* GRAMÁTICA, MEDICINA diglossia

dignação *s. f.* grace, benefit, mercy; honour; benevolence; condescension

dignamente *adv.* dignifiedly, worthily

dignar-se *v. refl.* to deign, to condescend, to vouchsafe; ***não se dignou dar-me uma resposta*** he vouchsafed me no answer, he did not deign to reply; ***o presidente dignou-se conceder-lhe uma audiência particular*** the president deigned to grant him a private audience

dignidade *s. f.* dignity; nobleness, worthiness; honour; merit; excellence; nobility; stateliness, majesty; loftiness, elevation; high repute; honourable office (rank or title); estimation; ***prezar-se da sua dignidade*** to stand on one's dignity

dignificação *s. f.* dignification; elevation (to position of honour), exaltation

dignificador *adj.* dignifying
dignificante *adj.* dignifying
dignificar *v. tr.* to dignify, to ennoble, to honour, to elevate, to exalt; to render illustrious; to confer an honour upon
dignitário *s. m.* dignitary
digno *adj.* worthy; deserving, estimable, honourable, respectable; ***digno de estima*** worthy of esteem; ***ele tem tido uma vida digna de respeito*** he has lived a worthy life; ***digno de recompensa*** worthy of reward; ***digno de confiança*** reliable, trustworthy; ***nada digno de menção*** nothing to speak of
dígono *adj.* MATEMÁTICA digonous (having two angles as a stem)
dígrafo *s. m.* GRAMÁTICA digraph
digrama *s. m.* GRAMÁTICA digram, digraph (group of two letters expressing one sound)
digramático *adj.* referring to digram
digressão *s. f.* digression; deviation; excursion, walk, outing; divergence; subterfuge; ASTRONOMIA digression
digressionar *v. intr.* to digress; to deviate; to wander, to make an excursion
digressionista Ⓐ *adj.* digressional, excursive Ⓑ *s. m. e f.* excursionist
digressivo *adj.* digressive
digresso *s. m.* digression
dilação *s. f.* delay, retardation, tardiness; postponement, putting off
dilaceração *s. f.* laceration
dilacerado *adj.* lacerated; torn
dilacerador Ⓐ *adj.* lacerating, dilacerating Ⓑ *s. m.* tearer
dilaceramento *s. m.* laceration
dilacerante *adj.* lacerating, pungent; thrilling, piercing
dilacerar *v. tr.* to lacerate; to dilacerate, to tear to pieces, to tear off; to distress; to harass; to harrow; ***dilacerar o coração*** to break (to rend) one's heart
dilacerável *adj.* lacerable
dilapidação *s. f.* dilapidation, waste, squandering
dilapidador *s. m.* dilapidator
dilapidar *v. tr.* to dilapidate; to decay, to deteriorate; to bring into disrepair; to waste, to squander
dilatabilidade *s. f.* dilatability, elasticity
dilatação *s. f.* dilatation; expansion; ***dilatação do ar*** expansion of air
dilatado *adj.* dilated, expanded, diffused; distended, enlarged, stretched; delayed, deferred; ***com olhos dilatados*** with dilated eyes, wide-eyed
dilatador Ⓐ *adj.* dilating Ⓑ *s. m.* dilator
dilatante *adj.* dilating
dilatar Ⓐ *v. tr.* to dilate, to expand, to enlarge; to distend, to widen; to swell; to defer; to delay Ⓑ *v. refl.* to grow larger; MEDICINA to be distended
dilatável *adj.* dilatable
dilatório *adj.* dilatory
dilecção *s. f.* affection, esteem, preference; love
dilecto *adj.* beloved, dear; ***amigo dilecto*** bosom friend
dilema *s. m.* dilemma, problem, fix, predicament
dilemático *adj.* dilemmatic
diletante Ⓐ *adj.* dilettante; unprofessional Ⓑ *s. m.* amateur, dilettante
diletantismo *s. m.* dilettantism, amateurism
diligência *s. f.* diligence, industry, assiduity; perseverance; exertion; care, attention; activity; speed, promptitude; DIREITO diligence; stage-coach; ***fazer a diligência*** to do one's best, to pull up one's socks; ***oficial de diligências*** sheriff, bailiff
diligenciador *s. m.* diligent person
diligenciar *v. tr.* to do one's best; to endeavour, to try, to make an effort; to exert oneself
diligente *adj.* diligent, assiduous, industrious, painstaking, active, laborious; careful, cautious; attentive; hard-working, quick, swift
diligentemente *adv.* diligently, carefully, attentively
dilobulado *adj.* bi-lobular
dilucidação *s. f.* dilucidation, explication, interpretation
dilucidamento *s. m.* dilucidation, explication, interpretation
dilucidar *v. tr.* to delucidate, to elucidate, to explicate, to explain
dilúcido *adj.* lucid, clear, light
dilucular *adj.* dawning
dilúculo *s. m.* dawn, day-break
diluente Ⓐ *adj.* diluent, diluting Ⓑ *s. m.* thinner
diluição *s. f.* dilution
diluimento *s. m.* dilution
diluir *v. tr.* to dilute, to thin, to water; to dissolve
diluto *adj.* diluted
diluvial *adj.* diluvial
diluviano *adj.* diluvian; [fig.] torrential, overflowing
diluvião *s. m.* diluvium; diluvial deposits
diluviar *v. intr.* to rain abundantly, to flood
dilúvio *s. m.* deluge; great flood, inundation; heavy rain fall; flood (of words, etc.); [fig.] abundance, large quantity; ***o dilúvio*** the Deluge, Noah's flood; ***um dilúvio de cartas*** a deluge of letters
diluvioso *adj.* diluvial
dimanação *s. f.* emanation, flowing, springing, issuing (from); efflux, effluence
dimanante *adj.* resulting, springing (from); proceeding, rising (from); issuing forth
dimanar *v. intr.* to emanate, to flow, to proceed from, to issue forth; to originate from; to start from; to derive, to result; ***as ideias dimanam do cérebro*** ideas emanate from the brain
dimensão *s. f.* dimension, measurement, measure, extent, size, extension; ***as dimensões de um quarto*** the dimensions of a room; ***uma casa de dimensões consideráveis*** a house of considerable dimensions
dimensional *adj.* dimensional
dimensionamento *s. m.* dimensioning
dimensionar *v. tr.* to dimension
dimensível *adj.* measurable
dimensório *adj.* dimensional
dímero *adj.* BOTÂNICA dimerous, bipartite
dímetro *s. m.* dimeter, verse of four feet or two dipodies
dimidiação *s. f.* dimidiation
dimidiar *v. tr.* to dimidiate, to divide into halves
diminuendo *s. m.* MÚSICA diminuendo; MATEMÁTICA minuend
diminuente *adj.* diminishing
diminuição *s. f.* diminution; diminishing; MATEMÁTICA subtraction
diminuidor *s. m.* MATEMÁTICA subtrahend; diminisher
diminuir Ⓐ *v. tr.* to diminish, to lessen, to reduce, to decrease; to retrench; to curtail, to abate Ⓑ *v. intr.* to diminish, to become smaller; to grow less; ***diminuir a velocidade*** to slow down, to slacken speed; ***a febre começou a diminuir*** the fever began to subside; ***o entusiasmo começa a diminuir*** enthusiasm begins to wane, excitement begins to lessen
diminutivo Ⓐ *adj.* diminutive, diminishing Ⓑ *s. m.* GRAMÁTICA diminutive
diminuto *adj.* minute, small, tiny, little, diminutive, microscopic
dimissórias *s. f. pl.* RELIGIÃO dimissorials, dimissory letters
dimorfia *s. f.* ⇒ **dimorfismo**
dimorfismo *s. m.* dimorphism
dimorfo *adj.* dimorphic, dimorphous
dinamarquês Ⓐ *adj.* Danish Ⓑ *s. m.* Dane
dinâmica *s. f.* FÍSICA dynamics
dinâmico *adj.* FÍSICA dynamic(al); energetic, vigorous; ***amortecedor dinâmico*** dynamic damper; ***freio dinâmico*** dynamic brake

dinamismo *s. m.* dynamism; ***o dinamismo da vida moderna*** the rush of modern life
dinamista *s. m. e f.* dynamist
dinamitação *s. f.* dynamiting, blowing up
dinamitar *v. tr.* to dynamite, to blow up, to shatter with dynamite
dinamite *s. f.* dynamite
dinamiteiro Ⓐ *adj.* of dynamite Ⓑ *s. m.* dynamiter
dinamitista *s. m. e f.* dynamiter
dinamização *s. f.* dynamization
dinamizador Ⓐ *s. m.* organizer, activity leader; host; [fig.] driving force, prime mover Ⓑ *adj.* motivating, inspiring, stimulating
dinamizar *v. tr.* to dynamize; to increase the power of a medicine; to carry out, to animate
dínamo *s. m.* ELECTRICIDADE dynamo, generator; ***dínamo compensador*** buffer dynamo, balancer; ***dínamo eléctrico*** electric dynamo; ***dínamo de arranque*** booster; ***accionamento do dínamo*** dynamo drive; ***colector de dínamo*** commutator
dinamogenia *s. f.* dynamogeny
dinamogénico *adj.* dynamogenic
dinamografia *s. f.* dynamography
dinamógrafo *s. m.* dynamograph
dinamologia *s. f.* dynamology
dinamometamorfismo *s. m.* dynamometamorphism
dinamometria *s. f.* FÍSICA dynamometry
dinamométrico *adj.* dynamometrical
dinamómetro *s. m.* FÍSICA dynamometer; ***dinamómetro registador*** dynamograph
dinamoscopia *s. f.* MEDICINA dynamoscopy
dinamoscópio *s. m.* dynamoscope
dinasta *s. m. e f.* dynast
dinastia *s. f.* dynasty
dinástico *adj.* dynastic
dinatrão *s. m.* ELECTRICIDADE dynatron
dine *s. m.* FÍSICA dyne
dinheirada *s. f.* ⇒ **dinheirama**
dinheirama *s. f.* a large sum of money, loads of money
dinheirame *s. m.* ⇒ **dinheirama**
dinheirão *s. m.* a lot of money
dinheiro *s. m.* money; currency; cash; coin; wealth; capital; [cal.] lolly; ***dinheiro em caixa*** cash in hand; COMÉRCIO ***dinheiro efectivo*** real money; ***dinheiro de contado*** ready money; ***dinheiro a rodos*** money to burn; ***dinheiro a juros*** money at interest; ***dinheiro apurado*** money realized (as from the sale of something); ***dinheiro empatado*** money tied up; ***dinheiro líquido*** cash on hand; ***dinheiro falso*** flash money, counterfeit money; ***ganhar dinheiro rapidamente*** to coin money; ***ter grande necessidade de dinheiro*** to be heard up (for money); ***bolsa para dinheiro*** money-bag; ***dinheiro miúdo*** small change, odd money, small money, coppers; ***ter muito onde gastar o dinheiro*** to have many calls on one's purse; ***ganhar dinheiro*** to make money; ***pôr dinheiro a juros*** to put out money; ***o dinheiro é a causa de muitos males*** money is the root of many evils; ***o dinheiro não nasce na algibeira*** money does not grow on trees; ***não é uma questão de dinheiro*** money is no object; ***dinheiro à vista*** ready cash; ***com pouco dinheiro*** short of money; ***perder dinheiro em apostas*** [fam.] to spill money; ***o tempo é dinheiro*** time is money; ***o dinheiro remedeia todos os males*** money is a cure for all ills; ***o dinheiro não compra a felicidade*** money cannot buy happiness; ***o dinheiro sempre faz falta*** money is always needed; ***arriscar dinheiro*** to risk money; ***o dinheiro é a mola-real*** money makes the mare go; ***dinheiro emprestado é dinheiro perdido*** money lent is money spent; ***valor do dinheiro*** money's worth; ***trazes dinheiro contigo?*** have you money about yourself?; ***muito dinheiro*** lots of money, piles of money; ***gastar dinheiro num instante*** to make the money fly; ***dinheiro para despesas miúdas*** pocket money; ***levantar dinheiro*** to raise money; ***arranjar dinheiro*** to raise the wind; ***dinheiro faz dinheiro*** money makes money; ***ter à sua disposição uma soma de dinheiro*** to command a sum of money; ***estar abonado de dinheiro*** to be flush of money; ***estar provido de dinheiro*** to be in cash; ***ter dinheiro*** to be in funds; ***dinheiro na mão*** hard cash; ***não trago dinheiro comigo*** I have no money on myself; ***negócios de dinheiro*** money matters; ***compra a dinheiro*** cash transaction; ***estragar dinheiro*** to play ducks and drakes with the money; ***fugir com o dinheiro*** to make off with the money; ***gastar dinheiro à toa*** to spend money like water, to spend money right and left; ***homem cheio de dinheiro*** a moneyed man; ***manejar o dinheiro*** to hold the purse strings; ***empregar dinheiro*** to invest money; ***deitar dinheiro pela janela fora*** to throw money out of the window; ***nadar em dinheiro*** to be rolling in money; ***estar sem dinheiro*** to be penniless; ***o dinheiro voa (tem asas)*** money takes wings; ***o dinheiro faz girar o mundo*** money makes the world go round; ***ele não aceita dinheiro*** he won't take any money; ***gastou-se ali muito dinheiro*** it took a lot of money; ***o dinheiro é bom companheiro, mas mau conselheiro*** money is a good servant but a bad master; ***não gastar mais dinheiro do que se tem*** to cut one's coat according to one's cloth; ***perder dinheiro em negócios*** to lose money over a deal; ***quem dinheiro tiver, fará o que quiser*** money gives power to him who has it; ***valer o dinheiro empregado*** to be worth the money spent; ***ganhar muito dinheiro subitamente*** [cal.] to make a killing
dinheiroso *adj.* rich, moneyed, wealthy
dínio *s. m.* ⇒ **dine**
dinossáurio *s. m.* ⇒ **dinossauro**
dinossauro *s. m.* dinosaur
dinotério *s. m.* dinothere
dintel *s. m.* ARQUITECTURA lintel (piece of stone or timber over a doorway or window)
dinumerar *v. tr.* to enumerate; to specify
diocesano *s. m., adj.* diocesan
diocese *s. f.* diocese
díodo *s. m.* ELECTRICIDADE diode
dióico *adj.* BOTÂNICA dioecinous
dionisíaco *adj.* Dionysian
diópsido *s. m.* MINERALOGIA diopside
diopsímetro *s. m.* diopsimeter
dioptase *s. f.* MINERALOGIA dioptase, dioptasite
dioptria *s. f.* ÓPTICA diopter (unit used to express the refractive power of a lens), dioptric
dióptrica *s. f.* dioptrics
dióptrico *adj.* ÓPTICA dioptric; ***lentes dióptricas*** dioptric lens; ***sistema dióptrico*** dioptric system
dioptro *s. m.* diopter
diorama *s. m.* diorama
dioramático *s. m.* ⇒ **diorâmico**
diorâmico *s. m.* dioramic
diorite *s. f.* MINERALOGIA diorite, greenstone
diorítico *adj.* dioritic
diorito *s. m.* ⇒ **diorite**
diospireiro *s. m.* persimmon tree
dióspiro *s. m.* persimmon
dióxido *s. m.* QUÍMICA dioxide
dipétalo *adj.* BOTÂNICA dipetalous
diplasiasmo *s. m.* unecessary doubling of a letter
diplegia *s. f.* MEDICINA diplegia
dipleiscópio *s. m.* ASTRONOMIA dipleidoscope
diplidoscópio *s. m.* ASTRONOMIA dipleidoscope
diplocardíaco *adj.* diplocardiac
diplocéfalo *s. m.* diplocephalous
díploe *s. m.* ANATOMIA diploe (the tissue between the two plates of the skull)
diploedro *s. m.* didodecahedron

diplogénese *s. f. pl.* BIOLOGIA diplogenesis
diplóico *adj.* diploetic
diplóide *adj.* BIOLOGIA diploid
diploidoscópio *s. m.* ⇒ **dipleiscópio**
diploma *s. m.* diploma, certificate of degree; ***diploma universitário*** university degree (certificate)
diplomacia *s. f.* diplomacy; tact, skill, adroitness
diplomado *adj.* certificated, licensed; graduate
diplomar Ⓐ *v. tr.* to qualify; to grant a certificate Ⓑ *v. refl.* to graduate
diplomata *s. m. e f.* diplomat; diplomatist
diplomática *s. f.* diplomatics, paleography (the science of deciphering ancient writings, as diplomas and charters, and of ascertaining their authenticity and date)
diplomaticamente *adv.* diplomatically, tactfully
diplomático *adj.* diplomatic; tactful; adroit; ***serviço diplomático*** diplomatic service
diplomatista *s. m. e f.* diplomatist
diplopia *s. f.* MEDICINA diplopia, double sight, double vision
diplópode *s. m.* diplopod; *pl.* the *Diplopoda*
diplóptero *adj.* diploterous
diploscópio *s. m.* diploscope
diplostémone *adj.* BOTÂNICA diplostemonous
dipneu *s. m.* ICTIOLOGIA dipnoan
dipneumóneo *adj.* dipneumonous
dipnêumones *s. m. pl.* dipneumones
dipneusia *s. m.* ICTIOLOGIA dipnoan
dipnóico Ⓐ *adj.* ICTIOLOGIA dipnous Ⓑ *s. m.* dipnoan
dípode *adj.* dipodous, biped; two-footed
dipodia *s. f.* dipody
dipolar *adj.* dipolar
diprotrão *s. m.* diprotodon
Dipsacáceas *s. f. pl.* BOTÂNICA *Dipsacaceae*
Dipsáceas *s. f. pl.* ⇒ **Dipsacáceas**
dipsético *adj.* dipsetic, thirst-producing
dipsomania *s. f.* MEDICINA dipsomania, morbid craving for alcohol
dipsomaníaco *s. m., adj.* dipsomaniac
dipsómano *s. m., adj.* dipsomaniac
dipteráceo *adj.* ORNITOLOGIA, ENTOMOLOGIA dipteraceous
diptérico *adj.* ORNITOLOGIA, ENTOMOLOGIA dipteral
dipterígeo *adj.* ORNITOLOGIA, ENTOMOLOGIA dipterygian, dipterygious
díptero *adj.* ORNITOLOGIA, ENTOMOLOGIA dipterous, two-winged
dipterologia *s. f.* ORNITOLOGIA, ENTOMOLOGIA dipterology
dípteros *s. m. pl.* ORNITOLOGIA, ENTOMOLOGIA diptera
díptico *s. m.* diptych
dique *s. m.* dike, dyke, embankment, dam; dry-dock, graving dock; [fig.] barrier, obstacle, defence; ***dique na margem de um rio*** levee; ***dique de um canal*** canal embankment
direcção *s. f.* direction; management; control, controlling, guidance, lead; board of directors; order, instruction, aim, tendency, lead; route, course; address; ***direcção do tiro*** firing control; ***direcção (de automóvel)*** steering-gear; ***barra de direcção*** steering-track rod; ***braços que ligam as duas barras de direcção*** steering-drag link; ***indicador de direcção*** direction indicator; ***assumir a direcção*** to take the lead; ***sempre na mesma direcção*** all in one direction, straight on, straight ahead; MECÂNICA ***direcção de uma força*** sense of a force; MINERALOGIA ***direcção do afloramento*** line of outcrop; AERONÁUTICA ***direcção de voo*** direction of flight; ***indicar a direcção*** to show the way; ***direcção técnica*** technical direction; ***volante (de direcção)*** steering-wheel
direccional *adj.* vectorial; ⇒ **directorial**
direccionar *v. tr.* to direct; to guide
directamente *adv.* directly, straight; immediately, promptly, soon, presently, without delay
directiva *s. f.* directive, guideline; GEOMETRIA directrix
directivo *adj.* directive, directing; managerial
directo *adj.* direct, straight; plain, clear, explicit, straightforward; immediate, instantaneous; ***ir directo ao assunto*** to get straight to the point; ***discurso directo*** direct speech; ***pergunta directa*** direct question; ***comboio directo*** through train; ***voo directo*** through flight, non-stop flight; ***bilhete directo*** through ticket; ***comprar um bilhete directo*** to book through; ***em directo (de)*** live (from); ***transmissão em directo*** live broadcast(ing), live transmission
director Ⓐ *s. m.* director, head, manager; mentor, guide; headmaster, principal (of a school) Ⓑ *adj.* guiding, managing; ***director adjunto*** deputy director; ***director técnico*** superintendent, technical director; ***director artístico*** art director
directora *s. f.* directress, manageress; headmistress (school)
director-adjunto *s. m.* assistant manager
directorado *s. m.* directorate, directorship, managership; board of directors
director-geral *s. m.* director-general; managing director
director-gerente *s. m.* managing director
directoria *s. f.* directorship, director's office; direction, management; board (of directors)
directorial *adj.* directorial
directório Ⓐ *s. m.* directory; board of directors Ⓑ *adj.* directing, guiding, leading
directriz Ⓐ *s. f.* GEOMETRIA directrix, line of direction Ⓑ *adj.* ⇒ **directivo**
direita *s. f.* right (hand), right (side); ***à direita*** on the right; ***às direitas*** as it should be; ***homem às direitas*** upright man; ***siga pela direita*** keep to the right; ***voltar à direita*** to turn to the right
direiteza *s. f.* uprightness, honesty, integrity, probity, fairness, squareness
direito Ⓐ *s. m.* right, due, just, claim, legal title, privilege, prerogative; justice, equity, fairness, rectitude, honesty; law Ⓑ *adj.* right; straight; just, true, honest, upright, fair, lawful, equitable; suitable, seemly, fit Ⓒ *adv.* directly, rightly, fairly, honestly; ***estudar Direito*** to read for the Bar, to study law; ***fazer valer os seus direitos*** to put in a claim; ***direito das gentes*** right of nations; ***de direito*** lawfully, by rights; ***ter direito a*** to have the right to, to be entitled to; ***não tens direito a isso*** you have no right to it; ***direitos de autor*** author's copyright, royalties; ***renunciar aos seus direitos*** to give up one's rights; ***sujeito a direitos*** liable to duty; ***livre de direitos*** free of duty, duty-free; ***tenho direito a*** I am entitled to; ***fora os direitos*** besides duties; ***doutor em Direito*** doctor of Laws; ***direito marítimo*** shipping law, maritime law; ***direitos de importação*** import duty; ***direitos de exportação*** export duty; ***direitos de cais*** wharfage; ***direitos de propriedade*** ownership, property rights; ***direitos de carga e descarga*** lastage dues or rates; NÁUTICA ***direitos de estadia*** anchorage dues, berthage; ***direitos de farolagem*** light dues; ***direitos de porto*** port charges, keelage; ***direitos de tonelagem*** tonnage dues; ***direitos de alfândega*** custom duties; ***direitos específicos*** fixed duties; ***direitos de passagem*** right of way; ***reclamar os seus direitos*** to demand one's rights; ***estar direito*** to stand upright; ***a torto e a direito*** at random; ***segue a direito!*** follow your nose!; ***sempre a direito!*** right ahead!, straight ahead!; ***foi direito à porta*** he went straight up to the door
direitura *s. f.* straightness, rightness, uprightness, integrity, straightforwardness
diribitor *s. m.* scrutineer (in ancient Rome); man encharged of the distribution of the electorate's list (in ancient Rome)
diribitório *s. m.* diribitorium (place where the *diribitor* exercised his function)
dirigente Ⓐ *adj.* directing, guiding, leading Ⓑ *s. m. e f.* manager, manageress; boss; director, directress; controller; ***classes dirigentes*** ruling classes; ***dirigente de fábrica*** works manager
dirigibilidade *s. f.* dirigibility
dirigir Ⓐ *v. tr.* to direct, to manage, to run, to rule, to govern, to control; to superintend, to boss, to command; to

address, to send; to guide, to lead, to conduct, to steer, to pilot, to take the lead Ⓑ *v. refl.* to apply to; to be directed; to address oneself; ***dirigir-se para*** to make for; ***dirigir a palavra a alguém*** to address oneself to someone; ***dirigir a bola (no golfe)*** to address the ball (in golf); ***dirigir um hotel (uma escola, etc.)*** to run a hotel (a school, etc.); ***dirigir um bom negócio*** to run a good business; ***dirigir a empresa*** ⌈coloq.⌋ to run the show, to boss the show; ***dirigir uma petição*** to address a petition; ***dirigir a atenção de alguém para*** to direct someone's attention to; ***dirigir-se a alguém*** to apply to a person, to go up to a person; ***dirigir-se a quem de direito*** to apply to the proper person (or authority); ***dirigir o navio*** to direct the course (of a ship), to steer; ***dirigir os negócios de uma família*** to manage the affairs of a family; ***dirigir-se para casa*** to make one's way home

dirigível Ⓐ *adj.* dirigible, controllable, steerable, manageable, workable Ⓑ *s. m.* dirigible, balloon, airship

dirimente *adj.* DIREITO diriment, null and void, nullifying; ***impedimento dirimente*** diriment impediment

dirimir *v. tr.* to annul, to nullify; to settle, to decide, to determine

diro *adj.* dire, fearful, awful, cruel, terrible, dreadful, extreme

diruir *v. tr.* ⇒ **derruir**

dirupção *s. f.* disruption, bursting asunder

diruptivo *adj.* disruptive

disatria *s. f.* disarticulation (defective articulation of words)

disbasia *s. f.* MEDICINA locomotive difficulties

disbulia *s. f.* abulia (loss of will power)

disbúlico *adj.* abulic

discal *adj.* discal, disc-like

discar *v. tr.* to dial (telephone numbers)

discência *s. f.* learning, acquisition of knowledge

discente *adj.* studying, learning; ***corpo discente*** the student body

disceptação *s. f.* disceptation, controversy, dissension

discernente *adj.* discerning, discriminating, distinguishing

discernimento *s. m.* discernment, insight; sagacity, penetration

discernir *v. tr.* to discern, to perceive, to distinguish, to descry, to make out clearly; ***discernir um objecto*** to discern a distant object

discernível *adj.* discernible, distinguishable, perceptible

discífero *adj.* disciferous

discifloro *adj.* discifloral

disciforme *adj.* disciform, discoidal

discinesia *s. f.* MEDICINA dyskinesia

disciplina *s. f.* discipline, training, order; orderliness (of behaviour); subject (of study); chastisement, punishment; *pl.* scourge, whip, lash; ***manter uma disciplina severa*** to keep a tight rein on; ***disciplina militar*** military discipline; ***fazer cumprir a disciplina*** to enforce discipline; ***manter a disciplina*** to preserve discipline; ***com rigorosa disciplina*** under strict discipline

disciplinação *s. f.* discipline; chastisement, thrashing, flogging

disciplinado *adj.* disciplined; correct; orderly, controled

disciplinador Ⓐ *adj.* disciplinarian, chastening Ⓑ *s. m.* disciplinarian; scourger, flogger

disciplinante Ⓐ *adj.* disciplinary; chastening Ⓑ *s. m. e f.* flagellant

disciplinar Ⓐ *adj.* disciplinary Ⓑ *v. tr.* to discipline, to train (mentally, morally, and physically); to punish, to chastise, to scourge Ⓒ *v. refl.* to scourge oneself; to discipline oneself; to control oneself

disciplinável *adj.* disciplinable, controllable

discipulado *s. m.* discipleship, apprenticeship

discipulato *s. m.* ⇒ **discipulado**

discípulo *s. m.* disciple; follower; pupil, student, scholar

discissão *s. f.* discission, incision of the lens of the eye

disco *s. m.* disc, disk, discus; dial (of telephones, etc.); ***disco de gramofone*** gramophone record; ***disco voador*** flying saucer; DESPORTO ***lançamento do disco*** discus throw; INFORMÁTICA ***disco rígido, disco duro*** hard disc; INFORMÁTICA ***disco mestre*** master disc; ***disco compacto*** compact disc (CD); INFORMÁTICA ***disco do sistema*** system disc; ***muda o disco!*** ⌈coloq.⌋ change the tune!, change subject!

discóbolo *s. m.* discobolus, discus thrower

discografia *s. f.* MÚSICA discography, record collection

discográfico *adj.* discographic; ***contrato discográfico*** record contract

discóide *adj.* discoid(al)

disco-jockey *s. m. e f.* disc jockey, DJ

díscolo *s. m.* rowdy, rioter, rough, ruffian, hooligan

discontínuo *adj.* ⇒ **descontínuo**

discordância *s. f.* discordance, discord, disagreement, dissension, variance; dissonance, clashing sounds, want of harmony; conflict, clash

discordante *adj.* discordant, unmusical, dissonant, harsh, jarring, unpleasing; disagreeing, contradictory, opposite, contrary, at variance

discordantemente *adv.* discordantly; without harmony

discordar *v. intr.* to discord, to disagree, to dissent, to be at variance; to jar, to clash, to be incompatible

discorde *adj.* discordant; disagreeing, clashing, incompatible, contradictory, at variance; not harmonious, out of tune

discórdia *s. f.* discord, variance, disagreement, strife, contention, quarrel; ***pomo da discórdia*** bone of contention; ***semear a discórdia*** to set at variance, to sow the seeds of discord

discordo *s. m.* ⇒ **desacordo**

discorrência *s. f.* discourse, the development of a subject in conversation

discorrer *v. intr.* to run about; to travel; to reason, to consider, to ponder, to meditate; to discourse, to talk over, to dwell on, to talk at length

discoteca *s. f.* record cabinet, record collection; disco; club

discrasia *s. f.* dyscrasia, dyscrasy

discrásico *adj.* dyscrasic

discrepância *s. f.* discrepancy, contradiction, disagreement, incongruity, divergence, difference

discrepante *adj.* discrepant, contradictory; at variance; disagreeing, jarring; different

discrepar *v. intr.* to differ, to disagree; to be discrepant, to discord

discreta *s. f.* nun assisting the mother superior

discretamente *adj.* discreetly

discreteador Ⓐ *s. m.* person who speaks discreetly Ⓑ *adj.* speaking discreetly

discretear *v. intr.* to discourse (upon); to converse; to hold forth in speech (on a subject); to speak discreetly (wisely)

discretivo *adj.* discretive, distinct, separate

discreto *adj.* discreet, wise, judicious, prudent, circumspect, cautious, wary; sober, quiet; discrete, discontinuous, unrelated; ***cor discreta*** quiet (sober) colour

discretório *s. m.* assembly (chamber) of assistants of a religious order

discrição *s. f.* discretion, prudence, circumspection, carefulness, reserve, wariness; discernment, judgement; secrecy; ***à discrição*** at one's discretion, at one's own pleasure; ***pode confiar na sua discrição*** you can rely on his discretion

discricional *adj.* discretional, discretionary

discricionariamente *adv.* discretionarily

discricionário *adj.* discretionary

discrime *s. m.* difference; fight; risk, danger; discernment, judgement

discrímen *s. m.* ⇒ **discrime**

discriminação *s. f.* discrimination, distinction, selection, separation; discernment, perception

discriminadamente *adv.* discriminatively
discriminador Ⓐ *s. m.* discriminator Ⓑ *adj.* discriminatory, discriminating
discriminante *adj.* discriminating, discriminatory
discriminar *v. tr.* to discriminate, to distinguish, to differentiate, to separate, to select
discriminativo *adj.* discriminative
discriminatório *adj.* discriminatory, discriminative, biased
discriminável *adj.* that can be discriminated; discernible, distinguishable, separable
discromático *adj.* dyschromatic
discromatismo *s. m.* dyschromatism
discromatopsia *s. f.* dyschromatopsia; daltonism
discromia *s. f.* dyschromia
discursador Ⓐ *adj.* discoursing, narrative Ⓑ *s. m.* speaker, orator, discourser
discursar *v. intr.* to discourse, to reason, to expatiate (upon), to hold forth, to speak at length (upon); to make a speech
discursata *s. f.* long and valueless discourse
discursista *s. m. e f.* discurser, speaker, orator
discursivo *adj.* discursive
discurso *s. m.* speech, discourse, address, dissertation; ***fazer um discurso*** to make (to deliver) a speech; ***discurso da Coroa*** King's (Queen's) speech; ***discurso preparado de antemão*** set speech; ***discurso de estreia*** maiden speech; ***as partes do discurso*** parts of speech
discussão *s. f.* discussion, debate, reasoning, argument, controversy, quarrel, contest; ***objecto de discussão*** moot point; ***sem discussão*** without question; ***fora de discussão*** out of the question; ***discussão prolongada*** an extended discussion
discutidor Ⓐ *s. m.* discusser, disputant, arguer, debater Ⓑ *adj.* discussing, debating
discutir *v. tr.* to discuss, to debate, to argue, to controvert, to dispute; to reason; to examine critically, to talk over; to quarrel, to wrangle; ***discutir o ponto principal*** to come to the point; ***discutir em público assuntos particulares*** to wash one's dirty linen in public; ***discutir sobre ninharias*** to dispute about trifles; ***discutir um assunto*** to talk the matter over; ***não discuta!*** no arguing!
discutível *adj.* discussible, debatable, arguable, disputable, controversial, problematic, doubtful
disemia *s. f.* MEDICINA dyshemia (alteration of the blood)
disenteria *s. f.* MEDICINA dysentery; ***disenteria amebiana*** amoebic dysentery; ***disenteria bacilar*** bacillary dysentery
disentérico *adj.* MEDICINA dysenteric
disepatia *s. f.* MEDICINA bad functioning of the liver
diserto *adj.* well-spoken; fluent, eloquent
disestesia *s. f.* MEDICINA dysesthesia
disfagia *s. f.* MEDICINA dysphagia, dysphagy
disfarçadamente *adv.* dissemblingly, disguisedly, in disguise
disfarçado *adj.* disguised, dissembled, masked, cloaked, veiled; simulated, feigned
disfarçar Ⓐ *v. tr.* to disguise, to dissemble; to conceal, to cover, to cloak; to mask, to veil, to muffle; to feign, to simulate; to misrepresent Ⓑ *v. refl.* to disguise oneself; ***disfarçar as intenções*** to disguise one's intentions
disfarce *s. m.* disguise, mask; pretence, pretext, deception, dissimulation
disfasia *s. f.* MEDICINA dysphasia
disferir *v. tr.* to dilate, to enlarge, to expand, to distend, to swell; to aggrandize
disfonia *s. f.* MEDICINA dysphonia
disfónico *adj.* dysphonic
dísfono *adj.* ⇒ **disfónico**
disforia *s. f.* MEDICINA dysphoria
disformar *v. tr.* to deform, to disfigure, to distort
disforme *adj.* deformed, disfigured, defaced, distorted, marred; huge, enormous, colossal, monstrous; ***um homem disforme*** a deformed man; ***um pé disforme*** a deformed foot
disformidade *s. f.* deformity, disfigurement; monstrosity; malformation, ugliness
disfrutar *v. tr.* ⇒ **desfrutar**
disgenesia *s. f.* BIOLOGIA dysgenesis
disgenético *adj.* BIOLOGIA dysgenesic
disgrafia *s. f.* dysgraphia
disidria *s. f.* MEDICINA dysidrosis (cutaneous eruption)
disidrose *s. f.* dysidrosis
disjunção *s. f.* disjunction, separation, disconnection; GRAMÁTICA disjunctive proposition
disjungir *v. tr.* to separate; to disconnect
disjuntar *v. tr.* to disjoint, to disjoin, to disunite, to separate, to dismember
disjuntivo *adj.* GRAMÁTICA disjunctive
disjunto *adj.* disjoined, separate, disconnected, detached, severed
disjuntor *s. m.* ELECTRICIDADE circuit breaker
dislalia *s. f.* MEDICINA difficulty in the articulation of words
dislate *s. m.* nonsense, absurdity, silliness, folly, foolery, idiocy
dislexia *s. f.* MEDICINA dyslexia (difficulty in reading and understanding writing)
dismenia *s. f.* ⇒ **dismenorreia**
dismenorreia *s. f.* MEDICINA dysmenorrhoea
dismenorreico *adj.* suffering from dysmenorrhoea
dismnésia *s. f.* MEDICINA loss of memory of names, figures and illustrations
dismorfia *s. f.* ANATOMIA dysmorphism
dismorfo *adj.* dysmorphous
disna *s. f.* African round house with conical roof
disnervado *adj.* disnerved; with abnormal innervation
disnusia *s. f.* loss of reasoning power
disodia *s. f.* dysodia (fetid exhalation)
disopia *s. f.* MEDICINA dysopia, dysopsia
disorexia *s. f.* MEDICINA loss of appetite
disosmia *s. f.* MEDICINA disosmia
díspar *adj.* unequal, unlike, dissimilar, diverse
disparador *s. m.* shutter (of a camera); trigger (of a gun); ***disparador automático*** self-timer
disparar Ⓐ *v. intr.* to shoot, to discharge, to let off, to fire (off), to let fly (arrows); to dart, to shoot off; to cast, to throw with violence Ⓑ *v. refl.* to go off (fire-arm); ***disparar a arma*** to let off a gun; NÁUTICA ***disparar bandeira*** to break (to display) signal flag; ***ele disparou pela rua abaixo*** he darted (shot off) down the street
disparatadamente *adv.* nonsensically, absurdly, foolishly, sillily
disparatado *adj.* nonsensical, silly, foolish, rash, senseless; absurd, ridiculous
disparatar *v. intr.* to talk (to act) foolishly; to say (to do) the wrong thing; to make a fool of oneself, to blunder
disparate *s. m.* nonsense, blunder, folly, foolishness, absurdity, trash, silliness, stuff and nonsense; ***dizer disparates*** to talk nonsense; ***que disparate!*** rot!, rubbish!, fiddlesticks!, stuff and nonsense!, what a trash!; ***um disparate completo*** perfect non-sense; ***basta de disparates!*** none of your nonsense now!; ***um chorrilho de disparates*** a pack of non-sense; ***grande disparate*** [fam.] tommy rot
dispareunia *s. f.* MEDICINA painful coitus for the woman
disparidade *s. f.* disparity; difference, unlikeness, inequality, dissimilitude; incongruity
disparo *s. m.* shot; discharge (of a gun), detonation
dispartir *v. tr.* to distribute, to share, to divide; to scatter, to go different ways
dispêndio *s. m.* expense, expenditure, spending, cost; disbursement, outlaying, outlay; waste, consumption; ***com grande dispêndio*** at great cost

dispendiosamente *adv.* expensively, in an expensive manner
dispendioso *adj.* expensive, costly, dear; ***tornar-se (sair) dispendioso*** to come out expensive
dispensa *s. f.* exemption, release; licence, leave (of absence); RELIGIÃO dispensation
dispensabilidade *s. f.* dispensability
dispensação *s. f.* dispensation, exemption, remission
dispensado *adj.* dispensed, exempt, released, relieved
dispensador *s. m.* dispenser, distributer
dispensar Ⓐ *v. tr.* to dispense, to do without, to dispense with, to forego; to release from (obligation), to excuse from; to spare; to bestow, to grant, to administer, to give out, to distribute Ⓑ *v. refl.* to avoid, to excuse oneself from; ***pode dispensar este dicionário?*** can you spare this dictionary?; ***dispensar os serviços de alguém*** to dispense with a person's services; ***hoje é dispensado do serviço*** you are excused from work today; ***dispensar atenções*** to show kindness
dispensário *s. m.* dispensary; ***dispensário para crianças*** infant welfare centre
dispensatário *s. m.* person who grants dispensation
dispensativo *adj.* dispensing, dispensatory
dispensatório *s. m.* dispensary, laboratory
dispensável *adj.* dispensable
dispepsia *s. f.* MEDICINA dyspepsia
dispéptico *s. m., adj.* dyspeptic
disperder *v. tr.* to ruin, to destroy
dispermático *adj.* BOTÂNICA dispermous
dispermia *s. f.* dispermy
dispérmico *adj.* ⇒ **dispermo**
dispermo *adj.* BOTÂNICA dispermatous, dispermous
dispersado *adj.* dispersed, scattered, separated, dispelled, broken up
dispersão *s. f.* dispersion; scattering, dispersing; diffusion; disbandment, breaking up
dispersar Ⓐ *v. tr. e intr.* to disperse, to scatter, to drive away (asunder), to disband, to break up, to put to flight; to spread, to diffuse, to disseminate Ⓑ *v. refl.* to beat about the bush, to talk round a subject; ***dispersar uma multidão*** to disperse (to scatter) a crowd
dispersivamente *adv.* dispersively, diffusively, scatteredly, scatteringly
dispersivo *adj.* dispersive, diffusive; scattering
disperso *adj.* dispersed, scattered, spread; diffused, vague
displasia *s. f.* PATOLOGIA dysplasia
displicência *s. f.* negligence, carelessness, displeasure, dissatisfaction, dislike, annoyance, disgust
displicente *adj.* careless, negligent, displeasing, unpleasant, annoying; ill-humoured
displicentemente *adv.* displeasingly, unpleasantly, annoyingly; inattentively, carelessly
dispneia *s. f.* MEDICINA dyspnoea, dyspnea; difficult (laboured) breathing
dispneico *adj.* MEDICINA dyspnoeic
disponente Ⓐ *adj.* disposing, disponent Ⓑ *s. m. e f.* disposer, bestower, donor, dispenser
disponibilidade *s. f.* availability
disponibilização *s. f.* offer
disponibilizar *v. tr.* to make available; to offer, to place at someone's disposal
disponível *adj.* available; spare; at one's disposal; ***não tenho dinheiro disponível*** I have no spare cash; ***há apenas um quarto disponível*** there is only one spare room; ***tempo disponível*** time at one's disposal
dispor Ⓐ *v. tr. e intr.* to dispose, to spare; to place in order, to arrange; to lay out; to group, to rank, to range, to array (soldiers); to determine, to settle, to make arrangements, to predispose; to regulate, to adjust Ⓑ *v. refl.* to get ready, to be about, to be inclined, to be predisposed Ⓒ *s. m.* disposal, disposition; ***ao seu dispor*** at your disposal; ***dispunha-me a partir*** I was arranging to leave; ***dispor em camadas*** to arrange in layers; ***não dispor de tempo*** to be pushed for time, to be pressed for time; ***dispor de uns minutos*** to spare a few minutes; ***dispor de meios*** to dispose of resources or means; ***dispor de fundos*** to dispose of funds; ***pode dispor de mim*** you can count on my help, I am at your disposal; ***o homem põe, Deus dispõe*** man proposes, God disposes
disposição *s. f.* disposition, arrangement, order, distribution; disposal, orders; tendency, propensity, proneness, predisposition, inclination; condition, character; humour, nature, temper; *pl.* preparations; ***à sua disposição*** at your service, at your disposal; ***com boa disposição de espírito*** in a happy frame of mind; ***tomar disposições recíprocas*** to make a reciprocal arrangement; ***o livro está à sua disposição*** you are welcome to the book; ***disposição em camadas*** arrangement in layers; ***disposição testamentária*** last will
dispositivo Ⓐ *adj.* that disposes (inclines), preparatory Ⓑ *s. m.* device, gear, contrivance, gadget, mechanism; ***dispositivo de comando*** control mechanism
dispositor *s. m.* disposer, bestower, donor
disposto *adj.* disposed, ordered, arranged, set, settled; prepared, ready, willing; prone, inclined, predisposed; ***estou disposto a trabalhar*** I feel like working; ***estar bem disposto*** to be in good fettle, to be in a good temper, to be at one's best, to be hearty, to feel fine; ***estar mal disposto*** to be out of sorts; ***não estar disposto a*** to be unwilling to, not to feel like
disprósio *s. m.* QUÍMICA dysprosium
disputa *s. f.* dispute, debate, discussion, contest, controversy, difference, quarrel, wrangling, squabble
disputado *adj.* disputed, contested, challenged
disputador *s. m.* disputer, debater, quarreller, challenger, contender, wrangler
disputante *adj.* disputant, debating, contending, challenging, contesting
disputar *v. tr. e intr.* to dispute, to discuss, to debate; to argue against, to contest, to question, to contend, to challenge, to controvert; to quarrel, to wrangle, to bicker, to have words; ***disputar a taça do campeonato de ténis*** to enter for the tennis championship; ***disputar (corridas)*** to run (races), to compete, to enter (for races)
disputativo *adj.* disputative, disputatious, argumentative
disputável *adj.* disputable, controversial, questionable, disputacious
disquete *s. f.* INFORMÁTICA floppy disk, diskette
disquisição *s. f.* disquisition (on)
dissabor *s. m.* annoyance, inconvenience, nuisance, bother, displeasure, disappointment; sorrow
dissaborear *v. tr.* to make insipid; to annoy, to bother, to inconvenience, to cause displeasure
dissaborido *adj.* unhappy, sorrowful; sad
dissaboroso *adj.* unsavoury, insipid, tasteless; annoying, saddening, vexing
dissecação *s. f.* dissection
dissecador Ⓐ *adj.* dissecting Ⓑ *s. m.* dissector
dissecante *adj.* dissecting
dissecar *v. tr.* to dissect, to cut in pieces; to examine thoroughly, to analyse, to go through minutely
dissecção *s. f.* ⇒ **dissecação**
dissectivo *adj.* dissective
dissector *s. m.* dissector
dissemelhança *s. f.* dissimilitude, dissimilarity, unlikeness, disparity
dissemelhante *adj.* dissimilar, unlike, different
dissemelhantemente *adv.* dissimilarly, differently
dissemelhar *v. tr. e intr.* to dissimilate, to make (to become) dissimilar

dissemia *s. f.* GRAMÁTICA double meaning; MEDICINA misuse of symbols of speech
disseminação *s. f.* dissemination, scattering, sowing; dispersion, diffusion, propagation
disseminado *adj.* disseminated, scattered, spread, diffuse
disseminador *s. m.* disseminator, diffuser; sower
disseminar *v. tr.* to disseminate, to scatter, to spread; to propagate, to diffuse, to sow
dissensão *s. f.* dissension, discord, disagreement, difference (of opinion); contention, strife, quarrelling, breach of friendship
dissentâneo *adj.* dissentaneous, contrary
dissentimento *s. m.* dissent, disagreement, difference of opinion
dissentir *v. intr.* to dissent, to disagree, to differ
dissépalo *adj.* BOTÂNICA disepalous
dissertação *s. f.* dissertation, discourse, essay, thesis
dissertador *s. m.* dissertator
dissertar *v. intr.* to dissertate, to discourse; to argue, to discuss, to debate (a matter)
dissidar *v. tr.* to separate, to divide; to disagree with, to differ
dissidência *s. f.* dissidence, dissent, disagreement, division, difference
dissidente Ⓐ *adj.* dissident Ⓑ *s. m. e f.* dissentient
dissídio *s. m.* dissidence, dissent, disagreement
dissilábico *adj.* GRAMÁTICA dis(s)yllabic; dissyllable
dissilabismo *s. m.* dis(s)yllabism
dissílabo *s. m.* GRAMÁTICA dis(s)yllable
dissimetria *s. f.* dissymmetry
dissimétrico *adj.* dissymmetrical
dissímil *adj.* dissimilar, unlike
dissimilação *s. f.* dissimilation
dissimilante *adj.* dissimilar
dissimilar Ⓐ *adj.* dissimilar, unlike Ⓑ *v. tr.* to dissimilate, to make unlike
dissimilitude *s. f.* dissimilitude, unlikeness
dissimulação *s. f.* dissimulation; dissembling, disguise, pretence, feigning; hypocrisy, deceit
dissimuladamente *adv.* feignedly, slyly; deceitfully, hypocritically
dissimulado *adj.* dissimulated, dissembled, feigned; hypocritical, false, sly
dissimulador Ⓐ *adj.* dissembling, feigning, deceiving Ⓑ *s. m.* dissimulator, dissembler, disguiser, feigner
dissimular *v. tr. e intr.* to dissimulate, to disguise, to conceal, to dissemble, to feign, to pretend, to deceive
dissimulatório *adj.* dissimulative, disguising, dissembling, deceiving
dissimulável *adj.* disguisable, that can be feigned
dissipação *s. f.* dissipation, waste, extravagance; expenditure, squandering, lavishing, dispersion, scattering; intemperance, debauchery
dissipadamente *adv.* with dissipation; wastefully; dissolutely
dissipado *adj.* dissipated, wasted, lavished, consumed, squandered; dissolute
dissipador *s. m.* dissipater, waster, squanderer, lavisher
dissipar Ⓐ *v. tr.* to dissipate; to waste, to squander, to lavish; to dispel, to scatter, to dissolve; to fritter away (energy) Ⓑ *v. refl.* to vanish, to disappear (cloud, vapour, care, fear, etc.); ***dissipar uma fortuna*** to dissipate a fortune, to run through a fortune, to waste a fortune; ***dissipar qualquer suspeita*** to dissipate any suspicion, to remove any suspicion
dissipável *adj.* that can be dissipated, dispersive
disso *contr. da prep.* **de** + *pron. dem.* **isso**
dissociabilidade *s. f.* dissociability
dissociação *s. f.* dissociation, severance of connexion, separation
dissocial *adj.* dissocial, unsocial; unfriendly
dissociar *v. tr.* to dissociate, to disconnect, to separate; QUÍMICA to decompose (by heat)
dissociativo *adj.* dissociative
dissociável *adj.* dissociable
dissolubilidade *s. f.* dissolubility, solubility
dissolução *s. f.* dissolution, breaking up, disintegration, decomposition; QUÍMICA liquefaction, melting, solution; dismissal of assembly; undoing of a bond (marriage, partnership, etc.), cancellation; depravation; ***dissolução do Parlamento*** dissolution of Parliament; ***dissolução de sociedade*** dissolution of partnership
dissolutivo *adj.* dissolutive, dissolvent, dissolving, dissoluble
dissoluto *adj.* dissolute, lax (in morals), loose, licentious; dissolved; ***vida dissoluta*** dissolute life
dissolúvel *adj.* dissoluble, soluble
dissolvência *s. f.* dissolution; dissolvability, dissolvableness
dissolvente Ⓐ *adj.* dissolvent Ⓑ *s. m.* solvent, dissolvent
dissolver Ⓐ *v. tr.* to dissolve, to annul, to cancel; to melt down, to liquefy; to decompose, to disintegrate; to dispel, to disperse, to break up; to put an end to; to corrupt Ⓑ *v. refl.* to vanish, to fade away, to pass away; ***o açúcar dissolve-se na água*** sugar dissolves in water; ***dissolver o Parlamento*** to dissolve Parliament; ***dissolver uma sociedade comercial*** to dissolve a business partnership; ***dissolver um casamento*** to break off a match
dissolvido *adj.* dissolved, liquified, melted down; broken up, dispersed, dispelled
dissonância *s. f.* MÚSICA dissonance, discord; jarring, clash; [fig.] disagreement, incongruity
dissonante *adj.* dissonant, discordant, harsh, ill-sounding, inharmonious; disagreeing, incongruous
dissonar *v. tr.* MÚSICA to be dissonant from; to disagree with, not to agree, to clash with
díssono *adj.* ⇒ **dissonante**
dissonoro *adj.* ⇒ **dissonante**
dissuadir *v. tr.* to dissuade, to advise against; to divert (a person from); to deter from, to turn from a purpose, to discourage; ***dissuadir de fazer uma coisa*** to discourage a person from doing something; ***devias dissuadi-lo de voltar para África*** you should dissuade him from returning to Africa
dissuasão *s. f.* dissuasion, dehortation, dissuasive advice, advice against; dissuasiveness
dissuasivo *adj.* dissuasive, dissuading, dehortatory
dissuasor *s. m.* dissuader
dissuasório *adj.* dissuasive
distal *adj.* ANATOMIA distal, terminal
distanásia *s. f.* painful death
distância *s. f.* distance, remoteness; range; space, separation; MÚSICA interval, difference between two tones; reserve, coldness, aloofness; ***guardar as distâncias*** to keep one's distance; ***manter à distância*** to avoid familiarity, to keep at a distance; ***a que distância?*** how far?; ***que distância é daqui à estação do caminho-de-ferro?*** how far is it from here to the railway-station?; ***uma grande distância*** a long way off; ***uma distância grande*** a far cry; ***distância do epicentro*** distance of epicentre; ELECTRICIDADE ***distância angular de fase*** phase angle; ÓPTICA ***distância focal*** focal length, focal distance; ***distância entre rodas*** gauge; ***o canhão atira a uma distância de 20 milhas*** the gun fires at a range of 20 miles; ***distância polar*** polar distance; ***distância percorrida*** length of route, distance covered; ***a pouca distância*** within a short distance; ***comando à distância*** remote control
distanciação *s. f.* ⇒ **distanciamento**
distanciadamente *adv.* distantly, separately; intermittently
distanciamento *s. m.* parting, separation, breaking
distanciar Ⓐ *v. tr.* to space, to separate, to distance Ⓑ *v. refl.* to leave behind, to get in advance of; to outstrip, to outdo, to surpass; to fall (lag, drop) behind; to place at a distance, to place far off; ***distanciar-se facilmente*** to walk away from

distanciómetro *s. m.* range finder
distante *adj.* distant, far, far-off, remote; obscure, faint; cool, reserved, cold, stiff; ***viver distante*** to live at a distance; ***distante de*** remote from, distant from
distantemente *adv.* distantly, far off, at a distance; faintly, obscurely
distar *v. intr.* to be distant; to be at a certain distance; [fig.] to differ, to vary
distelasia *s. f.* inaptitude for suckling
disteleologia *s. f.* dysteleology
distena *s. f.* disthene, cyanite
distender *v. tr.* to distend, to dilate, to enlarge, to stretch, to spread; to swell, to inflate
distensão *s. f.* distension; expansion; enlargement, stretching; inflation; sprain, wrench (of a muscle); ***contrair (fazer) uma distensão muscular*** to sprain a muscle
distensibilidade *s. f.* distensibility
distensível *adj.* distensible, stretchable; expandable
distenso *adj.* distended, dilated, inflated; swollen; sprained, wrenched
distensor Ⓐ *adj.* distending Ⓐ *s. m.* expander
dístico *s. m.* distich, couplet; label, inscription; slogan
distilo *adj.* double-styled; with two probes
distimia *s. f.* dysthymia
distinção *s. f.* distinction, difference, discrimination; mark of honour, renown, name, title; eminence, respectability; superiority; excellence; good-breeding, distinctness, distinguished manners; ***pessoas de distinção*** people of rank, distinguished personages
distinguir Ⓐ *v. tr.* to distinguish, to differentiate, to draw distinctions; to discern, to make out, to descry, to perceive, to discriminate; to make famous Ⓑ *v. refl.* to distinguish oneself, to become famous, to make one's mark; ***eu mal distingo um do outro, são tão parecidos!*** I can hardly distinguish (tell) one from the other, they are so much alike!; ***distinguir-se na sua profissão*** to distinguish oneself in one's profession; ***ela não sabe distingui-los*** she doesn't know which is which; ***distinguir o bem do mal*** to discern (to distinguish) between right and wrong
distinguível *adj.* distinguishable, discernible
distintamente *adv.* distinctly, clearly; separately, singly
distintivo Ⓐ *adj.* distinctive, distinguishing, differentiating Ⓑ *s. m.* badge, emblem, symbol; ***distintivo do código*** code signal; ***distintivo de almirante*** admiral's flag; ***distintivo de companhia*** company's flag
distinto *adj.* distinct; different, separate; unmistakable, plain, clear, definite; fine, elegant, smart; distinguished, famous, remarkable, eminent; of high standing; ***um escritor distinto*** a distinguished writer
disto *contr. da prep.* **de** + *pron. dem.* **isto**
distocia *s. f.* dystocia, distokia
distocíaco *adj.* dystocial
distócico *adj.* ⇒ **distocíaco**
distomatose *s. f.* MEDICINA distomiasis, distomatosis, liver-fluke disease
distomíase *s. f.* MEDICINA distomiasis, distomatosis, liverfluke disease
dístomo *adj.* ZOOLOGIA distomatous, two-mouthed
distorção *s. f.* distorsion, twist; deformation, malformation
distorcer *v. tr.* ⇒ **destorcer**
distorto *adj.* distorted, crooked, unshapely
distracção *s. f.* distraction, diversion; amusement, recreation, play, pastime; absence of mind, absent-mindedness; turning aside, diverting, deflection, inattention, inadvertence; ***ser sujeito a distracções*** to be liable to fits of absence of mind; ***a sua principal distracção é a leitura de romances*** his chief amusement is reading novels
distráctil *adj.* distractile, extensible
distractivo *adj.* entertaining, amusing, pleasing
distraidamente *adv.* distractedly, absent-mindedly
distraído *adj.* absent-minded, scatterbrained; forgetful; inattentive, distracted; amused, entertained; ***não ouvi o que disseste, estava distraído*** I did not hear what you said, I wasn't listening; I did not hear what you said, I was thinking of something else; ***ser muito distraído*** to be very absent-minded
distraidor Ⓐ *adj.* entertaining, amusing Ⓑ *s. m.* entertainer, amuser
distraimento *s. m.* ⇒ **distracção**
distrair Ⓐ *v. tr.* to distract, to divert, to deflect, to draw away, to turn aside; to amuse, to entertain Ⓑ *v. refl.* to amuse oneself, to enjoy oneself; ***distrair as crianças*** to amuse the children; ***distrair o espírito*** to be entertained, to amuse oneself
distratar *v. tr.* to cancel, to annul, to make null and void, to abolish, to revoke, to break a contract (a pact)
distrate *s. m.* rescission, annulling, cancelling, breach of a contract (pact, agreement)
distrato *s. m.* ⇒ **distrate**
distribuição *s. f.* distribution, division; distributing, dividing, sharing; allocation, allotment; delivery (of letters); arrangement, grouping, placing; ***distribuição postal*** delivery (of letters); ***distribuição de prémios*** prize-giving; TEATRO ***distribuição de papéis*** cast; ***distribuição de alta pressão*** high pressure valve-gear; ***distribuição da energia eléctrica*** distribution of electrical energy; ***distribuição de bilhetes*** issue of tickets; ***distribuição de géneros*** distribution of food; ***distribuição de vapor*** distribution of steam; ELECTRICIDADE ***quadro de distribuição*** switchboard
distribuidor Ⓐ *s. m.* distributer, distributor, allocator, alloter; bestower; postman; side-valve; valve-gear; valve Ⓑ *adj.* distributing, dividing; ***caixa do distribuidor*** slide-box, slide-chest; ***distribuidor de concha*** shell valve
distribuir *v. tr.* to distribute, to divide, to share, to bestow; to deal out, to allot, to allocate; to arrange, to classify; to serve out; to deliver (letters); ***distribuir circulares*** to distribute circulars; ***distribuir roupas aos pobres*** to distribute (to give out) clothes to the poor; NÁUTICA ***distribuir a ração*** to ration
distribuível *adj.* that can be distributed
distributivamente *adv.* distributively
distributividade *s. f.* distributiveness
distributivo *adj.* distributive
distrição *s. f.* trouble, anxiety, worry, pains
distrital *adj.* district, related to a district
distrito *s. m.* district, region, area
distrofia *s. f.* MEDICINA dystrophy
distrófico *adj.* dystrophic
disturbar *v. tr.* to perturb, to disturb, to upset, to disorder, to disquiet
distúrbio *s. m.* row, uproar, noise; tumult, riot, disorder, disturbance, agitation, commotion; ***provocar distúrbios*** to cause a disturbance
disúria *s. f.* MEDICINA dysuria, disury
disúrico *adj.* dysuric
dita *s. f.* good luck, fortune, chance; ***tive a dita de achar uma boa casa*** I was lucky enough to find a good house
ditado *s. m.* dictation; proverb, saying, maxim; ***fazer ditado*** to take down a dictation
ditador *s. m.* dictator, absolute ruler
ditadura *s. f.* dictatorship
ditame *s. m.* dictate; impulse, bidding, command; precept, rule, doctrine; warning, advice, admonition
ditar *v. tr.* to dictate; to impose, to prescribe, to command, to give orders, to lay down the law
ditatorial *adj.* dictatorial
ditatorialmente *adv.* dictatorially
diteísmo *s. m.* ditheism
ditério *s. m.* scoff, jest, mockery, witticism

ditinho *s. m.* tittle-tattle, gossip, chit-chat, prattle, chatter
ditionato *s. m.* QUÍMICA dithionite
ditiónico *adj.* QUÍMICA dithionous
ditirâmbico *adj.* dithyrambic
ditirambo *s. m.* dithyramb
dito *s. m.* saying, sentence, repartee, maxim; tittle-tattle, gossip; said, afore-mentioned, above-named; ***um dito chistoso*** a smart saying; ***dito agudo*** a sally of wit, a flash of wit; ***dito familiar*** a household word; ***tenho dito*** so that's that; ***dito!*** done!; ***dito e feito*** no sooner said than done; ***dito subtil*** subtle repartee; ***dito mordaz*** cutting reply; ***dar o dito por não dito*** to withdraw a statement
ditologia *s. f.* dittology
ditongação *s. f.* diphthongization
ditongal *adj.* diphthongal
ditongar *v. tr.* to diphthongize (to change a simple vowel into a diphthong)
ditongo *s. m.* diphthong
dítono *s. m.* MÚSICA ditone
ditosamente *adv.* happily
ditoso *adj.* happy, lucky, fortunate; prosperous, successful
ditote *s. m.* joke, jest, sally, witticism
ditríglifo *s. m.* ARQUITECTURA ditriglyph
ditroqueu *s. m.* ditrochee
diurese *s. f.* MEDICINA diuresis
diurético *adj.* MEDICINA diuretic
diurnal Ⓐ *adj.* diurnal, daily Ⓑ *s. m.* a diurnal
diurno *adj.* daily
diuturnidade *s. f.* diuturnity; lastingness, long lapse of time; a rise in salary (after a given period of service)
diuturno *adj.* lasting, long-lived
diva *s. f.* diva, prima donna, singer; a deity
divã *s. m.* divan, sofa, couch
divagação *s. f.* divagation, rambling, wandering, straying; digression
divagador *s. m.* rambler; [fig.] dreamer, day-dreamer
divagante *adj.* wandering, rambling, roving, dreaming
divagar *v. intr.* to wander, to ramble, to rove, to divagate, to digress, to stray (from the point), to swerve from; ***o seu espírito divagava sobre os problemas que tinha diante de si*** his mind ranged over the problems set before him
divaricação *s. f.* divarication, divergence
divaricar *v. tr.* to divaricate, to branch off, to diverge
divergência *s. f.* divergence, divergency, deviation, variance, difference, disagreement; radiation; forking, divarication
divergente *adj.* divergent, deviating, disagreeing, variant, different, diverse; radiating, divaricating; ***lente divergente*** diverging lens
divergir *v. intr.* to diverge, to differ, to vary, to deviate, to disagree; to radiate, to go asunder, to branch off, to fork; ***as opiniões divergem*** opinions differ
diversamente *adv.* diversely
diversão *s. f.* diversion, pastime, recreation, amusement, sport, play, entertainment; diverting, turning aside, deflection; ***parque de diversões*** amusement park
diversidade *s. f.* diversity, variety; dissimilarity, difference, unlikeness
diversificação *s. f.* diversification, variation
diversificadamente *adv.* diversely, varyingly, differently
diversificante *adj.* diversifying, varying
diversificar *v. tr.* to diversify, to vary, to make different, to give variety to, to variegate (of colours)
diversificável *adj.* diversifiable, capable of being diversified
diversiforme *adj.* diversiform, different
diversivo *adj.* diverting; varying, changing; revulsive, antispastic
diverso *adj.* diverse, dissimilar; varied, different, various, manyfold; *pl.* sundry, several, divers, a number of; ***diversas vezes*** several times; ***de diversas maneiras*** in many a way
diversório Ⓐ *adj.* diversive, diversory Ⓑ *s. m.* diversion
diverticulite *s. f.* MEDICINA diverticulitis
divertículo *s. m.* ANATOMIA diverticulum
divertidamente *adv.* amusingly, merrily, entertainingly
divertido *adj.* amusing, entertaining, recreative; funny, droll, comic; merry, gay, jolly; ***que divertido!*** what fun!; ***é muito divertido*** it is great fun, it is as good as a play
divertimento *s. m.* entertainment, amusement, sport, fun, pastime, recreation; ***o seu divertimento era grande*** his amusement was great; ***ele não falta a divertimento nenhum*** he never misses a show; ***divertimentos de feira*** sideshows
divertir *v. tr. e refl.* to amuse, to entertain, to divert, to recreate; to have a good time; to enjoy oneself, to make merry, to take one's pleasure; to be amused (by, with or at); to draw away (the attention), to distract; to turn aside, to deflect, to diverge; ***divertir-se muito*** to have great fun; ***diverti-me muito na praia*** I had great fun at the seaside; ***divertir-se como nunca*** to have the time of one's life; ***divertir-se à grande*** to have a royal time, to have no end of fun
divícia *s. f.* wealth, richness
divicioso *adj.* wealthy, affluent, opulent, rich
dívida *s. f.* debt, debit, liabilities, arrears; obligation; due; sin, offence, trespass; ***dívida flutuante*** floating debt; ***dívida externa*** foreign debt; ***dívida pública*** government debt, national debt; ***dívida consolidada*** funded debt; ***dívidas bem paradas*** good debts; ***dívidas activas*** book-debts; ***dívida de cobrança duvidosa*** bad debt, doubtful debt; ***dívidas pendentes*** outstanding debts; ***dívida de honra*** debt of honour; ***dívida hipotecária*** mortgage debt; ***em dívida*** in debt; ***estar crivado de dívidas*** to be over head and ears in debt; ***contrair dívidas*** to run into debt; ***satisfazer uma dívida*** to meet a debt; ***contrair dívidas*** to get into debt; ***não ter dívidas*** to be out of debt; ***confessar uma dívida*** to acknowledge a debt; ***carregado de dívidas*** deep in debt; ***dívida de gratidão*** debt of gratitude; ***cheio de dívidas*** [fam.] stonybroke
dividendo Ⓐ *s. m.* MATEMÁTICA, COMÉRCIO dividend; share, portion Ⓑ *adj.* dividing, distributing, separating
dividir *v. tr.* to divide; to share, to part, to apportion, to distribute, to deal out, to parcel out, to portion out; to separate, to sever, to split up, to break up; to disunite, to set at variance, to make hostile, to estrange; ***dividir com outro*** to divide (to share) with another; ***dividir uma coisa entre várias pessoas*** to divide something among several persons; ***dividir igualmente*** to go shares; ***dividir uma palavra*** to divide a word; ***dividir ao meio*** to split the difference; ***dividir o tempo entre o trabalho e a distracção*** to divide one's time between work and play
divíduo *adj.* dividual; divisible
divina *s. f.* ***à divina*** [pop.] penniless
divinação *s. f.* divination, divining; ⇒ **adivinhação**
divinal *adj.* ⇒ **divino**
divinamente *adv.* divinely; in a divine manner; admirably, excellently, holily
divinatório *adj.* divinatory, prophetic
divinatriz *s. f.* diviner
divindade *s. f.* divinity, divineness; God
divinização *s. f.* deification, divinization
divinizador Ⓐ *adj.* divinizing, deifying Ⓑ *s. m.* person who divinizes
divinizante *adj.* that deifies, divinizing
divinizar *v. tr.* to deify, to exalt
divinizável *adj.* deifiable
divino *adj.* divine, excellent; godlike, deiform; sacred; supreme, rapturous, heavenly; ***estas rabanadas estão divinas*** these fritters are marvellous (heavenly); ***uma dádiva divina*** a godsend
divisa *s. f.* device, emblem, badge, symbol, distinctive mark (sign); motto, maxim, catchword, slogan; *pl.* stripes (of a

non-commissioned officer); currency; ***divisas estrangeiras*** foreign currency

divisão *s. f.* division; partition, separation, demarcation; distribution, sharing, apportionment; disagreement, discord, disunion, difference; room, compartment; ***divisão mecanizada*** mechanized division; ***divisão de partilhas*** division of inheritance

divisar *v. tr.* to discern, to descry, to see, to catch a glimpse of; to delimit, to fix the boundaries of

divisibilidade *s. f.* divisibility

divisional *adj.* divisional

divisionário *adj.* divisionary, divisional

divisível *adj.* divisible

diviso *adj.* divided, parted, disunited, broken up

divisor *s. m.* MATEMÁTICA divisor; dividing; ***máximo divisor comum*** greatest common measure

divisória *s. f.* mark, line, demarcation, demarcation line; division, partition; ***divisória das águas*** water-shed

divisório Ⓐ *adj.* divisive Ⓑ *s. m.* TIPOGRAFIA copyholder

divo Ⓐ *adj.* divine Ⓑ *s. m.* divinized person; God

divorciar Ⓐ *v. tr.* to divorce, to dissolve (union); ⌈fig.⌋ to separate, to disunite, to divide Ⓑ *v. refl.* to get divorced, to divorce

divórcio *s. m.* divorce, dissolution (of marriage); ⌈fig.⌋ separation, disunion, division; ***requerer o divórcio*** to sue for divorce

divulgação *s. f.* divulgation, divulging, diffusion; disclosure

divulgador *s. m.* divulger

divulgar Ⓐ *v. tr.* to divulge, to reveal, to disclose, to let out; to communicate, to impart, to circulate, to spread Ⓑ *v. refl.* to become known; ***divulgar segredos*** to divulge secrets; ***divulgar notícias*** to divulge news; ***divulgar-se rapidamente*** to spread like wildfire

divulsão *s. f.* divulsion, violent separation; tearing (pulling, plucking) asunder

dixe *s. m.* bauble, trinket, ornament, jewel

dizedela *s. f.* ⌈pop.⌋ saying, proverb, maxim, saw, aphorism

dizedor *s. m.* joker, wag, jester, humorist; teller, talker, chatterer

dizer Ⓐ *v. tr.* to say, to tell; to utter, to speak, to declare, to express, to assert, to affirm; to report; to narrate, to relate; to recite Ⓑ *v. refl.* to call oneself, to proclaim oneself, to give oneself out as Ⓒ *s. m.* saying; statement, declaration, affirmation, opinion; ***o dizer da gente*** the opinion of the people; ***dizer francamente o que pensa*** to speak one's mind; ***não ter ocasião de dizer uma palavra quando um tagarela está presente*** not to be able to get a word in edgeways; ***não posso dizer-te quando voltarei*** don't expect me till you see me; ***diz lá de forma que eu te ouça*** speak up; ***não digo o contrário*** I do not wish to dispute it; ***não posso deixar de dizer*** I can't help saying; ***quer dizer*** that is (to say); ***diz-se*** it is said, it is reported, they say, people say; ***dizer cobras e lagartos (de alguém)*** to have no good word to say (of someone); ***não posso dizer*** I can't say; ***dizem que ele canta bem*** he is said to sing well; ***não dizer mais*** to say no more; ***dizer tudo*** to speak out; ***pois bem, que tens a dizer?*** now, what have you got to say?; ***não digo menos disso*** I can say no less; ***basta dizer*** it is enough to say; ***dizer e fazer*** saying and doing; ***como se diz em inglês?*** how do you say in English?; ***ele disse o que tinha a dizer*** he has had his say; ***tornar a dizer*** to say over again; ***dizer bem de*** to speak well of, to speak highly of, to praise; ***dizer mal de*** to speak ill of, to backbite; ***dizer ao ouvido*** to whisper; ***ouvir dizer*** to hear, to be told; ***disseram-me*** I was told; ***pode dizer-se em boa verdade e sem exagero*** it is safe to say; ***dizer repetidas vezes*** to say over and over (again), to tell over and over (again); ***digam o que disserem*** whatever people may say; ***é precisamente o que você diz*** it is just as you say; ***se me dá licença que o diga*** if I may say so; ***como podes dizer tal coisa!*** the idea of such a thing!; ***ora diga-me*** just tell me; ***se me é lícito dizê-lo*** if I may well say so; ***o que quer dizer com isso?*** what do you mean by that?; ***visto que é assim, não há mais nada a dizer*** since that is so, there is nothing more to be said; ***dizer a verdade*** to tell the truth; ***dizer uma mentira*** to tell a lie; ***sinto não poder dizer-lhe*** I am sorry I can't tell you; ***diga-me como foi*** tell me how it was; ***digo-lhe que não*** I tell you no; ***é preciso que lho digam*** he must be told; ***isto não se deve dizer*** this is not to be repeated; ***estou a dizer-te o que não diria a mais ninguém*** I am saying to you what I wouldn't say to anyone else; ***segundo se diz*** as the story goes; ***dizer abertamente*** ⌈coloq.⌋ to tell a person straight; ***ouvi dizer*** I was told; ***dizer tudo o que vem à cabeça*** to say whatever comes into one's head; ***bem dito*** well spoken; ***dizer alguma coisa de positivo*** to give reliable information; ***dizer adeus*** to say goodbye, to bid farewell; ***pois bem, não digas mais nada a esse respeito*** well then, say no more about it; ***creia no que lhe digo*** take my word for it; ***não digas a ninguém*** keep it to yourself, don't tell anyone; ***a bem dizer*** properly speaking; ***por assim dizer*** so to speak; ***dizer bem (condizer) com*** to fit, to suit, to go well with, to match, to harmonize

dize-tu-direi-eu *s. m.* bickering, wrangle, altercation, war of words, endless discussion

dízima *s. f.* tithe

dizimação *s. f.* decimation

dizimador *s. m.* decimator

dizimar *v. tr.* to decimate, to destroy, to defalcate, to reduce considerably; to tithe, to levy tithes; to pay the tax (tithe)

dizimaria *s. f.* tithe-barn

dizimeiro *s. m.* tithe collector, tither

dízimo *s. m.* tithe

dizível *adj.* utterable, pronounceable, expressible; that can be said

diz-que-diz-que *s. m.* rumour, report

do *contr. da prep.* **de** + *art. def.* **o**; *contr. da prep.* **de** + *pron. dem.* **o**

dó *s. m.* pity, compassion, commiseration, sympathy; MÚSICA do, ut, C; ***fazer dó*** to arouse pity; ***por dó*** out of pity; ***digno de dó*** deserving of pity; ***ter dó dos infelizes*** to pity the unfortunate; ***tenha dó dele!*** take (have) pity on him!

doação *s. f.* donation, gift, bestowal, grant, endowment

doador *s. m.* donor, donator, giver, endower

doar *v. tr.* to donate, to give, to endow, to bestow, to make a donation (grant, endowment)

dobadeira *s. f.* winder; woman that winds thread into skeins; ⇒ **dobadoira**

dobadoira *s. f.* reel, winding frame; ⌈pop.⌋ industry, activity, ado; ***andar numa dobadoira*** to be in a hurry

dobadoura *s. f.* ⇒ **dobadoira**

dobagem *s. f.* reeling

dobar *v. tr.* to reel; to wind into a skein, to spool; ***eu via o pescador a dobar a linha*** I could see the fisherman winding up his line; ***a mulher dobou a meada de lã num novelo*** the woman wound the skein of wool into a soft ball

doble *adj.* double, twofold; two-faced

doblete *s. m.* doublet

doblez *s. f.* duplicity, hypocrisy, falsety

dobra *s. f.* fold, plait; GEOLOGIA bend, flexure; *pl.* doubloons (ancient gold coins); ***dobra das calças*** permanent turn-up; ***dobra de lençol*** turn-down of a sheet; ***dobra em folha de livro (orelha de burro)*** dog's ear

dobrada *s. f.* tripe (food)

dobradeira *s. f.* folding-stick; folder, doubler; plaiting-machine

dobradiça *s. f.* hinge

dobradiço *adj.* pliant, pliable, flexible, bending; supple, yielding; folding, collapsible

dobrado *adj.* folded, doubled; folded up, doubled up; stooping, bent; double

dobrador *s. m.* folder, doubler

dobradura *s. f.* folding, bending; duplication; ⇒ **dobra**

dobragem *s. f.* (act of) folding; CINEMA, TELEVISÃO dubbing
dobramento *s. m.* act of folding; GEOLOGIA fold
dobrão *s. m.* doubloon (ancient gold coin)
dobrar Ⓐ *v. tr.* to fold, to fold up, to plait; to double, to duplicate; to bend; to toll (of bells); to turn, to round, to go round, to go beyond; to be moved; [fig.] to prevail (with, over, on), to turn down; CINEMA to dub Ⓑ *v. refl.* [fig.] to yield, to give in (up), to submit; to stoop down; ***dobrar um cabo*** to round a cape; ***dobrar o joelho*** to bow the knee; ***dobrar o passo*** to mend one's pace; ***dobrar uma carta*** to fold up a letter; ***dobrar a parada*** to double the stake (gambling); ***deixar-se dobrar*** to be prevailed upon; ***dobrar a finados*** to toll the funeral knell; ***dobrar uma esquina*** to turn a corner; NÁUTICA ***dobrar a bandeira*** to make up the flag
dobrável *adj.* folding, bending, pliable
dobre Ⓐ *s. m.* knell, death-bell, passing-bell Ⓑ *adj.* deceitful, dissembling, false, guileful, double, double-faced
dobrez *s. f.* double-dealing, insincerity; duplicity, doubleness
dobro *s. m.* double
doca *s. f.* dock; ***doca de abrigo*** wet dock; ***doca flutuante*** floating dock, pontoon; ***doca de ligação*** junction dock; ***doca seca*** dry dock, graving dock; ***entrar em doca*** to dock, to be docked; ***estaleiro junto a uma doca*** dock-yard; ***direitos de doca*** dockage; ***encargos de doca*** dock charges; ***trabalhador das docas*** docker; ***guarda das docas*** dock-master
doçagem *s. f.* sweetening, sugaring
doçaina *s. f.* pipe, flue pipe
docar *s. m.* dog-cart
doçar Ⓐ *v. tr.* to sweeten, to sugar Ⓑ *v. intr.* to make sweets
doçaria *s. f.* confectioner's shop, tuck-shop; abundance of sweet food
doce Ⓐ *adj.* sweet, sugared, honeyed; gentle, mild, quiet, soft; lovable, attractive; agreeable; pleasant; melodious, harmonious Ⓑ *s. m.* sweet, sweetmeat, candy, confection, sugar-plum, confiture; *pl.* sweeties, lollipops, sweetmeats, sugar-plums; ***água doce*** fresh water; ***palavras doces*** sugared words; ***doce como o mel*** as sweet as honey; ***saber a doce*** to taste sweet; ***ela gosta do chá doce*** she likes her tea sweet; NÁUTICA ***doce de borda*** crank, tender
doce-amarga *s. f.* BOTÂNICA dulcamara; bittersweet, woody nightshade
doce-amargo *s. m.* bitter-sweetness
doceira *s. f.* woman-confectioner
doceiro *s. m.* confectioner
doce-lima *s. f.* lemon-scented verbena
docemente *adv.* sweetly, gently, softly, mildly; gradually, easily, steadily
docência *s. f.* teaching, instruction
docente *adj.* teaching, docent; ***corpo docente*** teaching staff
dócil *adj.* docile, tame, submissive, amenable, tractable, pliant, compliant, teachable, yielding
docilidade *s. f.* docility, tractableness, pliancy, gentleness
docilizar *v. tr.* to make docile, to tame, to soften
docilmente *adv.* submissively, docilely, sweetly, tamely, softly
docimasia *s. f.* QUÍMICA docimasy, docimastical, assay
docimástico *adj.* QUÍMICA docimastic(al), assaying
docimologia *s. f.* docimology
docista *s. m. e f.* ⇒ **doceiro**
doctiloquia *s. f.* eloquence, elocution, oratory
doctíloquo *adj.* eloquent, fluent, expressing
documentação *s. f.* documentation, documents, papers
documentado *adj.* supported by documents
documental *adj.* documental
documentar *v. tr.* to document, to provide with documents, to prove by documents
documentário Ⓐ *adj.* documentary Ⓑ *s. m.* dossier, file, set of documents; ***documentário cinematográfico*** documentary film, news-reel
documentativo *adj.* documental, documentary
documentável *adj.* provable, that can be documented (proved)
documento *s. m.* document, paper, writing, certificate; title-deed; deed, act, bill; *pl.* despatches; COMÉRCIO ***pagamento contra documentos*** cash against documents; ***documento justificativo*** voucher; ***documento comprovativo de direito à posse exclusiva*** title-deed; ***documento de carga*** bill of lading; NÁUTICA ***documento para reembolso de direitos*** shipping-bill

D

doçura *s. f.* sweetness, gentleness, meekness, softness, mildness, smoothness, calmness, serenity, quietness
dodecaedro *s. m.* GEOMETRIA dodecahedron
dodecágino *adj.* BOTÂNICA dodecagynous, dodecagynal
dodecagonal *adj.* dodecagonal
dodecágono *s. m.* dodecagon
dodecandria *s. f.* dodecandria
dodecandro *adj.* dodecandrous
dodecassílabo Ⓐ *adj.* dodecasyllabic Ⓑ *s. m.* dodecasyllable
dodrantal *adj.* dodrantal
doença *s. f.* illness, disease, sickness, ailment; malady; indisposition, distemper; complaint; ***combate de doença*** control of disease; ***uma doença arrastada*** a lingering disease; ***doença antiga*** complaint of long standing; ***doença alérgica*** allergic disease; ***doença pulmonar*** pulmonary disease; ***doença do sono*** sleeping sickness; ***sofrer de doença grave*** to suffer from a serious illness; ***a sua doença era fingida*** his illness was all a pretence; ***doença nervosa causada pelos bombardeamentos*** shell-shock; ***licença por doença*** sick-leave; ***escapar de uma doença*** to turn the corner in an illness
doençaria *s. f.* diseases in general
doente Ⓐ *adj.* sick, ill, diseased, poorly, ailing, indisposed, unwell, out of health, out of sorts Ⓑ *s. m. e f.* patient, sick person, invalid, sufferer; ***os doentes*** the sick; ***estar gravemente doente*** to be dangerously ill; ***hoje sinto-me doente*** today I feel rather poorly; MILITAR ***dar parte de doente*** to report (oneself) sick; ***estar com parte de doente*** to be on the sick-list; ***mapa dos doentes*** sick-list; ***quarto de doente*** sick room; ***cair doente repentinamente*** to be suddenly seized with illness; ***estar doente do coração*** to be ill with one's heart; ***ter aspecto de doente*** to have a sickly appearance, to look ill; ***doente internado no hospital*** in-patient; ***doente de consulta externa*** out-patient; ***o doente recupera as forças*** the invalid gathers strength; ***o doente animou-se ao ver o médico*** the patient perked up when he saw the doctor; ***fingir-se doente*** to pretend to be ill, to malinger; ***ter cara de doente*** to look ill
doentio *adj.* sickly, unwholesome, unhealthy; morbid, feeble, delicate; ***uma estação doentia*** an unhealthy season; ***um clima doentio*** a sickly climate, an unhealthy climate
doer Ⓐ *v. intr.* to ache, to hurt, to be painful; to suffer, to be in pain Ⓑ *v. refl.* to pain, to resent, to be sorry, to distress; to take pity on; to complain; ***dói-me a cabeça*** I have a headache; ***dói-me o dedo*** my finger hurts; ***dói-me muito a mão*** my hand pains me very much; ***dói muito?*** does it hurt much?; ***doem-lhe os olhos*** his eyes are sore; ***dói-me (custa-me) falar-te assim*** it pains me (I am sorry) to talk to you like this; ***fazer doer*** to hurt; ***dói-me tudo*** I am aching all over; ***doem-me os pés*** I have sore feet
doestador *s. m.* injurer
doestar *v. tr.* to injure, to hurt, to insult, to offend, to affront
doesto *s. m.* affront, injury, insult, offence
dogal *adj.* pertaining to a doge
doge *s. m.* doge
dogesa *s. f.* doge's wife
dogma *s. m.* dogma, doctrine, creed
dogmática *s. f.* dogmatics
dogmaticamente *adv.* dogmatically

dogmático *adj.* dogmatic; positive, doctrinal, dictatorial, arbitrary
dogmatismo *s. m.* dogmatism
dogmatista *s. m. e f.* dogmatist
dogmatização *s. f.* dogmatization
dogmatizador Ⓐ *adj.* dogmatizing Ⓑ *s. m.* dogmatizer
dogmatizante *adj.* dogmatizing
dogmatizar *v. tr. e intr.* to dogmatize; to assert; to lay down the law; to speak authoritatively
dogmatologia *s. f.* dogmatics
dogue *s. m.* bulldog
doida *s. f.* mad woman; cerebral disease of sheep; ***à doida*** foolishly, like a fool, like mad
doidamente *adv.* madly, wildly, furiously
doidaria *s. f.* madness, foolishness, craziness, nonsense; a lot of insane persons
doidarrão Ⓐ *adj.* mad, extravagant, foolish Ⓑ *s. m.* madman
doidarraz *adj., s. m.* ⇒ **doidarrão**
doideira *s. f.* ⇒ **doidice**
doidejante *adj.* crazy-acting
doidejar *v. intr.* to fool (about), to play the fool; to play mad tricks; to romp, to frolic (rudely), to play boisterously; to talk idly
doidejo *s. m.* act of playing the fool
doidice *s. f.* madness, insanity, craziness, lunacy; silliness, nonsense, stupidity, folly, foolishness; excess, extravagance
doidivanar *v. intr.* to fool, to trifle, to play the fool
doidivanas *s. m. e f.* a hare-brained person, madcap, scatter-brain, hotspur
doido Ⓐ *adj.* mad, insane, lunatic, deranged, crazed, out of one's mind, raving, crazy, furious, raging, enraged Ⓑ *s. m.* madman, lunatic, maniac; ***riso de doido*** wild laughter; ***doido varrido*** stark mad, a downright fool, as mad as a March-hare; ***completamente doido*** stark mad, staring mad; ***doido de alegria*** mad with joy; ***ele é doido pelo neto*** he is crazy about his grandson, he dotes on his grandson; ***doido furioso*** raving mad; ***hospital de doidos*** [cal.] lunatic asylum, loony bin; ***preço doido*** absurd price; ***navio doido*** roller
doído *adj.* hurt, aching, bruised
dói-dói *s. m.* (child talk) hurt, wound, bruise
doirada *s. f.* ⇒ **dourada**
doiradinha *s. f.* ⇒ **douradinha**
doirado *adj.* ⇒ **dourado**
doirador *s. m., adj.* ⇒ **dourador**
doiradura *s. f.* ⇒ **douradura**
doiramento *s. m.* ⇒ **douramento**
doirar *v. tr.* ⇒ **dourar**
doirejar *v. tr.* ⇒ **dourejar**
dois *num. card.* two; deuce (two spots on cards or dice); ***o dia dois*** the second; ***a dois e dois*** two and two; ***dois a dois*** in twos, two by two; ***pôr a dois e dois*** to pair off; ***dois contra um*** two to one; ***dois de copas*** deuce of hearts
dólar *s. m.* dollar; [cal, E.U.A.] buck
dolência *s. f.* melancholy, sorrow, sadness, grief, affliction, heartache
dolente *adj.* sorrowful, mournful, sad, grieved, doleful, afflicted, heartsore
dolerito *s. m.* MINERALOGIA dolerite
dolicocefalia *s. f.* dolichocephalism, dolichocephaly
dolicocéfalo *adj.* dolichocephalic; dolichocephalous
dolicócero *adj.* said of the insect with long feelers
dolicóide *adj.* with a long shape
dolina *s. f.* dolina, doline, cavity shaped like a funnel which results from erosion caused by water full of carbonic gas
dólman *s. m.* dolman, shell-jacket; hussar's pellisse
dólmen *s. m.* dolmen
dolménico *adj.* relating to dolmen
dolmético *adj.* relating to dolmen
dólmin *s. m.* ⇒ **dólmen**
dolo *s. m.* fraud, deceit, hoax, guile, cunning, cheating
dolomite *s. f.* MINERALOGIA dolomite
dolomítico *adj.* dolomitic
dolorido *adj.* aching, painful, sore; doleful, mournful
dolorosamente *adv.* dolefully, painfully, sorrowfully
doloroso *adj.* painful, dolorous, doleful, dolesome, distressing, sad, dismal, gloomy, sorrowful, piteous
dolosamente *adj.* fraudulently, deceitfully
doloso *adj.* fraudulent, deceitful, tricky, dishonest, cunning
dom *s. m.* gift, knack; endowment, ability, talent, power, capacity, turn; Dom (title); ***ter o dom da palavra*** to have the gift of the gab
doma *s. f.* taming, breaking in (a horse)
domabilidade *s. f.* tamability, tamableness
domação *s. f.* break-in
domado *adj.* tamed, domesticated; broken, broken in; submissive, subdued
domador *s. m.* tamer; horse-breaker; subduer
domar *v. tr.* to tame; to domesticate; to curb, to break in (horses), to subdue; to repress, to subjugate, to overcome; ***domar um animal selvagem*** to tame a wild animal
domável *adj.* tamable, domesticable
doméstica *s. f.* house-wife
domesticação *s. f.* domestication, taming
domesticado *adj.* domesticated; tamed, broken in (horse)
domesticador *s. m.* domesticator, tamer, breaker
domesticamente *adv.* domestically
domesticar Ⓐ *v. tr.* to domesticate, to tame, to break in; [fig.] to civilize Ⓑ *v. refl.* to become domestic (tame)
domesticável *adj.* tamable
domesticidade *s. f.* domesticity; home life, privacy; homeliness
doméstico Ⓐ *adj.* domestic, familiar; homekeeping, fond of home Ⓑ *s. m.* servant, domestic; ***animais domésticos*** pets, domestic animals
dom-fafe *s. m.* bullfinch
domiciliação *s. f.* domiciliation
domiciliado *adj.* domiciled, domiciliated, resident, residing, established, settled
domiciliar *v. tr. e refl.* to domicile, to domiciliate, to establish, to settle in a place; to domicile oneself, to take up one's residence; to be domiciliated
domiciliário *adj.* domiciliary; ***visita domiciliária*** domiciliary visit
domicílio *s. m.* domicile, home, residence, dwelling-place, habitation, house, abode, quarters; ***socorro ao domicílio*** outdoor relief; ***entrega ao domicílio*** home delivery
dominação *s. f.* domination, dominion, supremacy, rule, ascendancy, sway, mastery, sovereignty; *pl.* the fourth rank of angels
dominador Ⓐ *adj.* dominating, ruling, mastering Ⓑ *s. m.* dominator, ruler, master
dominância *s. f.* domination, dominance
dominante Ⓐ *adj.* dominant, predominant, overmastering, overbearing, prevailing, prevalent, ruling, leading Ⓑ *s. f.* MÚSICA dominant; ***paixão dominante*** prevailing (ruling) passion; ***vento dominante*** prevailing wind; ***corrente dominante*** prevailing current
dominar Ⓐ *v. tr.* to dominate, to rule, to be lord, to domineer (over); to reign, to sway, to control, to exert control over; to master, to command (a language, etc.); to overlook, to look down upon, to view from the top; to overpower, to overcome Ⓑ *v. intr.* to prevail, to predominate, to get the upper hand, to carry the day Ⓒ *v. refl.* to master oneself, to control oneself; ***a torre domina a cidade*** the tower overlooks the town; ***dominar as paixões*** to dominate one's passions; ***dominar alguém*** to lead someone by the nose, to wind a person round one's fingers

dominativo *adj.* dominant, ruling, prevailing, paramount

dominável *adj.* that can be dominated (overcome)

dominga *s. f.* ⇒ **domingo**

domingal *adj.* related to Sunday

domingo *s. m.* Sunday, the Lord's day; ***Domingo de Páscoa*** Easter Sunday; ***Domingo de Ramos*** Palm Sunday; ***Domingo do Espírito Santo*** Whit (-) Sunday; ***Domingo de Pascoela*** Low Sunday; ***aos domingos*** on Sundays; ***no passado domingo*** last Sunday; ***no próximo domingo*** next Sunday

domingueiro *adj.* belonging to Sunday; ***fatos domingueiros*** best Sunday clothes, Sunday best; ***em trajo domingueiro*** in one's best finery; in one's Sunday best

dominial *adj.* dominial, relating to domains

dominical *adj.* dominical, relating to Sunday; ***escola dominical*** Sunday School

dominicano *s. m., adj.* Dominican; ***frades dominicanos*** black friars

domínico *s. m.* Dominican monk

domínio *s. m.* dominion, rule, power, authority, sway, sovereignty, supremacy, command, mastery; jurisdiction, domain; territory, realm, empire; region, estate; sphere, one's field of action; ***ela não tem domínio sobre si*** she has no command over herself; ***domínio público*** public property

dominó *s. m.* domino, masquerade; domino(e) s (game)

dom-joão *s. m.* a Don Juan, lady-killer

domo *s. m.* dome, cupola

dona *s. f.* donna (courtesy title), mistress; landlady, owner, proprietress; ***dona de casa*** housewife

dona-branca *s. f.* a variety of white grapes

donaire *s. m.* comeliness, grace, seemliness, elegance, gracefulness

donairear *v. intr.* to behave elegantly; to have fine manners

donairosamente *adv.* gracefully, elegantly, debonairly

donairoso *adj.* debonair, comely, graceful, elegant, lithe, easy, of fine bearing

donatário *s. m.* donee, recipient

donatismo *s. m.* donatism

donatista Ⓐ *s. m. e f.* donatist Ⓑ *adj.* donatistic, donatistical

donativo *s. m.* donation, grant, gift, present, contribution; alms

donato *s. m.* lay brother

donde *contr. da prep.* **de** + *adv.* **onde**

dongo *s. m.* African dug-out canoe (boat carved out of the trunk of a tree)

doninha *s. f.* ZOOLOGIA weasel; ***doninha fedorenta*** polecat

dono *s. m.* master; owner, proprietor, landlord; ***dono da casa*** master of the house, head of the house; ***dar o seu a seu dono*** to give everyone his due

donoso *adj.* pleasant, agreeable, charming; witty; gentle, polite

donzel Ⓐ *s. m.* esquire, a young nobleman Ⓑ *adj.* soft, docile, unsophisticated

donzela *s. f.* a young girl, maiden, damsel

donzelaria *s. f.* a train of damsels

donzelesco *adj.* as a damsel

donzelia *s. f.* maidenhood; virginity

donzelice *s. f.* ⇒ **donzelia**

donzelinha *s. f.* a little girl; dragon-fly

donzelona *s. f.* [pop.] old maid

dopante *adj.* doping

dopar *v. tr.* to dope, to administer a drug; to drug, to narcotize

dor *s. f.* pain, pang, ache; suffering, sorrow; grief, trouble, anguish, misery, affliction; ***estar acabrunhado pela dor*** to be overwhelmed with grief; ***dor aguda*** a severe pain; ***chorar com dores*** to cry with pain; ***sente dores?*** do you suffer pain?; ***dor atroz*** racking pain; ***suavizar a dor*** to ease the pain; ***a dor já passou*** the pain is already over; ***este perfume faz-me dor de cabeça*** this scent gives me a headache; ***aliviar a dor a alguém*** to ease anyone's pain; ***dor de cabeça*** headache; ***uma dor de cabeça intensíssima*** a splitting headache; ***dor de dentes*** toothache; ***dor de ouvidos*** earache; ***dor de estômago*** stomach ache; ***dor de garganta*** sore throat; ***dores de parto*** throes, labour pains; ***sofrer uma dor*** to suffer pain; ***dor cruciante*** torturing pain, excruciating pain

doravante *adv.* henceforth, henceforward, for the future, from now on, from this time forward, hence

dóri *s. m.* dory

dórico Ⓐ *adj.* Dorian, Doric Ⓑ *s. m.* the Doric dialect; ***ordem dórica*** Doric order

dorido Ⓐ *adj.* sore, aching, painful; doleful, compassionate, grievous, sorrowful Ⓑ *s. m.* mourner

doríforo *adj.* armed with a spear

dório Ⓐ *adj.* ⇒ **dórico** Ⓑ *s. m. pl.* the Dorians

dormência *s. f.* dormancy, torpidity

dormente Ⓐ *adj.* sleeping; benumbed, stiff; dormant Ⓑ *s. m.* sleeper (of railway tracks); ARQUITECTURA beam; transom; NÁUTICA shelf(-piece); ***dormente central*** central stringer; ***tenho o pé direito dormente*** my right foot is asleep

dormida *s. f.* sleep; night's lodging

dormideira *s. f.* BOTÂNICA poppy; sleepness, drowsiness, doziness

dormidor *s. m.* sleeper

dormidouro *s. m.* dormitory

dorminhão *s. m.* [fam.] sleepy head

dorminhoco *s. m.* [fam.] sleepy head

dormir Ⓐ *v. intr.* to sleep, to slumber; to rest, to repose; to fall asleep Ⓑ *s. m.* sleep, slumber; ***dormir como uma pedra*** to sleep like a top, to sleep like a log; ***dormir fora de casa*** to sleep out; ***dormir de dia*** to sleep by day; ***dormir mal*** to sleep badly; ***dormir profundamente*** to sleep soundly; ***dormir ao relento*** to sleep in the open-air; ***dormir uma soneca*** to take a nap, to get a wink of sleep; ***dormir a sesta*** to take a siesta; ***passar o tempo a dormir*** to sleep away one's time; ***dormir com os olhos abertos*** to sleep like a hare; ***dormir o sono dos justos*** to sleep the sleep of the just; ***dormir em pé*** to sleep standing; ***dormir sobre o caso*** to sleep on the matter; ***fingir que dorme*** to sleep a dog's sleep; ***dormir um bom sono*** to take a good nap; ***ter vontade de dormir*** to feel quite drowsy, to feel sleepy, to feel like sleeping; ***conseguiu dormir?*** did you sleep at all?; ***não dormi nada*** I didn't sleep at all, I didn't get a wink; ***durma bem!*** sleep well!; ***continuar a dormir*** to sleep on; ***ter mau dormir*** to sleep restlessly; ***dormir sobre os louros*** to rest on one's laurels

dormitação *s. f.* slumber, doze, nap, light sleep

dormitar *v. intr.* to slumber, to sleep lightly, to doze, to nap, to drowse

dormitivo *adj.* dormitive, somniferous

dormitório *s. m.* dormitory, bedchamber

dorna *s. f.* vintage tub

dornacho *s. m.* a small vintage tub

dornada *s. f.* a tubful

dorneira *s. f.* grain hopper, millstone

dorsal *adj.* ANATOMIA dorsal; ***espinha dorsal*** spine, backbone

dorsalgia *s. f.* backache

dorsífero *adj.* BOTÂNICA dorsiferous

dorsifixo *adj.* attached by the back

dorso *s. f.* ANATOMIA back; reverse; dorse (of a book)

dorsodinia *s. f.* ⇒ **dorsalgia**

dosagem *s. f.* dosage, dosing; (the act, or practice of) dosing

dosar *v. tr.* to dose, to administer (to give) a dose (doses); to portion

dose *s. f.* dose, portion, quantity; ***dose excessiva*** overdose; ***é dose de cavalo!*** [coloq.] it's too much!

doseamento *s. m.* ⇒ **dosagem**

dosear *v. tr.* ⇒ **dosar**

dosificar *v. tr.* to divide into doses

dosimetria *s. f.* dosimetry, dosology
dosimétrico *adj.* dosimetric
dosímetro *s. m.* dosimeter
dosiometria *s. f.* ⇒ **dosimetria**
dosologia *s. f.* dosology, posology; dosiology
dossel *s. m.* dossal, dossel, canopy
dosselado *adj.* canopied, covered with a canopy
dosselar *v. tr.* to canopy, to cover with a canopy
dotação *s. f.* endowment, bestowal, provision
dotado *adj.* endowed with, portioned, gifted; talented; ***dotado de talento*** endowed with genius; ***criança muito bem dotada*** a talented (gifted) child
dotador *s. m.* endower, institutor
dotal *adj.* dotal, referring to a dowry
dotar *v. tr.* to endow, to indue, to dower, to give a dowry to, to settle a dower upon, to present, to gift
dote *s. m.* dowry, dower, endowment, gift; portion; [fig.] talent, capacity, ability, natural gift, mental qualities; ***dote de casamento*** marriage portion, dowry
douda *s. f.* ⇒ **doida**
doudeira *s. f.* ⇒ **doideira**
doudejar *v. intr.* ⇒ **doidejar**
doudice *s. f.* ⇒ **doidice**
doudinha *s. f.* ⇒ **papa-formigas**
doudivanas *s. m. e f.* ⇒ **doidivanas**
doudo *s. m., adj.* ⇒ **doido**
dourada *s. f.* dory, gilt-head (fish); a variety of grapes
douradinha *s. f.* BOTÂNICA ceterach; ZOOLOGIA plover
dourado *adj.* golden, gilt, gilded
dourador *s. m.* gilder
douradura *s. f.* gilt; gilding
douramento *s. m.* gilding
dourar *v. tr.* to gild, to cover with a thin layer of gold; [fig.] to brighten, to adorn, to embellish, to disguise; ***dourar a pílula*** [fig.] to gild the pill
dourejar *v. tr.* to gild, to coat with gold-leaf, to overlay with gold
dous *num. card.* ⇒ **dois**
doutamente *adv.* learnedly
doutíloquo *adj.* ⇒ **doctíloquo**
douto Ⓐ *adj.* learned, erudite, well-informed Ⓑ *s. m.* a learned man
doutor *s. m.* doctor
doutora *s. f.* lady-doctor, doctor
doutoraço *s. m.* ridiculous wizard
doutorado *s. m.* doctorate, doctorship
doutoral Ⓐ *adj.* doctoral; [fig.] wise, sensible, judicious, doctor-like; pedantic Ⓑ *s. m. pl.* doctors' bench
doutoralmente *adv.* doctorially; magisterially, magistratically
doutoramento *s. m.* doctorate, graduation (the act of taking or conferring the degree of doctor); ***ela tem um doutoramento em Filosofia*** she holds a doctorate on Philosophy
doutorando *s. m.* candidate for a doctor's degree
doutorar Ⓐ *v. tr.* to doctorize, to confer the degree of doctor on Ⓑ *v. refl.* to graduate, to take a doctor's degree
doutoreco *s. m.* a poor (worthless, insignificant) doctor
doutorice *s. f.* airs of a know-it-all
doutourado *s. m.* PhD
doutrem *contr. da prep.* **de** + *pron. indef.* **outrem**
doutrina *s. f.* doctrine; dogma, tenet, precept, teaching, principle, opinion
doutrinação *s. f.* indoctrination, grounding, instruction, formal teaching
doutrinador *s. m.* doctrinaire; doctrinist; teacher, instructor; catechist
doutrinal *adj.* doctrinal
doutrinalmente *adv.* doctrinally
doutrinamento *s. m.* ⇒ **doutrinação**
doutrinando *s. m.* catechumen, a new convert
doutrinante *s. m. e f.* catechist, instructor (principally in the Christian faith)
doutrinar *v. tr.* to indoctrinate, to teach, to instruct, to ground, to ground in doctrine
doutrinário Ⓐ *adj.* doctrinal Ⓑ *s. m.* doctrinarian, doctrinaire
doutrinarismo *s. m.* doctrinism
doutrinarista Ⓐ *s. m. e f.* doctrinaire, doctrinarian Ⓑ *adj.* doctrinaire, theoretical
doutrinável *adj.* teachable, fit for instruction
doutrineiro *s. m.* [pop.] catechist
doutro *contr. da prep.* **de** + *pron. dem.* **outro**
doxografia *s. f.* FILOSOFIA doxography
doxologia *s. f.* doxology
doxomania *s. f.* passion for glory
doxometria *s. f.* opinion polling
doze *num. card.* twelve; ***o dia doze*** the twelfth
dracenina *s. f.* dragon's-tree resin; BOTÂNICA dracaena
dracina *s. f.* dragon's-tree resin; BOTÂNICA dracaena
dracma *s. m.* drachma, drachm
draconiano *adj.* Draconian, harsh, severe, cruel
dracontíase *s. m.* ⇒ **dracunculose**
dracúnculo *s. m.* dracunculus
dracunculose *s. f.* dracunculosis; filarial abscess
draga *s. f.* dredge, dredger, dredging-machine; ***draga aspirante*** pump-dredger; ***draga de sucção*** suction-dredger
dragador *s. m.* dredger
dragagem *s. f.* dredging
draga-minas *s. m.* mine-sweeper
dragão *s. m.* dragon (a fabulous monster); MILITAR dragoon (horse-soldier); ASTRONOMIA Dragon (the constellation Draco); ***o dragão infernal*** [fig.] Satan
dragar *v. tr.* to dredge
drageia *s. f.* tablet, lozenge
drago *s. m.* dragon; dragon-tree
dragoeiro *s. m.* BOTÂNICA dragon-tree
dragomano *s. m.* dragoman, interpreter
dragona *s. f.* epaulette, epaulet
dragonete *s. m.* HERÁLDICA dragon's head
dragonteia *s. f.* ⇒ **serpentária**
dragontino *adj.* of a dragon
drainador *s. m.* ⇒ **drenador**
drainagem *s. f.* ⇒ **drenagem**
drainar *v. tr.* ⇒ **drenar**
drainável *adj.* ⇒ **drenável**
draino *s. m.* ⇒ **dreno**
draiva *s. f.* stay (of certain sails)
drama *s. m.* drama
dramalhão *s. m.* melodrama
dramática *s. f.* drama, dramatic literature, histrionic art
dramaticamente *adv.* dramatically, tragically
dramático *adj.* dramatic; ***autor dramático*** playwright
dramatismo *s. m.* drama; seriousness, gravity; emotional weight; exaggeration, amplification
dramatização *s. f.* dramatization
dramatizar *v. tr.* to dramatize
dramatologia *s. f.* dramaturgy
dramatológico *adj.* dramaturgic
dramaturgia *s. f.* dramaturgy
dramaturgo *s. m.* dramatist; playwright, dramaturge, dramaturgist
drapejar *v. intr.* to drape (cloth); to fly, to wave (flag)
drástico *adj.* drastic, violent, vigorous, powerful, active, efficacious; ***aplicar remédios drásticos*** to apply drastic medicines
Drávidas *s. m. pl.* people of the Dravidian race
dravídico *s. m. e adj.* Dravidian

drenador *s. m.* drainer, ditcher
drenagem *s. f.* drainage, draining
drenar *v. tr.* to drain, to dry, to empty, to exhaust, to clear of water, to draw off
drenável *adj.* drainable
dreno *s. m.* drain, drain-pipe; MEDICINA tent
dríada *s. f.* ⇒ **dríade**
dríade *s. f.* dryad, wood-nymph
driblagem *s. f.* DESPORTO dribble, dribbling
driblar *v. tr.* to dribble
dribo *s. m.* black-headed ape (Africa)
driça *s. f.* NÁUTICA halliard
dril *s. m.* drill (coarse twilled linen or cotton fabric)
droga *s. f.* drug, remedy, medicine; stuff; rubbish; [coloq.] ***dar em droga*** to go to the dogs, to come to an untimely end
drogado Ⓐ *s. m.* drug addict; [coloq.] druggie Ⓑ *adj.* drugged, doped, narcotized, dosed
drogar Ⓐ *v. tr.* to drug, to dope, to narcotize, to dose Ⓑ *v. refl.* to take drugs
drogaria *s. f.* [E.U.A.] drugstore, pharmacy; chemist's shop rubbish, trash
droguear *v. tr.* to drug, to dope
droguete *s. m.* drugget
droguista *s. m. e f.* druggist
dromedário *s. m.* ZOOLOGIA dromedary
dromo *s. m.* dromos
dromógrafo *s. m.* dromograph
dromomania *s. f.* PATOLOGIA dromomania, mania for walking
dromomaníaco *adj.* dromomaniac
dromopatia *s. f.* ⇒ **dromomania**
dromórnito *s. m.* dromornis, dromaeornis
dromoscópio *s. m.* dromoscope, apparatus for measuring the speed of a vehicle between two points, from a distance
dromoterapia *s. f.* therapeutics by means of running and marching in order to activate the circulation
drósera *s. f.* BOTÂNICA drosera
Droseráceas *s. f. pl.* BOTÂNICA *Droseraceae*
drosometria *s. f.* drosometry
drosométrico *adj.* drosometric(al)
drosómetro *s. m.* drosometer
druida *s. m.* Druid
druídico *adj.* Druidic(al)
druidismo *s. m.* Druidism
drupa *s. f.* BOTÂNICA drupe (pulpous stone fruit)
drupáceo *adj.* drupaceous
drupéola *s. f.* BOTÂNICA drupeole, drupelet, drupel
drupeolado *adj.* drupaceous, relating to drupel
drupífero *adj.* having drupes
drusa *s. f.* MINERALOGIA druse
drusiforme *adj.* MINERALOGIA drusy
druso Ⓐ *s. m.* Druse, Druze Ⓑ *adj.* Drusian, Drusean
dual *adj.* dual, double, twofold
dualidade *s. f.* duality (having a twofold nature)
dualismo *s. m.* dualism
dualista Ⓐ *s. m. e f.* dualist Ⓑ *adj.* dualistic
dualístico *adj.* dualistic
dualizador Ⓐ *s. m.* dualist Ⓑ *adj.* dualistic
dualizar *v. tr.* to dualize
duas *num. card.* two; ***duas vezes*** twice; ***duas a duas*** two and two, two by two; ***de duas uma*** one of two things
dubiamente *adv.* dubiously, doubtfully
dubiedade *s. f.* dubiety, hesitancy, uncertainty, doubtful feeling
dubiez *s. f.* dubiety, hesitancy, uncertainty, doubtful feeling
dúbio *adj.* dubious, doubtful, hesitating, uncertain, ambiguous, vague, equivocal
dubitabilidade *s. f.* dubiety, doubtfulness
dubitação *s. f.* dubitation, doubt, hesitation
dubitativamente *adv.* dubitatively
dubitativo *adj.* dubitative, doubting
dubitável *adj.* dubitable; doubtful, uncertain
ducado *s. m.* dukedom; duchy; ducat (old European gold coin)
ducal *adj.* ducal
ducatão *s. m.* ducatoon, ancient Portuguese coin
ducentésimo *num. ord.* two hundredth
ducha *s. f.* douche; ***(banho de) ducha*** shower bath
duchar Ⓐ *v. tr.* to douche Ⓑ *v. intr.* to take a shower bath
duche *s. m.* ⇒ **ducha**
duchista *s. m. e f.* person who administers douches
ducina *s. f.* ARQUITECTURA cyma
dúctil *adj.* ductile, malleable, pliant, complying
ductilidade *s. f.* ductility, ductileness; compliance
ductilizar *v. tr.* to make ductile (pliant, flexible); to draw out into wire (thread)
ducto *s. m.* conduit; duct; tube, channel; swing of censer
duelar Ⓐ *adj.* duel(l)ing Ⓑ *v. tr. e intr.* to duel, to engage in a duel
duelista *s. m.* duellist, dueller
duelo *s. m.* duel; ***bater-se em duelo*** to fight a duel
duende *s. m.* hobgoblin, goblin, spook, spirit, sprite, apparition, bogey, elf; ***de duende*** elfin
duerno *s. m.* double sheet, two sheets of printed paper, one within another
duetista *s. m. e f.* duetist
dueto *s. m.* duet
dugão *s. m.* ZOOLOGIA ⇒ **dugongo**
dugongo *s. m.* ZOOLOGIA dugong
duidade *s. f.* coupling
dulçaína *s. f.* ⇒ **doçaina**
dulcamara *s. f.* BOTÂNICA ⇒ **doce-amarga**
dulcamarina *s. f.* dulcamarin
dúlcido *adj.* dulcet
dulcífero *adj.* sweetening
dulcificação *s. f.* dulcifying, sweetening
dulcificador *adj.* ⇒ **dulcificador**
dulcificante *adj.* dulcifying, sweetening
dulcificar *v. tr.* to dulcify, to sweeten
dulcífico *adj.* dulcifying, sweetening
dulcífluo *adj.* dulcifluous
dulcíloquo *adj.* sweet-spoken
dulcilucente *adj.* shedding a soft light
dulcineia *s. f.* Dulcinea; [coloq.] sweetheart, mistress
dulciolente *adj.* sweet-scented, perfumed
dulcíssimo *adj.* very sweet
dulcissonante *adj.* ⇒ **dulcíssono**
dulcíssono *adj.* sweet sounding, melodious
dulçor *s. m.* sweetness; caress(es)
dulçoroso *adj.* sweet, sugary; gentle, soft
dulia *s. f.* servitude, service; worship of the saints
dulocracia *s. f.* slave supremacy
dum *contr. da prep.* **de** + *art. indef.* **um** *contr. da prep.* **de** + *pron. indef.* **um**
duma *s. f.* "duma" (elective municipal council - Russia)
duna *s. f.* sand-hill, mound of sand, dune, sand-dune
dundum *s. m.* dumdum
duneta *s. f.* NÁUTICA the highest point at the poop of a ship
dunfa *s. f.* African dance; African drum
duo *s. m.* duo, duet
duodecenal *adj.* twelve-year long; occurring every twelve years
duodecénio *s. m.* duodenary
duodecimal *adj.* duodecimal
duodécimo *s. m., adj., num. ord.* twelfth
duodécuplo *adj.* duodecuple, twelvefold
duodenal *adj.* duodenal; ***úlcera duodenal*** duodenal ulcer

duodenário *adj.* duodenary, in sets of twelve
duodenite *s. f.* MEDICINA duodenitis
duodeno *s. m.* ANATOMIA duodenum
duodenoscopia *s. f.* CIRURGIA duodenoscopy
duplamente *adv.* doubly, twofold, twice, double
dúplex *adj.* ⇒ **dúplice**
duplicação *s. f.* duplication, doubling, repetition
duplicado Ⓐ *adj.* double, twofold, duplicate Ⓑ *s. m.* duplicate, second copy, transcript
duplicador *s. m.* duplicator, duplicating machine
duplicante *adj.* duplicating
duplicar *v. tr.* to duplicate, to geminate, to double, to repeat, to copy; to multiply by two; to make twice as much
duplicata *s. f.* copy, transcript, counterpart, replica
duplicativo *adj.* duplicative, having the quality of duplicating
duplicatura *s. f.* duplicature, doubling, twice as much (many)
duplicável *adj.* duplicable, that can be duplicated (doubled)
dúplice *adj.* double, duplex, twofold; false, treacherous, double-tongued, false-hearted
duplicidade *s. f.* duplicity, doubleness; double dealing, deception, bad faith
duplo *adj.* double, duplex, dual, double as much; ***duplo efeito*** double acting; NÁUTICA ***duplo fundo*** double bottom; ***duplo fundo celular*** cellular double bottom; ***estrada de via dupla*** dual road (carriageway)
duque *s. f.* duke (nobleman); deuce, two (at cards and dice)
duquesa *s. f.* duchess
dura *s. f.* duration, durability; ***sol de pouca dura*** a flash in the pan; ***ser de muita dura*** to be durable (lasting, hard wearing); ***é de dura?*** will it wear well?
durabilidade *s. f.* durability
duração *s. f.* durability, lasting quality; duration, continuation, continuance (in time); length of time, lasting period; ***de curta duração*** of short duration, short-lived; ***duração de uma viagem*** duration of a journey
duradoiro *adj.* ⇒ **duradouro**
duradouro *adj.* lasting, durable, enduring, permanent, stable
duralumínio *s. m.* Duralumin
dura-máter *s. f.* ANATOMIA dura mater
durame *s. f.* BOTÂNICA duramen, heart-wood
durâmen *s. f.* BOTÂNICA ⇒ **durame**
duramente *adv.* harshly, severely, sternly; unkindly, cruelly, rigorously
durante *prep.* during, for, throughout, all through, while of, in the time of, in the course of; ***caiu uma bátega de água durante a noite*** a shower of rain fell during the night; ***durante muitos dias*** for several days; ***durante o dia*** during the day; ***durante algum tempo*** for some time; ***durante a vida*** as long as one lives
duraque *s. m.* calamanco
durar *v. intr.* to last, to continue, to go on; to endure, to hold out; to wear well; to live; ***quanto tempo durará?*** how long will it last?; ***dura muito tempo*** it wears wonderfully, it lasts a long time
durativo *adj.* lasting, durable, stable
durável *adj.* durable, lasting, enduring, abiding, stable, not perishable
duraz *adj.* hard; hard-grained, hard-shelled (fruits)
durázio *adj.* hard; hard-grained, hard-shelled (fruits); ***homem durázio*** middle-aged man
durez *s. f.* ⇒ **dureza**
dureza *s. f.* hardness, toughness, stiffness, solidity, firmness; [fig.] insensibility, harshness, rudeness, ruthlessness, callosity; ***dureza de coração*** hard-heartedness
duríade *s. f.* MITOLOGIA nymph of the river Douro
duriango *s. m.* BOTÂNICA the civet durian
durião *s. m.* BOTÂNICA the civet durian
duriense *adj.* related to the river Douro; born in the Douro province
durimínio *adj.* belonging or related to the rivers Douro and Minho
durindana *s. f.* [pop.] sword
dúrio *s. m.* ⇒ **duriango**
duro Ⓐ *adj.* hard, solid, firm, tough, consistent, compact; stony, unfeeling, inflexible, rigid, harsh, stiff, hard-hearted, cruel, insensible, callous Ⓑ *s. m.* Spanish coin; ***dureza de coração*** hard-heartedness; ***como é duro!*** hard lines!; ***duro de ouvido*** hard of hearing; ***duro de coração*** hard-hearted; ***duro de sofrer*** hard to bear; ***pão duro*** stale bread; ***carne dura*** tough meat; ***duro para o mar (navio)*** laboursome (ship)
duunvirado *s. m.* ⇒ **duunvirato**
duunviral *adj.* duumviral
duunvirato *s. m.* duumvirate
duúnviro *s. m.* duumvir
dúvida *s. f.* doubt, dubiousness, question, uncertainty, irresolution, hesitation, hesitancy; distrust, suspicion; scruple; indecision, wavering vacillation, suspense; ***não há dúvida alguma*** there is no doubt about it; ***não há a menor dúvida*** there is not the slightest doubt, there is no room for doubt; ***sem sombra de dúvida*** without a shadow of doubt; ***a dúvida subsiste no espírito*** a doubt still remains in the mind; ***tirar todas as dúvidas*** to remove all doubts; ***fora de dúvida*** beyond doubt, without question; ***pôr em dúvida*** to call in question; ***isto não admite dúvida*** this admits no doubt; ***ficar em dúvida*** to be in suspense; ***sem dúvida alguma*** without any doubt, doubtless, undoubtedly; ***sem dúvida*** to be sure
duvidador *s. m.* doubter, sceptic
duvidar Ⓐ *v. intr.* to doubt, to hesitate, to waver, to be doubtful (uncertain) Ⓑ *v. tr.* to disbelieve, to have doubts, to distrust, to suspect; to question, to call into question, to query; ***não duvido de que seja honesto*** I don't doubt that he is honest; ***duvida-se*** it is not certain; ***não duvido*** I do not doubt, I dare say
duvidável *adj.* dubitable, liable to doubt (question)
duvidosamente *adv.* doubtfully, dubiously
duvidoso *adj.* doubtful, uncertain, undecided, unsettled; suspicious, problematic, questionable, ambiguous, dubious; wavering, irresolute; ***futuro duvidoso*** doubtful future; ***carácter duvidoso*** a doubtful character
duzentos *num. card.* two hundred
dúzia *s. f.* dozen; ***às dúzias*** by the dozen, by dozens; ***meia dúzia*** half a dozen; ***dúzia de frade (treze)*** baker's dozen, long dozen; ***por dúzia, à dúzia*** by the dozen; ***uma dúzia de ovos*** a dozen eggs; ***algumas dúzias de laranjas*** a few dozens of oranges; ***várias dúzias de garrafas de vinho do Porto*** several dozen bottles of Port wine

e, E *s. m.* the fifth letter of the alphabet
e *conj.* and; ***«e» comercial (&)*** ampersand
ebanista *s. m.* ebonist; cabinet-maker, joiner; wood-carver
ebanite *s. f.* ebonite, vulcanite
ebanizar *v. tr.* to ebonize
ébano *s. m.* ebony
Ebenáceas *s. f. pl. Ebenaceae*
ébeno *s. m.* ⇒ **ébano**
ebionismo *s. m.* ebionism
Ebionitas *s. m. pl.* RELIGIÃO, HISTÓRIA Ebionites
ebonite *s. f.* ebonite; vulcanite
eborária *s. f.* turnery (ivory)
eborário *s. m.* ivory-turner
ebóreo *adj.* eburnean, eburnian; ivory
ebriático *adj.* intoxicating, inebriating
ebriativo *adj.* ⇒ **ebriático**
ebriedade *s. f.* intoxication, drunkenness, inebriation
ebriez *s. f.* ebriety, intoxication, drunkenness, inebriation
ébrio *adj.* ebrious; intoxicated, drunk(en), inebriate(d)
ebrioso *adj.* drunk, tipsy
ebulição *s. f.* ebullition, boiling, effervescence; [fig.] excitement; ***temperatura de ebulição*** boiling heat
ebuliente *adj.* ebullient, boiling over; overflowing
ebuliometria *s. f.* ebulliometry
ebuliómetro *s. m.* ebulliometer
ebulioscopia *s. f.* ebullioscopy
ebulioscópio *s. m.* ebullioscope
ébulo *s. m.* BOTÂNICA dwarf-elder
eburina *s. f.* eburin
eburnação *s. f.* MEDICINA eburnation
ebúrneo *adj.* eburnean, like ivory
eburnite *s. f.* abnormal hardness of the teeth's enamel
ecaudado *adj.* ⇒ **anuro**; having no tail
ecdémico *adj.* MEDICINA ecdemic
ecfonema *s. m.* RETÓRICA ecphonesis, ecphonema
écfora *s. f.* ARQUITECTURA ecphora
ecfráctico *adj.* aperient, desobstructive
echacorvos *s. m.* priest (who used to go preaching from place to place)
eclampse *s. f.* MEDICINA ⇒ **eclampsia**
eclampsia *s. f.* MEDICINA eclampsia, eclampsy
eclâmptico *adj.* MEDICINA eclamptic
ecléctico *s. m., adj.* eclectic
eclectismo *s. m.* eclecticism
eclésia *s. f.* ecclesia
eclesiarca *s. m.* ecclesiarch
eclesiástico Ⓐ *s. m.* clergyman, priest Ⓑ *adj.* ecclesiastical
eclesiofobia *s. f.* ecclesiophobia, hatred of churches
eclesiófobo *s. m., adj.* ecclesiophobe; church hater
eclímetro *s. m.* eclimeter
eclinómetro *s. m.* eclimeter
eclipsar Ⓐ *v. tr.* ASTRONOMIA to eclipse; to darken, to cloud, to veil, to obscure; to shroud, to hide; to intercept (light); to surpass, to throw into shade; to extinguish, to annihilate, to annul Ⓑ *v. refl.* to disappear, to vanish; ***a formosura da rainha parecia eclipsar a de todas as outras senhoras presentes*** the queen's beauty appeared to eclipse that of every other lady present; ***eclipsar uma pessoa*** to put someone's nose out of joint
eclipse *s. m.* ASTRONOMIA eclipse; [fig.] extinction; occultation; overshadowing; ***eclipse do Sol*** eclipse of the sun; ***eclipse da Lua*** eclipse of the moon; ***eclipse total*** total eclipse; ***eclipse parcial*** partial eclipse
eclíptica *s. f.* ASTRONOMIA ecliptic (apparent orbit of the sun)
eclíptico *adj.* ecliptic
eclodir *v. intr.* to appear, to emerge; to hatch; to erupt
écloga *s. f.* eclogue
eclogal *adj.* pastoral
eclogito *s. m.* eclogite
ecloguista *s. m. e f.* writer of eclogues
eclosão *s. f.* appearance, emergence; ZOOLOGIA eclosion; hatching; eruption
eclusa *s. f.* lock, lockage; dam
ecmnésia *s. f.* MEDICINA special perturbation of the memory that causes forgiveness of recent facts but allows perfect remembrance of ancient ones
ecmofobia *s. f.* MEDICINA echinophobia
ecmófobo *s. m.* echinophobe
eco *s. m.* echo, resonance, repetition; imitation; ***fazer-se eco de*** to repeat what another says; ***encontrar eco*** to meet with response
ecoador *adj.* echoing, resounding
ecoante *adj.* ⇒ **ecoador**
ecoar *v. intr.* to echo, to resound; to repeat, to reverberate; [fig.] to become famous; ***a sua voz ecoou por toda a sala*** his voice echoed throughout the hall
ecocardiograma *s. m.* MEDICINA echocardiogram
ecoencefalograma *s. m.* MEDICINA echoencephalogram
ecografia *s. f.* MEDICINA echography
ecográfico *adj.* echographic
ecograma *s. m.* MEDICINA echogram
ecóico *adj.* echoic
ecolalia *s. f.* MEDICINA echolalia
ecologia *s. f.* BIOLOGIA, SOCIOLOGIA ecology
ecológico *adj.* BIOLOGIA ecological
ecologista *s. m. e f.* ecologist
ecometria *s. f.* echometry
ecométrico *adj.* echometric(al)
ecómetro *s. m.* echometer
economato *s. m.* stewardship; steward's office
econometria *s. f.* econometry
econométrico *adj.* econometric
economia Ⓐ *s. f.* economy, thrift, thriftiness; frugality; husbandry; administration, management, regulation; order, system; (social science) economics Ⓑ *s. f. pl.* savings; ***economia doméstica*** domestic economy; ***fazer economias*** to save up, to put by, to hoard (up), to make savings; ***economia política*** economics, political economy; ***fazer economias que saem caras*** to spoil the ship for a ha'p'orth (or halfpennyworth) of tar; ***ter algumas economias*** to have some money put by
economicamente *adv.* economically; in a thrifty manner
económico *adj.* economical, thrifty, saving; not wasteful; cheap, unexpensive; ***Caixa Económica*** Savings Bank; ***Caixa***

Económica Postal Post-Office Savings Bank; *ser económico* to be economical; *ciências económicas* economics
economismo *s. m.* economism
economista *s. m. e f.* economist
economizador Ⓐ *s. m.* saver, thrifty person; economist Ⓑ *adj.* saving, economizing
economizar *v. tr.* to economize, to save, to husband; to use sparingly; *economizar alguma coisa para o que der e vier* to keep something for a rainy day; *quem economiza em tempo, tem quando precisa* waste not want not
ecónomo *s. m.* steward, manager; bursar
ecopraxia *s. f.* MEDICINA echopraxia, echopraxis
ecossistema *s. m.* ecosystem
ecoturismo *s. m.* eco-tourism
ecrã *s. m.* screen; display
éctase *s. f.* ectasis
ectasia *s. f.* MEDICINA ectasia; dilation, dilatation
ectásico *adj.* ectatic
ectilótrico *adj.* depilatory
ectima *s. f.* ecthyma, pustular skin disease
éctipo *s. f.* ectype; coin-mould, die
ectipografia *s. f.* ectypography
ectlipse *s. f.* GRAMÁTICA ecthlipsis
ectoblasto *s. m.* ectoblast
ectoderma *s. m.* ectoderm
ectoparasita *s. m.* ⇒ **ectozoário**
ectoparasito *s. m.* ⇒ **ectozoário**
ectopia *s. f.* ectopia, ectopy
ectoplasma *s. m.* ZOOLOGIA ectoplasm
ectozoário *s. m.* ZOOLOGIA ectozoon; *pl.* ectoparasites, ectozoa
ectrodactilia *s. f.* ectrodactylia
ectrópio *s. m.* MEDICINA ectropium, ectropion
ectrótico *adj.* ⇒ **abortivo**
ecúleo *s. m.* HISTÓRIA rack; torment (on the rack)
ecúmena *s. f.* (o)ecumenic land, the inhabited world
ecumenicamente *adv.* (o)ecumenically
ecumenicidade *s. f.* (o)ecumenicity
ecuménico *adj.* (o)ecumenical; general, universal, worldwide; *concílio ecuménico* ecumenical council
ecumenismo *s. m.* (o)ecumenicalism
eczema *s. m.* MEDICINA eczema
eczematiforme *adj.* resembling an eczema
eczematoso *adj.* eczematous
edace *adj.* edacious, voracious
edacidade *s. f.* edacity, voracity
edáfico *adj.* pedologic
edafologia *s. f.* pedology
edaz *adj.* voracious, ravenous
edelvaisse *s. m.* BOTÂNICA edelweiss
edema *s. m.* (o)edema
edemaciar *v. tr.* to produce (o)edema
edemático *adj.* (o)edematous
edematoso *adj.* (o)edematous
éden *s. m.* Eden, paradise
edénico *adj.* edenic
edenismo *s. m.* edenic life
edenite *s. f.* MINERALOGIA variety of hornblende
edeografia *s. f.* description of the sexual organs
edeologia *s. f.* MEDICINA treatise on the sexual organs
edeomania *s. f.* any sexual anomaly
edeoscopia *s. f.* examination of the sexual organs
edeotomia *s. f.* CIRURGIA dissection of the genitals
edição *s. f.* edition; *edição de luxo* de luxe edition; *edição especial* special edition; *a última edição* the latest edition; *edição da manhã* morning edition; *edição actualizada* updated edition; *edição de bolso* pocket edition; *edição príncipe* first edition; *a edição esgotou-se logo* the edition was soon sold out
edictal *adj.* edictal
edicto *s. m.* edict
edícula *s. f.* little house; niche, oratory
edificação *s. f.* building, construction, erection; edification; formation (of moral and spiritual nature)
edificador Ⓐ *s. m.* builder; edifier Ⓑ *adj.* edifying
edificamento *s. m.* building, construction; edification
edificante *adj.* building; edifying; uplifting, instructive; *exemplo edificante* shining example
edificar *v. tr.* to build up, to erect, to construct; [fig.] to edify; to enlighten, to instruct; to found
edificativo *adj.* edifying, uplifting
edifício *s. m.* edifice, building, structure, fabric; *edifício sólido* substantial building; *edifício destinado a escritórios* office-building; *edifício importante* imposing edifice
edil *s. m.* HISTÓRIA aedile, edile (Roman magistrate); councilman, alderman
edílico *adj.* aedilian; aedilic
edilidade *s. f.* HISTÓRIA edilship, (a)edility; town council
Édipo *s. m.* Oedipus; *complexo de Édipo* Oedipus complex
editação *s. f.* (act of) editing
edital *s. m.* bill, placard, poster, advertisement; edict; proclamation
editar *v. tr.* to edit; to publish
édito *s. m.* edict; proclamation, notice
editor *s. m.* publisher; INFORMÁTICA *editor de texto* text editor
editora *s. f.* publishing house or company, publisher
editoração *s. f.* ⇒ **edição**
editorar *v. tr.* ⇒ **editar**
editorial Ⓐ *adj.* editorial Ⓑ *s. m.* editorial, leading article
editorialista *s. m. e f.* editorialist
edível *adj.* eatable
edredão *s. m.* eiderdown; down quilt
educabilidade *s. f.* educability
educação *s. f.* education, instruction, training (of the mind); tuition, schooling; discipline, development; civility, courtesy; breeding, nurture, culture; *boa educação* good upbringing, good manners; *educação superior* higher education; *educação completa* an all-round education; *educação física* physical education, physical training; *educação profissional* technical education; *a boa educação não custa nada* civility costs nothing; *falta de educação* ill-breeding
educacional *adj.* educational
educacionista *s. m. e f.* educationalist, educationist; pedagog(ue)
educadamente *adv.* politely, courteously
educado *adj.* well-bred, polite, courteous
educador *s. m.* educator; teacher, tutor; preceptor, master; instructor; trainer
educando *s. m.* pupil, student
edução *s. f.* eduction, deduction
educar *v. tr.* to educate; to rear; to bring up, to train up; to discipline; to instruct, to teach, to school; to develop; to cultivate; *educar o ouvido* to train the ear; *educar os filhos* to bring up one's children
educativo *adj.* educative, educational
educável *adj.* educable, teachable
edul *adj.* edible, eatable
edulcoração *s. f.* edulcoration
edulcorante *adj.* edulcorating, sweetening
edulcorar *v. tr.* to edulcorate, to purify, to free from acids; to sweeten
eduzir *v. tr.* to educe, to bring out; to deduce, to infer; to extract
efebismo *s. m.* ephebic manners
efebo *s. m.* HISTÓRIA ephebe, a youth entering manhood
efectivação *s. f.* act of rendering effective; tenure (of office)

efectivamente *adv.* effectively, in effect; as a matter of fact; really, actually
efectivar Ⓐ *v. tr.* to effect, to bring about, to accomplish, to execute; to realize Ⓑ *v. intr.* to get tenure
efectível *adj.* effectible, realizable
efectividade *s. f.* effectivity; tenure
efectivo Ⓐ *adj.* effective; effectual, efficient; actual, real; permanent, with tenure Ⓑ *s. m.* force, contingent of troops
efectuação *s. f.* effectuation, realization; accomplishment; execution
efectuador Ⓐ *s. m.* effecter Ⓑ *adj.* effecting
efectuar Ⓐ *v. tr.* to effectuate, to realize, to bring about, to accomplish, to execute, to carry out Ⓑ *v. refl.* to take place, to occur; to be carried; ***efectuar o seguro*** to effect the insurance; ***efectuar o pagamento*** to make the payment
Efedráceas *s. f. pl. Ephedraceae*
efedrina *s. f.* ephedrine
efeitarrão *s. m.* [fam.] a great effect
efeito *s. m.* effect, result, issue, consequence; fruit, outcome; purpose; execution; validity, weight, force, efficiency; impression; *pl.* effects; ***com efeito*** indeed, really, in effect; ***não produzir efeito*** to cut no ice; ***efeito cénico*** stage effect; ***cada golpe produz efeito*** every blow tells; ***levar a efeito*** to carry into effect, to effectuate; ***para todos os efeitos*** to all intents and purposes; ***ter efeito sobre*** to act on, to act upon; ***sem efeito*** null and void, without effect; ***fazer efeito*** to work; to operate; ***efeito a grande distância*** long-range effect; ***produzir efeito*** to take effect; ***efeito total*** whole effect; ***para o efeito de*** to the end that; ***de simples efeito*** single-acting; ***os efeitos da luz nas plantas*** the effects of light on plants; ***efeito moral*** moral effect; ***efeito deslumbrante*** dazzling effect; ***efeito de estufa*** greenhouse effect; ***efeito secundário*** side effect
efeituador *s. m.* ⇒ **efectuador**
efeituar *v. tr.* ⇒ **efectuar**
efélide *s. f.* MEDICINA freckle
efémera *s. f.* ephemera, May fly
efemeridade *s. f.* ephemeris
Efeméridas *s. m. pl. Ephemeridae*
efeméride *s. f.* news of an event occurred on a certain day of some past year; chronological register of past events; diary; *pl.* ephemeris
Efemerídeos *s. m. pl.* ⇒ **Efeméridas**
efemérides *s. f. pl.* ephemerides
efemerizar *v. tr.* to render ephemeral
efémero *adj.* ephemeral, transitory, fleeting, short-lived, fugacious, momentary; ***prazeres efémeros*** ephemeral pleasures
efeminação *s. f.* effeminacy
efeminadamente *adv.* effeminately
efeminado *adj.* effeminate, unmanly, weak, womanish; timid
efeminar *v. tr.* to weaken; to make effeminate
efeminizar *v. tr.* ⇒ **efeminar**
eferente *adj.* FISIOLOGIA efferent
efervescência *s. f.* effervescence, bubbling, boiling, ebullition; commotion; excitement
efervescente *adj.* effervescent, bubbling, sparkling; [fig.] irascible; hot-headed
efervescer *v. intr.* to effervesce; to bubble up; [fig.] to be excited
efes-e-erres *s. m. pl.* ***com todos os efes-e-erres*** off pat, quite complete, with the smallest details
efesíaco *adj.* Ephesian, Ephesine
efésio *s. m., adj.* Ephesian
eficácia *s. f.* efficacy, effectiveness
eficaz *adj.* efficacious, efficient, effective; powerful, vigorous, productive; ***remédio eficaz*** efficacious remedy, effective treatment
eficazmente *adv.* efficaciously
eficiência *s. f.* efficiency, effectiveness; capacity
eficiente *adj.* efficient; effective; competent, capable; energetic; operative; ***causa eficiente*** efficient cause
eficientemente *adv.* efficiently
efidríade *s. f.* ephydriad (water nymph)
efidrose *s. f.* MEDICINA ephydrosis
efigiar *v. tr.* to represent the image of; to paint the effigy of
efígie *s. f.* effigy, image; ***ser queimado em efígie*** to be burnt in effigy
eflorescência *s. f.* BOTÂNICA efflorescence
eflorescente *adj.* efflorescent, efflorescing
eflorescer *v. intr.* to effloresce, to blossom, to bud, to flower, to bloom, to come into flower
efluência *s. f.* effluence, efflux, flow, emanation
efluente *adj.* effluent, emanating, flowing forth
efluir *v. intr.* to effluviate; to irradiate
eflúvio *s. m.* effluvium, vapour, exhalation, odour
efluvioso *adj.* effluvious
efluxão *s. f.* effluxion
efluxo *s. m.* efflux, effusion, outflow
eforado *s. m.* ⇒ **eforato**
eforato *s. m.* ephoralty
eforia *s. f.* ⇒ **eforato**
éforo *s. m.* ephor
efracção *s. f.* ⇒ **efractura**
efractura *s. f.* effraction
efúgio *s. m.* subterfuge, tergiversation, evasion
efundir *v. tr.* to effuse, to shed, to spill, to pour forth
efusão *s. f.* effusion, efflux, outpouring, gush, shedding; ***efusão de sangue*** bloodshed; ***com efusão*** tenderly
efusivamente *adv.* effusively
efusivo *adj.* effusive, lavish, generous, profuse; demonstrative, gushing; copious; effluent; ***efusivos agradecimentos*** profuse thanks
efuso *adj.* effused; poured out
egéria *s. f.* MITOLOGIA Egeria; a nymph; [fig.] inspiration; inspiring woman
egeu *s. m., adj.* Aegean
égide *s. f.* aegis, shield; [fig.] protection, support; control; ***sob a égide de*** under the aegis of
egipcíaco *s. m., adj.* ⇒ **egípcio**
egipciano *s. m., adj.* ⇒ **egípcio**
egípcio *s. m., adj.* Egyptian
egiptanense *s. m. e f., adj.* ⇒ **egipcíaco**
egiptano *s. m., adj.* ⇒ **egipcíaco**
egiptologia *s. f.* Egyptology
egiptólogo *s. m.* Egyptologist
egirina *s. f.* aegirite
égloga *s. f.* eclogue
ego *s. m.* PSICOLOGIA ego; the "I"
egocêntrico *adj.* egocentric
egocentrismo *s. m.* egocentrism
egocentrista *s. m. e f., adj.* egocentrist
egofonia *s. f.* MEDICINA egophony
egoísmo *s. m.* egoism, selfishness, egotism
egoísta Ⓐ *adj.* selfish Ⓑ *s. m. e f.* egoist
egotismo *s. m.* egotism, egoism; selfishness, self-conceit
egotista *s. m. e f.* egotist
egrégio *adj.* egregious, remarkable, great; prominent, illustrious (lineage)
egressão *s. f.* egression, going out (forth)
egresso *s. m.* egress; way out, exit; monk who has quitted a convent
égrio *s. m.* a nasturtium, plant of the mustard family, watercress
egro *adj.* sick, ill

égua *s. f.* mare
eguada *s. f.* a herd of mares
eguariço *s. m.* breeder of horses
eh! *interj.* hey!
eia! *interj.* come on!
êider *s. m.* eider duck, a northern sea duck sought after for its fine down
eidética *s. f.* PSICOLOGIA eidetics
eidético *adj.* PSICOLOGIA eidetic
eido *s. m.* patio, yard, courtyard
ei-la *contr. do adv.* **eis** + *pron. pess.* **la**
ei-lo *contr. do adv.* **eis** + *pron. pess.* **lo**
eira *s. f.* threshing-floor; ***não ter eira nem beira*** to have neither house nor home, to be down and out
eirada *s. f.* entertainment in a threshing-floor; a quantity of cereals dealt at once in a threshing-floor
eirado *s. m.* terrace
eiró *s. f.* a kind of eel
eiroga *s. f.* a fish of the family *Rajidae*
eirós *s. f.* ⇒ **eiró**
eis *adv.* here it is; here they are
eito *s. m.* sequence (row) of things; jet; ***a eito*** one after another, in succession, uninterruptedly
eiva *s. f.* crack, flaw, rotten spot of a fruit; [fig.] defect, blot, blemish
eivado *adj.* cracked; contaminated, infected; ***eivado de defeitos*** marred by defects
eivão *s. m.* ⇒ **papa-figos** (bird)
eivar Ⓐ *v. tr.* to contaminate; to infect, to vitiate, to impair; to stain, to spot Ⓑ *v. refl.* to decay; to be contaminated
eixe! *interj.* come on! (for oxen)
eixo *s. m.* [técn.] axle, axle-tree; axle-shaft; GEOMETRIA, ASTRONOMIA axis; BOTÂNICA arbor, spindle; pivot; ***eixo geométrico*** axis; ***eixo de roda*** axle, pin, spindle; ***eixo de rotação*** axis of rotation; ***eixo motor*** driving axle; ***eixo transversal*** transverse axis; ***eixo de manivela*** crank-axle; ***eixo accionador*** driving shaft; ***eixo de transmissão*** drive shaft; GEOMETRIA ***eixo das abcissas*** axis of abscissas; ***eixo de direcção*** steering rod; ***eixo dianteiro*** front axle; ***eixo traseiro*** rear axle; ***espaço entre eixos*** wheel base; ***carga de eixos*** axial load; ***cavilha de eixos*** axle-pin; [fig.] ***entrar nos eixos*** to straighten; ***pôr nos eixos*** to put in order; ***tirar dos eixos*** to put out of joint; ***girar sobre um eixo*** to turn on a pivot; [fig.] ***estar fora dos eixos*** to be out of order, to lead a disorderly life
ejaculação *s. f.* ejaculation; discharge
ejaculador Ⓐ *adj.* ejaculating Ⓑ *s. m.* ejaculator
ejacular *v. tr.* to ejaculate, to eject, to discharge
ejaculatório *adj.* ejaculatory
ejecção *s. f.* ejection
ejectar *v. tr.* to eject
ejectável *adj.* ejectable
ejector *s. m.* [técn.] ejector; jet pump
ela *pron. pess.* she, her, it; ***ela e tu*** she as well as you; [fig., coloq.] ***ela por ela*** tit for tat; ***aí é que são elas!*** there is the rub!
elaboração *s. f.* elaboration; ***elaboração de um projecto*** the working up of a project; ***em elaboração*** in the making
elaborado *adj.* elaborate, complicated; highly finished; carefully worked out
elaborador Ⓐ *s. m.* elaborator Ⓑ *adj.* elaborating
elaborar Ⓐ *v. tr.* to elaborate, to work out; to prepare, to improve; to design (to execute) in detail Ⓑ *v. refl.* to develop
elaborável *adj.* capable of being elaborated
elação *s. f.* elation, exaltation; pride, haughtiness, arrogance
elaiagno *s. m.* elaeagnus
elaiómetro *s. m.* oleometer
elanguescência *s. f.* languishment, lassitude, languor
elanguescente *adj.* languishing, languid
elanguescer *v. intr.* to enfeeble, to languish, to droop, to pine; to grow languid, to become feeble
elar *v. refl. e intr.* to link
elasticidade *s. f.* elasticity; springiness, resilience; flexibility, ductility, moral laxness; ***os músculos dele não têm elasticidade alguma*** his muscles have no spring in them; ***elasticidade de flexão*** elasticity of flexure
elasticina *s. f.* elastin, elasticin
elástico Ⓐ *adj.* elastic, flexible; springy, pliant; yielding Ⓑ *s. m.* elastic cord (string), elastic; ***consciência elástica*** elastic conscience
elastina *s. f.* elastin, elasticin
elastodinâmica *s. f.* elastodynamics
Elatéridas *s. m. pl.* ENTOMOLOGIA ⇒ **Elaterídeos**
Elaterídeos *s. m. pl.* ENTOMOLOGIA *Elateridae*
elaterina *s. f.* QUÍMICA elaterin, elatine
elatério *s. m.* FARMACOLOGIA elaterium
elatina *s. f.* ZOOLOGIA elaterine, elatine; BOTÂNICA waterwort
ele[1] *s. m.* name of the letter L or l
ele[2] *pron. pess.* he; it; him; ***ele próprio*** he himself
Eleagnáceas *s. f. pl.* BOTÂNICA *Eleagnáceas*
Eleágneas *s. f. pl.* BOTÂNICA *Elaeagnaceae*
eleagno *s. m.* plant of the *Elaeagnaceae* family
eleata *s. m.* Eleatic (follower of the philosophy of Zenon of Elea); follower of scepticism
eleático *adj.* eleatic
eleatismo *s. m.* Eleaticism
electividade *s. f.* electivity
electivo *adj.* elective
electrão *s. m.* electron (unit of negative electricity)
electrão-volt *s. m.* FÍSICA electron volt
electrencefalografia *s. f.* MEDICINA electroencephalography
electrencefalograma *s. m.* MEDICINA electroencephalogram
electrexecução *s. f.* ⇒ **electrocussão**
electricamente *adv.* electrically
electricidade *s. f.* electricity; ***electricidade estática*** static electricity
electricismo *s. m.* electricity
electricista *s. m. e f.* electrician
eléctrico Ⓐ *adj.* electric, electrical Ⓑ *s. m.* tram; tramcar; ***choque eléctrico*** electric shock; ***cabo eléctrico*** electric cable; ***cadeira eléctrica*** electric chair; ***central eléctrica*** power station; ***cortar a corrente eléctrica*** to break the electric current; ***rede eléctrica*** electrical supply system; ***lâmpada eléctrica*** electric lamp (bulb); ***ferro eléctrico*** electric iron; ***caminho-de-ferro eléctrico*** electric railway; ***ventoinha eléctrica*** electric fan; ***luz (corrente) eléctrica*** electric (current) light; ***energia eléctrica*** electric energy
electrificação *s. f.* electrification; electrifying
electrificar *v. tr.* to electrify
electrino *s. m.* electrum
electriz *s. f.* ⇒ **eleitor**
electrização *s. f.* electrification
electrizado *adj.* electrified; [fig.] thrilled, excited
electrizador Ⓐ *adj.* electrifying Ⓑ *s. m.* electrifier, electrizer
electrizante *adj.* electrifying
electrizar Ⓐ *v. tr.* to electrify, to electrize; to startle, to rouse, to excite; to thrill Ⓑ *v. refl.* to get excited; ***electrizar um auditório*** to electrify an audience
electrizável *adj.* electrifiable
electro *s. m.* MINERALOGIA electrum; amber
electrobalística *s. f.* electrobalistics
electrobiologia *s. f.* electro-biology
electrobomba *s. f.* electropump
electrocapilaridade *s. f.* FÍSICA electrocapillarity
electrocardiografia *s. f.* electrocardiography

electrocardiógrafo *s. m.* MEDICINA electrocardiograph
electrocardiograma *s. m.* MEDICINA electrocardiogram
electrochoque *s. m.* MEDICINA electrotherapy
electrocinética *s. f.* electrokinetics
electrocirurgia *s. f.* MEDICINA electrosurgery
electrocoagulação *s. f.* MEDICINA electrocoagulation
electrocussão *s. f.* electrocution
electrocutado *adj.* electrocuted
electrocutar *v. tr.* to electrocute
electrocutor *s. m.* electrocuter; [E.U.A.] executioner
electrodiagnóstico *s. m.* MEDICINA electrodiagnosis
electrodiálise *s. f.* electrodialysis
electrodinâmica *s. f.* FÍSICA electrodynamics
electrodinâmico *adj.* FÍSICA electrodynamic
electrodinamómetro *s. m.* FÍSICA electrodynamometer
electródio *s. m.* ELECTRICIDADE ⇒ **eléctrodo**
eléctrodo *s. m.* ELECTRICIDADE electrode
electroencefalografia *s. f.* MEDICINA electroencephalography
electroencefalograma *s. m.* MEDICINA electroencephalogram
electroendoscopia *s. f.* electroendoscopy
electroendoscópico *adj.* electroendoscopic
electroendoscópio *s. m.* electroendoscope
electrofisiologia *s. f.* electrophysiology
electrofone *s. m.* FÍSICA electrophone
electroforese *s. f.* FÍSICA, QUÍMICA electrophoresis, cataphoresis
electróforo *s. m.* FÍSICA electrophorus
electrogalvânico *adj.* ELECTRICIDADE electrogalvanic
electrogalvanismo *s. m.* ELECTRICIDADE electrogalvanism
electrogéneo *adj.* ELECTRICIDADE electrogenic
electrogerador *s. m.* ELECTRICIDADE dynamo
electrografia *s. f.* electrography
electrógrafo *s. m.* electrograph
electroíman *s. m.* electro-magnet
electrolisação *s. f.* ⇒ **electrólise**
electrolisar *v. tr.* to electrolyse
electrólise *s. f.* FÍSICA, QUÍMICA electrolysis
electrolítico *adj.* FÍSICA, QUÍMICA electrolytic
electrólito *s. m.* FÍSICA, QUÍMICA electrolyte
electrologia *s. f.* electrology (electric science)
electroluminescência *s. f.* electroluminescence
electromagnete *s. m.* ⇒ **electroíman**
electromagnético *adj.* electromagnetic(al)
electromagnetismo *s. m.* electromagnetism
electromecânica *s. f.* electromechanics
electromecânico *adj.* electromechanical
electrometalurgia *s. f.* electrometallurgy
electrometria *s. f.* electrometry
electrómetro *s. m.* electrometer
electromotor *s. m.* electromotor
electromóvel *adj.* electromobile
eléctron *s. m.* FÍSICA, QUÍMICA electron
electronegatividade *s. f.* electronegativity
electronegativo *adj.* FÍSICA, QUÍMICA electronegative
electrónica *s. f.* electronics
electrónico *adj.* electronic; ***computador electrónico*** electronic computer (calculator); ***microscópio electrónico*** electronic microscope
electrónio *s. m.* ⇒ **electrão**
electroplexia *s. f.* electroplexis
electropositivo *adj.* FÍSICA, QUÍMICA electropositive
electroquímica *s. f.* electrochemistry
electroquímico *adj.* electrochemical
electroscopia *s. f.* measure of electricity
electroscópico *adj.* electroscopic
electroscópio *s. m.* FÍSICA electroscope
electrossemáforo *s. m.* electric semaphore
electrossiderurgia *s. f.* electrical smelting and refining of iron
electrossíntese *s. f.* FÍSICA electrosynthesis
electrossoldadura *s. f.* electrical welding
electrostática *s. f.* FÍSICA electrostatics
electrostático *adj.* electrostatic(al)
electrostrição *s. f.* MINERALOGIA electrostriction
electrotecnia *s. f.* electrotechnics
electrotécnico *adj.* electrotechnic
electroterapêutica *s. f.* electrotherapeutics
electroterapia *s. f.* MEDICINA electrotherapy
electrotermia *s. f.* electrothermy, electrothermancy, electrothermics
electrotérmico *adj.* electrothermic(al)
electrotipia *s. f.* electrotyping
electrotónico *adj.* electrotonic
electrotropismo *s. m.* electrotropism
electrovalência *s. f.* electrovalence, electrovalency
electrovalente *adj.* electrovalent
electrovitalismo *s. m.* electrovitalism
electuário *s. m.* FARMACOLOGIA electuary
eledina *s. f.* eleidin
elefanta *s. f.* ZOOLOGIA she-elephant
elefantário *s. m.* elephant driver, mahout
elefante *s. m.* ZOOLOGIA elephant
elefantíaco *adj.* elephantine, elephantic; monstrous, big-bodied
elefantíase *s. f.* MEDICINA elephantiasis
elefântico *adj.* elephantine
elefantino *adj.* ⇒ **elefântico**
elefantófago *adj.* eater of elephant's meat
elefantóide *adj.* elephantoid(al)
elegância *s. f.* elegance, handsomeness, grace, refinement, gracefulness, politeness, gallantry (of manners, speech, etc.); ***isso tem um ar de elegância*** it looks quite smart; ***perder a elegância*** to become corpulent; ***o supra-sumo da(s) elegância(s)*** the height of elegance
elegante Ⓐ *adj.* elegant, graceful, polished, fine; cultivated; refined, polite; well-dressed, spruce, neat; fashionable; handsome Ⓑ *s. m.* a smart person; ***este vestido está muito elegante*** this dress looks very stylish
elegantemente *adv.* elegantly, stylishly, smartly
elegantismo *s. m.* dandyism
elegantizar *v. tr.* to make elegant, to dandify
elegendo *s. m.* candidate for election; one who is to be elected
eleger *v. tr.* to elect; to choose, to select, to prefer, to pick; ***eleger um membro do Parlamento*** to elect a member of Parliament
elegia *s. f.* [poét.] elegy
elegíaco *adj.* elegiac
elegíada *s. f.* elegiac poem
elegibilidade *s. f.* eligibility
elegiógrafo *s. m.* elegist
elegista *s. m. e f.* ⇒ **eleitor**; ⇒ **elegiógrafo**
elegível *adj.* eligible
eleição *s. f.* election; choice, selection, preference; ***obter o maior número de votos numa eleição*** to head a poll
eleiçoeiro Ⓐ *s. m.* [depr.] electioneer Ⓑ *adj.* [depr.] electional; electoral
eleidina *s. f.* eleidin
eleito *adj.* elected, elect; ***os eleitos do Senhor*** the Lord's elect
eleitor *s. m.* elector; voter
eleitorado *s. m.* electorate; body of electors
eleitoral *adj.* electoral; ***assembleia eleitoral*** electoral assembly; ***caderno eleitoral*** poll-book, electoral register; ***urna eleitoral*** ballot-box

eleitoralismo *s. m.* [depr.] electioneering; populism
eleitoralista *adj.* [depr.] electioneering, vote-catching, populist
eleitorite *s. f.* an exaggerated zeal for the elections
elementar *adj.* elementary, rudimentary, primary, simple; elemental; fundamental, basic; ***educação elementar*** elementary education; ***conhecimento elementar*** elementary knowledge
elementaridade *s. f.* elementarity
elementário *adj.* ⇒ **elementar**
elementarmente *adv.* elementarily, simply, rudimentarily, elementally; fundamentally, primarily
elemento *s. m.* element; principle; component, particle; *pl.* [fig.] rudiments, elements, ambient, circle; ***elemento de pilha*** cell; ***os quatro elementos: terra, ar, fogo e água*** the four elements: earth, air, fire and water; ***a fúria dos elementos*** the fury of the elements; ***estar fora do seu elemento*** to be like a fish out of water; ***ele é um elemento de valor no nosso grupo*** he is a great acquisition in our circle
elemi *s. m.* BOTÂNICA elemi
elemicina *s. f.* organic compound of the aromatic series, main constituent of the elemi essence
elemina *s. f.* elemin, resin from elemi
elenco *s. m.* list; cast (set of actors); index
eleodendro *s. m.* BOTÂNICA tropical bush from whose fruits a medicinal substance is extracted
eleófago *adj.* feeding on olives
eleóleo *s. m.* medicament containing an oily excipient
eleolite *s. f.* MINERALOGIA dark-coloured nepheline variety
eleómetro *s. m.* a kind of aryometer used to evaluate the oil density
eleúria *s. f.* presence of oil in the urine
eleúrico *adj.* relating to *eleúria*; suffering from *eleúria*
eleuterodáctilo *adj.* fissiped
elevação *s. f.* elevation, raising, lifting, elevating; dignity; eloquence; exaltation; aggrandizement, promotion; rise; height, eminence; hill; increase; distinction; ***elevação da Hóstia*** elevation of the Host; ***elevação da temperatura*** rise in temperature; ***elevação do espírito*** elevation of mind; ***elevação de estilo*** sublimity of style; ***elevação do nível da água*** raising of the water level
elevadamente *adv.* loftily, sublimely
elevado *adj.* elevated, raised, lifted up; lofty; exalted, sublime, grand; dignified, noble; ***estilo elevado*** an elevated style; ***ideias elevadas*** elevated thoughts, lofty ideas; ***renda elevada*** high rent
elevador *s. m.* lift; [E.U.A.] elevator; NÁUTICA ***elevador de munições*** lift of munitions, lifting gear of munitions; [E.U.A.] ***elevador de cozinha*** service lift, dumb-waiter
elevar Ⓐ *v. tr.* to elevate; to lift up, to raise, to hoist, to erect; to dignify, to promote; to ennoble, to exalt; to improve, to refine, to extol; to elate Ⓑ *v. refl.* to tower; to run up; to amount to; to rise, to increase; to be exalted; ***elevar-se no ar*** to rise in the air; ***elevar a voz*** to raise the voice; ***eleva-se muito acima dos seus contemporâneos*** he towers above his contemporaries; MATEMÁTICA ***elevar a uma potência*** to raise to a power
elevatório *adj.* elevatory
elfa *s. f.* pitch (hole to plant vines in)
elfo *s. m.* MITOLOGIA elf
eliciação *s. f.* elicitation
eliciar *v. tr.* to elicit, to draw forth, to bring out; to expel
elícito *adj.* attracted; elicited
elidir *v. tr.* to elide; to cut off; to omit a vowel or a syllable (in pronunciation)
elidível *adj.* liable to be elided
eliminação *s. f.* elimination; exclusion, removal
eliminador *s. m.* eliminator
eliminar *v. tr.* to eliminate, to exclude, to remove, to expel, to get rid of, to blot out; to leave out; to strike out (off); to cut out; ***eliminar todas as palavras supérfluas*** to eliminate all superfluous words; ***eliminar uma possibilidade*** to eliminate a possibility; ***eliminar o ácido úrico*** to eliminate uric acid; ***eliminar um obstáculo*** to clear away an obstacle
eliminatória *s. f.* heat, preliminary round
eliminatório *adj.* eliminating, eliminatory; ***provas eliminatórias*** eliminating tests
eliminável *adj.* eliminable
elipse *s. f.* GRAMÁTICA ellipsis; GEOMETRIA ellipse
elipsígrafo *s. m.* ellipsograph, elliptograph (elliptic trammel)
elipsógrafo *s. m.* ⇒ **elipsígrafo**
elipsoidal *adj.* ellipsoidal
elipsóide Ⓐ *adj.* GEOMETRIA ellipsoidal Ⓑ *s. m.* ellipsoid
elipsologia *s. f.* GEOMETRIA study of ellipses
elipticamente *adv.* elliptically
elipticidade *s. f.* ellipticity
elíptico *adj.* elliptic(al)
elisão *s. f.* GRAMÁTICA elision
elísio Ⓐ *s. m.* Elysium Ⓑ *adj.* Elysian; delightful
elite *s. f.* elite
elitismo *s. m.* elitism
elitista *s. m. e f., adj.* elitist
élitro *s. m.* ZOOLOGIA elytrum, elytron (the hard outer wing--case of coleopterous insects)
Elitrópteros *s. m. pl.* ENTOMOLOGIA the Elytroptera
elitrorragia *s. f.* MEDICINA elytrorrhage
elitrorreia *s. f.* elytrorrhea
elixar *v. tr.* to elixir; to elixirate
elixir *s. m.* elixir
elmo *s. m.* MILITAR helmet; scurf (on a child's scalp)
elo *s. m.* link; BOTÂNICA tendril; connexion; ***elo com travessão*** bar-link; ***elo sem travessão*** short link
elocução *s. f.* elocution
elocutivo *adj.* ⇒ **elocutório**
elocutório *adj.* elocutionary
eloendro *s. m.* BOTÂNICA oleander, rose-laurel
elogiador *s. m.* praiser, encomiast, panegyrist
elogiar *v. tr. e refl.* to eulogize, to praise, to commend, to extol, to panegyrize; to exalt; to magnify; ***elogiar altamente (entoar louvores a)*** to sing a person's praises; ***elogiar com frieza*** to damn with faint praise; ***elogiar demasiado*** to flatter; ***elogiar alguém ao máximo*** to praise someone to the sky
elogio *s. m.* eulogy, praise, encomium, commendation, panegyric; ***fazer um grande elogio a alguém*** to commend a person highly, to sing someone's praises
elogiosamente *adv.* eulogistically, flatteringly
elogioso *adj.* eulogistic(al), laudatory, encomiastic, commendatory, panegyrical, flattering; ***referiu-se a ele com palavras muito elogiosas*** he referred to him in the most flattering terms; ***digno de elogios*** praiseworthy
elogista *s. m.* eulogist
elongação *s. f.* ASTRONOMIA elongation (angular distance of a planet from the sun)
eloquência *s. f.* eloquence, fluency, oratory; persuasiveness
eloquente *adj.* eloquent, fluent; silver-tongued; persuasive; ***ser eloquente*** to have a silver tongue
eloquentemente *adv.* eloquently
elóquio *s. m.* talk; speech, oration
el-rei *s. m.* the same as *rei*, or *o rei*, (the) king
elucidação *s. f.* elucidation, explanation, explaining, clearing
elucidar *v. tr.* to elucidate, to explain, to make clear
elucidário *s. m.* glossary, commentary
elucidativo *adj.* elucidative; explanatory
elucubração *s. f.* lucubration
elucubrar *v. tr.* ⇒ **lucubrar**
eludir *v. tr.* to elude
elutriação *s. f.* elutriation, decantation
elzevir *s. m.* Elzevir

elzeviriano *adj.* Elzevirian
em *prep.* in, at, by, on, up, upon; ***em baixo*** below, down; ***lá em baixo*** downstairs; ***em cima*** above; ***lá em cima*** upstairs; ***em frente de*** in front of, before; ***em virtude de*** by virtue of, on account of, because of; ***em caso afirmativo*** in the affirmative case; ***em cobrança*** in course of collection; ***em cinco dias*** in five days; ***em casa*** at home; ***em alto grau*** to a high degree; ***em aberto*** open, not concluded; ***em artigo de morte*** on the point of death; ***em atenção a*** in consideration of, in view of; [cal.] ***em barda*** in abundance; ***em cena*** on the stage; ***em bloco*** wholesale; ***em cheio*** fully; ***em carne e osso, em pessoa*** in flesh and bone, in the flesh, bodily, in person; ***em compensação (ao contrário, por outro lado)*** on the other hand; ***em coro*** in a chorus; ***em desabono de*** to the discredit of; ***em devida forma*** in due form; ***em geral*** generally; ***em estado de*** in condition to, capable of; ***em família*** "en famille", at home; ***em flagrante*** in the very act, red-handed; ***em boa hora*** at a good time; ***em má hora*** at a bad time; [fig.] ***em maus lençóis*** in a jam, in a hot water; ***em mente*** in mind; [coloq.] ***em palpos-de-aranha*** in a fluster, in a pickle; ***em pé de guerra*** on a war footing; ***em peso*** fully, wholly; ***em poucas palavras*** laconically, in short; ***em regra*** as a rule; ***em referência a*** in reference to, with reference to; ***em rigor*** strictly; ***em risco de*** at the risk of; ***em sangue*** bleeding; ***em sonho*** in a dream; ***em conclusão*** in conclusion; ***em nome de*** in the name of; ***em liberdade*** at liberty, at large; ***em guerra*** at war; ***baseado em factos*** based on facts; ***em sobressalto*** in a state of terror; ***em socorro*** in aid; ***em suma, em resumo*** in a word, in short; ***em surdina*** mutedly; ***em toda a extensão da palavra*** in the fullest sense of the word; ***em três tempos*** in three seconds; ***em tropel*** helter-skelter; ***em turbilhões*** in a whirlwind; ***em última análise*** in the last analysis
ema *s. f.* ZOOLOGIA emu, kind of ostrich
emaçamento *s. m.* act of bundling
emaçar *v. tr.* to file papers; to bundle
emaçarocar Ⓐ *v. tr.* to give the shape of a corncob to Ⓑ *v. intr.* to become a corncob
emaciação *s. f.* MEDICINA emaciation, leanness, thinness; attenuation
emaciado *adj.* emaciated, very thin
emaciar *v. tr. e intr.* to emaciate, to make lean; to waste, to pine
emadeiramento *s. m.* planking; plank-work; timber; timbering
emadeirar *v. tr.* to plank, to timber
emadeixar *v. tr.* to tress, to braid; to make skeins
emagrecer Ⓐ *v. tr.* to make lean (thin) Ⓑ *v. intr.* to lose flesh; to grow (to get) thin (lean); to emaciate; ***estás a emagrecer*** you are getting thin
emagrecimento *s. m.* thinning, emaciation
emalar *v. tr.* to pack, to put in a trunk (box or bag)
emalhar *v. tr.* to net, to form a network; to entangle, to enmesh, to emmesh, to immesh
emalhetamento *s. m.* mortising, joining by mortise
emalhetar *v. tr.* to mortise, to join, to fasten by tenon and mortise; to tally, to tenon
emanação *s. f.* emanation, effluence, outpouring, efflux; ***emanações das fossas*** sewer-gas
emanante *adj.* emanating
emanar *v. intr.* to emanate, to flow, to proceed from; to issue forth, to spring; to originate; to exhale; ***as ideias emanam do cérebro*** ideas emanate from the brain
emanatismo *s. m.* FILOSOFIA belief in emanation
emancipação *s. f.* emancipation, liberation, freeing
emancipado *adj.* emancipated, of age
emancipador Ⓐ *adj.* emancipating Ⓑ *s. m.* emancipator
emancipar Ⓐ *v. tr.* to emancipate; to set at liberty, to free, to release (from parental control), to declare (a person) of age Ⓑ *v. refl.* to emancipate oneself; to break loose
emancipatório *adj.* emancipatory
emanquecer Ⓐ *v. tr.* to lame, to cripple Ⓑ *v. intr.* to become lame
emantar *v. tr.* to cover with a blanket
emantilhar *v. tr.* to cover with a mantilla; to wrap up; to disguise
emaranhado *s. m.* intricacy, entanglement, complication, confusion
emaranhamento *s. m.* ⇒ **emaranhado**
emaranhar Ⓐ *v. intr.* to entangle, to involve (in difficulties); to complicate; to tangle, to ravel; to make intricate Ⓑ *v. refl.* to get entangled
emarear *v. intr.* to get seasick
emarelecer Ⓐ *v. tr.* to yellow, to make yellow Ⓑ *v. intr.* to turn yellow; to grow yellow; ⇒ **amarelecer**
emasculação *s. f.* emasculation, castration
emascular *v. tr.* to emasculate, to castrate
emassar *v. tr.* to convert into a mass; to mass
emastrar *v. tr.* to mast (a ship)
emastrear *v. tr.* to mast (a ship)
embaçadela *s. f.* trick, cheat, deceit; mistake; uneasiness, embarrassment, worry, perplexity, confusion
embaçado *adj.* dull, dim; deceived, cheated; embarrassed, confused
embaçador *adj.* perplexing, confusing
embaçante *adj.* ⇒ **embaçador**
embaçar Ⓐ *v. tr.* to dull, to dim, to shade; to perplex, to confuse, to embarrass; to astonish; to deceive, to trick, to amaze Ⓑ *v. intr.* to be stunned; to be uncomfortable
embacelar *v. tr.* to plant (vines)
embaciado *adj.* dim, indistinct; tarnished; dull, lackluster
embaciamento *s. m.* dimming
embaciar Ⓐ *v. tr.* to dim, to tarnish, to make dull Ⓑ *v. intr.* to grow dim; ***olhos embaciados de lágrimas*** eyes dimmed with tears
embaidor Ⓐ *adj.* coaxing, alluring, deceiving Ⓑ *s. m.* coaxer, wheedler, swindler
embaimento *s. m.* cheat, deceit; wheedling, coaxing
embainhar *v. tr.* to hem; to sheathe; ***embainhar a espada*** to sheathe the sword; ***embainhar um vestido*** to hem a dress
embair *v. tr.* to deceive; to allure, to coax, to wheedle, to cajole; to entice
embaixada *s. f.* embassy; mission; private message
embaixador *s. m.* ambassador; ***retirar um embaixador da sua missão*** to recall an ambassador
embaixatriz *s. f.* ambassadress
embala *s. f.* residence of the chief of an African tribe
embaladeira *s. f.* a woman who rocks a child; rocker (of a chair or cradle)
embalado Ⓐ *adj.* loaded (gun); speedy; in a hurry Ⓑ *s. m.* lulling, rocking
embalador Ⓐ *adj.* lulling, delusive, deceptive Ⓑ *s. m.* packer
embalagem *s. f.* packing, package; ***embalagem incluída*** packing included; ***embalagem original*** original package; ***secção de embalagens*** packery
embalançar *v. tr.* to swing; to balance
embalar *v. tr.* to rock; to cradle; to induce to sleep; to lull, to soothe; to pack (up), to wrap up; to bale; ***embalar uma criança*** to rock a child; ***embalar com esperanças vãs*** to lull a person with vain hopes; ***embalar um embrulho*** to pack (up) (to wrap up) a parcel; ***ser embalado pelas ondas*** to be rocked by the waves
embalçar *v. tr.* to penetrate into the woods
embalde *adv.* in vain
embalete *s. m.* pump handle
embalo *s. m.* lulling; rocking

embalsamação *s. f.* embalmment; embalming
embalsamador *s. m.* embalmer
embalsamamento *s. m.* ⇒ **embalsamação**
embalsamante *adj.* embalming
embalsamar *v. tr.* to embalm; to perfume; to make fragrant; ***embalsamar aves*** to stuff birds
embalsamento *s. m.* vatting, tubbing
embalsar *v. tr.* to tub, to put into a vat
embanar *v. tr. e intr.* ⇒ **embalar**
embandar *v. tr.* to adorn with bands; to join a flight (of birds)
embandeiramento *s. m.* NÁUTICA dress, decoration with flags; ***embandeiramento em arco*** flags fore and after
embandeirar *v. tr.* to flag, to adorn with flags; to put forth its panicle (maize); NÁUTICA to dress; ***embandeirar em arco*** to dress rainbow fashion
embaraçadamente *adv.* perplexedly
embaraçado *adj.* embarrassed, perplexed, disconcerted, amazed, ill at ease, disturbed, encumbered, confused; ***estar completamente embaraçado*** to be completely nonplussed; ***estar embaraçado (sem saber o que fazer)*** to be at a loss, to be all at sea; ***deixar alguém embaraçado*** to leave a person in the lurch; ⌈fam.⌋ ***estar embaraçado com falta de dinheiro*** to be pushed for money, to be hard up
embaraçador *adj.* ⇒ **embaraçante**
embaraçante *adj.* embarrassing, difficult, worrying, troublesome
embaraçar Ⓐ *v. tr.* to embarrass, to entangle, to perplex; to nonplus, to confuse; to discomfort, to shame; to complicate; to encumber, to impede, to hinder; to disturb; to trouble; to obstruct Ⓑ *v. refl.* to grow entangled, to get embarrassed
embaraço *s. m.* embarrassment; hindrance, impediment, obstacle; awkwardness, perplexity, confusion; trouble; difficulty; encumbrance; ***sair de embaraços*** to get out of a tight corner; ***evitar embaraços*** to steer clear of difficulties; ***tirar-se de embaraços*** to come off safe
embaraçosamente *adv.* embarrassingly
embaraçoso *adj.* embarrassing, troublesome, difficult, cumbersome, perplexing, puzzling, annoying
embaralhação *s. f.* entanglement, confusion; shuffle (of cards)
embaralhar *v. tr.* to confuse, to mix, to entangle; to shuffle (cards)
embaratecer Ⓐ *v. tr.* to cheapen, to make cheap Ⓑ *v. intr.* to grow cheap
embaratecimento *s. m.* act of cheapening
embarbascar *v. tr.* to intoxicate (fish) by cudweed
embarbecer *v. intr.* to grow a beard
embarbelar *v. tr.* to hold (to cling fast) to a bull's dewlap
embarcação *s. f.* boat, vessel, craft; ***embarcação de boca aberta*** open boat; ***embarcação de fundo chato*** flat boat; ***embarcação de remos*** rowing boat; ***embarcação de saúde*** healthguard boat; ***embarcação de serviço*** watchboat; ***ó da embarcação! (ó da barca!)*** boat ahoy!
embarcadiço *s. m.* seafarer, sailor; ***gente embarcadiça*** seafaring people
embarcado *adj.* on the sea; afloat
embarcadoiro *s. m.* landing-place; wharf, quay
embarcadouro *s. m.* landing-place; wharf, quay
embarcamento *s. m.* embarking, embarkation
embarcar Ⓐ *v. tr.* to put on board, to load; to embark Ⓑ *v. intr.* to embark; to take ship, to ship out, to board; to go on board; to take part in; ⌈pop.⌋ to die; ***embarcar (como tripulante)*** to join a ship; ***embarcar passageiros e carga*** to embark passengers and cargo; ***embarcar remos*** to lay in, to unship oars
embardar *v. tr.* to range in trellis (vineyards)
embargado *adj.* seized, stopped, detained; NÁUTICA bound; ***embargado pelo tempo*** weather bound; ***embargado pelo vento*** wind bound
embargador Ⓐ *adj.* embarrassing, hindering, troublesome Ⓑ *s. m.* one who lays an embargo; party who forms a judicial opposition
embargamento *s. m.* embargo, seizure, arrest; impediment, stoppage, hindrance
embargante Ⓐ *adj.* embarrassing, arresting, seizing, restraining, laying an embargo Ⓑ *s. m. e f.* one who lays an embargo
embargar *v. tr.* to embargo, to detain, to seize, to stop; to hinder, to impede; DIREITO to attach; ***embargar um navio*** to detain a vessel
embargável *adj.* liable to embargo; confiscable
embargo *s. m.* embargo, seizure, arrest; prohibition; stoppage; hindrance, impediment; DIREITO caveat; ***levantar um embargo*** to take off an embargo; ***sem embargo*** nevertheless
embarque *s. m.* embarkation, embarking; shipment shipping; ***embarque de passageiros*** embarkation of passengers; ***embarque de mercadorias*** shipment of goods; ***recibo de embarque*** shipping receipt; ***documentos de embarque*** shipping documents
embarração *s. f.* crash, crashing; stumble, stumbling
embarrador Ⓐ *adj.* stumbling Ⓑ *s. m.* stumbler
embarrancar Ⓐ *v. tr.* to make something (or someone) fall in a ditch; to embarrass, to thwart, to cross Ⓑ *v. refl.* to be embarrassed
embarrar Ⓐ *v. tr.* to daub with clay Ⓑ *v. intr.* to stumble, to run against, to strike upon; to touch
embarreirar *v. tr.* to surround with barriers
embarrelar *v. tr.* to soak linen in lye
embarretar *v. tr.* to cover with a cap
embarricamento *s. m.* barrelling; barricade
embarricar *v. tr.* to pack in a keg (barrel); to barricade
embarrilação *s. f.* ⇒ **embarrilamento**
embarrilado *adj.* barrelled
embarrilagem *s. f.* barrelling; deceiving
embarrilamento *s. m.* act of barrelling
embarrilar *v. tr.* to barrel; ⌈pop.⌋ to deceive
embasbacação *s. f.* amazement, stupefaction
embasbacadamente *adv.* staringly, in a stupefied way
embasbacado *adj.* gaping, staring, stupefied, agape; amazed, stunned; ***ficar embasbacado*** to stand gaping, to be dumbfounded
embasbacamento *s. m.* amazement, perplexity, stupefaction, bewilderment
embasbacar Ⓐ *v. intr.* to gape, to stare Ⓑ *v. refl.* to be taken aback; to be stupefied
embastar *v. tr.* to quilt
embastecer *v. tr.* to thicken, to condense, to compact
embate *s. m.* collision, clash, shock, onset, shaking, striking; opposition, resistance; ***os embates da fortuna*** the sudden blows of fate
embater *v. tr.* to dash against; to collide, to shock, to strike; to bump
embatocado *adj.* dumbfounded, stupefied, bunged
embatocar *v. tr.* to bung
embatucado *adj.* silent
embatucar Ⓐ *v. tr.* to reduce to silence, to confound, to perplex Ⓑ *v. intr.* to be nonplussed, to be dumbfounded
embaucador Ⓐ *s. m.* deceiver, duper; coaxer, cajoler Ⓑ *adj.* coaxing, deceiving
embaucar *v. tr.* to deceive, to dupe, to beguile, to cheat, to wheedle, to coax
embaulamento *s. m.* the act of putting into a trunk; storing away
embaular *v. tr.* to put into a trunk; to store away
embebecer *v. tr.* ⇒ **embevecer**
embebedamento *s. m.* drunkenness; ⌈fig.⌋ rapture, ravishment

embebedar Ⓐ *v. tr.* to intoxicate, to inebriate, to make drunk Ⓑ *v. refl.* to drink hard, to drink like a fish; to drink to excess; to get drunk, to get tipsy
embeber Ⓐ *v. tr.* to imbibe, to soak up, to absorb (moisture); to steep, to drench, to drink in Ⓑ *v. refl.* to be soaked; to be enraptured with; to be engrossed; to be wrapt (wrapped) up
embeberar *v. tr.* to water; to soak; to water (horses, etc.); to give to drink
embebição *s. f.* imbibition, absorption
embebido *adj.* drenched, soaked; enraptured; wrapt (wrapped) up
embeiçado *adj.* in love, captivated, enchanted
embeiçamento *s. m.* amorous infatuation
embeiçar Ⓐ *v. tr.* [pop.] to bewitch, to cast a spell over Ⓑ *v. refl.* to fall in love
embelecador *s. m.* enticer; wheedler, coaxer
embelecar *v. tr.* to impose upon; to wheedle, to coax, to beguile
embelecer *v. tr.* to embellish, to beautify, to adorn
embeleco *s. m.* deceit, humbug; wheedling, coaxing
embelezador *adj.* embellishing, beautifying
embelezamento *s. m.* embellishment, adornment, artistic touch
embelezante *adj.* ⇒ **embelezador**
embelezar *v. tr.* to embellish, to deck, to beautify, to adorn
embelgar *v. tr.* to divide (the land) into parallel strips
emberiza-das-neves *s. f.* ORNITOLOGIA a bird of the finch family
emberiza-dos-caniços *s. f.* ORNITOLOGIA ⇒ **emberiza--dos-juncos**
emberiza-dos-juncos *s. f.* ORNITOLOGIA a bird of the finch family
embesoirado *adj.* sulky, surly, sullen
embesoirar *v. intr.* to be sulky, to be sullen
embesourado *adj.* ⇒ **embesoirado**
embesourar *v. intr.* ⇒ **embesoirar**
embespinhar-se *v. refl.* to get irritated; to become angry
embestado *adj.* stupid, foolish; obstinate, stubborn; armed with a crossbow
embestar[1] Ⓐ *v. tr.* to make stupid, to brutalize Ⓑ *v. intr.* to persist; to be obstinate, to be stubborn
embestar[2] *v. tr.* to arm with a crossbow
embetesgar *v. tr.* to corral
embetumar *v. tr.* ⇒ **betumar**
embevecer Ⓐ *v. tr.* to charm, to captivate, to strike with amazement Ⓑ *v. refl.* to be enravished; to be enraptured
embevecido *adj.* rapt, enraptured, ravished, charmed, delighted, enchanted
embevecimento *s. m.* rapture, ecstasy, ravishment, transport
embezerrado *adj.* frowning, sulky
embezerrar *v. intr.* [pop.] to sulk, to frown, to be in the sulks
embiara *s. f.* [Bras.] prey; booty
embicado *adj.* beaked, beakshaped, rostriform
embicador *adj.* stumbling, unreasonable
embicadura *s. f.* NÁUTICA entry, heading (of a ship) into a port
embicar *v. intr.* to stumble, to trip; to slip; to be stopped (by a difficulty); to be confused; [fam.] to have a tiff with someone; to take a dislike (to)
embida *s. f.* ⇒ **envide**
embiga *s. f.* ⇒ **envide**
embigada *s. f.* ⇒ **umbigada**
embigo *s. m.* ⇒ **umbigo**
embilhar *v. intr.* to hesitate; to quarrel; to store in amphoras
embiocar Ⓐ *v. tr.* to muffle; to cover Ⓑ *v. refl.* to disguise oneself, to muffle up oneself
embira *s. f.* embira, Brazilian tree from the *Annonaceae* family
embirra *s. f.* ⇒ **embirração**
embirração *s. f.* stubbornness, obstinacy, pig-headedness; aversion, dislike; tiff; fixed idea
embirrança *s. f.* ⇒ **embirração**
embirrante Ⓐ *adj.* obstinate, stubborn; annoying; nitpicking Ⓑ *s. m. e f.* an obstinate (a stubborn) person
embirrantemente *adv.* obstinately, stubbornly
embirrar *v. intr.* to sulk; to be obstinate, to be stubborn; to nitpick, to dislike; ***embirrar com*** to take a dislike to
embirrativo *adj.* stubborn, annoying
embirrento *adj.* pettish, sullen; annoying
emblema *s. m.* emblem; badge; ensign
emblemar *v. tr.* to emblematize
emblemático *adj.* emblematic, symbolical
embobar Ⓐ *v. tr.* to convert into a jester Ⓑ *v. refl.* to become a jester (a fool)
embobinadora *s. f.* bobbin-winder
embobinar *v. tr.* to bobbin, to reel
emboçador *s. m.* plasterer; mason
embocadura *s. f.* mouth (of a river); nozzle; mouth-piece (of a musical wind-instrument); bit (of a bridle); tendency, inclination, bias
embocamento *s. m.* mouth (of a river); nozzle; mouth-piece (of a musical wind-instrument); bit (of a bridle); tendency, inclination, bias
embocar Ⓐ *v. tr.* to put to the mouth; to bit (a horse); to blow a wind-instrument Ⓑ *v. intr.* to get into the mouth of a river; ***embocar na rua*** to turn into the street, to run into the street
emboçar *v. tr.* to plaster (walls, etc.); to roughcast
embocetar *v. tr.* to put into a jewel case
emboço *s. m.* first layer of plaster
embodalhar *v. tr.* ⇒ **embodegar**
embodegar *v. tr.* to make filthy, to dirty, to soil; to besmear
embófia *s. f.* presumption, haughtiness, conceit; sham
embolação *s. f.* act of padding the horns of a bull
embolada *s. f.* piston-stroke
embolado *adj.* with padded horns (bull); ball-shaped
embolar *v. tr.* to pad the horns (of bulls); to make into a ball
emboldrear-se *v. refl.* to get stained; to get dirty
emboldregar-se *v. refl.* to get stained; to get dirty
embolia *s. f.* MEDICINA embolism (the occlusion of a blood vessel by an embolus)
embolismal *adj.* embolismal, embolismic
embolísmico *adj.* ⇒ **embolismal**
embolismo *s. m.* embolism (intercalation of days in a year for the adjustment of the calendar)
êmbolo *s. m.* MECÂNICA piston; MEDICINA embolus; ***êmbolo com guarnição metálica*** metallic piston; ***êmbolo mergulhante*** piston-plunger, plunger; ***haste do êmbolo*** piston-rod; ***curso do êmbolo*** piston-stroke
embolorar-se *v. refl.* to mould, to go mouldy
embolorecer *v. intr.* to become musty (mouldy)
embolsar *v. tr.* to put into one's pocket; to pay, to reimburse; to pocket
embolso *s. m.* pocketing (up); recovery of a debt
embonada *s. f.* NÁUTICA repairs in the hull of a ship
embonar *v. tr.* NÁUTICA to sheathe the sides of a ship
embondeiro *s. m.* BOTÂNICA baobab, monkey bread
embonecar *v. tr.* to dress like a doll; to trim, to adorn, to doll up; to bedizen, to dress gaudily
embonecrar *v. tr.* ⇒ **embonecar**
embono *s. m.* NÁUTICA furring, sponson; ***aplicar um embono (na flutuação)*** to sheathe the bottom
embora Ⓐ *adv.* be it so; let it be so Ⓑ *conj.* (al)though; notwithstanding the fact that Ⓒ *interj.* be off!; ***vai-te***

embora! go away!; *mandar embora* to send away; *tenho de ir-me embora* I must be off; *embora fosse tarde, decidimos partir* (al)though it was late, we decided to set out
emborcação *s. f.* the turning of a glass upside down; dumping down; MEDICINA embrocation
emborcar *v. tr.* to turn (glass, vessel) upside down; to turn (mouth) downwards; to empty; to dump
emborco *s. m.* ⇒ **emborcação**
embornal *s. m.* foddersack, feed bag; NÁUTICA scupper, side scupper
embornalar *v. tr.* to put into the foddersack; [fig.] to save, to economize
emborque *s. m.* emptying (a glass, etc.), turning upside down
emborrachar Ⓐ *v. tr.* to intoxicate, to tipple, to get someone drunk Ⓑ *v. refl.* to get drunk
emborralhado *adj.* covered with ashes
emborralhar *v. tr.* to cover with ashes; to roll about in ashes (or charcoal)
emborrascar Ⓐ *v. tr.* to overcloud; to darken Ⓑ *v. refl.* to grow stormy
emboscada *s. f.* ambuscade, ambush; trap; *estar de emboscada* to lie in wait
emboscado *adj.* ambushed
emboscar Ⓐ *v. tr.* to ambush; to lie in wait for Ⓑ *v. refl.* to lurk
embostar *v. tr.* to dung
embostear *v. tr.* to dung
embostelar *v. tr.* to pustulate; to form into pustules (blisters); to dirty, to begrime, to soil deeply
embotadeiras *s. f. pl.* tops, footless stockings
embotado *adj.* edgeless, blunt, dull
embotador *adj.* blunting
embotadura *s. f.* ⇒ **embotamento**
embotamento *s. m.* dulling, blunting, dul(l)ness, bluntness
embotar Ⓐ *v. tr.* to blunt, to take the edge off; to dull; to render insensitive, to benumb Ⓑ *v. refl.* to grow dull; to grow weak
embotelhar *v. tr.* to bottle
embotijamento *s. m.* the act of putting into jugs
embotijar *v. tr.* to put in a jug; NÁUTICA to reinforce cords (ropes)
embotijo *s. m.* NÁUTICA pudding, puddening
embraçadeira *s. f.* leather handle; curtain-band; curtain--arm; loop
embraçadura *s. f.* grasp, clasping, embracing; clasp of a buckler (or shield)
embraçamento *s. m.* ⇒ **embraçadura**
embraçar *v. tr.* to hold with (or under) the arm
embrace *s. m.* curtain-clasp, curtain-hook
embraiado *adj.* operated by the clutch; connected
embraiagem *s. f.* [técn.] clutch; ⇒ **embreagem**; *embraiagem de discos* disk clutch; *eixo de embraiagem* clutch shaft; *pedal de embraiagem* clutch pedal
embraiar *v. tr.* [técn.] to operate (or to apply) the clutch of a motor car; to put into gear; ⇒ **embrear**
embramar *v. tr.* to enrage, to anger, to get into a rage
embrancar *v. tr.* ⇒ **branquear**
embrandecer *v. tr. e intr.* to soften, to loosen; to grow soft; to move
embranquecer Ⓐ *v. tr.* to whiten, to make white Ⓑ *v. intr.* to grow white; to blanch; to bleach; to get grey-haired
embravecer *v. tr. e intr.* to enrage, to infuriate, to exasperate; to rage, to become wild; to get rough (the sea)
embravecido *adj.* furious, raging, angry, enraged; rough, stormy (sea)
embravecimento *s. m.* rage, anger, fury, ment; raving; roughness (of the sea)
embreadura *s. f.* pitching, tarring
embreagem *s. f.* connection, connecting-gear; coupling; clutch; NÁUTICA *embreagem de manga* clutch, clutch coupling
embrear *v. tr.* to pitch, to cover with pitch, to tar; to throw into gear; to let the clutch in; to couple; to connect
embrechada *s. f.* impediment, difficulty; embarrassment; meddling
embrechado *s. m.* rock-work, grotto-work, shell-work; unwelcome visitor
embrechar *v. tr.* to adorn with pebbles and shells
embrenhar Ⓐ *v. tr.* to hide among brambles (or in thickets) Ⓑ *v. refl.* to penetrate deep into; to be absorbed in
embriagado *adj.* drunk, drunken, tipsy, inebriated, intoxicated; [cal.] soused, sozzled, plastered; [fig.] enraptured, enchanted
embriagador *adj.* intoxicating
embriagamento *s. m.* ⇒ **embriaguez**
embriagante *adj.* ⇒ **embriagador**
embriagar Ⓐ *v. tr.* to intoxicate, to make drunk; to enrapture Ⓑ *v. refl.* to get drunk; to be enraptured, to delight intensely
embriaguez *s. f.* intoxication, tipsiness, drunkenness, inebriety; [fig.] rapture, ecstasy
embrião *s. m.* ZOOLOGIA embryo, germ; [fig.] origin, beginning
embricar *v. tr.* to adorn, to embellish
embridar Ⓐ *v. tr.* to bridle; to restrain Ⓑ *v. refl.* [fig.] to become insolent
embriogénese *s. f.* MEDICINA embryogenesis
embriogenia *s. f.* MEDICINA embryogeny
embriografia *s. f.* embryography
embriográfico *adj.* embryographic(al)
embriologia *s. f.* BIOLOGIA embryology
embriológico *adj.* embryologic(al)
embriologista *s. m. e f.* embryologist
embriólogo *s. m.* embryologist
embrionado *adj.* MEDICINA embryonate
embrionário *adj.* MEDICINA embryonic
embrionífero *adj.* MEDICINA embryoniferous
embriopatia *s. f.* MEDICINA embryopathy
embriotomia *s. f.* CIRURGIA embryotomy
embriótomo *s. m.* CIRURGIA embryotome
embriulco *s. m.* CIRURGIA embryulcus
embrocação *s. f.* MEDICINA embrocation
embrolho *s. m.* confusion; imbroglio
embromação *s. f.* cheating, deceiving; mockery, derision; false promise
embromador *s. m.* swindler, deceiver
embromar *v. tr.* to swindle, to deceive; to make false promises; to delay (a business)
embrulhada *s. f.* entanglement, imbroglio; misunderstanding, confusion, tangle; [fam.] mess; muddle; awkward position; embroilment; *fazer uma embrulhada* to make a mess of; *meter-se numa embrulhada dos diabos* to get in a hell of a mess
embrulhadamente *adv.* confusedly
embrulhado *adj.* wrapped up, entangled, muddled, confused; [fig.] deluded, deceived; *tudo embrulhado* all in a muddle
embrulhador Ⓐ *adj.* embroiling, confusing, perplexing Ⓑ *s. m.* wrapper; entangler, muddler
embrulhamento *s. m.* packing up; wrapping up
embrulhar Ⓐ *v. tr.* to wrap up, to pack up; to entangle, to embroil, [fig.] to muddle, to confuse; [fig.] to delude, to deceive Ⓑ *v. refl.* to wrap oneself up; to become complicated; to be overcast (the weather); *embrulhar em papel* to wrap up in paper; *embrulhar-se numa contenda* to become embroiled in a dispute
embrulho *s. m.* parcel, packet, package, bundle; [fig.] confusion, entanglement; intrigue; *fazer um embrulho* to wrap

up a parcel; ***papel de embrulho*** wrapping-paper, brown-paper; [fig.] ***ir no embrulho*** to be tricked

embrumado *adj.* foggy; dark; overcast

embrumar *v. intr.* to grow foggy, to get dark; to be overcast

embrutecer Ⓐ *v. tr.* to brutalize, to bestialize Ⓑ *v. refl. e intr.* to become brutish (coarse)

embrutecimento *s. m.* coarsening; brutalization

embruxador Ⓐ *adj.* bewitching Ⓑ *s. m.* wizard, sorcerer

embruxar *v. intr.* to bewitch

embu *s. m.* ⇒ **imbu**

embuçado *adj.* wrapped up; muffled up

embuçar Ⓐ *v. tr.* to wrap up; to muffle; to disguise; to conceal Ⓑ *v. refl.* to wrap oneself up; to disguise oneself

embuchado *adj.* replete, gorged, glutted; reserved, shy, uncommunicative, perplexed, embarrassed, disconcerted

embuchar Ⓐ *v. tr.* to stuff, to glut Ⓑ *v. intr.* to keep silent, to become shy, to be unable to speak out

embuço *s. m.* wrap, muffler, disguise

embudar *v. tr. e intr.* to dope (fish); to pout, to sulk, to be offended

embude *s. m.* fish poison; funnel

embudo *s. m.* ⇒ **embude**

emburrar Ⓐ *v. intr.* to sulk, to grouch Ⓑ *v. tr.* to make brutish

emburricar *v. tr.* to bewitch, to seduce; to deceive, to illude, to dupe

embuste *s. m.* stratagem, artifice, clever trick; device, wile, cheat, hoax, deceit

embustear *v. tr.* to deceive, to trick, to cheat, to dupe, to hoax

embusteiro *s. m.* humbug, hoaxer, story-teller, deceiver, impostor, cheater

embustice *s. f.* deceit, fraud, trickery, imposture, deception, cheat

embutido *s. m.* inlaid work; ARQUITECTURA built-in

embutidor Ⓐ *s. m.* inlayer Ⓑ *adj.* inlaying

embutidura *s. f.* inlaid work, buhl work

embutir *v. tr.* to inlay, to incrust; ⇒ **impingir**

embuzeiro *s. m.* ⇒ **imbuzeiro**

embuzinar *v. tr.* to resound like a horn

emedar *v. tr.* to heap (to pile or to stack) corn (into ricks or stacks)

emelar *v. tr.* to cover with honey

emenagogo Ⓐ *adj.* MEDICINA emmenagogic Ⓑ *s. m.* emmenagogue

emenda *s. f.* correction; amendment; emendation; [fig.] repair; patch; ***não ter emenda*** to be past praying for, to be beyond amendment; ***fazer emendas*** to correct; ***é pior a emenda do que o soneto*** the remedy is worse than the disease

emendado *adj.* amended; correct, true, accurate, straight; repaired, mended; improved

emendador Ⓐ *adj.* correcting Ⓑ *s. m.* corrector; amender

emendar Ⓐ *v. tr.* to correct; to remove errors, to amend; to repair, to mend, to patch; to improve Ⓑ *v. refl.* to get better, to ameliorate; to turn over a new leaf; to correct oneself; to reform, to repent, to mend one's way; ***emendar uma tradução*** to correct a translation; ***emendar erros num exercício*** to correct mistakes (blunders) in an exercise; ***nunca é tarde para nos emendarmos (para principiarmos vida nova)*** it is never too late to mend (to begin) a new life; NÁUTICA ***emendar cabos*** to mend (to splice) ropes; ***emendar uma talha*** to fleet a tackle; ***emendar um aparelho*** to shift a tackle

emendável *adj.* repairable, amendable

emeninecer *v. intr.* to become childish (youthful) again

ementa *s. f.* bill of fare, menu; roll, list; summary

ementar *v. tr.* to point out; to recall; to make a note

ementário *s. m.* memorandum book; record, register

emergência *s. f.* emergency; crisis, necessity; emergence; rising, appearance; ***pronto para todas as emergências*** ready for all emergencies; ***em caso de emergência*** in case of emergency; ***numa emergência*** at a pinch; ***chamada de emergência*** emergency call; ***saída de emergência*** emergency exit

emergente *adj.* emergent, emerging

emergir *v. intr.* to emerge; to come into view; to appear; to rise out

emérito *adj.* emeritus (honourably discharged from services); well versed in science (or arts); eminent, distinguished, illustrious

emersão *s. f.* emersion

emerso *adj.* emersed, buoyant, floating, afloat

emeticidade *s. f.* MEDICINA emetic quality or effect

emético *s. m., adj.* MEDICINA emetic(al), vomitory

emetina *s. m.* QUÍMICA emetine

emetizante *adj.* emetic

emetizar *v. tr.* to mix with an emetic

emetologia *s. f.* emetology

emetrope *adj.* MEDICINA emmetropic

emetropia *s. f.* MEDICINA emmetropia

emigração *s. f.* emigration

emigrado Ⓐ *adj.* emigrant Ⓑ *s. m.* migrator

emigrador *adj.* emigrant; migrator

emigrante Ⓐ *adj., s. m. e f.* emigrant

emigrar *v. intr.* to emigrate, to migrate

emigratório *adj.* migratory

eminência *s. f.* eminence, height, hill; loftiness, distinction; superiority; elevation; Eminency, Eminence (cardinal's title)

eminenciar *v. intr.* to be higher than

eminente *adj.* eminent; excellent; distinguished, remarkable; famous, conspicuous, illustrious; ***estadista eminente*** an eminent statesman; ***tornar-se eminente*** to come to the top

eminentemente *adv.* eminently, conspicuously

eminentíssimo *adj.* most Eminent (cardinal's title)

emir *s. m.* emir

emirado *s. m.* ⇒ **emirato**

emirato *s. m.* emirate

emissão *s. f.* emission; issue; flow, discharge; ejection; emitting (radio broadcast); ***emissão de notas de banco*** issue of bank-notes; ***emissão de capital*** issue of shares; ***emissão de calor*** emission of heat

emissário *s. m.* emissary, agent; spy, messenger

emissionismo *s. m.* inflationism

emissível *adj.* that can be emitted

emissividade *s. f.* emissivity

emissivo *adj.* emissive, issuable

emissor Ⓐ *adj.* emitting, emissive, emissory, issuing; ***estação emissora*** broadcasting station Ⓑ *s. m.* sender, transmitter; ***emissor de onda curta*** shortwave transmitter; ***emissor automático*** automatic transmitter

emissora *s. f.* broadcasting station; ***Emissora Nacional Inglesa*** British Broadcasting Corporation (B. B. C.); ***emissora de rádio*** radio station

emissório *adj.* emissary, emissory

emitente *adj.* emittent

emitir *v. tr.* to emit, to issue; to give out, to send forth; to eject, to expel, to discharge; to utter (an opinion); to broadcast (radio); ***emitir calor*** to emit heat; ***emitir som*** to emit a sound; ***emitir notas de banco*** to issue banknotes

emmeio *s. m.* occasion; moment

emmentes *adv.* meanwhile, in the meantime; while

emoção *s. f.* emotion, thrill, excitement

emocional *adj.* emotional

emocionalmente *adv.* emotionally

emocionante *adj.* exciting, thrilling

emocionar Ⓐ *v. tr.* to thrill, to excite emotion in; to touch, to affect; to impress Ⓑ *v. refl.* to be impressed
emocionável *adj.* impressionable
emoldar *v. tr.* to mould, ⌈E.U.A.⌋ to mold, to shape; ⇒ **emoldurar**
emoldurar *v. tr.* to frame; to case
emoleirar *v. tr.* to cover with flour, to powder
emoliente *adj.* MEDICINA emollient, soothing, softening
emolir *v. tr.* MEDICINA to soften, to soothe, to mollify
emolumento *s. m.* emolument; fee; advantage; profit; *pl.* fees, profits, perquisites
emonar-se *v. refl.* ⌈pop.⌋ to pout; to be in the pouts; to be sulky
emordaçar *v. tr.* ⇒ **amordaçar**
emorear *v. tr.* ⇒ **emedar**
emormado *adj.* glandered, glanderous
emostar Ⓐ *v. tr.* to ripen grapes Ⓑ *v. refl.* to sweeten in must
emotividade *s. f.* emotivity, emotiveness
emotivo *adj.* emotive
emouquecer Ⓐ *v. tr.* to deafen Ⓑ *v. intr.* to grow deaf
emouquecimento *s. m.* deafening
empa *s. f.* propping up (of vines); tying the vine to its prop
empacar Ⓐ *v. tr.* ⇒ **empacotar** Ⓑ *v. intr.* to balk; to stop short; to refuse to go
empachado *adj.* overfilled, overloaded; crammed with food; encumbered; embarrassed
empachamento *s. m.* hindrance, obstruction; surfeit, overload; repletion
empachar Ⓐ *v. tr.* to hinder, to encumber, to clog Ⓑ *v. refl.* to overeat
empache *s. m.* ⇒ **empacho**
empacho *s. m.* encumbrance, hindrance; surfeit, cramming
empachoso *adj.* troublesome, embarrassing; timid, bashful
empacotadeira *s. f.* baler, baling-machine (for hay)
empacotador *s. m.* packer
empacotadora *s. f.* ⇒ **empacotadeira**
empacotamento *s. m.* packing up, packing; package
empacotar *v. tr.* to pack; to bale, to incase, to box
empada *s. f.* meat-pie; fish-pie; ***empada de borrego*** squab--pie; ***empada de carne picada*** shepherd's pie
empadão *s. m.* large meat-pie (or fish-pie)
empadroar Ⓐ *v. tr.* to register (tax-payers) Ⓑ *v. refl.* to be registered, to enroll oneself
empáfia Ⓐ *s. f.* haughtiness; pride, conceit Ⓑ *s. m.* a conceited man
empáfio *adj.* haughty, conceited
empafo *s. m.* impostor, humbug
empalação *s. f.* impalement
empalagoso *adj.* annoying, importune
empalamado *adj.* sick, covered with sores, ulcerated
empalar *v. tr.* to impale; ⌈fig.⌋ to torture
empaleador *adj.* shovelling; lazy
empalear *v. intr.* to do (a job) slowly; to do any work slowly and lazily in order to make more profit out of it
empalecer *v. intr.* ⇒ **empalidecer**
empalhação *s. f.* packing with straw; stuffing (of animals); ⌈fam.⌋ subterfuge, palliative
empalhada *s. f.* fodder, coarse food for cattle
empalhadeira *s. f.* a woman labourer who stuffs with straw, cane-worker
empalhado *adj.* packed or covered with straw; ***animal empalhado*** stuffed animal
empalhador *s. m.* workman who stuffs with straw, cane-worker
empalhamento *s. m.* ⇒ **empalhação**
empalhar *v. tr.* to pack up with straw; to cover with straw; to stuff; ⌈fam.⌋ to delay, to put off, to defer
empalheirar *v. tr.* to store straw (in the barn); to put straw seats (in chairs)
empalidecer *v. intr.* to grow pale; to turn pale
empalmação *s. f.* hiding (in the palm of the hand); pilfering, snatching
empalmadela *s. f.* ⇒ **empalmação**
empalmador *s. m.* swindler, deceiver
empalmar *v. tr.* to palm, to hide (in the palm of the hand); to pilfer, to snatch
empampanar *v. tr.* to cover with vine leaves (or branches)
empanada *s. f.* big meat-pie (fish-pie); window-frame (covered with linen or paper)
empanadilha *s. f.* small meat-pie or fish-pie
empanado *adj.* dull, tarnished, dim; covered with cloth; (*carro*) broken down
empanamento *s. m.* dimness, dulling, tarnishing; covering with cloth
empanar Ⓐ *v. tr.* to cover with cloth, to make dull, to dim, to tarnish Ⓑ *v. refl.* to become dull; (*carro*) to break down
empancamento *s. m.* clogging, dam
empancar Ⓐ *v. tr.* to hold back, to clog, to latch; to refrain Ⓑ *v. intr.* to block
empandeirado *adj.* overfilled; cheated, deceived; ⌈fig.⌋ disfigured; dismissed
empandeiramento *s. m.* deceit; delusion, swindle; trick, fraud
empandeirar *v. tr.* to swell (the sails); to squander, to waste, to dissipate; to send away; to get rid of, to do away with; to deceive
empandilhar Ⓐ *v. tr.* to cheat, to swindle Ⓑ *v. refl.* to join in a plot in order to cheat
empandinar *v. tr.* to swell; to fill (as sails)
empanque *s. m.* packing; stuffing; joint
empantanar *v. tr.* to make boggy (swampy), to bog
empantufado *adj.* slippered; ⌈fig.⌋ haughty, conceited
empantufar-se *v. refl.* to put on one's slippers; to wear slippers; ⌈fig.⌋ to flaunt, to strut; ⌈fig.⌋ to boast, to brag
empanturramento *s. m.* overfeeding, cram, gorging
empanturrar Ⓐ *v. tr.* to stuff, to cram Ⓑ *v. refl.* to eat one's fill; to cram oneself; ⌈fig.⌋ to grow proud
empanzinadela *s. f.* surfeit, glut, cramming
empanzinamento *s. m.* ⇒ **empanzinadela**
empanzinar Ⓐ *v. tr.* to glut, to stuff, to cram, to surfeit; to shock, to surprise disagreeably Ⓑ *v. refl.* to eat one's fill
empapagem *s. f.* soaking, imbibing
empapar Ⓐ *v. tr.* to soak, to drench, to steep, to imbibe; to cover with poultice Ⓑ *v. refl.* to get soaked
empapelador *s. m.* packer; one who wraps in paper; paperer
empapelamento *s. m.* the act of wrapping in paper
empapelar Ⓐ *v. tr.* to wrap in paper Ⓑ *v. refl.* to take great care of oneself; to keep carefully
empapelo *s. m.* wrapping in paper; paper wrapping (as cigarette packets)
empapuçado *adj.* puffed up; ***olhos empapuçados*** swollen (puffy) eyes
empapuçar *v. tr. e refl.* to puff up
empar *v. tr.* to prop (a vine)
emparar *v. tr.* ⇒ **amparar**
emparceirar *v. tr.* to match; to join; to associate with
emparcelamento *s. m.* division
emparcelar *v. tr.* to divide into parcels
empardecer *v. intr.* to darken, to become dark, to become grey; to grey
empardecimento *s. m.* darkening
emparedado *adj.* walled in, enclosed in walls, shut in, immured
emparedamento *s. m.* walling in; immuring, immurement; confinement
emparedar Ⓐ *v. tr.* to wall in; to cloister Ⓑ *v. refl.* to immure oneself
emparelhado *adj.* matched; yoked; paired, coupled
emparelhamento *s. m.* matching, pairing

emparelhar *v. tr. e refl.* to match; to mate; to couple; to pair; to yoke; to vie with; to rival; to be equal to
emparrar Ⓐ *v. tr.* to cover with leaves (vines) Ⓑ *v. refl.* to be covered with vines
emparvecer Ⓐ *v. tr.* to make silly Ⓑ *v. intr.* to become silly
emparvoar ⇒ **emparvecer**
emparvoecer ⇒ **emparvecer**
empasma *s. m.* empasm
empastamento *s. m.* pasting up; PINTURA impasto
empastar Ⓐ *v. tr.* to paste up; to make clammy; PINTURA to impaste; to get thick Ⓑ *v. refl.* to turn into paste
empaste *s. m.* ⇒ **empastamento**
empastelamento *s. f.* reduction to a paste; mixing up indiscriminately; pie (type)
empastelar *v. tr.* TIPOGRAFIA to pie (type); to mix up indiscriminately
empata *s. m.* [cal.] spoil-sport, wet blanket; intruder; disturber; embargo
empatado *adj.* drawn (game); tied up, invested (money); delayed; ***capital empatado*** engaged capital; ***o jogo terminou empatado*** the game ended in a draw
empatador *s. m., adj.* delaying
empatar *v. tr.* to be (to end) drawn (game); to stalemate (chess); to tie (up), to stop; to hinder; to suspend; to embarrass, to disturb; to invest (money); ***empatar capital*** to invest money; ***todo o meu dinheiro está empatado*** all my money is tied up; ***empatar o jogo*** to result in a draw; ***empatar tempo com qualquer coisa*** to dwell on something; ***não o quero empatar (demorar)*** I will not detain you, I will not keep you longer
empate *s. m.* difficulty, hindrance, obstacle; suspension; dead heat (races); tie, draw (games), stalemate (chess)
empatia *s. f.* empathy
empavear *v. tr.* to put the brush (being cut) in heaps
empavesamento *s. m.* decoration with flags
empavesar Ⓐ *v. tr.* to flag, to hang with shields Ⓑ *v. refl.* to grow proud, to become vain; to spruce
empavoar-se *v. refl.* to flaunt, to strut; to become vain; to look big
empavonar-se *v. refl.* to flaunt, to strut; to become vain; to look big
empecadado *adj.* sinful; unhappy
empecadar *v. tr.* to make someone sin; to contaminate by sin, to sin
empeçado *adj.* embarrassed; perplexed, confused
empeçar Ⓐ *v. tr.* to entangle, to embarrass; to hinder Ⓑ *v. intr.* to stumble against; to get entangled
empecer Ⓐ *v. tr.* to hinder, to prevent, to thwart; to impede; to harm Ⓑ *v. intr.* to find obstacles
empecilhar *v. tr.* to embarrass; to hinder, to obstruct
empecilho *s. m.* snag; impediment, hindrance, obstacle; ***ser um empecilho*** to be a snag
empecimento *s. m.* hindrance, obstacle; harm, loss, damage
empecível *adj.* hurtful; obstructible
empeço *s. m.* obstacle, snag, impediment
empeçonhamento *s. m.* poisoning
empeçonhar *v. tr.* to poison
empeçonhentar *v. tr.* ⇒ **empeçonhar**
empedernecer *v. intr.* to petrify; to harden (the heart); to become obdurate
empedernido *adj.* petrified; stony, hardened; hard-hearted, insensible, unfeeling, heartless; obdured
empedernimento *s. m.* hardening
empedernir Ⓐ *v. tr.* to petrify; to make insensible; to steel one's heart; to harden Ⓑ *v. refl.* to grow cruel
empedrado Ⓐ *adj.* paved Ⓑ *s. m.* stone-pavement; cobble-stone
empedrador *s. m.* paver
empedramento *s. m.* paving
empedrar Ⓐ *v. tr.* to pave (with stone); to petrify Ⓑ *v. refl.* to petrify; to become stony (fruits); to harden; ***empedrar um poço*** to line a well
empegar *v. tr.* to swallow up; to engulf
empelamar *v. tr.* to put skins into a tan-pit
empelicar *v. tr.* to prepare kid leather (for gloves)
empelo *s. m.* boiled vegetables prepared for table
empena *s. f.* warping; gable, gable-end of a house
empenachar *v. tr.* to adorn with plumes, to trim
empenado *adj.* warped; hard to open
empenamento *s. m.* warping, warpage
empenar *v. tr. e intr.* to warp, to bend; to feather, to adorn (with feathers); to fledge; ***o sol empenou as tábuas*** the sun has warped the boards
empenhadamente *adv.* earnestly
empenhado *adj.* indebted; pawned; [fam.] at my uncle's mortgaged; pledged; interested in; concerned; engaged; ***estar muito empenhado em fazer uma coisa*** to be highly interested in doing something, to be very keen on doing something; [fam.] ***estar empenhado até aos olhos*** to be hopelessly in debt, to be up to the ears in debt
empenhador *s. m.* pawner
empenhar Ⓐ *v. tr.* to pawn, to pledge, to gage; to mortgage Ⓑ *v. refl.* to run into debt; to engage, to take an interest in; to have an interest in; ***empenhar a palavra*** to pledge one's word; [cal.] ***empenhar (pôr no «prego»)*** to pawn, to hock
empenhável *adj.* pawnable
empenho *s. m.* pawn, pledge, mortgaging; interest, ardent desire; engagement, promise; diligence; protection; recommendation; ***com empenho*** earnestly; ***ter muito empenho em ir*** to be keen on going
empenhoca *s. f.* [fam.] recommendation, protection
empenhorar *v. tr.* ⇒ **penhorar**
empeno *s. m.* warping; bending; hindrance; [fig.] obstacle, difficulty
empeolar *v. tr.* ⇒ **empernicar**
empepinar Ⓐ *v. tr.* to cheat, to deceive Ⓑ *v. refl.* to become similar to a cucumber
empequenecer Ⓐ *v. tr.* to make something decrease Ⓑ *v. intr.* to wane, to decrease
empequenitar *v. intr.* to shorten
emperlar *v. tr.* to shape like pearls; to adorn with pearls
empernamento *s. m.* the act of crossing the legs with somebody else; interlacement
empernar *v. intr.* to cross (to contact) legs with somebody else
empernicar *v. tr.* to hang the game by the hind legs
emperrado *adj.* obstinate, stiff; hard to open (rusty lock)
emperramento *s. m.* obstinacy, stubbornness; sticking fast; jamming
emperrar Ⓐ *v. tr.* to make hard; to harden; to jam Ⓑ *v. intr.* to stick fast; to bejammed; to be stubborn (obstinate)
emperro *s. m.* ⇒ **empernicar**
empertigado *dj.* stiff-necked; proud, supercilious
empertigar Ⓐ *v. tr.* to straighten; to stiffen Ⓑ *v. refl.* to stand erect, to strut; to walk with stiff gait
empesgadura *s. f.* coat of pitch
empesgar *v. tr.* to pitch, to smear with pitch
empestado Ⓐ *s. m.* person affected with the plague Ⓑ *adj.* infected, plague-ridden; pestilential, pestiferous; contagious; [fig.] rotten
empestador *adj.* pestiferous
empestamento *s. m.* infecting (with plague), contamination, contagion
empestar Ⓐ *v. tr.* to infect (with plague), to contaminate Ⓑ *v. refl.* to become pestiferous
Empetráceas *s. f. pl.* BOTÂNICA *Empetraceae*

empeugar *v. tr.* ⇒ **empernicar**
empezar *v. tr.* to pitch; to make sticky
empezinhado *adj.* pitched, covered with pitch
empezinhar *v. tr.* to pitch, to smear with pitch
empicotamento *s. m.* pillorying; picketing
empicotar *v. tr.* to pillory; to picket; to put on the top
empiema *s. m.* MEDICINA empyema
empilhadora *s. f.* pallet truck, stacking truck
empilhamento *s. m.* heaping up, piling up; stacking
empilhar *v. tr.* to heap up, to pile up, to stack; ***empilhar a madeira*** to pile (to stack) the wood
empinadela *s. f.* ⇒ **empino**
empinado *adj.* straight, upright; precipitous, steep, sheer, abrupt; reared (horse); bombastic (style), high-falutin(g) (style)
empinanço *s. m.* [cal.] learning by heart
empinar Ⓐ *v. tr.* to stand (a thing) up, to tip up, to drink to the dregs; [cal.] to learn like a parrot Ⓑ *v. refl.* to rear (a horse); to tower above; [fam.] to grow proud
empino *s. m.* steepness, abruptness; haughtiness; rearing (horse)
empinocar *v. tr.* to put on a high place
empiorar *v. intr.* to become worse; to grow worse
empipar *v. tr.* to put into barrels
empíreo Ⓐ *adj.* empyreal Ⓑ *s. m.* empyrean
empireuma *s. m.* empyreuma
empireumático *adj.* empyreumatical
empiricamente *adv.* empirically, experimentally
empírico Ⓐ *adj.* empirical Ⓑ *s. m.* an empiric, empiricist
empirismo *s. m.* empiricism
empirista *s. m. e f.* empiricist
empiscar *v. tr.* ⇒ **piscar**
empiteirar-se *v. refl.* [pop.] to become intoxicated, to make oneself drunk; to get drunk
emplasmado *adj.* covered with plasters; badly wounded, covered with sores; sickly
emplasmar *v. tr.* to cover with plasters
emplastação *s. f.* ⇒ **emplastração**
emplastado *adj.* ⇒ **emplastrado**
emplastar *v. tr.* ⇒ **emplastrar**
emplasto *s. m.* ⇒ **emplastro**
emplastração *s. f.* plastering; coating
emplastrado *adj.* plastered; coated
emplastragem *s. f.* plastering; coated
emplastramento *s. m.* ⇒ **emplastração**
emplastrar *v. tr.* to plaster, to cover with plasters
emplástrico *adj.* used as a plaster; FARMACOLOGIA ***medicamento emplástrico*** emplastics
emplastro *s. m.* FARMACOLOGIA plaster; [fig.] ailing (sick, troublesome) person
emplumação *s. f.* feathering
emplumar Ⓐ *v. tr.* to feather, to cover with feathers; to adorn with feathers; to fledge Ⓑ *v. refl.* [fig.] to boast, to brag
emplumescer *v. intr.* (of a bird) to dress its feathers
empoadela *s. f.* ⇒ **empoamento**
empoado *adj.* powdered; dusty
empoamento *s. m.* powdering; dusting
empoar *v. tr.* to powder; to dust
empobrecer Ⓐ *v. tr.* to impoverish, to render poor; to exhaust, to weaken; to deplete (soil) Ⓑ *v. intr.* to grow poor
empobrecimento *s. m.* impoverishment; depletion (soil)
empoçamento *s. m.* stagnation
empoçar Ⓐ *v. tr.* to put into a well; to form a puddle Ⓑ *v. refl.* to become muddy
empocilgar Ⓐ *v. tr.* to shut in a pigsty; to corral Ⓑ *v. refl.* to become filthy
empoeirado *adj.* dusty; covered with dust
empoeirar *v. tr.* to cover with dust
empola *s. f.* bubble, blister; ***ele tem uma empola na planta do pé*** he has a blister on the sole of his foot
empoladamente *adv.* bombastically
empolado *adj.* swollen; puffed up; bombastic; blistered; covered with pustules; swelling; rough (sea); NÁUTICA bulged; ***estilo empolado*** highflown style, high-faluting style
empolamento *s. m.* blistering, swelling
empolar *v. tr. e intr.* to puff up; to blister, to swell; to run high (the sea), to grow rich
empoleação *s. f.* act of hoisting
empolear *v. tr.* to hoist, to string up; [Ind.] to pollute, to debase, to profane
empoleirado *adj.* perched; raised in position
empoleirar Ⓐ *v. tr.* to perch; to exalt; to rise in position Ⓑ *v. refl.* to stand, to sit upon; to come into power; to grow proud; to roost (bird)
empolgadeira *s. f.* the notch (or hole) on each extremity of a crossbow
empolgado *adj.* seized; thrilled, excited
empolgadura *s. f.* handgrip, grasping, seizure
empolgante *adj.* overpowering, thrilling, striking, exciting; grasping
empolgar *v. tr.* to overpower, to thrill, to excite; to grasp, to seize, to lay hold of
empolha *s. f.* act of incubating, hatching; brooding
empolhar Ⓐ *v. tr.* to incubate Ⓑ *v. intr.* to hatch, to sit on eggs; to brood
empolmar *v. tr.* to inspissate, to reduce to a liquid paste
empontão *s. m.* ⇒ **empurrão**
empontar *v. tr.* to dismiss, to send away
emporcalhar Ⓐ *v. tr.* to dirty, to soil, to foul; to make dirty Ⓑ *v. refl.* to degrade oneself, to debase oneself
emporcar *v. tr. e refl.* ⇒ **emporcalhar**
emporético *adj.* emporetic (paper for filtering)
empório *s. m.* emporium, trade centre, market, mart
empossar Ⓐ *v. tr.* to put in possession; to give possession to, to install in office Ⓑ *v. refl.* to take possession, to assume office, to take over (an office)
emposse *s. m.* act of taking possession; occupation
empostar *v. tr.* to pitch (the voice), to bundle, to faggot
emprateleirar *v. tr.* to put on a shelf
emprazado *adj.* assigned, summoned
emprazador *s. m.* assigner, summoner
emprazamento *s. m.* summons
emprazar *v. tr.* to summon, to call, to cite, to command to appear; to fix a term; to appoint; to convoke; to challenge
empreendedor Ⓐ *adj.* enterprising, pushing, active, adventurous, daring Ⓑ *s. m.* contractor, entrepreneur, enterpriser; ***ter espírito empreendedor*** to have a speculative mind; ***um homem empreendedor*** a man full of enterprise; ***um espírito empreendedor*** a spirit of enterprise
empreender Ⓐ *v. tr.* to undertake, to attempt; to enterprise, to venture; to plan; to have a go at; to try; to set one's hand to Ⓑ *v. intr.* to think over; to ruminate, to meditate; ***empreender muitas coisas*** [fam.] to have a shot at everything; ***empreender um negócio*** to undertake some business; ***empreender uma coisa a valer*** to throw oneself into a thing
empreendimento *s. m.* undertaking, enterprise, attempt; (ad)venture, speculation; job, work; business; ***empreendimento arriscado*** dangerous undertaking; ***um empreendimento colossal*** too great an undertaking; ***empreendimento improfícuo*** a wild-goose chase
empregado Ⓐ *s. m.* clerk, employee; official; ***empregado numa loja*** shop assistant; ***empregado da alfândega*** customs officer; ***empregado dos correios*** post-office clerk; ***empregado bancário*** bank clerk; ***empregado de bordo (da agência)*** shipping clerk; ***empregado de bordo (da alfândega)*** tideman, tide-waiter, boarding officer Ⓑ *adj.* employed, occupied; applied; [fam.] ***bem empregado*** well-

done, well spent; [fam.] ***mal empregado*** ill-spent, wasted, misspent; ***mal empregado tempo*** misspent time; ***empregado público*** civil servant, official

empregador Ⓐ *s. m.* employer, owner, boss; user Ⓑ *adj.* employing, using

empregar Ⓐ *v. tr.* to employ; to engage; to utilize; to use; to make use of; to invest; to spend Ⓑ *v. refl.* to occupy oneself, to engage oneself; to apply, to devote; to employ oneself; to apply oneself; to get a job, to be in office; ***empregar capital de demorada realização*** to sink money; ***empregar o tempo*** to employ one's time; ***empregarei todos os meios*** I shall use every means; ***empregar bem o seu tempo*** to improve one's time; ***empregar bem*** to make good use of; ***empregar mal*** to misuse; ***empregar a força*** to use violence

emprego *s. m.* employment; use, employing, using, application; job, work, occupation, post, situation; pursuit; office; ***emprego de pouco trabalho e boa remuneração*** [fam.] a cushy job, a soft job; ***arranjar um emprego*** to find a situation; ***emprego público*** civil service; ***perder o emprego*** to lose one's employment (or job); ***abandonar o emprego*** to leave one's job, to quit one's job; ***agência de empregos*** employment bureau; ***candidatar-se a um emprego*** to apply for a job

empregue *adj.* ⇒ **empregado**

empreguiçar *v. tr.* to make lazy (or idle)

empreita *s. f.* a strip of esparto; cheese-press; ⇒ **empreitada**

empreitada *s. f.* contract job; taskwork; ***trabalhar de empreitada*** to be on taskwork; ***de empreitada*** by the job; ***empreitada difícil*** a tough job

empreitar *v. tr.* to job, to take (to give) a contract for work

empreiteiro *s. m.* contractor, jobber; ***empreiteiro de reparações*** repairer

emprenhar *v. tr. e intr.* ⇒ **engravidar**

empresa *s. f.* enterprise, undertaking; business; company, firm; ***empresa de transportes*** transport agency, haulage contractor

empresador Ⓐ *adj.* restraining Ⓑ *s. m.* restrainer

empresar *v. tr.* to stop; to restrain; to check, to prevent, to hold back; to repress; to refrain

empresarial *adj.* business-related, firm-related

empresário *s. m.* businessman, contractor; manager; ***empresário artístico*** agent, manager

emprestadio *adj.* lendable

emprestado *adj.* lent, loaned; ***pedir emprestado*** to borrow, to ask for a loan (of); ***dinheiro emprestado*** borrowed money; ***pedir um livro emprestado (a alguém)*** to borrow a book (from someone)

emprestador *s. m.* lender, loaner

emprestar *v. tr.* to lend, to loan; ***emprestar a juros*** to lend on interest; ***emprestar sob hipoteca*** to lend on mortgage; ***emprestar dinheiro*** to lend money; ***emprestar sob penhor*** to lend upon pawn

empréstimo *s. m.* loan, lending; borrowing; ***empréstimo hipotecário*** mortgage; ***empréstimo não pago*** dead loan; ***empréstimo a risco*** venture, loan on bottomry; ***de empréstimo, por empréstimo*** lent, borrowed; ***empréstimo do Estado*** Government loan; ***empréstimo sob hipoteca*** mortgage loan; ***receber por empréstimo*** to borrow; ***empréstimo gratuito*** accommodation; ***contrair um empréstimo*** to take out a loan, to raise a loan; ***caixa de empréstimos*** loan-office

empretecer *v. tr.* to blacken

emproado *adj.* [fig.] proud, haughty, arrogant; NÁUTICA rode; headed for

emproar Ⓐ *v. intr.* NÁUTICA to steer right forward Ⓑ *v. refl.* to grow haughty

empubescer *v. intr.* to reach puberty; to arrive at the age of puberty

empulhação *s. f.* jeer, trick

empulhar *v. tr.* to jeer, to rally; to make a fool of

empunhadura *s. f.* handle; hilt; haft

empunhar *v. tr.* to grasp, to gripe, to seize, to grip, to hold; ***empunhar o ceptro*** to wield the sceptre; ***empunhar a espada*** to lay hold of the sword

empurpurecer *v. intr.* to redden; to blush

empurra *s. f.* (act of) pushing, shove; ***jogo do empurra*** passing the buck, handing on the blame

empurração *s. f.* push, thrust

empurrador Ⓐ *adj.* pushing Ⓑ *s. m.* pusher

empurrão *s. m.* push, shove, thrust, jostle; ***dar um empurrão a alguém para iniciar o trabalho*** [coloq.] to give somebody a shove off; ***aos empurrões*** jostling, elbowing, shoving; ***andar aos empurrões*** to thrust one's way through a crowd, to shoulder one's way through a crowd, to jostle

empurrar *v. tr.* to push, to shove, to thrust off (away, aside); to drive; ***empurrar ao passar*** to shove past; ***empurrar para fora*** to push out; ***empurrar a porta*** to push the door; ***empurrar para a frente*** to thrust forward; ***empurrar para um lado*** to thrust aside

empurro *s. m.* ⇒ **empurrão**

empuxador *s. m.* pusher

empuxão *s. m.* thrust, push, pull

empuxar *v. tr.* to thrust, to push, to pull

empuxo *s. m.* ⇒ **empuxão**

emudecer Ⓐ *v. tr.* to hush, to silence, to still; to strike dumb Ⓑ *v. intr.* to remain speechless, to become silent

emudecimento *s. m.* hushing, silencing; speechlessness

emulação *s. f.* emulation, rivalry, competition, envy

emulador Ⓐ *adj.* emulating, rival Ⓑ *s. m.* emulator (*feminine* emulatress); rival, competitor

emular *v. tr.* to emulate, to rival with, to vie with; to try to equal (to excel); to imitate

emulativo *adj.* emulating

emulgente *adj.* emulgent

émulo Ⓐ *adj.* emulous Ⓑ *s. m.* emulator, rival, competitor

emulsão *s. f.* emulsion

emulsificação *s. f.* emulsification

emulsina *s. f.* QUÍMICA emulsin

emulsionante *adj.* emulsifying

emulsionar *v. tr.* to emulsify, to emulsionize

emulsivo *adj.* emulsive

emunctório *adj.* FISIOLOGIA emunctory

emundação *s. f.* cleaning, purification

emundar *v. tr.* to clean, to purify

emurchecer *v. tr. e intr.* to wither, to dry up, to fade, to droop

emurchecido *adj.* wilted, withered, dried up; faded

emurchecimento *s. m.* withering

ena! *interj.* by Jove!

enágua *s. f.* ⇒ **anágua**

enaipar *v. tr.* to equalize; to arrange (the cards in suits)

enálage *s. f.* GRAMÁTICA enallage

enaltecedor *adj.* exalting

enaltecer *v. tr.* to extol, to exalt, to laud, to praise

enaltecimento *s. m.* exaltation

enamorado *adj.* in love; enamoured; ***estar loucamente enamorado*** to be madly in love; ***perdidamente enamorado*** desperately in love

enamoramento *s. m.* enamouring process

enamorar Ⓐ *v. tr.* to enamour; to inflame with love; to charm, to fascinate, to enchant, to captivate Ⓑ *v. refl.* to fall in love with; to be enamoured of

enantal *s. m.* QUÍMICA oenanthal, oenanthic aldehyde, heptylic aldehyde

enantema *s. m.* MEDICINA enanthema

enântico *adj.* enanthic

enantina *s. f.* substance which produces the flavour of the Bordeaux wines

enantiomórfico *adj.* enantiomorphous

enantiomorfismo *s. m.* enantiomorphism

enantiomorfo *adj.* enantiomorphous
enantiopatia *s. f.* MEDICINA enantiopathy, allopathy
enantiopático *adj.* enantiopathic, allopathic
enantiotropia *s. f.* enantiotropy
enantiotrópico *adj.* enantiotropic
enanto *s. m.* BOTÂNICA oenanthe
enarmonia *s. f.* MÚSICA enharmonic chord (note)
enarração *s. f.* ⇒ **narração**
enarrar *v. tr.* ⇒ **narrar**
enartrose *s. f.* ANATOMIA enarthrosis (ball and socket joint)
enastrado *adj.* adorned with ribbons
enastrar *v. tr.* to adorn with ribbons
enatar *v. tr.* to cream, to cover with cream (milk cream)
enateiramento *s. m.* covering with mud
enateirar *v. tr.* to cover with mud
encabadela *s. f.* act of hafting; helving; [fam.] trick, mischief
encabadoiro *s. m.* ⇒ **encabadouro**
encabadouro *s. m.* the eye of any tool in which the handle is inserted
encabar *v. tr.* to haft, to supply with a haft (handle), to helve
encabeçado *adj.* put on the head; provided with a head
encabeçamento *s. m.* tax-roll; heading (of treatise, etc.); lengthening; succession
encabeçar *v. tr.* to put in possession of; to register; to put into one's head; to mend clothes at the extremities; to lengthen; to head (a treatise, etc.); to lead; to add
encabeira *s. f.* CARPINTARIA header
encabeirar *v. tr.* ⇒ **encabar**
encabelado *adj.* covered with hair
encabelador *s. m.* hairweaver
encabeladura *s. f.* head of hair; the hair; covering with hair
encabelar Ⓐ *v. tr.* to (re)cover with hair Ⓑ *v. intr.* to grow hair
encabrestadura *s. f.* VETERINÁRIA halter-cast; excoriation (horse)
encabrestamento *s. m.* haltering
encabrestar *v. tr.* to halter; to fasten up with a halter
encabritado *adj.* [fig.] sulky, angry
encabritar-se *v. refl.* to prance (as a goat), to rear (horse); to climb (as a boy); to sulk
encacho *s. m.* loin-cloth
encachoeiramento *s. m.* formation of a waterfall; waterfall, cascade
encacholar *v. tr.* to hammer a thing into a person's head
encadeação *s. f.* chaining; linking; connexion, link; chain; concatenation
encadeamento *s. m.* chaining; linking; connexion, link; chain; concatenation
encadear *v. tr.* to chain, to connect, to joint, to link up, to concatenate; to put in chains
encadeirado *s. m.* row of chairs
encadeirar *v. tr.* to place on a chair; to furnish with chairs; to enthrone, to install (a bishop, etc.)
encadernação *s. f.* (book) binding; cover; [fig.] apparel; ***encadernação de carneira*** leather cover, leather binding; ***encadernação de luxo*** de luxe binding, rich binding; ***encadernação de pano*** cloth binding; ***encadernação em cartão*** pasteboard binding; ***oficina de encadernação*** bookbindery
encadernador *s. m.* book-binder
encadernar *v. tr.* to bind (books); [fig.] to put on new clothes
encafifar Ⓐ *v. intr.* [Bras.] to be embarrassed; [Bras.] to turn shy; [Bras.] to become gloomy Ⓑ *v. tr.* [Bras.] to embarrass, to fluster, to mortify
encafuar Ⓐ *v. tr.* to shut up in a den or cave Ⓑ *v. refl.* to hide oneself
encafurnar *v. tr.* ⇒ **encafuar**
encaibrar *v. tr.* to erect the timberwork of a roof
encaiporar Ⓐ *v. tr.* [Bras.] to render unhappy Ⓑ *v. intr.* to be unlucky
encaixado *adj.* boxed, fit; packed up; fit; confined, telescoped
encaixamento *s. m.* boxing, incasement, packing up; fitting in; notch; insertion; socket, groove
encaixar Ⓐ *v. tr.* to box, to pack up; to insert, to fit in; [fig.] to put into one's head Ⓑ *v. intr.* to mortise; to groove; to fit; CARPINTARIA to rabbet, to dovetail; [fig.] to come in handy, to suit the purpose; to penetrate, to intrude Ⓒ *v. refl.* to creep in; to shut up; to get into one's head
encaixe *s. m.* mortise, groove, dovetail, rabbet, notch, recess; fitting in, setting in; encasement
encaixilhar *v. tr.* to frame, to set in a frame; to sash
encaixo *s. m.* ⇒ **encaixe**
encaixotador *s. m.* packer
encaixotamento *s. m.* casing, encasement; boxing; packing up
encaixotar *v. tr.* to box, to pack up, to encase
encalacração *s. f.* pickle, mess; running into debt; risky enterprise
encalacradela *s. f.* ⇒ **encalacração**
encalacrador Ⓐ *adj.* troublesome; difficult Ⓑ *s. m.* deceiver
encalacrar Ⓐ *v. tr.* to put in a tight corner; to deceive Ⓑ *v. refl.* to run into debt
encalamistrar *v. tr.* to frizzle, to curl (hair)
encalar *v. tr.* to boil lightly; to braise (to roast) meat in order to preserve it
encalçar *v. tr.* to chase, to pursue, to be at one's heels; to track, to trail
encalço *s. m.* pursuit, chase, track, trail; ***ir no encalço de*** to go in pursuit of, to trace (a person), to hunt after
encaldeiração *s. f.* act of digging a waterhole around trees
encaldeirar *v. tr.* to put into a boiler; AGRICULTURA to dig water-holes around trees
encalecer *v. tr.* to grow horny, to develop callus
encaleirar *v. tr.* to cause to flow through a gutter
encalhação *s. f.* NÁUTICA stranding
encalhado *adj.* aground, stranded, high and dry
encalhamento *s. m.* ⇒ **encalhação**
encalhar Ⓐ *v. tr.* to run aground Ⓑ *v. intr.* to go (to run) aground, to strand, to run ashore; to be at a standstill; to make a stand; ***encalhar na praia*** to beach
encalhe *s. m.* stranding; obstruction; obstacle, difficulty, hindrance, impediment, standstill, deadlook; ***encalhe voluntário*** voluntary stranding
encalho *s. m.* stranding; place where a ship may be beached
encaliçar *v. tr.* to plaster
encalidela *s. f.* act of lightly braising meat (in order to preserve it)
encalir *v. tr.* to roast (to broil) lightly
encalistar *v. tr.* to bring bad luck to; to cause to lose at games
encalistrar *v. tr.* to bring bad luck to; to cause to lose at games
encalmadiço *adj.* easily stifled with heat; prone to get overheated
encalmado *adj.* stifled with heat
encalmamento *s. m.* stifling (with heat)
encalmar Ⓐ *v. tr.* to heat, to stifle with heat; [fig.] to irritate, to inflame Ⓑ *v. intr.* to be appeased Ⓒ *v. refl.* to grow calm; to be stifled with heat; to fall calm (the sea)
encalvecer *v. intr.* to grow bald (on the head)
encalvecido *adj.* bald

encamar Ⓐ *v. tr.* to place in layers Ⓑ *v. intr.* to take to one's bed; to fall sick
encambar Ⓐ *v. tr.* to string together (fish, etc.); to twist to one side Ⓑ *v. intr.* to become twisted; to become bow-legged
encambeirar *v. tr.* to flour, to cover with flour
encamboar *v. tr.* to leash, to couple
encambulhada *s. f.* ⇒ **cambulhada**
encambulhar Ⓐ *v. tr.* to tie together, to join together, to unite; to brake Ⓑ *v. refl.* to get entangled
encame *s. m.* lair of a boar
encaminhado *adj.* guided, directed, led, conducted; advised
encaminhador *s. m.* guide, conductor
encaminhamento *s. m.* guiding, leading, direction
encaminhar Ⓐ *v. tr.* to guide, to lead, to direct, to conduct; to set on the right road; to show the way, to advise, to counsel Ⓑ *v. refl.* to bend one's steps forward; to set out for
encamisada *s. f.* camisado; a sort of masquerade; entanglement, confusion
encamisar Ⓐ *v. tr.* to cover a charcoal pile with straw and mud; to provide a cylinder with a jacket; Ⓑ *v. refl.* to put on a shirt
encampação *s. f.* rescission; annulment; cancellation, breaking up of contract
encampador *s. m.* expropriator
encampar *v. tr.* to rescind, to annul, to revoke, to cancel
encamurçar *v. tr.* to cover with chamois-leather
encanação *s. f.* pipe, piping, plumbing
encanado *adj.* canalized, piped; set in a splint (broken bone)
encanamento *s. m.* pipe, piping, plumbing
encanar Ⓐ *v. tr.* to channel; to put in, to lay down pipes; CIRURGIA to set (a fracture) Ⓑ *v. intr.* to grow stalky
encanastrado *s. m.* plaiting; basketwork
encanastrar *v. tr.* to pack (up) into baskets; to plait, to braid
encancerar *v. intr.* MEDICINA to become cancerous (malignant)
encandear *v. tr.* to daze (fish); to dazzle; to hallucinate; to charm, to fascinate
encandecer *v. tr. e refl.* to incandesce
encandilar Ⓐ *v. tr.* to candy Ⓑ *v. refl.* to crystallize as sugar-candy
encanecer *v. intr.* to grow grey-headed; to turn grey (hair)
encanecido *adj.* grey-haired; [fig.] old
encanelar *v. tr.* to wind on a bobbin; to spool
encangalhar *v. tr.* to tie together; to yoke, to join; [Bras.] to saddle a pack animal with panniers
encangar *v. tr.* to yoke
encaniçar *v. tr.* to fence, to surround with canes
encantação *s. f.* ⇒ **encantamento**
encantadamente *adv.* charmingly
encantado *adj.* charmed, enchanted, delighted, fascinated, captivated; bewitched; ***estar encantado com*** to be delighted with; ***palácio encantado*** haunted palace
encantador Ⓐ *adj.* enchanting, charming, delightful; fascinating, captivating; attractive; lovely, bewitching Ⓑ *s. m.* enchanter, charmer, sorcerer, magician
encantadora Ⓐ *s. f.*, enchantress, sorceress Ⓑ *adj.* ⇒ **encantador** Ⓐ
encantamento *s. m.* enchantment, incantation, charm, sorcery, spell; witchery; bewitching; fascination; delight, marvel
encantar *v. tr.* to enchant, to charm, to captivate, to delight, to fascinate; to spell, to entrance, to transport; to attract; to bewitch; ***muitas vezes a bondade encanta mais do que a beleza*** goodness is often more attractive than beauty
encanteirar *v. tr.* to set (to divide or to plant) in beds (garden)
encanto *s. m.* enchantment; charm, fascination, delight; attractiveness, loveliness; spell; witchery, sorcery; wonder, marvel; ***é um encanto*** it is charming; ***como por encanto*** as if by magic; ***quebrar o encanto*** to break the spell
encantoado *adj.* driven into a corner; out of the way; secluded, retired, solitary; forsaken
encantoar Ⓐ *v. tr.* to corner, to drive into a corner Ⓑ *v. intr.* to live secluded; to retire from intercourse with others
encantonar *v. tr. e intr.* ⇒ **encantoar**
encanudado *adj.* curled; frilled; tube-shaped; quilled
encanudar *v. tr.* to curl; to frill; to quill; to put into a pipe
encanzinamento *s. m.* obduration; rage, fury; obstinacy
encanzinar-se *v. refl.* [pop.] to rage, to become stubborn, to chafe, to get angry
encanzoar-se *v. refl.* [pop.] ⇒ **encanzinar-se**
encapachado *adj.* matted, covered with mats
encapachar *v. tr.* to mat, to cover with mats
encapar *v. tr.* to cloak, to wrap up; to put a cover on (a book)
encapelado *adj.* swollen, rough (the sea); ***as ondas estão encapeladas*** the waves are running high
encapeladura *s. f.* NÁUTICA eye, rig; ***encapeladuras*** rigging; ***encapeladura de enxárcia*** pair of shrouds
encapelar Ⓐ *v. tr.* to surge, to swell, to rise (the sea) Ⓑ *v. refl.* to get rough; ***encapelar-se numa patesca*** to snatch on a snatch block
encapoeirar *v. tr.* to pen up (fowls); to coop
encapotar Ⓐ *v. tr.* to cloak, to muffle; to disguise, to conceal, to hide Ⓑ *v. refl.* to be veiled; to be disguised, to grow cloudy
encaprichar-se *v. refl.* to get an idea into one's head; to have a bee in one's bonnet, to act capriciously
encapuchar *v. tr.* to dress with a capuche; ⇒ **encapuzar**
encapuzar *v. tr.* to hood, to cover with a hood
encaracolado *adj.* BOTÂNICA spiral; curly, curled; ***cabelo encaracolado*** curly hair
encaracolar *v. tr.* to curl, to roll into curls; to twist; to coil into a spiral (shape), to spiral
encaramanchar *v. tr.* to shape like an arbour
encaramelar *v. refl. e intr.* to reach the caramel stage; to congeal, to coagulate, to curdle; to turn into caramel
encaramonado *adj.* gloomy, sad, melancholic, despondent; surly, sullen, moody
encaramonar Ⓐ *v. tr.* to make sad; to sadden Ⓑ *v. refl.* to pout, to sulk, to have the sulks
encaramujar *v. intr.* to withdraw
encarangado *adj.* stiff, lame; benumbed; sickly
encarangar *v. tr.* to stiffen with cold (or rheumatism); to become crippled with rheumatism
encaranguejar *v. intr.* ⇒ **encarangar**
encarantonhado *adj.* [pop.] ill-looking; ill-favoured
encarapelar *v. tr. e intr.* to frizzle, to crisp; to turn into caramel
encarapinhado *adj.* frizzled, frizzy, curly; woolly haired; congealed (like ice-cream); ***cabelo encarapinhado*** frizzled hair, frizzy hair
encarapinhar *v. tr. e refl.* to frizzle, to curl; to be crimped into small curls; to congeal, to be congealed
encarapuçar *v. tr.* to cover the head; to put a hood on; to put on a cap
encarar Ⓐ *v. tr.* to face; to stare at; to stand up to; to look straight at; to consider Ⓑ *v. intr.* to come upon; to encounter, to stumble upon, to come across; ***encarar as coisas como elas são*** to face the facts; ***encarar uma situação difícil com coragem*** to face the music; ***encarar uma pessoa*** to look a person full in the face; ***o assunto pode ser encarado de diversas maneiras*** the subject may be viewed in different ways

encaravelhar *v. tr.* to put into difficulty, to put in a tight corner
encarceração *s. f.* ⇒ **encarceramento**
encarceramento *s. m.* incarceration, imprisonment, confinement
encarcerar *v. tr.* to incarcerate, to imprison, to confine
encardido *adj.* soiled, stained; dirty, grimy, unclean; nasty, dingy, dull
encardimento *s. m.* grime, dirtiness, dinginess
encardir Ⓐ *v. tr.* to wash badly Ⓑ *v. intr.* not to bleach well, to be badly washed
encarecedor *s. m.* exaggerator; one who forces prices up
encarecer Ⓐ *v. tr.* to raise (to put up) the prices; to praise, to exalt, to amplify, to exaggerate; to enhance; ***ele encarece muito o seu próprio merecimento*** he presumes on his merits Ⓑ *v. intr.* to grow dear; ***está tudo a encarecer*** everything's going up
encarecidamente *adv.* earnestly, pressingly, eagerly, ardently, insistently
encarecido *adj.* grown high-priced; over-praised
encarecimento *s. m.* raising of prices; exaggeration; enhancement; interest; ***com encarecimento*** earnestly
encaretar-se *v. refl.* to mask (to disguise) oneself
encargar *v. tr.* to charge; to load up
encargo *s. m.* charge, office; mission; care; load; responsibility; duty; order; ***caderno de encargos*** specification, building agreement; ***ter muitos encargos*** to have many duties
encarna *s. f.* mortise, groove, notch
encarnação *s. f.* incarnation, embodiment, personification; ***encarnação do Verbo Divino*** Incarnation of the Word
encarnado Ⓐ *adj.* red, rosy; incarnate Ⓑ *s. m.* red colour
encarnador *s. m.* a painter who paints flesh-coloured pictures
encarnar Ⓐ *v. tr.* to paint in flesh-colour; to give bodily form to, to put on flesh Ⓑ *v. intr.* to incarnate, to embody, to personify; TEATRO to live a part
encarne *s. m.* painting in flesh-colour, act of incarnating
encarneirar-se *v. refl.* to become choppy (the sea); to foam, to roughen (the sea); to become overcast with many small white clouds (the sky)
encarniçadamente *adv.* fiercely, furiously, relentlessly
encarniçado *adj.* fierce, furious, relentless; blood-thirsty; ***batalha encarniçada*** a desperate fight, bloody battle; ***olhos encarniçados*** bloodshot eyes
encarniçamento *s. m.* fury, rage; cruelty, ferocity, fierceness; tenacity; rancour; inveterate bitterness
encarniçar Ⓐ *v. tr.* to flesh (a hound, or hawk); to incite, to instigate; to sick on (dogs) Ⓑ *v. refl.* to fall furiously upon prey; to be madly bent on; to be infuriated, to become enraged, to be (to become) fierce (fight)
encaroçar *v. intr.* to become lumpy
encarochar *v. tr.* to bewitch; to put a sort of cap on the head of one condemned by the Inquisition
encarquilhamento *s. m.* wrinkling; rugosity
encarquilhar Ⓐ *v. tr.* to wrinkle, to pucker, to crease; to crumple Ⓑ *v. refl.* to be wrinkled; to wither; ***está encarquilhado pela idade*** he is wrinkled with age
encarrancar Ⓐ *v. tr.* to render sullen Ⓑ *v. intr.* to frown; to look sternly; to grow cloudy
encarrapitar Ⓐ *v. tr.* to perch, to put on the top, to set in an elevated (inaccessible) position Ⓑ *v. refl.* to make curls; to perch oneself
encarrar *v. tr.* to put into the car
encarrascar-se *v. refl.* [pop.] to get drunk (on coarse wine)
encarraspanar-se *v. refl.* [pop.] to get drunk (on coarse wine)
encarregado Ⓐ *adj.* charged with; entrusted with, in charge Ⓑ *s. m.* manager; commissioner; employee; ***encarregado de uma oficina*** foreman; ***encarregado da expedição*** forwarding agent; NÁUTICA ***encarregado do porão*** captain of a hold; ***encarregado de secção*** head of department; ***encarregado de negócios*** chargé d'affaires
encarregar Ⓐ *v. tr.* to charge, to entrust with; to commit Ⓑ *v. refl.* to take charge of, to take in hand, to undertake; to look after; ***encarregar-se de fazer um trabalho*** to undertake a thing, to take a job in hand; ***encarregar alguém de alguma coisa*** to charge a person with something; ***eu encarrego-me dele*** I'll tackle him; ***encarrego-me eu disso*** I will see to it
encarrego *s. m.* charge, office; care, oppression
encarregue Ⓐ *adj.* charged with; entrusted with, in charge Ⓑ *s. m.* manager; commissioner; employee
encarreiramento *s. m.* guidance; alignment
encarreirar Ⓐ *v. tr.* to put on the right road; to guide, to direct Ⓑ *v. intr.* to go right
encarretar *v. tr.* to mount (a cannon); to hearse
encarrilar Ⓐ *v. tr.* to rerail, to put on the rails (carriage, steam-engine, etc.); to direct Ⓑ *v. intr.* to go right; [fig.] to succeed
encarrilhador *s. m.* a device for rerailing cars and engines
encarrilhar *v. tr. e intr.* ⇒ **encarrilar**
encartação *s. f.* enrolment (under a charter), concession, permission
encartado *adj.* chartered; licensed; registered; ***solicitador encartado*** solicitor at law
encartamento *s. m.* ⇒ **encartação**
encartar *v. tr. e intr.* to play a card of the same suit, to follow suit; to invest with an office; to register (a commission, diploma, or letter patent)
encarte *s. m.* registration; investiture
encartolar *v. tr.* to put on a silk hat
encartuchar *v. tr.* to make cartridges; to put in a paper-bag
encarvoador *adj.* that blackens with coal
encarvoar Ⓐ *v. tr.* ⇒ **encarvoejar**
encarvoejar Ⓐ *v. tr.* to coal; to blacken with charcoal Ⓑ *v. refl.* to dirty oneself with coal
encarvoiçar Ⓐ *v. tr. e refl.* ⇒ **encarvoejar**
encasacado *adj.* dressed up; formally dressed; [fig.] well-dressed, elegant
encasacar-se *v. refl.* to dress up
encasamento *s. m.* setting in, jointing
encasar *v. tr.* to fit into, to set in, to drive into
encascalhamento *s. m.* gravelling
encascalhar *v. tr.* to gravel
encascar Ⓐ *v. tr.* to put into a cask, to barrel, to cask; to rough, to coat (wall) with roughcast Ⓑ *v. intr.* to grow (bark); to harden (hoof of a horse)
encasmurrar *v. intr. e refl.* to sulk; to become obstinate
encasque *s. m.* rough-cast; growing (bark or hoof)
encasquetar *v. tr.* to get into one's head; to make believe, to persuade
encasquilhar Ⓐ *v. tr.* to put a metal coating on Ⓑ *v. refl.* to dress up; to play the dandy; NÁUTICA to brush
encastalhar *v. tr.* to clamp; to clasp (to join) with clasps
encastelado *adj.* castled; fortified; VETERINÁRIA hoofbound; said of the deadly wounded bird when it flies straight up
encasteladura *s. f.* contraction of the hoof
encastelamento *s. m.* castellation, fortifying with castles; mass, pile, heaping up (clouds)
encastelar Ⓐ *v. tr.* to castle; to put into a castle; to fortify (with castles); to heap up, to pile up (clouds) Ⓑ *v. refl.* VETERINÁRIA to be hoof-bound; to fortify oneself in a castle, to strenghten oneself
encastoar *v. tr.* to set (diamonds, pearls, etc.); to mount (canes, sticks)
encastrado *adj.* inlaid, inserted
encastrar *v. tr.* to inlay; to insert something in a surface specially designed for that purpose; to build into its supports

encasular *v. tr.* to cocoon; [fig.] to shut in
encataplasmar *v. tr.* to cover with a cataplasm; to render sickly
encatarrar-se *v. refl.* to catch a cold
encatrafiar *v. tr.* to put into
encatramonar-se *v. refl.* to sulk; to become obstinate
encausta *s. m.* he who works on encaustic
encáustica *s. f.* encaustic (art of painting in wax); a special wax for polishing (furniture, floor, etc.)
encausticar *v. tr.* to paint in wax colours
encáustico *adj.* encaustic; burnt in
encavacação *s. f.* ⇒ **encavacadela**
encavacadela *s. f.* cheat, deceit; embarrassment
encavacado *adj.* moody, sullen; embarassed, surly; angry, annoyed
encavacar *v. tr.* to pout, to feel hurt; to become embarrassed; to go into one's shell
encavadela *s. f.* big fraud; loss
encavalar *v. tr.* to superpose
encavalgar *v. tr.* ⇒ **cavalgar**
encavalitar Ⓐ *v. tr.* to put on; to superpose, to overlay Ⓑ *v. refl.* to ride or climb pick-a-back
encavar *v. tr.* to place in a cavity; to dig, to excavate
encavernar *v. tr.* to cavern, to shut up in a den; NÁUTICA to frame
encavilhar *v. tr.* to fix with wooden (or metal) pins; to spike; to peg
encavo *s. m.* mortise, groove; incavation
encefalalgia *s. f.* MEDICINA encephalalgia
encefalálgico *adj.* encephalalgic
encefalia *s. f.* ⇒ **encefalopatia**
encefálico *adj.* ANATOMIA encephalic
encefalite *s. f.* MEDICINA encephalitis; ***encefalite letárgica*** *encephalitis lethargica*, sleepy sickness
encéfalo *s. m.* ANATOMIA encephalon
encefalocele *s. f.* MEDICINA encephalocele
encefalografia *s. f.* MEDICINA encephalography
encefalóide *adj.* encephaloid
encefalólito *s. m.* MEDICINA encephalolity
encefalologia *s. f.* MEDICINA encephalology
encefalólogo *s. m.* encephalologue
encefalopatia *s. f.* MEDICINA encephalopathy
encefalorragia *s. f.* encephalorragia
encelar *v. tr.* to shut up in a cell, to cloister
enceleiramento *s. m.* act of storing
enceleirar *v. tr.* to store, to keep in a barn
encenação *s. f.* staging; [fig.] simulation
encenador *s. m.* stage manager, director
encenar *v. tr.* to stage, to stage-manage, to direct
encender *v. tr.* ⇒ **acender**
enceração *s. f.* waxing
enceradeira *s. f.* floor-polisher, electrical device for polishing the floor
encerado Ⓐ *adj.* polished, waxed; wax-coloured Ⓑ *s. m.* NÁUTICA oil-skin; tarpaulin; oil-cloth; polished floor; ***tecido encerado*** oil-cloth; ***papel encerado*** wax-paper
encerador *s. m.* polisher, floor-polisher
enceradora *s. f.* floor-polishing machine; ⇒ **enceradeira**
enceradura *s. f.* ⇒ **enceramento**
enceramento *s. m.* waxing, polishing (with wax)
encerar *v. tr.* to wax; to cover (to polish) with wax
encerebração *s. f.* intellectual development; way of thinking
encerebrar *v. tr.* to fix in one's memory; to learn by heart
encerra *s. f.* [Bras.] an enclosure for holding cattle
encerrado *adj.* closed, enclosed, shut up, locked up, confined; ended, finished
encerramento *s. m.* enclosure, confinement; end, conclusion; termination; closing, close; shutting down
encerrar *v. tr.* to close, to shut down, to lock up, to confine; to finish, to bring to an end; to conclude, to terminate, to put an end to; to contain; to include, to comprehend, to comprise; ***encerrar a sessão*** to close the meeting; ***encerrar os debates*** to close the proceedings
encerro *s. m.* shutting down; retirement, secluded place
encestar *v. tr.* to basket, to put in baskets; to throw-in (basketball)
encetadura *s. f.* beginning; the first cut or slice (of anything)
encetamento *s. m.* ⇒ **encetadura**
encetar *v. tr.* to begin; to start; to broach; to make the first cut in; to take part in a thing; ***encetar o bolo*** to cut the first slice of cake; ***encetar a vida comercial*** to set up in trade; ***encetar uma conversa*** to start a conversation, to break the ice; ***encetar um barril*** to start a cask; ***encetar um assunto*** to broach a subject
encetativo *adj.* that which begins something
enchacotar *v. tr.* to kiln-dry
enchafurdar Ⓐ *v. intr.* to wallow; to roll about in mud (or water); to flounder Ⓑ *v. refl.* to sink in a mire
enchamejar *v. intr.* ⇒ **chamejar**
enchapelado *adj.* covered with a hat, hat-covered
encharcada *s. f.* [pop.] sweet of almond and eggs
encharcadela *s. f.* drenching; soaking; wetness
encharcadiço *adj.* muddy, swampy
encharcado *adj.* drenched, soaked, wet through; swampy, marshy; sappy; ***fatos encharcados*** wet clothes; ***estar encharcado*** to get wet through, to be soaked through; ***estar encharcado até aos ossos*** to be wet to the skin; ***ele está todo encharcado*** he has not a dry stitch on him
encharcar Ⓐ *v. tr.* to form puddles; to soak, to drench, to wet thoroughly; to flood, to swamp Ⓑ *v. refl.* to get into a puddle (mire); to get drenched
encharolar *v. tr.* to niche
enchavetar *v. tr.* to key, to pin
enchedeira *s. f.* filler, little funnel (to fill sausages)
enchedela *s. f.* act of filling; bellyfull
enchedor Ⓐ *adj.* filling Ⓑ *s. m.* filler
enchedura *s. f.* ⇒ **enchedela**
enche-mão *[elem. de loc. adj.]* ***de enche-mão*** perfect, excellent
enchente *s. f.* inundation, flood, deluge, overflow; high water, high tide; swelling (of a river); plenty, abundance; superabundance; throng, crowd; TEATRO a full house; ***houve uma enchente para o desafio de futebol*** there was a crowd of spectators at the football match
encher Ⓐ *v. tr.* to fill, to fill up; to make full; to pour into; to stuff, to cram; to satisfy, to satiate Ⓑ *v. refl.* to eat one's fill, to satiate oneself, to become full; ***encher de*** to fill with; ***encher os ouvidos de algodão*** to stuff one's ears with cotton; ***encher de admiração*** to strike with wonder; ***encher de ar*** to fill with air; ***encher um pneu*** to pump up a tire; ***encher até transbordar*** to fill to the brim; ***encher-se de orgulho*** to swell with pride; ***encher as algibeiras*** to line one's pockets; ***encher as medidas*** to come up to one's expectations; ***encher de mais*** to overfill; [coloq.] ***encher-se de*** to get fed up with; ***grão a grão enche a galinha o papo*** little drops of water make the ocean, little strokes fell great oaks; ***ele encheu-se de ânimo*** he cheered up; ***palavras não enchem barriga*** a hungry belly has no ears; NÁUTICA ***encher (pano)*** to be full (sails); ***deixar encher*** not to close; ***encher-se de água*** to swamp
enchido Ⓐ *adj.* full, filled up Ⓑ *s. m.* sausage; pie; stuffing
enchimarrar *v. tr.* to put on a cassock
enchimento *s. m.* filling up; stuffing; swelling; filling piece; NÁUTICA filling timber; chock; stuffing; eking; ***enchimento do beque*** filling chock
enchiqueirar *v. tr.* to pen (animals)
enchó *s. f.* ⇒ **ichó**

enchocalhar *v. tr.* to bell; to put a bell round the neck of (cat, cow, etc.)
enchoçar Ⓐ *v. tr.* to put in a hut Ⓑ *v. refl.* to hide oneself, to take shelter in a hut
enchoiriçar Ⓐ *v. tr. e refl.* ⇒ **enchouriçar**
enchouriçar Ⓐ *v. tr.* to give the form of a sausage Ⓑ *v. refl.* to bristle up (animal)
enchousar *v. tr.* to shrink, to contract; to beat up
enchova *s. f.* ICTIOLOGIA anchovy
enchumaçar *v. tr.* to stuff, to put stuffing in, to pad
enchumaço *s. m.* ⇒ **chumaço**
enchumbar *v. intr.* to become heavy (result of being soaked)
enchusmar *v. tr.* to fill with people
enciclia *s. f.* ripples formed on the surface of water by any object dropped therein
encíclica *s. f.* encyclical
encíclico *adj.* encyclical
enciclopédia *s. f.* encyclop(a)edia
enciclopédico *adj.* encyclop(a)edic(al)
enciclopedismo *s. m.* encyclop(a)edism
enciclopedista *s. m. e f.* encyclop(a)edist
encieirado *adj.* having cracked lips; having cracked hands; relating to tilled land when heat opens fissures in it
encieirar *v. tr.* to cause cracked lips or hands to
encilhamento *s. m.* act of girthing
encilhar *v. tr.* to girth, to saddle (animals)
encimado *adj.* headed; placed above; crowned; surmounted
encimar *v. tr.* to surmount, to top; to raise, to elevate
encinchamento *s. m.* act of pressing (drying) cheese
encinchar *v. tr.* to press, to dry (cheese)
encinhar *v. tr.* ⇒ **ancinhar**
encinho *s. m.* ⇒ **ancinho**
encintar *v. tr.* to belt; to gird; to encircle; to surround
encinzar *v. tr.* to cover with cinders (or ashes)
encinzentado *adj.* clouded (sky)
enciumar Ⓐ *v. tr.* to make jealous Ⓑ *v. refl.* to be (to become) jealous
enclaustramento *s. m.* act of cloistering; closure; seclusion
enclaustrar *v. tr.* to cloister; to confine in a convent; to shut up in a convent; to seclude
enclausura *s. f.* ⇒ **clausura**
enclausurar Ⓐ *v. tr.* to cloister; to enclose, to shut up; to refrain from social intercourse; to imprison Ⓑ *v. refl.* to shut oneself up
enclave *s. m.* enclave
enclavinhar *v. tr.* to interlock, to clasp (fingers), to entwine
ênclise *s. f.* GRAMÁTICA position (or use) of enclitic
enclítica *s. f.* GRAMÁTICA enclitic
encliticamente *adv.* enclitically
enclítico *adj.* GRAMÁTICA enclitic
encoberta *s. f.* hiding-place, shelter; stratagem; dissimulation, pretence; ***às encobertas*** furtively
encobertamente *adv.* secretely, on the quiet, covertly, furtively
encobertar *v. tr.* to cover; to conceal; to hide; to disguise, to dissimulate
encoberto *adj.* covered; secret, hidden, concealed; clandestine, underhand; cloudy, dull, overcast (weather)
encobridor *s. m.* concealer; receiver (of stolen goods), fence; thief's accomplice; dissimulator, dissembler
encobridora *s. f.* ⇒ **encobridor**
encobridouro *s. m.* hiding place
encobrimento *s. m.* hiding, concealing, concealment; receiving of stolen goods; dissimulation
encobrir Ⓐ *v. tr.* to conceal, to hide Ⓑ *v. intr.* to disguise; to dissimulate, to dissemble Ⓒ *v. refl.* to cloud; to disguise oneself; ***encobrir furtos*** to receive stolen goods, to fence; NÁUTICA ***encobrir as luzes*** to switch out the lights; ***encobrir um facto*** to throw a veil over a fact
encocurutar *v. tr.* to put on the top of anything
encodar-se *v. refl.* to have the bow (or stern) under the water (ship)
encodeamento *s. m.* crusting, crust
encodear Ⓐ *v. tr.* to crust Ⓑ *v. refl.* to form a crust
encofrar *v. tr.* to coffer
encoifar *v. tr.* to coif; to cap the touchhole of a cannon
encoimar *v. tr.* ⇒ **acoimar**
encoiraçar *v. tr.* ⇒ **encouraçar**
encoirado *adj.* ⇒ **encourado**
encoirar *v. tr.* ⇒ **encourar**
encolamento *s. m.* NÁUTICA bilge, turn of bilge
encolar *v. tr.* to gum, to paste, to glue; to hold in one's arms (a baby); to coddle (a child)
encolarinhado *adj.* well-dressed
encoleirar *v. tr.* to put a collar on
encolerizadamente *adv.* angrily, ravingly, exasperatingly, furiously
encolerizado *adj.* enraged, exasperated, angered, infuriated, furious; ***estar encolerizado*** to be in a temper, to be enraged, to be in a passion
encolerizar Ⓐ *v. tr.* to anger, to enrage, to infuriate; to exasperate Ⓑ *v. refl.* to become angry, to rave; to fly into a passion; [fam.] to get one's monkey up; to flare up; to get into a temper
encolha *s. f.* shrinking; shrinkage, contraction; shyness; ***meter-se nas encolhas*** to withdraw, to go into one's shell
encolhedela *s. f.* ⇒ **encolhimento**
encolher Ⓐ *v. tr.* to shrink, to contract; to shrivel, to diminish; to shrug (shoulder); to recoil, to wince Ⓑ *v. refl.* to resign oneself; to refrain from (spending); to behave like a coward; to tighten the purse strings; to shrink up; to be shy; to grow short; ***a fazenda encolhe*** the stuff shrinks; ***a flanela encolhe com a lavagem*** flannel shrinks in the wash
encolhidamente *adv.* shrinkingly; timidly, diffidently
encolhido *adj.* shrunken, contracted, diminished; shy, bashful, timid; ***estar encolhido com frio*** to be hunched up with cold
encolhimento *s. m.* shrinking, shrinkage, contraction; diminution; shyness, timidity
encomenda *s. f.* order; commission, charge; task, incumbency; indent; parcel; ***encomenda postal*** parcel post, postal package; ***fazer uma encomenda*** to place an order; ***encomendas importantes*** substantial orders; ***encomenda enviada por avião*** parcel sent by air; ***encomenda enviada pelo caminho-de-ferro*** parcel sent by rail; ***encomenda registada*** registered parcel; ***encomenda com valor declarado*** declared value parcel; ***anular uma encomenda*** to cancel an order; COMÉRCIO ***livro de encomendas*** order-book; ***levantar uma encomenda postal*** to collect a parcel from the Post-Office; ***vai como encomenda postal*** it goes by parcel post; ***encomenda grande*** a large order; ***trabalho de encomenda*** ordered work; ***feito de encomenda*** made to order
encomendação *s. f.* order; burial service; RELIGIÃO commendation
encomendado *adj.* ordered; recommended
encomendar Ⓐ *v. tr.* to order; to ask for; to recommend, to charge; to commit, to entrust Ⓑ *v. refl.* to rely upon; to pray to God (for); ***encomendei três pares de sapatos*** I ordered three pairs of shoes; ***encomendar alma a Deus*** to order one's soul to God
encomendeiro *s. m.* person who collects orders (or does the collective purchasing) for others; person who takes (or executes) orders
encomiador *s. m.* encomiast

encomiar *v. tr.* to praise, to laud, to eulogize, to extol
encomiasta *s. m. e f.* encomiast, panegyrist, eulogist
encomiástico *adj.* encomiastic, panegyrical, eulogistic, eulogistical
encómio *s. m.* encomium, praise, panegyric, eulogy
encomissar *v. intr.* to be fined
encompridar *v. tr.* to lengthen, to make longer, to extend, to elongate
enconcar Ⓐ *v. tr.* to bend, to curve Ⓑ *v. refl.* to become concave (or hollow); to warp
enconchado *adj.* shelly, covered with shells
enconchar Ⓐ *v. tr.* to shell; to cover with shells Ⓑ *v. refl.* to go into one's shell, to shrink
enconicado *adj.* hunched up with cold
encontradiço *adj.* frequently met with, easily found
encontrado *adj.* found; joined, close; contrary, opposite
encontrão *s. m.* push, shove, jostle, shock; elbowing; collision; ***andar aos encontrões*** to thrust one's way (through a crowd), to jostle one's way
encontrar Ⓐ *v. tr.* to meet. to encounter; to find, to find out, to discover; to stumble upon, to come across; to fall in with Ⓑ *v. refl.* to meet with; to collide; to be (to feel) oneself; ***encontrar alguém de igual força (encontrar a forma do seu pé)*** to find (to meet) one's match; ***encontrar obstáculos*** to meet with obstacles; ***encontrar-se à venda no mercado*** to be on sale in the market; ***encontrar alguém na rua*** to meet a person in the street; ***encontrar dificuldades inesperadas*** to run into a snag; ***encontrar de chofre*** to bump hard into; ***correspondemo-nos regularmente, mas raras vezes nos encontramos*** we correspond regularly but we seldom meet; ***no dia em que o encontrei, toquei-lhe no assunto*** the day I met him I touched on the matter; ***por acaso encontrei ontem um velho amigo*** it happened that I came across an old friend yesterday
encontro *s. m.* meeting; encounter; collision, shock; opposition; obstacle; compensation (accounts); fight, contest; conjuncture; *pl.* abutments of an arch, shoulders; ***lugar de encontro*** meeting-place; ***encontro do arco*** abutment of an arch; ***ir ao encontro de ...*** to go to meet; NÁUTICA ***de encontro (leme)*** aweather (helm); ***encontro marcado*** set engagement; ***de encontro a*** against, opposed to, contrary to; ***marcar um encontro*** to make an appointment; ***o meu carro foi de encontro ao muro*** my car ran into the wall
encontroar *v. tr.* to jostle, to thrust one's way; to elbow
encopar Ⓐ *v. tr.* to top, to prune; to swell Ⓑ *v. intr.* to branch out, to become rounded at the top (a tree)
encoquinar *v. tr.* to hide, to conceal in the kitchen
encoquinhar *v. tr.* ⇒ **encoquinar**
encorajamento *s. m.* encouragement; incitement, stimulation
encorajar Ⓐ *v. tr.* to encourage, to give courage to, to stimulate, to incite; to hearten, to cheer up; to help Ⓑ *v. refl.* to gather courage
encórdio *s. m.* MEDICINA bubo
encordoação *s. f.* ⇒ **encordoamento**
encordoamento *s. m.* stringing (of musical instruments)
encordoar Ⓐ *v. tr.* to string (musical instruments) Ⓑ *v. intr.* to mistrust; to pout; to be sullen
encornanço *s. m.* [cal.] memorizing without understanding (when studying)
encornar *v. intr.* to collide with, to stumble; to be stricken by the horns; to memorize without understanding (when studying)
encornetar *v. tr.* to shape like a trumpet
encoronhado *adj.* horse with broken hoof
encoronhar *v. tr.* to put a butt on a rifle
encorpado *adj.* corpulent; strong-bodied; thick, dense; solid, resistant; ***pano encorpado*** substantial cloth (or material), close-woven cloth
encorpadura *s. f.* thickness; corpulence; density
encorpamento *s. m.* thickness; corpulence; density
encorpar Ⓐ *v. tr.* to thicken, to give body (consistence) to Ⓑ *v. intr.* to grow stout, to fatten
encorreadura *s. f.* collection of straps; leather armour
encorreamento *s. m.* fastening with a strap
encorrear Ⓐ *v. tr.* to fasten with a strap Ⓑ *v. intr.* to become leathery; to wrinkle, to grow wrinkled
encorricar *v. intr.* to wrinkle, to crease
encorrilha *s. f.* wrinkle, crease, furrow
encorrilhar *v. tr. e intr.* to shut up; to enclose; to corrugate, to wrinkle
encortelhar *v. tr.* to corral
encortiçar Ⓐ *v. tr.* to put into a bee-hive; to cover with cork; to make rough (like cork) Ⓑ *v. intr.* to grow rough (like cork); to form bark
encortinar *v. tr.* to curtain, to furnish with curtains
encorujar-se *v. refl.* [Bras.] to become sad and lonely
encoscoramento *s. m.* shrivelling
encoscorar Ⓐ *v. tr.* to shrivel, to crisp Ⓑ *v. refl. e intr.* to become crisp
encospas *s. f. pl.* shoe-stretcher
encóspias *s. f. pl.* shoe-stretcher; ***meter-se nas encóspias*** to give no reasons (or satisfaction), to dodge
encosta *s. f.* slope, hillside; declivity; ***pela encosta abaixo*** down the slope
encostadela *s. f.* [pop.] bore, annoyance; tap, touch for a favour (or money)
encostado *adj.* close; leaning on (against)
encostador *s. m.* incorrigible borrower
encostalar *v. tr.* to bundle, to pack up
encostamento *s. m.* act of leaning against
encostar Ⓐ *v. tr.* to prop; to lean on (or against) Ⓑ *v. refl.* to lean back, on, or against; to rest against; to recline, to rest, to repose, to lie down; to prop oneself up, to seek one's protection; to rely on, to depend on; to ask for money; ***encostar-se a uma parede*** to lean against a wall; ***não se encoste!*** stand off!; ***encostar-se a uma opinião*** to lean to one opinion; [fig.] ***encostar-se a alguém*** to seek someone's protection; ***encostar a cabeça*** to rest one's head; ***encostar a porta*** to leave the door open, to leave the door ajar; ***encostar alguém à parede*** to drive someone to the wall, to pin someone to the wall; NÁUTICA ***encostar os fogos*** to bank the fires, to put the fires out
encostes *s. m. pl.* ARQUITECTURA buttress; abutment, props; support, protection
encosto *s. m.* prop; support, stay, strut; back (of a chair), protection
encouchar Ⓐ *v. tr.* to bend; to curve Ⓑ *v. refl.* to humble, to humiliate oneself
encouraçar *v. tr.* to cover with a cuirass; to protect with armour plates (ships)
encourado *adj.* covered with leather, leather covered
encourar *v. tr.* to cover with leather
encovado *adj.* sunken, hollow; deep-set; [fig.] hidden; ***olhos encovados*** hollow-eyes, sunken eyes
encovar Ⓐ *v. tr.* to shut up in a cave; to hide Ⓑ *v. intr.* to be dumbfounded, to be embarrassed Ⓒ *v. refl.* to hide oneself
encovilar *v. tr.* to shut up in a den
encratismo *s. m.* encratism
encrava *s. f.* ⇒ **encravação**
encravação *s. f.* nailing, fastening with nails; prick (in a horse's foot); deceit, sham, fraud, lie
encravado *adj.* nailed; VETERINÁRIA pricked; inlaid, embedded; stuck; embarrassed, in a fix; [fam.] ***estar encravado*** to be in debt, to be in a fix, to be in a tight corner; ***unha encravada*** in-growing nail
encravadura *s. f.* horse shoe nails; ⇒ **encrava**

encravamento *s. m.* ⇒ **encrava**
encravar Ⓐ *v. tr.* to nail; to prick (a horse); to deceive; to spike (guns); to inlay, to embed; to set (gem) Ⓑ *v. refl.* to run into debt; to get involved into difficulties; to put oneself in a fix (tight corner)
encrave *s. m.* ⇒ **encravo**
encravelhação *s. f.* embarrassment, difficulty; corner, rub; act of providing a musical instrument with pegs
encravelhar Ⓐ *v. tr.* to embarrass; to put one in an awkward position; to peg Ⓑ *v. refl.* to engage oneself, to run into debt
encravilhar Ⓐ *v. tr.* to embarrass; to put one in an awkward position; to peg Ⓑ *v. refl.* to engage oneself, to run into debt
encravo *s. m.* prick, puncture (in the quick of a horse's hoof)
encrenca *s. f.* [fam.] hitch, fix; obstacle, difficulty, trouble; intrigue; row; ***armar encrenca*** to kick up a dust (row); ***procurar encrencas*** to ask for trouble; ***uma encrenca dos diabos*** a devil of a row
encrencar *v. tr.* to embarrass; to complicate, to embroil; ***o caso está muito encrencado*** the case is deeply entangled
encrenque *s. m.* trouble-maker
encrenqueiro Ⓐ *s. m.* [Bras.] troublemaker, meddler Ⓑ *adj.* [Bras.] troublemaking, meddling
encrespado *adj.* curled, frizzled, crisp (hair); furious, raging, angry; irritated; rippled, choppy (sea)
encrespador Ⓐ *adj.* curling, frizzling Ⓑ *s. m.* frizzling (curling) irons
encrespadura *s. f.* curling, frizzling; rippling
encrespamento *s. m.* ⇒ **encrespadura**
encrespar Ⓐ *v. tr.* to curl, to frizzle, to crisp (hair); to bristle; to ripple Ⓑ *v. refl.* to bristle up; to rage, to fume, to chafe; to become rough; to get angry; to become choppy (sea); ***ele encrespou-se com o amigo*** he fell out with his friend
encriptação *s. f.* INFORMÁTICA encryption
encristado *adj.* crested; haughty, proud, arrogant
encristar-se *v. refl.* to raise up the crest (bird); to toss (the head); [fig.] to become proud (haughty)
encrostado *adj.* crusty; scabby
encrostar *v. tr.* to crust; to scab
encruado *adj.* underdone, half-cooked, raw; tough; soggy (cake), indigestible; upset (stomach)
encruamento *s. m.* toughness; hardness; cruelty; indigestion, indisposition
encruar Ⓐ *v. tr.* to make raw; to harden, to toughen; to make cruel; to exasperate, to irritate; to upset the stomach; to cause indigestion Ⓑ *v. intr.* to grow cruel; to become tough (hard)
encrudelecer Ⓐ *v. tr e refl.* ⇒ **encrudescer**
encrudescer Ⓐ *v. tr.* to make cruel, to brutalize Ⓑ *v. refl. e intr.* to become cruel, to brutalize; to enrage
encruecer *v. tr. e intr.* ⇒ **encruar**
encruentar *v. tr.* to make cruel, to brutalize; to make raw
encrustar *v. tr. e intr.* to form a crust; to crust
encruzado *adj.* crossed
encruzamento *s. m.* crossing, intersection
encruzar *v. tr.* to cross, to transverse, to intersect; to place cross-wise
encruzilhada *s. f.* cross-way; crossroad(s); ***chegar a uma encruzilhada*** to come to the parting of ways
encruzilhar *v. tr.* to cross; to cut across
encubação *s. f.* act of putting in vats
encubar *v. tr.* to cask liquids; to put into a vat
encueirar *v. tr.* to swaddle
encumear *v. tr.* to put on the top
encurralamento *s. m.* act of corralling, poundage
encurralar Ⓐ *v. tr.* to pen up, to shut up (cattle) in a pen; to enclose, to shut in; to confine Ⓑ *v. refl.* to take refuge
encurtador Ⓐ *s. m.* that which shortens (abbreviates) Ⓑ *adj.* shortening, curtailling, abbreviating
encurtamento *s. m.* shortening, lessening; curtailment abridg(e)ment
encurtar *v. tr.* to shorten, to cut short, to lessen, to curtail to abridge; to abbreviate; to diminish, to reduce; MILITAR ***encurtar o passo*** to shorten the step; ***encurtar o caminho*** to cut across (way)
encurvadura *s. f.* incurvation, incurving, curving, bending curvature
encurvamento *s. m.* ⇒ **encurvadura**
encurvar Ⓐ *v. tr.* to incurvate, to bend, to arch; [fig.] to humiliate, to humble Ⓑ *v. intr.* to stoop, to bend; to submit ***encurvar-se debaixo do peso*** to sink under a burden
endartéria *s. f.* endoartery
endarterite *s. f.* endoarteritis, endarteritis
endecha *s. f.* dirge; song of lament
endechar *v. tr.* to sing dirges
endefluxar-se *v. refl.* to catch a cold
endemia *s. f.* MEDICINA endemic disease
endemicidade *s. f.* endemicity, endemism
endémico *adj.* endemic
endemiologia *s. f.* endemiology
endemismo *s. m.* endemicity
endemizar *v. tr.* to render endemic
endemoninhado *adj.* demoniac, possessed (by an evil spirit); devilish, mischievous (child)
endemoninhar *v. tr.* to demonize; to infuriate
endentação *s. f.* indenture, indentation; the act of opening the teeth in a gear
endentado *adj.* indented, denticulate
endentar *v. tr.* to indent, to dent; to tooth (wheels)
endentecer *v. intr.* to cut teeth; to teethe
endereçamento *s. m.* address, direction, superscription
endereçar Ⓐ *v. tr.* to address; to direct Ⓑ *v. refl.* to bend one's steps towards; to address oneself to, to make for ***endereçar uma carta*** to address a letter
endereço *s. m.* address; ***pôr o endereço numa carta*** to address a letter; ***endereço telegráfico*** telegraphic address ***foi remetido com endereço errado*** it was sent to a wrong address
endérmico *s. m.* MEDICINA endermic
endes *s. m.* nest-egg
endeusado *adj.* deified, divinized
endeusador Ⓐ *adj.* deifying Ⓑ *s. m.* deifier
endeusamento *s. m.* deification, divinization; [fig.] haughtiness, pride
endeusar *v. tr.* to deify, to divinize; [fig.] to grow vain (haughty)
endez *s. m.* nest-egg
endiabrado *adj.* devilish; naughty, mischievous (child) furious, demoniac
endiabrar *v. tr.* to demonize; to make furious
endimenina *s. f.* BOTÂNICA intine
endinheirado *adj.* moneyed, wealthy, rich; ***homem endinheirado*** moneyed man
endireita *s. m. e f.* [pop.] bone-setter; [pop.] charlatan
endireitamento *s. m.* straightening; rectification
endireitar Ⓐ *v. tr.* to straighten, to make straight; to set right Ⓑ *v. intr.* to walk ahead, to direct oneself to Ⓒ *v. refl.* to straighten up, to become straight again; to stand upright; ***endireitar um navio*** to right a ship; ***endireitar a vida*** to set one's affairs right, to mend one's ways ***quem nasce torto tarde ou nunca se endireita*** as the twig is bent, so grows the tree, what is bred in the bone will come out in the flesh
endireito *s. m.* direction

endiva *s. f.* BOTÂNICA ⇒ **endívia**
endívia *s. f.* BOTÂNICA endive
endividado *adj.* in debt; ***estar endividado até às pontas dos cabelos*** to be up to the ears in debt, to be deeply in debt
endividamento *s. m.* indebtedness
endividar Ⓐ *v. tr.* to indebt, to make one run into debt; to lay under obligation Ⓑ *v. refl.* to contract debts; to run into debt; to bind oneself
endoblasto *s. m.* BIOLOGIA endoblast, hypoblast
endocárdio *s. m.* ANATOMIA endocardium
endocardite *s. f.* MEDICINA endocarditis
endocárpio *s. m.* BOTÂNICA endocarp
endocarpo *s. m.* BOTÂNICA ⇒ **endocárpio**
endocéfalo *adj.* BIOLOGIA endocephalous, endocephalic
endocélio *s. m.* ZOOLOGIA endocoele
endocraniano *adj.* endocranial
endocrânio *s. m.* ANATOMIA endocrane
endocrínico *adj.* MEDICINA endocrinous
endócrino *adj.* MEDICINA endocrinous
endocrinologia *s. f.* MEDICINA endocrinology
endocrinologista *s. m. e f.* endocrinologist
endoderma *s. m.* BIOLOGIA endoderm
endoderme *s. f.* BIOLOGIA ⇒ **endoderma**
Endoenças *s. f. pl.* Passion Week, Holy Week; ***Quinta-Feira de Endoenças*** Maundy Thursday
endofasia *s. f.* endophasia (speaking to oneself)
endófito Ⓐ *adj.* BOTÂNICA endophytous Ⓑ *s. m.* endophyte
endogamia *s. f.* endogamy
endogénese *s. f.* BIOLOGIA endogenesis
endogenia *s. f.* BIOLOGIA endogeny
endogénico *adj.* BIOLOGIA endogenous
endógeno *adj.* BIOLOGIA endogenous
endógeo *adj.* qualifying the animal that lives in holes excavated in the ground
endoidar *v. tr. e intr.* ⇒ **endoidecer**
endoidecedor *adj.* maddening
endoidecer Ⓐ *v. tr.* to madden, to drive mad Ⓑ *v. intr.* to go mad, to lose one's reason
endoidecimento *s. m.* act of going mad or crazy
endolinfa *s. f.* ANATOMIA endolymph
endolinfático *adj.* ANATOMIA endolymphatic
endometrite *s. f.* MEDICINA endometritis
endomicose *s. f.* MEDICINA stomatitis caused (to infants and children) by a vegetal parasite
endomingado *adj.* in Sunday clothes; elegant, fashionable
endomingar *v. tr. e refl.* to put on Sunday clothes (Sunday best); to dress fashionably
endomixia *s. f.* BIOLOGIA endomixis
endomórfico *adj.* endomorphic
endomorfismo *s. m.* GEOLOGIA endomorphism
endoneuro *s. m.* ZOOLOGIA endoneurium
endoparasita *s. m.* ⇒ **endoparasito**
endoparasitismo *s. m.* MEDICINA endoparasitism
endoparasito *s. m.* MEDICINA endoparasite
endoplasma *s. m.* BIOLOGIA endoplasm
endoplasmático *adj.* BIOLOGIA endoplasmic
endopleura *s. f.* BOTÂNICA endopleura, tegmen
endorreico *adj.* endorrh(o)eal
endoscopia *s. f.* MEDICINA endoscopy
endoscópico *adj.* endoscopic
endoscópio *s. m.* MEDICINA endoscope
endosfera *s. f.* endosphere
endosmómetro *s. m.* FÍSICA endosmometer
endosmose *s. f.* FÍSICA endosmosis
endosmótico *adj.* FÍSICA endosmotic
endosperma *s. m.* BOTÂNICA endosperm
endospérmico *adj.* BOTÂNICA endospermic
endósporo *s. m.* BOTÂNICA endospore
endosquelético *adj.* ANATOMIA endoskeletal
endosqueleto *s. m.* ANATOMIA endoskeleton
endossado Ⓐ *adj.* COMÉRCIO endorsed Ⓑ *s. m.* endorsee
endossador Ⓐ *adj.* COMÉRCIO endorsed Ⓑ *s. m.* endorser
endossamento *s. m.* endorsement
endossante *s. m.* endorser
endossar *v. tr.* to endorse; ***endossar um cheque*** to back a cheque, to endorse a cheque, to countersign a cheque
endossarco *s. m.* ⇒ **endoplasma**
endossatário *adj.* ⇒ **endossado**
endosse *s. m.* endorsement
endosso *s. m.* endorsement
endostilo *s. m.* ICTIOLOGIA endostyle
endóstomo *s. m.* BOTÂNICA endostome
endotelial *adj.* ANATOMIA endothelial
endotélio *s. m.* ANATOMIA endothelium
endotelioma *s. m.* endothelioma
endotérmico *adj.* endothermic
endoudar *v. tr. e intr.* ⇒ **endoidecer**
endoudecer *v. tr. e intr.* ⇒ **endoidecer**
endovenoso *s. m.* ANATOMIA endovenous, intravenous
endozoário *s. m.* ZOOLOGIA endozoan
endrage *s. f.* BOTÂNICA ⇒ **endrão**
endrão *s. m.* BOTÂNICA a hogfennel; wild dill
endro *s. m.* BOTÂNICA dill
endrómina *s. f.* stratagem, artifice, clever trick; imposture
endrominar *v. tr.* to dupe, to deceive; to intrigue
êndua *s. f.* MEDICINA bubo (swelling, e. g. of the upper inner thigh)
endurar Ⓐ *v. tr.* to harden; to make hard Ⓑ *v. intr.* to harden
endurecedor *adj.* hardening
endurecer Ⓐ *v. tr. e intr.* to harden, to make hard; to render insensitive (unfeeling) Ⓑ *v. intr.* to harden, to become insensitive (unfeeling); ***endurecer o coração*** to steel one's heart
endurecido *adj.* hardened, inured; obstinate, obdurate; hard-hearted, cruel; callous
endurecimento *s. m.* act of hardening; cruelty, hard-heartedness
endurentar *v. tr. e intr.* ⇒ **endurecer**
eneágino *adj.* BOTÂNICA enneagynous, having nine pistils
eneagonal *adj.* GEOMETRIA enneagonal
eneágono *s. m.* GEOMETRIA enneagon
eneandria *s. f.* BOTÂNICA enneandria
eneandro *adj.* BOTÂNICA enneandrous
eneapétalo *adj.* BOTÂNICA enneapetalous
eneassépalo *adj.* BOTÂNICA enneasepalous
eneassilábico *adj.* GRAMÁTICA enneasyllabic
eneassílabo Ⓐ *adj.* GRAMÁTICA enneasyllabic Ⓑ *s. m.* enneasyllabic word
enegrecer Ⓐ *v. tr.* to blacken, to darken; to denigrate; to defame, to decry Ⓑ *v. intr.* to grow dark; to get cloudy (weather)
enegrecimento *s. m.* blackening, darkening; defamation, slander
éneo *adj.* related to bronze; hard as bronze; bronze-made
eneolítico *adj.* said of the transition period from neolithic to the bronze age
energética *s. f.* energetics
energético *adj.* energetic
energia *s. f.* energy, force, vigour, heartiness, activity; power, strength; firmness; ***cheio de energia*** full of energy, full of go; ***despender energia em demasia*** to burn the candle at both ends; ***mostrar a energia precisa*** to rise to the occasion; ***empreender com energia*** to have a go at; ***aplicar***

energia a qualquer coisa to apply one's energies to something; *energia atómica* atomic energy; *energia cinética* kinetic energy; *energia calorífera (térmica)* heat energy; *energia eléctrica* electric energy; *energia mecânica* mechanical energy; *energia química* chemical energy; *energia hidráulica* water power; *energia nuclear* nuclear energy; *energia vatimétrica* wattage; *energia vital* vital energy; *fazer uma coisa com energia* to do a thing with a will; *central de energia hidráulica* hydro-electric plant, power station; [fig.] *com energia* energetically, with a will; *consumo de energia* power consumption; *produção de energia* power generation; *sem energia* fecklessly

energicamente *adv.* energetically; *apoiar energicamente* to give strong support to; *falar energicamente com alguém* to speak sternly to somebody; *insistir energicamente em* to press hard for; *protestar energicamente* to protest strongly

enérgico *adj.* energetic; active, vigorous; powerful, strenuous; potent, effective, strong-willed; *é homem enérgico e de acção* he is an energetic and active man

energúmeno *s. m.* energumen; fanatic

enervação *s. f.* enervation; weakness; nervousness

enervado *adj.* enervate; weakened; nervous

enervamento *s. m.* ⇒ **enervação**

enervante *adj.* enervating

enervar Ⓐ *v. tr.* to enervate; to unnerve; to weaken; to provide with nerves; to make nervous Ⓑ *v. refl.* to become enervated; to grow impatient, to become nervous

enesgar Ⓐ *v. tr.* to give the form of a gore Ⓑ *v. intr.* to have the form of a gore

enevoado *adj.* hazy, misty; foggy; cloudy; *está enevoado* it is foggy

enevoar Ⓐ *v. tr.* to cloud, to darken; to tarnish, to fog, to mist Ⓑ *v. refl.* to become overcast, to grow cloudy

enfadadiço *adj.* irascible, peevish, fretful, cross, testy, restless

enfadamento *s. m.* ⇒ **enfado**

enfadar Ⓐ *v. tr.* to bore, to annoy; to tire; to worry, to bother; to trouble Ⓑ *v. refl.* to get tired; to grow weary; to worry oneself; *enfadar com perguntas* to tire a person with questions; *enfada toda a gente com a sua conversa* he bores everybody with his talk

enfado *s. m.* tediousness, boredom, weariness, tiredness, fatigue, annoyance; *mostrar enfado* to show signs of boredom

enfadonho *adj.* tiresome, tedious, wearisome; annoying, troublesome, irksome, dull, fatiguing; *criança enfadonha* a tiresome child; *trabalho enfadonho* a tiresome work; *uma tarefa enfadonha* a troublesome task; *conversa enfadonha* prosy talk

enfadoso *adj.* tiresome, tedious, wearisome; annoying, troublesome, irksome, dull, fatiguing

enfaixado *adj.* swaddled, swathed; bound, enveloped

enfaixar *v. tr.* to swaddle, to swathe; *enfaixar o bebé* to dress the baby

enfaixe *s. m.* swaddling; swathing

enfanicar *v. intr.* [fam.] to faint, to swoon

enfarar Ⓐ *v. tr.* to loathe, to detest Ⓑ *v. intr.* to get nauseous, to feel sick

enfardadeira *s. f.* hay baling machine; baler

enfardador *s. m.* baler, packer

enfardamento *s. m.* packing up, baling

enfardar *v. tr.* to pack up, to bale; *enfardar mercadorias* to pack up goods

enfardelar *v. tr.* to pack up, to bundle, to make into a bundle

enfarear *v. tr. e intr.* ⇒ **enfaixar**

enfarelar *v. tr.* to add bran to, to mix with bran

enfarinhadela *s. f.* sprinkling (covering) with flour; smattering; slight (superficial) knowledge

enfarinhado *adj.* sprinkled (covered) with flour; powdered; having a smattering of

enfarinhador *s. m.* one who sprinkles (covers) with flour; smatterer

enfarinhamento *s. m.* ⇒ **enfarinhadela**

enfarinhar Ⓐ *v. tr.* to sprinkle (to cover) with flour; to powder Ⓑ *v. refl.* to get a smattering of

enfaroar *v. tr. e intr.* ⇒ **enfaixar**

enfarpelado *adj.* decked up in new clothes

enfarpelar *v. tr. e refl.* to deck oneself up (out) in new clothes

enfarrapado *adj.* ragged, tattered

enfarrapar *v. tr.* to cover with rags; to dress in rags

enfarripado *adj.* with thin (scarce) hair

enfarruscar *v. tr.* to soot, to cover with soot; to blacken; *diz a panela à sertã: chega-te para lá, não me enfarrusques* the pot calls the kettle black

enfartado *adj.* overfed, crammed, replete, full up, glutted, satisfied; *estar enfartado* to be full (gorged)

enfartamento *s. m.* glut, repletion, surfeit; cramming

enfartar *v. tr.* to glut, to fill, to stuff, to satiate, to cram

enfarte *s. m.* glutting, stuffing, filling; fill; cramming; MEDICINA infarct, coronary

ênfase *s. f.* emphasis; *dar ênfase a* to emphasize; *sem ênfase* unexpressive

enfastiadiço *adj.* easily tired (or bored)

enfastiado *adj.* tired, squeamish; loathed, bored, annoyed; *estar enfastiado de tudo* to be sick at heart

enfastiamento *s. m.* tiring, boredom; tediousness

enfastiante *adj.* tiring, boring; tedious

enfastiar Ⓐ *v. tr.* to weary, to tire; to bore, to annoy Ⓑ *v. refl.* to grow weary of; to be tired of

enfastioso *adj.* tedious, irksome, boring

enfaticamente *adv.* emphatically

enfático *adj.* emphatic

enfatiotar-se *v. refl.* to dress up

enfatizar *v. tr.* to emphasize, to lay stress on; [fig.] to highlight, to underline

enfatuação *s. f.* fatuousness; presumption, conceit

enfatuado *adj.* fatuous; pedantic, vain, arrogant, conceited

enfatuamento *s. m.* ⇒ **enfatuação**

enfatuar Ⓐ *v. tr.* to infatuate, to make fatuous (vain) Ⓑ *v. refl.* to be (to become) vain

enfear *v. tr.* to uglify

enfebrecer Ⓐ *v. tr.* to cause a fever to Ⓑ *v. intr.* to get a fever

enfeirar *v. intr.* to do business in a fair

enfeitado *adj.* decorated, ornamented, adorned, embellished, trimmed; spruce

enfeitador *s. m.* decorator; adorner

enfeitamento *s. m.* adornment, decoration

enfeitar Ⓐ *v. tr.* to adorn, to deck, to decorate, to trim; to embellish, to beautify, to ornament Ⓑ *v. refl.* to adorn oneself, to make oneself beautiful; to spruce up, to dress (oneself) up; *enfeitar-se com jóias* to adorn oneself with jewels; *enfeitar uma sala com flores* to adorn (to decorate) a room with flowers; *enfeitar um casaco com peles* to trim a coat with fur; *enfeitar a mesa com flores* to deck the table with flowers; *enfeitar um vestido* to trim a dress

enfeite *s. m.* ornament, decoration, trimming, embellishment; *pl.* pretties, fripperies

enfeitiçado *adj.* bewitched, attracted, fascinated, spellbound; enchanted, charmed

enfeitiçador Ⓐ *adj.* charming, seducing Ⓑ *s. m.* seducer

enfeitiçar *v. tr.* to bewitch, to charm, to enchant, to fascinate, to cast a glamour over; to seduce, to enchant

enfeixamento *s. m.* act of bundling up

enfeixar *v. tr.* to bundle up, to truss; to tie together

enfeltrar *v. tr.* to felt

enfelujar *v. tr.* to soot, to soil with soot
enfermagem *s. f.* nursing
enfermar *v. intr.* to be taken ill; to become defective, to have a defect
enfermaria *s. f.* ward, sick-ward, infirmary; ***enfermaria (de bordo)*** sick-bay; ***criada de enfermaria*** wardmaid
enfermeira *s. f.* nurse; ***enfermeira chefe*** [Ingl.] charge nurse, [E.U.A.] head nurse; ***enfermeira de hospital*** hospital nurse; ***enfermeira diplomada*** registered nurse; ***corpo de enfermeiras*** nursing staff, staff of nurses
enfermeiro *s. m.* male nurse; ***enfermeiro militar*** orderly; ***enfermeiro de ambulância*** ambulance attendant; ***enfermeiro ajudante*** attendant; ***enfermeiro aspirante*** probationer
enfermiço *adj.* sickly, infirm
enfermidade *s. f.* infirmity, sickness, disease, illness, weakness; defect
enfermo Ⓐ *adj.* sick, ill, ailing; weak, feeble Ⓑ *s. m.* patient, invalid; sufferer; ***leito de enfermo*** sick-bed
enferrujado *adj.* rusty
enferrujamento *s. m.* rusting
enferrujar Ⓐ *v. tr.* to rust, to make rusty Ⓑ *v. refl.* to become (to go) rusty
enfesta *s. f.* summit, height, acme
enfestado *adj.* folded lengthwise; reinforced; ***pano enfestado*** cloth folded lengthwise
enfestar *v. tr.* to fold lengthwise; to steal at games
enfestar-se *v. refl.* to make merry
enfesto *adj.* steep, sloping
enfeudação *s. f.* enfeoffment
enfeudar *v. tr.* to enfeoff; to submit, to subject
enfezado *adj.* rachitic, stunted, rickety; ***árvores enfezadas*** stunted trees; ***criança enfezada*** stunted child
enfezamento *s. m.* rachitis, rickets, stuntedness
enfezar *v. tr.* to stunt; to check growth (development); to dwarf
enfiação *s. f.* stringing, threading
enfiada *s. f.* file, row, range; series
enfiado *adj.* threaded; strung; panic-stricken, appalled; NÁUTICA end on
enfiadura *s. f.* needleful; threading; stringing (of beads); eye of a needle
enfiamento *s. m.* threading, stringing; paleness
enfiar Ⓐ *v. tr.* to thread, to string; to range into files; to enfilade; to slip on (dress, shoes); to run through, to pierce (as with a sword); to enter Ⓑ *v. intr.* to grow pale; ***enfiar pérolas*** to string pearls; ***quer que lhe enfie a agulha?*** shall I thread your needle for you?; ***enfiar no bolso*** to tuck away into the pocket; ***enfiar-se na cama*** to slip into bed
enfileiramento *s. m.* alignment, alinement
enfileirar Ⓐ *v. tr. e intr.* to range (in lines), to rank, to place in a row (file) Ⓑ *v. intr.* to come into line, to get into line
enfim *adv.* finally, at last
enfincar *v. tr.* to stick, to drive, to plant into
enfisema *s. f.* MEDICINA emphysema
enfisemático *adj.* MEDICINA emphysematic
enfistulado *adj.* fistulous
enfistular Ⓐ *v. tr.* to make fistulous Ⓑ *v. intr.* to become fistulous Ⓒ *v. refl.* to form a fistula
enfitar *v. tr.* to trim (with ribbons); to stare at
enfiteuse *s. f.* DIREITO emphyteusis
enfiteuta *s. m. e f.* emphyteuta
enfiteuticar *v. tr.* to lease by emphyteusis
enfitêutico *adj.* emphyteutic
enfivelamento *s. m.* putting (sewing on) of buckles
enfivelar *v. tr.* to put a buckle on
enflorar Ⓐ *v. tr.* to flower, to decorate with flowers Ⓑ *v. intr.* to bloom, to blossom
enflorescer *v. intr.* to burst into flower; to flower, to bloom
enfogar *v. tr.* to fire; to scorch; to burn; to blaze
enfolar Ⓐ *v. intr.* to crease, to bag (of clothes) Ⓑ *v. tr.* to blister; to inflate (bellows, etc.)
enfolechar *v. intr.* to blister
enfolhamento *s. m.* act of forming into leaves
enfolhar Ⓐ *v. intr.* to leaf, to put forth leaves Ⓑ *v. tr.* to cover with leaves; to furnish with flounces
enfolipar *v. tr.* to bulge
enforcada *s. f.* NÁUTICA housing
enforcado Ⓐ *adj.* hanged; ***vide de enforcado*** vine growing up a tree Ⓑ *s. m.* hanged man
enforcamento *s. m.* hanging
enforcar Ⓐ *v. tr.* to hang; to squander, to dissipate; to sell dog-cheap Ⓑ *v. refl.* to hang oneself
enforjar *v. tr.* to forge; to put into the forge
enformação *s. f.* act of shaping
enformadeira *s. f.* blocking-machine
enformado *adj.* corpulent, well-built; well-set; well-made
enformador *adj.* that develops, that shapes
enformar Ⓐ *v. tr.* to shape; to block (hats); to put on the last (shoes); to put on a mould Ⓑ *v. intr.* to develop, to grow
enfornar *v. tr.* to put into an oven (or kiln)
enforquilhamento *s. m.* pitchforking; forking
enforquilhar *v. tr.* to give a form of a pitchfork (trident); to fork
enforro *s. m.* lining
enfortar *v. tr.* ⇒ **enfortecer**
enfortecer *v. tr.* to fortify
enfortir *v. tr.* to full (cloth)
enfranque *s. m.* shank of a shoe
enfranquear *v. tr.* to make the shank of a shoe
enfraquecedor *adj.* weakening; debilitative; enfeebling, declining
enfraquecer Ⓐ *v. tr.* to weaken, to enfeeble, to debilitate Ⓑ *v. intr.* to grow weak; FOTOGRAFIA to tone down; ***parece que ele enfraquece dia a dia*** he seems to be weakening daily
enfraquecimento *s. m.* weakness, debility, feebleness; ***enfraquecimento geral*** general weakness
enfraquentar *v. tr.* ⇒ **enfraquecer**
enfrascar Ⓐ *v. tr.* to bottle; to store in bottles; to saturate with wine; to intoxicate Ⓑ *v. refl.* [cal.] to get drunk
enfraxia *s. f.* MEDICINA obstruction
enfreador Ⓐ *adj.* restraining, taming Ⓑ *s. m.* tamer; discipliner
enfreamento *s. m.* bridling (of a horse); repression, restraint
enfrear *v. tr.* to bridle, to curb, to restrain, to repress
enfrechadura *s. f.* NÁUTICA ratling; ratline
enfrechar *v. tr.* NÁUTICA to place ratlines
enfrechate *s. m.* ratline
enfrenesiar *v. tr.* to render frantic, to frenzy; to exasperate
enfrentar *v. tr.* to face; to meet; to stand up to, to brave; to defy; ***enfrentar os infortúnios com coragem*** to meet calamities with a smile; ***enfrentar resolutamente*** to look in the face; [coloq.] ***enfrentar a situação*** to face the situation, to take the bull by the horns
enfrestado *adj.* windowed, full of holes
enfriar *v. tr.* to make cold; to cool
enfroixecer *v. tr.* ⇒ **enfrouxecer**
enfronhado *adj.* in a pillow-case; well-versed in a subject, learned
enfronhar Ⓐ *v. tr.* to put (the pillow) into the pillow-case; to slip into one's clothes; to teach a subject to Ⓑ *v. refl.* to acquire learning, to become versed in (a subject); ***enfronhar-se num assunto*** to make oneself acquainted with a subject
enfrontes *s. m. pl.* direction (ahead)
enfrouxecer *v. tr. e intr.* to slacken; to debilitate, to weaken
enfrutar *v. intr.* ⇒ **enfrutecer**
enfrutecer *v. intr.* to frutify, to bear fruit
enfrutecimento *s. m.* bearing of fruit

enfueirada *s. f.* a full cart-load
enfueirar *v. tr.* to pole (a cart), to load the cart up to the poles
enfulijar *v. tr.* to soot, to smut
enfumaçar *v. tr.* ⇒ **enfumarar**
enfumarar *v. tr.* to smoke, to fill with smoke
enfunado *adj.* swollen, full, bellied (as sails); [fig.] conceited, disdainful; puffed up; ***velas enfunadas*** bellied sails
enfunar Ⓐ *v. tr.* to swell; [fig.] to puff up Ⓑ *v. refl.* to become proud; to get puffed up; [pop.] to pout, to take the huff
enfunicar *v. tr.* to disfigure, to make ugly, to deface
enfunilado *adj.* funnel-shaped
enfunilamento *s. m.* act of pouring liquids through a funnel
enfunilar *v. tr.* to shape like a funnel; to pour into (with a funnel)
enfurecer Ⓐ *v. tr.* to enrage, to exasperate, to infuriate; to put into a rage, to make mad Ⓑ *v. refl.* to become furious; to rage (sea, wind, etc.); to be enraged; [fig.] ***enfurecer--se (o mar)*** to run high (the sea)
enfurecido *adj.* enraged, furious, exasperated, infuriated, angry; rough (sea)
enfurecimento *s. m.* rage, fury, passion, raving, wrath
enfuriar *v. tr.* ⇒ **enfurecer**
enfurnar *v. tr.* to hide away; NÁUTICA to step (mast)
enfuscar *v. tr.* to darken, to dim; to blacken
enfusta *s. f.* [Bras.] oblique prop
enfustamento *s. m.* act of drinking too much wine; act of coming in (or out) hastily
enfustar Ⓐ *v. tr.* to drink too much wine Ⓑ *v. intr.* to come in (out) hastily
enfuste *s. m.* preparation of furs to swell them up; stuffing of the shoe sole
enga *s. f.* bad habit, parasitism
engabelar *v. tr.* to deceive, to seduce, to cheat, to coax
engabelo *s. m.* deceit
engaçar *v. tr.* to rake, to gather together (with a rake)
engaço *s. m.* stalk of a bunch (of grapes); rake
engadanhado *adj.* stiff with cold; torpid, benumbed
engadanhar-se *v. refl.* [pop.] to have one's hands stiffened (with cold); to be perplexed, to get confused
engadelhar *v. tr.* to dishevel, to disorder
engafecer *v. intr.* to become a leper
engaiar *v. tr.* NÁUTICA to worm
engaio *s. m.* NÁUTICA worming
engaiolamento *s. m.* caging, imprisonment, seclusion
engaiolar Ⓐ *v. tr.* to cage; [fig.] to imprison Ⓑ *v. refl.* to live in seclusion, to seclude oneself
engajado Ⓐ *adj.* engaged, taken on Ⓑ *s. m.* man who is engaged
engajador *s. m.* engager; crimp; emigration-agent
engajamento *s. m.* engagement, employment; enlistment
engajar *v. tr.* to engage, to bind; to enlist
engajatado *adj.* twisted
engajavatado *adj.* twisted
engalanar Ⓐ *v. tr.* to decorate, to ornament, to adorn (with lace); to embellish, to beautify Ⓑ *v. refl.* to put on a gala dress
engalfinhar-se *v. refl.* tussle, to scuffle; to bicker
engalhar Ⓐ *v. intr.* to get among the branches; to get involved Ⓑ *v. tr.* to confuse; to hinder, to obstruct; to seduce
engalhardar *v. tr.* ⇒ **engalhardear**
engalhardear *v. tr.* to deck (with pennants)
engalinhar *v. tr.* [pop.] to dislike, to have an aversion to; to detest; to bring bad luck to
engalispar-se *v. refl.* to ruffle like a little cock
engalriçar Ⓐ *v. tr.* to make love to, to court Ⓑ *v. refl.* to fall in love (with)
engambelar *v. tr.* to dupe (with fair words)
engambelo *s. m.* ⇒ **engabelo**
enganação *s. f.* deceit
enganadiço *adj.* deceivable, gullible
enganado *adj.* wrong, mistaken; deceived; betrayed; ***estar enganado*** to be mistaken, to be in the wrong; ***ser enganado*** to be deceived, to be betrayed
enganador Ⓐ *adj.* deceiving, deceptive; false Ⓑ *s. m.* deceiver; cheater
enganar Ⓐ *v. tr.* to deceive, to mislead, to delude, to cheat, to trick; to dupe; to hoax; to impose upon; to seduce, to entice; to mistake Ⓑ *v. refl.* to be mistaken, to make a mistake; to play false; ***enganar-se no fim em vista*** to bark up the wrong tree; ***enganar-se no caminho*** to be on the wrong road, to mistake one's way; ***enganar-se numa previsão*** to back the wrong horse; ***enganar duplamente*** to doublecross; ***a mim não me enganas tu!*** no green in my eye!; ***enganar-se na direcção*** to mistake the direction; ***ora!, enganaste-te redondamente!*** why, you are quite mistaken!; ***enganei-me na casa*** I went to the wrong house; ***enganar alguém*** to lead someone up the garden path
engana-rapazes *s. f.* variety of pear
engana-vista *s. m.* something that falsifies the appearance
enganchar Ⓐ *v. tr.* to hook, to hold with a hook, to hang from a hook Ⓑ *v. refl.* to become entangled
enganido *adj.* benumbed, stiff (with cold)
engano *s. m.* deceit, cheating, trick, hoax; mistake, error, fault; misunderstanding, misconception
enganosamente *adv.* deceitfully
enganoso *adj.* deceitful, deceptive, delusive, fallacious, tricky, double, false; misleading
engar Ⓐ *v. tr.* to get used to Ⓑ *v. intr.* to wrangle; to wince
engaranhado *adj.* perplexed, irresolute, undecided, undetermined; chilled, shivering
engaranhar Ⓐ *v. tr.* to (en)tangle, to intertwine, to ravel Ⓑ *v. refl. e intr.* to be (to become) stiff
engarapar *v. tr.* to seduce, to alure, to entice, to tempt, to mislead
engaravitar-se *v. refl.* to become stiff (with cold), to go stiff (numb) with cold
engargalhar-se *v. refl.* ⇒ **engasgalhar-se**
engargantar *v. tr.* to swallow; to indent
engarilho *s. m.* prig, fop, coxcomb, jack-a-knapes
engarnachar *v. tr.* to don a gown (robe)
engarradeira *s. f.* ⇒ **trepadeira (bird)**
engarrafadeira *s. f.* bottling machine
engarrafador *s. m.* bottler
engarrafagem *s. f.* bottling
engarrafamento *s. m.* bottling; [fig.] block, traffic jam, traffic block
engarrafar *v. tr.* to bottle, to put into a bottle; to block up, to jam (of traffic)
engarrafonar *v. tr.* to put (a liquid) into a carboy
engarupar-se *v. refl.* to ride behind another; to ride pillion
engasgalhar-se *v. refl.* to choke, to be choked; to be (to get) caught in
engasgamento *s. m.* act of choking; suffocation
engasgar *v. tr. e refl.* to stifle, to choke; to suffocate; to be choked, to swallow the wrong way
engasgo *s. m.* choking, stifling, suffocation; confusion, embarrassment, perplexity, fluster, fuddle
engasgue *s. m.* ⇒ **engasgo**
engastado *adj.* set (gems); inlaid, encased; mounted
engastador *s. m.* setter (of gems)
engastalhar *v. tr.* to hang on, to clasp
engastar *v. tr.* to set (stones, diamonds, etc.), to mount, to inlay
engaste *s. m.* setting, mounting (of stones, diamonds, etc.); inlay

engatadeira *s. f.* BOTÂNICA hop
engatador Ⓐ *adj.* coupling, linking Ⓑ *s. m.* coupler
engatar Ⓐ *v. tr.* to clamp, to cramp; to couple (railway-carriages), to hook; to harness, to hitch up (horses); to let in the clutch (of a car) Ⓑ *v. intr.* to climb, to crawl up; NÁUTICA ***engatar o lambareiro*** to fish the anchor
engate *s. m.* clamp, cramp; coupling; link, linking
engatilhar *v. tr.* to cock; [fig.] to prepare, to have something in one's mind; ***engatilhar a espingarda*** to cock one's gun
engatinhadeira *s. f.* ⇒ **trepadeira (bird)**
engatinhar *v. tr.* to creep on all fours; to crawl; [fig.] to be a beginner at
engavelar *v. tr.* to sheaf, to bind corn in bundles
engavetar *v. tr.* to put into a drawer; to pigeonhole
engavinhar *v. tr.* to secure (to make fast) by means of tendrils
engazofilar *v. tr.* [pop.] to gaol, to jail, to imprison, to put into prison
engazopador *adj.* ⇒ **engazupador**
engazopar *v. tr.* ⇒ **engazupar**
engazupador Ⓐ *adj.* untruthful, false Ⓑ *s. m.* cheater, lier, imposter
engazupar *v. tr.* [coloq.] to cheat, to trick, to hoodwink, to take in; to jail, to gaol, to put in jail (gaol), to put under lock and key, to clap into jail
engelha *s. f.* wrinkle, pucker, crease
engelhado *adj.* wrinkled, shrivelled; creasy, puckered, rumpled; crumpled, ruffled, withered; dry
engelhar *v. tr.* to wrinkle, to shrivel, to pucker, to rumple, to cockle, to crumple; to crease; to corrugate
engembrado *adj.* similar, resembling, analogous
engendração *s. f.* begetting, producing, inventing, designing
engendrar *v. tr.* to beget, to generate; to produce, to cause, to engender, to make up, to engineer, to invent
engenhar *v. tr.* to contrive, to invent, to devise; to scheme, to plan, to hatch, to forge; ***engenhar mentiras*** to forge lies
engenharia *s. f.* engineering; ***engenharia civil*** civil engineering; ***engenharia militar*** military engineering; ***engenharia aeronáutica*** aeronautical engineering; ***engenharia hidráulica*** hydraulic engineering; ***engenharia naval*** naval engineering; ***engenharia mecânica*** mechanical engineering; ***engenharia química*** chemical engineering; ***engenharia agrícola*** agronomy; ***engenharia genética*** genetic engineering
engenheiro *s. m.* engineer; ***engenheiro civil*** civil engineer; ***engenheiro (construtor) de máquinas*** mechanical engineer; ***engenheiro de máquinas*** mechanical engineer; ***engenheiro aeronáutico*** aeronautical engineer; ***engenheiro chefe*** chief engineer, head engineer; ***engenheiro diplomado*** certified engineer; ***engenheiro de minas*** mining engineer; ***engenheiro mecânico*** mechanical engineer; ***engenheiro químico*** chemical engineer; ***engenheiro construtor naval*** naval architect, naval engineer; ***engenheiro industrial*** industrial engineer; ***engenheiro electrotécnico*** electrical engineer
engenheiro-agrónomo *s. m.* agronomist
engenho *s. m.* skill, art, talent, ability, wit, ingeniousness; artifice, stratagem, invention; engine, machine; mill; scoop-wheel, water wheel; ***homem de engenho*** man of wit; ***engenho de furar*** breast bore, drill press, drilling-machine; ***engenho manual de furar*** hand-drill (machine); ***engenho de mandrilar*** mill; ***engenho de mealhar*** spunyarn reel; ***engenho de serrar*** sawmill; ***engenho de açúcar*** sugar-mill; ***engenho de fazer papel*** paper mill
engenhoca *s. f.* device, gadget; [fig.] stratagem, artifice; trap, pitfall
engenhoqueiro *s. m.* deviser (contriver) of gadgets; inventor of devices
engenhosamente *adv.* ingeniously, wittingly, artfully, cleverly, skilfully
engenhoso Ⓐ *adj.* ingenious, talented, resourceful, clever, inventive, skilful; skilled in Ⓑ *s. m.* inventor, contriver; old Portuguese gold coin (D. Sebastião)
engessador *s. m.* plasterer
engessadura *s. f.* plastering; plaster-cast, plaster-casing, plaster-dressing
engessar *v. tr.* to plaster, to parget
engigar *v. tr.* to put into a basket
engiva *s. f.* ⇒ **gengiva**
englobamento *s. m.* conglobation, englobing
englobante *adj.* all-embracing
englobar *v. tr.* to conglobate, to form into a globe; to embrace, to include, to cover, to comprise, to embody, to take in
englobular *v. tr.* to transform into globules
engodado *adj.* baited, allured, enticed; decoyed, tempted; deceived, deluded
engodador Ⓐ *adj.* baiting Ⓑ *s. m.* baiter (one who baits)
engodar *v. tr.* to bait (to catch fish); to allure, to decoy, to entice, to wheedle; NÁUTICA to prime
engodativo *adj.* alluring, enticing
engodilhar *v. tr.* to fill with lumps; to embarrass, to confuse, to perplex
engodo *s. m.* bait (to catch fish); allure(ment), decoy, enticement
engoiado *adj.* rickety, rachitic, frail
engoiar-se *v. refl.* to become rickety, to shrink up
engole-vento *s. m.* nighthawk, goatsucker
engolfar Ⓐ *v. tr.* to engulf; to swallow up, to gulp, to englut, to gobble; to plunge, to sink Ⓑ *v. refl.* to penetrate, to be plunged, to be absorbed; ***engolfou-se no estudo da botânica*** he became absorbed studying botany
engolideiras *s. f. pl.* [pop.] throat, gullet
engolidor Ⓐ *adj.* swallowing, devouring Ⓑ *s. m.* swallower, devourer
engolir *v. tr.* to swallow, to gulp down, to swallow up, to englut, to glut; ***é engolir e calar*** if you don't like it, you must lump it; ***engolir em seco*** to pocket (swallow) an affront; ***engolir a pílula*** to swallow the pill
engolível *adj.* swallowable, that can be swallowed
engomadeira *s. f.* ironer, starcher; ironing-maid
engomadela *s. f.* ironing; starching
engomado *adj.* starched (linen), ironed; gummy
engomadoria *s. f.* establishment where clothes are ironed
engomados *s. m. pl.* starched linen; laundry (department)
engomadura *s. f.* ⇒ **engomadela**
engomagem *s. f.* starching; purification of wine
engomar *v. tr.* to iron; to starch
engonçar *v. tr.* to hinge; to make fast; to tooth, to gear
engonço *s. m.* hinge, movable-joint; iron-hook; ***boneco de engonço*** marionette, puppet
engonha *s. f.* [reg.] laziness, sluggishness
engonhar *v. intr.* to work lazily, to slacken, to slack off (up)
engorda *s. f.* fattening
engordar Ⓐ *v. tr.* to fatten, to make fat (animals) Ⓑ *v. intr.* to grow stout, to put on flesh
engordurado *adj.* greasy, unctuous, oily; slippery
engorduramento *s. m.* act of greasing
engordurar *v. tr.* to grease
engorovinhado *adj.* wrinkled, crumpled
engorrar-se *v. refl.* to make friends (with), to cluster (round someone)
engos *s. m.* BOTÂNICA dwarf-elder
engra *s. f.* corner, angle
engraçado *adj.* funny, comic, witty, spirited; amusing; sweet, pretty, graceful; ***ser muito engraçado (divertido)*** to be full of fun; ***é engraçado*** it is funny; ***que engraçado!*** what fun!, how funny!
engraçar Ⓐ *v. tr.* to make graceful; to make attractive; to beautify, to embellish Ⓑ *v. intr.* to take a fancy, to fancy, to

fall for Ⓒ *v. refl.* to be in a person's good graces, to find favour with; ***engraçar com alguém*** to take a liking to someone

engradado *s. m.* crate, packing box

engradamento *s. m.* railing, grating

engradar *v. tr.* to rail, to grate; MILITAR to mount (a gun-carriage)

engradeamento *s. m.* ⇒ **engradamento**

engradear *v. tr.* ⇒ **engradar**

engradecer *v. intr.* to grow large, to become big, to develop

engraecer *v. tr.* to create grain; to develop into grain (or seed)

engrampador *s. m.* deceiver, cheater, swindler

engrampar *v. tr.* to deceive, to cheat, to trick, to cozen, to fob

engramponar-se *v. refl.* to grow proud (haughty); [coloq.] to ride (to mount, to be on) the high horse

engrandecedor *adj.* increasing, enlarging; exalting, dignifying, honouring

engrandecer Ⓐ *v. tr.* to enlarge, to augment; to aggrandize, to increase (the power, rank, or wealth of a person); to exalt, to dignify, to honour, to elevate Ⓑ *v. refl.* to make oneself conspicuous; to raise to higher rank; to exalt oneself

engrandecimento *s. m.* aggrandisement, elevation, exaltation; advancement; increase, rise, enlargement, growth

engranzador *s. m., adj.* stringing (beads, pearls); meshing (gears); [pop.] deceiving

engranzamento *s. m.* act of stringing; meshing (gears)

engranzar *v. tr.* to string pearls (beads); to hook; [pop.] to dupe, to cheat; to trick, to cully

engravatado *adj.* wearing a tie; [fig.] pretentious, smart, dandyish, dressy

engravatar-se *v. refl.* to put on a (neck)tie; [fig.] to dress up

engravescer Ⓐ *v. tr.* to make worse, to aggravate Ⓑ *v. intr.* to grow grave (precarious)

engravidar Ⓐ *v. tr.* to render pregnant Ⓑ *v. intr.* to be (to become) pregnant

engravidecer *v. tr. e intr.* ⇒ **engravidar**

engravitar-se *v. refl.* to straighten oneself up, to pull oneself together; to react, to recalcitrate, to oppose, to kick against

engraxa *s. m.* ⇒ **engraxador**

engraxadela *s. f.* shoeshine, cleaning (shoes); [fam.] flattery, soft-soap

engraxador *s. m.* shoeshiner, shoeblack, bootblack; [coloq.] fawner, toady, flatterer

engraxadoria *s. f.* shoeshine stand, shoeshine parlour

engraxamento *s. m.* shining (shoes); smearing (with grease)

engraxar *v. tr.* to black, to blacken, to clean, to shine, to polish (shoes); [coloq.] to fawn, to flatter, to butter up

engrelar *v. intr.* to stand upright, to shoot out

engrenagem *s. f.* connection, gear, gearing, coupling; toothed-wheel, cogwheel; [fig.] organization; ***engrenagem cilíndrica*** spur gear; ***engrenagem cónica*** bevel gearing; ***roda de engrenagem*** gear-wheel; ***engrenagem de cremalheira*** rack and pinion; ***engrenagem de rosca*** worm gearing; ***engrenagem de marcha atrás*** reverse (gear)

engrenar *v. tr.* to connect, to gear, to tooth; to engage, to couple, to throw into gear, to put into gear

engrenhamento *s. m.* putting the hair in order; straightening; mending

engrenhar *v. tr.* to put (the hair) in order; to straighten; to mend

engrifar *v. tr. e intr.* to show the claws (animals); to hold on

engrilar Ⓐ *v. tr.* to stand, to stand (set) upright Ⓑ *v. refl.* to grow angry, to sulk, to look sulky

engrimanço *s. m.* unintelligible manner of speaking; gibberish; artifice; affectation

engrimpar-se *v. refl.* to climb (to clamber) to the top (of); to grow proud

engrimpinar-se *v. refl.* ⇒ **engrimpar-se**

engrinaldar *v. tr.* to garland, to wreathe; to festoon

engripado *adj.* down with flu

engripar-se *v. refl.* to catch influenza, to catch flu

engrolador Ⓐ *adj.* lying, cheating Ⓑ *s. m.* liar, deceiver, imposter, trickster

engrolar *v. tr.* to parboil, to coddle, to boil slightly; to deceive, to dupe; to bungle; to slur

engrolo *s. m.* cheat, swindle, trick, hoax, humbug

engrossador *s. m.* that which (or who) thickens; increaser; thickener

engrossamento *s. m.* swelling; thickening; increase

engrossar *v. tr. e intr.* to swell, to thicken, to increase, to augment; to grow stout (or plump); to become thick; ***engrossar (o mar)*** to swell, to heave (the sea)

engrumar *v. tr. e intr.* to clot

engrumecer *v. tr. e intr.* to clot

engrunhido *adj.* benumbed, stiff (with cold); sluggish

engrunhir *v. tr.* to benumb, to stiffen (with cold)

enguedelha *s. f.* fight involving tearing out (pulling, rending) hair

enguedelhar *v. tr.* to pluck (to tear) somebody's hair; to entangle one's hair

enguia *s. f.* eel; ***caldeirada de enguias*** stewed eels

enguiçado *adj.* unfortunate; bewitched, hexed; jinxed, cursed; wizened; out of order; stalled

enguiçador *s. m.* bearer of ill luck

enguiçamento *s. m.* ⇒ **enguiço**

enguiçar *v. tr.* to jinx, to bring on bad luck to, to stunt, to bewitch

enguiço *s. m.* ill luck; bad omen, evil eye; a rickety child, a good-for-nothing; ***ter enguiço*** be jinxed

enguinação *s. f.* craving, temptation, impulse

enguizalhar *v. tr.* to bell, to provide with bells

engulhamento *s. m.* ⇒ **engulho**

engulhar Ⓐ *v. tr.* to sicken, to nauseate, to disgust, to turn one's stomach, to make squeamish Ⓑ *v. intr.* to be nauseous, to be disgusted, to grow squeamish

engulho *s. m.* nausea, qualm; temptation; ardent desire, craving

engulhoso *adj.* nauseous, qualmish

engulipar *v. tr.* [pop.] to swallow, to gulp, to bolt, to gobble

engulosinar *v. tr.* to make sweet-toothed; to whet the appetite; to make fond of dainty fare

engunhar *v. intr.* to wither (fruit)

enho *s. m.* fawn, young deer

enícola *adj.* COMÉRCIO dealing in wine

enídride *s. f.* ⇒ **cobra-d'água**

énidro *adj.* enhydrous

enigma *s. m.* enigma, riddle, puzzle

enigmar *v. tr.* to enigmatize

enigmaticamente *adv.* enigmatically

enigmático *adj.* enigmatic(al), puzzling, perplexing, mysterious, obscure; ***uma pessoa enigmática*** a baffling person

enigmatista *s. m. e f.* enigmatist

enigmista *s. m. e f.* enigmatist

enjambrar *v. intr.* to warp, to twist

enjangar *v. tr.* to raft; to form into a raft

enjaular *v. tr.* to cage, to shut up (to keep) in a cage; to imprison, to gaol, to jail, to put in gaol, to pen up

enjeirar *v. tr.* to divide land into portions

enjeitado Ⓐ *adj.* abandoned, rejected Ⓑ *s. m.* foundling, waif

enjeitamento *s. m.* rejection, repudiation, abandonment, forsaking; exposing (a child)

enjeitar *v. tr.* to reject, to repudiate, to abandon, to forsake; to expose (a child)

enjerido *adj.* wrinkled, shrivelled; stiff (with cold)
enjerir-se *v. refl.* to shrink, to stiffen (with cold)
enjoadiço *adj.* easily nauseated, squeamish
enjoado *adj.* sick, nauseated, sea-sick, air-sick; sick at heart; disgusted; ***estar enjoado*** to be sea-sick
enjoamento *s. m.* nausea; sea-sickness
enjoar Ⓐ *v. tr.* to sicken, to make sick, to turn one's stomach; to feel sick at; to detest (to loathe) food Ⓑ *v. intr.* to get sick
enjoativo *adj.* fastidious; disgusting; sickening, nauseating; loathsome; ***comida enjoativa*** sickly food, rich food
enjoiar *v. tr.* to adorn with jewels
enjoo *s. m.* sea-sickness; nausea, loathing, repugnance; ***causar enjoo a*** to make sick; ***enjoo no ar*** air-sickness
enjugamento *s. m.* the act of yoking oxen
enjugar *v. tr.* to yoke oxen
enlaçadura *s. f.* lacing, interlacing, enlacement
enlaçamento *s. m.* ⇒ **enlace**
enlaçar *v. tr.* to bind, to tie, to lace, to fasten; to link, to join, to interlace, to entwine; to marry
enlace *s. m.* interlacing, enlacement; union; marriage, bonds of matrimony
enladeirado *adj.* steep, declivous, inclined
enlaga *s. f.* soaking (of flax)
enlagar *v. tr.* to soak (flax)
enlaivar *v. tr.* to stain (slightly), to spot, to tarnish, to dirty
enlambujar *v. intr.* ⇒ **enlambuzar**
enlambuzadela *s. f.* lick(ing), stain, spot, smear, daub, blotch, smirch, smudge
enlambuzar *v. tr.* to soil, to dirty, to daub, to bedaub, to besmear, to smudge
enlameado *adj.* mudded, muddy; spotted, stained, sullied; vilipended, slandered
enlameadura *s. f.* soiling, dirtying, tarnishing
enlamear Ⓐ *v. tr.* to splash (to spatter, to dirty, to soil) with mud; to throw mud at; to stain someone's reputation; to blemish Ⓑ *v. refl.* to get muddy
enlaminar *v. tr.* to line (to cover) with plates of metal
enlanguescência *s. f.* languidness, languor, lassitude
enlanguescer *v. refl. e intr.* to languish; to pine away, to droop, to become languid, to become weak
enlapar *v. tr.* to shut up in a hole (cave, den)
enlatado Ⓐ *adj.* tinned; [E.U.A.] canned Ⓑ *s. m.* tinned food; [E.U.A.] canned food; CINEMA foreign import
enlatamento *s. m.* canning, tinning
enlatar *v. tr.* to tin, [E.U.A.] to can; to trellis, to furnish with a trellis, to support (vine, etc.) on a trellis
enleadeira *s. f.* talebearer, gossip, newsmonger, intriguer, mischief-maker
enleado *adj.* interlaced, interwoven, plaited; entangled, enmeshed; [fig.] puzzled, perplexed, confused
enleador Ⓐ *adj.* entangling, ensnaring; confusing, embarrassing, bewildering; tale-bearing, mischief-making Ⓑ *s. m.* talebearer, intriguer, mischief-maker
enleamento *s. m.* ⇒ **enleio**
enleante *adj.* entangling; puzzling, confusing, perplexing
enlear Ⓐ *v. tr.* to attach, to tie, to fasten, to entangle, to ensnare; to perplex, to dumbfound, to confuse, to embarrass Ⓑ *v. refl.* to be entangled, to be perplexed
enleia *s. f.* cord, thin rope
enleio *s. m.* interlacing, entanglement; perplexity, embarrassment, puzzle, confusion, doubt; rapture, ravishment, transport, bliss
enleitado *adj.* well-laid (stones)
enlerdar *v. tr.* to make slow (heavy, dull)
enlevação *s. f.* rapture, transport, ecstasy, delight, ravishment, bliss, exultation
enlevamento *s. m.* ⇒ **enlevação**
enlevar Ⓐ *v. tr.* to enrapture, to transport, to ravish, to charm, to delight, to enchant Ⓑ *v. refl.* to be enraptured with; to go into raptures over
enlevo *s. m.* rapture, ecstasy, charm, delight, ravishment, transport; joy, happiness, bliss; ***a criança é o enlevo dos pais*** the child is the joy of his parents
enliçador *s. m.* weaver; cheater, deceiver
enliçamento *s. m.* warping, preparation of a warp (for weaving)
enliçar *v. tr.* to put the leashes on; to weave; to deceive, to cheat, to dupe; to plot
enliço *s. m.* leash; fraud, deceit, deception, craft, trick, wile, hoax, sham
enlocar *v. tr.* to hide in a den
enlodaçar *v. tr.* to transform into a mudhole
enlodar *v. tr.* to bedabble, to splash, to stain (with dirt); to bedaub
enloiçar *v. tr.* ⇒ **enlouçar**
enloirar *v. tr.* ⇒ **enlourar**
enloirecer *v. intr.* ⇒ **enlourar**
enloisamento *s. m.* ⇒ **enlousamento**
enloisar *v. tr.* ⇒ **enlousar**
enlorpecer Ⓐ *v. intr.* to become daft (stupid, foolish, imbecile) Ⓑ *v. tr.* to make daft (stupid, foolish, imbecile)
enloucar Ⓐ *v. tr.* to madden, to drive mad, to infuriate Ⓑ *v. intr.* to go (to become) mad (wild, furious, crazy)
enlouçar *v. tr.* to pour into earthenware vessels; to cask, to barrel
enlouquecer Ⓐ *v. tr.* to madden, to drive mad, to make mad, to enrage, to lash into fury Ⓑ *v. intr.* to lose one's reason, to run (to go) mad
enlouquecimento *s. m.* the act or effect of getting mad; madness, craziness, lunacy, insanity, mental derangement
enlourar *v. tr.* to deck (with laurels); to wreathe (with laurels); ⇒ **alourar**
enlourecer Ⓐ *v. tr.* to make fair Ⓑ *v. intr.* to become fair; to turn yellow
enlousamento *s. m.* slating, act of laying slates
enlousar *v. tr.* to slate; to cover with slates (flagstones)
enluarar Ⓐ *v. tr.* to illuminate (moonlight) Ⓑ *v. intr.* to shine (the moon)
enludrar *v. tr.* to make dirty
enlurar *v. tr.* to shut up in a den
enlutado *adj.* bereaved, in mourning; mournful, distressing
enlutar Ⓐ *v. tr.* to put (to plunge, to throw) into mourning Ⓑ *v. intr.* to go into mourning; ***a perda de tão eminente estadista enlutou a nação*** the loss of such an eminent statesman threw the country into mourning
enluvar *v. tr.* to glove
enobrecedor *adj.* ennobling, exalting, dignifying
enobrecer *v. tr.* to ennoble, to elevate, to exalt, to dignify; to make illustrious; ***um carácter enobrecido pelo sofrimento*** a character ennobled by suffering
enobrecimento *s. m.* ennoblement; ennobling, exaltation
enodar *v. tr.* to knot, to entangle, to tie, to gnarl
enodável *adj.* that can be knotted (tied) up
enode *adj.* knotless, with no knots (stalk)
enodo *adj.* ⇒ **enode**
enodoação *s. f.* ⇒ **enodoamento**
enodoamento *s. m.* staining, tarnishing, blotching; disgracing, dishonouring, debasing
enodoar *v. tr.* to stain, to soil, to spot, to blot, to smirch, to blemish
enofilia *s. f.* attraction for wine; trade in wine and its by-products
enófilo *s. m.* oenophilist
enofobia *s. f.* oenophobia

enófobo *adj.* oenophobist
enóforo *s. m.* wine vessel used by the Romans
enoftalmia *s. f.* MEDICINA enophthalmos, enophtalmus
enoftálmico *adj.* enophthalmic
enografia *s. f.* oenography
enográfico *adj.* oenographic
enógrafo *s. m.* oenographist
enoitar *v. tr. e intr.* ⇒ **enoitecer**
enoitecer Ⓐ *v. tr.* to darken, to make dark Ⓑ *v. intr.* to grow night (dark)
enojadiço *adj.* squeamish; fretful, peevish
enojado *adj.* disgusted; weary, bored, fed up, sick and tired
enojador *adj.* disgusting, sickening, nauseating, loathsome, distasteful
enojamento *s. m.* ⇒ **enojo**
enojar Ⓐ *v. tr.* to disgust, to sicken, to turn one's stomach; [fig.] to fret, to chafe, to bore; to put into mourning Ⓑ *v. refl.* to be disgusted; to be bored
enojo *s. m.* nausea, sea-sickness; boredom, fretfulness, peevishness; mourning
enol *s. m.* QUÍMICA enol, oenolic acid
enólico *adj.* oenolic
enolina *s. f.* QUÍMICA oenolin (colouring matter of the wine)
enologia *s. f.* oenology
enológico *adj.* oenological
enologista *s. m. e f.* oenologist
enólogo *s. m.* oenologist
enomancia *s. f.* oenomancy
enomania *s. f.* oenomania, dipsomania
enomel *s. m.* oenomel
enometria *s. f.* oenometry
enométrico *adj.* oenometric
enómetro *s. m.* oenometer
enoque *s. m.* ⇒ **anoque**
enora *s. f.* NÁUTICA mast hole, partner
enorme *adj.* enormous, huge, large, vast, immense, very great, out-sized
enormemente *adv.* enormously, greatly, immensely, vastly
enormidade *s. f.* hugeness, enormity; atrocity
enosilhar *v. intr.* to knot, to make a knot (knots); to become entangled
enosteose *s. f.* MEDICINA enostosis
enostose *s. f.* MEDICINA ⇒ **enosteose**
enotecnia *s. f.* oenology
enotécnico *adj.* oenological
enotermo *s. m.* oenothermos; apparatus for heating wines
enouriçar *v. tr.* to bristle (up), to roughen, to become choppy
enoutar *v. tr. e intr.* ⇒ **enoitar**
enoutecer *v. tr. e intr.* ⇒ **enoitar**
enoveladeira *s. f.* yarn winder; winding (reeling) machine
enovelamento *s. m.* winding, coiling; [fig.] entanglement, confusion, mix-up
enovelar Ⓐ *v. tr.* to wind (to thread) into balls, to coil, to reel; to entangle Ⓑ *v. refl.* to roll (to coil, to curl) oneself up; to become entangled
enquadramento *s. m.* framing; fitting
enquadrar Ⓐ *v. tr.* to frame, to put in a frame Ⓑ *v. intr.* to fit, to go with Ⓒ *v. refl.* to conform, to accommodate with
enquanto *conj.* as long as, while, whilst, during the time that; at the same time as; whereas, on the other hand; ***por enquanto*** for the time being, for the present; ***enquanto ela falava, as lágrimas corriam-lhe*** while she spoke, tears were running down; ***enquanto esteve no hospital*** whilst in hospital
enque *s. m.* NÁUTICA preventer stay
enqueijado *adj.* curdled; turned into cheese
enqueijar *v. tr.* to curdle, to turn into cheese; to shape like a cheese
enquerida *s. f.* pack (conveyed, carried by a pack-horse)
enquerideira *s. f.* pack-rope
enquerir *v. tr.* to load a pack-horse
enquilema *s. m.* enchylema; hydroplasma
enquilhar *v. tr.* NÁUTICA to nail a keel to
enquimose *s. f.* cutaneous hyperaemia, ecchymosis; bruise
enquimótico *adj.* ecchymotic
enquirídio *s. m.* enchiridion
enquistamento *s. m.* encystation, encystment
enquistar *v. intr.* to encyst
enrabar *v. tr.* to seize by the tail; to tail (to follow) another person
enrabeirar *v. tr.* to soil the hem of a skirt
enrabichar *v. tr.* to form a pig-tail, to tie into a pig-tail; to embarrass, to vex, to put in a tight corner
enraçado *adj.* originating, resulting, descending from a race
enraiar *v. tr.* to spoke, to fit (a wheel) with spokes
enraivar Ⓐ *v. tr.* to enrage Ⓑ *v. intr.* to become enraged
enraivecer Ⓐ *v. tr.* to enrage, to anger, to infuriate Ⓑ *v. intr.* to rage, to go red with rage, to become enraged Ⓒ *v. refl.* to become wild (furious, angry); ***isso enraivece-me*** that makes me wild
enraivecimento *s. m.* rage, fury, wrath, passion, raving; rabidity (of animals)
enraizamento *s. m.* rooting, taking root
enraizar *v. tr., intr. e refl.* to root, to take (to strike) root; to implant, to embed, to settle, to set, to fix; ***estar perfeitamente enraizado*** to be ingrained in; ***a ideia da liberdade está perfeitamente enraizada no espírito de todos os ingleses*** the idea of liberty is deeply ingrained in the minds of all Englishmen
enramada *s. f.* arbour
enramalhar *v. tr.* to adorn with branches
enramalhetar *v. tr.* to make into nosegays; to adorn with nosegays
enramamento *s. m.* covering with boughs; NÁUTICA rig, rigging
enramar *v. tr.* to cover with boughs; to make an arbour, to make into a nosegay
enramear *v. tr.* to decorate with branchlike designs
enramilhetar *v. tr.* ⇒ **enramalhetar**
enrançado *adj.* rancid, musty
enrançar Ⓐ *v. tr.* to make rancid Ⓑ *v. refl. e intr.* to get (to become, to turn) rancid
enranchar Ⓐ *v. tr.* to put in a group Ⓑ *v. refl.* to form a group; to join a group
enrarecer *v. intr.* to rarefy; to thin out; to become scarce
enrarecimento *s. m.* rarefaction, rarefication
enrascada *s. f.* fix, dilemma, predicament, scrape, quandary; ***meter-se numa enrascada*** to get into a spot of bother
enrascadela *s. f.* fix, dilemma, predicament, scrape, quandary
enrascadura *s. f.* ⇒ **enrascadela**
enrascar *v. tr.* to net; to ensnare; to entangle; [fam.] to bring into trouble; NÁUTICA to choke, to nip; to foul
enredadeira *s. f.* a busy-body; BOTÂNICA dullseed cornbind
enredador Ⓐ *s. m.* intriguer, mischief-maker, busy-body Ⓑ *adj.* intriguing, mischief-making, gossiping
enredar *v. tr.* to net, to catch in a net; to ensnare; to embroil, to tangle, to entangle; to intrigue, to plot against, to conspire against, to scheme against, to weave (to lay) a plot against
enredear *v. tr.* to form into a net; to interlace
enrediça *s. f.* creeper
enredo *s. m.* embroilment, intrigue; tittle-tattle, meddling, puzzle, perplexity; intricacy; plot (of a play, of a story)
enredoiçar *v. tr.* ⇒ **enredouçar**
enredoso *adj.* tangled; entangled, full of snares; puzzling, knotty; complicated, involved, intricate

enredouçar *v. tr.* to swing (on a branch of a tree)
enregelamento *s. m.* freezing, congelation; congealing; frost-bite
enregelante *adj.* freezing
enregelar *v. tr. e intr.* to freeze, to chill, to congeal
enregueirar *v. tr.* to divert, to force, to pump (water) into a farrow
enreixar Ⓐ *v. intr.* to set at variance; to turn enemy Ⓑ *v. tr.* to fit bars (window-grates, window blinds)
enrelvar *v. tr.* to sod
enrepolhar Ⓐ *v. tr.* to grow (develop) into a cabbage Ⓑ *v. refl.* to grow (to become) plump (fat, rotund)
enresinado *adj.* resinous; smeared with resin
enresinar Ⓐ *v. tr.* to smear (to rub, to mix) with resin Ⓑ *v. intr.* to become resinous; to resinify
enresmar *v. tr.* to arrange into reams
enrestiar *v. tr.* to string together; to tie (to fasten) together with a string
enrevesar *v. tr.* to confuse, to muddle, to jumble, to mess, to throw into confusion
enriar *v. tr.* ⇒ **enlagar**
enriçado *adj.* tangled, crisp, frizzled, curled; in a blind fury, in a rage (frenzy, fit of anger)
enriçar Ⓐ *v. tr.* to tangle, to entangle; to curl, to frizzle, to crisp (the hair) Ⓑ *v. refl.* to be infuriated
enrijamento *s. m.* hardness, hardening, strengthening, stiffening
enrijar Ⓐ *v. tr.* to harden, to make hard, to stiffen, to strengthen Ⓑ *v. intr.* to become hardy (or robust); to grow strong (or sturdy)
enrijecer *v. tr. e intr.* ⇒ **enriçar**
enrilhar *v. tr. e intr.* ⇒ **enrijar**; to become leathery; to cause constipation
enriquecer Ⓐ *v. tr.* to enrich, to endow, to make wealthy (or rich) Ⓑ *v. intr.* to grow rich; to embellish, to adorn; ***enriquecer repentinamente*** to strike oil; ***enriquecer (encher as algibeiras)*** to feather one's nest
enriquecido *adj.* enriched, improved; adorned, embellished
enriquecimento *s. m.* enrichment, enriching; embellishment
enristar *v. tr. e intr.* to attack (with a lance); to prepare for attack
enrixado *adj.* quarrelling, brawling, bickering, disputing, contending
enrizar *v. tr.* NÁUTICA to reef
enrobustecer Ⓐ *v. tr.* to make hardy (robust, sturdy, tough, hearty, stout) Ⓑ *v. intr.* to become robust (vigorous)
enrocado *adj.* shaped like a distaff; full of rocks, rocky, rugged, craggy
enrocamento *s. m.* foundation-stones (hydraulics)
enrocar *v. tr.* to tie flax (tow or wool) to a distaff; to pave with stone; NÁUTICA to clamp, to woold (a mast)
enrochar *v. tr.* to fill up with stone
enrodelar Ⓐ *v. tr.* to shield, to defend, to protect Ⓑ *v. intr.* to curl up, to roll up
enrodilhado *adj.* wound around, twisted, whirled, twined; curly; [fig.] restrained
enrodilhador *s. m., adj.* ⇒ **enredador**
enrodilhar Ⓐ *v. tr.* to wind around, to roll up, to twist; to whirl, to twirl, to turn round; to (en)tangle; [fam.] to entrap, to ensnare Ⓑ *v. refl.* to curl up, to roll up; ***ele tentou enrodilhar-me, mas não conseguiu*** he tried to ensnare me, but he didn't succeed
enrodrigar *v. tr.* to stake, to prop (vines)
enroladeira *s. f.* spool, bobbin
enrolado *adj.* rolled up, curled up, coiled, wound up; curling; ***enrolado em anel*** ring wound; ELECTRICIDADE ***enrolado em derivação*** shunt, wound
enroladoiro *s. m.* ⇒ **enrolamento**
enrolador *adj.* winding, rolling
enroladouro *s. m.* core of a clew (ball) of thread
enrolamento *s. m.* rolling up, winding, coiling, twisting
enrolar *v. tr. e refl.* to roll up, to curl up, to wind on (around), to coil, to twist; to wrap up, to involve, to fold, to envelop, to cloak; to swell (the waves); ***enrolou-se nos cobertores*** he rolled himself up in the blankets; ***enrolar cigarros*** to roll cigarettes; ***a serpente enrola-se em volta da sua vítima*** the snake winds itself round its victim
enrolhar *v. tr.* ⇒ **arrolhar**
enroscadela *s. f.* ⇒ **enroscadura**
enroscado *adj.* spiraled; BOTÂNICA rolled round, twisted, twined; HERÁLDICA wreathing; curled up; ***o gato está enroscado em cima da cadeira*** the cat is curled up on the chair
enroscadura *s. m.* ⇒ **enroscamento**
enroscamento *s. m.* twining, winding up, twisting, writhing
enroscar *v. tr.* to roll round, to coil, to wind around (on); to curl up; to twine, to twist; to spiral; to wriggle
enroupamento *s. m.* clothing
enroupar *v. tr. e refl.* to clothe, to cover (with garments), to dress, to deck, to robe, to enwrap
enrouquecer Ⓐ *v. tr.* to make hoarse Ⓑ *v. intr.* to get hoarse; ***constipei-me e enrouqueci*** I caught a cold and got hoarse
enrouquecimento *s. m.* hoarseness
enroxar Ⓐ *v. tr.* to cause to become violet, to paint violet, to dye violet Ⓑ *v. intr.* to become violet
enrubescer Ⓐ *v. tr.* to redden Ⓑ *v. intr.* to redden, to colour, to blush, to flush
enrubescimento *s. m.* blush, blushing, flush, reddening, colour
enruçar *v. tr.* to grow greyish; to discolour
enrudecer Ⓐ *v. tr.* to make rude Ⓑ *v. intr.* to become brutish (or rough); to be stupid
enrufar Ⓐ *v. tr.* to ruffle, to irritate Ⓑ *v. refl. e intr.* to become ruffled; to get angry
enrugação *s. f.* wrinkling, shrivelling, creasing, corrugation
enrugado *adj.* wrinkled, puckered, shrivelled; creasy, corrugated, furrowed, wizened
enrugamento *s. m.* ⇒ **enrugação**
enrugar *v. tr. e intr.* to wrinkle (up), to pucker (up); to corrugate; to shrivel; to crease; ***enrugar a testa*** to wrinkle one's forehead
enruminar-se *v. refl.* to become proud (haughty); to get angry (wild, enraged), to get into a temper
ensaboadela *s. f.* soaping; [fig.] scolding, rebuke; smattering; [fig.] ***dar uma boa ensaboadela em alguém*** to read someone a lesson, to tell someone where to get off, to give someone a dressing-down, to tick someone off
ensaboado *s. m.* washing (of linen); soaped linen; ***dia de ensaboado*** washing day
ensaboadura *s. f.* washing (with soap), wash
ensaboamento *s. m.* soaping; ⇒ **ensaboadela**
ensaboar *v. tr.* to soap; to lather; [fam.] to rebuke, to scold, to tick off
ensaburrar *v. tr.* to ballast a ship; to cause the formation of *saburra*
ensaca *s. f.* ⇒ **ensacamento**
ensacadeira *s. f.* machine used to bag coffee, corn, beans, etc
ensacado *adj.* bagged, sacked; ***carne ensacada*** sausages
ensacador *s. m.* sacker, one who is engaged in sacking
ensacamento *s. m.* act of bagging
ensacar *v. tr.* to bag, to sack, to put (to fill) into a sack (bag); to make sausages; NÁUTICA to embay, to engage
ensaiador *s. m.* assayer, tester; trier; TEATRO rehearser
ensaiamento *s. m.* ⇒ **ensaio**
ensaiar Ⓐ *v. tr.* to essay, to attempt, to make attempts, to try, to endeavour; to assay, to analyse (metals); to test, to

make an essay of; TEATRO to rehearse, to practise Ⓑ *v. refl.* to exercise oneself; ***ensaiar uma peça*** to rehearse a play
ensaibramento *s. m.* gravelling; covering with sand or gross sand
ensaibrar *v. tr.* to gravel, to cover with gravel (or gross sand)
ensaio *s. m.* attempt, endeavour, effort, trial, experiment; essay, analysis, test, proof; TEATRO rehearsal; TEATRO ***ensaio geral*** dress rehearsal; ***a título de ensaio*** by way of trial; ***ensaio laboratorial*** laboratory test; QUÍMICA ***tubo de ensaio*** test tube
ensaísmo *s. m.* essayism
ensaísta *s. m. e f.* essayist, a writer of essays
ensaística *s. f.* essay writing
ensalada *s. f.* salad; a sort of poetry
ensalmador *s. m.* quack, witch-doctor; charlatan
ensalmar *v. tr.* to cure by enchantment
ensalmeiro *s. m.* ⇒ **ensalmador**
ensalmo *s. m.* incantation, spell, charm, the black art; witchcraft, witchery, sorcery
ensalmoirar *v. tr.* ⇒ **ensalmourar**
ensalmourar *v. tr.* to brine, to steep in brine
ensalsada *s. f.* ⇒ **salsada**
ensamarrar *v. tr.* to put on a *samarra* (a heavy coat, generally with a furred lapel)
ensambenitar *v. tr.* to dress in a *sambenito*; to decorate undeservedly
ensamblador *s. m.* joiner, carver
ensambladura *s. f.* joinery, joining
ensamblamento *s. m.* joinery, joining
ensamblar *v. tr.* CARPINTARIA to carve, to inlay, to imbed; to mortise (woodwork)
ensancha *s. f.* wide hem; width; surplus; freedom; opportunity
ensanchar *v. tr.* to enlarge on the hems; to amplify, to add to
ensandalar *v. tr.* to aromatize with sandalwood
ensandecer Ⓐ *v. tr.* to make mad Ⓑ *v. intr.* to grow mad (or foolish)
ensanduichar *v. tr.* to make sandwiches with; [fig.] to sandwich, to insert (person or thing) between two others
ensanefar *v. tr.* to adorn (with lambrequins or pelmets)
ensanguentado *adj.* bloody, gory, bloodstained; ***com as mãos ensanguentadas*** with bloodstained hands
ensanguentar *v. tr.* to make bloody, to imbrue (to soak, to steep) in blood; to wet (to drench, to stain) with blood
ensanguinhar *v. tr.* ⇒ **ensanguentar**
ensaque *s. m.* sacking, bagging
ensarilhar *v. tr.* to wind, to reel; to entangle, to embroil, to confuse, to trouble, to throw into disorder; to pile, to stack (arms); ***os soldados receberam ordens para ensarilhar armas*** the soldiers were ordered to pile (to stack) arms
ensarnecer *v. intr.* to become itchy (or mangy), to itch; to contract scabies (or mange)
ensarrafar *v. tr.* to nail slats (laths) fast; to make secure (fast, safe, steady) with laths; to lath
ensartar *v. tr.* to string, to thread (beads, pearls, etc.)
ensaudar *v. tr.* to make someone recall pleasant experiences; to restore (to impart) health to
enseada *s. f.* inlet, creek, firth, frith, bright, cove
ensebadela *s. f.* greasing; smeariness
ensebado *adj.* greasy; smeary; oily; dirty, soiled
ensebar[1] *v. tr.* to grease (with tallow); to smear, NÁUTICA to tallow; to grease; to cover with grease, [fig.] to stain, to soil
ensebar[2] *v. tr.* to hedge (to fence in with a hedge)
ensecadeira *s. f.* coffer-dam
ensecar Ⓐ *v. tr.* to empty, to drain, to exhaust, to dry up; to beach (a boat) Ⓑ *v. intr.* to run aground
ensedadura *s. f.* horsehairs on a bow
ensedar *v. tr.* to look like silk, to silken; to fit in the horsehairs on a bow
enseio *s. m.* gully, ravine; inlet, creek; sinuosity, winding
enseirador *s. m.* packer (of fruit) in baskets
enseiramento *s. m.* packing (of fruit) in a basket
enseirar *v. tr.* to basket, to put in baskets
enseivar Ⓐ *v. tr.* to produce sap Ⓑ *v. intr.* to have plenty of sap
ensejar *v. tr.* to afford (to offer) the opportunity; to wait for the opportunity
ensejo *s. m.* opportunity, chance; occasion, favourable (fit, suitable) time; ***aproveito o ensejo*** I avail myself of the opportunity
ensenhorear Ⓐ *v. tr.* to secure, to seize, to conquer Ⓑ *v. refl.* ⇒ **assenhorear-se**
ensesgar *v. intr.* [pop.] to plough obliquely
ensífero *adj.* bringing a sword
ensifólio *adj.* having leaves like sword-blades
ensiforme *adj.* BOTÂNICA, ZOOLOGIA ensiform, sword-shaped
ensilagem *s. f.* ensilage
ensilar *v. tr.* to ensile, to put (to fodder) into a silo
ensilvar *v. tr.* to enclose (to cover) with brambles
ensilveirar *v. tr.* to enclose (to cover) with brambles
ensimesmado *adj.* self-absorbed; reserved, introverted (person)
ensimesmamento *s. m.* self-absorption
ensimesmar-se *v. refl.* to be self-absorbed; to concentrate one's attention
ensinadela *s. f.* punishment, scolding, rebuke, lesson, lecturing
ensinadiço *adj.* easily taught; (one who is) being taught, in training
ensinador Ⓐ *s. m.* teacher, instructor, educator, master, mentor, preacher Ⓑ *adj.* teaching, instructive
ensinamento *s. m.* teaching, grounding, indoctrination, schooling, training
ensinança *s. f.* ⇒ **ensinamento**
ensinar *v. tr.* to teach, to impart knowledge; to instruct, to train, to exercise, to drill, to school, to coach; to show; ***ensinar línguas*** to teach languages; ***ensinar alguém a fazer uma coisa*** to show (to teach) someone how to do a thing; ***ensinar a nadar*** to teach to swim; ***nunca lhe ensinaram latim*** he was never taught Latin; ***ensinar uma criança a ler*** to teach a child to read
ensinável *adj.* teacheable
ensino *s. m.* teaching, training, education, instruction
ensirrostro *adj.* ORNITOLOGIA having an ensiform beak
ensoado *adj.* burnt; grilled; weakly, feeble, peaky, sickly; close, sultry, stuffy; flacid, flabby, wilted
ensoalheirar *v. tr.* to give sunshine to, to shed sunshine
ensoamento *s. m.* sunstroke, insolation; wilting (of plants); etiolation
ensoar Ⓐ *v. intr.* to overheat, to grill, to get a sunstroke; to wilt; to etiolate; to pine away, to become peaky Ⓑ *v. tr.* to set to music; to intone
ensoberbar Ⓐ *v. tr.* to make proud Ⓑ *v. refl.* to grow proud; to pride oneself on; to take pride in
ensoberbecer Ⓐ *v. tr.* to make proud Ⓑ *v. refl.* to become proud; to pride oneself on; to take pride in
ensoberbecimento *s. m.* pride, swagger, self-exaltation, conceit
ensobradar *v. tr.* to plank, to floor
ensofregar *v. tr.* to make greedy; to incite; to sick on (dogs)
ensogadoiro *s. m.* ⇒ **ensogadouro**
ensogadouro *s. m.* strapping oxen together; leather strap (band, thong)
ensogadura *s. f.* yokestrap
ensogar *v. tr.* to strap oxen together

ensolarado *adj.* sunny
ensoleirar *v. tr.* to fit in the door-sill
ensolvamento *s. m.* fouling, jamming (a gun)
ensolvar *v. tr.* to foul, to jam (a gun), to prevent the firing of a cannon by wetting the powder
ensombrar *v. tr.* to shade (a picture), to shadow; to make sad (or gloomy), to haunt
ensombro *s. m.* shading; shelter, protection, refuge, haunting
ensonado *adj.* sleepy, drowsy, somnolent, dozy, nodding
ensonorentado *adj.* ⇒ **ensonado**
ensopadela *s. f.* soaking; drenching, thoroughly wetting
ensopado Ⓐ *adj.* drenched, thoroughly wet, wet through, sopping (wet) Ⓑ *s. m.* CULINÁRIA stew
ensopar Ⓐ *v. tr.* to sop, to sop up (to absorb), to dip in; to soak, to drench, to steep; to stew, to make into a stew Ⓑ *v. refl. e intr.* to be wet through; to be soaked through; ***estou ensopado*** I am soaked with rain; ***ensopado até aos ossos*** wet to the skin
ensoreamento *s. m.* ⇒ **assoreamento**
ensorear *v. tr.* ⇒ **assorear**
ensossar *v. tr.* to make insipid, tasteless
ensosso *adj.* insipid, unsavoury, tasteless; lacking in salt
ensovacado *adj.* hidden in the arm-pit; shy, timid, sulky; paralysed, benumbed
ensovacar Ⓐ *v. tr.* to hide in the arm-pit Ⓑ *v. intr.* to become shy; to sulk
enstatite *s. f.* MINERALOGIA enstatite
ensumagrar *v. tr.* to prepare (leather) with sumac(h)
ensurdecedor *adj.* deafening; ***barulho ensurdecedor*** deafening noise
ensurdecência *s. f.* ⇒ **surdez**
ensurdecer Ⓐ *v. tr.* to deafen, to make deaf Ⓑ *v. intr.* to grow deaf
ensurdecimento *s. m.* deafness
entablamento *s. m.* ARQUITECTURA entablature
entabocar *v. tr.* [Bras.] to put between splints; to press
entabuamento *s. m.* planking, flooring, boarding up
entabuar *v. tr.* to board, to floor, to plank
entabulamento *s. m.* boarding, planking; ⇒ **entablamento**
entabular *v. tr.* ⇒ **entabuar**; to prepare, to arrange; to enter upon, to open, to start (conversation, business); ***entabular negociações*** to open negotiations; ***entabular um negócio*** to enter upon (some) business
entachar *v. tr.* to fasten (secure, make fast) with studs
entaipado Ⓐ *adj.* walled, shut up, closed up (with a mud-wall) Ⓑ *s. m.* palisade, enclosure; fence; hoarding
entaipamento *s. m.* fence, paling, barrier, hoarding
entaipar *v. tr.* to wall; to shut up, to close up; to enclose, to fence in
entala *s. f.* pressure, pressing, crushing, squeezing, tightening; [fig.] scrape, fix, difficulty, a tight corner
entalação *s. f.* pressure, pressing, crushing, squeezing, tightening; [fig.] scrape, fix, difficulty, a tight corner
entaladela *s. f.* ⇒ **entalação**
entalado *adj.* put between splints; pressed, squeezed; tightened; pinched, traped, cramped; [fig.] in a difficult situation; [fig.] in a tight corner
entalador *adj.* pressing, squeezing, splinting
entalanço *s. m.* ⇒ **entala**
entalão *s. m.* a hard squeeze (push); a nasty scrape (fix)
entalar Ⓐ *v. tr.* to press; to squeeze, to tighten, to pinch; to wedge; to trap, to entrap, to catch; to splint Ⓑ *v. intr.* to get caught; to be entrapped; [fig.] to get into a scrape, to get into trouble, to be in a tight corner; ***entalar os dedos na porta*** to pinch one's fingers in the door; [fig.] ***ele entalou-me com um empréstimo de dez libras*** he put me in a tight corner through a loan of £10; [fig.] ***entalar alguém*** to drive someone into a corner
entalecer *v. intr.* to grow stalk (stem)
entaleigar Ⓐ *v. tr.* to bag, to put into bags Ⓑ *v. refl.* to cram, to stuff, to glut, to fill to the full, to eat greedily, to feed
entalha *s. f.* notch, rabbet, groove, incision; jag, cut
entalhador *s. m.* carver (in wood); engraver; ripping chisel
entalhadura *s. f.* carving, notch, score; engraving; wood carving, carved work
entalhamento *s. m.* carving, notch, score; engraving; wood carving, carved work
entalhar *v. tr.* to carve, to engrave, to chisel, to cut; to rabbet, to notch
entalhe *s. m.* carving; notch, rabbet, slot; ***entalhe em rabo de malhete*** dovetailing
entalho *s. m.* carving; notch, rabbet, slot
entalido *adj.* parboiled, underdone, not thoroughly cooked
entalir *v. tr.* to parboil, to braise (to roast) meat slightly
entaliscar *v. tr.* to force into a crack; to join with splines
entaloar *v. tr.* ⇒ **entalir**
entancar *v. tr.* to dam up (water in a tank); to stem (blood)
entanguecer *v. intr.* to benumb, to stiffen (with cold)
entanguido *adj.* stunted; benumbed; stiff with cold
entanguir-se *v. refl.* to stiffen with cold; to be stunted
entanicado *adj.* tight and short (of clothes)
entanto *adv.* in the meantime, meanwhile; ***no entanto*** nevertheless, notwithstanding, however, still, yet
então Ⓐ *adv.* then, at that time, by that time; after that, afterwards; on that occasion Ⓑ *interj.* what!, now then!, how now!, how!, well then!; ***com que então!*** so then!; ***já então*** by that time; ***desde então*** since then; ***até então*** till then; ***pois então*** in that case; ***as coisas têm mudado de então para cá*** things have changed since those times; ***até então nenhuma carta nos tinha chegado às mãos*** until then no letter had reached us; ***e então?*** what about it?
entapizar *v. tr.* to carpet; to adorn; to clothe again
entarambecado *adj.* crammed with poor furniture, poorly furnished
entaramelado *adj.* tongue-tied; stuttering, stammering; faltering, entangling; [fig.] embarassing
entaramelar Ⓐ *v. tr.* to make (someone) stutter (stammer, falter); to (en)tangle, to embroil Ⓑ *v. refl.* to stutter, to stammer, to falter; [fig.] to get entangled, to become embarrassed
entardecer Ⓐ *v. intr.* to grow dark; to draw on (evening), to grow late Ⓑ *s. m.* evening, nightfall, eventide, close of the day, fall of day; ***partir é sempre um entardecer*** parting is like nightfall
entarraxar *v. tr.* to screw, to rivet
ente *s. m.* being, living thing, creature, living being, human creature; ***um ente infeliz*** a wretched being; ***entes queridos*** dear (loved) ones; ***o Ente Supremo*** the Supreme Being
enteada *s. f.* stepdaughter
enteado *s. m.* stepson
enteamento *s. m.* weaving
entear Ⓐ *v. tr.* to weave; to twist; [fig.] to interweave, to interlace Ⓑ *v. refl.* to cover with resin (the wood)
entecer *v. tr.* to interweave, to intertwine, to interlace, to intertwist
entediar Ⓐ *v. tr.* to weary, to bore, to tire out, to plague, to worry, to annoy Ⓑ *v. refl.* to get bored
entejar *v. tr.* ⇒ **entediar**
entejo *s. m.* weariness; tedium, loathing, abhorrence, repugnance, nausea
entelequia *s. f.* FILOSOFIA entelechy, entelecheia
entelhar *v. tr.* to imbricate, to overlap; to cover with tiles
entendedor *s. m.* connoisseur, expert, critic, specialist; ***para bom entendedor meia palavra basta*** a word to the wise is enough

entender Ⓐ *v. tr. e intr.* to understand, to comprehend, to perceive, to apprehend, to conceive, to imagine, to mean; to know, to be acquainted with, to have a knowledge of; to believe, to think, to judge Ⓑ *v. refl.* to understand each other, to get on well together Ⓒ *s. m.* understanding, opinion, judgement; ***dar a entender*** to throw out a hint, to give a hint; ***faz como entenderes*** have it your own way; ***parece que não nos entendemos*** we seem not to understand each other; ***eu assim o entendo*** that's how I take it; ***entender de*** to be an expert in; ***no meu entender*** to the best of my knowledge and belief; ***entender mal*** to misunderstand; ***falar sem se entenderem*** to talk at cross-purposes; ***pelo que entendo*** as far as I can see; ***que entendes por isso?*** what do you mean by that?
entendido Ⓐ *adj.* understood; skilful, skilled, experient, versed, knowing, acquainted with, expert, learned; settled, agreed Ⓑ *s. m.* connoisseur, expert, knowledgeable person; ***está entendido*** that is understood; ***sem se dar por entendido*** without taking the hint; ***dar-se por entendido*** to pretend to know; ***fique entendido*** be it understood; ***entendido em quadros*** a connoisseur of pictures
entendimento *s. m.* understanding, intelligence, comprehension, discernment, judgement, wisdom; agreement, accord, accordance, concordance; ***ter um entendimento com outro*** to have an understanding with another; ***ele tinha um entendimento secreto com outras firmas*** he had a secret understanding with other firms; ***chegar a um entendimento*** to come to an agreement
entenebrecer Ⓐ *v. tr.* to darken, to make dark, to obscure; to cloud, to dim, to shade Ⓑ *v. intr.* to become dark (dim, cloudy)
entenebrecimento *s. m.* darkening
entepidecer *v. intr.* to become tepid (or lukewarm)
enteradenografia *s. f.* enteroadenography
enteralgia *s. f.* MEDICINA enteralgia
enterectomia *s. f.* CIRURGIA enterotomy
enteremia *s. f.* MEDICINA blood congestion in the intestines
enteremorragia *s. f.* MEDICINA enterohemorrhage
entérico *adj.* enteric
enterite *s. f.* MEDICINA enteritis
enterítico *adj.* MEDICINA enteritic
enternecedor *adj.* moving, touching, affecting, impressive, pathetic(al)
enternecer Ⓐ *v. tr.* to make tender; to move, to touch, to affect, to stir, to impress Ⓑ *v. intr.* to become tender Ⓒ *v. refl.* to be affected (moved, touched, stirred, impressed); ***enternecer todos os corações*** to touch all hearts
enternecidamente *adv.* movingly, touchingly; pathetically, compassionately
enternecido *adj.* moved, touched, affected, stirred, impressed
enternecimento *s. m.* tenderness, compassion, pity, sympathy, affection, kindness
êntero *s. m.* enteron (of an embryo)
enterocele *s. f.* PATOLOGIA enterocele
enterocélico *adj.* PATOLOGIA enterocelic
enteróclise *s. f.* MEDICINA intestinal lavage, enema
enterocolite *s. f.* MEDICINA enterocolitis
enteroderma *s. f.* ⇒ **endoderma**
enteroderme *s. f.* ⇒ **endoderma**
enterodinia *s. f.* MEDICINA enterodynia
enterografia *s. f.* enterography
enterólito *s. m.* enterolith
enterologia *s. f.* enterology
enteropneustos *s. m. pl.* enteropneusta, hemichorde
enteroquinase *s. f.* MEDICINA enterokinase
enterorragia *s. f.* enterorrhagia
enteroscopia *s. f.* endoscopy, enteroscopy
enterose *s. f.* MEDICINA generic term for intestinal diseases
enterostomia *s. f.* CIRURGIA enterostomy
enterotomia *s. f.* CIRURGIA enterotomy
enterótomo *s. m.* CIRURGIA enterotome
enterovacina *s. f.* enterovaccine
enterozoário *s. m.* ZOOLOGIA entozoon
enterozóico *adj.* ZOOLOGIA entozoic
enterração *s. f.* ⇒ **enterramento**
enterradela *s. f.* ⇒ **enterramento**
enterrador *s. m.* grave-diger
enterradouro *s. m.* burying-ground, burial-ground
enterramento *s. m.* burial, interment, burying
enterrar Ⓐ *v. tr.* to bury, to inter; to cover up, to hide; to plunge, to thrust, to sink, to ram Ⓑ *v. refl.* to be caught out, to burry oneself; ***enterrar-se numa poltrona*** to sink into an armchair; ***enterrar o chapéu até às orelhas*** to ram one's hat down over one's ears; ***enterrar um aluno*** to catch a pupil out
enterreirar *v. tr.* to form into a yard (courtyard)
enterro *s. m.* burial, interment; funeral procession
enterroar *v. tr.* ⇒ **entorroar**
entesadura *s. f.* tension, stretching
entesar Ⓐ *v. tr.* to stiffen, to stretch, to tighten; to harden, to toughen Ⓑ *v. refl.* to become stiff (hard, taut, tight); [fig.] ***entesar-se com alguém*** to stand up to somebody
entesoiramento *s. m.* hoard, store (of treasure)
entesoirar *v. tr.* to hoard, to treasure, to amass, to lay up, to heap up, to store up (wealth, goods, etc.)
entesouramento *s. m.* ⇒ **entesoiramento**
entesourar *v. tr.* ⇒ **entesoirar**
entestar *v. tr.* to border upon, to confine with
enteu *adj.* entheate, entheat, divinely inspired
entibecer *v. intr.* ⇒ **entibiar**
entibiamento *s. m.* lukewarmness; faint-heartedness, irresolution
entibiar Ⓐ *v. tr.* to cool down, to make lukewarm Ⓑ *v. refl.* to become lukewarm, to become faint-hearted (indifferent)
entidade *s. f.* entity, existence, being; ***entidade oficial*** official personage; ***entidade patronal*** employer
entijolar *v. tr.* to brick, to line with bricks
entimema *s. m.* enthymeme
entisicar Ⓐ *v. tr.* to cause consumption Ⓑ *v. intr.* to grow consumptive
entivação *s. f.* planking (lining with planks)
entivador *s. m.* planker
entivar *v. tr.* to plank (to line with planks)
entoação *s. f.* intonation; tone; modulation, inflection
entoado *adj.* intoned, melodious, harmonious, clear (voice)
entoador Ⓐ *s. m.* intoner, singer Ⓑ *adj.* intoning
entoalhado *adj.* cowled and veiled
entoamento *s. m.* ⇒ **entoação**
entoar *v. tr.* to intone, to utter with singing voice, to sing, to chant
entoblasto *s. m.* ⇒ **endoderma**
entocamento *s. m.* hiding in (chasing into) a burrow
entocar Ⓐ *v. tr. e refl.* to hide in a hole Ⓑ *v. refl.* to burrow
entoderma *s. m.* ⇒ **endoderma**
entoderme *s. f.* ⇒ **endoderma**
entófito *s. m.* endophyte
entogar-se *v. refl.* to don (to put on) a gown
entoiçar *v. intr.* ⇒ **entouçar, entouceirar**
entoiceirar *v. intr.* ⇒ **entouçar, entouceirar**
entoirar *v. intr.* ⇒ **entourar**
entoiriçado *adj.* ⇒ **entouriçado**
entoirir *v. tr. e intr.* ⇒ **entourir**
entojar *v. tr.* to nauseate, to disgust; to abhor; to bore
entojo *s. m.* nausea (odd desires caused by pregnancy)
entómico *adj.* entomic
entomófago *adj.* ZOOLOGIA entomophagous; insectivorous
entomófilo Ⓐ *adj.* BOTÂNICA entomophilous Ⓑ *s. m.* collector of insects

entomógamo Ⓐ *adj.* BOTÂNICA entomophilous Ⓑ *s. m.* collector of insects
entomologia *s. f.* entomology
entomológico *adj.* entomological
entomologista *s. m. e f.* entomologist
entomólogo *s. m.* entomologist
Entomostráceos *s. m. pl.* ZOOLOGIA *Entomostracea*; the lower orders of the *Crustacea*
entonação *s. f.* intonation; tone; modulation, inflection
entonar Ⓐ *v. tr.* to raise one's head haughtily Ⓑ *v. refl.* to be puffed up with pride, to put on airs
entono *s. m.* pride, arrogance, haughtiness, superciliousness
entontar *v. tr. e intr.* ⇒ **entontecer**
entontecedor *adj.* dizzying
entontecer Ⓐ *v. tr.* to make dizzy (giddy); to stupefy, to make dull; to stun, to bewilder, to madden, to enrage, to infuriate Ⓑ *v. intr.* to become dull (dizzy, giddy, mad, crazy)
entontecimento *s. m.* dizziness, giddiness; stupefaction, bewilderment
entóptico *adj.* entoptic
entorna *s. f.* spilling, pouring out; scattering
entornar *v. tr.* to spill, to pour on (in, into, out); to upset, to overturn, to tip over; [pop.] to drink heavily; ***entornar um copo de leite*** to spill a glass of milk; ***entornar tinta*** to spill ink; [pop.] ***entornar o caldo*** to upset somebody's apple-cart
entorneiro *s. m.* overflow, overflowing, pouring out
entorpecer *v. tr.* to numb, to deaden, to benumb, to paralyse; to grow torpid
entorpecido *adj.* numb, torpid; stiff, sluggish; dormant; ***entorpecido pela bebida*** stupefied with drink
entorpecimento *s. m.* torpor, torpidity, numbness, apathy, sluggishness, insensibility, stupor
entorroar Ⓐ *v. tr.* to form clods Ⓑ *v. refl.* to form into clods
entorse *s. f.* sprain, twist, wrench; ***fazer uma entorse*** to sprain one's ankle
entortadura *s. f.* twist, wrench; crookedness, bend
entortar Ⓐ *v. tr. e intr.* to crook, to bend, to curve, to twist, to bow; to make crooked, to distort Ⓑ *v. intr.* to go awry; to become crooked Ⓒ *v. refl.* [pop.] to get drunk; ***entortar os olhos*** to squint, to cross one's eyes
entótico *adj.* ANATOMIA entotic; referring to auditive sensations
entoucar *v. intr.* to get entangled (the cable on the anchor)
entouçar *v. intr.* to grow up to a thicket; to thicken; [fig.] to grow strong
entouceirar *v. intr.* ⇒ **entouçar**
entourado *adj.* [pop.] angry, piqued; moody, sulky; hard to open
entourar *v. intr.* to get angry (piqued, furious, moody), to sulk; to jam, to get jammed
entouriçado *adj.* stuffed, overfull (with food)
entourido *adj.* [pop.] surfeited, stuffed, crammed with food; big-bellied
entourir *v. tr. e intr.* to fatten, to make fat, to grow fat; to stuff, to cram, to feed
entozoário *s. m.* entozoon (*plural* entozoa)
entozoologia *s. f.* entozoology
entrada *s. f.* entrance, way in; entry, ingress, admission, admittance; mouth, opening, passage, entrance-money (at game); beginning, initiation; first course (meals); down payment; ***entradas e saídas*** receipts and outgoings; ***entradas de leão*** a new broom sweeps clean; COMÉRCIO ***entrada em livro*** entry; ***entrada e saída de uma casa*** means of access; ***entrada de serviço*** service entrance; ***entrada de dinheiro*** receipt of money; ***pagar a entrada*** to pay the entrance fee; ***entrada em vigor (lei)*** coming in force; ***direitos de entrada*** entrance fees, customs duties; ***é proibida a entrada*** no admittance; ***dar entrada*** to enter; ***entrada livre*** admission free; ***entrada de um sócio*** entering of a partner; NÁUTICA ***entradas de linha de água*** entrance of water line; ***entrada na doca*** dockage, docking
entrado *adj.* entered; a little drunk, tipsy; ***entrado em anos*** advanced in years, elderly; ***navios entrados*** arrivals (of ships)
entradote *adj.* [pop.] oldish, elderly, somewhat old
entrajar *v. tr.* to clothe, to dress
entraje *s. m.* act of clothing; suit, dress
entralhar *v. tr.* to entangle, to embroil; to ensnare, to catch, to net; NÁUTICA to boltrope, to marl, to rope
entralho *s. m.* NÁUTICA yarn, string, thread
entralhoada *s. f.* entanglement, tangle (of yarn)
entrambicar *v. tr.* [pop.] to damage, to harm; to embarrass, to hinder, to hamper
entrança *s. f.* entrance, way in; beginning, commencement, start, opening, outset
entrançado Ⓐ *adj.* interlaced, interwoven, braided, plaited Ⓑ *s. m.* braiding, braid, plaiting; interlacing, interweaving
entrançador *s. m.* one who braids (interlaces, plaits)
entrançadura *s. f.* braiding, plaiting, interlacing
entrançamento *s. m.* braiding, plaiting, interlacing
entrançar *v. tr.* to braid (hair), to interlace, to interweave, to plait, to interwine, to twist together; to spin
entranhadamente *adv.* profoundly, deeply
entranhado *adj.* inveterate, ingrained, deep-rooted, deep-seated, long established, hardened; deep, profound
entranhar Ⓐ *v. tr.* to penetrate, to pierce; to force into, to introduce into Ⓑ *v. refl.* to penetrate to the core; to go deep; to strike root
entranhas *s. f. pl.* entrails, bowels, intestines; guts, insides; [coloq.] inwards
entranhável *adj.* penetrating, piercing, deep, profound; hearty, sincere
entranqueirar *v. tr. e refl.* to barricade, to block up, to fortify, to intrench
entrapado *adj.* wrapped in rags, in rags, torn, tattered; [fig.] dressed up, garbed, arrayed, attired
entrapar Ⓐ *v. tr.* to wrap in rags; to plaster, to cover with plaster Ⓑ *v. refl.* to cover (to wrap) oneself with rags
entrar *v. tr. e intr.* to enter, to go (to step, to walk, to march, to flow, to dash, to rush, to run) in (into); to come (to step, to walk) in (into); to get in (into); to step in (into); to penetrate into; to invade; to pierce; to begin, to start, to commence; to contribute, to concur; to have a share in, to participate in; to partake, to take part, to join; to get involved; ***entrar em si*** to come to oneself (to one's wits); ***entrar e sair*** to go in and out; ***entrar de roldão*** to rush in; ***entrar apressadamente*** to pop in; ***entrar com ímpeto*** to burst into; ***entrar ilegalmente na propriedade alheia*** to trespass on another's land; ***entrar em considerações*** to enter into consideration; ***entrar em vigor (lei)*** to come into force (law); ***faça favor de entrar!*** come in please!; ***ele entrou no quarto*** he came into the room; ***deixe-me entrar, faça favor*** please let me in; ***entrar furtivamente*** to steal in (or into); ***entrar como sócio numa casa comercial*** to enter a business as a partner; ***entrar em pormenores*** to enter into details; ***entrar num jogo*** to join in a game; ***entrar em exercício*** to enter upon one's office; ***entrar em função*** to enter into function, to enter upon one's office; ***entrar de guarda*** to mount guard; ***entrar de posse*** to come into possession; ***mandar entrar*** to show in; ***entrar em convalescença*** to enter on convalescence; ***entrar no exército*** to enter the army, to join the army; ***entrar na universidade*** to enter a university; ***entrar em operações*** to open the campaign; ***entrar em negociações*** to enter into negotiations; ***entrar na matéria*** to come to the point, to deal with the subject; ***entrar na graça de alguém*** to get into a person's favour; ***entrar por um ouvido e sair pelo outro*** in at one ear and out at the other; [fam.] ***entrar com alguém*** to make fun of, to pull a person's leg; ***entrar bem*** to promise fair; ***entrar no***

dique to come into dock; ***o navio entrou no porto*** the ship put into the port, the ship entered the port
entrasgado *adj.* [pop.] pressed, pinched; stuck
entravador *adj.* hindering, impeding, retarding, embarrassing, encumbering, thwarting, checking
entravamento *s. m.* ⇒ **entrave**
entravante Ⓐ *adj.* hindering, obstructing, impeding Ⓑ *s. m.* hindrance, obstacle
entravar *v. tr.* to impede, to hinder, to encumber, to stop, to clog, to check, to delay, to retard, to obstruct, to thwart, to block
entrave *s. m.* impediment, hindrance, encumbrance, obstacle, check, bar, stumbling block
entravessa *s. f.* re-ploughing, criss-cross ploughing
entravessar *v. tr.* to re-plough, to plough again crosswise
entre *prep.* between; among, amongst; amid, amidst; ***entre dentes*** spitefully; ***entre mãos*** in hand; ***entre os 59 e os 70*** in the sixties; ***entre a espada e a parede*** between the devil and the deep blue sea; ***entre a vida e a morte*** between life and death, half dead; ***entre aplausos*** amid cheers
entreaberta *s. f.* clearing, opening; act of opening partially
entreaberto *adj.* ajar, slightly open, half-open
entreabrir *v. tr. e intr.* to half-open, to set ajar; to bloom; to clear up, to uncloud
entreacto *s. m.* TEATRO interlude
entrebanho *s. m.* cauldron (caldron) of a saltern
entrebater *v. refl. e intr.* to clash; to fight; to wrangle
entrebeijar-se *v. refl.* to kiss
entrebranco *adj.* whitish
entrecambado *adj.* entangled (with others), interwoven, tangled, enmeshed, knotted
entrecana *s. f.* ARQUITECTURA arris, fillet between flutes
entrecasca *s. f.* liber, bast, inner bark, phloem
entrecasco *s. m.* upper part of a hoof; ⇒ **entrecasca**
entrecena *s. f.* interval between two scenes of a play, interlude
entrecerrar *v. tr.* to half-shut, to shut (to close) partially
entrechar *v. tr.* to plot, to weave a plot
entrecho *s. m.* plot (of a play), story, intrigue
entrechocar-se *v. refl.* to collide with; to dash against; to meet head on; to bump, to hit
entrechoque *s. m.* collision; clash; disagreement
entrecoberta *s. f.* NÁUTICA between-decks
entrecolher *v. tr.* to glean, to gather (to pick) here and there
entreconhecer Ⓐ *v. tr.* to know vaguely (imperfectly) Ⓑ *v. refl.* to know each other, to be acquainted
entrecoro *s. m.* chancel
entrecorrer *v. intr.* to run between; to occur (to happen) in the meantime
entrecortar *v. tr.* to intersect, to interrupt, to cut, to stop, to break
entrecorte *s. m.* intersecting, intersection
entrecostado *s. m.* NÁUTICA intercostal stiffening, wing
entrecosto *s. m.* spare-rib, rib (of animal); ***entrecosto de vaca*** mid ribs
entrecruzamento *s. m.* act of crossing
entrecruzar-se *v. refl.* to cross each other, to criss-cross, to intersect
entredente *s. m.* ⇒ **crena**; indentation, notch
entredevorar-se *v. refl.* to devour one another
entredia *loc. adv.* in daytime, during the day
entredilacerar-se *v. refl.* to dilacerate each other
entredisputar *v. tr.* to dispute, to argue, to have an argument; to play for, to fight for
entredizer *v. tr.* to soliloquize, to speak (say) to oneself
entredormido *adj.* half-awake; half-asleep
entredúvida *s. f.* perplexity, puzzle, bewilderment
entreferro *s. m.* air gap, clearance
entrefestejar *v. tr.* to have a family celebration
entrefigurar-se *v. refl.* to seem, to resemble
entrefino *adj.* of a middling quality
entrefolha *s. f.* interleaf, blank leaf
entrefolhar *v. tr.* to interleave
entrefolho *s. m.* hiding-place, lurking-place; refuge, shelter; chronic indigestion (in rumination animals)
entreforro *s. m.* buckram, false roof
entrefundo *s. m.* double bottom tank
entrega *s. f.* delivery; surrender, giving up, handing over; treason, treachery, perfidy; ***entrega contra documentos*** delivery on (against) presentation of documents; ***entrega imediata*** prompt delivery; ***entrega ao domicílio*** home delivery; ***entrega contra reembolso*** cash on delivery; ***no acto da entrega*** on delivery
entregador *s. m.* one who delivers; traitor, betrayer, deceiver; denunciator
entregar Ⓐ *v. tr.* to deliver, to give, to hand to (over), to entrust; to confide in, to trust; to betray, to surrender, to give up Ⓑ *v. refl.* to give oneself up; to give; ***entregar-se a*** to indulge in, to be addicted to, to be given over to; ***entregar uma carta*** to deliver a letter; ***entregar-se ao trabalho*** to give oneself up to the work; ***entregar uma questão a um advogado*** to place a matter in the hands of a lawyer; ***entregar documentos*** to deliver documents; ***entregar um telegrama*** to hand over a telegram, to deliver a telegram
entregue *adj.* delivered, handed over; devoted to, attached; ***a criança está entregue aos cuidados da tia*** the child is under his (her) aunt's care; [cal.] ***estar entregue à «bicharada»*** to be down and out
entre-hostil *adj.* rather hostile
entrejunta *s. f.* ⇒ **entrenó**
entrelaçado Ⓐ *adj.* interlaced, interwoven Ⓑ *s. m.* any interlaced thing; ⇒ **entrelaçamento**
entrelaçamento *s. m.* intertwining, interlacing, weaving, blending, wreathing
entrelaçar *v. tr.* to interweave, to twist, to interlace, to twine together; to mix, to blend; ***entrelaçado com ouro*** interwoven with gold
entrelembrar-se *v. refl.* to remember vaguely, to have a faint idea
entreligar *v. tr.* to link together, to connect, to join
entrelinha *s. f.* interlineation, space between lines; TIPOGRAFIA lead; [fig.] ***ler nas entrelinhas*** to read between the lines, to deduce
entrelinhamento *s. m.* writing between lines, spacing between lines
entrelinhar *v. tr.* to interline, to write between lines; TIPOGRAFIA to lead
entreluzir *v. intr.* to glimmer, to glow faintly, to gleam, to flicker, to twinkle
entremaduro *adj.* half-ripe
entremanhã *s. f.* day-break, dawn
entremeado *adj.* intermingled, blended, mixed; layered; ***toucinho entremeado*** bacon
entremear *v. tr.* to intermingle, to intermix, to mix, to blend, to mingle; to interpose, to put between, to intersperse; to put into layers; ***entremear com flores*** to mingle with flowers
entremecha *s. f.* NÁUTICA cross-beam (to strengthen a ship)
entremeio *s. m.* lace; insertion; space between two things, gap, interval
entrementes *adv.* (in the) meantime, meanwhile; at the same time
entremesa *s. f.* time of a meal
entremeter Ⓐ *v. tr.* to interpose, to place between Ⓑ *v. refl. e intr.* to interfere, to meddle; to prey into, to poke one's nose into other people's business, to concern oneself with

entremetido *adj.* meddlesome, interfering, obtrusive
entremetimento *s. m.* interference, meddling, intervention; interposition, interposal
entremez *s. m.* farce, interlude, intermezzo
entremezada *s. f.* farce, parody, low comedy, empty parade, mockery
entremezado *adj.* farcical
entremezista *s. m. e f.* author (or actor) of intermezzos (farces)
entremisturar *v. tr.* to intermix; to confuse
entremodilhão *s. m.* ARQUITECTURA intermodillion
entremontano *adj.* lying among mountains
entremontes *s. m.* ⇒ **vale**
entremostrar *v. tr.* to show indistinctly; to afford a glimpse of
entrenó *s. m.* BOTÂNICA internode
entrenoite *adv.* during the night, by night, over night
entrenoute *adv.* ⇒ **entrenoite**
entrenublado *adj.* among the clouds; half-clouded
entrenublar-se *v. refl.* to show between the clouds; to become clouded, to be shrouded in mist
entreolhar-se *v. refl.* to look at each other, to exchange glances
entreouvir *v. tr.* to hear indistinctly; to halfhear
entrepano *s. m.* upright board between shelves; divider
entrepassar *v. tr.* to go through (across, by)
entrepasso *s. m.* amble, amble gait (of horses)
entrepausa *s. f.* intermediate pause
entrepernas *adv.* between the legs
entreplano *s. m.* distance between the wings of an airplane
entreplicar *v. intr.* to tease, to plague, to chafe, to harrass
entreponte *s. f.* NÁUTICA between-decks
entrepor Ⓐ *v. tr.* to interpose, to insert, to put (to place) between Ⓑ *v. refl.* to interfere, to intervene, to come between
entrepósito *s. m.* ⇒ **entreposto**
entreposto *s. m.* warehouse; emporium; mart, centre of commerce
entreprender *v. tr.* ⇒ **empreender**
entrepresa *s. f.* enterprise, undertaking
entrequerer-se *v. refl.* to be good friends, to be friendly
entrescolher *v. tr.* to choose superficially (in a hurry)
entrescutar *v. tr.* to hear in the distance
entresilhar *v. tr.* to emaciate; to weaken; to get thin
entressachar *v. tr.* to mingle, to intermingle, to interlace, to interweave
entresseio *s. m.* cavity; sinuosity
entressemear *v. tr.* to sow between; to intermingle; to spot, to spatter
entressola *s. f.* insole, inner sole (of a shoe)
entressolhar *v. tr.* to provide with an entresol
entressolho *s. m.* entresol, mezzanine
entressonhar Ⓐ *v. tr.* to see in a dream Ⓑ *v. intr.* to muse, to dream, to day-dream
entressonho *s. m.* idle musings, day-dreams
entressorrir *v. intr.* to half-smile, to smile
entressorriso *s. m.* half-smile, smile
entretalhador Ⓐ *s. m.* carver; sculptor Ⓑ *adj.* carving
entretalhadura *s. f.* carving, bas-relief
entretalhar *v. tr.* to carve; to sculpture; to cut paper (cloth, etc.) in fancy figures
entretalho *s. m.* cutting in paper (or cloth); bas-relief, carving
entretanto *adv.* (in the) meantime, meanwhile; at the same time
entretecedor *s. m.* one who interweaves (intertwines, interlaces)
entretecedura *s. f.* interlacing, interweaving
entretecer *v. tr.* to interweave, to interlace, to intertwine, to intertwist; to intermingle, to intermix
entretecimento *s. m.* ⇒ **entretecedura**
entretela *s. f.* buckram; ARQUITECTURA counterfort (of a wall)
entretelar *v. tr.* to stiffen (with buckram); ARQUITECTURA to strengthen (with counterforts)
entretém *s. m.* ⇒ **entretenimento**
entretenga *s. f.* ⇒ **entretenimento**
entretenimento *s. m.* entertainment, amusement, pastime, recreation, diversion; delay, lingering, tarrying
entreter *v. tr.* to delay, to put off, to retard, to let lie over; to entertain, to amuse, to take one's pleasure, to recreate, to divert, to have a good time; to keep in hope (expectation); ***entreter-se com ninharias*** to trifle time away; ***entreter o espírito*** to occupy oneself agreeably
entretido *adj.* delayed, retarded; entertained amused; distracted; occupied
entretimento *s. m.* ⇒ **entretenimento**
entretinho *s. m.* food for birds
entretom *s. m.* tint
entreturbar *v. tr.* to disturb, to discomfort
entreunir *v. tr.* to link, to connect, to join, to unite, to bind, to fasten, to fasten together
entrevação *s. f.* paralysis; paresis; darkening
entrevado Ⓐ *adj.* crippled, paralytic, affected with paralysis, paretic Ⓑ *s. m.* paralytic, cripple, paralysed person
entrevamento *s. m.* ⇒ **entrevação**
entrevar Ⓐ *v. tr.* to paralyse, to cripple; to darken, to make dark (gloomy) Ⓑ *v. intr.* to be affected with paralysis, to become paralytic (paralysed)
entrevecer Ⓐ *v. tr.* to paralyse, to cripple; to darken, to make dark (gloomy) Ⓑ *v. intr.* to be affected with paralysis, to become paralytic (paralysed)
entrevecimento *s. m.* ⇒ **entrevação**
entrever Ⓐ *v. tr.* to catch a glimpse of; to see indistinctly; to foresee Ⓑ *v. refl.* to catch a glimpse of each other
entreverar *v. intr.* [Bras.] to mix, to confuse
entrevero *s. m.* [Bras.] mixture, confusion; mêlée of troops; mix-up
entrevinda *s. f.* unlooked-for (unexpected) arrival
entrevista *s. f.* meeting, appointment, arrangement, date; interview, conference, consultation; ***marcar uma entrevista*** to make an appointment; ***entrevista à imprensa*** press conference
entrevistador Ⓐ *s. m.* interviewer; reporter Ⓑ *adj.* interviewing
entrevistar *v. tr.* to interview, to have an interview with; to see confusedly, to glimpse
entrevisto *adj.* blurred, hazy; foreseen, forecast, anticipated
entrilhar *v. tr.* to run (a motor car) on the tram-car tracks
entrincheiramento *s. m.* entrenchment
entrincheirar Ⓐ *v. tr.* to entrench, to surround, to protect (with trenches) Ⓑ *v. refl.* to entrench (oneself); to establish oneself firmly; to defend oneself
entripado *adj.* hit (shot) in the belly (of game); felt in the bowels (intestines)
entristecer Ⓐ *v. tr. e intr.* to sadden, to grieve, to depress; to make sad, to cause grief to Ⓑ *v. refl.* to become sad
entristecimento *s. m.* sadness, sorrow, gloominess, melancholy, dejection, misery
entrita *s. f.* panada
entroixar *v. tr.* ⇒ **entrouxar**
entroixo *s. m.* ⇒ **entrouxo**
entrolhos *s. m. pl.* blinds, blinders, blinkers
entrombar-se *v. refl.* to sulk, to be sulky, to be out of humour, to pout, to mope, to scowl
entronar *v. tr.* to enthrone, to seat upon the throne; to exalt, to extol

entroncado *adj.* broad-shouldered; well-built, well-set, corpulent
entroncamento *s. m.* junction (railway); cross-way, cross-roads
entroncar Ⓐ *v. tr.* to join Ⓑ *v. intr.* to make a junction; to converge, to meet; to branch out, to grow a stem; to fill out (boy or girl); to proceed from the same stock; to thicken
entronchar *v. intr.* to grow a thick stalk (cabbage); to become plump (fat, stout)
entronização *s. f.* enthronization, enthronement
entronizamento *s. m.* enthronization, enthronement
entronizar Ⓐ *v. tr.* to enthrone, to place (a king or bishop) on the throne Ⓑ *v. refl.* to wield the sceptre, to sit on the throne
entronquecer *v. intr.* to grow into a trunk, to thicken
entropeçar *v. intr.* ⇒ **tropeçar**
entropeço *s. m.* ⇒ **tropeço**
entropia *s. f.* FÍSICA entropy
entrós *s. m.* ⇒ **entrosa**
entrosa *s. f.* cog-wheel; distance between two teeth of a cog-wheel
entrosagem *s. f.* meshing of gears
entrosamento *s. m.* meshing of gears
entrosar *v. tr.* to gear, to put in gear
entrouxar Ⓐ *v. tr.* to make a bundle; to pack up, to put up in a bundle Ⓑ *v. refl.* to dress hurriedly
entrouxo *s. m.* bundle
entroviscada *s. f.* catching of fish poisoned with spurge-flax
entroviscado *adj.* cloudy, overcast; [pop.] tipsy, bousy, boozy, fuddled, in one's cups
entroviscar Ⓐ *v. tr.* to catch fish by poisoning them with spurge-flax; [fig.] to indispose Ⓑ *v. refl.* to overcast, to grow cloudy
entrudada *s. f.* revelry; noisy feasting; Carnival frolics
entrudar *v. intr.* to celebrate Carnival, to keep Carnival
entrudeiro *adj.* of Carnival
entrudesco *adj.* referring to Carnival
Entrudo *s. m.* Carnival; Shrove-Tide
entuchar *v. tr.* to swallow; to hold one's tongue
entufado *adj.* swollen, puffed up, inflated; proud, haughty, arrogant
entufar Ⓐ *v. tr.* to swell, to puff up, to inflate Ⓑ *v. refl.* to become proud
entulhar *v. tr.* to store up (rubbish); to fill up (with rubbish); to heap up; to put into a granary; to obstruct, to block up, to choke
entulho *s. m.* rubbish, waste material; ruins
entumecência *s. f.* ⇒ **intumescência**
entumecente *adj.* ⇒ **intumescente**
entumecer *v. tr. e intr.* ⇒ **intumescer**
entumecimento *s. m.* ⇒ **intumescimento**
entunicado *adj.* BOTÂNICA tunicated
entupido *adj.* choked; stopped up; clogged; obstructed, blocked (up), jammed; [fig.] dumb-founded
entupimento *s. m.* choking, stopping up, impediment, interruption, embarrassment; obstruction, blocking up, block, jam
entupir Ⓐ *v. tr.* to stop; to obstruct, to block up, to clog, to choke; [fig.] to nonplus Ⓑ *v. intr.* to be nonplussed
enturbar *v. tr.* ⇒ **enturvar**
enturvação *s. f.* clouding; perturbation; sadness
enturvar *v. tr.* to make muddy, to trouble; [fig.] to sadden, to cloud, to darken
enturvecer *v. intr.* to become turbid
enturviscar *v. intr.* to overcast; to grow cloudy; to become dark
entusiasmado *adj.* enthusiastic; thrilled
entusiasmar Ⓐ *v. tr.* [coloq.] to enthuse, to transport, to thrill, to stir, to rouse, to enrapture; to express enthusiasm; to arouse enthusiasm Ⓑ *v. refl.* to be (to become) enthusiastic; ***conseguir entusiasmar a assistência*** to work one's audience into enthusiasm; ***entusiasmar-se com o trabalho*** to get enthusiastic about one's work
entusiasmável *adj.* excitable, likely to be excited; prone to enthusiasm
entusiasmo *s. m.* enthusiasm, excitement, devotion, passion, ardour, zeal, fervour; ***entusiasmo pelo desporto*** enthusiasm for sport; ***estar louco de entusiasmo*** to be carried off one's feet; ***acolher alguém com entusiasmo*** to give someone a warm welcome; ***trabalhar com entusiasmo*** to blaze away, to work with a will; ***ter entusiasmo por*** to be keen on
entusiasta Ⓐ *s. m. e f.* enthusiast Ⓑ *adj.* enthusiastic; ***ele é um grande entusiasta do ténis*** he is very keen on tennis
entusiasticamente *adv.* enthusiastically, heart and hand
entusiástico *adj.* enthusiastic, wholehearted
enublação *s. f.* overcasting; clouding
enublado *adj.* overcast; cloudy; dark
enublar Ⓐ *v. tr.* to overcast, to cloud Ⓑ *v. intr.* to grow cloudy
enucleação *s. f.* enucleation
enuclear *v. tr. e intr.* to enucleate; CIRURGIA to extract (tumour, etc.); to take out the kernel from; [fig.] to explain, to clear up
énula *s. f.* BOTÂNICA elecampane
énula-campana *s. f.* BOTÂNICA elecampane
enumeração *s. f.* enumeration; reckoning; specification
enumerador Ⓐ *s. m.* enumerator; specificator Ⓑ *adj.* enumerative
enumerar *v. tr.* to enumerate; to number; to count, to compute; to detail
enumerativo *adj.* enumerative
enumerável *adj.* numerable, that can be numbered
enunciação *s. f.* enunciation, proposition; expression, statement; thesis
enunciado Ⓐ *adj.* expressed, uttered, stated Ⓑ *s. m.* enunciation, statement, proposition; wording
enunciador *s. m., adj.* enunciator
enunciar *v. tr.* to enunciate, to state, to utter, to pronounce, to declare, to propound; to express, to word
enunciativo *adj.* enunciative, enunciatory, declaratory
enunciável *adj.* enunciable; expressible, expressable
enurese *s. f.* MEDICINA enuresis (incontinence of the urine)
enuresia *s. f.* ⇒ **enurese**
enuviar *v. tr.* to cloud, to overcast, to darken
envaginado *adj.* ⇒ **invaginado**
envaginante *adj.* ⇒ **invaginante**
envaginar *v. tr.* ⇒ **invaginar**
envaidar Ⓐ *v. tr.* to render vain; to make proud; to puff up (with pride) Ⓑ *v. refl.* to grow proud, to take pride in; to exult in
envaidecer Ⓐ *v. tr.* to render vain; to make proud; to puff up (with pride) Ⓑ *v. refl.* to grow proud, to take pride in; to exult in
envaidecidamente *adv.* proudly, vainly, conceitedly
envaidecimento *s. m.* pride, conceit, vanity, boast
envalar *v. tr.* to ditch, to entrench; to fence
envaretar *v. tr.* to rib, to furnish with ribs (umbrellas)
envasadura *s. f.* ⇒ **envasilhamento**
envasamento *s. m.* base (of a pillar)
envasar *v. tr.* to cask, to barrel; to bottle
envasilhamento *s. m.* tunning, casking, barrelling, bottling
envasilhar *v. tr.* to cask, to tun, to barrel; to bottle
envazadura *s. f.* NÁUTICA stay, prop
envazar *v. tr.* NÁUTICA to stay, to prop
envaziado *adj.* rabbet
envaziar *v. tr.* to rabbet

envelhacar Ⓐ *v. tr.* to make rascal Ⓑ *v. refl.* to become a rascal
envelhecer Ⓐ *v. tr.* to make old, to cause to grow old; to age Ⓑ *v. intr.* to grow old, to grow in years; ***não envelhecer*** to wear one's years well; ***as apoquentações e a doença envelhecem-nos*** worry and illness age a man
envelhecido *adj.* old-looking, old, grown old; aged
envelhecimento *s. m.* aging, age
envelhentar *v. tr. e intr.* ⇒ **envelhecer**
envelope *s. m.* ⇒ **sobrescrito**
envencilhar *v. tr.* to tie, to fasten, to bind; to entangle, to enmesh, to ravel
envenenado *adj.* poisoned; infected; corrupt; cankerous
envenenador *s. m.* poisoner
envenenamento *s. m.* poisoning
envenenar Ⓐ *v. tr.* to poison, to envenom; to infect; to corrupt, to canker, to impair, to pervert Ⓑ *v. refl.* to take poison; ***envenenar a felicidade de alguém*** to sour someone's happiness; ***envenenar poços*** to poison wells
enventanar *v. tr.* to pocket a ball (billiards)
enverdecer Ⓐ *v. tr.* to green, to make green Ⓑ *v. intr.* to become green, to grow green; to recover one's freshness
enverdecimento *s. m.* becoming green; rendering green
enverdejar *v. tr. e intr.* ⇒ **enverdecer**
enveredar Ⓐ *v. tr.* to set on the right (wrong) road, to guide, to direct Ⓑ *v. intr.* to bend one's steps to; to follow, to proceed; ***enveredou por caminho errado*** he took the wrong path
envergadura *s. f.* breath (of the sails); spread (of a bird's wings extended); (wing) span; ⌈fig.⌋ ability, capacity, competence; ***envergadura das asas (de um avião)*** wingspan
envergamento *s. m.* bending (of a sail); ⇒ **envergadura**
envergar *v. tr.* to bend, to curve; to wear, to put on, to don; ***ele envergava o uniforme de gala*** he wore full-dress uniform; NÁUTICA ***envergar sinais*** to bend on signals; ***envergar uma vela*** to bring to a sail
envergonhadela *s. f.* being ashamed; making a person feel ashamed
envergonhado *adj.* ashamed, shy, bashful, sheepish, timid, coy, retiring, shrinking; ***estar envergonhado*** to be ashamed
envergonhar Ⓐ *v. tr.* to shame, to make ashamed, to confuse; to bring shame (disgrace) upon, to put to shame, to humble, to disgrace Ⓑ *v. refl.* to be ashamed, to turn shy
envergue *s. m.* NÁUTICA head, roband
envermelhar Ⓐ *v. tr.* to redden, to make red Ⓑ *v. intr.* to grow (to become) red
envermelhecer *v. tr.* to blush, to flush, to redden, to make red
envernizadela *s. f.* ⇒ **envernizamento**
envernizado *adj.* varnished, polished, lacquered; ⌈pop.⌋ drunk
envernizador *s. m.* varnisher
envernizamento *s. m.* varnishing
envernizar Ⓐ *v. tr.* to varnish, to polish, to lacquer Ⓑ *v. refl.* ⌈pop.⌋ to get drunk
enverrugar Ⓐ *v. tr.* to wrinkle, to pucker, to rumple, to crease; to corrugate; to make warty, to fill with warts Ⓑ *v. intr.* to become warty
envés *s. m.* wrong side, reverse; ***ao envés*** the wrong way, the other way round
envesamento *s. m.* ⇒ **envessamento**
envesar *v. tr.* ⇒ **envessar**
envesgar Ⓐ *v. tr.* to make squint; to affect with strabismus Ⓑ *v. intr.* to squint, to look asquint
envessamento *s. m.* reversal; the act of turning inside out
envessar *v. tr.* to turn inside out
envesso *s. m.* ⇒ **envés**
enviado *s. m.* envoy; messenger
enviamento *s. m.* dispatching, expedition, sending off
enviar *v. tr.* to send, to forward, to despatch, to dispatch; to address; to throw, to hurl, to cast, to fling; ***enviar na volta do correio*** to send by return of post; ***enviar com brevidade*** to send as soon as possible
enviçar *v. tr. e intr.* to flourish, to prosper, to thrive
envidar *v. tr.* to endeavour, to try hard, to do one's best, to strive, to make an effort, to exert oneself; ***envidar todos os esforços*** to make one's best endeavours
envide *s. m.* effort, endeavour, exertion, pains; navel string
envidilhar *v. tr.* to prop, to stake (vines)
envidraçado *adj.* glazed, fitted (covered, enclosed) with glass; ***olhos envidraçados*** glassy eyes
envidraçamento *s. m.* glazing
envidraçar Ⓐ *v. tr.* to glaze, to fit (to cover, to enclose) with glass; to dim Ⓑ *v. refl.* to become glazed (or glassy)
enviés *s. m.* obliquity, sloping; bias binding
enviesadamente *adv.* obliquely, slantingly, slopewise; on the cross, on the bias
enviesado *adj.* slanting, sloping; biased; inclined, oblique, on the cross
enviesar *v. tr.* to slant, to slope, to incline; to set awry, to set on the bias; to swerve, to deviate, to deflect, to turn aside
envigamento *s. m.* beamwork
envigar *v. tr.* to rafter, to furnish with rafters
envigorar *v. tr.* to invigorate, to impart vigour; to strengthen, to animate
envigotar *v. tr.* to provide with floor beams
envilecer Ⓐ *v. tr.* to vilify, to traduce, to degrade, to debase Ⓑ *v. refl.* to degrade oneself, to grow vile
envilecimento *s. m.* abasement, debasement, disgrace, degradation, depravation
envinagrado *adj.* vinegary; sour; ill-tempered
envinagrar Ⓐ *v. tr.* to vinegar, to make sour (with vinegar); ⌈fig.⌋ to cause ill-humour Ⓑ *v. refl.* ⌈fig.⌋ to get into a huff; to take offence; to become irritated
envincilhar *v. tr.* ⇒ **envencilhar**
envio *s. m.* sending, dispatch; shipment; remittance (of money); ***envio de fundos*** remittance of funds; ⇒ **enviamento**
enviperado *adj.* viperous, furious, irritated
enviperar-se *v. refl.* to get into a rage (fury); to become irritated
enviscação *s. f.* coating with birdlime
enviscar *v. tr.* to lime, to smear with birdlime
envisco *s. m.* ⇒ **enviscação**
envisgar *v. tr.* ⇒ **enviscar**
enviuvar Ⓐ *v. tr.* to widow Ⓑ *v. intr.* to become a widow (or a widower)
enviveirar *v. tr.* to keep in a fish-pond (in a nursery); to stock a fish-pond
envolta *s. f.* binder (infants); bandage; confusion, mixture; *pl.* intrigues; ***de envolta*** pell-mell, promiscuously
envolto *adj.* wrapped up, swathed; involved, entangled; mingled; ***envolto em mistério*** wrapped in mystery; ***envolto na escuridão*** wrapped in darkness
envoltório *s. m.* wrapper; cover (of a parcel), wrapping, covering
envoltura *s. f.* enveloping; wrapping up; covering, envelopment
envolvedor *s. m.* wrapper, covering; meddler, busybody, intriguer
envolvente *adj.* involving; implying; including; complicating; entangling
envolver Ⓐ *v. tr.* to wrap, to envelop, to enfold; to involve; to implicate, to imply Ⓑ *v. refl.* to mix up with; to take part in; to interfere with; to wrap oneself; to engage (in); to darken (sky); ***estar envolvido*** to be mixed up; ***envolver-se em intrigas*** to be involved in intrigues
envolvimento *s. m.* enveloping, wrapping up

enxabidez *s. f.* insipidity, tastelessness
enxabido *adj.* insipid, vapid, flat, dull; tasteless
enxaca *s. f.* saddle-bag
enxacoco *s. m., adj.* that who speaks badly a foreign language
enxada *s. f.* hoe, spade; [fig.] livelihood
enxadada *s. f.* stroke with a hoe (spade)
enxadão *s. m.* mattock; big spade
enxadrezar *v. tr.* to checker
enxaguadela *s. f.* rinsing, washing
enxaguado *adj.* rinsed, washed
enxaguadoiro *s. m.* ⇒ **enxaguadouro**
enxaguadouro *s. m.* rinsing bowl; rinsing
enxaguadura *s. f.* ⇒ **enxaguadela**
enxaguão *s. m.* ⇒ **saguão**
enxaguar *v. tr.* to rinse (out), to wash lightly
enxaimel *s. m.* framework, timber-work
enxairelado *adj.* provided with saddle-cloth
enxalavar *s. m.* fish-net for transport of fish
enxalaviador *s. m.* fisherman that handles the fish-net
enxalaviadura *s. f.* (fisherman's) pay
enxalaviar *v. tr. e intr.* to carry fish in the fish-net
enxalmador *s. m.* quack, charlatan; witch doctor
enxalmar *v. tr.* to maltreat, to abuse, to ill-treat, to injure
enxalmeiro *s. m.* maker of caparisons (trappings)
enxalmo *s. m.* caparison, trappings
enxama *s. f.* rowlock
enxambrar *v. tr.* to half-dry (linen)
enxame *s. m.* swarm (of bees); throng, multitude, crowd
enxameador *s. m.* hive-keeper
enxameal *s. m.* apiary, a group of beehives
enxamear *v. tr. e intr.* to hive (bees), to swarm; to congregate in numbers; to flock, to crowd
enxaqueca *s. f.* megrim, migraine, headache
enxaquetado *adj.* HERÁLDICA checkered
enxara *s. f.* dense thicket, woods
enxaravia *s. f.* clog, sabot; hairdressing worn by harlots
enxárcia *s. f.* shroud; ***enxárcia real*** lower shroud; ***enxárcia (cabo)*** shroud laid rope
enxarciar *v. tr.* to rig a ship (with shrouds)
enxaropar *v. tr.* give (to put) syrup, to sweeten
enxarroco *s. m.* ⇒ **xarroco**
enxaugar *v. tr.* ⇒ **enxaguar**
enxávega *s. f.* ⇒ **xávega**
enxerca *s. f.* smoking, drying (of meat)
enxercar *v. tr.* to salt and dry (or smoke) meat
enxerga *s. f.* straw bed, pallet, hard mattress, poor bed
enxergão *s. m.* straw-mattress
enxergar *v. tr.* to discern, to descry, to perceive, to distinguish, to make out
enxerir Ⓐ *v. tr.* to insert; to put in Ⓑ *v. intr.* to intercede, to interfere
enxerqueiro *s. m.* he who dries (smokes) meat; he who sells dried (smoked) meat
enxertadeira *s. f.* grafting-knife
enxertador *s. m.* grafter
enxertadura *s. f.* grafting
enxertar *v. tr.* to graft, to make a graft in; ***enxertar de borbulha*** to bud, to inoculate (trees)
enxertário *s. m.* NÁUTICA parrel
enxertia *s. f.* grafting, engrafting; ***enxertia de encosto*** graft by approach; ***enxertia de fenda*** cleft-graft, graft by incision
enxerto *s. m.* graft; grafting; scion; ***enxerto de borbulha*** budding
enxiar *v. tr.* NÁUTICA to tie a cable to the anchor
enxó *s. f.* adze
enxoada *s. f.* a tumour on the hoof of a horse; ⇒ **ajuaga**
enxofra *s. f.* sulphuring; fumigation (with sulphur)
enxofração *s. f.* sulphuring; fumigation (with sulphur)
enxofradeira *s. f.* sulphurator
enxofrado *adj.* sulphured, powdered with sulphur; [fig.] angry, piqued, nettled
enxofrador *s. m.* sulphurator
enxoframento *s. m.* sulphuring; fumigation (with sulphur)
enxofrar Ⓐ *v. tr.* to sulphur, to fumigate (with burning sulphur); to powder with sulphur Ⓑ *v. refl.* [fig.] to pique, to nettle, to irritate
enxofre *s. m.* QUÍMICA sulphur; brimstone
enxofreira *s. f.* a volcano from which sulfuric gases emanate
enxofrento *adj.* sulphureous
enxota-cães *s. m.* door-keeper of a church who keeps out dogs
enxota-diabos *s. m.* lay exorcist
enxotador *s. m.* chaser
enxotadura *s. f.* expulsion, expelling, driving out
enxota-moscas *s. m.* fly-flap
enxotar *v. tr.* to drive away, to chase away, to flap away, to scare away; to cast off (grief)
enxova *s. f.* ⇒ **enxovia**
enxoval *s. m.* trousseau, layette; ***enxoval de recém-nascido*** swaddling-clothes, layette; ***enxoval de noiva*** trousseau
enxovalhado *adj.* untidy, sluttish, slovenly, dirty, soiled, tarnished, careless; wrinkled, crumpled; ***um rapaz enxovalhado*** a nasty boy
enxovalhamento *s. m.* untidiness, rumpling, ruffling, slovenliness, dirtiness
enxovalhar *v. tr.* to dirty, to soil, to stain, to tarnish; to rumple, to ruffle, to wrinkle, to crumple; [fig.] to insult, to affront, to hurt, to offend
enxovalho *s. m.* untidiness, ruffling, rumpling; [fig.] insult, affront, offence
enxovia *s. f.* dungeon, cell, prison
enxudreira *s. f.* ⇒ **enxurdeiro**
enxudreiro *s. m.* ⇒ **enxurdeiro**
enxugadeira *s. f.* drying-room, drying-place; drier
enxugadoiro *s. m.* ⇒ **enxugadouro, enxugo**
enxugador *s. m.* drying-room, drying-place; drier
enxugadouro *s. m.* drying-place
enxugamento *s. m.* ⇒ **enxugo**
enxugar Ⓐ *v. tr.* to dry, to wipe Ⓑ *v. intr.* to become (to get) dry, to dry; NÁUTICA ***enxugar com o lambaz*** to swab; ***enxugar a roupa*** to dry the linen
enxugo *s. m.* drying, wiping
enxumbrar *v. tr.* ⇒ **enxambrar**
enxúndia *s. f.* fat, suet; axunge, fat (of fowls, pigs)
enxundioso *adj.* fatty, greasy
enxurdar-se *v. refl.* to wallow, to flounder, to welter, to roll; to toss (in the mire, mud)
enxurdeiro *s. m.* mire, mud, slime, quagmire
enxurrada *s. f.* torrent, rushing stream of water; impetuous current; [fig.] plenty, abundance, overflow
enxurrar *v. tr.* to overflow, to flood, to inundate, to swamp; NÁUTICA to bed, to ground
enxurreira *s. f.* ⇒ **enxurdeiro**
enxurreiro *s. m.* ⇒ **enxurdeiro**
enxurro *s. m.* ⇒ **enxurrada**
enxuto *adj.* dry, dried; lean
enzampar *v. tr.* to swindle, to trick
enzima *s. f.* QUÍMICA enzyme
enzimático *adj.* enzymatic, enzymic
enzimologia *s. f.* enzymology
enzinha *s. f.* ⇒ **azinho**
enzinheira *s. f.* ⇒ **azinheira, azinheiro**
enzinheiro *s. m.* ⇒ **azinheira, azinheiro**
enzona *s. f.* intrigue; hate; tittle-tattle; [reg.] toy plaything, bauble

enzonar *v. tr.* to intrigue; to tittle-tattle; to play with toys
enzootia *s. f.* enzootic disease
enzoótico *adj.* enzootic
eocénico *s. m., adj.* GEOLOGIA eocene
eoceno *s. m., adj.* GEOLOGIA eocene
eólico *adj.* Aeolian, Aeolic
eolina *s. f.* small ancient organ
eólio *s. m., adj.* Aeolian
Éolo *s. m.* MITOLOGIA Aeolus; strong wind
eosina *s. f.* QUÍMICA eosin(e)
eosinófilo *s. m.* MEDICINA eosinophile
eozóico *adj.* eozoic
epácrida *s. f.* epacrid
Epacridáceas *s. f. pl.* BOTÂNICA ⇒ **Epacrídeas**
Epacrídeas *s. f. pl.* BOTÂNICA *Epacridaceae*
epacta *s. f.* epact
epactal *adj.* epactal
epagoge *s. f.* FILOSOFIA epagoge, induction
epanadiplose *s. f.* RETÓRICA epanadiplosis
epanáfora *s. f.* RETÓRICA anaphora
epanalepse *s. f.* RETÓRICA epanalepsis
epanástrofe *s. f.* RETÓRICA apanastrophe
epânodo *s. m.* RETÓRICA epanodos
epanortose *s. f.* RETÓRICA epanorthosis
epêndima *s. m.* ANATOMIA ependyma
epêndimo *s. m.* ⇒ **epêndima**
epêntese *s. f.* GRAMÁTICA epenthesis
epentético *adj.* GRAMÁTICA epenthetic
epexegese *s. f.* GRAMÁTICA epexegesis
epiblástico *adj.* epiblastic
epiblasto *s. m.* ZOOLOGIA epiblast
epicálice *s. m.* BOTÂNICA epicalyx
epicamente *adv.* epically
epicárpico *adj.* epicarpic
epicarpo *s. m.* BOTÂNICA epicarp
epicauma *s. m.* MEDICINA epicauma; ulcer of cornea
epicédio *s. m.* epicedium (funeral hymn, dirge)
epicefalia *s. f.* MEDICINA epicephalia
epicéfalo *adj.* epicephalous
epiceia *s. f.* moderation, mildness, equanimity, restraint
epiceno *adj.* GRAMÁTICA epicene
epicentral *adj.* epicentral
epicentro *s. m.* epicentrum, epicentre
epiciclo *s. m.* ASTRONOMIA epicycle
epiciclóide *s. f.* GEOMETRIA epicycloid
epicilégio *s. m.* spicilege, spicilegium; collection, anthology
epiclese *s. f.* epiclesis, epiklesis
epiclino *adj.* epiclinal
épico *s. m., adj.* epic
epicôndilo *s. m.* ANATOMIA epicondyle
epicótilo *s. m.* BOTÂNICA epicotyl
epicrânico *adj.* epicranial
epicrânio *s. m.* ANATOMIA epicranium
epícrise *s. f.* MEDICINA epicrisis
epicrítico *adj.* epicritic
epicureu *s. m., adj.* epicurean
epicurismo *s. m.* epicureanism
epicurista *s. m. e f.* Epicurean
epidemia *s. f.* epidemic (disease); plague
epidemiar *v. tr.* to contaminate, to infect (with), to spread (an epidemic disease)
epidemicidade *s. f.* epidemicity
epidémico *adj.* epidemic(al)
epidemiologia *s. f.* epidemiology
epidemiológico *adj.* epidemiological
epidemiologista *s. m. e f.* epidemiologist
epiderme *s. f.* ANATOMIA epidermis
epidérmico *adj.* epidermic
epidermóide *adj.* epidermoid
epidiascópio *s. m.* epidiascope, episcope; opaque projector
epidíctico *adj.* RETÓRICA epidictic (ostentatious, demonstrative)
epidídimo *s. m.* ANATOMIA epididymis
epídoto *s. m.* MINERALOGIA epidote
Epifania *s. f.* Epiphany
epifenomenismo *s. m.* epiphenomenalism
epifenómeno *s. m.* epiphenomenon
epifilo *adj.* BOTÂNICA epiphyllous
epífise *s. f.* ANATOMIA epiphysis
epifitia *s. f.* epiphytic disease
epífito *adj.* epiphytic
epifonema *s. m.* RETÓRICA epiphonema
epífora *s. f.* MEDICINA epiphora (watering of the eyes)
epifragma *s. m.* epiphragm
epífrase *s. f.* epiphrasis
epigamia *s. f.* epigamy
epigastralgia *s. f.* MEDICINA epigastralgia
epigástrico *adj.* epigastric
epigástrio *s. m.* ANATOMIA epigastrium
epigastro *s. m.* ⇒ **epigástrico**
epigénese *s. f.* ⇒ **epigenesia**
epigenesia *s. f.* BIOLOGIA epigenesis
epigenético *adj.* epigenetic
epigenia *s. f.* epigenesis
epígeo *adj.* epigeous, epigeal
epigeu *adj.* BOTÂNICA epigeous
epiginia *s. f.* BOTÂNICA epigyny
epigínico *adj.* BOTÂNICA epigynous
epígino *adj.* BOTÂNICA epigynous
epiglote *s. f.* ANATOMIA epiglottis
epiglótico *adj.* epiglottic
epiglotite *s. f.* MEDICINA epiglottitis (inflammation of the epiglottis)
epigónio *adj., s. m.* ⇒ **epígono**
epígono Ⓐ *adj.* posterior, descendent Ⓑ *s. m.* epigone
epigrafar *v. tr.* to epigraph, to place an epigraph (inscription) in (on)
epígrafe *s. f.* epigraph, inscription
epigrafia *s. f.* epigraphy
epigráfico *adj.* epigraphic
epigrafista *s. m. e f.* epigraphist, epigrapher
epigrama *s. m.* epigram
epigramático *adj.* epigrammatic(al)
epigramatista *s. m. e f.* epigrammatist
epigramatizar *v. tr.* to epigrammatize
epilação *s. f.* depilation
epilatório *adj.* depilatory
epilepsia *s. f.* MEDICINA epilepsy (a chronic nervous affection)
epiléptico *s. m., adj.* epileptic
epileptiforme *adj.* epileptiform
epileptóide *adj.* epileptoid
epilogação *s. f.* epilogation, recapitulation, summing up
epilogador *s. m.* epilogist
epilogar *v. tr.* to epilogize, to recapitulate, to sum up
epílogo *s. m.* epilogue
epímero *s. m.* epimeron (*plural* epimera)
epinefrina *s. f.* epinephrine, adrenaline
epinício *s. m.* epinicion
epiótico *adj.* epiotic
epipétalo *adj.* BOTÂNICA epipetalous
epíploo *s. m.* ANATOMIA epiploon
epíploon *s. m.* ⇒ **epíploo**
epipódio *s. m.* epipodium
epipódito *s. m.* epipodite
epiquerema *s. m.* epicheirema
epirogénico *adj.* epirogenic
epirota Ⓐ *adj.* epirotic Ⓑ *s. m. e f.* epirot(e)

episcopado *s. m.* episcopacy, episcopate
episcopal *adj.* episcopal
episodiar *v. tr.* to embellish with episodes
episódico *adj.* episodic(al)
episódio *s. m.* episode, incident, occurrence; ***episódio comovedor*** a touching incident
epispástico *adj.* MEDICINA epispastic; blistering
episperma *s. m.* BOTÂNICA episperm
epispermático *adj.* BOTÂNICA epispermic
epissépalo *adj.* BOTÂNICA episepalous
epissilogismo *s. m.* FILOSOFIA episyllogism
epistação *s. f.* pounding something in a mortar
epistar *v. tr.* to pound (in a mortar)
epistaxe *s. f.* MEDICINA epistaxis (bleeding from the nose)
epistemologia *s. f.* epistemology
epistemológico *adj.* epistemological
episterno *s. m.* episternum
epistílio *s. m.* ARQUITECTURA epistyle, architrave
epístola *s. f.* epistle
epistolar *adj.* epistolary; ***estilo epistolar*** epistolary style
epistolário *s. m.* epistolary, collection of epistles
epistolografia *s. f.* epistolography, letter writing
epistológrafo *s. m.* epistolographist, letter writer
epístoma *s. m.* epistom(e)
epistómio *s. m.* epistom(e)
epístrofe *s. f.* RETÓRICA epistrophe
epitáfio *s. m.* epitaph
epitafista *s. m. e f.* epitaphist
epitalâmico *adj.* epithalamic, epitalamial
epitalâmio *s. m.* epithalamium (bridal song)
epítase *s. f.* RETÓRICA epitasis
epitelial *adj.* BIOLOGIA epithelial
epitélio *s. m.* BIOLOGIA epithelium
epitelióide *adj.* epithelioid
epitelioma *s. m.* MEDICINA epithelioma
epiteliomatoso *adj.* epitheliomatous
epiteloma *s. m.* ⇒ **epitelioma**
epítema *s. m.* epithem
epitérmico *adj.* epithermic
epítese *s. f.* GRAMÁTICA paragoge
epitetar *v. tr.* to epithet; to entitle
epitético *adj.* epithetic(al)
epitetismo *s. m.* epithetism
epíteto *s. m.* epithet; ***epítetos grosseiros*** gross epithets
epitomar *v. intr.* to epitomize
epítome *s. m.* epitome, summary, synopsis, abstract
epítrito *adj.* epitrite
epítrope *s. f.* RETÓRICA epitrope
epituitário *adj.* epituitary
epizeuxe *s. f.* RETÓRICA epizeuxis
epizoário *s. m.* epizoon (*plural* epizoa)
epizóico *adj.* epizoic
epizootia *s. f.* epizooty
epizoótico *adj.* epizootic
época *s. f.* epoch, period, time, era, age, season; ***épocas fixas*** stated intervals
epocal *adj.* seasonal; temporary; epoch-making
epode *s. f.* ⇒ **epodo**
epódico *adj.* epodic
epodo *s. m.* epode
eponímia *s. f.* eponymy
eponímico *adj.* eponymic; eponymous
epónimo *s. m.* eponym
epopeia *s. f.* epic poem (poetry)
epopeico *adj.* epic; heroic
épsilo *s. m.* epsilon (the 5th letter of the Greek alphabet)
épsilon *s. m.* ⇒ **épsilo**
epulão *s. m.* host, entertainer
epúlida *s. f.* ⇒ **epúlide**
epúlide *s. f.* MEDICINA epulis
epulótico *adj.* epulotic
equabilidade *s. f.* equableness, equability
equação *s. f.* equation
equacional *adj.* equational
equacionamento *s. m.* equating, equation; analysis, consideration
equacionar *v. tr.* to equate; to set out; to analyse; to ponder, to weigh; ***as condições surgem equacionadas no primeiro parágrafo*** the conditions are set out in the first paragraph
equador *s. m.* equator
equalizador *s. m.* equalizer
equânime *adj.* equanimous
equanimidade *s. f.* equanimity
equânimo *adj.* ⇒ **equânime**
equatorial *s. m., adj.* equatorial; ***clima equatorial*** equatorial climate; ***África equatorial*** equatorial Africa
equatoriano *s. m., adj.* Ecuadorean
equável *adj.* equable, steady, equal
equestre *adj.* equestrian; ***estátua equestre*** equestrian statue
equevo *adj.* equaeval, coeval, of equal age; contemporary
equiângulo *adj.* equiangular
equícola *s. m.* horseman; groom
equicrural *adj.* equicrural
equidade *s. f.* equity, fairness, uprightness; impartiality, justice, rectitude
equídeo *adj.* equine; horse-like
equidiferença *s. f.* equidifference
equidiferente *adj.* equidifferent
equidistância *s. f.* equidistance, equal distance
equidistante *adj.* equidistant, equally distant
equidistar *v. intr.* to be equidistant
equidna *s. f.* ZOOLOGIA echidna; porcupine ant-eater
equidno *s. m.* ⇒ **equidna**
equifacial *adj.* equifacial
equífero *s. m.* wild horse
equilateral *adj.* equilateral
equilátero *adj.* equilateral
equilibração *s. f.* equilibration, equipoise, balance
equilibradamente *adv.* evenly; wisely, judiciously
equilibrado *adj.* equilibrated, balanced, well-balanced, poised; judicious, sensible, wise, sage, reasonable
equilibrador *adj.* equilibrating, equilibratory, equilibrative
equilibrante *adj.* equilibrating, equilibratory, equilibrative
equilibrar Ⓐ *v. tr.* to equilibrate, to balance, to counterpoise, to compensate Ⓑ *v. refl.* to balance oneself, to reach its balance; [fig.] ***equilibrar o barco*** to make both ends meet
equilíbrio *s. m.* equilibrium, balance, poise, equipoise; ***perder o equilíbrio*** to lose one's balance; ***equilíbrio dos Estados*** balance of power; ***equilíbrio estático*** static equilibrium
equilibrismo *s. m.* equilibrism
equilibrista *s. m. e f.* equilibrist, acrobat, tight-rope walker
equimolecular *adj.* QUÍMICA equimolecular
equimosar Ⓐ *v. tr.* to ecchymose Ⓑ *v. refl.* to turn black-and-blue
equimose *s. m.* MEDICINA ecchymosis, bruise
equimótico *adj.* ecchymotic
equimúltiplo *adj.* equimultiple
Equínidas *s. m. pl.* ⇒ **Equinídeos**
Equinídeos *s. m. pl.* *Equinidae*
equino[1] *adj.* equine (horse)
equino[2] *s. m.* ARQUITECTURA echinus, quarter-round; BOTÂNICA chestnut bur
equinocial *adj.* equinoctial
equinócio *s. m.* equinox; ***equinócio da Primavera*** vernal equinox; ***equinócio do Outono*** autumnal equinox

equinocose *s. f.* MEDICINA echinococcosis
equinoderme *s. m.* ZOOLOGIA echinoderm
equinóide *adj.* ZOOLOGIA echinoid
equipa *s. f.* [gal.] team, set of players
equipado *adj.* equipped; furnished, provided with; dressed
equipagem *s. f.* equipage, retinue, train; equipment, baggage, outfit; crew (of a ship)
equipamento *s. m.* equipment; ***equipamento de militar*** military outfit; ***equipamento de soldado*** a soldier's equipment; ***não te dão logo o teu equipamento regulamentar*** you are not issued with your kit at once
equipar *v. tr.* to equip, to fit out, to furnish; NÁUTICA to man; ***equipar um navio para uma viagem*** to equip a ship for a voyage; ***equipar uma expedição*** to equip an expedition
equiparação *s. f.* equalization, matching, levelling
equiparar *v. tr.* to compare, to match; to place on the same footing, to equalize, to equal
equiparável *adj.* comparable, capable of being equalized
equípede *adj.* equipedal, equal-footed
equipendência *s. f.* equipendency, equilibrium; equality in weight
equipendente *adj.* equipendent, balanced
equipétalo *adj.* equipetaleous
equipolência *s. f.* equipollence
equipolente *adj.* equipollent; MATEMÁTICA equal
equiponderância *s. f.* counterbalancing, equiponderance, equipoise, equiponderancy
equiponderante *adj.* equiponderant, evenly balanced, of equal weight
equiponderar *v. tr.* to equiponderate, to equipoise, to counterbalance
equipotencial *adj.* equipotential
Equisetáceas *s. f. pl.* BOTÂNICA *Equisetaceae* (horse-tails)
equiseto *s. m.* ⇒ **cavalinha**
equissonância *s. f.* MÚSICA equisonance
equissonante *adj.* MÚSICA equisonant
equitação *s. f.* horsemanship, art of riding horses, equitation; ***escola de equitação*** riding-school; ***lições de equitação*** riding-lessons; ***mestre de equitação*** riding-master
equitador *s. m.* rider, horseman, equestrian
equitativo *adj.* equitable, just, fair, reasonable
equivalência *s. f.* equivalence; equality, identity of value
equivalente Ⓐ *adj.* equivalent, equal to Ⓑ *s. m.* equivalent
equivaler *v. intr.* to be equivalent, to correspond, to tally
equivalve *adj.* equivalve, having two equal shells
equivocação *s. f.* ⇒ **equívoco**
equivocar Ⓐ *v. tr.* to equivocate, to mislead, to shuffle, to dodge Ⓑ *v. refl.* to make a mistake, to be mistaken, to be wrong
equívoco Ⓐ *adj.* equivocal, ambiguous, doubtful Ⓑ *s. m.* equivoque, ambiguity, pun; mistake, error
equivoquista *s. m. e f.* equivocator
équo *adj.* equal, uniform, even; impartial, fair, just, unbiassed
equóreo *adj.* [poét.] equorean (relating to the high sea)
era *s. f.* era, epoch, age, date, time
eráceo *adj.* hard as bronze
erário *s. m.* exchequer, (public) treasury
érbio *s. m.* QUÍMICA erbium
érebo *s. m.* MITOLOGIA Erebus, place of darkness between Earth and Hades
erecção *s. f.* erection, erecting, raising
eréctil *adj.* erectile
erectilidade *s. f.* erectility
erecto *adj.* erect, upright
erector *s. m.* erector
eremita *s. m. e f.* hermit, eremite
eremitagem *s. f.* hermitage
eremitério *s. m.* hermitage, hermit's abode, solitary abode
eremítico *adj.* eremitic(al)
éreo *adj.* [poét.] made of copper (brass)
erepsina *s. f.* MEDICINA erepsin
eretismal *adj.* MEDICINA erethismic, erethistic
eretismo *s. m.* FISIOLOGIA erethism
erétria *s. f.* variety of ceruse (white lead)
erg *s. m.* FÍSICA erg, ergon
ergástulo *s. m.* prison, dungeon
ergo *s. m.* ⇒ **erg**
ergofobia *s. f.* ergophobia
ergógrafo *s. m.* ergograph
ergologia *s. f.* ergology
ergómetro *s. m.* ergometer
ergonomia *s. f.* ergonomics
ergosterol *s. m.* ergosterol
ergoterapia *s. f.* ergotherapy
ergotina *s. f.* FARMACOLOGIA ergotine, ergot
ergotino *s. m.* ⇒ **ergotina**
ergotismo *s. m.* ergotism
erguer Ⓐ *v. tr.* to raise (up), to lift (up), to elevate, to erect, to heave Ⓑ *v. refl.* to rise (up), to get up, to stand up; to rise to one's feet
erguida *s. f.* propping, staying (of vines)
erguido *adj.* raised, lifted; elevated, high, tall
Ericáceas *s. f. pl.* BOTÂNICA *Ericaceae;* ericaceous plants (heath)
eriçado *adj.* bristly, hispid, scrubby, on end (hair); prickly, thorny
eriçar *v. tr.* to bristle, to set on end (hair), to make bristly, to ruffle
erice *s. f.* BOTÂNICA heath
ericícola *adj.* ericaceous, heathy
Ericíneas *s. f. pl.* ⇒ **Ericáceas**
erício *s. m.* hedgehog
ericófilo *adj.* ⇒ **ericícola**
Erídano *s. m.* ASTRONOMIA Eridanus (name of a southern constellation)
erigir *v. tr.* to erect, to build, to edify, to set up, to construct, to raise, to elevate, to rear; ***erigir uma catedral*** to rear a cathedral; ***erigir um monumento*** to erect a monument
eril *adj.* bronze (made of)
Erinaceídeos *s. f. pl.* ZOOLOGIA *Erinaceidae* (hedgehogs, etc.)
erináceo *s. m., adj.* ZOOLOGIA erinaceous
Erinacídeos *s. m. pl.* ZOOLOGIA *Erinaceidae*
erinose *s. f.* erinose (sickness of the vines)
erióсomo *adj.* crisp-haired
eriofilo *adj.* eriophyllous
eriómetro *s. m.* eriometer
erípede *adj.* with bronze feet
erisipela *s. f.* MEDICINA erysipelas, St. Anthony's fire
erisipelão *s. m.* bad attack of erysipelas
erisipelar Ⓐ *v. tr.* to develop erysipelas Ⓑ *v. intr.* to be affected with erysipelas
erisipelatoso *adj.* MEDICINA erysipelatous
erisipeloso *adj.* ⇒ **erisipelatoso**
erística *s. f.* FILOSOFIA eristic
eritema *s. m.* MEDICINA erythema
eritemático *adj.* erythematic, erythematous
eritematoso *adj.* ⇒ **eritemático**
eritemóide *adj.* erythemoid
eritremia *s. f.* erythremia
eritrina *s. f.* erythrina
eritrite *s. f.* erythrite, cobalt bloom
eritroblasto *s. m.* erythroblast
eritrocarpo *adj.* BOTÂNICA erythrocarpous
eritrócero *adj.* ZOOLOGIA having red antennae
eritrócito *s. m.* ANATOMIA erythrocyte

eritrodermia *s. f.* MEDICINA erythroderma
eritrodermo *adj.* MEDICINA erythroderm
eritrofilo *adj.* BOTÂNICA erythrophyllous
eritrofobia *s. f.* erythrophobia
eritróide *adj.* erythroid
eritrópode *adj.* ZOOLOGIA red-footed
eritropsia *s. f.* MEDICINA erythropsia
eritróptero *adj.* erythropterous
eritrose *s. f.* erythrosis
eritrosina *s. f.* ⇒ **eritrina**
eritróstomo *adj.* ZOOLOGIA red-mouthed
eritróxilo *adj.* BOTÂNICA of red wood
ermal *adj.* solitary, lonely, isolated, secluded, remote
ermamento *s. m.* depopulation
ermar *v. tr.* to devastate, to depopulate
ermida *s. f.* chapel
ermitão *s. m.* hermit; [poét.] eremite; anchoret, anchorite
ermitério *s. m.* ⇒ **eremitério**
ermitoa *s. f.* anchoress, ancress, anchoritess
ermo Ⓐ *adj.* solitary, lonely, deserted, abandoned, desolate, waste Ⓑ *s. m.* wilderness, desert, uninhabited tract of land; ***viver num ermo*** to live in a deserted spot
erodente *adj.* corroding, corrosive, gnawing, caustic, consuming
erosão *s. f.* erosion
erosivo *adj.* erosive, corrosive, corroding, wearing away
erotemático *adj.* erotetic, interrogatory
erótico *adj.* erotic(al)
erotismo *s. m.* eroticism; lubricity
erotomania *s. f.* erotomania
erotomaníaco *s. m.* erotomaniac
errabundo *adj.* vagrant, itinerant, erring, errant, roaming, wandering, straying
erradamente *adv.* wrongly, mistakenly, in error, erroneously
erradicação *s. f.* eradication
erradicante *adj.* eradicative (tending to eradicate)
erradicar *v. tr.* to eradicate, to tear up by the roots, to root out; to extirpate, to get rid of
erradicativo *adj.* ⇒ **erradicante**
erradio *adj.* errant, vagrant, wandering, straying, roaming
errado *adj.* incorrect, erroneous, wrong, false, mistaken; ***estar errado*** to be in the wrong, to be mistaken; ***seguir caminho errado*** to take the wrong way; ***uma opinião errada*** a wrong opinion; ***ele fez a soma errada*** he did his sum wrong
errante *adj.* erratic, wandering, vagrant, stray, errant, roving; ***cavaleiro errante*** knight errant
errar Ⓐ *v. tr.* to make a mistake, to go wrong, to err; to miss Ⓑ *v. intr.* to be mistaken (or wrong); to wander, to go astray, to stray, to rove, to roam, to ramble; ***errar fogo*** to missfire; ***errar o caminho*** to miss one's way, to go the wrong way, to lose one's way; ***não há que errar*** there is no mistaking; ***errar o alvo*** to miss the target, to miss the mark; ***errar pelas florestas*** to rove the woods
errata *s. f.* erratum (*plural* errata)
erratibilidade *s. f.* quality or state of the erratic, wandering; irregularity
errático *adj.* erratic; wandering, vagrant; irregular; desultory
errino *adj.* errhine, sternutative
erro *s. m.* mistake, error; blunder, slip, trip; miss; fault; ***erro estúpido*** blunder, gross (or bad) mistake, glaring mistake; ***erro de pena*** clerical error; ***salvo erro ou omissão*** errors and omissions excepted; ***cair no erro*** to run into error; ***erro de cálculo*** mistake in calculating; ***erro de pontaria*** error of direction; ***erro sem importância*** a trifling error; ***laborar num erro*** to labour under a delusion; ***erro ortográfico*** miss-spelling; ***erro (de instrumento)*** index error; ***erro é erro*** a miss is as good as a mile; ***erro forte*** howler
erroneamente *adv.* erroneously, falsely, by mistake
erróneo *adj.* erroneous, wrong, false, untrue, mistaken, misleading
error *s. m.* mistake, error; wandering, roving, roaming
erubescência *s. f.* flush, redness, glow, blush, erubescence
erubescente *adj.* erubescent; flushing, reddish, blushing
erubescer *v. intr.* to flush, to redden, to glow, to blush
eruca *s. f.* BOTÂNICA rocket
eruciforme *adj.* eruciform
eructação *s. f.* eructation, eruction, belching, belch
eructar *v. tr. e intr.* to eruct, to belch, to burp
erudição *s. f.* erudition, learning, scholarship; eruditeness, knowledge
eruditismo *s. m.* eruditeness
erudito Ⓐ *adj.* erudite, learned, scholarly, well-read Ⓑ *s. m.* scholar; ***ela é erudita em História*** she is well-read in History
eruga *s. f.* ⇒ **eruca**
eruginoso *adj.* rusty
erupção *s. f.* eruption; outburst, explosion, outbreak; ***erupção na pele*** skin eruption, rash
eruptivo *adj.* eruptive
erva *s. f.* BOTÂNICA herb, grass; herbage; weed; [pop.] drug; *pl.* greens, vegetables, wort, pot herbs; ***coberto de erva*** grass-grown; ***erva perene*** sea-beet; ***ervas odoríferas*** sweet herbs
erva-agulheira *s. f.* BOTÂNICA shepherd's needle
erva-alheira *s. f.* BOTÂNICA garlic mustard
erva-andorinha *s. f.* BOTÂNICA celandine
erva-aranha *s. f.* BOTÂNICA spider-orchis
erva-belida *s. f.* BOTÂNICA creeping ranunculus
erva-benta *s. f.* BOTÂNICA corn salad
erva-bezerra *s. f.* BOTÂNICA snapdragon
ervaçal *s. m.* grass-land; pasture-ground
erva-cidreira *s. f.* BOTÂNICA balm
erva-coelheira *s. f.* BOTÂNICA yellow-galium
erva-da-fome *s. f.* BOTÂNICA hoary cress
erva-da-muda *s. f.* BOTÂNICA knotweed, knotgrass
erva-das-feiticeiras *s. f.* BOTÂNICA enchanter's nightshade
erva-da-trindade *s. f.* BOTÂNICA field pansy, heart's-ease
erva-de-bicho *s. f.* BOTÂNICA water smartweed
erva-dedal *s. f.* BOTÂNICA foxglove
erva-de-santa-bárbara *s. f.* BOTÂNICA winter cress
erva-de-santiago *s. f.* BOTÂNICA ragwort
erva-de-santo-estevão *s. f.* BOTÂNICA wild mandrake
erva-de-são-joão *s. f.* BOTÂNICA St. John's wort
erva-de-são-lourenço *s. f.* BOTÂNICA heal-all
ervado *adj.* grassy; poisoned (with juice of plants)
erva-do-gerês *s. f.* BOTÂNICA hypericum tutsan
erva-dos-burros *s. f.* BOTÂNICA evening primrose
erva-dos-gatos *s. f.* BOTÂNICA catmint
erva-dos-leprosos *s. f.* BOTÂNICA common speedwell
erva-dos-militares *s. f.* BOTÂNICA milfoil
erva-dos-prados *s. f.* BOTÂNICA meadow grass
erva-dos-vasculhos *s. f.* BOTÂNICA butcher's broom
ervagem *s. f.* herbage, grass, herbs, pasture; greens
erval *s. m.* grass land of maté plant
erva-lanar *s. f.* BOTÂNICA woolly holcus
erva-leiteira *s. f.* BOTÂNICA milkwort
erva-marina *s. f.* BOTÂNICA sea-catgut
erva-molarinha *s. f.* BOTÂNICA fumitory
erva-montã *s. f.* BOTÂNICA fleabane
erva-moura *s. f.* BOTÂNICA banewort
ervanário *s. m.* herbalist (dealer in medicinal herbs)
ervançal *s. m.* plantation of chick-peas, chick-pea plot
ervanço *s. m.* chick-pea
erva-pombinha *s. f.* BOTÂNICA columbine
ervar *v. tr.* to poison (to envenom) with poisonous herbs
ervário *s. m.* herbarium

erva-saboeira *s. f.* BOTÂNICA soapwort
erva-santa *s. f.* BOTÂNICA tobacco plant
ervascal *s. m.* field overgrown with weeds
erva-serra *s. f.* BOTÂNICA pepperwort, dittcinder
ervatão-porcino *s. m.* BOTÂNICA pig's herb
ervateiro *s. m.* [Bras.] maté dealer
erva-toura *s. f.* BOTÂNICA broomrape
erva-vaqueira *s. f.* BOTÂNICA marigold
ervecer *v. intr.* to become grassy
ervedal *s. m.* ⇒ **ervascal**
ervedeiro *s. m.* BOTÂNICA strawberry tree
ervedo *s. m.* BOTÂNICA strawberry tree
erveira *s. f.* BOTÂNICA weed
erveiro *adj.* weedy
ervilha *s. f.* pea; ***ervilha de trepar*** stick-pea; ***casca de ervilha*** pea-pod; ***ervilhas em lata*** canned peas, tinned peas; ***puré de ervilhas*** pea soup; ***ervilha de grão*** marrowfat, Dutch admiral pea
ervilhaca *s. f.* BOTÂNICA vetch, tare
ervilha-de-cheiro *s. f.* BOTÂNICA sweet-pea
ervilhal *s. m.* pea plantation, pea-plot
ervilhar *v. intr.* to act (to speak) foolishly, to pester, to annoy, to bother
ervilheira *s. f.* ⇒ **ervilha**
ervodo *s. m.* ⇒ **medronheiro**
ervoso *adj.* grassy, herbous
esbaforido *adj.* panting, gasping, out of breath, breathless
esbaforir-se *v. refl.* to get out of breath, to gasp for breath, to pant, to breathe hard, to puff
esbagaçar *v. tr.* to break into pieces, to shatter, to smash
esbaganhar *v. tr.* to clean, to pull flax
esbagoar Ⓐ *v. tr.* to pick (grapes from the bunch) Ⓑ *v. intr.* to let the grapes (grains) fall
esbagulhar *v. tr.* to take out the kernels (grapepips, seeds)
esbalgidor *s. m., adj.* ⇒ **esbanjador**
esbalgir *v. tr.* ⇒ **esbanjar**
esbaluartado *adj.* devastated, ravaged, laid waste, stripped
esbambalhado *adj.* loose, slack
esbambear *v. tr.* to unloose, to loosen, to slacken
esbambolear-se *v. refl.* to swing (to wiggle) the hips
esbandalhado *adj.* disbanded, runaway; destroyed; ragged
esbandalhar *v. tr.* to break to pieces, to tear up, to destroy, to disorder, to disarrange, to upset; to disband, to stray, to scatter, to disperse
esbandeirar *v. tr.* to remove the sheath (from maize cob)
esbandulhar *v. tr.* to slit up the belly
esbanjador *s. m., adj.* squanderer, lavisher, dissipator, spendthrift, waster, prodigal
esbanjamento *s. m.* waste, wasting, squandering, lavishness, extravagance, dispersion, prodigality
esbanjar *v. tr.* to squander, to lavish, to waste, to dissipate, to misspend, to misuse, to fool away, to expend foolishly; [coloq.] to play ducks and drakes with; ***esbanjar dinheiro*** to go through one's money in no time, to spend money like water; ***esbanjar os bens*** to waste one's substance
esbaralhar Ⓐ *v. tr.* to shuffle cards Ⓑ *v. refl.* to disband
esbarbar *v. tr.* to burr; to smooth
esbarbotar *v. tr.* to burl (cloth)
esbarrancado *adj.* rutty, gullied, full of ravines
esbarrar *v. intr.* to collide with, to come into collision, to run into, to crash together, to strike against, to dash against; to meet with, to stumble upon, to come across; to stop short; ***esbarrei com ele à entrada do parque*** I ran into (stumbled upon, came across, met with) him at the gate of the park
esbarrigado *adj.* paunchy
esbarrigar Ⓐ *v. tr.* to give birth to Ⓑ *v. refl.* to become paunchy
esbarro *s. m.* shove, jostle; reproof
esbarrocamento *s. m.* falling in, collapse, collapsing, caving in; landslide
esbarrocar *v. intr.* to fall in, to collapse, to cave in, to crumble, to tumble down
esbarrondadeiro *s. m.* precipice, gully
esbarrondamento *s. m.* demolishing, pulling down; crumbling away, falling to pieces
esbarrondar Ⓐ *v. tr.* to throw down, to demolish, to tumble down Ⓑ *v. refl.* to fall in, to fall to pieces, to crumble away
esbarrotar *v. intr.* to be filled to capacity, to be quite full
esbater *v. tr.* PINTURA to diminish (light and shade); to tone down, to shade off, to adumbrate, to throw a figure into relief; to shadow, to dim (light)
esbatido *adj.* toned down, subdued, dimmed; ***cores esbatidas*** subdued colours
esbatimento *s. m.* toning down, subduing, subduedness (of light and shade)
esbeiçar Ⓐ *v. tr.* to hew, to cut chips from, to chip (an edge) Ⓑ *v. intr.* to stick out, to stretch, to extend
esbeltar Ⓐ *v. tr.* to slim, to make slim (slender) Ⓑ *v. refl.* to become elegant
esbeltez *s. f.* grace, elegance, slimness, slenderness, gracefulness; handsomeness
esbelteza *s. f.* grace, elegance, slimness, slenderness, gracefulness; handsomeness
esbelto *adj.* elegant, graceful, slender, slim, handsome; ***ela tem uma figura esbelta*** she has a slim figure
esbicar *v. tr.* to sharpen; to give a point to
esbijar *v. tr.* to stretch, to distend, to extend
esbirro *s. m.* constable, bum-bailiff, spy; NÁUTICA shore
esboçado *adj.* sketched, delineated, draught
esboçar *v. tr.* to sketch, to outline, to draw the outline of, to roughdraw, to delineate; to make sketches; ***ela esboçou um sorriso*** the corners of her lips twitched
esboceto *s. m.* small sketch; thumb-nail sketch
esboço *s. m.* sketch, rough draft; outline
esbodegação *s. f.* spoiling; squandering; exhaustion
esbodegado *adj.* tired out, done up, worn out, exhausted
esbodegar-se *v. refl.* to get tired, to grow fatigued; to lounge, to relax
esbodelar *v. tr.* to remove the crust; to shell; to peel
esbofado *adj.* short-winded; breathless, panting
esbofamento *s. m.* exhaustion, fatigue, tiredness; gasp, pant
esbofar Ⓐ *v. tr.* to tire out, to fatigue, to fag Ⓑ *v. refl.* to pant, to gasp; to put oneself quite out of breath
esbofeteador *s. m.* slapper
esbofetear *v. tr.* to slap, to strike (with the open hand), to box a person on the ears; to slap someone's face; to smack
esboicelar *v. tr.* ⇒ **esborcelar**
esbombardar *v. tr.* ⇒ **bombardear**
esbombardear *v. tr.* ⇒ **bombardear**
esborcelar *v. tr.* to chip, to remove the edges of; to graze (to scratch) the skin
esborcinar *v. tr.* to chip, to remove the edges of; to graze (to scratch) the skin
esbordar *v. intr.* to overflow
esbordoar *v. tr.* to cudgel, to beat with a stick
esboroamento *s. m.* crumbling; breaking up; falling in, downfall; landslide
esboroar Ⓐ *v. tr.* to reduce to dust Ⓑ *v. refl.* to crumble into dust; to fall in, to tumble down
esboroo *s. m.* ⇒ **esboroamento**
esborraçar *v. tr.* to crush, to squash
esborrachar Ⓐ *v. tr.* to crush, to squash, to squeeze, to press Ⓑ *v. refl.* to smash, to shatter, to break; to fall sprawling

esborralhada *s. f.* scattering, dispersing, dispension; collapse
esborralhadoiro *s. m.* oven broom
esborralhador *s. m.* demolisher
esborralhadouro *s. m.* ⇒ **esborralhadoiro**
esborralhar Ⓐ *v. tr.* to poke (the fire); to demolish, to pull down, to destroy Ⓑ *v. refl.* to fall in, to tumble down, to collapse
esborrar *v. tr.* to cleanse from (dregs); ⌈pop.⌋ to collapse, to fall in, to crash, to sink
esborratadela *s. f.* blotting; an ink blot
esborratar Ⓐ *v. tr.* to blot, to make blots of ink (on paper) Ⓑ *v. intr.* to spread, to expand
esborregar *v. tr.* to level (skins)
esbotenar *v. tr.* ⇒ **esborcelar**
esboucelar *v. tr.* ⇒ **esborcelar**
esbracejar *v. tr.* to wave one's arms; to struggle (with one's arms); to gesticulate
esbraguilhado *adj.* unbuttoned (trousers), untidy (trousers)
esbranquiçado *adj.* whitish
esbranquiçar *v. tr.* to make whitish
esbraseamento *s. m.* red-heat
esbraseante *adj.* fire-coloured; fiery
esbrasear *v. tr.* to make red-hot, to set aglow; to heat, to burn
esbravear *v. intr.* to rage; to be in a great passion; to roar, to shout, to cry out, to make a loud noise; to become rowdy (wild); to make a fuss, to kick up a row (shindy)
esbravecer *v. intr.* ⇒ **esbravejar**
esbravejar *v. intr.* to rage; to be in a great passion; to roar, to shout, to cry out, to make a loud noise; to become rowdy (wild); to make a fuss, to kick up a row (shindy)
esbrucinar *v. tr.* ⇒ **esborcelar**
esbrugar *v. tr.* ⇒ **esburgar**
esbugalhado *adj.* prominent, goggled, staring; ***olhos esbugalhados*** goggle eyes
esbugalhar *v. tr.* to remove (the gall-nuts); to crumble, to crush; to goggle, to open (the eyes) wide, to stare with surprise or terror, to gaze; ***esbugalhar os olhos*** to stare with protruding eyes, to goggle, to open one's eyes wide
esbulhador *s. m.* plunderer, usurper
esbulhar *v. tr.* to strip of, to dispossess of, to divest, to deprive of, to plunder, to usurp; to shell, to strip the shell from (peas, etc.)
esbulho *s. m.* plundering, booty, despoliation; usurpation
esburacado *adj.* bored, pierced; full of holes, riddled with holes; tattered, ragged, out at (the) elbows
esburacar *v. tr.* to bore, to pierce, to perforate, to drill, to make holes in
esburgar *v. tr.* to shell, to remove (the shell); to strip the shell from (peas, etc.), to skin, to strip off the skin from (a rabbit, etc.); to pick bones; to expurgate
esbuxar *v. tr.* to dislocate, to dismember, to put out of joint
escabeçar *v. tr.* ⇒ **descabeçar**
escabecear *v. tr.* to nod, to let the head fall forward in drowsiness; NÁUTICA to cast, to cast off, to sheer; to swing; to head (a ball)
escabechar *v. tr.* to put into a pickled sauce, to pickle; ⌈pop.⌋ to kick up a row, to kick up a shindy, to squabble, to brawl, to wrangle
escabeche *s. m.* vinegar sauce to preserve cooked fish or meat; ⌈fam.⌋ uproar, riot, squabble, wrangle, brawl, rumpus
escabela *s. f.* tearing off fur from hide
escabelar *v. tr.* to loosen one's hair; to disorder, to dishevel, to tousle, to rumple (the hair); to tear one's hair, to pull out the hair (by the roots)
escabeleirar *v. tr.* to loosen one's hair; to disorder, to dishevel, to tousle, to rumple (the hair); to tear one's hair, to pull out the hair (by the roots)
escabelo *s. m.* footstool
escabichador Ⓐ *adj.* inquisitive, prying, scrutinizing, curious Ⓑ *s. m.* investigator; Paul Pry
escabichar *v. tr.* to examine, to investigate, to pry into, to scan; to pick the teeth
escabiosa *s. f.* BOTÂNICA scabiosa
escabioso *adj.* MEDICINA scabby, scabbed, itchy
escabreação *s. f.* anger, fury, rage
escabrear Ⓐ *v. tr.* to irritate, to enrage, to anger, to inflame, to chafe Ⓑ *v. intr.* to fret, to get angry, to fume, to chafe, to be fretful
escabro *adj.* scabrous, rough, uneven, stubby
escabrosidade *s. f.* roughness, harshness, asperity, craggedness, unevenness, coarseness; ⌈fig.⌋ rudeness, incivility, surliness, gruffness, churlishness
escabroso *adj.* rough, craggy, jagged, rugged, uneven; gross, coarse, uncivil, blunt, surly, gruff, churlish; obscene, immoral; difficult, hard; ticklish, delicate; ***caminho escabroso*** a rugged road; ***assunto escabroso*** an indecent business, an immoral business
escabujar *v. intr.* to struggle, to strive, to try to get rid of
escabulhar *v. tr.* to husk, to shell, to pod, to remove the pod from
escabulho *s. m.* husk, shell, pod
escacar *v. tr.* to break into pieces, to shatter, to smash to bits, to dash into fragments
escacha *s. f.* splintering, slitting, cleavage
escacha-pessegueiro [elem. de loc. adj.] ***de escacha-pessegueiro*** extraordinary, excellent
escachar *v. tr.* to cleave, to slit, to rend, to split; to spread apart, to straddle; ***escachar as pernas*** to straddle
escachoante *adj.* boiling, bubbling, seething; foaming, foamy, frothy
escachoar *v. tr.* to boil, to foam, to bubble
escacholar *v. tr.* to break the head of
escachouçar *v. intr.* to romp, to frisk, to caper, to frolic (rudely), to have high jinks
escaço *s. m.* fish manure
escada *s. f.* staircase; stairs; ***escada de mão*** ladder; ***escada de caracol*** spiral staircase, winding stairs; ***escada de ganchos*** hook ladder; ***escada rolante*** escalator, moving staircase; ***escada principal*** main stairs; ***escada de corda*** rope-ladder; ***escada de bombeiro*** scaling-ladder; ***escada de salvação*** escape ladder; ***um lanço de escadas*** a flight of stairs; ***passadeira de escada*** stair carpet; ***subir a escada*** to go upstairs; ***descer a escada*** to come downstairs; NÁUTICA ***escada do portaló*** accommodation ladder, gangway ladder; ***escada interior (com gaiuta)*** companion ladder; ***escada da popa*** stern ladder; ***escada de quebra-costas*** Jacob's ladder, rope-ladder, side-ladder
escadaria *s. f.* staircase, flight of stairs, (the) stairs
escádea *s. f.* spring, part of a bunch of grapes
escadeado *adj.* indented, notched; ladder-like
escadear *v. tr.* to provide with steps; to build in the way of stairs
escadeirar *v. tr.* to fell (with blows), to knock down; to disjoint the hip; to disembowel (cattle)
escadório *s. m.* ⇒ **escadaria**
escadote *s. m.* step-ladder, pair of steps
escafandro *s. m.* diving-dress, diving-suit
escafeder-se *v. refl.* ⌈pop.⌋ to run away; to bolt; to skedaddle; to take to one's heels
escafógnato *s. m.* scaphognathite
escafóide Ⓐ *adj.* scaphoid, boat-shaped Ⓑ *s. m.* ANATOMIA scaphoid bone
escagaçar-se *v. refl.* to defecate, to go to stool, to relieve oneself; ⌈vulg.⌋ to shit
escagarrinhar-se *v. refl.* to defecate, to go to stool, to relieve oneself; ⌈vulg.⌋ to shit

escãibo *s. m.* ⇒ **escâmbio**
escaiola *s. f.* scagliola
escala *s. f.* scale; measure; measuring-rule; MÚSICA [pop.] gamut; scaling, climbing (mountains, etc.); itinerary, regular course, route (of ships, aeroplanes, etc.); turn, rotation; ***escala de proporção*** sliding-scale; ***em pequena escala*** in a small way; ***fazer escala num porto*** to call at a port; ***porto de escala*** (port of) call; ***aeroporto de escala*** landing(-place); NÁUTICA ***escala de carta, etc.*** scale of charter, etc.; ***escala de calado*** draught marks; ***escala de deslocamento*** displacement scale; ***escala de marés*** tide gauge; ***escala reduzida*** reduced scale; ***escala de um desenho*** scale of a drawing; ***desenhar em escala*** to draw to scale; ***por escala*** in turn, in rotation
escalada *s. f.* escalade; scaling, climbing
escalador Ⓐ *adj.* scaling, climbing Ⓑ *s. m.* scaler, climber
escalafrio *s. m.* ⇒ **calafrio**
escalambrar *v. tr.* ⇒ **escambrar**
escalamento *s. m.* ⇒ **escalada**
escalão *s. m.* step, rung (of a ladder); MILITAR echelon; grade, graduation; ***escalão fiscal*** tax bracket
escalar *v. tr.* to escalate; to scale (a wall); to climb up; to clean, to disembowel, to gut (fish, bird)
escalavradura *s. f.* injury, bruise, cut, scratch
escalavramento *s. m.* scratching, bruise, cut, slight wound, graze
escalavrar *v. tr.* to scratch, to cut, to bruise, to hurt
escalavro *s. m.* ⇒ **escalavradura**
escalda *s. f.* sharp sauce; scalding, burning
escaldadela *s. f.* scalding, burning; [fig.] lesson (learnt from bitter experience)
escaldadiço *adj.* easily burned (scalded); [fig.] very impressionable
escaldado *adj.* scalded, burnt; [fig.] warned, rendered wise by experience; ***gato escaldado de água fria tem medo*** a burnt child dreads the fire; once bitten twice shy
escaldador Ⓐ *adj.* scalding Ⓑ *s. m.* scalder
escaldadura *s. f.* burning, scalding
escaldante *adj.* scalding, burning
escaldão *s. m.* scalding
escalda-pés *s. m.* hot footbath
escaldar Ⓐ *v. tr.* to scald, to burn; to treat with boiling water; to clean, to sterilize with boiling water Ⓑ *v. refl.* to scald oneself; ***escaldar-se (por ser precipitado ou intrometido)*** to burn one's fingers
escalda-rabo *s. m.* [cal.] rebuke, reprehension
escaldear *v. tr. e refl.* to overheat, to make too hot
escaldeirar *v. tr.* to dig a ditch round the root of a tree
escaleira *s. f.* stair; step
escaleno *adj.* GEOMETRIA, ANATOMIA scalene
escalenoedro *s. m.* scalenohedron (crystal)
escaler *s. m.* boat; ***escaler (de navio de guerra)*** cutter; ***escaler dos oficiais*** wardroom cutter; ***escaler de ronda*** guard-boat; ***escaler de serviço*** service boat; ***primeiro escaler (marinha de guerra)*** pinnace
escalfador *s. m.* water-heater; chafing-dish
escalfar *v. tr.* to heat on a chafing-dish; to pass through boiling water; ***escalfar ovos*** to poach eggs
escalfeta *s. f.* warming-pan; foot-warmer; ***escalfeta eléctrica*** electric foot-warmer
escalheiro *s. m.* BOTÂNICA English hawthorn
escalho *s. m.* ⇒ **escalo**
escaliçar *v. tr.* to remove dry mortar
escalinata *s. f.* flight of stairs
escalmão *s. m.* thole, thole pin, thowl, thowel
escalmo *s. m.* thole, thole pin, thowl, thowel
escalo *s. m.* freshwater fish of the family *Cyprinidae*; goldfish
escalonado *adj.* echeloned, staggered; designated
escalonamento *s. m.* arrangement of any thing by degrees; AERONÁUTICA stagger; ELECTRICIDADE staggering
escalonar *v. tr.* to shape like a stair; MILITAR to echelon; to arrange in degrees
escalope *s. m.* portion of thin meat; a kind of steak
escalpamento *s. m.* scalping; act of cutting off the scalp
escalpar *v. tr.* to scalp, to strip off the scalp (of)
escalpelar *v. tr.* MEDICINA to dissect (with a scalpel); [fig.] to criticize; to analyse carefully
escalpelizar *v. tr.* ⇒ **escalpelar**
escalpelo *s. m.* scalpel
escalpo *s. m.* scalp
escalrachar *v. tr.* to clear of dog's grass
escalracho *s. m.* BOTÂNICA couch-grass, dog's grass
escalvação *s. f.* becoming bare (or bald)
escalvado *adj.* bald; bare, arid, barren, sterile
escalvar *v. tr.* to make bald; to render sterile (arid, bare, barren)
escama *s. f.* scale (of fishes, plants, etc.); squama
escamação *s. f.* scaling (of fishes)
escamadeira *s. f.* woman who scales fish
escamado *adj.* scaled (fish); [fig.] angry, enraged, furious, wild
escamadura *s. f.* ⇒ **escamação**
escamar Ⓐ *v. tr.* to scale (fish) Ⓑ *v. refl.* [fig.] to take offence; to get angry, to be in a huff
escamaria *s. f.* quantity of scales; ⇒ **escamadura**
escambador *s. m.* changer, exchanger
escambar *v. tr.* to exchange, to barter; to trade by exchange; to truck, to trade
escambiar *v. tr.* to exchange, to barter; to trade by exchange; to truck, to trade
escâmbio *s. m.* barter, exchange, truck, trade
escambo *s. m.* ⇒ **escâmbio**
escambrar *v. intr.* to clear up; to become clear (fine, bright, free) from clouds (the sky)
escambroeiro *s. m.* BOTÂNICA buckthorn
escameado *adj.* scaly
escamel *s. m.* sword-maker's anvil
escamento *adj.* ⇒ **escamoso**
escâmeo *adj.* ⇒ **escamoso**
escamífero *adj.* squamiferous, bearing scales
escamiforme *adj.* squamiform, in the form of a scale
escamígero *adj.* scaly; squamous
escamisada *s. f.* husking (of the maize)
escamisar *v. tr.* to strip (the husks of maize)
escamondar *v. tr.* ⇒ **desramar**
escamónea *s. f.* BOTÂNICA gum resin, scammony
escamoso *adj.* scaly
escamotação *s. f.* ⇒ **escamoteação**
escamotar *v. tr.* ⇒ **escamotear**
escamoteação *s. m.* pilfering, swiping; prestidigitation; palming
escamoteador *adj.* juggler; pilferer
escamotear *v. tr.* to palm, to juggle, to conjure; to pilfer, to filch
escamoteio *s. m.* ⇒ **escamoteação**
escampado Ⓐ *adj.* clear (weather) Ⓑ *s. m.* open (field), desert
escampar *v. intr.* to clear up (weather), to stop raining
escampo *adj.* clear (weather); unpeopled, desert
escamudo *adj.* scaly, abounding in scales
escamugir-se *v. refl.* to slip out, to steal away, to vanish, to escape
escâmula *s. f.* little scale
escanado *adj.* adult, full-grown (bird); tricky
escanar *v. tr. e intr.* to split, to cleave, to splinter, to rive, to rend
escanção *s. m.* cup-bearer
escançar *v. tr.* to serve wine

escâncara *s. f.* ***às escâncaras*** openly, in public
escancaração *s. f.* throwing-open, wide-opening
escancarado *adj.* wide-open (door); public, manifest
escancarar *v. tr.* to throw (a door, etc.) wide-open; to show openly (publicly)
escancear *v. tr.* ⇒ **escançar**
escancha *s. f.* stride, long step
escanchar *v. tr. e refl.* to spread the legs wide apart; to straddle
escandaleira *s. f.* scandal, disgrace, shame
escandalizador Ⓐ *adj.* scandalizing, infamous, shocking Ⓑ *s. m.* infamous person, one who scandalizes; offender
escandalizar Ⓐ *v. tr.* to scandalize, to shock; to offend Ⓑ *v. refl.* to take offence; to take the huff
escandalizável *adj.* easily scandalized (horrified, shocked)
escândalo *s. m.* scandal, offence, shame, discredit; indignation; ***dar escândalo*** to cause (to give rise to) a scandal
escandalosamente *adv.* scandalously, shockingly, shamefully
escandaloso *adj.* scandalous, shameful, infamous, shocking
escândea *s. f.* BOTÂNICA spelt
escandecência *s. f.* incandescence, glow
escandecente *adj.* incandescent, glowing (with heat)
escandecer *v. intr.* to incandesce, to glow; to become incandescent (red-hot)
escandinavo *s. m., adj.* Scandinavian
escândio *s. m.* QUÍMICA scandium
escandir *v. tr.* to scan; to pronounce a word syllable by syllable
escanelado *adj.* spindle-legged, long-legged
escangalhação *s. f.* disjointing, pulling-down, breaking-up
escangalhar Ⓐ *v. tr.* to disjoint, to derange, to disarrange, to break up, to pull to pieces; to spoil, to impair, to harm, to mar Ⓑ *v. refl.* to fall to pieces, to come to pieces, to break down; to break to pieces; ***escangalhar-se com riso*** to split one's sides (with laughter)
escanganhadeira *s. f.* a kind of riddle to separate the grapes from the bunch
escanganhar *v. tr.* to pick (the grapes) from the bunch
escanganho *s. m.* picking of grapes from the bunch
escanho *s. m.* ⇒ **escano**
escanhoadela *s. f.* closely shaving
escanhoado *adj.* closely shaved
escanhoador *s. m.* barber
escanhoamento *s. m.* close shave, close shaving
escanhoar *v. tr.* to shave very closely
escanhotador *s. m.* he who cuts off (gathers) twigs
escanhotar *v. tr.* to cut off (to gather) twigs
escanifrado *adj.* ⌈pop.⌋ very thin, skinny, lean, lank, shrunk, shrivelled
escanifrar *v. tr.* to cause to become thin (lean)
escanifre *s. m.* a thin (lean, lanky, scraggy, skinny) person
escaninhar *v. tr.* to scrutinize, to search, to probe, to search into, to pry into
escaninho *s. m.* corner, hiding-place, secret drawer; pigeon-hole; small recess
escano *s. m.* bench (with a back); footstool; platform
escansão *s. f.* scansion
escantado *adj.* ⇒ **escanteado**
escanteado *adj.* with big corners
escantear *v. tr.* to take off the edges (stones)
escantilhão *s. m.* moulding, scantling; gauge; master-measure, standard; ***de escantilhão*** head-long, head over heels, helter-skelter, in a rush; ***descer a escada de escantilhão*** to tumble downstairs
escantudo *adj.* ⇒ **escantado**
escanzelado *adj.* lean, very thin, gaunt, lank, skinny, fallen away
escapada *s. f.* escape, evasion, flight, artifice, contrivance, stratagem, shift, trick, doubling
escapadela *s. f.* escape, evasion, flight, artifice, contrivance, stratagem, shift, trick, doubling
escapadiço *adj.* prone to run away; fugitive
escapamentos *s. m.* ⇒ **escape**
escapar Ⓐ *v. intr.* to pull through (an illness), to survive; to escape, to avoid, to elude, to shun, to evade Ⓑ *v. refl.* to flee, to bolt, to fly, to make off; to decamp, to steal away; to run away, to skedaddle, to break loose, to get away, to wriggle out; to slip (from one's memory); ***escapar são e salvo*** to get off scot-free; ***escapar por um triz*** to escape by the skin of one's teeth, to escape with one's life; ⌈coloq.⌋ to have a close shave, to have a narrow shave; ***escapar de boa*** to have a narrow escape; ⌈coloq.⌋ to have a close shave; ***escapar-se da prisão*** to break loose from prison; ***escapou-me isto*** I overlooked this; ***escapou da doença depois de o médico ter quase perdido as esperanças de o salvar*** he pulled through his illness after the doctor had almost given him up; ***escapou-me da memória*** it has escaped my memory, it has slipped my memory; ***escapar à morte*** to escape death; ***escapar-se a uma dificuldade*** to wriggle out of a difficulty; ***escapar-se (enroscando-se ou dando voltas)*** to wriggle away, to wrigle off
escaparate *s. m.* glass jar; glass cupboard; glass case
escapatória *s. f.* excuse, pretext, evasion, loophole; subterfuge, shift, makeshift, semblance
escapatório *adj.* bearable, tolerable, passable; ***isso é escapatório*** it would pass in a crowd
escape *s. m.* escape, outlet; evasion; ***válvula de escape*** escape valve, exhaust valve; ***roda de escape*** escape wheel; ***tubo de escape*** exhaust pipe, eduction pipe; ***escape de gases*** gas escape, exhaust (of an engine)
escapelada *s. f.* husking (stripping the husks of maize)
escapelar *v. tr.* to husk (to strip the husks of maize)
escapismo *s. m.* escapism
escapista *s. m. e f., adj.* escapist
escapo Ⓐ *adj.* free, safe Ⓑ *s. m.* escapement (of a watch); BOTÂNICA scape; shaft (of a column); ⌈coloq.⌋ ***estar escapo*** to be out of danger
escapula *s. f.* ⇒ **escapada**
escápula *s. f.* tenterhook; support, prop, stay; ⇒ **omoplata**
escapulalgia *s. f.* scapulalgia
escapular *adj.* scapular
escapulário *s. m.* scapular
escapulir Ⓐ *v. refl. e intr.* to slip out, to steal away, to run away; to escape, to vanish, to skulk Ⓑ *v. refl.* to sneak away, to give the slip to, to slink off
escaquear *v. tr.* to divide into squares; to quarter (of a shield)
escaqueirar *v. tr.* to shatter, to break, to split, to break to pieces, to dash into fragments, to smash to bits
escaques *s. m. pl.* squares (of a chess-board); HERÁLDICA chequers, checkers
escara *s. f.* MEDICINA scab, scurf
escarabeu *s. m.* beetle
escarabocho *s. m.* scrawl, an awkward drawing
escarafunchar *v. tr.* to scratch; to pick, to poke, to rake into; to inquire into; to ferret out, to rummage
escarafuncho *s. m.* popular dance; *pl.* scribble, scrawl, scratch
escarambar-se *v. refl.* to overdry and open into cracks (earth or skin)
escaramelar *v. intr.* to peel off (skin, bark, rind)
escaramuça *s. f.* skirmish, contest, conflict, fray, brush, encounter
escaramuçar Ⓐ *v. tr.* to make a horse prance around Ⓑ *v. intr.* to skirmish, to engage in a skirmish
escarapela *s. f.* scuffle, brawl, rough and tumble, fray, set-to

escarapelar Ⓐ *v. intr.* to scratch; to make a fray Ⓑ *v. refl.* [fig.] to lament oneself, to deplore oneself
escaravela *s. f.* ⇒ **caravela**
escaravelha *s. f.* ⇒ **cravelha**
escaravelho *s. m.* ENTOMOLOGIA beetle; ***escaravelho dourado*** rose-chafer
escarça *s. f.* disease in the horse's hoof
escarçado *adj.* suffering from *escarça*; characterizing the beehive from which wax has been taken away; frayed (cloth)
escarcalhar *v. tr.* [reg.] to open widely
escarção *s. m.* an arch bearing part of the weight on the pillars in some buildings
escarçar Ⓐ *v. tr.* to take away the wax from the beehive Ⓑ *v. refl.* to fray, to open (cloth)
escarceado *adj.* rough, wild, ruffled, troubled
escarcear *v. intr.* to storm, to rage; to make a great fuss about nothing
escarcela *s. f.* a large leather purse; leather pouch
escarcéu *s. m.* spindrift, billow; hubbub, uproar, ado, clamour, domestic squabble; ***fazer grande escarcéu*** to make much ado (great fuss) about nothing
escarcha *s. f.* hoar-frost; snow-flakes; tinsel (woven in brocade)
escarchar *v. tr.* to frost, to cover (with snow); to roughen, to crisp, to crystallize
escarço *s. m.* extraction of the wax (from beehives)
escardado *adj.* cleared of thistles
escardar *v. tr.* to clear of thistles
escardear *v. intr.* to scatter shot (speaking of firing)
escardecer *v. intr.* to doze, to slumber, to drowse, to nap, to be drowsy
escardilhar *v. tr.* to hoe, to weed with the hoe
escardilho *s. m.* hoe
escardoça *s. f.* downpour, heavy shower
escarduçada *s. f.* carding (wool); downpour (of rain); hailstorm
escarduçador *s. m.* carder, carding-machine, wool comber
escarduçar *v. tr.* to card, to comb (wool)
escareador *s. m.* reamer; screw-driver
escarear *v. tr.* to ream, to enlarge a hole; to screw tight
escarificação *s. f.* scarification
escarificador *s. m.* CIRURGIA scarificator; AGRICULTURA scarifier
escarificar *v. tr.* CIRURGIA to scarify, to make superficial incisions in; AGRICULTURA to stir (soil)
escariola *s. f.* ⇒ **escarola**
escarioso *adj.* scarious; BOTÂNICA membranous and dry; ZOOLOGIA scaly; scurfy
escarlata *s. f.* scarlet cloth
escarlate Ⓐ *adj.* scarlet Ⓑ *s. m.* scarlet cloth; ***ela estava vestida de escarlate*** she was dressed in scarlet
escarlatina *s. f.* MEDICINA scarlatina; scarlet fever
escarlatiniforme *adj.* scarlatiniform
escarlatinoso *adj.* scarlatinal
escarmenta *s. f.* experience; lesson, warning, disillusionment
escarmentar Ⓐ *v. tr.* to punish, to reprimand, to scold, to rebuke; to make wise Ⓑ *v. refl.* to learn by experience; to improve, to correct oneself
escarmento *s. m.* experience, lesson, warning, disillusionment; lesson learnt at one's own expense
escarna *s. f.* stripping (picking) off the flesh from a bone
escarnação *s. f.* stripping (picking) off the flesh from a bone
escarnador *s. m.* one who removes flesh; fleam, lancet, instrument for removing flesh
escarnar *v. tr.* to strip off the flesh
escarnecedor *s. m.* mocker, scoffer, jester, jeerer, derider, railer
escarnecer *v. tr.* to mock, to scoff, to jest, to make fun of, to jeer, to deride, to ridicule, to laugh at, to make game of, to poke fun at, to trifle with, to get at
escarnecimento *s. m.* mockery, raillery, jeering, derision, ridicule; mock, sneer
escarnecível *adj.* laughable, ludicrous, liable to be made fun of
escarniar *v. tr. e intr.* ⇒ **escarnecer**
escarnicadeira *s. f.* ⇒ **escarnicador**
escarnicador Ⓐ *adj.* ridiculing Ⓑ *s. m.* mocker, derider
escarnicar *v. intr.* ⇒ **escarnecer**
escarnificação *s. f.* act of ridiculing
escarnificar *v. tr.* to martyr, to torture
escarninhar *v. tr. e intr.* ⇒ **escarnecer**
escarninho *adj.* mocking, jeering, sarcastic, sharp, biting, mordant
escárnio *s. m.* ⇒ **escarnecimento**
escarnir *v. tr. e intr.* ⇒ **escarnecer**
escaro *s. m.* scarus; parrot-fish
escarola *s. f.* endive, chicory
escarolado *adj.* said of the grain beaten out of the core (cereals); threshed; [fig.] impudent, saucy, rude, pert, forward, flippant, brazen
escarolador *s. m.* machine for beating out the grain (cereals) from the core
escarolar Ⓐ *v. tr.* to beat out the grain (of cereals), to thrash, to thresh; to shell; to clear; to clean Ⓑ *v. refl.* [coloq.] to become a swell; to take off one's hat
escarótico *adj.* MEDICINA caustic
escarpa *s. f.* scarp; slope, escarpment; ***de escarpa (fogo)*** slanting, slantwise (fire)
escarpada *s. f.* a series of slopes
escarpado *adj.* steep, sheer, precipitous, cliffy, craggy, cragged, rough, rugged
escarpadura *s. f.* slope, declivity, escarpment, cliff
escarpamento *s. m.* slope, declivity, escarpment, cliff; coast erosion
escarpar *v. tr.* to slope, to scarp, to cut sheer, to render steep
escarpelada *s. f.* ⇒ **desfolhada**
escarpelar *v. tr.* to strip a plant of leaves; to husk (corn); to scratch
escarpes *s. m. pl.* iron shoes (an instrument of torture)
escarpiar *v. tr.* to comb wool, to car
escarpim *s. m.* kind of shoe open at the heels
escarrachar *v. tr.* ⇒ **escarranchar**
escarradeira *s. f.* spittoon
escarrado *adj.* [pop.] very much alike
escarrador *s. m.* spittoon
escarradura *s. f.* spitting, spittle
escarranchado *adj.* astride, straddled, astraddle
escarranchar *v. tr. e refl.* to bestride, to sit (to ride) astride, to straddle; to open one's legs wide
escarrapachado *adj.* fallen flat upon the ground; ⇒ **escarranchado**
escarrapachar *v. tr. e refl.* to fall flat upon the ground; [pop.] to impinge (on, upon); ⇒ **escarranchar**
escarrapiçar *v. tr.* ⇒ **escarrapichar**
escarrapichar *v. tr.* [pop.] to comb out, to disentangle
escarrar *v. tr. e intr.* to spit, to expectorate, to hawk; [pop.] to disburse
escarraria *s. f.* spitting, hawking
escarro *s. m.* spittle, expectoration
escarumar Ⓐ *v. tr.* to remove the pine-needles from Ⓑ *v. intr.* to fall, to drop (the corolla of the vine flowers)
escarumba *s. m.* [depr.] a black person
escarva *s. f.* CARPINTARIA scarf, clamp
escarvador *s. m.* scarfing instrument
escarvar *v. tr.* CARPINTARIA to scarf; to dig lightly; to corrode

escarvoar *v. tr.* to sketch (with charcoal), to draw with charcoal
escascar *v. tr.* ⇒ **descascar**
escasquear *v. tr.* to clean up, to tidy up (the cask or the head of something)
escassamente *adv.* scarcely, scantily
escassear *v. intr.* to become scarce, to be wanting, to fail, to wane, to diminish, to become scarce; ***escasseiam os géneros*** goods are getting scarce; NÁUTICA ***escassear o vento*** to draw forward (the wind)
escassez *s. f.* scarcity, dearth, shortage, insufficiency, deficiency, lack, want; rarity, rareness; ***escassez de alimentos*** scarcity of food; ***escassez de dinheiro*** scarcity of money; ***escassez de géneros*** shortage of goods; ***não há perigo de escassez*** there's as good fish in the sea as ever came out of it; no fear of shortage
escasseza *s. f.* scarcity, dearth, shortage, insufficiency, deficiency, lack, want; rarity, rareness
escassilho *s. m.* chip, fragment, flake, scrap, small piece of a cracked object
escasso *adj.* scarce, short, deficient, poor, scanty, scant, meagre; ***colheita escassa*** thin crop; ***a colheita foi escassa*** the crop was poor
escatel *s. m.* slit; key way, mortise slot
escatelador *s. m.* slotting-machine
escatelar *v. tr.* to mortise
escatofagia *s. f.* scatophagy
escatófago *adj.* scatophagous
escatofilia *s. f.* scatophily
escatófilo *adj.* scatophilous; living in dung
escatol *s. m.* scatol (substance found in human excrement)
escatologia *s. f.* scatology; RELIGIÃO eschatology
escatológico *adj.* schatological; RELIGIÃO eschatological
escatologismo *s. m.* eschatologism
escatoma *s. m.* scatoma
escava *s. f.* digging, excavation, cutting
escavação *s. f.* digging, excavation, cutting
escavacar *v. tr.* to chip, to splinter, to shatter, to break into pieces, to grow thin; to ruin
escavaçar *v. tr.* to break clods
escavador *s. m.* digger; navvy
escavar *v. tr.* to dig, to excavate, to hollow out, to scoop
escava-terra *s. f.* mole; ⇒ **toupeira**
escaveirado *adj.* ghastly-looking; wan-looking; cadaverous
escaveirar Ⓐ *v. tr.* to render skull-like Ⓑ *v. refl.* to grow very lean
escazonte Ⓐ *adj.* scazontic Ⓑ *s. m.* scazon; *pl.* scazons, scazontes
esclarecedor *adj.* explanatory, elucidative, illustrative
esclarecer Ⓐ *v. tr.* to clear, to clear up, to enlighten, to clarify, to illustrate, to make clear, to elucidate; to throw (to shed) light on Ⓑ *v. refl.* to brighten, to clear up, to grow bright; ***esclarecer o assunto*** to throw light on the subject
esclarecidamente *adv.* clearly, plainly
esclarecido *adj.* cleared (up); eminent, illustrious, enlightened, informed
esclarecimento *s. m.* clearing up; explanation, elucidation, illustration; exposition
esclavagismo *s. m.* enslavement, slavery, slave trade
esclavagista Ⓐ *adj.* enslaving Ⓑ *s. m. e f.* enslaver, slave-trader
esclavão *s. m., adj.* Slavonian
esclavina *s. f.* a sort of mantle worn by pilgrims
esclavo *s. m., adj.* Slavonian
esclavónico *s. m., adj.* Slavonian
esclavónio *s. m., adj.* Slavonian
escleral *adj.* sclerous, indurated; fibrous
esclerectomia *s. f.* CIRURGIA sclerectomy
escleremia *s. f.* ⇒ **esclerodermia**
esclerênquima *s. m.* BOTÂNICA sclerenchyma
esclerito *s. m.* sclerite
esclerócio *s. m.* BOTÂNICA sclerotium (*plural* sclerona)
esclerodermia *s. f.* MEDICINA scleroderma
esclerodermo *adj.* MEDICINA sclerodermatous
escleroftalmia *s. f.* MEDICINA sclerophthalmia
escleroma *s. m.* MEDICINA scleroma
escleroproteína *s. f.* ⇒ **proteína**
esclerosado *adj.* sclerosed, sclerotic
esclerosar *v. intr.* to indurate; to form a sclerosis
esclerose *s. f.* MEDICINA sclerosis
esclerote *s. f.* ⇒ **esclerócio**
esclerótica *s. f.* ANATOMIA sclerotic (white of the eye)
escleroticotomia *s. f.* ⇒ **esclerectomia**
esclerotite *s. f.* scleritis
esclusa *s. f.* lock (for rising waters)
escoa *s. f.* NÁUTICA ceiling, side stringer, sister keelson
escoação *s. f.* drainage, draining
escoadeira *s. f.* drain-pipe
escoadoiro *s. m.* drain; sewer, gutter, ditch
escoador Ⓐ *s. m.* ⇒ **escoadoiro** Ⓑ *adj.* draining
escoadouro *s. m.* ⇒ **escoadoiro**
escoadura *s. f.* draining; drainage
escoamento *s. m.* draining, drainage, sewage; flowing off; NÁUTICA ceiling
escoante Ⓐ *adj.* draining, filtering Ⓑ *s. m.* incline
escoar Ⓐ *v. tr.* to drain, to empty, to exhaust, to draw off, to make dry; to strain, to filter Ⓑ *v. intr.* to leak, to flow off, to trickle, to drip, to glide away, to flow away
escocês Ⓐ *adj.* Scotch, Scottish Ⓑ *s. m.* Scotchman, Scot; ***o povo escocês*** the Scottish (people); ***a bandeira escocesa*** the Scottish flag (St. Andrew's Cross)
escochar *v. tr.* to cut off the heads (of sardines); to clean
escócia *s. f.* ARQUITECTURA scotia (hollow frame at the base of a column)
escoda *s. f.* bushhammer
escodar *v. tr.* to smooth (stone, leather) with the bushhammer
escodear *v. tr.* to remove the crust; to peel
escogitação *s. f.* cogitation, meditation, reflection; investigation, scrutiny, search
escogitar *v. tr.* to cogitate, to meditate, to reflect, to think hard; to investigate, to scrutinize, to dissect
escoiçar *v. tr. e intr.* ⇒ **escoicear**
escoiceador Ⓐ *adj.* kicking, insulting Ⓑ *s. m.* kicker, ungrateful person
escoicear *v. tr. e intr.* to kick (horse); [fig.] to affront, to insult; to maltreat
escoicinhador *s. m., adj.* ⇒ **escoiceador**
escoicinhar *v. tr. e intr.* ⇒ **escoicear**
escoimar *v. tr.* to free from (a fine); to purify, to clean
escoira *s. f.* QUÍMICA scoria, lime sulphate
escoiral *s. m.* ⇒ **escorial**
escol *s. m.* prime, choice, pick, the flower, cream; elite, select body of persons; ***o escol da sociedade*** the cream of society
escola *s. f.* school, schoolhouse; training, teaching, experience, method, style; doctrine; ***escola naval*** naval college; ***escola normal*** training college, training school; ***escola primária*** elementary school; ***escola infantil*** infant school, nursery school; ***escola técnica*** technical school; ***escola secundária*** secondary school, high school; ***escola nocturna*** evening school; ***escola agrícola*** agricultural school; ***escola comercial*** commercial school; ***escola de artes e ofícios*** industrial school; ***escola de medicina veterinária*** veterinary college; ***escola de equitação*** riding school; ***escola de belas-artes*** academy of fine arts; ***escola do exército*** military school, military academy; ***escola de dança*** dancing-school; ***escola feminina*** girls' school; ***escola interna (internato)***

boarding-school; ***director de escola*** headmaster; ***directora de escola*** head-mistress; ***companheiro de escola*** school-mate, schoolfellow; ***dias de escola*** schooldays; ***boletim trimestral da escola*** school report; ***horas de escola*** school hours; ***andar na escola*** to be at school; ***ir à escola*** to go to school; ***sair da escola*** to leave school; ***hoje não há escola*** there will be no school today; ***frequentar a escola*** to attend school; ***entrar em férias de escola*** to break up school

escolar[1] Ⓐ *adj.* scholarly; scholar-like Ⓑ *s. m. e f.* school-boy (girl), scholar; ***trabalho escolar*** school-work; ***período escolar*** term; ***ano escolar*** school (scholastic) year; ***livro escolar*** school-book; ***inspector escolar*** school-inspector

escolar[2] *s. m.* a kind of whiting

escolaridade *s. f.* scholarity

escolástica *s. f.* scholasticism

escolasticismo *s. m.* scholasticism

escolástico *adj.* scholastic

escólex *s. m.* ZOOLOGIA scolex

escolha *s. m.* choice, selection, pick, preference, option, election, alternative; ***deixar à escolha de*** to leave to the option of; ***sem escolha possível*** Hobson's choice; ***por escolha*** by choice

escolhedeira *s. f.* woolcard, woolcomb

escolhedor *s. m.* chooser, selector, elector, picker, sorter

escolheita *s. f.* ⇒ **escolha**

escolher *v. tr.* to choose, to make a choice, to pick, to pick out, to single out, to select; to prefer, to elect; ***quem muito escolhe, pouco acerta*** he who goes further fares worse; ***escolher cautelosamente (a dedo)*** to pick and choose; ***escolha uma coisa ou outra*** you can't have it both ways; ***de dois males, escolha o menor*** of two evils, choose the lesser; ***quem pede não escolhe*** beggars cannot be choosers

escolhido *adj.* chosen, elected, selected; preferred

escolhimento *s. m.* ⇒ **escolha**

escolho *s. m.* reef, rock, shelf; obstacle, barrier, diffculty, check, snag

escoliasta *s. m.* scholiast

escólio *s. m.* scholium

escoliose *s. f.* MEDICINA scoliosis

escolmar *v. tr.* to remove the thatch from, to unthatch

escolopendra *s. f.* ENTOMOLOGIA scolopendra

escolta *s. f.* escort, guard, convoy

escoltar *v. tr.* to escort, to guard, to protect, to accompany, to convoy

escombrado *adj.* built up into the form of a terrace

escombrar *v. tr.* to build up into the form of a terrace

escombros *s. m. pl.* rubbish, waste, rubble, havoc, débris, ruins

escondedoiro *s. m.* ⇒ **esconderijo**

escondedor *s. m.* hider, concealer

escondedouro *s. m.* ⇒ **esconderijo**

escondedura *s. f.* hiding, concealment

esconde-esconde *s. m.* hide-and-seek

esconder Ⓐ *v. tr.* to hide, to conceal, to screen, to veil, to cover up; to abscond from (law), to hush up, to keep secret; to disguise, to dissemble Ⓑ *v. refl.* to hide (oneself), to conceal oneself; ***esconder-se num canto*** to sneak into a corner; ***ele escondeu o rosto nas mãos*** he hid his face in his hands; ***esconder a verdade*** to conceal the truth

esconderijo *s. m.* hiding-place; lurking-place; shelter, coverture

escondidamente *adv.* secretly, furtively

escondidas *s. f. pl.* hide-and-seek (game); ***às escondidas*** in secret; by stealth; huggermugger; ***jogar às escondidas*** to play hide-and-seek

escondimento *s. m.* hiding, concealment; dissembling, disguise, deceit, false pretence

escondrijeira *s. f.* ⇒ **carriça** (bird)

esconjuntar *v. tr.* ⇒ **desconjuntar**

esconjuração *s. f.* exorcism; conjuration

esconjurador *s. m.* exorcist

esconjurar *v. tr.* to exorcize; to conjure up; to confirm (by oath); to adjure

esconjurável *adj.* damnable, execrable

esconjuro *s. m.* ⇒ **esconjuração**

esconsar *v. tr.* to abscond; to hide, to conceal

esconso Ⓐ *adj.* sloping, slanting, oblique, inclining, hidden Ⓑ *s. m.* corner, angle; recess, nook, hiding-place

escopeiro *s. m.* tar-brush

escopeta *s. f.* carbine, gun, rifle

escopetaria *s. f.* group of people armed with rifles

escopetear *v. tr.* to shoot with a rifle

escopeteiro *s. m.* carbineer, carabineer, carabinier

escopo *s. m.* scope, aim, end, purpose, design, view

escopolamina *s. f.* QUÍMICA scopolamine

escopro *s. m.* chisel; flat chisel; blunt chisel

escora *s. f.* prop, stay, support; leg, spur, shore; ***escora (para navios)*** prop; ***escora (para tubo de caldeira)*** tube slopper; ***escora da borda*** bulwark stay

escoramento *s. m.* prop, propping up; stay, support; shoring

escorar Ⓐ *v. tr.* to prop; to bear up; to support (by prop) Ⓑ *v. refl.* to lean (to rely) upon

escorbútico *adj.* MEDICINA scorbutic

escorbuto *s. m.* MEDICINA scurvy

escorçar *v. tr.* PINTURA to shorten; to foreshorten

escorchador Ⓐ *adj.* flaying, that strips Ⓑ *s. m.* flayer, one who strips

escorchamento *s. m.* skinning, stripping, peeling, scorching

escorchar *v. tr.* to flay, to skin; to strip, to peel; to scratch; to injure; to despoil, to rob; to scorch

escorcioneira *s. f.* viper's-grass

escorço *s. m.* PINTURA foreshortening (of perspective); summary

escórdio *s. m.* BOTÂNICA the wood germander

escória *s. f.* dross, dregs, refuse, scoria, scum, slag, clinker; [fig.] mob, riff-raff, rabble

escoriação *s. f.* excoriation, abrasion of the skin; grazing, graze

escoriáceo *adj.* scorious

escorial *s. m.* place where scoria is kept

escoriar *v. tr.* to excoriate, to abrade, to strip off (skin); to graze

escorificação *s. f.* scorification

escorificar *v. tr.* to scorify

escorificatório *s. m.* crucible, melting-pot (for metals)

escorjar Ⓐ *v. tr.* to twist, to distort, to strain, to force; to vex, to torment Ⓑ *v. intr.* to be vexed, to be upset Ⓒ *v. refl.* to writhe (in pain), to wriggle, to squirm

escornada *s. f.* battering or tossing (with the horns)

escornador *s. m., adj.* ⇒ **escorneador**

escornar *v. tr.* ⇒ **escornear**

escorneador Ⓐ *adj.* battering, tossing, goring (with the horns) Ⓑ *s. m.* tosser, that gores

escornear *v. tr.* to gore with the horns

escornichar *v. tr.* ⇒ **escornear**

escoroar *v. tr.* to uncrown, to dethrone

escorodónia *s. f.* BOTÂNICA wood sage, wood germander

escorpião *s. m.* ZOOLOGIA scorpion

Escorpião *s. m.* ASTRONOMIA, ASTROLOGIA Scorpio

escorpióide *adj.* scorpioid

escorraçado *adj.* expulsed; rejected

escorraçar *v. tr.* to expel, to expulse, to drive away, to put to flight, to exclude, to banish

escorralhas *s. f. pl.* dregs, lees (of casks), residues

escorralho *s. m.* dreg, lees (of casks), residue

escorredoiro *s. m.* ⇒ **escorredouro**

escorredouro *s. m.* place where the water runs

escorredura *s. f.* ⇒ **escorralhas**

escorregadela *s. f.* slipping, sliding, slip, false step; [fig.] fault, mistake, lapse

escorregadiço *adj.* slippery; [fig.] evil-bent
escorregadio *adj.* slippery
escorregadoiro *s. m.* ⇒ **escorregadouro**
escorregadouro *s. m.* slippery-place, slide
escorregadura *s. f.* ⇒ **escorregadela**
escorregamento *s. m.* ⇒ **escorregadela**
escorregão *s. m.* ⇒ **escorregadela**
escorregar *v. tr.* to slip, to miss one's footing; to slide, to glide; to skid; [fig.] to make a blunder, to make a mistake; [fig.] to sin; ***escorregar na lama*** to slip in the mud; ***o cobertor escorregou da cama*** the blanket slipped off the bed
escorregável *adj.* slippery
escorrego *s. m.* ⇒ **escorregadela**
escorreito *adj.* sound, healthy, hardy, vigorous; ***são e escorreito*** sound and healthy, sound in mind and limb
escorrência *s. f.* fluidity; spilling, pouring out
escorrer Ⓐ *v. tr.* to drain, to empty Ⓑ *v. intr.* to drop, to drip, to trickle, to dribble; to flow (to run) out, to flow off; ***escorrer em suor*** to be in a sweat
escorrichar *v. tr.* ⇒ **escorripichar**
escorrimento *s. m.* draining, flowing (running) out; dripping
escorripichadela *s. f.* drinking (to the last drop); emptying, draining
escorripichar *v. tr.* [pop.] to drink (to the last drop); to empty; to drain (to the dregs)
escorripicho *s. m.* ⇒ **escorripichadela**
escorropichadela *s. f.* ⇒ **escorripichadela**
escorropicha-galhetas *s. m.* [pop.] sexton
escorropichar *v. tr.* ⇒ **escorripichar**
escorropicho *s. m.* ⇒ **escorripichadela**
escortinar *v. tr.* ⇒ **descortinar**
escorva *s. f.* primer, fire-pan (of a gun); priming powder
escorvador *s. m.* prime-iron, prime-wire
escorvar *v. tr.* to prime, to prepare (a gun for firing)
escosipar *v. tr.* to sew badly, to stitch, to tack
escota *s. f.* NÁUTICA sheet (of a sail); ***escota aventada*** flowing-sheet; ***de escotas folgadas*** free
escote *s. m.* share, quota, contribution, subscription, gift
escoteira *s. f.* NÁUTICA kevel, sheet bitt
escoteiro Ⓐ *adj.* free; that carries no baggage; light; rapid, quick, swift Ⓑ *s. m.* scout, boy-scout
escotilha *s. f.* NÁUTICA hatchway, hatch; ***escotilha de tronco*** trunk hatch
escotilhão *s. m.* NÁUTICA scuttle
escotismo *s. m.* Scotism
escotista *s. m. e f.* Scotist
escotoma *s. m.* MEDICINA scotoma
escoucear *v. tr. e intr.* ⇒ **escoicear**
escoucinhador *s. m.* ⇒ **escoiceador**
escoucinhar *v. tr. e intr.* ⇒ **escoicear**
escova *s. f.* brush; brushing; [pop.] lie, fib; flattery, adulation, blarney; ***escova de fato*** clothes-brush; ***escova de cabo comprido*** long-handled broom; ***escova de esfregar*** scrubbing-brush, scrubber; ***escova de calçado*** shoe-brush; ***escova de dentes*** toothbrush; ***escova de cabelo*** hairbrush; ***escova das unhas*** nail-brush; ***escova de cerdas*** bristle brush; ***escova de contacto*** wiper; ***escova de arame*** wire-brush; [técn.] ***escova de limpeza*** stripping-brush; ***escova de convés*** deck scrubber; ***escova para limas*** file brush
escovadela *s. f.* brushing; [fig.] scolding, rebuke, chiding, reproach, reproval, reprehension
escovadinho *s. m.* trim (spruce, well-dressed, well-groomed) person
escovado *adj.* brushed; [fig.] smart, wise
escovador Ⓐ *adj.* brushing Ⓑ *s. m.* brusher
escovalho *s. m.* wet cloth to clean the entrance of the oven; Irish broom
escovar *v. tr.* to brush, to clean (with a brush); [fig.] to scold, to rebuke, to chide, to reproach, to find fault, to lecture, to reprehend; ***escovar o fato*** to brush one's suit
escoveira *s. f.* brush-case
escoveiro *s. m.* brush-dealer
escovém *s. m.* eye, hawse-hole, mooring-pipe
escovilha *s. f.* shavings, chippings, parings
escovilhão *s. m.* sponge
escovilhar *v. tr.* to clear gold (or silver)
escovinha *s. f.* little brush; BOTÂNICA bluebottle; ***cortado à escovinha (cabelo)*** crew cut (hair)
escozicar *v. tr.* to overcook, to overbake, to overboil
escrava *s. f.* woman-slave; bracelet
escravaria *s. f.* a great number of slaves
escravatura *s. f.* slavery; slave-trade
escravidão *s. f.* slavery, serfdom, servitude, bondage, enslavement; drudgery, mean labour
escravização *s. f.* enslavement
escravizador Ⓐ *adj.* enslaving, subjugating Ⓑ *s. m.* that enslaves (subjugates)
escravizar *v. tr.* to enslave, to subjugate, to reduce to bondage, to make a slave of, to overpower, to master, to overmaster
escravo Ⓐ *s. m.* slave; serf Ⓑ *adj.* captive; infatuated; ***escravo da bebida*** a slave to drink; ***escravo do trabalho*** drudge(r); ***escravo do dever*** slave to duty; ***escravo da moda*** slave of fashion
escrevedeira *s. f.* ORNITOLOGIA bird of the family *Fringillidae*
escrevedor *s. m.* writer, scribbler
escrevedura *s. f.* writing
escrevenina *s. f.* ⇒ **escrevedeira**
escrevente *s. m.* clerk; copyist, scribe
escrever *v. tr.* to write (books, letters, articles, music, etc.); to pen, to set down in writing, to set down in black and white; to compose, to use the pen, to take pen in hand; to spell, to represent by letters; ***como escreve o seu nome?*** how do you spell your name?; ***continuar a escrever*** to write on, to go on writing; ***escrever bem (com boa letra)*** to have good writing, to have a good hand; ***escrever o nome*** to write one's name; ***escreve-me a contar as novidades*** write me all the news; ***escrever (compor) facilmente*** to write straight off; ***escrever a tinta*** to write in ink; ***escrever à máquina*** to typewrite; ***escrever em computador*** to type; ***escrever por extenso*** to write in full; ***escrever à pressa*** to write in haste; ***escrever umas linhas a alguém*** to drop a few lines to someone; ***escrever pelo próprio punho*** to write by (one's) hand; ***desculpe-me não lhe escrever mais cedo*** excuse my not writing before
escrevinhador *s. m.* scrawler, scribbler, pen-pusher, quill-driver, scrivener
escrevinhadura *s. f.* scribbling
escrevinhar *v. tr. e intr.* to scrawl, to scribble, to scrabble, to scratch
escriba *s. m.* scribe, penman
escribomania *s. f.* graphomania; writing mania
escrínio *s. m.* casket, jewel-case; escritoire
escrita *s. f.* writing, handwriting, hand; penmanship; ***escrita comercial*** book-keeping, accountancy; ***escrita à mão*** handwriting; ***fazer a escrita*** to keep the books; ***pôr a escrita em dia*** to bring one's correspondence up to date
escrito Ⓐ *adj.* written Ⓑ *s. m.* bill, note, billet, writing, letter; *pl.* literary work; ***por escrito*** in writing; ***escrito à mão*** written by hand, handwritten; ***pôr por escrito*** to commit to paper, to write down, to commit to writing
escritor *s. m.* writer; author, composer
escritório *s. m.* office, counting-house, bureau, place of business, study (at home); ***escritório de informações*** inquiry office
escritura *s. f.* deed; covenant; charter, indenture; scripture; ***fazer uma escritura*** to draw up a deed; ***escritura de venda condicinada*** trust deed of sale; ***escritura pública*** public deed; ***escritura de venda*** deed of sale; ***escritura de anulação*** deed of defeasance; ***escritura de vendas de mer-***

cadorias bill of sale; *escritura de fretamento* charter-party; *Escritura Sagrada* the Holy Scripture, the Holy Writ
escrituração *s. f.* book-keeping; *escrituração por partidas simples* single-entry; *escrituração por partidas dobradas* double-entry
escriturar *v. tr.* to book, to write down, to register, to enter on, to record, to make a record of; to keep books, to keep accounts; *escriturar livros* to keep accounts; *escriturar o diário de navegação* to keep the log
escriturário *s. m.* clerk
escrivã *s. f.* clerk (in a convent)
escrivania *s. f.* clerkship; office of a clerk
escrivaninha *s. f.* writing-cabinet, writing-desk, writing-table
escrivão *s. m.* notary, registrar
escrivar *v. tr.* ⇒ **joeirar**
escrófula *s. f.* MEDICINA scrofula; the King's evil
escrofulária *s. f.* BOTÂNICA figwort
Escrofulariáceas *s. f. pl.* BOTÂNICA *Scrophulariaceae*
escrofulismo *s. m.* scrofulism
escrofulose *s. f.* MEDICINA scrofulosis
escrofuloso *adj.* MEDICINA scrofulous
escrópulo *s. m.* scruple (the smallest unit of weight)
escroque *s. m.* swindler, crook
escroqueria *s. f.* fraud, crookedness
escrotal *adj.* scrotal
escrotite *s. f.* scrotitis
escroto *s. m.* ANATOMIA scrotum (the bag containing the testicles)
escrotocele *s. f.* scrotocele; scrotal hernia
escrupularia *s. f.* excess of scrupulosity, fussiness
escrupulear *v. intr.* to scruple, to have scruples; to hesitate, to pause, to delay, to doubt; to be reluctant to do, to arouse scruples
escrupulizar *v. intr.* to scruple, to have scruples; to hesitate, to pause, to delay, to doubt; to be reluctant to do, to arouse scruples
escrúpulo *s. m.* scruple, doubt, hesitation, hesitancy, qualm of conscience; *homem sem escrúpulos* man of no scruples; *fê-lo sem escrúpulos* he did it without scruple; *ser escrupuloso com ninharias* to strain at a gnat
escrupulosamente *adv.* scrupulously; with scrupulous attention (care)
escrupulosidade *s. f.* scrupulosity, scrupulousness, caution, punctiliousness
escrupuloso *adj.* scrupulous, conscientious, punctilious, rigorous, strict; *demasiado escrupuloso* over-scrupulous
escrutação *s. f.* search, sounding, investigation
escrutador *s. m.* scrutator; careful investigator
escrutar *v. tr.* to scrutinize, to examine (minutely), to search, to investigate, to sift, to probe, to look into, to pry into, to inquire into
escrutável *adj.* scrutable
escrutinação *s. f.* scrutiny, search, sifting, critical examination
escrutinador *s. m.* scrutineer, scrutator, scrutinizer
escrutinar *v. tr. e intr.* to scrutinize
escrutínio *s. m.* scrutiny, ballot, counting of votes; *escrutínio secreto* ballot, secret voting
escudar *v. tr. e refl.* to shield; to protect, to defend; *escudar-se com* to shield oneself with
escudeirar *v. tr. e intr.* to be a valet; to be overpolite
escudeirice *s. f.* squirehood, squireship; manners of a valet
escudeiro *s. m.* squire; shield-bearer; butler; valet
escudela *s. f.* porringer, wooden bowl
escudelada *s. f.* bowlful
escudelar *v. tr.* to pour into bowls
escudeleiro *s. m.* bowl maker; he who deals in bowls
escudete *s. m.* small escutcheon
escudo *s. m.* shield; escutcheon, arms; Portuguese coin; *escudo de blindagem* armour shield; *escudo de embarcação* arms of vessel, crest of vessel; *escudo de armas* coat of arms; *enxertar de escudo* to engraft, to bud; *enxertia de escudo* graft by gem budding
esculápio Ⓐ *s. m.* Aesculapius; [fig.] physician Ⓑ *adj.* Aesculapian, Esculapian
esculca *s. f.* night guard; advance(d) guard
esculento *adj.* edible, eatable
esculhambado *adj.* shattered, destroyed; demoralized, ridiculed
esculina *s. f.* QUÍMICA esculin
esculpidor *s. m.* sculptor, carver
esculpir *v. tr.* to carve, to sculpture, to engrave; [fig.] to shape; *esculpir em pedra* to cut in stone
escultor *s. m.* sculptor
escultora *s. f.* sculptress
escultórico *adj.* sculpturesque, sculptural
escultura *s. f.* sculpture; art of carving (cutting) figures or shapes out of stone (or wood); plastic art; a piece of sculpture
escultural *adj.* sculptural
esculturar *v. tr. e intr.* to sculpture
escuma *s. f.* scum, froth, foam, spume; [fig.] rabble, mob, riff-raff
escumação *s. f.* lather, lathering; froth, foam
escumadeira *s. f.* skimmer
escumado Ⓐ *adj.* skimmed Ⓑ *s. m.* ⇒ **escuma**
escumador Ⓐ *adj.* scumming, skimming Ⓑ *s. m.* scummer, skimmer
escumalha *s. f.* [cal.] mob, rabble, riff-raff, populace, scum, canaille
escumalho *s. m.* dross, scoria; slag
escumante *adj.* foaming
escumar Ⓐ *v. tr.* to skim; to scum Ⓑ *v. intr.* to froth, to foam; to brine; *escumar de ira* to fret and fume
escumarada *s. f.* a lot of lather (froth, foam, scum)
escumilha *s. f.* small shot; grape; little froth (foam or scum)
escumoso *adj.* foamy, frothy
escuna *s. f.* schooner; topsail schooner
escuras *s. f. pl.* *às escuras* in the dark; *estar às escuras* to be in the dark; *estar sentado às escuras* to sit in the dark; *apalpar às escuras* to grope
escurecedor Ⓐ *adj.* darkening Ⓑ *s. m.* darkener
escurecer Ⓐ *v. tr.* to darken, to dim, to obscure, to make gloomy, to cloud Ⓑ *v. intr.* to grow dim, to become dark, to cloud over
escurecimento *s. m.* darkening
escurecível *adj.* that can be darkened, that may be obscured (dimmed)
escurejar *v. tr.* to appear dark; to grow dark
escurentar *v. tr. e intr.* ⇒ **escurecer**
escureza *s. f.* ⇒ **escuridão**
escuridade *s. f.* dark, darkness, obscurity, dusk, gloominess, dimness
escuridão *s. f.* dark, darkness, obscurity, dimness, gloominess; [fig.] ignorance; blindness; *escuridão completa* total darkness, utter darkness
escuro Ⓐ *adj.* dark, obscure, dim, gloomy, dusky, sombre, inky, black; overcast, pitchy, cloudy, mysterious; swarthy Ⓑ *s. m.* ⇒ **escuridão**; *escuro como breu* pitch dark; *uma noite escura* a dark night; *de olhos escuros* dark-eyed; *deixar alguém às escuras* to leave someone in the dark; *ficar no escuro* to remain in darkness, not to come to light
escurra *s. m.* contemptible (despicable) person; jester, buffoon
escurril *adj.* scurrilous, abusive, lying

escurrilidade *s. f.* scurrility
escusa *s. f.* excuse, apology; exemption, dispensation
escusadamente *adv.* uselessly, needlessly
escusado *adj.* useless, needless, vain, of no use, superfluous, unnecessary; dispensed with; exempt, exempted, free, excused; rejected, refused; ***é escusado dizer isso*** it is needless to say that; ***escusado será dizer*** I need hardly say; ***é escusado dizer que ele nunca apareceu*** needless to say he never came; ***é escusado falares mais nisso*** you need not speak of that again
escusar Ⓐ *v. tr.* to excuse, to pardon, to forgive; to exempt, to free, to spare; to dispense with; to reject, to decline Ⓑ *v. intr.* to do without; to be useless (of no use, of no avail); to be exempted Ⓒ *v. refl.* to apologize for, to excuse oneself
escusatório *adj.* excusatory
escusável *adj.* excusable
escuso *adj.* hidden, solitary, secret, recondite, concealed, covert, privy, close, secluded; free from, exempted, excused, dispensed
escuta *s. f.* listening, hearkening; scout; ⇒ **escuteiro**; ***estar à escuta*** to be listening, to be on the alert; ***escuta electrónica*** bugging, phone tapping
escutador *s. m.* listener
escutar *v. tr.* to listen, to hearken, to attend, to give (to lend) ear to, to prick up the ears; to eavesdrop; ***escutar às portas*** to eavesdrop; ***escute (lá) !*** listen to me!; I say!
escuteiro *s. m.* boy-scout, Scout; ***chefe dos escuteiros*** scout-master, Scouter; ***reunião de escuteiros*** scouts' rally
escutismo *s. m.* boy-scout movement; (boy-) scouting
escutista *adj.* scout
esdruxular *v. tr.* to versify in dactyls
esdruxularia *s. f.* singularity; oddness, strangeness
esdruxulizar *v. tr.* to turn into dactyls; to give an odd appearance
esdrúxulo *adj.* GRAMÁTICA stressed on the antepenultimate syllable; [fig.] extraordinary, extravagant; whimsical, singular
esfacelação *s. f.* ⇒ **esfacelamento**
esfacelado *adj.* ruined; destroyed, broken up, shattered; broken to pieces, cracked, mangled; lacerated; MEDICINA sphacelate
esfacelamento *s. m.* ruin, downfall, collapse, destruction; MEDICINA necrosis, sphacelation
esfacelar *v. tr.* to ruin, to destroy, to break (to pull) down; to spoil; to shatter, to break into pieces, to rend, to crack, to smash to bits; MEDICINA to sphacelate, to become gangrenous; ***esfacelou um braço numa queda desastrosa*** one of his arms went gangrenous through a bad fall
esfacelo *s. m.* ⇒ **esfacelamento**
esfácelo *s. m.* MEDICINA gangrene, necrosis, sphacelus, mortification
esfadigado *adj.* [pop.] very tired
esfaimado *adj.* starved, starving, famishing, hungry; ravenous; ***estar esfaimado*** to be famishing, to be hungry
esfaimar *v. tr.* to famish, to starve, to hunger
esfalcaçado *adj.* unwhipped (of ropes)
esfalfamento *s. m.* exhaustion, intense fatigue, weariness, loss of strength
esfalfante *adj.* tiring, exhausting
esfalfar *v. tr. e refl.* to wear out, to overtire, to overwork, to exhaust
esfanicar *v. tr. e refl.* to break into pieces, to smash into pieces
esfaqueador Ⓐ *adj.* slashing, gashing Ⓑ *s. m.* slasher
esfaqueamento *s. m.* knifing, stabbing, slashing, slitting
esfaquear *v. tr.* to knife, to stab, to cut (wound, slit, slash) with a knife
esfarelamento *s. m.* crumbling
esfarelar *v. tr.* to reduce to bran; to crumble, to crumble to dust
esfarelite *s. f.* MINERALOGIA sphalerite
esfarfalhada *adj.* said of the unfolded flower with falling petals
esfarfalhar-se *v. refl.* to unfold (flowers)
esfarinhar *v. tr.* to crumble; to mill, to reduce to flour
esfarpar *v. tr.* to shred, to cut up into shreds; to tear into strips
esfarpelar *v. tr.* ⇒ **esfarpar**
esfarrapadeira *s. f.* shredder, shredding machine
esfarrapado *adj.* ragged, tattered, torn; in tatters; ***tinha o casaco esfarrapado*** his coat was in tatters; ***andar esfarrapado*** to go about in rags
esfarrapador *s. m.* ⇒ **esfarrapadeira**
esfarrapamento *s. m.* tearing, rending
esfarrapar Ⓐ *v. tr.* to tear, to rend Ⓑ *v. intr.* to be torn
esfarripador *s. m.* ⇒ **esfarrapadeira**
esfarripar *v. tr.* to dishevel, to ruffle; to fray, to shred, to ravel
esfatiar *v. tr.* to slice, to cut into slices
esfena *s. f.* MINERALOGIA sphene, titanite
esfenoidal *adj.* ANATOMIA sphenoidal
esfenóide Ⓐ *adj.* sphenoid Ⓑ *s. m.* sphenoid bone
esfenótico *adj.* sphenotic
esfera *s. f.* sphere; globe; scope, range, field of action; condition of life; social circle; ***esfera armilar*** armillary sphere ***esfera celeste*** celestial sphere; ***esfera de acção*** sphere of action; ***rolamento de esferas*** ball bearing
esfericidade *s. f.* sphericity, roundness
esférico *adj.* spherical, round, globular
esferográfica *s. f.* ball-point pen
esferoidal *adj.* spheroidal
esferóide *s. m., adj.* GEOMETRIA spheroid
esferóideo *adj.* spheroidal
esferómetro *s. m.* spherometer
esferovite *s. f.* PVC (polyvinyl chloride)
esférula *s. f.* spherule, minute sphere; drop
esfervilhar *v. intr.* to rush (to dart) about
esfiada *s. f.* husking, shredding, ravelling
esfiampar *v. tr. e refl.* ⇒ **esfiapar**
esfiapar *v. tr. e refl.* to ravel, to shred (into threads)
esfiar *v. tr. e intr.* to ravel, to shred (into threads)
esfigmógrafo *s. m.* sphygmograph
esfigmomanómetro *s. m.* sphygmomanometer (instrument for measuring blood pressure)
esfíncter *s. m.* ANATOMIA sphincter
esfincteral *adj.* sphincteric
esfincteralgia *s. f.* sphincteralgia
esfinge *s. f.* sphinx; inscrutable person; ENTOMOLOGIA hawk moth
esfíngico *adj.* pertaining to a sphinx; enigmatic(al)
Esfíngidas *s. m. pl.* ENTOMOLOGIA ⇒ **Esfingídeos**
Esfingídeos *s. m. pl.* ENTOMOLOGIA *Sphingidae*
esflorar *v. tr.* ⇒ **desflorar**
esfoguetear *v. tr.* to celebrate with fireworks; to set off sky-rockets
esfoiçar *v. tr.* ⇒ **esfouçar**
esfola *s. f.* excoriation, scratch, flaying; extortion, fleecing; [fig.] swindle, fraud
esfoladela *s. f.* excoriation, scratch, flaying; extortion, fleecing; [fig.] swindle, fraud
esfolador *s. m.* flayer; one who sells dear fleecer
esfoladouro *s. m.* flaying (skinning, stripping) department
esfoladura *s. f.* ⇒ **esfoladela**
esfolamento *s. m.* ⇒ **esfoladela**
esfolar *v. tr.* to flay, to skin, to fleece, to strip; to scrape; [fig.] to rob, to score; ***o rabo é o pior de esfolar*** the sting is in the tail; [fig.] ***esfolar uma pessoa*** to fleece a person
esfola-vaca *s. m.* north-west wind

esfolegar *v. intr.* ⇒ **resfolegar**
esfolhaçar *v. tr.* ⇒ **desfolhar**
esfolhada *s. f.* husking, stipping (of the husks of maize)
esfolhador *s. m.* husker, stripper
esfolhar *v. tr.* to strip off (the leaves); to husk
esfolhear *v. tr.* to leaf, to run through a book
esfolhoso *adj.* BOTÂNICA aphyllous (leafless)
esfoliação *s. f.* exfoliation
esfoliar *v. tr.* to exfoliate; to turn (to run through) the leaves of a book
esfoliativo *adj.* exfoliative
esfomeado *adj.* hungry, craving (food), ravenous, famishing, starving; ***esfomeado como um cão*** as hungry as a hunter
esfomear *v. tr.* to starve, to famish, to kill with hunger, to weaken by lack of food
esfondílio *s. m.* BOTÂNICA ⇒ **branca-ursina**
esforçadamente *adv.* forcedly; stoutly, valiantly, gallantly, stubbornly, manly
esforçado *adj.* valiant, courageous, stout, spirited, gallant, dauntless, hardy, strong, plucky, resolute
esforçador *s. m.* supporter, encourager
esforçar Ⓐ *v. tr.* to strengthen, to reinforce, to make strong; to encourage, to hearten, to cheer, to instigate, to urge on, to incite, to stimulate Ⓑ *v. refl.* to endeavour, to try hard, to make an effort, to strive, to exert, to strain, to take pains; to exert oneself, to do one's best; ***esforço-me por convencê-lo*** I strive to persuade him; ***o nadador esforça-se por alançar a praia*** the swimmer strives to reach the shore; ***ele esforça-se por aprender a lição*** he endeavours to learn his lesson
esforço *s. m.* effort, exertion, strain, endeavour; struggle, striving, attempt, trial; courage, strength; valour; [fam.] push; ***fazer todos os esforços*** to make every effort; ***não fazer o menor esforço*** not to lift a finger; ***fazer todos os esforços possíveis*** to strain every nerve; ***faça eu os esforços que fizer*** however hard I try; ***foi um esforço violento para os meus recursos*** it was a great strain on my resources; ***deves fazer um esforço para acabar (com) isso*** you must make an effort to get it done; ***multiplicaram-se esforços no sentido de assegurar o bom êxito*** no pains were spared to ensure success; ***seguir a lei do menor esforço*** to take the line of least resistance; ***os meus esforços foram coroados de êxito*** my efforts were crowned with success; ***não suportar o esforço*** not to stand the strain; NÁUTICA ***esforço transverso*** shearing stress
esforricar *v. tr.* to crumble, to crush, to grind, to crunch, to reduce to fragments
esfossador *s. m., adj.* ⇒ **fossador**
esfossar *v. tr.* ⇒ **fossar**
esfossilizar *v. tr.* to dig (to hunt) for fossils
esfouçar *v. tr.* to scythe, to cut with a scythe; to throw (to cast) out
esfragística *s. f.* sphragistics
esfraldar *v. tr.* ⇒ **desfraldar**
esfrançar *v. tr.* to prune, to prim
esfrangalhar *v. tr. e refl.* to tear to pieces, to rend, to tear up, to come to pieces
esfrega *s. f.* scrub, scrubbing, scouring, rubbing; [fig.] punishment, rebuke, censure, reprimand, chiding, beating
esfregação *s. f.* scrubbing, rubbing, scouring; friction; ⇒ **esfrega**
esfregadeira *s. f.* floor-scrubber
esfregadela *s. f.* ⇒ **esfregação**
esfregador *s. m.* scrubber, rubber; scrubbing-brush
esfregadura *s. f.* ⇒ **esfregação**
esfregalho *s. m.* mop; dish-cloth, dish-clout
esfregamento *s. m.* ⇒ **esfregação**
esfregão *s. m.* mop; dish-cloth, dish-clout
esfregar *v. tr.* to rub, to scrub, to scour; to massage, to give a massage; ***escova de esfregar*** scrubbing-brush; ***esfregar ao contrário*** to rub the wrong way; ***esfregar continuamente*** to rub away; ***esfregar as mãos de contente*** to rub one's hands with satisfaction; ***deves esfregar com mais força*** you must rub harder
esfriadoiro *s. m.* ⇒ **esfriadouro**
esfriador *adj.* cooling
esfriadouro *s. m.* cooler (vessel)
esfriamento *s. m.* cooling; chill, slight cold
esfriante *adj.* cooling, chilling, freezing
esfriar Ⓐ *v. tr.* to cool, to make cool, to chill Ⓑ *v. tr. e intr.* to freeze, to get cold, to become cool, to grow cool; [fig.] to grow indifferent (lukewarm), to lose ardour, to be less zealous; ***não deixes esfriar o jantar*** don't let the dinner get cold; ***esfriar o entusiasmo*** to cool one's transport (excitement, enthusiasm)
esfrolar *v. tr.* ⇒ **esfolar**
esfugentar *v. tr.* ⇒ **afugentar**
esfulinhar *v. tr.* to sweep away (soot and cobwebs)
esfumação *s. f.* stumping (drawing); toning down
esfumaçar *v. tr.* to fill with smoke; to shade with smoke
esfumado Ⓐ *adj.* shaded, toned down; stumped Ⓑ *s. m.* stumping (drawing)
esfumador *s. m.* PINTURA stump
esfumar *v. tr.* to stump, to tone down, to soften (with a stump)
esfumarar *v. tr.* ⇒ **esfumaçar**
esfumear *v. intr.* ⇒ **fumegar**
esfumilhar *v. tr.* ⇒ **esfuminhar**
esfuminhar *v. tr.* to soften, to tone down (with a stump)
esfuminho *s. m.* stump
esfuracar *v. tr.* to pierce, to make (to bore, to drill) holes in, to perforate
esfuziada *s. f.* discharge, volley, a round (of shots), gust (of wind); ***esfuziada de vento*** gust of wind
esfuziante *adj.* whistling, hissing; whizzing
esfuziar *v. tr.* to whistle, to hiss, to whiz
esfuzilar *v. intr.* to scintillate, to glitter; to flash; to fusillade
esgaçar *v. tr.* ⇒ **esgarçar**
esgadanhar Ⓐ *v. tr.* to scratch Ⓑ *v. refl.* ⇒ **arrepelar**
esgadelhar *v. tr.* to dishevel, to tousle, to rumple, to disorder (hair), to rumple another's (or one's own) hair
esgaiva *s. f.* digging, excavating
esgaivar *v. tr.* to excavate, to hollow, to dig
esgaivotado *adj.* resembling a gull
esgalgado *adj.* lank (as a greyhound); lean, thin, gaunt, pinched, haggard, peaked
esgalgar Ⓐ *v. tr.* to thin, to make thin Ⓑ *v. tr.* to lose flesh, to become thin
esgalha *s. f.* shoot, slip, sprig
esgalhado *adj.* lopped, pruned; antlered (stag)
esgalhar *v. tr.* to prune, to lop, to cut; to shoot (tree)
esgalheiro *adj.* antlered
esgalho *s. m.* shoot, sprig, slip; antler (of a stag); ***esgalho de uvas*** part of a bunch of grapes
esgana *s. f.* strangulation; ***tosse de esgana*** whooping-cough, chin-cough, hooping-cough
esgana-cão *s. f.* BOTÂNICA a variety of grapes
esganação *s. f.* strangulation; [fig.] greediness
esganado Ⓐ *adj.* strangled; famished, starving; grasping, greedy Ⓑ *s. m.* glutton, greedy person; miser, stingy person; ***esganado por dinheiro*** greedy for money; ***esganado de fome*** starving
esganador Ⓐ *adj.* strangling Ⓑ *s. m.* strangler
esganadura *s. f.* ⇒ **esganação**
esgana-gata *s. f.* ICTIOLOGIA stickle back
esganar Ⓐ *v. tr.* to strangle, to stifle to death Ⓑ *v. refl.* to hang oneself; [fig.] to be greedy for gain; to be green with envy; NÁUTICA to rack, to seize
esganarelo *s. m.* thin (bony, lank, lanky, spindly, skinny) person

esganiçado *adj.* piercing (voice), strident, shrill, sharp
esganiçar *v. tr. e refl.* to shriek, to scream, to screech, to utter a shrill cry, to squeal, to yelp, to sing with a strident voice
esganifrado *adj.* ⇒ **escanifrado**
esgar *s. m.* grimace, wry face
esgarabulhão *s. m.* restless person; jack-in-the-box (child)
esgarabulhar *v. intr.* to spin like a top; to be restless
esgarafunchar *v. tr.* ⇒ **escarafunchar**
esgaratujar *v. tr. e intr.* to scribble, to scrawl, to scrabble, to scratch
esgaravatador *s. m.* one who scrapes (scratches); picker, toothpick
esgaravatamento *s. m.* scraping, raking
esgaravatar *v. tr.* to scrape, to rake, to scratch, to pick (the nose, the teeth); [fig.] to inquire, to pry into, to poke one's nose into
esgaravatil *s. m.* tool (for making sockets in wood)
esgarçadura *s. f.* tear, tearing, rending, splitting
esgarçar *v. tr.* to tear, to rend, to slit, to shred, to open (cloth); to break off (branches)
esgardunhar *v. tr.* to scratch
esgargalado *adj.* low-necked, décolleté (of a dress)
esgargalar *v. tr.* to cut low (neckline of a dress); to wear low-necked dress
esgarrado *adj.* strayed, wandering, gone astray; drifting
esgarranchar *v. tr.* ⇒ **escarranchar**
esgarrão Ⓐ *s. m.* whirl Ⓑ *adj.* NÁUTICA said of a strong wind able to drift ships
esgarrar Ⓐ *v. tr.* to deviate; to lead astray, to drive out of the course, to scatter (ships) Ⓑ *v. intr.* to stray from the course, to drift
esgatanhar *v. tr.* to scratch, to claw; ⇒ **arrepelar, arranhar**
esgazeado *adj.* wide-eyed, glaring, staring
esgazear *v. tr.* to gaze at, to stare at, to glare at; to tone down (colour)
esgoelar Ⓐ *v. tr.* to strangle Ⓑ *v. refl.* to cry out, to bawl
esgotado *adj.* exhausted, tired out, finished, broken-down, done up, dog-tired; out of print (book); COMÉRCIO sold out
esgotadoiro *s. m.* ⇒ **esgotadouro**
esgotador *adj.* exhausting, tiring, boring
esgotadouro *s. m.* drain, drain pipe, drainer
esgotadura *s. f.* exhaustion, intense fatigue; loss of strength, great weariness
esgotamento *s. m.* exhaustion, intense fatigue; loss of strength, great weariness; ***esgotamento nervoso*** nervous breakdown; ***esgotamento cerebral*** brain-fag
esgotante *adj.* exhausting, tiring, fatiguing, irksome, wearisome, draining
esgotar *v. tr.* to drain, to dry, to empty, to exhaust, to draw off (water); to fatigue, to tire out, to fag, to jade, to exhaust, to weary, to wear out; ***esgotar uma pessoa*** to take a lot out of a person; ***esgotar as possibilidades*** to go to all lengths; ***esgotar um assunto*** to exhaust a subject; ***esgotar todos os meios*** to have resort to all means; ***esgotar as forças*** to exhaust one's strength; ***esgotar a paciência*** to wear out one's patience; ***esgotar a gasolina (automóvel)*** to run out of petrol (motor-car); ***esgotar uma embarcação*** to bail, to bail out (a boat)
esgotável *adj.* drainable, exhaustible
esgoto *s. m.* drain, draining, drainage, pumping; gutter, sewer; ***rede de esgoto*** sewerage system; ***cano de esgoto*** discharging pipe
esgrafiar *v. tr.* to paint in sgrafitto
esgrafitar *v. tr.* ⇒ **esgrafiar**
esgrafito *s. m.* sgrafitto
esgraminhador *s. m.* raker
esgraminhar *v. tr.* to clear of grama-grass; to rake
esgravatar *v. tr.* ⇒ **esgaravatar**
esgravelhar *v. tr.* ⇒ **esgarabulhar**
esgravelho *s. m.* restless (turbulent, prankish, impish) child, imp, little devil
esgrima *s. f.* fence, fencing (the art of swordplay); ***professor de esgrima*** fencing-master; ***escola de esgrima*** fencing-school
esgrimador *s. m.* fencer
esgrimidor Ⓐ *s. m.* ⇒ **esgrimista** Ⓑ *adj.* fencing
esgrimidura *s. f.* fencing
esgrimir Ⓐ *v. intr.* to fence; to practise the art of sword-play Ⓑ *v. tr.* to shake, to wave, to brandish; [fig.] to dispute, to argue
esgrimista *s. m. e f.* fencer; ***bom esgrimista*** master of fence, [fig.] good debater
esgrouviado *adj.* tall and thin; with dishevelled hair
esgrouviar *v. tr.* to dishevel, to tousle, to disorder (hair)
esgrouvinhado *adj.* ⇒ **esgrouviado**
esgrouvinhar *v. tr.* ⇒ **esgrouviar**
esguardar *v. tr.* to consider; to look at
esguardo *s. m.* respect, consideration, regard
esguedelhado *adj.* dishevelled, unkempt (hair)
esguedelhar *v. tr.* to dishevel, to tousle, to rumple, to ruffle, to disorder (hair)
esgueirar-se *v. refl.* to steal away, to slip away, to sneak (off, in, out, round, etc.), to go away by stealth
esgueiriço *adj.* shy, reserved, stand-offish, unsocial
esguelha *s. f.* slanting, slant, bias, obliquity; ***andar de esguelha*** to sidle; ***de esguelha*** obliquely, aslant, sidelong; ***um olhar de esguelha*** a sidelong glance; ***olhar de esguelha*** to look askance
esguelhado *adj.* oblique, slanting, sidling
esguelhão *s. m.* flank, side (of a body)
esguelhar *v. tr.* to slope, to slant, to place obliquely
esguião *s. m.* fine linen (calico)
esguiar *v. tr.* to wound a bird in the tip of its wings
esguichada *s. f.* ⇒ **esguichadela**
esguichadela *s. f.* spout, squirt, spurt, jet
esguichar *v. tr. e intr.* to spout, to squirt, to jet, to syringe, to gush, to spurt, to burst; to pour forth; to spout up
esguiche *s. m.* ⇒ **esguicho**
esguicho *s. m.* spout, jet, gush; spurt, squirt; water-spout, syringe
esguio *adj.* slim, lean, lanky, tall and slender; long and thin
esguncho *s. m.* NÁUTICA skeet
eslabão *s. m.* VETERINÁRIA spavin, ringbone
esladroamento *s. m.* cutting off (shoots); lopping
esladroar *v. tr.* to cut off (shoots), to sucker, to clip, to lop
eslagartar *v. tr.* to clear trees (of caterpillars)
eslávico *adj.* Slavic
eslavismo *s. m.* Slavism
eslavo Ⓐ *adj.* Slavonic Ⓑ *s. m.* Slav, Slavonic
eslavónico *adj.* ⇒ **eslavo**
eslazeirado *adj.* ⇒ **esfomeado**
eslinga *s. f.* NÁUTICA sling
eslingar *v. tr.* NÁUTICA to sling
eslovaco *s. m., adj.* Slovak
eslovénico *adj.* Slovene
esloveno *s. m., adj.* Slovene
esmadrigar Ⓐ *v. tr.* to separate from the flock, to scatter, to lead astray Ⓑ *v. refl.* to go astray, to stray
esmaecer *v. intr.* to lose colour, to go pale, to pale; to weaken; to faint
esmaecido *adj.* weak, faint, feeble, frail
esmaecimento *s. m.* fainting, weakness
esmagação *s. f.* ⇒ **esmagadura**
esmagachar *v. tr.* to grind, to triturate, to crush, to crunch, to grit, to grate
esmagadela *s. f.* ⇒ **esmagadura**

esmagado *adj.* crushed, pressed, smashed, squeezed; overwhelmed, overcome; overpowered, bruised; ***estava esmagado no meio da multidão*** I was squeezed to death in the middle of the crowd; [fig.] ***esmagado pela dor*** overwhelmed by grief
esmagador Ⓐ *adj.* crushing, overwhelming, overpowering Ⓑ *s. m.* crusher, bruiser
esmagadura *s. f.* ⇒ **esmagamento**
esmagamento *s. m.* crushing, smashing; squeezing, bruising
esmagar *v. tr.* to crush, to press, to squash; to compress, to squeeze; to smash; to overwhelm, to overcome, to overpower; to bruise
esmagriçado *adj.* lean, thin, lank, skinny, gaunt
esmaiar *v. intr.* ⇒ **desmaiar**
esmaleitado *adj.* having malaria
esmalmado *adj.* [cal.] indolent, negligent
esmaltado *adj.* enamelled, covered with enamel; ornate
esmaltador *s. m.* enameller
esmaltagem *s. f.* enamel, enamelling
esmaltar *v. tr.* to enamel; to coat (to cover) with enamel
esmalte *s. m.* enamel; ***louça de esmalte*** enamel ware; ***obra de esmalte*** enamel work
esmaltina *s. f.* arsenious cobalt
esmaltite *s. f.* ⇒ **esmaltina**
esmamaçada *adj.* ⇒ **esmamalhada**
esmamalhada *adj.* large bosomed, with ample breasts
esmaniar *v. intr.* to be whimiscal; to act crazily
esmar *v. tr.* to estimate; to evaluate; to guess
esmarelido *adj.* yellowish
esmarrido *adj.* dry; arid; discouraged
esmarrir *v. intr.* to shrivel, to parch, to dry up
esmear *v. tr.* to saw (to split) lengthwise
esmechada *s. f.* [pop.] blow (wound) on the head
esmechar *v. tr.* to knock on the head
esméctico *adj.* greasy
esmegma *s. m.* MEDICINA smegma
esmeradamente *adv.* perfectly, faultlessly, smartly, neatly, nicely, tidily
esmerado *adj.* perfect, faultless; neat, smart, spruce, tidy; ***serviço esmerado*** perfect service
esmeralda *s. f.* MINERALOGIA emerald
esmeraldear *v. tr.* to green, to make green
esmeraldina *s. f.* emeraldine (a kind of dark green dye)
esmeraldino *adj.* emeraldine (emerald green)
esmerar Ⓐ *v. tr.* to bring to perfection, to perfect Ⓑ *v. refl.* to take great pains, to do one's best; ***esmerar-se em vão*** to take great pains (trouble) in vain
esmeril *s. m.* emery, coarse corundum
esmerilação *s. m.* ⇒ **esmerilador**
esmeriladeira *s. f.* grinder, polisher
esmerilado *adj.* polished with emery, rubbed with emery; perfect
esmerilador *s. m.* polisher
esmerilagem *s. f.* polishing with emery
esmerilar *v. tr.* to grind, to polish (with emery); to perfect; to rummage, to get to the bottom, to search, to investigate
esmerilhação *s. f.* polishing, rubbing (with emery), search, investigation, rummage
esmerilhador *s. m.* ⇒ **esmerilador**
esmerilhão *s. m.* ZOOLOGIA merlin
esmerilhar *v. tr.* ⇒ **esmerilar**
esmero *s. m.* care, pains, attention, accuracy, niceness, refinement, neatness; thoroughness; ***arranjar-se com esmero*** to spruce
esmifrar *v. tr.* to pay reluctantly; ⇒ **esforricar**
esmigalhadura *s. f.* crumbling; crushing
esmigalhamento *s. m.* crumbling; crushing
esmigalhar *v. tr. e refl.* to crumble, to crush, to mash, to break into small pieces; to fall into small pieces
Esmiláceas *s. f. pl.* BOTÂNICA plants of the *Smilax* genus
esmilhar *v. tr.* ⇒ **esmigalhar**
esmiolado *adj.* brainless, witless; foolish, silly, daft, simple
esmiolar *v. tr.* to crumb (bread)
esmirrar-se *v. refl.* to dry up; to decay; to wilt; to stunt
esmiuçador Ⓐ *s. m.* minute inquirer; one who goes to the bottom of a question Ⓑ *adj.* hair-splitting
esmiuçar *v. tr.* to analyse; to split hairs; to scrutinize, to examine thoroughly; to grind, to pulverize, to crunch
esmiudar *v. tr.* ⇒ **esmiuçar**
esmiunçar *v. tr.* to analyse; to split hairs; to scrutinize, to examine thoroughly; to grind, to pulverize, to crunch
esmo *s. m.* rough estimate (or calculation), guess; ***a esmo*** at random, rashly; ***falar a esmo*** [coloq.] to talk through one's hat, to talk through one's neck; to speak without thinking
esmocadela *s. f.* stroke (blow) with a club; stumbling, tripping, trip
esmocar *v. tr.* [pop.] to cudgel, to beat
esmochar *v. tr.* to deprive of horns; [fig.] to disarm, to take away means of defense
esmoedor Ⓐ *adj.* munching Ⓑ *s. m.* muncher
esmoer *v. tr.* to grind, to pound, to digest; to munch, to chew the cud
esmoitar *v. tr.* ⇒ **desmoitar**
esmola *s. f.* alms, charity; donation; favour, benefit; ***viver de esmolas*** to live on charity; ***pedir esmola*** to ask for charity; ***caixa de esmolas para os pobres (na igreja)*** poor-box (in a church)
esmolador *s. m.* alms-giver
esmolante Ⓐ *adj.* begging Ⓑ *s. m. e f.* beggar, mendicant
esmolar *v. tr. e intr.* to ask (to beg) for alms; to give alms; to live by begging
esmolaria *s. f.* almonry
esmoleira *s. f.* a beggar's purse
esmoleiro *s. m.* mendicant friar
esmolento *adj.* charitable, alms-giving
esmoler Ⓐ *adj.* charitable, alms-giving, liberal (to the poor) Ⓑ *s. m. e f.* alms-giver, almoner
esmondar *v. tr.* ⇒ **mondar**
esmordaçar *v. tr.* to bite away, to snap, to snatch with the teeth
esmordicar *v. tr.* to bite away slightly, to snap, to snatch with the teeth
esmorecer Ⓐ *v. tr.* to discourage, to dishearten Ⓑ *v. intr.* to despond, to grow slack, to lose courage, to lose heart
esmorecidamente *adv.* despondently, discouragingly
esmorecido *adj.* despondent, disheartened, discouraged, dejected
esmorecimento *s. m.* discouragement, despondency, dejection, disheartening, depression, gloom, blues
esmoronar *v. tr.* ⇒ **desmoronar**
esmorraçar *v. tr.* to snuff (the candle)
esmossadela *s. f.* crushing, crush; notch; mark
esmossar *v. tr.* to crush; to notch
esmoucadela *s. f.* chipping, chip; trip, stumble, false step
esmoucar *v. tr.* to chip, to knock chips out of; to spoil, to ruin, to damage; to bruise, to hurt
esmurraçador *s. m.* puncher, he who punches
esmurraçar *v. tr.* to box, to cuff, to strike, to punch
esmurrar *v. tr.* ⇒ **esmurraçar**
és-não-és *s. m.* jot, speck; ***escapar por um és-não-és*** to have a narrow escape, to escape by the skin of one's teeth, to have a close (or narrow) shave, to be within an ace of
esnobar Ⓐ *v. tr.* [Bras.] to give (somebody) the cold shoulder Ⓑ *v. intr.* to be snobbish
esnocar *v. tr.* to prune, to lop, to shoot (trees)
esnoga *s. f.* ⇒ **sinagoga**

és-nordeste *s. m.* east-northeast
Esócidas *s. m. pl.* ICTIOLOGIA ⇒ **Esocídeos**
Esocídeos *s. m. pl.* ICTIOLOGIA *Esocidae*
esoderma *s. m.* BIOLOGIA exoderm; BOTÂNICA exodermis
esoderme *s. f.* ⇒ **esoderma**
esofágico *adj.* oesophageal
esofagismo *s. m.* MEDICINA oesophagismus, achalasia of the cardia
esofagite *s. f.* MEDICINA oesophagitis
esófago *s. m.* ANATOMIA oesophagus, gullet
esofagoscopia *s. f.* MEDICINA oesophagoscopy
esofagostomia *s. f.* CIRURGIA oesophagostome
esofagotomia *s. f.* CIRURGIA oesophagotomy
esópico *adj.* Aesopian
esotérico *adj.* esoteric
esoterismo *s. m.* esoterism, esotericism
espaçadamente *adv.* from time to time; now and then; at intervals; slowly, steadily
espaçado *adj.* spaced, spaced off (out); put off, delayed, deferred, postponed
espaçador *s. m.* spacer; separator
espaçamento *s. m.* spacing, prorogation, adjournment, postponement, putting off
espaçar *v. tr.* to space, to put spaces between, to space out, to set (at intervals); to put off, to postpone, to delay, to defer, to adjourn, to extend, to enlarge
espacear *v. tr.* to space, to put spaces between, to space out, to set (at intervals); to put off, to postpone, to delay, to defer, to adjourn, to extend, to enlarge
espacejamento *s. m.* spacing (between lines)
espacejar *v. tr.* TIPOGRAFIA to space, to arrange (with large spaces between); ***espacejar palavras*** to space out words
espacial *adj.* spatial; ASTRONOMIA ***foguetão espacial*** space-rocket; ASTRONOMIA ***estação espacial*** space station
espaço *s. m.* space, room; interval, period; capacity, extent; delay, adjournment; TIPOGRAFIA space, blank between words; elbow-room; ***ocupar muito espaço*** to take up too much room; ***ter bastante espaço*** to have enough elbow-room; ***não há espaço neste quarto*** there is no room in this room; ***há muito espaço*** there is plenty of room; ***espaço acanhado*** narrow space; NÁUTICA ***espaço livre para manobrar*** sea-room; ***espaço livre*** open space; ***espaço de ar*** air-space; ***no espaço de uma hora*** in the space of an hour, within an hour; ***espaço percorrido*** distance covered; ***a espaços*** from time to time, now and then; ***de espaço*** leisurely, slowly, steadily
espaçosamento *adv.* spaciously, widely; slowly
espaçoso *adj.* spacious, ample, wide, roomy, large, vast; slow, unhurried, steady; ***uma sala espaçosa*** a spacious hall
espada Ⓐ *s. f.* sword; *pl.* spades (playing cards) Ⓑ *s. m.* matador (in bullfights); ***embainhar a espada*** to sheathe the sword; ***desembainhar a espada*** to draw the sword; ***de espada em punho*** sword in hand; ***passar a fio de espada*** to put to the sword; ***à ponta de espada*** at the point of the sword; ***à prova de espada*** sword proof; ***punho de espada*** sword hilt; ***maçã do punho da espada*** pommel of a sword; ***lâmina de espada*** sword-blade; ***bainha de espada*** sword-sheath; ***rei de espadas*** king of spades; ***estar entre a espada e a parede*** to be between the devil and the deep blue sea; ***fiador de espada*** sword-knot
espadachim *s. m.* swordsman, duelist; bully, browbeater, swaggerer
espadada *s. f.* ⇒ **espadeirada**
espadagada *s. f.* ⇒ **espadeirada**
espadagão *s. m.* large sword
espadagar *v. tr.* ⇒ **espadeirar**
espadana *s. f.* BOTÂNICA flag, sword-grass; tail (of a comet); shoot, spout, jet, gush (of water)
espadanada *s. f.* strewing; gushing
espadanal *s. m.* place where flags grow
espadanar Ⓐ *v. tr.* to strew with flags Ⓑ *v. intr.* to spout out, to gush; to bubble, to pour forth; [reg.] to beat flax or hemp with a wooden instrument; to scutch
espadâneo *adj.* BOTÂNICA ensiform (leaves)
espadão *s. m.* large sword
espadar *v. tr.* ⇒ **espadelar**
espadarrão *s. m.* ⇒ **espadão**
espadarte *s. m.* sword-fish, sawfish
espadaúdo *adj.* broad-shouldered
espadeira *s. f.* variety of grapes also known as *espadeiro*
espadeirada *s. f.* sword-stroke, slash
espadeirão *s. m.* a long and narrow sword
espadeirar *v. tr.* to strike (with a sword); to wound (to slash) with a sword
espadeiro *s. m.* sword-cutler, sword-maker; swordsman, fencer; variety of grapes
espadela *s. f.* brake, scutcher, swingle; oar
espadelada *s. f.* swingling, scutching
espadeladeira *s. f.* woman-swingler
espadeladoiro *s. m.* ⇒ **espadeladouro**
espadelador *s. m.* swingler; ⇒ **espadeladouro**
espadeladouro *s. m.* place where swingling is made; a piece of wood where the flax is placed at the swingling
espadelagem *s. f.* scutching, swingling
espadelar *v. tr.* to swingle, to break (to kemp), to clean (to flax) with a swingle, to scutch
espadeleiro *s. m.* steersman
espadice *s. f.* BOTÂNICA, ZOOLOGIA spadix
espadíceo *adj.* spadiceous
espadilha *s. f.* the ace of spades (cards); sprat (fish)
espadilheiro *s. m.* ⇒ **espadeleiro**
espadim *s. m.* dress-sword; old Portuguese coin
espádua *s. f.* ANATOMIA shoulder-blade, scapula
espaduar *v. tr.* to dislocate, to disjoint, to luxate (a shoulder)
espagíria *s. f.* ancient name for chemistry
espagírico *adj.* spagyric
espairecer Ⓐ *v. tr.* to divert, to amuse Ⓑ *v. intr.* to amuse (to divert) oneself; to ramble, to stroll
espairecimento *s. m.* recreation, entertainment, amusement; rambling, stroll
espalda *s. f.* shoulder, shoulder blade; back of a chair
espaldão *s. m.* epaulement
espaldar *s. m.* back of a chair; ⇒ **espaldeira**
espaldear Ⓐ *v. tr.* NÁUTICA to drive back (a ship) Ⓑ *v. intr.* to dash against (the poop)
espaldeira *s. f.* antimacassar, tidy; espalier
espaldeta *s. f.* twist (jerk) of the shoulders
espalha *s. m.* [fam.] jovial fellow; great talker, chatter-box
espalha-brasas *s. m.* a hothead; rowdy person
espalhada *s. f.* spreading, dispersing; noise, confusion
espalhadamente *adv.* dispersedly, scatteredly, scatteringly
espalhadeira *s. f.* pitchfork, hayfork
espalhado Ⓐ *adj.* scattered, spread, strewn; diffused Ⓑ *s. m.* ⇒ **espalhada**
espalhadoira *s. f.* ⇒ **espalhadeira**
espalhador *s. m.* scatterer, spreader, divulger, disperser, dispeller
espalhadoura *s. f.* ⇒ **espalhadeira**
espalhafatão *adj.* fussy, noisy, boisterous, blatant, loud
espalhafatar *v. intr.* to make a fuss, to bustle, to make much ado about trifles
espalhafato *s. m.* fuss, bustle, disturbance, to-do, disorder, commotion, confusion; ***fazer espalhafato*** to make a fuss; ***fazer espalhafato por uma coisa de nada*** to make a song about nothing; ***tanto espalhafato para nada*** such a great fuss about nothing; much ado about nothing
espalhafatosamente *adv.* fussily, noisily
espalhafatoso *adj.* fussy, noisy, bustling; ostentatious, flaunting, garish; ***ornamentação espalhafatosa*** fussy ornamentation

espalhagar *v. tr.* to winnow, to separate grain from chaff
espalhamento *s. m.* scattering, strewing, dispersing, spreading, diffusion, divulgation
espalhanço *s. m.* ⇒ **estenderete**
espalhar *v. tr.* to spread, to scatter, to disperse, to dispel; to divulge, to diffuse, to publish; to recreate, to distract; to scatter about, to spread over; to strew; ***espalhar flores*** to strew flowers; ***espalhar notícias*** to spread news; ***o boato espalhou-se rapidamente*** the rumour spread like wildfire; ***espalhar um boato*** to spread a report; ***ele espalhou os lápis pelo chão*** he scattered the pencils on the floor
espalmado *adj.* flat, plane
espalmador Ⓐ *adj.* flattening Ⓑ *s. m.* flattener
espalmar *v. tr.* to flatten, to make flat, to spread, to distend, to stretch out, to pare a horse's hoof
espampanante *adj.* ⇒ **espalhafatoso**
espanação *s. f.* dusting
espanadela *s. f.* dusting
espanado *adj.* dusted; ***andar de mãos espanadas*** to do no work, to be idle
espanador *s. m.* duster, dusting-brush, feather-duster
espanar *v. tr.* to dust, to remove dust from
espanascar *v. tr.* to weed
espancador *s. m.* flogger, drubber
espancamento *s. m.* spanking, beating, flogging, caning, thrashing, drubbing, cudgelling
espancar *v. tr.* to beat, to cudgel, to belabour, to cane, to thrash, to drub; ***espancar barbaramente*** to thrash cruelly
espandongar *v. tr.* to disarrange; to injure; to damage; to shatter
espanéfico *adj.* conceited; priggish; dandyish
espanejador *s. m.* one who dusts; duster; dusting-brush
espanejar Ⓐ *v. tr.* to dust, to remove dust from Ⓑ *v. refl.* to flap (wings), to shake off the dust; to shake one's legs
espanhol Ⓐ *adj.* Spanish Ⓑ *s. m.* Spaniard; Spanish (language)
espanholada *s. f.* swaggering, bragging, vaunt, gasconade, boastful talk, blustering, fanfaronade, flourish of trumpets
espanholado *adj.* Spanish-like
espanholar *v. tr.* to make (to talk) like a Spaniard
espanholismo *s. m.* Spanish idiom (phrase); devotion to Spain; Spanish tendencies
espanholizar *v. tr.* to make look (sound) Spanish; ⇒ **espanholar**
espanquear *v. tr.* ⇒ **espancar**
espantadiço *adj.* timid, shy, timorous, skittish, coy, shrinking, easily frightened; ***cavalo espantadiço*** highly-strung horse, nervous horse
espantado *adj.* astonished, amazed, startled, astounded, dazed, staggered, dumfounded, flabbergasted; afraid; frightened
espantador *s. m.* one who frightens, scaremonger
espantalho *s. m.* scarecrow; a figure of fun; guy
espanta-lobos *s. m.* BOTÂNICA bladder-senna; [pop.] chatterbox, talkative person
espantar Ⓐ *v. tr.* to frighten, to scare; to amaze, to astonish, to surprise, to startle, to astound, to daze, to stagger, to dumfound, to flabbergast Ⓑ *v. refl.* to be frightened; to be astonished, to be surprised, to be amazed; ***estou espantado com o que me contas*** I am amazed at what you tell me
espanta-ratos *s. m. e f.* bravado, blusterer, braggart, noisy-fellow
espantável *adj.* ⇒ **espantoso**
espanto *s. m.* fright, fear, terror; astonishment, amazement, surprise, marvel, wonder; ***foi com espanto que li a notícia*** I read the news with amazement
espantosamente *adv.* frightfully; amazingly, amazedly
espantoso *adj.* frightful, fearful, dreadful; amazing, astonishing, wonderful, marvellous
espapaçado *adj.* soft; slack; indolent; pasty
espapaçar Ⓐ *v. tr.* to make pasty; to make soft; to render insipid; to spread Ⓑ *v. refl.* to become soft (insipid)
espaparrado *adj.* ⇒ **espapaçado**
esparadrapo *s. m.* adhesive tape
esparavão *s. m.* VETERINÁRIA spavin
esparavel *s. m.* casting-net; fringe (of curtains); canopy; panel trowel
esparavela *s. f.* [reg.] ***à esparavela*** naked, in the nude
esparavonado *adj.* spavined
esparçal *s. m.* shallow place; shoal
esparcelado *adj.* ⇒ **aparcelado**
esparceta *s. f.* ⇒ **sanfeno (plant)**
esparceto *s. m.* ⇒ **sanfeno (plant)**
espardeque *s. m.* spar-deck
esparela *s. f.* ⇒ **pernilongo**
espargal *s. m.* asparagus plot (field)
espargânio *s. m.* BOTÂNICA bur reed
espargimento *s. m.* sprinkling; scattering, shedding
espargir *v. tr.* to sprinkle; to scatter, to shed, to pour out; to spread; ***espargir raios*** to dart rays
espargo *s. m.* BOTÂNICA asparagus
espargueira *s. f.* ⇒ **espargal**
esparguete *s. m.* CULINÁRIA spaghetti
esparguta *s. f.* BOTÂNICA spurry, spurrey
esparra *s. f.* lopping (off the leafy branches of a vine)
esparralhar *v. tr.* to spread about
esparramar Ⓐ *v. tr.* to scatter, to strew Ⓑ *v. refl.* to spread, to sprawl
esparrar Ⓐ *v. tr.* ⇒ **desparrar** Ⓑ *v. refl.* to fall flat
esparregado *s. m.* stew of green vegetables cut in little pieces
esparregar *v. tr.* to prepare a vegetarian dish *(esparregado)*
esparregueira *s. f.* ⇒ **espargal**
esparrela *s. f.* snare, noose, trap, deception; ***cair na esparrela*** to be entrapped, to fall into the trap, to fall into the snare
esparrinhar Ⓐ *v. tr.* ⇒ **espargir** Ⓑ *v. intr.* to spout out, to spurt, to rush forth
esparsa *s. f.* a poem having verses of six syllables
esparso *adj.* scattered, spread, diffused; separate, odd, single
espartal *s. m.* esparto-field
espartano *s. m., adj.* Spartan (native of Sparta)
espartão *s. m.* esparto-canvas
espartaria *s. f.* raffia (raphia) workshop
esparteína *s. f.* QUÍMICA spartein(e)
esparteira *s. f.* ⇒ **esparto**
esparteiro *s. m.* maker (seller) of *esparto* articles
espartejar *v. tr.* to divide, to partition, to part, to separate; ⇒ **esquartejar**
espartenhas *s. f. pl.* esparto sandals
espartilhar Ⓐ *v. tr.* to put on a corset (the stays), to lace up the corset (the stays) Ⓑ *v. refl.* [fig.] to be (to become) proud; to stand straight, to strut
espartilheiro *s. m.* stays-maker, stays-seller, corset-maker
espartilho *s. m.* stays, corset
espartinhas *s. f. pl.* ⇒ **espartenhas**
espartir *v. tr.* to separate, to break off
esparto *s. m.* BOTÂNICA esparto, Spanish rush
esparvão *s. m.* ⇒ **esparavão**
esparvonado *adj.* ⇒ **esparavonado**
esparzeta *s. f.* ⇒ **sanfeno**
esparzir *v. tr.* ⇒ **espargir**
espasmar Ⓐ *v. tr.* to cause spasms (cramp) Ⓑ *v. intr.* to suffer from spasms, to be seized with a cramp
espasmo *s. m.* MEDICINA spasm, convulsion, twitch; violent muscular contraction; [fig.] ecstasy, rapture, delight
espasmodicamente *adv.* spasmodically
espasmódico *adj.* spasmodic

espasmogéneo *adj.* provoking spasms
espasmolítico *adj.* ⇒ **antiespasmódico**
espasmologia *s. f.* treatise on spasms
espástico *adj.* spastic
espata *s. f.* BOTÂNICA spathe
espatáceo *adj.* BOTÂNICA spathaceous, spathal, spathed
espatário *s. m.* gladiator, prize-fighter
espatela *s. f.* tongue depressor
espático *adj.* MINERALOGIA spathic
espatifar *v. tr.* [pop.] to smash, to shatter, to mash, to crush, to dash (to break) to pieces; to waste (one's fortune), to squander, to dissipate, to throw away
espatilhar *v. tr.* NÁUTICA to catch and fish (an anchor); ***espatilhar o ferro*** to fish the anchor, to stow the anchor
espato *s. m.* MINERALOGIA spar
espátula *s. f.* spatula; palette-knife
espatulado *adj.* BOTÂNICA spatulate
espaventado *adj.* frightened, scared, appalled, terrified; [fig.] vain, conceited, inflated; high-flown, puffed-up
espaventar Ⓐ *v. tr.* ⇒ **espantar** Ⓑ *v. refl.* to parade, to show off, to flaunt, to flutter, to make a show, to cut a dash, to display ostentatiously
espavento *s. m.* ⇒ **espanto**; ostentation, show, parade, display, pomp, flourish, dash
espaventosamente *adv.* ostentatiously, pompously, showily, gaudily
espaventoso *adj.* ostentatious, pompous, showy, gaudy, dashing; boastful, vain, flauting
espavorecer *v. tr.* ⇒ **espavorir**
espavorido *adj.* panic-struck, frightened, terrified, appalled, scared
espavorir Ⓐ *v. tr.* to frighten, to scare, to alarm, to appall, to terrify, to fill with terror, to cause great alarm to Ⓑ *v. refl.* to grow frightened
espavorizar Ⓐ *v. tr.* to frighten, to scare, to alarm, to appall, to terrify, to fill with terror, to cause great alarm to Ⓑ *v. refl.* to grow frightened
especado Ⓐ *adj.* propped, supported, stayed; firm, rigid, stiff Ⓑ *adv.* still, stock-still
especar Ⓐ *v. tr.* to prop, to support Ⓑ *v. refl. e intr.* to stop short, to halt, to stay, to stand still, to stand stock-still
espeçar *v. tr.* to make longer, to lengthen
especiação *s. f.* BOTÂNICA formation of new species
especial *adj.* especial, special, particular, peculiar, unusual; excellent, remarkable, exceptional; ***edição especial*** special edition; ***trabalho especial*** special work; ***por especial favor*** by special favour
especialidade *s. f.* speciality, particularity, peculiarity; *pl.* patent medicines; ***especialidade farmacêutica*** patent medicine; ***isso não é bem a minha especialidade*** that is not quite in my line
especialista *s. m. e f.* specialist; expert; ***especialista de doenças de coração*** heart specialist, cardiologist
especialização *s. f.* specialization
especializado *adj.* specialized
especializar Ⓐ *v. tr.* to specialize; to particularize, to differentiate, to distinguish Ⓑ *v. refl.* to become a specialist, to qualify (for); ***especializar-se numa carreira*** to go in for (to qualify for) a profession; ***especializar-se em pediatria*** to specialize in paediatrics
especialmente *adv.* specially, especially, principally, in particular, above all, mainly
especiaria *s. f.* spice
espécie *s. f.* species; sort, kind, variety; specie (money in metal); surprise, astonishment; mystery, strangeness; ***de que espécie?*** what kind?; ***causou-me espécie*** it took me aback; ***pagar em espécies*** to pay in goods; ***gente de toda a espécie*** people of every sort and kind; ***várias espécies de coisas*** several kinds of things; ***que espécie de árvore?*** what sort of tree?; ***que espécie de rapaz é esse?*** what sort of a boy is that?; ***espécie extinta*** extinct species
especieiro *s. m.* person who sells spices
especificação *s. f.* specification, designation, characterization; ***especificação das despesas*** charges note
especificadamente *adv.* specifically
especificado *adj.* specified; detailed; particularized
especificador *s. m.* specifier
especificar *v. tr.* to specify, to detail, to indicate, to particularize; to enumerate
especificativo *adj.* specifying
especificidade *s. f.* specificness
específico Ⓐ *adj.* specific, special, particular Ⓑ *s. m.* specific drug (medicine)
espécime *s. m.* ⇒ **espécime**
espécimen *s. m.* specimen, pattern, sample, example; copy; [fig.] an eccentric person; [coloq.] a character
especiosidade *s. f.* speciousness; beauty
especioso *adj.* specious, fair, beautiful, handsome, lovely
espectacular *adj.* spectacular; splendid, magnificent
espectacularidade *s. f.* spectacularity; grandeur, splendour; impressiveness
espectacularmente *adv.* ⇒ **espectaculosamente**
espectáculo *s. m.* spectacle, show; exhibition, display; performance; sight, view, scene; ***um espectáculo soberbo*** a charming spectacle; ***que lindo espectáculo (panorama)!*** what a beautiful sight!; ***há dois espectáculos por dia*** there are two performances a day; ***esta noite não há espectáculo*** no performance tonight; ***um espectáculo majestoso*** a grand sight; ***o espectáculo ainda não começou*** the show has not yet begun
espectaculosamente *adv.* spectacularly, imposingly, grandly
espectaculosidade *s. f.* spectacularity; ostentation, pomp; noisy show
espectaculoso *adj.* spectacular, imposing, striking, stately, grand
espectador *s. m.* spectator, onlooker, looker-on, beholder, observer, bystander, viewer
espectar *v. tr.* to observe, to watch, to look at; to view, to behold, to contemplate, to survey
espectável *adj.* remarkable, worthy of note, noteworthy, notable, striking
espectral *adj.* spectral, ghostly
espectro *s. m.* spectre, ghost, apparition; FÍSICA spectrum; ***espectro solar*** solar spectrum; ***espectro luminoso*** luminous spectrum; ***espectro dos raios X*** X-ray spectrum
espectrofotometria *s. f.* spectrophotometry
espectrofotómetro *s. m.* spectrophotometer
espectrografia *s. f.* spectrography; photograph of a spectrum
espectrógrafo *s. m.* spectrograph
espectrograma *s. m.* spectrogram
espectrologia *s. f.* FÍSICA spectrology
espectrológico *adj.* spectrologic
espectrometria *s. f.* FÍSICA spectrometry
espectrómetro *s. m.* spectrometer
espectroscopia *s. f.* FÍSICA spectroscopy
espectroscópico *adj.* FÍSICA spectroscopic(al)
espectroscópio *s. m.* FÍSICA spectroscope
espectroscopista *s. m. e f.* spectroscopist
especulação *s. f.* speculation, speculating, observation, contemplation; ***especulação feliz*** a lucky venture; ***especulação mal sucedida*** unsuccessful speculation; ***especulação da bolsa*** stock-jobbing
especulador *s. m.* speculator, observer; ***especulador de terras*** property dealer
especular Ⓐ *adj.* specular Ⓑ *v. tr.* to speculate, to observe, to consider; to ponder Ⓒ *v. intr.* COMÉRCIO to engage in commercial operations; to invest money, to sell, to buy; ***especular na alta*** to make a bull speculation

especulativa *s. f.* faculty for speculating, theory
especulativo *adj.* speculative
espéculo *s. m.* CIRURGIA speculum (*plural* specula)
espedaçar *v. tr.* to tear, to cut to pieces; to shatter, to smash
espedida *s. f.* ⇒ **despedida**
espedir *v. tr.* ⇒ **despedir**
espedregar *v. tr.* to clear (to take) away stones
espeleologia *s. f.* speleology
espeleólogo *s. m.* speleologist or spelaelogista
espelhação *s. f.* act of polishing; shining; reflection, the act of making a mirror
espelhagem *s. f.* act of polishing; shining; reflection, the act of making a mirror
espelhamento *s. m.* act of polishing; shining; reflection, the act of making a mirror
espelhante *adj.* ⇒ **espelhento**
espelhar Ⓐ *v. tr.* to polish, to bright Ⓑ *v. intr.* to mirror, to reflect (as a mirror) Ⓒ *v. refl.* to look in the glass, to be mirrored
espelharia *s. f.* mirror-factory
espelheiro *s. m.* mirror-maker; mirror-seller
espelhento *adj.* polished, crystalline, mirrorlike
espelhim *s. m.* gyps, gypsum
espelho *s. m.* looking-glass, mirror; pattern, model, riser (of a step); [técn.] face; ELECTRICIDADE switch plate; ***espelho de mão*** hand-mirror; ***espelho multiplicador*** multiplying-glass; ***espelho côncavo*** concave mirror; ***espelho convexo*** convex mirror; ***espelho plano*** plane mirror; ***espelho de sextante*** sextant mirror; ***espelho da fechadura*** escutcheon of a lock; ***espelho de toucador*** dressing glass; ***espelho retrovisor*** rear-vision mirror, driving mirror; ***espelho colocado no pano da parede entre duas janelas*** pier glass
espelina *s. f.* BOTÂNICA tropical cucurbitaceous plant
espelta *s. f.* spelt
espelunca *s. f.* cavern, den, cave; filthy hovel; miserable room (house)
espenda *s. f.* skirt of a saddle
espenejar *v. tr.* ⇒ **espanejar**
espenicar Ⓐ *v. tr.* to pluck (to pick) feathers Ⓑ *v. refl.* to preen, to trim feathers with the beak (birds)
espenifrar *v. intr.* to win at an ancient card game *(espenifre)*
espenifre *s. m.* ancient card game where the two of clubs was the highest card
espenujar Ⓐ *v. tr.* to dust Ⓑ *v. refl.* to flap the wings and shave off the dust (birds)
espeque *s. m.* prop, handspike, heaver; ***espeque de andaime*** scaffolding-pole
espera *s. f.* expectation; waiting; pause; delay; DIREITO respite, postponement; ambush; MÚSICA stop, interval; CARPINTARIA notch; MECÂNICA catch, guard, stop, stop cleat; ***espera de torno*** slide rest; ***espera do leme*** rudder stop; ***fazer uma espera a alguém*** to lay in wait for someone; ***estar à espera*** to wait for, to expect, to await; ***sala de espera*** waiting-room; ***ela está à espera de bebé*** she is expecting a baby
esperado *adj.* expected, hoped for, wished; due (ship); ***de há muito esperado*** long expected
esperadoiro *s. m.* ⇒ **esperadouro**
esperadouro *s. m.* waiting-place
esperança *s. f.* hope; expectation; ***esperança de vida*** life expectancy; ***acalentado pela esperança*** rocked in hopes; ***ter esperança em*** to hope for; ***uma leve esperança*** a faint hope; ***um raio de esperança*** a ray of hope; ***esperança enganadora*** a delusive hope; ***ter poucas ou nenhumas esperanças*** to hope against hope; ***nem um raio de esperança*** not a gleam of hope; ***deixar-se embalar com esperanças*** to buoy up with hopes; ***agora tenho muitas esperanças que ele se restabeleça*** I have good hopes now that he will recover; ***enquanto há vida, há esperança*** while there is life, there is hope; ***esperanças infundadas*** unfounded hopes; ***pôr as suas esperanças em*** to lay one's hopes on; ***perderam as esperanças de o salvar*** his life is despaired of; ***dar esperanças*** to shape well; ***fracas esperanças*** slender hopes; ***na esperança de que*** in hope that; ***sem esperança*** past hope, hopeless; ***não há esperanças*** there is no room for hope; ***alimentar esperanças*** to cherish hopes; ***as nossas esperanças desvaneceram-se*** our hopes were reduced to zero
esperançado *adj.* hopeful
esperançar Ⓐ *v. tr.* to give hope Ⓑ *v. refl.* to put one's hope (to trust) in
esperançoso *adj.* hopeful, promising, encouraging
esperantista *s. m. e f.* Esperantist
esperanto *s. m.* Esperanto
esperar Ⓐ *v. tr.* to hope, to expect; to trust; to suppose, to presume; to conjecture; to ambush Ⓑ *v. intr.* to wait for, to await; ***esperar por sapatos de defuntos*** to wait for dead men's shoes; ***esperar uma ocasião favorável*** to wait till the clouds roll by, to wait for a favourable occasion, to wait for a good opportunity, to bide one's time; ***esperar um aviso de recepção*** to await someone's acknowledg(e)ment of receipt; ***esperar que as coisas se aclarem*** to wait till matters have cleared up; ***espere um pouco!*** one moment!, half a moment!; ***espere meio minuto*** wait half a minute, half a "mo"!, wait a little time; ***tenho de esperar muito?*** shall I have to wait long?; ***esperar muito tempo*** to cool one's heels; ***não posso esperar mais*** I can wait no longer; ***quem espera desespera*** a watched pot never boils; ***esperar uma resposta*** to wait for a person's reply; ***esperámos imenso tempo pelo comboio*** we had a long wait for the train; ***espero que sim*** I hope so; ***quem espera sempre alcança*** everything comes to him who waits; ***espero que sejas pontual*** I expect you to be punctual; ***é melhor do que eu esperava*** it's better than I (had) hoped, it's not as bad as I expected; ***fazer esperar alguém*** to keep someone waiting; ***não esperes por mim para jantar*** don't wait dinner for me; ***esperar por*** to wait for; ***ainda tenho de esperar um mês*** I have a month to wait yet; ***apanhei-o sem ele esperar*** I caught him unawares; ***era de esperar*** it was to be expected; ***quando a gente menos espera é que acontece*** the unexpected always happens; ***o tempo e a maré não esperam por ninguém*** time and tide wait for no man; ***esperar pela pancada*** [fig.] to wait for the blow to fall
esperável *adj.* probable, that may be expected
esperdiçado *adj.* prodigal, wasteful, extravagant
esperdiçador Ⓐ *adj.* lavishing, prodigal Ⓑ *s. m.* lavisher; dissipator, squanderer
esperdiçar *v. tr.* to waste, to squander, to spend, to dissipate; ***esperdiçar o tempo*** to squander away one's time
esperdício *s. m.* waste, loss, squandering
esperiega *s. f.* apple variety highly appreciated and cultivated in Portugal
esperma *s. m.* BIOLOGIA sperm, semen
espermacete *s. m.* spermaceti
espermácio *s. m.* spermatium
Espermáfitas *s. m. pl.* ⇒ **Espermatófitas**
espermateca *s. f.* ⇒ **espermatoteca**
espermático *adj.* spermatic
espermatídio *s. m.* spermatid
espermatizar *v. tr.* to spermatize; to fecundate
espermatoblasto *s. m.* spermatoblast
espermatocele *s. m.* MEDICINA spermatocele
espermatócito *s. m.* spermatocyte
Espermatófitas *s. m. pl.* BOTÂNICA spermatophytes
espermatóforo *s. m.* spermatophore
espermatogénese *s. f.* FISIOLOGIA spermatogenesis
espermatogónio *s. m.* spermatogonium
espermatografia *s. f.* spermatography

espermatográfico *adj.* spermatographic(al)
espermatógrafo *s. m.* spermatographist
espermatologia *s. f.* spermatology
espermatológico *adj.* spermatologic(al)
espermatorreia *s. f.* MEDICINA spermatorrhaea
espermatose *s. f.* FISIOLOGIA spermatogenesis
espermatoteca *s. f.* spermatheca
espermatozoário *s. m.* spermatozoon
espermatozóide *s. m.* BIOLOGIA spermatozoon, spermatozoid
espermicida Ⓐ *s. m.* spermicide Ⓑ *adj.* spermicidal
espernear *v. intr.* to fidget, to kick about; to get enraged
espernegar *v. tr. e refl.* to wave (to make) one's legs in the air; to fall at full length; to slip right up
espertador Ⓐ *adj.* exciting, stimulating Ⓑ *s. m.* inciter, instigator; waker, wakener
espertalhaço *s. m.* cunning fellow; slacker; ⇒ **espertalhão**
espertalhão *s. m.* cunning fellow; smart lad; ***ser um espertalhão*** to be too clever by half
espertalhona *s. f.* cunning woman
espertamento *s. m.* excitement, stimulus
espertar *v. tr. e intr.* to awake; to quicken, to stir up; to wake up, to become alive
esperteza *s. f.* cleverness, ability, shrewdness, keenness, quickness; artfulness, craft, cunning; cuteness; liveliness, vivacity; ***esperteza saloia*** low cunning
espertina *s. f.* insomnia, sleeplessness
espertinar Ⓐ *v. tr.* to cause insomnia Ⓑ *v. intr.* to keep awake
esperto *adj.* clever, able, talented, apt, gifted; sharp, ingenious, skilful, smart; dexterous; active, quick, acute, brisk; ***ele é esperto e finório*** [fam.] there are no flies on him; ***ser muito esperto*** to know what's what; ***criado expedito e esperto*** a smart waiter
espescoçar Ⓐ *v. tr.* to bare the root of a vine Ⓑ *v. refl.* to stretch one's neck
espessar Ⓐ *v. tr.* to thicken, to condense, to compact, to close Ⓑ *v. intr.* to be condensed; to be closed
espessidão *s. f.* thickness; denseness
espesso *adj.* thick, condensed, dense, close, solid; ***floresta espessa*** thick wood; ***pano espesso*** thick cloth
espessura *s. f.* thickness, density; NÁUTICA ***espessura lateral*** siding
espetada *s. f.* prick; birds, fish or other food being roasted at one time on a spit
espetadela *s. f.* prick; blow (with a spit); swindle, take-in
espetado *adj.* sticking out; erect, upright; stiff, straight
espetanço *s. m.* ⇒ **espetadela**; ***dar um espetanço*** to come a cropper, to experience failure in business
espetão *s. m.* iron prong
espetar Ⓐ *v. tr.* to spit, to penetrate (with a spit) to torture; to damage; to implicate Ⓑ *v. refl.* to stick into; to run risks; to expose oneself to doubt (suspicion)
espetarrado *adj.* very attentive; fixed sight
espeteira *s. f.* hook (in cupboards)
espeto *s. m.* spit; [fig.] tall and thin person; ***ser magro como um espeto*** to be as thin as a lath (rake)
espevitadamente *adv.* insolently; pretentiously, affectedly
espevitadeira *s. f.* snuffer
espevitado *adj.* snuffed (wick as of a candle); brisk, lively; insolent, petulant; pretentious, affected
espevitador *s. m.* ⇒ **espevitadeira**
espevitar Ⓐ *v. tr.* to snuff; to stimulate, to spur, to incite Ⓑ *v. refl.* to become affected in one's manners
espezinhar *v. tr.* to tread on, to trample down (on); to despise, to humiliate, to crush under the feet, to mortify
espia *s. f.* spy, secret agent, watcher, informer; sentinel; sentry; hawser, line-rope, tow, warp; brace, tie; NÁUTICA cable; ***espia de ancorote*** stream cable; ***espia da proa*** bow-rope, head-rope; ***espia da popa*** check-rope; ***folgar as espias*** to sheer off
espiado *adj.* held by a tow-rope (brace); spied, watched
espiador *s. m.* spy
espiagem *s. f.* ⇒ **espionagem**
espião *s. m.* spy, secret agent, watcher, informer
espiar *v. tr.* to spy, to detect, to watch; to observe, to dog; to finish spinning the flax on the distaff; to brace or to stay (sides or ends); NÁUTICA to warp; ***espiar um ferro*** to bring out (to lay out, to carry on) an anchor; ***espiar um ancorote*** to haul along (to run out) a kedge; ***espiar alguém*** to spy upon someone
espicaçadela *s. f.* act of pecking (as a bird); stimulus, incitement
espicaçado *adj.* pecked (birds); struck; hurt; incited
espicaçar *v. tr.* to peck, to peck out; to prick; to incite, to urge, to instigate; to goad, to spur on, to torture, to torment; ***espicaçar a consciência*** to prick one's conscience
espicha *s. f.* string of small fishes; sharp-pointed weapon; NÁUTICA sprit; splicing-fid; ***vela de espicha*** sprit-sail
espichadeira *s. f.* woman whose work in a tanning factory consists of stretching hides to dry
espichadela *s. f.* pricking, tapping; broaching, boring
espichar Ⓐ *v. tr.* to string fish; to pierce, to tap, to broach (a barrel); to extend, to stretch Ⓑ *v. intr.* [fam.] to die; [cal.] to kick the bucket Ⓒ *v. refl.* to stretch oneself out
espiche *s. m.* plug, peg; spigot; vent-peg; speech, praise
espichel *s. m.* fishing apparatus with many hooks
espicho *s. m.* ⇒ **espiche**
espicifloro *adj.* spiciflorous
espiciforme *adj.* spiciform
espícula *s. f.* earlet, spikelet, spicule; small ear (of corn)
espicular *v. tr.* to spiculate, to point
espículo *s. m.* spicule, sting, prick; point
espiga *s. f.* ear of corn; spike, pivot; [pop.] bore, bother, annoyance, nuisance; drawback; cheat; ***com as espigas bem criadas*** full-eared; ***que grande espiga!*** what a bore! what a nuisance!; CARPINTARIA ***espiga de encaixe*** mortise tenon; BOTÂNICA ***espiga céltica*** Celtic nard; ASTRONOMIA ***espiga da Virgem*** the star Spica in Virgo; ***espiga de água*** floating pondweed; ***espiga de ferrugem*** pinefern; ***espiga de ferramenta*** tang; BOTÂNICA ***espiga de leite*** Star-of-Bethlehem ***espiga de milho*** corn-cob; ***junta de espiga e encaixe*** tenor joint
espigado *adj.* eared; [fig.] grown-up, tall, slender
espigadote *adj.* somewhat grown-up
espigame *s. m.* gleaning
espigamento *s. m.* act of earing; growing, development
espigão *s. m.* ridge-pole (of a roof); sting (of bees); sharp point (of a hill); iron spike; agnail (on the nail)
espigar *v. tr.* to seed; to ear; [fig.] to grow up
espigo *s. m.* tops of greens, young greens, sprouts of vegetables
espigoso *adj.* eared (of corn)
espigueira *s. f.* gleaner
espigueiro *s. m.* granary
espigueta *s. f.* little ear, spicule
espiguilha *s. f.* purl
espiguilhar *v. tr.* to adorn with purl
espilrachil *s. m.* coalmouse, colemouse
espilrar *v. intr.* ⇒ **espirrar**
Espinácidas *s. m. pl.* BOTÂNICA ⇒ **Espinacídeos**
Espinacídeos *s. m. pl.* BOTÂNICA spinach family
espinafre *s. m.* BOTÂNICA spinach; [fig.] thin person
espinal *adj.* spinal, dorsal; ANATOMIA ***espinal medula*** spinal marrow
espinalgia *s. f.* rachialgia; pain in the spine
espinça *s. f.* napping (cloth)

espinçar *v. tr.* to comb, to card, to nap
espinel *s. m.* MINERALOGIA ⇒ **espinela**
espinela *s. f.* MINERALOGIA spinel ruby
espíneo *adj.* thorny, prickly, spiny
espinescente *adj.* thorny, prickly, spiny
espineta *s. f.* spinet
espingarda *s. f.* gun, rifle; ***espingarda de repetição*** magazine-rifle; ***espingarda caçadeira*** gun, fowling-piece, shotgun; ***espingarda de ar comprimido*** air gun, air rifle; ***espingarda de dois canos*** double-barreled gun; ***cão de espingarda*** cock; ***cano de espingarda*** barrel of a rifle; ***tiro de espingarda*** rifle shot; ***ao alcance da espingarda*** within rifle range (rifle shot)
espingardada *s. f.* gunshot, musket-shot
espingardão *s. m.* musketoon
espingardaria *s. f.* volley of shots; great quantity of rifles; a body of riflemen
espingardeamento *s. m.* act of shooting
espingardear *v. tr.* to shoot (with a rifle)
espingardeira *s. f.* loop-hole (in ancient fortresses); embrasure
espingardeiro *s. m.* gunsmith; [arc.] musketeer
espinha *s. f.* ANATOMIA backbone, spine; fish-bone; thorn; pimple; [fig.] trouble, obstacle, difficulty; ***estar na espinha*** to be very lean, to be nothing but skin and bone, to be very weak (or poor); ***ter uma espinha atravessada na garganta*** to have a fish-bone stuck in one's throat
espinhaço *s. m.* spine, backbone; ridge of mountains; BOTÂNICA stalk; NÁUTICA ***espinhaço de toldo*** ridge of awning
espinhal Ⓐ *adj.* spinal Ⓑ *s. m.* thornbush
espinhar Ⓐ *v. tr.* to prick, to sting; to irritate, to nettle; to offend Ⓑ *v. refl.* to flare up; to take offence
espinheira *s. f.* BOTÂNICA thorn-bush
espinheiral *s. m.* ⇒ **espinhal**
espinheiro *s. m.* BOTÂNICA thorn-bush; ***silvedos e espinheiros*** brakes and briars
espinheiro-alvar *s. m.* BOTÂNICA whitethorn, hawthorn
espinhela *s. f.* gristle (cartilage of the sternum)
espinhento *adj.* ⇒ **espinhoso**
espinho *s. m.* thorn, prickle; *pl.* [fig.] difficulties, troubles; ***não há rosa sem espinho*** no rose without thorns, no joy without annoy
espinhoso *adj.* thorny, prickly; [fig.] difficult, hard; annoying, tricky, ticklish; ***é uma tarefa espinhosa*** it is a troublesome task
espiniforme *adj.* spiniform
espinosismo *s. m.* Spinozism
espinosita Ⓐ *adj.* Spinozistic Ⓑ *s. m. e f.* Spinozist
espinotar *v. intr.* to jump, to leap, to bound, to frisk about, to gambol
espinotear *v. intr.* to jump, to leap, to bound, to frisk about, to gambol
espinoteio *s. m.* bound, leap, gambol, jump
espintariscópio *s. m.* spinthariscope
espinteroscópio *s. m.* ⇒ **espintariscópio**
espínula *s. f.* pin for priest's attire
espiolhar *v. tr.* to louse, to delouse, to clear (person, etc.) of lice; [fig.] to examine closely, to sift
espionagem *s. f.* espionage, spying, intelligence service; ***espionagem industrial*** industrial espionage
espionar *v. tr.* to spy; to keep close and secret watch; to watch; ***espionar alguém*** to spy upon a person
espipar *v. tr.* to bubble forth, to gush
espique *s. m.* BOTÂNICA stipe(s), trunk of a palm tree
espiqueado *adj.* stipitate, stalked
espira *s. f.* spire, spiral
espiração *s. f.* spiration; act of breathing, breath; courage; enthusiasm
espiráculo *s. m.* spiracle; breathing-hole, air-hole
espiral Ⓐ *adj.* spiral Ⓑ *s. f.* spiral; curve; hairspring (of a watch), spiral spring; spiral (whorled) shell; ***em espiral*** winding
espiralado *adj.* spiral, spiral-shaped
espiralar Ⓐ *v. tr.* to make spiral Ⓑ *v. refl.* to move spirally
espirante *adj.* breathing; alive, living
espirar *v. intr.* to blow, to breathe, to be alive
espirema *s. m.* BIOLOGIA spireme
espírita *s. m. e f.* medium, spirit-rapper; spiritist
espiritar *v. tr.* to bring under the control of the devil; to inspire
espiritismo *s. m.* spiritism; spiritualism; spirit-rapping
espiritista *s. m. e f.* spiritist
espiritizar *v. tr.* to stimulate, to animate; to excite
espírito *s. m.* spirit; soul, mind; mood, wit; breath; animation, life; courage, cheerfulness, liveliness; intelligence, vigour, energy; personality; tendency; ghost, phantom, spectre; spook; alcohol; alcoholic spirits; ***presença de espírito*** presence of mind; ***espírito maligno*** evil spirit; ***ter o espírito tranquilo*** to be easy in one's mind; ***espírito elevado*** lofty mind; ***ver em espírito*** to imagine, to picture; ***Espírito Santo*** the Holy Spirit; ***pobre de espírito*** slow-witted; ***fraco de espírito*** weak of mind; ***apoderar-se do espírito*** to pervade one's mind; ***aliviar o espírito*** to relieve one's mind; ***tranquilizar o espírito*** to set a person's mind at rest; ***um espírito de prodigiosa compreensão*** a mind of wonderful sweep; ***fê-lo por espírito de maldade*** he did it in a spirit of mischief; ***espírito despreocupado*** a vacant mind; ***de espírito tacanho*** narrow-minded; ***de espírito agudo*** ready-witted; ***espírito inventor*** inventive grain; ***espírito de contradição*** spirit of contradiction; ***espírito de camaradagem*** team spirit; ***espírito de vingança*** vindictive spirit; ***ausente em corpo, presente em espírito*** absent in body, present in spirit; ***cultivar o espírito*** to cultivate the mind; ***jogar com espírito desportivo*** to play fair
espiritual *adj.* spiritual, immaterial; mental, intellectual; ***vida espiritual*** spiritual life; ***director espiritual*** father-confessor
espiritualidade *s. f.* spirituality
espiritualismo *s. m.* spiritualism
espiritualista *adj., s. m. e f.* spiritualist
espiritualização *s. f.* spiritualization
espiritualizar *v. tr.* to spiritualize, to purify; to reanimate; to alcoholize (wine, etc.)
espiritualmente *adv.* spiritually
espirituosamente *adv.* spirituously; wittily
espirituosidade *s. f.* spirituosity, sense of humour
espirituoso *adj.* witty, humorous, funny; generous, alcoholic, spirituous (wine); ***cavaqueador espirituoso*** a smart talker, a witty speaker; ***bebidas espirituosas*** ardent spirits, spirituous liquors, spirits
espirogira *s. f.* BOTÂNICA a kind of seaweeds
espiróide *adj.* spiroid(al), of a spiral form
espirómetro *s. m.* spirometer
espiroquetas *s. m. pl.* Spirochaetes
espiroquetose *s. f.* spirochaetosis, relapsing fever
espirra-canivetes *s. m. e f.* spitfire; [fig.] hot-tempered person
espirradeira *s. f.* BOTÂNICA oleander
espirrador *s. m.* one who sneezes; [fig.] squabbler
espirrar Ⓐ *v. intr.* to sneeze; [fig.] to flare up, to fly into a passion Ⓑ *v. tr.* to expel, to throw out
espirro *s. m.* sneeze, sneezing
esplanada *s. f.* esplanade; street café
esplancnografia *s. f.* splanchnography
esplancnologia *s. f.* ANATOMIA splanchnology (the science or study of the viscera)
esplancnopleura *s. f.* splanchnopleure
esplancnoptose *s. f.* visceral ptosis
esplancnotomia *s. f.* ANATOMIA splanchnotomy (anatomy of the viscera)

esplenalgia *s. f.* MEDICINA splenalgia (pain in the spleen)
esplendecência *s. f.* resplendency, brilliancy
esplendecente *adj.* ⇒ **resplandecente**
esplendecer *v. intr.* to shine, to glow; to glitter; to sparkle
esplendente *adj.* resplendent, brilliant
esplender *v. intr.* ⇒ **esplendecer**
esplendidamente *adv.* splendidly, very well, excellently
esplendidez *s. f.* splendour, magnificence, brilliance, grandeur
esplendideza *s. f.* ⇒ **esplendidez**
esplêndido *adj.* splendid; gorgeous, magnificent, admirable, great; excellent; brilliant, superb; [fam.] top-hole, tip-top; ***isso é esplêndido!*** that's great!; ***o jantar estava esplêndido!*** the dinner was top-hole; ***uma ideia esplêndida*** a splendid idea
esplendor *s. m.* splendour, brilliance, radiance, brightness; magnificence, pomp, show, gorgeousness, sumptuousness, greatness; ***estar no esplendor da beleza*** to be at the peak of one's beauty
esplendorosamente *adv.* splendidly, magnificently, sumptuously
esplendoroso *adj.* splendid; gorgeous, magnificent
esplenectasia *s. f.* splenecstasy
esplenectomia *s. f.* CIRURGIA splenectomy
esplenético Ⓐ *adj.* splenetic Ⓑ *s. m.* person suffering from a splenic disorder
esplénico *adj.* ANATOMIA splenic
esplénio *s. m.* ANATOMIA splenius
esplenite *s. f.* MEDICINA splenitis
esplenocele *s. f.* MEDICINA splenocele
esplenografia *s. f.* MEDICINA splenology
esplenologia *s. f.* MEDICINA splenology
esplenomegalia *s. f.* MEDICINA splenomegaly
esplenopatia *s. f.* splenopathy
esplenopático *adj.* of (pertaining to) splenopathy
esplenotomia *s. f.* ANATOMIA splenotomy
espoador *s. m.* sieve
espoar *v. tr.* to sift again, to dust
espoduménio *s. m.* MINERALOGIA spodumene
espojadoiro *s. m.* ⇒ **espojadouro**
espojadouro *s. m.* wallow
espojadura *s. f.* act of wallowing
espojar-se *v. refl.* to wallow, to roll (in the dust or mud); to flounder; to bask
espojeiro *s. m.* ⇒ **espojadoiro**
espojinhar *v. tr.* ⇒ **espojar-se**
espojinho *s. m.* whirlwind
espojo *s. m.* act of wallowing
espoldra *s. f.* pruning (vine)
espoldrador *s. m.* pruning knife
espoldrar *v. tr.* to prune (vine)
espoleta *s. f.* quick-match, detonator (of a gun); fuse; cap (of a gun); ***espoleta de duplo efeito*** time and percussion fuse; ***espoleta de tempo*** time fuse
espoletar *v. tr.* to provide with a detonator
espoliação *s. f.* spoliation, robbery, plunder
espoliado *adj.* spoliated, plundered, robbed, despoiled
espoliador Ⓐ *s. m.* spoliator, plunderer, spoiler Ⓑ *adj.* spoliating, plundering
espoliante *adj.* spoliatory, spoliating
espoliar *v. tr.* to spoil, to pillage, to despoil, to strip, to plunder, to rob, to usurp
espoliativamente *adv.* by spoliation
espoliativo *adj.* spoliatory; MEDICINA spoliative
espolim *s. m.* small shuttle; spool
espolinhadoiro *s. m.* ⇒ **espojadoiro**
espolinhadouro *s. m.* ⇒ **espojadoiro**
espolinhar-se *v. refl.* ⇒ **espojar-se**
espólio *s. m.* DIREITO assets, estate; goods (or property) of a deceased person; booty, spoil; remains
espolpar *v. tr.* to remove the pulp from
espondaico *adj.* spondaic
espondeu *s. m.* spondee
espondílico *adj.* spondylous
espondilite *s. f.* ⇒ **espondilose**
espôndilo *s. m.* ZOOLOGIA spondyl(e); vertebra
espondilose *s. f.* spondylitis
espongiários *s. m. pl.* ZOOLOGIA *Spongiae*; *Porifera* (sponges)
espongiforme *adj.* spongiform
espongíolo *s. m.* BOTÂNICA spongiole
espongioplasma *s. m.* spongioplasm
esponja *s. f.* sponge; hanger-on, sponger, parasite; [fig.] drunkard; ***beber como uma esponja*** to drink like a fish; [fig.] ***passar uma esponja sobre*** to pass the sponge over, to forgive, to forget
esponjar *v. tr.* to sponge
esponjeira *s. f.* BOTÂNICA sponge-tree, sweet-acacia; tropical tree with round clusters of sweet-scented yellow flowers; sponge-dish, sponge-basket
esponjeira-do-japão *s. f.* Japanese kerria
esponjosidade *s. f.* sponginess, porosity
esponjoso *adj.* spongy, spongeous, porous; ***carne esponjosa*** proud flesh
esponsais *s. m. pl.* betrothal(s)
esponsal *adj.* sponsal, nuptial
esponsálias *s. f. pl.* ⇒ **esponsais**
esponsalício *adj.* sponsal, nuptial
esponsórios *s. m. pl.* ⇒ **esponsais**
espontaneamente *adv.* spontaneously, voluntarily
espontaneidade *s. f.* spontaneity, spontaneousness
espontâneo *adj.* spontaneous; voluntary, free, impulsive, willing; ***generosidade espontânea*** spontaneous generosity
espontar *v. tr.* to clip, to trim (hair); ***to prune*** to lop (trees); ***espontar o cabelo*** to trim one's hair
esponteirar *v. tr.* to roughhew stone surfaces
espora *s. f.* spur; incitement, stimulus; BOTÂNICA larkspur; ***ganhar as esporas de ouro*** to win one's spurs; ***fabricante de esporas*** spur-maker; ***meter esporas no cavalo*** to set spurs to the horse
esporacidade *s. f.* sporadicalness
esporada *s. f.* prick (with a spur); [fig.] stimulus, incitement, instigation; reprehension
esporádico *adj.* sporadic(al), isolated
esporado *adj.* spurry (having the form of a spur)
esporângio *s. m.* BOTÂNICA sporangium
esporango *s. m.* BOTÂNICA ⇒ **esporângio**
esporão *s. m.* spur (of cocks, etc.); NÁUTICA ram
esporar *v. tr.* ⇒ **esporear**
esporaúdo *adj.* BOTÂNICA spur-like (vegetable organ)
esporear *v. tr.* to spur; to stimulate, to incite, to instigate; to compel
esporeira *s. f.* BOTÂNICA larkspur
esporeiro *s. m.* spur-maker (-seller)
esporífero *adj.* ZOOLOGIA, BOTÂNICA sporiferous
esporim *s. m.* small spur without cogs
esporo *s. m.* BOTÂNICA spore (one of the germs by which flowerless plants are reproduced)
esporoar *v. tr.* NÁUTICA to ram
esporocisto *s. m.* sporocyst
esporofilo *s. m.* BOTÂNICA sporophyll
esporófita *s. f.* BOTÂNICA ⇒ **esporófito**
esporófito *s. m.* BOTÂNICA sporophyte
esporogonia *s. f.* BOTÂNICA sporogony
esporogónio *s. m.* BOTÂNICA sporogonium
esporossaco *s. m.* sporosac
esporozoários *s. m. pl.* *Sporozoa*
esporozóito *s. m.* ZOOLOGIA sporozoite

esporta *s. f.* frail, rush basket
esporte *s. m.* [Bras.] ⇒ **desporto**
esportivo *adj.* [Bras.] ⇒ **desportivo**
espórtula *s. f.* tip, gratuity, alms, fees
esportular *v. tr. e refl.* to tip; to give generously; to be open-handed
esporulação *s. f.* BOTÂNICA sporulation
espórulo *s. m.* BOTÂNICA sporule
esposa *s. f.* wife; consort, spouse
esposar *v. tr.* to espouse, to take as spouse (as husband), to wed
esposo *s. m.* husband, spouse, consort
esposório *s. m.* wedding, espousal
espostejar *v. tr.* to slice, to cut into slices; to shred; to tear apart
espraiamento *s. m.* overflowing; ebb (of the sea); spreading out; expatiation; scattering; prolixity
espraiar *v. tr., intr. e refl.* to cast ashore; to spread, to expand; to ebb, to overflow; to expatiate upon; to speak at length upon; to spread out; to scatter
espreguiçadeira *s. f.* couch, settee
espreguiçadela *s. f.* ⇒ **espreguiçamento**
espreguiçadoiro *s. m.* ⇒ **espreguiçadeira**
espreguiçadouro *s. m.* ⇒ **espreguiçadeira**
espreguiçamento *s. m.* stretching out
espreguiçar-se *v. refl.* to stretch one's arms; to stretch (oneself) and yawn (after sleep)
espreguiceiro *s. m.* ⇒ **espreguiçadeira**
espreita *s. f.* peep, furtive glance; ***estar à espreita*** to lurk, to be on the lurk, to be on the lookout, to be on (the) watch
espreitadeira Ⓐ *adj.* curious, prying Ⓑ *s. f.* a peep-hole
espreitadela *s. f.* ⇒ **espreita**
espreitador Ⓐ *adj.* peeping, spying Ⓑ *s. m.* peeper
espreita-marés *s. m.* ZOOLOGIA kingfisher
espreitança *s. f.* ⇒ **espreita**
espreitante *s. m., adj.* ⇒ **espreitador**
espreitar *v. tr.* to peep, to lurk, to spy; to observe; to take a peep at; ***espreitar pelo buraco da fechadura*** to peep through the keyhole, to spy through the keyhole; ***espreitar para dentro*** to peep in, to peep into; ***espreitar para fora*** to peep out; ***espreitar pela janela*** to peep out of the window; ***espreitam pela porta*** they are peeping in at the door
espremedela *s. f.* ⇒ **espremedura**
espremediço *adj.* that can be pressed and squeezed; squeezy
espremedor Ⓐ *adj.* pressing, squeezing Ⓑ *s. m.* presser, squeezer; masher; ***espremedor de limões*** lemon squeezer
espremedura *s. f.* squeezing; compression, pressing; oppression
espremer *v. tr.* to squeeze, to press, to compress; to crush, to jostle; to press out; ***espremer uma laranja*** to squeeze an orange; ***espremer o sumo de um limão*** to squeeze the juice out of a lemon; ***espremer uma esponja*** to squeeze a sponge
espremido *adj.* squeezed, pressed; [fig.] oppressed; strained
espremível *adj.* squeezable
espuição *s. f.* spitting
espuir *v. tr. e intr.* to spew; to spit
espulgação *s. f.* act of clearing from fleas
espulgar *v. tr.* to clear from fleas
espuma *s. f.* foam, froth; scum, spume; ***colchão de espuma*** foam mattress
espumaçar *v. intr.* ⇒ **espumejar**
espumadeira *s. f.* skimmer, skimming spoon
espuma-do-mar *s. f.* sepiolite, meerschaum
espumante *adj.* foamy, frothy; ***vinhos espumantes*** sparkling wines
espumar *v. tr. e intr.* to foam, to froth; to skim; ***espumar de raiva*** to foam at the mouth
espumarada *s. f.* a lot of foam
espumejante *adj.* foaming
espumejar *v. intr.* to foam, to froth (with anger)
espúmeo *adj.* ⇒ **espumoso, espumante**
espumífero *adj.* ⇒ **espumoso**
espumosidade *s. f.* frothiness
espumoso *adj.* frothy, foamy; ***vinhos espumosos*** sparkling wines
espúndia *s. f.* kind of leishmaniosis
espurcícia *s. f.* dirt, filth, impurity; vileness
espuriedade *s. f.* spuriousness
espúrio *adj.* spurious, illegitimate, bastard; false, counterfeit
esputação *s. f.* MEDICINA sputum, saliva; act of spitting
esputar *v. intr.* to spit, to eject saliva
esputo *s. m.* spittle, saliva, spit
esquadra *s. f.* fleet; squadron; police-station; ***esquadra nacional*** Home Fleet
esquadrado *adj.* squared
esquadrão *s. m.* squadron (cavalry)
esquadrar *v. tr.* to square; to set an army in array
esquadrejado *adj.* squared
esquadrejamento *s. m.* squaring
esquadrejar *v. tr.* to cut (to saw) square
esquadria *s. f.* square; set square; dressed stone; ***pôr em esquadria*** to square
esquadriar *v. tr.* to square
esquadrilha *s. f.* NÁUTICA flotilla; AERONÁUTICA squadron; ***comandante de esquadrilha*** wing-commander
esquadrilhado *adj.* bowed down; hipshot; hipped
esquadrilhar *v. tr.* to hit; to expel from a gang
esquadrinhador *s. m.* investigator; researcher; searcher; one who pries into
esquadrinhadura *s. f.* ⇒ **esquadrinhamento**
esquadrinhamento *s. m.* research, investigation; prying into; poking about
esquadrinhar *v. tr.* to search, to examine, to investigate, to scan, to ferret out, to poke about, to pry into
esquadro *s. m.* square, set-square; ***esquadro em T*** T square; NÁUTICA ***esquadro em quadrado ou octógono*** diamond plate; ***esquadro horizontal*** gusset, gusset plate
esquadronar *v. tr.* to form into squadrons
Esquálidas *s. m. pl.* ICTIOLOGIA ⇒ **Esqualídeos**
Esqualídeos *s. m. pl.* ICTIOLOGIA *Squalidae*
esqualidez *s. f.* squalor, filth, sordidness, squalidness; squalidity
esquálido *adj.* squalid, filthy, sordid, nasty, foul; ***viela esquálida*** squalid slum
esqualo *s. m.* dog-fish, shark
esqualor *s. m.* ⇒ **esqualidez**
esquarroso *adj.* squarrose; with rough, scale-like projections; rough to the touch
esquartejamento *s. m.* cutting up; tearing up; mangling; quartering
esquartejar *v. tr.* to quarter, to cut into quarters; to tear, to mangle; to shred; to lacerate
esquarteladura *s. f.* HERÁLDICA quartering
esquartelar *v. tr.* HERÁLDICA to quarter
esquartilhar *v. tr.* to cut (olives) before pickling
esquecediço *adj.* forgetful, unmindful
esquecedor *adj.* causing forgetfulness
esquecer *v. tr., intr. e refl.* to forget, to neglect, to overlook, not to remember; to slip one's memory; to forget oneself; [fig.] to omit, to leave out; ***esquecer desgostos*** to cast away cares; ***esqueci-me do livro em casa*** I forgot the book at home; ***esqueci isso por completo*** I had quite forgotten it; ***não se esqueça do que lhe digo*** mark my words, don't forget what I tell you; ***fazer por esquecer*** to put a thing out of one's head; ***não se esqueça de lhe dizer que volte amanhã***

don't forget to tell him to come back tomorrow; ***quem não aparece esquece*** out of sight, out of mind
esquecido Ⓐ *adj.* forgotten; forgetful; oblivious; ***esquecido há muito (tempo)*** long forgotten Ⓑ *s. m.* forgetter, woolly-headed
esquecimento *s. m.* forgetfulness, oblivion; carelessness; ***cair no esquecimento*** to sink into oblivion
esquelético *adj.* skeletal; very thin
esqueleto *s. m.* skeleton; carcass; framework (of a building); framework, ribs (of a ship); outline (of a piece of literary or scientific work); [fig.] a very thin person
esquema *s. m.* scheme, plan, outline, project; synopsis, summary; diagram
esquematicamente *adv.* schematically
esquemático *adj.* schematic
esquematismo *s. m.* schematism
esquematizar *v. tr.* to schematize
esquentação *s. f.* heating, overheating; [fig.] brawl, quarrel
esquentada *s. f.* hour of the greatest heat
esquentadiço *adj.* hot-headed
esquentado *adj.* overheated; irritated, heated, excited; hot-tempered
esquentador *s. m.* gas water-heater; geyser; radiator; anything (like a hot-water bottle) to warm up the bed
esquentamento *s. m.* ⇒ **esquentação**; gonorrhea; [cal.] clap
esquentar Ⓐ *v. tr.* to overheat; to warm Ⓑ *v. refl.* to grow hot (angry)
esquerda *s. f.* the left side; the left hand; legislative body who sits on the left hand of the speaker; ***siga pela esquerda*** keep to the left; ***voltar à esquerda*** to turn to the left; MILITAR ***esquerda volver!*** left (about) turn!
esquerdar *v. tr. e intr.* to turn to the left; [fig.] to deviate from the right (or path of duty)
esquerdear *v. tr. e intr.* ⇒ **esquerdar**
esquerdino *adj.* left-handed, left; leftist; [fig.] awkward
esquerdista *s. m. e f., adj.* left-wing; left-winger, leftist
esquerdo *adj.* left; left-handed; ***mão esquerda*** left hand; ***braço esquerdo*** left arm; ***a margem esquerda de um rio*** left bank of a river
esqui *s. m.* ski
esquiador *s. m.* skier
esquiar *v. intr.* to ski
esquiça *s. f.* faucet; tap (for drawing liquor from barrel); peg, spigot
esquiçar *v. tr.* to put a stick into a barrel tap
esquifar *v. intr.* to make coffins (or tombs)
esquife *s. m.* coffin, casket, bier; skiff (boat)
esquila *s. f.* BOTÂNICA scilla, squill; genus of liliaceous plants
esquilar *v. tr.* ⇒ **tosquiar**
esquiliano *adj.* Aeschylean
esquilo *s. m.* ZOOLOGIA squirrel
esquimó *s. m.* Eskimo
esquina *s. f.* corner; turning of the street; angle; edge; [fig.] ***quebrar as esquinas*** to loiter, to spend one's time idly, to lounge about, to wander up and down (the streets); ***virar à esquina*** to turn the corner; ***à esquina*** round the corner, at the corner
esquinado *adj.* cornered; angular, angled; [fig.] a little drunk
esquinal *adj.* referring to a corner (or an angle)
esquinante *adj.* ⇒ **esquinado**; pointed, sharp, beaked
esquinar *v. tr.* to cut obliquely; to construct (an angle)
esquinência *s. f.* MEDICINA quinsy, amygdalitis (inflammation of the tonsils; tonsilitis)
esquinote *s. m.* rough leather
esquipação *s. f.* equipment of a vessel, act of equipping a vessel
esquipado *adj.* [Bras.] equipped, rigged (ship)
esquipador Ⓐ *adj.* [Bras.] ambling Ⓑ *s. m.* ambler
esquipamento *s. m.* outfit (of a ship)
esquipão *s. m.* sting fish; ⇒ **peixe-aranha**
esquipar *v. tr.* to fit, to rig to man (a ship)
esquipático *adj.* fanciful, extravagant, fantastic, odd, queer, singular
esquírola *s. f.* splinter (of a bone)
esquirolar *v. tr.* to cut into splinters
esquiroloso *adj.* flaky, splintery
esquisitamente *adv.* singularly, strangely, peculiarly, queerly, oddly; eccentrically, freakishly
esquisitice *s. f.* [fam.] eccentricity, peculiarity, singularity, extravagance; whim; fancy; ***uma velha cheia de esquisitices*** an old woman full of oddities
esquisito *adj.* singular, strange, peculiar, quaint, odd; faddy; dainty, delicate, excellent; ***ser esquisito*** to be faddy; ***isso é muito esquisito*** that's very odd; ***hoje sinto-me um pouco esquisito*** I feel rather odd today; ***ser muito esquisito*** to be very particular; [fam.] ***homem esquisito*** a queer fellow, a rum fellow
esquisitório *adj.* rather strange; [fam.] rum
esquissar *v. tr.* ⇒ **esboçar**
esquisso *s. m.* ⇒ **esboço**
esquístico *adj.* ⇒ **xistoso**
esquisto *s. m.* ⇒ **xisto**
esquistocarpo *s. m.* ⇒ **xistocarpo**
esquistóide *adj.* ⇒ **xistóide**
esquiva *s. f.* shunning; ducking; sidestepping; denial
esquivança *s. f.* disdain, contempt; disinclination; indifference; shunning; refusal, rejection
esquivar *v. tr. e refl.* to avoid, to shun, to duck, to evade, to escape; to disdain, to despise; to slip away; ***esquivar-se do trabalho*** to duck the work
esquivez *s. f.* ⇒ **esquivança**
esquiveza *s. f.* ⇒ **esquivança**
esquivo *adj.* coy, disdainful, unsociable, intractable
esquivoso *adj.* ⇒ **esquivo**
esquixa *s. f.* [pop.] small portion, crumb, morsel
esquizocarpo *s. m.* BOTÂNICA schizocarp
esquizofasia *s. f.* schizophasia
Esquizófitas *s. f. pl.* BOTÂNICA schizophytes
esquizofrenia *s. f.* MEDICINA schizophrenia
esquizofrénico *s. m., adj.* MEDICINA schizophrenic
esquizogonia *s. f.* schizogony
esquizografia *s. f.* schizography
esquizóide *s. m., adj.* schizoid
esquizoidia *s. f.* ⇒ **esquizofrenia**
esquizomania *s. f.* schizomania
esquizomicetes *s. m. pl.* schizomycetes
esquizonte *s. m.* schizon
esquizotimia *s. f.* MEDICINA schizothymia
esquizotímico *adj.* MEDICINA schizothymic
essa[1] *s. f.* catafalque; bier
essa[2] *pron. dem.* ⇒ **esse**
esse *pron. dem.* that, that one; the former; ***essa é boa!*** that's a good one!, amazing!; ***ainda mais essa!*** that's all we need!; ***por essas e outras*** for these and other reasons; ***vamos nessa!*** let's go!
essência *s. f.* essence; nature, life, existence; substance; perfume; ***essência de junquilho*** jonquil (jonquill) perfume; ***essência de rosas*** rose perfume
essencial Ⓐ *adj.* essential, necessary, indispensable, important, vital Ⓑ *s. m.* essential, main point
essencialidade *s. f.* essentiality
essencialmente *adv.* essentially
essénios *s. m. pl.* essenes
essoutro *contr. do pron. dem.* **esse** + *pron. indef.* **outro**

és-sueste *s. m.* east-southeast
esta *pron. dem.* ⇒ **este**
estabalhoado *adj.* foolish, hare-brained
estabanado *adj.* overhasty; uneasy; crazy, careless, awkward
estabareda *s. m. e f., adj.* hot-headed, light-headed; a hot-headed person
estabelecedor Ⓐ *s. m.* founder Ⓑ *adj.* establishing
estabelecer Ⓐ *v. tr. e refl.* to establish, to set up, to found; to settle, to place; to institute, to organize Ⓑ *v. refl.* COMÉRCIO to settle in business, to begin business; to establish oneself; ***estabelecer-se por sua conta*** to set up for oneself; ***estabelecer um justo equilíbrio*** to strike a just balance; ***estabelecer relações comerciais*** to enter into business relations; ***estabelecer um princípio*** to lay down a principle
estabelecido *adj.* established, prescribed, fixed, put down, settled; ***estabelecido há muito*** old-standing; ***estabelecido em Londres*** established in London
estabelecimento *s. m.* establishment; setting up; institution; shop; business; foundation; settlement; settling; organization; ***estabelecimento de ensino*** educational establishment, school; ***estabelecimento industrial*** industrial establishment; NÁUTICA ***estabelecimento do porto*** tide hour, full and change highwater time
estabilidade *s. f.* stability, stableness, steadiness, firmness; NÁUTICA ***fraca estabilidade*** crankness
estabilização *s. f.* stabilization
estabilizador *s. m.* AERONÁUTICA stabilizer; tail-fin
estabilizar *v. tr.* to stabilize; to fix, to settle
estabulação *s. f.* stock-raising; stock-breeding; stocking
estabular Ⓐ *v. tr.* to stable, to keep in a stable (cattle) Ⓑ *adj.* of (pertaining to) a stable
estábulo *s. m.* stable; cow-shed; ox-stall; cattle-shed
estaca *s. f.* stake; peg, pile, pole; post, picket; palisade; slip (of a tree), tree-prop; ***plantar de estaca*** to plant slips; ***estaca de defesa*** fender pile; ***estaca de protecção*** protecting stake; ***fixar com estacas*** to stake in
estacada *s. f.* palisade, paling, fence-work
estacado *adj.* staked, pegged, piled; slipped (of a tree)
estacão *s. m.* large stake; rent, tear
estação *s. f.* station; stand; season (of the year), stop, stopping-place; ***estação semafórica*** signal-station; ***estação emissora*** wireless station; ***estação de radiodifusão*** broadcasting station; ***estação interurbana*** trunk exchange; ***estação central telefónica*** telephone exchange; ***estação local*** local exchange; ***estação da pesca*** fishing season; ***estação de passageiros*** passenger-station; ***estação do correio*** post-office; ***estação de caminho-de-ferro*** railway station; ***chefe de estação*** station-master; ***estação de pilotos*** pilot-office, pilot-station; ***estação de salva-vidas*** life-boat station; ***estação carvoeira*** coaling-station; ***estação balnear*** seaside resort; ***estação morta*** dull season; ***a estação de grandes divertimentos em Londres*** the London season; ***estação de veraneio*** summer season; ***estação final (de caminho-de-ferro)*** terminus; ***estação climatérica*** climatic resort; ASTRONOMIA ***estação espacial*** space station
estacar Ⓐ *v. tr.* to stake, to prop; to stake out (off); to support, to fasten with stakes; to protect, to shield Ⓑ *v. intr.* to stop short, to stay, to halt; ***estacar um navio*** to check a ship
estacaria *s. f.* pile-work; props, palisade; stockade
estacional *adj.* stational; stationary; seasonal
estacionamento *s. m.* parking (for cars); standing; loitering (of people); ***parque de estacionamento (para automóveis)*** car-park
estacionar *v. intr.* to stand, to station; to stop dead; to loiter (people); to remain stationary (at a standstill); to park (cars)
estacionário *adj.* stationary, at a standstill, immovable, still; NÁUTICA steady; ***doença estacionária*** stationary disease; ***temperatura estacionária*** stationary temperature
estacoadela *s. f.* ⇒ **estação**
estacoar *v. tr.* ⇒ **estacar**
estada *s. f.* stay, stop, sojourn
estadão *s. m.* [pop.] magnificence, pomp, show, display, ostentation
estadeação *s. f.* ostentation; showing, display; vanity, pride; magnificence, luxury
estadeador *s. m.* one who is fond of showing off
estadear *v. tr. e intr.* to display, to show off, to parade; to grow proud; to boast, to brag, to flaunt
estadeiro *s. m.* parrot cage
estadia *s. f.* stay; COMÉRCIO lay-days; ***durante a minha estadia em ...*** during my stay at...
estádia *s. f.* GEOMETRIA stadia
estádio *s. m.* stadium, athletic ground; period, epoch; phase
estadismo *s. m.* statism
estadista *s. m. e f.* statesman (woman); ***um(a) grande estadista*** a great statesman (woman)
estadística *s. f.* politics; statesmanship, the science of government (state affairs)
estadístico *adj.* concerning the science of government; political
estado *s. m.* state, condition; rank, position, case; situation; circumstances, plight, calling, profession; pomp, grandeur, majesty, magnificence; display; nation, country, commonwealth; ***homem de Estado*** statesman; ***conselho de Estado*** council of State; ***ministro de Estado*** secretary of State; ***mudar de estado*** to change one's condition, to change one's civil status; ***neste estado de coisas*** in this state of affairs; ***estado precário de saúde*** a precarious state of health; ***estado civil*** marital status; ***estado de espírito*** state of mind; ***num triste estado*** in a sad plight; ***golpe de estado*** coup d'état; ***estado de sítio*** state of siege; ***estado de guerra*** state of war; ***estado sanitário*** state of health; ***estar em estado de*** to be able to; ***tomar estado*** to marry; ***o estado de solteiro*** single state, single-blessedness; ***viver no estado celibatário*** to live a bachelor life; ***em bom estado*** in good repair, in good condition; ***em mau estado (sem conserto)*** beyond repair; ***estado deplorável*** deplorable state; ***não estou em estado de sair*** I am not fit to go out; ***pôr em estado de*** to enable to; ***estado eclesiástico*** the clergy; ***a Igreja e o Estado*** Church and State; [fam.] ***estar no estado interessante*** to be in the family way; ***em estado de funcionar*** in working order
estado-maior *s. m.* staff, general staff; ***Estado-Maior do Exército*** General Staff of the Army; ***Estado-maior da Aeronáutica*** Air-Staff
estado-membro *s. m.* member country, member state; state of the Community
estado-providência *s. m.* welfare state
estado-unidense *adj.* North American
estadual *adj.* of (pertaining to) the state
estadulho *s. m.* cart stake
estafa *s. f.* fatigue, weariness, tiredness; lassitude; toil, labour (with pain and fatigue), hard work, irksome work; ***que grande estafa ele me deu!*** what a lot of trouble he gave me!
estafadela *s. f.* fatigue, weariness, tiredness; lassitude; toil, labour (with pain and fatigue), hard work, irksome work
estafado *adj.* tired out, done up; dead beat; weary; ***estar estafado de andar*** to be walked off one's feet
estafador Ⓐ *adj.* tiring, fatiguing Ⓑ *s. m.* a bore, a wearisome person
estafamento *s. m.* ⇒ **estafa**
estafante *adj.* tiring, fatiguing; toilsome
estafar *v. tr.* to tire, to fatigue, to fag; to harass; to exhaust; to tire out, to weary; to jade; ***estafar uma pessoa*** to tire a person out; ***estafar alguém desnecessariamente*** to wear a person out needlessly; ***estafar-se a andar*** to walk oneself off one's legs; ***estar muito estafado*** to be ready to drop
estafe *s. m.* staff
estafegar *v. tr. e intr.* to choke
estafermo *s. m.* scarecrow; ninny; a good-for-nothing; a wooden movable figure of an armed man, a dummy

estafeta *s. m. e f.* courier, running messenger, estafette, express; *pl.* DESPORTO *(corrida)* relay (race), 4 by 100 metres
estafeteiro *s. m.* courier, estafette; monk in charge of the post of his community
estafilocócico *adj.* staphylococcal, staphylococcic
estafilococo *s. m.* BIOLOGIA staphylococcus
estafiloma *s. m.* PATOLOGIA staphyloma (a protusion on the anterior surface of the eyeball)
estagiar *v. intr.* to attend a normal school; to be in training (or probation); to take a training post, to do a traineeship, to work as a trainee
estagiário *s. m.* teacher-in-training, student-teacher; probationer; trainee, ⌈E.U.A.⌋ intern
estágio *s. m.* a period of training, traineeship, ⌈E.U.A.⌋ internship; training post; ***fazer um estágio*** to take a training post, to do post-graduate training; ***fazer um estágio nos hospitais*** to walk the hospitals
estagnação *s. f.* stagnation, stagnancy
estagnado *adj.* stagnant, still
estagnador *adj.* stagnant
estagnante *adj.* stagnant
estagnar *v. tr. e intr.* to stagnate; to cease to flow; to become dull; to remain stationary
estagnícola *adj.* stagnicolous (living in stagnant water)
estai *s. m.* NÁUTICA stay, stud, rope that supports the masts; ***estai de mastro*** mast stay; ***estai de elo*** bar link; ***estai de entre-mastros*** triatic stay; ***estai de sinais*** signal stay; ***estai de pica-peixe*** jibboom stay, martingale stay; ***sem estai (elo)*** studless (link); ***estai da bujarrona*** jibstay
estaiação *s. f.* a collection of stays
estala *s. f.* ⇒ **estábulo**
estalactífero *adj.* stalactitic
estalactiforme *adj.* stalactitic, stalactitical, stalactiform
estalactite *s. f.* MINERALOGIA stalactite
estalactítico *adj.* stalactitic
estalada *s. f.* crack; slap; noise; box on the ear; smack; ***dar uma estalada a*** to slap a person
estaladiço *adj.* crunchy, crisp
estalado *adj.* cracked, split; NÁUTICA shaky, sprung
estaladura *s. f.* cracking; breaking
estalageiro *s. m.* ⇒ **estalajadeiro**
estalagem *s. f.* inn, hostelry
estalagmite *s. f.* MINERALOGIA stalagmite
estalagmítico *adj.* stalagmitic
estalagmómetro *s. m.* stalagmometer, stalactometer
estalajadeira *s. f.* hostess, lady innkeeper
estalajadeiro *s. m.* host, innkeeper
estalante *adj.* cracking, crackling, popping
estalão *s. m.* standard, measuring stick, gauge
estalar *v. tr. e intr.* to crack, to break, to slip, to burst, to open; to crackle; to break out; NÁUTICA to shake, to slip, to spring; ***a Segunda Grande Guerra estalou em 3 de Setembro de 1939*** the Second World War broke out on the 3rd September, 1939; ***fazer estalar um chicote*** to crack a whip
estalaria *s. f.* series of cracks
estalecido Ⓐ *s. m.* toothache Ⓑ *adj.* ⌈Bras.⌋ asthmatic
estaleiro *s. m.* shipyard, yard, building yard, dockyard; shipbuilding yard; ***estaleiro do Estado*** naval yard; ***estaleiros navais*** naval construction works
estalejadura *s. f.* crackle, snap
estalejar *v. intr.* to crackle, to snap
estalicar *v. tr.* ⌈pop.⌋ to emaciate; to crack the fingers
estalido *s. m.* cracking, crack, smacking, snapping; ***o estalido do chicote no circo*** the crack of the whip in the circus; ***estalido do projéctil*** crack of the bullet
estalinismo *s. m.* Stalinism
estalinista *s. m. e f., adj.* Stalinist
estalo *s. m.* crack, snap, pop, burst; slap (in the face); ***dar estalos*** to crack; ***dar estalos com os dedos*** to snap one's fingers, to crack one's fingers
estambrar *v. tr.* to twist wool; to spin worsted
estambre *s. m.* fine wool, woollen yarn; fine carded-wool
estambreiro *adj.* twisted wool
estame *s. m.* BOTÂNICA stamen
estamenha *s. f.* rough serge
estamenheiro *s. m.* man who deals in rough serge
estamináceo *adj.* BOTÂNICA stamened, stamineous
estaminado *adj.* stamened
estaminal *adj.* staminal
estaminar *v. tr.* to twist wool
estaminífero *adj.* BOTÂNICA staminiferous
estaminódio *s. m.* BOTÂNICA staminodium, staminode
estaminoso *adj.* BOTÂNICA stamineous
estamínula *s. f.* rudimental stamen
estampa *s. f.* picture, image; pattern, model; print, impression, gravure; ***livro de estampas*** picture-book; ***dar à estampa*** to print, to publish
estampado Ⓐ *adj.* printed Ⓑ *s. m. pl.* printed goods
estampador *s. m.* printer, stamper
estampagem *s. f.* stamping, printing
estampar *v. tr.* to stamp, to print; to impress, to imprint, to press; ***estampar metal*** to press with a swage; ***estampar couro*** to stamp leather
estamparia *s. f.* stamping works (cloth); picture-shop, print-shop
estampatório *s. m.* detonation, blast; crack; roar, great noise
estampeiro *s. m.* print-seller, print-maker; image-maker, image-seller
estampido *s. m.* crash, crack; detonation, report of a gun; ***o estampido do aeroplano (ao despenhar-se) no solo*** the crash of the aeroplane on the ground
estampilha *s. f.* stamp; ⌈fig.⌋ slap on the face, smack; ***estampilha postal*** postage stamp; ***pôr uma estampilha numa carta*** to stick a stamp on a letter; ***estampilha fiscal*** revenue stamp
estampilhagem *s. f.* stamp; act of stamping
estampilhar *v. tr.* to stamp; ***estampilhou as cartas e deitou-as no correio*** he stamped the letters and posted them; ***estampilhar títulos*** to mark bonds with a stamp
estanato *s. m.* QUÍMICA stannate
estanca *s. f.* division in the kneading trough
estancação *s. f.* stanching, staunching, stopping
estanca-cavalos *s. f.* BOTÂNICA herbaceous plant
estancadeira *s. f.* BOTÂNICA sea-lavender
estancado *adj.* stopped (spreading or flowing blood, water); extinguished; monopolized
estancamento *s. m.* ⇒ **estancação**
estancar *v. tr., intr. e refl.* to stanch, to stop the flow (of blood); to dry, to drain; to dry up, to run dry, to exhaust; to stagnate; to put an end to; ***estancar o sangue de uma ferida*** to stop the flow of blood from a wound; ***estancar uma fuga ou um rombo*** to stop a leak; NÁUTICA ***estancar uma veia de água*** to fother (to stop) a leak in the bottom of a ship while afloat
estanca-rios *s. m.* high capacity motor pump
estanca-sangue *s. m.* haemostatic; BOTÂNICA bush used as haemostatic
estancável *adj.* that can be stanched (stopped)
estanceiro *s. m.* timber-merchant; owner of a timber yard
estância *s. f.* stay, sojourn; station; stanza; timber-yard; dwelling-place; lumber yard; ⌈poét.⌋ stanza, strophe; ***estância balnear*** seaside resort; ***estância de águas*** watering-place; ***estância de madeiras*** timber-yard
estanciar *v. intr.* to stop; to stay; to sojourn, to take up a position
estancieiro *s. m.* ⇒ **estanceiro**; ⌈Bras.⌋ cattle raiser
estâncio *adj.* stannic; made of tin
estanco *s. m.* tobacconist's shop
estandardização *s. f.* standardization

estandardizar *v. tr.* to standardize
estandarte *s. m.* banner, standard
estanhado *adj.* tinned; [fam.] ***ter cara estanhada*** to be brazen-faced
estanhador Ⓐ *adj.* tinning Ⓑ *s. m.* tinner
estanhadura *s. f.* ⇒ **estanhagem**
estanhagem *s. f.* tinning, plating, tin-plating
estanhar *v. tr.* to tin, to coat (with tin), to tin-plate
estanheira *s. f.* shelf for tin vessels (Alentejo)
estanho *s. m.* tin; ***estanho calcinado*** jeweller's putty; ***minério de estanho*** tin-ore; ***estanho em folhas*** tin-foil
estanífero *adj.* containing tin
estanina *s. f.* MINERALOGIA stannite
estanoso *adj.* stannous; tinny
estanque Ⓐ *adj.* tight, watertight, taut; stanching; draining Ⓑ *s. m.* warehouse; monopoly; tobacconist's shop; ***estanque do vapor*** steamtight
estanqueiro *s. m.* tobacconist; monopolist
estante *s. f.* bookcase, book-shelf; shelf; desk; ***estante de coro*** reading-desk; ***estante (para músicas)*** music stand
estapafúrdico *adj.* ⇒ **estapafúrdio**
estapafúrdio *adj.* extravagant, strange, odd, freakish, peculiar; eccentric; ***um vestido estapafúrdio*** an extravagant dress
estaqueação *s. f.* act of stacking; act of stretching
estaquear *v. tr.* to make firm with props, to prop up
estaquilha *s. f.* wooden piece where cork is cut
estar *v. intr.* to be; ***estar levantado (da cama)*** to be up; ***estar ao alcance de*** to lie in one's way, to fall in one's way; ***estar espalhado*** to lie about; ***estar enlevado*** to be in rapture, to go into rapture; ***estar muito em baixo (de saúde)*** to be very run down; ***estar longe (não corresponder a)*** to come short of; ***sabes onde eu estou*** you know where I am; ***estar arreliado, estar agitado*** to be in a stew; ***estar pelos cabelos, estar sobre brasas*** to be on thorns, to be on pins; ***estar a acabar*** to be almost over; ***estar abaixo do par*** to be below par; ***estar acostumado a*** to be in the habit of, to be used to; ***estar ao corrente do assunto*** to know the matter; ***estar autorizado a*** to be authorized to, to be allowed to; ***estar de licença*** to be on leave; ***estar reservado*** to be reserved, to be kept on the reserve; ***estar desacreditado*** to be in discredit; ***estar desprovido de meios*** to be without means; ***estar florescente*** to be prosperous; ***estar implicado num crime*** to be involved in a crime; ***estar sem notícias de alguém*** not to have heard from someone; ***estar em precário estado de saúde*** to be in failing health; ***estar desprevenido*** to be unprepared, to be taken unawares; ***estar de pé*** to be standing, to stand; ***estar sentado*** to sit, to be sitting; ***estar em casa*** to be in, to be at home; ***estar deitado*** to lie, to be lying down, to be in bed; ***estar de luto*** to be in mourning; ***estar doente*** to be ill, to be in bad health; ***estar bem de saúde*** to be in good health; ***estar parado*** to be at a standstill; ***estar atrapalhado (embaraçado)*** to be in a fog; ***estar à espreita*** to be on the watch, to lurk, to be on the lookout; ***estar ao sol*** to be in the sun; ***estar à janela*** to be at the window; ***estar pronto para partir*** to be ready to start; ***estar de acordo sobre um assunto*** to agree on a matter; ***estar em desacordo*** to disagree; ***estar extraviado (perdido)*** to be missing; ***estar às ordens de outro*** to dance attendance on someone, to be at someone's beck and call; ***estar de bem com alguém*** to be on good terms with someone; ***estar em seu juízo*** to be in one's right senses; ***estar em si*** to be in one's right mind; ***estar fora de si*** to be beside oneself, to be out of one's wits; ***estar com pressa*** to be in a hurry; ***estar envergonhado*** to be shy; ***estar com vergonha*** to be ashamed, to hang one's head; ***estar para (prestes a)*** to be about, to be on the point of; ***estar com sono*** to be sleepy; ***estar cheio de sono*** to be quite overcome with sleep; ***estar de guarda*** to keep watch; ***estar a dormir*** to be asleep; ***estar de sentinela*** to stand sentry; ***estar no poder*** to be in office; ***estar para chover*** to be going to rain; ***estar com o pé na cova*** to have one foot in the grave; ***estar quieto (sossegado, calado)*** to be quiet; ***estar completamente absorvido com um trabalho*** to be wrapped in some absorbing task; ***estar demorado (levar tempo a aparecer)*** to hang fire; ***estar ansioso (inquieto)*** to be on tenterhooks; ***estar como sardinha em canastra*** to be packed like sardines in a tin; ***estar com medo*** to be afraid; ***estar em perigo*** to be in danger; ***estar ao corrente*** to be aware, to be well informed; ***estar bem conceituado*** to be well connected; ***estar bem com Deus e com o Diabo*** to make the best of both worlds; ***estar em talas*** to be on the rack, to be hard up, to be in a fix; ***estar em boa situação financeira*** to be well off; ***estar retido no leito*** to be confined to one's bed; ***estar ocupado em*** to be busy with; ***estar a trabalhar*** to be at work; ***estar a fazer uma coisa*** to have a thing in hand; ***não estar precavido*** to be off one's guard; ***estar alerta*** to be on the lookout; ***estar embriagado*** to be drunk; ***estar de cama*** to be laid up; ***estar enjoado*** to be seasick (in a ship), to be airsick (in an aircraft); ***estar fora de perigo*** to be out of danger; ***estar a morrer*** to be on the point of death; ***estar farto de*** to be sick and tired of, to be fed up with; ***estar estafado*** to be done up; ***estar apaixonado por*** to be in love with; [fig.] ***estar de trovoada*** to be stormy; ***estar bom tempo*** to be a fine weather; ***estar frio*** to be cold (weather); ***estar quente*** to be hot (weather); ***estar húmido*** to be wet, to be damp; ***estar mau tempo*** to be bad weather, to be nasty weather; ***estar abafado*** to be sultry (weather); ***estar a chover*** to be raining; ***estar encharcado*** to be wet through; ***aí está!*** that's it!; ***está lá?*** are you there?; ***deixa estar! (vais ver!)*** you'll pay for it!; ***como está?*** how are you?; ***estar de posse de*** to be in possession of; ***estar desenfreado*** to run wild; ***estar doido de alegria*** to be wild with joy; ***quem me dera estar em casa!*** I wish I were at home!; NÁUTICA ***estar na posição (bóia)*** to watch (buoy); ***estar ancorado*** to lie at anchor, to ride at anchor, to lie to
estardalhaço *s. m.* noise, bustle, stir, fuss, din; roar, racket
estardalhar *v. intr.* to make noise (confusion)
estardalho *s. m.* woman gossiper; vile woman
estardiota *s. m. e f.* ⇒ **estradiota**
estarim *s. m.* lock-up; room for temporary detention of offenders, prison; dungeon
estarna *s. f.* variety of partridge with dark feet
estarola *s. m. e f.* harum-scarum, reckless person; spendthrift; hare-brained person
estarrecer Ⓐ *v. tr.* to frighten, to scare; to amaze; to appall, to dismay Ⓑ *v. intr.* to be frightened to death, to be struck with terror, to be astonished
estarrecido *adj.* frightened, scared, terrified; appalled, dismayed; astonished, amazed
estarrincar *v. intr.* to gnash one's teeth
estase *s. f.* PATOLOGIA stasis (stoppage of circulation of any of the fluids of the body)
estasiado *adj.* parched, dried up
estatal *adj.* pertaining to the state
estateladamente *adv.* on the ground; lengthwise, longitudinally
estatelado *adj.* laid flat on the ground; stretched at full length; immovable, still, motionless
estatelar Ⓐ *v. tr.* to throw down; to knock down Ⓑ *v. refl.* to fall at full length
estática *s. f.* FÍSICA statics
estatícea *s. f.* BOTÂNICA statice (genus of plants including the sea-lavender)
estaticista *s. m. e f.* statistician
estático *adj.* static(al), stationary, at rest
estatismo *s. m.* statism
estatista *s. m. e f.* ⇒ **estaticista**
estatística *s. f.* statistics; ***estatística dos nascimentos*** birth statistics; ***estatística da mortalidade*** death statistics; ***estatística da população*** vital statistics; ***estatística geral*** general statistics

E

estatisticamente *adv.* statistically
estatístico Ⓐ *adj.* statistic(al) Ⓑ *s. m.* statistician
estator *s. m.* stator
estatoscópio *s. m.* statoscope
estátua *s. f.* statue; ***como uma estátua*** stock-still
estatuado *s. m.* someone honoured by being represented in a statue
estatual *adj.* referring to a statue
estatuária *s. f.* statuary (art of making statues); sculpture
estatuário Ⓐ *s. m.* statuary, maker of statues, sculptor Ⓑ *adj.* statuary, pertaining to statues, suitable for statues
estatucional *adj.* ⇒ **estatutário**
estatueta *s. f.* statuette, small statue
estatuir *v. tr.* to establish, to enact, to order, to decree, to determine
estatura *s. f.* stature, height, size; ***de estatura mediana*** middle-sized, of medium height; ***de baixa estatura*** short-sized
estatutário *adj.* statutory
estatutivo *adj.* statutory
estatuto *s. m.* statute, decree; ***estatutos universitários*** university statutes
estau *s. m.* [arc.] inn where the retinue of the kings of Portugal took lodging when travelling
estaurólatra *s. m. e f.* worshipper of the cross
estaurolatria *s. f.* adoration of the cross
estaurolite *s. f.* MINERALOGIA staurolite
estavanado *adj.* rattle-headed, feather-headed, reckless
estável *adj.* stable, steady, firm; solid; fixed; lasting, durable; ***um governo estável*** a stable government
estazador Ⓐ *adj.* fatiguing, wearing Ⓑ *s. m.* person who overtires an animal
estazamento *s. m.* overfatiguing (of an animal)
estazar *v. tr.* to overtire (an animal)
estaziar *v. tr.* to drive one mad; to make hot-headed
este[1] *s. m.* east, east wind
este[2] *pron. dem.* this; this one; the latter
estear *v. tr.* to stay, to support; to shield
estearato *s. m.* QUÍMICA stearate
esteárico *adj.* QUÍMICA stearic
estearina *s. f.* stearin, stearine
esteatite *s. f.* MINERALOGIA steatite, soapstone
esteatoma *s. m.* PATOLOGIA steatoma, lipoma
esteatopigia *s. f.* MEDICINA steatopygia
esteganografia *s. f.* steganography (art of writing in cipher or secret characters)
esteganográfico *adj.* steganographic(al)
esteganógrafo *s. m.* steganographist
Esteganópodes *s. m. pl.* totipalmate
estegocéfalo *s. m.* PALEONTOLOGIA stegocephalus
estegossauro *s. m.* PALEONTOLOGIA stegosaur, stegosaurus
esteio *s. m.* prop, stay, support; stud, strut, tie-rod; staff; [fig.] help, protection; ***esteio de caldeira*** stay-rod (stay-bar) of boiler; ***esteio de parede*** wall stud; ***falso esteio*** broken reed; ***confiar em falso esteio*** to lean on a broken reed; ***és o esteio da minha velhice*** you are the staff (support) of my old age; ***a religião é o esteio de milhares de pessoas nas épocas de calamidade*** religion is the support of thousands in times of trouble
esteira *s. f.* mat; NÁUTICA track, ship-wake, course, direction; vestige, track; norm; ***seguir na esteira de*** to follow in the wake of, to follow in the track of; ***esteira de junco*** rush-mat; ***esteira de linha de barca*** stray-line, log line
esteirão *s. m.* large mat
esteirar *v. tr. e intr.* to mat; NÁUTICA to sail
esteiraria *s. f.* mat shop, straw mat shop; a great number of straw mats
esteireiro *s. m.* mat-maker, mat-seller
esteiro *s. m.* salt-marsh, creek; branch (of a river)
estela *s. f.* stele, monolith; pillar
estelante *adj.* starry; sparkling like a star
estelar *adj.* stellar
estelegrafia *s. f.* art of engraving inscriptions on columns
estelião *s. m.* ZOOLOGIA stellion
estelífero *adj.* stelliferous; starry
estélio *s. m.* ⇒ **estelião**
estelionatário *s. m.* DIREITO person guilty of stellionate
estelionato *s. m.* DIREITO stellionate
estema *s. m.* garland; genealogical tree; stemma, family tree, pedigree
estendal *s. m.* hanger; place for drying linen, drying ground; ***fazer estendal de*** to make a show (display) of
estendedoiro *s. m.* ⇒ **estendal**
estendedor *s. f.* one who (or that which) stretches out
estendedouro *s. m.* ⇒ **estendal**
estendedura *s. f.* extending, stretching, expanding
estende-encolhe *s. m.* [fam., coloq.] accordion or any object which folds the same way
estender *v. tr., intr. e refl.* to extend, to stretch, to expand, to lengthen, to dilate, to enlarge; to spread out; to prolong, to stretch out; to dwell upon (a subject); to fail in (an examination); [coloq.] to be floored, to fall flat; ***estende-se ao comprido*** to stretch oneself at full length; ***estender os braços*** to stretch one's arms; ***estender o limite*** to extend the limit; ***estender o campo de acção*** to extend the range of operations; ***estender a mão*** to hold out one's hand, to reach out one's hand; ***estender-se no exame*** to fail in an exam, [coloq.] to be floored in an exam, to be ploughed in an exam; ***estender-se sobre um assunto*** to dwell on a subject; ***estender o tapete*** to spread the carpet; ***estender massa folhada*** to roll out pastry; ***estender a roupa*** to hang out clothes; NÁUTICA ***estender cabo*** to uncoil rope
estenderete *s. m.* shameful failure; ***dar um estenderete*** to cut a poor (sorry) figure, to be floored
estendido *adj.* spread, stretched; extensive
estendível *adj.* extendible, extensible, extensile
estenia *s. f.* MEDICINA sthenia, strength
esténico *adj.* sthenic
estenocéfalo *adj.* stenocephalic
estenodactilografia *s. f.* shorthand type-writing
estenodactilógrafo *s. m.* shorthand typist
estenografar *v. tr.* to make shorthand notes; to take down in shorthand, to write shorthand
estenografia *s. f.* stenography, shorthand writing
estenográfico *adj.* stenographic
estenógrafo *s. m.* stenographer; shorthand writer
estenose *s. f.* MEDICINA stenosis
estenotérmico *adj.* said of the living creature that cannot endure changes in temperature
estenotermo *adj.* said of the living creature that cannot endure changes in temperature
estentor *s. m.* stentor (person with a powerful voice)
estentóreo *adj.* ⇒ **estentórico**
estentórico *adj.* stentorian
este-oeste *s. m.* east-west direction
estepe *s. f.* steppe; broad, open treeless plain
estépico *adj.* steppe-like
estequiometria *s. f.* stoichiometry
estequiométrico *adj.* stoichiometric
éster *s. m.* QUÍMICA ester
estercada *s. f.* manuring, dunging
estercador Ⓐ *s. m.* manurer, fertilizer Ⓑ *adj.* manuring, fertilizing
estercadura *s. f.* dung, dunging; manure
estercar *v. tr.* to manure, to dung; to put manure on; to fertilize
esterco *s. m.* manure, dung (used for fertilizing soil)

estercoral *adj.* stercoral, stercoraceous
estercorário Ⓐ *adj.* stercoral, stercoraceous, feeding on dung Ⓑ *s. m.* ZOOLOGIA *stercorarius skua*, kind of gull
estercoreiro *s. m.* ENTOMOLOGIA dung-beetle, dorbeetle
estercoremia *s. f.* MEDICINA copraemia
estercoroso *adj.* dirty, filthy; full of dung
esterculiáceas *s. f. pl.* BOTÂNICA *Sterculiaceae*
estere *s. m.* stere
estéreo *s. m.* ⇒ **estere**
estereofonia *s. f.* ELECTRICIDADE stereophony
estereofónico *adj.* ELECTRICIDADE stereophonic
estereografia *s. f.* stereography (the art of representing solids on a plane surface)
estereográfico *adj.* stereographic(al)
estereoisomerismo *s. m.* QUÍMICA stereoisomerism
estereologia *s. f.* stereology; study of solid parts of living beings
estereológico *adj.* stereologic(al)
estereometria *s. f.* stereometry
estereométrico *adj.* stereometric
estereómetro *s. m.* stereometer (instrument for measuring solid capacity)
estereoquímica *s. f.* stereochemistry
estereoquímico *adj.* stereochemic(al)
estereoscopia *s. f.* stereoscopy
estereoscópico *adj.* stereoscopic
estereoscópio *s. m.* stereoscope
estereostática *s. f.* FÍSICA stereostatics
estereotipado *adj.* stereotyped, conventional; predictable
estereotipagem *s. f.* stereotyping; stereotypography
estereotipar *v. tr.* to stereotype
estereotipia *s. f.* stereotypy, stereotyping
estereotípico *adj.* stereotypic(al)
estereótipo *s. m.* stereotype
estereotomia *s. f.* stereotomy
esterificação *s. f.* esterification
esterificar *v. tr.* to esterify
estéril *adj.* sterile, barren, unproductive, infertile, unfruitful
esterilidade *s. f.* sterility; barrenness, infertility
esterilização *s. f.* sterilization; ***esterilização da água*** sterilization of water
esterilizado *adj.* sterilized
esterilizador Ⓐ *adj.* sterilizing Ⓑ *s. m.* sterilizer
esterilizar *v. tr.* to sterilize; ***esterilizar leite*** to sterilize milk; ***esterilizar instrumentos cirúrgicos*** to sterilize surgical instruments
esterilmente *adv.* unfruitfully, barrenly
esterlicar *v. tr.* to press (to compress) hard; to slim; to dress up
esterlino *s. m., adj.* sterling
esternal *adj.* sternal
esternalgia *s. f.* MEDICINA sternalgia
esternálgico *adj.* sternalgic
esternite *s. f.* sternite
esterno *s. m.* ANATOMIA sternum, breast-bone
esternutação *s. f.* sneeze, sneezing, sternutation
esternutatório Ⓐ *adj.* sternutatory, sternutative Ⓑ *s. m.* substance intended to cause sneezing (e. g. snuff)
esterodinâmica *s. f.* FÍSICA stereodynamics
esterol *s. m.* sterol
esterqueira *s. f.* ⇒ **esterqueiro**
esterqueiro *s. m.* dunghill; heap of dung; manure-heap; filth, dirt
esterquice *s. f.* ⇒ **esterqueira**
esterquilínio *s. m.* ⇒ **esterqueira**
esterroada *s. f.* act of breaking up clods
esterroador *s. m.* tool or implement to break clods
esterroamento *s. m.* ⇒ **esterroada**
esterroar *v. tr.* to harrow, to break the clods
estertor *s. m.* death-rattle, stertor
estertorar *v. intr.* to have the death-rattle; to have stertorous breathing
estertoroso *adj.* stertorous
estese *s. f.* aesthesis, aesthesia
estesia *s. f.* aesthesis, aesthesia
estesiar *v. tr.* to produce sensation; to produce a feeling of the beautiful
estesiologia *s. f.* aesthesiology
esteta *s. m. e f.* aesthete
estética *s. f.* aesthetics
esteticamente *adv.* aesthetically
esteticismo *s. m.* aestheticism
esteticista *s. m. e f.* aestheticist; beautician
esteticização *s. f.* aestheticizing
esteticizar *v. tr.* ⇒ **estetizar**
estético *adj.* aesthetic
estetismo *s. m.* aestheticism
estetização *s. f.* ⇒ **esteticização**
estetizar *v. tr.* to aestheticize
estetografia *s. f.* stethography
estetógrafo *s. m.* stethograph
estetometria *s. f.* stethometry
estetómetro *s. m.* stethometer
estetoscopia *s. f.* stethoscopy
estetoscópio *s. m.* MEDICINA stethoscope
esteva *s. f.* AGRICULTURA ploughtail; BOTÂNICA cistus, rock-rose
esteval *s. m.* rock-rose plot
estevão *s. m.* kind of shrub found in Douro and the Algarve
estevar *v. intr.* to lead the plough
estiada *s. f.* ⇒ **estiagem**
estiagem *s. f.* dryness, aridity
estiar *v. intr.* to cease raining; to settle (weather)
estibiado *adj.* with antimony
estibina *s. f.* MINERALOGIA stibnite, antimonite
estíbio *s. m.* MINERALOGIA stibium; QUÍMICA antimony
estibordo *s. m.* NÁUTICA starboard; ***a estibordo*** astarboard
estica *s. m. e f.* leanness; a very thin person; vine producing very sweet grapes
esticadela *s. f.* stretch, act (or result) of stretching; ⇒ **esticanço**
esticador Ⓐ *s. m.* stretcher; turnbuckle; tensioner; ***esticador de correia*** belt stretcher; ***esticador para calças*** trouser-stretcher, trouser-press; NÁUTICA ***esticador de cabos*** rope-stretcher Ⓑ *adj.* stretching
esticanço *s. m.* [fig.] failure, poor figure
esticão *s. m.* pull, tug, jerk, wrench
esticar *v. tr.* to stretch, to draw tight, to extend; ***esticar a remada*** to stretch out the stroke; ***esticar uma corda*** to strain a rope
estigma *s. m.* stigma; mark; spot; macula; stain
estigmático *adj.* stigmatic
estigmatismo *s. m.* stigmatism
estigmatizado *adj.* stigmatic
estigmatizar *v. tr.* to stigmatize; to brand, to tattoo
estilação *s. f.* dripping, trickling
estilado *adj.* styled
estilar *v. tr., intr. e refl.* to style, to distil; to drip; to squeeze; [fig.] to torture
estilbita *s. f.* MINERALOGIA ⇒ **estilbite**
estilbite *s. f.* MINERALOGIA stilbite
estilete *s. m.* stylet; dagger, stiletto; MEDICINA probe; sound; BOTÂNICA style
estiletear *v. tr.* to stab with a stiletto
estiletizar *v. tr.* ⇒ **estiletear**
estilha *s. f.* chip, fragment, scrap; ***fazer-se em estilhas*** to fly into splinters, to fly to pieces

estilhaçar Ⓐ *v. tr.* to splinter, to split up into splinters Ⓑ *v. intr.* to fly into splinters, to fly to pieces
estilhaço *s. m.* splinter, chip; ***estilhaço de granada*** fragment of a shell
estilhar *v. tr.* to chip, to chatter, to splinter
estilheira *s. f.* a goldsmith's tool where he places the jewel while working on it
estilicídio *s. m.* distillation, trickling, dripping
estiliforme *adj.* styliform
estilismo *s. m.* excessive nicety of speech (or of writing); pedantism
estilista *s. m. e f.* stylist; fashion designer
estilística *s. f.* the art of writing; study of (or on) style; stylistics
estilisticamente *adv.* stylistically
estilístico *adj.* stylistic
estilita *s. m.* stylite, pillar saint
estilização *s. f.* stylization; ornamentation
estilizar *v. tr.* to stylize; to ornament; to give form to
estilo *s. m.* style, manner, way, mode; custom; ***estilo fluente e ameno*** rounded style, a fluent pen; ***estilo árabe*** Arabian style; ***estilo renascença*** Renaissance style; ***estilo mourisco*** Moorish style; ***estilo gótico*** Gothic style; ***estilo bizantino*** Byzantine style; ***estilo ogival*** pointed style; ***estilo de vida*** life style, way of life; ***móveis de estilo*** stylish furniture; ***uma questão de estilo*** a matter of style; ***estilo do mar*** uses and customs of the sea; ***escrito em estilo floreado*** written in a florid style; ***estilo elegante*** elegant style
estilóbata *s. m.* ARQUITECTURA stylobate
estilografia *s. f.* stylography
estilográfico *adj.* stylographic
estilógrafo *s. m.* stylograph
estilóide *adj.* styloid
estilometria *s. f.* stylometry; measurement of columns
estilómetro *s. m.* stylometer
estima *s. f.* esteem, respect, regard, appreciation; account, reckoning; ***pela estima*** by account, by dead reckoning; ***fazer a estima (cálculo, estimativa)*** to work out the reckoning
estimação *s. f.* esteem, respect; estimate, computation, reckoning, calculation; ***ter em grande estimação*** to hold in high regard
estimadamente *adv.* with esteem
estimado *adj.* esteemed, venerated; appreciated; ***estimado amigo*** dear friend
estimador *s. m.* one who appreciates; appreciator
estimar *v. tr. e refl.* to esteem, to think highly of; to venerate; to regard; to appreciate; to value, to be glad; to prize; to estimate, to reckon; ***estimo isso*** I am glad of it; ***estimarei muito*** I shall be very glad indeed; ***estimar muito*** to set great store by; NÁUTICA ***estimar o ponto*** to reckon, to make the reckoning
estimativa *s. f.* estimate; judg(e)ment; respect; calculation, reckoning
estimativo *adj.* estimative, founded on probabilities
estimável *adj.* estimable, valuable
estimulação *s. f.* stimulation, incitement, stimulating, encouragement
estimuladamente *adv.* with stimulation
estimulador Ⓐ *adj.* stimulating Ⓑ *s. m.* stimulator
estimulante Ⓐ *adj.* stimulant, stimulating, exciting; bracing Ⓑ *s. m.* stimulant
estimular *v. tr.* to stimulate, to incite, to urge, to rouse, to spur on, to stir up; to excite, to instigate; ***estimular desnecessariamente uma pessoa trabalhadora e serviçal*** to spur a willing horse
estímulo *s. m.* stimulus, incentive, spur, goad, incitement, prick; excitant, stimulant
estimuloso *adj.* ⇒ **estimulante**
estingar *v. tr.* NÁUTICA to coil (the sails) by the clews
estingue *s. m.* rope to coil the sails; NÁUTICA ***estingue de gáveas, joanete, etc.*** clew line of tops, topgallant sails, etc; ***estingue de papa-figos*** clew garnet of courses
estinha *s. f.* the second crop of honey of a hive
estinhar *v. tr.* to take the honey a second time from the hives
Estio *s. m.* summer; ***no rigor do Estio*** in the height of summer
estiolado *adj.* etiolated, withered, faded; feeble, weak, wasted; pined away
estiolamento *s. m.* etiolation, etiolating; decline, wasting, pining away; emaciation
estiolar *v. tr., intr. e refl.* to etiolate, to pine away; to wither, to fade; ***é preferível estafarmo-nos a estiolarmo-nos*** better wear out than rust out
estiomenar *v. tr.* to corrode
estiómeno *s. m., adj.* corrosive; gangrene
estipe *s. m.* stipe, trunk of a palm tree
estipendiar *v. tr.* to pay a salary, to pay a stipend
estipendiário *adj.* stipendiary
estipêndio *s. m.* stipend, salary, pay; clergyman's official income
estipitado *adj.* stipitate
estípite *s. f.* stem (or trunk) of a tree; stock family tree
estíptico *adj.* styptic, bitter astringent
estípula *s. f.* BOTÂNICA stipule (appendage at the base of a leaf-stalk)
estipulação *s. f.* stipulation, agreement, contract, bargain; clause
estipulado *adj.* stipulated; adjusted, agreed; BOTÂNICA stipular, having stipules
estipulador *s. m.* stipulator
estipulante Ⓐ *adj.* stipulating Ⓑ *s. m. e f.* stipulator
estipular *v. tr.* to stipulate, to agree to, to settle (terms); ***estipular condições*** to settle terms, to make stipulations
estipuloso *adj.* BOTÂNICA stipular; stipulary
Estiracáceas *s. f. pl.* BOTÂNICA *Styracaceae*
estiraçar *v. tr. e refl.* to stretch, to stretch out, to extend, to spread; to stretch oneself out; ***estiraçar-se ao comprido*** to stretch oneself out
estiraço *s. m.* ⇒ **estirada**
estirada *s. f.* tramp; long walk
estiradeira *s. f.* woman-stretcher
estirado *adj.* stretched out, extended
estirador *s. m.* drawing-board
estirão *s. m.* tramp; a long, tedious walk
estirar Ⓐ *v. tr.* to stretch, to extend, to draw out, to pull; to distend, to strain; to tighten; to lengthen Ⓑ *v. refl.* to humble oneself; to stretch oneself; NÁUTICA to roll, to draw; ***estirar-se no chão*** to throw oneself on the ground; ***estirar a frio*** to cold-draw; ***estirar tubos*** to draw tubes
estireno *s. m.* QUÍMICA styrene
estirote *s. m.* ⇒ **estiraço**; long and narrow object
estirpe *s. f.* race, lineage, descent, stock; offspring; trunk; root; origin; ***de baixa estirpe*** of humble origin, of lowly stock
estiticidade *s. f.* stypticity
estítico *adj.* styptic
estiva *s. f.* stowage, trim; a ship's hold; grate, grating; ***estiva de vasilhame*** tier of casks; NÁUTICA ***primeira estiva*** sleeper
estivação *s. f.* stowage; prefloration, aestivation
estivado *adj.* loaded (ship); full
estivador *s. m.* trimmer; lumper; ***estivador empreiteiro*** stevedore (undertaker), stower
estivagem *s. f.* stowing, loading and unloading of a ship
estival *adj.* estival, aestival, summer, summery
estivar *v. tr.* NÁUTICA to stow, to trim; ***carga estivada*** bulk cargo; ***mal estivado*** out of trim

estivo *adj.* ⇒ **estival**
esto *s. m.* high-tide; heat; effervescence; ardour; impulse; passion
estocada *s. f.* stab, thrust; jab, dig, poke, tilt; [fig.] remark (directed against someone); fabric; ***parar a estocada*** to parry the thrust
estocar *v. tr.* ⇒ **estoquear**
estofa *s. f.* stuff material; condition; kind, sort; ***homem da estofa dos antigos*** man of the old stock
estofador *s. m.* upholsterer
estofar *v. tr.* to stuff, to upholster; to pad, to cushion, to wad; ***cadeira estofada*** upholstered chair
estofo Ⓐ *s. m.* stuff, stuffing; wadding; padding; condition, kind, sort Ⓑ *adj.* NÁUTICA slack, still; ***maré estofa*** slack water
estoicamente *adv.* stoically
estoicidade *s. f.* austerity, stoical impassivity; calm fortitude; firmness
estoicismo *s. m.* stoicism, austerity; rigour, rigidness
estóico Ⓐ *adj.* stoical, austere, calm; indifferent, impassive Ⓑ *s. m.* stoic, person of rigid calm (impassivity)
estoirada *s. f.* clatter, crash, rattle
estoiradinho *s. m.* [arc.] dandy, fop, swell
estoirado Ⓐ *adj.* burst, turbulent; boisterous; [fig., coloq.] tired out, exhausted Ⓑ *s. m.* turbulent person
estoirar *v. tr. e intr.* to burst, to fly into pieces; to explode; to break open; to burst up, to smash (of business, or firm); to split; ***estoirar os miolos*** to blow out one's brains; ***estoirar de fome*** to be dying of hunger; ***estoirar de sede*** to be parched with thirst, to be dying of thirst
estoira-vergas *s. m. e f.* hotspur; hot-head
estoiraz *adj.* that explodes; noisy
estoirinhar *v. intr.* to jump like a bull
estoiro *s. m.* burst, bursting; detonation; crash
estojar *v. tr.* to put into a box or kit
estojaria *s. f.* shop where cases are sold
estojeiro *s. m.* case maker
estojo *s. m.* case, box, etui, container, kit, set; ***estojo de desenho*** set of drawing instruments; ***estojo de barba*** shaving case; ***estojo de ferramentas*** tool kit; ***estojo de espingarda*** gun cover; ***estojo de pesca*** fishing-tackle; ***estojo de óculos*** glasses case; ***estojo de tintas*** paintbox; ***estojo de unhas*** manicure set
estola *s. f.* stole
estolão *s. m.* large stole
estolho *s. m.* BOTÂNICA shoots, suckers, stolon
estolhoso *adj.* BOTÂNICA provided with shoots
estolidez *s. f.* stupidity, stolidity, obtuseness
estólido *adj.* stolid, stupid, dull, foolish, obtuse, doltish
estoma *s. m.* stoma (*plural* stomata)
estomacal *adj.* stomachic, stomachal
estomagar Ⓐ *v. tr.* to vex, to make angry Ⓑ *v. refl.* to grow angry
estômago *s. m.* stomach; ***enganar o estômago*** to stay one's stomach; ***ter dor de estômago*** to have a pain in the stomach; ***dor de estômago*** stomach ache; ***revolver o estômago*** to turn one's stomach; ***ter mau estômago*** to have a weak stomach; [fig.] ***ter bom estômago*** to have a strong stomach, to be accommodating; ***com o estômago cheio*** on a full stomach; ***com o estômago vazio*** on an empty stomach
estomáquico *adj.* ⇒ **estomacal**
estomático *adj.* stomatic
estomatite *s. f.* PATOLOGIA stomatitis
estómato *s. m.* ⇒ **estoma**
estomatologia *s. f.* stomatology
estomatologista *s. m. e f.* stomatologist
estomatópode Ⓐ *s. m.* ZOOLOGIA stomatopod Ⓑ *s. m. pl.* stomatopoda
estomatoscópio *s. m.* MEDICINA stomatoscope
estomentar *v. tr.* to swingle, to scutch hemp; to clean
estomoterapeuta *s. m. e f.* mouth therapist
estonador *s. m.* an implement to bark (or to peel)
estonadura *s. f.* act of peeling or barking
estonamento *s. m.* act of peeling or barking
estonar *v. tr.* to peel, to bark
estónio *s. m., adj.* Estonian
estontar *v. tr.* ⇒ **estontear**
estonteado *adj.* stunned, amazed, bewildered; giddy, dizzy
estonteador Ⓐ *adj.* ⇒ **estonteante** Ⓑ *s. m.* one who stuns
estonteamento *s. m.* stunning, amazement, bewilderment; puzzling; perturbation, disturbance
estonteante *adj.* stunning; disturbing; dazzling
estontear *v. tr.* to stun, to amaze, to bewilder, to puzzle; to astound, to perplex, to astonish, to perturb
estontecer *v. tr. e intr.* ⇒ **entontecer**
estopa *s. f.* tow; oakum; hurds; waste of cotton; ***estopa de linho*** flax tow; ***estopa de cânhamo*** hemp tow; ***estopa de calafetar*** oakum; ***fazer estopa*** to feaze; ***não meter prego nem estopa*** not to have a finger in the pie
estopada *s. f.* quantity of tow; [fam.] annoyance, bore, bother, trouble, nuisance; ***pregar uma estopada desnecessária a alguém*** to lead a person a (pretty) dance
estopante *adj.* troublesome, annoying, tiresome, tiring; tedious, boring
estopar *v. tr.* to caulk with oakum; [fam.] to bother, to annoy, to irk
estopeiro *s. m.* mop, pitch mop
estopento *adj.* fibrous, tow-like
estopetar *v. tr.* to dishevel, to tousle; to muss (hair)
estopim *s. m.* quick-match; match-cord; fuse, hint
estopinha *s. f.* thinner part of flax; [fig.] ***falar as estopinhas*** to talk one's head off; [fig.] ***suar as estopinhas*** to sweat blood
estoposo *adj.* said of the hoofs of solipeds when too large
estoque *s. m.* rapier, tuck
estoqueadura *s. f.* ⇒ **estocada**
estoquear *v. tr.* to thrust; to wound with a rapier
estorcegadela *s. f.* ⇒ **entorse**
estorcegadura *s. f.* ⇒ **entorse**
estorcegão *s. m.* luxation, dislocation; pinch; twisting
estorcegar *v. tr.* to sprain, to twist, to dislocate; to pinch, to nip
estorcer Ⓐ *v. tr. e intr.* to twist, to strain, to contort, to distort; to change direction Ⓑ *v. refl.* to writhe (in pain)
estorcimento *s. m.* twisting, contortion
estorço *s. m.* stiffness, constrained attitude
estore *s. m.* blinds; window shade
estorga *s. f.* heath
estornado *adj.* cancelled debit (or credit)
estornar *v. tr.* COMÉRCIO to transfer (an item from one account to another); to break up a contract
estornicar *v. intr.* to jet, to squirt
estorninho *s. m.* ZOOLOGIA starling
estorno *s. m.* COMÉRCIO compensation, cross entry; ***estorno de seguro*** return insurance
estorricar *v. tr.* to overroast; to parch, to become very dry
estorroar *v. tr.* to harrow
estortegada *s. f.* dislocation, luxation; pinch
estortegadela *s. f.* ⇒ **estortegada**
estortegadura *s. f.* ⇒ **estortegada**
estortegão *s. m.* ⇒ **estorcegão**
estortegar *v. tr.* to twist; to pinch, to writhe
estorva *s. f.* impediment, hindrance; the seams of a ship
estorvador Ⓐ *adj.* hindering Ⓑ *s. m.* hinderer; [fig.] drag, spoke
estorvar *v. tr.* to hinder, to embarrass, to disturb, to interrupt, to encumber, to obstruct; to importune; ***estorvar o trabalho de*** to hinder someone in his work

estorvilho *s. m.* slight obstacle; snag
estorvo *s. m.* hindrance, obstacle, embarrassment, impediment, obstruction; ***ele estorva-me*** he is in my way
estou-fraca *s. f.* guinea-fowl
estourada *s. f.* great noise of detonations; brawling; brawl, row
estourado Ⓐ *adj.* burst; turbulent, boisterous; [fig., coloq.] tired out, exhausted Ⓑ *s. m.* turbulent person
estourar Ⓐ *v. tr.* to cause to burst; to explode Ⓑ *v. intr.* to burst, to explode; to split, to crack, to shatter; to blow out (a tire)
estoura-vergas *s. m. e f.* hothead, hotspur
estouraz *adj.* that explodes with noise; noisy
estouro *s. m.* bursting; clap, crack; detonation, explosion; a rebuke
estouvadamente *adv.* heedlessly, carelessly, thoughtlessly, rashly
estouvadice *s. f.* ⇒ **estouvamento**
estouvado *adj.* harebrained, rattlehead, heedless, giddy-headed; reckless; shallowbrained
estouvamento *s. m.* rashness, heedlessness, recklessness; giddiness
estouvanado *adj.* ⇒ **estouvado**
estouvanice *s. f.* ⇒ **estouvamento**
estrabão *s. m., adj.* ⇒ **estrábico**
estrabar *v. intr.* to void excrement, to dung
estrábico *s. m., adj.* cross-eyed person; squinting; squint; ***ser estrábico*** to be cross-eyed
estrabismo *s. m.* MEDICINA strabismus; squint, squinting, cast in the eye
estrabo *s. m.* dung
estrabómetro *s. m.* MEDICINA strabismometer
estrabotomia *s. f.* CIRURGIA strabotomy
estraçalhamento *s. m.* shredding, shattering
estraçalhar *v. tr.* to shred, to cut up into shreds
estracinhar *v. tr.* ⇒ **estraçalhar**
estraçoar *v. tr.* to shred, to cut up into shreds
estrada *s. f.* road, highway, highroad; [fig.] method, mode, means; ***estrada nacional*** main road, highway; ***estrada secundária*** by-road, lane; ***a estrada tem muitas curvas*** the road has many turns; ***o meio da estrada*** the middle of the road; ***estrada de macadame*** macadamized road; ***estrada asfaltada*** asphalt road; ***estrada alcatroada*** tarred road; ***estrada plana*** flat roadway; ***estrada abaulada*** convex road; ***bifurcação de estradas*** road fork; ***estrada em ziguezague*** serpentine road; ***código das estradas*** traffic regulations; ***borda da estrada*** roadside; ***cilindro das estradas*** road roller; ***onde vai ter esta estrada?*** where does this road lead to?
estradado *adj.* having a platform (or floor)
estradal *adj.* of (or pertaining to) roads
estradar *v. tr.* to make a road; to pave; to floor a house
estradeiro *adj.* always on the road; good walker; [fig.] scoundrel, rascal
estradiota *s. f.* style of riding horses
estradista *s. m. e f.* cross-country runner; racing cyclist
estradivário *s. m.* a Stradivarius (violin, cello)
estrado *s. m.* platform; floor, flooring; NÁUTICA platform deck; ***estrado de orquestra*** bandstand, platform for orchestra
estrafalário *adj.* awkward, ridiculous
estrafegar *v. tr.* to shatter, to smash; to tear to pieces
estrafego *s. m.* act of shattering; laceration
estraga-albardas *s. m. e f.* spoiler, waster, wastrel
estragação *s. f.* waste; squandering
estragadão *s. m.* waster; dissipator; spendthrift
estragado *adj.* spoiled, wasted, dissipated; decayed; rotten, deteriorated; ***criança estragada com mimo*** a thoroughly spoiled child; ***gosto estragado*** perverted taste; ***pessoa estragada*** wastrel, wasteful person
estragador *s. m.* spendthrift, squanderer, wastrel; one who spoils; one who wastes
estragamento *s. m.* deterioration, waste; wasting, devastation
estragão *s. m.* BOTÂNICA tarragon
estragar Ⓐ *v. tr.* to spoil, to waste; to deteriorate; to damage; to devastate; to corrupt Ⓑ *v. refl.* to deteriorate, to decay, to get spoiled; ***estragar uma coisa por indiscrição*** to put one's foot in it; ***estragar uma criança com mimos*** to spoil a child; ***estragar o fato*** to spoil one's clothes; ***estragar a saúde*** to ruin one's health; ***estragar dinheiro*** to play ducks and drakes with one's money
estrago *s. m.* waste, devastation, havoc, destruction; deterioration; damage; ravage; corruption; *pl.* wear and tear; ***são indescritíveis os estragos causados pela guerra*** the damage caused by the war is indescribable
estrágulo *s. m.* tapestry, arras; hangings, draperies
estralada *s. f.* crackling, sizzling
estralar *v. intr.* ⇒ **estralejar**
estralejar *v. intr.* to crackle, to sizzle
estralheira *s. f.* NÁUTICA purchase, tackle, winding-tackle; ***estralheira dobrada*** three-fold purchase
estrambalhar *v. tr.* ⇒ **estrambelhar**
estrambelhar *v. tr.* to disorganize, to disorder; to shred
estrambelho *s. m.* costal of a skein
estrambolicamente *adv.* extravagantly, strangely, oddly
estrambólico *adj.* extravagant, ridiculous, strange, odd, singular, exotic
estrambote *s. m.* suplementary verses added to the full sonnet
estrambótico *adj.* ⇒ **estrambólico**
estramento *s. m.* bed for cattle
estramónia *s. f.* extract from stramonium
estramónio *s. m.* BOTÂNICA stramonium; thorn apple
estramontado *adj.* on the run; out of his (or her) mind
estrançar *v. tr.* ⇒ **estracinhar**
estrancilhar *v. tr.* ⇒ **estracinhar**
estrancinhar *v. tr.* ⇒ **estracinhar**
estrangalhar *v. tr.* to destroy; to make a mess of
estrangeirada *s. f.* a lot of foreigners; the foreigners
estrangeirado *adj.* foreign-looking, foreign-like, adopting foreign customs
estrangeirar *v. tr.* to give something a foreign manner; to denationalize, imitating foreign customs
estrangeirice *s. f.* foreignism, foreignness; foreign ways
estrangeirinha *s. f.* [fig.] trap, snare; trick; trickery
estrangeirismo *s. m.* foreign word (expression)
estrangeirista *s. m. e f.* person who uses foreign words and expressions
estrangeiro Ⓐ *adj.* foreign; alien, strange Ⓑ *s. m.* foreigner; ***ir ao estrangeiro*** to go abroad; NÁUTICA ***para o estrangeiro*** outward, outwards
estrangulação *s. f.* strangulation, strangling, throttling, suffocating, choking; ***estrangulação de uma estrada*** bottle-neck road
estrangulador *s. m.* strangler
estrangulamento *s. m.* ⇒ **estrangulação**
estrangular *v. tr.* to strangle, to kill (by suffocation); to strangulate; to choke; to throttle; to suffocate
estrangúria *s. f.* MEDICINA strangury
estranhamento *s. m.* the act of appearing strange (to); surprise
estranhão *adj.* shy, coy, bashful, timid
estranhar *v. tr. e refl.* to find strange (odd, or blamable); to notice; not to get accustomed to (a person or something); to wonder at; ***estranhar a alimentação*** to take a dislike to food; ***estranhar muito a notícia*** to be astonished at the news; ***estranhar os costumes de outra terra*** not to get used to the customs of another country, to find other customs strange; ***estou a estranhar-te*** that sounds strange in your mouth, I'm surprised at you
estranhável *adj.* strange; blamable, censurable

estranheza *s. f.* strangeness; wonder, surprise; unfamiliarity; shyness; oddity

estranho Ⓐ *adj.* strange, foreign, exotic, singular; uncommon; unfamiliar, unknown; unaccustomed; out of his element; wonderful Ⓑ *s. m.* stranger, foreigner; ***sou um estranho aqui*** I am a stranger here; ***é-me estranho o lugar*** the place is strange to me; ***ser estranho à questão*** to be irrelevant to the question; ***a língua é-me completamente estranha*** the language is quite strange to me; ***coisa estranha*** strange to say

estranja *s. f.* [pop.] foreign countries

estransir *v. tr.* ⇒ **transir**

estrapada *s. f.* strappado

estrar *v. tr.* to cover with rushes; to strew with shaw

estratagema *s. m.* stratagem, trick, cunning device, artifice, ruse; astuteness, cunning

estratega *s. m. e f.* ⇒ **estratego**

estratégia *s. f.* strategy, the art of war

estrategicamente *adv.* strategically

estratégico *adj.* strategic(al)

estrategista *s. m. e f.* strategist

estratego *s. m.* strategist

estratificação *s. f.* stratification

estratificado *adj.* stratified, arranged (deposited) in layers

estratificar *v. tr.* QUÍMICA to stratify, to arrange (to deposit) in layers

estratiforme *adj.* stratiform

estratigrafia *s. f.* stratigraphy (science of relative position of strata of rock)

estratigráfico *adj.* stratigraphic

estrato *s. m.* GEOLOGIA stratum, bed, layer (of deposited rock); stratus (low, horizontal, uniform layer of clouds)

estratocracia *s. f.* stratocracy (government by the army)

estratocúmulo *s. m.* strato-cumulus, cumulo-stratus

estratografia *s. f.* stratography; ⇒ **estratigrafia**

estratosfera *s. f.* stratosphere

estravar *v. tr.* ⇒ **estrabar**

estravo *s. m.* ⇒ **estrabo**

estreante Ⓐ *adj.* initial Ⓑ *s. m. e f.* debutant(e), beginner, novice

estrear Ⓐ *v. tr.* to begin, to open; to use (for the first time); to inaugurate; to be the first to test (to taste) Ⓑ *v. refl.* to make one's début Ⓒ *v. intr.* *(peça, filme)* to open, to première; ***estrear um fato*** to wear a suit for the first time; ***vamos estrear a nossa casa nova amanhã*** we are moving into our new house tomorrow

estrebaria *s. f.* stables

estrebordar *v. intr.* ⇒ **trasbordar**

estrebuchamento *s. m.* struggle, convulsive movement of limbs

estrebuchar *v. intr.* to struggle, to move the limbs and body violently and convulsively; ***estrebuchou uns minutos e depois morreu*** he struggled for a moment and then he died

estreia *s. f.* beginning, début; TEATRO, CINEMA opening night, première; first use of anything; ***estreia oratória*** maiden speech; ***estreia de uma peça teatral*** first performance of a play; ***estreia de um filme*** first show of a film

estreitador Ⓐ *adj.* narrowing Ⓑ *s. m.* one who narrows

estreitamente *adv.* narrowly

estreitamento *s. m.* narrowing; ***estreitamento de relações entre os dois países*** strengthening of friendship between the two countries

estreitar Ⓐ *v. tr.* to narrow, to make narrower; to contract; to diminish; to straiten; to clasp; to draw closely Ⓑ *v. refl.* to become narrower; ***estreitar nos braços*** to clasp in one's arms; ***estreitar relações*** to strengthen relationships

estreiteza *s. f.* narrowness; poverty, straits; closeness; scantity, scantness, stinginess

estreito Ⓐ *adj.* narrow; tight; limited; scanty, spare, strict; stingy Ⓑ *s. m.* strait, channel, the Narrows

estreitura *s. f.* ⇒ **estreiteza**

estrela *s. f.* star; destiny, fate; leading actor (or actress); blaze (of horse or ox); ***Estrela Polar*** north star, pole star; ***estrela de alva*** morning star; ***ver as estrelas ao meio-dia*** to see stars; ***nascer com boa estrela*** to be born under a lucky star; ***estrela da tarde*** evening star; ***ir às estrelas*** to be exasperated, to go off the deep end; ***o filme apresenta uma nova estrela*** the film is introducing a new star

estrela-cadente *s. f.* shooting (falling) star, meteorite

estreladeira *s. f.* frying-pan (for eggs)

estrelado *adj.* starry, starred; fried (eggs)

estrela-do-mar *s. f.* ZOOLOGIA starfish

estrelante *adj.* starry; bright, shining like stars

estrelar *v. tr. e intr.* to star; to stud (with stars); to fry; ***estrelar ovos*** to fry eggs

estrelário *adj.* star-shaped, starlike

estrelato *s. m.* stardom; ***atingir o estrelato*** to rise to stardom, to achieve stardom

estreleiro *adj.* that throws up its head (horse)

estrelejar *v. tr. e intr.* to star; to shine as a star

estrelinha *s. f.* little star; asterisk; ORNITOLOGIA starfish, redstart

estrelo *adj.* [Bras.] blazed (ox)

estrelouçar *v. intr.* to make a noise like pieces of earthenware against one another

estrema *s. f.* landmark; line of demarcation; boundary line

estremadela *s. f.* [pop.] demarcation; separation

estremado *adj.* demarcated, limited, divided, confined

estremadura *s. f.* frontier, border, boundary, limit(s), confine

estremar *v. tr.* to demarcate, to fix the boundaries of; to divide; to distinguish

estremável *adj.* that may be demarcated

estreme *adj.* pure, genuine, unmixed, unadulterated, sheer

estremeção *s. m.* shaking, tremor, shock, shiver, shudder; start

estremecer *v. tr. e intr.* to shake, to tremble, to move; to shudder; to frighten, to startle; to love dearly; to be frightened; ***estremecer a casa*** to shake the house; ***ela estremece os filhos loucamente*** she loves her children dearly; ***isso faz-me estremecer*** I shudder at it

estremecidamente *adv.* dearly, lovingly

estremecido *adj.* shaken, shuddering; well-beloved; dearly loved; ***meus estremecidos pais*** my beloved parents

estremecimento *s. m.* shake, start; shudder; shock; trembling

estremenho *s. m.* native of Estremadura (Portuguese region)

estremunhado *adj.* startled from sleep; half-asleep; stunned, bewildered; ***acordar estremunhado*** to awake with a start

estremunhar *v. tr. e intr.* to awake suddenly; to start up from sleep; to startle; to rouse up

estrenoitar Ⓐ *v. tr.* to prevent from sleeping Ⓑ *v. intr.* to spend a sleepless night

estrenoutar *v. tr. intr.* ⇒ **estrenoitar**

estrenuamente *adj.* strenuously, bravely

estrénuo *adj.* strenuous, energetic; resolute, brave; vigorous

estrepada *s. f.* wound made by a caltrop (thorn or pointed stake)

estrepadela *s. f.* wound made by a caltrop (thorn or pointed stake)

estrepar *v. tr.* to wound (with *estrepes*)

estrepe *s. m.* thorn, caltrop; pointed stake

estrepeiro *s. m.* ⇒ **pilriteiro**

estrepitante *adj.* noisy, clattering, rattling, rumbling, loud; showy

estrepitar *v. intr.* to rattle, to crack, to rumble; to make a thundering noise

estrépito *s. m.* noise, din, crack, rumble, rattle, clatter; burst; peal, thunder

estrepitoso *adj.* noisy, rattling, clattering; resounding; clamorous

estreptocócico *adj.* streptococcic

estreptococo *s. m.* BIOLOGIA streptococcus (*plural* streptococci)

estreptomicina *s. f.* FARMACOLOGIA streptomycin

estresir *v. tr.* to pounce (drawing)

estria *s. f.* groove, flute, fluting; channel, furrow, rifling (of guns); chamfer; stria; vampire, blood-sucker

estriado *adj.* grooved, fluted, chamfered, channelled

estriador *s. m.* reamer bit; ***estriadora (de armas)*** rifling-machine

estriamento *s. m.* grooving, fluting, chamfering, rifling (of guns), striation

estriar *v. tr.* to grove, to flute, to chamfer, to channel; to rifle (guns); to striate

estribado *adj.* propped, firm; [fig.] based, well-founded

estribamento *s. m.* footing; support; ground

estribar *v. tr. e refl.* to put one's foot in the stirrup; to seat oneself securely (on horseback); to trust in, to rely on, to be grounded; to base upon

estribeira *s. f.* stirrup(s); step; footboard; NÁUTICA flemish horse; [fig.] ***perder as estribeiras*** to lose one's temper; [fig.] ***fazer perder as estribeiras*** to put someone out of countenance

estribeiro *s. m.* riding-master; stable-man, equerry

estribilhas *s. f. pl.* sewing-press (book-binding)

estribilho *s. m.* refrain (of a song); strain; pet phrase, favourite expression (or word); slogan

estribo *s. m.* stirrup, step; ***estribo (de comboio, carro, etc.)*** running-board; ***estar com o pé no estribo*** to have one foot in the stirrup, to be about to depart

estricnina *s. f.* QUÍMICA strychnine

estricote *s. m.* confusion; ***ao estricote*** pell-mell

estridência *s. f.* shrillness, harshness of sound, stridency

estridente *adj.* shrill, harsh, piercing, shrieking, strident, whistling, creaking, grating; penetrating

estridentemente *adv.* stridently; harshly, noisily, piercingly, gratingly, penetratingly

estridor *s. m.* stridor; shrill (harsh, sharp) sound

estridoroso *adj.* ⇒ **estridente**

estridulação *s. f.* stridulation

estridulante *adj.* stridulant, jarring, grating, stridulous (insects)

estridular *v. intr.* to stridulate, to grate, to scrape, to creak

estrídulo *adj.* shrill, stridulant, strident

estriduloso *adj.* ⇒ **estridente**

estriga *s. f.* a portion of flax wound at a time on a distaff; strike of flax; handful of combed flax fit for spinning

estrigada *s. f.* act (or effect) of separating flax for the distaff

estrigar *v. tr.* to separate flax into amounts for the distaff; to card, to comb

estrige *s. f.* owl; vampire; witch

Estrígidas *s. m. pl.* ⇒ **Estrigídeos**

Estrigídeos *s. m. pl. Strigidae*

estrilar *v. intr.* to stridulate, to make a harsh, grating noise (said specially of certain insects)

estrinca *s. f.* NÁUTICA hatchway, hatch

estrincar *v. tr.* to crack (to snap) one's finger-joints

estrinçar *v. tr.* to tear (to rend, to lacerate) with one's teeth; to crunch

estringe *s. f.* tunic worn by the Goths in Spain

estrinque *s. m.* ⇒ **estrinca**

estripação *s. f.* disembowelment, unbowelling, evisceration; extirpation

estripador *s. m.* one who disembowels

estripar *v. tr.* to disembowel, to remove the entrails of; to eviscerate; to unrip; to extirpate

estritamente *adv.* strictly

estrito *adj.* strict, accurate; limited

estritura *s. f.* stricture; compression; binding

estro *s. m.* inspiration, poetic vein; rut; ***estro bovino*** warble-fly of cattle

estróbilo *s. m.* BOTÂNICA strobilus

estroboscopia *s. f.* stroboscopy

estroboscópico *adj.* stroboscopic

estroboscópio *s. m.* stroboscope

estrofantina *s. f.* strophanthin

estrofanto *s. m.* BOTÂNICA strophanthus

estrofe *s. f.* strophe, stanza

estrófico *adj.* strophic

estrógeno *adj.* producing sexual appetite

estroina Ⓐ *adj.* hare-brained, scatter-brained; fast Ⓑ *s. m. e f.* harum-scarum; reckless (rash) person, bohemian person; waster, spendthrift

estroinar *v. intr.* to lead a fast life; to sow (one's) wild oats; to indulge in dissipation; to waste money

estroinice *s. f.* folly, extravagance; spree; prodigal expenditure of money; fast living; light-mindness

estroma *s. m.* BOTÂNICA, ANATOMIA stroma

estromania *s. f.* ⇒ **ninfomania**

estromaníaca *adj.* ⇒ **ninfomaníaca**

estromaturgia *s. f.* art of making carpets (or tapestry)

estrombo *s. m.* ZOOLOGIA strombus

estrompar *v. tr.* to ruin; to tire out; to disturb

estrompido *s. m.* noise; crack; explosion

estronca *s. f.* prop; strut; shore

estroncamento *s. m.* dismembering; sprain; truncating

estroncar *v. tr.* to truncate; to maim, to mutilate, to dismember

estronciana *s. f.* strontia, oxide of strontium

estroncianite *s. f.* MINERALOGIA strontianite

estrôncio *s. m.* QUÍMICA strontium

estrondar *v. intr.* to thunder, to boom, to roar; to make a deep noise

estrondeante *adj.* roaring; thundering

estrondear *v. intr.* to make a great noise; to boom, to thunder, to roar; to resound; to be notorious

estrondo *s. m.* loud (thundering) noise, clangour, clang, crash, crack; ostentation, show, display, pomp; ***fazer grande estrondo*** to make a great noise; [fig.] ***com grande estrondo*** ostentatiously, sumptuously

estrondosamente *adv.* noisily; magnificently; sumptuously; stately

estrondoso *adj.* noisy, clamorous, riotous; famed, renowned; showy, pompous, magnificent

estropalho *s. m.* dish-clout, dish-cloth; mop

estropeação *s. f.* act (or effect) of trampling

estropeada *s. f.* trampling (of feet); clatter (of horses' hoofs); crowd, rabble, mob; hubbub, uproar

estropeadamente *adv.* clatteringly, uproariously

estropear *v. intr.* to trample (feet); to knock at the door; to make a great noise

estropiação *s. f.* ⇒ **estropiamento**

estropiado *adj.* maimed; mutilated; hobbling (horse)

estropiamento *s. m.* act of maiming, mutilation; [fig.] misunderstanding or misrepresentation (of a sentence or of an idea)

estropiar *v. tr.* to maim, to cripple; to lame, to mangle; to spoil; to cut; to misrepresent; to garble (a version of a text, pronunciation, etc.); to overfatigue

estropício *s. m.* damage, hurt; wrong

estropo *s. m.* NÁUTICA sling, strop; ***estropo de corrente*** chain sling; ***estropo de fio*** selvage stop

estroso *adj.* ignorant, stupid, nescient, witless

estrotejar *v. intr.* to trot

estrovinhar *v. tr.* ⇒ **estremunhar**

estrovo *s. m.* string which connects the hook to the fishing line

estrugido *s. m.* dressing of food made with onions and oil; roar, rattle
estrugidor *adj.* roaring, rumbling
estrugimento *s. m.* roaring; booming; stunning
estrugir *v. tr. e intr.* to resound, to thunder; to cook with onions and oil
estruir *v. tr.* ⇒ **destruir**
estruma *s. f.* scrofula, goitre, [E.U.A.] goiter; manure
estrumação *s. f.* manuring
estrumada *s. f.* dung-heap
estrumadela *s. f.* ⇒ **estrumação**
estrumal *s. m.* manure pile, dunghill
estrumar *v. tr.* to manure; to fertilize, to dung; ***estrumar a terra*** to manure the land
estrume *s. m.* manure; mulch
estrumeira *s. f.* dunghill
estrumeiro *s. m.* dung carrier
estrumoso *adj.* PATOLOGIA scrofulous; dirty; full of dirt
estrupada *s. f.* skirmish, assault; gust (of wind)
estrupício *s. m.* riot, fracas; conflict, struggle
estrupidante *adj.* roaring, noisy; thunderous
estrupidar *v. intr.* to roar; to bloom; to tramp
estrupido *s. m.* crash; confused noise
Estrutiónidas *s. m. pl.* ⇒ **Estrutionídeos**
Estrutionídeos *s. m. pl.* *Struthionidae*
estrutura *s. f.* structure, building, construction; formation; composition; make; frame; ***a estrutura de um edifício*** the structure of a building; ***estrutura nuclear*** nuclear structure
estruturador Ⓐ *s. m.* structurer; organizer Ⓑ *adj.* structuring; [fig.] developmental, formative
estrutural *adj.* structural; ***exercício estrutural*** drill
estruturalismo *s. m.* structuralism
estruturalista *s. m. e f., adj.* structuralist
estruturalmente *adv.* structurally
estruturar *v. tr.* to structure, to build (to form) into structure; to make the structure of
estuação *s. f.* great heat, hotness, burning; glow; nausea; sickness
estuante *adj.* ardent, burning; feverish; febrile
estuar *v. intr.* to boil, to seethe; to glow, to be hot (with emotion)
estuário *s. m.* estuary, frith, firth
estucador *s. m.* plasterer
estucagem *s. f.* act (or effect) of plastering (stuccoing)
estucar *v. tr. e intr.* to plaster, to coat, to cover (with plaster); to stucco
estucha *s. f.* wedge; [fig.] trouble, nuisance; recommendation
estuchar *v. tr.* to spike; to pull the strings (or wire); to hammer, to wedge
estuche *s. m.* ⇒ **estucha**; syringe made of cane
estudadamente *adv.* studiously; affectedly; deliberately
estudado *adj.* studied; affected; deliberate, considered; premeditated
estudantaço *s. m.* good student; studious person
estudantada *s. f.* students; students' rag, prank of students; a great number of students
estudantado *s. m.* student life; state of being a student; ordinary student; studentship
estudante *s. m.* student, undergraduate; scholar; schoolboy, schoolgirl; pupil; ***estudante de medicina*** medical student; ***estudante de direito*** law student; ***estudante de engenharia*** student of engineering; ***estudante de teologia*** student of theology; ***estudante do liceu*** pupil at a secondary school ([E.U.A.] high-school); ***estudante atrasado*** backward pupil; ***estudante adiantado*** advanced pupil; ***os estudantes de dez valores*** [fam.] the Poll (Cambridge University)
estudanteco *s. m.* ordinary student
estudantesco *adj.* student-like
estudantil *adj.* referring to students
estudantina *s. f.* group of students who sing (or play) together
estudantório *s. m.* ⇒ **estudanteco**
estudar *v. tr. e intr.* to study, to learn; to read; to examine; to consider; to be a student; to scrutinize; to apply oneself to study; ***estudar com afinco*** to study hard; ***estudar Direito*** to read for the bar (for law); ***estudar medicina*** to study medicine; ***estudar o assunto*** to look into the matter; ***estudar um plano*** to work out a plan; ***estudar todos os aspectos da questão*** to study all sides of the question; ***estudar a fundo a questão*** to enter deeply into the subject; ***estudar História*** to study History; ***estudar o carácter de alguém*** to study a person's character
estúdio *s. m.* studio; ***estúdio cinematográfico*** film studio
estudiosamente *adv.* studiously
estudiosidade *s. f.* studiousness; diligence in study
estudioso *adj.* studious, diligent, painstaking
estudo *s. m.* study; learning; work; sketch; musical composition (designed to develop player's skill); study-room; studio; ***horas de estudo*** hours of study; ***estudo da tarde*** evening preparation; ***estudo da História*** study of History; ***interromper os estudos*** to interrupt one's studies; ***começar os estudos*** to begin (one's) studies; ***estudo profundo*** deep learning; ***ter estudos*** to have studied; ***comissão de estudos*** a research staff; ***estudo de mercado*** consumer research
estufa *s. f.* glasshouse, conservatory, greenhouse; ***estufa para plantas*** hot-house; ***efeito de estufa*** greenhouse effect
estufadeira *s. f.* stew-pan
estufado *s. m.* stew, stewed-meat
estufa-fria *s. f.* green-house; glass-house
estufagem *s. f.* stewing; the act of putting into a glass-house
estufar *v. tr.* CULINÁRIA to stew; to put into a glass-house
estufeiro *s. m.* one who builds glass-houses
estufilha *s. f.* dungeon
estufim *s. m.* bell-glass, garden-frame
estugar *v. tr.* to quicken one's step; to accelerate, to hasten (one's steps); to go quickly; ***estugar o passo*** to quicken one's pace
estultamente *adv.* foolishly
estultice *s. f.* ⇒ **estultícia**
estultícia *s. f.* folly, silliness, foolishness
estultificação *s. f.* act of making (or becoming) foolish
estultificar Ⓐ *v. tr.* to make silly; to stultify Ⓑ *v. intr.* to become foolish
estultilóquio *s. m.* silly words
estulto *adj.* silly, foolish, imbecile
estuoso *adj.* very hot, boiling; turbulent
estupefacção *s. f.* MEDICINA stupefaction; [fig.] amazement
estupefaciente Ⓐ *s. m.* narcotic, stupefacient; dope; drug Ⓑ *adj.* narcotic, stupefacient
estupefactivo *adj.* narcotic; soporific
estupefacto *adj.* stupefied, amazed, stunned; flabbergasted; confounded
estupefazer *v. tr.* ⇒ **estupeficar**
estupeficante *adj.* stupefying; benumbing
estupeficar *v. tr.* to stupefy, to benumb
estupendamente *adv.* stupendously
estupendo *adj.* stupendous, amazing; tremendous; marvellous, wonderful
estupidamente *adv.* doltishly; stupidly; brutally
estupidarrão *s. m.* very stupid man
estupidecer *v. tr. e refl.* ⇒ **estupidificar**
estupidez *s. f.* stupidity; dullness; obtuseness; stupid thing; blunder, piece of stupidity
estupidificante *adj.* numbing, mind-destroying

estupidificar Ⓐ *v. tr.* to make stupid; to dumbfound Ⓑ *v. refl.* to grow stupid
estúpido Ⓐ *adj.* stupid, dull, foolish, slow-witted; thick-headed; blockhead; doltish, idiotic(al), silly; obtuse, crass Ⓑ *s. m.* dunce, half-wit, dullard, block-head; ⌈fig.⌋ donkey; ***uma coisa estúpida*** a stupid thing; ***(seu) estúpido!*** you goose!; ***ser estúpido e não ter expediente*** not to known enough to come in out of the rain; ***ser estúpido*** to be slow in the up-take; ***um estúpido*** a stupid person; ***leva-me a crer que é bastante estúpido*** I should say that he's rather stupid
estupor *s. m.* MEDICINA stupor, torpor, state of coma; ⌈fig.⌋ an ugly (or evil) person
estuporado *adj.* stuporous; spoiled; ugly; evil
estuporante *adj.* that causes stupor; lethargic
estuporar Ⓐ *v. tr.* to cause stupor to; ro ruin; to spoil; to startle Ⓑ *v. refl.* to get spoiled, to become rotten
estuporoso *adj.* stuporous
estuprar *v. tr.* to rape, to ravish, to deflower
estupro *s. m.* rape, violation; indecent assault
estuque *s. m.* stucco, plaster
estúrdia *s. f.* folly, dissipation, prank
esturdiar *v. intr.* to be dissipated
estúrdio *adj.* light-headed, fast, dissipated
esturgião *s. m.* ICTIOLOGIA ⇒ **esturjão**
esturião *s. m.* ICTIOLOGIA ⇒ **esturjão**
esturjão *s. m.* ICTIOLOGIA sturgeon
esturrado *adj.* roasted, scorched; stubborn, hot-headed, hot-tempered
esturrar *v. tr. e refl.* to burn up, to scorch, to parch, to over-cook, to toast; to get scorched; to be burned; to become irritated; ⌈cal.⌋ ***um dia de esturrar*** a scorching day, a scorcher, a broiling day
esturricar *v. tr. e intr.* to dry; to toast, to overroast
esturrinhar *v. tr. e intr.* to dry; to toast, to overroast
esturrinho *s. m.* a kind of dark and toasted snuff
esturro *s. m.* burning, roasting; ***esta carne cheira a esturro*** this meat smells burnt; ⌈fig.⌋ ***cheirar a esturro*** to smell of burning, to be on the point of bursting
esturvinhado *adj.* stunned, dazed
ésula *s. f.* BOTÂNICA spurge
esurino *adj.* that whets the appetite
esvaecer *v. tr. e intr.* to dissipate, to vanish away, to disappear, to fade; to despond; to evaporate; to melt away, to evanesce, to dissolve
esvaecimento *s. m.* vanishing away, evanescence, disappearance
esvaído *adj.* faint; fading; exhausted, weak; ***esvaído em sangue*** faint from loss of blood
esvaimento *s. m.* fainting, swooning; ***esvaimento de cabeça*** swimming of the head
esvair *v. tr. e refl.* to evaporate; to empty; to faint, to fall into a swoon; to exhaust
esvanecer *v. tr.* to evanesce, to vanish, to disappear, to melt away
esvão *s. m.* ⇒ **desvão**
esvaziamento *s. m.* emptying; exhaustion; evacuation; deflation
esvaziar *v. tr.* to empty, to evacuate; to deflate (tire); ***esvaziar uma garrafa de vinho*** to empty a bottle of wine; ***esvaziar o porão*** to clear the hold
esventar *v. tr.* to dry out a gun-barrel by burning powder in it
esventrar *v. tr.* ⇒ **estripar**
esverçar *v. tr.* to wash and squeeze (cabbage) before cooking it
esverdeado *adj.* greenish
esverdear *v. tr. e intr.* to green, to make green; to turn green, to become green
esverdinhado *adj.* light green, greenish
esverdinhar Ⓐ *v. tr.* to colour green Ⓑ *v. refl.* to become greenish
esvidador *s. m.* one who clears a vineyard of lopped branches
esvidar Ⓐ *v. tr.* to clear up a vineyard of lopped branches Ⓑ *v. refl.* to fart
esvidigador *s. m., adj.* ⇒ **esvidador**
esvidigar *v. tr.* ⇒ **esvidar**
esviscerar *v. tr.* to eviscerate, to disembowel
esvoaçante *adj.* fluttering
esvoaçar *v. intr.* to flutter, to flit, to fly
esvurmar *v. tr.* to squeeze (tumours); to lay open
eta *s. m.* eta (the seventh letter of the Greek alphabet)
etal *s. m.* QUÍMICA cetyl, cetylic alcohol
etálico *adj.* related to the cetylic alcohol
etanal *s. m.* QUÍMICA acetaldehyde
etano *s. m.* QUÍMICA ethane
etanodiol *s. m.* glycol
etanodiólico *adj.* QUÍMICA oxalic; ethane dioic
etanóico *adj.* QUÍMICA ethanoic, acetic (acid)
etanol *s. m.* QUÍMICA ethanol, ethyl alcohol
etapa *s. f.* halting-place, stage, stop; MILITAR ration (for soldiers on campaign)
etc. ||*abrev. de* **et cetera**|| etc. |*abrev. de* etcetera|
etcetera *adv.* and so on, and so forth
eteno *s. m.* QUÍMICA ethylene, etherene
éter *s. m.* ether; higher regions of space; anaesthetic
etéreo *adj.* ethereal
etérico *adj.* etheric
eterificação *s. f.* etherification; process of converting alcohol into ether
eterificar *v. tr.* to etherialize; to convert (alcohol) into ether; to make (to convert) into ether
eterismo *s. m.* etherism
eterização *s. f.* etherization
eterizador *s. m.* etherizer
eterizar *v. tr.* to etherize, to put a patient under the influence of ether
eternal *adj.* eternal
eternamente *adv.* eternally; ever, forever; immortally
eternar *v. tr.* ⇒ **eternizar**
eternidade *s. f.* eternity; the next world
eternizar *v. tr.* to etern(al)ize, to make eternal; to give immortal fame to; to prolong indefinitely
eterno *adj.* eternal, everlasting, perpetual, endless, infinite; immortal, imperishable, perpetual; ***vida eterna*** eternal life; ***a cidade eterna*** the eternal city, Rome
eterograma *s. m.* a message sent by wireless, radiogram
eterolato *s. m.* QUÍMICA etherolate
eterolatura *s. f.* FARMACOLOGIA ethereal tincture
eteromania *s. f.* etheromania; morbid love of ether
eterómano *s. m., adj.* etheromaniac
etésio *adj.* Etesian; ***ventos etésios*** Etesian winds
ética *s. f.* ethics
ético *adj.* ethic(al)
etilamina *s. f.* QUÍMICA ethylamin(e)
etilato *s. m.* QUÍMICA ethylate
etilénico *adj.* QUÍMICA ethylenic
etileno *s. m.* QUÍMICA ethylene
etílico *adj.* QUÍMICA ethylic
etílio *s. m.* ⇒ **etilo**
etilismo *s. m.* alcoholism
etilizado *adj.* drunk, inebriated, intoxicated; ***estar etilizado*** to be in one's cups
etilizar Ⓐ *v. tr.* to intoxicate, to inebriate Ⓑ *v. refl.* to get drunk
etilo *s. m.* QUÍMICA ethyl
étimo *s. m.* etymon; root (word)

etimologia *s. f.* etymology
etimologicamente *adv.* etymologically
etimológico *adj.* etymologic(al)
etimologismo *s. m.* etymologization
etimologista *s. m. e f.* etymologist
etimologizar *v. tr.* to etymologize
etimólogo *s. m.* etymologist
etino *s. m.* ⇒ **acetileno**
etiologia *s. f.* MEDICINA etiology, aetiology
etiológico *adj.* etiological, aetiological
etíope Ⓐ *adj.* Ethiopian, Ethiopic Ⓑ *s. m. e f.* Ethiopian Ⓒ *s. m.* Ethiopic (language)
Etiópia *s. f.* Ethiopia
etiópico *adj.* Ethiopian, Ethiopic
etiqueta *s. f.* etiquette; formality; label, ticket; ***observar a etiqueta*** to observe the etiquette
etiquetagem *s. f.* labelling
etiquetar *v. tr.* to ticket, to label
etmoidal *adj.* ethmoid(al)
etmóide Ⓐ *adj.* ethmoid(al) Ⓑ *s. m.* ANATOMIA ethmoid bone
etmóideo Ⓐ *adj.* ethmoid(al) Ⓑ *s. m.* ANATOMIA ethmoid bone
etnarca *s. m.* ethnarch
etnarquia *s. f.* ethnarchy
etnia *s. f.* SOCIOLOGIA ethnic group, group of individuals belonging to the same civilization and sharing the same language
etnicismo *s. m.* ethnicism, paganism, heathenism
étnico *adj.* ethnic, ethnical, heathen, gentile
etnocêntrico *adj.* ethnocentric; ***abordagem etnocêntrica*** ethnocentric approach
etnocentrismo *s. m.* ethnocentrism
etnodiceia *s. f.* ethnodicy
etnogenia *s. f.* ethnogeny
etnografia *s. f.* ethnography (scientific description of races)
etnográfico *adj.* etnographic(al)
etnógrafo *s. m.* ethnographer
etnologia *s. f.* ethnology (science of racial characteristics and of the distribution and classification of races)
etnológico *adj.* ethnologic(al)
etnologista *s. m. e f.* ethnologist
etnólogo *s. m.* ethnologist
etnometria *s. f.* ethnometry
etnonímia *s. f.* part of onomatology dealing with names of castes, races, clans, peoples, etc.
etnónimo *s. m.* collective name for people, races, clans, castes, etc
etnopsicologia *s. f.* psychology of races
etocracia *s. f.* way of governing based on morals
etogenia *s. f.* science of determining the causes of character
etogénico *adj.* referring to *etogenia*
etognosia *s. f.* knowledge of the uses and the character of people
etognóstico *adj.* referring to etognosia
etografia *s. f.* FILOSOFIA ethography (study of people mainly directed to their morals)
etologia *s. f.* ethology
etológico *adj.* ethological
etólogo *s. m.* ethologist
etopeia *s. f.* an ethopoetic study
etopeu *s. m.* one who devotes himself to the description of character and manners of people
etrioscopia *s. f.* determination of the heat radiation in a cloudless atmosphere
etrioscópio *s. m.* METEOROLOGIA aethrioscope (apparatus for measuring changes of temperature produced by different conditions of the sky)
etrusco *s. m., adj.* Etruscan, Etrurian
eu *pron. pess.* I; ***eu próprio*** I myself
eubiótica *s. f.* art of living well
eucaliptal *s. m.* a grove of eucalyptus
eucalipto *s. m.* eucaliptus
eucaliptol *s. m.* eucalyptus oil
eucaristia *s. f.* Eucharist (the sacrament of the Lord's supper)
eucarístico *adj.* eucharistic(al)
êuclase *s. f.* a kind of emerald
euclidiano *adj.* Euclidean
eucológio *s. m.* euchology, euchologion
eucólogo *s. m.* euchologue
eucrasia *s. f.* MEDICINA eucrasy (mixture of qualities which constitutes good health)
eucrásico *adj.* MEDICINA relating to eucrasy
eucromático *adj.* of a beautiful colour
eudemonismo *s. m.* eud(a)emonism
eudiometria *s. f.* eudiometry
eudiómetro *s. m.* FÍSICA eudiometer (instrument for the analysis of gaseous mixtures)
euemia *s. f.* good quality of blood
eufémico *adj.* euphemistic(al)
eufemismo *s. m.* euphemism
eufemístico *adj.* euphemistic(al)
eufonia *s. f.* euphony, sweetness of sound, harmony
eufonicamente *adv.* euphonically
eufónico *adj.* euphonic(al)
êufono Ⓐ *adj.* euphonious, pleasant sounding Ⓑ *s. m.* sweet sound; euphonium
eufórbia *s. f.* euphorbia
Euforbiáceas *s. f. pl.* BOTÂNICA *Euphorbiaceae*
euforbiáceo *adj.* euphorbiaceous
eufórbico *adj.* said of an acid found in the euphorbium
eufórbio *s. m.* BOTÂNICA euphorbium (the name of the spurge genus)
euforia *s. f.* euphoria; bliss, exhilaration
eufórico *adj.* euphoric, blissful, exhilarated
euforizante *adj.* causing euphoria, exhilarant
eufrásia *s. f.* BOTÂNICA euphrasy, eyebright
eufuísmo *s. m.* euphuism; high-flown (or affected) style of writing and speaking
eufuísta *s. m. e f.* euphuist
eufuístico *adj.* euphuistic
eugenesia *s. f.* eugenesis
eugenésico *adj.* referring to eugenesis; capable of improving the race; having the quality of breeding well
eugenia *s. f.* eugenics (study of best means of improvement of the race by careful selection of the parents)
eugénico *adj.* eugenic
eugenismo *s. m.* eugenism
eugenista *s. m. e f.* eugenist, student of eugenics
êugrafo *s. m.* kind of dark camera
euménide *s. f.* MITOLOGIA one of the three avenging deities (Furies)
eunomiano *s. m., adj.* eunomia
eunominismo *s. m.* eunominism
eunuco *s. m.* eunuch
eunuquismo *s. m.* eunuchism
eupatia *s. f.* eupathy
eupático *adj.* eupathic
eupatorina *s. f.* FARMACOLOGIA eupatorine
eupatório-de-avicena *s. m.* the hemp eupatorium
eupátrida *s. m. e f.* Eupatrid
eupepsia *s. f.* MEDICINA eupepsia (good digestion)
eupéptico *adj.* eupeptic (easy to digest)
euplástico *adj.* MEDICINA euplastic
eupneia *s. f.* MEDICINA eupnoea (normal breathing)
euquimo *s. m.* vegetable juice
euquinina *s. f.* QUÍMICA quinine ethyl carbonate

eurasiático *adj.* Eurasian
eurásico *adj.* Eurasian
eureca! *interj.* eureka!, I've got it!, the difficulty is solved!
euricéfalo *adj.* eurycephalic, eurycephalous
euricero *adj.* ZOOLOGIA eurycerous
eurignatia *s. f.* quality of being eurygnathous
eurignatismo *s. m.* quality of being eurygnathous
eurígnato *adj.* eurygnathous
euripo *s. m.* euripus (irregular movement)
euritermo *adj.* eurythmic, eurhythmic
euritmia *s. f.* eurythmy, eurhythmy; ARQUITECTURA harmony in the proportion of a building; PATOLOGIA regularity of pulse
eurítmico *adj.* eurythmic, eurhythmic
euro *s. m.* euro (European single currency after 1 January 1999)
Euro *s. m.* east wind, Eurus
euro-asiático *adj.* Eurasian
eurocrata *s. m. e f.* eurocrat
eurodeputado *s. m.* member of the European Parliament
eurodólar *s. m.* eurodollar
euromercado *s. m.* euromarket, euromart
Eurónoto *s. m.* ⇒ **Euro**
europeísmo *s. m.* Europeanism
europeísta *s. m. e f.* Europeanist
europeização *s. f.* Europeanization
europeizar *v. tr.* to Europeanize
europeu *s. m., adj.* European
európio *s. m.* QUÍMICA europium
eurritmia *s. f.* ⇒ **euritmia**
eurrítmico *adj.* ⇒ **eurrítmico**
euscalduno *adj.* ⇒ **vascongado**
êuscaro *s. m.* ⇒ **vasconço**
eussemia *s. f.* MEDICINA good symptoms in the evolution of a disease
eustasia *s. f.* GEOLOGIA eustasy
eustático *adj.* eustatic
eustilo *s. m.* ARQUITECTURA eustyle
eustomia *s. f.* readiness of speech, fluency
eutanásia *s. f.* euthanasia
eutaxia *s. f.* eutaxy
eutéctico *adj.* eutectic
eutérios *s. m. pl.* ZOOLOGIA sub-class of the Mammalia
eutéxia *s. f.* eutexia
eutícomo *adj.* having long and thick hair
eutimia *s. f.* cheerfulness of mind; equanimity
eutiquianismo *s. m.* ⇒ **monofisismo**
eutocia *s. f.* eutocia, childbirth
eutócico *adj.* of (pertaining to) eutocia, childbirth
eutrofia *s. f.* healthy nutrition, eutrophy
eutrófico *adj.* eutrophic
euxenite *s. f.* euxenite
evacuação *s. f.* evacuation, discharge; exhaust, waste, eduction, exhaustion; ***evacuação da população civil*** evacuation of the civilian population
evacuante *adj.* evacuant, purgative
evacuar *v. tr.* to evacuate, to clear out; to defecate; MILITAR to withdraw
evacuativo *s. m., adj.* ⇒ **evacuatório**
evacuatório *s. m., adj.* evacuative; evacuant
evadido *adj.* evaded, escaped
evadir *v. tr. e refl.* to evade, to elude; to escape; to shun, to avoid; ***evadiu-se da cadeia*** he escaped from prison
evagação *s. f.* mental wandering, rambling
evalve *adj.* indehiscent, not bursting or splitting (of fruits when ripe)
evanescência *s. f.* evanescence
evanescente *adj.* evanescent
Evangelho *s. m.* (the) Gospel; ***jurar pelos Santos Evangelhos*** to swear upon (by) the Gospels
evangeliário *s. m.* evangelistary
evangélico *adj.* evangelical
evangelismo *s. m.* evangelism
evangelista *s. m. e f.* evangelist
evangelização *s. f.* evangelization
evangelizador *s. m.* evangelist, preacher, missionary
evangelizante *s. m. e f.* teacher of the Gospel
evangelizar *v. tr.* to evangelize; to preach the Gospel
evaporação *s. f.* evaporation, exhalation
evaporador *s. m.* evaporator
evaporante *adj.* evaporative, producing evaporation
evaporar *v. tr. e refl.* to evaporate, to evanesce, to disappear, to fade, to vanish, to dissolve, to exhale (moisture); ***evaporar a seco*** to evaporate to dryness
evaporativo *adj.* evaporative, evaporating
evaporatório Ⓐ *adj.* ⇒ **evaporativo** Ⓑ *s. m.* apparatus for producing or facilitating the evaporation
evaporável *adj.* evaporable, capable of being evaporated
evaporímetro *s. m.* ⇒ **evaporómetro**
evaporizar *v. tr.* to evaporate
evaporómetro *s. m.* atmometer, evaporometer
evasão *s. f.* evasion, escape; flight; shuffling, excuse; equivocation; sophistry, subterfuge; ***evasão fiscal*** tax evasion
evasiva *s. f.* subterfuge, evasion, shuffling, excuse; pretext; evading; ***a resposta foi uma mera evasiva*** the answer was a mere evasion
evasivo *adj.* evasive, elusive, shuffling, equivocating, artful
evecção *s. f.* ASTRONOMIA evection (inequality in the longitude of the moon)
evemerismo *s. m.* philosophical system holding that pagan gods were human beings divinized by men
evencer *v. tr.* DIREITO to dispossess of (by law), to deprive of property (by law)
evento *s. m.* success, occurrence, happening, event
eventração *s. f.* MEDICINA eventration, ventral hernia
eventual *adj.* casual, contingent, accidental; possible, potential
eventualidade *s. f.* eventuality, event; possibility
eventualmente *adv.* possibly; occasionally; by accident
eversão *s. f.* overthrow, downfall, destruction, ruin
eversivo *adj.* destructive, subversive
eversor *s. m.* destroyer
everter *v. tr.* to overthrow, to subvert; to destroy
evexia *s. f.* ⇒ **eucrasia**
evicção *s. f.* DIREITO, MEDICINA eviction
evicto *adj.* evicting; subject to eviction
evictor *s. m.* evictor, evicter
evidência *s. f.* evidence, obviousness, unequivocalness, clearness, certainty; ***provar a evidência*** to prove, to establish by evidence
evidenciar Ⓐ *v. tr.* to show; to prove, to establish by evidence Ⓑ *v. refl.* to show clearly; to stand out, to become conspicuous; ***não querer evidenciar-se*** to take a back seat
evidente *adj.* evident, obvious, plain, clear, manifest, patent, unequivocal, unmistakable; ***ser evidente*** to be obvious
evidentemente *adv.* evidently, plainly, manifestly, obviously, of course, clearly
evidilha *s. f.* ⇒ **empa**
evisceração *s. f.* evisceration, removal of the viscera
eviscerar *v. tr.* to eviscerate
evitação *s. f.* avoidance, shirking, shunning
evitamento *s. m.* avoidance, shirking, shunning
evitando *adj.* that must be avoided
evitar *v. tr.* to avoid, to shun; to refrain from; to escape, to elude; to keep clear of; to prevent, to spare, to dodge; ***evitar alguém propositadamente*** to give someone the go-by; ***evitar um erro*** to avoid an error (a mistake); ***evitar incómodos*** to avoid trouble; ***desejo evitar discussões*** I wish

to prevent all dispute; ***não há meio de o evitar*** it can't be helped; ***evitar por desconfiança*** to fight shy of; ***evitar um desgosto*** to avoid disappointment; ***evitar uma perda*** to avoid a loss; ***evitar equívocos*** to avoid misunderstandings
evitável *adj.* avoidable
eviternidade *s. f.* eviternity
eviterno *adj.* eviternal, eternal
evo *s. m.* [poét.] eternity, infinite duration; aeon, eon
evocação *s. f.* evocation, recollection, calling up; conjuring up; summons
evocador *s. m.* one who evokes
evocante *adj.* evocating; evocatory
evocar *v. tr.* to evoke, to call up, to summon, to bring to mind; ***evocar espíritos do outro mundo*** to evoke spirits from the other world
evocativo *adj.* evocative, tending to evoke
evocatório *adj.* ⇒ **evocativo**
evocável *adj.* evocable
evoé! *interj.* evoe!
evolar-se *v. refl.* to fly away, to disappear; to evaporate, to dissolve
evolução *s. f.* evolution, development, expansion; MILITAR, NÁUTICO manoeuvres; exercise; ***evolução completa*** complete evolution
evolucional *adj.* evolutional
evolucionar *v. intr.* MILITAR, NÁUTICO to make evolutions; to unfold, to develop; to evolve, to develop by evolution; to produce by gradual process
evolucionário *adj.* evolutionary, evolutional, developmental
evolucionismo *s. m.* evolutionism
evolucionista *s. m. e f., adj.* evolutionist
evoluir *v. intr.* to develop; to evolve; to progress; to perform evolution
evoluta *s. f.* GEOMETRIA evolute, special form of curve
evolutivo *adj.* evolutive
evolvente *s. f.* GEOMETRIA involute, evolvent; ***evolvente do circuito*** involute of the circle
evolver *v. refl. e intr.* to evolve, to develop by evolution, to produce by gradual process
evulsão *s. f.* evulsion; plucking out; rooting out
evulsivo *adj.* pulling out, tearing out
ex- *pref.* ex-; late, former, out of office
ex-abrupto *loc. adv.* abruptly, suddenly
exabundância *s. f.* superabundance
exabundante *adj.* superabundant
exabundar *v. intr.* to superabound; to abound greatly
exacção *s. f.* exaction; exactness, exactitude
exacerbação *s. f.* exacerbation, exasperation, irritation; aggravation (of a disease)
exacerbado *adj.* exacerbated, exaggerated, hyperbolic
exacerbador Ⓐ *adj.* exacerbating Ⓑ *s. m.* one who exacerbates
exacerbamento *s. m.* ⇒ **exacerbação**
exacerbar Ⓐ *v. tr.* to exacerbate; to exasperate, to irritate, to provoke, to embitter Ⓑ *v. refl.* to become irritated; to get worse
exactamente *adv.* exactly, precisely, strictly, just so, quite, to a hair, to a tittle
exactibilidade *s. f.* quality of being accurate; accurateness
exactidão *s. f.* exactitude, exactness; punctuality; accuracy, preciseness; correctness
exactificar *v. tr.* to make exact; to match; to verify
exacto *adj.* exact, accurate, precise, correct; right, certain, careful; punctual; strict, rigorous; ***uma descrição exacta*** an exact account; ***uma cópia exacta*** an exact copy
exactor *s. m.* exactor; tax-collector, exacter
ex-aequo Ⓐ *adj.* equally placed, placed equal Ⓑ *adv.* equal; ***estar na segunda posição ex-aequo (com outro atleta)*** to tie for second place
exageração *s. f.* exaggeration, hyperbole, overstatement, stretching, high colouring
exageradamente *adv.* exaggeratingly, excessively
exagerado *adj.* exaggerated; overenhanced
exagerador *s. m.* exaggerator
exagerar *v. tr.* to exaggerate, to augment, to increase; to magnify, to overstrain, to overcolour, to overstate, to overenhance; to draw the long bow; ***exagerar as dificuldades da situação*** to exaggerate the difficulties of the situation; ***ela exagera os atractivos do lugar*** she exaggerates the charms of the place; ***não exageres!*** don't overact!, draw it mild!
exagerativo *adj.* exaggerative, prone to exaggeration
exagero *s. m.* exaggeration; excess; stretching; overstatement; ***que exagero!*** what an exaggeration!, what a tall story!
exagitar *v. tr.* to flap violently; to anger, to infuriate
exalação *s. f.* exhalation; emanation, vapour, steam, evaporation, effluvium
exalante *adj.* exhaling, exhalant
exalar *v. tr.* to exhale, to breathe out; to evaporate; to pass off (or away) in vapour; to emit; to emanate, to reek; to vent, to give vent; ***exalar o último suspiro*** to breathe one's last, to gasp one's last breath; ***exalar perfume*** to shed perfume; ***exalar vapores*** to reek with vapours; ***exalar cheiro*** to smell, to scent
exalçação *s. f.* ⇒ **exalçamento**
exalçado *adj.* exalted
exalçamento *s. m.* exaltation; exalting; excitement
exalçar *v. tr.* to exalt; to praise, to extol
exaltação *s. f.* exaltation, elevation; excitement, irritation
exaltadamente *adv.* exaltedly, excitedly; ardently, irritably
exaltado *adj.* exalted, elevated; excited; hot-brained; ardent; ***um exaltado (político)*** a radical
exaltador *adj.* exalting, elevating
exaltamento *s. m.* ⇒ **exaltação**
exaltante *adj.* uplifting, inspiring
exaltar Ⓐ *v. tr.* to exalt, to extol, to praise; to glorify; to ennoble, to elevate; to raise, to lift up; to chafe; to irritate, to anger Ⓑ *v. refl.* to get hot; to lose one's temper; ***não se exalte!*** keep your temper!, don't lose your temper!, don't make a fuss
exalviçado *adj.* whitish
exame *s. m.* examination; test, essay; trial; inquiry; investigation, scrutiny; inspection; observation; inquiry, search; GEOLOGIA survey; ***fazer um exame médico*** to undergo a medical examination; ***exame de sangue*** blood count; ***exame de consciência*** self-examination; ***prova de exame*** examination test; ***exame de condução*** driving test; ***exame de admissão*** entrance examination, admission test; ***ir a exame*** to go in for an examination; ***fazer exame*** to sit for the examination, to take an examination; ***ficar bem (passar) no exame*** to pass an examination; [cal.] ***ficar mal no exame*** to fail in the examination, to flunk; ***exame de aptidão (à Universidade)*** matriculation examination, University entrance examination; ***exame escrupuloso*** close examination; ***exame microscópico*** microscopic examination; ***exame prático*** practical test; ***aguentar-se num exame*** to pull through in an examination; ***os estudantes passam aflições durante o tempo dos exames*** the students are on the rack during examination time; ***andar bem no exame*** to do well in the examination; ***exame de frequência*** periodic examination; ***exame final*** final examination; ***exame trimestral*** end-of--term exam
examinação *s. f.* examination, apparent death; coma; unconsciousness
examinador *s. m.* examiner
examinando *s. m.* examinee, candidate
examinar *v. tr.* to examine, to inquire into; to scrutinize; to ask questions of; to test a person's knowledge (qualification or proficiency); to investigate; to consider carefully; to look

through; ***examinar um quadro*** to examine a picture; ***examinar uma conta*** to look through an account, to verify an account; ***examinar a fundo toda a questão*** to wade through the whole matter; ***examinar um livro rapidamente*** to glance through a book; ***examinar superficialmente*** to run over; ***examinar a fundo*** to see into; ***examinar de perto*** to spy into; ***examinar minuciosamente*** to take a close survey of; ***examinar mais de perto*** to take a nearer view of, to examine more closely; ***examinar o assunto de uma maneira geral*** to take a general view of the subject; ***examinar (o navio, a máquina)*** to overhaul (the ship, the engine); ***examinando melhor*** on a closer view

examinável *adj.* examinable

exangue *adj.* bloodless, without blood; exhausted; exsanguinated; feeble, faint, languid, weak, debilitated

exania *s. f.* MEDICINA exania (prolapse of the rectum)

exanimado *adj.* examinate, inert, lifeless, spiritless; dead; inanimate

exânime *adj.* inert, lifeless, spiritless; dead; inanimate

exantema *s. m.* MEDICINA exanthema

exantemático *adj.* exanthematous

exantematoso *adj.* exanthematous

exarar *v. tr.* to register, to book; to set down in writing; ***exarar na acta*** to set down in the minutes; ***exarar uma acta*** to draw up an official report; ***exarar uma escritura*** to draw up a deed

exarca *s. m.* exarch

exarcado *s. m.* exarchate

exarticulação *s. f.* disarticulation

exasperação *s. f.* exasperation, anger, vexation, irritation

exasperadamente *adv.* exasperatingly, infuriatingly, angrily

exasperador Ⓐ *adj.* exasperating Ⓑ *s. m.* exasperating person

exasperar Ⓐ *v. tr.* to exasperate, to provoke, to aggravate, to vex, to nettle, to exacerbate, to embitter Ⓑ *v. refl.* to become exasperated; to fly into a passion

exaspero *s. m.* ⇒ **exasperação**

exaurir *v. tr.* to exhaust; to debilitate, to weaken; to tire out; to depauperate, to reduce strength of; ***exaurir a provisão*** to exhaust one's stock

exaurível *adj.* exhaustible

exaustação *s. f.* ⇒ **exaustão**

exaustão *s. f.* exhaustion; intense fatigue; total loss of strength

exaustar *v. tr.* to exhaust; to use up; to debilitate, to weary, to tire out

exaustivo *adj.* exhaustive

exausto *adj.* exhausted, tired (out), fatigued, wearied to excess; worn-out, fagged out; ***sentir-se completamente exausto*** to feel quite exhausted, [coloq.] to feel done up, to feel fagged out

exaustor *s. m.* tractor fan, suction fan; ventilator

exautoração *s. f.* depriving of authority

exautorado *adj.* exauthorized, exauthorated; deprived of office (or authority)

exautorar *v. tr. e refl.* to deprive of authority; to lose one's authority; to degrade

excarceração *s. f.* liberation, release, deliverance, discharge, freedom

excarcerar *v. tr.* to set free

excardinação *s. f.* dismissal (demission) from a diocese; act (or effect) of cleaning dirt out of the skin of animal

excardinar *v. tr.* to clean skin of animals from grains of dirt

excarnificar *v. tr.* to lacerate; to tear

ex-cátedra *adj.* ex cathedra (with authority)

excedente Ⓐ *adj.* exceeding; excessive; spare Ⓑ *s. m.* excess, overplus, surplus, remainder

exceder *v. tr. e refl.* to exceed, to surpass, to outdo, to excel, to outstrip, to go beyond a limit; to fly into a passion; to get over-tired; ***exceder em beleza*** to exceed another in beauty; ***exceder em coragem*** to excel another in courage; ***exceder a expectativa*** to surpass one's expectations; ***exceder o limite*** to go beyond the limit; ***exceder o prazo*** to exceed the time

excedível *adj.* surpassable, that can be exceeded

excelência *s. f.* excellence, superiority, extreme goodness; primacy, supremacy; surpassing merit; excellency; ***sua excelência*** Your (His, Her) Excellency

excelente *adj.* excellent, very good; superior, admirable; eminent; choice; worthy, fine; exquisite; ***ser excelente em*** to be good at; ***excelente!*** that's fine!, something like it!

excelentemente *adv.* excellently

excelentíssimo *adj.* most excellent; ***Exmo(s). Sr(s).*** (in letters), Dear Sir(s)

exceler *v. intr.* to excel, to be excellent

excelsar *v. tr.* to ennoble, to elevate, to aggrandis(z)e, to dignify; to praise highly, to glorify, to extol

excelsitude *s. f.* highness, excelsitude

excelso *adj.* high, sublime, eminent, superior, excelse

excentricamente *adv.* eccentrically, extravaganthy, oddly, peculiarly

excentricidade *s. f.* eccentricity; oddity, peculiarity, singularity, originality; ***excentricidade no trajar*** eccentricity in dress

excêntrico Ⓐ *adj.* [técn.] eccentric; [fig.] eccentric, odd, quaint, whimsical, peculiar, singular Ⓑ *s. m.* an eccentric person, an odd fellow; MECÂNICA eccentric; ***uma criatura excêntrica*** a whimsical creature; ***de aspecto excêntrico*** odd-looking; ***excêntrico da cadeia*** chain crank; NÁUTICA ***excêntrico de marcha avante*** go ahead eccentric; NÁUTICA ***excêntrico de marcha a ré*** astern eccentric

excepção *s. f.* exception; ***à excepção de*** except, save, with the exception of; ***todos sem excepção*** without exception, everyone; ***fazer uma excepção*** to make an exception, to stretch a point; ***a excepção confirma a regra*** the exception proves the rule; ***abrir uma excepção a favor de alguém*** to stretch a point for someone

excepcional *adj.* exceptional, unusual, uncommon, unnatural, anomalous; rare; ***vantagens excepcionais*** exceptional advantages

excepcionalidade *s. f.* exceptionality

excepcionalmente *adv.* exceptionally, unusually, uncommonly, unnaturally, rarely

excepcionar *v. tr.* ⇒ **exceptuar**

exceptivo *adj.* exceptional

excepto *prep.* except(ing), but, save, with the exception of; ***todos excepto um*** all save (but) one; ***estão todos prontos excepto tu*** everyone is ready except (but) you

exceptuador Ⓐ *adj.* excepting Ⓑ *s. m.* one who excepts

exceptuar *v. tr.* to except, to make an exception, to exclude

excerto *s. m.* excerpt; extract, quotation, passage quoted from a book (speech, etc.)

excessivamente *adv.* excessively

excessividade *s. f.* excessiveness

excessivo *adj.* excessive, overmuch, disproportionate, immoderate, undue, exorbitant; ***é trabalho excessivo para ele*** it is too much work for him

excesso *s. m.* excess, surplus, overplus, remainder; superfluity; immoderation; intemperance; redundance; abuse; ***excesso de bagagem*** excess luggage; ***excesso de amabilidade*** an excess of kindness; ***excesso de peso*** overweight, excess (of) weight; ***excesso de trabalho*** excess of work; ***excesso de velocidade*** excessive speed

êxcetra *s. f.* the fabulous hydra, many-headed snake

excídio *s. m.* devastation, desolation, ruin, destruction

excipiente *s. m.* FARMACOLOGIA excipient

excisão *s. f.* excision, cutting off, amputation

excisar *v. tr.* to excise, to cut off, to remove surgically, to cut out (passage of book, tumour, organ, etc.); BOTÂNICA, ZOOLOGIA to cut out, to cut away
excitabilidade *s. f.* excitability
excitação *s. f.* excitement, excitation, agitation, disturbance; commotion; animation; stimulation; ***as más notícias causaram-lhe grande excitação*** the bad news threw him (her) into a state (of great agitation); ELECTRICIDADE ***excitação eléctrica*** electric excitation; ELECTRICIDADE ***falta de excitação nos dínamos*** refusal of excitation in the dynamos; ELECTRICIDADE ***excitação em derivação*** shunt excitation
excitadamente *adv.* excitedly
excitado *adj.* excited, wrought up, irritated; animated; disturbed, agitated; highly-strung; tense; ***estar muito excitado*** to be highly strung
excitador Ⓐ *s. m.* one who excites; inciter, instigator; dynamo Ⓑ *adj.* exciting, inciting
excitamento *s. m.* excitement; agitation
excitante Ⓐ *adj.* exciting, stimulating Ⓑ *s. m.* excitant, stimulant
excitar *v. tr.* to excite, to rouse (up), to provoke, to incite, to stimulate; to animate; to stir; to disturb, to irritate, to agitate; to quicken; ***excitar um nervo*** to excite a nerve; ***não devem excitar o doente*** the patient must not be excited; ***excitar o ódio*** to arouse hatred
excitativo *adj.* excitative, excitatory
excitatório *adj.* ⇒ **excitativo**
excitatriz *s. f.* ELECTRICIDADE exciter
excitável *adj.* excitable
exclamação *s. f.* exclamation, cry, outcry; ***ponto de exclamação*** note of exclamation, exclamation mark
exclamador Ⓐ *s. m.* exclaimer Ⓑ *adj.* exclamatory
exclamar *v. tr. e intr.* to exclaim, to cry out, to shout, to ejaculate, to say loudly
exclamativo *adj.* exclamatory
exclamatório *adj.* ⇒ **exclamativo**
excluído *adj.* excluded
excluir *v. tr.* to exclude, to leave out, to shut (a person) out; to cut out; to reject, to debar; to omit; to preclude, to seclude, to debar from; to eliminate; ***excluir da sociedade*** [coloq.] to send to Coventry; ***excluir a possibilidade (de)*** to exclude the possibility (of); ***excluído da sociedade*** beyond the pale
exclusão *s. f.* exclusion; expulsion, ejection; omission; ***com a exclusão de*** to the exclusion of
exclusiva *s. f.* exclusion; the right of excluding
exclusivamente *adv.* exclusively
exclusive *adj.* exclusive of
exclusividade *s. f.* exclusiveness
exclusivismo *s. m.* exclusivism
exclusivista *s. m. e f.* exclusivist
exclusivo Ⓐ *adj.* exclusive, excluding, omitting, barring; shutting out Ⓑ *s. m.* monopoly; ***privilégios exclusivos*** exclusive privileges
excluso *adj.* excluded
excogitação *s. f.* excogitation, contrivance, cogitation
excogitador Ⓐ *s. m.* excogitator Ⓑ *adj.* excogitative
excogitar *v. tr. e intr.* to excogitate, to think out, to reflect upon, to meditate, to imagine, to contrive
excomungação *s. f.* excommunication
excomungado Ⓐ *adj.* excommunicated Ⓑ *s. m.* excommunicated person
excomungar *v. tr.* to excommunicate, to ban, to anathematize
excomungável *adj.* excommunicable
excomunhal *adj.* excommunicative
excomunhão *s. f.* excommunication
excreção *s. f.* MEDICINA excretion
excrementício *adj.* excrementitious; excremental
excremento *s. m.* excrement
excrementoso *adj.* excrementitious
excrescência *s. f.* excrescence, excrescency
excrescente *adj.* excrescent
excrescer *v. intr.* to swell, to tumefy
excretar *v. tr.* to excrete
excretício *adj.* excreted
excreto Ⓐ *adj.* excreted Ⓑ *s. m.* excreta
excretor *adj.* ⇒ **excretório**
excretório *adj.* excretory, excretive
excruciação *s. f.* excruciation
excruciante *adj.* excruciating, torturing, agonizing
excruciar Ⓐ *v. tr.* to excruciate; to torture, to torment Ⓑ *v. refl.* to fret, to grieve
exculpação *s. f.* ⇒ **desculpa**
exculpar *v. tr.* ⇒ **desculpar**
excursão *s. f.* excursion, trip, tour, outing; digression; ramble; [fig.] digression, deviation; ***fazer uma excursão*** to make a trip; ***uma excursão barata*** a cheap trip; ***uma excursão às montanhas*** an excursion into the mountains
excursar *v. intr.* to digress, to excur, to go out (forth); to excurse
excursionar *v. intr.* to excursionize
excursionismo *s. m.* excursionism
excursionista *s. m. e f.* excursionist, tripper, hiker; day-tripper, tourist
excurso *s. m.* digression
excursor *s. m.* ⇒ **excursionista**
excurvar *v. tr.* to arch
excussão *s. f.* DIREITO excussion
excutir *v. tr.* DIREITO to attach, to distrain
execrabilidade *s. f.* execrableness, quality of what is execrable
execração *s. f.* execration, curse, imprecation; abhorrence
execrador *s. m.* one who execrates
execrando *adj.* execrable, abominable, detestable
execrar *v. tr.* to execrate, to detest, to loathe; to curse
execratório *adj.* execratory, execrative
execrável *adj.* execrable, abominable; detestable
execução *s. f.* execution, carrying out, performance; seizure of goods of debtor in default of payment; infliction of capital, punishment; ***pôr em execução*** to execute, to put into execution; ***em execução (regulamento, lei, etc.)*** in force (regulation, law, etc.); ***a execução do programa foi cumprida*** the carrying out of the programme was accomplished; ***execução do serviço*** accomplishment; ***execução dos trabalhos*** execution of work; ***execução de hipoteca*** foreclosure
executado *adj.* executed (done), performed, carried out; executed (put to death)
executante *s. m. e f.* DIREITO executor; MÚSICA executant, performer, player
executar *v. tr.* to execute, to carry out, to perform, to effectuate, to accomplish, to effect; to work out; to inflict (capital punishment); to play, to perform; ***executar depressa*** to rush through; ***executar um mandado de prisão*** to serve a warrant; ***executar as ordens de alguém*** to execute a person's orders (or commands), to carry out someone's orders; ***executar com pontualidade*** to execute with punctuality; ***executar um mandato*** to fulfil a mandate; ***executar um assassino*** to execute a murderer; NÁUTICA ***executar evoluções*** to perform evolutions (or exercises)
executável *adj.* executable
executivo Ⓐ *s. m.* executive; executive power; government, administration Ⓐ *adj.* executive, active, operative
executor *s. m.* executor, one who executes; executioner, hangman
executória *s. f.* department in charge of the collection of debts and rents of a corporation
executório *adj.* executory

êxedra *s. f.* exedra, exhedra
exegese *s. f.* exegesis, explanation; interpretation of the Holy Scriptures
exegeta *s. m. e f.* exegetist, exegete
exegética *s. f.* RELIGIÃO exegetics, exegetical theology
exegético *adj.* exegetic(al)
exemplar Ⓐ *s. m.* copy; exemplar, model, pattern, type (of a class) Ⓑ *adj.* exemplary, commendable, worthy; fit to be imitated; ***que exemplar!*** what a specimen!; ***comportamento exemplar*** exemplary conduct; ***exemplar gratuito*** free copy; ***exemplar de um jornal*** copy of a newspaper; ***exemplar de publicidade*** press copy
exemplaridade *s. f.* exemplariness
exemplário *s. m.* collection of examples; exemplary
exemplarmente *adv.* exemplarily; ***porta-se exemplarmente*** his (her) behaviour is exemplary
exemplificação *s. f.* exemplification
exemplificador *adj.* exemplifying
exemplificar *v. tr.* to exemplify, to illustrate, to demonstrate
exemplificativo *adj.* exemplificative
exemplo *s. m.* example; pattern; precedent, parallel; specimen, sample; warning; ***dar bom exemplo*** to give a good example, to set a good example; ***por exemplo*** for instance; ***seguir o exemplo de outro*** to follow another person's example, to take a leaf out of another's book; ***seguir o exemplo do pai*** to follow father's example; ***não tome isto como exemplo!*** do not take this as a precedent!; ***que isto lhe sirva de exemplo*** let this be a lesson to you
exencefalia *s. f.* quality or state of exencephalus
exencéfalo *s. m.* exencephalus
exenteração *s. f.* exenteration, evisceration
exequátur *s. m.* exequatur
exequente Ⓐ *adj.* DIREITO sueing for attachment Ⓑ *s. m. e f.* suitor for attachment
exequial *adj.* relating to exequies (funeral rites), exequial, funereal
exéquias *s. f. pl.* exequies, obsequies, funeral rites
exequibilidade *s. f.* possibility of being executed; feasibility, workability
exequível *adj.* executable, feasible
exercer *v. tr.* to exercise, to practise, to train; to exert (pressure, influence); to devote to; to carry out; ***exercer um cargo*** to have an office, to bear an office; ***exerce a profissão de médico brilhantemente*** he is an ornament to the medical profession; ***exercer uma severa vigilância*** to exert a close watch
exercício *s. m.* exercise; practice; exercitation; drill, task, training; MILITAR manoeuvre; ***fazer exercício*** to take exercise, to drill, to exercise; ***deve fazer mais exercício*** you ought to take more exercise; ***exercício de ginástica*** gymnastic exercise; ***exercícios físicos*** [fam.] physical jerks; ***exercício estrutural*** (structure) drill; ***exercício antiaéreo*** air defence exercise; NÁUTICA ***exercícios de arriar e içar as embarcações*** boat manoeuvres; MILITAR ***exercício de tiro*** firing practice; ***em pleno exercício das suas faculdades mentais*** in full command of one's mental faculties
exercitação *s. f.* exercise, practice, exercitation, use
exercitador *s. m.* exerciser
exercitante Ⓐ *adj.* training Ⓑ *s. m. e f.* one who takes part in a spiritual retreat; person who trains
exercitar Ⓐ *v. tr.* to exercise, to practise, to train; to drill; to cultivate Ⓑ *v. refl.* to take exercise; to exercise oneself
exército *s. m.* army, troops; host; ***exército permanente*** standing army; ***criar um exército de inimigos*** to bring a hornets' nest about one's ears; ***exército de terra*** land forces; ***exército do ar*** air force, flying corps
exercitor *s. m.* he who directs the manoeuvres of ships; administrator of the cargo of a ship during a fixed period
exercitório *adj.* related to exercises
exerdação *s. f.* act of desinheriting
exerdar *v. tr.* ⇒ **deserdar**
exérese *s. f.* CIRURGIA extraction, excision, amputation, cutting off
exergásia *s. f.* synonymy
exergo *s. m.* exergue
exfetação *s. f.* MEDICINA exfetation, extrauterine pregnancy
exfoliar *v. tr.* ⇒ **esfoliar**
exibição *s. f.* exhibition, display, show; ***exibição de circo*** circus show; ***exibição aérea*** air display; TEATRO ***três meses de exibição*** a run of three months; CINEMA ***exibição de um filme*** screening of a movie
exibicionismo *s. m.* mania for showing-off; exhibitionism; showing off
exibicionista *s. m. e f.* exhibitionist
exibidor *s. m., adj.* exhibiting, displaying; one who exhibits (shows or displays)
exibir Ⓐ *v. tr.* to exhibit, to show, to display, to set out; to expose; CINEMA to screen (a movie) Ⓑ *v. refl.* to show off, to parade; to expose oneself
exibitivo *adj.* ⇒ **exibitório**
exibitório *adj.* exhibitory, exhibitive
exicial *adj.* fatal, unlucky, pernicious
exício *s. m.* ruin, destruction
exido *s. m.* public land, common land
exigência *s. f.* claim, demand, exigence, exigency
exigente *adj.* demanding, exacting, hard to please, difficult
exigibilidade *s. f.* quality of what is demandable
exigir *v. tr.* to exact, to demand, to claim, to require peremptorily; to compel, to urge; ***isto exige grande cuidado*** this requires great care; ***exigem a minha comparência*** they require me to appear; ***exigir pontualidade*** to require punctuality; ***exigir uma resposta imediata*** to demand an immediate answer; ***este trabalho exige atenção aturada*** this work requires the closest attention; ***exigir um recibo de alguém*** to demand a receipt from someone; ***exigir grandes despesas*** to demand great expenses
exigível *adj.* exigible, demandable, requirable
exiguidade *s. f.* exiguity, smallness, scantiness
exíguo *adj.* exiguous, small, scanty, trifling, tiny, minute, slender
exil *adj.* exiguous, small, scanty, trifling, tiny, minute, slender
exilado Ⓐ *s. m.* exile, deportee, refugee Ⓑ *adj.* exiled
exilar *v. tr.* to exile, to banish, to expatriate, to expel, to deport
exile *adj.* ⇒ **exíguo**
exílio *s. m.* exile, banishment, expatriation, expulsion; ***ir para o exílio*** to go into exile
eximenina *s. f.* BOTÂNICA exintine (the membrane of the pollen grain which lies between the extine and the intine)
eximição *s. f.* exemption
exímio *adj.* eminent, distinguished; excellent, notable
eximir Ⓐ *v. tr.* to exempt from; to free from; to release, to excuse from (duty or obligation) Ⓑ *v. refl.* to exempt oneself from; to shun; ***eximir-se ao trabalho*** to exempt oneself from work, to shun work; ***eximir-se a um compromisso*** to excuse oneself from an engagement
exina *s. f.* extine (the outer membrane of the pollen grain)
exinanição *s. f.* exhaustion; exinanition
exinanir *v. tr.* to empty; to annihilate; to exhaust
exir *v. intr.* to leave, to go out, to derive
existência *s. f.* existence; being; life; ***fazendas em existência*** stock
existencial *adj.* existential
existencialismo *s. m.* FILOSOFIA existentialism
existencialista *s. m. e f., adj.* existentialist
existente *adj.* existent, existing
existir *v. intr.* to exist, to live, to be; to be alive; to breathe; to subsist; ***essas coisas não existem*** such things do not exist, there are no such things
êxito *s. m.* result, success; end, issue, triumph; ***nem sempre se obtém êxito*** one cannot always succeed; ***obter um êxito***

completo to meet with entire success; ***os meus esforços foram coroados de êxito*** my efforts were crowned with success; ***êxito de livraria*** best-seller
ex-líbris *s. m.* [lat.] ex-libris (an inscription [label, or stamp] indicating the owner of a book)
exocardite *s. f.* MEDICINA pericarditis
exocarpo *s. m.* ⇒ **epicarpo**
exoceto *s. m.* flying-fish
exocrânio *s. m.* external part of the cranium
exocrínico *adj.* exocrine
exócrino *adj.* exocrine
exoderme *s. f.* BOTÂNICA exodermis; ZOOLOGIA ectoderm
exódico *adj.* exodic
êxodo *s. m.* exodus; departure; migration; Exodus (the second book of the Old Testament which records the exodus from Egypt); TEATRO exode, exodium
exodontia *s. f.* exodontia
ex-ofício *loc. adv.* [lat.] ex-officio (in virtue of one's office)
exoforia *s. f.* MEDICINA exophoria
exoftalmia *s. f.* MEDICINA exophtalmus; exophtalmos; exophtalmia
exoftálmico *adj.* exophtalmic
exogamia *s. f.* exogamy
exógamo *adj.* exogamous
exogéneo *adj.* exogenous
exogenia *s. f.* exogeny
exógeno *adj.* exogenous
exogínio *adj.* exogynous
exógino *adj.* exogynous
exometra *s. f., adj.* ⇒ **exometria**
exometria *s. f.* uterine dislocation
exomologese *s. f.* exomologesis; public confession
exomorfismo *s. m.* exomorphism
exomorfo *adj.* exomorphic
exonerabilidade *s. f.* quality of being exonerated
exoneração *s. f.* exoneration, dismissal; discharge, relief of (from) office
exonerar *v. tr.* to exonerate, to release; to discharge, to remove; ***exonerar um professor do seu cargo*** to remove a teacher from his appointment; ***exonerar de um cargo*** to discharge from commission
exoneratório *adj.* exonerative
exoração *s. f.* imploration
exorar *v. tr.* to entreat, to implore, to supplicate; to beseech; to exorate
exorável *adj.* compassionate; exorable
exorbitância *s. f.* exorbitance, excess; ***pedir uma exorbitância*** to ask an exorbitant price
exorbitante *adj.* exorbitant, excessive; extravagant; enormous; immoderate, unreasonable (price, demand, etc.); ***preço exorbitante*** exorbitant price
exorbitar *v. intr.* to go beyond the limit (or measure); to exceed limit; to go too far; to exorbitate
exorcismar *v. tr.* to exorcise, to summon, to conjure up a spirit
exorcismo *s. m.* exorcism
exorcista *s. m. e f.* exorcist
exorcistado *s. m.* the third of the four lesser orders of Roman Catholic Church
exorcizar *v. tr.* ⇒ **exorcismar**
exordial *adj.* exordial; introductory, initial
exordiar *v. tr. e intr.* to make an exordium, to begin a discourse
exórdio *s. m.* exordium, beginning, introductory part (of a speech, sermon, etc.); [fig.] beginning, origin
exornação *s. f.* decoration, ornament, ornamentation; embellishment
exornar *v. tr.* to decorate, to ornament
exornativo *adj.* that embellishes
exortação *s. f.* exhortation, warning; admonition
exortador *s. m.* exhorter, admonisher
exortar *v. tr.* to exhort, to warn, to admonish; to encourage to do; to beg earnestly
exortativo *adj.* exhortative, hortative, hortatory
exortatório *adj.* exhortatory
exosfera *s. f.* METEOROLOGIA exosphere
exosmose *s. f.* FÍSICA exosmosis (passage of a fluid outwards through a porous septum)
exosmótico *adj.* exosmotic
exósporo *s. m.* BOTÂNICA exospore
exosqueleto *s. m.* ZOOLOGIA exoskeleton
exostose *s. f.* MEDICINA exostosis
exotérico *adj.* exoteric; commonplace, ordinary, popular
exoterismo *s. m.* quality of exoteric
exotérmico *adj.* exothermic, exothermous
exótico *adj.* exotic, foreign; extraneous; extravagant, odd, strange; ***frutas e flores exóticas*** exotic fruits and flowers
exotismo *s. m.* exoticism
expandir Ⓐ *v. tr.* to expand, to open out, to spread; to dilate, to swell Ⓑ *v. refl.* to open one's heart; to give vent to one's feelings; to spread out; to become expanded
expansão *s. f.* expansion, opening out, spreading, extension, dilatation; expansiveness; swelling out; opening of one's heart; ***expansão dos negócios*** expansion of trade
expansibilidade *s. f.* expansibility, capacity for expansion
expansionismo *s. m.* expansionism
expansionista *s. m. e f., adj.* expansionist
expansível *adj.* expansible
expansividade *s. f.* expansivity
expansivo *adj.* expansive, unreserved, communicative, talkative; open-hearted; frank, sincere, free
expatriação *s. f.* expatriation, exile, banishment, expulsion
expatriado Ⓐ *adj.* expatriated, banished Ⓑ *s. m.* expatriated person, exile, refugee
expatriar *v. tr. e refl.* to expatriate, to banish, to deport, to drive out (a person) from his native land
expectação *s. f.* expectation
expectador *s. m.* one who expects, expecter, expectator
expectante *adj.* expectant
expectar *v. tr.* to expect
expectativa *s. f.* expectation, future prospects; awaiting; probability; hopes; anticipation; ***contra a expectativa*** contrary to the expectation; ***viver na expectativa de*** to live in the prospect of; ***estar na expectativa de arranjar um bom emprego*** to be hopeful of getting a good job; ***manter na expectativa*** to keep someone in suspense; ***expectativa de vida*** life expectancy
expectável *adj.* that may be expected; probable
expectoração *s. f.* expectoration, sputum
expectorante *adj., s. m.* FARMACOLOGIA expectorant
expectorar *v. tr.* to expectorate, to spit up
expeculatório *adj.* preceding a solemn act
expedição *s. f.* expedition, enterprise; a warlike undertaking; dispatch, forwarding; promptness; activity; ***uma expedição ao Pólo Norte*** an expedition to the North Pole; ***negócio de expedições*** forwarding business; ***expedição de encomendas (na estação do correio)*** registration of parcels (at the post-office); ***expedição em grande velocidade*** goods sent by fast train
expedicionário Ⓐ *adj.* expeditionary; ***corpo expedicionário*** expeditionary corps Ⓑ *s. m.* expeditionist
expedicioneiro *s. m.* proctor; officer who dispatches breves or bulls (in Vatican)
expedida *s. f.* leave (permission) for departure; farewell
expedido *adj.* forwarded, sent off, delivered, despatched
expedidor *s. m.* forwarder, commission agent; sender; train starter (railway)

E

expediência *s. f.* ⇒ **expedição**; expediency
expediente *s. m.* expedient, shift, device; resource, means to achieve an end; way; administrative work; business (or office) hours; promptness, activity; file of papers bearing on a case; ***viver de expedientes*** to live by one's wits; ***ter expediente*** to be quick in doing things; ***homem de expedientes*** a practical man, a man who gets things done; ***meio-expediente*** part-time working
expedimento *s. m.* forwarding
expedir *v. tr.* to forward, to send off, to deliver, to dispatch; to promulgate; to remit; to publish; to hasten, to expedite; ***expedir com brevidade*** to forward promptly; ***expedir mercadorias*** to send off goods; ***expedir pelo correio*** to send by post; ***expedir um telegrama*** to send a telegram (wire, cable)
expeditamente *adv.* expeditiously, promptly, rapidly
expeditivo *adj.* expeditious, swift, rapid; quick, prompt
expedito *adj.* expeditious, swift, rapid; quick, prompt; ***expedito no falar*** nimble-witted, of a ready tongue
expeditório *adj.* good to forward
expelente *adj.* expellent
expelir *v. tr.* to expel, to eject, to drive out (by force), to throw out
expender *v. tr.* to expend, to spend; to lay out (money); to expound, to set forth; to explain clearly
expensão *s. f.* expenditure, expense, outlay, spending; explanation, exposition
expensas *s. f. pl.* expenses, costs, outlay; ***a expensas de*** at the expense of
experiência *s. f.* experience, practice; trial; proof; (scientific) experiment; test; ***falta de experiência*** inexperience; ***a título de experiência*** by way of trial; ***ganhar experiência*** to gain experience, to go through the mill; ***viagem de experiência de um navio novo*** trial trip of a new ship; ***aprender pela experiência*** to learn by one's own experience; ***experiência química*** chemical experiment; ***experiência de voo*** flying experience; ***experiência de materiais*** proof (or testing) of materials
experiencial *adj.* experiential
experiente Ⓐ *adj.* experienced; competent, skilled, qualified, versed; ***ser muito experiente no assunto*** to be an old hand at, to be well-versed in the subject Ⓑ *s. m. e f.* expert
experimenta *s. f.* experimentation
experimentação *s. f.* experimentation, practice of experiment
experimentado *adj.* experienced, skilled, conversant, able, practised; ***pessoas experimentadas*** practised hands; ***um marinheiro experimentado*** an old sea-dog
experimentador *s. m.* experimenter
experimental *adj.* experimental; testing; ***campos experimentais*** experimental station(s)
experimentalismo *s. m.* experimentalism
experimentalista *s. m. e f., adj.* experimentalist
experimentalmente *adv.* experimentally
experimentar *v. tr.* to experiment (to make, to try experiments), to experience; to try, to test, to feel; to search (by trial); to try out; to prove; ***experimentaram o carro novo antes de decidirem comprá-lo*** they tried out the new car before deciding to buy it; ***é melhor experimentar qualquer coisa mais fácil*** it is better to try something easier; ***experimentou as suas forças*** he made a trial of his strength; ***experimentarei fazê-lo*** I will have a shot at it; ***experimente e verá*** you can but try; ***experimentar a habilidade*** to try one's hand; ***experimentar um mercado*** to try the market
experimentável *adj.* that may be tried out
experto *adj.* expert; experienced
expiação *s. f.* expiation; atonement; reparation
expiador *s. m.* one who expiates (or makes amends)
expiar *v. tr.* to expiate, to pay the penalty of; to make amends for (sin); to atone for, to give satisfaction for; ***expiar pecados (culpas, crime, etc.)*** to expiate sin (guilt, crime, etc.)
expiatório *adj.* expiatory
expiável *adj.* expiable
expilação *s. f.* DIREITO plunder, pillage, spoliation, robbery
expilar *v. tr.* DIREITO to purloin (part of an inheritance); to rob to plunder; to pillage
expiração *s. f.* expiration, breathing out; exhalation; cessation, conclusion, termination, expiry (of period of time) ***expiração do prazo*** expiration of the term; ***expiração do contrato de arrendamento*** expiration of the lease
expirador *adj.* expiratory, producing the emission of air from the lungs
expirante *adj.* ⇒ **expirador**
expirar Ⓐ *v. tr.* to expire, to breathe out (air); to exhale; to expire (air) Ⓑ *v. intr.* to come to an end; to die; [fig.] to die down; to die out (fire, light); ***o meu arrendamento expirou*** my lease has expired; ***expirar o prazo*** to expire the term (the limit)
explanação *s. f.* explanation, exposition, interpretation
explanador *s. m.* expositor, interpreter
explanar *v. tr.* to explain, to expound, to interpret, to illustrate
explanatório *adj.* explanatory
expletiva *s. f.* expletive (word used with no specific meaning in a sentence)
expletivamente *adv.* expletively
expletivo *adj.* expletive, superfluous, redundant, oath
explicabilidade *s. f.* quality of what is explicable (explainable)
explicação *s. f.* explanation, explication, exposition, illustration; commentary, interpretation; tutoring; ***dar explicações*** to tutor (somebody), to give lessons, to coach (a pupil
explicador *s. m.* coach, tutor, private teacher
explicando *s. m.* one who is coached, one who is taught by a tutor or private teacher
explicar *v. tr. e refl.* to explain, to explicate, to develop (notion, principle), to expound; to make plain; ***explica-mo*** explain it to me!; ***explicar bem uma coisa*** to give a right idea of something
explicativo *adj.* explicative, explicatory, elucidative, explanatory
explicável *adj.* explicable
explicitamente *adv.* explicitly
explicitar *v. tr.* to make explicit; to explain, to clarify
explícito *adj.* explicit, detailed, plain, clear, express, definite, positive; ***ser bastante explícito num assunto*** to be quite explicit on a point
explodir *v. intr.* to explode, to burst, to go off (with loud noise); to blow up; to detonate; to burst forth; to roar out to vociferate; ***explodir de raiva*** to explode with rage; ***explodir (um navio)*** to blow up (a ship); ***explodir (uma caldeira)*** to burst (a boiler); ***explodir (uma carga de pólvora)*** to explode (a charge of gunpowder)
explorabilidade *s. f.* quality of what is explorable (exploitable)
exploração *s. f.* exploration, act of exploring (unknown region, fauna, flora, geography, ethnology, etc.); search investigation; examination of, inquiry into; exploitation exploitage; ***exploração de minas*** mining; ***exploração florestal*** lumbering
explorador Ⓐ *adj.* keen on exploration; bent on exploitation Ⓑ *s. m.* explorer, researcher, scout; exploiter
explorar *v. tr.* to explore, to search, to seek, to examine thoroughly; to inquire; to investigate; MEDICINA to probe (a wound); to examine a country (by going through it); to exploit, to utilize profitably; ***explorar alguém*** to use someone (so as to make a profit at his expense), to exploit someone; ***explorar novas regiões*** to explore new countries ***explorar um negócio*** to exploit a business; ***explorar os subordinados*** to exploit one's subordinates

exploratório Ⓐ *adj.* exploratory, exploring Ⓑ *s. m.* CIRURGIA sound, catheter
explorável *adj.* explorable, capable of being explored; exploitable
explosão *s. f.* explosion, blast, burst, bursting, detonation, discharge; ***explosão de pólvora*** an explosion of gunpowder; ***explosão de caldeiras*** boiler explosion; ***explosão de riso*** a burst of laughter; ***explosão de bombas*** explosion of bombs; ***explosão vulcânica*** volcanic eruption
explosibilidade *s. f.* explosiveness
explosiva *s. f., adj.* explosive
explosível *adj.* explosive
explosivo *s. m., adj.* explosive; tending to go off (to explode) with noise and violence; ***bala explosiva*** percussion bullet
expluir *v. intr.* ⇒ **explodir**
expoente *s. m.* MATEMÁTICA exponent; one who expounds, explains, interprets; exponent; interpreter; great man in his field
expolição *s. f.* expolishment through polishing
expolir *v. tr.* to expolish, to polish a speech
exponencial *adj.* MATEMÁTICA exponential
exponente *s. m.* ⇒ **expoente**
expor Ⓐ *v. tr.* to expose, to exhibit, to show; to display, to put up for sale; to disclose; to abandon (a child); to relate, to narrate; to set forth; to state; to venture Ⓑ *v. refl.* to expose oneself; to be exposed; ***expor toda a questão*** to state the whole case; ***expus a minha opinião*** I have stated my opinion; ***expor na montra*** to exhibit in the shop-window; ***expor-se a uma perda*** to expose oneself to a loss; ***expor o seu parecer*** to express one's opinion; ***expor rosas*** to exhibit (to show) roses; ***expor-se ao perigo*** to expose oneself to danger; ***expor uma criança*** to abandon a child; ***expor ao ar*** to expose (anything) to the air; ***expor artigos à venda*** to expose articles for sale; ***expor-se a comentários desfavoráveis*** to expose oneself to unfavourable comments
exportação *s. f.* exportation, export; ***comércio de exportação*** export trade
exportador Ⓐ *adj.* exporting Ⓑ *s. m.* exporter; ***casa exportadora*** exporting firm
exportar *v. tr.* to export, to send out (goods) to another country
exportável *adj.* exportable
exposição *s. f.* exhibition, show; FOTOGRAFIA exposure; exposition; explanation, account, narrative; statement; ***Exposição Mundial*** World Fair; ***exposição de gado*** cattle-show; ***exposição industrial*** industrial exhibition; ***exposição de montras*** window display; ***salão de exposição*** show-room; ***exposição (menos atractiva)*** side-show; ***a exposição abre às tantas …*** the show is open at such and such a time; ***em exposição*** on view; ***exposição ao ar*** exposure to the air; ***uma linda exposição de flores*** a fine show of flowers; ***realizar uma exposição*** to hold an exhibition; ***exposição de modas*** fashion show; ***exposição de amostras*** sample show (display)
expositivo *adj.* expositive, explanatory, descriptive
expositor *s. m.* expositor, explainer, interpreter; exhibitor, display case, display cabinet
exposto *s. m., adj.* exposed, open, patent; bare; foundling
expostulação *s. f.* expostulation, remonstrance
expostular *v. intr.* to expostulate, to complain
expressador *adj.* expressing
expressamente *adv.* expressing
expressão *s. f.* expression; look, countenance; phrase, sentence, idiom; statement, utterance, assertion; ***perdoe-me a expressão!*** forgive the word!; ***tem uma expressão triste*** his features have a melancholic cast; ***uma expressão vulgar*** a common expression
expressar Ⓐ *v. tr.* to express, to say, to utter, to state Ⓑ *v. refl.* to express oneself; ***ele expressou os nossos sentimentos*** he gave voice to our feelings; ***ele expressou-o muito bem*** he put it well
expressionismo *s. m.* ARTES expressionism
expressionista Ⓐ *s. m. e f.* expressionist Ⓑ *adj.* expressionistic
expressiva *s. f.* oratory intonation (gesture)
expressivamente *adv.* expressively
expressividade *s. f.* expressiveness
expressivo *adj.* expressive, significant, eloquent, meaningful; ***um rosto expressivo*** an expressive face
expresso Ⓐ *adj.* express, clear, plain, precise, definite, explicit; stated Ⓑ *s. m.* express train; messenger; courier; ***comboio expresso*** express train; ***uma ordem expressa*** an express command; ***carta expressa*** special delivery letter
exprimir *v. tr. e refl.* to express, to say, to represent, to signify; to put into words; to express oneself; ***exprimir-se bem*** to express oneself well; ***exprimir o seu parecer*** to give one's opinion
exprimível *adj.* expressible, expressable
exprobração *s. f.* upbraiding, reproach, censure, blame, rebuke
exprobrado *adj.* reproached, blamed; clean; perfect; exempt
exprobrador Ⓐ *adj.* reproaching, upbraiding Ⓑ *s. m.* upbraider, blamer
exprobrante *s. m. e f., adj.* ⇒ **exprobrador**
exprobrar *v. tr.* to upbraid, to reproach, to censure, to blame
exprobratório *adj.* reproachful, rebuking, upbraiding
expropriação *s. f.* expropriation; act of expropriating; ***expropriação de terras*** expropriation of land
expropriador *s. m.* expropriator
expropriar *v. tr.* to expropriate, to dispossess from (estate); to take away (property)
expugnação *s. f.* assault, attack, storming; conquest
expugnador Ⓐ *s. m.* one who takes by fighting, expugner Ⓑ *s. m.* expugnative, expugnatory
expugnar *v. tr.* to storm, to take by storm, to expel (by force of arms); to overcome, to conquer, to expugn
expugnável *adj.* expugnable, that may be taken by force (conquered or overcome)
expulsão *s. f.* expulsion, expelling, forcing out; driving away; banishment; exclusion; ejection; dismissal; ***expulsão de um sócio do clube*** the expulsion of a member from the club; ***expulsão do inimigo duma trincheira*** expulsion of the enemy from a trench
expulsar *v. tr.* to expel, to drive out, to force out; to turn out; MEDICINA to eject; to banish; ***expulsar os díscolos (das reuniões)*** to throw out hecklers (from meetings); ***expulsar um inquilino*** to eject a tenant; ***expulsar a pontapés*** to kick out; ***expulsar de casa*** to turn out of the house; ***expulsar da corte*** to banish from the court
expulsivo *adj.* expulsive
expulso *adj.* expelled, driven out; turned out; discharged; outcast; ***o rapaz foi expulso da escola*** the boy was expelled from school; ***o estudante foi expulso da universidade*** the student was sent down
expulsor *s. m.* one who expels or drives out (by force); TIPOGRAFIA type-pusher
expulsório *adj.* containing an order of expulsion
expultriz *s. f.* ⇒ **expulsar**
expunção *s. f.* expunction
expungir *v. tr.* to expunge, to wipe out, to erase, to delete
expungível *adj.* that can be expunged (forgotten, urged out)
expurgação *s. f.* expurgation, cleansing, cleaning, purification
expurgado *adj.* cleansed, purged
expurgador *s. m.* expurgator
expurgar *v. tr.* to expurgate, to clear, to purify, to cleanse; to purge

expurgatório *adj.* expurgatory
expurgo *s. m.* expurgation
exsicação *s. f.* exsication; drying up; desiccation; dehydratation
exsicador *s. m.* exsicator; drier, dehydrator
exsicante *adj.* MEDICINA exsiccant; drying
exsicar *v. tr.* to exsicate, to dry up, to drain moisture out
exsicativo *adj.* drying, exsiccant; exsiccative
exsolver *v. tr.* to dissolve; to resolve; to pay
exsuar *v. tr. e intr.* ⇒ **exsudar**
exsucação *s. f.* ⇒ **equimose**
exsucção *s. f.* exsuction, sucking up (out)
exsudação *s. f.* FÍSICA, MEDICINA exudation, sweat or other humours; sweating out
exsudado *s. m.* FÍSICA, MEDICINA exudation, sweat or other humours; sweating out
exsudar *v. tr. e intr.* to exude, to ooze, to sweat, to drip; to flow out (through the pores)
exsurgência *s. f.* rising; appearing
exsurgir *v. tr. e intr.* to rise, to get up
êxtase *s. m.* ecstasy, rapture, trance, transport, ravishment; excessive delight
extasiado *adj.* in ecstasy, enraptured, transported, entranced, delighted; ravished
extasiar *v. tr. e refl.* to enrapture, to transport, to entrance, to ravish, to delight; to fill (with rapture)
extaticamente *adv.* ecstatically
extático *adj.* ecstatic, entrancing, transporting, enchanted; ***ficou extático a contemplar o panorama surpreendente*** he was ecstatic gazing at the amazing panorama
extemporaneamente *adv.* extemporaneously
extemporaneidade *s. f.* extemporaneousness
extemporâneo *adj.* extemporaneous, extempore, extemporary
extensamente *adv.* extensively, fully; widely
extensão *s. f.* extension, stretching out; extent, expansion; range; prolongation, duration; space, length; enlargement; amplification; GRAMÁTICA analogy; lengthening; ***extensão de terreno*** tract of land; ***devemos atravessar uma vasta extensão da região rural*** we must traverse a vast extent of country; ***extensão dos negócios*** expansion of business; ***extensão das relações*** extension of relations; ***a extensão da sua voz é espantosa*** the range of his (her) voice is astonishing; ***extensão do cais*** quay frontage; NÁUTICA ***extensão da remada*** length of stroke
extensibilidade *s. f.* extensibility; extensibleness
extensímetro *s. m.* extensometer
extensivamente *adv.* extensively
extensível *adj.* extensible
extensivo *adj.* extensive, extending, extensible
extenso *adj.* extensive, ample, large, vast, spacious, long, prolonged; ***por extenso*** in full; ***uma carta extensa*** a long letter; ***escreva por extenso*** write in full
extensometria *s. f.* extensometry; measurement of distortions
extensómetro *s. m.* extensometer
extensor Ⓐ *s. m.* ANATOMIA extensor; extender Ⓑ *adj.* extensing
extenuação *s. f.* enfeeblement, enervation, debility; weakness, feebleness; wearing out
extenuadamente *adv.* exhaustingly
extenuado *adj.* worn-out, exhausted, enfeebled, weakened, tired out
extenuador *adj.* ⇒ **extenuante**
extenuante *adj.* exhausting; draining, fatiguing; weakening, debilitating
extenuar Ⓐ *v. tr.* to wear out, to exhaust, to tire out, to debilitate, to weaken, to enfeeble Ⓑ *v. refl.* to become exhausted, to be worn out; to tire oneself out, to lose strength, to grow weak
extenuativo *adj.* ⇒ **extenuador**
exterior Ⓐ *adj.* exterior, external, outside, outer, outward, superficial Ⓑ *s. m.* exterior, outside, outward appearance; surface; ***muro exterior*** the outer wall; ***exterior de uma casa*** the exterior of a house
exterioridade *s. f.* exteriority; externality, outwardness; outside appearance
exteriorização *s. f.* exteriorization, showing; expression
exteriorizar *v. tr.* to exteriorize, to show, to manifest; to utter, to express; ***exteriorizar uma ideia*** to put an idea into shape
exteriormente *adv.* externally
exterminação *s. f.* extermination, destruction, annihilation
exterminador Ⓐ *adj.* exterminatory, destroying Ⓑ *s. m.* exterminator, extirpator
exterminar *v. tr.* to exterminate, to uproot, to root out, to destroy, to extirpate, to eradicate, to drive away, to banish, to expel
exterminável *adj.* exterminable
extermínio *s. m.* extermination, destruction, extinction
externação *s. f.* expression; declaration; utterance
externamente *adv.* externally; on (from) the outside
externar *v. tr.* to express, to utter; to declare
externato *s. m.* day-school
externo Ⓐ *adj.* external, exterior, outer, outside; outward Ⓑ *s. m.* day-pupil; outsider; ***aluno externo*** day-pupil, day-boy
êxtero-inferior *adj.* placed externally and beneath
êxtero-superior *adj.* placed externally and on the upper part
exterritorial *adj.* extra-territorial
exterritorialidade *s. f.* exterritoriality, freedom of diplomatic personnel from jurisdiction
exterritorializar *v. tr.* to extra-territorialize
extinção *s. f.* extinction, destruction; stifling, extermination, suffocation, suppression, abolition; ***extinção completa de luzes*** black-out; ***extinção de um incêndio*** extinction of a fire; ***em vias de extinção*** endangered
extinguidor *s. m.* extinguisher; one who extinguishes (or puts out)
extinguir Ⓐ *v. tr.* to extinguish, to put out, to quench; to stifle; to destroy, to suppress Ⓑ *v. refl.* to vanish, to die out, to die away; to go out; to become extinct; ***extinguir o fogo*** to rake out the fire; ***extinguir um incêndio*** to extinguish (to put out) a fire; ***extinguir uma dívida*** to cancel a debt
extinguível *adj.* extinguishable
extintivo *adj.* extinctive
extinto *s. m., adj.* extinct, put out, extinguished, quenched; dead, deceased; defunct; ***o saudoso extincto*** the beloved departed; ***um vulcão extinto*** an extinct volcano
extintor *s. m.* extinguisher; ***extintor (automático) de incêndios*** (automatic) fire extinguisher
extipulado *adj.* BOTÂNICA without stipules
extirpação *s. f.* extirpation, destruction; rooting out; eradication
extirpador *s. m.* extirpator
extirpamento *s. m.* ⇒ **extirpação**
extirpar *v. tr.* to extirpate, to root out, to uproot; to destroy, to abolish
extirpável *adj.* that may be extirpated; removable
extíspice *s. m.* ⇒ **arúspice**
extispício *s. m.* art of guessing through the examination of the entrails of the sacrifice victims
extorquidor *s. m.* extractor, exacter
extorquir *v. tr.* to extort from, to wring, to exact, to obtain (by violence), to force out; ***extorquir dinheiro a*** to extort (to wring) money out of
extorsão *s. f.* extortion; rapacity

extorsionário *adj.* extortionate; extortionary
extorsivo *adj.* extortionate, extortive
extorso *s. m.* ⇒ **extorsão**
extortor *adj.* ⇒ **extorsionário**
extra Ⓐ *adj.* extraordinary, extrafine Ⓑ *s. m.* an extra
extra-axilar *adj.* extra-axillary
extrabarreiras *adv.* extra-limitary
extracção *s. f.* extraction, pulling out; drawing or draw (of a lottery); MATEMÁTICA the process of extracting a root; COMÉRCIO market, sale; ***extracção de dentes*** extraction of teeth; ***extracção da lotaria*** drawing of the lottery; ***extracção de metais*** extraction of metals
extraconjugal *adj.* extra-conjugal
extracontinental *adj.* extra-continental
extracontratual *adj.* not depending on contract
extracorrente *adj.* self-induction current, extra-current
extracrescente *adj.* growing externally
extractar *v. tr.* to extract, to draw out; to obtain juices (by suction); to select (to pick out) passages (from a book or document); to make extracts (from books); to summarize, to make an abstract
extractivo *adj.* extractive, extracting
extracto *s. m.* extract; excerpt, selection; abridg(e)ment; compendium, quotation, citation; essence (perfume); ***extracto de rosas*** extract of roses; COMÉRCIO ***extracto de conta*** statement of (an) account; ***extracto de malte*** malt extract; ***extracto de carne de vaca (boi)*** beef extract
extractor Ⓐ *adj.* extracting Ⓑ *s. m.* extractor
extradição *s. f.* extradition
extradicionar *v. tr.* ⇒ **extraditar**
extraditar *v. tr.* to extradite, to deliver
extradorsado *adj.* extradosed
extradorso *s. m.* extrados (the exterior curved surface of an arch)
extra-escolar *adj.* out of school (activities)
extrafino *adj.* extra-fine, of superior quality (goods); superfine
extrafoliáceo *adj.* extrafoliaceous
extrafoliar *adj.* extra-axillary
extrafólio *adj.* extrafoliaceous
extra-humano *adj.* super-human
extrair *v. tr.* to extract, to draw out, to pull out; to cause to come forth; to make an extract of; ***extrair um dente*** to extract (to pull) a tooth; MATEMÁTICA ***extrair a raiz quadrada*** to extract the square root
extraível *adj.* extractable, extractible
extrajudicial *adj.* extrajudicial
extrajudiciário *adj.* ⇒ **extrajudicial**
extralegal *adj.* illegal, unlawful, contrary to the law
extramatrimonial *adj.* extramarital; ***relação extramatrimonial*** (extramarital) affair
extramontado *adj.* quick-tempered, passionate; harsh, rough
extramundano *adj.* which is beyond the world; metaphysical; c(o)enobitic(al)
extramural *adj.* extra-mural
extramuros *adv.* outside (the walls)
extranatural *adj.* unnatural; supernatural
extranormal *adj.* abnormal
extranumeral *adj.* supernumerary
extranumerário Ⓐ *adj.* supernumerary Ⓑ *s. m.* extra worker
extra-oficial *adj.* unofficial; private
extraordinariamente *adv.* extraordinarily
extraordinário Ⓐ *adj.* extraordinary, remarkable, noteworthy; uncommon; exceptional, surprising; peculiar; strange Ⓑ *s. m.* extra, something extra; ***é mais que extraordinário que ele não tenha escrito*** it is most extraordinary that he has not written; ***é extraordinário!*** that is an extraordinary thing (to say) !; ***até aqui não há nada de extraordinário*** there is nothing remarkable up to this point; ***é extraordinário, mas é assim mesmo*** it is very strange, but it is so; ***passam-se coisas extraordinárias*** strange things are going on; ***não é nada de extraordinário*** it is nothing out of the way; ***em quanto importam estes extraordinários?*** what do these extras amount to?
extraparlamentar *adj.* extra-parliamentary
extrapassar *v. tr.* to surpass, to exceed
extrapolação *s. f.* extrapolation
extrapolar *v. tr.* to extrapolate
extraprograma *adj.* extra-programme; not on the programme
extra-regulamentar *adj.* not within the regulations, irregular
extra-sensorial *adj.* extrasensory; ***percepção extra-sensorial*** extrasensory perception, cryptaesthesia
extraterreno *adj.* extraterrestrial, unworldly
extraterrestre Ⓐ *adj.* extraterrestrial, alien; [fig.] unworldly Ⓑ *s. m.* extraterrestrial, alien
extraterritorial *adj.* extra-territorial
extraterritorialidade *s. f.* extraterritoriality
extratexto *s. m.* inset plate (in a book)
extratorácico *adj.* extrathoracic
extra-urbano *adj.* extra-urban; out of town
extra-uterino *adj.* extrauterine
extravagância *s. f.* extravagance, absurdity, folly, wildness; wastefulness; prodigality; excess; oddity, queerness, strangeness, singularity; ***gasta muito dinheiro em extravagâncias*** he wastes a lot of money on extravagances
extravaganciar *v. tr. e intr.* to waste (to lavish), to dissipate (money); to be extravagant, to be wasteful
extravagante Ⓐ *adj.* extravagant, lavish, prodigal; excessive; wild; unreasonable; strange, odd, singular Ⓑ *s. m.* odd person, harum scarum; waster; ***que ideia tão extravagante!*** what an extravagant idea!; ***ser extravagante*** to be extravagant; ***costumes extravagantes*** quaint habits
extravagantemente *adv.* extravagantly
extravagar *v. intr.* to extravagate, to wander aimlessly (wildly)
extravaginal *adj.* extravaginal
extravasação *s. f.* extravasation; overflowing
extravasamento *s. m.* extravasation
extravasante *adj.* extravasating
extravasão *s. f.* ⇒ **extravasação**
extravasar *v. tr. e intr.* to extravasate, to force out (a fluid) from its proper vessel; to ooze, to filter out (from a vein or artery); to flow out; to seep (out); to pour over
extravenado *adj.* that is out of the veins
extraversão *s. f.* [arc.] extraversion, a turning out
extraverter *v. intr.* to overflow, to overspread, to spill over
extravertido *s. m., adj.* extravert
extraviado *adj.* astray, missing, straying, wandering, lost
extraviador *s. m., adj.* misleading; one who leads astray, seducer
extraviar *v. tr.* to lead astray, to mislay, to mislead; to embezzle; to put out of the way, to miscarry, to misguide; to pervert; to corrupt; to go astray; ***a carta extraviou-se*** the letter has gone astray
extravio *s. m.* deviation; straying (from the path); leading (going) astray; misleading, misguiding; embezzlement; loss; miscarriage; ***houve extravio de valores*** the valuables went astray; ***extravio de cartas*** miscarriage (loss) of letters
extremadamente *adv.* separately; perfectly
extremado *adj.* distinguished, select; eminent; extraordinary; marked; perfect
extremamente *adv.* extremely; [coloq.] very; ***um rapaz extremamente bonito*** an extremely nice young man, an extremely attractive fellow
extremar *v. tr.* to mark out (the limits of), to demarcate; to determine (a boundary, a limit); to select; to separate, to choose; to exalt, to elevate

extrema-unção *s. f.* RELIGIÂO extreme unction
extremável *adj.* that can be demarcated
extremidade *s. f.* extremity; verge; edge, border, margin; tip, top; end; poverty, suffering, misfortune; ***de uma extremidade à outra*** through and through; ***extremidades polares*** pole tips
extremismo *s. m.* extremism
extremista *s. m. e f.* extremist
extremo Ⓐ *adj.* extreme, last; most remote; farthest; excessive; utmost Ⓑ *s. m.* extremity, the extreme limit; greatest care; the extreme; end; ***extrema bondade*** extreme kindness; ***em extremo*** extremely; ***os extremos tocam-se*** extremes meet; ***não deve ir até aos extremos*** you must not run to extremes; ***levar até ao extremo*** to carry too far; ***extremo (de navio)*** end (of a ship); AERONÁUTICA ***extremo da asa*** wing tip (former); DESPORTO ***extremo esquerdo (direito)*** outside left (right); ***o Extremo Oriente*** the Far East
extremosamente *adv.* tenderly, affectionately, fondly
extremoso *adj.* fond to excess, loving, affectionate, attached, devoted, tender, impassioned; excessive, extreme; ***é muito extremoso pela família*** he is very fond of his family, he is much attached to his family
extricar *v. tr.* to extricate
extrinsecamente *adv.* extrinsically
extrínseco *adj.* extrinsic(al); exterior, external, not inherent (or essential)
extrofia *s. f.* extroversion
extrófico *adj.* extroverted
extrojecção *s. f.* extrojection
extrorso *adj.* BOTÂNICA extrorse
extrospecção *s. f.* extrospection
extrospectivo *adj.* extrospective
extroversão *s. f.* extroversion
extrovertido *s. m., adj.* extrovert
extrusão *s. f.* extrusion, expulsion
extrusivo *adj.* extrusive (rock)
exuberância *s. f.* exuberance, superabundance, copiousness
exuberante *adj.* exuberant, luxuriant; superabundant, profuse (of growth); fertile, copious, rich; ⌈poét.⌋ plenteous; full of life, effusive; highflown, flowery (style); ***vegetação exuberante*** exuberant growth; ***saúde exuberante*** exuberant health
exuberantemente *adv.* exuberantly, copiously, abundantly
exuberar *v. intr.* to abound, to be exuberant, to overflow; to teem; to have in excess
exúbere *adj.* weaned
êxul *adj.* exiled, banished
exular *v. intr.* to emigrate, to leave one's own country; to expatriate
exulceração *s. f.* MEDICINA superficial ulceration; ⌈fig.⌋ fretting, affliction
exulcerante *adj.* tending to produce ulcers
exulcerar *v. tr.* to ulcerate, to exulcerate
exulcerativo *adj.* exulcerative
êxule *adj.* ⇒ **êxul**
exultação *s. f.* exultation, joy
exultante *adj.* exultant, jubilant, gleeful, triumphant; elated, rejoicing, exulting
exultar *v. intr.* to exult, to rejoice greatly, to be in high spirits; to be jubilant
exumação *s. f.* exhumation, disinterment
exumar *v. tr.* to exhume, to disinter, to unbury, to dig out of the ground
exundação *s. f.* flood, inundation
exundar *v. intr.* to overflow; to inundate, to flood
exúvia *s. f.* exuviae
exuviabilidade *s. f.* power of casting off skin or shell
exuviável *adj.* exuvial, capable of being exuviated (sloughed off)
exúvio *s. m.* appendage on the upper part of fruit, left by the perianthe
ex-voto *s. m.* ex-voto (offering made to a divinity, in pursuance of a vow)

f, F *s. m.* the sixth letter of the alphabet

fá *s. m.* MÚSICA fa, the fourth note of the diatonic scale, F (musical note)

fã *s. m. e f.* fan, devotee, admirer

fabagela *s. f.* bean-caper

fabela *s. f.* short fable

fabiano Ⓐ *s. m.* poor devil; Mr. What's-his-name; Fabian Ⓑ *adj.* related to Fabia; Fabian

fabiforme *adj.* bean-shaped; fabiform

fábrica *s. f.* factory, mill, plant, works; workshop, manufacture, industry; frame, structure, fabric; personnel, hands, staff; house, building (of a building); ***fábrica de gás*** gasworks; ***fábrica de cerveja*** brewery; ***fábrica de conservas*** cannery; ***fábrica de refinação de açúcar*** sugar-refinery; ***fábrica de sabão*** soap-works; ***fábrica de pólvora*** gunpowder-factory; ***fábrica de cimento*** cement mill; ***fábrica de papel*** paper-mill; ***fábrica de fiação*** weaving (spinning)-mill; ***fábrica de sedas*** silk-factory; ***fábrica de obras de bronze*** bronze-works; ***fábrica de calçado*** boot-factory; ***fábrica de aviões*** aircraft-factory, aircraft works; ***fábrica de automóveis*** motor-car factory; ***fábrica geradora*** power-station; ***fábrica de relógios*** watch (clock)-factory; ***fábrica de produtos químicos*** chemical works; ***fábrica de pregos*** nail-works; ***fábrica de vidros*** glass-works; ***fábrica de tecidos*** cloth-mill; ***fábrica de fósforos*** match-factory; ***fábrica de conserva de carnes*** meat-packing factory; ***fábrica de chocolate*** chocolate-factory; ***fábrica de faianças*** earthenware-factory, pottery; ***fábrica de lápis*** pencil-factory; ***fábrica de fiação de algodão*** cotton spinning-mill; ***fábrica têxtil*** textile factory, textile mill; ***fábrica de tapeçarias*** tapestry workshop; ***fábrica de bolachas*** biscuit works; ***fábrica de gelo*** ice factory; ***fábrica de gelados*** ice-cream factory; ***preço de fábrica*** cost price; ***a preço de fábrica*** wholesale; ***montar uma fábrica*** to set up a factory

fabricação *s. f.* manufacture, making, manufacturing, production, make; ***fabricação de cerveja*** beer-brewing; ***fabricação de papel*** paper manufacturing; ***fabricação do açúcar*** manufacture of sugar; ***fabricação em série*** mass production, series manufacture; ***fabricação em grande escala*** wholesale manufacture; ***fabricação de queijos*** cheese-making; ***fabricação de tecidos*** manufacture of textiles; ***fabricação de ferragens*** hardware manufacture; ***fabricação da borracha*** rubber manufacture; ***fabricação do azeite*** olive-oil production (manufacture)

fabricador *s. m.* builder, maker, constructor; producer; [fig.] fabricator, newsmonger, forger, inventor of news

fabricando *adj.* to be made (manufactured) shortly

fabricante *s. m. e f.* ⇒ **fabricador**; ***fabricante de pianos*** piano manufacturer; ***fabricante de pregos*** nailer; ***fabricante de velame*** sailmaker; ***fabricante de papel*** paper-maker; ***fabricante de cerveja*** brewer

fabricar *v. tr.* to manufacture, to make, to produce; to build, to construct, to edify; to mould, to form, to frame; to invent, to concoct (story); to forge, to fabricate (lies, rumours, stories)

fabricário *s. m.* ⇒ **fabriqueiro**

fabricável *adj.* producible, that my be manufactured

fabrico *s. m.* ⇒ **fabricação**; ***fabrico (reparação) (dum navio)*** refitting (of a ship); NÁUTICA ***fazer fabrico*** to refit (a ship)

fabril *adj.* mechanical, manufacturing; ***união fabril*** manufacturing combine

fabriqueiro *s. m.* church-warden

fabro *s. m.* [poét.] artisan, craftsman

fábula *s. f.* fable; fiction; tale, story; myth, legend; lie, falsehood, fabrication; ***celebrado em fábulas*** fabled

fabulação *s. f.* fable, tale; fiction; the moral of a fable, application; fantastic report; lie

fabulador *s. m.* fabulist, fabler

fabular Ⓐ *v. tr.* [poét.] to fable Ⓑ *v. tr.* to invent fables; to feign, to lie, to fib

fabulário *s. m.* collection of fables; fable-book

fabulista *s. m. e f.* fabulist, composer of fables; liar; storyteller

fabulizar *v. tr.* ⇒ **fabular**

fabulosamente *adv.* fabulously, astoundingly, prodigiously

fabuloso *adj.* fabulous, fictitious, imaginary, incredible, legendary; monstrous, prodigious, marvellous; ***uma fortuna fabulosa*** a fabulous fortune

faca *s. f.* knife; a small horse or mare; ***uma faca afiada*** a sharp knife; ***cortar com uma faca*** to cut with a knife; ***faca de trinchar*** carving-knife; ***faca de mesa*** table-knife; ***faca para manteiga*** butter-knife; ***amolação de facas*** knife-grinding; ***amolador de facas e navalhas*** knife-grinder; ***lâmina de faca*** knife-blade; ***faca de dois gumes*** two-edged knife; ***faca de ponta e mola*** clasp-knife; ***mola de faca*** knife-spring; ***faca de mato*** hunting-knife, hunter's cutlass; ***faca de carniceiro*** butcher's chopping-knife; ***ter a faca e o queijo na mão*** to have all the trumps in hand; [coloq.] ***ir à faca*** to be operated, to go under the knife

faça-a-poda *s. m.* ⇒ **chapim**

facada *s. f.* cut, stab, thrust (with a knife); defalcation, fraud; [fig.] painful surprise, blow, shock

facalhão *s. m.* large knife

facalhaz *s. m.* ⇒ **facalhão**

façalvo *adj.* said of the horse having the greater part of the head white

faca-marcador *s. f.* combination of paper-knife and book-mark

facaneia *s. f.* hackney

façanha *s. f.* feat, deed, exploit, prowess, achievement, adventure, stunt; bad action, evil deed

façanheiro Ⓐ *adj.* bragging, vaunting, blustering, cock-a-hoop, boasting, boastful Ⓑ *s. m.* boaster, braggart, blusterer

façanhice *s. f.* empty feat, cheap bravery

façanhoso *adj.* wonderful, marvellous, extraordinary; heroic, courageous, brave, valiant

façanhudo *adj.* troublesome, quarrelsome, rowdy; [coloq.] sullen, scowling; ⇒ **façanhoso**

facão *s. m.* large knife

faca-sola *s. f.* ***andar à faca-sola*** alone, by oneself, all alone

facataz *s. m.* ⇒ **fatacaz**

facção *s. f.* faction, political party (set, group), party (sectional) strife; feat, military exploit

faccionar *v. tr.* to divide (to split) into factions; [fig.] to mutiny, to revolt, to rebel

faccionário *s. m.* factionary, partisan, party member
facciosamente *adv.* factiously
facciosidade *s. f.* factiousness, partiality, bias
facciosismo *s. m.* ⇒ **facciosidade**
faccioso *adj.* factious; sectarian; seditious
face *s. f.* face, countenance, look, visage, aspect, semblance; cheek; surface, front; side; head (of a coin); ***sobre a face da terra*** on the face of the earth; ***em face de*** in view of; ***face a face*** face to face, opposite; ***fazer face a*** to face up, to meet, to oppose, to resist; ***fazer face às despesas*** to meet the expenses; ***face (de uma moeda)*** head (of a coin); ***pano de duas faces*** reversible cloth; ***à face de (à flor de)*** on the surface of
facear *v. tr.* to square; to face, to smooth, to level; to be in front of
facécia *s. f.* jest, joke, witticism, quip, quirk, sally
facecioso *adj.* facetious, jocose, jocular, witty, jesting, sportive, waggish
faceira *s. f.* [fam.] plump cheeks, jowl, double chin; dandy, fop, prig; cheekpiece (of a horse); dewlap
faceirar *v. intr.* to beautify; to dress up; to show off
faceirice *s. f.* ostentation; coquetry, coquettishness
faceiro *adj.* coquettish, dressed up; elegant, foppish; cheerful, gay
facejar *v. tr.* ⇒ **facear**
faceta *s. f.* facet; feature; aspect, angle, outlook
facetado *adj.* faceted, cut, having facets (facettes)
facetar *v. tr.* to cut into facets; to polish (precious stones)
facetear *v. intr.* to jest, to joke
faceto *adj.* facetious, waggish, jocose, jocular, jesting, sportive
facha *s. f.* [arc.] torch; hatchet, battle-axe
fachada *s. f.* façade, front, frontispiece, title-page; ***fachada (de um edifício)*** façade (of a building); ***fachada principal*** street-front, façade; ***fachada lateral*** side-elevation
fachear *v. tr. e intr.* to work (to fish) by torchlight
facheira *s. f.* a light bunch of straw used to see the way at night
facheiro *s. m.* torch-bearer; halberdier
facho *s. m.* torch, torchlight; light, beacon; guiding light; beam, streak, gleam (of light); ***facho de luz*** a beam of light; NÁUTICA ***facho de sinais*** Bengal light, blue light, signal torch
fachoca *s. f.* ⇒ **facheira**
fachoco *s. m.* ⇒ **facheira**
fachoqueira *s. f.* ⇒ **facheira**
fachoqueiro *s. m.* ⇒ **facheira**
fachudaço *adj.* ⇒ **fachudo**
fachudo *adj.* handsome, beautiful
facial *adj.* facial; ***ângulo facial*** facial angle; ***paralisia facial*** facial paralysis
fácies *s. m.* GEOLOGIA face, facies
fácil *adj.* easy, simple, facile, light; flowing, fluent (style); compliant, indulgent, docile; frank, sincere; ***é fácil não errar depois de se saber*** it is easy to be wise after the event; ***coisa fácil*** child's play; ***fácil de trabalhar*** workable; ***é fácil de obter*** it is easy to get; ***um problema fácil*** an easy problem
facilidade *s. f.* facility, ease, easiness; aptitude, readiness, promptness; deftness, dexterity; ***ter facilidade em aprender línguas*** to have great facility in learning languages; ***facilidade em falar*** readiness of speech, fluency; ***facilidade de trabalho*** ease of work; NÁUTICA ***facilidade de manobra*** handiness
facilitação *s. f.* facilitation, the act (process) of facilitating
facilitador *s. m.* facilitator
facilitar Ⓐ *v. tr.* to facilitate, to make (to render) easy; to lessen the difficulty of; to promote (to help) action; to take things too easily Ⓑ *v. refl.* to become easy; ***facilitar os meios para*** to pave the way for; ***facilitar o pagamento*** to facilitate the payment; ***facilitar a venda*** to facilitate the sale
facilmente *adv.* easily, simply, sincerely, frankly, readily, deftly, promptly, smoothly; ***mais facilmente*** all the more readily
facínora *s. m. e f.* criminal, villain, malefactor; evil-doer
facinoroso *adj.* facinorous, criminal, extremely wicked, atrocious
facistol *s. m.* lectern; faldistory, faldstool
facóide *adj.* lenticular
façoila *s. f.* [cal.] jowler; plump cheek
facólito *s. m.* MINERALOGIA phacolite
facosclerose *s. f.* MEDICINA pathological hardening of the lens of the eye
facoscopia *s. f.* MEDICINA phacoscopy
facote *s. m.* CIRURGIA bone scraper
fac-similar Ⓐ *v. tr.* to facsimile Ⓑ *adj.* facsimile
fac-símile *s. m.* facsimile (exact copy); accurate reproduction
facticiedade *s. f.* factitiousness
factício *adj.* factitious, artificial; unreal
factitivo *adj.* factitive; causative, causal; ***verbos factitivos*** factitive verbs
factível *adj.* feasible, possible, practicable
facto *s. m.* fact, act, deed, doing, action; happening, occurrence, event, incident; reality, certainty, truth; ***estar ao facto de*** to be aware of; ***não estar ao facto de*** to be unaware of; ***factos indiscutíveis*** hard facts; ***simples factos*** naked facts; ***facto sem precedentes*** an unprecedented occurrence; ***de facto*** in fact, indeed, really, actually; ***factos são factos*** facts are facts; ***contra factos não há argumentos*** facts are stubborn things; ***vamos ao facto!*** let us come to the point!; ***vir à realidade dos factos*** [coloq.] to come down to brass tacks
factor *s. m.* agent; factor, element, part; a railway employee; MATEMÁTICA ***inverter a ordem dos factores*** to invert the order of the factors; ELECTRICIDADE ***factor de potência*** power factor
factorial *adj.* MATEMÁTICA factorial
factorizar *v. tr. e intr.* to employ as factor; to factorize
factoto *s. m.* ⇒ **factótum**
factótum *s. m.* factotum, man of all work, doer of all work, handy-man, Jack-of-all-trades
factual *adj.* factual, actual, real
factualidade *s. f.* factualness, factuality
factura *s. f.* invoice; bill of parcels; ***recebemos a vossa factura*** we (beg to) acknowledge receipt of your invoice; ***tirar uma factura*** to make up an invoice; ***conforme a factura*** as per invoice; ***factura a liquidar*** account rendered; ***factura das mercadorias*** bill of parcels (goods); ***factura provisória*** pro-forma invoice
facturar *v. tr.* to invoice, to make an invoice of
façudo *adj.* broad-faced, chub-cheeked
fácula *s. f.* ASTRONOMIA facula, flaming sunspot
faculdade *s. f.* faculty, power, capacity, ability, talent, gift, aptitude, knack; chance, opportunity; permission; ***as faculdades mentais*** the mental faculties; ***alterar as faculdades*** to impair the faculties; ***ele tem a faculdade de criar amigos*** he has the faculty (knack) of making friends; ***Faculdade de Letras*** Faculty of Arts; ***Faculdade de Medicina*** Faculty of Medicine; ***Faculdade de Ciências*** Faculty of Science; ***Faculdade de Direito*** Faculty of Law, Law School
facultar *v. tr.* to permit, to grant, to authorize, to facilitate, to afford (facilities)
facultativamente *adv.* optionally, facultatively
facultativo Ⓐ *adj.* optional, permissive, contingent, facultative Ⓑ *s. m.* doctor, physician
facultoso *adj.* rich, wealthy, opulent, well-to-do, affluent, moneyed
facúndia *s. f.* eloquence, fluency of speech; command of words; [coloq.] the gift of the gab, verbosity
facundidade *s. f.* eloquence, fluency of speech; command of words; [coloq.] the gift of the gab, verbosity
facundo *adj.* eloquent, fluent, talkative, verbose
fada *s. f.* fairy, fay, elf; enchantress, charmer; ***fada-madrinha*** fairy godmother

fadado *adj.* fated, destined, doomed; predestined, preordained
fadar *v. tr.* to destine, to ordain, to predestine; to favour, to endow with
fadário *s. m.* fate, destiny, lot; hard life, struggle, tribulation; ***a vida é um fadário constante*** life is a continual struggle; ***foi este o seu (deles) fadário*** such was their lot
fadejar Ⓐ *v. tr.* to submit to one's fate Ⓑ *v. intr.* to play or to sing plaintive *fado*
fádico *adj.* [Bras.] fairy, fairylike
fadiga *s. f.* fatigue, exhaustion, lassitude, weariness, tiredness; toil, labour, drudgery, pains, work, exertion; ***oprimido de fadiga*** overworn; [coloq.] ***estar morto de fadiga*** to be ready to drop, to be dead beat, to be fagged out; ***com fadiga*** wearily; ***suportar a fadiga*** to bear fatigue; ***fadiga de actividades mentais*** mental fatigue, brainfag
fadigar *v. tr.* ⇒ **fatigar**
fadigoso *adj.* toilsome, troublesome, wearisome, tiresome, tiring, fatiguing; painful, hardy
fadista *s. m. e f.* singer (player) of fados; [fig.] ruffian; profligate
fadistagem *s. f.* the life of a loafer; a bunch of idlers
fadistão *s. m.* loose fellow, bohemian
fadistar *v. intr.* to live (to lead) *a fadista* 's life
fadistice *s. f.* bohemianism; loose living; ruffianly act
fado *s. m.* fate, destiny, lot, doom, fatality; *fado,* popular Portuguese song
faduncho *s. m.* variety of *fado*
fáeton *s. m.* ⇒ **faetonte**
faetonte *s. m.* phaeton (light four-wheeled open carriage)
Fagáceas *s. f. pl.* BOTÂNICA *Fagaceae* (the family of oaks, beeches, chestnuts)
fagedénico *adj.* MEDICINA phaged(a)enic(al); corrosive
fagedenismo *s. m.* MEDICINA phaged(a)ena
fagícola *adj.* BOTÂNICA that grows on beeches
fagócito *s. m.* phagocyte
fagocitose *s. f.* phagocytosis
fagomania *s. f.* phagomania; bulimy
fagote *s. m.* MÚSICA bassoon; [coloq.] ***ir aos fagotes*** to give a thrashing
fagoterapia *s. f.* phagotherapy
fagotista *s. m. e f.* bassoonist
fagueiro *adj.* caressing, fondling, wheedling, blandishing; tender, sweet, lovely, loving; ***brisa fagueira*** gentle breeze
faguice *s. f.* caress, fondling
fagulha *s. f.* spark, flosh(ing), flake (of fire); [coloq.] a meddlesome person, meddler, busybody
fagulhação *s. f.* sparkling; twinkling
fagulhar *v. intr.* to spark, to emit sparks; to twinkle; [fig.] to meddle, to interfere
fagulharia *s. f.* shower of sparks
fagulhento *adj.* sparking; turbulent, fidgety, restless
fagundes *s. m.* scoundrel, rascal, rogue, scamp
faia *s. f.* beech-tree, beech; beechwood; TIPOGRAFIA ***faia branca*** white poplar, lead; ***faia preta*** aspen, trembling-poplar; ***alameda das faias*** beech grove
faial *s. m.* beechwood
faiança *s. f.* faience; glazed and painted pottery, glazed earthenware
faiante *s. m. e f.* impostor, cheat, humbug, rogue, knave
faiar *v. tr.* TIPOGRAFIA to lead, to space, to separate lines of type (with lead); [cal.] to steal, to pilfer
faim *s. m.* that part of the blade of a sword (knife or spear) which goes through the handle
faina *s. f.* routine, toil, labour, work; NÁUTICA all hands on deck; ***apitar à faina*** to pipe the men down
faisão *s. m.* ORNITOLOGIA pheasant; ***um casal de faisões*** a brace of pheasants; ***faisão da Índia*** Argus pheasant
faísca *s. f.* spark (of fire); flash, streak of lightning, thunderbolt; small grain of gold, nugget, lump of gold; ***saltam faíscas do lume*** sparks fly out of the fire; ***lançar faíscas*** to emit sparks; ***faísca eléctrica*** electric spark
faiscação *s. f.* sparkling; twinkle, twinkling
faiscador *s. m.* gold-digger, gold washer
faiscante *adj.* flashing, sparkling, twinkling, glittering, glistening
faiscar Ⓐ *v. intr.* to spark; to sparkle, to flash, to coruscate, to glitter, to scintillate, to twinkle; [fig.] to be dazzling, to be fascinating Ⓑ *v. tr.* to emit, to give out
faísco *s. m.* a kind of nail; [pop.] spark
faisoa *s. f.* ORNITOLOGIA female pheasant
faisqueira *s. f.* gold streak
faisqueiro *s. m.* ⇒ **faiscador**
faixa *s. f.* band, waistband, sash; bandage, binding; sheaf, bundle; belt; strip, fringe; zone, area; ARQUITECTURA fascia; ***faixa de linha de água*** highwater mark (on ship); ***faixa de aterragem*** landing strip; ***faixa de rodagem asfaltada*** asphalt floor; ***faixa de rodagem*** road (way); ***faixa de verdura*** grass border
faixado *adj.* girdled; bandaged
faixar *v. tr.* to swathe, to bind, to tie up
faixear *v. tr.* to encircle with a band (wooden frieze)
fajardice *s. f.* swindle, pilfering; dirty trick, villainy
fajardismo *s. m.* swindle, pilfering; dirty trick, villainy
fajardo *s. m.* ingenious pilferer; scoundrel, rascal, cheat
fala *s. f.* speech; talk, words, utterance; voice; ***ficar sem fala*** to lose one's speech (voice); ***de falas doces*** honey-tongued, honey-mouthed; ***tardar a fala*** to stammer, to stutter; ***defeito na fala*** speech impediment; ***vir à fala*** to bespeak; ***estar à fala*** to be within call
falaca *s. f.* bastinado
falaça *s. f.* ⇒ **falácia**
falaçar *v. tr.* ⇒ **falaciar**
falace *adj.* ⇒ **falaz**
falácia *s. f.* fallacy, misconception; sophistry; flaw in syllogism; delusion; prattle
falaciar *v. intr.* to chatter, to prattle, to chat, to gossip
falacioso *adj.* fallacious, deceptive, misleading
Falacrocorácidas *s. m. pl.* ORNITOLOGIA ⇒ **Falacrocoracídeos**
Falacrocoracídeos *s. m. pl.* ORNITOLOGIA palmiped water birds with hooked beak
falada *s. f.* talk, prattle; report, rumour
faladeira *s. f.* prattling woman, chatterbox
falado *adj.* spoken, famous, renowned; ***muito falado*** much spoken of; ***ser muito falado*** to make a noise in the world, to be very much commented
falador Ⓐ *adj.* talkative, loquacious, garrulous, chatty, windy Ⓑ *s. m.* talker, babbler, prattler, chatterer, chatterbox, windbag; speaker; ***não é muito falador*** he is not much of a talker, he hasn't much to say for himself
falange *s. f.* ANATOMIA phalanx (*plural* phalanges); crowd, great number
falangeal *adj.* ⇒ **falângico**
falangeano *adj.* ⇒ **falângico**
falangeta *s. f.* ANATOMIA terminal phalanx (of a finger or toe)
falângico *adj.* phalangeal
falanginha *s. f.* ANATOMIA the middle phalanx (of a finger or toe)
falangista *s. m. e f.* member of a phalange (community)
falansterianismo *s. m.* phalansterianism
falansterianista *s. m. e f., adj.* phalansterianist
falansteriano *s. m., adj.* phalansterian
falanstério *s. m.* phalanstery
falante *adj.* speaking, eloquent, expressive
falar *v. tr. e intr.* to speak, to talk, to converse; to discourse, to harangue, to address, to make a speech; to express, to tell;

to say; to declare; ***falar «de papo», falar com prosápia*** to talk big; ***falar sem rodeios*** to speak to the point, to come straight to the point; ***falar desabridamente*** to speak sharply; ***falar como um livro aberto*** to speak like a book; ***falar correntemente*** to speak fluently; ***falar claro (pão, pão, queijo, queijo)*** to call a spade a spade; ***falar sobre*** to speak on; ***falar com prudência sobre um assunto delicado*** to skate over thin ice; ***falar de improviso*** to speak impromptu, to speak off-handed; ***falar com doçura*** to speak fair (to a person); ***falar autoritariamente*** to lay down the law; ***falar clara e afoitamente*** to speak out; ***falar baixo (em segredo)*** to whisper secrets; ***falar com acerto*** to talk sense; ***falar intempestivamente da sua profissão*** to talk shop; ***falar asperamente*** to snap a person's nose off; ***falar sem rebuço*** to speak bluntly; ***falar com conhecimento de causa*** to speak with inside information; ***falar seriamente*** to speak earnestly; ***falar (agir) em defesa de*** to stick up for; ***falar por si mesmo*** to speak for itself; ***falar ironicamente*** to have one's tongue in one's cheek; ***falar fanhoso*** to speak with a twang, to speak through one's nose; ***falar baixinho*** to speak in a low voice; ***falar alto*** to speak loud; ***falar em voz alta*** to speak in a loud voice; ***falar em detrimento de alguém*** to speak to someone's disadvantage; ***falar bem de*** to speak well of; ***falar mal de*** to speak ill of; ***falar à toa*** to talk at random, to talk through one's hat; ***falar no ar*** to talk idly; ***falar pelos cotovelos*** to talk one's head off, to talk nineteen to the dozen; ***falar por (em vez de)*** to speak for; ***falar com os seus botões*** to talk to oneself; ***dar que falar*** to be noised abroad, to get talked about; ***falar por falar (por vício)*** to talk for the sake of talking; ***falar por enigmas*** to speak in riddles; ***falar em público*** to speak in public; ***falar do coração*** to speak from one's heart; ***falar ao ouvido*** to speak in someone's ear; ***falar por entre os dentes*** to mutter, to grumble; ***falar a torto e a direito*** to talk nonsense; ***falar sempre (continuar a falar)*** to talk away; ***falar a favor de alguém*** to speak well for; ***falar à letra*** to speak to the word; ***está a falar (telefone)*** it's engaged; ***fala a sério?*** do you mean it?, are you in earnest?; ***custa-me falar-lhe assim*** it pains me to talk to you like that; ***não fales mais nisso*** say no more about it; ***não vale a pena falar nisso*** it is not worth mentioning; ***fala-se muito nisso*** it is a thing much talked of; ***aqui fala-se inglês*** English spoken (here); ***quem muito fala, pouco acerta*** least said soonest mended; ***por falar nisso*** by the way; ***falando a sério ...*** but seriously...

falario *s. m.* ⇒ **falatório**

falatório *s. m.* talk, gossip, chit-chat, prattle, chatter, tattle, babble

falaz *adj.* fallacious, deceptive, delusive, deceiving, illusive, misleading

falazar *v. intr.* to speak at random

falca *s. f.* a piece of timber; NÁUTICA ***falca de embarcação*** washboard, gunwale

falcaça *s. f.* NÁUTICA work done at the ends of ropes to prevent the undoing of the rope

falcaçar *v. tr.* NÁUTICA to whip (a rope)

falcada *s. f.* falcation

falcado *adj.* falcate(d); falciform, sickle shaped

falcão *s. m.* falcon, hawk

falcata *s. f.* falchion

falcato *adj.* falcated, sickle-shaped, falciform

falcatrua *s. f.* cheat, trick, hoax, imposture, fraud, blind, catch, deceit

falcatruar *v. tr.* to cheat, to trick, to hoax, to dupe, to overreach

falcatrueiro Ⓐ *adj.* cheating, tricking; hoaxing; duping Ⓑ *s. m.* cheater, tricker; hoaxer; duper

falcifoliado *adj.* BOTÂNICA falcifoliate

falciforme *adj.* falciform

falcípede *adj.* [poét.] club-footed

falcoada *s. f.* flight of falcons; MILITAR falcon shot

falcoar *v. tr.* to hawk (to hunt with a falcon)

falcoaria *s. f.* falconry; hawking

falcoeira *s. f.* ORNITOLOGIA herring gull

falcoeiro *s. m.* falconer; hawker

falconete *s. m.* HISTÓRIA falconet; ORNITOLOGIA saker

falconídeo *adj.* falconine

falcular *adj.* falculate, sickle-shaped

falda *s. f.* base or foot of a mountain; skirt; train

faldistório *s. m.* faldstool, faldistory

falecer *v. intr.* to die, to pass away, to expire, to depart

falecido *adj.* late, deceased, departed, dead; ***o meu falecido e chorado irmão*** my late lamented brother

falecimento *s. m.* death, decease, demise, departure

falena *s. f.* nocturnal butterfly

falência *s. f.* bankruptcy, insolvency; scarceness, scarcity; fault, failure; [cal.] ***abrir falência*** to go bankrupt, to go bust; ***o activo da falência*** assets (in a bankruptcy); ***falência fraudulenta*** fraudulent bankruptcy

fálera *s. f.* gold and silver collar worn by Roman patricians and warriors

falerno Ⓐ *adj.* Falernian Ⓑ *s. m.* Falernian wine

falésia *s. f.* cliff

falha *s. f.* flaw, defect, rent, crack; fissure; fracture; fault, failure, mistake, omission; mania, derangement; fragment, splinter; spot, blemish; *pl.* deficiencies, losses

falhado Ⓐ *adj.* cracked, chipped, split, fractured; imperfect; silly, foolish, crack-brained; defective Ⓐ *s. m.* a failure

falhadura *s. f.* gap, rent, fissure, rift, crack

falhanço *s. m.* miss; loss; shortage

falhão *s. m.* plank, board; thick torch

falhar Ⓐ *v. tr.* to crack, to split, to break, to chip; to splinter, to cleave Ⓑ *v. intr.* to fail, to miss; to omit, to skip, to drop; not to succeed, to come out badly; to have a decrease in weight or measure; ***falhar o tiro*** to miss fire (the shot); ***todos os meus planos falharam*** all my plans failed (fell through, came to nothing)

falhe *s. m.* superior quality silk material

falheiro *s. m.* splinter (the first and the last boards sown off of a tree trunk)

falho *adj.* wanting, lacking; defective, imperfect; cracked, split; ***estou falho de dinheiro*** I am short of money

falhudo *adj.* flashy, hollow; flat, flabby, limp

falibilidade *s. f.* fallibility

falicismo *s. m.* phallicism

fálico *adj.* phallic(al)

falido Ⓐ *adj.* failed, insolvent; [coloq.] broke, on the rocks Ⓑ *s. m.* bankrupt; ***falido que não obteve concordata*** uncertificated bankrupt; ***dar-se por falido*** to file a petition to bankruptcy court

falinha *s. f.* piercing voice; *pl.* whisper; *pl.* coaxing; ***falinhas doces, falinhas mansas*** honey-tongue

falir *v. intr.* to fail, to break, to go bankrupt, to become bankrupt; [cal.] to go bust

falível *adj.* fallible, liable to error

falo *s. m.* phallus

faloa *s. f.* a tin loud-speaker

falodinia *s. f.* phallalgia

falóforo *s. m.* phallus-bearer

falperra *s. f.* brigand's haunt (den)

falperrista *s. m.* highwayman, robber, bandit, outlaw, highway robber, footpad; monk in the convent of Falperra

falqueador *s. m.* person who squares (wood)

falqueadura *s. f.* squaring, rough-hewing

falquear *v. tr.* to square (wood); to rough-hew

falquejadura *s. f.* ⇒ **falqueadura**

falquejamento *s. m.* ⇒ **falqueadura**

falqueta *s. f.* a shot at billiards by which a ball jumps over the other

falripas *s. f. pl.* thin and scare hair
falsa *s. f.* MÚSICA dissonance; discordant voice (note)
falsa-acácia *s. f.* locust tree, red locust
falsa-braga *s. f.* bastion; barbican; counter-breastwork
falsador *s. m.* ⇒ **falsificador**
falsamente *adv.* falsely, wrongly; unfaithfully, untruthfully
falsa-posição *s. f.* MATEMÁTICA false position; ***regra de falsa-posição*** rule of the false position
falsa-quilha *s. f.* NÁUTICA false keel
falsar Ⓐ *v. tr.* to falsify; to deceive, to betray; to forge Ⓑ *v. intr.* to lie, to cheat; to fail; MÚSICA to be out of tune
falsa-rédea *s. f.* false reins, double cavesson
falsário *s. m.* forger, counterfeiter, falsifier; perjurer, false witness
falseamento *s. m.* misrepresentation; falsification, adulteration; forgery, counterfeiting; treachery, betrayal
falsear *v. tr. e intr.* to misrepresent, to give a false account; to betray, to deceive, to distort; to forge, to counterfeit; MÚSICA to be (to bring, to sing) out of tune
falsete *s. m.* MÚSICA falsetto, shrill voice
falsetear *v. tr.* to speak (to sing) in falsetto
falsidade *s. f.* falsity, disloyalty; lie, falsehood, untruthfulness; fallacy, deceit, mistake, misconception; treachery, deceitfulness, unfaithfulness; double-dealing
falsídia *s. f.* falsity, disloyalty; lie, falsehood, untruthfulness; fallacy, deceit, mistake, misconception; treachery, deceitfulness, unfaithfulness; double-dealing
falsídico *adj.* lying, mendacious; distorted
falsificação *s. f.* falsification, forgery, counterfeit; adulteration; ***falsificação de vinho do Porto*** Port wine adulteration
falsificador *s. m.* forger, adulterator, falsifier, counterfeiter
falsificar *v. tr.* to falsify; to forge; to adulterate; to counterfeit; ***falsificar uma assinatura*** to forge a signature
falsificável *adj.* falsifiable, adulterable
falsífico *adj.* falsifying
falsinérveo *adj.* BOTÂNICA said of a vegetal leaf having false veins, pseudo-nervated
falso *adj.* false, wrong, inaccurate; untrue, unfaithful, disloyal, double-faced, deceptive, treacherous, perfidious; counterfeit, sham, bogus, fake, forged, feigned; ***doutrinas falsas*** unsound doctrines; ***uma alegação falsa*** a wrong (false) statement; ***uma teoria falsa*** a wrong theory; ***cores falsas*** false colours; ***sob pretextos falsos*** under false pretences; ***falso testemunho*** false testimony; ***alarme falso*** false alarm; ***porta falsa*** concealed door; MÚSICA ***nota falsa*** false note; ***estar em posição falsa*** to be in a false position; ***moeda falsa*** counterfeit (false) coin; ***dar um passo em falso*** to take a false step; ***pesos falsos*** false weights; ***amigos falsos*** false friends; ***em falso*** in vain; ***dinheiro falso*** flash money, counterfeit money
falta *s. f.* want, lack, need, shortage, scarceness, privation, necessity; deficiency, absence; defect, flaw, blemish; sin, fault, offence, misdeed, misdoing; error, lapse, omission, failing; charge, foul (in games); ***perdoar as faltas dos outros*** to overlook the faults of others; ***ter falta de*** to be short of, to be in want of; ***ter falta de capitais*** to be in want of capital; ***apanhar alguém em falta*** to catch someone tripping; ***à falta de melhor*** for lack of something better; ***falta de forças*** adynamia, want of vital force, physical prostration; ***falta de géneros*** shortage (scarcity) of goods; ***falta de confiança*** want of confidence; ***falta de palavra*** breach of faith; ***falta de cumprimento de um contrato*** nonfulfilment of a contract; ***por falta de dinheiro*** for want of money; ***o dinheiro faz sempre falta*** money is always short; ***por (à) falta de*** for want of; ***posso suprir as suas faltas*** I can supply your wants; ***mostra grande falta de juízo*** he shows great want of thought; ***sem falta*** without fail; ***falta de juízo*** lacking in sense; ***cair em falta*** to put oneself in the wrong, to make a mistake; ***uma pequena falta*** a slight fault; ***falta de aceitação de pagamento*** non-acceptance, non-payment; ***falta de aceite de uma letra*** default of acceptance of a bill; ***estar em falta (duma visita ou de uma carta)*** to be owing (a visit or a letter); ***ficar em falta*** to be blameworthy, to neglect one's duty; ***sinto muito a tua falta*** I miss you a lot; ***falta de bom senso*** want of common sense; ***falta de tacto*** want of tact; ***sinto a falta de um verdadeiro amigo*** I feel the want of a real friend; ***as faltas dos nossos avós, fazem-nas eles, pagamo-las nós*** the sins of the fathers are sometimes visited upon the children; ***justificar as faltas (de presença, comparência)*** to explain one's absences; ***falta de educação*** rudeness; ***cometer uma falta*** to commit a foul; DESPORTO ***cobrar uma falta*** to take a free kick; ***falta de água*** water shortage
faltar *v. intr.* to fail, to be wanting, to be deficient, to fall short, to run short; not to fulfil, to neglect; not to be present, not to appear, to be missing, to be absent, to miss; ***faltar à (sua) palavra*** to break one's promise (word), to go back on one's word; ***faltar a uma lição*** to miss a lesson; ***faltar à aula*** not to attend class, to be absent from class; ***faltar pouco para*** to be near (to), to be almost; ***faltar muito para*** to be far from; ***faltar à verdade*** not to tell the truth; ***faltar aos seus compromissos*** not to keep (to fulfil) one's engagements; ***faltar ao dever*** to neglect one's duty; ***faltar ao respeito*** to show disrespect, to be wanting in respect to; ***faltar a uma promessa*** to fail to keep a promise; ***falta-me tudo*** I lack everything, I have nothing; ***faltam-me as forças*** my strength fails me; ***falta-me dinheiro*** I haven't any money; ***faltam-me as palavras*** I have no words, words fail me; ***faltam três dias para começarem as férias*** there are only three days before the holidays begin; ***faltam dez minutos para as cinco*** it is ten minutes to five; ***pouco lhe faltou para ser atropelado*** he was nearly run over; ***não falta quem diga*** there are some that say; ***se, por desgraça o pai lhes faltar*** if they have the misfortune to lose their father; ***não faltarei*** I will not fail; ***faltou-me um bom amigo*** I missed a good friend; ***falta-me um livro*** I am short of a book; ***falta uma página neste livro*** there is a page missing in this book; ***falta uma dúzia*** there is a dozen short; ***quanto falta aqui?*** how much is wanted here?; ***falta um volume para completar a colecção*** there is a volume wanting to complete the set; ***era o que faltava!*** it would be the last straw!; ***Deus não falta a quem promete*** God's reward is sure
falto *adj.* needy, deficient, lacking, short, failing, void of, destitute; ***estar falto de*** to stand in need of, to be out of; ***falto de imaginação*** void of imagination; ***falto de sentido*** void of sense
faltoso *adj.* faulty; one who is frequently missing (absent); absent
falua *s. f.* barge of the river Tagus
falucho *s. m.* felucca
falueiro *s. m.* bargeman, bargee
fama *s. f.* fame, renown, glory, high reputation, honour, repute, name, standing, credit; report, rumour; ***ter má fama*** to enjoy ill fame, to be under a cloud; ***de grande fama*** far-famed; ***ter fama de*** to be famed for; ***a sua fama atingiu o auge*** he has risen to the height of his fame; ***alcançar fama mundial*** to gain a world-wide reputation; ***adquirir (alcançar) fama*** to win (to reach) fame, to make a noise in the world; ***criar fama e deitar-se na cama (a dormir)*** to rest on one's laurels
famanaz *adj.* renowned; very famous
famego *s. m.* (variety of) gull
famelga *s. f.* ⌈pop.⌋ hungry person, starveling; ⌈pop.⌋ family
famelgo *adj.* hungry, starving; ⌈reg.⌋ cunning, artful, foxy, sharp, keen
famélico *adj.* hungry, famishing, starving
famigerado *adj.* renowned, famed; notorious, infamous
famígero *adj.* ⇒ **famigerado**
família *s. f.* family; household, home; kindred; ***ter muita família*** to have a large family; ***o mais velho da família*** the eldest of the family; ***questões de família ou segredo de***

família (que envolve escândalo) a skeleton in the cupboard; ***de boa família*** well-born; ***a família dele*** his people; ***chefe de família*** head of the house; ***nome de família*** surname, family name; ***a Sagrada Família*** the Holy Family; ***estar em família*** to be among friends; ***isso é de família*** that runs in the family, it is a family trait

familiar Ⓐ *adj.* familiar, close, intimate, friendly; household, well-known, common Ⓑ *s. m.* relative, kinsman; intimate friend; close acquaintance; servant; an officer of the Inquisition; ***em termos familiares*** on familiar terms; ***ares familiares*** family likeness; ***palavra familiar*** household word

familiaridade *s. f.* familiarity, intimacy; ***a familiaridade engendra desprezo*** familiarity breeds contempt

familiarização *s. f.* familiarization

familiarizado *adj.* acquainted, familiar, conversant with

familiarizar Ⓐ *v. tr.* to familiarize, to make familiar Ⓑ *v. refl.* to accustom oneself to; to grow familiar with, to get acquainted with; to become conversant with, to get to know; ***familiarizar-se com uma língua estrangeira*** to familiarize oneself with a foreign language

familiarmente *adv.* familiarly, friendly

familistério *s. m.* familistery

familória *s. f.* [pop.] family

faminto *adj.* hungry, starving; desirous of; longing, craving

famosamente *adv.* famously; excellently, notably, remarkably; [coloq.] very well

famoso *adj.* famous, noted, renowned, celebrated, notable, remarkable, distinguished; [coloq.] very good, excellent, capital, satisfactory

famulado *s. m.* servant's work

famulagem *s. f.* servants (collectively)

famular *v. intr.* to act as a famulus

famulatício *adj.* famulary, attending

famulato *s. m.* ⇒ **famulado**

famulatório *adj.* famulary

famulento *adj.* hungry, starving; voracious

fâmulo *s. m.* famulus, attendant

fanação *s. f.* circumcision ceremony (in some areas of East Africa)

fanado *adj.* tight, close; short; circumcised

fanadoiro *s. m.* ⇒ **fanadouro**

fanadouro *s. m.* trowel

fanal *s. m.* ship's lantern; light, torch; lighthouse, beacon; [fig.] guide

fanar Ⓐ *v. tr.* to cut short; to curtail, to trim Ⓐ *v. intr.* to fade, to wither

fanaticamente *adv.* fanatically

fanático Ⓐ *adj.* fanatic, fanatical, bigoted; enthusiastic; frenzied, rabid Ⓑ *s. m.* a fanatic, an enthusiast; a bigot, a zealot

fanatismo *s. m.* fanaticism; excessive enthusiasm, rabid zeal, bigotry

fanatizador *s. m.* one who spreads fanaticism

fanatizar Ⓐ *v. tr.* to fanaticize, to make into a fanatic Ⓑ *v. refl.* to become a fanatic

fanca *s. f.* drapery

fancaia *s. f.* ***à fancaia*** clumsily, awkwardly

fancaria *s. f.* ready-made clothes; trash, rubbish; ***obra de fancaria*** botched work, tawdry work, a clumsy piece of work

fanchona *s. f.* virago, mannish woman

fanchonaça *s. f.* ⇒ **fanchona**

fanchonaço *s. m.* virile man

fandangagem *s. f.* riff-raff, rabble, trash

fandangar *v. intr.* to dance the fandango

fandango Ⓐ *s. m.* fandango (lively Spanish and Portuguese dance) Ⓑ *adj.* scamp; ***tropa fandanga*** rabble

fandanguear *v. intr.* to dance a fandango; to take part in revelries

fandangueiro *s. m.* fandango dancer

faneca *s. f.* ICTIOLOGIA whiting-pout (sea-fish), bib; a morsel of bread; [pop.] ***ao pintar da faneca*** in the nick of time; [fig.] ***pintar a faneca*** to kick up a row

faneco Ⓐ *s. m.* piece, bit, slice, morsel; a morsel of bread Ⓑ *adj.* faded, withered; ***pintar o faneco*** to play the devil, to frolic, to play pranks

fanerocristal *s. m.* GEOLOGIA plenocryst

Fanerógamas *s. f. pl.* ⇒ **Fanerogâmicas**

fanerogamia *s. f.* phanerogamia

fanerogâmicas *s. f. pl.* BOTÂNICA *Phanerogamae*

fanerogâmico *adj.* ⇒ **fanerógamo**

fanerógamo *adj.* phanerogamous, phanerogamic

fanfa *s. m.* [pop.] boaster, braggart

fanfar *v. intr.* to boast, to swagger, to vaunt, to brag, to bluster, to talk big, to ride the high horse

fanfarra *s. f.* fanfare, flourish of trumpets, or bugles; brass band

fanfarrada *s. f.* boasting, bragging, swaggering, vaunting, blustering

fanfarrão *s. m.* bully, swaggerer, blusterer, browbeater, boaster, braggart

fanfarraria *s. f.* ⇒ **fanfarrada**

fanfarrear *v. intr.* to boast, to swagger, to bluster, to brag, to vaunt, to ride the high horse

fanfarrice *s. f.* boast, brag, bragging, swaggering, blustering; bluff

fanfarronada *s. f.* boast, brag, bragging, swaggering, blustering; bluff

fanfarronal *adj.* boastful, vaunting, bragging, blustering

fanfarronar *v. intr.* ⇒ **fanfarrear**

fanfarronice *s. f.* ⇒ **fanfarrice**

fanfreluche *s. f.* bubble, blob; [fig.] trifle, small matter

fanfúrria *s. f.* ⇒ **fanfarrice**

fanfurrice *s. f.* ⇒ **fanfarrice**

fanga *s. f.* bushel

fangueirada *s. f.* blow with a cart pole

fangueiro *s. m.* cart pole

fanhosear *v. tr. e intr.* to speak with a twang

fanhoso *adj.* snuffling, nasal; ***ser fanhoso*** to speak with a twang

fanicar *v. tr.* to chase after small business; [pop.] to lose one's senses; to faint

fanico *s. m.* swoon, fainting; morsel, bit, small piece; small gains; ***fazer (partir) em fanicos*** to break into (to go to) pieces

faniqueiro *adj.* cheap-jack, hawker, peddler; ***navio faniqueiro*** tramp (ship)

faniquento *adj.* swooning, fainting

faniquito *s. m.* [fam.] swoon, fainting-fit

fanqueiro *s. m.* draper

fantã *s. m.* fan-tan (Chinese gambling game)

fantarelo *s. m.* boaster, braggart, braggadocio

fantascópio *s. m.* phantascope, phenakistoscope

fantasia *s. f.* fancy, fantasy, imagination; conception, notion, image; whim, freak, caprice, liking, fondness; MÚSICA fantasia; ***as fantasias de um poeta*** the fancies of a poet; ***o que ele diz são meras fantasias*** what he says are mere fancies; ***artigos de fantasia*** fancy goods

fantasiador *s. m.* fantast, visionary, dreamer, one who indulges in fancy

fantasiar *v. tr.* to fancy, to imagine, to dream, to conjecture, to conceive, to picture to oneself, to suppose

fantasioso *adj.* fanciful, fantastic, quaint, visionary, imaginary

fantasista Ⓐ *adj.* fancying Ⓑ *s. m. e f.* dreamer; imaginative person

fantasma *s. m.* ghost, phantom, spectre, apparition, spook, phantasm; ***o fantasma aparece à meia-noite*** the ghost walks at midnight

fantasmagoria *s. f.* phantasmagoria
fantasmagórico *adj.* phantasmagoric
fantasmagorizar *v. tr.* to render (make) phantasmagoric
fantasmal *adj.* phantasmal, phantasmic
fantasticamente *adv.* fantastically
fantástico *adj.* fantastic(al), extravagant, fanciful, imaginary, visionary; capricious; unreal, feigned, false, sham; ***é fantástico!*** it is fantastic!; ***venda fantástica*** feigned (sham) sale
fantastiquice *s. f.* fantasticality; eccentricity; boasting, flightiness
fantil *adj.* thorough-bred (horse or mare)
fantochada *s. f.* puppet-show; puppets; [fig.] blunder, sham; ***tudo aquilo é uma fantochada*** that is all a sham
fantochar *v. intr.* to mimic, to ape, to mock, to impressionate
fantoche *s. m.* puppet, marionette; [fig.] pawn, dummy, tool; ***teatro de fantoches*** puppet-show, Punch and Judy show
fanzine *s. f.* fanzine
faqueiro *s. m.* cutler; case for knives, forks and spoons; ***faqueiro de prata*** case of silver knives, forks and spoons
faqui *s. m.* faki
faquino *s. m.* church sweeper; sweeper of the patriarchal church (at Lisbon)
faquir *s. m.* fakir, faquir
faquirismo *s. m.* profession of fakirs
faquista *s. m. e f.* cut-throat, murderer; bloodthirsty ruffian
farad *s. m.* farad (unit of electric capacity)
faraday *s. m.* ELECTRICIDADE faraday
farade *s. m.* ⇒ **farad**
farádico *adj.* faradaic
farádio *s. m.* ⇒ **farad**
faradismo *s. m.* ⇒ **faradização**
faradização *s. f.* MEDICINA faradization
faradizar *v. tr.* MEDICINA to faradize
farândola *s. f.* farandole (dance); gang of vagabonds
farandolagem *s. f.* gang of vagabonds
faranta *s. f.* old ewe
farante Ⓐ *s. m.* womanizer Ⓑ *s. m. e f.* [fam.] meddler
faraó *s. m.* HISTÓRIA Pharaoh
faraónico *adj.* Pharaonic
farar *v. tr.* [fam.] to search, to seek
farda *s. f.* uniform; regimentals
fardado *adj.* in uniform
fardagem *s. f.* a lot of packages; luggage; [E.U.A.] baggage
fardalhão *s. m.* showy uniform
fardamenta *s. f.* uniform; clothes
fardamento *s. m.* uniform; military uniform; livery (of attendants or servants)
fardar Ⓐ *v. tr.* to equip (with uniforms); to dress (to put) in uniform Ⓑ *v. refl.* to put on uniform, to change into uniform
fardel *s. m.* packed lunch; picnic meal; day's provisions; sandwiches; a bundle of clothes (in disorder)
fardelagem *s. f.* ⇒ **fardagem**
fardeta *s. f.* work uniform
fardete *s. m.* small bale, package
fardo *s. m.* bale, pack, package, load, burden; ***a vida é um fardo pesado*** life is a heavy burden; ***fazer um fardo*** to make up into a bale; ***fardo de mercadorias*** bale of goods; ***fardo volumoso*** bulky package
farejar Ⓐ *v. tr.* to scent, to smell Ⓑ *v. intr.* to get the scent, to follow the scent; [fig.] to suspect, to discover, to sniff, to snuffle
farejo *s. m.* scenting, smelling
fareláceo *adj.* branny; like bran
farelada *s. f.* a portion of bran; bran and water
farelagem *s. f.* ⇒ **farelada**
farelar *v. intr.* to boast, to vaunt, to brag, to bluster, to talk big, to ride a high horse
fareleiro *s. m.* boaster, braggart, blusterer, swaggerer, vaunter, fire-eater
farelento *adj.* branny, full of bran
farelhão *s. m.* small headland; steep islet
farelice *s. f.* boast, brag, bragging, swaggering, blustering, ostentation, vaunting
farelo *s. m.* bran, pollard, wood meal; [coloq.] boast; *pl.* trifles; ***poupar (n)o farelo e gastar (n)a farinha*** penny wise (and) pound foolish
farelório *s. m.* [fam.] fiddle-faddle; trifle
farfalha *s. f.* rustling, swish; *pl.* parings; filings; trifles
farfalhada *s. f.* rustle, rustling; triplings, boast, brag, empty talk; insignificance, trifle
farfalhador *s. m.* boaster, blusterer, vaunter, swaggerer, fire-eater
farfalhante *adj.* boastful, ostentatious; rustling
farfalhão *s. m.* ⇒ **farfalhador**
farfalhar *v. intr.* to speak at random; ⇒ **fanfar**
farfalharia *s. f.* ⇒ **farfalhada**
farfalheira *s. f. pl.* dress-trimmings; ⇒ **farfalhada**
farfalheiro *adj.* showy, gaudy, fond of show; ⇒ **farfalhento**
farfalhento *adj.* boasting, vaunting, blustering, bragging; talkative, wordy, verbose
farfalhice *s. f.* ⇒ **farfalhada**
farfalho *s. m.* speaking at random; hoarseness; thrush (children's disease)
farfalhoso *adj.* bombastic, high-flown; wordy, verbose, loquacious, talkative; showy, gaudy
farfalhudo *adj.* bombastic, high-flown; wordy, verbose, loquacious, talkative; showy, gaudy
farfantão *s. m.* ⇒ **fanfarrão**
farfante *s. m. e f.* braggart, boaster, vaunter, blusterer; bombastic person
farfantear *v. intr.* ⇒ **fanfarrear**
farilhão *s. m.* ⇒ **farelhão**
farinação *s. f.* grinding (into flour)
farináceo Ⓐ *adj.* farinaceous, starchy, mealy Ⓑ *s. m. pl.* starchy food, farinaceous food
farinar *v. tr.* to reduce to flour, to grind
faringe *s. f.* ANATOMIA pharynx
faringectomia *s. f.* CIRURGIA pharyngectomy
faríngeo *adj.* pharyngeal
faríngico *adj.* ⇒ **faríngeo**
faringite *s. f.* MEDICINA pharyngitis
faringolaringite *s. f.* pharyngo-laryngitis
faringologia *s. f.* pharyngology
faringoscopia *s. f.* pharyngoscopy
faringoscópio *s. m.* pharyngoscope
faringotomia *s. f.* pharyngotomy
farinha *s. f.* flour; meal (grain coarsely ground); ***farinha de trigo*** (wheat) flour; ***farinha láctea*** milk flour; ***farinha de arroz*** rice flour; ***farinha de cereais*** cornmeal; ***farinha de aveia*** oatmeal; ***farinha de milho*** maize flour, corn flour; ***farinha de centeio*** rye-flour; ***farinha de mandioca*** cassava, manioc flour; ***farinha integral*** whole meal; [fig.] ***não fazer boa farinha com*** not to agree, not to hit it off
farinháceo *adj.* ⇒ **farináceo**
farinhada *s. f.* great portion of flour
farinha-de-pau *s. f.* manioc; cassava
farinhata *s. f.* oidium
farinhato *s. m.* ⇒ **farinhata**
farinheira *s. f.* pork sausage made of flour
farinheiro *s. m.* flour dealer; flour merchant
farinhento *adj.* farinaceous; floury, mealy; crumbly; ***batata farinhenta*** floury potato
farinhoso *adj.* farinaceous; floury, mealy; crumbly
farinhota *s. f.* variety of vine
farinhudo *adj.* farinaceous, floury
farinógrafo *s. m.* machine used to measure the mechanical properties of dough during its production process
farisaico *adj.* Pharisaic(al)

farisaísmo *s. m.* Pharisaism
fariscante *adj.* sniffing, snuffling, smelling, scenting
fariscar *v. tr. e intr.* ⇒ **farejar**
farisco *s. m.* sniff, snuff, smell
fariseu *s. m.* HISTÓRIA Pharisee; [fig.] hypocrite
farmacêutico Ⓐ *s. m.* pharmacist, chemist, dispensing chemist, dispenser Ⓑ *adj.* pharmaceutical
farmácia *s. f.* pharmacy, dispensary; chemist's shop; chemist's; ***farmácia portátil*** medicine chest
farmacognosia *s. f.* pharmacognosy
farmacografia *s. f.* pharmacography
farmacologia *s. f.* pharmacology
farmacológico *adj.* pharmacologic(al)
farmacopeia *s. f.* pharmacopoeia
farmacopola *s. m.* [irón.] pillmonger, charlatan
farmacotecnia *s. f.* pharmacotechnics
farmacotécnico *adj.* pharmacotechnic(al)
farnel *s. m.* packed meal, food package; provisions, eatables
farniente *s. m.* tranquillity, peace, calm, calmness, quietness
faro *s. m.* scent, smelling; [fig.] trail, clue, track; ***sem faro (cão)*** without scent (dog)
farofa *s. f.* a sort of porridge made of fat; [fig.] brag, swagger, vaunt
farofeiro *s. m.* boaster, blusterer, braggart, swaggerer, vaunter
farófia *s. f.* cream puff (sort of cream made of white of eggs, milk and sugar); [fig.] vaunting, ostentation
farol *s. m.* lighthouse; beacon; light; lantern, guide, course; ***faróis (de automóvel)*** headlights; ***farol de eclipse*** intermittent light; ***farol flutuante*** light vessel (ship); ***farol de relâmpagos*** flashing light, flash light; ***farol de porto*** harbour light; ***farol de bombordo*** port light; ***farol de estibordo*** starboard light; AERONÁUTICA ***farol de aterragem*** landing headlamp; ***farol de orientação*** orientation beacon; ***farol de rotação*** revolving light; ***farol de globo*** globe lantern; ***farol cintilante*** twinkling light; ***farol verde*** green light; ***farol vermelho*** red light; ***farol de luz fixa*** fixed light; ***farol de sinais*** signal lantern; ***abaixar os faróis (do automóvel)*** to dip (to dim) the headlights; ***farol traseiro*** rear light
farola *s. f.* idle talk, prattle
farolagem *s. f.* setting up of lighthouses
farolar *v. tr.* ⇒ **farolizar**
faroleiro *s. m.* lighthouse keeper; [reg.] chatterbox, babbler, prattler
farolete *s. m.* pocket lamp; taillight; spot lamp
farolice *s. f.* idle talk, prattle
farolim *s. m.* beacon, small lighthouse; brake light (motor-cars)
farolização *s. f.* ⇒ **farolagem**
farolizar *v. tr.* to set up lighthouses, to provide with lighthouses; to light up, to illuminate
farpa *s. f.* banderilla; barbed dart; barb, hook; splinter (of wood); rent, tear
farpado *adj.* barbed; ***arame farpado*** barbed wire
farpante *adj.* harpooning; splintering; stingy
farpão *s. m.* harpoon, prong; javelin; [pop.] rent, tear, deep wound
farpar *v. tr.* to barb, to make into a barb; to tear, to rend; to stick banderillas into the bull
farpear *v. tr.* to prick with a spike, to goad; to stick banderillas into the bull; to tear, to rend
farpela *s. f.* [coloq.] apparel; hook (of a crochet needle); small dart
farra *s. f.* spree, revel, carousel, frolic, drinking-bout; fario; ***fazer uma farra*** to go on a spree
farracho *s. m.* a kind of cudgel to stun fishes when fishing by night
farragem *s. f.* medley, jumble, farrago, hotch-potch; rubbish, trash
farragoilo *s. m.* ⇒ **ferragoilo**
farragoulo *s. m.* ⇒ **ferragoilo**
farrancho *s. m.* [pop.] a group of holiday-makers; a group of trippers
farrão *s. m.* ⇒ **farragem**
farrapada *s. f.* heap of rags; old clothes
farrapagem *s. f.* ⇒ **farrapada**
farrapão *s. m.* ragamuffin, tatterdemalion, ragabash, wretch, paltry fellow
farrapar *v. tr.* to rend, to tear
farraparia *s. f.* ⇒ **farrapada**
farrapeira *s. f.* rag-seller, rag-picker
farrapeiro *s. m.* rag-seller, rag-picker
farrapento *adj.* tattered, torn, ragged, flittered
farrapilha *s. m.* ragged, dirty (shabby) fellow
farrapo *s. m.* rag, tatter, shred; ⇒ **farrapeiro**; ***em farrapos*** in rags; ***saco de farrapos*** rag-bag; ***não ter um farrapo para se cobrir*** not to have a rag to one's back
farrear *v. intr.* to revel, to carouse, to go on the spree
fárreo Ⓐ *adj.* wheaten Ⓑ *s. m.* wheat cake
farricoco *s. m.* pallbearer; lay-brother who accompanied a penitentiary procession
farripa *s. f.* thin hair
farrista *s. m. e f.* reveller, party-goer
farro *s. m.* wheat cake; barley water
farroba *s. f.* carob, St. John's bread
farrobeira *s. f.* carob-tree
farromba Ⓐ *s. m.* ⇒ **parlapatão** Ⓑ *s. f.* [cal.] swagger; brag
farronca *s. m. e f.* rough voice; boast, boasting, vaunting, bragging, swaggering; boaster, blusterer, vaunter; ***ele tem muita farronca*** he is a charlatan
farronfa *s. f.* ⇒ **farronca**
farronfear *v. intr.* ⇒ **bazofiar**
farronqueiro *adj.* boasting, vaunting, blustering, bragging, swaggering
farroupilha *s. m. e f.* ragamuffin, ragabash, wretch; paltry fellow, shabby fellow; ragged, dirty person
farroupinho *s. m.* little pig
farroupo *s. m.* small pig, farrow; castrated ram or pig
farrusca *s. f.* smut (on the face); old and rusty sword
farrusco *adj.* sooty, dirty, smutty; black, dark
farsa *s. f.* farce, ludicrous comedy; afterpiece; fun, jest; sham, fiction
farsada *s. f.* farce; mockery
farsalhão *s. m.* long, poor farce
farsanta *s. f.* actress in a farce
farsante *s. m. e f.* buffoon, farceplayer; humbug, impostor
farsantear *v. intr.* to act (to behave, to speak) like a humbug, to play the buffoon; to joke, to jest
farsilhão *s. m.* tongue of a buckle
farsista *s. m. e f.* ⇒ **farsante**
farsola *s. m. e f.* humbug, impostor, boaster, braggart, blusterer; witty saying, joke
farsolar *v. intr.* to act like a humbug; to boast, to brag, to bluster, to vaunt, to banter
farsolice *s. f.* boasting, swaggering, bragging, blustering, vaunting
farta *s. f.* ***à farta*** heaps, lots; ***comer à farta*** to eat one's fill
fartação *s. f.* satiation, satiety, overfeeding, repletion
fartadela *s. f.* satiety, repletion; overeating; drinking to excess; excess
fartalejo *s. m.* mess of flour and cheese
fartamente *adv.* fully, richly, with abundance
fartança *s. f.* plenty, fulness, profusion, abundance; glut
fartar Ⓐ *v. tr.* to satiate, to fill, to overfill, to overfeed, to saturate, to glut, to cloy, to cram, to stuff; to tire, to make sick Ⓑ *v. refl.* to satiate oneself; to get sick (tired, weary); ***comer a fartar*** to eat one's fill, to eat to one's heart's content; ***beber a fartar*** to drink one's fill; ***fartar a vista (os olhos)*** to feed one's sight (the eyes)

farta-rapazes *s. m.* BOTÂNICA variety of bean
fartável *adj.* satiable; satisfying; enough
farta-velhaco *s. m.* variety of plum; ⇒ **farta-rapazes**
farte *s. m.* ⇒ **fartalejo**
fartem *s. m.* ⇒ **fartalejo**
farteza *s. f.* ⇒ **fartura**
farto *adj.* satiated, fed up, full, glutted; satisfied; complete, abundant; sick, tired, weary; ***estar farto de*** to be fed up with; ***farto de*** sick of; ***farto de esperar*** sick of waiting; ***estou farto disso*** I have had enough of that; ***estou farto dele*** I have had enough of him; ***estar farto e aborrecido*** to be fed up; [fam.] to be browned off; ***estou farto e cansado*** I am sick and tired; ***estar farto do mundo*** to be sick of the world
fartote *s. m.* [pop.] glut, glutting, fill; a large portion; a lot of; ⇒ **fartadela**
fartum *s. m.* foul smell, stench, stink, fetor, foetor
fartura *s. f.* plenty, abundance, profusion, lots; repletion, surfeit, ful(l)ness, glut, satiety, satiation, cloyment; *pl.* pancakes; ***fartura de alimentos*** plenty of food; ***terra de fartura*** land of milk and honey
fás *s. m.* right, just action; ***por fás e por nefas*** right or wrong, by hook or by crook
fasces *s. m. pl.* fasces
fasciculado *adj.* BOTÂNICA fasciculate(d), fascicular
fascicular *adj.* fascicular
fascículo *s. m.* fascicle (a small bunch, cluster); fascicule (a part, number, instalment of a printed work); BOTÂNICA glomerule; ***o livro foi publicado em fascículos*** the book was published in fascicles (instalments)
fascinação *s. f.* fascination, dazzle, enchantment, charm; witchery, witchcraft
fascinador Ⓐ *adj.* fascinating, dazzling, charming Ⓑ *s. m.* fascinator, charmer, enchanter
fascinante *adj.* fascinating, charming, enchanting, dazzling; bewitching, entrancing
fascinar *v. tr.* to fascinate, to charm, to enchant, to bewitch, to captivate, to hold; to enrapture, to dazzle; to allure, to attract; to take by storm; ***estar fascinado*** to be under a spell, to be spellbound; ***ele fascinou a assistência*** he held the audience
fascínio *s. m.* fascination, charm, enchantment, spell; evil eye
fascíola *s. f.* ZOOLOGIA fluke (parasitic worm)
fasciolar *adj.* fluky
fascismo *s. m.* Fascism
fascista *s. m. e f., adj.* fascist
fase *s. f.* phase, period, stage, aspect, view; ***a guerra entrou agora na sua última fase*** the war has now entered upon its last phase; ***fase inicial*** initial phase
faseal *s. m.* rick, shock
faseolar *adj.* bean-shaped
faseolina *s. f.* albuminoid extracted from certain beans
faséolo *s. m.* runner bean
fasímetro *s. m.* ELECTRICIDADE phase meter, power meter
fasquia *s. f.* sawn board of timber long and narrow; lath; DESPORTO bar
fasquiado Ⓐ *s. m.* lathing, lath-work; trellis, trellis-work; lattice, lattice-work Ⓑ *adj.* lathed, trellised, latticed; ***fasquiado de tecto*** roof battens, roof lathing
fasquiar *v. tr.* to lath, to provide with laths; to saw into laths, to trellis, to lattice
fasquieiro *s. m.* ⇒ **fasquia**
fasquio *s. m.* number of laths
fastidiosamente *adv.* fastidiously, tediously, tiresomely, wearisomely
fastidioso *adj.* fatiguing, tedious, boring, irksome, wearisome, annoying, troublesome, burdensome, tiring, fastidious
fastiento *adj.* fastidious, squeamish, difficult, queasy, particular, hard to please; off one's food, with lack of appetite
fastigiado *adj.* BOTÂNICA fastigiate
fastígio *s. m.* apex, summit, top, acme, pinnacle, fastigium
fastigioso *adj.* fastigious
fastio *s. m.* lack of appetite; aversion, disgust; repugnance, loathing; distaste; ***a criança tem muito fastio*** the child lacks appetite
fastioso *adj.* ⇒ **fastidioso**
fasto Ⓐ *s. m.* pomp, splendour, magnificence, stateliness, show, display, ostentation Ⓑ *adj.* happy, joyful, gay, merry, festive, fastuous
fastos *s. m. pl.* fasti (chronological register of events); [fig.] annals, chronicles
fastoso *adj.* ostentatious, magnificent, sumptuous, superb, pompous, showy, splendid, gorgeous, fastuous, pretentious, arrogant, haughty

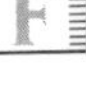

fastuoso *adj.* ostentatious, magnificent, sumptuous, superb, pompous, showy, splendid, gorgeous, fastuous, pretentious, arrogant, haughty
fataça *s. f.* ICTIOLOGIA large mullet
fatacaz *s. m.* chunk, large piece (of bread, cheese, etc.)
fatagear *v. intr.* to rummage for (clothes); to turn inside out (the contents of drawers)
fatagem *s. f.* rummaging, turning inside out
fatal *adj.* fatal, disastrous, mortal, deadly, calamitous, destructive; ominous; ***erro fatal*** a fatal blunder; ***uma explosão fatal*** a fatal explosion; ***acidente fatal*** fatal accident
fatalidade *s. f.* fatality, disaster, calamity, misfortune; destiny, fate; ***a morte da pobre senhora foi uma grande fatalidade para os filhos*** the poor lady's death was a great blow to her children; ***atingido pela fatalidade*** hard hit
fatalismo *s. m.* fatalism, necessarianism, submission to fate
fatalista Ⓐ *adj.* fatalistic(al) Ⓑ *s. m. e f.* fatalist
fatalmente *adv.* fatally, ruinously
fatanisca *s. f.* fried slices of cod rolled in eggs and flour
fateiro Ⓐ *adj.* fit for keeping clothes Ⓑ *s. m.* [Bras.] tripe-seller
fateixa *s. f.* grapnel; meat hook
fateixar *v. tr.* to grapple, to seize (to hold, to fasten) with a grapnel
fateusim Ⓐ *adj.* emphyteutic Ⓑ *s. f.* emphyteusis
fatia *s. f.* slice, piece; ***ganhar a fatia de pão*** to earn one's crust; ***fatia de pão com manteiga*** slice (piece) of bread and butter; ***uma fatia de carne*** a slice of meat
fatiar *v. tr.* to slice, to cut into slices
fatídico *adj.* fatidical, fateful, weird, prophetic, omened
fatífero *adj.* deadly, lethal, fatal
fatigador Ⓐ *adj.* ⇒ **fatigante** Ⓑ *s. m.* bore, tiresome person
fatigante *adj.* tiring, fatiguing, exhausting, tiresome, boring, wearisome, irksome, fagging, tedious, dull
fatigar *v. tr.* to tire out, to fatigue, to weary, to fag, to exhaust, to bore, to harass, to bother, to worry, to annoy, to tease, to vex, to plague; ***fatigar demasiado*** to overtire, to over-fatigue; ***fatigar um cavalo*** to override a horse; ***pareces estar horrivelmente fatigado*** you look dreadfully tired; ***muito fatigado*** tired to death; ***estar fatigado e abatido, após uma noite de divertimento*** to feel like the morning after the night before; ***estar muito fatigado*** to be quite done up; ***fatigar-se (navio)*** to labour (ship)
fatigoso *adj.* ⇒ **fatigante**
fatiloquente *adj.* ⇒ **fatíloquo**
fatíloquo *adj.* [poét.] prophetic(al); fatidic(al)
fatiota *s. f.* [pop.] suit, dress, clothes; [fam.] duds
fato *s. m.* suit (of clothes); flock (of sheep), drove (of cattle); ***fato completo*** a suit of clothes; ***fato de saia e casaco (para senhora)*** tailor-made suit, costume; ***fatos domingueiros*** one's Sunday clothes, one's Sunday best; [coloq.] ***fato feito*** ready-made suit, reach-me-down suit, off the hook suit; ***fato-macaco*** overalls, dungarees; ***fato de trabalho*** working clothes; ***fato de cerimónia*** dress-suit; ***fato de passeio*** ordinary suit, lounge suit; ***fato de uso (de todos os dias)*** every-

day wear; ***fato feito por medida*** a suit made to order (measure); ***mandar fazer um fato*** to have a suit made; ***fato de Verão*** suit for summer wear, a summer suit; ***fato de Inverno*** suit for winter wear, winter suit; ***fato de mergulhador*** diving-dress, diving-suit; ***vestir o fato melhor*** to put on one's best bib and tucker

fatua *s. f.* BOTÂNICA male orchis

fatuidade *s. f.* fatuity, fatuousness, infatuation, conceit, foolishness, inanity

fátuo *adj.* fatuous, silly, foolish, witless, idiotic, senseless

fatura *s. f.* saurel net

faucal *adj.* faucal

fauce *s. f.* ANATOMIA fauces, throat, gullet

faúla *s. f.* ⇒ **faúlha**

faular *v. intr.* ⇒ **faulhar**

faúlha *s. f.* spark (of fire); fine dust of flour; dry pine-needles; *pl.* trifles

faulhar *v. intr.* to emit (to form) sparks, to scintillate

faulhento *adj.* sparkling; raising dust (flour)

fauna *s. f.* fauna

fauniano *adj.* faunal

faunígena *s. m. e f.* descendant of Faun; Italian

faunístico *adj.* faunistic(al), faunal

fauno *s. m.* MITOLOGIA faun

fausto Ⓐ *s. m.* ostentation, pomp, luxury, parade, magnificence; state, grandeur, show, display, splendour, pageantry Ⓑ *adj.* prosperous, lucky, happy

faustoso *adj.* ostentatious, pompous, showy, stately, grand, majestic, magnificent, gorgeous, gaudy, luxurious

faustuoso *adj.* ostentatious, pompous, showy, stately, grand, majestic, magnificent, gorgeous, gaudy, luxurious

fautível *adj.* susceptible, sensible, receptive, capable

fautor Ⓐ *s. m.* promoter, supporter, well-wisher, patron Ⓑ *adj.* supporting

fautoria *s. f.* support, supporting, abetment, aid, fostering, favour, favouring, promotion

fautorizar *v. tr.* to help, to favour, to support, to back, to uphold

fautriz *s. f.* fautress, fautrix

fava *s. f.* broad bean; ***fava para cavalos*** horse-bean; ***favas pretas*** black balls; ***mosca vermelha da fava*** bean-fly; ***pulgão de fava*** bean dolphin; ***favas contadas*** a dead certainty; ***mandar à fava*** to send packing, to send about one's business; ***vá à fava!*** go to hell (blazes)!, get you gone!; ***vá plantar favas!*** leave me alone!, I'll see you further first; ***pagar as favas*** to be the scapegoat, to bear the blame, to take the responsibility

fava-d'água *s. f.* BOTÂNICA bog-bean, buck-bean

fava-da-índia *s. f.* BOTÂNICA Tonka bean

faval *s. m.* bean-field

favária *s. f.* BOTÂNICA orpin(e)

favária-maior *s. f.* BOTÂNICA orpin(e)

fava-rica *s. f.* dried bean boiled and dressed with oil and garlic

faveca *s. f.* dry shell, dry husk

faveira *s. f.* bean plant

favela *s. f.* [Bras.] quarter of shabby houses or shacks, usually on hills; slum

faviforme *adj.* faviform (shaped like a honey-comb)

favila *s. f.* ashes, embers, a dull fire, state of being favillous; ⇒ **faísca**

favo *s. m.* honey-comb; sweetmeat; *pl.* MEDICINA scurf, scab, ringworm, tinea

favona *s. f.* bean (from tropical zones)

favoniar *v. tr.* to favour; to uphold; to authorize

favónio Ⓐ *s. m.* zephyr, west wind Ⓑ *adj.* favonian, pleasant, sweet, gentle

favor *s. m.* favour, kindness; help, protection, support, goodwill; attention, courtesy, kindness; benefit, behalf; COMÉRCIO letter; ***dever favores a alguém*** to be under an obligation to someone; ***tornar alguém devedor de um favor*** to lay a person under an obligation; ***fazer um favor*** to do a favour; ***um favor*** a good turn; ***posso pedir-lhe um favor?*** may I ask a favour of you?; ***faça o favor de*** please; ***a favor de*** on (in) behalf of, to the credit of, for the benefit of, in support of; ***um favor de amigo*** a friendly turn; ***a (com o) favor da noite*** favoured by night; ***a favor (na madeira)*** with the grain, with the fibre; ***um favor merece outro*** one good turn deserves another; ***em favor de*** on behalf of; ***ter a seu favor*** to have to one's credit

favorável *adj.* favourable, propitious, suitable, advantageous; fair (of wind); ***estar em circunstâncias favoráveis para*** to be in the way of; ***vento favorável*** fair wind; ***agora apresenta-se a ocasião favorável*** a favourable opportunity now presents itself; ***resposta favorável*** favourable answer

favoravelmente *adv.* favourably, in a favourable manner, kindly, suitably, propitiously

favorecedor *s. m.* favourer, fosterer, patron, supporter, helper

favorecer *v. tr. e refl.* to favour, to help, to support, to aid; to encourage, to foster, to further, to promote, to assist, to patronize, to facilitate; to enhance, to flatter, to praise, to exalt; ***favorecer-se de*** to make use of, to avail oneself of, to profit by; ***favorecer alguém*** to favour someone; ***favorecer o desenvolvimento*** to promote the development; ***favorecer os interesses de alguém*** to promote someone's interests; ***favorecer a venda*** to favour the sale; ***a fotografia não a favorece*** the photograph doesn't flatter her; ***a sorte favoreceu-o muito para conseguir um emprego tão bom*** he was very lucky to get such a good job

favorecido *adj.* favoured, helped, protected, supported; flattering, fortunate; ***favorecido pela noite*** favoured by night; ***favorecido pela sorte*** fortune-favoured

favorecimento *s. m.* favouring

favorita *s. f.* favourite, darling, pet, minion

favoritismo *s. m.* favouritism, preference, partiality

favorito Ⓐ *adj.* favourite, preferred, beloved, darling, dear, precious, chosen Ⓑ *s. m.* favourite, pet, darling, minion; ***ser o favorito*** to be a great pet

favorizar *v. tr.* ⇒ **favorecer**

favosa *s. f.* MEDICINA favus

favoso *adj.* honey-combed, alveolate; MEDICINA scabious

fax *s. m.* fax, facsimile transmission

faxa *s. f.* ⇒ **faixa**

faxina Ⓐ *s. f.* MILITAR fascine; faggot, brushwood; fatigue duty; damage, harm, loss Ⓑ *s. m.* soldier on fatigue; ***estar de faxina*** to be on fatigue

faxinagem *s. f.* work where tree branches are used for cleaning services

faxinar *v. tr.* to line with fascines; to bundle into faggots; to cause damage

faxineiro *s. m.* MILITAR soldier on fatigue duty

faz-de-conta *s. m.* make-believe; ***jogar ao faz-de-conta*** to play at make-believe; ***no país do faz-de-conta*** in the land of make-believe

fazedor *s. m.* maker, doer, contriver, concocter

fazedura *s. f.* (act of) making or doing

fazenda *s. f.* estate, property, lands; plantation, farm; wealth, riches, effects; treasury, exchequer; cloth, stuff, material; *pl.* goods, commodities, wares, merchandise; ***fazendas de fantasia*** fancy material, fancy stuff; ***fazendas de lã*** woollen cloth; ***fazendas de linho*** linen cloth; ***fazendas para fatos*** (dress) materials; ***loja de fazendas*** draper's; ***fazendas em armazéns gerais*** goods in bond; COMÉRCIO ***fazendas gerais*** trading account; ***fazendas saídas*** outgoing goods; ***fazendas entradas*** incoming goods; ***fazendas em existência*** stocks in hand; ***fazendas em depósito*** warehoused goods; ***fazenda nacional*** treasury, Exchequer; ***ministro da Fazenda*** Chancellor of the Exchequer

fazendário *adj.* financial, fiscal

fazendeiro *s. m.* farmer, granger, cultivator

fazendista *s. m. e f.* finance expert
fazendola *s. f.* small farm, small estate
fazer Ⓐ *v. tr. e intr.* to do, to make; to perform, to execute; to create, to form, to mould, to fabricate, to produce; to cause; to accomplish, to achieve, to complete; to prepare; to pretend, to simulate, to play Ⓑ *v. refl.* to turn, to grow, to become; ***tenho de fazer isto, apesar de ser contra os meus princípios*** I have to do this though it goes against the grain; ***faça como quiser*** do as you please; ***faça-o como deve ser*** do it the proper way, do it properly, do it well; ***fazer tudo à grande*** to do things in style; ***faça isso e depois veremos o que se pode fazer*** do that and then we shall see what can be done; ***fazia-lhe muito bem*** it would do you a lot of good; ***por mais que eu fizesse, não podia esquecer*** do what I would, I could not forget; ***fazer mal (causar dano)*** to do wrong; ***fazer bem*** to do good, to do right, to do well; ***fazer uma má acção*** to do a bad deed; ***fazer uma boa acção*** to do a good deed; ***fazer o melhor possível*** to do one's best; ***ele faz sempre o contrário do que deve fazer*** he always does the wrong thing; ***isso tem de fazer-se*** it must be done; ***ele fez bem (procedeu como devia)*** he did what was right; ***faça como quiser (a seu modo)*** please yourself; ***onde viveres, faz como vires*** when in Rome do as the Romans do; ***fazer mal a (prejudicar)*** to do harm to; to upset (stomach, etc.); ***faz como te mandam*** do as you are told; ***isso faz-te bem*** it will do you good; ***não me fez bem nenhum*** it did me no good; ***que se havia de fazer?*** what was to be done?; ***fazer justiça*** to do justice; ***fazer um favor*** to do a favour, to do a kindness, to do a good turn; ***fazer uma tolice*** to do a foolish thing; ***fazer honra*** to do honour; ***fazer alguma coisa*** to do something; ***fazer o dever*** to do one's duty; ***fazer uma tarefa*** to do one's task; ***não fazer nada*** to do nothing; ***fazer como se quer*** to do as one pleases; ***fazer negócio*** to do business; ***fazer o trabalho*** to do one's work; ***fazer um exercício*** to do an exercise; ***posso fazer o que eu quiser*** I can do whatever I like; ***faz aos outros o que queres que te façam!*** do as you would be done by!; ***o que vale a pena fazer-se, vale a pena fazer-se bem*** if it is worth doing, it is worth doing well; ***fazer uma penitência*** to do penance; ***fazer uma soma*** to make a sum; ***fazer uma pausa*** to make a pause; ***fazer lugar*** to make room; ***fazer uma viagem*** to make a journey (by land or by air), to make a voyage (by sea); ***fazer troça de*** to make fun of; ***fazer uma experiência*** to make an experiment; ***fazer um voto*** to make a vow; ***fazer uma descoberta*** to make a discovery; ***fazer uma asneira*** to make a blunder; ***fazer uma careta*** to make a long face, to make a wry face; to make grimaces, to pull a face; ***fazer caretas*** to make faces; ***fazer um juramento*** to make an oath, to take an oath; ***fazer uso de*** to make use of; ***fazer um tratado*** to make a treaty; ***fazer um ajuste (acordo)*** to make an agreement; ***fazer uma aliança*** to make (or to strike) an alliance; ***fazer concessões*** to make concessions; ***fazer feliz*** to make happy; ***fazer barulho*** to make a noise; ***fazer a paz*** to make peace; ***fazer guerra*** to make (or to wage) war; ***fazer uma declaração*** to make a declaration; ***fazer uma observação*** to make a remark, to remark; ***fazer fortuna*** to make a fortune; ***fazer uma promessa*** to make a promise; ***fazer um discurso*** to make a speech, to deliver a speech; ***fazer uma cama*** to make a bed; ***fazer concorrência*** to compete with; ***fazer admoestações*** to make remonstrances; ***fazer alterações*** to make changes; ***fazer contacto*** to make contact; ***fazer uma proposta*** to make a proposal, to submit a tender; ***fazer uma tentativa*** to make an attempt; ***fazer valer*** to make prevail, to insist on; ***fazer pouco de*** to make fun of, to make light of; ***fazer pouco caso de*** to make little of; ***fazer muito caso de*** to make much of; ***fazer progresso*** to make progress; ***fazer investigações (pesquisas)*** to research; ***fazer parágrafo*** to make a new paragraph; ***fazer uma oferta*** to make an offer; ***fazer um presente*** to make a present; ***fazer propaganda*** to make propaganda, to advertise widely; ***fazer um pedido*** to make a request; ***fazer uma confissão*** to make a confession; ***fazer diferença*** to make a difference; ***fazer testamento*** to make one's will; ***fazer o inventário geral*** to make the inventory; ***fazer um cálculo aproximado*** to make a rough estimate; ***fazer uma escolha*** to make a choice; ***fazer um esforço*** to make an effort; ***fazer mistério*** to make a mystery; ***fazer uma excursão*** to make a tour, to go on a tour; ***fazer crer*** to make (a person) believe, to persuade; ***fazer um desconto*** to make allowance for; ***fazer um relatório*** to make a report; ***fazer um bolo*** to make a cake; ***fazer um gesto*** to make a gesture; ***fazer muito barulho*** to make a lot of noise, to wake the echoes; ***fazer rir*** to make one laugh; ***fazer de parvo*** to make a fool of oneself, to play the fool; ***fazer um cálculo*** to make a calculation; ***fazer alto*** to make a halt, to halt; ***fazer-se compreender*** to make oneself understood; ***ter mais que fazer*** to have other fish to fry, to have more to do; ***o hábito faz o monge*** fine feathers make fine birds; ***fazer pela vida*** to work and scrape as one may; ***fazer uma gentileza*** to show a kindness; ***fazer uma reclamação*** to put in a claim; ***fazer a chamada*** to call the roll; ***fazer calar (falando mais alto)*** to talk down; ***que estás a fazer?*** what are you up to?; ***fazer perder a cabeça*** to drive someone out of his wits, to drive someone mad; ***fazer coisa notável (meter uma lança em África)*** to set the Thames on fire; ***deixar por fazer*** to leave undone; ***ficar por fazer*** to remain undone; ***fazer-se uma bola*** to curl up into a ball; ***que mal fazia?*** what would it matter?; ***fazer sair (por compressão)*** to squeeze out; ***fazer avançar (empurrando)*** to push on, to shove along; [fig.] ***fazer cera*** to dillydally, to twiddle one's thumbs; ***fazer horas*** to kill time, to play for time; NÁUTICA ***fazer-se ao largo*** to bear off, to make an offing, to put out, to sail; ***fazer água*** to spring a leak, to leak; ***fazer cair (dando um cambapé)*** to trip up; ***fazer ver*** to show off; ***fazer companhia*** to keep company; ***fazer a corte*** to woo, to make love, to make eyes; ***não faz mal*** it doesn't matter, never mind; ***fazer fogo*** to fire (off); ***fazer nascer uma questão*** to start a quarrel; ***fazer cavalo de batalha de*** to harp upon, to insist on; ***fazer a mala*** to pack one's trunk; ***fazer economias*** to economize; ***fazer despesas*** to put oneself to expense; ***fazer dívidas*** to run into debt; ***fazer face às despesas diárias*** to meet daily expenses; ***fazer compras*** to make purchases, to go shopping, to do some shopping; ***fazer uma boa compra*** to make a bargain; ***fazer dieta*** to diet; ***fazer dormir*** to put to sleep; ***fazer efeito*** to operate; ***fazer a assinatura (de um periódico)*** to take out a subscription (for a periodical); ***fazer-se representar*** to appoint a representative; ***fazer marcha atrás*** to go backward, to back, to reverse; ***fazer gazeta às aulas*** to play truant; ***fazer greve*** to go on strike, to strike; ***fazer planos*** to lay plans, to make plans, to plan; ***fazer-se passar por*** to pretend to be; ***fazer uma triste figura*** to cut a poor figure; ***fazer a votação*** to come to the vote; ***fazer compreender a alguém que ...*** to hint to one that; ***fazer esforços vãos*** to trouble oneself to no effect; ***fazer ouvidos de mercador*** to turn a deaf ear; ***fazer o papel de*** to personate, to play the part (or the role), to play the ... (hero, general, villain, etc.), to figure; ***Roma e Pavia não se fizeram num dia*** Rome was not built in a day; ***fazer castelos no ar*** to build castles in the air (in Spain); ***não há nada a fazer*** there is no help for him; ***fazer inveja*** to rouse envy; ***fazer cócegas*** to tickle; ***fazer das suas*** to play tricks; ***fazer uma partida*** to play a trick; ***fazer em pedaços*** to tear to pieces; ***fazer-se em pedaços*** to break into pieces; ***fazer quarentena*** to go into quarantine; ***fazer um brinde*** to drink a toast; ***fazer falta*** to be wanting, to be needed; ***fazer um inquérito*** to hold an inquest, to hold an inquiry; ***fazer uma pergunta*** to ask a question; ***fazer saber*** to let know; ***fazer de conta*** to pretend, to affect; ***fazer de conta que*** to pretend that; ***fazer cruzes na boca*** to go hungry; ***fazer justiça por suas (próprias) mãos*** to take the law into one's own hands; ***fazer um resumo de contas*** to draw up a statement; ***fazer sombra a alguém*** to put someone into the shade; ***fazer tirocínio*** to work out one's apprenticeship; ***fazer tenção*** to intend, to mean, to have in mind; ***fazer***

exame to take an examination, to go in for an examination, to sit for the examination (or exam); ***fazer a penhora*** to sue for a distraint; ***fazer um projecto*** to draw up a project; ***fazer a revisão de provas tipográficas*** to read proofs; ***fazer uma visita*** to pay a visit; ***fazer fumo*** to smoke; ***fazer espécie*** to be suspicious about, to arouse attention; ***fazer frio*** to be cold; ***fazer calor*** to be hot; ***fazia-me arranjo mais açúcar*** I could do with more sugar; ***a carne faz-me mal*** meat disagrees with me; ***fazer uma descrição*** to give a description; ***fazer a barba*** to shave (oneself); ***fazer bem sem olhar a quem*** to cast one's bread upon the waters; ***uma coisa é dizer, outra é fazer*** a thing is sooner said than done; ***fazer-se velho*** to be growing old; ***fazer-se branco (o cabelo)*** to go grey (the hair); ***fazer-se tarde*** to late, to grow late; ***fazer vento*** to be windy; [pop.] ***fazer tijolo*** to be dead, to be in the grave; ***fazer beicinha*** to pout; ***fazer conta*** to suit one's purpose; ***fazer causa comum com*** to go all the way with; ***tanto faz!*** that is all the same!; ***não fazer a menor ideia de*** not to have the slightest idea of; ***fazer amor*** to make love; ***fazer birra*** to have a tantrum; ***fazer a cabeça de alguém*** to talk somebody into something; ***fazer um drama*** to make a scene

fazimento *s. m.* doing, making, performing

fazível *adj.* feasible, practicable

faz-tudo *s. m.* factotum, man of all work, jack-of-all-trades; all-round-man

fé *s. f.* faith, creed, religion, belief; hope; credit, confidence, reliance, trust; loyalty, faithfulness, fidelity, steadfastness; ***dar fé de*** to take notice of, to perceive; ***ter fé em*** to trust, to rely on, to have faith in; ***ter fé em alguém*** to trust a person, to put trust in a person; ***fazer fé em*** to give credit to; ***ter fé em Deus*** to have faith in God; ***estar na fé*** to believe, to think; ***à falsa fé*** treacherously, in bad faith, unfairly; ***ferir à falsa fé*** to stab in the back; ***na minha melhor fé*** to the best of my belief; ***homem digno de fé*** a trustworthy man; ***fé inabalável*** unshakable faith; ***a fé é que nos salva*** faith can remove mountains; [coloq.] ***fé em Deus e pé na tábua*** go for it

fealdade *s. f.* ugliness, plainness, unsightliness, ungainliness, homeliness, uncomeliness, deformity, blemish

feanchão Ⓐ *adj.* very ugly Ⓑ *s. m.* ugly person

fearrão *adj., s. m.* ⇒ **feanchão**

febeu *adj.* related to Phoebus (the sun)

febra *s. f.* strength, energy, might, nerve, vigour, sinews, stamina, grit; fibre (of meat), lean meat

febrão *s. m.* violent fever

febre *s. f.* fever, temperature; [fig.] excitement, agitation, flutter, stir; ***febre amarela*** yellow fever; ***febre gástrica*** gastric fever; ***febre pós-operatória*** surgical fever; ***febre de Malta*** Malta fever; ***febre infecciosa*** symptomatic fever; ***febre terçã*** tertian fever; ***febre quartã*** quartan fever; ***febre intermitente*** intermitent fever, ague; ***febre recorrente*** relapsing fever; ***febre palustre*** malarial fever; ***febre perniciosa*** pernicious fever; ***febre biliosa*** blackwater fever; ***febre puerperal (láctea)*** puerperal (milk) fever; ***febre escarlatina*** scarlet fever; ***febre reumatismal*** rheumatic fever; ***febre tifóide*** typhoid fever; ***febre de dentição*** dentition fever; ***febre dos fenos*** hay-fever; ***febre héctica*** hectic fever; ***febre aftosa*** aphthous fever, foot-and-mouth disease; ***arder em febre*** to be in the heat of fever; ***a febre baixou*** the fever (has) subsided; ***ter febre*** to have fever, to have a temperature, to run a temperature; ***a febre passou*** the fever has passed off

febricitação *s. f.* febricity, febrility, febricitation

febricitante *adj.* feverish; febricitant; [fig.] excited, fitful, bilious

febricitar *v. intr.* to be feverish

febrícula *s. f.* febricula, slight fever

febriculoso *adj.* febriculous

febrífugo Ⓐ *adj.* febrifugal, febrifuge, antifebrile Ⓑ *s. m.* febrifuge, antifebrile

febrígeno *adj.* feverish

febril *adj.* feverish, febrile; [fig.] excited, agitated, disturbed, flustered; vibrating, throbbing, panting; ***estado febril*** feverish condition; ***mãos febris*** feverish hands; ***desejo febril de divertir-se*** a feverish desire for pleasure

febrilidade *s. f.* febricity, feverishness

febrilmente *adv.* feverishly, feverously

febriologia *s. f.* MEDICINA pyretology (branch of medical science which deals with fevers)

febroso *adj.* feverish; febricitant

fecal *adj.* faecal

fecalóide *adj.* faecaloid

fecha *s. f.* conclusion, termination, close, finale

fechado Ⓐ *adj.* closed, shut, close; locked; secluded, hidden; reserved, reticent, quiet Ⓑ *s. m.* finishing of socks (stockings); ***fechado à chave*** locked; ***uma caixa fechada*** a closed box; ***uma caixa fechada à chave*** a locked box; ***fechado hermeticamente*** hermetically closed, hermetically sealed; ***recinto fechado*** enclosure; ***ter os olhos fechados*** to have one's eyes closed; ***ele tem tudo fechado a sete chaves*** he has everything under lock and key

fechadura *s. f.* lock; ***abrir uma fechadura com gazua*** to pick a lock; ***fechadura de segurança*** safety-lock; ***fechadura de segredo*** puzzle-lock

fechamento *s. m.* shutting up, locking up; ARQUITECTURA keystone, arch-stone

fechar *v. tr. e intr.* to shut, to close; to turn off, to switch off; to cut off, to shut off; to lock (with a key); to bar; to bolt, to latch; to enclose, to encompass, to encircle, to shut in, to fence in; to wind up, to conclude, to end; to heal, to scar over, to cicatrize; ***fechar completamente*** to shut up; [fig.] ***fechar os olhos*** to shut one's eyes, not to take notice of; ***fechar a porta (a janela)*** to shut the door (the window); ***fechar uma gaveta*** to shut a drawer; ***fechar bem uma porta*** to fasten a door; ***fechar com ferrolho*** to bolt; ***fechar com tranca*** to bar; ***fechar à chave*** to lock (up); ***fechar a porta a alguém*** to lock someone out; ***fechar um contrato*** to close a bargain, to strike a bargain; COMÉRCIO ***fechar a escrita*** to balance off, to close the books; ELECTRICIDADE ***fechar o circuito eléctrico*** to close the circuit; ***fechar a torneira*** to turn off the tap; ***a tampa fecha automaticamente*** the lid shuts automatically; ***fechar a boca*** to shut one's mouth; ***fechar uma casa (um estabelecimento)*** to shut (up) a house (or a shop); ***fechar uma ferida*** to close a wound, to heal a wound; ***fechar uma conta*** to close an account; ***muitas flores fecham à noite*** many flowers close at night; [fam.] ***fechar-se em copas*** to say nothing; ***fechar a luz eléctrica*** to switch off the light, to turn out the light; ***fechar a cortina*** to draw the curtain; ***a época da caça fechou*** the hunting season is closed, the hunting season is over; ***fechar as fileiras*** to close up the ranks; ***fechar a marcha*** to bring up the rear; ***fechar um guarda-chuva*** to shut an umbrella, to close an umbrella, to put down an umbrella

fecharia *s. f.* MECÂNICA lock

fecho *s. m.* end, close, conclusion, termination; bolt; ARQUITECTURA ***fecho da abóbada*** keystone; ***fechos da espingarda*** gunlock; ***fecho (de porta)*** latch; ***fecho de correr*** zip-fastener, zipper; sliding bolt; ***fecho de mola*** spring lock

fecial *s. m.* fetial, Roman priest

fécula *s. f.* starch

feculência *s. f.* feculence; dregs, sediment

feculento *adj.* feculent, muddy, turbid, dreggy

feculista *s. m. e f.* dealer in starch

feculóide *adj.* starchy, amylaceous

feculómetro *s. m.* starch-meter

feculoso *adj.* ⇒ **feculento**

fecundação *s. f.* fecundation, fertilization; BOTÂNICA fructification

fecundador *adj.* fecundating, fertilizing; BOTÂNICA fructifying

fecundante *adj.* ⇒ **fecundador**

fecundar *v. tr.* to fecundate, to make fertile, to make fruitful, to fertilize; BOTÂNICA to fructify
fecundativo *adj.* ⇒ **fecundador**
fecundez *s. f.* ⇒ **fecundidade**
fecúndia *s. f.* ⇒ **fecundidade**
fecundidade *s. f.* fecundity, fertility, productiveness, fruitfulness
fecundizante *adj.* ⇒ **fecundador**
fecundizar *v. tr.* ⇒ **fecundar**
fecundo *adj.* fecund, fruitful, fertile, prolific, productive
fedavelha *s. f.* popular name for an orthopterous insect (green coloured and having a very bad smell)
fedegosa *s. f.* BOTÂNICA kind of goosefoot
fedegoso *adj.* stinking; fetid; fusty
fedelhice *s. f.* [fam.] dirty habit; filthiness, dirtiness; nasty trick, practical joke
fedelho *s. m.* brat, urchin, infant, child; young monkey
fedelhote *s. m.* ⇒ **fedelho**
fedentilha *s. f.* ⇒ **fedentina**
fedentina *s. f.* smell, stink, stench, fetidness
fedentinoso *adj.* fetid, stinking, malodorous, strong-smelling
feder *v. intr.* to stink, to reek, to smell bad (ill)
federação *s. f.* federation; union, alliance, confederation
federado *s. m., adj.* federate
federal *adj.* federal; ***estado federal*** federal state
federalismo *s. m.* federalism
federalista *s. m. e f.* federalist
federalizar *v. tr.* ⇒ **federar**
federar *v. tr.* to federate, to federalize
federativo *adj.* federative
fedevelha *s. f.* ⇒ **fedavelha**
fedífrago *adj.* faithless, unfaithful, untrue, disloyal
fedor *s. m.* stink, stench, fetor, bad smell, offensive odor; fetidness
fedorentina *s. f.* ⇒ **fedentina**
fedorento *adj.* fetid, stinking, smelly
fedúcia *s. f.* ⇒ **fedúncia**
fedúncia *s. f.* [pop.] fussy person
feérico *adj.* fairylike, magic; marvellous
feiarrão *adj.* ugly, hideous
feição *s. f.* feature, characteristic, form, aspect, figure, shape; kind, species; good frame of mind; *pl.* features; ***feições bonitas*** handsome features; ***feições grosseiras*** rough features; ***feições regulares*** clean-cut features; ***ser da sua feição*** to be in one's line; ***vento de feição*** fair wind
feijão *s. m.* BOTÂNICA bean (the seed); haricot bean, kidney bean, French bean; ***feijão carrapato*** runnerbean; ***feijão manteiga*** wax (butter) bean; ***feijão soja*** soy (soya, sooja) bean
feijo *s. m.* MINERALOGIA variety of black tourmaline
feijó *s. m.* ⇒ **feijo**
feijoa *s. f.* variety of vine; ⇒ **feijoca**
feijoada *s. f.* a dish of kidney beans (cooked with pork, sausages, etc.)
feijoal *s. m.* field of beans
feijoca *s. f.* large French bean
feijoco *s. m.* ⇒ **feijo**
feijoeiro *s. m.* bean (plant); ***feijoeiro escarlate*** large French bean
feila *s. f.* fine flour dust
feio *adj.* ugly, unsightly, plain, homely, ungainly, ill-shaped, deformed, ill-looking, ill-favoured; rude, coarse, vulgar; ***uma rapariga feia*** a plain girl; ***uma cara feia*** an ugly face; ***palavras feias*** rude words; ***feio como os trovões*** as ugly as sin; ***nem tudo é tão feio como se pinta*** every dark cloud has a silver lining; ***quem o feio ama bonito lhe parece*** love is blind
feira *s. f.* fair; market; [fig.] clamour, shouting, din, hubbub, hullabaloo; ***feira de amostras*** trade fair; ***feira do livro*** bookseller's fair; ***feira de gado*** cattle-show; ***feira da ladra*** rag fair, flea market; ***feira popular*** fun fair
feiral *adj.* from (of) a fair; relating to a fair
feirante *s. m. e f.* merchant at fairs; hawker
feirão *s. m.* cattle-dealer; big fair, big market
feirar *v. intr.* to sell (to buy) at a fair; to make purchases in a fair
feireira *adj. f.* showy, sightly, good-looking, attractive (of women)
feiroto *s. m.* small fair, small market
feita *s. f.* act; occasion, juncture, pass; ***desta feita*** this time, on this occasion, at this juncture
feital *s. m.* ⇒ **fetal**; exhausted soil
feiteira *s. f.* [reg.] small fern; bargain; success, good luck
feitiar *v. tr.* to shape, to give shape to; to fit, to adapt
feitiçaria *s. f.* witchcraft, witchery, sorcery, magic; spell, enchantment, charm
feiticeira *s. f.* witch, sorceress, enchantress; hag, vixen, ugly old woman
feiticeiresco *adj.* witch-like
feiticeiro Ⓐ *s. m.* wizard, sorcerer, enchanter, witch doctor, magician, bewitcher Ⓑ *adj.* charming, fascinating, enchanting, bewitching
feiticismo *s. m.* fetishism
feiticista *s. m. e f.* fetishist
feitiço Ⓐ *s. m.* sorcery, witchcraft, black art; bewitchment, enchantment, charm; fetish; magic Ⓑ *adj.* artificial; false, feigned; ***voltar-se o feitiço contra o feiticeiro*** to turn the tables on someone
feitio *s. m.* shape, form, configuration; fashion, style, cut; temper, temperament, disposition; cost, charge (for making a suit, a dress, etc.); ***perder tempo e feitio*** to waste one's breath, to lose both cost and pains; ***ter mau feitio*** to have a bad temper; ***sem feitio (desajeitado)*** ungraceful
feito Ⓐ *adj.* done, made; ready, prepared, concluded, ended; grown-up, fully-developed Ⓑ *s. m.* deed, feat, action, act, exploit; DIREITO lawsuit, instrument; ***é bem feito*** it serves you right; ***feito em casa*** home-made; ***o que está feito, feito está*** what is done is done, we cannot undo the past; ***já feito*** ready-made; ***feito por medida*** made to measure; ***feito de encomenda*** made to order; ***feito à mão*** handmade; ***feito à máquina*** machine-made; ***ele é um homem feito*** he is a grown-up; ***feito à pressa (sem cuidado)*** rough and ready; ***como se estivesse feito*** as good as done; ***feito isto*** upon that; ***dito e feito*** no sooner said than done; ***estar feito com alguém*** to be in league with someone; ***que é feito dele?*** what has become of him?; ***feito de armas*** feat of arms; ***feitos heróicos*** heroic exploits; ***de feito (de facto)*** as a matter of fact, actually
feitor *s. m.* steward or bailiff of an estate; manager, overman; [Esc.] factor; manufacturer, maker
feitorar *v. tr.* to manage, to administrate; to superintend; to usufruct
feitoria *s. f.* trading-station, factory; stewardship, management, administration of land; settlement, settling
feitorização *s. f.* superintendency
feitorizar *v. tr.* ⇒ **feitorar**
feitura *s. f.* making, work; structure, make; workmanship
feiura *s. f.* ugliness
feixe *s. m.* faggot, bundle, sheaf; beam, shaft (of light); ***feixe de lenha*** bundle of sticks, faggot; ***feixe de trigo*** a sheaf of corn; MECÂNICA ***feixe tubular*** nest of tubes; [fam.] ***fazer os ossos num feixe a*** to beat someone up
feixota *s. f.* big sheaf, big bundle
fel *s. m.* gall, bile; [fig.] bitterness, spite; ***fazer de fel e vinagre*** to harass to death
felá *s. m.* fellah
felândrio *s. m.* BOTÂNICA oenanthe
fel-da-terra *s. m.* BOTÂNICA centaury
feldspático *adj.* MINERALOGIA fel(d)spathic

feldspato *s. m.* MINERALOGIA feldspar, felspar
feldspatóides *s. m. pl.* MINERALOGIA feldspathoids, feldspars
feleca *s. f.* ORNITOLOGIA wren
féleo *adj.* fellic, bilious, biliary
felga *s. f.* clod; disorder, confusion
felgudo *adj.* cloddy
felgueira *s. f.* ⇒ **fetal**
felicidade *s. f.* happiness, bliss, blissfulness, beatitude, joy, felicity, contentment; good luck, good fortune; ***felicidade ou desgraça*** weal or woe; ***cada um tem o seu dia de felicidade*** every dog has his day; ***muitas felicidades!*** good luck to you!; ***por felicidade*** by good luck, luckily, fortunately; ***fazer a felicidade de alguém*** to make someone's happiness; ***a riqueza nem sempre dá felicidade*** wealth does not always bring happiness; ***desejo-lhe muitas felicidades*** I wish you great happiness, I hope you will be very happy
felicíssimo *adj.* most happy; very happy
felicitação *s. f.* felicitation, congratulation; expression of good wishes; ***carta de felicitações*** congratulatory letter; ***é para felicitações*** it is a matter for congratulation; ***felicitações pelo aniversário natalício*** many happy returns of the day
felicitador *s. m.* congratulator
felicitar *v. tr.* to congratulate, to wish joy to, to felicitate; ***felicitar por*** to congratulate on; ***felicitar alguém (por motivo de aniversário natalício)*** to wish someone many happy returns of the day
Félidas *s. m. pl.* ZOOLOGIA ⇒ **Felídeos**
Felídeos *s. m. pl.* ZOOLOGIA *Felidae*
felino Ⓐ *adj.* feline, catlike, cattish Ⓑ *s. m.* felid, feline
felistreca *s. f.* poorly dressed hag
feliz *adj.* happy, fortunate, blissful, lucky, successful, prosperous; opportune, timely; ***fazer alguém feliz*** to make a person happy; ***feliz como os amores*** as happy as the day is long, as happy as a dog with two tails; ***uma conjectura feliz*** a fortunate guess, a lucky, guess; ***dar-se por muito feliz*** to count oneself happy; ***em circunstâncias mais felizes*** in happier circumstances; ***desejo-lhe uma feliz viagem*** I wish you a happy journey (or voyage); ***feliz chegada*** safe arrival; ***feliz aterragem*** happy landing
felizão *s. m.* ⇒ **felizardo**
felizardo *s. m.* lucky chap; happy dog; minion of fortune
felizmente *adv.* happily, fortunately, luckily, by good fortune
feloca *s. f.* ⇒ **feleca**
felocha *s. f.* ⇒ **feleca**
feloderma *s. m.* BOTÂNICA phelloderm
feloderme *s. f.* ⇒ **feloderma**
felogénio *s. m.* BOTÂNICA phellogen
felonia *s. f.* felony, perfidy, treachery
feloplástica *s. f.* phelloplastics (sculpture in cork)
felora *s. f.* ⇒ **feleca**
felosa *s. f.* wren; [pop.] a thin, frail woman
felose *s. f.* BOTÂNICA suberification (impregnation of the cell walls with suberin with consequent formation of cork)
felpa *s. f.* nap (of cloth); pile (of cloth); down (of bird's feathers, leaves and some fruits); bloom (of fruits)
felpado *adj.* with nap, with pile (cloth, downy)
felpar *v. tr.* to put a nap on; to fuzz
felpo *s. m.* ⇒ **felpa**
felposo *adj.* shaggy (horse); nappy (cloth)
felpudo *adj.* shaggy, rough, downy, nappy, piled, with nap (pile); ***toalha felpuda*** rough towel
felsite *s. f.* MINERALOGIA felsite, felstone
felsítico *adj.* felsitic
feltradeira *s. f.* felting-machine; woman who felts
feltrador *s. m.* felt worker, one who felts
feltragem *s. f.* felting, feltmaking
feltrar Ⓐ *v. tr.* to felt, to make into felt Ⓑ *v. intr.* to cover with felt, to stuff with felt
feltreiro *s. m.* sheep producing coarse wool
feltro *s. m.* felt; ***chapéu de feltro*** felt hat
felugem *s. f.* soot
felugento *adj.* ⇒ **fuliginoso**
fêmea *s. f.* female; she-animal; eye (of a hook); nut (of a screw); NÁUTICA ***fêmea do leme*** rudder band, rudder gudgeon
femeaço *s. m.* womenfolk, womankind
femeal *adj.* womanish
femeeiro Ⓐ *adj.* given to woman-chasing Ⓑ *s. m.* woman chaser, womanizer
fementido *adj.* perjured, forsworn, perfidious, treacherous, false, faithless
fêmeo *adj.* relating to the female, female, feminine
feminação *s. f.* effeminacy, womanishness, femininity
feminal *adj.* ⇒ **feminil**
femíneo *adj.* ⇒ **feminil**
feminidade *s. f.* femininity, womanishness, feminality; [fig.] cowardice, pusillanimity
feminifloro *adj.* BOTÂNICA having (producing) only feminine flowers
feminiforme *adj.* female-like; having feminine ending
feminil *adj.* womanish, womanlike, womanly; effeminate
feminilidade *s. f.* feminality, femininity, womanliness, femineity
feminilmente *adv.* femininely, womanishly
feminino *adj.* feminine, female, womanly, womanlike, womanish; ***sexo feminino*** the female sex; ***ramo feminino da família*** distaff
feminismo *s. m.* feminism
feminista *s. m. e f.* feminist
feminização *s. f.* feminization; act of feminizing
feminizar Ⓐ *v. tr.* to feminize, to render feminine Ⓑ *v. refl.* to become womanly
femoral *adj.* femoral
fémur *s. m.* ANATOMIA femur, thigh-bone
fena *s. f.* kind of vulture
fenação *s. f.* hay-making
fenacetina *s. f.* FARMACOLOGIA phenacetin
fenda *s. f.* chink, crack, opening, gap, crevice, chap, rift, fissure, split, cleft, rent, break, fracture; NÁUTICA spring, leak; ***fenda no casco de um cavalo*** sand-crack in a horse's hoof; ***uma fenda na madeira*** a crack in the wood; ***cheio de fendas*** cracky
fendedeira *s. f.* wedge (to cut iron with)
fendedor Ⓐ *adj.* splitting, cleaving; cracking Ⓑ *s. m.* splitter, chopper
fendente *adj.* splitting, cleaving
fender *v. tr.* to crack, to split, to cleave, to chop, to chink, to slit; to break (to cleave, to strike) asunder
fendido *adj.* cracked, split; cloven, cleft, fissured; divided; crevassed; ZOOLOGIA bisulcate, cloven-hoofed, cloven-footed; ***casa fendida*** shaky house
fendilhar *v. tr.* to crack, to fracture, to open in chinks
fendimento *s. m.* splitting, cleaving, cracking, renting; crack, rent
fenecente *adj.* fading, decaying, withering, drooping, declining
fenecer *v. intr.* to end, to finish, to die out, to wither, to fade
fenecimento *s. m.* end; dying out, withering, fading
feneiro *s. m.* hay-loft
fenestrado *adj.* fenestrate(d); perforated, having small window-like holes
fenestral Ⓐ *adj.* fenestral Ⓑ *s. m.* embrasure; vent
fenianismo *s. m.* Fenianism (revolutionary Irish association to liberate Ireland from the British dominion in 1861)
feniano *s. m.* Fenian
fenicado *adj.* carbolic (acid)
fenício *s. m., adj.* Phœnician
fénico *adj.* QUÍMICA phenic; ***ácido fénico*** carbolic acid

fenígero *adj.* haylike
fenilo *s. m.* QUÍMICA phenyl
fénix *s. f.* phoenix
feno *s. m.* hay; ***segundo feno*** aftermath; ***feno de cheiro*** sweet vernal grass; ***feno segado há pouco*** new-mown hay; ***carroçada de feno*** load of hay; ***febre dos fenos*** hay fever; ***pilha de feno*** haystack; ***tempo da seca do feno*** hay-time; ***pôr o feno a secar ao sol*** to make hay
fenocristal *s. m.* GEOLOGIA phenocryst
fenol *s. m.* QUÍMICA phenol, phenil alcohol, carbolic acid
fenolftaleína *s. f.* QUÍMICA phenolphtalein
fenologia *s. f.* phenology
fenológico *adj.* phenological
fenologista *s. m. e f.* phenologist
fenolsulfónico *adj.* phenolsulphonic
fenomenal *adj.* phenomenal, remarkable, extraordinary, marvellous, wonderful, enormous, prodigious; ***uma colheita fenomenal*** a phenomenal harvest; ***um filme fenomenal*** a frightfully good film
fenomenalidade *s. f.* phenomenality
fenomenalmente *adj.* phenomenally
fenomenismo *s. m.* FILOSOFIA phenominalism, phenomenism
fenómeno *s. m.* phenomenon (*plural* phenomena)
fenomenologia *s. f.* phenomenology
fenomenólogo *s. m.* phenomenologist
fentalha *s. f.* a variety of fern growing in cool places
fentelha *s. f.* ⇒ **polipódio**
fentilho *s. m.* a variety of fern growing on walls and stones
fento *s. m.* ⇒ **feto**
fera *s. f.* wild beast, wild animal; cruel (hard-hearted) man
feracidade *s. f.* feracity, fertility
Ferais *s. f. pl.* funereal celebrations (in ancient Rome)
feral *adj.* funereal, deadly, lugubrious
feramina *s. f.* (variety of) pyrite
ferberite *s. f.* MINERALOGIA ferberite
fere-folha *s. m. e f.* busybody, meddler, officious person
féretro *s. m.* coffin
fereza *s. f.* fierceness, ferocity, ferociousness, cruelty, wildness, savagery
féria *s. f.* week-day, working day; wages, weekly pay; *pl.* holidays, vacations; ***dia de féria*** pay-day; ***receber boa féria*** to get good wages; ***passar as férias na praia*** to go to the seaside for the holidays, to spend one's holidays at the seaside; ***férias grandes*** summer holidays, long vacation; ***partir para férias*** to go home (away) for the holidays; ***estar em férias*** to be on holiday; ***espero que passe umas férias agradáveis*** I hope you will have pleasant holidays
feriado *s. m.* holiday, feast day; ***feriado nacional*** national holiday, bank holiday; ***um dia feriado agrada muito, depois de um longo período de trabalho*** a holiday is very welcome after a long spell of work
ferial *adj.* ferial
feriar Ⓐ *v. tr.* to give (to concede) holidays Ⓑ *v. intr.* to keep holiday; to be in vacation, to spend one's holiday; to rest from labour, to be idle
feriável *adj.* ferial
ferida *s. f.* wound, sore, injury, hurt; [fig.] grudge, offence, affront, insult; [fig.] ***tocar na ferida*** to touch a person on the raw; ***ferida penetrante*** puncture(d) wound; ***ferida ulcerada*** festering wound; ***ferida mortal*** mortal wound; ***ferida de bala*** gunshot wound
feridade *s. f.* fierceness, ferocity, ferociousness, savagery, savageness
ferido Ⓐ *adj.* wounded, injured, hurt; stricken, smitten, cut Ⓑ *s. m.* wounded person; *pl.* the wounded, the injured
feridor *s. m.* wounder, hurter, harmer; striker
ferifolha *s. f.* ORNITOLOGIA wren
ferimento *s. m.* wound, injury, hurt; ***receber muitos ferimentos*** to be badly wounded, to receive severe injuries; ***ferimentos em combate*** battle wounds; ***ferimento grave*** a bad wound
ferino *adj.* feral, ferine, savage, fierce, ferocious, wild, untamed
ferir Ⓐ *v. tr.* to wound, to hurt, to injure, to bruise; [fig.] to offend, to vex, to afflict; to hurt a person's feelings, to annoy, to displease; to cause resentment Ⓑ *v. refl.* to take offence, to take it amiss; to be touchy, to get hurt; ***ferir o alvo*** to hit the mark; ***ferir a corda sensível*** to touch the right chord; ***ferir lume*** to strike fire; ***ferir a vista*** to strike one's attention; ***ferir ao vivo*** to cut (to sting) to the quick; ***a granada feriu-o na cabeça*** the shell wounded him in the head; ***ele sentiu-se profundamente ferido nas suas mais fundas afeições*** he was profoundly wounded in his deepest affections; ***ferir pelas costas*** to stab in the back; [fig.] to hit below the belt
fermentação *s. f.* fermentation, leavening; excitement, turmoil, agitation, unrest; ***fermentação alcoólica*** alcoholic fermentation
fermentáceo *adj.* fermenting, fermentative
fermentado *adj.* fermented, leavened; [fig.] excited, agitated
fermentador Ⓐ *adj.* fermenting, exciting, stirring Ⓑ *s. m.* agitator, stirrer-up, instigator
fermentante *adj.* ⇒ **fermentáceo**
fermentar Ⓐ *v. tr.* to ferment, to leaven; [fig.] to stir up, to excite, to arouse emotions (passions); to become agitated, to get excited Ⓑ *v. intr.* to ferment
fermentativo *adj.* fermentative
fermentável *adj.* fermentable
fermentescência *s. f.* fermenting, fermentation
fermentescente *adj.* fermentative, fermentescible, fermentable
fermentescibilidade *s. f.* fermentability; fermentativeness
fermentescível *adj.* ⇒ **fermentescente**
fermento *s. m.* ferment, yeast, leaven, barm; [fig.] agitation, tumult, unrest; excitement; cause, fomentation
fermentoso *adj.* fermentative
fermião *s. m.* FÍSICA fermion
férmio *s. m.* QUÍMICA fermium
fernicoques *s. m. pl.* flurry, excitement, flutter, hurry-skurry; temptation
fero *adj.* fierce, wild, savage, ferocious, barbarous, vigorous, sturdy
ferócia *s. f.* ⇒ **ferocidade**
ferocidade *s. f.* ferocity, fierceness, ferociousness, wildness; cruelty, brutality, inhumanity
ferocíssimo *adj.* most ferocious
feroz *adj.* ferocious, fierce, barbarous, cruel, savage, wild, inhuman, brutal, ruthless, bloody, murderous
ferozmente *adv.* ferociously, fiercely, cruelly, savagely, wildly, brutally, ruthlessly
ferra *s. f.* fire-shovel; branding-iron
ferrã *s. f.* green fodder (especially barley, or rye)
ferrabrás *s. m.* bully, braggart, blusterer, swaggerer, fire-eater, boaster
ferraça *s. f.* hearth ring
ferração *s. f.* shoeing (an animal); bite, biting; sting, stinging; branding (with a hot iron)
ferrada *s. f.* milk-pail
ferradela *s. f.* bite (with the teeth), sting, stinging; nip
ferrado Ⓐ *adj.* shod (ink fish); iron bound; tipped (edged) with metal; hobnailed (of boots, etc.) Ⓑ *s. m.* inky secretion of the cuttlefish; ***estar ferrado no sono*** to sleep like a top
ferrador *s. m.* farrier, blacksmith
ferradoria *s. f.* blacksmith's shop, farriery; smithy, forge
ferradura *s. f.* horseshoe
ferradurina *s. f.* BOTÂNICA horse-shoe vetch

ferrageiro *s. m.* ironmonger, hardware dealer
ferragem *s. f.* ironwork; iron-binding; iron-fittings; *pl.* ironware, hardware; *pl.* ironmongery (hardware trade); ***loja de ferragens*** ironmonger's; ***ferragens (de um navio)*** ironwork (of a ship)
ferragista *s. m. e f.* ironmonger
ferragoilo *s. m.* ancient felt cloak with hood (without sleeves)
ferragoulo *s. m.* ancient felt cloak with hood (without sleeves)
ferraguso *s. m.* ORNITOLOGIA ⇒ **negra**
ferrajaria *s. f.* ironmongery
ferral *adj.* iron-coloured; kind of grape
ferramenta *s. f.* tool, implement, utensil; instrument; ***caixa de ferramenta*** tool-box; ***ferramenta de ar comprimido*** pneumatic tool; ***ferramenta de carpinteiro*** carpenter's tools; ***ferramenta de marceneiro*** cabinet-maker's tools; ***ferramenta manual*** hand-tool; ***os livros são a ferramenta dos intelectuais*** books are the tools of a scholar
ferramental *s. m.* tool rack
ferramenteiro *s. m.* toolmaker
ferrancho *s. m.* any piece (bit) of iron
ferranho *s. m.* [pop.] dog-fish
ferrão *s. m.* sting, prick; goad; prong
ferrar *v. tr.* to iron, to cover with iron; to shoe (a horse); to sting (with the sting); to bite; to brand, to mark with a hot iron; to hobnail, to set with hobnails (boots, etc.); ***ferrar um cavalo*** to shoe a horse; ***ferrar as unhas em qualquer coisa*** to dig one's nails into something; ***ferrar a estaca*** to shoe a pile; NÁUTICA ***ferrar as velas (o pano)*** to furl the sails; ***ferrar a bomba*** to fetch (to prime) the pump; ***ferrar uma maca*** to lash up (to stow) a stretcher
ferraria *s. f.* smith's shop; smithy; ironworks; iron-ware, hardware
ferraz *adj.* fertile, fruitful, productive
ferregial *s. m.* barley (corn) field
ferreira *s. f.* sea-bream
ferreirinha *s. f.* titling
ferreirinho *s. m.* [pop.] tern, sea-swallow
ferreiro *s. m.* blacksmith, smith; ORNITOLOGIA bellbird, swift; ***em casa de ferreiro, espeto de amieiro*** shoemaker's children are always illshod
ferrejar *v. intr.* to mow green barley
ferrejo *s. m.* ⇒ **ferrã**
ferrelha *s. f.* shovel for removing the embers from the fire or oven
ferrenho *adj.* hard as iron; iron-coloured; [fig.] inflexible, pertinacious, tenacious, persevering, steadfast, firm
férreo *adj.* ferrous; ferric; ferruginous; iron; [fig.] inflexible, intransigent; hard, unrelenting; ***água férrea*** chalybeate water; ***linha férrea*** railway track
ferreta *s. f.* sting, prickle; iron point
ferretar *v. tr.* ⇒ **ferretear**
ferrete Ⓐ *s. m.* branding-iron; iron-mould; stigma, brand of disgrace (infamy); blemish, stain Ⓑ *adj.* dark (colour)
ferreteamento *s. m.* branding
ferreteante *adj.* branding; stigmatizing
ferretear *v. tr.* to brand, to mark with a marking-iron; to stigmatize
ferretoada *s. f.* stinging, sting, prick; goad; quip, sarcastic remark
ferretoar *v. tr.* to prick, to goad; to sting; to scold, to rebuke
férrico *adj.* QUÍMICA ferric, ferrous; ***ácido férrico*** ferric acid
ferricoque *s. m.* [pop.] hop-o'-my-thumb, hopthumb (a very short man)
ferrielectricidade *s. f.* ferrielectricity
ferrieléctrico *adj.* ferrielectric
ferrífero *adj.* ferriferous; yielding iron (of soil, etc.)
ferrificação *s. f.* ferrification (formation of iron)
ferrimagnético *adj.* ferromagnetic
ferrimagnetismo *s. m.* ferromagnetism
ferrinhos *s. m. pl.* MÚSICA triangle
ferrite *s. f.* QUÍMICA ferrite
ferro *s. m.* iron; NÁUTICA anchor; *pl.* chains, fetters, shackles; *pl.* captivity, jail; ***ferro eléctrico (de engomar)*** electric iron; ***ferro de engomar*** flat iron; ***ferro de abrilhantar*** polishing-iron; ***ferro de frisar*** curling-iron; ***ferro de soldar*** soldering-iron; ***ferro em brasa*** red-hot iron; ***passar a ferro*** to iron, to smooth (linen) (with a heated iron); ***pudlar o ferro*** to puddle the iron; NÁUTICA ***levantar ferro*** to weigh anchor; ***lançar ferro*** to cast anchor; ***largar ferro*** to anchor; ***estar sobre um ferro*** to ride by an anchor; NÁUTICA ***o ferro está entocado*** the arm of the anchor is foul; ***ferro de toldo*** awning stanchion; ***ferro pronto!*** stand by the anchor!, hands by the anchor!; ***ferro da amura*** bower anchor; ***segundo ferro da amarração*** mooring anchor; ***a ferros*** in bilboes, in irons; ***ferros para presos*** bilboes; ***ferro em lingotes*** pig-iron; ***ferro em barras*** bar-iron; ***ferro de calafate*** caulking-iron; ***ferro para arcos*** hoop-iron; ***ferro de recortar em festões*** pinking-iron; ***ferro dentado*** notched iron; ***barra de ferro*** flat-iron; ***ferro em folhas*** sheet-iron; ***ferro em rimas*** iron in bundles; ***ferro meia-cana*** half-round iron; ***ferro esmaltado*** enamelled ware; ***ferro laminado*** rolled iron; ***ferro aceirado*** steely iron; ***ferro duro*** chill casting; ***ferro em obra*** cast iron work; ***ferro fundido*** cast iron; ***ferro forjado*** forged iron; ***ferro moldado*** iron castings; ***ferro estirado*** drawn out iron; ***ferro estriado*** mottled iron; ***ferro cromado*** chrome iron; ***ferro caldeado*** welded iron; ***ferro macio*** soft iron; ***ferro batido*** wrought iron; ***ferro redondo (verguinha)*** rod iron; ***ferro rugoso*** iron blooms; ***ferro de plaina*** plane iron; ***ferro afinado*** refined iron; ***ferro em chapa*** plate iron; ***ferro de meter estopa*** chinsing iron; ***rijo como ferro*** as hard as iron, as hard as nails; ***quem a ferros mata, a ferros morre*** he who takes the sword shall perish with the sword; ***pôr a ferro e fogo*** to put to fire and sword; ***governar com mão de ferro*** to rule with a rod of iron; ***malhar em ferro frio*** to plough the sands, to preach to the winds, to carry coal to Newcastle; ***malhar no ferro enquanto está quente*** to strike while the iron is hot; ***não sou de ferro*** I'm only human
ferroada *s. f.* stinging, sting, prick, goad; quip, repartee, sharp saying, sarcastic remark
ferroadela *s. f.* stinging, sting, prick, goad; quip, repartee, sharp saying, sarcastic remark
ferroar *v. tr.* to sting, to prick; [fig.] to tease, to gibe
ferrocarbónico *adj.* ferrocarbonic
ferrocrómio *s. m.* ferrochromium alloy
ferroelectricidade *s. f.* ferroelectricity
ferroeléctrico *adj.* ferroelectric
ferrolhar *v. intr.* to bolt, to latch; to fasten, to secure; to chain
ferrolho *s. m.* bolt, latch
ferromagnético *adj.* ferromagnetic
ferromagnetismo *s. m.* ferromagnetism
ferropear *v. tr.* to put in irons; to shackle
ferropeia *s. f.* shackles, fetters
ferroso *adj.* iron, ferrous, containing iron
ferro-velho *s. m.* scrap-iron; junk-dealer, junk shop; *pl.* junk, rubbish, old furniture
ferrovia *s. f.* railway; [E.U.A.] railroad
ferrovial Ⓐ *adj.* railway, relating to railways Ⓑ *s. m.* railway-employee; railway-workman; railroader
ferroviário Ⓐ *adj.* railway, relating to railways Ⓑ *s. m.* railway-employee; railway-workman; railroader; ***material ferroviário*** rolling-stock
ferrugem *s. f.* rust; fungus, blight (of plants); [fig.] inactivity, incapacity, dullness; ***ferrugem da chaminé*** soot; ***ferrugem do trigo*** yellow rust
ferrugento *adj.* rusty, rusted; [fig.] antiquated, old-fashioned; ***uma espada ferrugenta*** a rusty sword

ferrugíneo *adj.* ferrugineous, rust-coloured; having the colour of iron rust; reddish brown
ferruginosidade *s. f.* ferruginosity, ferrousness
ferruginoso *adj.* ferruginous
ferruncho *s. m.* spite; jealousy
ferrusco *s. m.* ORNITOLOGIA ⇒ **negra**
fértil *adj.* fertile, fruitful, productive; prolific; rich; ***fértil em recursos*** fruitful in resources; ***solo fértil*** rich (fertile) soil; ***terreno fértil*** productive (fertile) soil; ***uma imaginação fértil*** a fertile imagination
fertilidade *s. f.* fertility, fruitfulness; copiousness, abundance, richness
fertilização *s. f.* fertilization, fructification
fertilizador *adj., s. m.* ⇒ **fertilizante**
fertilizante Ⓐ *adj.* fertilizing Ⓑ *s. m.* fertilizer
fertilizar *v. tr.* to fertilize, to fecundate; to manure, to fatten
fertilizável *adj.* fertilizable
férula *s. f.* ferule; BOTÂNICA ferula (the giant fennel)
ferruláceo *adj.* ferulaceous, resembling fennel
fervedoiro *s. m.* bubbling up, boiling up, ebullition; agitation, excitement, disturbance, turmoil; a throng, multitude, mob, crowd, great gathering
fervedor *s. m.* kettle
fervedouro *s. m.* ⇒ **fervedoiro**
fervedura *s. f.* ⇒ **fervura**
fervelhar *v. intr.* ⇒ **fervilhar**
fervelho *s. m.* imp, mischievous child
fervença *s. f.* boiling, bubbling up, effervescence; fervour, zeal; vivacity, liveliness
fervência *s. f.* boiling, bubbling up, effervescence; fervour, zeal; vivacity, liveliness
ferventar *v. tr.* to parboil
fervente *adj.* fervent, burning, seething, boiling; [fig.] glowing, ardent, intense; eager, zealous
ferver Ⓐ *v. tr.* to boil Ⓑ *v. intr.* to seethe, to bubble; to foam, to steam; [fig.] to be agitated, to be violently excited, to be disturbed; ***ferver em cachão*** to boil fast; ***fazer ferver o sangue*** to make one's blood boil; ***ferver em pouca água*** to flare up about nothing; ***ferver em ira*** to boil with rage; ***as batatas estão a ferver*** the potatoes are boiling; ***ferver de mais*** to overboil; ***ferver a deitar por fora*** to boil over; ***ferver em fogo brando*** to simmer
fervescente *adj.* fervescent, fervent, seething, boiling, hot
fervida *s. f.* ⇒ **fervura**
férvido *adj.* fervid, ardent, eager; fiery, hot, violent
fervilha *s. m. e f.* [pop.] lively person
fervilhar *v. intr.* to simmer; to swarm with, to teem with, to be thronged; to be always on the move; to fidget, to twitch, to hitch (about)
fervilheiro *s. m.* bubbling, simmer; picking; [fig.] pins and needles
fervor *s. m.* fervour, ardour, intensity, zeal, eagerness, earnestness, fervency; *pl.* MEDICINA ronchus
fervorar *v. tr.* ⇒ **afervorar**
fervoroso *adj.* fervent, zealous, earnest, ardent, eager, fiery, keen, passionate, intense, fervid, vehement
fervura *s. f.* boiling, seething; effervescence; bubbling up; ***levantar fervura*** to boil up, to bubble up, to rise in bubbles; ***dar uma fervura*** to parboil, to bring to a simmer; ***deitar água na fervura*** to pour oil on troubled waters, to curb, to repress
fescenino *adj.* Fescennine (pertaining to Fescennia in Etruria, famous for scurrilous dialogues in verse); obscene; burlesque
festa *s. f.* feast, festival, festivity; festive gathering, party; celebration, feasting, commemoration; entertainment, merrymaking; [pop.] caress, stroke, pat; ***festa de igreja*** a festival of the Church; ***dar uma festa*** to give (to hold) a party; ***dia de festa*** red-letter day; ***não estar para festas*** to be in bad humour; ***fazer a festa e deitar os foguetes*** to applaud one's own feasts; ***pagar as despesas da festa*** to pay the piper (and call the tune); ***fazer festas a*** to caress, to stroke, to fondle; ***fazer festas no queixo*** to chuck under the chin; ***boas festas!*** merry Christmas and a happy New Year!; ***festa do trabalho*** labour day; ***festa escolar*** school treat, speech-day; ***festa de confraternização de estudantes*** end-of-term party; ***festa ao ar livre*** garden party
festada *s. f.* [reg.] musical performance
festança *s. f.* cheerful entertainment, festivity, celebration, festival, revelry, revel, merrymaking, spree; ***fazer uma festança*** to make merry
festanga *s. f.* carousal, revel, spree, revelry, jollification
festão *s. m.* festoon; garland, wreath of flowers
festarola *s. f.* feast, festivity; entertainment
festeiro Ⓐ *adj.* merrymaking; affectionate, endearing; fondling, caressing Ⓑ *s. m.* host, entertainer; merrymaker, reveller, one who is fond of feasting
festejador Ⓐ *adj.* merry, gay, festive, jovial, jolly Ⓑ *s. m.* feaster; entertainer, one who gives a hearty welcome
festejar *v. tr.* to celebrate; to solemnize; to commemorate; to applaud, to praise; to caress, to fondle; to welcome, to entertain; to rejoice; ***festejar o dia de anos*** to celebrate one's birthday
festejável *adj.* worthy of being celebrated
festejo *s. m.* festival; festivity; entertainment; caress, fondling, stroke; *pl.* festivals, celebrations; ***festejos da cidade*** public rejoicings
festim *s. m.* feast, banquet; party, entertainment; treat
festinação *s. f.* festination
festinhas *s. f. pl.* endearments; ***fazer festinhas*** to caress, to fondle
festival Ⓐ *adj.* festival, lively, joyous, merry Ⓑ *s. m.* festival, public procession; show, display
festivaleiro *adj.* relating to a festival; fit for a festival
festivamente *adv.* festively, joyously, merrily
festividade *s. f.* festivity; festive celebration; [fig.] rejoicing, jollity, jubilation, delight
festivo *adj.* festive, joyous, jovial, merry, jolly, mirthful, festal
festo Ⓐ *adj.* ⇒ **festivo** Ⓑ *s. m.* width, breath (of cloth); the wrong side (of cloth); the fold of cloth in the piece; ***subir a festo*** to go straight uphill
festoar *v. tr.* to festoon, to decorate with festoons; to garland
festonadas *s. f. pl.* ARQUITECTURA festoons
festonar *v. tr.* ⇒ **festoar**
festuca *s. f.* fescue
fetação *s. f.* fetation, gestation
fetáceo *adj.* foetal, fetal
fetal Ⓐ *adj.* foetal, fetal Ⓑ *s. m.* fernery, fern plot, ferny ground
fetão *s. m.* ⇒ **feto**
feteira *s. f.* fernery, fern plot
fetichismo *s. m.* fetishism
fetichista Ⓐ *s. m. e f.* fetish, fetishist Ⓑ *adj.* fetish-like; fetishistic
feticida *s. m. e f.* person who commits foeticide (feticide)
feticídio *s. m.* foeticide, feticide
fetidez *s. f.* fetidness, stinking, stench
fétido *adj.* fetid, foetid, stinking, offensive, rank smelling, foul, noxious
feto *s. m.* BOTÂNICA fern, frond; ANATOMIA foetus, fetus, embryo, germ
feudal *adj.* feudal; ***regime feudal*** feudal system
feudalidade *s. f.* feudality
feudalismo *s. m.* feudalism
feudalista Ⓐ *adj.* feudalistic Ⓑ *s. m. e f.* feudalist
feudatário Ⓐ *adj.* feudatory, feodatory Ⓑ *s. m.* feudatory, feodatory, feoffer, feudal tenant, vassal
feudista *s. m. e f.* feudist

feudo *s. m.* feud, feudal tenure, feudal benefice, fee, fief, feoffe
fêvera *s. f.* fibre; muscle, meat; filament; seam (of ore); [fig.] strength, vigour, nerve, sinew; courage, pluck, mettle
Fevereiro *s. m.* February
fevra *s. f.* ⇒ **fêvera**
fevroso *adj.* sinewy, muscular; fibrous, wiry
fez *s. m.* fez (Turkish cap)
fezes *s. f. pl.* lees, dregs, sediment; refuse, dross, scoria; f(a)eces, excrements; rabble, scum, riff-raff (of society)
fiã *s. f.* [arc.] measure of capacity; ⇒ **fiada**
fiação *s. f.* spinning; ***fiação de algodão*** cotton-spinning, thread-spinning; ***fiação e tecelagem*** spinning and weaving; ***fiação de seda*** silk spinning-mill; ***fábrica de fiação*** spinning-mill; ***fiação de juta*** jute spinning-mill
fiacre *s. m.* fiacre, French hackney coach
fiada *s. f.* row, file, line; course (of stones or bricks), layer, tier; ***fiada de chapeado (ou tabuado)*** strake of plating (or planking); ***fiada de blocos*** tier of blocks; ***fiada perdida*** drop strake, stealer; ***fiada de rebites*** row of rivets; ***fiada de tijolos*** course of bricks
fiadeira *s. f.* spinner
fiadeiro *s. m.* spinner
fiadilho *s. m.* silk waste; floss silk
fiado Ⓐ *adj.* spun; [coloq.] on credit, on trust Ⓑ *s. m.* yarn; spinning; [coloq.] ***comprar fiado*** to buy on tick, to buy on credit, to buy on trust; ***fiado em*** trusting in; ***vender fiado*** to sell on credit, to give upon trust; ***fiado muito fino*** fine spun
fiadoiro *s. m.* ⇒ **fiadouro**
fiador *s. m.* sponsor, guarantor, voucher, underwriter, warrantor, warranter; bail, security, surety; ***ser fiador*** to stand security, to stand surety for, to go (to be) bail; ***fiador de espada*** sword-knot; NÁUTICA ***fiador de amarração*** mooring bridle
fiadoria *s. f.* guarantee, guaranty, surety; bail, security
fiadouro *s. m.* continuous spinning; [reg.] spinning-house, spinning-place
fiadura *s. f.* spinning; ⇒ **fiadoria**
fialho *s. m.* ⇒ **fiapo**
fiambre *s. m.* ham, cooked ham
fiambreiro *s. m.* case (or place) where ham is kept
fiampar *v. tr.* ⇒ **esfiapar**
fiança *s. f.* security, guarantee, guaranty, deposit, caution, surety, bail; ***prestar fiança*** to find sureties, to stand surety, to go bail for
fiandeira *s. f.* spinner
fiandeiro *s. f.* spinner
fiapagem *s. f.* a lot of thread
fiapo *s. m.* fine thread
fiar Ⓐ *v. tr.* to spin, to twist (thread) Ⓑ *v. refl.* to trust, to rely on, to confide in, to place confidence in Ⓒ *v. intr.* to sell on credit, to let have on credit; ***fiar um fio*** to spin a yarn; ***fiar lã*** to spin wool; ***roda de fiar*** spinning-wheel; ***fiar-se em alguém*** to rely on a person; ***não é pessoa em quem possamos fiar-nos*** he is not a man to be trusted; ***fiar-se em promessas*** to rest on promises; ***não se fie nisso*** do not rely on it; ***pode fiar-se na minha palavra*** you may take my word for it
fiasco *s. m.* fiasco, failure, fizzle, flop, frost; ***fazer fiasco*** to fizzle, to fail completely, to fall flat; ***foi um fiasco*** it was a failure (fiasco, flop, etc.); ***a peça foi um fiasco*** [coloq.] the play turned out a frost; ***o espectáculo foi, por assim dizer, um fiasco*** the performance was rather a failure
fiável *adj.* spinnable; warrantable
fibra *s. f.* fibre, filament; BOTÂNICA string; [fig.] nerve, sinews, vigour, strength, toughness; grain, courage, pluck, mettle
fibrila *s. f.* fibril, fibrilla; BOTÂNICA root hair
fibrilação *s. f.* MEDICINA fibrillation
fibrilar *adj.* fibrillar(y)
fibrilha *s. f.* ⇒ **fibrila**
fibrília *s. f.* fibrilla
fibrilífero *adj.* fibrilliferous, fibrillous
fibriloso *adj.* fibrillous
fibrina *s. f.* BIOQUÍMICA fibrin(e), vegetable fibrin
fibrino *adj.* fibrine
fibrinogénio *s. m.* BIOQUÍMICA fibrinogen
fibrinoso *adj.* fibrinous
fibrocartilagem *s. f.* fibrocartilage
fibrocartilagíneo *adj.* fibrocartilaginous
fibrocartilaginoso *adj.* ⇒ **fibrocartilagíneo**
fibrocelular *adj.* fibrocellular
fibrocimento *s. m.* fibro-cement
fibróide *adj.* fibroid
fibrólito *s. m.* MINERALOGIA fibrolite
fibroma *s. m.* MEDICINA fibroma, fibrous tumour, fibrome
fibromuscular *adj.* fibromuscular
fibrose *s. f.* MEDICINA fibrosis
fibrosidade *s. f.* fibrousness
fibroso *adj.* fibrous
fibrovascular *adj.* fibrovascular
fíbula *s. f.* ANATOMIA fibula (*plural* fibulae, fibulas); perone; buckle, brooch
fibulação *s. f.* fibulation
Ficáceas *s. f. pl.* BOTÂNICA members of the *Ficoideae* or *Mesembricaceae* family
ficáceo *adj.* ficoid
ficada *s. f.* staying, remaining; sojourn
ficar *v. intr.* to stay, to remain, to rest, to sojourn, to abide; to stop, to stand, to halt; to keep, to retain; to become, to grow, to get; ***ficar sem pinga de sangue*** to have one's heart in one's mouth; ***ficar na sua*** to maintain one's point; ***ficar bem*** to fit, to sit well, to suit, to match, to go well with; ***ficar em casa*** to stay at home, to stay in, to remain at home; ***ela ficará connosco*** she will stay with us; ***ficar atrás*** to stand behind; ***ficar para trás*** to lag behind; ***não quero ficar para trás*** I don't want to be left behind; ***ficar ausente*** to stay away; ***ficar fora*** to stay out; ***ficar de cama*** to stay in bed; ***ficar de fora*** to be left out; ***ficar de pé*** to be standing; ***ficar sentado*** to be seated, to remain seated; ***deixe ficar como está*** let it remain as it is; ***ficar calado*** to be quiet, to keep quiet, to hold one's tongue; ***ficar por fiador de*** to stand surety for, to put up bail for; ***ficar depositado como garantia*** to remain deposited as a guarantee; ***ficar de boca aberta (espantado)*** to stand gaping; ***ficar atónito*** to be flabbergasted, to stand as if petrified; ***ficar zangado*** to grow angry, to become angry; ***ficar velho*** to grow old, to become old, to get old; ***ficar gordo*** to grow fat, to become fat, to get fat; ***ficar frio*** to grow cold, to become cold, to get cold; ***ficar indeciso*** to remain undecided; ***ficar triste*** to be sad; ***ficar contente*** to be glad; ***fica entendido que*** it is agreed that; ***fica bem abrir a porta à senhora*** it is appropriate to hold the door for the lady; ***ficar na sombra*** to keep in the background; ***ficámos de partir no domingo*** we agreed (arranged) to leave on Sunday; ***até que horas fica a casa aberta?*** how late does the house remain open?; ***o vestido fica-lhe bem*** her dress looks well on her; ***este chapéu fica-lhe bem*** this hat suits you, this hat becomes you; ***vais ficar em casa todo o dia?*** are you going to stick indoors all day?, are you going to stay indoors all day?; ***fique ali!*** stand there!; ***não posso ficar aqui muito tempo*** I can't stay here very long; ***fico aqui esta noite*** I'll stop here for the night; ***fico à tua espera*** I'll stop for you, I'll wait for you; [coloq.] ***ficar a tinir*** to be left penniless; ***ele ficou com duas libras*** he was left with £2; ***ela ficou com o meu livro*** she kept my book; ***não deixes ficar para amanhã o que podes fazer hoje*** don't put off till tomorrow what you can do today; NÁUTICA ***ficar em seco*** to fall dry, to run aground; [coloq.] ***ficar a ver navios*** to be left high and dry; ***ficar cego*** to go blind; ***ficar por fazer*** to be still to be done
ficária *s. f.* celandine

ficário *adj.* connected or related to figs
ficção *s. f.* fiction, invention, fabrication; ***pura ficção*** mere fiction
ficcional *adj.* LITERATURA fictional
ficcionista *s. m. e f.* LITERATURA a writer of fiction, fictioneer, fictioner, fictionist, storyteller
ficha *s. f.* chip; file (set of papers and other documents for reference); record, dossier; slip, filing-card; index card; ELECTRICIDADE plug; ***ficha e tomada*** plug and socket; ***ficha de comutador*** plug switch; ***ficha (verbete)*** slip; ***ficha (dado policial)*** dossier; ***ficha de trabalho*** time-sheet, time-card
fichar *v. tr.* to annotate; to register; to catalogue
ficheiro *s. m.* filing-cabinet, file, card index
ficiforme *adj.* fig-shaped
ficocianina *s. f.* BOTÂNICA phycocyanin
ficoeritrina *s. f.* phycoerythrin
ficofeína *s. f.* phycophaein
ficologia *s. f.* phycology
ficológico *adj.* phycologic(al)
ficologista *s. m. e f.* phycologist
ficólogo *s. m.* phycologist
ficomicetes *s. m. pl.* phycomycetes
fictício *adj.* fictitious, imaginary, unreal, false, invented; feigned, assumed; ***narrativa fictícia*** fictitious narrative; ***personagens fictícias*** fictitious characters
fidalga *s. f.* noblewoman, gentlewoman, lady
fidalgaço *s. m.* great nobleman
fidalgal *adj.* noble, magnanimous; of the nobility
fidalgamente *adv.* nobly, honourably; magnificently, grandly
fidalgaria *s. f.* ⇒ **fidalguia**
fidalgarrão *s. m.* ⇒ **fidalgaço**
fidalgo Ⓐ *adj.* noble, grand, stately, lordly, magnificent Ⓑ *s. m.* nobleman, grandee, noble, lord, peer; *pl.* people of rank
fidalgoso *adj.* squirely
fidalgote *s. m.* lordling; squire
fidalgueiro Ⓐ *adj.* courtly; noble, genteel Ⓑ *s. m.* courtier, carpet-knight
fidalguelho *s. m.* ⇒ **fidalgote**
fidalguesco *adj.* ⇒ **fidalgal**
fidalguete *s. m.* ⇒ **fidalgote**
fidalguia *s. f.* nobility, the nobles; noblesse; nobleness, elevation, worthiness; magnanimity, moral excellence
fidalguice *s. f.* affectation of nobility, boasting, swaggering, ostentation
fidalguinhos *s. m.* BOTÂNICA cornflower, bluebottle, bachelor's button
fidedignidade *s. f.* trustworthiness, credit, credibility, reliability
fidedigno *adj.* trustworthy, credible, reliable, dependable
fideicomissário *s. m.* trustee, depositary, fideicommissary
fideicomisso *s. m.* fidei-commissum, entail, family trust
fideicomissório *adj.* fidei-commissary
fideísmo FILOSOFIA, RELIGIÃO *s. m.* fideism
fideísta *s. m. e f.* FILOSOFIA, RELIGIÃO fideist
fidejussória *s. f.* fidejussion (law)
fidejussório *adj.* fidejussory
fidelidade *s. f.* fidelity, faithfulness, loyalty, devotion; firmness in allegiance
fidelíssimo *adj.* most faithful
fidéus *s. m. pl.* vermicelli
fido *adj.* ⇒ **fiel**
fidúcia *s. f.* trust, confidence; courage, daring, boldness
fiducial *adj.* fiducial, held (given) in trust
fiduciário *adj.* fiduciary; fidei-commissary, trustee; ***circulação fiduciária*** paper currency
fieira *s. f.* draw-plate, screw-plate; row, file, series, string, tier; vein, seam (of ore)
fieiteira *s. f.* ⇒ **feteira**
fieito *s. m.* ⇒ **feto**
fiel Ⓐ *adj.* faithful, true, veracious, exact, accurate; steadfast, loyal, devoted, constant, reliable Ⓑ *s. m.* treasurer, keeper, warden; ***os fiéis*** the faithful; ***os fiéis defuntos*** the holy souls in Purgatory; ***ser fiel a uma causa*** to stick to one's colours; ***fiel à sua promessa*** true to his word; ***fiel até à morte*** faithful unto death; ***ser fiel aos amigos*** to stick to one's friends; ***uma cópia fiel*** a faithful copy; ***amigos fiéis*** faithful friends; ***fiel aos seus princípios*** faithful (true) to one's principles; ***fiel da balança*** hand (tongue, pointer) of a balance; ***fiel de armazém*** storekeeper; ***fiel de navalha*** knife line
fielmente *adv.* faithfully
fífia *s. f.* discordance; harsh-toned voice; [pop.] fluff, blunder, slip, fault
figa *s. f.* amulet, charm, talisman; mascot; [fig.] mockery, contempt; ***não vale uma figa*** it is worth nothing, it is not worth a tinker's cuss; ***fazer figas*** to fig, to insult by a contemptuous motion of the fingers, to scorn
figadal *adj.* hepatic, pertaining to the liver; [fig.] intense, deep, profound, great, concentrated; ***ódio figadal*** deep-rooted hate, mortal hatred
figadeira *s. f.* disease of the liver, liver complaint; liver; ⇒ **hepatite**
fígado *s. m.* ANATOMIA liver; [fig.] courage, pluck, heart, guts; character, temper, nature; ***óleo de fígado de bacalhau*** cod-liver oil; ***doença do fígado*** disease of the liver, hepatic disease; ***homem de maus fígados*** a bad-tempered man; ***fígado de alcoólico*** whisky liver
fígaro *s. m.* [pop.] figaro, barber
figle *s. m.* ophicleide
figo *s. m.* fig; ***não vale um figo*** it is not worth a straw (a rush, a tinker's cuss); ***figos maduros*** ripe figs; ***figos secos*** dried figs; ***uns comem os figos, a outros rebenta a boca*** some pay for other people's misdeeds
figo-loiro *s. m.* ⇒ **figo-louro**
figo-louro *s. m.* fig pecker, beccafico
figo-maduro *s. m.* ⇒ **figo-louro**
figueira *s. f.* BOTÂNICA fig-tree
figueira-do-inferno *s. f.* thorn apple
figueiral *s. m.* fig-grove (orchard of fig-trees)
figueiredo *s. m.* ⇒ **figueiral**
figulina *s. f.* figuline; earthenware
figulino *adj.* figuline, made of clay
fígulo *s. m.* ⇒ **oleiro**
figura *s. f.* figure, appearance; shape, form, frame; image, likeness; type; drawing, design; symbol; TEATRO character; ***fazer boa figura*** to make (to cut) a fine show (figure), to cut a dash; ***fazer figura triste*** to cut a poor figure; ***figura imponente*** imposing figure; ***figura grotesca*** figure of fun; ***fazer figura ridícula*** to make an exhibition of oneself; ***fazer figura na sociedade*** to shine in society; ***figura de retórica*** figure of speech; GEOMETRIA ***figura plana*** plane figure; ***figura de cera*** wax figure; ***mudar de figura*** to look different, to become different, to put a new face on; NÁUTICA ***figura de proa*** figure-head
figurabilidade *s. f.* figurability
figuração *s. f.* figuration, form, fashion, conformation; ASTRONOMIA aspect of the heavenly bodies
figuraço *s. m.* ⇒ **figurão**
figuradamente *adv.* figurately
figurado *adj.* figured, figurative; represented, supposed, imagined; metaphorical; ***em sentido figurado*** in a figurative sense, figuratively
figural *adj.* that which serves as type; figural
figuralidade *s. f.* quality of being figural; FÍSICA shape
figuranta *s. f.* figurant, figurante; ballet-dancer

figurante *s. m. e f.* TEATRO, CINEMA extra, walker-on
figurão *s. m.* [fam.] a big noise, a bigwig; a cunning fellow; stylish appearance; ***fazer um figurão*** to cut a great (brilliant) figure
figurar *v. tr.* to figure, to represent, to shape, to form; to picture, to imagine, to depict; to fancy; to appear, to play a part; to impressionate, to show off; ***figurar na sociedade como pessoa rica*** to figure in society as a rich person
figurarias *s. f. pl.* grimaces
figurativa *s. f.* figurative
figurativismo *s. m.* figurativeness
figurativo *adj.* figurative, metaphorical, representative, symbolic(al), typical
figurável *adj.* imaginable, conceivable, picturable
figurilha *s. f.* little person, shrimp
figurinha *s. f.* little figure; miniature figure
figurino *s. m.* pattern, model; pattern-book; *pl.* beaux, fops, dandies; ***ser o figurino da moda*** to dress like a fashion-plate
figurismo *s. m.* FILOSOFIA, RELIGIÃO theory of the figurists
figurista *s. m. e f.* FILOSOFIA, RELIGIÃO figurist
figuro *s. m.* a big shot; dubious character
figurona *s. f.* crafty, shrewd, cunning, artful woman
fila *s. f.* row, rank, line, file; queue; ***na fila da frente*** in the front row; ***pôr em fila*** to set in a row; ***os rapazes dispunham-se em fila, por ordem crescente de alturas*** the boys were ranged in a row from the shortest to the tallest; ***última fila*** rear rank; ***cão de fila*** mastiff; ***fila indiana*** single file, Indian file; ***a última cadeira da fila*** the last chair in the row; ***fila de alunos de colégio caminhando dois a dois*** [coloq.] crocodile; ***uma fila de pessoas à espera*** a queue of people waiting
filaça *s. f.* weaver's yarn; rope yarn, yarn, tow, lint, harl
filactérias *s. f. pl.* phylacteries
filadelfo *s. m., adj.* Philadelphian
filamentar *adj.* filamentary
filamento *s. m.* filament, fibre, thread, string
filamentoso *adj.* filamentous, thready, filose
filandra *s. f.* filander, philander
filandras *s. f. pl.* filamentous seaweed; long thin threads; filanders (bird disease)
filandroso *adj.* fibrous
filante Ⓐ *adj.* cadging Ⓑ *s. m. e f.* cadger; [cal., E.U.A.] deadhead
filantropia *s. f.* philanthropy (love of mankind)
filantropicamente *adv.* philanthropically
filantrópico *adj.* philanthropic
filantropismo *s. m.* philanthropism
filantropo *s. m.* philanthropist
filão *s. m.* lode, vein, seam (of metal ore)
filar *v. tr.* to catch, to capture, to lay hold of, to clutch, to grip, to grasp; to seize with the teeth; to entice, to instigate (a dog)
filária *s. f.* ZOOLOGIA filaria; *pl.* Filariae
filária-de-medina *s. f.* Guinea worm
filaríase *s. f.* MEDICINA filariasis
filariose *s. f.* ⇒ **filaríase**
filarmónica *s. f.* band, brassband
filarmónico *adj.* philharmonic
filástica *s. f.* tow (taken from old ropes), oakum, strand of rope
filatelia *s. f.* philately
filatélico *adj.* philatelic
filatelismo *s. m.* philately, stamp-collecting
filatelista *s. m. e f.* philatelist, stamp-collector
filatório Ⓐ *s. m.* spinning machine, spinning-jenny Ⓑ *adj.* relating to spinning
filáucia *s. f.* self-love; conceit, vanity; selfishness, egoism
filaucioso *adj.* selfish, egoistic; conceited, vain; flippant
filé *s. m.* [coloq.] wish, desire, longing; filet, net-lace
fileira *s. f.* row, rank, file, line, queue (a line of people); *pl.* the ranks (common soldiers); ***entrar nas fileiras*** to enter the army; ***última fileira*** rear-rank; ***fileira de soldados*** a file of soldiers; ***cerrar fileiras*** to close the ranks; ***pau de fileira*** ridge-pole (of a roof); ***uma fileira de casas*** a row of houses; ***fogo de fileiras*** file firing
filele *s. f.* bunting
filete *s. m.* thread, string; ARQUITECTURA fillet, listel; narrow hem; BOTÂNICA filament; MECÂNICA edging, rim, border; worm, thread (of a screw); fillet (of meat, of fish); ANATOMIA nervule; TIPOGRAFIA ***filete de fantasia*** combination rule; ***filetes de peixe*** fillets of fish
filético *adj.* ⇒ **filogenético**
filha *s. f.* daughter; ***filha adoptiva*** foster daughter, adopted daughter
filhação *s. f.* ⇒ **filiação**
filhada *s. f.* grasping, seizure
filhador *s. m.* adopter
filhamento *s. m.* adoption; ⇒ **filiação**
filhar Ⓐ *v. tr.* to affiliate, to adopt; BOTÂNICA to sprout, to bud, to put forth young shoots Ⓑ *v. tr.* ⇒ **filar**
filharada *s. f.* a great number of children (daughters, sons); a large family (family with many children)
filharar *v. tr.* BOTÂNICA to sprout, to bud, to shoot (of a tree)
filharasco *s. m.* stepson
filhastro *s. m.* stepson
filheiro *adj.* very fond of one's own children, loving parent; fecund, prolific
filhento *adj.* prolific, fruitful, fecund
filho Ⓐ *s. m.* son; young (of beasts, or birds); [fig.] fruit, result, consequence; BOTÂNICA sprout, shoot (of a tree); *pl.* children, offspring, issue, descendants Ⓑ *adj.* consequent, proceding, resulting; ***filho mais velho*** the eldest son; ***filho ilegítimo*** illegitimate son, bastard, born out of wedlock; ***segundo filho*** second son, younger son; ***filho adoptivo*** adopted son, fosterling; ***filho primogénito*** first-born son; ***filho de peixe sabe nadar*** he is a chip of the old block; ***quem tem filhos tem cadilhos*** children tie the mother's hands; [coloq.] ***eu também sou filho de Deus*** I'm just as good as anyone else; [vulg.] ***filho da mãe!*** bastard!, wanker!, son of a bitch!; ***filho único*** only child
filhó *s. f.* Spanish puff (light pastry or confectionery); ***não se fazem filhós de água*** you cannot make omelet(t)es without breaking eggs
filho-família *s. m.* person under age; minor
filhote *s. m.* native; nestling, younglet, a young bird
filiação *s. f.* filiation; filial relation; descent, extraction; affiliation, adoption, enrolment
filial Ⓐ *adj.* filial Ⓑ *s. f.* COMÉRCIO branch, branch office; subsidiary company; ***amor filial*** filial love
filialmente *adv.* filially
filiar Ⓐ *v. tr.* to adopt as a child, to affiliate; to incorporate (persons) as members, to enroll, to admit Ⓑ *v. refl.* to join; to originate, to proceed from
filicida *s. m. e f.* filicide (one who murders his or her own child)
filicídio *s. m.* filicide (the action of killing a son or daughter)
filicífero *adj.* BOTÂNICA producing ferns
filicorne *adj.* having hornlike antenna(e); antennal, antennary
filífero *adj.* BOTÂNICA filiferous
filifolha *s. f.* fern
filifoliado *adj.* having filiform leaves
filiforme *adj.* BOTÂNICA, ZOOLOGIA filiform, thread-like
filigrana *s. f.* filigree, filagree, filigree work
filigranagem *s. f.* making of filigree
filigranar Ⓐ *v. tr.* to filigree;to ornament with filigree Ⓑ *v. intr.* to work in filigree; to make filigree
filigraneiro *s. m.* filigree worker
filigranista *s. m. e f.* ⇒ **filigraneiro**

filipêndula *s. f.* BOTÂNICA dropwort, filipendule
filípica *s. f.* HISTÓRIA philippic; [fig.] philippic, passionate invective
filipina *s. f.* philippina, philippine, philopoena (nut with twin kernels)
filipino *adj.* Philippine; Filipeen
filipluma *s. f.* filoplume
filirrostro *s. m., adj.* ZOOLOGIA filirostrate
filisteu *s. m., adj.* Philistine
filistinismo *s. m.* ⇒ **snobismo**
filistino *s. m., adj.* ⇒ **filisteu**
filistria *s. f.* ⇒ **flostria**
filistriar *v. intr.* ⇒ **flostriar**
filito *s. m.* phyllite
filmagem *s. f.* CINEMA filming, shooting (of a film)
filmar *v. tr.* to film, to shoot (a film)
filme *s. m.* film, picture, motion picture, film strip; ***o filme vai já começar*** the film is just going to begin; ***filme educativo*** educational film; ***(filme) documentário*** documentary film; ***filme a cores*** technicolour film; ***filme sonoro*** sound film, talky; ***filme de longa metragem*** feature film; ***filme de desenhos animados*** cartoon film
fílmico *adj.* filmic; ***discurso fílmico*** filmic discourse
filmografia *s. f.* filmography
filmologia *s. f.* filmology
filmoteca *s. f.* film collection; place where films are kept
filó *s. m.* net-lace, bride, bobbinet
filodendro *s. m.* BOTÂNICA philodendron
filodérmico *adj.* philodermic
filodinasta *s. m. e f., adj.* philodynastic
filódio *s. m.* BOTÂNICA phyllode, phillodium
filófago Ⓐ *s. m.* ZOOLOGIA phyllophagous, leaf-eater Ⓑ *adj.* phyllophagous, leaf-eating
filogénese *s. f.* ⇒ **filogenia**
filogenesia *s. f.* ⇒ **filogenia**
filogenético *adj.* BIOLOGIA philogenetic(al)
filogenia *s. f.* BIOLOGIA phylogenesis, phylogeny
filoginia *s. f.* philogyny (fondness for women)
filogínico *adj., s. m.* ⇒ **filógino**
filógino Ⓐ *adj.* philogynous Ⓑ *s. m.* philogynist
filóide *adj.* BOTÂNICA phylloid, leaf-shaped
filologia *s. f.* philology, linguistic science
filológico *adj.* philological
filologista *s. m. e f.* philologist, student (expert in) of philology
filólogo *s. m.* philologist (one learned in philology)
filoma *s. m.* phyllome
filomatia *s. f.* phylomathy (love of learning)
filomático *adj.* that loves science
filomela *s. f.* MITOLOGIA philomel, philomela; [poét.] nightingale
filoneísmo *s. m.* philoneism
Filópodes *s. m. pl.* ZOOLOGIA phyllopods
filoptosia *s. f.* falling of leaves (from trees)
filosofal *adj.* philosophic(al); ***pedra filosofal*** philosopher's stone
filosofante Ⓐ *adj.* philosophic(al); [depr.] philosophastering Ⓑ *s. m. e f.* philosopher; [depr.] philosophaster
filosofar *v. intr.* to philosophize, to play the philosopher; to ponder, to reason, to argue (to debate, to discuss) philosophically
filosofia *s. f.* philosophy; ***doutor em filosofia*** doctor of philosophy (Ph. D.)
filosoficamente *adv.* philosophically
filosófico *adj.* philosophic(al)
filosofismo *s. m.* philosophism
filósofo *s. m.* philosopher; [pop.] calm reasoner; queer fellow
filotaxia *s. f.* BOTÂNICA phyllotaxy, phyllotaxis
filotecnia *s. f.* philotechnique; love of arts
filotécnico *adj.* philotechnic; loving arts
filotimia *s. f.* love of honours (distinction)
filotímico *adj.* relating to love of honours (distinction)
filoxantina *s. f.* xanthophyll (pigment)
filoxera *s. f.* ZOOLOGIA phylloxera, vine pest
filoxerado *adj.* infested with phylloxera
filoxerar *v. intr.* to be infested with phylloxera
filoxericida *adj.* phylloxericide
filoxérico *adj.* phylloxeric (relating to phylloxera)
filtração *s. f.* filtration, filtering, percolation
filtrado *s. m.* filtrate
filtrador Ⓐ *adj.* filtering Ⓑ *s. m.* filter(er), one who filters
filtrar *v. tr.* to filter, to filtrate; to percolate, to strain
filtrável *adj.* filterable; filtrable
filtreiro *s. m.* ⇒ **filtro**
filtro *s. m.* filter, strainer, percolator; ***filtro de algodão*** bag filter; ***filtro amoroso*** love potion; ***papel de filtro*** filtering paper
fílula *s. f.* BOTÂNICA scarf left on the stalk by a fallen leaf
fim *s. m.* end, conclusion, close, termination, term, limit; tail, tail end, extremity; aim, purpose, object, goal, intention, design; result, issue, consequence; ***levar ao fim*** to carry through; ***chegar ao fim*** to come to an end, to draw to a close; ***os fins justificam os meios*** the end justifies the means; ***servir os seus próprios fins*** to have an axe to grind; ***conseguir os seus fins*** to gain one's ends, to gain one's point; ***ponhamos um fim a isto*** let us put a stop to this; ***o nosso fim (objectivo) é compreender inglês*** our goal is to understand English; ***esperei até ao fim*** I waited till the end; ***para tal fim*** for such a purpose; ***com o fim de*** for the purpose of, with a view to, in order to; ***com que fim?*** to what purpose?; ***no fim de contas*** after all; ***por fim*** at last; ***o fim do mundo*** the end of the world; ***o fim do ano*** the end of the year; ***no fim do dia*** at the close of day; ***sem fim*** never-ending; ***esperar o fim a todo o instante*** to expect the end hourly; ***ir até ao fim do mundo*** to go to the furthest end of the world; ***o fim coroa a obra*** all's well that ends well; [coloq.] ***fica no fim do mundo*** it's a hole, it's miles from anywhere; [coloq.] ***é o fim do mundo!*** it's the pits; [coloq.] ***estou a fim de fazer isso*** I feel like doing it
fimbrado *adj.* fringed
fímbria *s. f.* fringe; ANATOMIA fimbria
fimbriado *adj.* fimbriate, fimbriated, fringed
fimbriar *v. tr.* to fringe; to border
fim-de-semana *s. m.* weekend
fimícola *adj.* BOTÂNICA fimicolous; living in manure
fimose *s. f.* MEDICINA phimosis
fina *s. f.* cunning; care, precaution; ***dar na fina*** to be lucky; ***estar com a fina*** to be on the look-out, to be cautious
finado Ⓐ *adj.* dead, deceased, late, departed, defunct Ⓑ *s. m.* dead man; ***dia de finados*** All Souls' Day
final Ⓐ *adj.* final, conclusive, terminal, ultimate, decisive, definite, definitive, peremptory; last, concluding, finishing, closing; ***capítulo final de um livro*** the final (closing) chapter of a book Ⓑ *s. m.* final, end; MÚSICA finale; GRAMÁTICA last syllable; DESPORTO final
finalidade *s. f.* finality, goal, aim, purpose, end, design
finalismo *s. m.* finalism, teleology
finalista *s. m. e f.* finalist; final year student
finalização *s. f.* conclusion; finishing; end
finalizar Ⓐ *v. tr.* to finish, to conclude, to terminate, to put an end to, to bring to an end Ⓑ *v. intr.* to be over, to have an end
finalmente *adv.* finally, lastly, at last; in the end, at the end; in conclusion; ***o assunto está finalmente resolvido*** the matter is finally settled
finamento *s. m.* ending; [fig.] death, dying, demise, decease, departure
finança *s. f.* finance, capitalism, money-market; *pl.* finances, revenue, funds, pecuniary resources; ***ministro das Finanças*** Chancellor of the Exchequer

F

financeiro Ⓐ *adj.* financial Ⓑ *s. m.* financier, capitalist, banker; ***estar em precária situação financeira*** [coloq.] to be in a queer street
financiador Ⓐ *adj.* financing Ⓑ *s. m.* financier, investor, banker, capitalist
financial *adj.* financial
financiamento *s. m.* financing
financiar *v. tr.* to finance; to furnish (to supply) money for; to provide capital for; ***financiar uma empresa comercial*** to finance a commercial undertaking
financista *s. m. e f.* financier
finar *v. tr.* to end, to terminate; to die, to perish, to pass away, to depart; to wither, to decay, to fade (out), to lose life; to pine (to waste) away
finca *s. f.* prop, stay; ***às fincas*** with tenacity
fincamento *s. m.* fixing to something, sticking to something; standing steady; insistence, persistence, stubbornness
finca-pé *s. m.* obstinacy, striving, strong point; ***fazer finca-pé*** to put one's foot down
fincar Ⓐ *v. tr.* to fix, to drive (stakes, etc.), to drive in, to thrust in, to dig, to stick Ⓑ *v. refl.* to rest, to lean on, to hold fast, to stand steady; to insist, to persist, to persevere
findador *s. m.* finisher
findar Ⓐ *v. tr.* to finish, to end, to complete, to close, to conclude, to have an end, to bring to an end, to put an end to Ⓑ *v. intr.* to vanish, to disappear, to cease; ***julguei que o sermão nunca findasse*** I thought the sermon would never finish
findável *adj.* transitory, transient, fleeting, ephemeral; that comes to an end
findo *adj.* finished, past, gone by; ***(n)o mês findo*** last month
finês *s. m., adj.* ⇒ **finlandês**
fineza *s. f.* fineness, slenderness, thinness, slimness; keenness, sharpness; kindness, goodness, favour, courtesy, politeness; cuteness, ingenuity, sagacity, shrewdness, quickness, smartness; ***fazer uma fineza*** to do a kindness; ***render finezas*** to endeavour, to please, to flatter; ***dever uma fineza*** to be under an obligation; ***devo-lhe muitas finezas*** I owe him many obligations (many kindnesses)
fingidamente *adv.* feignedly, assumedly, falsely, in pretence
fingidiço *adj.* fictitious, feigned, pretended, sham, dishonest, perfidious
fingido Ⓐ *adj.* feigned, fictitious, assumed, sham(med), forged, counterfeit, mock, fake, dissimulated, pretended, double-faced, insincere Ⓑ *s. m.* dissimulator, dissembler; feigner; imitation, fraud; ***é um fingido*** he is a dissembler; ***sono fingido*** dog's sleep
fingidor *s. m.* feigner, simulator, dissembler
fingimento *s. m.* feigning, dissimulation, dissembling, counterfeiting; pretence, simulation, colour, mask, hypocrisy; deceit, deception, fraud
fingir *v. tr.* to feign, to pretend, to make believe, to sham, to play, to assume, to simulate, to imitate, to affect, to counterfeit; to dissimulate, to dissemble; to fancy, to imagine; ***fingir-se doente para se esquivar ao dever (marinheiros, soldados, etc.)*** to malinger, to swing the lead; ***fingir-se doente*** to sham illness; ***fingir que não ouve*** to pretend not to hear; ***fingir não conhecer (uma pessoa)*** to cut (a person in the street); ***fingiu que estava zangado*** he pretended to be angry; ***fingir um desmaio*** to sham a faint; ***fingir indiferença*** to feign indifference; ***fingiu (fez) de rei*** he played the king
finidade *s. f.* FILOSOFIA finiteness
finisterra *s. f.* land's end
finitamente *adv.* finitely
finítimo *adj.* bordering on, adjacent, near, contiguous, neighbouring
finito Ⓐ *s. m.* finite Ⓑ *adj.* bounded, limited, subject to limitations; transitory; finite, terminable
finlandês Ⓐ *adj.* Finnish Ⓑ *s. m.* Finn
fino *adj.* fine, thin, slim, slender, delicate, sharpened, pointed; clever, sharp, keen; subtle, acute, quick-witted, sagacious, shrewd; nice, polished, gentle, courteous, polite; exquisite, refined, excellent; ***arame fino*** fine wire; ***linha fina*** fine thread; ***pele fina*** a fine skin; ***pano fino*** fine cloth; ***fino como um coral*** as sharp as a needle; ***fino como uma mortalha (de cigarro)*** as thin as a wafer; ***à fina força*** cost what it may, by all means, by mere force; ***fazer-se fino*** to make bold; ***pedras finas*** precious stones; ***areia fina*** fine sand; ***senhora fina*** fine lady; ***feições finas*** delicate features; NÁUTICA ***proa fina*** lean head; NÁUTICA ***popa fina*** lean poop
finório Ⓐ *s. m.* sly fellow, cunning fellow Ⓑ *adj.* sly, cunning, foxy, cute, shrewd, sharp
finta *s. f.* extra tax; imposition; dodge, evasion, trick, quibble
fintar Ⓐ *v. tr.* to tax, to impose; to dodge; DESPORTO to trick, to feint; to swindle, to cheat; to leaven, to ferment, to rise (dough) Ⓑ *v. refl.* to rely on
finto Ⓐ *s. m.* ancient tax levied in Madeira Ⓑ *adj.* fermented; quality of being leaven
finura *s. f.* fineness; cunning, craft, artfulness; malice, mischievousness; urbanity, courtesy, politeness; slenderness, slimness
fio *s. m.* thread, yarn, string, line, rope, twine; wire (of metal); edge (of a blade); trickle (of a liquid); ***fio metálico*** wire; ***fio de ouro*** gold-wire; ***fio de contacto*** contact wire; ***fio condutor*** conducting wire; ***fio de vela*** twine; ***fio de carreta*** rope yarn; ***fio isolado*** flex, insulated wire; ***fio de baixada*** lead-in wire; ***fio de algodão*** cotton thread; ***fio de seda*** silk thread; ***fio de Escócia*** lisle thread; ***fio de pérolas*** string of pearls; ***fio de prata*** silver-wire; ***fio reticular*** spiderline; ***fio de água*** a trickle of water; ***fio da vida*** the thread of life; ***de dois fios*** two-ply, bifilar; ***três vezes a fio*** three times running; ***fio de uma faca*** knife-edge; ***fio de serra*** kerf; ***tirar o fio ao feijão*** to string French beans; ***perder o fio do discurso*** to lose the thread of one's speech; ***estar por um fio*** to hang by a thread; ***descobrir o fio à (da) meada*** to get a line on; ***retomar o fio*** to take up the thread; ***passar a fio de espada*** to put to the sword; ***semanas a fio*** weeks on end; ***ele escapou por um fio*** he escaped by the skin of his teeth
fio-de-prumo *s. m.* plumb line
fiolho *s. m.* ⇒ **funcho**
fiorde *s. m.* fiord, fjord
fiorite *s. f.* MINERALOGIA fiorite
fioses *s. m. pl.* [reg.] intrigue, tittle-tattle, meddling
firafolha *s. f.* ORNITOLOGIA wren
firma *s. f.* signature, sign; COMÉRCIO firm, business; ***é firma acreditada?*** is it a respectable firm?; ***uma firma muito acreditada*** a firm of high reputation; ***fraca firma*** a wretch; COMÉRCIO ***firma extinta*** late firm
firmã *s. m.* firman
firmação *s. f.* authorization, authentication; signing, signature
firmado *adj.* signed; ***firmado por mim*** under my hand
firmador *s. m.* signer, subscriber
firmal *s. m.* brooch; reliquary; signet, seal
firmamental *adj.* firmamental
firmamento *s. m.* firmament, sky; welkin; heaven, paradise; prop, stay, support
firmão *s. m.* firman
firmar *v. tr.* to firm, to make firm, to steady, to make steady, to fix firmly; to secure, to set, to fix; to sign, to undersign; to base upon; to rely on, to lean on; to take firm hold, to hold on; ***firmar um contrato*** to sign an agreement; ***firmar pelo próprio punho*** to sign by one's own hand; ***firmar bandeira (sinal)*** to enforce flag (signal, sign); ***firmar-se (o tempo)*** to become set, to become settled (the weather)
firme *adj.* firm, fixed, stable, fast; steady, steadfast; resolute, unwavering, determined, set; sure, unfailing; settled, well-founded, constant, secure, staunch, solid, compact; as true

as steel; ***conservar-se firme*** to keep steady; ***estar firme*** to stand fast; ***firme como uma rocha*** steady as a rock; ***a pé firme*** standing resolutely; ***terra firme*** main land, dry land; ***amigo firme*** a staunch friend; ***cor firme*** fast colour
firmemente *adv.* firmly, resolutely, fastly, unwaveringly, steadfastly, steadily, sternly, strongly, solidly, staunchly; with decision
firmeza *s. f.* firmness, stability, steadiness, steadfastness; solidity; strength, vigour, sturdiness, resolution, determination, constancy, tenaciousness; ***firmeza de carácter*** firmness of character; ***não tem firmeza nas pernas*** he is not steady on his legs
firmidão *s. f.* firmness, solidity, stability
fiscal Ⓐ *adj.* fiscal, supervisory Ⓑ *s. m.* inspector, surveyor, controller; supervisor; superintendent; ***conselho fiscal*** council of auditors, customs board
fiscal-de-linha *s. m. e f.* DESPORTO ⇒ **juiz-de-linha**
fiscalidade *s. f.* fiscalization, control, superintendence, inspection, surveillance
fiscalização *s. f.* fiscalization, control, superintendence, inspection, surveillance; ***barco de fiscalização*** revenue cutter; ***fiscalização de finanças*** budgetary control
fiscalizador *s. m.* superintendent, inspector, supervisor, overseer
fiscalizar *v. tr.* to superintend, to control, to supervise, to survey, to oversee; to inspect, to check, to watch; to pay attention to; ***fiscalizar o serviço*** to supervise the work, to inspect the work
fiscela *s. f.* muzzle made of wicker-work
fisco *s. m.* the Exchequer, public revenue; Crown treasury; [arc.] fiscus, fisc, fisk
fisema *s. m.* leaf-like part of algae
fisga *s. f.* harpoon, fizgig, fishgig, gig, fish-spear; chink (of a door); catapult (for birds); slingshot
fisgada *s. f.* stabbing; sharp pain
fisgado *adj.* harpooned; catapulted; caught; ***andar com ela fisgada*** to have a fixed idea, to think meanly; ***levar a sua fisgada*** to be decided to do something, to have malevolent intentions; ***trazê-la fisgada*** to have a malevolent hidden intention
fisgador *s. m.* harpooner; one who shoots with a catapult
fisgar *v. tr.* to spear (fish), to harpoon; to shoot with a catapult (birds); to grasp the meaning of, to perceive, to twig
física *s. f.* physics
fisicismo *s. m.* physicism
fisicista *s. m. e f., adj.* physicist
físico Ⓐ *adj.* physical, material, substantial; bodily Ⓑ *s. m.* build, physique; physiognomy, aspect, configuration; student of physics, physicist
físico-química *s. f.* physico-chemistry
físico-químico *adj.* physico-chemical
fisicoterapia *s. f.* physicotherapy
fisiocracia *s. f.* physiocracy
fisiocrata *s. m. e f.* physiocrat
fisiocratismo *s. m.* physiochracy
fisiogénese *s. f.* ⇒ **fisiogenia**
fisiogenia *s. f.* MEDICINA physiogeny
fisiognomonia *s. f.* physiognomy
fisiognomónico *adj.* physiognomic(al)
fisiognosia *s. f.* physiognosis
fisiografia *s. f.* physiography (physical geography)
fisiográfico *adj.* physiographic(al)
fisiologia *s. f.* physiology
fisiológico *adj.* physiologic(al)
fisiologista *s. m. e f.* physiologist
fisiólogo *s. m.* physiologist
fisionomia *s. f.* physiognomy, face, semblance, countenance, features, type of face; look, aspect, air, mien
fisionomicamente *adv.* physiognomically
fisionómico *adj.* physiognomic(al)
fisionomista *s. m. e f.* physiognomist
fisiopatia *s. f.* MEDICINA physiopathology
fisiopatologia *s. f.* MEDICINA physiopathology
fisioplástico *adj.* physioplastic
fisiopsicologia *s. f.* physiopsychology
fisiopsicológico *adj.* physiopsychological
fisiopsicologista *s. m. e f.* physiopsychologist
fisiopsicólogo *s. m.* physiopsychologist
fisioterapeuta *s. m. e f.* physiotherapist
fisioterapêutico *adj.* physiotherapeutic(al)
fisioterapia *s. f.* physiotherapy
fisioterapista *s. m. e f.* physiotherapist
fissi- *pref.* fissi-, fisso- (element of combination used to indicate the condition of being cleft)
fissibilidade *s. f.* GEOLOGIA fissility
fissidáctilo *adj.* ZOOLOGIA relating to the bird which has free fingers
fissifloro *adj.* fissiflorous
fissiforme *adj.* fissiform
físsil *adj.* fissile
fissilingue *adj.* fissilingual
fissiparidade *s. f.* BIOLOGIA fissiparism, schizogenesis
fissíparo *adj.* BIOLOGIA fissiparous
fissípede *adj.* fissiped (having the foot divided)
fissipene *adj.* fissipennate
fissirrostro Ⓐ *adj.* fissirostral Ⓑ *s. m. pl.* ZOOLOGIA fissirostrates, birds with a deeply cleft beak
fissura *s. f.* fissure; cleft, crack, chink; split (crack) in bodily tissue; rime, cranny; sulcus
fissuração *s. f.* the process of becoming fissured; state of being fissured
fissurado *adj.* cracked, split; [fig., Bras.] ***estar fissurado em*** to be wild about, to be crazy for
fístula *s. f.* MEDICINA fistula, sinus, syrinx; [poét.] reed pipe, flute; ***fístula gástrica*** gastric fistula
fistulação *s. f.* the formation of fistulas; the fact of being (or becoming) fistulated
fistulado *adj.* fistular; fistulated
fistular[1] Ⓐ *v. intr.* to form a fistula Ⓑ *v. refl.* to grow (to become) fistular
fistular[2] *adj.* fistular; fistulous; fistulated; fistuliform
fistuloso *adj.* fistulous, pipe-shaped, fistulated; fistuliform
fita *s. f.* ribbon; tape; riband; band of ribbon of special colour worn to indicate membership of an order; film; ***fita métrica*** tape-measure, tape-line; ***fazer fitas*** to make a scene; ***fita de cinema*** film, moving picture, movie; ***fita de chapéu*** hatband; ***fita de máquina de escrever*** typewriter ribbon; NÁUTICA ***fita azul*** the Blue Riband; ***fita de gravador*** tape; ***fita isoladora*** insulating tape
fitáceo *adj.* with linear leaves
fita-cola *s. f.* sticky tape; [Ingl.] sellotape; [E.U.A.] scotch tape
fita-do-mar *s. f.* eel-grass, grass-wrack
fitar *v. tr.* to stare at; to gaze upon; to fix on, to keep one's eyes fixed upon; ***fitar as orelhas*** to prick up the ears (horses, dogs, etc.); ***fitar fixamente alguém*** to stare in the face; ***fitar os olhos em*** to stare at
fitaria *s. f.* lot of ribbons
fiteiro *s. m.* ribbon-maker
fitilha *s. f.* ⇒ **fitinha**
fitilho *s. m.* narrow ribbon
fitina *s. f.* phytin (phosphorous substance extracted from seeds and used in medicine)
fitinha *s. f.* little ribbon; [fam.] decoration
fito Ⓐ *s. m.* aim, purpose, intention, mark, intent, design, view, end Ⓑ *adj.* fixed, immovable; ***com o fito de*** with a view to; ***pôr o fito em*** to aim at
fitobiologia *s. f.* phytobiology
fitofagia *s. f.* phytophagy

fitófago *s. m., adj.* phytophagan, phytophagous (plant-eater)
fitogéneo *adj.* phytogenic, phytogenous
fitogénese *s. f.* phytogenesis, phytogeny, phytogenetics (origin and evolution of plants)
fitogenesia *s. f.* phytogenesis, phytogeny, phytogenetics (origin and evolution of plants)
fitogenia *s. f.* phytogenesis, phytogeny, phytogenetics (origin and evolution of plants)
fitogénico *adj.* phytogenic
fitogeografia *s. f.* phytogeography
fitografia *s. f.* phytography (description of plants)
fitográfico *adj.* phytographic
fitógrafo *s. m.* phytographer
fitóide *adj.* phytoid, vegetal
Fitoláceas *s. f. pl. Phytolaceæ* (pocan, Virginian poke, pokeweed, red-ink and also various preparations of these plants used medicinally)
fitólito *s. m.* phytolite, phytolith (a fossil plant)
fitologia *s. f.* phytology, botany
fitológico *adj.* phytological
fitólogo *s. m.* phytologist, expert in phytology; botanist
fitonímia *s. f.* botanical nomenclature
fitónimo *s. m.* name of a person with its origin in the name of a plant
fitonomia *s. f.* phytonomy (the science of the laws of vegetable development); plant physiology
fitonose *s. f.* plant disease
fitoparasita *s. m.* phytoparasite (vegetable parasite)
fitoparasito *s. m.* ⇒ **fitoparasita**
fitopatologia *s. f.* phytopathology
fitopatológico *adj.* phytopathological
fitopatologista *s. m. e f.* phytopathologist
fitoplancto *s. m.* ⇒ **fitoplâncton**
fitoplâncton *s. m.* phytoplankton
fitoquímica *s. f.* phytochemistry
fitotaxia *s. f.* phytotaxonomy
fitoteca *s. f.* herbarium (room where there is a collection of herbs systematically arranged)
fitotecnia *s. f.* phytotechny (economic botany)
fitotécnico *adj.* phytotechnical
fitotomia *s. f.* phytotomy
fitotómico *adj.* phytotomic
fitozoários *s. m. pl.* ZOOLOGIA phytozoa, zoophytes (plant-like animals)
fiúza Ⓐ *adj.* shrewd, cunning Ⓑ *s. f.* hope, trust, faith
fivela *s. f.* buckle, clasp, loop; ***prender com fivela*** to buckle, to fasten with a buckle
fivelão *s. m.* large buckle
fiveleta *s. f.* little buckle; old dance
fixa *s. f.* rag-bolt; landmark, surveyor's staff; pin (for a hinge)
fixação *s. f.* fixing, fastening; setting, settling, settlement; QUÍMICA fixation; solidification
fixador *s. m.* fixing solution, fixing-bath; fixer; fixature; ***fixador de cabelo*** hair cream, hair spray
fixagem *s. f.* FOTOGRAFIA fixing-bath
fixamente *adv.* fixedly, attentively; determinedly; unwaveringly; QUÍMICA fixative; ***olhar fixamente para*** to look fixedly at
fixante *adj.* fixed
fixar Ⓐ *v. tr.* to fix, to fasten, to secure; to affix, to truss, to steady; to settle, to establish, to determine; to fixate; to appoint; to stare at; to retain in one's memory Ⓑ *v. refl.* to settle down; ***fixar a atenção*** to rivet one's attention; ***fixar a data do casamento*** [coloq.] to name the day; ***fixar a data de uma reunião*** to fix a date for a meeting, to date, to schedule; ***fixar um preço*** to fix a price; ***fixar uma chapa fotográfica*** to fix a photographic plate; ***fixou residência em Paris?*** have you settled in Paris?; ***fixar na memória*** to fix something in one's mind; ***fixar o pensamento numa coisa*** to fix one's thoughts on a thing
fixativo *adj.* fixative
fixe Ⓐ *adj.* fast; fixed, immovable, settled, steady Ⓑ *s. m.* chassis; ***fixe de locomotiva*** locomotive frame (chassis, under-frame); ***fazer fixe*** to make fast
fixidade *s. f.* fixity, fixedness, immobility; permanence; invariability
fixidez *s. f.* fixity, fixedness, immobility; permanence; invariability
fixismo *s. m.* creationism (theory opposed to evolutionism)
fixista *s. m. e f., adj.* creationist
fixo Ⓐ *adj.* fixed, steady, firm; immovable; established; settled, set; standing Ⓑ *s. m.* fixture (in a house); ***cor fixa*** fast colour; ***preço fixo*** fixed price; ***ter uma ideia fixa*** to have a fixed idea; NÁUTICA ***fixo de máquinas*** base plate (bed plate, foundation plate, sole plate) of engines
fixura *s. f.* ⇒ **fixidade**
flabelação *s. f.* fanning; flabellation
flabelado *adj.* flabellate, fan-shaped, flabelliform
flabelar *v. tr. e intr.* to fan; to blow
flabelífero *adj.* flabelliferous
flabelifoliado *adj.* BOTÂNICA flabellifoliate
flabeliforme *adj.* BOTÂNICA flabelliform
flabelípede *adj.* ZOOLOGIA flabellipede
flabelo *s. m.* RELIGIÃO flabellum (fan of white feathers to drive off the flies during the celebration of the Eucharist)
flacidamente *adv.* flaccidly, flabbily; relaxedly
flacidez *s. f.* flaccidity, flaccidness; flabbiness, slackness
flácido *adj.* flaccid, soft, flabby; limp; feeble, wanting vigour; relaxed
flagelação *s. f.* flagelation, scourging, whipping, flogging, affliction
flagelado Ⓐ *adj.* tortured, tormented Ⓑ *s. m., adj.* BIOLOGIA flagellate
flagelador Ⓐ *adj.* flagellant Ⓑ *s. m.* flagellator
flagelante *adj.* flagellant
flagelar *v. tr.* to flagellate, to whip, to scourge, to flog; to punish; to torture
flagelativo *adj.* flagellatory
flagelífero *adj.* flagelliferous
flageliforme *adj.* flagelliform; shaped like the lash of a whip (or a flagellum)
flagelo *s. m.* flagellum; scourge, whip, lash; calamity; plague; torment; affliction, nuisance
flagício *s. m.* ignominy, atrocity; opprobrium; infamy
flagicioso *adj.* flagitious; atrocious, heinous, deeply criminal; villainous, corrupt
flagrância *s. f.* glaring evidence, flagrancy, flagrance
flagrante *adj.* flagrant, glaring; notorious, scandalous (of offence or offender); ***em flagrante*** in the very act (instant, moment, opportunity, chance); ***foi apanhado em flagrante*** he was caught red-handed; ***apanhar em flagrante*** to surprise in the act, to take someone in the act; ***flagrante injustiça*** rank injustice
flagrar *v. intr.* to burn, to inflame, to kindle, to glow
flainar *v. intr.* to stroll, to ramble, to saunter about, to walk, to lounge about
flaino *s. m.* strolling, rambling; walk, ramble; ***a flaino*** roving about, rambling, idling
flama *s. f.* flame, blaze, burning vapour, flare, ardour, enthusiasm, passion, fervour, warmth
flamância *s. f.* brightness, splendour, pomp, brilliancy, brilliance; blazing, flaming, glow, blaze
flamando *s. m.* ⇒ **flamingo**
flamante *adj.* flaming, glaring, sparkling, bright, shining; spick and span; ostentatious; ***cores flamantes*** flaming colours
flamão *s. m.* a kind of felt
flame *s. m.* VETERINÁRIA fleam
flamear *v. intr.* ⇒ **flamejar**

flamejamento *s. m.* blaze, flaming light, flare, glow
flamejante *adj.* flaming, blazing, bright; gaudy, glaring; ostentatious, pretentious, flamboyant
flamejar *v. intr.* to flame, to blaze, to glow, to burn; to glaze, to flare
flamengo Ⓐ *adj.* Flemish; Fleming Ⓑ *s. m.* a native or inhabitant of Flanders; ORNITOLOGIA flamingo; ***cavalo flamengo*** Flemish horse; [coloq.] ***ver-se flamengo à meia-noite*** to be at a loss
flâmeo Ⓐ *adj.* flambing, flamboyant Ⓑ *s. m.* flamered veil worn by newly wed women in ancient Rome
flamífero *adj.* flammigerous; [fig.] bright, brilliant
flamígero *adj.* ⇒ **flamífero**
flaminato *s. m.* flaminical dignity
flâmine *s. m.* flamen (Roman pagan priest)
flamingo *s. m.* ORNITOLOGIA flamingo
flamínia *s. f.* priestess, female flamen
flamínio *s. m.* ⇒ **flaminato**
flamipotente *adj.* flamepotent (epithet of Vulcan)
flamispirante *adj.* [poét.] flame-sparkling; flame-snorting
flamívolo *adj.* [poét.] throwing flying flames
flamívomo *adj.* [poét.] flammivomous
flâmula *s. f.* pendant, pennant; NÁUTICA ***grande flâmula*** paying off pendant
flanador *s. m.* loiterer, stroller
flanar *v. intr.* to stroll, to lounge
flanco *s. m.* flank, side; ***de flanco*** in flank; ***movimento de flanco*** flank movement; ***ataque de flanco*** flank attack
flandres *s. f.* ⇒ **folha-de-flandres**
flandrino *s. m., adj.* ⇒ **flandrisco**
flandrisco *s. m., adj.* Flemish
flanela *s. f.* flannel, open woollen stuff; flannels, clothes made of flannel; ***calças de flanela*** flannel trousers
flange *s. f.* flange, projecting flat rim (edge or ridge) on wheel (rail, girder, pipe, etc.)
flanquear *v. tr.* to flank; to protect the flank of; to attack (to threaten) the flank; to pass along the flank of; to be posted (situated) at the flank of
flato *s. m.* flatulence, flatus; hystericism, hysteria
flatoso *adj.* ⇒ **flatulento**
flatulência *s. f.* flatulence; flatulency
flatulento *adj.* flatulent, windy
flatuloso *adj.* ⇒ **flatulento**
flatuosidade *s. f.* ⇒ **flatulência**
flatuoso *adj.* ⇒ **flatulento**
flauta Ⓐ *s. f.* flute; pipe, fife; *pl.* [pop.] thin legs Ⓑ *s. m.* flutist, flautist, player on the flute
flautado *adj.* fluted, fluty
flautar *v. tr. e intr.* to flute; to sing (to speak) in flute-like tones; to whistle; to speak with affection
flauteado *adj.* played on a flute; ***vida flauteada*** easy life
flautear *v. intr.* to flute, to play (air) on the flute; [pop.] to cheat, to swindle
flauteio *s. m.* fluting; [pop.] swindling
flauteiro *s. m.* flute-player, flutist
flautim *s. m.* small flute, piccolo
flautista *s. m. e f.* flutist, flautist, flute-player; flute-maker
flavescência *s. f.* yellow colour
flavescente *adj.* turning yellow; yellowing; yellowish, flavescent
flavescer *v. intr.* to become golden-yellow
flavífluo *adj.* flowing on golden sands (river)
flavípede *adj.* having yellow feet
flavo *adj.* golden-yellow; yellow-gold; blond(e)
flavor *s. m.* flavour of a yellowish sort of wine
flébico *adj.* related to the veins
flébil *adj.* weeping; lac(h)rymose, mournful
flebite *s. f.* phlebitis (inflammation of membranous lining of vein)
flebografia *s. f.* ANATOMIA phlebography
flebólito *s. m.* MEDICINA phlebolite
flebologia *s. f.* phlebology
fleborragia *s. f.* vein haemorrhage
fleborrágico *adj.* related to a vein haemorrhage
flebosclerose *s. f.* MEDICINA phlebosclerosis
flebotomia *s. f.* phlebotomy; bleeding
flebotómico *adj.* MEDICINA phlebotomic(al)
flebótomo *s. m.* scalpel (knife for cutting veins)
flebotrombose *s. f.* phlebothrombosis
flecha *s. f.* arrow, dart, shaft, bolt; ARQUITECTURA spire; MECÂNICA sag; BOTÂNICA arrowleaf
flechada *s. f.* arrow shot, arrow wound
flechar Ⓐ *v. tr.* to pierce with an arrow Ⓑ *v. intr.* to shoot an arrow
flectir *v. tr. e intr.* ANATOMIA to flex, to bend; GEOLOGIA to fold; to be bent
flector *adj.* flexuous; bendy
flegma *s. f.* phlegm
flegmão *s. m.* ⇒ **fleimão**
flegmasia *s. f.* phlegmasia (inflammation)
flegmático *adj.* ⇒ **fleumático**
fleima *s. f.* apathy, coolness, phlegm, impassibility
fleimão *s. m.* cellulitis; phlegmon
fleimoso *adj.* MEDICINA phlegmonic, inflammatory
fleme *s. m.* VETERINÁRIA ⇒ **flame**
flente *adj.* weeping, lachrymose
fleuma *s. f.* phlegm, impassibility, coolness, indifference, apathy, sluggishness
fleumagogo *adj.* said of a drug that lets phlegm out of the body
fleumão *s. m.* ⇒ **fleimão**
fleumaticamente *adv.* phlegmatically
fleumático *adj.* phlegmatic
flexão *s. f.* flexion; bending; flexure; curvature; GRAMÁTICA inflection, declension
flexibilidade *s. f.* flexibility; flexibleness, suppleness; pliability, pliancy; manageableness, softness
flexibilizar *v. tr.* to make flexible
fléxil *adj.* [poét.] flexile, supple, mobile
flexilogia *s. f.* GRAMÁTICA study of inflections
flexíloquo *adj.* equivocal; dubious
flexional *adj.* GRAMÁTICA flexional
flexionar *v. tr.* to inflect; to bend
flexionismo *s. m.* GRAMÁTICA doctrine of accidence
flexípede *adj.* taliped(ic), club-footed; curved-footed
flexível *adj.* flexible, pliable, pliant, supple, ductile, lithe, subtle
flexivo *adj.* GRAMÁTICA flexional; inflectible, inflexional
flexografia *s. f.* TIPOGRAFIA flexography, flexo
flexor *s. m.* ANATOMIA flexor (muscle whose function is to produce flexion in any part of the body)
flexório *s. m.* ANATOMIA flexor (muscle whose function is to produce flexion in any part of the body)
flexuosidade *s. f.* quality of being flexuous
flexuoso *adj.* flexuous, bending, curving; sinuous, tortuous; winding
flexura *s. f.* ANATOMIA flexure, articulation
flibusteiro Ⓐ *s. m.* buccaneer, sea-rover, pirate, filibuster, freebooter, corsair; [fig.] adventurer Ⓑ *adj.* filibustering
flictena *s. f.* MEDICINA phlyctena, phlyctaena
flint *s. m.* flint-glass
flocado *adj.* flaky
floco *s. m.* flake; chip, scale, flock; tuft, down; vapour; ***floco de neve*** snowflake; ***flocos de milho*** cornflakes
flocosidade *s. f.* flakiness, flocculence
flocoso *adj.* floccose, tufted
floculação *s. f.* flocculation
flocular Ⓐ *adj.* flocculent Ⓑ *v. tr.* to flocculate

flóculo *s. m.* floccule, flakelet small portion of matter like flock of wool
floema *s. m.* BOTÂNICA phloem
flogístico *adj.* phlogistic
flogisto *s. m.* QUÍMICA phlogiston
flogopite *s. f.* MINERALOGIA phlogopite
flogose *s. f.* MINERALOGIA inflammation, phlogosis
flor *s. f.* flower (of plants); blossom (of fruit-trees); bloom (of trees or plants); the finest (choicest) part of anything; the cream, finest type; the prime; grain side, hair-side (of hides); ***estar na flor da idade*** to be in one's prime; ***a flor da juventude (de uma rapariga)*** sweet seventeen; ***ela já passou a flor da idade*** her prime is past; ***olhos à flor do rosto*** prominent eyes; ***a flor da juventude de um país*** the flower of the youth of a country; ***à flor da terra*** on the ground level; ***à flor de*** even with, level with; ***à flor da água*** awash; ***à flor*** flush; ***flores viçosas*** fresh flowers; ***flor singela*** single flower; ***colher flores*** to pick flowers, to gather flowers; ***flor da mocidade*** prime of youth; ***como se chama aquela flor?*** what do you call that flower?; ***exposição de flores*** flower-show; ***canteiro de flores*** flower-bed; ***um ramo de flores*** a bunch of flowers; ***vaso de flores*** flower-pot; ***estar em flor*** to be in full bloom; ***vinho com flor*** mouldy wine; ***a flor da nobreza*** the flower of the nobility; ***flores artificiais*** artificial flowers; ***de flores amarelas*** yellow-blossomed; ***flor recém-aberta*** fresh-blown flower; ***em flor*** in bloom, abloom; ***vaso de flores*** flower vase; [coloq.] ***ela não é flor que se cheire*** she's a bad lot
flora *s. f.* flora
floração *s. f.* blooming, blossoming, flowering, florescence, flowerage
florada *s. f.* orange blossom comfit; flower-shaped sweetmeat; ⇒ **floração**
Florais *s. f. pl.* Roman festival in honour to Flora; poetic contest; ***jogos florais*** poetical and literary contest since the Middle Ages
floral *adj.* floral
florão *s. m.* ARQUITECTURA fleuron, flower-like ornament; rose, rosette, finial, crocket
flor-de-arsénio *s. f.* ⇒ **arsenite**
flor-de-enxofre *s. f.* flowers of sulphur
flor-de-lis *s. f.* fleur-de-lis (*plural* fleurs-de-lis)
floreado Ⓐ *adj.* flowery, florid Ⓑ *s. m.* floral design, decoration; embellishment, flourish; MÚSICA fantasy, caprice; grace note, figuration, variation; ***estilo floreado*** florid style
floreal Ⓐ *adj.* floral Ⓑ *s. m.* Floreal (eighth month of the year in the French revolutionary calendar)
florear *v. tr. e intr.* to flower; to produce (to bear) flowers; to decorate with flowers; to brandish; to shine; to flourish
floreio *s. m.* flourishing
floreira *s. f.* pot (or vase) for flowers; flower vase; flower girl, florist
floreiro *s. m.* dealer in flowers
florejante *adj.* flowering, blooming
florejar *v. tr. e intr.* to adorn with flowers; to flower, to bloom; to flourish; to use a florid language
florença *s. f.* sarsenet, fine soft silk material (used for linings)
florenciado *adj.* fleury, flory
florente *adj.* in flower
florentino *s. m., adj.* Florentine
flóreo *adj.* flourishing; adorned with flowers; floral, flowery
florescência *s. f.* florescence; flowering time (or state); inflorescence, bloom, flowerage
florescente *adj.* florescent, flourishing; bloomy, abloom; [fig.] prosperous, vigorous, thriving
florescer *v. tr. e intr.* to flower, to produce flowers, to bloom, to blossom; [fig.] to prosper, to flourish, to thrive, to grow
florescimento *s. m.* flowering, blooming, blossoming; [fig.] flourishing, prospering
floresta *s. f.* forest, wood, woodland; boscage; ***bater a floresta*** to scour the woods; ***fugiu para onde a floresta era mais densa*** he fled to the depths of the forest; ***floresta virgem*** virgin forest; ***uma clareira na floresta*** a clearing in the wood, a glade
florestal *adj.* forestal, sylvan
floreta *s. f.* floral ornament, fleuret; ARQUITECTURA dance step
floretado *adj.* frosted (glass)
florete *s. m.* foil, light sword only used in fencing, rapier, blot-edged sword
floreteado *adj.* pointed, foil-like; flowery
floretear *v. tr. e intr.* to flower; to fence, to practise fencing
floretista *s. m. e f.* fencer
florícola *adj.* living in flowers
florículo *s. m.* BOTÂNICA floret; floweret
floricultor *s. m.* floriculturist, florist
floricultura *s. f.* floriculture (art of cultivating flowers)
Florídeas *s. f. pl.* *Floridae* (an order of algae)
florido *adj.* flowery; flowered, covered with flowers; in bloom, abloom, blossomy
flórido *adj.* flourishing; florescent; florid; elegant, brilliant; luxuriant
florífago *adj.* feeding on flowers
florífero *adj.* floriferous, bearing (or producing) flowers
floriforme *adj.* floriform
florígero *adj.* ⇒ **florífero**
florilégio *s. m.* florilegium; collection of flowers; [fig.] anthology
florim *s. m.* florin; former English silver coin of 2 shillings; gold (or silver) coin current in several countries
floríparo *adj.* BOTÂNICA floriparous
florir *v. tr. e intr.* to flower, to bloom, to blossom; [fig.] to flourish, to grow, to develop
florista *s. m. e f.* florist (person who sells flowers)
florívoro *adj.* ⇒ **antófago**
floromania *s. f.* love of flowers
floromaníaco *s. m., adj.* lover of flowers; mad about flowers
flórula *s. f.* florula (small flora, small collection of plants)
flosa *s. f.* ZOOLOGIA fire-crest; wren
flósculo *s. m.* BOTÂNICA floret, floscule (one of the small flowers which make up a composite flower); little flower
flosculoso *adj.* flosculous, floscular
flos-santório *s. m.* flos-sanctorum (book containing the biography of saints)
flostria *s. f.* [pop.] spree, folly, frolicsomeness
flostriar *v. tr.* [pop.] to amuse oneself jumping, to hop, to leap, to dance; to revel, to frolic
flotilha *s. f.* flotilla (small fleet)
floucho *s. m.* ⇒ **flosa**
fluctícola *adj.* living in the sea
flucticolor *adj.* having the colour of the sea
fluctígeno *adj.* born in the sea
fluctígero *adj.* producing waves
fluctissonante *adj.* sounding like waves
fluctíssono *adj.* sounding like waves
fluctívago *adj.* walking on the sea
fluência *s. f.* fluency, readiness of speech; flowing; [fig.] abundance
fluente *adj.* fluent, easy; uttered readily (speech); spontaneous
fluentemente *adv.* fluently; easily
fluidal *adj.* GEOLOGIA fluidal
fluidez *s. f.* fluidity, fluidness, fluency
fluídico *adj.* fluidic
fluidificação *s. f.* fluidification
fluidificante *adj.* fluidifying
fluidificar *v. tr.* to fluidify, to render fluid
fluidificável *adj.* liquefiable
fluido Ⓐ *adj.* fluid, liquid, gaseous; flowing Ⓑ *s. m.* fluid (a liquid or a gas)
fluir *v. intr.* to flow; to ooze; to run; to proceed, to come; to stream; to issue; to spring from, to emanate, to pour, to flux

ume *s. m.* [poét.] stream, river
úmen *s. m.* ⇒ **flume**
uminense Ⓐ *adj.* fluvial; relating to Rio de Janeiro Ⓑ *s. m.* native of Rio de Janeiro
umíneo *adj.* fluvial, fluminous
úor *s. m.* QUÍMICA fluorine
uorado *adj.* fluorated
uorescência *s. f.* FÍSICA fluorescence
uorescente *adj.* FÍSICA fluorescent; ***luz fluorescente*** fluorescent light
uoreto *s. m.* QUÍMICA fluoride; compound of fluorine; ***fluoreto de cálcio*** fluor-spar, bluejohn
uoridrato *s. m.* QUÍMICA fluorhydrate
uorídrico *adj.* QUÍMICA hydrofluoric, fluoric
uorimetria *s. f.* fluorometry, study of luminescence
uorímetro *s. m.* fluorometer
uorina *s. f.* fluor (one of the several minerals containing fluorine)
uorino *adj.* pertaining to fluorine
uorite *s. f.* fluorite, fluor-spar
uorítico *adj.* fluoric
uorometria *s. f.* fluorometry, study of luminescence
uorómetro *s. m.* fluorometer
uoroscopia *s. f.* fluoroscopy
uoroscópio *s. m.* fluoroscope
utuabilidade *s. f.* buoyancy, floatage
utuação *s. f.* fluctuation; oscillation; instability; vacillation, wavering, heaving; ***flutuação do preço*** fluctuation in price
utuador *s. m.* float; floater, swimmer; ***flutuador de madeira*** wooden float; ***flutuador esférico*** spherical float
utuante *adj.* floating; fluctuant, afloat, natant, buoyant; waterborn; ***doca flutuante*** floating-dock
utuar *v. intr.* to float, to waft; to fluctuate; to rest buoyed up on the surface of water; to set afloat; [fig.] to fluctuate; to waver; ***pôr um navio a flutuar*** to float a ship
utuável *adj.* floatable, fluctuable, navigable
utuosidade *s. f.* fluctuosity, floatability; fluency
utuoso *adj.* fluctuant, floating; [fig.] doubtful, uncertain
uvial *adj.* fluvial, fluviatile
uviátil *adj.* fluvial, fluviatile
uvícola *adj.* living in (on) a river
uviomaré *s. f.* river flood, high tide
uviométrico *adj.* fluviometric(al)
uviómetro *s. m.* fluviometer
ux *s. m.* flux; ***a flux*** abundantly
uxão *s. f.* MEDICINA fluxion, flux, pathological effusion, catarrh
uxibilidade *s. f.* fluxibility, fluxibleness
uxímetro *s. m.* fluxmeter
uxionário *adj.* fluxionary, fluxional
uxível *adj.* fluxional
uxo Ⓐ *s. m.* flow; flood; flood-tide; flux; Ⓑ *adj.* fluid; transitory; ***fluxo da maré*** flood-tide; ***fluxo e refluxo (da maré)*** rise and fall, ebb and flow
obia *s. f.* phobia (morbid fear)
oboca *s. m.* ZOOLOGIA brock, badger
obofobia *s. f.* phobophobia, nosophobia (dread of disease)
obófobo *s. m.* he who suffers from nosophobia
oca Ⓐ *s. f.* seal, sea-calf, sea-dog, phoca Ⓑ *s. m. e f.* [fig.] miser, niggard, skinflint; ***foca de juba*** sea-lion; ***foca malhada*** sea-leopard; ***focas amestradas*** performing seals
ocado *adj.* focused; in focus; emphasized, stressed, brought into prominence
ocagem *s. f.* act of focusing, focalization
ocal *adj.* focal; ÓPTICA ***distância focal*** focal distance
ocalizar *v. tr.* ⇒ **focar**
oção Ⓐ *adj.* one that roots too much; gluttonous, voracious Ⓑ *s. m.* digger, ploughman

focar *v. tr.* to focus, to converge, to make converge; to bring into focus; to adjust (instrument or eye); to focalize; to concentrate; to bring prominence to, to lay stress upon
foçar *v. tr.* to root; to thrust with the snout; to dig up, to turn up the soil with the snout
focinhada *s. f.* blow (with the snout)
focinhar *v. tr. e intr.* to fall down upon the snout; to strike with the snout; to sink; to dive, to submerge the prow (ship)
focinheira *s. f.* muzzle; nose-piece, nose-band
focinho *s. m.* muzzle, snout, muffle; [pop.] mouth, nose
focinho-de-burro *s. m.* BOTÂNICA snap-dragon
focinho-de-rato *s. m.* lady-fish
focinho-de-tenca *s. m.* ANATOMIA vaginal portion of the cervix of the uterus
focinhudo *adj.* long-snouted; sullen, sulky
fócio Ⓐ *adj.* from Phocia (in ancient Greece) Ⓑ *s. m.* inhabitant of Phocia
foco *s. m.* focus; principal seat (of disease, activity, etc.); MEDICINA nidus; ***estar em foco*** to be in the limelight; ***foco de infecção*** focus of infection; ***foco de uma lente*** focus of a lens
focometria *s. f.* focimetry, focometry
focómetro *s. m.* focimeter, focometer
fofa *s. f.* pie; lively popular dance; [fig.] ***em fofas*** in a fix, in a tight corner
fofar *v. tr.* to adorn with puffs
fofice *s. f.* softness; boasting
fofinho *s. m.* kind of cake (or loaf) of bread
fofo *adj.* soft and puffy; spongy; vain, proud; hollow and light; pad or puff (of a garment); ***cama fofa*** soft bed; ***bolo fofo*** sponge cake
fogaça *s. f.* sort of sweet bread
fogaceira *s. f.* woman who carries *fogaças* in popular feasts; woman who makes *fogaças*
fogachar *v. tr. e intr.* to flame, to blaze, to sparkle, to flash
fogacho *s. m.* little flame; sudden burst of flame; flare-up
fogagem *s. f.* pimples; rash; urticary; sickness of plants characterized by a sort of pimples; [fig.] anger, irritation; bad temper
fogaleira *s. f.* fire-shovel
fogalha *s. f.* furnace in a cannon foundry
fogão *s. m.* stove; cooker; ***fogão a (de) gás*** gas-stove; ***fogão de cozinha*** (kitchen-)range; ***fogão de sala*** fireplace; ***fogão eléctrico*** electric cooker
fogaracho *s. m.* little flame
fogareiro *s. m.* little stove; ***fogareiro de petróleo*** paraffin stove
fogaréu *s. m.* bonfire; sculptural ornament with the form of a flame
fogo Ⓐ *s. m.* fire; flame; heat; conflagration; hearth; home; ardour, fervour, passion, enthusiasm; violence; gunfire, firing-volley; ***debaixo de fogo*** under fire; ***fazer fogo (com espingarda)*** to fire; ***fogo posto*** arson; ***deitar fogo a*** to set fire to; MILITAR ***fogo cruzado*** crossfire; ***olhos de fogo*** fiery eyes; ***fogo preso*** stationary firework; ***errar fogo*** to miss fire; ***tição de fogo*** fire-brand; ***fogo brando*** gentle fire; ***tocar a fogo*** to ring the fire-bell; ***o fogo da mocidade*** the fire of youth; ***lançar fogo*** to set on fire; ***lançar fogo a uma casa*** to set a house on fire; ***pegar fogo (incendiar-se)*** to catch fire; ***o fogo não pega*** the fire will not draw; ***o fogo apagou-se*** the fire is out, the fire has gone out; ***conservar o fogo*** to keep the fire in; ***cessar fogo*** to cease fire; ***atiçar o fogo*** to poke up the fire; ***pôr a ferro e fogo*** to put to fire and sword; ***fazer fogo (em fornalha)*** to stoke; ***encostar os fogos*** to bank up the fires; ***calar o fogo do inimigo*** to silence the enemy's fire; ***acender o fogo (nas caldeiras)*** to light the fires (of boilers); ***deixar morrer os fogos*** to let the fires die down; ***apagar o fogo (nas caldeiras)*** to draw the fires; ***avivar o fogo*** to force the fires; ***não há fumo sem fogo*** there is no smoke without fire; ***exposto ao fogo do inimigo*** exposed to the enemy's fire

fogo-de-artifício *s. m.* fireworks
fogo-de-bengala *s. m.* Bengal fire
fogo-de-santelmo *s. m.* St. Elmo's light
fogo-de-santo-antão *s. m.* St. Anthony's fire
fogo-de-vista *s. m.* fireworks; [fig.] appearance
fogo-fátuo *s. m.* will-o'-the-wisp; ignis fatuus, night-fire, friar's lantern
fogosamente *adv.* ardently, fierily
fogosidade *s. f.* heat, impetuosity, excitement, passion, vehemence, warmth, warmness, fieriness
fogoso *adj.* fiery, ardent, vehement, hot, passionate; violent, impetuous, hot-tempered; flaming, burning; enthusiastic, keen; high-mettled (horse); ***génio fogoso*** hot temper
foguear *v. tr. e intr.* to burn; to make blush; to light the fire; to dwell
fogueira *s. f.* fire; bonfire; pyre; funeral pyre; open fire, fireplace, hearth; [fig.] passion, ardour; ***morrer na fogueira*** to perish at the stake
fogueiro *s. m.* stoker; fireman; NÁUTICA ***fogueiro de caldeirinha*** donkey man
foguetada *s. f.* a number of rockets, girandole
foguetão *s. m.* rocket; ***porta-cabo de foguetão*** life-rocket
foguetaria *s. f.* ⇒ **foguetada**
foguete *s. m.* rocket, skyrocket; girandole; rebuke, scolding; ***não deites foguetes antes da festa*** don't halloo till you are out of the wood; don't count your chickens before they're hatched; don't sell the bearskin before the hunt; ***foguete luminoso*** flare rocket
foguetear *v. intr.* to let off fireworks (or rockets)
fogueteiro *s. m.* firework-maker; firework seller; pyrotechnist
foguetório *s. m.* mass of rockets
foguista *s. m.* ⇒ **fogueiro**
foiçar *v. tr.* to scythe, to cut with a scythe (or sickle); to mow
foice *s. f.* ⇒ **fouce**
foicear *v. tr.* ⇒ **foucear**
foiciforme *adj.* ⇒ **fouciforme**
foicinha *s. f.* ⇒ **foucinha**
foicinhão *s. m.* ⇒ **foucinhão**
foiteza *s. f.* courage, boldness, mettle
foito *adj.* ⇒ **afoito**
fojo *s. m.* pitfall; deep slough, den; trap or lure for wild animals
fola *s. f.* roaring of waves
folacho *s. m.* weakling, feeble creature
folar *s. m.* Easter-gift; Easter-egg; Easter-pudding, Easter-cake
folclore *s. m.* folklore
folclórico *adj.* relating to folklore, folkloric, folkloristic
folclorismo *s. m.* folklorism
folclorista *s. m. e f.* folklorist
fole *s. m.* bellows; [coloq.] stomach; (of clothes) crease, pucker, tuck; ***fole de forja*** bellows; [fam.] ***encher o fole*** to eat one's fill; ***nascer num fole*** to be born with a caul on one's head; ***cano de fole*** nozzle of the bellows
foleca *s. f.* ⇒ **folheca**
folecar *v. intr.* ⇒ **folhecar**
folecha *s. f.* ⇒ **folecho**
folecho *s. m.* blister, vesicle, pustule
fôlego *s. m.* breath; respiration, wind; courage; ***tomar fôlego*** to take breath; ***estar sem fôlego*** to be out of breath
foleiro *s. m.* bellows-blower; one who deals in bellows, bellowsmaker
folga *s. f.* pause; holiday, rest, repose; diversion, relaxation, recreation; play; space, room; NÁUTICA clearance, looseness; AGRICULTURA lying fallow; MECÂNICA play, slack; ***de folga*** off duty; ***estar de folga*** to be off duty, to have a day off; NÁUTICA to spell bellow; ***dia de folga*** free day, day off; ***não ter folga*** to be in a tight fit; ***folga máxima*** greatest play (or looseness); ***ter folga*** to have worked loose; MECÂNICA to have play
folgadamente *adv.* freely, easily; loosely
folgado *adj.* free; loose, slack, not tight; calm, quiet, sedate restored, refreshed, rested; easy, comfortable; ***cavalo folgad*** rested horse; ***ele leva uma vida folgada*** he has an easy life
folgador *adj.* playful, frolicsome
folgança *s. f.* rejoicing, merry-making, recreation, amusement; junketing; pastime, entertainment; jest, joke, prank
folgante *s. m. e f.* frolicsome person
folgar *v. tr. e intr.* to loosen, to slack; to widen; to rejoice; t amuse, to entertain, to divert; to rest, to take rest
folgativo *adj.* merry, playful, jolly, frolicsome
folgazão Ⓐ *adj.* playful, frolicsome, cheerful, waggis Ⓑ *s. m.* an idle fellow; a gay dog
folgazar *v. intr.* ⇒ **folgar**
folgo *s. m.* ⇒ **fôlego**
folguedo *s. m.* amusement, play, merry-making, rejoicings diversion, entertainment
folha *s. f.* leaf (of trees, plants, books); sheet (of paper, glass metal); blade (of sharp instruments or cereals); paper, news paper, periodical, journal; ***folha de cobre*** sheet of copper ***folha de ouro*** gold-leaf, plate of gold; ***cobre, ferro, chumb em folhas*** sheet-copper; sheet-iron; sheet-lead; ***folha d estanho*** tin-foil; ***folha de ferro estanhada*** tinned-iron plate ***folha de serra*** saw-blade; TIPOGRAFIA ***folha ilustrada*** sheet c pictures; ***folhas de louro*** bay leaves; ***folha de papel*** sheet c paper; ***folha de couve*** cabbage-leaf; ***folha de vide*** vine lea ***folha de serviços*** record of service; ***folha de trabalho*** dail time-card; ***novo em folha*** spick and span; brand-new; ***vira as folhas*** to turn over the sheets; ***por cima de toda a folh*** through thick and thin; ***artigos de folha*** tinware; ***caixa d folha*** tin canister; ***folha em branco no princípio e no fim d um livro (guardas)*** fly-leaf (*plural* fly-leaves); ***a folhas tan tas*** at a given moment
folhada *s. f.* heap of dry leaves
folha-de-flandres *s. f.* tin plate, white iron
folhado Ⓐ *adj.* leafy; leaf-shaped, foliated Ⓑ *s. m* CULINÁRIA puff-paste; BOTÂNICA an ericaceous tree of Madeira ***bolo folhado de creme*** cream-puff; ***pastéis folhados*** puff pastry tarts
folha-formiga *s. f.* leaf of a tree used by natives of São Tomé to cure diarrhoea
folhagem *s. f.* foliage, leafage; leaves, leafy branches greens, clusters of leaves; foliage; ARQUITECTURA decoratio resembling leaves
folhal *s. m.* variety of vine (North of Portugal)
folhame *s. m.* ⇒ **folhagem**
folhão *s. m.* large leaf; horse having excrescences on the hoo
folhar *v. tr. e intr.* to leaf, to put forth leaves; to come int leaf; to cover with leaves; to decorate with leaves; to mak puffy; ***a massa folhou muito*** the pastry turned out ver puffy
folharia *s. f.* foliage, leaves
folhato *s. m.* [Bras.] ⇒ **folhelho**
folheação *s. f.* foliation, leaves of plant
folheáceo *adj.* foliaceous, leaf-like
folheado Ⓐ *s. m.* veneer, foil, veneering Ⓑ *adj.* provide with leaves, foliaged, in leaf, foliaceous, foliar
folheador *adj.* that turns over the leaves of a book, glanc ing at them
folhear *v. tr.* to turn over the leaves (of a book); to ru through (a book); to leaf, to skim through (a book); CARPIN TARIA to veneer; to cover, to overlay (with a thin sheet of fin wood); ***folhear um livro*** to run (to glance) through a book ***folhear livros, revistas, etc.*** to turn over the pages c books, magazines, etc.
folheatura *s. f.* foliation; foliature; veneering
folheca *s. f.* snow-flake(s)
folhecar *v. intr.* to snow (flakes)
folhedo *s. m.* foliage, leafage; leaves
folheio *s. m.* turning over the leaves (of a book)

folheiro Ⓐ *s. m.* tinsmith, sheet metal worker; one who collects leaves Ⓑ *adj.* [fig.] showing off
folhelho *s. m.* husk, carpel, hull, shell, cod, pod, capsule
folhento *adj.* leafy, having an abundance of leaves
folhepo *s. m.* ⇒ **folheca**
folheta *s. f.* little leaf, leaflet; worked sheet of brass; tin plate
folhetaria *s. f.* foliaceous ornaments; collection of leaflets
folhetear *v. tr.* to set foil under precious stones; to veneer; to set
folheteiro *adj.* relative to leaflets (pamphlets)
folhetim *s. m.* feuilleton; serial story column; serial
folhetinesco *adj.* fit for a feuilleton
folhetinista *s. m. e f.* feuilletonist; serial story writer, serialist
folhetinístico *adj.* related to feuilleton
folhetinizar *v. tr.* to serialize, to publish in serial form
folheto *s. m.* booklet, pamphlet, leaflet, prospectus
folhinha *s. f.* small leaf; leaflet; calendar; veneer; RELIGIÃO an ordinal
folho *s. m.* flounce (of dress); frill; trimming, furbelow, ruffle; horny excrescence on the hoof
folhoso Ⓐ *s. m.* ZOOLOGIA psalterium; omasum; manyplies; ⇒ **centafolho** Ⓑ *adj.* ⇒ **folhudo**
folhudo *adj.* leafy; tufted, flounced, leafed, full of leaves
folia *s. f.* frolic, merry-making; revelry, spree; sport, fun, jollification, gaiety, gay entertainment; spell of amusement; outburst of gaiety; ***andar na folia*** to have one's fling
foliação *s. f.* foliation, leafing of plant
foliáceo *adj.* foliaceous, leaf-like, foliar
foliada *s. f.* ⇒ **folia**
foliado *adj.* foliate, bearing leaves; foliated, veneered, plated
foliador *s. m.* reveller, carouser
foliagudo *adj.* lanceolate, cuspidate
folião *s. m.* buffoon, jester, droll, reveller, merry-maker
foliar Ⓐ *v. tr.* to frolic, to make merry, to live a gay life, to have one's fling, to revel, to carouse, to frolic; to amuse oneself Ⓑ *adj.* foliar, folial
folícola *adj.* living on the leaves of plants, folliculous
folicular *adj.* follicular, folliculated
foliculário *s. m.* [depr.] pamphleteer, low journalist
foliculina *s. f.* liquor folliculi; follicular hormone, œstradiol
foliculite *s. f.* folliculitis
folículo *s. m.* BOTÂNICA, ANATOMIA follicle; ENTOMOLOGIA coccoon
foliculoma *s. m.* folliculoma, ovary epithelioma, cancer of a follicle
foliculoso *adj.* folliculous
foliento *adj.* gay, joyful, joyous; gleeful, rollicking, frolicsome
folífago *adj.* leaf-eating; phyllophagous
folífero *adj.* said of the plant or the vegetal organ which produces leaves
foliforme *adj.* leaf-shaped
foliíparo *adj.* BOTÂNICA said of the plant or vegetal organ which only produces leaves
fólio *s. m.* folio; ***livro in fólio*** book in folio, book made of folios
foliolado *adj.* foliolate, bearing leaves
folíolo *s. m.* BOTÂNICA foliole, leaflet
foliona *s. f.* woman fond of amusement
folioso *adj.* ⇒ **foliento**
folipa *s. f.* blister; bulge; ampoule
folíparo *adj.* ⇒ **folíparo**
folipo *s. m.* bulge, fold
folosa *s. f.* ORNITOLOGIA linnet
fome *s. f.* hunger; famine; appetite; scarcity, want; penury, misery; violent desire; ***ter fome*** to be hungry; ***morrer de fome*** to die of hunger; ***matar à fome*** to starve; ***ter fome de palmo*** to be ravenous; ***greve da fome*** hunger-strike; ***fome canina*** animal hunger; ***deixar-se morrer de fome*** to starve oneself; ***a fome é o melhor aperitivo*** hunger is the best sauce; ***estou morto de fome*** I'm simply starving; ***tenho fome devoradora*** I am ravenously hungry; ***a fome não tem lei*** necessity knows no law; ***recebem salários de fome*** they receive starvation wages
fomenica *s. m. e f.* niggard, skinflint, lick-penny, churl, money-grubber; skinny person, thin person; a person who eats very little; a person who suffers from lack of appetite
fomentação *s. f.* MEDICINA fomentation; instigation; encouragement, incitement
fomentador *s. m.* fomenter
fomentar *v. tr.* to foment; to incite; to instigate, to encourage, to promote; to develop; to nurse, to nourish; to cherish, to stimulate; ***fomentar a desordem*** to foment disorder
fomentativo *adj.* that foments
fomentista *s. m. e f.* fomenter
fomento *s. m.* instigation, encouragement; progress; protection
fona Ⓐ *s. f.* spark, sparkle bustle Ⓑ *s. m. e f.* miser, niggard, skinflint; ***andar numa fona*** to be on the move, to be bustling about; to be in a hurry
fonação *s. f.* phonation, vocal utterance
fonador *adj.* that produces sound; phonal, phonic
fonalidade *s. f.* character of the sounds in a language; phoneme
fonascia *s. f.* phonation
fonasco *s. m.* rhetorician, teacher of rhetoric (declamation) in ancient Greece
fonastenia *s. f.* dysphonia (weakness of utterance)
fonema *s. m.* speech-sound, phoneme, phone
fonemática *s. f.* phonemics
fonemático *adj.* phonemic
fonendoscopia *s. f.* auscultation by means of a stethoscope
fonendoscópio *s. m.* stethoscope
fonética *s. f.* phonetics (the science that deals with speech-sounds)
foneticamente *adv.* phonetically
foneticismo *s. m.* phoneticism; phonetic representation of speech-sounds
foneticista *s. m. e f.* phonetician, phoneticist, phonetist
fonético *adj.* phonetic
fonetismo *s. m.* ⇒ **foneticismo**
fonetista *s. m. e f.* phonetician
foniatra *s. m. e f.* speech-therapist, speech-pathologist
foniatria *s. f.* speech-therapy, speech-pathology
fónica *s. f.* acoustics, phonics, harmonics
fonice *s. f.* stinginess, miserliness, avarice
fónico *adj.* phonic, acoustic
fonidoscópio *s. m.* phoneidoscope
fonocâmptico *adj.* phonocamptic
fonocinematografia *s. f.* the science of sound film
fonofilme *s. m.* sound film
fonofobia *s. f.* morbid fear of speaking aloud
fonófobo *s. m.* MEDICINA phonophobe
fonóforo *s. m.* ELECTRICIDADE phonophore
fonografia *s. f.* phonography
fonográfico *adj.* phonographic
fonógrafo *s. m.* phonograph
fonograma *s. m.* phonogram
fonoidoscópio *s. m.* phoneidoscope
fonólito *s. m.* MINERALOGIA phonolite, clinkstone
fonologia *s. f.* phonology
fonologicamente *adv.* phonologically
fonológico *adj.* phonologic(al)
fonometria *s. f.* FÍSICA phonometry
fonométrico *adj.* FÍSICA phonometric(al)
fonómetro *s. m.* FÍSICA phonometer (instrument recording vibrations of sound)

fonospasmo *s. m.* MEDICINA phonatory spasm
fonoteca *s. f.* ⇒ **discoteca**
fontainha *s. f.* small fountain
fontal *adj.* fontal, original, primary
fontanário *s. m.* fountain; structure supplying drinking-water in public places; public drinking fountain
fontanela *s. f.* ANATOMIA, MEDICINA fontanel(le)
fontano *adj.* fontal; related to fountains
fonte Ⓐ *s. f.* fountain, (water-)spring; [poét.] fount; [fig.] origin, source; ANATOMIA temple; ***fonte baptismal*** font; ***de boa fonte*** from good hands; on good authority; from a reliable source; straight from the horse's mouth; ***fonte de energia*** source of energy; ***fonte mineral*** mineral spring; ***fonte termal*** hot-spring; spa; ***fonte luminosa*** luminous fountain; ***fonte de riqueza*** source of revenue; ***uma fonte de amargura*** a root of bitterness; ***destruir uma fonte de rendimento*** to kill the goose that lays the golden eggs
fonteca *s. f.* small fountain
fonteira *s. f.* water seller or distributor (woman)
fontela *s. f.* small fountain
fontenário *s. m.* ⇒ **fontanário**
fontícola *adj.* living in fountains
fontícula *s. f.* ⇒ **fontículo**
fontículo *s. m.* small fountain
fopa *s. f.* [reg.] spark, flicker
for *s. m.* [arc.] forum, court of law; ***à for de*** in the fashion (way) of
fora *adv., prep., interj.* out, outside, outward; abroad; save, except, besides; without; ***fora do lugar*** out of place; ***fora da cidade*** outside of town; ***estar fora de casa todo o dia*** to be out all day; ***de fora (do exterior)*** from outside; ***fora de*** out of; ***fora de dúvida*** beyond doubt; ***fora de serviço*** away from work; ***fora de horas*** late, at an inconvenient time; ***fora de moda*** out of fashion; ***fora do alcance da vista*** out of sight; ***fora do vulgar*** out of the ordinary; ***fora do costume*** out of the way; ***fora de série*** extraordinary; ***fora de si*** out of his wits; beside oneself; out of one's mind; ***fora do alcance do ouvido*** out of hearing; ***sair fora do caminho*** to get out of the way; ***fora do tom*** out of tune; ***fora do compasso*** out of time; ***fora de combate*** disabled, *hors de combat*; ***deitar fora*** to throw away; ***dormir fora de casa*** to sleep out; ***jantar fora*** to dine out; ***temos gente de fora*** we have guests; ***lá fora (no estrangeiro)*** abroad; ***de fora*** from without; ***fora isso*** except that; ***um lugar fora do caminho*** an out-of-the-way place; ***fora!*** out with you!, be off!; ***morar fora da cidade*** to live out of town; NÁUTICA ***fora da sua linha de água*** out of trim; ***para fora*** outward; outwards, ***pela borda fora*** overboard
fora-da-lei Ⓐ *s. m. e f.* outlaw, bandit, outcast Ⓑ *adj.* criminal, lawless
fora-de-jogo *s. m.* DESPORTO offside
foragido *s. m., adj.* refugee, fugitive; absconder; immigrant; wanderer; outlaw; runaway; deserter; wandering
foragir-se *v. refl.* to emigrate, to withdraw from one's native country; to take shelter
foral *s. m.* charter, register, privilege
foraleiro *adj.* privileged
foralengo *adj.* privileged
forame *s. m.* foramen (*plural* foramina)
forâmen *s. m.* ⇒ **forame**
foraminíferos *s. m. pl.* the Foraminifera
foraminoso *adj.* foraminiferal, foraminiferous
foramontão *adj.* subject to a hunting tax
forâneo *adj.* foreign, strange
forasteiro Ⓐ *s. m.* foreigner; stranger, outsider, visitor; outlander Ⓑ *adj.* strange
forata *s. f.* circular press consisting of two concentric cylinders for extracting olive oil from olive paste
forca *s. f.* gibbet, gallows; ***morrer na forca*** to die on the gibbet; ***caso de forca*** a hanging matter
força *s. f.* strength; force; vigour, power, might; energy, boldness; cogence, stoutness, sturdiness; sinew, fibre; ***força das circunstâncias*** stress of circumstances; ***ela tem força de cavalo*** she is as strong as a horse; ***ele tem o dobro da força*** he has twice the strength; ***com todas as forças*** with all one's might, with might and main; ***à força*** forcedly; ***à viva força*** by main force; ***à força de braços*** by strength of arms; ***à força de*** by dint of; ***força de vontade*** strength of will; ***força humana, força de trabalho*** manpower; ***com todas as forças, a mais não poder*** hammer and tongs; ***fazer força*** to exert one's strength, to exercise influence; ***empregar a força*** to use force; ***ganhar forças*** to pick up strength; ***caso de força maior*** case of *force majeure*, unavoidable circumstances; ***força maior*** act of God, *force majeure*; [fig.] ***força de carácter*** force of character, backbone; ***força centrífuga*** centrifugal power (or force); ***força de arranque*** starting moment; ***força motriz*** motive power; ***força aérea*** air force; ***força naval*** naval force, sea force; ***força militar*** military force; NÁUTICA ***força de vela*** press of sail; ***fazer força de vela*** to carry a press of sail; ***força de corrente*** drift of a current; ***força de máquina*** speed of engine; ***força de trabalho*** workforce
forcacha *s. f.* forked branch; forked staff
forçadamente *adv.* forcedly, compulsively
forcadela *s. f.* boat used by fishermen in Alto Minho
forcado *s. m.* pitchfork, prong, hay-fork, pike; bullfighter
forçado Ⓐ *adj.* forced, compulsory; unnatural, artificial, affected Ⓑ *s. m.* galley-slave, convict; shackle, fetter; ***sorriso forçado*** a forced smile; ***aterragem forçada de um avião*** a forced landing of an aeroplane; ***marcha forçada*** forced march; ***trabalho forçado*** forced labour; ***trabalhos forçados*** hard labour
forçador *s. m.* forcer, coercer; person (or thing) that forces; ***forçador do bloqueio*** blockade runner
forcadura *s. f.* fork's breadth; forkedness
forcalha *s. f.* [reg.] staff forked at one end; notch for the yoke
forçamento *s. m.* forcing; coercion, compulsion; rape
forcão *s. m.* [reg.] pitchfork with three prongs, hay-fork, fork
forção *s. m.* prop, stay
forcar *v. tr.* to pitchfork; to lay down the corn with a pitchfork
forçar *v. tr.* to force, to compel, to coerce, to constrain, to press; to rape; to break open; to strain; to wring; to oblige to impel; ***forçar o pagamento de uma dívida (ou de outra obrigação)*** to put the screw on (upon); ***forçar a venda*** to force the sale; ***forçar a voz*** to strain one's voice; ***não devia forçar a vista com esse tipo de letra miúda*** you should not try your eyes with that small print; ***tome cuidado, não force a vista!*** take care not to strain your eyes!; ***não posso forçar a memória*** I cannot tax my memory; ***forçar o pagamento*** to enforce payment; ***forçar um sorriso*** to force a smile; ***sou forçado a ceder pela força das circunstâncias*** I am forced by necessity to yield; ***forçar a passagem*** to break through; NÁUTICA ***forçar a passagem sobre um banco*** to forge over a bank
forcejar *v. intr.* to endeavour, to struggle; to exert oneself
forcejo *s. m.* effort, struggle, exertion, endeavour
fórceps *s. m.* ⇒ **fórcipe**
fórcipe *s. m.* forceps, extractor
forcipressão *s. f.* MEDICINA holding of a blood vessel by means of pincers
forçosamente *adv.* forcibly
forçoso *adj.* necessary, inevitable; imperative, urgent; ***é forçoso que ele vá já*** it is imperative for him to go at once
forçudo *adj.* strong, muscular, robust
forçura *s. f.* prop, stay; TEATRO box
fordo *adj.* pregnant, full
foreiro *s. m.* lessee, tenant under a lease, renter
forense *adj.* forensic, belonging to law-courts
forfalha *s. f.* crumb (of bread)
fórfex *s. m.* forfex (scissors used in surgery)

fórfice *s. m.* forfex (scissors used in surgery)
forja *s. f.* forge, smithy; smith's fire; open place fire (or furnace), smelting furnace; ***estar na forja*** to be in the melting-pot
forjado *adj.* wrought, forged, beaten; ***forjado em bruto*** rough forged; ***ferro forjado*** forged iron, wrought iron
forjador *s. m.* smith; forger
forjadura *s. f.* forging, a smith's work
forjamento *s. m.* ⇒ **forjadura**
forjar *v. tr. e intr.* to forge, to shape by heating in fire and hammering; to fabricate, to invent, to trump, to hammer out
forjicador Ⓐ *adj.* forging Ⓑ *s. m.* schemer, contriver
forjicar *v. tr.* to forge badly; to prepare negligently
forma[1] *s. f.* shape, form, mould, figure, configuration; cut; fashion; pattern, model; rank, line; way, manner, system, order, mode, method; ***em forma*** in due form, fit; ***na forma do costume*** in the usual way; ***desta forma*** in this manner; ***de qualquer forma*** anyhow, in any way; ***de uma forma ou de outra*** somehow or other; ***de forma alguma*** by no means; ***forma do texto*** type-form; ***dar a forma apropriada a*** to lick into shape; ***em forma de*** in the shape of; ***assumir uma forma definida*** to take shape; ***forma de falar*** manner of speaking; ***em forma de pêra*** shaped like a pear, pear-shaped; ***de tal forma que*** in such a way that; ***dar forma a*** to work up, to shape; ***em forma de «V»*** V-shaped; ***estar fora de forma*** to be out of training; ***estar em forma*** to be up to the mark; MILITAR ***debaixo de forma*** form fours; ***à primeira forma*** as you were; ***forma de pagamento*** means of payment
forma[2] *s. f.* mould; ***forma de chapéu*** block (for a hat); ***forma das gravuras*** form of the engravings; ***forma de sapateiro*** last; ***forma de queijo*** cheese press; ***encontrar a forma do seu pé*** to find (to meet) one's match; ***forma para bolos*** cake tin
formação *s. f.* formation, forming; ***formação de um comboio*** formation of a train; ***formação de uma sociedade*** formation of a company; ***formação de nuvens*** cloud formation; ***formação de voo*** flying formation; ***formação carbonífera*** carboniferous system; ***formação de palavra*** word-building
formado *adj.* formed; shaped, moulded; constituted; wrought; fashioned; graduated; educated, trained
formador *s. m.* former; moulder; creator, pattern maker
formadura *s. f.* form, figure; formation
formal *s. m., adj.* formal, definite, set, explicit, positive; deed of division
formaldeído *s. m.* QUÍMICA formaldehyde
formalidade *s. f.* formality, ceremony, etiquette, ritual, conventionality, conventionalism; redtape; established order; ***é apenas uma formalidade*** it is a matter of mere formality; ***obedecer a todas as formalidades legais*** to comply with all legal formalities
formalina *s. f.* FARMACOLOGIA formalin
formalismo *s. m.* formalism; ***formalismo oficial*** red(-)tape
formalista *s. m. e f., adj.* formalist; ceremonious
formalização *s. f.* formalization
formalizado *adj.* formalized; offended; finely dressed
formalizar *v. tr. e refl.* to formalize; to render formal; to take offence, to take the huff; to stand on formalities
formalmente *adv.* formally, categorically
formalote *s. m.* formeret
formão *s. m.* chisel, carpenter's tool
formar Ⓐ *v. tr. e intr.* to form, to shape, to mould, to frame; to constitute; to create; to make up; to conceive, to train, to educate, to build up; to organize; to take shape, to assume a form; to align Ⓑ *v. refl.* to take a degree (at a university); ***formar em linha*** to form into line; ***formar um plano*** to form a plan; ***formar um juízo*** to form an opinion
formaria *s. f.* collection of forms
formatar *v. tr.* INFORMÁTICA to format
formativo *adj.* formative, shaping
formato *s. m.* format, shape and size of a book; shape; outward form; ***formato de um livro*** book size; ***formato do papel*** size of paper
forma-torta *s. m. e f.* a rogue, villain, base person
formatura *s. f.* formation, development, disposition, disposition of troops (or vessels); forming; graduation, act of taking an academic degree; university degree; MILITAR array or order; ***ter formatura em matemática*** to have a degree in maths (mathematics); NÁUTICA ***formatura de esquadra*** order of squadron; ***formatura de alvorada*** morning quarters
formeiro *s. m.* last-maker, pattern-maker
forménico *adj.* related to formene
formeno *s. m.* QUÍMICA marsh-gas, methane, formene
formiato *s. m.* QUÍMICA formate, formiate
formica *s. f.* MEDICINA skin disease, rash, herpes miliaris
fórmica *s. f.* Formica, very hard plastic material used to cover wooden furniture
formicação *s. f.* MEDICINA formication, itching
formicante *adj.* MEDICINA formicating, formicant
formicário *adj.* formicant, formicate
formicida *s. m.* poison for killing ants; ant-killer
Formícidas *s. m. pl.* ⇒ **Formicídeos**
Formicídeos *s. m. pl. Formicidae*
formicídio *s. m.* extermination of ants
formicívoro *adj.* feeding on ants
fórmico *adj.* QUÍMICA formic
formicular *adj.* formicate; ant-like
formidando *adj.* dreadful, horrible; enormous; awe-inspiring
formidável *adj.* formidable, awful, tremendous, dreadful; considerable (in bulk, amount, number); ***um exército formidável*** a formidable army; ***um jogo formidável*** a thundering fine game; ***uma tarefa formidável*** a formidable task; ***um concorrente formidável*** a strong candidate
formidavelmente *adv.* formidably
formídio *s. m.* a microscopic plant
formidoloso *adj.* fearful, formidable, awe-inspiring, terrifying; afraid, fearful
formiga *s. f.* ENTOMOLOGIA ant; ***à formiga*** one by one; ***formiga obreira*** worker-ant
formiga-branca *s. f.* ENTOMOLOGIA termite, white ant
formiga-leão *s. f.* ENTOMOLOGIA lion-ant
formigame *s. m.* a great number of ants
formigamento *s. m.* itching, tickling
formigante *adj.* itching, pricking, tickling
formigão *s. m.* large ant; concrete
formigar *v. intr.* to prick, to itch; to tingle; to swarm with (a crowd)
formigo *s. m.* hoof disease of solipedes; variety of white grape; *pl.* sweet made of bread, eggs, honey, butter, etc., used at Christmas dinner
formiguedo *s. m.* ⇒ **formigame**
formigueira *s. f.* ⌈reg., Mad.⌋ worm seed, *chenopodium ambrosioides*
formigueirinho Ⓐ *s. m.* pilferer, petty thief Ⓑ *adj.* pilfering
formigueiro Ⓐ *s. m.* ant-hill, ant-hole; ants' nest, formicary; ant-eater (animal); pins and needles; swarm, crowd, throng Ⓑ *adj.* tingle, tingling, pricking, tickling; ***ladrão formigueiro*** pilferer, petty thief; ***formigueiro de gente*** a swarm, a crowd of people
formiguejar *v. intr.* to walk (to move) in large numbers, to swarm
formiguilho *s. m.* VETERINÁRIA thrush (in horses)
formilha *s. f.* piece of iron used by corkers to make corks
formilhão *s. m.* ⇒ **formilho**
formilhar *v. intr.* to work with a hatter's block
formilho *s. m.* hatter's block
formista *s. m. e f.* shape maker, moulder, modeller; TIPOGRAFIA form maker

formol *s. m.* QUÍMICA formaldehyde
formolizador *s. m.* instrument for applying formaldehyde
formosamente *adv.* handsomely, beautifully, finely
formosear *v. tr.* to beautify, to make beautiful, to embellish; to adorn
formosentar *v. tr.* to beautify, to make beautiful, to embellish; to adorn
formoso *adj.* handsome, beautiful, fair, fine, comely; ***uma rapariga formosa*** a handsome girl
formosura *s. f.* beauty, comeliness, handsomeness, fairness; beautiful thing (or person)
fórmula *s. f.* formula (*plural* formulae, formulas); ***fórmula química*** chemical formula; ***fórmula do juramento*** form of (an) oath
formulação *s. f.* formulation, formulating
formulador *s. m.* formulator
formular *v. tr.* to formulate, to express (in a precise form); to write a prescription; to make out; ***formular propostas de reforma*** to formulate proposals for reform; ***formular reclamações*** to put in a claim
formulário *s. m.* formulary; collection of formulas; book containing liturgical (or other) formulas; form, printed blank
formulismo *s. m.* formulism
formulista Ⓐ *s. m. e f.* formulist, fond of formulas; formalist, pedant Ⓑ *adj.* formulistic
fornaça *s. f.* furnace, grate
fornaceiro *s. m.* fireman (of the mint); stoker
fornada *s. f.* batch, ovenful; baking; ***uma fornada de pão*** a batch of bread
fornalha *s. f.* furnace; ***fornalha de carvão*** coal-firing, coal furnace; ***fornalha de fogão de cozinha*** fireplace of kitchen range; ***fornalha de locomotiva*** firebox; ***grelhas da fornalha*** furnace-bars; ***altar da fornalha*** furnace-bridge; ***fornalha para gás*** furnace for gaseous fuel, gas-fired furnace
fornalheiro *s. m.* ⇒ **fogueiro**
fornear *v. intr.* to work as a baker; to work as a stoker
fornecedor *s. m.* furnisher, supplier, contractor; ***fornecedor da Casa Real*** purveyor to the Royal Household; ***fornecedor de navios*** ship chandler; ***fornecedor do exército*** army contractor; ***fornecedor de víveres*** caterer
fornecer *v. tr. e refl.* to furnish, to provide, to supply; to discharge, to dispense, to hand out; to make provisions for, to victual; to give, to administer; to fit out, to stock, to equip; to purvey; (food); to cater; ***fornecer almoços e jantares*** to provide lunches and dinners; ***fornecer-se de comida para uma excursão*** to provide oneself with food for an excursion, to take a packed lunch; ***fornecer-se para a viagem*** to provide oneself for the journey; ***fornecer o mercado*** to supply the market; ***fornecer dados*** to give full particulars (details)
fornecimento *s. m.* supply, storing, furnishing, providing, purveying, delivery; ***fornecimento de víveres*** victualling; ***um novo fornecimento*** a fresh supply; ***um fornecimento inesgotável*** an inexhaustible supply; ***fornecimento de água*** water-supply, supply of water; ***fornecimento de energia eléctrica*** supply of electrical energy, electric supply
forneco *s. m.* piece of a roof connecting the beam to the valley
forneira *s. f.* woman owner (or worker) of an oven; baker (woman)
forneiro *s. m.* oven-keeper, baker; ***forneiro de cal*** lime-burner
fornejar *v. intr.* ⇒ **fornear**
fornicação *s. f.* fornication
fornicador *s. m., adj.* fornicator
fornicar *v. tr.* [vulg.] to fornicate; [vulg.] to fuck, to screw; [cal., fig.] to importune
fórnice *s. m.* ARQUITECTURA arch, vault
fornicoques *s. m. pl.* ⇒ **fernicoques**
fornido *adj.* robust; supplied
fornilha *s. f.* ⇒ **fornilho**
fornilho *s. m.* little oven; MILITAR contact mine; pipe bowl
fornimento *s. m.* robustness; provisions
fornir *v. tr.* to make strong; to feed well; to provide
forno *s. m.* oven; small kiln (or furnace) for chemical or metallurgical processes; ***forno de fundição*** melting furnace; ***forno de soleira*** open-hearth furnace; ***forno de cerâmica*** ceramic kiln, pottery furnace; ***forno circular*** circular kiln; ***forno de cal*** lime-kiln; ***forno para vidros*** glass-furnace; ***forno de cementação*** cementation furnace; ***forno de revérbero*** air-furnace; ***forno eléctrico*** electric oven; ***forno de microondas*** microwave oven; ***forno de cimento*** cement kiln; ***forno de pão*** baker's oven; ***tirar o pão do forno*** to take the bread out of the oven
foro *s. m.* the law-courts; forum, court of justice, judgement seat; tribunal; the lawyers, the bar; quit-rent; ground-rent privilege, right; *pl.* privileges (of a town, province, etc.); ***foro*** the long robe; ***foro de cidadão*** citizenship; ***foro eclesiástico*** ecclesiastical court
Forónidas *s. m. pl.* ZOOLOGIA ⇒ **foronídeos**
Foronídeos *s. m. pl.* ZOOLOGIA subgroup of the *Molluscoida*
foronomia *s. f.* MEDICINA phoronomy, phoronomics
forqueadura *s. f.* bifurcation
forquear *v. tr.* to bifurcate
forqueta *s. f.* fork (of a tree); forked branch; pitchfork; crotch
forquilha *s. f.* pitchfork (with three prongs), fork; jaw; ***de forquilha*** forked; ***forquilha da roldana*** pulley-fork
forquilhar *v. tr.* to fork; to bifurcate
forquilhoso *adj.* forky, forked, furcate
forra *s. f.* NÁUTICA tabling, padding, wadding; buckram, lining; ***forra de vela*** sail band, sail lining, tabling; ***forra de rize*** reef band; ***forra triangular*** girth band
forração *s. f.* furring; lining
forrado *adj.* lined, covered, padded; ***forrado de cobre*** copper bottomed (or lined); ***céu forrado*** overcast sky
forrador *s. m.* one who lines clothes
forra-gaitas *s. m. e f.* miser; niggard
forrageador *s. m.* forager; harbinger
forrageal *s. m.* field abounding in forage; hay field, meadow
forragear *v. tr.* to forage; to glean; to cut fodder, to harvest hay; to inquire into, to search after; to ravage, to ransack, to spoil
forrageiro *s. m.* forager
forragem *s. f.* fodder, dried food (hay, straw, etc.) for cattle, forage
forraginoso *adj.* abounding in forage
forrajoso *adj.* ⇒ **forraginoso**
forramento *s. m.* lining, furring, covering, stuffing
forrar *v. tr. e refl.* to line, to cover, to put a covering on; to round; ANATOMIA to sheathe; to case, to plate; to fur; to wainscot; to veneer; to spare, to save, to lay by; ***forrar a papel*** to paper; NÁUTICA ***forrar de cobre*** to copper; ***forrar com esteira*** to mat; ***forrar com tabuado*** to plank; ***forrar de feltro*** to felt, to line with felt; ***forrar o fundo de um navio*** to sheathe a ship's bottom; ***forrar de metal*** to metal; ***forrar de cobre o fundo de um navio*** to sheathe a ship's bottom with copper; ***forrar um cabo*** to serve a rope
forreta *s. m. e f.* skinflint, scrape-penny, niggard, stingy person, miser
forretice *s. f.* [pop.] stinginess, miserliness, avarice
forrica *s. f.* almost liquid excrement
forricar-se *v. refl.* to defecate an almost liquid excrement; to get rid of a compromise
forro Ⓐ *s. m.* lining; padding; CARPINTARIA ceiling; wainscot; NÁUTICA liner; rounding, skin Ⓑ *adj.* free, independent, emancipated; ***forro de peles*** fur lining; ***forro de seda*** silk lining; NÁUTICA ***forro dos cabos*** rope serving; ***forro de chapa*** plating; ***forro exterior*** outer skin, outer plating; ***forro d***

fundo sheathing; ***forro da coberta*** deck planks; ***forro interior*** ceiling, inner skin; ***forro de madeira*** planking; ***forro de zinco*** zinc sheathing; ***forro de pano velho*** rumbowline, rombowline; ***um escravo forro*** an emancipated slave

forró *s. m.* ⇒ **forrobodó**

forrobodó *s. m.* ball or feast where people behave badly

fortalecedor Ⓐ *adj.* fortifying, bracing, strengthening, invigorating Ⓑ *s. m.* strengthener, invigorator, reinforcer

fortalecer Ⓐ *v. tr.* to strengthen, to brace (up); to invigorate, to fortify; to encourage Ⓑ *v. refl.* to grow stronger; to increase in strength

fortalecimento *s. m.* strengthening

fortaleza *s. f.* fortress; fort, stronghold; bastion, citadel, hold; castle; fortitude, courage, guts; strength, vigour; ***fortaleza voadora*** flying fortress

fortalezar *v. tr.* to fortify; to entrench; [fig.] to encourage

forte Ⓐ *adj.* strong, robust, hardy, vigorous, sinewy, stout, sturdy, stalwart, hale; solid; nappy (wine, beer); ardent, eager; intense; spicy; hot (colour); tangy (smell) Ⓑ *s. m.* fort, fortress, stronghold; one's strong point, talent; ***uma refeição forte*** a substantial (a square) meal; ***uma forte constipação*** a severe cold; ***cofre forte*** strong-box; ***chá forte*** strong tea; ***voz forte*** strong voice; ***constituição forte*** strong constitution; ***forte como um touro*** as strong as a horse; ***de espírito forte*** strong-minded

forteza *s. f.* ⇒ **fortidão**

fortidão *s. f.* [pop.] firmness; stoutness

fortificação *s. f.* fortification; fortress; hold, stronghold, bulwark

fortificado *adj.* MILITAR fortified, fast; defended; ***praça fortificada*** a fast place

fortificador Ⓐ *s. m.* fortifier Ⓑ *adj.* fortifying

fortificante *adj.* fortifying, bracing; invigorating; strengthening; ***ar fortificante*** bracing air, crisp air

fortificar *v. tr.* to strengthen; to fortify; to erect fortifications; to encourage

fortim *s. m.* small fort

fortran *s. m.* INFORMÁTICA Fortran

fortuitamente *adv.* accidentally, fortuitously; casually; by chance

fortuito *adj.* fortuitous, casual, accidental, contingent

fortuna *s. f.* fortune, good luck; destiny, fate, chance; wealth, riches, possessions; ***fazer fortuna*** to make one's fortune, to make one's pile; ***a roda da fortuna*** the wheel of fortune; ***perder toda a sua fortuna*** to lose all one's money; ***por fortuna (por sorte)*** by chance, luckily; ***ter fortuna*** to have a fortune; ***tentar fortuna*** to try one's luck; ***fortuna inesperada*** fluke; ***herdar uma fortuna*** to come into a fortune; ***filho da fortuna*** upstart

fortunar *v. tr.* to make happy; to give luck

fortunear *v. intr.* to be lucky in business

fortunito *s. m.* GEOLOGIA trachytic rock from Fortuna (Spain)

fortunoso *adj.* fortunate, lucky, happy; prosperous

fórum *s. m.* forum (in Rome); court, tribunal

fosca *s. f.* grimace; disguise; allurement

foscagem *s. f.* tarnishing

foscar *v. tr.* to tarnish, to die

fosco *adj.* dim, tarnished, dull; opaque, frosted; ***vidro fosco*** frosted glass

fosfatado *adj.* QUÍMICA phosphated

fosfatagem *s. f.* fertilization with phosphate

fosfatar *v. tr.* QUÍMICA to fertilize with phosphate

fosfático *adj.* QUÍMICA phosphatic

fosfato *s. m.* QUÍMICA phosphate

fosfatúria *s. f.* MEDICINA phosphaturia (excess of phosphates in the urine)

fosfena *s. f.* ⇒ **fosfeno**

fosfeno *s. m.* FISIOLOGIA photopsy, photopsia

fosfito *s. m.* QUÍMICA phosphite

fosforação *s. f.* act of phosphorating

fosforar *v. tr.* to phosphorate

fosforear *v. intr.* to phosphoresce; to shine in the dark; to exhibit phosphorescence

fosforeira *s. f.* match-box

fosforeiro *s. m.* match-manufacturer

fosforejante *adj.* phosphorescent; gleaming

fosforejar *v. intr.* ⇒ **fosforescer**

fosfóreo *adj.* phosphoric, phosphorous

fosforescência *s. f.* phosphorescence; ***fosforescência do mar*** phosphorescence of the sea

fosforescente *adj.* phosphorescent, luminous

fosforescer *v. intr.* to phosphoresce

fosforetar *v. intr.* ⇒ **fosforescer**

fosfórico *adj.* phosphoric, difficult; [fig.] irritable; embarrassed

fosforífero *adj.* ⇒ **fosforejante**

fosforismo *s. m.* phosphorous poisoning

fosforista *s. m. e f.* match-maker

fosforite *s. f.* phosphorite, apatite

fosforização *s. f.* act or effect of being phosphorated

fosforizar *v. tr.* to phosphorize, to phosphorate

fósforo *s. m.* phosphorus; match; [fig.] intelligence; ***fósforo amorfo*** safety match; ***acender um fósforo*** to strike a match; ***caixa de fósforos*** match-box, box of matches

fosforogéneo *adj.* phosphorogenic

fosforoscópio *s. m.* phosphoroscope

fosforoso *adj.* QUÍMICA phosphorous

fosgénio *s. m.* QUÍMICA phosgene

fosquinha *s. f.* mummery; mime; grimace; wheedling; ***fazer fosquinhas*** to wheedle, to decoy, to entice, to make faces

fossa *s. f.* ditch; cesspool, cesspit, gully; ANATOMIA fossa; ***fossa nasal*** nostril, nasal fossa; ***fossa séptica*** cesspit, septic tank

fossada *s. f.* digged earth; ⇒ **fossado**

fossadeira *s. f.* tribute paid to the king by those who did not accompany him to war

fossado *s. m.* MILITAR sally, raid

fossador Ⓐ *adj.* fossorial, fossorious Ⓑ *s. m.* digger

fossão Ⓐ *adj.* fossorial; [cal.] hard-working, very diligent Ⓑ *s. m.* digger

fossar Ⓐ *v. intr.* to root (as swine do) Ⓑ *v. tr.* to dig

fossário *s. m.* cemetery; grave-digger

fosseta *s. f.* small ditch; pit, fossette

fossete *s. m.* fossette

fossiforme *adj.* having the form of a pit

fóssil *s. m., adj.* fossil

fossilífero *adj.* fossiliferous

fossilismo *s. m.* fossilism

fossilista *s. m. e f.* fossilist; palaeontologist

fossilização *s. f.* fossilization

fossilizar Ⓐ *v. tr.* to fossilize, to petrify Ⓑ *v. refl.* to become fossilized; [fig.] to grow antiquated

fossípede *adj.* said of the animal whose feet are adapted for excavating

fosso *s. m.* ditch, trench; watercourse; ***fosso (de fortificação)*** moat (of a fort); ***fosso marginal*** trough

fóssula *s. f.* small pit; depression

fota *s. f.* Moorish turban; the material from which such a turban is made

fotão *s. m.* photon

foteado *adj.* like a Moorish turban

fotear *v. tr.* to bind with a Moorish turban

fotismo *s. m.* photism; visual synaesthesia

foto *s. f.* photo, photograph

fotobiografia *s. f.* photobiography

fotocartografia *s. f.* photocartography

fotocerâmica *s. f.* photoceramics

fotocisão *s. f.* FÍSICA split of an atomic nucleus caused by a photon

fotocolografia *s. f.* phototypy

fotocolográfico *adj.* phototypic

fotocolorímetro *s. m.* FÍSICA photocolorimeter

fotocomposição *s. f.* photocomposition

fotocondutividade *s. f.* photoconductivity

fotocópia *s. f.* photocopy, photostat (copy)

fotocopista *s. m. e f.* photocopyist

fotocromático *adj.* photochromatic

fotocromia *s. f.* photochromy; colour-photography

fotocrómico *adj.* photochromic

fotodesintegração *s. f.* photodecomposition

fotodieléctrico *s. m.* photodielectric

fotodissociação *s. f.* photodissociation

fotoelasticidade *s. f.* photoelasticity

fotoelectrão *s. m.* photoelectron

fotoeléctrico *adj.* photoelectric

fotoemissão *s. f.* photoelectric emission

fotofobia *s. f.* MEDICINA photophobia

fotófobo *adj.* photophobic

fotóforo *adj.* light-producing

fotogénico *adj.* photogenic

fotogénio *s. m.* photogene

fotografar *v. tr.* to photograph, to take a photograph (of)

fotografia *s. f.* photograph, photo; photography (art); likeness; ***tirar uma fotografia*** to take a photograph; ***a fotografia não a favoreceu*** the photo did not flatter her; ***fotografia aérea*** air photograph; ***álbum de fotografias*** photographic album; ***a fotografia não ficou bem*** the photograph has not come well; ***fotografia instantânea*** snapshot

fotográfico *adj.* photographic

fotógrafo *s. m.* photographer

fotograma *s. m.* photogram

fotogrametria *s. f.* photogrammetry

fotogravura *s. f.* photogravure

fotólise *s. f.* QUÍMICA, BOTÂNICA photolysis

fotolitografia *s. f.* photolithography

fotolitográfico *adj.* photolithographic

fotologia *s. f.* FÍSICA photology

fotológico *adj.* FÍSICA photologic(al)

fotoluminescência *s. f.* photoluminescence

fotomagnético *adj.* photomagnetic(al)

fotomagnetismo *s. m.* photomagnetism

fotomecânica *s. f.* photomechanics

fotometria *s. f.* FÍSICA photometry

fotométrico *adj.* FÍSICA photometric

fotómetro *s. m.* photometer

fotomicrografia *s. f.* photomicrography

fotomicrográfico *adj.* photomicrographic

fotominiatura *s. f.* photominiature

fotominiaturista *s. m. e f.* photominiaturist

fotoneutrão *s. m.* photoneutron

fotonovela *s. f.* romantic intrigue told in the form of photos accompanied by texts

fotonuclear *adj.* photonuclear

fotopsia *s. f.* photopsia, photopsy (luminous sensation from within the body)

fotóptico *adj.* photoptic(al)

fotoquímica *s. f.* QUÍMICA photochemistry

fotoquímico *adj.* photochemical

fotoquinese *s. f.* FISIOLOGIA photokinesis

foto-receptor *s. m.* photo-receptor

fotoscópio *s. m.* photoscope

fotoscultura *s. f.* photosculpture

fotosfera *s. f.* photosphere

fotossensibilidade *s. f.* photosensitivity

fotossíntese *s. f.* QUÍMICA, FISIOLOGIA photosynthesis

fototactismo *s. m.* ⇒ **fototaxia**

fototaxia *s. f.* BIOLOGIA phototaxis

fototelegrafia *s. f.* phototelegraphy

fototelegráfico *adj.* phototelegraphic

fototerapia *s. f.* MEDICINA phototherapy

fototerápico *adj.* phototherapeutic

fototipar *v. tr.* to phototype

fototipia *s. f.* phototype; ***fototipia a cores*** collotype

fototípico *adj.* phototypic

fotótipo *s. m.* phototype

fototipografia *s. f.* phototypography

fototipográfico *adj.* phototypographic

fototipogravura *s. f.* phototypogravure

fototopografia *s. f.* phototopography

fototransistor *s. m.* phototransistor

fototropismo *s. m.* BIOLOGIA phototropism

fotovoltaico *adj.* photovoltaic

fotozincografia *s. f.* photozincography

fouçada *s. f.* swath, the amount of grass cut with a single sweep of a scythe

fouçar *v. tr.* to scythe, to reap; to mow

fouce *s. f.* scythe; ***fouce podadeira*** pruning-knife, pruning-hook; ***fouce roçadoura*** hedging-bill; ***fouce de ceifar*** sickle; ***a talho de fouce*** opportune, suitable, favourable, timely

foucear *v. intr.* to scythe

fouciforme *adj.* sickle-shaped

foucinha *s. f.* sickle

foucinhão *s. m.* big scythe

fouveiro *adj.* fallow, of a brownish-yellow colour (of horses)

fovente *adj.* [poét.] propitious, favourable, helpful, useful

foz *s. f.* mouth (of a river)

fraca-figura *s. m. e f.* shabby person

fracalhão Ⓐ *s. m.* weakling Ⓑ *adj.* pusillanimous

fracamente *adv.* weakly, feebly

fraca-roupa *s. m.* [fam.] ragamuffin

fracassar Ⓐ *v. tr.* to shatter; to ruin Ⓑ *v. intr.* to break down; to fail, to collapse

fracasso *s. m.* crash; failure, fiasco, ruin; defeat; collapse; misfortune

fracção *s. f.* fraction; ***fracção decimal*** decimal fraction; ***fracção numérica*** vulgar fraction; ***fracção algébrica*** algebric fraction

fraccionamento *s. m.* division; dividing into fractions; fractionation, fragmentation, fragmentariness

fraccionar *v. tr.* to fractionize, to divide (to separate) into fractions

fraccionário *adj.* fractional, fractionary

fracciúncula *s. f.* small fraction

fraco Ⓐ *adj.* fragile, delicate; weak, feeble, unhealthy, sickly; defenceless, exposed, vulnerable, assailable; soft, light, unstressed; vacillating, undecided, unstable, unsteady, irresolute, frail; thin, watery; insipid; poor; inconclusive, unsatisfactory, lame, illogical, vague; shallow, simple, foolish, witless; cowardly Ⓑ *s. m.* weakling; coward; inclination, propensity; weakness, weak point, weak side, foible; ***fraco de espírito*** feeble-minded; ***conhecer o fraco de uma pessoa*** to know a person's weak spot; ***ter um fraco por alguém*** to have a soft spot for someone; ***ter um fraco por*** to have a weakness for; ***não dar parte de fraco*** not to give in, not to give way; ***fraco de entendimento*** weak of understanding; ***o lado fraco*** a person's weak part (side, spot); ***memória fraca*** a treacherous memory; ***fraca constituição*** weak constitution; ***voz fraca*** weak voice; ***fraca consolação*** cold comfort; ***vinho fraco*** weak wine; ***chá fraco*** weak tea; ***o sexo fraco*** the weaker (soft, gentle) sex; ***estar muito fraco para andar*** to be too weak to walk; ***vista fraca*** weak sight; ***coração fraco*** a weak heart; ***fraca desculpa*** a lame excuse; ***fraco de cabeça*** weak in one's head; ***até os mais fracos se revoltam*** even a worm will turn; ***fraco como uma abóbora*** as weak as water; NÁUTICA ***fraca estabilidade*** tenderness; ***navio de fraco andamento*** slow sailer

fracola *s. m.* ⇒ **fracalhão**

fractal *s. m.* fractal

fractura *s. f.* fracture, break, breaking; breach; crack; GEOLOGIA fault, rock fissure; landslide; ***fractura composta*** comminuted fracture; ***fractura simples*** simple fracture; ***fractura do crânio*** fracture of the skull; ***fractura óssea*** bone fracture; ***fractura exposta*** compound fracture; ***fractura incompleta (em criança)*** green-stick fracture; NÁUTICA ***fractura dum mastro*** spring

fracturar Ⓐ *v. tr.* to fracture, to break Ⓑ *v. intr.* to become fractured; to be broken; ***fracturar um braço*** to fracture (to break) one's arm; ***os ossos das crianças fracturam-se facilmente*** a child's bones fracture easily

fradalhada *s. f.* [depr.] monks, community of monks; monkdom

fradalhão *s. m.* [depr.] stout friar, fat monk

fradaria *s. f.* ⇒ **fradalhada**

fradar-se *v. refl.* to become a friar (or nun)

frade *s. m.* friar; monk; (title) Brother, Fra; cornerstone; ZOOLOGIA gaff or avocet; NÁUTICA boom of the trysail; ***frade carmelita*** White Friar; ***frades pretos*** Benedictine monks; ***frade menor*** Franciscan friar; ***convento de frades*** monastery; ***frade franciscano*** Grey Friar; ***frade agostinho*** Austin Friar; ***frade leigo*** lay brother

fradeiro *adj.* fond of friars

fradépio *s. m.* [depr.] cornerstone; landmark made of stone

fradesco *adj.* friar-like, monac(h)al

fradete *s. m.* piece of a gun-lock plate

fradice *s. f.* monks' ways, monks' saying, monks' act

fradicida *s. m. e f.* killer of friars (or monks)

fradinho *s. m.* a petty friar; a young friar; ORNITOLOGIA long-tailed titmouse; evil spirit; puck

fraga *s. f.* crag, rock, cliff

fragal Ⓐ *s. m.* craggy ground, cliff Ⓑ *adj.* cragged, craggy

fragalheiro *s. m.* ragpicker; ragman

fragalho *s. m.* rag, tatter

fragalhotear *v. intr.* to make merry, to frolic, to play

fragão *s. m.* large crag

fragária *s. f.* BOTÂNICA wild strawberry plant

fragata *s. f.* NÁUTICA frigate; lighter

fragatagem *s. f.* lighterage

fragateiro *s. m.* lighterman; longshoreman

fragífero *adj.* craggy; rocky; rough; difficult

fragiforme *adj.* that looks like a strawberry

frágil *adj.* fragile, brittle; breakable; frail, feeble, weak, delicate; ***substância frágil*** fragile substance; ***saúde frágil*** delicate health

fragilidade *s. f.* fragility, frailty, brittleness, weakness, infirmity; instability

fragilizado *adj.* weakened, fragile, frail, debilitated

fragilizar *v. tr.* to weaken, to debilitate, to make fragile

fragilmente *adv.* delicately; fragilely, weakly

fragmentação *s. f.* fragmentation; breaking up

fragmentar Ⓐ *v. tr.* to break to pieces, to reduce to fragments, to fractionize Ⓑ *v. refl.* to break up

fragmentário *adj.* fragmental, fragmentary; GEOLOGIA clastic

fragmentista *s. m. e f.* fragmentist, collector of artistic (or literary) fragments

fragmento *s. m.* fragment, fraction, portion; incomplete part of a literary (or artistic) work

fragmocone *s. m.* phragmocone

frago *s. m.* trail (in hunting); droppings of wild animals

fragor *s. m.* noise, crash; din, uproar; ***o fragor das águas caindo nas rochas*** the rush (or sound) of the water(s) falling over the rocks

fragorar *v. tr.* to produce a loud crashing noise; to crack; to roar, to thunder

fragoroso *adj.* noisy, loud

fragosidade *s. f.* cragginess, roughness

fragoso *adj.* craggy, cragged

fragrância *s. f.* fragrance, perfume, sweet smell, redolence

fragrante *adj.* fragrant, sweet-scented; aromatic, redolent

frágua *s. f.* forge, furnace; [fig.] ardour, intense heat; grief, sorrow, distress, trouble; ⇒ **fraga**

fraguar *v. tr.* to forge [fig.] to grieve

fraguedo *s. m.* craggy ground; crags

fragueiro Ⓐ *adj.* dwelling on mountains; hard-working; inured to hardships; rude Ⓑ *s. m.* one who is inured to hardships; woodman, woodcutter; mountaineer

fragura *s. f.* cragginess

fralda *s. f.* shirt-tails; the lower part of a shirt; skirt (foot, verge) of a wood; swaddle, diaper, napkin; [fam.] nappie; ***em fralda de camisa*** in one's shirt-tails; ***na fralda do monte*** at the foot of the mountain; ***fralda do mar*** coast, shore; ***envolver em fraldas*** to swaddle; ***tirar as fraldas*** to unswathe

fraldão *s. m.* part of an armour below the waist

fraldar *v. tr.* to sew skirts; to garnish with lappets

fraldear *v. tr.* to walk on the slope of a mountain

fraldeiro *s. m.* ⇒ **fraldiqueiro**

fraldejar *v. tr.* to skirt a mountain; to go about with one's shirt-tails hanging out

fraldelhim *s. m.* ⇒ **fraldelim**

fraldelim *s. m.* underskirt, petticoat

fraldicurto *adj.* short-skirted

fraldilha *s. f.* leather apron

fraldiqueira *s. f.* a purse for money worn by women; [pop.] bad woman

fraldiqueiro Ⓐ *adj.* relating to skirts; effeminate Ⓑ *s. m.* woman chaser; ***cão fraldiqueiro*** lap-dog

fraldisqueiro Ⓐ *adj.* relating to skirts; effeminate Ⓑ *s. m.* woman chaser

fraldoso *adj.* long-skirted, long-flapped; long-winded

framboesa *s. f.* raspberry

framboeseira *s. f.* raspberry cane; raspberry

framboeseiro *s. m.* ⇒ **framboeseira**

frâmea *s. f.* HISTÓRIA javelin worn by the ancient Franks; sword

francalete *s. m.* strap, slip of leather with a buckle; ***francalete de boné*** chin stay of cap

francamente *adv.* frankly, openly

franças *s. f. pl.* fronds, foliage, upper branches of a tree

franca-tripa *s. f.* puppet; kind of marionette

francear *v. tr.* to lop (to prune) the tops of trees

francela *s. f.* female cheese seller; pressing plate (of a cheese press)

francelha *s. f.* ZOOLOGIA kestrel; pressing plate (of a cheese press); prattler

francelho *s. m.* ZOOLOGIA kestrel; pressing plate (of a cheese press); prattler

francês Ⓐ *adj.* French Ⓑ *s. m.* Frenchman; ***despedir-se à francesa*** to take French leave; ***à grande e à francesa*** in great style; [fig.] ***roupa de franceses*** pillaging; ***a língua francesa*** the French language, French

francesa *s. f.* Frenchwoman

francesia *s. f.* affectation of French manners

francesiar *v. tr.* to speak bad French

francesice *s. f.* ⇒ **francesia**

francesismo *s. m.* Gallicism

francesista *s. m. e f.* Gallicizer

franchado *adj.* HERÁLDICA bendy, bended; said of the coat of arms divided diagonally

franchinote *s. m.* fop, coxcomb; [depr.] frenchy

frância *s. f.* fabliau

frâncico *adj.* Frankish, Francic

frâncio *s. m.* chemical element (atomic weight 87)

franciscana *s. f.* nun of the Order of St. Francis

franciscanada *s. f.* revelry, spree

franciscano Ⓐ *adj.* Franciscan Ⓑ *s. m.* friar of the Franciscan Order; Capuchin

francisco *s. m.* Franciscan friar
francismo *s. m.* ⇒ **francesismo**
franciú *s. m.* [pop.] the French language
franco Ⓐ *adj.* frank, open, sincere, outspoken, candid, open-hearted, unreserved, straightforward, ingenuous; honest; spontaneous, free; free from duty, duty-free, free from taxes; Frankish Ⓑ *s. m.* franc (coin); frank; COMÉRCIO ***franco a bordo*** free on board (f.o.b.); ***porto franco*** free port; ***franco de porte*** post-paid; ***ser franco com alguém*** to be open with someone; ***de modo franco e correcto*** on the level
franco-atirador *s. m.* franc-tireur
francofilia *s. f.* Francophilia
francófilo *s. m., adj.* Francophile, Francophil
francofobia *s. f.* Francophobia
francófobo *s. m., adj.* Francophobe
francófono Ⓐ *adj.* francophone, French-speaking Ⓑ *s. m.* francophone, French speaker
francolim *s. m.* francolin; Asiatic and African partridges
franco-mação *s. m.* freemason
franco-maçonaria *s. f.* freemasonry
frandulagem *s. f.* band of ragamuffins, ragtag and bobtail; rags
franduleiro *s. m.* one of a band of ragamuffins, one of the riff-raff
franduno *adj.* strange; conceited
franga *s. f.* pullet
frangainha *s. f.* small pullet; chick
frangainho *s. m.* cockerel
frangalhada *s. f.* chicken-stew; flock of pullets
frangalhar *v. tr.* to tear in rags
frangalheiro Ⓐ *adj.* ragged Ⓑ *s. m.* ragamuffin
frangalho *s. m.* rag, tatter
frangalhona Ⓐ *s. f.* slattern, sloven, untidy (dirty) woman Ⓑ *adj.* ragged, tattered, clothed in ragged garments
frangalhote *s. m.* cockerel; [fig.] lad
frangalhotear *v. intr.* to lead a playboy's life; to revel, to frolic; to amuse oneself
franganada *s. f.* flock of pullets and cockerels
franganito *s. m.* cockerel; lad, youngster
franganote *s. m.* ⇒ **franganito**
frângão *s. m.* cockerel, young cock; [fig.] lad
frangelha *s. f.* cheese press
franger *v. tr.* to plait; to gather in plaits; to break
frangibilidade *s. f.* frangibility
frangipana *s. f.* frangipane
frangipano *adj.* perfumed with frangipane
frangir *v. tr.* ⇒ **franzir**
frangível *adj.* fragile, breakable
frango *s. m.* cockerel, young cock; chicken; [cal.] blunder goal in football; ***frango assado*** roast(ed) chicken
frango-d'água *s. m.* ORNITOLOGIA gallinule
frangolho *s. m.* wheat meal porridge
frangote *s. m.* ⇒ **franganito**
frângula *s. f.* BOTÂNICA berry-bearing alder
frangulina *s. f.* frangulin
franja *s. f.* fringe, edging; bangs, front (hair)
franjado *adj.* fringed
franjamento *s. m.* act of fringing
franjar *v. tr.* to fringe, to put a fringe on; to lace; to unthread; [fig.] to make lively
franjeado *s. m.* boast; haughtiness, pride; idle talk
franjeira *s. f.* fringe-maker
franklin *s. m.* ELECTRICIDADE franklin, unit of C. G. S. electric charge
franqueado *adj.* patent; stamped (envelope)
franquear *v. tr. e refl.* to clear; to exempt from; to prepay, to stamp; to free from; to open; to put at one's disposal; to grant free access; ***franquear uma carta*** to prepay a letter, to stamp a letter
franqueável *adj.* removable, clearable
franqueza *s. f.* frankness, openness; sincerity, outspokenness, ingenuousness, candour; liberality; plain-dealing
franquia *s. f.* postage; franchise; exemption, freedom, immunity; privilege; refuge; ***carta sem franquia*** unstamped letter; ***franquia postal*** postage rate; ***franquia adicional*** additional postage; ***franquia aduaneira*** custom franchise, exemption from duty; NÁUTICA ***em franquia*** clear for sailing; ***franquia de bagagem*** baggage allowance; ***franquia diplomática*** diplomatic immunity
franquiar *v. tr.* to stamp (letters)
franquismo *s. m.* political regime headed by João Franco in Portugal; political regime of general Franco, in Spain
franquisque *s. m.* francisc (battle-axe worn by the Franks)
franzido Ⓐ *adj.* gathered into plaits; gathered; formed into folds (plaits or gathers); shrunk; rugged, wrinkly Ⓑ *s. m.* plait(s), fold(s); gathering
franzimento *s. m.* frowning, frown; puckering (of the brows); gathering (needle-work); folds, plaits
franzino *adj.* thin, slender; weak; delicate; ***criança franzina*** delicate child, peaky child
franzinote *adj.* somewhat weak
franzir *v. tr.* to plait, to fold; to pucker; to wrinkle, to frown, to ruffle; to gather; ***franzir as sobrancelhas*** to wrinkle one's brows, to frown; ***franzir os lábios*** to curl one's lips
fraque *s. m.* morning coat
fraquear *v. intr.* to tail; to become weak, to weaken
fraqueira *s. f.* ⇒ **fraqueza**
fraquejar *v. intr.* to fail; to flag, to become weak, to hang down, to languish, to pine; to give ground; to grow spiritless, to lose courage
fraquete Ⓐ *adj.* rather weak, feeble Ⓑ *s. m.* weakling
fraqueza *s. f.* weakness, feebleness, frailty; debility; infirmity; timidity, shyness; defect, fault; liability to fault; weak point, foible; ***fraqueza mental dos velhos*** second childhood; ***fraqueza de espírito*** weakness of mind; ***ter uma fraqueza*** to make a slip (a trip, a faux-pas); ***cair de fraqueza*** to be starving; ***a sua maior fraqueza é gostar muito da lisonja*** his chief weakness is his liking for flattery; ***fazer das fraquezas forças*** to sum up pluck, to gather strength from weakness
frasca *s. f.* kitchen utensils; provisions; dishes
frascagem *s. f.* great number of small bottles (or flasks)
frascal *s. m.* haystack; hay loft
frascaria *s. f.* a quantity of small bottles; [pop.] extravagance, folly
frascário *adj.* [pop.] dissolute, lewd; licentious
frasco *s. m.* flask, small bottle; vial, phial; ***frasco de boca larga*** bocal, goblet
frase *s. f.* sentence, proposition; phrase, expression, locution; ***frase simples*** simple sentence; ***não gosto da construção da frase*** I do not like the turn of the sentence; ***frase trivial*** a hackneyed phrase; ***frases ocas*** shallow talk; ***frase «batida»*** commonplace; ***frase feita*** cliché, aphorism; ***frase musical*** phrase; ***frase redonda*** well-turned sentence
fraseado Ⓐ *s. m.* phrasing, manner (style) of verbal expression Ⓑ *adj.* phrased
fraseador *s. m.* phrasemonger
frasear *v. intr.* to phrase, to express in words; to make phrases; to employ phrases; MÚSICA to divide into phrases
fraseologia *s. f.* phraseology, diction
fraseológico *adj.* phraseological
frásico *adj.* ⇒ **frástico**
frasista *s. m. e f.* ⇒ **fraseador**
frasqueira *s. f.* bottle-case; wine-cellar; cellaret; wine vault; wines stored up
frasqueta *s. f.* TIPOGRAFIA frisket
frasquinho *s. m.* flasquet
frástico *adj.* phrasal
fraterna *s. f.* friendly reproof

fraternal *adj.* fraternal, brotherly, brotherlike; affectionate, fond; ***laços fraternais*** ties of brotherhood
fraternalmente *adv.* brotherly, fraternally, affectionatly
fraternidade *s. f.* fraternity; brotherhood; affection; harmony; union
fraternização *s. f.* fraternization
fraternizar Ⓐ *v. tr.* to fraternize with Ⓑ *v. intr.* to behave as a brother (or brothers); to make friends; to associate with in a spirit of friendly equality
fraterno *adj.* fraternal, brotherly
fratria *s. f.* phratry, phratria
fratricida Ⓐ *adj.* fratricidal Ⓑ *s. m. e f.* fratricide
fratricídio *s. m.* fratricide; [fig.] civil war
fraudação *s. f.* defraudation
fraudador *s. m.* defrauder
fraudar *v. tr.* to defraud, to cheat
fraudatório *adj.* fraudulent, deceitful; done (effected) by fraud (deceit)
fraudável *adj.* liable to be defrauded (or cheated); deceptive
fraude *s. f.* fraud, cheat, deceit; criminal deception, hoax, artifice
fraudulência *s. f.* fraudulence, fraudulency
fraudulentamente *adj.* fraudulently
fraudulento *adj.* fraudulent, deceitful
frauduloso *adj.* ⇒ **fraudulento**
frauta *s. f.* [arc.] ⇒ **flauta**; smoother; flute
frauteado *adj.* [arc.] fluted
frautear *v. intr.* [arc.] to flute, to play the flute
frauteiro *s. m.* [arc.] ⇒ **flautista**
fraxina *s. f.* fraxin
Fraxineáceas *s. f. pl.* BOTÂNICA plants of the *Fraxinella* group
Fraxíneas *s. f. pl.* BOTÂNICA ⇒ **Fraxineáceas**
fraxinela *s. f.* BOTÂNICA fraxinella
fraxíneo *adj.* ashen, of an ash-tree
fraxinina *s. f.* ⇒ **fraxina**
frecha *s. f.* arrow
frechada *s. f.* arrow-shot
frechal *s. m.* CARPINTARIA ground-sill; roof-beam
frechar Ⓐ *v. tr.* to wound (to kill) with an arrow Ⓑ *v. intr.* to dart; to shoot an arrow
frecharia *s. f.* a great number of arrows
frecheira *s. f.* loop-hole
frecheiro *s. m.* archer, bowman
freeiro *s. m.* manufacturer of curb-bits (or brakes)
frege-moscas *s. m.* dirty boarding house, doss house
fregona *s. f.* drudger; maid
freguês *s. m.* customer, client; parishioner; ***freguês desgarrado*** stray customer; ***freguês duvidoso*** doubtful customer; ***angariar fregueses*** to tout; ***à vontade do freguês*** just as the customer wishes
freguesia *s. f.* parish; customers, clientele; ***vá pregar a outra freguesia!*** tell it to the horse-marines!
frei *s. m.* friar
freima *s. f.* impatience, hastiness, eagerness, uneasiness
freimão *s. m.* ⇒ **fleimão**
freimático *adj.* impatient, hasty, uneasy
freio *s. m.* bridle; bit (of a horse); ANATOMIA, ZOOLOGIA fraenum, small ligament checking the motion of an organ; brake; check; [técn.] breaking regulator, governor; ***tomar o freio nos dentes (insubordinar-se)*** to take the bit between one's teeth, (horse) to champ the bit; ***freio de parafuso*** screw brake; ***freio de cepa*** block brake; ***freio de lâminas*** brake hoop, friction band; ***freio de vácuo*** vacuum brake; ***freio de recuperador*** buffer; ANATOMIA ***freio da língua*** fraenum linguae; AERONÁUTICA ***freio aerodinâmico*** air-brake; ***freio de contrapedal*** back pedalling brake, coaster break; ***freio (travão) de disco*** disk brake; ***freio de emergência*** emergency brake; ***freio de segurança*** safety brake; ***colocar o freio a*** to bridle; [fig.] ***morder os freios*** to resist, not to submit; ***pôr um freio às ambições*** to curb one's ambitions; ***soltar os freios*** to give rein
freira *s. f.* nun; *pl.* [Bras.] popcorn
freiral *adj.* monastic, conventual
freirar *v. refl. e intr.* to become a nun (or a monk); to take the veil
freiraria *s. f.* a number of nuns; the nuns
freirático Ⓐ *adj.* monastic, conventual Ⓑ *s. m.* frequenter of convents
freire *s. m.* a knight (or priest) of a military order; friar
freiria *s. f.* nunnery, a community of nuns
freirice *s. f.* nunlike behaviour
freirinha *s. f.* novice; ORNITOLOGIA greenfinch; box crab
freixal *s. m.* ash-grove
freixial *s. m.* ⇒ **freixal**
freixo *s. m.* ash-tree, ashen
fremebundo *adj.* roaring; excited, thrilled
fremência *s. f.* vibration
fremente *adj.* trembling, quivering, shaking; roaring; ***raiva fremente*** frenzied rage
fremir *v. intr.* to roar; to quiver, to tremble, to shake; to vibrate
frémito *s. m.* thrill, shiver; shock, start; MEDICINA tremor; quivering, trembling; roaring, noise; murmur; ***um frémito de alegria*** a thrill of joy
frenação *s. f.* act of braking, breakage; check, restriction; [fig.] moderation
frenal *adj.* relating to plates on the side of the head of some reptiles
frenalgia *s. f.* phrenalgy
frenar *v. tr.* to brake; to snub (boat); to scotch (wheel); [fig.] to moderate; to check, to restrict
frendente *adj.* raging; gnashing, grinding
frender *v. intr.* to gnash, to grind one's teeth; to be in a rage
frendor *s. m.* grinding of teeth
frenesi *s. m.* frenzy, fury, raving, rage, madness, delirium; MEDICINA phrenitis
frenesiar *v. tr.* to render frantic, to infuriate
frenesim *s. m.* ⇒ **frenesi**
freneticamente *adv.* frenetically; furiously
frenético *adj.* frenetic(al), frantic, mad, furious; impatient, restless, frenzic, frenzical, frenzied
frénico *adj.* ANATOMIA phrenic
frenicoques *s. m. pl.* ⇒ **fernicoques**
frenite *s. f.* MEDICINA inflammation of the diaphragm
frenologia *s. f.* phrenology
frenológico *adj.* phrenological
frenologismo *s. m.* ⇒ **frenologia**
frenologista *s. m. e f.* phrenologist
frenólogo *s. m.* phrenologist
frenópata *s. m. e f.* phrenopath
frenopatia *s. f.* MEDICINA phrenopathy; mental illness
frenopático *adj.* MEDICINA phrenopathic
frente *s. f.* front; façade; face; forepart; MILITAR van, advanced guard; line of battle; movement (politics, etc.); ***fazer frente a*** to stand up to, to face; ***à frente dos negócios*** at the head of affairs; ***mesmo em frente*** right opposite; ***não fazer frente às suas despesas*** to run into debt; ***em frente*** over the way, across the way, opposite, ahead; ***em frente de*** in front of, before; ***porta da frente*** front door; ***em frente*** ahead; ***para a frente!*** go ahead!; ***atacar de frente*** to make a frontal attack; ***a frente da casa*** the front of the house; ***eu vou à frente*** I'll go on ahead; ***frente a frente*** opposite, face to face; METEOROLOGIA ***frente fria*** cold front; METEOROLOGIA ***frente tempestuosa*** front of thunderstorm; ***de frente para*** facing; ***de frente para trás*** from front to rear (back); ***a frente do exército*** the front of the army; MILITAR ***frente de combate*** front; ***estar à frente de alguém*** to be in advance of someone; ***fazer frente a uma dificuldade*** to take the bull by the horns; ***em frente do seu nariz*** under your nose; ***saia da***

minha frente! get out of my sight!; ***olhar alguém de frente*** to look directly at someone

frente-a-frente *s. m.* debate; confrontation

frequência *s. f.* frequency, constant repetition; ELECTRICIDADE frequence, number of cycles; FÍSICA frequency, rate of occurrence; social intercourse; attendance (schools); ***frequência das aulas*** attendance of classes; ***frequência de pulso*** pulse-rate, frequency of pulse; ***perder a frequência*** not to have average attendance; ***com frequência*** frequently; ***ter a frequência regular num trimestre (em universidade)*** to keep a term; ***frequência musical*** musical frequency; ELECTRICIDADE ***da mesma frequência*** synchronous; ***modulação de frequência*** frequency modulation (FM)

frequencímetro *s. m.* ELECTRICIDADE frequency meter

frequentação *s. f.* frequentation, frequenting

frequentador *s. m.* frequenter; ***frequentador de teatros*** play-goer; ***frequentador habitual de um café*** the regular customer of a café; ***frequentador de cinemas*** cinemagoer, filmgoer

frequentar *v. tr.* to frequent, to go often (habitually), to resort to; to associate constantly with; to attend (school); ***frequentar Direito*** to read law; ***frequentar uma biblioteca*** to frequent a library; ***frequentar a casa de um amigo*** to frequent a friend's home; ***frequentar a melhor sociedade*** to move in the best society

frequentativo *adj.* GRAMÁTICA frequentative

frequente *adj.* frequent, common, usual; recurrent, repeated, assiduous, constant; ***pulso frequente*** rapid pulse; ***dor frequente*** frequent pain; ***pouco frequente*** unfrequent

frequentemente *adv.* frequently, often, constantly, time and again, as often as not, continually

fresa *s. f.* [técn.] milling tool, milling cutter, milling machine; miller; ***fresa angular*** angle milling cutter; ***fresa de broquear*** boring miller; ***fresa de duplo ângulo*** double-angle milling cutter; ***fresa de perfil*** profile cutter; ***fresa helicoidal*** spiral milling cutter; ***fresa de ranhuras*** slot cutter, grooving mill

fresador *s. m.* miller

fresadora *s. f.* metal milling machine

fresagem *s. f.* act of milling

fresar *v. tr.* to mill

fresca *s. f.* evening breeze; cool air; cool of the day; ***à fresca*** in the cool air, lightly clad; ***passear pela fresca*** to go for a walk in the cool of the day

frescaço *adj.* somewhat fresh; young-looking

frescal *adj.* fresh, new; not dry (fish); saltish; lively

frescalhão *adj.* very fresh; well-kept, well-preserved; waggish

frescalhote *adj.* somewhat fresh; fresh-faced, young-looking

frescata *s. f.* country trip, stroll; jaunt into the country; fun, merry-making

fresco Ⓐ *adj.* fresh, cool; new; recent, novel; vigorous; strong, well, hardy; lively, brisk, hearty; unimpaired, undecayed, unfaded; bracing; unsalted Ⓑ *s. m.* cool, coolness, freshness; evening breeze; PINTURA fresco; *pl.* frescos, frescoes; ***pintura a fresco*** fresco-painting; ***tomar o fresco*** to go for an airing, to take the fresh air; ***fresco como uma alface*** as fresh as paint, as fresh as a daisy; ***vento fresco*** fresh wind; ***tinta fresca*** wet paint; ***pão fresco*** new bread; ***peixe fresco*** fresh fish; ***guardar em lugar fresco*** to keep in a cool place; [fig.] ***pôr-se ao fresco*** to take to one's heels; ***de fresca data*** recently; ***ovos frescos*** new-laid eggs; ***conto «fresco»*** licentious story, doubtful (or dirty) story; ***tempo fresco*** cool weather; ***lugar fresco*** a cool place; ***chegado de fresco*** newly arrived; ***novas frescas*** fresh news; ***flores colhidas de fresco*** freshly-gathered flowers; ***ainda está fresco na minha memória*** it is still fresh in my memory; ***apanhar ar fresco*** to get a breath of fresh air; ***também és fresco!*** you're just as bad as the others!

frescor *s. m.* freshness, coolness; breeze, exuberance, verdancy, verdure; brilliancy; greens

frescura *s. f.* coolness, freshness, pleasant air; cool

fresquidão *s. m.* ⇒ **frescor**

fresquinho Ⓐ *adj.* coolish Ⓑ *s. m.* fresh air; cool, coolness; ***o fresquinho da noite é muito agradável*** the cool of the evening is very pleasant

fressura *s. f.* pluck; heart, liver and lungs of an animal; harlet; pig's fry

fressureiro *s. m.* pluck-seller

fresta *s. f.* opening; window-slit; breach, gap, crack

frestado *adj.* having window-slits; HERÁLDICA fretty, fretted, chapped, cracked

frestão *s. m.* an ogival window; French window

fretado *adj.* chartered

fretador *s. m.* charterer, freighter; shipowner

fretagem *s. f.* freightage, chartering, brokerage

fretamento *s. m.* freightage, freighting; NÁUTICA charter; ***carta de fretamento*** charter-party; ***fretamento a prazo*** time-charter; ***fretamento pela viagem*** charter by run

fretar *v. tr.* to freight; to hire, to let out a vessel; to charter, to hire a ship by charter-party; ***fretar um navio*** to take up a vessel; ***fretar um navio por inteiro*** to freight a vessel by the lump

frete *s. m.* freight; load, shipment; ***frete por terra*** portage, porterage; ***frete bruto*** gross freight; ***frete de carga não embarcada*** dead freight; ***frete por distância*** distance freight; ***frete a prazo*** time freight; ***frete de ida*** outward freight; ***frete de volta*** homeward freight; ***frete de ida e volta*** freight out and home; ***frete inteiro*** full freight; ***dar de frete*** to freight, to let out

fretejador *s. m.* porter, street-porter, loader

fretejar *v. intr.* to take (or to run) errands; to carry loads

fretenir *v. intr.* to chirp, or to chirr (of the cicada)

freudiano *s. m., adj.* Freudian

freudismo *s. m.* Freudianism, Freudism

friabilidade *s. f.* friability, friableness

friacho Ⓐ *adj.* somewhat cool, coolish, chilly Ⓑ *s. m.* cold, coldness

friagem *s. f.* cold, coldness; cold weather; chilliness; frigidity; negligence

frialdade *s. f.* cold, coldness; cold weather; chilliness; frigidity; negligence

friamente *adv.* coldly, frigidly; cold-heartedly, distantly

friável *adj.* friable, pulverizable, crumbly

fricandó *s. m.* [gal.] fricandeau

fricassé *s. m.* [gal.] fricassee

fricativa *s. f.* fricative (consonant)

fricativo *adj.* fricative

fricção *s. f.* friction, rubbing; MEDICINA liniment, embrocation

friccionador Ⓐ *adj.* rubbing Ⓑ *s. m.* one who rubs

friccionar *v. tr.* to rub, to apply friction to, to embrocate

frictor *s. m.* friction tube (or primer)

frieira *s. f.* chilblain; [fam.] glutton

frieirão Ⓐ *adj.* dull, apathetic; weak Ⓑ *s. m.* timid man, dull chap

frieirento *adj.* having chilblains; easily affected by chilblains

friesta *s. f.* ⇒ **fresta**

frieza *s. f.* coolness, coldness; indifference, disinterestedness, unconcern; absence of warmth and animation; ***receber com frieza*** to give a cold reception

frigideira *s. f.* frying-pan

frigidez *s. f.* frigidity, frigidness, coldness; indifference; chilliness; stiffness (of manners)

frígido *adj.* frigid, cold, chilly, icy, stiff, indifferent; cool ***zonas frígidas*** frigid zones

frigífugo *adj.* that avoids the cold

frígio *s. m., adj.* HISTÓRIA Phrygian; ***barrete frígio*** Phrygian cap

frigir Ⓐ *v. tr.* to fry, to cook in hot fat Ⓑ *v. intr.* to show off

frigoria *s. f.* unit of cold used in refrigeration

frigorífero Ⓐ *adj.* refrigerating Ⓑ *s. m.* cooler

frigorificação *s. f.* act of freezing (food) for preservation
frigorificar *v. tr.* to freeze (food) for preservation
frigorífico Ⓐ *adj.* refrigerant, frigorific(al), cooling Ⓑ *s. m.* cooler, refrigerator, fridge, cold-storage room
frigorífugo *adj.* ⇒ **frigífugo**
frimário *s. m.* HISTÓRIA Frimaire (third month of the French revolutionary calendar)
frincha *s. f.* chink, opening, gap, fissure, crack, chap
frinchoso *adj.* cleft; fissured
Fringílidas *s. m. pl.* ORNITOLOGIA ⇒ **Fringilídeos**
Fringilídeos *s. m. pl.* ORNITOLOGIA *Fringillidae*
frio Ⓐ *adj.* cold, frigid, chilly, raw, biting, bleak; insensible, indifferent, distant; unfeeling Ⓑ *s. m.* cold, chill; chilliness; indifference, unconcern; discouragement; cold fit; ***ter frio*** to be cold; ***sentir frio*** to feel cold; ***frio insuportável*** terrible cold, unbearable cold; ***excessivamente frio*** overcold; ***uma vaga de frio*** a cold snap; ***não está frio nem calor*** it is neither cold nor hot; ***tremer de frio*** to be shivering with cold; ***a sangue frio*** in cold blood; ***malhar em ferro frio*** to lose one's labour; ***morrer a ferro frio*** to die by the sword; ***tempo frio*** cold weather; ***mãos frias*** cold hands; ***frio como gelo*** as cold as ice; ***cama fria*** a cold bed; ***homem frio*** cool-headed man, cold-hearted man; ***sorriso frio*** a wintry smile; ***não posso suportar o frio*** I cannot stand the cold; ***mãos frias, coração quente*** cold hands but a warm heart
frioleira *s. f.* bauble, trifle, frivolity, gewgaw; lace used for trimming
friolento *adj.* ⇒ **friorento**
friorento *adj.* chilly; sensitive to the cold; ***ser friorento*** to feel the cold
frisa *s. f.* frieze; kind of coarse, shaggy woollen cloth; TEATRO dress box
frisada *s. f.* bird of the family *Anatidae*; variety of pidgeon; dress made of frieze
frisado *adj.* curled, curly, frizzled
frisador *s. m.* frizzler, curler
frisagem *s. f.* curling, frizzling; ARQUITECTURA frieze
frisante *adj.* proper, fitting; exact, accurate; striking; significant; outstanding; ***exemplo frisante*** striking example
frisão Ⓐ *adj.* Frisian Ⓑ *s. m.* Frisian; Frisian horse
frisar Ⓐ *v. tr.* to frizzle, to curl; to emphasize, to lay stress on; to give special significance to Ⓑ *v. intr.* to become frizzled
frísico *s. m., adj.* ⇒ **frisão**
frísio *s. m., adj.* ⇒ **frisão**
friso *s. m.* ARQUITECTURA frieze; part of the entablature between architrave and cornice; band of decoration
frita *s. f.* frit, material from which glass is made
fritada *s. f.* fritter; slice of apple (or orange, etc.) fried in butter; dish of fried fish (or meat)
fritadeira *s. f.* frying-pan; female frying cook
fritalhada *s. f.* [pop.] a large quantity of fried food
fritangada *s. f.* [pop.] ⇒ **fritalhada**
fritar Ⓐ *v. tr.* to fry; to cook in boiling fat, to pester Ⓑ *v. intr.* to boast; ***fritar peixe*** to fry fish
fritilo *s. m.* dice-box, dice-cup
frito Ⓐ *adj.* fried Ⓑ *s. m.* fritter, frying, fry; ***batatas fritas*** chips, fried potatoes; ***peixe frito*** fried fish; [pop.] ***ele está frito*** he is done for, he is on the rocks
frituras *s. f. pl.* fritters, Spanish puff
friúra *s. f.* coolness; ***quebrar a friúra*** to take the chill off (water or claret)
frivolamente *adv.* frivolously, triflingly
frivolidade *s. f.* frivolity, futility, emptiness, idleness, lightness, fickleness
frívolo *adj.* frivolous, futile, silly, unstable, superficial; trifling, petty; vain, flippant; ***pessoa frívola*** a frivolous person
frocado Ⓐ *adj.* trimmed with flock Ⓑ *s. m.* flock trimming
frocadura *s. f.* flock trimming
frocar *v. tr.* to trim with flocks (of wool, cotton, etc.)
froco *s. f.* flake; flock
froebeliano *adj.* relating to Froebel
froixar *v. tr.* ⇒ **frouxar, afrouxar**
froixel *s. m.* ⇒ **frouxel**
froixeleiro *s. m.* ⇒ **frouxeleiro**
froixeza *s. f.* ⇒ **frouxeza**
froixidade *s. f.* ⇒ **frouxidade**
froixidão *s. f.* ⇒ **frouxidão**
froixo *adj.* ⇒ **frouxo**
frol *s. f.* ⇒ **flor**
frонças *s. f. pl.* twigs of a tree top
fronda *s. f.* HISTÓRIA Fronde (political party in France, 1648-1653); ⇒ **fronde**
frondar *v. intr.* ⇒ **frondear**
fronde *s. f.* frond; foliage
frondear Ⓐ *v. tr.* to cover with leaves Ⓑ *v. intr.* to leaf, to come into leaf
frondejante *adj.* leafy; fronded
frondejar Ⓐ *v. tr. e intr.* ⇒ **frondear**
frondente *adj.* leafy, putting forth leaves
frôndeo *adj.* leafy, putting forth leaves
frondescência *s. f.* frondescence, foliage, leafage
frondescente *adj.* frondescent, leafy
frondescer *v. intr.* to frondesce, to leaf
frondícola *adj.* that lives on boughs of trees
frondífero *adj.* BOTÂNICA frondiferous
frondíparo *adj.* BOTÂNICA frondiparous
frondosidade *s. f.* foliage, leaves, luxuriant growth
frondoso *adj.* leafy, frondose; branchy, dense, thick
frôndula *s. f.* frondlet
fronha *s. f.* pillow-case, pillow-slip
fronta *s. f.* presentation; news
frontaberto *adj.* white-faced (horse)
frontada *s. f.* squared stone fit for the two surfaces of a wall
frontal Ⓐ *adj.* frontal; ANATOMIA connected with the forehead (or brow) Ⓑ *s. m.* ornament; RELIGIÃO antependium; frontal bone
frontaleira *s. f.* RELIGIÃO ⇒ **frontal**
frontalidade *s. f.* straightforwardness, honesty, sincerity; probity
frontão *s. m.* ARQUITECTURA fronton, pediment
frontaria *s. f.* front, façade, frontispiece
fronte *s. f.* front, forehead
frontear Ⓐ *v. tr.* to face, to be in front of; to look towards; to confront
fronteira *s. f.* frontier, boundary, limit, border; confines, outposts; ***passar a fronteira*** to cross the frontier (border); ***formar fronteira em*** to border
fronteirar *v. tr.* to put in front of; to border, to bound
fronteiriço *adj.* bordering upon, limitary, adjacent; ***linha fronteiriça*** border-line
fronteiro Ⓐ *adj.* frontier, facing, opposite Ⓑ *s. m.* governor of a fort on the frontier
frontino *adj.* having a blaze (horse)
frontispicial *adj.* relating to the frontispiece
frontispício *s. m.* frontispiece, façade; pediment; forefront; title-page; [fig.] face, appearance; ***frontispício de um livro*** frontispiece of a book
frontoparietal *adj.* frontoparietal
froque *s. m.* ⇒ **froco**
frosca *s. f.* ⇒ **franja**
frota *s. f.* fleet; ***frota mercante*** merchant fleet; ***frota aérea*** air fleet
frouças *s. f. pl.* ⇒ **frонças**
frouxa *s. f.* rook; ⇒ **frieira**
frouxamente *adv.* slackly, loosely, weakly, laxly, flabbily

frouxar *v. intr.* ⇒ **afrouxar**
frouxel *s. m.* down soft feathers; fine short feathers; fluff
frouxelado *adj.* ⇒ **frouxeleiro**
frouxeleiro *adj.* downy, having soft feathers
frouxeza *s. f.* ⇒ **frouxidão**
frouxidade *s. f.* ⇒ **frouxidão**
frouxidão *s. f.* weakness, sloth, slackness, sluggishness, negligence
frouxo *adj.* slack, sluggish, remiss, negligent, inactive, indolent, feeble, weak, faint, loose
frufru *s. m.* frou-frou, rustling (of dresses or leaves)
frugal *adj.* frugal, parsimonious, moderate, sparing, thrifty; ***uma refeição frugal*** a frugal meal
frugalidade *s. f.* frugality, frugalness, parsimony, thrift; economy
frugalmente *adv.* frugally, parsimoniously, thriftily
frugífero *adj.* fructiferous, fruit-bearing
frugívoro *adj.* frugivorous
fruição *s. f.* fruition; enjoyment, satisfaction; fulfilment; realization
fruir *v. tr. e intr.* to enjoy, to derive pleasure from possession; to feel enjoyment
fruita *s. f.* [ant.] ⇒ **fruta**
fruiteira *s. f.* [arc.] ⇒ **fruteira**
fruitivo *adj.* fruitive; pleasant; delicious
frumentação *s. f.* storage of cereals in wartime; frumentation
frumentáceo *adj.* frumentaceous
frumental Ⓐ *adj.* frumentarious; suitable for the sowing of cereals Ⓑ *s. m.* kind of oats
frumentário *adj.* frumentarious
frumentício *adj.* ⇒ **frumentário**
frumento *s. m.* wheat, corn, grain; cereals
frumentoso *adj.* abounding in wheat (or other grain)
fruncho *s. m.* [pop.] ⇒ **furúnculo**
frunco *s. m.* [pop.] ⇒ **furúnculo**
frúnculo *s. m.* [pop.] ⇒ **furúnculo**
fruste *adj.* inferior, of inferior quality
frusto *adj.* worn out (coin); weather-beaten (sculpture); MEDICINA benign
frustração *s. f.* frustration, failure, disappointment; nullification, overthrow
frustradamente *adv.* vainly; uselessly, frustrately
frustrado *adj.* frustrated, ba(u)lked, baffled, thwarted, disappointed, foiled
frustrador *s. m.* frustrater
frustrâneo *adj.* frustraneous, vain, useless
frustrante *adj.* frustrating, disappointing, thwarting, deceiving, baffling
frustrar Ⓐ *v. tr.* to frustrate, to ba(u)lk, to baffle, to circumvent, to thwart, to disappoint; to render of no effect; ***frustrar os planos de alguém*** to thwart somebody's plans Ⓑ *v. refl.* to fail, to miscarry, to come to nothing; ***o negócio frustrou-se*** the affair is off
frustratório *adj.* frustratory, deceptive, easily mistaken; baffling; frustrative
frustulado *adj.* having frustules
frústulo *s. m.* frustule
fruta *s. f.* fruit; ***fruta de caroço*** stone-fruit; ***fruta podre*** rotten (unsound) fruit; ***salada de fruta*** fruit-salad; ***fruta de conserva*** preserved fruit; ***fruta seca*** dried fruit; ***sustentar-se de fruta*** to feed on fruit; ***a fruta estraga-se se não a comermos*** the fruit will go bad if we don't eat it; ***cesta para fruta*** fruit-basket; ***deve comer fruta de todas as qualidades*** you should eat all kinds of fruit; ***tempo da fruta*** fruit-season; ***frutas do tempo*** fruits of the season; ***frutas temporãs*** hastings, early fruit; ***vendedor de fruta*** fruit-seller, fruiterer; ***cultivar árvores de fruto*** to grow fruit; ***bolo de fruta*** fruitcake; ***frutas cobertas*** candied peel; ***pessoa que se alimenta só de fruta*** fruitarian
fruta-do-conde *s. f.* BOTÂNICA sweetsop
fruta-pão *s. f.* BOTÂNICA [Bras.] breadfruit tree
frutar Ⓐ *v. tr.* to produce; to give rise to Ⓑ *v. intr.* to bear fruit
frutaria *s. f.* fruit shop
fruteador *adj.* fructifying
frutear Ⓐ *v. intr.* to bear fruit, to fructify Ⓑ *v. tr.* to make fruitful
fruteira *s. f.* fruit-tree; fruit-dish; fruit-basket; fruit-seller
fruteiro Ⓐ *adj.* fruit-bearing; fruitful; fond of fruit Ⓑ *s. m.* fruiterer; fruit-dealer; fruit-grower
frutescência *s. f.* frutescence, the fruiting season
frutescente *adj.* frutescent, fructiferous
frutescer *v. intr.* to bear fruit
frútice *s. m.* BOTÂNICA frutex; shrub
fruticeto *s. m.* orchard
fruticoso *adj.* BOTÂNICA fruticose, bushy, shrubby
fruticuloso *adj.* BOTÂNICA fruticulose, like a small shrub
fruticultor *s. m.* fruit-grower
fruticultura *s. f.* fruit-growing
frutidor *s. m.* HISTÓRIA Fructidor (the twelfth month of the French revolutionary calendar)
frutífero *adj.* fructiferous, bearing fruit; productive; fruitful; [fig.] useful, beneficial; ***árvore frutífera*** fruitful tree
frutificação *s. f.* fructification, fertilization
frutificar *v. intr.* to fructify; to bear fruit; to become fruitful, to become fertile; to yield results; to come to maturity (of efforts, measures, etc.)
frutificativo *adj.* fructifying
frutiforme *adj.* fructiform
frutígero *adj.* fructiferous
frutívoro *adj.* fructivorous, frugivorous, feeding on fruit
fruto *s. m.* fruit; result, effect; profit, reward, product, consequence; ***o fruto do nosso trabalho*** the fruits of our labours; ***dar fruto*** to bear fruit; ***fruto proibido*** forbidden fruit; ***tirar fruto de*** to profit from; ***o fruto proibido é o mais apetecido*** stolen fruits are sweetest
frutose *s. f.* fructose, fruit sugar
frutuário *adj.* fertile; yielding results
frutuosamente *adv.* fruitfully, productively
frutuoso *adj.* fruitful; profitable
ftalato *s. m.* QUÍMICA phthalate
ftaleína *s. f.* QUÍMICA phthalein
ftálico *adj.* QUÍMICA phthalic
ftanite *s. f.* black silex
ftártico *adj.* deleterious; able to destroy
ftiríase *s. f.* MEDICINA phthiriasis, pediculosis
ftisiúrica *s. f.* MEDICINA diabetes
fu! *interj.* ugh!, phew!
fuá Ⓐ *adj.* [Bras.] distrustful, suspicious (horse) Ⓑ *s. m.* machination, intrigue
fuba *s. m.* fermented African beverage
fubá *s. f.* [Bras.] maize flour; rice flower; cornmeal
fubeca *s. f.* [Bras.] eating, scolding
fuça *s. f.* [pop.] nose, snout, face
Fucáceas *s. f. pl.* BOTÂNICA *Fucaceae*
fucícola *adj.* that lives among fuci
fuciforme *adj.* fucoid, fuciform
fuco *s. m.* BOTÂNICA fucus (*plural* fuci), genus of seaweed with flat leathery fronds
fucóide *adj.* fucoid
fúcsia *s. f.* BOTÂNICA fuchsia
fucsina *s. f.* fuchsine
fueirada *s. f.* blow with a cart-pole; a number of cart-poles
fueiro *s. m.* cart-pole
fueta *s. f.* ⇒ **furão**
fúfia *s. m. e f.* presumptuous and ridiculous person

fúfio *adj.* vulgar, low
fuga *s. f.* flight, escape, flying; running away; retreat; evasion; leak, leakage; subterfuge; MÚSICA fugue; vent-hole (of bellows); ***pôr em fuga*** to put to flight; ***pôr-se em fuga*** to take to flight, to take to one's heels; ***fuga de vapor*** steam leak; ***fuga de água*** water leak; ***ter uma fuga*** to leak; ***tentativa de fuga*** an attempt at escape; ***fuga de gás*** gas leakage; ***ponto de fuga*** vanishing point
fugacidade *s. f.* fugacity, fugaciousness, transitoriness, transience; rapidity
fugado *adj.* MÚSICA fugued
fugalaça *s. f.* lariat, lasso, reata, riata, rope of a harpoon
fugão *adj.* ⇒ **fujão**
fugaz *adj.* fugacious, transitory; brief, ephemeral, fugitive, evanescent, short, fleeting
fugazmente *adv.* fugaciously, transitorily, fleetingly
fugente *adj.* HERÁLDICA flying; PINTURA vanishing
fugião *adj.* ⇒ **fujão**
fugida *s. f.* flight, running away; evasion; escape; bunk; ***de fugida*** in a hurry
fugidela *s. f.* ⇒ **fugida**
fugidiço *adj.* fugitive, evanescent, fleeing, apt to run away; shy
fugidio *adj.* fugitive, evanescent, fleeing, apt to run away; shy; ***tão fugidio que troca as voltas*** as slippery as an eel
fugido *adj.* runaway; eloping
fugiente *adj.* ⇒ **fugente**
fuginte *adj.* ⇒ **fugente**
fugir *v. intr.* to flee, to run away, to fly, to escape, to turn tail, to cut and run, to take to one's heels; to retreat, to make off; to take to flight; to bolt, to shun, to avoid, to evade, to elude, to eschew; ***fugir com dinheiro*** to make off with money; ***fugir de uma dificuldade*** to evade a difficulty; ***fugir à sorrelfa*** to give a person the slip; ***fugir à acção da justiça*** to abscond, to steal off, to run away, to escape the law; ***fugir à tentação*** to flee from temptation; ***fugir à vista*** to escape one's sight; ***fugir de um perigo*** to flee from danger; ***fugir à responsabilidade*** to shrink from responsibility; ***fugir com o corpo*** to avoid a blow, to escape with one's life; ***fugir a sete pés*** to show a clean pair of heels; ***fugir ao assunto*** to digress; ***não fugir ao assunto*** to stick to the point; ***fugir ao serviço militar*** to desert; ***deixar fugir a ocasião*** to let an opportunity slip; ***fugir ao trabalho*** to get out of doing work, to evade work; [fig.] ***o melro fugiu*** the bird is flown; ***a lebre fugiu*** the hare scuttled away
fugitivo Ⓐ *adj.* fugitive, escaping, runaway, fugacious, transitory, fleeing Ⓑ *s. m.* deserter, runaway, escaper, fugitive
fugueiro *s. m.* ⇒ **fueiro**
fuinha Ⓐ *s. f.* ZOOLOGIA weasel; ORNITOLOGIA nuthatch Ⓑ *s. m. e f.* niggard, miser, pinchfist, pinchgut, pinchpenny; hatchet-faced person
fuinho *s. m.* ORNITOLOGIA woodpecker
fujão *adj.* prone to run away
fula *s. f.* great mob; hurry, great haste; calender; preparation of the felt for hats; food which is masticated at one time; ***fula-fula*** skip and jump, bustle
fulame *s. m.* a lot of felt for hats
fulano *s. m.* (Mr.) So-and-so; such and such a man; John Doe; ***não importa o que fulano diz*** never mind what Mr. So-and-so says; ***fulana de tal*** Jean Doe, Miss (or Mrs.) So-and-so; ***fulano, sicrano e beltrano*** Tom, Dick and Harry
fulão *s. m.* pot for felt preparation
fulcrado *adj.* BOTÂNICA, ZOOLOGIA fulcrate
fulcral *adj.* pivotal; central; decisive
fulcro *s. m.* fulcrum, prop, stay; [técn.] point of support, centre of motion; [fig.] any expedient
fulda *s. f.* Pope's white tunic
fuleca *s. f.* linnet
fulecra *s. f.* golden oriole, figpecker; [fig.] little and naughty girl
fulgência *s. f.* fulgency, brilliancy, brilliance; radiance; glow; splendour
fulgente *adj.* fulgent, shining, radiant, blazing, glowing, aglow
fúlgido *adj.* fulgent, shining, radiant, blazing, glowing, aglow
fulgir *v. intr.* to shine, to glitter, to gleam, to sparkle, to radiate; to glow
fulgor *s. m.* fulgor, fulgour, effulgence; brilliance, brilliancy, splendour, brightness, radiance, glitter, sheen; glow
fulguração *s. f.* fulguration, gleam of light; scintillation, twinkling, sparkle
fulgural *adj.* fulgurous, relating to lightning
fulgurância *s. f.* dazzling, brilliance, splendour
fulgurante *adj.* fulgurant, flashing, like lightning; coruscant
fulgurar *v. intr.* to fulgurate, to shine, to flash like lightning; to sparkle, to scintillate, to glitter, to flare
fulgurito *s. m.* GEOLOGIA fulgurite
fúlguro *adj.* ⇒ **fulgurante**
fulguroso *adj.* fulgurant, flashing
fulharia *s. f.* ⇒ **fulheira**
fulheira *s. f.* cheating (at cards), deceiving; practising deceit
fulheiro *s. m.* cheater, trickster
Fulicárias *s. f. pl.* birds of the family *Rallidae*
fuligem *s. f.* soot, lamp-black
fuliginosidade *s. f.* fuliginosity, sootiness; MEDICINA furring, sootiness
fuliginoso *adj.* fuliginous, sooty, smoky; MEDICINA furred, coated (tongue, tooth)
fulista *s. m. e f.* fuller, felt worker
fulmialgodão *s. m.* ⇒ **algodão-pólvora**
fulmilenho *s. m.* wood nitrocellulose
fulminação *s. f.* fulmination, explosion
fulminado *adj.* thunderstruck, exploded; [fig.] amazed, astonished; ***morreu fulminado por uma faísca*** he was killed by a stroke of lightning
fulminador Ⓐ *adj.* fulminating Ⓑ *s. m.* thunderer; fulminator; title applied to Jupiter
fulminante Ⓐ *adj.* fulminating; MEDICINA fulminant, developing suddenly and with great rapidity Ⓑ *s. m.* percussion cap; fuse, ignition charge
fulminar Ⓐ *v. tr.* to fulminate, to hit; to injure, to wound; to punish; to destroy, to annihilate; to kill instantaneously; Ⓑ *v. intr.* to fulminate; to strike (lightning); to explode; to sparkle
fulminato *s. m.* QUÍMICA fulminate
fulminatório *adj.* fulminatory
fulmíneo *adj.* fulminous, fulminating, destroying; dreadful; [fig.] bright, dazzling
fulminífero *adj.* fulminant, flash-producing
fulminígero *adj.* fulminatory
fulminívomo *adj.* belching (fire, bullets)
fulminoso *adj.* ⇒ **fulmíneo**
fulo *adj.* fulvous, reddish-yellow, dull, yellowish, brown, tawny; furious, in a towering passion, wild (black, purple) with rage
fuloar *v. tr.* to full, to make full (textiles); to gather, to pleat
fulosa *s. f.* machine used in the hat making industry
fulverino *s. m.* dark colouring matter
fulvescência *s. f.* fulvous colour
fúlvido *adj.* fulvous, reddish-yellow, tawny
fulvípede *adj.* ZOOLOGIA tawny-footed
fulvipene *adj.* ZOOLOGIA with fulvous feathers
fulvirrostro *adj.* ZOOLOGIA fulvous (or tawny) beaked
fulvo *adj.* ⇒ **fúlvido**
fumaça *s. f.* (puff of) smoke; great quantity of smoke; [fig.] presumption, pride; ***tem fumaças de sabichão*** he fancies himself (prides, puts on airs of) a wisehead
fumaçada *s. f.* ⇒ **fumaceira**
fumaceira *s. f.* large quantity of smoke; [fig.] pride

fumacento *adj.* ⇒ **fumarento**
fumada *s. f.* whiff of smoke; beacon, signal-fire on a pole (or hill)
fumadeira *s. f.* mouth-piece; cigarette-holder, cigar-holder
fumador *s. m.* smoker; ***é um fumador incorrigível*** he is an inveterate smoker
fumagem *s. f.* fumage; smoking, curling
fumagina *s. f.* BOTÂNICA, PATOLOGIA fumagine (dark-coloured, sooty mold on leaves)
fumante Ⓐ *adj.* smoking, reeking, foaming Ⓑ *s. m. e f.* smoker
fumão *s. m.* great smoker
fumar Ⓐ *v. tr.* to smoke Ⓑ *v. intr.* to reek; ***é permitido fumar?*** is smoking permitted?; ***não é permitido fumar*** no smoking (allowed), smoking prohibited; ***faz-lhe mal fumar*** it is bad for him to smoke; ***fumar pouco*** to smoke a little; ***fumar como uma chaminé*** to smoke like a chimney (or a steam-engine); ***fumar tabaco, ópio, etc.*** to smoke tobacco, opium, etc
fumaraça *s. f.* ⇒ **fumarada**
fumarada *s. f.* excessive quantity of smoke
fumarar *v. tr. e intr.* to smoke; to reek, to emit smoke
fumarento *adj.* smoky, smoking
fumária *s. f.* BOTÂNICA fumitory
Fumariáceas *s. f. pl.* BOTÂNICA members of the *Fumariaceae*
fumarina *s. f.* fumarin
fumarola *s. f.* fumarole, vulcanic smoke
fumatório Ⓐ *adj.* fumatory Ⓑ *s. m.* smoking-room
fumável *adj.* smokable
fumeante *adj.* ⇒ **fumegante**
fumear *v. intr.* ⇒ **fumegar**
fumegante *adj.* smoking, steaming
fumegar *v. intr.* to smoke; to steam; to emit smoke
fumeiro *s. m.* chimney; a great deal of smoke; fumatory (the place where bacon, etc., is smoked); smoked sausages; [fig.] ***atar e pôr ao fumeiro*** no sooner said than done; ***secar ao fumeiro*** to smoke dry
fúmeo *adj.* smoky; smoke-producing, fumiferous
fúmido *adj.* ⇒ **fúmeo**
fumífero *adj.* smoky; smoke-producing, fumiferous
fumífico *adj.* ⇒ **fumífero**
fumiflamante *adj.* fuming; afire
fumífugo *s. m.* apparatus which increases the draught of a chimney
fumigação *s. f.* fumigation
fumigador *s. m.* fumigator, smoker
fumigar *v. tr.* to fumigate, to saturate with fumes or smoke
fumigatório *adj.* fumigatory
fumígeno *adj.* producing smoke
fuminé *s. f.* ⇒ **chaminé**
fumista *s. m. e f.* smoker
fumívomo *adj.* smoky, smoking
fumívoro *adj.* smoke-consuming
fumo *s. m.* smoke, fume, vapour; crape (sign of mourning); [fig.] pride, boasting, vanity; vain hope; evanescence, transitoriness; ***sala de fumo*** smoking-room; ***fumo do tabaco*** tobacco smoke; ***cortina de fumo*** smoke-screen; ***incomoda-o o fumo?*** do you mind if I smoke?; ***pólvora sem fumo*** smokeless powder; ***o fumo faz-me mal*** smoking does not agree with me; NÁUTICA ***sanefa de fumo*** smoke sail; ***caixa de fumo (de caldeiras)*** smoke-box, smoke-chest (of boilers); ***não há fumo sem fogo*** there is no smoke without a fire; ***sem fumo*** smokeless; ***cheirar a fumo*** to smell of smoke; ***desfazer-se como fumo*** to vanish into smoke
fumo-bravo *s. m.* BOTÂNICA tobacco-weed
fumo-da-terra *s. m.* BOTÂNICA ⇒ **fumária**
fumosidade *s. f.* smokiness
fumoso *adj.* smoky, emitting smoke, dense with smoke; [fig.] conceited, vain
funambular *v. intr.* to funambulate
funambulesco *adj.* funambulatory
funambulismo *s. m.* funambulism, rope-walking, acrobatics
funâmbulo *s. m.* funambulist, tight-rope walker; rope-dancer; acrobat
funante *s. m.* ancient Portuguese merchant (in the interior of Africa)
funária *s. f.* BOTÂNICA a special kind of moss
funçanada *s. f.* ⇒ **funçanata**
funçanata *s. f.* big party, spree, frolic
funçanista *s. m. e f.* pleasure hunter, reveller
função *s. f.* function, normal action, operation; exercise, execution; performance; duty, service; business, occupation, office, employment; part, function, feast, celebration; ***as funções dos nervos*** the functions of the nerves; ***no exercício das suas funções*** in one's capacity (as); ***é muito correcto no desempenho das suas funções*** he is very scrupulous in fulfilling his duties; MATEMÁTICA ***função logarítmica*** logarithmic function
funchal *s. m.* fennel bed, fennel plantation
funcho *s. m.* BOTÂNICA fennel; ***flor de funcho*** love-in-a-mist
funcional *adj.* functional
funcionalidade *s. f.* practicality; functionality; usefulness
funcionalismo *s. m.* officialdom, officionalism, bureaucracy, the body of public or state officials; public officials; ***funcionalismo público*** civil service
funcionalmente *adv.* functionally
funcionamento *s. m.* functioning, working, action; operation, running; ***funcionamento irregular*** irregular working; ***funcionamento de uma máquina*** behaviour (or running) of a machine; ***pôr o motor em funcionamento*** to start the engine; ***modo de funcionamento*** working method
funcionar *v. intr.* to function; to act, to work, to run; to go; to operate; ***funcionar bem*** to work well; ***a máquina não funciona bem*** the machine doesn't work well
funcionário *s. m.* clerk, employee; office holder, official; ***funcionário público*** civil servant, official, office holder
funcionista *s. m. e f.* functionalist
funda *s. f.* sling; MEDICINA truss, suspender, bandage; ***funda de embarcação*** gripes, lashing, strop (of vessel)
fundação *s. f.* foundation; establishment; base, basis, groundwork; donation, legacy; endowed institution of charity; ***fundação de uma fábrica*** establishment of a factory; ***fundação particular*** private trust; ***fundação de beneficência*** charitable institution
fundadamente *adv.* reasonably, solidly
fundado *adj.* founded, established; based on; grounded; reasonable; ***esperanças mal fundadas*** ill-founded hopes; ***fundado no facto*** founded on fact; ***bem fundado*** well-grounded, well-founded
fundador *s. m.* founder, establisher, father
fundagem *s. f.* sediment, settlings
fundal *adj.* very deep
fundalha *s. f.* ⇒ **fundagem**
fundalho *s. m.* ⇒ **fundagem**
fundamentação *s. f.* basis; reason, motive; proof
fundamental *adj.* fundamental, basic, essential, principal; necessary
fundamentalismo *s. m.* RELIGIÃO fundamentalism
fundamentalista Ⓐ *s. m. e f.* fundamentalist Ⓑ *adj.* fundamentalist; fundamentalistic
fundamentalmente *adv.* fundamentally, basically, essentially
fundamentar *v. tr.* to found; to establish, to settle, to ground, to base on; to prove, to justify; to confirm
fundamento *s. m.* basis; foundation, groundwork, reason, cause, origin, motive, ground, justification; ***com que fundamento?*** upon what grounds?; ***o boato não tem fundamento*** the rumour has no foundation; ***com fundamento*** on good grounds

fundão *s. m.* whirlpool; the deep (sea); chasm; deep, bottom

fundar Ⓐ *v. tr.* to found, to lay the foundation of, to establish; to institute, to create; to build; to deepen; to ground Ⓑ *v. refl.* to rely on, to base on; to be founded; ***fundar um hospital*** to found a hospital; ***fundar uma escola*** to found a school; ***fundar um banco*** to establish a bank; ***fundar um argumento em factos bem conhecidos*** to found an argument on well-known facts; ***fundar as suas esperanças sobre*** to place one's hopes in; ***fundar uma sociedade*** to establish a company; ***fundar uma dinastia*** to found a dynasty

fundável *adj.* said of a deep layer of rich soil

fundeado *adj.* NÁUTICA at anchor; ***fundeado em rada*** at anchor in roadstead; ***estar fundeado*** to ride at anchor

fundeadoiro *s. m.* NÁUTICA ⇒ **fundeadouro**

fundeadouro *s. m.* NÁUTICA anchorage, anchoring-place; berth; berth ground; ***fundeadouro empachado*** foul berth

fundear *v. tr.* NÁUTICA to anchor, to moor; ***fundear bóia*** to stream the buoy; ***fundear minas*** to plant (to sink) mines; ***fundear a pé-de-galo*** to ride apeak

fundeiro Ⓐ *adj.* at the bottom; very deep Ⓑ *s. m.* truss-maker

fundente *adj.* melting, fusing, dissolvent

fundiário *adj.* agrarian, landed

fundibulário *s. m.* slinger

fundíbulo *s. m.* sling; HISTÓRIA catapult

fundição *s. f.* foundry; cast, casting, melting, fusion; iron-works; [fig.] plan, design, project; ***fundição de canhões*** gun foundry; ***peça de fundição*** (iron-)casting; ***fundição de tipos*** type-foundry; ***fundição sob pressão*** die casting; ***caixa de fundição*** teeming box

fundido *adj.* cast; melted; ELECTRICIDADE blown, burnt out

fundidor *s. m.* melter, caster, founder; ***fundidor de estanho*** tinner; ***fundidor de ferro*** iron-founder; ***fundidor de bronze*** brass-founder

fundilhar *v. tr.* to mend; to patch up (trouser seats)

fundilhos *s. m. pl.* trouser-seat; a patch for the trouser-seat

fundinho *s. m.* folding-screen; MINERALOGIA rutile

fundir Ⓐ *v. tr.* to found, to cast, to melt, to liquefy, to dissolve; to smelt, to fuse, to extract (metal) from ore by smelting; ELECTRICIDADE to blow, to burn out Ⓑ *v. refl.* to become liquid; ***fundir cobre*** to smelt copper; ***fundir uma estátua*** to cast a statue (in plaster, in molten metal)

fundismo *s. m.* wool waste

fundível *adj.* fusible, liquefiable, meltable

fundo Ⓐ *s. m.* bottom, the lowest part of anything, basis; base, groundwork; depth; the depths of one's character; nature, feeling; stage-background, setting, main point, core, essence; the farthest end; *pl.* COMÉRCIO funds, stocks Ⓑ *adj.* deep, hollowed, sunken; profound, unfathomable; intimate, deep-rooted Ⓒ *adv.* fully, thoroughly; ***empregar dinheiro em fundos*** to invest money in funds; ***fundos disponíveis*** ready money; ***fundos de reserva*** reserve funds, guarantee (guaranty) funds; ***fundos amortizáveis*** sinking funds; ***fundos em carteira*** assets; ***fundo de garantia*** security fund; ***fundos públicos*** public funds; ***levantar fundos*** to raise funds; ***fundo de investimento*** investment fund; ***Fundo Monetário Internacional*** International Monetary Fund; ***fundos principais*** leading stock; ***os fundos estão altos*** the funds are up; ***obter fundos*** to raise the wind; ***ir ao fundo*** to sink to the bottom; ***ir-se ao fundo*** to sink; ***artigo de fundo*** leading article; TEATRO ***cenário de fundo*** back scene, back cloth; ***fundo do palco*** backstage; ***fundo musical*** background music; ***fundo de caldeira*** bottom of a boiler; ***fundo de agulha*** the eye of a needle; NÁUTICA ***fundos baixos*** shallow water; ***fundo movediço*** shifting ground; ***fundo de navio*** bottom of a ship; ***fundo de porão*** sink (of the hold); ***fundo exterior*** outer bottom; ***grandes fundos (água)*** deep water, depths; ***fundo interior*** inner bottom; ***fundo de maneio*** net current assets, working capital; ***procurar o fundo (prumar)*** to try the depth; ***dar fundo*** to cast anchor; ***com o fundo para cima*** bottom upwards; ***consertar o fundo, limpar o fundo*** to grave the bottom; ***limpeza do fundo*** graving; ***meter no fundo*** to run down; ***não acho fundo!*** no bottom!; ***o fundo da pintura*** the background of the picture; ***achar fundo*** to strike soundings; ***do fundo do coração*** from the bottom of one's heart; ***ter bom fundo*** to be good at heart; ***do fundo do peito*** breast-deep; ***no fundo*** intrinsically, at the bottom; ***ao fundo*** at the back, in the rear; ***nos fundos da casa*** at the back of the house; ***prometer mundos e fundos*** to promise the moon; ***prato fundo*** soup plate; ***no fundo do mar*** at the bottom of the sea; ***investigar a fundo*** to go to the root (of a matter); ***o fundo de uma cadeira*** the seat of a chair; ***saber a fundo*** to know thoroughly

fundura *s. f.* depth, profundity, deepness

fúnebre *adj.* funeral; funereal; mournful, sad, doleful; dismal, lugubrious; ***cortejo fúnebre*** funeral procession; ***cerimónias fúnebres*** exequies; ***oração fúnebre*** funeral sermon; ***carro fúnebre*** hearse

funebremente *adv.* mournfully; funereally

funeral Ⓐ *s. m.* funeral, burial procession; obsequies Ⓑ *adj.* funeral; ***acompanhar um funeral*** to attend a funeral; ***armas em funeral*** arms reversed, reversed arms

funerário *adj.* funeral, funerary; ***urna funerária*** funeral urn; ***agente funerário*** undertaker, funeral director; ***levar em carro funerário*** to hearse

funéreo *adj.* funereal, sad, mournful, gloomy

funestação *s. f.* saddening; mourning, grief

funestador Ⓐ *adj.* causing grief (or mourning) Ⓑ *s. m.* cause of grief (or mourning)

funestamente *adv.* fatally; perniciously; tragically, calamitously

funestar *v. tr.* to render fatal, to make gloomy, to sadden; to bring ill luck; to stigmatize; to defile

funesto *adj.* fatal, pernicious, dire, sinister, calamitous, mortal; destructive; disastrous

funga *s. f.* VETERINÁRIA distemper (of dogs)

fungada *s. f.* sniffing, snuff

fungadeira *s. f.* [pop.] snuff-box; frequent sniffing

fungadela *s. f.* sniff, snuff

fungagá *s. m.* inferior brass-band; village band

fungão *s. m.* BOTÂNICA fungus; mushroom; sniveller; snuff-taker, snuffer; ***fungão do centeio*** ergot of rye

fungar Ⓐ *v. tr.* to sniff, to snuff Ⓑ *v. intr.* to snore; to snivel, to hiss; to mutter, to mumble

fungicida *s. m., adj.* fungicide

fúngico *adj.* fungic

fungícola *adj.* fungivorous

fungiforme *adj.* fungiform

fungina *s. f.* fungin

fungível *adj.* consumable

fungo *s. m.* BOTÂNICA fungus (*plural* fungi or funguses); Jew's ears; mushroom, toadstool, rust, puffball, etc.

fungóide *adj.* fungoid, agaric

fungosidade *s. f.* fungosity; MEDICINA fungous excrescence

fungoso *adj.* fungous; spongy

funicular *adj.* funicular

funiculite *s. f.* inflammation of the funiculus

funículo *s. m.* funiculus, funicle

funiforme *adj.* funiform

funil *s. m.* funnel, filler

funilaria *s. f.* tin-smith's shop (workshop)

funileiro *s. m.* tin-smith; tinker, plumber; an itinerant mender of pots, pans and kettles

fura *s. f.* [pop.] drill hole

fura-bolo *s. m. e f.* [Bras.] meddlesome fellow

fura-bolos *s. m.* [pop.] forefinger

fura-bugalhos *s. m.* ORNITOLOGIA titmouse

fura-buxo *s. m.* ORNITOLOGIA Manx shearwater

furacão *s. m.* hurricane; whirlwind; tempest, storm

furacar *v. tr.* [fam.] to pierce, to make holes in
furacidade *s. f.* tendency to steal
furado *adj.* bored, pierced; [fig.] frustrated
furadoiro *s. m.* ⇒ **furadouro**
furador *s. m.* borer, piercer, bradawl; boring tool; ***furador de bordados*** bodkin; ***furador para papéis*** paper perforator
furadouro *s. m.* lonely path
furagem *s. f.* boring, piercing, perforation
fura-mar *s. m.* ZOOLOGIA ⇒ **fura-buxo**
fura-mato *s. m.* ZOOLOGIA ⇒ **cobra-de-vidro**; ⇒ **frango-d'água**
fura-neve *s. f.* campanula
furão *s. m.* ZOOLOGIA ferret, a variety of pole-cat; [fig.] busybody, meddlesome person
fura-paredes *s. m. e f.* sharp-witted person; wide-awake person; ***não é nenhum fura-paredes*** he is not very quick
furar Ⓐ *v. tr.* to bore (out), to drill, to pierce, to perforate Ⓑ *v. intr.* to penetrate, to pass through; [fig.] to frustrate, to baffle; ***furar o casco dum navio*** to hull the side of a ship; ***furar de lado a lado*** to pierce through; ***ele furou para entrar no carro eléctrico*** he wedged (or elbowed) his way into the tram; ***furar uma greve*** to pass through a picket line, [coloq.] to rat; ***furar um pneu*** to puncture a tyre (or tire); ***água mole em pedra dura, tanto bate até que fura*** constant dripping wears the stone
furável *adj.* pierceable
fura-vidas *s. m. e f.* [coloq.] live-wire; an energetic and industrious person
furcífero *adj.* furciferous
furco *s. m.* distance between the tips of the out-stretched thumb and forefinger (about 3/4 of a palm)
fúrcula *s. f.* ZOOLOGIA furcula; wishbone
furda *s. f.* hut
furente *adj.* furious; raging
furfuração *s. f.* furfuration
furfuráceo *adj.* furfuraceous, scurfy; BOTÂNICA covered with branny particles
furfuramido *s. m.* QUÍMICA furfuramide (product of furfurol when treated with ammonia)
furfúreo *adj.* ⇒ **furfuráceo**
furfurina *s. f.* furfurine
furfurol *s. m.* QUÍMICA furfurol
furgão *s. m.* luggage-van; ***furgão de socorro*** breakdown lorry
furgoneta *s. f.* delivery van; station wag(g)on
fúria *s. f.* fury, rashness, frenzy, impetuosity; rage, wrath, angriness; vehemence; enthusiasm; raging of the elements; an angry person; *pl.* MITOLOGIA the Furies; ***a fúria do vento*** the rage of the wind; ***num acesso de fúria*** in a transport of rage; ***a fúria de um ataque*** the fury of an attack; ***ataque de fúria*** a fit of rage
furial *adj.* furious
furibundo *adj.* furious, raging, violent, wild, infuriated
furifolha *s. f.* ⇒ **felosa**
furifunar *v. tr.* to play out of tune
furiosamente *adv.* furiously, madly, ragingly; wrathfully
furiosidade *s. f.* furiousness, fury; irritation, madness
furioso *adj.* furious, mad, raging, wild, fierce, infuriated, stormy; tempestuous; ardent; frenzied, frantic; ***estar furioso*** to be like a bear with a sore head, to see red; ***ficar furioso*** to get one's Irish up; ***estava furioso com isso*** he was wild about it; ***um doido furioso*** a raving lunatic; ***olhares furiosos*** furious glances
furlana *s. f.* a Venetian dance
furna *s. f.* cavern; cave; den, underground hollow
furo *s. m.* hole, bore, perforation; puncture (tyre); eyelet, orifice; peg; expedient, contrivance, device; a means to an end; ***fazer um furo*** to bore a hole; ***furo de êmbolo*** piston eye; ***furo de fundição*** great runner; ***furo de lubrificação*** oil hole; ***furo para rebite*** rivet hole; ***furo a punção*** punched hole; ***furo de sondagem*** drill hole; ***descer um furo*** to come down a peg; [coloq.] ***não ter «furo»*** not to have a way out; ***furo de parafuso*** bolt-hole; ***furo jornalístico*** scoop; ***estar muitos furos acima*** to be a lot better than something or someone, to be a cut above something or someone
furoar *v. tr.* to ferret out, to search, to inquire
furoeira *s. f.* box where the ferret is kept
furoeiro *s. m.* ferret breeder; searcher
furor *s. m.* fury, rage, fierce passion; agitation of mind; eagerness; enthusiasm; frenzy; madness; [fam.] ***fazer furor*** to make a splash, to be in the public eye; ***furor sagrado*** holy zeal; ***furor poético*** poetic rapture; ***furor uterino*** nymphomania
furrica *s. f.* ⇒ **forrica**
furricar-se *v. refl.* [pop.] to make a great effort
furriel *s. m.* MILITAR noncommissioned officer (ranking immediately below a sergeant and above a corporal)
furta-capa *s. m.* bullfighter with the cloak
furta-cor Ⓐ *adj.* dove-coloured, iridescent, changeable Ⓑ *s. m.* shot colour; ***seda furta-cor*** shot silk
furtadamente *adv.* clandestinely, stealthily
furtadela *s. f.* purloining; pilfering, concealment; ***às furtadelas*** by stealth, stealthily
furtado *adj.* stolen, purloined, robbed
furta-fogo *s. m.* ***lanterna de furta-fogo*** dark-lantern
furta-passo *s. m.* amble or easy pace (of horse)
furtar Ⓐ *v. tr.* to steal, to rob, to purloin, to thieve, to peculate Ⓑ *v. refl.* to steal away, to escape; to avoid, to shun; to sneak out; ***furtar um relógio*** to steal a watch; ***furtar coisas de pouco valor*** to pilfer; ***furtar o corpo ao golpe*** to evade a blow; ***furtar-se a responsabilidades*** to evade responsibility, to sneak out of responsibility; ***furtar as voltas*** to dodge (a pursuer)
furtivamente *adv.* furtively, privately, secretly, stealthily
furtivo *adj.* furtive, clandestine, stealthy, covert; surreptitious, underhand; ***um olhar furtivo*** a furtive glance; ***caçador furtivo*** poacher
furto *s. m.* theft, stealing, thievery, larceny, pilfering, purloining, robbery; ***pequeno furto*** crib; ***furto comum*** simple larceny; ***furto qualificado*** aggravated larceny
furuncular *adj.* furuncular, furunculous
furúnculo *s. m.* MEDICINA furuncle, boil
furunculose *s. f.* PATOLOGIA furuncolosis
furunculoso *adj.* MEDICINA furunculous
fusa *s. f.* MÚSICA demi-semiquaver
fusada *s. f.* spindleful; blow with a spindle
fusão *s. f.* fusion, melting, blend, blending, coalition; FÍSICA liquefaction; ***fusão de sociedades industriais, etc.*** merger; ***fusão de companhias*** union of companies
fusca *s. f.* a kind of wild goose
fuscalvo *adj.* PINTURA half-dark
fuscicolo *adj.* ZOOLOGIA fuscous-necked
fuscicórneo *adj.* ZOOLOGIA having fuscous antennae
fuscímano *adj.* ZOOLOGIA having dark front paws
fuscina *s. f.* fuscin, fuscine
fuscipene *adj.* ZOOLOGIA fuscopennate with dark feathers
fuscirrostro *adj.* ZOOLOGIA grey-beaked (bird)
fusco *adj.* brown, tawny, dark
fuseira *s. f.* spindle-maker
fuseiro *s. m.* spindle-maker
fusela *s. f.* HERÁLDICA fusil, spindle
fuselado *adj.* HERÁLDICA fusiform
fuselagem *s. f.* fuselage
fuselo *s. m.* ORNITOLOGIA redshank
fusibilidade *s. f.* fusibility
fusiforme *adj.* fusiform
fúsil *adj.* fusible, meltable
fusiloa *s. f.* ⇒ **pernilongo**
fusionar *v. tr.* to fuse; to melt; to amalgamate, to cast, to found

fusionista *s. m. e f.* fusionist
fusípede *adj.* ZOOLOGIA having fusiform feet
fusível Ⓐ *adj.* fusible Ⓑ *s. m.* fuse; ***consertar um fusível*** to mend a fuse; ***os fusíveis fundiram-se*** the fuses have blown; ***compartimento dos fusíveis*** fuse-box
fuso *s. m.* spindle, spool; MECÂNICA screw, shaft; NÁUTICA jack-stay; ***fuso de mastro*** snow mast, trymast, trymast sail; ***direito como um fuso*** as straight as a die; ***cada terra com seu uso, cada roca com seu fuso*** so many countries, so many customs
fusório *adj.* of a foundry
fusta *s. f.* NÁUTICA pinnace, fust-boat
fustalha *s. f.* many fusts considered together
fustão *s. m.* fustian; ***fustão de algodão*** jean
fuste *s. m.* ARQUITECTURA shaft; BOTÂNICA fustic; ***fuste de chaminé*** chimney shaft; ***fuste de rebite*** shank
fustigação *s. f.* fustigation; thrashing; chastisement, vexation
fustigada *s. f.* ⇒ **fustigação**
fustigadela *s. f.* ⇒ **fustigação**
fustigador *s. m.* flogger
fustigante *adj.* vexatious
fustigar *v. tr.* to fustigate; to flog; to cudgel, to thrash with a stick, to maltreat; to punish; ***fustigar cavalos*** to whip horses (on)
fustigo *s. m.* blow with a cudgel (or whip)
futebol *s. m.* football, soccer; ***desafio de futebol*** football match; ***futebol de salão*** five-a-side football
futebolista *s. m. e f.* football player, footballer; ***um grupo de futebolistas*** a team of football players
futebolístico *adj.* concerning football
fútil *adj.* futile, vain; useless, ineffectual; frivolous, superficial; headless, thoughtless, ineffective; ***pessoa fútil*** a futile person
futilidade *s. f.* futility; trifle; frivolousness; uselessness; ineffectiveness
futilizar *v. intr.* to talk nonsense; to trifle
futilmente *adv.* futilely, vainly, uselessly
futre Ⓐ *s. m.* good-for-nothing, scamp Ⓑ *adj.* mean, stingy, close-fisted
futrica Ⓐ *s. f.* pot-house, tavern; lumber Ⓑ *s. m. e f.* [cal.] townee (he who is not a student at the University of Coimbra); selfish man, egoist
futricada *s. f.* [pop.] old furniture; trash; mean act; a group of townees
futricagem *s. f.* [pop.] old furniture; trash; mean act; a group of townees
futriqueiro *s. m.* tavern owner; person who makes (or sells) baubles
futriquice *s. f.* mean action
futura *s. f.* fiancée, one's betrothed, future wife
futuração *s. f.* prediction, prophecy, presage, divination
futurado *adj.* supposed; conjectured
futuramente *adv.* henceforth, henceforwards, hereafter; in time to come, in the future, for the future
futurar Ⓐ *v. tr.* to foretell, to predict, to presage, to prophesy Ⓑ *v. intr.* to conjecture, to prognosticate
futurição *s. f.* futurition, futurity
futuridade *s. f.* futurity, future time
futurismo *s. m.* ARTES futurism
futurista Ⓐ *adj.* ARTES futurist(ic) Ⓑ *s. m. e f.* futurist
futurível *adj.* futurable
futuro Ⓐ *s. m.* future, hereafter, futurity, the time to come; GRAMÁTICA future tense; fiancé; one's betrothed, future husband Ⓑ *adj.* future, coming, about to happen, happening hereafter; ***a vida futura*** the future, future life; ***futuro incerto*** a black outlook; ***acontecimentos futuros*** future events; ***as gerações futuras*** future generations (of men); ***para o futuro*** in (for) the future; ***preparar para o futuro*** to prepare for the future; ***no futuro*** in future; ***não ter futuro*** to have no future; ***olhar para o futuro*** to be provident; ***ele é um homem de futuro*** he is a rising star; ***assegurar o futuro da família*** to provide for the future of one's family; ***sem futuro*** without prospects, futureless; ***o seu último acto foi assegurar o futuro dos filhos*** his last act was to provide for his children
futurologia *s. f.* futurology
futurólogo *s. m.* futurologist
futuroso *adj.* auspicious; promising
fuxicar *v. tr.* [Bras.] to crumple; to stir up; to baste, to sew loosely
fuxico *s. m.* [Bras.] gossip, plot, intrigue
fuzil *s. m.* link; flash of lightning; gun, rifle; ***fuzil de pederneira*** flint-lock
fuzilação *s. f.* flashing; great noise (of firearms)
fuzilada *s. f.* fusillade; flashes of lightning
fuzilado *adj.* shot, shot down
fuzilador *s. m.* one who shoots, shooter
fuzilamento *s. m.* shooting, shooting down, execution by a firing-squad
fuzilante *adj.* flashing, sparkling, shooting
fuzilar Ⓐ *v. tr.* to shoot down; to fusillade; [fig.] to menace Ⓑ *v. intr.* to lighten, to flash; to sparkle; to strike fire
fuzilaria *s. f.* fusillade, volley of rifle-shots
fuzileiro *s. m.* MILITAR fusilier; rifleman; [cal.] [E.U.A.] ***fuzileiro naval*** marine, leatherneck
fuzilhão *s. m.* tongue of a buckle

g, G *s. m.* the seventh letter of the alphabet
gabação *s. f.* praising, eulogy, commendation, boasting
gabadela *s. f.* ⇒ **gabação**
gabadinho *adj.* [fam.] famous, commended
gabador Ⓐ *s. m.* praiser, boaster, braggart Ⓑ *adj.* boastful, bragging
gabamento *s. m.* praising, praise, commendation, laudation
gabança *s. f.* [fam.] ⇒ **gabação**
gabanço *s. m.* [fam.] ⇒ **gabação**
gabão *s. m.* cloak with sleeves and hood; praiser; commender, eulogizer; boaster, braggart
gabar Ⓐ *v. tr.* to praise, to extol, to commend, to laud, to exalt, to eulogize; to flatter; to cajole Ⓑ *v. refl.* to sing one's own praises, to boast (at); ***gabar (por escrito)*** to write up, to praise in writing
gabardina *s. f.* raincoat; waterproof coat; mackintosh; a fine hard-laid cloth
gabardo *s. m.* a hooded cloak
gabari *s. m.* model, mould, form; instrument for measuring (or testing) gauge (railway)
gabarito *s. m.* model, mould, form; instrument for measuring (or testing) gauge (railway); ***de gabarito*** of high caliber
gabarola *s. m. e f.* boaster, braggart, swaggerer
gabarolice *s. f.* boastful talk, boast, brag, swagger
gabarote *s. m.* flatboat, small lighter (boat), drag-net
gabarra *s. f.* lighter, flat-bottomed barge; drag-net, trawl-net
gabarreiro *s. m.* he who belongs to the crew of a lighter; lighterman
gabatório *s. m.* public praise; eulogy
gabazola *s. m. e f.* ⇒ **gabarola**
gabela *s. f.* small bunch (of corn), sheaf
gabiagem *s. f.* service related to the crow's nest
gabião *s. m.* gabion, large basket of wickerwork; AGRICULTURA hamper (for grape picking)
gabinarda *s. f.* ⇒ **gabinardo**
gabinardo *s. m.* kind of hooded raincoat
gabinete *s. m.* cabinet, private room, office; closet; body of ministers; [coloq.] den, small study; ***gabinete de estudo*** study, den; ***gabinete de provas (de fatos)*** fitting-room; ***gabinete ministerial*** the cabinet; ***gabinete de imprensa*** editorial office; ***gabinete do director*** director's (or manager's) room
gabionada *s. f.* MILITAR gabionade, any work composed of gabions
gabionador *s. m.* one who works with gabions
gabionar *v. intr.* to cover with gabions, to place gabions
gabiru *s. m.* [pop.] scoundrel (old fish)
gabo *s. m.* praise, commendation, eulogy, encomium; boast, bragging; vanity
gabolas *s. m. e f.* ⇒ **gabarola**
gabordo *s. m.* NÁUTICA garboard
gabrito *s. m.* sort of fishing-net; trap, snare
gabro *s. m.* GEOLOGIA garboard-strake
gacha *s. f.* net covering the lateral planks of a fishing-boat
gacheta *s. f.* NÁUTICA fox; gasket; knittle, sinnet, sennit; ***gacheta francesa*** common sennit; ***gacheta de quatro faces*** square sennit; ***fazer gacheta*** to spin
gacho *s. m.* nape of a bull's neck
gadanha *s. f.* scythe; ladle, soup-ladle; [pop.] hand
gadanhada *s. f.* stroke with a scythe
gadanhar *v. tr.* to scythe, to cut (grass) with a scythe
gadanheira *s. f.* AGRICULTURA mowing-machine, mower, reaper
gadanheiro *s. m.* reaper, mower
gadanho *s. m.* claw; iron-rake; pitchfork; *pl.* [fam.] claws, hands
gadaria *s. f.* cattle, herd of cattle
gadelha *s. f.* lock of hair; hair; mane
gadelho *s. m.* lock of hair; hair; mane
gadelhudo *adj.* hairy, hirsute, long-haired
Gádidas *s. m. pl.* ICTIOLOGIA *Gadidae*
Gadídeos *s. m. pl.* ICTIOLOGIA *Gadidae*
gaditano *s. m., adj.* of Cadiz; Gadite, Gaditan(ian), inhabitant of Cadiz
gado *s. m.* cattle, live-stock; ***criação de gado*** stock raising; ***feira de gado*** cattle-show, cattle-fair; ***gado vacum*** neat cattle, horned cattle; ***gado vacum (de raça escocesa e galesa)*** black cattle; ***gado lanígero*** sheep; ***roubo de gado*** cattle lifting; ***duzentas cabeças de gado*** two hundred heads of cattle; ***gado de toda a espécie*** livestock; ***criador de gado*** cattle breeder
gadóide *s. m.* gadoid (fish belonging to the family *Galidae*)
gadolínio *s. m.* QUÍMICA gadolinium
gaduína *s. f.* BIOQUÍMICA gaduin
gaélico *s. m., adj.* Gaelic
gafa *s. f.* gaff, iron hook; kind of fish-spear; MEDICINA leprosy; lepra, leper; mange; VETERINÁRIA itch, scabies
gafado *adj.* infected with scabies
gafanhão *s. m.* sort of large locust
gafanhotada *s. f.* large number of locusts; swarm of locusts
gafanhoto *s. m.* ENTOMOLOGIA jumper, grasshopper, locust
gafar *v. tr., intr. e refl.* to infect with (the itch); to contaminate; to be infected (with the mange); to rot; to stain
gafaria *s. f.* leprosery; leper hospital (or colony)
gafe *s. f.* [gal.] blunder, involuntary indiscretion
gafeira *s. f.* VETERINÁRIA mange; scab; rot; sheep-pox
gafeiração *s. f.* act (or result) of vaccinating against mange (or sheep-pox)
gafeirar *v. tr.* to vacinate against mange (or sheep-pox)
gafeirento *adj.* mangy, leprous, scabby, itchy, measled
gafeiroso *adj.* ⇒ **gafeirento**
gafento *adj.* ⇒ **gafeirento**
gafetope *s. m.* gaff-topsail
gafo *adj.* leprous; mangy, rotten; demoralized, corrupt; [reg.] full
gaforina *s. f.* shock of head, rough head of hair, mane, mop of hair
gagá *adj.* [fam.] senile, decrepit, enfeebled
gagaísta *s. m.* African wizzard of Mozambique
gagão *s. m.* boy's game played with drums or objects they pretend to be drums
gágata *s. f.* MINERALOGIA jet; pitch coal
gagau *s. m.* collection of kid and hyena bones and black and white pebbles which Mozambique Africans believe to have oracular properties
gage *s. m.* profit, gain, return, lucre
gago Ⓐ *adj.* stammering Ⓑ *s. m.* stammerer, stutterer, falterer
gagosa *s. f.* black-headed gull; ***à gagosa*** free-for-all, at will, easy

gaguear *v. intr.* ⇒ **gaguejar**
gagueira *s. f.* ⇒ **gaguez**
gaguejador *adj.* stammering
gaguejar *v. tr. e intr.* to stammer, to stutter; to utter (to pronounce) with a stammer; to hum and haw (in speaking), to have a speech impediment
gaguez *s. f.* stammer, stutter
gaguice *s. f.* ⇒ **gaguez**
gaiaco *s. m.* BOTÂNICA lignum vitae, South American tree of the genus *Guaiacum*, pockwood, guaiac
gaiacol *s. m.* QUÍMICA guaiacol
gaiado Ⓐ *s. m.* ⇒ **bonito** Ⓑ *adj.* tufted (horse)
gaiar *v. intr.* to complain, to murmur, to bewail, to whine
gaias *s. f. pl.* tuft of hair on a horse's chest
gaiatada *s. f.* group (gang) of urchins, roguish boys; prank, mischievous trick
gaiatar *v. intr.* to play tricks like an urchin, to play pranks
gaiatice *s. f.* boy's trick; knavery; roguishness, drollery
gaiato Ⓐ *s. m.* street Arab, lad, urchin Ⓑ *adj.* romping, frolicsome, merry, playful; ***olhos gaiatos*** roguish eyes
gaibéu *s. m.* day labourer from Ribatejo or Beira Baixa who comes to work on the marshy rice fields (paddies)
gaifona *s. f.* grimace; wry faces; foolery
gaifonar *v. intr.* to make grimaces; to make faces
gaifonas *s. f. pl.* grimaces
gaifonice *s. f.* grimace, foolery
gaio Ⓐ *s. m.* ZOOLOGIA jay Ⓑ *adj.* bright, jovial, lively; NÁUTICA ***gaio de pau sorriola*** guy of swinging-boom
gaio-azul *s. m.* ORNITOLOGIA blue jay
gaiola *s. f.* cage, hutch; [fig.] prison, jail, lock-up; CARPINTARIA frame-work of timber; flimsy house, jerry-building
gaioleiro *s. m.* jerry-builder; cage-maker (seller)
gaiolim *s. m.* small cage
gaiolo Ⓐ *s. m.* bird's trap Ⓑ *adj.* said of the bull with crescent-shaped horns
gaiosa *s. f.* present given by the leaseholder to his landlord on feast days
gaipa *s. f.* small bunch of grapes; part of a bunch of grapes
gaipeiro Ⓐ *s. m.* [reg.] one who steals grapes; friend of the grapes Ⓑ *adj.* relating to gaipeiro
gaipo *s. m.* ⇒ **gaipa**
gaita *s. f.* pipe, reed
gaitada *s. f.* whistle on a pipe; blow on the pipe(s); [depr.] poor piece of music
gaita-de-beiços *s. f.* harmonica, mouth organ
gaita-de-foles *s. f.* bagpipe
gaitear *v. intr.* to play on a pipe, a mouth organ or a flute
gaiteirice *s. f.* foppery, foppishness, vanity in dress
gaiteiro *s. m.* bagpiper; mouth organ player; [fig.] merry-maker, buffoon, reveller
gaiuta *s. f.* NÁUTICA companion
gaiva *s. f.* hole made on the ground by the rain
gaivagem *s. f.* drainage ditch, gutter; drainage
gaivão *s. m.* ZOOLOGIA common tern; sea-swallow, swift, martlet
gaivar *v. tr.* to dig a deep ditch; to drain water by means of ditches
gaivel *s. m.* a wall the thickness of which diminishes with its height
gaivina *s. f.* ORNITOLOGIA sea-swallow, tern
gaivinha *s. f.* ORNITOLOGIA ⇒ **gaivina**
gaivota *s. f.* ORNITOLOGIA sea-gull, gull, mew; ***gaivota gagosa*** black-headed gull
gaivotão *s. m.* ORNITOLOGIA kelp gull
gaivotear *v. intr.* to fondle ironically; to mock while caressing
gaivoto *s. m.* kind of sparrow-hawk
gajada *s. f.* (a bunch of) fellows, blokes, chaps, guys
gajé *s. m.* garb, grace
gajeiro *s. m.* NÁUTICA captain of a top, topman; look-out, top-watch; sailor in charge of the crow's nest
gajice *s. f.* roguery, knavery
gajo *s. m.* [coloq.] fellow, bloke; [E.U.A.] guy
gala *s. f.* festive occasion; fête, festivity, gala, pomp, show, state; ***traje de gala*** gala dress; ***dia de gala*** gala day; ***fazer gala de*** to boast of, to make a show of
galã *s. m.* TEATRO lead, leading actor who takes the lover's part; ladies' man
galação *s. f.* ⇒ **galadura**
galacrista *s. f.* ⇒ **galocrista**
galactagogo Ⓐ *adj.* MEDICINA galactagogue, galactagoguic Ⓑ *s. m.* galactagogue
galáctico *adj.* galactic
galactífago *adj.* ⇒ **galactófago**
galactífero *adj.* ⇒ **galactóforo**
galactita *s. f.* MINERALOGIA ⇒ **galactite**
galactite *s. f.* MINERALOGIA galactite
galactocele *s. f.* galactocele
galactófago *adj.* galactophagous, living on milk
galactóforo *adj.* galactophorous; carrying milk; lactiferous
galactografia *s. f.* galactography
galactográfico *adj.* galactographic
galactologia *s. f.* galactology; MEDICINA study of milky fluids
galactológico *adj.* galactologic
galactometria *s. f.* galactometry
galactómetro *s. m.* galactometer, lactometer; instrument for testing the quality of milk
galactorreia *s. f.* PATOLOGIA galactorrhea, galactorrhoea
galactose *s. f.* QUÍMICA galactose, lactose
galactosúria *s. f.* galactosuria
galado *adj.* fertilized (egg)
galadura *s. f.* the germ in an egg, gallature
galaico-português *s. m., adj.* Galician-Portuguese
galalau *s. m.* [Bras.] tall person
galalite *s. f.* galalith (a plastic material)
galamatias *s. m.* ⇒ **galimatias**
galanear *v. intr.* to wear expensive garments; to dress elegantly
galanice *s. f.* grace, gallantry, manners of a gallant; elegance
galantaria *s. f.* gallantry, courtliness, genteelness
galante Ⓐ *adj.* graceful, elegant, fine, smart; brave, chivalrous; witty Ⓑ *s. m. e f.* gallant, man (woman) of fashion; lover
galanteador Ⓐ *adj.* gallant, flirtatious Ⓑ *s. m.* ladies' man, lady-killer; cavalier
galantear *v. tr. e intr.* to court; to flirt with; to play the gallant
galanteio *s. m.* playing the gallant; flirtation, dalliance
galantemente *adv.* gallantly, deferentially, chivalrously; devotedly
galanteria *s. f.* ⇒ **galantaria**
galantina *s. f.* galantine
galão *s. m.* lace; galloon, cordon, orris; gallon (measure); spring (of a horse); MILITAR stripe; ***galão de ouro*** gold lace, white coffee; ***galão de oficial*** stripe
galápago *s. m.* VETERINÁRIA itchy heel; horse disease with dry chaps above heel; quitter
galapo *s. m.* saddle-pad; bandage for wounds; ligature
galar *v. tr.* to copulate (said of male birds); to fornicate
galardão *s. m.* reward, prize, award, recompense; honour, laurel
galardoador *s. m.* rewarder
galardoar *v. tr.* to reward, to recompense (with); [fig.] to console, to comfort; ***galardoar um acto de bravura*** to reward a deed of bravery
galarim *s. m.* pinnacle of glory; summit; the culminating point; the highest degree
gálata *s. m. e f., adj.* Galatian
galáxia *s. f.* ASTRONOMIA galaxy; the Milky Way
gálbano *s. m.* BOTÂNICA galbanum; gum-resin obtained from some Persian species of ferule
gálbula *s. f.* BOTÂNICA galbulus

galdéria *s. f.* harlot, whore, tart, prostitute, strumpet
galderiar *v. intr.* to lead a dissolute life
galdério *s. m.* idler, lazy-bones, loafer; deceiver, cheater
galdrope *s. m.* NÁUTICA tiller rope, tiller chain
galé *s. f.* NÁUTICA, TIPOGRAFIA galley; *pl.* galleys (punishment)
gálea *s. f.* helmet
galeado *adj.* BOTÂNICA helmeted, covered with a helm; ⌈fig.⌋ defensive
galeantropia *s. f.* MEDICINA galeanthropy; mania in which the patient believes himself transformed into a cat
galeão *s. m.* galleon, old sailing ship
galear *v. tr.* NÁUTICA to ride hard, to pitch, to play; to dress elegantly, to appear in full dress
galega *s. f.* BOTÂNICA goat's rue, galega, leguminous plant with mauve or white flowers
galegada *s. f.* coarse saying (or action)
galego *s. m., adj.* Galician; the language of the Galicians; ⌈fig.⌋ uneducated, uncivil or unpolished (person)
galeguice *s. f.* ⇒ **galegada**
galeiforme *adj.* galeate
galeirão *s. m.* ORNITOLOGIA bald coot
galelo *s. m.* orange section; small bunch of grapes left in the vineyard after the vintage
galena *s. f.* MINERALOGIA galena, native lead sulphide, lead-glance; RÁDIO crystal set
galengue *s. m.* antelope, steenbok
galénico *adj.* MEDICINA Galenic(al)
galenismo *s. m.* MEDICINA doctrine of Galen
galenista *s. m. e f.* MEDICINA Galenist
galeno *s. m.* a physician
galeofobia *s. f.* PATOLOGIA morbid fear of cats
galeopiteco *s. m.* flying lemur, galeopithecus
galeota *s. f.* NÁUTICA galliot, small galley
galeote *s. m.* NÁUTICA galley-slave, rower of a galley
galera *s. f.* NÁUTICA ship; melting furnace; ***galera de quatro mastros*** four-masted ship
galeria *s. f.* gallery; covered-way; TEATRO gods (tiers of seats in the upper circle); tunnel, drift way; covered passageway, ambulatory, piazza; ***galeria fotográfica*** photographic studio, glass-house; ***galeria de um reposteiro*** pelmet
galeriano *s. m., adj.* galley-slave
galerista *s. m. e f.* gallery owner
galerno Ⓐ *adj.* fresh, sweet, favourable (wind) Ⓑ *s. m.* north-westerly wind
galero *s. m.* old fur cap; helmet
galês Ⓐ *adj.* Welsh Ⓑ *s. m.* Welshman; Welsh, language of Wales; ***os Galeses*** the Welsh
galezia *s. f.* trickery; fraud; swindle
galfarro *s. m.* ⌈pop.⌋ bailiff; glutton; loafer, lounger, rogue
galfoeira *s. f.* herring gull
galga *s. f.* female greyhound; millstone (in an olive oil mill); ⌈cal.⌋ false report, lie, fib; ***à galga*** back anchor; NÁUTICA ***pôr à galga*** to back anchor
galgação *s. f.* planing of a piece of wood
galgadeira *s. f.* tool of carpenter to trace lines on plank sides parallel to their surface
galgar *v. tr. e intr.* to jump over, to clear with a bound; to skip over, to spring, to bound, to leap, to pass across by leaping; ***o navio galga as ondas*** the ship rides the waves
galgaz *adj.* slender, like a greyhound, lean, meager
galgo *s. m.* greyhound; ***três galgos*** a leash of hounds; ***corrida de galgos*** greyhound race (rancing)
galgueira *s. f.* long narrow ditch
galgueiro *adj.* running down slope (water)
galha *s. f.* gall, small excrescence produced on tree by insects; oak-apple; gall-nut; first dorsal fin
galhada *s. f.* antlers; branches
galhadura *s. f.* ⇒ **galhada**
galharda *s. f.* an ancient dance and music; galliard
galhardamente *adv.* gracely; bravely, daringly
galhardear *v. tr. e intr.* to show off, to strut; to make a show of
galhardete *s. m.* pennant, pennon, banner
galhardia *s. f.* gallantry, grace, beauty, elegance; bravery, daring; graceful air and deportment
galhardo Ⓐ *adj.* gallant, brave, valiant, intrepid, courteous, gracious; comely Ⓑ *s. m.* NÁUTICA forecastle
galharia *s. f.* ⇒ **galhada**
galheta *s. f.* cruet; retort (glass vessel used in chemistry); caster, castor; ⌈fam.⌋ slap
galheteiro *s. m.* cruet-stand
gálhico *adj.* gallic (acid)
galhipo *s. m.* horn of a buck goat
galho *s. m.* branch (of trees); horn
galhofa *s. f.* fun, gaiety, pleasantry, joy; ***fazer galhofa de*** to laugh at another's expense, to make fun of, to poke fun at
galhofada *s. f.* fun, gaiety, pleasantry, joy
galhofar *v. intr.* to frolic, to make merry, to jest; to wanton, to dally
galhofaria *s. f.* ⇒ **galhofa**
galhofear *v. intr.* ⇒ **galhofar**
galhofeiro Ⓐ *adj.* frolicsome, jesting Ⓑ *s. m.* merry-maker
galhofento Ⓐ *adj.* ⇒ **galhofeiro**
galhosa *s. f.* carob; alfaroba; locust-tree
galhudo *adj.* full of branches; horned
galicanismo *s. m.* Gallicanism
galicano *adj.* Gallican
galiciano *s. m., adj.* Galician
galicínio *s. m.* cock-crowing hour (dawn); the first crowing of a cock
galiciparla *s. m. e f.* person who speaks using many Gallicisms
galicismo *s. m.* Gallicism
galicista *s. m. e f.* person fond of using Gallicisms
galicizar *v. tr. e intr.* to use many Gallicisms when speaking (or writing)
gálico *adj.* Gallic, of the Gauls; ***ácido gálico*** galic acid
galícola *adj.* living in gall-nuts; producing gall-nuts
galiformes *s. m. pl.* ⇒ **galináceas**
galilé *s. f.* church porch; graveyard in some convents; gang of boys
galileu *s. m., adj.* Galilean
galimar *v. tr.* to cut trees across streaks
galimatias *s. m.* galimatias, gibberish
galimatizar *v. intr.* to make a boring long-winded talk
galimo *s. m.* surface of a tree trunk cut in streaks
galináceas *s. f. pl.* ZOOLOGIA birds of the order *Gallinae*; poultry, fowl(s)
galináceo *adj.* gallinaceous, gallinacean
galinha *s. f.* hen; chicken; ⌈fig.⌋ titbit; ill luck, misfortune; ***galinha assada*** roast(ed) chicken; ***galinha no choco*** sitting hen; ***galinha choca*** broody hen; ***as galinhas estão a pôr*** the hens are laying; ***quando as galinhas tiverem dentes*** when two Sundays come together; ***deitar-se com as galinhas*** he goes to bed with the sun; ***muita galinha e poucos ovos*** much cry and little wool; ***a galinha do vizinho é sempre mais gorda*** the grass is always greener on the other side of the fence; ***matar a galinha dos ovos de ouro*** to kill the hen that lays the golden eggs
galinhaça *s. f.* a big and fat chicken; chicken droppings
galinha-cega *s. f.* children's game; blind man's buff
galinhaço *s. m.* ⇒ **galinhaça**
galinhada *s. f.* great number of hens
galinha-d'água *s. f.* ORNITOLOGIA water-hen
galinha-da-guiné *s. f.* ORNITOLOGIA ⇒ **galinha-da-índia**
galinha-da-índia *s. f.* ORNITOLOGIA guinea-fowl
galinha-do-mar *s. f.* ORNITOLOGIA ant-thrush
galinha-do-mato *s. f.* ORNITOLOGIA ant-thrush

galinha-do-rio *s. f.* ⇒ **galinha-d'água**
galinha-sultana *s. f.* ORNITOLOGIA sultana
galinheiro *s. m.* poulterer; poultry-yard; TEATRO the gods, those who occupy the upper gallery
galinhola *s. f.* ORNITOLOGIA woodcock, snipe
galinhota *s. f.* ⇒ **galinha-d'água**
galinicultor *s. m.* poulterer, chicken-raiser
galinicultura *s. f.* chicken-raising
gálio *s. m.* Gaulish (language); QUÍMICA gallium
galiparla *s. m. e f.* ⇒ **galiciparla**
galipó *s. m.* ⇒ **galipote**
galipódio *s. m.* ⇒ **galipote**
galipote *s. m.* white resin, galipot, Burgundy pitch
galispo *s. m.* cockerel, young cock
galista *s. m. e f.* breeder of fighting cocks
galivação *s. f.* moulding, outlining
galivar *v. tr.* to mould, to outline
galo *s. m.* cock; rooster; chanticleer; protuberance (swelling) on the head; Gaul, native (or inhabitant) of ancient Gaul; bump (on the head); ***galo silvestre*** moor-cock, red grouse, heath-cock; ***ao cantar do galo*** at daybreak, at dawn, very early; ***outro galo me cantaria, se as coisas mudassem*** I should be better off if things took another turn
galochas *s. f. pl.* wellingtons, goloshes, galoshes
galocrista *s. f.* BOTÂNICA cockscomb, yellow rattle
galofilia *s. f.* Gallophilia
galófilo Ⓐ *adj.* that loves France and the French Ⓑ *s. m.* Gallophile
galofobia *s. f.* Gallophobia (hatred of anything French)
galófobo *s. m., adj.* Gallophobe
galomania *s. f.* Gallomania (craze for imitating French fashions, etc.)
galomaníaco *s. m., adj.* Gallomaniac
galonado *adj.* adorned with gold-lace
galonar *v. tr.* to adorn with gold-lace
galopada *s. f.* galloping, gallop; quick ride; gallopade; running (or riding) at a gallop
galopado *adj.* taught how to gallop
galopador *s. m.* galloper, loper
galopante *adj.* galloping; ***tísica galopante*** galloping consumption
galopão *s. m.* full gallop
galopar *v. tr. e intr.* to gallop; to go at a gallop (of a horse); to make a horse gallop; to ride at full speed; to move at a gallop; to progress, to develop rapidly
galope *s. m.* gallop; hurry, rapidity, haste; lively dance in 2/4 time, galop; ***a galope*** at full gallop; NÁUTICA ***galope de mastro*** pole of topmast
galopear *v. tr. e intr.* ⇒ **galopar**
galopim *s. m.* errand-boy; canvasser, solicitor of votes; lad, street-boy
galopinagem *s. f.* canvassing for votes at elections, work of an errand-boy
galopinar *v. intr.* to canvass, to solicit votes; to go on errands
galrão *s. m.* prattler, chatterbox, talker, tattler; boaster
galrar *v. intr.* to prattle, to tattle; to boast, to brag, to swagger
galreador *s. m.* ⇒ **galrão**
galrear *v. intr.* to prattle; to boast; to chirp, to twitter, to warble
galreiro *adj.* talkative, garrulous, chattering
galrejador Ⓐ *adj.* chattering, garrulous Ⓑ *s. m.* prattler, chatterbox
galrejar *v. intr.* ⇒ **galrear**; to prattle; to babble
galricho *s. m.* hoop-net, stake-net (for fishing); trap, snare
galriço *s. m.* ORNITOLOGIA swift
galripas *s. f. pl.* ⇒ **falripas**
galripo *s. m.* filterbag for wine lees; stake-net for fishing; trap
galrito *s. m.* filterbag for wine lees; stake-net for fishing; trap
galuchada *s. f.* group of recruits
galucho *s. m.* recruit, newly-enlisted soldier (or sailor)
galvânico *adj.* FÍSICA galvanic
galvanismo *s. m.* FÍSICA galvanism (electricity produced by chemical action)
galvanização *s. f.* galvanization, plating
galvanizado *adj.* galvanized
galvanizador *s. m.* galvanizer
galvanizante *adj.* galvanizing
galvanizar *v. tr.* to galvanize; to coat with metal; to zinc; [fig.] to startle, to stimulate into sudden activity, to excite, to reanimate
galvanocáustica *s. f.* galvanocauterization
galvanocautério *s. m.* CIRURGIA galvanocautery
galvanografia *s. f.* galvanography
galvanogravura *s. f.* galvano-engraving
galvanoluminescência *s. f.* galvanoluminescence
galvanomagnético *adj.* galvanomagnetic
galvanomagnetismo *s. m.* galvanomagnetism
galvanómetro *s. m.* galvanometer; instrument for measuring strength of galvanic current; ***galvanómetro térmico*** hot-wire galvanometer
galvanoplastia *s. f.* galvanoplasty
galvanoplástico *adj.* galvanoplastic
galvanopunctura *s. f.* galvanopuncture
galvanoscópio *s. m.* galvanoscope
galvanostegia *s. f.* electroplating
galvanotactismo *s. m.* galvanotaxis, galvanotropism
galvanotaxia *s. f.* galvanotaxis, galvanotropism
galvanoterapia *s. f.* galvanotherapy
galvanotipia *s. f.* galvanotype, electrotype
galvanotropismo *s. m.* galvanotropism
galvão *s. m.* piece of the bridle
galveta *s. f.* sort of Indian sailing boat
gama Ⓐ *s. f.* doe; MÚSICA gamut, scale of music; [fig.] range Ⓑ *s. m.* gamma (third letter of the Greek alphabet); ***gama de onda*** range (wireless)
gamacismo *s. m.* MEDICINA gammacism
gamado *adj.* hooked; ***cruz gamada*** hooked cross, swastika, fylfot, gammadion
gamagrafia *s. f.* X-ray using gamma rays issued by a radioactive source
gamanço *s. m.* theft
gamão *s. m.* backgammon (game); ***tabuleiro de gamão*** backgammon-board
gamar *v. tr.* [pop.] to steal, to pinch
gamarografia *s. f.* part of Zoology describing the *Crustacea*
gamarógrafo *s. m.* one versed in the description of *Crustacea*
gamarologia *s. f.* treatise on the *Crustacea*
gamarólogo *s. m.* crustaceologist
gamarra *s. f.* ORNITOLOGIA martingale; snipe
gamba *s. f.* MÚSICA bass viol; ZOOLOGIA kind of shrimp
gambá *s. m.* ZOOLOGIA opossum
gambadonas *s. m. pl.* NÁUTICA rope windings around masts
gambarra *s. f.* [Bras.] two-masted cattle barge
gambérria *s. f.* trip, trip up; stumble; trick, snare; dispute, quarrel
gâmbia *s. f.* [fam.] leg
gambiarra *s. f.* TEATRO stage-lights, footlights; electrical extension with a plug and a lamp
gambito *s. m.* trick; gambit (an opening move in chess)
gamboa *s. f.* sort of quince
gamboeiro *s. m.* variety of quince-tree
gamboína *s. f.* [pop.] cheating (at cards)

gambota *s. f.* ARQUITECTURA counter-timber (a wooden frame upon which arches are built)
gambozinos *s. m. pl.* imaginary birds (or fishes) which simpletons are told to catch
gameiro *adj.* said of a variety of yellow maize
gamela *s. f.* trough, wooden bowl; porringer; little doe
gamelada *s. f.* troughful
gamelão *s. m.* large trough
gameleira *s. f.* big tree producing wood and fruits
gamelo *s. m.* wooden trough; porringer
gamelório *s. m.* rich repast; tuck in; merry-making, revelry
gamelote *s. m.* small wooden trough; NÁUTICA little bucket
gamenho Ⓐ *adj.* foppish Ⓑ *s. m.* lounger, fop, beau, coxcomb
gameta *s. f.* ⇒ **lentilha**
gâmeta *s. m.* BIOLOGIA gamete
gametófita *s. f.* ⇒ **gametófito**
gametófito *s. m.* gametophyte
gametóforo *s. m.* gametophore
gametogénese *s. f.* BIOLOGIA gametogenesis
gamo *s. m.* ZOOLOGIA deer; ***gamo vulgar*** fallowdeer
gamofilo *adj.* BOTÂNICA gamophyllous
gamofobia *s. f.* gamophobia
gamogastro *adj.* gamogastric
gamologia *s. f.* gamology
gamológico *adj.* gamologic(al)
gamomania *s. f.* gamomania
gamopetalia *s. f.* condition of a gamopetalous corolla
gamopétalo *adj.* BOTÂNICA gamopetalous; with petals joined together
gamossépalo *adj.* BOTÂNICA gamosepalous
gamostilo *adj.* BOTÂNICA gamostyle
gamote *s. m.* NÁUTICA water shovel
gamozóide *adj.* ⇒ **gonozóide**
gamuta *s. f.* fibres hanging from the leaves of certain palm-trees from which ropes are made
gamute *s. m.* ⇒ **gamúti**
gamúti *s. m.* sago-palm, sago-tree
gana *s. f.* desire, wish; spite, ill will; hatred; ***ter gana a alguém*** to bear a grudge against someone; ***dão-me ganas de o sovar*** I have a good mind to thrash him; ***dar gana*** to have a liking to, to desire
ganacha *s. f.* lower jaw (of a horse)
ganadaria *s. f.* rearing of fighting bulls.
ganadeiro *s. m.* cattle-breeder; sheep-owner; herdsman; breeder of fighting bulls
ganância *s. f.* greed, avarice; greediness, rapacity; advantage; gain, profit; usury; ***ter ganância de muito dinheiro*** to be greedy of (getting) much money
gananciar *v. tr.* to earn; to conquer
ganancioso *adj.* greedy of gain; acquisitive
ganapa *s. f.* small girl; [reg.] prostitute, harlot, tart
ganapada *s. f.* gang of street boys; group of lads
ganapão *s. m.* a kind of net-bag to catch sardines
ganapo *s. m.* [coloq.] small boy, lad
ganaria *s. f.* collection of thick branches of a tree
ganau *s. m.* louse
gancar *s. m.* Indian farmer; rent collector in former Portuguese India
gancaria *s. f.* assembly of Indian farmers; lands in the jurisdiction of a rent collector in former Portuguese India
ganchar *v. tr.* to hook, to catch with a hook
gancheado *adj.* hooked, having the shape of a hook
gancheta *s. f.* hook at the end of a pole to hang objects; hook made of wire with a large handle used to run a wide steel hoop in front of boys (game); plasterer's tool to perfect his work
ganchincho *s. m.* small hook; [fig.] a little profit; little work made out of the regular working hours; profit from such a work
gancho *s. m.* hook; hair-pin; [pop.] moonlighting, any work done out of the regular working hours; profit from such a work; illicit business; ***fazer um gancho*** to turn an honest penny; ***gancho de mola*** spring hook; NÁUTICA ***gancho de amarra*** chain hook
ganchorra *s. f.* NÁUTICA claw, a pole with a hook; boat-hook; tackle-hook
ganchoso *adj.* crooked, like a hook
ganda *s. f.* name given to the rhinoceros in India
gandaeiro *s. m., adj.* ⇒ **gandaieiro**
gandaia *s. f.* vagrancy, lounging, wandering about, roving; idleness, sluggishness; idle living; rag-picking; [pop.] bin-picking; ***andar na gandaia*** to gad about, to be idle, to loaf about, to mooch about
gandaiar *v. intr.* to gad about; to lounge; to loaf about; to loiter about idly
gandaíce *s. f.* ⇒ **gandaia**
gandaieiro *s. m.* vagrant, wanderer, loafer, lounger, sluggard
gândara *s. f.* heath, moor, tract of waste land, sandy land; pinewood
gandares *s. m.* white cotton fabric with blue stripes worn in India and Africa
gandarês *adj.* inhabiting a heath; heathery; pertaining to wasteland and its inhabitants
gandarinha *s. f.* herbaceous plant
gandra *s. f.* ⇒ **gândara**
gandula *s. m.* ⇒ **gandulo**
gandular *v. intr.* to idle, to laze; to hang about, to drone
gandulo *s. m.* [Bras.] cadger; beggar; [Port.] swindler; street boy
ganga *s. f.* nankeen, cotton cloth; refuse (of minerals); ***calças de ganga*** jeans
gangana *s. f.* [Bras.] old woman
gangão *s. m.* [Bras.] rudimentary corncob; ***de gangão*** in a hurry
gangético *adj.* Gangetic; related to the river Ganges
gangliforme *adj.* gangliform, ganglioform
gânglio *s. m.* ANATOMIA ganglion (*plural* ganglia); ***gânglio linfático*** lymph gland (or node)
ganglioma *s. m.* PATOLOGIA tumour of lymph node, lymphoma
ganglionar *adj.* MEDICINA ganglionic
ganglionite *s. f.* MEDICINA ganglionitis (inflammation of the ganglions, adenitis)
gangorra *s. f.* [Bras.] seesaw, teeter; snare, trap; bicycle; manual cane-mill
gangosa *s. f.* MEDICINA gangosa; snuffling; ***à gangosa*** easily
gangoso *adj.* snuffing, nasal
gangrena *s. f.* MEDICINA gangrene, mortification, necrosis; ***gangrena causada pelo frio intenso*** frostbite
gangrenar *v. tr. e intr.* to gangrene, to cause gangrene; to become gangrenous; ***gangrenado pelo frio intenso*** frostbitten
gangrenoso *adj.* gangrenous
gânguester *s. m.* gangster
ganhadeiro Ⓐ *s. m.* he who earns profits; greed Ⓑ *adj.* earning, profiting, covetous, greedy
ganhadiço *adj.* bastard, natural; born out of wedlock
ganha-dinheiro *s. m.* labourer, day-labourer, journeyman
ganhador *s. m.* winner; day-labourer
ganhança *s. m.* gain, profit; lucre; covetousness
ganhão *s. m.* day-labourer
ganha-pão *s. m.* livelihood, living, means of subsistence; bread-winner; journeyman
ganha-perde *s. m.* game in which the loser wins
ganhar *v. tr. e intr.* to gain, to win, to earn, to acquire, to get; to secure, to obtain; to profit; to attain; to benefit; ***ganhar o pão de cada dia*** to earn one's daily bread; ***ganhar para si*** to strike out for oneself; ***ganhar sem dificuldade*** to win hands down; ***ganhar uma vantagem sobre alguém*** to steal

a march on someone; ***ganhar tudo (ao jogo)*** to sweep the stakes; ***arriscar pouco e ganhar muito*** to throw a sprat and catch a mackerel; ***ganhar uma miséria*** to earn a mere pittance; ***ganhar a confiança*** to gain the confidence; ***ganhar uma vitória*** to carry the day; ***ganhar por um acaso feliz*** to win by a fluke; ***ganhar a vida*** to get a living, to make a living, to keep the pot boiling; ***ganhar uma acção (no tribunal)*** to win a lawsuit; ***ganhar experiência*** to gain experience; ***ganhar tempo*** to gain time; ***ganhar fama*** to win fame; ***ganhar um prémio*** to win a prize; ***tornar a ganhar*** to win back; ***ganhar o pão*** to earn one's bread; ***ganhar uma corrida*** to win a race; ***ganhar o primeiro prémio*** to take the first prize; ***ganhar forças*** to gain strength; ***ela ganhava a vida*** she got her living; ***que ganhávamos com isso?*** what should we gain by it?; ***ganho com muito custo*** hard-earned; ***ganhámos a partida*** we have won the game; ***ganhar terreno*** to gain ground; NÁUTICA ***ganhar barlavento*** to fetch to windward, to forereach, to weather; NÁUTICA ***ganhar seguimento a vante*** to fetch headway; ***ganhar seguimento*** to gather way; ***ganhar sobre outro navio*** to forge ahead, to shoot ahead; ***ganhar sul*** to south; ***ganhar uma guerra*** to win a war

ganharia *s. f.* class of journeymen; house where journeymen meet and sleep

ganhável *adj.* gainable, attainable, obtainable

ganho *s. m.* gain, profit, earnings; winnings; ***ganhos e perdas*** profit and loss; ***com ganho*** in pocket; ***ganho limitado*** limited profit; ***cego pela ambição do ganho*** blinded by the love of gain

ganhoso *adj.* ambitious, money-making; greedy, covetous

ganhuça *s. f.* sordid gain

ganideira *s. f.* barking, yelping

ganido *s. m.* barking, bark; yelp, yelping

ganir *v. intr.* to bark, to yelp

ganizar *v. intr.* to yap, to yelp, to yip, to whine

ganizes *s. m. pl.* bone pieces to play a game called "cucarne"

ganja *s. f.* ganja; [Bras.] arrogance, vanity

ganjento *adj.* vain; arrogant; conceited

ganóide Ⓐ *adj.* ganoid, enamelled (of fishscale), smooth and bright Ⓑ *s. m.* a ganoid fish

ganóideo Ⓐ *adj.* ganoid, enamelled (of fishscale), smooth and bright Ⓑ *s. m.* a ganoid fish

gansa *s. f.* a (hen-)goose

ganso *s. m.* gander, goose (*plural* geese); ***ganso silvestre*** wild goose

ganunça *s. f.* ⇒ **ganhuça**

ganzepe *s. m.* rabbet; groove

garabulha Ⓐ *s. f.* confusion; scrawl; riot, uproar, brawl Ⓑ *s. m. e f.* mischief-maker

garabulhento *adj.* rough, rugged, in turmoil

garabulho *s. m.* roughness, turmoil

garafunhas *s. f. pl.* scrawl, scribble

garafunhos *s. m. pl.* scrawl, scribble

garagem *s. f.* garage, building for storing (or repairing) motor-cars

garagista *s. m. e f.* garageman (woman); garage owner

garajão *s. m.* ORNITOLOGIA tern, sea-swallow; [Bras.] basket to carry fowl to the market

garajau *s. m.* ORNITOLOGIA tern, sea-swallow; [Bras.] basket to carry fowl to the market

garança *s. f.* BOTÂNICA madder; dye obtained from madder

garançar *v. intr.* to dye with madder

garanceira *s. f.* madder field, madder plantation

garancina *s. f.* garancin

garanhão *s. m.* stallion, steed, stud-horse; lady's man, lady-killer

garanjão *s. m.* big and stout man

garante *s. m. e f.* [gal.] guarantor; warranter

garantia *s. f.* guarantee, guaranty, surety, security, warrant, warranty; voucher; ***garantia pelo pagamento*** guarantee for payment; ***garantias constitucionais*** constitutional rights and privileges; ***estar dentro da garantia*** to be under guarantee

garantidor Ⓐ *adj.* warrantic, warrantable Ⓑ *s. m.* warranter, guarantor

garantir *v. tr.* to guarantee; to warrant; to vouch for; to secure; to pledge; ***garantir um pagamento*** to secure a payment; ***garantir uma dívida*** to secure a debt

garão *s. m.* ⇒ **garajão**

garapa *s. f.* ⇒ **guarapa**

garapeiro *s. m.* ⇒ **guarapeiro**

garatuja *s. f.* scrawl; scribble, daub; hurried note (or letter); grimaces

garatujar *v. tr. e intr.* to scrawl, to scribble, to scrabble

garatusa *s. f.* deceit, trick

garavalha *s. f.* dry pine needles

garavanço *s. m.* piece of wood shaped like a fork used for winnowing

garavato *s. m.* hook; dry brushwood, faggot

garavetar *v. intr.* to pick dry brushwood

garaveto *s. m.* stick (or twig) of dry wood, wood chips, lop

garbo *s. m.* elegance, gracefulness, comeliness; distinguished bearing; fine manners; distinction, stateliness

garbosamente *adv.* gracefully; elegantly; jauntly

garbosidade *s. f.* gracefulness, comeliness, elegance, garb, stateliness

garboso *adj.* graceful, elegant, comely, sprightly, jaunty, janty, dink

garça *s. f.* ORNITOLOGIA heron, long-legged water fowl; ***garça boieira*** white heron; ***garça branca*** aigrette, egret; ***garça real*** capped heron; ***garça vermelha*** bittern

garção *s. m.* large heron

garceiro *s. m.* hawk that preys upon herons

garceja *s. f.* ⇒ **narceja**

garcenho *s. m.* ⇒ **garçota**

garcês *s. m.* ⇒ **calcês**

garceta *s. f.* ORNITOLOGIA egret, aigrette

garciote *s. m.* ORNITOLOGIA white heron

garço *adj.* greenish-blue; ***olhos garços*** greenish-blue eyes

garçota *s. f.* ORNITOLOGIA small heron, lesser egret

garçote *s. m.* ORNITOLOGIA ⇒ **garçota**

garçoto *s. m.* ORNITOLOGIA ⇒ **garçota**

gardénia *s. f.* BOTÂNICA gardenia

gardingato *s. m.* quality (or state) of a nobleman among the Visigoths

gardingo *s. m.* HISTÓRIA nobleman (among the Visigoths)

gardunha *s. f.* ZOOLOGIA marten, animal resembling a weasel, beech marten

gardunho *s. m.* ZOOLOGIA marten, animal resembling a weasel, beech marten

gare *s. f.* [gal.] station platform

garela *s. f.* partridge

garfa *s. f.* small secondary swarm of bees; fork

garfada *s. f.* forkful

garfar *v. tr.* to fork; to graft, to raise (to pitch) with a fork

garfeira *s. f.* case for forks

garfete *s. m.* [técn.] wooden (or glass) piece through which silk passes during spining

garfilha *s. f.* edge of coins (or medals)

garfo *s. m.* fork; [coloq.] ***ser um bom «garfo»*** to be a hearty eater, to play a good knife-and-fork

gargajola *s. m.* lanky lad

gargalaçada *s. f.* gurgling, grush of a liquid

gargalaçar *v. tr.* to drink from the bottle

gargaleira *s. f.* bung hole

gargaleiro *s. m.* cart drawn by oxen

gargalejo *s. m.* ⇒ **gargarejo**

gargalhada *s. f.* burst (or roar) of laughter; loud laugh; *pl.* shouts of laughter, a peal of laughter; ***uma grande garga-***

lhada a roar of laughter; ***fazer rir às gargalhadas*** to make roar with laughter
gargalhar *v. intr.* to laugh loudly
gargalheira *s. f.* iron-collar for slaves; fetters; dog-collar
gargalho *s. m.* phlegm; tough sputum
gargalo *s. m.* neck (of a bottle)
gargaludo *adj.* having a long neck (of a bottle)
garganeiro *adj.* chattering, garrulous
garganhol *s. m.* neck
garganice *s. f.* garrulity, talkativeness
garganta *s. f.* throat; gullet; larynx; gorge; defile between high hills; bluff; ***garganta inflamada*** sore throat; ***ter dor de garganta*** to have a sore throat; ***as palavras atravessaram--se-me na garganta*** the words stuck in my throat; ***doença da garganta*** disease of the throat; ***espetou-se-lhe um osso na garganta*** a bone has stuck in his throat; ***refrescar a garganta*** to cool one's throat; ***ficar atravessado na garganta*** to stick in one's throat; ***estar com a corda na garganta*** to have a rope round one's neck; NÁUTICA ***garganta de estai*** fork and lashing eye; ***molhar a garganta*** to wet one's whistle
gargantão *s. m., adj.* greedy, voracious; glutton
garganteado Ⓐ *adj.* warbled, quavery Ⓑ *s. m.* warble, trill
garganteador *s. m.* one who quavers; quaverer, warbler; boaster, braggart
gargantear *v. tr. e intr.* to quaver; to sing with trills; to warble; to trill, to shake; to chirp
garganteio *s. m.* quaver, quavering (of the voice); trill; warble
gargantilha *s. f.* necklace, collar
gargantoíce *s. f.* gluttony, gulosity, edacity, voracity
gargantuesco *adj.* Gargantuan
gargarejamento *s. m.* ⇒ **gargarejo**
gargarejar *v. intr.* to gargle, to wash (the mouth or throat) with a gargle; to court, to make love; ⌈coloq.⌋ to spoon
gargarejo *s. m.* gargle; gargling
gargéu *s. m.* ORNITOLOGIA tern, sea-swallow
gargueiro *s. m.* ⌈pop.⌋ throat, neck of a bottle
gárgula *s. f.* gargoyle, grotesque spout with human (or animal) mouth (or head)
garguleira *s. f.* ORNITOLOGIA blue finch
garibalda *s. f.* ⇒ **garibáldi**
garibalde *s. m.* differential pulley block, differential hoist
garibáldi *s. m.* garibaldi, loose shirt-waist; short smock
garimpagem *s. f.* ⌈Bras.⌋ prospecting
garimpar *v. intr.* to search for diamonds; to prospect
garimpeiro *s. m.* prospector; diamond (or gold) seeker
garimpo *s. m.* diamond mine; clandestine prospecting; settlement of miners
garina *s. f.* ⌈cal.⌋ broad
gariteiro *s. m.* keeper of gambling house
garito *s. m.* gambling house
garlindéu *s. m.* NÁUTICA cap of a mast
garlopa *s. f.* large plane; ***garlopa de alisar*** jack plane
garnacha *s. f.* gown or robe worn by judges (priests, barristers, etc.)
garnachão Ⓐ *s. m.* jester, sport, joker, merry fellow Ⓑ *adj.* funny, frolicsome, larky
garnachice *s. f.* prank, mischievous trick
garnacho *s. m.* very heavy woollen (or cotton) overcoat
garnear *v. intr.* to burnish (leather)
garnierite *s. f.* MINERALOGIA garnierite
garnisé *s. m., adj.* bantam (chicken)
garo *s. m.* variety of lobster; pickles prepared from the guts of this crustacean
garopeiro *s. m.* snake exhibitor in former Portuguese India
garotada *s. f.* group of urchins (or rowdy boys); boyish men
garotagem *s. f.* group of urchins (or rowdy boys); boyish men
garotal *adj.* of (or pertaining to) boys; boylike; puerile, boyish
garotar *v. intr.* to be a street urchin, to rove the streets; to stroll about, to rove freely, to prowl about
garotelho *s. m.* little boy; small lad
garotete *s. m.* ⇒ **garotelho**
garotice *s. f.* boy's trick, mischief, waggishness, roguery; pranks
garotil *s. m.* NÁUTICA head of a sail
garotito *s. m.* small boy, nipper
garoto Ⓐ *adj.* waggish, mischievous Ⓑ *s. m.* roguish boy; urchin, street arab; lad; kid, shaver; youngster
garotote *s. m.* ⇒ **garotelho**
garoupa *s. f.* ICTIOLOGIA grouper; serran
garra *s. f.* claw; talon; paw; clasp; grab, fang; clutch; ungula, nipper; NÁUTICA ***navio à garra*** ship adrift
garrafa *s. f.* bottle; ***garrafa termo*** thermos flask, ⌈E. U. A.⌋ thermos bottle; ***uma garrafa de água gelada*** a jug of iced-water; ***garrafa de água*** carafe, glass water-bottle for table; ***beber (esvaziar) uma garrafa (de vinho)*** to crack a bottle (of wine); ***garrafa de ar comprimido*** compressed-air bottle; ***garrafa de Leyden*** Leyden jar
garrafada *s. f.* the contents of a bottle (of wine); bottleful; medicine contained in a bottle
garrafal *adj.* round like a bottle; bottle-shaped; thick, big-bellied; ***letra garrafal*** round letter
garrafão *s. m.* carboy, demijohn, flagon, a large narrow-necked bottle with a covering of wicker-work
garrafaria *s. f.* a lot of bottles
garrafeira *s. f.* wine-cellar, wine-vault, cellaret; ***ter uma boa garrafeira*** to keep a good cellar
garrafinha *s. f.* ORNITOLOGIA small bird of the family *Sylviidae*; small bottle
garragina *s. f.* ⇒ **garrau**
garraiada *s. f.* bullock-fight; bullock-baiting
garraio *s. m.* bullock, yearling bull
garrana *s. f.* filly, young mare
garrancha *s. f.* branch of a tree; long pole ended by a kind of scythe to cut away branches from trees
garranchada *s. f.* branches, boughs
garranchar *v. tr.* to sit astraddle, to sit astride
garrancho *s. m.* VETERINÁRIA disease in horse's hoof; tortuous branch (of a tree); brushwood
garranchoso *adj.* gnarled, tortuous, knotty
garranito *s. m.* small but strong horse; ⌈fig.⌋ small lad
garrano *s. m.* pony, ⌈coloq.⌋ nag, small riding-horse
garranto *s. m.* mullet
garrão *s. m.* ZOOLOGIA hamstring, hock (of a horse)
garrar *v. tr. e intr.* to drag, to drive (the anchor); to drift, to float
garrau *s. m.* ORNITOLOGIA sea-gull
garraz *s. m.* cotton fabric (cheap)
garrear *v. tr.* to grasp; to grip; to seize
garrento *s. m.* ICTIOLOGIA mullet
garréu *s. m.* ORNITOLOGIA tern, sea-swallow
garrida *s. f.* little bell; iron roller
garridamente *adv.* gaudily, brightly, smartly
garridice *s. f.* dandyism, smartness
garridismo *s. m.* ⇒ **garridice**
garrido *adj.* dandified, smart, decorated; ***cor garrida*** lively (bright) colour
garrincho *s. m.* ⇒ **garrau**
garrir *v. refl. e intr.* to chatter; to chirp; to make merry; to shine; to make a show (or a display); to dress up smartly; to shine, to glitter
garro Ⓐ *adj.* MEDICINA leprous; itchy Ⓑ *s. m.* tartar
garrocha *s. f.* goad, prod
garrochada *s. f.* prick (or blow) with a goad
garrochador *s. m.* bullfighter who fought with a goad

garrochão *s. m.* pike; big goad
garrochar *v. tr.* to prick with a goad, to prod, to goad; [fig.] to irritate
garrotar *v. tr.* to gar(r)otte, to strangle
garrote *s. m.* garrotte, garotte; iron collar; execution by means of the gar(r)otte; MEDICINA tourniquet
garrotear *v. tr.* ⇒ **garrotar**
garrotilho *s. m.* MEDICINA croup (an inflammatory disease of the throat, marked with sharp cough, generally attacking children)
garrucha *s. f.* pulley to torture criminals; gaffle of a cross-bow
garrucho *s. m.* ⇒ **garrucha**
garruço *s. m.* ⇒ **carapuço**
garrular *v. intr.* to babble, to prattle, to chatter; to chat; to gossip
garrulice *s. f.* chatter, babble, prattle; talkativeness, garrulity
garrulidade *s. f.* chatter, babble, prattle; talkativeness, garrulity
gárrulo Ⓐ *adj.* garrulous, babbling, chattering Ⓑ *s. m.* chatterbox, prattler, babbler, cackler
garruncho *s. m.* NÁUTICA cringle, bank, hook; ***garruncho de empunidouro*** earing thimble
garupa *s. f.* croup(e), hind quarters (of a horse); buttocks; rump; crupper; ***ir na garupa do cavalo*** to ride behind, to ride pillion
garupada *s. f.* croupade (of a horse); curvet with the hind-legs well under the belly
garupeiro *s. m.* ⇒ **garopeiro**
garzeta-do-mar *s. f.* white heron
garzina *s. f.* small sea-gull
gás *s. m.* gas, vapour, fume; *pl.* wind; ***fogão de gás*** gas-stove; ***contador de gás*** gas-meter; ***fábrica de gás*** gas-works; ***gás de combustão*** fuel-gas; ***abrir o gás*** to turn on the gas; ***fechar o gás*** to turn off the gas; ***gás de iluminação*** coal-gas; ***gás asfixiante*** asphyxiating gas; ***gás lacrimogéneo*** tear gas; ***instalação de gás*** gas-fitting; ***gás dos pântanos*** marsh-gas; ***bico de gás*** gas-jet, gas-burner; ***à luz do gás*** by gas-light; ***tubo de gás*** gas-pipe; ***gás pobre*** producer gas; ***região que produz gás natural*** gas-field; ***fuga de gás*** gas leak; ***balão para gás*** gas-bag; ***à prova de gás*** gas-proof; ***torneira de gás*** gas-tap; ***válvula para evitar fugas de gás*** gas-valve; ***instalador de aparelhos de gás*** gas-fitter; ***tubo de derivação de gás*** gas fixture; ***fornalha de gás*** gas-furnace; ***máscara contra gases asfixiantes*** gas-mask
gasalhado *s. m.* shelter, lodging; clothes, bed-clothes; [fig.] kindness, benevolence
gasalhamento *s. m.* shelter, lodging; clothes, bed-clothes; [fig.] kindness, benevolence
gasalhar *v. tr.* to shelter, to lodge; to warm, to muffle; to cover up
gasalho *s. m.* lodging, reception; act of clothing, warm clothes
gasalhoso *adj.* hospitable, generous
gascão *s. m., adj.* Gascon; [fig.] boaster
gascões *s. m. pl.* part of a cannon-bit
gaseado *s. m., adj.* (one) affected by the noxious action of gases
gaseamento *s. m.* gassing
gasear *v. tr.* to gas; to gasify
gaseificação *s. f.* gasification (process of gasifying)
gaseificador *s. m.* gas-burner
gaseificar *v. tr.* to gasify (to convert into gas)
gaseiforme *adj.* gasiform, gaseous
gasganete *s. m.* [fam.] throat; neck
gasguete *s. m.* [fam.] ⇒ **gasganete**
gasguita *adj.* speaking with difficulty
gasificação *s. f.* ⇒ **gaseificação**
gasificar *v. tr.* ⇒ **gaseificar**
gás-mil *s. m.* petrol-spirit
gasnate *s. m.* ⇒ **gasganete**
gasnete *s. m.* ⇒ **gasganete**
gasoduto *s. m.* pipeline
gasogénio *s. m.* ⇒ **gasógeno**
gasógeno *s. m.* gasogene
gasoleno *s. m.* kind of petrol-spirit obtained by distillation of kerosene
gasóleo *s. m.* diesel oil, fuel, derv
gasolina Ⓐ *s. f.* petrol, [E.U.A.] gas, gasoline Ⓑ *s. m.* motor-boat
gasolineiro *s. m.* [Ingl.] petrol pump attendant; [E.U.A.] gas station attendant
gasólito *adj.* gasifiable
gasómetro *s. m.* gasometer, apparatus for collecting (containing, or measuring) gas
gasosa *s. f.* fizzy drink; soda, soda-water, soda lemonade; [coloq.] pop
gasoso *adj.* gaseous; (drink) sparkling, fizzy
gaspacho *s. m.* cold soup of tomatoes, onions, cucumber, green pepper, olive oil, vinegar, salt and pepper, all liquefied
gáspea *s. f.* vamp; upper front part of shoe
gaspeadeira *s. f.* woman who sews the vamps
gaspeado *adj.* vamped, patched (shoes)
gaspear *v. tr.* to vamp, to revamp, to put new vamps on a shoe
gastador Ⓐ *adj.* consuming, wasting Ⓑ *s. m.* spendthrift, waster, expender; squanderer; wastrel; disburser, dissipater, lavisher
gastalha *s. m.* [reg., Mad.] tall thin woman
gastalho *s. m.* cramp, clasp, clamp, holdfast
gastão *s. m.* handle of a cane
gastar *v. tr. e refl.* to spend, to disburse, to expend; to use up, to consume, to exhaust; to pay out; to wear out; to waste; to squander, to lavish, to dissipate; to get worn out, to wear oneself; to wear off, to wear away; to batter, to eat, to devour; ***gastar dinheiro à larga*** to spend money like water; ***gastar todo o rendimento*** to live up to one's income; ***não gastar mais do que se tem (saber equilibrar o barco)*** to make both ends meet; ***gastar dinheiro em bagatelas*** to spend money on trifles; ***prepara-te para gastares dinheiro*** be prepared to put your hand in your pocket; ***ele gastou toda a fortuna que o pai lhe deixou*** he ran through the fortune which his father left him; ***gastar palavras*** to speak in vain, to waste words; ***não gastes mais dinheiro do que tens*** cut your coat according to your cloth; ***gastar tempo*** to waste time
gastável *adj.* spendable; used up, soon used up, soon spent, wastable
gasterópodes *s. m. pl.* ⇒ **Gastrópodes**
gasterótricos *s. m. pl.* ⇒ **Gastrótricos**
gasterozoário *s. m.* ⇒ **gastrozoário**
gasto Ⓐ *adj.* spent; worn-out Ⓑ *s. m.* expense, cost, outlay, payment; expenditure, disbursement; cost; wear; *pl.* charges, expenses; ***gastos supérfluos*** unnecessary expenses; COMÉRCIO ***incluídos todos os gastos*** all expenses paid; ***sem gastos*** free of charge; ***gastos gerais*** general charges; ***gastos miúdos*** petty charges; ***gastos eventuais*** incidental expenses; ***o velhinho estava gasto pela idade*** the old man was worn with age
gastralgia *s. f.* MEDICINA gastralgia (pain in the stomach, stomach-ache)
gastrálgico *adj.* MEDICINA gastralgic
gastrectasia *s. f.* gastrectasy
gastrectomia *s. f.* CIRURGIA gastrectomy
gastrenteralgia *s. f.* gastrenteralgy
gastrentérico *adj.* gastroenteric
gastrenterite *s. f.* MEDICINA gastroenteritis terogastritis (inflammation of the stomach and intestines)
gastrenterocolite *s. f.* MEDICINA gastroenterocolitis

G

gastrenterologia *s. f.* gastroenterology
gastrenterólogo *s. m.* gastroenterologist
gástrica *s. f.* gastric fever
gastricidade *s. f.* stomach with a granular sedimentary deposit
gastricismo *s. m.* gastricism, gastric disorder
gástrico *adj.* MEDICINA gastric; ***suco gástrico*** gastric juice
gastrícola *adj.* living in the stomach
gastríloquo *s. m., adj.* ⇒ **ventríloquo**
gastrintestinal *adj.* gastrointestinal
gastrite *s. f.* MEDICINA gastritis (inflammation of the stomach)
gastrocele *s. f.* gastrocele
gastrocnémio *s. m.* gastrocnemius
gastrocolite *s. f.* MEDICINA gastrocolitis
gastrodiafania *s. f.* gastrodiaphaneity
gastrodiafanoscópio *s. m.* gastrodiaphanoscope
gastrodinia *s. f.* gastralgia, gastrodynia
gastroduodenal *adj.* gastroduodenal
gastroduodenite *s. f.* MEDICINA gastroduodenitis
gastrófilo *adj.* epicure, gourmet
gastróforo *adj.* gastrophorous
gastrointestinal *adj.* gastrointestinal
gastrólatra *adj.* glutton, gourmand, belly-slave
gastrolatria *s. f.* gastrolatry
gastrólito *s. m.* gastrolith
gastrologia *s. f.* gastrology (the science of cookery)
gastrólogo *s. m.* gastrologist
gastromania *s. f.* gastromania; excessive love of food
gastromaníaco *s. m., adj.* gastromaniac
gastronefrite *s. f.* gastronephritis
gastronomia *s. f.* gastronomy (art and science of good eating)
gastronómico *adj.* gastronomic(al)
gastrónomo *s. m.* gastronomer (a connoisseur of cookery and good eating)
gastropata *s. m. e f.* gastropath
gastropatia *s. f.* gastropathy
gastroplastia *s. f.* gastroplasty
gastroplegia *s. f.* gastroplegy
Gastrópodes *s. m. pl.* ZOOLOGIA members of the *Gastropoda* (a class of molluscs)
gastrorragia *s. f.* MEDICINA gastrorrhage
gastrorreia *s. f.* MEDICINA gastrorrhea
gastroscopia *s. f.* gastroscopy
gastroscópio *s. m.* gastroscope
gastrospasmo *s. m.* gastrospasm
gastrostomia *s. f.* CIRURGIA gastrostomy
gastrotomia *s. f.* CIRURGIA gastrotomy
gastrótricos *s. m. pl.* very small animals living in fresh water and having a sort of thorns covering their body
gastrovascular *adj.* gastrovascular
gastrozoário *s. m.* ZOOLOGIA gastrozoan
gástrula *s. f.* BIOLOGIA gastruia
gastrulação *s. f.* BIOLOGIA gastrulation
gata *s. f.* she-cat, tabby-cat; failure (in an examination); NÁUTICA one-armed anchor; ***andar de gatas*** to go on all-fours, to crawl; NÁUTICA ***gata (vela)*** mizzentop sail; ***mastro da gata*** mizzen-mast; ***verga da gata*** mizzen-top yard
gata-borralheira *s. f.* cinderella
gatafunhar *v. intr.* to scrawl, to scribble
gatafunhos *s. m. pl.* scrawls, scribbles
gatanhada *s. f.* scratch (from a cat)
gatanhar *v. tr.* to scratch (from a cat)
gatanho *s. m.* scratch
gatar *v. tr. e intr.* ⌈fam.⌋ to fail (examination); to make a mistake
gataria *s. f.* a great number of cats
gatária *s. f.* BOTÂNICA catmint
gatarrada *s. f.* ⇒ **gataria**
gatarrão *s. m.* large cat, big tomcat
gatázio *s. m.* claw, nail
gatear *v. tr.* to cramp, to fasten together with a cramp, to repair with clamps
gateira *s. f.* NÁUTICA navel pipe, chain hole (of cable)
gateiro Ⓐ *s. m.* cat keeper Ⓑ *adj.* fond of cats
gatenho *adj.* uncultivated, fallow
gatesco *adj.* ⌈arc.⌋ catlike, catty; feline
gatice *s. f.* a great number of cats
gaticida *s. m. e f.* cat-killer
gaticídio *s. m.* cat killing
gatilho *s. m.* trigger (of a gun)
gatimanhos *s. m.* grimaces, scrawls; gesticulation
gatimónias *s. f. pl.* ⇒ **gatimanhos**
gatina *s. f.* disease of the silkworm
gatinha *s. f.* pussy-cat, little-cat, kitten; ***de gatinhas*** creeping on all fours, crawling
gatinhar *v. intr.* to creep, to crawl
gatismo *s. m.* incontinence of urine or excrement
gato *s. m.* tom-cat; cat; metal cramp (for cracked porcelain); mistake, error; NÁUTICA hook; ***comer gato por lebre*** to be cheated; ***vender (ou comprar) gato por lebre*** to sell (or to buy) a pig in a poke; ***gato escaldado de água fria tem medo*** a burnt child dreads the fire, once bitten, twice shy; ***viver como o cão e o gato*** to lead a cat-and-dog life; ***quem não tem cão caça com gato*** half a loaf is better than none; ***ter sete fôlegos como o gato*** to have as many lives as a cat, to have nine lives; ***gato maltês*** Maltese cat; NÁUTICA ***gato do lamboreiro*** fish-hook; ***gato de reboque*** towing-hook; ***gato de tesoura*** clasp hook, clip hook, sister hook; ***de noite todos os gatos são pardos*** at night all cats are grey
gato-bravo *s. m.* wildcat; lynx; caracal; genet
gato-montês *s. m.* wildcat; lynx; caracal; genet
gato-pingado *s. m.* ⌈pop.⌋ pall-bearer; ⌈fig.⌋ a nobody, a nonentity
gatorro *s. m.* large cat, big tom-cat
gato-sapato *s. m.* blind-man's-buff; a contemptible matter; ***fazer gato-sapato de alguém*** to despise somebody, to treat somebody as a doormat
gatoso *adj.* suffering from incontinence of urine or excrement
gatunagem *s. f.* robbery, pilferage; a gang of robbers
gatunar *v. intr.* to pilfer, to pick pockets, to purloin, to filch; to steal
gatunha *s. f.* BOTÂNICA rest-harrow, cammock
gatunice *s. f.* pilferage, petty theft
gatunismo *s. m.* thief life; thieves
gatuno *s. m.* pilferer, pickpocket, robber; sharper, sneak-thief; ***cautela com os gatunos!*** beware of pickpockets!
gaturamo *s. m.* ⌈Bras.⌋ tanager
gauchada *s. f.* a lot of Gauchos
gauchar *v. intr.* to lead the life of a Gaucho
gauchismo *s. m.* custom (habit or expression) of a Gaucho
gaúcho *s. m.* Gaucho (native of the pampas of South America)
gauda *s. f.* BOTÂNICA a mignonette *(Reseda odorata)*
gauderiar *v. intr.* to stray from place to place, to lead a vagrant life
gaudério Ⓐ *adj.* merrymaking, fun; vagabond Ⓑ *s. m.* cow-bird
gaudiar *v. intr.* to amuse oneself, to entertain oneself; to lead a playboy's life
gaudinar *v. intr.* ⇒ **gaudiar**
gáudio *s. m.* rejoicing, joy, exaltation; merrymaking, feasting
gaudioso *adj.* cheerful, joyful, merry
gaulês *s. m., adj.* Gaulish; Gaul
gauss *s. m.* FÍSICA gauss (unit of intensity of magnetic field)
gavarro *s. m.* MEDICINA whitlow, agnail, hangnail

gávea *s. f.* NÁUTICA topsail; ***gávea militar*** fighting topsail, military topsail; ***gávea dobrada*** double topsail; ***ter as gáveas içadas (arreadas)*** to have the topsails atrip (lowered)
gaveador *s. m.* one who plants vine shoots
gavear *v. intr.* to plant vine shoots
gavela *s. f.* sheaf of corn, bundle of spikes of any cereal
gaveta *s. f.* drawer; locker; MECÂNICA slide, slide-valve
gavetão *s. m.* large drawer, long drawer
gaveto Ⓐ *s. m.* CARPINTARIA curved piece of wood Ⓑ *adj.* said of the building placed on the corner of two streets
gavial *s. m.* ZOOLOGIA gavial (crocodile found in the Ganges and other rivers of India)
gavião *s. m.* ORNITOLOGIA sparrow-hawk, martlet; BOTÂNICA tendril
gaviete *s. m.* NÁUTICA anchor davit
gavina *s. f.* ⇒ **gaivina**
gavinhas *s. f. pl.* BOTÂNICA tendrils, claspers
gavinhoso *adj.* BOTÂNICA full of tendrils (or claspers)
gavita *s. f.* small sea-gull
gavites *s. m.* ⇒ **gavita**
gavito *s. m.* ⇒ **gavita**
gavota *s. f.* gavotte, minuet-like dance; music for this dance
gaza *s. f.* ⇒ **gaze**
gazão *s. m.* turf, lawn, sward
gaze *s. f.* gauze; ***gaze anti-séptica*** antiseptic gauze
gazeador *s. m.* truant, one who plays truant; runaway; warbler, chirper
gazeante *adj.* truant; warbling
gazear *v. intr.* to play truant; to chirp (heron or swallow); to warble
gazeio *s. m.* truancy, act of playing truant; chirp of the heron or the swallow
gazela *s. f.* ZOOLOGIA gazelle
gázeo Ⓐ *adj.* greenish Ⓑ *s. m. pl.* eyes; sight
gazeta *s. f.* gazette; truancy; ***fazer gazeta*** to play truant
gazetal *adj.* of (pertaining to) a gazette; gazette
gazetário *adj.* of (pertaining to) a gazette; gazette
gazetear *v. intr.* to cut school, to play truant
gazeteiro *s. m.* [depr.] hack writer, journalist; truant
gazetilha *s. f.* news in brief; scandal column; feuilleton; literary supplement of a daily paper
gazetilheiro *s. m.* ⇒ **gazetilhista**
gazetilhista *s. m. e f.* gazetteer, feuilletonist
gazetismo *s. m.* newspaper influence
gazetista *s. m. e f.* journalist
gazil *adj.* [reg.] smart, elegant, graceful
gazio *s. m.* grape-stalk
gaziva *s. f.* depredation, brigandage, pillage, plunder; Moorish raid
gazofilácio *s. m.* box for alms in the Temple of Jerusalem
gazola *s. f.* ORNITOLOGIA kind of bittern
gazua *s. f.* picklock; skeleton-key
gázua *s. f.* ⇒ **gaziva**
geada *s. f.* frost; sleet; ***geada branca*** hoar-frost; ***caiu uma grande geada*** there has been a sharp frost
geanticlinal *adj.* GEOLOGIA geanticlinal
gear *v. tr. e intr.* to frost, to freeze slightly, to chill
geba *s. f.* hump, protuberance; old woman with a hump
gebada *s. f.* crumpling of hat because of a blow
gebar *v. tr.* to crush with blows
gebice *s. f.* frumpishness, dowdiness
gebo *s. m., adj.* hump-backed; ZOOLOGIA Indian ox; badly-dressed man; ***mulher geba*** dowdy woman, frump
geboso *adj.* gibbous, protuberant, hump-backed; shabby, ragged
gebrar *v. intr.* to make grooves on the staves
gebre *s. m.* groove at both ends of the staves and the barrel tops
gebreira *s. f.* spree, folly, revelry
geco *s. m.* [cal.] unpaid debt
geeiro *adj.* ⇒ **geento**
geena *s. f.* BÍBLICO Gehenna, hell
geento *adj.* frosty
gefíreos *s. m. pl.* *Gephyrea* (a class or group of the germs or worms)
gefirinos *s. m. pl.* ⇒ **gefíreos**
geidrografia *s. f.* hydrography
geio *s. m.* act of freezing, ice
géiser *s. m.* geyser (natural spout of hot water rising from the earth to a considerable height)
geiserito *s. m.* GEOLOGIA geyserite
geistória *s. f.* geo-history
gel *s. m.* QUÍMICA gel
gelada *s. f.* hoar-frost; vegetation covered with hoar-frost; BOTÂNICA ice-plant
geladeira *s. f.* [Bras.] freezer, ice-box; refrigerator
geladiço *adj.* freezing easily; absorbing dampness and no good for building (stone)
gelado Ⓐ *adj.* frozen, congealed, numb, benumbed, insensible, paralysed, torpid Ⓑ *s. m.* ice, ice-cream; ***vendedor de gelados*** ice-cream seller
gelador *adj.* freezing, chilling, icy
geladura *s. f.* freezing, frost-bite
gelanto *s. m.* medicinal varnish
gelar *v. tr. e intr.* to freeze; to congeal; to chill; to be congealed, to be frozen; ***gelar o sangue nas veias*** to freeze one's blood, to curdle one's blood; ***o lago gelou*** the pond is frozen over; [fig.] ***ele ficou gelado*** he was stunned
gelasina *s. f.* dimple
gelatina *s. f.* gelatin(e), jelly, [E. U. A.] jello
gelatiniforme *adj.* gelatiniform
gelatinização *s. f.* gelatinization
gelatinizar *v. tr.* to gelatinize
gelatinoso *adj.* gelatinous, resembling jelly
geleia *s. f.* jam
geleira *s. f.* glacier, ice-field; refrigerator, ice-box
gelha *s. f.* wrinkle; crease, pucker
gelidez *s. f.* iciness, frostiness; gelidity
gélido *adj.* [poét.] frozen, gelid, icy, frosty
gelifazer *v. tr.* to freeze
gelificação *s. f.* freeze, freezing
gelificar *v. tr.* ⇒ **gelifazer**
gelo *s. m.* ice; freezing point; coldness; [fig.] indifference, coolness; [fig.] ***quebrar o gelo*** to break the ice; ***bloqueado pelo gelo (navio)*** ice-bound (ship); ***gelos errantes*** icebergs, ice-floes; ***casa de gelo (dos esquimós)*** ice-house (of the Eskimos), igloo; ***balde com gelo (para garrafas)*** ice-pail; ***banco de gelo*** icefield; ***gelo flutuante*** drift-ice
gelosia *s. f.* window blind, jalousie, Venetian blind
gema *s. f.* yolk (of an egg); BOTÂNICA bud, shoot; precious stone; the main thing; ***ser da gema*** to be genuine
gemação *s. f.* BIOLOGIA gemmation, act (or process) of budding; arrangement of buds on stem
gemada *s. f.* egg-flip, egg-nog
gemado *adj.* bejewelled, begemmed, set with gems; yolk-coloured
gemante *adj.* shining like gems
gemar *v. tr. e intr.* to bud, to put forth buds; to graft by means of buds; to prepare with yolks
gemebundo *adj.* groaning, wailing
gemedoiro *s. m.* ⇒ **gemedouro**
gemedor Ⓐ *adj.* groaning; moaning Ⓑ *s. m.* moaner, wailer; lamenter
gemedouro *s. m.* the act of sighing frequently
gemeidade *s. f.* equality; quality of twin
gemelar *adj.* referring to twins
gemelgo *adj.* ⇒ **gémeo**
gemelhicar *v. intr.* ⇒ **gemicar**

gemelípara *adj.* bearing twins
gemelos *s. m. pl.* ANATOMIA gemelli, twin muscles
gemente *adj.* moaning, groaning, wailing, sighing
gémeo Ⓐ *adj.* very much alike, resembling each other Ⓑ *s. m.* twin; ***irmão gémeo*** twin brother; ***navio gémeo*** twin ship
Gémeos *s. m. pl.* ASTRONOMIA, ASTROLOGIA Gemini
gemer *v. tr. e intr.* to groan, to moan; to wail, to lament, to bemoan, to deplore, to grieve; to coo (the turtle-dove); ***gemer com dores*** to groan with pain(s)
gemicar *v. intr.* to wail, to moan
gemido *s. m.* groan, moan, lament, complaint, wailing; whimpering
gemífero *adj.* gemmiferous, yielding gems; BOTÂNICA producing buds
geminação *s. f.* gemination, doubling, repetition
geminado *adj.* geminate, occurring in pairs; double, duplicate, twofold; BOTÂNICA geminous; ***casas geminadas*** semi-detached houses
geminar *v. tr.* to geminate, to double, to repeat; to place, to arrange in pairs
geminável *adj.* that can be geminated
geminifloro *adj.* geminiflorous
gémino *adj.* geminate; combined in pairs
gemiparidade *s. f.* BIOLOGIA gemmiparity (reproduction by buds)
gemíparo *adj.* gemmiparous (propaganity by means of buds)
gemónias *s. f. pl.* place where the corpses of criminals were exposed in ancient Rome; gemonies
Gempílidas *s. m. pl.* ⇒ **Gempilídeos**
Gempilídeos *s. m. pl.* family of fishes
gémula *s. f.* gemmule (a small rudimentary gemma, or bud)
gemulação *s. f.* BIOLOGIA gemmation
genal *adj.* of the gena (side of the head); pertaining to the cheek
genciana *s. f.* gentian
Gencianáceas *s. f. pl.* BOTÂNICA members of the *Gentianaceae* family
gendarmaria *s. f.* gendarmerie
gendarme *s. m.* gendarme
gene *s. m.* BIOLOGIA gene
genealogia *s. f.* genealogy
genealógico *adj.* genealogical; ***árvore genealógica*** family tree
genealogismo *s. m.* genealogism
genealogista *s. m. e f.* genealogist
genearca *s. m.* forefather, ancestor, progenitor
genebra *s. f.* gin, spirit distilled from grain (or malt)
genebrada *s. f.* gin-fizz, cordial gin
genebreiro *s. m.* ⇒ **zimbro**
genebrense *s. m. e f., adj.* ⇒ **genebrino**
genebrês *s. m., adj.* ⇒ **genebrino**
genebrino *s. m., adj.* Genevese, Genevan
genequim *adj.* rough (referring to a variety of cotton)
general *s. m.* general; ***general de divisão*** major-general
generala *s. f.* [pop.] a general's wife; a general bugle call, alarm
generalado *s. m.* ⇒ **generalato**
generalato *s. m.* generalship
generalidade *s. f.* generality; ***a generalidade dos homens*** the run of mankind, the common run
generalíssimo *s. m.* generalissimo
generalista *adj.* non-specialized; general; general-interest; ***estação de televisão generalista*** general-interest tv channel
generalização *s. f.* generalization
generalizado *adj.* generalized, universalized, humdrum ordinary
generalizador *adj.* generalizing
generalizar *v. tr. e intr.* to generalize, to reduce to generalization; to formulate, to state in terms of general principles; to make general and wide-spread; to treat generically
generalizável *adj.* that can be generalized
generante *adj.* generating, generant, generative
generativo *adj.* generative, reproductive, procreative
generatriz *s. f.* ⇒ **geratriz**
genericamente *adv.* generically
genérico Ⓐ *adj.* generic Ⓑ *s. m.* CINEMA credits
género *s. m.* kind, sort; genus; order; GRAMÁTICA gender; style, class; *pl.* COMÉRCIO goods, commodities, produce, articles; ***o género humano*** humankind, humanity; ***géneros do país*** home products; ***géneros miúdos*** small goods; ***géneros armazenados*** stored provisions; ***género de construção*** type of construction; ***perfeito no seu género*** perfect of its kind; NÁUTICA ***paiol de géneros*** issue-room; ***géneros alimentícios*** foodstuffs; ***géneros de primeira necessidade*** essentials; [coloq.] ***ele não faz o meu género*** he's not my type
generosamente *adv.* generously, nobly, liberally, nobly, effusively
generosidade *s. f.* generosity, magnanimity, liberality, charity; disinterestedness
generoso *adj.* generous, liberal, magnanimous, bountiful, open-handed, munificent, noble-minded; (wine) generous, strong, rich and full; ***ela é uma alma generosa*** she is a generous soul
génese *s. f.* genesis, origin, birth, creation, generation
genesíaco *adj.* genesic, pertaining to generation (or genesis); producing, yielding
genésico *adj.* genesic, pertaining to generation (or genesis); producing, yielding
génesis *s. m. e f.* genesis
geneta *s. f.* genet; a kind of civet-cat
genética *s. f.* BIOLOGIA genetics
genético *adj.* genetic
genetista *s. m. e f.* genetic engineer
genetlíaco *adj.* genethliacal
genetliologia *s. f.* genethliology
geneto *s. m.* ⇒ **geneta**
gengibirra *s. f.* ginger-ale; ginger-beer
gengibre *s. m.* BOTÂNICA ginger
gengiva *s. f.* gum (firm tissues in upper and lower jaws in which the teeth are set); ***ter as gengivas inflamadas*** to have swollen (or inflamed) gums
gengival *adj.* relating to the gums, gingival
gengivalgia *s. f.* gingivalgy
gengivite *s. f.* MEDICINA gingivitis (inflammation of the gums)
genial *adj.* genial, jovial, cheerful, sociable; talented, brilliant, marked by genius
genialidade *s. f.* geniality; kind disposition; genius, originality
genialmente *adv.* genially, ingeniously, brilliantly
genica *s. f.* [pop.] strength, force, energy, vigour; [cal., E.U.A.] pep
geniculação *s. f.* geniculation
geniculado *adj.* BOTÂNICA geniculate(d); bent like a knee
genicular *adj.* referring to the knees
génio *s. m.* genius (*plural* geniuses); talent; intellectual power; aptitude, creativeness; skill; temper, temperament, disposition, humour; irascibility; ***génio meigo*** sweet temper; ***génio igual*** even temper; ***mau génio*** bad temper, ill humour; ***génio brando*** mild temper; ***génio impetuoso*** fiery temper; ***génio plácido*** placid temper; ***de mau génio*** bad-tempered, ill-tempered; ***de génio meigo e afável*** sweet-tempered; ***bom génio*** good humour; ***ter mau génio*** to have a bad temper; ***génio do mal*** devil, demon
genioplastia *s. f.* plastic surgery of the chin
genioso *adj.* ill-tempered, ill-natured
genital *adj.* genital, generative, reproductive, procreative
genitivo *s. m.* GRAMÁTICA genitive, genitive case
génito *adj.* begotten, created
genitor *s. m.* genitor, father

genituriná rio *adj.* ANATOMIA, MEDICINA genitourinary
genocídio *s. m.* genocide
genopatia *s. f.* hereditary pathological alteration
genoplastia *s. f.* plastic surgery of the face
genótipo *s. m.* BIOLOGIA genotype
genovense *s. m. e f., adj.* Genoese
genovês *s. m., adj.* Genoese
genrear *v. intr.* [Bras.] to live on one's parents-in-law
genro *s. m.* son-in-law
gentaça *s. f.* ⇒ **gentalha**
gentalha *s. f.* mob, rabble, the masses
gente *s. f.* people, race, clan; folk; crowd, nation, community; congregation; family; men; hands; population; ***gente nova*** young people; ***gente miúda*** small fry; ***gente impossível*** unpleasant people; ***má gente*** bad lot; ***bastante gente*** a good many people; ***gente do campo*** country people, country folk; ***pouca gente*** few people; ***aglomeração de gente*** a crowd of people; ***muitíssima gente*** scores of people; ***gente de mais*** too many people; ***um mar de gente*** a crowd of people; ***toda a gente, sem excepção*** Tom, Dick and Harry, everyone; ***gente simples*** plain people, simple folk; ***gente do mar*** sailors, mariners; ***a minha gente*** my people; ***a gente daqui está furiosa*** the people here are furious; ***boa gente*** good people; ***o direito das gentes*** the law of nations; ***gente de qualidade*** gentlefolk; ***gente rica*** well-off people; ***uma onda de gente*** a rush of people; ***gente de todos os partidos*** people of all shades; ***a gente nunca sabe*** you never can tell; ***gente que não é gente*** good-for-nothing people
gentil *adj.* elegant, graceful, comely, beautiful, handsome; fine, gentle, polite, polished, courteous, affable, obliging, kind; ***é realmente muito gentil para todos*** he is really very kind to everyone
gentileza *s. f.* gracefulness, elegance, comeliness; kindness; politeness, affability, courtesy; civility; chivalrousness; urbanity; ***corresponder a uma gentileza*** to return a kindness; ***que gentileza lembrar-se de mim!*** how thoughtful of you to think of me!
gentil-homem *s. m.* nobleman, gentleman; well-bred man
gentilicamente *adv.* heathenishly
gentilício *adj.* ⇒ **gentílico**
gentílico *adj.* heathen, pagan, gentilic
gentilidade *s. f.* paganism, the gentiles
gentilismo *s. m.* ⇒ **gentilidade**
gentilizar *v. tr.* to paganize, to gentilize
gentilmente *adv.* kindly, nicely, politely, gentilly, amiably
gentinha *s. f.* low people, mob, rabble
gentio *s. m., adj.* pagan, heathen, gentile; [pop.] mass of people, crowd
genuense *s. m. e f., adj.* ⇒ **genovense**
genuflectir *v. tr. e intr.* to kneel down, to genuflect, to bend the knee (in worship)
genuflector *adj.* genuflecting
genuflexão *s. f.* genuflexion
genuflexo *adj.* genuflexous, bent; kneeling
genuflexório *s. m.* kneeling-desk, prie dieu; praying desk; praying-stool, kneeler
genuinamente *adv.* genuinely, properly
genuinidade *s. f.* genuineness, authenticity
genuíno *adj.* genuine, true, authentic, real
geoanticlinal *adj.* ⇒ **geanticlinal**
geobotânica *s. f.* geographical botany, phytogeography
geocêntrico *adj.* ASTRONOMIA geocentric
geocentrismo *s. m.* geocentric theory; geocentric system
geocentrista Ⓐ *adj.* geocentric Ⓑ *s. m. e f.* an adherent of the geocentric theory
geocíclico *adj.* geocyclic
geocinético *adj.* geokinetic
geoclimatologia *s. f.* geoclimatology
geocronologia *s. f.* geochronology
geode *s. m.* GEOLOGIA geode (rounded concretionary stone with a hollow centre lined with crystals)
geodesia *s. f.* geodesy; geodaesia
geodésico *adj.* geodesic, geodesical
geodesimetria *s. f.* measuring according to geodesic methods
geodesista *s. m. e f.* geodesist
geodinâmica *s. f.* geodynamics
geofagia *s. f.* geophagy (tendency to eat earth), dirt-eating; geophagism
geófago *s. m.* geophagist (person given to geophagy)
geofísica *s. f.* geophysics
geofísico Ⓐ *adj.* geophysical Ⓑ *s. m.* geophysicist
geofone *s. m.* geophone
geofractura *s. f.* geofracture
geogenia *s. f.* geogeny
geogénico *adj.* geogenic
geógeno *adj.* developing in the earth's crust
geognosia *s. f.* geognosy
geografia *s. f.* geography; ***geografia física*** physical geography; ***geografia matemática*** mathematical geography
geograficamente *adv.* geographically
geográfico *adj.* geographic(al)
geógrafo *s. m.* geographer
geóide *s. m.* geoid
geologia *s. f.* geology (science of the earth's crust, its strata, and their relations and changes)
geologicamente *adv.* geologically
geológico *adj.* geologic(al)
geólogo *s. m.* geologist
geomagnetismo *s. m.* science of the earth's magnetism
geomancia *s. f.* geomancy
geomante *s. m. e f.* geomancer
geomântico *adj.* geomantic
geómetra *s. m. e f.* geometer (a student of geometry)
geometral *adj.* geometrically drawn
geometria *s. f.* geometry; ***geometria analítica*** analytic(al) geometry; ***geometria descritiva*** descriptive geometry; ***geometria no espaço*** geometry of figures in space; ***geometria elementar*** elementary geometry
geometricamente *adv.* geometrically
geométrico *adj.* geometric(al)
geometrografia *s. f.* geometric constructions
geomorfogenia *s. f.* geomorphogeny
geomorfologia *s. f.* geomorphology
geomorfológico *adj.* geomorphologic, geomorphological
geonemia *s. f.* biogeography
geonomástica *s. f.* ⇒ **toponímia**
geonomia *s. f.* geonomy; study of changes on the surface of the earth
geopolítica *s. f.* geopolitics
geopsicologia *s. f.* geopsychology
geoquímica *s. f.* geochemistry
geoquímico *adj.* geochemical
georama *s. m.* georama
georgiano *adj.* Georgian
geórgica *s. f.* poem on agriculture
geórgico *adj.* Georgic; Georgian
geoscopia *s. f.* geoscopy (divination by earth)
geoscópio *s. m.* geoscope
geóscopo *s. m.* geoscopist
geosfera *s. f.* geosphere
geoso *adj.* frosty, frozen, icy
geossinclinal Ⓐ *adj.* geosynclinal Ⓑ *s. m.* GEOLOGIA geosyncline
geostática *s. f.* geostatics
geotactismo *s. m.* geotactism; movement of the earth

geotectónica *s. f.* geotectonics (structural geology)
geotermia *s. f.* internal heat of the earth
geotérmico *adj.* geothermic (pertaining to the internal heat of the earth)
geotermismo *s. m.* phenomenon of the increase of earth's heat from the surface to the centre
geotropismo *s. m.* geotropism, tendency of the growing parts of plants to point (extend) towards (or away from) the centre of the earth
gera *s. f.* womb
geração *s. f.* generation, creation, procreation, formation; family; breed, offspring, race, progeny; lineage; age, epoch, period; ***última geração*** the last generation; ***a geração*** the rising generation; ***a rainha Vitória e os reis Eduardo VII, Jorge V e Jorge VI representam quatro gerações*** Queen Victoria, King Edward VII, King George V and King George VI represent four generations
geradoiro *s. m.* ⇒ **geradouro**
gerador Ⓐ *adj.* generative, procreative, reproductive, producing; generating Ⓑ *s. m.* generator; apparatus for producing gases (steam, electricity, etc.); ***gerador de gás pobre*** water-gas plant; ***gerador de força motriz*** power generator, power plant; ***gerador de faíscas*** spark transmitter
geradouro *s. m.* pregnancy; place where conception takes place
geral Ⓐ *adj.* general, universal, indefinite; common Ⓑ *s. m.* general, chief of religious order Ⓒ *s. f.* TEATRO gods, gallery; *pl.* cloister in the University of Coimbra where the classrooms are situated; ***um assunto de interesse geral*** a matter of general interest; TEATRO ***entrada para a geral*** early doors; ***de maneira geral*** in a general way; ***houve um pânico geral*** there was a general panic; ***correio geral*** General Post-Office; ***greve geral*** general strike; ***cláusulas gerais*** general articles; ***em geral*** in general
geralista *s. m. e f.* native (or inhabitant) of Minas Gerais (Central Brazil)
geralmente *adv.* generally, usually, for the most part; ***os cães geralmente gostam dos donos*** dogs generally love their masters; ***nós, geralmente, jantamos às oito*** we generally have dinner at eight; ***geralmente falando*** on the whole, upon the hole, generally speaking
Geraniáceas *s. f. pl.* BOTÂNICA members of the *Geraniaceae*
gerânio *s. m.* BOTÂNICA geranium
gerar *v. tr., intr. e refl.* to beget, to generate, to engender, to procreate; to produce, to originate; to be born, to be formed; ***gerar gás*** to generate gas; ***gerar electricidade*** to generate electricity
geratriz Ⓐ *adj.* generating Ⓑ *s. f.* generator; MATEMÁTICA generatrix
gerbão *s. m.* ⇒ **urgebão**
gerbo *s. m.* ZOOLOGIA jerbos (small rodent of African deserts)
gerecer *v. tr. e refl.* to be born, to be formed
gerência *s. f.* management, managership, direction, administration, supervision; running of; ***gerência dos negócios*** management of a business
gerente *s. m. e f.* manager, chief; director, administrator; supervisor, conductor, executive; ***um bom gerente*** a good manager; ***director gerente*** managing agent, managing director; ***sócio gerente*** managing partner; ***gerente de fábrica*** manager of a factory
gergelim *s. m.* BOTÂNICA sesame; bennet; sesame seeds; sesame cake
gergilada *s. f.* biscuits made of flour, sugar and sesame
geriatria *s. f.* MEDICINA geriatrics
gerifalco *s. m.* ⇒ **gerifalte**
gerifalte *s. m.* Iceland falcon
gerifalto *s. m.* ⇒ **gerifalte**
gerigonça *s. f.* ⇒ **geringonça**
geringonça *s. f.* contraption, gadget; jerry-built thing; misconceived plan
gerir *v. tr.* to manage, to direct, to administrate, to administer, to conduct; ***gerir um negócio*** to manage (to direct) a business; ***gerir uma empresa*** to manage an undertaking
germanal *adj.* fraternal, brotherly
germanar *v. tr.* to match, to pair, to join, to unite
germânico *s. m., adj.* Germanic; Teutonic
germanidade *s. f.* brotherhood, fraternity
germânio *s. m.* QUÍMICA germanium
germanismo *s. m.* Germanism
germanista *s. m. e f.* Germanist
germanização *s. f.* Germanization
germanizar *v. tr.* to Germanize
germano Ⓐ *adj.* genuine, true Ⓑ *s. m.* German; native (language) of Germany; ***irmão germano*** brother-german; ***irmã germana*** sister-german
germanofilia *s. f.* Germanophilia
germanófilo *s. m., adj.* Germanophile
germanofobia *s. f.* Germanophobia
germanófobo *s. m., adj.* Germanophobe
germão *s. m.* ICTIOLOGIA kind of tuna fish; dolphin
germe *s. m.* germ, rudiment of animal (or plant); elementary form, rudimentary stage; microbe; cause, origin, embryo, source, beginning; ***em germe*** in the germ, in embryo
gérmen *s. m.* germ, rudiment of animal (or plant); elementary form, rudimentary stage; microbe; cause, origin, embryo, source, beginning
germicida Ⓐ *adj.* germ-killing Ⓑ *s. m.* germicide
germinabilidade *s. f.* capacity for germinating
germinação *s. f.* germination
germinador *adj.* germinating, causing to germinate
germinadouro *s. m.* germination cellar in a brewery
germinal Ⓐ *adj.* germinal, of germs, of the nature of a germ; [fig.] rudimentary Ⓑ *s. m.* HISTÓRIA the seventh month of the French Revolution Calendar
germinante *adj.* germinant, germinating, sprouting, budding
germinar *v. tr. e intr.* to germinate, to bud, to shoot out, to sprout; to develop; to cause to sprout (to develop); to put forth shoots
germinativo *adj.* germinative, sprouting
germiníparo *adj.* germiniparous (producing offsprings through seeds)
gero *s. m.* ⇒ **órobo**
gerocomia *s. f.* MEDICINA gerocomy, gercomia
gerocómio *s. m.* home for old people
gerodermia *s. f.* MEDICINA gerodermia
geromorfismo *s. m.* geromorphism
geronte *s. m.* HISTÓRIA one of the 28 members of the Senate in Sparta
gerontocómio *s. m.* ⇒ **gerocómio**
gerontocracia *s. f.* gerontocracy
gerontocrático *adj.* gerontocratic
gerontofilia *s. f.* gerontophilia
gerontologia *s. f.* gerontology; study of old age
geroterapia *s. f.* gerotherapy
gerundial *adj.* gerundial
gerundífico *adj.* imperfect, badly written (poem)
gerúndio *s. m.* [fam.] gerund
gerundivo *s. m.* GRAMÁTICA gerundive
gerúsia *s. f.* senate (Sparta); assembly of elders
gervão *s. m.* BOTÂNICA a false valerian
gessada *s. f.* mass where goldsmiths place the gold
gessal *s. m.* chalk-pit, gypsum-pit
gessar *v. tr.* to plaster, to cover with plaster
gesseira *s. f.* gypsum-pit; chalk-quarry
gesseiro *s. m.* plasterer
gessete *s. m.* gypsum stick used as a pencil
gesso *s. m.* plaster, gypsum, plaster of Paris; ***gesso de Paris*** plaster of Paris; ***gesso de estucar*** stucco

gesso-cré *s. m.* gypsum mixed with white limestone
gessoso *adj.* rich in plaster
gesta *s. f.* gest, geste, historical feat; exploit, heroic deed
gestação *s. f.* gestation, pregnancy
gestaltismo *s. m.* PSICOLOGIA gestaltism
gestaltista *s. m. e f., adj.* gestaltist
gestante Ⓐ *adj.* pregnant, gravid Ⓑ *s. f.* pregnant woman
gestão *s. f.* management, administration; ***gestão de recursos humanos*** human resource management
gestatório *adj.* gestatory
gesticulação *s. f.* gesticulation, gesture
gesticulado *adj.* gesticulatory, gesticular
gesticulador *s. m.* gesticulator
gesticular Ⓐ *v. intr.* to gesticulate; to motion Ⓑ *v. tr.* to express by gestures; to mime
gesto *s. m.* gesture, gesticulation; beckon, sign; [fig.] look, appearance; ***um gesto de amizade*** a friendly gesture
gestor *s. m.* manager, director
gestrela *s. f.* ⇒ **cornicabra**
gestual *adj.* gestural; ***linguagem gestual*** sign language
gestualismo *s. m.* sign language
geta *s. m. e f.* idiot, fool, imbecile
giba *s. f.* hump, hunch; NÁUTICA flying jib
gibanete *s. m.* old armour
gibão *s. m.* doublet, jerkin
gibosidade *s. f.* gibbosity, hump, protuberance, swelling
giboso *adj.* gibbous, hunch, hump-backed, protuberant
giesta *s. f.* BOTÂNICA genista (genus of yeloow flowered shrubs); broom made with twigs of the same plant
giestal *s. m.* broom plantation
giesteira *s. f.* BOTÂNICA genista (genus of yeloow flowered shrubs); broom made with twigs of the same plant
giesteiro *s. m.* broom
giestó *s. m.* jasmin(e) shrub
giestoso *adj.* having genistas
giga *s. f.* large basket, flat wicker basket
giganta *s. f.* giantess; variety of potato
gigante Ⓐ *s. m.* giant Ⓑ *adj.* gigantic, colossal, very tall
gigantear *v. intr.* to become a giant; to grow up; to grow greater
giganteia *s. f.* ⇒ **topinambo**
gigantescamente *adv.* gigantically, on a gigantic scale
gigantesco *adj.* gigantic, enormous, colossal, huge, immense, very large; giant-like; ***de força gigantesca*** of giant strength
giganteu *adj.* gigantic, enormous, colossal, huge, immense, very large; giant-like
gigântico *adj.* gigantic
gigantífero *adj.* producing giants
gigantil *adj.* BOTÂNICA giant (said of a variety of maize)
gigantismo *s. m.* giantism
gigantófono *adj.* thundering, thunderous, deafening
gigantografia *s. f.* gigantography
gigantologia *s. f.* gigantology
gigantomaquia *s. f.* gigantomachy (war between the Giants and the Gods)
gigo *s. m.* basket; branch laden with fruit
gigó *s. m.* a dish of minced meat
gigolô *s. m.* gigolo
gigote *s. m.* ⇒ **gigó**
gila *s. f.* ⇒ **chila, chilacaiota**
gilacaiota *s. f.* ⇒ **chila, chilacaiota**
gilbarbeira *s. f.* BOTÂNICA ⇒ **gilbardeira**
gilbardeira *s. f.* BOTÂNICA butcher's broom
gile-gile *s. m.* ORNITOLOGIA warbler (bird of the family of the *Sylviidae*)
gilete *s. f.* razor blade
gil-mendes *s. m.* a variety of peaches
gilvaz *s. m.* cut, slash, gash; scar
gim *s. m.* gin
gimnandro *adj.* having naked stamens
gimnanto *adj.* BOTÂNICA gymnanthos
gimnasiarca *s. m.* gymnasiarch
gimnasiarco *s. m.* ⇒ **gimnasiarca**
gímnico *adj.* gymnastic
gimnocarpo *adj.* BOTÂNICA gymnocarpous
gimnocéfalo *adj.* ZOOLOGIA gymnocephalous
gimnofiónios *s. m. pl.* apodes
gimnofobia *s. f.* gymnophobia; fear of being naked
Gimnospermas *s. f. pl.* BOTÂNICA the *Gymnospermae*
gimnospermia *s. f.* BOTÂNICA gymnosperm
Gimnospérmicas *s. f. pl.* ⇒ **Gimnospermas**
gimnospérmico *adj.* BOTÂNICA gymnospermous
Gimnótidas *s. m. pl.* ICTIOLOGIA ⇒ **Gimnotídeos**
Gimnotídeos *s. m. pl.* ICTIOLOGIA Gymnotidae
gimnoto *s. m.* ZOOLOGIA gymnotus
gimnuro Ⓐ *s. m.* ZOOLOGIA gymnure Ⓑ *adj.* having a naked tail
ginandria *s. f.* pseudo-hermaphroditism in women
ginandro *adj.* gynandrous
ginandromorfismo *s. m.* gynandromorphism
ginandromorfo *adj.* gynandromorphous
ginantropia *s. f.* gynanthropy; ⇒ **ginandria**
ginantropo *s. m.* gynanthrope
ginasial *adj.* ⇒ **ginasiano**
ginasiano *adj.* gymnasial
ginásio *s. m.* gymnasium
ginasta *s. m. e f.* gymnast (one who is skilled in gymnastics)
ginástica *s. f.* gymnastics (art and practice of training the body to be healthy, strong and agile); ***fazer ginástica*** to practise gymnastics; ***ginástica médica*** medical gymnastics; ***ginástica respiratória*** respiratory gymnastics
ginástico *adj.* gymnastic
gincana *s. f.* gymkhana
gindungo *s. m.* African redpepper
gineceu *s. m.* gynaeceum
ginecocracia *s. f.* gyne(ae)cocracy, gynocracy
ginecofobia *s. f.* gyne(ae)cophobia, gynophobia
ginecologia *s. f.* MEDICINA gynaecology
ginecológico *adj.* gynaecological
ginecologista *s. m. e f.* gynaecologist
ginecomania *s. f.* MEDICINA gynaecomania; obsession with women
ginecómano *s. m., adj.* gynaecomaniac
gineta *s. f.* genet, a kind of small civet-cat; ***montar à gineta*** to ride with short stirrups
ginete *s. m.* jennet, small Spanish breed of horses
gineto *s. m.* ⇒ **gineta**
ginga *s. f.* scull (a kind of oar)
gingação *s. f.* swinging, rocking, swaying
gingador *s. m.* sculler
gingante *adj.* swinging, swaying
gingão *s. m.* one who struts (swings the arms); quarreller, bully; swaggerer; brawler, rowdy
gingar *v. intr.* to scull (a boat); to strut, to waddle; to swagger
gingelina *s. f.* ⇒ **gingerlina**
gingerlina *s. f.* camlet
gínglimo *s. m.* ANATOMIA ginglymus, hinge-joint
gingo *s. m.* ⇒ **gingação**
ginja *s. m.* morello (cherry), morel, sour cherry
ginjal *s. m.* morello-orchard
ginjeira *s. f.* morello-tree; [coloq.] ***conheço-te de ginjeira*** I know you inside out
ginjinha *s. f.* cherry brandy

G

ginofobia *s. f.* aversion to (or fear of) women
ginófobo *s. m.* one who has aversion to or fear of women
ginóforo *s. m.* BOTÂNICA gynophore
ginostémio *s. m.* BOTÂNICA gynostemium
ginostemo *s. m.* BOTÂNICA gynostemium
gio *s. m.* NÁUTICA filling transom; ***gio grande*** transom
giobertite *s. f.* MINERALOGIA magnesite
gipáeto *s. m.* falcon
gípseo *adj.* gypseous, gypsous
gipsífero *adj.* MINERALOGIA gypsiferous
gipso *s. m.* gypsum
gipsófila *s. f.* BOTÂNICA gypsophila (plant producing white or yellow flowers)
gipsoso *adj.* ⇒ **gipsífero**
gira *s. f.* walk, stroll; a silly person; gyration, rotation
giração *s. f.* turning; revolving; gyration; ***giração de navio*** turning of a ship
gira-discos *s. m.* record player
girador *s. m.* one who turns around; gyrator, swivel
girafa *s. f.* ZOOLOGIA giraffe
giraldinha *s. f.* spree, merry-making
girândola *s. f.* girandole (a kind of revolving firework); girandola, revolving fountain-jet
girandolar *v. tr.* to fire a girandole
girante *adj.* turning round, gyrating, gyrant, gyral
gira-pescoço *s. m.* [arc.] bird of the family *Formicariidae*
girar *v. tr. e intr.* to revolve, to turn round, to gyrate; to whirl round; to go in a circle (or spiral); to rotate; to swing about; to gad about; to circulate, to be or to put in circulation (money); to walk, to stroll about; ***girar de mão em mão*** to pass from hand to hand; ***girar (o navio)*** to turn (the ship); ***a Terra gira em torno do Sol*** the earth revolves round the sun; ***fazer girar um pião*** to spin a top; MECÂNICA ***girar rapidamente*** to run fast; MECÂNICA ***girar devagar*** to turn dead slow
girassol *s. m.* BOTÂNICA sunflower, helianthus; MINERALOGIA girasol
girata *s. f.* [coloq.] stroll, turn, walk, ramble
giratório *adj.* gyratory, turning, revolving in a circle; whirling, rotary, spinning
giravolta *s. f.* stroll; digression
gíria *s. f.* slang, gibberish, jargon; lingo; ***gíria académica*** school jargon, school slang; ***gíria de ladrões*** thieves' Latin (jargon)
girigote *adj.* deceitful, fraudulent, swindling, tricky
girino *s. m.* ZOOLOGIA larva of a frog (or other batrachian) from the time it leaves the egg until it loses its gills and tail; tadpole; polliwog, pollywog
gírio *adj.* dialectal, slangy, provincial; [fig.] shrewd, cunning
giro Ⓐ *adj.* [coloq.] cute; nice; interesting; beautiful Ⓑ *s. m.* rotation, turn, revolution, turning round, circuit; circumlocution; roundabout way; stroll, walk, turn; ***dar um giro*** to go for a stroll, to take a turn, to stroll about, to go for a walk
girofle *s. m.* clove
giromancia *s. f.* gyromancy
gironda *s. f.* ZOOLOGIA old sow
girondino *s. m., adj.* HISTÓRIA Girondist, Girondin
giroscópio *s. m.* FÍSICA gyroscope
gitano *s. m.* gipsy, gypsy
giz *s. m.* chalk; ***giz dos alfaiates*** French chalk, tailor's chalk
gizamento *s. m.* outline, delineation, sketch, chalking
gizar *v. tr.* to delineate, to trace in outline; to mark with chalk; to chalk
glabela *s. f.* ANATOMIA glabellum, glabella (the space between the eyebrows)
glabelar *adj.* referring to the glabellum
glabrescente *adj.* getting glabrous (hairless)
glabrismo *s. m.* absence of hair
glabriúsculo *adj.* BOTÂNICA nearly glabrous; hairless
glabro *adj.* hairless, bald; smooth
glaciação *s. f.* glaciation
glacial *adj.* glacial, icy, frozen; [fig.] distant, unfriendly
glaciar *s. m.* glacier
glaciário *adj.* glacial
glaciologia *s. f.* glaciology
glaciologista *s. m. e f.* glaciologist
gladiado *adj.* gladiate, ensiform
gladiador *s. m.* HISTÓRIA gladiator
gladiar-se *v. refl.* to fight each other with the sword
gladiatório *adj.* gladiatorial, gladiatory
gladiatura *s. f.* gladiature, gladiatorship
gladífero *adj.* ZOOLOGIA having an ensiform appendage
gladiforme *adj.* ensiform
gládio *s. m.* sword; [fig.] power, energy
gladíolo *s. m.* BOTÂNICA gladiolus
glaiadina *s. f.* QUÍMICA glutinous substance to make wine thicker and clearer
glandado *adj.* HERÁLDICA glandarious (said of the coat of arms showing an oak-tree with enamelled acorns)
glande *s. f.* acorn; mast; ANATOMIA glans
glandífero *adj.* glandiferous, acorn-bearing
glandiforme *adj.* glandiform
glandívoro *adj.* acorn-eating
glândula *s. f.* gland; ***glândulas salivares*** salivary glands; ***glândula lacrimal*** lachrymatory gland; ***glândulas bronquiais*** bronchial glands; ***glândula tiróide*** thyroid gland; ***glândulas sebáceas*** sebaceous glands; ***glândula sudorífera*** sweat gland
glandulação *s. f.* glandulation
glandular *adj.* glandular
glandulífero *adj.* glanduliferous
glanduliforme *adj.* glanduliform
glanduloso *adj.* glandulous, glandular
gláucia *s. f.* BOTÂNICA horn poppy
gláucico *adj.* QUÍMICA glaucic (acid)
gláucio *s. m.* BOTÂNICA a variety of poppy
glauco *adj.* glaucous, greenish blue
glaucófano *s. m.* glaucophane
glaucofilo *adj.* BOTÂNICA glaucophyllous
glaucoma *s. m.* MEDICINA glaucoma
glaucomatoso *adj.* MEDICINA glaucomatous
glauconite *s. f.* MILITAR glauconite
gleba *s. f.* soil, earth, land; [poét.] glebe; feudal estate; mineral bearing ground
glena *s. f.* ANATOMIA glenoid cavity, socket
glenoidal *adj.* ⇒ **glenóideo**
glenóide *adj.* ⇒ **glenóideo**
glenóideo *adj.* glenoid
gleucométrico *adj.* related to the tester of the grape sugar (dextrose or glucose)
gleucómetro *s. m.* grape-sugar tester
gliadina *s. f.* BIOQUÍMICA gliadin
glicemia *s. f.* PATOLOGIA presence of sugar in the blood
glicerado *s. m.* QUÍMICA ⇒ **glicerato**
glicerato *s. m.* QUÍMICA glycerate
glicéreo *adj.* QUÍMICA ⇒ **glicérico**
glicérico *adj.* QUÍMICA glyceric
glicéridos *s. m. pl.* QUÍMICA glyceride
glicerilo *s. m.* QUÍMICA glyceryl
glicerina *s. f.* glycerine; glycerol (name preferred in scientific use for glycerine)
glicerofosfato *s. m.* QUÍMICA glycerophosphate
glicerofosfórico *adj.* QUÍMICA glycerophosphoric
glicerol *s. m.* QUÍMICA glycerol
glícidos *s. m. pl.* QUÍMICA glycide
glicina *s. f.* QUÍMICA glycin
glicínia *s. f.* BOTÂNICA Chinese wistaria
glicínio *s. m.* QUÍMICA glucinum, berylium

glicogenia *s. f.* FISIOLOGIA glycogenesis
glicogénio *s. m.* FISIOLOGIA glycogen
glicol *s. m.* QUÍMICA glycol alcohol
glicómetro *s. m.* glucometer
glicónico *adj.* glyconic (a form of Greek and Roman verse of four feet)
glicose *s. f.* BIOQUÍMICA glucose, grape sugar
glicósidos *s. m. pl.* QUÍMICA glucoside
glicosúria *s. f.* MEDICINA glycosuria
glicosúrico *adj.* glycosuric
glifo *s. m.* ARQUITECTURA glyph, groove, vertical channel
glioxal *s. m.* QUÍMICA glyoxal
glíptica *s. f.* glyptics (the art or study of engraved gem, ivory, etc.)
gliptografia *s. f.* glyptography (art and science of gem-engraving)
gliptologia *s. f.* glyptology
global *adj.* global; ***quantia global*** lump sum
globalidade *s. f.* global nature; ***na globalidade*** globally, fully, totally; ***encarar o problema na sua globalidade*** to look at the problem from every angle
globalismo *s. m.* globalism
globífero *adj.* BOTÂNICA globiferous
globifloro *adj.* BOTÂNICA globiflorous
globigerina *s. f.* globigerina
globo *s. m.* globe, sphere, ball; ***globo terrestre*** the terrestrial globe; ***globo ocular*** eyeball; ***em globo*** in the lump, by the lump; ***globo de uma lâmpada*** lamp globe
globosidade *s. f.* globosity, roundness, sphericity
globoso *adj.* globose, globular, spherical, rounded
globular *adj.* globular, spherical, globe-shaped
globulária *s. f.* BOTÂNICA globularia, globe-daisy
Globulariáceas *s. f. pl.* BOTÂNICA *Globulariaceae*
globulina *s. f.* BIOQUÍMICA globulin
globulinúria *s. f.* globulinuria
glóbulo *s. m.* globule; ANATOMIA corpuscle; ***glóbulos brancos*** leucocytes, white blood corpuscles; ***glóbulos vermelhos*** erythrocytes, red blood corpuscles
globuloso *adj.* globular, like a globule; round
glomerar *v. tr.* ⇒ **aglomerar**
glomérulo *s. m.* BOTÂNICA glomerule; ANATOMIA glomerulus
glória *s. f.* glory; splendour, radiance; magnificence; pomp; fame, triumph; high renown; honour; halo, aureole; hymn (gloria); ***glória ao Pai*** Glory be to the Father; ***glória a Deus nas alturas*** Glory to God in the highest; ***Deus o tenha em Sua glória!*** God rest his soul!; ***jogo da glória*** game of goose; ***levar a banca à glória*** to sweep the board, to break the bank (gambling)
gloriar Ⓐ *v. tr.* to glorify Ⓑ *v. refl.* to glory in, to exult; to rejoice proudly; to pride oneself on, to boast of; ***gloriar-se com a vitória do seu país*** to glory in the victory of one's country
glorificação *s. f.* glorification
glorificador *s. m.* glorifier
glorificante *adj.* glorifying, extolling, exalting
glorificar Ⓐ *v. tr.* to glorify, to worship; to exalt, to praise; to honour Ⓑ *v. refl.* to distinguish oneself; to gain renown
gloríola *s. f.* small glory; unmerited esteem
gloriosamente *adv.* gloriously, triumphantly
glorioso *adj.* glorious, sublime, renowned, triumphant; bright, resplendent, splendid; very illustrious; exalted, blessed; ***um feito glorioso*** a glorious feat (deed)
glosa *s. f.* gloss, comment, explanation, interpretation; [poét.] kind of rondel
glosador *s. m.* glossator, writer of glosses to texts; glosser; commentator
glosar *v. tr.* to gloss, to comment upon, to explain; to write glosses to; to interpret; [poét.] to use the metric form of a gloss
glossalgia *s. f.* PATOLOGIA pain or sickness in the tongue
glossário *s. m.* glossary; miniature dictionary
glossarista *s. m. e f.* glossarist, commentator
glossectomia *s. f.* MEDICINA glossectomy
glossiano *adj.* ANATOMIA ⇒ **glóssico**
glóssico *adj.* ANATOMIA glossal
glossite *s. f.* MEDICINA glossitis
glossodinia *s. f.* glossodynia
glossofaríngeo *adj.* ANATOMIA glossopharyngeal
glossografia *s. f.* glossography
glossógrafo *s. m.* glossographer
glossóide *adj.* glossoid, tongue-like
glossolalia *s. f.* glossolalia
glossologia *s. f.* glossology
glossologista *s. m. e f.* ⇒ **glossólogo**
glossólogo *s. m.* glossologist
glossomania *s. f.* glossomania; morbid love of talking
glossoplegia *s. f.* glossoplegia
glossotomia *s. f.* CIRURGIA glossectomy
glossotómico *adj.* glossotomic
glote *s. f.* ANATOMIA glottis
glótica *s. f.* glossology, linguistics
glótico *adj.* glottic, linguistic
glotite *s. f.* glottitis, glossitis
glotologia *s. f.* glottology
glotológico *adj.* glottologic(al)
glotologista *s. m. e f.* ⇒ **glotólogo**
glotólogo *s. m.* glottologist
glotorar *v. intr.* to cry, to make its voice heard (the stork)
glucínio *s. m.* QUÍMICA glucinum, berylium
glucógeno *adj.* glucogenous
glucose *s. f.* glucose, dextrose; grape sugar; dextroglucose
glucósido *s. m.* glucoside, glycoside
gluglu *s. m.* gobbling (of turkeys); gurgling sound
gluma *s. f.* BOTÂNICA glume (bract, husk, or shell of flowering grasses)
glumáceo *adj.* BOTÂNICA glumaceous
glumela *s. f.* glumella
glutânico *adj.* QUÍMICA glutamic
glutão Ⓐ *s. m.* glutton, gormandizer Ⓑ *adj.* voracious, greedy, gluttonous
glúten *s. m.* gluten
glúteo *adj.* ANATOMIA gluteal, glutaeal
glutina *s. f.* BIOQUÍMICA glutin(e)
glutinar *v. tr.* to glue, to glutinate
glutinativo *adj.* glutinative
glutinosidade *s. f.* glutinosity
glutinoso *adj.* glutinous, sticky, adhesive
glutonaria *s. f.* gluttony, gulosity, voracity
glutónico *adj.* gluttonous
gnaisse *s. m.* MINERALOGIA gneiss
gnaissificação *s. f.* gneissification
gneisse *s. m.* ⇒ **gnaisse**
gneissificação *s. f.* gneissification
Gnetáceas *s. f. pl.* BOTÂNICA *Gnetaceae*
gnoma *s. f.* gnome, proverb, moral maxim, aphorism
gnómico *adj.* gnomic(al)
gnomo *s. m.* gnome, goblin, elf
gnomologia *s. f.* gnomology
gnomológico *adj.* gnomologic(al)
gnomólogo *s. m.* gnomologist
gnómon *s. m.* gnomon, sun-dial
gnomónica *s. f.* gnomonics (principles of constructing dials)
gnomónico *adj.* gnomonic
gnomonista *s. m. e f.* gnomonist
gnose *s. f.* gnosis (the higher, spiritual wisdom, or knowledge, claimed by the gnostics); gnosticism
gnosiologia *s. f.* FILOSOFIA gnosis, epistemology
gnosticismo *s. m.* FILOSOFIA gnosticism

gnóstico Ⓐ *adj.* gnostic Ⓑ *s. m.* gnostic (member of heretical Christian sect)
gnu *s. m.* ZOOLOGIA gnu
gobelim *s. m.* ⇒ **gobelina**
gobelina *s. f.* gobelin, famous French tapestry
gobião *s. m.* goby, gudgeon (small fish)
góbio *s. m.* ⇒ **gobião**
gobo *s. m.* pebble, flintstone
godé *s. m.* pan for water-colour
godião *s. m.* ⇒ **bodião**
godilhão *s. m.* knot; lump; clot of flour (in the soup, gravy, etc.)
godo[1] *s. m.* pebble, small stone worn and rounded by action of water
godo[2] Ⓐ *adj.* HISTÓRIA Gothic Ⓑ *s. m.* Goth
goela *s. f.* throat; ***molhar a goela*** to moisten one's throat
goelar *v. intr.* to cry out; to chatter
goense *s. m. e f., adj.* ⇒ **goês**
goês Ⓐ *s. m., adj.* Goanese Ⓑ *s. m. e f.* Goan(ese) (native or inhabitant of Goa)
gofrador *s. m.* instrument used to imprint the nervures of artificial flowers and leaves
gofradura *s. f.* act of imprinting the nervures in artificial flowers
gofrante *adj.* the upper part of the *gofrador*
gofrar *v. tr.* to imprint nervures in artificial flowers and leaves
gogo *s. m.* pip, roup disease of poultry; smooth pebble
gogoso *adj.* suffering from pip
goguento *adj.* ⇒ **gogoso**
goiaba *s. f.* guava
goiabada *s. f.* guava jam
goiabeira *s. f.* guava-tree
goiva *s. f.* gouge
goivado Ⓐ *s. m.* cavity made with the gouge Ⓑ *adj.* that has such a cavity
goivadura *s. f.* work with the gouge; cavity made with the gouge; NÁUTICA chanfer on the wheels of a block for saving the cords
goivar *v. tr.* to gouge, to cut with a gouge
goivaria *s. f.* bed of stocks (gillyflowers)
goiveiro *s. m.* BOTÂNICA white stock; gillyflower; ***goiveiro amarelo*** wallflower
goivete *s. m.* rabbet plane
goivo *s. m.* BOTÂNICA stock, gillyflower; ***goivo amarelo*** wallflower
gola *s. f.* collar, neckband; [técn.] groove of a sheave; ARQUITECTURA cornice, ogee; gorge, neck of a bastion (in a fort); ***agarrar alguém pela gola*** to seize someone by the collar
golada *s. f.* gut; gulp, sip, draught
gole *s. m.* gulp, draught, swallow; sip; ***beber de um só gole*** to drink at one draught; ***emborcar de um só gole*** to swallow at one gulp; ***um gole de conhaque*** a sip of brandy; ***em grandes goles*** in deep draughts
goleada *s. f.* DESPORTO great number of goals
goleador *s. m., adj.* DESPORTO a football player who scores many goals; striker
golear *v. intr.* DESPORTO to score many goals against
goleira *s. f.* ⇒ **coleira**
golejar *v. intr.* to sip; to swallow mouthfuls
golelha *s. f.* oesophagus, gullet, throat; babbling, prattle
golelhar *v. intr.* [fam.] to prattle, to chat
golelheiro *s. m.* talker, prattler
goles *s. m. pl.* HERÁLDICA gules, red
goleta *s. f.* inlet, creek; NÁUTICA schooner, barkentine, barquentine
golfada *s. f.* gush, spout, jet; vomit; ***golfada de sangue*** spurt of blood
golfão *s. m.* [arc.] gulf; BOTÂNICA ⇒ **gólfão; *golfão amarelo*** yellow velvet leaf
gólfão *s. m.* BOTÂNICA water-lily, nenuphar; great portion; ***gólfão branco*** white water-lily
golfar Ⓐ *v. tr.* to spout, to spew, to vomit Ⓑ *v. intr.* to gush, to stream, to outpour; to spurt
golfe *s. m.* golf (game); ***campo de golfe*** golf-links, golf-course; ***calças à (de) golfe*** plus-fours; ***pau para jogar o golfe*** golf-club
golfejar *v. intr.* to gush; to expel; to vomit often
golfinho *s. m.* ICTIOLOGIA dolphin (cetacean often called "porpoise")
golfo *s. m.* gulf, large deep bay
gólgota *s. m.* BÍBLICO Golgotha; [fig.] place of suffering; suffering; anguish, pain
goliardo *s. m.* vagrant; frequenter of public-houses
golilha *s. f.* band (for the neck)
golo *s. m.* goal; ***marcar um golo*** to score a goal
golpada *s. f.* heavy stroke, cut, blow, or slash
golpázio *s. m.* ⇒ **golpada**
golpe *s. m.* blow, stroke, knock; cut, gash; slash, incision, injury, wound, whack; shock; impetus, rush; ***golpe de Estado*** coup d'état; ***golpe acertado*** home-thrust; ***golpe decisivo*** knock-down, knock-out; ***golpe de misericórdia*** finishing stroke, "coup de grâce"; ***golpe de mestre*** master-stroke; ***golpe de vista*** "coup d'oeil", quick glance; ***um golpe de sorte*** a stroke of luck; ***desfechar um golpe mortal*** to deal a mortal blow; ***acertar o golpe*** to strike home; ***errar o golpe*** to miss one's aim, to miss the mark; ***ter bom golpe de vista*** to have a good eye, to have a straight eye; ***de um só golpe*** at one stroke; ***de golpe*** at once; ***golpe por golpe*** blow for blow, tit for tat; ***uma chusma de golpes*** a shower of blows; ***golpe de vento*** gale, gust of wind; ***golpe de mão*** "coup de main", surprise attack; ***dar o golpe do baú*** to marry for money; [coloq.] ***golpe baixo*** dirty trick
golpeado *adj.* struck, hit; slashed
golpeadura *s. f.* stroke, blow; hit; slash, incision
golpeamento *s. m.* ⇒ **golpeadura**
golpeante *adj.* slashing, cutting
golpear *v. tr.* to slash, to cut, to stab; to gash; to strike, to hit; to injure, to wound; ***manga golpeada*** slashed sleeve
golpelha *s. f.* large basket
golpista Ⓐ *s. m. e f.* trickster, swindler; knave, scoundrel Ⓑ *adj.* tricky, crafty; deceitful
goma *s. f.* gum, starch; glue; paste; ***goma de peixe*** isinglass
goma-arábica *s. f.* gum arabic
gomação *s. f.* sprouting; buds, sprouts
gomadeira *s. f.* ⇒ **engomadeira**
gomado *adj.* sticky; ⇒ **engomado**
goma-elástica *s. f.* gum-elastic
goma-guta *s. f.* gamboge
goma-laca *s. f.* lacquer, shellac
gomar Ⓐ *v. tr.* to starch Ⓑ *v. intr.* to bud, to shoot, to sprout
goma-resina *s. f.* gum-resin
gombo *s. m.* [Bras.] gumbo, okra
gomedar *s. m.* oriental dagger
gomeiro *s. m.* gum-maker; gum-seller
gomeleira *s. f.* BOTÂNICA sucker, shoot
gomia *s. f.* crescent-shaped Moorish dagger
gomiada *s. f.* stab with a gomia
gomífero *adj.* gummiferous
gomil *s. m.* jar, jug
gomiloso *adj.* BOTÂNICA urceolate, pitcher-shaped
gomo *s. m.* bud, shoot, button; section; ***gomo de laranja*** finger (or section) of orange
gomosidade *s. f.* gummosity
gomoso *adj.* gummy, sticky; budded
gónada *s. f.* gonad
gôndola *s. f.* gondola
gondoleiro *s. m.* gondolier
gonete *s. m.* gimlet, spiral drill

gonfíase *s. f.* gomphiasis
gonga *s. f.* African bird of prey; African falcon
gôngilo *s. m.* BOTÂNICA gongylus (name given by certain authors to the reproductive organs of a few cryptogams)
gongo *s. m.* gong; a boat hook
gongórico *adj.* LITERATURA Gongoresque, Gongoristic
gongorismo *s. m.* Gongorism
gongorista *s. m. e f.* LITERATURA Gongorist
gongorizar *v. tr.* to gongorize
goniatites *s. f. pl.* goniatite
gonídia *s. f.* BOTÂNICA gonidium
gonídio *s. m.* BOTÂNICA ⇒ **gonídia**
gónio *s. m.* gonys
goniógrafo *s. m.* goniograph (instrument for measuring angles)
goniometria *s. f.* goniometry
goniométrico *adj.* goniometric(al)
goniómetro *s. m.* goniometer
gonocele *s. f.* MEDICINA gonocele, spermatocele
gonococia *s. f.* MEDICINA infection caused by gonococci
gonocócico *adj.* MEDICINA gonococcic, gonococcal
gonococo *s. m.* MEDICINA gonococcus
gonocorismo *s. m.* BIOLOGIA gonochorism; sexual differentiation
gonóforo *s. m.* BOTÂNICA gonophore
gonorreia *s. f.* MEDICINA gonorrhoea; [cal.] clap
gonorreico *adj.* MEDICINA gonorrhoeal
gonoteca *s. f.* gonotheca
gonozóide *s. m.* gonozooid
gonzo *s. m.* hinge, joint, loop; ***de gonzos*** hinged; ***fora dos gonzos*** off the hinges
gorá *s. m.* African musical instrument
goral *s. m.* Asian goat
gorar Ⓐ *v. tr.* to frustrate Ⓑ *v. intr.* to fail; to go wrong Ⓒ *v. refl.* to addle, to become addled (eggs); ***fazer gorar*** to addle, to thwart
goraz *s. m.* ICTIOLOGIA sea-breams
gorazeiro *adj.* abounding in sea-breams
gordaço *adj.* very fat, plump, stout, burly, corpulent, chubby
gordalhaço *adj.* very fat, plump, stout, burly, corpulent, chubby
gordalhão *adj.* very fat, plump, stout, burly, corpulent, chubby
gordalhudo *adj.* very fat, plump, stout, burly, corpulent, chubby
gordalhufo *adj.* very fat, plump, stout, burly, corpulent, chubby
gordanchudo *adj.* very fat, plump, stout, burly, corpulent, chubby
gordinho *adj.* fattish, plump, chubby
górdio *adj.* HISTÓRIA Gordian; ***nó górdio*** Gordian knot
gordo *adj.* fat, corpulent, plump, stout; full-bodied; bulky, important; fattened; oily, greasy, unctuous; ***mulher gorda*** fat woman; ***leite gordo*** whole milk; ***não gosto de carne gorda*** I don't like fat meat; ***nunca o vi mais gordo*** I have never seen him in my life, I don't know him from Adam; ***Domingo Gordo*** Quinquagesima Sunday; ***Terça-Feira Gorda*** Shrove Tuesday
gordote *adj.* ⇒ **gorducho**
gorducho *adj.* plump, full, rounded, chubby
gordufo *adj.* ⇒ **gorducho**
gordura *s. f.* fatness, corpulence, plumpness; stoutness, obesity, grease, dripping, fat; ***gordura de porco*** lard; ***gordura do leite*** butterfat; ***gordura vegetal*** vegetable fat, vegetable tallow; ***cheio de gordura*** greasy; ***nódoa de gordura*** spot of grease; ***não gosto de gordura*** I don't like fat
gordurento *adj.* greasy, fatty, oily, unctuous; ***tenho as mãos gordurentas*** my hands are greasy; ***comida gordurenta*** greasy food
gorduroso *adj.* greasy, fatty, oily, unctuous
gorga *s. f.* BOTÂNICA corn spurry
gorga-dos-montes *s. f.* a plant of the family *Alsinaceae*
gorgaz *s. m.* javelin; spear
gorgolão *s. m.* gush, small jet, blast; vomit
gorgolar *v. intr.* to gush, to spout; to bubble; to eject in a vomit
gorgolejante *adj.* gurgling
gorgolejar *v. intr.* to gurgle, to make a bubbling sound
gorgolejo *s. m.* gurgling, gurgle, bubbling sound as of water
gorgoleta *s. f.* earthen pitcher
gorgolhão *s. m.* gush, jet
gorgolhar *v. intr.* to gush, to spout, to flow
gorgomil *s. m.* ⇒ **gorgomilo**
gorgomilho *s. m.* ⇒ **gorgomilo**
gorgomilo *s. m.* gullet, gorge
górgona *s. f.* MITOLOGIA ⇒ **górgone**
górgone *s. f.* MITOLOGIA Gorgon; [fig.] a repulsive woman
gorgorão *s. m.* grosgrain
gorgorina *s. f.* cotton cloth resembling grosgrain
gorgulhento *adj.* that which has wheat-worms
gorgulho *s. m.* ENTOMOLOGIA wheat-worm, weevil
gorguz *s. m.* javelin; spear
gorila *s. m.* ZOOLOGIA gorilla
gorilha *s. m.* ZOOLOGIA ⇒ **gorila**
gorja *s. f.* throat; NÁUTICA head of the keel
gorjal *s. m.* gorget; covering for the neck
gorjeado *adj.* trilled
gorjeador *s. m.* warbler
gorjear *v. intr.* to warble, to quaver, to trill; to sing; to chirp, to twitter
gorjeio *s. m.* warble, trill; twitter, chirp
gorjeira *s. f.* muslin tucker; high net collar; gorget
gorjeta *s. f.* tip, gratuity, reward, gratification; ***dar gorjeta*** to tip; ***boa gorjeta*** handsome tip
gorjete *s. m.* shirt-front
gorne *s. m.* NÁUTICA sheave-hole (of a pulley); ***gorne de poleame*** gorge (of the blocks); ***gorne surdo*** dumb sheave
gornir *v. tr. e intr.* NÁUTICA to pass ropes through the sheave-holes
goro *adj.* addle, addled; frustrate, useless; ***ovo goro*** addled egg, rotten egg
gorovinhas *s. f. pl.* pleats; folds, wrinkles
gorra *s. f.* cap, beret
gorro *s. m.* round cap, beret; ***gorro e capa (académicos)*** cap and gown
gorvinhas *s. f. pl.* ⇒ **gorovinhas**
gosma *s. f.* VETERINÁRIA strangles (of horses); pip, disease of fowls; [pop.] thick phlegm; [pop.] spittle, expectoration
gosmar *v. intr.* to hawk; to have the strangles (or pip); [pop.] to spit, to expectorate
gosmento *adj.* having the strangles (or pip); [pop.] spitting; weakly, sickly
gosmoso *adj.* ⇒ **gosmento**
gostar Ⓐ *v. tr.* to relish, to taste Ⓑ *v. intr.* to like, to love, to be fond of; to be pleased with, to enjoy; to feel attracted to; to have a taste for; ***gostar da água*** to take to the water; ***gostar muito*** to hold dear; ***gostar muito de uma pessoa*** to think a lot of a person, to be very fond of a person, to love (a person) dearly; ***gostar mais*** to like better, to prefer, to have rather; ***gostava de saber o que ele está a fazer*** I wonder what he is doing; ***gostar de fruta*** to like fruit; ***gostar de dançar*** to like dancing; ***não gostar de*** to dislike; ***não gosto de o incomodar*** I don't like to disturb him; ***ele gosta muito de fumar*** he is very fond of smoking; ***fazer cara de quem comeu e não gostou*** to look as sour as grapes; ***quem gostar de mim, tem de gostar dos meus*** love me, love my dog; ***gostava de saber*** I should like to know; ***gostava (gostaria) de***

G

vir comigo? would you like to come with me?; ***gostaria imenso de fazer isso*** I would love to do that

gostável *adj.* tasty, savoury; likeable

gosto *s. m.* taste (one of the five senses), savour, flavour, relish; liking, fancy; discernment, perception, elegance; good taste; ***ao gosto de cada um*** to each one's taste; ***gosto apetitoso*** high relish; ***gostos não se discutem*** tastes differ, there is no accounting for tastes; ***é uma questão de gosto*** it's a matter of taste; ***não há gosto sem desgosto*** no pleasure without pain, no rose without a thorn, no joy without annoy; ***ter um gosto ácido*** to have a sour taste; ***com gosto (com prazer)*** with pleasure; ***muito a meu gosto*** very much to my taste, very much to my liking; ***sem gosto*** tasteless; ***ter gosto em*** to love to, to be delighted to; ***tomar gosto por*** to take a liking to; ***dá gosto ver aquilo*** it is a real treat to see that; ***brincadeira de mau gosto*** a bad joke; ***viver a seu gosto*** to live at ease; ***um gosto desagradável*** an unpleasant taste; ***deixar mau gosto na boca*** to leave a bad taste in the mouth; ***uma pessoa de bom gosto*** a person of taste; ***uma casa decorada com muito gosto*** a house furnished in the best taste

gostosamente *adv.* gladly, willingly, readily, pleasantly

gostosão *adj.* [Bras.] good-looking, attractive, gorgeous

gostoso *adj.* tasty, savoury, pleasing, relishing; pleasant; [Bras.] attractive

gota *s. f.* drop; MEDICINA gout; ARQUITECTURA gutta, drops in a row as ornament; ***atormentado com gota*** racked with gout; ***um ataque agudo de gota*** a severe attack of gout; ***parecido como duas gotas de água*** as like as two peas; ***bebeu o vinho até à última gota*** he drank the wine to the very last drop; ***gota de orvalho*** dew-drop; ***beber o cálice da amargura até à última gota*** to drink the cup of sorrow to the very dregs; ***é uma gota de água no oceano*** it is a mere drop in the ocean, it is quite an insignificant matter; ***a gota de água que faz transbordar o copo*** the straw that breaks the camel's back

gota-coral *s. f.* drop; MEDICINA gout; ARQUITECTURA gutta, drops in a row as ornament

gotado *adj.* HERÁLDICA spotted with drops; guttate

gota-serena *s. f.* MEDICINA amaurosis, gutta serene

gotear *v. intr.* ⇒ **gotejar**

goteira *s. f.* gutter; eaves; shallow trough; leak; drip

gotejamento *s. m.* dripping, dropping

gotejante *adj.* dropping, dripping, trickling

gotejar Ⓐ *v. tr. e intr.* to drop, to drip, to trickle, to dribble Ⓑ *v. intr.* to drop, to drip; to fall in drops, to fall drop by drop

gótico *adj.* Gothic

gotícula *s. f.* droplet

gotímetro *s. m.* medicine-dropper; eye-dropper

gotlandiano *s. m.* [arc.] silurian

goto *s. m.* [pop.] windpipe; ***dar no goto*** to suffocate, to go down the wrong throat, [fig.] to attract one's attention, to take one's fancy

gotoso *adj.* gouty

governação *s. f.* governing, management, direction, conduct

governado *adj.* governed; ruled, directed; economical

governador *s. m.* governor

governal *adj.* ⇒ **governamental**

governalho *s. m.* ⇒ **leme**

governamental *adj.* governmental

governamento *s. m.* ⇒ **governo**

governança *s. f.* ⇒ **governo**

governanta *s. f.* housekeeper

governante Ⓐ *adj.* governing, directing Ⓑ *s. m.* helmsman, ruler, governor

governar Ⓐ *v. tr. e intr.* to govern; to rule, to direct, to guide; to sway; to conduct, to control, to supervise Ⓑ *v. refl.* to manage one's affairs; to see to one's own interests; NÁUTICA to take the helm, to steer, to con (to conn); to direct (steering of ship); ***governar alguém à sua vontade*** to lead someone by the nose; ***na Grã-Bretanha, é o Conselho de Ministros quem governa*** in Great Britain it is the Cabinet that really governs; ***ele não sabe governar-se*** he doesn't know how to manage his own affairs; ***governar a sua vida sozinho*** to shift for oneself; ***governar-se pelas circunstâncias*** to act according to circumstances; ***governa a tua boca segundo a tua bolsa*** you must cut your coat according to your cloth; NÁUTICA ***governar com muito leme*** to steer small; ***governar para entrar*** to steer in; ***governar de ré*** to steer aft; ***ser governado pela mulher*** to be henpecked

governativo *adj.* governmental

governatriz *s. f.* directress, lady manager; governess

governável *adj.* governable

governichar *v. tr.* to govern badly

governicho *s. m.* inapt government; sinecure

governismo *s. m.* governmentalism; dictatorial administration

governista Ⓐ *s. m. e f.* supporter of a government Ⓑ *adj.* governmental

governo *s. m.* government, administration; ministry, cabinet; act of governing; management, control, command; direction; guidance, rulership; political body; NÁUTICA steerage, steering (of ship); ***governo de casa*** household management; ***governo absoluto*** autarchy; ***governo mecânico*** mechanical action; ***para teu governo*** for your guidance; ***governo de uma colónia*** the government of a colony; ***queda do Governo*** fall of the government; ***reunião do Governo*** cabinet meeting; ***governo autónomo*** self-government

governo-geral *s. m.* general-government

governo-sombra *s. m.* POLÍTICA shadow cabinet

govete *s. m.* fluting (or grooving) plane

gozação *s. f.* [Bras.] enjoyment; teasing; joke

gozado *adj.* [Bras.] funny; strange, odd

gozar Ⓐ *v. tr.* to enjoy; to derive pleasure from; to take delight in; to have the use of Ⓑ *v. intr.* to enjoy oneself; to amuse oneself; to have a good time; to take one's pleasure; ***gozar de boa saúde*** to enjoy good health; ***gozar dum rendimento modesto*** to enjoy a modest income; ***gozar um belo passeio*** to enjoy a good trip; ***gozar a estima e confiança dos amigos*** to enjoy the esteem and confidence of one's friends; ***gozar de um privilégio*** to enjoy a privilege; ***gozar de um desconto*** to enjoy a discount; ***gozar de boa reputação*** to enjoy a good reputation; ***gozei muito durante as férias*** I enjoyed myself very much during the holidays; ***gozar de vantagens especiais*** to enjoy special advantages; ***gozar férias*** to be on holidays

gozo *s. m.* enjoyment, joy; delight, pleasure, satisfaction, usufruct; ***em pleno gozo dos seus direitos*** in full enjoyment of his (her) rights, absolutely within his (her) rights; ***saltar de gozo*** to leap for joy

gozoso *adj.* joyous, joyful; merry; mirthful

grã *s. f.* cochineal stone, kernel, pip

graal *s. m.* MITOLOGIA Holy Grail

grabato *s. m.* pallet, straw bed

graça *s. f.* grace, gracefulness, beauty, ease, comeliness, attractiveness, charm; elegance, refinement; loveliness, delicacy and dignity; pleasant ways; favour, goodwill, kindness, grace, clemency; pardon, mercy; smart saying, flash of wit, attic salt; RELIGIÃO the grace of God; thankfulness; *pl.* thanks; *pl.* MITOLOGIA the (three) Graces; ***pela graça de Deus*** by the grace of God; ***estar nas boas graças de alguém*** to be in a person's good graces, to be in someone's favour; ***perder a graça*** to fall into disgrace; ***cheio de graça*** full of fun; ***por graça (por brincadeira)*** for fun, in fun; ***dizer uma graça*** to crack a joke; ***trabalho de graça*** labour of love; ***trabalhar de graça*** to work for a song; ***de graça*** for love, free, gratis; ***nem de graça*** not even as a gift; ***ter graça*** to be witty, to be funny; ***graças ao vosso auxílio, pude fazê-lo*** thanks to your help I was able to do it; ***graças à sua interferência*** thanks to his (her) interference; ***graças a Deus*** thank God; ***não ser para graças*** not to be trifled with; ***Acção de Graças*** Thanksgiving; ***graça pesada*** a ponderous joke; ***graça cediça*** stale joke; ***no ano da graça*** in the year of grace; ***implorar a graça de*** to appeal to the mercy of; ***graça obscena*** blue joke

gracejador Ⓐ *s. m.* jester, joker Ⓑ *adj.* jesting, joking

gracejar *v. intr.* to joke, to jest, to make jokes; to be witty; to banter

gracejo *s. m.* joke, jest, witticism, pleasantry

graceta *s. f.* bon-mot, joke, jest

grácil *adj.* slender, thin, slim; delicate, fine; gracile

gracilidade *s. f.* gracility, slenderness, slimness, thinness

gracilifoliado *adj.* BOTÂNICA angustifoliate

gracilípede *adj.* ZOOLOGIA slenderfooted

gracilirrostro *adj.* ZOOLOGIA angustirostrate

gracinha *s. f.* little joke

gracíola *s. f.* BOTÂNICA hedge-hyssop

graciolado *adj.* hedge-hyssoped, resembling hedge-hyssop

graciolina *s. f.* active principle of the hedgehyssop

graciosa *s. f.* BOTÂNICA ⇒ **gracíola**

graciosamente *adv.* gracefully

graciosidade *s. f.* grace, graciousness, gracefulness, fineness; elegance, beauty

gracioso *adj.* graceful, gracious, elegant, charming; comely, easy, pleasing; witty; droll

graçola Ⓐ *s. f.* sorry pleasantry; joke in poor taste Ⓑ *s. m.* banterer, jeerer

graçolar *v. intr.* to banter; to joke (at), to jest (at)

grã-cruz *s. f.* Grand Cross

gradação *s. f.* gradation

gradador *s. m.* harrower

gradadura *s. f.* ⇒ **gradagem**

gradagem *s. f.* harrowing

gradar Ⓐ *v. tr.* to harrow Ⓑ *v. intr.* to get big; to increase (of cereals)

gradaria *s. f.* railing, paling

gradativamente *adv.* gradually, gradationally, progressively

gradativo *adj.* gradual, divided into steps; gradatory

grade *s. f.* harrow; rail, bar; RELIGIÃO locutory; frame; grating; crate; ***grade de marés*** gridiron; ***grade de janela*** window grating; ***grade de ferro*** iron railings; ***fechar com grade*** to rail; ***ser posto entre grades*** to be locked in jail

gradeado *s. m.* railing

gradeamento *s. m.* railing

gradear *v. tr.* to rail, to fence (with rails); to enclose (with rails); to rail off, to separate (a piece of land) by a railing; to shut in

gradecer *v. intr.* to increase, to grow; to become mature

gradeira *s. f.* nun whose duty was to see other nuns to the locutory

gradejar *v. tr.* ⇒ **gradear**

gradelha *s. f.* a kind of net used in ancient armour

gradeza *s. f.* bigness; size thickness

gradiente *s. m.* METEOROLOGIA gradient

gradil *s. m.* low fence (or railing)

gradim *s. m.* gradine, sculptor's chisel

gradinada *s. f.* act of giving finishing touches on a sculpture with a gradine

gradinar Ⓐ *v. tr.* to finish (a sculpture) with a gradine Ⓑ *v. intr.* to work with a gradine

gradiómetro *s. m.* gradiometer; instrument for measuring gravity

grado Ⓐ *s. m.* goodwill; reward; GEOMETRIA grade, the hundredth part of a right-angle Ⓑ *adj.* well-developed, full of grainmature; ***de bom ou mau grado*** willy-nilly; ***de bom grado*** willingly; ***mau grado seu*** in spite of (you)

graduação *s. f.* graduation, marking off of degrees; MILITAR rank; social position, grade

graduado Ⓐ *adj.* graduated, commissioned Ⓑ *s. m.* graduate; commissioned officer

graduador *s. m.* graduator, gauger

gradual Ⓐ *adj.* gradual, graduatory, progressive, slow Ⓑ *s. m.* gradual

gradualmente *adv.* gradually, progressively, in slow (steady) progression

graduamento *s. m.* graduation

graduando *s. m.* a student who is about to graduate, under-graduate

graduar Ⓐ *v. intr.* to graduate, to gauge; to mark out in degrees (or portions), to arrange in gradations; to classify Ⓑ *v. refl.* to graduate; to take a university degree, to take a commission; ***graduar a linha de barca ou prumo*** to mark the log line (or the sounding lead)

graduável *adj.* gradable, adjustable

graeiro *s. m.* grain (of cereal, of lead)

grafar *v. tr.* to write; to spell

grafia *s. f.* spelling; orthography; ***grafia errada*** wrong spelling

gráfica *s. f.* graphic art

graficamente *adv.* graphically

gráfico Ⓐ *adj.* graphic Ⓑ *s. m.* diagram; graph; ***artes gráficas*** graphic arts; ***representação gráfica*** graph diagram

grafila *s. f.* part of a coin near the border where the inscription begins

grafitar *v. tr.* to convert into graphite; to cover with graphite

grafite *s. f.* graphite; plumbage

grafítico *adj.* graphitic, plumbaginous

grafito *s. m.* ARQUEOLOGIA graffito, graphite; inscription

grafofobia *s. f.* graphophobia; morbid hatred of writing

grafofone *s. m.* graphophone

grafófono *s. m.* ⇒ **grafofone**

grafognosia *s. f.* graphognosia

grafologia *s. f.* graphology

grafológico *adj.* graphologic(al)

grafólogo *s. m.* graphologist

grafomania *s. f.* graphomania; mania for writing

grafomaníaco *s. m., adj.* graphomaniac

grafómano *s. m., adj.* graphomaniac

grafómetro *s. m.* graphometer

grafonola *s. f.* recorder, gramophone

grafopsicologia *s. f.* graphopsychology

graforreia *s. f.* graphorrhoea; graphomania

grafostática *s. f.* graphostatics

grafotipologia *s. f.* graphotypology

grainha *s. f.* grape-stone

grajeia *s. f.* FARMACOLOGIA coated pill

gral *s. m.* mortar (for pounding); ***mão do gral*** pestle

gralha *s. f.* ORNITOLOGIA magpie; TIPOGRAFIA misprint; [fig.] chatterbox; garrulous person

gralhada *s. f.* cawing; confused noise; babbling

gralhador *s. m.* babbler

gralhar *v. intr.* to croak, to caw; to gossip, to babble

gralheira *s. f.* ⇒ **gralhada**

gralho *s. m.* bee-eater

grama *s. f.* gram, gramme (unit of weight in the metric system); BOTÂNICA gram-grass, grama, gramma

gramação *s. f.* cry, shout; uproar

gramada *s. f.* work done with the swingle

gramadeira *s. f.* swingle

gramado *adj.* grassy; swingled

gramalheira *s. f.* pot-hanger, pot-hook

gramão *s. m.* medicinal gram grass

gramar *v. tr.* to brake, to beat, to crush hemp (flax, etc.); [cal.] to bear, to suffer, to undergo, to endure, to plant grass; [pop.] to cry out

gramata *s. f.* BOTÂNICA saltwort, glasswort

gramática *s. f.* grammar; grammar book
gramatical *adj.* grammatical
gramaticalismo *s. m.* grammaticalness
gramaticalmente *adv.* grammatically
gramaticão *s. m.* [depr.] grammaticaster
gramaticar *v. intr.* [fam.] to grammaticize
gramaticista *s. m. e f.* grammarian, grammatist
gramático Ⓐ *adj.* grammatic(al) Ⓑ *s. m.* grammarian
gramaticografia *s. f.* grammaticography
gramaticógrafo *s. m.* grammaticographist
gramaticologia *s. f.* study of grammar
gramaticólogo *s. m.* grammarian
gramatiquice *s. f.* grammaticism
gramatista *s. m. e f.* ⇒ **gramaticista**
gramatologia *s. f.* treatise on grammatical fundamentals
Gramíneas *s. f. pl.* BOTÂNICA gramineous plants, members of the *Gramineae*
gramíneo *adj.* gramineous; grassy
graminhar *v. tr.* to rule with a marking-gauge
graminheira *s. f.* grama, pasture grass
graminho *s. m.* CARPINTARIA marking-gauge; scribing block
graminícola *adj.* living in the grass
graminiforme *adj.* gramineous
graminívoro *adj.* graminivorous
graminoso *adj.* gramineous
gramofone *s. m.* gramophone
gramómetro *s. m.* divider
grampa *s. f.* NÁUTICA cram iron, clamp
grampar *v. tr.* ⇒ **grampear**
grampear *v. tr.* to clip, to cramp
grampo *s. m.* cramp, clamp, clasp; clip; brace; dog; grab, strap
grana *s. f.* scarlet cloth
granada *s. f.* grenade, bomb, shell, shot; a kind of silk; garnet; ***granada de mão*** hand-grenade; ***granada de balas*** shrapnel shell; ***granada de torpedo*** torpedo head; ***granada (pedra)*** garnet; ***cor de granada*** garnet red
granadeiro *s. m.* MILITAR grenadier; [fig.] tall and stout man
granadil *adj.* like a pomegranate (colour)
granadilho *s. m.* a granadilla, grenadilla
granadina *s. f.* grenadine (fine, thin silk or woollen fabric dresses)
granadino Ⓐ *adj.* garnet-red Ⓑ *s. m., adj.* Granadine, a native of Granada
granador *s. m.* granulating machine
granal *adj.* granulate, granular
granalha *s. f.* granulated metal; small shot; granulation
granar *v. tr.* to granulate, to reduce to grains
granate *s. m.* MINERALOGIA garnet, granate
grandalhão *adj.* huge, very stout; very large
grande Ⓐ *adj.* great, large, big, vast, huge, immense; ample, wide, broad; extensive, long; tall, high; stout, corpulent, bulky; eminent, grand, noble, famous, illustrious; generous, magnanimous, fine, sumptuous, rich; important, considerable; chief, principal, main Ⓑ *s. m.* a great quantity; grandee; nobleman of the highest rank in Spain (or Portugal); *pl.* the great; ***grandes e pequenos*** great and little; ***à grande*** grandly, magnificently; ***viver à grande*** to live in clover; ***fazer tudo à grande*** to do things in style; ***grande coisa*** quite an event; ***um quarto grande*** a large room; ***um edifício grande*** a large building; ***grande indústria*** wholesale industry; ***uma árvore grande*** a tall tree; ***uma grande soma de dinheiro*** a large sum of money; ***uma cidade grande*** a large city; ***grande homem*** great man; ***homem grande*** big man; ***pessoas grandes*** grown-up people; ***os grandes*** the great; ***um rio grande*** a great river; ***um grande compositor*** a great composer; ***um cão grande*** a large dog; ***uma caixa grande*** a big box; ***uma torre grande*** a high tower; ***um grande carácter*** a fine character; ***estar em grandes apuros*** to be in great trouble; ***ser grande para a idade*** to be tall for one's age; NÁUTICA ***mastro grande*** main mast; ***vela grande*** main sail; ***grandes reparações*** through repairs; ***grande velocidade*** high speed
grandeira *s. f.* beetle for thrashing straw
grandemente *adv.* greatly, to a great extent; extremely, largely
grandevo *adj.* of a great age, long-lived, very old
grandeza *s. f.* greatness, grandeur, splendour, magnificence, glory; stateliness, pomp; loftiness, majesty; elevation, sublimity; eminence; vastness, largeness, hugeness; size, bulk; magnitude; MATEMÁTICA quantity, value; ***grandeza de alma*** large-heartedness, greatness of soul; ***viver na grandeza*** to live in the lap of luxury; ***de primeira grandeza*** of the first magnitude; ***grandeza natural*** natural size; ***grandeza simples*** simple quantity
grandiloquência *s. f.* grandiloquence
grandíloquo *adj.* grandiloquent
grandiosamente *adv.* magnificently, imposingly
grandiosidade *s. f.* greatness, grandiosity, grandeur; loftiness; splendour, pomp, stateliness; vastness
grandioso *adj.* grand, grandiose; magnificent, majestic, imposing, stately, regal; sublime; ***cenário grandioso*** sublime scenery
grandíssimo *adj.* very great; very large; huge
grandote *adj.* somewhat tall; nearly grown
granear *v. intr.* ⇒ **granar**
granel *s. m.* barn, corn-loft; TIPOGRAFIA slip, galley proof; ***a granel*** in bulk; ***carga a granel*** cargo in bulk, bulk cargo
granido *s. m.* stipple (method of drawing or engraving in which dots are used in place of lines)
granidor *s. m.* TIPOGRAFIA stippler
granífero *adj.* graniferous
graniforme *adj.* graniform
granir *v. tr.* to stipple, to draw, to engrave in stippling
granita *s. f.* soft pellet; lamb droppings; grape seed, pip
granitar *v. tr.* to granulate, to reduce to grains
granítico *adj.* granitic
granito *s. m.* MINERALOGIA granite; ***granito vermelho*** red granite
granitóide *adj.* MINERALOGIA granitoid
granitoso *adj.* granitic
granívoro *adj.* granivorous
granizada *s. f.* hail-storm; a shower (of bullets, missiles, questions, etc.)
granizar *v. intr.* to hail, to shower down hail; to fall in showers like hail; [fig.] to hurl violently and rapidly
granizo *s. m.* hail; ***granizo miúdo*** sleet; ***o granizo batia fortemente nos vidros das janelas*** the hail rattled against the windowpanes
granja *s. f.* country-house with farm-buildings attached, grange; farm
granjaria *s. f.* granges collectively; ⇒ **granjearia**
granjeador *s. m.* one who wins (or earns); agent; mediator, negociator
granjear *v. tr.* to farm, to cultivate, to till (the soil); to get to procure, to win, to obtain, to acquire; ***granjear as simpatias de*** to win the esteem of, to win the friendship of ***granjear-se à custa alheia*** to grow rich at other people's expense
granjearia *s. f.* farming; agriculture; cultivation; gain, profit
granjeeiro *s. m.* ⇒ **granjeiro**
granjeio *s. m.* tillage, cultivation, culture, husbandry, farming; gain, earnings, acquisition
granjeiro *s. m.* farmer
granjo *s. m.* ⇒ **pernilongo**
granjola *s. m.* burly man, country bumpkin
granjolada *s. f.* ⇒ **granjolice**
granjolice *s. f.* villainy, infamy
granodiorito *s. m.* GEOLOGIA granodiorite

granoso *adj.* grainy; granulous
granulação *s. f.* granulation
granulado *adj.* granulated
granulagem *s. f.* granulation
granular Ⓐ *v. tr.* to granulate Ⓑ *adj.* granular
granuliforme *adj.* granuliform
granulite *s. f.* GEOLOGIA granulite
granulítico *adj.* GEOLOGIA granulitic
grânulo *s. m.* granule; small grain
granulócito *s. m.* ANATOMIA granulocyte
granuloma *s. m.* MEDICINA granuloma
granulometria *s. f.* granulometry
granulosidade *s. f.* granulosity, granular quality
granuloso *adj.* granulous, granular
granza *s. f.* BOTÂNICA madder
granzal *s. m.* madder grove
grão Ⓐ *adj.* great, grand Ⓑ *s. m.* grain, corn, cereals; globule; particle; ***grão de chumbo*** small shot pellet; ***grão de café*** coffee bean; [fam.] ***ter um grão na asa*** to be in one's cups; ***grão a grão enche a galinha o papo*** many a mickle makes a muckle, little strokes fell great oaks
grão-de-bico *s. m.* BOTÂNICA chick-pea
grão-ducado *s. m.* Grand Duchy
grão-ducal *adj.* grand-ducal
grão-duque *s. m.* Grand Duke
grão-mestrado *s. m.* grand-mastership
grão-mestre *s. m.* grand-master
grão-tinhoso *s. m.* the deuce, dickens, old nick, devil, fiend
grão-vizir *s. m.* grand vizier
grapa *s. f.* VETERINÁRIA scratch
grapólitos *s. m. pl.* graptolyte
grasnada *s. f.* croaking, caw; [fig.] bawling, crying
grasnadela *s. f.* croaking, caw; [fig.] bawling, crying
grasnador *adj.* croaking, cawing
grasnante *adj.* ⇒ **grasnador**
grasnar *v. intr.* to croak, to caw; to cackle (goose), to quack; to squawk; to scream
grasnido *s. m.* ⇒ **grasnada**
grasno *s. m.* ⇒ **grasnada**
grassar *v. intr.* to spread (disease)
grassento *adj.* fat, greasy, unctuous
grassitar *v. intr.* to cackle (ducks, geese)
gratamente *adv.* gratefully
grateia *s. f.* river bottom cleaning machine
gratidão *s. f.* gratitude, gratefulness, thankfulness
gratificação *s. f.* gratification; gratuity, tip; gift (especially of money) for services rendered; allowance; reward
gratificador *s. m.* gratifier, rewarder
gratificante *adj.* gratifying, rewarding
gratificar *v. tr.* to gratify; to tip, to give a gratuity (or present) to; to remunerate, to pay; to reward; ***gratificar uma criada*** to tip a waitress (a maid)
gratífico *adj.* grateful
gratinado Ⓐ *adj.* CULINÁRIA au gratin Ⓑ *s. m.* CULINÁRIA gratin
gratinar *v. intr.* CULINÁRIA to cook au gratin
grátis Ⓐ *adj.* gratis, free Ⓑ *adv.* gratis, gratuitously; ***a entrada é grátis*** entrance free
grato *adj.* grateful, thankful; pleasing, gratifying, agreeable, comforting
gratuidade *s. f.* ⇒ **gratuitidade**
gratuitamente *adv.* gratuitously
gratuitidade *s. f.* gratuitousness
gratuito *adj.* gratuitous, gratis, free; freely bestowed (or obtained); baseless, unfounded
gratulação *s. f.* congratulation; gratulation
gratular Ⓐ *v. tr.* to congratulate Ⓑ *v. refl.* to rejoice with
gratulatório *adj.* gratulatory, congratulatory
grau *s. m.* degree (academic rank); GRAMÁTICA degree (positive, comparative and superlative); GEOMETRIA degree, unit of measurement of angles; degree of temperature; rank, grade, class, position; hierarchy; intensity; pitch, station step; ***grau de mestre*** master's (degree); ***grau universitário*** university degree; ***grau de doutor*** doctor's degree; ***tomar grau universitário*** to take one's degree; ***graus de latitude*** degrees of latitude; ***graus de longitude*** degrees of longitude; ***grau de elevação*** degree of elevation; ***grau de acidez*** degree of acidity; ***grau de calor*** degree of heat; ***grau de uma equação*** degree of an equation; ***grau de parentesco*** degree of consanguinity; ***em alto grau*** to a high degree; ***até ao último grau*** to the last degree; ***subir um grau na consideração de alguém*** to go up in someone's consideration; ***alguns graus abaixo de zero*** some points below zero (freezing point); ***de grau em grau*** from step to step, gradually
graúdo Ⓐ *adj.* grown, matured; big, large, great Ⓑ *s. m.* great folks; ***os graúdos*** the upper class
graúlho *s. m.* grape-pip
graúna *s. f.* bird of the family *Icteridae*
grauvaque *s. m.* GEOLOGIA grauwacke, graywache, greywache
gravação *s. f.* engraving; intaglio; recording; ***gravação de som em fita*** tape recording
gravado *adj.* engraved; cut; recorded; MÚSICA canned
gravador *s. m.* engraver; ***gravador de som*** tape recorder; ***gravador de caracteres*** letter cutter
gravadura *s. f.* engraving
gravame *s. m.* gravamen (*plural* gravamina); grievance; oppression; vexation; charge, encumbrance
gravanço *s. m.* BOTÂNICA chick-pea
gravar *v. tr.* to engrave, to carve, to cut, to intaglio, to incise, to (en)chase; to stamp; to print, to impress; to mark, to brand; to oppress, to encumber; to register; to record; ***a cena está gravada na minha memória*** the scene is stamped on my memory; ***a impressão grava-se na memória*** the impression sinks into the memory; ***gravar caracteres*** to cut type faces; ***gravar em madeira*** to engrave in wood; ***gravar a água-forte*** to etch; ***gravar um disco*** to record; ***gravar a pontos*** to stipple
gravata *s. f.* tie, necktie, cravat
gravatão *s. m.* pedant, prattler
gravataria *s. f.* number of neckties; necktie shop
gravateiro *s. m.* necktie maker (or seller)
gravatil *s. m.* triangular grooving-plane
gravatilho *s. m.* NÁUTICA the hook of the needle for mending sails
gravatinha *s. f.* narrow bow-tie; small necktie
gravativo *adj.* MEDICINA dull, heavy (pain)
gravato *s. m.* hook; dry brushwood
grave Ⓐ *adj.* grave, serious; weighty; important, momentous; severe, austere; painful; sober, solemn, apprehensive; MÚSICA bass, deep, low in pitch; ***debater assuntos graves*** to debate grave matters; ***situação grave*** grave situation; ***uma doença grave*** a severe illness; ***ter um ar grave*** to have a serious air; ***estar com um ar grave*** to look grave Ⓑ *s. m.* low (bass) tone; ***os graves e os agudos*** the low and high registers
gravela *s. f.* PATOLOGIA gravel; wine lees
gravelado *adj.* gravelled; extracted from wine-lees; ***cinzas graveladas*** ashes of burnt lees
graveloso *adj.* gravelly, gravelous
gravemente *adv.* gravely, seriously
graveolência *s. f.* bad smell, stench
graveolente *adj.* malodorous, fetid
gravetar *v. intr.* to make faggots, to make firewood
gravetos *s. m. pl.* faggots, brushwood, lop; bundle of sticks (or twigs)
graveza *s. f.* gravity; importance; danger; heaviness; vexation; injustice
grávida *adj.* pregnant, with child; [fam.] ***estar grávida*** to be expecting a baby, to be in the family way
gravidação *s. f.* ⇒ **gravidez**
gravidade *s. f.* gravity; seriousness, sobriety, sedateness; solemnity; danger, peril, menace; importance; heaviness;

ponderation; ***a gravidade da situação não pode ser menosprezada*** the gravity of the situation cannot be disregarded; ***gravidade absoluta*** weight; ***gravidade específica*** specific gravity; ***centro de gravidade*** the center of gravity
gravidar *v. tr.* to make pregnant, to fecundate
gravidez *s. f.* pregnancy
gravídico *adj.* referring to pregnancy
grávido *adj.* gravid; full, heavy
gravígrado Ⓐ *adj.* gravigrade Ⓑ *s. m. pl.* ZOOLOGIA *Gravigrada*
gravímetro *s. m.* gravimeter; hydrometer
gravisco *adj.* troublesome; dangerous; grave, serious; unsociable
gravitação *s. f.* gravitation
gravitacional *adj.* gravitational
gravitante *adj.* gravitative
gravitão *s. m.* FÍSICA graviton
gravitar *v. intr.* to gravitate, to move (to tend) by force of gravity towards a body
gravítico *adj.* ⇒ **gravitacional**
gravito *adj.* said of a bull with straight and uplifted horns
gravosamente *adv.* grievously, annoyingly, vexatiously; troublesomely
gravoso *adj.* grievous; vexatious; onerous, troublesome
gravura *s. f.* engraving, carving, cut; picture, illustration, print; ***gravuras de assuntos desportivos*** sporting prints; ***gravura em madeira*** wood-cut, wood-engraving; ***gravura em cobre*** copper-plate; ***gravura em vidro*** engraving in glass; ***gravura em relevo*** relief engraving; ***gravura de figuras*** figure engraving; ***gravura a água-forte*** etching
graxa *s. f.* blacking, polish (for shoes); grease; [fam.] flattery; BOTÂNICA Chinese hibiscus
graxear *v. intr.* [Bras.] to make love
graxeiro *s. m.* oiler, greaser
graxo *adj.* oily, greasy
grazina Ⓐ *s. m. e f.* prattler; chatterbox; grumbler Ⓑ *adj.* prattling; grumbling
grazinada *s. f.* prattling, gossip; grumbling; noise, hubbub
grazinador *s. m., adj.* ⇒ **grazina**
grazinar *v. intr.* to prattle, to babble; to grumble, to complain at (about), to clamour, to shout; to pester
grazineira *s. f.* ⇒ **grazinada**
gré *s. m.* [Bras.] the last compartment of a fish rearing pond where grown fishes are kept
grebas *s. f. pl.* ⇒ **grevas**
grecismo *s. m.* Graecism, Grecism
grecista *s. m.* Graecian, Grecian
grecizar *v. tr.* to Graecize, to Grecize
greco-italiano *adj.* Graeco-Italian, Greco-Italian
greco-latino *adj.* Graeco-Latin, Greco-Latin
grecomania *s. f.* Graecomania, Grecomania
greco-romano *adj.* Graeco-Roman, Greco-Roman
greda *s. f.* clay, argil, chalk
gredelém *adj.* reddish-blue; of the colour of the flax flower
gredoso *adj.* chalky, marly
grega *s. f.* fret, fret-work; Greek (a female native of Greece)
gregal *adj.* gregarious (Mediterranean region); north-east (wind)
gregalada *s. f.* north-easter
gregário *adj.* gregarious
gregarismo *s. m.* gregariousness; gregarianism
grege *s. f.* ⇒ **grei**
grego Ⓐ *adj.* Greek; [fig.] obscure Ⓑ *s. m.* Greek; the Greek language; ***é grego para mim*** it is Greek to me; ***ver-se grego*** to be puzzled; ***agradar a gregos e troianos*** to please both sides
gregoriano *adj.* Gregorian; ***canto gregoriano*** Gregorian chant
gregotins *s. m. pl.* scrawl, scribble
greguejar *v. intr.* to talk Greek
grei *s. f.* flock, herd; party, clique, faction; [arc.] people, nation
greiro *s. m.* big maize grain
grejó *s. m.* small church
grelada *s. f.* a great number of sprouts
grelar *v. intr.* to sprout, to put forth sprouts
grelha *s. f.* gridiron; grate, fire-grate; grill; ***grelhas da fornalha*** furnace-bars
grelhado Ⓐ *adj.* [Ingl.] grilled; [E. U. A.] broiled Ⓑ *s. m.* [Ingl.] grill; [E. U. A.] broil
grelhador *s. m.* griller; broiler; gridiron; roaster; toaster, barbecue
grelhar *v. tr.* to broil, to grill, to cook on a gridiron
grelheiro *s. m.* one who makes grates
grelo *s. m.* sprout; *pl.* greens, spring greens; student's badge consisting of a narrow ribbon of the colour of his faculty
gremial Ⓐ *adj.* gremial Ⓑ *s. m.* silk apron placed on the celebrating priest's lap at some ceremonies
gremilha *s. f.* ICTIOLOGIA ruff, blacktail (fish)
grémio *s. m.* lap, perch, pop, club; society, corporation, body, belonging to a guild (or trade-union)
grenetina *s. f.* pure gelatin(e)
grenha *s. f.* tangled hair; knot (in hair); mane
grés *s. m.* MINERALOGIA sandstone, gritstone
gresífero *adj.* bearing sandstone, arenilitic
gresiforme *adj.* like sandstone
greta *s. f.* crack, fissure; crevice, chap, rift, chink, gap, opening, cleft, cranny
gretado *adj.* cracked, chapped; fissured; creviced
gretadura *s. f.* crack, fissure, chink, rent
gretamento *s. m.* crack, fissure, chink, rent
gretar Ⓐ *v. tr. e intr.* to crack, to chap, to open, to split; to cause cracks (or slits); to slit Ⓑ *v. refl.* to become chapped, to open into fissures
grevado *adj.* having greaves, protected with jambeaux (leggings)
grevas *s. f. pl.* puttees, leggings
greve *s. f.* strike, industrial action; ***fazer greve*** to strike, to go on strike, to down tools; ***greve de patrões*** lockout; ***greve geral*** general strike; ***greve da fome*** hunger-strike
grevista *s. m. e f.* striker; ***uma multidão de grevistas*** a mob of strikers; ***substitutos de grevistas*** strike-breakers, blacklegs
grifa *s. f.* claw, talon, paw, grip
grifado *adj.* in italics, italic
grifar *v. tr.* TIPOGRAFIA to italicize, to print in italics; to curl (hair); to underline (words)
grifenho *adj.* rapacious, ravening
grífico *adj.* enigmatic
grifo Ⓐ *adj.* italic Ⓑ *s. m.* TIPOGRAFIA italics; enigma; a kind of vulture; MITOLOGIA griffin, griffon
grilar Ⓐ *v. tr.* [Bras.] to get somebody worked up Ⓑ *v. refl.* [Bras.] to get worked up
grilha *s. f.* ancient incendiary projectile
grilhada *s. f.* strident noise like chirping of crickets
grilhagem *s. f.* iron chain; linkwork
grilhão *s. m.* chain; *pl.* fetters, shackles, bonds, captivity
grilharia *s. f.* ⇒ **grilhada**
grilheta Ⓐ *s. f.* fetter, shackle Ⓑ *s. m.* convict
grilho *s. m.* chain; shackles, fetter
grilo *s. m.* ENTOMOLOGIA cricket; ***o grilo canta*** the cricket chirps
grima *s. f.* hatred, rancour
grimpa *s. f.* weathercock; summit; NÁUTICA ***grimpa de mastro*** pole of a mast; ***levantar a grimpa*** to ride the high horse, to give oneself great airs, to speak loudly and in a defiant way
grimpado *adj.* at the very top; capricious
grimpar *v. intr.* to be surly, to recalcitrate, to answer rudely; to climb up, to ascend
grinalda *s. f.* garland, wreath; ARQUITECTURA garland, decoration (for buildings); ***grinalda de flores*** wreath of flowers; NÁUTICA ***grinalda da popa*** tafferel, taffrail
grindélia *s. f.* BOTÂNICA grindelia

grinfar *v. intr.* to warble; to twitter
gringal *s. m.* a kind of fabric
gringo *s. m., adj.* ⌈depr.⌋ gringo
gripal *adj.* related to influenza
gripar *v. intr.* to be taken ill with influenza; MECÂNICA to stick, to grip (as from want of lubrication)
gripe *s. f.* influenza; ⌈coloq.⌋ flu ⌈arc.⌋ grippe
gris *adj.* blueish-grey
grisalhar Ⓐ *v. tr.* to turn grey Ⓑ *v. intr.* to grow hoary, to turn grey
grisalho *adj.* greyish; hoary; ***cabelo grisalho*** grey hair
grisandra *s. f.* BOTÂNICA a kind of rocket
grisão *s. m.* grison
grisar *v. tr. e intr.* to grey
griseta *s. f.* burner (of a lamp); oil lamp
griséu *adj.* greenish grey
grisu *s. m.* fire-damp (in mines); methane gas
grita *s. f.* brawling, bawling, hubbub, uproar, shouting
gritada *s. f.* bawling, brawling, shouting, uproar
gritadeira *s. f.* shouter, bawler, brawler
gritador *s. m.* shouter, bawler, brawler
gritante *adj.* crying, chiding; gross; striking
gritar Ⓐ *v. intr.* to shout, to cry out, to clamour; to call out; to bawl, to scream, to shriek, to yell; to halloo; to vociferate; to scold, to chide Ⓑ *v. tr.* to utter in a loud voice; ***gritar de alegria*** to shout for joy; ***gritar muito*** to shout out; ***estas crianças gritam a bom gritar*** these children are screaming at the top of their voices; ***gritar com dores*** to scream with pain; ***não é preciso gritar, não sou surdo*** I'm not deaf, you needn't shout; ***gritar por socorro*** to cry for help; ***gritar até ficar rouco*** to shout oneself hoarse; ***não me grite!*** don't shout at me!
gritaria *s. f.* clamour; bawling; crying, shouting, vociferation; screaming, shrieking; great outcry, hubbub; ***gritaria infernal*** an infernal din, a frightful row
griteira *s. f.* clamour; bawling; crying, shouting, vociferation; screaming, shrieking; great outcry, hubbub
grito *s. m.* cry, shout; scream, screech, shriek, outcry; roar; lament, wail; ***grito de alegria*** a shout of joy; ***grito de dor*** a wail, a scream of pain; ***grito de guerra*** war cry
groenlandês *s. m., adj.* ⇒ **gronelandês**
grogue *s. m.* grog
grolado *s. m.* sweet made of fruits with the skin on
gromática *s. f.* the art of measuring land, land-measuring
gromático *adj.* related to land-measuring
gronelandês Ⓐ *adj.* Greenlandish, Greenlandic Ⓑ *s. m.* Greenlander
gronho *s. m.* variety of pear and apple
grosa *s. f.* rasp, coarse file; a gross (twelve dozen); ***grosa de marceneiro*** cabinet rasp; ***às grosas*** by the gross
grosador *s. m.* difamer
grosar *v. tr.* to smooth (to file) with a rasp
groseira *s. f.* long line with many hooks (used in deep-sea fishing)
groselha *s. f.* black currant, red currant
groselheira *s. f.* currant bush, red currant bush, black currant bush
groselheiro *s. m.* currant bush, red currant bush, black currant bush
grossagrama *s. f.* a thick cloth resembling taffeta (from Naples)
grossaria *s. f.* sack-cloth
grosseiramente *adv.* rudely, coarsely, crudely, roughly, grossly; ***tratar grosseiramente*** to be rude to a person
grosseirão Ⓐ *adj.* very coarse, thick, rough Ⓑ *s. m.* lout, boor, uncouth, clumsy fellow
grosseirismo *s. m.* coarseness, rudeness; boorishness
grosseiro *adj.* coarse, gross, rustic; crude; common, churlish, uncivil, impolite, unmannerly, rude; ***erro grosseiro*** ⌈cal.⌋ howler; ***de feições grosseiras*** strong terms; ***mentira grosseira*** bouncing lie
grosseria *s. f.* rudeness, coarseness; roughness; bad manners, impoliteness, crudeness; rusticity; vulgarity
grossidão *s. f.* thickness
grosso Ⓐ *adj.* big, large, bulky; stout, thick; important, considerable; full Ⓑ *s. m.* the whole bulk, mass, main body; ***por grosso e a retalho*** wholesale and retail; ***dinheiro grosso*** large money; ***areia grossa*** coarse sand; ***chuva grossa*** heavy rain; ***mar grosso*** rough sea, heavy sea; ***calibre grosso*** large caliber; ***por grosso*** in the lump, by the lump; ***voz grossa*** thick voice; ***pano grosso*** thick cloth; ***fazer vista grossa*** to shut one's eyes to; ***sopa grossa*** thick soup; ***o grosso de um exército*** the body of an army
grossulária *s. f.* gooseberry
Grossulariáceas *s. f. pl.* the gooseberries
grossularina *s. f.* grossuline; jelly substance in acid fruits
grossularite *s. f.* ⇒ **grossulária**
grossulina *s. f.* ⇒ **grossularina**
grossura *s. f.* thickness; grossness, bulkiness, bigness, largeness; ***da grossura de cinco polegadas*** five inches thick; ***grossura de fio (ou corda)*** grist
grota *s. f.* grotto, cave, cavern
grotão *s. m.* large cavern; ⌈Bras.⌋ hollow
grotescamente *adv.* grotesquely, ridiculously
grotesco *adj.* grotesque, ridiculous, ludicrous, bizarre
grou *s. m.* ORNITOLOGIA crane
grua *s. f.* pulley (of a derrick); derrick; female crane
grual *s. m.* ORNITOLOGIA halcyon
gruau *s. m.* ⇒ **grual**
grudadoiro *s. m.* ⇒ **grudadouro**
grudador *s. m.* gluer
grudadouro *s. m.* drying rack, tenter
grudadura *s. f.* gluing, pasting
grudar Ⓐ *v. tr.* to glue, to stick, to fasten with glue; to paste Ⓑ *v. intr.* to cling, to stick, to adhere (to)
grude *s. f.* glue; ***grude inglês*** marine glue
grueiro *adj.* ***falcão grueiro*** hawk trained to hunt cranes
grugru *s. m.* gobbling (of turkey-cock)
grugrulejar *v. intr.* ⇒ **grugulejar**
grugrulejo *s. m.* ⇒ **grugulejo**
grugulejar *v. intr.* to gobble (to make the characteristic noise of a turkey-cock)
grugulejo *s. m.* gobble
grugurejar *v. intr.* ⇒ **grugulejar**
grugurejo *s. m.* ⇒ **grugulejo**
grugutuba *s. f.* ⌈Bras.⌋ variety of beans
gruir *v. tr.* to cry (the crane)
grulha *s. m. e f.* chatterbox, babbler
grulhaço *s. m.* great babbler
grulhada *s. f.* cry of the crane; noise, bawl, clamouring, babbling, prattling
grulhar *v. intr.* to prattle, to chatter, to prate, to talk idly
grulhento *adj.* prating, babbling
grumar Ⓐ *v. tr.* to form into grumes (or clots) Ⓑ *v. intr.* to clot, to coagulate Ⓒ *v. refl.* to become lumpy
grumecência *s. f.* grumousness; lumpiness, clottedness
grumecer *v. intr.* to become grumous (clotted or lumpy); to clot
grumelo *s. m.* ⇒ **grúmulo**
grumetagem *s. f.* cabin-boys
grumete *s. m.* NÁUTICA cabin-boy; ***grumete sinaleiro*** signal-boy
grumo *s. m.* clot, grume; lump; granule; coagulation
grumoso *adj.* grumous, clotted; BOTÂNICA clubbed, knotted; lumpy
grúmulo *s. m.* a small grume or clot
grunhidela *s. f.* grunt; deep snorting sound
grunhido *s. m.* grunt; growl

grunhidor Ⓐ *adj.* grunting, growling; grumbling Ⓑ *s. m.* grunter; growler; grumbler
grunhir *v. intr.* to grunt; to growl, to grumble
grupado *adj.* in groups
grupamento *s. m.* grouping
grupar *v. tr.* to group, to form into groups
grupelho *s. m.* small group; small political party
grupeto *s. m.* MÚSICA gruppetto
grupo *s. m.* group, assemblage, party; collection (of objects); number of persons (or things); cluster; gang, band, body, aggregation; ***um grupo de homens*** a body of men; ***grupo de artilharia*** artillery brigade; ***grupo de casas*** group of houses; ***grupo de ilhas*** cluster of islands; ***grupo sanguíneo*** blood group; ***grupo étnico*** ethnical group; ***um grupo de futebolistas*** a team of footballers; ***um grupo de pessoas*** a group of persons (people); ***um grupo de árvores*** a group of trees; ***pertencer ao grupo*** to be one of the party
gruta *s. f.* grotto; cave; den
grutesco Ⓐ *adj.* relating to a grotto Ⓑ *s. m.* painting or sculpture representing grottoes
guabiraba *s. f.* any of the various myrtaceous trees and shrubs or their fruit
guabirabá *s. f.* ⇒ **guabiraba**
guabirabeira *s. f.* any of the various myrtaceous trees and shrubs
guabiroba *s. f.* ⇒ **guabiraba**
guabirobeira *s. f.* ⇒ **guabiraba**
guache *s. m.* PINTURA gouache
Guaches *s. m. pl.* aborigines of the Canary Islands
guacina *s. f.* guaco (a substance extracted from guaco)
guaco *s. m.* BOTÂNICA guaco; climbing hempweed
guadameci *s. m.* ⇒ **guadamecil**
guadamecil *s. m.* hangings (or tapestry) of painted and gilt leather
guadamecileiro *s. m.* maker of *guadameci*
guadamecim *s. m.* ⇒ **guadameci**
guadramilês *s. m.* a native of Guadramil (Trás-os-Montes); the dialect of Guadramil
guaguaxar *v. intr.* to make noise when taking a bath
guaiaba *s. f.* ⇒ **goiaba**
guaiaca *s. f.* a chamois leather belt for carrying money
guaiacina *s. f.* guaiacin, guaiacine
guáiaco *s. m.* BOTÂNICA guaiacum, lignum vitae; drug made from guaiacum resin
guaiacol *s. m.* guaiacol
guaiamu *s. m.* any of the various land crabs
guaiar *v. intr.* to wail, to moan; to lament
guaiara *s. f.* an ornamented leather belt for money, kind of sash
guainambé *s. m.* a medicinal philodendron
gualde *adj.* ⇒ **gualdo**
gualdipério *s. m.* cheat, deceit, fraud
gualdir *v. tr.* [fam.] to eat, to eat up; to waste
gualdo *adj.* yellow(ish)
gualdra *s. f.* handle (ring) on chest of drawers
gualdrapa *s. f.* saddlecloth; shabrack, cavalry saddlecloth
gualdripar *v. tr.* to steal, to pilfer
gualdrope *s. m.* NÁUTICA wheel rope, tiller rope; ***gualdrope de corrente*** steering chain, tiller chain, wheel chain
gualteira *s. f.* shepherd's cap
guambuco *s. m.* BOTÂNICA African tree producing textile fibres
guampa *s. f.* [Bras.] horn; drinking cup made of horn
guampaço *s. m.* [Bras.] a thrust by a bull or an ox
guanaco *s. m.* ZOOLOGIA guanaco
Guanchos *s. m. pl.* aborigines of the Canary Islands
guando *s. m.* BOTÂNICA pigeon pea
guandu *s. m.* BOTÂNICA pigeon pea
guaneira *s. f.* [Bras.] guano deposit
guanina *s. f.* guanin(e)
guano *s. m.* guano; artificial manure
guante *s. m.* iron glove of an ancient armour
guaparaíba *s. f.* BOTÂNICA [Bras.] mangrove tree
guaperva *s. f.* a frog fish
guapeva *s. f.* small mongrel dog
guapice *s. f.* courage, pluck, spirit; hardiness; elegance, ostentation in dress; handsomeness
guapo *adj.* brave, bold, hardy; elegant, handsome
guará *s. m.* ORNITOLOGIA [Bras.] guara, scarlet ibis; maned wolf
guaracão *s. m.* ORNITOLOGIA [Bras.] guara, scarlet ibis; maned wolf
guaral *s. m.* kind of spider in the deserts of Libya said to be eaten by the Arabs
guaraná *s. m.* BOTÂNICA [Bras.] guarana, the Brazilian shrub; paste prepared with the seeds of guarana shrub
guarani *adj., s. m. e f.* [Bras.] Guarani
guaraniana *s. f.* QUÍMICA guaranine, guarinina, guaranin
guarapa *s. f.* sugar-cane juice
guarapau *s. m.* ZOOLOGIA [Bras.] red bee
guarapeiro *s. m.* one who makes or sells *guarapa*
guarapiapunha *s. f.* ⇒ **guarapa**
guaraxaim *s. m.* ZOOLOGIA [Bras.] wild dog also called *zorro*
guarda *s. m. e f.* guard; keeper, warden, watchman; policeman, constable; defender, guardian; keeping, defence; protection, custody; charge; watching; watchfulness, care, attention, caution, vigilance; MILITAR body of men; ***guarda de honra*** guard of honour; ***guarda de cais*** wharfinger; ***guarda de armazém*** store-keeper; ***entrar de guarda*** to mount guard; ***render a guarda*** to relieve guard; ***estar de guarda*** to stand guard, to be on guard; ***guarda avançada*** advance guard; ***guarda pessoal*** body guard; ***guardas de uma ponte*** parapet of a bridge; ***guarda real*** gentlemen-at-arms; ***cão de guarda*** watch dog; ***guarda nocturno*** night watchman
guarda-arnês *s. m.* harness-room
guarda-barreira *s. m.* turnpike-man; gatekeeper; toll-gatekeeper; (railway) line keeper
guarda-braço *s. m.* brassart, armour for the arms
guarda-cadeiras *s. m.* piece of timber placed on walls so as to prevent the chairs from damaging them
guarda-calhas *s. m.* in cow-catcher; rail guard-iron
guarda-cama *s. m.* a kind of curtain or panel on the sides of the bed, used as ornament
guarda-cartucho *s. m.* cartridge-box (artillery)
guarda-chaves *s. m.* (in railway) switch-man; jailer
guarda-chuva *s. m.* umbrella; [cal.] brolly; ***abrir o guarda-chuva*** to put up one's umbrella; ***fechar o guarda-chuva*** to put down one's umbrella
guarda-comidas *s. m.* larder
guarda-costas *s. m.* NÁUTICA coastal defence ship; body-guard
guardadeira *s. f.* woman that observes certain rules; woman keeper; housemaid
guardado *adj.* kept; hidden, unrevealed
guardador *s. m.* keeper, warden; one who observes moral rules (rites, etc.); ***guardador de cabras*** goat herdsman
guarda-fatos *s. m.* wardrobe
guarda-fios *s. m.* watcher, wireman; Post Office engineer
guarda-fiscal *s. m.* coastguard
guarda-florestal *s. m.* ranger, forester
guarda-fogo *s. m.* fire-guard, fender; fire-screen; NÁUTICA baffle-door, baffle-plate
guarda-freio *s. m.* tram-conductor, tram-driver; (in railway) brake-man, breaker
guarda-jóias *s. m.* jewel case; jewel safe; keeper of jewels
guarda-lamas *s. m.* mudguard, splash-board
guarda-leme *s. m.* NÁUTICA stern-chaser, stern-gun
guarda-linha *s. m.* watchman, line-keeper (on railway)

guarda-livros *s. m.* bookkeeper; accountant
guarda-loiça *s. m.* ⇒ **guarda-louça**
guarda-louça *s. m.* cupboard, sideboard
guarda-mancebos *s. m.* NÁUTICA main-rope, ridge-line, ridge-rope
guarda-mão *s. m.* MILITAR sword-hilt
guarda-marinha *s. m.* midshipman; [coloq.] middy
guarda-mato *s. m.* MILITAR trigger-guard
guarda-menor *s. m.* court usher, warder
guardamento *s. m.* custody, guard; safekeeping
guarda-mor *s. m.* high usher; chief warder
guardanapo *s. m.* (table) napkin, serviette
guarda-nocturno *s. m.* night watchman
guarda-patrão *s. m.* NÁUTICA blackboard
guarda-peito *s. m.* [Bras.] leather plastron worn by cowboys
guarda-pó *s. m.* dust-coat
guarda-portão *s. m.* porter, door-keeper, gate-keeper
guarda-pratas *s. m.* sideboard; silver-cupboard; silver-closet; chiffonier
guarda-quedas *s. m.* ⇒ **pára-quedas**
guardar Ⓐ *v. tr.* to guard, to protect, to watch, to defend, to shield, to shelter; to keep, to retain; to preserve; to care for; to save up, to hoard; to hide, to treasure; to lay up, to lay by, to store; to observe; to restrain from; to put off, to secure Ⓑ *v. refl.* to be cautious, to refrain; to avoid, to shun; ***guardar os dias santificados*** to keep the holidays; ***guardar as costas*** to mind one's back; ***guardar as aparências*** to keep up appearances; ***guardar à vista*** to keep in sight; ***guardar as coisas para si*** to keep things to oneself; ***guardar um segredo*** to keep a secret, to keep a thing dark; ***guardar castidade*** to live in chastity; ***guardar os rebanhos*** to tend the flocks; ***guardar o gado*** to keep the cattle; ***guardar as leis*** to observe the law; ***guardar as distâncias*** to keep one's distance; ***guardar como um tesouro*** to treasure up; ***guarda que comer, não guardes que fazer*** never put off till tomorrow what you can do today; ***guardar dinheiro*** to put money by; ***Deus o guarde!*** God save you!
guarda-raios *s. m.* lightning-conductor
guarda-redes *s. m.* DESPORTO goalkeeper (in football, hand-ball, roller-skate hockey, etc.)
guarda-rios *s. m.* ORNITOLOGIA kingfisher
guarda-roupa *s. m.* wardrobe; the keeper of the ward-robe; cloak-room; BOTÂNICA santolina
guarda-sol *s. m.* sunshade, parasol; umbrella
guarda-soleiro *s. m.* sunshade maker
guarda-vassoiras *s. m.* ⇒ **guarda-vassouras**
guarda-vassouras *s. m.* skirting board
guarda-vento *s. m.* wind-screen; storm-door
guarda-vestidos *s. m.* wardrobe
guarda-via *s. m.* line-keeper
guarda-vinho *s. m.* low wall which surrounds the wine-press
guarda-vista *s. m.* shade (worn over the eye), eye-shade; lamp-shade
guarda-volante *s. m.* cock of a watch
guarda-voz *s. m.* cover of the preaching pulpit for directing the sound to the public
guardeamento *s. m.* the act of providing with guardrails, act of setting guards along (frontier line, etc.)
guardear *v. tr.* to provide with guardrails; to set guards along
guardiania *s. f.* guardianship
guardião *s. m.* guardian; DESPORTO goalkeeper
guardim *s. m.* NÁUTICA pendant, vang
guardinvão *s. m.* popular game
guarecedor *adj.* healing, curing
guarecer Ⓐ *v. tr.* to cure, to heal; to save Ⓑ *v. intr.* to get cured
guari *s. m.* BOTÂNICA kind of American palm-tree; ORNITOLOGIA palmiped bird of western Africa
guariba Ⓐ *s. m.* ZOOLOGIA howling monkey Ⓑ *s. f.* parakeet, paroquet
guarida *s. f.* den, cave; shelter, place of refuge and safety; protection; ***dar guarida*** to protect, to guard, to give shelter
guarir *v. tr. e intr.* ⇒ **guarecer**
guariroba *s. f.* kind of Brazilian palm
guarirova *s. f.* ⇒ **guariroba**
guarita *s. f.* sentry-box, watch-box
guarnecedor *s. m.* furnisher, trimmer
guarnecer *v. tr.* to furnish, to provide with; to garnish, to trim; MILITAR to fortify, to garrison; to line; to man; ***guarnecer (um vestido) de fitas*** to braid, to ribbon; ***guarnecer de folhos*** to flounce; ***guarnecido de pregos*** studded with nails
guarnecimento *s. m.* trimming; garnishing; furnishing; provision
guarnição *s. f.* garrison, post; troops stationed in a barrack; decoration, ornament; ***guarnição (de navio de guerra ou de embarcação)*** crew (of warship or boat); ***guarnição metálica de êmbolo*** metallic packing of piston; ***guarnição da porta*** door lining
guarnir *v. tr.* ⇒ **guarnecer**
guarula *s. m.* ORNITOLOGIA parakeet (paroquet or parroquet) with red feathers around the neck
guatemalense *s. m. e f., adj.* Gatemalian
guatemalteco *s. m., adj.* Gatemalian
guazil *s. m.* bailiff; a minor clerk of a court of justice
guazilado *s. m.* bailiffship
guebro *s. m.* HISTÓRIA Ghebre, Gheber, Guebre
guedelha *s. f.* tuft of hair; ***guedelha de lã*** tuft of wool, flock
guedelhudo Ⓐ *s. m.* [fig., coloq.] hippy Ⓑ *adj.* hairy, long-haired, shaggy
gueixa *s. f.* geisha
gueja *s. f.* MECÂNICA rail-gauge; track-gauge
guelfo Ⓐ *s. m.* HISTÓRIA Guelf, Guelph Ⓑ *adj.* Guelfic, Guelphic
guelra *s. f.* gill (of fish)
guere *s. f.* African scansorial bird
guerra *s. f.* war, warfare; hostility, enmity, fighting, battle, conflict, struggle; discord; ***a Grande Guerra*** the World War; ***na guerra como na guerra*** in war as in war; ***guerra de morte*** war to the death, internecine war; ***guerra santa*** holy war; ***em guerra*** at war; ***declaração de guerra*** declaration of war; ***declarar guerra a*** to declare war on; ***ciência da guerra (estratégia e táctica)*** art of war; ***conselho de guerra*** council of war; ***prosseguir com a guerra*** to carry on the war; ***fazer guerra a*** to make war on, to wage war on; ***guerra aérea*** war in the air, air warfare; ***guerra relâmpago*** lightning war, blitz; ***guerra civil*** civil war; ***guerra fria*** cold war; ***guerra de nervos*** war of nerves; ***imposto de guerra*** war-tax; ***devastado pela guerra*** war-ravaged; ***em guerra e paz*** in war and peace; ***preparar-se para a guerra*** to arm; ***neurose de guerra*** shell shock; ***Ministério da Guerra*** War Office; ***ministro da Guerra*** Secretary of State for War; ***em pé de guerra*** on a war footing; ***teatro da guerra*** seat of war, theatre of war; ***guerra entre famílias e indivíduos*** private war, feud; NÁUTICA ***fazer guerra de corso*** to privateer
guerreador Ⓐ *adj.* warlike, bellicose Ⓑ *s. m.* warrior, fighter
guerrear Ⓐ *v. tr.* to fight, to wage war on; to war, to make war Ⓑ *v. intr.* to contend, to strive, to compete; ***guerreiam-se uns aos outros*** they are making war on one another
guerreiro Ⓐ *adj.* warlike; martial; belicose, combative Ⓑ *s. m.* warrior; fighter; soldier
guerrilha Ⓐ *s. f.* guer(r)illa, guerilla war; gang of thieves; insurgent political faction Ⓑ *s. m.* man fighting in guerilla warfare; ***chefe de guerrilha*** guerrilla (war) chief
guerrilhagem *s. f.* life of guerilla fighter; the guerilla fighters
guerrilhar *v. tr.* to engage in guer(r)illa warfare
guerrilheiro *s. m.* guer(r)illa, fighter, bushman

guesso *adj.* clumsy; slightly drunk

guia *s. m. e f.* guide, leader, cicerone; director; lead, leading; guide book; guide, adviser; COMÉRCIO delivery note; pass bill, permit; safe conduct; AGRICULTURA young shoot or sucker (of a vine); custom-house permit, certificate; *pl.* reins, guiding strap(s); ***guia (do caminho-de-ferro)*** dispatch-note; ***guia comercial*** commercial directory; ***guia das fazendas ao carreteiro*** carrier's bill; ***guia da alfândega*** custom-house permit; ***guia de bagagem*** luggage check; ***servir de guia*** to serve as a guide; ***guia de embarque (da alfândega)*** stamp note (of custom-house); ***guia de trânsito*** transit pass; ***guia de platina*** guide, rod guide; ***guia de retorno*** leading-block; ***guia de viagem*** guidebook, itinerary, road-book

guiaca *s. f.* ⇒ **ébano**

guiacana *s. f.* ⇒ **ébano**

guiador Ⓐ *adj.* leading Ⓑ *s. m.* guide, leader; ***guiador de bicicleta*** handle-bar; ***guiador de automóvel*** steering-wheel

guiagem *s. f.* duty laid on transports

guiamento *s. m.* guiding

guiante *adj.* guiding, leading

guião *s. m.* banner; pennant, guidon; standard-bearer

guiar Ⓐ *v. tr.* to guide, to lead; to direct, to conduct; to govern; to rule; to drive, to steer; to regulate; to counsel, to advise; to control; to indicate, to point out Ⓑ *v. intr.* to show the road; to sail, to navigate Ⓒ *v. refl.* to be bound to (for); to be guided; ***guiar os passos de*** to guide the steps of; ***guiar a toda a velocidade*** to drive at full speed; ***guiar com imprudência (um carro)*** to hog (a car), to drive recklessly; ***guiar-se pelo sentimento do dever*** to be guided by one's sense of duty

guiauto *s. m.* ⇒ **motorista**

guiché *s. m.* [gal.] ticket window, sliding, window; booking-office; ticket-office; service hatch

guicho *adj.* noisy; tight, stiff; smart; blooming (of plants)

guieira *s. f.* cold breeze; part of the roof

guieiro Ⓐ *adj.* leading, guiding Ⓑ *s. m.* leader, guide

guiga *s. f.* NÁUTICA gig, outrigger

guigó *s. m.* big medicinal tree of S. Tomé; marmoset

guilha *s. f.* bumper harvest (crop); [fig.] fraud, swindle

guilherme *s. m.* grooving plane; rabbet

guilho *s. m.* pivot, swivel; iron wedge

guilhochador *s. m.* guilloche artist

guilhochar *v. intr.* to guilloche, to guillochee

guilhoché *s. m.* ARQUITECTURA guilloche

guilhotina *s. f.* guillotine; [técn.] guillotine-cutter, paper-cutting machine

guilhotinamento *s. m.* act of beheading

guilhotinar *v. tr.* to guillotine; to behead; to cut off (with guillotine)

guimbarda *s. f.* ancient folk dance

guina *s. f.* frenzy anger, hate; violence; malice

guinada *s. f.* NÁUTICA yaw of ship, deviation of ship from course, deflection; sting, sharp pain; (of horse) twist of the body to avoid a blow; ***dar guinadas*** to yaw; ***guinada de governo*** steerage yaw

guinar *v. tr. e intr.* NÁUTICA to slue, to slew, to twist, to swerve; ***guinar rapidamente*** to fly to

guinchada *s. f.* screaming; shrieking

guinchadeira *s. f.* screaming; shrieking

guinchador Ⓐ *adj.* squeaky Ⓑ *s. m.* squeaker

guinchante *adj.* squeaky

guinchar *v. intr.* to screech out, to shriek, to scream; to squeak

guincheiro *s. m.* small branch; he who works with a winch

guincho *s. m.* shriek, screech, scream; a loud squeak; shril, piercing cry; (machine) winch, crab, crab-winch; hoist engine, hoisting engine, wreacker, tow-car; ***guincho de vapor*** steam winch

guinda *s. f.* NÁUTICA leech; ***guinda (de vela)*** hoist (of a sail)

guindado *adj.* hoisted, lifted, elevated, raised; ***guindado às alturas*** raised to a great height

guindagem *s. f.* the act of hoisting

guindaleta *s. f.* wire rope of a crane

guindalete *s. m.* wire rope of a crane

guindamento *s. m.* ⇒ **guindagem**

guindar *v. tr.* to hoist, to crane, to lift, to raise, to elevate; to sway up

guindareza *s. f.* ⇒ **guindaleta**

guindaste *s. m.* crane; ***guindaste de vaivém*** transporter; ***guindaste de vapor*** steam crane; ***guindaste giratório*** slewing-crane; ***guindaste móvel*** travelling crane

guinde *s. m.* ⇒ **gomil**

guindola *s. f.* NÁUTICA jury-mast; ***em guindolas*** jury rigged

guineense *s. m. e f.* a native of Guinea

guinéu *s. m.* guinea (former English gold coin worth 21 shillings)

guingão *s. m.* gingham (a cotton fabric); silk waste, fecal matter from silkworms

guinhol *s. m.* a kind of Punch and Judy show; puppet-show

guipura *s. f.* guipure, kind of gimp

guiraponga *s. f.* ORNITOLOGIA [Bras.] bellbird, campanero

guirlanda *s. f.* NÁUTICA garland

guirnalda *s. f.* ⇒ **guirlanda**

guisa *s. f.* way, mode, manner; ***à guisa de*** just as, like

guisadeira *s. f.* stew-pan, casserole

guisado Ⓐ *adj.* stewed Ⓑ *s. m.* stew, ragout, fricassee; ***guisado com vários ingredientes*** hodge-podge, hotchpotch

guisamento *s. m.* utensils and objects for worship (holy wafer and sacramental wine, etc.)

guisar *v. tr.* to stew

guita *s. f.* string, twine, pack-thread

guitarra *s. f.* MÚSICA guitar

guitarrada *s. f.* guitar concert; guitar-playing

guitarrear Ⓐ *v. intr.* to play on the guitar Ⓑ *v. intr.* to sing accompanied by the guitar

guitarreiro *s. m.* guitar maker

guitarréu *s. m.* kind of guitar

guitarrilha *s. f.* small guitar

guitarrista *s. m. e f.* guitarist, guitar-player

guizalhada *s. f.* jingle, tinkling sound of small bells

guizalhante *adj.* jingling; strident, shrill

guizalhar *v. intr.* to jingle (to make a tinkling sound of small bells)

guizalho *s. m.* ⇒ **guizo**

guizeira *s. f.* bell collar

guizo *s. m.* small bell

gula *s. m.* gluttony, voracity; glut; ARQUITECTURA cyma, gula, ogee moulding of a cornice; CARPINTARIA fillister; ***ter o vício da gula*** to have the vice of gluttony

gulaimar *v. tr.* ⇒ **guleimar**

gulaimas *s. m. e f.* ⇒ **guleima**

gulapa *s. f.* ⇒ **gula**

gulapão *adj.* ⇒ **guloso**

gulapar *v. intr.* [reg.] to eat glutonously

gulazar *v. intr.* ⇒ **gulapar**

guleima *s. m. e f.* glutton

guleimar *v. intr.* to eat and drink in excess

guleira *s. f.* ring plover

gulodice *s. f.* dainty, delicacy, titbit, choice morsel of food; *pl.* sweets

gulosa *s. f.* [reg.] a kind of cane to pick fruit from the trees; female thief

gulosamente *adv.* gluttonously, voraciously; greedily

gulosar *v. intr.* to eat sweets; to eat little of each course in order to taste all of them

guloseima *s. f.* sweet dish, dainties, sweets, sweetmeat, delicacy, titbit, dainty morsel, dessert; ***gostar muito de guloseimas*** to be very fond of sweets (sweetmeats)

gulosice *s. f.* sweet dish, dainties, sweets, sweetmeat, delicacy, titbit, dainty morsel, dessert

gulosina *s. f.* sweet dish, dainties, sweets, sweetmeat, delicacy, titbit, dainty morsel, dessert
gulosinar *v. intr.* ⇒ **gulosar**
gulosinha *s. f.* variety of olive
guloso Ⓐ *adj.* gluttonous, fond of titbits and sweets Ⓑ *s. m.* dainty feeder; ***ser guloso*** to be fond of sweets
gume *s. m.* edge; ***espada de dois gumes*** two-edged sword
gúmena *s. f.* NÁUTICA mooring rope, hawser, cable
gumífero *adj.* gummiferous
gumite *s. f.* gummite
gumoso *adj.* gummy
guna *s. f.* tropical creeper of S. Tomé island
guncho *s. m.* seagull
gunda *s. f.* African tree the wood of which is good for building
gundra *s. f.* small Asiatic boat
gune *s. m.* fibrous material of which a coarse cloth is made in India
gunga *s. m.* [Bras.] thief; effeminate man; magnate, boss
gungieiro *s. m.* BOTÂNICA Indian licorice (liquorice)
gupiara *s. f.* shallow gold-bearing gravel
gura *s. f.* Venetian gondolier's cap; bird from New Guinea
gurguri *s. m.* a kind of pipe used by African people
guri *s. m.* [Bras.] child, little boy
guria *s. f.* [Bras.] little girl
gurijuba *s. f.* [Bras.] glue producing fish
gurita *s. f.* ⇒ **guarita**; old mare
guriteiro *s. m.* inn-keeper
gurizada *s. f.* [Bras.] group of kids, boys
gurma *s. f.* VETERINÁRIA strangles
gurupés *s. m.* NÁUTICA bowsprit; ***gurupés inteiriço*** horn bowsprit; ***gurupés de meter dentro*** running bowsprit
gurupiá *s. m.* ⇒ **garapa**
gurutil *s. m.* NÁUTICA luff (of a sail); ***gurutil de vela de estai*** fore leech luff
gusa *s. f.* pig-iron
gusano *s. m.* ZOOLOGIA shipworm, teredo; weevil
gusla *s. f.* MÚSICA gusla, gusle; one-chord musical instrument
gustação *s. f.* gustation, tasting
gustativo *adj.* gustative
gustatório *adj.* gustatory
guta *s. f.* gutta, gamboge
gutação *s. f.* guttation
guta-percha *s. f.* BOTÂNICA gutta-percha; ***guta-percha vulcanizada*** vulcanized gutta-percha
guté *s. m.* Brazilian fruit tree
guteira *s. f.* gutta-tree
Gutíferas *s. f. pl.* BOTÂNICA *Guttiferae*
gutífero *adj.* guttiferous; guttiform
gutina *s. f.* American wood tree
gutural *adj.* guttural
guturalização *s. f.* FONÉTICA gutturalization
guturalizar *v. tr.* FONÉTICA to gutturalize; to pronounce gutturally
guturalmente *adv.* gutturally
guzarate *adj., s. m.* ⇒ **guzerate**
guzerate Ⓐ *adj.* pertaining to Guzerate Ⓑ *s. m.* native of Guzerate, a vast region in central India; language spoken in this region
guzo *s. m.* [Bras.] strength; vigour

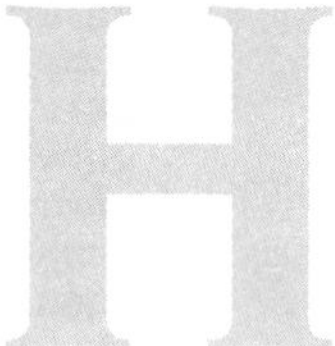

h, H *s. m.* the eighth letter of the alphabet
H *s. m.* QUÍMICA the symbol of hydrogen
hã? *interj.* what!, what's that?!
habanera *s. f.* MÚSICA habanera (dance and music common in Cuba)
habeas corpus *s. m.* DIREITO habeas corpus
hábil *adj.* capable, able, skilful, handy; intelligent, clever; apt, qualified, suited, habile; adroit, dexterous, expert, skilled, fit, efficient, ingenious, gifted; ***ele é um operário hábil*** he is a skilful workman; ***hábil em*** skilful at, skilled in
habilidade *s. f.* ability, hability, capacity, skill, skilfulness, cleverness, ingeniousness, knack, talent, adroitness, art, competence, cunning, wit, artfulness, address; quickness, dexterity, nimbleness; *pl.* tricks, accomplishments; ***ter habilidade para tudo*** to be a general handy-man, to be an all-rounds-man, to be a good hand at everything; ***mostrar habilidade*** to show great skill; ***o meu cão não faz habilidades nenhumas*** my dog knows no tricks
habilidosamente *adv.* cleverly, skilfully, ingeniously, competently, artfully, cunningly
habilidoso *adj.* handy, skilled, skilful, dexterous, adroit, clever, ingenious, masterly, able, proficient, qualified, expert, apt; deft, quick; cunning; ***ele é um homem habilidoso*** he is a handy man
habilitação *s. f.* qualification, capacity; fitness, competence; *pl.* knowledge, culture, qualifications; ***que habilitações tem?*** what are your qualifications?
habilitado *adj.* qualified, competent; able, fit, capable
habilitador *s. m.* qualifier, habilitator
habilitanço *s. m.* sum of money loaned by one player to another at gambling
habilitando *s. m.* candidate, aspirant, one who seeks to be qualified
habilitante *s. m. e f.* DIREITO plaintiff
habilitar Ⓐ *v. tr.* to qualify, to prepare, to make ready; to enable, to entitle, to give a right to; DIREITO to submit documentary evidence Ⓑ *v. refl.* to qualify oneself; to buy a ticket in a lottery; ***estar habilitado para*** to be qualified for (to); ***está bem habilitado para ocupar o seu cargo*** he is well qualified for his position; ***habilitar-se para o trabalho*** to qualify oneself for one's work; ***o dinheiro habilita-nos a fazer muitas coisas que não podemos fazer sem ele*** money enables one to do many things which cannot be done without it
habilmente *adv.* skilfully, cleverly, dexterously, adroitly, efficiently, ingeniously
habitabilidade *s. f.* habitableness
habitação *s. f.* habitation, lodging, residence, domicile, quarters, dwelling, abode, house; ***habitação provisória*** temporary dwelling
habitacional *adj.* dwelling, housing
habitáculo *s. m.* small dwelling, cottage
habitador *s. m.* inhabitant, dweller, resident
habitante Ⓐ *s. m. e f.* inhabitant, dweller; resident Ⓑ *adj.* inhabiting, resident, dwelling; ***habitante do Norte*** northerner; ***habitante do Sul*** southerner; ***habitante de uma cidade*** townsman
habitar Ⓐ *v. tr.* to inhabit Ⓑ *v. intr.* to dwell (in), to live (in), to reside (in); to lodge, to occupy lodgings; ***habitar uma casa nova*** to live in a new house
habitat *s. m.* habitat
habitável *adj.* habitable, suitable and fit for habitation; ***uma casa habitável*** a habitable house
hábito *s. m.* habit, custom, use, way, manner, practice, usage; dress, habit; insignia (of an Order of Knighthood); ***o hábito faz o monge*** fine feathers make fine birds; ***cair no hábito de*** to fall into the habit of; ***hábito de monge*** monk's habit (dress); ***tomar o hábito (de monge)*** to become a monk; ***tomar o hábito (de freira)*** to take the veil; ***adquirir maus hábitos*** to get into bad habits; ***ter o péssimo hábito de praguejar*** to have the nasty habit of swearing; ***ele tinha como (por) hábito beber*** he was a habitual (confirmed) drunkard
habituação *s. f.* habituation
habituado *adj.* accustomed, used to, familiarized; ***estou habituado a fazê-lo*** I am in the habit of doing it; ***estar habituado a trabalho intenso*** to be accustomed to hard work; ***ele foi habituado a vida dura*** he was indured (made, accustomed, used) to a hard life
habitual *adj.* habitual, usual, frequent, everyday, customary, ordinary, regular, accustomed, common, familiar; ***ela fez as perguntas habituais*** she asked the usual questions
habitualidade *s. f.* habitualness, customariness
habitualismo *s. m.* habitualness, customariness
habitualmente *adv.* usually, habitually, commonly, frequently, familiarly, as a habit (rule); ***levanto-me habitualmente às sete horas*** I usually get up at seven
habituar *v. tr. e refl.* to accustom, to inure, to habituate, to familiarize; to accustom oneself to, to become used to, to make familiar with, to get acquainted with; to get accustomed to; ***habituar-se ao clima*** to accustom oneself to the climate; ***habituar-se a trabalho violento*** to habituate oneself to hard work
habitudinário *adj.* habitual, usual, customary; everyday, confirmed, inveterate
haca *s. f.* [Ang.] *haca* (common designation of some *Compositae* shrubs)
hacaneia *s. f.* ambler, palfrey, hackney
hacer *s. m.* early morning prayer (among the Moors)
há-de-haver *s. m.* COMÉRCIO credit
Hades *s. m.* MITOLOGIA Hades (realm of the dead, underworld)
háfnio *s. m.* QUÍMICA hafnium
hagiografia *s. f.* hagiography (study of saints' lives)
hagiográfico *adj.* hagiographic(al), hagiographal
hagiógrafo *s. m.* hagiographer
hagiólatra *s. m. e f.* he who worships saints
hagiolatria *s. f.* hagiolatry
hagiologia *s. f.* hagiology
hagiológio *s. m.* hagiologium
hagiologista *s. m. e f.* hagiologist
hagiólogo *s. m.* hagiologist
hagiómaco *s. m.* adept of hagiomachy
hagiomaquia *s. f.* hagiomachy (doctrine against the saints)
hagiossemantro *s. m.* metal object to be striken when there is no bell
haissuaque *s. m.* [Timor] spade, hoe, plough
haitiano *adj., s. m.* Haitian

hájibe *s. m.* "hajib" (Prime Minister in the court of the Caliphs in Spain)
halação *s. f.* FOTOGRAFIA halation
haliêutica *s. f.* halieutics (art of fishing)
haliêutico *adj.* halieutic, fishing
hálito *s. m.* breath, respiration; ***mau hálito*** foul breath, halitosis
halitose *s. f.* halitosis
halo *s. m.* halo; glory, glamour, aureole
halocromia *s. f.* halochromy
halófilo *adj.* BOTÂNICA halophilous
halogenação *s. f.* QUÍMICA halogenation
halogenado *adj.* QUÍMICA halogenated
halogenar *v. tr.* QUÍMICA to cause halogenation
halogéneo Ⓐ *adj.* QUÍMICA halogenous Ⓑ *s. m.* halogen
halogénico *adj.* QUÍMICA halogenous
halógeno *adj.* QUÍMICA halogenous
halografia *s. f.* halography
halográfico *adj.* halographic
halógrafo *s. m.* student of (expert at) salts
halóide *adj.* QUÍMICA haloid (resembling common salt)
haloisite *s. f.* MINERALOGIA variety of clay
halomancia *s. f.* halomancy
halomante *s. m. e f.* he who practises halomancy
halomântico *adj.* halomantic
halometria *s. f.* QUÍMICA halometry
halométrico *adj.* halometric
halómetro *s. m.* halometer
Halorragidáceas *s. f. pl.* BOTÂNICA *Haloragidaceae*
halotecnia *s. f.* QUÍMICA halotechny (part of chemistry that deals with salts)
halotécnico *adj.* QUÍMICA halotechnical
haltere *s. m.* dumb-bells, bar-bell; ***exercício de halteres*** dumb-bells exercise
halurgia *s. f.* QUÍMICA halurgy (art of extracting or preparing salts)
hamadríada *s. f.* ⇒ **hamadríade**
hamadríade *s. f.* MITOLOGIA hamadryad; ZOOLOGIA large baboon; large venomous serpent of India
Hamamelidáceas *s. f. pl.* BOTÂNICA *Hamamelidaceae*
hambúrguer *s. m.* CULINÁRIA hamburger
hamburguês Ⓐ *adj.* of (or pertaining to) Hamburg Ⓑ *s. m.* native (or inhabitant) of Hamburg; Hamburger
hamígero *adj.* hamiform, hook-shaped
hamiltoniano *s. m.* hamiltonian
hamita *s. m.* Hamite
hamítico *adj.* Hamitic
hamular *adj.* hamular, hooked
hangar *s. m.* shed, hangar
hango *s. m.* [África] "hangoo" (fowl of the ant-thrush family)
hanoveriano *s. m., adj.* Hanoverian
hansa *s. f.* HISTÓRIA Hanse
hanseático *adj.* Hanseatic
haplítico *adj.* GEOLOGIA haplitic, aplitic
haplito *s. m.* haplite, aplite
haplobionte *adj.* BIOLOGIA haplobiontic
haplodiplonte *adj.* BIOLOGIA haplodiplontic
haplodonte *adj.* ZOOLOGIA haplodont
haplófase *s. f.* haplophase
haplóide *adj.* BIOLOGIA haploid
haploidia *s. f.* haploid state
haplologia *s. f.* haplology (contraction of two identical syllables of one word for brevity of elocution)
haplológico *adj.* haplologic
haplonte *adj.* BIOLOGIA haplontic
haplopétalo *adj.* haplopetalous
haplóstomo *adj.* haplostome
haplotomia *s. f.* CIRURGIA haplotomy (simple incision)
haptotrópico *adj.* haptotropic
haptotropismo *s. m.* haptotropism; movement caused by contact with a solid body
haraquiri *s. m.* hara-kiri
harém *s. m.* harem, haram, hareem, seraglio; occupants of a harem
haríolo *s. m.* soothsayer, sorcerer, augur
harlo *s. m.* diver, auklets, grebe
harmala *s. f.* BOTÂNICA harmel, harmala
harmalina *s. f.* QUÍMICA harmaline
harmatão *s. m.* harmattan
harmonia *s. f.* harmony; consonance; accord, concord; agreement, concordance (of ideas, tastes, opinions, etc.); MÚSICA harmonics; ***a harmonia dos corpos celestes*** the harmony of the spheres; ***viver em boa harmonia com alguém*** to live in harmony with someone; ***harmonia das cores*** harmony of colours
harmónica *s. f.* harmonica, accordion; mouth-organ; grinder's flute; ⇒ **filarmónica, harmónio**
harmonicamente *adv.* harmonically, tunefully, in tune; friendly
harmónico *adj.* harmonic, harmonious, consonant; melodious, musical; consistent, congruent, orderly
harmónio *s. m.* harmonium, harmonica, harmonicon
harmoniosamente *adv.* harmoniously, tunefully; friendly, concordantly
harmonioso *adj.* harmonious, musical, sweet-sounding, tuneful; melodious, smooth; consonant, concordant, agreeing, friendly, amicable
harmonista *s. m. e f.* harmonist; accordion player
harmonística *s. f.* harmonistics
harmónium *s. m.* ⇒ **harmónio**
harmonização *s. f.* harmonization
harmonizador Ⓐ *s. m.* harmonizer, harmonist Ⓑ *adj.* harmonizing
harmonizar Ⓐ *v. tr.* to harmonize, to arrange in musical harmony; to bring into harmony, to reconcile, to adjust to each other Ⓑ *v. intr.* to agree, to tune, to blend, to sympathize, to tally, to be harmonious; ***os planos dele não se harmonizam com os nossos*** his plans will not work in with ours
harmonizável *adj.* reconcilable; admitting of harmonization (agreement, settlement)
harmonómetro *s. m.* harmonometer
harmotómio *s. m.* ⇒ **harmótomo**
harmótomo *s. m.* MINERALOGIA harmotome
harpa *s. f.* harp; ***tocar harpa*** to play the harp
hárpaga *s. f.* a kind of catapult
harpagão *s. m.* an avaricious man, harpagon
harpar *v. intr.* to harp, to play the harp
harpear *v. tr. e intr.* ⇒ **harpejar**
harpejar *v. intr.* to harp, to play the harp
harpejo *s. m.* harping
harpia *s. f.* MITOLOGIA harpy
harpista *s. m. e f.* harpist, harper
harto Ⓐ *adj.* full; filled up; big Ⓑ *adv.* too much; more than enough
hasta *s. f.* spear, lance, pike; ***vender em hasta pública*** to sell by (public) auction
hastado *adj.* hastate; spear-shaped; armed with a spear
hastapura *s. f.* spikeless spear given as a prize to the youths who won the first fight
hastaria *s. f.* spear-stand
hastário *s. m.* spearman
haste *s. f.* staff, pole; BOTÂNICA stem, stalk; MECÂNICA rod, shank, shaft, spindle; horn (on the heads of cattle, sheep, etc.); ***haste de êmbolo*** piston rod; ***haste de válvula*** valve rod; ***haste de bomba*** pump shaft; ***haste de freio*** brake-rod; ***haste de bandeira*** flag-staff; ***haste de âncora*** shaft, shank

H

(of the anchor); ***haste de ligação*** coupling-rod; ***haste do pára-raios*** lightning-rod, lightning-conductor
hasteal *s. m.* net-work of seams (in coal or ore)
hastear *v. tr.* to stick at the end of a staff; to fly, to unfurl, to hoist (a flag); to display; to heave, to raise, to lift; ***hastear a bandeira nacional*** to fly the national flag
hástia *s. f.* ⇒ **haste**
hastibranco *adj.* having white horns with black tips
hastifino *adj.* slender-horned
hastifoliado *adj.* BOTÂNICA hastate, lanceolate
hastifólio *adj.* BOTÂNICA hastate, lanceolate
hastiforme *adj.* hastate, spear-shaped
hastil *s. m.* staff of a lance; sprout; peduncle
hastilha *s. f.* splint, splinter; short staff (rod, stem)
hastilheira *s. f.* ⇒ **hastaria**
hastim *s. m.* javelin; ancient agrarian measure
haurir *v. tr.* to exhaust; to suck, to absorb, to sip; to drain; to draw off
haurível *adj.* absorbable, drainable, that can be drawn off
haustelo *s. m.* haustellum (*plural* haustella)
hausto *s. m.* draught, gulp, sip
havaiano *s. m., adj.* Hawaiian
havanês *s. m., adj.* Havanese
havano Ⓐ *s. m., adj.* ⇒ **havanês** Ⓑ *s. m.* Havana cigar
haver Ⓐ *v. tr.* there to be, to exist; to possess, to have, to own; to occur, to happen Ⓑ *v. refl.* to behave oneself Ⓒ *s. m.* COMÉRCIO credit; *pl.* wealth, riches, possessions, property; ***haver de*** to have to, to be obliged to, to be bound to; ***pode haver*** there may be; ***deve haver*** there should be, there must be; ***ter de haver-se com*** to have to deal with, to have to face; ***que há?*** what's the matter?; ***que há de novo?*** what's new?; ***eu hei-de receber dinheiro amanhã*** I am to receive money tomorrow; ***há um ano*** a year ago; ***há muito tempo*** for a long time, long since, long ago; ***há pouco tempo*** lately, recently; ***haver por bem*** to take in good part, to deign; ***haver por mal*** to take it ill; ***há mistério no caso*** there is some mystery about this matter; ***ontem houve uma grande tempestade no mar*** yesterday there was a storm at sea; ***haver muita procura*** to be in fair demand; ***haver pouca procura*** to be in limited demand; ***há falta de batata*** potatoes are short, there is a lack (want) of potatoes; ***antigamente havia aqui um enorme carvalho*** here once stood a huge oak; ***houve-se como um cavalheiro*** he behaved like a gentleman; ***não há de quê*** don't mention it; ***há mais Marias na terra*** he is not the only pebble on the beach; ***há aqui qualquer coisa que não está bem*** there is something wrong here; ***haja o que houver!*** come what may!; ***que há com ele?*** what's up with him?; ***há séculos que não te via!*** I haven't seen you for ages; ***há moiro na costa*** there's something in the air; ***haveres do falido*** assets of a bankrupt
haxixe *s. m.* hashish, hasheesh, marijuana
haxixismo *s. m.* poisoning by hashish
heautognose *s. f.* FILOSOFIA self-knowledge, heautognosis
hebdómada *s. f.* hebdomad, hebdomade, a week
hebdomadário *adj.* hebdomadary, hebdomadarian, hebdomadal, hebdomatical; weekly
hebdomático *adj.* hebdomatical, hebdomadal
hebefrenia *s. f.* PATOLOGIA hebephrenia
hebelogia *s. f.* hebelogy; study of adolescence
hebetação *s. f.* hebetation, dullness, stupidity, mental inertness
hebetante *adj.* hebetant, stupefying, dulling
hebetar *v. tr.* to hebetate, to make mentally blunt (dull)
hebetismo *s. m.* hebetude, dullness, stupidity
hebraico *adj.* Hebraic
hebraísmo *s. m.* Hebraism
hebraísta *s. m. e f.* Hebraist; Hebrew scholar
hebraizante *adj.* Hebraizing
hebraizar *v. tr.* to Hebraize
hebreia *s. f.* Jewess, Hebrew woman
hebreu *s. m., adj.* Hebrew
hecatombe *s. f.* hecatomb, great sacrifice, massacre, slaughter (of human or other living beings); a large number or quantity
hecatostilo *s. m.* hecatostylon, portico
hectare *s. m.* hectare (metric measure equal to 100 ares or 2,471 acres)
héctica *s. f.* MEDICINA consumption, phthisis, tuberculosis, hectic fever; hectic
hecticidade *s. f.* MEDICINA phthisical (consumptive) state, feebleness; tuberculosis
héctico Ⓐ *adj.* hectic(al), consumptive, phthisical Ⓑ *s. m* consumptive person, hectic person
hectoedria *s. f.* MINERALOGIA hectohedry
hectoédrico *adj.* MINERALOGIA hectohedric
hectografar *v. tr.* to hectograph
hectográfico *adj.* hectographic
hectógrafo *s. m.* hectograph
hectograma *s. m.* hectogramme, hectogram (metric weight of 100 gramm or 352 oz.)
hectolitro *s. m.* hectolitre (measure of one hundred litres)
hectómetro *s. m.* hectometer, hectometre (measure of length of 100 metres or 328 feet)
hectostere *s. m.* hectostere
hectostéreo *s. m.* hectostere
hedembergite *s. f.* MINERALOGIA hedenbergite
hédera *s. f.* ⇒ **hera**
Hederáceas *s. f. pl.* BOTÂNICA hederaceous plants
hederáceo *adj.* BOTÂNICA hederaceous
hederiforme *adj.* BOTÂNICA hederiform
hederígero *adj.* hederiferous
hederina *s. f.* QUÍMICA hederin
hederoso *adj.* hederose, full of ivy; hederic
hediondez *s. f.* hideousness, baseness, monstrosity, horror
hediondo *adj.* hideous, horrid, horrible, frightful, appalling, dreadful, ghastly, monstrous; shocking, grim, revolting; ***crime hediondo*** hideous crime
hedónico *adj.* hedonic
hedonismo *s. m.* hedonism
hedonista *s. m. e f.* hedonist
hedrocele *s. f.* MEDICINA anal hernia
hegelianismo *s. m.* Hegelianism, Hegelism
hegeliano *s. m., adj.* Hegelian
hegelismo *s. m.* ⇒ **hegelianismo**
hegemonia *s. f.* hegemony, political leadership or preponderance
hegemónico *adj.* hegemonic(al)
hegemonização *s. f.* act of granting hegemony
hegemonizar *v. tr.* to grant hegemony, to make hegemonic
hégira *s. f.* hejira, hegira; ⌊fig.⌋ flight, exodus
helcóide *adj.* helcoid
helcologia *s. f.* PATOLOGIA helcology
helcose *s. f.* MEDICINA helcosis, ulceration
heléboro *s. m.* BOTÂNICA hellebore
helénico *adj.* Hellenic
helenismo *s. m.* Hellenism
helenista *s. m. e f.* Hellenist
helenístico *adj.* Hellenistic(al)
helenização *s. f.* Hellenization
helenizar *v. tr. e intr.* to Hellenize; to adopt Greek speech (customs, etc.)
heleno Ⓐ *adj.* Hellenic Ⓑ *s. m.* Hellene
helíaco *adj.* ASTRONOMIA heliacal
heliantina *s. f.* helianthin
helianto *s. m.* BOTÂNICA sunflower, helianthus
heliasta *s. m.* member of an Athenian judicial body assembling in the open air

hélice *s. f.* spiral, coil; AGRICULTURA, NÁUTICA propeller, screw; GEOMETRIA helix (*plural* helices); ***hélice central*** inner screw; ***hélice de passo variável*** feathering screw; ***uma só hélice*** single screw; ***duas hélices*** twin screw; ***pá da hélice*** propeller blade; ***hélice de quatro pás*** four-bladed screw; ***eixo da hélice*** propeller shaft; ***hélice aérea*** air-screw, aeroplane propeller, propeller; ***hélice de passo direito*** right-handed propeller
helicicultor *s. m., adj.* breeder of edible snails
helicicultura *s. f.* breeding of edible snails
heliciforme *adj.* heliciform
helicoidal *adj.* helicoidal, screw-shaped
helicóide *s. m., adj.* GEOMETRIA helicoid
helicómetro *s. m.* helicometer (instrument to measure propeller force)
heliconiano *adj.* Heliconian
helicónio *adj.* Heliconian
helicópode *adj.* helicopod
helicóptero *s. m.* helicopter
helícula *s. f.* little screw
hélio *s. m.* QUÍMICA helium
heliocêntrico *adj.* heliocentric
heliocentrismo *s. m.* heliocentrism
heliocometa *s. m.* heliocomet
heliocromia *s. f.* FOTOGRAFIA heliochromic
heliocrómico *adj.* FOTOGRAFIA heliochromic
heliofílea *s. f.* BOTÂNICA cruciferous plant
heliofilia *s. f.* heliolatry (love of the sun)
heliófilo *adj.* heliolatrous (lover of the sun)
heliofobia *s. f.* heliophobia
heliófobo *s. m.* heliophobe
heliofotómetro *s. m.* heliophotometer
heliófugo *adj.* heliofugal
heliografia *s. f.* heliography
heliográfico *adj.* heliographic
heliógrafo *s. m.* heliograph
heliogravura *s. m.* heliogravure
heliolatria *s. f.* heliolatry
heliométrico *adj.* heliometric(al)
heliómetro *s. m.* heliometer
heliomotor *s. m.* heliomotor
helioplastia *s. f.* helioplasty
helioscopia *s. f.* helioscopy
helioscópio *s. m.* helioscope
heliose *s. f.* heliosis; sunstroke, sunburn
heliostática *s. f.* heliostatics
heliostático *adj.* heliostatic
helióstato *s. m.* heliostat
helioterapia *s. f.* MEDICINA heliotherapy; light therapy
heliotermómetro *s. m.* heliothermometer
heliotropia *s. f.* heliotropy
heliotrópico *adj.* heliotropic
heliotropina *s. f.* QUÍMICA heliotropin(e)
heliotrópio *s. m.* BOTÂNICA heliotrope; heliotrope (instrument resembling heliograph); MINERALOGIA bloodstone
heliotropismo *s. m.* BOTÂNICA heliotropism
Heliozoários *s. m. pl.* *Heliozoa*
hélix *s. m.* ANATOMIA helix
helmintíase *s. f.* MEDICINA helminthiasis
helmíntico *adj.* helminthic
helminto *s. m.* ZOOLOGIA helminth (intestinal worm)
helmintóide *adj.* helminthoid
helmintologia *s. f.* helminthology
helmintológico *adj.* helminthologic(al)
helmintologista *s. m. e f.* helminthologist
helvécio *s. m., adj.* Helvetian, Swiss
helvético *adj.* Helvetic, Swiss
hem! *interj.* hey!, hem!, what!
hemácia *s. f.* erythrocyte; ⇒ **hematia**
hemal *adj.* haemal, hemal
hemalopia *s. f.* MEDICINA haemolopy
hemateína *s. f.* QUÍMICA hematin, haematin
hematémese *s. f.* MEDICINA haematemesis
hematia *s. f.* erythrocyte, red blood corpuscle
hematina *s. f.* BIOQUÍMICA haematin, hematin
hematite *s. f.* MINERALOGIA haematite, hematite, ferric oxide
hematoblasto *s. m.* ANATOMIA haematoblast
hematocarpo *adj.* hematocarp
hematocele *s. f.* MEDICINA haematocele
hematófago *s. m., adj.* ZOOLOGIA haematophagous
hematófilo *adj.* haematophilous
hematofobia *s. f.* haematophobia
hematófobo *adj.* haematophobous
hematografia *s. f.* haematography
hematóide *adj.* haematoid, blood-like
hematólise *s. f.* haemolysis
hematolítico *adj.* haemolytic
hematologia *s. f.* BIOLOGIA haematology
hematológico *adj.* haematologic(al)
hematologista *s. m. e f.* haematologist
hematólogo *s. m.* haematologist
hematoma *s. m.* MEDICINA haematoma, bruise
hematometria *s. f.* haematometry
hematómetro *s. m.* ⇒ **hemodinamómetro**
hematopoese *s. f.* haematopoeiesis
hematopoético *adj.* haematopoietic
hematosar *v. tr.* to arterialize
hematoscopia *s. f.* haemoscopy
hematoscópio *s. m.* haemoscope
hematose *s. f.* haematosis
hematosina *s. f.* QUÍMICA the hematin from blood
hematoxilina *s. f.* QUÍMICA haematoxyline, haematoxylin
hematozoário *s. m.* ZOOLOGIA hematozoon (*plural* hematozoa)
hematúria *s. f.* MEDICINA haematuria
hematúrico *adj.* haematuric
hemeralopia *s. f.* MEDICINA hemeralopia
hemeralópico *adj.* hemeralopic
hemeranopsia *s. f.* nyctalopia
hemeródromo *s. m.* fleet messenger (among the ancient Greeks)
hemerologia *s. f.* hemerology
hemerológio *s. m.* hemerologium
hemerólogo *s. m.* maker of calendars
hemeropata *s. m. e f.* one who suffers from a disease that shows itself only at day light
hemeropatia *s. f.* MEDICINA disease that shows itself only at daylight
hemeroteca *s. f.* hemerotheca
hemiacefalia *s. f.* MEDICINA hemiacephalia
hemiacéfalo *adj.* hemiacephalus
hemiagnosia *s. f.* MEDICINA hemiagnosia
hemialgia *s. f.* MEDICINA hemicrania, migraine, megrim
hemianestesia *s. f.* hemianesthesia
hemianopsia *s. f.* MEDICINA hemianopsia
hemicíclico *adj.* hemicyclic, semicircular
hemiciclo *s. m.* hemicycle, semicircle
hemicilindro *s. m.* hemicylinder
hemicrania *s. f.* MEDICINA hemicrania, hemialgia
hemicrânico *adj.* MEDICINA hemicranic, hemicranial
hemiedria *s. f.* hemiedry, hemihedrism
hemiédrico Ⓐ *adj.* hemihedral, hemiedric Ⓑ *s. m.* hemihedron
hemiélitro *s. m.* ZOOLOGIA hemielytrum
hemifacial *adj.* hemifacial
hemilabial *adj.* hemilabial

hemimorfite *s. f.* MINERALOGIA hemimorphite, calamine
hemíono *s. m.* savage horse (Mongolia)
hemiopia *s. f.* MEDICINA hemiopia, hemiopsia, hemianopsia
hemiparesia *s. f.* study of facultative saprophytes or hemiparasites
hemipirâmide *s. f.* hemipyramid
hemiplagia *s. f.* MEDICINA hemiplegia
hemiplégico *adj.* hemiplegic
hemiplexia *s. f.* MEDICINA hemiplegia
hemiprisma *s. m.* hemiprism
hemiprismático *adj.* hemiprismatic
hemíptero Ⓐ *adj.* ZOOLOGIA hemipteral; hemipteran, hemipterous Ⓑ *s. m.* hemipter, hemipteron (*plural* hemiptera)
hemisférico *adj.* hemispheric(al)
hemisfério *s. m.* hemisphere, half sphere
hemisferoidal *adj.* hemispheroidal
hemisferóide Ⓐ *adj.* hemispheroidal Ⓑ *s. m.* hemispheroid
hemistíquio *s. m.* hemistich
hemitropia *s. f.* hemitropy, hemitropism
hemítropo *adj.* hemitropic, hemitrope
hemocianina *s. f.* BIOQUÍMICA haemocyanin
hemocultura *s. f.* MEDICINA hemoculture (a bacteriological culture of blood)
hemodiagnóstico *s. m.* haemodiagnosis
hemodiálise *s. f.* MEDICINA haemodyalisis
hemodinâmica *s. f.* MEDICINA haemodynamics
hemodinamómetro *s. m.* MEDICINA haemodynamometer
hemofilia *s. f.* MEDICINA haemophilia
hemofobia *s. f.* haemophobia
hemoftalmia *s. f.* MEDICINA hemophtalmia
hemoftalmo *s. m.* MEDICINA hemophtalmia
hemoglobina *s. f.* haemoglobin
hemoglobinómetro *s. m.* haemoglobinometer
hemoglobinúria *s. f.* MEDICINA haemoglobinuria
hemoglobinúrico *adj.* haemoglobinuric
hemograma *s. m.* haemogram
hemolinfa *s. f.* ZOOLOGIA the blood of invertebrates
hemólise *s. f.* MEDICINA haemolysis
hemolisina *s. f.* haemolysin
hemolítico *adj.* haemolytic
hemómetro *s. m.* MEDICINA haemometer
hemopatia *s. f.* MEDICINA haemopathy (blood disease)
hemoplástico *adj.* MEDICINA haemoplastic
hemopoese *s. f.* haematopoiesis
hemoptise *s. f.* MEDICINA haemoptysis (spitting of blood)
hemoptóico *adj.* haemoptysical
hemorragia *s. f.* MEDICINA haemorrhage, hemorrhage, bleeding; ***hemorragia nasal*** nasal haemorrhage, epistaxis; ***hemorragia cerebral*** cerebral haemorrhage
hemorrágico *adj.* haemorrhagic, hemorrhagic
hemorroidal Ⓐ *adj.* MEDICINA haemorrhoidal, hemorrhoidal Ⓑ *s. m. pl.* haemorrhoids
hemorroidário Ⓐ *adj.* haemorrhoidal, hemorrhoidal Ⓑ *s. m.* person suffering from piles
hemorróidas *s. f. pl.* MEDICINA haemorrhoids, hemorrhoids; ⌈pop.⌋ piles
hemorróides *s. f. pl.* ⇒ **hemorróidas**
hemorroidoso *adj.* MEDICINA haemorrhoidal, hemorrhoidal
hemoscopia *s. f.* FISIOLOGIA haemoscopy
hemospasia *s. f.* MEDICINA haemospasia
Hemospóridas *s. m. pl.* ⇒ **Hemosporídeos**
Hemosporídeos *s. m. pl.* ZOOLOGIA haemosporida
hemóstase *s. f.* MEDICINA haemostasis (stoppage of bleeding); stanching
hemostasia *s. f.* MEDICINA haemostasis (stoppage of bleeding); stanching
hemostática *s. f.* haemostatic
hemostático *adj.* haemostatic, haemostyptic
hemoterapia *s. f.* haemotherapy
hemotexia *s. f.* MEDICINA dissolution of blood
hemotórax *s. m.* MEDICINA haemothorax
hemotoxia *s. f.* blood poisoning
hemotóxico *adj.* related to blood poisoning
hemotoxina *s. f.* haemotoxin
hendecagonal *adj.* GEOMETRIA hendecagonal
hendecágono *s. m.* GEOMETRIA hendecagon
hendecandro *adj.* BOTÂNICA hendecandrous
hendecassilábico *adj.* ⌈poét.⌋ hendecasyllabic
hendecassílabo Ⓐ *adj.* ⌈poét.⌋ hendecasyllabic Ⓑ *s. m.* hendecasyllable
hendíadis *s. f.* RETÓRICA hendiadys
henriquino *adj.* relating to Henry (the Navigator)
henry *s. m.* ELECTRICIDADE henry
heortologia *s. f.* heortology (department of ecclesiology which deals with festivals)
heortonímia *s. f.* part of onomatology that deals with heortónimos
heortónimo *s. m.* generic designation of a popular feast
hepatal *adj.* ANATOMIA, MEDICINA hepatic
hepatalgia *s. f.* MEDICINA hepatalgia
hepatálgico *adj.* hepatalgic
hepática *s. f.* BOTÂNICA hepatica, liverwort, liver-leaf, anemone
hepático *adj.* hepatic, hepatical; ***cólica hepática*** hepatic colic
hepatismo *s. m.* MEDICINA hepatism (liver disease)
hepatita *s. f.* ⌈Bras.⌋ MINERALOGIA hepatite
hepatite *s. f.* MEDICINA hepatitis; MINERALOGIA hepatite
hepatização *s. f.* hepatization
hepatizar-se *v. refl.* to become hepatized
hepatocele *s. f.* MEDICINA hepatocele (hernia of the liver)
hepatogástrico *adj.* ANATOMIA hepatogastric
hepatogastrite *s. f.* hepatogastritis
hepatografia *s. f.* hepatography
hepatologia *s. f.* hepatology
hepatológico *adj.* hepatologic
hepatólogo *s. m.* hepatologist
hepatomegalia *s. f.* hepatomegalia
hepatopâncreas *s. m.* hepatopancreas
hepatopatia *s. f.* hepatopathy (liver disease)
hepatorragia *s. f.* liver hemorrhage
hepatotomia *s. f.* CIRURGIA hepatotomy
heptacórdio *s. m.* MÚSICA heptachord
heptacordo *s. m.* MÚSICA heptachord
heptadáctilo *adj.* heptadactil, seven-fingered
heptaédrico *adj.* GEOMETRIA heptahedral
heptaedro *s. m.* GEOMETRIA heptahedron (solid figure having seven faces)
heptagonal *adj.* heptagonal (having seven angles)
heptágono *s. m.* GEOMETRIA heptagon (figure with seven angles and seven sides)
heptâmetro *s. m.* ⌈poét.⌋ heptameter, heptamerous verse
heptandria *s. f.* BOTÂNICA heptandria
heptandro *adj.* BOTÂNICA heptandrous, heptandrious
heptanemo *adj.* ZOOLOGIA having seven tentacles
heptano *s. m.* QUÍMICA heptane
heptapétalo *adj.* BOTÂNICA heptapetalous
heptarca *s. m.* heptarch, heptarchist
heptarquia *s. f.* heptarchy
heptárquico *adj.* heptarchic
heptassépalo *adj.* BOTÂNICA heptasepalous
heptassilábico *adj.* ⌈poét.⌋ heptasyllabic
heptassílabo Ⓐ *adj.* ⌈poét.⌋ heptasyllabic Ⓑ *s. m.* heptasyllabic verse (word)
Heptateuco *s. m.* RELIGIÃO heptateuch (the first seven books of the Old Testament)

héptodo *s. m.* ELECTRICIDADE heptode
hera *s. f.* BOTÂNICA ivy
Heracleias *s. f. pl.* MITOLOGIA festival in honour of Heracles
Heráclias *s. f. pl.* ⇒ **Heracleias**
heráldica *s. f.* heraldry, armoury
heráldico *adj.* heraldic, armorial
herança *s. f.* inheritance, heritage, legacy, bequest, patrimony; ***a sua herança foram somente dívidas*** debts were his (her) only heritage
herbáceo *adj.* herbaceous
herbanário *s. m.* herb shop, herbalist, herb dealer
herbário *s. m.* herbarium
herbático *adj.* herbal, herbaceous
herbicida Ⓐ *s. m.* herbicide Ⓑ *adj.* herbicidal
herbícola *adj.* herbicolous
herbífero *adj.* herbiferous (producing vegetation)
herbiforme *adj.* herb-like
herbívoro Ⓐ *adj.* herbivorous, herb-eating Ⓑ *s. m.* herbivore (*plural* herbivora)
herbolária *s. f.* herbwoman
herbolário *s. m.* herbalist, herborist; herb dealer
herbóreo *adj.* herbal, herbaceous
herborista *s. m. e f.* herborist, herbalist
herborização *s. f.* herborization
herborizador Ⓐ *s. m.* herborist, herbalist Ⓑ *adj.* herborizing
herborizante *adj.* herborizing
herborizar *v. intr.* to herborize, to gather herbs, to botanize
herboso *adj.* herby, grassy
herciano *adj.* ⇒ **hertziano**
hercínico *adj.* hercynian
herculano *adj.* Herculean
hercúleo *adj.* Herculean; [fig.] strong, vigorous
hércules *s. m.* Hercules, powerful, strong
herdade *s. f.* farm, estate, property
herdança *s. f.* ⇒ **herança**
herdar Ⓐ *v. tr.* to inherit, to receive by inheritance Ⓑ *v. intr.* to be the heir; ***herdar uma propriedade*** to succeed to a property; ***herdar uma fortuna*** to come into a fortune, to inherit a fortune; ***herdar um título*** to inherit a title
herdeira *s. f.* heiress, inheritress, inheritrix
herdeiro *s. m.* heir, inheritor, successor, legatee; ***herdeiro da Coroa*** heir to the Crown; ***príncipe herdeiro*** crown prince; ***herdeiro legal*** heir-at-law; ***herdeiro forçado*** apparent heir; ***herdeiro presuntivo*** presumptive heir; ***herdeiro legítimo*** rightful heir; ***herdeiro universal*** residuary (universal) legatee
hereditariamente *adv.* hereditarily, heritably
hereditariedade *s. f.* heredity, hereditariness; hereditability
hereditário *adj.* hereditary; inherited, transmitted; patrimonial; ***doença hereditária*** hereditary disease
heredossífilis *s. f.* syphilis by inheritance
heredossifilítico *adj.* state of suffering from syphilis by inheritance
herege Ⓐ *adj.* heretic(al) Ⓑ *s. m. e f.* heretic
hereira *s. f.* ⇒ **hera**
heresia *s. f.* heresy; absurdity, folly
heresiarca *s. m. e f.* heresiarch
heresiografia *s. f.* heresiography
hereticidade *s. f.* hereticalness
herético Ⓐ *adj.* heretic(al) Ⓑ *s. m.* heretic
herífuga *s. m.* slave; fugitive, runaway
heril *adj.* belonging to a master, lordly, manorial
herma *s. f.* herma, herm
hermafrodisia *s. f.* hermaphroditism, hermaphrodism
hermafrodismo *s. m.* hermaphroditism, hermaphrodism
hermafrodita Ⓐ *adj.* hermaphrodite, bisexual Ⓑ *s. m. e f.* hermaphrodite
hermafroditismo *s. m.* hermaphroditism
hermafrodito *s. m., adj.* ⇒ **hermafrodita**
hermeneuta *s. m. e f.* hermeneut (messenger of gods)
hermenêutica *s. f.* hermeneutics
hermenêutico *adj.* hermeneutic
hermes *s. m.* ⇒ **herma**
hermeticamente *adv.* hermetically; ***hermeticamente fechado*** air-tight, hermetically sealed
hermeticidade *s. f.* air-tightness
hermético *adj.* hermetic; air-tight
hermetismo *s. m.* hermetism (occult science)
hermodáctilo *adj.* hermodactyl
hermografia *s. f.* treatise on the planet Mercury
hérnia *s. f.* MEDICINA hernia; rupture; ***hérnia estrangulada*** strangulated hernia; ***hérnia redutível*** reducible hernia; ***hérnia intestinal*** intestinal hernia; ***hérnia umbilical*** omphalocele
herniado *adj.* ⇒ **hernioso**
hernial *adj.* MEDICINA hernial
herniária *s. f.* BOTÂNICA rupture-wort
herniário *adj.* MEDICINA hernial
hérnico *adj.* MEDICINA hernial
hernioso *adj.* herniated, affected by hernia
herniotomia *s. f.* CIRURGIA herniotomy
herniotómico *adj.* herniotomic
herodiano *adj.* Herodian; blustering; cruel
herói *s. m.* hero; brave man; lion, warrior; ***o herói de uma aventura*** the hero of an adventure; ***culto dos heróis*** hero-worship; ***heróis do ar*** heroes of the air
heroicamente *adv.* heroically, valiantly, gallantly, bravely, fearlessly
heroicidade *s. f.* heroism, valour, bravery, gallantry, daring, fearlessness, great-heartedness
heroicizar *v. tr.* ⇒ **heroificar**
heróico *adj.* heroic, valiant, gallant, dauntless, fearless, courageous, daring; [poét.] epic, epica; ***feitos heróicos*** heroic deeds
herói-cómico *adj.* heroi-comic, heroi-comical
heróide *s. f.* love poem of a hero
heroificar *v. tr.* to heroize, to make a hero of, to make heroic; to play the hero
heroína *s. f.* heroine, female hero, heroic woman; QUÍMICA, FARMACOLOGIA heroin (stupefacient); ***a heroína da peça é uma grande actriz*** the heroine of the play is a leading actress
heroinomania *s. m.* heroinmania (addiction to heroin)
heroísmo *s. m.* heroism, bravery, valour, daring, boldness, courage, intrepidity, gallantry, dauntlessness, fearlessness, great-heartedness
herpes *s. m. pl.* herpes (skin-disease); shingles, zoster
herpético *adj.* herpetic
herpetismo *s. m.* MEDICINA herpetism
herpetografia *s. f.* herpetography
herpetográfico *adj.* herpetographic, herpetologic
herpetógrafo *s. m.* herpetologist (expert in the zoology of reptiles)
herpetologia *s. f.* MEDICINA herpetology
herpetológico *adj.* herpetologic(al)
herpetologista *s. m. e f.* herpetologist
herpetólogo *s. m.* herpetologist
herpetotomia *s. f.* herpetotomy
hertz *s. m.* hertz
hertziano *adj.* Hertzian; ***ondas hertzianas*** Hertzian waves
hesiódico *adj.* referring to the poet Hesiodus
hesitação *s. f.* hesitation, indecision, hesitance, hesitancy, vacillation, faltering, wavering, doubt; ***sem hesitação*** without hesitating, straight off
hesitante *adj.* hesitant, hesitating, undecided, vacillating, faltering, stammering (in speech), wavering, in two minds
hesitar *v. intr.* to hesitate, to waver, to vacillate, to doubt; to falter, to stammer (in speech); to halt, to linger, to pause;

não hesitar to make no bones about; ***hesitar entre duas opiniões*** to halt between two opinions; ***hesito em afirmar*** I hesitate to affirm; ***não há que hesitar*** there is no room for hesitation; ***perder uma oportunidade por hesitar entre duas alternativas*** to fall between two stools

hésper *s. m.* ⇒ **vésper**; hesper

hespéria *s. f.* hesperian (butterfly)

Hespéridas *s. f. pl.* MITOLOGIA ⇒ **Hespérides**

Hesperídeas *s. f. pl.* BOTÂNICA hesperides

hesperídeo Ⓐ *adj.* hesperideous Ⓑ *s. m.* hesperidium

Hespérides *s. f. pl.* MITOLOGIA Hesperides

Hesperiídas *s. m. pl.* ⇒ **Hesperiídeos**

Hesperiídeos *s. m. pl.* ZOOLOGIA hesperides

hesterno *adj.* [poét.] hestern, of yesterday

hetera *s. f.* hetaera, hetaira, courtesan

heteria *s. f.* heteria

heteriarca *s. m.* heteriarch

heterismo *s. m.* hetaerism, hetairism

heterista *s. m. e f.* hetaeric

heterobrânquia *s. f.* heterobranchia

heterobrânquio *adj.* ZOOLOGIA heterobranchiate

heterocarpo *adj.* BOTÂNICA heterocarpous

heterocerco *adj.* ZOOLOGIA heterocercal

heterócero *s. m.* member of the heterocera (moths)

heterocíclico *adj.* heterocyclic

heteróclise *s. f.* heteroclysis

heteróclito *adj.* heteroclite, irregular, anomalous; GRAMÁTICA irregularly inflected

heterocromossoma *s. m.* BIOLOGIA heterochromosome

heterodáctilo *adj.* ZOOLOGIA heterodactylous

heterodinâmico *adj.* heterodynamic(al), heterodynamous

heteródino *adj.* RÁDIO heterodyne

heterodonte *adj.* heterodont

heterodontia *s. f.* presence of two or three types of teeth in the same person

heterodoxia *s. f.* heterodoxy

heterodoxo *adj.* heterodox

heterofília *s. f.* BOTÂNICA heterophylly

heterofilo *adj.* BOTÂNICA heterophyllous

heterofonia *s. f.* MÚSICA, FONÉTICA heterophony

heterofónico *adj.* MÚSICA, FONÉTICA heterophonic

heteroforia *s. f.* heterophoria

heteroftalmia *s. f.* BOTÂNICA heterophthalmos

heterogamia *s. f.* heterogamy

heterogâmico *adj.* BOTÂNICA heterogamous

heterógamo *adj.* BOTÂNICA heterogamous

heterogeneidade *s. f.* heterogeneity; heterogeneousness; diversity, dissimilarity, difference

heterogéneo *adj.* heterogeneous, dissimilar, different, unlike

heterogénese *s. f.* BIOLOGIA heterogenesis

heterogenesia *s. f.* BIOLOGIA heterogenicity

heterogenia *s. f.* BIOLOGIA heterogeny

heterógino *adj.* ZOOLOGIA heterogynous

heterogonia *s. f.* BIOLOGIA heterogony

heterógono *adj.* GEOMETRIA heterogonous

heterólogo *adj.* heterologous

heterométrico *adj.* heterometric(al)

heteromorfia *s. f.* heteromorphy

heteromórfico *adj.* heteromorphic, heteromorphous

heteromorfismo *s. m.* heteromorphism

heteromorfo *s. f.* heteromorphous

heteronímia *s. f.* heteronymy

heterónimo Ⓐ *adj.* heteronymous, heteronymic Ⓑ *s. m.* fictitious name, pen name

heteronomia *s. f.* GRAMÁTICA heteronomy

heteronómico *adj.* heteronomic

heterónomo *adj.* heteronomous

heteronuclear *adj.* QUÍMICA heteronuclear

heteropatia *s. f.* heteropathy

heteropétalo *adj.* BOTÂNICA heteropetalous

heteroplasma *s. m.* BIOLOGIA heteroplasm

heteroplastia *s. f.* CIRURGIA heteroplasty

heterópode *adj.* heteropod

heteróptero *s. m.* heteropter

heteróscios *s. m. pl.* heteroscians, hecteroscil

heteroscopia *s. f.* heteroscopy

heterospóreo *adj.* BOTÂNICA heterosporous

heterospórico *adj.* BOTÂNICA heterosporous

heterossexual *adj.* heterosexual

heterossexualidade *s. f.* heterosexuality

heterotaxia *s. f.* MEDICINA heterotaxia

heterotérmico *adj.* heterothermic

heterotermo *adj.* heterothermic

heterotipia *s. f.* heterotypy

heterotípico *adj.* heterotypic

heterótrico *adj.* ZOOLOGIA heterotrichous

heterotropia *s. f.* strabismus (squinting quality of being heterotropous or heterotropal)

heterozigótico *adj.* BIOLOGIA heterozygoted, heterozygous

heterozigoto *s. m.* BIOLOGIA heterozygote

heterozoários *s. m. pl.* ⇒ **espongiários**

heurética *s. f.* heuretic

heurético *adj.* heuretic

heurística *s. f.* heuristic

heurístico *adj.* heuristic

hexacanto *adj.* ZOOLOGIA hexacanthous

hexacoraliário *adj.* ZOOLOGIA hexacorallan, hexacoralline

hexacorde *s. m.* MÚSICA hexachord

hexacórdio *s. m.* MÚSICA hexachord

hexactinelídeo *adj.* hexactinellid

hexadáctilo *adj.* hexadactylous

hexaédrico *adj.* hexahedral

hexaedro *s. m.* hexahedron

hexafilo *adj.* BOTÂNICA hexaphyllous

hexáforo *s. m.* six-man litter (among the ancient Greeks and Romans)

hexágino *adj.* BOTÂNICA hexagynian, hexagynious

hexagonal *adj.* hexagonal

hexágono *s. m.* hexagon; ***hexágono regular*** regular hexagon

hexagrama *s. m.* hexagram

hexâmetro *s. m.* hexameter

hexandria *s. f.* hexander

hexândria *s. f.* hexandria

hexandro *adj.* BOTÂNICA hexandrous

hexano *s. m.* hexane

hexantéreo *adj.* BOTÂNICA hexantherous

hexaoctaedro *s. m.* hexaoctahedron

hexapétalo *adj.* BOTÂNICA hexapetalous

hexápode *s. m., adj.* ZOOLOGIA hexapod

hexáptero *adj.* hexapterous

hexaspermo *adj.* BOTÂNICA hexaspermous, hexaspermal

hexassépalo *adj.* BOTÂNICA hexasepalous

hexassilábico *adj.* hexasyllabic

hexassílabo Ⓐ *adj.* hexasyllabic Ⓑ *s. m.* hexasyllabic word (verse)

hexastémone *adj.* BOTÂNICA hexastemonous

hexástico Ⓐ *adj.* hexastichic Ⓑ *s. m.* hexastich

hexastilo *s. m.* ARQUITECTURA hexastyle portico (or temple)

hexoses *s. f. pl.* QUÍMICA hexoses

hiacintino *adj.* hyacinthine

hiacinto *s. m.* hyacinth

Híadas *s. f.* ASTRONOMIA Hyades (group of stars near the Pleiades, the chief of which is the Aldebaran)

hial *adj.* ANATOMIA, ZOOLOGIA hyoid

hialino *adj.* hyaline, crystalline, glassy, transparent, translucent; ***cilindros hialinos*** hyaline casts (in urine)
hialite *s. f.* MINERALOGIA hyalite; PATOLOGIA hyalitis
hialografia *s. f.* hyalography
hialógrafo *s. m.* hyalograph
hialóide Ⓐ *adj.* ANATOMIA hyaloid, glassy, transparent, translucid, hyaline Ⓑ *s. m.* hyaloid membrane
hialóideo *adj.* ANATOMIA pertaining to the hyaloid
hialoidite *s. f.* MEDICINA hyalitis
hialoplasma *s. m.* BIOLOGIA hyaloplasm
hialotecnia *s. f.* hyalotechnique
hialurgia *s. f.* hyalurgy
hialúrgico *adj.* hyalurgic(al)
hiante *adj.* [poét.] gaping, wide open; [fig.] starving, hungry
hiato *s. m.* hiatús; gap, lacuna
hibernação *s. f.* ZOOLOGIA hibernation, winter-sleep
hibernáculo *s. m.* hibernaculum
hibernal *adj.* hibernal, wintry
hibernante *adj.* hibernant
hibernar *v. intr.* ZOOLOGIA to hibernate, to winter; to retire into warm winter quarters
hibérneo *s. m.* Hibernian
hibérnico *adj.* Hibernian; Irish; Gaelic (old Irish language)
hiberno *adj.* ⇒ **hibernal**
hibernoterapia *s. f.* hibernotherapy
hibridação *s. f.* hybridization, cross-breeding
hibridade *s. f.* ⇒ **hibridismo**
hibridez *s. f.* hybridity
hibridismo *s. m.* hybridism, hybridity
hibridista *s. m. e f.* hybridist
híbrido Ⓐ *adj.* hybrid, cross-bred Ⓑ *s. m.* hybrid, mongrel, cross-breed
hidático *adj.* hydatic, watery
hidátide *s. f.* hydatid
hidatídeo *adj.* ⇒ **hidático**
hidatídico *adj.* ⇒ **hidático**
hidatidocele *s. f.* MEDICINA hydatidocele
hidatismo *s. m.* MEDICINA hydatism
hidátodo *s. m.* any secreting organ of a plant
hidatogénico *adj.* GEOLOGIA derived or modified by liquids
hidatologia *s. f.* hydrology
hidatoscopia *s. f.* ⇒ **hidromancia**
hidra *s. f.* MITOLOGIA Hydra (monstrous serpent with nine heads); ZOOLOGIA hydra
hidrácido *s. m.* hydracid
hidraeroplano *s. m.* hydro-aeroplane
hidragogo *s. m., adj.* hidragogue, diuretic
hidrângea *s. f.* hydrangea
Hidrangeáceas *s. f. pl. Hydrangeaceae*
hidranja *s. f.* ⇒ **hidrângea**
hidrargilite *s. f.* MINERALOGIA hydrargillite, gibbsite
hidrargiria *s. f.* MEDICINA hydrargiria, mercurialism
hidrargírico *adj.* hydrargyral, mercurial
hidrargírio *s. m.* hidrargyrum, quicksilver, mercury
hidrargirismo *s. m.* MEDICINA hydrargyrism
hidrargirose *s. f.* ⇒ **hidrargiria**
hidrartrose *s. f.* MEDICINA hydrartrosis
hidratação *s. f.* hydratation, hydration
hidratado *adj.* hydrated, hydrous
hidratante *adj.* hydrating
hidratar *v. tr.* to hydrate, to make into a hydrate
hidratável *adj.* that may be hydrated
hidrático *adj.* having the qualities of a hidrate
hidrato *s. m.* QUÍMICA hydrate
hidráulica *s. f.* hydraulics; ***hidráulica agrícola*** agricultural hydraulics
hidraulicidade *s. f.* hydraulicity (of cements)
hidráulico *adj.* hydraulic; ***cimento hidráulico*** hydraulic cement; ***potência hidráulica*** waterpower; ***obras hidráulicas*** hydraulic engineering
hidraulo *s. m.* hydraulicon, water-organ
hidravião *s. m.* seaplane, hydroplane, flying-boat; ***hidravião de grande velocidade*** high speed seaplane
hidreléctrico *adj.* ⇒ **hidroeléctrico**
hidremia *s. f.* MEDICINA hydraemia
hidreto *s. m.* QUÍMICA hydride
hídria *s. f.* MITOLOGIA hydria, water pot
hidriatria *s. f.* hydropathy, hydriatry
hídrico *adj.* hydric
hidro *s. m.* hydra; water-snake
hidroaeroplano *s. m.* ⇒ **hidravião**
hidroavião *s. m.* ⇒ **hidravião**
hidróbio *adj.* hydrobic, hydrobial
hidrocarboneto *s. m.* QUÍMICA hydrocarbon
Hidrocaritáceas *s. f. pl.* BOTÂNICA *Hydrocharitaceae*
hidrocaule *s. m.* ZOOLOGIA hydrocaulus
hidrocefalia *s. f.* MEDICINA hydrocephallis
hidrocéfalo *adj.* hydrocephalous, hydrocephalic
hidrocele *s. f.* MEDICINA hydrocele
hidrociânico *adj.* QUÍMICA hydrocianic
hidrociste *s. f.* MEDICINA hydrocyst
hidrocisto *s. m.* MEDICINA hydrocyst
hidrocoraliário *adj.* hydrocoralline
hidrodinâmica *s. f.* hydrodynamics
hidrodinâmico *adj.* hydrodynamic
hidroeléctrico *adj.* hydro-electric; ***gerador hidroeléctrico*** hydro-electric generator; ***central hidroeléctrica*** hydro-electric station
hidrófana *s. f.* MINERALOGIA hydrophane
hidrofilia *s. f.* hydrophily
hidrófilo *adj.* BOTÂNICA hydrophilous; absorbent; ***algodão hidrófilo*** absorbent cotton-wool
hidrófito *s. m.* hydrophyte
hidrofobia *s. f.* hydrophobia; VETERINÁRIA rabies
hidrofóbico *adj.* hydrophobic(al)
hidrófobo *adj.* hydrophobic; ***cão hidrófobo*** mad dog, rabid dog
hidrofone *s. m.* hydrophone
hidróforo *adj.* hydrophorous
hidrófugo *adj.* hydrofuge
hidrogel *s. m.* jelly that solves in water
hidrogenação *s. f.* hydrogenation
hidrogenado *adj.* hydrogenated
hidrogenar *v. tr.* QUÍMICA to hydrogenate, to hydrogenize, to combine with hydrogen
hidrogenia *s. f.* hydrology
hidrogenião *s. m.* QUÍMICA hydrogenion
hidrogénio *s. m.* QUÍMICA hydrogen, hydrogenium
hidrogeniónico *adj.* hydrogenionic
hidrogenocarbonato *s. m.* QUÍMICA ⇒ **bicarbonato**
hidrogeologia *s. f.* hydrogeology
hidrognomonia *s. f.* water-divining
hidrognosia *s. f.* hydrognosy
hidrografia *s. f.* hydrography, nautical surveying; ***fazer hidrografia*** to survey
hidrográfico *adj.* hydrographic; ***levantamento hidrográfico*** nautical surveying
hidrógrafo *s. m.* hydrographer, surveyor
hidróide Ⓐ *adj.* ZOOLOGIA polyp-like, hydroid Ⓑ *s. m.* hydroid
hidrol *s. m.* common name for all mineral waters
hidrolato *s. m.* FARMACOLOGIA aromatic essence of flowers and herbs
hidrólatra *s. m. e f.* hydrolater
hidrolatria *s. f.* hydrolatry

hidrolisar *v. tr.* to carry out (to practise) hydrolysis
hidrólise *s. f.* QUÍMICA worship of the water hydrolysis
hidrólito *s. m.* QUÍMICA hydrolith
hidrologia *s. f.* hydrology
hidrológico *adj.* hydrologic(al)
hidrólogo *s. m.* hydrologist
hidromancia *s. f.* hydromancy
hidromania *s. f.* hydromania (craving for water)
hidromante *s. m. e f., adj.* hydromancy practitioner (or practicing)
hidromântico *adj.* hydromantic
hidromecânica *s. f.* hydromechanics
hidromecânico *adj.* hydromechanic(al)
hidromedusa *s. f.* ZOOLOGIA hydromedusa (*plural* hydromedusae)
hidromel *s. m.* hydromel
hidrometeoro *s. m.* hydrometeor
hidrometria *s. f.* hydrometry
hidrométrico *adj.* hydrometric(al)
hidrómetro *s. m.* hydrometer
hidromineral *adj.* hydromineral
hidromotor *s. m.* hydromotor
hidrônfalo *s. m.* MEDICINA hydromphalus (umbilical cyst or aqueous tumour)
hidropata *s. m. e f.* hydropathist
hidropatia *s. f.* hydropathy; water cure
hidrópico *adj.* MEDICINA hydropic, dropsical
hidropírico *adj.* ejecting fire and water (volcanoes)
hidropisia *s. f.* MEDICINA hydropsy, dropsy
hidroplano *s. m.* ⇒ **hidravião**
hidropneumática *s. f.* hydro-pneumatic machine
hidropneumático *adj.* hydro-pneumatic
hidrópota *s. m. e f.* one who drinks only water
hidroquisto *s. m.* ZOOLOGIA hydrocyst, dactylozoid
hidrorragia *s. f.* MEDICINA hydrorrhea
hidrorreia *s. f.* MEDICINA hydrorrhea
hidroscopia *s. f.* water-divining
hidroscópico *adj.* hydroscopic
hidroscópio *s. m.* hydroscope
hidróscopo *s. m.* hydroscopist
hidrosfera *s. f.* GEOGRAFIA hydrosphere
hidrosférico *adj.* hydrospheric
hidrossol *s. m.* QUÍMICA hydrosol
hidrostática *s. f.* FÍSICA hydrostatics
hidrostático *adj.* hydrostatic(al)
hidróstato *s. m.* hydrostat
hidrotecnia *s. f.* hydrotechniques
hidrotécnico *adj.* hydrotechnic(al)
hidroterapia *s. f.* hydrotherapy, hydrotherapeutics
hidroterápico *adj.* hydrotherapeutic
hidrotermal *adj.* hydrothermal
hidrotérmico *adj.* hydrothermal
hidrotimetria *s. f.* treatise on the hardness of the water
hidrotimétrico *adj.* referring to the hardness of the water
hidrotímetro *s. m.* apparatus for measuring the hardness of the water
hidrotórax *s. m.* MEDICINA hydrothorax (presence of an effused fluid in the pleural cavity)
hidrotropismo *s. m.* BOTÂNICA hydrotropism
hidroxidão *s. m.* ⇒ **hidroxilião**
hidróxido *s. m.* QUÍMICA hydroxide
hidroxilião *s. m.* QUÍMICA ion corresponding to the hydroxyl OH
hidroxílio *s. m.* hydroxyl
hidroxilo *s. m.* hydroxyl
hidrozoário *s. m.* hydrozoon
hidrúria *s. f.* MEDICINA hydruria (excess of water in the urine)
hidrúrico *adj.* MEDICINA referring to excess of water in the urine
hiemação *s. f.* hiemation, hibernation, wintering
hiemal *adj.* hibernal, hiemal, wintry
hiena *s. f.* ZOOLOGIA hyena, hyaena
hierarquia *s. f.* hierarchy; ***não ser da alta hierarquia*** not to be of the top shelf
hierarquicamente *adv.* hierarchically
hierárquico *adj.* hierarchic(al)
hierarquizar *v. tr.* to hierarchize
hierática *s. f.* HISTÓRIA hieratica (papyrus of the finest quality)
hierático *adj.* hieratic; priestly, sacerdotal
hieratismo *s. m.* hieratic character; hieratic mind
hierocracia *s. f.* hierocracy
hierodrama *s. m.* hierodrama, sacred drama
hierodulo *s. m.* hierodule
hierofanta *s. m.* HISTÓRIA hierophant
hierofante *s. m.* ⇒ **hierofanta**
hierogeografia *s. f.* hierogeography
hieroglífico *adj.* hieroglyphic
hieróglifo *s. m.* hieroglyph
hierografia *s. f.* hierography
hierograma *s. m.* hierogram
hierogramático *adj.* hierogrammatic(al)
hierogramatista *s. m.* hierogrammatist
hierologia *s. f.* hierology (scientific and comparative study of religions)
hierológico *adj.* hierologic(al)
hierólogo *s. m.* hierologist
hieromancia *s. f.* hieromancy
hieromante *s. m. e f.* hieromancer
hieromântico *adj.* hieromantic
hieronímia *s. f.* hieronymy
hieronímico *adj.* hieronymic
hieronimita *s. m. e f.* hieronymite
hierónimo *s. m.* hieronym
hieroscopia *s. f.* hieroscopy, hieromancy
hierosolimita Ⓐ *adj.* of (pertaining to) Jerusalem; Hierosolymitan, Hierosolymite Ⓑ *s. m.* a native of Jerusalem, Hierosolymitan
hierosolimitano Ⓐ *adj.* of (pertaining to) Jerusalem; Hierosolymitan, Hierosolymite Ⓑ *s. m.* a native of Jerusalem, Hierosolymitan
hifa *s. f.* BOTÂNICA hypha
hifema *s. m.* hyphema
hifemia *s. f.* hyphaemia, anaemia, anemia
hífen *s. m.* hyphen
hifênquima *s. m.* stroma
higidez *s. f.* state of health
hígido *adj.* healthy, heathful
higiene *s. f.* hygiene, hygienics; ***higiene do corpo*** bodily hygiene; ***higiene pública*** public health
higienicamente *adv.* hygienically
higiénico *adj.* hygienic; conductive to health; healthy
higienista *s. m. e f.* hygienist
higienizar *v. tr.* to make hygienic; to apply hygiene to
higiologia *s. f.* hygiology
higioterapia *s. f.* hygiotherapy
higróbio *adj.* hygrobic (living in water or in moisty earth)
higrofilia *s. f.* hygrophilia
higrófilo *adj.* BOTÂNICA hygrophilous (water-loving)
higrófito *s. m.* BOTÂNICA hygrophyte
higrofobia *s. f.* hygrophobia
higrófobo *adj.* hygrophobic
higrógrafo *s. m.* METEOROLOGIA hygrograph
higrologia *s. f.* hygrology
higrológico *adj.* hygrologic(al)
higroma *s. m.* MEDICINA hygroma, bursitis
higrometria *s. f.* FÍSICA hygrometry
higrometricidade *s. f.* hygrometricalness

higrométrico *adj.* hygrometric
higrómetro *s. m.* hygrometer
higroscopia *s. f.* hygroscopy
higroscopicidade *s. f.* hygroscopicity
higroscópico *adj.* hygroscopic
higroscópio *s. m.* hygroscope
higrotropismo *s. m.* hygrotropism
hilar *adj.* ⇒ **hilário**
hílare *adj.* gay; glad; satisfied; smiling
hilária *s. f.* hilaria
hilariante *adj.* exhilarating, rejoicing, cheering; ***gás hilariante*** laughing gas
hilaridade *s. f.* hilarity, mirth, merriment, jollity, cheerfulness; laughter
hilário *adj.* BOTÂNICA related (pertaining) to the hilum
hilarizar *v. tr.* to make merry, to give joy to; to cheer (up), to delight
hilárquico *adj.* hylarchic
hilemorfismo *s. m.* FILOSOFIA hylomorphism
Hílidas *s. m. pl.* ZOOLOGIA ⇒ **Hilídeos**
Hilídeos *s. m. pl.* ZOOLOGIA *Hylidae*
hilífero Ⓐ *adj.* hiliferous Ⓑ *s. m.* BOTÂNICA tegmen (*plural* tegmina)
hilo *s. m.* BOTÂNICA hilum; ANATOMIA scar, recessing
hilofagia *s. f.* hylophagy
hilófago *adj.* ⇒ **xilófago**
hilogenia *s. f.* hylogenesis (formation of matter)
hilognosia *s. f.* hylognosis
hilomorfismo *s. m.* hylomorphism
hilota *s. m.* helot; [fig.] slave, serf
hilotismo *s. m.* helotism, helotage
hilozóico *adj.* hylozoic
hilozoísmo *s. m.* FILOSOFIA hylozoism
hilozoísta *s. m. e f.* hylozoist
himalaico *s. m., adj.* Himalayan
hímen *s. m.* ANATOMIA hymen; [cal.] cherry; [fig., poét.] marriage
himenal *adj.* hymeneal
himenépode *adj.* ORNITOLOGIA web-footed
himeneu *s. m.* hymen, marriage
himenial *adj.* hymeneal
himénio *s. m.* BOTÂNICA hymenium
himenocarpo *adj.* BOTÂNICA hymenocarpous
Himenofiláceas *s. f. pl.* *Hymenophyllaceae*
himenóforo *adj.* BOTÂNICA hymenophorous
himenografia *s. f.* hymenography
himenologia *s. f.* hymenology
himenóptero Ⓐ *adj.* ZOOLOGIA hymenopteral Ⓑ *s. m. pl.* Hymenoptera
himenotomia *s. f.* CIRURGIA hymenotomy
himenotómico *adj.* hymenotomic
himenótomo *s. m.* hymenotome
hinário *s. m.* hymnal, hymn-book
hindu *s. m. e f., adj.* Hindu, Hindoo
hinduísmo *s. m.* Hinduism, Hindooism
hindustani *s. m.* Hindustani
hindustânico Ⓐ *adj.* Hindustani Ⓑ *s. m.* ⇒ **hindustani**
hindustano Ⓐ *adj.* ⇒ **hindustânico** Ⓑ *s. m.* Hindustani, Hindoostanee
hínico *adj.* hymnal, hymnlike
hinista *s. m. e f.* hymnist, composer of hymns
hino *s. m.* hymn; psalm, anthem; ***hino nacional*** national anthem
hinodo *s. m.* hymn chanter, hymn chantor (among the ancient Greek)
hinografia *s. f.* hymnography
hinógrafo *s. m.* hymnographer (writer of hymns)
hinologia *s. f.* hymnology
hinologista *s. m. e f.* ⇒ **hinista**
hinólogo *s. m.* ⇒ **hinista**
hioglosso *s. m.* ANATOMIA hyoglossus
hióide Ⓐ *adj.* hyoid Ⓑ *s. m.* ANATOMIA hyoid, hyoid bone
hióideo *adj.* hyoid, hyoidean
hiomandibular *s. m.* hyomandibular
hiosciamina *s. f.* QUÍMICA hyosciamine
hiostílico *adj.* hyostylic
hipacusia *s. f.* hypacusia
hipálage *s. f.* GRAMÁTICA hypallage
hipalgesia *s. f.* hypalgia
hipalgia *s. f.* hypalgia
hipanto *s. m.* BOTÂNICA hypanthodium
hipantódio *s. m.* BOTÂNICA hypanthodium
hipantropia *s. f.* MEDICINA mental sickness in which the patient thinks himself a horse
hiper *pref.* hyper, above, beyond, in excess of, over, over much
hiperacidez *s. f.* MEDICINA hyperacidity
hiperácido *adj.* MEDICINA hyperacid
hiperacusia *s. f.* MEDICINA hiperacusis
hiperafrodisia *s. f.* MEDICINA hyperaphrodisia
hiperalbuminose *s. f.* MEDICINA hiperalbuminosis
hiperalgesia *s. f.* MEDICINA hyperalgesia
hiperalgia *s. f.* MEDICINA hyperalgesia
hiperalimentação *s. f.* excess of feeding
hiperandrismo *s. m.* exaggeration of the masculine sexual characters
hiperão *s. m.* FÍSICA hyperon
hiperazotúria *s. f.* excess of azote in the urine
hipérbato *s. m.* GRAMÁTICA hyperbaton
hipérbaton *s. m.* ⇒ **hipérbato**
hiperbibasmo *s. m.* misaccentuation of a word
hipérbole *s. f.* RETÓRICA hyperbole (exaggerated statement); GEOMETRIA hyperbolical; hyperbolic
hiperbolicamente *adv.* hyperbolically
hiperbólico *adj.* hyperbolic, hyperbolical
hiperboliforme *adj.* hyperboliform
hiperbolismo *s. m.* hyperbolism
hiperbolizar *v. tr. e intr.* to hyperbolize
hiperbolóide *s. m., adj.* GEOMETRIA hyperboloid
hiperbóreo *adj.* hyperborean
hiperbulia *s. f.* hyperbulia
hiperceratose *s. f.* MEDICINA hyperkeratosis
hipercerebração *s. f.* excess of intelectual work
hiperclorato *s. m.* hyperchlorate
hipercloridria *s. f.* hyperchlorhydria
hipercolia *s. f.* excessive biliar secretion
hipercrise *s. f.* MEDICINA abnormal crisis
hipercrítica *s. f.* hypercriticism
hipercriticismo *s. m.* hypercriticism
hipercrítico Ⓐ *s. m.* hypercritic Ⓑ *adj.* hypercritical
hipercromia *s. f.* MEDICINA hyperchromia
hiperdulia *s. f.* RELIGIÃO hyperdulia (worship offered to the Virgin Mary)
hiperemia *s. f.* MEDICINA hyperaemia
hiperemotividade *s. f.* excess of emotiveness
hiperenterose *s. f.* MEDICINA intestinal hypertrophy
hiperestesia *s. f.* MEDICINA hyperaesthesia
hiperestésico *adj.* hyperaesthetic
hiperestético *adj.* hyperaesthetic
hiperexcitabilidade *s. f.* hyperexcitability
hiperfísico *adj.* supernatural, hyperphysical
hiperfunção *s. f.* hyperfunction
hipergenesia *s. f.* MEDICINA excessive production (growth); hyperplastic
hipergenético *adj.* MEDICINA hypergenetic(al)
hiper-humano *adj.* superhuman
Hipericáceas *s. f. pl.* *Hypericaceae*
hipericão *s. m.* BOTÂNICA tutsan, St. John's wort

hipérico *s. m.* BOTÂNICA hypericum
hiperidrose *s. f.* MEDICINA hyperhydrosis
hiperintelectualidade *s. f.* over-average intelligence
hipermenorreia *s. f.* ⇒ **menorragia**
hipermercado *s. m.* hypermarket
hipérmetro *s. m.* [poét.] hypermeter, hypermetric verse
hipermetrope *adj.* MEDICINA hypermetropic
hipermetropia *s. f.* MEDICINA hypermetropia
hipermisticismo *s. m.* hypermysticism
hipermístico *adj.* hypermystic
hipermnésia *s. f.* MEDICINA hypermnesia
hiperopia *s. f.* ⇒ **hipermetropia**
hiperorexia *s. f.* ⇒ **bulimia**
hiperortografismo *s. m.* excessive accentuation of words
hiperosmia *s. f.* MEDICINA a state of abnormal excitation of the sense of smell
hiperosteose *s. f.* MEDICINA hyperostosis
hiperostose *s. f.* MEDICINA hyperostosis
hiperpirexia *s. f.* MEDICINA hyperpyrexia
hiperplasia *s. f.* MEDICINA hyperplasia
hiperplástico *adj.* hyperplastic, hyperplasic
hiperqueratose *s. f.* ⇒ **hiperceratose**
hiper-rancoroso *adj.* excessively rancorous
hiper-realismo *s. m.* hyperrealism
hiper-realista *s. m. e f., adj.* hyperrealist
hiper-rugoso *adj.* excessively wrinkled
hipersalino *adj.* excessively salty
hipersarcose *s. f.* MEDICINA fleshy excrescence
hipersecreção *s. f.* MEDICINA hypersecretion
hipersensibilidade *s. f.* hypersensibility
hipersensível *adj.* hypersensitive
hipersentimental *adj.* hypersentimental, hyper-emotional
hipersentimentalidade *s. f.* excess of sentimentality
hipersónico *adj.* hypersonic
hipersonoro *adj.* hypersonorous
hiperstena *s. f.* MINERALOGIA hypersthene
hipertelia *s. f.* MEDICINA exaggerated development of an organ
hipertensão *s. f.* MEDICINA hypertension (high blood-pressure); ***hipertensão arterial*** hypertension
hipertenso *adj.* hypertensive
hipertermia *s. f.* MEDICINA hyperpyrexia
hipértese *s. f.* GRAMÁTICA hyperthesis
hipertonia *s. f.* MEDICINA quality of being hypertonic
hipertónico *adj.* MEDICINA hypertonic
hipertricose *s. f.* MEDICINA hypertrichosis, hypertrichiasis
hipertrofia *s. f.* MEDICINA hypertrophy
hipertrofiado *adj.* hypertrophied
hipertrofiar Ⓐ *v. tr.* to hypertrophy Ⓑ *v. refl.* to be affected with hypertrophy
hipervaidade *s. f.* excessive vanity
hipervitaminose *s. f.* MEDICINA hypervitaminosis
hipestesia *s. f.* MEDICINA decrease in sensitivity
hipiatria *s. f.* hippiatry, hippiatrics
hipiátrica *s. f.* hippiatry, hippiatrics
hipiátrico *adj.* hippiatric(al)
hipiatro *s. m.* veterinarian
hípico *adj.* hippic; ***concurso hípico*** steeplechase; horse-race
hipinose *s. f.* MEDICINA decrease of the fibrin in the blood
hipismo *s. m.* horse-racing, horse-riding; horsemanship
hipnagógico *adj.* hypnagogic
hipnoanálise *s. f.* hypnoanalysis
hipnofobia *s. f.* MEDICINA hypnophobia
hipnófobo *s. m.* MEDICINA hypnophobe
hipnogéneo *adj.* MEDICINA hypnogenetic
hipnografia *s. f.* hypnography
hipnóide *adj.* hypnoid
hipnolepsia *s. f.* hypnolepsy
hipnologia *s. f.* hypnology
hipnólogo *s. m.* hypnologist
hipnomania *s. f.* MEDICINA hypnomania
hipnopatia *s. f.* MEDICINA hypnopathy
hipnose *s. f.* MEDICINA hypnosis, hypnotic state
hipnosia *s. f.* ⇒ **hipnose**
hipnoterapia *s. f.* MEDICINA hypnotherapy
hipnótico Ⓐ *adj.* hypnotic Ⓑ *s. m.* soporific, narcotic; ***estado hipnótico*** hypnotic state
hipnotismo *s. m.* hypnotism, hypnosis; [fig.] fascination, power of sugestion
hipnotista *s. m. e f.* hypnotist, hypnotizer
hipnotização *s. f.* hypnotization
hipnotizador *s. m.* hypnotist, hypnotizer; fascinator; mesmerizer
hipnotizar *v. tr.* to hypnotize, to put into the hypnotic state; to fascinate; to mesmerize; ***é um espectáculo que hipnotiza todas as plateias*** it is a spectacle which hypnotizes every audience
hipoacidez *s. f.* MEDICINA hypoacidity
hipoacusia *s. f.* state of decreased audition
hipoalgesia *s. f.* MEDICINA hypalgesia
hipoazotoso *adj.* hyponitrous
hipoblasto *s. m.* BIOLOGIA hypoblast
hipobrânquio *adj.* ZOOLOGIA hypobranchial
hipocampo *s. m.* ICTIOLOGIA hippocampus, sea-horse
hipocárpio *s. m.* BOTÂNICA hypocarp
hipocausto *s. m.* ARQUITECTURA hypocaust
hipocentauro *s. m.* hippocentaur, centaur
hipocentro *s. m.* centre of an earthquake
hipociclóide *s. f.* hypocycloid
hipocloridria *s. f.* hypochlorhydria
hipoclorito *s. m.* hypochlorite
hipocloroso *adj.* QUÍMICA hypochlorous
hipocólito *s. m.* BOTÂNICA hypocotyl, hypocotyledonous stem
hipocondria *s. f.* MEDICINA hypochondria; dejection, melancholy, spleen
hipocondríaco Ⓐ *adj.* hypochondriacal Ⓑ *s. m.* hypochondriac
hipocôndrio *s. m.* ANATOMIA hypochondrium
hipocorístico *adj.* hypocoristic, endearing, familiar, pet; ***nome hipocorístico*** hypocoristic name, pet name
hipocraniano *adj.* ANATOMIA hypocranial
hipocrático *adj.* Hippocratic
hipocratismo *s. m.* Hippocratism
hipocraz *s. m.* hippocras
hipocrisia *s. f.* hypocrisy; dissimulation, pretence
hipócrita Ⓐ *adj.* hypocritical, insincere, false, double-faced Ⓑ *s. m. e f.* hypocrite, dissembler; double-faced person; [fig.] a wolf in sheep's clothing
hipocritamente *adv.* hypocritically
hipocromia *s. f.* abnormal diminishing of the erythrocite haemoglobin; inadequate pigmentation
hipodactilia *s. f.* hypodactily
hipodáctilo *s. m.* inferior part of the claws of birds
hipodermatomia *s. f.* CIRURGIA hypodermatomy
hipoderme *s. f.* hypoderm(a)
hipodérmico *adj.* hypodermic; ***injecção hipodérmica*** hypodermic (subcutaneous) injection
hipodermoterapia *s. f.* hypodermotherapy
hipodromia *s. f.* art of horse-racing
hipódromo *s. m.* hippodrome, circus; arena for equestrian displays
hipoemia *s. f.* hypohaemia; anemia
hipoepatia *s. f.* hepatic insufficiency
hipofagia *s. f.* hippophagy
hipófago *s. m.* hippophagist (eater of horse flesh)
hipofaringe *s. f.* hypopharynx

hipofilo *adj.* BOTÂNICA hypophyllous
hipofisário *adj.* hypophyseal, hypophysial
hipófise *s. f.* ANATOMIA hypophysis
hipofosfato *s. m.* QUÍMICA hypophosphate
hipofosfito *s. m.* QUÍMICA hypophosphite
hipofosfórico *adj.* QUÍMICA hypophosphoric
hipofosforoso *adj.* QUÍMICA hypophosphorous
hipogástrico *adj.* hypogastric
hipogástrio *s. m.* ANATOMIA hypogastrium
hipogastro *s. m.* ⇒ **hipogástrio**
hipogeia *adj.* BOTÂNICA hypogeal, hypogean
hipogeu *s. m.* hypogeum; ARQUITECTURA underground chamber (vault)
hipoginia *s. f.* BOTÂNICA hypogyny
hipogínico *adj.* BOTÂNICA hypogynous
hipógino *adj.* BOTÂNICA hypogynous
hipoglicemia *s. f.* hypoglicaemia
hipoglicémico *adj.* MEDICINA hypoglycaemic
hipoglobulia *s. f.* MEDICINA hypoglobilia (scarcity of red cells in the blood)
hipoglossa *s. f.* a variety of asparagus
hipoglosso Ⓐ *adj.* ANATOMIA hypoglossal Ⓑ *s. m.* hypoglossal nerve, hypoglossus
hipógnato *adj.* ORNITOLOGIA hypognathous
hipogrifo *s. m.* hippogriff, hippogryph
hipólito *s. m.* hippolith
hipologia *s. f.* hippology (treatise on horses)
hipólogo *s. m.* hippologist (expert on horses)
hipomanes *s. m.* hippomanes, hippomania
hipomania *s. f.* PSICOLOGIA hypomania
hipomaníaco *adj.* that who (or which) develops a mania for horses
hipómetro *s. m.* an apparatus which is used to measure horses
hipomóvel *adj.* horse-drawn
hipopatologia *s. f.* VETERINÁRIA hippopathology
hipopatológico *adj.* hippopathologic(al)
hipopiese *s. f.* ⇒ **hipotensão**
hipopígio *s. m.* ZOOLOGIA hypopygium
hipópio *s. m.* MEDICINA hypopyon
Hipopotâmidas *s. m. pl.* ⇒ **Hipopotamídeos**
Hipopotamídeos *s. m. pl.* ZOOLOGIA *Hippopotamidae*
hipopótamo *s. m.* ZOOLOGIA hippopotamus
hipoprosexia *s. f.* incapacity to concentrate
hiposcénio *s. m.* hyposcenium
hiposmia *s. f.* olfact diminishing
hipossulfato *s. m.* QUÍMICA hyposulphate
hipossulfito *s. m.* QUÍMICA hyposulphite
hipossulfúrico *adj.* QUÍMICA hyposulphuric
hipossulfuroso *adj.* QUÍMICA hyposulphurous
hipóstase *s. f.* PATOLOGIA hypostasis
hipostasiar *v. tr.* to hypostatize, to hypostasize
hipostaticamente *adv.* hypostatically
hipostático *adj.* hypostatic(al)
hipostenia *s. f.* weakness, decrease in strength
hiposténico *adj.* decreased in strength, weak
hipostilo *adj.* ARQUITECTURA hypostyle having pillars to support the roof, as hypostyle hall
hipotálamo *s. m.* ANATOMIA hypothalamus
hipotalássico *adj.* underwater, submarine
hipoteca *s. f.* mortgage; ***hipoteca da carga*** respondentia; ***hipoteca marítima*** marine mortgage; ***remir uma hipoteca*** to pay off a mortgage
hipotecar *v. tr.* to mortgage, to make over (property) by mortgage; to pledge, to guarantee, to vouchsafe
hipotecário *adj.* hypothecary; ***obrigações hipotecárias*** mortgage bonds
hipotecável *adj.* mortgageable
hipotensão *s. f.* MEDICINA hypotension
hipotensivo *adj.* hypotensive
hipotenso *adj.* hypotense
hipotenusa *s. f.* GEOMETRIA hypotenuse
hipotermal *adj.* hypothermal
hipotermia *s. f.* MEDICINA hypothermy
hipótese *s. f.* hypothesis, supposition, assumption, conjecture; ***na pior das hipóteses*** at the worst; ***em hipótese alguma*** under no circumstance
hipoteticamente *adv.* hipothethically, suppositionally
hipotético *adj.* hypothetic(al), suppositional, conjectural
hipotimia *s. f.* MEDICINA hypothymia
hipotipose *s. f.* RETÓRICA hypotyposis (vivid description)
hipotireoidismo *s. m.* MEDICINA hypothyroidism
hipotomia *s. f.* hippotomy
hipotómico *adj.* hypotomical
hipotonia *s. f.* MEDICINA hypotonia, hypotony
hipotónico *adj.* MEDICINA hypotonic(al)
hipotrofia *s. f.* MEDICINA hipotrophy (underdevelopment, faulty development)
hipotrófico *adj.* hypotrophic
hipozóico *adj.* GEOLOGIA hypozoic
hipsocefalia *s. f.* hypsocephaly
hipsocéfalo *adj.* ANATOMIA hypsocephalous
hipsografia *s. f.* GEOGRAFIA hypsography
hipsometria *s. f.* hypsometry
hipsométrico *adj.* hypsometric
hipsómetro *s. m.* hypsometer
hipural *s. m.* hypural
hipurato *s. m.* QUÍMICA hippurate
hipúria *s. f.* MEDICINA presence of hippuric acid in the urine
hipúrico *adj.* hippuric (acid)
hipurite *s. f.* PALEONTOLOGIA hippurite
hirarana *s. f.* tropical American tree from which the Indians extracted a poison for their arrows
hircina *s. f.* hircin
hircino *adj.* hircine, goatlike, goatish, hircinous
hircismo *s. m.* MEDICINA disagreeable smell exhaled from the armpits of certain people
hirco *s. m.* [poét.] he-goat
hircoso *adj.* BOTÂNICA, ZOOLOGIA hircinous; strong-smelling (plants)
hirsutez *s. f.* hirsuteness
hirsuto *adj.* hirsute, hairy, shaggy, bristly; bearded
hirtar-se *v. refl.* to become rigid (stiff); to bristle up
hirteza *s. f.* rigidness; erectness; hirsuteness; immobility
hirto *adj.* stiff, rigid; erect, upright; hirsute, on end (hair)
hirudíneo *adj.* hirudinal, hirudinean; relating to leeches
hirudinicultor *s. m.* hirudiniculturist
hirudinicultura *s. f.* hirudiniculture
Hirundínidas *s. m. pl.* ⇒ **Hirundinídeos**
Hirundinídeos *s. m. pl.* ORNITOLOGIA *Hirundinidae;* swallows
hirundino *adj.* related to swallows
hispalense *s. m. e f., adj.* Sevillian
hispálico *adj.* ⇒ **hispalense**
hispânico *adj.* Hispanic, Spanish
hispaniense *adj.* Hispanic, Spanish
hispanista *s. m. e f.* Hispanist
hispanizar *v. tr.* to make Spanish, to cause to follow Spanish fashions
hispano *adj.* Spanish, Hispano
hispano-americano *s. m., adj.* Hispano-American; Spanish-American
hispanofilia *s. f.* Hispanophilism
hispano-luso *s. m., adj.* Hispano-Lusitanian
hispano-romano *s. m., adj.* Hispano-Roman
hispar-se *v. refl.* to bristle
hispidar-se *v. refl.* to bristle, to become hirsute

hispidez *s. f.* hairness, bristliness
híspido *adj.* BOTÂNICA, ZOOLOGIA hispid; bristly, shaggy, hirsute; bristling, covered with stiff hairs
hissopada *s. f.* aspersion
hissopar *v. tr.* to asperse, to besprinkle with holy water
hissope *s. m.* RELIGIÃO aspergillum, sprinkler
hissopo *s. m.* BOTÂNICA hyssop; ***hissopo bravo*** wild thyme
histamina *s. f.* QUÍMICA histamine
histeralgia *s. f.* MEDICINA histeralgia
histeranto *adj.* BOTÂNICA hysteranthous
histerectomia *s. f.* CIRURGIA hysterectomy (cutting out the uterus)
histerese *s. f.* FÍSICA hysteresis
histerético *adj.* FÍSICA hysteretic
histeria *s. f.* MEDICINA hysteria; histerics; excitement
histericamente *adv.* hysterically
histericismo *s. m.* hystericism
histérico Ⓐ *adj.* hysteric(al) Ⓑ *s. m.* hysteric
histerismo *s. m.* MEDICINA hysterism, hysteria
histerocele *s. f.* MEDICINA hysterocele
histerofisa *s. f.* MEDICINA hysterophysa
histerografia *s. f.* MEDICINA hysterography
histeróide *adj.* hysteroid, hysteroidal
histerólito *s. m.* MEDICINA hysterolith
histerologia *s. f.* MEDICINA hysterology
histerólogo *s. m.* hysterologist
histerómana *adj.* MEDICINA hysteromaniac
histeromania *s. f.* MEDICINA hysteromania
histerómetro *s. m.* MEDICINA hysterometer
histeroptose *s. f.* MEDICINA hysteroptosis
histeroscopia *s. f.* hysterescopy
histeroscópio *s. m.* MEDICINA hysteroscope; speculum
histerotomia *s. f.* CIRURGIA hysterectomy
histerótomo *s. m.* CIRURGIA hysterotome
histidina *s. f.* histidine
histióide *adj.* histoid
histofisiologia *s. f.* histophysiology
histofisiológico *adj.* histophysiologic(al)
histogéneo *adj.* FISIOLOGIA histogenic
histogénese *s. f.* ⇒ **histogenia**
histogenético *adj.* FISIOLOGIA histogenetic
histogenia *s. f.* histogeny, histogenesis
histogénico *adj.* FISIOLOGIA histogenetic
histografia *s. f.* FISIOLOGIA histography
histográfico *adj.* FISIOLOGIA histographic(al)
histógrafo *s. m.* FISIOLOGIA histographer
histograma *s. m.* histogram (statistics)
histologia *s. f.* MEDICINA histology
histológico *adj.* MEDICINA histologic(al)
histologista *s. m. e f.* histologist
histoneurologia *s. f.* MEDICINA histoneurology
histoneurológico *adj.* MEDICINA histoneurologic(al)
histonomia *s. f.* MEDICINA histonomy
histonómico *adj.* MEDICINA histonomic(al)
história *s. f.* history; story, tale, narrative, narration, recital, fable, legend; fake, fabrication; rumour; ***a história repete-se*** history repeats itself; ***passar à história*** to become history; ***história da carochinha*** a cock-and-bull story, a fairy-tale; ***as crianças gostam de ouvir histórias*** children like to listen to a story; ***contar uma história*** to tell a story (tale); ***conte-nos uma história*** please tell us a story; ***a história é contada da seguinte maneira*** the story runs as follows; ***o melhor da história*** the best of the story; ***uma história engraçada*** a funny story; ***há uma história a propósito*** thereby hangs a tale; ***livro de histórias*** story-book; ***que história é essa?*** what are you talking about?, what do you mean?; ***histórias aos quadradinhos*** comic strips, the funnies
historiado *adj.* ⌈fam.⌋ well-composed, embroidered, elaborate (tale); ***painel historiado*** a picture representing any memorable event
historiador *s. m.* historian, writer of history
historial Ⓐ *adj.* historic, historical Ⓑ *s. m.* history, account, record, narrative, report
historiar *v. tr.* to historize, to relate (to tell, to narrate) the history of, to give the details of; ⌈pop.⌋ to adorn, to embellish
historicamente *adv.* historically
historicidade *s. f.* historicity
histórico *adj.* historic, historical; ***ocasião histórica*** historic occasion; ***romance histórico*** historical novel; ***tempos históricos*** historic times; ***local histórico*** historic spot; ***documento histórico*** historical document; ***um facto histórico*** an historical event
histórico-etimológico *adj.* historico-ethymological
histórico-geográfico *adj.* historico-geographical
histórico-natural *adj.* referring to natural history
historieta *s. f.* short story, tale; ***uma historieta de marinheiro*** a sailor's yarn; ***contar historietas*** to spin yarns
historiografia *s. f.* historiography (writing of History)
historiográfico *adj.* historiographical
historiógrafo *s. m.* historiographer, chronicler, historian
historíola *s. f.* historiette
historiologia *s. f.* historiology
historiúncula *s. f.* ⇒ **historieta**
historizar *v. tr.* to historicise, to chronicle
histotomia *s. f.* CIRURGIA histotomy
histotomista *s. m. e f.* CIRURGIA histotomist
histrião *s. m.* histrion, stage player; ⌈fig.⌋ humbug, impostor
histrício Ⓐ *s. m.* hystrix, porcupine Ⓑ *adj.* hystricid
histrionia *s. f.* stage acting, histrionism
histriónico *adj.* histrionic, histrionical, theatrical, stagy; artificial, affected
hitleriano *adj.* relating to Hitler
hitlerismo *s. m.* Hitlerism
hitlerista *s. m. e f.* Hitlerite
hiulco *adj.* ⌈poét.⌋ gaping; wide open; hiant
hodiernamente *adv.* nowadays
hodiernidade *s. f.* modernity; today, this day, the present day
hodierno *adj.* hodiernal (of the present day)
hodógrafo *s. m.* hodograph
hodometria *s. m.* hodometry, odometry
hodométrico *adj.* hodometrical, odometrical
hodómetro *s. m.* hodometer, odometer
hodoscópio *s. m.* hodoscope; Geiger counters
hoje *adv.* today, this day, nowadays, at this present time; ***hoje em dia*** at the present time, nowadays; ***de hoje a uma semana*** today a week; ***de hoje a um mês*** this day month; ***hoje mesmo*** this very day; ***nos tempos de hoje*** at the present time; ***de hoje em diante*** from this time forward, from this day on; ***até hoje*** to this day, till now, up to this date; ***por hoje basta!*** that's all for today!; ***de hoje para amanhã*** any time in the future, at any moment, in one day
holanda *s. f.* holland (a linen fabric)
holandês Ⓐ *adj.* Dutch Ⓑ *s. m.* Dutchman; the Dutch language; *pl.* the Dutch
holandilha *s. f.* buckram, coarse cloth of linen
holandilheiro *s. m.* manufacturer (seller) of buckram
holandizar *v. tr.* to make Dutch, to cause to follow Dutch fashions
holicismo *s. m.* expression common to several languages
holística *s. f.* holism
hólmio *s. m.* QUÍMICA holmium
holobástico *adj.* FISIOLOGIA holobastic
holobrânquio *adj.* ZOOLOGIA holobranchiate
holocarpo *s. m.* BOTÂNICA holocarpous
holocausto *s. m.* holocaust

holocéfalo *adj.* ICTIOLOGIA holocephalous
holocrínico *adj.* ANATOMIA holocrine
holócrino *adj.* ANATOMIA holocrine
holocristalino *adj.* GEOLOGIA holocrystalline
holoedria *s. f.* holohedrism
holoédrico *adj.* holohedral
holoedro *s. m.* holohedron
holofítico *adj.* holophytic
holofote *s. m.* projector, searchlight, spotlight, holophote; ***holofote antiaéreo*** anti-aircraft searchlight
holofrástico *adj.* holophrastic
holografia *s. f.* holography
hológrafo *s. m., adj.* holograph
holograma *s. m.* hologram
holometabólico *adj.* ZOOLOGIA holometabolic
holométrico *adj.* holometric
holómetro *s. m.* holometer
holomórfico *adj.* holomorphic
holomorfismo *s. m.* holomorphism
holopatia *s. f.* holopathy
holotúria *s. f.* ZOOLOGIA *Holothuroidea,* sea cucumber
Holotúridas *s. m. pl.* ⇒ **Holoturídeos**
Holoturídeos *s. m. pl.* ZOOLOGIA *Holothuroidea*
holoturóide *adj.* ZOOLOGIA holothurian
holozóico Ⓐ *adj.* ZOOLOGIA holozoic Ⓑ *s. m.* holozoon
homalográfico *adj.* homalographic
homalóide *adj.* homaloidal
hombo *s. m.* hombo (African bird)
hombridade *s. f.* manliness; pride; nobleness, dignity, uprightness, noble courage, loftiness of character
homem *s. m.* man; male; human being, individual, person; human race, mankind; husband; workman, servant, employee, hand; [fam.] boy, chap, fellow; ***homem de bem*** honest man; ***homem do mar*** seaman; ***homem de espírito*** man of wit; ***homem de sociedade*** man about town, townsman, fashionable man; ***homem do mundo*** man of the world; ***homem de letras*** man of letters; ***homem de talento*** talented man; ***homem da actualidade*** man of the moment; ***homem simpático*** charming man, a nice man; ***homens de escol*** picked men; ***o homem de confiança*** right-hand man, trustworthy man; ***homem primitivo*** cave-man; ***homem completo*** an all-round man; ***homem importante*** bigwig; ***homem que se elevou a si próprio*** self-made man; ***homem de juízo*** man of sense; ***homem superficial*** a shallow man; ***homem esperto*** sharp man; ***homem de negócios*** businessman; ***homem de Estado*** statesman; ***homem de palavra*** a man of his word; ***homem bem-parecido*** handsome man; ***homem de haveres*** man of means (property); ***homem endinheirado*** moneyed man; ***homem rico*** rich (wealthy) man; ***homem de idade*** old man; ***homem do povo*** man in the street; ***homem mal-humorado*** gruff man; ***um grande homem*** a great man; ***um homem grande*** a big man, a large man; ***um homem prático (positivista)*** a matter-of-fact man; ***homem muito bem-posto*** well-groomed man; ***homem de sete ofícios*** Jack-of-all trades; ***homem de gabinete*** studious man; ***homem de ciência*** scientist, a man of science; ***um bom homem*** a good-natured man; ***homem de coração*** kind-hearted man; ***um homem pobre*** a poor man; ***um pobre homem*** a poor fellow, a simpleton, good-for-nothing; ***homem recto, justiceiro*** upright man; ***homem sem probidade*** dishonest man; ***homem delgado*** spare man; ***homem muito robusto*** man of square frame; ***homem de alta posição*** man of high standing; ***o homem para a função (lugar)*** the right man in the right place; ***homem que trabalha nos campanários (chaminés altas, etc.)*** steeplejack; ***homem musculoso*** strong man; ***homem de tacto*** man of tact; ***homem viajado*** travelled man; ***homem de influência (de peso)*** influential man, man of weight; ***homem trabalhador*** hard-working man; ***homem digno*** worthy man; ***homem ao mar!*** man overboard!; NÁUTICA ***homem do leme*** steersman, helmsman; ***homem do convés*** deck hand; ***ser o homem da casa*** to wear the trousers; ***homem malcriado*** ill-bred man; ***homem grosseiro*** rough man; ***homem de distinção*** man of quality; ***homem afável*** affable man; ***de homem para homem*** between man and man; ***o homem põe e Deus dispõe*** man proposes, God disposes; ***homem prevenido vale por dois*** forewarned is forearmed; ***as boas maneiras fazem o homem*** manners make the man
homem-bom *s. m.* wise (truthful) man; Justice of the Peace
homenageado Ⓐ *adj.* celebrated, honoured Ⓑ *s. m.* person to whom homage is paid
homenagear *v. tr.* to pay homage to, to do homage to, to honour, to render honour to
homenagem *s. f.* homage, respect, reverence, esteem, honour; allegiance, loyalty, fidelity; *pl.* compliments; ***prestar homenagem*** to pay tribute; ***a última homenagem*** the last honours
homenzarrão *s. m.* a tall (stout) man, giant; a strapping (big) fellow
homenzinho *s. m.* little man, dot; man of no importance; a nobody, a nonentity
homeómere *adj.* homoeomeric
homeomeria *s. f.* homoeomery
homeómero *adj.* homoeomeric
homeomorfismo *s. m.* homoeomorphism
homeomorfo *adj.* homoeomorphous
homeopata *s. m. e f.* homoeopath
homeopatia *s. f.* homoeopathy
homeopaticamente *adv.* homoeopathically
homeopático *adj.* homoeopathic
homeose *s. f.* similarity, homoeosis
homeostático *adj.* homeostatic, homoeostatic
homeotelêutico *s. m.* homoeoteleuton
homeoteleuto *s. m.* homoeoteleuton
homeotérmico *adj.* homothermous
homeotermo *adj.* homothermous
homeotropia *s. f.* homoeothropy
homeótropo *adj.* homoeothropic
homeozóico *adj.* homoezoic
homérico *adj.* HISTÓRIA Homeric(al); [fig.] great, epic
homessa! *interj.* certainly not!, don't say so!, on the contrary!; indeed?
homicida Ⓐ *adj.* homicidal, murderous Ⓑ *s. m. e f.* homicide, manslayer, murderer
homicídio *s. m.* homicide, manslaughter, murder
homilia *s. f.* homily, sermon, moral exhortation
homiliar *v. intr.* to sermonize, to moralize, to preach
homiliário *s. m.* homiliary
homiliasta *s. m. e f.* homilist, preacher, composer of homilies
hominal *adj.* hominal, concerning man
hominalidade *s. f.* hominal character
hominícola *s. m. e f.* worshipper of man
hominicultura *s. f.* ⇒ **eugenia**
Hominidas *s. m. pl. Hominidae*
hominídeo Ⓐ *adj.* hominid Ⓑ *s. m.* hominid (*plural Hominidae*)
hominívoro *adj.* hominivorous
homiziação *s. f.* refuge, retreat, shelter (of someone on the run)
homiziado *s. m.* fugitive, refugee, absconder (from the law)
homiziar Ⓐ *v. tr.* to shelter, to conceal, to hide, to grant protection (asylum) Ⓑ *v. refl.* to abscond, to run away, to escape the law; to take refuge; to fly to a place
homizio *s. m.* refuge, shelter, retreat, hiding-place; concealment, hiding; escape, getaway
homocatalexia *s. f.* ⇒ **consonância**
homocentricidade *s. f.* homocentricity
homocêntrico *adj.* homocentric
homocentro *s. m.* homocentre

homocerco *adj.* homocercal
homocíclico *adj.* homocyclic
homocromia *s. f.* homochromy, homochromatism
homocrómico *adj.* homochromic
homocromo *adj.* homochromic
homodérmico *adj.* homodermic
homodermo *adj.* homodermic
homodinâmico *adj.* homodynamous
homodonte *adj.* homodont
homódromo *adj.* homodromous
homófago *adj.* flesh-eating
homofilo *adj.* BOTÂNICA homophyllous
homofonia *s. f.* homophony
homofónico *adj.* homophonic, homophonous; MÚSICA monodic, unisonant
homofonismo *s. m.* homophony
homófono Ⓐ *adj.* homophonous, homophonic Ⓑ *s. m.* homophone
homofonógrafo *adj.* homophonographic
homofonologia *s. f.* homophonology
homofonológico *adj.* homophonologic(al)
homogamia *s. f.* BOTÂNICA homogamy
homógamo *adj.* BOTÂNICA homogamous
homogeneidade *s. f.* homogeneity
homogeneização *s. f.* homogenization
homogeneizador *s. m.* homogenizer
homogeneizar *v. tr.* to make homogeneous
homogéneo *adj.* homogeneous, similar, uniform, of the same kind
homogenesia *s. f.* BIOLOGIA homogenesis
homogenia *s. f.* BIOLOGIA homogeny
homografia *s. f.* GEOMETRIA homography
homográfico *adj.* homographic
homógrafo *s. m.* homograph
homolítico *adj.* homolithic
homologação *s. f.* homologation; ratification, confirmation, sanction
homologar *v. tr.* to homologate, to confirm, to ratify, to acknowledge, to recognize, to accept
homologatório *adj.* homologizing
homologia *s. f.* homology, correspondence
homológico *adj.* homological
homólogo *adj.* homologous, corresponding, agreeing
homomeria *s. f.* homoeomeriam
homométrico *adj.* homometrical
homomorfismo *s. m.* homomorphosis
homomorfo *adj.* homomorphous, homomorphic
homonímia *s. f.* homonymy
homonímico *adj.* homonymic(al), homonymous
homónimo Ⓐ *adj.* homonymous, homonymic Ⓑ *s. m.* homonym, namesake
homonomia *s. f.* homonomy
homonómico *adj.* homonomic
homonuclear *adj.* homonuclear
homopata *s. m. e f.* ⇒ **homeopata**
homopatia *s. f.* ⇒ **homeopatia**
homopétalo *adj.* BOTÂNICA homopetalous
homoplasia *s. f.* homoplasy
homoplástico *adj.* homoplastic
homopolar *adj.* homopolar, unipolar
homóptero Ⓐ *adj.* ZOOLOGIA homopterous Ⓑ *s. m. pl.* Homoptera
homorgânico *adj.* homorganic
homossexual *s. m., adj.* homosexual, gay; [cal.] pansy
homossexualidade *s. f.* homosexuality
homossexualismo *s. m.* homosexualism
homotaxia *s. f.* homotaxy
homotermal *adj.* FÍSICA homothermous
homotérmico *adj.* homothermic
homotermo *adj.* homothermic
homotesia *s. f.* ⇒ **homotetia**
homotetia *s. f.* MATEMÁTICA homothety
homotético *adj.* homothetic
homotipia *s. f.* ANATOMIA homotypia, homotype
homotípico *adj.* ANATOMIA homotypic(al)
homótropo *adj.* BOTÂNICA homotropous
homozigótico *adj.* homozygous
homozigoto *s. m.* homozygote
homúnculo *s. m.* homuncule, little man; manikin, dwarf
hondurenho *s. m., adj.* Honduran
honestador *s. m.* justifier, defender
honestamente *adv.* honestly, properly, fairly, uprightly, straight forwardly
honestar *v. tr.* to justify; to exculpate, to represent in fair colours; to honour
honestidade *s. f.* honesty, integrity, uprightness, fairness, probity, straightforwardness; ***pode confiar na sua honestidade*** you may be sure of his honesty; ***a honestidade é o melhor meio de triunfo*** honesty is the best policy
honestizar *v. tr.* ⇒ **honestar**
honesto *adj.* honest, honourable, upright, straight, conscientious, straightforward; reliable, trustworthy; fair-minded, fair, sincere, candid, impartial; veracious, truthful, chaste, virtuous; ***é muito honesto em todos os seus negócios*** he is perfectly straight in all his dealings; ***uma vida honesta*** an honest living; ***ser honesto*** to be honest
honor *s. m.* honour; ***dama de honor*** maid of honour, bridesmaid
honorabilidade *s. f.* honourableness, integrity, uprightness; worthiness, reputation
honorário Ⓐ *adj.* honorary, honorific; unpaid, unremunerative Ⓑ *s. m.* honorarium (*plural* honorariums, honoraria); *pl.* fees (of a lawyer, a doctor, etc.), salaries (payment made at intervals of no less than one month); ***os honorários de um advogado*** a barrister's fee; ***honorários de um médico*** a doctor's fee; ***os honorários de um professor*** a teacher's salary
honorificar *v. tr.* ⇒ **honrar**
honorificência *s. f.* mark of honour (or distinction)
honorífico *adj.* honorific, honorary; unsalaried, unpaid
honra *s. f.* honour, dignity, elevation, respect, esteem, reverence, repute, reputation; glory, distinction, fame, renown, eminence; homage; worship, veneration; uprightness, probity, honesty, integrity; chastity, virtue; *pl.* honours, obsequies; ***dar a sua palavra de honra*** to give one's word of honour; ***fazer as honras da casa*** to do the honours of the house; ***dívida de honra*** debt of honour; ***ponto de honra*** point of honour; ***em honra de*** in honour of; ***código de honra*** code of honour; ***lugar de honra*** place of honour; ***ele fez honra ao vinho*** he did justice to the wine; ***isso dá-te honra*** it does you credit; ***dar honra a*** to reflect credit on; ***ele ficou com as honras*** he had the credit; ***a quem tenho a honra de falar?*** whom have I the honour of addressing?; ***honras fúnebres*** funeral honours, funeral obsequies; ***honras militares*** military honours
honradamente *adv.* honestly, honourably, reputably, decently, fairly, on the square
honradez *s. f.* honesty, integrity, probity, straightforwardness, uprightness, sincerity, truthfulness; ***um acto de honradez*** an honourable action (deed); ***a honradez é a melhor política*** honesty is the best policy
honrado *adj.* honest, honourable; fair, straight-forward; decent; sound, straight, upright; true, open, truthful, trustworthy, reliable; respected, worthy; chaste, virtuous; ***é um homem honrado a quem se pode confiar ouro em pó*** he is a perfectly honest man and might be trusted with a fortune; ***gente honrada*** worthy people

honrar *v. tr.* to honour, to confer honour on, to distinguish; to venerate, to revere, to feel great respect for, to hold in high honour (esteem); to dignify, to exalt, to elevate, to glorify; to grace, to favour; ***honrar uma letra*** to honour a bill

honraria *s. f.* distinction, privilege, rank, marks of respect; honours

honrosamente *adv.* ⇒ **honradamente**

honroso *adj.* honourable, worthy of honour, distinguished, creditable, dignified; ***longos anos de serviço honroso*** long years of honourable service; ***dever honroso*** an honourable duty

hoplita *s. m.* hoplite

hoplómaco *s. m.* fully-arrayed gladiator

hóquei *s. m.* hockey; ***hóquei sobre o gelo*** ice-hockey; ***hóquei em patins*** roller-skate hockey; ***stick de hóquei*** hockey-stick; ***hóquei em campo*** field-hockey; ***recinto de hóquei em patins*** (hockey) rink

hoquista *s. m. e f.* hockey-player; ***um bom hoquista*** a good hockey-player

hora *s. f.* hour, time, time of day; o'clock; opportunity; RELIGIÃO hours (prayers to be said); ***que horas são?*** what time is it?, what is the time, please?; ***é uma hora*** it is one o'clock; ***são duas horas*** it is two o'clock; ***uma hora tem 60 minutos*** one hour has 60 minutes; ***a viagem demora duas horas*** the journey lasts two hours; ***uma hora inteira*** a full hour; ***meia hora*** half an hour; ***um quarto de hora*** a quarter of an hour; ***à última hora*** at the eleventh hour, at the last moment; ***durante duas longas e fastidiosas horas*** for two mortal hours; ***cada hora*** every hour; ***horas de escritório (consulta, clínica)*** office (consulting, clinic) hours; ***chegámos mesmo na hora*** we were only just in time; ***trabalhar horas extraordinárias*** to work overtime; ***pagar horas extraordinárias*** to pay for overtime; ***são horas de partir*** it is time to start; ***uma hora de brincadeira*** an hour's play; ***a qualquer hora*** at any time; ***hora do chá*** tea-time; ***hora de dormir*** bedtime; ***hora de Verão*** summer time; ***em boa hora*** at the right moment; ***em má hora*** in an evil hour; ***à hora da morte*** at the point of death; ***numa hora infeliz*** at an unlucky moment; ***há uma hora*** an hour ago; ***à hora de jantar*** at dinnertime; ***de meia em meia hora*** half-hourly; ***as horas mais felizes da vida*** the happiest hours of one's life; ***à hora exacta*** at the right time, on the dot; ***chegar a horas*** to be on time, to come on time, to be punctual; ***chegar depois da hora*** to arrive behind time, to be late; ***chegar antes da hora*** to be early; ***levantar-se e recolher a boas horas*** to keep good hours; ***à hora*** by the hour; ***algumas horas livres*** a few spare hours; ***horas determinadas*** stated hours; ***hora marcada*** fixed time, appointed time; ***10.30h era a hora marcada*** the fixed time was 10:30; ***à hora marcada e local designado*** at the appointed time and place; ***a altas horas*** far on in the night, late at night; ***primeiras horas do dia*** small hours; ***hora de maior tráfego, hora de ponta*** peak traffic hour; ***a hora de grande movimento*** the rush hour; ***à hora indicada no horário (à tabela)*** in scheduled time, according to the timetable; ***passou a hora*** time is up; ***daqui a uma hora, numa hora*** in an hour's time; ***a qualquer hora do dia*** at any time of the day; ***esta é a hora certa?*** is that the correct time?; ***a uma hora muito inconveniente*** at an unearthly hour; ***só depois das 4 horas*** not till after four o'clock; ***hora de bordo*** ship's time; ***hora solar*** solar time; ***hora verdadeira*** right time; ***de hora a hora*** hourly; ***hora legal*** legal time, official time; ***horas de serviço*** office hours; ***dar horas*** to strike; ***deu a meia hora*** it has struck the half hour; ***ao bater da hora*** on the stroke of the hour; ***o relógio está a dar horas*** the clock is striking; ***hora local*** local time; [coloq.] ***cheguei na hora H*** I arrived in the nick of time, I arrived at the moment of truth; ***ter o estômago a dar horas*** to be faint with hunger; [coloq.] ***os preços estão pela hora da morte*** prices are sky-high

horal *adj.* horal, relating to hours, hourly

horário *s. m.* timetable; schedule, time book; TELEVISÃO slot; ***cumprir horário*** to keep scheduled time; ***horário de Verão*** summer timetable; ***horário dos caminhos-de-ferro*** railway timetable; ***horário da visita real*** schedule of the royal visit; ***horário de serviço*** working hours; ***horário de expediente*** working hours, office hours

horda *s. f.* horde, gang, troop, rough crowd; troop of nomads

hordeáceo *adj.* BOTÂNICA like barley

hordéolo *s. m.* MEDICINA hordeolum, sty, stye

horizontal Ⓐ *adj.* horizontal Ⓑ *s. m.* horizontal line (bar, etc.); ***linha horizontal*** horizontal line

horizontalidade *s. f.* horizontality

horizontalmente *adv.* horizontally

horizonte *s. m.* horizon, sky-line, sea-line; ***a ciência abre-nos novos horizontes*** science gives us a new horizon; ***o Sol mergulha no horizonte*** the sun dips below the horizon; ***horizonte astronómico*** astronomical horizon; ***horizonte visual*** visible horizon

hormona *s. f.* hormone

hormonal *adj.* hormonal

hormonoterapia *s. f.* MEDICINA hormonotherapy

hornaveque *s. m.* MILITAR hornwork

horneblenda *s. f.* MINERALOGIA hornblend

horografia *s. f.* horography

horográfico *adj.* horographic(al)

horological *adj.* horologic(al)

horológio *s. m.* ⇒ **relógio**

horóptero *s. m.* horopter

horoscopar *v. intr.* to cast (to elaborate) a horoscope, to tell someone's fortune

horoscopia *s. f.* horoscopy

horoscópio *s. m.* horoscope

horóscopo *s. m.* horoscope

horrendo *adj.* horrendous, horrible, terrible, terrific, alarming, frightful, grim, dire, horrid, horrifying, fearful, hideous, dreadful, appalling

horrente *adj.* ⇒ **horrendo**

horribilidade *s. f.* horribleness, dreadfulness, horridness, hideousness, gruesomeness, direness

hórrido *adj.* ⇒ **horrendo**

horrífero *adj.* horrific

horrífico *adj.* ⇒ **horrendo**

horripilação *s. f.* horripilation, creeping of the flesh; [fig.] gooseflesh; [fam.] shivers, fright

horripilador *adj.* horrifying, terrifying

horripilante *adj.* horrifying, terrifying, heinous, shocking, hair-raising, blood-curdling

horripilar Ⓐ *v. tr.* to frighten, to terrify, to horrify, to cause (the hair) to bristle (to stand on end) Ⓑ *v. refl.* to be affected with trembling, to feel horror; to shudder, to shiver

horríssono *adj.* horrisonant, horrisonous

horritroante *adj.* causing a terrific (frightful, terrifying, etc.) noise

horrível *adj.* horrible, horrid, awful, gruesome, dreadful, shocking, appalling, revolting, alarming, frightful, terrific, dire, grim, detestable, abominable, hideous; ***um crime horrível*** a horrible crime; ***uma maçada horrível*** a horrible bore; ***um som horrível*** a horrible sound; ***é horrível*** it is shocking!; ***que horrível perda de tempo!*** what a shocking waste of time!

horrivelmente *adv.* horribly, shockingly, frightfully, grimly, gruesomely, dreadfully, terrifically

horror *s. m.* horror, terror; hate; repulsion, aversion, loathing, detestation, abomination; dismay; MEDICINA shuddering, shiver; ***que horror!*** how awful!; ***ter horror a*** to have a horror of, to abhor, to loathe; ***os horrores da guerra*** the horrors of war; ***causar horror*** to inspire with horror; ***câmara dos horrores*** chamber of horrors

horrorífico *adj.* horrific, frightful; horrifying, horrible, heinous
horrorizar *v. tr.* to horrify, to terrify, to shock, to appal, to excite horror in; to fill one with (terror) horror; to make one's blood run cold; to make one's flesh creep; ***fiquei horrorizado por ver aquele espectáculo*** I was horrified to see such a sight; ***eu fiquei horrorizado*** I stood aghast
horrorosamente *adv.* horribly, dreadfully, terribly, frightfully, hideously, monstrously
horroroso *adj.* horrible, horrific, frightful, fearful, dreadful, shocking, ghastly, appalling, abhorrent, hideous, monstrous; ***que desastre tão horroroso!*** what a dreadful accident!
horsa *s. f.* big horse (mare); [fig.] tall, thin woman
horta *s. f.* kitchen-garden, vegetable-garden; plot; ***cultura das hortas*** kitchen-gardening; ***cultivar a horta*** to garden; ***horta de hortaliças*** vegetable plot
hortaliça *s. f.* greens, vegetables, pot-herbs, green stuff
hortaliceira *s. f.* greengrocer
hortaliceiro *s. m.* greengrocer
hortar *v. tr.* to prepare for vegetable-growing, to lay out a kitchen-garden; to garden
hortativo *adj.* hortative; admonitory; hortatory
hortejo *s. m.* small vegetable-garden, small kitchen-garden
hortelã *s. f.* BOTÂNICA mint; ***hortelã das cozinhas*** spearmint, common garden mint; ***molho de hortelã*** mint sauce
hortelão *s. m.* market-gardener
hortelã-pimenta *s. f.* BOTÂNICA peppermint
horteloa *s. f.* woman gardener; gardener's wife
hortense Ⓐ *adj.* garden, garden grown, pertaining to a garden Ⓑ *s. m. e f.* native from Horta (Azores)
hortênsia *s. f.* BOTÂNICA hydrangea, hortensia
hortícola *adj.* horticultural
horticultor *s. m.* horticulturist, expert gardener, horticultor
horticultura *s. f.* horticulture, gardening
horto *s. m.* little (kitchen) garden; nursery (for plants); ***Horto das Oliveiras*** Mount of Olives
hortofruticultura *s. f.* horticulture and fruit-growing
hortulana *s. f.* ZOOLOGIA ortolan, garden bunting
hosana Ⓐ *s. m.* hosanna, praise, salutation Ⓑ *interj.* hosanna!, save now!, save, pray!
hosco *adj.* dark-coloured (cattle)
hóspeda *s. f.* (female) guest; visitor; lodger
hospedador *s. m.* host; landlord
hospedagem *s. f.* lodging, accommodation; hospitality
hospedal *adj.* hospitable; concerning hospitality
hospedar Ⓐ *v. tr.* to lodge, to receive (to take, to entertain) as a guest (inmate), to house, to accomodate Ⓑ *v. refl.* to lodge, to dwell temporarily, to take lodgings, to put up; ***hospedar-se num hotel*** to put up at a hotel
hospedaria *s. f.* lodging-house, boarding-house, inn; [arc.] hostelry
hospedável *adj.* hospitable
hóspede *s. m. e f.* guest, paying-guest, boarder; ***hóspede bem-vindo*** welcome guest; ***casa de hóspedes*** lodging-house, guest house; ***fui seu hóspede durante três semanas*** I was his guest for three weeks
hospedeira *s. f.* hostess, landlady; innkeeper; ***hospedeira de bordo (de avião)*** air hostess, air stewardess
hospedeiro Ⓐ *adj.* hospitable; sociable, generous, kind Ⓑ *s. m.* host, innkeeper, landlord
hospício *s. m.* hospice, refuge (for the poor, sick or insane), home, asylum; madhouse; [cal.] loony bin
hospitação *s. f.* obligatory hospitality (towards nobles, ministers, etc.)
hospital *s. m.* hospital; ***enfermeira de hospital*** hospital nurse; ***hospital de campanha*** field hospital; ***hospital de base*** base hospital
hospitalar *adj.* hospital, hospitable
hospitalário Ⓐ *adj.* hospital, belonging to a hospital Ⓑ *s. m.* hospitaller, hospitaler; *pl.* Knights Hospitallers
hospitaleiro Ⓐ *adj.* hospitable, sociable, friendly, kind Ⓑ *s. m.* hospital(l)er (member of charitable religious order); ***frade hospitaleiro*** hospitaller
hospitalidade *s. f.* hospitality, friendly and liberal reception; ***abusar da hospitalidade de alguém*** to wear out (to outstay) one's welcome
hospitalização *s. f.* hospitalization, admission to hospital
hospitalizar *v. tr.* to hospitalize, to admit into a hospital
hossana *s. m.* hosanna; salutation
hoste *s. f.* host, large number (of people); army; [fig.] gang, band, horde, set
hóstia *s. f.* RELIGIÃO host, hostia, consecrated wafer; MEDICINA wafer
hostiário *s. m.* wafer-box
hostil *adj.* hostile, adverse, inimical, unfriendly, contrary, opposed, enemy; ***uma manifestação hostil*** a hostile demonstration
hostilidade *s. f.* hostility, enmity, animosity, hatred, antagonism, opposition; *pl.* hostilities; ***romper as hostilidades*** to open hostilities; ***suspender as hostilidades*** to suspend hostilities
hostilizar *v. tr.* to hostilize, to oppose to, to set against; to bear ill will to, to show ill will; to fight, to war against, to wage war on
hostilmente *adv.* hostilely, inimically, unfriendly
hotel *s. m.* hotel; ***um hotel detestável*** [coloq.] a villainous hotel; ***quer recomendar-me um bom hotel?*** will you recommend me a good hotel?; ***este é um hotel convidativo*** this is an inviting hotel; ***gerente de hotel*** hotel manager; ***hotel de primeira ordem*** first-class hotel, five star hotel
hoteleira *s. f.* hotel-keeper, proprietor of hotel
hoteleiro *s. m.* hotel-keeper, proprietor of hotel
hotentote *s. m. e f., adj.* Hottentot
hou! *interj.* ho!; whoa!
huambo *adj.* Huambo (concerning the Huambos, West African tribe)
hubnerite *s. f.* MEDICINA hübnerite
huguenote *s. m.* HISTÓRIA Huguenot
hui! *interj.* ah!, alas!, oh dear me!
hulha *s. f.* black coal, stone coal; ***hulha magra*** lean coal; ***hulha gorda*** bituminous coal; ***hulha branca*** white coal
hulheira *s. f.* coal-mine, coal-pit
hulheiro *adj.* coal, coal-mining
hulhífero *adj.* carboniferous, coal-bearing
hum! *interj.* hem!, hum!, humph!
humanado *adj.* humanized
humanal *adj.* ⇒ **humano**
humanamente *adv.* humanly, humanely; kindly
humanar Ⓐ *v. intr.* to humanize, to make human (benevolent) Ⓑ *v. refl.* to become man (applied to the Son of God); to become humane, to become compassionate
humanidade *s. f.* humanity; mankind, human nature, the human race; benevolence, sensibility, kindness, humaneness; benignity, tenderness, mercy, compassion; *pl.* humanities; ***é um acto de humanidade auxiliar os oprimidos*** it is an act of humanity to help the oppressed
humanismo *s. m.* humanism
humanista *s. m. e f.* humanist
humanístico *adj.* humanistic
humanitário Ⓐ *adj.* humanitarian, philanthropic, humane Ⓑ *s. m.* humanitarian, philanthropist
humanitarismo *s. m.* humanitarianism
humanitarista *s. m. e f.* humanitarianist
humanização *s. f.* humanization
humanizar *v. tr.* to humanize, to make (to render) human, to give human nature to
humano *adj.* human, humane; tender, kind, compassionate, merciful, sympathetic, benevolent; humanitarian; ***o género humano*** the human race; ***um ser humano*** a human being; ***natureza humana*** human nature

humanóide *s. m., adj.* humanoid
humbral *s. m.* ⇒ **ombreira**
humectação *s. f.* humectation, action of moistening, liquefaction
humectante *adj.* moistening, wetting, damping, humectant
humectar *v. tr.* to moisten, to wet, to damp
humectativo *adj.* ⇒ **humectante**
humedecer *v. tr. e intr.* to humectate, to humect, to moisten, to damp, to humidify, to render humid; to become moist; ***rosas humedecidas pelo orvalho*** roses wet with dew; ***a relva está humedecida pelo orvalho*** the grass is wet with dew
humedecimento *s. m.* moistening, wetting, dampening
humente *adj.* ⇒ **húmido**
húmico *adj.* QUÍMICA humic
humícola *adj.* living in the humus
humidade *s. f.* humidity, moisture, damp, dampness; ***humidade do ar*** moisture of the air; ***humidade do vapor*** wetness of steam
humidificação *s. f.* humidness
humidificador *s. m.* humidifier
humidificar *v. tr.* to humidify
humidífobo *adj.* fearing humid places
humidífugo *adj.* non-penetrated by humidity
húmido *adj.* moist, damp, humid, wet; ***tempo húmido*** wet weather; ***um dia húmido*** a wet day
humífero *adj.* humiferous
humificação *s. f.* humidifying
humificar *v. tr.* to humify
húmil *adj.* ⇒ **humilde**
humildação *s. f.* ⇒ **humilhação**
humildade *s. f.* humility, humbleness, meekness, submissiviness, submission; lowliness, inferiority, modesty
humildar *v. tr.* to humiliate, to humble, to abase; to subdue, to subject
humilde *adj.* humble, modest, unassuming, submissive, meek; lowly (in rank, position, etc.); obscure, unimportant; poor, shabby, mean, low, base; ***casa humilde*** a humble home; ***de condição humilde*** low born, of humble origin
humildemente *adv.* humbly, lowly; obscurely; contemptibly
humildosamente *adv.* humbly, lowly; obscurely; contemptibly
humildoso *adj.* ⇒ **humilde**
húmile *adj.* [poét.] humble
humilhação *s. f.* humiliation, humbling; submission, lowering, abasement, crushing; shame; ***sofrer humilhações*** to be humiliated
humilhante *adj.* humiliating; humbling, abasing, degrading, mortifying, disgraceful, shameful
humilhar *v. tr. e refl.* to humiliate, to humble, to let down; to mortify; to wound the feelings of; to degrade, to subdue, to crush, to abash, to abase, to shame; ***humilhado pela consciência*** self-abased
humilhoso *adj.* ⇒ **humilhante**
humiliação *s. f.* ⇒ **humilhação**
humiliante *adj.* ⇒ **humilhante**
humílimo *adj.* very humble
humo *s. m.* humus, vegetable mould
humor *s. m.* humour, disposition, mood, inclination, temper, feeling; fancy, whim, caprice, freak; wit, fun, jocularity; ***bom humor*** good humour; ***mau humor*** bad mood, bad humour; ***ter um ataque de mau humor*** to have a fit of spleen; ***estar de bom humor*** to be in good spirits; ***estar de mau humor*** to be in the sulks; ***ter acessos de mau humor*** to go into tantrums, to have fits of temper
humorado *adj.* humoured, tempered; capricious, fickle; humorous, funny, laughable, comic, witty; ⇒ **bem-humorado, mal-humorado**
humoral *adj.* MEDICINA humoral
humorismo *s. m.* humorousness, humour, fun, jocularity, wit
humorista *s. m. e f.* humorist, wit; witty person; comical person; humorous talker (writer, actor)
humorístico *adj.* humoristic, funny, comical, witty, humorous, amusing
humoroso *adj.* ⇒ **humoral**
humoso *adj.* rich in humus
humuláceo *adj.* resembling hop; of (from) a hop
húmulo *s. m.* BOTÂNICA hop
húmus *s. m.* humus, vegetable mould
húngaro *s. m., adj.* Hungarian
hungo *s. m.* "hungo" (a tree of Angola)
huno *adj.* Hunnish
Hunos *s. m. pl.* Huns
huri *s. f.* RELIGIÃO houri
huroniano Ⓐ *adj.* huronian Ⓑ *s. m.* huron
hurra! *interj.* hurrah!
husma *s. f.* ***à husma*** on the watch
hússar *s. m.* hussar
hussardo *s. m.* hussar
hussita *s. m.* RELIGIÃO, HISTÓRIA Hussite (follower of John Huss)

I

i, I *s. m.* the ninth letter of the alphabet
iacu *s. m.* ⇒ **jacu**
iâmbico *adj.* ⇒ **jâmbico**
iambo *s. m.* ⇒ **jambo**
iamologia *s. f.* MEDICINA pharmacology (medicamentary treatise)
iamológico *adj.* MEDICINA concerning medicaments
iamotecnia *s. f.* FARMACOLOGIA iamatotechnique (the art of preparing medicaments; pharmacognosi)
iamotécnico *adj.* FARMACOLOGIA iamatotechnical, pharmacist, pharmaceutical
ianque *s. m. e f., adj.* Yankee
iantino *adj.* ianthine, violet-coloured
ião *s. m.* ion
iapoque *s. m.* yapok, yapock, water opossum
iapu *s. m.* ⇒ **japu**
iaque *s. m.* yak
iatagã *s. m.* yataghan
iatai *s. m.* BOTÂNICA variety of Brazilian palm-tree
iataí *s. m.* ⇒ **iatai**
iate *s. m.* NÁUTICA yacht; ***iate de corrida*** racing-yacht; ***iate de recreio*** pleasure-yacht; ***dono ou timoneiro de um iate*** yachtsman
iatralipta *s. m. e f.* iatraliptic (physician who treats diseases by inunction and friction)
iatralíptica *s. f.* MEDICINA iatraliptics
iatralíptico *adj.* MEDICINA iatraliptic
iatria *s. f.* iatrics
iátrica *s. f.* iatrics
iátrico *adj.* iatric
iatrofísica *s. f.* iatrophysics
iatrofísico *adj.* iatrophysic(al)
iatrologia *s. f.* iatrology
iatromatemática *s. f.* iatromathematics
iatromecânica *s. f.* iatromechanics
iatroquímica *s. f.* iatrochemistry
iatroquímico *adj.* QUÍMICA iatrochemical
iberíaco *adj.* ⇒ **ibérico**
ibérico *adj.* Iberian
iberino *adj.* ⇒ **ibérico**
ibério *adj.* Iberian
iberismo *s. m.* Iberism
iberista *s. m. e f.* Iberianist
iberização *s. f.* act of rendering Iberian
iberizar *v. tr.* to render Iberian in form (or shape)
ibero Ⓐ *adj.* Iberian Ⓑ *s. m.* Iberian
ibero-americano *s. m., adj.* Ibero-American
ibero-céltico *adj.* Ibero-Celtic
Íbidas *s. m. pl.* ⇒ **Ibidídeos**
ibidem *adv.* [lat.] ibidem, in the same place
Ibídeos *s. m. pl.* ⇒ **Ibidídeos**
Ibídidas *s. m. pl.* ⇒ **Ibidídeos**
Ibidídeos *s. m. pl.* ORNITOLOGIA ibises, ibides, ibes (family *Ibididae*)
ibirapitanga *s. f.* BOTÂNICA [Bras.] Brazil-wood
íbis *s. f.* ORNITOLOGIA ibis; ***íbis branca*** white ibis
iboga *s. f.* "iboga", an African (Congo) plant
ibogaína *s. f.* alkaloid extracted from iboga
içá *s. f.* female sauba-ant
içagem *s. f.* winding, hoisting
içamento *s. m.* winding, hoisting
içar *v. tr.* to hoist, to hoist up, to lift; to crane; NÁUTICA t[o] bowse, to bouse, to trice; ***içar a bandeira*** to hoist the flag; ***içar mastro (ou verga)*** to sway mast (or yard); ***iça[r] mastaréu*** to get up the top-mast; ***içar de leva-arriba*** t[o] hoist away, to sway up; ***içar o beijo*** to hoist; ***içar a leque*** t[o] whip; ***içar à tira-vira*** to parbuckle; ***iça!*** up!; ***içar (o pano)*** up sails!
içara *s. f.* a variety of Brazilian palm-tree
icário *adj.* Icarian
ícaro *s. m.* MITOLOGIA Icarus; [fig.] adventurous person
icástico *adj.* natural, artless, unadorned; [fig.] expressive, vivid
icebergue *s. m.* iceberg
icéria *s. f.* ENTOMOLOGIA icerya (cottony-cushion scale-insect, white scale-insect
ichó *s. f.* trap (for catching rabbits, or partridges)
icipó *s. m.* ⇒ **cipó**
icnêumone *s. m.* ZOOLOGIA ichneumon (the Indian variety i[s] known as the *mongoose*); ichneumon-fly
icnografia *s. f.* ARQUITECTURA ichnography
icnográfico *adj.* ichnographic(al)
icnógrafo *s. m.* ichnographer
ícone *s. m.* icon, ikon, eikon image, statue; RELIGIÃO sacre[d] portrait (mosaic, etc.) representing the figure of Christ (or o[f] a saint, or martyr)
icónico *adj.* iconic(al)
iconismo *s. m.* iconism
iconista *s. m. e f.* iconist
iconoclasia *s. f.* iconoclasm
iconoclasmo *s. m.* iconoclasm
iconoclasta *s. m. e f.* iconoclast (breaker of images; [fig.] one who attacks traditional (or cherished) belief[s,] superstitions, institutions, etc.
iconoclastia *s. f.* iconoclasm
iconófilo *s. m., adj.* iconophile, iconophilist
iconografia *s. f.* iconography
iconográfico *adj.* iconographic(al)
iconógrafo *s. m.* iconographer
iconólatra *s. m. e f.* iconolater (worshipper of images)
iconolatria *s. f.* iconolatry
iconologia *s. f.* iconology
iconológico *adj.* iconologic(al)
iconologista *s. m. e f.* iconologist
iconólogo *s. m.* iconologist
iconómaco *s. m.* iconomachal, iconoclast
iconomania *s. f.* iconomania; exaggerated love of picture[s]
iconómano *s. m.* iconomaniac
iconometria *s. f.* iconometry
iconómetro *s. m.* iconometer
iconostase *s. f.* iconostasis
iconoteca *s. f.* collection of images, ancient pictures, paintings, etc.
icor *s. m.* MEDICINA ichor; PATOLOGIA watery matter from wound[s] and sores; MITOLOGIA fluid flowing like blood in the veins o[f] the Gods

icore *s. m.* MEDICINA ichor; PATOLOGIA watery matter from wounds and sores; MITOLOGIA fluid flowing like blood in the veins of the Gods
icoremia *s. f.* blood poisoning
icoroso *adj.* ichorous, serous
icosaedro *s. m.* GEOMETRIA icosahedron
icoságono *s. m.* GEOMETRIA icosagon
icosandria *s. f.* BOTÂNICA icosandria
icosandro *adj.* BOTÂNICA icosandrous, icosandrian
icterícia *s. f.* MEDICINA jaundice, icterus
ictérico *adj.* MEDICINA icteric
icteróide *adj.* MEDICINA icteriod
ictíaco *adj.* ichthyic, fish-like, piscine
ictíico *adj.* ichthyic, fish-like, piscine
ictiocola *s. f.* fish-glue, isinglass, ichthyocolla
ictiofagia *s. f.* ichthyophagy
ictiófago Ⓐ *adj.* ichthyophagous Ⓑ *s. m.* ichthyophagist (*plural* ichthyophagi), fisheater
ictiografia *s. f.* ichthyography
ictiográfico *adj.* ichthyographic
ictiógrafo *s. m.* ichthyographist
ictióide *adj.* ichthyoid (fish-like)
ictióideo *adj.* ⇒ **ictióide**
ictiol *s. m.* FARMACOLOGIA ichthyol
ictiólito *s. m.* ichthyolite
ictiologia *s. f.* ZOOLOGIA ichthyology
ictiológico *adj.* ZOOLOGIA ichthyologic
ictiólogo *s. m.* ichthyologist
ictiomancia *s. f.* ichthyomancy; divination by fish
ictiomorfo *adj.* ⇒ **pisciforme**
ictiose *s. f.* MEDICINA ichthyosis
ictiosismo *s. m.* ichthyosis
ictiossáurio *s. m.* ⇒ **ictiossauro**
ictiossauro *s. m.* PALEONTOLOGIA ichthyosauros, ichthyosaur
icto *s. m.* ictus
id *s. m.* id (fundamental self-preserving instincts; the true inconscious)
ida *s. f.* departure, setting out, journey; trip; ***idas e vindas*** goings and comings; ***bilhete de ida e volta*** return ticket; NÁUTICA ***de ida*** outward, outwards; ***de ida e volta*** out and home
idade *s. f.* age; lifetime; length of life; epoch, century, time; old age; maturity; stage (of development or civilization in art, etc.); years; ***Idade Média*** Middle Ages; ***idade das trevas (Alta Idade Média)*** the Dark Age; ***idade do bronze*** bronze age; ***idade do ferro*** iron age; ***idade da razão*** adulthood; ***idade civil*** manhood; ***idade avançada*** old age; ***de idade provecta*** stricken in years; ***de meia idade*** middle-aged; ***de tenra idade*** of tender age; ***que idade tem?*** how old are you?, what is your age?; ***tenho doze anos*** I am twelve years old, I am twelve years of age; ***ele ainda não tem 20 anos de idade*** he is still in his teens; ***ele não parece ter a idade que tem*** he does not look his age; ***estar na flor da idade*** to be in the prime of life; ***está novo para a sua idade*** he is young for his years; ***certidão de idade*** birth certificate; ***homem de idade*** old man
idálico *adj.* HISTÓRIA pertaining to mount Ida in the isle of Cyprus; MITOLOGIA referring to Venus
idálio *adj.* ⇒ **idálico**
ideação *s. f.* ideation, idealization
ideal Ⓐ *adj.* ideal, perfect, imaginary, visionary, unreal Ⓑ *s. m.* ideal, supreme perfection; perfect type, model, example; ***poucas pessoas realizam os seus ideais*** few of us fulfil our ideals; ***um ideal de felicidade*** an ideal of happiness; ***um companheiro ideal*** an ideal companion; ***um sítio ideal para passar as férias*** an ideal place for spending the holidays
idealidade *s. f.* ideality (tendency to form ideals); quality of being ideal
idealismo *s. f.* idealism
idealista Ⓐ *adj.* idealistic Ⓑ *s. m. e f.* idealist
idealístico *adj.* idealistic
idealização *s. f.* idealization
idealizador *s. m.* idealist; idealizer; creator
idealizar *v. tr.* to idealize, to render ideal; to imagine, to fancy, to dream, to picture; to realize
idealmente *adv.* ideally
idear *v. tr.* to ideate, to idealize; to imagine; to conceive, to form ideas; to invent; to fancy; to visualize; ***idear um plano*** to form a plan
ideário *s. m.* collection of ideas
ideável *adj.* conceivable
ideia *s. f.* idea, notion, thought; mental conception; concept; plan, scheme; fancy; image; impression; opinion; belief, memory; ***ter uma ideia acertada*** to hit upon the right idea; ***copiar as ideias dos outros*** to pick other people's brains; ***estar obcecado por uma ideia*** to have something on the brain, to have a bee in the bonnet; ***tirar da ideia*** to put out of one's head; ***procurar ideias*** to rack one's brains, to cudgel one's brains; ***dar uma ideia viva*** to give a realistic impression; ***uma ideia luminosa*** a bright idea; ***que ideia!*** what an idea!; ***não fazia ideia de que estivesses aí*** I had no idea you were there; ***ideia genial*** brain-wave; ***veio-me à ideia*** the thought struck me; ***que ideia tão engraçada!*** what a funny idea!; ***não tenho a menor ideia disso*** I have not the faintest idea of it; ***uma fraca ideia*** a faint idea; ***dar uma ideia clara*** to give the right idea; ***ideia fixa*** a fixed idea; ***a sua ideia fixa*** his one idea; ***ideias avançadas*** advanced opinions; ***tal coisa nunca me passou pela ideia*** such a thing never entered my thoughts, such a thing never struck my mind; ***estava satisfeitíssimo com a ideia*** he was immensely tickled at the idea; ***sugeriu-me algumas ideias úteis*** he gave me some useful hints; ***dar a ideia de (parecer)*** to look (like); ***um homem de ideias*** a man of ideas; ***formar uma ideia de*** to form an idea of; ***conjurar ideias*** to collect one's thoughts, to marshal one's thoughts
idem *adv.* [lat.] idem, ditto, the aforesaid, the same word
identicamente *adv.* identically
idêntico *adj.* identical, the very same; identic (diplomacy)
identidade *s. f.* identity, sameness, oneness; MATEMÁTICA identity; ***provar a identidade de alguém*** to prove a person's identity; ***bilhete de identidade*** identity card; ***apresentar o bilhete de identidade quando exigido*** to show the identity card on demand
identificação *s. f.* identification
identificar Ⓐ *v. tr.* to identify, to regard as identical; to proclaim (to establish) identity of; to recognize Ⓑ *v. refl.* to be associated with; to identify oneself with, to be identified with
identificável *adj.* identifiable
ideogenia *s. f.* ideogeny; origin of ideas
ideogénico *adj.* ideogenic
ideografia *s. f.* ideography
ideográfico *adj.* ideographic(al)
ideografismo *s. m.* ideographism
ideógrafo *s. m.* ideographer
ideograma *s. m.* ideogram
ideologia *s. f.* ideology, visionary theorizing
ideológico *adj.* ideologic(al)
ideólogo *s. m.* ideologist
idilicamente *adv.* idyllically
idílico *adj.* idyllic
idílio *s. m.* idyll, idyl; Platonic love affair; pastoral, rural poem
idilista *s. m. e f.* idyllist
idiocromático *adj.* idiochromatic
idiocromossoma *s. m.* idiochromosome
idioginia *s. f.* BOTÂNICA state of being idiogynous
idiógino *adj.* BOTÂNICA idiogynous
idiólatra *s. m. e f.* idiolater, self-worshipper

idiolatria *s. f.* idiolatry
idiolátrico *adj.* idiolatric(al); idiolatrous
idioma *s. m.* idiom, language, dialect
idiomaticamente *adv.* idiomatically
idiomático *adj.* idiomatic; ***expressão idiomática*** idiomatic expression
idiomografia *s. f.* idiomography (science that classifies and describes the idioms)
idiomográfico *adj.* idiomographic(al)
idiomórfico *adj.* MINERALOGIA idiomorphic, idiomorphous
idiomorfo Ⓐ *adj.* idiomorphic, idiomorphous Ⓑ *s. m.* fossil that preserved its own peculiar form
idionomia *s. f.* state of that which follows and obeys private laws
idionómico *adj.* connected with idionomia
idiopatia *s. f.* MEDICINA idiopathy
idiopático *adj.* idiopathic(al), idiopathetic, idiopathetical
idioplasma *s. m.* BIOLOGIA idioplasm
idioscópico *adj.* relative to the private properties of certain beings
idiossincrasia *s. f.* idiosyncrasy
idiossincrásico *adj.* idiosyncratic; peculiar
idiossincrático *adj.* ⇒ **ideossincrásico**
idiota Ⓐ *adj.* idiotic, imbecile, silly, foolish Ⓑ *s. m. e f.* idiot, imbecile, dunce, fool; ***ele é um idiota chapado*** he is a drivelling idiot
idiotia *s. f.* PATOLOGIA idiocy
idiotice *s. f.* madness, foolishness, silliness; nonsense
idiótico *adj.* idiotic, foolish, senseless
idiotismo *s. m.* idiom (peculiarity of speech); idiotism, nonsense
idiotizar *v. tr.* to idiotize, to render idiotic
idócrase *s. f.* MINERALOGIA idocrase, vesuvianite
ídola *s. f.* image of a goddess; well beloved woman
idólatra Ⓐ *adj.* idolatrous; pagan, heathen Ⓑ *s. m. e f.* idolater, idolatress; idol-worshipper; heathen, pagan; adorer, fervent admirer
idolatrar *v. tr.* to idolize, to worship; to make an idol of; to love (to admire, to venerate) to an extreme degree
idolatria *s. f.* idolatry, excessive devotion, admiration
idolátrico *adj.* idolatrous
idolatrizar *v. tr.* to make idolatrous; to paganize; to idolize
idoleto *s. m.* little idol
ídolo *s. m.* idol, image of deity worshipped as such; false god
idoneidade *s. f.* idoneousness; aptitude, aptness, fitness, suitableness, capacity, suitability; competence; idoneity
idóneo *adj.* idoneous; suitable; apt, fit, capable, competent
Idos *s. m. pl.* ides (the fifteenth day of March, May, July and October and the thirteenth day of the other months in the ancient Roman calendar)
idoscópico *adj.* referring to eyes that reflect images
idoso *adj.* old, aged; ***muito idoso*** very advanced in years, long in the tooth
idrol *s. m.* silver citrate, idrialite, idrialin
idumeu *s. m., adj.* Idumean, from Idomea
iemenita *s. m. e f., adj.* Yemeni
iene *s. m.* yen
igara *s. f.* [Bras.] dugout, canoe
igarapé *s. m.* [Bras.] a narrow riverbank between two islands, giving passage to *igaras*
igarité *s. m.* [Bras.] dugout; plank boat
igariteiro *s. m.* [Bras.] boatman
ignaro *adj.* unlearned, unlettered, ignorant
ignávia *s. f.* indolence, idleness, inertness; heartlessness; cowardice
ignavo *adj.* idle, indolent, inert, slothful, inactive; faint-hearted, cowardly
ígneo *adj.* igneous, fiery
ignescência *s. f.* ignescent state
ignescente *adj.* ignescent, igneous, kindling, alight
ignição *s. f.* ignition; ***bobina de ignição*** ignition coil; ***chave de ignição*** ignition key
ignícola Ⓐ *adj.* fire-worshipping Ⓑ *s. m. e f.* fire-worshipper; ignicolist
ignífero *adj.* igniferous
ignificação *s. f.* production of fire, combustion
ignificar *v. tr.* to set on fire
ignífugo *adj.* fire-extinguishing
ignígeno *adj.* ignigenous
ignípede *adj.* fiery-footed
ignipotente *adj.* [poét.] ignipotent
ignipunctura *s. f.* CIRURGIA ignipuncture
ignívomo *adj.* [poét.] ignivomous, vomiting fire
ignívoro *adj.* ignivorous, fire-eating
ignizar-se *v. tr.* to ignite, to set on fire, to kindle; to take fire, to be kindled
ignóbil *adj.* ignoble, mean, base, degraded, dishonourable
ignobilidade *s. f.* ignobleness, baseness, meanness
ignobilmente *adv.* ignobly, shamefully
ignomínia *s. f.* ignominy; disgrace, disrepute, discredit opprobium, abasement
ignominiar *v. tr.* to dishonour, to disgrace, to degrade, to bring shame upon
ignominiosamente *adv.* ignominiously
ignominioso *adj.* ignominious; dishonourable; shameful mean; contemptible, unworthy; ***procedimento ignominioso*** ignominious conduct
ignorado *adj.* unknown, obscure
ignorância *s. f.* ignorance, want of knowledge; inexperience; illiteracy; [fig.] darkness, blindness; ***ignorância crassa*** gross ignorance; ***a ignorância da lei não exime da culpa*** ignorance of the law is no defence; ***agir por ignorância*** to act from ignorance; ***alegar ignorância*** to plead ignorance
ignorantão Ⓐ *adj.* very ignorant Ⓑ *s. m.* dunce, ignoramus, ignorant person, a know-nothing
ignorante Ⓐ *adj.* ignorant, unlearned, illiterate, uncultured, uneducated, untaught, unread; silly, simple-minded Ⓑ *s. m. e f.* ignorant person, ignoramus (law)
ignorantemente *adv.* ignorantly
ignorantismo *s. m.* FILOSOFIA, RELIGIÃO ignorantism; obscurantism
ignorantista *s. m. e f.* ignorantist, obscurantist
ignorar *v. tr.* to ignore, not to know, to be ignorant of; to be unacquainted with; to shut one's eyes to; to disregard
ignoto *adj.* unknown; hidden
igreja *s. f.* church; temple; ***igreja matriz*** mother Church ***Igreja Anglicana*** Anglican Church, Church of England ***Igreja Católica Romana*** Roman Catholic Church; ***Igreja Ortodoxa*** Orthodox Church, Byzantine Church
igrejário *s. m.* small church, shrine; group of churches in the same diocese
igrejeiro *adj.* churchly, ecclesiastical
igrejinha *s. f.* little church, chapel; collusion; trap; intrigue
igrejola *s. f.* little church
igual Ⓐ *adj.* equal, like, alike; even, equable, uniform, level Ⓑ *s. m. e f.* equal (person equal to another in rank), peer, fellow, match; ***sem igual*** matchless, not to be equalled; ***nunca veremos outro igual*** we shall never see his equal, we shall never see the like again; ***por igual*** equally; ***não haver igual*** to have no equal; ***duas partes iguais*** two equal parts; ***os homens são todos iguais perante Deus*** all men are equal in the sight of God; ***não ser igual*** to be different; ***de igual para igual*** between equals; ***estar em iguais condições*** to be on equal footing; ***possibilidades iguais para todos*** fair field and no favour; ***cada qual com seu igual*** birds of a feather flock together
igualação *s. f.* equalization
igualado *adj.* equalled; levelled
igualador *s. m.* equalizer

igualamento *s. m.* equalization
igualar Ⓐ *v. tr.* to equalize, to make (things) equal; to match, to peer; to level with; to equal Ⓑ *v. intr.* to be equal to; to come up to; to be as good as; to stand by the side of; ***ninguém o pode igualar em assuntos da sua especialidade*** no one can compare with him in his speciality; ***igualar-se a outro em inteligência*** to equal another in intelligence
igualável *adj.* that can be equalized (or compared to)
igualdade *s. f.* equality, eveness, uniformity, sameness; MATEMÁTICA equation; ***estar em pé de igualdade com*** to be on equal terms with, to be on an equality with; ***pôr em pé de igualdade*** to put on the same level
igualha *s. f.* equal social condition, equality in station, comradeship; ***não é da minha igualha*** he is not of my class (or social standing)
igualitário *s. m., adj.* equalitarian
igualitarismo *s. m.* equalitarianism
igualitarista *s. m. e f.* equalist (follower of equalitarianism)
igualização *s. f.* ⇒ **igualação**
igualmente *adv.* equally; in an equal manner; to an equal degree; ***igualmente bem*** just as well
igualzinho *adj.* perfectly equal, identical
iguana *s. f.* ZOOLOGIA iguana
Iguânidas *s. m. pl.* ⇒ **Iguanídeos**
Iguanídeos *s. m. pl.* ZOOLOGIA *Iguanidae* (family of lizards)
iguano *s. m.* ⇒ **iguana**
iguaria *s. f.* dainty, delicacy, titbit; food, dish; fare
ih! *interj.* ah!, oh!
ijolito *s. m.* GEOLOGIA ijolite
ilação *s. f.* illation, inference; deduction, conclusion
ilacerável *adj.* untearable
ilacrimável *adj.* inexorable, implacable
ilapso *s. m.* illapse
ilaquação *s. f.* illaqueation; entanglement; intrigue
ilaquear *v. tr.* to illaqueate; to entangle, to entrap, to ensnare
ilar *v. tr.* to isolate, to insulate; to separate
ilargueiro *adj.* collateral
ilativo *adj.* illative; inferential
Ileáceas *s. f. pl.* BOTÂNICA plants of holly family, *Aquifoliaceae*
ileáceo *adj.* holly-like
ilécebras *s. f. pl.* caress; blandishment
ilegal *adj.* illegal, unlawful, illicit
ilegalidade *s. f.* illegality, unlawfulness
ilegalmente *adv.* illegally
ilegibilidade *s. f.* illegibility
ilegitimamente *adv.* illegitimately, illegally, illicitly, unlawfully; spuriously, disorderly
ilegitimidade *s. f.* illegitimacy
ilegítimo *adj.* illegitimate; illegal; unlawful, unauthorized; illicit, spurious, bastard; ***filho ilegítimo*** son born out of wedlock, illegitimate child, bastard
ilegível *adj.* illegible, unreadable, undecipherable
ilegivelmente *adv.* illegibly
íleo *s. m.* ANATOMIA ileum
ileocecal *adj.* ANATOMIA ileocaecal
ileocolite *s. f.* ileocolitis
ileografia *s. f.* ileography (study of the intestines)
ileose *s. f.* ileitis
ileso *adj.* unhurt, safe and sound; ***ele sai sempre ileso*** he always comes off clear
iletrado *adj.* illiterate, unlettered, unlearned, untaught, uneducated
ilha *s. f.* island; isle (in prose usually with proper name); ***ilhas vulcânicas*** volcanic islands; ***ilhas oceânicas*** oceanic islands; ***ilha de coral*** coral-island; ***ilha fluvial*** holm; ***ilha de trânsito*** street refuge
ilhal *s. m.* flank
ilhapa *s. f.* the thickest part of a lariat (lasso)
ilharga *s. f.* flank; side; ***de mão na ilharga*** arms akimbo; ***dor de ilharga*** pain in the side
ilheta *s. m.* islet; small island
ilhéu Ⓐ *s. m.* islet, small island; reef; islander Ⓑ *adj.* insular
ilhó *s. m.* eyelet, eyelet-hole
ilhoa *s. f.* female islander (woman who was born on an island or inhabits it)
ilhota *s. f.* islet; small island
ilhote *s. m.* ⇒ **ilhota**
ilíaco *adj.* ANATOMIA iliac; ***osso ilíaco*** ilium
ilibação *s. f.* blamelessness, stainlessness; innocence; rehabilitation
ilibado *adj.* blameless, guiltless, stainless; pure, innocent
ilibar *v. tr.* to rehabilitate, to clear from guilt, to establish in good repute
iliberal *adj.* illiberal; niggardly, narrow-minded, intolerant
iliberalidade *s. f.* illiberality; niggardliness; narrow-mindedness
iliberalismo *s. m.* illiberalism
Ilicáceas *s. f. pl.* BOTÂNICA plants of holly family, *Aquifoliaceae*, ilex aquifolium
ilicáceo *adj.* holly-like
iliçador *s. m.* cheater, impostor, swindler
ilição *s. f.* fraud, swindle, deceit
iliçar *v. tr.* to cheat, to swindle, to deceive
ilicina *s. f.* ilicin
ilício *s. m.* ⇒ **ilição**
ilicitamente *adv.* illicitly
ilícito *adj.* illicit, illegal; unlawful; prohibited, unlicensed, unauthorized; criminal
ilídimo *adj.* illegitimate, unlawful
ilidir *v. tr.* to refute, to deny, to prove the falsity of (an argument, statement, etc.)
ilidível *adj.* refutable
iligar *v. tr.* to tie
iliinguinal *adj.* ANATOMIA ilioinguinal
iliipogástrico *adj.* iliohypogastric
ilimitação *s. f.* illimitation, illimitableness
ilimitado *adj.* unlimited; limitless; unrestricted; boundless, very great, infinite; ***confiança ilimitada*** unlimited confidence; ***espaço ilimitado*** illimitable space
ilimitável *adj.* illimitable, boundless, limitless
ílio *s. m.* ANATOMIA ilium; hip-bone
iliocostal *adj.* ANATOMIA iliocostalis
iliolombar *adj.* ANATOMIA iliolumbar
ílion *s. m.* ⇒ **ílio**
iliospinal *adj.* ANATOMIA iliospinal
iliosquiático *adj.* ilio-ischiatic
iliossacro *adj.* ANATOMIA iliosacral
iliossagrado *adj.* ANATOMIA iliosacral
iliotibial *adj.* iliotibial
iliotrocanteriano *adj.* iliotrochanteric
iliotrocantiniano *adj.* iliac (bone)
ilíquido *adj.* not liquid; COMÉRCIO gross, total, whithout deduction; DIREITO not ascertained, confused
iliterado *adj.* illiterate, unlettered
iliterato *adj., s. m.* illiterate, unlettered (person)
ilmenite *s. f.* MINERALOGIA ilmenite
ilocável *adj.* unplaceable
ilogicamente *adv.* illogically
ilógico *adj.* illogical, irrational; inconsistent, absurd, incoherent
ilogismo *s. m.* illogicality, illogicalness
iludente *adj.* deceitful, fallacious
iludir Ⓐ *v. tr.* to deceive with false hopes, to illude; to dupe, to trick, to put upon a person; to delude Ⓑ *v. refl.* to be deluded; to deceive oneself; to fall victim to delusion; ***iludir alguém*** to deceive someone; ***iludir a resposta*** to beg the question; ***iludir a lei*** to evade the law; ***iludir os dois lados*** to doublecross

iludível *adj.* that can be deceived; deceivable
iluminação *s. f.* illumination; lighting; inspiration; illustration; ***iluminação eléctrica*** electric light; ***iluminação a gás*** gas-light; ***iluminação natural*** natural lighting; ***iluminação directa*** direct lighting
iluminado Ⓐ *adj.* lighted, lit, illuminated, enlightened, illumined Ⓑ *s. m.* visionary; prophet; ***tinha o rosto iluminado de alegria*** his (her) face was alight with joy
iluminador *s. m.* illuminator
iluminante *adj.* illuminating; enlightening
iluminar *v. tr.* to illuminate, to light up; to adorn with lights; to enlighten; to elucidate; to inspire; ***iluminar ruas (casas, etc.) para uma festa*** to illuminate streets (houses, etc.) for a festivity
iluminativo *adj.* illuminative, enlightening, illuminatory, explanatory
iluminismo *s. m.* enlightenment
iluminista *s. m. e f.* illuminist
iluminura *s. f.* illumination, coloured and gilded decorations in a manuscript; ***mensagem com iluminura*** illuminated address
ilusão *s. f.* illusion; delusion, deception; vision, chimera; deceptive appearance; false conception (or idea); ***que grande ilusão!*** what a delusion!, what a mistake!; ***uma ilusão de óptica*** a trick of the eye
ilusionismo *s. m.* illusionism; prestidigitation, jugglery
ilusionista *s. m. e f.* illusionist; prestidigitator, sleight-of-hand performer; juggler
ilusivo *adj.* illusive, illusory
iluso *adj.* deceived, tricked; deluded
ilusor *s. m.* deluder, deceiver
ilusoriamente *adj.* illusorily, illusively
ilusório *adj.* illusory, illusive, deceptive; unreal; ***aparências ilusórias*** hollow pretence
ilustração *s. f.* illustration, elucidation, exemplification; learning, erudition, knowledge, scholarship; magazine, periodical publication; picture, figure, plate (in a book), drawing, cut
ilustrado *adj.* illustrated; learned, erudite, literate, cultured
ilustrador *s. m.* illustrator
ilustrar *v. tr.* to illustrate; to teach; to impart knowledge; to enlighten; to clarify; to dignify; to elucidate; to explain; to ornament (book, newspaper, etc.) with pictures
ilustrativo *adj.* illustrative
ilustre *adj.* illustrious, celebrated, famous, distinguished, renowned; eminent; ***de descendência ilustre*** of high birth
ilustríssimo *adj.* most illustrious
ilutação *s. f.* action of covering parts of the body with mud (for certain diseases) as a treatment
ilutar *v. tr.* MEDICINA to treat by mud baths
ímã *s. m.* ⇒ **íman**
imaculabilidade *s. f.* immaculacy
imaculado *adj.* immaculate; ***Imaculada Conceição*** Immaculate Conception
imaculatismo *s. m.* doctrine of the Immaculate Conception
imaculável *adj.* that cannot be stained (spotted)
imaculidade *s. f.* ⇒ **imaculabilidade**
imagem *s. f.* image, picture, statue, effigy; figure, likeness, copy; RETÓRICA figurative expression, simile, metaphor; reflection; ***adorar imagens*** to worship images; ***imagem de um santo*** image of a saint; ***imagem nítida*** clear-cut image; ***imagem reflectida*** reflected image; ***imagem viva*** "tableau vivant"; ***o homem foi criado à imagem de Deus*** man was criated as God's image
imaginação *s. f.* imagination; conception, notion; fancy, fantasy; invention, idea; imagining, creative faculty of the mind; mania; superstition; ***dar largas à imaginação*** to give reins to one's imagination; ***rasgo de imaginação*** flight of imagination, fancy; ***dar tratos à imaginação*** to rack one's brains, to try to think of; ***isso é imaginação sua*** it is all your imagination
imaginador *s. m.* imaginer
imaginante *adj.* imagining
imaginar *v. tr.* to imagine; to fancy, to presume; to conceive, to picture, to scheme; to create; to suppose, to think, to believe; ***imagine!*** picture to yourself!, just imagine!, just fancy!; ***não posso imaginá-lo*** I can't picture him; ***tu não podes imaginar!*** you can't form any idea of it!; ***imagine-se no meu lugar*** put yourself in my place
imaginaria *s. f.* collection of images
imaginária *s. f.* images
imaginariamente *adv.* imaginably; unreally
imaginário Ⓐ *adj.* imaginary, unreal, illusory, illusive, visionary, chimerical, ideal Ⓑ *s. m.* imaginary
imaginativa *s. f.* imaginativeness, imagination, fancy
imaginativo *adj.* imaginative, fanciful
imaginável *adj.* imaginable
imaginoso *adj.* imaginative, fanciful
imago *s. m.* imago
imaleabilidade *s. f.* immalleability
imaleável *adj.* immalleable
íman *s. m.* magnet; loadstone, lodestone
imanar *v. tr.* to magnetize; to attract
imane *adj.* huge, monstrous in size (or length); ferocious, immane
imanência *s. f.* immanence, immanency
imanente *adj.* immanent, inherent; indwelling
imanentismo *s. m.* FILOSOFIA immanentism
imanidade *s. f.* enormity; excessiveness; ferocity, immanity
imanizar *v. tr.* to magnetize
imarcescibilidade *s. f.* imperishableness
imarcescível *adj.* immarcescible; incorruptible, imperishable
imareado *adj.* unstained
imareável *adj.* unstainable
imarginado *adj.* BOTÂNICA immarginate
imaterial *adj.* immaterial, incorporeal, insubstantial, spiritual
imaterialidade *s. f.* immateriality
imaterialismo *s. m.* immaterialism
imaterialista *s. m. e f.* immaterialist
imaterializar *v. tr.* to immaterialize, to make immaterial
imaturidade *s. f.* immaturity, unripeness; untimeliness
imaturo *adj.* immature, unripe; unfinished, undeveloped; untimely; crude, imperfect; premature
imbaíba *s. f.* [Bras.] ⇒ **umbaúba**
imbaúba *s. f.* [Bras.] ⇒ **umbaúba**
imbebível *adj.* undrinkable, non-potable
imbecil Ⓐ *adj.* imbecile, idiotic; stupid, foolish; fatuous Ⓑ *s. m.* imbecile, fool; simpleton
imbecilidade *s. f.* imbecility, feeble-mindedness, stupidity, narrow-mindedness
imbecilizar *v. tr.* to make imbecile
imbecilmente *adv.* imbecilely
imbele *adj.* imbellic, unwarlike, pacific, timid; weak
imberbe *adj.* beardless; youthful
imbibição *s. f.* imbibition, absorption
imbicar *v. tr.* to cast anchor; to land; to implicate
imbira *s. f.* ⇒ **embira**
imbricação *s. f.* imbrication
imbricado *adj.* imbricated
imbricante *adj.* BOTÂNICA imbricate; imbricating, imbricative
imbricar *v. tr. e intr.* to imbricate, to overlap
imbrífero *adj.* [poét.] rainy, bringing rain; causing flood
imbrífugo *adj.* that drives rain away
imbrincado *adj.* imbricated
imbróglio *s. m.* imbroglio, confusion (of ideas); complicated situation, intricacy; misunderstanding
imbu *s. m.* hog-plum, chickasaw plum
imbuição *s. f.* imbuing, imbuement
imbuído *adj.* imbued, instiled, inspired; moist; imbibed, soaked, impregnated

imbuir Ⓐ *v. tr.* to imbue, to moisten, to steep, imbibe, to soak; to impregnate, to permeate; to inspire, to instil into Ⓑ *v. refl.* to get imbued
imbuzada *s. f.* sweatmeat made from hog-plumes
imbuzeiro *s. m.* hog-plum tree
imcomplexidade *s. f.* incomplexity, simplicity
imediação *s. f.* immediacy; contiguity, nearness; proximity; *pl.* surroundings, environs
imediatamente *adv.* immediately, at once, right off, right away, directly, without delay, without loss of time; ***chegar imediatamente*** to come in less than no time; ***eles decidiram a questão imediatamente*** they came to a decision then and there
imediatismo *s. m.* immediacy; straightforwardness; elementariness
imediatista *adj.* immediate; straightforward, to the point; elementary, undemanding, easy
imediato Ⓐ *adj.* immediate, next to, near, close, contiguous; direct; instant, without delay, prompt; instantaneous Ⓑ *s. m.* clerk next to the chief; NÁUTICA second in command, executive officer; NÁUTICA chief mate, chief officer, first mate; ***entrega imediata*** prompt delivery
imedicável *adj.* incurable, immedicable
imemorabilidade *s. f.* immemorability
imemorado *adj.* unremembered, forgotten
imemorável *adj.* immemorable, immemorial
imémore *adj.* unremembered, forgotten
imemorial *adj.* immemorial, out of time, very ancient, of great age, remote; ***de tempo imemorial*** from time immemorial, from time out of mind
imemoriável *adj.* immemorial, out of time, very ancient, of great age, remote
imensamente *adv.* immensely
imensidade *s. f.* immensity, vastness, immeasurableness; infinity
imensidão *s. f.* immensity, vastness
imenso *adj.* immense; enormous, vast, infinite, boundless, unlimited, immeasurable; ***sinto imenso*** I am awfully sorry
imensurabilidade *s. f.* immeasurability; immensurableness
imensurável *adj.* immeasurable, immense, immensurable
imerecidamente *adv.* undeservedly, unmeritedly
imerecido *adj.* undeserved; unmerited
imergência *s. f.* immergence, immersion
imergente *adj.* immergent, immersing, plunging
imergir *v. tr. e intr.* to immerge, to immerse, to dip, to plunge, to dive, to submerge
imérito *adj.* unmerited, undeserved
imersão *s. f.* immersion, immersing; plunge, dip; sinkage; ***em imersão*** under water; ***imersão do cabo submarino*** laying of a (submarine) cable; ELECTRICIDADE ***resistência de imersão*** immersion boiling device
imersionismo *s. m.* immersionism
imersionista *s. m. e f.* immersionist
imersível *adj.* submersible
imersivo *adj.* immersive
imerso *adj.* immersed; submerged; plunged
imersor Ⓐ *s. m.* immerger Ⓑ *adj.* causing immersion
imida *s. f.* QUÍMICA imide
imidogénio *s. m.* QUÍMICA imidogen (the bivalent group NH)
imigração *s. f.* immigration
imigrado *s. m.* immigrant
imigrante *s. m. e f., adj.* immigrant
imigrar *v. intr.* to immigrate
imigratório *adj.* immigratory
iminência *s. f.* imminence, imminency
iminente *adj.* imminent, impending, soon to happen, threatening; ***estar iminente*** to impend; ***perigo iminente*** imminent danger
iminentemente *adv.* imminently
imisção *s. f.* mixture, mixing; intromission, intervention
imiscibilidade *s. f.* immiscibility
imiscível *adj.* immiscible
imiscuição *s. f.* mixture; intromission, intermeddling
imiscuir-se *v. refl.* to meddle with, to interfere, to intervene, to intrude upon; ***imiscuir-se na vida alheia*** to meddle with other people's business, to poke one's nose in other people's business; ***imiscuir-se num negócio*** to meddle with a matter
imisericórdia *s. f.* mercilessness
imisericordioso *adj.* unmerciful
imissão *s. f.* immission; injection, insertion, admission, introduction
imitabilidade *s. f.* imitability, imitableness
imitação *s. f.* imitation, copy, counterfeit; likeness; mimicry, burlesque; ***cuidado com as imitações!*** beware of imitations!; ***imitação de pérolas*** imitation pearls; ***a imitação é a mais sincera das lisonjas*** imitation is the sincerest form of flattery; ***imitação da marca da fábrica*** imitation of the trade mark; ***imitação burlesca*** parody; ***imitação fraudulenta*** fake
imitador Ⓐ *adj.* imitating Ⓑ *s. m.* imitator
imitante *adj.* imiting
imitar *v. tr.* to imitate, to copy, to resemble; to counterfeit; to impersonate, to ape, to parody; ***devíamos imitar os bons em tudo*** we ought to imitate the good in all things
imitativo *adj.* imitative; ***artes imitativas*** imitative arts
imitável *adj.* imitable
imitir *v. tr.* to immit, to inject, to infuse; to introduce
imo *adj.* inmost, intimate
imóbil *adj.* immobile, immovable, motionless, firm
imobiliária *s. f.* [Ingl.] estate agent's; [E.U.A.] real estate broker's
imobiliário Ⓐ *adj.* immovable Ⓑ *s. m.* DIREITO immovables; immovable property, real estate
imobilidade *s. f.* immobility, immovableness; impassibility; imperturbability
imobilismo *s. m.* aversion for the progress; liking for old things and for old customs
imobilista *s. m. e f.* stick-in-the-mud
imobilização *s. f.* immobilization; ***imobilização do capital*** lock-up of capital
imobilizar *v. tr.* to immobilize, to make immobile; to fix, to establish immovably; to withdraw (coin) from circulation; to retain, to impede
imoderação *s. f.* immoderation
imoderadamente *adv.* immoderately
imoderado *adj.* immoderate; wild; unreasonable; unrestrained, intemperate; extravagant, inordinate; ***indulgência imoderada*** immoderate indulgence
imodestamente *adv.* immodestly
imodéstia *s. f.* immodesty, impudence
imodesto *adj.* immodest; indelicate, indecorous, shameless, gross; impure, indecent; bold, forward; presumptuous
imodicidade *s. f.* excess, exhorbitant
imódico *adj.* excessive, exhorbitant
imodificável *adj.* unmodifiable
imolação *s. f.* immolation, sacrifice
imolador Ⓐ *adj.* immolating Ⓑ *s. m.* immolator
imolando *adj.* that is to be immolated (sacrificed)
imolante *adj.* immolating, sacrificial
imolar *v. tr.* to immolate, to sacrifice
imoral *adj.* immoral, unprincipled, unscrupulous, depraved, loose, corrupt; dissolute, licentious
imoralidade *s. f.* immorality; immoral act or practice; wickedness; depravity
imoralismo *s. m.* immoralism
imoralista *s. m. e f.* immoralist

imoralmente *adv.* immorally
imorigerado *adj.* unyielding; ill-mannered; dissolute
imorredoiro *adj.* ⇒ **imorredouro**
imorredouro *adj.* immortal, everlasting, imperishable
imortal *adj.* immortal; undying, everlasting, eternal; indestructible, imperishable; famous
imortalidade *s. f.* immortality
imortalização *s. f.* immortalization
imortalizador *adj.* immortalizing
imortalizar Ⓐ *v. tr.* to immortalize, to eternalize; to perpetuate, to make famous for ever; to render immortal Ⓑ *v. refl.* to distinguish oneself
imortalizável *adj.* that can be rendered immortal
imortalmente *adv.* immortally
imortificação *s. f.* immortification
imortificado *adj.* not mortified; not tormented, not troubled; untroubled
imoto *adj.* stationary, immobile
imóvel Ⓐ *adj.* immovable, immobile; firm, fixed, steadfast, steady, unshakable; Ⓑ *s. m.* DIREITO real estrate
impacção *s. f.* impaction
impaciência *s. f.* impatience; eagerness; irritability of mind; haste; restlessness
impacientador Ⓐ *adj.* irritating Ⓑ *s. m.* irritating person
impacientar Ⓐ *v. tr.* to make impatient, to exhaust one's patience; to vex Ⓑ *v. refl.* to fret, to fidget, to grow impatient; to distinguish oneself
impaciente *adj.* impatient; restless, hasty; quick; eager; fretful, fidgety; uneasy, irritable, ardent; ***ele está impaciente por ver os pais*** he is impatient to see his parents; ***gesto impaciente*** impatient gesture
impacientemente *adv.* impatiently
impactar *v. tr.* to impact
impacte *s. m.* impact; collision
impacto Ⓐ *adj.* impacted, pressed closely in, firmly fixed Ⓑ *s. m.* impact; shot; hit; crash; ***impacto ambiental*** environmental impact
impagável *adj.* priceless, invaluable; funny, queer, precious; ***é impagável!*** that's rich!, that's capital!
impalpabilidade *s. f.* impalpability
impalpável *adj.* impalpable, intangible; immaterial
impaludação *s. f.* MEDICINA infection with malaria; ⇒ **impaludismo**
impaludado *adj.* infected with malaria
impaludar *v. tr.* to infect with malaria
impaludismo *s. m.* impaludism, malarial disease, malaria
impar *v. intr.* to pant; to breathe with difficulty; to sob; to glut, to feed to satiety
ímpar *adj.* odd; uneven; single, unmatched; ***número ímpar*** odd number
imparcial *adj.* impartial; equitable, just; unbiassed, fair, unprejudiced, open-minded
imparcialidade *s. f.* impartiality, fairness, justice
imparcializar *v. tr.* to make impartial
imparcialmente *adv.* impartially; ***ele actuou imparcialmente*** he acted without fear or favour
imparidade *s. f.* imparity, disparity; oddness, unevenness; singleness
imparipinulado *adj.* BOTÂNICA imparipinnate, imparipennate
imparissilábico *adj.* imparisyllabic
imparissílabo *s. m.* GRAMÁTICA imparisyllabic noun
impartível *adj.* indivisible
impasse *s. m.* impasse, stalemate, deadlock
impassibilidade *s. f.* impassibility, indifference, insensitiveness; phlegm
impassibilizar *v. tr.* to make impassible
impassível *adj.* impassible, impassive, indifferent, unfeeling; insensitive, apathetic, phlegmatic; insusceptible
impassivelmente *adv.* impassibly
impatriótico *adj.* unpatriotic
impatriotismo *s. m.* lack of patriotism
impavidamente *adv.* fearlessly, intrepidly, impavidly
impavidez *s. f.* intrepidity, bravery; courage; fearlessness, boldness
impávido *adj.* impavid, intrepid, fearless; brave, dauntless, courageous
impecabilidade *s. f.* impeccability, faultlessness
impecável *adj.* impeccable; innocent, sinless, pure, unstained; faultless, perfect
impecavelmente *adv.* impeccably, faultlessly, perfectly
impeciolado *adj.* sessile
impecunioso *adj.* impecunious
impedância *s. f.* ELECTRICIDADE impedance
impedição *s. f.* impediment, hindrance; obstacle
impedido Ⓐ *adj.* hindered, prevented, impeded, delayed; (of road) roadup, blocked (to traffic); interrupted; engaged (telephone) Ⓑ *s. m.* MILITAR orderly; soldier on barrack duty
impedidor Ⓐ *adj.* hindering, impeding Ⓑ *s. m.* hinderer
impediência *s. f.* impediment; ELECTRICIDADE impedance
impediente *adj.* impeding; obstructive; hindering
impedimenta *s. f.* impedimenta
impedimento *s. m.* impediment, hindrance; obstacle; check; obstruction; stumbling-block
impedir *v. tr.* to impede, to obstruct, to hinder, to stop; to clog; to retard, to delay; to thwart, to check; to interrupt, to block; to prevent; ***impedir alguém de fazer qualquer coisa*** to prevent someone from doing a thing; ***impedir o progresso*** to prevent progress; ***impedir o desenvolvimento*** to hinder the development; ***impedir a entrada a*** to shut out; ***impedir a entrada da chuva*** to shut out the rain; ***impedir a saída a*** to shut in; ***impedir a ferrugem*** to preserve from rust, to prevent rusting; ***impedir o trânsito*** to obstruct the traffic
impeditivo *adj.* impeditive, obstructive
impelente *adj.* impellent; driving
impelir *v. tr.* to impel, to push, to drive forward; to force on, to push on; to set forward; to urge, to spur, to incite; to stimulate; ***impelir alguém para a ruína*** to drive a person to disaster
impendente *adj.* impendent, imminent, impending, threatening, about to happen
impender *v. intr.* to impend, to be about to happen; to overhang, to threaten
impene *adj.* plumeless, featherless
impenetrabilidade *s. f.* impenetrability; impenetrableness; inscrutability (of mind)
impenetrado *adj.* unpenetrated, unexplored
impenetrável *adj.* impenetrable; impervious; impassable; dense; obscure, inscrutable; unfathomable; obtuse; ***florestas impenetráveis*** impenetrable forests; ***mistério impenetrável*** impenetrable mystery; ***espírito impenetrável às ideias novas*** a mind closed to new ideas
impenhorável *adj.* unseizable, not distrainable; that cannot be pledged (or mortgaged)
impenitência *s. m.* impenitence, impenitency, obduracy
impenitente *adj.* impenitent, obdurate; uncontrite; unrepentant; incorrigible
impenitentemente *adv.* impenitently
impensadamente *adv.* thoughtlessly, inconsiderately
impensado *adj.* thoughtless, inconsiderate, heedless; rash; unforeseen, unexpected
impensável *adj.* unthinkable, inconceivable
imperador *s. m.* emperor
imperante Ⓐ *adj.* ruling, reigning Ⓑ *s. m. e f.* ruler, sovereign
imperar Ⓐ *v. tr.* to command; to rule, to reign; to govern Ⓑ *v. intr.* to prevail
imperativamente *adv.* imperatively

imperativamente *adv.* imperatively
imperativo Ⓐ *adj.* imperative, authoritative, peremptory; commanding, important Ⓑ *s. m.* GRAMÁTICA imperative mood, imperative; ***uma ordem imperativa*** an imperative order
imperatória *s. f.* BOTÂNICA masterwort
imperatoriamente *adv.* imperatorially
imperatório *adj.* imperatorial; categorical
imperatriz *s. f.* empress, imperatrice, imperatrix
impercebível *adj.* unperceivable, imperceptible
imperceptibilidade *s. f.* imperceptibility; imperceptibleness
imperceptível *adj.* imperceptible, unperceivable; very slight, invisible; undiscernible, inconspicuous; subtle
imperceptivelmente *adv.* imperceptibly; gradually
imperdível *adj.* unlosable
imperdoável *adj.* unpardonable; inexcusable; ***é imperdoável o que ele fez*** what he did is unpardonable; ***de modo imperdoável*** beyond all pardon
imperecedoiro *adj.* imperishable; immortal; eternal, everlasting
imperecedouro *adj.* ⇒ **imperecedoiro**
imperecível *adj.* imperishable, indestructible; enduring; permanent, everlasting; undecaying; ***glória imperecível*** imperishable glory
imperfectibilidade *s. f.* imperfectibility
imperfectível *adj.* imperfectible
imperfeição *s. f.* imperfection, imperfectness; incompleteness; faultiness, fault; blemish; deficiency
imperfeiçoar *v. tr.* to imperfect, to make imperfect
imperfeitamente *adv.* imperfectly
imperfeito Ⓐ *adj.* imperfect; incomplete; defective, faulty, blemished Ⓑ *s. m.* GRAMÁTICA imperfect tense, past continuous tense; ***trabalho muito imperfeito*** poorly done work
imperfuração *s. f.* imperforation; MEDICINA occlusion
imperfurado *adj.* imperforate
imperfurável *adj.* imperforatable
imperial *adj.* imperial; majestic, regal; supreme, august; [fam.] haughty, authoritative, arrogant, proud; ***coroa imperial*** imperial crown
imperialismo *s. m.* imperialism
imperialista Ⓐ *adj.* imperialistic Ⓑ *s. m. e f.* imperialist
imperialmente *adv.* imperially
imperícia *s. f.* unskilfulness
império *s. m.* empire, power, authority; realm, domain; supremacy, government, absolute control (over)
imperiosamente *adv.* imperiously
imperiosidade *s. f.* imperiousness; haughtiness, arrogance
imperioso *adj.* imperious; commanding, masterful; domineering; tyrannical; arrogant, haughty; imperative, pressing, urgent
imperitamente *adv.* inexpertly, unskilfully
imperito *adj.* unskilful, inexpert
impermanência *s. f.* impermanence, transitoriness
impermanente *adj.* impermanent, temporary; instable
impermeabilidade *s. f.* impermeability; ***impermeabilidade à água*** impermeability to water
impermeabilizar *v. tr.* to render impermeable, to waterproof, to make waterproof
impermear *v. tr.* to render impermeable, to waterproof, to make waterproof
impermeável Ⓐ *adj.* impermeable; imperviable, impervious, impenetrable Ⓑ *s. m.* waterproof; mackintosh, raincoat; ***impermeável à água*** impervious to water; ***impermeável ao ar*** air-tight; ***impermeável ao vapor*** steam-tight
impermisto *adj.* unmixed, unalloyed, pure, impermixt
impermutabilidade *s. f.* unchangeableness
impermutável *adj.* unchangeable
imperpétuo *adj.* not perpetual
imperscrutável *adj.* imperscrutable, inscrutable
impersistente *adj.* imperseverant; fickle
impersonalidade *s. f.* impersonality
imperterritamente *adv.* intrepidly, bravely
impertérrito *adj.* brave, fearless, dauntless, intrepid
impertinência *s. f.* impertinence, impertinency; irrelevance, insolence, peevishness, sauciness, moroseness; petulance
impertinenciar *v. tr.* to impertinence; to importune
impertinente Ⓐ *adj.* impertinent, irrelevant, peevish; saucy, morose, cross, fretful, intrusive Ⓑ *s. m. e f.* intruder, a silly person
impertinentemente *adv.* impertinently
imperturbabilidade *s. f.* imperturbability, imperturbableness, steadiness, calmness, serenity
imperturbado *adj.* undisturbed, unperturbed, unshaken, collected
imperturbável *adj.* imperturbable, serene, calm, unruffled, cool; impassive, unmovable
imperturbavelmente *adv.* imperturbably, unerringly, calmly
impérvio Ⓐ *adj.* impervious, impenetrable; impassable Ⓑ *s. m.* trackless region
impessoal *adj.* impersonal, objective
impessoalidade *s. f.* impersonality
impessoalmente *adv.* impersonally
impeticar *v. intr.* to implicate; to pick a quarrel with
impetigem *s. f.* MEDICINA impetigo
impetiginoso *adj.* impetiginous
impetigo *s. m.* ⇒ **impetigem**
impetilhar *v. intr.* ⇒ **impeticar**
ímpeto *s. m.* impetus, impulse; moving force; vehemence; fury; rush; haste; agitation; ***com ímpeto*** impetuously
impetra *s. f.* entreaty; impetration; supplication
impetrabilidade *s. f.* quality of being impetrable
impetração *s. f.* impetration, entreaty, supplication, petition
impetrante *adj.* supplicant
impetrar *v. tr.* to impetrate; to supplicate; RELIGIÃO to ask for and obtain; to obtain by prayer
impetrativo *adj.* impetrative, impetratory
impetratório *adj.* impetratory, supplicatory
impetrável *adj.* impetrative; persuasive
impetuosamente *adv.* impetuously
impetuosidade *s. f.* impetuosity, impetuousness; fury; impetus; violence
impetuoso *adj.* impetuous, violent, vehement, hot, hasty, rash, precipitate, passionate; fiery; temperamental; ***temperamento impetuoso*** hasty temper
impiamente *adv.* impiously, mercilessly
impiedade *s. f.* impiety; mercilessness; cruelty
impiedosamente *adv.* mercilessly, pitilessly
impiedoso *adj.* cruel, merciless, pitiless, unmerciful, cruel, harsh, ruthless
impigem *s. f.* MEDICINA tetter, eczema
impingência *s. f.* [fam.] impingement; imposing upon; trick, mean action
impingidela *s. f.* [fam.] impingement; imposing upon; trick, mean action
impingir *v. tr.* to impinge, to impose upon; to compel to accept; to foist, to palm off a thing upon a person; to pass off on; to sell dear; to trick
ímpio Ⓐ *adj.* impious, wicked, irreverent; profane, ungodly Ⓑ *s. m.* an impious person
implacabilidade *s. f.* implacability, implacableness; relentlessness, inexorability, inflexibility

implacável *adj.* implacable, relentless, inexorable, inflexible, immovable, pitiless, harsh
implacavelmente *adv.* implacably, inexorably
implacidez *s. f.* want of placidity; restlessness, nervousness
implantação *s. f.* implantation, the act of implanting
implantar *v. tr.* to implant, to fix firmly; to insert, to instil; to inaugurate; to establish
implante *s. m.* ⇒ **implantação**
implausível *adj.* implausible, unlikely; improbable
implementação *s. f.* implementation
implementar *v. tr.* to implement; to fulfil, to perform
implemento *s. m.* implement; fulfilment; execution; completion; means; tool, utensil
implexo *adj.* implex, entangled, intricate, involved, complicated
implicação *s. f.* implication, act of implicating (or implying); entanglement; complication; contradiction, incompatibility; teasing
implicado *adj.* implicated, entangled, involved; implied
implicador Ⓐ *adj.* implicating, implying, entangling, involving Ⓑ *s. m.* teaser, quarrel picker
implicância *s. f.* ⇒ **implicação**
implicante *s. m. e f., adj.* ⇒ **implicador**
implicar Ⓐ *v. tr.* to implicate, to entangle, to involve; to imply; to infer Ⓑ *v. intr.* to pick a quarrel; to be incompatible; to tease, to annoy; to inculpate; ***estar implicado num crime*** to be implicated in a crime; ***implicar com alguém*** to tease someone, to pick a quarrel with someone
implicativo *adj.* implicative, implicatory, teasing, entangling
implicatório *adj.* implicative, implicatory, teasing, entangling
implicitamente *adv.* implicitly
implícito *adj.* implicit, involved, entangled, tacit, implied, understood, inferred
imploração *s. f.* imploration, imploring, supplication, earnest entreaty
implorador *adj., s. m.* ⇒ **implorante**
implorante Ⓐ *adj.* imploring Ⓑ *s. m.* implorer
implorar *v. tr.* to implore; to entreat, to beg, to pray; to demand insistently, to beseech, to supplicate; ***implorar a protecção de alguém*** to implore somebody's protection
implorativo *adj.* imploring, appealing, entreating
implorável *adj.* implorable
implume *adj.* unfeathered, featherless; unfledged
implúvia *s. f.* garment against the rain worn by Roman priests
implúvio *s. m.* impluvium
impolidez *s. f.* impoliteness, rudeness, incivility
impolido *adj.* impolite, rude, discourteous, uncivil, ill-mannered
impolítica *s. f.* impolicy, bad policy; impoliteness, incivility; inexpediency
impolítico *adj.* impolitic; injudicious, unwise, inexpedient
impoluível *adj.* unpolluted, immaculate
impoluto *adj.* unpolluted; stainless, spotless; immaculate, unstained
imponderabilidade *s. f.* imponderability, imponderableness
imponderação *s. f.* irreflexion; imprudence; inconsiderateness, imponderousness
imponderadamente *adv.* inconsiderately, thoughtlessly
imponderado *adj.* thoughtless, heedless, inconsiderate, rash
imponderável *adj.* imponderable; inappreciable; very light, very subtle
imponderavelmente *adv.* imponderably
imponência *s. f.* grandeur, magnificence, splendour, pomp, brilliance, stateliness, majesty; luxurious style of living
imponente *adj.* imponent, imposing; grand, grandiose; majestic; striking; impressive; stately, commanding
imponentemente *adv.* imposingly, majestically
impontar *v. tr.* to send away (out), to expel
impontual *adj.* unpunctual, inexact, unexact
impontualidade *s. f.* unpunctuality
impopular *adj.* unpopular
impopularidade *s. f.* unpopularity; popular disfavour
impopularizar-se *v. refl.* to become unpopular
impor Ⓐ *v. tr.* to impose, to lay (tax, duty, charge, obligation) upon; to establish; to force, to enforce; to make to accept; to tax, to assess, to exact; to inflict; to trouble; to inspire, to instil Ⓑ *v. intr.* to deceive; to palm off, to foist Ⓒ *v. refl.* to impose oneself; ***impor sacrifícios*** to impose sacrifices; ***impor condições*** to impose conditions; ***impor restrições*** to impose restrictions; ***impor uma obrigação*** to impose an obligation, to put under an obligation; ***impor um direito*** to impose a duty; ***impor respeito*** to command respect; ***impor recurso*** to appeal
importação *s. f.* importation, imports; ***importação e exportação*** import and export; ***direitos de importação*** import duty
importador *s. m.* importer
importância *s. f.* importance; eminence, notability; consideration; regard; consequence, weight, significance, moment; momentousness, concern; essentialness; interest, value; amount, quantity; sum; cost; ***um assunto de grande importância*** a matter of great importance, a matter of great weight; ***não ligar importância nenhuma a*** to set no great store by; ***dar muita importância a*** to lay great stress on; ***dar demasiada importância a*** to overmeasure; ***não dar a mínima importância*** not to care a straw, not to care a pin; ***tomar ares de importância*** to put on airs; ***pessoas de importância*** persons of consequence, persons of importance; ***pessoa sem importância*** a person of no importance, small fry; ***considerações sem importância*** considerations of no weight; ***isso não tem importância*** it is of no consequence, it doesn't matter, never mind, that's nothing; ***cônscio da sua importância*** conscious of his own importance; ***de muito pouca (nenhuma) importância*** of very little importance, of no importance; ***da maior importância*** of paramount importance; ***até à importância de...*** to the amount of; ***quanto é a importância?*** what is the amount?; ***que importância dava por isso?*** what (sum) would you give for it?
importante Ⓐ *adj.* important; eminent, distinguished; indispensable, essential; capital, weighty, momentous, significant; serious, consequential Ⓑ *s. m.* the essential point; ***dar-se ares de importante*** to look important, to ride the high horse, to give oneself airs; ***ser muito importante*** to be very important; ***ele julga-se importante*** he thinks himself somebody
importar Ⓐ *v. tr.* to import, to bring in; to introduce; to cause; to bring about, to produce Ⓑ *v. intr.* to amount to, to come to; to signify, to be of consequence Ⓒ *v. refl.* to matter; ***importar mercadorias*** to import goods; ***importar em grande escala*** to import on a large scale; ***não importa*** never mind, it does not matter; ***não se importar nada*** not to care a pin; ***pouco importa*** it signifies little, no matter, it matters little; ***que importa?*** what does it matter?; ***que lhe importa isso?*** what does it matter to you?, what's that to you?; ***importa muito*** it matters a lot; ***não importa qual*** it does not matter which; ***não me importo*** I don't mind; ***não me importo nada*** I don't care a straw (a rap, a pin, etc.); ***importar-se com*** to care for; ***importar em*** to amount to; ***em quanto importa tudo?*** how much does it all amount to?; ***importa em pouco*** it amounts to very little
importável *adj.* importable
importe *s. m.* amount, sum total; ***importe líquido*** net amount
importunação *s. f.* importunity, importunacy
importunador Ⓐ *s. m.* importunator, teaser, troublesome fellow Ⓑ *adj.* importunate, persistent, troublesome

importunamente *adv.* importunately
importunância *s. f.* ⇒ **importunação**
importunar *v. tr.* to importune, to solicit pressingly, to pester; to tease, to harass; to annoy, to trouble; ***importunar com constantes pedidos*** to importune with repeated demands
importunidade *s. f.* importunity; bother, annoyance; disturbance
importuno *adj.* importune, troublesome, irksome, wearisome, vexatious; disturbing, pesterous; insupportable
imposição *s. f.* imposition, assessment, tax; rule, order; bestowal of the insignia of an order; TIPOGRAFIA imposition; imposing (a tax, burden, etc.)
impositivo *adj.* exacting, imposing
impositor *s. m.* TIPOGRAFIA imposer
impossibilidade *s. f.* impossibility; ***ver-se na impossibilidade de*** to be deprived of the means to, not to see one's way to; ***colocar alguém na impossibilidade de fazer qualquer coisa*** to make it impossible for a person to do a thing
impossibilitado *adj.* disabled, incapacitated; powerless, unable to
impossibilitar Ⓐ *v. tr.* to impossibilitate, to render impossible, to disable, to incapacitate; to deprive of power to Ⓑ *v. refl.* to be disabled; to become deprived of the means to; to become unable to; ***a doença impossibilitou-o de trabalhar*** illness made him unable to work
impossível Ⓐ *adj.* impossible; unfeasible, unattainable; impracticable, inconceivable; [coloq.] intolerable, insufferable; eccentric, odd Ⓑ *s. m.* impossibility; ***pedir impossíveis*** to cry for the moon; ***tentar o impossível*** to run one's head against the wall; ***é absolutamente impossível*** it is beyond the range of possibility; ***uma pessoa impossível*** an impossible person, an eccentric person; ***uma história impossível*** an impossible story, an incredible story, a tall story
impossivelmente *adv.* impossibly
imposta *s. f.* ARQUITECTURA impost, abutment
imposto *s. m.* tax, duty, tariff, taxation, levy, charge; *pl.* duties; ***impostos internos*** inland revenue; ***imposto por cabeça*** poll-tax; ***imposto profissional*** tax on remunerated activities; ***impostos indirectos*** assessed taxes; ***imposto de selo*** stamp duty; ***imposto de rendimento*** revenue tax, income tax; ***imposto adicional*** additional tax, surtax; ***imposto de guerra*** war tax; ***imposto de consumo*** excise duty; ***imposto predial*** house tax; ***imposto de vendas*** turnover tax; ***lançar impostos*** to levy taxes; ***o imposto dá um belo rendimento*** the tax yields a handsome revenue; ***requerer isenção de imposto*** to request tax exemption; ***isento de imposto*** tax-free, tax-exempt, taxless; ***sonegação de impostos*** tax avoidance
impostor *s. m.* impostor, deceiver, swindler; charlatan, quack, humbug
impostura *s. f.* imposture; sham, deceit; deception; presumption; feint, fraud, humbug; ***tudo aquilo é impostura*** all that is a sham, that is all imposture
imposturar *v. intr.* to cheat; to play the impostor; to impose on (others); to brag, to boast; to palm off
imposturice *s. f.* pretence, feigning; hypocrisy; bragging, fraud
impotabilidade *s. f.* quality of being impotable
impotável *adj.* impotable, undrinkable
impotência *s. f.* impotence, impotency; sexual incapacity in the male
impotente *adj.* impotent; powerless, helpless; feeble, weak; unable, inefficacious
impotentemente *adv.* impotently
impraticabilidade *s. f.* impracticability; impracticalness; impossibility
impraticável *adj.* impracticable, impossible, unrealizable, impassable
imprecação *s. f.* imprecation, curse, malediction; invocation
imprecar Ⓐ *v. tr.* to pledge, to supplicate Ⓑ *v. intr.* to imprecate; to invoke; to summon, to call down; to curse, to execrate, to maledict; to imprecate evil upon (a person)
imprecatado *adj.* unwary, incautious, unguarded, rash
imprecativo *adj.* imprecatory, maledictory, cursing
imprecatório *adj.* imprecatory
imprecaução *s. f.* imprudence, unwariness, carelessness
imprecisamente *adv.* inexactly, inaccurately; indeterminately, vaguely
imprecisão *s. f.* imprecision, inexactness, inaccuracy, inexactitude
impreciso *adj.* not precise, inexact, inaccurate; indeterminate, undefined, vague
impreenchível *adj.* irreplaceable
impregnação *s. f.* impregnation, saturation, infusion; fecundation
impregnar Ⓐ *v. tr.* to impregnate; to fill; to saturate, to imbue; to soak; to taint, to fecundate Ⓑ *v. refl.* to implant in; to instil into; to be impregnated; ***ar impregnado de gérmenes de doença*** air impregnated with disease-germs; ***conversa impregnada de graça*** conversation seasoned with humour
impremeditado *adj.* unpremeditated, unprepared; spontaneous, instinctive
imprensa *s. f.* press (newspapers and periodicals); press, printing and publishing establishment; press (art, business, practice, of printing); printing-press (machine for printing); ***liberdade de imprensa*** freedom of the press; ***na imprensa*** in the press; ***tribuna da imprensa*** reporters' gallery; ***mandar para a imprensa*** to send to the press; ***preparar para a imprensa*** to get ready for the press; ***sufocar a imprensa*** to muzzle the press; ***imprensa periódica*** periodicals (collectivelly)
imprensador *s. m.* pressman
imprensar *v. tr.* to press; to compress; to print, to imprint; to stamp, to squeeze
imprensciência *s. f.* lack of foresight
imprescindível *adj.* indispensable
imprescindivelmente *adv.* indispensably
imprescritibilidade *s. f.* imprescriptibility
imprescritível *adj.* imprescriptible
impressão *s. f.* impression, the act of impressing; edition; impress, stamping; mark, stamp, imprint, printing; shock, impact; vague idea, notion; feeling, sensation; opinion; ***a impressão depressa desaparece*** the impression soon wears off; ***causar boa impressão*** to impress favourably; ***impressão digital*** fingerprint; ***impressão em relevo*** embossed lettering, relief-print; ***impressão tipográfica*** press printing; ***impressão de jornais*** newspaper printing; ***erro de impressão*** misprint; ***impressão em vidro*** glass-printing; ***impressão de obras*** book printing; ***impressão a cores*** colourprinting; ***tipos de impressão*** printing-types; ***décima impressão (de um livro)*** tenth impression (of a book); ***tenho a impressão de que é muito bom*** it strikes me as being very good; ***trocar impressões*** to compare notes; ***qual é a sua impressão?*** how does it strike you?; ***esta é a minha impressão*** that is my impression
impressibilidade *s. f.* impressibility, impressability
impressionabilidade *s. f.* impressionability
impressionador *adj.* touching, moving, affecting; impressive
impressionante *adj.* touching, moving, affecting; impressive; ***uma cena impressionante*** a touching scene
impressionar Ⓐ *v. tr.* to move, to affect, to touch; to impress; to mark; FOTOGRAFIA to expose Ⓑ *v. refl.* to get excited, to be impressed; ***ficar bem impressionado*** to be favourably impressed; ***ficar muito mal impressionado*** to be quite shocked
impressionável *adj.* impressionable; sensitive, susceptible
impressionismo *s. m.* impressionism

impressionista Ⓐ *s. m. e f.* impressionist Ⓑ *adj.* impressionistic
impressível *adj.* impressible
impressivo *adj.* impressive, imposing, striking; stirring, moving
impresso Ⓐ *adj.* stamped; printed Ⓑ *s. m.* printed matter, print; copy; folder, book; ***impresso (a preencher)*** form (for filling in); ***impresso de factura*** billhead; ***impresso e publicado*** in print; ***impresso no verso*** printed on the flap, printed on the back
impressor *s. m.* printer
impressora *s. f.* printer; printing press; ***impressora laser*** laser printer; ***impressora de linha*** line printer; ***impressora matricial*** dot-matrix printer
impressório *s. m.* FOTOGRAFIA printer, printing frame
imprestável *adj.* good for nothing, useless, worthless
impreterível *adj.* unavoidable, indispensable, essential; unfailing; unconditional
impreterivelmente *adv.* without fail, unfailingly
imprevidência *s. f.* improvidence
imprevidente *adj.* improvident; heedless, careless; imprudent; unthrifty
imprevidentemente *adv.* improvidently, heedlessly; carelessly, imprudently
imprevisão *s. f.* improvidence; carelessness; negligence, thoughtlessness
imprevisível *adj.* unpredictable; unexpected, unforeseeable
imprevistamente *adv.* unexpectedly
imprevisto *adj.* unforeseen, unexpected; ***despesas imprevistas*** unforeseen charges
imprimação *s. f.* priming (first coating of paint)
imprimadura *s. f.* priming (first coating of paint)
imprimar *v. tr.* PINTURA to prime (to lay the first coat of colour on)
imprimidor *s. m.* printer
imprimir *v. tr.* to print, to imprint; to impress; to press; to stamp; to enstamp; [fig.] to inspire, to influence; to communicate; ***imprimir livros*** to print books; ***imprimir um movimento a*** to set in motion; ***máquina de imprimir*** printing-machine
improbabilidade *s. f.* improbability
improbar *v. tr.* to disapprove
improbidade *s. f.* improbity, dishonesty, unfairness; falseness
ímprobo *adj.* dishonest, wicked; unfair; laborious, painful, toilsome
improcedência *s. f.* groundlessness, illogicalness
improcedente *adj.* unfounded, ungrounded, groundless; illogical
improceder *v. intr.* to be unfounded, to be incoherent
improcrastinável *adj.* ⇒ **inadiável**
improdução *s. f.* improduction; sterility
improducente *adj.* sterile
improdutivamente *adv.* unproductively
improdutível *adj.* unproductive
improdutividade *s. f.* unproductiveness, fruitlessness
improdutivo *adj.* unproductive; barren; unprofitable; ineffective
improferível *adj.* unutterable, unpronounceable
improficiência *s. f.* improficiency; unskilfulness; incompetence
improficiente *adj.* improficient, unskilful, incompetent
improficuamente *adv.* vainly, fruitlessly, unprofitably, uselessly
improficuidade *s. f.* fruitlessness, futility
improfícuo *adj.* unprofitable; useless, ineffectual; fruitless
improfundável *adv.* unsoundable, impenetrable; bottomless
improgressivo *adj.* unprogressive; stationary
improlífico *adj.* unprolific; sterile
improperar *v. tr.* to upbraid; to insult, to affront, to slander
impropério *s. m.* insult, affront, insolence; improperation; ***proferir impropérios*** to use bad language
improporcionado *adj.* disproportionate
improporcionalidade *s. f.* disproportionality
impropriamente *adv.* improperly
impropriar *v. tr.* to render improper
impropriedade *s. f.* impropriety, unsuitableness, incorrectness, unfitness; unseemliness, indecorum
impróprio *adj.* improper, inappropriate; incorrect, wrong; inaccurate, inexact, unbecoming, unseemly; unfit, unsuitable; indecorous; inopportune; ill-timed; ***piada imprópria*** off-colour joke, blue joke; ***filme impróprio para menores de 18 anos*** X-rated film
improrrogabilidade *s. f.* impossibility of being delayed or postponed
improrrogável *adj.* undelayable
improtelável *adj.* that cannot be delayed
improvação *s. f.* disapproval, disapprobation; reproach
improvador Ⓐ *adj.* disapproving Ⓑ *s. m.* dissenter
improvar *v. tr.* to disapprove, to censure
improvável *adj.* improbable, unlikely; uncertain, problematic, doubtful; ***é improvável que o meu irmão chegue hoje*** it is unlikely that my brother will arrive today
improvavelmente *adv.* improbably
improvidamente *adv.* improvidently
improvidência *s. f.* improvidence
improvidente *adj.* improvident; imprudent, heedless; unforeseeing; thriftless
impróvido *adj.* improvident, heedless
improvisação *s. f.* improvisation; MÚSICA impromptum
improvisado *adj.* improvised; unprepared, off-hand; extempore
improvisador *s. m.* improvisator; improviser
improvisar Ⓐ *v. tr.* to improvise, to compose and produce (verse, music, etc.); to extemporise; to do (anything) on the spur of the moment, to do (anything) without preparation; to pretend; ***improvisar um discurso*** to improvise a speech Ⓑ *v. intr.* to lie Ⓒ *v. refl.* to pass oneself off as
improvisata *s. f.* [pop.] ⇒ **improviso**
improviso Ⓐ *s. m.* impromptu, improvisation, impromptu speech Ⓑ *adj.* unprepared, improvised; extempore; unexpected; ***de improviso*** on the spur of the moment, without preparation; ***falar de improviso*** to talk off the cuff
imprudência *s. f.* imprudence, rashness; indiscretion
imprudente *adj.* imprudent; rash, precipitate; indiscreet; injudicious; incautious, hasty
imprudentemente *adv.* imprudently
impuberdade *s. f.* impuberty
impúbere *adj.* impuberal, impubic
impubescência *s. f.* ⇒ **impuberdade**
impubescente *adj.* ⇒ **impúbere**
impudência *s. f.* impudence; impudency; sauciness, boldness, insolence, shamelessness, forwardness; cheek, nerve; brashness
impudente *adj.* impudent, bold, forward; shameless, audacious, insolent, saucy
impudentemente *adv.* impudently
impudicícia *s. f.* impudicity
impudico *adj.* shameless, impudent; immodest; lewd
impudor *s. m.* impudence; shamelessness, immodesty, insolence
impugnabilidade *s. f.* impugnation
impugnação *s. f.* impugnment, impugnation; refutation, contestation; contradiction
impugnador *s. m.* impugner, opposer
impugnar *v. tr.* to impugn, to refute; to attack
impugnativo *adj.* impugnative, contesting; opposed to

impugnável *adj.* impugnable
impulsão *s. f.* impulsion, impulse; pressure, thrust, driving, push; [fig.] spur, stimulation; ***impulsão da hélice*** thrust of the screw (propeller)
impulsar *v. tr.* to impel; to push, to thrust, to drive forward; [fig.] to stimulate
impulsionador Ⓐ *adj.* stimulating, animating Ⓑ *s. m.* stimulator
impulsionar *v. tr.* to impel; to press, to drive forward; to push, to thrust; to incite, to stimulate
impulsivamente *adv.* impulsively
impulsividade *s. f.* impulsivity, impulsiveness; impetuousness; irritableness; hastiness
impulsivismo *s. m.* impulsivity
impulsivo *adj.* impulsive; quick, hasty, impetuous, passionate
impulso *s. m.* impulse; impetus, urge; pull, push, thrust; propulsion; instigation, incitement; stimulation, spur; ***com um impulso*** at a push; ***dar impulso a*** to set going; ***impulso dos negócios*** development of business
impulsor Ⓐ *adj.* impelling, impulsive; pushing, driving forward Ⓑ *s. m.* impeller, propulsor
impune *adj.* unpunished; ***ele saiu impune*** he left scot-free
impunemente *adv.* with impunity
impunidade *s. f.* impunity, exemption (from punishment)
impunível *adj.* unpunishable, impunible
impuramente *adv.* impurely
impureza *s. f.* impurity; uncleanness; unchastity; *pl.* impurities, lees, dregs, sediment
impuridade *s. f.* impurity; uncleanness; unchastity; *pl.* impurities, lees, dregs, sediment
impurificar Ⓐ *v. tr.* to render impure; to dirty; [fig.] to defile Ⓑ *v. refl.* to become impure
impuro *adj.* impure, dirty, filthy; unclean; tarnished; mixed, adulterated; polluted; contaminated; unchaste, immoral; lewd; vulgar
imputabilidade *s. f.* imputability, imputableness
imputação *s. f.* imputation; accusation, charge, blame; slur, aspersion
imputador *s. m.* imputer, accuser
imputar *v. tr.* to impute; to attribute, to ascribe to; to credit with; to charge with; to accuse; ***imputar a culpa a alguém*** to lay the blame on someone
imputativo *adj.* imputative
imputável *adj.* imputable; attributable, ascribable
imputrefacção *s. f.* absence of putrefaction
imputrescibilidade *s. f.* imputrescibility, incorruptibility
imputrescível *adj.* imputrescible, incorruptible
imudável *adj.* immutable, unchangeable
imundice *s. f.* uncleanness, filth, dirt, uncleanliness, foulness; corruption, obscenity
imundícia *s. f.* ⇒ **imundície**
imundície *s. f.* uncleanness, filth, dirt, uncleanliness, foulness; corruption, obscenity
imundo *adj.* filthy, dirty, unclean, foul, loathsome; impure, obscene, corrupt
imune *adj.* immune, secure; protected, safe (from attack, infection, poison, etc.); exempt
imunidade *s. f.* immunity, safety, security; freedom (from disease, infection, poison, etc.); exemption (from taxation, jurisdiction, etc.); privilege, release; ***imunidade pela vacina*** immunity by vaccination
imunitário *adj.* immune; ***sistema imunitário*** immune system; ***reacção imunitária*** immune response
imunização *s. f.* immunization
imunizador *adj.* immunizing; imunizing agent
imunizante *adj.* immunizing
imunizar *v. tr.* to immunize, to make immune; to give immunity to, to protect from (disease etc.)
imunologia *s. f.* immunology
imunológico *adj.* immunological
imunologista *s. m. e f.* immunologist
imunólogo *s. m.* immunologist
imutabilidade *s. f.* immutability, immutableness
imutação *s. f.* immutation, change, transformation
imutar *v. tr.* to immute, to change, to transform
imutável *adj.* immutable, unchangeable, unalterable
imutavelmente *adv.* immutably
inabalável *adj.* unshakable; firm, steady; inexorable; unflinching; unwavering, steadfast; immovable; [fig.] brave, fearless; ***coragem inabalável*** indomitable courage
inabalavelmente *adv.* unshakably, unflinchingly
inabdicável *adj.* non-abdicant
inábil *adj.* unable, incapable, inapt; unskilful, unqualified
inabilidade *s. f.* inability, incapacity; inaptitude, inaptness
inabilitação *s. f.* disqualification
inabilitar Ⓐ *v. tr.* to disable, to incapacitate; to disqualify; to deprive of (means, capability) Ⓑ *v. refl.* to become unapt
inabilmente *adv.* incapably, inaptly, unskilfully; incompetently
inabitado *adj.* uninhabited, deserted, empty
inabitar *v. tr.* to deprive of inhabitants
inabitável *adj.* inhabitable, uninhabitable; not habitable; not fit to live in
inabordável *adj.* unapproachable, unaccostable, inaccessible
inabsoluto *adj.* not pardoned, not absolved
inaca *s. f.* [Bras.] bad smell, stink, stench
inacabado *adj.* unfinished, uncompleted; undone; unaccomplished
inacabável *adj.* unaccomplishable, indeterminable
inacção *s. f.* inaction; inactivity, inertness, sluggishness
inaceitável *adj.* unacceptable, inadmissible
inacessibilidade *s. f.* inaccessibility
inacessível *adj.* inaccessible; unattainable, unapprochable; distant, reserved in manner and nature; [fig.] incomprehensible
inacessivelmente *adv.* inaccessibly
inacomodável *adj.* unaccommodable
inacostumado *adj.* unaccustomed
inacreditável *adj.* incredible; unbelievable; [coloq.] marvellous, extraordinary, remarkable; ***o conto parece inacreditável!*** that is unbelievable!, that is a tall story!
inacreditavelmente *adv.* incredibly, unbelievably
inactivamente *adv.* inactively
inactividade *s. f.* inactivity, inertness; lethargy; passivity; immobility, quiescence; sluggishness; unemployment; retirement; ***passar à inactividade*** to retire from active service; ***estar na inactividade*** to be non-effective, to be off the active list
inactivo *adj.* inactive, inert; sluggish, dull; motionless, stagnant; quiescent; idle, not industrious; unemployed; retired; ***ficar inactivo*** to remain inactive
inactual *adj.* ancient, old; non-existing, past
inacusável *adj.* unaccusable, unblamable, unimpeachable
inadaptação *s. f.* inadaptation, inadaptability
inadaptado *adj.* unadapted
inadaptável *adj.* unadaptable
inadequação *s. f.* inadequacy, unsuitability
inadequadamente *adv.* inadequately
inadequado *adj.* inadequate; disproportionate; unfit; unsuitable; insufficient, incompetent
inaderente *adj.* non-adherent, inadherent
inadiável *adj.* undelayable; urgent, pressing, instant
inadimplemento *s. m.* DIREITO breach of contract
inadmissão *s. f.* non-admission
inadmissibilidade *s. f.* inadmissibility
inadmissível *adj.* inadmissible, unallowable
inadquirível *adj.* unattainable, unobtainable

inadvertência *s. f.* inadvertence, inadvertency; oversight, error, slip; inattention, heedlessness, incautiousness
inadvertidamente *adv.* inadvertently; heedlessly, unintentionally
inadvertido *adj.* inadvertent, heedless, thoughtless; inattentive; negligent
inalação *s. f.* inhalation
inalado *adj.* wingless, apterous
inalador *s. m.* inhaler; apparatus for inhaling
inalante *adj.* inhalant
inalar *v. tr.* to inhale, to breathe in, to take into the lungs
inaliável *adj.* unallied; unalloyed
inalienabilidade *s. f.* inalienability
inalienação *s. f.* state of not being alienated
inalienável *adj.* inalienable; ***um direito inalienável*** an inalienable right
inalienavelmente *adv.* inalienably
inalterabilidade *s. f.* inalterability, unalterableness
inalterado *adj.* unaltered
inalterável *adj.* unalterable, fixed, unchangeable; imperturbable
inalteravelmente *adv.* unalterably
inambu *s. m.* ORNITOLOGIA tinamou
inambulação *s. f.* act of walking up and down; walk
inamissibilidade *s. f.* inamissibility
inamissível *adj.* inamissible
inamolgável *adj.* not deformable; uncrushable
inamovibilidade *s. f.* irremovability, irremovableness
inamovível *adj.* irremovable; permanent; unyielding
inane *adj.* inane; empty, void, vacant; silly, foolish, frivolous, vain, trivial
inânias *s. f. pl.* trifles, baubles, trinkets, gewgaws
inanição *s. f.* inanition, starvation
inanidade *s. f.* inanity; emptiness, frivolity, frivolousness; triviality, futility
inanimadamente *adv.* inanimately
inanimado *adj.* inanimate, lifeless, dead; spiritless, listless, dull
inânime *adj.* ⇒ **inanimado**
inanir *v. tr.* to make inanimate, to weaken
inaparente *adj.* unapparent, not visible, not manifest
inapelabilidade *s. f.* fact of being unappealable; conclusiveness
inapelável *adj.* unappealable
inapendiculado *adj.* innapendiculate; BOTÂNICA, ZOOLOGIA without appendage
inapetência *s. f.* inappetence, inappetency
inaplicabilidade *s. f.* inapplicability
inaplicado *adj.* unapplied; inattentive
inaplicável *adj.* inapplicable, unsuitable (for)
inapreciável *adj.* inappreciable; invaluable, precious; insignificant
inapreensível *adj.* inapprehensible
inaptidão *s. f.* inaptitude, inaptness, incapacity, unsuitability
inapto *adj.* inapt, unskilful; unqualified; inappropriate, unsuitable; ***inapto para o serviço*** incapable
inarmonia *s. f.* inharmoniousness; dissonance
inarmónico *adj.* inharmonic, inharmonious
inarrável *adj.* inexpressible, unspeakable; indescribable
inarrecadável *adj.* uncollectable
inarticulado *adj.* inarticulate
inarticulável *adj.* unpronounceable, unutterable
inartificial *adj.* inartificial, simple
inartificioso *adj.* simple, artless
inartístico *adj.* inartistic, unskilful
inascível *adj.* that cannot be born
inassiduidade *s. f.* no assiduity
inassimilável *adj.* unassimilable
inatacabilidade *s. f.* unimpeachableness
inatacável *adj.* unassailable; [fig.] unimpeachable, irreproachable
inatenção *s. f.* inattention
inatendível *adj.* unworthy of attention
inatingível *adj.* unattainable; incomprehensible
inato *adj.* innate, native; inborn; instinctive, inherent; congenital
inaudito *adj.* unheard of; unprecedented
inaudível *adj.* inaudible
inauferível *adj.* inherent
inaufragável *adj.* unsinkable, insubmergible
inauguração *s. f.* inauguration
inaugurador *s. m.* inaugurator
inaugural *adj.* inaugural; ***discurso inaugural*** inaugural address (speech)
inaugurar *v. tr.* to inaugur, to inaugurate; to open, to start; to begin; to establish; to initiate
inautenticidade *s. f.* unauthenticity
inautêntico *adj.* unauthentic, not genuine
inavegabilidade *s. f.* unnavigability
inavegável *adj.* unnavigable; innavigable; ***mar inavegável*** unnavigable sea
inaveriguável *adj.* not verifiable
inca Ⓐ *adj.* Incan Ⓑ *s. m. e f.* Inca
incalcinável *adj.* that which cannot be calcified or calcined
incalculável *adj.* incalculable, inestimable; great, immense, countless; ***as perdas são incalculáveis*** the losses are incalculable
incameração *s. f.* incameration
incamerar *v. tr.* to add to the papal domain
incandescência *s. f.* incandescence, incandescency; white heat; [fig.] exaltation; fervour, ardour
incandescente *adj.* incandescent, red-hot; glowing, luminous, white hot; aglow; exalted; ***lâmpada incandescente*** incandescent lamp
incandescer Ⓐ *v. tr.* to incandesce, to make luminous (with heat) Ⓑ *v. intr.* to become incandescent
incansabilidade *s. f.* labouriousness; tirelessness
incansável *adj.* tireless, untiring, indefatigable, unwearing, unremitting, assiduous
incansavelmente *adv.* tirelessly; indefatigably, untiringly, unremittingly
incapacidade *s. f.* incapacity; inability; inaptitude, disability; incompetence; inefficiency; ***incapacidade de serviço*** disability, incapacity for work
incapacitar *v. tr.* to incapacitate, to disable, to unfit for; to disqualify; to render incapable of, to cripple; ***incapacitar de trabalho*** to incapacitate for work
incapacitável *adj.* inconvincible
incapaz *adj.* incapable; inefficient, incompetent; unqualified; unable, unfit; ***incapaz de serviço*** unfit for service, unserviceable (of things), on the shelf; ***incapaz de trabalhar*** incapable of work; ***ser incapaz de*** to be unable to
incapazmente *adv.* incapably, inefficiently, incompetently, unably
inçar Ⓐ *v. tr.* to crowd, to fill (with insects); to infect Ⓑ *v. intr.* to propagate, to multiply specimens (of plant, animal, disease); ***estar inçado de*** to swarm with
incaracterístico *adj.* uncharacteristic
incarnação *s. f.* ⇒ **encarnação**
incarnar *v. intr.* ⇒ **encarnar**
incasto *adj.* unchaste; incontinent; unclean; dishonest
incautamente *adv.* incautiously
incauto *adj.* incautious; rash, imprudent; unwary; injudicious; simple
incender Ⓐ *v. tr.* to light, to kindle; to redden, to cause to glow; to arouse enthusiasm Ⓑ *v. refl.* to blaze up
incendiar Ⓐ *v. tr.* to set on fire, to set fire to; to burn; to inflame, to excite Ⓑ *v. refl.* to catch fire

incendiário Ⓐ *adj.* incendiary, inflammatory; inciting Ⓑ *s. m.* incendiary; [fam.] firebug; agitator, firebrand
incendiável *adj.* inflammable
incendidamente *adv.* enthusiastically
incendido *adj.* aflame; vehement; enthusiastic
incendimento *s. m.* incension; incendiarism
incêndio *s. m.* fire, conflagration, destructive burning; calamity; enthusiasm, spirit; ***extintor de incêndios*** fire extinguisher; ***boca de incêndio*** fire hydrant, fire plug
incensação *s. f.* incensation; censing; flattery
incensador Ⓐ *adj.* incensing Ⓑ *s. m.* incenser, thurifer; flatterer
incensar *v. tr.* to incense, to cense, to perfume, to fumigate (with incense); to flatter, to praise
incensário *s. m.* thurible, censer; incense burner, incensory
incenso *s. m.* incense; homage; adulation, flattery
incensório *s. m.* ⇒ **incensário**
incensurável *adj.* unblamable, faultless, irreproachable
incentivar *v. tr.* to stimulate; to incite; to encourage
incentivo Ⓐ *s. m.* incentive, stimulus, motive, incitement, spur Ⓑ *adj.* incentive, provocative, inciting
incentor *s. m.* inciter, stimulator
incentro *s. m.* in-centre
incerimonioso *adj.* unceremonious, informal; easy, familiar
incerne *adj.* careful; punctual; zealous
incerteza *s. f.* uncertainty, incertitude, doubtfulness, dubiousness, dubiosity, dubiety; ***ficar na incerteza*** to be left in the dark
incerto *adj.* uncertain; doubtful, dubious; problematical; unsettled, unsteady; capricious, irregular, fitful; changeable; unreliable, fickle, inconstant; ambiguous; ***tempo incerto*** unsettled weather; ***é um bom jogador de golfe, mas muito incerto*** he is a good golfer, but very unreliable
incessante *adj.* incessant, continuous, constant
incessantemente *adv.* incessantly; constantly
incessável *adj.* ⇒ **incessante**
incessibilidade *s. f.* inalienability, untransferability
incessível *adj.* inalienable, untransferable
incestar Ⓐ *v. tr.* to dishonour by incest Ⓑ *v. intr.* to commit incest
incesto *s. m.* incest
incestuosamente *adv.* incestuously
incestuoso *adj.* incestuous
inchação *s. f.* MEDICINA swelling, tumefaction; [fig.] pride, arrogance; VETERINÁRIA warble
inchaço *s. m.* [pop.] swelling, tumefaction, tumour
inchado *adj.* swollen, bloated; puffed up; proud, haughty, elated
inchadura *s. f.* ⇒ **inchação**
inchamento *s. m.* ⇒ **inchação**
inchar *v. tr.* to swell, to bloat, to puff out; to make tumid; to cause to puff up; to swell, to intumesce; to dilate, to rise; to grow proud; to exalt, to elate; ***a dor de dentes inchou-lhe a cara*** the toothache caused one side of the face to swell (up)
incicatrizável *adj.* unhealable
incidência *s. f.* incidence, falling on, contact with (a thing); range, scope, extent of occurrence; ***ângulo de incidência*** angle of incidence
incidentado *adj.* incidental; eventful, full of incidents
incidental *adj.* incidental, casual, accidental
incidentalmente *adv.* incidentally, casually
incidente Ⓐ *s. m.* incident, event, occurrence; detail, episode, circumstance Ⓑ *adj.* incident, occasional, fortuitous
incidir *v. tr.* to fall upon, to happen, to occur
incineração *s. f.* incineration, cineration; cremation; reduction to ashes, burning up
incinerar *v. tr.* to incinerate, to cremate, to burn up, to reduce to ashes
incipiência *s. f.* incipience, incipiency
incipiente *adj.* incipient, beginning, rudimentary
incircuncidado *adj.* uncircumcised
incircunciso *adj.* uncircumcised
incircunscritível *adj.* uncircumscribable
incisão *s. f.* incision, cut; gash, notch; incised wound; ***incisão longitudinal*** longitudinal incision
incisar *v. tr.* to incise, to cut into, to make a cut (gash), to notch, to gash
incisivamente *adv.* incisively
incisivo Ⓐ *adj.* incisive; sharp, keen, penetrating; caustic, sarcastic; ***dentes incisivos*** incisors Ⓑ *s. m.* incisor, incisor tooth, foretooth
inciso *adj.* BOTÂNICA, ZOOLOGIA incised, notched
incisor *adj.* incisory, incisive, cutting
incisório *adj.* incisory, incisive, cutting
incisura *s. f.* incision; sulcus, groove
incitabilidade *s. f.* incitability, excitability, irritability
incitação *s. f.* incitation, incitement, stimulation; stirring up
incitador Ⓐ *adv.* ⇒ **incitante** Ⓑ *s. m.* inciter, instigator; prompter; provoker
incitamento *s. m.* incitement, spur, stimulus, incentive, encouragement
incitante *adj.* inciting, stimulating
incitar *v. tr.* to incite, to instigate, to stimulate; to rouse, to stir up; to encourage; to prompt, to urge; to inflame; ***incitei-o a tomar medidas*** I urged him to take steps; ***incitar ao trabalho*** to spur a person into action
incitativo *adj.* inciting, stimulative
incitável *adj.* incitable
incivil *adj.* incivil, uncivil; rude, impolite; ill-mannered, discourteous; savage, barbarous; clownish
incivilidade *s. f.* incivility, discourtesy, impoliteness, rudeness
incivilizado *adj.* uncivilised; uncultured; savage, wild
incivilizável *adj.* that cannot be civilized
incivilmente *adv.* uncivilly
incivismo *s. m.* incivism
inclassificado *adj.* unclassified
inclassificável *adj.* unclassable, blameworthy, censurable
inclemência *s. f.* inclemency, pitilessness; unmercifulness; severity (of weather)
inclemente *adj.* inclement; severe (of weather or climate); harsh; pitiless, cruel
inclementemente *adv.* inclemently, rigorously, severely, harshly; cruelly
inclinação *s. f.* inclination; bend, bending; sloping, slope; GEOMETRIA angle of inclination; leaning; tendency, propensity, disposition; liking, fondness; partiality, preference, predilection; ***ter inclinação para*** to have a leaning towards; NÁUTICA ***inclinação da agulha*** dip of the compass; ASTRONOMIA ***inclinação do eixo da terra*** inclination of the axis of the earth; ***inclinação do terreno*** slope of the ground
inclinado *adj.* inclined; bent, bowed; sloping; prone; disposed, tending; inclined to; ***inclinado a apontar faltas*** ready to find fault; ***em posição inclinada*** in a sloping position; ***estar inclinado a fazer uma coisa*** to feel inclined to do a thing; ***plano inclinado*** inclined plane
inclinar Ⓐ *v. tr.* to incline; to tip, to tilt; to bend, to bow Ⓑ *v. intr.* to slope; to lean; to slant; to point; to dispose Ⓒ *v. refl.* to tend; to be prone, to be predisposed; to have a tendency to; to bow, to stoop; to bend; ***inclinar-se para diante*** to stoop forward; ***não incline a cadeira*** don't tip your chair up; ***não inclines a mesa*** don't tilt the table; ***inclinar a cabeça*** to bend one's head; ***inclinar-se para a alta*** to be looking upwards; ***estar inclinado a*** to be inclined to; ***sentir-se inclinado a*** to feel inclined to
inclinável *adj.* inclinable
inclinómetro *s. m.* inclinometer
ínclito *adj.* illustrious, great, eminent; distinguished, renowned

incluído *adj.* included, enclosed; involved, comprehended, comprised; ***as minhas despesas estão incluídas na conta*** my expenses are included in the account
incluir *v. tr.* to include, to enclose; to comprise, to comprehend; to embody, to embrace; to contain; to cover; ***incluo-o entre os meus amigos*** I include you among my friends; ***incluir um documento*** to enclose a document; ***incluir uma factura*** to enclose an invoice
inclusa *s. f.* flood-gate; sluice, lock
inclusão *s. f.* inclusion, including
inclusivamente *adv.* inclusively
inclusive *adv.* inclusively
inclusivo *adj.* inclusive, including; comprising
incluso *adj.* enclosed, included
inço *s. m.* weeds; plants left standing after harvest to produce seed
incoação *s. f.* inchoation, beginning
incoadunável *adj.* incompatible
incoagulável *adj.* incoagulable
incoar *v. tr.* to begin, to start, to inchoate
incoativo *adj.* inchoative, inceptive; GRAMÁTICA inchoative (verbs expressing the beginning of an action)
incobrável *adj.* unrecoverable; irrecoverable
incoctível *adj.* incoctible, indigestible
incoercibilidade *s. f.* incoercibility
incoercível *adj.* incoercible
incoerência *s. f.* incoherence, incongruity
incoerente *adj.* incoherent, disconnected; inconsistent; confused
incoerentemente *adv.* incoherently
incoesão *s. f.* state of being incohesive
incoexistência *s. f.* incoexistence
incoexistente *adj.* incoexistent
incógnita *s. f.* MATEMÁTICA incognita, unknown quality; unknown or disguised woman
incognitamente *adv.* incognito
incógnito Ⓐ *adj.* incognito; disguised, unknown, concealed Ⓑ *s. m.* incognito, assumed name (or character) Ⓒ *adv.* incognito; ***viajar incógnito*** to travel incognito
incognoscível *adj.* incognoscible, incognizable; unknowable
íncola *s. m. e f.* [poét.] inhabitant
incolor *adj.* colourless, uncoloured
incólume *adj.* safe and sound, intact; whole; unhurt, uninjured
incolumidade *s. f.* safety, freedom from danger
incombente *adj.* ⇒ **incumbente**
incombinável *adj.* incompatible, incombining
incomburência *s. f.* incombustibleness
incomburente *adj.* non-comburent, fireproof
incombustibilidade *s. f.* incombustibility
incombustível *adj.* incombustible
incombusto *adj.* unburnt
incomensurabilidade *s. f.* incommensurability, incommensurableness
incomensurável *adj.* incommensurable, unmeasurable
incomensuravelmente *adv.* incommensurably
incomerciável *adj.* non-negotiable
incomodado *adj.* troubled, indisposed; disturbed, annoyed, bothered, uncomfortable; worried, irritated, upset
incomodador Ⓐ *s. m.* importuner, troubler Ⓑ *adj.* troubling, bothersome
incomodamente *adv.* incommodiously, uncomfortably
incomodante *adj.* ⇒ **incomodativo**
incomodar Ⓐ *v. tr.* to trouble, to disturb; to annoy, to importune; to bother; to inconvenience, to make uncomfortable; to incommode Ⓑ *v. refl.* to worry, to bother; to become irritated; ***desculpe-me incomodá-lo*** excuse my troubling you; ***incomoda-o...?*** do you object to...?, do you mind...?; ***não se incomode por minha causa*** please don't put yourself out for me; ***não se incomode!*** don't trouble!, never mind!; ***este embrulho incomoda-o?*** does this parcel inconvenience you?; ***estar incomodado*** to be troubled; ***incomodar alguém*** to give someone trouble; ***receio que a criança a incomode muito*** I fear the child is a great nuisance to you; ***sinto (ter de) incomodá-lo*** I am sorry to trouble you; ***não se incomode com isso*** don't trouble about it
incomodativo *adj.* troublesome, annoying, tiresome, trying
incomodidade *s. f.* inconvenience, disturbance; discomfort, uncomfortableness; trouble, nuisance; annoyance; incommodiousness
incómodo Ⓐ *adj.* troublesome; inconvenient; irksome, burdensome; tiring; annoying, uncomfortable, disagreeable; incommodious Ⓑ *s. m.* trouble, discomfort; nuisance, inconvenience, annoyance, worry, uneasiness, disturbance; indisposition; ***a fim de evitar ulteriores incómodos*** in order to avoid further annoyances; ***que incómodo!*** what a nuisance!; ***dar-se ao grande incómodo de*** to take the special trouble of; ***não dá incómodo nenhum*** it causes no trouble at all; ***quererá dar-se ao incómodo de...?*** would you kindly take the trouble to...?; ***tanta bagagem há-de ser um grande incómodo*** so much luggage will be troublesome
incomparabilidade *s. f.* incomparableness, incomparability
incomparável *adj.* incomparable, peerless, matchless; unique, unequalled, unmatched, unrivalled; ***paisagem de beleza incomparável*** scenery of surpassing beauty
incomparavelmente *adv.* incomparably
incompassível *adj.* inexorable, relentless, merciless
incompassivo *adj.* merciless, pitiless, unsympathetic
incompatibilidade *s. f.* incompatibility
incompatibilizado *adj.* irreconcilable; disagreeing, on bad terms
incompatibilizar Ⓐ *v. tr.* to render incompatible Ⓑ *v. refl.* to become incompatible
incompatível *adj.* incompatible, disagreeing, opposed; incongruous, discrepant; discordant
incompativelmente *adv.* incompatibly
incompensável *adj.* irreparable, not compensative
incompetência *s. f.* incompetence, incompetency, incapacity, inability
incompetente *adj.* incompetent; incapable, unfit, unable; ineffective, unskilful, unqualified; inapt; ***um administrador incompetente*** an incompetent administrator
incompetentemente *adv.* incompetently
incomplacência *s. f.* noncompliance, incompliance; unkindness; severity, rigour
incomplacente *adj.* uncomplaisant, uncompliant, incompliant, unyielding
incompletamente *adv.* incompletely, imperfectly
incompleto *adj.* incomplete; imperfect; defective, lacking, deficient, unfinished; unaccomplished
incompletude *s. f.* incompleteness, incompletion; imperfection
incomplexo *adj.* incomplex, simple, uncomplicated
incomportável *adj.* incomportable, insufferable, insupportable; intolerable, unendurable
incompreendido *adj.* misunderstood, not comprehended; incomprehended
incompreensão *s. f.* incomprehension; misunderstanding
incompreensibilidade *s. f.* incomprehensibility
incompreensível *adj.* incomprehensible, inconceivable, unintelligible, enigmatical, fathomless; incredible; incomprehensive
incompreensivelmente *adv.* incomprehensibility
incompressibilidade *s. f.* incompressibility
incompressível *adj.* incompressible, hard, unyielding

incompto *adj.* artless; plain; rough
incomputável *adj.* incomputable
incomunicabilidade *s. f.* incommunicability, incommunicableness
incomunicação *s. f.* incommunication
incomunicante *adj.* incommunicating
incomunicar *v. tr.* to interrupt the communication
incomunicável *adj.* incommunicable; in solitary confinement (prisoner)
incomunicavelmente *adv.* incommunicably
incomutabilidade *s. f.* incommutability
incomutável *adj.* incommutable, unchangeable
incomutavelmente *adv.* incommutably
inconcebível *adj.* inconceivable, unimaginable, unthinkable, hard to believe, very unlikely; extraordinary
inconceptível *adj.* ⇒ **inconcebível**
inconcepto *adj.* inconceivable, unimaginable, unthinkable, hard to believe, very unlikely; extraordinary
inconcessível *adj.* unallowable
inconcesso *adj.* forbidden, not allowed
inconciliabilidade *s. f.* irreconciliation, irreconcilableness
inconciliação *s. f.* irreconciliation
inconciliável *adj.* irreconcilable, conflicting, incompatible
inconcludente *adj.* inconclusive, indecisive, unconvincing; illogical
inconclusivo *adj.* inconclusive, indeterminate, indecisive, uncertain
inconcusso *adj.* unshaken, unmoved; firm, solid; austere
inconcutível *adj.* firm; indubitable
incondicionado *adj.* unconditional, unconditioned
incondicional *adj.* unconditional
incondicionalidade *s. f.* unconditionality
incondicionalmente *adv.* unconditionally; absolutely
incôndito *adj.* incondite, badly constructed; unpolished; confused; disorderly
inconexão *s. f.* unconnectedness
inconfessado *adj.* unconfessed
inconfessável *adj.* unconfessable; condemnable, blamable; monstrous
inconfesso *adj.* unconfessed
inconfidência *s. f.* disloyalty; distrust; indiscretion
inconfidencial *adj.* unconfidential
inconfidente *adj.* distrustful, unfaithful; indiscreet
inconformação *s. f.* inconformity, unconformity
inconformado *adj.* recalcitrant, reluctant
inconformidade *s. f.* inconformity, unconformity; incompatibility
inconfortável *adj.* uncomfortable, uneasy
inconfortavelmente *adv.* uncomfortably
inconfundível *adj.* unmistakable, unconfoundable
incongelável *adj.* uncongealable
incongruência *s. f.* incongruence, incongruity; unsuitableness; inconsistency, absurdity
incongruente *adj.* incongruous; inconsistent; unsuitable, inappropriate; absurd
incongruentemente *adv.* incongruously
incongruidade *s. f.* incongruity, incongruousness; inconsistency
incôngruo *adj.* incongruous
inconivente *adj.* that is not connivent
inconjugável *adj.* unconjugable
inconjurável *adj.* inevitable
inconquistado *adj.* unconquered
inconquistável *adj.* unconquerable
inconsciência *s. f.* unconsciousness; unscrupulousness; MEDICINA coma
inconsciente *adj.* unconscious; senseless; unaware
inconscientemente *adv.* unconsciously
incônscio *adj.* ⇒ **inconsciente**
inconsequência *s. f.* inconsequence
inconsequente *adj.* inconsequent, inconsistent; irrelevant; disconnected; contradictory
inconsequentemente *adv.* inconsequently
inconsideração *s. f.* inconsideration, inconsiderateness; thoughtlessness; rashness; precipitation; indiscretion
inconsideradamente *adv.* inconsiderately
inconsiderado *adj.* inconsiderate; thoughtless; rash, hasty, imprudent
inconsistência *s. f.* inconsistence, inconsistency
inconsistente *adj.* inconsistent; incoherent; contradictory; changeable; unstable; discordant
inconsolabilidade *s. f.* inconsolableness
inconsolado *adj.* inconsolable, uncomforted
inconsolável *adj.* inconsolable, comfortless, sad
inconsolavelmente *adv.* inconsolably
inconsonância *s. f.* inconsonance, inconsonancy; inharmoniousness
inconsonante *adj.* inconsonant, inharmonious
inconspícuo *adj.* inconspicuous, unoticeable, unobtrusive
inconstância *s. f.* inconstancy; fickleness, changeableness, variability; unsteadiness
inconstante *adj.* inconstant; fickle; capricious; vacillating, unfaithful; disloyal; changeable, variable, irregular, alterable; ***ser inconstante*** to chop and change
inconstantemente *adv.* inconstantly
inconstitucional *adj.* unconstitutional
inconstitucionalidade *s. f.* unconstitutionality
inconstitucionalmente *adv.* unconstitutionally
inconsulto *adj.* unconsulted, not consulted; rash, thoughtless, reckless, impulsive, careless, unwary
inconsumível *adj.* inconsumable, inconsumptible
inconsumptível *adj.* ⇒ **inconsumível**
inconsupto *adj.* inconsummate, that is not consummated or completed, unfinished
inconsútil *adj.* seamless, without seams, whole
incontactável *adj.* unreachable, unavailable
incontaminado *adj.* uncontaminated, pure, unsullied, unpolluted, undefiled
incontaminável *adj.* that cannot be contaminated
incontável *adj.* uncountable, countless; innumerable, numberless
incontestabilidade *s. f.* incontestability, undeniableness, incontrovertibility
incontestado *adj.* uncontested, incontested, undisputed, not disputed (contested)
incontestável *adj.* uncontestable, unquestionable, undeniable, indisputable, indubitable, incontrovertible, certain, sure
incontestavelmente *adv.* incontestably, unquestionably, undeniably, indisputably, undoubtedly
incontido *adj.* uncurbed, unrestricted, unrestrained, unconstrained; unchecked
incontinência *s. f.* incontinence, incontinency; licentiousness, unchasteness
incontinente *adj.* incontinent, unrestrained; licentious, unchaste
incontingência *s. f.* certainty, surety; necessity
incontingente *adj.* certain; necessary
incontinuidade *s. f.* interruption, break, discontinuity
incontínuo *adj.* not continuous, interrupted, broken, discontinuous
incontornável *adj.* unavoidable, inevitable
incontrariável *adj.* unanswerable, irrefutable, that cannot be gainsaid (thwarted)
incontrastável *adj.* firm, irrevocable, final; insuperable, irresistible
incontrito *adj.* unrepented, unrepentant
incontrolável *adj.* uncontrollable, unmanageable, ungovernable; unruly

incontroverso *adj.* uncontroverted, undisputed, indisputable, incontestable, incontrovertible
incontrovertível *adj.* incontrovertible, unquestionable, undisputable
inconveniência *s. f.* inconvenience, inconveniency, impropriety, incorrectness; improper act (word); ***dizer uma inconveniência*** to drop a brick
inconveniente Ⓐ *adj.* inconvenient, awkward, improper, unseeming, inopportune, unsuitable Ⓑ *s. m.* inconvenience, trouble, nuisance; difficulty, objection, obstacle; ***oferecer (ter) inconvenientes*** to have drawbacks, to raise objections
inconvenientemente *adv.* inconveniently, unseemly; awkwardly
inconversável *adj.* intractable, unsociable; not to be spoken with, inconversable
inconversível *adj.* ⇒ **inconvertível**
inconvertível *adj.* inconvertible, unexchangeable
inconvicto *adj.* inconvincible, unpersuadable
inconvulso *adj.* not convulsed; quiet, calm, tranquil
incoordenação *s. f.* incoordination, lack of coordination
incorporação *s. f.* incorporation, embodiment, inclusion; grouping, joining
incorporal *adj.* ⇒ **incorpóreo**
incorporalidade *s. f.* ⇒ **incorporeidade**
incorporar Ⓐ *v. tr.* to embody, to incorporate, to include, to combine (into a unity), to fuse, to merge; to form into a corporation; to make a member of, to affiliate Ⓑ *v. tr. e refl.* to blend, to mix Ⓒ *v. refl.* to join, to mingle with, to become incorporated, to become a member; ***incorporar um regimento num outro*** to embody one regiment in another
incorporeidade *s. f.* incorporeity, immateriality
incorpóreo *adj.* incorporeal; immaterial, disembodied
incorrecção *s. f.* incorrection, incorrecteness; inaccuracy, error, mistake, fault; uncivility, impoliteness, bad manners (form)
incorrectamente *adv.* incorrectly, wrongly, impolitely
incorrecto *adj.* incorrect, inaccurate, wrong, impolite, uncourteous, disrespectful, ill-mannered
incorrer *v. intr.* to incur, to run into, to fall into, to bring upon oneself, to become liable to; ***incorrer em despesas*** to incur expenses; ***incorrer numa multa*** to incur a fine; ***incorrer numa falta*** to fall into error, to make a mistake
incorrigibilidade *s. f.* incorrigibility, incorrigibleness
incorrigível *adj.* incorrigible, incurable, hopeless, depraved, inveterate, confirmed
incorrigivelmente *adv.* incorrigibly
incorrimento *s. m.* incurring, incurrence
incorrupção *s. f.* incorruption; integrity
incorruptibilidade *s. f.* incorruptibility, incorruptibleness; integrity, uprightness
incorruptível *adj.* incorruptible; unbribable; imperishable
incorruptivelmente *adv.* incorruptibly
incorruptivo *adj.* ⇒ **incorruptível**
incorrupto *adj.* uncorrupted, incorrupt
incrassar *v. tr.* to fatten; to thicken
incredibilidade *s. f.* incredibility, incredibleness
incredulamente *adv.* incredulously, unbelievingly, sceptically
incredulidade *s. f.* incredulity, unbelief, disbelief, mistrust, sceptism, doubt; faithlessness, ungodliness, atheism
incrédulo Ⓐ *adj.* incredulous, sceptical; unbelieving, faithless, ungodly Ⓑ *s. m.* sceptic, atheist, agnostic, unbeliever
incrementar *v. tr.* to increase, to develop, to augment
incrementício *adj.* increasing, fattening
incremento *s. m.* increment, growth, increase, extension, enlargement, addition, augmentation; swell, boom
increpação *s. f.* rebuke, reproof, reprimand, scolding, chiding, remonstrance
increpador *s. m.* reprimander, rebuker, scolder, reprover
increpante *adj.* rebuking, reprimanding
increpar *v. tr.* to rebuke, to reprimand, to scold, to childe, to upbraid, to reproach, to blame, to reprove
increr Ⓐ *v. tr.* to disbelieve, not to believe, to have no belief in Ⓑ *v. intr.* to be incredulous (sceptic)
incréu *s. m.* unbeliever, agnostic, sceptic
incriado *adj.* increate, uncreated, self-existent
incriável *adj.* that cannot be created
incriminação *s. f.* incrimination, accusation, crimination, incriminating charge
incriminar Ⓐ *v. tr.* to incriminate, to criminate, to charge with a crime, to impeach, to inculpate, to accuse, to make a charge against Ⓑ *v. intr.* to consider as a crime
incristalizável *adj.* incapable of being crystalized
incrível *adj.* incredible, passing belief, unbelievable, inconceivable; surprising, extraordinary, marvellous, remarkable; ⌈coloq.⌋ ***é incrível!*** unbelievable!, oh rats!
incrivelmente *adv.* incredibly, unbelievably, surprisingly, remarkably; ⌈coloq.⌋ very
incruento *adj.* bloodless, without shedding blood, without cruelty
incrustação *s. f.* incrustation, coat, crust; inlay, inlaid work; ***incrustação de ouro*** gold foil; ***incrustação dos vasos porosos*** incrustation of porous vessels
incrustador Ⓐ *adj.* incrusting, incrastive Ⓑ *s. m.* inlay worker, inlayer
incrustante *adj.* inlaying, incrusting
incrustar Ⓐ *v. tr.* to encrust, to incrust, to cover with a crust; to plate, to coat; to inlay, to enchase Ⓑ *v. refl.* to join, to unite with, to associate oneself with
incubação *s. f.* incubation, hatching, brooding
incubador Ⓐ *s. m.* incubator Ⓑ *adj.* incubatory, incubative, brooding, hatching
incubadora *s. f.* broody hen; incubator, hatchery
incubar *v. tr.* to incubate, to hatch (eggs), to sit on eggs, to brood (eggs); to meditate upon, to hatch (schemes, etc.); to brew, to plot, to scheme
incubato *s. m.* incubus, posture
íncubo Ⓐ *adj.* oppressive, nightmarish Ⓑ *s. m.* incubus, nightmare
incude *s. f.* ⌈poét.⌋ anvil
inculca *s. f.* inculcation; information; quest, search; inquiry; *pl.* investigations; information, intelligence
inculcadeira *s. f.* woman who practises inculcation
inculcador Ⓐ *adj.* inculcating Ⓑ *s. m.* inculcator
inculcar Ⓐ *v. tr.* to inculcate, to instil; to recommend, to suggest, to propose, to point out, to indicate Ⓑ *v. refl.* to make oneself known, to ingratiate oneself
inculpabilidade *s. f.* inculpability, inculpableness
inculpação *s. f.* inculpation, charge, accusation, incrimination
inculpado *adj.* inculpable, unblamable, blameless; innocent, faultless, guiltless
inculpar *v. tr.* to inculpate, to accuse, to incriminate, to criminate, to charge, to impeach; to censure, to blame
inculpável *adj.* inculpable, blameless; faultless, guiltless
inculposo *adj.* inculpable, guiltless
incultivável *adj.* uncultivable, untillable
inculto *adj.* uncultivated, untilled, fallow (of soil); rude, uncultured, unlettered, uneducated, untaught, untutored; unpolished, wanting in education; ***raças incultas*** uneducated races; ***terra inculta*** uncultivated land
incultura *s. f.* want of culture
incumbência *s. f.* charge, duty, commission, moral obligation; undertaking, mission; incumbence, incumbition
incumbente *adj.* incumbent (on)
incumbir Ⓐ *v. tr.* to charge with, to trust, to entrust Ⓑ *v. intr.* to be one's duty Ⓒ *v. refl.* to undertake, to take

charge of, to take upon oneself; to belong to; ***incumbir-se de fazer uma coisa*** to take something upon oneself
incumprimento *s. m.* nonfulfilment; ***o incumprimento do contrato*** the nonfulfilment of the contract
incunábulo *s. m.* incunabula (early printed book); beginning, origin
incurabilidade *s. f.* incurability, incurableness
incurável *adj.* incurable, past recovery, irrecoverable, remediless, hopeless; ***é mal incurável*** it is an incurable evil; ***doença incurável*** incurable disease
incuravelmente *adv.* incurably
incúria *s. f.* negligence, neglect, carelessness, disregard, remissness, thoughtlessness
incurial *adj.* irregular, uncourtly, unlawful
incurialidade *s. f.* irregularity
incuriosidade *s. f.* incuriosity, incuriousness, lack of curiosity
incurioso *adj.* incurious; devoid of interest, uninterested, indifferent, heedless, careless
incursão *s. f.* incursion, inroad, raid, attack, invasion
incurso Ⓐ *adj.* incurred, rendered liable to, incurring Ⓑ *s. m.* incursion, inroad, raid, attack, invasion
incusa *s. f.* one-sided coined medal or coin (badly struck)
incuso *adj.* incuse, hammered or stamped in (of medals or coins)
incutir *v. tr.* to incuse, to implant, to instil, to impress, to inculcate, to imbue; to suggest; to inspire, to rouse; ***incutir ideias no espírito de alguém*** to instil ideas into someone's mind
inda *adv.* ⇒ **ainda**
indagação *s. f.* enquiry, inquiry, inquest, quest, investigation, examination, research, exploration, indagation
indagador *s. m.* investigator, inquirer, examiner, indagator
indagar *v. tr.* to indagate, to ask, to enquire (inquire) into, to investigate, to search after (out), to examine, to look into; ***indagar a verdade*** to inquire into the truth
indagável *adj.* traceable, capable of being traced
indébito *adj.* undue, not due, not owing
indecência *s. f.* indecency, indecorum, impropriety, unseemliness, outrageousness, shame; indecorous behaviour; obscenity, immorality, foulness, filthiness
indecente *adj.* indecent, indecorous, improper, unbecoming, outrageous, unseemly, shameful; obscene, immoral, filthy, nasty, dirty
indecentemente *adv.* indecently, indecourously, obscenely, shamefully; filthily
indecidido *adj.* undecided, unsettled, unresolved, wavering, hesitating, indecisive
indecifrável *adj.* undecipherable, indecipherable, illegible; [fig.] intricate, obscure
indecisamente *adv.* indecisively; undecidedly
indecisão *s. f.* indecision, irresolution, irresoluteness, indecisiveness, hesitation; wavering, vacillation, doubt
indeciso *adj.* indecisive, hesitating, hesitant, wavering, vacillating; undecided, irresolute, uncertain, unsure; doubtful, dubious; pending, open, unsettled
indeclarável *adj.* undeclarable
indeclinabilidade *s. f.* quality of being indeclinable
indeclinável *adj.* indeclinable
indecomponível *adj.* indecomposable
indecoro *s. m.* indecorum, indecorousness
indecorosamente *adv.* indecorously; ⇒ **indecentemente**
indecoroso *adj.* indecorous, unbecoming, unseemly, improper; ⇒ **indecente**
indefectibilidade *s. f.* indefectibility
indefectível *adj.* indefectible, unfailing, unfailable, lasting, indestructible
indefensável *adj.* indefensible, unsustainable; untenable; inexcusable
indefensível *adj.* indefensible, unsustainable; untenable; inexcusable
indefenso *adj.* undefended, defenceless, unprotected, unarmed; [fig.] weak
indeferido *adj.* rejected, refused, not granted
indeferimento *s. m.* refusal, denial, rejection (of a request)
indeferir *v. tr.* to deny, to refuse, to refuse to grant, to reject
indeferível *adj.* ungrantable, rejectable
indefeso *adj.* undefended, unarmed, unprotected, unguarded
indefesso *adj.* indefatigable, untiring, tireless, unflagging, persevering, unremitting, never-tiring
indeficiente *adj.* enough, not deficient
indefinição *s. f.* vagueness, undecidedness, impreciseness
indefinidamente *adv.* indefinitely, unlimitedly, endlessly; vaguely
indefinido *adj.* indefinite, undefined, vague, unlimited; GRAMÁTICA ***artigo indefinido*** indefinite article
indefinível *adj.* indefinable, vague, indescribable
indeiscência *s. f.* BOTÂNICA indehiscence
indeiscente *adj.* BOTÂNICA indehiscent
indelebilidade *s. f.* quality of being indelible
indelével *adj.* indelible, never-fading, ineffaceable, permanent
indelevelmente *adv.* indelibly, ineffaceably
indeliberação *s. f.* indeliberation, irresolution
indeliberadamente *adv.* indeliberately
indeliberado *adj.* indeliberated
indelicadeza *s. f.* indelicacy, discourtesy, rudeness, brusqueness, impoliteness, incivility, immodesty, indelicate behaviour, misbehaviour
indelicado *adj.* indelicate, impolite, unrefined, uncivil, uncourteous, discourteous, ungentle, unpolished, coarse, rude
indelienável *adj.* vague, indistinct, blurred, confused, that cannot be delineated
indemne *adj.* unhurt, uninjured, safe and sound; undamaged
indemnidade *s. f.* indemnity; compensation, atonement, reparation, amends; acquittal, exculpation, acquittance (of a fault)
indemnização *s. f.* indemnification, amends, indemnity, compensation, reparation; ***indemnização de guerra*** war indemnity; ***indemnização de perdas e danos*** indemnity for damages
indemnizador *s. m.* indemnifier
indemnizar *v. tr.* to indemnify, to compensate, to repay; to make good, to make amends for; ***indemnizar de uma perda*** to make up for a loss, to pay damages to
indemnizável *adj.* that can be indemnified
indemonstrado *adj.* undemonstrated
indemonstrável *adj.* undemonstrable
indentação *s. f.* indentation, indention, indent, indenture
indentar *v. tr.* to indent
independência *s. f.* independence; independency (a fortune on which a person can live); freedom, liberty
independente *adj.* independent, free, unrestrained, unrestricted, self-governing, self-directing; autonomous; ***ser independente*** [coloq.] to paddle one's own canoe, to stand on one's own legs, to strike out for oneself; ***uma pessoa independente*** an independent person; ***os filhos mais velhos já estão completamente independentes (do pai)*** his elder sons are now quite independent (of their father)
independentemente *adv.* independently; ***independentemente de*** besides, not to mention
independentista *s. m. e f., adj.* separatist
inderrubável *adj.* unassailable; invincible, invulnerable
indescritibilidade *s. f.* indescribability
indescritivelmente *adv.* indescribably, unspeakably

indesculpável *adj.* inexcusable, unpardonable, unjustifiable; inadmissible; ***é indesculpável*** it is unpardonable
indesculpavelmente *adv.* inexcusably, unjustifiably, inadmissibly
indesejado *adj.* unwanted
indesejável Ⓐ *adj.* undesirable, unwelcome, unwished for Ⓑ *s. m. e f.* undesirable person
indesejavelmente *adv.* undesirably, unwelcomely
indesfrutável *adj.* unenjoyable
indesmentível *adj.* undeniable, irrefutable, incontestable
indestrinçável *adj.* undistinguishable
indestronável *adj.* that cannot be dethroned
indestronizável *adj.* that cannot be dethroned
indestrutibilidade *s. f.* indestructibility, indestructibleness
indestrutível *adj.* indestructible; everlasting; imperishable, incapable of destruction
indestrutivelmente *adv.* indestructibly
indesvendável *adj.* unrevealed, unrevealable
indeterminação *s. f.* indetermination; indeterminateness; irresolution, irresoluteness; wavering, hesitation
indeterminadamente *adv.* indeterminately
indeterminado *adj.* indeterminate, undetermined; uncertain, doubtful, vague, indefinite; irresolute, wavering, vacillating
indeterminar *v. tr.* to make undetermined, to make vague
indeterminativo *adj.* undeterminate
indeterminável *adj.* indeterminable, undeterminable, indefinable
indeterminismo *s. m.* FILOSOFIA indeterminism
indevidamente *adv.* unduly; wrongly; improperly
indevido *adj.* undue; improper; unsuitable
indevoção *s. f.* irreverence, impiety, lack of devotion
indevoto *adj.* undevout, irreligious, without devotion
índex *s. m.* index (*plural* indexes, indices); table of contents; forefinger
indez *s. m.* nest-egg
indianismo *s. m.* Indianism
indianista *s. m. e f., adj.* Indianist
indianizar *v. tr.* to indianize
indiano *s. m., adj.* Indian; ***fila indiana*** Indian file, single file
indianólogo *s. m.* ⇒ **indianista**
indiático *adj.* ⇒ **indiano**
indicã *s. f.* ⇒ **indicana**
indicação *s. f.* indication, sign, evidence, mark, token; hint, suggestion; symptom, manifestation; ***indicação precisa*** positive information
indicador Ⓐ *adj.* indicatory, indicative, indicating Ⓑ *s. m.* indicator; ***dedo indicador*** index-finger, forefinger; ***indicador (de volume, de nível, de vácuo, etc.)*** gauge; ***indicador de nível de água*** water gauge, water height, level indicator; ***indicador de óleo (de automóvel)*** oil-gauge (of motor-car); MECÂNICA ***indicador de pressão*** (steam) pressure gauge
indicana *s. f.* QUÍMICA indican
indicar *v. tr.* to indicate, to point out, to show; to denote; to hint, to suggest, to advise; to designate; to evince, to manifest, to establish, to make clear; ***indicar o caminho*** to show the way; ***pode indicar-me o caminho exacto?*** can you show me the right way?; ***pode indicar-me um livro?*** can you recommend me a book?; ***a neve indica a chegada do Inverno*** snow indicates the coming of winter; ***indicar (sugerir) o nome de alguém*** to hint at someone's name
indicativo Ⓐ *adj.* indicative, indicating, pointing out, indicatory, suggestive Ⓑ *s. m.* GRAMÁTICA indicative mood, the indicative; sign, mark, token, indication
indicatório *adj.* indicatory
indicção *s. f.* indiction
índice *s. m.* index, table of contents (of a book); MATEMÁTICA, FÍSICA index; sign, indication, proof, symptom, manifestation; ***índice alfabético (de assuntos)*** alphabetical list of contents; ***índice de mortalidade*** death rate
indiciação *s. f.* indication, vestige; index, indicium (*plural* indices, indicia)
indiciado Ⓐ *adj.* indicted, subject to suspicion of crime Ⓑ *s. m.* offender, defendant, the accused; indictee
indiciador *s. m.* informer, accuser, informant, indicter
indiciamento *s. m.* indictment
indiciar *v. tr.* to accuse, to indict, to denounce, to inform against
indício *s. m.* indicium, sign, mark, indication, token; symptom; ***indícios dos tempos*** signs of the times
indicioso *adj.* revealing, disclosing, hinting
índico *adj.* Indian
indículo *s. m.* little index; inventory; enumeration
indiferença *s. f.* indifference, unconcern, unconcernedness, carelessness, disinterestedness, heedlessness, apathy, coolness, insensitiveness, listlessness; ***mostrar indiferença a*** to give the cold shoulder to someone; ***indiferença pela arte*** indifference to art
indiferenciado *adj.* undifferentiated, undistinguished
indiferente *adj.* indifferent, unconcerned, heedless, regardless; negligent, careless, listless; callous, unfeeling, impassive, unmoved; neutral, apathetic; impartial, dispassionate, unbiassed; ***indiferente ao sofrimento dos outros*** indifferent to the suffering of others; ***indiferente ao perigo*** regardless of (the) danger; ***se vos é indiferente*** if it is the same to you; ***é-me indiferente*** it is all the same to me
indiferentemente *adv.* indifferently; with indifference; impassively; unfeelingly; without interest, listlessly
indiferentismo *s. m.* indifferentism
indiferentista *s. m. e f.* indifferentist
indígena Ⓐ *adj.* native, indigenous, aboriginal Ⓑ *s. m. e f.* native, indigene, aboriginal
indigenato *s. m.* indigenousness
indigência *s. f.* indigence, poverty, poorness, misery, destitution
indigente *adj.* indigent, poor, needy, poverty-stricken, destitute, miserable
indigentemente *adv.* needily, destitutely, poorly, miserably
indigerível *adj.* indigestible; not easily digested
indigestão *s. f.* indigestion; dyspepsia; surfeit
indigestibilidade *s. f.* indigestibility
indigestível *adj.* indigestible
indigesto *adj.* indigest, indigestible, undigested; confused, crude, ill-arranged; tiresome, dull, boring, sickening, uninteresting
indígete *adj.* born; generated, produced
indigitação *s. f.* a pointing out; designation
indigitado *adj.* pointed out; proposed, appointed, designated
indigitamento *s. m.* ⇒ **indigitação**
indigitar *v. tr.* to point out; to indicate, to designate, to recommend
indignação *s. f.* indignation, vexation, resentment, wrath, anger; ***crescer de indignação*** to become indignant; ***com grande indignação*** in great indignation, very indignantly
indignadamente *adv.* indignantly, angrily, furiously, wrathfully, enraged, incensed
indignado *adj.* indignant, angry, irate, wrathful, infuriated, furious, raging, inflamed, provoked, exasperated, incensed, irritated, piqued, galled
indignamente *adv.* unworthily, despicably, meanly
indignar Ⓐ *v. tr.* to arouse indignation (by injustice and meanness), to irritate, to anger, to rouse, to exasperate, to enrage, to inflame, to infuriate; to provoke, to make angry, to excite, to shock Ⓑ *v. refl.* to grow indignant, to be indignant at, to be angry; ***indigna-me*** it shocks me, it annoys me
indignativo *adj.* cross, angry; irascible, short-tempered
indignidade *s. f.* indignity, disrespect, dishonour; affront, insult, outrage

indigno *adj.* unworthy, undeserving; worthless, ignoble, shameful, base, bad; despicable, discreditable, mean, contemptible; ***um homem indigno*** an unworthy man; ***uma acção indigna*** a mean action, [coloq.] a low trick, a dirty trick
índigo *s. m.* indigo, Indian blue
indigoteiro *s. m.* ⇒ **indigueiro**
indigueiro *s. m.* BOTÂNICA indigo plant
indiligência *s. f.* want of diligence, negligence, slackness, sloth
indiligente *adj.* idle, lazy, negligent, inactive, slothful, indiligent
índio Ⓐ *adj.* Indian Ⓑ *s. m.* QUÍMICA indium
indirecta *s. f.* allusion, hint, slant
indirectamente *adv.* indirectly
indirecto *adj.* indirect, not direct, circuitous, roundabout, tortuous, devious; GRAMÁTICA ***discurso indirecto*** indirect speech, reported speech; ***uma alusão indirecta*** an indirect allusion
indirigível *adj.* unmanageable, ungovernable
indiscernibilidade *s. f.* indiscernibleness, incapacity to discern
indiscernível *adj.* indiscernible, undistinguishable, invisible
indisciplina *s. f.* indiscipline, lack of discipline, unruliness
indisciplinadamente *adv.* in an unruly (ungovernable, disorderly, turbulent) way
indisciplinado *adj.* indisciplined, undisciplined, unruly, ungovernable, disorderly
indisciplinar Ⓐ *v. tr.* to render undisciplined, to cause indiscipline, to rouse revolt (mutiny, rebellion) Ⓑ *v. refl.* to become undisciplined, to turn against
indisciplinável *adj.* undisciplinable, undisciplined
indiscretamente *adv.* indiscreetly, imprudently, unwisely, hastily, heedlessly
indiscreto *adj.* indiscreet, injudicious, imprudent, unwise, incautious, hasty, reckless, inconsiderate, heedless; ***ser indiscreto*** to be indiscreet; ***perguntas indiscretas*** injudicious questions
indiscrição *s. f.* indiscretion, inconsiderateness, rashness, folly, blunder, imprudence, indiscreet act, injudicious action; ***cometer uma indiscrição*** to put one's foot in it, to be imprudent, to commit a blunder
indiscriminadamente *adv.* indiscriminately
indiscriminado *adj.* indiscriminate, promiscuous, confused, mixed
indiscriminável *adj.* that cannot be discriminated; undistinguishable
indiscritível *adj.* indescribable, indefinable, inexpressible, unutterable, unspeakable; ***é indescritível!*** it defies description!
indiscutibilidade *s. f.* indisputability, indisputableness
indiscutível *adj.* indisputable, undeniable, incontestable, unquestionable, certain, sure; undoubted, indubitable
indiscutivelmente *adv.* unquestionably, indisputably, undoubtedly, undeniably, certainly, surely, definitely
indisfarçável *adj.* undisguisable; undeniable
indispensabilidade *s. f.* indispensability, indispensableness
indispensável Ⓐ *adj.* indispensable, essential; necessary, vital, needful Ⓑ *s. f.* lady's handbag Ⓒ *s. m.* vital (necessary, indispensable) thing
indispensavelmente *adv.* indispensably
indisponibilidade *s. f.* unavailability, unavailableness
indisponível *adj.* unavailable, not available
indispor *v. tr.* to indispose, to disincline, to set at variance; to put out of health, to make ill, to upset; to make unfit (unable, incapable)
indisposição *s. f.* indisposition, ill-health, slight ailment; aversion, disinclination, unwillingness, reluctance
indisposto *adj.* indisposed, ill, sick, ailing; unwell; averse, hostile; unwilling, disinclined, reluctant; ill-disposed; ***sentir-se indisposto*** to feel poorly; ***estar indisposto*** to be out of sorts, [coloq.] to be under the weather, [fam.] to have the pip
indisputabilidade *s. f.* indisputability, indisputableness, incontrovertibleness, incontrovertibility
indisputado *adj.* undisputed, unquestioned, uncontested
indisputável *adj.* indisputable, unquestionable, incontestable
indisputavelmente *adv.* indisputably, undoubtedly, unquestionably, without question, certainly
indissociável *adj.* indissociable
indissolubilidade *s. f.* indissolubility, indissolubleness
indissolução *s. f.* state of being indissolved
indissolúvel *adj.* indissoluble; lasting, permanent
indistinção *s. f.* indistinctness, indistinction
indistinguível *adj.* indistinguishable
indistintamente *adv.* indistinctly, dimly; indiscriminately
indistinto *adj.* indistinct, confused, undefined, dim; obscure; hazy, blurred
inditoso *adj.* unfortunate, unhappy, unlucky
individuação *s. f.* individuation
individuador Ⓐ *s. m.* he who (or that which) individualizes Ⓑ *adj.* individualizing, distinguishing
individual *adj.* individual, single, personal, private; ***objectos de uso individual*** personal effects
individualidade *s. f.* individuality; separate existence; personality, person
individualismo *s. m.* individualism; egoism
individualista Ⓐ *adj.* individualistic Ⓑ *s. m. e f.* individualist
individualização *s. f.* individualization
individualizar *v. tr.* to individualize, to give individual character to; to specify, to particularize; to distinguish
individualmente *adv.* individually, separately, singly
individuante *adj.* individuator, characteristic
individuar *v. tr.* to individuate, to individualize, to specify
indivíduo Ⓐ *s. m.* individual, person, fellow, chap Ⓑ *adj.* single, particular, special; indivisible, undivided; ***um indivíduo simpático*** a nice fellow; ***os direitos do indivíduo devem ser protegidos*** the rights of the individual must be protected
indivisamente *adv.* indivisibly
indivisão *s. f.* indivision, undividedness, entirety, wholeness
indivisibilidade *s. f.* indivisibility
indivisível *adj.* indivisible, undividable
indiviso *adj.* undivided, whole, entire, integral, intact
indizível *adj.* inexplicable, inexpressible, indescribable; unutterable, unspeakable
indizivelmente *adv.* inexplicably, inexpressibly, indescribably, unspeakably, unutterably
indobrável *adj.* unbending, unflexible
indochinês *s. m., adj.* Indo-Chinese
indócil *adj.* indocile, intractable, unmanageable, stubborn; untamable
indocilidade *s. f.* indocility, intractability, stubbornness
indocilizar *v. tr.* to render indocile (intractable, stubborn), to make (to turn) wild
indocumentado *adj.* undocumented
indo-europeu *s. m., adj.* Indo-European
índole *s. f.* character, temper, nature, temperament, disposition, bent, humour; ***de boa índole*** good-natured; ***de má índole*** ill-natured
indolência *s. f.* indolence, idleness, laziness, negligence, slothfulness, sluggishness, slackness
indolente *adj.* indolent, idle, lazy, slothful, sluggish, slow, slack, listless, negligent
indolentemente *adv.* indolently, idly, lazily, slackly, listlessly
indologia *s. f.* indology; study of Indian subjects
indólogo *s. m.* indologist, indologue

indolor *adj.* painless, free from pain; easy
indomado *adj.* untamed, wild, undomesticated
indomável *adj.* untamable; indomitable, unyielding, unconquerable, invincible
indomavelmente *adv.* indomitably
indomesticado *adj.* undomesticated
indomesticável *adj.* untamable
indoméstico *adj.* untamed, wild
indominável *adj.* ⇒ **indomável**
indómito *adj.* untamed, uncurbed, wild; ungovernable; invincible; [fig.] haughty, arrogant
indona *s. f.* each of the holes made in the lips of women of certain African tribes
indonésio *s. m., adj.* Indonesian
indo-português *adj.* Indo-Portuguese
indostânico *adj.* Hindustani
indostano *adj.* Hindustani
indouto *adj.* unlearned
indrominar *v. tr.* [pop.] to cheat, to trick, to dupe, to hoax, to fool
indubitado *adj.* undoubted
indubitável *adj.* indisputable, incontestable, undoubted, indubitable, sure, certain, beyond doubt
indubitavelmente *adv.* indubitably, assuredly
indução *s. f.* induction; ***indução eléctrica*** electrification by induction
indúcias *s. f. pl.* truce; COMÉRCIO moratorium, indulgence (of time for payment); DIREITO respite given to debtors
indúctil *adj.* inductile
inductilidade *s. f.* inductility
inducto *adj.* ⇒ **induzido**
induísmo *s. m.* Hinduism
indulgência *s. f.* indulgence, indulgency, clemency, forbearance, leniency, mercy; remission, exemption
indulgenciar *v. tr.* to treat with indulgence, to pardon, to forgive; RELIGIÃO to secure indulgence
indulgente *adj.* indulgent, merciful, clement, forbearing, lenient, kind, tolerant, broadminded, compliant, yielding; ***um pai indulgente*** an indulgent parent
indulgentemente *adv.* indulgently, forbearingly, mercifully, kindly, yieldingly
indultar *v. tr.* to grant an indult, to forgive, to pardon, to exempt; to respite, to reprieve
indultário *adj.* exempt, pardoned
indulto *s. m.* indult; remission, grant, pardon; reprieve, respite
indumentar *v. tr.* ⇒ **vestir**
indumentária *s. f.* art of dressing; clothing, clothes, garments, apparel, vestments
indumentário *adj.* related to garments; related to *indumentos*
indumento *s. m.* clothing, garment; integument, outer covering, case, skin, shell, husk, rind
induna *s. m.* induna (among the Zulus)
induração *s. f.* induration
induro *s. m.* sea raven, cormorant
indúsia *s. f.* ⇒ **indúsio**
indúsio *s. m.* BOTÂNICA indusium
indústria *s. f.* industry (productive labour); trade (branch of trade); diligence, industry, assiduity, painstaking activity, toil, perseverance; ***indústria do ferro*** iron industry; ***indústria de lanifícios*** woollen industry; ***indústria do papel*** paper manufacturing; ***indústria da borracha*** rubber manufacture; ***indústria têxtil*** textile industry; ***indústria de automóveis*** motor-car industry; ***indústria de conservas*** industry of preserves
industriador *s. m.* instructor, trainer, coach, teacher
industrial Ⓐ *adj.* industrial, manufacturing; ***escola industrial*** industrial school Ⓑ *s. m.* industrial, industrialist, manufacturer
industrialismo *s. m.* industrialism
industrialista *s. m. e f., adj.* industrialist
industrialização *s. f.* industrialization
industrializar *v. tr.* to industrialize, to devote to industrial pursuits
industrialmente *adv.* industrially
industriar *v. tr.* to instruct, to teach, to train, to coach, to school
industriosamente *adv.* industriously
industrioso *adj.* industrious, hard-working, painstaking, diligent, assiduous, laborious, persevering, active
indutância *s. f.* ELECTRICIDADE inductance
indutar *v. tr.* to cover; to coat, to furnish with, to garnish
indutivo *adj.* inductive
induto *s. m.* ⇒ **indumento**
indutómetro *s. m.* inductometer
indutor Ⓐ *adj.* inducing, instigating Ⓑ *s. m.* inductor; inducer
induviado *adj.* BOTÂNICA induviate
induvial *adj.* ⇒ **induviado**
indúvias *s. f. pl.* induviae
induzido Ⓐ *adj.* induced Ⓑ *s. m.* ELECTRICIDADE armature; ***induzido de um dínamo*** armature of a dynamo
induzidor *s. m.* inducer, instigator, persuader
induzimento *s. m.* inducement, instigation, persuasion
induzir *v. tr.* to induce, to lead, to persuade, to cajole, to instigate, to move, to prevail upon; to bring about, to motivate; to conclude; to infer; ELECTRICIDADE to produce by induction; ***induzir alguém a fazer qualquer coisa*** to induce a person to do something; ***induzir em erro*** to lead into error
inebriação *s. f.* inebriation, intoxication, drunkenness; exhilaration, cheering, enlivening
inebriador *adj.* ⇒ **inebriante**
inebriamento *s. m.* ⇒ **inebriação**
inebriante *adj.* inebriating, intoxicating, exhilarating
inebriar *v. tr.* to inebriate, to make drunk, to intoxicate; to exhilarate, to cheer, to inspirit, to stimulate; ***inebriado com o triunfo (êxito)*** inebriated by success
inédia *s. f.* inedia (abstinence from food)
inédito Ⓐ *adj.* inedited, unpublished Ⓑ *s. m.* unpublished book
inefabilidade *s. f.* ineffableness, ineffability, unutterability, unutterableness
inefável *adj.* ineffable, unutterable, too great for words, unspeakable, inexpressible; marvellous, wonderful, charming, fascinating
inefavelmente *adv.* ineffably
ineficácia *s. f.* inefficacy, inefficiency, ineffectualness; uselessness
ineficaz *adj.* ineffective, inefficacious, ineffectual, useless, unavailing; ***ser ineficaz*** to cut no ice
ineficazmente *adv.* inefficaciously, ineffectually; uselessly
ineficiência *s. f.* inefficiency, inefficaciousness; uselessness
ineficiente *adj.* inefficient, inefficacious; useless
ineficientemente *adv.* inefficiently, ineffectively, inefficaciously; incompetently, uselessly, deficiently
inegável *adj.* undeniable, indisputable, incontestable; evident, manifest, obvious
inegavelmente *adv.* undeniably, indisputably, incontestably; evidently, obviously, positively
inegociável *adj.* unnegotiable, not negotiable, unmarketable
inelegância *s. f.* inelegance, clumsiness, ungracefulness
inelegante *adj.* inelegant; ungainly; unrefined, awkward, clumsy, ungraceful
inelegantemente *adv.* inelegantly, ungracefully, clumsily
inelegibilidade *s. f.* ineligibility
inelegível *adj.* ineligible
inelidível *adj.* not eliminable, unsupressed

ineloquente *adj.* ineloquent
inelutável *adj.* ineluctable; inescapable, unavoidable
inenarrável *adj.* indescribable, inenarrable; unutterable, unspeakable
inenrugável *adj.* quality of being void of creases
inépcia *s. f.* ineptitude, stupidity, inaptness; unfitness; incapacity, silliness, foolishness
ineptamente *adv.* ineptly, inaptly
ineptidão *s. f.* ⇒ **inépcia**
inepto *adj.* inept, unfit, unsuitable; foolish, senseless, fatuous, silly, stupid
inequilátero *adj.* inequilateral
inequivalve *adj.* ZOOLOGIA inequivalve
inequivocamente *adv.* unequivocally, unmistakably
inequívoco *adj.* unequivocal, unmistakable, unambiguous, clear, plain, straightforward
inércia *s. f.* FÍSICA inertia; inertness, inactivity, sluggishness, laziness, dullness, torpor of mind (or body); ***inércia magnética*** magnetic inertia
inerciar *v. tr.* to make inert
inerência *s. f.* inherence, inherency; inhesion
inerente *adj.* inherent, inborn, organic
inerme *adj.* unarmed; BOTÂNICA inerm
inerrância *s. f.* inerrancy, inerrability, inerrableness
inerrante *adj.* ASTRONOMIA fixed, unerring, inerrant
inerte *adj.* inert, inactive, slow, sluggish; dull, torpid, indolent
inervação *s. f.* innervation
inervar *v. tr.* FISIOLOGIA to innervate
inerve *adj.* BOTÂNICA veinless
inérveo *adj.* BOTÂNICA veinless
inescrutabilidade *s. f.* inscrutability, inscrutableness
inescrutável *adj.* inscrutable, impenetrable, undiscoverable, mysterious, enigmatic
inescrutavelmente *adv.* inscrutably, impenetrably, enigmatically
inescurecível *adj.* that cannot be darkened (blotted out)
inesgotável *adj.* inexhaustible, copious, abundant; unfailing; indefatigable, untiring; ***fornecimento inesgotável*** an inexhaustible supply; ***energia inesgotável*** untiring (boundless) energy
inesgotavelmente *adv.* inexhaustibly; indefatigably; copiously, abundantly
inesperadamente *adv.* unexpectedly, suddenly, abruptly
inesperado *adj.* unexpected, unforeseen; sudden, abrupt; ***partida inesperada*** sudden departure
inesquecível *adj.* unforgettable
inestancável *adj.* inhexaustible; impossible to stanch or staunch; stanchless
inestendível *adj.* inextensible
inestético *adj.* inaesthetic, void of taste
inestimado *adj.* unesteemed
inestimável *adj.* inestimable, invaluable, precious, priceless; ***de valor inestimável*** of inestimable value
inestimavelmente *adj.* inestimably
inevidência *s. f.* inevidence, obscurity
inevidente *adj.* inevident, obscure, not clear
inevitabilidade *s. f.* inevitability
inevitável *adj.* inevitable, unavoidable, sure to happen, fatal
inevitavelmente *adv.* inevitably, unavoidably; necessarily, as a matter of course
inexactamente *adj.* inexactly, inaccurately
inexactidão *s. f.* inexactitude, inexactness, inaccuracy, incorrectness
inexacto *adj.* inexact, inaccurate, incorrect, faulty; untrue, false
inexaminável *adj.* unexaminable
inexaurível *adj.* inexhaustible
inexausto *adj.* unexhausted
inexcedível *adj.* unsurpassable, unbeatable
inexcedivelmente *adv.* unsurpassably
inexcitabilidade *s. f.* inexcitability
inexcitável *adj.* unexcitable, not excitable
inexcusável *adj.* inexcusable
inexcusavelmente *adv.* inexcusably
inexecução *s. f.* inexecution, non-performance
inexecutável *adj.* inexecutable, unachievable, impracticable; MÚSICA, DESPORTO unplayable
inexequibilidade *s. f.* quality of being inexecutable, inexecution; impractibility
inexequível *adj.* inexecutable, unachievable, unfeasible
inexigível *adj.* not exigible, not demandable
inexistência *s. f.* inexistence, non-existence
inexistente *adj.* inexistent, non-existent
inexorabilidade *s. f.* inexorability, relentlessness, inexorableness
inexorado *adj.* unasked, unbidden, unrequested
inexorável *adj.* inexorable, stern, relentless, ruthless, rigorous
inexoravelmente *adv.* inexorably, relentlessly, ruthlessly
inexpedito *adj.* clumsy, awkward, unhandy, maladroit, unskilful; shy, timid, coy, sheepish
inexperiência *s. f.* inexperience, lack of experience; ***dias de inexperiência juvenil*** salad days
inexperiente *adj.* inexperienced, unexperienced, untried, unpractised, fresh, new, raw, green, unschooled, untrained, unskilled, unfamiliar; ***pessoa inexperiente*** a fresh hand, greenhorn
inexperientemente *adv.* inexpertly, unskilfully; rawly, naively
inexperto *adj.* inexpert, unskilful, unskilled, unpractised, unexpiate, unpardoned
inexpiado *adj.* inexpiate, unpardoned
inexpiável *adj.* inexpiable
inexplicabilidade *s. f.* inexplicability, unaccountability
inexplicável *adj.* inexplicable, incomprehensible, unintelligible, unaccountable; mysterious, strange
inexplicavelmente *adv.* inexplicably, unaccountably, mysteriously, strangely
inexplícito *adj.* inexplicit
inexplorado *adj.* unexplored (country); unworked (of mines); uncultivated (land); unexploited
inexplorável *adj.* inexplorable, not exploitable
inexpressão *s. f.* inexpressiveness, absence of expression
inexpressivo *adj.* inexpressive, expressionless, meaningless
inexprimível *adj.* inexpressible; unutterable, indescribable, unspeakable; ***alegrias inexprimíveis*** unspeakable joys
inexprimivelmente *adv.* inexpressibly, unspeakably, indescribably
inexpugnabilidade *s. f.* inexpugnability, invincibility
inexpugnável *adj.* inexpugnable, unconquerable, invincible
inextensão *s. f.* inextension, want of extension
inextensibilidade *s. f.* inextensibility
inextensível *adj.* inextensible
inextenso *adj.* inextended, not extended
inexterminável *adj.* inexterminable
inextinguível *adj.* inextinguishable; unquenchable (water); indestructible
inextinto *adj.* inextinct, inextinguished, unextinguished
inextirpável *adj.* inextirpable
inextricável *adj.* inextricable, involved, entangled, intricate
inextrincavelmente *adv.* inextricably
infactível *adj.* unfeasible, impracticable
infacundo *adj.* ineloquent
infalibilidade *s. f.* infallibility, unerringness
infalibilismo *s. m.* infallibilism
infalibilista *s. m. e f.* infallibilist
infalível *adj.* infallible, unerring; inevitable, never-failing, unfailing, sure, certain

infalivelmente *adv.* infallibly, unfailingly, inerrably
infalsificável *adj.* that cannot be counterfeited (adulterated, falsified)
infamação *s. f.* defamation, calumny, detraction, slander, infamy, aspersion, abuse
infamador Ⓐ *adj.* defaming, opprobrious Ⓑ *s. m.* slanderer; defamer
infamante *adj.* defamatory, slanderous, calumnious, libellous, abusive, opprobrious
infamar *v. tr.* to defame, to slander, to libel, to blacken, to calumniate, to abuse, to asperse, to detract
infamatório *adj.* ⇒ **infamante**
infame *adj.* infamous, shameful, shameless, dishonourable, disreputable, base, vile, discreditable, ignominious, outrageous, damnable; ***procedimento infame*** infamous conduct
infamemente *adv.* infamously, shamefully, disgracefully, outrageously, disreputably
infâmia *s. f.* infamy, shame, disgrace, dishonour, discredit, evil repute, disrepute, opprobrium, ignominy
infanção *s. f.* nobleman; knight
infância *s. f.* childhood, infancy, babyhood; DIREITO minority, nonage, pupil-age; beginning, commencement, first age
infando *adj.* nefarious, iniquitous, wicked, horrible, abominable, unspeakable
infanta *s. f.* infanta
infantado *s. m.* an infante's estate
infantaria *s. f.* infantry, foot-soldiery
infante *s. m.* infant, infante (younger prince of royal blood); foot soldier, infantryman; infant, child, baby
infanticida *s. m. e f.* infanticide
infanticídio *s. m.* infanticide
infantil *adj.* childish, infantile, puerile; juvenile; ***literatura infantil*** juvenile literature, children's reading; ***escola infantil*** infant school
infantilidade *s. f.* childishness
infantilismo *s. m.* MEDICINA infantilism
infantilizar *v. tr.* to render infantile
infantilmente *adv.* childishly
infantino *adj.* infantine
infantista *adj.* infant, concerning an infant
infatigabilidade *s. f.* indefatigability, indefatigableness, tirelessness
infatigável *adj.* indefatigable, untiring, tireless, unweary, unremitting, unflagging, persevering
infatigavelmente *adv.* indefatigably, tirelessly, unremittingly, perseveringly
infaustamente *adv.* unfortunately, unluckily, unhappily, inauspiciously
infausto *adj.* unlucky, unfortunate, inauspicious, ill-omened, disastrous; ***o infausto acontecimento*** the unfortunate occurrence, the unlucky happening
infecção *s. f.* infection; contagion, contamination
infeccionado *adj.* infected, polluted
infeccionar *v. tr.* to infect, to contaminate (with disease); to pollute, to defile, to poison
infeccioso *adj.* infectious, contagious, catching, communicable, contaminating, corrupting, poisoning, defiling, polluting
infectado *adj.* infected, contaminated, poisoned; tainted, polluted
infectante *adj.* infecting; ⇒ **infectuoso**
infectar *v. tr.* to infect, to contaminate; to poison, to defile, to pollute; to corrupt
infecto *adj.* infected, contaminated; pestilential, fetid
infecto-contagioso *adj.* infectious and contagious
infectuoso *adj.* infectious; pestilential, fetid
infecundar *v. tr.* to render infecund (barren, unproductive); to sterilize; to castrate
infecundidade *s. f.* infecundity, sterility, barrenness, infertility, unfruitfulness, unproductiveness
infecundo *adj.* infecund, sterile, unproductive, infertile, unfruitful, barren; BOTÂNICA acarpous
infelicidade *s. f.* unhappiness, misfortune, mischance, ill-luck; adversity, trial, distress, calamity, infelicity; ***um período de infelicidade*** a run of ill-luck
infelicitar *v. tr.* to render unhappy (miserable); to cause unhappiness to
infeliz Ⓐ *adj.* unhappy, unfortunate, unlucky, luckless, unsuccessful; deplorable, disastrous; miserable, wretched Ⓑ *s. m. e f.* poor wretch, unfortunate person, unlucky fellow, poor chap; ***uma vida infeliz*** an unhappy life; ***um dia infeliz*** an unfortunate day; ***o infeliz perdeu todo o seu dinheiro*** the wretched man lost all his money; ***o verde é considerado uma cor infeliz*** green is thought to be an unlucky colour; ***ele tem sido um infeliz toda a sua vida*** he has been most unfortunate all his life
infelizmente *adv.* unhappily, unfortunately, unluckily
infenso *adj.* hostile, inimical, unfriendly, averse to, contrary, opposed
inferaxilar *adj.* BOTÂNICA infra-axillary
inferência *s. f.* inference, deduction, conclusion; implication
inferior Ⓐ *adj.* inferior, lower, ordinary, common, poor, cheap, second-rate, mediocre, base, mean Ⓑ *s. m.* inferior, subordinate, subaltern; ***inferior a*** inferior to; ***um empregado inferior*** a junior clerk; ***em nada inferior a*** in no way inferior to; ***ser inferior a*** ⌈coloq.⌋ not to be in the same street as; ***não ser inferior a ninguém*** to be second to none; ***inferior ao preço de custo*** under cost price; ***comida inferior*** poor food
inferioridade *s. f.* inferiority; disadvantage; ***complexo de inferioridade*** inferiority complex; ***estar em inferioridade*** to be at a disadvantage
inferiorizar Ⓐ *v. tr.* to render inferior Ⓑ *v. refl.* to become inferior
inferiormente *adv.* inferiorly; below
inferir *v. tr.* to infer, to deduce, to conclude, to draw conclusions; to guess, to presume; to imply
infermentescível *adj.* unfermentable, unable to ferment
infernação *s. f.* annoyance
infernal *adj.* infernal, hellish, devilish, demoniacal, fiendish, satanic, diabolical, confounded, abominable; ⌈coloq.⌋ ***um barulho infernal*** a hellish noise
infernalidade *s. f.* quality of being infernal; hellishness, devilishness
infernalmente *adv.* infernally, hellishly, devilishly
infernar *v. tr.* to harass, to plague, to vex, to gall, to harry, to pester, to torment
inferneira *s. f.* hell, torment, din, clamour, infernal noise, turmoil
infernizar *v. tr.* to harass, to torment, to vex, to worry, to plague, to trouble, to gall, to garry
inferno *s. m.* hell, limbo, abyss, pandemonium, everlasting fire, shades below, underworld, inferno; misery, suffering, torment, torture; ***ir para o inferno*** to go to hell; ***tornar a vida um inferno*** to make one's life a hell; ***de mal-agradecidos está o inferno cheio*** past services are soon forgotten
ínfero Ⓐ *adj.* inferior Ⓑ *s. m.* ⇒ **inferno**
ínfero-anterior *adj.* inferoanterior
ínfero-exterior *adj.* inferoexterior
ínfero-interior *adj.* inferointerior
ínfero-posterior *adj.* inferoposterior
inferovariado *adj.* BOTÂNICA infraovarian
infértil *adj.* infertile, barren, sterile, unfruitful, unproductive
infertilidade *s. f.* infertility, unfruitfulness, sterility, barrenness, unproductiveness
infertilizar *v. tr.* to make infertile, to sterilize

infertilizável *adj.* unfertilizable
infestação *s. f.* infestation; devastation
infestador Ⓐ *adj.* infesting Ⓑ *s. m.* infester
infestante *adj.* infesting
infestar *v. tr.* to infest, to swarm in, to frequent (in large numbers), to haunt; ***os salteadores infestam as montanhas*** brigands infest the mountains; ***o navio está infestado de ratos*** the ship is infested with rats
infestatório *adj.* ⇒ **infestante**
infesto *adj.* hostile, prejudicial, harmful, detrimental, pernicious, infest
infibulação *s. f.* infibulation
infibulador Ⓐ *adj.* infibulating Ⓑ *s. m.* infibulator
infibular *v. tr.* to infibulate
inficionação *s. f.* infection, contamination
inficionado *adj.* infected
inficionador Ⓐ *adj.* infecting, contaminating Ⓑ *s. m.* contaminator
inficionar *v. tr.* to infect, to contaminate
infidelidade *s. f.* infidelity, faithfulness; disloyalty
infidelíssimo *adj.* most unfaithful
infido *adj.* [poét.] unfaithful, infidel
infiel Ⓐ *adj.* unfaithful, disloyal, untrue, faithless, false, treacherous, untrustworthy, perfidious; inaccurate, inexact Ⓑ *s. m.* infidel, atheist, unbeliever, pagan; heathen; ***um amigo infiel*** an unfaithful friend; ***um criado infiel*** an unfaithful servant; ***os infiéis*** the heathen
infielmente *adv.* unfaithfully, disloyally
infiltração *s. f.* infiltration, infiltrating
infiltrador *adj.* infiltrating
infiltrar *v. tr.* to infiltrate, to filter into, to seep, to sift in, to soak in, to permeate, to pass through, to percolate, to penetrate
infiltrável *adj.* not filterable, not strainable
ínfimo *adj.* the lowest; the meanest; most insignificant
infindável *adj.* endless, unending, boundless, limitless, immeasurable, infinite, interminable
infindo *adj.* endless, unending, infinite, unlimited, ceaseless, interminable; countless, innumerable
infinidade *s. f.* infinity, infiniteness, boundlessness, endlessness, immensity, vastness
infinitamente *adv.* infinitely, boundlessly, endlessly, vastly, immensely; ***infinitamente grande*** infinitely great
infinitésima *s. f.* MATEMÁTICA infinitesimal; infinitesimal amount
infinitesimal *adj.* infinitesimal; minute, very small; infinitely small; ***cálculo infinitesimal*** infinitesimal calculus
infinitésimo Ⓐ *adj.* infinitesimal; infinitely small Ⓑ *s. m.* infinitesimal, infinitesimal amount
infinitivo Ⓐ *adj.* GRAMÁTICA infinitival, infinitive Ⓑ *s. m.* GRAMÁTICA infinitive, the infinitive mood
infinito Ⓐ *adj.* infinite, boundless, unlimited, limitless, endless; timeless Ⓑ *s. m.* the infinite
infirmar *v. tr.* to invalidate, to annul, to deprive of legal force
infirmativo *adj.* invalidating, annulling
infirmidade *s. f.* infirmity
infixação *s. f.* GRAMÁTICA infixing
infixar *v. tr.* to infix, to fix, to set firmly; GRAMÁTICA to insert (a formative element) in a word
infixidez *s. f.* unsteadiness, want of fixedness, vacillation, inconstancy, instability
infixo *s. m.* GRAMÁTICA infix
inflação *s. f.* inflation, abnormal increase of the currency; swelling, blowing up; conceit, bombast, haughtiness
inflacionário *adj.* inflationary
inflacionismo *s. m.* inflation, inflationism
inflacionista Ⓐ *adj.* inflating Ⓑ *s. m. e f.* inflationist
inflado *adj.* inflated, distended, puffed up, swollen; conceited, pompous, haughty; ***inflado de orgulho*** puffed up (bloated) with pride
inflamabilidade *s. f.* inflammability, inflammableness, combustibility
inflamação *s. f.* inflammation; swelling; [fig.] enthusiasm, passion, emotion, ardour, rapture; anger, wrath, fury, rage; ***inflamação das amígdalas*** tonsillitis
inflamado *adj.* inflamed; swollen; [fig.] ardent, earnest, enthusiastic, fervent, brazen, excited, exacerbated, angry, fiery, glowing
inflamador *s. m.* inflamer; inciter, instigator, prompter, provoker
inflamar Ⓐ *v. tr.* to inflame; to swell; to set on fire, to set ablaze, to kindle, to ignite; to excite, to exacerbate, to rouse (passion, anger, feeling, etc.) Ⓑ *v. refl.* to become heated (roused, excited, agitated); to catch fire
inflamativo *adj.* inflammatory, inflammative
inflamatório *adj.* inflammatory, inflammative
inflamável *adj.* inflammable; combustible; fiery, excitable
inflar Ⓐ *v. tr.* to inflate, to swell out, to distend, to expand, to blow up (with air or gas); COMÉRCIO to raise prices artificially; to resort to inflation (of the currency); to puff up, to bloat (with pride) Ⓑ *v. refl.* to become haughty (proud)
inflatório *adj.* inflationary
inflectir *v. tr.* to inflect, to bend, to incurve, to curve inwards; GRAMÁTICA to inflect (to modify forms of words by inflexion); to modulate (the voice)
inflexão *s. f.* inflexion, inflection; bending; modulation, intonation (of voice); ***inflexão da voz*** inflexion (modulation, intonation) of the voice
inflexibilidade *s. f.* inflexibility; rigidity, stiffness, inexorability, stubbornness, unrelentingness
inflexível *adj.* inflexible, unshakable, unflinching, rigid, stern, stiff, unbending, unbendable, unrelenting, inexorable, stubborn
inflexivelmente *adv.* inflexibly, sternly, stiffly, rigidly, unshakably, unflinchingly, inexorably, unrelentingly
inflexivo *adj.* inflective
inflexo *adj.* inflexed; BOTÂNICA bent inwards; GRAMÁTICA uninflected, flexionless
inflicção *s. f.* infliction
infligir *v. tr.* to inflict, to impose (penalty, loss, suffering); ***infligir um castigo*** to inflict a punishment; ***infligir uma multa*** to impose a fine
inflorar Ⓐ *v. tr.* to cover (to adorn) with flowers Ⓑ *v. refl.* to flower, to bloom, to blossom, to bear flowers
inflorescência *s. f.* inflorescence, blossoming forth, flowering
inflorescente *adj.* inflorescent; blossoming
influença *s. f.* influenza, flu
influência *s. f.* influence, authority, mastery, control, ascendency; reputation, credit; prestige, importance; ***exercer influência sobre alguém*** to exercise influence over (with) someone; ***ter grande influência junto de alguém*** to go a great way with someone; ***sentir a influência da música*** to feel the influence of music; ***influência eleitoral*** influence of the electorate; ***influências atmosféricas*** atmospheric interference (influences)
influenciação *s. f.* influence, authority, sway, control, power, impulse
influenciar *v. tr.* to influence, to exercise (to exert) influence (upon), to work upon, to prevail upon, to persuade, to actuate, to incite, to urge, to rouse, to move, to induce, to predispose
influenciável *adj.* susceptible of being influenced
influente Ⓐ *adj.* influent, influential, persuading, powerful, weighty Ⓑ *s. m. e f.* person of influence, big-wig, big-gun; ***o maior influente de um lugar*** the cook of the walk; ***ter um amigo muito influente*** to have a friend at court
influentemente *adv.* influentially; powerfully
influenza *s. f.* MEDICINA influenza; [coloq.] flu

influição *s. f.* influence; flowing in, influx, inflow, inflowing
influidor Ⓐ *adj.* influencing, influent, influential Ⓑ *s. m.* influencer, encourager; one who influences
influir *v. tr.* to influence, to induce, to prevail upon, to persuade, to encourage, to incite, to spur, to actuate, to work on (upon); to contribute, to concur; to flow in, to pour into; to inflow
influxado *adj.* having (suffering of) a cold
influxo *s. m.* influence, power; influx, flowing in; high tide
in-fólio *s. m.* TIPOGRAFIA folio (book); in folio
informação *s. f.* information, knowledge, intelligence, report, account; news; reference; judicial inquiry; ***agência de informações*** inquiry-office, information bureau; ***dar boas informações*** to give good references; ***informação secreta (sobre corrida de cavalos ou Bolsa)*** straight tip; ***colher informações úteis*** to pick up useful information; ***tomar informações*** to make inquiries; ***pedir informaçãos sobre*** to ask about, to inquire about; ***informações de última hora*** last-minute news; ***descobrir por informações*** to find out by inquiry; ***para sua informação*** for your information; ***para informações completas*** for further particulars; ***más informações*** unfavourable reports; ***informação meteorológica*** weather report
informador *s. m.* informer; spokesman; adviser; warner; ***informador de corridas de cavalos*** tipster
informante Ⓐ *adj.* informing, advising Ⓑ *s. m. e f.* informant, informer, adviser
informar Ⓐ *v. tr.* to inform, to tell, to instruct, to impart knowledge (information) to, to acquaint with, to let know, to advise, to report, to notify; to give form, to shape; to give body, to thicken Ⓑ *v. refl.* to inquire, to inform oneself about, to find out about; ***informar-se do estado de saúde de alguém*** to inquire after (for) someone's health; ***ser informado*** to get wind of; ***informar circunstanciadamente*** to inform in detail
informática *s. f.* computer science, computing, computer studies
informático Ⓐ *s. m.* computer scientist, computer expert Ⓑ *adj.* computing
informativo *adj.* informative, informatory
informe Ⓐ *adj.* shapeless, formless, amorphous, deformed, misshapen Ⓑ *s. m.* information, intelligence, report, advice; ***uma massa informe*** a shapeless mass
informidade *s. f.* shapelessness, deformity; lack of form
infortificável *adj.* unfortifiable, that cannot be fortified
infortuna *s. f.* adversity, misfortune, distress, ill-luck, bad luck, misery
infortunadamente *adv.* unfortunately, unluckily, miserably
infortunado *adj.* unfortunate, unlucky, luckless, unhappy, hapless, ill-fated, ill-starred
infortunar *v. tr.* to make unhappy, to render unfortunate
infortúnio *s. m.* misfortune, adversity, unhappiness, ill-luck, bad luck, bad fortune; ***companheiro de infortúnio*** fellow-sufferer
infortunoso *adj.* unfortunate, unhappy, ill-fated
infra *adv.* infra, below
infra-assinado *adj.* undersigned
infra-axilar *adj.* infra-axillary
infracção *s. f.* infraction, infringement, encroachment, breach, breaking, violation of, offence (against the law, etc.); DESPORTO foul, foul play; ***infracção ao regulamento*** infraction of the rule; ***infracção de uma regra*** infringement of a rule
infracitado *adj.* mentioned below
infracto *adj.* broken, broken-hearted, dejected, distressed
infractor *s. m.* infringer, transgressor, offender, trespasser, intruder
infra-escrito *adj.* under-written
infra-estrutura *s. f.* substructure; groundwork or bed
infra-hepático *adj.* infra-hepatic
inframencionado *adj.* undermentioned
infrangibilidade *s. f.* infrangibility, infrangibleness
infrangível *adj.* infrangible
infra-oitava *s. f.* the six days' period between a festival and its octave
infra-renal *adj.* infra-renal
infra-som *s. m.* infra-sound
infravermelho *s. m., adj.* infra-red
infrene *adj.* unbridled, uncontrolled, unrestrained, immoderate
infrequência *s. f.* infrequency, infrequence
infrequente *adj.* infrequent, uncommon, sparse, rare
infrequentemente *adv.* infrequently, seldom, rarely
infringência *s. f.* infringement
infringente *adj.* infringing
infringir Ⓐ *v. tr.* to infringe, to break, to violate, to disobey, to contravene Ⓑ *v. intr.* to trespass, to encroach, to intrude; ***infringir a lei*** to infringe the law; ***infringir um regulamento*** to infringe a rule, to break a rule
infringível *adj.* infringible, unbreakable, inviolable
infrondar-se *v. refl.* to become frondose
infrutescência *s. f.* BOTÂNICA infructescence
infrutescente *adj.* infructescent, infructuous
infrutífero *adj.* unfruitful, infructuous; fruitless; vain, useless, profitless; barren, unproductive; unsuccessful; ***esforços infrutíferos*** unfruitful efforts
infrutuosamente *adv.* unfruitfully, fruitlessly, without result; unsuccessfully
infrutuosidade *s. f.* unfruitfulness
infrutuoso *adj.* unfruitful, infructuous, barren, unproductive; vain, fruitless, useless, unprofitable
infumável *adj.* unsmokable
infumígeno *adj.* smokeless (powder)
infundadamente *adv.* groundlessly, unfoundedly
infundado *adj.* unfounded; baseless, groundless; ***boatos infundados*** groundless rumours
infundibuliforme *adj.* infundibuliform, funnel-shaped
infundíbulo *s. m.* funnel; ANATOMIA, ZOOLOGIA infundibulum
infundiça *s. f.* ⇒ **infundice**
infundice *s. f.* a kind of lye made of urine
infundir *v. tr.* to infuse, to pour in; to introduce, to transfer (liquid into vessel); ⌈fig.⌋ to infuse, to inspire, to instil, to implant
infusa *s. f.* pitcher, large jug
infusão *s. f.* infusion; mixture; ***infusão de camomila*** infusion of camomile
infusibilidade *s. f.* infusibility, infusibleness
infusível *adj.* infusible
infuso *adj.* infused (into)
infusório *s. m.* ZOOLOGIA infusorian (*plural* infusoria)
infustamento *s. m.* bad smell, mustiness
infusura *s. f.* VETERINÁRIA laminitis
inganhável *adj.* that cannot be gained (won)
ingarilho *s. m.* prig, fop, coxcomb
ingénito *adj.* inbred, inborn, innate, congenital
ingente *adj.* huge, enormous, vast, great, immense
ingénua *s. f.* TEATRO ingénue; inexperienced girl
ingenuamente *adv.* ingenuously, open-heartedly, candidly, naïvely
ingenuidade *s. f.* ingenuousness, frankness, openness, candidness, sincerity, candour, simple-mindedness, naïveté
ingénuo Ⓐ *adj.* ingenuous, frank, plain, open, open-hearted, candid, sincere, naïve, simple, artless Ⓑ *s. m.* ingenuous (frank, naïve) person
ingerência *s. f.* interference, interfering, intervention, meddling, intermeddling (with)
ingerir Ⓐ *v. tr.* to ingest, to swallow, to take into the stomach, to gulp, to engorge, to imbibe Ⓑ *v. refl.* to interfere (with); to meddle, to intermeddle with; to thrust oneself into

ingestão *s. f.* ingestion, swallowing, deglutition; ***ingestão de alimento*** ingestion of food
inglês Ⓐ *adj.* English Ⓑ *s. m.* Englishman; English language; ***inglês macarrónico*** broken English, pidgin English; ***inglês correcto*** king's English; ***inglês castiço*** pure English; ***os ingleses*** the English; ***sabe falar inglês?*** can you speak English?; ***é só para inglês ver*** it is merely for show
inglesada *s. f.* [depr.] group of Englishmen; the English
inglesar *v. tr.* to Anglicize
inglesia *s. f.* ⇒ **ingresia**
inglesice *s. f.* imitation of something English (habits, words, expressions, etc.)
inglesismo *s. m.* Anglicism
ingloriamente *adv.* ingloriously
inglório *adj.* inglorious, obscure; unrenowned; shameful, dishonourable
inglorioso *adj.* inglorious
ingluvial *adj.* ZOOLOGIA ingluvial
inglúvias *s. f. pl.* ZOOLOGIA ingluvies; ORNITOLOGIA crop, craw
ingluvioso *adj.* greedy, voracious, ingluvious
ingovernável *adj.* ungovernable, unmanageable, uncontrollable, unruly
ingracioso *adj.* ingracious, ungracious, unhandsome, awkward, graceless, clumsy, inelegant, ungainly
ingramatical *adj.* ungrammatical
ingranzeu *s. f.* ⇒ **ingresia**
ingrão *s. m.* white rye
ingratamente *adv.* ungratefully, thanklessly
ingratatão *s. m.* ungrateful man
ingratatona *s. f.* ungrateful woman
ingratidão *s. f.* ingratitude, unthankfulness, thanklessness, ungratefulness; ***negra ingratidão*** black ingratitude
ingrato *adj.* ungrateful, unthankful, thankless; disagreeable, offensive, unpleasing, irksome; ***uma tarefa ingrata*** an ungrateful (thankless) task; ***acusou-me de ingrato*** he taxed me with ingratitude
ingrediente *s. m.* ingredient, component, constituent part, element; ***os ingredientes de um bolo*** the ingredients of a cake
íngreme *adj.* steep, declivitous, sharply sloping; ***montes íngremes*** steep hills
ingremidade *s. f.* steepness, arduousness
ingresia *s. f.* uproar, fuss, hubbub, din, clamour, great noise; gibberish, gabble, jabber, prate, idle talk, empty babble
ingressão *s. f.* ingression; ⇒ **ingresso**
ingressar *v. intr.* to enter, to go in; to join, to enlist in, to become a member of; ***ingressar numa sociedade*** to enter into (a) partnership
ingresso *s. m.* ingress, entrance, going in; entry; right of entrance, admission; admittance; ***ter ingresso (acesso) na Câmara dos Comuns*** to have the right of access to the House of Commons; ***bilhete de ingresso*** admission ticket; ***preço de ingresso*** admission price
íngua *s. f.* MEDICINA bubo
inguinabdominal *adj.* inguino-abdominal
inguinação *s. f.* craving for revenge
inguinal *adj.* inguinal
ingurgitação *s. f.* ingurgitation; MEDICINA cramming, infarct
ingurgitamento *s. m.* ingurgitation; MEDICINA cramming, infarct
ingurgitar Ⓐ *v. tr.* to ingurgitate, to gorge, to engorge, to swallow, to gulp (greedily) Ⓑ *v. refl. e intr.* to swell, to fill out, to grow larger
inhame *s. m.* BOTÂNICA yam; Chinese potato
inhenho Ⓐ *s. m.* timid, foolish man Ⓑ *adj.* foolish, stupid, decrepit
inibição *s. f.* inhibition, restraint, prohibition; FISIOLOGIA unhibition
inibidor Ⓐ *adj.* inhibiting Ⓑ *s. m.* inhibitor, inhibiter
inibir *v. tr.* to inhibit, to hinder, to check, to repress, to restrain, to delay, to obstruct; to forbid, to prohibit
inibitivo *adj.* inhibitive, inhibitory; prohibitory
inibitória *s. f.* difficulty; obstruction; inhibition
inibitório *adj.* inhibitory
iniciação *s. f.* initiation, beginning, inauguration, commencement; (act of) initiating, starting, setting, going
iniciado *s. m.* neophyte, novice; beginner; initiate
iniciador *s. m.* initiator, beginner, founder
inicial Ⓐ *adj.* initial, starting Ⓑ *s. f.* initial (letter)
inicialmente *adv.* initially
iniciar *v. tr.* to initiate, to begin, to start, to commence, to set going, to launch; to inaugurate, to open; to admit (person into society); to introduce; to instruct, to indoctrinate, to ground; ***iniciar um negócio*** to start a business; ***iniciar um trabalho importante*** to commence an important work; ***iniciar uma empresa*** to start an undertaking
iniciativa *s. f.* initiative, lead, first step; ***tomar a iniciativa*** to take the initiative; ***fê-lo por sua iniciativa*** he did it of his own accord; ***por iniciativa própria*** on one's own initiative
iniciativo *adj.* initiative, initial, starting
início *s. m.* beginning, commencement, start, outset, origin
inidentificável *adj.* unidentifiable, unrecognizable
inidóneo *adj.* not idoneous
inigualável *adj.* unequalled, unmatchable; unique
iniludível *adj.* unmistakable, undoubtful, evident
inimaginável *adj.* unimaginable, inconceivable
inimicícia *s. f.* enmity, hostility, hatred
inimicíssimo *adj.* most inimical, most hostile
inimigamente *adv.* inimically
inimigo Ⓐ *adj.* inimical, hostile, unfriendly, antagonistic, opposed, adverse, unfavourable Ⓑ *s. m.* enemy, foe, adversary, opponent, antagonist; the Evil One; ***inimigo na sombra*** a snake in the grass; ***criar uma hoste de inimigos*** to bring a hornet's nest about one's ears; ***nações inimigas umas das outras*** nations inimical to one another; ***a esquadra inimiga*** the enemy fleet; ***um inimigo do progresso*** an enemy of progress
inimistar *v. tr.* ⇒ **inimizar**
inimitável *adj.* inimitable, unrivalled, unique
inimitavelmente *adv.* inimitably
inimizade *s. f.* enmity, hostility, hatred, animosity, ill will, antagonism, rancour, hostility, hate
inimizar *v. tr.* to make an enemy of, to set at variance, to antagonize, to oppose
inintelegível *adj.* unintelligible; mysterious, obscure
ininterrupção *s. f.* uninterruptedness, lack of interruption; continuity, sequence
ininterruptamente *adv.* uninterruptedly
ininterrupto *adj.* uninterrupted, unbroken, unceasing, continuous, ceaseless, constant
ininvestigável *adj.* that cannot be investigated
iniquamente *adv.* iniquitously
iniquidade *s. f.* iniquity, wickedness, wrongfulness, misdeed, sin, crime, injustice, unrighteousness; iniquitous action
iníquo *adj.* iniquitous, unjust, unfair, unrighteous, wrong, inequitable, wicked, sinful, criminal
injecção *s. m.* injection, injecting; liquid (or solution) injected; ***injecção hipodérmica*** hypodermic injection; ***injecção intravenosa*** intravenous injection; ***injecção intramuscular*** intramuscular injection; ***injecção subcutânea*** subcutaneous injection
injectado *adj.* injected; ***olhos injectados*** inflamed (reddened, blood-shot) eyes
injectar *v. tr.* to inject; to introduce; to drive in (fluid, drug, etc.) by means of a syringe; to pump in; ***injectar com sulfato de cobre*** to impregnate with blue vitriol
injector *s. m.* injector, spray nozzle
injucundo *adj.* dull, disagreeable, unpleasant, displeasing

injudicioso *adj.* injudicious, ill-advised, unjudicious
injulgado *adj.* unjudged
injunção *s. f.* injunction, order, command, bidding, mandate, instruction, charge; DIREITO writ (issued by a court)
injungir *v. tr.* to impose, to enjoin, to command, to order, to bid, to instruct, to charge
injuntivo *adj.* imperative, obligatory
injúria *s. f.* violation, detriment, insult, offense, affront, outrage, detraction, slander
injuriado *adj.* abused, insulted
injuriador *s. m.* insulter, wrong-doer, slanderer, detractor, defamer, vilifier
injuriante *adj.* insulting, offending, defaming, detracting, vilifying, slanderous, outraging
injuriar *v. tr.* to insult, to offend, to affront, to outrage; to slander, to revile, to defame, to injure; to do wrong, to harm, to hurt
injurioso *adj.* injurious, calumnious, insulting, defaming, vilifying, detracting, slanderous, iniquitous, wrongful, hurtful
injustamente *adv.* unjustly, unrighteously, unequitably, inequitably, wrongfully, unfairly
injustiça *s. f.* injustice, unfairness, iniquity, unrighteousness; wrong, grievance; unjust action; ***fazer uma injustiça a alguém*** to do a person an injustice
injustiçado Ⓐ *adj.* harmed, wronged, ill-used Ⓑ *s. m.* victim of injustice
injustiçar *v. tr.* to wrong, to harm, to ill-use; to be unjust towards
injustiçoso *adj.* unjust, inequitable; unfair; dishonest
injustificação *s. f.* unjustifiableness
injustificadamente *adv.* without any justification
injustificável *adj.* unjustifiable, without justification, unwarrantable
injustificavelmente *adv.* unjustifiably, unwarrantably
injusto Ⓐ *adj.* unjust, unfair, unequitable, partial, inequitable, unrighteous; wrong, wrongful***uma sentença injusta*** an unjust sentence; ***uma asserção injusta*** a wrong assertion Ⓑ *s. m.* unjust (unfair, etc.) person;
inlapidado *adj.* unpolished
inobediência *s. f.* disobedience
inobediente *adj.* disobedient
inobliterável *adj.* ineffaceable
inobservado *adj.* unobserved, unnoticed, unperceived, unseen
inobservância *s. f.* inobservance; non-observance
inobservante *adj.* unobservant, uncompliant, uncomplying
inobservável *adj.* unobservable, unnoticeable
inocência *s. f.* innocence, blamelessness, guiltlessness; uprightness, honesty, candour, integrity, truthfulness, naïvety, purity; ***presumir a inocência de alguém*** to give a person the benefit of the doubt
inocentar *v. tr.* to declare not guilty, to acquit; to warrant; to pardon
inocente *adj.* innocent, blameless, guiltless, sinless, faultless, pure, unstained; artless, simple, ingenuous; harmless, innocuous, inoffensive; [fig.] child, baby
inocentemente *adv.* innocently, guiltlessly, harmlessly, candidly
in-octavo *s. m.* in octavo, a book in octavo
inocuidade *s. f.* innocuity
inoculabilidade *s. f.* inoculability
inoculação *s. f.* inoculation
inoculador *s. m.* inoculator
inocular *v. tr.* to inoculate, to practise inoculation; to insert, to engraft (a bud, shoot, etc.) into another plant; to implant (disease on, into), to imbue with
inoculável *adj.* inoculable
inócuo *adj.* innocuous, innoxious, harmless, inoffensive, innocent
inocupado *adj.* unoccupied, at leisure, free
inodoro *adj.* inodorous, odourless, scentless
inofensivamente *adj.* inoffensively
inofensivo *adj.* inoffensive, unoffending; harmless, innocent, innocuous, innoxious
inoficioso *adj.* unofficial, inofficial
inofuscável *adj.* impossible to darken (dim, obscure, shade, cloud)
inolente *adj.* inodorous, destitute of odour
inolvidável *adj.* unforgettable, never-to-be-forgotten
inominado *adj.* innominate, unnamed; ANATOMIA ***osso inominado, artéria (veia) inominada*** innominate bone (artery, vein)
inominável *adj.* unnamable, nameless, unfit to be named
inoperação *s. f.* inoperation
inoperacionalidade *s. f.* inoperativeness
inoperância *s. f.* inoperativeness
inoperante *adj.* inoperative
inopexia *s. f.* PATOLOGIA pathological increase of the coagulability of the blood
inópia *s. f.* indigence, penury, poverty, want, lack, scarcity, shortage, dearth, scantiness, deficiency
inopinadamente *adv.* unexpectedly; accidentally
inopinado *adj.* unexpected, unforeseen; accidental
inopinável *adj.* surprising, unimaginable, unexpected
inoportunamente *adv.* inopportunely, inconveniently, unsuitably
inoportunidade *s. f.* inopportuneness, untimeliness, unsuitability
inoportuno *adj.* inopportune, unseasonable, untimely, ill-timed; unsuitable, inconvenient, inappropriate
inorganicamente *adv.* inorganically
inorgânico *adj.* inorganic; ***química inorgânica*** inorganic chemistry
inorganismo *s. m.* inorganic substance
inorganizado *adj.* unorganized, not organized; BIOLOGIA lacking organic structure, inorganic
inosculação *s. f.* inosculation
inosite *s. f.* inosite, inositol
inositol *s. m.* QUÍMICA inositol
inositúria *s. f.* MEDICINA abnormal presence of inosite in the urine
inospitaleiro *adj.* inhospitable, unwelcoming; uninviting, bleak
inospitalidade *s. f.* inhospitality, inhospitableness
inóspito *adj.* inhospitable (of place, country, etc.); uninhabitable
inosúria *s. f.* ⇒ **inositúria**
inovação *s. f.* innovation, novelty, introduction (of novelty), change, alteration, newfangled practise
inovador *s. m.* innovator, introducer (of novelty)
inovar *v. tr.* to innovate, to make changes in, to introduce novelties, to make innovations
inox *s. m.* stainless steel
inoxidável *adj.* inoxidizable, rustproof, stainless; ***aço inoxidável*** stainless steel
inóxio *adj.* innoxious, innocuous, harmless, inoffensive
inqualificável *adj.* unqualifiable, unworthy, contemptible
inquartação *s. f.* quartation
in-quarto *s. m., adj.* quarto (4th, 4°, qto, q.)
inquebrabilidade *s. f.* unbreakability; infrangibility, infrangibleness
inquebrantável *adj.* unbreakable; inflexible, unbending, hard; [fig.] persevering, unflagging, untiring
inquebrável *adj.* unbreakable, non-breakable
inquerição *s. f.* strapping tight
inquerideira *s. f.* pack strap
inquerir *v. tr.* to tighten the straps of a packsaddle

inquérito *s. m.* inquest, inquiry, investigation, examination; ***inquérito judicial*** judicial inquiry, inquest; ***fazer um inquérito*** to hold an inquiry
inquestionável *adj.* unquestionable, indisputable, certain, irrefutable, indubitable, doubtless
inquestionavelmente *adv.* unquestionably, indisputably, irrefutably, indubitably, doubtlessly
inquietação *s. f.* inquietude, inquietation, inquietness, uneasiness, worry, trouble, anxiety, concern; restlessness, unrest, disturbance; ***a vida é cheia de inquietações*** life is full of petty troubles
inquietador *s. m.* disturber
inquietamento *s. m.* ⇒ **inquietação**
inquietante *adj.* disquieting, disturbing, alarming
inquietar Ⓐ *v. tr.* to disquiet, to trouble, to disturb, to alarm, to pester, to fret, to worry Ⓑ *v. refl.* to be uneasy, to grow uneasy, to worry, to fret; ***não se inquiete*** don't be uneasy, don't worry
inquieto *adj.* restless, unquiet, uneasy, troubled, disturbed; anxious, longing; ***estar inquieto*** to be ill at ease, to be restless; ***estar inquieto para ir para Londres*** he is anxious to go to London, he is longing to go to London
inquietude *s. f.* inquietude, uneasiness, restlessness, unrest, disquietude, disquietness
inquilinato *s. m.* tenancy, holding, tenure; ***lei do inquilinato*** Rent (Restriction) Act
inquilinismo *s. m.* ZOOLOGIA study of inquiline animals
inquilino *s. m.* tenant, lodger, renter, resident; inquiline
inquinação *s. f.* pollution, vitiation, fouling, defilement
inquinamento *s. m.* ⇒ **inquinação**
inquinar *v. tr.* to pollute, to foul, to vitiate, to defile, to taint, to infect
inquirição *s. f.* inquiry, inquest, hearing, questioning, interrogation; examination, investigation; ***inquirição de testemunhas*** examination of witnesses
inquiridor *s. m.* inquirer, investigator
inquiridoria *s. f.* office of inquirer
inquirimento *s. m.* ⇒ **inquirição**
inquirir *v. tr.* to inquire, to ask, to question, to interrogate, to make investigation (examination); to ask about, to make inquiry about, to query
inquiritorial *adj.* inquiry, inquiring
inquisição *s. f.* inquisition; RELIGIÃO The Inquisition, the Holy Office
inquisidor *s. m.* inquisitor
inquisitivo *adj.* inquisitive
inquisitorial *adj.* inquisitorial
inquisitório *adj.* ⇒ **inquisitorial**
inrestaurável *adj.* unrestorable, in an unrestored condition
insaciabilidade *s. f.* insatiability
insaciado *adj.* insatiate
insaciável *adj.* insatiable, unquenchable, unappeasable; greedy, voracious; unsatiable
insaciavelmente *adv.* insatiably
insaciedade *s. f.* insatiety
insalivação *s. f.* insalivation
insalivar *v. tr.* to insalivate, to mix (food) with saliva
insalubérrimo *adj.* most insalubrious, extremely unhealthy
insalubre *adj.* insalubrious, unhealthy, unwholesome, unhealthful, noxious
insalubridade *s. f.* insalubrity, unhealthiness, unwholesomeness, noxiousness
insalutífero *adj.* ⇒ **insalubre**
insanabilidade *s. f.* incurability
insanável *adj.* incurable, irremediable, irreparable
insânia *s. f.* insanity, derangement, madness, lunacy, craziness, dementia, loss of reason
insanidade *s. f.* insanity, insaneness
insano *adj.* insane, deranged, unsound, mad, crazy, lunatic, demented; senseless; hard, difficult, fatiguing, exhausting, excessive; ***trabalho insano*** exhausting work
insaponificável *adj.* unsaponifiable
insarável *adj.* incurable, unhealable
insatisfação *s. f.* dissatisfaction, unsatisfyingness
insatisfeito *adj.* dissatisfied, discontented
insaturável *adj.* insaturable
inscícia *s. f.* ignorance, nescience, want of knowledge; rusticity
insciência *s. f.* ignorance, nescience, want of knowledge; rusticity
insciente *adj.* ignorant, uninformed
ínscio *adj.* ignorant, uninformed
inscrever *v. tr. e refl.* to inscribe, to engrave; to register (oneself), to enter name (of person) on list, to enrol (to enlist) for the army, etc; GEOMETRIA to inscribe; ***inscrever-se no livro dos visitantes*** to write (to sign) one's name in the visitors' book; ***inscrever na ordem*** to inscribe in the list
inscrição *s. f.* inscription, lettering (on monument, coin, etc.); enlistment, enrolment, application
inscritível *adj.* inscribable
inscrito *adj.* inscribed; registered; enrolled; GEOMETRIA circumscribed
insculpir *v. tr.* to engrave, to carve
insculptor *s. m.* engraver
inscultura *s. f.* engraving, carving
insecável *adj.* undryable; non-drying
insectário *s. m.* insectarium
insecticida Ⓐ *adj.* insecticidal; ***pó insecticida*** insect-powder Ⓑ *s. m.* insecticide
insecticídio *s. m.* insecticide
insectífero *adj.* infested with insects
insectiforme *adj.* insectile
insectífugo *adj.* that drives away insects
inséctil *adj.* indivisible, incapable of being divided
insectívoro Ⓐ *adj.* insectivorous (living on insects) Ⓑ *s. m.* insectivore (*plural* insectivora)
insecto *s. m.* ZOOLOGIA insect; [fig.] insignificant person (creature)
insectófilo *adj.* ⇒ **entomófilo**
insectologia *s. f.* insectology
insectológico *adj.* insectologic(al), entomologic(al)
insectologista *s. m. e f.* insectologer, insectologist, entomologist
inseduzível *adj.* unseducible, unseduceable
insegurança *s. f.* unsafeness, insecurity, unstableness; uncertainty, doubt
inseguridade *s. f.* ⇒ **insegurança**
inseguro *adj.* unsafe, insecure, unsure, unstable; [fig.] uncertain, doubtful
inseminação *s. f.* insemination
inseminar *v. tr.* to inseminate, to sow in
insensatamente *adv.* unwisely, foolishly, stupidly
insensatez *s. f.* folly, foolishness, madness, stupidity
insensato *adj.* insensate, unwise, unreasoning, lacking sense; stupid, foolish
insensibilidade *s. f.* insensibleness; unconsciousness; callousness, hardness; indifference
insensibilização *s. f.* insensitiveness
insensibilizar *v. tr.* to numb, to dull
insensitivo *adj.* insensitive
insensível *adj.* insensible; senseless, unconscious; unaware of, indifferent to; unfeeling, unkind, hard, callous, thick-skinned; ***insensível à dor*** insensible to pain
insensivelmente *adv.* insensibly, insensitively; unconsciously, unkindly, unfeelingly

inseparabilidade *s. f.* inseparability, inseparableness
inseparável *adj.* inseparable; [coloq.] ***amigos inseparáveis*** inseparables, close friends, as thick as thieves
inseparavelmente *adv.* inseparably
insepulto *adj.* unburied
inserção *s. f.* insertion; intercalation; inserting
inserir *v. tr.* to insert, to set in, to put in, to introduce into; to thrust in; ***inserir uma palavra numa linha*** to insert a word in a line; ***inserir uma cláusula*** to add a clause
inserto *adj.* inserted, set in, put in
inservível *adj.* unserviceable, useless
insexuado *adj.* sexless
insexual *adj.* unsexual
insexualidade *s. f.* sexlessness (quality of being unsexual)
insídia *s. f.* snare, ambush; treachery, perfidy, treason; plot, stratagem; insidiousness
insidiação *s. f.* treachery, deceit, perfidy, betrayal, treason, insidiousness
insidiador *s. m.* waylayer; plotter, schemer, conspirator, contriver
insidiar *v. tr.* to waylay, to ambush, to lay snares; to plot, to conspire
insidiosamente *adv.* insidiously, treacherously, artfully, cunningly
insidioso *adj.* insidious, treacherous, crafty, wily, artful, sly, cunning, deceitful, crooked
insigne *adj.* eminent, distinguished, remarkable, illustrious, great, notable, celebrated, renowned
insignemente *adv.* eminently, remarkably, distinguishedly, with distinction
insígnia *s. f.* insignia (*plural* insignia); sign, token, symbol; badge; standard, ensign; HERÁLDICA cognizance; [Ingl.] ***insígnias da dignidade real*** The Regalia
insignificância *s. f.* insignificance, insignificancy, unimportance, trifle, triviality, nothing, bubble, drop in the bucket
insignificante *adj.* insignificant, unimportant, paltry, empty, petty, trifling, trivial; slight, of little consequence, of no amount; ***uma quantia insignificante*** a trifling sum; ***uma pessoa insignificante*** an insignificant person; ***perder tempo com coisas insignificantes*** to waste time on insignificant details
insignificantemente *adv.* insignificantly
insignificativo *adj.* insignificative, not significative
insimulação *s. f.* accusation, reproach, slander, calumny
insimular *v. tr.* to accuse; to reproach; to slander, to insimulate
insinceridade *s. f.* insincerity; duplicity; dissimulation
insincero *adj.* insincere; untruthful; double-faced
insinuação *s. f.* insinuation, hint, suggestion, indirect allusion, innuendo, oblique hint; ***fazer insinuações contra alguém*** to make insinuations about someone
insinuador *s. m.* insinuator
insinuante *adj.* insinuating, insinuative; ingratiating, winning, charming, engaging, attractive; ***senhora insinuante*** charming lady
insinuantemente *adv.* insinuatingly, charmingly, engagingly
insinuar Ⓐ *v. tr.* to insinuate, to hint, to suggest, to ingratiate, to push artfully Ⓑ *v. refl.* to worm oneself into, to force one's way; to penetrate imperceptibly; ***insinuar-se no ânimo de alguém*** to insinuate oneself into a person's favour, to curry favour with a person
insinuativa *s. f.* art of being insinuative
insinuativo *adj.* insinuative, ingratiating
insipidamente *adv.* insipidly, unsavourily; monotonously; ungracefully
insipidar *v. tr.* to make insipid
insipidez *s. f.* insipidity, insipidness, unsavouriness, staleness, tastelessness; vapidness, vapidity, dullness, flatness, lifelessness, monotony, lack of animation
insípido *adj.* insipid, tasteless, gustless, flavourless, savourless; flat, stale, uninteresting, dull, dead, tame, tedious, spiritless, prosaic, prosy, monotonous, unentertaining; ***um livro insípido*** a prosy book; ***conversa insípida*** insipid conversation; ***ser insípido*** to fall flat
insipiência *s. f.* insipience, foolishness, folly, lack of wisdom; ignorance, nescience, want of knowledge
insipiente *adj.* unwise, foolish, void of wisdom; ignorant, insipient
insistência *s. f.* insistence, insistency; perseverance; persistence, pertinacity, steadiness, stubbornness, obstinacy, insistancy
insistente *adj.* insistent, insistant, insisting, persevering, persistent, steady, obstinate, stubborn; urgent, pressing, intense
insistentemente *adv.* insistently, perseveringly, steadily, obstinately; urgently, intensely
insistir *v. intr.* to insist, to persist in, to maintain positively, to harp on; to persevere; to urge, to press; ***depois de muito insistir*** after his long insisting upon; ***insistir na sua inocência*** to insist upon one's innocence; ***insistir num ponto da questão*** to insist on one point of the question; ***insistir para que se faça qualquer coisa*** to insist that something shall be done; ***insistir sobre o pagamento*** to insist on the payment
ínsito *adj.* innate, natural, inborn
insobriedade *s. f.* insobriety, intemperance
insóbrio *adj.* intemperate
insociabilidade *s. f.* insociability, insociableness; unsociability, unsociableness
insocial *adj.* unsocial
insociável *adj.* unsociable, insociable; reserved, shy
insociavelmente *adv.* unsociably, insociably
insofismável *adj.* unescapable; unsophisticated
insofismavelmente *adv.* unescapably; unsophistically
insofridamente *adv.* impatiently, restlessly
insofrido *adj.* impatient, restless, turbulent
insofrimento *s. m.* impatience, restlessness, intolerance
insofrível *adj.* insufferable, insupportable, unbearable, unendurable, intolerable, detestable
insolação *s. f.* insolation, sunstroke
insolar *v. tr.* to insolate, to expose to the rays of the sun; to sun
insoldável *adj.* unweldable
insolência *s. f.* insolence, impudence, sauciness, pertness, impertinence, forwardness, insolent behaviour, rudeness, affrontery; ***basta de insolências!*** none of your cheek!, no impertinence, please!; ***insolência intolerável*** insufferable insolence
insolente *adj.* insolent, saucy, pert, rude, abusive, impudent, cheeky, forward, disrespectful, insulting, overbearing
insolentemente *adv.* insolently, saucily, pertly, rudely, impudently
insolidariedade *s. f.* lack of solidarity
insólito *adj.* uncommon, unusual; remarkable, extraordinary; incredible, unbelievable
insolubilidade *s. f.* insolubility
insolúvel *adj.* insoluble; inexplicable; unextricable, inscrutable; ***problema insolúvel*** an insoluble problem
insolvabilidade *s. f.* ⇒ **insolvibilidade**
insolvência *s. f.* COMÉRCIO insolvency, bankruptcy
insolvente Ⓐ *adj.* insolvent; [coloq.] broke; bankrupt Ⓑ *s. m. e f.* insolvent person, bankrupt
insolvibilidade *s. f.* COMÉRCIO insolvency, bankruptcy
insolvível *adj.* insolvable
insondabilidade *s. f.* unfathomableness; impenetrability
insondado *adj.* unfathomed, unexplored, unknown
insondável *adj.* unfathomable, impenetrable, inexplicable, insoluble; ***mistério insondável*** an unfathomable mystery
insone *adj.* insomnious, sleepless, unsleeping

insonhado *adj.* undreamed, undreamt
insonhável *adj.* unimaginable
insónia *s. f.* insomnia, sleeplessness, want of sleep; ***sofrer de insónias*** to suffer from sleeplessness
insonolência *s. f.* insomnia, sleeplessness, want of sleep
insonoridade *s. f.* want of sonority, lack of sound (harmony)
insonorização *s. f.* sound-proofing
insonorizar *v. tr.* to render sound-proof; to deprive of sound
insonoro *adj.* insonorous, muffled
insonso *adj.* ⇒ **insosso**
insonte *adj.* innocent, guiltless
insopitável *adj.* unappeasable, unquenchable
insossar *v. tr.* to render unsalted; to make insipid (tasteless)
insossego *s. m.* ⇒ **desassossego**
insosso *adj.* unsalted, insipid, tasteless; [fig.] dull, cheerless, insipid, flat, dry, prosy
inspecção *s. f.* inspection, survey, overhaul; control, examination; inspectorship; ***inspecção de máquinas*** engine survey (overhaul); ***inspecção em doca*** docking survey; ***inspecção judicial*** judicial examination; ***inspecção sanitária das carnes*** (sanitary) inspection of meat; ***inspecção médica*** medical examination
inspecção-geral *s. f.* police monitoring body; ***inspecção-geral da polícia*** [Ingl.] Complaints and Discipline Branch, [E.U.A.] Internal Affairs
inspeccionador *s. m.* ⇒ **inspector**
inspeccionar *v. tr.* to inspect, to examine, to check; to survey, to superintend, to control; ***inspeccionar os trabalhos*** to superintend the work(s)
inspectar *v. tr.* to inspect; to survey; to guard
inspector Ⓐ *s. m.* inspector, supervisor, superintendent, controller, surveyor Ⓑ *adj.* inspecting, surveying; ***inspector escolar*** school-inspector; ***inspector de seguros*** insurance inspector; ***inspector-geral*** chief inspector
inspectorado *s. m.* inspectorship
inspectoria *s. f.* inspectorship
inspiração *s. f.* inspiration; inhalation, breathing in; supernatural influence, afflatus, inflatus, fire; impulse, enthusiasm, elevation, exaltation; ***a inspiração de um poeta*** the inspiration of a poet; ***ter uma inspiração repentina*** to have a sudden inspiration, to have a brainwave
inspirador *s. m.* inspirer
inspirar *v. tr.* to inspire, to breathe in, to inhale, to draw in the breath; to instil, to infuse, to inspirit, to rouse, to stir, to animate, to imbue; ***inspirar confiança*** to inspire confidence
inspirativo *adj.* inspiring, animating, rousing, stirring
inspiratório *adj.* inspiratory
inspirável *adj.* inspirable
inspissação *s. f.* inspissation, thickening
inspissamento *s. m.* inspissation, thickening
inspissar *v. tr.* to inspissate, to thicken
instabilidade *s. f.* instability, instableness, unsteadiness, inconstancy, changeableness, uncertainty, fickleness
instalação *s. f.* installation, instalment; plant; equipment, fittings; fitting; arrangement, structure; accommodation, lodgings; ***instalação eléctrica*** electric installation, the electric fittings (equipment); ***instalação de ar condicionado*** air-conditioning instalation (plant); ***instalação telefónica*** telephone installation; ***instalação de aquecimento central*** central-heating installation (plant)
instalador Ⓐ *s. m.* installer, fitter Ⓑ *adj.* installing
instalar Ⓐ *v. tr.* to install, to institute; to equip, to fit out; to invest, to instate, to place (a person) in office; to inaugurate Ⓑ *v. refl.* to lodge, to take up lodgings, to stay, to put up; to settle; to settle down, to establish; ***instalar-se num hotel*** to put up at a hotel; ***instalar a electricidade*** to install electric light; ***instalar-se confortavelmente numa cadeira ao pé do fogão*** to be comfortably installed in a seat by the fire; ***instalar maquinismos*** to install machinery, to erect machines; ***instalar uma tipografia*** to start a printing-work
instância *s. f.* instancy, insistence, insistency, urgency, urgent entreaty, persistent pressure; request, solicitation; DIREITO process, lawsuit, proceeding, instance; ***tribunal de primeira instância*** court of first instance, court of primary jurisdiction; ***a instâncias de*** at the instance of, at the request of; ***ceder às instâncias de alguém*** to yield to a person's entreaties; ***em última instância*** in the last resource
instantaneamente *adv.* instantaneously, forthwith, presto, promptly, in a trice, right away, on the spur of the moment, quick as thought (lightning)
instantaneidade *s. f.* instantaneousness, promptness, quickness, readiness
instantâneo Ⓐ *adj.* instantaneous, immediate, quick, prompt, instant, sudden, abrupt, in a flash; ***o movimento foi quase instantâneo*** the movement was almost instantaneous Ⓑ *s. m.* FOTOGRAFIA snapshot, snap; ***tirar um instantâneo*** to take a snap (shot)
instante Ⓐ *adj.* instant, urgent, immediate, pressing, earnest, unceasing Ⓑ *s. m.* instant, moment, twinkling, flash, trice, twinkling of an eye; time, hour, second, minute; ***naquele mesmo instante*** at that very moment; ***não percas um instante*** don't waste an instant; ***neste instante*** this instant; ***de um instante para outro*** from one moment to another; ***no último instante*** at the last moment; ***fê-lo num instante*** he did it in no time; ***a cada instante*** every instant; ***num instante*** in a second, in half a second, in a trice, in a tick, in a jiffy, in a flash; ***estarei pronto num instante*** I shall be ready in an instant, I shall be ready in no time; ***espere um instante!*** wait a minute (a mo)!; ***vou buscá-los num instante*** I'll get them in a moment
instantemente *adv.* instantly, at once, immediately
instar *v. intr.* to insist, to press, to drive, to prompt, to urge; to request insistently, to demand urgently; ***instei com ele para que viesse*** I pressed (urged) him to come
instauração *s. f.* instauration, opening, beginning; renewal, restoration, re-establishment, reinstatement, reconstitution
instaurador *s. m.* founder, originator, institutor, establisher; restorer, renewer
instaurar *v. tr.* to found, to institute, to originate, to set up, to establish, to form, to constitute; to renew, to restore, to repair; ***instaurar um processo a*** to bring an action against
instável *adj.* unstable, unsteady, unsettled, inconstant, changeable; fluctuating; wavering, unreliable
instavelmente *adv.* unstably, unsteadily, insecurely, inconstantly
instigação *s. f.* instigation, persuasion, incitement, urgency, goad, encouragement, prompting, spur, stimulation
instigador *s. m.* instigator, setter-on, inducer, prompter
instigar *v. tr.* to instigate, to incite, to prompt, to impel, to move, to urge, to spur, to goad, to stir up, to provoke, to rouse, to stimulate; to set on; ***instigar (alguém) a fazer qualquer coisa*** to instigate (somebody) to do something; ***instigar a uma rebelião*** to instigate a rebellion
instilação *s. f.* instillation, instil(l)ment
instilador *s. m.* instiller
instilar *v. tr.* to instil(l), to infuse, to implant
instintivamente *adv.* instinctively; spontaneously
instintividade *s. f.* instinctivity; spontaneity
instintivo *adj.* instinctive, innate; impulsive, spontaneous, natural, intuitive, unreflecting; ***movimento instintivo*** an instinctive movement; ***gosto instintivo pela arte*** an instinctive taste for ar
instinto *s. m.* instinct, impulse, intuition, tendency, propensity, natural aptitude, inborn proclivity; ***instinto de conservação da espécie*** the instinct of self-preservation; ***instinto natural*** natural instinct; ***proceder por instinto*** to act on (by) instinct
institor *s. m.* institor, manager, agent
institucional *adj.* institutional

institucionalização *s. f.* institutionalization
institucionalizar Ⓐ *v. tr.* to institutionalize Ⓑ *v. refl.* to become institutionalized
institucionalmente *adv.* institutionally
instituição *s. f.* institution, founding, setting up, creation, constitution; organization; establishment, investment; established custom (principle, order, system); *pl.* fundamental principles (or laws) of a government
instituidor *s. m.* institutor, founder, establisher
instituir *v. tr.* to institute, to establish, to set up, to found, to create, to originate, to begin, to set on foot; to appoint, to nominate; to designate
instituto *s. m.* institute; establishment; precept, principle, doctrine, dogma
instrução *s. f.* instruction, teaching, tuition, training, indoctrination, schooling, knowledge, information, education; orders, directions, commands; ***instruções permanentes*** standing orders; ***dar instruções*** to give directions; ***instruções detalhadas*** detailed instructions; ***instruções de serviço*** service instructions; MILITAR ***dar instruções a*** to drill, to train
instruído *adj.* learned, widely-read, lettered, erudite, cultured, informed, enlightened
instruidor Ⓐ *adj.* instructive, enlightening, educational Ⓑ *s. m.* instructor, teacher, tutor, educator
instruir *v. tr.* to instruct, to teach, to school, to educate; to enlighten; to train, to exercise; to inform, to impart information (knowledge) to; to command, to direct, to give orders, to enjoin, to bid; ***instruir a juventude*** to instruct the young
instrumentação *s. f.* instrumentation; MÚSICA scoring
instrumental Ⓐ *adj.* instrumental; ***música instrumental*** instrumental music Ⓑ *s. m.* instruments (of an orchestra)
instrumentalismo *s. m.* instrumentality; instrumentalness
instrumentalização *s. f.* manipulation
instrumentalizar *v. tr.* to use, to manipulate
instrumentalmente *adv.* instrumentally
instrumentar *v. tr.* MÚSICA to instrument, to score
instrumentaria *s. f.* set of instruments
instrumentista *s. m. e f.* instrumentalist
instrumento *s. m.* instrument; tool, implement, utensil, device, apparatus, contrivance; weapon; formal (legal) document, deed, writing, indenture, record; means, agent, medium; ***servir de instrumento nas mãos de alguém*** to be a pawn in the game; ***instrumento de corda*** string-instrument; ***instrumento de sopro*** wind instrument; ***instrumento cortante*** cutting (edge) tool; DIREITO ***lavrar um instrumento*** to draw up a deed; NÁUTICA ***instrumento de passagens*** transit document
instrutivamente *adv.* instructively
instrutivo *adj.* instructive
instruto *adj.* ⇒ **instruído**
instrutor *s. m.* instructor, teacher; trainer, coach; drillmaster
instrutura *s. f.* structure of a building, construction, frame
ínsua *s. f.* islet (in a river); fen, fenland
insuave *adj.* unpleasant, disagreeable
insuavidade *s. f.* insuavity, want of suavity; unpleasantness, roughness
insubmergível *adj.* insubmergible, insubmersible, unsinkable
insubmersível *adj.* ⇒ **insubmergível**
insubmissamente *adv.* unsubmissively, unyieldingly, disobediently
insubmissão *s. f.* insubmission, insubordination, disobedience
insubmisso *adj.* unsubmissive, uncomplying, refractory, obstinate, unruly, unyielding, indocile, insubordinate, ungovernable, unmanageable, contumacious, disobedient
insubordinação *s. f.* insubordination, mutiny, rebellion, insurrection, rebelliousness; unruliness
insubordinado Ⓐ *adj.* insubordinate, unruly; disobedient, ungovernable; mutinous, rebellious Ⓑ *s. m.* mutineer, rebel, unruly person
insubordinador Ⓐ *adj.* insubordinating, defying Ⓑ *s. m.* leader of an insubordination, ringleader
insubordinar Ⓐ *v. tr.* to instigate to revolt Ⓑ *v. refl.* to rise (in arms), to revolt against, to rebel
insubordinável *adj.* incapable of subordination; rebellious, insubordinate, indocile; incorrigible
insubornável *adj.* unbribable; incorruptible
insubsistência *s. f.* inability to subsist; worthlessness, uselessness
insubsistente *adj.* unable to maintain (existence); worthless, useless
insubstancial *adj.* insubstantial
insubstancialidade *s. f.* insubstantiality
insubstituível *adj.* that cannot be substituted, irreplaceable
insubversivo *adj.* not subversive
insucessível *adj.* incapable of succession
insucesso *s. m.* insuccess; failure
insueto *adj.* unusual; disused
insuficiência *s. f.* insufficiency, inadequacy, incompetence, deficiency, lack, want, shortage; ***insuficiência cardíaca*** cardiac insufficiency; ***insuficiência aórtica*** aortic insufficiency; ***insuficiência de meios*** insufficiency of means, lack of capital (money)
insuficiente *adj.* insufficient, deficient, scanty, poor; inadequate, incompetent, incapable, unfitted, unqualified
insuficientemente *adv.* insufficiently, poorly, scantily, deficiently, incompetently
insuflação *s. f.* insufflation
insuflador Ⓐ *adj.* insufflating Ⓑ *s. m.* insufflator
insuflar *v. tr.* to insufflate, to blow, to breathe (air, gas, etc.) into body; to insinuate, to suggest; to instil(l), to inspire, to infuse
ínsula *s. f.* island, isle
insulação *s. f.* insulation; isolation, seclusion; solitude, loneliness
insulado *adj.* insulated
insulador *s. m.* isolator; insulator
insulamento *s. m.* ⇒ **insulação**
insulano *s. m., adj.* ⇒ **insular**
insular Ⓐ *v. tr.* to insulate, to separate, to detach, to set apart; to isolate; to make (land) into an island Ⓑ *adj.* insular Ⓒ *s. m. e f.* islander
insulcado *adj.* unfurrowed; [fig.] never navigated
insulina *s. f.* insulin
insulindiano *s. m.* native of the East Indian Archipelago
insulinoterapia *s. f.* insulinization
insulsamente *adv.* insipidly, dully, prosaicly
insulsez *s. f.* insipidity, dul(l)ness, flatness, prosiness, insulsity
insulsidade *s. f.* insipidity, dul(l) ness, flatness, prosiness, insulsity
insulso *adj.* saltless, insipid; dull, spiritless, insulse
insultador Ⓐ *s. m.* insulter, offender Ⓑ *adj.* insulting, offending
insultante *adj.* insulting, insolent, offensive, abusive, wounding
insultar *v. tr.* to insult, to affront, to abuse, to offend, to wound, to hurt (feelings of)
insulto *s. m.* insult, affront, offence, indignity, outrage, abuse, insolence; MEDICINA fit, stroke
insultuosamente *adv.* insultingly, abusively, insolently
insultuoso *adj.* ⇒ **insultante**
insuperável *adj.* insuperable, insurmountable; unmatched, unexcelled; invincible
insuperavelmente *adv.* insuperably, unsurmountably; invincibly

insuportável *adj.* insupportable, unbearable, unendurable, intolerable, insufferable; ***uma pessoa insuportável*** an impossible person

insuportavelmente *adv.* insupportably, unbearably, unendurably, intolerably

insuprível *adj.* irreplaceable

insurdescência *s. f.* deafness

insurgência *s. f.* insurgency

insurgente Ⓐ *adj.* insurgent, rebellious, mutinous, seditious, revolting, revolutionary Ⓑ *s. m. e f.* insurgent, rebel, mutineer, revolver, revolutionary

insurgir *v. tr. e refl.* to revolt against, to rebel against, to rise against, to mutiny against, to turn against

insurreccionado *adj.* revolted, rebelled, rebellious

insurreccional *adj.* insurrectional

insurreccionar Ⓐ *v. tr.* to raise a rebellion, to rise (in arms) against Ⓑ *v. refl.* to revolt against, to rebel against, to turn against

insurreccionismo *s. m.* insurrectionism

insurrecto Ⓐ *adj.* mutinous, rebellious Ⓑ *s. m.* insurgent, rebel, mutineer

insurreição *s. f.* insurrection, rising, uprising, revolt, rebellion, insurgence, mutiny

insusceptível *adj.* insusceptible

insuspeição *s. f.* unsuspiciousness, unsuspicion

insuspeitado *adj.* unsuspected; surprising, unexpected

insuspeitável *adj.* ⇒ **insuspeitado**

insuspeito *adj.* unsuspected, impartial, desinterested, equitable, fair, honourable

insustentabilidade *s. f.* untenability, instability

insustentável *adj.* untenable, not to be defended (maintained), indefensible; baseless; ***posição insustentável*** an untenable position

intáctil *adj.* intangible, impalpable

intactilidade *s. f.* intangibility, intangibleness, impalpability

intacto *adj.* intact, untouched, whole, entire, complete; sound, uninjured, unimpaired

intangibilidade *s. f.* intangibility

intangível *adj.* intangible, impalpable, that cannot be touched (felt)

integérrimo *adj.* most upright, most honourable

íntegra *s. f.* totality, completeness, full text, the whole text; ***na íntegra*** integrally, verbatim

integrabilidade *s. f.* integrality, entireness, wholeness, completeness

integração *s. f.* integration

integrado *adj.* integrated, assimilated, absorbed, incorporated, adjusted, adapted

integrador *s. m.* integrator

integral Ⓐ *adj.* integral, whole, total, full, entire, complete, unabridged; ***cálculo integral*** integral calculus; ***pão integral*** whole bread Ⓑ *s. m.* MATEMÁTICA integral

integralismo *s. m.* integral (sweeping, full) practice of a doctrine

integralista Ⓐ *adj.* integral, sweeping Ⓑ *s. m. e f.* member of the "integral" party

integralmente *adv.* integrally, fully, totally, wholly

integrante *adj.* integrant, constituent, component

integrar *v. tr.* to integrate, to combine (parts) into a whole; MATEMÁTICA to find the integral of; to complete, to make entire

integrável *adj.* integrable, that can be integrated

integridade *s. f.* integrity, wholeness, entireness, entirity, completeness; honesty, probity, rectitude, moral soundness, uprightness

íntegro *adj.* complete, entire, whole, total; upright, righteous, incorruptible, square, honest, honourable, straightforward, true

inteiramente *adv.* entirely, completely, wholly, fully, quite, altogether

inteirar Ⓐ *v. tr.* to complete, to make entire, to integrate; to let know, to inform, to make known; to certify, to assure Ⓑ *v. refl.* to inform oneself perfectly, to learn, to find out, to acquaint oneself with

inteireza *s. f.* entireness, entirety; integrity, uprightness, honourability, rectitude, honesty, probity

inteiriçar Ⓐ *v. tr.* to benumb, to make numb, to stiffen, to make stiff Ⓑ *v. refl.* to become stiff, to grow rigid

inteiriço *adj.* whole, (of) one-piece; rigid, stiff, unbending, inflexible

inteiro Ⓐ *adj.* entire, whole, complete, full; intact, unbroken; not castrated; [fig.] ⇒ **íntegro** Ⓑ *s. m.* integral, full number; ***esperei uma hora inteira*** I waited a full hour; ***retrato de corpo inteiro*** whole-length portrait; ***ele passou anos inteiros de infelicidade*** he spent whole years of misery; ***o nosso melhor serviço de loiça já não está inteiro*** our best china is not quite complete; ***por inteiro*** in full, at full, at full length, entirely; ***há belas flores no país inteiro*** there are lovely flowers all over the country

intelecção *s. f.* intellection, understanding, comprehension; intelligence

intelectivo *adj.* intellective, mental, intellectual

intelecto *s. m.* intellect; understanding; intelligence, mind, brains

intelectual Ⓐ *adj.* intellectual, mental, reasoning Ⓑ *s. m.* intellectual (person); ***esforço intelectual*** intellectual effort; ***trabalhos intelectuais*** intellectual pursuits; ***os intelectuais dum país*** the intellectuals of a country

intelectualidade *s. f.* intellectuality

intelectualismo *s. m.* intellectualism

intelectualização *s. f.* intellectualization

intelectualizar *v. tr.* to intellectualize, to treat intellectually

intelectualmente *adv.* intellectually

inteligência *s. f.* intelligence, understanding, intellect, brains; penetration, acumen, sharpness, quickness, sagacity, shrewdness, wit, brightness; intelligent being; ***não está ao alcance da minha inteligência*** it is out of my depth; ***inteligência fraca*** limited understanding

inteligente *adj.* intelligent, wise, clever, bright, apt, acute, smart, sharp, quick; discerning, keen-sighted, quick-sighted, sharp-witted, clear-headed; ***uma criança inteligente*** an intelligent child; ***uma pergunta inteligente*** an intelligent question; ***ser muito inteligente*** to be very intelligent, to have one's wits about oneself

inteligentemente *adv.* intelligently, cleverly, understandingly, wisely, aptly, shrewdly

inteligibilidade *s. f.* intelligibility

inteligível *adj.* intelligible, clear, plain, comprehensible, distinct

inteligivelmente *adv.* intelligibly, clearly, plainly, distinctly

intemente *adj.* unfearing, undaunted

intemerato *adj.* undefiled, pure, unblemished, unsullied, untarnished, incorruptible, honest, honourable, uncorrupted, unpolluted

intemperado *adj.* intemperate, immoderate, unrestrained, inordinate, extravagant, excessive; self-indulgent, luxurious

intemperamento *s. m.* intemperament

intemperança *s. f.* intemperance, immoderation, unrestraint, lack of moderation, excess, excessiveness, overindulgence; drunkenness

intemperante *adj.* intemperate, excessive, inordinate, uncontrolled, immoderate, unrestrained, dissolute

intemperantemente *adv.* intemperately

intemperar *v. tr.* ⇒ **destemperar**

intempérie *s. f.* inclemency, intemperate weather; unfavourableness

intempestivamente *adv.* inopportunely, untimely, unseasonably, intempestively
intempestividade *s. f.* untimeliness, unseasonableness, inopportunity, intempestivity
intempestivo *adj.* inopportune, untimely, ill-timed, unseasonable, not opportune, intempestive
intemporalidade *s. f.* timelessness; imperishability
intenção *s. f.* intention, intent, purpose, design, aim, end, object; ***com boas intenções*** with good intent; ***ter intenção de*** to intend to, to mean to; ***ter quase a intenção de*** to have half a mind to; ***sem intenção*** unintentionally; ***estar com más intenções*** to mean harm; ***não tenho a menor intenção de o fazer*** I have not the least intention of doing so; ***com a intenção de roubar*** with intent to steal; ***ele não tinha intenção de o ofender*** he had no thought of offending you; ***de boas intenções está o Inferno cheio*** the way to hell is paved with good intentions
intencionado *adj.* intentioned, disposed
intencional *adj.* intentional, intended, designed, premeditated, purposed, contemplated, studied, deliberate, willful, voluntary, done on purpose
intencionalidade *s. f.* intentionality, willfulness; purpose
intencionalmente *adv.* intentionally, purposely, willfully, deliberately, intentionally, on purpose; ***não o fiz intencionalmente*** I did not do it intentionally
intencionável *adj.* ⇒ **intencional**
intendência *s. f.* intendancy; administration, management
intendente *s. m.* intendant; superintendent, manager
intender *v. tr.* to superintend, to manage, to control, to oversee, to watch over
intensamente *adv.* intensely, ardently, violently, actively, vividly
intensão *s. f.* intension; intensity; force, power, energy; vehemence; strenous exertion, high degree
intensidade *s. f.* intensity, force, power, vigour, strength; vehemence, ardour, earnestness; ***intensidade de corrente*** intensity of current; ***intensidade de som*** intensity of sound; ***intensidade luminosa*** intensity of light
intensificação *s. f.* intensification; enhancement
intensificador Ⓐ *s. m.* intensifier Ⓑ *adj.* intensifying
intensificar *v. tr.* to intensify; to enhance; to amplify; to concentrate
intensivamente *adv.* intensively, ardently, violently
intensivo *adj.* intensive, intensifying, emphatic
intenso *adj.* intense, great, extreme, acute, deep, sharp, potent, keen; vivid, fervent, ardent, violent, eager, vehement, passionate; ***trabalho intenso*** hard work; ***frio intenso*** intense (bitter) cold
intentar *v. tr.* to attempt, to try; to project, to plan, to scheme; to intend, to design; DIREITO to bring an action; ***intentar uma acção judicial contra*** to bring an action against; ***intentar uma acção de perdas e danos*** to sue for damages
intento *s. m.* intent, intention, aim, purpose, design; ***com este intento*** with this purpose; ***conseguir o seu intento*** to carry one's point
intentona *s. f.* wild scheme, foolish design; conspiracy, plot, complot
interacção *s. f.* interaction; interplay
interaçoriano *adj.* inter-Azorean
interactividade *adj.* interactivity
interactivo *adj.* interactive
interagir *v. intr.* to interact (with)
interaliado *adj.* interallied
interamnense *adj.* interamnian
interanular *adj.* interanular; between rings
interarticular *adj.* ANATOMIA, ZOOLOGIA interarticular
interastral *adj.* intersidereal, interstellar
interatómico *adj.* interatomic
intercadência *s. f.* MEDICINA intercadence (irregular beating of the pulse); intermittence; discontinuity
intercadente *adj.* MEDICINA intercadent; intermittent; irregular
intercalação *s. f.* intercalation, insertion
intercalar Ⓐ *adj.* intercalary Ⓑ *v. tr.* to intercalate, to insert, to interpolate
intercâmbio *s. m.* interchange; reciprocity; dealing; give and take
intercedente *adj.* interceding, pleading
interceder *v. intr.* to intercede, to mediate, to plead for, to interpose on behalf of another; ***interceder em favor de alguém*** to intercede on someone's behalf
intercelular *adj.* intercellular
intercepção *s. f.* intervention; interception, interruption
interceptação *s. f.* ⇒ **intercepção**
interceptar *v. tr.* to intercept, to interrupt, to shut off, to cut off, to obstruct, to stop; ***interceptar raios de luz*** to intercept rays of light
intercepto *adj.* intercepted
interceptor Ⓐ *adj.* intercepting Ⓑ *s. m.* interceptor
intercessão *s. f.* intercession, mediation, intervention, solicitation; intercessory prayer
intercessor *s. m.* intercessor, mediator, pleader
intercisão *s. f.* interruption, intercision
interciso *adj.* cut through, cut in halves, truncated
interclavicular *adj.* interclavicular
intercolonial *adj.* intercolonial
intercolunar *adj.* intercolumnar
intercolúnio *s. m.* ARQUITECTURA intercolumnation
intercomunicação *s. f.* intercommunication; intercourse
intercomunicador *s. m.* intercom
interconsonântico *adj.* interconsonantal
intercontinental *adj.* intercontinental
intercorrência *s. f.* intercurrence
intercorrente *adj.* intercurrent; recurring (at intervals) intervening
intercorrer *v. tr.* to run between, to intercur
intercósmico *adj.* intercosmic(al)
intercostal *adj.* intercostal; ***reumatismo intercostal*** intercostal rheumatism
intercultura *s. f.* cultural exchange
intercutâneo *adj.* subcutaneous, hypodermic
interdependência *s. f.* interdependence, interdependency
interdependente *adj.* interdependent
interdepender *v. tr.* to interdepend
interdição *s. f.* interdiction; RELIGIÃO interdict, prohibition ban
interdigital *adj.* interdigital
interdisciplinar *adj.* interdisciplinary
interdisciplinaridade *s. f.* interdisciplinarity
interditar *v. tr.* to interdict, to forbid, to prohibit, to ban, to prevent (by decree); to stop, to restrain, to hinder (a person from an action); to close off; to close down
interdito Ⓐ *adj.* interdicted, forbidden, prohibited banned Ⓑ *s. m.* interdict; interdiction, prohibition, ban
interdizer *v. tr.* to interdict, to forbid, to prohibit; to debar to preclude
interescolar *adj.* inter-school
interessadamente *adv.* interestedly; selfishly
interessado Ⓐ *adj.* interested, concerned Ⓑ *s. m.* interested party, person concerned; ***partes interessadas*** the parties concerned, interested parties; ***espectadores interessados*** interested spectators; ***muito interessado*** dead keen ***está muito interessado em aviões*** he's dead keen on aeroplanes
interessante *adj.* interesting, attractive, engaging, entertaining, pleasing; ***rapariga interessante*** an attractive girl ***um livro interessante*** an interesting book
interessar Ⓐ *v. tr.* to interest, to cause (a person) to share (take an interest) in, to excite the curiosity of (a person); to attract, to engage (the attention of); to concern, to affec

Ⓑ *v. refl.* to take a share in; to be concerned in, to be interested in, to take an interest in, to interest oneself, to concern oneself; ***interessa-me muito o que me conta*** what you tell me interests me very much; ***interessar-se por qualquer coisa*** to interest oneself in a thing; ***interessar alguém num negócio*** to interest a person in a business; ***interessar-se muito por alguma coisa*** to take something to heart; ***interessar-se por alguém*** to help someone, to show concern for someone; ***não me interessa*** it does not concern me, it does not interest me; ***interessar-se pelos seus negócios*** to concern oneself about one's own affairs; ***porque não te hás-de interessar?*** why don't you take it up?; ***interessar-se pela política*** to take an interest in politics; ***a quem possa interessar*** to whom it may concern

interesse *s. m.* interest; profit, gain, advantage, benefit, good; attention, regard, sympathy, concern; share, portion, part, importance; premium, business, advantage; ***interesse pessoal*** self-interest, selfishness, egoism, egotism; ***cuidar dos seus interesses*** to have an eye to the main chance, to look after one's own interests; ***zelar pelos seus interesses*** to know on which side one's bread is buttered; ***interesse comum*** common interest; ***prejudicar os interesses de alguém*** to prejudice someone's interest; ***proteger interesses*** to consult interests; ***tomar interesse por*** to take an interest in; ***perder o interesse por*** to lose interest in; ***ir contra os seus interesses*** to stand in one's own light

interesseiramente *adv.* egoistically, selfishly

interesseiro Ⓐ *adj.* self-interested, self-seeking, egoistic(al) Ⓑ *s. m.* egoist

interestadual *adj.* interstate

interestelar *adj.* interstellar

interface *s. f.* interface

interfemínio *s. m.* woman's pudenda (privy parts)

interferência *s. f.* interference; intervention, hindrance, interruption, impediment, obstruction; FÍSICA interference

interferente *adj.* interfering; interferential (of light, sound, etc.)

interferir *v. tr.* to interfere; to intervene, to meddle; to clash, to collide; to prevent, to thwart; to jam (radio); to interrupt, to obstruct

interferometria *s. f.* interferometry

interferómetro *s. m.* interferometer

interfixo *adj.* MECÂNICA having the fulcrum between the weight and the power (lever)

interfloral *adj.* interfloral

interfoliáceo *adj.* BOTÂNICA interfoliaceous

interfoliar *v. tr.* to interleave, to interfoliate

interfolição *s. f.* interleaving

interglaciar *adj.* interglacial

interglaciário *adj.* interglacial

intergovernamental *adj.* intergovernmental

inter-helénico *adj.* inter-Hellenic

inter-humano *adj.* inter-human

interim Ⓐ *s. m.* interim, the meantime Ⓑ *adv.* meanwhile, in the meantime

interinado *s. m.* office pro tempore, provisional arrangement, locum-tenancy

interinamente *adv.* provisionally, temporarily, conditionally, in the interim

interinato *s. m.* ⇒ **interinado**

interinidade *s. f.* temporary office (during absence of usual holder)

interino *adj.* provisional, temporary, intervening, interim

interinsular *adj.* interinsular

interior Ⓐ *adj.* interior, internal, inside, inner, inmost, inward; home, domestic Ⓑ *s. m.* inland, inner part, interior part, inside; ***Ministério do Interior*** Home Office; ***reparações interiores*** interior repairs; ***navegação interior*** inland navigation; ***interior esquerdo*** inside left (in football); ***interior direito*** inside right (in football)

interioridade *s. f.* interiority, inwardness, internality

interiorização *s. f.* internalization

interiorizar *v. tr.* to internalize

interiormente *adv.* interiorly, inwardly

interjacente *adj.* interjacent

interjeccional *adj.* interjectional

interjectivo *adj.* interjectional, interjectory

interjeição *s. f.* interjection

interligação *s. f.* interconnection, interlocking

interligar Ⓐ *v. tr.* to interconnect, to interrelate Ⓑ *v. refl.* to be interconnected, to be interrelated

interlinear *adj.* interlinear, interlineal

interlocução *s. f.* interlocution

interlocutor *s. m.* interlocutor

interlocutora *s. f.* interlocutress, interlocutrix, interlocutrice

interlocutória *s. f.* DIREITO interlocution, interlocutory decree (order)

interlocutório *adj.* interlocutory

interlúdio *s. m.* interlude

interlunar *adj.* interlunar, interlunary

interlúnio *s. m.* interlunation

intermaxilar *adj.* intermaxillary

intermediar *v. tr. e intr.* to intermediate, to intervene; to interpose; to intermingle, to mediate

intermediário Ⓐ *adj.* intermediate, intervening Ⓑ *s. m.* intermediary, mediator, middleman, go-between

intermédio Ⓐ *adj.* intermediate, intervening Ⓑ *s. m.* intervention; interlude; intermediator, intermediary, mediator, middleman, go-between; ***por intermédio de*** through; ***mandei-te um livro por intermédio do meu sobrinho*** I have sent you a book by my nephew; ***por intermédio de outro qualquer*** through any other channel

intermenstruação *s. f.* time between two menstrual periods

intermenstrual *adj.* intermenstrual

intermênstruo *s. m.* ⇒ **interlúnio**; ⇒ **intermenstruação**

intermeter *v. tr.* ⇒ **intrometer**

interminável *adj.* interminable, endless, unending, never-ending, ceaseless, infinite; boundless, unbounded, limitless; eternal, everlasting; ***um discurso interminável*** an interminable discourse; ***tarefa interminável*** an endless task

interminavelmente *adv.* interminably, endlessly, unendingly

intermissão *s. f.* intermission, pause, interval, interruption, break, respite

intermisturar *v. tr.* to intermix

intermitência *s. f.* intermittence, intermittency; MEDICINA intermission

intermitente *adj.* intermittent, intermitting; ***febre intermitente*** intermittent fever; ***pulso intermitente*** intermittent pulse; ***sono intermitente*** broken sleep

intermitentemente *adv.* intermittently, intermittingly

intermitir *v. tr. e intr.* to intermit, to suspend, to interrupt, to pause (to cease) temporarily, to break off; to be interrupted

intermolecular *adj.* intermolecular

intermúndio *s. m.* intermundium; [fig.] loneliness solitude

intermural *adj.* intermured

intermuscular *adj.* intermuscular(y)

intermutável *adj.* interchangeable

internação *s. f.* internment, interning, confinement

internacional Ⓐ *adj.* international Ⓑ *s. f.* Internationale(e) (International Working Men's Association; a revolutionary hymn)

internacionalidade *s. f.* internationality

internacionalismo *s. m.* internationalism

internacionalista *s. m. e f.* internationalist

internacionalização *s. f.* internationalization

internacionalizar *v. tr.* to internationalize, to make (to render) international

internacionalmente *adv.* internationally
internado *s. m.* intern, interne; resident physician (surgeon); internee; (hospital) in-patient; (school) boarder
internamente *adv.* internally; inwardly
internamento *s. m.* ⇒ **internação**
internar *v. tr.* to intern; to put into, to put under restraint, to confine to (specified area); ***internar (alguém) num campo de concentração*** to intern (someone) in a concentration camp
internato *s. m.* boarding-school; orphanage, children's home
Internet *s. f.* Internet
interno Ⓐ *adj.* internal, inward, inside, interior, inner Ⓑ *s. m.* boarder; intern, resident physician; ***aluno interno (de um colégio)*** boarder; ***negócio interno*** inland trade; ***impostos internos*** inland revenue
internodial *adj.* internodal
internódio *s. m.* internode, internodium
internuclear *adj.* internuclear
internúncio *s. m.* internuncio (papal representative in absence of a nuncio); mediator, intermediary
interoceânico *adj.* interoceanic
interocular *adj.* between the eyes
ínteroinferior *adj.* interoinferior
íntero-posterior *adj.* interoposterior
interósseo *adj.* ANATOMIA interosseous
íntero-superior *adj.* intero-superior
interparietal *adj.* interparietal
interpelação *s. f.* interpellation
interpelador *s. m.* interpellant
interpelante *s. m. e f.* interpellant
interpelar *v. tr.* to interpellate; ***interpelar (um ministro)*** to demand a statement (or explanation) from (a minister), to break in upon, to interpel
interpenetrar *v. tr.* to interpenetrate
interpeninsular *adj.* interpeninsular
interplanetário *adj.* interplanetary
interpolação *s. f.* interpolation
interpolado *adj.* interpolated, intercalar(y)
interpolador *s. m.* interpolator
interpolar *v. tr.* to interpolate, to insert, to introduce, to make insertions (in book, etc.); to intercalate; MATEMÁTICA to insert (intermediate terms) in a series
interpor Ⓐ *v. tr.* to interpose, to intervene, to interfere, to intercede; to lodge (a protest, etc.); to interrupt, to break in upon; to insert, to put between Ⓑ *v. refl.* to introduce oneself; to come between, to interpose oneself; to stand in the way; ***interpor recurso, interpor agravo*** to lodge an appeal; ***interpor-se entre adversários*** to interpose oneself between opponents
interporto *s. m.* intermediate port
interposição *s. f.* interposition; intervention, interference; interposure
interposto Ⓐ *adj.* interposed, intermediary Ⓑ *s. m.* emporium, mart, market, market-place, store, warehouse
interpotente *adj.* MECÂNICA acting between; ***alavanca interpotente*** third sort (kind) lever
interprender *v. tr.* to undertake, to engage in; MILITAR to take by surprise, to attack
interpresa *s. f.* enterprise, undertaking; assault
interpresar *v. tr.* to enterprise
interpretação *s. f.* interpretation, explanation, elucidation, exposition; rendering, version (way of reproducing or performing in art); ***dar má interpretação a*** to misinterpret, to put a wrong interpretation on
interpretador Ⓐ *s. m.* interpreter, translator, expounder, expositor; performer Ⓑ *adj.* interpreting, interpretative
interpretante Ⓐ *s. m. e f.* interpreter, translator, expounder, expositor; performer Ⓑ *adj.* interpreting, interpretative
interpretar *v. tr.* to interpret, to explain, to expound, to elucidate, to make out, to make clear, to unfold, to unravel; to decipher, to decode, to translate; to construe, to render; to perform, to play (a theatrical part, a piece of music, etc.); to act as interpreter; ***um músico interpreta a obra dum compositor*** a musician interprets the work of a composer; ***como interpretaria este trecho?*** how would you translate (explain, interpret) this passage?; ***interpretar o sentido de*** to grasp the sense of; ***interpretar mal*** to misinterpret
interpretativo *adj.* interpretative; explanatory
interpretável *adj.* interpretable, definable
intérprete *s. m. e f.* interpreter, translator, expounder, expositor; performer
inter-racial *adj.* interracial; ***conflitos inter-raciais*** interracial violence
inter-radial *adj.* interradial
inter-regional *adj.* interregional
interregno *s. m.* interregnum; interval, gasp
inter-rei *s. m.* interrex
inter-relacionar *v. tr.* to interrelate, to interconnect
inter-resistente *adj.* MECÂNICA having the resistance in the middle; ***alavanca inter-resistente*** second sort (kind) lever
interrogação *s. f.* interrogation; question, inquiry; query (raising an objection or doubt); ***ponto de interrogação*** note (or mark) of interrogation, question mark
interrogador Ⓐ *s. m.* interrogator Ⓑ *adj.* interrogative, inquiring
interrogante Ⓐ *s. m. e f.* interrogator Ⓑ *adj.* interrogative, inquiring
interrogar *v. tr.* to interrogate, to question, to ask questions; to inquire of, to put questions to, to examine; to cross-examine; ***interrogar um aluno*** to ask a pupil questions; ***interrogar as testemunhas*** to examine (to question) the witnesses; ***interrogar (para confronto com declarações anteriores)*** to cross-examine
interrogativamente *adv.* interrogatively, inquiringly
interrogativo *adj.* interrogative, inquiring
interrogatório Ⓐ *s. m.* questioning, interrogation; questionnaire, interrogatory, inquiry, query Ⓑ *adj.* interrogatory, interrogative
interromper *v. tr.* to interrupt, to break in upon, to cut in (to); to stop, to cut off, to switch off; to disconnect, to discontinue, to suspend, to break off; to hinder, to disturb, to obstruct, to check; ***interromper uma conversa*** to interrupt a conversation; ***interromper a comunicação*** to disconnect; ***interromper alguém bruscamente*** to jump down someone's throat, to snap a person off; ***interromper o trabalho*** to break off work
interrompidamente *adv.* interruptedly; by snatches; with interruptions
interrupção *s. f.* interruption, stoppage, stop, break, breaking, breakdown, hindrance; suspension, pause, discontinuance; ***interrupção do serviço*** breakdown in work; ***interrupção das comunicações*** cutting off of communications; ***interrupção da corrente eléctrica*** electric light cut
interrupto *adj.* interrupted, suspended, broken (cut) off, broken by interruptions
interruptor Ⓐ *adj.* interrupting, circuit breaking Ⓑ *s. m.* interrupter, interruptor; ELECTRICIDADE switch, circuit breaker; ***interruptor principal*** main switch; ***abrir o interruptor*** to switch on; ***fechar o interruptor*** to switch off
interscálmio *s. m.* NÁUTICA distance between the rowlocks (oarlocks) on the same board of a boat
intersecção *s. f.* intersection
interseccional *adj.* intersectional
intersectar *v. tr. e intr.* to intersect
interserir *v. tr.* to insert, to set in, to place in, to put in (within)

intersilhado *adj.* bewitched, enchanted, spell-bound
interstelar *adj.* interstellar
interstical *adj.* interstitial
interstício *s. m.* interstice, chink, crack, crevice
intertrigem *s. f.* MEDICINA intertrigo
intertrigo *s. m.* MEDICINA intertrigo
intertropical *adj.* intertropical
interuniversitário *adj.* interuniversity
interurbano *adj.* interurban; ***chamada (telefónica) interurbana*** long distance call
intervaladamente *adv.* at intervals
intervalado *adj.* intervalled, spaced at intervals
intervalar Ⓐ *adj.* intervallic, existing in an interval Ⓑ *v. tr.* to space; to break (to interrupt) at intervals; to form an interval; to set in an interval; to interval
intervalo *s. m.* interval, period, time; break; gap; pause, spell, interspace, interim, intervening time (period); MÚSICA interval; ***um intervalo de bom tempo*** a spell of fine weather; ***intervalos demasiado longos*** too long intervals; ***nos intervalos*** between whiles; ***fê-lo nos intervalos*** he did it at odd moments
intervenção *s. f.* intervention, interposition, interference; mediation, agency; ***intervenção cirúrgica*** surgical operation (intervention)
intervencionismo *s. m.* interventionism
intervencionista *s. m. e f., adj.* interventionist
interveniente Ⓐ *adj.* intervenient, intervening, interposing, coming between; interfering Ⓑ *s. m. e f.* intervenient
interventismo *s. m.* intervenience
interventivo *adj.* interventive, interventional
interventor *adj.* ⇒ **interveniente**
interventricular *adj.* ANATOMIA interventricular
interversão *s. f.* inversion, reversal of natural order
intervertebral *adj.* intervertebral
interverter *v. tr.* to invert, to reverse (the order, or position of)
intervindo *adj.* intervening
intervir *v. intr.* to intervene, to take part, to step in; to interfere, to intercede, to mediate; ***intervir numa contenda*** to intervene in a dispute
intervocal *adj.* intervocalic
intervocálico *adj.* intervocalic
intestado *adj.* intestate, without a will
intestável *adj.* intestable, legally incapable of making a will
intestinal *adj.* intestinal
intestino Ⓐ *adj.* intestine, domestic, national, civil, internal Ⓑ *s. m.* intestine(s), bowel(s), insides, guts; ***intestino delgado*** small intestine; ***intestino grosso*** large intestine
inticar *v. intr.* ⇒ **implicar**
intimação *s. f.* notification, summons, citation; writ; subpoena; ***receber uma intimação*** to be served a writ
intimador *s. m.* summoner
intimamente *adv.* intimately, familiarly, confidentially
intimar *v. tr.* to summon, to notify, to cite, to send for, to order to appear; ***foi intimado a comparecer no tribunal*** he was summoned to appear at the court; ***intimar para pagamento*** to summon to pay
intimativa *s. f.* imperious gesture (command); overbearing manner
intimativo *adj.* summoning; energetic, forceful, imperious
intimidação *s. f.* intimidation, threat
intimidade *s. f.* intimacy, familiarity, closeness, friendliness, friendship, intimate (or close) acquaintance; ***ter intimidade com*** to be intimate with, to be close friends with
intimidador *s. m.* intimidator
intimidar *v. tr.* to intimidate, to scare, to frighten, to terrify, to cow, to overawe, to abash, to bully, to strike fear into, to put in fear
intimidativo *adj.* intimidating
íntimo Ⓐ *adj.* intimate, inward, inmost; friendly, familiar, near, hand in glove, bosom, close (acquaintance); ***amizade íntima*** intimate friendship; ***sentimentos íntimos*** one's inmost feelings; ***dar um prazer íntimo (ou profundo)*** to warm the cockles of the heart Ⓑ *s. m.* intimate, bosom-friend, confident, crony; [coloq.] chum; ***o íntimo do coração*** the cockles of the heart
intimorato *adj.* fearless, intrepid
intina *s. f.* BOTÂNICA intine
intinção *s. f.* RELIGIÃO intinction
intitulação *s. f.* intitulation, entitling, conferring title
intitulamento *s. m.* intitulation, entitling, conferring title
intitular *v. tr. e refl.* to entitle, to name, to style, to denominate, to designate; to give a title to, to call
intolerabilidade *s. f.* intolerability, intolerableness
intolerância *s. f.* intolerance; RELIGIÃO bigotry
intolerante *adj.* intolerant, bigoted, illiberal
intolerantemente *adv.* intolerantly
intolerantismo *s. m.* intolerance
intolerável *adj.* intolerable, unendurable, insupportable, unbearable
intoleravelmente *adv.* intolerably, unbearably, unendurably
intonação *s. f.* intonation
intonso *adj.* hirsute, shaggy
intorsão *s. f.* BOTÂNICA intorsion, intortion, twining, bending
intoxicação *s. f.* intoxication, poisoning; ***intoxicação alimentar*** food poisoning
intoxicamento *s. m.* intoxication, poisoning
intoxicar *v. tr.* to poison, to intoxicate, to envenom, to vitiate
intra-abdominal *adj.* intra-abdominal
intra-alveolar *adj.* intra-alveolar
intra-arterial *adj.* ANATOMIA intra-arterial
intra-auricular *adj.* ANATOMIA intra-auricular
intracelular *adj.* intracellular
intracontinental *adj.* intra-continental
intracraniano *adj.* intracranial
intradérmico *adj.* ANATOMIA intradermic
intradorso *s. m.* ARQUITECTURA intrados
intraduzível *adj.* untranslatable
intragável *adj.* uneatable, unpalatable; [fig.] unreadable
intra-hepático *adj.* ANATOMIA intrahepatic
intramolecular *adj.* intramolecular
intramuros *adv.* within the walls, intramural
intramuscular *adj.* MEDICINA intramuscular
intranquilidade *s. f.* unquietness, uneasiness, restlessness
intranquilo *adj.* uneasy, restless, fidgety, restive, unquiet, worried, anxious, troubled, ill at ease, uncomfortable
intransferível *adj.* untransferable
intransigência *s. f.* intransigency, inflexibility; irreconcilableness; austerity
intransigente Ⓐ *adj.* intransigent, uncompromising, irreconcilable; strict, austere Ⓑ *s. m. e f.* intransigent, irreconcilable
intransigentemente *adv.* uncompromisingly
intransitado *adj.* untravelled (road)
intransitável *adj.* impassable, pathless; impervious, impenetrable
intransitivamente *adv.* intransitively
intransitivo *adj.* intransitive; ***verbo intransitivo*** intransitive verb
intransmissibilidade *s. f.* intransmissibleness
intransmissível *adj.* intransmissible, not transferable; not negotiable
intransparente *adj.* not transparent, opaque, obscure, clouded, turbid
intransponível *adj.* insurmountable; unsurmountable; that cannot be transposed, unbridgeable; impassable
intransportável *adj.* untransportable, not portable
intra-ocular *adj.* intra-ocular
intrapulmonar *adj.* intra-pulmonary

intra-raquidiano *adj.* intraspinal
intra-sinovial *adj.* intra-synovial
intratabilidade *s. f.* intractability, intractableness
intratável *adj.* intractable, indocile, unmanageable, difficult to deal with; unsociable; haughty; stubborn, dogged; refractory; ***pessoa intratável*** [coloq.] an ugly customer
intratelúrico *adj.* GEOLOGIA intratelluric
intratorácico *adj.* intrathoracic
intra-uterino *adj.* ANATOMIA intra-uterine
intravaginal *adj.* intra-vaginal
intravascular *adj.* intravascular
intravável *adj.* that cannot be braked
intravenoso *adj.* intravenous
intraversão *s. f.* introversion
intravertebrado *adj.* intravertebrate
intraverter *v. tr. e refl.* to introvert
intravertido *s. m. e f., adj.* introverted
intrepidamente *adv.* intrepidly, stout-heartedly, bravely, fearlessly, dauntlessly, courageously
intrepidez *s. f.* intrepidity, courage, fearlessness, bravery, boldness, dauntlessness, valour, gallantry, daring, heroism
intrépido *adj.* intrepid, fearless, brave, dauntless, undaunted, bold, courageous, daring, valiant, gallant
intricado *adj.* ⇒ **intrincado**
intricar *v. tr.* to entangle, to complicate, to involve, to embarrass, to puzzle, to confuse, to confound
intriga *s. f.* intrigue, secret, plot, machination, conspiracy, scheme, stratagem, ruse; gossip; ***fazer intrigas*** to scheme, to intrigue, to make secret plans
intrigalhada *s. f.* gossip, taletelling, groundless rumour
intrigante Ⓐ *adj.* intriguing, scheming, meddling Ⓑ *s. m.* intriguer, schemer, troublemaker; ***intrigante político*** wire-puller Ⓒ *s. f.* intriguess
intrigar Ⓐ *v. tr.* to intrigue, to plot, to carry on underhand plot, to manoeuvre Ⓑ *v. intr.* to tell tales
intriguista *s. m. e f.* ⇒ **intrigante**
intrincado *adj.* intricate, involved, entangled, complex, perplexing, puzzling, complicated, obscure, mazy; ***caso intrincado*** an intricate affair
intrincar *v. tr.* ⇒ **intricar**
intrinsecamente *adv.* intrinsically
intrínseco *adj.* intrinsic, inherent, essential, natural, inborn, native, ingrained; real, true; ***valor intrínseco*** intrinsic value
introdução *s. f.* introduction, (act of) introducing; insertion; preface, foreword, prelude
introdutivo *adj.* introductive, introductory; preliminary; preludial
introdutor Ⓐ *adj.* introductory, introducing; preliminary Ⓑ *s. m.* introducer, usher; presenter, announcer
introdutório *adj.* ⇒ **introdutivo**
introduzir Ⓐ *v. tr.* to introduce, to bring in; to usher in, to lead in, to show in; to insert, to put in; to make known; to present (formally) to; to bring into use; to begin, to commence, to start, to institute; to thrust into, to push into, to stick into; to bring (bill) before Parliament Ⓑ *refl.* to enter; to thrust (oneself) into; ***introduzir melhoramentos*** to introduce improvements; ***introduzir um artigo num mercado*** to put an article on the market; ***introduzir costumes novos*** to introduce new customs; ***introduzir um dreno numa ferida*** to introduce a tube into a wound; ***introduzir-se com manha (ou cautela)*** to shuffle into; ***introduzir à força*** to thrust into; ***introduzir-se furtivamente*** to slip into; NÁUTICA ***introduzir vapor*** to admit steam
intróito *s. m.* introit, introduction
introjecção *s. f.* introjection
intrometediço *adj.* meddlesome, meddling, intermeddling
intrometer Ⓐ *v. tr.* to let in, to allow to enter, to admit into Ⓑ *v. refl.* to meddle with, to interfere, to intervene, to put in one's oar; ***intrometer-se na vida alheia*** to thrust one's nose into other people's affairs, to poke one's nose into other people's affairs; ***intrometer-se em assuntos que não lhe dizem respeito*** to meddle in matters that do not concern one, to be a busybody
intrometido *adj.* meddlesome, meddling, interfering, intrusive, obtrusive; ***pessoa intrometida*** busy-body
intrometimento *s. m.* intromission, interference, obtrusion
intromissão *s. f.* intromission, interference, obtrusion
introrsar *v. tr.* to turn inwards
introrso *adj.* BOTÂNICA introrse
introspecção *s. f.* introspection, self-analysis, self-examination
introspectivo *adj.* introspective
introversão *s. f.* introversion, self-contemplation
introverso *adj.* introverted, introvertive
introverter *v. tr.* to introvert
introvertido Ⓐ *adj.* introverted Ⓑ *s. m.* introvert
intruja *s. m.* ⇒ **intrujão** Ⓑ
intrujão Ⓐ *adj.* deceiving, deceitful Ⓑ *s. m.* deceiver, trickster, humbug, cheater, cheat, impostor, swindler, misleader
intrujar *v. tr.* to deceive, to take in, to hoax, to trick, to dupe, to cheat, to swindle; to impose upon; to mislead; ***ele tem sido intrujado muitas vezes*** he has been taken in very often; ***fui intrujado quando comprei aquele cavalo*** I was swindled when I bought that horse
intrujice *s. f.* deceit, take-in, cheating, fraud, cozenage, trickery, humbug, hoax, imposture, swindle, double-dealing, crooked ways, dark ways, deceitfulness; ***é tudo intrujice!*** it is all humbug!
intrusão *s. f.* intrusion, intruding, encroachment; trespass
intruso Ⓐ *adj.* intrusive, intruding Ⓑ *s. m.* intruder, meddler; encroacher, trespasser; gate-crasher
intubação *s. f.* MEDICINA intubation
intuição *s. f.* intuition, instinct, feeling, flair, insight, perception, apprehension, knowledge
intuicionismo *s. m.* intuitionalism
intuicionista *s. m. e f.* intuitionalist
intuitivamente *adv.* intuitively, instinctly
intuitivo *adj.* intuitive
intuito *s. m.* intent, aim, design, purpose, end, object
intumescência *s. f.* intumescence, swelling, tumefaction; intumescency
intumescente *adj.* intumescent, swelling up, swollen
intumescer *v. tr. e intr.* to intumesce, to swell up, to tumefy; to become tumid, to bubble up, to puff up
intumescimento *s. m.* ⇒ **intumescência**
inturgescência *s. f.* turgescence, turgescency, inturgescence
inturgescente *adj.* turgescent, swollen, turgid
inturgescer *v. intr.* to swell up, to grow turgid
intuscepção *s. f.* ⇒ **intussuscepção**
intuspecção *s. f.* self-observation, self-knowledge, introspection
intuspectivo *adj.* relative to self-observation and self-knowledge, introspective
intussuscepção *s. f.* intussusception
inúbil *adj.* not nubile, not marriageable
ínubo *adj.* unmarried, single
inula *s. f.* BOTÂNICA elecampane, inula
inulina *s. f.* inulin
inulóide *s. m.* inuloid
inulto *adj.* unavenged
inultrapassável *adj.* unsurpassable
inumação *s. f.* inhumation, burial, interment
inumanidade *s. f.* inhumanity, cruelty, barbarity, brutality, savageness, hard-heartedness
inumano *adj.* inhuman, cruel, unfeeling, brutal, barbarous, savage, ruthless, pitiless, unfeeling, non-human
inumar *v. tr.* to inhume, to bury, to inter, to entomb

inumerável *adj.* innumerable, numberless, countless, not to be counted
inumeravelmente *adv.* innumerably
inúmero *adj.* ⇒ **inumerável**
inumeroso *adj.* ⇒ **inumerável**
inundação *s. f.* inundation, flood, deluge, overflow, influx
inundado Ⓐ *adj.* flooded, inundated; waterlogged (ship) Ⓑ *s. m.* a flood victim
inundante *adj.* overflowing; abundant, copious
inundar *v. tr.* to inundate, to overflow, to flood, to deluge, to submerge; to swamp; ***inundar o mercado*** to overstack (to flood) the market
inundável *adj.* floodable, that can be flooded (inundated); subject to inundations
inupto *adj.* unmarried, single
inurbanidade *s. f.* discourtesy, incivility, impoliteness, rudeness, inurbanity, ill-breeding
inurbano *adj.* inurbane, unpolished, discourteous, unmannerly, uncivil, impolite, uncourtly, uncourteous, rude, ill-bred
inusitado *adj.* unused; not worn; unusual; unknown
inútil *adj.* useless, unavailing, fruitless, ineffectual, vain, unprofitable, profitless; valueless, worthless, needless, inutile, idle; unserviceable, of no use, good-for-nothing; ***é inútil ir lá agora*** it is of no use to go there now; ***é inútil*** it is useless; ***é inútil resistir*** it is vain to resist; [fam.] ***sinto-me inútil*** I am feeling useless, I feel good for nothing; ***é inútil protestar*** protest is useless; ***inútil será dizer*** needless to say; ***os bons conselhos são inúteis para algumas pessoas*** good advice is lost on some people
inutilidade *s. f.* uselessness, inutility, worthlessness
inutilizar *v. tr.* to make useless; to run to waste; to frustrate, to render of no effect; ***a doença inutilizou-o para o trabalho*** illness incapacitated him for work; ***inutilizar o selo*** to cancel the stamp
inutilmente *adv.* uselessly, in vain, vainly, ineffectually, needlessly
invadeável *adj.* not fordable
invadir *v. tr.* to invade, to overrun, to raid, to make an inroad, to march into, to rush into; to crowd into, to throng; to attack, to assail; to encroach upon, to trespass, to infringe; ***o terror invadiu os nossos espíritos*** terror invaded our minds; ***invadir a propriedade alheia*** to encroach upon another's land; ***o inimigo invadiu a cidade*** the enemy made an inroad into the city; ***ontem as visitas invadiram-me a casa*** my house was invaded by a crowd of visitors yesterday; ***a multidão invadiu o estádio para ver o desafio de futebol*** the crowd thronged the stadium to see the football match
invaginação *s. f.* BOTÂNICA invagination; MEDICINA intussusception
invaginado *adj.* BOTÂNICA invaginate
invaginante *adj.* BOTÂNICA invaginating
invaginar Ⓐ *v. tr.* to invaginate Ⓑ *v. refl.* to suffer an intussusception
invalescer *v. intr.* to grow strong, to become strong, to become valid
invalidação *s. m.* invalidation, annulment, cancellation
invalidade *s. f.* invalidity, nullity, voidness
invalidar *v. tr.* to invalidate, to render invalid; to disallow, to annul, to nullify, to deprive of legal force; ***invalidar uma reivindicação*** to invalidate (to disallow) a claim; ***invalidar um contrato*** to invalidate a contract; ***o árbitro invalidou o golo*** the referee disallowed the goal
invalidável *adj.* defeasible
invalidez *s. f.* infirmity, invalidism, invalidhood, illness, sickness; invalidity, nullity, baselessness, fallacy, falsity
inválido Ⓐ *adj.* invalid, weak, infirm, ill, ailing, sickly, feeble, frail, disabled (by illness); null, void, of no legal force Ⓑ *s. m.* invalid, a sick person; ***cadeira de inválido*** invalid chair; ***ele sustenta a sua mãe inválida*** he supports his invalid mother
invar *s. m.* invar (nickel steel alloy)
invariabilidade *s. f.* invariability, invariableness, unchangeableness
invariável *adj.* invariable, unchangeable, unalterable; constant, firm, unvarying, fixed
invariavelmente *adv.* invariably, unalterably, constantly
invasão *s. f.* invasion, incursion, raid, irruption, invading, encroachment, inroad
invasivo *adj.* invasive; aggressive
invasor Ⓐ *adj.* invading Ⓑ *s. m.* invader
invectiva *s. f.* invective, reproach, railing, vituperation, wordy attack, abuse, abusive words; ***um chorrilho de invectivas grosseiras*** a stream of coarse invectives
invectivador *s. m.* vituperator, inveigher
invectivar *v. tr.* to vituperate, to inveigh against, to rail at, to abuse, to censure (vehemently), to reproach, to blame
invectivo *adj.* invective, vituperative, abusive; aggressive
invedável *adj.* incapable of being closed (stopped, tight)
inveja *s. f.* envy, jealousy; ***ter inveja de*** to be envious of; ***fazer inveja*** to arouse envy; ***morder-se de inveja*** to burst with envy, to go green with envy
invejado *adj.* envied, coveted, desired
invejando *adj.* worth coveting, worth envying
invejar *v. tr.* to envy, to covet, to desire, to feel envious of; to grudge, to begrudge; ***não lhe invejo a sorte*** I don't envy his fortune; ***invejo-lhe a sua linda casa*** I envy you your pretty house; ***ter inveja da sorte dos outros*** to be envious of others' luck
invejável *adj.* enviable, desirable, to be envied, desirable; ***posição invejável*** enviable position
invejidade *s. f.* [pop.] ⇒ **inveja**
invejosamente *adv.* enviously, jealously
invejoso *adj.* envious, jealous, grudging; ***ser muito invejoso*** to be green with envy; ***um olhar invejoso*** an envious glance; ***invejoso que não goza nem deixa gozar*** a dog in the manger
invenção *s. f.* invention; inventing, inventiveness; discovery; contrivance, device, design; fabrication, fiction, concoction, coinage; ***privilégio de invenção*** invention patent, letters patent; ***invenção da Santa Cruz*** Invention of the Cross; ***invenção do telescópio*** the invention of the telescope; ***o boato foi uma pura invenção*** the report was a mere invention
invencibilidade *s. f.* invincibility, invincibleness
invencionar *v. tr.* to adorn skil(l)fully
invencioneiro Ⓐ *s. m.* habitual liar Ⓑ *adj.* mendacious; prim, affected; extravagant; artful
invencionice *s. f.* falsehood, makebelieve, fabrication, ruse
invencível *adj.* invincible, unconquerable, insuperable, unsubduable, insurmountable; ***exército invencível*** an invincible army; ***oposição invencível*** invincible opposition; ***a Armada Invencível*** The Invincible Armada
invencivelmente *adv.* invincibly, unconquerably, insuperably
invendável *adj.* unsalable, unmarketable
invendível *adj.* unsalable, unmarketable
inventado *adj.* invented, created, devised, imagined; fabricated, made up, fabled, feigned, forged, fictitious
inventar *v. tr.* to invent, to create, to contrive, to devise, to frame, to conceive, to originate, to imagine, to design, to fabricate, to concoct; to make up, to forge; to coin, to mint; to spin; ***inventar um método novo para ensinar a ler*** to invent a new method for teaching reading; ***inventar o telefone*** to invent the telephone; ***inventar uma história*** to concoct a story, to make up a story, to spin a yarn; ***inventar uma mentira*** to frame a lie; ***inventar uma palavra nova*** to mint a new word, to invent a new word, to coin a new word
inventariação *s. f.* inventorying, entry in an inventory; stock-taking

inventariante Ⓐ *adj.* inventorial Ⓑ *s. m. e f.* one who makes an inventory
inventariar *v. tr.* to take stock, to inventory, to make an inventory of; to catalogue (goods)
inventário *s. m.* inventory, schedule, roll, record, account, register; ***fazer um inventário*** to draw up an inventory; ***inventário do navio*** shipping note (specification); ***inventário das existências*** stock control
inventiva *s. f.* inventiveness, ingeniousness, imagination
inventivo *adj.* inventive, ingenious, resourceful; imaginative, creative
invento *s. m.* ⇒ **invenção**
inventor *s. m.* inventor, discoverer, contriver, originator, creator, father, author; fabricator; ⌈coloq.⌋ fibber, liar
inventriz *s. f.* inventor, discoverer, contriver, originator, creator, father, author; fabricator; ⌈coloq.⌋ fibber, liar
inverdade *s. f.* untruth
inveridicidade *s. f.* untruthfulness, inveracity
inverídico *adj.* untrue, untruthful, unveracious, inveracious, false
inverificável *adj.* unverifiable, uncontrollable, uncheckable
invernada *s. f.* hard winter, inclement winter, wintry weather; wintriness
invernadoiro *s. m.* ⇒ **invernadouro**
invernadouro *s. m.* winter quarters; BOTÂNICA hibernacle; greenhouse, glasshouse
invernal *adj.* hibernal, winterly
invernante *adj.* hibernating
invernar *v. intr.* to hibernate; to winter; to retire into warm winter quarters
inverneira *s. f.* ⇒ **invernada**
invernia *s. f.* ⇒ **invernada**
inverniço *adj.* wintry, winterly
Inverno *s. m.* winter; winter season, wintertide; ***Inverno macio*** soft winter; ***na força do Inverno*** in the dead of winter; ***no pino do Inverno*** in the depths of winter; ***Inverno rigoroso*** hard winter; ***maçã de inverno*** winter apple; ***jardim de inverno*** winter garden; ***fustigado pelos rigores do Inverno*** winter-beaten; ***lavra de inverno*** winter-fallow; ***tempo de Inverno*** wintry weather; ***sol de Inverno*** wintry sun; ***solstício de Inverno*** winter solstice; ***passar o Inverno na Itália*** to winter in Italy; ***desportos de Inverno*** winter sports
invernoso *adj.* wintry; stormy
inverosímil *adj.* improbable, unlikely, unplausible, incredible, untrue
inverosimilhança *s. f.* unlikelihood, improbability, inverisimilitude
inverosimilhante *adj.* ⇒ **inverosímil**
inversa *s. f.* inverse
inversamente *adv.* inversely
inversão *s. f.* inversion, reversing, reversion, reversal; ***inversão de corrente*** reversal of current; ***inversão de água*** inflow of water; ***inversão de marcha*** reversing of motion, reversal of direction, going into reverse
inversivo *adj.* inverse
inverso Ⓐ *adj.* inverse, inverted; reversed; opposed, contrary Ⓑ *s. m.* inverse, inverted state; ***razão inversa*** inverse ratio; ***proporção inversa*** inverse proportion; ***o mal é o inverso do bem*** evil is the inverse (opposite) of good
inversor *s. m.* invertor, reverser; ELECTRICIDADE reversing device
invertase *s. f.* ⇒ **invertina**
invertebrado *s. m., adj.* invertebrate (animal)
inverter *v. tr.* to invert, to turn upside-down; to change, to transpose; to reverse; ***inverter a marcha de um motor*** to reverse the engine; ***inverter a ordem natural das coisas*** to put the cart before the horse; ***inverter a corrente*** to reverse the current (flow)
invertido Ⓐ *adj.* inverted, inverse, upside-down Ⓑ *s. m.* invert, passive; ⌈depr.⌋ pederast
invertina *s. f.* invertase
invertível *adj.* invertible
invés *s. m.* wrong side, back; ***ao invés*** on the wrong side, on the back, on the contrary
investida *s. f.* onset, attack, assault; charge, onrush
investidor *s. m.* investor; endower
investidura *s. f.* investiture
investigação *s. f.* investigation, inquiry, examination, search, research; ***investigações científicas*** scientific researches; ***investigação judicial*** judicial inquiry; ***as suas investigações têm sido proveitosas*** his researches have been fruitful
investigador *s. m.* investigator, inquirer; seeker; researcher
investigante *adj.* investigating, inquiring, examining
investigar *v. tr.* to investigate, to scrutinize, to inquire into, to follow up; to examine into, to probe; to study; to sift, to consider; ***investigar a fundo*** to get to the core of something; ***investigar um assunto a fundo*** to go to the root of a matter; ***investigar uma questão*** to inquire into a matter; ***investigar cuidadosamente*** to make a careful study of
investigável *adj.* investigable, examinable
investimento *s. m.* attack, assault; investment
investir *v. tr.* to invest with, to vest in, to endow with, to endue, to confer (authority, power, etc.); to put at interest (money); to rush at, to attack, to assault, to pitch into, to fall upon; ***investir capitais*** to invest money
inveteração *s. f.* inveteracy, inveterateness, inveteration
inveteradamente *adv.* inveterately
inveterado *adj.* inveterate, deep-rooted, deep-seated, persistent, obstinate, ingrained, confirmed, chronic, hardened; ***fumador inveterado*** an inveterate smoker; ***jogador inveterado*** an inveterate gambler; ***hábito inveterado*** deep-rooted habit
inveterar Ⓐ *v. tr.* to render inveterate, to establish by force of habit, to implant Ⓑ *v. refl.* to grow inveterate
inviabilidade *s. f.* impracticableness, impossibleness, unfeasibility
inviabilizar *v. tr.* to make (something) impractible
inviável *adj.* unfeasible, impracticable; inaccessible, impassable, untransitable
invicto *adj.* unvanquished, unconquered, unbeaten
invidar *v. tr.* ⇒ **envidar**
invide *s. f.* ⇒ **envide**
invídia *s. f.* ⌈poét.⌋ envy, invidiousness
ínvio *adj.* pathless, trackless; impassable, untransitable; invious
inviolabilidade *s. f.* inviolability
inviolado *adj.* inviolate, unviolated, unbroken
inviolável *adj.* inviolable
inviolavelmente *adv.* inviolably
inviperar-se *v. refl.* to become exasperated, to grow furious
invisibilidade *s. f.* invisibility, invisibleness
invisível Ⓐ *adj.* invisible, unseen, imperceptible, hidden, concealed Ⓑ *s. m.* fine hairnet, little hairpin; the invisible, the unseen; ***muitas estrelas são invisíveis sem telescópio*** many stars are invisible without a telescope; ***uma partícula invisível*** an invisible particle; ***ele fica invisível quando está mal disposto*** he remains invisible when he is out of sorts
invisivelmente *adv.* invisibly
inviso *adj.* unseen; hated
invisual Ⓐ *adj.* blind Ⓑ *s. m. e f.* blind man (woman)
invitação *s. f.* invitation
invitador *s. m.* inviter
invitar *v. tr.* to invite, to ask
invitatório Ⓐ *adj.* invitatory Ⓑ *s. m.* invitatory, psalm; ⌈poét.⌋ invocation
invite *s. m.* invitation; invite; act of doubling stakes (at gambling)

invito *adj.* unwilling, forced

invitrescível *adj.* invitrifiable

invocação *s. f.* invocation, invoking, supplication, prayer, appeal (to the Muses for inspiration)

invocador *s. m.* implorer, supplicant

invocar *v. tr.* to invoke, to call upon; to appeal to, to pray to, to implore, to beseech, to summon; ***invocar a protecção de Deus*** to invoke God's protection

invocativo *adj.* invocatory

invocatória *s. f.* invocation

invocatório *adj.* invocatory

invocável *adj.* invocable, that may be invoked

involução *s. f.* involution; complication, intricacy, entanglement

involucelo *s. m.* BOTÂNICA involucel

involucrado *adj.* BOTÂNICA, ZOOLOGIA involucrate, involucral

involucral *adj.* BOTÂNICA, ZOOLOGIA involucral

invólucro *s. m.* BOTÂNICA, ZOOLOGIA involucre; covering, case, envelope; wrapping; ***invólucro de papel*** paper wrapping; ***invólucro de caldeira*** shell of boiler

involuntariamente *adv.* involuntarily, unwillingly, reluctantly

involuntário *adj.* involuntary, unintentional, unwilling, reluctant; automatic, instinctive, blind, mechanical

involuto *adj.* BOTÂNICA involute

involutuoso *adj.* involuted, rolled inwards at the edges

invulgar *adj.* unusual; rare; exceptional

invulgarmente *adv.* unusually, uncommonly, rarely, exceptionally

invulnerabilidade *s. f.* invulnerability, invulnerableness

invulnerado *adj.* unwounded, unhurt, invulnerate

invulnerável *adj.* invulnerable, that cannot be wounded (hurt); unassailable

inzona *s. f.* trick, intrigue, lie

inzonar *v. intr.* to trick; to intrigue, to cheat, to lie

inzoneiro *s. m., adj.* liar, intriguer, cheat

inzonice *s. f.* gossip(ing); dotage, stupidity, foolishness

iodação *s. f.* iodation

iodar *v. tr.* to iodize; MEDICINA to treat with iodine

iodato *s. m.* QUÍMICA iodate

iodeto *s. m.* QUÍMICA iodide

iódico *adj.* QUÍMICA iodic

iodídrico *adj.* QUÍMICA hydriodic (acid)

iodífero *adj.* iodiferous; containing iodine

iodismo *s. m.* MEDICINA iodism, iodine poisoning

iodo *s. m.* QUÍMICA iodine; ***tintura de iodo*** tincture of iodine

iodofórmio *s. m.* QUÍMICA iodoform

iodometria *s. f.* iodometry

iodómetro *s. m.* iodometer

iodoterapia *s. f.* MEDICINA iodotherapy

iodoterápico *adj.* iodotherapic

ioga *s. m.* yoga

iogurte *s. m.* yogurt, yoghurt

ioió *s. m.* yo-yo (toy)

ion *s. m.* FÍSICA ion

iónico *adj.* LINGUÍSTICA Ionic; FÍSICA ionic

iónio *s. m., adj.* Ionian

ionização FÍSICA, QUÍMICA ionization

ionizante *adj.* ionizing

ionizar *v. tr.* to ionize

ionómetro *s. m.* ionometer

ionosfera *s. f.* ionosphere

ionte *s. m.* ⇒ **ião**

iorquino *adj.* Yorkshire, of (coming from) Yorkshire

iota *s. m.* iota (the Greek letter i)

iotacismo *s. m.* iotacism

iotização *s. f.* iotization

iotizar *v. tr.* to iotize; to put in iotas

ipê *s. m.* common name for several Brazilian trees and shrubs

ipeca *s. f.* BOTÂNICA ipecacuanha

ipecacuanha *s. f.* BOTÂNICA ipecacuanha

iperite *s. f.* mustard-gas

ipo *s. m.* upas-tree (Javanese tree)

ipseidade *s. f.* ipseity, selfhood

ípsilo *s. m.* ⇒ **ípsilon**

ípsilon *s. m.* name of the Greek letter y

ir *v. intr. e refl.* to go; to walk, to proceed, to pass, to move, to travel, to fare; to leave, to depart, to go away, to set out; to vanish, to be off; ***ir até ao fim*** to go the whole hog; ***ir adiante*** to go before, to lead the way, to go first; ***ir pessoalmente*** to go personally; ***ir atrás*** to go behind, to go after; ***ir à parede (ser obrigado a render-se)*** to go to the wall; ***ir e vir*** to go backwards and forwards; ***ir além do permitido (exceder)*** to go beyond; ***ir acima*** to go up; ***ir por diante (continuar)*** to go on; ***ir a cavalo*** to ride on horseback; ***ir até...*** to go so far as...; ***ir ao que importa*** to proceed to business; ***ir para o diabo*** to go to Jericho, to go to hell, to go to the devil; ***ir a cavalo a toda a brida*** to ride hard, to ride at full speed; ***ir contra*** to stand against; ***ir para a escola*** to go to school; ***ir-se embora sorrateiramente*** to steal away; ***ir para a igreja*** to go to church; ***ir para advogado*** to go to the Bar; ***ir para actor*** to go on the stage; ***ir a terra*** to go on shore; ***ir à cidade*** to go to town; ***ir-se embora*** to go away, to go off; ***ir-se embora para casa*** [fam.] to make tracks for home, to go home; ***ir-se embora apressadamente*** to rush away; ***ir para o campo (para a província)*** to go into the country; ***ir para o trabalho*** to go to work; ***ir para o fundo*** to go to the bottom, to sink; ***ir cada vez melhor*** to go better and better, to improve; ***ir buscar*** to go to fetch, to go for, to go and get; ***ir para a cama*** to go to bed, to turn in; ***ir dormir*** to go to sleep; ***ir a pé*** to go on foot, to walk; ***ir à caça*** to go shooting, to go hunting; ***ir para a frente*** to go ahead; ***ir passear*** to go for a walk; ***ir viajar*** to travel, to make a journey, to make a voyage; ***ir a bordo*** to go on board; ***ir a meio vapor*** to steam half-speed; ***ir ter com*** to meet; ***ir com a corrente*** to go with the stream, to drift; ***ir ao encontro de*** to go to meet; ***ir de mal a pior*** to go from bad to worse, to jump out of the frying-pan into the fire; ***ir visitar alguém*** to pay a visit to someone; ***ir no encalço de*** to go on the track of, to go in pursuit of; ***ir bem (triunfar)*** to go well; ***ir de carro*** to drive, to go by car; ***ir-se embora repentinamente*** to walk off, to be off; [fig.] ***ir às nuvens*** to see red; ***ir à praça*** to go to the market; [fig.] ***ir longe*** to go far, to be successful; ***ir lá abaixo*** to go downstairs; ***ir lá acima*** to go upstairs; ***ir para diante*** to go forward; ***ir rio abaixo*** to descend the river; ***ir à parte*** to go aside; ***ir ter a*** to lead to; [fam.] ***ir no conto*** to be duped; ***ir para o estrangeiro*** to go abroad; ***ir em decadência*** to go down in the world; ***ir a meias*** to go shares, to go halves, to halve, to go fifty fifty; ***ir andando*** to be going on; ***até onde vai esta estrada?*** how far does this road go?; ***julgas que vai chover?*** do you think it's going to rain?; ***vou pedir-lhe um favor*** I'm going to ask you a favour; ***já vou, espere!*** please wait!, I'm just coming; ***que vais fazer?*** what are you going to do?; ***isso vai contra os meus princípios*** it goes against my principles; ***isso já lá vai*** it's a thing past and gone; ***lá vai o meu chapéu*** there goes my hat; ***ir à cara (a alguém)*** to slap (someone) in the face; ***ir às do cabo (aos arames, às nuvens, aos ares)*** to flare up; ***ir ao coração*** to go to one's heart, to grieve one; ***o que lá vai, lá vai*** let bygones be bygones; ***perdi o comboio e tive de ir a pé*** I missed the train and had to walk; [fig.] ***irem-se os olhos por*** to long for, to hanker after; ***ir de vento em popa*** to sail right afore the wind; ***foi-se embora sem dizer água-vai*** he walked off without saying a word; [coloq.] ***ir para os anjinhos*** to go west; ***tenho de ir-me embora*** I must be off, I must be getting along; ***vai-te daqui!*** away with you!; ***lá se foi tudo!*** all is gone!; ***ele vai andando*** he is getting on nicely; ***como vai passando?*** how are you getting on?; ***ir-se fazendo velho*** to be growing old; ***ir-se fazendo tarde*** to be growing late; ***vamos lá!*** come on then!; ***eu cá vou indo*** I'm getting along all right; ***vai à fava!, vai bugiar!, vai pentear macacos!, vai plantar batatas!*** scram!, don't bother me!, go to the devil!, go away!

ira *s. f.* anger, rage, wrath, fury, passion, ire, indignation, exasperation, vexation, irritation; ***ter uma ira*** to fly into a passion; ***acesso de ira*** fit of rage

iracúndia *s. f.* irascibility, irritability, irascibleness, iracundity

iracundo *adj.* irascible, irritable, passionate, furious, raging, angry, iracund

iradamente *adv.* angrily, furiously, wrathfully, irefully

irado *adj.* enraged, wrathful, angry, irate, furious, choleric, raging, hot, infuriated, inflamed; mad, passionate, in a passion, in a tantrum, out of humour, out of temper, out of tune, ireful

iraíba *s. f.* "iraiba" (Brazilian palm)

iraniano *s. m., adj.* Iranian

irânico *s. m., adj.* Iranian

irar Ⓐ *v. tr.* to irate, to enrage, to infuriate, to anger Ⓑ *v. refl.* to grow angry, to fly into a passion, to rage

irara *s. f.* ZOOLOGIA tayra

irascibilidade *s. f.* irascibility, irascibleness, irritability

irascível *adj.* irascible, irritable, choleric, hot-tempered, short-tempered, peppery, waspish, wrathful, crusty

irascivelmente *adv.* irascibly

iriação *s. f.* iridescence

iriado *adj.* iridescent

iriante *adj.* iridescent

iriar *v. tr.* to iridize, to make iridescent

iridação *s. f.* ⇒ **iridescência**

Iridáceas *s. f. pl.* BOTÂNICA *Iridaceae* (family of perennial herbs)

iridectomia *s. f.* iridectomy

iridescência *s. f.* iridescence

iridescente *adj.* iridescent

irídico *adj.* QUÍMICA iridic

iridífero *adj.* iridiferous; containing iridium

irídio *s. m.* iridium

iridotomia *s. f.* iridotomy

íris *s. m. e f.* iris (*plural* irides, irises)

irisação *s. f.* irisation

irisar Ⓐ *v. tr.* to iridize, to make iridescent Ⓑ *v. refl.* to shimmer with rainbow colours

irite *s. f.* MEDICINA iritis

iriz *s. m.* epiphytic disease of the coffee tree

irizar *v. intr.* to be blighted by an epiphytic disease

irlandês Ⓐ *adj.* Irish Ⓑ *s. m.* Irish, Irishman; ***os irlandeses*** the Irish; ***idiotismo irlandês*** Irishism

irmã *s. f.* sister; ***irmã consanguínea*** half-sister; ***irmã colaça*** foster-sister; ***irmã de caridade*** Sister of Charity; ***irmãs da Caridade (enfermeiras)*** Sisters of Mercy, Little Sisters of the Poor; ***ser como irmãs*** to be like sisters

irmãmente *adv.* fraternally

irmanar *v. tr.* to match, to pair, to couple, to link

irmandade *s. f.* brotherhood, sisterhood; confraternity, fraternity; guild

irmão Ⓐ *s. m.* brother; *pl.* brothers, brethren (fellow members of guild, order, profession) Ⓑ *adj.* equal, very like, alike, equal, twin; ***irmão consanguíneo*** half-brother; ***irmão colaço*** foster-brother; ***irmão germano*** brother german; ***irmãos gémeos*** twins, twin brothers, twin brother and sister; ***irmãos menores*** brothers under age, Franciscan Friars, Friars Minor; ***irmão leigo*** lay-brother

iró *s. f.* eel

ironia *s. f.* irony, mockery, sarcasm; ***por ironia da sorte*** by irony of fate

ironicamente *adv.* ironically, sarcastically, mockingly

irónico *adj.* ironic(al), sarcastic(al), mocking

ironista *s. m. e f.* ironist

ironizar Ⓐ *v. tr.* to render ironical Ⓑ *v. intr.* to use irony; to speak ironically

iroquês *s. m., adj.* related to one of the native languages of North America; American tribe of South Canada

irós *s. f.* eel

iroso *adj.* ⇒ **furioso**

irra! *interj.* by Jove!, by Jingo!, confound it!

irracional Ⓐ *adj.* irrational, foolish, absurd, preposterous; brutish, unreasoning, illogical; ***o homem procede, às vezes, como um animal irracional*** man sometimes behaves like an irrational animal Ⓑ *s. m.* irrational animal, brute; MATEMÁTICA irrational number

irracionalidade *s. m.* irrationality, unreason

irracionalismo *s. m.* irrationalism

irracionalmente *adv.* irrationally, unreasonably

irracionável *adj.* irrational, unreasonable

irradiação *s. f.* irradiation, radiation; diffusion; RÁDIO broadcasting; ***irradiação solar*** insolation

irradiador Ⓐ *adj.* irradiating Ⓑ *s. m.* radiator, heater, stove; (motor-car) radiator

irradiante *adj.* irradiant

irradiar *v. tr. e intr.* to irradiate, to shine upon, to illuminate, to illumine, to light up, to make bright; to give out light, to emit rays, to radiate; to diffuse, to scatter, to spread, to pour out; RÁDIO to broadcast; to shed; ***irradiar alegria*** to diffuse joy; ***irradiar felicidade em sua volta*** to radiate happiness around one

irradioso *adj.* not radiant, not brilliant

irreal *adj.* unreal, imagined, visionary, fanciful, unsubstantial

irrealidade *s. f.* unreality; falseness; artificialness, artificiallity

irrealista Ⓐ *s. m. e f.* visionary Ⓑ *adj.* unrealistic, visionary

irrealizável *adj.* unrealizable, unachievable; illusory; ***o irrealizável objectivo da minha ambição*** the inaccessible object of my ambition

irreclamável *adj.* irreclaimable

irreconciliado *adj.* irreconciled

irreconciliável *adj.* irreconcilable

irreconhecível *adj.* unrecognizable, irrecognizable

irrecorrível *adj.* unavoidable, unappealable

irrecuperável *adj.* irrecoverable; irretrievable, irreclaimable

irrecuperavelmente *adv.* irrecoverably; beyond recover

irrecusável *adj.* irrecusable, not to be refused (rejected)

irredarguível *adj.* unanswerable, irrefutable

irredentismo *s. m.* irredentism

irredentista *s. m. e f., adj.* irredentist

irredento *adj.* unredeemed

irredimível *adj.* irredeemable, irreclaimable

irredutibilidade *s. f.* irreducibility, irreducibleness

irredutível *adj.* irreducible

irredutivelmente *adv.* irreducibly

irreduzível *adj.* ⇒ **irredutível**

irreflectidamente *adv.* inconsiderately, unreflectingly, unthinkingly, unwarily; without reflection

irreflectido *adj.* unreflecting, unthinking, thoughtless, hasty, heedless, unadvised, careless, inconsiderate, unmindful, rash, precipitate

irreflexão *s. f.* thoughtlessness, inconsideration, inconsiderateness, rashness, hastiness, carelessness

irreflexivo *adj.* ⇒ **irreflectido**

irreflexo *adj.* ⇒ **irreflectido**

irreformável *adj.* irreformable

irrefragável *adj.* irrefragable, unanswerable, incontrovertible, indisputable, undeniable, unquestionable, irrefutable

irrefrangível *adj.* irrefrangible

irrefreável *adj.* irrestrainable, uncontrollable

irrefutabilidade *s. f.* irrefutability, indisputability

irrefutável *adj.* irrefutable, indisputable, incontestable, irrefragable, unanswerable

irrefutavelmente *adv.* irrefutably, indisputably, incontestably
irregenerável *adj.* unregenerable, incorrigible
irregressível *adj.* from which there is no turning back
irregular *adj.* irregular, uncertain; variable, changeable, unsettled; anomalous; disorderly, unruly, undisciplined; contrary to rule; abnormal; ***verbo irregular*** irregular verb
irregularidade *s. f.* irregularity; variableness, changeableness; unevenness, roughness; ***irregularidades do terreno*** unevenness of ground
irregularmente *adv.* irregularly; unevenly
irrelevância *s. f.* irrelevance
irrelevante *adj.* irrelevant
irreligião *s. f.* irreligion, impiety, ungodliness, godlessness
irreligiosamente *adv.* irreligiously
irreligiosidade *s. f.* irreligiousness; ⇒ **irreligião**
irreligioso *adj.* irreligious, impious, ungodly, undevout
irremeável *adj.* inevitable; unrecoverable
irremediável *adj.* irremediable, irreparable, irrecoverable, hopeless
irremediavelmente *adv.* irremediably, hopelessly
irremissibilidade *s. f.* irremissibleness, irremissibility
irremissível *adj.* irremissible, unpardonable, not to be forgiven
irremissivelmente *adv.* irremissibly
irremitente *adj.* unremitting
irremível *adj.* unredeemable
irremovível *adj.* irremovable, unremovable; permanent, perpetual, persistent
irremunerado *adj.* unremunerated, unpaid; unrewarded
irremunerável *adj.* irremunerable (that cannot be rewarded)
irrenunciável *adj.* that cannot be renounced
irreparabilidade *s. f.* irreparableness, irreparability
irreparável *adj.* irreparable; past repair; past cure; irretrievable, irremediable, remediless; ***perda irreparável*** irreparable loss; ***prejuízos irreparáveis*** irreparable damages
irreparavelmente *adv.* irreparably, hopelessly
irrepartível *adj.* indivisible, inseparable, undividable
irrepleto *adj.* unreplenished
irreplicável *adj.* irrefutable, unanswerable, unrepliable
irreponível *adj.* irreplaceable
irrepreensibilidade *s. f.* irreprehensibleness, irreproachability, faultlessness
irrepreensível *adj.* irreprehensible, impeccable, blameless, faultless, irreproachable
irrepreensivelmente *adv.* irreprehensibly, unblamably, impeccably
irrepresentável *adj.* irrepresentable, that cannot be represented
irrepressível *adj.* irrepressible, irrepressive, uncontrollable, invincible
irreprimível *adj.* irrepressible, irrepressive, uncontrollable, invincible; ***riso irreprimível*** irrepressible laughter
irrequietismo *s. m.* restlessness
irrequieto *adj.* restless, turbulent, unquiet, fidgety; ***criança irrequieta*** a restless child, a fidget
irresgatável *adj.* unredeemable, irredeamable
irresignável *adj.* not able to be renounced (disclaimed); unrenounceable
irresistência *s. f.* non-resistance
irresistente *adj.* unresisting, lacking resistance
irresistibilidade *s. f.* irresistibleness, irresistibility
irresistível *adj.* irresistible, overpowering, overwhelming, convincing; charming; ***desejo irresistível*** irresistible desire; ***encantos irresistíveis*** irresistible charms
irresistivelmente *adv.* irresistibly, overwhelmingly
irresolução *s. f.* irresolution, irresoluteness; hesitation, indecision, uncertainty
irresolutamente *adv.* irresolutely, hesitatingly
irresoluto *adj.* irresolute, hesitating, vacillating, undecided, uncertain, doubtful, unsettled, wavering
irresolúvel *adj.* irresolvable; irresoluble
irresolvível *adj.* ⇒ **irresolúvel**
irrespeitável *adj.* unrespectable
irrespeito *s. m.* disrespect, incivility, discourtesy, rudeness
irrespeitoso *adj.* irreverent, wanting in respect, disrespectful, slighting, uncivil, discourteous, rude
irrespirabilidade *s. f.* quality of being irrespirable
irrespirável *adj.* irrespirable; unfit for respiration
irrespondível *adj.* unanswerable, irrefutable
irresponsabilidade *s. f.* irresponsibility
irresponsável *adj.* irresponsible; ***pessoa irresponsável*** an irresponsible person
irresponsavelmente *adv.* irresponsibly, recklessly
irrestaurável *adj.* not able of being restored
irrestringível *adj.* unrestrictable, unrestrainable, not to be restricted
irrestrito *adj.* unrestricted
irretorquível *adj.* ⇒ **irrespondível**
irretratável *adj.* irreversible, irrevocable
irreverência *s. f.* irreverence, disrespect, slight; want of respect; insolence, impertinence, impudence, sauciness, pertness
irreverenciar *v. tr.* to exhibit irreverence towards; not to reverence
irreverenciosamente *adv.* irreverently
irreverencioso *adj.* irreverent, disrespectful, slighting
irreverente *adj.* irreverent, profane, impious, disrespectful, slighting
irreverentemente *adv.* irreverently
irreversibilidade *s. f.* irreversibility, irreversibleness
irreversível *adj.* irreversible, reverseless
irreversivelmente *adv.* irreversibly
irrevocabilidade *s. f.* ⇒ **irrevogabilidade**
irrevocável *adj.* irrevocable, unalterable
irrevogabilidade *s. f.* irrevocability, irrevocableness
irrevogável *adj.* irrevocable, final, unalterable, unchangeable; ***dar um passo irrevogável*** to burn one's boats
irrevogavelmente *adv.* irrevocably
irridente *adj.* laughing, mocking
irrigação *s. f.* irrigation, watering
irrigador *s. m.* watering engine; irrigator
irrigar *v. tr.* to irrigate, to water; MEDICINA to irrigate, to wash, to keep moist (wound, etc.)
irrigatório *adj.* irriguous
irrigável *adj.* irrigable
irríguo *adj.* irriguous; watered; irrigated
irrisão *s. f.* derision, mockery, scorn
irrisor *s. m.* derider, mocker, scoffer
irrisoriamente *adv.* derisively, mockingly, ridiculously
irrisório *adj.* derisive, mocking, ironical, scoffing, ridiculing, scornful, contemptuous
irritabilidade *s. f.* irritability, irritableness, excitableness
irritação *s. f.* irritation, vexation, annoyance, exasperation, irritancy, anger, enragement, exacerbation; MEDICINA inflammation, itch, burn; ***ser causa de constante irritação*** to be a thorn in one's flesh
irritadiço *adj.* querulous, peevish, petulant
irritador Ⓐ *s. m.* provoker, exasperator Ⓑ *adj.* irritating
irritamente *adv.* in an irritant way
irritante Ⓐ *adj.* irritating, vexing, vexatious, provoking, annoying, aggravating Ⓑ *s. m.* irritant
irritantemente *adv.* irritably; provokingly; annoyingly
irritar *v. tr.* to irritate, to annoy, to vex, to put out of temper, to set one's nerves on edge, to exacerbate, to ruffle, to anger, to exasperate, to tease, to gall, to excite, to provoke, to nettle, to chafe, to enrage, to fret; MEDICINA to inflame, to

make sore; *fazer irritar* to rub the wrong way; *irritar muito* to annoy greatly, to ruffle one's feathers; *o procedimento deles irritou-o* his temper was ruffled by their behaviour; *irritado pela desgraça* soured by misfortune
irritativo *adj.* irritative, irritant
irritável *adj.* irritable, irascible, testy, touchy, petulant, hasty, fretful, excitable, hot, fiery, peppery, passionate
írrito *adj.* null, void, useless, invalid, ineffectual
irrogação *s. f.* imposition (of a penalty)
irrogar *v. tr.* to inflict; to impose; to impute
irromper *v. intr.* to rush in; to break into; to burst into (forth); to gush; *irromper em chamas* to burst into flames; *irromper em aplausos* to break into applause; *irromper numa gargalhada* to burst out laughing
irroração *s. f.* irroration, sprinkling, bedewing
irrorar *v. tr.* to bedew, to moisten
irrupção *s. f.* irruption, invasion, violent entry, bursting in; outburst (of laughter, anger, etc.)
irruptivo *adj.* irruptive
isabel Ⓐ *adj.* (colour) isabella, greyish yellow Ⓑ *s. m.* a dun horse; ⇒ **isabela**
isabela *s. f.* American vine
isabelino *adj.* HISTÓRIA Elizabethan; *período isabelino* Elizabethan period
isagoge *s. f.* isagoge
isagógico *adj.* isagogic
isalóbara *adj.* METEOROLOGIA isallobar
isalotérmica *adj.* METEOROLOGIA isotherm
isanómala *adj.* METEOROLOGIA isanomalous
isantina *s. f.* QUÍMICA isatin
isáxone *adj.* having equal axes
isba *s. f.* log-hut, block house
isca *s. f.* bait, lure; tinder; enticement, allurement
iscado *adj.* baited
iscar *v. tr.* to bait; to infect; to entice, to allure; NÁUTICA to fetch
iscariote *s. m.* iscariot, traitor
iscariotista *s. m. e f.* iscariotic, iscariotical; member of a sect venerating Judas Iscariot
isco *s. m.* bait (for fishing); *isco artificial* fishing fly
iscúria *s. f.* ischuria, ischury (retention of urine)
isenção *s. f.* immunity, exemption, disinterestedness; impartiality
isentamente *adv.* with exemption
isentar *v. tr.* to exempt, to free from, to excuse, to release; *isentar de restrições* to free from restrictions
isento *adj.* exempt from, free, excused, released, quit of; *isento de direitos* duty free; *isento de dívidas* clear of debts; *isento de contribuições* exempt from taxes
isentrópico *adj.* FÍSICA isentropic
isíaco *adj.* isiac
Islã *s. m.* ⇒ **Islão**
Islame *s. m.* ⇒ **Islão**
islâmico *adj.* Islamic; *a república islâmica de ...* the Islamic Republic of ...
islamismo *s. m.* Islamism, Mohammedanism
islamita *s. m. e f.* Islamite
islamítico *adj.* Islamitic, Islamic
islandês Ⓐ *adj.* Icelandic Ⓑ *s. m.* Icelander
Islão *s. m.* RELIGIÃO Islam
islenho Ⓐ *adj.* insular Ⓑ *s. m.* islander
ismaelita Ⓐ *adj.* Ismaelitic, Ismailitic Ⓑ *s. m. e f.* Ismaelite, Ismailite
isóbara *s. f.* GEOGRAFIA isobar
isobárica *adj.* isobaric
isobárico *adj.* isobaric, isopiestic
isóbaro *adj.* isobar
isobarométrico *adj.* isobarometric
isóbata *s. f.* GEOGRAFIA isobath
isoclinal *adj.* ⇒ **isóclino**
isoclínico *adj.* ⇒ **isóclino**
isóclino *adj.* isoclinal
isocolo *adj.* isocolic
isocromático *adj.* isochromatic
isocromia *s. f.* lithochromy
isocrómico *adj.* ⇒ **isocromático**
isocromo *adj.* ⇒ **isocromático**
isocronismo *s. m.* isochronism
isócrono *adj.* isochronous
isodactilia *s. f.* quality of isodactylous
isodáctilo *adj.* isodactylous
isodinâmico *adj.* isodynamic
isoédrico *adj.* isohedric
Isoetáceas *s. f. pl.* *Isoetaceae*
isofilo *adj.* BOTÂNICA isophyllous
isófono *adj.* having a tone of voice equal to that of someone else
isogamia *s. f.* BIOLOGIA, BOTÂNICA isogamy
isógamo *adj.* BIOLOGIA isogamous
isógeno *adj.* isogenous
isogeoterma *s. f.* isogeotherm
isoglossa *s. f.* isogloss
isoglosso *adj.* isoglossal
isogonal *adj.* isogonal
isogónico *adj.* ⇒ **isógono**
isógono *adj.* isogonic
isografia *s. f.* isography
isográfico *adj.* isographic(al)
isoiética *s. m. e f., adj.* isohal, isohyetal
isoipsa *s. f.* GEOGRAFIA line connecting places at the same height
isoipso *adj.* relating to a place at the same height as another
isolação *s. f.* isolation, separation; solitude, loneliness; detachment, disconnection, dissociation
isolacionismo *s. m.* isolationism
isolacionista *s. m. e f., adj.* isolationist
isoladamente *adv.* separately; lonesomely, isolatedly
isolado *adj.* isolated, separated, dissociated, disconnected; solitary, lonely, alone, secluded, withdrawn; *viver isolado* to live in solitude; *um sítio isolado* a remote spot
isolador Ⓐ *adj.* isolating, insulating Ⓑ *s. m.* isolator, insulator; *isolador eléctrico* insulator, non-conductor; *isolador de vidro* glass insulator; *isolador de pára-raios* lightning-rod insulator
isolamento *s. m.* isolation, insulation; solitude, lonesomeness; *isolamento eléctrico* insulation; *isolamento acústico* sound insulation
isolante Ⓐ *adj.* ELECTRICIDADE insulating Ⓑ *s. m.* insulator; insulating material
isolar Ⓐ *v. tr.* to isolate, to separate; to detach, to dissociate, to disconnect; ELECTRICIDADE to insulate; to stand alone Ⓑ *v. refl.* to live by oneself; *isolar-se da sociedade* to sequester oneself from the world
isólogo *adj.* isologous
isomagnética *adj.* isomagnetic
isomeria *s. f.* ⇒ **isomerismo**
isomérico *adj.* isomeric, isomerous
isomerismo *s. m.* isomerism
isomerização *s. f.* isomerization
isomerizar *v. tr.* to isomerize
isómero Ⓐ *adj.* QUÍMICA isomerous Ⓑ *s. m.* isomer, isomeride
isomeromorfismo *s. m.* isomeromorphism
isometria *s. f.* isometry
isométrico *adj.* isometric, isometrical
isomorfia *s. f.* ⇒ **isomorfismo**
isomorfismo *s. m.* isomorphism
isomorfo *adj.* isomorphous

isónefa *s. f.* METEOROLOGIA line connecting places of equal nebulosity
isonomia *s. f.* isonomy
isónomo *adj.* MINERALOGIA isonomic
isópata *s. m. e f.* isopathist
isopatia *s. f.* MEDICINA isopathy
isopétalo *adj.* isopetalous
isopícnica *s. f.* METEOROLOGIA isopycnic
isópico *adj.* GEOLOGIA referring to geological formations arisen from identical environments
isópode Ⓐ *adj.* isopodous Ⓑ *s. m.* isopod, isopodan (*plural* isopoda)
isopreno *s. m.* QUÍMICA isoprene
isóptero *adj.* isopterous
isoquímena *adj.* isocheimal, isochimenal
isoquiménica *adj.* ⇒ **isoquímena**
isóscele *adj.* ⇒ **isósceles**
isósceles *adj.* isosceles; ***triângulo isósceles*** isosceles triangle
isosmose *s. f.* FÍSICA isosmosis
isospórico *adj.* isosporous
isósporo *s. m.* isospore
isossilábico *adj.* isosyllabic
isóstase *s. f.* ⇒ **isostasia**
isostasia *s. f.* isostasy
isostémone *adj.* isostemonous
isoterapia *s. f.* isotherapy
isotérico *adj.* isotheral
isotérmico *adj.* isothermal; ***linhas isotérmicas*** isothermal lines
isotermo *adj.* isothermal
isótero *adj.* isotheral
isotonia *s. f.* FÍSICA propriety of isotonic
isotónico *adj.* isotonic
isotópico *adj.* isotopic
isótopo *s. m. pl.* isotope
isotropia *s. f.* isotropy
isotrópico *adj.* ⇒ **isótropo**
isótropo *adj.* isotropic, isotropous
isqueiro *s. m.* (cigarette) lighter
isquemia *s. f.* ischaemia, ischemia
ísquio *s. m.* ANATOMIA ischium (*plural* ischia)
ísquion *s. m.* ANATOMIA ⇒ **ísquio**
israeliano Ⓐ *adj.* Israelite, Israelitish Ⓑ *s. m.* Israelite
israelita Ⓐ *adj.* Israelitish Ⓑ *s. m. e f.* Israelite
israelítico *adj.* Israelitic, Israelitish
isso *pron. dem.* that; ***nem mesmo isso*** not even that; ***é só isso?*** is that all?; ***além disso*** besides (that); ***que é isso?*** what is that?; ***nem por isso é mais feliz*** he is none the happier for that; ***já sabia tudo isso*** I knew all this before; ***isso não me interessa*** that is nothing to me; ***não disse isso*** I didn't say that at all; ***apesar disso*** nevertheless; ***isso não faz nada ao caso*** it does not matter; ***nem por isso*** not really; ***sem isso*** but for that; ***isso não importa*** that makes no difference; ***que lhe importa isso?*** what's that to you?; ***apesar de tudo isso*** in spite of all that; ***por isso*** therefore; ***isso é justo?*** is that right?; ***isso mesmo!*** just so!
ístmico *adj.* isthmian
istmo *s. m.* isthmus
isto *pron. dem.* this; ***isto é*** that is (to say); ***com isto*** with this; ***além disto*** besides this; ***enquanto a isto*** as to this; ***isto não me interessa*** this does not concern me; ***que quer isto dizer?*** what does this mean?; ***isto não acontecerá mais*** this will never occur (happen) again
itacense *adj.* of (pertaining to) Itaca
itacolumito *s. m.* MINERALOGIA itacolumite
italianada *s. f.* Italianism
italianismo *s. m.* Italianism
italianizar *v. tr.* to Italianize; to make Italian
italiano *s. m., adj.* Italian
itálico Ⓐ *adj.* Italic Ⓑ *s. m.* italics, italic type
italiotas *s. m. pl.* Italiotes
ítalo *s. m., adj.* Italian
ítalo-etíope *adj.* Italo-Ethiopian
item Ⓐ *adv.* [lat.] item, also, likewise, further Ⓑ *s. m.* item
iteração *s. f.* iteration, repetition
iterar *v. tr.* to iterate, to repeat, to reiterate, to say over again
iterativo *adj.* iterative, repeating
iterável *adj.* iterable
itérbio *s. m.* QUÍMICA ytterbium
itinerante *adj.* itinerant, peripatetic
itinerário Ⓐ *s. m.* itinerary, itinerarium, route, circuit, record of travel; guide-book; road-book Ⓑ *adj.* itinerary
ítrico *adj.* yttric
ítrio *s. m.* QUÍMICA yttrium
itu *s. m.* BOTÂNICA ironwood
ituá *s. m.* a jointfir
itupava *s. f.* a small waterfall
iúca *s. f.* BOTÂNICA yucca
iva *s. f.* BOTÂNICA yellow bugle, ground pine
íxia *s. f.* ixia
Ixiáceas *s. f. pl.* *Ixiaceae*
ixode *s. m.* ⇒ **carraça**
ixodíase *s. f.* MEDICINA disease caused by a bite of a tick; tick infestation
iza *s. f.* tropical tree of the family *Moraceae* (São Tomé)
izal *s. m.* antiseptic substance identical to creosote
izaquente *s. f.* ⇒ **iza**
izar *s. m.* hunting instrument used by a tribe in Algeria; cotton clothes used among Muslims by women of lower classes
izuqueiro *adj.* damp, wet, humid

J

j, J Ⓐ *s. m.* the tenth letter of the alphabet Ⓑ *adj.* tenth of a series, order or class
já *adv.* already, now, at present; at once; since, whereas, seeing that; this moment; ***já que*** since, as, now that; ***já então*** even then; ***já não*** no longer, not any longer; ***já agora*** so, seeing that; ***já (imediatamente)*** this very moment; ***já anteriormente*** before now; ***já há muito tempo*** a long while ago; ***já citado*** already mentioned; ***já desde*** ever since; ***já que assim o queres*** since you will have it so; ***já foste a Londres?*** have you ever been to London?; ***já se vê*** of course, to be sure; ***vou já*** I am just coming, I'll go directly; ***venho já, já*** I'll be back in a jiffy; ***desde já*** at once, immediately, from now on
jaaraboa *s. f.* ⌈Bras.⌋ a sort of kidney bean
jabá *s. m.* ⇒ **charque**
jabiru *s. m.* ⇒ **jaburu**
jabota *s. f.* ⌈Bras.⌋ female land turtle
jaburandi *s. m.* ⌈Bras.⌋ jaborandi (dried leaflets of a tropical American shrub, used in medicine)
jaburu *s. m.* variety of stork; ugly fellow
jabuti *s. m.* edible land-turtle; a primitive cotton-gin
jabuticabeira *s. f.* black woman; tree of the myrtle family
jabuticava *s. f.* the fruit of the jabuticabeira
jabutim *s. m.* ⇒ **jabuti**
jaca *s. m.* jack (East-Indian coarse bread-fruit)
jacá *s. m.* pannier (used as a packsaddle)
jaça *s. f.* spot in precious stones; ⌈pop.⌋ dungeon, calaboose; bed
jacamar *s. m.* jacamar (a tropical American insectivorous bird)
jacami *s. m.* ⇒ **jacamim**
jacamim *s. m.* agami; ORNITOLOGIA trumpeter
jaçanã *s. m.* jacana, wading bird
jaçapé *s. m.* herbaceous plant of family *Gramineae*
jacapucaia *s. f.* monkeypot tree
jacapucaio *s. m.* ⇒ **jacapucaia**
jacarácia *s. f.* a variety of tropical plant
jacarandá *s. m. e f.* jacaranda (a tropical American tree, with hard scented wood); the wood of jacaranda
jacarandana *s. f.* American tree
jacaratiá *s. f.* ⇒ **jacarácia**
jacaratinga *s. f.* ⌈Bras.⌋ plant belonging to the family *Myrtaceae*
jacaré *s. m.* ZOOLOGIA alligator, cayman, jacare
jacarina *s. f.* the blue-black grassquit
jacarini *s. m.* ⇒ **jacarina**
jacatirão *s. m.* BOTÂNICA a meadow beauty
jacatupé *s. m.* West Indies yam-bean
jácea *s. f.* BOTÂNICA ⌈Bras.⌋ herbaceous plant pertaining to the NW
jacente Ⓐ *adj.* lying, situated; stationary Ⓑ *s. m.* escheatable (of an inheritance); main girder (of a bridge)
jacentes *s. m. pl.* shoals, shallow places; reefs
jacintino *adj.* hyacinthine; of a violet (or purple) colour
jacinto *s. m.* BOTÂNICA hyacinth (genus of bulbous plants with bell-shaped flowers of various colours); MINERALOGIA hyacinth (precious stone of a reddish-orange colour)
jacobeia *s. f.* BOTÂNICA the ragwort groundsel
jacobeu *s. m.* member of a political and religious Portuguese organization in the 18th century; hypocrite
jacobice *s. f.* hypocrisy
jacobinismo *s. m.* Jacobinism; radicalism; revolutionary trends
jacobino *s. m.* Jacobin
jacobita *s. m.* Jacobite, adherent of James II
jacre *s. m.* coconut sugar
jactância *s. f.* boasting, boast, vaunt, brag, bragging; big words; jactancy
jactanciar-se *v. refl.* to boast, to brag, to extol oneself, to be puffed up
jactanciosidade *s. f.* jactitation, boastfulness
jactancioso *adj.* boastful, vaunting, bragging, puffed up
jactante *adj.* boasting
jactar-se *v. refl.* to boast, to vaunt, to brag, to extol oneself; to glory in; to indulge in boastful talk
jacto *s. m.* throw, cast, hurl; jet, rush, stream, flow (of water, steam, gas, etc.); ***jacto de água*** jet of water; ***jacto de vapor*** jet (rush) of steam; ***avião a jacto*** jet plane; ***jacto de areia*** sand-blast; ***de um jacto*** at a stretch, at one go
jacu *s. m.* ORNITOLOGIA jacou, guan
jacuacanga *s. f.* plant belonging to the family *Boraginaceae*
jacuba *s. f.* ⌈Bras.⌋ drink made of water, tapioca and honey
jacuguaçu *s. m.* ZOOLOGIA large bronze-green guan
jaculação *s. f.* jaculation, throwing, shot
jaculador *s. m., adj.* jaculator, darter, hurler, thrower
jacular *v. tr.* to throw, to dart, to hurl
jaculatória *s. f.* short ejaculatory prayer
jaculatório *adj.* jaculatory, darting (or throwing) out, ejaculatory
jáculo *s. m.* shot, pop, shooting; throw, thrust; fling, push; small rodent
jacumã *s. m.* ⌈Bras.⌋ sort of paddle used as a canoe rudder
jacupemba *s. f.* ⇒ **jacu**
jacuru *s. m.* ⌈Bras.⌋ puffbird
jacuruaru *s. m.* ZOOLOGIA the yellow-banded teguexin (large lizard)
jacurutu *s. m.* Magellan's great horned owl
jacutinga *s. f.* ⇒ **jacu**
jade *s. m.* MINERALOGIA jade (a hard, green, blue, or white stone); nephrite, jadeite
jadeíte *s. f.* MINERALOGIA jadeite
jaez *s. m.* harness, caparison, horse's trappings; kind, sort, condition; ***são todos do mesmo jaez*** they are all tarred with the same brush; ***é tudo gente do mesmo jaez*** all these people are alike
jaezar *v. tr.* to harness
jafético *adj.* japhetic; of (or belonging to) Japheth (one of the sons of Noah)
jaga Ⓐ *s. m.* ⌈Ang.⌋ native chief of the Bangalas Ⓑ *s. f.* drain, hole of a boat for drainage
jágara *s. f.* coarse (dark brown sugar made from palm sap)
jagodes *s. m.* ⌈pop.⌋ lout, boor, a clumsy fellow; simpleton
jagra *s. f.* ⇒ **jágara**
jagre *s. m.* ⇒ **jágara**
jaguacatiguaçu *s. m.* ⌈Bras.⌋ a sort of kingfisher

jaguané *s. m.* [Bras.] skunk, zorrino
jaguapé *s. m.* ⇒ **irara**
jaguar *s. m.* ZOOLOGIA jaguar (large carnivorous quadruped)
jaguaré *s. m.* ⇒ **jaguané**
jaguareté *s. m.* little jaguar
jaguatirica *s. f.* spotted leopard-cat
jagudi *s. m.* variety of African vulture
jagunço *s. m.* [Bras.] hired assassin, gunman; goad; thug
jaina *s. m. e f.* Jain
jainismo *s. m.* RELIGIÃO Jainism
jainista *s. m. e f., adj.* RELIGIÃO Jainist
jajeré *s. m.* [Bras.] fishing-net, skin disease
jalapa *s. f.* BOTÂNICA jalap (dried root of a Mexican plant, used as a purgative)
jalapão *s. m.* BOTÂNICA nettle-wort, spurgewort
jalapina *s. f.* QUÍMICA jalapin
jalapinha *s. f.* BOTÂNICA the Brazilian dipladenia
jalde *adj.* ⇒ **jalne**
jaleca *s. f.* jacket
jaleco *s. m.* ⇒ **jaleca**
jaleia *s. f.* Asiatic vessel, ship
jaleque *s. m.* ⇒ **jaleca**
jalne *adj.* bright golden yellow
jalofo *adj.* rude, rough
jaluto *s. m.* ICTIOLOGIA variety of fish belonging to the order *Teleostei*
jamaicano *s. m., adj.* Jamaican
jamais *adv.* never, at no time
jamanta *s. f.* ZOOLOGIA skate, leach, skate-sucker
jambeiro *s. m.* jambo, jambu, Java plum
jâmbico *adj.* iambic
jambo *s. m.* [poét.] iambus (the metrical foot)
jamboeiro *s. m.* ⇒ **jambeiro**
jambol *s. m.* jambo-tree
jambolano *s. m.* ⇒ **jambolão**
jambolão *s. m.* jambolan
jamboleiro *s. m.* ⇒ **jambolão**
jambu *s. m.* paracress spotflower
jambuaçu *s. m.* a sort of *jambu*
jambul *s. m.* ⇒ **jambol**
janambá *s. m.* wild cashew-tree
janaúba *s. f.* BOTÂNICA a frangipani
janda *s. f.* African palmiped bird
jandaia *s. f.* yellow-headed paroquet (parroquet, parrakeet) of eastern Brazil
jandaíra *s. f.* [Bras.] a kind of bee
jandiá *s. m.* freshwater catfish
jandiroba *s. f.* ⇒ **andiroba**
janeirada *s. f.* name of an absolutist rebellion against King John VI; ⇒ **janeiras**
janeiras *s. f. pl.* New-Year's gifts; New-Year's carols
janeireiro Ⓐ *adj.* referring to January; born in January Ⓑ *s. m.* [Port.] carol(l)er
janeirento *adj.* on heat (cat)
janeirinho *adj.* of (or referring to) January
Janeiro *s. m.* January (first month of the year)
janela *s. f.* window; opening (in wall, roof, building, etc.); ***janela circular*** wheel-window; ***assento metido no vão duma janela*** window-seat; ***janela de sacada*** bay, bow-window; ***janela corrediça, janela de correr*** sash-window, sliding-window; ***janela de guilhotina*** guillotine window; ***peitoril de janela*** window-sill; ***caixilho fixo (armação) da janela*** window-frame; ***portas de janelas*** window-shutters; ***deitar pela janela fora*** to throw out of the window; ***estar à janela*** to be at the window; ***olhar pela janela*** to look out of the window; ***entrar pela janela*** to come in by (or at) the window; ***permite-me que abra a janela?*** would you allow me to open the window?, may I open the window?; ***cortina de janela*** window-curtain; ***estar sentado à janela*** to sit at the window; ***abaixar a janela*** to let down the window; ***a janela abriu-se repentinamente*** the window flew open; ***ver através da janela*** to look through the window; ***a criança caiu duma janela de um terceiro andar*** the child fell from a third storey window
janeleira *adj.* flirtatious (woman); given to staying at the window
janeleiro *adj.* fond of being at the window
janelo *s. m.* small window
jangada *s. f.* raft, float; floating-stage; jangada; ***madeira (lenha) de jangada*** floated wood, floating wood
jangadeira *s. f.* a tree of the linden family
jangadeiro *s. m.* one who manages a raft; raftsman; owner of a raft
jangaz *s. m.* spindle-shanks; clumsy fellow; very tall and clumsy man
janíçaro *s. m.* ⇒ **janízaro**
janicefalia *s. f.* monstrosity consisting in having two heads
janicéfalo *s. m.* janiceps; two-headed monster
janícepe *s. m.* ⇒ **janicéfalo**
janicípite *s. m.* ⇒ **janicéfalo**
janistroques *s. m.* a nobody
janízaro *s. m.* janizary, janissary (Turkish soldier)
janota Ⓐ *s. m.* dandy, swell, fop, well and carefully-dressed man; spark, gay fellow Ⓑ *adj.* foppish, dandyish; ***que janota que estás!*** what a swell you are!; ***estar muito janota*** to look as if one had just come out of a bandbox
janotada *s. f.* dandyism; a group of dandies
janotar *v. intr.* to dress well, to spark, to play the gallant; to dress up to the 9's
janotaria *s. f.* ⇒ **janotada**
janotice *s. f.* fashionableness, foppery
janotismo *s. m.* dandyism; foppishness
jansenismo *s. m.* Jansenism
jansenista *s. m. e f.* Jansenist
janta *s. f.* [pop.] dinner
jantar Ⓐ *s. m.* dinner Ⓑ *v. tr. e intr.* to dine; to have dinner, to have one's dinner; ***jantar fora de casa*** to dine out; ***jantar tarde*** to dine late; ***convidar para jantar*** to ask to dinner, to invite for dinner; ***jantar à mesa redonda*** to dine table d'hôte; ***jantar bem*** to dine well, to make a good dinner; ***ficar sem jantar*** [coloq.] to dine with Duke Humphrey; ***ter visitas para jantar*** to have a dinner-party; ***o jantar está pronto*** dinner is ready; ***hora de jantar*** dinner-time, dinner-hour; ***sem jantar*** dinnerless; ***dei-lhe um belo jantar*** I dined him handsomely; ***um jantar muito bom e animado*** a rattling good dinner; ***serviço de jantar*** dinner-set; ***jantar de visitas*** dinner-party; ***jantar de despedida*** farewell dinner
jantarada *s. f.* sumptuous dinner
jantarão *s. m.* ⇒ **jantarada**
jantareta *s. f.* frugal dinner
jantarola *s. f.* festive and copious dinner
jante *s. f.* rim; felloe, felly
januário *s. m.* ORNITOLOGIA finch (bird of the family *Fringillidae*)
jaó *s. m.* tinamou; red-footed tinamou
japacani *s. m.* ⇒ **jacapanim**
japacanim *s. m.* black-capped mocking-bird
japana *s. f.* BOTÂNICA palm-leaved scrophularia
japão Ⓐ *s. m.* Japan Ⓑ *adj.* Japanese
japinabeiro *s. m.* a Brazilian fruit-tree
japona *s. f.* [pop.] short jacket; [Bras.] nickname for the Japanese
japoneira *s. f.* camelia (flowering evergreen from China and Japan)
japonês *s. m., adj.* Japanese
japonesismo *s. m.* Japanesery
japonesista *s. m. e f.* Japanologist
japónico *adj.* Japanese, of Japan
japonizar *v. tr.* to make Japanese

japonologia *s. f.* Japanology
japonólogo *s. m.* ⇒ **japonesista**
japu *s. m.* Brazilian bird of the oriole family
japuanga *s. f.* variety of Brazilian liane
japuíra *s. m.* Brazilian red-rumped bird
jaque *s. m.* ancient white flag used for asking for help
jaqueira *s. f.* jack-tree; jack, kind of East-Indian coarse bread-fruit
jaqueiral *s. m.* grove of jack-trees
jaquejaque *s. m.* [Bras.] tree of the family *Euphorbiaceae*
jaqueta *s. f.* jacket
jaquetão *s. m.* double-breasted coat
jará *s. f.* BOTÂNICA piassava palm
jaraiuba *s. f.* ⇒ **jaquetão**
jaraiuva *s. f.* ⇒ **jaquetão**
jaramataia *s. f.* Brazilian tree of the family Leguminosae
jararaca *s. f.* [Bras.] jararaca (dangerous pit viper of the genus *Bothrops*; Brazilian dragon), aroid; [fig.] a horrid and spiteful woman
jararacuçu *s. m.* [Bras.] jararaca (dangerous pit viper of the genus *Bothrops*; Brazilian dragon), aroid; [fig.] a horrid and spiteful woman
jarda *s. f.* yard (symbol: Yd), unit of length (36 inches, 3 feet)
jardim *s. m.* garden, piece of cultivated ground for growing flowers; flower-garden; ***Jardim Botânico*** Botanical Garden; ***Jardim Zoológico*** Zoological Garden, [coloq.] Zoo; ***jardim público (com casas de chá)*** tea-garden; ***ir ao jardim*** to go to the garden; ***festa num jardim*** garden-party; ***cidade com muitos jardins*** garden city; ***canteiro de jardim*** flower-bed; ***fazer um jardim*** to lay out a garden; ***jardim de infância*** kindergarten, nursery school; ***jardim de inverno*** conservatory, glasshouse
jardim-escola *s. m.* kindergarten
jardinagem *s. f.* gardening
jardinar *v. intr.* to garden, to cultivate a garden, to work in a garden; to saunter, to stroll; to lounge, to walk idly
jardineira *s. f.* flower-stand; woman gardener; jardinière
jardineiro *s. m.* gardener
jardinista *s. m. e f.* a person fond of gardens
jarivá *s. m.* astrocaryum palm
jaro *s. m.* [pop.] arum lily
jarra *s. f.* vase; an ornamental vessel; ***jarra para flores*** flower-vase
jarrafa *s. f.* variety of clupeiod fish found on the coast of Africa
jarrão *s. m.* large vase
jarreta *s. m. e f.* [fam.] old person; old-fashioned man; old tramp
jarretar *v. tr.* to hough, to hamstring, to cut the tendons of the leg; to cripple (person, animal), to disable
jarrete *s. m.* hamstring, hough
jarreteira *s. f.* garter; ***Ordem da Jarreteira*** Order of the Garter (the highest order of British knighthood); ***cavaleiros da Jarreteira*** knights of the Garter
jarretice *s. f.* ways (or sayings) of an old person
jarrilho *s. m.* sarsaparilla drink or tea
jarrinha *s. f.* small vase
jarro *s. m.* water-jar, water-pot; BOTÂNICA arum, arum lily; ***jarro para água*** water jug
jasmim *s. m.* BOTÂNICA jasmin(e), jessamin(e)
jasmim-brilhante *s. m.* ⇒ **jasmim-do-imperador**
jasmim-cata-vento *s. m.* palovivora tabernae-montana
jasmim-do-cabo *s. m.* cape jasmine
jasmim-do-imperador *s. m.* sweet osmanthus
jasmim-do-mato *s. m.* ⇒ **jasmim-do-imperador**
jasmim-estrela *s. m.* ⇒ **jasmim-do-imperador**
jasmim-laranja *s. m.* ⇒ **jasmim-do-imperador**
jasmim-pipoca *s. m.* ⇒ **jasmim-cata-vento**
Jasmináceas *s. f. pl.* BOTÂNICA members of the genus *Jasminum*
jasmináceo *adj.* relative to jasmin
jasmineiro *s. m.* jasmin(e), jessamin(e) (shrub)
jasmíneo *adj.* ⇒ **jasmináceo**
jaspe *s. m.* jasper (opaque variety of quartz, usually reddish, yellow or brown); ***jaspe negro*** touchstone
jaspeado *adj.* marbled, mottled, speckled, jaspé
jaspeador *s. m.* one who works with jasper
jaspear *v. tr.* to marble, to mottle, to speckle, to variegate with spots, to give the appearance of jasper; to jasper
jáspeo *adj.* jaspery
jassaí *s. m.* ⇒ **jataí**
jataí *s. m.* courbaril tree
jataíba *s. f.* ⇒ **jataí**
jataúba *s. f.* ⇒ **jataí**
jau *s. m.* inhabitant of Java; Javanese
jaú *s. m.* [Bras.] Amazon catfish
jaula *s. f.* cage
jauna *s. f.* BOTÂNICA Brazilian tree belonging to the family *Solanaceae*
javali *s. m.* wild boar; ***cama de javali*** lair; ***caçar javalis*** to stick pigs
javalina *s. f.* wild sow
javalino *adj.* relative to the wild boar
javanês *s. m., adj.* Javanese
javardo Ⓐ *s. m.* wild boar; clumsy fellow, lout; rascal, scamp Ⓑ *adj.* nasty, filthy
javari *s. m.* astrocaryum palm
javradeira *s. f.* tool to open crozes
javradoura *s. f.* ⇒ **javradeira**
javrar *v. tr.* to make croze (the groove at the end of the cask staves)
javre *s. m.* croze, groove
jazer *v. intr.* to lie; to be buried; to be situated; ***jazer em ruínas*** to lie in ruins; ***aqui jaz*** here lies
jazerão *s. m.* ⇒ **jazerina**
jazerina *s. f.* coat of mail, hauberk; [fig.] strong, hard
jazerino *adj.* made of steel or iron net; [fig.] strong, hard
jazida *s. f.* resting-place
jazigo *s. m.* vault; tomb; MINERALOGIA bed, deposit, field; ***jazigo de família*** family vault; ***jazigo de carvão*** coal-field; ***jazigo de madeiras*** timber-yard; ***jazigo de minério*** ore bed
jazz *s. m.* jazz
J. C. ||*abrev. de* **Jesus Cristo**|| J. C. |*abrev. de* Jesus Christ|
jecoral *adj.* ANATOMIA referring to the liver
jecorário *adj.* ANATOMIA ⇒ **jecoral**
jecuíba *s. f.* Brazilian tree with a sort of reddish wood
jeira *s. f.* a yoke of land; a day's work; a day's wages
jeirão *s. m.* emphyteuta bound to pay tax for a yoke of land (about 50 or 60 acres)
jeiteira *s. f.* [pop.] skill; ability, knack
jeito *s. m.* knack; skill; aptitude, aptness, ability, adroitness, dexterity; bent, leaning; flair; ***ter jeito para*** to have the knack of; ***ter jeito para o inglês*** to have a flair for English; ***ter jeito para tudo*** to be handy at everything; ***não ter jeito para nada*** not to be good at anything, to be clumsy; ***com jeito*** gently, skilfully, carefully; ***falta de jeito*** clumsiness; ***de jeito nenhum!*** no way!, not at all!
jeitosamente *adv.* skilfully; with skill; handily
jeitoso *adj.* skilful, handy, skilled, dexterous, adroit, clever; ***homem jeitoso*** handy-man
jejuador Ⓐ *s. m.* faster, one who fasts Ⓑ *adj.* fasting
jejuar *v. intr.* to fast, to abstain from food; [fig.] to abstain from something
jejum *s. m.* fast, fasting; ***estar em jejum*** to be fasting; ***quebrar o jejum*** to break one's fast; ***dia de jejum*** fast-day
jejuno Ⓐ *s. m.* ANATOMIA jejunum (the small intestine between the duodenum and the ileum) Ⓑ *adj.* fasting

jenipapada *s. f.* sweet made of genipap
jenipapeiro *s. m.* BOTÂNICA marmaladebox genip, *Genipa americana*; ***jenipapeiro do campo*** rubiaceous shrub
jenipapo *s. m.* genipap
jenolim *s. m.* massicot, yellow pigment (used in painting)
jeovismo *s. m.* Jehovism, Judaism
jeovista *adj.* Jehovistic, Jehovist
jequirioba *s. f.* plant belonging to the family *Solanaceae*
jequitiranabóia *s. f.* large lantern fly
jerarca *s. m.* hierarch
jerarquia *s. f.* ⇒ **hierarquia**
jerárquico *adj.* ⇒ **hierárquico**
jereba *s. m.* turkey-buzzard, turkey-vulture
jeremiada *s. f.* jeremiad, lamentation, mournful complaint; tale of woe
jeremiar *v. intr.* to whine, to complain; to blubber
jeremias Ⓐ *adj.* complaining Ⓑ *s. m. e f.* person who complains constantly
jeribá *s. m. e f.* ⇒ **jarivá**
jeribazeiro *s. m.* ⇒ **jeribá**
jericada *s. f.* group of donkeys; stupidity; ride on a donkey
jerical *adj.* relative (or belonging) to donkeys
jerico *s. m.* donkey, ass
jerimu *s. m.* [Bras.] pumpkin
jerimum *s. m.* [Bras.] ⇒ **jerimu**
jerivá *s. m.* [Bras.] a variety of palm tree
jeroglífico *adj.* ⇒ **hieroglífico**
jeróglifo *s. m.* ⇒ **hieróglifo**
jeronimita *s. m., adj.* Hieronymite; Hieronymian
jerónimo *s. m., adj.* ⇒ **jeronimita**
jeropiga *s. f.* unfermented wine
jerosolimitano *adj.* ⇒ **hierosolimitano**
jesuíta Ⓐ *s. m.* Jesuit, member of Society of Jesus; a crafty, insidious intriguer; a dissembler Ⓑ *adj.* [depr.] hypocritical, false, dissembling
jesuitada *s. f.* [depr.] the Jesuits
jesuiticamente *adv.* Jesuitically
jesuitice *s. f.* actions and manners of the Jesuits
jesuítico *adj.* Jesuitical
jesuitismo *s. m.* Jesuitism; Jesuitry
jesuitofobia *s. f.* aversion to Jesuits
Jesus *s. m.* Jesus; ***ai Jesus!*** mercy on me!, bless me!
jetica *s. f.* sweet potato
jiba *s. f.* medicinal herb from São Tomé
jibóia *s. f.* boa constrictor (a nonvenomous snake)
jiçara *s. f.* assai euterpe palm
jifingo *s. m.* tropical plant pertaining to the family *Leguminosae*
jiga *s. f.* jig; quick and lively dance
jigajoga *s. f.* old card game; [fig.] scorn, mockery; swindle; cheat; ***andar numa jigajoga*** to go from pillar to post
jilaba *s. f.* Moorish garment
jiló *s. m.* fruit of the *jiloeiro*
jiloeiro *s. m.* plant of the family *Solanaceae*
jimbo *s. m.* bee-eater
jimbolamento *s. m.* [Ang.] introduction of strangers to a tribal chief; reception
jimbolo *s. m.* [Ang.] variety of bread
jingas *s. m. pl.* natives of the Congo; Congolese
jingo *s. m.* jingo, a blatant "patriot"
jingoísmo *s. m.* doctrine of the jingos
jingoísta *s. m. e f., adj.* jingoist
jinguba *s. f.* [Ang.] ⇒ **amendoim**
jipe *s. m.* jeep
jipoúba *s. f.* nitta tree (Brazilian tree pertaining to the family *Leguminosae*)
jirimu *s. m.* ⇒ **jerimu**
jirimum *s. m.* ⇒ **jerimu**
jiripiti *s. m.* [Bras.] brandy; aqua-vitae
jitica *s. f.* Brazilian bird
jito *s. m.* sow (for molten iron)
jiu-jitsu *s. m.* ju-jitsu, jiu-jitsu (Japanese art and style of wrestling)
joalharia *s. f.* jewellery, jewelry; jeweller's shop; jeweller's work; jewels collectively
joalheiro *s. m.* jeweller
joanete *s. m.* knuckle-bone (of the great toes, when very prominent), bunion; NÁUTICA topgallant sail; ***mastaréu de joanete*** topgallant mast; ***vela de estai de joanete*** topgallant stay-sail; ***cutelo de joanete*** topgallant studding-sail; ***verga de joanete*** topgallant yard; ***vento para joanetes*** topgallant breeze
joaninha *s. f.* lady-bird
joanino *adj.* referring to the king John of Portugal; referring to St. John
joão-barbudo *s. m.* ZOOLOGIA striped malacoptila
joão-bobo *s. m.* white-eared puff-bird
joão-congo *s. m.* Brazilian red-pumped bird
joão-de-barro *s. m.* oven-bird
joão-fernandes *s. m.* a nobody
joão-ninguém *s. m.* a nobody, a cipher; a pygmy
joão-pestana *s. m.* [pop.] sleep
joão-pinto *s. m.* [Bras.] oriole; bird of the family *Pipridae*
job *s. m.* a patient poor man
jocó *s. m.* ⇒ **chimpanzé**; jocko
jocos *s. m. pl.* poetical personification of pleasure and joy
jocosamente *adv.* jocosely
joco-sério *adj.* semi-serious; half-serious half-joking, blending jokes and serious matters
jocosidade *s. f.* jocosity, jocoseness
jocoso *adj.* jocose, playful, jesting, bright, witty, droll, amusing
joeira *s. f.* sieve, winnowing-fan, fan
joeiramento *s. m.* act of screening (grain); winnowing
joeirar *v. tr.* to sift, to winnow, to fan
joeireiro *s. m.* winnower
joeiro *s. m.* winnowing; sifting
joelhada *s. f.* blow with the knee
joelhar *v. intr.* ⇒ **ajoelhar**
joelheira *s. f.* knee-cap, knee-pan; knee-piece
joelheiro *adj.* reaching up to the knee; knee-high, knee-deep
joelho *s. m.* knee; ***dobrar o joelho*** to bend the knee; ***de joelhos*** on one's knees; ***cair de joelhos*** to fall on one's knees, to kneel; ***magoou o joelho*** he hurt his knee; ***até aos joelhos*** knee-deep; ***pôr-se de joelhos*** to kneel down; MECÂNICA ***joelhos do eixo da frente*** axleknuckles, swivel joints
joelhudo *adj.* having thick knees; with brawny knees; big-kneed
joga *s. f.* round smooth stone
jogada *s. f.* throw, cast, move; stroke, fling, hit; turn; shot; ***bela jogada!*** jolly good shot!, jolly good stroke!, well played!
jogado *adj.* played, played for, thrown; gambled; ***pedra bem jogada*** lucky move, wise move; ***pedra mal jogada*** unlucky move
jogador *s. m.* player; gambler; gamester; ***jogador de primeira categoria*** a first-rate player; ***um jogador a mais*** an odd player; ***jogador na alta*** bull; ***jogador na baixa*** bear; ***jogador de bolsa*** speculator on Change
jogadouro *s. m.* joint, articulation (bones)
jogão *s. m.* very good game
jogar *v. tr. e intr.* to play (at); to gamble; to take part in a specific game; to wager, to stake, to risk (money); to fling, to throw; to make a move in a game; to move on joints

(hinges); ***jogar a última cartada (ganhar ou perder)*** to sink or swim; ***jogar na baixa*** to bear the market; ***jogar na alta*** to bull the market; ***jogar forte*** to play high; ***jogar na bolsa*** to job in stocks, to speculate; ***jogar bem (honestamente) as cartas*** to play a good fair game at cards; ***jogar a dinheiro*** to play for money; ***jogar as damas*** to play (at) draughts; ***jogar o dominó*** to play (at) dominoes; ***jogar os dados*** to throw dice; ***jogar uma partida de cartas*** to have a game at cards; ***jogar com pau de dois bicos*** to hunt with the hounds and run with the hare; ***jogar as armas*** to fence; ***jogar o ténis*** to play tennis; ***jogar o críquete*** to play cricket; ***ser o primeiro a jogar*** to play first; ***jogar uma partida*** to play a game; NÁUTICA ***jogar com o balanço*** to fetch away

jogata *s. f.* game, set

jogatar *v. intr.* to joke, to jest; to poke fun at, to make sport of

jogatina *s. f.* gambling

jogo *s. m.* play; game; gambling; amusement; sport, pastime; cheat, trick; movement; working (of mechanism); ***entregar-se ao jogo*** to take to gambling; ***entrar no jogo*** to join in the game; ***perder ao jogo*** to gamble away; ***pôr o jogo na mesa*** to lay one's cards on the table; ***estar senhor do jogo*** to have the game in one's hands; ***ter bom jogo*** to have good cards; ***ter mau jogo*** to have a bad hand; ***pôr em jogo*** to bring into play, to risk; ***o jogo está mal parado*** the business is in a bad way; ***depressa lhe percebi o jogo*** [coloq.] I soon twigged his game; ***jogo de Bolsa*** stock-exchange affairs; ***jogo franco*** fair play; ***jogo de palavras*** play on words, pun, quibble; ***jogo de azar*** game of chance; ***jogo de prendas*** game of forfeits; ***jogo dos quatro cantinhos*** puss-in-the-corner; ***jogo da cabra-cega*** blind-man's buff; ***em jogo*** at stake; ***casa de jogo*** gambling-house; ***jogo dianteiro (de uma carruagem)*** swivel of the fore-wheels (of a carriage); ***jogos de mãos*** cardtricks, juggler's tricks; ***jogo de paciências*** jig-saw puzzle; ***o jogo parou*** the game came to a stop; ***jogo de luzes*** lighting effects; ***Jogos Olímpicos*** Olympic Games

jogral *s. m.* jester, buffoon, scoffer

jogralice *s. f.* ⇒ **jogralidade**

jogralidade *s. f.* jesting, buffoonery

jogrão *s. m.* ⇒ **jogral**

jogue *s. m.* yogi

joguetar *v. intr.* ⇒ **joguetear**

joguete *s. m.* mockery; jest; laughing-stock, fool; cat's paw; ***ser um joguete nas mãos de alguém*** to be a tool in someone's hands

joguetear *v. intr.* to joke; to play at fencing; to jest

jóia *s. f.* jewel, gem; trinket; highly valued person (or thing); entrance fee (club, society, etc.); [coloq.] darling; ***ela é uma jóia preciosa*** she is a jewel in a thousand; ***usar jóias*** to wear jewels; ***cofre para jóias*** jewel-box, jewel-case; ***a mãe é uma jóia*** mother is a brick

jóina *s. f.* BOTÂNICA a restharrow

joio *s. m.* darnel; ***separar o joio do trigo*** to separate the tares from the wheat

jolda *s. f.* riffraff, mob, gang; spree, revelry; [reg.] flock of animals

joldeiro Ⓐ *adj.* revelling; carousing Ⓑ *s. m.* reveller

joldra *s. f.* ⇒ **jolda**

Jónias *s. f. pl.* plants belonging to the family *Compositae*

jónico *adj.* Ionic (related to Ionia)

jónio *s. m.* Ionian (from Ionia)

jóquei *s. m.* jockey

jordano *s. m., adj.* Jordanian

jorna *s. f.* [pop.] pay, wages

jornada *s. f.* journey, day's journey; travel; trip, tour; expedition

jornadear *v. intr.* to journey, to make a journey, to travel

jornal *s. m.* newspaper, paper; daily paper, day-wages; daybook; ***os principais jornais*** the leading newspapers; ***jornal semanal*** weekly paper; ***jornal humorístico*** comic paper, funny paper; ***jornal de modas*** fashion paper; ***jornal ilustrado*** illustrated paper; ***jornal da manhã*** morning paper (gazette); ***jornal da noite*** evening paper (gazette); ***jornal semanal*** weekly paper; ***administração de um jornal*** newspaper office; ***jornais que dão notícias sensacionais*** yellow-press

jornalada *s. f.* a number of newspapers

jornaleco *s. m.* newspaper of no importance; [coloq.] a rag

jornaleiro *s. m.* day-labourer; journeyman

jornalismo *s. m.* journalism; profession of a journalist

jornalista *s. m. e f.* journalist, newspaperman, one whose business is to edit (or to write for) a public newspaper

jornalístico *adj.* journalistic

jórnea *s. f.* garment covering the coat of mail

jorneia *s. f.* garment covering the coat of mail

jorra *s. f.* pitch; clinker, dross

jorramento *s. m.* act of spouting out; jet, gush, waterspout, flow, stream, outpouring

jorrão *s. m.* truck; harrow; lorry to haul heavy rocks (or earth)

jorrar *v. tr. e intr.* to spout, to outpour, to gush out, to flow; to jut out, to bulge; to do over with pitch; ***o sangue jorra da sua ferida*** the blood is spouting (spurting) from his wound

jorro *s. m.* jet, gush, waterspout, flow, stream, outpouring; ***a jorros*** in torrents; ***correr em jorros*** to gush out, to spurt out

josezinho *s. m.* [arc.] sleeveless hooded cape

jota *s. m.* the letter J; a jot, a whit, small amount, bit

joule *s. m.* FÍSICA joule (unit of electrical energy)

jovem Ⓐ *adj.* young, youthful, juvenile Ⓑ *s. m. e f.* young (man or woman), youth; ***um jovem muito simpático*** a most agreeable youth; ***parece ser muito jovem*** he has all the appearance of extreme youth; ***ter aparência de jovem*** to look young; ***o segredo de conservar-se jovem*** the secret of keeping one's youth; ***uma jovem*** a young lady, a girl

jovial *adj.* jovial, cheery, merry, gay, convivial, airy, jocose, jocund

jovialidade *s. f.* joviality, good fellowship, merriment

jovializar *v. tr. e intr.* to render jovial; to be jovial; to jovialize

jovialmente *adv.* jovially

juá *s. m.* [Bras.] a nightshade

juazeiro *s. m.* [Bras.] a jujube

juba *s. f.* mane, long hair on the lion's neck

jubado *adj.* maned

jubeda *s. f.* ⇒ **juá**

jubeia *s. f.* BOTÂNICA Chilean palm-tree

jubeu *s. m.* ARQUITECTURA jube; rood screen

jubilação *s. f.* jubilation, exultation, triumphant rejoicing, joy; retirement from office (of a professor)

jubilado *adj.* retired; emeritus

jubilar Ⓐ *v. tr. e refl.* to jubilate, to exult, to triumph, to jump for joy, to rejoice; to shout with delight; to retire from office; to pension off, to retire Ⓑ *adj.* of (or referring to) a jubilee

jubileu *s. m.* jubilee; RELIGIÃO year of indulgence granted at fixed intervals (or at time specially appointed); fiftieth anniversary of a notable event; festive season (or occasion)

júbilo *s. m.* joy, exultation; rejoicing, triumph, gladness, jubilation, satisfaction

jubilosamente *adv.* jubilantly, joyfully, joyously

jubiloso *adj.* joyful, triumphant, exultant, elated, jubilant, rejoicing

jucá *s. m.* ⇒ **pau-ferro**

juçapé *s. m.* sap grass

juçara *s. f.* kind of Brazilian palm

juçareira *s. f.* ⇒ **juçara**

juceri *s. m.* ⇒ **juá**

juciri *s. m.* ⇒ **juá**

jucundidade *s. f.* jocundity, pleasantness, liveliness, gladness, gaiety, cheerfulness, blithesomeness, mirth

jucundo *adj.* jocund, merry, cheerful, blithe, pleasant, gay, genial, lively

jucuro *s. m.* ⇒ **jacuru**
jucurutu *s. m.* ⇒ **jacurutu**
judaico *adj.* Judaic, Jewish
judaísmo *s. m.* Judaism (religion of the Jews); the Jews
judaísta *s. m. e f.* Judaist
judaizante Ⓐ *adj.* Judaizing Ⓑ *s. m. e f.* Judaizer
judaizar *v. intr.* to Judaize, to make Jewish; to follow Jewish customs, etc
judas *s. m.* Judas; traitor, infamous betrayer, false friend; [coloq.] ***onde judas perdeu as botas*** at the back of beyond
judenga *s. f.* old tribute of 30 coins paid by the Jews per head as a penalty for having betrayed Jesus
judengo *adj.* Jewish
judeu Ⓐ *s. m.* Jew, member of Hebrew race; usurer, dishonest bargainer Ⓑ *adj.* Jewish; avaricious, greedy
judia *s. f.* Jewess
judiar *v. intr.* to mock, to deride, to ridicule; to play the Jew; to Judaize; to ill-treat
judiaria *s. f.* Jewry, ghetto; Jewish quarter in city; [coloq.] mockery, derision, ridicule, dirty trick; ill-treatment
judicativo *adj.* judicial, judicative
judicatório *adj.* judicatory
judicatura *s. f.* judicature, judges collectively; administration of justice; court of justice; judge's office
judicial *adj.* judicial, juridical, forensic, judiciary
judicialmente *adv.* judicially
judiciar *v. tr.* to judge, to decide judicially, to pass judgement
judiciário *adj.* judiciary, judicial, forensic
judiciosamente *adv.* judiciously
judicioso *adj.* judicious, prudent, wise, discerning, discreet, sensible, sagacious, cautious, reasonable, considerate; ***deve-se muito às suas judiciosas sugestões*** much is due to his judicious suggestions
judio *s. m., adj.* ⇒ **judeu**
judo *s. m.* DESPORTO judo
judoca *s. m. e f.* judoist, judoka
juga *s. f.* high place; round top of a hill
jugada *s. f.* yoke of land
jugadar *v. tr.* to measure the grain of a yoke of land
jugadeiro *adj.* referring to a yoke of land; cultivator of a yoke
jugador *s. m.* knife to kill sheep
jugal *adj.* nuptial, matrimonial, jugal
jugar *v. tr.* to kill with a knife; ⇒ **jugador**
jugaria *s. f.* ⇒ **jugada**
Juglandáceas *s. f. pl.* BOTÂNICA *Juglandaceae*
juglandina *s. f.* bitter substance used as vermifuge obtained from walnuts and leaves from walnut trees
jugo *s. m.* yoke; domination, sway, authority; subjection; submission, oppression; ***estar sob o jugo de alguém*** to be dominated by someone; ***suportar o jugo*** to bear the yoke; ***sacudir o jugo*** to shake off the yoke
jugoslavo *s. m., adj.* Jugoslav
jugueiro *s. m.* yoke-maker; one bound to pay a tribute for his land according to the yokes needed to till it; farmer
jugulação *s. f.* jugulation
jugulante *adj.* stopping the course of a disease (medicine)
jugular Ⓐ *v. tr.* to jugulate, to cut the throat of, to strangle; MEDICINA to check (disease) by drastic remedy Ⓑ *adj.* jugular, of the neck (or throat); ***veia jugular*** jugular vein
juguleira *s. f.* depressions on the neck of horses where jugular veins run
juiz *s. m.* judge; ***juiz do Supremo Tribunal de Justiça*** Judge of the Supreme Court of Justice; ***juiz do Tribunal da Relação*** Judge of the High Court; ***juiz de Paz*** Justice of the Peace (official appointed to try cases of summary jurisdiction); ***juiz suplente*** assistant judge; ***juízes árbitros (louvados)*** arbiters, umpires; ***juiz presidente*** presiding judge, chief-justice; ***juiz de campo*** referee, umpire; ***juiz de instrução*** examining magistrate; ***juiz de menores*** juvenile judge; ***ser juiz em causa própria*** to be judge in one's own case; ***juiz imparcial*** equitable judge
juíza *s. f.* female judge
juiz-de-linha *s. m. e f.* DESPORTO linesman
juízo *s. m.* good sense, judg(e)ment, understanding, discernment, brains, normal mental power; court; opinion; criticism; [fam.] the upper storey; ***um homem de juízo*** a man of sense; ***de juízo perfeito*** of sound mind; ***não ter o juízo todo*** to have a screw loose, to be a little wanting; ***juízo imparcial*** impartial (or equitable) judgement; ***tem (toma) juízo!*** be sensible!, be yourself!; ***ter perdido o juízo*** to be out of one's senses; ***perder o juízo*** to lose one's reason (wits), to go mad; ***dar volta ao juízo a*** to drive one mad; ***estar em juízo perfeito*** to be in one's senses; ***não fazer juízos precipitados*** second thoughts are best; ***adquirir juízo com os anos*** to grow wise with age; ***ganhar juízo*** to cut one's wisdom teeth; ***levar a juízo*** to bring before the court; ***dia do Juízo Final*** doomsday, Day of Judgement; ***juízo final*** the last judgement; ***juízo são*** sound judgement
jujuba *s. f.* BOTÂNICA jujube
jujubeira *s. f.* BOTÂNICA ⇒ **jujuba**
julavento *s. f.* ⇒ **sotavento**
julepe *s. m.* ⇒ **julepo**
julepo *s. m.* julep, sweet, sirup, syrup, soothing, medicated drink
julgado Ⓐ *adj.* sentenced; judged; thought Ⓑ *s. m.* jurisdiction of a judge; the office of a judge; ***passar em julgado*** to pass a definite judgement
julgador *s. m.* judge, judger, arbiter; critic
julgamento *s. m.* trial; judgement, sentence, decision; verdict; judging; ***ser submetido a julgamento*** to stand trial
julgar *v. tr., intr. e refl.* to judge, to pronounce judgement; to try (a cause); to decide; to deem; to criticize, to censure; to consider, to suppose, to think; to conclude, to esteem; to imagine, to hold, to regard, to believe; to account; to think oneself; ***julgar-se feliz*** to count oneself happy; ***não me cabe julgar o teu procedimento*** it is not for me to judge your conduct; ***julgo que ele virá*** I think he will come; ***julgo que sim*** I think so; ***julgo que não*** I don't think so; ***julgar-se uma grande personagem*** to have a high opinion of oneself; ***julgar os outros por si*** to judge others by oneself; ***julgar à primeira vista*** to judge at first sight; ***julgar conveniente*** to think advisable; ***julgar em primeira instância*** to have the first hearing of a cause; ***julgar imparcialmente*** to consider to be one's duty
Julho *s. m.* July (the seventh month of the year)
juliana *s. f.* julienne (clear soup with shredded vegetables)
juliano *adj.* Julian; ***calendário juliano*** Julian Calendar
jumbeba *s. f.* [Bras.] plant pertaining to the family *Cactaceae*
jumenta *s. f.* she-ass, she-donkey, female ass
jumentada *s. f.* stupidity, foolishness, nonsense
jumental *adj.* asinine; referring to an ass
jumentico *s. m.* small donkey
jumentil *adj.* ⇒ **jumental**
jumento *s. m.* donkey, ass, jument
junça *s. f.* BOTÂNICA galingale, sweet sedge; the chufa
Juncáceas *s. f. pl.* BOTÂNICA members of the family *Juncaceae*; rushes
juncada *s. f.* blow with a rush; a great number of rushes
juncal *s. m.* rush-bed, ground full of rushes, a growth of rushes
junçal *s. m.* field of galingale
junção *s. f.* junction, union, connexion, linking, joining, joint
juncar *v. tr.* to strew, to scatter, to spread; to cover all over, to cover with rushes; ***juncar de flores*** to strew with flowers; ***as praias estão juncadas de destroços*** the shores are strewn with wreckage
junceira *s. f.* ⇒ **junça**

juncinha *s. f.* nut-grass; flat sedge
junco *s. m.* rush; NÁUTICA junk; ***junco agudo*** sharp rush; ***junco desmedulado*** hard rush; ***junco dos sapos*** toad rush; ***junco marítimo*** sea rush; ***junco (bengala)*** rat(t)an
junco-de-espada *s. m.* woodwaxen
juncoso *adj.* rushy
junçoso *adj.* abounding in galingale
jungir *v. tr.* to yoke, to harness with a yoke; to unite, to join together, to link, to couple; to enslave
jungo *s. m.* yoke; junk
Junho *s. m.* June (the sixth month of the year)
júnior Ⓐ *adj.* junior, younger Ⓑ *s. m.* (*abrev.* **Jr.**) person who is of lower position or of less standing; ⌈coloq., E.U.A.⌋ young male child in relation to his family (Jr.)
Juniperáceas *s. f. pl.* family of gymnospermic plants
juniperáceo *adj.* related (or similar) to the juniper
junípero *s. m.* BOTÂNICA juniper
junqueira *s. f.* ⇒ **juncal**; land where rushes grow
junquilho *s. m.* jonquil, a variety of narcissus
junquinha-mansa *s. f.* bulbous herbaceous plant pertaining to the family *Amaryllidaceae*
junta *s. f.* junta; council of state; joint, joining; junction; seam; ANATOMIA joint, articulation; ***junta de bois*** yoke of oxen; NÁUTICA ***junta de expansão*** expansion joint, sliding joint; ***junta de borracha*** insertion rubber joint; ***junta sobreposta*** lap joint; ***fazer uma junta*** to joint; ***Junta de Saúde*** Medical Board; ***Junta Nacional de Educação*** Board of Education; ***junta médica*** consultation; ***Junta do Comércio*** Board of Trade
juntamente *adv.* jointly, together
juntar *v. tr. e refl.* to join, to assemble; to fasten, to connect, to attach; to link; to combine; to unite; to meet, to come together; to run into; to associate oneself with; ***juntar a pouco e pouco*** to scrape up (together); ***juntar os juros ao capital*** to add the interest to the capital; ***juntar-se no fundo*** to collect at the bottom; ***juntar os documentos*** to attach documents
junteira *s. f.* jointer, plane for joining; small plane to make rabbets
junto Ⓐ *adj.* joined, adjoining; adjacent; united; ***todos juntos*** all together Ⓑ *adv.* near, close to, next to, by, together, hard by; jointly, conjointly; COMÉRCIO herewith; ***junto à praia*** close on shore; ***junto à costa*** inshore; ***por junto*** in a lump, by the lump; ***junto de*** close by; ***mesmo junto de*** quite close to, by
juntoira *s. f.* ⇒ **juntoura**
juntoura *s. f.* bonder, binding-stone
juntura *s. f.* juncture; joint, articulation
juó *s. m.* ORNITOLOGIA tinamou
jupiede *s. f.* East India plant pertaining to the family *Resedaceae*
Júpiter *s. m.* Jupiter (the largest planet of the solar system); MITOLOGIA Jupiter (king of the Gods)
jupiteriano *adj.* ⌈fig.⌋ Jupiter-like; lordly; domineering, proud, haughty
juquiri *s. m.* ⌈Bras.⌋ any leguminous plants and trees
juquirionano *s. m.* ⇒ **bonduque**
jura *s. f.* oath; vow; curse; blasphemy, imprecation
jurado *s. m., adj.* juryman, juror, member of the jury; sworn; ***bancada dos jurados*** jury-box; ***os jurados*** gentlemen of the jury
jurador *s. m.* swearer
juraico *adj.* ⇒ **jurássico**
juramentar *v. tr.* ⇒ **ajuramentar**
juramento *s. m.* oath; curse, imprecation; ***prestar juramento*** to take an oath, to swear; ***prestação de juramento*** oath-taking, swearing-in; ***sob juramento*** on (upon) one's oath; ***fazer prestar juramento*** to put upon oath; ***o meu juramento é sagrado*** my oath is sacred; ***fazer prestar juramento a uma testemunha*** to swear a witness
jurão *s. m.* a house built on stilts
jurar *v. tr.* to swear; to testify; to take one's oath; to vow, to make a solemn vow; to pledge oneself (by an oath); to affirm, to declare; to curse at, to vituperate; ***jurar pelos Santos Evangelhos*** to swear by the Gospel; ***jurar falso*** to swear false; ***jurar que se abstém de bebidas*** to forswear drinking, to take the pledge; ***juro por tudo o que é sagrado*** I swear by all that's holy; ***fazer jurar para guardar segredo*** to swear a person to secrecy; ***juro!*** I can swear to it!
jurássico *adj.* jurassic
juratório *adj.* juratory
jurema *s. m.* ⌈Bras.⌋ acacia
júri *s. m.* jury; ***mandado de intimação a um júri*** jury summons
juridicamente *adv.* juridically
jurídico *adj.* juridical, judicial, legal, forensic
jurisconsulente *s. m. e f.* jurisconsulter; person that asks for legal advice
jurisconsulto *s. m.* jurisconsult, one learned in law; jurist
jurisdição *s. f.* jurisdiction, legal authority; administration of justice; court of justice; district over which a person (court, etc.) exercises authority
jurisdicional *adj.* jurisdictional
jurisperícia *s. f.* skill in jurisprudence
jurisperito *s. m.* jurisprudent, skilled in the law
jurisprudência *s. f.* jurisprudence (science and philosophy of law and of legal principles)
jurista *s. m. e f.* money-lender; jurist; lawyer; jurisconsult; one learned in the law; student of law; writer on law; graduate in law
juro *s. m.* interest (payment made for use of money); ***juro de mora*** interest on deferred payment; ***razão de juro*** rate of interest; ***juros simples*** simple interest; ***juro elevado*** high interest; ***juros compostos*** compound interest; ***vencer juros*** to be at interest; ***pôr a juros*** to put out to interest; ***juros a contar*** interest to be reckoned; ***acumulação de juros*** accumulation of interest; ***juros acumulados*** accumulated interest; ***juros atrasados*** back interest; ***juros capitalizados*** capitalized interest; ***juros vencidos*** interest due; ***posto a juros*** out at interest
jurujuba *s. f.* ⇒ **urgebão**
jurupeba *s. f.* plant pertaining to the family *Solanaceae*
jurupetinga *s. f.* a variety of *Solanaceae*
jururu *adj.* glum; sad; gloomy; dejected; discouraged
juruva *s. f.* ORNITOLOGIA any of various motmots
jus *s. m.* right; ***ter jus a*** to have a right to, to be entitled to, to merit
jusante *s. f.* ebb, ebb-tide; ***a jusante*** down (the) river, down (the) stream
jussivo *adj.* GRAMÁTICA jussive, expressing a command
justa *s. f.* joust, just, tournament
justador Ⓐ *adj.* jousting; competing Ⓑ *s. m.* jouster; rival
justafluvial *adj.* marginal, riparian
justalinear *adj.* line by line
justamente *adv.* just, exactly, precisely, rightly; fairly, rightfully
justapor *v. tr.* to juxtapose, to place side by side (or in close proximity)
justaposição *s. f.* juxtaposition, contiguity, proximity
justaposto *adj.* juxtaposed, side by side, contiguous
justar *v. tr.* to joust, to tilt; to fight; to compete, to fence
justeza *s. f.* exactness, accuracy, exactitude, precision, justness
justiça *s. f.* justice, fairness, equity; rightness, righteousness; rectitude, impartiality; integrity, reasonableness; the law; the bar; lawyers; magistrates; exercise of authority in maintenance of right; ***fazer justiça*** to do justice; ***fazer justiça por suas mãos*** to take the law into one's own hands; ***justiça sumária*** summary justice
justiçado Ⓐ *adj.* executed, punished Ⓑ *s. m.* executed person, punished (or judged) person

justiçar *v. tr.* to punish corporally; to execute; to inflict capital punishment
justiceiro *adj.* just, righteous, impartial; severe, inflexible, incorruptible
justiçoso *adj.* ⇒ **justiceiro**
justificação *s. f.* justification; vindication; ***não tem justificação*** it is unjustifiable
justificadamente *adv.* justifiably
justificador *s. m.* justifier
justificante *adj.* justifying
justificar *v. tr. e refl.* to justify, to vindicate, to prove, to assert; to defend; to excuse, to exculpate; to clear oneself; to furnish proofs; to justify oneself; ***não posso justificar o seu estrànho procedimento para comigo*** I cannot justify his strange conduct towards me; ***justificar a confiança*** to justify the confidence; ***justificar a (sua) ausência*** to excuse one's absence
justificativa *s. f.* justification (defence)
justificativo *adj.* justificative, justificatory, serving to justify
justificatório *adj.* justificatory
justificável *adj.* justifiable, accountable
justilho *s. m.* corse
justo *adj.* just, fair, right, equitable, upright, reasonable; honest, straightforward; well-deserved, fairly earned; due; proper, fitting, suitable, appropriate; correct, exact, accurate, proportioned; tight, too small; ***justa recompensa*** just reward; ***justa indignação*** righteous indignation; ***o que é justo para um, é justo para outro*** what's sauce for the goose is sauce for the gander; ***isso não é justo*** that is not fair play, that is wrong; ***é mais que justo*** it is more than fair; ***só peço o que é justo*** I only ask what is fair; ***ser justo*** to give the devil his due; ***isso é justo?*** is that right?; ***não acho justo*** I don't think it is fair; ***sapatos justos (apertados)*** tight shoes; ***justo e equitativo*** right and proper
justura *s. f.* adjusting (act of fitting)
juta *s. f.* jute (fibre of Indian plant)
jutaí *s. m.* tropical timber trees of the genus Hymenaea
jutaipeba *s. f.* variety of corn; popcorn
jutaúba *s. f.* a Brazilian tree which produces good wood
jutlandês Ⓐ *adj.* relative to Jutland Ⓑ *s. m.* a native of Jutland
juvenca *s. f.* [reg.] calf (young cow)
juvenco *s. m.* [reg.] steer, bullock
juvenil *adj.* juvenile, young, youthful; boyish, girlish
juvenília *s. f.* juvenilia
juvenilidade *s. f.* juvenility
juvenilmente *adv.* juvenilely, youthfully
juventa *s. f.* youth, adolescence; young people, youthfulness; vigour, buoyancy
juventude *s. f.* youth, adolescence; young people, youthfulness; vigour, buoyancy; ***conservar a juventude*** to keep one's youth; ***a juventude da terra*** the youth of the place; ***a juventude*** the young, the youth
júvia *s. f.* [Bras.] myrtaceous tree

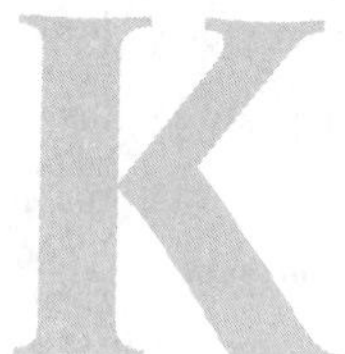

k, K *s. m.* eleventh letter of the alphabet, only used in foreign words adopted in the Portuguese language and in the internationally recognized symbols and abbreviations
K QUÍMICA symbol of potassium
kafkiano *adj.* Kafkaesque
kaiak *s. m.* kayak
Kaiser *s. m.* emperor (Germanized form of the Latin word Cæsar)
kamikaze *s. m., adj.* kamikaze; ***missão kamikaze*** kamikaze mission; ***piloto kamikaze*** kamikaze pilot
kantiano *adj.* Kantian
kantismo *s. m.* Kantism
kantista *s. m. e f., adj.* Kantian
karaté *s. m.* karate
karateca *adj.* karateka
karroo *s. m.* kar(r)oo
kart *s. m.* kart; go-kart
karting *s. m.* karting
kartista *s. m. e f.* kart racer
kartódromo *s. m.* place where karting races occur
Kazaniano *s. m.* GEOLOGIA stage of the Permian period
kc ||*símbolo de* **quilociclo**|| kc (kilocycle)
kediva *s. f.* ⇒ **quediva**
Keewatiniano *s. m.* GEOLOGIA stage of the earlier pre-Cambrian period
kelvin *s. m.* FÍSICA kelvin
kepléria *s. f.* Indian palm-tree
kepleriano *adj.* Keplerian
ketchup *s. m.* ketchup, catchup, catsup; ***ketchup de tomate*** tomato ketchup
Keuper *s. m.* GEOLOGIA later stage of the Triassic period
Keweenawiano *s. m.* GEOLOGIA stage of the later pre-Cambrian period
keyserlinguiano *adj.* relating to Keyserling or to his work
kg ||*símbolo de* **quilograma**|| kg (kilogram)
kibutz *s. m.* kibbutz
kierkegaardiano *adj.* Kierkegaardian
kilohertz *s. m.* FÍSICA kilohertz
kilojoule *s. m.* kilojoule
kilotonelada *s. m.* kiloton
kilovolt *s. m.* kilovolt
kilovolt-ampere *s. m.* kilovolt-ampere
kilowatt-hora *s. m.* kilowatt-hour
kimberlito *s. m.* kimberlite
Kimmeridgiano *s. m.* GEOLOGIA stage of the later Jurassic
kimono *s. m.* kimono
king *s. m.* common name for all books of Chinese philosophers, specially sacred books collected by Confucius; a game of cards
kírie *s. m.* Kyrie; Kyrie eleison
kiwi *s. m.* kiwi; kiwi fruit; Chinese gooseberry; ORNITOLOGIA kiwi, apteryx
kJ ||*símbolo de* **quilojoule**|| kJ (kilojoule)
km ||*símbolo de* **quilómetro**|| km (kilometre)
kneippismo *s. m.* Kneipp's therapeutic system
kneippista *s. m. e f.* follower of Kneipp's therapeutic system
krausismo *s. m.* Krause's philosophical system
krausista Ⓐ *s. m. e f.* follower of Krause's philosophical system Ⓑ *adj.* referring to the philosophical system of Krause
kremlim *s. m.* Kremlin
kúmel *s. m.* kummel
Kunguriano *s. m.* GEOLOGIA stage of the Permian
kV ||*símbolo de* **quilovolt**|| kV (kilovolt)
kW ||*símbolo de* **quilowatt**|| kW (kilowatt)
kwanza *s. m.* kwanza
kWh ||*símbolo de* **quilowatt-hora**|| kWh (kilowatt-hour)

l, L *s. m.* the twelfth letter of the alphabet; Roman numeral for fifty
La QUÍMICA symbol of lanthanum
lá[1] *adv.* there, yonder; beyond; in that place; on the other side; thither; ***cheguei lá em dois dias*** I got there in two days; ***ele está lá em cima no meu quarto*** he is upstairs in my room; ***lá mesmo*** in that very place; ***lá adiante*** over there, yonder; ***lá em cima*** up there, upstairs; ***lá em baixo*** down there, downstairs; ***para cá e para lá*** this way and that, hither and thither; ***de cá para lá*** to and fro; ***lá dentro*** in there, in that room; ***lá vai tudo*** all is lost; ***por lá*** that way; ***para lá*** to that place, there; ***ele já lá vai*** he has already gone; ***de lá*** from that place, from there; ***cá e lá*** here and there; ***está lá?*** are you there?; ***passar por lá*** to go that way; ⌈coloq.⌋ ***estar mais para lá do que para cá*** to be dead on one's feet, to be at death's door
lá[2] *s. m.* MÚSICA A, lah, la; ***lá bemol*** A flat; ***lá sustenido*** A sharp; ***lá maior*** A major; ***lá menor*** A minor
lã *s. f.* wool; fleece (sheep); ***fazenda de lã*** woollen cloth; ***ir buscar lã e ficar tosquiado*** to go for wool and come home shorn; ***lã em rama*** raw wool; ***lã de 3 fios*** 3-ply-wool; ***lã de carneiro*** fleece; ***lã para tapetes*** carpet wool; ***lã penteada*** top wool; ***lã de camelo*** camel's hair; ***meias de lã*** worsted stocking; ***fio de lã*** wool yarn; ***todo de lã*** all wool; ***de lã*** woolly, fleecy; ***lã curta*** short-staple wool; ***lã comprida*** long-staple wool; ***lã grosseira*** coarse wool; ***tingir lã antes de ser fiada*** to dye in the wool; ***negociante de lã*** wool stapler; ***fardo de lã*** wool pack; ***negócio de lãs*** wool trade; ***manufactura de lã*** woollen manufacture; ***tintureiro de lã*** wool dyer
labaça *s. f.* BOTÂNICA dock; ***labaça sinuada*** fiddle dock; ***labaça maior*** great-water dock
labaçal *s. m.* BOTÂNICA dock plantation
labaçol *s. m.* BOTÂNICA broad-leaved dock
labareda *s. f.* flame, blaze, fire; braze, ardour, ardent passion, keenness; excitement, vivacity
lábaro *s. m.* labarum, standard, flag
lábdano *s. m.* labdanum
labelado *adj.* labiate, labellate
labélio *s. m.* BOTÂNICA, ZOOLOGIA ⇒ **labelo**
labelo *s. m.* BOTÂNICA, ZOOLOGIA labellum
labéu *s. m.* blot, blemish, stain, spot on a reputation; blur, dishonour, disgrace; ***lançar um labéu a alguém*** to fling (throw) mud at a person
lábia *s. f.* cunning, prattle, wheedling, coaxing; cajoling; craftiness, guile, astuteness; ***ter muita lábia*** to be honey-tongued
Labiadas *s. f. pl.* BOTÂNICA labiates (plants of the order *Labiatae*, which includes the mints, thyme, etc.)
labiado *adj.* labiate (having lips), lipped, liplike
labial Ⓐ *adj.* labial Ⓑ *s. f.* a letter representing an articulation of the lips, labial
labialização *s. f.* labialization
labializar *v. tr.* to labialize, to make into a labial sound, to pronounce with the lips
labidómetro *s. m.* labidometer
labiduro *s. m.* ZOOLOGIA animal with a tail which functions as pincers
lábil *adj.* labile; transitory; weak; slippery
labilidade *s. f.* lability
lábio *s. m.* lip, labium; ***lábio superior*** upper lip; ***lábio inferior*** lower lip; ***morder os lábios*** to bite one's lips; ***lamber os lábios*** to lick one's lips; ***os lábios de uma ferida*** the lips (edges) of a wound; ***lábio leporino*** hare-lip; ***com os lábios lívidos*** white-lipped
labiodental *adj.* labiodental
labionasal *adj.* labionasal
labioso *adj.* big-lipped; crafty, cunning
labiovelar *adj.* labiovelar
labiríntico *adj.* labyrinthine, complicated, intricate, mazy; labyrinthiform; perplexing
labirinto *s. m.* labyrinth, maze; intricate arrangement; entangled state of affairs
labirintodontes *s. m. pl.* labyrinthodon
labita *s. f.* ⌈cal.⌋ frock-coat
labor *s. m.* labour, labor, work, toil, task, exertion, industry, pains, drudgery
laboração *s. f.* working, labouring
laboral *adj.* labouring
laborar *v. intr.* to labour, to toil, to work hard, to exert oneself; ***laborar num erro*** to labour under a mistake (delusion)
laboratorial *adj.* laboratorial
laboratório *s. m.* laboratory, building (or room) used for experiments in natural science (especially chemistry) or for manufacturing chemicals; ⌈E.U.A.⌋ ***laboratório espacial*** skylab; ***laboratório de investigações científicas*** scientific research laboratory; ***laboratório de análises*** analytical laboratory; ***laboratório de análises químicas*** chemical laboratory; ***laboratório de análises clínicas*** pathological laboratory
laboratorista *s. m. e f.* laboratory technician
laboriosamente *adv.* laboriously
laboriosidade *s. f.* laboriousness, diligence, toilsomeness; industriousness; tediousness
laborioso *adj.* laborious, toilsome, strenuous; wearisome, tedious; industrious, hard-working, toiling, painstaking, accurate; fatiguing, difficult, arduous
laborista *s. m. e f.* ⇒ **trabalhista**
labrador *s. m.* MINERALOGIA ⇒ **labradorite**
labradorite *s. f.* MINERALOGIA labradorite
labregada *s. f.* action (or saying) of a boor; rough saying (or action); countrymen together
labregar *v. intr.* to behave like a boor
labrego *s. m., adj.* lout, rustic, bumpkin, ill-bred, boor; clownish, rustic, loutish, churlish
labreguice *s. f.* ⇒ **labregada**
labrestada *s. f.* ⌈reg.⌋ theft, larceny; whipping, lashing
labrestar *v. tr. e intr.* to steal
labresto *s. m.* ⇒ **lampsana**
Lábridas *s. m. pl.* ICTIOLOGIA *Labridae* (family of fish)
Labrídeos *s. m. pl.* ICTIOLOGIA *Labridae* (family of fish)
labro *s. m.* wrasse, rock-fish; labrum (*plural* labra)
labroso *adj.* thick lipped
labrosta *s. m.* boor, bumpkin, lout
labroste *s. m.* ⇒ **labrosta**
labrusca *s. f.* a variety of black grape
labrusco *adj.* wild, rude, rough
labugante *s. m.* ⇒ **lavagante**

labuta *s. f.* toil, toiling, hard work, drudgery, task, exertion; ***a vida é uma labuta constante*** life is a continual struggle
labutação *s. f.* toil, work, labour, striving, pains
labutador *s. m.* toiler, drudger
labutar *v. intr.* to labour, to toil, to work, to drudge, to strive, to struggle
labuzar *v. tr.* ⇒ **lambuzar**
laca *s. f.* lacquer, lacker (a smooth bright-coloured varnish); lac (a red resinous substance, used as a dye and varnish)
laça *s. f.* slip-knot, bow-knot
laçaço *s. m.* flick with a lasso, lassoing
laçada *s. f.* slip-knot; running-knot; NÁUTICA running-bowline
lacado *adj.* lacquered
laçador *s. m.* lassoer
lacaiada *s. f.* actions (or manners) of lackeys or footmen; base language
lacaiesco *adj.* lackey-like; flunkeyish
lacaio *s. m.* footman (in livery); valet; lackey, lacquey; obsequious person; ***ser lacaio de alguém*** to play the lackey to someone
lacão *s. m.* ham; Laconian
laçar *v. tr.* to lasso; to lace, to fasten with laces; to catch in a springe; to attach by a line, to lasso; to tie, to bind
laçaria *s. f.* ARQUITECTURA tracery, lacelike work; festoon, flourish; garlands, flowerwork
laçarote *s. m.* rosette; knot of ribbons
lacear *v. tr.* to adorn with laces
lacedemónio *s. m., adj.* Lacedemonian, Laconian, Spartan
laceração *s. f.* laceration, rending, tearing; lacerated wound
lacerante *adj.* lacerating, heart-rending; harrowing; dilacerating
lacerar *v. tr.* to lacerate, to tear, to mangle, to rend; to harrow, to torture, to torment; to wound (the feelings); to distress, to harass; to afflict grievously
lacerável *adj.* lacerable
lacerna *s. f.* hooded coat worn by the Romans; amice
lácero *adj.* said of some holes found at the base of the skull
Lacértidas *s. m. pl.* ZOOLOGIA ⇒ **Lacertídeos**
Lacertídeos *s. m. pl.* ZOOLOGIA *Lacertidae* (family of the lizards)
lacertiforme *adj.* lizard-shaped, lacertiform
lacerto *s. m.* muscle, the fleshy part of the arm, lacert
lacete *s. m.* lacet, small bow; double bend (in a road); shunting (of locomotive); part of a lock; binding stones (of macadamized roads)
lácico *adj.* said of the acid produced from lac; laccic
lacina *s. f.* laccin
lacínia *s. f.* lacinia
laciniado *adj.* laciniate(d), fringed; BOTÂNICA having petals (or leaves) cut into deep lobes
lácio Ⓐ *adj.* referring to Lazio Ⓑ *s. m.* inhabitant of Lazio
laço *s. m.* bow (of ribbon, etc.), knot; slip-knot, running-knot; lace; nose, snare; lasso; bond, chain; link; cockade; ***laço do leite*** cream; ***laços de amizade*** the ties of friendship; ***dar um laço*** to make a bow; ***apanhar no laço*** to catch in a noose; ***cair no laço*** to fall into a snare
lacólito *s. m.* MINERALOGIA laccolite
lacomancia *s. f.* divination by means of dice
laconicamente *adv.* laconically; briefly, in a few words
lacónico *adj.* laconic, brief, concise, sententious, terse, short
lacónio Ⓐ *adj.* laconic Ⓑ *s. m.* Laconian
laconismo *s. m.* laconism, brevity, conciseness
laconizar *v. tr.* to render laconic, to laconize
lacrador *s. m.* one who seals (up), sealer
lacraia *s. f.* centipede
lacrar *v. tr.* to seal (with sealing-wax); to plumb (with lead)
lacrau *s. m.* ZOOLOGIA scorpion
lacre *s. m.* sealing-wax
lacreada *s. f.* ornament made of lacquer
lacrear *v. tr.* to lacquer
lacrimação *s. f.* weeping, flow of tears, lachrymation
lacrimal Ⓐ *adj.* lachrymal Ⓑ *s. m.* MEDICINA lachrymal gland
lacrimante *adj.* lachrymose
lacrimatório *adj.* lachrymatory
lacrimável *adj.* lamentable, deplorable, tearful, lachrymable, lacrymable
lacrimejar *v. intr.* to whimper, to cry
lacrimejo *s. m.* whimper, whine, sob, weeping
lacrimogéneo *adj.* lachrymatory, causing tears
lacrimoso *adj.* lachrymose, tearful
lacrimotomia *s. f.* CIRURGIA incision into a tear-duct
lacrimótomo *s. m.* instrument to operate on the lachrymal gland
lactação *s. f.* lactation, suckling, secretion of milk
lactalbumina *s. f.* lactalbumin
lactante *adj.* sukling, feeding on milk
lactar *v. tr. e intr.* to lactate, to secrete milk; to suckle (young)
lactário Ⓐ *adj.* lactiferous, milk-yielding Ⓑ *s. m.* dairy
lactase *s. f.* lactase
lactato *s. m.* lactate (a salt of lactic acid)
láctea *s. f.* fish milt
lactente *s. m. e f.* sucking baby
lácteo *adj.* lacteal, milky; ***regímen lácteo*** milk diet
lactescência *s. f.* lactescence, process of becoming milky; milkiness
lactescente *adj.* lactescent, of milky appearance; yielding milky juice, creamery
lacticínio *s. m.* milk-food; dairy
lacticinoso *adj.* milky
láctico *adj.* QUÍMICA lactic, pertaining to milk; ***ácido láctico*** lactic acid
lacticolor *adj.* having the colour of milk; milky
lactífago *adj.* feeding on milk
lactífero *adj.* lactiferous, milk-yielding, conveying milk
lactifobia *s. f.* lactiphobia, aversion to milk
lactiforme *adj.* milklike
lactífugo *adj.* inhibitory of lactation
lactígeno *adj.* lactiferous
lactígero *adj.* lactiferous, galactagogue
lactoalbumina *s. f.* ⇒ **lactalbumina**
lactobacilina *s. f.* ferment (culture) of lactic acid bacilli
lactobacilos *s. m. pl.* lactobacilli
lactobutirómetro *s. m.* lactobutyrometer
lactodensímetro *s. m.* lactometer
lactómetro *s. m.* lactometer, lactoscope (instruments for testing the purity of milk)
lactose *s. f.* lactose (milk sugar)
lactoso *adj.* ⇒ **leitoso**
lactosúria *s. f.* MEDICINA lactosuria
Lactucáceas *s. f. pl.* BOTÂNICA *Compositae* (family of plants)
lactucário *s. m.* juice of lettuce stalk used in pharmacy
lactúceo *adj.* relative to lettuce; produced from the juice of the lettuce stalk
lactúcico *adj.* said of the acid extracted from juice of lettuce
lactucina *s. f.* milky substance extracted from chicory
Lactucíneas *s. f. pl.* group of plants belonging to the family *Compositae*
lactume *s. m.* crust found on the baby's head during lactation
lactúmen *s. m.* ⇒ **lactume**
lacuna *s. f.* lacuna; gap, hiatus; omission; blank; vacancy; void space; a gap (in one's knowledge); ANATOMIA cavity (in bone or tissue); ***preencher uma lacuna*** to fill a gap (blank)
lacunar *adj.* lacunar, lacunal
lacunário *s. m.* lacunary
lacunoso *adj.* lacunose; lacunar

lacustral *adj.* ⇒ **lacustre**
lacustre *adj.* lacustrine, dwelling (or growing) in lakes; belonging to lakes; ***habitações lacustres*** lake-dwellings, lacustrine dwellings
lada *s. f.* lade, watercourse; BOTÂNICA rockrose
ladainha *s. f.* litany; rigmarole; tiresome recital, rambling talk; ***semana das ladainhas*** rogation-week
ladanífero *adj.* that produces laudanum
ládano *s. m.* laudanum; [E.U.A.] ladanum; a dark fragrant bitter resin
ladários *s. m. pl.* public prayers to avert a calamity
ladeamento *s. m.* shrinking, warping, turning aside; oblique direction; shift, subterfuge; deviation
ladear *v. tr.* to go side by side; to flank; to side; to coast along, to go sloping; to evade; to turn aside, to skirt; to shift
ladeira *s. f.* slope, acclivity, declivity, steepness, steep ascent (or descent); ***ladeira íngreme*** steep hill; ***subir uma ladeira*** to go up a hill
ladeirar *v. intr.* to down a hill (or a slope)
ladeirento *adj.* steep, sheer, sloping, sloped, declivitous, acclivitous; full (of slopes)
ladeiro *adj.* sloped, inclined; ***prato ladeiro*** flat plate
ladineza *s. f.* slyness, astuteness, subtlety, cunning, cleverness
ladinice *s. f.* ⇒ **ladineza**
ladino *adj.* sly, cunning, crafty, sharp, clever, astute, foxy
lado *s. m.* side; flank; edge, border, verge; face; half; interest, party, cause; ***olhar para todos os lados*** to look on all sides; ***olhar de lado*** to look askance; ***sentar-se ao lado de alguém*** to sit by a person's side; ***andar de um lado para outro*** to be on the move, to gad about, to run about from one place to another, to be on the go, this way and that; ***do outro lado*** on the other side; ***de um lado ao outro*** through and through, quite through; ***ao lado de*** by the side of, near; ***de ambos os lados*** on both sides; ***de todos os lados*** on all sides, on every side, on all hands, from all parts; ***lado de um ângulo*** leg of an angle; ***lado de um polígono*** side of a polygon; ***por um lado*** on the one hand; ***por outro lado*** on the other hand; ***do outro lado do rio*** over the river; ***o outro lado da rua*** the other side of the street; ***do outro lado da rua*** over the street; ***ele colocou a cadeira ao lado dela*** he placed the chair next to her; ***o lado direito*** the right hand side; ***lado esquerdo*** left side; ***o lado mau; o lado avesso (de tecido)*** the wrong side; ***parentes pelo lado materno*** relations on the mother's side; NÁUTICA ***lado de sotavento*** lee side; ***lado de barlavento*** weather side; ***é do lado direito ou do esquerdo?*** is it on the right hand side, or on the left?; ***o lado pior (duma coisa)*** the seamy side; ***o lado exposto ao sol*** the sunny side; ***passar de lado a lado*** to pass through; ***ao lado da estrada*** by the side of the road, by the road; ***a casa é do outro lado da rua*** the house is on the other side of the street; ***ver as coisas pelo lado melhor*** to look at the bright side of life; ***do lado paterno*** on the father's side, on the paternal side
ladra Ⓐ *adj.* thievish (woman) Ⓑ *s. f.* woman who steals, female thief; a pole with a hook to gather fruit
ladrado *s. m.* barking, bay (of a dog); [fig.] evilspeaking, backbite
ladrador Ⓐ *adj.* barking Ⓑ *s. m.* barker; snarler
ladradura *s. f.* barking, yelping
ladrão *s. m.* thief, robber, burglar, stealer, pilferer, pickpocket; swindler, embezzler; filcher; highwayman; light-fingered fellow; [fig.] scoundrel, despicable man; [pop.] loafer; BOTÂNICA sucker; MECÂNICA overflow pipe; ***agarra que é ladrão!*** stop thief!; ***a ocasião faz o ladrão*** opportunity makes the thief; ***ladrão que rouba nas lojas*** shop-lifter; ***o mau ladrão*** the impenitent thief
ladrar *v. intr.* to bark, to bay; to bow-wow; [fig.] to cry (to shout) without necessity; ***cão que ladra não morde*** barking dogs seldom bite
ladraria *s. f.* ⇒ **chaveira**
ladravão *s. m.* ⇒ **ladravaz**
ladravaz *s. m.* arrant thief; archvillain
ladriço *s. m.* fetter (for a horse)
ladrido *s. m.* barking, yelping, baying
ladrilhador *s. m.* bricklayer, paver
ladrilhar *v. tr.* to brick; to pave (with bricks, or tiles)
ladrilheiro *s. m.* brickmaker, tilemaker
ladrilho *s. m.* brick; tile; ***ladrilho de vidro*** glazed slab
ladripar *v. tr.* to filch; to steal in small quantities, to pilfer
ladrisco *s. m.* thief
ladroa *s. f.* ⇒ **ladra**
ladroaço *s. m.* ⇒ **ladravão**
ladroagem *s. f.* theft, larceny, robbery, thievery, stealing; thieves collectively; ***na ladroagem*** on the prowl
ladroar *v. tr.* to rob
ladroeira *s. f.* robbery, thievery; extortion; swindle; den of robbers
ladroeirar *v. intr.* to steal; to swindle
ladroeiro *s. m.* sucker (of a plant)
ladroíce *s. f.* ⇒ **ladroeira**
ladrona Ⓐ *adj.* thievish (woman) Ⓑ *s. f.* woman who steals, female thief; ⇒ **ladra**
laga *s. f.* [reg.] pond where flax is dipped into
lagalhé *s. m.* a nobody; blackguard
lagamar *s. m.* pool, basin; lagoon; pond
laganha *s. f.* [reg.] gummy secretion from the eyes; running of the eyes
laganhento *adj.* ⇒ **laganhoso**
laganhoso *adj.* blear-eyed
lagão *s. m.* Asian galley
lagar *s. m.* press; tank made of stone where grapes are crushed; press for olives; ***lagar de azeite*** oil-press; ***vara de lagar*** beam of a press
lagarada *s. f.* tank full of grapes
lagaragem *s. f.* pressing of fruit
lagareiro *s. m.* wine-presser; olive-presser; one who works in presses; presser
lagareta *s. f.* small lagar
lagariça *s. f.* small wine-press; liquid spilt on the floor
lagariço *adj.* pertaining to a press (winepress, etc.)
lagarinho *s. m.* the alder buckthorn
lagarta *s. f.* ENTOMOLOGIA caterpillar; palmer-worm; ***lagarta das vinhas*** vine-fretter, wine-grub; MECÂNICA ***lagarta da couve*** cabbage worm, track (of a tractor)
lagartear *v. intr.* to sun oneself (as a lizard)
lagarteira *s. f.* lizard hole
lagarteiro *adj.* [pop.] cunning, sly
lagartixa *s. f.* wall-lizard, sand-lizard
lagarto *s. m.* lizard; ***dizer cobras e lagartos de alguém*** to speak ill of someone
lagena *s. f.* lageniform, bottle-shaped vase; amphora
lago *s. m.* lake; [Esc.] loch (sheet of water of considerable size surrounded by land); ***região de lagos*** lake district, lake-country, lake-land, the lakes
lagoa *s. f.* small lake; pool, pond, puddle; lagoon, lakelet
lagocéfalo *adj.* that has a hare-lip
lagoeiro *s. m.* pool, puddle, pond; ground covered with water
lagoftalmia *s. f.* PATOLOGIA lagophtalmy, lagophtalmia
lagoftalmo *adj.* lagophtalmic
lagópode Ⓐ *adj.* lagopodus, hare-footed Ⓑ *s. m.* lagopode
lagosta *s. f.* crayfish; spiny lobster; ***viveiro de lagostas*** lobster-bed, lobster ground
lagosteira *s. f.* lobster boat
lagosteiro Ⓐ *adj.* lobsterfishing Ⓑ *s. m.* lobster ground
lagostim *s. m.* Norwegian lobster; small lobster, cray-fish, craw-fish

lágrima *s. f.* tear; drop of liquid; ***uma torrente de lágrimas*** a flood (burst) of tears; ***um vale de lágrimas*** a vale of tears; ***derramar lágrimas*** to shed tears; ***limpar as lágrimas*** to wipe away one's tears; ***debulhado em lágrimas*** in tears; ***arrasaram-se-lhe os olhos de lágrimas*** her eyes overflowed (streamed) with tears; ***lágrimas de crocodilo*** crocodile tears; ***estar sempre com a lágrima no olho*** to be easily moved to tears; ***com os olhos marejados de lágrimas*** eyes filled with tears; ***derramar lágrimas de sangue*** to shed bitter tears; ***com as lágrimas nos olhos*** with tears in one's eyes
lagrimação *s. f.* lachrymation, weeping, flow of tears
lagrimal *adj.* lachrymal
lagrimante *adj.* ⇒ **lacrimante**
lágrimas-de-job *s. m.* BOTÂNICA Job's tears
lagrimatório *adj.* lachrymatory
lagrimejar *v. intr.* to shed tears
lagrimoso *adj.* tearful, lachrymose, weeping; afflicted; pitiful, sad
laguna *s. f.* lagoon (stretch of salt water separated from the sea by low sand-bank)
lagunar *adj.* relating to a lagoon
lai *s. m.* lay, brief narrative poem; ballad
laia *s. f.* [pop.] kind, sort, quality; ***à laia de*** in the manner of, by way of
laicado *s. m.* laity
laical *adj.* laical
laicidade *s. f.* laicality
laicificar *v. tr.* ⇒ **laicizar**
laicismo *s. m.* secularism
laicização *s. f.* laicization
laicizar *v. tr.* to laicize, to secularize, to render laic
laico *adj.* laic, lay, secular
lais *s. m.* yard arm; yard's end; ***lais do navio*** squaring (of the ship); ***lais de verga*** yard arm, yard's end
laivar *v. tr.* to stain, to sully, to taint, to blemish; to soil; to dirty
laivo *s. m.* stain; spot, speck, blot, blemish; grain, vein, streak; ***ter laivos de*** to have a smattering of, to have a slight (superficial) knowledge of a subject
laja *s. f.* flagstone, flag, flagging, cement stone, large flat stone used as flag for paving; slab
laje *s. f.* flagstone, flag, flagging, cement stone, large flat stone used as flag for paving; slab; ***laje de granito*** granite slab; ***laje de pedra*** flag
lájea *s. f.* flagstone, flag, flagging, cement stone, large flat stone used as flag for paving; slab
lajeado *adj.* paved (with flagstones), flagged floor, flagging, slab covering
lajeador *s. m.* paver; flagger (person who lays flags)
lajeamento *s. m.* paving with flagstones; pavement of flagstones
lajear *v. tr.* to pave (with flagstones), to flag
lajedo *s. m.* pavement (of flagstones)
lajeoso *adj.* having flagstones
lala *s. f.* meadow on the banks of rivers in Guinea
lalação *s. f.* lallation
lalar *v. intr.* to lullaby; to soothe with a lullaby; to sing to sleep
lalopatia *s. f.* speech defect; morbid loquacity
lama Ⓐ *s. f.* mud, slush, mire, dirt Ⓑ *s. m.* ZOOLOGIA llama (American ruminant animal allied to camels, but having no hump); ***enterrar-se na lama*** to stick in the mud; ***salpicar de lama*** to besmear with mud; ***lama vulcânica*** volcanic mud
lamaçal *s. m.* slough, swamp, bog, quagmire, muddy place; mire
lamaceira *s. f.* ⇒ **lamaçal**
lamaceiro *s. m.* ⇒ **lamaçal**
lamacento *adj.* muddy, miry; dirty; ***caminhos lamacentos*** muddy roads
lamaço *s. m.* ⇒ **lamaçal**
lamaísmo *s. m.* Lamaism
lamaísta *s. m. e f.* Lamaist
lamantim *s. m.* ZOOLOGIA manatee, manati, manatin
lamarão *s. m.* mud exposed during low-water
lamarckismo *s. m.* Lamarckism, Lamarckianism
lamarckista *s. m. e f., adj.* Lamarckian
lamaroso *adj.* ⇒ **lamacento**
lambaças *s. m. e f.* ⇒ **lambaz**
lambada *s. f.* blow, stroke, slap; rap; beating; drub; reproach, rebuke; piece (strip) of something; [fig.] rebuff
lambança *s. f.* anything eatable; vaunt, boast; discussion; wrangling; flattery; intrigue
lambão Ⓐ *adj.* gluttonous, greedy Ⓑ *s. m.* glutton, gourmand; gourmandizer, gorger; slabberer
lambarar *v. intr.* to eat sweetmeats; to be fond of sweets
lambaraz *s. m. e f., adj.* ⇒ **lambareiro**
lambareiro *s. m., adj.* sweet-toothed, fond of sweet things; dainty-mouthed, gluttonous; NÁUTICA ***lambareiro (cabo)*** fish pendant
lambarejar *v. intr.* to pick at food, to nibble at food
lambarice *s. f.* greediness; *pl.* dainties, delicacies, titbits, sweetmeats
lambariscar *v. intr.* to nibble at food; to toy with food
lambarisco *s. m.* nibble
lambaz *s. m.* mop, swab
lambazar *v. tr.* to mop, to swab
lambda *s. m.* lambda (name of the letter L in Greek)
lambdacismo *s. m.* lambdacism
lambear *v. tr.* [pop.] to devour, to eat greedily
lambeato *s. m.* ⇒ **lambarice**
lambedela *s. f.* licking; fawning; [fam.] flattery, bargain
lambedor Ⓐ *adj.* licking Ⓑ *s. m.* syrup; sweet thing; licker
lambedura *s. f.* ⇒ **lambedela**
lambefe *s. m.* ⇒ **lambada**
lambeiro Ⓐ *adj.* that licks Ⓑ *s. m.* licker
lambel *s. m.* strip, belt; striped cloth
lambe-lhe-os-dedos *s. f.* BOTÂNICA a variety of pear
lambe-olho *s. f.* stingless bee
lambe-pratos *s. m.* glutton; plate-licker
lamber *v. tr.* to lick, to pass the tongue over; to swallow up; [coloq.] ***lamber as botas a alguém*** to lick someone's boots; ***o cão lambe as mãos do dono*** the dog licks his master's hands; [coloq.] ***o jantar estava de lamber os beiços!*** dinner was absolutely delicious!
lambert *s. m.* FÍSICA lambert
lambeta *s. f.* delicacy, delicatessen, titbit; dainty, morsel; [fig.] something of short duration
lambida *s. f.* ⇒ **lambidela**
lambidela *s. f.* licking; a lick; flattery, blandishment; a card-game
lambido *adj.* overrefined; excessively soft
lambiscar *v. tr.* to peck at one's food; to toy with one's food, to nibble, to gourmandize, to eat in small bits
lambisco *s. m.* thin slice; choice morsel, dainty
lambisgóia *s. f.* prudish woman; affected girl
lambisqueiro Ⓐ *s. m.* busybody Ⓑ *adj.* meddlesome, meddling
lambrequins *s. m. pl.* HERÁLDICA mantles; drapery; lambrequins
lambreta *s. f.* scooter
lambril *s. m.* ⇒ **lambrim**
lambrim *s. m.* panelling; stuccofacing; wainscot
lambrizar *v. tr.* to wainscot (wall)
lambuça *s. f.* ⇒ **lambuzadela**

lambuçadela *s. f.* ⇒ **lambuzadela**
lambuçar *v. intr.* ⇒ **lambuzar**
lambujar *v. intr.* to eat delicacies
lambujeiro *adj.* dainty, greedy; lickerish, liquorish
lambujem *s. f.* dainties, titbits, sweet things; small gain; bait (to catch fish)
lambuzada *s. f.* soil, stain, spot
lambuzadela *s. f.* spot (of grease); licking; smattering
lambuzar *v. tr. e refl.* to dirty, to soil, to make dirty, to besmear
lamecha *s. m., adj.* spoony, spooney, soft, amorous; inclined to love-making; [fam.] ridiculous lover; ***ser lamecha(s)*** to be sentimental
lamechar *v. intr.* to spoon; to be sentimental; to coddle
lamechice *s. f.* sentimentality, sentimentalism
lamechismo *s. m.* spooniness
lamegueiro *s. m.* ⇒ **olmeiro**
lameira *s. f.* marsh, quagmire, bog
lameiral *s. m.* swamp, bog, fen
lameirão *s. m.* slough, deep puddle
lameirento *adj.* swampy, marshy, boggy; muddy, miry
lameirinha *s. f.* plant pertaining to the family *Ericaceae*
lameiro *s. m.* swamp, bog, marsh, morass, fen, quagmire, slough
lamela *s. f.* lamella (*plural* lamellae); thin plate (scale, layer, or film) especially of bone (or tissue); cover-glass (microscope)
lamelação *s. f.* arrangement in lamellae
lamelado *adj.* lamellate (composed or arranged in thin plates, scales, or layers)
lamelar Ⓐ *v. tr.* to arrange in lamellae Ⓑ *adj.* lamellar
lamelibrânquio *adj.* ZOOLOGIA lamellibranchiate, lamellibranchia(ta) (belonging to a class of moluscs which have lamellate gills, such as clams, mussels, oysters, etc.)
lamelicórneo *adj.* lamellicorn
lamelífero *adj.* lamelliferous
lameliforme *adj.* lamelliform
lamelípede *adj.* having flat feet
lamelirrostro Ⓐ *adj.* lamellirostral Ⓑ *s. m. pl.* lamellirostres
lameloso *adj.* lamellated, lamellar, lamellate; provided with lamellae
lamentação *s. f.* lamentation, sorrow, wailing; complaint, grief, lament; mourning, outcry, weeping
lamentador *s. m.* lamenter; complainer; wailer
lamentar *v. tr. e refl.* to lament, to regret, to deplore, to bewail, to bemoan; to mourn over; to complain, to repine, to moan for, to wail; ***lamentar a morte de alguém*** to lament a person's death
lamentável *adj.* deplorable, pitiable, doleful, grievous, lamentable, disastrous, mournful, sad, wretched; regrettable; ***uma cena lamentável*** a pitiable sight
lamentavelmente *adv.* deplorably, lamentably, pitiably
lamento *s. m.* lamentation, moan, complaint; wailing; grievance
lamentoso *adj.* mournful, pitiful, lamentable, grievous, sad, deplorable, wretched
lâmia *s. f.* lamia
Lamiáceas *s. f. pl. Lamiaceae*
lamieira *s. f.* ⇒ **pisco**
lamieiro *s. m.* ⇒ **pisco**
lâmina *s. f.* thin plate (scale, layer, or flake) of metal; sheet; glass foil; blade (of a knife, sword, etc.); razor blade; slide (microscope); ***lâmina de faca (navalha)*** knife-blade; ***lâmina de barbear*** razor-blade; ***lâmina cortante*** blade of a cutting tool; ***lâmina de cobre*** sheet of copper; ***lâmina de metal*** metal-plate, foil of metal
laminação *s. f.* lamination; rolling (mill); ***laminação do aço*** rolling of steel; ***laminação a frio*** cold rolling; ***laminação a quente*** hot rolling
laminado *adj.* laminated; rolled; ***laminado em bruto*** rough-rolled
laminador *s. m.* mill, rolling-mill, flatting mill, roller; ***laminador de chapas*** plate-mill, plate-rollers
laminagem *s. f.* lamination; rolling; ***laminagem de metal*** grain; ***no sentido da laminagem*** with the grain
laminar Ⓐ *v. tr.* to laminate, to roll, to draw, to overlay (with metal plates); to split into layers (or leaves); ***laminar a frio*** to cold-roll; ***laminar a quente*** to hot-roll Ⓑ *adj.* laminal, laminar, lamellose, lamellar, laminated
laminária *s. f.* laminaria
laminoso *adj.* ⇒ **laminar**
lamínula *s. f.* little lamina; slide for microscope
lâmio *s. m.* white dead-nettle
lamiré *s. m.* diapason; tuning fork; signal for beginning; [fam.] reproof, a ticking-off
Lâmnidas *s. m. pl.* ⇒ **Lamnídeos**
Lamnídeos *s. m. pl.* ICTIOLOGIA *Lamnidae*
lamoja *s. f.* a lye made of water and clay
lamoso *adj.* ⇒ **lamacento**
lampa *s. f.* early fruit; a variety of fig tree; ***levar as lampas*** to get the better of
lâmpada *s. f.* lamp; ***lâmpada eléctrica*** electric bulb; ***lâmpada de escritório*** desk lamp; ***lâmpada de arco*** arc lamp; ***lâmpada de incandescência*** glow-lamp; ***lâmpada de segurança*** safety lamp; ***lâmpada eléctrica (de algibeira)*** electric torch; ***lâmpada de álcool*** spirit lamp; ***lâmpada piloto*** pilot lamp
lampadário *s. m.* chandelier
lampadeiro *s. m.* lamp-maker; candle-stick
lampadejar *v. intr.* to shine; to flash out; to gleam out and die away
lampadomancia *s. f.* lampadomancy (divination by lamps)
lampana *s. f.* lie; slap
lampão *adj.* ⇒ **lampo**
lamparejar *v. intr.* to flicker, to waver, to bicker, to scintillate weakly, to burn fitfully
lamparina *s. f.* night-lamp; oil lamp; [fam.] slap
lampascópio *s. m.* kind of magic lantern which can be adapted to a desk lamp
lampassado *adj.* HERÁLDICA said of the animal with its tongue out
lampeiro *adj.* bold; quick, meddlesome, intrusive; hurried, hasty; alert, lively
lampejante *adj.* flashing, shining, gleaming, glittering, sparkling
lampejar *v. intr.* to flash out, to shine suddenly; to gleam out and die away; to glitter, to coruscate
lampejo *s. m.* flash of light, lightening
lampianista *s. m.* lamplighter
lampião *s. m.* lantern; street-lamp
lampinho *adj.* beardless; napless
Lampíridas *s. m. pl.* ENTOMOLOGIA ⇒ **Lampirídeos**
Lampirídeos *s. m. pl.* ENTOMOLOGIA *Lampyridae*
lampista *s. m.* lamp and lantern maker
lampo Ⓐ *s. m.* precocious; early, soon ripe; forward Ⓑ *s. m.* flash of lightning
lampreeira *s. f.* lamprey fishing-net
lampreia *s. f.* ICTIOLOGIA lamprey, catfish; ***lampreia do mar*** spotted sea-lamprey, lamprey-eel; ***lampreia do rio*** lampern
Lamprídidas *s. m. pl.* ENTOMOLOGIA ⇒ **Lampridídeos**
Lampridídeos *s. m. pl.* ENTOMOLOGIA *Lamprididae*
lampróﬁro *s. m.* GEOLOGIA lamprophyre
lampsana *s. f.* BOTÂNICA nipplewort
lamúria *s. f.* wailing, lamentation, complaint; lament
lamuriador Ⓐ *adj.* plaintive, lamenting Ⓑ *s. m.* lamenter, whiner
lamuriante *adj.* wailing; complaining

lamuriar *v. intr.* to lament, to bewail, to complain, to bemoan
lamuriento *adj.* wailing; complaining, plainting, querulous
lamurioso *adj.* ⇒ **lamuriento**
lana-caprina *s. f.* trifle, triviality, insignificance
lanada *s. f.* rammer; long-handled swab; NÁUTICA sponge, drag
lanar *adj.* lanigerous
lança *s. f.* lance, spear; javelin; pole of a coach; ***quebrar lanças por alguém*** to take up the cudgels on someone's behalf; NÁUTICA ***lança de guindaste*** jib of crane; ***meter uma lança em África*** to set the Thames on fire
lança-bombas *s. m.* bomb-thrower
lança-chamas *s. m.* flame-thrower
lançaço *s. m.* ⇒ **lançada**
lançada *s. f.* thrust with a lance
lançadeira *s. f.* weaver's shuttle; shuttle
lançadiço *adj.* rejectable; despicable
lançado Ⓐ *adj.* introduced (in society) Ⓑ *s. m.* vomited matter
lançador Ⓐ *adj.* throwing, casting; bidding Ⓑ *s. m.* thrower; bidder (auction); caster
lançadura *s. f.* cast(ing), throw(ing)
lança-foguetes *s. m.* rocket launcher
lança-granadas *s. m.* grenade-thrower
lançamento *s. m.* casting, throwing, flinging, tossing; launching; bidding (auction); COMÉRCIO entry; set; NÁUTICA launching; ***lançamento à água*** launching; ***lançamento à casa (dos planos dum navio)*** laying off (the plans of a ship); ***lançamento de bombas*** bomb-dropping; ***lançamento de pára-quedas*** bailing out; COMÉRCIO ***lançamento (em livros)*** entry; COMÉRCIO ***lançamento a crédito*** credit entry; ***lançamento da linha lateral (no futebol)*** throw-in; DESPORTO ***lançamento do martelo*** hammer throw
lança-minas *s. m.* minelayer
lança-mísseis *s. m.* missile launcher
lançante Ⓐ *adj.* throwing, hurling, casting Ⓑ *s. m.* [Bras.] hillside
lançar *v. tr., intr. e refl.* to throw, to cast, to fling, to toss; to hurl; to bid (at a sale or auction); to exhale; COMÉRCIO to enter, to register, to post (in the ledger); to vomit, to throw up; to rush; to venture; ***lançar as culpas a*** to lay the blame on; ***lançar luz sobre*** to throw light on; ***lançar em leilão*** to bid at an auction; ***lançar um imposto*** to impose a tax; ***lançar no mercado*** to put on the market; ***lançar uma verba em conta*** to enter an item; ***lançar-se de pára-quedas*** to bail out; ***lançar-se sobre*** to fall on, to fly at; ***lançar-se para a frente*** to spring forward; ***lançar alguém na vida*** to set a man on his feet; ***lançar em rosto*** to cast (or to throw) something in someone's teeth, to tell someone a thing to his face; COMÉRCIO ***lançar em conta*** to charge in an account, to enter in an account; ***lançar em (na) acta*** to note something in the official report; ***lançar nos livros*** to enter in the books; ***lançar fora*** to throw off, to throw out; ***lançar (vomitar)*** to vomit, to be sick, to throw up; ***lançar raízes*** to take root; ***lançar por terra*** to throw down, to overthrow, to pull down; ***lançar mão de*** to lay hands on, to seize, to catch; ***lançar rebentos*** to put forth buds (leaves, etc.); [fam.] ***lançar a rede a alguém*** to set one's cap at someone; ***lançar bombas*** to drop bombs; ***lançar um navio à água*** to launch a ship; ***lançar minas*** to mine, to lay mines; ***lançar o prumo*** to cast the lead, to make a cast of the lead, to get a cast of the lead; ***lançar corrente eléctrica*** to switch; ***lançar um torpedo*** to discharge a torpedo; ***lançar uma rede*** to shoot a net; ***lançar uma empresa*** to launch an enterprise; ***lançar a primeira pedra*** to lay the foundation-stone; ***lançar mão de tudo*** to turn one's hand to anything
lança-torpedos *s. m.* torpedo-tube
lançável *adj.* leviable (tax)
lance *s. m.* casting, throwing; hurl; conjuncture; occasion; crisis; chance, hazardous enterprise; event; risk, danger; hit, adventure; happening, incident, accident; ***um lance feliz*** a lucky hit; ***ao primeiro lance*** at the first go; ***errar o lance*** to miss one's mark; ***de um lance*** all at once, in one stroke; DESPORTO ***lance livre*** free throw; DESPORTO ***pontapé livre*** free kick; ***cobrir um lance*** to overbid (auction)
lanceador *adj.* piercing, tormenting, mortifying
lancear *v. tr.* to wound with a lance, to pierce, to attack (with a lance), to lance; to mortify
lanceiro *s. m.* lancer; *pl.* lancer regiment; *pl.* lancers, a square dance, kind of quadrille
lanceolado *adj.* lanceolate, lance-shaped, tapering to a point
lanceolar *adj.* ⇒ **lanceolado**
lanceta *s. f.* lancet (small surgical cutting instrument)
lancetada *s. f.* prick (with a lancet); lancing
lancetar *v. tr.* to prick (with a lancet), to cut, to open (with a lancet)
lanceteira *s. f.* locksmith's file
lancha *s. f.* launch, barge; ***lancha (da marinha de guerra)*** launch, long-boat, pinnace, boom-boat; ***lancha automóvel*** motor-boat; ***lancha a vapor*** steam-launch
lanchada *s. f.* barge's cargo; boatful; load of a motor-boat
lanchão *s. m.* barge; launch; lighter
lanchar *v. tr. e intr.* to have tea; to have mid-afternoon tea; to take afternoon tea; to have a snack (in the afternoon); ⇒ **merendar**
lanche *s. m.* tea, afternoon tea; ***lanche ajantarado*** high tea
lancheira *s. f.* lunch case
lancheiro *s. m.* launch pilot; oarsman
lancheta *s. f.* small launch
lancil *s. m.* large hewn stone (for paving and window sills)
lancinante *adj.* lancinating; shooting; tormenting, heart-rending; stabbing, twinging; ***cena lancinante*** heart-rending scene
lancinar *v. tr.* to cut, to open; to torment, to afflict, to grieve, to lancinate, to pierce, to stab
lanço *s. m.* cast, throw; the action of casting; bidding; jet; ***lanço de dados*** throw of dice; ***lanço de escadas*** flight of stairs; ***lanço (em leilão)*** bidding (at an auction); ***bom lanço (de dados)*** lucky throw; ***cobrir o lanço*** to outbid, to over-bid; ***lanço de rede*** a cast of the net
landa *s. f.* moor, heath, tract of wasteland
landau *s. m.* landau
lande *s. f.* acorn; ⇒ **glande**
landeira *s. f.* grove of cork-trees or oak-trees
landeiral *s. m.* grove of cork-trees or oak-trees
landeiro *adj.* said of the tree that produces acorns
landês *s. m., adj.* inhabitant of the moors (Landes-France)
landgrave *s. m.* ⇒ **landgrávio**
landgrávio *s. m.* landgrave
landim *s. m.* native of Mozambique; a language of the natives of Mozambique
landino *adj.* related to the *landins*; ⇒ **landim**
landó *s. m.* landau
landra *s. f.* ⇒ **glande**
landre *s. f.* ⇒ **glande**
langor *s. m.* languor, lassitude, inertia
langoroso *adj.* languorous, languid
langueirão *s. m.* ⇒ **lingueirão**
languento *adj.* sickly, ailing; silly
languescente *adj.* languishing
languescer *v. intr.* to languish, to droop, to pine; to grow faint; to become languid, to weaken
languidamente *adv.* languishingly; languidly; weakly; listlessly
languidescer *v. intr.* ⇒ **languescer**
languidez *s. f.* languor, languidness, spiritlessness, lassitude, inertia; lack of life; weakness, slackness, dullness, drooping state; faintness, weariness; prostration
lânguido *adj.* languid, weak, slack, flagging; listless, pining; weary, faint, spiritless, languishing, drooping; sluggish, dull

languinhento *adj.* flabby, clammy, slack; hanging down
languinhoso *adj.* ⇒ **languinhento**
languir *v. intr.* ⇒ **languescer**
lanhaço *s. m.* gash, deep wound
lanhar *v. tr.* to cut, to slash, to wound, to gash
lanho *s. m.* cut, slash, gash, wound
lanífero *adj.* laniferous, fleecy, wool-bearing
lanifício *s. m.* woollen manufacture; *pl.* woollen goods
lanígero *adj.* lanigerous, laniferous; ***criação de gado lanígero*** sheep-farming; ***criador de gado lanígero*** sheep-farmer
Laniídas *s. m. pl.* ⇒ **Laniídeos**
Laniídeos *s. m. pl.* *Laniidae*
lanolina *s. f.* lanolin, lanoline, wool-fat
lanosidade *s. f.* woolliness
lanoso *adj.* woolly, lanigerous
lansquené *s. m.* lansquenet
lansquenete *s. m.* ⇒ **lansquené**
lantanídeo *s. m.* lanthanide, lanthanon
lantânio *s. m.* QUÍMICA lanthanum
lantejoila *s. f.* ⇒ **lentejoila**
lantejoilar *v. tr.* ⇒ **lentejoilar**
lantejoula *s. f.* ⇒ **lentejoila**
lantejoular *v. tr.* ⇒ **lentejoilar**
lanterna *s. f.* lantern; ARQUITECTURA erection on the top of a dome (or roof) with glazed sides to admit light, sky-light; ***lanterna de furta-fogo*** dark lantern; ***lanterna portátil*** portable lantern
lanterna-mágica *s. f.* magic lantern; lantern
lanterneiro *s. m.* lantern-maker; lantern-bearer; lamp-lighter, lighthouseman
lanterneta *s. f.* MILITAR small mortar
lanternim *s. m.* lantern-light; lantern-wheel (in a mill)
lanternino *s. m.* ⇒ **lanternim**
lanudo *adj.* woolly; wollen, fleecy, bearing wool
lanugem *s. f.* down, fine soft hair; hairy coat of some plants; fluffy substance; nap, pile
lanuginoso *adj.* lanuginous, downy; covered with soft fine hair
lanzoar *v. intr.* ⇒ **alanzoar**
lapa *s. f.* den, small cave, grotto; ZOOLOGIA limpet
lapada *s. f.* slap in the face; stone throwing
lapão Ⓐ *s. m.* Laplander; Lapp; Lapponian Ⓑ *adj.* Lappish
laparão *s. m.* lymphangitis; large limpet
láparo *s. m.* young rabbit
laparoto Ⓐ *s. m.* ⇒ **láparo**; ⌈pop.⌋ fat boy Ⓑ *adj.* cunning
laparotomia *s. f.* CIRURGIA laparotomy (incision of the abdominal wall to examine and operate)
laparotomizar *v. tr.* CIRURGIA to cut through the abdominal walls
lapedo *s. m.* place full of caves
lapeira *s. f.* ⇒ **lapa**
lapela *s. f.* lapel
lapiás *s. m.* calcareous stone showing erosion from rain water
lápida *s. f.* memorial stone; tombstone; gravestone
lapidação *s. f.* lapidation, act of stoning; cutting, polishing (of precious stones, or gems)
lapidado *adj.* lapidated; polished
lapidagem *s. f.* precious stone cutting
lapidar Ⓐ *v. tr.* to cut (to polish, to engrave) precious stones (or gems); to refine; to stone, to lapidate Ⓑ *adj.* lapidary, engraved on monuments; suitable for inscriptions; artistic; perfect
lapidaria *s. f.* the art of cutting precious stones; lapidary's shop
lapidária *s. f.* the art of deciphering inscriptions on monuments
lapidário Ⓐ *adj.* lapidary, connected with inscriptions engraved on monuments Ⓑ *s. m.* lapidary, cutter (polisher, engraver) of gems
lápide *s. f.* memorial stone, tablet; tombstone, gravestone, ledger
lapídeo *adj.* lapideous, stony
lapidescente *adj.* petrifying, turning to stone, lapidescent
lapidícola *adj.* living among stones, lapidicolous
lapidificação *s. f.* petrification, lapidification
lapidificar *v. tr. e intr.* to petrify, to form into stone; to turn into stone, to lapidify
lapidífico *adj.* lapidific(al)
lapidoso *adj.* stony, rocky; lapideous; lapidose
lapijar *v. intr.* to pencil; to draw (to write, to mark) with a pencil
lapíli *s. m.* GEOLOGIA lapilli
lápis *s. m.* pencil; ***escrever a lápis*** to write in (with) pencil; ***desenhar a lápis*** to draw with a (lead) pencil; ***lápis de carvão*** charcoal crayon; ***lápis de cor*** coloured pencil; ***lápis de desenho*** crayon, leadpencil
lapisada *s. f.* pencil-sketch, trace with a pencil
lapisar *v. tr.* to pencil; to draw (to write) with a pencil
lapiseira *s. f.* pencil-case; pencil-holder; ***lapiseira automática*** propelling-pencil
lápis-lazúli *s. m.* lapis lazuli (semi-precious stone of a bright blue colour); azurite, azure-stone
lápis-tinta *s. m.* indelible pencil
lapónio Ⓐ *adj.* loutish, rustic, churlish Ⓑ *s. m.* lout, boor, bumpkin, yokel
lapouço Ⓐ *s. m.* ⌈reg.⌋ fat man; ⇒ **láparo** Ⓑ *adj.* stupid; dirty
lapsana *s. f.* ⇒ **lampsana**
lapso *s. m.* lapse, slip, fall; error, failure; period of time; gliding, passing away, passage; slip of memory, lapse of memory; lapse of the pen, slip of the pen; ***lapso de tempo*** lapse of time
lapúrdio Ⓐ *adj.* clownish; boorish, loutish, rough Ⓑ *s. m.* lout, boor, churl, bumpkin, lubber, clod-hopper
lapuz Ⓐ *adj.* clownish; boorish, loutish, rough Ⓑ *s. m.* lout, boor, churl, bumpkin, lubber, clod-hopper
laqueação *s. f.* ligature (of arteries)
laquear *v. tr.* to ligate, to tie arteries
laqueário *s. m.* HISTÓRIA gladiator armed with a noose
laqueca *s. f.* variety of Eastern marble (reddish or orange coloured)
lar *s. m.* home; house and home; the family, household; native country, fatherland; hearth; fire-place
laracha *s. f.* joke, jest; joker; raillery, mockery
larachar *v. intr.* to jest, to joke
larachear *v. intr.* ⇒ **larachar**
larachista *s. m. e f.* joker, jester
larada *s. f.* embers; spot, stain; liquid excrements
laranja *s. f.* orange; ***laranja da Baía*** navel orange; ***laranja da China*** China orange; ***chá de flor de laranjeira*** orange-blossom tea; ***laranja azeda*** bitter orange; ***casca de laranja*** orange peel; ***cor-de-laranja*** orange-colour(ed); ***flor de laranja*** orange blossom; ***espremedor de laranjas*** orange-squeezer; ***pomar de laranjas*** orange grove
laranjada *s. f.* orangeade (a sweet drink made of orange juice)
laranjal *s. m.* orange garden, orangery
laranjeira *s. f.* orange-tree
laranjinha *s. f.* small orange; orangeade; hand-grenade; a game
laranjo *adj.* ⌈Bras.⌋ orange-coloured (cattle)
larapiar *v. tr.* to pilfer, to filch, to purloin, to steal
larapinar *v. tr.* ⇒ **larapiar**
larápio *s. m.* pilferer, filcher, purloiner, fingerer, thief
larário *s. m.* lararium (kind of chapel where Romans kept the lares)
larcão *s. m.* gammon, pork haunch
lardeadeira *s. f.* larding-pin

lardear *v. tr.* to lard (to insert small portions of bacon into meat before cooking); to interlard; to intermix
lardiforme *adj.* lardaceous
lardívoro *adj.* feeding on lard
lardo *s. m.* lard, internal fat of pigs
laré *s. m.* ***andar ao laré*** to gad about, to loiter, to idle
larear *v. intr.* [pop.] to gad about
lareira *s. f.* fireplace; ***à lareira*** at (by) the fireside
lareiro *adj.* relative to the hearth or fireplace
laréu *s. m.* ***ao laréu*** exposed, unprotected, bare
larga *s. f.* looseness; liberty, freedom from restraint; CARPINTARIA bench-stop, hold-fast (for clamping the boards); giving up, letting go; ***dar largas a*** to give rein to, to give free range to, to give vent to; ***dar largas à imaginação*** to give full scope to one's imagination; ***à larga*** at large, largely; ***viver à larga*** to live on the fat of the land; ***gastar à larga*** to spend freely
largada *s. f.* leaving, starting for; NÁUTICA sailing, sea-going; joke
largamente *adv.* largely, to a great extent; generously; extensively; widely; ***distribuído largamente*** widely distributed
largar *v. tr. e intr.* to let go; to leave, to lose; to slacken, to relax; to let out, to come out with; NÁUTICA to put to sea, to get under way, to sail, to sheer off; to set at liberty, to abandon; ***largar a vapor*** to get under steam; ***largar (o navio)*** to put to sea, to sail; ***largar ferro*** to cast anchor, to drop the anchor; ***largar o prumo*** to heave the lead; ***largar a amarração*** to unmoor; ***largar pano*** to let out (to loose, to set, to spread) sail; NÁUTICA ***larga!*** cast off!; ***largar de mão*** to let go, to slip, to let fly; ***largar o trabalho*** to stop work
largição *s. f.* largess, largesse
largífluo *adj.* [poét.] flowing copiously
largo Ⓐ *adj.* broad, wide, ample, large, vast, spacious, extensive; liberal Ⓑ *s. m.* square; plaza; offing, open sea; MÚSICA largo movement (or piece); ***um rio largo*** a wide river; ***largo de peito*** broad-chested; ***largo de mãos*** open-handed; ***pano largo*** wide cloth; ***margem larga*** wide margin; ***de boca larga*** wide-mouthed; ***ter vistas largas*** to take wide views; NÁUTICA ***ao largo*** aloof, in the offing, off, offward; ***fazer-se ao largo*** to put off, to sail, to bear off, to make an offing
largueador *s. m.* spendthrift, lavisher
larguear *v. tr.* to spend liberally, to lavish
largueirão *adj.* [pop.] very wide, loose; baggy
largueza *s. f.* breadth; width; wideness, broadness; liberality, generosity; largeness; liberty, freedom; elbow-room; spaciousness
largura *s. f.* width, breadth; ***a mesa tem três pés de largura*** the table is three feet wide; ***largura da ponte*** width of the bridge; ***largura do campo*** width of the field; ***largura do papel*** width of the paper
larica *s. f.* BOTÂNICA darnel; [fam.] hunger
Láridas *s. m. pl.* ⇒ **Larídeos**
Larídeos *s. m. pl.* ORNITOLOGIA *Laridae*
larim *s. m.* inhabitant of Lara; Indo-Portuguese coin; Persian silver coin
laríneas *s. f. pl.* subfamily of the *Laridae* (gull family)
laringe *s. f.* ANATOMIA, ZOOLOGIA larynx (*plural* laringes), upper part of the windpipe containing the vocal chords
laringectomia *s. f.* CIRURGIA laryngectomy
laríngeo *adj.* laryngeal
laringiano *adj.* laryngeal, laryngic, laryngitic
laringite *s. f.* laryngitis (inflammation of the larynx)
laringologia *s. f.* MEDICINA laryngology
laringoscopia *s. f.* laryngoscopy
laringoscópio *s. m.* laryngoscope
laringotomia *s. f.* CIRURGIA laryngotomy
laringotraqueotomia *s. f.* CIRURGIA laryngotracheotomy
laró *s. m.* joist (to support the eaves); ARQUITECTURA jack rafter
larota *s. f.* hunger
larote *s. m.* a kind of perch (fish)
laroz *s. m.* ⇒ **laró**
larro *s. m.* bird of the duck family
larva *s. f.* ZOOLOGIA larve, larva (*plural* larvae)
larvado *adj.* maniac; unbalanced; atypic; snaked; insidious
larval *adj.* ⇒ **larvar**
larvar *adj.* larval; dreadful, awful; terrifying
larvário *adj.* ⇒ **larvar**
larvicida *adv.* larvicidal
larvícola *adj.* larvicolous
larviforme *adj.* larviform
larvíparo *adj.* larviparous
larvívoro *adj.* larvivorous
lasanha *s. f.* lasagna
lasca *s. f.* fragment, piece, scrap, bit, splint, splinter; morsel, slice; chip, shiver, flake; [pop.] pretty girl; ***lasca de lenha*** chip of wood; ***lasca de mármore*** chip of marble
lascar *v. tr. e refl.* to splinter; to split, to shiver; to break, to split up (into splinters)
lascari *s. m.* ⇒ **lascarim**
lascarim *s. m.* lascar, Indian sailor
lascarinho *s. m.* knave, rogue, villain, rascal; mocker
lascivamente *adj.* lasciviously
lascívia *s. f.* lasciviousness, wantonness, lewdness, lust(fulness), lechery; sensuality, libidinousness
lascivo *adj.* lascivious, wanton, lustful, lewd, luxurious; sensual laxness
laser *s. m.* laser; optical laser; ***raio laser*** laser beam
lassar *v. tr.* to slacken, to loose
lasseiro *adj.* loose, slack; sluggish, lax; weak, feeble
lassidão *s. f.* lassitude, weakness, weariness, exhaustion
lassitude *s. f.* ⇒ **lassidão**
lasso *adj.* weary, tired, exhausted, worn out, fagged; loose, slack; dissolute, lewd
lástima *s. f.* pity, compassion; moan, weeping, wail, grief, sorrow; misery; pitiful person or thing; ***ela está numa lástima*** she is in a dreadful state
lastimador *s. m.* one who complains
lastimar *v. tr. e refl.* to regret, to deplore, to pity, to feel sorrow for; to grieve, to distress, to lament; to complain
lastimável *adj.* regrettable, pitiable, pitiful; lamentable, deplorable
lastimavelmente *adv.* regrettably, pitifully, pitiably, lamentably
lastimosamente *adj.* pitifully, regrettably, wailingly
lastimoso *adj.* pitiful, exciting pity, doleful; wailing; lamentable, mournful
lastração *s. f.* ballasting
lastrador *s. m.* one who ballasts
lastrar *v. tr.* to ballast, to stiffen; to increase the weight
lástrico *s. m.* kind of concrete used by Italians for building terraces
lastro *s. m.* ballast, lastage, stiffening; ***lastro líquido*** water ballast; ***lastro de cascalho ou entulho*** shingle ballast; ***meter lastro*** to ballast, to stiffen; ***lastro destacável (dos submarinos)*** drop keel
lata *s. f.* tin, tin-plate; tin-box, can; [fam.] shameless face; cheek; ***lata de lixo*** dust-bin, waste-bin, refuse-bin, garbage pail; ***lata de tintas*** paint-box; ***lata de gasolina*** petrol can; ***latas de conserva*** tin of preserves; ***conservas em lata*** canned goods
latada *s. f.* trellised vine, grape-vine, espalier; [pop.] slap (in the face)
latagão *s. m.* tall and strong man; big burly fellow
latamente *adv.* in the full strength of the word
latânia *s. f.* BOTÂNICA red latania palm
latão *s. m.* brass; ***latão fundido*** cast-brass
latear *v. tr.* to adorn with brass
latebroso *adj.* obscure, dark, dim; somber, shady, dusky, murky

lategada *s. f.* stroke with a scourge (or whip)
látego *s. m.* scourge, whip, lash; punishment
lateiro *s. m.* crossbar to hold a vine trellis; MILITAR [pop.] volunteer; MILITAR soldier who does not miss any meals at his quarters
latejante *adj.* throbbing, pulsing, beating, pulsating, palpitant
latejar *v. intr.* to throb, to beat, to pulsate, to pulse; to palpitate; ***as fontes latejavam-lhe*** his temples throbbed
latejo *s. m.* throbbing, beating, pulsation, beat
latência *s. f.* latency
latente *adj.* latent, hidden, concealed, dormant, invisible, undeveloped; implied; ***doença latente*** latent disease
later *v. intr.* to be hidden; to throb, to palpitate, to pulsate
lateral *adj.* lateral, situated at the side; ***ramos laterais*** lateral branches
lateralidade *s. f.* quality of being lateral
lateralinérveo *adj.* BOTÂNICA referring to the leaf with laterally divided veins
lateralmente *adv.* laterally
lateranense *adj.* of (pertaining to) the Lateran
laterício *adj.* lateritious, having the red colour of brick
laterifloro *adj.* BOTÂNICA laterifloral, lateriflorous
laterifólio *adj.* BOTÂNICA axillary, lateriflorous, laterifloral
laterito *s. m.* GEOLOGIA laterite
lateriversão *s. f.* turning of the womb towards the side
lateroversão *s. f.* ⇒ **lateriversão**
látex *s. m.* latex (white milky juice of plants such as the rubber plant)
latíbulo *s. m.* hiding place; heaven
látice *s. m.* ⇒ **látex**
laticífero *adj.* bearing latex; producing latex
laticlávio *s. m.* wearer of a laticlave
laticlavo *s. m.* laticlave (Roman history)
laticórneo *adj.* wide-horned
latido *s. m.* barking, yelping, baying; remorse
latifloro *adj.* BOTÂNICA having large flowers
latifoliado *adj.* BOTÂNICA ⇒ **latifólio**
latifólio *adj.* BOTÂNICA latifoliate
latifundiário Ⓐ *s. m.* large landowner Ⓑ *adj.* referring to a large landowner
latifúndio *s. m.* latifundium
latilabro *adj.* ZOOLOGIA thick-lipped
latim *s. m.* Latin (the language of ancient Rome); ***gastar o seu latim*** to waste one's breath; ***latim bárbaro*** garden-Latin; ***latim macarrónico*** dog-Latin
latímano *adj.* large-handed
latinada *s. f.* mistake in Latin; speech in Latin
latinar *v. intr.* to latinize, to translate into Latin; to speak (to write) Latin
latinice *s. f.* presumption of knowing Latin
latinidade *s. f.* Latinity
latiniparla *s. m. e f.* person who pretends to speak Latin
latinismo *s. m.* Latinism
latinista *s. m. e f.* Latinist, a Latin scholar
latinização *s. f.* Latinization
latinizante *adj.* that Latinizes; following the Latin rite where the eastern rite is the rule
latinizar *v. tr. e intr.* to Latinize; to put into Latin; to make use of Latin idioms
latino *s. m., adj.* Latin; NÁUTICA spencer, trysail, lateen
latino-americano *s. m., adj.* Latin American
latinório *s. m.* dog-Latin
latípede *adj.* ZOOLOGIA large-footed
latipene *adj.* having large feathers
latir *v. intr.* to bark, to yelp; to bay; to clamour; to howl
latirina *s. f.* poisonous substance found in some leguminous plants
latirismo *s. m.* poisoning produced by latirina
latirrostro *adj.* bearing a large beak, latirostrous
latitude *s. f.* latitude (distance north and south from Equator); scope, range, extent; ***latitude de chegada*** latitude in; ***latitude de partida*** departed latitude; NÁUTICA ***latitudes crescidas*** meridional parts
latitudinal *adj.* latitudinal
latitudinalmente *adv.* latitudinally
latitudinário *adj.* latitudinarian, broad, liberal; wide, extensive
lato *adj.* extensive, ample, vast, wide, diffuse, broad
latoada *s. f.* uproar; hurly-burly
latoaria *s. f.* tinsmith's; tin-work
latoeiro *s. m.* tinsmith; tinker; brazier, one who works in brass
latrante *adj.* barking
latria *s. f.* latria, latreia (the supreme worship which is due to God alone)
latrina *s. f.* water-closet, latrine
latrinário *adj.* that lives in latrines; sordid; repugnant
latrineiro *s. m.* cleaner of latrines
latrocinar *v. tr.* to rob; to commit larceny (against); to take by force
latrocínio *s. m.* robbery, theft, larceny, hold up
lauda *s. f.* page (of a book); each side of a sheet of paper; laud
laudabilidade *s. f.* laudability, laudableness
laudânico *adj.* soporific, narcotic
laudanizar *v. tr.* to prepare with laudanum (or opium); to narcotize
láudano *s. m.* laudanum, tincture of opium
laudatício *adj.* laudative, laudatory
laudativamente *adv.* laudatorily, eulogistically
laudativo *adj.* laudatory, laudative, eulogistic, encomiastic
laudatório *adj.* laudatory, eulogistic
laudável *adj.* laudable; commendable
laúde *s. m.* tunny fishing boat; MÚSICA ⇒ **alaúde**
laudel *s. m.* buffcoat
laudémio *s. m.* pension paid by the emphyteuta to the landowner when he alienates property
laudes *s. m.* laud (the first of the day-hours of the Church)
laudo *s. m.* verdict of an arbitrator (or umpire); award
laura *s. f.* laura; laurel, prize, reward, premium
Lauráceas *s. f. pl.* BOTÂNICA *Lauraceae* (family of plants)
láurea *s. f.* laurel wreath; [fig.] honour, homage; reward, prize
laureado *adj.* laureate; worthy of laurels (as a poet); ***poeta laureado*** poet laureate
laurear *v. tr. e intr.* to crown (with a laurel wreath); to laureate; to reward; to ramble, to stroll, to rove, to gad about
laureio *s. m.* laureation
laurel *s. m.* laurel, distinctive honour (in poetry); prize; reward
láureo *adj.* of laurel
lauréola *s. f.* small crown of laurel; BOTÂNICA spurge
laurícomo *adj.* [poét.] laureate, crowned with laurel
laurífero *adj.* laureate
laurifólio *adj.* laurel-leaved
laurígero *adj.* ⇒ **laurífero**
lauríneo *adj.* ⇒ **láureo**
laurino *adj.* ⇒ **láureo**
lausperene *s. m.* permanent exposition of the Blessed Sacrament
lautamente *adv.* sumptuously, grandly; splendidly; abundantly; opulently
lauto *adj.* sumptuous, grand, opulent, costly, splendid, rich, abundant; ***um lauto jantar*** a sumptuous dinner
lava *s. f.* lava (molten rock which issues from a volcano during an eruption); [fig.] torrent
lavabo *s. m.* lavabo, ritual washing of celebrant's hands at offertory; wash-basin; *pl.* lavatory

L

lavação *s. f.* act of washing, wash, washing
lavacro *s. m.* bath; [fig.] baptism
lava-cu *s. m.* ORNITOLOGIA wader; wading bird; shore bird
lavada *s. f.* a kind of fishing-net (in Algarve)
lavadaria *s. f.* laundry; wash-house
lavadeira *s. f.* laundress, woman who washes clothes; washerwoman; ORNITOLOGIA ⇒ **lava-cu**
lavadeiro *s. m.* sewer; laundryman
lavadela *s. f.* slight washing
lavadiço *adj.* that is always washing
lavado Ⓐ *adj.* sopping wet, soaked to the skin; washed Ⓑ *s. m.* wash, act of washing
lavadoiro *s. m.* ⇒ **lavadouro**
lavador *s. m.* washer (person who washes); an instrument to cut hay
lavadouro *s. m.* washing-place; washing-tub; wash-house; ***lavadouro para louças*** sink, washing-up bowl
lavadura *s. f.* washing; dish-wash; swill; kitchen refuse; ***lavadura de porco*** pigwash, pig-swill
lavagante *s. m.* a kind of lobster
lava-garrafas *s. m.* bottle washer
lavagem *s. f.* wash, washing, ablution; cleansing; lavage (of a therapeutic nature); hog wash, swill for hogs; ***lavagem de loiça*** washing-up; ***lavagem a vapor*** steam-washing; ***lavagem ao estômago*** gastric lavage; ***lavagem a seco*** dry cleaning; ***lavagem ao cérebro*** brainwashing
lavajado *adj.* muddied, muddy; dirty, filthy; sordid
lavajar *v. tr.* [reg.] to make dirty, to dirty; to soil, to mess up in a mudhole
lavajo *s. m.* [reg.] swamp, marsh; quagmire, mudhole
lavajona *s. f.* dirty shameless woman
lava-louça *s. f.* kitchen sink; sink
lavamento *s. m.* act (or fact) of washing; wash, lavation
lavanco *s. m.* ⇒ **adem**
lavanda *s. f.* BOTÂNICA lavender; ***óleo de lavanda*** lavender oil; ***água de lavanda*** lavender water
lavandaria *s. f.* laundry, establishment for washing linen
lavandeira *s. f.* laundress, washer-woman; ORNITOLOGIA wader
lavandeiro *s. m.* laundryman
lavandisca *s. f.* ZOOLOGIA pied wagtail
lava-pé *s. m.* blueweed; viper bugloss
lava-pés *s. m.* foot-washing (on Maundy Thursday)
lava-pratos *s. m.* BOTÂNICA coffee senna
lavar *v. tr. e refl.* to wash, to cleanse (with detergent); to wash away; to purge away; to wash oneself; ***lavar a loiça*** to wash up, to wash the dishes; ***lavar a cara*** to wash one's face; ***lavar bem (desencardir)*** to wash clean; ***mandar lavar a roupa*** to send the linen to the wash; ***lavar a jacto de água*** to wash off; ***antes de mais nada, preciso de lavar-me*** first of all I must have a wash; ***gostava de lavar as mãos*** I should like to wash my hands; ***lavar-se em água fria*** to wash oneself in cold water; ***uma mão lava a outra e ambas o rosto*** one hand washes the other and both the face, one good turn deserves another; ***daí lavo as minhas mãos*** I wash my hands of it; ***lavar a roupa suja em casa*** to wash one's dirty linen at home; ***lavar as ruas*** to wash the streets; ***máquina de lavar*** washing-machine; ***dia de lavar a roupa*** washing-day; ***lavar a seco*** to dry-clean
lavareda *s. f.* ⇒ **labareda**
lavático *adj.* lavatic, good for clysters
lavativo *adj.* ⇒ **lavático**
lavatório *s. m.* wash-stand, wash-basin; lavabo (ritual washing of the celebrant's hands in the Mass)
lavável *adj.* washable; ***é lavável?*** is it washable?, will it wash well?
laverca *s. f.* ZOOLOGIA laverock, lark
lavoira *s. f.* ⇒ **lavoura**
lavor *s. m.* embroidery, needlework, fancy work; labour; bodily (or mental) toil, work; task; fretwork, work in relief, carved work
lavorar *v. tr.* to labour, to work; to chisel
lavoso *adj.* of the nature of lava
lavoura *s. f.* farming, agriculture, tillage; ploughing; ***moço de lavoura*** plough-boy; ***casa de lavoura*** farmstead
lavourar *v. tr. e intr.* to till the soil
lavra *s. f.* ploughing; tillage; cultivation; husbandry; production; working of mines; authorship
lavrada *s. f.* ploughing; tillage; cultivation; husbandry; production; working of mines; authorship
lavradeira *s. f.* countrywoman; peasant-woman
lavradeiro *adj.* ploughing; ***boi lavradeiro*** ploughing-ox
lavradio Ⓐ *adj.* arable, fit for ploughing Ⓑ *s. m.* farming; tillage
lavrado Ⓐ *adj.* ploughed, tilled; wrought Ⓑ *s. m.* tilled land; chasing work, carved work
lavrador *s. m.* tiller, farmer; ploughman; grower; landowner; cultivator of the soil
lavragem *s. f.* tillage, cultivation; ploughing; woodworking
lavramento *s. m.* tillage, ploughing; engraving
lavrante Ⓐ *adj.* ploughing Ⓑ *s. m. e f.* engraver; silversmith
lavrar *v. tr. e intr.* to plough, to till; to cut, to carve, to chisel, to engrave; CARPINTARIA to plane, to smooth; to rage; to spread; ***lavrar (a) acta de uma sessão*** to draw up an official report of a meeting; ***lavrar um auto*** to draw up a deed; ***lavrar a terra*** to till (to plough) the land; NÁUTICA ***lavrar no fundo*** to graze the bottom
laxação *s. f.* laxity, laxation, lassitude, slackness
laxante *s. m., adj.* laxative; laxative medicine; purgative
laxar *v. tr.* to slacken, to loosen; to dilate; to relieve, to alleviate
laxativo *s. m., adj.* laxative; laxative medicine; purgative; purging medicine
laxidão *s. f.* laxity; dissoluteness
laxifloro *adj.* BOTÂNICA laxiflorous
laxismo *s. m.* doctrine of laxists (favouring lax views or interpretation)
laxo *adj.* loose, lax, slack; relaxed
lazão Ⓐ *adj.* sorrel, reddish brown (in colour) Ⓑ *s. m.* sorrel horse
lazarar *v. tr.* to contaminate with a loathsome disease; to become a lazar
lazarento Ⓐ *adj.* pustulous, pustular; leprous; famished Ⓑ *s. m.* starving beggar
lazareto *s. m.* lazaret(to); quarantine station
lazarina *s. f.* Belgian gun used by the black people in Africa
lazarista *s. m. e f.* Lazarist (a member of the religious order of St. Vincent de Paul)
lázaro *s. m.* Lazarus, beggar, poor man; one afflicted with leprosy (or other loathsome disease); lazar
lazarone *s. m.* beggar; vagrant; lazarone, lazzarone
lazeira *s. f.* hunger, starvation; leprosy; misery; laziness
lãzeira *s. f.* disease that attacks goats affecting their hair and making it look like wool
lazeirar *v. intr.* to laze; to suffer hunger
lazeirento *adj.* ⇒ **lazarento**
lazer *s. m.* leisure, ease, freedom, laziness; spare time; recreation
lazerar *v. tr. e intr.* to hurt; to torment
lãzinha *s. f.* soft woollen material; a kind of merino
lãzudo *s. m., adj.* woolly; boor, ill-bred, lout
lazúli *s. m.* ⇒ **lazulite**
lazulite *s. f.* lazuli, lazulite (semi-precious stone of a bright-blue colour); azure stone
lé *s. m.* ***lé com cré, cré com lé*** birds of a feather flock together
leal *adj.* loyal, faithful, true, constant, devoted, trustworthy; ***amigo leal*** a loyal friend; ***partidário leal*** staunch supporter

lealdação *s. f.* legalization; custom-house inspection
lealdade *s. f.* loyalty, fidelity, trustworthiness, staunchness, faithfulness
lealdado *adj.* very clean (sugar); verified, declared
lealdador *s. m.* customs official
lealdar *v. tr.* to legalize, to declare at the custom-house
lealdoso *adj.* ⇒ **leal**
lealismo *s. m.* loyalty, faithfulness, fidelity, allegiance
lealmente *adv.* loyally, with fidelity, faithfully
leão *s. m.* lion; courageous person; one who has fame (or notoriety); ***a parte de leão*** the lion's share; ***entradas de leão, saídas de porco-pisco*** to come in like a lion and go out like a lamb; ***o leão é o rei dos animais*** the lion is the king of beasts; ***juba de leão*** lion's mane; ***caçador de leões*** lion-hunter; ***corajoso como um leão*** lion-hearted; ***à maneira de leão*** lion-like
Leão *s. m.* ASTRONOMIA, ASTROLOGIA Leo
leão-marinho *s. m.* ZOOLOGIA sea-lion
leãozete *s. m.* lionet, young lion
lebracho *s. m.* leveret, young hare
lebrada *s. f.* stewed (or jugged) hare
lebrão *s. m.* male hare
lebre *s. f.* hare (rodent quadruped with long ears, short tail and divided upper lip); ASTRONOMIA Lepus, the Hare; ***comer gato por lebre*** to buy a pig in a poke; [fig.] ***levantar uma lebre*** to start a hare, to raise a side issue in a discussion; ***andar à lebre*** to be in low water; ***guisado de lebre*** jugged hare
lebreiro *adj.* fit for hunting hares
lebrel *s. m.* ⇒ **lebréu**
lebréu *s. m.* harrier, hound of breed used for hunting hares
lecanomancia *s. f.* lecanomancy (divination by the inspection of water in a basin)
leccionação *s. f.* teaching; tuition, lessons; coaching
leccionador *s. m.* private teacher; tutor
leccionando *s. m.* pupil, student, disciple
leccionar *v. tr. e intr.* to teach, to give lessons; to coach, to prepare (candidates) for examination; to lecture; to indoctrinate; to explain, to instruct
leccionário *s. m.* lectionary
leccionista *s. m. e f.* private teacher; tutor, coach
lechetez *s. m.* BOTÂNICA euphorbia, spurge
Lecitidácea *s. f.* BOTÂNICA Lecythidaceae
lecitina *s. f.* lecithin (a constituent of nervous tissue and of yolk of eggs, blood and other fluids of the body)
lécito *s. m.* nutritive reserves
léctica *s. f.* litter (vehicle), sedan-chair
lecticário *s. m.* litter carrier
lectícola *adj.* bed bug
lectistérnio *s. m.* lectisternium
lectivo *adj.* academic, scholastic; ***dias lectivos*** school-days, school-time, lecture days in a university; ***ano lectivo*** school year, scholastic year, academic year; ***período lectivo*** term; ***tempo (aula) lectivo*** lesson
lectocéfalo *adj.* microcephalic
ledice *s. f.* gaiety, joyfulness; merriment; gallantry, facetiousness, quip
ledo *adj.* gay, joyful, jovial, hilarious, merry, glad
ledor *s. m.* reader, peruser
legacão *s. f.* the Eurasian greenbrier
legação *s. f.* legation, diplomatic body; the chief of such a body and his staff; official residence of chief diplomatic agent; office where the business of a legation is carried on; legateship; bequest, legacy
legacia *s. f.* legation, legateship
legado *s. m.* legate, envoy; ecclesiastical envoy; legacy, bequest, inheritance
legal *adj.* legal, lawful, permissible; ***lançar mão de meios legais*** to take legal proceedings
legalidade *s. f.* legality, lawfulness; conformity to law
legalismo *s. m.* legalism
legalista *s. m. e f.* legalist, a stickler for law; person who insists on strict adherence to law
legalização *s. f.* legalization
legalizar *v. tr.* to legalize, to render legal; to authenticate, to validate, to certify; to make lawful; ***legalizar um documento*** to legalize a document
legalmente *adv.* legally, lawfully
legar *v. tr.* to legate, to delegate; to send as a legate; to depute, to bequeath by will, to leave; ***legar em testamento*** to bequeath, to leave by will
legatário Ⓐ *s. m.* legatee, one to whom a legacy is bequeathed; heir; devisee Ⓑ *adj.* legatary
legatório *adj.* legatary
legenda *s. f.* inscription, lettering, motto (on coin or medal); title, subtitle; legend; ⇒ **lenda**; CINEMA ***legendas portuguesas*** Portuguese subtitles; NÁUTICA ***legenda (de embarcação)*** arms (in a boat)
legendado *adj.* CINEMA, TELEVISÃO subtitled; captioned
legendagem *s. f.* subtitling; captioning
legendar *v. tr.* to subtitle, to caption
legendário Ⓐ *adj.* legendary, fabulous, mythical Ⓑ *s. m.* legendary
legião *s. f.* legion; a host, multitude, great number; ***Legião de Honra*** Legion of Honour; ***Legião Estrangeira*** Foreign Legion
legífero *s. m.* ⇒ **legislador**
legionário Ⓐ *adj.* legionary, belonging to a legion Ⓑ *s. m.* legionary, member of a legion
legislação *s. f.* legislation, enacting (or enactment) of laws; lawmaking; act of legislation; ***legislação marítima*** shipping laws; ***legislação aeronáutica*** air legislation
legislador *s. m.* legislator; law-giver
legislar *v. tr. e intr.* to legislate, to make (to enact) laws
legislativo *adj.* legislative
legislatório *adj.* legislatorial, lawful
legislatura *s. f.* legislature; legislative body
legislável *adj.* that may be legislated, or made (law)
legisperito *s. m.* jurisconsult; jurist
legista *s. m. e f.* legist (one skilled in the science of law); jurist, legal expert, lawyer
legítima *s. f.* DIREITO legitime (one's share of the inheritance of one's parents)
legitimação *s. f.* legitimation
legitimado *adj.* legitimate, born in lawful wedlock; having the status of one lawfully begotten; legitimized child
legitimador *s. m.* one who legitimates (or legalizes)
legitimamente *adv.* legitimately
legitimar *v. tr.* to legitimate; to render legitimate and lawful; to legitimize; to invest with the rights of a lawful heir
legitimidade *s. f.* legitimacy; legality; lawfulness (of birth); genuineness
legitimista Ⓐ *s. m. e f.* legitimist (one who supports legitimate authority) Ⓑ *adj.* legitimist
legítimo *adj.* legitimate, lawful, permitted; reasonable, justifiable; permissible; fair; logical; genuine; born in lawful wedlock; ***em legítima defesa*** in self-preservation; ***filho legítimo*** legitimate child
legível *adj.* legible, readable; that may be easily read; written plainly
legivelmente *adv.* legibly
legra *s. f.* trepan; surgical saw for removing part of bone of skull; xyster, raspatory
legração *s. f.* bone-scraping
legradura *s. f.* ⇒ **legração**
legrar *v. tr.* to trepan; to perforate the skull with a trepan; to scrape a bone
légua *s. f.* league; an itinerary measure of distance, estimated at about 3 miles (in Portugal 5 kilometres); ***conheço-te à***

L

légua I know you a mile away; ***«légua da Póvoa»*** a long way, a very great distance
leguleio *s. m.* stickler; pettifogger; pettifogging lawyer
legulejo *s. m.* ⇒ **leguleio**
legume *s. m.* legume, legumen, seed of a leguminous plant (pea, bean, etc.); the leguminous plant; vegetable used for food; *pl.* vegetables, greens, greenstuff; ***legumes secos*** dried vegetables; ***legumes frescos*** green vegetables; ***legumes em conservas*** preserved (canned) vegetables
legumeiro Ⓐ *adj.* ⇒ **leguminário** Ⓑ *s. m.* a vegetable dish
legumina *s. f.* legumin (vegetable proteid substance)
leguminário *adj.* leguminous
leguminiforme *adj.* leguminiform
leguminista *s. m. e f.* pea (or bean) grower; vegetarian
leguminívoro *adj.* vegetarian (feeding on vegetables)
leguminosas *s. f. pl.* legumens, legumina; leguminous plants; *Leguminosae*
leguminoso *adj.* leguminous
legumista *s. m. e f.* ⇒ **leguminista**
lei *s. f.* law (rule of action established by the supreme power of a state); statute, settled principle; jurisprudence; ***lei de Deus*** God's law; ***lei da natureza*** law of nature; ***lei de meios*** budget; ***lei sobre falências*** bankrupt law; ***lei sanitária*** public health law; ***leis da imprensa*** press laws; ***lei do selo*** stamp law; ***lei sobre câmbios*** law of bills of exchange; ***projecto de lei*** bill; ***ter força de lei*** to be law; ***impor a lei*** to impose the law, to lay down the law; ***previsto pela lei*** statutory; ***obedecer à lei*** to keep the law; ***respeito pela lei*** law-abiding; ***transgressor das leis*** law-breaker; ***homem de leis*** lawyer, legist, jurist, jurisprudent; ***a necessidade não conhece leis*** necessity knows no law; ***leis rigorosas*** strict laws
leicenço *s. m.* furuncle, phlegmon
leigaço Ⓐ *adj.* very ignorant Ⓑ *s. m.* very ignorant person
leigal *adj.* laic(al)
leigar *v. tr.* to laicize, to secularize
leigarraço *s. m., adj.* ⇒ **leigaço**
leigarrão *s. m., adj.* ⇒ **leigaço**
leigarraz *s. m., adj.* ⇒ **leigaço**
leigo Ⓐ *adj.* secular, temporal; laic Ⓑ *s. m.* layman; ignorant (or uninstructed) person
leiguice *s. f.* laicality; laical procedure
leilão *s. m.* auction (public sale in which articles are sold to the highest of successive bidders); ***venda em leilão*** sale by auction, sale at an auction
leiloamento *s. m.* auction, selling at an auction; auctioning
leiloar *v. tr.* to sell by auction; to come under the hammer, to auction, to outcry, to auctioneer
leiloeiro *s. m.* auctioneer (manager of an auction sale)
leira *s. f.* bed (in a garden), parterre; long, narrow piece of cultivated land; ridge between two furrows; ***não ter leira nem beira*** to possess nothing
leirão *s. m.* field-mouse; rat; big *leira*
leishmânias *s. f. pl.* flagellated parasites pertaining to the genus Trypanosoma
leishmaniose *s. f.* leishmaniasis, leishmaniosis; kala-azar
leita *s. f.* fish milk
leitado *adj.* milky; milk-producing
leitão *s. m.* sucking-pig; ***em leitão*** stark naked; ***uma ninhada de leitões*** a litter of pigs
leitar Ⓐ *v. intr.* to become full of milk; to yield a milky sap Ⓑ *adj.* milky, white like milk
leitaria *s. f.* dairy, milk-bar; café
leite *s. m.* milk, milky juice (of some plants); ***leite de cal*** lime-water; ***leite de creme*** cream; ***leite magro*** skim milk; ***arroz de leite*** rice pudding; ***leite condensado*** condensed milk; ***leite desnatado*** skim-milk; ***leite de cabra*** goat's milk; ***leite esterilizado*** sterilized milk; ***leite materno*** mother's milk; ***leite fermentado*** sour milk; ***branco como leite*** milk-white; ***o leite azedou*** the milk has turned sour; ***irmão de leite*** foster-brother; ***dente de leite*** milk-tooth; ***mar de leite*** calm sea; ***leite em pó*** powdered milk
leite-creme *s. m.* custard
leite-de-galinha *s. m.* BOTÂNICA star-of-Bethlehem
leitegada *s. f.* ⌈coloq.⌋ a litter of pigs
leiteira *s. f.* milkmaid; dairy woman; milk-jug
leiteiro Ⓐ *s. m.* milkman Ⓑ *adj.* milky, yielding milk; spurge; ***vaca leiteira*** milk cow
leitento *adj.* ⇒ **lácteo**
leito *s. m.* bedstead; bed; cot, couch, bunk; ARQUITECTURA substructure; ***leito de rio*** bed (of a river); ***leito mortuário*** death-bed
leitoa *s. f.* female sucking-pig
leitoada *s. f.* a litter of pigs; a meal of roast sucking pig
leitoado *adj.* fat, well suckled; sleek, glossy
leitor Ⓐ *s. m.* reader; lecturer; lector; ***amigo leitor*** kind reader Ⓑ *adj.* reading
leitorado *s. m.* lectureship (office or post of lecturer, generally one held at a university or college)
leitoso *adj.* milky, like milk, resembling milk, lacteal, lactescent
leitras *s. f. pl.* seminal liquid of fish; ⌈reg.⌋ herbaceous plant pertaining to the family *Compositae*
leituado *adj.* lactescent, turning milky; sleek
leituga *s. f.* BOTÂNICA hawk's beard
leitura *s. f.* reading, perusal; lection; lecture; ⌈fig.⌋ knowledge, scholarship; material intended to be read; literary knowledge; ***a boa leitura é uma distracção sã*** good reading is a healthy diversion; ***leitura maçadora*** dull reading; ***amante da leitura*** bookworm; ***gabinete de leitura*** reading-room; ***livro de leitura*** reader, reading-book; ***leitura de provas tipográficas*** proof-reading; ***votado em segunda leitura*** passed the second reading
leiva *s. f.* ridge of land between two furrows; clod; glebe; field
leixão *s. m.* cliff, steep rock, lofty rocky edge of land facing the sea; islet
lema *s. m.* lemma (*plural* lemmata, lemmas); proposition taken for granted (or immediately demonstrated) used in an argument; subject of a literary article (or argument); ⌈fig.⌋ motto, device, saying, epigraph
lemático *adj.* relating to lemma
lembradiço *adj.* having a good memory; retentive
lembrado *adj.* remembered; unforgotten; memorable; ***estar lembrado de*** to remember
lembrador Ⓐ *s. m.* reminder Ⓑ *adj.* mindful; calling to mind
lembrança *s. f.* remembrance, memory, recollection, reminiscence; souvenir, token, keepsake, relic; memento, memorial, mind; reminder; advice; counsel, hint; admonition; *pl.* greetings; ***tenho uma vaga lembrança*** I have a slight recollection; ***passou-me da lembrança*** it has escaped my memory; ***mandei-lhe uma pequena lembrança ontem*** I sent him a small keepsake yesterday; ***dê muitas lembranças minhas à sua mãe*** remember me kindly to your mother
lembrar *v. tr., intr. e refl.* to remind, to call to mind, to recollect, to recall (to), to remember; not to forget, to retain in the memory; to bear in mind; to think of; ***não me lembro do número*** I don't remember the number; ***lembro-me disso como se fosse ontem*** I have a vivid recollection of it, I remember it as if it were yesterday; ***se bem me lembro*** if I remember rightly; ***isso faz-me lembrar o que eu queria dizer-te*** that reminds me of what I wanted to tell you; ***permita-me que lhe lembre …*** allow me to remind you of…; ***não posso lembrar-me disso*** I cannot think of it; ***não me lembro de mais nada*** I don't remember anything else, ***lembrar uma coisa (a alguém)*** to remind (someone) of a thing; ***se me esquecer, lembra-me*** if I forget, remind me of it; ***lembro-me muitas vezes do que meu velho pai costu-***

mava dizer I often remember what my old father used to say; ***você faz-me lembrar o seu pai*** you remind me of your father; ***lembrei-me de ir visitá-lo*** it came into my head to go and see him; ***lembre-me para eu escrever amanhã*** please remind me to write tomorrow; ***lembrar-se da sua meninice*** to recollect one's childhood days; ***não me lembro das palavras textuais*** I cannot recall the exact words; ***lembra-se de mim?*** do you remember me?; ***lembro-me de o ter já visto em qualquer parte*** I remember seeing his face before somewhere; ***mal nos lembramos*** we hardly remember; ***lembrar-se de alguém no testamento*** to remember a person in one's will; ***lembre-se do que eu lhe disse*** mind what I have told you

lembrete *s. m.* note; reminder; memorandum; [fam.] rebuke; punishment; admonition

leme *s. m.* rudder, helm; steering; [fig.] government, direction, control; ***leme de mão*** hand steering-gear; ***leme (incluindo cana, roda e maquinismos)*** helm; ***aparelho de leme a vapor e à mão*** combined steering gear; ***leme de ló!*** down the helm!, down with the helm!; ***leme a bombordo!*** port the helm!; ***leme a meio!*** helm amidship!; ***ir ao leme*** to be at the helm; ***um homem ao leme*** a hand to the helm; ***homem do leme*** man at the helm, helmsman; ***o navio obedece ao leme*** the ship answers the helm; ***cana do leme*** rudder-tiller; ***pé do leme*** rudder-heel; ***roda do leme*** steering-wheel; ***maquinismo do leme*** steering-engine, steering-gear

lemiste *s. m.* sort of black woollen cloth

lemna *s. f.* BOTÂNICA aquatic plant; duckweed

Lemnáceas *s. f. pl.* BOTÂNICA members of the *Lemnaceae*

lemnáceo *adj.* like a lentil; BOTÂNICA lemnaceous

lemniscata *s. f.* GEOMETRIA ⇒ **lemniscato**

lemniscato *s. m.* GEOMETRIA lemniscate

lemnisco *s. m.* lemniscus, fillet (or ribbon); graphic signal (÷) used in annotations

lemografia *s. f.* description of the plague

lempa *s. f.* pearl found in some Brazilian islands

lempira *s. f.* lempira

lemural *adj.* ZOOLOGIA lemuroid

lémure *s. m.* ZOOLOGIA lemur (a small nocturnal animal allied to the monkey)

lémures *s. m. pl.* shades (or ghosts) of the departed; spirits, spectres

lemurianos *s. m. pl.* ⇒ **lémures**

Lemúrias *s. f. pl.* ZOOLOGIA lemuroids (animals belonging to the sub-order *Lemuroidea*)

Lemúridas *s. m. pl.* ZOOLOGIA ⇒ **Lemurídeos**

Lemurídeos *s. m. pl.* ZOOLOGIA *Lemuridae*

lemúrios *s. m. pl.* ⇒ **lémures**

lena *s. f.* bawd, procuress

lençalho *s. m.* a large cheap handkerchief

lençaria *s. f.* handkerchief factory; linen-draper's shop; quantity of handkerchiefs; linen

lencinho *s. m.* small handkerchief

lenço *s. m.* handkerchief; ***lenço do pescoço*** neckerchief; ***lenço de assoar*** handkerchief; ***lenço da cabeça*** kerchief, wrap, scarf; ***lenço de seda*** silk handkerchief, foulard; ***lenço de papel*** tissue

lençol *s. m.* sheet (broad piece of linen to cover a bed); ***ir para vale de lençóis*** to get between the sheets; ***lençol de cima*** upper sheet, top sheet; [fig.] ***estar em maus lençóis*** to be in the soup, to be in a pretty mess, to get into a tight corner, to be in a pickle; ***lençol de água*** sheet of water, ground water, water table; ***lençol de banho*** bath-towel; ***pôr lençóis lavados na cama*** to put clean sheets on the bed

lenda *s. f.* legend, fable, myth; fiction; tradition; popular tale, folk-tale

lendário *adj.* legendary, fabulous, mythical; traditional

lêndea *s. f.* nit

lendeaço *s. m.* a great quantity of nits

lendeoso *adj.* nitty

lendroeira *s. f.* BOTÂNICA oleander, rose-bay

lendroeiro *s. m.* BOTÂNICA ⇒ **lendroeira**

lene *adj.* soft, smooth

leneias *s. f. pl.* Greek feasts in honour of Bacchus

lenga *s. f.* ray, skate

lengalenga *s. f.* rigmarole; long rambling; tedious narrative (or discourse); idle talk

lengalengar *v. intr.* to drone, to speak monotonously

lengue *s. m.* ⇒ **abelheiro (bird)**

lenha *s. f.* wood, firewood; fuel; brushwood, twigs; [pop.] blows with a stick (rod); ***lenha miúda*** sticks; ***pilha de lenha*** wood pile; ***lenha nodosa*** knotty wood; ***carga de lenha*** load of wood; ***lenha rachada*** split wood; ***casa para guardar lenha (telheiro)*** wood-shed; ***machadinha de rachar lenha*** wood-chopper; ***montão de lenha*** wood stack; ***negociante de lenha*** woodmerchant; ***depósito de lenha*** woodyard; ***rachar lenha*** to chop wood; ***ir à lenha para se queimar*** to make a rod for one's own back; ***deitar lenha no fogo*** to fan the flames, to add fuel to the fire

lenhador *s. m.* wood-cutter; person engaged in cutting wood (felling trees, etc.); woodman, person engaged in the care of woods and in felling of trees; logman; lumberman

lenhal *s. m.* place where firewood is kept

lenhar *v. intr.* to cut wood; to cleave wood

lenheiro *s. m.* ⇒ **lenhador**

lenhificação *s. f.* lignification

lenhificar *v. tr. e refl.* to harden; to become woody

lenhina *s. f.* ⇒ **lignina**

lenhito *s. m.* ⇒ **lignito**

lenhívoro *adj.* ⇒ **lignívoro**

lenho *s. m.* xylem; woody tissue; log (of wood), part of the trunk of a tree; block, timber; bough; [fig.] ship, vessel; ***Santo Lenho*** the Holy Cross

lenhose *s. f.* BOTÂNICA, QUÍMICA lignin

lenhoso *adj.* woody; BOTÂNICA ligneous

lenidade *s. f.* lenity, mercy, clemency, lenience, softness, mildness; lenitude

leniente Ⓐ *adj.* lenitive, soothing, palliative Ⓑ *s. m.* balsam, balm

lenificar *v. tr.* to assuage, to alleviate, to lenify, to soften

lenimento *s. m.* emollient; lenitive (a medicine which soothes and eases pain)

lenimentoso *adj.* ⇒ **lenitivo**

leninismo *s. m.* Leninism

leninista *s. m. e f., adj.* Leninist

lenir *v. tr.* to alleviate, to assuage, to soothe, to mitigate, to lenify

lenitivo Ⓐ *adj.* lenitive, soothing, mitigating, softening Ⓑ *s. m.* lenitive (medicine which soothes and eases pain); palliative

lenocínio *s. m.* panderism; pandering; white slavery

lentamente *adv.* slowly; lingeringly; MÚSICA lentamente

lentar *v. tr. e intr.* to damp, to moisten; to grow moist (humid); to perspire slightly

lente Ⓐ *s. m.* professor (at a university), don; ***lentes de um colégio universitário*** fellows of a college Ⓑ *s. f.* lens; ÓPTICA ***lente biconvexa*** biconvex lens; ***lente plano-côncava*** plano-concave lens; ***lente convergente*** converging lens; ***lente divergente*** diverging lens; ***lentes de contacto*** contact lenses

lenteiro Ⓐ *s. m.* marsh Ⓑ *adj.* damp, moist, humid

lentejar *v. tr. e intr.* to moisten, to damp; to wet; to grow moist (humid)

lentejoila *s. f.* spangle; sequin; ***vestido enfeitado de lentejoilas*** dress trimmed with spangles

lentejoilar *v. tr.* to spangle

lentejoula *s. f.* ⇒ **lentejoila**

lentejoular *v. tr.* ⇒ **lentejoilar**

lentescente *adj.* viscous, sticky, clammy, moist, humid, wet

lentescer *v. tr. e intr.* ⇒ **lentar**

lenteza *s. f.* slowness; dampness
Lentibulariáceas *s. f. pl.* BOTÂNICA *Utricularíae*
lenticela *s. f.* BOTÂNICA lenticel
lentícula *s. f.* small lens, lenticular lens
lenticular *adj.* lenticular
lentidão *s. f.* lentitude, slowness, sluggishness; dampness, moisture
lentiforme *adj.* lenticular, lentiform
lentigem *s. f.* freckle; freckly eruption on the skin; lentigo; *pl.* lentigines
lentiginoso *adj.* freckled, lentiginous
lentígrado *adj.* slow-gaited
lentilha *s. f.* BOTÂNICA lentil (seed of leguminous plant grown for food); ***lentilha brava*** lentil buncle
lentilha-d'água *s. f.* swollen duck-weed; water lettuce
lentilhão *s. m.* variety of lentil
lentilheira *s. f.* lentil (plant)
lentilhoso *adj.* abounding in lentils
lentisca *s. f.* lentisk, the mastic tree
lentiscal *s. m.* lentisk grove
lentisco *s. m.* BOTÂNICA lentisk, the mastic tree
lentisqueira *s. f.* mountainous land full of mastric trees
lento *adj., adv.* slow, tardy; laggard, sluggish; dull; lazy, idle; slack; delayed, lingering; moist, wet; slowly; MÚSICA lento; ***a fogo lento*** on a slow fire; ***febre lenta*** prolonged fever; ***progresso lento*** slow progress
lentor *s. m.* lentor; ⇒ **lentidão**
lentura *s. f.* moisture, humidity, dampness; slowness
leoa *s. f.* lioness
leonado *adj.* tawny, lion-coloured, of a brownish-yellow colour
leônculo *s. f.* lionet; lion cub
leoneira *s. f.* lion's den; lion's cage
leónico *adj.* leonine
leonino *adj.* leonine, lionlike
leontíase *s. f.* MEDICINA leontiasis
leonuro *s. m.* BOTÂNICA lion's-ear
leoparda *s. f.* leopardess
leopardado *adj.* spotted like a leopard
leopardo *s. m.* ZOOLOGIA leopard
Lepádidas *s. m. pl.* BOTÂNICA ⇒ **Lepadídeos**
Lepadídeos *s. m. pl.* BOTÂNICA the family *Lepadidae* (barnacles)
lepas *s. f.* barnacle-goose
lépido *adj.* pleasant, jocose, facetious; quick, swift
lepidocarpo Ⓐ *adj.* BOTÂNICA with scaly fruit Ⓑ *s. m.* plant with scaly fruit
lepidócero *adj.* having scales on the feelers
lepidolite *s. f.* MINERALOGIA lepidolite
lepidomelano *s. m.* MINERALOGIA lepidomelane
lepidóptero Ⓐ *adj.* ENTOMOLOGIA lepidopterous Ⓑ *s. m.* lepidopteron (member of the Lepidoptera, insects with four scaly wings)
lepidossirene *s. f.* ICTIOLOGIA lepidosiren
leporino *adj.* leporine; of the hare kind; MEDICINA ***lábio leporino*** harelip
lepra *s. f.* MEDICINA leprosy, lepra (infectious chronic disease, affecting the skin, nerves, and other tissues); [fig.] moral corruption
leprologia *s. f.* leprology
leprólogo *s. m.* leprologist
leproma *s. m.* tumour caused by lepra
leprosaria *s. f.* leper hospital (or colony); leprosarium, leprosery
leprosário *s. m.* ⇒ **leprosaria**
leprose *s. f.* MEDICINA leprosy, lepry; BOTÂNICA, PATOLOGIA leprosis
leproso Ⓐ *adj.* leprous, afflicted with leprosy Ⓑ *s. m.* leper, person with leprosy, lazar
leprosório *s. m.* ⇒ **leprosaria**
leptão *s. m.* lepton (ancient Greek coin)
leptocéfalo Ⓐ *adj.* leptocephalic, leptocephalous Ⓑ *s. m.* MEDICINA, ZOOLOGIA leptocephalus
leptologia *s. f.* leptology
leptossómico *s. m., adj.* ⇒ **asténico**
Lepturíneos *s. m. pl.* subfamily of the *Coleoptera*
leque *s. m.* fan; ZOOLOGIA mollusc of the family *Pectinidae*; ***leque de madrepérola*** mother-of-pearl fan
ler *v. tr. e intr.* to read, to peruse, to decipher, to interpret, to understand; to study, to learn; to recite, to rehearse; to lecture; ***ler em voz alta*** to read aloud, to read out, to read out loud; ***ler para si*** to read to oneself; ***ler bem*** to read well; ***ler mal*** to read wrongly (or badly); ***ler muito depressa*** to read too rapidly; ***ler acerca de*** to read about; ***ler nas entrelinhas*** to read between the lines; ***ler de corrida*** to skim over, to read off-hand; ***ler de fio a pavio, ler até ao fim*** to read through, to read from cover to cover; ***ler do princípio ao fim*** to read over; ***ler correctamente*** to read fluently; ***ler provas tipográficas*** to read proofs; ***ler a acta*** to read the deed; ***tornar a ler*** to read over again; ***tem muito que ler*** there is plenty of reading in it; ***li-o todo cuidadosamente*** I read it through carefully; ***ela costumava ler horas seguidas*** she would read for hours; ***aprender a ler*** to learn to read
lerca *s. f.* meagre (lean) cow
lerdaco *adj.* boorish; slow-witted, dull; [coloq.] gullible
lerdice *s. f.* slowness, sluggishness
lerdo *adj.* heavy, lumpish, stupid, dull, shy; lazy; slow, laggard
léria *s. f.* idle talk; cunning prattle; wordiness; verbosity; rigmarole
leriar *v. intr.* to talk idly
lés *s. m.* east; ***de lés a lés*** right through, from end to end, thoroughly
lesador Ⓐ *s. m.* one who hurts (injures, damages or does wrong) Ⓑ *adj.* hurting, damaging, injuring
lesa-majestade *s. f.* DIREITO lèse-majesté; high treason
lesante *adj.* injuring, hurting
lesão *s. f.* lesion; injury; damage; MEDICINA harmful alteration in the tissue (or in the function of an organ)
lesa-pátria *s. f.* ***de lesa-pátria*** against the father-land
lesar *v. tr.* to hurt, to injure, to harm; to wound; to damage, to wrong, to prejudice, to cause damage to; ***lesar os interesses de alguém*** to damage someone's interests
lesbíaco *adj.* Lesbian; lesbian
lesbiana *s. f.* lesbian
lesbianismo *s. m.* lesbianism
lesbiano Ⓐ *s. m.* Lesbian Ⓑ *adj.* Lesbian; lesbian
lésbica *s. f.* lesbian
lésbico Ⓐ *s. m. e adj.* ⇒ **lesbiano**
lésbio Ⓐ *s. m. e adj.* ⇒ **lesbiano**
lesim *s. m.* MINERALOGIA vein, streak
lesivo *adj.* hurting, injuring, hurtful, damaging, offensive
lesma *s. f.* slug; [fig.] a stick-in-the-mud; slow moving person
lesmar *v. intr.* to walk slowly
lesme *s. m.* ⇒ **lesma**
lesmento *adj.* slow, indolent
lêsmia *s. f.* ⇒ **lesma**
lés-nordeste *s. m.* east north-east
leso *adj.* wounded; hurt; damaged; injured
leso-patriotismo *s. m.* ***de leso-patriotismo*** against patriotism
leso-sentimento *s. m.* ***de leso-sentimento*** against the others' feelings
lés-sueste *s. m.* east south-east
lestada *s. f.* east wind
lestamente *adv.* swiftly, quickly, speedily
lestas *s. f. pl.* vernal grass
leste *s. m.* east; ***de leste*** easterly, eastern; ***para leste*** eastward, eastwards
lestes *adj.* ⇒ **lesto**

lestia *s. f.* continuous east wind
lesto *adj.* nimble, brisk, active, quick, agile, prompt, speedy, sprightly, swift
lestras *s. f. pl.* ⇒ **lestas**
letal *adj.* lethal, fatal, deadly, mortal
letalidade *s. f.* deadliness, mortality, fatality
letão *s. m., adj.* Lettish; Lett
letargia *s. f.* lethargy, inertness, torpidity, apathy, inactivity; indifference; stupor, torpor
letargiar *v. tr.* to lethargize
letárgico *adj.* lethargic(al), drowsy, dull, heavy; inactive, apathetic
letargo *s. m.* lethargy, apathy, drowsiness, torpor; indolence; sleepiness; oblivion; trance
leteu *adj.* Lethean (related to Lethe), infernal
letícia *s. f.* [poét.] joy, mirth
lético *s. m., adj.* ⇒ **letão**
letífero *adj.* lethiferous; deadly
letificante *adj.* rejoicing, joyful, gladdening, cheering; gladsome, frolicsome
letificar *v. tr.* to rejoice, to gladden, to cheer, to make merry
letífico *adj.* gladdening, causing joy; lethal, lethiferous, deadly
letissimulação *s. f.* quality of some animals that can make believe they are dead
letomania *s. f.* suicidal mania
letra *s. f.* letter, a symbol of a sound; printing type; the literal meaning; written document; bill; handwriting; MÚSICA words; motto; epistle, missive; *pl.* literary culture, literature, learning; ***letra de câmbio*** bill of exchange; ***letra de favor*** accommodation bill; ***letra à vista*** demand draft; ***letra a longo prazo*** long dated bill; ***letras descontadas*** contingent liability, discounted bills; ***letras a pagar*** bills payable; ***letras a receber*** bills receivable; ***letras em carteira*** bills in hand; ***letra protestada*** dishonoured bill; ***letra a vencer*** running bill; ***pagar uma letra*** to meet a bill, to pay a bill, to honour a bill, to take up a bill; ***letra a curto prazo*** short-dated bill; ***passar uma letra*** to make out a bill; ***letra maiúscula*** capital letter; ***letra inicial*** initial, initial letter; ***letra gótica*** black letter, gothic letter; ***letra redonda*** Roman letter; ***letra cursiva*** italic; GRAMÁTICA ***letra muda*** mute letter; ***homem de letras*** man of lettres; ***licenciado em letras*** Bachelor of Arts, arts graduate; ***ter boa letra*** to write a good hand; ***ao pé da letra*** exactly, to the letter; ***letra única*** sole of exchange; ***primeira via de letra*** first of exchange; ***escrever com todas as letras (por extenso)*** to write at full length, to write in full; ***artes e letras*** arts and letters, profession of letters; ***letra comprida*** long letter; ***letra miúda*** small print; ***letra miúda (à mão)*** small hand; ***letra minúscula*** small letter; ***ele conhece a minha letra*** he knows my handwriting; ***letra maiúscula de imprensa*** block letter, block capital; ***tradução à letra*** literal translation, word for word translation; ***letra de médico*** [coloq.] scrawl
letrache *s. m.* fishing tackle
letradice *s. f.* presumption of learnedness; swagger
letrado Ⓐ *adj.* learned, lettered Ⓑ *s. m.* man of letters, scholar, savant
letradura *s. f.* literature
letra-morta *s. f.* dead letter; anything considered as gone, forgotten or worthless
letrear *v. tr.* to spell; to read carefully pronouncing letter by letter
letreira *s. f.* variety of finch (bird)
letreiro *s. m.* inscription; label, lettering; title; poster
letria *s. f.* [pop.] ⇒ **aletria**
letrudo *adj.* [pop.] ⇒ **letrado**
léu *s. m.* [pop.] idleness; ***ao léu*** uncovered, exposed, bare; ***de cabeça ao léu*** bareheaded
leucemia *s. f.* MEDICINA leukaemia, leucaemia
leucina *s. f.* BIOQUÍMICA leucin(e) (a peculiar white powdery substance, obtained from muscle fibres)
leucite *s. f.* MINERALOGIA leucite
leucito *s. m.* BOTÂNICA leucoplast, leucoplastid
leucitófiro *s. m.* leucitophyre
leucocéfalo *adj.* ZOOLOGIA white-headed
leucocitário *adj.* relative to leucocytes
leucocitemia *s. f.* leukaemia, leucaemia, leucocythaemia
leucócito *s. m.* leucocyte (white blood corpuscle)
leucocitometria *s. f.* leucocytometry
leucocitose *s. f.* leucocytosis
leucocrático *adj.* leucocratic
leucoflegmasia *s. f.* leucophlegmacy, phlegmasia alba dolens, white leg; dropsical tendency
leucoflegmásico *adj.* dropsical, leucophlegmatic
leucoma *s. m.* MEDICINA leucoma, albugo
lêucon *s. m.* leucon grade
leucopenia *s. f.* leucopenia
leucópode *adj.* white-footed
leucopoese *s. f.* leucopoiesis
leucopoético *adj.* leucopoietic
leucopoiese *s. f.* ⇒ **leucopoese**
leucopoiético *adj.* ⇒ **leucopoético**
leucóptero *adj.* white-winged
leucorreia *s. f.* MEDICINA leucorrhoea
leucorreico *adj.* leucorrhoeal
leucose *s. f.* leucosis; albinism
leucotomia *s. f.* leucotomy
leucoxena *s. f.* MINERALOGIA leucoxene
leva *s. f.* the act of weighing anchor; lot, batch, levy of soldiers, recruitment; ***leva de gente*** a levy of soldiers; NÁUTICA ***leva de portinhola*** port chain; ***leva arriba!*** all hands on deck!, all hands ahoy!; ***leva remos!*** feather your oars!, rest on your oars!
levada *s. f.* water-course, water conveyed through a sluice; cascade; dike; ***de levada*** hastily, in a hurry
leva-dente *s. m.* bite; reprehension
levadia *s. f.* swell (of the sea)
levadiça *s. f.* drawbridge
levadiço *adj.* movable, mobile; ***ponte levadiça*** drawbridge
levadio *adj.* said of the roof covered with loose tiles
levado *adj.* carried away, gone; instigated, prompted; ***levado da breca*** mischievous, naughty
levadoira *s. f.* NÁUTICA a vessel with transshipment appliances
levador Ⓐ *adj.* carrying, transporting Ⓑ *s. m.* carrier, transporter
levadoura *s. f.* ⇒ **levadoira**
levadura *s. f.* ⇒ **levedura**
levadurina *s. f.* ⇒ **levedurina**
leva-e-traz *s. m. e f.* intriguer, tale bearer
levagante *s. m.* ⇒ **lavagante**
levamento *s. m.* taking away; stealing
levantada *s. f.* rising, getting up
levantadiço *adj.* restless, unquiet, rebellious; uneasy; inconsiderate; rash
levantado *adj.* lifted, raised; elevated; high; up (not in bed); [fig.] heedless, rash, hare-brained, scatter-brained; rough (sea); ***o teu irmão ainda não está levantado?*** isn't your brother up yet?
levantador *s. m.* agitator, mutineer, raiser, disturber; CIRURGIA levator, levatory
levantadura *s. m.* raising, lifting; rebellion, insurrection, revolt; survey (land)
levantamento *s. m.* raising, lifting; rebellion, insurrection, revolt; survey (land); ***levantamento hidrográfico*** hydrographic survey; ***levantamento de planos*** land survey; ***levantamento topográfico*** topographical survey; ***levantamento de um acampamento*** breaking up of a camp; ***levantamento***

de hipoteca release of a mortgage; *levantamento de desterro* recall from banishment

levantante *adj.* HERÁLDICA rampant; upright

levantar Ⓐ *v. tr.* to lift (up), to raise (to a higher level); to elevate; to heighten, to set higher up; to hoist; to heave; to pick up; to exalt; to erect, to construct; to levy; to draw (money); to survey (land), to clear (the table) Ⓑ *v. intr.* to take off (aeroplane), to clear up (weather); to swell Ⓒ *v. refl.* to get up, to stand up; to rise; to rebel; to appear (stars); *levantar dinheiro* to raise (to draw) money; *levantar dinheiro do banco* to draw money from the bank; *levantar os impostos* to raise taxes; *levantar fundos* to raise funds; *levantar-se cedo* to rise with the lark, to get up early; *levantar-se com as estrelas* to get up before daybreak, to get up with the chickens; *levantar alguma coisa (do chão)* to pick up something (from the floor); *levantar a voz* to raise (to lift up) one's voice; *levantar uma perpendicular* to erect a perpendicular; *levantar o auscultador (do telefone)* to lift the receiver; TEATRO *levantar o pano* to raise the curtain; *levantar a cabeça* to lift (up) one's head; *levantar os olhos* to lift (up) one's eyes, to look up; *levantar uma lebre* to start a hare; *levantar tropas* to levy (to raise) troops; *levantar um cerco* to raise a siege; *levantar o bloqueio* to raise a blockade; *levantar o estandarte da revolta* to raise the standard of revolt; *levantar o país* to raise the country; *levantar fervura* to begin boiling; *levantar voo (avião)* to take off (aeroplane), to soar, to take wing, to take flight; *levantar o preço* to raise the price; *levantar uma questão* to raise a question; *levantar as mãos* to raise one's hands; *levantar os ombros* to shrug, to draw up the shoulders; *levantar-se com esforço* to struggle to one's feet; *levantar falsos testemunhos* to slander, to calumniate; *levantar objecções* to raise objections, to object; *levantar dúvidas* to raise doubts; *levantar oposição* to make opposition; *levantar o espírito* to raise the spirits (of); *levantar a crista* to defy, to show arrogance; *levantar uma nuvem de pó* to raise a cloud of dust; *levantar caça* to spring the game, to start game; *levantar-se da mesa* to leave the table; *levantar a mesa* to clear the table; *levantar-se de um pulo* to spring up, to jump up; *levantar-se precipitadamente* to start up; *levante-se!* stand up!; *caiu para nunca mais se levantar* he fell never to rise again; *levantar (tablado)* to rip off; *levantar-se (o vento)* to rise, to set in (the wind); *levantar-se na vaga* to rise with the sea; *levantar ferro* to weigh anchor; *navio que se levanta bem* lively ship; *porque se levantou (da cama)?* why are you up?

levante *s. m.* the Levant; East; mutiny; *vento de levante* levanter; *de levante* heedlessly, giddily; *estar de levante* to be about to start

levântico *adj.* ⇒ **levantino**

levantina *s. f.* Levantine

levantino *s. m., adj.* Levantine

levanto *s. m.* starting, springing (game); *cão de levanto* pointer, springer, setter

levar Ⓐ *v. tr.* to carry, to take, to remove; to convey, to transport; to lead; to guide; to induce, to spend, to pass; to hold, to contain Ⓑ *v. intr.* to endure; to be punished, to be beaten; *levar a bem* to take in good part; *levar a mal* to take it amiss; *levar por bem* to treat one gently; *levar por mal* to take something the wrong way; *levar uma vida feliz* to lead a happy life; *levar vida miserável* to lead a wretched life; *levar vida regalada* to live on the fat of the land; *levar vida de cão* to lead a dog's life; *levar uma vida desordenada* to lead a wild life; *levar vida alegre* to lead a merry life; *levar de um lado para o outro* to carry to and fro; *levar consigo* to take along with oneself; *levar a cabo* to carry through, to accomplish, to realize; *levar pela borda fora (mar)* to wash overboard; *levar a sua avante* to have one's own way; *levar ao desespero* to reduce to despair; *levar a vida* to take things easy; *deixar-se levar* to yield to; *levar um preço exorbitante* to demand an exhorbitant price, to charge an exhorbitant price; *levar tempo* to take time, to require; *levar pancada* to be beaten; *levar açoites* to be flogged; *levar a bom termo* to bring to a successful conclusion; *levar a efeito* to carry through, to succeed in; *levar à cena (uma peça)* to perform (a play); *levar mau caminho* to go the wrong way; *levar pela mão* to lead by the hand; *levar água no bico* to have a double meaning; *levar a água ao seu moinho* to bring grist to the mill; *levar em conta* to take into account, to regard, to consider; *levar a mão ao chapéu* to touch one's hat; *levar a melhor* to get the better part of; *levar a pior* to get the worst of it; *levar a sério* to take seriously; *levar estudado* to have a thing thought out; *levar para baixo (levar pancada)* [coloq.] to get a drubbing; *o vento levou o meu chapéu* the wind blew off my hat; [fig.] *levar com a porta na cara* to have the door slammed in one's face, to get turned down; [fig.] *levar no embrulho* to deceive; *levou-me seis semanas a fazê-lo* it took me six weeks to do it; *uma onda levou-o pela borda fora* a wave washed him overboard; *levar a reboque* to tow; *o polícia levou o bêbado* the policeman carried out the drunk; *quanto leva por ...?* what do you charge for ...?; *levar caro* to sell dear; *levar de vencida* to overcome, to defeat; *levar a palma a* to exceed, to surpass, to take the cake, to bear away (or to carry off) the palm; *levar à força* to take away by force; *levar com um pau* to be beaten with a stick; *o que o berço dá a tumba o leva* what is bred in the bone will out in the flesh; *leva-me a crer* I am led to believe; *isso há-de levar tempo* it will take time; *o diabo que o leve!* the devil take him!; *todos os caminhos levam a Roma* all roads lead to Rome

leve *adj.* light, small, trifling; slight; portable; easy, simple, active, agile, graceful; unimportant, trivial; *uma leve constipação* a slight cold; *uma leve esperança* a faint hope, *uma leve impressão* a slight impression; *tomar uma refeição leve* to take a light meal, to have a snack; *navio muito leve* flying light ship; *ao de leve* slightly; *cabeça leve* light-headed person; *leve como uma pena* as light as a feather; *leve (em peso)* light-weight; *passo leve* light step, [fig.] *ter mão leve* to be given to beating, to be given to smacking; *ter sono leve* to be a light sleeper

levedação *s. f.* leavening

levedadura *adj.* ⇒ **levedura**

levedar Ⓐ *v. tr.* to leaven; to ferment; to raise Ⓑ *v. intr.* to rise; *levedar massa (do pão)* to leaven the dough; *o fermento começou a levedar* the yeast has begun to work

lêvedo *adj.* fermented, raised

levedura *s. f.* leaven, yeast, ferment

levedurina *s. f.* name for the leaven of beer used for therapeutic purposes

leveiro *adj.* light; weak; inconsiderate

levemente *adv.* lightly, slightly, easily, nimbly

leves *s. m.* lights, lungs (of birds)

levez *s. f.* ⇒ **leveza**

leveza *s. f.* lightness; nimbleness, fickleness; inconstancy, frivolity; thoughtlessness; fineness (cloth)

levianamente *adv.* inconsiderately, thoughtlessly

leviandade *s. f.* levity, frivolity, inconstancy, inconsideration, lightness (of character or conduct); thoughtlessness

leviano *adj.* light, inconsiderate, frivolous, thoughtless, heedless, imprudent, rash, hasty, injudicious; rattle-brained

leviatã *s. m.* BÍBLICO ⇒ **leviatão**

leviatão *s. m.* BÍBLICO leviathan, sea monster; huge ship

levidade *s. f.* lightness, levity; agility

levidão *s. f.* lightness; thoughtlessness

levigação *s. f.* levigation

levigar *v. tr.* to levigate, to grind, to pulverize, to reduce to a smooth paste

levípede *adj.* light (nimble-) footed

levirato *s. m.* BÍBLICO levirate

levirrostro *adj.* light-beaked

levita *s. m.* Levite
levitação *s. f.* levitation
levitar-se *v. refl.* to levitate, to raise, to cause to rise
levítico Ⓐ *adj.* BÍBLICO Levitical Ⓑ *s. m.* Leviticus (the third book of the Pentateuch)
levogiro *adj.* counter-clockwise; FÍSICA laevogyrate, laevogyrous, laevo-rotatory
levulose *s. f.* levulose, laevulose, fruit-sugar, fructose
levurómetro *s. m.* instrument used to indicate the power of leaven
lexema *s. f.* LINGUÍSTICA lexeme
lexical *adj.* lexical
léxico *s. m.* lexicon, dictionary
lexicografar *v. tr.* to compile a dictionary
lexicografia *s. f.* lexicography, dictionary-making
lexicográfico *adj.* lexicographic(al)
lexicógrafo *s. m.* lexicographer (compiler of a dictionary)
lexicologia *s. f.* lexicology
lexicológico *adj.* lexicologic(al)
lexicólogo *s. m.* lexicologist
léxicon *s. m.* ⇒ **léxico**
lexiologia *s. f.* ⇒ **lexicologia**
léxiológico *adj.* ⇒ **lexicológico**
lezirão *s. m.* vast marsh
lezíria *s. f.* marsh, marshy land, flats, fens
lhama *s. f.* cloth of gold
lhanamente *adv.* sincerely, plainly, candidly, frankly
lhaneza *s. f.* sincerity, frankness, candour; affability, pleasantness; plainness
lhano *adj.* sincere, frank, open, candid, plain, simple, natural, kind
lhanura *s. f.* ⇒ **lhaneza**
lhe *pron. pess.* him, her, it; to him, to her, to it; you; to you; ***devo-lhe a vida*** I owe my life to him; ***quer emprestar-lhe (a ele) o seu lápis?*** will you lend him your pencil?; ***dê-lho (a ele)*** give it to him
lia *s. f.* lees, dregs, skins (of grapes)
liaça *s. f.* bundle of straw (for packing)
liação *s. f.* binding, joining
liadoiro *s. m.* ⇒ **liadouro**
liadouro *s. m.* toothing (in masonry) bondstone
liame *s. m.* bond; band; NÁUTICA strengthening-piece(s); cordage, rigging
liança *s. f.* band, tie; alliance
liar *v. tr.* to bind, to tie; to join; to attach
Lias *s. m.* GEOLOGIA Lias
Liásico *adj.* GEOLOGIA Liasic
Liássico *adj.* GEOLOGIA Liassic
libação *s. f.* libation; [irón.] potation
libamento *s. m.* ⇒ **libação**
libanês *s. m., adj.* Lebanese
libar Ⓐ *v. tr.* to drink, to sip Ⓑ *v. intr.* to libate
libata *s. f.* group of African houses
libatório *s. m.* vase where libations were made
libelinha *s. f.* ZOOLOGIA dragon-fly
libelista *s. m. e f.* libelant, libellant
libelo *s. m.* libel, defamatory writing; lampoon; prosecution; ***libelo difamatório*** lampoon; ***fazer um libelo difamatório contra alguém*** to write a lampoon against someone, to attack by lampoon, to libel a person
libélula *s. f.* dragon-fly
libente *adj.* pleasant, agreeable, kind
libentíssimo *adj.* most agreeable; most kind
líber *s. m.* liber; bast
liberação *s. f.* liquidation, liberation; DIREITO quittance; release
liberado *adj.* liberated; ***acção liberada*** fully-paid share
liberal Ⓐ *adj.* liberal; open-minded, broad-minded; generous, open-handed; munificent; ***profissões liberais*** learned professions; ***partido liberal*** liberal party; ***educação liberal*** liberal education Ⓑ *s. m. e f.* liberal(ist)
liberalão Ⓐ *adj.* very liberal Ⓑ *s. m.* a great liberal(ist); person who boasts of liberal opinions
liberalidade *s. f.* liberality, breadth (of mind); munificence, generosity, open-handedness
liberalismo *s. m.* liberalism
liberalista Ⓐ *adj.* liberalistic Ⓑ *s. m. e f.* liberal(ist)
liberalização *s. f.* liberalization; easing of restrictions; ***liberalização das leis do divórcio*** liberalization of divorce laws
liberalizar *v. tr.* to liberalize, to make liberal
liberalmente *adv.* liberally, bountifully, largely; freely, openly
liberar *v. tr.* to liberate, to set at liberty, to release (from); to free from, to discharge; to settle (a debt)
liberativo *adj.* liberating; freeing; acquitting
liberatório *adj.* liberatory; tending to acquit; relating to a liquidation
liberdade *s. f.* liberty, freedom; liberation; emancipation; independence; immunity; ***tomar a liberdade de*** to take the liberty of; ***pôr em liberdade*** to set at liberty, to liberate; ***em liberdade*** at liberty; DIREITO ***liberdade condicional*** indeterminate liberty, parole; ***liberdade civil*** civil liberty; ***estar em liberdade*** to be at liberty; ***dar plena liberdade a alguém*** to give a person plenty of rope; ***liberdade de acção*** freedom of action; ***liberdade de imprensa*** freedom of the press; ***liberdade de consciência*** freedom of conscience; ***liberdade de culto*** freedom of religion; ***liberdade de expressão*** freedom of speech
liberiano Ⓐ *s. m., adj.* Liberian (from Liberia) Ⓑ *adj.* BOTÂNICA ⇒ **liberino**
libérico *s. m., adj.* Liberian, related to Liberia
liberino *adj.* BOTÂNICA relating to the liber
líbero-lenhoso *adj.* BOTÂNICA referring to a dual phloem
libérrimo *adj.* very free, most independent
libertação *s. f.* liberation, deliverance; acquittal
libertador *s. m.* deliverer, liberator
libertar *v. tr.* to liberate; to set free, to release from; to free; to exempt from; to rid; ***libertar-se de*** to get rid of; ***libertar-se de peias ou tutela*** to kick over the traces; ***libertar da prisão*** to release from prison; ***libertar-se de um compromisso*** to free oneself from an engagement
libertário *s. m.* libertarian; anarchist
liberticida *s. m. e f.* liberticide
liberticídio *s. m.* liberticide
libertinagem *s. f.* libertinage, dissolute life, licentiousness
libertino Ⓐ *adj.* libertine, licentious, dissolute, corrupt Ⓑ *s. m.* libertine, rake, debauchee, profligate, roué
libertista *s. m. e f., adj.* libertarian
liberto Ⓐ *adj.* freed, set at liberty, liberated Ⓑ *s. m.* freedman
líbico *s. m., adj.* Libyan (Libya)
libidinagem *s. f.* libidinousness; lustfulness, lecherousness, lewdness
libidinosamente *adv.* libidinously
libidinoso Ⓐ *adj.* libidinous, lustful, voluptuous Ⓑ *s. m.* a debauchee
líbido *s. f.* PSICOLOGIA libido
líbio *s. m., adj.* Libyan (from Libya)
libitina *s. f.* [poét.] death
líbito *s. m.* will, voluntariness
libongo *s. m.* small African coin
libra *s. f.* pound sterling; pound weight; ASTRONOMIA Libra; ***libra padrão*** standard pound
libração *s. f.* libration, oscillation
librame *s. m.* a great quantity of pounds
librar Ⓐ *v. tr.* to librate, to oscillate, to balance, to sway, to quiver, to remain poised Ⓑ *v. refl.* to groud; to hover
libratório *adj.* libratory

libré *s. f.* livery
libretista *s. m. e f.* libretist
libreto *s. m.* libretto (*plural* libretti)
librina *s. f.* fog, haze; drizzle
librinar *v. intr.* to dim; to drizzle
liburna *s. f.* Roman boat
libúrnica *s. f.* ⇒ **liburna**
liburno *s. m.* a Roman slave
liça *s. f.* list, lists, scene of contest; fight, contest; ***entrar na liça*** to enter the list against; ***chamar às liças*** to challenge
licanço *s. m.* ZOOLOGIA glass-snake
licantropia *s. f.* MEDICINA lycanthropy
licantropo *s. m.* lycanthrope
lição *s. f.* lesson; lecture; instruction; warning, reproof, rebuke, censure; ***dar lições*** to give lessons; ***receber lições*** to take lessons; ***ter uma lição bem preparada*** to know a lesson off pat; ***marcar uma lição*** to set a lesson; ***dar a lição*** to say one's lesson; ***a lição acabou antes das duas horas*** the lesson was over before two o'clock; ***ter lições de música*** to have music lessons; ***dar uma lição a alguém (admoestar)*** to lecture a person, to teach someone a lesson; ***sirva-lhe isso de lição*** let this be a lesson to you
lice *s. m.* ⇒ **liça**
liceal *adj.* relating to lyceums (or grammar schools)
licença *s. f.* licence, license; permission, allowance, legal authorization; leave, furlough; permit; consent; ***conceder licença*** to grant permission; ***tirar uma licença*** to take out a permit; ***dá licença?*** may I?; ***com sua licença*** by your leave, excuse me!; ***licença para pescar*** licence to fish; ***licença para caçar*** shooting licence; ***licença para vender bebidas alcoólicas*** licence to sell alcoholic liquor; NÁUTICA ***licença (para praças)*** furlough; ***licença de desembarque*** request note; ***licença de descarga*** discharging permit; ***estar de licença*** to be on leave; ***ir de licença*** to go on leave; ***licença militar (por doença)*** sick leave; ***licença da alfândega*** custom-house permit; ***licença de obras*** building permit; ***peço licença*** I beg permission, allow me!; ***sem licença*** unlicenced; ***com licença!*** excuse me!
licenciado Ⓐ *adj.* on leave; MILITAR discharged; permitted Ⓑ *s. m.* licentiate, graduate; ***licenciado em letras*** Bachelor of Arts (B. A.), arts graduate
licenciamento *s. m.* disbanding; going on furlough (on leave); graduation (act of taking an academic degree)
licenciando *s. m.* undergraduate
licenciar Ⓐ *v. tr.* to licence; to disband, to dismiss; to give furlough, to grant leave of absence Ⓑ *v. refl.* to graduate, to take the degree of licenciate; ***licenciar-se com a mínima classificação*** to scrape a pass
licenciatura *s. f.* degree of licentiate; act of taking degree of licentiate; degree
licenciosamente *adv.* licentiously
licenciosidade *s. f.* licentiousness
licencioso *adj.* licentious, libertine
liceu *s. m.* secondary school; grammar school; lycée (for girls)
liciatório *s. m.* reed of loom
licínia *s. f.* BOTÂNICA kind of olive tree; kind of olive
lício *s. m.* BOTÂNICA boxthorn
licitação *s. f.* bid, offer of price (at an auction); sale by auction; outbidding
licitador *s. m.* bidder (at a sale)
licitamente *adv.* licitly, lawfully
licitante *s. m.* ⇒ **licitador**
licitar Ⓐ *v. tr.* to offer, to make an offer at a sale (or auction); to bid (at an auction); to outbid Ⓑ *v. intr.* to auction
lícito *adj.* licit; permissible, lawful; ***suponho que me é lícito esperar*** I suppose I can expect
Licnídeas *s. f. pl.* lychnides
liço *s. m.* wire of a weaving heddle
licómetro *s. m.* alcoholometer
Licopodiáceas *s. f. pl.* BOTÂNICA *Lycopodiaceae*
licopodiáceo *adj.* BOTÂNICA lycopodiaceous
licopódio *s. m.* BOTÂNICA lycopodium
licor *s. m.* liqueur, strong sweet alcoholic liquid; FARMACOLOGIA liquor; solution in water of some substance; ***licores puros*** raw spirits; ***licores espirituosos*** spirituous liquors
licoreira *s. f.* ⇒ **licoreiro**
licoreiro *s. m.* liquor service
licorista *s. m. e f.* distiller of liquors; dealer in liquors
licorne *s. m.* unicorn
licórnio *s. m.* ⇒ **licorne**
licoroso *adj.* sweet, luscious; lickerous, licorous, licourous; ***vinho licoroso*** fortified wine
liços *s. m. pl.* threads of warp
licranço *s. m.* ⇒ **licanço**
lictor *s. m.* lictor
lida *s. f.* toil, work, job, labour; drudgery; chore; struggle, fight; hurry, bustle; pains; ***lida da casa*** housework, chores; ***tanta lida para tão pouca vida*** a lot of work and little to show for it, so much pain for so little gain
lidação *s. f.* toil, work, job, labour; drudgery; chore; struggle, fight; hurry, bustle; pains
lidador *s. m.* drudger, toiler; fighter, warrior
lidar Ⓐ *v. intr.* to labour, to toil, to work; to fight, to struggle Ⓑ *v. tr.* to fight (bulls); ***lidar com muita gente*** to mix (to deal) with many persons; ***lidar touros*** to fight bulls; ***lidar com a morte*** to struggle against death; ***lidar com*** to cope with, to deal with
lide *s. f.* toil, work; fight, struggle; dispute; encounter, bullfighting
líder *s. m.* leader; chief, commander
liderança *s. f.* leadership, lead
liderar *v. tr.* to lead, to guide; to control, to direct
lidimamente *adv.* legally
lidimar *v. tr.* to legitimate
lídimo *adj.* pure, genuine, authentic; ***lídima linguagem*** pure language
lídio *s. m., adj.* Lydian
lidite *s. f.* lyddite
lido *adj.* read; learned, instructed; ***homem muito lido*** a man of wide reading
lienal *adj.* ANATOMIA lienal, splenic
lienite *s. f.* MEDICINA lienitis, splenitis
lienoso *adj.* spleen-suffering
lienteria *s. f.* MEDICINA lientery, lienteria, diarrhoea
lientérico *adj.* lienteric
lierne *s. m.* ARQUITECTURA lierne
liga *s. f.* league, alliance, compact union; alloy, mixture of metals; garter; suspender (for holding socks or stockings); ***liga de cobre e zinco*** white brass; ***liga de alumínio e bronze*** albronze; ***liga permeável*** permalloy; ***liga de zinco, estanho e níquel*** white metal; ***liga de chumbo*** lead alloy; ***ligas de elástico*** elastic garters
ligação *s. f.* joint, tie, fastening, binding; connexion; union; friendship; familiarity; concubinage; ***a ligação está feita*** (telephone) the call is through, you are connected; ***em ligação com*** in connexion with; ***ligação radiofónica*** radio link; ***ligação à terra*** ground connection; [técn.] ***ligação errada*** faulty control; ***caixa de ligação*** junction box
ligadura *s. f.* bandage; tie; band; MÚSICA ligature; CIRURGIA ligature of silk (catgut, etc.), to tie up bleeding artery, ligature
liga-liga *s. f.* ⇒ **liga-osso**
ligame *s. m.* ⇒ **ligâmen**
ligâmen *s. m.* concubinage; connexion; bonds, ties
ligamento *s. m.* ligament; tie; bandage; ANATOMIA band of connective tissue; NÁUTICA strength, strengthening
ligamentoso *adj.* ligamentous, ligamental, ligamentary; fibrous
liga-osso *s. m.* Brazilian plant of the family *Urticaceae*

ligar Ⓐ *v. tr.* to bind, to tie, to fasten; to bandage; to attach; to connect, to joint; to unite; to link up; to alloy (metals); to switch on, to turn on; ANATOMIA to ligate Ⓑ *v. intr.* to care, to pay attention to; to associate, to confederate; ***ligar o rádio*** to turn on the wireless; ***ligar o ferro eléctrico*** to plug in the electric iron; ***ligar à terra*** to connect to (the) earth; ***ligar ideias*** to link up ideas; ***é favor ligar para o número ...*** please put me through to (number)...; ***está ligado*** you're through; ***estar ligado a*** to stand in with
ligeira *s. f.* swiftness; facility; ***à ligeira*** quickly
ligeiramente *adv.* lightly, slightly; nimbly, easily, swiftly
ligeireza *s. f.* lightness, swiftness; nimbleness, suppleness; skilfulness (of touch); thoughtlessness, inconstancy; ***ligeireza de mãos*** jugglery, legerdemain, sleight-of-hand; ***andar com ligeireza*** to be nimble
ligeirice *s. f.* lightness, swiftness; nimbleness, suppleness; skilfulness (of touch); thoughtlessness, inconstancy
ligeiro *adj.* light, swift, quick, agile, nimble, prompt, speedy; brisk; slight, light-footed; thoughtless, inconstant; ***ligeiro de dedos*** nimble-fingered; ***foste mais ligeiro do que eu*** you were too quick for me; ***infantaria ligeira*** light infantry; ***um ligeiro ataque de sarampo*** a mild attack of measles
lígio Ⓐ *adj.* liege Ⓑ *s. m.* liegeman
lígneo *adj.* ligneous, woody
lignificação *s. f.* lignification
lignificar Ⓐ *v. tr.* to lignify, to turn into wood Ⓑ *v. refl.* to become wood, to become woody
ligniforme *adj.* ligniform
lignina *s. f.* QUÍMICA lignin
lignito *s. m.* MINERALOGIA lignite; brown coal
lignívoro *adj.* lignivorous, xylophagous; ZOOLOGIA wood-devouring
ligueirão *s. m.* ICTIOLOGIA a kind of habe
lígula Ⓐ *s. f.* ZOOLOGIA ligua; BOTÂNICA ligule, ligula Ⓑ *adj.* ligulate
liguláceo *adj.* ligulate; tongue-like
ligulado *adj.* BOTÂNICA ligulate
ligulífero *adj.* liguliferous
liguliforo *adj.* BOTÂNICA liguliflorous
liguliforme *adj.* BOTÂNICA liguliform
lígulo *s. m.* ⇒ **lígula**
ligulose *s. f.* verminosis caused by ligulae
liguloso *adj.* ⇒ **ligulado**
Lígures *s. m. pl.* Ligurians
ligúrico *adj.* Ligurian
ligustrina *s. f.* ligustrin
ligustro *s. m.* ligustrum; privet
lila *s. f.* ancient cloth weaved at Lille (France)
lilá *s. m.* BOTÂNICA lilac
liláceo *adj.* lilaceous
lilacíneo *adj.* ⇒ **liláceo**
lilás *s. m.* BOTÂNICA lilac
lilaseiro *s. m.* BOTÂNICA ⇒ **lilás**
Liliáceas *s. f. pl.* lilies (members of the *Liliaceae*; plants belonging to the lily family)
liliáceo *adj.* liliaceous
lilial *adj.* lily-like
liliflоro *adj.* liliflorous
liliputiano Ⓐ *adj.* Lilliputian Ⓑ *s. m.* Lilliputian
lima *s. f.* BOTÂNICA lime; MECÂNICA file (steel tool used in smoothing metals, ivory or wood); ***sumo de lima*** lime juice; ***lima chata*** flat file; ***lima de meia-cana*** half-round file; ***lima bastarda*** bastard file, coarse file; ***lima de cinco quinas*** saw file; ***lima surda*** dead file; ***lima para as unhas*** nail-file
Limácidas *s. m. pl.* ⇒ **Limacídeos**
Limacídeos *s. m. pl.* *Limacidae*, family of limaceous (slugs or snails)
limado *adj.* filed, polished; finished; worn
limador *s. f.* shaping-machine; filing machine; that files (metals or wood)
limadura *s. f.* ⇒ **limagem**
limagem *s. f.* filing
limalha *s. f.* filings; file-dust
limão *s. m.* lemon; ***sumo de limão*** lemon juice; ***espremedor de limão*** lemon-squeezer; ***da cor de limão*** lemon-coloured
limãozinho *s. m.* little lemon; mayweed (plant)
limar *v. tr.* to file, to smooth; to polish, to perfect, to refine; to remove defects (from literary style, compositions, etc.); ***limar as arestas a*** to polish up; ***limar os dentes da serra*** to sharpen the teeth of a saw
limatão *s. m.* large file; ***limatão quadrado*** square file; ***limatão redondo*** round file, rat tail
límbico *adj.* related to the limb
limbífero *adj.* which has limbs
limbo *s. m.* limb; edge, border; ASTRONOMIA limb (of sun, moon, etc.); BOTÂNICA leaf blade; RELIGIÃO limbo
limburgito *s. m.* GEOLOGIA limburgite
limeira *s. f.* BOTÂNICA lime-tree
limiar *s. m.* threshold, doorstep, entrance; starting-point (of something), beginning; ***no limiar da vida*** on the threshold of life
limícola *adj.* limicoline
limiforme *adj.* file-like
liminar Ⓐ *s. m.* ⇒ **limiar** Ⓑ *adj.* preliminary; PSICOLOGIA liminal
limitação *s. f.* limitation, restriction, limiting; ***limitação de natalidade*** birth control
limitadamente *adv.* limitedly
limitado *adj.* limited, restricted, circumscribed
limitar Ⓐ *v. tr. e refl.* to limit; to set boundary, to set bounds; to restrict, to restrain; ***limitar a ambição*** to set bounds to one's ambitions; ***limitar os gastos*** to limit expenses or charges Ⓑ *v. intr.* to confine, to bound, to border on; to confine oneself
limitativamente *adv.* exclusively
limitativo *adj.* limitative
limite *s. m.* limit; bound, edge, border, boundary; confine; frontier; end; limitation; restriction; ***sem limites*** without limits; ***fixar os limites*** to draw the line somewhere; ***ultrapassar os limites*** to exceed the limits, to go too far; ***limite de paciência (tolerância)*** the last straw; NÁUTICA ***limite de estabilidade*** range of stability, vanishing point of stability; ***limite de temperatura*** limit of temperature
limítrofe *adj.* limitrophe, adjacent (to), frontier, bordering upon
Limnantáceas *s. f. pl.* BOTÂNICA *Limanthaceae*
limnanto *s. m.* meadow-foam
límnico *adj.* proceeding from a lake
limnígrafo *s. m.* limnograph
limnímetro *s. m.* limnometer (apparatus for recording the lake water level variation)
limnite *s. f.* MINERALOGIA limnite (variety of limonite)
limnófilo *adj.* ZOOLOGIA limnophilous, lacustrine
limnografia *s. f.* limnography (description of lakes)
limnologia *s. f.* limnology (treaty on lakes and stagnant waters)
limnológico *adj.* limnologic(al) (related with lakes and stagnant waters)
limnologista *s. m. e f.* ⇒ **limnólogo**
limnólogo *s. m.* limnologist (person versed on lakes and stagnant waters)
limnómetro *s. m.* ⇒ **limnímetro**
limo *s. m.* BOTÂNICA alga, sea-weed; [fig.] slime, mire, oozy mud; clay; limous earth
limoal *s. m.* lemon orchard, lemon grove

limoeiro *s. m.* BOTÂNICA lemon-tree
limonada *s. f.* lemonade, lemon-squash; ***limonada de rum*** rum-shrub
limonadeiro *s. m.* lemonade maker (seller)
limonete *s. m.* BOTÂNICA lemon-scented verbena
limónio *s. m.* BOTÂNICA sea-lavender
limonite *s. f.* MINERALOGIA limonite
limosidade *s. f.* sliminess, ooziness, muddiness
limoso *adj.* slimy, oozy, muddy
limpa *s. f.* cleaning, cleansing; clearing
limpa-botas *s. m.* ⇒ **engraxador**
limpa-calhas *s. m.* rail-cleaner
limpa-candeeiros *s. m.* lamplighter
limpa-chaminés *s. m.* chimney-sweeper
limpadela *s. f.* cleaning; sweeping
limpador *s. m.* cleaner
limpadura *s. f.* cleansing; *pl.* refuse, rubbish, sweepings
limpamento *s. m.* act of cleaning; cleaning up
limpa-neves *s. m.* snowplough
limpa-pára-brisas *s. m.* windscreen wiper, windshield wiper
limpa-queixos *s. m.* ⇒ **bofetada**
limpar Ⓐ *v. tr.* to clean, to cleanse; to clarify; to clear; to purify; to sweep; to wipe; to lop, to cutt off (branches and twigs); to prune, to trim; to empty; [fam.] to strip (person) of his money; to steal Ⓑ *v. intr.* to clear up; ***limpar nódoas*** to remove stains; ***limpar um cavalo*** to rub down a horse; ***limpar com o ancinho*** to rake off; ***limpar as lágrimas*** to wipe (to dry) one's tears; ***limpar a baixela de prata*** to clean the silver-plate; ***limpar a casa*** to clean the house; ***limpar (o tempo)*** to clear up (the weather); NÁUTICA ***limpar o fundo do navio*** to scrape the ship's bottom; ***limpar com o lambaz*** to swab
limpa-vidros *s. m.* wind-screen wiper
limpeza *s. f.* cleanliness; cleansing; neatness; purity; fairness, honesty; ***fazer uma limpeza radical*** to make a clean sweep; ***limpeza total*** clean up
limpidez *s. f.* limpidity; clearness; transparency
límpido *adj.* limpid, clear, transparent; ***água límpida*** limpid water, clear water; ***céu límpido*** cloudless sky
limpo *adj.* clean, neat; spotless, pure, purified; immaculate; faultless; trim; clear, bright; ***levar uma vida limpa*** to lead a clean life; ***conservar a casa limpa*** to keep one's house clean; ***tirar a limpo*** to get to the bottom of a thing; ***passar a limpo*** to make a fair copy; ***pôr em pratos limpos*** to lay the cards on the table, to dot the i's and cross the t's; ***consciência limpa*** clear conscience; ***mãos limpas*** clean hands; ***céu limpo*** clear sky; ***carta de saúde limpa*** clean bill of health
limposo *adj.* clean, neat
limusina *s. f.* limousine
limusine *s. f.* ⇒ **limusina**
Lináceas *s. f. pl.* BOTÂNICA *Linaceae*
lináceo *adj.* flax-like
linária *s. f.* BOTÂNICA toad-flax, snapdragon
lince *s. m.* ZOOLOGIA lynx; ***ter olhos de lince*** to be lynx-eyed, to be keen-sighted
linchador Ⓐ *s. m.* lyncher Ⓑ *adj.* lynching
linchagem *s. f.* ⇒ **linchamento**
linchamento *s. m.* lynching
linchar *v. tr.* to lynch
linda *s. f.* limit, landmark, bourn(e), boundary
linda-flor *s. f.* coreopsis
lindamente *adv.* prettily, nicely, finely, marvellously; ***lindamente bem*** admirably
lindar Ⓐ *v. tr.* to demarcate, to mark, to trace out, to fix the boundaries of Ⓑ *v. intr.* to border; to confine
lindeira *s. f.* ARQUITECTURA lintel; doorpost
lindeiro *adj.* bordering upon, limitrophe
lindeza *s. f.* prettiness, fineness, beauty; neatness, elegance; handsomeness; perfection
lindo *adj.* pretty, beautiful, fine, lovely, graceful, handsome, fair, elegant, charming, attractive; ***um lindo bebé*** a lovely baby; ***uma criança linda*** a pretty child; ***um lindo rapaz*** a handsome boy; ***que lindo!*** how pretty!, how lovely!
lineação *s. f.* GEOLOGIA lineation
lineal *adj.* linear, lineal
lineamento *s. m.* outline; trace; *pl.* lineaments; *pl.* distinctive features (or characteristics); *pl.* features (of face); *pl.* external lines; *pl.* outlines, design
lineano *adj.* Linn(a)ean
linear *adj.* linear; MATEMÁTICA ***equação linear*** linear equation
linearidade *s. f.* linearity
líneo *adj.* flaxy, flaxen, linen
lineolar *adj.* BOTÂNICA lineolate
linfa *s. f.* FISIOLOGIA lymph
linfadenoma *s. m.* lymphadenoma
linfangite *s. f.* MEDICINA lymphang(e)itis
linfar *v. tr.* to mix (with water)
linfático *adj.* lymphatic, pale-skinned
linfatismo *s. m.* lymphatism
linfócito *s. m.* lymphocyte
linfogénese *s. f.* ⇒ **linfose**
linfogénico *adj.* lymph-productive
linfóide *adj.* lymphoid
linfoma *s. m.* MEDICINA lymphoma
linfose *s. f.* lymph-production
linga *s. f.* NÁUTICA sling; MITOLOGIA linga(m); ***linga de patolas*** can hook
lingada *s. f.* a slingful (of cargo)
lingar *v. tr.* NÁUTICA to sling
lingote *s. m.* ingot, pig
lingoteira *s. f.* a mould for ingots
língua *s. f.* tongue; speech; language, idiom; interpreter; ***língua de terra*** neck of land; ***língua de eira*** sand spit; ***língua materna*** mother tongue; ***língua viva*** living language, modern language; ***língua franca*** lingua franca; ***língua morta*** dead language; ***ter facilidade em aprender línguas*** to have a gift for languages; ***dominar a língua*** to have great command of the language; ***língua de prata*** silver tongue; ***língua suja*** dirty tongue, furred tongue; ***ter a língua comprida*** to have a long tongue; ***língua de palmo e meio*** chatterbox; ***língua afiada*** sharp tongue; ***língua de fogo*** vituperator; ***ter conta na língua*** to keep a civil tongue in one's head; ***não ter papas na língua*** to have a bold tongue; ***meter a língua no saco*** to hold one's tongue; ***dar à língua*** to let one's tongue run, to blab; ***debaixo da língua*** at the tip of one's tongue; ***de língua desembaraçada*** glib-tongued; ***ter (saber) na ponta da língua*** to have a thing on the tip of one's tongue, to have a thing at one's finger tips; ***mostrar a língua*** to put out one's tongue; ***com a língua presa*** tongue-tied; ***soltar a língua*** to give tongue, to shout, to speak aloud; ***dar com a língua nos dentes*** to give the show away, to let the cat out of the bag, to spill the beans; ***língua defumada*** smoked tongue; ***língua viperina*** slanderer; [coloq.] ***em língua de gente*** in plain English
língua-cervina *s. f.* BOTÂNICA hart's tongue
língua-de-cão *s. f.* BOTÂNICA hound's tongue
língua-de-cobra *s. f.* BOTÂNICA adder's tongue
língua-de-gato *s. f.* kind of biscuits
língua-de-ovelha *s. f.* BOTÂNICA sheep's fescus
língua-de-sogra *s. f.* kind of biscuits
língua-de-trapos *s. m. e f.* babbling child; stammerer; falterer; [fig.] blabbing person, prattler
língua-de-vaca *s. f.* BOTÂNICA bugloss
linguado *s. m.* ICTIOLOGIA sole; strip (of paper); NÁUTICA kentledge
linguafone *s. m.* linguaphone
linguafono *s. m.* ⇒ **linguafone**

linguagem *s. f.* language; speech, expression, diction, style, tongue, utterance; ***linguagem ofensiva*** shocking language; ***linguagem incompreensível*** double Dutch; ***usar linguagem baixa*** to swear like a trooper; INFORMÁTICA ***linguagem máquina*** machine language; INFORMÁTICA ***linguagem de programação*** programming language
linguajar Ⓐ *v. intr.* to talk, to prattle Ⓑ *s. m.* talks, dialect
lingual *adj.* lingual
linguarão *s. m.* prattler, gossip; backbiter
linguaraz Ⓐ *adj.* talkative, loquacious, slanderous; babbling Ⓑ *s. m.* babbler, evil-speaker, slanderer
linguareiro Ⓐ *adj.* babbling, chatty, loquacious, talkative; evil-tongued Ⓑ *s. m.* blab, chatterbox; scandalmonger
linguarejar *v. intr.* to prattle, to talk
linguariça *s. f.* ⇒ **linguiça**
linguarice *s. f.* ⇒ **tagarelice**
linguarudo *adj.* talkative, chatty, loquacious, evil-tongued
lingueirão *s. m.* big tongue; ZOOLOGIA solen, razor-shell, razor-fish
lingueta *s. f.* little tongue; languet, languette, linguet; bolt; latch; key stop (on organ); stopple; ***lingueta de fechadura*** catch of a lock; ***lingueta e ranhura*** tongue and groove
linguete *s. m.* NÁUTICA pawl, ratchet click; ***linguete do cabrestante*** pawl
linguiça *s. f.* kind of sausage
linguífero *adj.* provided with a tongue
linguiforme *adj.* linguiform, tongue-shaped
linguista *s. m. e f.* linguist
linguística *s. f.* linguistics, philology
linguisticamente *adv.* linguistically
linguístico *adj.* linguistic
língula *s. f.* lingula
linguodental *adj.* dentilingual, linguodental
linguopalatal *adj.* linguopalatal
lingurteiro *adj.* ⇒ **linguareiro**
linha *s. f.* line; thread (for sewing); string, cord; wire, cable; border, boundary, demarcation; file; row; metrical verse; dash; rails, track; fishing line; the line, the equator; course, mode of action; stock, lineage; ***em linha recta*** as the crow flies; ***escrever umas linhas (a)*** to drop a line (to); NÁUTICA ***linha de esquadra*** line abreast; ***linha de água*** level line, water line; ***linha férrea*** railway; ***linha principal*** (railway) main line, trunk-line; ***cair da plataforma à linha*** to fall from the platform on to the line (railroad); ***linha de eixo*** shaft; ***linha de serviço*** base line (tennis); ***linha de navegação*** shipping line; ***linha aérea*** air line, air route; NÁUTICA ***linha de água carregada*** load line, Plimsoll line, deep water line; ***linha do convés (à amurada)*** gunwale; ***linha de barca*** log line; ***linha de pavimento*** beam line, deck line; ***linha de prumo*** plumb-line, sounding-line; ***numa boa linha de água*** in (a) good trim; ***linha do vento*** wind eye, wind's eye; ***linhas finas*** clean lines; ***agulha e linha*** needle and thread; ***linha grossa*** thick thread; ***linha fina*** thin thread; ***linha telefónica*** telephone line; ***linha telegráfica*** telegraph line; ***linha interurbana*** telephone trunk-line; ***linha do equador*** the line; ***linha de pesca*** fishing-line; ***linha de batalha*** line of battle; ***linha de combate*** fighting line; ***linha de fogo*** line of fire; ***linha de mira*** line of sight; ***passar a linha*** (equator) to cross the line; ***cada um sabe as linhas com que se cose*** each one knows where his own shoe pinches; ***pescador à linha*** angler; ***pescar à linha*** to angle; ***linha férrea*** railway line, railroad; ***linha dos avançados*** forward line (football); DESPORTO ***juiz de linha*** linesman; ***linha recta*** straight line; ***linha quebrada*** broken line; ***linha tracejada*** dotted line; ***perder a linha*** to lose one's decorum; ***em linhas gerais*** generally speaking; ***as linhas gerais do plano*** the outlines of the plan
linhaça *s. f.* linseed, flax seed; ***cataplasma de linhaça*** linseed poultice; ***farinha de linhaça*** linseed meal
linhagem *s. f.* lineage, line, ancestry, descent, pedigree, genealogy, stock; ***pessoa de alta linhagem*** a person of lofty lineage
linhagista *s. m. e f.* genealogist
linhal *s. m.* flax-field
linhar *s. m.* ⇒ **linhal**
linharada *s. f.* flax harvest
linheiro *s. m.* flax-dealer; one who sells thread
linho *s. m.* BOTÂNICA flax, hemp; ***pano de linho*** linen; ***linho mourisco*** a middling sort of flax; ***linho bravo*** toad-flax, narrow-leaved flax; ***cardador de linho*** flax-dresser; ***fiação de linho*** flax-mill
linhol *s. m.* cobbler's thread
linhoso *adj.* flaxy, flaxen
linhote *s. m.* joist, beam
linifício *s. m.* linen industry
linígero *adj.* clad in linen
linimentar *v. tr.* to embrocate, to assuage, to suage
linimento *s. m.* liniment; embrocation
linina *s. f.* QUÍMICA, BIOLOGIA linin
linografia *s. f.* writing over linen; printing over cloth
linóleo *s. m.* linoleum
linómetro *s. m.* linometer
linotipar *v. tr.* to linotype
linotipia *s. f.* linotype
linotipista *s. m. e f.* linotypist
linótipo *s. m.* linotype
lintel *s. m.* lintel
lio *s. m.* bundle, faggot
liocarpo *adj.* leiocarpous
liócomo *adj.* ⇒ **liótrico**
liodermo *adj.* smooth-skinned
liofilização *s. f.* lyophilization
liofilizar *v. tr.* to lyophilize
lionês *s. m., adj.* Lyonese
liótrico *adj.* leiotrichous
lioz *s. m.* lias; ***pedra de lioz*** lias, blue limestone
lipa *s. f.* cotton skirt used in Timor
liparito *s. m.* GEOLOGIA rhyolite
liparocele *s. f.* MEDICINA lipoma (*plural* lipomata)
lipase *s. f.* BIOQUÍMICA lipase
lipemania *s. f.* MEDICINA melancholy (sick state of mind)
lipemia *s. f.* lipaemia, lipohaemia
lipes *adj.* ***pedra lipes*** blue vitriol
lípidos *s. m. pl.* fatty substances
lipofrenia *s. f.* lack of intellectual activity
lipogénese *s. f.* lipogenesis
lipograma *s. m.* lipogram
lipogramático *adj.* lipogrammatic
lipóide *adj.* lipoid(al)
lipoma *s. m.* MEDICINA lipoma
lipomatoso *adj.* lipomatous
liposo *adj.* blear-eyed
lipotimia *s. f.* MEDICINA lipothymy, swooning
lipúria *s. f.* MEDICINA fat in the urine
liquação *s. f.* liquation
liquefacção *s. f.* liquefaction
liquefactivo *adj.* liquefactive
liquefacto *adj.* ⇒ **liquefeito**
liquefazer *v. tr.* to liquefy, to melt, to fuse, to dissolve
liquefeito *adj.* liquefied
líquen *s. m.* BOTÂNICA, PATOLOGIA lichen; ***líquen amarelo dos muros*** wall-moss
liques *s. m.* a sort of game of cards
liquescer *v. intr.* to liquefy, to become liquid
liquidação *s. f.* liquidation, clearance, sell-out, winding up, cheap sale; settlement, extinction; ***liquidação de avarias*** adjustment; ***liquidação de conta*** settlement of account; ***venda para liquidação*** clearance sale; ***liquidação judicial*** liquidation ordered by the court; ***mandado de liquidação*** winding-up order

liquidado *adj.* liquidated; extinct; down-and-out
liquidador *s. m.* liquidator; ***liquidador de avarias*** adjuster
liquidar Ⓐ *v. tr.* to liquidate; to wind up, to pay off, to clear off, to settle, to adjust; to sell off (out); to annihilate, to destroy Ⓑ *v. intr.* to shut, to close (firm); ***liquidar avarias*** to adjust; ***liquidar dívidas*** to settle with creditors; ***a conta está por liquidar*** the bill is not settled; ***liquidar um negócio*** to wind up a business; ***liquidar a existência*** to clear (off) the stock
liquidatário *s. m.* ⇒ **liquidador**
liquidável *adj.* that can be liquidated
liquidez *s. f.* liquidity, liquidness
liquidificação *s. f.* liquefaction
liquidificante *adj.* liquefactive, liquefacient
liquidificar *v. tr.* to liquefy
liquidificável *adj.* liquefiable
líquido Ⓐ *adj.* liquid, fluid, flowing; COMÉRCIO net, free from deduction; ***produto líquido*** net proceeds; ***lucro líquido*** net profit; ***peso líquido*** net weight Ⓑ *s. m.* liquid, fluid, liquid substance
liquificador Ⓐ *s. m.* liquidizer, blender, liquefier Ⓑ *adj.* liquefactive, liquefying, blending
liquómetro *s. m.* alcoholometer
lira *s. f.* MÚSICA lyre; lira (an Italian coin); ORNITOLOGIA lyre bird; ASTRONOMIA Lyra, Lyre
lirado *adj.* lyrate
lírica *s. f.* lyric, lyric poem
lírico *adj.* lyric(al); ***poeta lírico*** lyric poet
lírio *s. m.* BOTÂNICA lily; ***lírio branco*** white lily, madonna lily; ***lírio de água*** water-lily; ***lírio das areias*** sea daffodil; ***lírio tigrino*** tiger lily; ***lírio dos montes, lírio roxo*** bearded iris, common blue iris (of gardens), German iris; ***lírio verde*** autumn crocus (of gardens)
lírio-convale *s. m.* lily of the valley
lírio-dos-tintureiros *s. m.* weld mignonette; dyer's weed; dyer's greenweed; dyer's broom; woad-waxen; dyer's rocket; weld
lirismo *s. m.* lyricism
liró *adj.* dandyish, foppish; ***andar todo liró*** to be dressed up to the nines
liru *adj.* smart, well dressed
lis *s. m. e f.* iris flower; heraldic lily
lisamente *adv.* smoothly
lisboeta *s. m. e f., adj.* Lisbonian
lisbonense *s. m. e f., adj.* Lisbonian
lise *s. f.* lysis
lisemia *s. f.* blood disintegration
lisérgico *adj.* lysergic
lisimaquia *s. f.* BOTÂNICA loosestrife
lisina *s. f.* BIOQUÍMICA lysin(e)
lísio *adj.* liquefiable
liso *adj.* smooth, sleek, even, flat, soft; plain, sincere; [coloq.] broke; ***cabelo liso*** lank hair, straight hair; ***liso como uma enguia*** slippery as an eel; ***superfície lisa*** smooth surface; ***pano liso*** smooth cloth
lisol *s. m.* lysol
lisonja *s. f.* flattery, praise, fawning, sycophancy, blarney, adulation, cajolery, soft sawder; soft soap
lisonjaria *s. f.* flattery, adulation
lisonjeador *s. m.* flatterer, sycophant, toady, adulator; fawner
lisonjear Ⓐ *v. tr.* to flatter; to praise, to adulate, to cajole, to fawn upon; to please, to gratify; to soothe; ***lisonjear exageradamente*** [fam.] to lay it on with a trowel Ⓑ *v. refl.* to flatter oneself
lisonjeiramente *adv.* flatteringly
lisonjeiro Ⓐ *adj.* flattering, ingratiating, wheedling, adulatory, smooth-tongued; ***ser lisonjeiro*** to have kissed the Blarney stone; ***palavras lisonjeiras*** smooth words Ⓑ *s. m.* flatterer
lissa *s. f.* the heddle of a loom
lissadeira *s. f.* machine used to smooth and polish cloth, leather, etc
lisseira *s. f.* each of the four horizontal rulers of a loom
lista *s. f.* list, roll; catalogue; schedule; voting-paper; stripe, streak; ***lista dos telefones*** telephone directory; ***lista de oficiais reformados*** retired-officers list; ***lista (de pessoal)*** list; ***lista da Armada*** Navy list; ***lista dos navios à carga*** shipping-card; ***lista das partidas*** sailing list; ***lista dos preços*** price-list; ***lista civil*** civil list; ***às listas*** striped; ***pano com listas*** striped cloth; ***preto com listas vermelhas*** black with red streaks (stripes); ***jantar à lista*** to dine à la carte; ***estar na lista negra*** to be on the black list
listagem *s. f.* listing, list
listão *s. m.* broad ribbon (or stripe); wake of a ship; CARPINTARIA carpenter's rule
listar *v. tr.* to list, to catalogue
listel *s. m.* ARQUITECTURA listel; fillet, small list
listelão *s. m.* big, quadrangular frame
listelo *s. m.* ⇒ **listel**
listra *s. f.* streak, strip, stripe
listrado *adj.* striped, ribboned
listrão *s. m.* a large strip
listrar *v. tr.* to stripe, to trim, to ornament (dress or cloth) with coloured stripes
lisura *s. f.* smoothness; plain dealing, honesty, fairness, sincerity, openness
litação *s. f.* act of offering a sacrifice
litania *s. f.* litany
litão *s. m.* small dried dog-fish
litar Ⓐ *v. tr.* to offer (a sacrifice) Ⓑ *v. intr.* to augur
litargírio *s. m.* litharge, monoxide of lead
liteira *s. f.* sedan-chair, litter
liteireiro *s. m.* litter carrier
literal *adj.* literal; exact, true; ***no sentido literal da palavra*** in the proper sense of the word; ***tradução literal*** literal translation
literalismo *s. m.* literalism
literalmente *adv.* literally
literariamente *adv.* literarily
literário *adj.* literary, lettered; ***o principal trabalho literário de um autor*** the magnum opus of a writer, an author's masterpiece
literataço *s. m.* pretentious man of letters
literatelho *s. m.* scribbler
literatice *s. f.* literary work of pedantic character, trashy literature
literatiqueiro *s. m.* ⇒ **literataço**
literatismo *s. m.* fancy for literature; pedantic writing
literato *s. m.* literate, literary man; *pl.* literati, men of letters
literatura *s. f.* literature; bibliography; ***dedicar-se à literatura*** to devote oneself to literature; ***literatura de cordel*** worthless literature
lítia *s. f.* QUÍMICA lithia, oxide of lithium
litíase *s. f.* MEDICINA lithiasis
lítico *adj.* lithic
litificação *s. f.* GEOLOGIA lithification
litigação *s. f.* litigation
litigante Ⓐ *s. m. e f.* litigant, litigator Ⓑ *adj.* litigant
litigar Ⓐ *v. intr.* to litigate, to go to law Ⓑ *v. tr.* to carry on a lawsuit, to dispute, to contest
litigável *adj.* litigable, contestable
litígio *s. m.* litigation, lawsuit; legal dispute, contention; pleadings
litigiosamente *adv.* litigiously
litigioso *adj.* litigious; quarrelsome, disputatious, contentious, wrangling; ***divórcio litigioso*** litigious divorce
litina *s. f.* QUÍMICA hydroxide of lithium
litinado *adj.* containing lithium hydroxide

litínico *adj.* lithic
litinífero *adj.* bearing hydroxide of lithium
lítio *s. m.* QUÍMICA lithium
Litobíidas *s. m. pl.* ENTOMOLOGIA ⇒ **Litobiídeos**
Litobiídeos *s. m. pl.* ENTOMOLOGIA *Lithobiidae* (family of myriapods)
litóbio *s. m.* ZOOLOGIA animal belonging to the group of chilopod myriapoda
litocarpo *s. m.* fossilized fruit
litóclase *s. f.* GEOLOGIA lithoclast
litoclastia *s. f.* CIRURGIA lithoclasty
litocola *s. f.* lithocolla (lapidary's cement)
litocromia *s. f.* lithochromy, chromolithography
litocrómio *adj.* lithochromic, lithochromatic
litocromista *s. m. e f.* an expert in lithochromy
litófago *adj.* ZOOLOGIA lithophagous
litofania *s. f.* lithophany; the obtaining of transparency in glass or porcelain
litófilo *adj.* lithophilous (growing on rocks)
litófito *s. m.* lithophyte
litogénese *s. f.* quality of being lithogenous
litogenesia *s. f.* lithogenesis
litoglifia *s. f.* lithoglyphics
litóglifo *s. m.* lithoglypher
litografar *v. tr.* to lithograph
litografia *s. f.* lithography
litográfico *adj.* lithographic
litógrafo *s. m.* lithographer
litóide *adj.* lithoid(al)
litolatria *s. f.* litholatry
litologia *s. f.* lithology
litologista *s. m. e f.* lithologist
litólogo *s. m.* ⇒ **litologista**
litoral Ⓐ *adj.* littoral, coastal Ⓑ *s. m.* coastal region; coast, seashore
litorâneo *adj.* ⇒ **litoral**
litóreo *adj.* [poét.] ⇒ **litoral**
litosfera *s. f.* lithosphere
litospermo *s. m.* BOTÂNICA lithospermous
litotes *s. f.* RETÓRICA litotes
litotipografia *s. f.* lithotypography
litotipográfico *adj.* lithotypographic, lithotypographical
litotomia *s. f.* CIRURGIA lithotomy
litotomista *s. m. e f.* lithotomist
litótomo *s. m.* lithotome
litotripsia *s. f.* lithotripsy
Litráceas *s. f. pl.* *Lythraceae* (family of loosestrifes)
litro *s. m.* litre (metric unit of capacity, equivalent to about 1 3/4 pints)
lituânio Ⓐ *adj.e s. m.* ⇒ **lituano**
lituano Ⓐ *adj.* Lithuanian Ⓑ *s. m.* Lithuanian
lítuo *s. m.* Roman trumpet
litura *s. f.* erasure
liturgia *s. f.* liturgy
liturgicamente *adv.* liturgically
litúrgico *adj.* liturgic(al)
liturgista *s. m. e f.* liturgist
livedo *s. m.* discoloured livid spot
lividamente *adv.* lividly
lividescer Ⓐ *v. tr.* to render pale Ⓑ *v. intr.* to pale, to turn pale
lividez *s. f.* lividity, lividness
lívido *adj.* livid; pale; wan(nish); discoloured; ***lívido de cólera*** livid with anger
livor *s. m.* PATOLOGIA lividness
livra! *interj.* heaven forbid!
livração *s. f.* ⇒ **livramento**
livrador *s. m.* liberator, deliverer
livralhada *s. f.* a quantity of books
livramento *s. m.* deliverance, rescue, liberation, release
livrança *s. f.* deliverance, promissory note
livrar Ⓐ *v. tr.* to set free, to free from, to release, to liberate, to deliver, to save; to discharge, to exempt; to defend, to protect Ⓑ *v. refl.* to rid, to get rid of, to rid oneself of; to free oneself from; to shake off; to dismiss; ***livrar-se de uma doença*** to turn the corner in an illness; ***livrar-se de uma constipação*** to get rid of a cold; ***livrar-se de uma dor de cabeça (dormindo)*** to sleep off a headache; ***livrar-se de responsabilidades*** to shuffle off a responsibility, to free oneself from responsibility; ***livra-te de fazer isso*** be sure not to do that; ***livrar-se de boa*** to have a narrow escape; ***Deus me livre!*** God forbid!
livraria *s. f.* bookshop; book-trade; large collection of books; ***livraria editora*** publishing house
livre Ⓐ *adj.* free; independent, liberated, released; emancipated; unrestricted, unrestrained; exempt from; clear; spontaneous, ready; licentious, lax; open Ⓑ *s. m.* DESPORTO free kick; ***livre de perigo (de dificuldades)*** [fam.] out of the wood; ***estar livre de perigo*** to be out of danger; ***ser livre (independente)*** to be one's own master; ***estar livre de*** to be rid of; ***comércio livre*** free trade; ***ao ar livre*** in the open air, out of doors; ***fi-lo de minha livre vontade*** I did it of my own free will; ***estar livre de dívidas*** to be free of debt; ***maneiras livres*** free manners; ***livre de direitos*** duty free; ***o caminho está livre*** the coast is clear; ***livre de canto*** corner kick (in football)
livre-arbítrio *s. m.* FILOSOFIA free will
livre-câmbio *s. m.* free trade, free exchange
livre-cambismo *s. m.* policy of free trade
livre-cambista *s. m. e f.* free trader
livreco *s. m.* worthless little book
livre-cultismo *s. m.* free worship
livreiro *s. m.* bookseller; ***livreiro de sua majestade*** bookseller to His (Her) Majesty
livremente *adv.* freely
livre-pensador *s. m.* free-thinker
livre-pensamento *s. m.* free-thinking, free-thought
livresco *adj.* bookish, fond of books, given to reading
livrete *s. m.* booklet; note-book; register, registration book
livre-trânsito *s. m.* pass, free pass
livrilho *s. m.* liber
livro *s. m.* book, volume; ***livro de cheques*** cheque-book; ***livro de caixa*** cash-book; ***livro de leitura*** reading-book, reader; ***livro de inventários*** stock book; ***livro de vendas*** sales-book; ***livros auxiliares*** subsidiary books; ***livros principais*** statutory books; ***livro de pedidos*** order-book; ***livro de letras*** bill-book; ***livros selados*** legal register books; ***livro de compras*** purchase book; ***livro de texto*** text-book; ***livro de consulta*** reference book; ***livro de mortalhas*** packet of cigarette-paper; ***livro mestre (Razão)*** ledger; ***livro diário*** journal; ***livro de facturas*** invoice book; ***livro borrão*** blotter; ***passar do livro diário ao razão*** to post from the journal to the ledger, to carry to the ledger; ***livro de apontamentos*** note-book; ***livro de chamada*** register book; ***livro de reclamações*** book for enterim complaints; NÁUTICA ***livro de código de sinais*** code book; ***livro de bordo*** log-book; ***livro de horas*** primer, book of hours; ***livro de orações*** prayer-book; ***livro de ponto*** time-book; ***é dos livros*** it is axiomatic, it is on the cards; ***falar como um livro aberto*** to speak like a book; ***os livros são a ferramenta dos intelectuais*** books are the tools of a scholar; ***livro de contos*** story-book; ***o livro foi muito bem acolhido*** the book had a favourable reception; ***estar agarrado aos livros*** to pore over books; ***livro de bolso*** pocket-sized book; ***livro de capa dura*** hardback book; ***livro de capa mole*** paperback book
livrório *s. m.* [depr.] large worthless book
livroxada *s. f.* [depr.] ⇒ **livralhada**

lixa *s. f.* sandpaper, glass-paper; shagreen; dog-fish; ***lixa de esmeril*** emery paper
lixadela *s. f.* polishing, rubbing; ⌈fam.⌋ hurt, harm, loss, injury
lixadora *s. f.* sander, sanding machine
lixar *v. tr.* to sandpaper, to polish, to smooth (with sandpaper); ⌈cal.⌋ ***vai-te lixar!*** leave me alone!, go away!
lixeira *s. f.* dunghill, rubbish heap, scrap hill
lixeiro *s. m.* dustman, garbage-collector
lixento *adj.* ⇒ **lixoso**
lixívia *s. f.* lye, lixivium
lixiviação *s. f.* lixiviation; leach
lixiviador *s. m.* lixiviator; leacher
lixiviar *v. tr.* to lixiviate, to subject to action of lye (or lixivium); to leach; to percolate
lixivioso *adj.* lixivial, like lye
lixo *s. m.* rubbish, trash, dirt, dust, garbage, refuse, litter, sweepings; ⌈fig.⌋ rabble, riff-raff, scum of society; ***recipiente para lixo*** dust-bin; ***lixo atómico*** nuclear waste
lixoso *adj.* dirty, filthy, foul
lizar *v. tr.* to turn (a cloth or skin) in a dyeing-bath
ló *s. m.* windward; ***de ló (leme)*** alee, lee (rudder)
loa *s. f.* carol, song; prologue (of a dramatic play); laudatory speech; ⌈pop.⌋ lie
loba *s. f.* she-wolf; cassock; game of cards; ⇒ **lobão**
lobacho *s. m.* wolf-cub
lobado *adj.* BOTÂNICA lobed, lobate(d)
lobagante *s. m.* ⇒ **lavagante**
lobal *adj.* wolfish, fierce, cruel, rapacious
lobão *s. m.* tumour (in the breast of horses)
lobato *s. m.* wolf-cub, little wolf
lobaz *s. m.* large wolf
lobecão *s. m.* wolf-hound
lobectomia *s. m.* CIRURGIA lobectomy
lobegante *s. m.* ⇒ **lavagante**
lobeiro Ⓐ *adj.* wolf-hunting Ⓑ *s. m.* wolf hunter
lobélia *s. f.* BOTÂNICA lobelia
Lobeliáceas *s. f. pl.* *Lobeliaceae*, lobeliaceous plants
lobelina *s. f.* FARMACOLOGIA lobeline
lobinho *s. m.* little wolf; ⌈pop.⌋ wen
lobisomem *s. m.* werewolf, werwolf
lobito *s. m.* wolfling, baby wolf
lobo[1] *s. m.* wolf; ***alcateia de lobos*** pack of wolves; ***lobo do mar (marinheiro experimentado)*** old seadog, tar; ***lobo com pele de ovelha*** wolf in sheep's skin; ***meter-se na boca do lobo*** to put one's head into the lion's mouth
lobo[2] *s. m.* ANATOMIA lobe
lobo-marinho *s. m.* wolf-fish, sea-wolf, cat-fish
lobotomia *s. f.* CIRURGIA lobotomy
lobregar *v. tr.* to darken; to sadden; to render gloomy (dismal, dim, dusky)
lôbrego *adj.* dismal, gloomy, dark, lugubrious, sad, mournful
lobreguidão *s. f.* gloom, gloominess, darkness, obscurity
lobrigador *s. m.* one who descries (catches sight)
lobrigar *v. tr.* to catch sight of, to perceive distantly, to descry, to discern, to have a glimpse of, to detect, to find out, to spy
lobulação *s. f.* lobulation
lobulado *adj.* lobulated, lobulate
lobular *adj.* lobular
lóbulo *s. m.* lobule, small lobe
lobuloso *adj.* lobulated, divided into lobes
loca *s. f.* hiding-place (of fish); under water cave
locação *s. f.* letting out, leasing, renting, hiring
locador *s. m.* lessor
local Ⓐ *s. m.* premises, site; place, spot, ground; ***vasto local*** large premises; ***local próprio*** suitable premises Ⓑ *adj.* local
localidade *s. f.* locality, place, district, area, neighbourhood
localista *s. m. e f.* writer (of short paragraphs in a newspaper); local newswriter
localização *s. f.* localization
localizar *v. tr.* to localize, to make local, to assign to a particular place; to fix; to determine the seat of; to pinpoint
localmente *adv.* locally
locanda *s. f.* inn, public-house, pub, tavern
locandeiro *s. m.* innkeeper, publican
loção *s. f.* lotion
locar *v. tr.* to let, to lease, to hire, to rent
locatário *s. m.* tenant, lodger; renter
locativo *adj.* locative
locionar *v. tr.* to lotion, to wash, to bathe; ⌈poét.⌋ to lave
loco *s. m.* BOTÂNICA loco
locomobilidade *s. f.* locomotive capacity
locomoção *s. f.* locomotion, transport, passage; ***meios de locomoção*** means of locomotion
locomotiva *s. f.* locomotive, train engine; ⌈coloq.⌋ loco; ***locomotiva a vapor*** steam engine; ***locomotiva eléctrica*** electric locomotive; ***locomotiva-Diesel*** Diesel engine
locomotividade *s. f.* locomotivity, capacity for locomotion
locomotivo *adj.* locomotive, endowed with power of locomotion
locomotor *adj.* locomotor, locomotory
locomotriz *adj.* {*fem. de* **locomotor**} relating to locomotion
locomóvel Ⓐ *adj.* locomotive, locomobile, movable Ⓑ *s. m.* locomotive
locomover-se *v. refl.* to move from place to place; to locomote
locução *s. f.* locution, style of speech; discourse, phrase, idiom
loculado *adj.* loculate
locular *adj.* locular, having loculi
loculicida *adj.* BOTÂNICA loculicidal
lóculo *s. m.* loculus
loculoso *adj.* loculous, loculose
locupletar Ⓐ *v. tr.* to enrich, to make rich Ⓑ *v. refl.* to grow rich
locusta *s. f.* ZOOLOGIA locust; BOTÂNICA spikelet
locutor *s. m.* speaker; RÁDIO announcer; TELEVISÃO newscaster
locutório *s. m.* locutory
lodaçal *s. m.* puddle, dirty pool, bog, swamp
lodacento *adj.* miry, muddy, swampy, dirty
lódão *s. m.* BOTÂNICA lotus, nettle-tree
lodeira *s. f.* ⇒ **lodeiro**
lodeiro *s. m.* mudhole, marsh, swamp
lodo *s. m.* mud, mire, slush, slop, dirt, muck, slime; disgrace, ignominy, dishonour, degradation; ***lodo negro*** black mud; ***lodo solto*** ooze; ***de lodo solto*** oozy
lodoso *adj.* muddy, miry, slimy, sloppy, slushy
loendral *s. m.* oleander grove
loendreira *s. f.* BOTÂNICA oleander
loendro *s. m.* BOTÂNICA oleander, rose-bay
loesse *s. m.* GEOLOGIA loess, löss
lofócomo *adj.* having tufted hair
lofodonte *adj.* lophodont
logaédico *adj.* logaoedic
Loganiáceas *s. f. pl.* BOTÂNICA *Loganiaceae*
logaritmação *s. f.* logarithmic operation
logarítmico *adj.* logarithmic
logaritmo *s. m.* MATEMÁTICA logarithm
lógia *s. f.* ARQUITECTURA loggia
lógica *s. f.* logic; reasoning; coherence; ***a lógica dos factos*** the logic of events
logicamente *adv.* logically
logicismo *s. m.* logicism
lógico Ⓐ *adj.* logical, reasonable, coherent, sound; ***argumento lógico*** logical argument; ***isso é lógico*** it stands to reason Ⓑ *s. m.* logician

logística *s. f.* logistics
logístico *adj.* logistic, logistical
logo Ⓐ *adv.* presently, soon, by and by, before long, later on; at once, immediately Ⓑ *conj.* therefore, hence, consequently, then, so; ***mais logo*** later on; ***desde logo*** from the very instant; ***logo que*** as soon as; ***logo no princípio*** at the very beginning; ***até logo!*** so long!, see you later!; ***logo (portanto)*** consequently; ***logo (imediatamente)*** on the heels of
logofobia *s. f.* morbid aversion to reading and speeches
logografia *s. f.* logography
logógrafo *s. m.* logographer
logogrífico *adj.* logogriphic
logogrifo *s. m.* logogriph (word puzzle)
logomaquia *s. f.* logomachy
logopedia *s. f.* logopaedics; speech therapy
logorreia *s. f.* logorrhea (excessive talkativeness)
logos *s. m.* Logos, The Word, Second Person of the Trinity
logotecnia *s. f.* science of the use and meaning of words
logótipo *s. m.* TIPOGRAFIA logotype
logração *s. f.* deception, trick, hoax, snare; enjoyment, possession
logradeira *s. f.* a female swindler
logradoiro *s. m.* ⇒ **logradouro**
logrador *s. m.* cheater, trickster, deceiver; swindler, crook
logradouro *s. m.* enjoyment, fruition; free ground near a house; ***logradouro público*** public place
logramento *s. m.* ⇒ **logração**
logrão *s. m.* swindler; greedy person
lograr *v. tr.* to enjoy, to get, to obtain; to profit, to succeed in, to achieve; to deceive, to cheat, to trick, to defraud, to swindle
logrativo *adj.* cheating, deceiving
logreiro Ⓐ *adj.* ⇒ **logrativo** Ⓑ *s. m.* usurer, money-lender
logro *s. m.* enjoyment, fruition, possession; deceit, cheat, trick, hoax, take-in, trap; ***cair no logro*** to fall into the trap; ***descobrir o logro*** to prick the bubble
logroína *s. f.* QUÍMICA ligroin
loguinho *adv.* ⇒ **logo**
loiça *s. f.* ⇒ **louça**
loiçaria *s. f.* ⇒ **louçaria**
loiceira *s. f.* ⇒ **louceira**
loiceiro *s. m.* ⇒ **louceiro**
lóio Ⓐ *s. m.* BOTÂNICA bluebottle, blue cornflower; a friar of Saint John the Evangelist Ⓑ *adj.* skyblue; ⌈pop.⌋ silly, foolish, ignorant
loira *s. f.* ⇒ **loura**
loiraça *s. f.* ⇒ **louraça**
loirar *v. intr.* ⇒ **lourar**
loirecer *v. tr. e intr.* ⇒ **lourecer**
loireira *s. f.* ⇒ **loureira**
loireiral *s. m.* ⇒ **loureiral**
loireiro *s. m.* ⇒ **loureiro**
loirejante *adj.* ⇒ **lourejante**
loirejar *v. intr.* ⇒ **lourejar**
loirejo *s. m.* ⇒ **lourejo**
loiro *adj.* ⇒ **louro**
loisa *s. f.* ⇒ **lousa**
loisão *s. m.* ⇒ **lousão**
loiseira *s. f.* ⇒ **louseira**
loiseiro *s. m.* ⇒ **louseiro**
loisífero *adj.* referring to a slate field; slate-producing
loja *s. f.* shop, store; cellar (underground room); ***loja de brinquedos*** toy-shop; ***loja de ferragens*** hardware shop, ironmonger's; ***pôr uma loja*** to set up a shop; ***ter loja*** to keep a shop; ***empregado de uma loja que acompanha e vigia os clientes*** shopwalker; ***fechar a loja*** to shut up shop; ***ladrão de lojas*** shop-lifter
lojeca *s. f.* stall, tiny shop
lojista *s. m. e f.* shopkeeper
Loligínidas *s. m. pl.* ⇒ **Loliginídeos**
Loliginídeos *s. m. pl.* ZOOLOGIA *Loliginidae*, family of squids
lomba *s. f.* ridge; crest; brow of a hill; slope; high plain; tableland; ⌈reg.⌋ laziness; indolence
lombada *s. f.* top, brow (of a hill); rump (of animal), back (of a book); loin
lombal *adj.* ⇒ **lombar**
lombar *adj.* lumbar; ***região lombar*** lumbar region
lombarda *s. f.* Lombardic
lombardeiro *adj.* ⇒ **lombardino**
lombardino *adj.* pied (bull)
lombardo Ⓐ *s. m.* Lombard Ⓑ *adj.* Lombardic; ***couve lombarda*** savoy cabbage
lombeira *s. f.* laziness, indolence; loin
lombeiro Ⓐ *adj.* lumbar, lumbal Ⓑ *s. m.* skin of the rump (or loin) of some animal
lombelo *s. m.* tenderloin (of pork)
lombinho *s. m.* tenderloin (of pork)
lombo *s. m.* loin, loins; ***lombo de vaca*** sirloin; ***lombo de vitela*** loin of veal; ***derrear os lombos*** to break one's back
lombocostal *adj.* lumbo-costal
lombrical *adj.* lumbrical
lombricóide Ⓐ *adj.* lumbricoid Ⓑ *s. m.* roundworm, earthworm
lombriga *s. f.* round-worm, earthworm, lumbricus
lombrigueira *s. f.* pinkroot, vermifuge
lombudo *adj.* strong-backed
lombumeral *adj.* lumbar-humeral
lomentáceo *adj.* BOTÂNICA lomentaceous
lomento *s. m.* BOTÂNICA loment
lona *s. f.* canvas, sail-cloth
lonca *s. f.* strip of leather
londrino Ⓐ *adj.* (of) London Ⓑ *s. m.* Londoner
longa *s. f.* MÚSICA minim designation
longada *s. f.* going a long way; ***ir de longada*** to go travelling
longal *adj.* longish, wide; enlarged, extensive
longamente *adv.* extensively, lengthily, for a long time, at length
longa-metragem *s. f.* full-length film, feature film
longânime *adj.* ⇒ **longânimo**
longanimidade *s. f.* longanimity, forbearance, patient endurance, long-suffering, patience
longânimo *adj.* forbearing, enduring, patient, tolerant; magnanimous, generous, high-minded
longarina *s. f.* NÁUTICA girder, keelson, spar; AERONÁUTICA longeron
longarino *s. m.* NÁUTICA ⇒ **longarina**
longe Ⓐ *adj., adv.* far, far off, at a great distance; a long way off, far away, distant, remote, removed; longish Ⓑ *s. m. pl.* background, the background of a picture; hints; semblance; ***assaz longe*** a good way off; ***ainda é muito longe daqui?*** is it still far?, is it still a long way?; ***muito ao longe*** far away; ***quando já iam um pouco longe*** when they had gone some way; ***longe de mim a ideia de dizer tal coisa!*** far be it from me to say that!; ***muito longe*** a great way off; ***mais longe*** farther; ***de longe a longe*** at long intervals, once in a blue moon; ***longe disso*** far from it; ***longe da vista, longe do coração*** out of sight, out of mind; ***ao longe*** at a distance, far off; ***de longe*** from afar
longevidade *s. f.* longevity, long life
longevo *adj.* long-lived, longeval, longaeval
longicaule *adj.* BOTÂNICA long-stemmed
longicórneo *adj.* ZOOLOGIA longicorn
longímano *adj.* longimanous
longimetria *s. f.* longimetry
longinquidade *s. f.* longinquity, remoteness

longínquo *adj.* distant, far, far off, far-away, remote; ***regiões longínquas da terra*** the remote regions of the earth
longípede *adj.* ZOOLOGIA long-footed
longipene *adj.* ZOOLOGIA longipennate (with long wings)
longipétalo *adj.* BOTÂNICA long-petalled
longirrostro *adj.* ZOOLOGIA longirostral
longitarso *adj.* having long tarsi
longitroante *adj.* far (distant) sounding
longitude *s. f.* longitude; ***longitude de chegada*** longitude in; NÁUTICA ***longitude de partida*** departing longitude
longitudinal *adj.* longitudinal
longitudinalmente *adv.* longitudinally
longo *adj.* long, extensive, extended; lengthy, drawn out, protracted, prolonged; prolix, diffuse; ***ao longo da costa*** along shore, coastwise; ***longo curso*** distant trade, foreign trade, long-distance; ***uma viagem longa*** a long journey; ***longa vida*** long life; ***um discurso longo*** a long speech; ***longos anos de miséria*** long years of misery
longor *s. m.* length; [fig.] delay
longrina *s. f.* railway sleeper; ⇒ **longarina**
longueirão Ⓐ *s. m.* ZOOLOGIA razor shell Ⓑ *adj.* very long
longueza *s. f.* length
longuidão *s. f.* length; delay
longura *s. f.* ⇒ **longuidão**
lonicéria *s. f.* BOTÂNICA honeysuckle, woodbine
lonjura *s. f.* [pop.] great distance, distance, remoteness, farness
lonquear *v. tr.* [Bras.] to clean the leather
lontra *s. f.* ZOOLOGIA otter; ***cão de lontras*** otter-hound; ***cor de lontra*** otter-coloured; ***caça às lontras*** otter hunting
loquacidade *s. f.* loquacity, loquaciousness, garrulity, talkativeness, babbling, prattle
loquaz *adj.* loquacious, talkative, garrulous, babbling, chatty, prattling
loquazmente *adv.* loquaciously
loque *s. m.* FARMACOLOGIA lohock; MEDICINA linctus
loquela *s. f.* speech, talk, chat, discourse; loquacity, garrulity, gift of gab
loquete *s. m.* padlock; detachable lock
lora *s. f.* burrow, den, lurking hole, lair
lorca *s. f.* ⇒ **lura**
lorcha *s. f.* lorcha, lorch
lorde *s. m.* lord, noble, nobleman; (as a title) the Lords of the Admiralty, the Lord Mayor of London
lordose *s. f.* MEDICINA lordosis
lorga *s. f.* ⇒ **lora, lura**
loriga *s. f.* lorica
lorigado *adj.* loricated, loricate
lorigão *s. m.* heavy lorica, heavy cuirass
lornhão *s. m.* lorgnom, lorgnette
loro *s. m.* stirrup-strap, lore
lorpa Ⓐ *adj.* imbecile, stupid, idiotic, foolish, drivelling, inane; heavy, awkward Ⓑ *s. m. e f.* lout, simpleton, bumpkin, idiot, imbecile, moon-calf, fool, half-wit
lorpice *s. f.* loutishness, clumsiness
losango *s. m.* GEOMETRIA lozenge
losna *s. f.* BOTÂNICA wormwood; absinth, absinthe
lostra *s. f.* [pop.] ⇒ **bofetada**
lota *s. f.* place where fish is taxed and sold; lot of fish (sold by auction)
lotação *s. f.* capacity (of a vehicle, theatre, etc.); allotment, apportioning, division into lots; valuation, estimate; ***lotação (de navio)*** complement (the full number of officers and men allowed to a ship); ***lotação esgotada*** full house, full (up); ***lotação de vinhos*** blending of wines
lotador *s. m.* auctioneer, appraiser, valuer, estimator
lotar *v. tr.* to allot, to divide into lots; to value, to appraise, to estimate; to blend wines
lotaria *s. f.* lottery; ***ter um prémio na lotaria*** to draw a prize in the lottery; ***diz-se que o casamento é uma lotaria*** marriage is said to be a gamble
lote *s. m.* lot, allotment, portion, quantity; item (to be sold at an auction sale); share; NÁUTICA batch, lot; ***lote de terreno*** plot (of ground)
loteamento *s. m.* lotting, the division of land into parcels or lots
lotear *v. tr.* ⇒ **lotar**
loto *s. m.* ⇒ **lódão**; lotto, loto (game)
lotófago *adj.* lotus-eating
louça *s. f.* china, crockery; all the contrivances made of wood employed in wine producing (casks, barrels, etc.); ***louça da China, de porcelana*** china (ware), porcelain; ***louça de barro*** earthenware; ***louça de barro vidrado*** glazed earthenware; ***louça de ferro*** iron ware; ***louça de estanho*** pewter; ***louça ordinária de barro amarelo vidrado*** Welsh ware; ***louça de esmalte*** enamelled ware; ***louça de cozinha*** kitchen utensils; ***lavar a louça*** to wash up, to wash the dishes; ***isso é outra louça*** that's a horse of another colour
louçainha *s. f.* finery; pomp, display; gaiety (of dress)
louçainhar *v. tr.* to embellish, to garnish, to decorate, to beautify
louçainho *adj.* adorned, elegant, chic
loucamente *adv.* foolishly, madly, wildly, furiously
louçania *s. f.* finery, set-off, show, pomp, showiness; freshness, verdure
loução *adj.* gay, fine, beautiful, elegant, smart, handsome; showy, gaudy, flash, gorgeous, dressy
louçaria *s. f.* crockery shop, china-shop; pots and pans
louceira *s. f.* woman who sells china-ware
louceiro *s. m.* dealer in crockery; crockery-maker; potter; china cupboard
louco Ⓐ *adj.* mad, insane, lunatic, crazy, crazed, raving, demented, deranged, wild, distracted, furious, raging, out of one's wits Ⓑ *s. m.* madman, lunatic, maniac; ***louco (impulsivo)*** mad-cap; ***correr como louco*** to run like mad; ***estar louco por*** to be mad on, to be keen on; ***proceder como um louco*** to behave like a madman; ***falar como um louco*** to talk like a madman; ***estar louco de contente*** to be mad with joy, to be wild with joy; ***a palavras loucas, orelhas moucas*** a foolish question requires no answer, for mad words dead ears
loucura *s. f.* madness, folly, insanity, lunacy, craziness, derangement, distraction, wildness, raving; fury, frenzy, rage; ***é completa loucura*** it is sheer folly; ***é o cúmulo da loucura*** it's the height of folly
loudel *s. m.* buffcoat
louquejar *v. tr.* to act foolishly, to act like a madman
louquice *s. f.* ⇒ **loucura**
loura *s. f.* blond(e), fair (woman); corn of the valve of a fruit; sovereign; ⇒ **lura**
louraça *s. m. e f.* simpleton; flaxen-haired person
lourar Ⓐ *v. tr.* to make yellow Ⓑ *v. intr.* to grow yellow; to become light (fair)
lourecer *v. intr.* ⇒ **lourar**
loureira *adj.* showy, dressy, gaudy, garish, smart
loureiral *s. m.* laurel-grove
loureiro *s. m.* BOTÂNICA laurel, laurel-tree, bay
lourejante *adj.* yellowing; making yellow
lourejar *v. tr. e intr.* ⇒ **lourar**
lourejo *s. m.* browning, yellowing; golden colour
louro Ⓐ *s. m.* BOTÂNICA laurel, laurel-tree, bay; distinctive honour; [fam.] Poll(y), a parrot Ⓑ *adj.* fair, light, blond; ***cabelo louro*** fair hair, golden hair; ***ganhar louros*** to win laurels; ***coroa de louros*** laurel wreath; ***dormir sobre os louros*** to rest on one's laurels
lousa *s. f.* slate; blackboard; tombstone, gravestone; bird-trap, rabbit-burrow; pitfall; ***cousas e lousas*** various topics, this and that

lousão *s. m.* large slate; snare, pitfall
louseira *s. f.* slate-quarry
louseiro *s. m.* slater; slate-dealer
lousífero *adj.* ⇒ **loisífero**
louva-a-deus *s. m.* ENTOMOLOGIA mantis, praying mantis
louvação *s. f.* valuation, appraisement; official valuation; praise, praising, commendation, laudation, eulogy, encomium
louvada *s. f.* [reg.] salutation (praised be Jesus Christ)
louvado *s. m.* valuer, assessor, arbiter
louvador Ⓐ *s. m.* praiser, flatterer, sycophant, fawner Ⓑ *adj.* praising, flattering, fawning
louvamento *s. m.* ⇒ **louvação**
louvaminha *s. f.* coaxing, fawning, flattery, sycophancy, servility, cajolery, adulation
louvaminhar *v. tr.* to toady, to fawn, to coax, to flatter, to cajole, to wheedle
louvaminheiro *s. m.* fawner, flatterer, sycophant, wheedler, toady, lick-spittle
louvar Ⓐ *v. tr.* to praise, to extol, to laud, to exalt, to flatter, to compliment, to eulogize, to applaud; to glorify, to worship, to do honour to Ⓑ *v. refl.* to boast, to swagger; ***louvar exageradamente*** [fam.] to lay it on thick; ***é para louvar a Deus*** it is a matter for which to thank God; ***louvado seja Deus!*** God be praised!, praise be to God!
louvável *adj.* praiseworthy, commendable, laudable; ***esforços muito louváveis*** most praiseworthy efforts
louvavelmente *adv.* laudably
louvor *s. m.* praise, commendation, eulogy, encomium, laudation, laud; glorification; ***digno de louvor*** worthy of praise, praiseworthy; ***ganhar louvores*** to win high praise
loxodromia *s. f.* NÁUTICA loxodromics (oblique sailing)
loxodrómico *adj.* loxodromic(al)
loxodromismo *s. m.* loxodromism
lua *s. f.* moon; ***lua nova*** new moon; ***lua cheia*** full moon; ***andar na lua*** to be in the clouds; ***movimento oscilatório da Lua*** libration of the moon; ***a lua cresce e mingua*** the moon waxes and wanes; ***pôr alguém nos cornos da lua*** to extol one to the very skies
luada *s. f.* influence of the moon (popular belief)
lua-de-mel *s. f.* honeymoon
luar Ⓐ *s. m.* moonlight, moonshine; ***um passeio ao luar*** a moonlight ramble; ***noite de luar*** moonlight night; ***ao luar*** by moonlight; ***fará luar esta noite?*** will there be a moon tonight?, is there moonlight tonight?
luarejar *v. tr. e intr.* to light, to illuminate, to brighten, to flood (of the moon)
luarento *adj.* moonlit, lit by the moon; flooded with moonlight
luarizar *v. tr. e intr.* ⇒ **luarejar**
lubricamente *adv.* lasciviously
lubricar *v. tr.* to lubricate; to make lubricious; to use a laxative
lubricidade *s. f.* lubricity, lewdness, lasciviousness, sensuality, smoothness
lúbrico *adj.* lubricous, smooth, slippery; lewd, lascivious, sensual
lubrificação *s. f.* lubrication; ***lubrificação automática*** self-lubrication; ***lubrificação forçada*** forced lubrication; ***caixa de lubrificação*** oil-box; ***tubo de lubrificação*** oil-pipe; ***canal de lubrificação*** oil-groove
lubrificador Ⓐ *s. m.* lubricator, lubricant Ⓑ *adj.* lubricating
lubrificante Ⓐ *s. m.* lubricator; lubricant Ⓑ *adj.* lubricating, lubricative; ***massa lubrificante*** grease
lubrificar *v. tr.* to lubricate, to oil; to besmear, to grease; ***lubrificar com óleo*** to oil
luca *s. f.* ZOOLOGIA tree toad
lucanário *s. m.* space between beams
lucano *adj.* Lucanian, inhabitant of Lucania (Italy)
lucão *s. m.* a variety of fishing-net
lucarna *s. f.* garret-window, dormer-window, lucarne, skylight
lucente *adj.* ⇒ **luzente**
lucerna *s. f.* skylight; a light, a lamp
lucescente *adj.* shining
luchar *v. tr.* to dirty, to soil
lucho *s. m.* dirtiness
luchoso *adj.* dirty, soiled
lúcia-lima *s. f.* BOTÂNICA lemon-scented verbena
lucidamente *adv.* lucidly, clearheadedly
lucidar *v. tr.* to pounce, to transfer design to object beneath, to trace
lucidez *s. f.* lucidity, lucidness, soundness, clearness; clear-headedness, brightness, perspicacity
lúcido *adj.* lucid, clear, sound, perspicuous, bright, clear-headed, discerning; ***intervalos lúcidos*** lucid intervals; ***espírito lúcido*** lucid mind
Lúcifer *s. m.* Lucifer; Venus, morning star (among the Romans); Satan
luciferário *s. m.* candle-bearer (at a procession)
luciférico *adj.* ⇒ **luciferino**
luciferino *adj.* luciferian, devilish, diabolical, satanic
lucífero *adj.* luciferous
lucífilo *adj.* light-seeking
lucífugo *adj.* lucifugous, light-shunning
lucilação *s. f.* glimmer, glimmering, gleam
lucilante *adj.* glimmering, gleaming
lucilar *v. intr.* to glimmer, to gleam, to glitter; to twinkle; to flicker
luciluzir *v. intr.* ⇒ **lucilar**
lucímetro *s. m.* lucimeter, photometer
Lucina *s. f.* [poét.] Lucina (the moon, by identification with Diana)
lúcio *s. m.* ICTIOLOGIA pike
lucipotente *adj.* intensely bright
lucivelo *s. m.* lampshade
luco *s. m.* [arc.] wood, forest; kind of cereal of Africa and India
lucrar *v. tr.* to gain, to profit by, to benefit, to win, to earn, to reap, to make gains; to take advantage of; ***tem tudo a lucrar e nada a perder*** he has everything to gain and nothing to lose
lucrativamente *adv.* lucratively, profitably
lucrativo *adj.* lucrative, profitable, advantageous; ***negócio lucrativo*** lucrative trade, money-making business
lucro *s. m.* profit, gain; *pl.* profits, earnings, gainings, gettings; *pl.* proceeds, returns; *pl.* advantage, benefit, good; ***lucro bruto*** gross profit; ***lucro líquido*** net profit, clear gain; ***tirar lucro*** to make a profit; ***lucros e perdas*** profit and loss; ***tirar um pequeno lucro do capital*** to get a small return for one's money; ***lucro limitado*** limited profit; ***com o lucro de*** at a profit of; ***com lucro*** at a profit; ***participação nos lucros*** profit-sharing; ***arriscar todos os lucros ao jogo*** to go nap, to risk all the profit of the game
lucroso *adj.* ⇒ **lucrativo**
luctífero *adj.* sorrowful, saddening
luctífico *adj.* ⇒ **luctífero**
luctíssono *adj.* of a lugubrious (mournful) sound, sounding lugubriously
lucubração *s. f.* lucubration, meditation, cogitation, pondering; nocturnal study
lucubrar *v. intr.* to lucubrate, to work at night; to work laboriously; to meditate, to cogitate, to ponder
lúcula *s. f.* ASTRONOMIA brilliant tracing at the surface of the sun
luculento *adj.* [poét.] luculent, bright, shining; splendid
luculiano *adj.* lucullian, lucullean
ludião *s. m.* cartesian diver; [fam.] bottle-imp

L

ludibriante *adj.* deceiving; derisive; ridiculing
ludibriar *v. tr.* to deceive, to cheat, to dupe, to fool, to trick; to mock, to deride, to ridicule
ludíbrio *s. m.* mockery, derision, laughing-stock, butt of ridicule; deception
ludibrioso *adj.* scornful, derisive, mocking
lúdico *adj.* relative to play (amusement, entertainment)
lúdio *s. m.* ⇒ **ludião**
lúdion *s. m.* ⇒ **ludião**
ludo *s. m.* ludo
ludomania *s. f.* PATOLOGIA mania for games (amusement)
ludoteca *s. f.* place where toys are lent for children to play
ludoterapia *s. f.* MEDICINA physiotherapy treatment using games; form of physiotherapy
ludreiro *s. m.* mud-hole, quagmire, patch of mud (mire)
lúdrico *adj.* ludicrous, absurd, ridiculous, laughable, comical, funny, droll
ludro *adj.* dirty, foul; turbid; greasy (of wool) uncleansed
ludroso *adj.* ⇒ **ludro**
lues *s. f.* MEDICINA lues, syphilis
luético *adj.* MEDICINA luetic
lufa *s. f.* blast, gust (puff) of wind; bustle, fuss, ado, hurry, flurry
lufada *s. f.* squall, blast, gust; ***às lufadas*** by fits and starts, by jerks; ***preciso de uma lufada de ar fresco*** I want a whiff of fresh air
lufa-lufa *s. f.* bustle, fuss, ado, fussy activity; hurry, great haste; ***andar numa lufa-lufa*** to be on the rush
lufar *v. intr.* to blow hard (wind); to puff, to pant, to gasp
lugar *s. m.* room, space; accommodation; place, locality, spot, site, position, situation, location; seat; hamlet, village; office, position, post, appointment, employment; ***em lugar seguro*** in safety, in a safe place; ***em primeiro lugar*** in the first place, firstly; ***em segundo lugar*** secondly; ***em terceiro lugar*** thirdly; ***em lugar de*** instead of; ***lugar comum*** commonplace; ***lugar geométrico*** locus; ***percorrer um lugar*** to go the rounds; ***lugar frequentado*** place of resort; ***dar lugar a*** to give room to, to make room for; ***dar lugar a que se faça*** to give an occasion to do; ***pôr-se no seu lugar*** to keep to one's place; ***cada um no lugar que lhe compete*** the right man in the right place; ***levantar-se do lugar*** to rise from one's seat; ***este lugar está desocupado?*** is this seat free?; ***todos os lugares na sala estão ocupados*** all the seats in the room are occupied; ***o teatro tem cerca de oitocentos lugares*** the theatre can seat about 800 people; ***já não há lugar*** there is no more room (no vacancy); ***tomar lugar*** to take place; ***um lugar afastado*** a secluded spot; ***marcar lugar (no comboio, teatro, etc.)*** to secure seats, to book seats (for the train, theatre, etc.); ***lugar (posto) importante*** an important post (position); ***lugar (para estar de pé)*** standing-room; ***no seu lugar*** in his stead; ***lugar onde não se pode avançar nem recuar*** in a cleft stick; ***lugar de segunda classe*** second class seat; ***ele ocupa um bom lugar*** he holds a good position; ***é um lindo lugar*** it is a pretty place; ***um lugar para cada coisa e cada coisa no seu lugar*** a place for everything and everything in its place; ***tomar o lugar à mesa*** to take one's place at table; ***a mesa ocupa muito lugar*** the table takes up too much room; ***lugar superior (num hipódromo ou estádio)*** grand stand (at a racecourse or stadium); ***um lugar ao sol*** a place in the sun; ***eu não gostaria de estar no teu lugar*** I should not like to be in your shoes
lugar-comum *s. m.* commonplace, trite, figure, cliché
lugarejo *s. m.* hamlet, little village
lugar-tenência *s. f.* lieutenancy, locum-tenancy
lugar-tenente *s. m.* lieutenant, locum tenens, substitute
lugente *adj.* plaintive, mournful, lugubrious
lugre *s. m.* lugger; ***lugre escuna*** jackass, three-mast topsail schooner; ***lugre patacho*** barquentine
lúgubre *adj.* lugubrious, dismal, sad, mournful, doleful, gloomy, dark, sinister, funereal
lugubremente *adv.* lugubriously, mournfully, sadly, sorrowfully, darkly
lugubridade *s. f.* lugubriousness, mournfulness, sadness, gloominess, dolefulness
luís *s. m.* louis d'or (a French gold coin)
lula *s. f.* ZOOLOGIA calamary, squid
lulu *s. m.* small long-haired dog
lumaquela *s. f.* lumachel(la)
lumaréu *s. m.* bonfire; blaze, flame, flare, fire
lumbago *s. m.* MEDICINA lumbago
lumbrical *adj.* lumbrical
lumbricida *adj.* MEDICINA vermicidal, anthelmintic
lumbricóide *adj.* ⇒ **lombricóide**
lume *s. m.* fire; flame; (match-box) light, match; (fireplace) hearth; [fig.] perspicacity, spirit, enthusiasm, intensity, ardour; ***acender o lume*** to light the fire; ***ao lume*** by the fire; ***não deixar apagar o lume*** to keep up the fire; ***atiçar o lume*** to poke the fire; ***deixar apagar o lume*** to let the fire go out; ***apagar o lume*** to put out the fire; ***vir a lume*** to come to light, to be revealed, to be published; ***trazer a lume*** to bring to light; ***ao lume da água*** between wind and water; ***com o lume ao pé da estopa, vem o diabo e sopra*** he who blows in the fire will get sparks in his eyes; ***dá-me lume, se faz favor?*** could you oblige me with a match?, could you give me a light, please?
lúmen *s. m.* lumen (*plural* lumina), unit of light
lume-pronto *s. m.* wooden match of an old kind
lumiar Ⓐ *v. tr.* [pop.] ⇒ **alumiar** Ⓑ *s. m.* ⇒ **limiar**
lumieira *s. f.* skylight, fan-light; candlestick; torch
lumieiro *s. m.* heavenly body, star; (source of) light; glow-worm, firefly; ⇒ **lumieira**
luminância *s. f.* luminance
luminar Ⓐ *s. m.* luminary, heavenly body; enlightened (eminent) person, authority Ⓑ *adj.* shining, illuminating
luminária *s. f.* lamp, candle, night light, oil lamp; [fig.] luminary, person of intellectual eminence, authority; *pl.* festival lights, illuminations; ***pateta das luminárias*** wiseacre, simple Simon
luminescência *s. f.* luminescence, glow
luminescente *adj.* luminescent, giving light, shining, glowing
luminista *s. m. e f.* luminarist, [arc.] luminist
luminosamente *adv.* luminously
luminosidade *s. f.* luminosity
luminoso *adj.* luminous, bright, emitting light glowing, radiant, resplendent, brilliant, shining, lucent
lunação *s. f.* lunation
lunado *adj.* crescent-shaped, lunate, lunated
lunar Ⓐ *s. m.* mole; birthmark Ⓑ *adj.* lunar; ***raio lunar*** moonbeam; ***ano lunar*** lunar year; ***sonda lunar*** moonlead; ***módulo lunar*** lunar module
lunária *s. f.* BOTÂNICA lunary, honesty (garden plant)
lunário *s. m.* lunar calendar
lunático Ⓐ *adj.* lunatic, insane, mad, crazy Ⓑ *s. m.* madman, insane person, lunatic, crack
lundu *s. m.* ⇒ **lundum**
lundum *s. m.* a dance of African origin
luneta *s. f.* lunette, lunet(t), lens; pince-nez; [arc.] lunette; lunette (of guillotine); lunula (of monstrance); ***luneta de sextante*** glass of sextant; ***luneta astronómica*** telescope; ***luneta terrestre*** terrestrial eyepiece; ***luneta meridiana*** transit instrument
lunfardo *s. m.* [Bras.] thief; pilferer
lunícola *s. m. e f.* lunarian
luniforme *adj.* luniform, crescent-shaped
lunissolar *adj.* lunisolar
luntra *s. f.* ⇒ **lontra**
lúnula *s. f.* ASTRONOMIA satellite; GEOMETRIA lune; ANATOMIA, ZOOLOGIA lunule

lunulado *adj.* lunulate, crescent-shaped; lunula; lunulated
lunular *adj.* lunular, crescent-shaped
lupa *s. f.* magnifying glass; tumour (in horses' knee)
lupanar *s. m.* brothel, bawdy-house, bagnio, whore house
lupanário *adj.* brothelling, brothel
lupercais *s. f. pl.* lupercalia
lúpia *s. f.* wen; ***lúpia crassa*** lipoma, fatty tumour
lupinastro *s. m.* BOTÂNICA Siberian species of clover
lupino *adj.* wolfish, fierce, ravenous, lupine
lupinose *s. f.* lupinosis (poisoning of sheep, goats, cattle and horses, by plants of the genus *Lupinus*)
lupulina *s. f.* BOTÂNICA black medick, trefoil; lupulin
lúpulo *s. m.* hop; ***colheita de lúpulo*** hop-picking; ***plantação de lúpulo*** hop-garden; ***haste de lúpulo*** hop-pole
lúpus *s. m.* MEDICINA lupus vulgaris
lura *s. f.* burrow, warren
lurar Ⓐ *v. tr.* to hollow out, to excavate, to burrow Ⓑ *v. refl.* to hide in a burrow
lúrido *adj.* lurid, sallow, pale, wan
lusco *adj.* one-eyed; squint-eyed, cross-eyed
lusco-fusco *s. m.* dusk, twilight, gloaming, nightfall; ***ao lusco-fusco*** in the twilight, at dusk, at nightfall, at the fall of night
lusíada *s. m. e f.* Lusiad, Lusitanian; *pl.* the Lusiads (epic poem by Camões)
lusificar *v. tr.* to render Lusitanian
lusismo *s. m.* an idiom especially Portuguese
lusitânico *adj.* ⇒ **lusitano**
lusitanidade *s. f.* Lusitanity
lusitanismo *s. m.* Portuguese expression
lusitano *s. m., adj.* Lusitanian, Portuguese
luso *s. m., adj.* Lusitanian, Lusian
luso-africano *adj.* Luso-African
luso-americano *adj.* Luso-American
luso-árabe *adj.* Luso-Arabian
luso-brasileiro *adj.* Luso-Brazilian
luso-castelhano *adj.* Luso-Castilian
lusofilia *s. f.* Lusophilism; love of Portugal
lusófilo *adj.* Lusophile; lover of Portugal
lusofobia *s. f.* Lusophobia
lusófobo *adj.* Lusophobic
lusofonia *s. f.* lusophony, Portuguese language
lusófono Ⓐ *adj.* Portuguese; Portuguese speaking Ⓑ *s. m.* Portuguese; Portuguese speaker
lustração *s. f.* lustration, purification; washing; glossing, polishing, shining
lustradeira *s. f.* polishing machine
lustradela *s. f.* polishing, glossing
lustrador *s. m.* polisher, glosser, shiner, burnisher
lustral *adj.* lustral
lustrar Ⓐ *v. tr.* to polish, to gloss, to burnish, to make shiny, to make glossy; to lustrate, to purify Ⓑ *v. intr.* to glare, to shine
lustre *s. m.* lustre, gloss, brilliancy, shininess, brightness, sheen, radiance, resplendence, resplendency, splendour; glory, honour; polishing; candelabrum, chandelier (of crystal, or glass)
lustrilho *s. m.* lustring
lustrina *s. f.* alpaca
lustrino *adj.* ⇒ **lustroso**
lustro[1] *s. m.* lustrum (period of five years); *pl.* lustra, lustrunes
lustro[2] *s. m.* ⇒ **lustre**
lustroso *adj.* glossy, sheeny, shining, bright, lustrous
luta *s. f.* struggle, strife, fight, battle, conflict, contest, combat, wrestling; [fig.] toil, pains, effort, labour; ***luta livre*** catch-as-catch-can; ***luta greco-romana*** wrestling; ***luta corpo a corpo*** hand-to-hand fight; ***desistir da luta*** to throw up the sponge; ***luta pela vida*** struggle for life; ***luta pela existência*** struggle for existence; ***é uma luta desesperada para equilibrar o barco*** it is a desperate struggle to make both ends meet; ***luta desesperada*** life-and-death struggle; ***luta de classes*** class struggle
lutador *s. m.* wrestler, fighter, contender
lutagem *s. f.* gluing, sticking, smearing
lutar Ⓐ *v. intr.* to struggle, to fight, to contend against, to combat, to wrestle; to strive, to try, to endeavour; to labour, to toil Ⓑ *v. tr.* to lute, to seal (to stop, to make air-tight) with lute; ***lutar contra*** to cope with; ***lutar contra um obstáculo*** to cope with a difficulty; ***lutar para alcançar uma posição na sociedade*** to struggle for a position in society; ***lutar pela vida*** to struggle for life; ***lutar até à última*** to die in the last ditch, to fight to the last; ***lutar contra uma força superior*** to fight against greater odds; ***lutar para ganhar a vida*** to struggle for a living; ***lutar com dificuldades*** to contend with difficulties, to be hard up; ***lutar com o mar*** to struggle with the waves; ***lutar com unhas e dentes*** to fight tooth and nail; ***lutar até ao fim*** to fight to the bitter end; ***lutar em vão*** to beat the air
lutécio *s. m.* QUÍMICA lutecium
luteicórneo *adj.* ZOOLOGIA having yellow horns
luteína *s. f.* QUÍMICA lutein
lúteo *adj.* yellow
luteranismo *s. m.* Lutheranism
luterano *s. m., adj.* Lutheran
lutina *s. f.* lute (string instrument); mandolin, mandola, mandore
luto *s. m.* mourning; grief, sorrow, sadness; mourning dress; QUÍMICA lute; ***estar de luto*** to be in mourning; ***vestir-se de luto*** to put on mourning, to go into mourning, to go into black; ***luto pesado*** deep mourning; ***luto aliviado*** half mourning; ***tarja de luto (nas cartas)*** mourning border; ***luto nacional*** national mourning; ***papel de luto*** mourning-paper; ***deixar o luto*** to leave off mourning; ***luto de viúva*** widow's weeds
lutulência *s. f.* lutulence, muddiness, mud, mire, dirt
lutulento *adj.* lutulent, muddy, miry, dirty, turbid
lutuosa *s. f.* obituary death notice
lutuoso *adj.* mournful; gloomy, sad, doleful
luva *s. f.* glove; gauntlet; handwear; *pl.* [fig.] premium, gratuity, tip, present; ***luvas forradas*** lined gloves, fur gloves; ***luvas de borracha*** rubber gloves; ***alargar luvas*** to stretch gloves; ***alargador de luvas*** glove-stretcher; ***luvas de pelica branca*** white kid gloves; ***peguei numa luva em vez de outra*** I took the wrong glove; ***levantar a luva*** to take up the glove; ***atirar a luva*** to throw down the glove; ***assentar como uma luva*** to fit like a glove; ***descalçar as luvas*** to take off one's gloves
luvaria *s. f.* glover's shop, glove-shop
luvas-de-nossa-senhora *s. f. pl.* BOTÂNICA purple foxglove(s)
luveiro *s. m.* glover, glove maker
lux *s. m.* ÓPTICA lux, unit of illumination
luxação *s. f.* luxation, dislocation
luxado *adj.* luxated, dislocated, out of joint
luxar Ⓐ *v. tr.* to luxate, to dislocate, to disjoint, to sprain, to put out of joint Ⓑ *v. intr.* to show off, to display great luxury, to flaunt, to parade, to dress expensively, to dress ostentatiously
luxemburguês Ⓐ *adj.* Luxembourg Ⓑ *s. m.* Luxembourger
luxento *adj.* ⇒ **luxuoso**
luxo *s. m.* luxury, finery; show, sumptuousness, splendour, pomp; ***viver com luxo e conforto*** to live in the lap of luxury; ***edição de luxo*** de luxe edition; ***artigos de luxo*** luxury articles
luxuário *adj.* (having to do with) luxury, finery, show
luxuosamente *adv.* luxuriously, ostentatiously, sumptuously, magnificently; ***trajar luxuosamente*** to dress sumptuously

luxuosidade *s. f.* luxury, luxuriousness, pomp
luxuoso *adj.* luxurious, showy, sumptuous, splendid, magnificent, ostentatious; ***casa luxuosa*** luxurious house; ***mobília luxuosa*** luxurious furniture
luxúria *s. f.* luxuriant (exuberant) growth; luxury, luxuriousness, lust, lewdness, lasciviousness, sensuality, lechery
luxuriante *adj.* luxuriant, exuberant, growing luxuriantly, profuse, abundant, plentiful, copious, rank; ⇒ **luxurioso**
luxuriar *v. intr.* to luxuriate, to grow luxuriantly, to grow rankly and exuberantly; to be lustful, to be lewd
luxurioso *adj.* luxuriant, rank, exuberant; wanton, lustful, licentious, lewd, sensual
luz *s. f.* light; brightness, gleam, radiance; luminosity, illumination; torch, lamp, candle; [fig.] knowledge, instruction, elucidation, explanation, enlightenment; *pl.* notions, inkling; ***à luz de*** by the light of; ***luz solar*** sunlight, light of the sun, sunshine; ***luz coada*** subdued light; ***luz artificial*** artificial light; ***luz eléctrica*** electric light; ***luz branca*** white light; ***luz na cauda (de um comboio, automóvel, etc.)*** tail light; ***quebra-luz*** lampshade; ***lançar luz*** to throw light (upon); ***trazer à luz*** to bring to light; ***ver a luz*** to see light; ***vir à luz*** to come to light, to come out, to appear; ***a luz é má*** the light is bad (poor); ***luz boa*** a good light; ***à meia luz*** between the lights, in the gloom; ***luz de vela*** candlelight; ***abrir a luz eléctrica*** to switch on the light; ***apagar a luz*** to switch off the light; ***dar à luz*** to give birth to; ***ela é a luz dos meus olhos*** she is the light of my eyes; NÁUTICA ***luzes apagadas*** lights out; ***luz de fundeadouro*** anchor light; ***luz da gávea*** top-light; ***casa das luzes*** lamp-room; ***luzes de porto*** position lights; ***luzes regulamentares*** regulation lights
luze-cu *s. m.* ⇒ **pirilampo**
luzeiro *s. m.* star; blaze; light; lighthouse, beacon; eminent person, authority; *pl.* the eyes
luze-luze *s. m.* [pop.] glow-worm, firefly
luzente *adj.* bright, shining, gleaming, glittering, glowing
luzerna *s. f.* BOTÂNICA lucerne, alfalfa, purple medick
luzernal *s. m.* ⇒ **luzerneira**
luzerneira *s. f.* lucerne field
luzetro *s. m.* BOTÂNICA euphorbia
luzidamente *adv.* splendidly, sumptuously, magnificently, pompously
luzidio *adj.* glittering, glistening, shining, glossy
luzido *adj.* sumptuous, splendid, superb, stately, noble, grand, magnificent, brilliant, pompous, showy
luzilume *s. m.* ⇒ **pirilampo**
luziluzir *v. intr.* to glimmer, to twinkle
luzimento *s. m.* pomp, sumptuousness, magnificence, brilliancy, splendour, grandeur, display, parade, showiness; ***com luzimento*** sumptuously
luzir *v. intr.* to shine, to glitter, to gleam, to glow, to radiate, to coruscate, to sparkle, to glimmer, to glare, to scintillate; to be eminent, to be distinguished, to excel; ***as pedras preciosas luzem ao sol*** jewels sparkle in the sun; ***nem tudo o que luz é ouro*** all is not gold that glitters

m, M *s. m.* the thirteenth letter of the alphabet; GRAMÁTICA masculine; 1000 in Roman numerals

m ||*símbolo de* **metro**|| m (metre, meter)

má *adj.* {*fem. de* **mau**} bad; ***de má vontade*** unwillingly

maba *s. f.* a plant of the family *Ebenaceae*

mabela *s. f.* an African tree

mabu *s. f.* an African palm tree

maca *s. f.* litter; hammock; stretcher

maça *s. f.* club; mace; ***maça de calceteiro*** beetle, rammer

maçã *s. f.* apple; ***maçã do rosto*** cheek-bone; ***maçã reineta*** rennet; ***torta de maçã*** apple-pie; ***aguardente de maçã*** apple brandy; ***caroço de maçã*** apple core

macabeu *adj.* Maccabean

macabro *adj.* macabre, ghastly, gruesome; ***dança macabra*** *danse macabre*, dance of death

macaca *s. f.* monkey, she-ape; ***estar com a macaca*** to have a run of ill-luck

macacada *s. f.* a large quantity of monkeys; monkey tricks; buffoonery

macacal *adj.* apish; ape-like

macacão *s. m.* big monkey; sly, shrewd person, dodger

macacaria *s. f.* monkeys; monkeys' cage; chatter of monkeys; mimicking, monkey trick

macacaúba *s. f.* macaw tree

macaco Ⓐ *s. m.* monkey, ape (gorilla, chimpanzee, orang-outang, orangutan, gibbon); imitator, a mischievous, mimicking, playful young person; MECÂNICA jack Ⓑ *adj.* monkeyish; sly, cunning, astute; ***macaco de rosca*** jack screw, screw jack; ***macaco de tesar*** rigging-screw, turnbuckle; ***macaco hidráulico*** hydraulic jack; ***macacos me mordam ...*** I'll be shot if ..., I'll be damned if; ***morte macaca*** sudden death; ***(fato-)macaco*** overall

macacoa *s. f.* [pop.] slight illness; headache

macacório *adj.* treacherous; ⇒ **macacão**

maçacote *s. m.* BOTÂNICA glass wort

maçada *s. f.* bother, trouble, nuisance, annoyance, worry, tiresome talk; tedious task; clubblow; ***uma tremenda maçada*** a frightful nuisance, a thundering nuisance; ***dava-lhe muita maçada?*** would it trouble you too much?; ***que maçada!*** what a bore!, o bother!; ***uma maçada terrível*** a terrible bore

macadame *s. m.* macadam; ***estrada de macadame*** macadamized road, macadam road

macadamização *s. f.* macadamization

macadamizar *v. tr.* to macadamize

maçã-de-adão *s. f.* Adam's apple

maçadiço *adj.* prone to be bored

maçadoiro *s. m.* ⇒ **maçadouro**

maçador Ⓐ *s. m.* bore, pest, wearisome, uninteresting person; pesterer Ⓑ *adj.* tiresome, importunate, wearisome, boring, troublesome; ***é um autêntico maçador*** he is a positive nuisance; ***não sejas tão maçador!*** don't be so troublesome!; ***ser um grande maçador*** to be an awful bore

maçadoria *s. f.* bore, nuisance, trouble, wearisomeness, bother

maçadouro *s. m.* place for beating flax

maçadura *s. f.* the act of beating flax; bruise; blow with a club

macaense Ⓐ *adj.* of (belonging to) Macao Ⓑ *s. m. e f.* an inhabitant of Macao

maçagem *s. f.* rubbing, beating, (or dressing) of flax

macaguá *s. m.* laughing falcon

macaio *s. m.* ancient woollen (or silk) fabric

macaísta *s. m. e f., adj.* ⇒ **macaense**

maçal *s. m.* whey, watery part of milk

macambuzice *s. f.* sadness, melancholy, hypochondria

macambúzio *adj.* sullen, sulky, morose; melancholic, dispirited, sad, downcast

macaná *s. m.* wooden club of swordlike form used by Brazilian Indians

maçaneta *s. f.* knob, pommel; door handle; saddle pommel; drumstick

maçanilha *s. f.* little apple

macanjice *s. f.* roguishness

macanjo Ⓐ *adj.* knavish, roguish Ⓑ *s. m.* knave, rogue, rascal

mação *s. m.* large mallet; freemason

maçapão *s. m.* marzipan, marchpane

macaqueação *s. f.* mimicking; mockery; monkeyishness

macaqueador Ⓐ *s. m.* imitator, mimic, ape Ⓑ *adj.* apish

macaquear *v. tr.* to ape, to imitate, to mimic, to copy; to mock

macaqueiro *adj.* monkeyish; simian

macaquice *s. f.* monkey trick; foolery, foolishness; ***fazer macaquices*** to play the monkey

macaquinho *s. m.* small monkey; ***ter macaquinhos no sótão*** to have bats in the belfry

maçar Ⓐ *v. tr.* to beat; to pound, to crush; to trouble, to bother, to bore, to worry, to annoy, to tease, to plague Ⓑ *v. refl.* to trouble oneself; to get bored; ***maçar uma pessoa*** to bother a person; ***estar horrivelmente maçado*** to be bored to death

macareno *adj.* bad; ordinary

macaréu *s. m.* tidal wave, bore, eagre

maçarica *s. f.* young hare

maçarico *s. m.* ZOOLOGIA halcyon, kingfisher; blow-pipe, soldering-lamp; torch; ORNITOLOGIA ***maçarico real*** curlew; ***maçarico eléctrico*** electric blowpipe; ***maçarico de picheleiro*** soldering-lamp; ***maçarico de soldar*** welding torch

maçaroca *s. f.* spindleful; corncob, ear of maize

maçaroco *s. m.* ringlet (curl) of hair (resembling an ear of maize); cake of yeast

maçaroqueira *s. f.* roving machine

maçaroquilho *s. m.* ⇒ **maçaroco**

macarrão *s. m.* macaroni

macarroeiro *s. m.* macaroni maker

macarronada *s. f.* CULINÁRIA [Bras.] pasta and cheese with tomato sauce

macarrónea *s. f.* macaronic verse

macarronete *s. m.* thin macaroni

macarrónico *adj.* macaronic, burlesque; ***latim macarrónico*** dog-Latin

macarronismo *s. m.* macaronic style

macarronista *s. m. e f.* one who uses macaronic language

macavencar *v. intr.* to lead an eccentric life

macavenco Ⓐ *adj.* eccentric, odd, singular Ⓑ *s. m.* an eccentric person, an oddity
maçãzeira *s. f.* ⇒ **macieira**
macedónia *s. f.* macédoine
macedónico *adj.* Macedonian
macedónio *adj., s. m.* Macedonian
macega *s. f.* weed
macegal *s. m.* growth of weeds
maceira *s. f.* ⇒ **macieira**
maceiro *s. m.* mace-bearer; beadle; verger, officer who bears the staff before the bishop
macela *s. f.* BOTÂNICA camomile; ***macela galega*** wild camomile
macelão *s. m.* wild camomile
maceração *s. f.* maceration; softening; mortification
macerado *adj.* macerated; softened; tortured, harassed, tormented, mortified
maceramento *s. m.* ⇒ **maceração**
macerar *v. tr.* to macerate, to steep, to soften (by soaking); to torture, to mortify, to torment
macéria *s. f.* rough-walling, pugging
maceta *s. f.* iron mallet; drumstick; muller, maul (for grinding silver, copper, and other ores)
macetar *v. tr.* to maul, to pound, to ram
macete *s. m.* little wooden mallet; beetle; ***macete de cartas*** a small packet of letters; ***macete de forrar*** serving mallet; ***macete de calafate*** calking mallet
macetear *v. tr.* ⇒ **macetar**
macha *s. f.* popular designation of mule; [cal.] lock
machacaz Ⓐ *s. m.* bulky ill-shaped man Ⓑ *adj.* sly, shrewd, cunning
machada *s. f.* small axe (chopper) with a short handle
machadada *s. f.* stroke with an axe
machadar *v. tr.* to cut with an axe, to spit
machadinha *s. f.* hatchet
machado *s. m.* axe; [fig.] ***feito a machado*** bungled
macha-fêmea Ⓐ *s. f.* hook-and-eye; hinge; hermaphrodite Ⓑ *adj.* hermaphroditic
machão *s. m.* masculine woman; robust man
macharrão *s. m.* large male
macheado *s. m.* pleat, fold, folding
machear *v. tr.* to pleat (dress), to pucker, to wrinkle; CARPINTARIA to mortise, to dovetail; to mate, to pair (animals)
macheia *s. f.* [pop.] handful
macheiro *s. m.* young cork tree
machetada *s. f.* blow with a short sword
machete *s. m.* short sword; cutlass; bowie-knife; a kind of ukulele; machet(t)e, macheto, matchet
machial *s. m.* uncultivated pasture; barren land
machiar *v. intr.* to become barren; to degenerate (plants)
machiche *s. m.* BOTÂNICA a Brazilian cucurbitaceous plant
machieiral *s. m.* ⇒ **machial**
machila *s. f.* palanquin, palankeen; litter
machileiro *s. m.* palanquin-bearer
machim *s. m.* a kind of ukulele; [Bras.] fetlock
machimbombo *s. m.* bus
machio Ⓐ *s. m.* mating, copulation (animals) Ⓑ *adj.* sterile, dried
machismo *s. m.* machismo, male chauvinism
machista Ⓐ *s. m.* macho, male chauvinist Ⓑ *adj.* macho, male chauvinistic
macho Ⓐ *s. m.* ZOOLOGIA mule; male; male person; box-pleats (of dresses); screw-tap; screw-pin; spigot Ⓑ *adj.* male; [fig.] strong, stout, vigorous; ***machos e fêmeas*** hooks and eyes; ***machos (em vestidos)*** box-pleats; ***macho de abrir roscas*** thread opener, screw; ***macho de torneira*** plug, tap; ***macho de ponta*** tapered thread opener screw; NÁUTICA ***macho de leme*** forelock, rudder-pintle
macho-fêmea *s. m.* tonguing and grooving plane; hermaphrodite
machorra *adj.* barren (female animal)
machuca *s. f.* crushing by pressing (or pounding)
machucação *s. f.* bruise, bruising, crushing
machucador Ⓐ *adj.* crushing; smashing Ⓑ *s. m.* crusher
machucadura *s. f.* bruise, bruising, pounding, crushing, crumpling
machucar *v. tr.* to crush, to bruise, to pound; to triturate; to crumple, to injure; to smash
machucho Ⓐ *adj.* [fam.] cunning, sly, shrewd; powerful Ⓑ *s. m.* rich man
maciar *v. tr.* ⇒ **amaciar**
macicez *s. f.* hardness, solidity, stiffness
maciço Ⓐ *adj.* massive, heavy, solid, bulky, weighty, substantial Ⓑ *s. m.* massif; ***maciço de erva*** grass-plot
macieira *s. f.* apple-tree
maciez *s. f.* ⇒ **macieza**
macieza *s. f.* softness; smoothness
macilência *s. f.* emaciation
macilento *adj.* emaciated; thin, pale; lanky, lank, lean, meagre, gaunt
macinho *s. m.* variety of Italian sandstone
macio *adj.* soft, smooth; sleek, mild; ***pele macia*** soft skin; ***um Inverno macio*** a mild winter
maciota *s. f.* ease; ***na maciota*** smoothly, slowly, calmy
macis *s. m.* mace (spice)
macla *s. f.* macle, twin crystal
maclado *adj.* macle-shaped, macled
maço *s. m.* mallet, maul; hammer (with large wooden head); bundle; packet; small package; ***maço de cartas*** packet of letters; ***maço de calceteiro*** ram, pacing-beetle; ***maço de calafate*** caulking-mallet, ramming-iron; ***maço de vaivém*** ram; ***maço de cigarros*** packet of cigarettes
maçonaria *s. f.* freemasonry
maconha *s. f.* hemp, cannabis, hashish, marijuana; dope, bhang; ***cigarro de maconha*** joint
maçónico *adj.* masonic
maçonismo *s. m.* ⇒ **maçonaria**
maçonizar *v. tr.* to make someone a freemason
macota Ⓐ *s. m.* very important man Ⓑ *adj.* good; learned; rich; handy; adequate
maçote *s. m.* man's buttocks
macradénia *s. f.* an orchid of the Antilles
macramé *s. m.* macramé, knotted work
macrandro *adj.* possessing much developed sexual organs
macranto *adj.* BOTÂNICA large-flowered
má-criação *s. f.* ill-breeding, rudeness, bad manners, discourtesy
macrobia *s. f.* longevity
macróbio Ⓐ *adj.* long-lived Ⓑ *s. m.* macrobian; macrobiate; man of advanced age
macrobiótica *s. f.* macrobiotics; macrobiotic diet
macrobiótico *adj.* macrobiotic
macrobiotismo *s. m.* diet in which grains are the almost exclusive food
macrocefalia *s. f.* macrocephaly
macrocefálico *adj.* macrocephalic
macrocéfalo *adj.* macrocephalous
macrócero *adj.* ZOOLOGIA long-horned
macrociste *s. f.* macrocyst
macrocisto *s. m.* macrocyst
macrócomo *adj.* having long hair (or filaments)
macrocosmo *s. m.* macrocosm
macrodáctilo *adj.* macrodactylic
macrodiagonal *s. f.* macrodiagonal
macrodoma *s. m.* macrodome
macrodonte *adj.* macrodont
macroeconomia *s. f.* macroeconomics
macrófago *s. m.* macrophage

macroglossia *s. f.* macroglossia
macroglosso *adj.* macroglossous
macrologia *s. f.* macrology
macromelia *s. f.* excessive development of any member
macrómero *s. m.* BIOLOGIA macromere
mácron *s. m.* macron
macronúcleo *s. m.* macronucleus
macropétalo *adj.* BOTÂNICA macropetalous
macropia *s. f.* PATOLOGIA macropsia
macrópode *adj.* long-footed
macropsia *s. f.* ⇒ **macropia**
macróptero *adj.* ZOOLOGIA macropterous (long-winged)
macrorrizo *adj.* large-rooted
macroscelia *s. f.* excessive development of the legs
macróscio *s. m., adj.* macroscian; living in polar regions
macroscópico *adj.* macroscopic
macrosporângio *s. m.* BOTÂNICA macrosporangium, macrosporange
macrósporo *s. m.* BOTÂNICA macrospore
macrosporofilo *s. m.* carpel
macrossismo *s. m.* earthquake perceptible without the aid of instruments
macróstico *adj.* written in long lines
macrostilo *adj.* BOTÂNICA macrostylous
macrotársico *adj.* having much developed ankles
macruro Ⓐ *adj.* ZOOLOGIA macruran, macrouran, macrourous, macrurous Ⓑ *s. m.* macrurus
macua *s. m.* African language
macuá *s. m.* [Índ.] fisherman
macuana *s. m.* ⇒ **macua**
macuca *s. f.* [Ang.] coin used among the Negroes; ⇒ **macuco (bird)**
macuco *s. m.* the solitary tinamou; wild pear-tree
macucu *s. m.* leguminous tropical tree of the family *Ilicaceae*
maçudo *adj.* mallet-shaped; dull, tedious, tiresome, dry, uninteresting
mácula *s. f.* macula, stain, spot, blemish, taint; infamy, dishonour
maculado *adj.* maculate; soiled; spotted; stained
maculador Ⓐ *adj.* tarnishing, sullying; discrediting Ⓑ *s. m.* stainer
macular *v. tr.* to stain, to spot, to tarnish, to sully; to blemish, to dishonour, to shame
maculatura *s. f.* waste; TIPOGRAFIA proof-sheet; spoilage
maculável *adj.* stainable, discreditable
maculiforme *adj.* like a small macula
maculirrostro *adj.* ORNITOLOGIA having a speckled beak
maculoso *adj.* spotted, stained
macuma *s. f.* HISTÓRIA [Bras.] female slave that attends to her lady while travelling by sedan-chair
macumã *s. m.* substance extracted from the palm-tree and used as a spice; Brazilian from the Amazon region
macumba *s. f.* Macumba, voodoo; sorcery, witchcraft, fetishism
macuta *s. f.* African copper coin
madagascarense *s. m. e f., adj.* Madagascan
madalena *s. f.* [fig.] repented woman; [fig.] prostitute
madama *s. f.* lady; madam
madamismo *s. m.* the ladies; a number of ladies
madapolão *s. m.* madapollam
madefacção *s. f.* wetting, damping, moistening; madefaction
madefacto *adj.* damp; wet
madeficar *v. tr.* to moisten, to damp, to wet
madeira *s. f.* wood, timber, lumber; ***madeira em bruto*** rough timber, tree; [E.U.A.] ***madeira de construção*** lumber timber; ***de madeira*** wooden; ***estância de madeiras*** timber-yard; ***negociante de madeiras de construção*** timber-merchant; ***madeira com veias*** veined-wood; ***madeira de primeira qualidade*** best wood; ***madeira dura*** hard wood; ***madeira leve*** light wood; ***madeira seca*** seasoned wood; ***madeira verde*** green wood; ***corretor de madeiras*** timber-broker; ***madeira nodosa*** knotty wood; ***madeira contraplacada*** plywood; ***madeira de jangada*** floating wood; ***madeira de marcenaria*** cabinet-maker's wood; ***utensílios de madeira*** wooden ware; ***gravura em madeira*** wood engraving
madeirada *s. f.* large quantity of wood
madeirame *s. m.* ⇒ **madeirada**
madeiramento *s. m.* timber-work; framework, timber framing, woodwork; ***madeiramento do telhado*** roof, roofing timbers
madeirar Ⓐ *v. tr.* to timber, to furnish with timber Ⓑ *v. intr.* to work with timber
madeireiro *s. m.* timber-merchant
madeirense Ⓐ *adj.* Madeiran Ⓑ *s. m. e f.* Madeiran, inhabitant of Madeira
madeiro *s. m.* trunk (of a tree), log; beam; plank; block; [fig.] the cross of the Lord
madeixa *s. f.* tuft (of hair), lock (of hair); tress; skein; ***fazer madeixas*** to have highlights put in one's hair
madeixar-se *v. refl.* to get covered with tufts
madepueira *s. f.* Brazilian plant
madidez *s. f.* moistness
mádido *adj.* moistened, soaked, wet
madona *s. f.* Madonna, the Virgin Mary
madorna *s. f.* ⇒ **modorra**
madornice *s. f.* ⇒ **modorra**
madorra *s. f.* ⇒ **modorra**
madraçaria *s. f.* laziness, idleness, sloth, sluggishness, inertness, indolence
madraceador Ⓐ *s. m.* idle, lazy fellow; lazy-bones, vagabond Ⓑ *adj.* lazy-living
madracear *v. intr.* to be lazy, to idle, to loaf, to saunter
madraceirão *s. m.* lazy-bones, loiterer, loafer
madraceirar *v. intr.* ⇒ **madracear**
madraceiro Ⓐ *adj.* idle, lazy, slothful Ⓑ *s. m.* idler; lazy-bones; a slothful person; dawdler
madracice *s. f.* laziness, sloth, indolence, slothfulness
madraço Ⓐ *adj.* lazy, idle, indolent, sluggish, slothful Ⓑ *s. m.* sluggard, idler, drone, sluggish person
madragoa *s. f.* whore, bad woman
madrasta *s. f.* stepmother
madre *s. f.* mother, professed nun; ANATOMIA matrix, uterus; womb; CARPINTARIA binding joist, main piece; NÁUTICA spindle; ***madre do leme*** main piece of rudder, rudder-stock; ***madre de cabo eléctrico*** core of electric cable; ***madre superiora*** Mother Superior
madrepérola *s. f.* mother-of-pearl; nacre
madrépora *s. f.* madrepore
madreporário *s. m.* ZOOLOGIA madreporite
madrepórico *adj.* ZOOLOGIA madreporic
Madrepóridas *s. m. pl.* ZOOLOGIA ⇒ **Madreporídeos**
Madreporídeos *s. m. pl.* ZOOLOGIA *Madreporidae*, *Madreporacea*
madreporífero *adj.* ZOOLOGIA producing madrepores
madreporiforme *adj.* madreporiform
madreporita *s. f.* madreporite, fossil madrepore
madressilva *s. f.* BOTÂNICA honeysuckle, woodbine
madria *s. f.* white-caps, white-water, breaker, foam-crested waves
madrigal *s. m.* madrigal
madrigalesco *adj.* madrigalian
madrigálico *adj.* ⇒ **madrigalesco**
madrigalista *s. m. e f.* madrigalist; composer, singer of madrigals
madrigalizar *v. intr.* to compose madrigals

madrigaz *s. m.* spindle-shanks; barebones
madrigoa *s. f.* burrow, hiding-place; den, lurking-place (of thieves); ⇒ **madragoa**
madrigueira *s. f.* burrow, hiding-place; den, lurking-place (of thieves); ⇒ **madragoa**
madrilena *s. f.* mantilla; woman from Madrid
madrileno Ⓐ *adj.* of (or belonging to) Madrid Ⓑ *s. m.* native of Madrid
madrilense *s. m. e f., adj.* ⇒ **madrileno**
madrilês *s. m., adj.* ⇒ **madrileno**
madrilheira *s. f.* ⇒ **madrigoa**
madrinha *s. f.* godmother; ***ser madrinha de uma criança*** to stand godmother to a child
madrugada *s. f.* dawn, daybreak, dawning; ***de madrugada*** at daybreak; ***levantar-se de madrugada*** to rise with the lark
madrugador Ⓐ *s. m.* early riser, early bird Ⓑ *adj.* early rising
madrugar *v. intr.* to rise early; to get the start of; to anticipate; ***quem madruga Deus o ajuda*** God helps those who help themselves
maduração *s. f.* maturation, ripening; MEDICINA suppuration
madurador *adj.* that fosters ripening
madural *adj.* variety of olive
maduramente *adv.* maturely, wisely
madurão *adj.* fully ripe, fully aged, fully mature
madurar *v. intr.* to mature, to ripen, to develop fully; to come to maturity
madurecer Ⓐ *v. tr.* to ripen, to bring to maturity Ⓑ *v. intr.* to grow ripe; to become ripe
madureiro *s. m.* place for ripening fruit; fruit-loft
madurez *s. f.* ⇒ **madureza**
madureza *s. f.* maturity, ripeness; full development; prudence; eccentricity, oddity
maduro Ⓐ *adj.* ripe, mellow, sweet; mature; fully developed; prudent, wise; odd, eccentric; ***idade madura*** ripe age; ***fruta madura*** ripe fruit Ⓑ *s. m.* odd person; ***ele é um bom maduro*** he looks a regular oddity
mãe *s. f.* mother; ***servir de mãe*** to mother; ***mãe de família*** wife and mother
mãe-d'água *s. f.* well-head
mãe-de-santo *s. f.* [Bras.] voodoo priestess
mãe-pátria *s. f.* mother country
maestria *s. f.* mastery, skilfulness, skill; thorough knowledge of
maestrino *s. m.* composer of light music
maestro *s. m.* maestro, composer, conductor
mãezeiro *adj.* very fond of one's mother
mãezinha *s. f.* mummy
mafamético *adj.* Mahometan
mafarrico *s. m.* devil, deuce, the devil; wayward child
má-fé *s. f.* unfairness
máfia *s. f.* Mafia, Black Hand, Camorra, Cosa Nostra
mafioso Ⓐ *s. m.* mafioso, gangster, mobster Ⓑ *adj.* mafioso, gangsterish
mafura *s. f.* fruit of the *mafureira*; oil extracted from this tree
mafureira *s. f.* Mozambique tree
mafurra *s. f.* ⇒ **mafura**
mafurreira *s. f.* ⇒ **mafureira**
maga *s. f.* witch, sorceress
magaça *s. f.* BOTÂNICA wild plant (like marigold)
magala *s. m.* [fam.] tommy, Tommy Atkins; private in the army
magana *s. f.* antique music; lascivious woman
maganagem *s. f.* group of rogues; trick
maganão Ⓐ *s. m.* rogue, rascal, scamp, mischievous fellow; facetious man Ⓑ *adj.* shrewd, artful, astute, waggish
maganear *v. intr.* to play the rogue, to play mad pranks
maganeira *s. f.* ⇒ **maganice**
maganice *s. f.* tricks, pranks, roguery
magano Ⓐ *adj.* roguish, waggish, cunning, artful; ***olhos maganos*** roguish eyes Ⓑ *s. m.* rogue; scoundrel
magarebe *s. m.* Persian prayer (at sunset)
magarefe *s. m.* butcher; [fig.] bad surgeon; scoundrel
magarim *s. m.* variety of Indian jasmin
magazim *s. m.* ⇒ **magazine**
magazine *s. m.* magazine
magenta *s. f.* magenta
magia *s. f.* magic; sorcery, witchcraft; fascination; enchantment; ***magia branca*** white (or natural) magic; ***magia negra*** black magic; ***a magia dos bosques na Primavera*** the magic of the woodlands in spring
magiar Ⓐ *s. m. e f.* Magyar, Hungarian Ⓑ *adj.* Hungarian
mágica *s. f.* magic, sorcery, enchantment; witch, sorceress
magicamente *adv.* magically
magicar *v. intr.* to rack one's brain, to think out, to devise
mágico Ⓐ *adj.* magic, magical; enchanting; ***lanterna mágica*** magic lantern; ***artes mágicas*** magic arts; ***espelho mágico*** magic mirror Ⓑ *s. m.* magician, conjurer; wizard, sorcerer, enchanter
magismo *s. m.* magic, wizardry
magíster *s. m.* [fam.] master
magistério *s. m.* mastership; professorship; staff of teachers; teaching profession; ***magistério primário*** elementary education, primary teaching
magistrado *s. m.* magistrate; judge; high civil official; ***os magistrados*** Judiciary
magistral *adj.* magisterial, magistral; masterly; perfect, excellent
magistralidade *s. f.* magistracy, magisterial manner; pedantry
magistralmente *adv.* magisterially; magistrally
magistrando *s. m.* candidate for the teaching profession; student-teacher
magistrático *adj.* magistratic, magistratical
magistratura *s. f.* magistrature, magistracy; magistrates collectively
magma *s. m.* magma
magmático *adj.* magmatic
magmatismo *s. m.* GEOLOGIA magmatism
magnálio *s. m.* magnalium
magnanimamente *adv.* magnanimously
magnanimidade *s. f.* magnanimity; generosity, forbearance
magnânimo *adj.* magnanimous, generous, noble, lofty, forbearing
magnata *s. m. e f.* ⇒ **magnate**
magnate *s. m. e f.* magnate, eminent man or woman
magnésia *s. f.* magnesia
magnesiano *adj.* magnesian
magnésico *adj.* ⇒ **magnesiano**
magnésio *s. m.* QUÍMICA magnesium, manganese; ***sulfato de magnésio*** magnesium sulphate, Epsom salts
magnesite *s. f.* magnesite
magnetão *s. m.* FÍSICA magneton; Bohr magneton; nuclear magneton
magnete *s. m.* magnet; ***magnete compensador*** compensating magnet
magneticamente *adv.* magnetically, by magnetism
magnético *adj.* magnetic; enchanting, attractive; ***agulha magnética*** magnetic needle
magnetismo *s. m.* magnetism; enchantment, attraction
magnetite *s. f.* MINERALOGIA magnetite
magnetização *s. f.* magnetization
magnetizador *s. m.* magnetizer
magnetizante *adj.* magnetizing

magnetizar *v. tr.* to magnetize; to attract
magnetizável *adj.* magnetizable
magneto *s. m.* magneto
magnetocalórico *adj.* magnetocaloric
magnetofone *s. m.* FÍSICA magnetophone
magnetogenia *s. f.* the study of the magnetic phenomena
magnetógrafo *s. m.* magnetograph
magnetograma *s. m.* magnetogram
magnetologia *s. f.* the study of magnetism
magnetológico *adj.* referring to the study of magnetism
magnetómetro *s. m.* magnetometer
magnetoscópio *s. m.* FÍSICA magnetoscope
magnetostática *s. f.* magnetostatics
magnetostrição *s. f.* FÍSICA magneto-striction
magnetotecnia *s. f.* magneto-technics
magnetrão *s. m.* magnetron; kind of electronic valve
magnífica *s. f.* Magnificant (hymn)
magnificação *s. f.* magnification, magnifying; laudation; praise
magnificador *s. m.* magnifier
magnificamente *adv.* magnificently
magnificar *v. tr.* to magnify, to enlarge, to amplify; to exaggerate, to overdo
magnificatório *adj.* magnifying
magnificência *s. f.* magnificence; sumptuosity, stateliness, pomp, majesty, show, splendour
magnificente *adj.* magnificent; grand, sumptuous, sublime; majestic, stately, imposing; ⌈coloq.⌋ splendid, excellent
magnificentíssimo *adj.* most magnificent
magnífico *adj.* magnificent, magnific; magnifico; splendid, excellent, superb, gorgeous, fine, great; glorious; ⌈fam.⌋ jolly good; ***voz magnífica*** magnificent voice; ***um dia magnífico*** a glorious day; ***uma colecção magnífica*** a superb collection
magniloquência *s. f.* magniloquence
magníloquo *adj.* ⇒ **magnissonante**
magnissonante *adj.* magniloquent, bombastic, boastful
magnitude *s. f.* magnitude; greatness, largeness; importance
magno *adj.* great, important, grand
magnólia *s. f.* BOTÂNICA magnolia
Magnoliáceas *s. f. pl.* BOTÂNICA members of the *Magnoliaceae*
magnoliáceo *adj.* magnoliaceous
magnólio *s. m.* ⇒ **nêspera**
magnório *s. m.* ⇒ **nêspera**
mago Ⓐ *s. m.* magus (*plural* magi); magician, sorcerer Ⓑ *adj.* magic, magical; ***os reis magos*** the Magi
mágoa *s. f.* grief, sorrow, regret, trouble, sadness, anguish; bruise, sore; *pl.* complaints, lamentations
magoado *adj.* hurt, injured, bruised; offended, wounded; overpowered (with grief); heartsick, unhappy
magoar *v. tr.* to hurt, to harm, to bruise, to injure; to wound; to distress, to offend, to harrow; to sadden; ***caí e magoei-me*** I fell down and hurt myself; ***magoar alguém (ofender)*** to wound a person's feelings
magoativo *adj.* hurtful, vexing
magote *s. m.* band (of persons); heap, mass (of things); ***aos magotes, em magotes*** in crowds, in heaps, by bands
magramente *adv.* meagrely; poorly; thinly
magreira *s. f.* ⌈pop.⌋ ⇒ **magreza**
magrém *s. f.* ⌈Bras.⌋ ⇒ **magreza**
magrete *adj.* spare, somewhat lean
magreza *s. f.* leanness, thinness, slenderness, gauntness; spareness; ***ela é de uma magreza extrema*** she is extremely thin, she is very skinny
magricela *s. m. e f.* spindle, skinny person
magricelas *s. m. e f.* ⇒ **magricela**
magriço *s. m.* ladies' champion, knight errant; ridiculous defender of trifling things
magrizela *s. m. e f.* ⇒ **magricela**
magro *adj.* thin, lean, meagre, slim, gaunt, bony, skinny, unprofitable; ***magro como um espeto*** as thin as a lath, as thin as a rake; ***rapariga magra*** thin girl; ⌈coloq.⌋ ***dias magros*** meagre days
magrote *adj.* spare, rather slim
magusto *s. m.* fire for roasting chestnuts; roasted chestnuts
maia *s. f.* May-day; *pl.* BOTÂNICA yellow broom in blossom
maiêutica *s. f.* maieutic
mainça *s. f.* handful; the ring of a spindle
mainel *s. m.* handrail; rail
mainibu *s. m.* Brazilian low grass
Maio *s. m.* May (the fifth month of the year)
maiólica *s. f.* majolica, maiolica
maionese *s. f.* mayonnaise
maior Ⓐ *adj.* greater, larger Ⓑ *s. m.* bigger, higher; of age; person of full age; MÚSICA major; ***caso de força maior*** case of *force majeure*; ***a maior parte deles*** the greater part of them; ***a maior parte dos homens*** most men; ***os nossos maiores*** our forebears, our forbear; ***dó maior*** C major; ***a maior parte*** the lion's share
maioral *s. m.* chief; head; boss; the bigger (animal) of a flock
maiorana *s. f.* the fork-leaf hibiscus
maioria *s. f.* majority, greater number or part; ***a maioria*** the (great) majority; ***maioria absoluta*** absolute majority
maioridade *s. f.* majority, full age; ⌈fig.⌋ emancipation; ***atingir a maioridade*** to attain one's majority, to come of age
maioritário *adj.* major; larger, greater
maiorquino Ⓐ *adj.* of (or pertaining to) Mayorca Ⓑ *s. m.* native (or inhabitant) of Mayorca
mais Ⓐ *adv.* more; over, moreover Ⓑ *adj.* more, further Ⓒ *s. m.* surplus, the rest; ***pouco mais ou menos*** more or less; ***mais duma vez*** more than once, many a time; ***mais uma vez*** once more, once again; ***nunca mais*** never more, never again; ***mais dois anos*** another two years; ***mais dia, menos dia*** some day; ***mais caro*** dearer, more expensive; ***mais barato*** cheaper; ***ainda mais*** all the more; ***mais e melhor*** more and better; ***pouco mais ou menos*** nearly, more or less, almost; ***cada vez mais*** more and more; ***as mais das vezes*** mostly; ***sem mais nem menos*** without reason; ***tanto mais*** so much the more, all the more; ***muito mais*** much more; ***quanto mais, menos*** the more, the less; ***quanto mais, tanto melhor*** the more, the better; ***tenho um a mais*** I have one too many; ***o mais tardar*** at the latest; ***gostar mais*** to prefer, to like better; ***espero vê-lo mais vezes*** I hope to see more of you; ***mais adiante*** further on; ***gostava mais de ficar em casa*** I would rather stay at home; ***outro tanto mais*** as much again; ***por mais que*** whatever, however; ***quanto ao mais (demais)*** as for the rest; ***os mais lindos pássaros*** the most beautiful birds; ***devia andar mais a pé*** you ought to walk more; ***tanto mais que*** so much more than; ***mais devagar!*** slower!; ***mais cedo ou mais tarde*** sooner or later; ***mais as vozes do que as nozes*** stuff and nonsense, more shadow than substance; ***mais essa!*** now this!; ***até mais não poder*** to the utmost, to the limit; ***demais a mais*** besides; ***é o mais que posso fazer*** this is the most I can do; ***não posso mais!*** I can't stand it any longer!
maís *s. m.* maize (Indian corn)
maisal *s. m.* plantation of maize; maize field
maisena *s. f.* maizena, maize starch
mais-que-perfeito *s. m., adj.* GRAMÁTICA pluperfect
mais-querer *v. tr.* to prefer, to like better
mais-que-tudo *s. m.* well-beloved person
mais-valia *s. f.* surplus value; increase in value (of goods)
maitaca *s. f.* ⌈Bras.⌋ gossip, kind of noisy parrot
maituca *s. f.* Brazilian bird
maiúscula *s. f.* capital letter; ***escreva em maiúsculas*** write in block letters; ***fixador de maiúsculas*** (typewriter) lift lock; ***tecla para maiúscula*** (typewriter) shift key

maiúsculo *adj.* capital (letter)
majaricão *s. m.* ⇒ **manjericão**
majarico *s. m.* ⇒ **manjerico**
majengro *s. m.* titmouse
majestade *s. f.* majesty; stateliness, grandeur; kingship, sovereignty, royal power; ***Sua Majestade (o rei)*** His Majesty; ***Sua Majestade (a rainha)*** Her Majesty
majestático *adj.* majestic, imposing, majestatic
majestosamente *adv.* majestically
majestoso *adj.* majestic; stately, august; dignified, imposing; pompous, regal, grand; lofty
majoeira *s. f.* a variety of floating fishing-net
majólica *s. f.* ⇒ **maiólica**
major *s. m.* MILITAR major
majorana *s. f.* ⇒ **maiorana**
majoria *s. f.* majorship, majority, office (or rank) of major
majoritário *adj.* of the majority
mal Ⓐ *adv.* ill, not well; wrongly, not rightly; badly; poorly; scarcely, hardly Ⓑ *conj. (logo que)* as soon as; no sooner ... than Ⓒ *s. m.* evil, ill; mischief, wrong; injury, ache; suffering, misery, wickedness; depravity; ***mal feito*** badly done, ill-finished; ***ir de mal a pior*** to go from bad to worse; ***proceder mal*** to behave ill; ***dizer mal de*** to speak ill of, to speak unfavourably of, to discredit, to run down a person; ***pôr-se de mal com alguém*** to fall out with someone; ***ir mal*** to go badly, to go wrong; ***parecer mal (ter mau aspecto)*** to look bad; ***fazer mal*** to (do) harm, to (do) wrong, to do mischief, to disagree with (food); ***que mal fazia?*** what harm was there in?; ***querer mal a*** to bear a grudge against; ***não faz mal!*** never mind!, it doesn't matter!; ***bem ou mal*** right or wrong, rightly or wrongly; ***por bem ou por mal*** willy-nilly, for better or for worse; ***sair mal*** to turn out badly; ***levar a mal*** to take (it) amiss; ***estar de mal com*** to be on bad terms with; ***do mal o menos*** the lesser of two evils; ***ele está menos mal*** he is fairly well; ***fazer o mal e a caramunha*** to add insult to injury; ***mal sabe ler*** he can hardly read; ***há males que vêm por bem*** it's an ill wind that blows nobody any good; ***fica-te mal dizeres essas coisas*** it does not become you to say such things; ***andou muito mal*** it was very wrong of him; ***antecipar o mal*** to hasten the evil day; ***não há mal que não acabe*** it is a long lane that has no turning; ***para grandes males grandes remédios*** desperate diseases require desperate remedies; ***mal de muitos é conforto*** misery loves company; ***mal crónico*** chronic disease; ***mal caduco*** epilepsy; ***mal de Pott*** Pott's disease; ***estar mal de dinheiro*** to be short of money; ***mal rubro*** swine erysipelas; ***mal nos sentámos, ela desatou a chorar*** no sooner had we sat down than she burst into tears; ***carne de porco faz-me sempre mal*** pork always disagrees with me; ***não aconteceu mal algum*** there is no harm done, no harm was done
mala *s. f.* suitcase, box, trunk; bag; handbag; mail; ***mala do correio*** mail (bag); ***mala aérea*** air-mail; ***expedir as malas (do correio)*** to make up the mails; ***fazer as malas*** to pack one's things (bags or trunks); ***mala de mão*** suitcase, handbag
malabar *adj.* Malabar, referring to the Malabar coast; ***jogos malabares*** conjuring tricks, juggleries
malabaresco *adj.* juggling
malabárico *adj.* referring to Malabar
malabarismo *s. m.* juggling
malabarista *s. m. e f.* juggler, trickster, conjurer
malaca *s. f.* Malacca, Malacca cane
malacara *adj.* white-faced (horse); evil-looking (man)
malacate *s. m.* whim machine
malacia *s. f.* dead calm; perverted appetite; debility, weakness
malacodermo Ⓐ *adj.* ZOOLOGIA malacodermatous Ⓑ *s. m.* malacoderm, soft-skinned animal
malacófilo *adj.* BOTÂNICA malacophilous
malacógamo *adj.* ⇒ **malacófilo**
malacologia *s. f.* malacology
malacologista *s. m. e f.* malacologist
malacopterígio *adj.* malacopterygian
malacostráceo *s. m., adj.* Malacostracan
maladia *s. f.* malady
malafaia *s. m.* a kind of brandy; ⌈pop.⌋ rascal
mal-afeiçoado *adj.* ugly; ill-disposed
mal-afortunado *adj.* unfortunate, unlucky, ill-fated
málaga *s. m.* Malaga, white wine from Malaga
mal-agradecido *adj.* ungrateful, unthankful; ***dos mal--agradecidos está o Inferno cheio*** past services are soon forgotten
malaguenha *s. f.* Spanish song and music
malaguenho Ⓐ *adj.* of Malaga Ⓑ *s. m.* native of Malaga
malaguês Ⓐ *adj.* of Malaga Ⓑ *s. m.* native of Malaga
malagueta *s. f.* malaguetta
malaiala *s. m.* language spoken in Malabar
malaio *adj., s. m.* Malay, Malayan, Malaysian
mal-ajambrado *adj.* badly-dressed; awkward
mal-ajeitado *adj.* awkward, disorderly
mal-amanhado *adj.* badly-dressed, dowdy; awkward, clumsy
mal-andança *s. f.* misfortune, disgrace
mal-andante *adj.* unhappy; vagabond
malandra *s. f.* roguish woman
malandraço *s. m.* great scoundrel
malandragem *s. f.* gang, band of scoundrels (rascals, rogues); vagabondage; roguery
malandrão *s. m.* great scoundrel, blackguard
malandrar *v. intr.* to lead a scoundrel's life; to play the villain
malandrete *s. m.* rascal, scamp, rogue
malandrice *s. f.* roguery, rascality, scoundrelism, baseness
malandrim *s. m.* scamp, vagrant, vagabond
malandrino Ⓐ *adj.* acting like a vagrant Ⓑ *s. m.* ⇒ **malandrim**
malandro Ⓐ *adj.* roguish Ⓑ *s. m.* scoundrel, blackguard, villain, reprobate, rogue, rascal
malandrote *s. m.* ⇒ **malandrete**
malapeira *s. f.* BOTÂNICA pearmain-tree
malapeiro *s. m.* BOTÂNICA ⇒ **malapeira**
malápia *s. f.* BOTÂNICA ⇒ **malápio**
malápio *s. m.* BOTÂNICA pearmain, kind of apple
mala-posta *s. f.* mail-coach, stage-coach
mal-apressado *adj.* ill-favoured, ill-shaped
malaquês Ⓐ *adj.* of (or pertaining to) Malacca Ⓑ *s. m.* native and language of Malacca
malaquite *s. f.* malachite
malar Ⓐ *adj.* malar; of (pertaining to) the cheek Ⓑ *s. m.* malar, cheekbone
malária *s. f.* MEDICINA malaria
malárico *adj.* affected with malaria
malarífero *adj.* containing the germ of malaria; producing malaria
malarígeno *adj.* ⇒ **malarífero**
malariologia *s. f.* malariology
malariologista *s. m. e f.* malariologist
malarioterapia *s. f.* therapy consisting in inoculating the patient with malaria protozoa
mal-arranjado *adj.* badly dressed; disorderly
mal-asado *adj.* awkward, clumsy; extravagant
malas-artes Ⓐ *s. m.* an awkward man Ⓑ *s. f. pl.* dangerous tricks Ⓒ *adj.* awkward
malas-caras *s. m.* bad-looking man
mal-assada *s. f.* omelet
mal-assombrado *adj.* haunted

malato *s. m.* lamb
mala-ventura *s. f.* misfortune
mal-aventurado *adj.* unlucky, ill-fated, unfortunate, unhappy, ill-starred
mal-avindo *adj.* disagreed, discordant, at variance
mal-avinhado *adj.* quarrelsome when drunk; that turns wine sour (cask)
mal-avisado *adj.* ill-advised
malaxação *s. f.* malaxation
malaxador *s. m.* mixing-mill
malaxar *v. tr.* to malax; FARMACOLOGIA to soften, to reduce to a paste
mal-azado *adj.* clumsy; unfavourable
malbaratador *s. m.* squanderer, dissipater, spendthrift, waster
malbaratamento *s. m.* squandering
malbaratar *v. tr.* to squander, to waste, to dissipate, to spend; to undersell; ***malbaratar os seus esforços*** to bark up the wrong tree
malbaratear *v. tr.* to squander, to waste, to dissipate, to spend; to undersell
malbarato *s. m.* underselling; disdain, squandering, wasteful expenditure
malcasado *adj.* ill-matched; unhappily married
malcheiroso *adj.* malodorous; bad-smelling
malcomido *adj.* ill-fed, undernourished, dissatisfied
malcontente *adj.* discontented, malcontent, dissatisfied
malcorrente *adj.* ill-disposed; sullen; scandalized
malcozer *v. tr.* to undercook; to underboil
malcozinhado *adj.* badly cooked, underdone
malcriadez *s. f.* ill-breeding, bad manners, rudeness, discourtesy
malcriado *adj.* ill-bred, rude, discourteous, impolite, uncivil, unpolished, unmannerly, ill-mannered
maldade *s. f.* wickedness, badness; iniquity; malice; evil action; naughtiness; ***a maldade do mundo*** the wickedness of the world; ***fazer maldades*** to be naughty, to make mischief; ***maldade de criança*** naughtiness
maldição *s. f.* malediction, curse, reviling, imprecation
maldiçoar *v. tr.* to curse, to execrate, to imprecate; to blaspheme
maldisposto *adj.* ill-humoured, bad-tempered, irritable, sullen, cross; out of sorts, indisposed, not in good health, off colour
maldita *s. f.* tetter, ringworm; malignant pustule
maldito *adj.* cursed, damned, devilish, execrable; perverse
malditoso *adj.* unfortunate, unlucky, unhappy, ill-fated
maldivano *s. m., adj.* Maldivan, Maldivian
maldizente Ⓐ *adj.* slanderous, calumnious, defamatory, mordacious Ⓑ *s. m. e f.* slanderer, defamer, backbiter
maldizer Ⓐ *v. tr.* to slander, to defame, to backbite; to curse; ***ele maldiz o dia em que nasceu*** he curses the day he was born Ⓑ *v. intr.* to blaspheme
maldoente *adj.* very sick
maldosamente *adv.* wickedly; maliciously, with malice
maldoso *adj.* wicked, spiteful, bad; mischievous, malicious, roguish, naughty
maleabilidade *s. f.* malleability, malleableness
maleabilizar *v. tr.* to malleableize, to malleabilize
maleáceo *adj.* malleus; hammer-like
maleador Ⓐ *adj.* hammering Ⓑ *s. m.* hammerer
malear *v. tr.* to laminate, to hammer, to extend (into a plate) by beating; to soften, to render malleable
maleável *adj.* malleable; pliable, amenable; docile, soft; ***ferro maleável*** soft iron
maledicência *s. f.* slander, detraction, obloquy, defamation, abuse; ill report; malediction
maledicente Ⓐ *adj.* slanderous, malicious, defamatory Ⓑ *s. m. e f.* slanderer, defamer, backbiter, maledicent
malédico *s. m., adj.* ⇒ **maldizente**
mal-educado *adj.* ill-bred, ill-mannered, rude, impolite
maleficência *s. f.* malefice; evil-doing, harmfulness, mischief
maleficente *adj.* ⇒ **maléfico**
maleficentíssimo *adj.* most harmful; most malicious
maleficiar *v. tr.* to do harm to; to damage, to hurt
malefício *s. m.* witchcraft, spell; misdeed, malefice
maléfico *adj.* maleficent, malign; harmful, hurtful, malicious; criminal, evil
maleiforme *adj.* with the form of a mallet
maleiro *s. m.* trunk-maker; trunks-seller
maleita *s. f.* ague; malaria
maleiteira *s. f.* spurge; ***maleiteira das areias*** purple spurge
maleitoso *adj.* aguish, intermittent, malarial, causing fever
mal-empregado *adj.* ill-used, misused; wasted; ***dinheiro mal-empregado*** wasted money; ***mal-empregado!*** what a waste!
mal-encarado *adj.* ill-looking, ill-favoured, ugly
mal-enganado *adj.* deceived; mistaken
mal-ensinado *adj.* ill-taught, badly instructed
mal-entendido *s. m.* misunderstanding; mistake, misinterpretation, misconception; ***o erro provém de um mal-entendido*** the mistake arises from a misunderstanding
maleolar *adj.* malleolar
maléolo *s. m.* malleolus
malesso *adj.* roguish, knavish; said of the bull with bad blood
mal-estar *s. m.* indisposition, slight ailment, illness; uncomfortableness, uneasiness
maleta *s. f.* valise, small suitcase; ***maleta de viagem*** travelling-bag
malevolamente *adv.* malevolently, malignantly, maliciously, meanly, spitefully; revengingly, vindictively
malevolência *s. f.* malevolence, ill-will; hatred, grudge
malevolente *adj.* malevolent; spiteful
malevolentíssimo *adj.* most malevolent; most spiteful
malévolo *adj.* malevolent; vindictive, revengeful, spiteful, malignant
maleza *s. f.* malignity, maliciousness
malfadado *adj.* ill-fated, ill-starred, unfortunate; unlucky
malfadar *v. tr.* to bring bad luck to, to make unhappy; to ruin, to disgrace
malfalante Ⓐ *adj.* foul-mouthed, slanderous, calumnious Ⓑ *s. m. e f.* slanderer; backbiter
malfazejo *adj.* hurtful, harmful, pernicious, mischievous
malfazente *adj.* ⇒ **malfazejo**
malfazer *v. tr.* to hurt, to harm, to make mischief; to do an ill deed
malfeito *adj.* ill-done; ill-shaped, deformed; wrong, unjust, undeserved; bad, evil
malfeitor *s. m.* malefactor; evildoer; criminal
malfeitoria *s. f.* crime, felony, delinquency
malferido *adj.* badly wounded
malferir *v. tr.* to wound badly
malformação *s. f.* malformation
malformado *adj.* malformed
malfoupido *adj.* shabbily dressed
malga *s. f.* bowl
malgalante *adj.* discourteous, unchivalrous
malgastar *v. tr.* to squander, to dissipate, to waste, to misspend
malgaxe *s. m., adj.* related to Madagascar; Madagascan; Madagass, Madegass, Malagasy
malgovernado *adj.* misgoverned, mismanaged
malgovernar *v. tr.* to mismanage; to misgovern

mal-gradado *adj.* displeased; forced
mal-grado Ⓐ *s. m.* spite, ill will Ⓑ *prep.* in spite of, notwithstanding Ⓒ *conj.* although
malha *s. f.* mesh (of a net); quoit (game); speck, spot, speckle; mail, armour of metal rings and plates; stitch; snare, entanglement, trap; NÁUTICA bowline knot; ***escapar pela malha*** to escape through the meshes; ***apanhada nas malhas de uma feiticeira*** caught in the meshes of a witch; ***caíram-me, agora mesmo, malhas na meia*** I've just made a ladder in my stocking; ***cota de malha*** coat of mail; ***de malhas pequenas*** fine-meshed; ***levantar uma malha*** to take up a stitch, to mend a ladder; ***jogar a malha*** to play at quoits; ***malha caída (em meias de senhora)*** dropped stitch; ladder (in stocking); ***coberto de malhas*** covered with speckles; ***malha de seda*** silk speckle; ***agulha de malha*** knitting-needle; ***artigos de malha*** knitted goods (or fabrics); ***malhas elásticas*** stockinets
malhada *s. f.* cast, throw (at quoits); threshing, thrashing (of corn); shepherd's hut; sheep-pen; plot, story
malhadeiro Ⓐ *s. m.* flail; butt; laughing-stock Ⓑ *adj.* coarse, rough
malhadela *s. f.* slight threshing
malhadiço *adj.* insensible to blows; incorrigible; hopeless
malhado *adj.* spotted, speckled, brindled; hammered; threshed (with a flail)
malhadoiro *s. m.* ⇒ **malhadouro**
malhador *s. m.* thresher; thrasher; cudgeller
malhadouro *s. m.* thrashing-floor
malhagem *s. f.* standard measure (for meshes)
malhal *s. m.* cross-piece (of a winepress); stilling, stillion, stand for casks
malhante *s. m.* blacksmith
malhão *s. m.* high shot; cast, throw; popular Portuguese song and dance
malhar Ⓐ *v. tr.* to thrash, to beat the grain out (of wheat and other cereals) Ⓑ *v. intr.* to beat, to flog; to hammer, to be caught in the mesh; ***malhar em ferro frio*** to carry coal to Newcastle, to make ropes out of sand; to strive fruitlessly; ***malhar enquanto o ferro está quente*** to strike the iron while it is hot
malheirão *s. m.* hop-scotch
malheiro *s. m.* armour-maker; cylindrical device on which fishing-nets are made
malhetar *v. tr.* to dovetail, to fit together closely, to mortise
malhete *s. m.* mortise and tenon; mortise; dovetail; ***malhete de enxárcia*** futtock staff, pole, shear batten
malho *s. m.* sledge-hammer; mallet; flail; ***malho para forja*** hand-hammer
malhoada *s. f.* plot, intrigue
malhorco *s. m.* ORNITOLOGIA ⇒ **alma-de-mestre**
mal-humorado *adj.* ill-humoured, downcast, depressed, in low spirits, in a bad temper
malícia *s. f.* malice; ill-will, spite; vindictiveness, shrewdness, astuteness, cunning, craftness; ***deitar malícia*** to misunderstand one's intents deliberately, to twist a person's words
maliciar *v. tr.* to suspect maliciously; to miscontrue, to misconceive, to give the wrong meaning; to misjudge; to malign
maliciosamente *adv.* maliciously
malicioso *adj.* malicious, spiteful, artful, shrewd, crafty, foxy
málico *adj.* QUÍMICA malic; ***ácido málico*** malic acid, maleic
maliforme *adj.* shaped like an apple
maligna *s. f.* malignant fever, typhoid
malignado *adj.* corrupted; vitiated
malignamente *adv.* malignantly
malignante *adj.* malicious; malign; malignant (of diseases)
malignar Ⓐ *v. tr.* to vitiate, to pollute; to corrupt Ⓑ *v. intr.* to become malignant (fever), to get worse; to malignify
malignidade *s. f.* malignity, ill-nature, spite
maligno *adj.* malign, pernicious, spiteful; rancorous; PATOLOGIA malignant, virulent, fatal; ***tumor maligno*** malignant tumour, cancer, malignant growth
malina *s. f.* spring tide; malignant fever; nasty smell
malinado *adj.* ⇒ **malignado**
malinar *v. tr. e intr.* ⇒ **malignar**
má-língua *s. m. e f.* slanderer, backbiter
malinha *s. f.* bag, attaché-case
mal-intencionado *adj.* evil-minded, ill-disposed, malicious, wicked
malissimamente *adv.* very badly
malíssimo *adj.* very bad
maljeitoso *adj.* awkward, clumsy
malmandado *adj.* disobedient; unwilling
malmequer *s. m.* BOTÂNICA pot marigold; ***malmequer dos brejos*** marsh marigold; ***malmequer da praia*** sea aster
malnascido *adj.* low-born; ill-fated; ill-natured
malo *adj.* ***alto e malo*** at random, rashly
maloca *s. f.* Indian hut; Indian village
malogrado *adj.* failed, frustrated, unsuccessful; cut off in one's prime
malograr Ⓐ *v. tr.* to frustrate, to spoil, to fail; to overthrow; to baffle, to disappoint, to render of no effect Ⓑ *v. refl.* to fail, to be dashed to the ground; ***malograram-se as minhas esperanças*** my hopes were dashed; ***malograr-se (a esperança)*** to be frustrated (one's expectations)
malogro *s. m.* failure, frustration; untimely end
maloio *s. m.* peasant, countryman, boor
malónico *adj.* QUÍMICA malonic (acid)
malotão *s. m.* big trunk, cabin trunk
malote *s. m.* travelling-box; small trunk
malparado *adj.* precarious, insecure; ***dívida malparada*** bad debt; ***este negócio está malparado*** this matter has taken a bad turn
malparar *v. tr.* to venture, to risk
malparecido *adj.* ill-favoured
malparida *adj.* (of a woman) aborted
malparir *v. tr.* to abort; to miscarry in birth
mal-pecado *adv.* unfortunately
malpíghia *s. f.* plant of the genus *Malpighia*; malpighian plant
Malpighiáceas *s. f. pl.* *Malpighiaceae*
malpronto *adj.* badly dressed; badly arranged
malpropício *adj.* unappropriate, unfavourable
malquerença *s. f.* malevolence, ill-will, spitefulness, animosity; hate
malquerente *adj.* malevolent, ill-disposed, spiteful
malquerer *v. tr.* to wish ill, to have a grudge against, to detest, to hate
malquistar *v. tr.* to estrange, to set at variance, to render hateful; to indispose; ***malquistar-se com alguém*** to fall out with someone
malquisto *adj.* hated, detested, odious; at variance; estranged
malregido *adj.* misgoverned, mismanaged; ill-conducted
malsão *adj.* unhealthy, unwholesome; sickly
malsim *s. m.* excise, spy, informer
malsinação *s. f.* denunciation; misinterpretation; misjudg(e)ment
malsinar *v. tr.* to miscontrue, to misjudge; to denounce (as an excise man); to defame, to slander; to predict evil
malsoante *adj.* dissonant, jarring, grating; [fig.] shocking
malsofrido *adj.* impatient; touchy, huffy, sulky; unresigned
malsonância *s. f.* dissonance
malsonante *adj.* ⇒ **malsoante**
malta *s. f.* gang; mob; band (of wandering labourers); ***casa de malta*** wandering labourers' quarters
maltagem *s. f.* preparation of malt

maltar *v. tr.* to malt
máltase *s. f.* maltase
malte *s. m.* malt
maltês Ⓐ *s. m.* Maltese; a native of Malta; language of Malta Ⓑ *adj.* Maltese; bluish grey; ***gato maltês*** Maltese cat
maltesa *s. f.* group of wandering farmworkers (or labourers)
maltesaria *s. f.* ⇒ **maltesia**
maltesia *s. f.* group of wandering farmworkers (or labourers)
malthusianismo *s. m.* doctrine of Malthus; Malthusianism
malthusiano *s. m., adj.* follower of Malthus; Malthusian
maltina *s. f.* maltine
maltose *s. f.* QUÍMICA maltose
maltrapido *s. m., adj.* ⇒ **maltrapilho**
maltrapilho *s. m., adj.* ragamuffin, ragged, dirty fellow; ragged, tattered; shabby
maltratar *v. tr.* to ill-treat, to maltreat; to treat badly (unkindly); to hurt; to insult; to vex; to wrong; to abuse; [coloq.] to play the devil with someone
maluca *s. f.* crazy woman; hare-brained woman
malucar *v. intr.* to play the fool; to rave; to muse, to be lost in meditation
maluco Ⓐ *adj.* mad, crazy; [fam.] cracked; raving; insane, wild; out of one's mind, foolish; ***estar maluco*** to be crazy, to be out of one's mind; ***pôr maluco*** to drive crazy Ⓑ *s. m.* madman; foolish person
maluquear *v. intr.* to play the fool; to fool around
maluqueira *s. f.* madness, craziness, foolishness, insanity, derangement, raving, wildness; ***deu-lhe na maluqueira ir para a América*** he took it into his head to go to America, he got the wild idea of going to America
maluquice *s. f.* madness, craziness, foolishness, insanity, derangement, raving, wildness
mal-usar *v. tr.* to misuse
malva *s. f.* BOTÂNICA mallow; ***malva silvestre*** common wild mallow
Malváceas *s. f. pl.* BOTÂNICA members of the *Malvaceae* family
malvaceira *s. f.* Brazilian mallow
malváceo *adj.* malvaceous
malvadamente *adv.* meanly
malvadez *s. f.* wickedness, perversity; evil (deed); wrongdoing, crime
malvadeza *s. f.* ⇒ **malvadez**
malvado Ⓐ *adj.* wicked, evil, sinful, criminal, villainous Ⓑ *s. m.* malefactor, criminal, evil-doer
malvaísco *s. m.* marsh-mallow, water mallow, white mallow
malvalistro *s. m.* Brazilian mallow
malvar *s. m.* mallow-bed
malva-rosa *s. f.* BOTÂNICA rose-mallow
malvasia *s. f.* malmsey, malvoisie
malventuroso *adj.* unlucky, unfortunate, unhappy, ill-fated
malversação *s. f.* malversation, maladministration; misuse of public funds, embezzlement
malversado *adj.* misgoverned; fraudulent
malversador Ⓐ *adj.* embezzling Ⓑ *s. m.* embezzler
malversar *v. tr.* to misuse (the) public funds; to embezzle
malvis *s. m.* ZOOLOGIA mavis, songthrush
malvisto *adj.* disliked, detested; suspicious, distrustful
mama *s. f.* breast, mamma (*plural* mammae), udder, teat; ***bico da mama*** nipple of breast; ***criança de mama*** child at the breast, suckling child
mamã *s. f.* mother, mammy, mummy, mama
mamada *s. f.* sucking, suckling, lactation; time of sucking; quantity of milk sucked
mamadeira *s. f.* feeding-bottle, nursing-bottle
mamado *adj.* sucked; deceived, disappointed
mamãe *s. f.* [Bras.] mum
mamal *adj.* mammary; mammal
mamalogia *s. f.* mammalogy
mamalógico *adj.* mammalogical
mamalogista *s. m. e f.* mammalogist
mamanga *s. f.* senna
mamão Ⓐ *adj.* suckling Ⓑ *s. m.* child that sucks too much; sucker; papaw
mamar *v. tr. e intr.* to suck; [fig.] to learn in the cradle; ***dar de mamar*** to suckle, to give suck to, to breast-feed
mamário *adj.* ANATOMIA mammary
mamarracho *s. m.* grotesque figure
mambo *s. m.* mambo; ***dançar o mambo*** to mambo
mamelado *adj.* mamelonated; mamillated
mamelão *s. m.* mamelon, hummock; hillock
mameliforme *adj.* mamilliform, mamiloid
mameluco *s. m.* Mameluke
mamente *adv.* unwillingly, against one's will
mamífero Ⓐ *adj.* mammiferous Ⓑ *s. m.* mammal, animal of class Mammalia
mamiforme *adj.* mammiform
mamila *s. f.* mamilla, [E. U. A.] mammilla
mamilar *adj.* ANATOMIA mamillary
mamilho *s. m.* metallic prominence in firearms
mamiliforme *adj.* mamilliform
mamilo *s. m.* mamilla, nipple
mamiloso *adj.* mamillated, mammilate, mamilate
mamoa *s. f.* papaw
mamoeiro *s. m.* papaw-tree
mamografia *s. f.* mammography
mamologia *s. f.* ⇒ **mamalogia**
mamona *s. f.* seed of castor-oil plant (palma Christi); ricinus
mamoneiro *s. m.* ricinus
mamoso *adj.* mamillated; mamilliform
mamota *s. m. e f.* awkward person; a lout; boiled chestnut without salt
mamposta *s. f.* arrest, imprisonment
mampostaria *s. f.* office of mamposteiro
mamposteiro *s. m.* procurator; alms collector for prisoners
mamudo *adj.* large-breasted
mamuinha *s. f.* ⇒ **mamunha**
mamujar *v. intr.* to suck (by snatches)
mamulengos *s. m. pl.* puppet-show
mamunha *s. f.* heap of stones covering neolithic tombs
mamute *s. m.* mammoth
mana *s. f.* [coloq.] sister
maná *s. m.* manna
manação *s. f.* flow(ing), running, gush, flood; emanation
manada *s. f.* herd (of cattle); handful; ***às manadas*** in herds, in droves; ***uma manada de gado*** a herd of cattle
manadeira *s. f.* ⇒ **manadeiro**
manadeiro *s. m.* spring; fountain; source
manadinha *s. f.* small herd; handful
manadio *adj.* pertaining to a herd of cattle
manado *s. m.* ⇒ **braçado**
manajeiro *s. m.* overseer of the harvest; foreman; chief
manalvo *adj.* whitespotted on the forelegs (horse)
manancial Ⓐ *s. m.* spring, well; source, fountain Ⓑ *adj.* flowing, running; continual, never-ceasing
manante *adj.* flowing, running
manápula *s. f.* large hand, clumsy hand
manaquim *s. m.* ORNITOLOGIA manakin
manar *v. intr.* to emanate; to flow, to spring, to shed, to run, to stream; to proceed from; to issue, to abound in
manata *s. m.* important person, big noise; dandy; rogue
manatim *s. m.* ZOOLOGIA manatee

manato *s. m.* ZOOLOGIA manatee
manatuto *s. m.* idiom of Timor in the Manatuto region
mancal *s. m.* NÁUTICA plumber, block, socket; door hinge; MECÂNICA bushing; bearing; ***mancal aquecido*** hotbox, hot bearing; ***mancal extremo*** outbearing; ***mancal de impulso*** thrust bearing; ***mancal de esferas*** ball bearing; ***mancal oscilante*** swing bearing
mançanilha *s. f.* BOTÂNICA manzanilla; fruit of the manchineel
mançanilheira *s. f.* BOTÂNICA manchineel
mancão *s. m.* mallard, wild duck
mancar Ⓐ *v. tr.* to cripple, to maim Ⓑ *v. intr.* to limp, to walk lamely; to become lame
mancarra *s. f.* ground-nut, peanut
manceba *s. f.* girl; mistress; concubine
mancebia *s. f.* concubinage
mancebil *adj.* referring to a lad
mancebo Ⓐ *s. m.* youth, young man; lad, boy; lath; a thin narrow strip of wood used for the support of tiles (plaster) Ⓑ *adj.* youthful, young
mancenilha *s. f.* ⇒ **mançanilha**
mancenilheira *s. f.* ⇒ **mançanilheira**
mancha *s. f.* spot, stain, speck, speckle, blot, taint, mark; ***sem uma mancha na sua (dele) reputação*** without a spot on his reputation; ***uma mancha (na reputação)*** a black mark, a blot or stain (on one's character); ***mancha solar*** sunspot
manchar *v. tr.* to stain, to spot; to blot; to discolour; to blemish; to tarnish, to taint, to sully, to soil, to defile; [fig.] to dishonour; ***manchar de sangue*** to stain with blood; ***os cigarros mancham os dedos*** cigarettes stain the fingers
manchego *adj.* of (or pertaining to) Mancha
mancheia *s. f.* handful; ***uma mancheia de palha*** a wisp of straw
manchete *s. f.* headline, streamer (newspaper); ***manchete de jornal*** banner headline
manchil *s. m.* cleaver, a butcher's chopping tool; chopping-knife; HISTÓRIA war weapon
manchu *s. m. e f., adj.* Manchu, Manchurian
mancinela *s. f.* manzanilla apple
mancinismo *s. m.* left-handedness
mancipação *s. f.* ⇒ **emancipação**
mancipar *v. tr.* ⇒ **emancipar**
manco Ⓐ *adj.* lame; crippled, mutilated; one-handed; lame, halting; imperfect, defective Ⓑ *s. m.* a lame person; ***não ser manco nem coxo*** to be no fool
mancolitar *v. intr.* ⇒ **manquejar**
mancolitó *s. m.* ⇒ **manquitó**
mancomunadamente *adv.* engagingly, collusively
mancomunar-se *v. refl.* to act in concert, to combine, to concert matters, to agree mutually, to plot, to collude, to conspire
mancomuncação *s. f.* collusion, conspiracy, plot; combination
mancornar *v. tr.* to grab the horns of a bull and to throw it on the ground
manda *s. f.* note of reference; will; legacy
mandacairu *s. m.* ⇒ **mandacaru**
mandacaru *s. m.* Mexican cactus
manda-chuva *s. m.* big shot; boss; political leader; magnate
mandadeiro *s. m.* porter, messenger
mandado *s. m.* command, order, injunction, mandate; writ; ***mandado de despejo*** notice to quit (the house, or other property); ***mandado judicial*** judge's order, judge's precept; ***mandado de venda*** sale warrant; ***mandado de prisão*** warrant of arrest; ***a mandado de*** by order of
mandador Ⓐ *s. m.* commander; master; ***mandador ou mestre de pesca*** master of fishery Ⓑ *adj.* imperious
manda-lua *s. m.* [Bras.] bird of prey
mandamento *s. m.* commandment, order, word of command; divine command; *pl.* [coloq.] the five fingers of the hand
mandante Ⓐ *adj.* commanding; [fam.] boss; [técn.] ***roda mandante*** driving wheel Ⓑ *s. m. e f.* head, chief, leader, ruler; manager
mandão *s. m.* despot, boss, bully; ***ser o mandão da casa*** to play the master of the house, to rule the roost
mandar Ⓐ *v. tr.* to command, to order; to bid; to ordain; to send; to forward, to dispatch; to fling, to cast Ⓑ *v. intr.* to govern, to rule; to lead, to direct; ***mandar vir, mandar chamar*** to send for; ***mandar embora*** to send away; ***mandar recado, mandar dizer*** to send word; ***mandar subir*** to send up; ***mandar uma mensagem (recado ou aviso)*** to send a message; ***mandar passear*** to send one about one's business; ***mandar à fava*** to send to hell; ***mandar bugiar*** to sack with contempt; ***mandar desta para melhor*** to kill; ***mandar fazer uma coisa*** to have a thing made; ***mandar fazer um casaco*** to have a coat made; ***mandar entrar*** to show in (or into); ***mandar à cobrança*** to send cash on delivery; ***mandar uma encomenda postal*** to send a parcel by post; ***mandar um telegrama*** to send a telegram; ***querer mandar nos outros*** to want to run the show, to come the old soldier over one; ***mandar retirar alguém*** to order someone off; ***mandei-o para o Sr. Wilson*** I referred him to Mr. Wilson; ***se fizeres barulho, mando-te deitar*** if you are noisy, I shall send you to bed; ***mandar convites*** to send out invitations; ***mandar para o diabo*** to send to the devil; ***mandar em alguém*** to boss somebody around; ***mandar alguém fazer*** to get a thing made; ***mandar para a sucata*** to place on the scrap heap; ***quem manda aqui sou eu!*** I'm the boss around here!; ***o senhor não pede, manda*** your requests are orders; ***quem o manda ser tão teimoso?*** I told you so, but you're so stubborn; ***quem quer vai, quem não quer manda*** if you want something done, do it yourself
mandarete *s. m.* errand-boy
mandarim *s. m.* mandarin, Chinese official
mandarinado *s. m.* ⇒ **mandarinato**
mandarinato *s. m.* mandarinship; mandarinate
mandarinete *s. m.* officer inferior to the mandarin
mandarínico *adj.* mandarinic
mandarinismo *s. m.* mandarinism, government by mandarins, mandarinship
mandatar *v. tr.* to appoint; to delegate; to assign
mandatário *s. m.* mandatary; proxy, attorney, agent
mandato *s. m.* mandate; procuration; delegation; commission; charge, injuction; RELIGIÃO maundy (ceremony of washing the feet of the poor); ***mandato de penhora*** distraint; ***mandato de comparência*** summons at court
mandiba *s. f.* a variety of manioc
mandíbula *s. f.* mandible, jaw, lower jaw; (of birds) upper (or lower) part of beak
mandibulação *s. f.* mastication, chewing
mandibular *adj.* mandibular
mandibuliforme *adj.* mandibuliform
mandil *s. m.* coarse cloth, homespun, horse-cloth; apron; mandil
mandinga *s. f.* witchcraft; impediment; African dialect
mandingar *v. tr.* to bewitch, to put a spell on
mandingueiro *s. m.* charmer, sorcerer
mandioca *s. f.* manioc; cassava
mandiocaba *s. f.* [Bras.] gruel of sweetened rice with manioc juice
mandiocal *s. m.* manioc plantation
mandioqueira *s. f.* BOTÂNICA manioc; BOTÂNICA cassava
mandioquinha-do-campo *s. f.* BOTÂNICA shepherd's purse
mandiva *s. f.* ⇒ **mandiba**
mando *s. m.* command, power, government, authority, sway, rule, direction; ***ter o mando nas mãos*** to be in power, to hold the reins

mandola *s. f.* mandolin, lute
mandolim *s. m.* mandolin
mandolina *s. f.* ⇒ **mandolim**
mandolinata *s. f.* musical composition played on the mandolin
mandolinete *s. m.* small Italian mandolin
mandonguice *s. f.* laziness; negligence, indolence
mandora *s. f.* ⇒ **mandola**
mandrágora *s. f.* mandragora, mandrake
mandrana *s. m. e f.* loiterer, drone
mandranice *v. intr.* ⇒ **mandriar**
mândria *s. f.* laziness, idleness, sloth
mandrianar *s. f.* ⇒ **mandriice**
mandrião Ⓐ *s. m.* idler, sluggard, lazy fellow, drone, lounger, loafer, lazybones; trifler, slothful person Ⓑ *adj.* idle, lazy, indolent, slothful, sluggish; ***ser muito mandrião*** to be very lazy
mandriar *v. intr.* to idle, to loaf; to lounge, to loiter, to idle away
mandriice *s. f.* idleness, sloth, laziness, lounging
mandril *s. m.* ZOOLOGIA mandrill (large, powerful, and ferocious baboon); MECÂNICA mandrel, mandril; reamer, boring bit; ***mandril de roseta*** rose bit
mandrilagem *s. f.* [técn.] broaching, reaming
mandrilar *v. tr.* to bore, to bore out, to ream; ***mandrilar à mão*** to ream
mandriona *s. f.* a triangular sailing boat on the river Mondego
manduba *s. f.* ⇒ **mandioca**
mandubi *s. m.* peanut
manducação *s. f.* manducation; chewing, eating
manducar *v. tr. e intr.* [pop.] to manducate; to eat; to chew
manducativo *adj.* manducatory
manducável *adj.* eatable, manducable
manduco *s. m.* medicinal tree from Guinea; [Macau] frog; [pop.] livelihood
manduerba *s. f.* sugar-cane brandy
mandupitu *s. m.* fishing-net; plant of the family of the peanut
mané *s. m., adj.* idiot, fool
maneabilidade *s. f.* manageability, manageableness, handiness
maneador *s. m.* leather curb on a horse's harness
manear *v. tr.* to handle, to manage (with the hands)
maneável *adj.* soft, tractable, amenable; handy, workable
mané-coco *s. m., adj.* ⇒ **mané**
maneia *s. f.* hobble; fetter; clog
maneio *s. m.* handling, manipulation; manual labour; management, conduct; treatment; handling (of money); fingering
maneira *s. f.* way, manner, method; mode, style, fashion; use, practice; custom; habit; look, aspect, air, bearing; *pl.* manners, personal behaviour, modes of life; ***há sempre maneira de ...*** there is always a way to...; ***de uma maneira amigável*** in a friendly way; ***de maneira nenhuma*** not at all, in no way, by no means; ***de maneira que*** so; ***de qualquer maneira*** by any means, in any way; ***desta maneira*** so, thus; ***à maneira de*** like, just as, after the manner of; ***de uma maneira ou de outra*** somehow or other; ***da mesma maneira que*** in the same way as; ***de maneira a*** so as to; ***é a maneira dele*** it is his way; ***proceder de maneira que*** to act in such a manner that; ***de tal maneira*** in such a way; ***de maneira geral*** in a general way; ***de maneira rápida*** [fam.] like fun; ***assim, desta maneira*** after this manner, in this manner; ***maneira de ser*** temperament; ***maneira de tratar os negócios*** way of doing business; ***maneira de pensar*** way of thinking, mentality; ***maneira de ser*** opinion, one's way of looking at something; ***maneira de falar*** manner of speaking; ***a boa maneira de fazer alguma coisa*** the right way of doing something; ***não há maneira de fazer isto*** there is no possibility to do it; ***maneira de proceder*** mode of procedure; ***depressa aprenderás a melhor maneira de o fazer (ou manejar)*** you will soon get (or learn) the trick of it; ***se continuas dessa maneira, arruinas a saúde*** if you go on at this rate you will injure your health; ***maneira afectada de falar*** affected way of speaking, prunes and prisms; ***ter boas maneiras*** to have good manners; ***ter maneiras agradáveis*** to have a pleasant manner; ***maneiras cativantes*** winning manners; ***ter maneiras afáveis para os doentes*** to have a good bedside manner; ***maneiras despretensiosas*** simple manners; ***maneiras afáveis*** gentle ways, sweet manners; ***ter maneiras distintas*** to have refined manners
maneirado *adj.* mannered
maneirinho *adj.* easy to handle, light
maneirismo *s. m.* mannerism
maneirista *s. m. e f.* mannerist
maneiro *adj.* handy, convenient; portable; manageable; manual; light
maneiroso *adj.* mannerly, polite, civil, urbane
manejador *s. m.* handler; tugger, plier
manejar *v. tr.* to handle, to use the hands upon; to wield; to manipulate; to manage with the hand; to deal with; to manage, to direct; ***manejar uma pessoa à sua vontade*** to turn (or to twist) a person round one's (little) finger; ***manejar bem um dicionário*** to handle a dictionary well; ***manejar uma arma*** to wield a weapon; ***manejar bem um assunto*** to manage a matter as one should
manejável *adj.* manageable, feasible; handy
manejo *s. m.* management; handling; managing; administration; manoeuvre; intrigue; ***manejo das armas*** handling of arms; ***manejos secretos*** underhand dealings
manelo *s. m.* handful; handle; little bundle of hemp
manente *adj.* permanent; lasting, durable
manequim *s. m.* manikin, model, mannequin; dummy; robot, milksop, servile person
manes *s. m. pl.* manes
maneta Ⓐ *adj.* one-handed, one-armed Ⓑ *s. m. e f.* one-armed (one-handed) person
manete *s. f.* AERONÁUTICA accelerator
manga *s. f.* sleeve; mango (tropical fruit); [técn.] socket; journal (engine); lamp-chimney; waterspout; NÁUTICA box; ***manga com cortes*** slashed sleeve; ***mangas curtas*** short sleeves; ***em mangas de camisa*** in shirt sleeves; ***ter a manga larga*** to have a lawyer's conscience; ***não ter pano para mangas*** to be unable to lunch out; ***ter pano para mangas*** to have plenty to argue about; ***mangas postiças*** false sleeves; ***mangas de vidro*** glass shades; NÁUTICA ***manga do veio do propulsor*** stern bush, stern tube; ***manga do veio*** screw shaft pipe; ***manga do colector*** sleeve of commutator
mangaba *s. f.* fruit of the mangabeira
mangabal *s. m.* mangabeira plantation
mangabeira *s. f.* Brazilian tree of the family *Apolinaceae*
mangação *s. f.* mockery, derision, jeer, jeering, laughter; ***fazer mangação de alguém*** to make fun of a person
mangada *s. f.* mango-jam
manga-de-alpaca *s. m.* redtapist, bureaucrat
manga-de-eixo *s. f.* axle bearing
mangador *s. m.* mocker, kidder
mangaíba *s. f.* ⇒ **mangaba**
mangal *s. m.* mango grove
mangalaça *s. f.* vagrancy; brothel
mangalaço *s. m.* lazy; vagrant; scoundrel
mangalhão *s. m.* big sleeve; careless person
mangalô *s. m.* BOTÂNICA tree of the family *Leguminosae*
manganato *s. m.* manganate
manganela *s. f.* kind of medieval catapult
manganés *s. m.* manganese
manganês *s. m.* ⇒ **manganés**
manganesiato *s. m.* ⇒ **manganato**
manganésico *adj.* manganic

manganésio *s. m.* ⇒ **manganés**
mangânico *adj.* manganic
manganífero *adj.* manganiferous
manganilha *s. f.* cheat, cheating, trick, intrigue
manganina *s. f.* METALURGIA manganiferous alloy
manganite *s. f.* manganite
mangão *s. m.* joker, mocker; big and wide sleeve
mangar *v. intr.* [fam.] to mock, to trick, to tease; to cheat, to dodge; to scorn
mangará *s. m.* BOTÂNICA caladium
mangaraz *s. m.* Brazilian plant of the family *Araceae*
mangarobeira *s. f.* guttiferous Brazilian tree
mangas-de-veludo *s. f. pl.* wandering albatross
mangativo *adj.* mocking
mangaz *adj.* large and thick; [pop.] jester, joker, merry fellow
mango *s. m.* swingle or beater of a flail
mangona Ⓐ *s. f.* indolence, laziness Ⓑ *s. m.* lazy man; lazy-bones
mangonar *v. intr.* to idle; to be lazy; to loiter
mangostão *s. m.* mangosteen, mangostan
mangote *s. m.* brassard
mangra *s. f.* blight, mildew
mangrado *adj.* blighted, smutted, mildewy
mangrar Ⓐ *v. tr.* to mildew, to blast Ⓑ *v. intr.* to be affected by mildew; to become smutted
mangual *s. m.* flail; whip
mangualada *s. f.* stroke with a flail
manguço *s. m.* ⇒ **mangusto**
mangue *s. m.* [Bras.] mangrove; marshy ground by the sea
manguear *v. tr.* to guide cattle through a river
mangueira *s. f.* mango (tree); hose, flexible tube for conveying water, etc; ***mangueira de incêndio*** firehose; ***mangueira de lona*** canvas hose
mangueiral *s. m.* mango grove
manguezal *s. m.* ⇒ **mangal**
manguito *s. m.* mitt, mitten; fur muff; obscene gesture
mangula *s. f.* African bird similar to the woodpecker
mangusta *s. f.* ⇒ **mangostão**
mangusto *s. m.* BOTÂNICA mangosteen (tree); mongoose, mungoose
manha *s. f.* artfulness, craftiness, cunning, shrewdness, slyness; stratagem; trick; whim; bad habit, vice (of a horse); ***diz-me com quem andas, dir-te-ei as manhas que tens*** tell me what company you keep, and I will tell you what you are; ***ter manha (de)*** to be cunning
manhã *s. f.* morning, forenoon; ***de manhã até à noite*** from morning till night; ***uma manhã fria e seca*** a cold crisp morning; ***pela manhã, muito cedo*** at an early hour; ***de manhã cedo*** early in the morning; ***amanhã de manhã*** tomorrow morning; ***estrela da manhã*** morning star; ***de manhã*** in the morning; ***todas as manhãs*** every morning
manhãzinha *s. f.* early morning
manhoso *adj.* crafty, shrewd, artful, foxy, cunning, whimsical; ***por mais manhoso que ele seja*** however artful he may be
manhuço *s. m.* [reg.] handful
mania *s. f.* mania; violent madness, hallucination; great enthusiasm; whim, eccentricity; obsession (for some pursuit); craze, fad; hobby; ***ter uma mania (ocupação favorita)*** to have a hobby; ***tem a mania de coleccionar selos*** his hobby is collecting stamps, he has a craze for collecting stamps; ***mania da perseguição*** persecution mania; ***mania das grandezas*** delusion of grandeur
maníaco Ⓐ *adj.* maniac, mad, raving; extravagant Ⓑ *s. m.* maniac, madman
maniatar *v. tr.* ⇒ **manietar**
maniçoba *s. f.* kind of manioc plant that yields rubber
manicomial *adj.* referring to a mad-house
manicómio *s. m.* lunatic asylum, mad-house; mental home
manicórdio *s. m.* ⇒ **clavicórdio**
manicu *s. m.* Virginian opossum
manicura *s. f.* manicure, manicurist
manicuro *s. m.* manicurist
manicurto *adj.* short-handed; stingy
manidextro *adj.* right-handed
manietar *v. tr.* to manacle, to fetter, to handcuff; to bind; to tie; to restrain
manifestação *s. f.* manifestation, display; declaration; demonstration; showing, revelation; ***ele foi alvo de uma manifestação de simpatia*** he was the object of a display of sympathy
manifestador *s. m.* acclaimer, demonstrator
manifestamente *adv.* manifestly, clearly
manifestante Ⓐ *adj.* manifesting, displaying Ⓑ *s. m. e f.* acclaimer, demonstrator
manifestar *v. tr.* to manifest; to show clearly, to evince, to display; to exhibit; to prove; to declare; to state; ***manifestar impaciência*** to manifest impatience; ***manifestar desagrado*** to manifest dissatisfaction; ***manifestar os seus sentimentos*** to wear one's heart upon one's sleeve; ***manifestam grande pesar*** they profess extreme regret; ***manifestar a sua opinião*** to express one's opinion, to voice one's opinion
manifesto Ⓐ *adj.* manifest, obvious, clear, evident, distinct Ⓑ *s. m.* manifest; list of goods for the customs officers; public declaration, manifesto; ***manifesto de mercadorias embarcadas*** ship's list; ***manifesto da carga*** manifest of cargo
maniflautista *s. m. e f.* one who whistles like a flute by means of the fingers and the mouth
maniforme *adj.* maniform
manigância *s. f.* underhand trick, manoeuvre, artifice
manígrafo *s. m.* long-hand writer
manila *s. m.* variety of tobacco
manilha *s. f.* bracelet; armlet; shackle; fetter; flange; manilla, ring, bracelet used by African tribes; Manil(l)a, cheroot made in Manil(l)a; manille; ***manilha de amarra*** joining shackle; ***manilha de união de tubo*** union joint of tubes; ***manilha corrediça*** sliding flange
manilhar *v. tr.* to shackle; to adorn with manillas
manilheiro *s. m.* manilla maker, manilla seller
manilúvio *s. m.* hot bath for the hands
manimba *s. f.* African name for the sleeping sickness
maninelo Ⓐ *adj.* foolish, idiotic, ridiculous; effeminate, unmanly Ⓑ *s. m.* effeminate man, sissy
maninha *s. f.* raw material for making ropes
maninhádego *s. m.* old tribute consisting of a third of the inheritance paid to the church by the widow or widower when there were no sons or daughters
maninhado *adj.* fallow, barren, untilled, uncultivated
maninhar *v. tr.* to leave uncultivated (untilled)
maninhez *s. f.* barrenness; sterility, infertility
maninho *adj.* barren, uncultivated, fallow, waste, sterile, unfertile, unproductive
manino *adj.* very little; tiny
maniota *s. f.* fetter-lock (for animals)
manipanso *s. m.* fetish, idol; a fat dumpy person
manipresto *adj.* neat-handed, deft, dext(e)rous, skilful
manipueira *s. f.* the milky and poisonous juice of grated manioc
manípula *s. f.* handle
manipulação *s. f.* manipulation, handling
manipulado *adj.* manipulated; handled
manipulador *s. m.* manipulator, operator
manipular *v. tr.* to manipulate, to operate with the hands; to handle, to manage, to work
manipulário *s. m.* commander of a Roman maniple
manípulo *s. m.* handle, lever, knob; handful; RELIGIÃO maniple; ***manípulo de velocidade*** gear handle, gear lever (of motor car); ***manípulo de inversão de marcha*** reversing-handle

maniputo *s. m.* idol (among African Negroes; designation given by the former African natives to the King of Portugal)
maniqueísmo *s. m.* Manichaeism
maniqueísta *s. m. e f., adj.* Manichaean
maniquete *s. m.* lace (on the sleeve of priest's alb)
maniqueu *s. m., adj.* Manichaean
manir *v. intr.* to spread; to ooze, to exude
manirroto *adj.* prodigal, lavish, open-handed, spendthrift, wasteful
manismo *s. m.* theory of Herbert Spencer according to which religion had in its origin the cult of dead
manistérgio *s. m.* ⇒ **manutérgio**
manita *s. m. e f.* little hand; one-handed person; QUÍMICA manite, manna sugar
manite *s. m. e f.* ⇒ **manita**
manivela *s. f.* handle, crank; ***manivela de veio*** crank shaft; ***manivela dupla*** double crank; ***manivela de prato*** disc crank; ***dar à manivela*** to crank, to wind the handle; ***manivela de arranque*** starting-handle
manivelar *v. intr.* to crank; to wind the crank; to turn the starting handle
manivérsia *s. f.* [pop.] swindle, take-in, cheat, fraud, roguish trick
manja *s. f.* [reg.] food, meal; eating; [Bras.] hide-and-seek
manjar *s. m.* food; dainty, delicacy, titbit, choice morsel
manjar-branco *s. m.* blanc-mange
manjedoira *s. f.* ⇒ **manjedoura**
manjedoura *s. f.* crib, manger
manjelim *s. m.* BOTÂNICA red sandlewood
manjericão *s. m.* BOTÂNICA sweet basil
manjerico *s. m.* BOTÂNICA basil
manjerona *s. f.* BOTÂNICA marjoram
manjil *s. m.* ⇒ **manchil**
manjorra *s. f.* beam fixed to the scoop-wheel (or kibble chain) and turned by oxen as they go round and round
mano *s. m.* [coloq.] brother; brother-in-law; intimate friend
manobra *s. f.* manoeuvre, evolution; skilful management; (railway) shunting; NÁUTICA working; manipulation, stratagem, intrigue, scheme, ruse, artifice; ***manobra errada*** bad manoeuvre; NÁUTICA ***manobra dos ferros*** anchor work; ***manobra à espia*** warpage
manobrador *s. m.* manoeuvrer, tactician, strategist; shifty trickster
manobrar *v. tr.* to manoeuvre, to handle, to manipulate, to manage, to work, to operate, to perform manoeuvres; to scheme, to contrive, to intrigue; ***manobrar navio ou embarcação de vela*** to sail; ***manobrar uma locomotiva*** to drive a locomotive
manobreiro *s. m.* manoeuvrer, clever officer, tactician
manobrista *s. m. e f.* ⇒ **manobreiro**
manoca *s. f.* bundle of tobacco leaves
manocar *v. tr.* to bundle tobacco leaves
manocormia *s. f.* MEDICINA abnormal smallness of the human trunk
manojeiro *s. m.* person who bundles (makes up into a bundle)
manojo *s. m.* bunch which can be caught by hand
manola *s. f.* dissolute Spanish girl
manometria *s. f.* pressure-testing (measurement) of the elastic force of gases
manométrico *adj.* manometric
manómetro *s. m.* manometer, pressure gauge; ***manómetro de vapor*** steam-gauge; ***manómetro de vácuo*** vacuum-gauge
manopé *s. m.* Brazilian tree
manopla *s. f.* gauntlet, iron glove; [fig.] paw
manoscópio *s. m.* barometer
manotaço *s. m.* a slap; pawing
manotear *v. intr.* to slap; to trick
manquecer *v. intr.* to become (to go) lame
manqueira *s. f.* lameness, hobble, limp
manquejante *adj.* limping, hobbling, lame
manquejar *v. intr.* to limp, to walk lamely, to hobble, to drag a leg
manquitar *v. intr.* to limp, to hobble, to walk lame, to halt, to hitch
manquitó *s. m. e f.* ⇒ **manquitola**
manquitola *s. m. e f.* lame, limping person, cripple
mansamente *adv.* slowly, meekly, sweetly, gently, tamely, peacefully
mansão *s. f.* mansion, residence, abode, dwelling-house; mansion-house
mansarda *s. f.* mansard, attic, garret; French roof
mansarrão Ⓐ *adj.* very meek, soft, mild, gentle, (of animals) tame Ⓑ *s. m.* meek (quiet, sluggish) person
mansidão *s. f.* meekness, softness, mildness, submissiveness, docility, gentleness; tameness
mansinho *adj.* very meek (mild, sweet, docile); ***de mansinho*** (very) softly, very gently
mansionário *s. m.* church-warden
manso *adj.* meek, mild, gentle, soft, docile, peaceful, quiet; tame, submissive; ***manso como um cordeiro*** as meek as a lamb
mansuetude *s. f.* meekness, docility, mildness, gentleness
manta *s. f.* blanket, rug, wrap; scarf; horse-cloth; furrow (for vine cuttings); strip of land; ZOOLOGIA manta ray; ***manta de viagem*** travelling-rug; ***manta de toucinho*** a flitch of bacon; ***manta de retalhos*** patchwork-quilt; ***manta de bacelo*** furrow (to plant vines); ***pintar a manta*** to paint the town red; ***manta escocesa de pastor*** shepherd's plaid
mantalona *s. f.* [Ind.] sailcloth
mantana *s. f.* kite (bird)
mantão *s. m.* (short) mantle, cloak
mantar *v. tr.* to make (to dig) deep furrows (to plant vines)
manteação *s. f.* blanketing, tossing in a blanket
manteador Ⓐ *adj.* tossing, blanketing Ⓑ *s. m.* tosser
mantear *v. tr.* to blanket, to toss in a blanket
mantearia *s. f.* butlerage, butlery, butlership
manteeiro *s. m.* butler
manteiga *s. f.* butter; [fig.] flattery, fawning, adulation; ***pão com manteiga*** bread and butter; ***manteiga rançosa*** rancid butter; ***bater manteiga*** to churn milk; ***bolinhas de manteiga*** pats of butter; ***manteiga de porco*** hog's lard, hog's fat; ***pôr manteiga no pão*** to butter the bread; [fam.] ***dar manteiga a*** to flatter, to adulate, to fawn, to butter up; ***isso vende-se como manteiga*** it sells like hot cakes
manteigaria *s. f.* dairy
manteigoso *adj.* buttery, fatty, tasting of butter
manteigueira *s. f.* butter-dish, butter-boat
manteigueiro Ⓐ *s. m.* dairyman (*feminine* dairy-maid); [fig.] flatterer, fawner, sycophant Ⓑ *adj.* fond of butter
manteiguento *adj.* ⇒ **manteigoso**
manteiguilha *s. f.* pomade
manteiro *s. m.* blanket-maker
mantel *s. m.* table-cloth; altar-cloth; *pl.* table linen
mantelado *adj.* HERÁLDICA mantling
mantelete *s. m.* mantlet, mantelet, short mantle, small cloak; MILITAR temporary shelter
mantém *s. m.* table-cloth
mantença *s. f.* maintenance, nourishment, subsistence, sustenance; provisions
mantenedor *s. m.* maintainer; defender, challenger, champion
manter *v. tr. e refl.* to maintain, to keep, to hold, to support, to sustain, to preserve; to assert, to affirm, to hold out, to keep up; ***manter-se firme*** to stand one's ground, to keep one's ground, to hold one's ground; ***manter a calma*** to remain calm; ***manter-se alheio*** to stand aside, to keep

M

aloof; ***manter a ordem*** to keep order; ***manter a sua palavra*** to keep one's word; ***manter o preço*** to maintain price, to keep up price; ***manter-se ao corrente*** to be informed, to be up to date; ***estava muito fraco para se manter de pé*** he was too weak to stand up; ***manter (alguém) na expectativa*** to keep (someone) in suspense; ***manter em suspenso*** to keep in suspense; ***manter a confiança*** to preserve the confidence; ***manter uma decisão*** to abide by one's decision

mantéu *s. m.* a monk's cape; long cloak; ruff; slim skirt

manteúdo *adj.* kept, maintained, fed

mântica *s. f.* bag, sack, packsack

mantilha *s. f.* mantilla

mantimento *s. m.* maintenance, sustenance, supply, victualling; food, victuals, provisions, supplies; ***prover-se de mantimentos*** to furnish oneself with provisions

mantissa *s. f.* MATEMÁTICA mantissa

manto *s. m.* mantle, cloak; (mourning) veil; ZOOLOGIA, BOTÂNICA mantle; ***envolvido num manto de mistério*** wrapped in a shroud of mystery; ***o manto da hipocrisia*** the veil of hypocrisy

mantó *s. m.* lady's cloak

mantuano *s. m., adj.* Mantuan

manual Ⓐ *adj.* manual, hand-made Ⓑ *s. m.* handbook, small textbook, manual

manualmente *adv.* manually

manubial *adj.* proceeding from plunder

manúbrio *s. m.* breast-bone, manubrium (sternum)

manucodiata *s. f.* ASTRONOMIA manucodiata (southern constellation of eleven stars)

manucódio *s. m.* ASTRONOMIA manucodiata (southern constellation of eleven stars)

manudução *s. f.* manuduction

manudutor *s. m.* manuductor, guide; conductor (of a band or choir)

manuelino *adj.* Manueline, relating to King Manuel I (or his time); ***estilo manuelino*** Manueline style

manuelista *adj.* ⇒ **manuelino**

manufacto *s. m.* manufacture, produce

manufactor Ⓐ *s. m.* manufacturer, maker, producer Ⓑ *adj.* manufacturing, producing

manufactura *s. f.* manufacture, manufacturing, making, producing; ***manufactura de seda*** silk manufacture, silk-mill

manufacturar *v. tr.* to manufacture, to make, to work up material (for use)

manufacturável *adj.* manufacturable

manufactureiro *adj.* manufacturing, producing

manulúvio *s. m.* ⇒ **manilúvio**

manumissão *s. f.* manumission

manumisso *adj.* manumitted

manumissor *s. m.* manumitter

manumitente *adj.* manumitting, releasing

manumitir *v. tr.* to manumit, to set free, to release from slavery

manuscrever *v. tr.* to write (with one's hand); to handwrite

manuscrito Ⓐ *adj.* manuscript, written by hand Ⓑ *s. m.* manuscript

manuseação *s. f.* ⇒ **manuseamento**

manuseamento *s. m.* handling; leafing

manusear *v. tr.* to handle, to touch, to feel (with the hands); to turn over the leaves of a book, to thumb

manuseável *adj.* easy to handle, manageable; user-friendly

manuseio *s. m.* ⇒ **manuseação**

manutenção *s. f.* maintenance, maintaining, sustenance, support, upkeep; management, administration, direction; ***manutenção militar*** army bakehouse (bakery)

manutência *s. f.* maintenance, maintaining, sustenance, support, upkeep; management, administration, direction

manutenir *v. tr.* to concede a mandate of maintenance to

manutenível *adj.* maintainable

manutérgio *s. m.* napkin used by a priest at the lavabo

manvio *s. m.* NÁUTICA end of a rope (cable)

manzari *s. m.* bunch of coconuts (Asia)

manzorra *s. f.* large hand; ⇒ **manápula**

mão *s. f.* hand; handful; quire of paper; forehand (of horses); coat, coating (of paint); plastering (in masonry); lead (at cards and other games); current side of the road (for driving); [fig.] power, authority, control; help, assistance; ***à mão direita*** on the right hand; ***por mão própria*** by hand; ***dentro da mão*** in the hand; ***à mão*** near, at hand; ***mão de mestre*** master hand; ***mão de papel*** quire; ***em primeira mão*** at first hand, first-hand; ***mão direita*** right hand; ***mão esquerda*** left hand; ***à mão esquerda*** on the left hand; ***de mão em mão*** from hand to hand; ***ter à mão*** to have at hand; ***ter um trabalho entre mãos*** to have some work in hand; ***levar pela mão*** to lead by the hand; ***mão fechada (punho)*** fist; ***está na minha mão*** it is in my power; ***vir às mãos de*** to fall into the hands of; ***assentar as mãos em alguém*** to strike someone; ***não ter mãos a medir*** to have one's hands full; ***feito à mão*** made by hand, hand-made; ***mão certa*** good thrower, sure aimer; ***fora da mão*** out of the way; ***levar a mão ao chapéu*** to touch one's hat; ***pôr mãos à obra*** to set to work, to put one's hand to, to start doing, to put one's hand to the plough; ***estar de mãos dadas*** to be hand in hand; ***aperto de mão*** handshake, handshaking; ***apertar a mão a alguém*** to shake hands with someone, to shake someone by the hand; ***ter a mão leve*** to be quick to punish; ***mão de arame*** butter fingers; ***mão de ferro*** iron hand; ***mãos grosseiras*** rough hands; ***de mão cheia*** masterly, excellent, perfect; ***meter a mão na consciência*** to examine oneself; ***por baixo de mão*** underhandedly; ***passar de mão em mão*** to go from hand to hand, to hand round; ***voltar com as mãos vazias*** to return empty-handed; ***pôr as mãos no fogo por alguém*** to swear for someone's integrity; ***tire as mãos!*** hands off!; ***de mãos postas*** with joined hands; ***mãos ao ar!*** hands up!; ***estar com as mãos na massa*** to have something in hand; ***não saber qual é a sua mão direita*** not to know one's left hand from one's right; ***cavalo da mão*** offside horse; ***pedir a mão de*** to ask for a lady's hand; ***estamos todos nas mãos de Deus*** we are all in the hands of God; ***untar as mãos a alguém*** to grease someone's palm; ***estar atado de pés e mãos*** to be tied hand and foot; ***com as mãos fechadas*** with clenched fist; ***com as mãos cruzadas*** with clasped hands; ***cruzar as mãos*** to clasp one's hands; ***lançar mão de*** to lay hands on; ***entregar-se nas mãos de alguém*** to throw oneself into the hands of; ***receber das mãos de*** to receive from the hands of; ***pôr as mãos na cinta*** to set one's arms akimbo; ***mão de verniz*** coat of varnish; ***espelho de mão*** hand-mirror; ***mãos videntes*** seeing hands; ***uma mão lava a outra*** one good turn deserves another; ***de mão beijada!*** for nothing!

mão-cheia *s. f.* handful; ***às mãos-cheias*** by handfuls

mão-chinha *s. f.* tiny portion; trifle

mão-curta *s. m.* small deer, Brazilian deer

mão-de-obra *s. f.* workmanship

maoísta *s. m. e f., adj.* Maoist

maometa *s. m. e f., adj.* ⇒ **maometano**

maometanismo *s. m.* ⇒ **maometismo**

maometanizar *v. tr.* to convert to Mahometanism, Mohammedanism

maometano *s. m., adj.* Mohammedan, Mahometan, Moslem

maometismo *s. m.* Mohammedanism

mão-morta *s. f.* dead hand, mortmain

mão-pendente *s. f.* bribe, bribery

mão-posta *s. f.* prejudice; agreement; premeditation

mão-quadra *s. f.* open hand, extended hand

maori *s. m. e f., adj.* Maori

mãos-largas *s. m. e f.* open-handed person, generous person

mãos-rotas *s. m. e f.* open-handed person

mão-tenente *s. f.* ***à mão-tenente*** point-blank
mão-tente *s. f.* ⇒ **mão-tenente**
mão-travessa *s. f.* hand's breadth
mãozada *s. f.* handshake
mãozeira *s. f.* handle, haft, stock
mãozinha *s. f.* little hand
mãozorra *s. f.* big hand, claw
mãozudo *adj.* large-handed
mapa *s. m.* map; chart
mapa-múndi *s. m.* map of the world
mapa-mundo *s. m.* ⇒ **mapa-múndi**
maple *s. m.* easy chair
mapoão *s. m.* a plant used by Indians to poison arrows
maque *s. m.* ⇒ **lémure**
maqueira *s. f.* hammock made from vegetable fiber
maqueiro *s. m.* stretcher-bearer; ambulance man
maqueta *s. f.* ARTES model, clay (wax) model; maquette
maquetista *s. m. e f.* maquette builder, modeller
maquia *s. f.* corn-measure; a miller's fee; profit, savings; money, cash
maquiador *s. m.* receiver of multure; toll paid to the miller
maquiadura *s. f.* exacting of multure
maquiar *v. intr.* to measure; to take the miller's portion; to subtract, to take
maquiavelice *s. f.* Machiavellism; slyness, astuteness
maquiavélico *adj.* Machiavellian; artful, crafty, shrewd, intriguing, arch
maquiavelismo *s. m.* Machiavellism; craft, trickery, roguery, subtlety, insidiousness
maquiavelista *s. m. e f.* Machiavellian
maquiavelizar *v. intr.* to practise duplicity in statecraft, to act in a Machiavellian manner
maquidum *s. m.* small chair
maquidura *s. f.* ⇒ **maquidum**
maquieiro *s. m.* miller's measure
maquilhagem *s. f.* maquillage, make-up, cosmetics
maquilhar *v. tr.* to make up, to put make-up on; to paint the face
máquina *s. f.* machine; engine; instrument; ***máquina de fazer furos*** punching-machine; ***máquina de amolar*** grinding-machine; ***máquina de costura*** sewing-machine; ***máquina de barbear*** safety razor; ***máquina de calcular*** calculator; ***máquina de serrar madeira*** sawing machine for timber; ***máquina de serrar metais*** sawing machine for metals; ***máquina frigorífica (ou de gelo)*** refrigerating mechanism, refrigerating-plant, refrigerator; ***máquina de pautar*** ruling-machine; ***máquina de fiar*** spinning-jenny; ***máquina de prova*** testing-machine; ***máquina para humedecer o papel*** wetting-machine; ***máquina de engarrafar*** bottling machine; ***máquina de lavar roupa*** washing machine, washer; ***máquina de lavar louça*** dishwasher; ***máquina a vapor*** steam-engine; ***máquina pneumática*** pneumatic engine, air-pump; ***máquina de polir*** polishing-machine; ***máquina agrícola de vapor*** steam-cultivating machine; ***máquina hidráulica*** hydraulic engine; ***máquina fotográfica*** camera; ***máquina de escrever*** typewriter; ***máquina fixa*** stationary engine; ***máquina estampadora*** goffering machine; ***máquina acabadora*** finishing machine; ***máquina de atarraxar*** screw-cutting machine; ***máquina com condensação*** condensing engine; ***máquina sem condensação*** non-condensing engine; ***máquina de mandrilar*** boring machine; ***máquina rotativa*** rotary engine; ***máquina de abrir roscas*** nut-tapping machine; NÁUTICA ***máquinas e caldeiras*** machinery; ***máquina de soldar*** welding-plant; ***máquina de tracção*** traction engine; ***desenhos à máquina*** machine drawing; ***máquina desarranjada*** machine out of order; ***máquina de segar e atar*** reaper and binder; ***máquina para limpar algodão*** willowing-machine; ***máquina de torcer*** winding-machine; ***máquina de quádrupla expansão*** quadruple expansion engine; ***oficina de construção de máquinas*** machine factory; ***máquina para tosquiar carneiros*** shearing-machine; ***montar uma máquina*** to mount a machine; ***máquina para dobrar papel ou jornais*** paper-folder; ***máquina para dobrar cartão*** cardboard bending machine; ***a máquina deixou uma cortina de fumo atrás de si*** the engine left a trail of smoke behind
maquinação *s. f.* machination, plot, intrigue, scheme, contrivance, artifice, design; ***maquinações secretas*** secret machinations, wirepulling
maquinador *s. m.* machinator, plotter, schemer
maquinal *adj.* mechanical; automatic
maquinar *v. tr.* to machinate, to plan, to plot, to scheme, to devise, to intrigue, to contrive
maquinaria *s. f.* machinery, mechanism, enginery; ***maquinaria agrícola*** agricultural machinery, agricultural implements
maquineta *s. f.* small engine; sacrarium, reliquary; alcove for the Blessed Sacrament
maquinismo *s. m.* machinery, gear, works, mechanism; NÁUTICA ***maquinismo do leme*** steering engine, steering gear
maquinista *s. m. e f.* machinist; engineer; engine-driver
mar *s. m.* sea, ocean; main sea, main, the briny deep; ***mar banzeiro*** sugar-loafed sea; ***mar chão*** smooth sea; ***mar largo*** open sea, offing; ***mar de fundo, mar de fora*** ground-sea or swell; ***mar de leva*** swelling sea, sea-way; ***mar picado*** choppy sea; ***um mar, um golpe de mar*** a sea; ***um mar de través*** a beam sea; ***mar de Sargaços*** Sargasso Sea; ***mar tranquilo*** calm sea; ***com o mar na proa*** before the sea; ***do lado do mar*** seaward; ***braço de mar*** arm of the sea; ***para o mar*** seaward; ***fazer-se ao mar*** to go to sea, to put to sea; ***homem do mar*** seaman; ***nascido no mar*** sea-born, born at sea; ***banhado pelo mar*** washed by the sea, sea-bathed; ***cair ao mar*** to fall overboard; ***deitar ao mar (alijar)*** to throw overboard; ***homem ao mar!*** man overboard!; ***por mar e por terra*** by sea and land; ***sobre as águas do mar*** at sea; ***brisa do mar*** sea breeze; ***no fundo do mar*** at the bottom of the sea; ***cercado de mar*** sea-girt; ***sacudido pelo mar*** sea-tossed; ***limitado pelo mar*** sea-bound; ***deitar água ao mar*** to carry coal to Newcastle; ***mar tempestuoso*** stormy sea; ***alga do mar*** seaweed; ***mar cavado*** hollow sea; ***o mar alto (o oceano)*** the high sea(s); ***ar do mar*** sea air; ***por mar*** by sea; ***mar grosso*** heavy sea; ***um mar de sangue*** a sea of blood; ***mar chão como um espelho*** sea like a looking-glass (sheet of glass); ***mar sereno como um lago*** sea like a mill-pond; ***o bramido do mar*** the roar of the sea; ***irrupção de mar*** sea breach; ***tomada de água do mar (válvulas, torneiras, etc.)*** sea-connexion; ***escuma do mar*** sea-foam; ***viagem por mar*** (sea) voyage; ***mar tormentoso*** tempestuous sea; ***sepultura no mar*** a watery grave, Davy Jone's locker, burial at sea; ***mar estreito*** narrow sea; [fig.] ***um mar de gente*** a stream of people; ***percorrer os mares*** to sail the seas; ***limpar os mares*** to sweep the seas; ***açoitado pelo mar*** sea-beaten; ***o mar Cáspio*** the Caspian Sea; ***o mar Morto*** the Dead Sea; ***o mar Negro*** the Black Sea; ***o mar Vermelho*** the Red Sea; ***lançar a carga ao mar*** to jettison
mará *s. m.* the Patagonian cavy, South-American rodent; pole used to stretch a boat
marabu *s. m.* marabou, marabout (West-African stork)
marabumbo *s. m.* saury
marabuto *s. m.* marabout (Mohammedan saint or hermit)
maracá *s. m.* gourd rattle; rattlesnake
maracajá *s. m.* margay, a wild cat
maracatim *s. m.* small boat (Pará)
maracha *s. f.* small bank, ridge
marachão *s. m.* bank; dam, dike; stone causeway
marachomba *s. f.* shanny, chub
maracotão *s. m.* cling-stone peach, melocoton, malacato(o)n
maracoteiro *s. m.* cling-stone, peach-tree
maracujá *s. m.* passion fruit
maracujazeiro *s. m.* passion fruit tree

maracuta *s. f.* "maracuta" (ancient African coin)
marafona *s. f.* rag-doll; ⌈coloq.⌋ jade, prostitute, slut
marafonear *v. intr.* to live (to mix, to deal) with prostitutes
marafoneiro *s. m.* who lives (mixes, deals) with prostitutes
maragota *s. f.* perch
marajá *s. m.* Maharaja(h)
maranduva *s. f.* lie; unlikely story
maranha *s. f.* heath, furze-field, brushwood; entangled threads; confusion, disorder, muddle, jumble, mess; intrigue, plot, cabal, scheme
maranhão *s. m.* great lie
maranhar *v. tr.* ⇒ **emaranhar**
maranhense Ⓐ *adj.* of (belonging to) Maranhão Ⓑ *s. m. e f.* native of Maranhão
maranhoso *adj.* intriguing, artful, crafty, sly; gossipy, tattler, busybody, talebearer
maranta *s. f.* BOTÂNICA arrowroot
Marantáceas *s. f. pl.* BOTÂNICA members of genus *Maranta*, in *Zingiberaceae*
marantéu *s. m.* ⇒ **papa-figos** (bird)
marasca *s. f.* marasca cherry from which maraschino is made
marasmar Ⓐ *v. tr.* to bring to marasmus Ⓑ *v. intr.* to become marasmic
marasmático *adj.* marasmic
marasmo *s. m.* marasmus, wasting away of the body; atrophy, emaciation; apathy
marasmódico *adj.* ⇒ **marasmático**
marasquino *s. m.* maraschino
marata Ⓐ *s. m. e f.* Mahratta, Moratha; Mahratti, Marathi (language) Ⓑ *adj.* relating to the Mahrattas
maratona *s. f.* marathon, marathon race; ⌈fig.⌋ a long way
maratonista *s. m. e f.* marathon athlete
maratro *s. m.* BOTÂNICA fennel
marau *s. m.* rogue, imp, cunning fox, rascal, a sly dog
maravalhas *s. f. pl.* brushwood; wood shavings, parings, needles (of pine-trees); ⌈fig.⌋ trifles
maravedi *s. m.* maravedi
maravedil *s. m.* ⇒ **maravedi**
maravidi *s. m.* ⇒ **maravedi**
maravilha *s. f.* marvel, wonder, wonderful thing; prodigy; BOTÂNICA marigold; ⌈pop.⌋ ***às mil maravilhas*** marvellously, admirably well; ***fazer maravilhas*** to perform wonders; ***as sete maravilhas do mundo*** the seven wonders of the world; ***tudo corre às mil maravilhas*** everything in the garden's lovely
maravilhado *adj.* surprised, bewildered, amazed, astounded, staggered, struck with wonder
maravilhador Ⓐ *adj.* wonderful, amazing, wondrous, bewildering, astounding, staggering Ⓑ *s. m.* one who amazes
maravilhar Ⓐ *v. tr.* to amaze, to marvel, to astound, to dazzle, to enchant, to enrapture, to cause admiration, to rouse to wonder Ⓑ *v. refl.* to be surprised, to be roused to wonder and admiration; to be bewildered, to be amazed; ***maravilhar-se com*** to marvel at
maravilhosamente *adv.* marvellously, wonderfully, admirably, amazingly; ⌈cal.⌋ awfully well
maravilhoso *adj.* marvellous, superb, surprising, amazing, wonderful, wondrous, miraculous, extraordinary, incredible; ***foi um dia maravilhoso para nós*** it was a wonderful day for us; ***voz maravilhosa*** superb voice
marca *s. f.* mark; sign, indication, symbol, token, badge; brand, label, make; trace; fame, distinction; consequence; boundary, limit; ***de marca maior*** beyond all measure; ***passar das marcas*** to be beyond the pale, to exceed the limits; ***marca da fábrica, marca registada*** trade-mark; ***marca que goza de muito crédito*** well known mark, well known brand; ***marca de imprensa*** printer's mark; NÁUTICA ***marca de navegação*** beacon, sea-mark of navigation (or sailing); ***marca da flutuação máxima*** Plimsoll's mark, Plimsoll line; ***marca de água*** watermark; ***marca da preia-mar (na praia)*** watermark (on the beach)
marcação *s. f.* demarcation; boundary; marking, booking, reservation; kicking (in football); ***marcação de lugares*** booking of tickets (places); NÁUTICA ***marcação da agulha*** bearing by compass; ***marcação de carga*** tally of cargo, tallying of cargo; ***marcações cruzadas*** cross bearings; ***tomar a marcação*** to take the bearing; ***marcação errada*** (telephone) wrong number
marcado *adj.* marked; ***marcado com o número ...*** marked with the number
marcadoiro *s. m.* ⇒ **marcadouro**
marcador *s. m.* marker; highlighter; scoreboard; NÁUTICA ***marcador de carga*** tallyman of cargo
marcadouro Ⓐ *s. m.* standard gold (silver) alloy Ⓑ *adj.* that is suitable for marking
marçagão *s. m.* rough and nasty March
marçalino *adj.* relating to the month of March
marçano *s. m.* shop-assistant
marcante *adj.* conspicuous, marked, marking, remarkable, striking, appreciable
marcar *v. tr.* to mark, to stamp (a mark); to show, to indicate; to label; to distinguish, to make remarkable; to designate; to spot, to stain; DESPORTO to score (goals, points); to kick (in football); to take; ***marcar um prazo*** to set a time; ***marcar o dia (do casamento)*** to name the day (for the wedding); ***marcar com pedra branca um dia feliz*** to call it a red-letter day; ***marcar as faltas*** to mark corrections, to mark mistakes; MILITAR ***marcar passo*** to mark time; ***marcar a roupa*** to mark linen; ***marcar uma hora*** to fix an appointment, to fix a time; ***marcar o compasso*** to beat (the) time; ***marcar lugar (no teatro, avião, comboio, etc.)*** to book seats (tickets, places); ***marcar um número (no telefone)*** to dial a number; ***uma cruz marca o lugar*** a cross marks the spot; ***marcar com um preço mais baixo*** to mark down, NÁUTICA ***marcar na agulha*** to set the needle; ***marcar pontos (em jogos)*** to keep the score (of points made in a game), ***marcar falta (ou presença) a um aluno*** to mark a pupil, absent (or present); ***marcar o ponto*** to punch the clock
marcassite *s. f.* MINERALOGIA marcasite
marcela *s. f.* BOTÂNICA camomile, marcella, marsella
marcelino *adj.* related to the month of March
marcenaria *s. f.* joinery; woodwork, furniture; cabinet-maker's shop, joiner's workshop
marceneirar *v. intr.* to carpenter, to do carpenter's work, to do some carpentry
marceneiro *s. m.* joiner, cabinet-maker
marcescência *s. f.* marcescence, marcescent condition
marcescente *adj.* marcescent, withering
marcescível *adj.* perishable, liable to shrivel, liable to dry up
marcha *s. f.* march; progress, advance; walk, gait, step; military tune; marching (of troops); walking; NÁUTICA way; ***a marcha dos negócios*** run of business; ***seguir a marcha dos acontecimentos*** to follow the order of events; MILITAR ***marcha em passo grave*** slow march; ***marcha fúnebre*** dead march; ***marcha forçada*** forced march; ***marcha de treino*** route march; ***ordem de marcha*** marching orders; ***marcha do tempo*** the march of time; ***fazer marcha atrás*** to back, to go into reverse gear; NÁUTICA ***marcha avante*** headway, ahead motion; ***marcha do vento*** course of the wind; ***marcha à ré*** astern-march
marchador *s. m.* apparatus used in the manufacture of hats
marchantaria *s. f.* cattle business; beef business
marchante *s. m.* cattle-dealer
marchar *v. intr.* to march, to walk in steady step; to step out to march up; to go, to proceed, to advance, to move forward, to go to one's long home; to progress, to go on; ***marchar a grande velocidade*** to run at a high speed; ***marchar muito devagar*** to go very slowly, to run; ***marchar mal*** to go badly

marche-marche *s. m.* ***a marche-marche*** at a quick pace
marcheta *s. f.* part of the mantle where the ribbons are fastened
marchetado Ⓐ *adj.* inlaid Ⓑ *s. m.* inlaid work, inlay
marchetar *v. tr.* to inlay, to incrust; to enamel
marchetaria *s. f.* marquetry, marqueterie, inlaid work
marchete *s. m.* piece inlaid in the work
marcheteiro *s. m.* inlayer
marcial *adj.* martial, warlike; ***lei marcial*** martial law
marcialmente *adv.* martially
marciano Ⓐ *adj.* Martian Ⓑ *s. m.* Martian, inhabitant of the planet Mars
marciático *adj., s. m.* ⇒ **marciano**
márcido *adj.* withered, faded, etiolated
márcio *adj.* ⇒ **marcial**
marco *s. m.* boundary, limit; landmark; mark (German coin); mark (Mediaeval unit of weight, equal to about 8 ounces); ***marco postal*** pillar-box; ***marco quilométrico*** milestone
Março *s. m.* March
marcomano Ⓐ *adj.* relating to the Marcomanni Ⓑ *s. m.* member of the Marcomanni; *pl.* Marcomanni, ancient Germanic people
marconigrama *s. m.* marconigram
marconiterapia *s. f.* treatment by means of Hertzian waves
maré *s. f.* tide; opportunity; ***remar contra a maré*** to go against the stream; ***não perder a maré*** to save the tide; ***o tempo e a maré não esperam por ninguém*** time and tide wait for no man; ***estar de maré*** to be well-disposed; ***maré de vazante*** ebb-tide; ***maré vazia*** low water; ***maré viva*** spring-tide; ***maré contra o vento*** weather-tide; ***maré morta*** neap-tide; ***de maré*** tidal; ***maré de enchente*** flood-tide; ***subir com a maré*** to come up with the tide
mareação *s. f.* sailing, navigation
mareagem *s. f.* navigation; course
mareante Ⓐ *s. m.* mariner, seamen, seafarer, sailor Ⓑ *adj.* sailing, steering
marear Ⓐ *v. tr.* to steer, to work a ship, to navigate; to daze (a bull) Ⓑ *v. intr.* to go to sea; to be at sea; to become seasick; to lose lustre, to stain, to dull; ***carta de marear*** sea-chart; ***agulha de marear*** compass; ***marear pano*** to fill (to trim) sails; ***marear vela*** to fit sail
marechal *s. m.* marshal; ***marechal de campo*** field-marshal; ***marechal do ar*** air-marshal
marechalado *s. m.* ⇒ **marechalato**
marechalato *s. m.* marshalship, office (rank) of marshal
maré-cheia *s. f.* high tide
marégrafo *s. m.* marigraph, tide-gauge
maregrama *s. m.* marigram, tide diagram
mareiro Ⓐ *adj.* blowing landwards from the sea Ⓑ *s. m.* seabreeze
marejada *s. f.* light swell or surge
marejar *v. intr.* to transude, to exude, to ooze, to pass by pores; to trickle, to drip; to bubble up; ***ela tinha os olhos marejados de lágrimas*** her eyes were filled with tears
marel Ⓐ *adj.* siring Ⓑ *s. m.* sire
marelante *s. m.* ⇒ **papa-figos (bird)**
marelão *s. m.* ⇒ **pica-pau**
marema *s. f.* maremma (*plural* maremme)
maremático *adj.* miasmatic
marémetro *s. m.* tide-gauge
maremoto *s. m.* seaquake, submarine (eruption) earthquake
mareógrafo *s. m.* ⇒ **marégrafo**
mareograma *s. m.* ⇒ **maregrama**
mareómetro *s. m.* ⇒ **marégrafo**
mareorama *s. m.* seascape
maresia *s. f.* smell of the sea at low-water; smell of the tang (seaweed)
mareta *s. f.* small wave, wave of rivers
marfar *v. tr.* to offend, to vex, to hurt, to annoy, to enlarge, to infuriate
marfim *s. m.* ivory; ***deixar correr o marfim*** to let things slide
marfinoso *adj.* ivory-like
marga *s. f.* marl
margaça *s. f.* brown camomile
margagem *s. f.* marling
margar *v. tr.* to marl, to fertilize with marl
margarato *s. m.* margarate
margárico *adj.* margaric; ***ácido margárico*** margaric acid
margarida *s. f.* BOTÂNICA daisy; ZOOLOGIA horned-owl; hornowl; BOTÂNICA ***margarida dobrada*** moondaisy, marguerite
margarina *s. f.* margarine
margarita *s. f.* pearl; BOTÂNICA daisy
margaritáceo *adj.* margaritaceous, pearl-bearing, pearly
margarite *s. f.* MINERALOGIA margarite, calcium mica, pearly mica
margarítico *adj.* QUÍMICA margaritic
margaritífero *adj.* pearl-producing, pearl-bearing, margaritiferous
margarito *s. m.* BOTÂNICA [Bras.] taro, elephant's ear (*Arum* family)
margear *v. tr.* to go along the margin of; to border; to make a margin, to marginate
margem *s. f.* bank; shore; border, boundary, limit-line; margin (of a book); edge, brim, rim; opportunity; cause; ***pôr à margem*** to lay aside; ***lançar à margem*** to give up, to neglect; ***dar margem a*** to occasion, to cause; ***margem de um livro*** margin of a book; ***notas à margem*** marginal notes; ***margem de velocidade*** speed range
marginação *s. f.* margination
marginado *adj.* marginated; BOTÂNICA marginate, margined
marginador Ⓐ *s. m.* TIPOGRAFIA layer-on, feeder; (typewriter) margin stop Ⓑ *adj.* marginal
marginal *adj.* marginal; ***avenida marginal*** marginal avenue (road)
marginalidade *s. f.* marginality, delinquency
marginalismo *s. m.* ECONOMIA value theory according to which value is determined by the more or less urgent need of an economic good
marginalização *s. f.* marginalization; segregation
marginalizar *v. tr.* to marginalize, to segregate; to set apart; [fig.] to ignore, to neglect
marginar *v. tr.* to margin, to annotate with marginal notes; to go along the margin of
marginário *adj.* ⇒ **marginado**
marginiforme *adj.* similar to a border
margoso *adj.* marly, marl-like
margota *s. f.* ⇒ **bodião**
margrave *s. m.* margrave, markgrave
margraviado *s. m.* ⇒ **margraviato**
margraviato *s. m.* margraviate, margravate
margueira *s. f.* marl-pit
margueiro *s. m.* marl digger
mari *s. m.* leguminous Brazilian plant used as medicine
maria-da-fonte *s. f.* riot, disturbance, row, brawl, fray
maria-das-pernas-compridas *s. f.* the rain
maria-é-dia *s. f.* yellow-bellied kite (bird)
maria-gomes *s. f.* variety of apple
maria-já-é-dia *s. f.* ⇒ **maria-é-dia**
marial *adj.* Marian (pertaining to the Virgin Mary); Maid Marian
marialva Ⓐ *adj.* riding (belonging to the art of horsemanship after the style of Marquis of Marialva) Ⓑ *s. m.* good rider
mariânico *adj.* related to the orographic system derived from Sierra Morena in Spain and to which all Portuguese mountains in Baixo Alentejo and the Algarve belong

marianismo *adj.* exagerated cult of Virgin Mary
mariano Ⓐ *s. m.* Carmelite friar; ***os Marianos (frades)*** barefooted Carmelites Ⓑ *adj.* ⇒ **marial**
maria-rapaz Ⓐ *s. f.* tomboy Ⓑ *adj.* tomboyish
mariato *s. m.* NÁUTICA signalling flags
maria-vai-com-as-outras *s. f.* [coloq.] sheep, follower, wishy-washy person
maribondo *s. m.* a variety of wasp
maricão *s. m.* [depr.] ⇒ **maricas**
maricas *s. m.* [depr.] milksop, sissy, molly-coddle, effeminate man; [cal.] pansy
maridagem *s. f.* [coloq.] ⇒ **maridança**
maridança *s. f.* [coloq.] marriage, conjugal life, married life
maridar *v. tr.* to marry, to wed, to espouse; to give in marriage
maridedia *s. f.* ⇒ **maria-é-dia**
marido *s. m.* husband, spouse, consort, man; ***ele era um bom marido*** he was a good husband (to her); ***marido governado pela mulher*** henpecked husband; ***marido e mulher*** man and wife
marijuana *s. f.* ⇒ **haxixe**
marimacho *s. m.* virago, mannish woman, termagant
mari-mari *s. m.* the pinkshower senna
marimba *s. f.* "marimba" (kind of xylophone used by natives in Africa)
marimbar Ⓐ *v. intr.* to win at "marimbo" Ⓑ *v. refl.* [fam.] not to heed, not to care
marimbeiro *s. m.* "marimba" player
marimbo *s. m.* "marimbo", a kind of card game in which the highest trump is the queen of spades
marina *s. f.* marina
marinada *s. f.* marinade
marinar *v. tr.* to marinate, to marinade
marinas *s. f. pl.* marine plants, seaweed
marinha *s. f.* navy, marine; beach, shore, coast; salt-pit; ***marinha de guerra*** navy; ***marinha mercante*** mercantile marine, merchant navy; ***oficial de marinha*** naval officer; ***Ministério da Marinha*** the Ministry of Marine, Admirality; ***arsenal da marinha*** naval yard, dockyard; ***pintor de marinhas*** seascape painter; ***soldado de marinha*** marine, royal marine, [cal.] jolly
marinhadeira *s. f.* ⇒ **trepadeira (bird)**
marinhagem *s. f.* seamen, the men, sailors, ratings; seamanship
marinhão *adj.* said of the cattle reared by the sea
marinhar Ⓐ *v. tr.* to man a ship; to navigate, to work a ship Ⓑ *v. intr.* to climb, to clamber
marinharesco *adj.* ⇒ **marinheiresco**
marinharia *s. f.* seamanship
marinheira *s. f.* ⇒ **trepadeira (bird)**
marinheirar *v. tr.* ⇒ **marinhar**
marinheiraria *s. f.* seamanship; the practical part of nautical science
marinheiresco *adj.* seaman-like
marinheiro *s. m.* mariner, sailor, seaman, seafarer; [pop.] Jack-tar; a sort of Brazilian shrimp; ***marinheiro de água doce*** fair-weather sailor, raw seaman; ***marinheiro da Armada*** bluejacket; ***marinheiro timoneiro*** ablebodied seaman, able seaman; ***ser bom marinheiro (não enjoar a bordo)*** to be a good sailor, to have good sea-legs; ***casa do marinheiro*** sailor's home
marinhista *s. m. e f.* painter of sea-pieces
marinho *adj.* marine, sea; maritime; ***animal marinho*** marine animal; ***sal marinho*** sea-salt
marinismo *s. m.* Marinism (affected style of the Italian poet Marini)
marinista *s. m. e f.* Marinist
marino *adj.* marine
mariola Ⓐ *s. m.* rogue, knave, scamp, rascal, scoundrel, mischief maker, trickster, scapegrace Ⓑ *adj.* roguish, knavish, rascally, scoundrelly, trickish, tricky, mischievous
mariolada *s. f.* roguery, knavery, rascality, trickery, knavish trick, mischief
mariolagem *s. f.* rogues collectively; ⇒ **mariolada**
mariolão *s. m.* outright scoundrel
mariolar *v. intr.* to play the rogue, to be a vagrant; to loaf, to be idle
mariolice *s. f.* ⇒ **mariolada**
mariologia *s. f.* Mariology
mariológico *s. m.* Mariological
mariólogo *s. m.* Mariologist
marioneta *s. f.* puppet, marionette
mariota *s. f.* Moorish gown with hood
mariotar *v. tr.* to crush, to wrinkle
mariposa *s. f.* moth, butterfly (of admiral type)
mariposear *v. intr.* to flutter (to fly) about
mariquice *s. f.* unmanliness, effeminacy
mariquinhas *s. m.* ⇒ **maricas**
marisca *s. f.* salt water trout
mariscar *v. tr. e intr.* to gather shellfish
marisco *s. m.* shellfish
marisma *s. f.* salt marshes
marisqueira *s. f.* (woman) shellfish dealer
marisqueiro *s. m.* shellfish gatherer (dealer, seller)
maritabilidade *s. f.* chances of getting married at a certain age (woman)
maritágio *s. m.* dowry (in the Middle Ages)
marital *adj.* marital
maritalmente *adv.* maritally
mariticida *s. f.* woman who kills her husband
mariticídio *s. m.* mariticide; killing of spouse
marítimo Ⓐ *adj.* maritime, marine, seafaring, shipping Ⓑ *s. m.* seaman, seafaring-man, seafarer; ***nação marítima*** maritime nation; ***assuntos marítimos*** shipping affairs
marma *s. f.* marver
marmanjão *s. m.* great knave (rogue, rascal, brute)
marmanjaria *s. f.* roguery, knavery, trickery; gang of rogues
marmanjo *s. m.* knave, rogue, rascal, sharper; silly fellow, rough man, brute
marmanjola *s. m.* ⇒ **marmanjão**
marmar *v. intr.* to shrink, to wane, to diminish, to dwindle, to shrivel
marmela *s. f.* variety of pear
marmelada *s. f.* quince jam; [pop.] bargain, advantage, wonder; mess, confusion; ***marmelada de laranja*** orange marmalade; [cal.] ***fazer marmelada*** to pet
marmeladeira *s. f.* ⇒ **marmeleiro**
marmeleiro *s. m.* quince-tree; rod made from quince-tree
marmelo *s. m.* quince
marmita *s. f.* saucepan; (soldier's) chow pan
marmorário Ⓐ *s. m.* marblecutter Ⓑ *adj.* marble; relating to marble
mármore *s. m.* marble; ***imitação de mármore*** marbling ***mármore polido*** polished marble
marmorear *v. tr.* to marble; to stain (to vein) like marble
marmoreira *s. f.* marble-quarry
marmoreiro *s. m.* ⇒ **marmorista**
marmóreo *adj.* marmoreal; insensible, cold
marmoriforme *adj.* marmoreal, marmorean; marble-like
marmorista *s. m. e f.* marble-cutter; ***oficina de marmorista*** marble works
marmorite *s. f.* plaster of cement and marble sand used as pavement
marmorização *s. f.* marbling
marmorizar *v. tr.* to turn into marble, to make like marble
marmota *s. f.* marmot; small whiting

marneco *s. m.* ⇒ **marreco**
marnel *s. m.* marsh, bog, swamp
marnoceiro *s. m.* man that fishes in bogs; ⇒ **marnel**
marnota *s. f.* marshy ground, swamp; salt-pan
marnotagem *s. f.* salt industry
marnotal *adj.* relating to a salt-pan
marnoteiro *s. m., adj.* ⇒ **marnoto**
marnoto Ⓐ *s. m.* salter, labourer in a salt-pan (or salt-pit) Ⓑ *adj.* relating to a salt-pan (or salt-pit)
maro *s. m.* BOTÂNICA cat-mint, herb mastic
maroiço *s. m.* ⇒ **marouço**
maroma *s. f.* rope, tightrope
maromba *s. f.* balancing-pole, ropedancer's pole; sickness of the vineyard producing yellow spots in the leaves; [Bras.] herd of cattle; raft for transport of cattle
marombeiro *adj.* flattering
Maronitas *s. m. pl.* Maronites (a sect of Syrian Christians dwelling in Lebanon)
marosca *s. f.* [pop.] deception, trick, cheat, feint
marotagem *s. f.* trickery; naughtiness; piece of rascality; rabble, mob, set of rogues
marotear *v. intr.* to play the rogue; to be naughty; to behave like a rascal
maroteira *s. f.* trick, mischievous action, prank; roguery, knavery, trickery, mischief, waggishness, naughtiness
marotice *s. f.* trick, prank, practical joke; naughtiness
maroto Ⓐ *s. m.* rogue, rascal, scamp, scoundrel, cheat, trickster; mischievous, waggish person, naughty child; kind of black grape Ⓑ *adj.* naughty, roguish, waggish, mischievous; [fam.] ***meu maroto!*** you lucky rascal!
marouço *s. m.* billow, breaker, high wave; tidal wave
marquês *s. m.* marquis, marquess
marquesa *s. f.* marchioness, marquise; ottoman (sofa)
marquesado *s. m.* marquisate
marquesinha *s. f.* parasol, sunshade; marquee, officer's field-tent; a sort of white grape; plant of the lily family; variety of pear (marquise)
marquesota *s. f.* BOTÂNICA the winged yam
marquise *s. f.* [gal.] veranda (verandah) covered with panes
marra *s. f.* weed-hook, hoe; stone-mason's hammer, sledge hammer; glade (in vineyard); furrow; a boy's game
marrã *s. f.* weaned sow; fresh hem; [reg.] hunchback
marracho *s. m.* [reg., Mad.] name of a variety of fish
marraco *s. m.* big spade
marrada *s. f.* butt, thrust (with a horn)
marrado *adj.* turbid, cloudy (of wine)
marrafa *s. f.* forelock, fringe
marralhão Ⓐ *s. m.* [pop.] idler, drone, sluggard, laggard, lazy-bones, lazy fellow Ⓑ *adj.* lazy, sluggish, sluggard, indolent, idle
marralhar *v. intr.* to insist on, to dwell upon, to be obstinate; to bargain
marralharia *s. f.* ⇒ **marralhice**
marralheiro *adj.* crafty, sly, cunning, artful; idle, lazy, sluggish, sluggard
marralhice *s. f.* craftiness, slyness, artfulness; indolence, idleness, laziness, sloth, sluggishness
marrana Ⓐ *s. f.* hump, hunch Ⓑ *s. m.* humpback, hunchback
marrancha *s. f.* ⇒ **marrã**
marrancho *s. m.* weaned hog
marranica Ⓐ *s. f.* hump; protuberance, swelling Ⓑ *s. m.* humpback, hunchback
marranita Ⓐ *s. f.* hump; protuberance, swelling Ⓑ *s. m.* humpback, hunchback
marrano *adj.* cursed, excommunicated; filthy, dirty
marrão *s. m.* weaned hog; sledge-hammer; [coloq.] student who memorizes everything without completely understanding
marrar *v. intr.* to butt, to thrust (with the head); to gore (with the horns); [cal.] to study hard
marrasquino *s. m.* maraschino
marraxo *s. m.* fish peddler; large shark; old playful cat
marreca Ⓐ *s. f.* duck; hunch Ⓑ *s. m. e f.* hunchback, humpback
marreco Ⓐ *adj.* hunchbacked, humpbacked; sly, cunning; astute Ⓑ *s. m.* drake
marrequinho *s. m.* duckling
marreta *s. f.* stone-mason's hammer; flogging-hammer, maul, plying-hammer; ***marreta de chumbo*** lead hammer
marretada *s. f.* blow, stroke (with a stone-mason's hammer)
marretar *v. intr.* to hammer, to beat, to strike
marroada *s. f.* stroke with a club; herd of weaned hogs
marroaz Ⓐ *adj.* obstinate, stubborn Ⓑ *s. m.* Asiatic boat
marroio *s. m.* BOTÂNICA horehound, hoarhound; ***marroio branco*** white horehound; ***marroio de água*** gipsy-wort
marroquim *s. m.* Morocco leather
marroquinar *v. tr.* to prepare Morocco leather
marroquinaria *s. f.* factory where Morocco leather is prepared; Morocco leather articles
marroquino *s. m., adj.* Moroccan
marroteiro *s. m.* overseer (foreman) of labourers of salt-pans
marroxo *s. m.* rest, waste, refuse; stump (of a candle)
marruá *s. m.* [Bras.] bull
marrugem *s. f.* ⇒ **morugem**
marselhês Ⓐ *s. m.* inhabitant of Marseilles Ⓑ *adj.* of (pertaining to) Marseilles
Marselhesa *s. f.* Marseillaise (French national anthem)
marsília *s. f.* kind of fourleafed clover
Marsiliáceas *s. f. pl.* *Marsiliaceae* (the family of pepperworts)
marsuíno *s. m.* porpoise, cetaceous mammal
marsupial Ⓐ *adj.* marsupial, pouch-like Ⓑ *s. m.* ZOOLOGIA marsupial (*plural* marsupialia), pouched mammal
marsúpio *s. m.* pouch, marsupium
marta *s. f.* ZOOLOGIA marten; ***marta zibelina*** sable marten, sable
martagão *s. m.* BOTÂNICA martagon, Turk's-cap lily
martaranho *s. m.* eagle owl; wild cat
marte *s. m.* Mars; [fig.] warfare
martelada *s. f.* hammer-blow; repeated blows (as from a hammer), hammering
martelador Ⓐ *adj.* hammering Ⓑ *s. m.* hammerer; [fig.] bore, tedious (wearisome) person
martelagem *s. f.* hammering; ***martelagem a frio*** cold hammering
martelão *s. m.* large hammer; [fig.] crammer; ⇒ **marrão**
martelar *v. tr. e intr.* to hammer, to pound, to strike, to beat, to drive (with a hammer); [fig.] to conceive and produce (with labour); to cram; to plead with (a person) repeatedly and insistently; to insist on; ***martelar um ponto*** to drive home a point; ***martelar a frio*** to cold-draw with a hammer
marteleiro *s. m.* hammerer; [reg.] poor shot
martelejar Ⓐ *v. tr.* ⇒ **martelar** Ⓑ *v. intr.* to sound like a hammer-blow
martelete *s. m.* small hammer; Moorish spur
martelinho *s. m.* small little hammer; [fam.] half-pint glass
martelo *s. m.* hammer; mallet; [fig.] bore, tedious (wearisome) person; ***estar entre o martelo e a bigorna*** to be between the hammer and the anvil; ***a pancada do martelo na forja*** the stroke of the hammer in the forge; ***martelo bate-estacas*** rammer; ***martelo de duas faces*** double-faced hammer; ***martelo de bola*** ball-hammer; ***martelo mecânico*** tilt hammer, tilter; ***martelo de orelhas*** claw hammer; ***martelo pilão*** steam hammer; ***martelo de rebater*** snug hammer; ***martelo de cravação*** riveting hammer; ***martelo de estacar*** planishing hammer

M

martim-pescador *s. m.* kingfisher
martinete *s. m.* steam hammer; pile-driver; pin or gnomon (of a sun-dial); hammer (of a piano); ZOOLOGIA martin
martinho-pescador *s. m.* ⇒ **martim-pescador**
mártir *s. m.* martyr; sufferer; ***ser um mártir de*** to be a martyr to; ***fazer-se mártir*** to turn oneself into a martyr
martírio *s. m.* martyrdom, extreme suffering; pain, torment; BOTÂNICA passion-flower
martirizar *v. tr.* to martyr, to put to death by martyrdom; to torment; to make a martyr of
martirológio *s. m.* martyrology
martirologista *s. m. e f.* martyrologist
martite *s. f.* MINERALOGIA martite
marto *s. m.* black-striped mammal uncommon in Portugal (also known as *gato-bravo* and *gato-montês*)
marubá *s. m.* BOTÂNICA plant of the *Simarubaceae* family
marufle *s. m.* lining-glue used by painters
marufo *s. m.* ⌈pop.⌋ wine
marugem *s. f.* chickweed
maruí *s. m.* Amazonian mosquito
maruim *s. m.* ⇒ **maruí**
maruja *s. f.* crew, the men; seamen
marujada *s. f.* sailors, seamen, ratings; mariners
marujar *v. intr.* to drizzle, to mizzle
marujo *s. m.* jack-tar, seaman; seafarer, sea dog, old salt
marulhada *s. f.* surge, surging, swelling; tumultuous waves; ⌈fig.⌋ noise, uproar
marulhado *adj.* covered by sea waves
marulhar *v. intr.* to surge, to swell, to rise high, to billow; to rise tumultuously
marulheiro *adj.* special wind that raises (tosses) the waves
marulhento *adj.* ⇒ **marulhoso**
marulho *s. m.* ⇒ **marulhada**
marulhoso *adj.* billowy, swelling (sea), noisy
marupá *s. m.* ⇒ **marupaúba**
marupaúba *s. f.* the Orinoco simaruba (*Simarubaceae*)
marxismo *s. m.* Marxism
marxista Ⓐ *adj.* Marxist Ⓑ *s. m.* Marxian
mas Ⓐ *conj.* but; however, yet, still Ⓑ *s. m.* but, objection, hindrance; ***eu não estava lá, mas o meu pai estava*** I was not there, but my father was; ***não só ... mas também*** not only ... but also; ***mas enfim*** in a word, but anyway; ***nem mas nem meio mas!*** but me no buts!; ***tens sempre um mas para os meus desejos*** you always have a but to set against me
mascador Ⓐ *s. m.* chewer Ⓑ *adj.* chewing
mascar Ⓐ *v. tr.* to chew, to masticate, to munch Ⓑ *v. intr.* to mutter, to grumble, to mumble, to utter indistinctly
máscara *s. f.* mask; ⌈fig.⌋ disguise, pretence, dissimulation; masker, masked person; ***tirar a máscara*** to throw off the mask, to unmask; ***máscara antigás*** gas-mask; ***máscara de oxigénio*** oxygen mask; ***baile de máscaras*** masked ball, fancy-dress ball; ***cobrir-se com a máscara de ...*** to pretend to be...
mascarada *s. f.* masquerade, masked ball, fancy-dress ball; ⌈fig.⌋ pretence, false show
mascarado Ⓐ *s. m.* masquerader Ⓑ *adj.* disguised, camouflaged (of a field-gun)
mascarão *s. m.* ARQUITECTURA grotesque figure (face)
mascarar Ⓐ *v. tr.* to mask, to disguise Ⓑ *v. refl.* to disguise oneself; to be masked; to masquerade, to appear in disguise; ***mascarar-se para a cena*** to dress up
mascarilha *s. f.* half-mask
mascarino *adj.* BOTÂNICA masked, personate
mascarra *s. f.* smut, stain, spot (made with soot); ⌈fig.⌋ disgrace, dishonour, shame
mascarrar *v. tr.* to smut, to stain (with smuts), to besmear, to daub, to blacken
masca-tabaco *s. m.* ⇒ **bufo** (fish)
mascate *s. m.* peddler; hawker
mascateação *s. f.* peddlery
mascatear *v. tr.* to peddle
mascato *s. m.* ⇒ **alcatraz**
mascavado *adj.* unrefined; ***açúcar mascavado*** brown sugar, unrefined sugar
mascavar *v. tr.* to separate (good sugar from bad); to adulterate, to corrupt; to pronounce (to write) incorrectly
mascavinho *s. m.* brown sugar (of a better quality)
mascavo *s. m.* refining of sugar; ⇒ **mascavado**
mascotar *v. tr.* to pound, to knock, to beat (with stamper); to crush; to grind; to chew
mascote *s. f.* ⌈coloq.⌋ talisman, amulet, charm, mascot, fetish
mascoto *s. m.* stamper; mallet; fulling-mill
masculifloro *adj.* masculiflorous, bearing male flowers
masculinidade *s. f.* masculinity; virility
masculinismo *s. m.* ⇒ **masculinidade**
masculinizar Ⓐ *v. tr.* to make masculine Ⓑ *v. refl.* to become masculine (virile, manly)
masculino *adj.* masculine; male; vigorous, virile; GRAMÁTICA ***género masculino*** masculine gender
másculo *adj.* mannish, virile, manful, manly; ⌈fig.⌋ brave, stout, undaunted, vigorous
masdeísmo *s. m.* Mazdaism
masdeísta *s. m. e f.* Mazdaist
masmorra *s. f.* dungeon, prison
masmorreiro *s. m.* gaoler, warder, turnkey; prison guard
masoquismo *s. m.* masochism
masoquista *s. m. e f., adj.* masochist
massa *s. f.* dough (kneaded flour); FÍSICA mass (quantity of matter in a body); large number of people; ⌈pop.⌋ dough (money); *pl.* the masses (the ordinary people); ***estar na massa do sangue*** to be bred in the bone; ***desta massa é que se fazem os heróis*** this is the stuff heroes are made of; ***estar com a mão na massa*** to have something in hand; ***levantar-se em massa*** to rise in a body; ***ataque em massa*** massed attack; ***massa consistente*** hard grease; ***massa de vidraceiro*** glazier's putty; ⌈pop.⌋ ***ter «massa» (ter dinheiro)*** to have plenty of money, to be well off; ***massa folhada*** puff pastry; ***massa de pão*** kneaded dough; ***massa falida*** bankrupt; ***massa de ferro*** rust putty; ***massa de farinha e ovos (que se serve com carne assada)*** Yorkshire pudding
massacato *s. m.* ⇒ **goraz (fish)**
massacrar *v. tr.* to massacre, to slaughter indiscriminately, to murder cruelly (or violently); to butcher, to kill; to plague to death; ***massacrar uma pessoa*** to plague someone to death
massacre *s. m.* massacre, carnage, butchery, indiscriminate slaughter, murder, killing
massagada *s. f.* ⌈pop.⌋ mixture, medley; confused assortment of objects
massagem *s. f.* massage, rubbing, kneading (of muscles and joints of the body with the hands)
massagista *s. m. e f.* masseur, masseuse; one who practises massage; massager; massagist
massajar *v. tr.* to massage; to rub
massame *s. m.* rubble-work, stone-work (on the bottom of a well); NÁUTICA ropes of a ship (generally)
massamorda *s. f.* biscuit crumbs; confusion, jumble, mess; poor food
massapé *s. m.* ⌈Bras.⌋ black soil very fertile for cane growing
massaranduba *s. f.* Brazilian tree
massarandubeira *s. f.* ⇒ **massaranduba**
massaroca *s. f.* ⌈coloq.⌋ money, dough, jack, beans, berries, bucks, brass
massaroco *s. m.* yeast; fermenting dough
masseira *s. f.* kneading-trough
masseirão *s. m.* wooden porringer, bowl; stout woman
masséter *s. m.* ANATOMIA masseter, the masticatory muscle

massetérico *adj.* ⇒ **masseterino**
masseterino *adj.* pertaining to the masseter, masseteric
mássico *adj.* FÍSICA relating to the mass
massicote *s. m.* yellow protoxide of lead, massicot
massificação *s. f.* influence (under mass communication)
massificar *v. tr.* to influence (through mass communication)
massilha *s. f.* papier-mâché
massinha *s. f.* soup noodles; ⇒ **massilha**
massudo *adj.* massive, compact, bulky, large and heavy, solid, thick; pasty
massulipatão *s. m.* ornamented Indian cloth
mastalgia *s. f.* ⇒ **mastodinia**
mastaréu *s. m.* NÁUTICA mast, top-mast, upper mast; ***mastaréu da gata*** miz(z)en topmast; ***mastaréu de gávea*** topmast; ***mastaréu de joanete*** topgallant mast; ***mastaréu de velacho*** fore topmast
mastectomia *s. f.* mastectomy
mástica *s. f.* ⇒ **mástique**
masticatório *adj.* masticatory
mastigação *s. f.* mastication, chewing
mastigada *s. f.* [pop.] slaughter; confusion, entanglement, mess
mastigado Ⓐ *adj.* chewed, masticated; [fig.] well-considered Ⓑ *s. m.* masticated food, chewed food
mastigadoiro *s. m.* ⇒ **mastigadouro**
mastigador *s. m.* chewer, masticator
mastigadouro *s. m.* bit which allows horses to eat without taking it out
mastigar *v. tr.* to chew, to masticate, to grind up (with the teeth); [fig.] to clip one's words, to mumble, to mutter; to ponder, to think over, to ruminate, to consider
mastigatório *s. m.* MEDICINA masticatory
mastim *s. m.* mastiff (*plural* mastiffs); [fig.] policeman
mástique *s. f.* mastic
mastite *s. f.* PATOLOGIA mastitis
mastodinia *s. f.* MEDICINA mastodynia, mastodyny
mastodonte *s. m.* mastodon
mastodôntico *adj.* mastodontic
mastóide *adj.* mastoid
mastóideo *adj.* ⇒ **mastóide**
mastoidite *s. f.* PATOLOGIA mastoiditis
mastologia *s. f.* ⇒ **mamalogia**
mastoquino *s. m.* short blade used by sailors
mastotomia *s. f.* CIRURGIA mastotomy
mastozoário Ⓐ *adj.* mammalian, mammiferous Ⓑ *s. m.* mammal
mastozoologia *s. f.* study of mammals
mastozoótico *adj.* containing fossils of mammals (terrain)
mastreação *s. f.* NÁUTICA masts, masting; ***mastreação e aparelho*** rigging; ***na mastreação*** aloft
mastrear *v. tr.* to mast, to supply with masts
mastro *s. m.* mast (of a ship), pole; ***mastro de bandeira*** flagstaff, flagpole; ***mastro grande*** main-mast; ***mastro inteiriço*** pole-mast; ***mastro do meio*** middle-mast; ***mastro da gávea*** main top-mast; ***mastro real*** lower mast; ***mastro de proa*** fore-mast; ***mastro de ré*** jigger-mast; ***mastro enfeixado*** jury mast; ***mastro da gata*** mizen-mast, mizzen-mast; ***mastro do traquete*** fore-mast; ***mastro do gurupés*** bowsprit; ***mastro volante*** hand-mast; ***de três mastros*** three-masted
mastruço *s. m.* BOTÂNICA bitter cress
masturbação *s. f.* masturbation; [cal.] wanking
masturbar-se *v. refl.* to masturbate, to practise onanism
mata *s. f.* wood, forest, thicket, copse, coppice, copsewood; ***mata de corte*** coppice; ***cultivador de matas*** forester, timber-grower
mata-bichar *v. intr.* to have some brandy first thing in the morning; [África] to have breakfast
mata-bicho *s. m.* tot (dram of liquor), brandy taken first thing in the morning; [África] breakfast
mata-boi *s. m.* leather strip; pin (for joining the beam of an oxcart to the yoke)
mata-borrão *s. m.* blotting-paper
mata-cães *s. m.* poison for dogs; idler, idle fellow, drone, sluggard, slow-back
mata-cana *s. f.* false pimpernel
matacanha *s. f.* [África] chigoe
mata-cão *s. m.* BOTÂNICA meadow-saffron
matacão *s. m.* big stone, rock, boulder; slice; chunk; *pl.* side whiskers
matação *s. f.* killing; slaying, slaughtering; trouble, torment; care, worry
mata-cavalo *s. m.* BOTÂNICA hound's tongue; ***a mata-cavalos*** at full speed, at the gallop, in a haste
matações *s. m. pl.* side whiskers
matadela *s. f.* killing, slaying, slaughtering; ***matadela de bicho*** taking the early morning dram (tot) of liquor
matado *adj.* [Bras.] grazed, abraded (of horses)
matadoiro *s. m.* ⇒ **matadouro**
matador Ⓐ *s. m.* murderer, killer; matador (man who kills the bull in Spanish bullfight); ***com todos os matadores*** with all formalities Ⓑ *adj.* murderous, killing, deadly
matadouro *s. m.* slaughter-house, shambles; place of carnage (massacre); ***matadouro municipal*** public slaughter-house
matadura *s. f.* sore, gall, blister, painful swelling (especially of horses)
mata-fome *s. m.* big flour-cake
matagal *s. m.* jungle, thicket, underwood, undergrowth, underbrush
matagoso *adj.* bushy, overgrown with bushes
mata-juntas *s. m.* batten
mata-lobos *s. m.* BOTÂNICA wolf's bane
matalotado *adj.* victualled, provisioned, provided with food (of ship)
matalotagem *s. f.* victuals, provisions (put on board ship)
matalotar *v. tr.* to provide with articles of food; to supply with provisions
matalote *s. m.* sailor; mate, fellow worker; poorly rigged ship; [pop.] biggish boy
matamatá *s. m.* ZOOLOGIA Brazilian fresh water ugly and carnivorous turtle
matambu *s. m.* Brazilian tree
mata-moiros *s. m.* ⇒ **mata-mouros**
mata-moscas *s. f.* fly-trap; BOTÂNICA fly-bane
mata-mouros *s. m.* hector, blusterer, bully, braggart
matança *s. f.* slaughter, butchering (of animals for food); carnage, bloodshed; ***bom para a matança*** fit for slaughtering
mata-negro *s. f.* a variety of manioc
matante *s. m.* bully
mata-piolhos *s. m.* [pop.] ⇒ **mata-pulga**
mata-pulga *s. f.* [pop.] thumb
matar Ⓐ *v. tr.* to kill, to slay, to put to death; to murder; to butcher Ⓑ *v. refl.* to kill oneself, to commit suicide; ***matar o tempo*** to while away the time, to kill time; ***mandar matar*** to put to death; ***o calor matou toda a vegetação*** the heat has withered all the vegetation; ***matar a sede*** to quench one's thirst; ***matar à fome*** to starve, to famish; [coloq.] ***matar a fome*** to appease hunger; ***matar o bicho-do-ouvido*** to din something into somebody's ear, to harp on the same string, to talk one to death; ***matar o bicho*** to take the morning dram; [coloq.] ***ficar a matar*** to suit down to the ground, to suit to perfection, to suit to a T, to suit to kill; ***esse casaco de peles fica-te a matar*** that fur coat suits you down to the ground; ***matar a fogo lento*** to kill by inches; ***matar-se com trabalho*** to kill oneself with work; ***isto não vai a matar*** take it easy!; ***matar dois coelhos duma cajadada*** to kill two birds with one stone; ***ela está a matar-se lentamente, com desgosto*** she is being slowly killed by grief, grief is slowly killing her; ***matar saudades de*** to catch up; ***mata e esfola, mas não faz mal a ninguém*** his bark is worse than his bite

M

matarana *s. f.* plant of the family *Zingiberaceae* producing aromatic fruit; hard wood mace
mata-ratos *s. m.* rat poison; [coloq.] throat-scraper
mata-sanos *s. m.* ⇒ **mata-sãos**
mata-sãos *s. m.* witch doctor; quack
mata-sete *s. m.* boaster, braggart, bully, hector, swash-buckler
matassa *s. f.* raw silk
matataúba *s. f.* urticaceous Brazilian tree used for making fuel
mate Ⓐ *s. m.* checkmate (at chess); finishing-off; casting off (in knitting) Ⓑ *adj.* unpolished, dull
matear *v. intr.* to take Paraguay tea
Matebeles *s. m. pl.* Zulus (a warlike African tribe)
mateira *s. f.* ⇒ **matagal**
mateiro *s. m.* forester, forest keeper; woodman, feller
matejar *v. intr.* to ramble through the woods; to cut wood
matemática *s. f.* mathematics
matematicamente *adv.* mathematically
matemático Ⓐ *adj.* mathematical, rigorously exact Ⓑ *s. m.* mathematician
matematização *s. f.* mathematicization
matematizar *v. tr.* to mathematicize
mateologia *s. f.* mataeology; unprofitable study of things that cannot be understood
mateológico *adj.* mataeologic(al)
mateologista *s. m. e f.* mataeologist
mateólogo *s. m.* mataeologist
mateotecnia *s. f.* mataeotechny
matéria *s. f.* matter, substance, subject, subject-matter; matter, pus; business, affair; thing, stuff; cause, occasion; ***matéria orgânica*** organic matter; ***matéria química*** chemical material; ***entrar na matéria*** to get down to business, to get to the point
material Ⓐ *adj.* material, substantial, corporeal Ⓑ *s. m.* material, stuff, substance, matter; ammunitions; baggage, portable equipment (of army); ***material ferroviário*** railway plant (stock); ***material fixo (duma instalação)*** plant; ***material circulante*** rolling-stock; ***materiais de construção*** building materials; ***material plástico*** plastic material; ***necessidades materiais*** material needs; ***casa construída com bons materiais*** house built of good materials; ***material escolar*** educational material; COMÉRCIO ***material existente*** stock; ***material humano*** manpower; ***material bélico*** armaments; ***material de limpeza*** cleaning materials
materialão *s. m.* gross materialist
materialeira *s. f.* something material
materialidade *s. f.* materiality
materialismo *s. m.* materialism
materialista Ⓐ *s. m. e f.* materialist Ⓑ *adj.* materialistic
materialização *s. f.* materialization
materializador *adj.* materializing
materializante *adj.* ⇒ **materializador**
materializar Ⓐ *v. tr.* to materialize, to render material Ⓑ *v. refl.* to become material
materialmente *adv.* materially
matéria-prima *s. f.* raw material
maternal *adj.* maternal, motherly; ***cuidados maternais*** maternal care; ***amor maternal*** maternal love, mother love
maternalmente *adv.* maternally, motherly
maternidade *s. f.* maternity; motherhood, motherliness; ***maternidade (hospital)*** maternity hospital
materno *adj.* maternal, motherly; tenderhearted, loving, affectionate; ***língua materna*** mother tongue; ***lado materno*** mother's side
matias Ⓐ *s. m.* BOTÂNICA Brazilian plant; simpleton, fool, ninny Ⓑ *adj.* stupid, foolish, obtuse, dull, brainless
matical *s. m.* ⇒ **metical**
maticar *v. tr.* to bark, to yelp (the hunting dog)
mático *s. m.* matico (Peruvian shrub)
matilha *s. f.* pack (of dogs); ***matilha de galgos*** pack of greyhounds
matilheiro *s. m.* whipper-in, whip
matinada *s. f.* early rising; dawn, daybreak, dawning; noise, clatter, rattle; morning performance; matins, matin song
matinal *adj.* matinal, morning, matutinal, dawning, dawn; early, early up
matinar *v. tr. e intr.* to awake early, to get up (to rise) early; to sing matins; [fig.] to persuade, to convince
matinário Ⓐ *adj.* matins-singing Ⓑ *s. m.* matins-singer
matinas *s. f. pl.* matins, mattins, morning prayer
matiz *s. m.* hue, shade (variety) of colour, nuance; tint, colour; ***matizes vivos*** rich hues
matização *s. f.* tinting, shading
matizado *adj.* variegated, particoloured
matizar *v. tr.* to shade, to variegate, to mingle colours, to grade colours; ***matizar as cores*** to mingle colours, to blend shades (tones)
mato *s. m.* furze-field, brushwood, undergrowth; ***mato de talhar*** coppice, copse, copsewood, underwood; ***não é mato donde saia coelho*** you can't skin a flint
matola *s. f.* [pop.] ⇒ **cabeça**
matolão *s. f.* [Bras.] leather satchel used for clothes and utensils
matombo *s. m.* ⇒ **matumbo**
matonice *s. f.* [África] pernicious fever
matoninha *s. f.* ⇒ **galispo**
matorral *s. m.* ⇒ **matagal**
matoso *adj.* bushy, healthy
matraca *s. f.* rattle (toy or instrument); rattler; [fig.] prattler, chatter-box; scorn, mockery, scoffing
matracar *v. intr.* to insist impertinently; to annoy; to harp on
matrácula *s. f.* [pop.] ⇒ **matraca**
matraqueado *adj.* shrewd, artful, knowing, experienced
matraqueador *s. m.* scoffer; experienced person
matraquear Ⓐ *v. tr.* to rattle Ⓑ *v. intr.* to boo, to jeer, to scoff, to rall at; to train, to teach
matraquejar Ⓐ *v. tr. e intr.* ⇒ **matraquear**
matraz *s. m.* matrass, retort, glass vessel
matreirice *s. f.* sagacity, cunning, artfulness, craftiness, slyness, smartness, shrewdness
matreiro *adj.* sagacious, shrewd, knowing, artful, smart, cunning, crafty, sly; ***matreiro como uma raposa*** as cunning as a fox
mátria *s. f.* motherland
matriarca *s. f.* matriarch
matriarcado *s. m.* matriarchy
matricária *s. f.* BOTÂNICA feverfew
matricial *adj.* MEDICINA matrical
matricida *s. m. e f.* matricide
matricídio *s. m.* matricide
matrícula *s. f.* register, list, roll; enrolment; (university) matriculation; registration; NÁUTICA ship's articles; [Ingl.] registration number, number plate (of a vehicle); [E.U.A.] license number, license plate (of a vehicle)
matriculado *adj.* enrolled, matriculated, registered
matricular Ⓐ *v. tr.* to matriculate, to admit (a pupil, a student) to a school, college or university; to register Ⓑ *v. refl.* to enrol, to matriculate
matrimoniado *adj.* married
matrimonial *adj.* matrimonial; ***estado matrimonial*** married state
matrimonialmente *adv.* matrimonially
matrimoniar Ⓐ *v. tr.* to marry, to wed, to take in marriage Ⓑ *v. refl.* to marry, to wed, to enter the state of matrimony
matrimónio *s. m.* matrimony, marriage, wedlock, union; ***filho de matrimónio*** born in wedlock; ***filhos do segundo matrimónio*** children of the second marriage; ***filhos do primeiro matrimónio*** children of the first marriage

matriz *s. f.* land registry, rates, taxes; TIPOGRAFIA matrix (mould in which printing type is cast); MEDICINA matrix, uterus; source, origin; ***igreja matriz*** mother-church, parish church; ***matriz de diversas letras*** matrix for several letters; ***matriz de papel*** paper mould
matroca *s. f.* ***à matroca*** haphazard, at haphazard, by haphazard, at random
matrola *s. f.* [pop.] ⇒ **matola**
matrona *s. f.* matron, married woman; elderly lady
matronaça *s. f.* [pop.] big fat woman
matronal *adj.* matronal
matronaria *s. f.* matronhood
matrucar *v. tr.* [pop.] to tread, to stamp upon; to trample, to crush under foot
matula *s. f.* gang of vagrants, rabble, mob
matulagem *s. f.* vagrancy, idleness, loafing, vagabondage; ⇒ **matula**
matulão *s. m.* tall, strong young man; ⇒ **matulo**
matulo *s. m.* vagrant, lout, boor, churl; ⇒ **matulão**
matumbo *s. m.* hole where manioc is planted
matundo *s. m.* "matundo" (representation of male divinity in Congo)
matungada *s. f.* herd of worthless horses
matungo *adj.* said of an old worthless horse
maturação *s. f.* maturation, ripening, maturing, development; MEDICINA suppuration
maturador *adj.* ⇒ **maturativo**
maturar *v. tr. e intr.* to mature, to ripen, to reach full development
maturativo *adj.* maturative; MEDICINA promoting suppuration
maturescência *s. f.* matureness
maturescente *adj.* ripening, maturing
maturidade *s. f.* maturity, ripeness, full development
maturo *adj.* ⇒ **maduro**
maturrango *s. m.* poor rider
matutação *s. f.* pondering, hard thinking, thought, reflection
matutar *v. intr.* to muse, to ponder on, to reflect, to ruminate, to brood
matutice *s. f.* rusticity, coarseness, boorishness, clownishness; whim, mania
matutinal *adj.* matutinal, early
matutinário *s. m.* matins book
matutino Ⓐ *adj.* matutine, matutinal; early, early morning; early-rising Ⓑ *s. m.* morning paper
matuto Ⓐ *adj.* [Bras.] rustic, boorish; [fig.] sly, timid Ⓑ *s. m.* peasant, rustic, boor, bumpkin; [fig.] lout
mau Ⓐ *adj.* bad, evil, ill; noxious, baneful, pernicious, injurious, unwholesome; wicked, unprincipled; naughty; hard, heavy; sad, distressing Ⓑ *s. m.* wicked person, evil Ⓒ *interj.* by Jove!, shocking!; ***não é mau de todo*** it is not too bad; ***ter mau coração*** to be hardhearted; ***mau tempo*** stormy weather; ***mau negócio*** bad bargain; ***mau pagador*** bad payer; ***mau condutor*** bad conductor, bad driver; ***mau estado*** bad state, poor condition; ***os maus*** the bad; ***luz má*** bad light; ***maus modos*** bad manners; ***mau procedimento*** misbehaviour; ***mau carácter*** bad character; ***más línguas*** idle tongues, evil tongues; ***ser mau*** to be wicked, to be bad, to be naughty; ***mau serviço do correio*** bad postal service; ***mau ar*** unwholesome air, bad air; ***mau cheiro*** stench, offensive smell, bad smell, stink; ***falai no mau e preparai o pau*** talk of the devil and he will appear; ***de mau governo*** unmanageable; ***ter mau aspecto*** to look bad, to look miserable, to have a nasty look
maúba *s. f.* tree of the family Lauraceae
maújo *s. m.* rave-hook, ripping-iron
maunça *s. f.* handful
mau-olhado *s. m.* evil eye
mauritânia *s. f.* BOTÂNICA sweet william
mauritano *s. m.* Mauritanian
mauro *adj.* Moorish
maurrasismo *s. m.* Maurras' (French writer) political doctrine
mauséolo *adj.* mausolean
mausóleo *adj.* mausolean
mausoléu *s. m.* mausoleum (*plural* mausolea)
maviosamente *adv.* gently; sweetly; harmoniously, melodiously
maviosidade *s. f.* tenderness, gentleness, harmony, melodious sound
mavioso *adj.* tender-hearted, gentle, bland; sweet, agreeable; melodious, harmonious; ***voz maviosa*** sweet voice
mavórcio *adj.* pertaining to Mars, belligerent
mavorcismo *s. m.* ⇒ **belicismo**
mavórtico *adj.* ⇒ **mavórcio**
maxicote *s. m.* mortar made of sand, lime, earth and water
maxila *s. f.* ANATOMIA jaw, jawbone, maxilla
maxilar *adj.* maxillary; of (pertaining to) the jaw (jaw-bone), maxillar
maxiliforme *adj.* maxilliform
maxilodental *adj.* maxillodental
maxiloso *adj.* jawed
maxim *s. m.* [África] long reaping knife
máxima *s. f.* maxim, axiom, precept, aphorism
maximalista Ⓐ *s. m. e f.* maximalist Ⓑ *adj.* maximalistic
maximamente *adv.* mainly, chiefly, above all
maximização *s. f.* maximization
maximizar *v. tr.* to maximize
máximo Ⓐ *adj.* maximum, greatest, highest possible; limit, top, utmost Ⓑ *s. m.* maximum, highest point, top, limit, highest degree, greatest quantity, greatest size; ***pronto a ajudar com o máximo prazer*** ready to help with the utmost pleasure
maxixe *s. f.* "maxixe" (Brazilian fruit); Brazilian dance
maxixeiro Ⓐ *s. m.* Brazilian plant producing the *maxixe* Ⓑ *adj.* that likes to dance the *maxixe*
maxwell *s. m.* ELECTRICIDADE maxwell
maz *s. m.* "maz" (old Malayan coin)
mazama *s. m.* mazame
mazamorra *s. f.* nettlerash
mazanaria *s. f.* ⇒ **mazania**
mazane *s. m.* founder of a pagoda
mazania *s. f.* administrative body of a pagoda
mazarize *s. m.* large brick (used in the Portuguese province of Algarve)
mazarulho Ⓐ *s. m.* ball (of wool); lump Ⓑ *adj.* ungainly, ungraceful (person)
mazdeísmo *s. m.* Mazdaism
mazdeísta *s. m. e f.* Mazdaist
mazela *s. f.* wound, sore, bruise, gall (horses); stain, blemish; defect, deficiency
mazelar *v. tr.* to wound, to make sores, to gall, to defame, to blemish, to stain
mazelento *adj.* full of sores; leprous
mazombice *s. f.* gloom, gloominess, sadness; sulkiness, ill-temper
mazombo *s. m.* sulky (gloomy) man; ill-humoured, sullen, gloomy, sulky
mazorral *adj.* uncivil, rude
mazorro Ⓐ *adj.* uncivil, rude Ⓑ *s. m.* ruffian, uncivil person
mazurca *s. f.* mazurka
mazurcar *v. intr.* to dance the mazurka
me *pron. pess.* me
meã *adj.* {*fem. de* **meão**} mean, middle, middling
meação *s. f.* joint-property, joint ownership
meada *s. f.* skein (a quantity of yarn, wool, cotton, silk, etc. coiled); intrigue, plot; ***descobrir o fio da meada*** to get the thread of a story

meadeira *s. f.* winder
meado Ⓐ *adj.* middle, half, divided; mixed Ⓑ *s. m.* middle, half; ***o meado do Verão*** midsummer, the middle of summer; ***em meados de Setembro*** in the middle of September
mealha *s. f.* crumb; bit, spot, touch; doit (ancient small coin)
mealheiro *s. m.* money-box; savings, spare money; nest-egg; piggy bank
meãmente *adv.* meanly, moderately
meandrar *v. intr.* to meander, to wind, to bend, to zigzag
meândrico *adj.* winding, twisting, meandering; entangled, intricate
meandro *s. m.* meander, winding, turning, bend, sinuosity; entanglement, maze
meandroso *adj.* ⇒ **meândrico**
meante *adj.* halved; divided by the middle
meão Ⓐ *adj.* mean, middle, middling Ⓑ *s. m.* wheelnave, hub
mear *v. tr.* to reach the middle
meato *s. m.* passage, duct; MEDICINA meatus; ***meato auditivo*** auditory meatus
mecânica *s. f.* mechanics; ***mecânica racional*** rational mechanics; ***mecânica dos fluidos*** mechanics of fluids
mecanicamente *adv.* mechanically
mecanicismo *s. m.* FILOSOFIA mechanism
mecânico Ⓐ *adj.* mechanical Ⓑ *s. m.* mechanician, mechanic, engineer
mecanismo *s. m.* mechanism, gear, device; technique; organization; plot; ***mecanismo da direcção*** steering-gear (motor-car); ***mecanismo para pôr em movimento*** starting-gear; ***mecanismo de piano*** piano action; ***mecanismo de inversão de marcha*** reversing gear; ***mecanismo de repetição*** repeating mechanism; ***mecanismo de relógio*** clockwork
mecanização *s. f.* mechanization
mecanizar *v. tr.* to mechanize
mecanografia *s. f.* mechanography; typing
mecanográfico *adj.* mechanographic
mecanógrafo *s. m.* mechanograph
mecanoterapia *s. f.* mechanotherapy
mecanoterápico *adj.* mechanotherapeutic
meças *s. f. pl.* measuring, mensuration; comparison; ***peço meças!*** prove it!, let us measure out!
mecenas *s. m.* Maecenas (*plural* Maecenases), [fig.] protector of the arts and sciences
mecenático *adj.* sponsoring, funding
mecenatismo *s. m.* arts patronage
mecenato *s. m.* patronage of the arts
mecha *s. f.* fuse, match; lamp-wick; linstock (artillery); MEDICINA gauze drain; nuisance, annoyance, bore, pest; [pop.] speed, haste
mechagem *s. f.* fumigation; firing, setting fire to, fusing
mechar *v. tr.* to light a fuse; to fumigate (with brimstone); to sulphur (a cask)
mecheiro *s. m.* wick-hole; maker of wicks
mechoacão *s. m.* BOTÂNICA mechoacan
meco *s. m.* [fam.] sly (artful) man, slyboots; libertine, letcher, rake; [coloq.] bloke
mecómetro *s. m.* surgical instrument to measure the length of a fetus
mecónio *s. m.* meconium
meconofagia *s. f.* opium habit
meconófago Ⓐ *adj.* opium-smoking (ingestion) Ⓑ *s. m.* opium addict
mecópode *adj.* long-footed
meda *s. f.* stack (of straw); rick (of hay); heap, pile
medalha *s. f.* medal, decoration, insignia; ***medalha de honra*** prize medal; ***o reverso da medalha*** the reverse of the medal; ***o rosto da medalha*** the face of the medal
medalhão *s. m.* medallion; [fig.] important person, big-gun, (wig) big noise
medalhar *v. tr.* to engrave on a medal; to reward with a prize medal
medalhário *s. m.* cabinet for medals; medallist
medalheiro *s. m.* medallist, maker (designer, engraver) of medals; collection of medals
medalhista *s. m. e f.* medal collector; medallist, one versed in medals, authority on medals
medalhística *s. f.* study of medals
médão *s. m.* sand-hill, dune
média *s. f.* mean, average, mean rate; arithmetical mean; ***em média*** on average; ***tirar a média*** to take the average; ***média aproximada*** rough average; ***a classe média*** the middle class
mediação *s. f.* mediation, intervention
mediador Ⓐ *s. m.* mediator, intermediary Ⓑ *adj.* mediatory, mediating, arbitrating
medial *adj.* medial; ***consoante medial*** medial consonant
média-metragem *s. f.* CINEMA medium-length film
mediana *s. f.* MATEMÁTICA median
medianamente *adv.* medially; meanly
medianeira *s. f.* mediatrix; patroness, protector; female mediator
medianeiro Ⓐ *s. m.* mediator, intermediary, go-between; patron, protector, defender, advocate; ***servir de medianeiro*** to go between, to stand between Ⓑ *adj.* intermediate
mediania *s. f.* mediocrity, average conditions; middling state (grade); moderation, restraint, forbearance
medianímico *adj.* related to mediums (or media) (spiritualism)
medianimidade *s. f.* state of being a medium (spiritualism)
medianiz *s. f.* TIPOGRAFIA gutter
medianizar *v. tr.* to find the average; to moderate
mediano *adj.* median, mean, average; middling, mediocre, ordinary; ***estatura mediana*** middle height; ***de estatura mediana*** middle-sized
mediante Ⓐ *adj.* intermediary Ⓑ *prep.* by means of, with the help of, through, against; ***mediante a quantia de ...*** for the sum of; ***mediante recibo*** against receipt
mediar Ⓐ *v. intr.* to mediate, to intercede, to intervene, to lie between Ⓑ *v. tr.* to interpose, to divide in the middle
mediastino *s. m.* ANATOMIA mediastinum
mediatamente *adv.* mediately, indirectly
mediatário *s. m.* ⇒ **medianeiro**
mediateca *s. f.* mass-media archive
mediático *adj.* (of the) media; famous; with guaranteed media coverage; ***personalidade mediática*** public figure, person who comes across really well in the media; ***desporto mediático*** sport that lends itself to media coverage
mediatização *s. f.* mediateness, mediatization
mediatizado *adj.* mediatized
mediatizar *v. tr.* to mediatize; to annex (smaller State to larger one)
mediato *adj.* mediate, indirect
mediatriz *s. f.* mediatrix
médica *s. f.* woman-doctor, lady-doctor
medicação *s. f.* medication, medical treatment
medical *adj.* medical
medicamentar *v. tr.* to medicate, to treat with medicine, to administer medicine
medicamente *adv.* medically
medicamento *s. m.* medicament, medicine, remedy, drug; ***medicamento sintético*** synthetic medicine
medicamentoso *adj.* medicinal, curative
medicando *s. m.* person about to be prescribed to
medicante *adj.* prescribing
medição *s. f.* measurement, measuring, mensuration; ***medição da pressão sanguínea*** measurement of blood-

pressure; ***medição da temperatura*** measurement of temperature

medicar *v. tr.* to medicate, to treat with medicine, to doctor, to practise medicine

medicastro *s. m.* medicaster, quack, charlatan

medicativo *adj.* medicative, medicinal

medicável *adj.* medicable (admitting medical treatment)

medicina *s. f.* medicine; ***medicina e cirurgia*** medicine and surgery; ***medicina veterinária*** veterinary science; ***medicina legal*** forensic medicine, medical jurisprudence; ***estudante de medicina*** medical student

medicinal *adj.* medicinal

medicinar *v. tr.* ⇒ **medicar**

medicineiro *s. m.* nettle-wort

médico Ⓐ *s. m.* doctor, physician, practioner Ⓑ *adj.* medical, medicinal; ***médico de clínica geral*** general practitioner; ***médico residente no hospital*** house-physician; ***médico assistente*** family doctor; ***médico escolar*** school doctor; ***médico legista*** forensic expert, medical examiner, expert in medical law; ***tratamento médico*** medical treatment; ***é melhor mandar chamar o médico*** better send for the doctor; ***ele vai consultar um médico*** he is going to see a doctor

médico-legal *adj.* legal-medical; forensic-medical

medida *s. f.* measure, measurement; standard, rule, gauge; degree, limit, extent, proportion; step, precaution, measure, expedient; rhythm, metre; ***medida de grande alcance*** far-reaching measure; ***tomar uma medida*** to take a step; ***tomar medidas rigorosas*** to take severe measures; ***tomar medidas a*** to measure; ***medida acertada*** the right move; ***medidas preventivas*** preventive measures; ***medida que serve de norma*** standard gauge; ***medida padrão*** standard measure; ***medida de comprimento*** measure of length; ***medida de superfície*** square measure; ***medida agrária*** land measure; ***medida de capacidade*** liquid measure, dry measure; ***medidas lineares*** linear measure; ***medida de volume*** cubic measure, solid measure; ***medidas de peso*** measures of weight; ***na medida em que*** in so far as; ***à medida que*** as according to, as far as; ***sem medida*** without measure, immoderately; ***à medida dos nossos desejos*** according to our wishes; ***perfeitamente à medida*** perfect fit; ***exceder todas as medidas*** to exceed all bounds; ***encher as medidas*** to come up to one's expectations; ***fatos feitos por medida*** suits made to measure

medidor Ⓐ *s. m.* measurer Ⓑ *adj.* measuring; ***medidor de terras*** land surveyor

medieval *adj.* mediaeval, medieval

medievalismo *s. m.* mediaevalism

medievalista *s. m. e f., adj.* mediaevalist

mediévico *adj.* ⇒ **medievo**

medievismo *s. m.* medi(a)evalism (spirit, study of the Middle Ages)

medievista *s. m. e f.* medi(a)evalist

medievo *adj.* medi(a)eval

médio Ⓐ *adj.* middling, mean, average; medial, middle, intermediate, median; ***dedo médio*** middle finger; ***a médio prazo*** in the medium term Ⓑ *s. m.* DESPORTO half-back, midfielder

médio-atacante *s. m.* DESPORTO support man

médio-centro *s. m.* DESPORTO center half-back

mediocracia *s. f.* social predominancy of the middle class

medíocre Ⓐ *adj.* mediocre, middling, mean, inferior, second-rate, commonplace, ordinary Ⓑ *s. m.* mediocre person

mediocremente *adv.* meanly

mediocridade *s. f.* mediocrity, inferiority; person of mediocre qualities (or importance)

mediocrizar *v. tr.* to make mediocre

médio-direito *s. m.* DESPORTO right half-back

médio-esquerdo *s. m.* DESPORTO left half-back

médio-palatal *adj.* mid-palatal

medir Ⓐ *v. tr.* to measure; to estimate; to survey; to compute (by a standard); to gauge; to test; to mark out; to judge (person's character); to appraise Ⓑ *v. refl.* to compare oneself (to someone), to vie, to match any one, to fight, to contend; ***medir uma pessoa*** to take stock of a person; ***medir todos pela mesma bitola*** to measure all by the same yard-stick; ***medir o chão (cair)*** to measure one's length on the ground; ***medir terras*** to survey lands; ***medir as palavras*** to weigh one's words, to mind one's P's and Q's; ***medir forças*** to measure one's strength with another's; ***medir uma jarda de seda*** to measure a yard of silk; ***medir alguém dos pés à cabeça*** to measure a person with one's eye, to take stock of a person; ***medir lanças*** to cross swords (with); ***medir os outros por si*** to measure another's foot by one's own last

meditabundo *adj.* pensive, musing, pondering, thoughtful, meditative, meditating; sad, melancholic

meditação *s. f.* meditation, thought, musing, pondering, rumination, contemplation, reflection, meditativeness

meditadamente *adv.* meditatively, wisely, sensibly

meditador Ⓐ *adj.* meditative, meditating Ⓑ *s. m.* meditator

meditar *v. tr. e intr.* to meditate (upon, on); to think over, to ruminate, to cogitate, to muse, to ponder, to contemplate, to consider

meditativo *adj.* meditative, contemplative, thoughtful, pensive, musing, pondering, meditating; sad, melancholic

meditável *adj.* that can be meditated upon

mediterrâneo Ⓐ *adj.* mediterranean; land-locked (sea) Ⓑ *s. m.* the Mediterranean (Sea)

mediterrânico *adj.* mediterranean, bathed by the Mediterranean

médium *s. m.* medium

mediúnico *adj.* mediumistic

medível *adj.* measurable, mensurable

medo[1] *s. m.* fear, dread, terror, alarm, panic, fright, scare, awe, reverence, reverential regard; ***ter medo de*** to be afraid of; [fam.] ***ele mostrou sinais de medo*** he showed signs of fear, he went green at the gills; ***com medo que*** for fear, lest; ***não tenhas medo!*** never fear!; ***tremer de medo*** [fam.] to be in a blue funk, to shrink for fear, to tremble with fright; ***medo das tempestades*** fear of storms; ***por medo*** out of fear; ***sem medo*** fearless, fearlessly, without fear

medo[2] Ⓐ *adj.* Median Ⓑ *s. m.* Mede

medonho *adj.* frightful, dreadful, fearful, terrible, terrific, horrid, horrible, awful, alarming, shocking; hideous, ghastly, grim, gruesome

medorreia *s. f.* leucorrhoea through the urethra

medra *s. f.* thriving, growth, development, prosperity, progress, growing, increase

medrança *s. f.* thriving, growth, development, prosperity, progress, growing, increase

medrançoso *adj.* thriving, flourishing, prospering

medrar Ⓐ *v. intr.* to thrive, to prosper, to flourish; to grow Ⓑ *v. tr. e intr.* to increase, to develop

medrica *s. m. e f.* ⇒ **medricas**

medricas *s. m. e f.* pigeon-hearted (faint-hearted, chicken-hearted) person

medrincas *s. m. e f.* pigeon-hearted (faint-hearted, chicken-hearted) person

medrio *s. m.* ⇒ **medrança**

medronhal *s. m.* arbute (arbutus) grove

medronheiro *s. m.* BOTÂNICA arbutus-tree, strawberry-tree

medronho *s. m.* arbutus-berry

medroso *adj.* fearful, timid, shy, timorous, shrinking, faint-hearted, chicken-hearted, pigeon-hearted

medula *s. f.* medulla; ***até à medula dos ossos*** to the backbone, to the quick, to the marrow; ***medula óssea*** bone marrow; ***medula espinal*** spinal marrow, spinal medulla

medular Ⓐ *adj.* medullary; essential Ⓑ *v. intr.* to pervade the very marrow, to be in the bones
medulite *s. f.* osteomyelitis
meduloso *adj.* medullose, marrowy, containing marrow; rich
medusa *s. f.* MITOLOGIA Medusa (one of the three Gorgons); ZOOLOGIA medusa (*plural* medusae), jelly-fish; a variety of butterfly; [fig.] ugly woman
medusário *adj.* medusan, medusian
meduseu *adj.* medusan, medusian
medúsico *adj.* ⇒ **meduseu**
medusóide *s. m., adj.* ZOOLOGIA medusoid
meeiro Ⓐ *adj.* that must be divided into two halves Ⓑ *s. m.* joint-heir, profit-sharer
mefistofélico *adj.* Mephistophelian, diabolic
mefítico *adj.* mephitic, pestilential, noxious
mefitismo *s. m.* mephitis, noxious emanation from the earth; noisome smell, poisonous stench
mega *s. f.* ⇒ **melga**
megaciclo *s. m.* RÁDIO megacycle
megadine *s. m.* megadyne
megafone *s. m.* megaphone
megajoule *s. m.* megajoule
megalanto *adj.* BOTÂNICA having large flowers
megalegoria *s. f.* bombastic style
megalítico *adj.* megalithic
megálito *s. m.* megalith
megalocardia *s. f.* megalocardia
megalocefalia *s. f.* megalocephaly
megalocéfalo Ⓐ *adj.* megalocephalic, megalocephalous Ⓑ *s. m.* large-headed person
megalocele *s. m.* MEDICINA abnormal increase of the abdomen volume
megalodáctilo *adj.* having great fingers
megalografia *s. f.* megalography
megalomania *s. f.* megalomania (insanity of), self-exaltation
megalomaníaco *s. m., adj.* megalomaniac, person suffering from megalomania
megalómano *s. m., adj.* megalomaniac, person suffering from megalomania
megalópode *adj.* megapod
megalossauro *s. m.* megalosaur
megalóstomo *adj.* having a big mouth
megâmetro *s. m.* megameter
megaohm *s. m.* megaohm
megascópio *s. m.* megascope
megassismo *s. m.* megaseism, severe earthquake
megatério *s. m.* PALEONTOLOGIA megatherium
megawatt *s. m.* megawatt
megera *s. f.* shrew, vixen, termagant
meia *s. f.* stocking; sock; knitwork, knitting; ***meia elástica*** elastic stocking; ***um par de meias de homem*** a pair of socks; ***um par de meias de senhora*** a pair of stockings; ***comércio de meias*** stocking-trade; ***meias de agulha*** knitted stockings; ***fazer meia*** to knit; ***meias de lã*** worsted stockings; ***meias bordadas*** open-work stockings; ***pontear meias*** to darn stockings; ***ponto de meia*** stocking stitch; ***ir a meias com alguém (despesas)*** to go fifty-fifty with a person, to go halves with someone, to go shares with someone, to go Dutch; ***a meias*** by halves
meia-calça *s. f.* tights, pantihose
meia-cana *s. f.* fillet, half-round; channel, flute; ***em meia--cana*** rounded
meia-cara *s. m.* (variety of) bean
meia-desfeita *s. f.* boiled cod, boiled potatoes and boiled chick-peas with an olive-oil sauce
meia-esquadria *s. f.* half-square
meia-final *s. f.* DESPORTO semifinal
meia-galeota *s. m.* a two-inch nail
meia-idade *s. f.* middle-age
meia-laranja *s. f.* semi-circle; semi-circular place, crescent; NÁUTICA companion hatch
meia-lona *s. f.* coarse linen cloth
meia-lua *s. f.* half-moon; crescent
meia-nau *s. f.* amidships
meia-noite *s. f.* midnight
meia-rotunda *s. f.* ARQUITECTURA semicircled construction
meias-medidas *s. f. pl.* half-measures; ***não estar com meias-medidas*** not to take half measures, to be decisive
meias-palavras *s. f. pl.* evasions, subterfuges
meias-partidas *s. f. pl.* intermediate points of a ship's compass
meia-tinta *s. f.* half-tint; shading of colours; (in water-colour) faint wash
meigamente *adv.* sweetly, tenderly, with tenderness, caressingly, meekly
meigo *adj.* sweet, tender, meek, mild, gentle, caressing
meiguice *s. f.* meekness, mildness, gentleness, caress, blandishment; sweetness, tenderness; *pl.* coaxing expressions, endearments; ***fazer meiguices a*** to caress, to fondle, to wheedle, to cajole
meiguiceiro *adj.* ⇒ **meigo**
meijengro Ⓐ *adj.* sapless, juiceless Ⓑ *s. m.* good-for-nothing person, hopeless person
meijoada *s. f.* stew made with cockles; [fig.] dissolute life; immoral case
meimendro *s. m.* BOTÂNICA henbane
meiminho *s. m., adj.* ⇒ **mendinho**
meio Ⓐ *s. m.* middle, centre, midst; way, course, manner, mode, method, system, means; sphere, atmosphere, environment, milieu; *pl.* riches, wealth, resources, means Ⓑ *adj.* half, mid, middle Ⓒ *adv.* half, almost, by halves; GEOMETRIA ***meio geométrico*** geometric mean; ***é um grande erro tirá-lo do seu meio*** it is a great mistake to take him out of his sphere; ***meio familiar*** familiar surroundings; ***meios pecuniários*** pecuniary resources; ***meios legais*** legal means; ***meios próprios*** own means; ***meios escassos*** narrow means; ***lei de meios*** the budget; ***meios (recursos)*** ways and means; ***o meio da estrada*** the middle of the road; ***meia dúzia*** half a dozen; NÁUTICA ***meia adriça*** half-mast; ***meia maré*** half-tide, half-flood; ***meia força*** half-speed; ***pedra que descobre a meia maré*** half-tide rock; ***a meio tom*** in an undertone; ***paredes meias*** partition wall; ***a meio caminho*** half-way; ***por meio de*** by means of, through; ***por qualquer meio*** by any means; ***no meio de*** in the midst of; ***ano e meio*** a year and a half; ***meias palavras*** hints; ***meio de transporte*** means of conveyance, means of transport; ***por meios lícitos*** by fair means; ***meio acordado*** half-awake; ***meio soldo*** halfpay; ***lançar mão de meios legais*** to take legal proceedings; ***meio fácil de vencer dificuldades*** royal road to; ***meio navio (em comprimento)*** midship; ***achar meio de*** to find (out) a way to; ***ter meio de o fazer*** to be able to do it; ***cortar pelo meio*** to cut through the middle; ***estar bem de meios*** to be in easy circumstances; ***estar mal de meios*** to be badly off, to be hard up; ***estar no meio de*** to be in the thick of (something); ***encontrar-se no seu meio*** to find oneself on one's level; ***espere meio minuto*** wait half a minute; ***para vilão, vilão e meio*** diamond cut diamond
meio-busto *s. m.* half-bust
meio-corpo *s. m.* bust
meio-dia *s. m.* midday, noon; twelve o'clock; south; ***depois do meio-dia*** after twelve o'clock in the afternoon, post meridiem (p. m.); ***ao meio-dia*** at noon
meio-fio *s. m.* NÁUTICA shifting boards, pouch; grove, notch
meio-grosso Ⓐ *s. m.* a kind of snuff Ⓑ *adj.* [cal.] rather tipsy
meio-irmão *s. m.* half-brother
meio-médio *s. m.* welterweight (in boxing)

meio-morto *adj.* half dead; tired out
meio-pesado *s. m.* middle-weight (in boxing)
meio-relevo *s. m.* bas-relief, bass-relief
meio-rufo *s. m.* rasp, coarse file, coarse bastard
meios-bastos *s. m. pl.* fishing-net
meiose *s. f.* BIOLOGIA meiosis, miosis
meio-serviço *s. m.* half set of crockery (dinner service, etc.)
meio-soprano *s. m. e f.* mezzo-soprano
meiote *s. m.* sock
meio-termo *s. m.* middleterm; ***o justo meio-termo*** the golden mean
meio-tom *s. m.* half-tone, demitone
meirinhado *s. m.* office (jurisdiction) of a bailiff
meirinhar *v. intr.* to act as bailiff
meirinho *s. m.* bailiff
mejengra *s. f.* titmouse; tomtit (bird)
mel *s. m.* honey; sweetness; ***mel rosado*** honey of roses; ***doce como o mel*** as sweet as honey; ***dar mel pelos lábios a alguém*** to use honeyed words; ***receptáculo para onde a abelha leva o mel*** honey-bag; ***dez réis de mel coado*** trifle, twopence, a song
mela *s. f.* blight, mildew; lack of hair; [Bras.] beating
melaceiro *s. m.* one who sells molasses
melaço *s. m.* molasses; treacle
melada *s. f.* production of honey in one year
meladinha *s. f.* beverage made of brandy and honey
melado Ⓐ *s. m.* sugar-cane syrup Ⓑ *adj.* honeycoloured; sweet as honey; blighted; [Bras.] drunk; thin, rachitic, richety; showing lack of hair in patches
meladura *s. f.* copperful of the sugar-cane syrup
meláfiro *s. m.* GEOLOGIA melaphyre
melaína *s. f.* melanin
melambeira *s. f.* ⇒ **adansónia**
melampiro *s. m.* cowwheat
melananto *adj.* having black flowers
melancia *s. f.* water-melon
melancial *s. m.* bed of water-melons, water-melon plantation
melancieira *s. f.* water-melon plant; water-melon vendor
melancolia *s. f.* melancholy, melancholia, despondency, sadness, depression, dejection, gloominess, gloom, blues, dumps, low spirits; ***melancolia angustiosa*** melancholia with agitation
melancolicamente *adv.* gloomily, despondently, melancholically, dejectedly, sadly
melancólico *adj.* melancholic, melancholious, sad, gloomy, despondent, depressed, dejected, dispirited, sombre, dismal; ***estar melancólico*** to be down in the dumps
melancolizador *adj.* causing melancholy, depressing
melancolizar Ⓐ *v. tr.* to make melancholic Ⓑ *v. intr.* to become melancholic
melanemia *s. f.* MEDICINA melanaemia
melanésio *adj.* Melanesian
melania *s. f.* darkness of colour, melanism
melânico *adj.* buff-coloured; melanic
melanina *s. f.* melanin
melanismo *s. m.* MEDICINA melanism
melanite *s. f.* MINERALOGIA melanite (deep black variety of garnet)
melanizar *v. tr.* to darken
melanocarpo *adj.* BOTÂNICA yielding black fruits
melanocéfalo *adj.* ZOOLOGIA melanocephalic
melanócero *adj.* having black horns
melanócomo *adj.* having black hair
melanodermo *adj.* melanoderm, having dark-skin
melanodoncia *s. f.* MEDICINA odontomelanosis; ***melanodoncia infantil*** disease that attacks the enamel of teeth turning them black
melanoftalmo *adj.* black-eyed
melanoma *s. m.* PATOLOGIA melanoma (*plural* melanomata), melanotic growth
melanope *adj.* ZOOLOGIA black-eyed
melanóptero *adj.* ZOOLOGIA having black wings
melanose *s. f.* PATOLOGIA melanosis
melanóstomo *adj.* black-mouthed
melântio *s. m.* BOTÂNICA love-in-a-mist
melanúria *s. f.* MEDICINA melanuria
melanuro *adj.* ZOOLOGIA black-tailed
melão *s. m.* melon
melápio *s. m.* pearmain
melar Ⓐ *v. tr.* to sweeten with honey; to smear with honey; to make honey-coloured; to blast, to blight Ⓑ *v. intr.* to become smutty (corn, etc.); to wither, to dry up
melasma *s. f.* melasma
melasmo *s. m.* melasma
Melastomáceas *s. f. pl.* BOTÂNICA *Melastomaceae*
melatrofia *s. f.* MEDICINA atrophy of a limb
melaxanto *adj.* yellow-black
meleiro *s. m.* honey-dealer
melena *s. f.* dishevelled hair; long lock of hair on the temples; PATOLOGIA melaena; blood in the stool
méleo *adj.* [poét.] honeyed, sweet; mellifluous, sweet-sounding
melga *s. f.* gnat, midge
melgueira *s. f.* beehive; hoard of money; pelf, money, wealth; bargain
melharoco *s. m.* ⇒ **melharuco**
melharuco *s. m.* ZOOLOGIA bee-eater
melheirós *s. m.* ⇒ **abelharuco**
melhor Ⓐ *adj.* better, superior, more satisfactory Ⓑ *s. m.* best choice; ***melhor do que*** better than; ***o melhor*** the best, preferable; ***caprichar em fazer o melhor possível*** to try one's best; ***o melhor que eu puder*** as best as I can, as well as I can, to the best of my ability; ***o melhor possível*** as right as a trivet; ***levar a melhor*** to get the better of; ***conheço-te melhor do que ele*** I know you better than he (does); ***o que há de melhor no mundo*** the best in the world; ***à falta de melhor*** for want of better; ***ir cada vez melhor*** to become better and better; ***passar melhor*** to be better; ***um pouco melhor*** a little better; ***o melhor de todos*** the pick of the bunch; ***tudo o que há de melhor*** the best of everything; ***melhor seria*** it would be better; ***sinto-me melhor*** I feel better; ***tanto melhor*** so much the better; ***pelo melhor*** at the best; ***tirar o melhor partido de*** to make the best of; ***um tanto melhor*** rather better; ***muito melhor*** much better, far better; ***era melhor (que) tu …*** you had better, it would be better if you; ***não há nada melhor*** nothing can be better; ***estar melhor de meios*** to be better off; ***o melhor meio*** the best way; ***é melhor do que nada*** it is better than nothing; ***o melhor a fazer*** the best thing to do; ***o melhor professor*** the best teacher; ***é melhor boa vida que vida larga*** better to live well than long; ***não se sente melhor agora?*** don't you feel better now?; ***sente-se melhor agora?*** do you feel better now?; ***está melhor da sua constipação?*** is your cold any better?; ***a sua irmã está melhor hoje?*** is your sister any better today?; ***não desejo nada melhor*** I wish for nothing better; ***o melhor de tudo ainda está para chegar*** the best is yet to come; ***o melhor é eu ir*** I had better go (myself); ***o calado é o melhor*** least said soonest mended, the wise man holds his tongue
melhora *s. f.* improvement, melioration, amelioration, mending, alleviation, relief; *pl.* change for the better, recovery; ***ligeiras melhoras*** a slight change for the better; ***tem tido algumas melhoras*** there has been a change for the better; ***desejo-lhe rápidas melhoras*** I wish you a speedy recovery; ***com desejos de boas melhoras (num cartão de visita)*** with kind inquiries (on a visiting card); ***desejo-lhe prontas melhoras*** I hope you will soon be better, I wish you a speedy recovery

melhorado *adj.* improved, bettered, perfected, ameliorated; ***edição melhorada*** improved edition
melhorador *s. m.* improver, reformer, amender
melhoramento *s. m.* improvement, amelioration, mending; progress, advance; ***estou a fazer melhoramentos na minha casa*** I am putting some improvements in my house
melhorar Ⓐ *v. tr.* to ameliorate, to make better, to improve, to better, to reform, to amend Ⓑ *v. intr.* to get better, to grow better, to become better, to recover, to convalesce; ***melhorar (o tempo)*** to get fine (the weather), to clear up (the weather), to better (the weather); ***ele vai melhorando*** he is improving; ***melhorarás depressa se ficares na cama*** you will soon be better if you stay in bed
melhoras *s. f. pl.* ⇒ **melhora**
melhorativo *adj.* praising, approving, favourable, helpful
melhoria *s. f.* relief, amelioration, improvement, betterment; progress; advantage; ***melhoria dos negócios*** improvement in business; ***melhoria do câmbio*** improvement of exchange; ***melhoria de vencimento*** raising of salary
mélia *s. f.* BOTÂNICA melic, bead-tree
Meliáceas *s. f. pl.* BOTÂNICA members of the family *Meliaceae*
meliana Ⓐ *s. f.* a variety of earth used by painters to preserve the colours Ⓑ *adj. f.* relating to this earth
meliante *s. m.* scamp, vagrant, scoundrel, rogue, rascal, cheat, knave, swindler
mélico *adj.* melodious, musical, sweet
melido *s. m.* ⇒ **molhelha**
melieiro *adj.* sweet, tender; flattering
melífago *adj.* honey-eating, honey-feeding
melífero *adj.* melliferous, honey-producing
melificação *s. f.* honey production
melificador *s. m.* vessel for heating honey-combs
melificar Ⓐ *v. tr.* to transform into honey; to sweeten with honey Ⓑ *v. intr.* to produce honey
melífico *adj.* melliferous (of the nature of honey)
melifluentar *v. tr.* to make mellifluent
melifluidade *s. f.* mellifluence, sweetness
melífluo *adj.* mellifluent, mellifluous, sweetly-flowing, sweet-sounding; smooth-tongued, honey-tongued; soft, tender; ***voz melíflua*** mellifluous voice
meliloto *s. m.* BOTÂNICA melilot, sweet clover
melindrabilidade *s. f.* sensibility, sensitiveness, susceptibility, impressibility
melindrar Ⓐ *v. tr.* to offend, to hurt, to displease, to wound (the feelings of); to cause resentment; to vex, to fret, to shock, to pique Ⓑ *v. refl.* to take offence; to take it amiss; to feel hurt; to be piqued; ***melindrar alguém*** to tread on a person's corns, to wound someone's feelings, to hurt someone's feelings; ***ele disse-lhe coisas muito desagradáveis que a melindraram bastante*** he said some very unpleasant things to her which greatly wounded her feelings
melindrável *adj.* sensitive, impressive, impressionable, susceptible, responsive
melindre *s. m.* sensitiveness, susceptibility, sensibility; delicacy, scrupulousness; pique, resentment; BOTÂNICA balsam; honey-cake; ***ele fê-lo por melindre*** he did it out of pique, he did it out of resentment
melindrosamente *adv.* delicately
melindroso *adj.* delicate, touchy, sensitive, susceptible, impressible; risky, ticklish; intricate, difficult; ***assunto melindroso*** delicate subject
melinite *s. f.* melinite, glycosuria
melissa *s. f.* BOTÂNICA balm, bastard balm
melissografia *s. f.* treatise on bees
melito *s. m.* mellite
melitófilo *adj.* honey-loving
meliturgia *s. f.* bee-keeping, apiculture; honey-making
melitúria *s. f.* melituria
melívoro *adj.* ZOOLOGIA honey-eating
meloa *s. f.* small melon
meloal *s. m.* melon-bed, melon plantation
melocotão *s. m.* ⇒ **maracotão**
melodia *s. f.* melody, tune, sweet music; tunefulness
melodiar *v. tr.* to melodize, to render melodious; to sing melodiously
melódica *s. f.* melodics, musical theory; music-box, melodeon
melódico *adj.* melodious, sweet, sweet-sounding, musical, tuneful
melodiosamente *adv.* melodiously
melodioso *adj.* melodious, harmonious, musical, sweet, sweet-sounding, tuneful, dulcet; ***voz melodiosa*** sweet voice; ***som melodioso*** sweet sound
melodista *s. m. e f.* melodist, composer (singer) of melodies
melodizar *v. tr.* to melodize, to make melodious
melodrama *s. m.* melodrama
melodramar *v. tr.* to melodramatize, to make melodramatic
melodramaticamente *adv.* melodramatically
melodramático *adj.* melodramatic
melodramatizar *v. tr.* to render melodramatic
meloeiro *s. m.* melon-plant
melófilo *adj.* music-loving
melofone *s. m.* melophone
melografia *s. f.* art of writing music or melodies
melográfico *adj.* concerning the art of writing music or melodies
melógrafo *s. m.* one who writes (or copies) music; gramophone, phonograph
melolonta *s. f.* ZOOLOGIA chaper, cockchafer
melomania *s. f.* melomania (mania for music)
melomaníaco Ⓐ *adj.* melomaniac (music-mad) Ⓑ *s. m.* melomaniac (music maniac)
melómano Ⓐ *adj.* melomaniac (music-mad) Ⓑ *s. m.* melomaniac (music maniac)
meloniforme *adj.* melon-shaped
melonite *s. f.* MINERALOGIA melonite
melope *s. m.* (kind of) perch
melopeia *s. f.* part of dramatic art concerned with music; monotonous tune
meloplastia *s. f.* CIRURGIA meloplasty
meloso *adj.* sweet (as honey), like honey; syrupy
melota *s. f.* sheepskin (with its fleece)
melote *s. m.* sheepskin (with its fleece)
meloterapia *s. f.* MEDICINA cure of certain nervous diseases through music
melquetrefe *s. m.* scamp, rascal, knave, rogue, scoundrel, blackguard
melra *s. f.* female blackbird
melro *s. m.* ORNITOLOGIA blackbird; [fig.] sly fellow
mélroa *s. f.* ⇒ **melra**
melroado *adj.* having the colour of a blackbird (used for horses)
melro-azul *s. m.* ORNITOLOGIA kind of blackbird very common in Portugal and also known as *merifela*, *murfela,* etc.
mélton *s. m.* melton (cloth)
melúria *s. f.* whining, wheedling
melusina *s. f.* naked figure, half woman half serpent, represented on escutcheons
membrana *s. f.* ANATOMIA, BOTÂNICA membrane; tunic; film; ***membrana natatória*** natatory membrane, web (skin between the toes of water-fowls); ***membrana mucosa*** mucous membrane; ***membrana do tímpano*** tympanic membrane, ear drum
membranáceo *adj.* membranaceous, membraneous, membranous
membraniforme *adj.* membraniform
membranoso *adj.* membranous

membrânula *s. f.* small membrane
membro *s. m.* member (of a group, society, etc.); limb (of human or animal body); MATEMÁTICA, GRAMÁTICA member; ***membro do Parlamento*** member of Parliament; ***membro do conselho*** member of the council; ***membro honorário*** honorary member
membrudo *adj.* large-limbed, stout-limbed; robust, stout, sturdy, vigorous
membrura *s. f.* the members of an individual considered jointly
memento *s. m.* memento, memorial, souvenir
memoração *s. f.* ⇒ **comemoração**
memorando Ⓐ *adj.* memorable, noteworthy, worthy of remembrance Ⓑ *s. m.* memorandum, note, minute
memorar *v. tr.* to remember, to recall, to call to mind; to commemorate, to celebrate
memorativo *adj.* ⇒ **comemorativo**
memorável *adj.* memorable, remarkable, worthy of remembrance, not to be forgotten
memória *s. f.* memory (faculty of remembering); recollection, remembrance, reminiscence; memorial (monument); fame, reputation (of dead person); record, report, account; *pl.* memories (record of events); ***espevitar a memória a alguém*** to jog a person's memory; ***memória privilegiada*** well-stored memory; ***boa memória*** good memory; ***memória infiel*** treacherous memory; ***ter memória de galo*** to have a short memory; ***trazer à memória*** to call to mind, to recall; ***à memória de*** in memory of; ***fugir da memória*** to slip (to escape) one's memory; ***ficar gravado na memória*** to be stamped on one's memory; ***de memória*** by heart; from memory; INFORMÁTICA ***memória RAM*** RAM memory
memorial Ⓐ *s. m.* memorial; note-book; diary Ⓑ *adj.* memorial, memorable, remarkable
memorialismo *s. m.* memorialism
memorialista *s. m. e f.* memorialist, author of memoirs
memorião *s. m.* [fam.] excellent memory
memoriar *v. tr.* to report on something, to relate; to write a memorial
memoriável *adj.* memorizable
memorioso *adj.* retentive; memorial
memorióst a *s. m. e f.* writer of memoirs; essayist
memorização *s. f.* memorization
memorizar *v. tr.* to memorize, to remember
memoroso *adj.* memorable
menacma *s. f.* period during which menstruation occurs
ménade *s. f.* maenad, Bacchante; [fig.] dissolute woman
menagem *s. f.* detention under word of the prisoner; ***torre de menagem*** donjon, keep (of castle)
menálio *adj.* pertaining to the mountain Menalus; bucolic
menarca *s. f.* first menstruation period
menarquia *s. f.* ⇒ **menstruação**
menção *s. f.* mention, reference to; ***menção honrosa*** honourable mention; ***nada digno de menção*** nothing to speak of, nothing to write home about; ***não fez menção disto*** he made no mention of this; ***fazer menção de …*** to make as if
mencionado *adj.* mentioned, referred to; ***acima mencionado*** above-mentioned, above-named
mencionar *v. tr.* to mention, to speak of, to refer to, to specify, to name
mendace *adj.* ⇒ **mendaz**
mendacidade *s. f.* mendacity, untruthfulness, tendency to lying; falsehood; a lie
mendaz *adj.* mendacious, untruthful, false, lying
mendelévio *s. m.* QUÍMICA mendelevium
mendeliano *adj.* Mendelian
mendelismo *s. m.* Mendelism, Mendelianism
mendicância *s. f.* mendicity, mendication, (practice of) habitual begging
mendicante Ⓐ *adj.* mendicant, begging Ⓑ *s. m. e f.* beggar, mendicant; ***ordens mendicantes*** mendicant orders
mendicidade *s. f.* mendicity; begging; ***há muita gente que vive da mendicidade*** there are many people who live by begging, there are many people who live on alms
mendigação *s. f.* begging, mendication
mendigagem *s. f.* beggar's life; mendicity; pauperism, beggary; beggars (collectively)
mendigar *v. tr. e intr.* to beg, to ask for charity; to ask alms, to go begging; ***mendigar de porta em porta*** to beg from door to door
mendigo *s. m.* beggar, mendicant, pauper
mendinho *s. m.* little finger
mendrácula *s. f.* BOTÂNICA mandrake; ⇒ **mandrágora**
mendubi *s. m.* peanut
mendubim *s. m.* peanut
meneador Ⓐ *s. m.* wagger, shaker, waddler, wriggler Ⓑ *adj.* wagging, shaking, waddling
meneamento *s. m.* shaking, wagging, wriggling
menear Ⓐ *v. tr.* to shake, to move, to swing about (one's body); to wag (of dog's tail); to shake to and fro, to wriggle Ⓑ *v. refl.* to waddle, to strut, to dandle, to jolt; ***menear a cabeça*** to shake one's head; ***o cão meneia a cauda*** the dog wags his tail
meneável *adj.* handy, manageable
meneio *s. m.* shake, shaking, moving; wriggling; waddling, jostling; wagging; handling, management; COMÉRCIO turnover; ***meneio do corpo*** moving (wriggling) of the body
menestrel *s. m.* minstrel, troubadour, bard, musician
menfita Ⓐ *adj.* Memphian (pertaining to Memphis) Ⓑ *s. m. e f.* Memphian (inhabitant of Memphis)
menfítico *adj.* Memphian
mengo *s. m.* wool ready for weaving
menhir *s. m.* menhir
meniano *s. m.* balcony (in Italian buildings)
menina *s. f.* girl, lass, lassie, damsel, young lady, maiden; miss (title of unmarried girl); ***querer a alguém como às meninas dos seus olhos*** to love someone dearly; ***menina dos meus olhos*** the apple of my eye; ***menina Wilson*** Miss Wilson; ***menina casadoira*** marriageable girl
menina-de-cinco-olhos *s. f.* ferule
menina-do-olho *s. f.* pupil, apple of the eye
menineiro *adj.* childlike, childish; fond of children; ***cara menineira*** youthful face
meninez *s. f.* ⇒ **meninice**
meníngeo *adj.* meningeal
meninges *s. f. pl.* ANATOMIA meninges (*singular* meninx)
meningite Ⓐ *s. f.* MEDICINA meningitis; ***meningite cerebrospinal*** cerebro-spinal meningitis Ⓑ spotted fever
meningítico *adj.* meningitic
meninice *s. f.* childhood, infancy, pupilage, nonage; ***a segunda meninice*** second childhood, [fig.] extreme old age; ***na minha meninice*** in my young days
menino *s. m.* infant, little boy; boy, lad; ***Menino Jesus*** Infant Jesus; ***menino de coro*** choir-boy; ***desde menino*** from childhood; ***menino João Wilson*** Master John Wilson
menino-bonito *s. m.* favourite
menino-prodígio *s. m.* wonder boy
menir *s. m.* menhir (monolithic monument)
menisco *s. m.* ANATOMIA, ÓPTICA meniscus
meniscóide *adj.* meniscoidal
Menispermáceas *s. f. pl.* BOTÂNICA *Menispermaceae*
menispermáceo *adj.* menispermaceous
menispermo *s. m.* moonseed
menjengra *s. f.* ⇒ **mejengra**
menológio *s. m.* menology, menologium
menopausa *s. f.* menopause
menor Ⓐ *adj.* less, lesser, the least, smaller, the smallest; minor; under age Ⓑ *s. m. e f.* minor, person under age; ***herdeiro menor*** a minor heir, under-age heir; MÚSICA ***tom menor*** minor key; RELIGIÃO ***ordens menores*** minor orders; ***as quatro***

ordens menores the four lesser orders; ***trajos menores*** underclothes, undergarments, underclothing; ***ele não pode fazer o menor esforço*** he can't make the least effort

menoridade *s. f.* minority, nonage, pupilage, under age

menorista *s. m.* minor canon

menorita *s. m. e f.* Minorite (a Franciscan friar or nun)

menorítico *adj.* Minorite, relating to the Minorites

menorragia *s. f.* menorrhagia

menorrágico *adj.* menorrhagic

menorreia *s. f.* menorrhoea

menos Ⓐ *adj., pron. indef.* less; fewer Ⓑ *adv.* less; the least Ⓒ *prep.* except, save, but Ⓓ *s. m.* the last; minus; ***cada vez menos*** less and less; ***aquele de que menos gosto*** the one I like least; ***pouco mais ou menos*** more or less; ***pelo menos, ao menos*** at least; ***a menos que*** unless, except; ***nem mais nem menos*** neither more nor less, just so, exactly; ***ainda menos*** still less; ***por menos de*** for less than; ***esta regra é a menos importante*** this rule is the least important; ***quanto menos, melhor*** the fewer, the better; ***nada menos de*** nothing less than; ***em menos de uma hora*** in less than an hour; ***menos vezes*** not so often; ***o menos possível*** as little as possible; ***tanto menos*** so much the less; ***tenho duas libras a menos*** I am £2 short; ***muito menos o João*** let alone John; ***tudo menos isso*** anything but that, anything except that; ***4 menos 2 é igual a 2*** 4 minus 2 is 2, 2 from 4 leaves 2

menoscabador Ⓐ *s. m.* despiser, slighter, belittler, depreciator Ⓑ *adj.* despising, slighting, belittling

menoscabar *v. tr.* to render imperfect, to leave incomplete (unfinished); to underestimate, to undervalue; to despise, to disparage, to belittle, to depreciate, to lessen

menoscabo *s. m.* contempt, detriment; disdain, scorn, disparagement, despising; undervaluing

menos-mal *adv.* so so; [coloq.] not so bad(ly)

menosprezador *s. m.* despiser, scorner, slighter, disparager

menosprezar *v. tr.* to despise, to scorn, to contemn, to slight, to disdain, to disparage, to treat with disregard; to undervalue, to underestimate

menosprezativo *adj.* despising, contemptuous

menosprezível *adj.* despicable

menosprezo *s. m.* disdain, contempt, scorn, slight, disregard, despising; underestimation, depreciation

menostasia *s. f.* menostasis

mensageiro *s. m.* messenger, emissary, envoy, express, carrier, courier

mensagem *s. f.* message, communication, dispatch; ***mensagem presidencial*** presidential speech

mensal *adj.* monthly

mensalidade *s. f.* monthly allowance; monthly fee

mensalmente *adv.* monthly, every month

mensário Ⓐ *s. m.* monthly (publication) Ⓑ *adj.* table, belonging to the table

menstruação *s. f.* menstruation, menses, period

menstruada *adj.* menstruated

menstrual *adj.* menstruous, menstrual

menstruar *v. intr.* to menstruate

mênstruo *s. m.* menses

mensura *s. f.* MÚSICA measure, time

mensurabilidade *s. f.* mensurableness, mensurability, capability of being measured

mensuração *s. f.* mensuration, measuring

mensurador Ⓐ *s. m.* measurer Ⓑ *adj.* measuring

mensural *adj.* ⇒ **mensurável**

mensuralista *s. m. e f.* MÚSICA composer (in the Middle Ages)

mensurar *v. tr.* to measure, to measure out

mensurável *adj.* mensurable, measurable

menta *s. f.* BOTÂNICA mint

mental[1] *adj.* mental; intellectual; ***cálculo mental*** mental calculation; ***esforço mental*** mental effort; ***especialista de doenças mentais*** mental specialist; ***fraqueza mental*** mental weakness; ***um doente mental*** a mental patient

mental[2] *adj.* ANATOMIA of the chin, referring to the chin

mentalidade *s. f.* mentality

mentalizar *v. tr.* to instil ideas into a person's mind; to fancy, to imagine, to plan; to indoctrinate

mentalmente *adv.* mentally

mentastre *s. m.* ⇒ **mentastro**

mentastro *s. m.* BOTÂNICA mint

mente *s. f.* mind, intellect, understanding, spirit; thought, purpose, intention, disposition, design; ***de boa mente*** willingly; ***ter em mente*** to have a mind to, to have in mind

mentecapto Ⓐ *adj.* mad, foolish, insane Ⓑ *s. m.* fool, madman, idiot, half-wit

mentideiro *s. m.* cradle of rumours

mentido *adj.* false; illusive

mentigem *s. f.* VETERINÁRIA mange, scabies

mentigo *s. m.* VETERINÁRIA mange, scabies

mentir *v. intr.* to lie, to tell a lie, to speak falsely; to deceive, to delude, to baffle; ***acusar alguém de mentir descaradamente*** to give a person the lie in his throat; ***mentir redondamente*** to tell a downright lie

mentira *s. f.* lie, untruth, falsehood; fabrication; deceit; ***mentira inocente*** white lie; ***dizer uma mentira*** to tell a lie; ***provar que é mentira*** to nail a lie to the counter; ***uma grande mentira*** [fam.] a whopping lie, whopper; ***sustentar uma mentira*** to face out a lie; ***mentira manifesta*** flat lie

mentireiro *adj.* ⇒ **mentiroso**

mentirola *s. f.* petty lie, fib, falsehood, story

mentiroso Ⓐ *adj.* lying, false, deceitful, untruthful, mendacious Ⓑ *s. m.* liar, story-teller; ***és um mentiroso*** you're a liar

mento *s. m.* chin, mentum; ARQUITECTURA cyma

mentol *s. m.* MEDICINA menthol, peppermint extract

mentolado *adj.* mentholated, containing menthol

mentólico *adj.* menthol, relating to menthol

mentor *s. m.* mentor, counsellor, guide, adviser

mequetrefe *s. m.* ⇒ **melquetrefe**

mera *s. f.* oil of juniper

meramente *adv.* merely, purely, simply, only, solely

merca *s. f.* [pop.] purchase; buying, purchasing, shopping

mercadejar *v. intr.* to trade, to traffic, to barter, to negotiate, to speculate

mercadejável *adj.* that can be bartered

mercado *s. m.* market, market-place; emporium, mart; ***oscilações do mercado*** movement of the market; ***mercado (praça)*** market-place; ***preço do mercado*** market-rate; ***Mercado Comum*** Common Market; ***mercado de capitais*** capital market; ***mercado de trabalho*** labour market; ***mercado de valores*** stock market; ***mercado cambial*** foreign exchange market; ***mercado financeiro (Bolsa)*** money market; ***dia de mercado*** market-day; ***mercado frouxo*** flat market, slack market; ***mercado firme*** steady market; ***mercado desanimador*** discouraging market; ***mercado animador*** encouraging market; ***mercado negro*** black market; ***mercados ultramarinos*** overseas markets; ***mercado abastecedor*** provision market; ***mercado do peixe*** fish-market; ***mercado de hortaliças e frutas*** vegetable and fruit market; ***Mercado Único*** Single European Market; ***pôr no mercado*** to put on the market, to offer for sale; ***há mercado (procura) para a cutelaria inglesa*** there is a market for British cutlery

mercador *s. m.* merchant, trader, dealer, cloth-merchant, woollen-draper; ***fazer ouvidos de mercador*** to turn a deaf ear; ***mercador por atacado*** wholesale dealer; ***mercador de feira*** itinerant trader

mercadoria *s. f.* merchandise, goods, articles, commodities, wares; ***mercadorias em trânsito*** goods in transit, debentured goods; ***mercadorias livres de direitos*** free commodities; ***mercadoria avariada*** damaged goods; ***mercadoria com defeito*** defective goods; ***mercadoria despachada*** cleared goods; ***mercadoria estrangeira*** foreign goods; ***mercadoria de contrabando*** smuggled goods; ***mercadoria falsificada*** falsified goods, faked goods; ***mercadorias invendíveis*** unsaleable articles; ***mercadorias leves*** light goods; ***mercadorias várias (vendidas num montão)*** job lot; ***mercadorias vendidas à peça*** piece goods; ***todas as mercadorias que o lojista tem para vender*** stock-in-trade; ***mercadoria não embarcada*** short shipment; ***mercadoria legal (autorizada)*** lawful merchandise; ***comboio de mercadorias*** goods train ·

mercancia *s. f.* trade, traffic, commerce, barter, dealing, business; ⇒ **mercadoria**

mercanciar *v. intr.* to trade, to traffic, to deal, to bargain, to barter, to carry on commerce

mercante Ⓐ *adj.* merchant, mercantile Ⓑ *s. m. e f.* trader, merchant, dealer; ***marinha mercante*** mercantile marine, merchant navy, shipping; ***navio mercante*** merchant ship, merchantman, trader

mercantil *adj.* mercantile, commercial

mercantilismo *s. m.* mercantilism; commercialism

mercantilista *s. m. e f., adj.* mercantilist

mercantilização *s. f.* mercantilization

mercantilizar Ⓐ *v. tr.* to commercialize Ⓑ *v. intr.* to do business

mercar *v. tr.* to buy, to purchase, to get

mercaria *s. f.* warehouse, storehouse, depot

mercatório *adj.* mercantile

mercável *adj.* purchasable, buyable

mercê *s. f.* gift, grace, favour, mercy; blessing; benefit, reward; ***à mercê de*** at the mercy of, in the hands of, in the power of; ***à mercê das ondas*** at the mercy of the waves; ***mercê de Deus*** thanks to God; ***estar à mercê de alguém*** to be at someone's mercy; ***conceder uma mercê*** to bestow a title; ***direitos de mercê*** payment for the right of bearing an honorary title or decoration

mercearia *s. f.* grocer's (shop), grocery (store); ***géneros de mercearia*** groceries; ***rol de mercearia*** grocery order

merceeiro *s. m.* grocer

mercenário Ⓐ *adj.* mercenary; covetous Ⓑ *s. m.* mercenary, hireling

mercenarismo *s. m.* mercenary spirit, greed

merceologia *s. f.* science of trade; buying and selling

mercerização *s. f.* mercerizing

mercerizar *v. tr.* to mercerize

mércia *s. f.* underhand business

mercurial Ⓐ *adj.* mercurial, containing mercury (drug); mercury Ⓑ *s. f.* MEDICINA mercurial; BOTÂNICA herb

mercurialismo *s. m.* PATOLOGIA mercurialism

mercurialização *s. f.* mercurialization

mercurializar *v. tr.* to mercurialize, to affect with mercury

mercúrico *adj.* QUÍMICA mercuric

mercúrio *s. m.* mercury; quicksilver

Mercúrio *s. m.* ASTRONOMIA, MITOLOGIA Mercury

mercurocromo *s. m.* QUÍMICA mercurochrome

mercuroso *adj.* mercurous

merda *s. f.* [vulg.] faeces, excrement, shit; jerk; ***ser uma merda*** to be crap; ***mandar alguém à merda*** to tell somebody to piss off

merdice *s. f.* [vulg.] dirty thing, trifle; vile deed

merdícola *adj.* stercoricolous

merdívoro *adj.* coprophagous, dung-eating

merecedor *adj.* deserving, worthy, meritorious

merecer *v. tr.* to deserve, to merit; to be worthy of, to become entitled to, to have a claim to, to have a right to; ***merecer uma recompensa*** to deserve a reward; ***merecer ser castigado*** to deserve to be punished; ***merecer atenção*** to deserve attention; ***merecer crédito*** to be worthy of credit; ***merecer confiança*** to deserve confidence; ***merecer consideração especial*** to deserve special consideration

merecidamente *adv.* deservedly, justly, rightly

merecido *adj.* deserved, just, merited, due; ***bem merecido*** well-earned

merecimento *s. m.* merit, desert, worth, worthiness, excellence, credit; value

merencório *adj.* melancholic, gloomy, dejected, depressed, dispirited

merenda *s. f.* snack; picnic lunch (tea), packed luncheon; high tea

merendar *v. tr.* to have (high) tea; to have midafternoon tea; to take a snack (in the afternoon)

merendeiro *s. m.* picnic basket

merendola *s. f.* very light meal; snack

merengue *s. m.* meringue

meretrício Ⓐ *adj.* meretricious Ⓑ *s. m.* prostitution, prostitutes

meretriz *s. f.* prostitute, harlot, strumpet, whore, tart, streetwalker

merganso *s. m.* ZOOLOGIA merganser

mergulha *s. f.* ⇒ **mergulhia**

mergulhador *s. m.* diver; plunger

mergulhante *adj.* diving; ***avião de voo mergulhante*** dive-bomber

mergulhão *s. m.* long dive; big splash; ZOOLOGIA diver, merganser

mergulhar *v. tr. e intr.* to plunge, to sink, to immerse, to dip; to duck; to dive, to take a plunge, to take a header; [fig.] to immerse oneself deeply in; ***mergulhar em meditação profunda*** to be lost (deep) in a reverie; ***mergulhar as vides (as cepas)*** to propagate by layering, to layer vines; ***mergulhar o quarto na escuridão*** to plunge the room in darkness

mergulhia *s. f.* AGRICULTURA layering; layer of a vine; new vine, sprig; ***pôr as vides de mergulhia*** to provine

mergulho *s. m.* plunge, dive, dip; ducking; dipping; AGRICULTURA layer of a vine

mericarpo *s. m.* BOTÂNICA mericarp

mericismo *s. m.* MEDICINA abnormal regurgitation (in man)

meridiana *s. f.* meridian line

meridiano *s. m., adj.* ASTRONOMIA, GEOGRAFIA meridian; ***meridiano astronómico*** true meridian

merídio *adj.* meridian, meridional

meridional Ⓐ *adj.* meridional, southerly Ⓑ *s. m. e f.* southerner, meridional

merifela *s. f.* ⇒ **melro-azul**

merinaque *s. m.* skirt distended by farthingales; hoop-skirt

merino *s. m.* merino (sheep); merino (wool)

merisma *s. m.* mode of merismatic cells (of tissues)

merismático *adj.* BIOLOGIA merismatic

meristema *s. m.* BOTÂNICA meristem

meritalo *s. m.* internode

meritíssimo *adj.* most worthy, most deserving

mérito *s. m.* merit, credit, desert, worth, worthiness; ***os méritos de um escritor*** the merits of a writer; ***sócio de mérito*** honorary member

meritório *adj.* meritorious, praiseworthy

merlante *s. m.* ZOOLOGIA ⇒ **papa-figos**; HERÁLDICA merlion, marlion

merlão *s. m.* merlon

merlim *s. m.* NÁUTICA marline, tarred rope; axe (for splitting), cunning-fellow, sly-boots; ***merlim de dois*** marline; NÁUTICA ***merlim de três*** houseline, housing

merma *s. f.* breakage, loss in weight of merchandise

mermar *v. intr.* to lose value, to decrease

mero Ⓐ *adj.* mere, sheer, pure, simple, absolute; ***um mero pretexto*** a mere pretext Ⓑ *s. m.* ZOOLOGIA black grouper

meroblástico *adj.* meroblastic

merocele *s. f.* PATOLOGIA merocele, femoral hernia

meroedria *s. f.* merohedrism

meroédrico *adj.* merohedral

merologia *s. f.* elementary treatise of any science or art

Merópidas *s. m. pl.* ⇒ **Meropídeos**
Meropídeos *s. m. pl. Meropidae*
merouço *s. m.* dung-hill; heap of stones
merovíngio *adj.* HISTÓRIA Merovingian
merozóito *s. m.* merozoite
meru *s. m.* BOTÂNICA edible canna; cervine animal of East Africa and Asia
meruge *s. f.* drizzle, mizzle
merugem *s. f.* drizzle, mizzle
meruja *s. f.* drizzle, mizzle
merujar *v. intr.* to drizzle, to mizzle
mérula *s. f.* ⇒ **melro**
mês *s. m.* month; ***de hoje a um mês*** a month today, this day month; ***a seis meses de data*** in six month's time; ***todos os meses*** every month; ***o mês passado*** last month, COMÉRCIO ultimo; ***dentro de um mês*** in a month, within a month; ***o próximo mês*** next month, COMÉRCIO proximo; ***mês corrente*** present month, COMÉRCIO instant; ***mês lunar*** lunar month; ***meses de data*** months after date
mesa *s. f.* table; food (consumed at table), board (food served at table); board, jury; the altar; ***pôr a mesa*** to lay the table; ***levantar a mesa*** to clear the table, to clear away; ***estar sentado à mesa*** to sit at table; ***sentar-se à mesa*** to sit down to table; ***levantar-se da mesa*** to rise from table; ***servir à mesa*** to wait at table; ***mesa para doentes de cama*** bed-table; ***mesa elástica*** draw table, expanding table; ***mesa de fechar*** folding-table; ***mesa de desenho*** drawing-table; ***mesa de operações*** operating-table; ***toalha de mesa*** table-cloth; ***roupa de mesa*** table linen; ***aba de mesa*** table-leaf; ***mesa pobre*** slender table; ***mesa franca*** open table, open house; ***ter boa mesa*** to keep a good table; ***mesa lauta*** groaning table; ***boa mesa e conforto*** good living; ***comer à mesma mesa*** to share the table, to have one's meals together; ***mesa de jogo*** gambling-table, card-table; ***mesa de bilhar*** billiard table; ***mesa telefónica*** switchboard; ***mesa de jantar*** dinner-table, dining-table; ***mesa de cozinha*** kitchen-table; ***um jogo de mesas*** a nest of tables; ***cama e mesa*** board and lodging; ***conversa à mesa*** table-talk; ***água de mesa*** table-water; ***perna de mesa*** leg of a table; ***cabeceira da mesa*** head of the table; ***mesa de chá*** tea-table; ***na ponta da mesa*** on the edge of the table; ***pôr as cartas na mesa*** to lay one's cards on the table; ***mesa de irmandade*** the administration of a confraternity
mesada *s. f.* monthly allowance; monthly payment; MILITAR allotment
mesa-de-cabeceira *s. f.* bedside table
mesão *s. m.* FÍSICA cosmic ray particle
mesa-redonda *s. f.* table d'hôte, round-table
mesário *s. m.* board member
mesaticefalia *s. f.* mesaticephaly
mesaticéfalo *adj.* mesaticephalic; mesocephalic
méscia *s. f.* paddle, ladle board (olive crushing)
mescla *s. f.* mixture, variety, jumble, hotch-potch, hodge-podge, melange; mixed cloth
mesclado *adj.* mixed, variegated
mesclar *v. tr.* to mix, to mingle, to commingle, to commix; to amalgamate, to alloy, to blend
mesencéfalo *s. m.* ANATOMIA mesencephalon
mesentérico *adj.* ANATOMIA mesenteric
mesentério *s. m.* ANATOMIA mesentery, mesenterium, mesenterion (mesentereon)
mesenterite *s. f.* mesenteritis (inflammation of the mesentery)
meseta *s. f.* GEOLOGIA table-land, plateau
mesma *s. f.* the same state (condition)
mesmamente *adv.* likewise, in the same way
mesmeidade *s. f.* likeness; identity
mesmeriano Ⓐ *s. m.* mesmerist Ⓑ *adj.* mesmeric, mesmerical
mesmerismo *s. m.* mesmerism, hypnotism
mesmice *s. f.* sameness
mesmíssimo *adj.* the very same; exactly the same
mesmo Ⓐ *pron.* same, like, equal, identical; self Ⓑ *adj.* same, equal, identical Ⓒ *adv.* yet, even Ⓓ *s. m.* the same thing; ***agora mesmo*** just now; ***ao mesmo tempo*** at the same time; ***do mesmo modo*** in the same way; ***por isso mesmo*** for that very reason; ***não é a mesma coisa*** it is not the same thing; ***é isso mesmo!*** it is just the thing!; ***quase o mesmo*** much the same; ***sempre a mesma coisa*** always the same old thing; ***isso vem a dar o mesmo*** it comes to the same thing; ***isso mesmo*** quite so; ***eu mesmo escrevi a carta*** I myself wrote the letter; ***fi-lo eu mesmo*** I did it myself; ***nem mesmo*** not even; ***mesmo assim*** even so; ***mesmo que*** although, even if; ***você não parece o mesmo esta noite*** you are not quite yourself tonight; ***sou sempre o mesmo (aquele que sempre fui)*** I am the same as ever; ***mesmo do outro lado*** just across
mesnada *s. f.* [arc.] troop of mercenary soldiers
mesnadaria *s. f.* [arc.] pay of a mercenary soldier
mesnadeiro *s. m.* [arc.] mercenary soldier
mesoblasto *s. m.* ZOOLOGIA mesoblast
mesocárpico *adj.* BOTÂNICA mesocarpic
mesocárpio *s. m.* BOTÂNICA mesocarp
mesocarpo *s. m.* BOTÂNICA mesocarp
mesocefalia *s. f.* mesocephaly
mesocefalite *s. f.* mesocephalitis
mesocéfalo Ⓐ *adj.* ANATOMIA mesocephalic Ⓑ *s. m.* mesocephalon
mesóclise *s. f.* GRAMÁTICA tmesis
mesocolo *s. m.* mesocolon
mesocólon *s. m.* mesocolon
mesocracia *s. f.* mesocracy (middle-class government)
mesocrático *adj.* mesocratic (middle-class)
mesoderma *s. m.* BOTÂNICA, ZOOLOGIA mesoderm
mesoderme *s. f.* ⇒ **mesoderma**
mesofalange *s. f.* ANATOMIA mesophalanx
mesofilo *s. m.* BOTÂNICA mesophyl(l)
mesófito *s. m.* BOTÂNICA mesophyte
mesogástrico *adj.* ANATOMIA mesogastric
mesogastro *s. m.* mesogastrium
mesolítico *adj.* GEOLOGIA mesolithic
mesologia *s. f.* mesology
mesológico *adj.* mesological
mesomérico *adj.* relating to the embrionary cell formed after the egg cleavage
mesómero *s. m.* ZOOLOGIA embrionary cell formed after the egg cleavage
mesónefro *s. m.* mesonephron; embryonic kidney
mesopermo *s. m.* secundine; mesosperm
mesopotâmia *s. f.* region between rivers, Mesopotamia
mesopotâmico *adj.* related to Mesopotamia
mesorrecto *s. m.* mesorectum
mesosfera *s. f.* METEOROLOGIA mesosphere
mesotenar *s. m.* ANATOMIA muscle of the hand
mesotórax *s. m.* mesothorax
mesozóico *adj.* GEOLOGIA mesozoic
mesquinhamente *adv.* meanly, niggardly, reluctantly, stingy
mesquinhar *v. tr.* to grudge, to be unwilling to give through stinginess, to grant with reluctance, to give unwillingly
mesquinharia *s. f.* ⇒ **mesquinhez**
mesquinhez *s. f.* meanness, avarice, stinginess, niggardliness, paltriness, wretchedness
mesquinhice *s. f.* ⇒ **mesquinhez**
mesquinho Ⓐ *adj.* mean, stingy, sordid, penurious, niggardly, close-fisted, avaricious, grudging, narrow-minded, paltry, petty, poor, wretched Ⓑ *s. m.* niggard; miser, wretch
mesquita *s. f.* mosque

messalina *s. f.* [fig.] immoral woman
messe *s. f.* mess; ***messe dos oficiais*** officers' mess
messiado *s. m.* Messiahship
messiânico *adj.* Messianic; ***profecias messiânicas*** Messianic prophecies
messianismo *s. m.* Messianism
messianista *s. m. e f.* follower of Messianism
messias *s. m.* Messiah; liberator; eagerly expected person
Messidor *s. m.* Messidor (tenth month of the French revolutionary calender, June 19th to July 18th)
mesteiral *s. m.* artisan, workman
mesteireiro *s. m.* artisan, workman
mester *s. m.* trade, craft, art, profession
mestiçagem *s. f.* crossing of races; mongrelism
mestiçamento *s. m.* crossing of races; mongrelism
mestiçar *v. tr.* to cross individuals of different races
mestiço Ⓐ *s. m.* half-castle, half-breed, mestizo, mongrel Ⓑ *adj.* of mixed breed (origin)
mesto *adj.* sad, melancholic
mestra Ⓐ *s. f.* schoolmistress, teacher Ⓑ *adj.* main, principal; ***parede mestra*** main wall; ***chave mestra*** master-key; ***cavilha mestra*** main bolt, key-pin; ***mestra de instrução primária*** schoolmistress, school-ma'am, school-teacher; ***mestra de costura*** needlework teacher
mestraça *s. f.* experienced crafts-woman
mestraço *s. m.* experienced master; cunning fellow
mestrado *s. m.* mastership of a military order
mestral *adj.* related to mestrado
mestrança *s. f.* [fam.] mastership, body of teachers, staff; arsenal of the navy; body of petty officers; navy-yard
mestrão *s. m.* experienced master; know-all
mestre *s. m.* master, teacher; professor; pedagogue; learned man, expert; petty officer; NÁUTICA boat-swain; ***mestre de bordo*** boatswain; ***mestre de construção naval*** carpenter; ***mestre construtor*** shipwright; ***mestre de doca*** dock-master; ***mestre (arrais)*** skipper; ***mestre de pesca*** master of fishery; ***mestre de canto*** singing-master; ***mestre de dança*** dancing-master; ***mestre de equitação*** riding-master; ***mestre de esgrima*** fencing-master; ***mãos de mestre*** master hand; ***golpe mestre*** master stroke; ***usa e serás mestre*** practice makes perfection
mestre-de-armas *s. m.* fencing master
mestre-de-cerimónias *s. m.* master of ceremonies
mestre-de-obras *s. m.* master builder, foreman
mestre-escola *s. m.* schoolmaster
mestre-sala *s. m.* master of ceremonies
mestria *s. f.* mastery, masterliness, masterly skill, dexterity, thorough knowledge, expertness
mesura *s. f.* bow, curtsy, reverence; ***fazer mesuras*** to bow, to curtsy, to bow and scrape
mesuradamente *adv.* gravely, sedately
mesurado *adj.* grave, prudent, wise, measured, circumspect, vary, judicious, discreet, observant
mesurar *v. intr.* to bow, to make bows, to address compliments; to court; to act with moderation; to be prudent (wise, discreet, etc.)
mesureiro *s. m.* fawner; flatterer; ceremonious, courteous; servile, fawning, obsequious, flattering
mesurice *s. f.* bowing, reverence, obsequiousness, fawning, flattery, flattering
meta *s. f.* limit, end, extremity; goal, aim, object, design, target; (races) winning-post
metábole *s. f.* RETÓRICA metabasis, metabola
metabólico *adj.* metabolic
metabolismo *s. m.* FISIOLOGIA metabolism; ***metabolismo celular*** cellular metabolism
metacarpiano *adj.* metacarpal
metacárpico *adj.* metacarpal
metacárpio *s. m.* ANATOMIA metacarpus
metacarpo *s. m.* ANATOMIA metacarpus
metacentro *s. m.* metacentre
metacismo *s. m.* metacism
metacromasia *s. f.* ⇒ **metacromatismo**
metacromático *adj.* metachromatic
metacromatismo *s. m.* metachromatism
metacronismo *s. m.* metachronism
metade *s. f.* half; halfway; DIREITO moiety
metadona *s. f.* methadone
metafalange *s. f.* metaphalanx
metáfase *s. f.* BIOLOGIA metaphase, metaphasis
metafísica *s. f.* metaphysics
metafisicamente *adv.* metaphysically
metafisicar *v. tr.* to metaphysicize
metafísico Ⓐ *adj.* metaphysical, unsubstantial, incorporeal Ⓑ *s. m.* metaphysician
metafonia *s. f.* GRAMÁTICA metaphony, ablaut, vowel permutation
metafónico *adj.* metaphonical
metáfora *s. f.* RETÓRICA metaphor
metaforicamente *adv.* metaphorically
metafórico *adj.* metaphorical, metaphoric
metaforismo *s. m.* metaphorism
metaforizar *v. tr.* to change metaphorically; to express metaphorically
metáfrase *s. f.* metaphrase (literal translation)
metafrasta *s. m. e f.* metaphrast
metafrástico *adj.* metaphrastic
metagénese *s. f.* BIOLOGIA metagenesis
metagenésico *adj.* metagenesic
metagenético *adj.* metagenetic
metageometria *s. f.* metageometry
metagrama *s. m.* ⇒ **metaplasmo**
meta-história *s. f.* philosophy of history
metal *s. m.* metal; timbre of the voice; [fig.] coin, money, coppers, brass; ***metal da voz*** the timbre of the voice; ***metal sonante*** hard money, hard cash; ***metal de antifricção*** antifriction metal; ***metal branco*** white metal; ***metal amarelo*** yellow metal, brass; ***metal precioso*** precious metal
metaldeído *s. m.* metaldehyde
metalepse *s. f.* RETÓRICA metalepsis
metalepsia *s. f.* QUÍMICA metalepsy (theory of substitutions)
metaléptico *adj.* RETÓRICA metaleptic
metalescência *s. f.* propriety of certain substances appearing to have a metal brightness at the surface
metalescente *adj.* having the propriety of metalescência
metalicidade *s. f.* characteristic proprieties of a metal
metálico *adj.* metallic; ***som metálico*** metallic sound
metalífero *adj.* metalliferous, bearing (producing) metals
metalificação *s. f.* metallization
metaliforme *adj.* having the form of metal
metalinguagem *s. f.* metalanguage
metalino *adj.* metalline
metalismo *s. m.* metallism
metalista *s. m. e f.* metallist
metalização *s. f.* metallization
metalizar *v. tr.* to metallize, to make metallic, to convert into metal
metalocromia *s. f.* metallochromy
metalogenia *s. f.* GEOLOGIA science that deals with the study and genesis of mineral fields
metalogia *s. f.* ⇒ **metalologia**
metalógica *s. f.* branch of learning based on principles common to all other logics
metalografia *s. f.* metallography
metalográfico *adj.* metallographic
metalógrafo *s. m.* metallographer
metalóide *s. m., adj.* metalloid

metalologia *s. f.* mineralogy
metalológico *adj.* mineralogical
metalologista *s. m. e f.* metallurgist
metalomecânica *s. f.* metallomechanics
metalomecânico *adj.* metallomechanical
metaloplastia *s. f.* artistic metal-working
metaloquímica *s. f.* branch of chemistry concerned with the metals
metaloterapia *s. f.* metallotherapy
metalurgia *s. f.* metallurgy
metalúrgico Ⓐ *adj.* metallurgic(al) Ⓑ *s. m.* metallurgist
metalurgista *s. m. e f.* metallurgist
metamatemática *s. f.* metamathematics
metameria *s. f.* QUÍMICA metamerism
metamérico *adj.* metameric
metamerização *s. f.* ⇒ **metameria**
metamerizado *adj.* ⇒ **metamérico**
metamerizar *v. tr.* to divide into metameres
metâmero *adj.* ZOOLOGIA metamere
metamórfico *adj.* metamorphic
metamorfismo *s. m.* GEOLOGIA metamorphism
metamorfose *s. f.* metamorphosis, metamorphose
metamorfosear *v. tr.* to metamorphose; to transform, to change into
metano *s. m.* QUÍMICA methane, marsh-gas
metanol *s. m.* QUÍMICA methyl alcohol
metaplasma *s. m.* BIOLOGIA metaplasm
metaplasmo *s. m.* GRAMÁTICA, RETÓRICA metaplasm
metaplástico *adj.* metaplast
metapsicologia *s. f.* metapsychology
metapsíquica *s. f.* metapsychics
metassomatismo *s. m.* metasomatism
metassomatose *s. f.* metasomatosis
metástase *s. f.* MEDICINA, GRAMÁTICA metastasis
metastático *adj.* metastatic
metastável *adj.* metastable
metastómio *s. m.* metastome, labium
metatársico *adj.* metatarsal
metatarso *s. m.* ANATOMIA metatarsus
metatérios *s. m. pl.* metatheria; marsupialia
metátese *s. f.* GRAMÁTICA metathesis
metatipia *s. f.* change of type in the animal or vegetal nature
metátomo *s. m.* ARQUITECTURA inter-cornice space
metatórax *s. m.* metathorax
Metazoários *s. m. pl.* ZOOLOGIA *Metazoa* (multicellular animals)
metazóico *adj.* metazoic
metediço *adj.* meddlesome, meddling, obtrusive, intrusive, interfering
metedor *s. m.* introducer; usher
metempsicose *s. f.* metempsychosis
metencéfalo *s. m.* metencephalon
meteórico *adj.* meteoric; swift, flashing, fleting, like a meteor; [fig.] dazzling, rapid
meteorismo *s. m.* meteorism
meteorito *s. m.* meteorite, meteoric stone
meteorização *s. f.* meteorization
meteorizar *v. tr.* to meteorize
meteoro *s. m.* meteor, shooting (falling) star
meteorografia *s. f.* meteorography
meteorográfico *adj.* meteorographic
meteorólito *s. m.* meteorolite, meteorite
meteorologia *s. f.* meteorology
meteorológico *adj.* meteorologic, meteorological; ***boletim meteorológico*** weather forecast
meteorologista *s. m. e f.* meteorologist
meteoronomia *s. f.* meteoronomy
meteoroscopia *s. f.* meteoroscopy
meter Ⓐ *v. tr.* to put in, to put into, to introduce; to thrust, to sink; to place, to lay in(side); to set, to set down, to include Ⓑ *v. refl.* to set about; to begin, to set about doing; to meddle; to interfere; ***meter-se em trabalhos*** to get into trouble; ***meter-se na vida alheia*** to meddle in another's affairs, to pry into other people's business; ***meter no fundo*** to run down, to sink; ***meter pés ao caminho*** to set out, to start on foot; ***meter num chinelo*** to put someone's nose out of joint, to nonplus, to confound, to silence; ***meter-se nas encolhas*** to draw in one's horns, to shut up; ***meter medo*** to frighten, to scare one out of one's wits; ***meter pena*** to move to pity; [fig.] ***meter-se numa camisa-de-onze--varas*** to get into a tight corner, to get into hot water; ***meter o nariz em tudo*** to poke one's nose into everything; ***meter-se onde não é chamado*** to put in one's oar, to poke one's nose into others' affairs; ***meter a fouce em seara alheia*** to meddle with another's business; ***meter alguém em boas*** to let a person in for; ***no que eu me meti!*** what I have let myself in for!; ***meteu-se-lhe na cabeça*** he took it into his head; ***meteu a carta na algibeira*** he thrust the letter into his pocket, he pocketed the letter; ***meter-se em despesas*** to let oneself in for a lot of expense; ***meter-se com alguém*** to pick a bone with somebody; ***meter gasolina*** to put in petrol, to refuel; ***meter-se ao perigo*** to expose oneself to danger; ***meter a ferros*** to fetter; ***meter dentro da gaveta*** to put into the drawer; ***meter os dedos pelos olhos dentro*** to make someone believe the moon is made of green cheese, to have someone on a string; ***não meter dente num assunto*** not to be able to make head or tail of it; ***meter ferro a alguém*** to excite someone's envy, to spite, to vex; ***meter na cabeça de alguém*** to put into someone's head; ***meter no meio*** to put between; ***mete essa a outro!*** tell that to the marines!; ***meter mãos à obra*** to put one's hand to the plough, to set to work; ***meter no bolso*** to pocket; ***meter as mãos nas algibeiras*** to put one's hands into one's pocket, to thrust one's hands into one's pockets, to sink one's hands into one's pockets; ***meta-se na sua vida!*** mind your own business!; ***meter a língua no saco*** to hold one's tongue; ***meter alguém no coração*** to take someone to one's heart; ***meter-se na bebida*** to indulge in drinking, to take to drink; NÁUTICA ***meter o navio num porto*** to bring the ship into port; NÁUTICA ***meter a bordo*** to house, to put on board; NÁUTICA ***meter à força*** to haul the wind; NÁUTICA ***meter as velas nos rizes*** to take in some reefs; NÁUTICA ***meter de capa*** to heave to; NÁUTICA ***meter de proa*** to put by the stern; NÁUTICA ***meter víveres*** to take in provisions; NÁUTICA ***meter água*** to take in fresh water, to spring a leak; NÁUTICA ***meter lastro*** to ballast; ***mete-te na tua vida!*** mind your own business; ***meter os pés pelas mãos*** to mess up
metical *s. m.* ancient African coin
meticulosamente *adv.* meticulously
meticulosidade *s. f.* meticulosity, overcarefulness, punctiliousness, scrupulousness, meticulous exactness
meticuloso *adj.* meticulous, scrupulous, overcareful (in details), particular
metido *adj.* interfering meddling; familiar with; ***metido de popa (navio)*** down by the stern (ship); ***metido de proa*** down by the head
metileno *s. m.* QUÍMICA methylene
metílico *adj.* methylic
metilo *s. m.* QUÍMICA methyl
metodicamente *adv.* methodically, orderly
metódico *adj.* methodic(al), orderly, systematic
metodismo *s. m.* Methodism
metodista *s. m. e f.* Methodist
metodização *s. f.* methodizing
metodizar *v. tr.* to methodize, to bring into order, to arrange in an orderly manner; to reduce to method (system)
método *s. m.* method, order, system, mode, manner, procedure, course; orderliness; ***métodos de ensino*** teaching

methods; ***método de construção*** building method; ***método de trabalho*** working method; ***sem método*** at random
metodologia *s. f.* methodology
metodológico *adj.* methodological
metodologista *s. m. e f.* methodologist
metodólogo *s. m.* methodologist
metomania *s. f.* spirits mania
metomaníaco *adj.* spirits maniac
metonímia *s. f.* RETÓRICA metonymy
metonímico *adj.* metonymical
metonomásia *s. f.* metonomasia; name translated into another language
métopa *s. f.* ARQUITECTURA metope
metoposcopia *s. f.* metoposcopy (study of physiognomy)
metopóscopo *s. m.* metoposcopist
metragem *s. f.* length in meters; length; ***filme de longa metragem*** feature film
metralgia *s. f.* MEDICINA pain in the uterus
metrálgico *adj.* MEDICINA related to pain in the uterus
metralha *s. f.* shrapnel, grapeshot; ***toda a metralha*** all one's resources
metralhada *s. f.* volley of shrapnel, shrapnel fire, machine-gun fire
metralhador *s. m.* machine-gunner
metralhadora *s. f.* machine-gun; ***metralhadora fixa*** fixed machine-gun; ***metralhadora pesada*** heavy machine-gun; ***metralhadora ligeira*** light machine-gun
metralhar *v. tr.* to machine-gun, to fire a machine-gun; to use machine-gun fire (on)
métrica *s. f.* scansion, metrical scanning
metricamente *adv.* metrically
métrico *adj.* metric, metrical; ***sistema métrico*** metric system
metrificação *s. f.* versification
metrificador *s. m.* versifier, metrist (in poetry)
metrificar *v. tr. e intr.* to versify, to make verses
metrite *s. f.* PATOLOGIA inflammation of the uterus
metro *s. m.* metre; metre stick; underground (railway); ⌈coloq.⌋ tube; ⌈E.U.A.⌋ subway; ***metro linear*** lineal metre; ***metro cúbico*** cubic metre; ***metro quadrado*** square metre
metrocele *s. m.* MEDICINA utero-hernia
metrografia *s. f.* description of weights and measures in the metric system
metrógrafo[1] *s. m.* person who deals with the study of measurement
metrógrafo[2] *s. m.* utero-specialist
metrologia *s. f.* treatise on metrical weights and measures; metrology
metrológico *adj.* related to the description of weights and measures; metrological
metrologista *s. m. e f.* metrologist
metromania *s. f.* metromania (mania for writing verses)
metromaníaco *s. m.* metromanic
metrómano *s. m.* metromanic
metrómetro *s. m.* ⇒ **metrónomo**
metronómico *adj.* metronomic
metrónomo *s. m.* MÚSICA metronome
metropatia *s. f.* uterine diseases
metrópole *s. f.* metropolis, capital; home, mother country, parent state (of empire), metropole
metropolita *s. m.* RELIGIÃO metropolite, metropolitan bishop
metropolitano *s. m., adj.* metropolitan; under-ground (railway); ⌈coloq.⌋ tube; ⌈E.U.A.⌋ subway
metropolítico *adj.* metropolitan
metrorragia *s. f.* MEDICINA metrorrhagia
metrorrágico *adj.* related with metrorrhagia
metrorreia *s. f.* ⇒ **uterorreia**
metrotomia *s. f.* CIRURGIA metrotomy
metuendo *adj.* frightening, terrible
meu Ⓐ *adj. poss.* my Ⓑ *pron. poss.* mine; ***o meu amigo João*** my friend John; ***o teu livro e o meu*** your book and mine; ***os meus parentes*** my relatives; ***os meus fatos*** my clothes; ***a meu ver*** as far as I can see, in my opinion; ***os meus*** my own people; ***é um dos meus*** it is one of mine; ***um amigo meu*** a friend of mine; ⌈coloq.⌋ ***meu velho!*** old chap!
mexedela *s. f.* stirring, each turn of a stir
mexediço *adj.* fidgety, restless, bustling; alive, quick, active, brisk, lively
mexedor *s. m.* bustler, active person; busybody, intriguer; stirrer, mixer, shaker
mexedura *s. f.* stirring, moving; mixing; shaking, churning
mexelhão *s. m.* fidget; meddler; busybody
mexer *v. tr., intr. e refl.* to stir, to move, to shuffle, to budge; to fidget, to twitch, to hitch; to touch, to handle; to meddle (with a thing), to mix, to stir, to churn; to shake; ***mexe-te!*** look alive!, hurry (up) !; ***mexer-se de um lado para o outro*** to move about; ***não se mexa daí!*** don't stir from there!, don't budge from there!; ***é favor não mexer*** not to be touched, not to be handled; ***não mexas nesses livros!*** don't touch those books!; ***mexer o chá*** to stir one's tea; ***o gato passou o dia todo na cadeira sem se mexer*** the cat lay the whole day on the chair without stirring; ***não me mexi do lugar*** I have not stirred from my seat; ***estou tão entorpecido que mal posso mexer-me*** I'm so stiff that I can hardly move; ***ela mexe-se demasiado*** she is too active; ***mexer os pausinhos*** to pull the strings
mexericada *s. f.* ⇒ **mexerico**
mexericar *v. tr.* to tell tales, to gossip, to intrigue
mexerico *s. m.* tittle-tattle, gossip, idle talk, intrigue
mexeriqueiro Ⓐ *s. m.* tale-bearer, tell-tale, gossip, intriguer Ⓑ *adj.* intriguing, gossiping
mexeriquice *s. f.* tale-bearing, gossip, idle talk
mexerucar *v. tr.* to fiddle, to fumble
mexerufada *s. f.* food for pigs; ⌈pop.⌋ embroilment, confusion; mixture
mexicana *s. f.* Mexican silver coin
mexicano *s. m., adj.* Mexican
mexida *s. f.* confusion, disorder, bustle, stir, mix-up, jumble; *pl.* intrigues
mexido Ⓐ *adj.* brisk, lively, active, sprightly, restless; stirred, mixed, turned up Ⓑ *s. m.* sweetmeat for Christmas
mexilhão *s. m.* ZOOLOGIA mussel
mexilho *s. m.* small pin (of a plough)
mexilhoeira *s. f.* mussel-bank, mussel-bed
mexoalho *s. m.* crabs and sea-weeds for manure
mexoeira *s. f.* big African tree the seed of which is eatable
mexonada *s. f.* stir, stirring; push; jostle
mezena *s. f.* NÁUTICA miz(z)en, mizen-sail; ***mastro da mezena*** mizzen mast; ***mastaréu do gafetope da mezena*** miz(z)en topmast
mezereão *s. m.* BOTÂNICA mezereon, mezereum
mezinha *s. f.* ⌈pop.⌋ home-made medicine
mezinhar *v. tr.* to practise household medicine; to medicate
mezinheiro *s. m.* quack (practiser of household medicine)
mezinhice *s. f.* household medicine
mi *s. m.* MÚSICA mi, E, third note of the scale; ***mi bemol*** E flat
miada *s. f.* mewing (of many cats)
miadela *s. f.* mewing
miado *s. m.* mew, mewing
miador *s. m.* mewer, miauler
miadura *s. f.* continual mewing
mialgia *s. f.* MEDICINA myalgia
mialhar *s. m.* thread of old ropes; mops (or brushes) made from these for cleaning decks; string
miar *v. intr.* to mew; to miaow, to miaul
miasma *s. m.* miasma (*plural* miasmata, miasmas)
miasmar-se *v. intr.* to get miasmas
miasmático *adj.* miasmatic, miasmic, miasmous
miastenia *s. f.* myasthenia

miau *s. m.* miaow, mew
mica *s. f.* MINERALOGIA mica (*plural* micae), bit, piece
micáceo *adj.* micaceous
micado *s. m.* mikado (title of the emperor of Japan)
micante *adj.* brilliant, shining (as mica)
micar *v. intr.* to make (to stake) a bet in games of chance
micaxisto *s. m.* mica-slate
micção *s. f.* urination, micturition
micela *s. f.* micella
micélio *s. m.* BOTÂNICA micella (*plural* Micellae)
micetófago *adj.* mycetophagous; fungus eating
micetografia *s. f.* mycetography
micetologia *s. f.* mycetology
micetozoário *s. m.* mycetozoan, myxomycetes
micha *s. f.* a lump of bread made of several kinds of flour mixed together
michelos *s. m. pl.* NÁUTICA nippers
mico *s. m.* ZOOLOGIA smallest of all monkeys; ⌈reg.⌋ Old Nick
micoderma *s. m.* mycoderma, mycoderm
micogenia *s. f.* mycogenesis
micogénico *adj.* mycogenetic
micologia *s. f.* mycology
micologista *s. m. e f.* mycologist
micólogo *s. m.* mycologist
micorrizas *s. f. pl.* mycorrhiza
micose *s. f.* mycosis
micracústico *adj.* microcoustic
micro- *pref.* micro (prefixed to a substantive, to indicate relatively small size; prefixed to substantives and derived adjectives to denote "microscopic")
microbalança *s. f.* microbalance
microbial *adj.* microbial
microbiano *adj.* microbial, microbian, microbic
microbicida *s. m., adj.* microbicide, microbicidal
micróbio *s. m.* microbe, microbian
microbiologia *s. f.* microbiology
microbiológico *adj.* microbiological
microbiologista *s. m. e f.* microbiologist
microbiólogo *s. m.* microbiologist
microbismo *s. m.* microbism (presence of non-pathogenic microbes in the organism)
microcefalia *s. f.* microcephaly, microcephalia
microcéfalo *s. m., adj.* microcephalous
microcentro *s. m.* centriole
microcinematografia *s. f.* microcinematography
microcirurgia *s. f.* microsurgery
microclima *s. m.* microclimate
microclina *s. f.* GEOLOGIA microline
microcomputador *s. m.* INFORMÁTICA microcomputer
microconómetro *s. m.* micro-chronometer
microcósmico *adj.* microcosmic
microcosmo *s. m.* microcosm
microcosmologia *s. f.* microcosmology
microdáctilo *adj.* ZOOLOGIA microdactylous
microdiorito *s. m.* GEOLOGIA microdiorite
microdissecção *s. f.* micro-dissecation
microdonte *adj.* ZOOLOGIA microdontous
microdontismo *s. m.* microdontism
microelectrónica *s. f.* microelectronics
microfarad *s. m.* microfarad
microfilme *s. m.* microfilm
microfilo *adj.* BOTÂNICA microphyllous
microfísica *s. f.* microphysics
micrófito *s. m.* microphyte
microflora *s. f.* BOTÂNICA microflora
microfone *s. m.* microphone
microfonia *s. f.* MEDICINA microphony
microfónico *adj.* microphonous
microfonógrafo *s. m.* microphonograph
microfotografia *s. f.* microphotography
microgâmeta *s. m.* BIOLOGIA microgamete
microglosso *adj.* ZOOLOGIA small-tongued
micrognato *adj.* ZOOLOGIA having small maxillas
micrografia *s. f.* micrography
micrográfico *adj.* micrographic
micrógrafo *s. m.* micrograph, micrographer
micrograma *s. m.* microgram
microgravação *s. f.* micrographing
microgravar *v. tr.* to micrograph
microinformática *s. f.* microcomputing
microlite MINERALOGIA microlite
microlítico *adj.* microlithic
micrólito *s. m.* microlith
micrologia *s. f.* micrology
micrológico *adj.* micrologic
micrólogo *s. m.* micrologist
micromanómetro *s. m.* micro-manometer
micromelia *s. f.* PATOLOGIA micromelia
micrómero *adj.* having thin limbs
micrometria *s. f.* micrometry
micrométrico *adj.* micrometric
micrómetro *s. m.* micrometer
mícron *s. m.* micron, micromillimeter
micro-onda *s. f.* FÍSICA microwave
micropaleontologia *s. f.* micro-paleontology
micropertite *s. f.* microperthite
micropétalo *adj.* BOTÂNICA micropetalous
micrópila *s. f.* BOTÂNICA micropyle
micropilar *adj.* micropylar
micrópilo *s. m.* micropyle
microprocessador *s. m.* INFORMÁTICA microprocessor
micropsia *s. f.* PATOLOGIA micropsia
micropsiquia *s. f.* weakness of spirit
microrganismo *s. m.* microorganism (a microscopic organism)
microrradiografia *s. f.* micro x-ray
microscopia *s. f.* microscopy
microscópico *adj.* microscopic
microscópio *s. m.* microscope
microscopista *s. m. e f.* microscopist
microsférico *adj.* microspheric
microsporângio *s. m.* BOTÂNICA microsporangium
micrósporo *s. m.* BOTÂNICA microspore
microsporofilo *s. m.* microsporophyll
microssismo *s. m.* microseism
microssismógrafo *s. m.* microseismograph
microssociologia *s. f.* microsociology
micróstomo *adj.* ZOOLOGIA microstome
microtelefone *s. m.* microtelephone
micrótomo *s. m.* microtome
microzoário *s. m.* microzoon (*plural* microzoa), microscopic animals
mictar *v. intr.* to micturate, to urinate
micterismo *s. m.* mockery; sarcasm; frown
mictório Ⓐ *s. m.* public convenience, urinal Ⓑ *adj.* diuretic
micturição *s. f.* micturition
mielencéfalo *s. m.* myelencephalon
mielina *s. f.* myelin, myeline
mielite *s. f.* myelitis
mielografia *s. f.* myelography
mielóide *adj.* myeloid
mieloma *s. m.* myeloma
mielopatia *s. f.* myelopathy
mielóplace *s. f.* ⇒ **mieloplaxe**
mieloplaxe *s. f.* myeloplax

miga *s. f.* ZOOLOGIA whelk (mollusc); bit, crumb; *pl.* bread-soup
migado *adj.* sliced, minced; in crumbs
mígala *s. f.* big spider
migalha *s. f.* crumb, small portion of bread; a little bit; *pl.* scraps, leavings
migalhar *v. tr.* ⇒ **esmigalhar**
migalheiro *s. m.* punctilious person; overparticular man; ⇒ **mealheiro**
migalhice *s. f.* a trifle
migalho *s. m.* little bit
migar *v. tr.* to crumble, to crush
migas *s. f. pl.* bread-soup
migração *s. f.* migration
migrador *adj.* migrant
migrante *adj.* migrant
migrar *v. intr.* to migrate
migratório *adj.* migratory
miíase *s. f.* VETERINÁRIA myiasis
miiocéfalo *s. m.* staphyloma
miiologia *s. f.* part of entomology dealing with flies
miite *s. f.* myositis; inflammation of the muscles
mija *s. f.* [vulg.] urine, piss
mija-burro *s. m.* BOTÂNICA winter narcissus
mijada *s. f.* [pop.] ⇒ **micção**
mijadela *s. f.* [pop.] the act of making water (pissing); the quantity of urine passed
mijadoiro *s. m.* [pop.] ⇒ **mijadouro**
mijadouro *s. m.* [pop.] pissing place
mijão *s. m.* one who makes water often
mijar *v. tr.* to piss, to urinate, to make water; to pass water (or urine)
mijo *s. m.* [pop.] urine, piss
mijoca *s. f.* [pop.] urine; bad drink
mil *num. card.* thousand; ***um em mil*** one in a thousand; ***mil vezes*** a thousand times; ***pedir mil desculpas*** to make a thousand and one excuses; ***mil agradecimentos*** a thousand thanks; ***os mil e um aborrecimentos da vida*** the thousand and one small worries of life; **As Mil e Uma Noites** Arabian Nights
milagre *s. m.* miracle, marvel, wonder; remarkable occurrence; ***operar um milagre*** to work a miracle; ***fazer milagres*** to work wonders; ***há sempre um milagre*** wonders will never cease; ***pode dar-se um milagre*** pigs might fly; ***olha o milagre!*** there is nothing clever in that!; ***santos da casa não fazem milagres*** a prophet is not without honour save in his own country
milagreiro Ⓐ *s. m.* miracle-monger; wonder-worker Ⓑ *adj.* credulous; ⇒ **milagroso**
milagrosamente *adv.* miraculously, in a miraculous way, by a miracle
milagroso *adj.* miraculous, wonderful, marvellous, supernatural
milanês Ⓐ *s. m.* Milanese Ⓑ *adj.* Milanese
milano *s. m.* ⇒ **milhafre**
milavo *s. m.* the thousandth part of an *escudo* (Portuguese coin)
míldio *s. m.* mildew
milefólio *s. m.* BOTÂNICA milfoil, yarrow
mil-em-rama *s. f.* BOTÂNICA yarrow
milenar *adj.* relating to miles; that records distances
milenário Ⓐ *adj.* millenary (consisting of a thousand, especially of a thousand years) Ⓑ *s. m.* millenary (period of a thousand years)
milénio *s. m.* millenium
milésima *s. f.* millesimal, a thousandth (part)
milésimo *num. ord.* millesimal, the thousandth (in a series)
mil-flores *s. m.* extract distilled from many different flowers
milfolhada *s. f.* milfoil
mil-folhas *s. f.* milfoil, yarrow; puff-past pie
milfurada *s. f.* BOTÂNICA St. John's wort
milfurado *adj.* having many holes (like a sieve)
milgrada *s. f.* [reg.] pomegranate
milgranada *s. f.* pomegranate
milha *s. f.* mile; ***milha terrestre*** statutory mile (1,760 yards or 1609.3 metres); ***milha medida*** measured mile; ***cartear as milhas*** to work out the reckoning, to calculate the distance; ***milha marítima*** nautical mile (6,080 feet)
milhã *s. f.* BOTÂNICA barnyard grass
milhaça *s. f.* maize flour
milhafo *s. m.* ORNITOLOGIA kite, glede
milhafre *s. m.* ORNITOLOGIA kite, glede
milhagem *s. f.* mileage
milhal *s. m.* maize field
milhaneiro *adj.* one who hunts kites
milhano *s. m.* kite
milhão *s. m.* million; maize; kite; ***ele gastou milhões*** he spent millions
milhar *s. m.* thousand; ***aos milhares*** by the thousand; ***milhares de vezes*** thousands of times; ***milhares de pessoas*** [fam.] tons of people
milharada *s. f.* great quantity of maize; ⇒ **milhal**
milharal *s. m.* maize-field
mílharas *s. f. pl.* milt or soft roe (of fish); seeds (infigs)
milheira *s. f.* a bird of the family *Fringillidae*; ⇒ **milhã**
milheiral *s. m.* ⇒ **milhafre**
milheirão *s. m.* green linnet
milheiriça *s. f.* ⇒ **milheira**
milheirinha *s. f.* ⇒ **milheira**
milheiro *s. m.* (a) thousand; maize plant; variety of grapes; ORNITOLOGIA finch
milheirós *s. m.* bee-eater
milhenta *s. f., adj.* number above a thousand
milherango *s. m.* curlew
milhete *s. m.* millet
milho *s. m.* maize, Indian corn; ***bolo de milho torrado*** Johnycake; ***milho assado*** popcorn; ***milho da Índia*** Indian corn; ***miho do sol*** groundsel; ***milho painço*** panic (genus of grasses including millet); ***milho miúdo*** millet; ***milho sargo*** Turkistan millet; ***ter dinheiro como milho*** to have lots of money
mil-homens *s. m.* Brazilian plant
milho-rei *s. m.* red maize
Miliáceas *s. f. pl.* *Miliaceae*
miliáceo *adj.* like maize, related to maize
miliampere *s. m.* milliampere
miliar *adj.* shaped like a grain of maize; concerned with a thousand
miliare *s. m.* milliare (1/1000 of an are); 119.6 square yards
miliário *adj.* milliary; ***marco miliário*** milestone
milibar *s. m.* millibar
milícia *s. f.* militia; military force; citizen army; warfare; ***milícia popular*** vigilance commitee, vigilante patrol; ***milícia celeste*** angels
miliciano Ⓐ *adj.* pertaining to the militia Ⓑ *s. m.* militiaman
milicurie *s. m.* millicurie (unit of radioactivity)
miligrã *s. f.* [reg.] ⇒ **milgrada**
miligrama *s. m.* milligramme, milligram (1/1000th of a gram or 0.1154 of an English grain)
mililitro *s. m.* millilitre (a thousandth part of a litre or 0.061 of a cubic inch)
milímetro *s. m.* millimetre (a thousandth of a metre or 0.0393 inch)
milímodo *adj.* infinitely variable
milionário *s. m.* millionaire

M

milionésima *s. f.* a millionth part
milionésimo *num. ord., s. m.* millionth, a millionth part
milípede *adj.* millipede, milliped
milistere *s. m.* the thousandth part of a stere
milistéreo *s. m.* ⇒ **milistere**
militança *s. f.* militancy; military class; the army; soldiery, soldiers collectively
militância *s. f.* militancy; militantness
militante *adj.* militant
militar Ⓐ *s. m. e f.* member of a military force, a soldier Ⓑ *adj.* military; ***serviço militar*** military service; ***autoridade militar*** military authority; ***idade militar*** military age; ***hospital militar*** military hospital; ***forças militares*** military forces Ⓒ *v. intr.* to militate; to serve as a soldier; to fight; to oppose; to belong to a political party
militarão *s. m.* ⌈fig.⌋ severe soldier
militarismo *s. m.* militarism
militarista *s. m. e f.* militarist
militarite *s. f.* militarism; ⌈coloq.⌋ military hot air
militarização *s. f.* militarization
militarizar *v. tr.* to organize militarily
militarmente *adv.* militarily
militofobia *s. f.* horror or aversion to the army
millerite *s. f.* MINERALOGIA millerite
milongas *s. f. pl.* gossip; intrigue; ⌈Bras.⌋ witchcraft
milongueiro *s. m.* witch-doctor, quack
milorde *s. m.* English magnate; kind of four-wheel chaise
mil-réis *s. m. pl.* ⌈arc.⌋ milreis
miltoniano *adj.* Miltonian
mílvio *s. m.* ⌈poét.⌋ ⇒ **milhafre**
mim *pron. pess.* me; ***quanto a mim*** as for me, for my part; ***a mim*** to me; ***para mim*** for me, to me; ***de mim para mim*** to myself; ***que há-de ser de mim?*** what will become of me?; ***ai de mim!*** woe is me!; ***ainda não estou em mim*** I have not quite got over it yet; ***a mim mesmo*** to myself
mima *s. f.* woman mime
mimalheiro *s. m., adj.* darling, pet, spoiled child, favourite; ***ele é o mimalho da família*** he is the pet of his family
mimalhice *s. f.* behaviour peculiar to a spoiled child; whim
mimalho *s. m., adj.* ⇒ **mimalheiro**
mimança *s. f.* caress, fondling
mimanço *s. m., adj.* ⇒ **mimalheiro**
mimar *v. tr.* to pet, to spoil (a child), to fondle, to caress, to mimic, to treat as a pet
mimese *s. f.* RETÓRICA mimesis
mimético *adj.* mimetic
mimetismo *s. m.* ZOOLOGIA mimicry
mimetista *s. m. e f.* mimical
mimetomania *s. f.* mania of mimicry
mimiambo *s. m.* mimiambi
mímica *s. f.* mimicry, mimicking, imitation, burlesque
mimicar *v. tr. e intr.* to mimic
mimice *s. f.* ⇒ **mimalhice**
mímico *adj.* mimic, imitative, mimetic
mimo *s. m.* gift, present; caress, fondling, petting, wheedling; delicacy, titbit, daintiness; indulgence; neatness; mime; ***estragar uma criança com mimo*** to spoil a child thoroughly; ***isso é um mimo!*** that is sweet!
mimodrama *s. m.* dramatic pantomime
mimografia *s. f.* treatise on mimics
mimógrafo *s. m.* mimographer
mimologia *s. f.* mimicking, imitation of another's voice (or expressions)
mimologismo *s. m.* onomatopoeia
mimólogo *s. m.* mimicker
mimosa *s. f.* BOTÂNICA mimosa
Mimosáceas *s. f. pl.* *Mimosaceae*
Mimóseas *s. f. pl.* ⇒ **Mimosáceas**
mimóseo *adj.* of the genus acasia
mimoso Ⓐ *adj.* tender, kind, soft, gentle, affectionate, delicate, dainty, exquisite Ⓑ *s. m.* darling; pet, favourite, a minion of fortune
mina Ⓐ *s. f.* mine, pit; MILITAR mine (a large high-explosive shell); copious source of wealth; NÁUTICA receptacle filled with explosives; ***campo de minas*** mine-field; NÁUTICA ***paiol de minas*** mine-room; ***descobrir uma mina (enriquecer de repente)*** to strike oil; ***mina submarina*** submarine mine, ***mina de ouro*** gold-mine; ***mina de carvão*** coal mine, coal-pit; ***mina de diamantes*** diamond-mine; ***engenheiro de minas*** mining engineer; ***lançar minas em*** to lay mines in; to mine
minacíssimo *adj.* most threatening; most menacing
minador *s. m.* miner
minadouro *s. m.* spring, fountain
minar Ⓐ *v. tr.* to mine, to excavate; to undermine, to sap; to destroy, to ruin; to worry, to torment; MILITAR, NÁUTICO to lay explosive mines on land or sea Ⓑ *v. intr.* to spread
minarete *s. m.* minaret
minaz *adj.* minacious, minatory, threatening, menacing
mindinho *s. m.* ⇒ **mendinho**
mineira *s. f.* matrix (of metals, or minerals); open mine or pit
mineiro Ⓐ *s. m.* miner Ⓑ *adj.* mining; ***mineiro de carvão*** coal-miner; ***distrito mineiro*** mining district; ***navio mineiro (lança-minas)*** mineship, mine-laying ship
mineração *s. f.* mining; purification of ores
mineral Ⓐ *adj.* mineral, inorganic Ⓑ *s. m.* mineral; ***água mineral*** mineral water; ***reino mineral*** mineral kingdom
mineralização *s. f.* mineralization
mineralizador Ⓐ *s. m.* mineralizer Ⓑ *adj.* mineralizing
mineralizar Ⓐ *v. tr.* to mineralize Ⓑ *v. intr.* to search, to look for minerals, to mineralogize
mineralogia *s. f.* mineralogy
mineralógico *adj.* mineralogical
mineralogista *s. m. e f.* mineralogist
mineralurgia *s. f.* applied mineralogy
mineralúrgico *adj.* mineralogical, metallurgical
minerar Ⓐ *v. tr.* to mine; to work mines; to exploit a mine Ⓑ *v. intr.* to work in mines
minério *s. m.* ore; ***minério de cobre*** copper ore; ***minério de ferro*** iron ore; ***minério de prata*** silver ore
minerogenia *s. f.* part of mineralogy concerned with the origin, transformation of minerals and with the formation of ore fields
minerografia *s. f.* minerography; study of ores
minerográfico *adj.* pertaining to the study of ores
minerógrafo *s. m.* specialist in the study of ores
minerva *s. f.* Minerva; small machine for printing; MEDICINA orthopaedic apparatus for immobilization of the neck
minerval Ⓐ *adj.* pertaining to Minerva Ⓑ *s. m.* minerval
minga *s. f.* ⌈pop.⌋ ⇒ **míngua**
mingacho *s. m.* gourd used as a fish-creel
míngua *s. f.* lack, want, need, shortage, scarcity; deficiency; ***morrer à míngua*** to starve to death; ***à míngua de*** for want of
minguado *adj.* needy, poor; scarce, short
minguante Ⓐ *s. m.* waning (of the moon); decline, diminution Ⓑ *adj.* decreasing, declining, diminishing; ***quarto minguante*** (the) last quarter (of the moon)
minguar *v. intr.* to decrease, to decline, to diminish, to wane; to dwindle; to lack; to lessen
minha Ⓐ *adj. poss.* my Ⓑ *pron. poss.* mine; ***a minha casa*** my house; ***aquela mesa é minha*** that table is mine
minhafo *s. m.* ⇒ **milhafre**
minhafre *s. m.* ⇒ **milhafre**
minhoca *s. f.* earthworm; *pl.* ⌈fam.⌋ manias, fancies, whims
minhoquice *s. f.* trifle; minor detail; whim
minhoteira *s. f.* log-bridge, small wooden bridge

minhoto Ⓐ *adj.* of (or belonging to) the Portuguese province of Minho Ⓑ *s. m.* inhabitant of Minho; kite
miniatura *s. f.* miniature; ***em miniatura*** in miniature, on a small scale
miniatural *adj.* referring to miniature; very small
miniaturar *v. tr.* to miniature, to paint miniatures; to describe minutely
miniaturista *s. m. e f.* miniaturist
minifúndio *s. m.* ownership of a small piece of land
mínima *s. f.* MÚSICA minim
minimidade *s. f.* insignificance; pettiness, trifle; smallness
minimizar *v. tr.* to minimize
mínimo Ⓐ *adj.* (the) least, the smallest, very little Ⓑ *s. m.* minimum, the least; ***reduzir as despesas ao mínimo*** to reduce one's expenses to a minimum; ***não ter a mínima ideia*** not to have the faintest idea; ***no mínimo*** at least; ***o mínimo que podem fazer*** the least they can do
mínio *s. m.* minium; vermilion, red lead
ministerial *adj.* ministerial; ***serviços ministeriais*** ministerial services
ministerialismo *s. m.* a system that supports unconditionally one ministry or the Government
ministerialista *s. m. e f.* ministerialist
ministeriável *adj.* qualified for a minister
ministério *s. m.* ministry, body of ministers; the Cabinet; state department; ministering office; office, post, profession; ***Ministério do Interior*** Home Office; ***Ministério do Exército*** War Office; ***Ministério dos Negócios Estrangeiros*** Foreign Office; ***Ministério do Trabalho*** Ministry of Labour; ***Ministério da Presidência*** Presidential Ministry; ***Ministério da Marinha*** Admiralty; ***Ministério do Ar*** Air Ministry; ***Ministério da Educação e Cultura*** Ministry of Education; ***Ministério do Comércio*** Board of Trade; ***Ministério da Justiça*** Ministry of Justice, Attorney General's Department; ***Ministério das Finanças*** the Exchequer; ***Ministério da Economia*** Inland Revenue Department; ***Ministério das Comunicações*** Ministry of Transport and Communications; ***Ministério da Saúde Pública*** Ministry of Health; ***Ministério das Obras Públicas*** Public Works Department; ***delegado do Ministério Público*** public prosecutor; ***Ministério Público*** prosecuting counsel
ministra *s. f.* the wife of a minister (or ambassador)
ministrado *s. m.* ministry
ministrador *s. m.* ministrant
ministral *adj.* ministral
ministrante *s. m. e f.* ministrant
ministrar *v. tr.* to minister; to render aid, to be helpful; to give (medicines); to supply the wants of
ministro *s. m.* Minister; ***ministro da Administração Interna*** Secretary of State for the Home Department, Home Secretary; [Ingl.] ***ministro dos Negócios Estrangeiros*** Secretary of State for Foreign and Commonwealth Affairs; ***ministro das Finanças*** Chancellor of the Exchequer; ***ministro da Marinha*** First Lord of the Admiralty; ***ministro do Comércio*** Secretary of State for Trade and Industry; ***ministro da Educação*** Secretary of State for Education and Science; ***ministro da Defesa Nacional*** Secretary of State for Defence; ***ministro do Ar*** Minister for Aerospace; ***ministro das Obras Públicas*** Secretary of State for Employment; ***ministro da Saúde*** Secretary of State for Social Services; ***ministro da Justiça*** Attorney-General and Lord Chancellor; ***ministro das Comunicações*** Minister for Transport Industries; ***ministro sem pasta*** Minister without Portfolio; ***Conselho de Ministros*** The Cabinet
minoração *s. f.* lessening; diminution; mitigation, softening
minorado *adj.* lessened, diminished, reduced, mitigated, softened, eased
minorante *s. m.* MATEMÁTICA number minor or equal to any given number of a certain group
minorar *v. tr.* to lessen, to diminish, to reduce, to mitigate, to soften, to ease
minorativo *adj.* diminishing, lessening, softening
minoria *s. f.* minority; ***a minoria*** the few, the minority; ***minoria étnica*** ethnic minority; ***estar em minoria*** to be in a minority, to be in the minority
minorista *s. m.* minorite
minoritário *adj.* minority; ***grupo minoritário*** minority group
minotaurizado *adj.* similar to the Minotaur
minotaurizar *v. tr.* to render similar to the Minotaur
Minotauro *s. m.* Minotaur
minúcia *s. f.* detail; particularity; trifle; minutia (*plural* minutiae); ***em minúcia*** in detail; ***fazer questão de minúcias*** to stand up to niceties
minuciosamente *adv.* minutely, closely, particularly
minuciosidade *s. f.* minuteness, particularity; exactness, accuracy; scrupulosity
minucioso *adj.* minutiose, minutious, detailed; particular; meticulous, exact, precise, over-scrupulous
minudar *v. tr.* ⇒ **minudear**
minudear *v. tr.* to detail, to describe in detail; to particularize
minudência *s. f.* minuteness, preciseness, scrupulous observation; detail
minudenciar *v. tr.* to detail, to describe minutely
minudencioso *adj.* ⇒ **minucioso**
minudente *adj.* minute, detailed; particular, precise, thorough; fussy, finical
minuete *s. m.* minuet
minuir *v. tr. e intr.* ⇒ **diminuir**
minúscula *s. f.* small letter
minúsculo *adj.* minuscule, small, insignificant
minuta *s. f.* minute, rough draft; note, memorandum, specification; ***minuta do traçado*** building device, loft book
minutado *adj.* minuted, drafted
minutador *s. m.* minuting person; drafter
minutar *v. tr.* to minute; to draft (document)
minuto *s. m.* minute; moment, instant; ***ponteiro dos minutos*** minute-hand; ***roda dos minutos*** minute-wheel; ***dentro de minutos*** in a few minutes; ***só um minuto, por favor*** just a minute, please
minutor *s. m.* ⇒ **minutador**
mio *s. m.* mewing, mew
miocárdio *s. m.* ANATOMIA myocardium
miocardite *s. f.* MEDICINA myocarditis
miocénico *adj.* miocenic
mioceno Ⓐ *s. m.* GEOLOGIA miocene Ⓑ *adj.* miocenic
mioepitelial *adj.* myoepithelial
miografia *s. f.* ANATOMIA myography (description of muscles)
miógrafo *s. m.* myograph (description of muscles); diagram obtained from the myograph
miograma *s. m.* myogram
miolada *s. f.* brains; CULINÁRIA a meal prepared with brains
mioleira *s. f.* brain(s); sense
miolo *s. m.* the soft part of bread, pith (of a tree); kernel (of a walnut); [coloq.] brain, mind, good sense; *pl.* brains, head, mind; ***não ter o miolo todo*** not to be all there, to be crack-brained; ***dar volta ao miolo*** to turn one's head; to puzzle one's brains about a thing
miologia *s. f.* myology
mioloso *adj.* ⇒ **mioludo**
mioludo *adj.* marrowy, pithy; pulpy
mioma *s. m.* PATOLOGIA myofibroma
miometrite *s. f.* MEDICINA inflammation of the muscle of the uterus
míope Ⓐ *s. m. e f.* myope Ⓑ *adj.* myopic, short-sighted, near-sighted
miopia *s. f.* myopia, myopy, short-sightedness, near-sightedness

mioplasma *s. m.* liquid extracted from muscles
mioplastia *s. f.* surgical repair of muscular tissue
mióporo *s. m.* windstaybush
miopótamo *s. m.* ZOOLOGIA coypu
miosalgia *s. f.* muscular pain
miose *s. f.* MEDICINA myosis
miosina *s. f.* myosin, myosine
miosite *s. f.* myosin, myosine
miosota *s. m.* BOTÂNICA myosote, forget-me-not
miosótide *s. m.* ⇒ **miosótis**
miosótis *s. m.* BOTÂNICA myosote, forget-me-not
miótico *adj.* myotic
mioto *s. m.* ⇒ **milhafre**
miotomia *s. f.* myotomy
miqueletes *s. m. pl.* little flags
mira *s. f.* sight (of a gun); aim, design, purpose, end; desire, wish; ***linha de mira*** line of sight; ***ponto de mira*** foresight; ***mira de alvo*** target rod; ***estar à mira*** to be on the watch; ***à mira*** on the lookout, on guard; ***ter em mira*** to aim at, to have one's eye on
mirabolante *adj.* showy, gaudy
miraculado *adj.* relating to a person who has experienced a miracle
miracular *v. tr.* to work miracles
miraculosamente *adv.* wonderfully, miraculously
miraculoso *adj.* miraculous, wonderful; incredible, amazing; supernatural
mirada *s. f.* gaze, glance, look, view
miradoiro *s. m.* ⇒ **miradouro**
miradouro *s. m.* belvedere; turret; terrace
miragem *s. f.* mirage, optical illusion, delusion, deception
miralmuminim *s. m.* calif
miramar *s. m.* belvedere with a view of the sea
miramolim *s. m.* ⇒ **miralmuminim**
mirante *s. m.* turret, belvedere
mirão *s. m.* onlooker; spectator
mira-olho Ⓐ *s. m.* kind of large peach Ⓑ *adj.* good-looking; appetizing
mirar Ⓐ *v. tr.* to stare at, to eye, to look at, to examine attentively; to aim at Ⓑ *v. intr.* to aim a gun; to peep Ⓒ *v. refl.* to look at oneself in a glass; ***mirar dos pés à cabeça*** to eye a person from head to foot
miri *s. m.* [Bras.] plant of the family *Sapotaceae*; bird of the parrot family
miríada *s. f.* ⇒ **miríade**
miríade *s. f.* myriad, ten thousand; indefinite large number
miriagrama *s. m.* myriagram(me)
mirialitro *s. m.* myrialiter
miriâmetro *s. m.* myriameter
miriápode *s. m., adj.* ZOOLOGIA myriapod; millepede
miriare *s. m.* miriare; 10.000 ares
Miricáceas *s. f. pl.* BOTÂNICA *Myricaceae*
mirificar *v. tr.* to render marvellous, to render mirific; to astonish
mirífico *adj.* mirific, marvellous, wonderful, amazing
mirindiba *s. f.* Brazilian tree
miriópode *s. m., adj.* ⇒ **miriápode**
Miristicáceas *s. f. pl.* *Myristicaceae*
mirmecófago *adj.* Myrmecophagous
mirmidão *s. m.* myrmidon
mirmilão *s. m.* Roman gladiator
mirolho Ⓐ *adj.* squinting Ⓑ *s. m.* squint-eyed person
mirone *s. m.* [fam.] onlooker, spectator, observer, bystander; [cal., E.U.A.] kibitzer
mirosina *s. f.* murosin
mirra Ⓐ *s. f.* BOTÂNICA myrrh Ⓑ *s. m. e f.* lean person; niggard; miser
mirração *s. f.* consumption; mortification
mirrado *adj.* withered, skinny; faded; lean; wasted, dried up
mirrador Ⓐ *adj.* mortifying Ⓑ *s. m.* mortifier
mirrar Ⓐ *v. tr. e intr.* to dry, to parch Ⓑ *v. intr.* to fade, to pine away, to waste, to dry up
mírreo *adj.* prepared with myrrh; perfumed with myrrh
Mirsináceas *s. f. pl.* BOTÂNICA *Mirsinaceae*
Mirtáceas *s. f. pl.* BOTÂNICA *Myrtaceae*
mirtedo *s. m.* myrtle wood
mírteo *adj.* pertaining to the myrtle; made out of myrtle
mirtiforme *adj.* myrtiform
mirto *s. m.* BOTÂNICA myrtle
mirtóide *adj.* myrtaceous
mirtoso *adj.* containing myrtle
mirzá *s. m.* mirza
misantropia *s. f.* misanthropy
misantrópico *adj.* misanthropic(al)
misantropismo *s. m.* misanthropy
misantropo *s. m.* misanthrope
miscar *v. intr.* to escape, to run away; to shoot right on target
míscaro *s. m.* BOTÂNICA edible mushroom
miscelânea *s. f.* miscellany; miscellanea; mixture, medley
miscibilidade *s. f.* miscibility
miscigenação *s. f.* miscegenation
miscível *adj.* miscible
miscrado *adj.* mixed, mingled
miscrar *v. tr.* to mix, to mingle
miserabilismo *s. m.* miserableness, miserabilism
miserabilista *s. m. e f., adj.* miserabilist
miseração *s. f.* commiseration, pity; compassion
miserando *adj.* pitiable, wretched
miserar *v. tr.* to make miserable, to disgrace
miserável Ⓐ *adj.* miserable, unhappy, wretched, sad, dejected; worthless, wicked, paltry, base, mean, abject, despicable, contemptible; stingy, sordid, shabby Ⓑ *s. m.* wretch, miser, niggard; skinflint; ***levar uma vida miserável*** to lead a miserable life; ***viver numa choça miserável*** to live in a miserable hovel; ***ele é um miserável*** he is a poor wretch, he is a skinflint
miseravelmente *adv.* miserably; ***viver miseravelmente*** to live miserably (in poverty)
miserere *s. m.* miserere
miséria *s. f.* misery, unhappiness, wretchedness, distress; poverty; avarice, miserliness; squalor; trifle, mere nothing; ***cair na miséria*** to come to poverty; ***miséria completa*** utter misery; ***estar reduzido à miséria extrema*** to be in the depths of poverty; ***ele ganha uma miséria*** he earns a mere pittance; ***viver na miséria*** to live in extreme poverty
misericórdia *s. f.* mercy, forbearance, compassion, pity; clemency, pardon, forgiveness; charitable institution; ***bandeira da misericórdia*** indulgent person, one who forgives easily; ***pedir misericórdia*** to cry for mercy; ***golpe de misericórdia*** finishing stroke
misericordiosamente *adv.* mercifully
misericordioso *adj.* merciful, pitiful, clement, forbearing, compassionate, kind
mísero *adj.* miserable, wretched, unhappy, forlorn, pitiable; niggardly, mean, stingy
misérrimo *adj.* most miserable
misofobia *s. f.* morbid fear of contacts
misófobo *adj.* terrified of contacts
misogamia *s. f.* misogamy
misógamo *s. m.* misogamist
misoginia *s. f.* MEDICINA misogyny
misógino *s. m.* misogynist
misologia *s. f.* misology
misólogo *s. m.* misologist
misoneísmo *s. m.* misoneism
misoneísta *s. m. e f.* misoneist
misopedia *s. f.* misopedia; hatred of children

mispíquel *s. m.* MINERALOGIA mispickel

missa *s. f.* mass; ***missa cantada*** high mass; ***missa rezada*** low mass; ***missa de defuntos*** mass for the dead; ***missa de réquie*** requiem mass; ***Missa do Galo*** midnight mass; ***missa pontifical*** pontifical mass; ***missa solene*** high mass; ***missa do 30.° dia*** month's mass; ***ouvir missa*** to hear mass; ***dizer missa*** to say mass; ***ir à missa*** to go to mass; ***ajudar à missa*** to serve at mass; ***livro de missa*** mass-book, missal; ***não saber da missa a metade*** not to know the half of it; [coloq.] ***não ir à missa com alguém*** not to be attracted to another person, to dislike someone

missado *adj.* having the priestly order

missagra *s. f.* hinge

missal *s. m.* missal; mass-book

missanga *s. f.* glassbeads

missão *s. f.* mission; delegation; legation, diplomatic mission; deputation; duty, commission, incumbence; calling, vocation; field of missionary activity; post or settlement of missionaries; the missionaries; ***missão naval*** naval mission; ***missão militar*** military mission; ***missão católica*** catholic mission; ***em missão diplomática*** in an embassy

missar Ⓐ *v. tr.* to say mass Ⓑ *v. intr.* to hear mass

misseiro *s. m.* one who hears many masses

míssil Ⓐ *adj.* missile Ⓑ *s. m.* missile; ***míssil guiado*** guided missile; ***míssil de curto alcance*** short-range missile; ***míssil de médio alcance*** medium-range missile; ***míssil de longo alcance*** long-range missile

missionação *s. f.* evangelization; RELIGIÃO mission

missionar Ⓐ *v. tr.* to preach the gospel, to evangelize Ⓑ *v. intr.* to carry on missionary work

missionário *s. m.* missionary

missionarismo *s. m.* mission work; evangelization

missionato *s. m.* mission work; evangelization

missiva *s. f.* missive; letter; epistle

missivo *adj.* missive

mistagogia *s. f.* mystagogy

mistagogo *s. m.* mystagogue

mistela *s. f.* badly prepared drink (or meal); dish of many ingredients

mister *s. m.* need, necessity, want, urgency, pressure; office, duty; craft, trade; ***ser mister*** to be necessary

mistério *s. m.* mystery, enigma; secret; secrecy, concealment; ***os mistérios da natureza*** the secrets of nature; ***envolto em mistério*** wrapped in mystery; ***fazer mistério de*** to make a mystery of; ***a vida dele é um mistério*** his life is a mystery

misteriosamente *adv.* mysteriously

misterioso *adj.* mysterious, secret, obscure, unexplained, inexplicable, enigmatic; ***pessoa misteriosa*** mysterious person

mística *s. f.* mysticism

misticidade *s. f.* mysticism

misticismo *s. m.* mysticism

místico Ⓐ *adj.* mystic, mystical; occult, esoteric; emblematical; allegorical Ⓑ *s. m.* mystic

mistificação *s. f.* mystification, fraud, imposture

mistificador *s. m.* deceiver, cheater, swindler

mistificar *v. tr.* to mystify, to puzzle, to bewilder, to hoax, to play on the credulity of; to cheat, to deceive

mistifório *s. m.* miscellany, medley, confusion

mistilíneo *adj.* mixtilineal, mixtilinear

misto Ⓐ *adj.* mixed, variegated; ***escola mista*** coeducational school; ***comboio misto*** mixed train Ⓑ *s. m.* mixture

mistral *s. m.* mistral

mistura *s. f.* mixture, compound, combination, blend; mixing

misturada *s. f.* mixture, miscellany, medley; jumble

misturadeira *s. f.* mixer; hat-maker's machine

misturadora *s. f.* mixer; sound mixer; vision mixer

misturar *v. tr.* to mix, to mingle, to blend; to combine, to prepare, to compound; to mix up, to confuse; to shuffle; to unite, to join

misturável *adj.* mixable, miscible, blendable

mistureiro *s. m.* falsifier; meddler

mísula *s. f.* ARQUITECTURA bracket, corbel, console

mitacismo *s. m.* metacism

mitene *s. m.* mitten

mítico *adj.* mythic(al), imaginary, fabulous, legendary

mitificação *s. f.* act of mythicizing

mitificar *v. tr.* to mythicize

mitigação *s. f.* mitigation, alleviation

mitigador *s. m.* mitigator

mitigar *v. tr.* to mitigate, to alleviate, to soften, to moderate, to lessen, to make milder; ***mitigar uma dor*** to relieve a pain; ***mitigar a sede*** to quench one's thirst

mitigativo *adj.* mitigatory, mitigative, lenitive

mitigatório *adj.* ⇒ **mitigativo**

mitigável *adj.* mitigable

mitilicultura *s. f.* mussel breeding

Mitílidas *s. m. pl.* ⇒ **Mitilídeos**

Mitilídeos *s. m. pl.* ZOOLOGIA family of molluscs like the mussel

mitismo *s. m.* mythology

mito *s. m.* myth; legend, fable; an imaginary (or fictitious) person (event or thing)

mitografia *s. f.* mythography

mitográfico *adj.* pertaining to mythography

mitógrafo *s. m.* mythographer

mitologia *s. f.* mythology

mitológico *adj.* mythologic(al)

mitologista *s. m. e f.* mythologist

mitólogo *s. m.* mythologist

mitomania *s. f.* mythomania

mitomaníaco *s. m., adj.* mythomaniac

mitómano *s. m., adj.* mythomaniac

mitonímia *s. f.* part of onomatology dealing with the names of mithological beings

mitónimo *s. m.* name of a mithological being

mitose *s. f.* BIOLOGIA mitosis, karyokinesis

mitótico *adj.* mitotic, karyokinetic

mitra *s. f.* mitre, bishop's tall cap; office or dignity of a bishop, bishophood; paper hood (covering the heads of the condemned during the Inquisition); [pop.] tail-end of birds

mitrado *adj.* mitred

mitral *adj.* mitre-shaped; mitral; ANATOMIA ***válvula mitral*** mitral valve, bicuspid valve

mitrar *v. tr.* to make (or to ordain) a bishop

mitridatismo *s. m.* mithridatism

mitridatizar *v. tr.* to mithridatize

mitriforme *adj.* mitriform, mitral

miúça *s. f.* small piece of anything

miuçalha *s. f.* small piece of anything

miuçalho *s. m.* small piece of anything

miudagem *s. f.* littleness; trifles; common people, riff-raff; group of children

miudamente *adv.* strictly, exactly, minutely; in little pieces

miudar *v. tr.* ⇒ **amiudar**

miudear *v. tr.* to count in detail, to go into details

miudeiro *adj.* exigent; impertinent, funny

miudeza *s. f.* littleness, minuteness; meanness; precision, exactitude; *pl.* odds and ends, gewgaws, trifles, small wares, offal

miudinho Ⓐ *adj.* exigent, impertinent; mean, stingy Ⓑ *s. m.* impertinent person; miser

miúdo Ⓐ *adj.* small, petty, minute, trifling; precise; hair-splitting Ⓑ *s. m.* child; little one; *pl.* small money, small change, giblets (of fowls), pluck (of sheep, oxen, etc.); ***dinheiro miúdo*** small money, small change; ***por miúdo*** minutely; ***despesas miúdas*** petty expenses; ***chumbo miúdo***

small shot; ***ser muito miúdo (picuinhas)*** to split hairs; ***a miúdo*** often, frequently
miúlo *s. m.* nave (of a wheel), hub
miunça *s. f.* small things; gewgaws, trifles
miunçalha *s. f.* ⇒ **miúça**
miúro *adj.* MEDICINA weakening, failing (pulse)
mixameba *s. f.* myxo-amoeba
mixamiba *s. f.* myxo-amoeba
mixedema *s. m.* MEDICINA mixoedema
mixedematose *s. f.* MEDICINA mixoedema
Mixófitas *s. f. pl.* BOTÂNICA *Mixophyceae*
mixoma *s. m.* PATOLOGIA myxoma
mixomatose *s. f.* myxomatosis
mixomicetes *s. m. pl.* myxomycetes
mixordeiro *s. m.* falsifier; falser, forger
mixórdia *s. f.* mixture, confusion; bad wine; very poor food
mnemónica *s. f.* mnemonics
mnemónico *adj.* mnemonic
mnemonização *s. f.* the act of using mnemonics
mnemonizar *v. tr.* to make mnemonics
mnemonizável *adj.* that can be helped by mnemonics
mnemotecnia *s. f.* mnemotechny
mnemotécnico *adj.* versed in mnemonics
mnésico *adj.* ⇒ **mnemónico**
mo *contr. do pron. pess.* **me** + *pron. dem.* **o**; *contr. do pron. pess.* **me** + *pron. dem.* **o**
mó *s. f.* millstone, grindstone
moageiro *s. m.* miller
moagem *s. f.* grinding; milling; flour trade; ***fábrica de moagem*** flour-mill; ***indústria de moagem*** milling industry
mobelha *s. f.* ORNITOLOGIA merganser
móbil Ⓐ *adj.* movable, moble, changeable Ⓑ *s. m.* cause, motive
mobilação *s. f.* act of supplying with furniture, furnishing
mobilador *s. m.* furnisher
mobilar *v. tr.* to furnish, to fit up, to stock (with furniture); ***mobilar uma casa*** to furnish a house; ***quarto mobilado*** furnished room
mobília *s. f.* furniture; ***mobília completa*** a suite of furniture
mobiliário Ⓐ *adj.* related to furniture Ⓑ *s. m.* furniture, fittings
mobilidade *s. f.* mobility; fickleness, inconstancy
mobilismo *s. m.* apiculture system employing beehives with movable frames; philosophical theory that considers mobility as the essence of things
mobilista Ⓐ *s. m. e f.* practitioner of *mobilismo* Ⓑ *adj.* relating to *mobilismo*
mobilização *s. f.* mobilization; ***mobilização dos recursos financeiros de um país*** mobilization of the financial resources of a country; ***mobilização de tropas*** mobilization of troops
mobilizador *adj.* mobilizing
mobilizar *v. tr.* to mobilize, to call up, to put armed forces on a war footing; to bring into circulation
mobilizável *adj.* mobilizable
moca *s. f.* mace, club, cudgel; Mocca (a fine variety of coffee); nonsense; ⌈reg.⌋ stupid person
moça *s. f.* young woman; girl, lass
mocada *s. f.* blow with a club (cudgel)
moçada *s. f.* a group of youngsters
moçambicano Ⓐ *adj.* of (belonging to) Mozambique Ⓑ *s. m.* native of Mozambique
mocambo *s. m.* a hiding-place in the jungle (for lawbreakers, runaways or cattle)
mocanco Ⓐ *adj.* ⌈fam.⌋ wheedling Ⓑ *s. m.* ⌈fam.⌋ wheedler, cajoler
mocanqueiro *s. m.* ⌈fam.⌋ wheedler, cajoler
mocanquice *s. f.* ⌈fam.⌋ coaxing, cajolery, caressing; grimace
moção *s. f.* motion, proposal; movement; commotion; ***apresentar uma moção*** to propose a motion
moçárabe *s. m.* Mozarab
moçarábico *adj.* Mozarabic
moçarabismo *s. m.* political and social system of the Mozarabs
mocedo *s. m.* group of girls
mocetão *s. m.* stout young man; nice-looking and strong lad, strapping young fellow
mocetona *s. f.* strapping girl
mochadura *s. f.* mutilation
mochar *v. tr.* to cut off (the horns), to mutilate; to prune trees
mochela *s. f.* horned-owl
mocheta *s. f.* ARQUITECTURA beading, fillet
mochila *s. f.* knapsack, haversack; ***mochila de marinheiro*** sailor's chest, bag, kit, kit-bag
mocho Ⓐ *s. m.* ZOOLOGIA owl; stool Ⓑ *adj.* hornless, polled; maimed; branchless; seedless; massless
mocidade *s. f.* youth, young people; youthfulness; ***o fogo da mocidade*** the mettle of youth; ***flor da mocidade*** cream of young people, bloom of youth; ***ele assentou depois de ter tido uma mocidade agitada*** he settled down after having sown his wild oats; ***as verduras da mocidade*** the follies of youth
moço Ⓐ *s. m.* young man, youth; servant Ⓑ *adj.* young, youthful, inexperienced, raw; ***moço (grumete)*** boy, ship's boy; ***moço de câmara*** cabin boy; ***moço de convés*** deck-boy; ***moço de recados*** errand-boy; ***moço de cozinha*** cook's boy; ***moço de fretes*** porter, carrier
moçoila *s. f.* strapping girl
mocotó *s. m.* Brazilian dish made of calf's foot and beans
moda *s. f.* fashion, manner, mode, custom, use; way, method, song; ***estar fora da moda*** to grow out of fashion, to be old-fashioned; ***à moda*** in fashion, fashionable; ***a última moda*** the latest fashion; ***lançar a moda*** to set the fashion; ***a nova moda*** the newest style, the latest fashion; ***ser moda*** to be in fashion, to come into fashion; ***vestir-se à moda*** to follow the fashion in dress; ***andar à moda*** to follow the fashion; ***passou de moda*** it has gone out of fashion, it is old-fashioned; ***moda antiga*** old style; ***as modas actuais*** up-to-date fashions; ***loja de modas*** millinery, dress shop; ***canção da moda*** hit song
modal *adj.* modal
modalidade *s. f.* modality
modalizar *v. tr.* to model differently; to vary
modelação *s. f.* modelling; moulding
modelador *s. m.* modeller
modelagem *s. f.* modelling, moulding
modelar Ⓐ *adj.* exemplary, model Ⓑ *v. tr.* to model, to mould up, to form, to shape; to take as a model
modelarmente *adv.* exemplarily
modelo *s. m.* model; standard, pattern; example, ideal; paragon; mannequin; person who poses to a painter or sculptor; ***modelo de cortesia*** model of politeness; ***modelo articulado*** working-model; ***modelo normal*** standard-type; ***modelo de impresso*** form; ***modelo de um navio*** model of a ship; ***modelo de avião*** model airplane; ***modelo de construção*** pattern
modem *s. m.* INFORMÁTICA modem
moderação *s. f.* moderation, moderateness, temperance; prudence, sense
moderado *adj.* moderate, temperate, restrained; sparing, frugal; fair; mediocre
moderador Ⓐ *adj.* moderating Ⓑ *s. m.* moderator
moderante *adj.* moderating
moderantismo *s. m.* moderatism
moderar Ⓐ *v. tr.* to moderate; to render less violent; to regulate; to restrain, to keep within bounds; to diminish; to lessen; to subdue, to abate Ⓑ *v. refl.* to grow moderate; to command one's temper; to restrain oneself; ***moderar as ambições*** to moderate one's ambitions; ***moderar os gastos***

to cut down one's expenses; ***moderar a marcha*** to slow down the speed; NÁUTICA ***moderar a velocidade*** to ease up; ***moderar os fogos*** to damp the fire; ***moderar a linguagem*** to moderate one's language

moderativo *adj.* moderating

moderável *adj.* that may be moderated

modernamente *adv.* modernly

modernice *s. f.* exaggerated utilization of what is modern

modernidade *s. f.* modernity

modernismo *s. m.* modernism

modernista *s. m. e f.* modernist

modernização *s. f.* modernization

modernizar *v. tr.* to modernize, to render modern; to adapt to modern usage

moderno *adj.* modern, recent, late, novel, present, new-fashioned; up-to-date; ***escola moderna*** modern school; ***descoberta moderna*** modern discovery; ***vida moderna*** modern life; ***rapariga moderna*** modern girl; ***viver à moderna*** to live after the latest style

modestaço *adj.* falsely modest

modestamente *adv.* modestly

modéstia *s. f.* modesty, unpretentiousness, humility, simplicity, seemliness

modesto *adj.* modest; moderate, unpretentious, humble, simple, retiring, unobtrusive, unassuming, discreet

modicamente *adv.* moderately

modicar *v. tr.* to moderate, to render moderate, to limit; to diminish; to soften

modicidade *s. f.* smallness, insignificance, modicum

módico *adj.* small, moderate, low, insignificant; ***preço módico*** low price

modificação *s. f.* modification, alteration, change; modifiableness; ***modificação do horário*** change in timetable

modificado *adj.* modified, altered, changed

modificador *s. m.* modifier

modificar *v. tr.* to modify, to alter, to change; to moderate; to correct; ***modificar um contrato*** to modify an agreement

modificativo *adj.* modificatory, modifying

modificável *adj.* modifiable

modilhão *s. m.* ARQUITECTURA modillion

modilhar Ⓐ *v. intr.* to sing arias Ⓑ *v. tr.* to vary, to modify

modilho *s. m.* sprightly music (or tune)

modinatura *s. f.* ARQUITECTURA framework of a building according to the character of the architectonic period

modinha *s. f.* popular song; glee; tune; ***cantar uma modinha*** to sing a tune

modíolo *s. m.* ARQUITECTURA space between modillions; ANATOMIA modiolus

modismo *s. m.* idiom

modista *s. f.* dressmaker (woman)

modo *s. m.* mode, manner, method, form, style, fashion; custom, way; GRAMÁTICA mood; MÚSICA mode; humour, state of mind, disposition; *pl.* manners; ***modos de vida (profissões)*** professions, ways of living; ***maus modos*** bad form, bad manners; ***com bons modos*** politely, good-naturedly; ***levar por bons modos*** to use gentle means; ***modo de ser*** temperament; ***modo de andar*** gait; ***o modo de ver as coisas*** the way of looking at things; ***modo de falar*** mode of speech, manner of speaking; ***modo de pensar*** way of thinking; ***modo de agir*** mode of proceeding; ***ele não podia ter procedido de outro modo*** he could not have acted otherwise; ***do mesmo modo*** quite as well, in the same way; ***de modo nenhum*** not at all, in no way; ***por nenhum modo*** by no means; ***a seu modo*** in his own way, after his own way; ***de qualquer modo*** by some means or other, anyhow; ***de modo algum*** not in the least; ***deste ou de outro modo*** by some way or other, anyhow; ***de modo geral*** by and large, generally; ***deste modo*** in this way, after this way; ***de modo que*** so that; ***de modo a*** so as to; ***deste modo*** thus; ***modo de usar*** directions for use; ***tenha modos!*** behave yourself!

modorra *s. f.* drowsiness, heaviness, sleepiness, somnolence, dizziness, lethargy; VETERINÁRIA sturdy, vertigo (in sheep)

modorral *adj.* drowsy, sleepy, somnolent, dozy, heavy

modorrar Ⓐ *v. tr.* to make sleepy Ⓑ *v. intr.* to drowse, to doze, to sleep; to pass (time) in drowsing or dozing

modorrento *adj.* drowsy, sleepy, lethargic

modorro *adj.* drowsy, sleepy, lethargic

modulação *s. f.* modulation, variation; inflexion (of voice); tone, melody; ***modulação de frequência*** frequency modulation (FM)

modulador *s. m.* modulator

modulagem *s. f.* ⇒ **modulação**

modular *v. tr.* to modulate, to inflect (voice, tone, pitch, etc.)

módulo *s. m.* ARQUITECTURA, ASTRONOMIA module; MATEMÁTICA modulus; MÚSICA modulation; unit of any measure; comparative diameter of coins; ***módulo lunar*** lunar module; ***módulo de elasticidade*** elasticity modulus

moeda *s. f.* coin, metal money, money, cash, piece of metal; token; ***moeda corrente*** currency; ***moeda com curso legal*** legal tender; ***moeda de prata*** silver coin; ***moeda de níquel*** nickel coin; ***moeda sonante*** hard cash; ***jogo de atirar moedas ao ar*** pitch-and-toss; ***Casa da Moeda*** mint; ***director da casa da Moeda*** mint-master; ***pagar na mesma moeda*** to give tit for tat

moedagem *s. f.* mintage, coinage

moedeira *s. f.* weariness, fatigue; slight pain

moedeiro *s. m.* coiner, minter; ***moedeiro falso*** counterfeiter

moedela *s. f.* beating, thrashing

moedor Ⓐ *s. m.* pounder, grinder, miller Ⓑ *adj.* fatiguing, boring

moedouro *s. m.* pain; [fig.] impertinence, cheek

moedura *s. f.* grinding, milling; lasting pain

moega *s. f.* mill-hopper

moela *s. f.* gizzard

moenda *s. f.* mill-work; millstone; mill

moendeiro *s. m.* miller

moenga *s. f.* ⇒ **moenda**

moente Ⓐ *adj.* grinding Ⓑ *s. m.* pivot

moer *v. tr.* to grind, to mill, to crush; to triturate; to chew; to beat, to cudgel; to wear out, to fatigue; to harass; to plague, to molest; to gall; to harp on the same string; ***moer com pancadas*** to beat soundly, to cudgel; [fig.] ***moer a paciência*** to exhaust one's patience; ***pedra de moer*** millstone; ***moer uma rosca*** to strip a screw (or a thread)

mofa *s. f.* mockery, laughter, derision, ridicule, scoffing; ***fazer mofa*** to mock, to scoff at

mofador Ⓐ *adj.* mocking, scoffing Ⓑ *s. m.* mocker, scoffer

mofar *v. intr.* to mock, to scoff at, to jeer; to grow mouldy or musty

mofareiro *adj., s. m.* ⇒ **mofador**

mofatra *s. f.* fraud, feigned purchase (or sale)

mofatrão *s. m.* trickster; impostor

mofento *adj.* mouldy, musty

mofeta *s. f.* mofette

mofina *s. f.* unhappinness; misfortune, bad luck; peevish woman; unfortunate woman

mofinento *adj.* ill-starred; unlucky

mofino *adj.* wretched, miserable, unfortunate; troublesome; stingy, paltry, mean

mofo *s. m.* mould, must; ***criar mofo*** to grow mouldy, to mould; ***cheirar a mofo*** to smell close (or musty); ***de mofo, a mofo*** gratuitously, for nothing

mofoso *adj.* mouldy, must

moganga *s. f.* BOTÂNICA pumpkin; grimace, prank

mogango *s. m.* ⇒ **moganga**

mogangueiro *s. m.* BOTÂNICA pumpkin; pranker; buffoon

moganguice *s. f.* grimace, wry face, buffoonery

mogiganga *s. f.* burlesque dance; trifles; buffoonery

mogno *s. m.* mahogany

mogol *adj.* ⇒ **mongol**
moicano *s. m., adj.* Mohican
moição *s. f.* fatigue, weariness; tiredness
moído *adj.* crushed, ground; dead tired; harassed, wearied
moimento *s. m.* [arc.] mausoleum; memorial; ⇒ **moedura**
moina *s. f.* loose living; loafer; rake
moinante *adj.* merrymaking; funny; lazy; idle; vagrant; sluggard
moinar *v. intr.* to loaf, to idle, to loiter
moinha *s. f.* chaff, siftings (of corn); lasting toothache
moinhar *v. tr.* to move like the sails of a windmill
moinho *s. m.* mill; ***moinho de café*** coffee-mill; ***moinho a vapor*** steam-mill; ***moinho de farinha*** flour-mill, corn-mill; ***moinho de vapor*** steam-driven mill; ***moinho de água*** water-mill; ***moinho de vento*** windmill; ***levar a água ao seu moinho*** to bring grist to one's mill
moio *s. m.* measure (for corn, etc.) about five quarters
moira *s. f.* Moorish woman
moirama *s. f.* the Moors
moirão *s. m.* stake rod (for trellis or vines); NÁUTICA bollard, mooring-post, dolphin
moirar *v. intr.* to dress as a Moor
moiraria *s. f.* Moorish quarter of a city
moirejado *adj.* got through hard work
moirejar *v. tr.* to drudge, to toil, to labour hard, to toil, to moil
moiresco *adj.* Moorish
moirisca *s. f.* ancient Moorish dance
moiriscado *adj.* said of a roof the tiles of which are united with mortar one by one
moirisco *adj.* Moorish; ***estilo moirisco*** Moorish style
moirisma *s. f.* religion of the Moors
moirismo *s. m.* the Moors
moiro *s. m.* Moor; ***é um moiro de trabalho*** he is a perfect drudge; ***trabalhar como um moiro*** to work like a Trojan (or a nigger)
moisaico *adj.* Mosaic (pertaining to Moses)
moiseísmo *s. m.* Mosaism
moita Ⓐ *s. f.* thicket, coppice, copse Ⓑ *interj.* silence!, not a word!; ***moita carrasco!*** not a word!, silence!
moitão *s. m.* NÁUTICA block, single block; ***moitão de amura*** talk-block; ***moitão duplo*** sister block
moitedo *s. m.* thicket bush
moiteira *s. f.* large thicket
mola *s. f.* spring; [fig.] incentive, motive; head; ***mola dos fechos*** lock spring; ***colchão de molas*** spring-mattress; ***mola de carro*** car-spring; ***mola de choque*** buffer-spring; ***mola de embraiagem*** clutch-spring; ***mola de alavanca*** lever spring; ***mola em hélice*** spiral spring; ***mola de relógio*** watch-spring; ***mola para segurar a roupa*** peg; ***a mola real da vida*** the wheels of life; NÁUTICA ***mola do êmbolo*** piston spring; ***ter pancada na mola*** to have a bee in one's bonnet, to have a screw loose
molada *s. f.* portion of colours (dye) ground at one time
molagem *s. f.* ***de molagem*** gratuitously, at someone's expenses, cheat, gratuitous advantage
molancão *s. m.* lazy person
molangueirão *adj.* slow, sluggish, slack, inert, indolent, inactive; soft; nerveless
molangueiro *adj.* slow, sluggish, slack, inert, indolent, inactive; soft; nerveless
molanqueirão *s. m.* lazy fellow
molanqueirice *s. f.* laziness
molanqueiro *s. m.* ⇒ **molanqueirão**
molar[1] Ⓐ *adj.* molar Ⓑ *s. m.* molar (tooth); *pl.* back teeth of mammals
molar[2] *adj.* pertaining to mass
molar[3] *adj.* easy to break
molariforme *adj.* having a molar form
molarinha *s. f.* BOTÂNICA a variety of grapes
moldação *s. f.* moulding, casting, cast
moldado Ⓐ *adj.* moulded Ⓑ *s. m.* moulding, plasterwork
moldador Ⓐ *s. m.* moulder Ⓑ *adj.* moulding
moldagem *s. f.* moulding, casting; type of sculpture
moldar Ⓐ *v. tr.* to mould, to shape; to cast; to make moulds (for casting); to model, to form; to direct the development of, to adapt Ⓑ *v. refl.* to adapt oneself; ***moldar chapas*** to dish plates; ***moldar em barro*** to mould out of clay
molde *s. m.* mould, cast, moulding; model, pattern, form, shape; plasterer's templet, panel; printing mould; ***molde de fundição*** casting mould; ***de molde*** to the purpose
moldura *s. f.* frame; ARQUITECTURA mouldings, panel; ***moldura de um quadro*** picture frame; ***moldura de madeira*** wooden frame
molduragem *s. f.* moulding; framing
moldurar *v. tr.* to adorn (with mouldings); to frame, to set in a frame
moldureiro *s. m.* maker of moulds or frames; picture framer
mole Ⓐ *s. f.* bulk; unshaped mass; a huge thing Ⓑ *adj.* soft; slow, slack, indolent, inactive, inert; ***cama mole*** soft bed; ***pessoa mole*** spineless individual, limp person, slowcoach
moleca *s. f.* young black girl
molécula *s. f.* FÍSICA, QUÍMICA molecule
molécula-grama *s. f.* gram-molecule
molecular *adj.* molecular; ***peso molecular*** molecular weight
moledo *s. m.* big stone; heap of stones
moleira *s. f.* miller's wife; ANATOMIA fontanelle
moleirinha *s. f.* fontanelle; ***ser fraco da moleirinha*** to be dull
moleiro *s. f.* miller
moleja *s. f.* fleshy protuberance appearing on the lower part of the neck of oxen and swine; animal's pancreas
molenga Ⓐ *adj.* indolent, sluggish, inert, slack Ⓑ *s. m. e f.* lazy-bones; ***pessoa molenga*** slowcoach
molengão *s. m.* lazy-bones, lazy person
molengueiro *s. m.* lazy-bones, lazy person
moleque *s. m.* black boy; a slap in the face
molestador *s. m.* teaser
molestar *v. tr.* to molest, to trouble, to vex, to annoy persistently; to tease; to meddle with (in hostile manner)
moléstia *s. f.* disease; illness; annoyance, discomfort, uneasiness, disturbance
molesto *adj.* molesting, annoying, troublesome, bothersome, uncomfortable, prejudicial; arduous
molestoso *adj.* molesting, annoying, troublesome, bothersome, uncomfortable, prejudicial; arduous
moleta *s. f.* muller (stone for grinding or mixing colours with); HERÁLDICA mullet
moletão *s. m.* wool (or cotton) padding
molete *s. m.* roll, small loaf
moleza *s. f.* softness; slackness, indolence, lack of energy, laziness
molha *s. f.* ⇒ **molhadela**
molhada *s. f.* large bundle
molhadela *s. f.* wetting, drenching, soaking; ***apanhar uma molhadela*** to get wet through
molhado Ⓐ *adj.* wet, moistened, soaked Ⓑ *s. m.* place wetted by a liquid; ***pés molhados*** wet feet; ***estar todo molhado*** to be wet all over; ***géneros molhados*** wet goods; ***armazém de secos e molhados*** grocery store
molhadura *s. f.* ⇒ **molhadela**; drink-money, tip, gratuity
molhagem *s. f.* soaking, watering of the barley (beer manufacture)
molhança *s. f.* great quantity of sauce or gravy
molhanga *s. f.* ⇒ **molhança**
molhar Ⓐ *v. tr.* to wet, to moisten, to damp; to water; to splash, to spray; to drench; to sprinkle Ⓑ *v. refl.* to get wet; ***detesto molhar os pés*** I hate getting my feet wet; ***molhar a garganta*** to have a drink

molhe *s. m.* pier, jetty, mole, sea wall; ***testa de molhe*** pier-head; ***molhe de acostagem*** tie-up wharf
molheira *s. f.* sauce-boat
molhelha *s. f.* porter's knot; kind of cushion for the yoke; NÁUTICA fender
molhe-molhe *s. m.* mizzle, drizzle; Scotch mist
molho[1] *s. m.* sheaf, bundle, faggot; ***molho de trigo*** sheaf of corn; ***molho de lenha*** bundle of sticks; ***molho de chaves*** bunch of keys
molho[2] *s. m.* sauce; gravy; ***de molho*** in soak; ***molho apurado*** rich sauce; ***molho picante*** hot sauce; ***molho de tomate*** tomato sauce; ***molho branco*** white sauce; ***pôr de molho*** to soak
moliana *s. f.* reproach, reprehension; ancient song; ***cantar a moliana*** to scold, to give anyone a piece of one's mind
molibdénio *s. m.* QUÍMICA molybdenum
molibdenite *s. f.* iron molybdate
molibdeno *s. m.* ⇒ **molibdénio**
molição *s. f.* exertion, great effort
moliceiro *s. m.* boat to carry seaweed characteristic of Ria de Aveiro; man who handles this boat
molícia *s. f.* listlessness, idleness
molície *s. f.* listlessness, idleness
moliço *s. m.* seaweed, water-plants for manure; thatch (for covering roofs)
molídia *s. f.* rolled cloth pad (placed under an object carried on the head)
molificação *s. f.* mollification, softening; appeasing
molificante *adj.* mollifying; appeasing
molificar *v. tr.* to mollify, to soften; to appease, to pacify
molificativo *adj.* mollifying
molificável *adj.* mollifiable
molime *s. m.* molimen (*plural* molimina)
molímen *s. m.* ⇒ **molime**
molina *s. f.* Spanish woollen cloth
molinar *v. intr.* to move like a mill
molinete *s. m.* moulinet; turnstile; NÁUTICA windlass; ***manivela de molinete*** windlass lever; ***virar ao molinete*** to windlass
molinha *s. f.* drizzle, mizzle
molinhar Ⓐ *v. tr.* to grind (in a mill); to work a mill Ⓑ *v. intr.* to drizzle, to mizzle
molinheira *s. f.* mill; continuous drizzle
molinheiro *s. m.* ⇒ **molinha**
molinhoso *adj.* drizzly, mizzly
molinilho *s. m.* small mill, handmill
molinismo *s. m.* Molinism
molinote *s. m.* sugar-mill
molo *s. m.* cargo of a ship
molosso *s. m.* mastiff; molossus; molossian; ruffian; body-guard
molusco *s. m.* mollusc; shellfish
moluscóide *adj.* similar to mollusc; molluscous
momentaneamente *adv.* momentarily
momentâneo *adj.* momentary, transitory, short-lived, fleeting, transient
momentinho *s. m. dim. de* **momento**
momento *s. m.* moment, instant; flash, second, minute; occasion; FÍSICA momentum; consequence, importance, weight; MECÂNICA moment; ***momentos críticos*** trying moments; ***esperar pelo momento oportuno*** to watch one's time; ***no momento oportuno*** in the nick of time, at the proper moment; ***coisa de momento*** a matter of moment; ***eu estava ocupado naquele momento*** I was busy at that moment; ***no momento próprio*** at the right time; ***não ter um momento de descanso*** not to have an idle moment; ***não ter um momento livre*** not to have a spare moment; ***V. não tem um momento de seu*** you have no time of your own; ***no momento crítico*** when it comes to the pinch; ***disse-lhe no momento em que soube*** I told him the instant I knew; ***momento de flexão*** bending moment; ***neste momento*** at this moment; ***a cada momento*** at every instant; ***não tenho nada que fazer neste momento*** I have nothing to do for the moment; ***desde este momento*** from this moment; ***a todo o momento*** at any moment; ***num momento*** in a twinkling; ***de um momento para o outro*** suddenly, from one minute to the next; ***eis chegado o momento*** now is the time; ***até este momento*** up to the present moment; ***momento de inércia*** moment of inertia; ***momento de arranque*** starting torque; ***momento flector*** moment of flexure; ***momento de torção*** torque; ***momento magnético*** magnetic moment; NÁUTICA ***momento longitudinal*** moment to alter trim; ***momento de adriçamento*** righting moment
momentoso *adj.* momentous, grave, weighty, important
momices *s. f. pl.* grimaces
momo *s. m.* mime; pantominist
mona *s. f.* she-ape, mona; ⌈fam.⌋ rag-doll, toy baby
monacal *adj.* monachal, monastic
monacato *s. m.* monasticism, monachism
monácido *s. m.* monacid
monada *s. f.* foolery; grimaces; monkey-tricks
mónada *s. f.* monad
mónade *s. f.* monad
monadelfia *s. f.* BOTÂNICA monadelphia
monadelfo *adj.* BOTÂNICA monadelphous, monadelphian
monadismo *s. m.* monadism
monadista *s. m. e f.* follower of monadism
monandria *s. f.* monandry
monândria *s. f.* monandria
monândrico *adj.* BOTÂNICA monandrous
monandro Ⓐ *s. m.* flower having a single stamen Ⓑ *adj.* monandrous
monanto *adj.* BOTÂNICA monanthous (having one flower)
monaquismo *s. m.* monasticism
monarca *s. m.* monarch
monarcólatra *s. m. e f.* worshipper of monarchy
monarcolatria *s. f.* worship of monarchy
monarcómaco *adj.* enemy of absolute power
monaria *s. f.* dead stock
monarquia *s. f.* monarchy
monárquico *adj.* monarchic(al)
monarquismo *s. m.* monarchism
monarquista *s. m. e f.* monarchist
monarquizar *v. tr.* to monarchize
monasterial *adj.* monasterial
monastical *adj.* ⇒ **monástico**
monástico *adj.* monastic, monachal
monatómico *adj.* QUÍMICA monatomic
monauricular *adj.* monaural; with auditive sounds in one ear
monção *s. f.* monsoon; opportunity; ***corrente da monção*** monsoon drift
moncar *v. intr.* to clean the nose
monco *s. m.* phlegm; snivel; ⌈coloq.⌋ snot, mucus of the nose; ***monco de peru*** wattle of a turkey
moncoso *adj.* running at the nose; ⌈coloq.⌋ snotty; sordid
monda *s. f.* weeding (in fields)
mondadeira *s. f.* weeder
mondadeiro *s. m.* weeder
mondador Ⓐ *adj.* weeding Ⓑ *s. m.* weeding-tool; hoe; weeding-hook
mondadura *s. f.* weeding
mondar *v. tr.* to weed, to clear (ground) of weeds, to weed out; to prune; to cut; to purge, to clean; to correct
mondonga *s. f.* slut, slovenly woman, slattern
mondongo *s. m.* sloven, down-at-heel fellow
mondongueira *s. f.* filthy woman
mondongueiro *s. m.* tripeman, tripe seller

monecia *s. f.* ⇒ **monoicia**
monécia *s. f.* monoecia
monécico *adj.* ⇒ **monóico**
moneco *adj.* ⇒ **monóico**
monegasco *s. m., adj.* Monegasque, Monacan
monelha *s. f.* ⇒ **molhelha**
monera *s. f.* BIOLOGIA monera (designation given by Haeckel to the *Protozoa*)
monere *s. f.* ⇒ **monera**
moneta *s. f.* NÁUTICA auxiliary sail
monetariamente *adv.* financially
monetário *adj.* monetary; ***estar em dificuldades monetárias*** to be in monetary difficulties
monete *s. m.* tuft of hair on an otherwise bald head
monetizar *v. tr.* to monetize, to coin
mongariça *s. f.* ⇒ **urze**
monge *s. m.* monk; friar; anchorite, anchoret; misanthrope
mongil *s. m.* nun's dress
mongol Ⓐ *adj.* Mongolian Ⓑ *s. m.* a Mongol; Mongolian language
mongólico *adj.* Mongolian
mongolismo *s. m.* Mongolism
mongolóide *adj.* Mongoloid
monha *s. f.* ornament of ribbons; dummy
monhé *s. m.* half-caste of Arab and Negro
monho *s. m.* false bun, chignon; false tuft of hair
mónica *s. f.* [Bras.] manioc variety; variety of medlar (Azores); nun
monição *s. f.* monition
monices *s. f. pl.* ⇒ **momices**
moniliforme *adj.* moniliform
monismo *s. m.* FILOSOFIA monism
monista *s. m. e f.* monist
monístico *adj.* monistic
mónita *s. f.* monition
monitor *s. m.* monitor, a prefect; NÁUTICA monitor
monitoria *s. f.* monitorship
monitória *s. f.* monitory, admnitory, monition; summons; warning
monitorial *adj.* monitorial
monja *s. f.* nun
monjal *adj.* monkly, monastic
mono Ⓐ *s. m.* baboon; ape, monkey; COMÉRCIO deadloss; deadstock Ⓑ *adj.* sullen, dull
mono- *pref.* alone, single, only (occurring in a number of words adopted from existing Greek compounds)
monoácido *adj.* monoacid, monacid, monoacidic, monacidic
monoatómico *adj.* QUÍMICA monatomic
monobásico *adj.* QUÍMICA monobasic
monocarpelar *adj.* BOTÂNICA monocarpellary
monocárpico *adj.* BOTÂNICA monocarpous
monocarpo *s. m.* BOTÂNICA monocarp
monocefalia *s. f.* monocephaly
monocéfalo *adj.* monocephalous
monocelular *adj.* BOTÂNICA, ZOOLOGIA monocellular
monócero *adj.* BOTÂNICA, ZOOLOGIA monocerous
monoceronte *s. m.* monoceros, unicorn
monociclo *s. m.* monocycle
monócito *s. m.* monocyte
monoclinal *adj.* MINERALOGIA monoclinal
monoclínico *adj.* monoclinic (a crystal)
monóclino *adj.* BOTÂNICA monoclinous (hermaphroditic)
monocórdico *adj.* with a single chord; monotonous, dull
monocórdio *s. m.* monochord
monocordo *s. m.* ⇒ **monocórdio**
Monocotiledóneas *s. f. pl.* BOTÂNICA *Monocotyledonae*
monocotiledóneo *adj.* BOTÂNICA monocotyledonous
monocromático *adj.* monochromatic
monocromatismo *s. m.* monochromatism
monocromia *s. f.* monochromy
monocromo *adj.* monochrome, monochromic(al)
monocular *adj.* monocular
monoculizar *v. tr.* to observe with a monocle
monóculo *s. m.* monocle
monocultura *s. f.* monoculture
monodáctilo *adj.* ZOOLOGIA monodactylous
monódia *s. f.* monody
monodiar *v. intr.* to sing monodies; to bemoan
monódico *adj.* monodic
monodonte *adj.* monodont, one-toothed
monofásico *adj.* ELECTRICIDADE monophase
monofidonte *adj.* monophydont
monofilético *adj.* monophyletic
monofilo *adj.* BOTÂNICA monophyllous
monofisismo *s. m.* monophysitism
monofisista *s. m. e f.* monophysite
monófito *adj.* BOTÂNICA comprising but one species
monofobia *s. f.* monophobia
monófobo *s. m.* one who dreads loneliness
monofonia *s. f.* monophony
monófono *adj.* monophonous
monoftalmo *adj.* monophthalmic
monogamia *s. f.* monogamy
monogâmico *adj.* monogamic
monógamo Ⓐ *s. m.* BOTÂNICA monogamist Ⓑ *adj.* ZOOLOGIA monogamous
monogástrico *adj.* ZOOLOGIA monogastric
monogénese *s. f.* ZOOLOGIA monogenesis
monogenético *adj.* monogenetic
monogenia *s. f.* ZOOLOGIA monogeny
monogénico *adj.* monogenic
monogenismo *s. m.* monogenism
monogenista *s. m. e f.* monogenist
monógeno *adj.* monogenic
monoginia *s. f.* monogyny
monógino *adj.* monogynous
monoglótico *adj.* monoglot
monografar *v. tr.* to monograph
monografia *s. f.* monograph
monográfico *adj.* monographic(al)
monógrafo *s. m.* monographer, monographist
monograma *s. m.* monogram
monogramático *adj.* monogrammatic
monogramista *s. m. e f.* person who makes monograms
monogramo *adj.* FILOSOFIA abstract, impalpable
monoicia *s. f.* monoecia
monóico *adj.* BOTÂNICA monoecious
monoideísmo *s. m.* monoideism
monolépido *adj.* ZOOLOGIA having one scale only
monolítico *adj.* monolithic
monólito *s. m.* monolith
monologar *v. intr.* to monologize, to monologue, to soliloquize
monologia *s. f.* monology
monológico *adj.* monologic
monólogo *s. m.* monologue; soliloquy
monomania *s. f.* monomania
monomaníaco Ⓐ *adj.* monomaniacal Ⓑ *s. m.* monomaniac
monomaquia *s. f.* monomachy
monometálico *adj.* monometallic
monometalismo *s. m.* monometallism
monometalista *s. m. e f.* monometallist
monométrico *adj.* monometric(al)

monómetro *s. m.* [poét.] monometer
monómio *s. m.* MATEMÁTICA monomial
monomórfico *adj.* monomorphic, monomorphous
monomotor *s. m.* single-motor
monoparental *adj.* single-parent, one-parent; ***famílias monoparentais*** single-parent families, one-parent families
monope *adj.* monoptic
monopétalo *adj.* BOTÂNICA monopetalous
monoplano *s. m.* monoplane
monoplástico *adj.* monoplastic
monoplegia *s. f.* MEDICINA monoplegia
monopnêumone *adj.* ZOOLOGIA monopneumonian, monopneumonous
monópode *adj.* monopode
monopodia *s. f.* monopodium
monopodial *adj.* monopodial
monopódico *adj.* monopode
monopódio Ⓐ *s. m.* one-footed table Ⓑ *adj.* monopode
monopólio *s. m.* monopoly
monopolista *s. m. e f.* monopolist
monopolização *s. f.* monopolization
monopolizador *s. m.* monopolizer
monopolizar *v. tr.* to monopolize, to acquire a monopoly of; to engross (to the exclusion of others)
monopose *adj.* ⇒ **monope**
monóptero *adj.* ARQUITECTURA monopteros, monopteron
monorrimo Ⓐ *s. m.* monorime, monorhyme Ⓑ *adj.* monorimed, monorhymed
monorrítmico *adj.* monorhythmic
monospermia *s. f.* monospermy
monospérmico *adj.* ⇒ **monospermo**
monospermo *adj.* ZOOLOGIA monospermous
monóspero *adj.* ZOOLOGIA monosporous, monospore
monossacárido *s. m.* monosaccharoses
monossemia *s. f.* LINGUÍSTICA quality of certain words with single meaning and function
monossépalo *adj.* ZOOLOGIA monosepalous
monosseriado *adj.* forming one series only
monossilábico *adj.* monosyllabic
monossilabismo *s. m.* monosyllabism
monossílabo *s. m.* monosyllable
monóstico *adj.* monostich
monostilo *adj.* ZOOLOGIA monostylous
monóstrofe *s. f.* monostrophic verses
monóstrofo *adj.* monostrophic
monotalâmico *adj.* ZOOLOGIA ⇒ **monotálamo**
monotálamo *adj.* ZOOLOGIA monothalamous
monoteico *adj.* monotheistic
monoteísmo *s. m.* monotheism
monoteísta *s. m. e f.* monotheist
monoteístico *adj.* monotheistic
monotelismo *s. m.* monothelism, monothelitism
monotelita *s. m. e f.* monothelite
monotelitismo *s. m.* ⇒ **monotelismo**
monotípico *adj.* monotypic
monotipista *s. m. e f.* monotypist
monótipo *s. m.* BOTÂNICA monotype
monotonamente *adv.* monotonously
monotonia *s. f.* monotony, weariness, sameness, uniformity
monótono *adj.* monotonous; dull, tedious, wearisome, unvarying; uninteresting; ***vida monótona*** a monotonous life; ***ocupações monótonas*** monotonous occupations
monotrémato *s. m., adj.* ZOOLOGIA monotreme (*plural* monotremata)
monotremo *s. m., adj.* ZOOLOGIA ⇒ **monotrémato**
monotrópico *adj.* monotropic
monovalente *adj.* QUÍMICA monovalent
monóxeno *adj.* monoxenous
monóxido *s. m.* QUÍMICA monoxide; ***monóxido de carbono*** carbon monoxide
monóxilo Ⓐ *adj.* monoxylous Ⓑ *s. m.* monoxyle, monoxylon (*plural* monoxyla)
monozóico *adj.* ZOOLOGIA monozoic
monquilho *s. m.* disease of the laniferous cattle
monroísmo *s. m.* Monroeism
monroísta *s. m. e f.* Monroeist
monsenhor *s. m.* monsignor, monseigneur
monsenhorado *s. m.* dignity of a monsignor
monsenhoria *s. f.* dignity of a monsignor
monstro Ⓐ *s. m.* monster, abortion; abnormal being; wicked person Ⓑ *adj.* huge; ***o monstro dos olhos verdes (ciúme)*** the green-eyed monster; ***um monstro de perversidade*** a monster of iniquity
monstruosamente *adv.* monstrously
monstruosidade *s. f.* monstrosity; monstrousness; enormity
monstruoso *adj.* monstrous; abnormal, unnatural; huge, gigantic; atrocious, outrageous, hideous, horrible, heinous; ***um crime monstruoso*** a heinous crime
monta *s. f.* amount, sum, total, cost; worth; ***de monta*** of consequence; ***coisa de pouca monta*** a thing of little importance, a thing of little value
monta-cargas *s. m.* lift, elevator, hoist
monta-cinzas *s. m.* ash-hoist
montada *s. f.* mounting; riding; horse
montádego *s. m.* ⇒ **montádigo**
montádigo *s. m.* pasture tribute
montado Ⓐ *s. m.* oak-plantation; pasture for pigs Ⓑ *adj.* mounted, on horseback, horsed; established
montador *s. m.* erector, fitter; mounter; ***montador de máquinas*** engine-fitter
montagem *s. f.* setting, fitting up; erecting, erection; ***montagem de máquinas*** fitting of engines; ***linha de montagem*** assembly line
montanha *s. f.* mountain, heap, pile; ***artilharia de montanha*** mountain artillery; ***mal das montanhas*** mountain sickness; ***cadeia de montanhas*** mountain chain (or range)
montanhaque *s. m.* thick woolen fabric
montanha-russa *s. f.* switchback; [fam.] the big dipper
montanheira *s. f.* oak-plantation; pasture for pigs
montanheiro Ⓐ *s. m.* highlander Ⓑ *adj.* alpestrine
montanhês Ⓐ *adj.* of the mountain Ⓑ *s. m.* mountaineer, highlander
montanhesco *adj.* mountainous, silvan, sylvan
montanhismo *s. m.* ⇒ **alpinismo**
montanhoso *adj.* mountainous; silvan; sylvan; ***região montanhosa*** mountainous country
montanismo *s. m.* montanism
montanista *s. m. e f., adj.* montanist
montanística *s. f.* science studying the extraction and melting of metals
montano *adj.* montane; mountainous; rude
montante *s. m.* amount, sum; NÁUTICA column, stanchion, stiffener; two-handed sword; high-tide; rising; upstream; ***no montante de*** to the amount of; ***montante de vendas*** sales figure; NÁUTICA ***montante de antepara*** bulkhead stiffener; ***a montante*** upstream; ***montantes*** framing
montão *s. m.* heap, pile; mass, lot; ***receber cartas aos montões*** to get letters in shoals; ***em montão*** pell-mell; ***aos montões*** by heaps
montar Ⓐ *v. tr.* to mount; to get up on a horse; to erect, to raise, to set up; to fit, to equip, to rig, to ship Ⓑ *v. intr.* to ride (on horseback); to come to; to amount to; to climb, to rise; ***a quanto monta isso?*** what does that come to?; ***montar uma bateria*** to establish a battery; MILITAR ***montar a guarda*** trooping the colour, to mount guard; ***montar bem*** to ride well, to sit well (on horseback); ***montar um cavalo*** to mount a horse; ***montar em pêlo*** to ride (a horse) bare-

back; ***montar um negócio*** to establish oneself in trade, to set up in business; ***montar em série*** to group in series; ***montar máquinas*** to erect engines, to install engines; ***montar de novo*** to set up again; ***montar uma peça (teatral)*** to mount a play, to stage a play

montaraz Ⓐ *s. m.* forester, forest guard Ⓑ *adj.* montane, wild

montaria *s. f.* hunting; hooting; ***fazer montaria a alguém*** to hoot at a person

monte *s. m.* hill, mount; heap, pile; ***o monte é muito acidentado?*** is the hill very uneven?; ***pelo monte acima*** uphill; ***o cimo do monte*** the hill-top; ***por montes e vales*** up hill and down dale; ***andar a monte*** to live like an outlaw, to be hunted; ***a monte*** at random, on the run; ***aos montes*** by heaps, in heaps; ***receber cartas aos montes*** to get letters in shoals; ***monte no sopé de outro monte mais alto*** foot-hill

monteada *s. f.* hunting

monteador *s. m.* (on mountains) montero

montear Ⓐ *v. tr.* to hunt (on mountains); to heap up; ARQUITECTURA to plan, to sketch Ⓑ *v. intr.* to ride on horseback

monteia *s. f.* plan of a building with its dimensions; area (on the ground) of a building

monteira *s. f.* huntress; hood of a mountaineer, montero

monteiria *s. f.* position of a forest warden

monteiro Ⓐ *s. m.* huntsman; forest warden Ⓑ *adj.* for hunting

montenegrino Ⓐ *adj.* Montenegrin(e) Ⓑ *s. m.* Montenegrin(e); inhabitant or native of Montenegro

montepio *s. m.* widow's fund; gratuity fund for widows and orphans; monthy allowance paid to widows or orphans by a fund

montês *adj.* mountainous; wild, rude, silvan

montesinho *adj.* mountainous; wild, rude, silvan

montesino *adj.* mountainous; wild, rude, silvan

montevideano Ⓐ *adj.* of (or pertaining to) Montevideo Ⓑ *s. m.* inhabitant of Montevideo

montícula Ⓐ *adj.* that inhabits the mountains Ⓑ *s. m. e f.* inhabitant of the mountains

montículo *s. m.* monticle, monticule, hillock, mound, knoll

montígeno *adj.* produced in the mountains

montívago *adj.* roving in the mountains

montmorilonite *s. f.* MINERALOGIA montmorillonite

montoeira *s. f.* dunghill; large quantity; agglomeration

montra *s. f.* shop-window, show-case; ***arte de enfeitar montras*** window-dressing

montuoso *adj.* hilly; mountainous

montureira *s. f.* dunghill; dirt-heap

montureiro *s. m.* rag-picker, rag-gatherer

monturo *s. m.* dunghill; ***monturo de lixo*** rubbish heap

monumental *adj.* monumental; magnificent, majestic; enormous

monumentalidade *s. f.* monumentality

monumentalizar *v. tr.* to monumentalize

monumento *s. m.* monument; memorial; note-worthy work; ***monumentos antigos*** ancient monuments

monumentoso *adj.* ⇒ **monumental**

moqueação *s. f.* act of drying the meat by the fire (for preserving)

moquear *v. tr.* to dry meat

moquém *s. m.* big grill to dry up meat (for preserving)

moquenca *s. f.* beef ragout

moquenco Ⓐ *adj.* grimacing; indolent, lazy Ⓑ *s. m.* indolent person; idler; grimacer

moquenqueiro *adj., s. m.* ⇒ **moquenco**

moquenquice *s. f.* grimaces; cajolery, fawning, wheedling

moqueta *s. f.* moquette

mor *adj.* chief, first, principal

mora *s. f.* delay, respite; ***juros de mora*** addition of interest for delayed payment

morabitino *s. m.* ⇒ **maravedi**

morabito *s. m.* marabout

Moráceas *s. f. pl.* BOTÂNICA *Moraceae* (mulberry tree family)

morada *s. f.* residence, dwelling-place, habitation; house, home; quarters, lodgings, domicile, abode; address; ***a última morada*** the grave, the church-yard, the cemetery

moradia *s. f.* residence, dwelling-place, abode; house

moradilho *s. m.* purple-greyish wood

moradio *s. m.* ⇒ **moradia**

morado *adj.* mulberrycoloured

morador Ⓐ *adj.* dwelling Ⓑ *s. m.* dweller, resident, lodger, tenant; inhabitant

moral Ⓐ *s. f.* moral, morals; ethics Ⓑ *s. f.* morale (mental or moral condition) Ⓒ *adj.* moral, ethical, virtuous, honest; ***o moral das tropas é excelente*** the morale of the troops is excellent; ***dever moral*** moral duty; ***um livro moral*** a moral book; ***moral da história*** moral of the story

moralidade *s. f.* morality; ***falta de moralidade*** breach of morality

moralismo *s. m.* moralism

moralista Ⓐ *s. m. e f.* moralist Ⓑ *adj.* moralistic, moralizing

moralização *s. f.* moralization

moralizador Ⓐ *s. m.* moralizer Ⓑ *adj.* moralizing

moralizar Ⓐ *v. tr.* to moralize, to render moral; to teach morality to; to improve the morals of Ⓑ *v. intr.* to make moral reflections

moralmente *adv.* morally

morança *s. f.* hamlet (African term)

moranga *s. f.* a variety of grapes; wild-strawberry

morangal *s. m.* strawberry bed(s)

morangar *v. intr.* to idle, to loaf; to slack

morango *s. m.* BOTÂNICA strawberry

morangueira *s. f.* strawberry-seller

morangueiro *s. m.* strawberry plant; loafer; idler

morar *v. intr.* to live, to reside, to stay, to lodge, to dwell, to abide; ***onde mora?*** where do you live?; ***ele mora quatro andares acima*** he lives four floors up; ***ele mora ao pé de nós*** he lives next door to us; ***ir morar (mudar) para*** to move over to

morato *adj.* well-organized

moratória *s. f.* moratorium; delay; moration

moratório *adj.* moratory, delaying, deferring

morbidade *s. f.* morbidity

morbidez *s. f.* morbidness; sickliness, unhealthiness; PINTURA morbidezza, lifelikeness, delicacy, finesse (in the representation of fleshtints)

morbideza *s. f.* ⇒ **morbidez**

mórbido *adj.* morbid, diseased, sickly, unhealthy, unsound; PINTURA soft, delicate

morbífico *adj.* morbific

morbígeno *adj.* ⇒ **morbígero**

morbígero *adj.* morbific, morbifical

morbilidade *s. f.* morbidity; unhealthiness (in a particular district)

morbíparo *adj.* ⇒ **morbífico**

morbo *s. m.* morbus, disease

morbosidade *s. f.* morbosity

morboso *adj.* unsound, morbose

morca *s. f.* very narrow-meshed fishing-net

morcão *s. m., adj.* lazy, indolent

morcas *s. m.* ⇒ **morcão**

morcegal *adj.* related to bats

morcegão *s. m.* big bat

morcegar *v. tr.* [Bras.] to exploit; to jump in (out of) a moving vehicle

morcego *s. m.* ZOOLOGIA bat; ***cego como um morcego*** as blind as a bat

morcela *s. f.* black-pudding; a sort of sweet sausage

mordaça *s. f.* gag, muzzle
mordacidade *s. f.* mordacity, sarcasm; piquancy, sharpness
mordaz *adj.* mordacious, sarcastic, biting; caustic, pungent, corrosive; ***língua mordaz*** sharp tongue; ***um estilo mordaz*** a caustic style
mordazmente *adv.* mordantly, mordaciously, sarcastically, scathingly; caustically, bitterly
mordedela *s. f.* bite, nip, snap, toothmark
mordedor Ⓐ *adj.* biting Ⓑ *s. m.* biter
mordedura *s. f.* bite, teethmark; ***mordedura de cobra venenosa*** poisonous snake bite
mordente Ⓐ *adj.* mordant, biting, corrosive, caustic Ⓑ *s. m.* mordant, fixative
morder *v. tr.* to bite, to nip, to cut (with the teeth) to sting; to corrode; to wound (with sarcasm); to pierce; NÁUTICA to choke, to engage, to nip, to jam; ***querer morder*** to snap at; ***morder-se de inveja*** to grow green with envy; ***morder o pó (tombar, cair morto)*** to bite the dust; ***morder os lábios*** to bite one's lips; NÁUTICA ***morder o horizonte*** to dip the horizon; ***morder o freio*** to bite on the bit; ***morder a isca*** to take the hook
mordexim *s. m.* MEDICINA cholera
mordicação *s. f.* biting, smarting, stinging, burning; gnawing
mordicante *adj.* biting, gnawing, nibbling, itching
mordicar *v. tr.* ⇒ **mordiscar**
mordicativo *adj.* biting, gnawing, itching; mordicant, pungent; mordicative
mordido *adj.* bitten; ***estar mordida a amarra (a espia)*** to ride the cable (the line-rope)
mordimento *s. m.* bite; remorse
mordiscar *v. tr.* to nibble; to nip; to bite, to gnaw, to prickle
mordixim *s. m.* ⇒ **mordexim**
mordomado *s. m.* ⇒ **mordomia**
mordomar *v. tr.* to manage (as a steward); to act as a steward
mordomeiro *adj.* relating to major-domo
mordomia *s. f.* stewardship
mordomo *s. m.* major-domo, steward, butler
moreáceo *adj.* related to the mulberry tree
moreão *s. m.* Mediterranean moray
moreia *s. f.* ZOOLOGIA moray; conical shock of corn; AGRICULTURA shock (of sheaves)
moreira *s. f.* ⇒ **amoreira**
moreiredo *s. m.* mulberry grove
morena *s. f.* brunette, dark-skinned girl, morena; GEOLOGIA moraine
morenado *adj.* browned
moreno *adj.* tawny, dark-skinned
moreto *s. m.* variety of dark grape
morfanho *adj.* nasal, snuffling; raucid, raucous, hoarse
morfeia *s. f.* elephantiasis; leprosy
morfeico *adj.* leprous
morfema *s. m.* part of a word to express relations between affixes
morfético *adj.* pertaining to Morpheus; sleepy
Morfeu *s. m.* Morpheus; ***nos braços de Morfeu*** in the arms of Morpheus, asleep
mórfico *adj.* morphic
morfina *s. f.* QUÍMICA, FARMACOLOGIA morphine, morphia
morfinismo *s. m.* morphinism
morfinizar *v. tr.* to morphine
morfinomania *s. f.* morphinomania
morfinomaníaco *s. m.* ⇒ **morfinómano**
morfinómano *s. m.* morphinomaniac; morphinist
morfogenia *s. f.* BIOLOGIA morphogenesis
morfografia *s. f.* morphography
morfologia *s. f.* BIOLOGIA, GRAMÁTICA morphology
morfologicamente *adv.* morphologically
morfológico *adj.* morphologic(al)
morfologista *s. m. e f.* morphologist
morfólogo *s. m.* morphologist
morfopsicologia *s. f.* morphopsychology (psychology of the morphinomaniac)
morgada *s. f.* owner of entailed interest
morgadio *s. m.* majorat; entail; primogeniture
morgado *s. m.* majorat; entailed interest; eldest son, heir to entailed interest; primogenital (son or daughter)
morganaticamente *adv.* morganatically
morganático *adj.* morganatic; ***casamento morganático*** morganatic marriage, left-handed marriage
morganheira *s. f.* BOTÂNICA caper spurge
morgue *s. f.* morgue, mortuary (dead house)
moribundo Ⓐ *adj.* moribund, dying, at the point of death Ⓑ *s. m.* moribund, dying person
morigeração *s. f.* moralization, temperance, moderation
morigerado *adj.* well-bred, moderate; well-behaved; ***homem de costumes morigerados*** a man of well-regulated life (or habits)
morigerar Ⓐ *v. tr.* to reform, to instruct in good habits; to teach, to educate Ⓑ *v. refl.* to learn good manners, to mend one's way
morígero *adj.* ⇒ **morigerado**
morilhão *s. m.* puceron, plant-louse, aphis
morilho *s. m.* backlog, firedog, audiron
morim *s. m.* duck, fine cotton cloth
morina *s. f.* morin (matter obtained from fustic)
morinda *s. f.* BOTÂNICA Indian mulberry, morindin
moringa *s. f.* jar, pitcher
moringo *s. m.* jar, pitcher
moringue *s. m.* jar, pitcher
morisco *s. m.* name given to the darker of two oxen
mormaceira *s. f.* dull, muggy weather
mormacento *adj.* dull, warm and damp (weather), muggy, sultry
mormaço *s. m.* sultry weather
mormente *adv.* chiefly, principally, especially
mormo *s. m.* VETERINÁRIA glanders, equinia
mórmon *s. m.* Mormon
mormonismo *s. m.* Mormonism
mormonista *s. m. e f.* glandered
mormoso *adj.* VETERINÁRIA glandered
morna *s. f.* Cabo Verde dance and song
mornar *v. tr.* to make lukewarm; to warm slightly
mornidão *s. f.* lukewarmness, tepidity; indifference
morno *adj.* lukewarm, tepid; torpid; apathetic, indifferent; [fig.] ***águas mornas*** paliatives, half-measures
moroiço *s. m.* ⇒ **morouço**
morosamente *adv.* slowly, dilatorily
morosidade *s. f.* slowness, tardiness
moroso *adj.* slow, dilatory, lingering, tardy
morouço *s. m.* heap, pile (of stones)
morra! *interj.* down with!
morraca *s. f.* tinder
morraça *s. f.* algae used as manure; inferior wine
morraçar *v. intr.* to drizzle
morraceira *s. f.* drizzle
morrão *s. m.* match; wick, snuff; puceron (of plants)
morraque *s. m.* ⇒ **morraca**
morraria *s. f.* ridge of hills
morrediço *adj.* perishable
morredoiro *adj.* perishable
morredouro *adj.* perishable
morremorrer *v. intr.* to die slowly
morrer *v. intr.* to die, to perish, to expire, to pass away; to go to one's long home; to go to a better world; to depart; to join the great majority; to breathe one's last; to vanish, to

disappear, to cease, to stop; to fade; to wither; to go out (fire, light); to desire strongly, to have a great desire, to crave for, to long for; ***morrer a lutar*** to die fighting; ***morrer como herói*** to die a hero's death; ***morrer a trabalhar*** to die in harness; ***morrer de morte violenta*** to die a violent death; ***morrer de riso*** to die of laughing; ***morrer de fome*** to starve to death; ***morrer de frio*** to perish with cold, to freeze to death, to die from cold; ***morrer de velhice*** to die of old age; ***morrer de pesar*** to eat one's heart out; ***morrer de morte natural*** to die in one's bed, to die a natural death; ***estar quase a morrer*** to be far gone; ***receio que ele morra*** I fear that he may die; ***morrer miseravelmente (morrer como um cão)*** to die like a dog, to die a dog's death; ***morrer para o mundo*** to die to the world; ***morrer por alguma coisa*** to die for something; ***morrer de amor*** to die of love; ***morrer aos bocados*** to die by inches; ***estar a morrer*** to be on the point of death; ***morrer sem sentir*** to die an easy death; ***morrer de curiosidade*** to be dying with curiosity; ***o segredo morreu com ele*** his secret died with him; NÁUTICA ***deixar morrer os fogos*** to let the fires down, to bank the fires dead low; ***o seguro morreu de velho*** better safe than sorry; ***morrer de inveja*** to be green with envy; ***morrer de medo*** to be scared stiff

morrião *s. m.* morion, helmet without visor

morrinha *s. f.* murrain; drizzle, drizzling

morrinhento *adj.* VETERINÁRIA affected with murrain; sickly, weakened; drizzly; ***dia morrinhento*** gloomy day; ***chuva morrinhenta*** drizzly rain

morrinhice *s. f.* drizzle

morrinhoso *adj.* ⇒ **morrinhento**

morro *s. m.* mound, hillock, mount, sea-horse

morsa *s. f.* ZOOLOGIA walrus, morse

morsegão *s. m.* a piece bitten off; bite; pinch

morsegar *v. tr.* to bite off, to nibble

morso *s. m.* bite

mortadela *s. f.* Italian sausage

mortal Ⓐ *adj.* mortal, deadly, fatal, final, destructive Ⓑ *s. m.* mortal, a human being; ***os restos mortais de*** the mortal remains of; ***doença mortal*** fatal illness; ***pecados mortais*** mortal sins; ***o homem é mortal*** all men are mortal, man is mortal; ***ódio mortal*** deadly hatred; ***inimigo mortal*** mortal enemy

mortalha *s. f.* shroud, winding-sheet; hearse cloth, cigarette-paper; ***um livro de mortalhas*** a packet of cigarette-papers

mortalhar *v. tr.* ⇒ **amortalhar**

mortalidade *s. f.* mortality; death-rate; ***percentagem de mortalidade*** death-rate; ***mortalidade do gado*** mortality of live-stock; ***mortalidade infantil*** infant mortality

mortalmente *adv.* mortally, fatally; ***ferido mortalmente*** mortally wounded

mortandade *s. f.* slaughter, butchery, carnage

morte *s. f.* death; departure, decease, demise, dying, end, extinction; ***a morte arrebata grandes e pequenos*** death sweeps away great and small; ***morte moral*** depravation; ***tão certo como a morte*** as sure as death; ***ter morte macaca*** to die a dog's death; ***fiel até à morte*** faithful unto death, true till death; ***às portas da morte*** at death's door; ***leito de morte*** deathbed; ***unidos na morte*** united in death; ***pior do que a morte*** worse than death; ***pálido como a morte*** as pale as death; ***por morte de*** on the death of; ***ser a morte de*** to be the death of; ***perigo de morte*** danger of life; ***estar com a morte no coração*** to be grieved to death

morte-cor *s. f.* ground-colour

morte-em-pé *s. m. e f.* [fig.] indolent person, lazy-bones

morteirada *s. f.* shot of a mortar

morteirete *s. m.* old cannon

morteiro *s. m.* mortar; NÁUTICA binnacle, compass box

morte-luz *s. f.* ⇒ **morte-cor**

morticínio *s. m.* slaughter, carnage, massacre

mortiço *adj.* dead pale; dull, spiritless, cheerless; dying, going out (fire); ***olhos mortiços*** dull eyes

mortífero *adj.* mortiferous, deadly

mortificação *s. f.* mortification; humiliation; torment, affliction; grief, trouble, distress

mortificado *adj.* mortified; tormented, teased, troubled, vexed; humbled

mortificador Ⓐ *adj.* mortifying Ⓑ *s. m.* mortifier

mortificante *adj.* mortifying

mortificar *v. tr.* to mortify, to trouble, to harass, to vex; to torture, to torment

mortificativo *adj.* mortifying

mortinatalidade *s. f.* stillbirth rate

morto Ⓐ *adj.* dead, killed, deceased; defunct, lifeless, inanimate; departed; gone, finished; dull, inexpressive Ⓑ *s. m.* dead body, deceased; defunct, corpse; ***natureza morta*** still life, inanimate nature; ***estar morto por*** to be dying for, to long for; ***morto e bem morto*** as dead as mutton, as dead as a door-nail; ***cair morto*** to drop down dead; ***estou simplesmente morto de fome*** I'm simply starving; ***morto de amor*** love-sick; ***não ter onde cair morto*** to have nowhere to lay one's head, to be as poor as a church mouse; ***letra morta*** dead letter; ***águas mortas*** neap-tide; ***morto de trabalho*** work-worn, overtired with work; ***quase morto de frio*** nearly frozen to death; ***ponto morto*** dead center; ***dinheiro morto*** dead capital; ***estação morta*** dead season, silly season

mortório *s. m.* funeral

mortualha *s. f.* heap of corpses

mortuária *s. f.* catacomb

mortuário *adj.* mortuary; ***casa mortuária*** mortuary

mortulho *s. m.* funeral, exequies

mortuório *adj.* mortuary

mortuoso *adj.* cadaveric, cadaverous

morubixava *s. m.* [Bras.] temporal chief of Indian tribes

morugem *s. f.* plant of the family *Caryophyllaceae*

mórula *s. f.* slight delay; BIOLOGIA morula

morzelo *adj.* blackberry-coloured (horse)

mosaico *s. m.* mosaic; [fig.] miscellany; ***obra de mosaico*** mosaic work

mosaísmo *s. m.* Judaism of Moses' time

mosaísta *s. m. e f.* mosaicist

mosca *s. f.* ZOOLOGIA fly; ***mosca varejeira*** bluebottle, flesh-fly; ***mosca de cavalo*** horse-fly; ***as moscas estão hoje muito incomodativas*** the flies are very troublesome today; ***estar às moscas*** to be empty (or thin), not to be frequented; ***andar às moscas*** to loiter, to wander, to be lazy; ***não é com vinagre que se apanham moscas*** more flies are caught with a drop of honey than with a ton of vinegar

moscada *s. f.* BOTÂNICA nutmeg

moscadeira *s. f.* BOTÂNICA nutmeg-tree

moscadeiro *s. m.* fly-trap

moscadim *s. m.* fop, coxcomb

moscado *adj.* musky

mosca-morta *s. m. e f.* a slowcoach, sly indolent person

moscanho *s. m.* fly-catcher

moscão *s. m.* gad-fly

moscar *v. intr.* to run away from flies; to disappear; to vanish from someone's presence

moscardo *s. m.* ox-fly; gad-fly

moscaria *s. f.* large quantity of flies

moscatel *s. m.* muscatel, muscadel; ***uva moscatel*** muscadine, muscatel grape; ***vinho moscatel*** muscatel wine; muscadine

mosco *s. m.* little fly; mosquito

moscóvia *s. f.* Russian leather

moscovita *s. m. e f., adj.* Muscovite, Russian

moscovite *s. f.* Muscovite

moscovítico *adj.* relative to Muscovite

moseísta *s. m. e f.* adherent to Mosaism

moslém *s. m. e f., adj.* Moslem, Muslim, Mussulman
mosleme *s. m. e f., adj.* Moslem, Muslim, Mussulman
moslemia *s. f.* ⇒ **moirisma**
moslémico *adj.* Moslem, Moslim
moslemita *s. m. e f.* Christian who became a Moslem
mosqueado *adj.* spotted; speckled
mosquear *v. tr.* to spot, to speckle, to fleck, to dapple
mosquedo *s. m.* a plague of flies
mosqueiro *s. m.* fly-paper; fly-trap; fly-net; meat-screen; wirecover (for dishes); meat
mosqueta *s. f.* musk-rose
mosquetaço *s. m.* musket-shot
mosquetada *s. f.* musket-shot
mosquetão *s. m.* a snap hook
mosquetaria *s. f.* musketry
mosquete *s. m.* musket; ⌈fam.⌋ slap
mosquetear Ⓐ *v. tr.* to shoot (with a musket) Ⓑ *v. intr.* to fire a musket
mosqueteiro *s. m.* musketeer
mosquinha-morta *s. m. e f.* slowcoach
mosquitada *s. f.* lots of mosquitoes
mosquiteiro *s. m.* mosquito-curtain; mosquito-net
mosquito *s. m.* ZOOLOGIA mosquito, gnat
mossa *s. f.* notch, nick, dent, cut; shock; concussion; emotion
mossado *adj.* notched
mossar *v. tr.* to notch
mossegão *s. m.* big lad
mossegar *v. tr.* to bite off; to nibble
mostaço *s. m.* large quantity of must
mostajeiro *s. m.* BOTÂNICA a sort of hawthorn
mostarda *s. f.* mustard; ***grão de mostarda*** grain of mustard seed; ***mostarda branca*** cultivated mustard; ***não há melhor mostarda que a fome*** hunger is the best sauce; ***subir a mostarda ao nariz*** to take the huff, to take umbrage, to have a fit of rage
mostardal *s. m.* mustard-field
mostardeira *s. f.* BOTÂNICA mustard plant; mustard-pot
mostardeiro *s. m.* mustard seller; mustard-pot
mosteiro *s. m.* monastery; nunnery, convent
mostífero *adj.* yielding must
mosto *s. m.* must; new wine
mostra *s. f.* show, exhibition; muster; *pl.* signs, indications, proofs; ***dar mostras de*** to show, to give proofs of; ***à mostra*** open, uncovered, naked, bare
mostradela *s. f.* act of showing
mostrador Ⓐ *adj.* showing, indicatory Ⓑ *s. m.* dial; face (of clock, or watch), telltale; shop-counter
mostragem *s. f.* showing, display; experimentation, rehearsal
mostrança *s. f.* appearance
mostrar Ⓐ *v. tr.* to show, to exhibit, to display; to point out, to indicate; to disclose, to discover, to unfold; to demonstrate, to prove, to evince; to direct, to guide; to explain Ⓑ *v. refl.* to manifest; to appear; ***não mostrar sinais de medo ou fadiga*** not to turn a hair; ***mostrar boa cara*** to take it well; ***mostrar má cara*** to show displeasure; ***faça favor, mostre o seu bilhete*** please, produce (show) your ticket; ***mostrar desafecto*** to show unkindness; ***mostrar os dentes*** to snarl; ***mostrar-se à altura da situação*** to rise to the occasion; ***mostrar-se superior a*** to rise above something; ***mostrou-nos a casa toda*** he showed us round the house; ***mostrar o caminho*** to show the way; ***mostrou ser indigno*** he proved to be unworthy; ***mostrar que sabe perder*** to show oneself to be a good loser
mostrengo *s. m.* scarecrow; ugly, shabby or unkempt person; monster
mostruário *s. m.* set of samples; show-case
mota *s. f.* mound of earth; rampart dike; ⌈pop.⌋ motor bicycle
motacé *s. m.* ⇒ **almotacé**
motazé *s. m.* ⇒ **almotacé**
mote *s. m.* motto
motejador Ⓐ *s. m.* jester, scoffer, mocker Ⓑ *adj.* scoffing, mocking
motejar Ⓐ *v. tr.* to jest, to scoff, to mock, to deride, to leer; to laugh at; to joke Ⓑ *v. intr.* to make mottoes
motejo *s. m.* jest, jeer, raillery; joke, fun
motel *s. m.* motel
motete *s. m.* MÚSICA motet; song
moteto *s. m.* MÚSICA motet; song
motilidade *s. f.* motility
motim *s. m.* mutiny, rebellion, insubordination, riot, insurrection; ***promover um motim*** to stir up a rebellion
motinada *s. f.* squabble, scuffle; fight, fray; ⇒ **motim**
motinar *v. tr.* to revolt, to stir up; to excite; to mutiny
motineiro *adj.* mutineer
motinoso *adj.* mutinous
motivação *s. f.* motivation, inducement; reasoning
motivado *adj.* motivated; caused, originated
motivador Ⓐ *adj.* moving, inducing, impelling Ⓑ *s. m.* causer
motivar *v. tr.* to motivate; to induce, to impel, to cause, to be the motive of; ***motivar uma reclamação*** to cause a claim (or complaint)
motivo Ⓐ *s. m.* motive, reason, cause; incentive, inducement, impulse; ground, design; MÚSICA descant Ⓑ *adj.* motive, moving; ***não há motivo para supor*** there is no reason to suppose; ***dar motivo a*** to give ground to; ***por qualquer motivo*** for some reason or other; ***sem motivo*** groundless, groundlessly; ***por que motivo?*** what on earth for?
moto *s. m.* motto (of a device); motion, impulse; musical theme, movement; motor bicycle; ***de moto próprio*** of one's own accord (or free will); ***moto contínuo*** continual motion
motocicleta *s. f.* motor bicycle, motorcycle; ⌈coloq.⌋ motorbike
motociclismo *s. m.* motorcycling
motociclista *s. m. e f.* motorcyclist
motociclo *s. m.* motorcycle
motocrosse *s. m.* motocross
motocultura *s. f.* motor ploughing
motonáutica *s. f.* speedboat racing
motoniveladora *s. f.* bulldozer
motoqueiro *s. m.* biker, motorcyclist
motor Ⓐ *adj.* motor, motive, moving Ⓑ *s. m.* motor; engine; ***o motor falhou (em trânsito)*** the engine stalled (in traffic); ***motor blindado*** screened engine; ***motor eléctrico*** electric motor; ***motor de gasolina*** petrol-engine; ***motor de avião*** aircraft engine; ***motor de gás pobre*** producer-gas engine; ***motor a dois tempos*** two stroke engine; ***desligar o motor*** to stop the engine; ***ligar o motor*** to start the engine; ***barco a motor (gasolina)*** motor-boat; ***nervo motor*** motor nerve; ***motor de arranque*** starter; ***motor de explosão*** internal combustion engine; ***motor de popa*** outboard engine
motoreta *s. f.* motor scooter, moped
motorista *s. m. e f.* motorist, motor-man, driver; ***assento do motorista*** driver's seat; ***motorista de praça*** taxi driver, cabby
motorização *s. f.* motorization
motorizada *s. f.* moped, motorbicycle
motorizar *v. tr.* to motorize
motricidade *s. f.* quality of the moving power; motivity
motriz Ⓐ *adj.* motive, moving Ⓑ *s. f.* motive, inner force; ***força motriz*** motive power, motive force; ***roda motriz*** traction wheel
moucarrão *adj.* stone deaf
mouchão *s. m.* small group of trees in fen-land; small river island
mouco Ⓐ *adj.* deaf Ⓑ *s. m.* deaf person; ***a palavras loucas orelhas moucas*** a foolish question requires no answer

mouqueira *s. f.* ⇒ **mouquice**
mouquice *s. f.* deafness, hard-hearing
mouquidão *s. f.* deafness, hard-hearing
moura *s. f.* ⇒ **moira**
mourama *s. f.* ⇒ **moirama**
mourão *s. m.* ⇒ **moirão**
mourar *v. intr.* ⇒ **moirar**
mouraria *s. f.* ⇒ **moiraria**
mourejado *adj.* ⇒ **moirejado**
mourejar *v. intr.* ⇒ **moirejar**
mouresco *adj.* ⇒ **moiresco**
mourisca *s. f.* ⇒ **moirisca**
mourisco *adj.* ⇒ **moirisco**
mourisma *s. f.* ⇒ **moirisma**
mourismo *s. m.* ⇒ **moirismo**
mouro *s. m., adj.* ⇒ **moiro**
mouta *s. f.* ⇒ **moita**
moutedo *s. m.* ⇒ **moitedo**
mouteira *s. f.* ⇒ **moiteira**
movediço *adj.* movable, moving, unstable; ***areia movediça*** quicksand
movedor *s. m.* mover, propeller
móvel Ⓐ *adj.* movable, moveable, variable Ⓑ *s. m.* piece of furniture; cause, origin; ***bens móveis*** personal property, movables, chattels; ***os móveis*** the furniture (of a house); ***festas móveis*** movable feasts
movente *adj.* moving, motory; unstable
mover Ⓐ *v. tr.* to start going, to move, to put in motion; to shift (from one place to another), to stir, to propel, to remove, to change (position); to urge, to incite, to instigate; to influence, to persuade, to induce; to touch, to affect, to stir, to impress, to trouble Ⓑ *v. refl.* to stir, to budge; to walk, to go, to march; ***mover à compaixão*** to move to compassion; ***mover o céu e a terra*** to move heaven and earth; ***é movido a electricidade*** it is worked by electricity; ***mover-se pesadamente*** to pound along; ***não se mova!*** don't budge!; ***mover uma acção*** to start a lawsuit
movido *adj.* moved, impelled, caused
movimentação *s. f.* motion, movement
movimentar *v. tr.* to move, to put in motion, to stir; to excite into action
movimento *s. m.* movement, motion, moving, move; displacement; agitation, stir; gesture; liveliness, activity; turnover, business; MÚSICA time, movement; traffic; ***pôr em movimento*** to put in motion, to set in motion; ***um grande movimento repentino de negócio*** a sudden rush of business; ***movimento de vaivém*** seesaw motion; ***movimento altivo de cabeça*** contemptuous toss of the head; ***há pouco movimento nas estradas*** there is very little traffic on these roads; ***em movimento (voando)*** on the wing; ***chefe do movimento (tráfego)*** traffic manager; ***movimento de navios*** movement of ships; ***movimento das marés*** tidal movement; ***movimento de tropas*** troop movement; ***movimento respiratório*** respiratory movement; ***movimento contínuo*** continuous movement, continuous motion; ***movimento manual*** hand gear; ***movimento involuntário*** involuntary movement; ***fazer um movimento com a mão*** to make a movement with one's hand; ***o movimento de comboios é extraordinário*** the amount of rail traffic is extraordinary; ***ruas de movimento*** busy streets; ***em movimento activo*** on the go; ***movimento para diante*** forward motion; ***movimento para trás*** backward motion; ***movimento retardado*** retarded motion; ***movimento acelerado*** accelerated motion; ***movimento de translação*** translation; ***movimento de rotação*** rotation
móvito *s. m.* MEDICINA premature birth; miscarriage
movível *adj.* movable
moxama *s. f.* all kinds of smoked fish
moxamar *v. tr.* to smoke (fish)
moxameiro *s. m.* he who prepares (or sells) smoked fish
moxinga *s. f.* [Bras.] beating, thrashing; whipping
moxinifada *s. f.* mixture, medley; miscellany
mozeta *s. f.* mozzeta, mozetta
mu *s. m.* mule
mua *s. f.* mule
muar Ⓐ *adj.* mulish Ⓑ *s. m. e f.* he-mule, she-mule
muave *s. m.* sassy, sassywood
mucama *s. f.* [Bras.] female household slave
mucedíneo *adj.* mucedinous, mucid, mucidous
muchacha *s. f.* [fam.] girl
muchacharia *s. f.* a large group of lads or girls
muchacho *s. m.* [fam.] boy, lad
muchão *s. m.* mosquito
mucharra *s. f.* sargus
muchém *s. m.* white ant, termite
muciforme *adj.* mucinous
mucilagem *s. f.* mucilage
mucilaginoso *adj.* mucilaginous
mucina *s. f.* mucin
mucíparo *adj.* muciparous
mucívoro *adj.* feeding on mucilaginous plants
muco *s. m.* mucus
mucóide *adj.* mucoid
mucopurulento *adj.* muco-purulent
Mucoráceas *s. f. pl.* BOTÂNICA mucor; fungi
mucosa *s. f.* ANATOMIA mucous membrane; ***mucosa intestinal*** intestinal mucosa (mucous membrane); ***mucosa bucal*** bucal mucous membrane
mucosidade *s. f.* mucosity
mucoso *adj.* mucous
mucosseroso *adj.* mucoserous
mucrão *s. m.* mucro
mucronado *adj.* mucronated, mucronate
muçulmanismo *s. m.* Islamism, Mohammedanism
muçulmano Ⓐ *s. m.* Mussulman, Mohammedan Ⓑ *adj.* Moslem, Mohammedan
muda *s. f.* change, alteration, modification, transformation; clothes, change of clothes; ***muda (renovação) de penas (ou de pele)*** moult, moulting
mudadiço *adj.* changeable, variable; mutable
mudado *adj.* changed, altered; different, removed
mudador Ⓐ *adj.* moving, changing Ⓑ *s. m.* mover, remover
mudamente *adv.* dumbly
mudança *s. f.* change, alteration; modification, variation, substitution; move; removal; removing; ***mudança de ares*** change of air; ***mudança de ambiente*** change of scene; ***mudança de estado*** change of state; ***mudança de domicílio*** removal, removing, move; ***mudança de residência*** removal of residence; ***mudança de direcção*** change of direction; ***mudança de velocidade*** change of gear; ***mudança de vento*** shifting of the wind; ***uma mudança para melhor*** a change for the better; ***estas mudanças acrescentam perda para o agricultor*** these changes spell ruin to the farmer; ***uma mudança completa*** a thorough change; ***tenho notado nele uma grande mudança ultimamente*** I have noticed a great change in him lately; ***mudanças de temperatura*** variations of temperature; ***camião de mudanças*** furniture van, removal van
mudar Ⓐ *v. tr.* to change, to alter, to vary, to modify, to remove; to transform Ⓑ *v. intr.* to shift; to move (away); to change Ⓒ *v. refl.* to grow different, to become different, to change oneself; to remove, to change one's lodging; ***os tempos mudam*** times change; ***mudar de roupa*** to change one's clothes; ***mudar de hábitos*** to change one's habits; ***mudar de linguagem*** to change one's tune; ***mudar de comboio*** to change trains; ***mudar de opinião (ou de ideia)*** to change one's mind; ***mudar de cor*** to change colour; ***mudar de casa*** to move house, to change one's residence (for another); ***mudar de penas*** to moult; ***mudar a mobília de uma casa para outra*** to remove furniture from one house

to another; ***estamos a mudar-nos de Londres para Manchester*** we are (re)moving from London to Manchester; TEATRO ***mudar de cena*** to shift the scene; ***mudar de casa (durante a noite para fugir a um arresto)*** to flit; ***mudar de parecer*** to alter one's opinions; ***mudar o disco*** to change the subject; ***mudar de partido*** to change sides; ***mudar o tempo*** to break up (the weather); NÁUTICA ***mudar o rumo*** to alter the course; ***mudar de amarração*** to shift berth; ***mudar-se (o vento)*** to change; ***mudar de vida*** to put off the old man, to alter one's way of life, to amend; ***mudar de conduta*** to turn over a new leaf

mudável *adj.* mutable, changeable, fitful, inconstant, variable, fickle, unstable, unsteady

mudéjar *s. m., adj.* Mudejar (name given to the Moors who stayed in the Iberian Peninsula after the conquest)

mudejarismo *s. m.* Mudejar style

mudez *s. f.* dumbness, muteness; silence

mudo Ⓐ *adj.* dumb, mute, silent, speechless Ⓑ *s. m.* dumb person; ***mudo como um penedo*** very dumb; ***ela ficou muda de indignação*** she was speechless with indignation; ***ficar mudo*** to be tongue-tied; ***letras mudas*** silent letters

muezim *s. m.* muezzin

mufla *s. f.* muffle

muflão *s. m.* muffle

muflo *s. m.* muffle

mufti *s. m.* mufti

muge *s. f.* ZOOLOGIA mullet

mugeira *s. f.* ZOOLOGIA mullet

mugeiro *s. m.* fish eagle

mugem *s. f.* ⇒ **muge**

mugido *s. m.* mooing, moo, the lowing of a cow

mugidor *adj.* bellowing, lowing

Mugílidas *s. m. pl.* ⇒ **Mugilídeos**

Mugilídeos *s. m. pl.* mullet family

mugir *v. intr.* to moo, to bellow, to low

mui *adv.* most, very

muito Ⓐ *s. m.* large quantity Ⓑ *pron. indef.* much, a good deal of; a great deal of; *sing. e pl.* a lot of, plenty of; *pl.* many, a good many, a great many, lots of, too many, a great number of Ⓒ *adv.* very; very much; most; too; too much; ***muitos homens*** many a man; ***muitas vezes*** many times, often; ***muita gente*** many people; ***muito barato*** very cheap, dirt-cheap; ***nem muito nem pouco*** neither much nor little; ***quando muito*** at most; ***de muitas maneiras*** in many ways; ***chover muito*** to rain hard; ***muito bem*** very well, quite well, quite right; ***há muito tempo*** long ago; ***por muito que*** no matter how much, however much; ***por muito rico que sejas*** however much rich you may be; ***muito agarrado*** close-fisted; ***muito obrigado!*** many thanks!, thank you very much!; ***não ser de muito comer*** not to be a great eater; ***não gostar muito de*** not to care much for; ***doer muito*** to feel acute pain, to hurt a lot, to smart; ***muito cedo*** very early; ***gostar muito de*** to be very fond of, to like very much; ***muitos poucos fazem muitos*** many a pickle makes a mickle

mujique *s. m.* muzhik, moujik; Russian peasent

mula *s. f.* she-mule; ⌈fig.⌋ a stubborn, obstinate person

mulada *s. f.* troop of mules

muladar *s. m.* dunghill

mulata *s. f.* mulatto woman, dark-skinned woman

mulataria *s. f.* the mulattoes

mulatinho *s. m.* small mulatto; a variety of beans

mulato Ⓐ *s. m.* mulatto Ⓑ *adj.* mulatto, tawny

muleta *s. f.* crutch; support, prop; redcloak used by bullfighters; small fishing boat; ***um par de muletas*** a pair of crutches

muletada *s. f.* blow with a crutch

muleteiro *s. m.* muleteer

muletim *s. m.* sail of the boat called muleta

mulher *s. f.* woman, wife; ***mulher da sociedade*** a woman of the world; ***uma mulher nova*** a young woman; ***perspicácia instintiva da mulher*** woman's wit; ***mulher solteira*** single woman, spinster, maiden, maiden lady; ***direitos das mulheres*** women's rights; ***mulher cujo marido está ausente*** grass widow; ***mulher intelectual*** ⌈depr.⌋ bluestocking

mulheraça *s. f.* stout woman

mulher-a-dias *s. f.* charwoman, daily woman; ⌈fam.⌋ Mrs. Mop

mulherão *s. m.* ⇒ **mulheraça**

mulherengo Ⓐ *adj.* effeminate, unmanly, womanish Ⓑ *s. m.* milksop

mulher-homem *s. f.* strong woman

mulhericas *s. m.* ⇒ **maricas**

mulherico *adj.* effeminate; weak

mulherigo *s. m.* effeminate man

mulheril *adj.* womanish, womanly

mulherinha *s. f.* silly woman; telltale; small girl looking like a woman

mulherio *s. m.* great number of women; woman-kind; women

mulherzinha *s. f.* ⇒ **mulherinha**

mulo *s. m.* mule

mulso *s. m.* hydromel, mead

multar *v. tr.* to fine, to mulct; ***multar em dez libras*** to fine (a person) £10; ***ser multado em dez libras*** to be fined £10

multi- *pref.* multi, much, many

multiangular *adj.* mult(i)angular

multiatómico *adj.* multiatomic

multiaxífero *adj.* BOTÂNICA multiaxial

multibanco *s. m.* *(sistema)* multibanco; *(cartão)* cash card, cashpoint card; *(caixa)* ⌈Ingl.⌋ cash dispenser, cashpoint; ⌈E.U.A.⌋ ATM, automatic teller machine

multicapsular *adj.* BOTÂNICA multicapsular

multicarpelar *adj.* BOTÂNICA multicarpellary

multicaule *adj.* BOTÂNICA multicauline

multicelular *adj.* BOTÂNICA multi-cellular

multicilíndrico *adj.* multicylinder

multicolor *adj.* multicoloured

multicor *adj.* multicoloured

multicúspide *adj.* multicuspid(ate)

multidão *s. f.* multitude; crowd, throng; heap; abundance; ***a multidão*** the multitude, the masses; ***atravessar por entre a multidão*** to get through the crowd; ***uma enorme multidão*** an enormous crowd; ***multidões*** shoals of people

multidigitado *adj.* multidigitate

multiface *adj.* multifaced

multifacetado *adj.* multifaceted

multifário *adj.* multifarious, various, manifold

multífero *adj.* multiferous; fruitful

multífido *adj.* BOTÂNICA, ZOOLOGIA multifid

multifloro *adj.* BOTÂNICA multiflorous, multifloral

multífluo *adj.* flowing abundantly, multifluvian

multifoliado *adj.* BOTÂNICA multifoil

multiforme *adj.* multiform, manifold

multífuro *adj.* having many holes

multígeno *adj.* comprising more than one genus (or species)

multilateral *adj.* multilateral

multilátero *adj.* MATEMÁTICA, GEOMETRIA multilateral

multilingue *adj.* multilingual

multilíngue *adj.* ⇒ **multilingue**

multilobado *adj.* multilobate

multilocular *adj.* multilocular

multíloquo *adj.* multiloquent, loquacious

multímetro *s. m.* multimeter

multimilenário *adj.* multimillenary

multimilionário *s. m.* multimillionaire

multimodo *adj.* manifold, various

multinacional Ⓐ *s. m. e f.* multinational corporation Ⓑ *adj.* multinational

multinérveo *adj.* BOTÂNICA multinervate
multinfecção *s. f.* generalized infection
multiparidade *s. f.* BIOLOGIA, MEDICINA multiparity
multíparo *adj.* ZOOLOGIA, MEDICINA multiparous
multipartidário *adj.* POLÍTICA multipartite
multipartidarismo *s. m.* POLÍTICA multiparty system
multipartido *adj.* BOTÂNICA multipartite
multípede *adj.* ZOOLOGIA multiped, multipede
multipétalo *adj.* multipetalous
multiplano *adj.* multiplane
multiplexador *s. m.* multiplexer
multiplicação *s. f.* MATEMÁTICA multiplication; reproduction, growth
multiplicador Ⓐ *adj.* MATEMÁTICA multiplying Ⓑ *s. m.* multiplier, multiplicator
multiplicando *s. m.* MATEMÁTICA multiplicand
multiplicar Ⓐ *v. tr.* MATEMÁTICA to multiply; to increase, to augment Ⓑ *v. refl.* to grow, to extend; to propagate; ***multiplicar por*** to multiply by
multiplicativo *adj.* multiplicative
multiplicável *adj.* multipliable
multíplice *adj.* multiplex, manifold
multiplicidade *s. f.* multiplicity
múltiplo Ⓐ *adj.* MATEMÁTICA multiple Ⓑ *s. m.* multiple; ***menor múltiplo comum*** smallest common multiple
multipolar *adj.* multipolar
multipontuado *adj.* speckled
multipotente *adj.* multipotent
multirriscos *adj.* all-risks; ***seguro multirriscos*** all-risks insurance
multirracial *adj.* multiracial
multirradiado *adj.* multirradiate(d)
multirradicular *adj.* multiradicular
multisciente *adj.* knowing much
multíscio *adj.* knowing much
multissecular *adj.* having many centuries
multíssono *adj.* multisonant
multitubular *adj.* multitubular
multitudinário *adj.* multitudinous
multiungulado *adj.* multiungulate
multivago *adj.* multivagant; errant; multivagous; wandering
multivalente *adj.* QUÍMICA multivalent
multivalve *adj.* BOTÂNICA multivalve, multivalvular
multivalvular *adj.* BOTÂNICA multivalvular
multívio *adj.* multivious
multívolo *adj.* wishing many things at the same time
mulungo *s. m.* BOTÂNICA coral tree
mulungu *s. m.* ⇒ **mulungo**
múmia *s. f.* mummy; dried-up body; a gaunt person
mumificação *s. f.* mummification
mumificador Ⓐ *adj.* mummifying Ⓑ *s. m.* mummifier
mumificante *adj.* mummifying
mumificar Ⓐ *v. tr.* to mummify, to mummy, to embalm Ⓑ *v. intr.* to shrivel, to dry up Ⓒ *v. refl.* to become like a mummy
mumificável *adj.* that can be mummified
munda *s. f.* hill, mount
mundana *s. f.* dissolute (fast) woman; whore
mundanal *adj.* mundane, worldly
mundanalidade *s. f.* earthliness; worldliness, mundane life
mundanário *s. f.* ⇒ **mundano**
mundaneidade *s. f.* ⇒ **mundanalidade**
mundanidade *s. f.* ⇒ **mundanalidade**
mundanismo *s. m.* mundane life, worldliness; mundaneness
mundano *adj.* mundane, worldly, earthly, terrestrial; ***prazeres mundanos*** worldly pleasures; ***vida mundana*** worldly life, great social life; ***pessoa mundana*** worldling
mundial *adj.* world-wide; ***guerra mundial*** world war; ***Mundial de Futebol*** World Cup
mundialização *s. f.* globalization, internationalization; worldwide spread
mundialmente *adv.* universally, worldly
mundícia *s. f.* cleanness, neatness, spruceness, tidiness
mundície *s. f.* cleanness, neatness, spruceness, tidiness
mundificação *s. f.* mundification, cleansing, purification
mundificador Ⓐ *adj.* mundifying Ⓑ *s. m.* mundifier
mundificante *adj.* mundifying
mundificar *v. tr.* to cleanse; to purify
mundificativo *adj.* mundifying
mundividência *s. f.* Weltanschauung, world-view
mundo *s. m.* world, universe, earth; globe; human race, mankind; society; a large quantity; ***o mundo do pós-guerra*** the post-war world; ***o mundo real*** the natural world; ***por todo o mundo*** all over the world; ***por nada deste mundo*** not for my life; ***o outro mundo*** the other (or next) world, the world to come; ***alma do outro mundo*** ghost; ***dar a volta ao Mundo*** to go round the world; ***o fim do Mundo*** the end of the world; ***velho como o Mundo*** as old as the hills; ***meio mundo*** all the world and his wife; ***não me importo nada com o que o mundo diz*** I don't care what others say; ***as bocas do mundo*** gossip; ***pôr na boca do mundo*** to shout, to yell; ***prometer mundos e fundos*** to make extraordinary promises, to promise the moon; ***o mundo sábio*** the world of learning; ***apegado às coisas do mundo*** worldly-minded; ***experiência do mundo*** worldly wisdom; ***deixar o mundo*** to go the way of all flesh; ***desde que o mundo é mundo*** since the world was; ***enquanto o mundo for mundo*** as long as the world lasts
mundovisão *s. f.* Weltanschauung, world-view
mungida *s. f.* milking
mungidura *s. f.* milking
mungimento *s. m.* the act of milking
mungir *v. tr.* to milk
munha *s. f.* dry pine leaf
munhão *s. m.* trunnion, pin, gudgeon, stud; bearing; ***munhão da manivela*** crank pin
munheca *s. f.* wrist
munhoneira *s. f.* trunnion-plate
munição *s. f.* ammunition; munitions, supply, military stores; provisions; small shot; ***munições de boca*** provisions; ***pão de munição*** ammunition bread; ***munições de guerra*** munitions
municiamento *s. m.* ammunition, victualling, provision, supply
municiar *v. tr.* to provision, to supply
munício *s. m.* ammunition bread
municionamento *s. m.* munition, provisioning
municionar *v. tr.* to victual, to store (with ammunition)
municionário *s. m.* commissary of stores
municipal *adj.* municipal
municipalidade *s. f.* municipality, city council
municipalismo *s. m.* municipalism
municipalista *s. m. e f.* municipalist
municipalização *s. f.* municipalization
municipalizar *v. tr.* to municipalize
munícipe *s. m. e f.* citizen; townsman; ratepayer
município *s. m.* municipality; township; city council
munido *adj.* provided; supplied
munificência *s. f.* munificence, liberality, bounty, generosity
munificente *adj.* munificent, bountiful, liberal, generous, open-handed
munificentemente *adv.* munificently
munífico *adj.* ⇒ **munificente**
munir Ⓐ *v. tr.* to munition; to provide with, to supply, to furnish Ⓑ *v. refl.* to provide oneself with; to arm oneself; ***munir-se de guarda-chuva e galochas*** to be armed with umbrella and galoshes; ***munir-se dos fundos necessários*** to furnish oneself with the necessary funds

munquir *v. tr.* [coloq.] to eat little and many times; to masticate without opening the mouth
múnus *s. m.* charge, function
mura *s. f.* act of mousing (of the cat)
murada *s. f.* horizontal row of stitches (in a net)
muradal *s. m.* heap of rubbish
murador *s. m.* good mouser (cat)
muralha *s. f.* wall of a fortress; big wall; battlement
muralhado *adj.* walled, enclosed (within walls)
muralhar *v. tr.* to wall in; to defend, to protect (with a wall)
muramento *s. m.* enclosure, walling
murar *v. tr.* to wall, to enclose (with a wall); to fortify, to strengthen; to mouse, to hunt for, or to catch mice; ***murar um jardim*** to enclose a garden
murário *adj.* mural, formed by walls
murça *s. f.* RELIGIÃO pallium; pall; fine file
murceiro *s. m.* pallium-seller; pallium-maker
murcha *s. f.* withering, fading
murchar Ⓐ *v. tr.* to wither, to fade, to dry Ⓑ *v. intr.* to wither, to fade, to dry; to droop, to pine, to languish; ***as flores murcharam*** the flowers are faded
murchecer *v. intr.* ⇒ **emurchecer**
murchidão *s. f.* withering, fading
murcho *adj.* withered, faded, dry, shrivelled
murciana *s. f.* a crisp cabbage originated in Murcia
murciano Ⓐ *adj.* relating to Murcia Ⓑ *s. m.* native or inhabitant of Murcia
mureira *s. f.* dunghill (generally near a wall)
Murénidas *s. m. pl.* ⇒ **Murenídeos**
Murenídeos *s. m. pl.* *Muraenidae* (muraena, murena)
murfela *s. f.* blackbird
murganho *s. m.* mouse (*plural* mice)
múria *s. f.* muriate; pickling in brine
muriático *adj.* QUÍMICA muriatic; ***ácido muriático*** muriatic acid
muriato *s. m.* QUÍMICA [arc.] muriate; chloride
múrice *s. m.* murex
muricida *adj.* rat-killing
Murícidas *s. m. pl.* ⇒ **Muricídeos**
Muricídeos *s. m. pl.* ZOOLOGIA *Muricidae*
murifela *s. f.* ⇒ **murfela**
murino *adj.* murine
murmulhante *adj.* rippling, rustling
murmulhar *v. tr.* to rustle (trees); to ripple (waves), to mutter, to whisper
murmulho *s. m.* rustling (of the trees); rippling (of the waves)
múrmur *s. m.* murmur, rumour
murmuração *s. f.* murmuring, whispering; back-biting
murmuradeira *s. f.* slanderer, defamer
murmurador Ⓐ *adj.* murmuring Ⓑ *s. m.* murmurer; grumbler; backbiter
murmurante *adj.* murmuring, murmurous; grumbling, complaining
murmurar Ⓐ *v. tr.* to murmur, to whisper, to mutter Ⓑ *v. intr.* to grumble, to complain; to backbite, to speak ill of
murmurativo *adj.* murmuring
murmurejar *v. intr.* to murmur, to rustle, to whisper
murmurejo *s. m.* rustling, murmuring
murmurinhar *v. intr.* ⇒ **murmurejar**
murmurinho *s. m.* low murmur
murmúrio *s. m.* murmur, whisper; rustling; mutter; complaint; ***os murmúrios da brisa*** the whispers of the breeze
múrmuro *adj.* [poét.] murmuring, purling (of brook, stream, etc.)
murmuroso *adj.* murmurous
muro *s. m.* wall; ***muro de alvenaria*** rough stone wall; ***muro frontal*** face wall; NÁUTICA ***muro de fornalha*** fire-bridge, furnace-bridge
murra *s. f.* red spot caused by being near the fire; stain
murraça *s. f.* blow (with the fist); heavy cuff, hard punch
murre-murre *s. m.* ***estar em murre-murre*** to be about to die
murro *s. f.* fisticufs, cuff, blow; ***dar murros na cabeça de*** to punch someone's head; ***um murro na cabeça*** a punch on the head; ***dar um murro nos olhos*** to black an eye; ***um murro nos ouvidos*** a box on the ears
murta *s. f.* BOTÂNICA myrtle
Murtáceas *s. f. pl.* BOTÂNICA *Myrtaceae*
murtal *s. m.* myrtle grove
murtefuge *s. m.* Jew fish
murteira *s. f.* myrtle
murteiro *s. m.* myrtle
murtinheira *s. f.* ⇒ **murta**
murtinho *s. m.* myrtle-berry
murugem *s. f.* BOTÂNICA field myosotis
mururu *s. m.* aches and pains; water plant of the family *Urticaceae*
murzá *s. m.* mirza
murzelo *adj.* black horse
musa *s. f.* muse; poetical inspiration; poetry
Musáceas *s. f. pl.* BOTÂNICA *Musaceae*
musáceo *adj.* musaceous
musal *adj.* of the Muses
musaranho *s. m.* ZOOLOGIA shrew-mouse
muscardina *s. f.* muscardine
muscardínico *adj.* muscardined
muscícola *adj.* which lives or vegetates among the mosses
Múscidas *s. m. pl.* ⇒ **Muscídeos**
Muscídeos *s. m. pl.* ZOOLOGIA *Muscidae*
muscíneo *adj.* mossy, resembling a moss
muscívoro *adj.* fly-eating
muscóide *adj.* muscose, moss-like
muscologia *s. f.* muscology, bryology
muscoso *adj.* mossy, muscose
musculação *s. f.* musculation
musculado *adj.* muscular, brawny, strong, powerful, vigorous, sinewy, stalwart
muscular *adj.* muscular; ***reumatismo muscular*** muscular rheumatism; ***força muscular*** muscular strength
musculatura *s. f.* musculature
musculina *s. f.* substance extracted from muscles
músculo *s. m.* muscle, strength, vigour; ***músculo extensor*** extensor (muscle); ***músculo constritor*** constrictor muscle; ***músculo contractor*** contractor muscle; ***ter músculo*** to be strong
musculomembranoso *adj.* musculomembranous
musculosidade *s. f.* musculature
musculoso *adj.* muscular, brawny, vigorous, robust, sturdy
museografia *s. f.* description of a museum; museography
museógrafo *s. m.* museographer
museologia *s. f.* museology
museológico *adj.* museological
museologista *s. m. e f.* museologist
museólogo *s. m.* museologist
museu *s. m.* museum; ***museu aeronáutico*** air museum; ***museu da marinha*** naval museum
musgo *s. m.* moss
musgoso *adj.* mossy
musguento *adj.* mossy
música *s. f.* music; melody, harmony; orchestra, band; ***professora de música*** music mistress; ***professor de música*** music-master; ***estante para músicas*** music-rack, music-stand; ***livro de música*** music-book; ***música de câmara*** chamber music; ***música de dança*** dance music; ***música sacra*** church music; ***música erudita*** classical music; ***música folclórica*** folk music
musicado *adj.* set to music

musical *adj.* musical, tuneful; ***instrumento musical*** musical instrument
musicalidade *s. f.* musicality
musicalmente *adv.* musically
musicante *s. m. e f.* musician
musicar Ⓐ *v. intr.* to sing; to make music Ⓑ *v. tr.* to set to music
musicata *s. f.* [fam.] music, brassband, fanfare; musical execution
musicista *s. m. e f.* lover of music
músico Ⓐ *s. m.* musician Ⓑ *adj.* harmonious, musical
musicofilia *s. f.* musicophilia
musicografia *s. f.* musicography
musicógrafo *s. m.* musicographer
musicologia *s. f.* musicology; treatise on music
musicólogo *s. m.* musicologist
musicomania *s. f.* musicomania; melomania
musicomaníaco *s. m.* maniac for music, music-mad person
musicómano *s. m.* maniac for music, music-mad person
musicoterapia *s. f.* musicotherapy
musiqueta *s. f.* little piece of music; trivial piece of music
musiquim *s. m.* strolling musician; strummer
mussamba *s. f.* African tree
musselina *s. f.* muslin
mussitação *s. f.* muttering
mussitar *v. intr.* to mutter, to whisper, to murmur
mussurungo *s. m.* kind of cuckoo (bird)
Mustélidas *s. m. pl.* ZOOLOGIA *Mustelidae*
mustelídeo *adj.* musteline
Mustelídeos *s. m. pl.* ⇒ **Mustélidas**
mustelino *adj.* musteline
mustímetro *s. m.* glucometer
mutabilidade *s. f.* mutability, mutableness; changeability
mutação *s. f.* mutation; change, alteration, variation
mutacionismo *s. m.* mutation
mutacismo *s. m.* mutacism; exaggerated repetition of the letter "m"
mutante *s. m. e f., adj.* mutant
mutatório *adj.* mutative
mutável *adj.* mutative, changeable, fitful, inconstant
mutilação *s. f.* mutilation, mangling, maiming
mutilado Ⓐ *adj.* mutilated, maimed; disabled Ⓑ *s. m.* disabled man; ***mutilado da guerra*** war-disabled
mutilador Ⓐ *s. m.* mutilator Ⓑ *adj.* mutilating
mutilar *v. tr.* to mutilate, to maim, to cripple, to disfigure; to reduce; to mangle; to destroy a part of; to render imperfect
mutismo *s. m.* mutism, muteness; dumbness; silence
mutuação *s. f.* mutuality, reciprocity, interdependence
mutual *adj.* mutual, interchanged, reciprocal, reciprocated
mutualidade *s. f.* mutuality, reciprocity; COMÉRCIO system of mutual insurance; benefit or friendly society
mutualismo *s. m.* mutualism
mutualista *s. m. e f.* mutualist
mutuamente *adv.* mutually, reciprocally
mutuante Ⓐ *adj.* lending Ⓑ *s. m. e f.* lender, loaner, contractor of a loan
mutuar *v. tr.* to mutualize; to exchange, to loan, to lend; to make mutual; to borrow
mutuário *s. m.* borrower
mutuatário *s. m.* borrower
mutula *s. f.* bed
mútulo *s. m.* ARQUITECTURA mutule
mútuo Ⓐ *adj.* mutual, reciprocal, interchanged Ⓑ *s. m.* loan, insurance; exchange; ***auxílio mútuo*** mutual help; ***benefícios mútuos*** mutual benefits; ***esforços mútuos*** mutual efforts; ***afeição mútua*** mutual affection
muxaxa *s. f.* African tree with poisonous bark and leaves
muxinga Ⓐ *s. f.* [Bras.] whip, flap Ⓑ *adj.* [fig.] hiding, beating
muzuzuro *s. m.* an African tribe

n, N *s. m.* the fourteenth letter of the alphabet
N QUÍMICA symbol of nitrogen
na *contr. da prep.* **em** + *art. def.* **a**
Na QUÍMICA symbol of sodium
nababesco *adj.* rich, opulent, of a nabob
nababia *s. f.* nabobship; a nabob's territory
nabábico *adj.* ⇒ **nababesco**
nababo *s. m.* nabob; HISTÓRIA Mohammedan official or governor under Mogul empire; person of great wealth
nabada *s. f.* dish of turnips; sweet made of turnips
nabal *s. m.* turnip-field, turnip plantation
nabantino *s. m., adj.* concerned with the city of Tomar
nabiça *s. f.* turnip greens; turnip rootlet, turnip leaf
nabiçal *s. m.* field with turnip rootlets
Nábidas *s. m. pl.* ⇒ **Nabídeos**
Nabídeos *s. m. pl.* family of hemipterous insects
nabinha *s. f.* [reg.] turnip seed
nabinheira *s. f.* place where turnip seeds are sown
nablo *s. m.* ⇒ **nébel**
nabo *s. m.* BOTÂNICA turnip; [pop.] stupid person, ignorant person; ***tirar nabos da púcara*** to try to worm secrets out of a person; ***comprar nabos em saco*** to buy a pig in a poke
naca *s. f.* ⇒ **naco**
nacada *s. f.* a big slice, big piece, big lump
nação *s. f.* nation, country, land, state; ***a nação britânica*** the British nation; ***direito das nações*** international law; ***nação comercial*** trading nation; ***Nações Unidas*** United Nations
nácar *s. m.* nacre, mother-of-pearl; [pop.] carmine; pink (colour)
nacarado *adj.* nacreous, pearly; carmine
nacarar *v. tr.* to cover with nacre
nacarino *adj.* nacreous, pearly; carmine, pink
nacela *s. f.* ARQUITECTURA scotia, concave moulding in the base of a column; AERONÁUTICA nacelle
nacional *adj.* national; ***hino nacional*** national anthem; ***dívida nacional*** national debt; ***Assembleia Nacional*** National Assembly; ***bandeira nacional*** national flag; DESPORTO ***selecção nacional*** national team
nacionalidade *s. f.* nationality, nation; national status; national character
nacionalismo *s. m.* nationalism; nationalistic principles (or policy), national independence; patriotic feeling; patriotism
nacionalista *s. m. e f., adj.* national; nationalist; ***partido nacionalista*** nationalist party
nacionalização *s. f.* nationalization, naturalization
nacionalizador *s. m.* nationalizer
nacionalizar *v. tr.* to nationalize, to render national, to naturalize; [fig.] to acclimate, to acclimatize
nacional-sindicalismo *s. m.* national-syndicalism
nacional-sindicalista *s. m. e f., adj.* national-syndicalist
nacional-socialismo *s. m.* National Socialism, Nazism
nacional-socialista *s. m. e f., adj.* National Socialist, Nazi
naco *s. m.* slice, piece, morsel, portion, rasher, hunk, chunk; ***um naco de pão*** a big slice of bread; ***um naco de carne*** a morsel of meat; ***um naco de toucinho defumado ou de fiambre*** a rasher of bacon or a slice of ham
nacrite *s. f.* MINERALOGIA kaolin variety
nada *pron. indef., s. m., adv.* nothing, nothingness; nought, nonexistence, zero, cipher; nonentity; in no way or degree; not at all; ***quase nada*** next to nothing; ***por nada (de graça)*** for nothing; ***pouco ou nada vale*** it is worth little or nothing; ***não servir para nada*** to be good for nothing; ***nada absolutamente*** not at all; ***antes de mais nada*** first of all; ***daqui a nada*** in a moment; [coloq.] ***nada feito*** nothing doing; ***daí a nada*** soon after; ***não faria isso por nada*** I would not do that for love or money; ***um nada*** a trifle; ***não me é nada*** he is no relation of mine; ***isso não vale nada*** that is worth nothing; ***nada disso*** nothing of the kind, nothing of the sort; ***não havia nada de que eu mais gostasse do que ...*** I should have liked nothing better than; ***não sobrou nada*** nothing was left over; ***por nada desta vida*** not for love or money, not for the world; ***coisas de nada*** mere nothings; ***ter tanta maçada para nada*** to have all one's trouble for nothing; ***como se nada houvesse*** as if nothing was the matter; ***isso nada tem que ver com isto*** that has nothing to do with this; ***não é nada consigo*** it's none of your business; ***nada disso me interessa*** none of this concerns me; ***nada mais*** that's all, nothing else; ***nada, mesmo nada, absolutamente nada*** not one jot for a little; ***não querer nada com*** to want to have nothing to do with; ***ele não tem nada de seu*** he has nothing of his own; ***não digas mais nada*** say no more; NÁUTICA ***nada mais para a orça!*** don't bring her to the wind!; ***muito obrigado! - De nada!*** thank you very much! - Not at all!, don't mention it!
nadabau *s. m.* BOTÂNICA duck-weed
nadadeira *s. f.* flipper; paddle
nadador *s. m., adj.* swimmer, one who swims; swimming; ***aves nadadoras (palmípedes)*** palmipeds; ***fraco nadador*** a poor swimmer; ***um bom nadador*** a strong swimmer; ***o nadador foi ao fundo*** the swimmer sank
nadadura *s. f.* swimming
nadante *adj.* natatory, swimming; floating, natant
nadar *v. intr.* to swim, to float; to overflow, to abound; to bathe, to be immersed, to wallow, to have plentifully; ***nadar de costas*** to swim on one's back, backstroke; ***nadar uma milha*** to swim a mile; ***nadar em suor*** to be bathed in sweat; ***nadar como um prego*** to swim to the bottom, to swim like a stone; ***nadar de lado*** to do the side stroke, to swim on one's side; ***sabes nadar?*** can you swim?; ***não sei nadar*** I cannot swim; ***todas as crianças deviam aprender a nadar*** every child should learn to swim; ***nadar por entre as ondas*** to swim through the waves; ***nadar em dinheiro*** to be rolling in money, to wallow in money; [fam.] ***ficar a nadar*** to be at a loss; ***nadar entre duas águas*** to swim under water; ***ele nada como um prego*** he cannot swim a stroke, he swims like a stone; ***nadar de peito*** to swim on one's chest, to do breast stroke; [fig.] ***nadar a favor da corrente*** to swim with the tide
nádega *s. f.* buttock; rump, crupper
nadegada *s. f.* smack (blow) on the buttocks
nadegudo *adj.* that has large buttocks
nadegueiro *adj.* relating to the buttocks
nadinha *s. m.* a little, a trifle, insignificance
nadir *s. m.* ASTRONOMIA nadir (the point of the heavens directly opposite to the zenith); the lowest point
nadiral *adj.* related to nadir; nadiral
nadivo *adj.* native, that may be born; built at the place where it stands

nado Ⓐ *adj.* born Ⓑ *s. m.* swimming; swim; ***atravessar a nado*** to swim over; ***atravessar o canal a nado*** to swim the channel; ***atravessar um rio a nado*** to swim across a river; ***atravessar com o cavalo a nado*** to swim a horse across a river; NÁUTICA ***a nado*** afloat, waterborne; ***pôr a nado*** to float, to get off, to lift, to raise (ship)
nado-morto *adj.* still-born
nafé *s. m.* okra, gumbo
náfega *s. f.* apple; apple tree
náfego *adj.* lame, limpine (horse); ***cavalo náfego*** horse that has one of the hind quarters lower than the other
nafta *s. f.* naphtha
naftagil *s. m.* variety of natural bitumen
naftalénico *adj.* naphtalic
naftaleno *s. m.* naphthalene
naftalina *s. f.* naphthalene (a solid hydrocarbon obtained from coal-tar)
naftol *s. m.* naphthol
naga *s. m.* ⇒ **naja**
nagalhé *s. m.* nobody; person of no importance or consequence, a nonentity
nagalho *s. m.* neck-tie; piece of string; skein, small bundle of thread; [fig.] small quantity of anything; small person; [reg.] scarf
nagana *s. f.* sleeping sickness of cattle or domestic animals
nagara *s. m.* timbal, tymbal; kettledrum
nágera *s. f.* bald coot
náiada *s. f.* ⇒ **náiade**
Naiadáceas *s. f. pl.* family of monocotyledonous, aquatic plants
náiade *s. f.* naiad, water-nymph
naida *s. f.* naiad, water-nymph
Naidas *s. m. pl.* oligochaete, naiades
naide *s. f.* ⇒ **náiade**
Naídeos *s. m. pl.* ⇒ **Naidas**
naifa *s. f.* [pop.] knife, razor
naifada *s. f.* [pop.] slash (gash) with a knife
naifista *s. m. e f.* person who slashes with a knife
naipada *s. f.* suit of cards
naipe *s. m.* suit, a set of cards (hearts, clubs, diamonds or spades); ***jogar do mesmo naipe*** to follow suit; [coloq.] ***estar baldado ao naipe*** to be short of money
naipeiro *adj.* related to a suit of cards
naique *s. m.* clerk in Portuguese India
nairangia *s. f.* divination among Arabs by observation of the sun and moon
naire *s. m.* naik
naja *s. m.* ZOOLOGIA naja (hooded snake)
nalga *s. f.* buttock
nalgada *s. f.* blow on the buttock
namaz *s. m.* prayer which the Turks say five times a day
namázi *s. m.* prayer which the Turks say five times a day
namoração *s. f.* flirt, flirting
namorada *s. f.* sweetheart, ladylove, flame, fiancée, lover
namoradeira *s. f., adj.* jilt, flirt, coquette; coquettish
namoradeiro *adj.* flirtatious
namoradiço *adj.* [coloq.] given to love making, flirtatious
namorado Ⓐ *adj.* amorous, enamoured Ⓑ *s. m.* lover, fiancé, sweetheart
namorador *s. m., adj.* beau, lady-killer; lover
namoramento *s. m.* flirt, flirting
namorar *v. tr.* to make love to, to be in love with; to be enamoured of; to pay court, to court, to woo
namoratório *adj.* relating to flirt
namoricar *v. tr.* to flirt, to play at love-making, to court triflingly
namorico *s. m.* flirtation, flirting, coquetry, calf-love, puppy-love
namoriscar *v. tr.* ⇒ **namoricar**
namorisco *s. m.* flirtation, flirting
namorismo *s. m.* tactics of courting or flirting
namorista *s. m. e f.* ⇒ **namorador**
namoro *s. m.* love-making, courtship; wooing love
nana *s. f.* lullaby; sleep of a baby
nanar *v. intr.* to lull (children), to sleep, to rock
nandaia *s. f.* bird pertaining to the parrot family
nandiroba *s. f.* ⇒ **andiroba**
nandu *s. m.* ⇒ **ema**
nanequismo *s. m.* religious doctrine of some Indian peoples, a mixture of Brahmanism and Islamism
nangor *s. m.* small ruminant mammal; Morocco gazelle
nanico *adj.* dwarfish; stunted; timid
nanismo *s. m.* dwarfishness, stuntedness, nanism
nanja *adv.* [pop.] no; never
nanocefalia *s. f.* MEDICINA microcephaly
nanocéfalo Ⓐ *adj.* MEDICINA microcephalous Ⓑ *s. m., adj.* microcephalic
nanocormo *adj.* MEDICINA suffering from abnormal smallness of the trunk
nanomelia *s. f.* MEDICINA congenital abnormal shortness of legs and arms
nanómelo *adj.* one who suffers from congenital abnormal shortness of legs and arms
nanoplâncton *s. m.* nanoplankton
nanossomia *s. f.* nanosomia, dwarfishness
nanquim *s. m.* nankeen, cotton cloth; Chinese ink, very black fluid for writing or drawing, China ink
não *adv., s. m.* no, not; ***ainda não*** not yet; ***porque não?*** why not?; ***não olhar a despesas*** to spare no expense; ***creio que não*** I think not; ***a não ser que*** unless; ***não que eu saiba*** not that I know of; ***não há muito*** not long ago, a little while ago; ***para não dizer*** not to say; ***é assim ou não?*** is it so or not?; ***pois não!*** willingly!, certainly!; ***não por certo*** no indeed; ***não há maneira de …*** there is no way of; ***não se poupar a esforços*** to spare no pains; ***não admitir desculpas*** to admit no excuse; ***não cumprir a sua obrigação*** to fail to do one's duty; ***não só*** not only; ***respondeu-me com um não redondo*** he answered with a downright "no"; ***não muito depois*** not long after; ***quer queira, quer não*** willing or not, willy-nilly; ***não é tanto assim*** it is not so very much; ***não tem importância, não faz mal*** never mind; ***um não seco*** a downright "no"; ***não dar ponto sem nó*** to do nothing without an ulterior motive; ***não tem de quê*** don't mention it, not at all; [coloq.] ***não me faltava mais nada!*** that's the last straw!; ***não prestar para nada*** to be no good for anything, to be good for nothing
não-alinhado *s. m., adj.* nonaligned
não-alinhamento *s. m.* nonalignment
não-apoiado *adj.* unsupported
não-beligerância *s. f.* non-belligerency
não-beligerante *s. m. e f., adj.* non-belligerent
não-contente *adj.* mal-content
não-me-deixes *s. m.* BOTÂNICA groundsel
não-me-esqueças *s. m.* BOTÂNICA forget-me-not, water myosotis
não-presta *s. m.* vanity, haughtiness, pride
não-sei-quê *s. m.* a vague something
não-te-rales *s. m. e f.* easy-going, unsolicitous
não-violência *s. f.* nonviolence
napa *s. f.* nappa leather
napáceo *adj.* turnip-shaped
napeia *s. f.* wood-nymph
napeiro *adj.* indolent; slothful; sleepy, drowsy
napelina *s. f.* alkaloid extracted from the common aconite or monk's hood
napelo *s. m.* BOTÂNICA a kind of wolf's bane; monk's hood
napiforme *adj.* turnip-shaped
napoleão *s. m.* napoleon (French gold coin of the value of 20 francs)

napoleónico *adj.* Napoleonic
napoleonismo *s. m.* Napoleonism
napoleonista *s. m. e f.* Napoleonist
napolitano *s. m., adj.* Napolitan, of (or belonging to) Naples; Napolitan, a native of Naples
naquele *contr. da prep.* **em** + *pron. dem.* **aquele**
naquilo *contr. da prep.* **em** + *pron. dem.* **aquilo**
narceína *s. f.* QUÍMICA narceine, a narcotic alkaloid obtained from opium
narceja *s. f.* ZOOLOGIA snipe (bird of the genus Gallinago, having a long straight bill)
Narcisáceas *s. f. pl.* *Amaryllidaceae*
narcisar-se *v. refl.* to be vain, to be conceited, to be proud of one's own look (or beauty); to adorn oneself excessively; to take pleasure in looking at oneself in the mirror
Narcíseas *s. f. pl.* BOTÂNICA members of the *Amaryllidaceae*
narcisismo *s. m.* narcissism
narciso *s. m.* BOTÂNICA narcissus (kind of bulbous plant); Narcissus, a very handsome but vain young man; ***narciso amarelo*** daffodil
narcisso *s. m.* BOTÂNICA narcissus (kind of bulbous plant); Narcissus, a very handsome but vain young man
narcissóide *adj.* BOTÂNICA like the narcissus
narcoanálise *s. f.* MEDICINA narcoanalysis
narcoipnose *s. f.* MEDICINA hypnose conducted on a narcotized person
narcolepsia *s. f.* MEDICINA narcolepsy
narcomania *s. f.* MEDICINA exaggerated tendency to use narcotics; morphinism
narcose *s. f.* narcosis
narcossíntese *s. f.* MEDICINA psychotherapy using elements chosen by narcoanalysis
narcoterapia *s. f.* MEDICINA narcotherapy
narcótico Ⓐ *adj.* narcotic, inducing sleep or drowsiness Ⓑ *s. m.* narcotic, drug which produces sleep or drowsiness; drug; [E.U.A.] stuff; *pl.* [cal.] dope
narcotina *s. f.* QUÍMICA narcotine (an alkaloid of opium)
narcotismo *s. m.* narcotism (state of drowsiness, insensibility produced by narcotic poisoning)
narcotização *s. f.* narcotization
narcotizar *v. tr.* to narcotize
narcotraficante *s. m. e f.* drug trafficker
narcotráfico *s. m.* drug traffic
nardino *adj.* pertaining to the spikenard
nardo *s. m.* BOTÂNICA spikenard, nard (perennial aromatic herb resembling valerian)
narguilé *s. m.* hookah; oriental tobacco-pipe in which the smoke is passed through water
narícula *s. f.* nostril; *pl.* nose
narigada *s. f.* blow with the nose; snuff
nariganga *s. f.* large (bulbous) nose
narigão *s. m.* large (bulbous) nose
narigudo *adj.* long-nosed, large-nosed
narigueiro *adj.* relative to the nose
narigueta *s. f.* person who has an ugly nose
narina *s. f.* nostril; blowhole
nariz *s. m.* nose; [fig.] peak, point; prow (airplane, ship); ***meter o nariz onde não é chamado*** to poke one's nose into another's business; ***não vê dois palmos adiante do nariz*** he cannot see beyond (the length of) his nose; [fam.] ***torcer o nariz*** to turn up one's nose at; ***deitar sangue pelo nariz*** to bleed at the nose; ***falar pelo nariz*** to snuffle, to speak through the nose; ***seguir (marchar) em frente do nariz*** to follow one's nose; ***ponta do nariz*** tip of the nose; ***nariz achatado*** snub nose; ***nariz arrebitado*** pug-nose; ***nariz aquilino*** aquiline nose; ***nariz chato*** flat nose
narração *s. f.* narration, narrative, report, account, relation; tale, recital, history, chronicle
narrado Ⓐ *adj.* told, reported Ⓑ *s. m.* narrative
narrador *s. m.* narrator, one who narrates; the teller of a story, relater, historian raconteur
narrar *v. tr.* to narrate, to relate, to recount, to report, to describe, to tell, to detail, to give an account of; ***narrar as suas aventuras*** to narrate one's adventures
narratário *s. m.* LITERATURA narratee
narrativa *s. f.* narrative, tale, story, recital (of facts); narration, account, history, chronicle
narrativamente *adv.* narratively, in the form of a narrative or recital of events in order
narratividade *s. f.* narrativity
narrativo *adj.* narrative, relating an event or story
narrável *adj.* narratable
nartece *s. m.* narthex
nártex *s. m.* narthex
narval *s. m.* narwhal, the sea-unicorn; dolphin with tusks
nasal *s. m., adj.* nasal, of the nose; rhinal; a nasal sound or letter
nasalação *s. f.* nasalization, process, result of nasalizing speech-sounds
nasalado *adj.* nasal; nasalized
nasalar *v. tr.* to nasalize, to speak through the nose; to sound (or to enunciate) nasally
nasalidade *s. f.* nasality (resonance through the nose; the state of being nasal)
nasalização *s. f.* ⇒ **nasalação**
nasalizar *v. tr.* ⇒ **nasalar**
nascediço *adj.* nascent, being born
nascedoiro *s. m.* birthplace; orifice of the uterus
nascedouro *s. m.* birthplace; orifice of the uterus
nasceiro *s. m.* fountain; source, spring
nascença *s. f.* birth; origin, source, beginning, spring; ***cego de nascença*** born blind; ***de nascença*** by birth
nascente Ⓐ *adj.* nascent, just appearing, spring up; budding, dawning, beginning Ⓑ *s. m.* East, Orient Ⓒ *s. f.* spring, source; ***nascente de água*** spring, water-spring; ***nascente de águas termais*** thermal spring
nascer Ⓐ *v. intr.* to be born, to come into the world; to begin, to grow; to spring up; to rise; to dawn (the day) Ⓑ *s. m.* rising; ***nascer para ser feliz e rico*** to be born with a silver spoon in one's mouth; ***nascer (as plantas)*** to shoot up, to put forth (buds); ***os botões estão a nascer*** the buds are shooting, the buds are springing; ***fazer nascer uma questão*** to start a discussion; ***nasceu um equívoco*** a misunderstanding arose; ***fazer nascer a dúvida*** to give rise to doubt; ***ao nascer do Sol*** at sunrise; ***o nascer do dia*** the daybreak, the dawn
nascida *s. f.* boil, abscess, gathering, swelling
nascidiço *adj.* native, natural
nascido *adj.* born
nascimento *s. m.* birth, nativity; beginning; origin; ancestry, line, lineage, descent, race, extraction; rising, rise (of planets); dawn; ***ser de nascimento ilustre*** to be high-born; ***não ser de nascimento ilustre*** not to be out of the top drawer
nascituro *adj.* begotten (but not yet born), conceived, unborn
nascível *adj.* that may be born
nasopalpebral *adj.* nasopalpebral, related to the nose and the eyelids
nasoscópio *s. m.* nasoscope (instrument to examine the nose)
nassa *s. f.* wicker basket (for fishing); ***nassa de pescar*** pound-net
nassada *s. f.* number of wickerbaskets; quantity of fish caught (in a pound-net)
nastia *s. f.* stimulated movement
nastismo *s. m.* stimulated movement
nastro *s. m.* tape, ribbon
nata *s. f.* cream (the fatty part of milk from which butter is made); [fig.] the choicest part of anything, the pick of the plum, the prime; ***pastéis de nata*** cream tarts, custard tarts

natação *s. f.* swimming, art of swimming; ***mestre de natação*** swimming-instructor; ***prova de natação*** swimming-baths
natadeira *s. f.* creamer, flat dish for skimming cream off milk; basin or dish where curdle milk is kept
natado *adj.* creamy
natal *adj.* native; ***terra natal*** birthplace, homeland
Natal *s. m.* Christmas (festival of Christ's birth, on the 25th of December); ***natal*** native; ***véspera do Natal*** Christmas Eve; ***presentes do Natal*** Christmas presents; ***loas do Natal*** carols; ***época do Natal*** Christmas time; ***dia de Natal*** Christmas Day; ***árvore de Natal*** Christmas-tree
natalício *adj.* natal, of (or from) one's birth; ***aniversário natalício*** birthday
natalidade *s. f.* natality; birth-rate; ***natalidade elevada*** high birth-rate
natário *adj.* ⇒ **natatório**
natátil *adj.* that swims (or floats) on the surface of the water; floatable, natant
natatório *adj.* natatorial, natatory, swimming; ***bexiga natatória dos peixes*** swimming-bladder
nateirado *adj.* muddy, slimy
nateiro *s. m.* slime, fine oozy mud
natento *adj.* slimy; fertile, creamy
natiforme *adj.* related (or similar) to buttocks
natio *s. m.* ground where plants grow without previous culture
natividade *s. f.* Nativity (festival of Christ's Nativity); Christmas; birth, nativity
nativismo *s. m.* nativism, doctrine of innate ideas; [Bras.] aversion towards foreigners
nativista *s. m. e f.* nativist
nativo *adj.* native, inborn, innate, congenital; natural
nato *adj.* born, innate, congenital, inherent, ingrained; living, alive
natrão *s. m.* QUÍMICA natron (native sesquicarbonate of soda)
natro *s. m.* QUÍMICA natron (native sesquicarbonate of soda)
natrólito *s. m.* natrolite
natrómetro *s. m.* apparatus for measuring the amount of sodium or potassium in commercial products
natronite *s. f.* nitratine, native sodium nitrate
natura *s. f.* ⇒ **natureza**
natural Ⓐ *adj.* natural, instinctive, spontaneous; normal, usual, uncultivated; innate, inherent; unaffected, easy-mannered; native; ordinary, normal; real, lifelike; CULINÁRIA fresh, uncooked Ⓑ *s. m.* native, home-born, nature, genius; ***do natural*** from life, from nature; ***ser natural de*** to be a native of; ***história natural*** natural history; ***modo natural de falar*** a natural way of speaking; ***morte natural*** natural death; ***cópia fiel do natural*** true copy, copy true to life; PINTURA ***ao natural*** from life, true to nature; ***belezas naturais de um país*** natural beauties of a country
naturalidade *s. f.* naturalness, the state of being natural; plainness; ingenuousness, nationality; birthright; birth-place
naturalismo *s. m.* naturalism; realism, materialism, positivism
naturalista Ⓐ *s. m. e f.* naturalist Ⓑ *adj.* naturalistic
naturalístico *adj.* naturalistic
naturalização *s. f.* naturalization; nationalization
naturalizado Ⓐ *adj.* naturalized Ⓑ *s. m.* denizen
naturalizar *v. tr. e refl.* to naturalize; to nationalize, to grant naturalization to, to confer rights of citizenship on (an alien); to acclimatize; to be naturalized, to become naturalized
naturalmente Ⓐ *adv.* naturally, innately; probably, as a matter of course Ⓑ *interj.* of course!, indeed!, well!, to be sure!
natureza *s. f.* nature, the universe; natural law; essential qualities; creation; disposition; temper; character; humour, mind; ***natureza-morta*** inanimate nature; ***um apaixonado da natureza*** a lover of nature; ***aborto da natureza*** freak of nature; ***natureza do terreno*** nature of the ground; ***natureza humana*** human nature; ***toda a natureza renasce na Primavera*** all nature revives in spring; ***é de tal natureza que ninguém o atura*** his nature is such that nobody can bear him
naturismo *s. m.* naturalism
naturista *s. m. e f., adj.* naturalist
naturopata *s. m. e f.* naturopath
naturopatia *s. f.* naturopathy
nau *s. f.* vessel, ship; ***grande nau, grande tormenta*** many possessions bring many cares
nauatle *s. m.* language spoken in Mexico
naufragado *adj.* shipwrecked, castaway; ***navio naufragado*** shipwreck
naufragante *adj.* shipwrecked
naufragar *v. intr.* to shipwreck, to suffer shipwreck; to be wrecked, to be shipwrecked; to bring to ruin; to destroy utterly; to be brought to ruin and destruction
naufragável *adj.* liable to wreck, lost (chiefly-ship)
naufrágio *s. m.* wreck, shipwreck
náufrago *s. m.* person saved from a shipwreck, castaway
naufragoso *adj.* causing shipwreck; dangerous; wrecker
naumaquia *s. f.* naumachia, mimic sea battle in ancient Rome
naupatia *s. f.* sea-sickness
nauscópio *s. m.* optical instrument for discovering ships at a great distance
náusea *s. f.* nausea, sea-sickness; loathing, disgust, vomiting; ***ter náuseas*** to feel sick
nauseabundo *adj.* nauseous, nauseating; disgusting, repulsive, loathsome, distasteful, repugnant
nauseado *adj.* sea-sick, squeamish, nauseated
nauseante *adj.* nauseous, nauseating, disgusting, loathsome
nausear *v. tr. e intr.* to nauseate, to make sick; to disgust, to sicken; to cause to vomit; to feel nausea, to become squeamish
nauseativo *adj.* ⇒ **nauseabundo**
nauseento *adj.* easy to nauseate; easily made sea-sick; propensive to nauseas, squeamish
nauseoso *adj.* nauseous, loathsome, disgusting
nauta *s. m.* sailor, seafaring man, seaman, mariner
náutica *s. f.* nautical science, navigation, seamanship
náutico *adj.* nautical, nautic, naval, maritime; ***termos náuticos*** nautical terms, [fam.] sea language
Nautílidas *s. m. pl.* ⇒ **Nautilídeos**
Nautilídeos *s. m. pl.* ZOOLOGIA family of molluscs (Bearly nautilus)
náutilo *s. m.* ZOOLOGIA nautilus, a mollusc
nautilóide *adj.* nautiloid
nautografia *s. f.* description of the fittings of a ship and of her manoeuvres
nautógrafo *s. m.* one who describes ship instruments and their use
naval *adj.* naval, marine, maritime; ***cadete naval*** naval cadet; ***Escola Naval*** Naval College; ***combate naval*** naval battle; ***táctica naval*** naval tactics; ***construtor naval (prático)*** naval constructor; ***construtor naval (engenheiro)*** naval architect
navalha *s. f.* pocket knife, cutting implement; [fig.] intense cold; venomous person, viper; ***navalha de mola*** clasp-knife; ***navalha de barba*** razor, [fam.] cut-throat; ***fio de navalha*** razor-edge; ***assentador de navalhas*** razor-strop
navalhada *s. f.* slash with a knife (or a razor)
navalhão *s. m.* large knife
navalhar *v. tr.* to knife, to attack, to cut, wound, to stab (with a knife)
navalheira *s. f.* crab; razor clam
navalhista *s. m. e f.* one who wounds, or kills, with a knife
navarco *s. m.* HISTÓRIA commander of a fleet (Greece)

nave *s. f.* vessel, ship; ARQUITECTURA nave (body of church from inner door to chancel or choir); ***nave espacial*** spaceship
navegabilidade *s. f.* navigability, navigableness, seaworthiness; ***navegabilidade aérea*** airworthiness
navegação *s. f.* navigation, art or science of navigation by air or by sea; sailing, seafaring; shipping; maritime commerce; ***navegação astronómica*** sailing by observation; ***navegação de cabotagem*** common navigation, coasting trade; ***navegação em esquadra*** fleet sailing, sailing in formation; ***navegação pela latitude*** parallel sailing, sailing on a parallel; ***navegação à vela*** navigation by sail; ***navegação de grande cabotagem*** great-coasting trade; ***dirigir a navegação*** to navigate; ***navegação aérea*** air navigation; ***navegação interior*** inland navigation; ***companhia de navegação a vapor*** steamship company; ***agência de navegação*** steamship agency, shipping agency
navegador Ⓐ *s. m.* navigator, seafarer, seaman, sailor Ⓑ *adj.* navigating, seafaring; ***o Príncipe Navegador*** Henry the Navigator
navegante Ⓐ *adj.* navigating Ⓑ *s. m.* navigator
navegar *v. tr. e intr.* to navigate, to sail, to direct (course of ship or ariscraft); to govern (to man) a vessel, to travel by sea; to sail, to engage in navigation, to voyage; ***navegar a vapor*** to steam; ***navegar pelo prumo*** to feel the way with the lead; ***navegar de conserva*** to keep company; ***navegar ao longo da costa*** to sail along the coast; ***navegar junto à terra*** to hug the land; ***navegar com vento de popa*** to sail before the wind; ***navegar contra o vento*** to sail the wind's eye; ***navegar com vento de través*** to sail with the wind abeam; ***navegar rio abaixo*** to descend the river; ***em estado de navegar*** in navigable condition; ***navegar sob bandeira falsa*** to sail under false colours; ***navegar em iate*** to yacht
navegável *adj.* navigable; ***navio navegável*** seaworthy ship
naveta *s. f.* shuttle; incense boat; small vessel, ship
navicela *s. f.* shuttle; reservoir in the shape of a ship at old fountains
navícula *s. f.* navicula
navicular *adj.* navicular, boat-shaped
naviforme *adj.* boat-shaped
navífrago *adj.* [poét.] that dashes vessels to pieces, that wrecks; ⇒ **naufragoso**
navigabilidade *s. f.* ⇒ **navegabilidade**
navígero *adj.* ⇒ **navegável**
navio *s. m.* ship, vessel, boat, steamer; craft; bark; prow; keel, sail; ***navio almirante*** flagship; ***navio de vela*** sailing-vessel; ***navio ronceiro*** slow sailor, slug, straggler; ***navios gémeos*** sister ships; ***navio de cabotagem*** coaster, coasting-ship; ***navio da carreira da Índia*** Indiaman; ***navio mercante*** merchantman, merchant-ship; ***navio de fiscalização*** coast-guard ship; ***navio dos pilotos*** pilot boat; ***navio de passageiros*** passenger ship, liner; ***navio hidrográfico*** surveying-vessel; ***navio de apoio*** parent ship, supporting-ship; ***navio de carga*** cargo-boat, cargo-vessel; ***navio de longo curso*** foreign-going ship; ***navio de bom andamento*** fast sailor; ***navio mineiro*** mine layer; ***navio de salvação*** salvage ship; ***navio de transporte de materiais*** store-ship; ***navio de três pavimentos*** threedeck vessel, threedecker; ***navio de poço*** well-deck vessel; ***navio de serviço ao porto*** guard-ship; ***navio de tipo normal*** full-deck ship; NÁUTICA ***ó do navio!*** ship ahoy!; ***o navio dá balanço e joga de popa à proa*** the ship rolls and pitches; ***o navio foi arremessado da costa*** the ship was thrown upon the coast; ***o navio foi torpedeado*** the vessel was torpedoed; ***construtor de navios*** shipbuilder; ***navio em construção*** ship on the stocks
navio-cisterna *s. m.* tanker
navio-escola *s. m.* training-ship
navio-farol *s. m.* light-ship
navio-hospital *s. m.* hospital-ship
naviomodelismo *s. m.* ship miniaturing
navio-oficina *s. m.* floating factory, workship
navio-presídio *s. m.* convict ship, convict hulk
náxio *s. m.* stone used to polish marble or precious stones
nazareno *s. m., adj.* Nazarene, native of Nazareth; Nazarene, Christian; ***o Nazareno*** Jesus Christ
nazáreo *adj.* ⇒ **nazareno**
nazarita *s. m. e f., adj.* Nazarite
nazaritismo *s. m.* Nazaritism
nazi *s. m. e f., adj.* Nazi
názir *s. m.* superintendent of mosques among Eastern peoples
nazismo *s. m.* Nazism
nazista *s. m. e f., adj.* Nazi
nébel *s. m.* kind of harp
neblina *s. f.* haze, mist, fog, gauze, vapour; ***de neblina*** hazy
neblinar *v. intr.* to drizzle slightly, to be foggy
nebri *s. m.* tamed falcon
Nebriídas *s. m. pl.* ⇒ **Nebriídeos**
Nebriídeos *s. m. pl.* ZOOLOGIA variety of coleopters
nebrina *s. f.* ⇒ **neblina**
nebrinar *v. intr.* [Bras.] to drizzle, to dribble
nebrinoso *adj.* misty; ⇒ **nebuloso**
nebulização *s. f.* nebulization
nebulizador *s. m.* nebulizer
nebulizar *v. tr.* to nebulize
nebulosa *s. f.* ASTRONOMIA nebula (cluster of stars giving a luminous appearance)
nebulosidade *s. f.* nebulosity, mistiness, haziness, fogginess, cloudiness
nebuloso *adj.* nebulous, cloudy, clouded, misty; vaporous; hazy, vague, obscure, indistinct; sad, dreary
necear *v. intr.* to talk nonsense; to show a great ignorance, to act foolishly
necedade *s. f.* great ignorance, stupidity; nonsense, foolishness
necessária *s. f.* privy; water-closet; lavatory, latrine
necessariamente *adv.* necessarily, of necessity, inevitably; of course
necessário *s. m., adj.* necessary, inevitable, essential, indispensable, requisite, compulsory; necessaries, things necessary; ***é necessário que*** it is necessary that; ***se for necessário*** if need be; ***em caso necessário*** occasion may require; ***é necessário trabalhar para aprender*** one must work in order to learn, it is necessary to work in order to learn; ***as coisas necessárias à vida*** the necessaries of life
necessidade *s. f.* necessity, need, necessitousness, must, needfulness; indispensability, inevitableness; indigence; ***ver-se na necessidade de*** to be compelled to; ***em caso de necessidade urgente*** in case of pressing need; ***ter necessidade urgente de*** to be in urgent need of; ***não ter já necessidade de*** to have no further use for; ***vemo-nos na dolorosa necessidade de*** we are under the painful necessity of; ***a necessidade é a mãe da indústria*** necessity is the mother of invention; ***passar muitas necessidades*** to be in dire necessity; ***que necessidade há de ir lá agora?*** what need is there of going there now?; ***não houve mais necessidade dos seus (dele) serviços*** there was no further occasion for his services
necessitado Ⓐ *adj.* necessitous, poor, indigent, needy, destitute, poverty; stricken Ⓑ *s. m.* needer, indigent person; ***estar necessitado*** to be in want (of); ***pessoas necessitadas*** necessitous persons
necessitante *adj.* necessitous, needy; necessitating
necessitar *v. tr. e intr.* to need, to want, to require; to be in need of; to compel; to be in want of
necessitário *s. m.* FILOSOFIA necessitarian
necessitoso *adj.* necessitous, needy
necídalo *s. m.* name given to the silk worm when it suffers the metamorphosis to bombycid moth
necróbia *s. f.* ZOOLOGIA coleopters living in putrescent matter
necrobiose *s. f.* necrobiosis

N

necrodulia *s. f.* ⇒ **necrolatria**
necrofagia *s. f.* necrophagy (quality of being necrophagous)
necrófago *adj.* necrophagous (feeding on dead bodies or carrion)
necrofilia *s. f.* PATOLOGIA necrophile
necrófilo Ⓐ *s. m.* necrophiliac, necrophile, necromaniac Ⓑ *adj.* necrophilic
necrofobia *s. f.* necrophobia
necrófobo *adj.* necrophobic
necróforo *s. m.* necrophore
necrogéneo *adj.* said of a vegetable grown on a dead or nearly dead plant
necrografia *s. f.* necropsy
necrógrafo *s. m.* necrographer
necrolatria *s. f.* necrolatry; worship of the dead
necrologia *s. f.* necrology (register of deaths; obituary)
necrológico *adj.* necrological, obituary
necrológio *s. m.* necrology (brief history of a deceased person); necrologue
necrologista *s. m. e f.* necrologist
necrólogo *s. m.* necrologist
necromancia *s. f.* necromancy, witchcraft, sorcery; conjuration
necromante *s. m. e f.* necromancer, wizard (witch), sorcerer (sorceress), conjurer, fetisheer
necromântico *adj.* necromantic
necrómetro *s. m.* apparatus for measuring the organs of a corpse
necropatia *s. f.* necropathy
necrópole *s. f.* necropolis, cemetery; burying-ground
necropsia *s. f.* necropsy, autopsy, post-mortem examination
necróptico *adj.* necropsic(al)
necrosar Ⓐ *v. tr.* to cause necrosis to Ⓑ *v. intr.* to necrose, to necrotize
necroscopia *s. f.* necroscopy, necropsy
necroscópico *adj.* necroscopic
necrose *s. f.* necrosis; gangrene, mortification; sphacelation (disease of plants by which they become mottled with black spots)
necrotério *s. m.* morgue, deadhouse, mortuary
necrótico *adj.* necrotic
necrotomia *s. f.* necrotomy; removal of dead tissue
néctar *s. m.* nectar, any sweet delicious drink; [fig.] any delicious thing
nectáreo *adj.* nectarean, nectareous
nectarífero *adj.* nectariferous, yielding or secreting nectar
nectário *s. m.* BOTÂNICA nectary (flower's or plant's honey-secreting organ); nectarium (*plural* nectaria)
nectarizar *v. tr.* to sweeten
nécton *s. m.* BIOLOGIA nekton
nederlandês *adj.* ⇒ **neerlandês**
nediez *s. f.* plumpness, fatness; sleekness
nédio *adj.* sleek; plump, fat, fleshy; well-fed
neerlandês Ⓐ *adj.* Netherlandish Ⓑ *s. m.* Netherlander, native of the Netherlands
nefandamente *adv.* nefariously
nefando *adj.* nefarious, wicked, iniquitous, execrable, abominable, heinous; ***um crime nefando*** a heinous crime
nefário *adj.* nefarious, wicked, iniquitous; villainous
nefas *s. m.* illicitness; ***por fás ou por nefas*** by fair means or by foul
nefasto *adj.* baneful, fatal, ill-omened, destined to misfortune; inauspicious; disastrous, disgraceful, tragic
nefelibata *s. m. e f.* dreamer; one who lives in the clouds
nefelibatice *s. f.* odd, or eccentric saying
nefelibático *adj.* eccentric, odd, whimsical
nefelibatismo *s. m.* quality of being eccentric; eccentricity
nefelina *s. f.* MINERALOGIA nepheline, nephelite
nefelinito *s. m.* GEOLOGIA nephelinite (volcanic rock mainly composed of nepheline)
nefelometria *s. f.* utilization and study of the nephelodometer or nephelometer
nefoscópio *s. m.* nephoscope
nefralgia *s. f.* PATOLOGIA nephralgia (pain in the kidneys)
nefrálgico *adj.* nephralgic
nefrite *s. f.* PATOLOGIA nephritis (inflammation of the kidneys); Bright's disease
nefrítico *adj.* nephritic, renal
nefrocele *s. f.* MEDICINA nephrocoele (hernia of the kidneys)
nefróide *adj.* nephroid, kidney-shaped, reniform
nefrologia *s. f.* MEDICINA nephrology (study of the kidneys)
nefrologista *s. m. e f.* MEDICINA urologist, kidney specialist
nefrólogo *s. m.* MEDICINA urologist, kidney specialist
nefrostomia *s. f.* CIRURGIA nephrostomy
nefrotomia *s. f.* CIRURGIA nephrotomy
nega *s. f.* negation, denial; refusal; want of inclination; lack of talent
negaça *s. f.* lure, bait, allurement, enticement, decoy, snare; provocation; feint, take-in trap
negação *s. f.* negation, denial; want of inclination
negaceador *s. m., adj.* alluring, enticing; decoyer; enticer; swindler
negacear *v. tr. e intr.* to allure, to decoy, to entice, to provoke; to lure, to inveigle; to take in, to cheat
negaceiro *s. m., adj.* alluring, enticing; enticer
negado *adj.* denied, refused; rejected
negamento *s. m.* ⇒ **negação**
negar *v. tr. e intr.* to deny, to refuse, to reject; to repel; to discard; not to follow suit; to contradict, to decline, to negate; to say no; ***negar a pés juntos*** to deny flatly; ***negar um favor*** to refuse a favour; ***negaram-me este favor*** I was denied this favour; ***negar um pedido*** to refuse a request; DIREITO ***negar a acusação*** to plead not guilty
negativa *s. f.* negative; refusal, prohibition
negativamente *adv.* negatively
negativar *v. tr.* to render negative
negatividade *s. f.* negativity, negativeness
negativismo *s. m.* negativism
negativista Ⓐ *s. m. e f.* negativist Ⓑ *adj.* relating to negativism
negativo Ⓐ *s. m.* FOTOGRAFIA negative Ⓑ *adj.* negative; ***electricidade negativa*** negative electricity
negatório *adj.* that denies; negatory
negável *adj.* deniable; negative
negligência *s. f.* negligence, carelessness, heedlessness, lack of attention; neglect, disregard, omission, thoughtlessness
negligenciar *v. tr.* to neglect, to disregard, to leave uncared for; to omit, to fail to do
negligente *adj.* negligent, careless, heedless, inattentive, thoughtless; neglectful; lazy, slack; ***negligente no vestuário*** negligent in dress, careless in dress; ***negligente nos seus deveres*** negligent of his duties
negligentemente *adv.* negligently
negociabilidade *s. f.* negotiability
negociação *s. f.* negotiation, treaty, arrangement, transaction; deal; trading; ***as negociações em curso*** the negotiations now going on
negociador *s. m.* negotiator, one who negotiates; member of one of the two parties in conference; transactor, speculator; merchant, trader; business-man
negociamento *s. m.* ⇒ **negociação**
negociante *s. m. e f.* merchant, merchandiser; dealer, business man; wholesale trader; shop-keeper; transactor, speculator; ***negociante de ferro*** iron merchant; ***negociante honrado*** honest businessman; ***negociante a retalho*** retailer, retail dealer

negociar *v. tr. e intr.* to trade, to deal, to negotiate, to arrange (affair); to engage in trade; to transact; ***negociar em lãs*** to trade in wool; ***negociar com*** to do business with; ***negociar com segurança*** to trade safely; ***negociar um empréstimo*** to negotiate a loan; ***negociar letras de câmbio*** to negotiate bills

negociarrão *s. m.* a very lucrative business; famous affair, wonderful deal; splendid transaction

negociata *s. f.* shady transaction; unfair business; swindle

negociável *adj.* negotiable, capable of being negotiated; marketable; saleable

negócio *s. m.* business, trade; traffic; affair, concern, commerce, deal, matter; transaction; bargain; ***um negócio escuro*** a shady business; ***negócios escuros*** sharp practices; ***negócio lucrativo*** money-making business; ***negócio pendente*** pending business; ***negócio complicado*** a tangled affair; ***mau negócio*** ugly business; ***bom negócio*** bargain, paying concern; ***óptimo negócio*** famous affair; ***negócio importante*** extensive affair; ***negócio perdido*** lost business; ***negócio vantajoso*** profitable business; ***negócio urgente*** pressing business; ***negócio fechado!*** it's a deal!; [coloq.] ***negócio da China*** a fine bargain, a very profitable deal; ***à frente dos negócios*** at the head of affairs; ***ramo de negócio*** branch of business; ***homem de negócios*** businessman; ***homem de negócio*** trader, merchant; ***fazer negócio*** to do business; ***desenvolver o negócio*** to carry on business; ***retirar-se do negócio*** to retire from business, to leave off business; ***realizar um bom negócio*** to do a good stroke of business, to strike a bargain; ***faz-se pouco negócio*** there is little doing; ***retirado dos negócios*** out of business; ***conduzir bem um negócio*** to drive a good bargain

negocioso *adj.* commercial; busy, occupied; careful; active, diligent

negocista *s. m. e f.* [Bras.] person fond of shady business

negra *s. f.* black woman; [fig.] hard working woman; ZOOLOGIA black coot; kind of duck all black and not completely web-footed; ***raça negra*** the black race; ***nódoa negra*** bruise, contusion

negraço *s. m.* stout, black man

negrada *s. f.* great number of black people

negrainha *s. f.* variety of vine; variety of olive

negral Ⓐ *adj.* black, blackish Ⓑ *s. f.* variety of olive; ⇒ **negrainha**

negralhada *s. f.* group of black people

negralhão *s. m.* ⇒ **negraço**

negrão *s. m.* variety of grape; a sort of sea fish; very dark cloud

negraria *s. f.* crowd of black people

negregado *adj.* unlucky, wretched, unfortunate; [fig.] troublesome

negregoso *adj.* very black

negregura *s. f.* blackness, gloom, darkness, obscurity

negreiro *s. m., adj.* relating to black people; slaver; person who traded slaves

negrejamento *s. m.* act of growing black

negrejante *adj.* blackish; gloomy; threatening

negrejar *v. intr.* to look black (or blackish); to grow black; to be in mourning

negrela *s. f.* ZOOLOGIA a kind of coot; ⇒ **negra**

negridão *s. f.* blackness, darkness, obscurity; gloom; [fig.] perversity

negrilho *s. m.* little Negro; BOTÂNICA black poplar

negrinha *s. f.* BOTÂNICA herbaceous plant; ZOOLOGIA ⇒ **negrela, negra**; a young black girl

negrinho *adj.* variety of grape

negrita *s. f.* blackbird

negro Ⓐ *adj.* black, dark, dark-skinned; [fig.] sombre, dismal, gloomy, doleful Ⓑ *s. m.* black man; ***ver tudo negro*** to look at the black side; ***nem tudo é tão negro como se pinta*** every cloud has a silver lining; ***negro retinto*** jet-black

negrófilo *s. m., adj.* negrophile

negrófobo *s. m.* Negrophobe

negróide *s. m. e f., adj.* negroid, negroidal

negror *s. m.* darkness; gloom; obscurity

negrotins *s. m. pl.* ⇒ **gregotins**

negrume *s. m.* darkness, gloominess; sadness

negrura *s. f.* darkness, blackness, gloom; perversity

negus *s. m.* Negus, ruler of Abyssinia

nela *contr. da prep.* **em** + *pron. pess.* **ela**

nele *contr. da prep.* **em** + *pron. pess.* **ele**

nelúmbio *s. m.* lotus

nelumbo *s. m.* lotus

nem *conj.* nor, neither..., neither... nor; ***nem sequer*** not even; ***nem que*** even if; ***nem tanto*** not so much; ***nem por isso*** nonetheless; [coloq.] ***nem tanto ao mar nem tanto à terra*** let's find a middle-of-the-road solution; ***nem tu nem o primo Tomás virão aqui amanhã*** neither you nor cousin Thomas will come here tomorrow; ***nem a música nem a leitura o satisfazem*** neither music nor reading please him; ***não é bom nem mau*** it is neither good nor bad; ***nem mais nem menos*** that's just it, neither more nor less; ***tu não és inglês, nem eu tão-pouco*** you are not English, and neither am I

nematelminte *s. m.* ZOOLOGIA nemathelminth

nemático *adj.* FÍSICA nematic

nematode *s. m.* ZOOLOGIA nematode

nematóide Ⓐ *adj.* ZOOLOGIA nematoid Ⓑ *s. m.* nematode worm

nembo *s. m.* ARQUITECTURA solid masonry between windows

nemésia *s. f.* BOTÂNICA nemesia

nemésico *adj.* retaliative, retaliatory, avenging

nemeu *adj.* ARQUEOLOGIA Nemean

nemoral *adj.* nemoral, pertaining to a wood

nemoroso *adj.* nemoral

nena *s. f.* doll, puppet

nende *s. m.* ⇒ **nêndi**

nêndi *s. m.* ORNITOLOGIA African bird of the *Columbidae* family

nené *s. m.* baby

nenhum *pron. indef.* no; none; neither; ***não veio nenhum deles*** none of them came; ***não é nenhum tolo*** he's no fool; ***não teve sorte nenhuma*** he had no luck (at all); ***de nenhum modo*** by no means; ***nenhum estava presente*** there were none present; ***nenhuma das minhas mãos está suja*** neither of my hands is dirty

nenhures *adv.* nowhere

nénia *s. f.* dirge

nente *adv.* [pop.] nothing

nentes *adv.* [pop.] nothing

nenúfar *s. m.* BOTÂNICA nenuphar (the white or yellow water-lily)

neo-árico *adj.* neo-Arian

neo-caledónio *s. m., adj.* New Caledonian

neocatolicismo *s. m.* neo-Catholicism

neocatólico *s. m.* neo-Catholic

neocéltico *adj.* neo-Celtic

neoclassicismo *s. m.* neo-classicism

neoclássico *adj.* neoclassic, neoclassical

neocolonialismo *s. m.* neocolonialism

neocolonialista *adj.* neocolonialist

neocriticismo *s. m.* neocriticism

neodarwinismo *s. m.* neo-Darwinism

neodarwinista *s. m. e f.* neo-Darwinist

neodímio *s. m.* neodymium

neo-escolástica *s. f.* neo-scholasticism

neofilia *s. f.* neophilia

neófilo *s. m., adj.* neophiliac

neófito *s. m.* neophyte, one newly baptized and received into the Christian Church; proselyte; beginner, nocive, tiro, tyro

neofobia *s. f.* neophobia (hatred of anything new or progressive)

neófobo *s. m.* one who hates innovations

neoformação *s. f.* neoformation
neógala *s. m.* the first milk secreted after colostrum
neógamo *s. m.* newly married
neogótico *adj.* neo-Gothic
neografia *s. f.* neography
neo-helénico *adj.* neo-Hellenic
neo-impressionismo *s. m.* neo-impressionism
neo-impressionista *s. m. e f., adj.* neo-impressionist
neokantismo *s. m.* neo-Kantism
neokantista *s. m. e f.* neo-Kantist
neolamarckismo *s. m.* neo-Lamarckism
neolamarckista *s. m. e f.* neo-Lamarckist
neolatino *adj.* neo-Latin
neoliberalismo *s. m.* neo-liberalism
neolítica *s. f.* neolithic
neolítico *adj.* neolithic (of the later stone age)
neologia *s. f.* neology, neologism
neológico *adj.* neologic
neologismo *s. m.* neologism
neologista *s. m. e f.* neologist
neólogo *s. m.* neologist
neomalthusianismo *s. m.* neo-Malthusianism
neomalthusiano *adj.* neo-Malthusian
neoménia *s. f.* neomenia
néon *s. m.* QUÍMICA neon (one of the atmospheric gases)
neonazi *s. m. e f., adj.* neonazi
neonazismo *s. m.* neonazism
neónio *s. m.* QUÍMICA neon (one of the atmospheric gases)
neoplasia *s. f.* PATOLOGIA neoplasia, neoplasty; new growth of tissue
neoplasma *s. m.* PATOLOGIA neoplasm (new formation of tissue), new growth, tumour
neoplastia *s. f.* CIRURGIA neoplasty (ocurrence of new growth)
neoplástico *adj.* CIRURGIA neoplastic
neoplatónico *adj.* Neoplatonic
neoplatonismo *s. m.* Neoplatonism
neopositivismo *s. m.* neo-positivism
neopreno *s. m.* QUÍMICA neoprene
neorama *s. m.* panorama of the interior of a building
neo-realismo *s. m.* neo-realism
neo-realista *s. m. e f., adj.* neorealist
neo-romantismo *s. m.* neo-romanticism
neo-socialismo *s. m.* neo-socialism
neotenia *s. f.* neoteny; slow development of the body
neotérico *adj.* neoteric, modern
neoterismo *s. m.* PSICOLOGIA sick desire for novelties
neótipo *s. m.* neotype
neotomismo *s. m.* FILOSOFIA neo-Thomism
neotomista *s. m. e f.* neo-Thomist
neozelandês *s. m.* New Zealander
neozóico *adj.* GEOLOGIA neozoic, postpalaezoic, cainozoic
nepalês *s. m., adj.* Nepalese
nepote *s. m.* HISTÓRIA favourite, nepotic
nepotismo *s. m.* HISTÓRIA nepotism; favouritism, as in bestowing patronage shown to relatives
nepotista *s. m. e f., adj.* nepotal, nepotic
neptuniano *adj.* Neptunian
neptunino *adj.* Neptunian
neptúnio Ⓐ *s. m.* QUÍMICA neptune Ⓑ *adj.* Neptunian
neptunismo *s. m.* Neptunism
neptunista *s. m. e f.* Neptunist (adherent to the view that the action of water has played an important part in the formation of rocks)
Neptuno *s. m.* MITOLOGIA Neptune (god of the sea); ASTRONOMIA one of the farthest planets of the solar system
nequícia *s. f.* badness, wickedness, malice; perversity
nereida *s. f.* Nereid, seanymph
nereide *s. f.* Nereid, seanymph
nério *s. m.* BOTÂNICA rosebay, oleander
nerita *s. f.* nerita (a mollusc)
nerítico *adj.* neritic
nervação *s. f.* BOTÂNICA, ZOOLOGIA nervation (arrangement of the veins in a leaf, or in the wings of an insect); nervature
nervado *adj.* nervate, ribbed, veined
nerval *adj.* nervous, concerned with the nerves, nerval
nérveo *adj.* ⇒ **nerval**
nervino Ⓐ *adj.* having an effect on the nerves, nerval Ⓑ *s. m.* tonic for the nerves
nervo *s. m.* nerve, vigour, strength, courage, fortitude, will, energy; ANATOMIA filamentous tissue, sinew; BOTÂNICA, ZOOLOGIA vein, nervure; ARQUITECTURA rib; ***contender com os nervos*** to get on one's nerves, to set one's nerves on edge; ***um ataque de nervos*** a fit of nerves; ***nervo óptico*** optic nerve; ***nervo simpático*** sympathetic nerve; ***nervo facial*** facial nerve; ***ter nervos de aço*** to have iron nerves, to have nerves of steel; ***ser uma pilha de nervos*** to be a bundle of nerves; ***nervos excitados*** highly strung nerves; ***os seus nervos não suportaram o esforço*** his nerves couldn't stand the strain
nervosamente *adv.* excitedly, nervously
nervosidade *s. f.* nervousness; nervous energy
nervosismo *s. m.* nervousness; nervous irritability, excitability, jumpiness, nerves; ***atribuir ao nervosismo*** to put down to one's nervousness
nervoso Ⓐ *adj.* nervous, excitable, highly strung, irritable; apprehensive, timid; vigorous, sinewy Ⓑ *s. m.* nerves, nervousness, hysteria; ***excitação nervosa*** nervous excitement, nervous irritability; ***sistema nervoso*** nervous system; ***estar nervoso (agitado)*** to be in a flurry; ***causou-me uma comoção nervosa*** it gave me quite a turn; ***ela está num estado extremamente nervoso*** she is in a highly wrought-up state, she is in a highly strung condition
nervudo *adj.* vigorous, strong, stalwart, robust, sinewy
nervura *s. f.* BOTÂNICA nervure (vein of a leaf); ZOOLOGIA, ARQUITECTURA rib; binding, cording; ***nervuras de uma abóbada*** ribs of an arch; ***nervura de madeira*** wooden rib; ***nervuras (em livro)*** ribs (in a book)
nesciamente *adv.* nesciently
néscio Ⓐ *adj.* stupid, silly, ignorant Ⓑ *s. m.* stupid man; ignorant, fool, nescient
nesga *s. f.* gore (in a dress); small piece; small space
nesografia *s. f.* description of isles
nêspera *s. f.* loquat, medlar
nespereira *s. f.* BOTÂNICA loquat-tree, medlar-tree; ***nespereira do Japão*** Japanese loquat-tree
nêspero *s. m.* ⇒ **nêspera**
nesse *contr. da prep.* **em** + *pron. dem.* **esse**
neste *contr. da prep.* **em** + *pron. dem.* **este**
nestorianismo *s. m.* Nestorianism
nestoriano *s. m., adj.* Nestorian
neta *s. f.* grand-daughter, grand-child
neto *s. m.* grandson; grandchild; *pl.* grandchildren
neuma *s. m.* neum, neume
neumático *adj.* related to neums
neura Ⓐ *s. f.* neurosis; psychoneurosis; anger, irritation, fury Ⓑ *adj.* neurotic; angry, irritated, furious
neural *adj.* neural, of the nerves; of the nervous system
neuralgia *s. f.* MÚSICA neuralgia (acute intermittent pain, especially in the head or face)
neurastenia *s. f.* MÚSICA neurasthenia, nervous prostration; exhausted condition of the nerves; ill humour; irritability
neurasténico *s. m., adj.* MÚSICA neurasthenic, suffering from neurasthenia; a sufferer from neurasthenia
neurastenizar Ⓐ *v. tr.* to make neurasthenic Ⓑ *v. refl. e intr.* to become neurasthenic
neurectomia *s. f.* neurectomy
neurilema *s. m.* ANATOMIA neurilemma, neurilema

neurilemite *s. f.* inflammation of a neurilema
neurilidade *s. f.* FISIOLOGIA neurility
neuriloma *s. m.* ⇒ **neuroma**
neurite *s. f.* MEDICINA neuritis
neurocirurgia *s. f.* MEDICINA neurosurgery
neurocirurgião *s. m.* neurosurgeon
neurocirúrgico *adj.* neurosurgical
neurófilo *adj.* said of toxins and microbes that attack the nerves
neurofrenia *s. f.* MEDICINA behaviour changes which reflect a problem of the nervous system
neuróglia *s. f.* neuroglia
neurografia *s. f.* ANATOMIA neurography (description of the nervous system)
neuroléptico *s. m., adj.* MEDICINA neuroleptic
neurologia *s. f.* MEDICINA neurology (scientific study of the nervous system)
neurológico *adj.* MEDICINA neurologic
neurologista *s. m. e f.* neurologist (a nerve specialist)
neurólogo *s. m.* neurologist (a nerve specialist)
neuroma *s. m.* PATOLOGIA neuroma (*plural* neuromata) (tumour on a nerve)
neuromuscular *adj.* neuromuscular
neurónico *adj.* ANATOMIA neuronic
neurónio *s. m.* ANATOMIA neuron
neuroparalisia *s. f.* neuroparalysis
neuropata *s. m. e f.* neuropath
neuropatia *s. f.* PATOLOGIA neuropathy
neuropático *adj.* PATOLOGIA neuropathic
neuropatologia *s. f.* PATOLOGIA neuropathology
neuropsiquiatria *s. f.* neuropsychiatry
neuróptero *s. m.* ZOOLOGIA neuropteran (*plural* neuroptera)
neurose *s. f.* PATOLOGIA neurosis (*plural* neurosises)
neurótico *adj.* MEDICINA neurotic
neurotomia *s. f.* CIRURGIA neurotomy
neurótomo *s. m.* scalpel for dissecting nerves
neurovegetativo *adj.* MEDICINA neuro-vegetative
neutral *adj.* neutral, impartial, indifferent; non-belligerent; ***ficar neutral*** to remain neutral; ***estado neutral*** neutral state
neutralidade *s. f.* neutrality
neutralismo *s. m.* neutralism
neutralização *s. f.* neutralization
neutralizador *s. m.* neutralizer
neutralizante *adj.* neutralizing
neutralizar *v. tr.* to neutralize, to render ineffectual; to counterbalance, to counteract; to kill, to destroy
neutralmente *adv.* neutrally
neutrão *s. m.* FÍSICA, QUÍMICA neutron
neutro *adj.* neuter, neutral; impartial, non-belligerent
neutrónico *adj.* relative to neutrons
nevada *s. f.* snowfall; heavy fall of snow
nevado Ⓐ *adj.* snowy, covered with snow; cooled; iced Ⓑ *s. m.* [gal.] névé
nevão *s. m.* very heavy snowfall
nevar *v. tr. e intr.* to snow; to cover with snow; to cool (with ice); ***está a nevar*** it is snowing
nevasca *s. f.* snow-storm, heavy fall of snow (with wind), blizzard, drift
neve *s. f.* snow; ***tem caído bastante neve*** there has been quite a fall of snow; ***bola de neve*** snowball; ***floco de neve*** snow-flake; ***montão de neve*** snow-drift; ***alude de neve*** avalanche; ***branco de neve*** snow-white; ***rajada de vento acompanhada de muita neve*** blizzard; ***torrente de neve*** heavy fall of snow; ***limpa-neves*** snow-plough; ***branco como a neve*** as white as snow; ***atirar com bolas de neve*** to snowball; ***neve acumulada pelo vento*** snowdrift; ***a Branca de Neve e os sete Anões*** the Snow-White and the seven Dwarfs
nêveda *s. f.* BOTÂNICA mint; ***nêveda dos gatos*** catmint, calaminth
neveira *s. f.* ice-house; place where ice is made
neveiro *s. m.* ice-seller
neviscar *v. intr.* to snow (a little)
nevo *s. m.* mole, spot (or blemish) on human skin; birthmark
névoa *s. f.* fog, mist; vapour, darkness, dimness, obscurity; ***névoa de olho*** corneal opacity, leucoma, albugineous eye
nevoaça *s. f.* fog
nevoado *adj.* foggy; cloudy; dimly
nevoar-se *v. refl.* to fog, to be covered with fog, to become foggy
nevoeirada *s. f.* very thick fog
nevoeirento *adj.* ⇒ **nevoento**
nevoeiro *s. m.* fog, heavy mist; obscurity; [fig.] state of perplexity; ***nevoeiro de cortar à faca*** pea-soup fog; ***de nevoeiro*** foggy; ***nevoeiro denso*** thick fog
nevoento *adj.* foggy, misty
nevómetro *s. m.* apparatus to measure snowfall
nevoso *adj.* snowy, abounding in snow; ***tempo nevoso*** snowy weather
nevralgia *s. f.* MEDICINA neuralgia (acute intermitent pain, especially in the head or face); ***nevralgia ciática*** sciatica
nevrálgico *adj.* neuralgic
nevralgismo *s. m.* diffuse painful condition
nevrilema *s. m.* ANATOMIA neurilemma, neurilema, perineurium, sheath of a nerve
nevrite *s. f.* neuritis (inflammation of a nerve or group of nerves)
nevrítico *adj.* neuritic
nevróglia *s. f.* neuroglia
nevrologia *s. f.* neurology
nevrológico *adj.* neurological
nevrologista *s. m. e f.* neurologist, a nerve specialist
nevrólogo *s. m.* neurologist, a nerve specialist
nevroma *s. m.* neuroma (tumour on a nerve, tumour of nerve-tissue)
nevroparalisia *s. f.* neuroparalysis
nevropata *s. m. e f.* neuropathist
nevropatia *s. f.* neuropathy
nevropático *adj.* neuropathic
nevropatologia *s. f.* neuropathology
nevróptero *s. m.* ⇒ **neuróptero**
nevrose *s. f.* MEDICINA neurosis
nevrótico *adj.* neurotic
nevrotomia *s. f.* neurotomy
newton *s. m.* FÍSICA newton (unit of force)
newtoniano *s. m., adj.* Newtonian
nexo *s. m.* nexus, bond, link, connexion; coherence; ***sem nexo*** incoherent(ly); ***ideias sem nexo*** incoherent ideas
nhambi *s. m.* [Bras.] herbaceous plant belonging to the family *Compositae*
nhandu *s. m.* nandu
nhu *s. m.* African antelope
nica *s. f.* trifle
nicada *s. f.* pecking, peck
nicar *v. tr.* to peck, to prick with the beak
nicaraguano *s. m., adj.* Nicaraguan
nicho *s. m.* niche, small arched recess in a wall; ***arranjar um nicho*** to find a niche for oneself
nicles *adv.* [fam.] nothing at all, not a bit of it
nico *s. m.* small portion, bit
nicociana *s. f.* tobacco-plant, nicotian
nicol *s. m.* Nicol prism
nicotina *s. f.* nicotine (poisonous alkaloid of a very acrid taste obtained from tobacco); nicotia, nicotianin
nicotinamida *s. f.* QUÍMICA nicotinamide
nicotínico *adj.* QUÍMICA nicotinic
nicotinismo *s. m.* nicotinism

N

nicotino *adj.* nicotian, of tobacco
nicotizar *v. tr.* to nicotinize, to nicotize
nictação *s. f.* nictation, nictitation, winking, blinking
Nictagináceas *s. f. pl.* BOTÂNICA *Nictaginaceae*
nictagíneo *adj.* relative to the *Nictaginaceae*
nictalope *s. m. e f., adj.* nyctalope, one affected with nyctalopia
nictalopia *s. f.* BOTÂNICA, MEDICINA nyctalopia (inability to see clearly except at night)
nictalópico *adj.* MEDICINA nyctalope
nictante *adj.* ⇒ **nictitante**
nicticórace *s. m.* nycticorax; the night-heron
nictitante *adj.* nictating, winking
nicto *s. m.* sleeping sickness (name used in some localities)
nictofobia *s. f.* PATOLOGIA dread of the night
nictófobo *adj.* nyctophobe
nictografia *s. f.* nyctography
nictográfico *adj.* nyctographic
nictógrafo *s. m.* nyctographer
nictómetro *s. m.* instrument used to measure the brightness of small light sources
nictoscópio *s. m.* nyctoscope
nictúria *s. f.* PATOLOGIA nycturia, nocturia (incontinency of urine during the night)
nidação *s. f.* nidation
nidícola *adj.* nidicolous
nidificação *s. f.* nidification, nesting
nidificar *v. intr.* to nidify, to nidificate, to build a nest, to nest
nidiforme *adj.* nidiform; nest shaped
nidífugo *adj.* nidifugous; fleeing the nest
nidor *s. m.* bad breath, halitosis; nidor
nidoroso *adj.* nidorous, bad-smelling
nieiro *s. m.* nest where hens usually lay their eggs
nielo *s. m.* niello (black metallic alloy)
nigalho *s. m.* little bit
nigela *s. f.* BOTÂNICA love-in-a-mist; ragged-lady; nigella; ***nigela bastarda*** corn cockle
nigelar *v. tr.* to inlay (with niello), to decorate with niello
nigelina *s. f.* sour substance extracted from the nigella
nigelo *s. m.* ornament having inlaid (gold) metal work; niello
nigeriano *s. m., adj.* Nigerian
nigérrimo *adj.* very black
nigrícia *s. f.* nigritude, blackness; Negroland; dark pigmentation in certain parts of the skin
nigricórneo *adj.* blackhorned
nigrípede *adj.* ZOOLOGIA blackfooted
nigripene *adj.* ZOOLOGIA blackwinged
nigrirrostro *adj.* ZOOLOGIA blackbilled
nigromancia *s. f.* necromancy, conjuration
nigromante *s. m. e f.* necromancer, sorcerer (sorceress)
nigromântico *adj.* necromantic
nígua *s. f.* chigoe, chigre, chigger, jigger (flea that burrows into the skin, especially of the foot, causing sores)
niilificação *s. f.* nihility
niilismo *s. m.* FILOSOFIA nihilism; entire disbelief
niilista *s. m. e f., adj.* nihilist, destructionist
nil *s. m.* ortolan, European bunting
nilgó *s. m.* ZOOLOGIA nylghau (Indian antelope)
nílico *adj.* nilotic
nilómetro *s. m.* nilometer
nilótico *adj.* nilotic
nimbar *v. tr.* to give a nimbus to; to glorify
nimbífero *adj.* [poét.] pluvial, rainy
nimbo *s. m.* METEOROLOGIA nimbus, storm-cloud, rain-cloud; halo, aureole, glory, gloriole
nimboso *adj.* rainy, covered with rain-clouds
nimiamente *adv.* excessively
nimiedade *s. f.* superfluity, excess, excessiveness
nímio *adj.* excessive, superfluous, overmuch
nina *s. f.* lullaby, song to lull to sleep; [coloq.] little girl; HERÁLDICA bezant
ninar *v. tr. e intr.* to lull to sleep, to rock asleep
ninfa *s. f.* nymph, nympha
Ninfálidas *s. m. pl.* ⇒ **Ninfalídeos**
Ninfalídeos *s. m. pl. Nymphalidae*
ninfeáceo *adj.* BOTÂNICA nymphean
ninfeia *s. f.* BOTÂNICA white or yellow water-lily
ninfeu *adj.* relating to nymphs, nymphean
ninfóide *adj.* nymph-like
ninfómana *s. f.* PATOLOGIA nymphomaniac
ninfomania *s. f.* PATOLOGIA nymphomania
ninfomaníaca *s. f.* PATOLOGIA nymphomaniac
ninfose *s. f.* ZOOLOGIA nymphosis (changing of an insect into the nymph)
ninfotomia *s. f.* nymphotomy (excision of the nymphae)
ningres-ningres *s. m.* good-for-nothing, worthless person; a nobody
ningrimanço *s. m.* implement to plough salt land
ninguém *pron. indef.* no one, nobody; anybody; ***não vi ninguém no parque*** I saw nobody in the park; ***ninguém me ajuda no meu trabalho*** no one helps me with my work; ***não está ninguém no quarto*** there is nobody in the room; ***não vejo ninguém*** I don't see anybody
ninhada *s. f.* brood, youngs of animals, especially of birds; offspring; ***uma ninhada de pintos*** a brood of chickens; ***uma ninhada de ratos*** a litter of mice
ninhal *s. m.* place where there are many nests
ninhar *v. tr.* to nest
ninharia *s. f.* trifle, thing of no value; a very small amount; ***espírito ocupado com ninharias*** a mind occupied with trifles; ***prender-se com ninharias*** to strain at a gnat
ninhego *adj.* taken out of the nest
ninheiro *s. m.* nest where hens usually lay eggs; hole, den, lair
ninho *s. m.* nest; warm snug shelter or retreat; home
ninivita *s. m. e f.* BÍBLICO Ninevite (an inhabitant of Nineveh)
nióbio *s. m.* QUÍMICA niobium, metallic element
nipo-chinês *adj.* referring to Japan and China
nipónico *adj.* Nipponian, Japanese
niqueiro *adj.* whimsical, faddy
níquel *s. m.* nickel
niquelado *adj.* coated with nickel; nickelized
niquelagem *s. f.* nickel-plating
niquelar *v. tr.* to nickel, to coat with nickel, to nickel-plate
niquelífero *adj.* containing nickel, nickellous
niquelina *s. f.* nickeline, niccolite
niquento *adj.* [coloq.] faddy, whimsical, crotchety, peevish, fussy, punctilious, particular; ***ser niquento com a alimentação*** to be very particular about one's food
niquice *s. f.* faddiness, whimsicalness, peevishness, fussiness, punctiliousness
nirvana *s. m.* RELIGIÃO nirvana, nirwana
nirvânico *adj.* apathetic, apathetical, torpid, inert; related to nirvana
nirvanismo *s. m.* ⇒ **budismo**
nirvanista *s. m. e f.* Buddhist
níscaro *s. m.* ⇒ **míscaro**
nisso *contr. da prep.* **em** + *pron. dem.* **isso**
nisto *contr. da prep.* **em** + *pron. dem.* **isto**
nitente *adj.* bright, shining; striving
nitescência *s. f.* brightness, splendour
nitidamente *adv.* distinctly, clearly, brightly
nitidez *s. f.* clearness, distinctness, brightness, clarity; neatness; FOTOGRAFIA sharpness; ***nitidez de sintonização*** clearness of tuning
nitidifloro *adj.* having bright flowers
nítido *adj.* clear, bright, distinct, shining, neat; ***som nítido*** clear sound

nitração *s. f.* nitration
nitrado *adj.* QUÍMICA nitrated
nitral *s. m.* ⇒ **nitreira**
nitrar *v. tr.* to nitrate
nitratação *s. f.* nitrification
nitratar *v. tr.* to nitrify
nitratina *s. f.* nitratine
nitrato *s. m.* QUÍMICA nitrate (salt or compound of nitric acid with a base)
nitreira *s. f.* nitre-bed; saltpetre works; manure heap; cesspool
nítrico *adj.* QUÍMICA nitric
nitrido *s. m.* neigh, whinny
nitridor Ⓐ *adj.* neighing Ⓑ *s. m.* neighing animal
nitrificação *s. f.* nitrification
nitrificador *adj.* nitrifying
nitrificante *adj.* nitrifying
nitrificar *v. tr.* QUÍMICA to nitrify (to form into nitre)
nitrilo *s. m.* nitroxyl, nitryl
nitrir *v. intr.* to neigh, to whinny
nitrito *s. m.* QUÍMICA nitrite
nitro *s. m.* QUÍMICA nitre, potassium nitrate, saltpetre
nitrobenzeno *s. m.* nitrobenzene
nitrobenzina *s. f.* nitrobenzene
nitrocelulose *s. f.* nitro-cellulose
nitrofenol *s. m.* nitrophenol
nitrogénio *s. m.* QUÍMICA nitrogen (a gaseous element, colourless and without taste or smell)
nitrogenoso *adj.* nitrogenous
nitroglicerina *s. f.* nitro-glycerine
nitrosidade *s. f.* quality of being nitrous
nitrosilo *s. m.* monovalent radical (NO)
nitroso *adj.* QUÍMICA nitrous
niveal *adj.* niveous; BOTÂNICA nival (that blooms in winter, that lives in snow)
niveína *s. f.* fat substance that replaces butter or lard
nível *s. m.* level, instrument for ascertaining a level; plane surface; plain; flat area of ground; social, moral or intelectual standard or plane; horizontality; situation, position, standard, degree; ***situado num nível inferior*** situated at a lower level; ***nível de vida*** standard of life, standard of living; ***nível de água*** water level; ***nível de bolha de ar*** spirit level; ***nível da gasolina*** level of petrol; ***estar ao nível de*** to be on a level with; ***passagem de nível*** level-crossing
nivelador *s. m., adj.* levelling; leveller, grader, evener
niveladora *s. f.* leveller, grader; bulldozer
nivelamento *s. m.* levelling, levelness
nivelar *v. tr.* to level, to make horizontal, to flatten; to aim; to equalize; to raze, to demolish; ***nivelar o terreno*** to level the ground
níveo *adj.* snow; niveous
niviforme *adj.* niveous, resembling snow
nivoso *adj.* snowy
no *contr. da prep.* **em** + *art. def.* **o**; *contr. da prep.* **em** + *pron. dem.* **o**
nó *s. m.* knot; bow (of ribbon); knurl, knarl, knag, burl; tie; union; node (of a plant); intricacy; NÁUTICA knot, unit of speed of a ship (per hour); ***nó corredio*** running-knot, slipknot; ***nó górdio*** Gordian knot; ***dar o nó (casar)*** to tie the knot; ***dar o nó à gravata*** to tie one's tie; ***nó cego*** dead knot, fast knot; ***nó redondo*** wale-knot; ***nó de tecelão*** weaver's knot; ***nó de pescador*** fisherman's bend; ***não dar ponto sem nó*** not to do anything for nothing, to have an axe to grind; ***nós dos dedos*** knuckles, joints of the fingers; ***ter um nó na garganta*** to have a lump in one's throat; ***nó de madeira*** knot, knurl; ***nó de escota*** overhand knot, sheet bend; ***nó de fateixa*** fisherman's bend; ***nó torto*** granny's bend; ***nó de trempe*** figure of eight knots; ***nó de carrete*** rope yarn knot; ***nó de sapateiro*** granny knot; ***nó direito*** reef knot
noa *s. f.* RELIGIÃO nones (one of the seven canonical hours)
nobélio *s. m.* QUÍMICA nobelium
nobiliário Ⓐ *adj.* nobiliary, of the nobility Ⓑ *s. m.* nobiliary history
nobiliarista *s. m. e f.* author of nobiliary history
nobiliarquia *s. f.* history of noble families; peerage book, Almanach de Gotha; treatise on blazonry (heraldry)
nobiliárquico *adj.* relating to blazonry
nobilíssimo *adj.* most noble
nobilitação *s. f.* ennoblement, the act of ennobling
nobilitante *adj.* ennobling, dignifying
nobilitar *v. tr.* to ennoble, to elevate, to raise to nobility; to make famous or illustrious; to dignify; to glorify, to exalt; to aggrandize; to raise to the peerage
nobilitário *adj.* of the nobility
nobre Ⓐ *adj.* noble, famous, illustrious, renowned; lofty; dignified, lordly, honourable; grand, imposing, stately, impressive, magnificent; belonging to the nobility Ⓑ *s. m. e f.* nobleman (woman), noble, aristocrat, peer, lord (lady); ***de nascimento nobre*** of noble birth
nobrecer *v. tr. e refl.* to ennoble; to make illustrious; to elevate
nobremente *adv.* nobly
nobreza *s. f.* nobility, nobleness, peerage, lordship; magnanimity; highmindedness; sublimity, impressiveness, grandeur, excellence, distinction; loftiness, dignity; ***nobreza de carácter*** nobility of soul, nobility of character
nocada *s. f.* hit with the knuckles
noção *s. f.* notion, idea, belief, opinion, conception, view; ***não ter noção alguma de disciplina*** to have no notion of discipline; ***não tens a menor noção do que estás a dizer*** you have not the least notion of what you are talking about
nocente *adj.* hurtful, harmful, noxious
nochatro *s. m.* ammoniac-salt
nocional *adj.* notional (pertaining to a notion or speculative idea)
nocivamente *adv.* noxiously
nocividade *s. f.* noxiousness, hurtfulness, harmfulness
nocivo *adj.* noxious, harmful, injurious, hurtful; baneful; unwholesome, poisonous; ***ideias nocivas*** noxious ideas
noctambulação *s. f.* PATOLOGIA noctambulation; sleepwalking, somnambulism
noctambular *v. intr.* to sleep-walk, to walk about by night; to be a noctivagant
noctambulismo *s. m.* PATOLOGIA noctambulism, somnambulism, sleep-walking
noctâmbulo Ⓐ *adj.* PATOLOGIA somnambulistic Ⓑ *s. m.* sleep-walker, somnambulist, one who walks in his sleep
nocticolor *adj.* dark black, sable, somber
noctifloro *adj.* BOTÂNICA noctiflorous, nightflowering
noctífobo *adj.* dreading the night
noctígeno *adj.* producing darkness
noctígero *adj.* ⇒ **noctígeno**
noctilúcio *adj.* giving light at night; noctiluca
noctívago *s. m., adj.* noctivagant, noctivagous, night-wandering; night-wanderer, nocturnal
noctivisão *s. f.* night vision
noctívolo *adj.* night-flying
Noctuídeos *s. m. pl.* *Noctuidae* (family of moths, noctuids)
nocturnal *adj.* nocturnal, nightly
nocturno *s. m., adj.* nocturnal; nocturn, one of the divisions of the office of matins; nocturne, dreamy musical piece; ***escola nocturna*** night-school
nodal *adj.* nodal
nó-de-adão *s. m.* Adam's apple, projection of the thyroid cartilage of the larynx
nodo *s. m.* ASTRONOMIA node (point where the orbit of a planet intersects the ecliptic or where two great circles cross each other); ANATOMIA hard tumour, especially around joints; salient bony points

N

nódoa *s. f.* stain, spot, speck; blemish, blot, taint; ***tirar nódoas (lavando)*** to wash off (away, out); ***tirar uma nódoa*** to take out a stain; ***nódoas de tinta*** ink stains; ***uma nódoa no pano*** a stain on the cloth
nodoar *v. tr.* to spot, to stain
nodosidade *s. f.* nodosity, knottiness
nodoso *adj.* knotty, nodulose, nodulous
nodular *adj.* nodular
nodular-se *v. refl.* to become nodulated or full of nodular growths
nódulo *s. m.* nodule, knot (on stem or root of plants), nodus
noduloso *adj.* nodulous, nodular, having nodules, nodulose
noelista *adj.* devoted to Catholic action
noema *s. m.* mental representation of thought
noemático *adj.* referring to the mental representation of thought
noese *s. f.* noesis
noete *s. m.* umbrella-runner
noética *s. f.* noetic, noetics
noético *adj.* noetic
nogada *s. f.* flower or blossom of a walnut-tree; walnut sweetmeat; sauce made of pounded walnuts and spices
nogado *s. m.* cake made of walnuts, almonds, etc.; sweetmeat of nuts
nogal *s. m.* orchard (or grove) of walnut-trees
nogão *s. m.* large walnut
nogueira *s. f.* walnut-tree; walnut (fine timber used in cabinet-making)
nogueirado *adj.* walnut-coloured
nogueiral *s. m.* grove of walnut-trees
noitada *s. f.* the whole night; night out, festive evening; sleepless night
noite *s. f.* night, time from sunset to sunrise; darkness, obscurity; [fig.] ignorance; sadness, period of affliction; ***noite tempestuosa*** wild night; ***binóculo de noite*** night-glass; ***toda a noite*** all night, all night long; ***de noite*** by night; ***à noite*** at night; ***trabalhar dia e noite*** to work day and night; ***durante a noite*** in the night; ***perder a noite numa festa*** to make a night of it; ***passar bem a noite (dormir bem)*** to have a good night; ***fazer da noite dia*** to turn night into day; ***amanhã à noite*** tomorrow night; ***a noite passada, ontem à noite*** last night; ***segunda-feira à noite*** Monday night; ***ronda da noite*** night-watch; ***pela calada da noite*** in the dead of night; ***passar a noite em claro*** to have a sleepless night; ***ao cair da noite*** at nightfall; ***passar uma noite agitada*** to have a restless night; ***a noite cai*** night is coming on; ***que noite lhe convinha?*** what evening would suit you?
noite-boa *s. f.* ⇒ **noitibó**
noitecer *v. intr.* [pop.] to grow dark
noitibó *s. m.* ORNITOLOGIA night-hawk; nightjar, night bird
noitinha *s. f.* nightfall, evening, dusk
noiva *s. f.* bride, fiancée, girl who is engaged; ***vestido de noiva*** wedding dress
noivado *s. m.* wedding, wedding breakfast; ***anel de noivado*** engagement-ring
noival *adj.* concerning the bride or (and) the bridegroom
noivar *v. intr.* to become (to get) engaged; to court, to woo
noivo *s. m.* bridegroom, fiancé, one about to be married; ***os noivos*** the engaged couple, the bridal pair
nojeira *s. f.* nausea, nauseating (thing), dirty thing
nojento *adj.* nauseous, loathsome, disgusting, repulsive, nauseating, repugnant
nojice *s. f.* dirty thing; loathsome thing
nojo *s. m.* nausea, loathing, qualm, abhorrence, disgust, repulsion, repulsiveness, repugnance; dislike; mourning; ***estar de nojo*** to be in mourning; ***causar nojo*** to make (someone) sick, to disgust
nojoso *adj.* loathsome, disgusting; qualmish; dirty; in full mourning
nolição *s. f.* unwillingness
nolontade *s. f.* faculty of not wishing
noma *s. f.* MEDICINA noma
nómada Ⓐ *adj.* nomad, wandering, nomadic Ⓑ *s. m.* nomad, wanderer; ***tribo nómada*** nomad tribe
nómade Ⓐ *adj.* nomad, wandering, nomadic Ⓑ *s. m.* nomad, wanderer
nomadismo *s. m.* nomadism
nomadizar *v. tr.* to nomadize
nomancia *s. f.* onomancy, onomatomancy (divination by means of the letters of one's name)
nomântico *adj.* onomantic
nomarca *s. m.* HISTÓRIA nomarch
nome *s. m.* name, word by which a person or thing is called and distinguished; denomination, designation, appellation; epithet; reputation, renown, family, descent, lineage; GRAMÁTICA noun, substantive; ***nome de baptismo, primeiro nome*** Christian name; ***nome de família*** name, surname, family name; ***nome próprio*** proper name; ***com nome suposto*** under an assumed name; ***sob o nome de*** under the name of; ***de nome*** by name; ***chamar nomes*** to call names; ***nome sem mancha*** fair name; ***deixar um bom nome*** to leave a great name (behind oneself); ***um nome estrambólico*** an odd name; ***fazer nome*** to win (oneself) a name; ***conheço-o de nome*** I know him by name; ***em nome da lei, abra!*** in the name of the law, open!; ***ter mau nome*** to have an ill name; ***deram-te o nome de João por ser o do teu pai*** you were named John after your father
nomeação *s. f.* appointment; nomination; ***nomeação de peritos*** appointment of experts
nomeada *s. f.* fame, reputation, name, renown
nomeadamente *adv.* namely, videlicet, viz
nomeado *adj.* appointed; designated, named; nominated
nomeador *s. m., adj.* nominating; appointing, designating; one who has the power to appoint, nominator
nomeadura *s. f.* ⇒ **nomeação**
nomeante *s. m., adj.* nominating; nominator
nomear *v. tr.* to appoint, to nominate; to name, to designate, to denominate; to mention; ***nomear (alguém) seu procurador*** to appoint (someone) one's proxy; ***nomear um perito*** to appoint an expert
nomenclador Ⓐ *s. m.* nomenclator Ⓑ *adj.* denominating, classifying
nomenclar *v. tr.* to classify; to give names to
nomenclatura *s. f.* nomenclature (system of naming or of names); terminology (of a science); ***nomenclatura química*** chemical nomenclature
nomenclaturar *v. tr.* to evolve the nomenclature, to supply names
nómina *s. f.* phylactery, amulet; brass stud
nominação *s. f.* denomination
nominal *adj.* nominal, existing in name only; not actual or real; COMÉRCIO ***valor nominal*** nominal value (face); ***potência nominal*** nominal power
nominalidade *s. f.* quality of being nominal
nominalismo *s. m.* FILOSOFIA nominalism
nominalista *s. m. e f.* FILOSOFIA nominalist
nominativo Ⓐ *adj.* GRAMÁTICA nominative; nominated; named Ⓑ *s. m.* the nominative case
nomo *s. m.* nome (a province of modern Greece or ancient Egypt)
nomografia *s. f.* nomography (treatise on laws)
nomográfico *adj.* nomographic, nomographical
nomograma *s. m.* MATEMÁTICA nomogram
nomologia *s. f.* nomology (science of laws)
nomológico *adj.* nomological
nona *s. f.* nine-lined verse; custard-apple
nonada *s. f.* trifle, bagatelle, nonentity
nonagenário *s. m., adj.* nonagenarian (person who has reached (or passed) the age of ninety)
nonagésima *s. f.* a ninetieth part

nonagésimo *adj.* ninetieth
nonandro *adj.* BOTÂNICA enneandrian (having nine stamens)
nonas *s. f. pl.* nones
nonato *adj.* delivered by Caesarean section
nongentésimo *adj.* nine hundredth
noningentésimo *adj.* nine hundredth
nónio *s. m.* vernier, small movable scale for obtaining parts of the subdivisions on fixed scale (of theodolite, etc.), nonius
nono *s. m., adj.* ninth
nónuplo Ⓐ *s. m., adj.* ninefold Ⓑ *s. m.* ninefold quantity
noologia *s. f.* noology (the science of understanding)
noológico *adj.* noological
noosfera *s. f.* figurative world of mind and thought
nopal *s. m.* BOTÂNICA nopal (a Mexican cactus)
nopálea *s. f.* nopal; nopalry
nora *s. f.* daughter-in-law; noria, device raising water, scoop-wheel, kibble chain
norça *s. f.* BOTÂNICA bryony
nordestada *s. f.* north-eastern wind; northeaster
nordeste *s. m.* north-east; ***vento nordeste*** north-easter; ***de nordeste*** north-easterly, north-eastern; ***para nordeste*** north-eastward, north-eastwardly
nordestear *v. intr.* to veer to the north-east; to point (needle) north-eastward
nordésteo *adj.* northeastern
nordestia *s. f.* strong and cold northeast wind
nórdico Ⓐ *adj.* Nordic Ⓑ *s. m.* Nordic; Northman
nórico *s. m., adj.* Norlander
norma *s. f.* norm, standard, pattern, type, model; rule; ***normas de serviço*** service instructions
normal Ⓐ *s. m., adj.* normal, regular, natural, usual Ⓑ *s. m.* GEOMETRIA a perpendicular line; ***escola normal*** teacher training college; ***curso normal*** primary school teacher training; ***este calor não é normal*** it's incredibly hot; ***acima do normal*** above normal
normalidade *s. f.* normality, normal state or condition
normalização *s. f.* normalization, normalizing
normalizar *v. tr.* to normalize, to make normal, to cause to conform to a fixed standard, to adjust
normalizável *adj.* that can be normalized; regulable, regulatory
normalmente *adv.* normally, usually, ordinarily, in an ordinary way
normando Ⓐ *adj.* Norman, of (belonging to) the Normans Ⓑ *s. m.* inhabitant or native of Normandy; Norman; Norseman; a kind of printing type
normativo *adj.* normative, preceptive, standard
nor-nordeste *s. m.* north-northeast
nor-noroeste *s. m.* north-northwest
noroeste *s. m.* northwest; northwest wind
noroestear *v. intr.* to steer (to stand, to point) to the north-west (needle); to sail towards the northwest
norreno *adj.* Nordic
nortada *s. f.* cold north wind; norther
norte Ⓐ *s. m.* north, one of the cardinal points of the compass; the northern hemisphere; northward; [fig.] guide, rule, direction Ⓑ *adj.* north, northern; situated at the north, northward; ***direcção norte*** northerliness; ***fazer-se norte (o vento)*** to north (the wind); ***do norte*** northerly, northern; ***mais ao norte*** northernmost; ***para norte*** northward(ly); ***vento norte*** north wind
norteação *s. f.* orientation, guidance
norteado *adj.* guided (led) northwards; [fig.] guided, directed
norte-americano *s. m., adj.* North American
nortear *v. tr. e refl.* to steer (or to stand) to the north; to decline to the north; to guide, to lead; to regulate, to manage
nortenho Ⓐ *adj.* pertaining to the north Ⓑ *s. m.* northerner
nortista Ⓐ *adj.* pertaining to the north Ⓑ *s. m. e f.* northerner
norueguense *s. m. e f., adj.* Norwegian; native of Norway, language of Norway
norueguês *s. m., adj.* Norwegian; native of Norway, language of Norway
nós *pron. pess.* we; us; ***todos nós*** all of us; ***de nós*** of us; ***façamo-lo nós próprios*** let us do it ourselves; ***nós sabemos falar inglês*** we can speak English
nosaria *s. f.* large number of knols
noseana *s. f.* nosean, noselite
noselha *s. f.* herbaceous plant
nosocomial *adj.* nosocomial
nosocómico *adj.* nosocomial
nosocómio *s. m.* hospital
nosocrático *adj.* that heals diseases; specific (remedy)
nosofobia *s. f.* PATOLOGIA nosophobia (morbid fear of disease)
nosófobo *s. m., adj.* suffering from nosophobia
nosogenia *s. f.* origin and development of diseases; its study
nosogénico *adj.* relating to the origin and development of diseases
nosografia *s. f.* MEDICINA nosography (classification of diseases)
nosográfico *adj.* nosographic
nosologia *s. f.* MEDICINA nosology (science of diseases; classification and nomenclature of diseases)
nosológico *adj.* MEDICINA nosological
nosomancia *s. f.* ⇒ **nosomântica**
nosomania *s. f.* PATOLOGIA nosomania
nosomântica *s. f.* art of healing by means of enchantment or magic
nosso Ⓐ *adj. poss.* our Ⓑ *pron. poss.* ours Ⓒ *s. m. pl.* relatives; ***veja o nosso jardim!*** look at this garden of ours!; ***o nosso pai*** our father; ***gosto mais do nosso*** I like ours better; ***não vás ao baile deles, vem ao nosso*** don't go to their dance, come to ours; ***ele é dos nossos*** he is one of our friends; ***os nossos*** our relatives
nostalgia *s. f.* nostalgia, homesickness, nostalgy
nostálgico *adj.* nostalgic, homesick
nota *s. f.* note, memorandum, annotation; reminder, comment; report; bill, account, reckoning; letter, communication; MÚSICA note; symbol; notice, regard, attention; heed; observation, remark; mark; fame, reputation; ***nota promissória*** promissory note; ***nota de banco*** bank-note; ***nota circunstanciada*** particulars, detailed memorandum; ***tomar nota*** to take note, to note down; ***nota no fim da página*** foot-note; ***digno de nota*** worthy of note; ***nota diplomática*** formal diplomatic communication; ***nota de cinco libras*** fivepound note; ***os bons estudantes têm boas notas*** diligent students have (get) good marks; ***nota discordante*** discordant note; ***nota das despesas*** note of charges; ***nota falsa*** counterfeit bill; ***nota de venda*** sales receipt; ***nota fiscal*** receipt; ***nota marginal*** marginal note
notabilidade *s. f.* notability; person of note; remarkable person; remarkableness; noteworthiness, conspicuousness
notabilizar Ⓐ *v. tr.* to render notable Ⓑ *v. refl.* to become notable
notação *s. f.* notation (system of symbols, characters, or marks used in science or art for representing numbers, quantities, etc.)
notado *adj.* notable, conspicuous; noted; remarkable
notador Ⓐ *s. m.* one who notes; observer; noter Ⓑ *adj.* noting, observing
notar *v. tr.* to note, to record, to register, to make a note or notes of; to notice, to attend; to mark, to observe, to regard; to remark; to rebuke, to censure, to reproach; to write down, to note down; ***notar um cheiro desagradável*** to notice an unpleasant smell; ***é preciso notar que*** it must be noted that

notariado *s. m.* profession (office or function) of a public notary; conveyancing
notarial *adj.* notarial; of (pertaining to) a notary; performed (executed) by a notary
notário *s. m.* notary, notary public
notável *adj.* notable, remarkable, worthy of notice, distinguished, conspicuous; famous; note-worthy, extraordinary; ***era realmente um homem notável*** he was indeed a remarkable man; ***tornar-se notável*** to make oneself conspicuous; ***não fazer nada de notável*** not to set the Thames on fire
notavelmente *adv.* remarkably, notably
notícia *s. f.* news, tidings, a piece of news; information, intelligence, report, word, notice; written annotation; summary; memory, remembrance; ***comunicar más notícias*** to break the news; ***dê-me notícias suas brevemente*** let me hear from you soon; ***vais receber notícias dela*** you will be hearing from her; ***uma boa notícia*** a piece of good news; ***que notícias há?*** what's the news?; ***as últimas notícias*** the latest news; ***ter notícia em primeira mão*** to learn (to get) information at first hand; ***notícias horríveis*** shocking news; ***notícias desagradáveis*** unwelcome news; ***notícias directas*** direct news; ***notícias velhas*** stale news; ***notícias marítimas*** shipping intelligence (news); ***dar notícias de um navio*** to report a ship; ***sem notícias (navio)*** missing (ship); ***as notícias são boas*** the news is good; ***a notícia espalhou-se rapidamente*** the news ran like wildfire; ***hoje recebi uma notícia que me causou grande desgosto*** today I received some news which disturbed me greatly; ***receber notícias de alguém*** to hear from someone; ***publicar uma notícia sensacional em primeira mão*** to make a scoop; ***as notícias transtornaram-no por completo*** the news quite upset him; ***fiquei positivamente abalado com as notícias*** I was positively staggered by the news; ***a falta de notícias é sinal de boas notícias*** no news is good news; ***notícias de jornais*** pressnotes; ***notícias infundadas*** false report; ***notícia exagerada*** exaggerated news; ***agência de notícias*** news agency
noticiador Ⓐ *s. m.* reporter; newswriter; informer Ⓑ *adj.* informative
noticiar *v. tr.* to inform, to communicate news; to tell, to make known; to spread about; to publish, to notify; to announce
noticiário *s. m.* news; items of news; news service; news section (of a newspaper)
noticiarista *s. m. e f.* reporter, news-writer
noticioso *adj.* well-informed; giving much information; informative; of (or referring to) news
notificação *s. f.* notification, citation, summons, notice, communication
notificado *adj.* summoned, notified, sent for; informed
notificador Ⓐ *s. m.* notifier, one who notifies; informer Ⓑ *adj.* notifying
notificante *adj.* notifying
notificar *v. tr.* to notify, to give judicial notification; to summon; ***notificar uma citação*** to serve a writ on a person; ***notificar uma sentença*** to serve a judg(e)ment
notificativo *adj.* that serves to notify, informative
notificatório *adj.* notifying
noto Ⓐ *adj.* notorious; known Ⓑ *s. m.* south wind
notocórdio *s. m.* notochord
notoriamente *adv.* notoriously
notoriedade *s. f.* notoriety; notoriousness; publicness, publicity
notório *adj.* notorious, well-known; ***é notório que*** it is notorious that
nótula *s. f.* short note; comment, gloss
noute *s. f.* ⇒ **noite**
nova Ⓐ *s. f.* news, piece of news; intelligence, tidings, account Ⓑ *adj.* young; ***boas novas*** good news; ***dar más novas*** to impart evil tidings (news); ***fazer-se de novas*** to feign ignorance (of a thing); ***correio de más novas*** Job's post
novação *s. f.* innovation, change; renewal of a contract
novador Ⓐ *adj.* innovator Ⓑ *s. m.* reporter, news-bringer
nova-iorquino *s. m.* New Yorker
noval *s. m.* recently cultivated ground, newly ploughed field
novamente *adv.* newly, again, once more
novato Ⓐ *adj.* raw, inexperienced, untrained, fresh Ⓑ *s. m.* apprentice; new-comer; novice, beginner, probationer, tyro, tiro
nove *num. card.* nine; ***nove vezes em dez*** nine times out of ten
novecentos *num. card.* nine hundred
novedio *s. m., adj.* bud, gem, shoot, sprout; of few years; sprig
novel *adj.* beginning; young; inexperienced, new, fresh; raw
novela *s. f.* short story, tale, story, narration; romance, narrative
novelar *v. intr.* to write novels
noveleiro Ⓐ *s. m.* telltale; fond of novels; fond of hearing and telling news; newsmonger Ⓑ *adj.* novelistic, telltale
novelesco *adj.* romantic, suitable for a novel; as in a novel; novelistic
novelista *s. m. e f.* novelist, writer of short stories; novellike
novelo *s. m.* ball of thread or yarn; clew; BOTÂNICA hydrangea; [fig.] embroilment, intrigue
Novembro *s. m.* November
novena *s. f.* novena; period of nine days; RELIGIÃO a special form of devotion repeated on each of nine successive days
novenal *adj.* of nine days
novenário *s. m.* book of novenas
novénio *s. m.* period of nine years
noveno Ⓐ *adj.* ninth Ⓑ *s. m.* ninth day of a sickness
noventa *num. card.* ninety
novenvirado *s. m.* archontate
novenvirato *s. m.* archontate
novênviro *s. m.* each of the nine archons in Athens; archonship
noviça *s. f.* novice
novice *s. f.* state or quality of being new; novelty
noviciado *s. m.* noviciate, novitiate, state of being a novice in a religious order; period during which this lasts; apprenticeship; duration of apprenticeship (or noviciate); noviceship
noviciar *v. intr.* RELIGIÃO to practise the noviciate; to be a novice; to be an apprentice; to start, to begin, to try out
noviciaria *s. f.* RELIGIÃO noviciate, quarters assigned to novices
noviciário *adj.* of a novice, relating to novices
noviço Ⓐ *s. m.* RELIGIÃO novice (one who has entered a religious house but has not yet taken the vow); probationer; a new convert; beginner, tiro, tyro, freshman Ⓑ *adj.* inexperienced, green, new
novidade *s. f.* novelty; newness, news, tidings; latest fashion; danger; trouble; remarkable occurrence; *pl.* fruit, crops, early vegetables; ***novidade sensacional passageira*** a nine day's wonder; ***isso não é novidade nenhuma*** that is no news; ***não haverá novidade*** it will turn all right; ***a última novidade*** the latest thing (out); ***que grande novidade!*** what an interesting piece of news!
novidadeiro *s. m.* newsmonger; intriguer
novilatino *adj.* said of a language derived from Latin or of the people who speak it
novilha *s. f.* heifer
novilhada *s. f.* herd of bullocks or steers; bullfight
novilheiro *s. m.* bullfighter
novilho *s. m.* steer; bullock
novilunar *adj.* of the new moon
novilúnio *s. m.* new moon
noviorquino *s. m.* New Yorker
novissimamente *adv.* lately; very recently; last, latest
novíssimo Ⓐ *adj.* newest, latest, most recent Ⓑ *s. m. pl.* last stage of life; RELIGIÃO man's ultimate purpose

novo Ⓐ *adj.* young; new, recent, modern, novel, fresh; original; not worn out; inexperienced in, untried, unaccustomed to Ⓑ *s. m.* coming crop, next crop; *pl.* young people; ***novo em folha*** brand new; ***novos e velhos*** young and old; ***um fato novo*** a new suit (of clothes); ***comprar um chapéu novo*** to buy a new hat; ***termo novo, palavra nova*** newly-coined word; ***o Novo Mundo*** the New World; ***inteiramente novo*** quite new; ***presente do Ano Novo*** New Year's gift; ***lua nova*** new moon; ***que há de novo?*** what's the news?; ***de novo*** newly, lately, recently; ***não há nada de novo*** nothing new; ***novos homens, novas ideias*** a new broom sweeps clean; ***parece ser muito novo*** he has all the appearance of extreme youth, he looks very young
novocaína *s. f.* FARMACOLOGIA novocaine
novo-rico *s. m.* upstart, nouveau-riche; parvenu
novo-riquismo *s. m.* recent wealth; ostentation; flashiness
nóxio *adj.* noxious, injurious, harmful, hurtful; deleterious, poisonous, pernicious
noz *s. f.* nut, walnut; ***noz de cola*** cola nut; ***noz de galha*** oak gallnut; ***nozes de acaju*** cashew nuts; ***bolo de noz*** walnut cake; ***miolo de noz*** kernel of a walnut
noz-de-galha *s. f.* oak gallnut
nozelha *s. f.* node, knot, protuberance
noz-moscada *s. f.* nutmeg
noz-vómica *s. f.* nux vomica
nu *s. m., adj.* naked, bare, nude; unclothed, undressed, uncovered; barren, denuded (of vegetation); plain; a nude figure (in painting or sculpture); ***nu em pêlo*** stark naked; ***a olho nu*** with the naked eye; ***a verdade nua e crua*** the naked truth
nuamente *adv.* plainly, nakedly, nudely
nuança *s. f.* nuance, shade
nubente *s. m. e f., adj.* betrothed
nubífero *adj.* [poét.] cloud-bringing, cloudy
nubífugo *adj.* [poét.] dissolving clouds
nubígeno *adj.* cloud-born
núbil *adj.* nubile, marriageable
nubilar *s. m.* wheat barn
nubilário *s. m.* wheat barn
nubilidade *s. f.* state of being marriageable; marriageableness
nubiloso *adj.* cloudy, misty, foggy
nubívago *adj.* travelling in the clouds
nublado *adj.* cloudy, covered with clouds; overcast; dark, gloomy; ***céu nublado*** overcast sky
nublar Ⓐ *v. tr.* to cloud, to make dark, to overcast; to overcloud Ⓑ *v. intr.* to become cloudy; ***o céu nublou-se*** the sky has become clouded
nubloso *adj.* cloudy, misty, overcast; gloomy, sullen, sad
nuca *s. f.* nape, the back of the neck; neck; scruff, nape of the neck; ***agarrar pela nuca*** to take by the scruff of the neck
nucal *adj.* relating to the back of the neck
nução *s. f.* assent, consent, acquiescence; discretion
núcego *adj.* stark naked
nucela *s. f.* BOTÂNICA nucellus
nucífero *adj.* nuciferous
nuciforme *adj.* nuciform, nut-shaped
nucífrafo *adj.* nut-cracking
nucina *s. f.* substance extracted from walnut
nucívoro *adj.* nucivorous, nut-eating
nucleal *adj.* ⇒ **nuclear**
nucleão *s. m.* nucleon
nuclear Ⓐ *adj.* nuclear; ***física nuclear*** nuclear physics Ⓑ *v. tr.* to nucleate
nucleico *adj.* nucleic
nucleína *s. f.* nuclein, nucleine
núcleo *s. m.* nucleus; ASTRONOMIA condensed part of a comet's head; central core (or kernel); BIOLOGIA centre of a cell; starting point, centre, middle, essential part; ***núcleo de um cometa*** nucleus of a comet; ***núcleo atómico*** atomic nucleus
nucléolo *s. m.* nucleolus, nucleole
nuclídeo *s. m.* FÍSICA nuclide
núcula *s. f.* nutlet
nuculâneo *s. m.* fruit containing many seeds (drupe)
nucular *adj.* related to the nut; containing a nutlet (or an almond or seed)
nuculoso *adj.* that contains nuts
nudação *s. f.* nudity, nudeness, state of being nude; undressing, stripping
nudez *s. f.* nakedness, nudity, nudeness; bareness; [fig.] simplicity, dryness; privation, want, poorness
nudeza *s. f.* nakedness, nudity, nudeness; bareness; [fig.] simplicity, dryness; privation, want, poorness
nudibrânquio *adj.* ZOOLOGIA nudibranch
nudicaule *adj.* nudicaul, nudicaulus (having leafless stema)
nudípede *adj.* nudiped
nudismo *s. m.* nudism (the cult of the nude)
nudissexo *adj.* said of flowers the androecium and gynaeceum of which are bare
nudista *s. m. e f.* nudist (adherent of nudist cult)
nuelo *adj.* new-born; featherless, unfledged
nueza *s. f.* ⇒ **nudez**
núfar *s. m.* ⇒ **nenúfar**
nuga *s. f.* trifle, frivolity
nugação *s. f.* ridiculous sophism, vain argument
nugacidade *s. f.* frivolity, futility, trifle, nugacity
nugativo *adj.* nugatory, trifling, valueless, useless, futile, nugacious
nugatório *adj.* nugatory, trifling, valueless, useless, futile, nugacious
nulamente *adv.* vainly, voidly
nulidade *s. f.* nullity; nothingness; invalidity; want of force; nonentity, nobody
nulificação *s. f.* nullification
nulificar *v. tr.* to nullify, to make null and void; to cancel, to annul
nulípara *s. f.* nullipara
nulo *adj.* null, void, invalid, useless, valueless, ineffectual; worthless; ***nulo (sem efeito)*** null and void
num *contr. da prep.* **em** + *art. indef.* **um**; *contr. da prep.* **em** + *pron. indef.* **um**
numária *s. f.* numismatics (science of coins and medals)
numário *adj.* nummary, numismatic(al)
nume *s. m.* MITOLOGIA deity; numen; genius, inspiration
númen *s. m.* MITOLOGIA deity; numen; genius, inspiration
numenal *adj.* noumenal
número *s. m.* noumenon; thing-in-itself
numeração *s. f.* numeration, enumeration, numbering; counting by numbers; act or process of numbering; the art of writing (or reading) numbers; ***a numeração do livro está errada*** the numbering of the pages in the book is wrong
numerado *adj.* numbered; in numerical order
numerador Ⓐ *s. m.* ARQUITECTURA numerator; numbering machine Ⓑ *adj.* numerative
numeradora *s. f.* numbering machine
numeral *s. m., adj.* numeral
numerar *v. tr.* to number, to enumerate, to numerate, to count; ***numerar fazendas*** to number goods
numerário *s. m.* cash, coined money, coin, specie(s); ***pagamento em numerário*** cash payment, payment in cash
numerativo *adj.* numbering
numerável *adj.* numerable
numericamente *adv.* numerically
numérico *adj.* numerical, numeral
número *s. m.* number, figure, cypher, cipher, mark, numeral, quantity; unity; sum of units; amount, sum; aggregate of persons, objects, etc.; multitude, copy of a periodical; ***número par*** even number; ***número ímpar*** odd number; ***número de vibrações*** number of vibrations; ***número atra-***

sado (de um periódico) back number; ***aumentar o número*** to swell the number; ***fazer número*** to fill the number; ***número fraccionário*** fractional number; ***número composto*** composite number; ***número do telefone*** telephone number; ***número abstracto*** abstract number; ***número concreto*** concrete number; ***número decimal*** decimal number; ***número errado*** wrong number; ***número primo*** prime number; ***número de ordem*** reference number; ***um número regular*** a good few; ***vezes sem número*** times without number; ***número de matrícula de automóvel*** motor-car registration number; ⌈coloq.⌋ ***ele é um «número»*** he is a queer chap, he is a funny chap

numerologia *s. f.* numerology

numerosamente *adv.* numerously

numerosidade *s. f.* numerousness

numeroso *adj.* numerous, very, many, abundant; (of verse or prose) rhyming, harmonious; ***uma família numerosa*** a numerous family; ***pouco numeroso*** few in number; ***uma numerosa colecção de livros*** a numerous collection of books

númida *s. m. e f., adj.* Numidian

numídico *adj.* Numidian

numinoso *adj.* relating to noumenon or numen

numisma *s. f.* coin; medal

numismal *adj.* medal-shaped, relative to medals or coins

numismata *s. m. e f.* numismatist; mintman

numismática *s. f.* numismatics (science or art of coins and medals)

numismático *adj.* numismatic(al)

numismatista *s. m. e f.* ⇒ **numismata**

numular *adj.* relative to coins; nummary; nummular

numulária *s. f.* numismatics

numulite *s. f.* nummulite

numulítico *adj.* nummulitic

nunca *adv.* never, at no time, not ever; ***quase nunca*** hardly ever; ***para nunca mais*** nevermore; ***nunca recuses uma boa oferta!*** never refuse a good offer!; ***melhor do que nunca*** better than ever; ***isto é um nunca acabar*** there is no end to it; ***nunca jamais*** never again; ***nunca é tarde para nos corrigirmos*** it is never too late to mend; ***nunca mais*** nevermore; ***nunca se pode saber*** you never can tell

nunciatura *s. f.* nunciature, the office (or the period of office) of a papal nuncio

núncio *s. m.* RELIGIÃO nuncio (a papal ambassador); nuntius (*plural* nuntii)

nuncupação *adj.* nuncupation

nuncupativo *adj.* nuncupative (declared by word of mouth, instead of in writing); ***testamento nuncupativo*** nuncupative will, a will made by word of mouth

nuncupatório *adj.* nuncupative (declared by word of mouth, instead of in writing)

nundinal *adj.* nundinal, pertaining to fair or market

nundinário *adj.* nundinal, pertaining to fair or market

núndinas *s. f. pl.* markets held every ninth day; ⌈arc.⌋ nundine

nunes Ⓐ *adj.* odd Ⓑ *s. m.* odd number

nupcial *adj.* nuptial, bridal, spousal

nupcialidade *s. f.* nubility

núpcias *s. f. pl.* nuptials, wedding ceremonies; spousals, a wedding; ***segundas núpcias*** second marriage

nuperfalecido *adj.* ⇒ **recém-falecido**

nuperpublicado *adj.* ⇒ **recém-saído**

nutação *s. f.* ASTRONOMIA nutation, vacillation (small vibratory or oscillating movement of the earth's axis); BOTÂNICA slight circular movement of the growing stem of a plant; vertigo, dizziness

nutante *adj.* nutant; nodding; drooping; nutational; hesitant

nutar *v. intr.* to nutate, to nod, to droop (the head); to oscillate

nutatório *adj.* oscillating, pendent

nuto *s. m.* nod, nutation

nutribilidade *s. f.* quality of being nourishable

nutrição *s. f.* nutrition, nutriment; nurture, feed, nourishment

nutrice *s. f.* ⇒ **nutriz**

nutrício *adj.* nutritious, nourishing

nutricionismo *s. m.* nutrition

nutricionista Ⓐ *s. m. e f.* nutritionist Ⓑ *adj.* nutritional

nutrido *adj.* well-fed, strong, robust, corpulent, nourished; continued, continual (fire, combustion); ***fogo nutrido*** continual firing

nutridor Ⓐ *s. m.* nourisher, feeder Ⓑ *adj.* nutritious, nutrient, nourishing, nutritive

nutriente *adj.* nutrient, nutritious, nourishing, nutritive

nutrificar *v. tr.* to nourish; to feed

nutrimental *adj.* nutrimental, nutritious, alimental

nutrimento *s. m.* nutriment, nourishment; nourishing food; sustenance; means of support

nutrir *v. tr.* to nourish, to feed; to cherish, to entertain, to maintain, to sustain; to fatten; ***nutrir esperanças vãs*** to cherish vain hopes

nutritício *adj.* relating to the mother or wet-nurse

nutrítico *adj.* relating to the mother or wet-nurse

nutritivo *adj.* nutritive, nourishing, nutritious

nutrível *adj.* susceptible of nourishment

nutriz *s. f.* wet-nurse

nuvem *s. f.* cloud, mass of vapour; haze; ***nuvem carregada de electricidade*** thundercloud; ***nuvens baixas*** low clouds; ***até às nuvens*** up to the skies; ***nuvem de pó*** cloud of dust; ⌈fig.⌋ ***cair das nuvens*** to be flabbergasted; ⌈fig.⌋ ***ir às nuvens*** to see red, to be exasperated

núveo *adj.* ⌈reg.⌋ overcast, cloudy

nuvioso *adj.* cloudy, overcast (with clouds)

o, O *s. m.* the fifteenth letter of the alphabet
o Ⓐ *art. def.* the Ⓑ *pron. pess.* him, it Ⓒ *pron. dem.* that, the one; ***aquele que*** he who, that which; ***o que*** what, the one that, that which, he who; ***tudo o que*** all that
o! *interj.* oh!
oaristo *s. m.* intimate chat; intercourse
oasiano Ⓐ *adj.* oasal Ⓑ *s. m.* oasis dweller
oásico *adj.* oasitic
oásis *s. m.* oasis; [fig.] resting place, comfort
obaudição *s. f.* defective hearing
obcecação *s. f.* obduracy, contumacy, stubbornness, blindness, obstinacy
obcecadamente *adv.* blindingly, obscuringly, bewilderingly; stubbornly, obstinately
obcecado *adj.* obdurate, blinded, bewildered, obfuscated; stubborn, contumacious
obcecador *adj.* blinding, obscuring, bewildering
obcecante *adj.* blinding, obscuring, bewildering
obcecar *v. tr.* to blind, to obscure (the understanding), to obfuscate, to confuse, to bewilder
obcónico *adj.* obconical
obcordado *adj.* BOTÂNICA obcordate
obcordiforme *adj.* BOTÂNICA obcordate
obcorrente *adj.* BOTÂNICA referring to the septa of a fruit that divide the pericarp into loculi
obducto *adj.* hidden; covered, obduced
obduração *s. f.* obduracy, inflexibility, hardness (of heart or character); [fig.] ⇒ **obstinação**
obdurado *adj.* obdurate, stubborn, obstinate, unyielding; hard-hearted, unfeeling
obdurar *v. tr.* to harden, to indurate, to make unfeeling, to obdurate; [fig.] ⇒ **obcecar**
obedecer *v. intr.* to obey, to submit, to comply (with orders or instructions); to act in accordance with, to follow, to yield (to orders, etc.); ***obedecer cegamente*** to obey blindly, to come to heel; ***obedecer aos seus superiores*** to obey one's superiors; ***obedecer às várias regras*** to comply with conditions; ***obedecer às leis da natureza*** to obey the laws of nature; ***obedecer aos ditames do coração*** to obey the dictates of one's heart; NÁUTICA ***obedecer ao leme*** to yield to the helm, to answer the helm
obediência *s. f.* obedience, submission, compliance; allegiance, subservience; dutifulness; ***obediência passiva*** passive obedience
obediente *adj.* obedient, submissive, compliant, yielding, observant, dutiful, respectful; docile, meek, humble
obedientemente *adv.* obediently, humbly, meekly
obélio *s. m.* ANATOMIA obelion
obélion *s. m.* ANATOMIA obelion
obeliscal *adj.* obeliscal
obelisco *s. m.* obelisk, needle
óbelo *s. m.* obelus
oberar *v. tr.* to load with debt
obesidade *s. f.* obesity, corpulence, plumpness
obeso *adj.* obese, fat, corpulent, plump
óbice *s. m.* impediment, hindrance, obstacle
óbito *s. m.* death, decease, obit
obituário *s. m., adj.* obituary
objecção *s. f.* objection, opposition, disapproval; obstacle, hindrance, prohibition; ***fazer objecções*** to make an objection (to); ***não fazer objecções*** to have no objection (to); ***não há objecções a fazer*** there is no objection; ***não houve objecção da minha parte*** there was no objection on my part
objectado *adj.* adduced, produced, alleged, put forward
objectal *adj.* PSICOLOGIA referring to a tendency or behaviour aimed at the object
objectante *adj.* objected, opposing, disapproving
objectar *v. tr.* to object, to oppose, to disapprove, to contest, to protest
objectável *adj.* opposable
objectiva *s. f.* objective, object-glass
objectivação *s. f.* objectivation, objectification, making objective
objectivamente *adv.* objectively
objectivar *v. tr.* to objectify, to render objective; to form objectively; to embody, to materialize
objectividade *s. f.* objectivity, objectiveness
objectivismo *s. m.* objectivism
objectivo Ⓐ *adj.* objective Ⓑ *s. m.* GRAMÁTICA objective (case); objective, end, aim, goal, purpose; ***ponto objectivo*** objective point
objecto *s. m.* object, thing; matter, subject, topic; ⇒ **objectivo**; ***lição intuitiva pelo objecto*** object lesson; ***objectos de valor*** valuables; ***objectos extraviados (perdidos)*** lost property; ***objectos de escritório*** stationery, writing materials
objector Ⓐ *s. m.* opposer Ⓑ *adj.* opposing, oppositive
objurgação *s. f.* objurgation, reproof, blame, reproach, rebuke
objurgar *v. tr.* to objurgate, to blame, to reproach, to chide, to reprove, to rebuke
objurgatória *s. f.* objurgation, blame, rebuke, reproach
objurgatório *adj.* objurgatory, reproachful, rebuking
oblação *s. f.* oblation; offering (to God), gift, donation
oblata *s. f.* oblation, offering, gift, donation; *pl.* oblates (nuns belonging to the congregation of Oblates)
oblatar *v. tr.* to offer (prayers), to put up a sacrifice; to make an offering (gift)
oblatividade *s. f.* altruism, philantropy, generosity
oblativo *adj.* oblational, oblatory
oblato *s. m.* RELIGIÃO oblate (member of a Roman Catholic religious congregation of secular priests, Oblates or Oblate Fathers)
obligulado *adj.* BOTÂNICA obligulate
oblíqua *s. f.* GEOMETRIA oblique line
obliquamente *adv.* obliquely
obliquângulo *adj.* GEOMETRIA oblique-angled
obliquar *v. tr.* to obliquate, to oblique, to slant, to move away, to deviate from (the straight line), to bear (right, left); MILITAR to oblique, to move forward half-right (half-left)
obliquidade *s. f.* obliquity, obliqueness, slant, bias; slanting direction (or position)
oblíquo *adj.* oblique, diagonal, slanting, sideways, skew; indirect, roundabout; ***ponte oblíqua*** skew bridge; ***ângulo oblíquo*** oblique angle
obliteração *s. f.* obliteration, effacement, blotting-out, destruction, extinction

obliterado *adj.* obliterated
obliterador *adj.* obliterative
obliterante *adj.* obliterating
obliterar *v. tr.* to obliterate, to efface, to blot out, to destroy, to extinguish, to erase
oblívio *s. m.* oblivion, forgetfulness
oblongado *adj.* oblong
oblongifólio *adj.* with elongated leaves
oblongo *adj.* oblong; elongated; oval
obnoxiação *s. f.* obnoxiousness
obnóxio *adj.* obnoxious, offensive, objectionable
obnubilação *s. f.* MEDICINA obnubilation, confused state, obscured vision
obnubilar *v. tr.* to obnubilate, to cloud, to obscure, to darken
oboé *s. m.* hautboy, oboe
oboísta *s. m. e f.* oboe player, oboist
óbolo *s. m.* obol (ancient Greek coin); [fig.] alms; subscription
oboval *adj.* obovoid, obovate
obóveo *adj.* obovoid, obovate
obovóide *adj.* obovoid, obovate
obra *s. f.* work; production; task, undertaking; writing, painting, musical composition; repairs (of a building), alterations; trick; *pl.* deeds, doings; ***pôr mãos à obra*** to set to work, to put one's shoulder to the wheel; ***obras de caridade*** works of mercy, charitable funds (establishments); ***em obras*** under repairs; ***a casa precisa de obras*** the house needs repairs; ***uma obra cheia de erros*** a work full of mistakes; ***obra literária de pouco valor (colhida de vários autores)*** scissors and paste; ***obra clássica*** classic (work); ***a última obra de um poeta (escritor ou compositor musical)*** swan-song; ***obra fundamental*** standard work; ***obra de talha*** carved-work; ***obra de embutido*** inlaid work; ***obras públicas*** public works; ***uma obra de arte*** a work of art, a fine piece of workmanship, luxury edition; ***obra literária ou artística feita à pressa (para ganhar a vida)*** pot-boiler; ***obra bicuda*** a difficult task, a knotty problem, a nut to crack; ***obra de madeira*** timber work; ***obra de fôlego*** exhaustive work; ***obras exteriores*** outer works; NÁUTICA ***obras mortas*** dead works, upper works; ***obras vivas*** vital parts, quick works
obrador *s. m.* performer; worker, workman; artisan; author
obragem *s. f.* work; making, performing, doing, building
obra-mestra *s. f.* masterpiece
obrante *adj.* acting, operative, working, efficient
obra-prima *s. f.* masterpiece
obrar Ⓐ *v. tr.* to execute, to build, to produce, to do, to put into practice, to perform Ⓑ *v. intr.* to act; to work; to defecate; ***obrar de boa-fé*** to act in good faith; ***obrar em favor de*** to act to the best advantage of; ***obrar em nome de*** to act in the name of
obreeiro *s. m.* wafer-maker
obreia *s. f.* RELIGIÃO wafer
obreira *s. f.* workwoman; workerbee, working bee
obreiro Ⓐ *s. m.* worker, workman; co-operator Ⓑ *adj.* working
ob-repção *s. f.* obreption, fraud, cunning
ob-reptício *adj.* obreptitious; fraudulent, cunning
obriga *s. f.* obligation, duty; responsibility, engagement; favour, gratitude, indebtedness; COMÉRCIO bond, debenture
obrigação *s. f.* obligation, duty; responsibility, engagement; favour, gratitude, indebtedness; COMÉRCIO bond, debenture; ***obrigação nominativa*** registered bond; ***obrigação do Estado*** Government bond; ***obrigação amortizável*** terminable debenture; ***anular uma obrigação*** to cancel a bond; ***ter obrigação de*** to be obliged to; ***fazer a sua obrigação*** to do (to perform) one's duty; ***primeiro a obrigação, depois a devoção*** duty before pleasure
obrigacionário *s. m.* bond-holder
obrigacionista *s. m. e f.* bond-holder
obrigado Ⓐ *adj.* obliged, bound (in duty), compelled, forced; thankful, obliged, grateful Ⓑ *interj.* thank you!; thanks!; ***muito obrigado!*** many thanks!, much obliged!
obrigador *adj.* obliging, compelling, imposing; binding
obrigante *adj.* obliging, compelling, imposing; binding
obrigar Ⓐ *v. tr.* to oblige, to compel, to force, to make, to constrain, to put under an obligation Ⓑ *v. intr.* to do a favour to, to do something as a favour Ⓒ *v. refl.* to bind oneself, to put oneself under the obligation, to assume an obligation; ***obrigar a ceder*** to push (to drive) to the wall, to oblige, to give in; ***obrigaram-no a repetir*** he was made to repeat; ***obrigar alguém a pagar uma dívida*** to compel someone to pay a debt
obrigativo *adj.* ⇒ **obrigatório**
obrigatoriamente *adv.* compulsorily, obligatory
obrigatoriedade *s. f.* obligatoriness, compulsoriness
obrigatório *adj.* compulsory, compulsive, obligatory, binding, coercive
ob-rogação *s. f.* derogation
ob-rogar *v. tr.* to derogate, to obrogate
obscenamente *adv.* obscenely, bawdily, filthily
obscenidade *s. f.* obscenity, bawdiness, indecency, filthy word
obsceno *adj.* obscene, indecent, gross, coarse, broad, filthy, foul
obscuração *s. f.* obscuration, darkening, dimming
obscuramente *adv.* obscurely, darkly, dimly, unintelligibly; in a retired manner
obscurante *adj.* obscurant, obscurantist, darkening, dimming
obscurantismo *s. m.* obscurantism
obscurantista Ⓐ *s. m. e f.* obscurant, obscurantist, reactionary Ⓑ *adj.* obscurantist, obscurant
obscurantizar *v. tr.* to prevent enlightenment, to hinder knowledge
obscurecer Ⓐ *v. tr.* to obscure, to make obscure, to dim, to darken, to outshine; to hide, to conceal; to shade, to overcast, to cloud, to confuse, to bewilder, to make ambiguous, to render unintelligible Ⓑ *v. intr.* to grow dark
obscurecido *adj.* obscure, obscured; cloudy, misty; forgotten
obscurecimento *s. m.* darkening, obscuration; darkness, dark; dusk
obscuridade *s. f.* obscurity, obscureness, dimness; darkness, dark; dusk; gloom; ambiguity, unintelligibility, vagueness; humble position in life; ***viver na obscuridade*** to live in retirement (obscurity)
obscuro *adj.* obscure, dim, dark, darksome, cloudy, dusky; gloomy, sombre, lurid, shadowy; indistinct; remote, hidden away; undistinguished, unknown, nameless, unnoted, unnoticed, humble; unintelligible, indistinct, vague, doubtful, mysterious
obsecração *s. f.* obsecration, entreaty, supplication, earnest prayer
obsecrar *v. tr.* to entreat, to beseech, to implore, to beg earnestly
obsequente *adj.* obedient, compliant, obsequious, serviceable; willing, docile, submissive
obsequiador Ⓐ *adj.* obsequious, obliging, kind, polite, friendly, helpful, ready and willing to oblige Ⓑ *s. m.* obsequious (obliging, kind, etc.) person; ***ele é muito obsequiador*** he is very kind
obsequiar *v. tr.* to oblige, to do a favour to, to do a kindness, to render a service; to meet the wishes of; to offer as a gift; to entertain (guests); ***ele tem prazer em obsequiar os seus amigos*** he finds great pleasure in obliging (entertaining) his friends
obséquio *s. m.* favour, kindness, politeness; attention, courtesy, obligation; ***fazer um obséquio*** to do (someone) a kindness; ***por obséquio!*** please!

obsequiosamente *adv.* obligingly, politely, out of kindness
obsequiosidade *s. f.* obsequiousness, kindness, obligingness, politeness
obsequioso *adj.* obsequious, helpful, ready to help; kind, obliging, polite, affable, friendly
observação *s. f.* observation, remark, comment; note, notice, annotation; study, examination; ***uma observação significativa*** a pointed remark; ***manter em observação*** to keep under observation, to keep an eye on (watch carefully); MILITAR ***posto de observação*** observation post; ***fazer uma observação*** to make a remark; ***tenho umas observações a fazer-lhe sobre a sua conduta*** I have a few observations to make on your conduct
observacional *adj.* observational
observador Ⓐ *s. m.* observer, watcher; onlooker, spectator Ⓑ *adj.* observant, watchful, onlooking; ***observador perspicaz*** shrewd observer
observância *s. f.* observance, keeping, discharge, performance, fulfilment, accomplishment; rite, ritual; ***observância rigorosa*** strict observance
observante Ⓐ *adj.* observant, attentive, watchful, obedient Ⓑ *s. m.* observantine (member of a strict branch of the Franciscans, Friars Observant)
observantino Ⓐ *adj.* observant Ⓑ *s. m.* observantine
observar *v. tr.* to observe, to remark, to make remarks on, to comment; to note, to mark; to pay attention (respect) to, to be observant of, to notice, to perceive, to detect, to watch, to keep an eye on; to fulfil, to keep, to follow (a rule), to comply; ***é um homem que observa com perspicácia, mas fala pouco*** he is a man who observes every detail but says very little; ***os que estão de fora observam melhor*** onlookers see most of the game; ***observar uma regra*** to observe (to follow) a rule
observatório *s. m.* observatory
observável *adj.* observable
obsessão *s. f.* obsession, mania, fixed idea, crotchet, harassment
obsessionante *adj.* obsessive, persistent
obsessivo *adj.* obsessive, persistent
obsesso Ⓐ *adj.* haunted, tormented, harassed (by an evil spirit) Ⓑ *s. m.* person possessed (harassed)
obsessor Ⓐ *s. m.* obsessor, haunter Ⓑ *adj.* haunting, obsessing
obsidente Ⓐ *adj.* besieging, obsessive Ⓑ *s. m. e f.* besieger
obsídia *s. f.* obsidian
obsidiana *s. f.* obsidian
obsidiante *adj.* encompassing, surrounding, besetting; ⇒ **obsidente**
obsidiar *v. tr.* to encompass, to surround, to beset, to lay siege to, to besiege
obsidional *adj.* obsidional; besieging, surrounding, encompassing
obsolência *s. f.* obsolescence
obsolescente *adj.* obsolescent
obsoleto *adj.* obsolete, disused; out-of-date, old-fashioned, archaic
obstáculo *s. m.* obstacle, hindrance, impediment, barrier, drawback; [fam.] snag, obstruction, difficulty, objection; ***corrida de obstáculos*** obstacle race; ***corrida de cavalos com obstáculos*** steeple-chase; ***um obstáculo formidável ao progresso*** a formidable obstacle to progress; ***vencer um obstáculo*** to surmount an obstacle; ***ser um obstáculo*** to lie in the way; ***o obstáculo é não termos dinheiro suficiente*** the snag is that we haven't money enough; ***um obstáculo*** a snag, a hindrance; ***servir de obstáculo a*** to stand in the way of; ***através de todos os obstáculos*** through thick and thin; ***vencer todos os obstáculos*** to sweep all obstacles from one's path
obstante *adj.* hindering, obstructive, impeding; ***não obstante*** in spite of, nevertheless, notwithstanding; ***não obstante a sua resistência*** notwithstanding his resistance
obstar Ⓐ *v. tr.* to oppose, to hinder, to prevent, to stop, to thwart Ⓑ *v. intr.* to be an obstacle, to be opposed
obstativo *adj.* obstructive
obstetra *s. m.* obstetrician
obstétrica *s. f.* ⇒ **obstetrícia**
obstetrical *adj.* obstetrical
obstetrícia *s. f.* MEDICINA obstetrics, midwifery
obstetrício *adj.* obstetric(al)
obstétrico *adj.* obstetric(al)
obsticidade *s. f.* abnormal hanging of the head (to right or left)
obstinação *s. f.* obstinacy, stubbornness, pigheadedness; dogged perseverance, pertinacity, tenacity, obduracy
obstinadamente *adv.* obstinately, stubbornly
obstinado *adj.* obstinate, stubborn, pigheaded, inflexible, self-willed, obdurate, mulish, pertinacious, dogged, headstrong; intractable, refractory; ***ser obstinado*** to be obstinate, to be stubborn; ***tornar-se mais obstinado*** to become more obstinate, to increase one's resistance
obstinar Ⓐ *v. tr.* to render (to make) obstinate (self-willed) Ⓑ *v. refl.* to stick to, to persevere, to insist, to persist; to grow obstinate
obstipação *s. f.* MEDICINA obstipation, constipation, costiveness
obstipante *adj.* obstipating
obstipar *v. tr.* to constipate, to render costive
obstricto *adj.* constrained, strained, forced
obstringir *v. tr.* to bind, to tie; to constrain, to force, to press; to stanch
obstrito *adj.* constrained, forced
obstrução *s. f.* obstruction, hindrance, stoppage, impediment, blockage, block
obstrucionismo *s. m.* obstructionism
obstrucionista *s. m. e f.* obstructionist
obstruente *adj.* obstructive, obstructional; impeding
obstruir *v. tr.* to obstruct, to block (up), to clog, to choke up; to bar, to prevent, to hinder, to stop up; to impede, to embarrass, to hamper; to practise obstruction; ***obstruir o caminho*** to stop the way; ***obstruir uma passagem*** to obstruct a passage; ***o cano estava obstruído com lama*** the pipe was clogged with mud
obstrutivamente *adv.* obstructively
obstrutivo *adj.* obstructive
obstrutor Ⓐ *adj.* obstructing, hindering, obstructive, clogging, choking Ⓑ *s. m.* hinderer, obstructer
obstupefacção *s. f.* amazement, stupefaction, astonishment, wonder, surprise
obstupefacto *adj.* amazed, stupefied, astonished, startled, astounded, staggered, dumbfound, struck dumb
obstúpido *adj.* astonished, surprised
obtemperação *s. f.* submission, compliance, obedience; pondering, reflection, consideration
obtemperar *v. tr. e intr.* to reply mildly; to submit to, to obey, to comply with; to ponder, to reflect, to consider
obtenção *s. f.* attainment, getting, acquisition, achieving, accomplishing, securing
obtenível *adj.* obtainable
obtentor *s. m.* obtainer
obter Ⓐ *v. tr.* to procure, to obtain, to get, to acquire, to achieve, to attain, to reach, to gain, to win, to earn, to secure, to get possession of Ⓑ *v. refl.* to be had from; ***obter informações*** to get information; ***obter um lucro*** to get a profit; ***obter uma vantagem*** to gain an advantage; ***obter um rendimento*** to derive a profit; ***obter bons resultados com o tratamento médico*** to get good results from (the) medical treatment; ***obter informações por meios ardilosos*** to worm out information; ***obter o pagamento*** to obtain the payment; ***obter um abatimento*** to obtain a reduction

obtestação *s. f.* obtestation, supplication, act of calling a witness
obtestar *v. tr.* to obtest, to beseech, to supplicate, to beg for
obtundente *adj.* obtundent, blunting, deadening
obtundir *v. tr.* to obtund, to blunt, to dull, to deaden, to render obtuse (the faculties, etc.)
obturação *s. f.* obturation, obstruction, stopping up, closing (of an opening); ***obturação de um dente*** the stopping of a tooth, filling a tooth
obturador Ⓐ *s. m.* obturator, shutter (of a camera); plug, stopper Ⓑ *adj.* obturating, plugging, filling; ***obturador plástico (de artilharia)*** plastic obturator (of artillery)
obturante Ⓐ *adj.* obturating Ⓑ *s. m. e f.* obturator
obturar *v. tr.* to obturate, to close, to plug; to stop, to fill (a tooth); ***obturar um dente*** to stop a tooth, to fill a tooth
obturbinado *adj.* top-shaped involucre of certain fruits
obtusado *adj.* BOTÂNICA obtuse, rounded at the extremity (leaf)
obtusamente *adv.* obtusely, bluntly
obtusangulado *adj.* obtusangular
obtusângulo *adj.* GEOMETRIA obtuse-angled
obtusão *s. f.* obtuseness, stupidity; sullenness
obtusidade *s. f.* obtuseness
obtuso *adj.* GEOMETRIA obtuse; blunt, blunted; ⌈fig.⌋ dull, slow, dense, stupid, stolid; ***ângulo obtuso*** obtuse angle
obumbração *s. f.* darkness, obscurity; overcast
obumbrante *adj.* darkening, clouding, overcasting
obumbrar Ⓐ *v. tr.* to overshadow, to overcast, to darken, to shade; to eclipse, to hide Ⓑ *v. refl.* to grow (to become) cloudy
obus *s. m.* howitzer; shell
obvenção *s. f.* obvention, perquisite; gain, profit
obverso *s. m.* obverse (of a coin)
obviamente *adv.* obviously, plainly
obviar *v. tr.* to obviate, to clear away, to remove, to prevent, to get rid of, to hinder, to resist
obviável *adj.* that can be obviated (cleared, prevented, got rid of)
óbvio *adj.* obvious, clear, evident, plain, unmistakable, manifest; ***é óbvio que*** it is obvious that; ***a sua razão é óbvia*** his reason is crystal clear
obvir *v. intr.* to accrue to, to fall to, to pass to (the state, crown)
oca *s. f.* goose (game); BOTÂNICA oca; MINERALOGIA ocher, ochre; ***jogo da oca*** game of goose
ocar *v. tr.* to hollow, to make hollow, to dig out, to excavate
ocarina *s. f.* MÚSICA ocarina
ocarinista *s. m. e f.* ocarina player
ocasião *s. f.* occasion, opportunity, conjuncture, chance, cause, reason, ground, motive; ***escolher a ocasião própria*** to choose the suitable occasion; ***em qualquer ocasião*** at any time; ***em todas as ocasiões*** in season and out of season, at all times; ***proporcionar a ocasião*** to afford an opportunity; ***deixar escapar uma boa ocasião*** to let an opportunity slip; ***na primeira ocasião*** at the earliest opportunity; ***na ocasião devida*** in due course; ***ocasião solene*** a great occasion; ***palavra inventada para a ocasião*** nonce-word; ***uma má ocasião*** a bad time; ***na ocasião*** at the time; ***na ocasião que mais lhe convier*** at such a time as you think proper, when it suits you; ***aproveitar a ocasião*** to make hay while the sun shines, to strike while the iron is hot, to take advantage of any opportunity; ***nas ocasiões difíceis*** in an emergency, on a wintry day; ***dar ocasião a*** to give occasion to; ***aproveitar-se de uma ocasião favorável*** to avail oneself of an opportunity; ***os amigos conhecem-se nas ocasiões*** a friend in need is a friend indeed; ***a ocasião faz o ladrão*** opportunity makes the thief; ***esperar por uma ocasião mais favorável*** to wait till the clouds roll by; ***uma boa ocasião de experimentá-la*** a good chance to try it out
ocasionado *adj.* occasioned, caused incidentally, favoured
ocasionador *s. m.* causer, originator
ocasional *adj.* occasional, casual, incidental, infrequent; unforeseen, unexpected; ***tempestades ocasionais*** occasional storms
ocasionalidade *s. f.* occasionality
ocasionalismo *s. m.* occasionalism
ocasionalista *s. m. e f.* occasionalist
ocasionalmente *adv.* occasionally, on occasion, at times now and again, on and off, sometimes, from time to time, now and then, now and again, at intervals
ocasionar *v. tr.* to occasion, to give occasion for, to give rise to, to cause, to originate, to produce, to bring about; ***a velocidade demasiada dos automóveis tem ocasionado muitos desastres*** the high speed of motor-cars has caused many accidents; ***ocasionar demora*** to cause delay; ***ocasionar incómodo*** to cause trouble
ocaso *s. m.* sunset, setting (of a star); west; decline, decay, end, death; ***do ocaso*** of the setting; ***o ocaso da vida*** the sunset of life
occídio *s. m.* killing, slaving
occipicial *adj.* ⇒ **occipital**
occipício *s. m.* ANATOMIA occiput, hindhead, back of the head
occipital *adj.* occipital
occipúcio *s. m.* occiput
óccipput *s. m.* occiput
occisão *s. f.* killing, slaying, slaughter
occisivo *adj.* causing slaughter (killing, slaying)
oceanário *s. m.* oceanarium
oceanicidade *s. f.* GEOGRAFIA minor or greater proximity and influence of the ocean on the land
oceânico *adj.* oceanic
Oceânides *s. f. pl.* Oceanids (ocean nymphs of Greek mythology)
oceanito *s. m.* GEOLOGIA basalt variety
oceano *s. m.* ocean, sea, main, deep, great sea, high sea; ***oceano Atlântico*** Atlantic Ocean; ***oceano Índico*** Indian Ocean; ***oceano Pacífico*** Pacific Ocean; ***a vasta extensão do oceano*** the vast extent of ocean, the ocean expanse
oceanografia *s. f.* oceanography
oceanográfico *adj.* oceanographic, oceanographical; ***museu oceanográfico*** oceanographic museum
oceanógrafo *s. m.* oceanographer
oceanologia *s. f.* oceanology
oceanológico *adj.* oceanologic, oceanological
oceanologista *s. m. e f.* oceanologist
oceanólogo *s. m.* oceanologist
ocelado *adj.* ZOOLOGIA ocellated(d), provided, (marked) with ocelli
ocelo *s. m.* ZOOLOGIA ocellus (*plural* ocelli)
ocidental *adj.* occidental, western; ***civilização ocidental*** western civilization
ocidentalidade *s. f.* occidentality
ocidentalismo *s. m.* occidentalism
ocidentalista *s. m. e f.* occidentalist
ocidentalização *s. f.* occidentalization
ocidentalizar *v. tr.* to occidentalize, to westernize
ocidente *s. m.* west, occident; western hemisphere
ócio *s. m.* leisure, rest, inactivity, free time, laziness; idleness; ***horas de ócio*** leisure hours
ociosamente *adv.* idly, lazily
ociosidade *s. f.* leisure, idleness, laziness; vagrancy, loafing, loaf; ***a ociosidade é a mãe de todos os vícios*** idleness is the root of all evils; ***perder tempo na ociosidade*** to potter away one's time
ocioso Ⓐ *adj.* idle, lazy, unbusied, unoccupied, inactive Ⓑ *s. m.* idler, loafer; ***estar ocioso*** to sit idly, to be idle
oclocracia *s. f.* ochlocracy, mob-rule
oclocrático *adj.* ochlocratic
oclusão *s. f.* occlusion, stopping up, blocking
oclusiva *s. f.* explosive (consonant)

oclusivo *adj.* occlusor
ocluso *adj.* closed, shut; occluded
oclusor *adj.* occluding, occlusal, occlusor
oco Ⓐ *adj.* hollow, empty, void, vacant; [fig.] vain, futile, unreal; insignificant Ⓑ *s. m.* hollow cavity, vacant space
ocorrência *s. f.* occurrence, incident, event, fact, happening
ocorrente *adj.* occurring, happening, occurrent
ocorrer *v. intr.* to occur, to happen, to come about, to come, to pass, to take place, to befall, to chance; to strike on, to come into one's mind, to flash on the mind, to present itself; ***ocorrer à ideia*** to strike upon one's mind; ***ocorreu-me que ...*** it occurred to me that
ocra *s. f.* ⇒ **ocre**
ocráceo *adj.* ochraceous, ochreous (of a yellow-brown colour)
ocre *s. m.* MINERALOGIA ochre, ocher
ocreoso *adj.* ochreous (resembling ochre)
ocricórneo *adj.* ZOOLOGIA having yellow horns or antennae
ocrocéfalo *adj.* ZOOLOGIA having yellow head
ocrodermia *s. f.* xanthodermia
ocrópode *adj.* ZOOLOGIA having yellow feet
ocróptero *adj.* ZOOLOGIA having yellow wings
octacordo *s. m.* octachord
octaédrico *adj.* octahedral
octaedriforme *adj.* octogonal, octahedral
octaedrite *s. f.* MINERALOGIA octahedrite
octaedro *s. m.* GEOMETRIA octahedron
octaetéride *s. f.* octaeterid, octaeteris (period of eight years)
octana *s. f.* octane
octandria *s. f.* BOTÂNICA octandria
octândrico *adj.* BOTÂNICA octandrous
octandro *adj.* BOTÂNICA octandrous
octangular *adj.* octangular
octano *s. m.* octane
octante *s. m.* GEOMETRIA the eight part of a circle; ASTRONOMIA instrument used to measure height and other angular distances of heavenly bodies
octateuco *s. m.* Octateuch
octilião *s. m.* octillion
octingentésimo *num. ord.* eight hundredth
octípede *adj.* eight-footed, octopodan, octopodous
octofilo *adj.* octofoil, eight-lobed
octogenário Ⓐ *s. m.* octogenarian (an eighty years old person) Ⓑ *adj.* octogenarian, eighty years old
octogésimo *adj.* eightieth
octoginia *s. f.* octogynia
octógino *adj.* octogynous, octogynious
octogonal *adj.* octagonal
octógono *s. m.* GEOMETRIA octagon
octonado *adj.* by (in) groups of eight
octonário Ⓐ *adj.* octonary Ⓑ *s. m.* group of eight, eight-line stanza, octonary
octopétalo *adj.* BOTÂNICA octopetalous
octópode *s. m.* ZOOLOGIA octopod, octopus (*plural* octopods ou octopoda)
octossépalo *adj.* BOTÂNICA octosepalous
octossilábico *adj.* octosyllabic
octossílabo *s. m.* octosyllable (word of eight syllables)
octostilo *s. m., adj.* ARQUITECTURA octastyle
octuplicar *v. tr.* to octuple, to make eightfold, to multiply by eight
óctuplo *s. m., adj.* octuple, eightfold
oculação *s. f.* the grafting of a bud on a tree
oculado *adj.* oculate(d), ocellate
ocular Ⓐ *adj.* ocular Ⓑ *s. f.* ocular, eye-piece (of a microscope, or a telescope); ***testemunha ocular*** eye-witness
ocularidade *s. f.* ocular predominance of one eye
oculífero *adj.* ZOOLOGIA that has an eye
oculiforme *adj.* oculiform, eye-like
oculista *s. m. e f.* oculist, eye-doctor, ophthalmologist; optician (maker or seller of optical instruments)
oculística *s. f.* MEDICINA ophthalmology
óculo *s. m.* eye-glass, spy-glass; telescope; eye-window (in walls, etc.); oculus; NÁUTICA glass, telescope; *pl.* glasses, spectacles; *pl.* [fam.] specs; ***óculos de fogueiro*** goggles; ***óculos de neve*** snow-goggles; ***óculo de ver ao longe*** spy glass; ***óculos para ler*** reading-glasses; ***óculos escuros (contra o sol)*** sunglasses, glare-glasses; NÁUTICA ***óculo de portinhola*** port lid-eye; ***usar óculos*** to wear glasses
oculoso *adj.* ⇒ **oculado**
ocultação *s. f.* occultation, hiding, concealment, covering up, disguising, hoarding; ***ocultação de astro*** occultation of a heavenly body
ocultador Ⓐ *s. m.* concealer, hider Ⓑ *adj.* concealing, hiding
ocultante *adj.* hiding, concealing, occulting, disguising, sheltering
ocultar Ⓐ *v. tr.* to hide, to conceal, to occult, to hide away, to secret, to keep secret, to keep out of sight; to shelter, to disguise, to hoard Ⓑ *v. intr.* to lie hid (concealed), to be concealed, to lie in ambush Ⓒ *v. refl.* to conceal oneself; ***ocultar-se (um astro)*** to be concealed (a heavenly body); ***ocultar-se (a luz)*** to become obscured (the light); ***as nuvens ocultaram o Sol*** (the) clouds hid the sun; ***ocultar as intenções*** to hide one's intentions; ***ocultar a verdade*** to conceal the truth
ocultas *s. f. pl.* ***às ocultas*** clandestinely, in secret, in underhand manner, on the sly, in secret, in the dark
ocultismo *s. m.* black-art; necromancy; magic; occultism
ocultista *s. m. e f.* occultist
oculto *adj.* occult, hidden, concealed, secret, unrevealed, unknown; invisible, veiled, mysterious, mystic, supernatural, magical; ***ciências ocultas*** occult sciences; ***luz oculta*** a concealed light, concealed lighting
ocupação *s. f.* occupation; occupying; trade, profession, employment, job, business, calling, pursuit, work, concern; occupancy, residence, tenure, possession; ***homens sem ocupação*** men with no occupation; ***ocupação de uma casa*** occupation of a house; ***tropas de ocupação*** occupation troops; ***exército de ocupação*** army of occupation; ***ocupação (passatempo) preferida*** hobby
ocupado *adj.* busy, occupied, engaged, employed, active; taken; ***amanhã estarei ocupado todo o dia*** I shall be busy all day tomorrow; ***não o incomodo se está ocupado*** I won't disturb you if you're busy; ***ocupado!*** taken!, engaged!, occupied!; ***estou muito ocupado neste momento*** I am very busy now, my hands are full just now; ***estar muito ocupado*** to be up to the eyes in work, to be up to the elbows
ocupador Ⓐ *s. m.* occupier, occupant; holder; tenant, inmate Ⓑ *adj.* occupying
ocupante Ⓐ *s. m. e f.* occupier, occupant; holder; tenant, inmate Ⓑ *adj.* occupying
ocupar Ⓐ *v. tr.* to occupy, to possess, to take possession; to hold, to keep, to fill; to inhabit, to reside in; to take up; to engage, to employ, to keep busy; to use, to spend (time); to engross (attention) Ⓑ *v. refl.* to occupy oneself, to busy oneself with; to spend one's time on; ***ocupar uma casa*** to occupy a house; MILITAR ***ocupar um país (uma cidade)*** to occupy a country (a town); ***ocupar um lugar importante*** to hold a position of high standing, to fill an important position; ***ocupar-se dos negócios*** to devote oneself to business; ***tinha o espírito ocupado com muitos cuidados e inquietações*** many cares and anxieties occupied his mind; ***este lugar está ocupado?*** is this place taken?; ***não posso ocupar-me disso agora*** I cannot deal with that just now; ***ocupar o primeiro lugar*** to rank first; ***ocupar o lugar de outro*** to step into another's shoes; ***ocupar-se da execução de uma ordem*** to proceed to the execution of an order; ***ocupar-se de*** to occupy oneself with, to busy oneself with; ***ocupem os vossos lugares!*** take your seats!

O

odalisca *s. f.* odalisque
odaxesmo *s. m.* MEDICINA prurigo of the gingivas
ode *s. f.* ode
odeão *s. m.* odeum (*plural* odea)
odiar *v. tr.* to hate, to detest, to abhor, to abominate, to dislike intensely, to loathe, to execrate; to keep a grudge against, to be hostile to; ***odeiam-se um ao outro*** they hate each other
odiável *adj.* hateable, detestable, abominable, loathsome
odiento *adj.* hateful, odious, spiteful, rancorous, abominable
odínico *adj.* odinic
ódio *s. m.* hatred, hate, detestation, strong dislike, abomination; hostility, spite, rancour, enmity, aversion, abhorrence, profound ill-will, animosity; anger, fury, rage
odiosamente *adv.* odiously, hatefully, detestably, spitefully
odiosidade *s. f.* odiousness, hatefulness, detestableness
odioso *adj.* odious, hateful, detestable, abominable, shocking, execrable; disgusting, repulsive, loath-some, offensive; hideous, ugly
odisseia *s. f.* Odyssey
odisseico *adj.* odyssean
odometria *s. f.* (h)odometry
odómetro *s. m.* (h)odometer
odontagogo *s. m.* (tooth) forceps
odontagra *s. f.* toothache
odontalgia *s. f.* MEDICINA odontalgia, toothache
odontálgico *adj.* MEDICINA odontalgic
odontíase *s. f.* MEDICINA cutting of the teeth
odontina *s. f.* toothcleaning stuff
odontite *s. f.* MEDICINA odontitis
odontoblasto *s. m.* odontoblast
Odontocetos *s. m. pl.* ZOOLOGIA *Odontocoeti*
odontóforo *s. m.* odontophore
odontogénese *s. f.* odontogeny
odontogenia *s. f.* odontogeny
odontóide *adj.* odontoid, tooth-like
odontolitíase *s. f.* MEDICINA calcareous formation on teeth
odontólito *s. m.* MINERALOGIA odontolite
odontologia *s. f.* odontology
odontológico *adj.* odontologic(al)
odontologista *s. m. e f.* odontologist
odontólogo *s. m.* odontologist
odontorragia *s. f.* odontorrhagia
odontose *s. f.* odontosis
odontotecnia *s. f.* odontotechnics
odor *s. m.* odour, odor, smell, scent; perfume, fragrance, redolence
odorante *adj.* odorant, odoriferous, fragrant, scented, perfumed
odorar *v. intr.* to emit odour; to scent, to perfume, to fill with an odour
odorífero *adj.* odoriferous, fragrant, sweet-smelling
odorífico *adj.* odoriferous, fragrant; sweet-smelling, odorant
odorifumante *adj.* emitting a scented smoke
odorimetria *s. f.* odorimetry, olfactometry
odorizante *adj.* ⇒ **odorante**
odorizar *v. intr.* ⇒ **odorar**
odoroso *adj.* ⇒ **odorante**
odre *s. m.* wineskin, leather bottle; goat-skin for conveying liquids; [fig.] drunkard; stout person
oés-noroeste *s. m.* west-northwest; WNW
oés-sudoeste *s. m.* west-southwest; WSW
oeste *s. m.* west; west wind; W
ofegante *adj.* panting, gasping (for breath); puffing, breathless, out of breath
ofegar *v. intr.* to pant, to gasp for breath, to puff; [fig.] to long for, to yearn after, to be anxious about
ofego *s. m.* gasp, breathlessness, panting; shortness of breath, difficulty in breathing
ofegoso *adj.* ⇒ **ofegante**
ofeguento *adj.* panting, breathless, gasping (for breath), puffing, exhausted
ofendedor *s. m.* ⇒ **ofensor**
ofender Ⓐ *v. tr.* to offend, to hurt, to annoy, to shock, to wrong, to insult; to wound, to vex, to outrage, to scandalize; to harm, to injure Ⓑ *v. refl.* to take offence, to take it amiss; to take in bad part; ***ofender alguém*** to hurt someone's feelings; ***não havia intenção de ofender*** no offence was meant; ***não se ofenda!*** don't be shocked!; ***não se ofender*** to take it in good part; ***estou muito ofendido com o procedimento dele*** I am deeply offended (shocked) by his conduct
ofendículo *s. m.* obstacle, hindrance
ofendido Ⓐ *adj.* offended Ⓑ *s. m.* plaintiff
ofensa *s. f.* offence, affront, insult, outrage, injury, hurt; misdeed, wrong (doing), transgression, trespass, sin; wounding (of feelings); ***fazer uma ofensa*** to offer an insult, to give offence; ***foi a maior ofensa que ele podia fazer-me*** it was the greatest insult he could have offered me; ***sem ofensa*** without offence
ofensão *s. f.* offensive, attack, engagement, battle
ofensiva *s. f.* offensive, aggression, aggressive action; ***tomar a ofensiva*** to take the offensive; ***a ofensiva é a melhor defesa na guerra*** attack is the best defence in war; ***ofensiva aérea*** air attack
ofensivamente *adv.* offensively
ofensivo *adj.* offensive; shocking, obnoxious, insulting, hurting, injurious, abusive, insolent, rude, saucy; irritating, displeasing, revolting; assailant, agressive attacking; ***linguagem ofensiva*** offensive language; ***armas ofensivas*** offensive weapons
ofenso *adj.* ⇒ **ofendido**
ofensor *s. m.* offender, transgressor, culprit, trespasser
oferecedor Ⓐ *s. m.* offerer Ⓑ *adj.* offering
oferecer Ⓐ *v. tr.* to give, to tender, to present, to proffer; to offer, to present with; to bid (as a price); to show, to exhibit, to present Ⓑ *v. refl.* to present itself; to offer oneself, to volunteer, to come forward; ***oferecer resistência*** to offer resistance; ***oferecer a mão*** to offer one's hand, to hold out one's hand; ***oferecer segurança*** to offer security; ***oferecer um prémio*** to offer a prize; ***oferecer vinte mil libras por uma casa*** to offer twenty thousand pounds for a house; ***oferecer a casa (convidar)*** to give a standing invitation (to someone); ***ofereceremos o dinheiro ao hospital*** we shall present the money to the hospital; ***oferecer perspectivas de êxito*** to promise well; ***oferecer os seus serviços*** to offer one's services; ***ofereceu-se uma boa ocasião*** a good chance presented itself; ***oferecer facilidades de pagamento*** to offer easy payment
oferecimento *s. m.* offer, offering, bid; proposal; proffer; ⇒ **oferta**; ***aceitar jubilosamente um oferecimento*** to jump at an offer; ***oferecimento de dinheiro*** an offer of money
oferenda *s. f.* oblation, gift, present, offering
oferendar *v. tr.* to offer, to make an offering
oferente Ⓐ *s. m. e f.* offerer Ⓑ *adj.* offering
oferta *s. f.* gift, present, offer, offering, proffer; ablation; tender (offer to do a piece of work); overtures (peace overtures); bid (at a sale); ECONOMIA ***a oferta e a procura*** supply and demand; ***recusar uma oferta*** to decline an offer; ***aceitar uma oferta sem hesitação*** to snap at an offer
ofertamento *s. m.* ⇒ **oferecimento**
ofertante Ⓐ *adj.* offering Ⓑ *s. m. e f.* offerer, presenter
ofertar *v. tr.* to offer, to make an offering, to give, to present, to bestow
ofertório *s. m.* RELIGIÃO offertory
ofíase *s. f.* MEDICINA variety of alopecia
oficiador *s. m.* officiant, officiator
oficial Ⓐ *adj.* official, standard, formal, authorized Ⓑ *s. m.* MILITAR officer; official (a person who holds a public office,

person in authority); skilled workman, artisan, artificer, handicraftsman; ***deveres oficiais*** official duties; ***a notícia não é oficial*** the report is not official; ***oficial general da Armada*** flag officer; ***oficial general do Exército*** general officer; ***oficial aviador*** flying officer; ***oficial da Armada*** naval officer; ***oficial do Estado-Maior*** staff-officer; ***oficial da Administração Naval*** naval paymaster, naval accountant-officer; ***oficial diplomado (da marinha de guerra)*** naval warrant officer; ***oficial inferior*** petty officer; ***oficial de quarto*** officer of the watch; ***oficial de serviço*** officer of the day, officer on duty, orderly officer; ***oficial subalterno*** subaltern officer, officer of junior rank, officer junior to captain; ***oficial da marinha mercante*** officer of the merchant navy; ***oficial mais antigo*** senior officer; ***oficial da alfândega*** customs-house officer; ***oficial inferior (do Exército)*** non-commissioned officer (in the army); ***oficiais da aviação*** Air Force officers; ***oficial de diligências*** bailiff, sheriff's officer

oficialato *s. m.* officership, position (dignity) of an official

oficialidade *s. f.* staff body of officers; officialdom

oficialismo *s. m.* officialism, bureaucracy

oficialização *s. f.* officialization

oficializar *v. tr.* to officialize, to approve

oficialmente *adv.* officially, formally; with official authority

oficiante Ⓐ *s. m. e f.* officiant, officiator, officiating priest (minister) Ⓑ *adj.* officiating

oficiar *v. intr.* to officiate (at mass); to address official dispatches (letters) to

oficina *s. f.* workshop, factory, mill; works; ***oficina de reparações*** repair-shop; ***oficina de ferraria*** forge, smithy; ***oficina de encadernação*** bookbinder's (workshop); ***oficina de tipografia*** printing-works; ***oficina de fundição*** foundry

oficinal *adj.* relating to a workshop

ofício *s. m.* office, post, position; employment, work, task, job, occupation; trade, business; craft, branch of handicraft; benefit, service; duty, function; obligation; official letter; *pl.* solemn church services; ***ofício divino*** divine office; ***ofício de defuntos*** burial service; ***Santo Ofício*** the Holy Office, Inquisition; ***são ossos do ofício*** it is all in the day's work; ***devido aos bons ofícios de*** owing to the good offices of; ***seguir um ofício*** to follow a trade

oficiosamente *adv.* officiously

oficiosidade *s. f.* officiousness

oficioso *adj.* officious, gratuitous, obsequious; friendly; unofficial, informal, semiofficial

ofídico *adj.* ophidian

ofídio Ⓐ *s. m., adj.* ophidian Ⓑ *s. m. pl. Ophidia* (order of reptiles including snakes or serpents)

ofidismo *s. m.* snake poisoning

ofiofagia *s. f.* habit of feeding on snakes

ofiófago *s. m., adj.* ophiophagous, snake-eating

Ofioglossáceas *s. f. pl.* BOTÂNICA *Ophioglossaceae*

ofioglosso *s. m.* BOTÂNICA ophioglossum

ofiografia *s. f.* ophiography

ofióide *adj.* ⇒ **ofióideo**

ofióideo *adj.* ophioid (similar to a snake)

ofiolatria *s. f.* ophiolatry

ofiologia *s. f.* ophiology (study of snakes)

ofiológico *adj.* ZOOLOGIA ophiologic(al)

ofiologista *s. m. e f.* ophiologist

ofiomancia *s. f.* ophiomancy

ofita *adj.* ophitic

ofito *s. m.* GEOLOGIA ophite, serpentine, serpentine marble

Ofiurídeos *s. m. pl.* ZOOLOGIA *Ophiurida*

ofiúro *s. m.* ophiuran

oftalgia *s. f.* ophthalmalgia

oftalmalgia *s. f.* ophthalmalgia

oftalmia *s. f.* ophthalmia (inflammation of the eyes)

oftálmico *adj.* ophthalmic

oftalmografia *s. f.* ophthalmography

oftalmologia *s. f.* ophthalmology

oftalmológico *adj.* ophthalmologic(al)

oftalmologista *s. m. e f.* ophthalmologist

oftalmólogo *s. m.* ophthalmologist

oftalmómetro *s. m.* ÓPTICA, MEDICINA ophthalmometer

oftalmoplastia *s. f.* ophthalmoplasty

oftalmoplegia *s. f.* MEDICINA ophthalmoplegia

oftalmorragia *s. f.* ophthalmorrhagia

oftalmoscopia *s. f.* ophthalmoscopy (examination of the eye)

oftalmoscópio *s. m.* opthalmoscope

oftalmoterapia *s. f.* ophthalmotherapy

oftalmotomia *s. f.* MEDICINA ophthalmotomy

ofuscação *s. f.* darkness, dimness, obscurity; dazzlement, blindness, obfuscation; bewilderment

ofuscamento *s. m.* darkness, dimness, obscurity; dazzlement, blindness, obfuscation; bewilderment

ofuscante *adj.* blinding, dazzling

ofuscar *v. tr.* to darken, to dim, to obscure; to cloud, to overcast; to dazzle, to daze, to blind, to obfuscate; to confuse, to bewilder; to lower prestige, to discredit

ofuscável *adj.* that can be obscured (darkened, dimmed)

ogiva *s. f.* ARQUITECTURA ogive, pointed arch; ***ogiva mourisca*** Moorish arch

ogivado *adj.* ogived

ogival *adj.* ogival

oh! *interj.* o!; oh!; oh, my! oh, what a surprise!

ohm *s. m.* ELECTRICIDADE ohm

ohmímetro *s. m.* ohmimeter

oídio *s. m.* oidium, grape-mildew

oidiomicose *s. f.* BOTÂNICA disease provoked by oidium on a plant

oira *s. f.* ⇒ **oura**

oirama *s. f.* ⇒ **ourama**

oirar Ⓐ *v. intr.* to feel dizzy Ⓑ *v. tr.* to gild, to provide with gold

oirega *s. f.* ⇒ **eiroga**

oirejar *v. tr. e intr.* ⇒ **ourejar**

oiriçar *v. tr.* ⇒ **ouriçar**

oiriceira *s. f.* ⇒ **ouriceira**

oiriço *s. m.* ⇒ **ouriço**

oiro *s. m.* ⇒ **ouro**

oitante Ⓐ *s. m.* ⇒ **octante** Ⓑ *s. f.* ASTRONOMIA constellation of the Southern Hemisphere

oitão *s. m.* ⇒ **outão**

oitava *s. f.* octave

oitavado *adj.* eight-sided, octahedral

oitavar *v. tr.* to make eight-sided; to divide into eight equal parts (into octaves); MÚSICA to play an octave higher

oitavário *s. m.* religious festival lasting eight days

oitavo *s. m., adj.* eighth

oiteiro *s. m.* ⇒ **outeiro**

oitenta *num. card.* eighty, fourscore

oitentão *s. m.* octogenarian

oiterista *s. m. e f.* ⇒ **outeirista**

oito *num. card.* eight

oitocentista *adj.* of the eight hundredth century

oitocentos *num. card.* eight hundred

ola *s. f.* leaf of certain Indian palm-trees; [reg.] vortex (of water)

olá! *interj.* hallo!, hello!, I say!, Hi!

olaia *s. f.* BOTÂNICA Judas-tree

olaré! *interj.* oh, rather!

olaria *s. f.* pottery, earthenware, potter's ware; pottery (workshop or factory where earthenware is made)

olé! *interj.* hallo, hello!, hullo!, Hi!

Oleáceas *s. f. pl.* BOTÂNICA *Oleaceae*, oleaceous plants

oleáceo *adj.* oleaginous, oily, greasy; oleaceous

oleado Ⓐ *s. m.* oil-cloth, oilskin; tarpaulin; linoleum Ⓑ *adj.* oily, greasy; ***oleado envernizado*** oilskin
oleaginar *v. tr.* ⇒ **olear**
Oleagíneas *s. f. pl.* BOTÂNICA *Oleaceae*
oleagíneo *adj.* oleaginous, greasy, oily
oleaginoso *adj.* oleaginous, oily, greasy, lubricous, fatty, fat
oleandro *s. m.* BOTÂNICA oleander, rose-bay
olear *v. tr.* to oil, to impregnate with oil; to lubricate, to grease
olearia *s. f.* oil factory
oleastro *s. m.* BOTÂNICA oleaster, wild olive
oleato *s. m.* salt of oleic acid, oleate
olecrânio *s. m.* ANATOMIA olecranon
olecrano *s. m.* ANATOMIA olecranon
oleento *adj.* ⇒ **oleoso**
olefina *s. f.* QUÍMICA olefine
oleico *adj.* oleic
oleícola *adj.* relating to the culture of olive-trees and oil trading
oleicultor *s. m.* olive-grower, olive-farmer
oleicultura *s. f.* olive-growing; olive-oil industry
oleífero *adj.* oil-producing, oleiferous
oleificante *adj.* olefiant (gas), oil-making
oleifoliado *adj.* resembling olive-tree leaves
oleifólio *adj.* resembling olive-tree leaves
oleígeno *adj.* oil-producing
oleína *s. f.* QUÍMICA olein
Oleíneas *s. f. pl.* BOTÂNICA *Oleaceae*
oleiro *s. m.* potter
olência *s. f.* fragrance
olente *adj.* sweet-smelling, fragrant, odorous
óleo *s. m.* oil; ***sem óleo (com o óleo gasto)*** oil-dried; ***estar cheio de óleo*** to be oiled up; ***óleo usado como combustível*** oil-fuel; ***fábrica de óleos*** oil-factory; ***gás extraído do óleo de linhaça*** oil-gas; ***caldeira para aquecer o óleo*** oil-jack; ***pintura a óleo*** oil painting; ***óleo de baleia*** whale oil, train-oil; ***óleo de rícino*** castor oil; ***óleo de girassol*** sunflower oil; ***óleo de bronzear*** suntan oil; ***óleo aromático*** aromatic oil; ***óleo canforado*** camphorated oil; ***óleo de fígado de bacalhau*** cod-liver oil; ***óleo volátil*** essential oil; ***óleo de linhaça*** linseed oil; ***óleo de amêndoas*** oil of almonds; ***óleo de resina*** resin-oil; ***óleo para armas*** oil for firearms; ***óleo de peixe*** fish-oil; ***óleo de lubrificação*** lubricating oil; ***óleo pesado*** heavy oil; ***tanque de óleo*** oil-tank; ***óleo mineral (para lubrificação)*** mineral oil (for lubricating); ***os Santos Óleos*** Holy oils
oleoduto *s. m.* pipe line, oil-duct
oleogénese *s. f.* petroleum formation
oleografia *s. f.* oleograph (reproduction of a picture painted in oil-colours); oleography
oleográfico *adj.* oleographic
oleogravura *s. f.* process of reproducing an oil painting, through engraving
oleómetro *s. m.* oleometer
oleosidade *s. f.* oiliness, oleaginousness, greasiness
oleoso *adj.* oily, greasy, lubricous, fat, fatty
olfacção *s. f.* olfaction, smell
olfactar *v. tr.* to smell
olfáctica *s. f.* olfactics; odour study
olfáctico *adj.* olfactory
olfactivo *adj.* olfactory, olfactive
olfacto *s. m.* smell, olfaction; scent (of animals); ***de finíssimo olfacto*** sharp-nosed, quick-scented
olfactometria *s. f.* olfactometry, odorimetry
olfactómetro *s. m.* olfactometer
olga *s. f.* strip of land; plain between hills
olha *s. f.* hotchpotch, stew hotchpotch, hodgepodge
olhada *s. f.* glance, gaze, look, peep, glimpse
olhadela *s. f.* glance, gaze, look, peep, glimpse
olhado *s. m.* spell, bewitching, evil eye
olhador *s. m.* observer, looker, overseer
olhadura *s. f.* ⇒ **olhada**
olhal *s. m.* span (of a bridge); arch of a bridge; NÁUTICA eye, ring, thimble; ***olhal roscado*** eye bolt
olhalva *s. f.* field that yields crops twice a year
olhalvo *adj.* white-eyed horse
olhar Ⓐ *v. tr.* to look (at), to stare (at), to gaze; to watch, to observe, to behold, to scan, to examine carefully, to view, to eye; to glance, to glimpse, to direct a glance at; to consider; to regard, to look upon; to look after, to care for, to take charge of, to attend to Ⓑ *v. refl.* to look at oneself; to look at each other Ⓒ *s. m.* look, glance, gaze, peep; ***olhar fixamente*** to look hard (at), to stare; ***olhar com olhos espantados*** to gaze with wondering eyes; ***olhar de través*** to look sideways; ***olhar de esguelha*** to leer at, to look askance (at); ***olhar por si*** to take care of oneself, to look after oneself; ***não olhar a despesas*** to shrink (back) from no expense; ***olhar em volta*** to look about; ***olhar com desdém*** to look down upon; ***olhar direito para alguém*** to look one in the face; ***olhar para fora*** to look out; ***olhar através*** to look through; ***olhar por*** to watch over, to take care of; ***olhe lá!*** look here!; ***não gostei da maneira como ele me olhava*** I didn't like the way he eyed me; ***não podia suportar que todos olhassem para ela*** she couldn't bear being looked at by everyone; ***a cavalo dado não se olha o dente*** don't look a gift horse in the mouth; ***olhar carrancudo*** sour look; ***olhar meigo*** sweet look; ***olhar espantado*** wild look; ***olhar fulminante*** withering look; ***de olhar perspicaz*** quick-eyed; ***olhar terno de namorado*** sheep's eye; ***olhar desdenhoso*** scornful eye; ***olhar fixo*** gaze, steady look; ***desviar o olhar*** to look the other way; ***deitar um olhar para*** to cast a glance over; ***lançar olhares furiosos*** to look daggers
olheirão *s. m.* big eye
olheiras *s. f. pl.* rings round the eyes; ***ter olheiras*** to have rings round one's eyes
olheirento *adj.* having rings round one's eyes; sore-eyed
olheiro *s. m.* overseer; water-jet, spring of water
olhento *adj.* eyed, full of holes
olhete *s. m.* little eye; eyelet; kink (in a rope)
olhibranco *adj.* white-eyed
olhinegro *adj.* with black eye's
olhipreto *adj.* with black eye's
olhizaino *adj.* squint-eyed, cross-eyed; squint
olhizarco *adj.* blue-eyed; wall-eyed (horse)
olho *s. m.* eye (organ of sight); sprout of a plant, eyelet, eyelet-hole; [fig.] care, attention; ***abrir os olhos a alguém*** to make a person open his eyes to something, to open a person's eyes; ***ela tem lindos olhos azuis*** she has lovely blue eyes; ***ter olho para o negócio*** to have an eye for business; ***ditosos olhos que a vêem!*** you are a sight for sore eyes!; ***os olhos dele saíam-lhe das órbitas*** his eyes were jumping out of his head; ***lançar uma vista de olhos a*** to cast a glance at; ***trazer de olho*** to keep an eye on; ***querer como aos olhos da cara*** to be more to one than life itself; ***estar de olho à espreita*** to be on the look-out; ***ver com bons olhos*** to see with pleasure, to be pleased to see; ***dar uma vista de olhos a*** to glance over, to look through, to run one's eyes over, to cast a glance to; ***comprar a olho*** to buy at sight, to buy on sight; ***deitar poeira nos olhos*** to throw dust into someone's eyes; ***quatro olhos vêem mais do que dois*** two heads are better than one; ***um pau por um olho*** a bit of good luck; ***olhos encovados (sumidos)*** hollow eyes; ***olho de vidro*** glass eye; ***olho mágico*** magic eye; ***olho por olho*** an eye for an eye; ***num abrir e fechar de olhos*** in the twinkling of an eye, in no time, in a moment; ***fechar os olhos a*** to shut one's eyes to; ***aos olhos de*** under one's eyes, in one's eyes; ***piscar os olhos*** to wink; ***pôr no olho da rua*** to turn out; ***bons olhos o vejam!*** well met!; ***olhos maliciosos*** eyes full of mischief; ***olhos gaiatos*** roguish eyes; ***entortar os olhos*** to squint; ***ter os olhos bem abertos*** to keep one's eyes wide open; ***a olho***

nu with the naked eye; ***olhos esbugalhados*** goggle eyes; ***olho negro*** black eye; ***de um olho só*** one-eyed; ***olhos indiscretos*** prying eyes; ***arregalar os olhos*** to open one's eyes wide, to stare, to goggle, to roll (the eyes); ***irem-se os olhos em*** to long for something, to gaze upon with longing eyes; ***estou farta até aos olhos*** I am sick and tired of it; ***fechar os olhos*** to die; ***a olhos vistos*** visibly; ***que tem olhos vesgos*** squint (-eyed); ***olhos salientes*** protruding eyes; ***os olhos da cara*** dearest things, treasure; ***saltar aos olhos*** to stare one in the face, to strike the eye, to be obvious; ***fazer baixar os olhos*** to stare someone out; ***os factos saltam aos olhos*** the facts stare us in the face; ***doença dos olhos*** eye disease; ***olhos doridos*** sore eyes; ***olho do pão*** hole in bread; ***olho do queijo*** hole in cheese; ***olho de águia*** eagle-eyed; ***aos olhos de toda a gente*** in the public eye; ***que tem olhos à flor do rosto*** goggle-eyed; ***olhos brilhantes*** sparkling eyes; ***desviar os olhos de*** to turn one's eyes from; NÁUTICA ***vento pelo olho*** in the eye of the wind, dead against the wind

olho-de-boi *s. m.* NÁUTICA, ARQUITECTURA [técn.] bull's eye; the first Brazilian postage stamp issued in 1843; BOTÂNICA ox-eye (bean); ICTIOLOGIA yellowtail (fish)

olho-de-cabra *s. m.* BOTÂNICA kind of rib-grass

olho-de-gato *s. m.* herbaceous plant; eastern precious stone with greenish reflexes

olho-de-mocho *s. m.* ⇒ **leituga** (plant)

olho-de-perdiz *s. m.* BOTÂNICA partridge-wood

olho-marinho *s. m.* (water) spring in the middle of a field

olho-meirinho *s. m.* ⇒ **olho-marinho**

olhudo *adj.* big-eyed, goggle-eyed

olíbano *s. m.* olibanum

olifante *s. m.* oliphant

oligarca *s. m.* oligarch

oligarquia *s. f.* oligarchy

oligárquico *adj.* oligarchic(al)

oligisto *s. m.* MINERALOGIA oligist

oligocénico *adj.* oligocene

oligoclásio *s. m.* oligoclase

oligofrenia *s. f.* MEDICINA mental deficiency

oligofrénico *s. m., adj.* retarded; mentally underdeveloped; mental handicapped

oligúria *s. f.* MEDICINA oliguria, oliguresis

olimpíada *s. f.* Olympiad

olimpíade *s. f.* ⇒ **olimpíada**

olimpiano *adj.* Olympic

olímpico *adj.* Olympic; ***Jogos Olímpicos*** Olympic Games

olímpio *adj.* Olympian

olimpo *s. m.* MITOLOGIA Olympus; heaven, divine abode

olisiponense *adj.* from Lisbon, relating to Lisbon

oliva *s. f.* olive

oliváceo *adj.* olivaceous, olive-green

olival *s. m.* olive grove, olive yard

olivar *adj.* olive-shaped, olive-like, olivary

olivário *adj.* olive-shaped, olive-like, olivary

olivedo *s. m.* extensive olive grove; region of olive yards

oliveira *s. f.* olive-tree; ***ramo de oliveira*** olive-branch

oliveiral *s. m.* olive grove

olíveo *adj.* [poét.] referring to olive-tree

olivicultor *s. m.* olive-grower

olivicultura *s. f.* olive-growing

olivífero *adj.* oliviferous, olive bearing

olivila *s. f.* QUÍMICA olivil

olivina *s. f.* MINERALOGIA olivine, chrysolite

olmedal *s. m.* elm-grove

olmedo *s. m.* elm-grove

olmeiro *s. m.* elm

olmo *s. m.* BOTÂNICA elm

olor *s. m.* perfume, aroma, scent, fragrance, odour, smell

oloroso *adj.* odorous, perfumed, fragrant, balmy, aromatic, sweet-smelling, sweet-scented, redolent

olvidar *v. tr.* to forget, to fail to remember, to cease to remember; to neglect to do, to omit, to leave out

olvido *s. m.* forgetfulness; oblivion

omagra *s. f.* gout in the shoulder

omalgia *s. f.* shoulder pain

omaso *s. m.* omasum; psalterium

ombrear *v. intr.* to rival, to vie with, to equal, to match, to compete with, to be comparable to, to be on a par with

ombreira *s. f.* door-post, door-case, door-jamb; side post; shoulder piece (clothes)

ombro *s. m.* shoulder; ***caminhar ombro a ombro*** to march shoulder to shoulder; ***largo de ombros*** broad-shouldered, square-shouldered, square-built; ***encolher de ombros*** to shrug one's shoulders; ***deslocar um ombro*** to put one's shoulder out; ***meter ombros à obra*** to put one's shoulder to the wheel; MILITAR ***ombro armas!*** shoulder arms!

ómega *s. m.* omega

omeleta *s. f.* omelette, omelet

ómicro *s. m.* name of the vowel **o** in the Greek alphabet

ómicron *s. m.* ⇒ **ómicro**

ominar *v. tr.* to portend, to foreshow (as an omen), to presage, to augur ill, to forebode, to foretell, to foreshadow, to ominate

ominoso *adj.* ominous, portentous, foreboding, threatening; detestable, hateful, baneful

omiri *s. m.* a Brazilian tree

omissão *s. f.* omission, neglect, oversight; default, failure, fault; exclusion, elimination; ***salvo erro ou omissão*** errors and omissions excepted

omissível *adj.* omissible

omisso *adj.* omitted; neglectful; excluded, missed; wanting, incomplete

omissório *adj.* omitting, excluding, omissive

omitir *v. tr.* to omit, to miss out, to neglect, to overlook, to fail to do; to leave out; to eliminate, to suppress, to delete; to disregard; ***esta parte do trecho pode omitir-se*** this part of the passage may be omitted; ***omitir uma palavra*** to omit (to leave out) a word

omnicolor *adj.* multicoloured, of all colours

omniforme *adj.* omniform

omnifulgente *adj.* shining on all sides, shining all over

omnigénero *adj.* omnigenous, of all kinds

omnilingue *adj.* omnilingual

omnimodamente *adv.* entirely, totally, in every possible way

omnímodo *adj.* entire, total

omniparente *adj.* omniparous, omniparent

omníparo *adj.* omniparous, omniparent

omnipatente *adj.* public

omnipessoal *adj.* omnipersonal, having all the persons (of verbs)

omnipotência *s. f.* omnipotence; full power

omnipotente Ⓐ *adj.* omnipotent Ⓑ *s. m.* the Omnipotent, Almighty God

omnipresença *s. f.* omnipresence, ubiquity

omnipresente *adj.* omnipresent, ubiquitous

omnisciência *s. f.* omniscience, universal knowledge

omnisciente *adj.* omniscient, all-knowing, all-seeing

omnívomo *adj.* vomiting everything

omnívoro *adj.* omnivorous

omofagia *s. f.* omophagia

omófago Ⓐ *adj.* omophagic, omophagous Ⓑ *s. m.* omophagist

omoplata *s. f.* ANATOMIA shoulder-blade, scapula, omoplate

omostermo *s. m.* omosternum

onagra *s. f.* ⇒ **ónagra**

ónagra *s. f.* BOTÂNICA evening primrose; oenothera

Onagráceas *s. f. pl.* BOTÂNICA *Onagraceae*

onagro *s. m.* ZOOLOGIA onager (Asiatic wild ass)

ónagro *s. m.* ZOOLOGIA onager (Asiatic wild ass)
onanismo *s. m.* masturbation, onanism
onanista *s. m. e f.* masturbator, onanist
onça *s. f.* ounce (symbol: oz); ZOOLOGIA ounce, lynx, mountain panther, snow leopard
oncologia *s. f.* oncology
oncologista *s. m. e f.* oncologist
oncotomia *s. f.* CIRURGIA oncotomy, incision into (excision of) a tumour
oncotómico *adj.* relating to oncotomy
onda *s. f.* wave, billow, breaker, roller, surge, swell; [fig.] agitation, moving, tumult; ***onda de maré*** tidal wave; NÁUTICA ***ondas satélites (do navio)*** bow waves; ***ondas de crista branca*** white horses; ***onda hertziana*** Hertzian wave; ***onda acústica, onda sonora*** sound-wave; ***onda de calor*** heat-wave; ***onda de frio*** cold snap; ***distância entre a crista de duas ondas*** wave-length; ***comprimento de onda*** wave-length; ***gasto (comido) pelas ondas*** wave worn; ***onda que quebra na praia (ou num rochedo)*** breaker, surf; ***ondas de rádio*** wireless waves, radio waves; ***onda média*** medium wave; ***onda curta*** short wave; ***onda longa*** long wave; ***as ondas encrespam-se*** the waves roll in; ***uma onda de gente*** a rush of people; ***ondas grandes e encrespadas*** skipper's daughters; ***onda de entusiasmo*** wave of enthusiasm
onde *adv.* where; ***onde quer que*** wherever; ***onde leste isso?*** where did you read that?; ***de onde*** whence, from where, from which; ***para onde?*** where?, where... to?, whither?; ***onde é a saída?*** which is the way out?; ***vá onde quiser*** go where you like; ***onde vai dar esta estrada?*** where does this road lead to?; ***por onde havemos de ir?*** which way shall we go?
ondeado *adj.* waved, wavy, undulating, undulated; corrugated (iron, paper); ***cabelo ondeado*** wavy hair
ondeamento *s. m.* waving, undulating
ondeante *adj.* waving, rippling, undulating, undulant
ondear *v. tr.* to wave, to undulate, to have wavy motion
ondejante *adj.* ⇒ **ondeante**
ondejar *v. intr.* ⇒ **ondear**
ondímetro *s. m.* ondometer, wavemeter
ondina *s. f.* MITOLOGIA undine, a female water spirit
ôndula *s. f.* wavelet, little wave, ripple
ondulação *s. f.* undulation, waving; surge, swell (sea); corrugation (of iron, etc.); ***ondulação de cabelo*** waving (waviness) of the hair; ***ondulação a água (cabelo)*** water-waving (hair); ***ondulação do solo*** undulating ground
ondulado *adj.* wavy, undulated, rippled; corrugated (iron, cardboard); ***chapa ondulada*** corrugated plate; ***região ondulada*** rolling country; ***cabelo ondulado*** wavy hair
ondulante *adj.* ⇒ **ondeante**
ondular *v. intr.* to wave, to undulate; to ripple; ***ondular o cabelo*** to wave one's hair
ondulatório *adj.* undulatory, undulous
onduloso *adj.* ⇒ **ondeante**
onerante *adj.* charging, burdsome, loading, pressing, oppressive
onerar *v. tr.* to charge, to burden, to load, to tax, to onerate; ***onerar de impostos*** to burden with taxes
onerário *adj.* onerary
onerosamente *adv.* onerously, burdensomely, oppressively
onerosidade *s. f.* onerousness, burdensomeness, oppressiveness
oneroso *adj.* onerous, burdensome, oppressive, troublesome, heavy, weighty
onfalite *s. f.* MEDICINA omphalitis
onfalópagos *s. m. pl.* two aberrant individuals connected by the umbilical chord
onfalorragia *s. f.* MEDICINA haemorrhage of the umbilical chord
onfalotomia *s. f.* CIRURGIA cutting of the umbilical chord
onglete *s. m.* (en)graver, burin
ónibus *s. m.* omnibus; [coloq.] bus
onicofagia *s. f.* habit of cutting the nails with the teeth
onicófago *adj.* nail-gnawing, nail-biting
onicopatia *s. f.* disease of the nails
onírico *adj.* oneiric
onirismo *s. m.* MEDICINA oneirism, hallucination
onirologia *s. f.* oneirology
oniromancia *s. f.* oneiromancy (divination by dreams)
oniromante *s. m. e f.* oneirologist
ónix *s. m.* MINERALOGIA onyx
onomancia *s. f.* onomancy (divination by names)
onomástica *s. f.* onomasticon
onomástico *adj.* onomastic
onomático *adj.* pertaining to the name
onomatologia *s. f.* onomatology
onomatológico *adj.* onomatologic
onomatólogo *s. m.* onomatologist
onomatomancia *s. f.* onomatomancy, onomancy
onomatomania *s. f.* MEDICINA onomatomania
onomatopaico *adj.* ⇒ **onomatopeico**
onomatopeia *s. f.* LINGUÍSTICA onomatopoeia
onomatopeico *adj.* onomatopoeic, onomatopoeical
ontem *adv.* yesterday; ***ontem à noite*** last night; ***ontem pela manhã*** yesterday morning; ***foi-se embora ontem*** he went away yesterday; ***ontem encontrei-o na rua*** I met him in the street yesterday
ôntico *adj.* referring to the living being
ontofagia *s. f.* ⇒ **coprofagia**
ontófago *adj.* dung-eating
ontófilo *adj.* living in the dirt
ontogénese *s. f.* BIOLOGIA ontogenesis
ontogenia *s. f.* BIOLOGIA ontogeny
ontogénico *adj.* ontogenetic
ontogonia *s. f.* BIOLOGIA historical study of the formation of living beings
ontogónico *adj.* relating to the historical study of the formation of living beings
ontologia *s. f.* ontology
ontológico *adj.* ontologic(al)
ontologista *s. m. e f.* ontologist
ónus *s. m.* onus, burden, charge; obligation, responsibility
onusto *adj.* charged, burdened, loaded; over-charged, overburdened, overloaded
onze Ⓐ *num. card.* eleven Ⓑ *s. m.* an eleven (eleven persons forming a team for football, etc.)
onzena *s. f.* usury, illegal (exorbitant) interest
onzenar *v. intr.* to lend money at unlawful interest, to practice usury
onzenário Ⓐ *s. m.* usurer, money-lender Ⓑ *adj.* usurious
onzeneiro Ⓐ *s. m.* ⇒ **onzenário**; tale-bearer, intriguer Ⓑ *adj.* gossiping, intriguing
onzenice *s. f.* intrigue, underhand plot; gossip, tittle-tattle
onzeno *num. ord.* eleventh
ooblasto *s. m.* ooblast
oócito *s. m.* oocyte
ooforectomia *s. f.* CIRURGIA ovariectomy
oogénese *s. f.* ⇒ **ovogénese**
oogenia *s. f.* ⇒ **ovogénese**
oogónio *s. m.* oogonium
oolítico *adj.* oolitic
oólito *s. m.* MINERALOGIA oolite, granular limestone, roestone
oologia *s. f.* oology
oomancia *s. f.* divination by eggs
ooscopia *s. f.* ⇒ **oomancia**
oosfera *s. f.* oosphere, oospore
ooteca *s. f.* ootheca; sporangium
opa *s. f.* sleeveless garment of the members of a confraternity
opacidade *s. f.* opacity, obscurity, darkness
opacimetria *s. f.* measure of the opaqueness of certain substances

opaco *adj.* opaque, dark, obscure
opado *adj.* swollen, dropsical
opala *s. f.* MINERALOGIA opal
opalanda *s. f.* long loose ecclesiastical garment
opalescência *s. f.* opalescence; iridescence
opalescente *adj.* opalescent, iridescent
opalinidade *s. f.* opalescence
opalino *adj.* opaline, opalescent
opalização *s. f.* rendering opalescent
opalizar *v. tr.* to opalesce, to opalize
ópalo *s. m.* opal (bluish-whitish variety)
opção *s. f.* option, choice, election, selection; the right (liberty, power) of choosing; ***ter opção*** to have the option; ***não ter opção*** to have no option; ***ter opção numa casa*** to have an option on a house
ópera *s. f.* opera, opera-house; MÚSICA grand opera; ***ópera cómica*** comic opera; ***cantor de ópera*** opera singer
operação *s. f.* operation; action, transaction, business, deal, dealing; ***operação comercial*** financial transaction, a deal; ***operação de bolsa*** Stock Exchange business; ***operações em curso*** pending transactions (operations); ***operação cirúrgica*** surgical operation; ***operação de urgência*** emergency (urgent) operation; ***operações militares*** military operations (movements); ***sala de operações*** operating room; ***mesa de operações*** operating table; ***fazer uma operação*** to perform an operation; ***sofrer uma operação*** to undergo (to have) an operation
operacional *adj.* operational
operado Ⓐ *adj.* operated; effected, done Ⓑ *s. m.* person who has undergone an operation, operated person
operador *s. m.* operator, surgeon; ***operador cinematográfico*** projectionist, cameraman
operagem *s. f.* labour; work
operante *adj.* operating, operative; working
operar *v. tr. e intr.* to operate, to act, to work, to function; to perform a surgical operation; to carry out military operations; to bring about, to produce an effect, to cause; ***operar um milagre*** to work a miracle; ***operar um braço*** to operate on an arm
operária *s. f.* workwoman, factory worker
operariado *s. m.* workmen, working classes; the workers (collectively)
operário *s. m.* worker, workman, labourer, factory-hand, hand, artisan, craftsman; ***a classe dos operários*** the working class(es); ***sem número suficiente de operários*** shorthanded; ***operário especializado*** skilled hand, skilled workman; ***operário mecânico*** mechanic; ***operário tipográfico*** printing trade worker, printer; ***operário sem trabalho*** unemployed worker, a person out of work; ***operário chefe*** leading hand; [E.U.A.] ***sindicato dos operários*** trade union, labor union
operativo *adj.* operative, operating, working, effective
operatória *s. f.* surgery
operatório *adj.* surgical; ⇒ **operativo**
operável *adj.* operable
operculado *adj.* operculate
opercular *adj.* opercular
operculífero *adj.* operculiferous
operculiforme *adj.* operculiform
opérculo *s. m.* ZOOLOGIA, BOTÂNICA operculum
opereta *s. f.* operetta, light opera
operetista Ⓐ *adj.* (referring to) operetta Ⓑ *s. m. e f.* composer of operettas
operista Ⓐ *adj.* referring to opera Ⓑ *s. m. e f.* composer of operas
operosidade *s. f.* laboriousness, operosity
operoso *adj.* active, acting, efficient; labourious, wearisome, irksome, difficult, operose, hard
opiáceo *adj.* opiate, narcotic
opiado *adj.* opiated, mixed with opium; sleep-producing, narcotic
opiar *v. tr.* to opiate, to mix with opium; to narcotize
opiato *s. m.* FARMACOLOGIA opiate, narcotic
ópido *s. m.* fortified place (town, etc.)
opífero *adj.* [poét.] aiding, helpful
opifício *s. m.* labour work; workshop
opilação *s. f.* oppilation, obstruction, obturation, embarrassment, hindrance
opilante *adj.* ⇒ **opilativo**
opilar Ⓐ *v. tr.* to oppilate, to obstruct, to block Ⓑ *v. intr.* to swell, to grow
opilativo *adj.* oppilative, obstructing, tending to stop up
opimo *adj.* rich, productive, fruitful, fertile; abundant, productive; excellent, eminent
opinante *adj.* opining
opinar *v. tr. e intr.* to opine, to suggest, to hold (to express) an opinion; to take the view (that)
opinativo *adj.* opinionative; debatable, arguable; arbitrary; opinionate
opinável *adj.* conjectural, probable, disputable, opinable
opinião *s. f.* opinion, view, idea, notion, mind, belief, conviction; estimation, judgement; ***opinião pública*** public opinion; ***sustentar a sua opinião*** to stand to one's opinion; ***ter fraca opinião de*** to think little of, to think small beer of; ***não tenho boa opinião a respeito dele*** I don't think much of him; ***na minha opinião*** in my opinion, in my view, to my mind; ***ser da mesma opinião*** to be of the same mind, to hold the same opinion as; ***mudar de opinião*** to change one's mind; ***da mesma opinião*** to go one's own way; ***acatou a opinião paterna*** he deferred to his father's views
opiniático *adj.* opinionate, obstinate, dogged, wilful, heady, conceited, opinionative, self-conceited, opinative
opinioso *adj.* opinionate, obstinate, dogged, wilful, heady, conceited, opinionative, self-conceited, opinative
ópio *s. m.* opium
opiofagia *s. f.* opium-eating
opiófago *s. m.* opium-eater; opium-smoker
opiologia *s. f.* opiology
opiólogo *s. m.* opiologist
opiomania *s. f.* opiomania
opiómano *s. m.* opium addict
opíparo *adj.* splendid, dainty, gorgeous, sumptuous, rich, magnificent, abounding; ***um jantar opíparo*** a sumptuous dinner
opístio *s. m.* ANATOMIA opisthocoelia
opístion *s. m.* ANATOMIA opisthocoelia
opistocélico *adj.* opisthocoelian
opistogástrico *adj.* ANATOMIA opisthogastric
opistografia *s. f.* opisthography
opistógrafo Ⓐ *adj.* opisthographic Ⓑ *s. m.* opisthograph
opistótico *adj.* opisthotic
opistótono *s. m.* PATOLOGIA opisthotonos
opobalsameira *s. f.* BOTÂNICA opobalsam-tree
opobálsamo *s. m.* opobalsamum (balm of Gilead or balm of Mecca)
opocéfalo *s. m.* opocephalus; fetal monster
opodeldoque *s. m.* FARMACOLOGIA opodeldoc
opoente *adj., s. m. e f.* ⇒ **oponente**
oponente Ⓐ *adj.* opponent, opposed, antagonistic Ⓑ *s. m. e f.* opponent, adversary, antagonist, rival, competitor
oponibilidade *s. f.* opposability
oponível *adj.* opposable, that may be opposed
opopânace *s. m.* BOTÂNICA glue obtained from Arabian plants
opópanax *s. m.* ⇒ **opopânace**
opor *v. tr. e refl.* to oppose, to act against (in opposition); to place face to face; to set opposite to (against); to resist, to

refuse, to withstand; to contend against, to impugn, to contradict, to counter, to object; to set oneself against; ***opor-se tenazmente*** to set one's face against, to put one's foot down; ***opor-se a*** to put one's strength against, to work against; ***opõem-se à minha ida lá*** they object to my going there; ***opor-se a um projecto de lei*** to oppose a bill; ***opor obstáculos*** to put obstacles in the way

oportunamente *adv.* opportunely, seasonably, on occasion, at a suitable time, in due time

oportunidade *s. f.* opportunity, fit (suitable, favourable) time, good chance, befitting occasion; ***perder a oportunidade*** to miss the opportunity; ***aproveitar a oportunidade*** to take the opportunity, to seize the opportunity; ***dar uma boa oportunidade a alguém*** [fam.] to give someone a fair show; ***deixar passar uma oportunidade de importância vital*** [fam.] to miss the bus

oportunismo *s. m.* opportunism

oportunista *s. m. e f.* opportunist, timeserver

oportuno *adj.* opportune, seasonable, timely, well-timed, suitable, convenient, proper, fit, favourable, fortunate, lucky; ***momento oportuno*** an opportune moment; ***o dinheiro chegou numa ocasião muito oportuna*** the money came at a most fortunate time

oposição *s. f.* opposition, antagonism, counter-action, resistance, hostility; obstacle, obstruction, hindrance; opposing, resisting; ***fazer oposição a tudo*** to oppose everything; ***o chefe da oposição*** the leader of the opposition; ***fê-lo em oposição da opinião pública*** he did it in opposition to public opinion; ***encontrar oposição*** to meet with opposition; ***oposição (astronómica)*** opposition

oposicionista Ⓐ *s. m. e f.* oppositionist Ⓑ *adj.* opposing

opositipétalo *adj.* BOTÂNICA oppositipetalous

opositivo *adj.* oppositive, adversative; ⇒ **oposto**

opositor Ⓐ *s. m.* opposer, opponent, rival Ⓑ *adj.* opposing, opponent

opossum *s. m.* ZOOLOGIA opossum, possum

oposto Ⓐ *adj.* opposed, contrary, adverse, antagonistic, opposite to; facing, in front of Ⓑ *s. m.* the opposite, contrary, opposite number; ***seguiram direcções opostas*** they went in opposite directions; ***o lado oposto da rua*** the opposite side of the street

opoterapia *s. f.* MEDICINA opotherapy, organotherapy

opoterápico *adj.* opotherapeutic, organotherapeutic

opressão *s. f.* oppression, oppressiveness; persecution, suffering; hardship; tyranny, languor, sense of depression (oppression)

opressivamente *adv.* oppressively, heavily

opressivo *adj.* oppressive, tyrannical, severe, burdensome, heavy

opresso *adj.* oppressed, disheartened, depressed, subdued, dejected

opressor Ⓐ *s. m.* oppressor, tyrant, taskmaster Ⓑ *adj.* ⇒ **opressivo**

oprimente *adj.* ⇒ **opressivo**

oprimir *v. tr.* to oppress, to overwhelm, to overburden, to tyrannize, to crush, to subdue, to overpower; to vex, to humiliate, to wrong; to prostrate, to afflict, to dishearten, to depress; ***oprimir uma pessoa*** to sit upon a person; ***oprimir os pobres e fracos*** to oppress the poor and weak; ***estar oprimido pela dor e pela angústia*** to be oppressed with grief and anxiety; ***sentir-se oprimido com o calor*** to feel oppressed by (with) the heat

opróbrio *s. m.* opprobrium, reproach, infamy, disgrace, shame, obloquy

oprobrioso *adj.* opprobrious, reproachful, infamous, disreputable, disgraceful, shameful scurrilous, abusive, insulting

opsígono *adj.* referring to teeth that appear after the molars

opsiometria *s. f.* optometry

opsiométrico *adj.* opsiometric, optometric

opsiómetro *s. m.* opsiometer, optometer

optação *s. f.* optation, wish, desire

optante *s. m. e f., adj.* optant

optar *v. tr. e intr.* to opt, to make one's option, to choose, to make a choice, to decide for, to select, to prefer; ***optar por um dos dois caminhos a seguir*** to choose at the parting of the ways; ***optar por um determinado candidato*** to opt for a particular candidate

optativo *adj.* optative

óptica *s. f.* optics

opticidade *s. f.* visibility, clearness

opticista *s. m. e f.* optician

óptico *adj.* optic, optical, ocular, visual; ***nervo óptico*** optic nerve; ***instrumentos ópticos*** optical instruments

opticometria *s. f.* ⇒ **optometria**

opticómetro *s. m.* optometer, opsiometer

optimacia *s. f.* aristocracy

optimamente *adv.* very well, fine(ly), excellently

optimate *s. m.* optimate, aristocrat

optimatia *s. f.* ⇒ **optimacia**

optimismo *s. m.* optimism

optimista Ⓐ *s. m. e f.* optimist Ⓑ *adj.* optimistic

optimização *s. f.* optimization

optimizar *v. tr.* to optimize

óptimo *adj.* very good, excellent, marvellous, fine; the best (of everything)

optofone *s. m.* optophone

optografia *s. f.* optography

optógrafo *s. m.* optograph

optometria *s. f.* optometry

optométrico *adj.* optometric(cal)

optómetro *s. m.* optometer

opugnação *s. f.* oppugnance, oppugnation, oppugnancy, opposition, controversy, disputation, dispute; attack, assault

opugnador *s. m.* opposer, combatant, fighter, oppugnant

opugnar *v. tr.* to oppugn, to controvert, to reason against, to gainsay, to oppose, to contradict; to attack, to assault

opulência *s. f.* opulence, wealth, riches; affluence, abundance, plentifulness; luxury; ***viver na opulência*** to live in the lap of luxury

opulentamente *adv.* opulently, profusely, abundantly, luxuriously

opulentar *v. tr.* to render opulent; to enrich

opulento *adj.* opulent, wealthy, rich, affluent; abundant, luxuriant, luxurious, plentiful

opúncia *s. f.* BOTÂNICA prickly pear; nopal

opúsculo *s. m.* opuscule, booklet, small book (on art, science, literature, etc.)

ora Ⓐ *adv.* now, at this moment Ⓑ *conj.* but, besides, therefore, now, at present; now... now; now... then Ⓒ *interj.* well!; ***ora bem!*** well now!, well then!; ***ora sus!*** courage!, go on!; ***ora essa!*** why!; ***ora essa, com certeza!*** why of course!; ***ora, ora!*** well, well!; ***ora bem, ora mal*** sometimes well, sometimes ill; ***ora vejamos*** now let us see; ***ora um, ora outro*** sometimes one, sometimes the other, now one, now the other; [coloq.] ***ora bolas!*** nonsense!, after all!, for heaven's sake!

oração *s. f.* prayer; supplication; oration, formal speech (discourse); GRAMÁTICA clause sentence; ***livro de orações*** prayerbook; ***orações ferventes*** fervent prayers; GRAMÁTICA ***oração principal*** main clause

oracional *adj.* clausal, clause, relating to a clause

oracular Ⓐ *adj.* oracular Ⓑ *v. intr.* to oracle, to oraculate

oraculino *adj.* oracular, oraculous

oraculizar *v. intr.* to oracle

oráculo *s. m.* oracle

orada *s. f.* [pop.] oratory; wayside chapel

orador *s. m.* orator, public speaker; preacher; ***orador sagrado*** pulpit orator, preacher

orago *s. m.* patron saint of a church; ⇒ **oráculo**
oral *adj.* oral, spoken, verbal, uttered in word; ***exame oral*** oral examination
oralidade *s. f.* oralism
oralmente *adv.* orally, verbally, by word of mouth, viva voce
orangotango *s. m.* ZOOLOGIA orangoutang, orang
orar *v. intr.* to pray, to address the Supreme Being (with adoration), to supplicate, to beseech; to preach, to discourse, to make a formal speech
orário *s. m.* handkerchief amongst the Romans
orate *s. m.* madman, lunatic, maniac, crazy person, bedlamite; ***casa de orates*** bedlam, lunatic asylum
oratória *s. f.* oratory, art of oratory, rhetoric elocution, eloquence; MÚSICA oratoria; ***oratória bombástica e ruidosa*** [fam.] tub-thumping
oratoriamente *adv.* oratorically
oratoriano Ⓐ *s. m.* oratorian (member of the Society of the Oratory), an oratorian father Ⓑ *adj.* oratorian
oratório Ⓐ *s. m.* oratory (place for prayer; religious society; the Fathers of the Oratory) Ⓑ *adj.* oratorical
orbe *s. m.* orb, sphere, globe; the world
orbícola Ⓐ *adj.* cosmopolitan Ⓑ *s. m.* a cosmopolitan, a citizen of the world
orbícula *s. f.* an acephalous mollusc, orbiculated mollusc
orbicular *adj.* ANATOMIA orbicular, spherical
órbita *s. f.* ASTRONOMIA orbit; ANATOMIA orbit, eye-socket; [fig.] range, sphere of action; ***órbita do olho*** eye-socket, orbit
orbital *adj.* orbital
orbitário *adj.* orbital
orbívago *adj.* ⇒ **orbícola**
orca *s. f.* ZOOLOGIA orc, orca, killer-whale; ogre, devouring monster
orça *s. f.* estimate, calculatism; NÁUTICA bowline; ***vir para a orça*** to come round (to come to, to come up to) the wind, to fly up to the wind; ***nada mais para a orça!*** keep her full!
orçada *s. f.* luff; luffing; weather lurch
orçador *s. m.* appraiser, valuer, estimator
orçamentação *s. f.* budgeting
orçamental *adj.* budgetary, relating to the budget
orçamentar *v. tr.* to estimate, to budget for
orçamentário *adj.* ⇒ **orçamental**
orçamentista *s. m. e f.* ⇒ **orçador**
orçamento *s. m.* budget; estimate, calculation; ***fazer um orçamento*** to draw up an estimate; ***orçamento doméstico*** family budget; ***orçamento do Estado*** budget, governmental (fiscal) estimate
orçamentologia *s. f.* the science of making budgets (or estimates); organization of budgets
orçamentologista *s. m. e f.* the person who organizes budgets
orçamentólogo *s. m.* budget expert; ⇒ **orçamentologista**
orçar *v. tr.* to estimate, to calculate, to budget for; to amount to, to come up to; NÁUTICA to haul the wind, to luff, to round to; ***orça todo!*** luff alee!, luff round!; ***orça por 1000 libras*** it amounts to (it comes up to) £1,000
orçaz *s. m.* lower part of a fishing-net
orchata *s. f.* kind of syrup prepared with almond emulsion
orcina *s. f.* QUÍMICA orcin
orco *s. m.* [poét.] hell, Hades
ordálio *s. m.* ordeal, trial, test
ordeiro *adj.* peaceable, peaceful, orderly, fond of order
ordem *s. f.* order; arrangement, tidiness, neatness, orderliness; sequence, succession; rule, regularity, discipline, peace, tranquility; direction, instruction, word, notice, command, mandate, injunction, law; community, society, class; brotherhood; kind, sort; ***ordens terminantes*** peremptory orders; ***ordem de pagamento*** banker's draft; ***Ordem dos Advogados*** Bar Association; ***ordem pública*** public order, law and order; ***ordem de prisão*** warrant of arrest; ***tomar ordens*** to take (holy) orders; ***conferir as ordens sacras*** to confer holy orders; ***pôr em ordem*** to put in order, to set to rights; ***estar em boa ordem*** to be shipshape, to be in good order; ***ter em ordem*** to keep in order; ***pôr as coisas em ordem*** to put things straight; ***estar às ordens de alguém*** to be at someone's beck and call, to be at one's command; ***ordens severas*** strict orders; ***por ordem e por conta*** by order and on account of; ***ordem de pagamento*** banker's order; ***em boa ordem*** in good order, in good trim; ***encontrou tudo preparado e em boa ordem*** he found everything in perfect trim; ***cumprir ordens*** to toe the line; ***receber ordem para*** to take an order for; ***ordem alfabética*** alphabetical order; ***ordem numérica*** numerical order; ***ordem de despejo*** eviction notice; ***ordem de batalha*** battle order, order of battle; ***ordem e asseio numa casa*** cleanliness and order in a house; ***deixar os negócios em perfeita ordem*** to leave one's affairs in perfect order; ***por todo o país reina ordem absoluta*** perfect order reigns throughout the country; ***fora da ordem*** out of order; ***restabelecer a ordem e a paz*** to restore peace and order; ***ordem!, ordem!*** order!, order!; ***em perfeita ordem*** in thorough order; ***ordem diferente de ideias*** a different set of ideas; ***conforme as suas ordens*** according to your orders; ***chamar à ordem*** to call to order; ***com ordem, em ordem*** in order, in an orderly way; ***ordem do dia*** order of the day; ***até novas ordens*** till further orders, till further notice; ***à ordem de*** to the order of; ***ir receber ordens*** to go for orders; ***o general deu a ordem para atacar*** the general gave the word to attack; ***de primeira ordem*** first-rate, first class; ***ordem assinada em branco*** dormant warrant; ***número de ordem*** reference number; ***às suas ordens!*** at your service!; ***sair da ordem*** to get out of order; COMÉRCIO ***anular uma ordem*** to cancel an order; NÁUTICA ***ordem para a máquina*** engine command; ***ordem de serviço*** duty roster; ***Ordem de Cavalaria*** Order of Knighthood; ***Ordem da Jarreteira*** Order of the Garter; ***as cinco ordens clássicas - toscana, dórica, jónica, coríntia, compósita*** the five classical orders - Tuscan, Doric, Ionic, Corinthian, Composite
ordenação *s. f.* ordination (conferring of holy orders); arrangement (in ranks), grouping, distribution, reducing to order, classification, disposition
ordenada *s. f.* GEOMETRIA ordinate
ordenadamente *adv.* in an orderly way, methodically; tidily
ordenado Ⓐ *s. m.* salary, payment, pay Ⓑ *adj.* ordered, ordained, arranged
ordenador Ⓐ *s. m.* orderer; ordainer Ⓑ *adj.* ordering; ordaining
ordenamento *s. m.* ⇒ **ordenação**
ordenança *s. f.* ordinance, authoritative rule, order, command; orderly (soldier in attendance on an officer)
ordenar Ⓐ *v. tr.* to order, to put in order, to regulate, to dispose, to array (troops), to arrange; to command, to bid, to order, to direct, to instruct, to give orders; RELIGIÃO to ordain, to confer holy orders Ⓑ *v. refl.* to take orders; ***ordeno-lhe que o faça*** I command you to do it; ***ordenar a batalha*** to array troops for battle
ordenável *adj.* that can be ordered; ordainable (that may be ordained)
ordenha *s. f.* milking
ordenhador *s. m.* milker (*feminine* milkmaid)
ordenhar *v. tr.* to milk, to draw milk
ordinal *adj.* GRAMÁTICA ordinal; ***numeral ordinal*** ordinal numeral
ordinando *s. m.* ordinant, candidate for ordination
ordinante *s. m.* ordinant, ordainer, prelate conferring orders
ordinária *s. f.* expenses (of a day, month or year); food allowance
ordinariamente *adv.* ordinarily, commonly, usually; rudely, coarsely, basely

ordinário Ⓐ *adj.* ordinary, common, usual, regular, normal, commonplace; habitual, customary, everyday; rough, churlish, rude, unpolished, impolite, coarse; inferior, indifferent, mean, second-rate, mediocre Ⓑ *s. m.* ordinary, ordinary practice, custom; ordinary, bishop in diocese; rough fellow; MÚSICA march; ***homem ordinário*** rough (vulgar) fellow; ***comida ordinária*** poor food; ***de ordinário*** in an ordinary way
ordoviciano *s. m.* ordovician
oréade *s. f.* MITOLOGIA oread (a mountain nymph)
orear *v. tr.* to sun-dry, to air (clothes, meat)
orega *s. f.* (variety of) skate, ray
orégão *s. m.* BOTÂNICA origan, wild marjoram
orelha *s. f.* ear (organ of hearing); flap tongue (of a shoe); NÁUTICA lug; ***abanar as orelhas*** to shake one's head in refusal; ***ter as orelhas a arder*** to have one's ears tingling (burning); ***com as orelhas pendentes*** lap-eared; ***com as orelhas arrebitadas*** with pricked ears, on the look-out; ***ponta da orelha*** ear-lobe; ***o cavalo endireitou as orelhas*** the horse pricked his ears; ***orelhas de martelo*** claws of a hammer; ***ela não quer as orelhas furadas*** she does not want to have her ears pierced
orelhada *s. f.* box on the ears; ear-pull
orelha-de-lebre *s. f.* BOTÂNICA campion
orelha-de-mula *s. f.* BOTÂNICA petry mullien; NÁUTICA moonsail, sky-scraper, star-gazer
orelha-de-pau *s. f.* BOTÂNICA purging agaric, white agaric
orelha-de-rato *s. f.* BOTÂNICA forget-me-not
orelha-de-urso *s. f.* BOTÂNICA bear's ear, auricula
orelhado *adj.* eared
orelhão *s. m.* ICTIOLOGIA moon-fish; parotitis, mumps; the act of pulling someone by the ears
orelheira *s. f.* animal's ears; ***orelheira de porco*** pig's ears
orelhudo *adj.* great-eared, long-eared; [fig.] stupid, ignorant; obstinate, stubborn
orélia *s. f.* creeping plant from Brazil
oressa *s. f.* breeze, gentle wind
orexia *s. f.* MEDICINA appetite (urgent need for food)
orexomania *s. f.* MEDICINA appetite (urgent need for food)
órfã *s. f.* orphan-girl
orfanado *s. m.* orphanage; orphanhood
orfanar *v. tr.* to render orphan; to orphanize
orfanato *s. m.* orphanage, orphan asylum
orfandade *s. f.* orphanage (state of being an orphan); orphanhood; privation, destitution
orfanologia *s. f.* legislation relating to orphans; assistance to orphans
orfanológico *adj.* relating to orphans
órfão Ⓐ *s. m.* orphan Ⓑ *adj.* bereft of parents, orphan, deprived; ***órfão de pai*** fatherless child; ***órfão de mãe*** motherless child
orfeão *s. m.* choir, choral society
orfeico *adj.* orphean, melodious, musical
orfeónico *adj.* choral
orfeonista *s. m. e f.* orpheonist (choral singer, choir member)
órfico *adj.* orphic
organdi *s. m.* organdie
organeiro *s. m.* organ-builder
orgânica *s. f.* arrangement, structure; law, regulations
organicamente *adv.* organically, fundamentally
organicismo *s. m.* organicism
organicista *s. m. e f.* organicist
orgânico *adj.* organic, fundamental, basic; ***química orgânica*** organic chemistry; ***doença orgânica*** organic disease; ***vida orgânica*** organic life
organismo *s. m.* organism; body; organization
organista *s. m. e f.* organist, organ player
organização *s. f.* organization; organism, body, institution; ***organização do trabalho*** organization of labour; ***organização de caridade*** charity; ***organização sem fins lucrativos*** non-profit-making organization
organizado *adj.* organized; orderly, methodical
organizador *s. m.* organizer
organizar Ⓐ *v. tr.* to organize, to arrange, to put in order, to group, to establish, to dispose, to set up, to frame; to get up Ⓑ *v. refl.* to get organized; ***organizar um divertimento*** to organize an entertainment; ***organizar um partido*** to organize a party; ***organizar um piquenique*** to get up a picnic
organizativo *adj.* organizational
organizável *adj.* organizable
organogénese *s. f.* ⇒ **organogenia**
organogenesia *s. f.* ⇒ **organogenia**
organogenético *adj.* organogenic
organogenia *s. f.* organogeny
organografia *s. f.* BIOLOGIA organography
organográfico *adj.* BIOLOGIA organographic
organograma *s. m.* organization chart
organóide *adj.* organoid (similar to an organized body)
organoléptico *adj.* organoleptic
organonímia *s. f.* organonymy
organonímico *adj.* organonymic
organopatia *s. f.* MEDICINA organopathy, organic disease
organoscopia *s. f.* organoscopy
organoscópico *adj.* organoscopic
organoterapia *s. f.* organotherapy
organsim *s. m.* organzine
organsina *s. f.* organzine
organsinar *v. tr.* to organzine
órgão *s. m.* organ (a part of the bodily structure of an animal or plant; musical instrument); means, instrument, agency; newspaper, magazine; ***tubo de órgão*** organ-pipe; ***clave (tom) de órgão*** organ-stop; ***os órgãos diários de imprensa*** the daily organs of the press; ***órgão visual*** visual organ; ***órgãos digestivos*** digestive organs
orgasmo *s. m.* orgasm
orgástico *adj.* orgastic
orgia *s. f.* orgy, spree, revelry, revel, jollification, carousal, carouse; ***andar na orgia*** to go on the spree
orgíaco *adj.* orgiac, orgiastic, revelling
orgiasta *s. m. e f.* orgiast, reveller
orgiástico *adj.* orgiastic
orgulhar Ⓐ *v. tr.* to make proud, to cause to be proud Ⓑ *v. refl.* to take pride in, to pride oneself on, to be proud of, to become proud, to get proud; ***orgulhar-se de*** to pride oneself on; ***orgulhar-se de ser sempre pontual*** to pride oneself on being always punctual; ***ela orgulha-se do seu bom gosto*** she prides herself on her good taste; ***orgulhar-se do seu trabalho*** to take a pride in one's work
orgulhecer Ⓐ *v. tr.* to make proud, to cause to be proud Ⓑ *v. refl.* to take pride in, to pride oneself on, to be proud of, to become proud, to get proud
orgulho *s. m.* pride, haughtiness, arrogance, superciliousness, lordliness, swagger, swagman, conceit, vanity, vainglory, loftiness; ***orgulho da posição*** pride of position; ***ele é o orgulho da sua mãe*** he is his mother's pride; ***tenho orgulho em conhecê-lo*** I am proud to know him; ***encher-se de orgulho*** to be puffed up with pride
orgulhosamente *adv.* proudly, with pride, haughtily, arrogantly, splendidly
orgulhoso *adj.* proud, haughty, arrogant, supercilious, lofty, uppish, high-hat, lordly, conceited; ***orgulhoso por ser rico*** proud of being rich; ***pobreza orgulhosa*** proud poverty; ***é demasiado orgulhoso para se queixar*** he is too proud to complain
Orião *s. m.* ⇒ **Oríon**
oricalcite *s. f.* orichalc
orictognosia *s. f.* oryctognosy
orictognosta *s. m. e f.* oryctologist, oryctognostic
orictografia *s. f.* oryctography (description of fossils)

orictográfico *adj.* oryctographic
orictógrafo *s. m.* expert in oryctography
orictologia *s. f.* paleontology (palaeontology), oryctology (science of fossils)
orictológico *adj.* oryctological
orictologista *s. m. e f.* ⇒ **orictognosta**
orictólogo *s. m.* ⇒ **orictognosta**
orientação *s. f.* orientation; direction, course, way; guidance; ***orientação de costa*** trend of shore; ***orientação de vida*** way of life, bent in life; ***orientação profissional*** vocational guidance
orientador *s. m.* guide, leader, director, manager
oriental *adj.* oriental, eastern; easterly; ***arte oriental*** oriental art; ***hemisfério oriental*** eastern hemisphere
orientalidade *s. f.* orientality
orientalismo *s. m.* orientalism
orientalista *s. m. e f.* orientalist
orientalizar *v. tr.* to orientalize
orientar Ⓐ *v. tr.* to orientate, to determine (to find) geographical position; to direct, to guide Ⓑ *v. refl.* to take one's bearings; to guide; to find one's way; ***orientar um plano*** to outline a plan; ***ele nunca soube orientar a sua vida*** he was never able to run his own affairs; NÁUTICA ***orientar (pano, vergas, etc.)*** to trim (sail, yard, etc.)
orientável *adj.* orientable, guidable; adjustable, alignable
oriente *s. m.* east, orient; ***o Médio Oriente*** the Middle East; ***o Próximo Oriente*** the Near East; ***o Extremo Oriente*** the Far East
orifício *s. m.* orifice, hole, aperture, opening, perforation; ***orifício de admissão*** inlet port; ***orifício de limpeza*** mud hole, sludge hole; NÁUTICA ***orifício (porta) de visita*** hand hole, inspection hole, manhole
oriflama *s. f.* oriflamme
oriforme *adj.* mouth-shaped
órige *s. m.* ⇒ **órix**
origem *s. f.* origin, source, starting-point, beginning, root, derivation, foundation, initial cause, rise, spring, fountain, birth, cradle, parentage, ancestry; ***origem de uma questão*** the origin of a quarrel; ***dar origem a*** to give rise to; ***origem de um rio*** source of a river; ***país de origem*** home, fatherland; ***de origem humilde*** of humble origin
originado *adj.* originated, resulting
originador Ⓐ *s. m.* originator, causer, creator, father Ⓑ *adj.* originating, causing, creating
original Ⓐ *adj.* original, primitive, aboriginal, primeval, pristine, first; creative, inventive; queer, singular, odd, eccentric, quaint Ⓑ *s. m.* original, first copy, archetype; model, pattern, original; an eccentric person; ***um homem original*** a quaint fellow; ***invenção original*** an original invention
originalidade *s. f.* originality; eccentricity, oddness, oddity, singularity, strangeness; ***um homem de grande originalidade*** a man of great originality
originalmente *adv.* originally, from the beginning, at first; primarily; queerly, strangely, oddly
originar Ⓐ *v. tr.* to originate, to bring about, to give rise, to occasion, to cause, to start, to rise Ⓑ *v. refl.* to begin, to start, to have origin in, to arise, to spring; ***originar novas ideias*** to give rise to new ideas; ***originar mal-entendidos*** to give rise to misunderstandings
originariamente *adv.* originally
originário *adj.* original, originary; native, descendant, descending; derived, arising
origma *s. m.* abyss, chasm
orilha *s. f.* border, edge, rim, brim; fillet
oriolo *s. m.* ZOOLOGIA oriole, golden oriole
Oríon *s. m.* ASTRONOMIA Orion (constellation)
oriundo *adj.* native, originated, derived from, arising from, descending
órix *s. m.* ZOOLOGIA oryx
orizícola *adj.* rice growing
orizicultor *s. m.* rice grower
orizicultura *s. f.* rice growing
orizívoro *adj.* oryzivorous (that feeds on rice)
orizófago *adj.* feeding on rice (people)
orizóide *adj.* resembling rice
orla *s. f.* border, skirt, margin, edge; rim, hem, fringe; HERÁLDICA orle; ***orla de luto*** black edge; ***orla marítima*** seafront
orladura *s. f.* edging, border, brim, hem, hemming; fringe
orlar *v. tr.* to edge, to border; to hem; to fringe
orleã *s. f.* Orleans (a fabric of cotton warp and worsted weft)
orleanês *s. m., adj.* HISTÓRIA Orleanist
orleanista *s. m. e f., adj.* HISTÓRIA Orleanist
ornado *adj.* ornated, adorned; decorated
ornador Ⓐ *adj.* decorating, ornamenting Ⓑ *s. m.* decorator, ornamenter
ornamentação *s. f.* ornamentation, decoration, embellishment, adornment, garnish, bedizenment
ornamentador *s. m.* decorator
ornamental *adj.* ornamental, decorative, embellishing
ornamentar *v. tr.* to ornament, to decorate, to embellish, to beautify, to garnish, to bedizen
ornamentária *s. f.* decoration, ornamenting
ornamentista *s. m. e f.* ornamentalist, decorator; decorative artist
ornamento *s. m.* ornament, decoration, embellishment, adornment, garnish, bedizenment
ornar *v. tr.* to adorn, to decorate, to embellish, to deck, to beautify, to garnish, to ornament, to array, to bedizen, to dress, to dress up
ornato *s. m.* ornament, decoration, garnishment, embellishment; beading, moulding
ornear *v. intr.* to bray
orneio *s. m.* bray(ing)
ornejador Ⓐ *adj.* braying Ⓑ *s. m.* brayer
ornejar *v. intr.* to bray
ornejo *s. m.* bray, braying, ass' cry
ornis *s. m.* ornis, avitauna
ornitófilo Ⓐ *adj.* ornithophilous Ⓑ *s. m.* ornithophile
ornitofonia *s. f.* singing of the birds; imitation of this song
ornitologia *s. f.* ornithology
ornitológico *adj.* ornithological
ornitologista *s. m. e f.* ornithologist
ornitólogo *s. m.* ornithologist
ornitomancia *s. f.* ornithomancy (divination by flight or sound of birds)
ornitomania *s. f.* ornithomania (love for birds)
ornitorrinco *s. m.* ZOOLOGIA ornithorhyncus (Australian mammal); duck-billed platypus, duck-mole
ornitotomia *s. f.* CIRURGIA ornithotomy (dissection of birds)
ornitotrofia *s. f.* art of breeding birds
orobanca *s. f.* BOTÂNICA broom-rape
órobo *s. m.* BOTÂNICA bitter vetch
orogénese *s. f.* GEOLOGIA orogenesis
orogenético *adj.* GEOLOGIA orogenetic
orogenia *s. f.* ⇒ **orogénese**
orogénico *adj.* ⇒ **orogenético**
orognosia *s. f.* orology, oreology; study of mountains
orognóstico *adj.* orologic
orografia *s. f.* orography
orográfico *adj.* orographic
orógrafo *s. m.* expert in orography
oroidrografia *s. f.* orohydrography
oroidrográfico *adj.* orohydrographic
orologia *s. f.* orology, orography
orológico *adj.* orographic(al)
orometria *s. f.* orometry

orómetro *s. m.* orometer
orosfera *s. f.* crust of the earth
orosférico *adj.* pertaining to the earth's crust
orquestra *s. f.* orchestra, band; ***orquestra de câmara*** chamber orchestra; ***orquestra sinfónica*** symphony orchestra
orquestração *s. f.* orchestration; musical score (for orchestra)
orquestral *adj.* orchestral
orquestrar *v. tr.* to orchestrate, to compose (to arrange) for an orchestra
orquialgia *s. f.* orchidalgia
Orquidáceas *s. f. pl.* BOTÂNICA *Orchidaceae*
Orquídeas *s. f. pl.* BOTÂNICA the *Orchidaceae*, orchids
orquiectomia *s. f.* orchidectomy
orquiocele *s. f.* MEDICINA scrotal hernia
orquiotomia *s. f.* orchotomy
orquiótomo *s. m.* instrument for performing orchotomy
orquite *s. f.* orchitis
orreiro *s. m.* bram (at the bottom of watermills)
orreta *s. f.* mountain-pass, narrow valley between mountains
ortite *s. f.* MINERALOGIA orthite
ortivo *adj.* oriental
orto *s. m.* ASTRONOMIA rising (of any planet or star)
ortocentro *s. m.* orthocentre
ortoclásio *s. m.* MINERALOGIA orthoclase, potass, feldspar
ortocromático *adj.* orthochromatic
ortocromatismo *s. m.* FOTOGRAFIA orthochromatism
ortodiagonal *adj.* orthodiagonal
ortodontia *s. f.* orthodontia
ortodoxia *s. f.* orthodoxy, orthodoxism
ortodoxo *adj.* orthodox
ortodromia *s. f.* orthodromy (the shortest distance between two points)
ortodrómico *adj.* orthodromic
ortoedria *s. f.* orthohedry
ortoédrico *adj.* orthohedric
ortoépia *s. f.* GRAMÁTICA orthoepy
ortoépico *adj.* orthoepic, orthoepical
ortofonia *s. f.* orthophony, correct speaking
ortofónico *adj.* orthophonic
ortogénese *s. f.* orthogenesis
ortogenético *adj.* orthogenetic
ortogonal *adj.* orthogonal, right-angled, rectangular
ortógono *adj.* orthogonal, right-angled, rectangular
ortografar *v. tr.* to write with correct spelling, to spell correctly
ortografia *s. f.* orthography, correct spelling; ***má ortografia*** bad spelling; ***ortografia simplificada*** simplified orthography
ortograficamente *adv.* orthographically
ortográfico *adj.* orthographic(al)
ortografista *s. m. e f.* orthographer
ortógrafo *s. m.* orthographer
ortoléxico *adj.* ortholexic
ortologia *s. f.* orthology, correct speaking
ortológico *adj.* orthological
ortometamórfico *adj.* orthometamorphic
ortometria *s. f.* orthometry
ortomorfia *s. f.* orthomorphy
ortomórfico *adj.* orthomorphic
ortónimo *s. m.* real name
ortopedia *s. f.* MEDICINA orthopaedy, orthopaedics
ortopédico *adj.* orthopaedic
ortopedista *s. m. e f.* orthopaedist
ortopinacóide *adj.* orthopinacoid
ortopneia *s. f.* MEDICINA orthopnoea
ortopnóico Ⓐ *adj.* orthopnoeic, orthopnoic Ⓑ *s. m.* asthmatic
ortóptero Ⓐ *adj.* ENTOMOLOGIA orthopterous Ⓑ *s. m.* orthopteran (*plural* orthoptera)
ortorrômbico *adj.* orthorhombic
ortóscele *s. m.* machine used to straighten deformed legs
ortoscópico *adj.* orthoscopic
ortoscópio *s. m.* orthoscope
ortose *s. f.* ⇒ **ortoclásio**
ortostasia *s. f.* orthostatism
ortostático *adj.* vertical; in a vertical position
ortostilo *s. m.* orthostyle
ortoterapia *s. f.* orthotherapy
ortotómico *adj.* orthotomic
ortotropia *s. f.* quality of the orthotropous
ortótropo *adj.* orthotropous
orvalhada *s. f.* dewfall, morning dew
orvalhar Ⓐ *v. tr.* to bedew, to moisten, to wet (with dew) Ⓑ *v. intr.* to fall (dew), to dew; to drizzle, to mizzle; ***começa a orvalhar*** the dew is beginning to fall
orvalheira *v. tr.* ⇒ **orvalhada**
orvalhinha *s. f.* BOTÂNICA sundew
orvalho *s. m.* dew; drizzle; ***a relva estava coberta de orvalho esta manhã*** the grass was covered with dew this morning
orvalhoso *adj.* dewy; drizzly
oscilação *s. f.* oscillation, swing, swinging; fluctuation, variation, change; hesitation, vacillation, unsteadiness; perplexity, doubt; ***oscilações da temperatura*** oscillations of temperature; ***oscilações contínuas*** continual oscillations; ***oscilações do mercado*** market fluctuations
oscilador Ⓐ *adj.* oscillating Ⓑ *s. m.* oscillator
oscilante *adj.* oscillating, swinging, fluctuating
oscilar *v. intr.* to oscillate, to swing, to sway, to move to and fro; to fluctuate; to vacillate, to hesitate; ***a ponte oscilou quando o comboio passou por cima dela*** the bridge swayed as the train passed over it
oscilatória *s. f.* BOTÂNICA oscillatoria
oscilatório *adj.* oscillatory, swinging, swaying
oscilógrafo *s. m.* oscillograph
oscilómetro *s. m.* oscillometer
osciloscópio *s. m.* oscilloscope
oscitação *s. f.* yawning, gaping, oscitation
oscitante *adj.* yawning, gaping, oscitant
oscitar *v. intr.* MEDICINA to yawn, to gape
osco *adj.* wrapped up, muffled up
osculação *s. f.* osculation, kissing, kiss
osculador *adj.* kisser, osculatory, osculating, kissing
oscular *v. tr.* to osculate, to kiss
osculatório *adj.* osculatory, kissing
osculatriz *s. f.* GEOMETRIA osculating line
ósculo *s. m.* kiss; ZOOLOGIA osculum (in sponges)
osfresiologia *s. f.* part of physiology that deals with smell; osmology
osga *s. f.* ZOOLOGIA gecko, house lizard; ⌈pop.⌋ great aversion
osmanli *s. m.* Osmanli, Ottoman
osmático *adj.* having a strong olfact
osmazoma *s. f.* nutritive substance found in meat
ósmico *adj.* QUÍMICA osmic
ósmio *s. m.* QUÍMICA osmium
osmologia *s. f.* osmology
osmológico *adj.* osmologic
osmometria *s. f.* osmometry
osmómetro *s. m.* osmometer
osmonda *s. f.* BOTÂNICA osmund, flowering fern
osmose *s. f.* osmosis, osmose
osmótico *adj.* osmotic
Osmundáceas *s. f. pl.* BOTÂNICA *Osmundaceae*
osmundáceo *adj.* osmundaceous
ossada *s. f.* heap of bones, bones; NÁUTICA ribs, skeleton; ruins, remains; ***superfície exterior da ossada*** moulded form; NÁUTICA ***ossada transversal*** athwart ribs

ossamenta *s. f.* skeleton, osseous framework
ossamento *s. m.* skeleton, osseous framework
ossaria *s. f.* large quantity of bones
ossário *s. m.* ossuary, bone-house, charnel-house
ossatura *s. f.* ossature, osseous framework; skeleton; carcass
osseína *s. f.* BIOQUÍMICA ossein
ósseo *adj.* osseous, bony
ossiânico *adj.* ossianic
ossicos *s. m. pl.* VETERINÁRIA vomer (of horse)
ossiculado *adj.* bony (having the shape of an ossicle)
ossicular *adj.* relating to ossicles
ossículo *s. m.* ossicle, small bone, ossiculum
ossífero *adj.* ossiferous
ossificação *s. f.* ossification
ossificar Ⓐ *v. tr.* to ossify, to turn into bone; to harden Ⓑ *v. intr.* to ossify, to convert into bone
ossífico *adj.* ossific, ossifying, bone-forming
ossiforme *adj.* bone-shaped
ossífraga *s. f.* ZOOLOGIA ossifrage, osprey (fish hawk), lammergeyer (geir-eagle)
ossífrago *adj.* bone-breaking
ossinho *s. m.* ossicle, little bone, ossiculum
ossívoro *adj.* ossivorous, feeding on bones; PATOLOGIA bone destroying
osso *s. m.* ANATOMIA bone; [fig.] difficulty, (hard) nut; ***estar gelado até aos ossos*** to be frozen to the bone; ***um osso e dois cães*** two of a trade seldom agree; ***em carne e osso*** in flesh and bone; ***só pele e osso*** but skin and bones; ***sem osso*** boneless; ***osso duro de roer*** hard nut to crack; ***osso ilíaco*** iliac bone, hip-bone; ***osso maxilar*** jaw-bone, maxilla; ***ossos do ofício*** occupational hazards
ossuário *s. m.* ossuary, charnel-house, bone-urn
ossudo *adj.* bony, large-boned
ossuoso *adj.* osseous
ostaga *s. f.* NÁUTICA halvard, runner
oste *s. f.* Latin sail of the main mast
ostealgia *s. f.* MEDICINA bone-ache, pain in bones
osteálgico *adj.* having (or causing) pain in bones
osteína *s. f.* osseine, ostein(e)
osteíte *s. f.* MEDICINA osteitis
ostensão *s. f.* ostension
ostensivamente *adv.* ostensibly, deliberately; on purpose
ostensível *adj.* ostensible, avowed, apparent, visible
ostensivo *adj.* ostensive, ostensible, shown, exhibited; apparent, professed
ostensor Ⓐ *s. m.* exhibitor, one who shows off (exhibits) Ⓑ *adj.* ostensive, exhibiting
ostensório *s. m.* RELIGIÃO ostensory
ostentação *s. f.* ostentation, parade, show, exhibition, display, pomp, array; dash, flaunt, vaunting, boast, brag; ***sem ostentação*** in a small way, unostentatiously
ostentador Ⓐ *s. m.* displayer, flaunter, boaster Ⓑ *adj.* ostentatious
ostentar Ⓐ *v. tr.* to ostentate, to show, to display, to exhibit, to parade Ⓑ *v. intr.* to vaunt, to boast, to pride oneself of; to show off; ***ostentar grandezas*** to make a display of wealth
ostentativo *adj.* ostentatious, ostensive
ostentosamente *adv.* ostentatiously, pompously, gaudily, boastfully, with a flourish of trumpets
ostentoso *adj.* ostentatious, pompous, boastful, dashing, flaunting; gaudy, showy
osteoblasto *s. m.* BIOLOGIA osteoblast
osteoclasia *s. f.* osteoclasis
osteoclastia *s. f.* osteoclasis
osteoclasto *s. m.* osteoclast
osteoclerose *s. f.* MEDICINA osteoclerosis
osteocola *s. f.* osteocolla
osteodermo *adj.* osteodermatous
osteodinia *s. f.* ⇒ **ostealgia**
osteófago *adj.* feeding on bones
osteofimia *s. f.* bone tuberculosis
osteofítico *adj.* bone tuberculous
osteogénese *s. f.* BIOLOGIA osteogenesis (formation of bones)
osteogenia *s. f.* BIOLOGIA osteogenesis (formation of bones)
osteogénico *adj.* osteogenic
osteografia *s. f.* MEDICINA osteography
osteográfico *adj.* osteographic
osteóide *adj.* osteoid
osteólito *s. m.* MINERALOGIA osteolite
osteologia *s. f.* osteology
osteológico *adj.* osteologic(al)
osteologista *s. m. e f.* osteologist
osteólogo *s. m.* osteologist
osteoma *s. m.* MEDICINA osteoma
osteomalacia *s. f.* MEDICINA osteomalacia
osteometria *s. f.* osteometry
osteométrico *adj.* osteometric
osteomielite *s. f.* MEDICINA osteomyelitis
osteopatia *s. f.* osteopathy
osteoperiostite *s. f.* osteoperiositis (inflammation of the bone and the periosteum)
osteoplastia *s. f.* CIRURGIA osteoplasty (osteoplastic surgery)
osteoplasto *s. m.* BIOLOGIA osteoblast
osteose *s. f.* ossification
osteossarcoma *s. m.* MEDICINA osteosarcoma
osteotomia *s. f.* CIRURGIA osteotomy
osteotómico *adj.* osteotomic
osteótomo *s. m.* osteotome
ostiário *s. m.* ostiary, door-keeper (of a church)
ostíolo *s. m.* ostiole
ostomia *s. f.* colostomy
ostra *s. f.* oyster; ***ostra perlífera*** pearl-oyster; ***ostras cozinhadas com miolo de pão*** scalloped oysters; ***concha da ostra*** oyster shell; ***pesca de ostras*** oyster fishery; ***pastel de ostras*** oyster patty (pastry); ***molho branco com ostras*** oyster sauce
Ostráceas *s. f. pl.* ZOOLOGIA *Ostreidae; Ostracea*
ostraceiro *s. m.* ORNITOLOGIA oyster-catcher
ostráceo *adj.* ostraceous, ostracean
ostracino *adj.* that lives adhering to oyster-shells
ostracismo *s. m.* ostracism, banishment, expulsion, exclusion (from society)
ostracista *s. m. e f.* partisan of ostracism
ostracite *s. f.* ostracite, fossil oyster-shell
ostracoderme Ⓐ *adj.* ostracodermal, ostracodermous Ⓑ *s. m.* ostracoderm fish
Ostracodes *s. m. pl.* *Ostracoda*
ostracologia *s. f.* treatise about shells
ostraria *s. f.* large quantity of oysters
ostreícola *adj.* ostreicultural
ostreicultor *s. m.* ostreiculturist (breeder of oysters)
ostreicultura *s. f.* ostreiculture, oyster-breeding, oyster-farming
Ostreidas *s. m. pl.* ⇒ **Ostreídeos**
Ostreídeos *s. m. pl.* *Ostreidae* (oyster family)
ostreífero *s. m.* ⇒ **ostrífero**
ostreiforme *adj.* ostreiform
ostreira *s. f.* oyster-bed, oyster-farm; oyster-woman
ostricultor *s. m.* ⇒ **ostreicultor**
ostricultura *s. f.* ⇒ **ostreicultura**
ostrífero *adj.* ostriferous, yielding oysters
ostro *s. m.* purple dye, purple colour
ostrogodo Ⓐ *adj.* Ostrogothic Ⓑ *s. m.* Ostrogoth, Ostrogothian
otalgia *s. f.* MEDICINA otalgia, earache, aural pain

otálgico *adj.* otalgic
ótico *adj.* otic, auricular
otite *s. f.* MEDICINA otitis; ***otite interna*** otitis interna; ***otite externa*** otitis externa; ***otite média*** otitis media
otocefalia *s. f.* oto-cephaly
otocéfalo *adj.* oto-cephalous
otociste *s. m.* BIOLOGIA otocyst, statocyst
otocónia *s. f.* ⇒ **otólito**
otolítico *adj.* otolithic, otolitic
otólito *s. m.* otolith
otologia *s. f.* MEDICINA otology
otológico *adj.* otologic(al)
otologista *s. m. e f.* otologist
otomana *s. f.* ottoman
otomano Ⓐ *s. m.* Ottoman, Turk Ⓑ *adj.* Ottoman, Turkish
otoplastia *s. f.* restoration of the external part of the ear
otorreia *s. f.* otorrhoea
otorrinolaringologia *s. f.* otolaryngology, otorhinolaryngology
otorrinolaringologista *s. m. e f.* otolaryngologist (ear, nose and throat specialist)
otosclerose *s. f.* MEDICINA otosclerosis
otoscopia *s. f.* otoscopy (examination of the ear)
otoscópio *s. m.* otoscope
ototerapia *s. f.* ototherapy
ototerápico *adj.* ototherapeutic
ototomia *s. f.* otology; dissection of the ear
ou *conj.* or, either; ***ou... ou*** either... or; ***ou seja*** in other words; ***ou então*** or else; ***encarnado ou branco*** red or white; ***ou oito ou oitenta*** all or nothing
ouça *s. f.* iron pin; wooden peg
oução *s. m.* ENTOMOLOGIA mite, cheese-mite
ougar *v. intr.* [pop.] ⇒ **aguar**
oura *s. f.* giddiness, dizziness, vertigo
ourama *s. f.* heap of gold; money in gold
ourar Ⓐ *v. intr.* to feel dizzy, to feel giddy Ⓑ *v. tr.* to gild, to decorate with gold
ourejar *v. intr.* to shine like gold
ourela *s. f.* selvage, edge, list (of cloth)
ourelo *s. m.* strip (of woollen cloth); ⇒ **ourela**
ouriçado *adj.* covered with prickles; bristly, on end (hair)
ouriçar *v. tr.* to bristle; to ruffle, to set on end (hair)
ouriceira *s. f.* chestnut storehouse
ouriço *s. m.* BOTÂNICA chestnut bur; ZOOLOGIA hedgehog
ouriço-cacheiro *s. m.* hedgehog
ouriço-do-mar *s. m.* sea-urchin, echinus
ourinque *s. m.* NÁUTICA buoy chain
ourives *s. m.* goldsmith, silversmith; jeweller
ourivesaria *s. f.* goldsmith's shop, jeweller's; goldsmith's art, goldsmithery, jewelry
ouro Ⓐ *s. m.* gold; [fig.] money, riches, wealth Ⓑ *pl.* diamonds (at cards); ***ouro em pó*** gold dust; ***ouro moído (para dourar)*** shell-gold; ***ouro em barra*** gold in bar, gold in ingots; ***ouro fino*** fine gold; ***ouro maçico*** solid gold; ***ouro bruto*** virgin gold; ***ouro de lei*** standard gold; ***naipe de ouros*** suit of diamonds; ***nem tudo o que luz é ouro*** all is not gold that glitters
ouropel *s. m.* tinsel, frippery, tawdriness, glitter, sham, pretense; splendour, superficial brilliancy
ouro-pigmento *s. m.* MINERALOGIA orpiment; trisulphide of arsenic, yellow arsenic
ousadia *s. f.* boldness, daring, courage, fearlessness, dauntlessness, bravery, gallantry, mettle, pluck
ousado *adj.* bold, daring, courageous, brave, fearless, dauntless, valiant, undaunted, venture-some, gallant, mettlesome, stouthearted, audacious; forward, pushing
ousar *v. tr.* to dare, to have the courage (audacity) of; to venture; to challenge, to brave, to defy
ousio *s. m.* ⇒ **ousadia**
outão *s. m.* side wall (of a building)
outar *v. tr.* to winnow, to sift, to fan (grain)
outeirinho *s. m.* hillock, small hill, mound
outeirista *s. m.* minstrel (on the hillocks surrounding convents)
outeiro *s. m.* hill; ***o cume do outeiro*** the top of the hill
outiva *s. f.* hearing; hear-say
outo *s. m.* heap of chaff left on the winnow
outonada *s. f.* autumn; autumn weather, autumn harvest
outonal *adj.* autumnal, fall
outonar Ⓐ *v. intr.* to spend the autumn Ⓑ *v. tr.* to dig and water with the first rains of autumn
outoniço *adj.* autumnal
Outono *s. m.* autumn; [E.U.A.] fall; fall of the year, fall of the leaf, harvest-time
outorga *s. f.* grant, granting, bestowal, licence, charter
outorgador *s. m.* granter, consenter
outorgamento *s. m.* grant, granting, bestowal, licence; ***outorgamento de procuração*** granting of a procuration
outorgante Ⓐ *s. m. e f.* granter, maker of a deed Ⓑ *adj.* granting, bestowing, authorizing
outorgar *v. tr.* to grant, to bestow, to confer, to concede (possession, right), to consent, to assent to; to declare by deed; ***outorgar plenos poderes*** to confer full powers; ***outorgar uma procuração*** to grant one's procuration
outrem *pron. indef.* somebody else, others, other people
outro *pron.* other; another, another one, the other; *pl.* others, the others, other ones; ***alguns outros exemplos seriam úteis*** a few other examples would be useful; ***outros tantos*** twice as many, as many again, as many more; ***outro que tal*** another such; ***o outro mundo*** the other world; ***qualquer outro*** any other; ***entre outros*** among others, among the rest; ***outro qualquer*** somebody else, any other; ***um ao outro*** (to) each other; ***uns aos outros*** (to) one another; ***nenhum outro*** nobody else; ***no outro dia*** the other day, next day; ***devemos pensar nos outros*** we should think of others; ***um e outro*** both; ***outro tanto*** as much more, as much again; ***em qualquer outra parte*** elsewhere; ***tão bons são uns como outros*** they are all alike; ***dá-me o outro casaco, este não*** give me the other coat, not this one; ***ter outros amigos*** to have other friends; ***de outro modo*** otherwise; ***de outra maneira era impossível*** otherwise it would be impossible; ***preciso de consultar os outros*** I must consult the others; ***dê-me outros*** give me some other ones
outrora *adv.* formerly, at one time, of old, heretofore, aforetime, in times past, in past ages, in times of yore, long ago
outrossim *adv.* also, likewise, moreover, in like manner
Outubro *s. m.* October; ***a minha irmã nasceu a 2 de Outubro*** my sister was born on the 2nd of October
ouvida *s. f.* hearing; tune, melody, air
ouvido *s. m.* ear; hearing; touch-hole (of a gun); ***ter ouvido musical*** to have an ear for music; ***estar ao alcance do ouvido*** to be within hearing, to be within earshot; ***ter mau ouvido*** not to have a good ear; ***ser rijo de ouvido*** to be hard of hearing; ***ter bom ouvido*** to have a good ear, to have good hearing; ***fazer ouvidos de mercador*** to turn a deaf ear; ***dizer ao ouvido*** to whisper a thing in one's ear; ***entrar por um ouvido e sair por outro*** to go in at one ear and out at the other; ***chegar aos ouvidos de*** to come to the knowledge of, to reach one's ears; ***ser todo ouvidos*** to be all ears; ***dar ouvidos a*** to listen to, to give ear to; ***apurar o ouvido*** to prick up one's ears; ***de ouvido apurado*** quick-eared; ***ao ouvido*** in a whisper; ***cerume dos ouvidos*** ear-wax; ***tímpano do ouvido*** eardrum; ***ouvido externo*** external ear; ***ouvido médio*** middle ear; ***ouvido interno*** inner ear; ***dor de ouvidos*** earache; ***tapar os ouvidos*** to shut one's ears (to); NÁUTICA ***ouvido de uma peça*** vent of a gun

ouvidor *s. m.* hearer, listener, auditor; (certain type of) magistrate
ouvidoria *s. f.* auditorship
ouviela *s. f.* ditch, gutter, drain
ouvinte *s. m. e f.* hearer, listener
ouvir *v. tr.* to hear (to attend by ear); to overhear; to listen, to attend to, to hearken; to regard, to heed, to give heed to; ***faz-nos bem ouvi-lo*** it does one good to hear him; ***estamos a ouvir Londres*** (radio) we are listening in to London, we are tuned in to London; ***oiça-me até ao fim, se faz favor!*** please hear me out!; ***ouça o que lhe digo!*** mark my words!; ***saber uma coisa por ouvir dizer*** to know a thing by hearsay; ***ouvir um sermão*** to hear a sermon; ***ouvir dizer*** to be told, to learn; ***as crianças ouvem tudo*** little pitchers have long ears; ***ouvir (escutar) às portas*** to eavesdrop; ***ouvir alguém com muita atenção*** to hang on a person's lips; ***não ouve uma palavra do que se diz*** he doesn't hear a word that is said; ***ouça lá!*** I say!; ***ouvir os grandes mestres*** to hear the great professors; ***ouve-se muito bem a voz do cantor*** the singer's voice carries very well; ***o tribunal ouviu as testemunhas*** the court heard the witnesses; ***ouvir um grande barulho*** to hear a loud noise; ***ouvir das boas*** to send a person away (off) with a flea in his ear
ova *s. f.* VETERINÁRIA soft tumour in a horse's foot; *pl.* roe, spawn
ovação *s. f.* ovation, enthusiastic applause, shouting, cheer, shout of applause; roe, the spawn of fishes; ***ovação estrondosa*** thunders of applause
ovacionar *v. tr.* to acclaim, to applaud (with enthusiasm), to cheer; to bring down the house (with applause)
ovado *adj.* ARQUITECTURA ovate, oval
oval *adj.* GEOMETRIA oval, egg-shaped
ovalar *v. tr.* to make oval
ovalização *s. f.* ovalness, ovalty
ovalizar *v. tr.* ⇒ **ovalar**
óvalo *s. m.* ARQUITECTURA convex moulding
ovante *adj.* triumphant, exultant, jubilant, rejoicing
ovar *v. intr.* to lay eggs (birds); to spawn (fishes)
ovariano *adj.* ⇒ **ovárico**
ovárico *adj.* ANATOMIA, ZOOLOGIA ovarian
ovariectomia *s. f.* CIRURGIA ovariotomy
ovário *s. m.* ovary
ovariotomia *s. f.* CIRURGIA ovariotomy
ovarite *s. f.* ovaritis
oveira *s. f.* woman egg-seller
oveiro *s. m.* egg-cup; egg-seller
ovelha *s. f.* ewe, (female) sheep; ***ovelha ranhosa*** black sheep; ***ovelha desgarrada*** stray sheep; ***pasto para ovelhas*** sheep-walk
ovelhada *s. f.* flock of sheep
ovelheiro *s. m.* shepherd
ovelhinha *s. f.* lamb
ovelhum *adj.* ovine, belonging to sheep; ***gado ovelhum*** sheep
ovelhuno *adj.* ovine, belonging to sheep
ovém *s. m.* NÁUTICA shroud
ovença *s. f.* convent workshop; work, task
ovençadura *s. f.* NÁUTICA shrouds
óveo *adj.* oval, egg-shaped; having eggs
oviário *s. m.* sheep-fold, sheep-pen; flock of sheep
ovículo *s. m.* small egg-shaped ornament
Ovídeos *s. m. pl.* *Ovinae*
ovidiano *adj.* Ovidian
oviduto *s. m.* ZOOLOGIA oviduct; Fallopian tube
ovificação *s. f.* ovification, formation of egg; ovogenesis
oviforme *adj.* oviform, egg-shaped
ovil *s. m.* sheep-fold, sheep-pen
ovino *adj.* ovine, sheeplike
oviparidade *s. f.* oviparity
ovíparo *adj.* ZOOLOGIA oviparous
oviscapto *s. m.* a more or less elongated organ existing in certain female insects and which is a kind of duct for egg-laying
ovissaco *s. m.* ANATOMIA ovisac
ovívoro *adj.* ovivorous (feeding on eggs)
ovni *s. m.* UFO; flying saucer
ovnilogia *s. f.* ufology
ovo *s. m.* egg; ***clara do ovo*** white of egg; ***gema do ovo*** yolk of egg; ***casca do ovo*** egg-shell; ARQUITECTURA ***ornamento em forma de ovo*** egg and anchor, egg and dart; ***ovos estrelados*** fried eggs; ***ovos mexidos*** scrambled eggs; ***ovos escalfados*** poached eggs; ***ovos quentes*** soft-boiled eggs; ***ovos cozidos*** hard-boiled eggs; ***ovos frescos*** new-laid eggs; ***ovo podre*** rotten egg, bad egg; ***ovo choco*** hatching-egg; ***pôr ovos*** to lay eggs; ***bater ovos*** to whip eggs, to beat eggs; ***ovos moles*** sweet yellow paste; ***negociante de ovos*** egg-dealer
ovoblasto *s. m.* ovoblast
ovócito *s. m.* ovocyte
ovofagia *s. f.* ovophagy
ovogénese *s. f.* ovogenesis
ovogenia *s. f.* ovogenesis
ovogénico *adj.* ovogenetic, ovogenous
ovóide *adj.* ovoid; egg-shaped
ovologia *s. f.* ORNITOLOGIA ovology
ovológico *adj.* ZOOLOGIA ovological
ovoscopia *s. f.* examination of ova
ovoscópio *s. m.* ovoscope
ovovíparo *adj.* ZOOLOGIA viviparous
ovovivíparo *adj.* ZOOLOGIA viviparous
ovulação *s. f.* ovulation
ovular *adj.* ovular
ovulífero *adj.* ovuliferous
ovuliforme *adj.* ovuliform
ovulígero *adj.* ovuligerous
óvulo *s. m.* ovule; small egg; ANATOMIA, ZOOLOGIA ovum, egg-cell
ovulogénese *s. f.* ovulogenesis
oxácido *s. m.* oxyacid
oxalá! *interj.* would to God!, God grant!; ***oxalá que assim seja!*** may it be so!; ***oxalá ela venha depressa!*** I do hope she comes soon
oxalato *s. m.* QUÍMICA oxalate
oxálico *adj.* QUÍMICA oxalic
Oxalidáceas *s. f. pl.* BOTÂNICA *Oxalidaceae*
oxálide *s. f.* BOTÂNICA oxalis; wood sorrel
oxalífero *adj.* oxaliferous
oxfordiano *adj.* Oxonian
oxiacetilénico *adj.* oxyacetylenic
oxicedro *s. m.* BOTÂNICA prinkly juniper
oxicrato *s. m.* mixture of vinegar and water
oxidabilidade *s. f.* oxidability
oxidação *s. f.* oxidation, oxidization
oxidante *adj.* oxidizing
oxidar Ⓐ *v. tr.* to oxidize; to oxidate Ⓑ *v. refl.* to become rusty
oxídase *s. f.* oxidase
oxidável *adj.* oxidizable
oxidimetria *s. f.* QUÍMICA oxidimetry
óxido *s. m.* QUÍMICA oxide; ***óxido de ferro*** iron oxide; ***óxido de zinco*** zinc oxide
oxídrico *adj.* QUÍMICA oxyhydric
oxidrilo *s. m.* QUÍMICA hydroxyl
oxidulado *adj.* QUÍMICA slightly oxidized, oxidulated
oxidular *v. tr.* to oxidize partially, to oxidulate
oxídulo *s. m.* oxide containing a smaller proportion of oxygen

oxiemoglobina *s. f.* oxyhaemoglobin
oxífilo *adj.* oxyphile
oxígala *s. f.* sour olive
oxigenabilidade *s. f.* oxygenability
oxigenação *s. f.* oxygenation; ***oxigenação do cabelo*** peroxidizing of the hair, bleaching of the hair
oxigenado *adj.* oxygenated
oxigenante *adj.* oxygenating
oxigenar *v. tr.* to oxygenate, to oxygenize, to oxidize; ***oxigenar o cabelo*** to bleach (to peroxidize) the hair
oxigenável *adj.* oxygenizable, capable of being oxygenized
oxigénio *s. m.* QUÍMICA oxygen
oxígono *adj.* GEOMETRIA oxigonal
oximel *s. m.* oxymel
oximetria *s. f.* MEDICINA ⇒ **acidimetria**
oximoro *s. m.* oxymoron
oxitonizar *v. tr.* to render oxytone
oxítono *s. m., adj.* GRAMÁTICA oxytone
oxiuríase *s. f.* ⇒ **oxiurose**
Oxiúridas *s. m. pl. Oxyuridae*
Oxiurídeos *s. m. pl. Oxyuridae*
oxiúro *s. m.* MEDICINA pinworm
oxiurose *s. f.* sickness caused by pinworms
oxoácido *s. m.* oxo acid, oxyacid
ozena *s. f.* MEDICINA ozena, ozaena
ozénico *adj.* ozenous
ozocerite *s. f.* ozokerite, ozocerite, mineral wax
ozonificar *v. tr.* ⇒ **ozonizar**
ozonização *s. f.* ozonization
ozonizador *s. m.* ozonizer
ozonizar *v. tr.* to ozonize, to convert (oxygen) into ozone
ozono *s. m.* ozone
ozonometria *s. f.* ozonometry
ozonométrico *adj.* ozonometric(al)
ozonómetro *s. m.* ozonometer
ozostomia *s. f.* halitosis, foul breath; bad breath
ozoterite *s. f.* MINERALOGIA ozocerit(e)

P

p, P *s. m.* the sixteenth letter of the alphabet
pá *s. f.* shovel, spade, scoop; dust-pan; ***pá de remo*** blade of an oar; ***pá de hélice*** blade of a screw, propeller-blade; ***pá de carvão*** coal shovel, trimming shovel; ***pá do lixo*** dust-pan; ***pá de forno*** oven-peel, baker's shovel
pã *s. m.* BOTÂNICA betel, the betel net or nut of the areca palm
pabulagem *s. f.* vainglory, pride; boasting, swaggering; pedantism, pedanticism
pabular *v. intr.* to boast, to brag, to swagger
pábulo *s. m.* pabulum, food, nourishment, sustenance
paca *s. f.* ZOOLOGIA paca
pacaça *s. f.* ZOOLOGIA kind of ox or buffalo of Angola; BOTÂNICA tree of Mozambique
pacacidade *s. f.* tranquillity, peace of mind
pacari *s. m.* [Bras.] tree of the family *Lythraceae*
pacatamente *adv.* peacefully, tranquilly
pacatez *s. f.* quietness, quiet, stillness, serenity, peacefulness, calmness, placidness
pacato *adj.* peaceable, calm, serene, placid, peaceful, tranquil, mild, quiet
pacatório *adj.* very quiet, very tame
pacau *s. m.* a kind of card game
paceiro Ⓐ *s. m.* courtier Ⓑ *adj.* courteous, courtly, gracious, affable
pachachim *s. m.* ORNITOLOGIA siskin
pacharro *s. m.* ICTIOLOGIA sea bream
pachavelão *s. m.* floury fabric (East Indian coast)
pachel *s. m.* ⇒ **pacharro**
pacho *s. m.* pledget, hot (cold) compress, fomentation
pachola *s. m. e f.* idler, sluggard, lounger, doodle, slowback, inefficient person
pacholice *s. f.* foolishness; idleness
pachorra *s. f.* slowness, phlegm, calmness, sluggishness; patience; ***não tenho pachorra para escrever agora*** I have no patience to write now, I do not feel like writing now
pachorrentamente *adv.* slowly, calmly, patiently
pachorrento *adj.* slow, calm, phlegmatic, patient, easygoing
pachouchada *s. f.* nonsense, absurdity; gross blunder; obscene expression
paciência *s. f.* patience, calmness, endurance, fortitude, resignation; perseverance, pertinacity, constancy, diligence, assiduity; ***abusar da paciência de alguém*** to push a person to the limit of his patience; ***abusar da paciência de um santo*** to try the patience of a saint, to wear out a person's patience; ***perder a paciência*** to lose patience with; ***estar sem paciência*** to be out of patience; ***fazer perder a paciência*** to cause to lose patience; ***não ter paciência para*** to have no patience with; ***paciência de Job*** the patience of Job; ***sofrer com paciência*** to be patient under adversity; ***paciência!*** it can't be helped!; ***jogo de paciência*** jig-saw puzzle
paciente Ⓐ *adj.* patient, enduring, suffering, indulgent, lenient, uncomplaining; calm, quiet, contented Ⓑ *s. m. e f.* patient, sick person, sufferer, invalid; ***ser paciente e tolerante*** to bear and forbear; ***paciente como Job*** as patient as Job
pacientemente *adv.* patiently; with patience
pacientíssimo *adj.* very patient
pacificação *s. f.* pacification, pacifying, appeasement, accommodation, tranquillization, peace-making, peace, quietness
pacificador *s. m.* pacifier, peacemaker
pacificar *v. tr.* to pacify, to make peaceful, to quieten, to calm, to still, to quiet, to assuage, to restore serenity to, to appease, to conciliate, to tranquillize
pacificidade *s. f.* pacifism
pacífico *adj.* pacific, mild, tranquil, peaceful, gentle, calm, smooth, quiet; ***oceano Pacífico*** the Pacific, the Pacific Ocean, the South Sea
pacifismo *s. m.* pacifism
pacifista *s. m. e f.* pacifist, adherent to pacifism
paço *s. m.* palace, royal residence; [fig.] court, the courtiers; ***paço episcopal*** bishop's palace; ***paços do concelho*** town-hall
pacoba *s. f.* [Bras.] a kind of banana
pacobeira *s. f.* [Bras.] banana tree producing *pacobas* (big bananas)
pacote *s. m.* package, packet, pack, parcel; ***pacote pequeno*** small parcel; ***pacote pesado*** heavy parcel; ***pacote volumoso*** bulky parcel
pacotilha *s. f.* passengers' luggage
pacotilho *s. m.* small packet
pacotinho *s. m.* small package, packet
pacova *s. f.* ⇒ **pacoba**
pacoveira *s. f.* ⇒ **pacobeira**
pacovice *s. f.* silliness, foolishness, stupidity, shallowness, dul(l)ness, nonsense
pacóvio Ⓐ *adj.* silly, foolish, witless, simple, weakminded, shallow Ⓑ *s. m.* simpleton, silly person, fool, ninny, greenhorn
pactar *v. intr.* ⇒ **pactuar**
pactear *v. intr.* ⇒ **pactuar**
pacto *s. m.* pact, paction, compact, agreement, bargain, understanding; ***ter pacto com o Diabo*** to have the devil's own luck
pactuado *adj.* agreed, contracted
pactuante *adj.* pact-making, contracting, agreeing
pactuar *v. tr.* to make an agreement (a pact), to contract, to agree (with), to covenant, to grant (to promise) by covenant; to compromise, to settle dispute by mutual consent
pactuário *s. m.* pact maker, covenanter
pada *s. f.* small bread; small quantity
padaria *s. f.* bakery, baker's shop
padecedor Ⓐ *s. m.* sufferer Ⓑ *adj.* suffering
padecente Ⓐ *adj.* suffering Ⓑ *s. m. e f.* sufferer; patient; one who is under sentence of death
padecer Ⓐ *v. tr.* to suffer, to endure, to experience mental (physical) pain, to undergo; to tolerate, to put up with, to permit Ⓑ *v. intr.* to suffer; ***padecer de*** to be troubled with, to suffer from
padecimento *s. m.* suffering, sufferance, misery, endurance, pain, disease, ailment, sickness, illness, complaint
padeira *s. f.* bakeress, the baker's wife; variety of grape
padeiro *s. m.* baker
padejado *adj.* shovelled; winnowed
padejador Ⓐ *s. m.* shoveller Ⓑ *adj.* shovelling; winnowing

padejar Ⓐ *v. tr.* to shovel, to winnow Ⓑ *v. intr.* to make bread (for sale)
padejo *s. m.* shovelling; winnowing; panification, bread-baking, baking
pades *s. m.* ⇒ **pavês**
padieira *s. f.* lintel (of a door or window)
padiola *s. m.* handbarrow; stretcher
padioleiro *s. m.* stretcher-man
padixá *s. m.* Padishah, Padshah (Turkish sultan or Persian Shah)
pado *s. m.* BOTÂNICA birdcherry
padralhada *s. f.* [depr.] priests collectively or as a class
padrão *s. m.* stone monument; pattern, sample, model; standard, gauge, measure; fixed rule, test; ***padrão xadrez*** check (chequered) cloth; ***padrão de trabalho*** working standard
padraria *s. f.* ⇒ **padralhada**
padrar-se *v. refl.* to become a priest
padrasto *s. m.* stepfather
padre *s. m.* priest; father
padreação *s. f.* fecundation by the male (animal)
padreador Ⓐ *adj.* fecundating male (animal) Ⓑ *s. m.* father (animal)
padrear *v. intr.* to fecundate (by the male)
padreca *s. m.* ⇒ **padreco**
padreco *s. m.* [depr.] priest
padre-cura *s. m.* parish priest; a popular game
padre-mestre *s. m.* priest-teacher
padre-nosso *s. m.* Lord's Prayer
padre-santo *s. m.* the Pope, the Holy Father
padresco *adj.* [depr.] of or pertaining to priests
padrinho *s. m.* godfather (at a baptism); best man (at a wedding); second (at a duel); [fig.] protector, patronizer, sponsor; ***servir de padrinho*** to stand godfather (to a child); ***ter bons padrinhos*** to be born under a lucky star
padroado *s. m.* patronage; advowson
padroeiro *s. m.* patron, patron saint; ***santo padroeiro*** patron saint
padronização *s. f.* standardization
padronizar *v. tr.* to standardize
paduano *s. m., adj.* Paduan (native from Padua)
pães-de-açúcar *s. m. pl.* [Bras.] rocky needles
paga *s. f.* pay, salary, wages, remuneration, payment; [fig.] reward, recompense; ***em paga de*** in the pay of (often with derogatory meaning)
pagador *s. m.* payer, pay-clerk, cashier; paymaster
pagadoria *s. f.* paying-office; treasury
pagamento *s. m.* payment, pay, remuneration; settlement, settling; [fig.] recompense, reward; ***folha de pagamento*** pay-sheet, pay-bill, payroll; ***mediante pagamento*** on payment; ***dia de pagamento*** pay-day; ***pronto pagamento*** cash, cash down, cash payment; ***pagamento contra documento (à cobrança)*** cash on delivery (C. O. D.); COMÉRCIO ***pagamento contra entrega*** cash on delivery (C. O. D); ***pagamento a trinta dias da data*** payment thirty days from date; ***pagamento em (a) prestações*** payment by instalments; ***pagamento anual*** annual payment; ***pagamento de uma letra*** payment (discharge) of a bill; ***falta de pagamento*** non-payment; ***pagamento por conta*** payment on account (in part); ***pagamento à vista*** payment at sight; ***suspender pagamentos*** to stop payment; ***apresentar a pagamento*** to present for payment; ***exigir o pagamento*** to demand payment; ***pagamento adiantado*** prepayment, advance payment; ***pagamento em géneros*** truck, barter; ***dias de pagamento trimestral*** quarter days; ***pagamento em moeda ou metal sonante*** cash payment; ***cessação de pagamentos*** suspension of payments
paganismo *s. m.* paganism, idolatry, heathenism, heathenishness
paganização *s. f.* paganization; return to paganism
paganizador *adj.* paganizing
paganizante *adj.* paganizing
paganizar *v. tr.* to paganize, to heathenize; to return to paganism
pagante Ⓐ *adj.* paying Ⓑ *s. m. e f.* payer; taxpayer
pagão Ⓐ *adj.* heathenish, heathen, pagan; idolatrous Ⓑ *s. m.* heathen, gentile, pagan; idolater
pagar Ⓐ *v. tr.* to pay; to liquidate, to settle, to discharge, to defray; to make payment, to satisfy, to indemnify, to reward, to recompense, to remunerate; to repay, to retaliate Ⓑ *v. refl.* to pay oneself, to take revenge, to revenge oneself (on, upon); ***pagar aos criados*** to pay one's servants; ***pagar as dívidas*** to pay one's debts; ***pagar a diferença*** to pay the difference; ***pagar caro de mais*** to pay too dear; ***pagar integralmente*** to pay in full; [coloq.] ***pagar pontualmente*** to pay punctually, to pay on the nail; ***pagar uma visita*** to pay a call, to return a visit; ***pagar caríssimo*** to pay through the nose; ***pagar na mesma moeda*** to give like for like, to give tit for tat, to pay a man back in his own coin; ***pagar uma letra*** to meet a bill, to pay a bill, to take up a bill; ***pagar a prestações*** to pay by instalments; ***pagar uma dívida*** to honour a debt; ***pagar de contado*** to pay in cash; ***pagar adiantadamente*** to prepay, to pay beforehand; ***pagar a conta*** to foot the bill; ***pagar a meias*** to go fifty-fifty with, to halve expenses, to go Dutch, to share expenses; ***pagar as horas extraordinárias*** to pay overtime; ***pagar o tributo da mocidade*** to sow one's wild oars; ***pagar o mal com o bem*** to return good for evil, to heap coals of fire on a person's head; ***pagar com dinheiro emprestado*** to rob Peter to pay Paul; [fig.] ***pagar para ver*** to call somebody's bluff, to demand proof; ***pagar com ingratidão*** to repay with ingratitude; ***pagar um jantar a um amigo*** to stand one's friend a dinner; ***pagar as despesas de uma pândega*** to stand treat; ***hás-de pagá-las!*** you shall pay (smart) for this!; ***pagar o que compra*** to pay for purchases
pagável *adj.* payable; due, to be paid; ***pagável ao portador*** payable to the bearer; ***pagável à vista*** payable on demand (at sight); ***pagável ao beneficiário*** payable to the payee (legatee); ***pagável em prestações mensais*** payable by monthly instalments
pagela *s. f.* instalment; small page; ***pagar as pagelas*** to pay by instalments
página *s. f.* page; ***página em branco*** blank page; ***o alto da página*** head (top) of the page; ***em que página vais?*** what page are you at?; ***arrancar uma página*** to tear out a page; ***primeira página (de um jornal)*** front page (of a newspaper); ***página de anúncios*** advertisement page; ***virar a página*** to change the subject; ***a páginas tantas*** at a given moment, at a certain point
paginação *s. f.* make-up, pagination, paging, arrangement of pages
paginado *adj.* paged
paginador *s. m.* pager; maker-up
paginar *v. tr.* to make-up; to page, to paginate; ***paginar um livro*** to page a book
pago Ⓐ *adj.* paid, rewarded; pleased, satisfied Ⓑ *s. m.* reward, pay, return; ***trabalho mal pago*** poorly paid work; ***dar mau pago*** to repay with ingratitude
pagode *s. m.* pagoda (eastern temple); [fam.] feasting, junketing, merrymaking, jollification, spree, frolic, jolly time
pagodear *v. tr.* to go on the spree, to make merry
pagodeira *s. f.* feasting, merrymaking, spree, jollification, carousal, revel, revelry, frolic
pagodeiro *s. m.* ⇒ **pagodista**
pagodice *s. f.* ⇒ **pagodeira**
pagodista *s. m. e f.* reveller, merrymaker, gay dog
pagouro *s. m.* ZOOLOGIA hermit-crab
pai *s. m.* father; *pl.* parents; ***pai de família*** head of a family; ***tal pai, tal filho*** like father, like son; ***filho parecido com o pai*** a chip of the old block; ***é como o pai*** he is his father's son; ***pai adoptivo*** foster-father; ***pai espiritual*** spiritual father; ***Pai Natal*** Santa Claus

pai-d'égua *s. m.* stallion
pailona *s. f.* dog-fish
paim *s. m.* Wilson's petrel (bird)
paina *s. f.* floss of silk-cotton
painço *s. m.* BOTÂNICA Indian millet; the edible grain of this plant
paineira *s. f.* silk-cotton tree
painel *s. m.* panel; picture, painting; CARPINTARIA pane, panel; [fig.] sight, view
painho *s. m.* ⇒ **paim**
pai-nobre *s. m.* father (in a tragedy)
pai-nosso *s. m.* the Lord's Prayer
paio *s. m.* smoked pork sausage; [fig.] simpleton
paiol *s. m.* MILITAR magazine; NÁUTICA locker, room, store-room; ***paiol da amarra*** chain locker; ***paiol das bebidas*** spirit room; ***paiol de géneros, paiol de mantimentos*** provision room, issue room; ***paiol (de oficiais e passageiros)*** steward's room (of officers and passengers); ***paiol da pólvora*** powder-magazine, powder-room; ***paiol de projécteis*** shell-room, shot-locker; ***paiol das tintas*** paint locker
paioleiro *s. m.* store-keeper, storeman; magazine-keeper, gunner's mate
pairar *v. tr.* NÁUTICA to heave to, to lie to; to fly; to hang over; to hover (of birds); to impend, to be imminent; ***paira uma trovoada sobre nós*** a thunderstorm is brewing (gathering) over our heads
pairo *s. m.* hovering, overhanging
pais *s. m. pl.* father and mother; parents; ancestors
país *s. m.* country, nation, fatherland; region, land, territory; ***os países da Europa*** the countries of Europe; ***país natal*** native land; ***o país dos sonhos*** the world of dreams; ***por todo o país*** all over the country; ***no meu país...*** at home; ***Países Baixos*** the Netherlands
paisagem *s. f.* landscape; scene, scenery, view, prospect; ***paisagem de beleza incomparável*** scenery of surpassing beauty; ***a paisagem é imponente*** the scenery is impressive; ***paisagem natural*** natural scenery, landscape; ***paisagem marítima*** seascape
paisagesco *adj.* referring to landscape
paisagismo *s. m.* landscape painting
paisagista *s. m. e f.* landscape painter
paisagística *s. f.* art of painting landscapes, landscape painting
paisagístico *adj.* referring to a landscape
paisana *s. m.* civilian; MILITAR ***à paisana*** in civilian clothes, in plain clothes, in mufti
paisanada *s. f.* [depr.] civilians
paisano Ⓐ *adj.* civilian Ⓑ *s. m.* a civilian, a plain clothes man
paisista *s. m. e f.* ⇒ **paisagista**
paivante *s. m.* [fam.] cigarette, fag
pai-velho *s. m.* crib (translation of classics for lazy students)
paixão *s. f.* passion, strong emotion, deep love, rage, craze, fondness; zeal, ardour, enthusiasm; grief, sorrow, heartbreak; wrath, fury; ***semana da Paixão*** Passion Week, Holy Week; ***ele tem paixão por todos os desportos*** he has a passion for all sports; ***paixão dominante*** ruling passion; ***paixão pelo jogo*** gambling craze; ***ter paixão por cavalos e cães*** to have a rage for horses and dogs
paixoneta *s. f.* [fam.] slight passion, love affair; ***paixoneta da mocidade*** calf love
pajão *s. m.* spade (used in salt-works)
paje *s. m.* ⇒ **pajem**
pajeada *s. f.* pagery
pajear *v. tr.* to spread out with the spade (salt-works)
pajem *s. m.* page; NÁUTICA swabber; ***pajem de lança*** lance-bearer
pala *s. f.* peak (of a cap); eye-shade; bezel (of a jewel); pall, chalice-cover; [fam.] fib, fabrication, lie
palacete *s. m.* small palace, mansion
palacianismo *s. m.* court etiquette, courtliness
palaciano Ⓐ *adj.* palatial, of the palace Ⓑ *s. m.* courtier
palácio *s. m.* palace; stately house; ***Palácio da Justiça*** Courthouse, Law Courts; ***palácio encantado*** enchanted palace
paladar *s. m.* palate (roof of the mouth); taste (sense of state); flavour, savour; ***agradar a todos os paladares*** to suit all tastes; ***ter paladar delicado*** to have a delicate taste; ***gosto deste paladar*** I like this flavour
paladim *s. m.* ⇒ **paladino**
paladínico *adj.* pertaining to a paladin
paladino Ⓐ *s. m.* paladin; knight-errant; champion Ⓑ *adj.* notorious, public
paládio *s. m.* HISTÓRIA palladium; safeguard
palafita *s. f.* ARQUITECTURA palafitte
palafrém *s. m.* palfrey, saddle-horse (especially for a lady)
palafreneiro *s. m.* palfrenier, ostler, hostler, groom, stableman
palagonite *s. f.* palagonite
palamalhar *s. m.* pall-mall (game)
palamalho *s. m.* ⇒ **palamalhar**
palamenta *s. f.* NÁUTICA gear
pálamo *s. m.* web
palanca *s. f.* palisade, palisado, palank, palanke, defence of wooden stakes; lever
palancada *s. f.* heap of wooden stakes
palancar *v. tr.* to palisade, to defend (with stakes)
palanco *s. m.* NÁUTICA one of the halyards; tackle
palanfrório *s. m.* ⇒ **palavreado**
palangana *s. f.* large bowl; plenty of food; a platter for roasts
palanque *s. m.* platform, stand
palanqueiro *s. m.* person who raises platforms
palanquim *s. m.* palankeen, palanquin, covered litter
palão *s. m.* [pop.] whopping lie
palatal *adj.* palatal
palatalização *s. f.* palatalizing
palatalizar *v. tr.* to palatalize
palatina *s. f.* palatine, woman's fur piece
palatinado *s. m.* palatinate; Palatinate
palatino Ⓐ *adj.* palatine; palatal Ⓑ *s. m.* palatine, palatine bones
palatite *s. f.* MEDICINA inflammation of the palatine (membrane)
palatização *s. f.* ⇒ **palatalização**
palatizar *v. tr.* ⇒ **palatalizar**
palato *s. m.* palate, roof of mouth
palavra *s. f.* word; term, expression, name, vocable; speech, utterance; promise, assurance, pledge, parole, word of honour; password, watchword, signal; scripture; Word of God, doctrine, faith; ***faltar à sua palavra*** to break one's word; ***cumprir a sua palavra*** to keep one's word; ***ter só uma palavra*** to be as good as one's word; ***tomar a palavra*** to begin to speak; ***passar palavra*** to pass on word; ***pegar na palavra*** to take one at his word; ***pedir a palavra (na Câmara dos Deputados)*** to catch the Speaker's eye; ***deixar escapar uma palavra*** to drop a word; ***riscar uma palavra*** to cross out a word; ***não dar (não dizer) palavra*** to make no words about, to say nothing, to remain silent, to keep silent; ***as obras valem mais que as palavras*** actions speak louder than words; ***palavras leva-as o vento*** hard words break no bone, fine words butter no parsnips, words are but wind; [coloq.] ***palavra de honra!*** word of honour!, upon my word!, honour bright!; ***faltavam-me as palavras*** words failed me; ***palavras doces e meigas*** soft words, fine words, fair words; ***em poucas palavras*** in short, in a word; ***palavras injuriosas*** high words; ***palavras claras*** blunt words; ***homem de poucas palavras*** a man of few words; ***tirar a palavra da boca a alguém*** to take the word out of someone's mouth; ***palavras adicionais*** extra words; ***nem uma***

P

palavra not a word; ***ter a última palavra*** to have the last word, to say the last word; ***no sentido estrito da palavra*** in the strict meaning of the word; ***uma palavra a tempo*** a word in season; ***em toda a extensão da palavra*** in the full meaning of the word; ***não encontro palavras que possam exprimir a minha gratidão*** I have no words to express my gratitude; ***nem mais uma palavra!*** not another word!; ***palavras prévias*** opening remarks; ***palavras grosseiras*** rude words, rough words; ***palavra composta*** compound word; ***palavra sublinhada*** underlined word; ***palavra subentendida*** a word to be understood; ***palavras amargas*** sharp words, bitter words; ***jogo de palavras*** word-play, pun; ***fiar-se na palavra de alguém*** to rely on someone's word; ***ter palavra de rei*** to have an unchangeable word; ***não voltar com a palavra atrás*** to consider one's word as one's bond; ***a palavras loucas orelhas moucas*** turn a deaf ear to foolish words

palavrada *s. f.* obscenity, rough word, indecent word, rude word, obscene language

palavrão *s. m.* coarse word, obscenity, curse, swear-word; a mouthful (long word of difficult pronunciation); bombastic term; ***dizer palavrões*** to swear, to curse, to base language

palavras-cruzadas *s. f. pl.* crossword puzzle, crossword

palavreado *s. m.* babbling, idle talk, prate, gabble, chatter, twaddle, palaver, prattle, rigmarole, verbiage; [fam.] ***palavreado tem ele*** he knows how to put it across

palavreador *s. m.* prattler, rattle-head, tattler, babbler, chatterer, gabbler, palaverer, chatterbox

palavrear *v. intr.* to chatter, to prattle, to babble, to talk idly, to tattle, to gabble, to palaver

palavreiro Ⓐ *adj.* loquacious, babbling, talkative Ⓑ *s. m.* ⇒ **palavreador**

palavrinha Ⓐ *s. f.* short word, message Ⓑ *interj.* my word!

palavrório *s. m.* ⇒ **palavreado**

palavroso *adj.* verbose, long-winded, prolix, loquacious, talkative

palco *s. m.* TEATRO stage

paleação *s. f.* prattle, gossip, chit-chat, idle talk

paleáceo *adj.* BOTÂNICA paleaceous, strawy

paleantropologia *s. f.* palae(o)anthropology, pale(o)-anthropology

paleantropologista *s. m. e f.* palae(o)anthropologist, pale(o)anthropologist

palear *v. intr.* to talk idly; to chat

paleiforme *adj.* BOTÂNICA strawlike

paleio *s. m.* ⇒ **palavreado**

palémon *s. m.* kind of macruran decapod crustacean

paleobotânica *s. f.* pal(a)eobotany

paleografia *s. f.* pal(a)eography

paleógrafo *s. m.* pal(a)eographer

Paleolítico *adj.* GEOLOGIA Pal(a)eolithic

paleologia *s. f.* pal(a)eology

paleólogo *s. m.* pal(a)eologist

paleomagnetismo *s. m.* pal(a)eomagnetism

paleoneurologia *s. f.* pal(a)eoneurology

paleontografia *s. f.* pal(a)eontography

paleontologia *s. f.* pal(a)eontology

paleontológico *adj.* pal(a)eontological

paleontologista *s. m. e f.* pal(a)eontologist

paleontólogo *s. m.* pal(a)eontologist

paleotemperatura *s. f.* palaeotemperature

paleótipo *s. m.* written document the antiquity of which is determined by its own writing

Paleozóico *adj.* GEOLOGIA Pal(a)eozoic

paleozoologia *s. f.* pal(a)eozoology

palerma Ⓐ *s. m. e f.* simpleton, idiot, fool, ninny, dolt, nincompoop, nit-wit, dunce, noodle, booby Ⓑ *adj.* silly, foolish, stupid, idiotic, daft, shallow, witless, thickskulled

palermice *s. f.* silliness, foolishness, stupidity, folly, shallowness, dul(l)ness, doltishness

palestesia *s. f.* pallesthesia

palestina *s. f.* TIPOGRAFIA two-line (double) small pica

palestiniano *s. m., adj.* Palestinian

palestino *s. m., adj.* Palestinian

palestra *s. f.* talk, chat, conversation, discussion

palestrar *v. intr.* to talk, to chat, to converse, to discuss

palestrear *v. intr.* to talk, to chat, to converse, to discuss

palestreiro *adj.* talkative, garrulous, chatty, long-tongued

paleta *s. f.* palette

paletó *s. m.* single-breasted coat; top-coat, overcoat

palha *s. f.* straw; [fig.] trifle; trash, rubbish; nonsense, balderdash; ***não mexer uma palha*** not to do a stroke of work; ***chapéu de palha*** straw hat; ***chapéu de palha dura*** boater; ***cor de palha*** straw colour; ***de palha*** strawy; ***como palha*** strawy; ***colchão de palha*** straw mattress; ***meda de palha*** rick of straw, straw stack; ***telhado de palha*** straw-thatched roof; ***casa com telhado de palha (colmo)*** thatched house

palhabote *s. m.* two-masted schooner

palhaboteiro *s. m.* one of the crew of a schooner

palhaçada *s. f.* buffoonery, clowning, ragging; clownishness, foolery; comedy; group of clowns (buffoons)

palhaçal *adj.* clownish; boorish

palhaço *s. m.* clown, buffoon, jester

palhada *s. f.* mixture of straw and bran, fodder; mere talk, prattle, chatter, gabble, twaddle

palha-d'aço *s. f.* steel wool

palhal *s. m.* thatched hut, thatched house

palhar *s. m.* thatched hut, thatched house

palharesco *adj.* of (like) straw

palheáceo *adj.* ⇒ **paleáceo**

palheira *s. f.* straw-loft; wisp of straw, small bunch of straw; straw

palheirão *s. m.* large straw loft; diffuse and obscure book

palheireiro *s. m.* straw dealer; maker of cane seats (for chairs)

palheiro Ⓐ *s. m.* haystack, straw loft, barn; rick of straw Ⓑ *adj.* fond of straw; ***procurar agulha em palheiro*** to look for a needle in a bundle of hay (in a haystack)

palheta *s. f.* blade; reed (of an instrument); reed-stop (of an organ); pallet (artist's palette); ***palheta de hélice*** blade of screw

palhetada *s. f.* sound produced by a reed; a stroke with the pallet (meaning something done very quickly)

palhetão *s. m.* that part of the key which goes into the lock; large blade

palhetar *v. intr.* to play (an instrument) with a reed

palhetaria *s. f.* set of reeds (on an organ)

palhete *adj.* straw-coloured; pale (wine)

palhetear *v. intr.* to chat mockingly; to pull someone's leg; [fam.] to rag

palheto *s. m.* ⇒ **palhete**

palhiça *s. f.* chaff, chopped straw

palhiço *s. m.* chaff, chopped straw

palhinha *s. f.* chaff; [pop.] straw hat; ***assentos de palhinha (para cadeiras)*** straw seats (for chairs)

palhoça *s. f.* thatched hut; thatched cottage; straw cloak

palhoceiro *s. m.* straw cloakmaker

palhota *s. f.* ⇒ **palhoça**

palhote *s. m.* ⇒ **palhoça**

palhuço *s. m.* ⇒ **palhiça**

páli *s. m.* Pali, sacred dialect of the Budhists

paliação *s. f.* palliation, dissembling, excuse, extenuation; alleviation

paliar Ⓐ *v. tr.* to palliate; to dissemble, to cloak; to mitigate, to alleviate, to extenuate Ⓑ *v. intr.* to use palliatives

paliativo Ⓐ *s. m.* palliative Ⓑ *adj.* palliative, relieving, alleviating

paliçada *s. f.* palisade, fence, stockade
palicinesia *s. f.* MEDICINA automatic repetition of certain gestures
palidamente *adv.* palely, faintly
palidejar *v. intr.* to look pale
palidez *s. f.* paleness, wanness, pallidness, pallor
pálido *adj.* pale, sallow, colourless, wan, pallid; faint, whitish, ashy; ***pálido como a morte*** as pale as death; ***estar pálido*** to look pale; ***de rosto pálido*** pale-faced; ***pálido de terror*** pale with terror
palifemia *s. f.* first manifestations of stammering
palificar *v. tr.* to pale; to fence
palilho *s. m.* small stick used by dyers
palilogia *s. f.* pal(l)ilogy
palimpséstico *adj.* palimpsest
palimpsesto *s. m.* palimpsest
palíndromo *s. m., adj.* palindrome
palinfrasia *s. f.* palinphrasia
palingénese *s. f.* palingenesis
palingenesia *s. f.* palingenesia, palingenesis, palingenesy
palinódia *s. f.* palinode; recantation
palinódico *adj.* palinodic
palinodista *s. m. e f.* palinodist
palinuro *s. m.* pilot; guide
pálio *s. m.* pallium (*plural* pallia), pall, canopy
palitar *v. tr.* to pick (the teeth)
paliteiro *s. m.* toothpick case; toothpick-maker
palito *s. m.* toothpick
palma *s. f.* palm; palm-leaf; palm-tree; [fig.] victory, success, triumph; *pl.* clapping (of hands); ***palma da mão*** palm of the hand; ***levar a palma*** to bear away (or off) the palm, to carry away (or off) the palm; ***levar a palma a todos*** to carry the world before oneself; ***salva de palmas*** loud applause, burst of clapping; ***dar palmas*** to clap one's hands; ***as palmas da assistência*** the clapping of the audience
Palmáceas *s. f. pl.* BOTÂNICA *Palmaceae* (palmaceous plants)
palma-crísti *s. f.* BOTÂNICA palma Christi, castor-oil plant
palmada *s. f.* smack, slap, stroke (with the palm of the hand); ***dar palmadas nas costas*** to clap (to slap) on the back
palmar Ⓐ *s. m.* grove of palm-trees Ⓑ *adj.* palmar (relating to the palm of the hand); clear, manifest, evident; a span long; [coloq.] ***erro palmar*** howler Ⓒ *v. tr.* to palm, to conceal (in the hand); to grasp, to snatch; [cal.] to pilfer, to purloin
palmatífido *adj.* BOTÂNICA palmatifid
palmatifloro *adj.* BOTÂNICA palm-shaped
palmatifoliado *adj.* BOTÂNICA palmatifoliated
palmatilobado *adj.* BOTÂNICA palmatilobate
palmatipartido *adj.* palmatipartite
palmatoada *s. f.* stroke on the palm of the hand (with a ferule)
palmatoar *v. tr.* to punish with a ferule
palmatória *s. f.* ferule, pandy; flat candlestick; ***dar a mão à palmatória*** to see (to admit) one's mistake, to climb down
palmatoriar *v. tr.* to strike the palm of the hand (with a ferule)
palmeador *s. m.* clapper
palmear Ⓐ *v. tr.* to applaud (by clapping the hands) Ⓑ *v. intr.* to clap one's hands (in applause); [fam.] to walk, to tramp, to leg; NÁUTICA to underrun
palmeira *s. f.* palm-tree
palmeiral *s. m.* palm-wood, palm-grove
palmeireiro *s. m.* palm-grower (India)
palmeiro Ⓐ *s. m.* pilgrim, palmer Ⓑ *adj.* about 8 inches long, a span long
palmejar Ⓐ *v. intr.* ⇒ **palmear** Ⓑ *s. m.* NÁUTICA cargo batten
palmeta *s. f.* spatula; wedge, quoin; slap on the hand
palmético *adj.* palmaceous
palmífero *adj.* palmiferous, bearing palms
palmiforme *adj.* palmiform, palmatiform
palmilha *s. f.* insole, inner sole (of a shoe); foot (of a stocking)
palmilhadeira *s. f.* woman who mends stockings; woman who makes inner soles
palmilhar Ⓐ *v. tr.* to foot stockings, to mend stockings; to put an insole in shoes Ⓑ *v. tr. e intr.* to walk along laboriously, to trudge, to toil along, to walk, to leg
palminérveo *adj.* BOTÂNICA palminervate
palminhas *s. f. pl.* ***trazer nas palminhas*** to take great care of
palmípede Ⓐ *adj.* ZOOLOGIA palmiped, web-footed Ⓑ *s. m.* palmipede, web-footed bird
palmiste *s. m.* kind of palm-tree; palm-fruit; palm-oil
palmital *s. m.* palmetto grove
palmitato *s. m.* QUÍMICA palmitate
palmítico *adj.* QUÍMICA palmitic
palmitina *s. f.* QUÍMICA palmitin
palmito *s. m.* dwarf fan-palm, palmetto; palm-leaf
palmo *s. m.* span; ***palmo a palmo*** inch by inch, step by step; ***não se vê um palmo adiante do nariz*** you can't see an inch beyond your nose, you can hardly see a yard in front of you
palmoira *s. f.* webfoot
palmoura *s. f.* webfoot
palmura *s. f.* webfoot
paloma *s. f.* nautical rope, sailor's twine (yarn); dove
palomar Ⓐ *v. tr.* to stitch sails Ⓑ *s. m.* sailmaker's twine
palomba *s. f.* NÁUTICA bolt-rope; hank, ball of yarn; ***palomba de mialhar*** ball of spun yarn
palombino *s. m.* white marble
palonço Ⓐ *adj.* foolish, silly Ⓑ *s. m.* lout, simpleton, bumpkin
palor *s. m.* ⇒ **palidez**
palorejar *v. tr.* ⇒ **empalidecer**
palpabilidade *s. f.* palpability, palpableness
palpabilizar *v. tr.* to materialize, to make materialistic
palpação *s. f.* palpation, touching; medical examination
palpadela *s. f.* touch, touching, feeling; groping
palpar *v. tr.* to touch, to feel; to grope
palpável *adj.* palpable; [fig.] obvious, evident, manifest
palpavelmente *adv.* palpably
pálpebra *s. f.* ANATOMIA eyelid, palpebra
palpebração *s. f.* abnormal flapping of eyelids
palpebrado *adj.* palpebrate
palpebral *adj.* palpebral
palpebrite *s. f.* MEDICINA palpebritis (inflammation of the palpebra)
palpitação *s. f.* palpitation; throbbing; ***palpitação ao coração*** heart-throbs; NÁUTICA ***palpitação de chapa*** fluttering (of plate)
palpitante *adj.* palpitant, palpitating, thrilling, exciting; ***de interesse palpitante*** of palpitating interest
palpitar Ⓐ *v. intr.* to palpitate, to pulsate, to throb, to flutter Ⓑ *v. tr.* to conjecture, to have a presentiment (an inkling, a feeling, a suspicion), to surmise, to suspect; ***palpita-me que ele chega hoje*** I have a presentiment (an inkling, a feeling) that he will arrive today; NÁUTICA ***palpitar uma chapa*** to flutter (a plate)
palpite *s. m.* palpitation, throb, throbbing; suggestion, hint, tip; presentiment, foreboding, inkling
palpo *s. m.* ZOOLOGIA palp, palpus; ENTOMOLOGIA feeler; [coloq.] ***ver-se em palpos de aranha*** to be up a tree, to be in a fix, to be at a loss
palra *s. f.* [pop.] chattering, chatter, babbling, prattle, prate, tattle, gabble, twaddle
palração *s. f.* talk, chatter, babble
palradeiro Ⓐ *adj.* chattering, garrulous Ⓑ *s. m.* chatterer, chatterbox, babbler, prattler, tattler, gabbler, rattle-head
palrador Ⓐ *adj.* chattering, garrulous Ⓑ *s. m.* chatterer, chatterbox, babbler, prattler, tattler, gabbler, rattle-head

palrão Ⓐ *adj.* chattering, garrulous Ⓑ *s. m.* chatterer, chatterbox, babbler, prattler, tattler, gabbler, rattle-head
palrar *v. tr.* to chatter, to prattle, to babble, to prate, to tattle, to gabble, to jabber, to gossip, to be loquacious (or garrulous); ***palrar sem cessar*** to rattle away, to chatter away, to prate away
palraria *s. f.* ⇒ **palra**
palratório *s. m.* chatter, talk, prattle, gossip, prate, tattle
palreiro *adj.* ⇒ **palrador**
palrice *s. f.* ⇒ **tagarelice**
palude *s. m.* moor, marsh, fen, bog, swamp
paludial *adj.* paludal, marshy, fenny; malarial (of fever), paludinal, paludine, paludinous
palúdico *adj.* paludal, marshy, fenny; malarial (of fever), paludinal, paludine, paludinous
paludismo *s. m.* marsh-fever, paludism, malaria
paludoso *adj.* marshy, fenny, swampy, paludinous, malarial, paludinal
palurdice *s. f.* silliness, foolishness, stupidity, nonsense
palúrdio *adj.* stupid, silly, foolish, simple, doltish
palustre *adj.* fenny, marshy, swampy, boggy, malarial, paludal; ***febre palustre*** malarial fever
pamonha *s. f.* ⌈Bras.⌋ clumsy, lazy person
pampa *s. f.* pampa
pâmpano *s. m.* vine-shoot; pompano (fish)
pampanoso *adj.* covered with vineleaves (or shoots)
pampeiro *s. m.* pampero, cold wind sweeping over the pampas of the Argentine
pampilho *s. m.* prod; goad; BOTÂNICA ***pampilho das searas*** corn marigold
pampíneo *adj.* of vine-leaves (or shoots); ⇒ **pampanoso**
pampinoso *adj.* ⇒ **pampanoso**
pamplina *s. f.* cheat, trick, fraud, swindle
pampo *s. m.* pompano (fish)
pampsiquismo *s. m.* philosophical doctrine which concedes to matter a psychic nature equal to that of human psyche
panaca Ⓐ *s. m. e f.* ⌈coloq., Bras.⌋ fool, dimwit, dope Ⓑ *adj.* ⌈coloq., Bras.⌋ foolish, dopey, stupid
panaça *s. m.* straw mat; husband who fears his wife
panaceia *s. f.* panacea (universal remedy, a cure-all); BOTÂNICA allheal
panado *adj.* breaded
panal *s. m.* sail (of a mill); swaddling-clothes
panamá *s. m.* Panama hat
panamense *s. m. e f., adj.* Panamian, from Panama
pan-americanismo *s. m.* pan-Americanism
pan-americanista *s. m. e f.* pan-Americanist
pan-americano *adj.* pan-American
panamista *s. m. e f., adj.* ⇒ **panamense**
panão *s. m.* large piece of cloth; ⇒ **palerma**
panar *v. tr.* to bread, to cover with bread crumbs
panarício *s. m.* MEDICINA whitlow, paronychia
panariz *s. m.* MEDICINA whitlow, paronychia
panascal *s. m.* field of parsnips
panasco *s. m.* BOTÂNICA parsnip
panasqueira *s. f.* ⇒ **panascal**
panasqueiro *s. m.* ⇒ **panascal**; coarse and rough person
Panateneias *s. f. pl.* panatheneae, panathenaia
panázio *s. m.* kick, slap
panca *s. f.* wooden lever
pança *s. f.* ZOOLOGIA rumen (first stomach of ruminants); ⌈pop.⌋ paunch, belly; ***encher a pança*** to stuff one's belly
pancada *s. f.* blow, stroke, knock, thump, beat; NÁUTICA jerk, shock; ⌈pop.⌋ mania; ***pancada de água*** sudden shower, fall of rain; ***pancada forte na cabeça*** a numbing knock on the head; ***às três pancadas*** slovenly; ⌈coloq.⌋ ***ter pancada na mola*** to be crackbrained, to be nuts, to have a tile loose, to be crazy; ***uma pancada no motor (automóvel)*** a knock in the engine (motor car); ***dar pancada em*** to strike a person a blow; ***pancada do coração*** heartbeat; ***espera-lhe pela pancada!*** you will see what is the end of it!; ***pancada de êmbolo*** stroke of the piston; ***pancada de máquina*** knock of engine; ***uma forte pancada*** a nasty knock; ***a pancada do martelo na bigorna*** the clanging of the hammer on the anvil
pançada *s. f.* ⌈pop.⌋ bellyful; heavy blow on the belly
pancadão Ⓐ *s. m.* ⌈cal., Bras.⌋ attractive woman Ⓑ *adj.* strong, well-shaped; sexy
pancadaria *s. f.* pounding; thrashing, flogging, beating, hiding; MÚSICA drums; ***pancadaria grossa*** hard pounding
pancalismo *s. m.* FILOSOFIA doctrine according to which beauty is the fundamental value
pancão *s. m.* maniac, madman, lunatic; mania, madness, lunacy
panclastite *s. f.* panclastite
pancrácio *s. m.* ⌈pop.⌋ idiot, simpleton, fool, dunce, booby, blockhead
pâncreas *s. m.* ANATOMIA pancreas
pancreatalgia *s. f.* MEDICINA pain in the pancreas
pancreatectomia *s. f.* MEDICINA pancreatectomy
pancreático *adj.* MEDICINA pancreatic; ***suco pancreático*** pancreatic juice
pancreatina *s. f.* pancreatin
pancreatite *s. f.* MEDICINA pancreatitis (inflammation of the pancreas)
pancromático *adj.* FOTOGRAFIA panchromatic, orthochromatic
pançudo *adj.* pot-bellied, paunchy, big-bellied
panda *s. f.* ZOOLOGIA panda, red bear-cat; cork buoy of a fishing-net
pandarecos *s. m. pl.* chips, scraps, fragments
pandear *v. tr. e intr.* to puff up; to belly; to expand
pandectas *s. f. pl.* DIREITO pandect
pândega *s. f.* merrymaking, high jinks, feasting, spree, sport, fun, jollification, revel; ⌈pop.⌋ ***andar na pândega*** to go on the spree, to paint the town red, to have a lark
pandegar *v. intr.* to live a gay life, to live a fast life; to be out on the spree, to paint the town red
pândego Ⓐ *adj.* funny, amusing, gay, merrymaking, jolly, fond of a spree Ⓑ *s. m.* merrymaker, reveller, jolly fellow
pandegueiro *adj.* gay, merry, jovial, festive, airy, sportive
pandeireiro *s. m.* timbrel player; timbrel maker; timbrel seller
pandeireta *s. f.* tambourine
pandeiro *s. m.* timbrel
pandemia *s. f.* MEDICINA pandemic, disease
pandemónio *s. m.* pandemonium; hell; wild uproar
pandiculação *s. f.* pandiculation
pandilha *s. f.* group of knaves; scamp, scoundrel, knave, rascal
pandilhar *v. intr.* to swindle; to loaf
pandilheiro *s. m.* ⇒ **pandilha**
pândita *s. m.* pundit
pando *adj.* swollen, puffed, full, stretched out, spread
pandora *s. f.* pandore; MITOLOGIA Pandora
pandorca *s. f.* ⌈pop.⌋ charivari, discordant music; stout and awkward woman
pandorga *s. f.* ⇒ **pandorca**
pandurra *s. f.* ⇒ **pandora** (instrument)
pandúrria *s. f.* ⇒ **pandora** (instrument)
pane *s. f.* breakdown, failure (of a motor)
panegiricar *v. tr.* to panegyrize
panegírico Ⓐ *s. m.* panegyric, eulogy, encomium, laudation Ⓑ *adj.* panegyric, panegyrical, laudatory
panegirista *s. m. e f.* panegyrist
paneiro *s. m.* basket, hamper, pannier
panejamento *s. m.* drapery; NÁUTICA flapping, shivering (of sails)

panejar Ⓐ *v. tr.* to drape Ⓑ *v. intr.* NÁUTICA to flap, to shiver (sails)
panela *s. f.* pot, pan; daily food; [pop.] death rattle; ***panela de pressão*** pressure cooker, digester
panelada *s. f.* potful, panful; number of pots, pots and pans
paneleiro *s. m.* manufacturer of pots; seller of pots; potter; [vulg.] homosexual
panelinha *s. f.* small pot (pan), pipkin; gang, coterie, social clique; [fig.] intrigue, plot; ***fazer panelinha de*** to make a mystery of
panelo *s. m.* pipkin
panema *s. m. e f.* unlucky person; unsuccessful hunter
pan-eslavismo *s. m.* pan-slavism
pan-eslavista Ⓐ *s. m. e f.* Pan-Slavist Ⓑ *adj.* Pan-Slavistic
panfletário Ⓐ *s. m.* pamphleteer, writer of pamphlets Ⓑ *adj.* pamphletlike
panfleteiro *s. m.* pamphleteer
panfletista *s. m. e f.* pamphleteer
panfleto *s. m.* pamphlet
pangaia *s. f.* [África] kind of oar
pangaiada *s. f.* number of dhows (dows)
pangaiar *v. tr.* to steer a dhow; to row
pangaio *s. m.* d(h)ow (an Arabian coasting-vessel); loafer, idler, lounger, vagabond
pangermanismo *s. m.* Pan-Germanism
pangermanista *s. m. e f.* Pan-Germanist
pango *s. m.* BOTÂNICA cannabis, hemp
pan-helénico *adj.* Pan-Hellenic
pan-helenismo *s. m.* pan-hellenism
panico *s. m.* BOTÂNICA panicled grass
pânico *s. m.* panic, terror; alarm, fright; ***o pânico numa enorme multidão pode originar grande desastre*** a panic in a large crowd may lead to terrible disaster; ***tomado de pânico*** panicstruck, panic-stricken
panícula *s. f.* BOTÂNICA panicle
paniculado *adj.* panicled, paniculate
panicular *adj.* panicled, paniculate
panículo *s. m.* ANATOMIA panniculus
panífero *adj.* [poét.] producing cereals
panificação *s. f.* panification, bread-making
panificador *s. m.* baker, breadmaker
panificar *v. tr.* to make into bread; to bake
panificável *adj.* that can be made into bread
paninho *s. m.* calico
pan-islamismo *s. m.* Pan-Islamism
panlogismo *s. m.* FILOSOFIA philosophical doctrine according to which all which is real is intelligible, having, therefore, nothing irrational
panmixia *s. f.* BIOLOGIA panmixia (mixture of all races)
pano Ⓐ *s. m.* cloth, stuff, material, fabric; TEATRO curtain; NÁUTICA canvas, sail; ***pano (manchas na pele)*** mole Ⓑ dark-coloured spot (blemish) on the skin; ***pano de teatro*** curtain; ***pano de ferro (de teatro)*** safety curtain; ***pano cru*** raw cloth; unbleached cotton; ***pano de cozinha*** kitchen-cloth; ***pano higiénico*** sanitary towel; ***pano de linho grosso*** dowlas; ***pano de linho*** linen cloth; ***pano com pintura do mar (teatro)*** sea-cloth; ***descer o pano (no teatro)*** to drop the curtain; ***levantar o pano (teatro)*** to raise the curtain; ***pano de amostra (exemplo, amostra)*** the thin end of the wedge; ***pano de lã*** woollen cloth; ***panos quentes*** half-measures; ***pano para mangas*** more than enough; plenty to spare; ***talhar a roupa conforme o pano*** to cut one's coat according to one's cloth; ***lençol de dois panos*** double sheet; ***pano tecido de linho e lã*** linsey-woolsey; ***negócio de panos*** drapery business; ***panos de arrás*** arras; hangings of rich tapestry; ***pano ordinário*** common cloth; ***pano de mescla*** mixed cloth; ***pano de fechadura*** plate of a lock; NÁUTICA ***pano de velas*** canvas sails; ***pano para aguentar o balanço*** steadying sail; ***pano reduzido*** easy sail; ***sem pano*** sailless; ***pano de proa*** head sails; ***seguir com pouco pano*** to keep under easy sail; ***reduzir o pano*** to take in sail; ***largar o pano*** to make sail; ***largar mais pano*** to make more sail; ***a todo o pano*** under full sail; at full speed
pano-cru *s. m.* raw cloth, unbleached cotton
panóplia *s. f.* panoply, complete armour, suit (of armour); full array, outfit
panorama *s. m.* panorama, scene, scenery, complete view, bird's eye view, landscape; ***do alto da serra avista-se um panorama soberbo*** from the top of the mountain one can view a marvellous panorama
panorâmico *adj.* panoramic
panoramista *s. m. e f.* landscape painter
panqueca *s. f.* pancake; [fig.] idleness, laziness
pânria Ⓐ *s. f.* idleness, loafing Ⓑ *s. m. e f.* idler, loafer
panriar *v. intr.* to idle (about), to be idle
pansofia *s. f.* pansophy
pantafaçudo *adj.* chubby-cheeked, round-faced, grotesque
pantagruélico *adj.* Pantagruelian
pantagruelismo *s. m.* Pantagruelism
pantalão *s. m.* pantaloon, dottard
pantalha *s. f.* lampshade, screen
pantalonas *s. f. pl.* pantaloons; trousers, pants
pantana *s. f.* dissipation, ruin, waste, squandering; ***dar em pantanas*** to go to the dogs, to be ruined; ***dar com tudo em pantanas*** to squander away one's whole fortune
pantanal *s. m.* swamp, large pool, marshy place
pantanizar *v. tr.* to turn into a swamp (marsh, bog)
pântano *s. m.* swamp, marsh, bog, fen, quagmire, slough, morass; mire, wet ground, deep mud
pantanoso *adj.* marshy, boggy, swampy, fenny, sloughy, miry; ***terra pantanosa*** marshy ground
panteão *s. m.* pantheon
pantear Ⓐ *v. intr.* to jeer, to mock, to scoff Ⓑ *v. tr.* to mock at
panteísmo *s. m.* pantheism
panteísta Ⓐ *s. m. e f.* pantheist Ⓑ *adj.* pantheistic(al)
pantelefone *s. m.* pantelephone
pantelégrafo *s. m.* pantelegraph; copying telegraph
panteologia *s. f.* pantheology
panteonímia *s. f.* part of onomatology dealing with panteónimos
panteónimo *s. m.* name of animal, wind or star
pantera *s. f.* ZOOLOGIA panther; [fig.] cruel person
pantofobia *s. f.* pantophobia
pantografia *s. f.* pantography
pantógrafo *s. m.* pantograph
pantómetro *s. m.* pantometer
pantomima *s. f.* pantomime, dumbshow; [fig.] fraud, swindle, farce
pantomimar *v. intr.* to pantomime
pantomimeiro *s. m.* pantomimist
pantomímico *adj.* pantomimic
pantomimo *s. m.* pantomimist
pantomina *s. f.* ⇒ **pantomima**
pantominar *v. tr.* to pantomime; [fig.] to trick, to cheat, to swindle
pantomineiro *s. m.* trickster, swindler, cheat, rogue, shifter, tricker
pantominice *s. f.* cheat, trick, hoax, fraud, shift, fake, doubling, swindle, gammon
pantorrilha *s. f.* calf of the leg; false calf of the leg
pantufa *s. f.* slipper; vulgar gaudily dressed woman
pantufo *s. m.* slipper
panturra *s. f.* paunch; belly; [fig.] pride, vanity, conceit
panzootia *s. f.* pest (among animals)
pão *s. m.* bread; loaf; food, nourishment; ***pão fresco*** new bread; ***um pão chega*** one loaf is enough; ***pão com manteiga*** bread and butter; ***pão com pouca manteiga*** bread and

scrape; ***pão mole*** soft bread, fresh bread; ***pão duro*** stale bread; ***pão caseiro*** home-made bread; ***pão ázimo*** unleavened bread; ***miolo de pão*** crumb; ***pão ralado*** bread-crumbs; ***côdea do pão*** crust of bread; ***pão seco*** dry bread; ***pão comprido*** long-shaped loaf; ***pão leve*** light (or spongy) bread; ***pão fino*** French (or fancy) bread; ***pão de centeio*** rye bread; ***pão de rala*** brown bread; ***pão alvo*** white bread; ***pão de forma*** tin loaf; ***tipo de pão redondo*** cottage loaf; ***pão de milho*** maize bread; ***pão integral*** wholemeal bread, coarse bread; ***o pão de cada dia*** daily bread; ***perder o pão (por abandonar o emprego)*** to quarrel with one's bread and butter; ***a música é para ele o mesmo que o pão para a boca*** music is the breath of his nostrils; ***ganhar o pão com o suor do rosto*** to earn one's bread by the sweat of one's brow; ***comer o pão que o diabo amassou*** to rough it; ***viver a pão e água*** to live on bread and water; ***pão frito*** fried bread; ***o homem não vive sem pão*** bread is the staff of life; ***ganhar o pão de cada dia*** to get one's livelihood, to earn one's livelihood; ***nem só de pão vive o homem*** all work and no play makes Jack a dull boy, man does not live by bread alone; ***casa onde não há pão, todos ralham e ninguém tem razão*** want makes strife between man and wife; ***com pão e vinho já se anda caminho*** bread and wine will carry a man through his journey; ⌈coloq.⌋ ***pão, pão, queijo, queijo!*** to call a spade a spade!, to pull no punches!

pão-de-açúcar *s. m.* sugarloaf; GEOLOGIA conical hill

pão-de-ló *s. m.* sponge-cake

pão-de-passarinho *s. m.* millet

pão-do-chile *s. m.* a kind of manioc

pão-duro Ⓐ *s. m.* ⌈coloq.⌋ ⌈Bras.⌋ miser, niggard, skinflint, Scrooge Ⓑ *adj.* ⌈coloq.⌋ ⌈Bras.⌋ mean, stingy

pão-podre *s. m.* a kind of sweet and spongy bread; chocolate cake

pão-porcino *s. m.* sowbread

pãozeiro *s. m.* breadman

pãozinho *s. m.* roll, French roll

papa[1] *s. m.* Pope, the Bishop of Rome

papa[2] *s. f.* gruel, pap (soft food); ***cobertor de papa*** heavy woollen blanket; ***papa rala*** thin pap, thin paste

papá *s. m.* papa, dad, daddy, father

papa-abelhas *s. m.* ORNITOLOGIA titmouse, tomtit

papa-açorda *s. m. e f.* clock watcher, loiterer dawdler; ⌈coloq.⌋ slacker, sluggard, slowback

papa-capim *s. m.* ORNITOLOGIA collared seedeater

papada *s. f.* double chin; mumps

papado *s. m.* papacy; Pope's tenure of office

papaeira *s. f.* ⌈Bras.⌋ papaw-tree

papa-figos *s. m.* ORNITOLOGIA beccafico, figpecker, garden-wabler; *pl.* NÁUTICA courses (the main sail and the foresail); ***carrega os papa-figos!*** up courses!

papa-fina Ⓐ *adj.* tasty, excellent, savoury Ⓑ *s. m.* odd or ridiculous person

papa-formigas *s. m.* ZOOLOGIA banded ant-eater

papagaia *s. f.* female parrot

papagaial *adj.* referring to parrots

papagaio *s. m.* ORNITOLOGIA parrot; kite; napkin, diaper; NÁUTICA weather cloth; ***lançar um papagaio (de papel)*** to fly a kite; NÁUTICA ***papagaio da cana do leme*** slider of the rudder tiller; ***papagaio de lona*** weather cloth

papagueamento *s. m.* parrotry; repetition

papaguear Ⓐ *s. m.* ⇒ **papagueamento** Ⓑ *v. tr. e intr.* to repeat like a parrot, to parrot; ⇒ **tagarelar**

papagueio *s. m.* ⇒ **papagueamento**

papa-hóstias *s. m. e f.* sanctimonious person

papai *s. m.* ⌈Bras.⌋ papa, daddy

papaia *s. f.* papaya, papaw

papaieira *s. f.* papaya (tree), papaw-tree

papaína *s. f.* BIOQUÍMICA papain

papa-jantares *s. m. e f.* sponger, parasite, hanger-on

papal *adj.* papal

papa-léguas *s. m. e f.* great walker

papalino Ⓐ *adj.* papal Ⓑ *s. m.* papal guard

papalva *s. f.* foolish (silly) woman

papalvice *s. f.* stupidity, foolishness, dul(l)ness, doltishness, shallowness

papalvo *s. m.* simpleton, tomfool, booby, dolt, ninny, idiot

papa-mel *s. m.* tayra

papa-missas *s. m. e f.* ⌈depr.⌋ person who hears many masses

papa-moscas Ⓐ *s. m. e f.* simpleton, ninny, dolt, idiot, tomfool, gaping, booby Ⓑ *s. m.* ZOOLOGIA flycatcher (bird)

papança *s. f.* eatables, food, things to eat; ⌈pop.⌋ grub

papão *s. m.* bugbear, hobgoblin, bugaboo, spectre, bogey

papa-ovo *s. m.* a Brazilian snake which feeds mainly on eggs

papa-pintos *s. m.* kite, glede

papar *v. tr. e intr.* to eat, to gabble (food); ⌈fig.⌋ to extort, to take

papa-ratos *s. m.* ZOOLOGIA wading bird

paparicar *v. tr. e intr.* to pick, to nibble (at food); to caress, to fondle, to coddle; to pamper, to cosset

paparicos *s. m. pl.* caresses, caressing, cajoling, wheedling, petting; dainties, delicacies, titbits, choice morsels of food

paparoca *s. f.* food, meal

paparraz *s. m.* BOTÂNICA kind of larkspur

paparrotada *s. f.* hogwash, food for hogs; bragging, boasting, swagger

paparrotagem *s. f.* hogwash, food for hogs; bragging, boasting, swagger

paparrotão *s. m.* braggart, boaster, blusterer, braggadocio, swagger

paparrotice *s. f.* boasting, vaunting, bragging, blustering, swaggering, bombast, vapouring; flourish of trumpets

papas *s. f. pl.* cereal food; pap for children; ***papas de linhaça*** linseed poultice; ***papas de aveia*** porridge; ***não ter papas na língua*** to have a flippant tongue, to be outspoken, not to be tongue-tied, to speak one's mind

papa-santos *s. m. e f.* ⌈depr.⌋ excessively devout person

papa-tabaco Ⓐ *s. m. e f.* ⌈depr.⌋ inveterate smoker (snuffer) Ⓑ *s. m.* stargazer (fish)

papável *adj.* eatable; in line for the papacy (cardinal)

Papaveráceas *s. f. pl.* BOTÂNICA *Papaveraceae*

papaverina *s. f.* QUÍMICA papaverine

papazana *s. f.* big feed

papazes *s. m. pl.* Greek ecclesiastics

papear *v. intr.* to prate, to talk nineteen to the dozen; to whisper, to speak softly, to speak under the breath; ⇒ **palrar, papaguear**

papeira *s. f.* MEDICINA mumps, parotitis

papeiro Ⓐ *s. m.* gruel-pot Ⓑ *adj.* affected with parotitis

papejar *v. intr.* ⇒ **latejar**

papel *s. m.* paper; document; role, part (acted in a play); paper currency, paper money; function, duty, business; ***desempenhar o seu papel*** to play one's part; ***confiar ao papel*** to commit to paper, to commit to writing; ***fazer o papel de*** to play the part (or role) of; ***não estava no meu papel intervir*** it was not my part to interfere; ***fábrica de papel*** paper-mill; ***uma tira de papel*** a slip of paper; ***papel químico*** carbon paper; ***papel de luto*** blackedged paper; ***papel pautado*** ruled paper; ***papel de cor*** coloured paper; ***papel de rascunho*** scrap paper; ***papel de linho*** linen-paper; ***papel velho*** waste paper; ***papel mata-moscas*** fly-paper; ***papel de palha de arroz*** rice paper; ***papel de seda*** tissue paper; ***papel transparente (para tirar desenhos)*** tracing-paper; ***papel celofane*** cling film; ***papéis inúteis*** waste-paper; ***cesto dos papéis*** waste-paper basket; ***papel de impressão*** printing-paper; ***papel mata-borrão*** blotting-paper; ***papel de desenho*** drawing-paper; ***papel almaço*** foolscap paper; ***papel de carta*** note-paper; ***papel acetinado*** glazed paper; ***folha de papel*** sheet of paper; ***papel de embrulho*** brown paper, wrapping-paper; ***papel de filtro*** filter paper; ***papel de***

forrar paredes wall-paper; *papel pergaminho* vellum, parchment paper; *papel higiénico* toilet-paper; *mão de papel* quire of paper; *papel de escrever* writing-paper; *fabrico de papel* paper-making; *faca para cortar papel* paper-knife; *papel estampado* embossed paper; *papel selado* stamped paper; *papel de mortalha* paper-clip; *papel jaspeado* marbled paper; *papel muito fino* flimsy; NÁUTICA *papéis de agência* clearing papers; *papéis de bordo* ship's papers

papelada *s. f.* heap of papers (or documents), rubbish

papelão *s. m.* pasteboard, cardboard, mill-board

papelaria *s. f.* stationer's (shop)

papeleira *s. f.* bureau, desk

papeleiro *s. m.* paper-maker; stationer

papelejo *s. m.* paper of no importance

papeleta *s. f.* bill, placard, notice; patients' chart

papelinho *s. m.* little slip of paper; *pl.* confetti

papel-moeda *s. m.* paper-money, paper currency

papelosa *s. f.* ⇒ **papelada**

papelote *s. m.* pappilote, curlpaper

papelucho *s. m.* old paper; paper of no importance; slip of paper; scurrilous newspaper

papícola *s. m. e f.* popeling, papist

papiforme *adj.* said of the vegetal organ looking like a panache

papila *s. f.* ANATOMIA, BOTÂNICA papilla

papilar *adj.* papillary

papilho *s. m.* BOTÂNICA pappus

Papilionáceas *s. f. pl.* BOTÂNICA *Papilionaceae*, papilionaceous plants

papilionáceo *adj.* papilionaceous

papiloma *s. m.* MEDICINA papilloma, wart, corn, condyloma

papiráceo *adj.* papyraceous

papireiro *s. m.* papermulberry (Japan)

papíreo *adj.* papyrian

papirífero *adj.* papyraceous

papiriforme *adj.* having the form of paper

papiro *s. m.* papyrus

papironga *s. f.* swindle fraud

papisa *s. f.* popess (said of Pope John VIII, supposed to be a woman)

papismo *s. m.* papism, popery

papista *s. m. e f.* papist

papo *s. m.* crop, pouch, craw (of birds); MEDICINA goitre; puff (in garments); *falar de papo* to put on airs

papoila *s. f.* poppy; *papoila vermelha* red poppy

papo-seco *s. m.* dandy, fop, coxcomb; roll

papoula *s. f.* ⇒ **papoila**

papua *s. m. e f., adj.* Papuan

papudo *adj.* goitrous; swollen, turgid; large cropped; projecting

papujar *v. intr.* to bubble

pápula *s. f.* papula, papule, pimple

papuliforme *adj.* like a pimple

papuloso *adj.* papulous, papulose, papillose

papuses *s. m. pl.* slippers (worn by Orientals)

paquebote *s. m.* liner, passenger ship

paqueboteiro *s. m.* member of the crew of a liner (passenger ship)

paquera *s. f.* [Bras.] pick-up

paqueração *s. f.* [Bras.] pick-up

paqueta *s. f.* errand-girl

paquete *s. m.* liner, mailboat, steamer, packet; errand-boy; *paquete rápido* express steamer, ocean greyhound

paquidactilia *s. f.* pachydactyl

paquiderme Ⓐ *s. m.* ZOOLOGIA pachyderm, thick-skinned animal Ⓑ *adj.* pachydermatous

paquidérmico *adj.* pachydermatous, thick-skinned

paquife *s. m.* HERÁLDICA plumage on the helmet, foliage spreading from the helmet; lambrequin

paquímetro *s. m.* pachymeter, calliper rule

paquistanês *s. m., adj.* Pakistani

par Ⓐ *adj.* even, equal, like Ⓑ *s. m.* pair, couple, brace; partner (at a dance); peer; par (exchange); *a par* side by side, in parallel, level with; *a par e passo* pari passu; *ao par* valve at par, par valve; *estar a par de (ser igual a)* to be on a par with; *estar a par de um assunto* to be aware of a matter, to be informed, to be in the know; *valor ao par* par value; *abaixo do par* below par; *acima do par* above par; *sem par* peerless, matchless; *um lindo par* a handsome couple; *a porta está aberta de par em par* the door is wide open; *número par* even number; *par ou ímpar* even or odd; *a par* abreast, neck and neck; *um par de sapatos* a pair of shoes; *aos pares* in pairs; *andar a par com alguém* to keep pace with someone; *onde está o par desta meia?* where is the pair to this stocking?; *pares do reino* peers of the realm, temporal lords; *senhora que num baile não tem par* a wallflower; *um par de pistolas* a brace of pistols

para *prep.* for; to, in order to; just; about to, just about to, on the point of; *para que* in order that, so that, that; *para com* towards; *para quê?* what for?; *para baixo* downwards; *para cima* upwards; *para onde?* whither?, where?; *para abreviar* to be brief; *ir para Inglaterra* to go to England; *para sempre* for ever; *não presta para nada* it is no good, it is good for nothing; *eu estava para partir amanhã para França* I was leaving for France tomorrow; *para todo o sempre* for ever and ever, for good

pára-águas *s. m.* ⇒ **guarda-chuva**

parábase *s. f.* parabasis

parabéns *s. m. pl.* congratulations, gratulations; *dar os parabéns a* to congratulate, to wish a person happy returns of the day; *dou-lhe os parabéns pelo feliz resultado do seu exame* I congratulate you on your good results in the exam

parábola *s. f.* parable (fictitious narrative or story); GEOMETRIA parabola

parabólico *adj.* GEOMETRIA parabolic(al)

parabolismo *s. m.* parabolicalism, parabolic quality

parabolista *s. m. e f.* parabolist

parabolizar *v. tr.* to parabolize, to express in a parable

parabolóide *s. m., adj.* paraboloid

pára-brisas *s. m.* wind-screen

paracentese *s. f.* MEDICINA paracentesis

paracetamol *s. m.* paracetamol

pára-choques *s. m.* buffer (of trains), bumper

pára-chuva *s. m.* ⇒ **guarda-chuva**

paráclase *s. f.* ⇒ **falha**

paracletear *v. intr.* to suggest, to hint

paraclético *adj.* comforting, solacing, encouraging, relieving

Paracleto *s. m.* title of the Holy Spirit

paracronismo *s. m.* parachronism

parada *s. f.* parade, show; review; stake (money risked on a bet or gambling); pause, halt, suspension; *parada de continência à bandeira* trooping the colour

paradeiro *s. m.* whereabouts; stopping-place, stop; *não se sabe do seu actual paradeiro* his present whereabouts is unknown

paradela *s. f.* ⇒ **paragem**

paradigma *s. m.* paradigm, example, pattern, model

paradigmal *adj.* paradigmatic(al)

paradigmático *adj.* paradigmatic(al)

paradisíaco *adj.* paradisiac(al), paradisian, paradisaic, paradisal

paradísico *adj.* paradisiac(al), paradisian, paradisaic, paradisal

parado *adj.* still, motionless; stopped; *ficar parado* to come to a standstill; *bem parado* in a good way; *dívidas paradas* good debts

paradoiro *s. m.* ⇒ **paradeiro**

paradouro *s. m.* ⇒ **paradeiro**

paradoxal *adj.* paradoxical, paradoxal
paradoxalmente *adj.* paradoxically
paradoxar *v. intr.* to paradoxe; to utter
paradoxo *s. m.* paradox, self-contradiction
parafernais *s. f. pl.* DIREITO paraphernalia
parafernal *adj.* paraphernal
parafernalidade *s. f.* state or quality of paraphernal belongings
parafina *s. f.* paraffin
parafinagem *s. f.* coating with paraffin
parafinar *v. tr.* to paraffin, to convert into paraffin; to coat with paraffin
parafinizar *v. tr.* to paraffin, to convert into paraffin; to coat with paraffin
paráfise *s. f.* BOTÂNICA paraphysis
pára-fogo *s. m.* fire-screen, fire-guard
paráfrase *s. f.* paraphrase
parafraseador *s. m.* paraphraser, paraphrast
parafrasear *v. tr.* to paraphrase, to express in other words, to render (to translate) with latitude
parafrasta *s. m. e f.* paraphraser
parafraste *s. m. e f.* paraphraser
parafrasticamente *adv.* paraphrastically
parafrástico *adj.* paraphrastic
parafusação *s. f.* screwing
parafusador Ⓐ *s. m.* screwer Ⓑ *adj.* screwing
parafusar Ⓐ *v. tr.* to screw, to fasten (with a screw), to screw up Ⓑ *v. intr.* to muse, to cogitate, to ponder, to ruminate
parafusaria *s. f.* screw-factory; a great number of screws
parafuso *s. m.* screw; spindle (of a press); ***fixar com parafusos*** to screw, to fix with screws; ***parafuso de ajustamento*** regulating screw, tangent screw; ***parafuso-escora*** stay bolt; ***parafuso sem fim*** worm screw; ***parafuso de pressão*** set screw; ***parafuso com porca*** nut and bolt; ***parafuso do freio*** brake-screw; ***apertar a fundo um parafuso*** to tighten a screw; ***chave de parafuso*** screw-driver; ***gancho de parafuso*** screw-hook
paragem *s. f.* stopping-place, stop; stoppage, halt, pause, break; suspension; *pl.* NÁUTICA quarters; ***paragem de autocarros*** bus stop; ***paragem total*** dead stop; ***fazer uma paragem*** to make a stop, to halt; ***por estas paragens*** hereabouts; ***paragem cardíaca*** heart arrest
paragénese *s. f.* paragenesis
paragínico *adj.* referring to paragenesis; said of rocks or ores resulting from paragenesis
paragoge *s. f.* GRAMÁTICA paragoge
paragógico *adj.* paragogic(al)
paragonar *v. tr.* to paragon
paragrafar *v. tr.* to paragraph
parágrafo *s. m.* paragraph; DIREITO clause; ***dividir em parágrafos*** to paragraph
paragrama *s. m.* paragram, pun
paragramatismo *s. m.* alliteration
paraguaiano *s. m., adj.* Paraguayan
paraguaio *s. m., adj.* Paraguayan
paraíso *s. m.* paradise, Eden, garden of Eden; heaven, abode of the blest; ***os bosques são um paraíso na Primavera*** the woods are a paradise in spring; ***viver num paraíso*** to be in the seventh heaven
paralalia *s. f.* MEDICINA paralalia
pára-lamas *s. m.* ⇒ **guarda-lamas**
paralambdacismo *s. m.* pronunciation error consisting of changing the l for another letter
paralaxe *s. f.* parallax
paraldeído *s. m.* QUÍMICA paraldehyde
paralela *s. f.* GEOMETRIA parallel; ***traçar uma paralela*** to draw (up) a parallel; ***régua para traçar (linhas) paralelas*** parallel ruler; ***paralelas (de um ginásio)*** parallel bars
paralelamente *adv.* parallelly
paralelepípedo *s. m.* GEOMETRIA parallelepiped; ***paralelepípedo oblíquo*** oblique parallelepiped
paralelinérveo *adj.* BOTÂNICA referring to the leaf with parallel nervures
paralelismo *s. m.* parallelism
paralelizar *v. tr.* to render parallel
paralelo Ⓐ *adj.* parallel, similar, like, analogous, corresponding, having a close resemblance Ⓑ *s. m.* parallel; parallel line; [fig.] comparison, similarity, resemblance, likeness; ***o incidente não tem paralelo*** the incident is without parallel
paralelogramo *s. m.* parallelogram; ***paralelogramo articulado*** linkage to effect parallel motion
paralexia *s. f.* MEDICINA paralexia
paralheiro *s. m.* can
parálico *adj.* near the sea
paralipómenos *s. m. pl.* paralipomena
paralipse *s. f.* paralipsis, paraleipsis
paralisação *s. f.* paralysation, paralysis, incapacity to act; interruption, stoppage, suspension; [fig.] numbness, torpor
paralisar Ⓐ *v. tr.* to paralyse, to affect with paralysis, to palsy; to cripple, to render powerless, to render useless (inoperative), to stop, to interrupt, to suspend Ⓑ *v. intr.* to paralyse, to suffer of paralysis Ⓒ *v. refl.* to become paralysed (paralytic)
parálise *s. f.* ⇒ **paralisia**
paralisia *s. f.* paralysis, palsy; [fig.] numbness, torpor, marasmus; ***ataque de paralisia*** paralytic stroke; ***atacado de paralisia*** paralysed; ***paralisia infantil*** poliomyelitis, infantile paralysis; ***paralisia agitante*** paralysis agitans, Parkinson's disease, shaking palsy
paralítico Ⓐ *adj.* paralytic, palsied Ⓑ *s. m.* paralytic
paralogia *s. f.* paralogy
paralogismo *s. m.* paralogism
pára-luz *s. m.* lamp-shade
paramagnético *adj.* paramagnetic
paramagnetismo *s. m.* FÍSICA paramagnetism
parambulacrário *adj.* ambulacral
paramécia *s. f.* ZOOLOGIA paramecium
paramédico *adj.* paramedic, paramedical
paramentar Ⓐ *v. tr.* to adorn, to attire, to vest, to adorn (with hangings) Ⓑ *v. refl.* to attire oneself, to put on vestments, to vest oneself, to robe (apparel) oneself
paramenteiro *s. m.* maker of church vestments
paramento *s. m.* parament, ornament, hangings, trappings; ***paramentos sacerdotais*** vestments, priestly garments
paramentoso *adj.* ornamenting, adorning
paramétrico *adj.* MATEMÁTICA parametric, parametral
parâmetro *s. m.* MATEMÁTICA parameter
paramilitar *s. m.* semi-military
paramnésia *s. f.* paramnesia
paramnésico *adj.* paramnesic
páramo *s. m.* paramo
parança *s. f.* rest, repose, stop, delay; ***não tem parança*** he is always on the go
paraneia *s. f.* ⇒ **paranóia**
paraneico *adj.* ⇒ **paranóico**
paranético *adj.* exhorting to morality
parangona *s. f.* TIPOGRAFIA paragon; headline (in a newspaper); [fig.] perfect person or thing
parangonar *v. tr. e intr.* to paragon
paraninfar *v. tr.* to stand as godfather (or godmother); to sponsor, to patronize; to act as a paranymph
paranínfico *adj.* paranymphic
paraninfo *s. m.* paranymph, best man; protector, advocate, spokesman
paranóia *s. f.* MEDICINA paranoia, paranoea
paranóico *adj.* paranoiac
paranomásia *s. f.* paranomasia; resemblance between words of different languages

parapeitar *v. tr.* to make a parapet
parapeito *s. m.* parapet; breast rail; ***parapeito de janela*** window-sill
paraplasma *s. m.* paraplasm
paraplegia *s. f.* MEDICINA paraplegia
paraplégico *adj.* paraplegic
parapleura *s. m.* parapleurum
paraplexia *s. f.* ⇒ **paraplegia**
parapódio *s. m.* ZOOLOGIA parapodium
parapsicologia *s. f.* parapsychology
parapsicológico *adj.* parapsychological
parapsicólogo *s. m.* parapsychologist
pára-quedas *s. m.* parachute; ***lançar-se de pára-quedas*** to bail out
pára-quedismo *s. m.* parachute jumping
pára-quedista *s. m. e f.* parachutist
parar Ⓐ *v. tr.* to stop, to halt, to bring to a halt (a stop, a standstill); to pause, to rest; to cease, to discontinue, to leave off; to impede, to hinder; to ward off, to parry Ⓑ *v. intr.* to stop, to come to a halt, to come to a stop, to come to a standstill; ***já parou de chover*** it has stopped raining; ***parar de repente*** to stop short; ***parar um golpe*** to ward off a blow; ***sem parar*** without stopping, right along; ***o meu relógio parou*** my watch has stopped; ***não sei onde ele pára*** I don't know his whereabouts; ***pára!*** stop!; ***parar completamente*** to stop dead
pára-raios *s. m.* lightning-rod, lightning-conductor, paratonerre
parasceve *s. f.* parasceve Friday
parasita Ⓐ *s. m.* parasite; [fig.] sponger, hangeron, toady Ⓑ *adj.* parasitic(al)
parasitação *s. f.* sponging, hanging-on
parasitagem *s. f.* sponging; spongers, parasites, hangers-on
parasitar *v. tr. e intr.* to sponge; to live like a parasite, to parasitize
parasitariamente *adv.* parasitically
parasitário *adj.* parasitic(al)
parasitear *v. intr.* ⇒ **parasitar**
parasiticida Ⓐ *s. m.* parasiticide Ⓑ *adj.* parasiticide, parasiticidal
parasítico *adj.* parasitic(al)
parasitismo *s. m.* parasitism; sponging
parasito *s. m.* ⇒ **parasita**
parasitologia *s. f.* parasitology
parasitologista *s. m. e f.* parasitologist
parasitólogo *s. m.* parasitologist
pára-sol *s. m.* umbrella, parasol, sunshade
parasselénio *s. m.* paraselene (bright spot on lunar halo; mock-moon)
parassífilis *s. f.* MEDICINA parasyphilis
parassifilítico *adj.* parasyphilitic
parassimpático *s. m.* parasympathetic
parassimpaticotonia *s. f.* parasympathicotonia
parassíntese *s. f.* parasynthesis
parassintético *adj.* parasynthetic
parastática *s. f.* ARQUITECTURA pilaster decorating the corner of a building
paratáctico *adj.* paratactic
parataxe *s. f.* parataxis
parati *s. m.* variety of rum; a mullet
paratífico *adj.* paratyphic
paratifo *s. m.* paratyphoid, paratyphoid fever
paratifóide *adj.* MEDICINA paratyphoid
paratiróide *s. f.* MEDICINA parathyroid
parau *s. m.* small oriental boat; Indian warship
paravante *s. m.* foredeek
parável *adj.* easy to stop
pára-vento *s. m.* wind-stopper
parcamente *adv.* parsimoniously, economically
parçaria *s. f.* ⇒ **parceria**; copartnership, partnership; association
Parcas *s. f. pl.* MITOLOGIA ***as três Parcas*** the Weird Sisters, the Fates, the Witches
parceiro *s. m.* partner, copartner, joint sharer; associate, fellowpartner; mate, fellow, pal, chum; ***foi meu parceiro*** he partnered me, he was my partner; ***escolher parceiros (para o jogo)*** to choose sides (for the game), to pick up sides
parcel *s. m.* shoal, reef, shallow place
parcela *s. f.* part, particle, portion, lot, share, piece, fragment, constituent; *pl.* items; ***uma parcela de terreno*** a patch of ground; ***pequenas parcelas (de terreno)*** small lots
parcelado *adj.* parcelled; parcelled out into portions; shoaly, shallow
parcelamento *s. m.* parcelling, portioning, share, lot
parcelar *v. tr.* to parcel, to divide into portions, to parcel out; to divide, to distribute, to apportion, to deal out, to allot
parcelário *adj.* parcelled out into portions; parcelled out
parceria *s. f.* copartnership, partnership; association
parcha *s. f.* diseased cocoon; cocoon in which the silkworm has died of disease
parche *s. m.* pledget; compress
parchear *v. tr.* to apply pledgets
parcial *adj.* partial; bias(s)ed, prejudiced, influenced, unjust, unfair; incomplete, restricted, part; ***eclipse parcial*** partial eclipse; ***opinião parcial*** bias(s)ed opinion
parcialidade *s. f.* partiality, prejudice, bias(s)ed judg(e)ment; bias, favouritism, preference, liking, fondness
parcialista *s. m. e f.* party-member; part-student
parcialização *s. f.* taking part in; joining a political party
parcializar Ⓐ *v. tr.* to render partial, to bias Ⓑ *v. refl.* to grow partial
parcialmente *adv.* partially, partly; unfairly
parcimónia *s. f.* parsimony, parsimoniousness, sparingness, frugality, economy, savingness, meanness, stinginess, niggardliness, penuriousness, sobriety
parcimoniosamente *adj.* parsimoniously, economically, soberly
parcimonioso *adj.* parsimonious, frugal, economical, sparing, saving; close, stingy, hardfisted, sober
parcíssimo *adj.* most parsimonious
parco *adj.* parsimonious, frugal, sober, economical, sparing, saving
parcómetro *s. m.* parking-meter
parda *s. f.* BOTÂNICA lentil; arbutus berry; ORNITOLOGIA kingfisher
pardacento *adj.* dark-grey, greyish; ***céu pardacento*** grey sky, greyish sky
pardal *s. m.* ORNITOLOGIA sparrow
pardalada *s. f.* a flight of sparrows
pardalão *s. m.* rogue, knave; sly (foxy, punning, crafty) fellow
pardaleja *s. f.* hen-sparrow
pardaloca *s. f.* hen-sparrow
pardau *s. m.* pardau (old Portuguese coin)
pardeja *s. f.* ⇒ **pardaleja**
pardejo *s. m.* ⇒ **pardal**
pardela *s. f.* ORNITOLOGIA sparrow
pardelha *s. f.* goldfish
pardês *interj.* [arc.] by God!; Good Heavens!
pardeus! *interj.* [arc.] by God!; Good Heavens!
pardieiro *s. m.* hovel, hut, shed, cabin, squalid dwelling
pardilho Ⓐ *s. m.* black grouper Ⓑ *adj.* brownish
pardo *adj.* grey, gray; cloudy, dull, overcast, clouded, dark
pardoca *s. f.* ORNITOLOGIA hen-sparrow
pardusco *adj.* greyish, somewhat dark, darkish
parear *v. tr.* to measure casks; to match
páreas *s. f. pl.* afterbirth, secundines

parecença *s. f.* resemblance, similarity, likeness
parecente *adj.* resembling, like, similar
parecer Ⓐ *v. intr.* to seem, to appear, to sound, to look, to give the impression of, to have the appearance of Ⓑ *v. refl.* to look like, to resemble, to be like; ***ela não parece a mesma*** she is not herself; ***parece que*** it looks as though; ***a pequena parece-se bastante com a tia*** the girl is rather her aunt; ***parece-me*** it seems to me; ***não parece bem*** it looks bad, it is not becoming; ***ele não parecia muito bom*** he did not look first-rate; ***segundo parece*** to all appearances; ***parecer-se com*** to bear a resemblance to, to resemble, to be like; ***o retrato não se parece nada contigo*** the photograph bears no resemblance to you; ***parecer oportuno*** to seem expedient; ***não lhe parece?*** don't you think so?; ***as duas irmãs parecem-se muito*** the two sisters are very much alike; ***que lhe parece?*** what do you think?, how do you like it?; ***isso parece óptimo, excelente!*** that sounds just perfect!; ***isso parece mentira*** that sounds untrue; ***como melhor lhe parecer*** as you may think best; ***que tal lhe parece Londres?*** how do you like London?, what do you think of London?; ***parece-me que não compreendeste*** it strikes me that you have not understood; ***o que bem lhe parece*** whatever he thinks proper; ***parece que o rapaz há-de vir a ser um bom médico*** it appears that the boy will turn out a good doctor; ***parece que o teu irmão vai sair de Lisboa*** it seems that your brother is going to leave Lisbon; ***parece-me que …*** I rather think that Ⓒ *s. m.* opinion, judg(e)ment, advice, statement, impression, notion; aspect, look, appearance, air, mien; ***dar o seu parecer*** to give one's opinion, to have one's say; ***parecer do médico*** the doctor's report; ***ser de parecer*** to be of opinion; ***ter parecer de doente*** to look ill, to look unwell; ***estar com mau parecer*** to be off colour; ***estás com melhor parecer*** you look better; ***com bom parecer*** with good appearance
parecido *adj.* like, alike, resembling, resemblant, similar; ***muito parecido*** very much like, quite alike; ***bastante parecido*** rather like; ***parecidos como duas gotas de água*** as like as two peas
paredão *s. m.* thick wall; breakwater
parede *s. f.* wall; ***paredes meias*** party-wall; ***parede mestra*** main wall; ***parede sem portas nem janelas*** blank wall; ***parede divisória*** partition (wall), division; ***ficar entre a espada e a parede*** to be in a tight corner, to be between the devil and the deep blue sea; ***encostar à parede (ver-se obrigado a render-se)*** to go to the wall; ***encostar alguém à parede*** to push a person to the wall, to drive a person to the wall; ***ceder (ou tomar) o lado da rua contíguo à parede*** to give (or to take) the wall; ***as paredes têm ouvidos*** walls have ears; ***pôr os pés à parede*** to put one's foot down, to stick out, to stick out one's colours; ***dar com a cabeça pelas paredes*** to run one's head against the wall, to run full butt against the wall; ***fazer parede (fazer greve)*** to strike, to go on strike (of students or workers); ***viver entre quatro paredes*** to live a very retired life
paredeiro Ⓐ *adj.* relating to wall Ⓑ *s. m.* mason; old building
paredista *s. m. e f.* striker
paredro *s. m.* director, preceptor
paregórico *adj.* paregoric, soothing
pareia *s. f.* cask (barrel) gauge
parelha *s. f.* pair, couple; match, equal; team of horses; ***uma parelha de cavalos*** a team of horses; ***correr parelhas*** to be on an equal footing, to be a match for
parelho *adj.* similar, like, equal
parélico *adj.* parhelic, parheliacal
parélio *s. m.* ASTRONOMIA parhelion (*plural* parhelia), mock sun
parémia *s. f.* short allegory, proverb, saying
paremiologia *s. f.* collection of proverbs
parénese *s. f.* persuasion, exhortation
parenética *s. f.* sacred eloquence, set of moral discourses (sermons)
parênquima *s. m.* parenchyma (*plural* parenchymata)
parenquimático *adj.* parenchymatous
parenquimatoso *adj.* parenchymatous
parenta *s. f.* female relation, kinswoman
parental *adj.* parental
parente *s. m. e f.* relative; relation, kinsman, kinswoman; *pl.* relatives, kinsfolk, kindred, folk; ***parente mais próximo*** next of kin; ***um parente próximo*** a near relation, a close relation; ***ser parente de*** to be related to; ***parente afastado*** distant relation, remote relation; ***é seu parente?*** is he a relation of yours?
parentear *v. intr.* to be related to
parenteiro *s. m.* one who protects his relations
parentela *s. f.* kindred, kin, relations, relatives, kinsfolk
parenteral *adj.* MEDICINA parenteral
parentérico *adj.* MEDICINA parenteral
parentesco *s. m.* relationship, consanguinity, blood, affinity, kindred; similarity, likeness
parêntese *s. m.* ⇒ **parêntesis**
parêntesis *s. m.* parenthesis; *pl.* parentheses, round brackets ( )
parentético *adj.* parenthetic(al)
páreo *s. m.* horse race; foot race; prize of a race
párese *s. f.* MEDICINA paresis
paresia *s. f.* MEDICINA paresis
parestesia *s. f.* MEDICINA paresthesia, paraesthesia
parga *s. f.* stack of straw (corn)
pargasite *s. f.* MINERALOGIA pargasite (greenish hornblend)
pargata *s. f.* ⇒ **alparcata**
pargo *s. m.* ICTIOLOGIA sea-bream
parguete *s. m.* ⇒ **capatão (fish)**
pariá *s. m.* pariah
pária *s. m.* pariah
pariambo *s. m.* pyrrhic foot (in metrification)
pariato *s. m.* peerage, rank of peer; body of peers
parição *s. f.* parturition
paridade *s. f.* parity, equality, parallelism, analogy, similarity, resemblance; ***paridade de câmbio*** par of exchange
parideira *adj.* fecund
paridela *s. f.* ⇒ **parto**
parido *adj.* ⌈pop.⌋ sensitive; in love, enamoured
paridura *s. f.* ⇒ **parto**
parietal *s. m., adj.* ANATOMIA parietal; parietal bone
parietária *s. f.* BOTÂNICA pellitory, feverfew
parietário *adj.* relating to walls; growing on walls, parietal
pariforme *adj.* with the same form, alike, like, resembling
parilidade *s. f.* ⇒ **paridade**
parir *v. tr.* to give birth to, to bring forth; to deliver (animals); ⌈fig.⌋ to produce
parisiense *s. m. e f., adj.* Parisian
parissílabo *adj.* GRAMÁTICA parisyllabic
parkinsoniano *s. m., adj.* referring to Parkinson
parkinsonismo *s. m.* Parkinsonism
parla *s. f.* ⌈pop.⌋ chat, gossip, prattle, prate, gabble, babble
parlamentação *s. f.* parleying; negotiation
parlamentar Ⓐ *adj.* parliamentary Ⓑ *s. m. e f.* deputy; Member of Parliament (MP) Ⓒ *v. intr.* to parley, to hold a conference, to treat, to discuss terms with the enemy
parlamentário *s. m.* one who parleys, bearer of a flag of truce; ***bandeira de parlamentário*** flag of truce
parlamentarismo *s. m.* parliamentarianism, parliamentary system
parlamentarista *s. m. e f.* supporter of parliamentary system
parlamento *s. m.* Parliament; ***o Parlamento*** The Houses of Parliament; ***o Parlamento está em sessão*** Parliament is sitting, the House is in session
parlapatão *s. m.* impostor, boaster, braggart, braggadocio, rodomontader, conceited man

parlapatice *s. f.* bragging, boasting, vaunting, braggadocio, bravado, bombast, blustering, swaggering
parlar *v. intr.* to prattle, to chatter, to jabber, to prate, to babble
parlatório *s. m.* parlour (in monasteries); chatter, prattle, chat, babble, gabble, prate, jabber
parlenda *s. f.* conversation, idle talk; quarrel
parlenga *s. f.* conversation, idle talk; quarrel
parma *s. f.* circular shield, buckler
parmesão *s. m., adj.* Parmesan; ***queijo parmesão*** Parmesan cheese
parnasianismo *s. m.* Parnassianism
parnasiano *s. m., adj.* Parnassian
Parnaso *s. m.* Parnassus; [fig.] poetry; body of poets
paro *s. m.* stoppage; stop, halt; quiet, peace
pároco *s. m.* parish-priest; parson (protestant)
paródia *s. f.* parody (burlesque imitation of a literary work); feast, feasting, revel; merrymaking, fun, sport, gaiety, gayety, gayness, diversion; ***andar na paródia*** to be out on the spree
parodiador *s. m.* ⇒ **parodista**
parodiante *s. m. e f.* ⇒ **parodista**
parodiar *v. tr.* to parody, to imitate by way of parody, to caricature, to mimic
parodista *s. m. e f.* parodist (writer of parodies)
parodonite *s. f.* inflammation of the gums
parol *s. m.* sugar-tub, sugar trough (in sugar factories)
parola *s. f.* loquacity, verbiage, talkativeness, garrulity
parolador *s. m.* prattler, talker, chatterer, chatterbox, babbler, magpie, windbag, talkative, garrulous, chatty
parolagem *s. f.* the boors, the rustics, the peasants, the bumpkins
parolar *v. intr.* ⇒ **palrar, tagarelar**
parolear *v. intr.* ⇒ **palrar, tagarelar**
paroleiro *s. m.* ⇒ **parolador**
parolice *s. f.* chatter, chat, babbling, gossip, gabble, prate, jabber; boorishness, rusticity
parolim *s. m.* paroli
parolo *s. m.* boor, bumpkin, clodpole, clodhoper, rustic fellow, peasant, lout, lubber
paronímia *s. f.* paronymy
paronímico *adj.* paronymous
parónimo Ⓐ *adj.* paronymous Ⓑ *s. m.* paronymous word, paronym
paroníquia *s. f.* paronychia, whitlow
paronomásia *s. f.* paronomasia, word-play, pun
paropsia *s. f.* MEDICINA any abnormality of vision (sight)
paróquia *s. f.* parish; ***junta da paróquia*** parish council; ***receber subsídio da paróquia*** to go on the parish
paroquial *adj.* parochial, of a parish; ***registo paroquial*** parish register
paroquialidade *s. f.* parochiality
paroquiamento *s. m.* parochialization
paroquiano *s. m.* parishioner (member of the parish)
paroquiar *v. tr. e intr.* to perform the duties of a parish priest
parorase *s. f.* difficulty to distinguish colours
parosmia *s. f.* parosmia (perversion of the olfact)
parótico *adj.* ANATOMIA parotid
parótida *s. f.* parotid, parotid gland
parótide *s. f.* parotid, parotid gland
parotídeo *adj.* parotid
parotidiano *adj.* parotid
parotidite *s. f.* MEDICINA parotitis; mumps
parouvela *s. f.* [arc.] chatter, babble, patter; nonsense, idle talk
paroxismal *adj.* paroxysmal
paroxísmico *adj.* paroxysmal
paroxismo *s. m.* paroxysm, attack, access, fit (of pain, rage, laughter, emotion, etc.)
paroxístico *adj.* ⇒ **paroxismal**
paroxítono Ⓐ *adj.* GRAMÁTICA paroxytone Ⓑ *s. m.* paroxytone word
parque *s. m.* park; ***parque de estacionamento (para carros)*** car-park, parking-place; ***guarda de parque*** park-keeper; ***parque nacional*** forest reserve; ***parque militar*** military park; ***parque de diversões*** amusement park; ***parque de aviação*** airfield; ***parque (de crianças)*** playground; ***parque industrial*** industrial estate
parqué *s. m.* parquet
parquete *s. m.* parquet; ***revestimento com parquetes*** parquetry
parra *s. f.* vine leaf; ***muita parra pouca uva*** much cry and little wool
parracho *s. m., adj.* stocky (dumpy, stubby, thick) man
parrado *adj.* full of vine-leaves, trellised
parrana Ⓐ *adj.* slow, slack; badly dressed, frumpish Ⓑ *s. m.* scamp, ragamuffin, a stick-in-the-mud
parrancice *s. f.* slackness, slowness, laziness, tardiness
parranice *s. f.* slackness, slowness, laziness, tardiness
parrar-se *v. refl.* to spread out (twigs or creeping branches of vine); to cover (with vine leaves)
parreco *s. m.* [reg.] duck
parreira *s. f.* vine-bower, trellis, trellised vine
parreiral *s. m.* vineyard
parrésia *s. f.* bold statement
parricida Ⓐ *s. m. e f.* parricide, murderer of a parent or near relative Ⓑ *adj.* parricidal
parricídio *s. m.* parricide
parrilha *s. f.* coarse sackcloth
parrudo *adj.* stubby, thick-set, squat, dumpy
parse *s. m.* Parsee; follower of Zoroastrianism, Guebre
párseo *adj.* Parsee
parsiano *adj.* Parsee
partasana *s. f.* partisan, kind of halberd
parte *s. f.* part, piece, portion, share, lot, allotment; division, fragment, fraction; side, party; place, spot, region, area, district; component; TEATRO role, character; constituent; DIREITO party; plaintiff; ***à parte*** apart, aside, separately; ***ser posto de parte*** to be put on the shelf, to be laid on the shelf; ***ouvir ambas as partes*** to hear both sides, to hear both parties; ***acabar a pior parte de qualquer coisa*** to break the back of anything; DIREITO ***ser parte*** to sue; ***dar parte de fraco*** to throw in one's hand, to fail to come up to scratch; ***tomar parte em*** to take part in; ***parte superior da folha de papel*** top edge of the paper; ***parte inferior da folha de papel*** bottom edge of the paper; ***partes litigantes*** contending parties; ***parte contrária*** pleading party; ***partes contratantes*** contracting parties; ***partes interessadas*** parties concerned; ***dar parte de doente*** to report sick; ***fazer a parte*** to make a show of doing something, to feign, to pretend; ***pôr de parte*** to put aside, to set aside; ***chamar à parte*** to call aside; ***ter parte em*** to have a share in; ***por partes*** distinctly, with all particulars; ***pôr de parte algum dinheiro*** to lay up some money; ***parte integrante*** part and parcel; ***da parte de um amigo*** from a friend; GRAMÁTICA ***partes da oração*** parts of speech; ***da parte de*** in the name of; ***cada um pagará a sua parte*** everyone will pay his own share; ***em partes iguais*** share and share alike; ***ter uma parte igual*** to share alike; ***por toda a parte*** all over, everywhere, far and wide; ***por outra parte*** in other respects, moreover, besides, on the other hand; ***a maior parte*** the greater part, most; ***pela maior parte*** for the most part; ***em grande parte*** in great part; ***pela minha parte*** for my part, so far as I am concerned; ***de toda a parte*** from all quarters; ***parte essencial (quinta-essência)*** pith and marrow; ***em qualquer parte*** anywhere; ***em qualquer outra parte*** anywhere else; ***em qualquer parte que*** wherever, in whatever place; ***de uma parte e de outra*** from both sides; ***por parte do pai*** on one's father's side; ***em parte alguma*** nowhere, anywhere; ***foi a***

alguma parte he has gone somewhere; ***perder parte do seu dinheiro*** to lose part of one's money; ***tomar parte em*** to participate; ***tomar parte activa em*** to take an active part in; ***foi muito amável (da sua parte)*** it was very kind of you; NÁUTICA ***parte média (do navio)*** square body (of the ship)

parteira *s. f.* midwife

parteiro Ⓐ *adj.* obstetrical Ⓑ *s. m.* obstetrician; specialist in midwifery

partejamento *s. m.* midwifery

partejar *v. tr.* to deliver a child; to assist in child birth

partejo *s. m.* midwifery

partenão *s. m.* Parthenon

partenogénese *s. f.* ZOOLOGIA, BOTÂNICA parthenogenesis

partenogenético *adj.* parthenogenetic

pártenon *s. m.* partenão

partição *s. f.* partition, division

participação *s. f.* participation, act of participating, sharing, partaking; communication, intelligence, report, advice; ***participação nos lucros*** profit sharing; ***participação de casamento*** wedding announcement; ***participação de nascimento de um filho*** announcement of birth

participador *s. m.* informer, informant, adviser, relator, notifier, partaker, sharer, participant, participator

participante Ⓐ *adj.* participant, sharing; informing, advising, notifying Ⓑ *s. m. e f.* partaker, sharer, informer, informant, adviser, relator, notifier

participar *v. tr. e intr.* to inform, to impart, to communicate, to acquaint, to advise, to notify, to instruct, to give notice to, to send word to; to participate, to partake, to take a part in, to share, to have a share in; ***participar o casamento*** to announce the marriage; ***participar nos lucros*** to have a share in the profits; ***participar numa discussão*** to participate in a discussion; ***participar na alegria*** to share in the rejoicing, to participate in another's happiness

participável *adj.* participable, that may be shared; capable of being announced (imparted, communicated)

partícipe *s. m.* partaker, participant, sharer

participial *adj.* GRAMÁTICA participial

particípio *s. m.* GRAMÁTICA participle; ***particípio passado*** past participle

partícula *s. f.* particle, very small part, bit, snip, morsel, mite, speck; RELIGIÃO ***partícula consagrada*** consecrated wafer

particular Ⓐ *adj.* particular, peculiar, special, specific; private, individual, reserved; separate, distinct Ⓑ *s. m.* a private person, individual; *pl.* details, particulars, detailed account, specification; ***negócio particular*** private business; ***ela tinha razões particulares*** she had private reasons, she had personal reasons; ***em particular*** in particular, in private, in privacy; ***conversa particular*** private conversation; ***um aluno particular*** a private pupil

particularidade *s. f.* particularity, peculiarity, speciality, individuality, characteristic, singularity; detail

particularismo *s. m.* particularism

particularista *s. m. e f.* particularist

particularização *s. f.* particularization

particularizar *v. tr.* to particularize, to specify, to give particulars (details) of

particularmente *adv.* particularity, especially, distinctly, specifically; privately, individually, in private

partida *s. f.* departure, away, starting, leaving, setting out; game, match; set; trick, prank; lot, parcel (of goods); body (of soldiers); item, entry (of a bill); party, assembly; NÁUTICA departure, sailing; ***fazer partidas*** to play tricks; ***desconfio de alguma partida*** I suspect some trick; ***à sua partida*** upon his departure; ***partida desleal*** nasty trick; ***ponto de partida*** place of departure, starting point; ***estar de partida*** to be about to start, to be on the point of leaving; ***partida de brídege*** a game of bridge; ***uma partida de futebol*** a football match; ***ele ganhou a sua partida de ténis em duas horas*** he won his set in two hours; COMÉRCIO ***partidas dobradas*** double entry; ***gostar de partidas*** to be fond of a joke, to be fond of a lark; NÁUTICA ***partida para o mar (de um navio)*** seagoing (of a ship); ***partida de regatas*** start of boat-races

partidão *s. m.* good job; fine marriage; advantageous situation

partidário Ⓐ *s. m.* partisan, party-man, adherent of a party Ⓑ *adj.* partisan, adherent, sectarian; ***ser partidário de*** to be in favour of

partidarismo *s. m.* partisanship

partidarista Ⓐ *s. m. e f.* partisan, sectarian Ⓑ *adj.* fond of playing tricks

partidarizar *v. tr.* to politicize, to make a political issue of, to bring politics into

partidismo *s. m.* ⇒ **partidarismo**

partidista *s. m. e f.* ⇒ **partidarista**

partido Ⓐ *s. m.* party, side, body, clique, faction; resolution, decision; HERÁLDICA party; advantage; (in game) handicap Ⓑ *adj.* broken, fractured, cracked; divided, parted, split; ***tirar o melhor partido de*** to make the most of, to turn to advantage; ***partido igual*** even match; ***um bom partido*** a splendid match; ***dar partido (ao jogo)*** to give odds; ***tomar o partido de*** to take the part of, to side with; ***tomar o partido de alguém*** to stand by a person; ***filiar-se num partido*** to join a party; ***Partido Trabalhista*** Labour Party; ***Partido Conservador*** Conservative Party, [Ingl.] Tories; ***gente de todos os partidos*** people of all shades of opinion

partidoiras *s. f. pl.* ⇒ **partidouras**

partidor *s. m.* divider, sharer

partidouras *s. f. pl.* the inner feathers of the wings of certain birds

partilha *s. f.* partition, division, allotment, portion, part, share, lot; ***fazer partilhas*** to make shares, to divide up (an inheritance), to portion out

partilhar Ⓐ *v. tr.* to share, to divide, to partition, to apportion Ⓑ *v. intr.* to partake, to participate, to have a share, to have a part in; ***partilhar das sopas de alguém*** to share a man's bread and salt; ***partilhar da sorte de*** to cast in one's lot with

partimento *s. m.* division, distribution, partition; going away, departure, leave

partir *v. tr. (dividir)* to part, to divide, to share with, to distribute, to parcel out; *(quebrar)* to break, to split, to crack, to sever; *(abalar, ir embora)* to start, to leave, to depart, to set out, to go, to go away (or from), to go off; to march off; NÁUTICA to sail, to set sail; ***partir pelo meio*** to break by the middle, to split asunder; ***partir ao meio*** to halve, to divide into halves; ***partir contra vontade*** to tear oneself away; ***são horas de partir*** it is time to start, it is time to leave, it is time to depart; ***parto já*** I'm just starting; ***partir de barco*** to leave by boat; ***partir a toda a pressa*** to dash away, to hurry away, to hurry off, to rush off; ***partir a diferença ao meio*** to split the difference; ***a partir deste momento*** from this moment; ***a partir de 2 de Junho*** (as) from the 2nd of June on; ***partir em bocados*** to rend asunder, to break in(to) pieces; ***o vapor parte amanhã*** the steamer will sail tomorrow, the ship sails tomorrow; ***partir a todo o pano*** to sail away, to leave under full sail; ***a corda partiu-se com o esticão*** the rope severed under the strain, the rope broke under the strain, the rope snapped under the strain; ***partirei amanhã*** I shall start tomorrow, I shall leave tomorrow, I shall depart tomorrow; ***partir como um raio*** to go off like a shot; ***partir para uma viagem*** to start on a journey; [coloq.] ***partir para outra*** to change tack; ***a que horas parte o comboio?*** at what time does the train start?; ***o navio vai partir para*** the ship is bound for; ***partir-se um cordão de um cabo*** to break a strand in a rope

partitivo *adj.* GRAMÁTICA partitive

partitura *s. f.* MÚSICA score, partitur(a)

partível *adj.* divisible, partible, breakable

parto *s. m.* parturition, childbirth, birth, delivery
parturejar *v. tr.* [fig.] to produce, to give birth, to deliver, to bring forth (many things)
parturição *s. f.* parturition, delivery, labour, childbirth, birth
parturiente Ⓐ *adj.* parturient Ⓑ *s. f.* expectant mother, parturient woman
parturir *v. tr. e intr.* ⇒ **parir**
parúsia *s. f.* parousia
parva Ⓐ *adj.* *fem. de* **parvo** Ⓑ *s. f.* snack; breakfast; small sum
parvajão *s. m.* ⇒ **parvalhão**
parvajola *s. m. e f.* ⇒ **parvalhão**
parvalhão *s. m.* tomfool, perfect fool, noodle
parvalheira *s. f.* country life; the country
parvalhice *s. f.* silliness, tomfoolery, foolishness, imbecility, stupidity, shallowness, nonsense
parvamente *adv.* foolishly, stupidly
parvidade *s. f.* smallness; silliness
parvo Ⓐ *adj.* simple, stupid, silly, foolish, witless, shallow, nonsensical Ⓑ *s. m.* fool, simpleton, ninny, idiot, half-wit, dolt, imbecile, nincompoop, silly person; ***um grande parvo*** a great fool; ***tomas-me por parvo?*** do you take me for a fool?; ***fazer figura de parvo*** to make an ass of oneself; ***fiquei positivamente parvo com a notícia*** I was positively staggered by the news
parvoeira *s. f.* ⇒ **parvoiçada**
parvoeirão *s. m.* big fool; foolish fellow
parvoeirar *v. intr.* to talk nonsense; to act as a fool; to play the (giddy) goat
parvoejar *v. intr.* to talk nonsense; to act as a fool; to play the (giddy) goat
parvoiçada *s. f.* simplicity, foolishness, folly, silliness, tomfoolery, imbecility, dullness
parvoíce *s. f.* simplicity, foolishness, folly, silliness, tomfoolery, imbecility, dullness; ***dizer parvoíces*** to talk rot; ***não devias dizer essas parvoíces*** you shouldn't say such silly things
parvoidade *s. f.* simplicity, foolishness, folly, silliness, tomfoolery, imbecility, dullness
parvóide *adj.* foolish, silly, idiotic, daft, shallow
parvoinho *s. m.* little fool, simpleton, giddy goat
parvónia *s. f.* country, countryside
parvulez *s. f.* child's trick, child's play, childishness, tomfoolery
parvuleza *s. f.* child's trick, child's play, childishness, tomfoolery
párvulo Ⓐ *s. m.* child, innocent; humble Ⓑ *adj.* puerile, childish; idiotic, foolish
pascacice *s. f.* silly talk; idiotic behaviour
pascácio *s. m.* lout, noddy, noodle, booby, boor
pascal *adj.* paschal; ***cordeiro pascal*** paschal lamb
pascentar Ⓐ *v. tr.* to pasture, to feed cattle, to take to pasture, to herd; to graze Ⓑ *v. refl.* to delight in, to revel in, to take pleasure in
pascente *adj.* grazing
pascer *v. tr.* ⇒ **pascentar**
pascigo *s. m.* pasturage, pasture (ground)
pascigoso *adj.* rich in pasture; grassy
Páscoa *s. f.* Easter; Passover (of the Jews)
pascoal *adj.* ⇒ **pascal**
pascoar *v. tr.* to celebrate Easter
páscoas *s. f. pl.* BOTÂNICA sort of primrose
Pascoela *s. f.* Low Sunday
pasigrafia *s. f.* pasigraphy
pasigráfico *adj.* pasigraphic
pasmacear *v. intr.* to wander about; to render insensitive or lethargic; to gape
pasmaceira *s. f.* amazement, astonishment, star-gazing; melancholy, apathy, dul(l)ness
pasmado *adj.* astonished, amazed, gaping; stargazing, wonderstruck, astounded, dazed, staggered, stupefied, dumfounded; ***ele fica pasmado a olhar para as montras*** he gazes open-mouthed at the shop-windows
pasmar *v. tr. e intr.* to stupefy, to amaze, to astonish, to surprise, to astound, to bewilder, to daze, to stagger, to dumfound, to strike with wonder; to gape, to wonder, to gaze (with wonder), to stare (with wonder); to be astonished, to gape at; to be filled with wonder; ***pasmo a ouvir a descrição de tantas invenções modernas*** I am amazed at hearing the description of so many new inventions
pasmatório *s. m.* lot of idlers, assembling (meeting) place attended by idlers; ⇒ **pasmaceira**
pasmo *s. m.* astonishment, wonder, surprise, amazement, admiration; perplexity, stupefaction, bewilderment
pasmosamente *adv.* surprisingly, wonderfully, amazingly, astonishingly, bewilderingly
pasmoso *adj.* surprising, wonderful, astonishing, amazing, marvellous, astounding, perplexing, bewildering, prodigious, strange, striking
paspalhão *s. m.* scarecrow; fool, silly fellow, simpleton, ninny, dolt; a worthless person, a good-for-nothing
paspalhás *s. m.* ORNITOLOGIA ⇒ **paspalhós**
paspalhice *s. f.* silliness, folly, stupidity, dul(l)ness, sottishness, sluggishness
paspalho *s. m.* ⇒ **paspalhão**
paspalhós *s. m.* quail
pasquim *s. m.* pasquinade, lampoon
pasquinada *s. f.* pasquinade, satire, libel
pasquinagem *s. f.* lampoonery
pasquinar *v. tr.* to pasquinade, to lampoon, to write lampoons against; to attack (by lampoons), to satirize
pasquineiro *s. m.* lampooner; writer of lampoons
passa *s. f.* raisin, dried grape
passa-culpas *s. m. e f.* overindulgent person
passada *s. f.* pace, step, footstep, stride, gait; *pl.* pains, trouble; ***dar grandes passadas*** to stride, to take long strides, to walk with long steps; ***grande passada*** long step
passadeira *s. f.* stair-carpet, runner; stepping-stone; NÁUTICA ***passadeira (cabo)*** lacing, laniard, lanyard, ratline rope, stuff; ***passadeira para peões*** pedestrian crossing, zebra crossing
passa-dez *s. m.* variety of game of draughts
passadiço Ⓐ *s. m.* passage, way; NÁUTICA connecting bridge Ⓑ *adj.* passing, transitory; ***passadiço à borda*** gangway; ***passadiço volante*** flying-bridge
passadio *s. m.* daily food; ***bom passadio*** good table
passadismo *s. m.* longing for past times, regretfulness for the past
passadista *adj.* old-fashioned; regretter (of the past)
passado Ⓐ *adj.* past, gone by, bygone; elapsed, ended, finished, former; out of fashion; strained; dried; amazed, dumfounded, astounded, astonished Ⓑ *s. m.* past time; person's past life; ***durante a semana passada*** during the past week; ***perigo passado*** past danger; ***particípio passado*** past participle; ***pensemos no futuro, não podemos desfazer o passado*** let us think of the future, we cannot undo the past, ***passado de dor*** pierced with grief; ***passado de frio*** benumbed by cold; ***ameixa passada*** dried prune, dried plum; ***bife bem passado*** welldone (beef)steak; ***carne bem passada*** welldone meat; ***carne mal passada*** underdone meat; ***carne passada de mais*** overdone meat; ***ficar passado*** to be amazed, to be struck; ***o ano passado*** last year; ***passado um quarto de hora*** a quarter of an hour later; ***passado muito tempo*** long after; ***o tempo passado*** (the) time past; ***esquecer o passado*** to wipe off the slate, to forget the past, to let bygones be bygones
passadoiro *s. m.* ⇒ **passadouro**
passador Ⓐ *s. m.* strainer, sieve, colander, cullender; smuggler, receiver of stolen goods, fence; [fam.] tale-bearer; NÁUTICA fid marline-spike Ⓑ *adj.* traversing, passing, piercing; ***passador de moeda falsa*** person who uses false money;

passador (para legumes) colander; *passador (para leite)* strainer

passadouro *s. m.* stepping-stone, crossing-place; passage

passafora! *interj.* be off!, be gone!

passagear *v. tr.* ⇒ **passajar**

passageiro Ⓐ *s. m.* passenger; traveller; passer-by Ⓑ *adj.* transitory, fleeting, temporary, ephemeral, passing, fugitive, momentary, transient, evanescent; *passageiro de luxo* Pullman passenger (train); *passageiro de 1.ª classe (de vapor)* first class passenger; *passageiro de 3.ª classe* steerage, third-class passenger; *passageiro de convés* deck passenger; *passageiro clandestino* stowaway; *um raio passageiro de esperança* a transient gleam of hope; *esta vida passageira* this transitory life; *alegrias passageiras* transient joys

passagem *s. f.* passage, (act of) passing; crossing, traversing; transit, passing through; way, thoroughfare; fare (cost of passage), ticket, darning (of a hole in a sock, etc.); *de passagem* slightly on one's way, in transit, by the way; *estar de passagem* to be passing through (a town), to be in transit; *comentar de passagem* to remark in passing; *passagens aéreas* air travel bookings; *passagem da luz* passage of light; *passagem para peões* pedestrian crossing, zebra crossing; *passagem subterrânea* subway; *de passagem para casa* on one's way home; *passagem de nível* railway crossing, level crossing; *ganhar a passagem (trabalhando no navio)* to work one's passage; *pagar a passagem* to pay one's passage; *dar uma passagem a (passajar)* to darn; *marcar passagem (em vapor)* to book one's passage (on ship); *dar passagem* to make way; *desviar-se para dar passagem* to clear the way; *de passagem por* on one's way through; *tapar a passagem* to stop the way, to block the way

passajar *v. tr.* to darn, to stitch, to mend; *passajar meias (peúgas)* to darn stockings (socks)

passal *s. m.* presbytery grounds; pace (old measure)

passamanar *v. tr.* to adorn with ribbons (lace, trimming, etc.)

passamanaria *s. f.* lace-work, lace-making; lace-shop

passamaneiro *s. m.* lace-maker; seller of lace-work

passamanes *s. m. pl.* lace, braid, fringes, trimmings

passamento *s. m.* death, decease, passing, passing away

passa-muros *s. m.* old iron gun

passante Ⓐ *adj.* exceeding; passing; walking Ⓑ *s. m.* HERÁLDICA passant Ⓒ *s. m. e f.* passer-by

passa-pé *s. m.* passepied (old dance)

passa-piolho *s. m.* [pop.] spade beard

passaporte *s. m.* passport; pass; *passaporte nacional* sea-letter, sea-brief

passar *v. tr. e intr.* to pass, to proceed, to move, to go forward, to advance; to go through, to cross (over); to elapse (time); to spend (time), to transfer, to convey, to carry, to transport; to undergo, to suffer, to endure, to bear; to surpass, to overpass; to happen, to occur; to filter, to percolate; to smuggle; to die, to pass away; to pass (in) one's examination; [fig.] to experience, to go through; to run by; to fly away; to be over; to stay; *ver passar alguém* to see a person pass; *como o tempo passa depressa!* how quickly time passes!, how time flies!; *a propriedade passou para o meu filho* the estate passed to my son; *a dor já passou* the pain has now gone off; *passou-lhe a cólera* his anger has passed; *passar por alguém na rua* to pass a person in the street; *por favor, passe-me a manteiga!* please, pass me the butter!; *passar por homem rico* to pass for a rich man; *passar por alto* to skip over; *passe V. Ex.ª muito bem!* very good day, sir!; *passar em claro* to make no mention of, to let pass, to pass over; *isso há-de passar* it will pass; *passar um tempo aborrecido* to have a weary time; *ir passar uns dias fora* to go on (for) a holiday; *eis como as coisas se passaram* this is how things happened; *o que desejo é que isso passe depressa* I hope it will soon be over; *passar no exame* to pass one's examination, to succeed in one's examination; *passar adiante* to outstrip, to outrun, to eclipse; *passar a segundas núpcias* to marry a second time; *passar bem (de saúde)* to be well, to be in good health; *passar a vau* to ford, to cross by wading; *passar um mau bocado* to have an anxious time, to have a bad time; *passar à ordem do dia* to proceed to the order of the day; *passar contrabando* to smuggle; *passar pelas armas* to shoot (to death); *passar a fio de espada* to put to the sword; *passar rapidamente* to sweep by, to rush along; *passar regularmente de saúde* [coloq.] to be middling; *passar de memória* to slip from one's memory; *passar de largo* to pass by; *passar trabalhos* to rough it; *passar a limpo* to make a fair copy of, to write out fair; *passar de mão em mão* to go from hand to hand; *passar a mão pela testa* to pass one's hand across one's forehead; *passar de moda* to go out of fashion; *passar uma lição* to set a lesson; *as suas observações passaram despercebidas* his remarks passed unnoticed, his remarks went unnoticed; *passar sem* to do without; *passar além* to go beyond; *passar certidão* to give a certificate; *passar pela malha* to escape, to slip through one's fingers; *passar dias tristes* to lead a sad life; *passar palavra* to pass word; *passar uma lei* to pass a law, to enact a law; *passar de um assunto para outro* to proceed from one subject to another; *como os anos passam depressa!* how fast the years pass!; *já passou a chuva* the rain is over; *passar pela ideia* to cross one's mind; *não passa de um simples boato* it's nothing but a rumour; *passar revista* to pass (troops) in review, to muster; *passar à história* to blow over; *passar pela tangente (num exame)* to scrape through (an examination); *passar como um relâmpago* to shoot by; *como passou a noite?* how did you sleep?; *passou a crise e o doente agora está salvo* the crisis is over and the patient is now safe; *deixe passar!* stand out of the way!; *passe uma semana connosco!* stay a week with us!; *passar em silêncio* to pass by in silence, to steal along; *passar por* to pass for; *passar por cima* to step over; *passe por aqui* step this way; *passar o perigo agudo de uma doença* to turn the corner; *passar lentamente* to wear on, to pass slowly; *passar o dia tristemente* to drag through the day; *passar as férias na praia* to spend one's holidays at the seaside; *não se passa um dia que não chova* not a day without rain; *já passa do meio-dia* it is past twelve; *passar como um gato por brasas* to be like a cat on hot bricks; *passar a rastejar* to pass close, to scrape past; *passar à vista* to pass before one's eyes; COMÉRCIO *passar para nova conta* to carry to new account; *agradeço-lhe o obséquio de passar por minha casa, se puder* if you can call at my house!, I will be most grateful; NÁUTICA *passar borda com borda* to pass alongside; *passar uma espia* to run out a hawser

pássara *s. f.* a female bird

passarada *s. f.* crowd of birds, flight (flock) of birds; birds (collectively)

passarão *s. m.* large bird; [fig.] artful person, cunning fox, slyboots

passaredo *s. m.* ⇒ **passarada**

passareira *s. f.* aviary, birdhouse, large birdcage

passareiro *s. m.* bird-catcher; bird-fancier

passarinha *s. f.* the spleen of an animal

passarinhada *s. f.* ⇒ **passarada**

passarinhar *v. intr.* to catch birds, to loaf, to idle, to gad about

passarinheiro *s. m.* bird-catcher, bird-seller

passarinho *s. m.* little bird; [fam.] birdie

passa-rios *s. m.* ORNITOLOGIA oyster-catcher

passaritar *v. intr.* ⇒ **passarinhar**

pássaro *s. m.* bird; [fig.] ⇒ **passarão**; *pássaro bisnau* sly person; *atirar a um pássaro a voar* to shoot a bird on the wing; *mais vale um pássaro na mão que dois a voar* a bird in the hand is worth two in the bush; *ninho de pássaro* bird's nest; *ter o pássaro na mão* to have the ball at one's foot

passaroco *s. m.* small bird, little bird; [fam.] birdie

passarola *s. f.* large bird; AERONÁUTICA, HISTÓRIA aerostat (of Bartolomeu de Gusmão)
passarolo *s. m.* large bird
passatempo *s. m.* pastime, recreation, amusement, diversion, entertainment, sport, play; ***como (por) simples passatempo*** as a pastime, for fun; ***passatempo favorito*** hobby
passavante *s. m.* pursuivant; herald
passável *adj.* passable, tolerable, fairly good, so so, pretty good
passe *s. m.* pass, free-pass; permission, licence, permit; thrust (in fencing); ***passe (de comboio, autocarro, eléctrico, etc.)*** season-ticket; ***passe da Alfândega*** custom's pass; ***passe de mágica*** sleight of hand
passeadoiro *s. m.* promenade
passeador Ⓐ *adj.* much given to promenading Ⓑ *s. m.* assiduous promenader
passeadouro *s. m.* promenade, public walk
passeante *s. m. e f.* promenader; walker, stroller, idler, lounger, vagrant
passear Ⓐ *v. intr.* to walk, to stroll, to walk about, to stroll about, to promenade, to go for a walk, to take a walk; to ride (on a horse, on a bicycle), to ride (in a car, cart, carriage, etc.); to go for a ride (on a horse, a bicycle); to go for a drive (in a car, cart carriage, etc.) Ⓑ *v. tr.* to walk, to take for a walk, to promenade; ***levar o cão a passear*** to take the dog for a walk; ***mandar alguém passear*** to send someone packing, to send someone about his business; ***passear pelas ruas*** to promenade (in) the streets; ***passear devagar*** to walk slowly, to stroll
passeata *s. f.* stroll, promenade, little walk; trip, tour; airing
passeio *s. m.* walk, stroll, jaunt, promenade, tour, trip, excursion; outing, constitutional; ⌈E.U.A.⌋ ***passeio (da rua)*** pavement, sidewalk; ***passeios a pé*** rambling; ***ir dar um passeio a pé*** to go (out) for a walk; ***passeio de automóvel*** ride, motor-tour; ***dar um passeio de carro*** to go for a ride (by car); ***passeio a cavalo*** ride on horseback; ***passeio de barco*** sail, sailing, boating; ⌈irón.⌋ ***dar um passeio higiénico*** to go for a constitutional; ***dar um passeio rápido*** to take a sharp walk; ***passeio de ida e volta*** round trip
passeira *s. f.* place where fruits (mainly raisins) are dried (or kept)
passeiro *adj.* slow, slow-paced, pacing (horse)
passento *adj.* absorbent; pervious, permeable
passe-passe *s. m.* prestidigitation, sleight-of-hand, legerdemain
passerele *s. f.* catwalk
passeriforme *adj.* passerine; birdlike
passeriformes *s. m. pl.* Passeriformes; passerine birds
passibilidade *s. f.* passiveness
passiflora *s. f.* BOTÂNICA passion flower
Passifloráceas *s. f. pl.* *Passifloraceae*
passinhar *v. tr.* to trot (of horse); to toddle (of children)
passional *adj.* passional; ***crime passional*** crime committed under the influence of passion
passionalidade *s. f.* passionateness
passionário *s. m.* passional (book of the suffering of saints and martyrs)
passiva *s. f.* GRAMÁTICA passive voice
passivamente *adv.* passively
passivar *v. tr.* to render passive, to give a passive form to; to make indifferent
passível *adj.* passible; susceptible
passividade *s. f.* passivity, passiveness, inertness, inactivity; apathy
passivo Ⓐ *adj.* passive, suffering, inert, still, inactive; indifferent Ⓑ *s. m.* COMÉRCIO liabilities; ***activo e passivo*** assets and liabilities; ***aumentar o passivo*** to increase the liabilities
passo Ⓐ *s. m.* pace, step, stride; gait (manner of walking), passage (of a book) Ⓑ *adj.* dry, dried Ⓒ *adv.* slowly, noiselessly; ***ao passo que*** while; ***passo de tartaruga*** snail's pace; ***passo largo*** stride; ***a passo ordinário*** in regular time; ***a passo acelerado*** in quick time; ***passo arriscado*** a leap in the dark; ***um passo dado a tempo vale por nove*** a stitch in time saves nine; ***andar a passo largo*** to go at a good round pace; ***a passo de boi*** snail-paced; ***dar um passo*** to step, to take a step; ***passo dobrado*** double quick step; ***a cada passo*** every now and then, at every step, at every turn; ***passo em falso*** slip, wrong move, devious step; ***a dois passos*** at a little distance, a short way off; ***passo vigoroso*** rattling pace; ***não dar mais um passo na questão*** to take no further steps in the matter; ***dar um passo irremediável*** to burn one's boats; ***dar um passo sério (na vida)*** to take the plunge; ***apressar o passo*** to hurry one's steps; ***marcar passo*** to mark time; ***acertar o passo com*** to get into step with, to fall into step with, to be in step with; ***ao passo que*** whereas, while; ***dar os passos necessários*** to take the necessary steps; ***passo falso*** false step; ***dirigir os seus passos*** to turn one's steps; ***anda com passo ligeiro*** he walks with a rapid step; ***caminhava com passo vacilante*** he walked with unsteady steps; ***andar com passo trôpego*** to shuffle along; ***dar um passo para fora (sair)*** to step off (out); ***aproximar-se com passo cauteloso*** to approach with cautious step; ***poucos (dois) passos*** at a little distance, short way off
pasta *s. f.* paste, pulp; portfolio, briefcase, schoolbag; folder, binder; ⌈pop.⌋ dough, money; slowcoach, sluggard, drone, laggard, slug; ***ministro sem pasta*** minister without portfolio; ***a minha pasta está muito estragada*** my briefcase is much worn; ***pasta dentífrica*** toothpaste
pastadoiro *s. m.* pasture, grassland, grazing-field
pastadouro *s. m.* pasture, grassland, grazing-field
pastagem *s. f.* pasture, pasturage, herbage for cattle, grazing ground (field)
pastar *v. tr. e intr.* to pasture, to graze, to eat down (grass on), to browse; to put (cattle) to pasture; ⌈fig.⌋ to delight in, to enjoy
pastejar *v. tr. e intr.* ⇒ **pastar**
pastel *s. m.* pie, pastry; PINTURA pastel, drawing in pastel; ⌈pop.⌋ slow person, lazy-bones
pastelada *s. f.* roundish stain; stroke of the brush; blot, spot
pastelão *s. m.* big pie; ⌈pop.⌋ indolent (slow) person; lazy-bones
pastelaria *s. f.* confectioner's (shop); confectionery; pastry; lots of pies
pastel-dos-tintureiros *s. m.* BOTÂNICA a plant of the mustard family
pasteleiro *s. m.* pastry-cook, pastryman, pastrymaker
pastelinho *s. m.* good-for-nothing
pastelista *s. m. e f.* pastel(l)ist
pasteuriano *adj.* Pasteurian
pasteurização *s. f.* pasteurization
pasteurizador *s. m.* pasteurizer (pasteurizing apparatus; one who pasteurizes)
pasteurizar *v. tr.* to pasteurize, to sterilize (milk, etc. by Pasteur's methods)
pastichar *v. tr. e intr.* to make a pasticcio (or a pastiche)
pasticho *s. m.* pasticcio, pastiche
pastilha *s. f.* pastil, pastille, lozenge, tablet; ***pastilha elástica*** chewing-gum; ⌈fig.⌋ ***aplicar a pastilha a*** to punish; ***engolir a pastilha*** to be swindled, to be taken in
pastinaca *s. f.* BOTÂNICA wild parsnip
pastinaga *s. f.* BOTÂNICA wild parsnip
pastinhar *v. intr.* to nibble, to peck at one's food
pastinheiro *adj.* nibbling, pecking
pastio *s. m.* pasture, pasture-land, grassland
pasto *s. m.* pasture; food; nourishment, aliment; place where cattle grazes; ***casa de pasto*** eating-house
pastor *s. m.* shepherd; herdsman; pastor, priest, minister, parson, clergyman, churchman; ***cão de pastor*** sheep-dog;

cajado de pastor shepherd's crook; ***(cão) pastor alemão*** Alsatian (wolf-)dog
pastora *s. f.* shepherdess
pastorado *s. m.* pastorate, pastorship; ⇒ **pastoreação**
pastoral Ⓐ *adj.* pastoral Ⓑ *s. f.* pastoral (poem); pastoral (letter), address (from pastor)
pastorar *v. tr.* ⇒ **pastorear**
pastoreação *s. f.* act of tending a flock (herd)
pastorear *v. tr.* to tend (a flock); to keep (a herd), to pasture, to herd, to graze; [fig.] to guide, to direct, to lead
pastoreio *s. m.* pasturing; grazing, pasture
pastorejar *v. tr.* ⇒ **pastorear**
pastorela *s. f.* MÚSICA pastorale, pastoral poem
pastorícia *s. f.* job of a shepherd; ⇒ **pastoreação**
pastorício *adj.* pastoral
pastoril *adj.* pastoral, rustic, rural, bucolic
pastorinha *s. f.* little shepherdess
pastosidade *s. f.* stickness, clogginess, viscosity
pastoso *adj.* doughy, clammy, viscous, glutinous, sticky, pasty
pastrano *adj.* rustic, coarse
pata *s. f.* duck; paw, animal's foot; [pop.] foot; big foot; ***pata de âncora*** fluke of the anchor, palm of the anchor; [fam.] ***andar à pata*** to go on foot, to walk, to go on shanks's mare, to go on shank's pony; ***pata dianteira*** fore-foot; ***pata traseira*** hind foot
pataca *s. f. pataca*; [Bras.] silver coin; unit of money in Macao
patacão *s. m. patacão* (ancient Portuguese copper coin)
patacaria *s. f.* lots of money
patachim *s. m.* ORNITOLOGIA titmouse
patacho *s. m.* NÁUTICA brigantine
pata-choca Ⓐ *s. f.* fat, lazy woman; clumsy woman Ⓑ *s. m.* sexton, sacristan
pataco *s. m.* "pataco" (ancient Portuguese coin); ***isso não vale um pataco*** that is not worth twopence
patacoada *s. f.* nonsense, moonshine, fudge; ridiculous ostentation, braggadocio, boast; blunder, gross mistake, bull
patada *s. f.* kick, stamping with the paws (feet); [fig.] ⇒ **patacoada**
patagão *s. m., adj.* ⇒ **patagónio**
patágio *s. m.* ZOOLOGIA patagium
patagónio *s. m., adj.* Patagonian
patalou-dos-vales *s. m.* BOTÂNICA cursed crowfoot
pataluco *s. m.* BOTÂNICA cursed crowfoot
patamal *s. m.* landing; ⇒ **patamarim**
patamar *s. m.* landing; ⇒ **patamarim**; ***patamar (da escada)*** landing (of the staircase)
patamarim *s. m.* pattamar (Indian boat)
patamaz *s. m., adj.* ⇒ **parvo**
patameira *s. f.* persistent drizzle
patameiro *s. m.* slough, muddy place; marsh, bog
patanisca *s. f.* CULINÁRIA fried piece of codfish
patão *s. m.* large duck; coarse clog, sabot
pataqueiro *adj.* very cheap, ordinary, poor, common
patarata Ⓐ *s. f.* fib, improbable story (tale), yarn; nonsensical talk, ridiculous ostentation, affectation Ⓑ *s. m. e f.* braggart, blusterer; ***que patarata!*** that's all gammon!
pataratar *v. intr.* to tell fibs, to talk big, to boast, to brag
patarateаr *v. intr.* to tell fibs, to talk big, to boast, to brag
patarateiro *s. m.* fibber, story-teller
pataratice *s. f.* act (words) of a fibber
pataratismo *s. m.* fibble-fable; nonsense; dilly-dallying, shilly-shallying
patarral *s. m.* NÁUTICA backstay, back-rope, guy
patarrás *s. m.* NÁUTICA backstay, back-rope, guy
patarreca *s. m. e f.* [pop.] short and stout person; stumpy person
patau *s. m.* [pop.] simpleton, fool, idiot, dolt, blockhead; ***pagar o patau*** to abide the consequence, to face the music, to pay the piper
patavina *s. f.* nothing; ***nem patavina*** not the least, nothing at all; ***não perceber patavina*** to make neither head nor tail of anything
patavinice *s. f.* ⇒ **parvoíce**
patavinidade *s. f.* patavinity
patavinismo *s. m.* patavinity
patavino *s. m., adj.* Paduan
pataz *s. m.* [África] ZOOLOGIA patas, the red monkey
pate Ⓐ *s. m.* [pop.] a draw, equality Ⓑ *adj.* drawn
pateada *s. f.* stamping (with the feet); ***dar pateada*** to stamp (with the feet)
pateadura *s. f.* stamping (with the feet)
patear *v. tr. e intr.* to stamp (with the feet); [pop.] to die, to expire, to depart
pateca *s. f.* duckling; [reg.] watermelon
pategada *s. f.* number (group) of boors; boor's doing (saying)
pategar *v. intr.* to act (to behave, to speak) as a boor
patego *s. m.* simpleton, ninny, churl, boor, bumpkin, countryman
pateguice *s. f.* stupidity, nonsense
pateira *s. f.* gun to chase ducks; designation of several small lagoons of the hydrological basin of Vouga river
pateiro Ⓐ *s. m.* duck-breeder, duck-farmer; [fam.] lay brother Ⓑ *adj.* slow walking, waddling
patejar *v. intr.* to dabble, to splash
patela *s. f.* knee-pan, limpetshell, patella; quoit (disk); quoits (the game)
patelar *adj.* patellar
patelha *s. f.* NÁUTICA pintle
patelhão *s. m.* NÁUTICA centre-board, drop-keel, sliding-keel
pateliforme *adj.* patelliform
patelo *s. m.* manure of foul crabs and seaweeds
patena *s. f.* RELIGIÃO paten
patente Ⓐ *adj.* patent, open; obvious, plain, clear, evident, unmistakable Ⓑ *s. f.* patent; royal (government) grant; warrant, privilege; MILITAR rank; ***cartas patentes*** letters patent; ***patente de invenção*** patent for invention; ***tirar patente de invenção*** to take out a patent for an invention; ***repartição onde se passam as patentes de invenção*** patent office; ***pano patente*** calico; ***que não tem patente de oficial*** noncommissioned officer
patenteação *s. f.* show, exhibition, demonstration, test
patentear *v. tr.* to grant a patent; to manifest; to show, to make evident (clear); to expose, to lay bare
patera *s. f.* curtain-hook
pátera *s. f.* patera
páter-famílias *s. m.* paterfamilias, head of a family
paternal *adj.* paternal, fatherly, fatherlike
paternalmente *adv.* paternally, as a father
paternidade *s. f.* paternity, fatherhood
paterno *adj.* paternal, fatherly; ***avô paterno*** paternal grandfather
patesca *s. f.* NÁUTICA snatch block
pateta *s. m. e f.* simpleton, silly, foolish person, imbecile, idiot, fool, blockhead, dunce, booby, half-baked fellow
patetar *v. intr.* to talk silly; to behave foolishly
patetear *v. intr.* to talk silly; to behave foolishly
pateticamente *adv.* pathetically
patetice *s. f.* silliness, silly thing, stupid idea (action), nonsense, stupidity, dul(l)ness, blockishness; ***rematada patetice*** blue moonshine; [vulg.] ***dizer patetices*** to talk nonsense, to talk rot, to talk bullshit
patético Ⓐ *adj.* pathetic, sad, moving, affecting, touching, emotional Ⓑ *s. m.* pathetic quality, patheticalness, pathos, deep (tender) emotion
patetóide *adj.* simpleton, silly, foolish, idiotic
patibular *adj.* of (resembling) the gallows; horror-inspiring; ***cara patibular*** gallows look

patíbulo *s. m.* gibbet, gallows; ***morrer patíbulo*** to die on the gibbet
pático *adj.* libidinous, libertine
patifão *s. m.* big rascal; scoundrel
patifaria *s. f.* roguery, knavish conduct, knavery, underhand dealing, villainy, rascality, trickery, blackguardism, scoundrelism; ***foi uma grande patifaria*** it was a most underhand trick
patife *s. m.* knave, rogue, rascal, scamp, villain, scoundrel, cheat, vile, wretch; ***um bom patife*** a bad sort
patifório *s. m.* [fam.] sly rogue (rascal, knave, villain, scoundrel)
patilha *s. f.* spangle; cantle (of a saddle); brakeblock (bicycle)
patim *s. m.* skate; small landing; ***patim de rodas*** roller-skate; NÁUTICA ***patim de roda (de navio)*** sponson (of a ship)
pátina *s. f.* patina (on bronze, coins and works of art); green rust
patinador Ⓐ *s. m.* skater Ⓑ *adj.* skating
patinagem *s. f.* skating; ***recinto de patinagem*** skating-rink
patinar *v. intr.* to skate; [fig.] to skid, to slide
patinha *s. f.* small duck; small paw or foot
patinhar *v. intr.* to dabble, to wade, to paddle, to splash about (in water), to play in water, to puddle; to skid (of wheels); ***patinhar na lama*** to wade in the mud
patinheiro *s. m.* slough, puddle
patinho *s. m.* duckling, young duck; ***cair como um patinho*** to fall into the snare
pátio *s. m.* courtyard, yard; ***pátio da criação*** poultry-yard; ***pátio de quinta*** farm-yard
patível *adj.* bearable, tolerable
patoá *s. m.* patois, dialect
pato-bravo *s. m.* ⇒ **adem**
patofobia *s. f.* MEDICINA pathophobia; fear of disease
patogénese *s. f.* MEDICINA pathogenesis
patogenia *s. f.* MEDICINA pathogeny
patogénico *adj.* pathogenic, pathogenous
patognomónica *s. f.* MEDICINA pathognomony
patognomónico *adj.* pathognomonic
patola Ⓐ *s. f.* claw (crabs, etc.); paw (person's hand); NÁUTICA chain hook Ⓑ *adj.* stupid
patologia *s. f.* pathology
patologicamente *adv.* pathologically
patológico *adj.* pathologic(al)
patologista *s. m. e f.* pathologist
pato-mudo *s. m.* person who does not speak
pato-real *s. m.* ⇒ **adem**
patorra *s. f.* big foot; big paw
patranha *s. f.* fake, fabrication, story, fib, falsehood, lie; [fam.] whopper; ***meter patranhas*** to tell fibs
patranhada *s. f.* a series of fibs
patranheiro Ⓐ *s. m.* fibber, storyteller, liar Ⓑ *adj.* who tells stories, lying
patranhento *adj.* ⇒ **patranheiro**
patranhoso *adj.* ⇒ **patranheiro**
patrão *s. m.* master, boss, chief, employer; NÁUTICA skipper; ***patrão de embarcação*** cockswain of vessel
patrão-mor *s. m.* harbour master's assistant
pátria *s. f.* fatherland, motherland, mothercountry, native land, home
patriarca *s. m.* patriarch
patriarcado *s. m.* patriarchate
patriarcal Ⓐ *adj.* patriarchal Ⓑ *s. m.* patriarchal see
patriarcalmente *adv.* patriarchically
patriciado *s. m.* patriciate; patrician class, aristocracy
patriciato *s. m.* patriciate; patrician class, aristocracy
patrício Ⓐ *s. m.* patrician, nobleman; compatriot Ⓑ *adj.* patrian, noble
patrimoniado *adj.* having a patrimony
patrimonial *adj.* patrimonial
património *s. m.* property, patrimony, heritage, inheritance, paternal estate, hereditament; ***património do Estado*** State Property
pátrio *adj.* national, native; paternal, fatherly
patrióufobo *s. m.* one who hates his own country
patriota *s. m. e f.* patriot
patrioteirismo *s. m.* [depr.] patriotism; chauvinism
patrioteiro *s. m.* [depr.] patriot, chauvinist
patrioticamente *adv.* patriotically, with patriotism
patriótico *adj.* patriotic, public-spirited
patriotismo *s. m.* patriotism, devotion to one's country; public spirit; ***por patriotismo*** from (out of) patriotism
patrística *s. f.* patristic science
patrístico *adj.* patristic, patristical, patrological
patroa *s. f.* mistress (of a house, shop, or inn); [pop.] wife
patrocinador Ⓐ *s. m.* patronizer, patron, sponsor, protector Ⓑ *adj.* patronizing, protecting, favouring
patrocinar *v. tr.* to patronize, to sponsor, to support, to befriend, to help, to favour, to defend, to protect, to support, to give support to; ***patrocinar uma causa*** to support a cause
patrocinato *s. m.* patronage
patrocínio *s. m.* patronage, support, favour, protection, assistance, aid; defence
patróclino *adj.* referring to the son who has inherited mostly paternal characteristics
patrologia *s. f.* RELIGIÃO knowledge of the life and works of the Popes
patrológico *adj.* one versed in patrologia
patrona *s. f.* patroness, female patron, patron saint; catridge-box (infantry)
patronado *s. m.* ⇒ **patronato**
patronagem *s. f.* patronage
patronal *adj.* patronal
patronato *s. m.* patronage, protection, defence; employers as a class; (workman's) social centre; asylum for children
patronear *v. tr. e intr.* to patronize, to act as patron (towards); to assume air (of a patron); to sponsor, to support, to favour
patronímico Ⓐ *adj.* patronymic Ⓑ *s. m.* patronymic name
patrono *s. m.* patron, patron saint; supporter, advocate, defender, protector, patronizer, sponsor
patruça *s. f.* ICTIOLOGIA kind of plaice
patrúcia *s. f.* ICTIOLOGIA kind of plaice
patruicídio *s. m.* murder of paternal uncle
patrulha *s. f.* patrol; ***patrulha aérea*** air patrol
patrulhamento *s. m.* patrol; rounds
patrulhar *v. tr. e intr.* to patrol, to go round (camp, town, etc.); to go the rounds
patuá *s. m.* slang
patudo *adj.* broad-footed, big-pawed
patuleia Ⓐ *s. f.* mob, rabble, populace, riff-raff; popular party formed in Portugal in 1846 Ⓑ *s. m. e f.* a member of that party
pátulo *adj.* patent, open, clear
paturi *s. m.* masked duck
patuscada *s. f.* spree, lively frolic, lark, fun, sport; ***fazer uma patuscada*** to have a lark
patuscar *v. intr.* to go on the spree, to revel, to have a lark
patusco Ⓐ *s. m.* merrymaker, reveller; ridiculous person Ⓑ *adj.* joyful, playful; odd, funny, queer
patusqueiro *adj.* merry, gay, joyful, jolly
pau *s. m.* piece of wood, stick; cudgel, club; pole, staff, rod; *pl.* clubs (at cards); ***pau de chocolate*** bar of chocolate, stick of chocolate; ***pau de bandeira*** flagstaff; ***(feito) de pau*** wooden; ***bater com um pau*** to strike with a stick; ***jogar com pau de dois bicos*** to hunt with the hounds and run with the hare, to play a double game; ***cabeça do pau do golfe*** club-head; ***pau de jogar o pólo*** polo-stick; ***naipe de paus*** clubs; ***dar por paus e por pedras*** to go off the deep end; ***dar com um pau a*** to thrash, to cudgel; [fam.] ***a dar com um pau*** in great quantity; ***pau de enxofre*** brimstone roll; NÁUTICA ***pau da***

P

bujarrona jibboom; ***pau de amura*** boomkin; ***pau de atracção*** griping spar; ***pau de giba*** flying-boom; ***pau de pica-peixe*** dolphin boom, martingale boom; ***pau de surriola*** boom, swing boom
pau-brasil *s. m.* Brazil-wood, kingwood
pau-campeche *s. m.* log-wood, dye-wood
pau-cetim *s. m.* satin-wood
pau-d'água *s. m.* drunkard
pau-de-cabeleira *s. m.* chaperon, pander; mediator between lovers; ***servir de pau-de-cabeleira*** to play gooseberry
pau-ferro *s. m.* ironwood
paul *s. m.* fen, marsh, bog, swamp, quagmire
paulada *s. f.* blow, stroke (with a stick)
paulatinamente *adv.* slowly, gently, easily softly, little by little, by degrees
paulatino *adj.* slowly, by degrees, slow, gentle
paulina *s. f.* scolding, railing, rating
paulista Ⓐ *s. m. e f.* [Bras.] Paulist (inhabitant of S. Paulo) Ⓑ *adj.* relating to the city of S. Paulo
paulistano *s. m., adj.* ⇒ **paulista**
paulitada *s. f.* hit (on target)
pauliteiro *s. m.* stick dancer
paulito *s. m.* little stick; [pop.] lucifer (match)
pau-mandado *s. m.* servile person, tool, cat's paw; a humble person always ready to do what is asked
paupérie *s. f.* pauperism, destitution, absolute poverty
pauperismo *s. m.* pauperism, destitution, poverty; pauperdom, paupers collectively, the poor
paupérrimo *adj.* very poor
pau-preto *s. m.* black wood
pau-rosa *s. m.* rose-wood
pausa *s. f.* pause, cessation, interruption, intermission, stop, break; MÚSICA mark; ***fazer uma pausa*** to make a pause
pausadamente *adv.* pausingly
pausado *adj.* slow, calm, quiet, leisurely, paused
pau-santo *s. m.* BOTÂNICA lignum vitae, ebony, guaiacum
pausar *v. tr. e intr.* to pause, to make a pause; to linger, to dwell upon, to pause upon; to delay; to stop
pauta *s. f.* paper-ruler; list; tariff; ruled paper, guidelines; MÚSICA stave; (in a school) register, roll; ***pauta da Alfândega*** tariff of the customhouse; ***ver na pauta*** to see on the list, to have a look at the list
pautado *adj.* ruled; methodical, moderate; ***papel pautado*** ruled paper
pautador *s. m.* ruler, ruling machine
pautal *adj.* customary, relating to tariffs; indicated in the tariffs
pautar *v. tr.* to rule lines (on paper); to direct, to regulate; to include in a list; to list, to enroll; ***pautar papel*** to rule lines on paper
pautear *v. tr.* to rule lines (on paper); to direct, to regulate; to include in a list; to list, to enroll
pauzeiro *s. m.* [reg.] clog-maker
pauzinho *s. m.* little stick; ***mexer (tocar) os pauzinhos*** to pull the wires
pavana *s. f.* pavan (dance, music); [pop.] rebuke; ***tocar a pavana (a alguém)*** to give a thrashing
pavão *s. m.* ORNITOLOGIA peacock; ***vaidoso como um pavão*** as proud as a peacock, as proud as Lucifer
paveia *s. f.* wisp, bundle
pavejar *v. intr.* to tie into bundles
pavês *s. m.* pavis, pavise, large full-sized shield; bulwark (of a ship)
pavesada *s. f.* bulwark (of a ship)
pavesado *adj.* furnished with pavises
pavesadura *s. f.* ⇒ **pavesada**
pavesar *v. tr.* to furnish with pavises
pavia *s. f.* [reg.] peach (variety of)
pávido *adj.* timid, fearful, terrified, frightened, alarmed, coy, shy
pavilhão *s. m.* pavilion; tent, canopy; flag, standard, ensign, national colours; pavilion of the ear, auricle (of the ear); BOTÂNICA pavilion; ***pavilhão (bandeira) britânico*** the Union Jack; ***pavilhão de honra (num estádio, hipódromo, etc.)*** grandstand
pavimentação *s. f.* paving; flooring; ***pavimentação de asfalto*** asphalt paving
pavimentar *v. tr.* to pave, to board, to plank, to floor
pavimento *s. m.* pavement, floor; storey, floor; paving, surface (of a road); NÁUTICA deck; ***pavimento ladrilhado*** brick pavement; ***pavimento de mármore*** marble flag pavement; ***pavimento de asfalto*** asphalt floor; ***pavimento de mosaico*** mosaic floor; ***primeiro pavimento*** first floor (storey); NÁUTICA ***pavimento de tabuado*** laid deck
pavio *s. m.* wick (of a candle); ***de fio a pavio*** from beginning to end
paviola *s. f.* ⇒ **padiola**
pavoa *s. f.* peahen
pavonáceo *adj.* PINTURA crimson-coloured, purple-coloured
pavonada *s. f.* displaying of feathers (peacock); [fig.] strutting; boasting, ostentation, outward show, parade, show, vanity, vaunting, flourish
pavonado *adj.* pavonine
pavoncinho *s. m.* ⇒ **pavoncino**
pavoncino *s. m.* ZOOLOGIA pewit, peewit; lapwing
pavonear *v. tr. e refl.* to peacock, to adorn with gaudy colours; to show off, to vaunt, to brag of, to boast of, to make a display of, to strut, to prance, to pride oneself on
pavoneio *s. m.* vaunting, bragging, boasting
pavor *s. m.* dread, terror, horror, awe, fear, fright
pavorosa *s. f.* alarming report, terrifying news
pavorosamente *adv.* dreadfully, fearfully, frightfully, appallingly, terribly
pavoroso *adj.* dreadful, frightful, fearful, terrible, horrible, horrid, direful, dire, awful, terrific, terrifying, appalling
paxá *s. m.* pasha, pacha
paxalique *s. m.* pashalic, pachalic
pax-vóbis *s. m.* ⇒ **palerma**
paz *s. f.* peace, tranquillity, harmony, quiet, rest, calm, repose, concord; ***estar em paz*** to be at peace; ***paz de espírito*** peace of mind; ***bandeira da paz*** flag of truce; ***não perturbar a paz pública*** to keep the peace; ***juiz de paz*** Justice of the Peace; ***paz à sua alma!*** peace to his ashes!; ***deixar em paz*** to leave alone; ***fazer as pazes*** to make it up, to reconcile; ***querer fazer as pazes*** to hold out the olive branch; ***descansar em paz*** to rest in peace
pazada *s. f.* shovelful, spadeful; blow with a shovel
pazão *s. m.* ZOOLOGIA Indian antelope
paz-de-alma *s. m. e f.* easy-going person, indolent person
PC ||*abrev. de* **personal computer**|| PC
pé *s. m.* foot (*plural* feet), terminal part of leg; lineal English measure (0.3048 m); part of a stocking; unit (in scansion of verse); leg (of chair, table, etc.); BOTÂNICA stem; reason, pretext, motive, opportunity; lees, dregs, sediment; ***estar em pé*** to be standing, to stand, to bristle (hair); ***cair em pé*** to fall on one's feet; ***em bom pé*** on a good footing; ***em pé de guerra*** on a war footing; ***entrar com o pé direito*** to make a good start; ***estar com os pés na cova*** to have one foot in the grave; ***retomar o pé*** to recover one's footing; ***perder o pé*** to go out of one's depth, to lose one's footing; ***meter os pés para dentro*** to turn one's toes in; ***negar a pés juntos*** to deny flatly; ***não poder ter-se em pé*** to be hardly able to stand; ***estar de pé (estar activo)*** to be on one's feet; ***estar de pé atrás*** to be mistrustful (of someone), to be on one's guard; ***pôr os pés no pescoço de alguém*** to set one's feet on someone's neck, to put one's feet on someone's neck; ***de pé até muito tarde*** up to all hours; ***não tornar a pôr os pés num lugar*** to shake off the dust from one's feet; ***pôr-se nas***

pontas dos pés to stand on tiptoe; ***ver em que pé estão as coisas*** to see how the wind blows, to see how things stand; ***pôr-se a pé*** to stand up; ***atirar-se de pés e cabeça*** to draw a bow at a venture; ***sem pés nem cabeça*** without rhyme or reason; ***ao pé da letra*** literally; ***pé ante pé*** on tiptoe; ***com pés de lã*** slyly; ***de pé e a andar (depois de uma doença)*** up and about; ***está ainda a pé*** he is still up; ***peito do pé*** instep; ***pés virados para fora*** splay-feet; ***pé chato*** flatfoot; ***dos pés à cabeça*** from head to foot; ***do pé para a mão*** on the spur of the moment, at a moment's notice; ***saltar ao pé-coxinho*** to hop; ***a pé enxuto*** dry-shod; ***em pé de igualdade*** on equal terms; ***a pé*** on foot, afoot, out of bed, up; ***a pé firme*** firmly, unflinchingly; ***bater com o pé*** to stamp, to stamp one's foot; ***pé do copo*** stem of the glass; ***a pé quedo*** without stirring; ***ao pé de*** close to, near by; ***ao pé*** nearby; ***pé ligeiro*** light foot; ***de pé lépido*** fleet of foot, swift of foot; ***com os pés doridos*** foot-sore; ***corrida a pé*** foot race; ***pé de mesa*** leg of the table; ***pisar com os pés*** to tread under foot; ***fiquei com o pé preso*** I caught my foot; ***pé quadrado*** square foot (144 sq. in.); ***pé cúbico*** cubic foot (1,728 cu. in.); NÁUTICA ***pé de leme*** rudder heel; ***pé de roda da proa*** fore foot; ***pé de mastro*** heel of a mast

peaça *s. f.* yoke-strap, yoke-band

peadoiro *s. m.* place where horses are fettered

peadouro *s. m.* place where horses are fettered

peal *s. m.* kind of strap connecting a covering for the lower legs to the feet

peanha *s. f.* pedestal

peanho *s. m.* NÁUTICA keel and lower part of a ship

peão *s. m.* pedestrian, walker, person on foot, foot-traveller; foot-soldier; pawn (chess)

pear *v. tr.* to hinder, to embarrass, to retard, to slow down; to shackle, to fetter, to secure; NÁUTICA to lash

peça *s. f.* piece, part, portion; cannon, gun; coin, piece; play, literary (musical) composition, piece (of furniture); [fam.] trick, prank; ***a peça foi um fiasco*** the play turned out a frost, the play was a flop; ***a peça é um grande triunfo*** the play is a great draw; ***descarregar uma peça*** to unload a gun; ***conferir as peças de roupa*** to check the items of the linen; ***por peça (de obra)*** by the piece; ***pregar uma peça*** to play a trick, to play a prank; ***boa peça*** a queer customer; ***peças móveis (de uma máquina)*** working-parts (of a machine); ***peças soltas*** loose parts, spare parts; ***peça de fazenda*** piece of stuff; ***peça de linho*** piece of linen; ***peça de artilharia*** gun, cannon, ordnance; ***peça de fundição*** casting piece; ***peça de carne*** joint

pecabilidade *s. f.* peccability

pecadão *s. m.* great sin (offence, guilt, wickedness)

pecadilho *s. m.* peccadillo, slight offence

pecado *s. m.* sin, wickedness, error, offence, crime, evil, ungodliness; ***os sete pecados mortais*** the seven deadly (mortal) sins; ***cometer um pecado*** to commit a sin

pecador *s. m.* sinner, offender, wrongdoer; penitent, repentant

pecadora *s. f.* woman sinner, sinful woman, sinner

pecadoraço *s. m.* great sinner

pecaduço *s. m.* ⇒ **pecadão**

pecaminosamente *adv.* sinfully

pecaminoso *adj.* sinful

pecante Ⓐ *adj.* peccant, sinful, erring, criminal Ⓑ *s. m. e f.* sinner, offender, wrong-doer

pecar *v. intr.* to sin, to commit sin, to err, to offend, to transgress, to trespass, to do wrong

pecável *adj.* peccable, liable to sin

pecha *s. f.* fault, blemish, defect; foible, flaw

pechada *s. f.* collision; push, a thrust

pecheblenda *s. f.* pitch-blende

pechelingue *s. m.* pirate, corsair, buccaneer, privateer

pechilingue *s. m.* pirate, corsair, buccaneer, privateer

pechincha *s. f.* bargain, job-lot; godsend

pechinchar *v. tr. e intr.* to gain (to profit unexpectedly); to go bargain-hunting

pechincheiro *s. m.* bargain-hunter

pechisbeque Ⓐ *s. m.* pinchbeck; tombac Ⓑ *s. m. e f.* [fig.] a good-for-nothing, simpleton

pechoso *adj.* faulty; faultfinding, particular, critical, strict, close, whimsical, exacting, scrupulous

pecilotérmico *adj.* cold-blooded animal

peciolado *adj.* BOTÂNICA petiolate

peciolar *adj.* BOTÂNICA petiolar

pecíolo *s. m.* BOTÂNICA petiole, footstalk of a leaf

peco Ⓐ *s. m.* blight, withering (of vegetables) Ⓑ *adj.* withered; unripened; wasted; [fam.] stupid, dull, faint-hearted

peçonha *s. f.* poison, venom, bane; [fig.] wickedness, malice; ***morto o bicho, morta a peçonha*** dead men tell no tales

peçonhentar *v. tr.* to poison

peçonhento *adj.* poisonous, noxious, baneful, venomous; [fig.] wicked, dark, black

pécora *s. f.* drab, wench; despicable woman

pé-coxinho *s. m.* hop; ***a pé-coxinho*** hopping

péctico *adj.* QUÍMICA pectic

pectina *s. f.* pectin

pectíneo *adj.* pectinal, pectinate(d)

pectinibrânquio *adj.* ZOOLOGIA pectinibranch, pectinibranchian, pectinibranchiate

pectinicórneo *adj.* ZOOLOGIA pectinicorn

Pectínidas *s. m. pl.* *Pectinidae*

Pectinídeos *s. m. pl.* *Pectinidae*

pectoral *adj.* pectoral

pecuária *s. f.* cattle breeding, cattle raising

pecuário Ⓐ *adj.* relating to cattle, cattle Ⓑ *s. m.* cattle-breeder; ***Direcção-Geral dos Serviços Pecuários*** Central Veterinary Office; ***Director-Geral dos Serviços Pecuários*** Chief Veterinary Officer

peculador *s. m.* peculator, embezzler

peculato *s. m.* peculation, embezzlement

peculiar *adj.* peculiar, special, especial, particular, characteristic, private, individual, proper; unusual, odd, strange, singular, uncommon

peculiaridade *s. f.* peculiarity, individuality, idiosyncrasy, speciality, singularity, particularity, oddity

peculiarmente *adv.* peculiarly, oddly, queerly

pecúlio *s. m.* savings, nest-egg, pile

pecúnia *s. f.* money; [fam.] brass, dough

pecuniariamente *adv.* pecuniarily

pecuniário *adj.* pecuniary, monetary; ***auxílio pecuniário*** pecuniary assistance; ***perdas pecuniárias*** pecuniary losses

pecunioso *adj.* pecunious, rich, opulent

pedação *s. m.* big piece, chunk

pedacinho *s. m.* little piece, little bit, whit, tittle, jot, bite; ***um pedacinho de papel*** a little piece of paper, a slip of paper

pedaço *s. m.* piece, bit, scrap, fragment, morsel; portion, chunk; ***fazer-se em pedaços*** to break to pieces, to fall to pieces; ***um pedaço de papel*** a piece of paper, a bit of paper, a scrap of paper; ***um pedaço de pão*** a piece of bread; ***fazer em pedaços*** to tear to pieces, to smash to pieces; ***em pedaços*** in pieces, in tatters

pedaço-de-asno *s. m.* a bit of (a great) fool

pedagogia *s. f.* pedagogy, pedagogics

pedagogicamente *adv.* pedagogically

pedagogice *s. f.* pedagogic airs, pedagogic pretension

pedagógico *adj.* pedagogic(al)

pedagogismo *s. m.* pedagogism, pedagoguism

pedagogista *s. m. e f.* pedagogue

pedagogo *s. m.* pedagogue

pé-d'água *s. m.* heavy rain

pedal *s. m.* pedal, treadle; foot-lever; ***pedal de embraiagem*** clutch pedal; ***pedal de aceleração*** accelerator pedal; ***pedal de piano*** pedal (of piano); ***pedal de um órgão*** pedal

P

pedalada *s. f.* push of the pedal, thrust on the pedal
pedalagem *s. f.* pedalling
pedalar *v. intr.* to pedal, to treadle away, to use the pedals (of piano or organ); to ride a bicycle; to work (to drive) by pedals; ***pedalar uma bicicleta*** to pedal a bicycle
pedaleira *s. f.* pedal keyboard of the organ; ⌈coloq.⌋ bicycle
pedaleiro *s. m.* main axle; pedal gear
pedálico *adj.* ZOOLOGIA pedal
pedaliforme *adj.* foot-shaped
pedâneo *adj.* standing (judge)
pedantaria *s. f.* pedantry, pedantism, ostentation of learning, boastful display of knowledge
pedante Ⓐ *s. m. e f.* pedant (prig, conceited) fellow; bluestocking Ⓑ *adj.* pedantic, priggish, conceited, vain, pompous, stilted
pedantear *v. intr.* to act as a pedant, to display (to parade) book-learning
pedantesco *adj.* pedantic(al)
pedantice *s. f.* ⇒ **pedantaria**
pedantismo *s. m.* ⇒ **pedantaria**
pedantocracia *s. f.* pedantocracy
pedantocrático *adj.* pedantocratic, pedantocrat
pedantório *s. m.* contemptible prig (pedant)
pedarquia *s. f.* education of children
pé-de-alferes *s. m.* courtship, love-affair, wooing; ***fazer pé-de-alferes*** to court, to pay addresses (to a lady)
pé-de-altar *s. m.* altarage, surplice-fee
pé-de-boi *s. m.* old-fashioned man; ⌈pop.⌋ slowcoach; a variety of apple
pé-de-burros *s. m.* BOTÂNICA wild saffron
pé-de-cabra *s. m.* crow-bar
pé-de-cantiga *s. m.* ⌈pop.⌋ pretext, excuse
pé-de-chumbo *s. m.* plodder; stupid man
pé-de-galinha *s. m.* crow's foot
pé-de-galo *s. m.* hop; ***mesa de pé-de-galo*** table-rapping
pé-de-ganso *s. m.* pettle-leaved goosefoot
pé-de-meia *s. m.* savings, nest-egg, pile
pederasta *s. m.* p(a)ederast
pederastia *s. f.* p(a)ederasty
pedernal *s. m.* flint, fire-stone; stony, rocky, rocklike
pederneira *s. f.* flint, fire-stone
pedestal *s. m.* pedestal; base, support; ***pôr (alguém) no pedestal*** to set (a person) upon a pedestal
pedestre *adj.* pedestrian, walking, hiking; ***corrida pedestre*** (running) race
pedestrianismo *s. m.* pedestrianism, walking, foot-travelling, hiking
pedestrianista *s. m. e f.* pedestrian, walker, hiker
pedestriano *s. m.* pedestrian, foot-racer, walker
pé-de-vento *s. m.* gust (blast) of wind; whirlwind
pedialgia *s. f.* sickness consisting of an acute pain in the foot
pediatra *s. m. e f.* paediatrician, ⌈E. U. A.⌋ pediatrician
pediatria *s. f.* MEDICINA paediatrics, ⌈E. U. A.⌋ pediatrics
pediátrico *adj.* paediatric, ⌈E. U. A.⌋ pediatric
pediatro *s. m.* ⇒ **pediatra**
pedicelado *adj.* BOTÂNICA pedicellate
pedicelário *s. m.* pedicellate
pedicelo *s. m.* BOTÂNICA pedicle, pedicel
pediculado *adj.* BOTÂNICA pedicellate
pedicular *adj.* pedicular
pedículo *s. m.* BOTÂNICA pedicel
pedicuro *s. m.* chiropodist, pedicure, pedicurist
pedida *s. f.* cards drawn and asked (in quantity) for
pedido *s. m.* request, demand, petition, appeal, entreaty; application; COMÉRCIO order commission; COMÉRCIO ***fazer um pedido*** to make a request, to place an order; ***aceder a um pedido*** to yield to a request; ***a pedido de*** at the request of, by request, on demand of; ***pedido de informação*** inquiry for information; ***pedido de clemência*** appeal for clemency; ***pedido de casamento*** proposal (of marriage); ***pedido de demissão*** resignation; ***pedido de desculpa*** apology
pedidor *s. m.* applicant, petitioner, demander
pediforme *adj.* pediform, foot-like, foot-shaped
pedilúvio *s. m.* foot-bath
pedímano *adj.* ZOOLOGIA pedimanous
pedimento *s. m.* petition
pedincha *s. f.* begging; beggar
pedinchão Ⓐ *s. m.* beggar Ⓑ *adj.* begging
pedinchar *v. tr.* to beg (importunately), to insist on begging
pedinchice *s. f.* begging, habit of begging
pedintão *s. m.* ⇒ **pedinchão**
pedintar *v. tr. e intr.* ⇒ **pedinchar**
pedintaria *s. f.* beggary, begging, mendicity
pedinte *s. m. e f.* beggar, mendicant
pedipalpo *s. m.* pedipalp (arachnid)
pedir *v. tr. e intr.* to beg, to request, to ask for, to require, to make a request for, to ask for alms; to beseech, to implore, to entreat, to appeal, to petition, to pray; COMÉRCIO to order; to commission; ***pedir o consentimento*** to ask the consent; ***pedir desculpa*** to apologize (for); ***ser obrigado a pedir desculpa*** to eat humble pie; ***pedir socorro*** to request assistance; ***pedir emprestado*** to borrow (from); ***pedir esclarecimentos*** to ask for explanations; ***pedir comunicação (telefónica)*** to ask to be connected; ***pedir uma indemnização*** to claim indemnity (or compensation); ***pedir a vistoria de um perito*** to demand an expert's survey; ***pedir uma audiência*** to request an audience; ***pedir auxílio*** to ask for help; ***pedir por*** to intercede for, to plead for; ***pedir um favor*** to ask a favour; ***pedir esmola*** to ask for alms, to beg charity; ***pedir contas*** to call for accounts; ***pedir um conselho*** to ask (for) advice; ***pedir dinheiro*** to ask for money; ***pedir licença*** to beg leave, to ask permission; ***pedir de porta em porta*** to beg from door to door; ***pedir alguém em casamento*** to ask someone in marriage; ***pedimos-lhe o favor de dar uma resposta com a possível brevidade*** we request the favour of a reply at your earliest convenience; ***é só pedir por boca*** it's yours for the asking
pé-direito *s. m.* height (of a room)
peditório *s. m.* public collection; repeated petition; begging, mendicity
pedofilia *s. f.* paedophilia; ⌈E. U. A.⌋ pedophilia
pedófilo Ⓐ *adj.* paedophilic; ⌈E. U. A.⌋ pedophilic; Ⓑ *s. m.* paedophile; ⌈E. U. A.⌋ pedophile
pedologia *s. f.* pedology
pedómetro *s. m.* pedometer
pedonomia *s. f.* pædonomy; education rules
pedopsiquiatria *s. f.* pædopsychiatry (child psychiatry)
pedra *s. f.* stone, rock; boulder; pebble; cobble; gravel (kidney and bladder); jewel, gem; blackboard, hailstone; piece (of chess, etc.); ***coração de pedra*** a heart of stone; ***a primeira pedra*** the foundation stone; ***pedra angular*** corner stone; ***pedra britada*** road-metal; ***pedra com arestas vivas*** jagged stone; ***pedra molar*** millstone-grit; ***pedra de calçada*** paving-stone; ***pedra sepulcral*** gravestone; ***pedra descoberta (no mar)*** lurking-rock, dry rock; ***pedra de sal*** a grain of salt; ***pedra preciosa*** precious stone; ***pedra filosofal*** philosopher's stone; ***pedra lunar*** adularia glass feldspar; ***pedra de amolar*** grindstone, whetstone; ***pedra bem jogada*** lucky move; ***pedra mal jogada*** unlucky move; ***pedra de cantaria*** freestone; ***estar de pedra e cal*** to be a fixture; ***pedra de cal*** limestone; ***pedra talhada*** hewn stone; ***de pedra*** rocky; NÁUTICA ***pedra de esfregar o convés*** holystone; ***não ficou pedra sobre pedra*** not a stone was left standing; ***assentar a primeira pedra*** to lay the foundation stone; ***com duas pedras na mão*** ready to start a fight; ***duro como uma pedra*** as hard as (a) stone; ***dormir como uma pedra*** to sleep like a top; ***pedra rolada não cria bolor*** a rolling stone gathers no moss; ***não deixar uma pedra por mexer (revolver o céu e a terra)*** to leave no stone unturned; ***água mole em pedra***

dura tanto bate até que fura constant dripping wears a stone; ***atirar pedras*** to throw stones; ***tropeçar numa pedra*** to trip over a stone; ***pôr uma pedra sobre o assunto*** to bury in oblivion, to forget; ***quem tem telhados de vidro não deve atirar pedradas*** people in glass houses shouldn't throw stones

pedra-argueirinha *s. f.* ⇒ **pedra-íman**

pedraço *s. m.* [reg.] hail

pedrada *s. f.* stone throwing; [fig.] insult, offence; ***à distância de uma pedrada*** within a stone's throw

pedra-de-ara *s. f.* altar-stone

pedra-de-cevar *s. f.* ⇒ **pedra-íman**

pedra-de-raio *s. f.* aerolite

pedra-de-toque *s. f.* MINERALOGIA touchstone; black jasper

pedrado *adj.* paved; speckled, spotted (with black and white stone)

pedra-do-ar *s. f.* aerolite

pedra-do-sol *s. f.* sunstone, aventurine feldspar

pedra-escrófula *s. f.* [África] sleeping-sickness

pedra-íman *s. f.* loadstone, lodestone

pedra-infernal *s. f.* lunar caustic

pedral Ⓐ *adj.* stony Ⓑ *s. m.* place full of stones

pedra-lipes *s. f.* blue copperas, blue stone, blue vitriol

pedranceira *s. f.* heap of stones

pedrão *s. m.* ⇒ **padrão**

pedra-pomes *s. f.* pumice-stone

pedraria *s. f.* freestone (for building); precious stones, gems

pedrar-se *v. refl.* to become hard, to go hard

pedra-ume *s. f.* alum

pedregal *s. m.* place full of stones; stony ground

pedregoso *adj.* stony, full of stones; ***caminho pedregoso*** stony path

pedregulhento *adj.* stony, gravelly

pedregulho *s. m.* boulder, rock, big stone

pedreira *s. f.* quarry, stone-pit, stone-quarry

pedreirinho *s. m.* ORNITOLOGIA bank-swallow

pedreiro *s. m.* mason; MILITAR swivel-gun; ZOOLOGIA martin, martinet

pedreiro-livre *s. m.* freemason

pedrês *adj.* black and white spottled, speckled

pedrinha *s. f.* little stone; pebble (on the beach)

pedrisco *s. m.* hail, sleet

pedroiço *s. m.* ⇒ **pedrouço**

pedroso *adj.* stony

pedrouço *s. m.* heap of stones

pedunculado *adj.* pedunculate

peduncular *adj.* peduncular

pedúnculo *s. m.* BOTÂNICA, ZOOLOGIA peduncle

pedunculoso *adj.* pedunculate, pedunculated

peeira *s. f.* foot-rot (in cattle)

pega[1] *s. f.* handle, hold, catch; fetters (for slaves); quarrel, tiff, jar, strife, breeze; (in bull-fighting) grapple, grappling; ***ter uma pega*** to have a quarrel

pega[2] *s. f.* ORNITOLOGIA magpie; [fig.] prating woman; ***pega de mastro*** cap of a mast

pegada *s. f.* footstep; footprint, footmark; track, trace

pegadeira *s. f.* handle

pegadiço *adj.* contagious, catching; clammy, sticky, gummy, viscous

pegadilha *s. f.* quarrel, dispute, dissension, tiff, jar, strife, breeze, falling out

pegado *adj.* stuck; close to, nearby, by, near to, adjoining, neighbouring, next door; ***estar pegado à vida*** to hang on to life; ***pegado com*** close to, near to

pegadoiro *s. m.* ⇒ **pegadouro**

pegador *s. m.* ZOOLOGIA remora, sucking-fish; grappler (in bullfighting)

pegadouro *s. m.* handle, hold

pegadura *s. f.* holding; ⇒ **pega**[1]

pega-flor *s. m.* ORNITOLOGIA humming-bird

pegajento *adj.* sticky, gluey, gummy, viscous, adhesive; contagious, catching; [fig.] tedious, importune, wearisome, tiresome, boring

pegajoso *adj.* sticky, gluey, gummy, viscous, adhesive; contagious, catching; [fig.] tedious, importune, wearisome, tiresome, boring

pegamasso *s. m.* glue; spot of mud; [fam.] troublesome fellow

pegamento *s. m.* ⇒ **pegadura**

peganhar *v. intr.* ⇒ **peguilhar**

peganhento *adj.* ⇒ **pegajento**

peganhoso *adj.* ⇒ **pegajento**

pegão *s. m.* ARQUITECTURA abutment, butment, support; gust (blast) of wind; tear (in trousers); ***pegão de ponte*** pier; ***pegão de vento*** gust of wind

pegar Ⓐ *v. tr. (colar)* to glue, to adhere, to stick, to fasten (with glue); *(segurar)* to hold, to catch, to seize, to lay hold of, to grasp, to take up; *(infectar)* to infect, to communicate; *(unir)* to unite, to join; *(questionar)* to quarrel, to find fault with; (of plants) to take root Ⓑ *v. intr.* to be contiguous, to be next to, to be nearby; to catch (fire); to be catching, to be infectious Ⓒ *v. refl.* to cling, to stick, to grow fond of; to quarrel, to fall out with, to come to blows; ***a vacina não pegou*** the vaccine did not take; ***pegar no sono*** to fall asleep; ***pegar com alguém*** to find fault with someone, to quarrel; ***pegar-se (uma doença)*** to be contagious (or catching); ***pegar na palavra*** to take up the thought; ***pegar fogo*** to catch fire; ***pegar fogo a*** to set fire to; ***pegar em armas*** to take up arms; ***se pega, pega, se não pega, é graça*** a try-on, a trial; NÁUTICA ***pegar na amarra*** to take in the cable; ***pegar no fundo*** to take the ground

pegas *s. m.* ignorant lawyer, shyster, lawmonger

Pégaso *s. m.* Pegasus; MITOLOGIA winged horse; ASTRONOMIA northern constellation

pegmático *adj.* pegmatitic

pegmatite *s. f.* GEOLOGIA pegmatite

pegmatitóide *adj.* pegmatoid

pego *s. m.* pool; pit, abyss, chasm; snack

pegueiro *s. m.* pitch-maker; pitch-dealer

peguilha *s. f.* bickering, wrangle, quarrel; beginning of a dispute

peguilhar *v. intr.* to bicker, to wrangle, to quarrel, to pick a quarrel (with), to fall out

peguilhento *adj.* quarrelsome, contentious, pugnacious

peguilho *s. m.* obstacle, hindrance, motive, pretext

peguinhar *v. tr. e intr.* to trample, to provoke, to involve

pegulho *s. m.* savings, nest-egg

pegural *adj.* pastoral

pegureiro *s. m.* shepherd; herdsman; shepherd dog

peia *s. f.* fether, fetter; shackle; *pl.* NÁUTICA hindrance, obstacle, trammels, gripe, lashing; ***libertar-se de peias*** to shake oneself free

peita *s. f.* bribe, subornation; ancient tribute (duty)

peitaça *s. f.* strong (bulky, powerful) chest

peitaço *s. m.* strong chest

peitada *s. f.* a blow on the chest

peitar *v. tr.* to bribe, to suborn

peiteiro *s. m.* briber

peitilho *s. m.* shirt-front; front (of a dress); bib

peito *s. m.* chest; breast, bosom; [fig.] courage, valour; ***criança de peito*** suckling; ***tomar a peito*** to take to heart; ***braço ao peito*** arm in a sling; ***a peito descoberto*** defenceless; ***de peito largo*** broad-chested; ***peito de armas*** breastplate

peitoral Ⓐ *adj.* pectoral Ⓑ *s. m.* pectoral (medicine); breastplate

peitoril *s. m.* parapet; window-sill

peito-vermelho *s. m.* ORNITOLOGIA red-breast

peitudo *adj.* having a strong chest; valiant, brave

peituga *s. f.* chest-muscles; breast of a chicken

peixada *s. f.* CULINÁRIA stew of fish
peixão *s. m.* huge fish; [fam.] fine woman
peixaria *s. f.* fish market
peixe *s. m.* fish; ***saber a peixe*** to taste of fish; ***peixe de arrasto*** fish taken with a trawl; ***peixe fumado*** smoked fish; ***dia de peixe*** fish-day; ***nem carne nem peixe*** neither fish nor flesh, nor good red herring; ***peixe seco e curado*** dry cured fish, salted fish; ***refeição de peixe*** meal of fish; ***estar como peixe fora de água*** to be out of one's element, to be like a fish out of water; ***peixe de água doce*** fresh water fish; ***peixe do mar*** sea-fish; ***viveiro de peixes*** fish pond; ***negociante de peixe*** fishmonger, dealer in fish
peixe-agulha *s. m.* ICTIOLOGIA needlefish
peixe-anjo *s. m.* ICTIOLOGIA angelfish
peixe-aranha *s. m.* ICTIOLOGIA greater weever
peixe-boi *s. m.* ZOOLOGIA manatee, dugong
peixe-cabeçudo *s. m.* ⇒ **girino**
peixe-cão *s. m.* ICTIOLOGIA seal
peixe-cavalo *s. m.* ICTIOLOGIA moonfish
peixe-cobra *s. m.* ICTIOLOGIA [Bras.] red gurnard
peixe-espada *s. m.* ICTIOLOGIA swordfish
peixe-galo *s. m.* ICTIOLOGIA [Bras.] moonfish
peixeira *s. f.* fishwoman, fishwife; fish-knife; ***peixeira (em que se coze o peixe)*** fish-kettle
peixeiro *s. m.* fishmonger, dealer in fish
peixelim *s. m.* kind of sea-fish, often preserved by drying
peixe-lua *s. f.* ICTIOLOGIA sun-fish, moon-fish
peixe-martelo *s. m.* ICTIOLOGIA [Bras.] hammerhead
peixe-pau *s. m.* ICTIOLOGIA dragonet
peixe-piolho *s. m.* ICTIOLOGIA remora
peixe-porco *s. m.* ICTIOLOGIA hogfish
peixe-rei *s. m.* ICTIOLOGIA atherine
Peixes *s. m. pl.* ASTRONOMIA, ASTROLOGIA Pisces
peixe-sapo *s. m.* ICTIOLOGIA toadfish
peixe-serra *s. m.* ICTIOLOGIA saw-fish
peixe-voador *s. m.* flying fish
peixinho *s. m.* little fish, fishlet, fry
peixote *s. m.* medium-size fish
pejado *adj.* full, replete, filled, bashful, shy, timid, coy, timorous; pregnant (woman)
pejadouro *s. m.* [reg.] device that prevents water from running into the watermill
pejamento *s. m.* hindrance, impediment, encumbrance
pejar Ⓐ *v. tr.* to fill, to overload; to clog, to embarrass, to encumber, to obstruct Ⓑ *v. refl.* to be bashful, to be ashamed Ⓒ *v. intr.* to become pregnant
pejo *s. m.* bashfulness, shyness, coyness, timidity, modesty; reluctance; ***ter pejo*** to be ashamed, to be reluctant
pejorar *v. tr.* to disparage, to depreciate; to make worse; to pejorate
pejorativamente *adv.* pejoratively; disparagingly, depreciatingly
pejorativo *adj.* pejorative, disparaging, depreciative
pejoso *adj.* bashful, shy, timid, timorous, coy, shrinking
pela *contr. da prep.* **por** + *art. def.* **a**
péla *s. f.* pellet; ball; bark (of a cork tree); stripping, pealing
pelada *s. f.* baldness; MEDICINA alopecia; clearing (in a forest)
peladela *s. f.* [reg.] burn, scorch
pelado Ⓐ *adj.* bald, hairless, bald-headed Ⓑ *s. m.* sly (cunning) fellow, slyboots
pelador Ⓐ *adj.* stripping; skinning, flaying Ⓑ *s. m.* skinner, flayer; stripper
peladura *s. f.* baldness; burn, burning, burned spot, scorch
pelagem *s. f.* peltry, pelage; fur, wool, hair, coat (of animals); collection of skins
pelagianismo *s. m.* pelagianism
pelagiano *adj.* pelagian
pelágico *adj.* pelagic, pelagian, oceanic, marine
pélago *s. m.* high sea, ocean; abyss, chasm
pelagoscopia *s. f.* pelagoscopy
pelagoscópio *s. m.* pelagoscope
pelagra *s. f.* MEDICINA pellagra
pelagroso *adj.* pellagrous
pelame *s. m.* tanning (of hides); currying (of leather); ⇒ **pelagem**
pelanca *s. f.* wrinkled skin, loose fold of skin; very lean flesh (skin)
pelanga *s. f.* wrinkled skin, loose fold of skin; very lean flesh (skin)
pelangana *s. f.* porringer, shallow bowl; great quantity of food
pelar Ⓐ *v. tr.* to skin, to strip off the skin, to flay; to peel, to bark, to strip bark (from tree) Ⓑ *v. refl.* to get burnt, to burn oneself; to scald oneself; to grow bald; to long for; to delight in, to enjoy, to be crazy for, to be very fond of; ***pelar-se por alguma coisa*** to long for something, to delight in something
pelargónico *adj.* pelargonic; ***ácido pelargónico*** pelargonic acid, nonylic acid
pelargónio *s. m.* BOTÂNICA pelargonium; [pop.] geranium
pelaria *s. f.* fur-shop, furrier's (shop); furrier's trade; ⇒ **pelagem**
pele *s. f.* skin, peel, rind; hide, leather; *pl.* furs; ***pele dura*** tough skin; ***pele sensível*** sensitive skin; ***pele aveludada*** velvet skin, soft skin; ***pele luzidia*** glossy skin; ***pele de cavalo*** horse hide; ***ter pele branca e macia*** to have fair soft skin; ***pele escura*** dark skin; ***doença de pele*** skin disease; ***pele de lontra*** otter skin; ***pele de veado*** hart skin; ***pele de cabrito-montês*** roebuck skin; ***ser só pele e osso*** to be only skin and bones; ***não queria estar na pele (dele)*** I would not like to be in his skin, I would not stand in his shoes; ***salvar a pele*** to save one's skin; ***não caber na pele de contente*** to jump out of one's skin with joy
pelecípode *s. m.* pelecypod (mollusc)
pelego *s. m.* sheepskin used over the saddle; boor
peleira *s. f.* furrier, dealer in furs (woman)
peleiro *s. m.* furrier; leather-dresser, skinner
peleja *s. f.* battle, combat, fight, strife, struggle, contest, fray
pelejador Ⓐ *s. m.* fighter, struggler, combatant Ⓑ *adj.* fighting, struggling, battling
pelejante *adj.* fighting, struggling
pelejar *v. intr.* to fight, to strive, to battle, to struggle (for, against, over, with); to engage (in a contest); to combat, to battle against
pelém *s. m.* spindle-shanks
pele-vermelha *s. m. e f.* redskin, red Indian
pelhanca *s. f.* ⇒ **pelanca**
pelharanca *s. f.* ⇒ **pelanca**
pelica *s. f.* kid (leather); ***luvas de pelica*** kid gloves
peliça *s. f.* pelisse
pelicano *s. m.* ORNITOLOGIA pelican; old cannon; pendant
pelicão *s. m.* BOTÂNICA flax-leaved hypericum; St. John's-wort
pelicaria *s. f.* furrier's; fur-works; fur-trade; large quantity of furs
peliceiro *s. m.* tanner (of skins)
pelico *s. m.* sheep-skin garment (worn by shepherds)
película *s. f.* pellicle, thin skin, membrana; film; ***película fotográfica*** photographic film
pelicular *adj.* pellicular
pelífero *adj.* piliferous
pelintra Ⓐ *s. m. e f.* shabby-genteel person, poor man (woman) Ⓑ *adj.* penniless, moneyless; ***ser pelintra*** to be hard up
pelintragem *s. f.* shabby-genteel people (collectively); penury, poverty
pelintrão *s. m.* a very poor man
pelintrar *v. tr.* to reduce to penury, to reduce to poverty
pelintraria *s. f.* ⇒ **pelintragem**

pelintrice *s. f.* shabbiness, meanness, penury, poverty
pelintrismo *s. m.* shabbiness, meanness, penury, poverty
peliqueiro *s. m.* dealer (worker) in kid leather
pelo *contr. da prep.* **por** + *art. def.* **o**
pêlo *s. m.* hair; down; ⇒ **pelagem**; ***pêlo de camelo*** camel's hair; ***curar-se com o pêlo do mesmo cão*** to take a hair of the dog that bit you; ***pano de pêlo comprido*** high-napped cloth, shaggy cloth; ***pêlo de arame*** wire-haired; ***em pêlo*** naked, stark-naked; ***montar em pêlo*** to ride a horse bare-backed; ***vir a pêlo*** to come to the purpose, to come to the point; ***pêlo da espada*** the edge of the sword
peloirada *s. f.* ⇒ **pelourada**
peloirinho *s. m.* ⇒ **pelourinho**
peloiro *s. m.* ⇒ **pelouro**
peloso *adj.* hairy, shaggy, furry
pelota *s. f.* pellet, little ball; cannon-ball; snow-ball; cushion (truss); raft; Basque game
pelotada *s. f.* kick on a ball
pelotão *s. m.* MILITAR platoon, firing-squad; group, crowd
pelote *s. m.* jerkin made of sheepskin; pelisse
pelotica *s. f.* jugglery
pelotiqueiro *s. m.* juggler, conjurer, trickster
pelotiquice *s. f.* ⇒ **pelotica**
pelourada *s. f.* shot with a ball or bullet
pelourinho *s. m.* pillory; whipping-post; ***amarrar ao pelourinho*** to pillory, to place in the pillory
pelouro *s. m.* cannon-ball; any branch of the municipal services
pelta *s. f.* pelta, light shield
peltado *adj.* peltated
peltasta *s. m.* peltast
peltiforme *adj.* BOTÂNICA peltiform, peltated, shield-shaped
peltocéfalo *adj.* pelticephalic
peltre *s. m.* pewter
peluche *s. m.* plush, fluff; cuddly toy, fluffy toy; ***urso de peluche*** teddy bear
pelúcia *s. f.* plush
peludo *adj.* hairy, shaggy; [fig.] mistrustful, distrustful, suspicious, shy, coy; quick-tempered
pelugem *s. f.* down, soft hair; fluff
peluginoso *adj.* downy; hairy, shaggy
pelve *s. f.* ANATOMIA pelvis (*plural* pelves)
pélvico *adj.* pelvic
pelviforme *adj.* pelviform
pelvimetria *s. f.* pelvimetry
pelvímetro *s. m.* pelvimeter
pélvis Ⓐ *s. m.* pelvimeter Ⓑ *s. f.* ⇒ **pelve**
pelvitomia *s. f.* surgery of the pelvis
pena *s. f.* pity, sorrow, compassion, mercy, commiseration; (of birds) feather, plume, quill; (to write with) pen, steel nib, steel pen; punishment, penalty; suffering, pain; ***valer a pena*** to be worth(while); ***não vale a pena o trabalho que dá*** the game is not worth the candle; ***quase não vale a pena*** it is hardly worthwhile; ***ter pena de*** to be sorry for; ***sentir pena*** to feel regret; ***aplicar a pena de talião (retaliar)*** to beat a person at his own game; ***viver da pena*** to live by one's pen; ***pena de lousa*** slatepencil; ***renda (ou bordado) semelhante a uma pena (de ave)*** feather-stitch; ***sob pena de morte*** under death penalty; ***escrever ao correr da pena*** to write down just as it comes; ***coisa (negócio) que valha a pena*** paying game; ***não tenho pena para escrever*** I have no pen to write with; ***pena maior*** the extreme penalty (of the law); ***pena de morte*** capital punishment, death-sentence; ***pena condicionada*** indeterminate sentence; ***que pena!*** what a pity!, what a shame!; ***pena é*** the pity is; ***nunca terás pena*** you won't ever regret it; ***tenho pena de que não possas estar mais tempo*** (I am) sorry you cannot stay longer; ***tive pena dele*** I felt sorry for him; ***aves de pena*** poultry; ***cheio de pena*** sorrowful, compassionate; NÁUTICA ***pena de vela*** peak of a sail; ***pena de martelo*** pane of hammer
penação *s. f.* suffering, affliction
penáceo *adj.* ORNITOLOGIA, BOTÂNICA pennaceous (similar to a feather)
penacheiro *s. m.* flaunter, boaster; ostentatious person
penacho *s. m.* panache; MILITAR plume, plume of feathers; BOTÂNICA sort of broomrape; [fig.] ostentation, display, dash, show; power, command
penada *s. f.* a stroke of the pen; opinion, vote; ***dar uma penada*** to drop a line (to); ***de uma penada*** very quickly (or easily)
penadeira *s. f.* frog-fish
penado *adj.* grieved; vexed, sorrowful; ***alma penada*** soul in pain
penal *adj.* penal; punitive; ***código penal*** penal code; ***colónia penal*** penal settlement
penalidade *s. f.* penalty, punishment; ***marcar uma grande penalidade*** to award a penalty kick (at football); ***grande penalidade*** penalty (kick)
penalizante *adj.* sorrowful, sad, baleful; pungent, poignant
penalizar Ⓐ *v. tr.* to pain, to cause distress, to distress, to trouble, to grieve, to penalize Ⓑ *v. refl.* to sorrow (pity) for, to be sorry
penamar *adj.* lack-lustre (pearl)
penante *s. m.* [fam.] top-hat; hat
penão *s. m.* pennon, pennant, pendant
penar Ⓐ *v. tr. e intr.* to pain, to torment, to torture; to trouble, to afflict Ⓑ *v. intr.* to suffer, to be in pain Ⓒ *v. refl.* to feel sorrow, to be afflicted
penates *s. m. pl.* MITOLOGIA Penates, household gods; home
penatifendido *adj.* BOTÂNICA pinnatipartite
penatilobado *adj.* BOTÂNICA pinnatifid, pinnatilobate
penatipartido *adj.* BOTÂNICA pinnatifid
penatissecto *adj.* BOTÂNICA pinnatisect
penável *adj.* penal, worthy of punishment, punitive
penca *s. f.* (sort of) cabbage; stalk, stem (of lettuce, banana, etc.); [fam.] large nose; ***em penca*** in a great quantity
pencada *s. f.* bump with the nose
pence *s. m.* penny
pencudo *adj.* [fam.] thick-nosed, long-nosed
pendão *s. m.* banner, flag, colours, standard, ensign, pennant; ***levantar o pendão da revolta*** to raise the standard for revolt; ***pendão do milho*** tassel of maize
pendência *s. f.* contention, dispute, strife; fray, fight, wrangle; inclination, disposition, twist, turn, bent, bias; DIREITO pendency
pendenciar *v. intr.* to wrangle, to quarrel, to dispute, to disagree
pendente Ⓐ *adj.* pendent, hanging, suspended; pending, not decided, undetermined Ⓑ *s. m.* pendant, pendent, hanging ornament, earring; ***causa pendente*** pending suit; ***dívidas pendentes*** outstanding debts
pender *v. intr.* to hang, to be suspended; to overhang; to dangle; to incline to; to lean, to slope, to tilt, to slant; to impend, to threaten, to hover; ***pender por um fio*** to hang by a thread
pendericalho *s. m.* ⇒ **penduricalho**
pendoado *adj.* beflagged, provided with pennants
pendoar *v. tr.* to provide with pennants (flags)
pendor *s. m.* declivity, slope, descent, fall, incline; propension, inclination, disposition, predilection, tendency, turn, bent, bias
pendorada *s. f.* series of slopes
pendre *s. m.* peewit, pewit
pendro *s. m.* peewit, pewit
pêndula *s. f.* pendulum clock
pendular *adj.* pendular, swinging, oscillatory
pêndulo *s. m.* pendulum
pendura *s. f.* hanging (suspended) thing; hanging bunch of grapes; (act of) hanging; ***estar na pendura*** to have no money, to be broke

pendurada *s. f.* (act of) hanging; hanging (suspended) thing
pendurar *v. tr.* to hang, to suspend, to attach to (hook from above); ***pendurar uvas*** to tie up grapes; ***pendurar vestidos*** to hang up clothes
penduricalho *s. m.* pendant; [fam.] decoration
pene *s. m.* penny
penedia *s. f.* cliffs, cluster of rocks, rocky hill
penedo *s. m.* rock, big stone, boulder; ***mudo e quedo como um penedo*** extremely reserved
peneira Ⓐ *s. f.* sieve, sifting-machine, riddle; coarse sieve (for corn, gravel, cinders, etc.); [fig.] drizzle; blindness; *pl.* conceit, pride, illusions, fantasy, [fam.] hunger Ⓑ *s. m.* [pop.] penniless fellow; ***ter peneira nos olhos*** to be mistaken; [fam.] ***ter peneiras*** to think too much of oneself
peneiração *s. f.* sifting, screening, bolting
peneirada *s. f.* sifting, screening, bolting; quantity sifted at one time
peneirado *adj.* sifted; fidgety, restless
peneirador *s. m.* sifter
peneirar Ⓐ *v. tr.* to sift, to sieve, to screen, to bolt, to riddle Ⓑ *v. intr.* to drizzle, to mizzle Ⓒ *v. refl.* to waddle, to strut
peneireiro *s. m.* sieve-seller; sieve-maker; ORNITOLOGIA kite
peneiro *s. m.* large sieve
penejar *v. tr.* to write; to draw (with a pen)
penela *s. f.* hillock; little mountain
penélope *s. f.* Penelope
peneplanície *s. f.* GEOLOGIA peneplain
penetra Ⓐ *adj.* [fam.] saucy, insolent, pert Ⓑ *s. m. e f.* saucy person
penetrabilidade *s. f.* penetrability
penetração *s. f.* penetration; [fig.] acuteness, discernment, comprehension; subtlety (of mind); sagacity; ***penetração da maré*** penetration of tide
penetrador Ⓐ *s. m.* one who penetrates, discerner Ⓑ *adj.* penetrative, piercing
penetrais *s. m. pl.* penetralia, innermost part; inner sanctuary, shrine
penetrâmetro *s. m.* penetrometer
penetrante *adj.* penetrating, penetrative, piercing, discerning, perspicacious, acute, keen, shrewd, sharp, sagacious, sharp-witted, clear-sighted, keen-sighted; nipping, trenchant, deep; ***olhar penetrante*** penetrating glance, searching look; ***um frio penetrante*** nipping cold, piercing cold; ***de vista penetrante*** sharp-sighted; ***grito penetrante*** piercing cry; ***um homem de espírito penetrante*** a man of great perception
penetrantemente *adv.* penetratingly
penetrar Ⓐ *v. tr.* to penetrate, to enter, to pass into, to make a way into; to pierce; [fig.] to fathom, to see into, to comprehend, to find out, to discern, to dive into, to sink into Ⓑ *v. refl.* to convince oneself; ***penetrar numa floresta*** to penetrate a forest; ***penetrar no solo*** to penetrate the soil
penetrativo *adj.* penetrative, piercing, sharp, subtle, discerning, acute, penetrating, permeating
penetrável *adj.* penetrable; permeable, pervious
penha *s. f.* cliff, rock, crag
penhascal *s. m.* series of rocks, cluster of cliffs, rocky hill
penhasco *s. m.* cliff, high and steep rock, crag; ***rodeado de penhascos*** rock-bound
penhascoso *adj.* craggy, rocky, cliffy
penhasqueira *s. f.* ⇒ **penhascal**
penhor *s. m.* pledge, gage, pawn, deposit, security, guarantee, warrant; proof, sign, token; [fam.] ***casa de penhores*** pawnshop, pop-shop, uncle; ***ter como penhor*** to hold in pledge; ***dar como penhor*** to pawn, to give in pledge; ***cautela de penhor*** pawn ticket; ***ordem de penhor*** writ of attachment
penhora *s. f.* seizure, attachment, confiscation, distraint; ***penhora de móveis*** seizure of goods
penhorado Ⓐ *adj.* DIREITO seized, distrained; thankful, grateful, obliged, indebted Ⓑ *s. m.* distrainee; ***bens penhorados*** distrained goods
penhorante *adj.* obliging, captivating, charming, engaging; DIREITO distraining
penhorar *v. tr.* DIREITO to seize, to distrain, to confiscate, to take possession of (by warrant or other legal process), to mortage; to pledge, to pawn; to oblige, to put under an obligation; ***estar muito penhorado*** to be much obliged; ***penhorar os bens de alguém*** to seize someone's property
penhorável *adj.* seizable, distrainable
penhorista *s. m. e f.* pawnbroker
péni *s. m.* penny (*plural* pence)
penicar *v. tr.* ⇒ **depenicar**
penicilina *s. f.* penicillin
penico *s. m.* [vulg.] chamber pot; [fam.] jerry
pénico *s. m., adj.* Punic
penífero *adj.* feathered, penniferous
peniforme *adj.* penniform, like a feather
penígero *adj.* penniferous
peninervado *adj.* BOTÂNICA penninerved; feather-veined
peninérveo *adj.* ⇒ **peninervado**
península *s. f.* peninsula
peninsular Ⓐ *adj.* peninsular Ⓑ *s. m.* inhabitant of a peninsula, peninsular
penipotente *adj.* powerfully winged
pénis *s. m.* penis
peniscar *v. tr. e intr.* to nibble
penisco *s. m.* pine-seed
penisqueiro *adj.* nibbling
penitência *s. f.* penitence, penance, contrition; ***fazer penitência*** to do penance; ***com penitência*** penitently
penitencial Ⓐ *adj.* penitential Ⓑ *s. m.* penitential, rite of penances
penitenciar Ⓐ *v. tr.* to penance, to impose penance on Ⓑ *v. refl.* to be penitent; to do penance (for sins committed); to repent, to regret
penitenciaria *s. f.* penitentiary (ecclesiastical court)
penitenciária *s. f.* penitentiary (State prison, prison, jail, workhouse)
penitenciário Ⓐ *adj.* penitentiary, penitential Ⓑ *s. m.* penitentiary prisoner
penitencieiro *s. m.* Grand Penitentiary of the Roman Catholic Church; confessor
penitente Ⓐ *adj.* penitent, repentant, contrite Ⓑ *s. m. e f.* penitent, repentant sinner; *pl.* the Franciscans (order)
penível *adj.* ⇒ **penoso**
peno *s. m., adj.* Punic
penol *s. m.* NÁUTICA peak; ***penol de carangueja*** gaft peak
penologia *s. f.* penology
penosa *s. f.* chicken, lean chicken
penosamente *adv.* painfully, laboriously
penoso *adj.* painful, dolorous, grievous, troublesome, torturing, annoying, distressing; difficult, laborious, hard, arduous
pensado *adj.* deliberate, intentional, premeditated, purposed, studied; ***de caso pensado*** on purpose, wilfully; ***caso pensado*** premeditated act
pensador *s. m.* thinker
pensadura *s. f.* feed (of animals)
pensamento *s. m.* thought, reflection, cogitation, meditation, thinking; idea, notion, view, opinion, belief, judg(e)ment; imagination, fancy; mind, spirit; ***pensamentos tristes*** gloomy thoughts; ***maus pensamentos*** evil thoughts; ***transmissão de pensamento*** thought-transference; ***estar sempre no pensamento de alguém*** to be always in someone's thoughts; ***vives no meu pensamento*** you are much in my thoughts; ***nunca tal coisa me passou pelo pensamento*** such a thing has never entered my thoughts, such a thing has never crossed my mind

pensante *adj.* thinking, reflecting
pensão *s. f.* boarding-house; pension, periodical payment, allowance; burden, responsibility, trouble, worry, drudgery; ***pensão de invalidez*** disability allowance; ***pensão de alimentos*** separate maintenance, alimony; ***pensão (de velhice)*** old age pension; ***pensão de primeira ordem*** high-class boarding house; ***pensão de luxo*** guest house; ***preços da pensão*** boarding expenses
pensar Ⓐ *v. tr. e intr.* to think, to reflect, to reason, to ponder, to imagine, to fancy, to wonder, to conceive, to consider, to judge; to believe, to suppose; [coloq.] [E.U.A.] to guess; to muse, to cogitate, to meditate, to ruminate; to dress (a wound); to feed (an animal) Ⓑ *s. m.* sense, reason, understanding, judg(e)ment, wisdom; ***pensar uma ferida*** to dress a wound; ***preciso de pensar nisso*** I must think about it; [E.U.A.] ***penso que vai chover*** I think it's going to rain, I believe it's going to rain, I guess it's going to rain; ***pensar mal*** to think wrongly; ***tenho muito em que pensar*** I have many things to think of; ***deixe-me pensar*** let me think; ***procedeu sem pensar*** he acted without thinking; ***pensarei no caso*** I will think it over; ***tenho estado a pensar*** I have been wondering (about); ***pensar só numa pessoa (ou coisa)*** to get a person (or a thing) on the brain; ***quem tal havia de pensar!*** who would have thought it!; ***pensar no futuro*** to look ahead; ***assunto para pensar*** food for thought; ***depois de pensar bem*** on second thoughts; ***que pensas fazer esta noite?*** what will you do with yourself this evening?, what are you thinking of doing tonight?; ***estava apenas a pensar*** I was just wondering; ***pensar na morte da bezerra*** to be in a brown study; ***a pensar morreu um burro*** a penny for your thoughts; ***em que está a pensar?*** what's the big idea?, what are you thinking about?
pensativo *adj.* thoughtful, reflective, contemplative, pensive, full of thoughts, musing; serious, sad; ***estar pensativo*** to be lost in thought, to be in a brown study
pensável *adj.* thinkable, conceivable, ponderable; guessable, imaginable; feasible, possible; appreciable
pênsil *adj.* pensile, hanging, suspended, pendulous; ***ponte pênsil*** suspension bridge
pensionar *v. tr.* to pension, to pay (to grant) a pension to; to impose a burden, to overload
pensionário Ⓐ *adj.* pensionary, of a pension Ⓑ *s. m.* pensioner, pensionary
pensionato *s. m.* boarding-house; boarding-school; children's home
pensioneiro *s. m., adj.* that pays a pension
pensionista *s. m. e f.* pensioner; boarder (guest) in a boarding-house, boarder in a school
penso *s. m.* dressing (of a wound); attendance, care, nursing (of a child); feed (for animals)
pentacarpo *adj.* pentacarpellary
pentacórdio *s. m.* MÚSICA penta-chord
pentacordo *s. m.* MÚSICA penta-chord
pentadáctilo *adj.* pentadactylous
pentadecagonal *adj.* pentadecagonal
pentadecágono *s. m.* GEOMETRIA pentadecagon
pentaedro *s. m.* GEOMETRIA pentahedron
pentagonal *adj.* GEOMETRIA pentagonal
pentágono *s. m.* GEOMETRIA pentagon
pentagrama *s. m.* MÚSICA pentagram, pentacle
pentâmero *adj.* pentamerous
pentâmetro *s. m.* pentameter
pentandro *adj.* BOTÂNICA pentandrous
pentano *s. m.* QUÍMICA pentane
pentapétalo *adj.* BOTÂNICA pentapetalous
pentápole *s. f.* pentapolis
pentáptero *adj.* five-winged
pentarca *s. m.* pentarch
pentarquia *s. f.* pentarchy
pentarreme *s. f.* ship with five rows of oars
pentassépalo *adj.* BOTÂNICA pentasepalous
pentassílabo *adj.* pentasyllabic
Pentateuco *s. m.* Pentateuch
pentatlo *s. m.* DESPORTO pentathlon
pentatómico *adj.* QUÍMICA pentatomic
pentavalente *adj.* QUÍMICA pentavalent
pente *s. m.* comb; card (to card wool); hackle (to sort flax); ***pente de alisar*** large toothcomb; ***pente fino*** fine toothcomb; ***pente de balas*** cartridge clip
penteação *s. f.* combing
penteadela *s. f.* hasty combing
penteado *s. m.* head-dress, coiffure; hairdressing, [fam.] hair-do
penteador *s. m.* hairdresser; dressing-gown
penteadura *s. f.* combing the hair, dressing the hair
pentear Ⓐ *v. tr.* to dress the hair, to do the hair, to comb (to arrange, to smooth) the hair; to curry (horse); to comb, to clean, to unravel (wool, flax, etc.) Ⓑ *v. refl.* to do (dress, comb, arrange, smooth) one's hair
pentearia *s. f.* comb-works; comb-shop
Pentecostes *s. m.* Pentecost, Whit Sunday
pente-do-mar *s. m.* ZOOLOGIA scallop (mollusc of the family *Pectinidae*)
penteeiro *s. m.* comb-maker; comb-seller
pentemímere *adj.* penthemimeral
pêntodo *s. m.* ELECTRICIDADE pentode
pentose *s. f.* QUÍMICA pentose
penudo *adj.* feathered
penugem *s. f.* down (of birds); fuzz, fluff (of plants); ***penugem das sementes do cardo*** thistle-down
penugento *adj.* downy
penujar *v. intr.* to become downy
penujoso *adj.* ⇒ **penugento**
pénula *s. f.* short, thick, napped coat of wool or leather
pénulo *s. m., adj.* Punic
penúltimo *adj.* last but one, penultimate; ***a penúltima sílaba*** the last syllable but one (in a word)
penumbra *s. f.* ASTRONOMIA penumbra; partial shadow, half-light
penumbrar *v. tr.* to produce shade
penumbroso *adj.* penumbral, penumbrous; shadowy
penúria *s. f.* penury, poverty, destitution, privation; want, need, lack; ***viver em extrema penúria*** to live in abject poverty
penurioso *adj.* indigent, needy
péon *s. m.* paean
peonagem *s. f.* the people on foot; foot-soldiers, orderlies
peónia *s. f.* BOTÂNICA peony
pepinal *s. m.* plantation (field) of cucumbers
pepineira *s. f.* plantation of cucumbers; [fam.] rotten show; hopeless muddle
pepineiro *s. m.* BOTÂNICA cucumber-plant
pepino *s. m.* cucumber; ***salada de pepino*** cucumber salad; ***pepinos de conserva*** pickled cucumbers; ***de pequenino se torce o pepino*** spare the rod and spoil the child
pepita *s. f.* nugget, lump (of gold)
peplo *s. m.* peplum, peplos, peplus
pepónio *s. m.* BOTÂNICA pepo
pepsia *s. f.* MEDICINA peptic digestion
pepsina *s. f.* BIOQUÍMICA pepsin
péptico *adj.* peptic
péptido *s. m.* peptide
peptização *s. f.* peptization
peptizante *adj.* peptizing
peptizar *v. tr.* to peptize
peptona *s. f.* peptone
peptonização *s. f.* peptonization
peptonizar *v. tr.* to peptonize, to convert (proteins) into peptones

pequena *s. f.* [coloq.] girl, young woman; girl-friend
pequenada *s. f.* crowd (group) of small children
pequename *s. m.* girls, young girls, teenagers
pequenez *s. f.* smallness, littleness, scantiness; minuteness, slenderness; pettiness (of mind); meanness, baseness, vileness; infancy, childhood
pequeneza *s. f.* smallness, littleness, scantiness; minuteness, slenderness; pettiness (of mind); meanness, baseness, vileness; infancy, childhood
pequenino Ⓐ *adj.* very little, very small, tiny, wee Ⓑ *s. m.* little one, child
pequeninote *adj.* ⇒ **pequenito**
pequenitates *s. m. e f.* [fam.] tiny person, very short person; person very small for her (his) age; small child
pequenito Ⓐ *adj.* small, tiny, wee Ⓑ *s. m.* little one, child
pequeno Ⓐ *adj.* small, little, tiny, unimportant, trifling, petty Ⓑ *s. m.* little one, child, little boy, boy, lad, youngster; ***grandes e pequenos*** great and small; ***os pequenos gostam de falar dos grandes*** small people love to talk of the great; NÁUTICA ***pequena cabotagem*** small coasting-trade
pequeno-almoço *s. m.* breakfast
pequenote Ⓐ *adj.* smallish, rather small, somewhat little Ⓑ *s. m.* little boy, youngster
pequerrucho Ⓐ *adj.* smallish, rather small, somewhat little Ⓑ *s. m.* little boy, youngster; ***pequerrucho rechonchudo*** chubby little child
pequice *s. f.* nonsense, fatuity
pêra *s. f.* (fruit) pear; (on the chin) beard, goatee, imperial; ***pêra de Inverno*** winter pear; ***do feitio de uma pêra*** pear-shaped; ***pêra sumarenta*** juicy pear; ***pêra de cheiro*** musk pear; ***ter para peras*** to be in for it; ***apanhar para peras*** to get a drubbing
perada *s. f.* stewed pears; kind of wine made with pears
perafita *s. f.* very big stone; prehistoric megalithic monument
peral Ⓐ *adj.* pear-like, shaped like a pear, relating to a pear Ⓑ *s. m.* orchard of pear-trees
peralta *s. m. e f.* dandy, swell, fop, coxcomb, beau
peraltear *v. intr.* to act the dandy, to play the swell
peraltice *s. f.* dandyism, foppishness, coxcombry
peraltismo *s. m.* dandyism; dandies (collectively)
peralvilhada *s. f.* foppishness, coxcombry, dandyism; fops (collectively)
peralvilhar *v. intr.* to act as a fop
peralvilhice *s. f.* foppery; dandyism
peralvilho *s. m.* swell, spark, fop, coxcomb
perambulação *s. f.* perambulation, wandering, roaming
perambular *v. intr.* to perambulate, to walk about, to wander, to stroll, to roam, to straggle
perambulatório *adj.* related to perambulation
perante *prep.* before, in front of, in presence of, face to face with, in the sight of
pé-rapado *s. m.* [coloq.] [Bras.] nobody, nonentity, wash-out
perau *s. m.* mark left by the low tide on the banks of a river; [Bras.] deep pool
perborato *s. m.* QUÍMICA perborate
perca *s. f.* ICTIOLOGIA perch; loss, damage
percal *s. m.* percale
percalço *s. m.* profit, gain, benefit; drawback, set-back, disadvantage; [pop.] nuisance; loss; accident, hazard, haphazard, unforeseen event
percalina *s. f.* percaline, glazed percaline
perceba *s. f.* ZOOLOGIA kind of barnacle
percebe *s. f.* ⇒ **perceba**
perceber *v. tr.* to understand, to comprehend, to perceive, to apprehend, to see, to grasp (the meaning of), to discern, to distinguish, to conceive; to become aware of; to receive (fees, honorarium); ***começar a perceber*** to begin to see daylight; ***não percebo como*** I cannot understand (see) how; ***agora percebo*** I see now; ***perceber o que alguém quer dizer*** to understand someone's meaning; ***não percebi lá muito bem*** I did not quite understand; ***não percebo a graça*** I cannot see the joke
percebimento *s. m.* perceiving, understanding, perception; receiving (of money)
percebível *adj.* perceptible, appreciable; understandable, intelligible
percentagem *s. f.* percentage, rate, proportion per cent; ***uma pequena percentagem de água*** a small percentage of water; ***abaixar a percentagem*** to bring down the rate; ***percentagem de mortalidade*** death-rate
percentagista *s. m. e f.* percentage receiver
percentil *s. m.* percentile
percepção *s. f.* perception, understanding, apprehension, discernment, comprehension, feeling, perceptiveness, perceptivity; ***falta de percepção*** non-perception; ***percepção sensitiva*** sense perception
percepcionar *v. tr.* to perceive, to comprehend, to aprehend, to know, to discern
percepcionismo *s. m.* perceptionism
percepcionista *s. m. e f.* perceptionist
perceptibilidade *s. f.* perceptibility
perceptível *adj.* perceptible, perceivable
perceptivelmente *adv.* perceptively, perceptibly
perceptivo *adj.* perceptive
percepto *adj.* received, understood
perceptual *adj.* perceptual, perceptional, perceptive
perceve *s. m.* ⇒ **perceba**
percevejada *s. f.* swarm of bugs
percevejo *s. m.* ZOOLOGIA bug, bedbug; drawing-pin; ***percevejo de desenho*** drawing-pin
percha *s. f.* perch, pole, bar; gutta-percha, percha; NÁUTICA gammoning piece
percinta *s. f.* NÁUTICA ⇒ **precinta**
percintar *v. tr.* ⇒ **precintar**
perclorato *s. m.* QUÍMICA perchlorate (salt of perchloric acid)
percloreto *s. m.* QUÍMICA perchloride
perclórico *adj.* QUÍMICA perchloric (acid)
percluso *adj.* crippled, maimed, lamed
percolação *s. f.* percolation, filtration
percolar *v. tr.* to percolate, to permeate, to lixivate, to leach
percorrer *v. tr.* to go through, to run through, to travel over; to cover (a distance); to cross, to traverse; to look over, to peruse, to examine; ***percorrer com a vista*** to look over, to glance through; ***percorrer um país*** to travel through a country; ***percorreu toda a França*** he travelled through France from end to end; ***percorrer a cidade*** to scour the town; ***percorrer a Europa*** to do Europe; ***percorrer rapidamente (com a vista)*** to sweep one's eyes over; ***percorrer uma distância*** to cover a distance
percuciente *adj.* percutient, percussive, striking; penetrating
perculso *adj.* shaken, agitated, jarred, jolted
percurso *s. m.* course, way, route, road; distance (covered); ***fazer o percurso todo a pé*** to walk the whole way; ***percurso de aterragem*** landing run
percursor Ⓐ *s. m.* traverser, traveller Ⓑ *adj.* traversing, travelling
percussão *s. f.* percussion; shock, clash, collision, crash; MÚSICA ***instrumentos de percussão*** percussion instruments; ***espoleta de percussão*** percussion fuse
percussionista *s. m. e f.* percussionist
percussor Ⓐ *adj.* percussive, striking Ⓑ *s. m.* hammer, striker; firing-pin
percutidor Ⓐ *adj.* percussive, striking Ⓑ *s. m.* hammer, striker; firing-pin
percutir *v. tr.* to percuss, to strike; to tap gently
percutor *s. m.* ⇒ **percussor**
perda *s. f.* loss; damage, ruin, destruction, waste, wastage; detriment, injury; deprivation, diminution; casualty; ***perda***

de soldados (mortos, feridos, desaparecidos) casualties; ***grande perda*** heavy loss; ***negócio de perda*** losing concern; ***sofrer uma perda*** to sustain a loss; ***perda de direitos*** forfeiture; ***perda total*** dead loss, total loss; ***com perda*** out of pocket; ***estar de perda*** to be a loser; ***a perda das minhas esperanças*** the ruin of my hopes; ***é pura perda de tempo*** it is sheer waste of time; ***perda de sangue*** loss of blood; ***perda de peso*** loss of weight; ***perda sensível*** considerable loss; ***perda de calor*** loss of heat; ***perda de vista*** loss of eyesight; ***grande perda de homens e material*** heavy losses of men and material; ***perdas e danos*** damages

perdão *s. m.* pardon, forgiveness, remission, absolution, mercy, grace; ***peço perdão*** I beg your pardon!, I am sorry!; ***pedir perdão dos seus pecados*** to ask pardon for one's sins; ***pedir perdão*** to ask pardon, to apologize

perder Ⓐ *v. tr. e intr.* to lose, to mislay; to waste (time); to miss (a train, etc.); to ruin, to spoil, to corrupt; to forfeit, to fail to gain Ⓑ *v. refl.* to be spoiled, to be given up (to vice); ***perder a vida*** to lose one's life; ***perder o dinheiro*** to lose one's money; ***perder a beleza*** to lose one's good looks; ***perder a saúde*** to lose one's health; ***perder a cabeça*** to lose one's head; ***perder a esperança*** to give up hope(s); ***perder dinheiro num negócio*** to lose money over a deal; ***não há tempo a perder*** there's no time to spare, there's not a moment to lose, no time is to be lost; ***não tenho um minuto a perder*** I haven't a minute to spare; ***não perde nada, aproveita-lhe tudo*** all is grist that comes to his mill; ***perdi-me no caminho*** I have lost my way; ***não perder tempo a fazer seja o que for*** not to let the grass grow under one's feet; ***perder o interesse em*** to lose interest in; ***deitar a perder*** to spoil, to ruin, to corrupt; ***deitar-se a perder*** to ruin oneself; ***perder o comboio*** to miss the train; ***fazer perder a cabeça*** to drive one mad, to drive a person out of his senses; ***perder terreno*** to lose ground; ***perder de vista*** to lose sight of; ***a perder de vista*** as far the eye can see; ***perder o tempo na ociosidade*** to idle away one's time, to waste (away) one's time; ***perder tempo e feitio*** to waste one's breath; ***tanto faz perder por um como por mil*** a miss is as good as a mile; ***perder-se (arruinar-se)*** to go to rack and ruin; ***perder cera com ruim defunto*** to flog a dead horse; ***perder o direito*** to forfeit the right, to lose the right; ***perder uma ocasião favorável*** to let a favourable opportunity escape; ***perder o rumo*** to lose one's bearings; NÁUTICA ***perder a terra de vista*** to lay the land

perdição *s. f.* perdition, ruin, destruction; disgrace, dishonour; damnation, condemnation

perdida *s. f.* loss; [pop.] prostitute

perdidamente *adv.* with loss; desperately, extremely; fondly, madly

perdidiço *adj.* easily lost

perdidinho *adj.* deeply in love; very fond of

perdido Ⓐ *adj.* lost, missing, mislaid, forfeited; wasted; ruined; dissolute, depraved, corrupt; gone, lost, carried away; bewildered, puzzled; wrecked Ⓑ *s. m.* lost thing; dissolute person; *pl.* lost property; ***perdido de amor*** love-sick; ***perdido por cem, perdido por mil*** in for a penny, in for a pound, one may as well be hanged for a sheep as for a lamb; ***dar uma coisa como perdida*** to give a thing up for being lost; ***bala perdida*** random shot; ***um caso perdido*** a hopeless case; ***mulher perdida*** prostitute; ***está tudo perdido*** all is lost; ***projéctil perdido*** spent shot; ***navio perdido*** lost ship, wrecked ship; ***perdidos e achados*** lost and found, lost property

perdigão *s. m.* ORNITOLOGIA male partridge

perdigotar *v. intr.* to sputter, to splutter

perdigoto *s. m.* ORNITOLOGIA young partridge; droplet of saliva; ***lançar perdigotos*** to splutter

perdigueiro Ⓐ *s. m.* setter, pointer (dog) Ⓑ *adj.* partridge hunting

perdimento *s. f.* ⇒ **perdição**

perdível *adj.* that may be lost, losable

perdiz *s. f.* ORNITOLOGIA partridge; ***levantar uma perdiz*** to spring a partridge

perdoador Ⓐ *s. m.* pardoner, forgiver Ⓑ *adj.* pardoning, forgiving

perdoar *v. tr.* to pardon, to forgive, to excuse, to absolve, to let off, to acquit; to remit, to overlook, to pass over, to condone; ***desta vez perdoo-te*** I'll let you off this time; ***perdoe-me interrompê-lo*** pardon me for interrupting you; ***perdoar pecados*** to pardon (to forgive) sins

perdoável *adj.* pardonable, forgivable, excusable

perdulariamente *adv.* extravagantly, lavishly

perdulariar *v. tr.* to misspend, to waste, to squander, to lavish

perdulário Ⓐ *adj.* prodigal, extravagant, wasteful, lavish, pound-foolish, large-handed, improvident Ⓑ *s. m.* spendthrift, wastrel, lavisher, squanderer; ***ser perdulário*** to let money burn a hole in one's pocket; ***o perdulário depressa se arruína*** a fool and his money are soon parted

perdurabilidade *s. f.* perdurability, perdurableness

perduração *s. f.* long duration; perdurability, perduration, perdurance

perdurante *adj.* ⇒ **perdurável**

perdurar *v. intr.* to last long; to persist, to endure

perdurável *adj.* durable, perdurable, lasting, abiding, everlasting, eternal

perduravelmente *adv.* perdurably

perecedoiro *adj.* perishable, liable to perish; mortal

perecedouro *adj.* perishable, liable to perish; mortal

perecer *v. intr.* to perish, to pass away, to expire, to end, to die; to decay, to wither; to waste

perecimento *s. m.* perishing, exhaustion; decay; death; pining, wasting

perecível *adj.* perishable, decaying, destructible; mortal; ephemeral

peregrinação *s. f.* pilgrimage, peregrination, pilgrim's journey; wandering

peregrinador Ⓐ *s. m.* pilgrim; wayfarer; wanderer Ⓑ *adj.* wandering, peregrinating

peregrinamente *adv.* wanderingly; unusually

peregrinante *s. m. e f., adj.* ⇒ **peregrinador**

peregrinar *v. intr.* to peregrinate, to wander (like a pilgrim), to go on a pilgrimage, to pilgrim

peregrinismo *s. m.* foreignness; rareness; use of foreign expressions (words)

peregrino Ⓐ *s. m.* pilgrim, wanderer, traveller; foreigner Ⓑ *adj.* peregrine, foreign; strange, eccentric, rare, unusual

pereira *s. f.* BOTÂNICA pear-tree

pereiral *s. m.* orchard of pear-trees

pereiro *s. m.* BOTÂNICA [reg.] kind of apple-tree

perempção *s. f.* DIREITO prescription

perempto *adj.* null, void, extinct, perscriptive

peremptoriamente *adv.* peremptorily, formally, categorically, imperiously, imperatively

peremptório *adj.* peremptory, decisive, categorical, final, expressing, absolute commanding, imperative, imperious

perenal *adj.* ⇒ **perene**

perene *adj.* perennial (of plants), enduring, permanent, perpetual, lasting, undying, incessant, unceasing, imperishable, never-failing, unfailing

perenemente *adv.* perennially, perpetually

perenibrânquios *s. m. pl.* perennibranchiate, perennibranch

perenidade *s. f.* eternity, perpetuity, continuity

perequação *s. f.* equal distribution

perfazer *v. tr.* to perfect, to complete, to conclude, to finish, to accomplish; to make up (a sum), to come to, to amount to

perfazimento *s. m.* completion, conclusion, finishing; fulfilment, realization, achievement, attainment
perfeccional *adj.* perfectional
perfeccionismo *s. m.* perfectionism
perfeccionista *s. m. e f., adj.* perfectionist
perfectibilidade *s. f.* perfectibility, excellency, exquisiteness
perfectibilizar *v. tr.* to make perfect, to perfect, to complete, to accomplish
perfectível *adj.* perfectible, capable of being perfected
perfectivo *adj.* perfecting, finishing, accomplishing
perfeição *s. f.* perfection, perfectness, maturity, excellence, completeness, completion, finish, faultlessness, correctness, accomplishment, consummation, beauty, exquisiteness; mastery, command, mastership; ***o auge da perfeição*** the height of perfection; ***feito com perfeição*** done to perfection; ***atingir a perfeição*** to reach perfection; ***levar à perfeição*** to bring to perfection
perfeiçoar *v. tr. e refl.* ⇒ **aperfeiçoar**
perfeitamente *adv.* perfectly, throughly, thoroughly, completely, accurately, to perfection, very well; ***perfeitamente bem*** as right as rain
perfeito *adj.* perfect, complete, utter, finished, consummate, accomplished, thorough; faultless, exquisite, spotless, impeccable, blameless; correct, accurate; excellent, capital, splendid; GRAMÁTICA ***pretérito perfeito*** present perfect tense; ***um perfeito disparate*** perfect (utter) nonsense; ***uma cópia perfeita*** a perfect (accurate) copy; ***um perfeito jogador de ténis*** a perfect (accomplished) tennis player; ***é perfeito em tudo o que faz*** he is perfect in everything he does; ***o seu trabalho raras vezes é perfeito*** his work is seldom thorough; ***ter perfeito conhecimento*** to have a thorough knowledge
perficiente *adj.* ⇒ **perfectivo**
perfidamente *adv.* perfidiously, treacherously
perfídia *s. f.* perfidy, treachery, faithlessness, traitorousness, treason, defection, breach of faith, foul play
pérfido *adj.* perfidious, faithless, treacherous, false, dishonest, double-faced, traitorous, deceitful, untrustworthy
perfil *s. m.* profile, side face, side view; outline, contour; ***a perfil*** profile; ***ela tem um belo perfil, mas não é tão bonita vista de frente*** she has a fine profile, but is not so pretty full face
perfilar Ⓐ *v. tr.* to profile, to draw in profile (outline) from a side-view; to draw up in line, to fall in line; MILITAR to dress Ⓑ *v. refl.* to draw oneself up, to straighten oneself, to pull oneself together; MILITAR to stand at attention; ***perfilar pela direita*** to dress by the right
perfilhação *s. f.* affiliation, adoption
perfilhado *adj.* affiliated, adopted
perfilhador *s. m.* adopter
perfilhamento *s. m.* ⇒ **perfilhação**
perfilhante *s. m. e f.* ⇒ **perfilhador**
perfilhar *v. tr.* to affiliate, to adopt; [fig.] to espouse (a cause)
perfloração *s. f.* florescence
perfolhada *s. f.* BOTÂNICA sort of hare's ear
perfolhado *adj.* perfoliate, perfoliated
perfoliação *s. f.* perfoliation
perfulgência *s. f.* refulgence, radiance, splendour
perfulgente *adj.* brilliant, refulgent; shining, radiant, blazing
perfumado *adj.* perfumed, fragrant, odorous, scented
perfumador Ⓐ *adj.* perfuming Ⓑ *s. m.* perfumer; perfuming-pan
perfumadura *s. f.* perfuming
perfumante *adj.* perfuming
perfumar Ⓐ *v. tr.* to perfume, to scent, to impregnate (to fill) with sweet smell, to embalm, to make fragrant Ⓑ *v. refl.* to use scent; ***as flores perfumam o ar*** the flowers perfume the air; ***perfumar o lenço com água-de-colónia*** to perfume one's handkerchief with eau-de-Cologne
perfumaria *s. f.* perfumery; perfumer's shop; intense perfume
perfume *s. m.* perfume, smell, odour, redolence, scent, fragrance, aroma, balminess, sweetness; ***frasco de perfume*** scent-bottle, smelling-bottle
perfumista *s. m. e f.* perfumer
perfumoso *adj.* perfumed, aromatic
perfunctoriamente *adv.* perfunctorily, hastily, superficially, carelessly, listlessly
perfunctório *adj.* perfunctory, hasty, superficial, formal, mechanical, slovenly, heedless, careless, listless, indifferent, negligent; ***trabalho perfunctório*** perfunctory work
perfuração *s. f.* perforation, boring, drilling, piercing; hole, aperture, opening, orifice
perfurador Ⓐ *s. m.* perforator; drill, hand-drill Ⓑ *adj.* perforating, piercing, drilling
perfuradora *s. f.* perforator, punch; perforating drill, drilling rig; boring machine
perfurante *adj.* perforative, perforating, piercing, drilling
perfurar *v. tr.* to perforate, to pierce, to bore, to drill, to riddle, to punch, to make holes in; to penetrate (into) through; ***perfurar um túnel*** to tunnel, to cut a tunnel (through)
perfurativo *adj.* perforative; piercing
perfusão *s. f.* perfusion
pergamináceo *adj.* pergameneous
pergaminharia *s. f.* commerce (industry) of parchments, parchments
pergaminheiro *s. m.* parchment-maker
pergaminho *s. m.* parchment, vellum; *pl.* titles, honours
pergamóide *s. m.* pegamoid; artificial leather
pérgula *s. f.* pergola
pergunta *s. f.* question, inquiry, interrogation, query; demand (for information); ***fazer uma pergunta*** to ask a question, to put a question; ***responder a uma pergunta*** to answer a question; ***pergunta difícil*** difficult question; ***pergunta indiscreta*** not a fair question; ***pergunta de algibeira*** tricky question; ***importunar com perguntas*** to ply (a person) with questions, to persecute a person wiht questions; ***pergunta capciosa*** leading question; ***perguntas fáceis*** potty questions; ***fazer perguntas a*** to ask questions, to question, to inquire of, to interrogate; ***iludir a pergunta*** to beg the question
perguntador Ⓐ *s. m.* inquirer, questioner, interrogator Ⓑ *adj.* questioning, inquiring
perguntante Ⓐ *s. m. e f.* inquirer, questioner, interrogator Ⓑ *adj.* questioning, inquiring
perguntão *s. m.* inquisitive person; busy inquirer
perguntar *v. tr. e intr.* to ask, to question, to interrogate, to query, to inquire (about, after, for); to demand; ***isso nem se pergunta*** it goes without saying; ***perguntar por alguém*** to inquire after a person; ***pergunta-se*** the question is; ***perguntar por*** to ask after; ***perguntar o nome de alguém*** to ask somebody's name; ***pergunte-lhe por onde é o caminho*** ask him the way
periadenite *s. f.* MEDICINA periadenitis
periambo *s. m.* ⇒ **pirríquio**
perianal *adj.* perianal
perianto *s. m.* BOTÂNICA perianth, floral envelope
perîbolo *s. m.* ARQUITECTURA peribolos, peribolus
pericárdico *adj.* pericardial
pericardino *adj.* pericardial
pericárdio *s. m.* ANATOMIA pericardium
pericardite *s. f.* MEDICINA pericarditis
pericarpial *adj.* pericarpial
pericárpico *adj.* pericarpic
pericárpio *s. m.* BOTÂNICA pericarp, seed-vessel (of plant)
pericarpo *s. m.* ⇒ **pericárpio**
perícia *s. f.* skill, skilfulness, ability, cleverness, expertness, adroitness, dexterity, knack, mastery; ***a perícia de um cirurgião*** the skill of a surgeon

pericial *adj.* expert, skilful
periciclo *s. m.* pericycle
períclase *s. f.* MINERALOGIA periclase
periclina *s. f.* MINERALOGIA pericline; variety of albite
periclitante *adj.* in danger, risky, dangerous; hesitating, hazardous, periclitating; ***o seu estado é periclitante*** he is in a dangerous state, he is in a periclitating state
periclitar *v. intr.* to be in danger, to be in jeopardy, to run a risk, to periclitate
pericôndrio *s. m.* ANATOMIA perichondrium
pericondrite *s. f.* PATOLOGIA perichondritis
pericondro *s. m.* ⇒ **pericôndrio**
pericrânio *s. m.* ANATOMIA pericranium
periculosidade *s. f.* danger, peril, hazard
peridental *adj.* involving the root of the teeth
peridentário *adj.* involving the root of the teeth
peridotite *s. f.* GEOLOGIA peridotite
perídoto *s. m.* MINERALOGIA peridot, olivine
perídromo *s. m.* ARQUITECTURA roofed gallery around a building
periecos *s. m. pl.* perioeci
periélio *s. m.* perihelion
periencefalite *s. f.* periencephalitis
periergia *s. f.* periergia, periergy, excessive care in speaking
periferia *s. f.* periphery, outside, outer surface
periférico *adj.* peripheral
periforme *adj.* pear-shaped
perífrase *s. f.* periphrasis, circumlocution, circumlocutory phrase
perifrasear Ⓐ *v. intr.* to use a periphrasis Ⓑ *v. tr.* to say (something) by means of a periphrasis
perifrasticamente *adv.* periphrastically
perifrástico *adj.* periphrastic, circumlocutory, roundabout or indirect way of speaking
perigalho *s. m.* loose skin (hanging under the chin of old or lean persons)
perigar *v. intr.* to be in peril (danger), to run risk; ***fazer perigar*** to imperil, to expose to peril, to bring into danger, to jeopardize, to put into jeopardy, to put to risk; ***a sua vida periga*** his life is in danger
perigeu *s. m.* ASTRONOMIA perigee
periginico *adj.* perigynous
perigo *s. m.* danger, peril, risk, jeopardy, hazard, venture; ***em perigo*** in danger; ***em perigo de*** in peril of; ***perigo de ataques aéreos*** danger of air-raids; ***perigo de incêndio*** danger of fire; ***perigo de morte*** danger of death; ***um perigo para a saúde*** a danger to health; ***está em perigo de vida*** his life is in danger; ***correr perigo*** to run a risk (or hazard); ***com perigo de vida*** at the risk of one's life, in peril of one's life; ***não há perigo*** no fear; ***expor-se ao perigo*** to incur a risk; ***salvou-os com perigo da própria vida*** he rescued them at the risk of his own life; ***livre de perigo*** out of danger, out of the wood; ***o perigo amarelo*** the yellow peril
perigosamente *adv.* dangerously, perilously
perigosidade *s. f.* perilousness, dangerousness; hazardousness, riskiness, unsafety
perigoso *adj.* dangerous, perilous, hazardous, unsafe, risky, ticklish, critical; ***doença perigosa*** dangerous illness; ***costa perigosa*** dangerous (unsafe) coast
perilha *s. f.* ornament in form of a pear
perilhão *s. m.* ZOOLOGIA kind of moth the caterpiller of which attacks the vine leaves
perimetria *s. f.* measuring of a perimeter
perimétrico *adj.* perimetric(al)
perímetro *s. m.* perimeter
perimir *v. tr.* DIREITO to lapse, to pass out of date
perimísio *s. m.* ANATOMIA perimysium
perimorfose *s. f.* ZOOLOGIA perimorphosis; change of larva into chrysalis
perineal *adj.* perineal, perinaeal
períneo *s. m.* ANATOMIA perineum, perinaeum
perineu *s. m.* ⇒ **períneo**
periodal *adj.* GRAMÁTICA referring to the phrase that comprehends a sentence
periodato *s. m.* QUÍMICA periodate
periodical *adj.* periodical
periodicamente *adv.* periodically, regularly, statedly, at stated times, at fixed periods
periodicidade *s. f.* periodicity, periodicalness, periodic character
periodicista *s. m. e f.* writer of articles in a magazine or newspaper
periódico Ⓐ *adj.* periodic, periodical; recurring, seasonal, cyclic Ⓑ *s. m.* magazine, periodical publication, periodical
periodismo *s. m.* journalism; press, periodicity, recurrence
periodista *s. m. e f.* journalist, pressman, writer of periodicals
periodização *s. f.* division into periods, spacing
periodizar *v. tr.* to divide (split) into periods, to space; to set forth in periods
período *s. m.* period, length of time, lapse of time, round of years, cycle; time, era, span, spell, epoch, age, date; term (school); GRAMÁTICA complete sentence; ***um período de dias frios*** a spell of cold weather; ***período da Renascença*** Renaissance period; ***o período da adolescência*** the period of adolescence; ***período lectivo*** school term; ***período de senilidade*** period of senility; ***período inicial*** initial period
perioftalmia *s. f.* MEDICINA periophtalmia
periostal *adj.* periosteal
periosteal *adj.* periosteal
periosteíte *s. f.* periostitis
periósteo *s. m.* ANATOMIA periosteum
periosteose *s. f.* periostosis
periostite *adj.* ⇒ **periosteíte**
periostose *s. f.* ⇒ **periosteose**
perióstraco *s. m.* ZOOLOGIA periostrachum
peripateticamente *adv.* peripatetically
peripatético Ⓐ *adj.* peripatetic Ⓑ *s. m.* follower of Aristotle, peripatetic, peripatetian, Aristotelian
peripatetismo *s. m.* peripateticism
peripatetizar *v. intr.* to walk about, to stroll, to wander, to roam, to loiter
perípato *s. m.* peripatus
peripécia *s. f.* peripet(e)ia, vicissitude, incident
peripétalo *adj.* BOTÂNICA peripetalous
périplo *s. m.* periplus, circumnavigation
peripneumonia *s. f.* PATOLOGIA peripneumonia
peripneumónico *adj.* peripneumonic
periproctal *adj.* said of the area surrounding the anus
periprocto *s. m.* periproct (around the anus)
periptério *s. m.* ARQUITECTURA peripter, periptere
períptero *s. m.* ARQUITECTURA peripter, periptere
periquito *s. m.* ORNITOLOGIA parakeet, budgerigar; [fam.] budgie
periscios *s. m. pl.* periscii
periscópico *adj.* periscopic
periscópio *s. m.* periscope
perisperma *s. m.* BOTÂNICA perisperm
perispérmico *adj.* BOTÂNICA perispermic
perissarco *s. m.* ZOOLOGIA perisarc
perissístole *s. f.* perisystole
perissodáctilo *adj.* ZOOLOGIA perissodactyl, perissodactyle
perissologia *s. f.* LINGUÍSTICA perissology, pleonasm
peristáltico *adj.* peristaltic
peristaltismo *s. m.* peristalsis
peristilo *s. m.* ARQUITECTURA peristyle
perístomo *s. m.* BOTÂNICA, ZOOLOGIA peristome
peritagem *s. f.* expert inspection
perito Ⓐ *adj.* skilful, expert, apt, adroit, versed, practised, experienced Ⓑ *s. m.* expert, connoisseur, specialist; NÁUTICA

surveyor, valuer; ***perito de salvamentos*** salvor, salvage expert; ***perito juramentado*** sworn expert
peritoneal *adj.* peritoneal, peritonaeal
peritoneu *s. m.* ANATOMIA peritoneum
peritónio *s. m.* ANATOMIA peritoneum
peritonite *s. f.* MEDICINA peritonitis (inflammation of the peritoneum)
perjurar Ⓐ *v. tr. e intr.* to abjure, to renounce, to forswear Ⓑ *v. intr.* to perjure, to swear falsely
perjúrio *s. m.* perjury, false oath, false swearing, oath-breaking, breach of oath
perjuro *s. m.* perjurer, oath-breaker, forswearer, one who commits perjury; perjurious, perjuring; perjured, forsworn
perla *s. f.* pearl
perlar *v. tr.* to pearl, to sprinkle with pearly drops; to form pearls
perlasso *s. m.* pearl-ash
perlavar *v. tr.* to cleanse, to purify
perlenda *s. f.* ⇒ **parlenda**
perlenga *s. f.* ⇒ **parlenga**
perlengada *s. f.* quarrel, brawl, broil, row, dispute, wrangle
perleúdo *adj.* widely read, learned
perlífero *adj.* pearl-bearing
perliquitetes *adj.* [pop.] conceited, assuming, vain, presumptuous
perlonga *s. f.* delay, putting off, retardation, postponement
perlongar *v. intr.* to coast; to go along; to delay, to retard; to adjourn, to postpone
perluí *s. m.* ORNITOLOGIA European bittern
perluís *s. m.* ORNITOLOGIA European bittern
perlustração *s. f.* perlustration
perlustrador Ⓐ *s. m.* observer, examiner Ⓑ *adj.* observing, examining
perlustrar *v. tr.* to survey, to view, to scan, to observe attentively, to scrutinize, to search
perluxo *adj.* prolix, verbose, diffuse; circumstantial, superfluously; exact
perluxuoso *adj.* very luxurious, very showy
perluzir *v. intr.* to shine brightly, to blaze, to flare, to sparkle
permanecente *adj.* permanent, remaining, lasting, enduring, abiding
permanecer *v. intr.* to stay, to remain, to stop, to continue, to abide, to last, to endure; to persist, to stand, to persevere; ***permanecer unido*** to hang together; ***permanecer de pé durante muito tempo*** to stand (up) for a long time
permanência *s. f.* permanence, permanency, stay, stop, sojourn; perseverance, constancy, continuance, durability
permanente Ⓐ *adj.* permanent, continuing, lasting, enduring, abiding, durable, constant, stable, fixed, standing, constant, persistent Ⓑ *s. f.* permanent wave (hair); [coloq.] perm; ondulação permanente (de cabelo): permanent wave; ***nunca fez uma permanente?*** have you never had a perm?
permanentemente *adv.* permanently; as a permanency
permanganato *s. m.* permanganate
permangânico *adj.* permanganic
permanganização *s. f.* disinfection with permanganate
permanganizar *v. tr.* to disinfect with permanganate
permeabilidade *s. f.* permeability
permeabilização *s. f.* making permeable; making pervious; perviousness
permeabilizar *v. tr.* to render permeable, to make pervious
permeação *s. f.* penetration
permeâmetro *s. m.* permeameter
permeância *s. f.* permeance
permear Ⓐ *v. tr.* to permeate, to penetrate, to pass through Ⓑ *v. intr.* to intermingle, to interpose, to be between
permeável *adj.* permeable, penetrable; ***permeável ao ar*** permeable to air
permeio *adv.* in the middle; ***meter-se de permeio*** to come between, to intervene; ***de permeio*** between, in between
pérmico *s. m.* permian
permilagem *s. f.* per mill proportion; per thousand proportion
permissão *s. f.* permission, leave, permit, authorization, licence, consent, liberty
permissivamente *adv.* permissively
permissível *adj.* permissible, permitted, allowable, admissible
permissividade *s. f.* permissibility, permissiveness, tolerance; allowance
permissivo *adj.* permissive, allowing, permitting, granting
permissor *adj.* that who (or which) consents (allows); permitter
permissório *adj.* that permits, permissive, permitter
permisto *adj.* mixed, confused
permitir *v. tr.* to permit, to allow, to let, to give (leave) permission, to authorize, to warrant, to grant; to consent to, to suffer, to tolerate, to admit, to put up with, to endure, to make possible, to enable; to be permitted; ***se o tempo o permitir*** weather permitting; ***até onde a saúde o permitir*** so far as health permits; ***permita-me que lhe lembre*** permit me (allow me) to remind you of; ***assim que as circunstâncias o permitirem*** as circumstances permit; ***permita Deus!*** God grant!; ***não é permitido fumar*** no smoking
permitividade *s. f.* ELECTRICIDADE permittivity
permuta *s. f.* exchange, interchange; [fam.] swap, swop; barter, truck; MATEMÁTICA permutation
permutabilidade *s. f.* permutability
permutação *s. f.* ⇒ **permuta**
permutador *s. m.* exchanger, barterer; ELECTRICIDADE switch
permutar *v. tr.* to permute, to exchange, to interchange; [fam.] to swap, to barter, to truck
permutável *adj.* permutable, exchangeable, interchangeable
perna *s. f.* leg, branch; stroke, loop (of letters); ***barriga da perna*** calf of the leg; ***de pernas magras e compridas (como fusos)*** spindle-legged, spindle-shanked; ***de pernas curtas*** short-legged; ***pernas direitas*** straight-legs; ***ter boas pernas*** to be a good walker; ***perna grossa*** thick leg; ***perna delgada*** slender leg; ***dar à perna*** to walk as fast as one's legs will carry one; ***estender as pernas*** to stretch one's legs; ***cortar as pernas a alguém*** to cripple a person's activities; ***com uma perna às costas*** easily; ***ter alguém à perna*** to be harassed by someone; ***meter pernas ao caminho*** to set out on a journey, to set off on a journey; ***perna de calça*** trouser leg; ***perna de pau*** wooden leg; ***perna de uma meia*** leg of a stocking; ***perna de cadeira*** leg of a chair; ***perna de carneiro*** leg of mutton; ***de quatro pernas*** four-legged; ***de perna estendida*** at ease, comfortably; ***de pernas cruzadas*** cross-legged; ***de pernas arqueadas*** bandy-legged; ***não poder com as pernas*** to be as weak as water; ***de pernas para o ar*** upside down, topsy-turvy; ***voltar-se de pernas para o ar*** to turn a somersault, to do a somersault
pernaça *s. f.* thick leg, fat leg
pernada *s. f.* stride, long step (in walking), kick, spurn; leaping (of a horse); bough (of a tree)
pernaltas *s. f. pl.* ORNITOLOGIA wading birds
pernalto *adj.* long-legged
pernambucano Ⓐ *adj.* of (from) Pernambuco Ⓑ *s. m.* native of Pernambuco
pernão Ⓐ *s. m.* thick leg Ⓑ *adj.* odd (of numbers: 1, 3, 5, etc.)
pernear *v. intr.* to kick (one's legs); to jump, to leap; [fig.] to grow impatient, to lose one's temper
pernegudo *adj.* big-legged, long-legged
perneira *s. f.* disease of the legs (in oxen); *pl.* leggings
perneta Ⓐ *s. f.* small leg Ⓑ *s. m. e f.* short-legged person, one-legged person Ⓒ *s. f.* [pop.] obstinacy, stubbornness

pernície *s. f.* destruction, ruin
perniciosa *s. f.* MEDICINA black-water fever
perniciosamente *adv.* perniciously, harmfully, noxiously; dangerously
perniciosidade *s. f.* perniciousness
pernicioso *adj.* pernicious, injurious, harmful, hurtful, baleful, noxious, destructive; perilous, dangerous; ***exemplos perniciosos*** pernicious examples; ***anemia perniciosa*** pernicious anaemia
pernicurto *adj.* short-legged
pernil *s. m.* slender part of the leg of certain animals mainly the pig; [fam.] ***esticar o pernil*** to kick the bucket
pernilongo Ⓐ *adj.* long-legged Ⓑ *s. m.* ORNITOLOGIA European stilt
perninha *s. f. dim. de* **perna**
pernitorto *adj.* crook-legged
perno *s. m.* spindle, dogstay, stud, stud-pin; ***perno de moitão*** pin spindle of a block; NÁUTICA ***perno roscado*** tap bolt
pernoita *s. f.* overnight stay
pernoitamento *s. m.* overnight stay
pernoitar *v. intr.* to stay overnight; ***pernoitar fora de casa*** to stay out all night, to be away for the night
pernóstico *adj.* presumptuous, insolent, pretentious
pernoutar *v. intr.* ⇒ **pernoitar**
pernudo *adj.* thick-legged, with large legs
pêro *s. m.* pearmain; [fam.] ***são como um pêro*** as fit as a fiddle
peroba *s. f.* BOTÂNICA proba (oil producing tree from Brazil)
pérola *s. f.* pearl; ***ela é a pérola das mulheres*** she is a pearl among women; ***pérola em bruto*** rough pearl; ***pérola do mais fina água*** pearl of the finest water; ***deitar pérolas a porcos*** to cast pearls before swine; ***pescador de pérolas*** pearl-diver; ***fio de pérolas*** string of pearls; ***pérola minúscula*** seed-pearl
perolar *v. tr.* to pearl
peroleira *s. f.* ZOOLOGIA pearl-oyster
perolífero *adj.* pearl-bearing
perolino *adj.* pearly
perolizar *v. tr.* to pearl, to cause to resemble pearls (in colour, shape, etc.)
peronial *adj.* peroneal, fibular
perónio *s. m.* ANATOMIA perone, peroneal bone, splint bone, calf bone; fibula, the thin outer bone of the leg
peroração *s. f.* peroration, epilogue
perorador *s. m.* haranguer
perorar *v. intr.* to perorate, to conclude a speech; to deliver a harangue, to speak at length
peroxidar *v. tr.* to peroxidize
peróxido *s. m.* QUÍMICA peroxide
peroxoanião *s. m.* QUÍMICA peroxy-anion
peroxonitrato *s. m.* QUÍMICA peroxy-nitrate
perpassar Ⓐ *v. intr.* to pass by (over); to glide over, to fly away Ⓑ *v. tr.* to pretermit
perpassável *adj.* that can be passed by, excusable, tolerable
perpendicular Ⓐ *adj.* GEOMETRIA perpendicular, vertical, upright Ⓑ *s. f.* perpendicular line
perpendicularidade *s. f.* perpendicularity
perpendicularmente *adv.* perpendicularly, vertically
perpendículo *s. m.* plumb, plummet, plumb line
perpetração *s. f.* perpetration, doing, performing, commission
perpetrador Ⓐ *s. m.* perpetrator, guilty person, he who commits a crime Ⓑ *adj.* perpetrating
perpetrar *v. tr.* to perpetrate, to commit, to perform, to do (something base); ***perpetrar um crime*** to perpetrate a crime
perpétua *s. f.* BOTÂNICA immortelle, everlasting flower
perpetuação *s. f.* perpetuation
perpetuador Ⓐ *adj.* perpetuating Ⓑ *s. m.* perpetuator
perpetuamente *adv.* perpetually, eternally
perpetuar *v. tr.* to perpetuate, to make perpetual, to eternalize, to continue, to preserve from extinction (oblivion)
perpetuidade *s. f.* perpetuity, eternity, perennity, everlastingness
perpétuo *adj.* perpetual, everlasting, eternal, everduring, enduring, unceasing, continual, perennial, constant, never-ending; ***prisão perpétua*** imprisonment for life, life sentence
perpianho *s. m.* bond-stone
perplexamente *adv.* perplexedly
perplexão *s. f.* ⇒ **perplexidade**
perplexidade *s. f.* perplexity, bewilderment, embarrassment, entanglement, doubt, ambiguity, doubtfulness, dubiousness
perplexo *adj.* perplexed, puzzled, uncertain, embarrassed, confused, bewildered, entangled; hesitating, wavering, irresolute; ***ficar perplexo*** to be perplexed, to feel perplexed, to be in a muddle, to be at a loss; ***estar perplexo (não saber o que fazer)*** to be nonplussed, to be flabbergasted
perquirição *s. f.* investigation, inquiry, inquisition, research
perquirir *v. tr.* to investigate, to inquire into, to make careful search into, to seek
perquisição *s. f.* ⇒ **perquirição**
perra *s. f.* bitch
perraria *s. f.* spite, affront, insult; teasing, trick
perrear *v. tr.* ⇒ **aperrear**
perreiro *s. m.* keeper of a pack of hounds; doorman
perrexil *s. m.* [fig.] appetizer; BOTÂNICA samphire
perrice *s. f.* doggedness, strongheadedness, stubbornness, obstinacy; [coloq.] kind
perro Ⓐ *s. m.* dog; [fig.] vile man, rascal, knave Ⓑ *adj.* stubborn, obstinate, doggish, pertinacious; stiff; ***a fechadura está perra*** the lock is stiff
persa *s. m. e f., adj.* Persian (native or language of Persia); ***tapete persa*** Persian carpet; ***gato persa*** Persian cat
perscrutação *s. f.* perscrutation, investigation, examination, minute inquiry, thorough searching
perscrutador Ⓐ *s. m.* inquirer, investigator Ⓑ *adj.* inquiring, searching.
perscrutar *v. tr.* to inquire minutely, to scan, to scrutinize, to investigate, to search, to seek
perscrutável *adj.* that can be (investigated) looked into with minuteness
persecução *s. f.* ⇒ **perseguição**
persecutório *adj.* demandative, demandable
perseguição *s. f.* persecution; harassing, importuning; chase, chasing, pursuit; ***mania da perseguição*** persecution mania
perseguidor Ⓐ *s. m.* persecutor; pursuer; chaser Ⓑ *adj.* persecuting, pursuing, chasing
perseguimento *s. m.* ⇒ **perseguição**
perseguir *v. tr.* to pursue, to chase, to hunt, to give chase, to track down, to follow, to follow closely; to persecute, to harass, to worry, to importune, to annoy, to pester; ***a infelicidade perseguiu-o sempre*** ill-luck dogged him all the time
pérseo *adj.* ⇒ **persa**
persevão *s. m.* bottom floor (of a coach)
perseveração *s. f.* perseveration
perseverança *s. f.* perseverance, constancy, persistence, tenacity, resolution, steadfastness, steadiness, determination
perseverante *adj.* persevering, persistent, tenacious, steady, firm, steadfast, unshakable, constant, determined
perseverantemente *adv.* perseveringly, persistently, steadily, tenaciously, steadfastly
perseverar *v. intr.* to persevere, to abide, to persist, to continue, to go on
persiana *s. f.* Venetian blind, Persian blind, jalousie
persiano *adj.* ⇒ **persa**
persicária *s. f.* BOTÂNICA persicaria, peachwort
pérsico *adj.* Persian

persigal *s. m.* pigsty, hogsty; herd of swine
persignação *s. f.* act of crossing oneself; act of making the sign of the cross
persignar-se *v. refl.* to make the sign of the cross, to cross oneself
pérsio *adj.* Persian
persistência *s. f.* persistence, steadiness, pertinacity, steadfastness, resolution, tenacity, perseverance, obstinacy, constancy, continuance
persistente *adj.* persistent, persisting, tenacious, persevering, steadfast, steady, obstinate, unshakable, determined, dogged, pig-headed, stubborn
persistentemente *adv.* persistently, tenaciously, perseveringly, steadily, doggedly
persistir *v. tr.* to persist, to persevere, to be steadfast, to continue steadily, to endure; to remain, to survive, to continue to exist, to last; to insist, to maintain persistently; ***persistir na asneira*** to persist in one's folly; ***persistir numa coisa*** to persist in (at) a thing
persolver *v. tr.* to pay off
personado *adj.* personate; BOTÂNICA masklike
personagem *s. f.* personage (person of importance); V. I. P. (very important person); character (in a play, novel, etc.); ***julga-se uma grande personagem*** he has a high opinion of himself; [fam.] ***foi convidado para jantar por personagens importantes*** he has been invited to dinner by some swells (or bigwigs)
personalidade *s. f.* personality, individuality; person (who has a distinctive character); ***marcar a sua personalidade*** to put oneself forward, to make oneself conspicuous
personalismo *s. m.* personalism, individualism, self-conceit
personalista Ⓐ *s. m. e f.* personalist, individualist; subjectivist Ⓑ *adj.* personalistic, individualistic; subjectivistic
personalização *s. f.* personalization
personalizar *v. tr.* to personalize, to personify, to name persons
personificação *s. f.* personification, personalization, personalizing, impersonation
personificar *v. tr.* to personify, to embody, to impersonate; to typify, to exemplify
personologia *s. f.* science which studies human personality as a whole
perspéctico *adj.* perspective
perspectiva *s. f.* perspective, view, sight, vista, panorama, prospect, outlook, foresight, anticipation; ***não ter nada em perspectiva*** to have nothing in prospect; ***ter uma boa perspectiva*** to stand a good chance; ***estar na perspectiva de*** to expect to be; ***em perspectiva*** perspective drawing
perspectivação *s. f.* act of putting in perspective
perspectivar *v. tr.* to put in perspective
perspectivismo *s. m.* FILOSOFIA Nietzsche's doctrine according to which knowledge is related to human vital needs
perspectivo *adj.* perspective
perspectógrafo *s. m.* apparatus for viewing an oblique photograph on a horizontal plane
perspicácia *s. f.* perspicacity, acuteness, discernment, astuteness, keenness, insight, perspicaciousness, cleverness; brains
perspicaz *adj.* perspicacious, sagacious, discerning, clever, keen, astute, sharp-witted, quick-sighted, acute, penetrating, penetrant; ***ser perspicaz*** to be as sharp as a needle; ***um espírito perspicaz*** a perspicacious mind
perspicazmente *adv.* perspicaciously, sagaciously, cleverly, quick-sightedly
perspicuidade *s. f.* perspicuity, lucidity, distinctness, clearness, transparency
perspícuo *adj.* perspicuous, lucid, distinct, transparent, clear, obvious
perspiração *s. f.* perspiration, sweating, sweat
perspirar *v. intr.* to perspire, to sweat
perspiratório *adj.* perspiratory
persuadição *s. f.* ⇒ **persuasão**
persuadimento *s. m.* ⇒ **persuasão**
persuadir Ⓐ *v. tr.* to persuade, to induce, to move, to encourage, to convince, to prevail upon, to talk over, to bring round, to convince Ⓑ *v. refl.* to persuade oneself; to be convinced, to be assured, to be persuaded; ***persuadir alguém do contrário*** to talk someone out of; ***persuadir-se de que se deve fazer uma coisa*** to persuade oneself that one ought to do something; ***persuadir alguém a ir*** to persuade a person to go; ***persuadir-se da verdade*** to be convinced of the truth
persuadível *adj.* persuadable, persuasible
persuasão *s. f.* persuasion, persuading, conviction, belief, persuasibleness, opinion
persuasiva *s. f.* persuasiveness, persuasion, inducement, influence, suasion, incitement
persuasivamente *adv.* persuasively, convincingly, enticingly
persuasivo *adj.* persuasive, persuading, convincing, inducing, enticing
persuasor Ⓐ *s. m.* persuader Ⓑ *adj.* persuading, convincing, inducing, enticing
persuasória *s. f.* persuasive motive, inducement, incitement, incentive, stimulus, spur
persuasório *adj.* ⇒ **persuasivo**
persulfureto *s. m.* QUÍMICA persulphide
pertença *s. f.* right of property, belongings, possession, estate, property; appertenance, appendage
pertence *s. m.* accessory, fitting; *pl.* spare parts, accessories (of motor car, machine, etc.)
pertencente *adj.* belonging, appertaining
pertencer *v. intr.* to belong, to pertain, to appertain, to be the property of; to be suitable for, to be in place; to constitute a duty; to concern; to relate to; ***onde pertencem estas coisas?*** where do these things belong?; ***este livro pertence-me*** this book belongs to me
pertentar *v. tr.* to try again, to try often; to attempt a second time, to reattempt
pértiga *s. f.* pole, long stick, perch; pole of a cart from where the beast (or beasts) pull
pertinácia *s. f.* pertinacity, persistence, stubbornness, obstinacy, wilfulness, doggedness, tenacity of purpose
pertinaz *adj.* pertinacious, tenacious, persistent, persevering, resolute, obstinate, stubborn, firm, steady, steadfast, stanch, staunch, dogged, wilful
pertinazmente *adv.* pertinaciously, tenaciously, persistently, obstinately, firmly
pertinência *s. f.* pertinence, fitness, appropriateness, relevancy, suitableness, propriety
pertinente *adj.* pertinent, fit, appropriate, suitable, apropos, proper, relevant, apposite, to the point, to the purpose
pertinho *adv.* close by, quite near, at hand
pertíssimo *adv.* very near, hard by
perto Ⓐ *adv.* near, nearby, close, at hand, within a short distance (from) of; within reach; nearly, almost, about, around Ⓑ *adj.* near, close Ⓒ *s. m. pl.* close-ups; ***perto de*** near, next to, about; ***é muito perto*** it is only a short way off; ***muito perto*** quite close; ***muitíssimo perto*** near, at hand; ***perto do rio*** near the river; ***construíram casas novas muito perto de nós*** new houses were built very near us; ***perto de dez rapazes*** about ten boys; ***há perto de cinco meses*** about five months ago; ***nós chegámos perto das duas horas*** we got here at about (around) two o'clock; ***seguir de perto*** to follow on the heel; ***conhecer alguém de perto*** to know a person intimately; ***demasiado perto*** too close
pertransir *v. tr.* to pass (to cross) over, to go beyond; to pierce through; to transgress, to trespass
perturbabilidade *s. f.* perturbation, perturbance, commotion, trouble; disorder, confusion, disturbance, unquietness, disquiet; dizziness

perturbação *s. f.* perturbation, perturbance, commotion, trouble; disorder, confusion, disturbance, unquietness, disquiet; dizziness; ***perturbação magnética*** magnetic disturbance; ***perturbação atmosférica*** atmospheric disturbance

perturbado *adj.* perturbed, disturbed, disconnected, unquiet, disquieted, confused, upset, distressed, worried, vexed, excited, troubled, dizzy

perturbador Ⓐ *s. m.* perturber, disturber, disquieter; rioter, troubler, troublemaker, trouble-monger Ⓑ *adj.* perturbative, disturbing, troubling, turbulent, troublesome

perturbante *adj.* ⇒ **perturbador**

perturbar Ⓐ *v. tr.* to perturb, to disturb, to disarrange, to disconcert, to ruffle, to disquiet, to worry, to vex, to trouble, to perplex, to upset, to confuse, to nonplus, to agitate Ⓑ *v. refl.* to become ruffled, to get perplexed; ***nada o perturba*** nothing ever ruffles him; ***não perturbar*** to leave alone; ***perturbar o espírito*** to ruffle the mind; ***perturbar a paz*** to disturb the peace; ***perturbar a serenidade de espírito*** to disturb one's serenity of mind; ***as más notícias perturbam-no completamente*** the bad news completely upset him; ***perturbar-se com as notícias*** to be disquieted by the news

perturbativo *adj.* perturbative, perturbing, disturbing, upsetting, disconcerting, perplexing, confusing, worrying

perturbatório *adj.* perturbative, perturbing, disturbing, upsetting, disconcerting, perplexing, confusing, worrying

perturbável *adj.* perturbable, capable of being perturbed

peru *s. m.* ORNITOLOGIA turkey-cock

perua *s. f.* turkey-hen; [pop.] intoxication, drunkenness

peruano *adj., s. m.* Peruvian

peruca *s. f.* wig, peruke, periwig

pérula *s. f.* BOTÂNICA perule

perulado *adj.* with perules

peruviano *s. m., adj.* ⇒ **peruano**

pervagar *v. tr.* to travel all over; to wander

perversamente *adv.* perversely

perversão *s. f.* perversion, corruption, vitiation, injury, debasement, abasement, prostitution

perversidade *s. f.* perversity, perverseness, wickedness

perverso *adj.* perverse, wicked, bad, perverted, distorted; ***alma perversa*** depraved person

perversor Ⓐ *s. m.* perverter, corrupter Ⓑ *adj.* perverting, perversive, corrupting

pervertedor Ⓐ *s. m.* perverter, corrupter Ⓑ *adj.* perverting, perversive, corrupting

perverter Ⓐ *v. tr.* to pervert, to corrupt, to deprave; to falsify, to adulterate; to turn from the right, to lead astray, to misdirect; to misapply, to misconstrue Ⓑ *v. refl.* to become perverse, to become corrupt

pervicácia *s. f.* obstinacy, pertinacity; perspicacity

pervicaz *adj.* pertinacious, determined, sta(u)nch, resolute, persistent, stubborn, dogged, obstinate; perspicacious

pervígil *s. m. e f., adj.* vigilant (person)

pervigília *s. f.* permanent vigil; sleeplessness, insomnia

pervinca *s. f.* BOTÂNICA periwinkle

pérvio *adj.* pervious, permeable, penetrable, passable, accessible; open (to ideas, reason, etc.)

perxina *s. f.* triangular-shaped part of an half-orange vault

pesa-ácidos *s. m.* areometer used to measure an acid density

pesa-cartas *s. m.* letter-balance

pesada *s. f.* a scale-load

pesadamente *adv.* heavily; slowly

pesadão *adj.* very heavy; slow, slow-moving; awkward

pesadelo *s. m.* nightmare; [fig.] incubus, an opressive influence

pesado *adj.* heavy, weighty; slow; toilsome, hard, fastidious, troublesome, painful, difficult; costly, dear, expensive; coarse, rough, offensive, insulting, injurious; fat, corpulent; ***peso pesado*** (box) heavy-weight; ***carga pesada*** heavy load; ***artilharia pesada*** heavy artillery; ***trabalho pesado*** heavy work; ***andar pesado*** heavy tread; ***sono pesado*** deep (sound) sleep; ***graças pesadas*** heavy (offensive) jokes; ***tempo pesado*** sultry weather; ***ser pesado a alguém*** to be a burden to someone

pesador Ⓐ *s. m.* weigher Ⓑ *adj.* weighing

pesadora *s. f.* weighing-machine

pesadote *adj.* rather heavy; weighty; somewhat fat, a bit corpulent

pesadume *s. m.* heaviness, grief, depression, sadness; crossness, sourness, bitterness

pesa-espíritos *s. m.* FÍSICA areometer

pesagem *s. f.* weighing

pesa-leite *s. m.* lactometer, lactoscope

pesa-licor *s. m.* hydrometer

pêsames *s. m. pl.* condolences, expression of sympathy; ***dar os pêsames*** to present one's condolences to, to sympathize with, to express one's sympathy; ***cartões e cartas de pêsames*** cards and letters of sympathy (or condolence)

pesa-mosto *s. m.* hydrometer

pesa-papéis *s. m.* paper-weight

pesar Ⓐ *v. tr. e intr.* to weigh, to ascertain the weight of, to take the weight; [fig.] to ponder, to consider, to examine, to estimate; to influence; to oppress, to afflict, to grieve, to cause sorrow, to cause regret; to be sorry; to be a burden to, to hang heavy; [fam.] to be rich; to be worth; ***pesar sobre*** to lie heavy on; ***quanto pesa?*** what is your weight?, how much do you weigh?; ***peso pouco*** I don't weigh much; ***pesar os ingredientes para um bolo*** to weigh the ingredients for a cake; ***o caso pesava-lhe na consciência*** the matter weighed upon his conscience; ***pesar os prós e os contras*** to weigh pros and cons Ⓑ *s. m.* sorrow, regret, grief, sadness; weighing; ***morrer de pesar*** to die of grief, to eat one's own heart out; ***com pesar meu*** to my sorrow; ***é com imenso pesar*** it is with great regret; ***exprimir pesar por*** to express regret for; ***com pesar*** regretfully

pesarosamente *adv.* sorrowfully, with sorrow, sadly, mournfully, regretfully

pesaroso *adj.* sorry, sorrowful, grievous, grieved, sad, mournful, distressed

pesa-sais *s. m.* FÍSICA hydrometer for saline solutions

pesa-vinho *s. m.* hydrometer for wines

pesca *s. f.* fishing, fishery; catch; [fig.] search, investigation; ***pesca do alto mar*** deep-sea fishery; ***pesca do bacalhau*** cod fishery; ***pesca costeira*** coast fishery; ***pesca à deriva*** drift fishery; ***pesca fluvial*** river fishing; ***armação de pesca*** fishing gear; ***linha de pesca*** fishing-line; ***rede de pesca*** fishing-net; ***cana de pesca*** fishing-rod; ***estojo de pesca*** fishing tackle; ***ser doido pela pesca*** to be very fond of fishing; ***ir à pesca*** to go fishing; ***barco de pesca*** fishing-boat, trawler; ***pesca de arrasto*** trawling; ***pesca à linha*** angling; ***esgotar a pesca em*** to fish out (a pool); ***viver da pesca*** to earn one's livelihood by fishing

pescada *s. f.* ICTIOLOGIA whiting

pescadaria *s. f.* fish-market; a lot of whitings

pescadinha *s. f. dim. de* **pescada**

pescado *s. m.* catch, fish caught, fishery, fish of all sorts

pescador *s. m.* fisherman, fisher; ***pescador de arrasto*** dragman, trawler; ***pescador do banco*** banker, fisherman on the banks of Newfoundland; ***pescador de cana, pescador de anzol*** angler; ***grupo de pescadores*** fishing party

pescadora *s. f.* fisherwoman

pescanço *s. m.* [fam.] peeping at cards

pescar *v. tr. e intr.* to fish; to catch fish; to net (fish); to angle; [fam.] to understand, to know; to notice, to perceive, to catch sight of; ***pescar à linha, pescar à cana*** to angle; ***pescar em águas turvas*** to fish in troubled waters; ***pescar no mar*** to fish in the sea; ***pescar para ganhar a vida*** to fish for a livelihood; ***pescar notícias*** to fish for information; NÁUTICA ***pescar de luva*** to be caught by the lee, to bring by the lee

pesca-rapazes *s. m.* [pop.] curl (hanging on a girl's forehead)
pescaria *s. f.* catch; fishery; fishing business; great quantity of fish
pescaz *s. m.* wedge
pescoçada *s. f.* blow on the neck
pescoção *s. m.* blow on the neck
pescoceira *s. f.* large neck
pescoço *s. m.* neck; throat, nape; ***de pescoço alto*** long-necked; ***pôr o pé no pescoço de*** to put one's foot on another's neck; ***com a corda ao pescoço*** with a rope around one's neck
pescoço-verde *s. m.* ⇒ **adem**
pescoçudo *adj.* bull-necked
pés-de-galinha *s. m. pl.* crow's-feet
pés-de-lebre *s. m. pl.* shunt, switch (of railways)
pesebre *s. m.* crib, manger
peseta *s. f.* peseta (Spanish money unit)
pesgar *v. tr.* to cover with pitch, to daub with pitch
peso *s. m.* weight; load, burden; pressure, oppression, heaviness; importance, consequence, influence, power; gravity; peso (coin); ***peso bruto*** gross weight; ***peso líquido*** net weight; ***peso atómico*** atomic weight; ***pesos e alteres*** weight lifting; ***lançamento do peso*** putting the weight; ***é um peso que me sai das costas*** that is a great weight off my mind; ***argumento de grande peso*** an argument of great weight; ***peso leve*** (boxing) lightweight; ***peso pluma*** (boxing) featherweight; ***peso médio*** (boxing) middleweight; ***peso pesado*** heavyweight; ***em peso*** whole, entire, in full, in a body; ***tomar o peso a*** to weight to the hands, to feel the weight of; ***ganhar peso*** to put on weight; ***perder peso*** to lose weight; ***ter o peso das responsabilidades públicas*** to have the weight of public responsibility; ***ter um peso às costas*** to have a millstone about one's neck
pespegar *v. tr.* to stick, to apply, to lay on; to strike, to hit; ***pespegar uma bofetada a*** to slap in someone's face; ***pespegar um soco a*** to punch, to hit; ***pespegar açoites*** to whip, to lash
pespego *s. m.* nuisance, tiresome person, bore; hindrance, encumbrance, obstacle
pespita *s. f.* ORNITOLOGIA wagtail
pespontado *adj.* stitched
pespontar Ⓐ *v. tr.* to stitch, to use backstich, to backstitch, to use stitching Ⓑ *v. intr.* [fig.] to pride oneself on (upon)
pespontear *v. tr.* to stitch, to use backstich, to backstitch, to use stitching
pesponto *s. m.* backstitch; stitching
pesporrência *s. f.* [pop.] boast, vaunt, brag, boasting, swaggering
pesporrente *adj.* boastful, boasting, vaunting, blustering, bragging
pesqueira *s. f.* fishing-net; ground for fishery
pesqueiro *s. m.* line and hook (for fishing); fishery; fishing-ground
pesquisa *s. f.* research; inquiry, examination, investigation, quest; sounding; MINERALOGIA prospecting (exploration); ***fazer pesquisas*** to seek out, to make inquiries
pesquisador *s. m.* searcher, researcher, investigator, inquirer; searching, examining
pesquisar *v. tr.* to search (for), to inquire, to examine, to seek (after), to quest, to investigate, to do research work; to ferret out; to probe, to inspect; to explore; MINERALOGIA to prospect; ***pesquisar uma mina de ouro*** to prospect for gold
pessário *s. m.* MEDICINA pessary
pessegada *s. f.* peach jam; [fig.] hoax, humbug; muddle, mess, confusion
pessegal *s. m.* peach-orchard
pêssego *s. m.* peach; ***pêssego careca*** bald peach; ***pêssego rosa*** rosy peach; ***compota de pêssego*** peach jam
pessegueiro *s. m.* BOTÂNICA peach-tree
pessimamente *adv.* very badly
pessimismo *s. m.* pessimism
pessimista Ⓐ *s. m. e f.* pessimist; [pop.] wet blanket Ⓑ *adj.* pessimistic
péssimo *adj.* very bad indeed, awful, dreadful, horrible
pessoa *s. f.* person, human being, human creature, individual, one, someone, somebody; fellow, chap; ***em pessoa*** in person; ***pessoa bulhenta*** fire-eater; ***pessoa conflituosa*** firebrand; ***não é má pessoa*** he is not a bad fellow; ***pessoa intelectual*** intellectual, highbrow; ***uma pessoa eminente*** a leading light; ***pessoa ambiciosa*** high-flier; ***pessoa exaltada*** impetuous person, hot-headed person; ***pessoa idónea*** a suitable person; ***pessoa muito dada*** hail-fellow-well-met sort of person; ***pessoa muito decente*** very decent body; ***pessoa prática e positiva*** a matter-of-fact person; ***pessoa serviçal*** a willing horse; ***ele é uma pessoa exagerada*** all his geese are swans; ***algumas pessoas*** a few people; ***pessoa que faz fim-de-semana*** weekender; ***pessoa versada em muitos assuntos*** versatile person, an all-rounder; ***pessoa que não presta atenção ao trabalho*** clockwatcher; ***pessoa de iniciativa*** person with plenty of go; ***pessoa que nunca embarcou*** land-lubber; ***pessoa muito magra*** lank person; ***pessoa célebre*** a famous person; ***pessoa activa e enérgica*** a live wire; ***pessoa sabedora (mestre)*** past master; ***tomar uma pessoa por outra*** to mistake one person for another, to take a person for someone else; ***pessoa que não reside no lugar onde os seus deveres o chamam*** non-resident; ***pessoa desajeitada*** a clumsy person; ***pessoa antiquada*** back number; ***pessoa de experiência*** old hand; ***pessoa curiosa*** peeping Tom; ***ter uma pessoa na mão*** to have a person in one's pocket; ***pessoa ruiva*** [coloq.] carrots; ***pessoa manhosa*** sly puss; ***pessoa em quem não se pode confiar*** broken reed; ***pessoa de confiança*** reliable person; ***pessoas de importância*** important people, persons of consequence, V. I. P. (very important persons), [fam.] big noises, bigwigs; ***pessoa sem importância*** person of no importance, a nobody; ***pessoa insignificante*** a nobody; ***pessoa que se levanta tarde*** late riser; ***pessoa grosseira mas de bom coração*** rough diamond; ***pessoa mole, indolente*** slow-coach; ***pessoa caseira*** stay-at-home; ***pessoa reservada*** oyster; ***pessoa sem iniciativa (lesma)*** [fig.] stick-in-the-mud; ***pessoa afável*** an amiable person; ***pessoa de grandes recursos*** a wealthy person; ***pessoa que tem perna de pau*** [fam.] timber-toes; ***pessoa temida*** an ugly customer; ***pessoa vaidosa*** a vain person; ***pessoa de espírito*** a person of wit, a person with a sense of humour; ***pessoa de palavreado oco*** windbag; ***pessoa atarracada*** short person, thick-set person, punch; ***pessoa jurídica*** legal entity
pessoal Ⓐ *adj.* personal, individual, private Ⓑ *s. m.* staff, personnel, men, employees, workers, hands; complement; ***lutar com falta de pessoal*** to be under-staffed; ***todo o pessoal*** all hands; ***pessoal técnico*** technical staff; ***secção do pessoal*** personnel department; ***o pessoal do navio*** the ship's complement, the crew
pessoalidade *s. f.* personality, individuality
pessoalismo *s. m.* ⇒ **personalismo**
pessoalmente *adv.* personally, in person; individually, one by one; ***apresentar-se pessoalmente*** to present oneself personally; ***desejo falar pessoalmente ao Sr. Lee*** I wish to see Mr. Lee personally
pessoeiro *s. m.* chief of a family
pestana *s. f.* eyelash; flap (of a pocket); nut (of a stringed instrument); ***queimar as pestanas*** to burn the midnight oil
pestanear *v. intr.* ⇒ **pestanejar**
pestanejante *adj.* blinking, winking, twinkling
pestanejar *v. intr.* to wink, to blink; ***sem pestanejar*** without blinking, without moving an eyelid
pestanejo *s. m.* winking, blinking, twinkling
pestanudo *adj.* having long eyelashes
peste *s. f.* plague, pest, pestilence, epidemic disease; [fig.] bad smell, stink, stench; a pest, a scoundrel, a bad lot; ***peste***

bubónica the plague, bubonic plague; *peste suína* swine pox, swine fever; *peste cavalar* African horse-sickness; *peste bovina* cattle plague
peste-negra *s. f.* black death, bubonic plague, the plague
pesticida *s. m.* pesticide
pestiferar *v. tr.* ⇒ **empestar**
pestífero Ⓐ *adj.* pestiferous, noxious, dangerous Ⓑ *s. m.* plague-stricken person
pestilência *s. f.* pest, pestilence; epidemic plague, bubonic plague; contagion
pestilencial *adj.* pestilential, pestilent, pernicious, baleful, pestiferous, malignant, infectious
pestilencialmente *adv.* pestilently, pestilentially
pestilencioso *adj.* ⇒ **pestilencial**
pestilente *adj.* ⇒ **pestilencial**
pestilento *adj.* ⇒ **pestilencial**
pestilo *s. m.* latch, catch; knocker (of a door)
pestoso Ⓐ *adj.* pestilential Ⓑ *s. m.* plague-stricken person
peta *s. f.* fib, story, untruth, lie, fabrication; a spot in a horse's eye; *dizer petas* to tell fibs (lies, stories)
pétala *s. f.* BOTÂNICA petal
petalado *adj.* petal(l)ed
petaliforme *adj.* petaliform, petal-shaped
petalino *adj.* petaline, of (like) a petal
petalite *s. f.* MINERALOGIA petalite
petalóide *adj.* BOTÂNICA petaloid, like petals
petar *v. tr.* to lie, to fib
petarada *s. f.* a pack of lies
petardada *s. f.* blast of a petard
petardar *v. tr.* to blow up (with a petard)
petardear *v. tr.* to blow up (with a petard)
petardeiro *s. m.* petardier, petardeer, one who makes (fires) petards
petardo *s. m.* petard, bomb, fire-petard
petarola Ⓐ *s. f.* great lie; whopper Ⓑ *s. m.* fibber, liar
petarolar *v. intr.* to lie, to fib, to tell lies
petear *v. intr.* to tell fibs
peteiro *s. m.* fibber, liar
petequial *adj.* petechial
petéquias *s. f. pl.* PATOLOGIA petechiae (*singular* petechia), blood spots
petição *s. f.* petition, request, solicitation, appeal, application; entreaty, supplication
peticar *v. intr.* ⇒ **petiscar**
peticego Ⓐ *adj.* short-sighted Ⓑ *s. m.* very short-sighted person; small-eyed person
peticionar *v. intr.* to petition, to request, to apply, to address a petition to
peticionário *s. m.* petitioner, applicant
petimetre Ⓐ *adj.* dandyish Ⓑ *s. m.* petit-maitre, dandy
petinga *s. f.* small sardine; bait, lure
petipé *s. m.* measuring-scale; map-scale; scale
petisca *s. f.* game (for boys)
petiscador *s. m.* nibbler, dainty person
petiscar *v. tr. e intr.* to nibble, to peck at one's food; to taste; to eat dainties; to strike fire (from a flint)
petisco *s. m.* titbit, delicacy, dainty, choice morsel; steel to rub on a flint; [fig.] ridiculous person
petisqueira *s. f.* delicate snack; choice morsel of food
petitório Ⓐ *adj.* petitionary; DIREITO petitory Ⓑ *s. m.* petition, request
petiz *s. m.* brat, urchin, little one, child; *os petizes* the little ones
petizada *s. f.* brats, the little boys and girls; the little ones
peto Ⓐ *s. m.* ORNITOLOGIA woodpecker; hatchet-like part of a pruning-hook; money-box Ⓑ *adj.* squint-eyed; cross, fretful
peto-real Ⓐ *s. m.* ORNITOLOGIA woodpecker; hatchet-like part of a pruning-hook; money-box Ⓑ *adj.* squint-eyed; cross, fretful
petrarquismo *s. m.* imitation of Petrarch's poetry
petrarquista Ⓐ *s. m. e f.* imitator of Petrarch's poetry Ⓑ *adj.* Petrarchan
petrechamento *s. m.* ⇒ **apetrechamento**
petrechar *v. tr.* to equip, to supply, to provide, to fit out, to prepare, to rig, to accoutre
petrechos *s. m. pl.* ammunition; tools, implements, tackle; equipment, gear, accoutrements; *petrechos navais* naval stores; *petrechos de cozinha* kitchen utensils
pétreo *adj.* petrous, stony; [fig.] hard-hearted, merciless, pitiless, insensible, inhuman
petrícola *adj.* living among stones
petrificação *s. f.* petrification
petrificado *adj.* petrified
petrificador *adj.* petrifying
petrificante *adj.* petrifying
petrificar Ⓐ *v. tr.* to petrify, to turn into stone; [fig.] to stupefy, to stun, to bewilder, to paralyse Ⓑ *v. refl.* to become petrified (with horror or amazement)
petrificável *adj.* that may be petrified
petrífico *adj.* petrifying
petrina *s. f.* shirt strap for fastening it to the underwear
petrodólar *s. m.* petrodollar
petrogénese *s. f.* part of petrology which studies the origin and formation of rocks
petrogénico *adj.* referring to the study of the origin and formation of rocks
petrografia *s. f.* petrography
petrográfico *adj.* petrographic(al)
petrografista *s. m. e f.* petrographer
petrógrafo *s. m.* petrographer
petrolaria *s. f.* petroleum works, oil refinery
petroleína *s. f.* ⇒ **vaselina**
petroleiro *s. m.* NÁUTICA tanker; *navio petroleiro* tanker
petroleno *s. m.* QUÍMICA hydrogen carbide found in fossil resin
petróleo *s. m.* petroleum, rock-oil; *petróleo de iluminação* paraffin, kerosene; *petróleo bruto* crude oil; *petróleo refinado* refined petroleum, refined oil
petrolífero *adj.* petroliferous; *campo petrolífero* oil-field
petrolina *s. f.* petrolin
petrologia *s. f.* GEOLOGIA petrology
petrológico *adj.* petrological
petrologista *s. m. e f.* petrologist, student of petrology
petrónio *s. m.* [fig.] dapper fellow
petroquímica *s. f.* petrochemistry
petroquímico *adj.* petrochemical
petroso *adj.* ⇒ **pétreo**
petrossílex *s. m.* felsite
petrossílice *s. m.* felsite
petulância *s. f.* petulance, peevishness, sauciness, insolence, impertinence, pertness, rudeness
petulante *adj.* petulant, peevish, saucy, insolent, flippant, impertinent, impudent, pert, rude, forward
petulantemente *adv.* petulantly, pertly, rudely, impudently, saucily
petúnia *s. f.* BOTÂNICA petunia
peúga *s. f.* sock; cothurnus (*plural* cothurni)
peugada *s. f.* track, footprint, steps, trace, trail, vestige, mark; *seguir na peugada de alguém* to follow someone's tracks
peva *s. f.* [cal.] nothing at all; absolutely nothing; zero; zilch
pevide *s. f.* pip, seed (of apple, pear, orange, etc.); pip (disease of fowls); [fam.] *não ter pevide na língua* to speak out, not to mince matters
pevidoso *adj.* pippy, with many (seeds) pips
pevitada *s. f.* potion made of crushed kernels
pexão *s. m.* ⇒ **peixão**
pexotada *s. f.* number (a lot) of beginners

pexote *s. m.* ⌈pop.⌋ novice, beginner, newhand, tiro, inexperienced person
pez *s. m.* pitch; ***pez muito duro*** stone-pitch
pezanho *adj.* ⇒ **pezenho**
pezenho *adj.* pitchy, pitch-coloured (of horses)
pezinho *s. m.* little foot, delicate foot
pezorro *s. m.* huge foot
pezudo *adj.* long-footed, big-footed
pezunho *s. m.* pig's foot; *pl.* pigs' trotters, large foot
pia *s. f.* sink, sluice; trough; ***pia baptismal*** font; ***pia onde bebem os cavalos*** horse-trough; ***pia da cozinha*** kitchen sink
piá *s. m.* halfbred boy
piaçá *s. m.* BOTÂNICA piassava palm; piassava brush
piaçaba *s. m.* BOTÂNICA piassava palm; piassava brush
piaçava *s. m.* BOTÂNICA piassava palm; piassava brush
piaçoca *s. f.* jaçana, jacana
piada *s. f.* bird call, chirp, chirping, peeping; biting jest, jeer; joke, witty saying, quip, crank, witticism, sally, smart repartee; ***jogar uma piada*** to crack a joke
piadeira *s. f.* ORNITOLOGIA yellow-billed teal
piadeiro *s. m.* ORNITOLOGIA wryneck
piadético *adj.* wisecracking
piadinha *s. f.* a little joke
piadista *s. m. e f.* jeerer, scoffer; joker, wag, humorist, jester, wisecracker
piado *s. m.* peep, chirp
piadoiro *s. m.* ⇒ **piadouro**
piador Ⓐ *adj.* chirping Ⓑ *s. m.* chirping bird
piadouro *s. m.* frequent chirping (of birds)
piafar *v. intr.* (horse) to paw the ground; to prance; to swagger; to strut
piafé *s. m.* prancing (of horses)
pia-máter *s. f.* ANATOMIA pia mater
piamente *adv.* piously, devotedly, earnestly, sincerely
pianinho Ⓐ *adj.* MÚSICA soft, light, gentle Ⓑ *adv.* softly, lightly, gently
pianista *s. m. e f.* pianist, piano player
pianizar *v. tr.* MÚSICA to arrange for the piano
piano Ⓐ *s. m.* piano, pianoforte Ⓑ *adv.* piano, softly; ***piano de cauda*** grand piano; ***piano de meia cauda*** baby grand piano; ***piano vertical*** upright piano; ***banco de piano*** piano-stool; ***estudar piano*** to practise the piano; ***tocar piano*** to play the piano
pianola *s. f.* pianola
pião *s. m.* top (child's toy); NÁUTICA pin; ***colocar um pião em*** to pivot; ***apanhar o pião à unha*** to grasp the opportunity
pião-das-nicas *s. m.* person who endures every mean thing caused by another person
piar *v. intr.* to peep, to chirp
piara *s. f.* multitude (of people), gang, band; herd (of swines); drove (of mares and mules)
piasca *s. f.* little top (toy)
piastra *s. f.* piastre, piaster (old Spanish silver coin)
piastrão *s. m.* breast-place (of armour)
pica *s. f.* pricking, sting; superficial digging; pike (spear); pike (fish)
picaço *adj.* speckled, spotted (horse)
picada *s. f.* prick (ing); sting (of a bee); bite (of a flea); puncture (of an epidermic needle); ***sinto picadas no dedo*** my finger smarts; ***picada ou mergulho (de um avião)*** nose-dive; ***picada de agulha*** prick of a needle; ***picada de pulga*** flea-bite
picadeira *s. f.* pick-axe; brick hammer, chipping hammer; fire-picker, pricker; scaling-hammer
picadeiro *s. m.* riding-school; CARPINTARIA bench-stop, hold-fast, cooper's bench; NÁUTICA stocks, boat-skid, bed
picadela *s. f.* ⇒ **picada**
picadete *adj.* (slightly) ruffled, annoyed, vexed, irritated
picadilho *s. m.* (variety of) tobacco
picadinho *adj.* easily offended
picado Ⓐ *adj.* pricked, stung, bit (ten); pierced, punctured; nettled, provoked; hole, cut, mark Ⓑ *s. m.* minced meat; ***picado para recheio*** forcemeat; ***picado do bicho*** worm-hole; ***mar picado*** choppy sea
picador *s. m.* riding-master; horse-breaker
picadura *s. f.* minced feed; ⇒ **picada**
pica-flor *s. m.* ORNITOLOGIA humming-bird
pica-folha *s. f.* holly
pica-milho *s. m.* person fond of corn bread
pica-nariz *s. f.* ⇒ **candelária**
picança *s. f.* ⇒ **toutinegra**
picancilho *s. m.* climbing bird
picanço *s. m.* ORNITOLOGIA woodpecker
picante Ⓐ *adj.* pricking, stinging, biting; piquant, pungent, sharp, hot, acrid, peppery, high-flavoured, high-seasoned; malicious, spiteful, risky; stimulating, spicy Ⓑ *s. m.* highly seasoned food; ***molho picante*** piquant sauce
picão *s. m.* pickaxe; weeding hoe; coal-dust, slack
pica-osso *s. m.* ORNITOLOGIA cinerous vulture
pica-pau *s. m.* ORNITOLOGIA woodpecker
pica-peixe *s. m.* ORNITOLOGIA kingfisher
pica-ponto *s. m.* awl
pica-porco *s. m.* ORNITOLOGIA (variety of) woodpecker
pica-porta *s. m.* ⇒ **aldraba**
picar Ⓐ *v. tr. e intr.* to prick, to pierce, to perforate, to puncture, to punch; to bite (insect); to sting (insect or plant); to peck (bird); to mince, to chop, to cut up, to hash; to smart, to feel sore and painful; to spur, to goad, to prick, to urge; to offend, to chafe, to provoke; to become sour (wine); to tickle Ⓑ *v. refl.* to prick oneself; to take the huff, to take it amiss; NÁUTICA to chip, to pick, to hit, to scale; ***os espinhos da rosa picam a valer*** the thorns of the rose prick quite badly; ***a camisola pica-me*** the vest tickles me; ***as vespas e as abelhas picam*** bees and wasps sting; ***piquei-me*** I pricked myself; NÁUTICA ***picar a voga*** to row faster, to pull hard; ***picar a amarra*** to cut the cable
picarço *adj.* ⇒ **pigarço**
picardia *s. f.* knavery, knavish trick, trickery, scoundrelism, rascality, malice
picardo *s. m., adj.* picard; native of Picardy
picaresco *adj.* burlesque, comic, funny, farcical, ludicrous; odd, queer
picareta *s. f.* pick, pickaxe
picaria *s. f.* horsemanship; riding-school
pícaro *adj.* knavish, rascally, roguish, crafty; ridiculous, ludicrous, funny, absurd, risible, odd, queer, eccentric
picaroto *s. m.* top, summit, vertex
piçarra *s. f.* shale, gravel
piçarral *s. m.* shale-pit
piçarroso *adj.* shaly; gravelly
picatoste *s. m.* stuffing made of minced mutton, eggs, etc
píceo *adj.* pitchy
piche *s. m.* pitch
pichel *s. m.* pewter-tankard
pichelaria *s. f.* tinsmith's trade; tinsmith's (shop)
picheleiro *s. m.* plumber; tinsmith, tinman, tinker, white-smith
pichelim *s. m.* dried, salted fish
picho *s. m.* pewter-tankard; ⌈pop.⌋ bun, chignon
pichorra *s. f.* pewter; large tin equiped with a spout
pícnico *adj.* squat, stumpy
picnometria *s. f.* FÍSICA measurement of density by the pycnometer
picnómetro *s. m.* FÍSICA pycnometer
picnoscopia *s. f.* radioscopy
picnose *s. f.* pycnosis
picnostilo *s. m.* ARQUITECTURA pycnostyle
picnótico *adj.* said of the nucleus that underwent pycnosis

pico *s. m.* peak, summit, top; sharp point; thorn; pickaxe; [fig.] acridity, sharpness; malice, bitterness, pique, grudge; wit, humour, fun; piquancy; ***o meu chapéu custou nove libras e pico*** my hat cost £9 odd; ***ela tem quarenta anos e pico*** she is forty odd
picola *s. f.* stonecutter's chisel
picoso *adj.* prickly, thorny
picota *s. f.* pillory, stake
picotado Ⓐ *adj.* perforated Ⓑ *s. m.* perforated line
picotagem *s. f.* perforation (of papers)
picotar *v. tr.* to perforate (papers)
picote *s. m.* sort of coarse woollen cloth, pearl stitch
picotilho *s. m.* cloth of goat's hair
picoto *s. m.* peak (of a mountain); geodesic pyramid
picrato *s. m.* picrate
pícrico *adj.* QUÍMICA picric; ***ácido pícrico*** picric acid
picrina *s. f.* bitter substance found in the purple foxglove (plant)
pictografia *s. f.* pictography
pictográfico *adj.* pictographic
pictórico *adj.* pictorial
pictural *adj.* picturesque, pictorial, pictural
picuinha *s. f.* peep (of a young bird); sarcastic allusion, teasing; insignificance, trifle
picuinhas Ⓐ *s. m. e f.* person who pays high attention to insignificant details Ⓑ *adj.* trifling; petty
piedade *s. f.* piety, devotion; pity, mercy, compassion, commiseration; ***ter piedade de*** to pity, to take pity on; ***por piedade!*** for mercy's sake!, for pity's sake!
piedosamente *adv.* piously, pitifully
piedoso *adj.* pious, devout, religious, godly, devout; merciful, pitiful, compassionate, sympathetic
piegas Ⓐ *s. m. e f.* futile person, sentimental person, milksop Ⓑ *adj.* faddy, particular, fussy; effeminate, womanish; sentimental
pieguice *s. f.* fussiness, mush, slush; effeminacy, timidity, sentimentality
pieira *s. f.* wheezing, wheezy breathing
piela *s. f.* intoxication, drunkenness; [fam.] ***estar com uma piela*** to be half seas over, to be tight (as a drum), to be stewed to the gills, to be top-heavy, to be drunk
pielite *s. f.* MEDICINA pyelitis
pielonefrite *s. f.* MEDICINA pyelonephritis
piemontês *adj., s. m.* Piedmontese
piério *adj.* related to poetry
pietismo *s. m.* pietism
pietista *s. m. e f.* pietist
piezoelectricidade *s. f.* piezoelectricity
piezoeléctrico *adj.* piezoelectric
piezometria *s. f.* FÍSICA piezometry
piezómetro *s. m.* piezometer
pífano *s. m.* ⇒ **pífaro**
pifão *s. m.* ⇒ **piela**
pifar *v. tr.* to steal, to pilfer, to filch, to crib, to shoplift
pífaro *s. m.* MÚSICA fife; ***tocador de pífaro*** fifer
pífio *adj.* [pop.] coarse, vulgar, poor, inferior
pigarça *s. f.* (variety of) pear
pigarço *adj.* dapple-grey; piebald (horse)
pigarrar *v. intr.* to cough out, to cough up, to clear the throat, to hawk
pigarrear *v. intr.* to cough out, to cough up, to clear the throat, to hawk
pigarreira *s. f.* cough
pigarrento *adj.* phlegmy; raucous
pigarro *s. m.* thick phlegm, sputum, expectoration; raucousness; ***ter pigarro na garganta*** to have a tickle (a frog) in one's throat
pigarroso *adj.* phlegmy
pigídio *s. m.* pygidium
pigmeia *s. f.* {*fem. de* **pigmeu**} pygmy, dwarf (woman)
pigmentação *s. f.* pigmentation, coloration
pigmentado *adj.* pigmented, pigmental, pigmentary
pigmentar *v. tr.* to pigment, to tint the colour of skin, to colour
pigmentário *adj.* pigmentary
pigmento *s. m.* pigment; paint, dye
pigmeu Ⓐ *s. m.* pygmy, pigmy, dwarf Ⓑ *adj.* dwarfish, pigmy, very small, insignificant
pignoratício *adj.* pignorative
pigostílio *s. m.* ZOOLOGIA pygostyle
pigostilo *s. m.* ⇒ **pigostílio**
pijama *s. m.* pyjamas, pajamas
pila Ⓐ *s. f.* [reg.] chicken Ⓑ *interj.* call of the chickens; [cal.] penis of a child
pilado Ⓐ *adj.* peeled and dried, crushed, pestled; ***castanhas piladas*** peeled and dried chestnuts Ⓑ *s. m.* kind of small crab used as manure
pilador Ⓐ *s. m.* peeler, pounder, crusher Ⓑ *adj.* peeling, pounding, crushing
pilantra *s. m. e f.* [coloq.] [Bras.] crook, scoundrel, rogue
pilão *s. m.* pestle (for pounding); ram (of hydrostatic press); pylon; ARQUITECTURA tower, steel tower
pilar Ⓐ *v. tr.* to pound, to bray, to pestle, to peel, to take off the peel Ⓑ *s. m.* pillar, column, pier, post; ***pilar da porta*** door-pier; ***pilar de parede*** wall-pier
pilarete *s. m.* small pillar
pilarte *s. m.* pilarte (ancient Portuguese silver coin)
pilastra *s. f.* ARQUITECTURA pilaster, square pillar
pildra *s. f.* ZOOLOGIA ⇒ **douradinha**; ⇒ **tarambola**; [pop.] bed; truckle-bed; [cal.] prison, jail; cage
pilé *adj.* granulated; ***açúcar pilé*** granulated sugar
pileca *s. f.* jade, hack, worn-out horse
píleo *s. m.* pileus (*plural* pilei)
pileque *s. m.* rubber ring; [Bras.] drunkenness
pilha Ⓐ *s. f.* pile, heap, stack, mass; ELECTRICIDADE cell, battery Ⓑ *s. m.* [fam.] pilferer, thief; ***pilha de achas*** a pile of logs; ***estar salgado como pilha*** to be too salted; ***pilha eléctrica*** electric battery, electric torch; ***pilha seca*** dry battery; [coloq.] ***pilha de nervos*** bundle of nerves
pilhafre *s. m.* hawk
pilha-galinhas *s. m.* poacher of hens; large overcoat without sleeves
pilhagem *s. f.* pillage, booty, robbery, plunder, plundering
pilhanço *s. m.* ⇒ **pilhagem**
pilhante *s. m.* pillager, plunderer, marauder
pilhar *v. tr.* pilfer, to steal, to purloin; to catch, to seize; to plunder, to pillage, to maraud, to sack, to boot, to rob
pilha-ratos *s. m.* ORNITOLOGIA hen-harrier
pilharengo *adj.* pilfering, plundering
pilharete *s. m.* thief, pilferer
pilheira *s. f.* ash-heap; scrap-heap
pilheiro *s. m.* water-cistern, (water) reservoir
pilhéria *s. f.* wit, pleasantry, jocular remark, quip, jest, joke, jocularity
pilheriar *v. intr.* to jest; to joke; to scoff; to mock
pilhérico *adj.* playful, jesting
pilheta *s. f.* trough, tub (narrow at the bottom and large at the brim)
pilho *s. m.* pilferer, sharper, pickpocket; knave, scoundrel
pilífero *adj.* BOTÂNICA hairy, piliferous, piligerous
piliforme *adj.* piliform
pilípede *adj.* having hairy feet
pilo *s. m.* javelin, dart
piloada *s. f.* stroke with a pestle
pilocarpina *s. f.* QUÍMICA pilocarpine
pilone *s. m.* pylon
piloro *s. m.* ANATOMIA pylorus
pilosela *s. f.* BOTÂNICA mouse-ear

pilosidade *s. f.* pilosity, hairiness
piloso *adj.* hairy, pilose, pilous
pilota *s. f.* fatigue, tiredness, exhaustion; ***apanhar uma pilota*** to be walked off one's legs
pilotagem *s. f.* pilotage, pilot's fee; navigation; ***direitos de pilotagem*** rates of pilotage
pilotar *v. tr. e intr.* to pilot, to direct course of, to guide, to steer, to lead, to navigate; to act as a pilot; ***pilotar um barco na travessia de um canal*** to pilot a boat through a channel
pilotear *v. tr. e intr.* to pilot, to direct course of, to guide, to steer, to lead, to navigate; to act as a pilot
piloto *s. m.* pilot, steersman; [fig.] guide, leader, director; ***piloto (na marinha mercante)*** mate; ***piloto prático*** pilot; ***piloto de doca*** dock pilot; ***piloto de longo curso*** proper pilot; ***piloto aviador*** (air-) pilot; ***bandeira a pedir piloto*** pilot flag; ***piloto de hidroavião*** seaplane pilot; ***piloto de bombardeiro*** bomber pilot; ***barco de pilotos*** pilot-boat; ***piloto da barra*** harbour pilot; ***estação de pilotos*** pilot-station; ***piloto automático*** automatic pilot; ***piloto de provas*** test pilot
piloto-mor *s. m.* chief pilot, pilot-master
piloura *s. f.* dizziness, crazy action
pilrete *s. m.* squirt, insignificant man; turbulent child, urchin, brat, little rogue
pilriteiro *s. m.* BOTÂNICA hawthorn
pilrito *s. m.* haw, hawthorn berry
pílula *s. f.* pilule, pill; ***pílula amarga*** bitter pill; ***engolir a pílula*** to swallow the pill; ***pílula difícil de engolir*** a bitter pill to swallow; ***dourar a pílula*** to gild the pill; ***adoçar a pílula*** to sugar the pill; ***pílula anticoncepcional*** contraceptive pill, the pill
pilulador *s. m.* maker of pills
pilular *adj.* pilular
piluleiro *s. m.* maker of pills
pimenta *s. f.* pepper; ***grão de pimenta*** peppercorn
pimentação *s. m.* capsicum, cayenne pepper
pimental *s. m.* pepper plantation
pimenteira *s. f.* BOTÂNICA pepper plant; pepper-box
pimenteiro *s. m.* pepper-box, pepper-castor, pepper-caster
pimento *s. m.* capsicum; green pepper; ***pimento doce*** sweet pepper; ***pimento picante*** red pepper
pimpalhão *s. m.* ⇒ **tentilhão**
pimpampum *s. m.* ninepins (played in fairs)
pimpante *s. m. e f., adj.* ⇒ **pimpão**
pimpão Ⓐ *s. m.* bully, boaster, braggart, swaggerer; fop, dandy Ⓑ *adj.* swaggering, haughty, proud; smart, pruce, neat, foppish, dandyish
pimpar *v. intr.* to bluster, to boast, to parade, to flaunt, to show off; to amuse (to enjoy) oneself
pimpim *s. m.* ZOOLOGIA chaffinch
pimpinela *s. f.* BOTÂNICA burnet
pimpleu *s. m.* short banderilla (bullfights)
pimpol *s. m.* BOTÂNICA Indian fig-tree
pimpolhar *v. intr.* to sprout, to grow
pimpolho *s. m.* young shoot (of a vine); sarment, twig; runner, spring, scion; [fig.] robust child, youngster; ***quem é este pimpolho?*** who is this youngster?
pimpona *s. f.* [fam.] peach, beautiful girl
pimponar *v. intr.* to play the swaggerer, to bluster, to boast, to brag, to vaunt, to show off, to give oneself airs, to talk big, to ride a high horse
pimponear *v. intr.* to play the swaggerer, to bluster, to boast, to brag, to vaunt, to show off, to give oneself airs, to talk big, to ride a high horse
pimponice *s. f.* boasting, boast, blustering, swaggering, bluster, brag, vaunt, bombast, flourish of trumpets, much cry and little wool
pina *s. f.* felloe, felly (of a wheel)
Pináceas *s. f. pl.* BOTÂNICA *Pinaceae*
pinacoidal *adj.* pinacoidal
pinacóide *s. m., adj.* pinacoid, pinakoid
pinacoteca *s. f.* pinacotheca (picture gallery)
pináculo *s. m.* pinnacle; summit, highest point, culminating point, top, peak
pinador *s. m.* pin-drill
pinar *v. tr.* to set pins
pinatífido *adj.* BOTÂNICA, ZOOLOGIA pinnatifid
pinázio *s. m.* cross-bar; window-frame
pinça *s. f.* pincers (of certain shell-fish); tweezers; MEDICINA nippers, pincers
pinção *s. m.* ⇒ **pinçote**
pinçar *v. tr.* to pincer, to compress with pincers; [fig.] to compress as with pincers
píncaro *s. m.* pinnacle, summit, apex, peak, acme, zenith, culmination, height, top; ***pôr nos píncaros da lua*** to laud to the skies; ***píncaros das montanhas cobertos de neve*** mountain peaks covered with snow
pincel *s. m.* brush; [fig.] painter; painting; colouring; ***pincel de alcatroar*** tar-brush; ***pincel de barba*** shaving-brush
pincelada *s. f.* stroke (with a brush)
pincelagem *s. f.* stroke (with a brush)
pincelar *v. tr.* to paint (with a brush), to cover (with paint), to daub
pinceleiro *s. m.* brushmaker; seller of brushes; brush-box
pincha *s. f.* cruet; ORNITOLOGIA ⇒ **tentilhão**
pinchão *adj.* jumping, leaping; bouncing
pinchar Ⓐ *v. tr.* to cause to (jump) leap; to push, to down, to demolish Ⓑ *v. intr.* to leap, to spring, to jump, to bound, to bounce
pincho *s. m.* leap, jump, bound, spring, hop; ***dar o pincho*** to escape, to cut and run, to take to one's heels, to whip off
pinçote *s. m.* NÁUTICA handle of the helm
pindaíba *s. f.* palm-fiber rope
pindaíva *s. f.* palm-fiber rope
pindárico *adj.* Pindaric, Pindarical
pindarismo *s. m.* Pindarism
pindarizar *v. tr.* to praise highly
pindaúba *s. f.* [Bras.] ⇒ **embira**
pindérico *adj.* excellent, grand; [depr.] poor, shabby
pinderiquismo *s. m.* excellence, superiority; [depr.] poorness, shabbiness
pindoba *s. f.* pindova palm
pineal *adj.* pineal
pineno *s. m.* QUÍMICA pinene
píneo *adj.* piny, of pine wood, of pines
pinga *s. f.* drop; wine; booze, bottle; ***gostar da pinga*** to be fond of the bottle, to take to the bottle; ***estar tocado da pinga*** to be half seas over; ***nem pinga*** not a drop
pinga-amor *s. m. e f.* soppy, "soft", foolishly sentimental
pingaço *s. m.* very beautiful horse
pingadeira *s. f.* dripping-pan; source of expense; profitable business; [pop.] bad defluxion
pingado *adj.* wet; sprinkled, spotted (with drops); [pop.] drunk, tipsy; small white coffee
pingalim *s. m.* whip; stick
pinganel *s. m.* icicle
pinganelo *s. m.* icicle
pingante Ⓐ *adj.* dripping Ⓑ *s. m. e f.* very poor fellow, a pauper
pingão *s. m.* ragamuffin, ragged, dirty fellow, sloven; ninny, bumpkin
pingar Ⓐ *v. tr.* to let drops fall; to pour drop by drop Ⓑ *v. intr.* to drop, to fall in drops; to trickle, to dribble; to give profit little by little; to rain slightly, to drizzle; to nod (when sleepy); ***a torneira está a pingar*** the tap is dripping; ***ele está a pingar (encharcado)*** he is like a drowned rat
pingarelho *s. m.* [coloq.] ***armar ao pingarelho*** to show off
pingato *s. m.* fine wine; a drop (small quantity) of wine

pingente *s. m.* bob, drop, pendant; ear-ring
pingo *s. m.* drop; dripping, fat; ***pingo do nariz*** drop on end of nose, snivel; ***pingo de vela*** drop of candle, grease; [coloq.] ***um pingo de gente*** a tiny person
pingoleta *s. f.* drop, small draught of spirit; ***beber uma pingoleta*** to wet one's whistle
pingona *s. f.* slattern, sluttish woman; sloven
pingoso *adj.* dripping; [fig.] profitable
pingota *s. f.* ⇒ **pingoleta**
pinguço *adj.* drunken
pingue Ⓐ *s. m.* dripping, fat Ⓑ *adj.* fat, rich, plentiful, profitable, fruitful
pingueiro *adj.* drunk(en)
pinguela *s. f.* tree trunk over running water (as a bridge); little stick used on traps for birds
pinguelo *s. m.* tree trunk over running water (as a bridge); little stick used on traps for birds
pingue-pongue *s. m.* ping-pong
pinguim *s. m.* ZOOLOGIA penguin
pinguinhas *s. m. e f.* dull (muddle-headed, beef-witted, shallow-brained) person; ragamuffin, tatterdemalion
pinha *s. f.* pine-cone; crowd, bunch, heap
pinhal *s. m.* pine-wood; pine-grove
pinhão *s. m.* pine-nut; MECÂNICA pinion; [pop.] rap, (quick) blow
Pinhata *s. f.* first Easter Sunday
pinheira *s. f.* BOTÂNICA sugar-apple; sweet-sop
pinheiral *s. m.* pinery, forest (plantation) of pines
pinheiro *s. m.* BOTÂNICA pine-tree; ***pinheiro marítimo*** seaside pine; ***pinheiro manso*** stone pine; ***pinheiro bravo*** wild pine-tree
pinheiro-alvar *s. m.* white spruce
pinheiro-de-riga *s. m.* Scotch pine
pinho *s. m.* pine timber (wood of pine); pine-tree, fir
pinhoada *s. f.* candied pine-nut kernel
pinhota *s. f.* corymb; a corymbose; ***em pinhota*** in clusters
pinícola *adj.* living in pine-woods
pinicultura *s. f.* cultivation of pine-trees
pinífero *adj.* BOTÂNICA piny
piniforme *adj.* piny
pinígero *adj.* ⇒ **pinífero**
pinípedes *s. m. pl.* ZOOLOGIA *Pinipedia*
pino *s. m.* top, summit, zenith, the highest point, apex, pitch, culmination; pin; shoe-peg, tack; ***no pino do Inverno*** in the depth of winter; ***no pino do Verão*** in the height of (the) summer; ***no pino do calor*** in the heat of the day; ***fazer o pino*** to stand on one's hands; ***pino de manivela*** crankpin
pinoca *adj.* spruce, trim, dapper, chic, "natty"
pinoco *s. m.* [reg.] summit of a mountain, peak, top; geodetic(al) landmark; figure (of a man, woman, etc.) made of snow
pinóia *s. f.* elegant and easygoing woman
pinote *s. m.* jump, bound, leap, caper, hop, skip, curvet, kick (of horses)
pinotear *v. intr.* to jump, to caper, to leap, to skip, to bound, to curvet (of horses)
pinta *s. f.* spot, mark, mole; look, appearance, expression; chicken; ***vestido azul com pintas brancas*** a blue dress with white spots, blue polka-dot dress
pinta-caldeira *s. f.* ORNITOLOGIA blue titmouse, bluecap
pinta-cardeira *s. f.* ⇒ **pintassilgo**
pinta-cardim *s. m.* ⇒ **pintassilgo**
pinta-cega ORNITOLOGIA *s. f.* night-hawk
pintada *s. f.* ORNITOLOGIA Guinea-fowl
pinta-d'água *s. f.* ORNITOLOGIA Florida gallinule
pintadela *s. f.* light painting, a coat of paint
pintado *adj.* painted, coloured; daubed; exactly alike; tricked, taken in; ***é o pai pintado*** he is the dead spit of his father; ***ao mais pintado*** to the wisest; [fam.] ***ficar pintado*** to be taken in; ***rosto pintado*** made up (face); ***pintado de fresco*** newly painted, "wet paint"
pintador *s. m.* bad painter, dauber
pinta-ferreira *s. m.* ORNITOLOGIA titmouse, tomtit
pintainhar *v. intr.* to chirp, to pip, to peep
pintainho *s. m.* chick; ***pintainho implume*** squab-chick
pintalegrete *s. m.* coxcomb, fop, beau, dandy, popinjay, man of dress, man about town; lively (gay, merry) fellow
pintalgar *v. tr.* to speckle, to variegate (with colours), to spot; to chequer
pintalhão *s. m.* ORNITOLOGIA siskin, chaffinch, aberdevine
pinta-monos *s. m.* bad painter, dauber
pintão Ⓐ *s. m.* chicken, pullet Ⓑ *adj.* ripe
pintar Ⓐ *v. tr. e intr.* to paint, to cover with paint; to colour, to tinge; to depict, to portray (in colours), to represent, to describe; to beautify, to embellish, to begin to ripen (grapes, olives, etc.) Ⓑ *v. refl.* to make up, to paint oneself; ***pintar sobre vidro*** to paint on glass; ***pintar uma casa*** to paint a house; ***pintar a manta*** to paint the town red, to play the devil; ***nem tudo é tão negro como se pinta*** every dark cloud has a silver lining, it is not so black as it's painted; ***pintar a aguarela*** to paint in water-colours; ***pintar a óleo*** to paint in oil (colours); ***pintar o rosto*** to paint one's face, to make up; ***pintar as coisas feias*** to see the black side of things, to make heavy weather; ***vir a pintar*** to come in the nick of time, to come just in time, to come in handy
pintarroxo *s. m.* ORNITOLOGIA robin; [coloq.] robin-redbreast
pintassilgo *s. m.* ORNITOLOGIA goldfinch; ***pintassilgo verde*** siskin
pintassilvo *s. m.* ⇒ **pintassilgo**
pintassirgo *s. m.* ⇒ **pintassilgo**
pinto *s. m.* chicken; "pinto" (ancient Portuguese coin); (measure) pint; ***contar com os pintos antes de nascerem*** to count one's chickens before they are hatched; ***ficar como um pinto*** to be wet to the skin, to be wet through
pinto-bravo *s. m.* ORNITOLOGIA landrail, corncrake
pintor *s. m.* painter; ***pintor de casas*** house painter; ***pintor e decorador*** painter and decorator; ***os pintores da Renascença*** the old masters; ***pintor de paisagem*** landscape painter; ***pintor de retratos*** portrait painter; ***pintor de cenários*** scene-painter; ***pintor de brasões*** heraldic painter; ***ele não é um bom pintor*** he is not much of a painter; ***muitos pintores borram a pintura*** too many cooks spoil the broth (soup)
pintora *s. f.* lady painter
pintura *s. f.* painting; picture (in colours) detailed description; beautiful person; ***pintura a aguarela*** water-colour; ***pintura a óleo*** oil painting; ***pintura à pistola*** spray painting; ***museu de pinturas*** picture-gallery; ***pintura de paisagem*** landscape painting; ***cuidado com a pintura!*** mind the paint!; ***pintura do fundo (de um navio)*** bottom coat (of a ship); ***borrar a pintura a alguém*** to spoil someone's work, to upset a person's apple-cart
pintural *adj.* pictorial
pinturesco *adj.* picturesque
pínula *s. f.* pinnule
pinulado *adj.* pinnulate(d)
pio Ⓐ *s. m.* cheep, peep (of chicken), chirp (of sparrows, etc.) Ⓑ *adj.* pious, religious, devout; ***o pio do mocho*** the screeching (the hooting) of the owl
piogénese *s. f.* pyogenesis
piogenia *s. f.* pyogenesis
piogénico *adj.* pyogenic, pyogenetic
piolhada *s. f.* great quantity of lice
piolharia *s. f.* ⇒ **piolhada**
piolheira *s. f.* lousiness; misery; pigsty, filthy house; filth; dirt
piolhento *adj.* lousy
piolhice *s. f.* trash, rubbish, trumpery, worthless stuff
piolho *s. m.* ENTOMOLOGIA louse (*plural* lice); ***meter-se como piolho por costura*** to turn up everywhere without being asked; [coloq.] ***cinema de piolho*** flea pit

piolhoso *adj.* lousy
pioneiro *s. m.* pioneer, explorer, precursor; beginner
pior Ⓐ *s. m.* the worst Ⓑ *adj., adv.* {*comp. de* **mau**} worse Ⓒ *adj.* {*superl. de* **mau**} the worst; ***não podia haver pior desgraça*** there could be no worse misfortune; ***esta estrada está ainda pior do que a outra*** this road is even worse than the other; ***não fica pior com a mudança*** he will not be the worse for the change; ***ele canta pior do que nunca*** he sings worse than ever; ***ser pior, estar pior*** to be worse; ***estar em piores circunstâncias*** to be worse off; ***tanto pior*** so much the worse; ***pior do que nunca*** worse than ever; ***cada vez pior*** worse and worse; ***quanto pior melhor*** the worse the better; ***o pior é o resto*** the sting is in the tail, the worst is to come; ***ir a pior*** to grow worse; ***na pior das hipóteses*** if the worst comes to the worst; ***fazer o pior*** to break the neck of anything; ***ir de mal a pior*** to go from bad to worse; ***um tanto pior*** rather worse, a little worse; ***nem por isso é pior*** it is none the worse for it; ***o pior de tudo*** the very worst; ***o pior que pode acontecer*** at the worst; ***aconteceu o pior*** the worst has happened; ***preparar para o pior*** to prepare for the worst; ***o pior de tudo é que...*** the worst of it is that; ***pior a emenda que o soneto*** the remedy is worse than the disease
piora *s. f.* growing worse, change for the worse, worsening, deterioration, aggravation
piorar Ⓐ *v. tr.* to worsen, to make worse, to deteriorate, to aggravate Ⓑ *v. intr.* to grow worse, to become worse, to deteriorate, to degenerate; ***o seu estado piorou*** there has been a change for the worse; ***o doente piorou esta manhã*** the patient is worse this morning; ***piorou rapidamente*** he grew rapidly worse
pioria *s. f.* deterioration, decay, impairment; the very worst
piornal *s. m.* broom ground
piorno *s. m.* BOTÂNICA broom
piorra *s. f.* little top, whirligig
piorreia *s. f.* MEDICINA pyorrhoea, pyorrhea; ***piorreia alveolar*** pyorrhoea alveolaris
piorreico *adj.* pyorrhoeic, pyorrhoeal
pipa *s. f.* cask, barrel, pipe; ⌈pop.⌋ stout and stockish person; ⌈fam.⌋ a tub
piparotar *v. tr.* to fillip
piparote *s. m.* fillip, flick; ***dar um piparote*** to fillip, to give a fillip to
Piperáceas *s. f. pl.* BOTÂNICA members of the *Piperaceae* (pepper family)
piperáceo *adj.* piperaceous
piperazina *s. f.* piperazine
piperina *s. f.* piperine
pipeta *s. f.* pipette
pipi *s. m.* (child's talk) birdie; ⌈coloq.⌋ sissy (effeminate boy)
pipiar *v. intr.* to chirp, to pip, to peep (of birds)
pipilante *adj.* peeping, chirping
pipilar *v. intr.* ⇒ **pipiar**
pipilo *s. m.* chirp, chirping
pipitar *v. intr.* ⇒ **pipiar**
pipo *s. m.* keg, small (cask) barrel; nozzle, suction pipe
pipoca *s. f.* popcorn
pipocar *v. intr.* to pop, to crackle, to crack (as popcorn)
pipoco *s. m.* disorder, riot
pipote *s. m.* small barrel
pique *s. m.* (weapon) pike; piquancy, piquant taste, sharp taste; pique, spite, grudge; ***a pique*** sheer down, perpendicularly; ***ir a pique (navio)*** to founder, to sink (ship); ***meter um navio a pique*** to sink a ship
piqué *s. m.* piqué
piquenique *s. m.* picnic; ***fazer um piquenique*** to picnic, to have a picnic
piqueta *s. f.* stake, peg (to mark out ground)
piquetagem *s. f.* action of marking out with (stakes) pegs
piquetar *v. tr.* to mark out (with stakes or pegs); ***piquetar uma linha*** to peg out a line
piquete *s. m.* picket, body of men; shift (of workmen)
piquetear *v. tr.* to harness frequently
pira *s. f.* pyre
piraí *s. m.* rawhide whip
pirajá *s. m.* ⌈Bras.⌋ heavy rain with gusts of wind
pírale *s. f.* ZOOLOGIA fire-fly
pirálide *s. f.* ZOOLOGIA fire-fly
piramidal *adj.* pyramidal
piramidalmente *adv.* pyramidally
pirâmide *s. f.* GEOMETRIA pyramid; *pl.* the pyramids (the ancient Egyptian monuments)
piramidona *s. f.* QUÍMICA pyramidone
piranga Ⓐ *adj.* worthless, despicable, low Ⓑ *s. f.* penury, poverty
pirangar *v. intr.* to get by begging, to beg
pirangaria *s. f.* shortage of money; poverty, misery
pirange *s. m.* six-wheeled carriage (used in the Far East)
pirangueiro *adj.* poor, shabby; worthless; ridiculous
piranguice *s. f.* poverty, penury
piranha *s. f.* ICTIOLOGIA piranha
piranómetro *s. m.* pyranometer, solarimeter
pirão *s. m.* porridge (made of any cereal)
pirargirite *s. f.* MINERALOGIA pyrargyrite
pirar-se *v. refl.* ⌈cal.⌋ to steal away, to slip away, to make oneself scarce, to take French leave
pirata *s. m. e f.* pirate, sea-robber, corsair, marauder, buccaneer, privateer, freebooter, sea-rover
piratagem *s. f.* piracy, robbery on the high seas, sea robbery
pirataria *s. f.* piracy; robbery; gang of pirates
piratear *v. tr. e intr.* to rob, to plunder (ship, etc.)
pirático *adj.* piratic(al)
pirausta *s. m.* fire-fly
pirelectricidade *s. f.* pyroelectricity
pireléctrico *adj.* pyroelectric
pirelióforo *s. m.* device used to determine the origin and nature of heat and of sunlight
pireliómetro *s. m.* FÍSICA pyrheliometer
pirenaico *adj.* Pyrenean
pireneíte *s. f.* MINERALOGIA garnet variety
pirenéu *s. m.* Pyrenean, a native of the Pyrenees
pireno *s. m.* QUÍMICA pyrene
pirenóide *adj.* pyrenoid
pires Ⓐ *s. m.* saucer Ⓑ *adj.* ⌈pop.⌋ coarse, common, vulgar
pirético *adj.* MEDICINA pyretic, feverish, febrile
piretogenético *adj.* pyretogenous
piretologia *s. f.* pyretology
piretológico *adj.* pyretologic
piretologista *s. m. e f.* pyretologist
píretro *s. m.* BOTÂNICA pyrethrum
pireu *s. m.* fire altar
pirexia *s. f.* MEDICINA pyrexia; fever
pireza *s. f.* escaping, escape, flight; ***pôr-se na pireza*** to escape, to make off, to beat a retreat, to take French leave
pirgeómetro *s. m.* pyrgeometer
piri *s. m.* beak sedge
pírico *adj.* relating to fire
piridina *s. f.* QUÍMICA pyridine
piridoxina *s. f.* BIOQUÍMICA pyridoxine
piriforme *adj.* pyriform, pear-shaped
pirilampejar *v. intr.* to glow
pirilâmpico *adj.* phosphorescent, luminous in the dark
pirilampo *s. m.* ENTOMOLOGIA glow-worm, firefly
piripiri *s. m.* malagueta pepper, maleguetta pepper; ⇒ **piri**
piririca Ⓐ *s. f.* waterfall, chute, cascade Ⓑ *adj.* rough
pirite *s. f.* MINERALOGIA pyrites
piritífero *adj.* pyritiferous
piritiforme *adj.* pyritic, pyritical

piritóide *adj.* pyritoid
piritoso *adj.* pyritous
pirliteiro *s. m.* BOTÂNICA hawthorn
pirlito *s. m.* BOTÂNICA haw, fruit of the hawthorn
pirobalística *s. f.* the study to calculate the range of a gun
pirobetume *s. m.* pyroasphalt
pirobologista *s. m. e f.* ⇒ **pirotécnico**
pirocloro *s. m.* MINERALOGIA pyrochlore
piroelectricidade *s. f.* pyroelectricity
piroeléctrico *adj.* pyroelectric
pirofilite *s. f.* pyrophyllite
pirófobo *s. m., adj.* pyrophobe
pirofórico *adj.* pyrophoric, pyrophorous
piróforo *s. m.* pyrophorus
pirofosfato *s. m.* QUÍMICA pyrophosphate
pirofosfórico *adj.* QUÍMICA pyrophosphoric
piroga *s. f.* pirogue, periagua, dug-out canoe
pirogálhico *adj.* QUÍMICA pyrogallic
pirogalhol *s. m.* pyrogallol
pirogálico *adj.* ⇒ **pirogálhico**
pirogalol *s. m.* ⇒ **pirogalhol**
pirogenação *s. f.* reaction obtained through the use of fire
pirogénese *s. f.* FÍSICA application of a high temperature
pirogenético *adj.* pyrogenic
pirogénico *adj.* pyrogenic
pirógrafo *s. m.* pyrographer; pyrography machine
pirogranito *s. m.* building material composed of a mixture of argiles
pirogravar *v. tr. e intr.* to do pokerwork
pirogravura *s. f.* pyrography, poker-work, pyrogravure
pirólatra *s. m. e f.* pyrolater
pirolenhoso *adj.* pyroligneous
pirólise *s. f.* QUÍMICA pyrolysis
pirolisite *s. f.* pyrolusite
pirolito *s. m.* fizzy drink, pop
pirologia *s. f.* pyrology
pirómaco *s. m.* flint
piromancia *s. f.* pyromancy (divination by fire)
piromania *s. f.* pyromania
piromaníaco Ⓐ *adj.* incendiary maniac Ⓑ *s. m.* firebug
pirómano Ⓐ *adj.* pyromaniacal Ⓑ *s. m.* pyromaniac
piromante *s. m. e f.* pyromantic (person practising pyromancy)
piromântico *adj.* pyromantic
pirometria *s. f.* pyrometry
pirométrico *adj.* pyrometric
pirómetro *s. m.* pyrometer
piromorfito *s. f.* pyromorphite
pironomia *s. f.* pyronomy
pironómico *adj.* pyronomic
piropo *s. m.* pyrope
piroscopia *s. f.* pyroscopy
piroscópio *s. m.* pyroscope
pirose *s. f.* water-brash
pirosfera *s. f.* pyrosphere
pirosice *s. f.* tackiness; vulgarity
piroso *adj.* tacky, cheap, tawdry; vulgar
pirotecnia *s. f.* pyrotechny, pyrotechnics
pirotécnico Ⓐ *adj.* pyrotechnic(al) Ⓑ *s. m.* pyrotechnist
pirótico *adj.* caustic
piroxénio *s. m.* pyroxene
piroxilina *s. f.* pyroxylin, gun-cotton
piróxilo *s. m.* pyroxyle
pirraça *s. f.* practical joke, trick, teasing, plaguing; ***fazer pirraça*** to play a practical joke (on); ⇒ **pirraçar**
pirraçar *v. tr. e intr.* to tease, to plague, to torment
pirraceiro Ⓐ *adj.* teasing, plaguing Ⓑ *s. m.* practical joker
pirralho *s. m.* [Bras.] child, kid, youngster; brat, urchin; very small person
pírrica *s. f.* Pyrrhic (old Greek war dance)
pirríquio *s. m.* Pyrrhic, metrical foot
pirronice *s. f.* obstinacy, stubbornness, doggedness, headiness, wilfulness
pirrónico *adj.* obstinate, stubborn, dogged, unyielding, mulish, wilful, heady, headstrong; Pyrrhonic
pirronismo *s. m.* Pyrrhonism, scepticism; philosophic doubt
pirrotina *s. f.* MINERALOGIA pyrrhotite
pirrotite *s. f.* ⇒ **pirrotina**
pírtiga *s. f.* pole, shaft
pírtigo *s. m.* swingle of a flail
pirueta *s. f.* pirouette, whirl, spin, caper, skip; somersault; ***fazer piruetas*** to pirouette, to perform pirouettes; ⇒ **piruetar**
piruetar *v. intr.* to pirouette, to spin round, to turn and whirl round; to caper, to skip; to somersault, to turn head over heels
pírula *s. f.* marine univalve mollusc [pop.] ⇒ **pílula**
pisa *s. f.* pressing; thrashing
pisada *s. f.* footprint, track; tread; pressing (of grapes); ***seguir as pisadas de alguém*** to follow in someone's footsteps, to tread in a person's footsteps
pisadela *s. f.* treading, trampling; slight bruise, slight contusion
pisador Ⓐ *s. m.* wine-press Ⓑ *adj.* treading, trampling; pounding, crushing; bruising
pisadura *s. f.* treading, trampling; bruise; contusion, bruising
pisa-flores *s. m.* beau, fop, coxcomb, popinjay, ladies' man, spark, dashing fellow
pisa-mansinho *s. m.* slyboots; cunning fellow; sly, wily, cunning, crafty
pisamento *s. m.* pressing; treading, trampling; bruise
pisão *s. m.* fulling-mill
pisa-papéis *s. m.* paperweight
pisar *v. tr.* to tread, to stamp, to put one's foot on, to trample, to step on; to crush, to grind; to bruise; to hurt, to offend; ***não pise a relva!*** don't tread on the grass!, keep off the grass!; ***pisar o palco (ser actor)*** to tread the boards; ***pisar flores*** to tread down flowers; ***pisou-me o pé*** he trod on my foot
pisca *s. f.* a tiny bit, a pinch; spark
piscadela *s. f.* wink; winking; twinkle, twinkling; blink, blinking
pisca-pisca *s. f.* flashlight, flash; blinker (of a car)
piscar *v. tr.* to wink, to blink, to twinkle; ***piscar o olho (fazer um sinal)*** to tip (a person) the wink; ***piscar o olho*** to give a wink
piscatória *s. f.* poetical composition in which the characters are fishermen
piscatório *adj.* piscatory, fishing
písceo *adj.* piscine
Pisces *s. m. pl.* Pisces (sign of the zodiac)
piscícola *adj.* piscicultural
piscículo *s. m.* little (tiny) fish
piscicultor *s. m.* pisciculturist, fish-breeder
piscicultura *s. f.* pisciculture
pisciforme *adj.* pisciform, fish-like
piscina *s. f.* swimming-pool, swimming-bath; fishing-pond
piscívoro *adj.* piscivorous, fish-eating
pisco Ⓐ *s. m.* ORNITOLOGIA bullfinch Ⓑ *adj.* winking, blinking
piscoso *adj.* fishy, abounding in fish
píseo *s. m.* BOTÂNICA great garden-pea
pisgar-se *v. refl.* [fam.] to steal away, to slink away, to make off, to whip off, to make oneself scarce, to cut and run, to take French leave

pisiforme *adj.* pisiform
piso *s. m.* floor, pavement; ground; tread; gait, mode of treading or walking; ***autocarro de dois pisos*** double-decker; ***piso de degrau*** tread; ***esta casa tem oito pisos*** this house has eight storeys
pisoada *s. f.* quantity of cloth that fills the fulling-mill
pisoador *s. m.* fuller
pisoagem *s. f.* fulling
pisoamento *s. m.* fulling
pisoar *v. tr.* to full cloth
pisoeiro *s. m.* ⇒ **pisoador**
pisólito *s. m.* pisolite, pea-stone
pispirreta *s. f.* garrulous girl
pisqueiro *s. m.* one who winks
pissitar *v. tr.* to chirp (starling)
pista *s. f.* track, lane; trace, clue, vestige, trail; ***pista de avião*** runway, landing strip; ***pista de corridas de automóveis*** motor-racing track; ***ir na pista de (alguém)*** to track down (a person), to trace someone; ***seguir a pista*** to follow up the scent; ***fazer seguir uma pista errada*** to put someone on the wrong scent; ***na pista de uma descoberta importante*** on the track of an important discovery; ***não mude de pista!*** keep in the lane!
pistácia *s. f.* BOTÂNICA pistacia, pistachio-tree
pistácio *s. m.* pistachio nut
pistacite *s. f.* pistacite, epidote
pistado *adj.* seen, discovered
pistão *s. m.* MECÂNICA piston
pistar *v. intr.* to chirp
pistiláceo *adj.* pistillary
pistilar *adj.* pistillary
pistilo *s. m.* BOTÂNICA pistil
pistiloso *adj.* pistillate
pistola *s. f.* pistol; ***pistola para pintura*** sprayer; ***pistola automática*** automatic pistol
pistolaço *s. m.* pistol shot
pistolada *s. f.* pistol shot
pistolão *s. m.* big pistol
pistoleiro *s. m.* pistoleer, gunman
pistoleta *s. f. dim. de* **pistola**
pistolete *s. m.* ⇒ **pistoleta**
pistolóquia *s. f.* BOTÂNICA Dutchman's pipe
pistor *s. m.* baker
pistrina *s. f.* baker's shop
pita *s. f.* BOTÂNICA agave, American aloe pita; [pop.] hen
pita-barranqueira *s. f.* bee-eater
pita-cega *s. f.* night hawk
pitada *s. f.* pinch of snuff; pinch, very small quantity; bad smell; ***uma pitada de sal*** a pinch of salt
pita-d'água *s. f.* ORNITOLOGIA Florida gallinule
pitadear *v. intr.* to take snuff
pitadinha *s. f.* very small quantity
pita-do-mar *s. f.* ORNITOLOGIA Florida gallinule
pitagórico *adj.* Pythagorean
pitagorismo *s. m.* Pythagorism
pitagorista *s. m. e f.* Pythagorist, Pythagorean
pitança *s. f.* pittance, small portion; small allowance
pitanceiro *s. m.* distributor of income in a religious order
pitanga *s. f.* Surinam cherry
pitangueira *s. f.* Surinam cherry-tree
pitão *s. m.* screw with a ring at one end; python
pitar Ⓐ *v. tr.* to slit, to split Ⓑ *v. intr.* to smoke a pipe
pitecantropo *s. m.* pithecanthrope, pithecanthropus, ape-man
piteco *s. m.* pithecian
pitecóide *adj.* pithecoid
piteira *s. f.* BOTÂNICA aloe; [pop.] boozing, bousing, drunkenness
piteireiro *s. m.* drunkard; [fam.] boozer
pitéu *s. m.* delicacy, titbit, dainty
pítia *s. f.* Pythia
pitiático *adj.* Pythian
pítico *adj.* Pythian, Pythic
pito *s. m.* chick; chicken; pipe; scolding, reprimand
pito-barranqueiro *s. m.* ORNITOLOGIA bee-eater
pitónico *adj.* pythonic; diabolic; necromantic
pitonisa *s. f.* pythoness; woman soothsayer, sorceress, witch
pitonissa *s. f.* ⇒ **pitonisa**
pitora *s. f.* slices of meat fried with bacon
pitoresco Ⓐ *adj.* picturesque, vivid, artistic, scenic, beautiful Ⓑ *s. m.* picturesqueness, picturesque
pitorra *s. m. e f.* little top; short, stumpy person
pitosga Ⓐ *adj.* short-sighted Ⓑ *s. m. e f.* one who blinks
pitósporo *s. m.* incense
pito-verdeal *s. m.* ORNITOLOGIA green woodpecker
pituíta *s. f.* pituita, phlegm, mucus
pituitária *s. f.* pituitary, nasal mucosa
pituitário *adj.* pituitary
pituitoso *adj.* pituitous
pium *s. m.* buffalo gnat
piverada *s. f.* CULINÁRIA stew condimented with pepper, olive oil, garlic, salt and vinegar
pivete *s. m.* deodorizer; nasty smell; [fam.] naughty child, little child
piveteiro *s. m.* perfuming-pan
píxide *s. f.* RELIGIÃO pyx; BOTÂNICA pyxidium, pyxis
pixídio *s. m.* BOTÂNICA pyxidium, pyxis
pixídula *s. f.* BOTÂNICA sporangium of mosses
piza *s. f.* (Italian) pizza
pizaria *s. f.* pizzeria
placa *s. f.* plate, thin metal sheet, plaque; decoration; slab; ELECTRICIDADE anode; ***placa de madeira*** wood slab
placabilidade *s. f.* placableness; appeasement
placagem *s. f.* placation; appeasement
placar *v. tr.* to appease, to soothe, to placate
placável *adj.* placable; appeasable
placebo *s. m.* MEDICINA placebo
placenta *s. f.* ANATOMIA placenta
placentação *s. f.* placentation
placentário Ⓐ *adj.* placental Ⓑ *s. m.* placentary
placentite *s. f.* MEDICINA placenta inflammation
placidamente *adv.* placidly
placidez *s. f.* placidity, mildness, serenity, calmness, tranquillity
plácido *adj.* placid, calm, serene, peaceful unruffled; ***espírito plácido*** a placid mind
plácito *s. m.* consent, approbation sanction; placitum
placitude *s. f.* quietness, calmness
placodermes *s. m. pl.* placodermata
placodontes *s. m. pl.* PALEONTOLOGIA fossile reptiles that lived in Triassic seas
plaga *s. f.* region, tract of land; country; seaside
plagiador *s. m.* plagiarist
plagiar *v. tr.* to plagiarize
plagiário *s. m.* plagiarist
plagiato *s. m.* ⇒ **plágio**
plagiedria *s. f.* quality of being plagihedral
plagiédrico *adj.* plagihedral
plagiedro *adj.* plagihedral
plágio *s. m.* plagiarism
plagióclase *s. f.* MINERALOGIA plagioclase
plagioclásio *s. m.* ⇒ **plagióclase**
plagioclasito *s. m.* MINERALOGIA feldspar, anorthite, labradorite, oligoclase
plagiomorfia *s. f.* quality of being plagiomorphic
plagiomórfico *adj.* plagiomorphic

plagióstomo *adj.* plagiostome
plaina *s. f.* CARPINTARIA plaine; ***plaina mecânica*** planer, planing-machine; ***plaina de alisar*** smoothing plane
plainete *s. m.* smoothing plane
plaino Ⓐ *s. m.* plain, level country Ⓑ *adj.* plane, level
plana *s. f.* class, category, rank, order; ***de primeira plana*** of high lank, of the highest category
planada *s. f.* table-land; plateau
planado *adj.* glided
planador *s. m.* glider
planáltico *adj.* having plateaux (land)
planalto *s. m.* tableland, elevated, plain, plateau, upland
planar *v. intr.* to plane, to glide
planária *s. f.* planarian, flat worm; planaria
plancha *s. f.* ⇒ **prancha**
plancto *s. m.* plankton
planeamento *s. m.* planning, scheming; projection, design
planear *v. tr.* to plan, to project; to intend; to design; to scheme, to sketch; ***planear um livro*** to plan out a book; ***planear para o futuro*** to plan ahead
planejamento *s. m.* ⇒ **planeamento**
planejar *v. tr.* ⇒ **planear**
planeta *s. m.* planet
planetário *adj.* planetary; ***sistema planetário*** planetary system
planetóide *s. m.* planetoid
planetólogo *s. m.* student of planets
planeza *s. f.* flatness; plain; even or level ground
plangana *s. f.* ⇒ **palangana**
plangência *s. f.* plangency; moaning
plangente *adj.* plangent, moaning; ***som plangente*** plangent sound
planger *v. intr.* to lament, to mourn
plangor *s. m.* lamentation, wailing, cry
planície *s. f.* plain, level tract of country; tableland
planificação *s. f.* planning
planificar *v. tr.* to draw up a plan, to plan out, to design
planificável *adj.* designable
planiforme *adj.* planiform; ZOOLOGIA arthrodal
planiglobo *s. m.* planisphere
planimetria *s. f.* planimetry
planímetro *s. m.* planimeter
planipene *adj.* planipennate
planirrostro *adj.* ZOOLOGIA planirostral, planirostrate
planisférico *adj.* planispheric(al)
planisfério *s. m.* planisphere
planizar *v. tr.* ⇒ **planear**
plano Ⓐ *adj.* even, level, flat, plane, plain Ⓑ *s. m.* plan, scheme, project; design, intention, purpose; idea; map, draught; ***plano aerodinâmico*** aerofoil; ***plano de incidência*** plane of incidence; ***plano horizontal (de um navio)*** half-breadth plan (of a ship); ***plano longitudinal (de um navio)*** plan, sheer draught (of a ship); ***plano transversal (de um navio)*** body plan (of a ship); ***plano inclinado*** inclined plane, slipway; ***plano de projecção*** plane of projection; ***plano geral*** principal plane; ***estragar os planos de alguém*** to cook someone's goose; ***planos amadurecidos*** mature plans; ***tenho um plano para vencer as nossas dificuldades*** I have a plan for overcoming our difficulties; ***o plano dele deu em nada*** his plan was brought to naught, his plan came to nothing; ***mudar de plano*** to change one's plans; ***transtornar os planos*** to spoil one's plans, to upset someone's apple cart; ***traçar um plano*** to draw a plan; ***contrariar os planos de alguém*** to put a spoke in someone's wheel; ***no primeiro plano*** in the foreground
plano-côncavo *adj.* ÓPTICA plano-concave
plano-convexo *adj.* ÓPTICA plano-convex
planogâmeta *s. m.* plano-gamete
planta *s. f.* plant, plan, draft; plantain; ***planta do pé*** plantain, sole of the foot; ***planta (de edifício)*** working, drawing; ***planta nova*** seedling; ***planta medicinal*** medicinal herb or plant
plantação *s. f.* plantation, planting; plantage; ***plantação de borracha*** rubber plantation; ***plantação de árvores de fruto*** fruit-tree planting
plantador Ⓐ *s. m.* planter; grower Ⓑ *adj.* planting
plantão *s. m.* orderly, duty, service; ***estar de plantão*** to be on duty, to be on beat
plantar *v. tr.* to plant, to cultivate; to set up, to place, to settle; to fix firmly; to establish; ***plantar couves*** to plant cabbages; ***plantar árvores*** to plant trees
plantígrado Ⓐ *adj.* ZOOLOGIA plantigrade Ⓑ *s. m.* plantigrade animal
plantio *s. m.* ⇒ **plantação**
plantívoro *adj.* feeding on plants
plânton *s. m.* plankton
plântula *s. f.* BOTÂNICA plantule
planturoso *adj.* voluminous, bulky, ample, big
planura *s. f.* tableland, level country
plaqué *s. m.* planting metal, plated metal
plaqueta *s. m.* ANATOMIA blood platelet, thrombocyte
plasma *s. m.* ANATOMIA plasma; ***plasma sanguíneo*** blood plasma
plasmar *v. tr.* to mould, to model, to shape
plasmático *adj.* plasmatic
plasmodial *adj.* plasmodial, plasmodic
plasmodiérese *s. f.* cytokinesis
plasmódio *s. m.* plasmodium
plasmodióforo *adj.* producing plasmodium
plasmólise *s. f.* plasmolysis
plasta *s. m.* plastid
plástica *s. f.* plastic art, modelling; plastic surgery; ***artes plásticas*** plastic arts; ***cirurgia plástica*** plastic surgery; ***vidro plástico*** plastic glass
plasticidade *s. f.* plasticity
plasticina *s. f.* plasticine
plasticização *s. f.* plasticizing; modelling
plasticizar *v. tr.* to plasticize
plástico *adj.* plastic, pliable, pliant, soft, malleable, ductile
plastídio *s. m.* BIOLOGIA plastid
plastidoma *s. m.* plastidome
plastificante *adj.* plasticizing
plastificar *v. tr.* ⇒ **plasticizar**
plastilina *s. f.* plasticine
plastómetro *s. m.* plastometer
plastrão *s. m.* plastron; large tie which covers part of the chest
platabanda *s. f.* ⇒ **platibanda**
plataforma *s. f.* platform, terrace, turntable terrace; turntable (railway); political basis of a party or policy, simulacrum, semblance; NÁUTICA platform deck; ***plataforma de exploração de petróleo*** oil rig; ***plataforma de lançamento*** launch pad
Plataleidas *s. m. pl.* ⇒ **Plataleídeos**
Plataleídeos *s. m. pl.* ORNITOLOGIA *Plataleidae*; the spoonbills
plátano *s. m.* BOTÂNICA platan, plane-tree, plane
plateia *s. f.* pit (ground floor of auditorium in a theatre); the audience
platelminte *s. m.* ZOOLOGIA platyhelminth, platelminth
plateresco *adj.* referring to the melting of several styles in a single one
platibanda *s. f.* ARQUITECTURA platband; border of flowers
platicéfalo *adj.* platycephalous
platina *s. f.* QUÍMICA platinum, platina
platinado Ⓐ *adj.* platinized Ⓑ *s. m.* platinum-contact breaker
platinador *s. m.* one who platinizes

platinagem *s. f.* platinizing, platinum coating
platinar *v. tr.* to platinize, to coat with platinum
platinífero *adj.* platiniferous
platinoso *adj.* platinous
platinotipia *s. f.* platinotype
platirríneos *s. m. pl.* ⇒ **platirrinos**
platirrinos *s. m. pl.* ZOOLOGIA a division of American monkeys
platirrostro *adj.* latirostral, latirostrate
platonicamente *adv.* Platonically
platónico *adj.* Platonic; ***amor platónico*** Platonic love
platonismo *s. m.* Platonism
plausibilidade *s. f.* plausibleness
plausível *adj.* plausible; reasonable, sensible
plausivelmente *adv.* plausibly
plebe *s. f.* mob, populace, rabble, crowd, common people
plebeado *s. m.* common people; populace
plebeidade *s. f.* plebeianness
plebeísmo *s. m.* plebeianism, vulgarism
plebeização *s. f.* degradation, debasement
plebeizar *v. tr.* to plebeianize
plebeu Ⓐ *s. m.* plebeian Ⓑ *adj.* plebeian, common, vulgar, low, coarse
plebiscitar *v. tr.* to submit to a plebiscite; to consult through a referendum
plebiscitário *adj.* plebiscitary
plebiscito *s. m.* plebiscite; referendum (*plural* referenda)
plectógnato *s. m.* plectognath
plectro *s. m.* plectrum
plêiada *s. f.* ⇒ **plêiade**
plêiade *s. f.* pleiad; brilliant group of persons; ASTRONOMIA the Pleiades; ***uma plêiade de admiradores*** a train of admirers
pleiteador *s. m.* pleader, advocate
pleiteante Ⓐ *adj.* litigant, pleading Ⓑ *s. m. e f.* litigant, pleader, party in a lawsuit
pleitear Ⓐ *v. tr.* to plead, to make a plea, to sue, to prosecute; to contest, to defend Ⓑ *v. intr.* to go to law; to vie with
pleito *s. m.* lawsuit, plea, action at law; prosecution (of claim in court)
plenamente *adv.* fully, completely, absolutely, entirely
plenário *adj.* plenary, full, complete, absolute, entire; ***quitação plenária*** receipt in full of all demands
plenidão *s. f.* plenitude, ful(l)ness, completeness
plenificar *v. tr.* to fill; to complete
plenilunar *adj.* plenilunar, plenilunal, plenilunary
plenilúnio *s. m.* plenilune, full moon
plenipotência *s. f.* plenipotence, full power
plenipotenciário Ⓐ *adj.* plenipotentiary Ⓑ *s. m.* plenipotentiary, envoy (or ambassador) invested with full powers to act; ***ministro plenipotenciário*** minister plenipotentiary
plenirrostro *adj.* ORNITOLOGIA large-beaked
plenismo *s. m.* theory that all space is full of matter
plenista *s. m. e f.* plenist
plenitude *s. f.* plenitude, ful(l)ness, completeness, abundance; ***plenitude de poder*** absolute power
pleno *adj.* full, entire, absolute; complete; ***em pleno dia*** in broad daylight; ***em plena rua*** in the middle of the street; ***em pleno Inverno*** in the middle of winter; ***em pleno tribunal*** in open court; ***plena autoridade*** plenary authority, full authority; ***dar plenos poderes*** to invest with full powers; ***estar em pleno campo*** to be in open country, to be right in the country
pleocroísmo *s. m.* pleochroism
pleomorfismo *s. m.* pleomorphism
pleonasmo *s. m.* GRAMÁTICA pleonasm, redundancy (of style)
pleonasticamente *adv.* pleonastically
pleonástico *adj.* pleonastic, redundant, pleonastical
pleópode *s. m.* ZOOLOGIA abdominal appendage of the *Arthropoda*
pleroma *s. m.* BOTÂNICA plerome
plesiossauro *s. m.* plesiosaurus
plessímetro *s. m.* MEDICINA pleximeter
plessómetro *s. m.* MEDICINA pleximeter
pletora *s. f.* PATOLOGIA plethora
pletórico *adj.* plethoric, full-blooded, plethorical
pletorizar *v. tr.* to produce plethora
pleura *s. f.* ANATOMIA pleura
pleural *adj.* pleural
pleuris *s. m.* MEDICINA pleurisy
pleurisia *s. f.* MEDICINA pleurisy
pleurite *s. f.* MEDICINA pleurisy
pleurítico *adj.* pleuritic
pleurobrânquia *s. f.* pleurobranchia, pleurobranch
pleurodinia *s. f.* pleurodynia, pleurodyny, pleurodyne
Pleuronéctidas *s. f. pl.* ⇒ **Pleuronectídeos**
Pleuronectídeos *s. f. pl.* ICTIOLOGIA *Pleuronectidae*, a family of flatfishes
pleuropatia MEDICINA *s. f.* disease of the pleura
pleuropneumonia *s. f.* MEDICINA pleuro-pneumonia
pleurorragia *s. f.* MEDICINA haemorraghe of the pleura
pleurotomia *s. f.* CIRURGIA pleurotomy
plexiforme *adj.* plexiform
plexo *s. m.* ANATOMIA plexus (*plural* plexuses); ***plexo cardíaco*** cardiac plexus
plica *s. f.* accentuation, accenting
plicar *v. tr.* to mark with an accent
plicativo *adj.* plicate, plicated
plicatura *s. f.* folding; plait, pleat, plication, plicature
plinto *s. m.* ARQUITECTURA plinth
Pliocénico *s. m.* ⇒ **Plioceno**
Plioceno *s. m.* GEOLOGIA Pliocene
pliópode *s. m.* ⇒ **pleópode**
pliotropia *s. f.* BIOLOGIA pleiotropy
pliotrópico *adj.* BIOLOGIA pleiotropic
pliotropismo *s. m.* pleiotropism
plissado *adj.* pleated
plissador *s. m.* that who (or which) pleats
plissagem *s. f.* accordion pleating
plissar *v. tr.* to pleat; ***mandar plissar um vestido*** to have a dress accordion pleated
Plistocénico *adj., s. m.* ⇒ **Plistoceno**
Plistoceno *adj., s. m.* Pleistocene
plombagina *s. f.* ⇒ **plumbagina**
pluma *s. f.* plume, feather; NÁUTICA ***pluma de chaminé*** shroud (or stay) of funnel
plumaceiro *s. m.* plumassier
plumacho *s. m.* tuft of feathers
plumaço *s. m.* tuft of feathers
plumagem *s. f.* plumage, bird's feathers, feathers; ***plumagem de cores vivas*** brightly-coloured plumage
plumão *s. m.* bunch of feathers
plumbagem *s. f.* ⇒ **plumbagina**
plumbagina *s. f.* plumbago, plumbagin; black lead, graphite
Plumbagináceas *s. f. pl.* BOTÂNICA plants which have plumbago flowers
plumbagíneo *adj.* plumbaginous
plumbaginoso *adj.* plumbaginous
plumbago *s. m.* ⇒ **plumbagina**
plumbaria *s. f.* plumbery, plumber's work
plumbear *v. tr.* to cover with lead
plúmbeo *adj.* plumbeous, leadcoloured
plúmbico *adj.* QUÍMICA plumbic
plumbífero *adj.* plumbiferous
plumboso *adj.* plumbeous
plúmeo *adj.* plumose, feathery

plumiforme *adj.* plumiform
plumilha *s. f.* plumet
plumípede *adj.* with feathery feet
plumista *s. m. e f.* feather merchant
plumitivo *s. m.* scribbler, newspaperman
plumoso *adj.* plumose, plumous; feathered
plúmula *s. f.* BOTÂNICA plumule, plumula
plumuliforme *adj.* featherlike
plural Ⓐ *adj.* GRAMÁTICA plural Ⓑ *s. m.* plural number
pluralidade *s. f.* plurality
pluralismo *s. m.* FILOSOFIA pluralism
pluralista Ⓐ *s. m. e f.* pluralist Ⓑ *adj.* pluralist, pluralistic; ***sociedade pluralista*** pluralist society
pluralização *s. f.* pluralization
pluralizar *v. tr.* to pluralize, to multiply
pluri- *pref.* pluri (containing more than three)
plurianual *adj.* pluri-annual
pluricarpelar *adj.* BOTÂNICA polycarpous
pluricelular *adj.* BOTÂNICA multicellular
pluricêntrico *adj.* polycentric
pluridentado *adj.* pluri-dentated
pluridimensional *adj.* multidimensional
pluridisciplinar *adj.* multidisciplinary
plurifloro *adj.* multiflorous
pluriforme *adj.* multiform
plurigamia *s. f.* polygamy
plurígamo *s. m., adj.* ⇒ **polígamo**
plurilíngue *adj.* plurilingual
plurilobulado *adj.* BOTÂNICA pluri-lobulate
plurilocular *adj.* BOTÂNICA plurilocular
pluripartidário *adj.* multiparty
pluripartidarismo *s. m.* multiparty political system
pluripétalo *adj.* BOTÂNICA polypetalous
plurissecular *adj.* many centuries old
plurisseriado *adj.* disposed in various series
plurivalente *adj.* plurivalent
plurívoco *adj.* multivocal
plutão *s. m.* ASTRONOMIA Pluto; fire
plutarco *s. m.* plutocrat; biographer
plutarquizar *v. intr.* to write biographies of famous men
plúteo *s. m.* pluteus
plutocracia *s. f.* plutocracy
plutocrata *s. m. e f.* plutocrat
plutocrático *adj.* plutocratic
plutónico *adj.* GEOLOGIA Plutonic, Plutonian; ***rochas plutónicas*** Plutonic rocks
plutónio *s. m.* QUÍMICA plutonium
plutonismo *s. m.* Plutonism
plutonista *s. m. e f.* Plutonist
plutonomia *s. f.* plutonomy
pluvial Ⓐ *adj.* pluvial, rainy Ⓑ *s. m.* pluvial, priest's cope
pluviátil *adj.* ⇒ **pluvial**
pluviógrafo *s. m.* pluviometer
pluviometria *s. f.* pluviometry
pluviómetro *s. m.* pluviometer, rain-gauge
pluvioscópio *s. m.* apparatus for registering time, quantity, and lasting time of rain in a certain place
pluviosidade *s. f.* rainfall, precipitation
pluvioso *adj.* pluvious, rainy
pneometria *s. f.* pneometry
pneómetro *s. m.* pneometer, pneumatometer, spirometer
pneu *s. m.* tyre (pneumatic tyre), [E.U.A.] tire; ***pneu sobresselente*** spare tyre
pneuma *s. m.* pneumothorax, breath, soul
pneumática *s. f.* pneumatics
pneumaticidade *s. f.* pneumaticity
pneumático Ⓐ *s. m.* tire, tyre, pneumatic tire Ⓑ *adj.* pneumatic; ***encher um pneumático*** to inflate an air-tube, to pump a tyre up
pneumatocele *s. f.* pneumatoc(o)ele
pneumatóforo *s. m.* BOTÂNICA pneumatophore; ZOOLOGIA pneumatocyst
pneumatólise *s. f.* pneumatolysis
pneumatolítico *adj.* pneumatolithic
pneumatologia *s. f.* pneumatology
pneumatose *s. f.* MEDICINA pneumatosis
pneumectomia *s. f.* CIRURGIA pneumectomy
pneumobacilo *s. m.* pneumobacilus
pneumobrânquio *adj.* dipnoous
pneumocele *s. f.* PATOLOGIA pneumocoele
pneumococo *s. m.* BIOLOGIA pneumococus
pneumogástrico *adj.* pneumogastric
pneumografia *s. f.* pneumography
pneumologia *s. f.* pneumology
pneumonia *s. f.* MEDICINA pneumonia, inflammation of the substance of the lungs; ***pneumonia dupla*** double pneumonia
pneumónico Ⓐ *adj.* pneumonic Ⓑ *s. m.* person suffering from pneumonia
pneumonite *s. f.* pneumonitis, pneumonia
pneumopleurisia *s. f.* MEDICINA pneumopleuritis
pneumorragia *s. f.* pneumorrhagia
pneumoscópio *s. m.* pneumoscope
pneumóstoma *s. m.* ⇒ **pneumostómio**
pneumostómio *s. m.* ZOOLOGIA pneumostome
pneumoterapia *s. f.* pneumotherapy
pneumotomia *s. f.* PATOLOGIA pneumotomy
pneumotórax *s. m.* MEDICINA pneumothorax
pó *s. m.* powder, dust; *pl.* powders; ***levantar pó*** to raise the dust; ***cheio de pó*** covered with dust; ***pó de ouro*** gold-dust; ***pó de carvão*** coal-dust; ***pó dentífrico*** tooth-powder; ***pó anti-séptico*** antiseptic powder; ***pó de vidro*** glass-powder; ***aspirador de pó*** vacuum cleaner; ***leite em pó*** powdered milk; ***tu és pó e em pó te hás-de tornar*** dust thou art, and to dust shalt thou return; ***pano para limpar o pó*** duster
poa *s. f.* BOTÂNICA meadow-grass, blue grass
Poáceas *s. f. pl.* BOTÂNICA *Gramineae*
poalha *s. f.* fine dust (in the atmosphere)
pobre Ⓐ *adj.* poor, scanty, barren, unproductive; neely, indigent; worthless, unsatisfactory; thin, deficient; miserable, wretched; meagre Ⓑ *s. m. e f.* poor man (woman), beggar, pauper; ***os pobres*** the poor, the destitute; ***como está o teu pobre pai?*** how is your poor father?; ***pobre envergonhado*** shabby-genteel; ***esmola para os pobres*** alms; ***muito pobre*** poverty-stricken; ***pobre como Job*** as poor as a church mouse; ***uma língua muito pobre*** language lacking vocabulary; ***as classes pobres*** the needy; ***pobre diabo!*** poor fellow!, poor devil!; ***bem aventurados os pobres de espírito, porque deles é o reino dos céus*** blessed be the poor in spirit for theirs is the kingdom of heaven
pobremente *adv.* poorly, in a poor way
pobreta *adj., s. m. e f.* poor person, wretch, habitual beggar
pobretana *s. m. e f.* ⇒ **pobretão**
pobretão *s. m.* poor man, wretch, habitual beggar
pobrete Ⓐ *adj.* rather poor Ⓑ *s. m.* a poor little thing
pobreza *s. f.* poverty, penury, need, destitution; privation, want, poorness, paucity, scarcity, dearth, indigence, the poor; ***extrema pobreza*** deep poverty; ***viver na pobreza*** to live in poverty; ***cair na pobreza*** to sink into poverty, to fall on hard times, to fall on evil times; ***estar na pobreza*** to be down on one's uppers; ***pobreza envergonhada*** shabby gentility; ***na pobreza*** in poverty; ***a pobreza não é crime*** poverty is no crime
pobrezinho Ⓐ *s. m.* a poor man Ⓑ *adj.* poor
poça *s. f.* pool; puddle; ***poça de sangue*** pool of blood
poçada *s. f.* puddle
poçal *s. m.* old measure of capacity corresponding to 125 litres

poção *s. f.* potion
poceira *s. f.* [reg.] large puddle; pool
poceirão *s. m.* large puddle
poceiro *s. m.* well-sinker; large basket for washing wool; a big wicker basket
pocema *s. f.* war cry; uproar; murmur
pocilga *s. f.* pigsty; pig pen; dirty room or dwelling
pocilgão *s. m.* big pigsty; dunghill
pocilgo *s. m.* pigsty; dunghill
poço *s. m.* well; natural spring; MINERALOGIA pit-shaft; ***abrir um poço (nas minas)*** to sink a pit; ***poço de petróleo*** oil-well; ***poço artesiano*** artesian well; ***poço sem fundo*** widow's curse; ***poço de ar (aviação)*** air-pocket; ***um poço de ciência*** a deeply learned man
poçoca *s. f.* [Bras.] lie
poculiforme *adj.* poculiform
poda *s. f.* pruning, lopping, cutting (of trees, etc.)
poda-a-vinha *s. m.* ORNITOLOGIA titmouse
podada *s. f.* [Bras.] confession and communion in the Holy Week
podadeira *s. f.* pruning-hook; pruning-knife, pruning shears
podador *s. m.* pruner; vine-dresser
podadura *s. f.* pruning, lopping
podagra *s. f.* podagra, gout in the feet; gout
podágrico *adj.* podagric, podagrous, gouty
podal *adj.* pedal
podalírio *s. m.* beautiful butterfly
podão *s. m.* pruning-hook, vineknife; bill hook; awkward man
podar *v. tr.* to prune, to lop, to trim, to clip, to cut out; ***podar as árvores*** to lop off branches
pó-de-arroz *s. m.* facepowder; rice powder
podengo *s. m.* rabbit hound; any hound
poder Ⓐ *v. tr.* to be able, to have the power; to have the right of; to be allowed, to be permitted Ⓑ *v. aux.* may, can Ⓒ *v. intr.* to have power; ***ele podia ir*** he could go, he would be able to go; ***eu não posso vir ao chá amanhã*** I shall not be able to come to tea tomorrow; ***ela podia ter perdido o comboio, porque partiu muito tarde*** she might have missed the train as she started very late; ***posso entrar?*** may I come in?; ***pode ir a pé até à estação?*** can you walk to the station?; ***ele não podia fazer isso*** he was not allowed to do that, he could not do that; ***o mais cedo que eu puder*** as soon as I possibly can; ***faz o que pode para ganhar a vida*** he rubs on as well as he can; ***fiz tudo quanto pude para o auxiliar*** I did my very best to help him; ***farei o que puder por ti*** I will do what I can for you; ***poder bem com as suas responsabilidades*** to have broad shoulders; ***pode ser verdade*** it may be true; ***não pode ser*** that cannot be; ***não posso deixar de ir*** I can't help going; ***não posso com ele*** he is no match for me; ***pode estar certo!*** you may be sure of it!; ***salve-se quem puder!*** every man for himself!; ***pudera!*** no wonder!; ***só para quem pode*** only for those who can (afford it); ***querer é poder*** where there is a will there is a way Ⓓ *s. m.* power, capacity, ability; strength, vigour, force, energy; competence, effectiveness; faculty; government, authority, rule, dominion; sway, command; ***no auge do poder*** at the summit of power; ***no poder*** in power; ***debaixo do poder de alguém*** under a person's thumb; ***cair em poder do inimigo*** to fall into the hans of the enemy; ***ter poder sobre*** to have power over; ***ter em seu poder*** to have in one's possession; ***apossar-se do poder*** to seize the power; ***entrar no poder*** to come into office; ***plenos poderes*** full powers; ***poder atractivo*** attractive power; ***poder criador*** creative power; ***poder de compra*** purchasing power; ***poder calorífico*** calorific value; ***poder de emissão*** heat emissivity; ***a poder de*** with the help of, at the expenses of
poderio *s. m.* great power, authority
poderosamente *adv.* powerfully
poderoso Ⓐ *adj.* powerful, mighty, potent, influential; authoritative, effective; sturdy, vigorous Ⓑ *s. m.* a powerful man; ***um rei poderoso*** a powerful king; ***governo poderoso*** a powerful government
pódio *s. m.* podium
podoa *s. f.* pruning-knife
podobrânquia *s. f.* ZOOLOGIA podobranch(ia)
podobrânquio *adj.* podobranchial
podoftalmo *adj.* ZOOLOGIA podophtalmate
podologia *s. f.* MEDICINA podology (treatise on the foot)
podometrar *v. tr.* to measure by the pedometer
podómetro *s. m.* pedometer
podre Ⓐ *adj.* rotten, putrid, decayed, decomposed, putrescent, spoilt Ⓑ *s. m.* the rotten part of something; *pl.* vices, defects, blemishes; ***ovo podre*** rotten egg, bad egg; ***fruta podre*** rotten fruit; ***podre de rico*** very rich
podredoiro *s. m.* dunghill
podredouro *s. m.* dunghill
podricalho *adj.* lazy; weak
podrida *adj.* rotten, putrid
podridão *s. f.* rot, rottenness, putridity, putridness, putrescence; decay, putrefaction, demoralization, corruption, depravity; ***podridão seca*** dry rot
podrido *adj.* putrid; useless
podriqueira *s. f.* laziness
podriqueiro *adj.* lazy, weak
poedeira Ⓐ *adj.* laying Ⓑ *s. f.* laying hen
poedoiro *s. m.* nesting-box (place where hens lay eggs)
poedouro *s. m.* nesting-box (place where hens lay eggs)
poeira *s. f.* dust, powder; ***deitar poeira nos olhos de*** to throw dust in a person's eyes; ***poeira levantada por um automóvel*** the dust raised by a motor-car; ***uma nuvem de poeira*** a cloud of dust
poeirada *s. f.* dust cloud; ***que poeirada!*** what a dust!
poeirento *adj.* dusty
poeiro *s. m.* ⇒ **oídio**
poejo *s. m.* BOTÂNICA pennyroyal; the finest flour
poema *s. m.* poem
poemeto *s. m.* little poem
poente *s. m.* west, occident, the setting of the sun, sunset
poento *adj.* dusty
poesia *s. f.* poetry; poesy; poem; ***poesia dramática*** dramatic poetry; ***poesia lírica*** lyric poetry
poeta *s. m.* poet
poetaço *s. m.* poetaster; bad verse maker, paltry poet
poetar Ⓐ *v. tr.* to poetize, to make poetry; to play the poet; to celebrate in poetry Ⓑ *v. intr.* to write poetry, to poetize
poetastro *s. m.* poetaster; verse maker; scribbler of verses
poética *s. f.* poetics
poeticamente *adv.* poetically
poético *adj.* poetic(al); ***génio poético*** poetic genius; ***imaginação poética*** poetic imagination
poetisa *s. f.* {*fem. de* **poeta**} poetess
poetismo *s. m.* the poets collectivelly
poetização *s. f.* poeticizing
poetizar Ⓐ *v. tr.* to poeticize, to poetize; to make poetic Ⓑ *v. intr.* to write poetry
pogoníase *s. f.* development of beard in a woman
pogonóforo *adj.* hairy
pogonópode *adj.* with hairy feet
poia *s. f.* big loaf of bread
poial *s. m.* spot where anything is usually placed; a fixed stone slab
poio *s. m.* spot where anything is usually placed; a fixed stone slab
pois *conj.* because; then, so; since; seeing that; ***pois, decerto!*** why yes!; ***pois não!*** to be sure, surely, why yes!, of course!; ***pois que*** since, as; ***pois quê?*** why so?; ***pois bem!*** well then!; ***pois sim*** yes, certainly, all right, [irón.] oh sure!; ***pois é isso mesmo!*** that's just it!

poisa *s. f.* ⇒ **pousa**
poisada *s. f.* ⇒ **pousada**
poisadeiras *s. f. pl.* ⇒ **pousadeiras**
poisadia *s. f.* ⇒ **pousadia**
poisadoiro *s. m.* ⇒ **pousadouro**
poisar *v. tr.* ⇒ **pousar**
poise *s. m.* poise
poisio *s. m.* ⇒ **pousio**
poiso *s. m.* ⇒ **pouso**
poita *s. f.* ⇒ **pouta**
poitão *s. m.* ⇒ **poutão**
poitar *v. tr.* ⇒ **poutar**
poja *s. f.* claw of a sail
pojadoiro *s. m.* ⇒ **pojadouro**
pojadouro *s. m.* top round (of beef)
pojadura *s. f.* abundance of milk in the breasts or udder
pojante *adj.* NÁUTICA sailing before the wind; swift
pojar Ⓐ *v. intr.* NÁUTICA to take to a port; to arrive at a port Ⓑ *v. tr.* to swell, to raise
pojeia *s. f.* ancient coin
pojo *s. m.* landing place
póla *s. f.* thrashing, brawl, row, scuffle
pôla *s. f.* branch of a tree; bough; sprout, shoot (of plant); slip (of a tree)
polaca *s. f.* Polish woman; polacca, polacre, three-masted Mediterranean merchant vessel; NÁUTICA fore staysail, gib
polaciúria *s. f.* MEDICINA frequent micturition
polaco Ⓐ *adj.* Polish Ⓑ *s. m.* Pole
polainas *s. f. pl.* gaiters, leggings, spats
polainito *s. m.* short gaiters
polar *adj.* polar; ***regiões polares*** polar regions; ***Estrela Polar*** North Star
polaridade *s. f.* FÍSICA polarity
polarimetria *s. f.* FÍSICA polarimetry
polarímetro *s. m.* FÍSICA polarimeter
polariscópio *s. m.* polariscope
polarização *s. f.* FÍSICA polarization
polarizador *s. m.* polarizer
polarizar *v. tr.* to polarize
polarizável *adj.* polarizable
polarografia *s. f.* identification process using the polarograph
polarógrafo *s. m.* polarograph
polca *s. f.* polka
polcar *v. intr.* to polk, to dance the polka
pólder *s. m.* polder
poldra *s. f.* filly
poldril *s. m.* paddock for colts
poldro *s. m.* colt, young horse
polé *s. f.* pulley; ***dar tratos de polé à imaginação*** to cudgel one's brains; NÁUTICA ***polé de toldo*** fiddle block of awning
poleá *s. m.* pariah
poleame *s. m.* pulley blocks
polear *v. tr.* to strappado; to beat, to spank
polearia *s. f.* pulley block manufacture
poleeiro *s. m.* block-maker
polegada *s. f.* inch; ***não ceder uma polegada*** not to yield an inch
polegar *s. m.* thumb; ***polegar erguido!*** thumbs up!
poleiro *s. m.* perch, roost, pole, hen's roost; [fig.] domineering position; ***não cabem dois galos num poleiro*** there is no room for two at the top
polela *s. f.* a clothes moth
polémica *s. f.* polemic; controversy, dispute
polemicar *v. intr.* to polemize
polémico *adj.* polemical, controversial, polemic
polemista *s. m. e f.* polemist, disputant, controversialist
polemizar *v. intr.* to polemize
polemografia *s. f.* description of a war or battle
polemologia *s. f.* science of war
polemónio *s. m.* BOTÂNICA Jacob's ladder; Greek valerian
polemoscópio *s. m.* lens with two refractions and two reflections
pólen *s. m.* pollen
polenda *s. f.* polenta
polenta *s. f.* polenta
pólex *s. m.* thumb
polha *s. f.* pullet, young hen; comely girl
polhastro *s. m.* big chicken; sturdy youngster
polho *s. m.* chicken; boy
polia *s. f.* pulley
poliadelfia *s. f.* BOTÂNICA polyadelphia
poliadelfo *adj.* polyadelphian
poliamida *s. f.* QUÍMICA polyamide
poliandra Ⓐ *adj.* polyandrous Ⓑ *s. f.* polyandrous woman
poliandria *s. f.* polyandry
poliândrico *adj.* BOTÂNICA polyandrous
poliandro *adj.* BOTÂNICA polyandrous
polianite *s. f.* MINERALOGIA polianite, pyrolusite
polianteia *s. f.* polyanthus
polianto *adj.* polyanthous
poliarquia *s. f.* polyarchy
poliarticulado *adj.* having many articulations
poliarticular *adj.* having many articulations
poliatómico *adj.* QUÍMICA polyatomic
polibásico *adj.* QUÍMICA polybasic
policanto *adj.* having many prickles (thorns)
policarpelar *adj.* polycarpellary
policárpico *adj.* BOTÂNICA polycarpic, polycarpous
policarpo Ⓐ *s. m.* BOTÂNICA polycarp Ⓑ *adj.* polycarpous
policéfalo *adj.* polycephalous
policelular *adj.* polycellular
policêntrico *adj.* polycentric
polichinelo *s. m.* punch
polícia Ⓐ *s. f.* police Ⓑ *s. m.* policeman; *pl.* policemen; ***comando da polícia de Londres*** Scotland Yard; ***comissário de polícia*** police inspector; ***oficial da polícia*** police officer; ***comissariado da polícia*** police headquarters; ***esquadra de polícia*** police-station; ***polícia marítima*** coastguard; ***polícia militar*** military police; ***polícia judiciária*** detective force; ***agente de polícia*** police constable; ***a polícia anda-lhe no encalço*** the police are on his track
policial *adj.* relating to police; ***romance policial*** detective story
policiamento *s. m.* policing, watching, patrolling
policiar *v. tr.* to police, to guard with policemen, to patrol, to guard; to keep vigil
policíclico *adj.* polycyclic
policitação *s. f.* pollicitation
policlínica *s. f.* polyclinic
policlínico *adj.* polyclinic
policotiledóneo *adj.* polycotyledonous
policresto *adj.* polychrestic
policroísmo *s. m.* pleochroism
policromático *adj.* polychromatic, many-coloured
policromia *s. f.* polychromy
policromo *adj.* polychromic, polychromous, many-coloured
policultura *s. f.* AGRICULTURA mixed farming
polidactilia *s. f.* MEDICINA polydactyly, polydactylism
polidáctilo *adj.* polydactylous
polidamente *adv.* politely, courteously
polidelfia *s. f.* BOTÂNICA polyadelphia
polidez *s. f.* politeness, urbanity, good manners, courtesy, good breeding
polidipsia *s. f.* MEDICINA polydipsia

P

polidisperso *s. m.* varied
polido *adj.* polished, smoothed; polite, urbane, well-bred, courteous, civil
polidor *s. m.* polisher
polidura *s. f.* polishing
poliédrico *adj.* polyhedric, polyhedral
poliedro Ⓐ *s. m.* GEOMETRIA polyhedron Ⓑ *adj.* polihedral
poliembrionia *s. f.* polyembryony
poliemia *s. f.* excess of blood in the bloodvessels
polietileno *s. m.* QUÍMICA polyethylene, polythene, polyethene
polifacetado *adj.* multifaceted, eclectic
polifagia *s. f.* quality of being polyphagous
polífago *adj.* polyphagous
polifásico *adj.* polyphase
polifilético *adj.* polyphyletic
polifilo *adj.* BOTÂNICA polyphyllous (many-leaved)
polifonia *s. f.* MÚSICA polyphony, polyphonism
polifónico *adj.* polyphonic
polífono *adj.* polyphonous, polyphonic
polifórmico *adj.* multiform
polígala *s. f.* BOTÂNICA milkwort
poligamia *s. f.* polygamy; BOTÂNICA poligamia
poligâmico *adj.* polygamous
polígamo Ⓐ *s. m.* polygamist Ⓑ *adj.* polygamous
poligástrico *adj.* polygastric
poligastro *adj.* polygastric
poligenismo *s. m.* polygenism
polígeno *adj.* polygenous
poliginia *s. f.* polygeny
polígino *adj.* polygenic, polygenetic, polygenous
poliglota Ⓐ *adj.* polyglot Ⓑ *s. m. e f.* polyglot
poliglótico *adj.* polyglotic, polyglottous
poliglotismo *s. m.* polyglotism, polygottism
poligloto *s. m., adj.* ⇒ **poliglota**
Poligonáceas *s. f. pl.* BOTÂNICA *Polygonaceae*
poligonal *adj.* polygonal
Poligóneas *s. f. pl.* ⇒ **Poligonáceas**
polígono *s. m.* GEOMETRIA polygon, polygonum, polygonium; BOTÂNICA knotgrass; ***polígono de artilharia*** artillery range
poligrafia *s. m.* polygraphy
poligráfico *adj.* polygraphic
polígrafo *s. m.* polygrapher
polilha *s. f.* fine dust; clothes moth
polimastia *s. f.* MEDICINA polymastia, teratological phenomenon consisting of having more than the normal number of nipples
polimatia *s. f.* polymathy
polímato *s. m.* polymath
polimento *s. m.* polishing, polish; patent leather
polimeria *s. f.* QUÍMICA polymerism
polimerismo *s. m.* QUÍMICA polymerism
polimerização *s. f.* QUÍMICA polymerization
polimerizar *v. tr.* QUÍMICA to polymerize
polímero *adj.* QUÍMICA polymeric, polymerous
polimorfia *s. f.* BIOLOGIA, MINERALOGIA polymorphism
polimórfico *adj.* polymorphic
polimorfismo *s. m.* ⇒ **polimorfia**
polimorfo *adj.* polymorphous, multiform
políndromo *adj., s. m.* LINGUÍSTICA (of a) symmetric word; word that is read, either forwards or backwards, in the same way
polinervado *adj.* with many veins (of leaves)
polinésio *s. m., adj.* Polynesian
polínico *adj.* BOTÂNICA polliniferous
polinídia *s. f.* pollinium
polinífero *adj.* BOTÂNICA polliniferous
polinização *s. f.* BOTÂNICA pollination
polinizador *adj.* pollinating
polinizar *v. tr.* to pollinate
polinomial *adj.* polynomial
polinómio *s. m.* MATEMÁTICA polynomial expression
polinoso *adj.* covered with powder similar to pollen
polinucleado *adj.* polynucleate
polinuclear *adj.* polynucleate
poliomielite *s. f.* MEDICINA poliomyelitis
poliomielítico *adj.* suffering from poliomyelitis
poliónimo *adj.* polyonymous
poliopia *s. f.* eye sickness
poliopsia *s. f.* eye sickness
poliose *s. f. pl.* polyoses, polysaccharoses
polipeiro *s. m.* ZOOLOGIA polypary
polipétalas *s. f. pl.* BOTÂNICA polypetaleae
polipétalo *adj.* BOTÂNICA polypetalous
poliplóide *adj.* polyploid
poliploidia *s. f.* polyploidy
polipneia *s. f.* acceleration of the respiration
pólipo *s. m.* MEDICINA polypus; ZOOLOGIA polyp, polype; ***pólipo nasal*** nasal polypus
polípode *adj.* polypod
Polipodiáceas *s. f. pl.* BOTÂNICA *Polypodeaceae*
polipódio *s. m.* ZOOLOGIA polypodium
Poliporáceas *s. f. pl.* *Polyporaceae*
poliposo *adj.* ZOOLOGIA, MEDICINA polypous
Poliptéridas *s. m. pl.* ⇒ **Polipterídeos**
Polipterídeos *s. m. pl.* ICTIOLOGIA *Polypteridae*
políptero *s. m.* polypterus
políptico *s. m.* polyptych
poliptoto *s. m.* RETÓRICA polyptoton
poliptóton *s. m.* RETÓRICA polyptoton
poliquetas *s. m. pl.* ZOOLOGIA *Polychaeta*
polir *v. tr.* to polish, to refine, to burnish, to brighten; to varnish; to civilize, to cultivate, to make polite; to polish up
polirrítmico *adj.* polyrhythmic
polirrizo *adj.* with many roots
polispermia *s. f.* BIOLOGIA, MEDICINA polyspermy
polispérmico *adj.* polyspermous
polispermo *adj.* polyspermous
polissacárido *s. m.* polysaccharide, polysaccharose
polissemia *s. f.* polysemy
polissémico *adj.* polysemous
polisssépalo *adj.* polysepalous
polissilábico *adj.* polysyllabic
polissílabo Ⓐ *s. m.* polysyllable, polysyllabic word Ⓑ *adj.* polysyllabic
polissilogismo *s. m.* polysyllogism
polissindáctilo *s. m.* syndactyl
polissíndeto *s. m.* polysyndeton
polissíndeton *s. m.* polysyndeton
polissíntese *s. f.* polysynthesis
polissintético *adj.* polysynthetic
polissintetismo *s. m.* polysyntheticism, polysynthetism
polistélico *adj.* polystelic
polistilo *s. m., adj.* polystile
polistómio *s. m.* that has many apertures
politeama *s. m.* theatre for many kinds of shows
politécnico *adj.* polytechnic; ***Escola Politécnica*** Polytechnic School
politeísmo *s. m.* polytheism
politeísta *s. m. e f.* polytheist
politeístico *adj.* polytheistic, polytheistical
politeno *s. m.* QUÍMICA polythene, polyethylene
política *s. f.* politics, statecraft; political principles; sagacity, craftiness; cunning, artifice; ***assunto de alta política*** a matter of high politics
politicagem *s. f.* petty politics; party politics
politicalha *s. f.* ⇒ **politiquice**
politicamente *adv.* politically
politicante *s. m. e f.* politicaster

politicão *s. m.* [pop.] great politician
politicar *v. intr.* to politicize; to deal with politics; to engage in politics; to talk politics; to give political character to
politicastro *s. m.* incompetent politician
político Ⓐ *s. m.* politician, statesman Ⓑ *adj.* political; [coloq.] cross with; ***geografia política*** political geography; ***economia política*** political economy; ***preso político*** political prisoner; ***carreira política*** political career; ***razões políticas*** political reasons; ***partido político*** political party; ***estar político com*** to be at variance with; ***ciências políticas*** political science
politicóide *s. m.* politicaster
politicomania *s. f.* mania for politics
politiqueiro *s. m.* petty politician; politicaster
politiquice *s. f.* petty politics; party politics
politiquismo *s. m.* petty politics; party politics
politização *s. f.* politicization
politizar *v. tr.* to politicize; to mobilize politically
politonal *adj.* polytonal
politonalidade *s. f.* MÚSICA polytonality, polytonalism
Politricáceas *s. f. pl.* family of mosses with strong leaves
polítrico *s. m.* BOTÂNICA maidenhair, spleenwort
politrofia *s. f.* MEDICINA feeding in excess
politrófico *adj.* polytrophic
polítrofo *adj.* polytrophic
poliúria *s. f.* MEDICINA polyuria, polyuresis
polivalência *s. f.* polyvalency, multivalency
polivalente *adj.* QUÍMICA polyvalent; [fig.] multifaceted
polivalve *adj.* ⇒ **multivalve**
polmão *s. m.* swelling; tumour; phlegmon
polme *s. m.* pap; pulp
polmo *s. m.* cloudiness of a liquid caused by the presence of corpuscles
pólo *s. m.* pole, polo (a game); ***Pólo Norte*** North pole; ***Pólo Sul*** South pole; ***distância dos pólos*** pole pitch; ***pólo negativo*** negative pole; ***pólo positivo*** positive pole
pôlo *s. m.* ORNITOLOGIA yearling hawk or falcon
polografia *s. f.* astronomical description of the sky
polónio *adj., s. m.* Polish; ⇒ **polaco**; Polonian; QUÍMICA Polonium
polpa *s. f.* pulp; flesh; marrow; [fig.] importance; authority
polpação *s. f.* pulpifying
polposo *adj.* pulpous, pulpy
polpudo *adj.* pulpy
poltranaz *s. m.* great coward
poltrão Ⓐ *s. m.* poltroon, coward, craven, mean-spirited man, bastard Ⓑ *adj.* cowardly, faint-hearted
poltrona *s. f.* armchair, easy-chair
poltronaria *s. f.* poltroonery, cowardice
poltronear Ⓐ *v. intr.* to act as a coward Ⓑ *v. refl.* to lean back in a chair, to sink into an armchair
polução *s. f.* pollution, defilement
poluente Ⓐ *s. m.* pollutant, polluter; contaminator, contaminant Ⓑ *adj.* polluting; contaminative
poluição *s. f.* pollution, corruption, contamination
poluir *v. tr.* to pollute, to defile, to corrupt, to contaminate; to soil, to stain
poluível *adj.* that may be polluted, corruptible
poluto *adj.* polluted, foul, filthy, contaminated; corrupted; profaned
Pólux *s. m.* ASTRONOMIA Pollux
polvilhação *s. f.* powdering; dusting
polvilhamento *s. m.* powdering; dusting
polvilhar *v. tr.* to powder, to sprinkle (with powder); to dust
polvilho *s. m.* powder; *pl.* hair-powder
polvo *s. m.* ZOOLOGIA octopus
pólvora *s. f.* gunpowder; ***pólvora sem fumo*** smokeless powder; ***pólvora de mina*** blasting-powder; ***pólvora em grãos*** grained powder; ***pólvora para carabinas*** rifle powder; ***pólvora explosiva*** explosive powder; ***ele está como pólvora*** he is furious
polvorada *s. f.* explosion of gunpowder
polvoraria *s. f.* powder factory
polvoreira *s. f.* powder-flask, powder magazine
polvorento *adj.* pulverulent, powdery
polvorim *s. m.* fine gunpowder, powder dust
polvorinho *s. m.* powder-flask
polvorista *s. m. e f.* gunpowder-maker
polvorosa *s. f.* bustle, flurry, fuss, stir, agitation, commotion
polvoroso *adj.* powdery, dusty
poma *s. f.* woman's breast; teat; sphere, ball
Pomáceas *s. f. pl. Pomaceae* (rosaceous trees)
pomáceo *adj.* pomaceous
pomada *s. f.* pomade, pomatum; ointment; ***pomada para calçado*** shoe polish
pomadista Ⓐ *s. m. e f.* pedantic person Ⓑ *adj.* pedantic, vain
pomar *s. m.* orchard; ***pomar de laranjeiras*** orange grove, orange plantation
pomarada *s. f.* group of orchards
pomareiro *s. f.* fruit farmer, fruitgrower, orchardist
pomarejo *s. m.* little orchard
pomba *s. f.* female dove (pigeon); large copper spoon (in sugar mills)
pombal *s. m.* dove-cot(e), pigeon-house
pombear *v. tr.* to pursue someone
pombeirar *v. tr.* to pursue someone
pombeiro *s. m.* [Bras.] person who trades with the Indians; seller of pigeons; hens (poultry)
pombinha *s. f.* dovelet
pombinho *s. m.* young dove, or pigeon; dove colour; *pl.* just married couple, newly-weds
pombo *s. m.* pigeon; ***pombo torcaz*** ringdove; ***criação de pombos*** pigeon breeding; ***pombo bravo*** wood-pigeon, wild pigeon; ***criador de pombos*** pigeon fancier
pombo-correio *s. m.* carrier-pigeon, homing-pigeon
pomes *s. m.* pumice
pómice *s. m.* pumice
pomícola *adj.* pertaining to pomiculture
pomicultor *s. m.* fruit-grower
pomicultura *s. f.* pomiculture (fruit-growing)
pomífero *adj.* pomiferous, fruit-bearing
pomificar *v. intr.* to produce pomes; to fructify
pomiforme *adj.* having the form of a fruit (pome)
pomito *s. m.* pumice
pomo *s. m.* pome; apple; fruit; ***pomo da discórdia*** bone of contention
pomologia *s. f.* pomology
pomológico *adj.* pomological
pomologista *s. m. e f.* pomologist; fruit-grower
pomólogo *s. m.* pomologist
Pomona *s. f.* Pomona
pompa *s. f.* pomp, splendour; splendid display, ostentation; parade, show; pageantry, magnificence; ***com grande pompa*** in state
pompeante *adj.* ostentatious; pompous, boastful, pompal
pompear Ⓐ *v. tr.* to display, to parade, to show off Ⓑ *v. intr.* to exhibit ostentatiously, to be pompous; to flaunt
pompeiano *adj.* HISTÓRIA Pompeian
pompom *s. m.* pompom; powder puff
pomposamente *adv.* pompously
pomposidade *s. f.* pomposity
pomposo *adj.* pompous, stately, dignified, magnificent, splendid; (of language) inflated, highflown, bombastic
pómulo *s. m.* cheek-bone
ponche *s. m.* punch (drink)
poncheira *s. f.* punch-bowl
poncho *s. m.* poncho

ponderabilidade *s. f.* ponderability
ponderação *s. f.* ponderation, reflection, consideration
ponderadamente *adv.* ponderously
ponderado *adj.* prudent, considerate, wise, judicious, cool, objective; weighed
ponderador *s. m.* ponderer
ponderal *adj.* ponderal
ponderar Ⓐ *v. tr.* to ponder, to considerer, to weigh, to balance (in the mind), to think over, to examine (with care) Ⓑ *v. intr.* to muse, to cogitate
ponderativo *adj.* ponderative
ponderável *adj.* ponderable
ponderoso *adj.* ponderous, heavy, weighty; unwieldy; important, worthy of consideration
pondo *s. m.* unit of weight amongst the Romans
pondra *s. f.* race of a colt
pónei *s. m.* pony
ponente *adj.* ponent, positing, setting
pongo *s. m.* pongo, chimpanzee, African ape
ponjé *s. m.* pongee
ponta *s. f.* point; extremity, end, tip; horn; top, head, summit, peak; edge; ***na ponta da mesa*** on the edge of the table; ***ponta de terra*** ness, headland; ***ponta do nariz*** tip of the nose; ***ponta de cigarro*** cigarette end, cigarette butt; ***andar de ponta com alguém*** to bear someone a grudge; ***na ponta da língua*** on the tip of one's tongue; ***nas pontas dos dedos*** at one's finger tips; ***andar na ponta dos pés*** to walk on the tips of one's toes, to go on tiptoe, to tiptoe; ***de ponta a ponta*** from end to end, from beginning to end; ***até à ponta dos cabelos*** up to one's ears, up to one's neck, up to the limit; ***à ponta da espada*** at the point of the sword
pontada *s. f.* stitch; stab pain (in the side), twinge, sudden sharp pain; ***tenho uma pontada no lado*** my side twinges
ponta-de-lança *s. m.* spearhead; striker (in football)
ponta-direita *s. m. e f.* outside right (in football)
pontado *adj.* pointed; basted
ponta-esquerda *s. m. e f.* outside left (in football)
pontal *s. m.* NÁUTICA depth, height; ***pontal do porão*** depth of hold; ***de grande pontal*** long-legged
pontaletar *v. tr.* to prop up; to brace, to shore
pontalete *s. m.* prop; stay, shore, stanchion
pontão *s. m.* hulk, pontoon; float bridge; prop, stay
pontapé *s. m.* kick, blow (with the foot); ***dar um pontapé a*** to kick, to give a kick; DESPORTO ***pontapé de saída*** kick-off; DESPORTO ***pontapé livre*** free kick
pontapear *v. tr.* to kick; to give a blow with the foot
pontar *v. tr.* to prompt (theatre)
pontarelo *s. m.* long stitch; ***que pontarelo!*** what long stitches!
pontaria *s. f.* aiming, sighting, aim, right; target; ***fazer pontaria*** to sight, to aim at; ***pontaria em direcção*** training (of artillery); ⌊irón.⌋ ***que rica pontaria!*** (God) save the mark!; ***errar a pontaria*** to miss one's aim
pontas *s. f. pl.* horns
ponta-seca *s. f.* etching-needle
pontavante *s. m.* NÁUTICA the forepart of the deck
ponte *s. f.* bridge; ***ponte de navio*** bridge; ***ponte de barcas*** pontoon bridge; ***ponte de comando*** command-bridge, pilot-bridge; ***ponte rolante*** travelling, crane, traveller, roller bridge; ***ponte de dois andares*** double-level bridge; ***ponte de ligação*** connection bridge; ***ponte superior*** pilot bridge; ***ponte pênsil*** suspension bridge; ***ponte giratória*** swing bridge; ***ponte de madeira*** frame bridge; ***ponte que assenta sobre cavaletes*** trestle bridge; ***ponte levadiça*** drawbridge, cantilever bridge; ***ponte aérea*** air shuttle, airlift; ***ponte basculante*** bascule bridge
ponteado *s. m.* stipple, dotting, stippling, stitching
pontear *v. tr.* to dot, to stitch up, to baste; to sew
ponte-cais *s. f.* jetty, pier, wharf
ponteira *s. f.* ferrule; ***ponteira de guarda-chuva*** tip of an umbrella
ponteiro Ⓐ *s. m.* hand (of a watch, or clock); pointer; indicating-rod; plectrum, quill (for striking the strings of instruments); chisel; ***ponteiro dos minutos*** minute hand Ⓑ *adj.* NÁUTICA sharp (wind), dead on end (wind); ***cão ponteiro*** pointer
pontel *s. m.* pontil
pontiagudo *adj.* sharp-pointed, pointed, edged, peaky
ponticidade *s. f.* acidity
pôntico *adj.* pontic
pontícula *s. f.* small drawbridge, small pontlevis
pontículo *s. m.* small point
pontificado *s. m.* pontificate; papacy
pontifical Ⓐ *adj.* pontifical, papal Ⓑ *s. m.* pontifical book; ***vestes pontificais*** pontificals; ***missa pontifical*** pontifical mass, high mass
pontificante Ⓐ *s. m.* pontifical priest, bishop Ⓑ *adj.* pontifical, pontifying
pontificar *v. tr.* to pontificate (to officiate as a bishop), to pontify (to speak with airs of great authority or infallibility)
pontífice *s. m.* pontiff, pontifex, Sovereign Pontiff, the Pope; bishop; ***Sumo Pontífice*** Pontifex Maximus, the Pope
pontifício *adj.* pontifical, pontificious
pontilha *s. f.* sharp point; purl of lace
pontilhação *s. f.* dotting
pontilhado *adj.* spotted; dotted; BOTÂNICA, ZOOLOGIA punctate
pontilhão *s. m.* small bridge
pontilhar *v. tr.* to dot, to stipple
pontilheiro *s. m.* he who pricks the bulls
pontilho *s. m.* sharp point, prick
pontilhoso *adj.* outspoken
pontinha *s. f.* small peak, or point; a little bit; quarrel; ***andar nas pontinhas dos pés*** to walk on tiptoe
pontinho *s. m.* small point, or stitch; *pl.* dots
ponto *s. m.* point, dot; stitch; GRAMÁTICA full stop; mark; spot, speck; place; subject, matter, question; (school) examination paper, test; aim, degree, end, intent, object, design; verge; detail; size (of shoes); moment, opportunity, occasion, stage; end, conclusion; TEATRO prompter; register, roll; *pl.* points (marks, the score) in a game; ***pôr ponto a*** to put a stop to; CIRURGIA ***dar pontos naturais*** to put in stitches; ***dar uns pontos*** to put a stitch (or stitches) in; ***tirar os pontos*** to take out stitches; ***o ponto da questão*** the point at issue; ***ponto de partida*** point of departure, starting place; ***ponto capital*** main point; ***ponto de vista*** point of view, angle, opinion; ***ponto de apoio*** fulcrum, point of support; ***ponto de rebuçado*** sugar-degree; ***ponto de honra*** point of honour; ***ponto de ebulição*** boiling-point; ***ponto de congelação*** freezing point; ***ponto de fusão*** melting point; ***ponto de liquefacção*** point of liquefaction; ***ponto morto (automóvel)*** out of gear (motor car), neutral; ***ponto cardeal*** cardinal point; ***ponto de divergência*** point of controversy; ***ponto crítico*** critical point; ***ponto de saturação*** saturation point; MILITAR ***ponto estratégico*** strategic point; ***ponto de reunião*** rendez-vous, a place of general resort, a popular place for meeting; ***ponto de venda*** point of sale, outlet; NÁUTICA ***fazer o ponto de partida*** to take the departure; ***assinar o ponto*** to sign the register; ***fazer ponto*** to put a full stop; ***marcar os pontos*** to keep the score; ***dar um ponto escrito (para exame)*** to set a paper; ***às três em ponto*** at three o'clock sharp; ***tocar no ponto sensível*** to touch on a sore point; ***pôr os pontos nos ii*** to dot the i's and cross the t's; ***ponto de espinha*** feather whalebone stitch; ***ponto de cadeia*** chain stitch; ***ponto de cruz*** cross stitch; ***ponto atrás*** back stitch; ***ponto aberto*** hem-stich; ***ir ao ponto desejado*** to strike home; ***ponto muito delicado*** tender point; ***ponto fraco*** weak point, weak side, feeble side; ***ponto decisivo*** turning-point; ***aí é que bate o ponto*** that is just the point, that's where it is; ***até esse ponto*** as far as that; ***a um tal ponto*** to

such an extent; ***estar a ponto de*** to be about to, to be on the point of, to be ready to; ***até certo ponto*** to a certain extent; ***ele chegou ao ponto de afirmar*** he went so far as to say; ***em ponto pequeno*** on a small scale; GRAMÁTICA ***ponto final*** full stop; ***ponto e vírgula*** semi-colon; ***ponto de interrogação*** question mark, note of interrogation; ***ponto de exclamação*** exclamation mark, note of exclamation; ***pontos de reticência*** omission points, ellipsis points; ***ponto luminoso*** bright spot, luminous point; ***ponto de referência*** reference point; DIREITO ***ponto principal de acusação*** aggravative point; ***ponto por ponto*** from point to point; ***no mais alto ponto*** in the highest degree; ***ponto espinhoso*** knotty point; ***não compreender o ponto principal (não ver bem a questão)*** to miss the point; ***ver os pontos de interesse turístico*** to see the sights of; ***chegar a um ponto morto*** to come to a deadlock; ***defender o seu ponto de vista*** to hold one's ground; ***sob todos os pontos de vista*** in all respects; ***não dar ponto sem nó*** to do nothing without an ulterior (a selfish) motive

pontoada *s. f.* blow with a pointer

pontoar *v. tr.* to dot; to point

pontófilo *adj.* living at the bottom of the sea

ponto-halícola *adj.* living at the bottom of a salty swamp

pontoneiro *s. m.* pontoneer

pontoso *adj.* punctilious, scrupulous, very nice, particular, exact

pontuação *s. f.* GRAMÁTICA punctuation

pontuado *adj.* punctuate, dotted

pontual *adj.* punctual, timely, prompt; ***ser pontual*** to be on time, to be punctual

pontualidade *s. f.* punctuality; ***a pontualidade é a cortesia dos reis*** punctuality is the courtesy of kings

pontualmente *adv.* punctually; at the exact time (appointed)

pontuar *v. intr.* to punctuate, to put in punctuation marks

pontudo *adj.* pointed, sharp, peaked; harsh, caustic

popa *s. f.* NÁUTICA poop, stern; ***popa aberta*** square stern; ***popa de saveiro*** pink stern; ***à popa*** before the wind; ***de popa à proa*** fore and aft, fore and after; ***pela popa*** astern; ***pela popa direita*** right astern; ***navegar de vento em popa*** to sail before the wind

pope *s. m.* pope; title of the Patriarch of Alexandria

popelina *s. f.* poplin

popinha *s. f.* ZOOLOGIA lark

poples *s. m.* ⇒ **póplite**

póplite *s. m.* ANATOMIA ham, or the hollow at the back of the knee

poplíteo *adj.* popliteal

populaça *s. f.* populace, mob, the masses

população *s. f.* population, inhabitants

populacho *s. m.* ⇒ **populaça**

populacional *adj.* referring to the population

popular Ⓐ *adj.* popular, common, prevalent; favourite Ⓑ *s. m.* man in the street, every citizen; ***a preços populares*** at popular prices; ***ser popular*** to be popular; ***em linguagem popular*** in popular language, in common parlance

popularidade *s. f.* popularity; ***armar à popularidade*** to play to the gallery

popularização *s. f.* popularization

popularizar Ⓐ *v. tr.* to popularize, to make popular, to render popular Ⓑ *v. refl.* to spread; to make oneself popular

popularmente *adv.* popularly

populeão *s. m.* ointment (made of poplarbuds)

popúleo *adj.* [poét.] poplar

populina *s. f.* populin

populismo *s. m.* populism

populista Ⓐ *s. m. e f.* populist Ⓑ *adj.* populist

populoso *adj.* populous, thickly inhabited; crowded, thronged

póquer *s. m.* poker (cards or dice game)

por *prep.* by, through, for, in, per, pro; about, from, out of, because of, instead of, on behalf of; ***por mim*** as for me; ***por exemplo*** for example, for instance; ***por aqui*** this way, hereabout, around; ***por ali*** that way; ***por cento*** per cent; ***por detrás*** behind; ***por baixo*** below, underneath; ***por fora*** outside; ***por dentro*** inside; ***por perto*** nearby; ***por Ceca e Meca*** from pillar to post, from place to place; ***por mar*** by sea; ***por cima*** above, over; ***por cá*** over here; [fig.] ***por cima do ombro*** disdainfully; ***por toda a parte*** everywhere, throughout; ***por um lado*** on one side, on the one hand; ***por outro lado*** on the other hand; ***andar por fora*** to be out; ***por caridade*** for charity's sake; ***por amor de*** for love of, for the sake of; ***por amor de Deus*** for God's sake; ***por bem*** freely, gladly, willingly; ***por bem ou por mal*** willingly or not; ***por descuido*** through carelessness; ***por medo*** out of fear, for fear of; ***por generosidade*** out of generosity; ***por descargo de consciência*** in order to have one's conscience clear, for the sake of one's peace of mind; ***por graça*** for fun, in fun; ***por equívoco*** by mistake; ***por motivos de saúde*** from considerations of health; ***por ignorância*** through ignorance, in ignorance; ***por intenção de*** in honour of; ***por incúria*** by negligence; ***por amizade*** out of friendship; ***por isso mesmo*** for that very reason; ***nadar por entre as ondas*** to swim through the waves; ***por intermédio de quem quer que seja*** through any other channel; ***por acaso*** by chance; ***um por um*** one by one; ***está por fazer*** it is still to be done; ***por quanto tempo?*** for how long?; ***por enquanto*** for the present; ***por algum tempo*** for a while; ***por ano*** per year, yearly; ***duas vezes por ano*** twice a year; ***80 milhas por hora*** eighty miles an hour; ***por volta de*** around, about (in time); ***por toda a vida*** for life; ***por fim*** at last; ***por hoje*** for today; ***por ora*** for the time being; ***por enquanto*** still, so far; ***por ocasião de*** at the occasion of; ***nem por isso estou melhor*** I am none the better for it; ***não por isso*** not at all; ***por menos de*** for less than; ***por isso*** therefore, hereby; ***por assim dizer*** so to speak; ***por alto*** superficially; ***por miúdo*** in detail; ***por certo*** certainly; ***por conseguinte*** therefore, consequently; ***por costume*** usually; ***por escrito*** in writing; ***por falta de*** for want of; ***por nada!*** for nothing!, don't mention it!; ***por qualquer preço*** at any price; ***por junto e atacado*** wholesale; ***por sua conta*** at your cost; ***por uma pechincha*** for a song; ***estar por um triz*** to have a narrow escape; ***e assim por diante*** and so forth; ***por extenso*** in full; ***por hipótese*** hypothetically; ***por milagre*** by a miracle; ***por sistema*** systematically; ***por via de regra*** as a general rule; ***não vês por onde andas?*** don't you look where you're going?; ***por mais que faça, nunca te satisfaço*** no matter what I do, I can never satisfy you; ***por mais rico que seja*** however rich he may be; ***suar por todos os poros*** to sweat from every pore; ***por artes do diabo*** through devilish bad luck; ***por dá cá aquela palha*** for a trifling reason; ***por especial favor*** by courtesy of; ***por essas e por outras*** for these and other reasons; ***por meu mal*** unluckily for me; ***por mal dos meus pecados*** for my sins; ***por minha vida!*** upon my soul!; ***por sua alta recreação*** to his delight; ***por artes de berliques e berloques*** miraculously

pôr Ⓐ *v. tr.* to put, to place, to lay; to set, to establish; to dispose, to settle; to station, to fix, to produce; to put on, to dress; to lay (eggs); to throw, to cast; to arrange; to implant Ⓑ *v. refl.* to apply oneself; to devote oneself to; ASTRONOMIA to set; ***não pôr os pés em casa (de alguém)*** not to set foot in a (person's) house; ***pôr a vida em ordem*** to settle one's affairs; [coloq.] ***põe-no em qualquer parte*** shove it in anywhere; ***pôr alguém na rua*** to show a person the door, to turn someone out; ***pôr a boca em*** to touch with the lips, to speak ill of; ***pôr na boca do mundo*** to cry, to shout; ***pôr a descoberto*** to uncover; ***pôr a faca ao peito a*** to intimidate by force; ***pôr a ferros*** to put in irons; ***pôr as mãos no fogo por alguém*** to vouch for; ***pôr a nu*** to lay bare; ***pôr a pão e água*** to put on bread and water; ***pôr o chapéu*** to put on one's hat; ***pôr alguém a trabalhar*** to set a person to work; ***pôr a mesa*** to lay the cloth, to set the table, to lay the table; ***pôr a carne a assar*** to roast the meat; ***pôr manteiga no pão*** to spread butter on bread; ***pôr ao sol*** to put in the sun; ***pôr ao ar*** to air; ***pôr água na fervura*** to pour oil on troubled waters; ***pôr as barbas de molho*** to take precautions (against); ***pôr as cartas na mesa*** to lay one's cards on the table; ***pôr as raízes ao sol*** to root up; ***pôr cobro a*** to put a stop to; ***pôr de lado*** to put aside, to put by, to lay aside; ***pôr os pés à parede*** to put down one's foot; ***pôr diante dos olhos*** to place before the eyes; ***pôr em cena*** to stage (a play); ***pôr em contacto*** to bring together; ***pôr em dúvida*** to call in question; ***pôr em embaraços*** to perplex; ***pôr em evidência*** to stress; ***pôr em execução*** to execute, to carry into effect, to carry out; ***pôr a culpa em*** to lay the blame on; ***pôr à disposição*** to place at someone's disposal; ***pôr-se de pé*** to stand up; ***pôr-se em fuga*** to take to flight; ***pôr a arma em descanso*** to half-cock a gun; ***pôr a funcionar*** to start off, to switch on; ***pôr à venda*** to put up for sale; ***pôr em praça*** to put up to auction; ***pôr em leilão*** to put up at auction; ***pôr à votação*** to put to the vote; ***pôr termo a*** to put an end to; ***pôr casa*** to set up house; ***pôr com dono*** to give someone the sack, to dismiss someone; ***pôr-se à vontade*** to make oneself at home, to make oneself at ease; ***pôr flores na água*** to put flowers in water; ***pôr tudo a claro*** to speak straight from the shoulder; ***pôr a vista em cima*** to set one's eyes on; ***pôr-se a caminho*** to set out; ***pôr em liberdade*** to set at liberty; ***pôr em pratos limpos*** to come clear; ***pôr o preto no branco*** to set down in black and white; ***pôr as coisas a claro*** to make matters clear; ***pôr o visto*** to put on the visa; ***pôr a salvo*** to place in safety; ***pôr em ordem*** to put in order, to set aright; ***pôr em exposição*** to exhibit, to display; ***pôr mãos à obra*** to set to work, to put one's shoulder to the plough; ***pôr empenho em*** to take a special interest in; ***pôr luto*** to put on mourning; ***pôr alguém maluco*** to run someone crazy; ***pôr na ideia*** to conceive an idea of; ***pôr no olho da rua*** to kick out, to turn out of doors; ***pôr no prego*** to pawn; ***pôr nos eixos*** to regulate; ***pôr o dedo na ferida*** to touch a sore spot; ***pôr pedra em cima de*** to give a quietus to; ***pôr-se de atalaia*** to keep a sharp lookout; ***pôr num lugar seguro*** to put in a safe place; ***pôr a coberto*** to shelter; NÁUTICA ***pôr a máquina a andar*** to start the engine; ***o homem põe e Deus dispõe*** man proposes and God disposes; ***sem tirar nem pôr*** precisely; ***ponha-se no meu lugar*** put yourself in my position; ***ponha-se no seu lugar*** don't get ideas above your station

porão *s. m.* hold, bilge, bottom; ***arrumar a carga do porão*** to trim the hold

porca *s. f.* ZOOLOGIA sow; nut; ***porca de parafuso*** screw-nut; ***porca de orelhas*** butterfly-nut; ***apertar uma porca*** to tighten (up) a nut; ***porca de ajustamento*** adjusting-nut

porcada *s. f.* herd of swine

porcalhão Ⓐ *s. m.* dirty (or nasty) fellow Ⓑ *adj.* dirty, unclean, nasty

porcamente *adv.* swinishly, indecently

porção *s. f.* portion, small amount; share, part, lot, bit, morsel; ***uma porção*** a good deal; ***uma porção de terra*** a portion (or plot) of land

porcaria *s. f.* dirtiness, filthiness; slovenliness; nasty stuff; filth, dirt; mess, bungled work; ***que grande porcaria!*** what rotten stuff!, how disgusting!

porcariço *s. m.* ⇒ **porqueiro**

porcelana *s. f.* porcelain, china ware, china; ***um serviço de porcelana*** a set of china

porcelânico *adj.* porcellanous, porcellaneous, porcellanic

porcelanite *s. f.* porcellanite, porcelain-jasper

porcélio *s. m.* ⇒ **bicho-de-conta**

porcino *adj.* porcine

porcionário *s. m.* portioner; RELIGIÃO portionist

porcionista *s. m. e f.* portionist (at school)

porciúncula *s. f.* small portion

porco Ⓐ *s. m.* ZOOLOGIA pig; hog; *pl.* swine Ⓑ *adj.* dirty, nasty, filthy, unclean; ***carne de porco*** pork; ***rabo de porco*** pigtail; ***lavadura de porcos*** pig's wash, pigwash

porco-do-mar *s. m.* ICTIOLOGIA porpoise, dolphin

porco-espinho *s. m.* ZOOLOGIA porcupine

porco-marinho *s. m.* ZOOLOGIA dolphin, porpoise

porco-montês *s. m.* ZOOLOGIA wild boar

porco-pisco *s. m.* ORNITOLOGIA bullfinch

porco-sujo *s. m.* [pop.] the devil

porco-veado *s. m.* ZOOLOGIA babirussa, babiroussa, horned hog, deer hog

porejar *v. intr.* to distil; to exude

porém *conj.* but, yet, however, still

porfender *v. tr.* to pierce through, to open from top to bottom

porfia *s. f.* contention, strife, discord; obstinacy; bickering; perseverance, tenacity; ***à porfia*** in competition, in rivalry

porfiada *s. f.* seam of a fishing net

porfiadamente *adv.* in competition; tenaciously

porfiado *adj.* disputed, hotly contested; obstinate, pertinacious

porfiador *s. m.* contender, wrangler; persistent person

porfiar *v. intr.* to debate, to discuss, to dispute about; to contend obstinately; to compete, to be in rivalry; to insist on, to persist; ***quem porfia mata caça*** seek and you will find

porfioso *adj.* contentious, stubborn, obstinate continual, persistent

porfirião *s. m.* ORNITOLOGIA purple coot, porphyrio

porfírico *adj.* GEOLOGIA porphyritic, porphyritical

porfirizar *v. tr.* to powder; to grind, to pulverize

pórfiro *s. m.* porphyry

poricida *adj.* poricidal

porífero Ⓐ *adj.* poriferous Ⓑ *s. m.* poriferan (*plural* porifera), sponge

pormenor *s. m.* detail; ***entrar em pormenores*** to go into details; ***um simples pormenor*** a mere detail

pormenorização *s. f.* act of detailing, particulars, detailed account, circumstances

pormenorizadamente *adv.* in detail, minutely

pormenorizar *v. tr.* to detail, to relate full details of, to particularize

pornocracia *s. f.* pornocracy

pornografar *v. tr.* to write pornographies; to describe obscene acts

pornografia *s. f.* pornography

pornográfico *adj.* pornographic

pornografismo *s. m.* predilection for pornography

pornógrafo *s. m.* pornographer

poro *s. m.* pore; ***suar por todos os poros*** to sweat from every pore; ***poros sudoríferos*** sweat pores

pororoca *s. f.* popcorn

porosidade *s. f.* porosity, porousness

poroso *adj.* porous

porpianho *s. m.* ⇒ **perpianho**

porquanto *conj.* since, seeing that, considering that

porque *conj.* because, since, as, for, for the reason that

porquê Ⓐ *pron.* why; why?, what for?, for what reason? Ⓑ *s. m.* reason; *pl.* the whys and wherefores

porqueira *s. f.* pigsty, hog pen; woman swineherd

porqueiro *s. m.* swineherd

porquice *s. f.* dirt, filth, dirtiness

porquidade *s. f.* dirt, filth, dirtiness

porquidão *s. f.* dirt, filth, dirtiness

porquinha *s. f.* little sow

porquinho *s. m.* {*dim. de* **porco**} bundle of hemp

porquinho-da-índia *s. m.* Guinea-pig

porra Ⓐ *s. f.* mace, club Ⓑ *interj.* come!, spunk!, hell!, fucking hell!

porrada *s. f.* [cal.] cudgelling, clubbing

porral *s. m.* field of leeks
porrão *s. m.* earthen jug with two handles
porreiro! *adj., interj.* [cal.] beautiful!, excellent!, great!
porreta *s. f.* small stone-mason's hammer
porretada *s. f.* blow with a stick
porrete *s. m.* cudgel, club
porrigem *s. f.* porrigo, tinea
porriginoso *adj.* MEDICINA porriginous
porrigo *s. m.* ⇒ **porrigem**
porrinho *s. m.* club, cudgel
porro *s. m.* BOTÂNICA leek
porta *s. f.* door; gateway; entrance, access; ***porta principal, porta da frente*** front door; ***porta corrediça*** sliding door; ***porta de duas folhas*** folding doors; ***porta de emergência*** emergency door; ***porta levadiça*** portcullis; ***porta secreta*** hidden door; ***porta de vaivém*** swing door; ***porta falsa*** trap-door; ***porta giratória*** revolving door; ***porta traseira*** back-door; ***a porta está fechada à chave e trancada*** the door is locked and bolted; ***porta de mola*** spring door; ***a porta bateu com estrondo*** the door slammed; ***às portas da morte*** at death's door; ***empurrar a porta*** to push the door (to); ***de porta em porta*** from door to door; ***fechar a porta à fome*** to keep the wolf from the door; ***a porta está entreaberta*** the door is ajar; ***a porta seguinte*** next door; ***surdo como uma porta*** as deaf as a door-post; ***abrir uma porta com ímpeto*** to burst open a door; ***bater com a porta*** to bang the door; ***bater à porta*** to knock at the door; ***fechar a porta*** to close the door; ***à porta fechada*** in private; ***pôr fora da porta*** to dismiss, to turn out; ***dar com a porta na cara a*** to slam the door in someone's face; ***portas adentro*** indoors, within doors; ***placa de metal da porta*** door-plate; ***campainha da porta*** door-bell; ***almofada da porta*** door-panel; ***trancar uma porta*** to bar a door; NÁUTICA ***porta de doca*** gate (of a dock); ***porta de visita*** manhole, visiting-door; ***por portas travessas*** by foul practices
porta-aviões *s. m.* aircraft-carrier
porta-bagagens *s. m.* parcel rack; parcelroom
porta-bandeira *s. m.* standard-bearer; ensign-bearer
porta-cartas *s. m.* letter-case; mail bag
porta-cartuchos *s. m.* cartridge-carrier
porta-chapéus *s. m.* hat-box; hat-rack
porta-chaves *s. m.* key-holder, key ring
porta-clavina *s. m.* holster for a carbine
porta-cocheira *s. f.* the widest door of a house; porte-cochere
portada *s. f.* portal, doorway, gateway; frontispiece
portador *s. m.* bearer; porter; ***portador de cheque*** payee; ***ao portador*** to the bearer; ***portador de acções*** shareholder; ***portador de bilhete de passe*** ticket-holder; ***portador de uma letra de câmbio*** bearer of a bill
porta-escovas *s. m.* brush-case
porta-estandarte *s. m.* standard-bearer; ensign-bearer
porta-frasco *s. m.* belt (or string) on which the powder-horn hangs
portageiro *s. m.* exciseman, toll-gatherer
portagem *s. f.* toll, tax; ***portagem de um rio*** ferry fare
porta-jóias *s. m.* jewel-case
portal *s. m.* portal, doorway, gateway
porta-lápis *s. m.* pencil box
porta-livros *s. m.* book ends; book strap
portaló *s. m.* NÁUTICA gangway, entering port, entry port, gangway port
porta-luvas *s. m.* glove compartment
porta-maça *s. m.* mace-bearer
porta-machado *s. m.* sapper, ax-bearer
porta-manta *s. m.* portmanteau
porta-marmita *s. m.* soldier's mess kit
porta-moedas *s. m.* purse, porte-monnaie
porta-novas *s. m.* newsmonger
portante *adj.* bearing; carrying
portanto *conj.* so, therefore, consequently, for that reason, accordingly; ergo, as
portão *s. m.* gate, gateway; garden gate
porta-objecto *s. m.* stage (of a microscope)
porta-paz *s. m.* pax, osculatory
porta-penas *s. m.* pen-holder
porta-pneumático *s. m.* tire rack
portar Ⓐ *v. tr.* to take Ⓑ *v. intr.* to take to a port Ⓒ *v. refl.* to behave, to conduct oneself; ***portar-se bem*** to behave well; ***portar-se o melhor possível*** to be on one's best behaviour; ***portar-se mal*** to behave badly; ***portar-se vergonhosamente*** to behave shamefully; ***portem-se bem!*** behave yourselves!; ***tem-se portado mal com todos*** he has behaved very meanly to all; ***portar-se bem (o navio)*** to steady (the ship); ***portar-se bem sobre a amarra*** to ride easy
porta-rede *s. m.* net carrier
porta-retratos *s. m.* pictureframe
portaria *s. f.* main gate, door (of a monastery or convent); entrance-hall (of a convent); decree; ***portaria ministerial*** order in council, decree
porta-rolos *s. m.* toilet-paper stand
portátil *adj.* portable; ***bagagem portátil*** portable luggage; ***armas de fogo portáteis*** portable fire-arms, small arms; ***telégrafo portátil*** field telegraph
porta-vento *s. m.* pipe for conveying the blowing air to the top of the organ; wind-trunk
porta-voz *s. m.* speaking-trumpet, megaphone; speaking-tube; [fig.] voice, spokesman
porte *s. m.* transport, carriage; freight, portage; postage (of a letter); capacity, dead weight, dead weight capacity; deportment, bearing, behaviour, carriage, demeanour; air, manner, gait; ***ela tem um porte distinto*** she has a distinguished bearing; ***porte suplementar*** additional postage; ***porte de carta*** letter postage
porteado *s. m., adj.* stamped; prepaid
portear *v. tr.* to stamp; to prepay
porteira *s. f.* portress, woman door-keeper
porteiro *s. m.* porter, door-keeper; ***casa do porteiro*** porter's lodge
portela *s. f.* gate; gorge, narrow opening between hills
portelo *s. m.* small door; gate
portento *s. m.* portent, prodigy, marvel, marvellous thing or person; ***a criança é um portento*** the child is a wonder (a prodigy)
portentosamente *adv.* portentously, marvellously, amazingly
portentoso *adj.* portentous, prodigious, wonderful, marvellous; imposing, extraordinary; significant
pórtico *s. m.* ARQUITECTURA portico
portilha *s. f.* ARQUITECTURA loophole
portilhão *s. m.* aperture in a wall; breach
portilho *s. m.* small port
portinhola *s. f.* NÁUTICA lid, port flap; ***portinhola de algibeira*** pocket-flap
porto *s. m.* port, haven, harbour; [fig.] refuge; shelter, port wine; ***porto de abrigo*** harbour of refuge; ***porto de docas e cais*** harbour; ***porto com alfândega*** port of clearing; ***porto de armamento*** port of registry; ***porto exterior*** outer harbour, roadstead; ***porto comercial*** commercial port; ***porto de origem*** home port; ***porto de arribada*** port of distress; ***porto de escala*** port of call, place of call; ***porto fechado*** blind harbour; ***porto fluvial*** river harbour; ***porto aberto*** open road; ***porto de levante*** open road; ***porto de mar*** seaport; ***porto militar*** military port, naval port; ***porto de partida*** port of sailing; ***porto de pesca*** fishing harbour; ***porto de registo*** port of registry; ***porto de destino*** port of destination; ***porto de desembarque*** landing port; ***chegar a porto de salvação*** to come safe to port; ***contas do porto*** Dutch treat, sharing of expenses; ***porto franco*** free port

porto-riquenho *s. m., adj.* Puerto Rican
porto-santense *adj.* referring to Porto Santo
portuário *adj.* relative or pertaining to a port or harbour
portucalense *adj.* Portuguese
portucha *s. f.* NÁUTICA reef hole
portuchar *v. tr.* NÁUTICA to reef a sail
portuchos *s. m. pl.* the holes of a goldsmith's draw-plate
portuense Ⓐ *adj.* of (belonging to) the city of Oporto Ⓑ *s. m. e f.* native or inhabitant of Oporto
portugalense *adj.* Portuguese
portugalidade *s. f.* Portuguese way of thinking and of being
portugalizar *v. tr.* ⇒ **portuguesar**
portugal-velho *s. m.* a very honest, frank and loyal man
português Ⓐ *adj.* Portuguese; ***cozido à portuguesa*** boiled beef, pork and chicken with vegetables, rice and cabbage Ⓑ *s. m.* a Portuguese, a native of Portugal; the Portuguese language
Portuguesa *s. f.* Portuguese (national anthem)
portuguesar *v. tr.* to make (to render) Portuguese
portuguesismo *s. m.* word or phrase peculiar to the Portuguese language
portuguesmente *adv.* in a Portuguese way
portulano *adj.* portolano, portulan
portuoso *adj.* having seaports
porventura *adv.* perhaps, possibly, by chance
porvindoiro *adj.* future
porvindouro *adj.* future
porvir *s. m.* future, the time to come
pós Ⓐ *prep.* post, after, behind Ⓑ *pref.* post
posar *v. intr.* to pose, to assume a pose; to attitudinize; to sit for (as model); to posture
pós-boca *s. f.* the back of the mouth
poscénio *s. m.* TEATRO behind the scenes; postcenium
pós-clássico *adj.* post-classical
pós-clavicular *adj.* post-clavicular
pós-data *s. f.* post-date
pós-datar *v. tr.* to post-date
pós-diluviano *adj.* post-diluvial, post-diluvian
pose *s. f.* pose, attitude, assumed attitude; FOTOGRAFIA time exposure, still
pós-embrionário *adj.* post-embryonic
pós-escolar *adj.* after schooling
pós-escrito *s. m.* postscript (P.S.)
posfácio *s. m.* postface
pós-frontal *s. m., adj.* post-frontal
pós-glacial *adj.* post-glacial
pós-glaciário *adj.* post-glacial
posição *s. f.* position; situation; attitude, posture; rank, class, state; office; condition; standing, station, place; post; ***posição vertical*** vertical position; ***posição horizontal*** horizontal position; ***alta posição na sociedade*** high position in society; ***a posição é muito crítica*** the position is very critical; ***estar numa posição falsa*** to be placed in a false position; ***definir a sua posição*** to define one's position; ***fora de posição*** out of position; ***em posição*** in position; ***estar em posição de*** to be in a position to; ***é difícil para uma pessoa na minha posição*** it is difficult for a person in my position; NÁUTICA ***posição a barlavento*** weather gauge; ***posição a sotavento*** lee gauge; ***posição de jogador de golfe*** stance at golf; ***posição social*** station, rank; ***posição política*** political position; ***posição sustentável (defensável)*** tenable position
posicional *adj.* positional
posicionamento *s. m.* positioning, standing; posture, status, ranking
posicionar *v. tr.* to position
positivamente *adv.* positively
positivar *v. tr.* to make positive, to make real; to prove
positividade *s. f.* positiveness, positivity
positivismo *s. m.* FILOSOFIA positivism
positivista Ⓐ *adj.* positivist; positivistic Ⓑ *s. m. e f.* positivist
positivo Ⓐ *adj.* positive, definite, definitive; defined; actual, real, true; absolute; certain, sure, convinced; objective; affirmative, assertive Ⓑ *s. m.* positive; GRAMÁTICA positive degree; ELECTRICIDADE positive pole; FOTOGRAFIA positive plate of film; ***ordens positivas*** positive orders; ***facto positivo*** positive fact; ***electricidade positiva*** positive electricity
positrão *s. m.* FÍSICA, QUÍMICA positron
pós-meridiano *adj.* post meridiem (p. m.); after noon
pós-nupcial *adj.* post-nuptial
posologia *s. f.* MEDICINA posology
pós-operatório *adj.* MEDICINA post-operative
pós-oral *adj.* post-oral
pospasto *s. m.* dessert
pospelo *s. m.* direction contrary to the hair or grain; ***a pospelo*** against the grain
posperna *s. f.* upper thigh (of a horse)
posponto *s. m.* ⇒ **pesponto**
pospor *v. tr.* to place after; to postpone, to up off, to defer, to procrastinate; to neglect
posposição *s. f.* postposition
pospositivo *adj.* postpositive; GRAMÁTICA postpositional
posposto *adj.* placed after, postponed; neglected, set aside
pós-puerperal *adj.* after childbirth
pós-romano *adj.* post-Roman
pós-romântico *adj.* post-romantic
possança *s. f.* power, might, strength, bravery
possante *adj.* powerful, mighty, vigorous, sturdy, strong, stout
posse *s. f.* possession, ownership; *pl.* wealth, property, estate; ***posse conjunta*** joint property; ***posse de um cargo*** entrance into office; ***estar de posse de*** to be in possession of, to be in receipt of; ***dar posse*** to invest as; ***homem de grandes posses*** a very wealthy man, a man of great possessions; ***tomar posse de (apoderar-se de)*** to take possession of; ***tomar posse de*** to take over; ***assegurar posse*** to secure the holding; ***na posse de*** in possession of; ***limitar-se às suas posses*** to cut one's coat according to one's cloth
posseiro *s. m.* leaseholder
possessão *s. f.* possession; ***possessões ultramarinas*** overseas possessions
possessibilidade *s. f.* possessiveness
possessível *adj.* possessible
possessivo *adj.* GRAMÁTICA possessive; proprietary, proprietorial; ***caso possessivo*** possessive case
possesso *s. m., adj.* possessed; demon-possessed, demoniac
possessor *s. m.* possessor
possessório *adj.* possessory
possibilidade *s. f.* possibility; contingency; chance, odds; feasibility; *pl.* prospects, future results, means, money; ***possibilidade de defesa*** defensibility, defensibleness; ***possibilidade remota*** off-chance; ***não há possibilidade de ele vir*** there is no possibility of his coming; ***não tem possibilidade de êxito*** he has no possibility of success; ***sem possibilidade de cura*** no possibility of recovery, no hope of recovery; ***sem possibilidade alguma*** not the ghost of a chance; ***ver possibilidade de fazer uma coisa*** to see one's way of doing something; ***se vir possibilidade*** if you can see your way clear
possibilismo *s. m.* doctrine of the possibilists
possibilista *s. m. e f., adj.* possibilist
possibilitar *v. tr.* to make possible, to enable
possidente *s. m. e f., adj.* rich, millionaire, wealthy
possidónio Ⓐ *s. m.* ingenuous politician Ⓑ *adj.* conceited; conventional
possível Ⓐ *adj.* possible, practicable, feasible; likely; conceivable; believable Ⓑ *s. m.* possibility; ***fazer o possível*** to do one's best; ***fazer todo o possível*** to do one's level best,

to do one's utmost; ***fá-lo-á se for possível*** he will do it if (it is) possible; ***tanto quanto é possível*** as much as possible; ***fazer todos os possíveis*** to put one's best foot forward; ***não é possível! (nunca ouvi tal coisa!)*** well, I never!, impossible!; ***o melhor possível*** as right as rain, the best possible; ***é lá possível!*** you don't say so!; ***o mais cedo possível*** as soon as possible; ***é possível*** maybe; ***é possível que*** it might be that

possivelmente *adv.* possibly, perhaps

possuidor *s. m.* possessor, owner; holder; ***é possuidor de uma grande fortuna*** he is the owner of a large fortune; ***possuidor de fundos públicos*** stock holder

possuinte *adj.* possessing, owning

possuir Ⓐ *v. tr.* to possess, to own; to hold, to have; to enjoy; to perform; to dominate, to occupy entirely Ⓑ *v. refl.* to convince oneself; ***está possuído desta ideia*** he is possessed by (with) this idea; ***possuir uma propriedade*** to own an estate; ***possuir fortuna*** to possess wealth; ***possuir acções*** to hold shares; ***possuir meios bastantes*** to have sufficient means

posta *s. f.* slice, piece; share, portion, morsel, stage-coach; ***uma boa posta de carne*** a good slice of meat

postal Ⓐ *s. m.* postcard Ⓑ *adj.* postal; ***postal ilustrado*** picture postcard; ***ordem postal*** postal order; ***encomenda postal*** parcel (post); ***vale postal*** postal order; ***levantar uma encomenda postal*** to collect a parcel from the post; ***convénio postal*** postal convention; ***repartição das encomendas postais*** parcel post department

postar Ⓐ *v. tr.* to station, to post, to place; [Bras.] to post, to mail Ⓑ *v. refl.* to take one's station; to station oneself; ***postar uma guarda à porta*** to station a guard at the door; ***postar-se à janela*** to station oneself at the window

posta-restante *s. f.* poste restante; ***deixar na posta-restante*** to be left till called for

poste *s. m.* post, pole, pillar; stake; ***poste indicador*** finger-post, sign-post; ***poste telegráfico*** telegraph post, telegraph pole; ***poste de iluminação*** lamp-lost; NÁUTICA ***poste de amarração*** bollard

posteiro *s. m.* watchman, guard, cattle herder

posteja *s. f.* blister, pustule

postejar *v. tr.* to cut into slices, to cut into pieces

postema *s. f.* MEDICINA apostem abscess, boil

postemão *s. m.* CIRURGIA, VETERINÁRIA bistoury

postemeiro *s. m.* VETERINÁRIA bistoury; [fig.] remedy; help

pós-temporal *adj.* post-temporal

postergação *s. f.* postponement, carelessness; slighting; disdain; omission

postergador Ⓐ *s. m.* postponer Ⓑ *adj.* postponing

postergar *v. tr.* to postpone, to leave behind; to slight, to neglect; to omit; to disdain; to transgress

posteridade *s. f.* posterity, descendants; future generations; ***escrever para a posteridade*** to write for posterity

posterior Ⓐ *adj.* posterior, subsequent, following; succeeding; later, after, behind Ⓑ *s. m.* back, hinder parts, behind, buttocks; NÁUTICA aftermost, back, tail

posterioridade *s. f.* posteriority

posteriormente *adv.* subsequently; later

posterizar *v. tr.* to render to posterity, to immortalize

póstero Ⓐ *adj.* future; coming Ⓑ *s. m.* the future; *pl.* later generations

póstero-exterior *adj.* postero-external

póstero-inferior *adj.* postero-inferior

póstero-interior *adj.* postero-internal

póstero-superior *adj.* postero-superior

postiço *adj.* artificial, false, superadded; ***cabelo postiço*** false hair, wig; ***dente postiço*** artificial tooth, false tooth; ***colarinho postiço*** false collar

postigo *s. m.* wicket; peep-window; NÁUTICA scuttle; ***postigo de vigia*** scuttle of hatchway; ***postigo de janela*** window shutter; ***postigo da cozinha*** service hatch

postila *s. f.* postil, commentary

postilhão *s. m.* postil(l)ion, post-boy

posto Ⓐ *adj.* put, placed, set (sun); ***posto a bordo*** free on board (f.o.b.); ***posto ao costado*** free alongside Ⓑ *s. m.* post, place, position; station, situation; office, duty; grade, rank; military post, employment; berth; ***posto isolado*** detached post; ***posto avançado (de vigilância)*** outlying picket; ***ficar no seu posto*** to remain at one's post; ***morrer no seu posto*** to die at one's post; ***posto de major*** rank of major; ***posto de observação*** observation post; ***posto avançado*** out post; ***posto de bombeiros*** fire-station; ***posto de gasolina*** filling station, gas station; ***posto de pronto-socorro*** first aid station; NÁUTICA ***posto de comando*** ship's control station; ***posto de combate*** quarters; ***posto de socorros*** sickberth; ***em postos de combate*** clear for action, ready for action; ***a postos!*** all hands to quarters! Ⓒ *conj.* ***posto que*** although, though, notwithstanding (that)

postónico *adj.* GRAMÁTICA placed after the tonic vowel

postre *s. m.* dessert

postremo *adj.* last, extreme

postres *s. m. pl.* ⇒ **postre**

postulação *s. f.* postulation, supplication; assumption

postulado *s. m.* postulate, assumption; supposition

postulador Ⓐ *s. m.* postulant Ⓑ *adj.* postulating

postulante Ⓐ *s. m. e f.* postulant Ⓑ *adj.* postulating

postular *v. tr.* to postulate, to demand, to require, to claim; to take for granted

postumamente *adv.* posthumously

póstumo *adj.* posthumous

postura *s. f.* posture, position, situation; gesture, attitude, pose, by-law; ***postura de ovos*** laying of eggs; ***postura municipal*** municipal by-law

potabilidade *s. f.* potability; potableness

potagem *s. f.* drink; potion

potâmides *s. f. pl.* river nymphae

potamita *adj.* potamic, living in rivers

potamófilo *adj.* living in the river mud, that likes the mud of rivers; potamous

potamografia *s. f.* potamography; description of rivers

potamolatria *s. f.* potamolatry; worship of rivers

potamologia *s. f.* potamology

potamonímia *s. f.* onomastic study of the rivers

potamónimo *s. m.* name of a river

potamoplâncton *s. m.* potamoplankton

potamótoco *adj.* referring to an animal which lives in the sea but lays eggs in the river

potassa *s. f.* potash; ***potassa cáustica*** caustic potash, anhydrous potash

potássico *adj.* potassic

potássio *s. m.* QUÍMICA potassium, kalium; ***clorato de potássio*** chlorate of potash

potável *adj.* potable, drinkable

pote *s. m.* pot, water-jar; [fam.] short, thickset person

poteia *s. f.* putty

potência *s. f.* potency, power, strength, might, influence, authority; great nation; horse-power; MATEMÁTICA potence; ***as grandes potências*** the great powers; ***potência nominal (em cavalos)*** nominal horse-power; ***potência acústica*** acoustic power; ***potência do motor*** engine power; ***potência calorífica*** heating power, calorific power; ***carga de potência*** power loading; ELECTRICIDADE ***factor de potência*** power factor; ***segunda potência*** square power; ***quarta potência*** biquadratic; ***quinta potência*** sursolid; ***elevar à segunda potência*** to raise to the second power

potenciação *s. f.* MATEMÁTICA potentiation

potencial Ⓐ *adj.* potential Ⓑ *s. m.* potential; ***energia potencial*** potential energy

potencialidade *s. f.* potentiality

potencialmente *adv.* potentially

potenciar *v. tr.* MATEMÁTICA to raise to a power

potenciómetro *s. m.* potentiometer
potentado *s. m.* potentate, ruler, monarch, great prince
potente *adj.* potent, powerful, mighty; strong, energetic, active
potentilha *s. f.* BOTÂNICA potentilla
potério *s. m.* BOTÂNICA burnet
poterna *s. f.* postern
potestade *s. f.* power, authority, potentate
poto *s. m.* potion, drink
potologia *s. f.* study of drinks
potomania *s. f.* MEDICINA ⇒ **polidipsia**
potómetro *s. m.* potometer
potra *s. f.* filly; MEDICINA hernia
potrancada *s. f.* a herd of colts
potranco *s. m.* ⇒ **potrilho**
potreia *s. f.* bad drink; wretched thing; trash
potreiro *s. m.* colt dealer
potril *s. m.* paddock for colts
potrilho *s. m.* colt under three years of age
potrincas *s. m.* feeble person
potro *s. m.* colt, young horse; rack, instrument of torture
potroso *adj.* ruptured, suffering from hernia
poucachinho Ⓐ *s. m.* a little bit Ⓑ *adj., adv.* very little
pouca-vergonha *s. f.* ⌈pop.⌋ shamelessness; knavery
pouco Ⓐ *pron. indef.* little Ⓑ *adj.* rather, little Ⓒ *adv.* little, insufficiently Ⓓ *s. m.* a little, a trifle, somewhat; *pl.* few; ***pouco a pouco*** little by little, gradually; ***por um pouco*** for a little while; ***pouco mais ou menos*** more or less; ***é melhor pouco do que nada*** half a loaf is better than no bread; ***saber um pouco de tudo*** to know a little of everything; ***uma semana, pouco mais ou menos*** a week or so; ***pouco depois*** soon after; ***pouco adiante*** a little further on; ***pouca coisa*** a trifling; ***pouca gente*** few people; ***uns poucos*** one or two, a few; ***estou um pouco destreinado*** I am a little out of practice; ***poucos e com grandes intervalos*** few and far between; ***ainda há pouco*** a little while ago; ***fazer pouco de*** to make fun of, to mock; ***muitos poucos fazem muito*** many a pickle makes a mickle; ***pouco se me dá*** I don't care a pin; ***parece um pouco fatigado*** he looks rather tired
poucochinho Ⓐ *s. m.* a little bit Ⓑ *adj., adv.* very little
poupa *s. f.* ORNITOLOGIA hoopoe, hoopoo, crested bird allied to the hornbills
poupado *adj.* spared, saved; sparing, economical, thrifty; ***ser poupado*** to be economical; ***ser poupado nas despesas miúdas*** to take care of the pence; ***vintém poupado, vintém ganhado*** penny saved, penny earned
poupador Ⓐ *adj.* thrifty, frugal Ⓑ *s. m.* saving person
poupança *s. f.* saving, thrift, thriftiness
poupar Ⓐ *v. tr.* to spare, to economize, to save to lay aside, to lay by (money) Ⓑ *v. intr.* not to waste; to use frugally; to be economical Ⓒ *v. refl.* to spare oneself, to care for oneself; ***poupar dinheiro*** to save money; ***não se poupar a trabalhos*** to spare no trouble; ***não se poupar a esforços*** to spare no pains; ***poupar a vida a alguém*** to spare a person's life; ***ele poupa-se o mais possível*** he saves his energies as much as possible; ***poupar o incómodo*** to save the trouble
poupinha *s. f.* crested lark
poupudo *adj.* tufted, crested (of birds)
pouquidade *s. f.* smallness, trifle, small quantity
pouquidão *s. f.* smallness, trifle, small quantity
pouquinho *s. m.* bit
pouquíssimo *adj.* very little
pousa *s. f.* stop (ping); resting-place, lodging
pousada *s. f.* country-house hotel; inn; lodging-house
pousadeiro *s. m.* ⌈fam.⌋ buttocks
pousadia *s. f.* ⇒ **pousada**
pousadouro *s. m.* lodging-house; resting-place
pousar Ⓐ *v. tr.* to put down, to set down, to lay down, to place Ⓑ *v. intr.* to perch; to repose, to rest; to lodge at, to dwell
pouseiro Ⓐ *adj.* sedentary; peaceable Ⓑ *s. m.* rump
pousio *s. m.* fallow ground
pouso *s. m.* resting-place; settling; anchorage; landing
pouta *s. f.* stone which substitutes the anchor
poutão *s. m.* big stone which substitutes the anchor
poutar *v. tr.* to throw the anchor-stone
povaréu *s. m.* ⇒ **poviléu**
poveira *s. f.* kind of fishing boat used at Póvoa de Varzim
poveiro *s. m.* native or inhabitant of Póvoa de Varzim
poviléu *s. m.* mob, rabble
povo *s. m.* people, folk; crowd; populace; population; common people; community, race, nation; ***grande afluência de povo*** a great crowd; ***o povo inglês*** the English; ***os povos que falam a língua inglesa*** the English-speaking peoples; ***a voz do povo*** the voice of the people; ***os povos da Europa*** the peoples of Europe; ***povo miúdo*** common people, mob
póvoa *s. f.* hamlet
povoação *s. f.* village; population; settlement
povoado *s. m.* village
povoador *s. m.* colonizer, colonist
povoamento *s. m.* (act of) peopling; population
povoar Ⓐ *v. tr.* to people, to populate, to settle, to colonize Ⓑ *v. refl.* to become populated
povoléu *s. m.* ⇒ **poviléu**
praça *s. f.* square; market-place; fortified place; fortress; COMÉRCIO market; auction; bull-ring; a soldier; ***praça de táxis*** taxi-rank; ***pôr em praça*** to put up to auction, to auctioneer, to come under the hammer; ***vender em praça*** to sell by auction; ***praça pública*** the green, the square; MILITAR ***assentar praça*** to enlist; ***praça da Armada*** man-of-war's man; ***praças*** rank and file; ***praça (mercado)*** market-place; ***praça de touros*** bull ring
praça-forte *s. f.* stronghold, fortress; fortified town; large fort
pracear *v. tr.* to sell by auction
praceiro *adj.* public, known
pracejar *v. tr.* to boast, to show off
praceta *s. f.* small square
pracista *s. m. e f.* salesman
pracrítico *adj.* Prakritic
prácrito *s. m.* Prakrit
pradaria *s. f.* prairie, large treeless tract of grass-land
prado *s. m.* meadow, plain, field; pasture ground, grassland
pradoso *adj.* meadowy, grassy
praga *s. f.* curse, imprecation; blasphemy, calamity, plague; ⌈fig.⌋ affliction, misfortune; ***rogar pragas*** to curse, to imprecate; ***praga de gafanhotos*** plague of locusts
pragal *s. m.* waste land, heath
pragana *s. f.* BOTÂNICA awn, beard
praganoso *adj.* BOTÂNICA awned, bearded, aristate
pragmática *s. f.* rules for state occasions; etiquette
pragmaticamente *adv.* pragmatically
pragmaticismo *s. m.* ⇒ **pragmatismo**
pragmaticista *s. m. e f., adj.* pragmatista
pragmático *adj.* pragmatic(al); usual; practical
pragmatismo *s. m.* FILOSOFIA pragmatism
pragmatista *s. m. e f., adj.* pragmatist
praguedo *s. m.* volley of oaths
praguejador Ⓐ *s. m.* swearer, curser, blasphemer Ⓑ *adj.* cursing
praguejamento *s. m.* oath, imprecation, cursing, swearing
praguejar *v. intr.* to curse, to imprecate, to utter a curse, to swear, to blaspheme
praguento *adj.* cursing; imprecatory; slanderous
praia *s. f.* beach; shore, strand; seaside; ***ir para a praia*** to go to the seaside; ***ir à praia*** to go down to the beach; ***praia de areia fina*** fine sandy beach

pralina *s. f.* praline
prancha *s. f.* plank, (wooden) board; stage, staging; ***prancha de cais*** gangway, gangplank; ***prancha de vento (no costado do navio)*** hanging stage, stage (on the side of the ship); ***prancha de surf*** surfboard
pranchada *s. f.* blow with the widest part of a sword
pranchão *s. m.* plank, thick board
pranchar *v. tr.* to beat (to strike) with a plank
pranchear *v. intr.* to fall at full length
prancheta *s. f.* surveyor's planetable; little plank; thin board
prandial *adj.* prandial
prândio *s. m.* dinner, repast, banquet
prantar *v. tr.* [pop.] to place, to put; to plant
pranteadeira *s. f.* mourner, weeper
pranteador *s. m., adj.* mourner, weeper
prantear Ⓐ *v. tr.* to mourn, to regret, to feel sorrow for; to lament, to bewail Ⓑ *v. intr.* to weep
prantivo *adj.* plangent, sad; lamentable, mournful
pranto *s. m.* weeping, tears, wailing, lamentation; ***em pranto*** in tears
praseodímio *s. m.* QUÍMICA praseodymium
prásina *s. f.* pseudomalachite
prásino Ⓐ *adj.* emerald-green (in colour) Ⓑ *s. m.* emerald
prásio *s. m.* MINERALOGIA prase
prata *s. f.* silver; silverware; silver coins; [fig.] money; ***voz de prata*** clear silvery voice; ***baixela de prata*** (set of) silver plate; ***banho de nitrato de prata*** silver-bath; ***cobertura de prata*** silver plating; ***liga de prata*** silver alloy; ***mina de prata*** silver mine; ***folha de prata*** silver leaf; ***prata dourada*** silver gilt; ***prata alemã*** German silver; ***prata de lei*** sterling silver; ***talheres de prata*** silver cutlery; ***bodas de prata*** silver wedding; ***a palavra é de prata, mas o silêncio é de ouro*** speech is silver, silence is gold
pratada *s. f.* plateful
pratalhada *s. f.* plateful, large number of plates
pratalhaz *s. m.* large plate; plateful
prataria *s. f.* silver-plate; silverware
pratarrada *s. f.* ⇒ **pratada**
pratarraz *s. m.* ⇒ **pratada**
pratazada *s. f.* ⇒ **pratada**
prateação *s. f.* silvering, silver plating
prateado *adj.* silvered; silver-plated; silver-coloured
prateador *s. m.* silversmith, silverer
prateadura *s. f.* ⇒ **prateação**
prateamento *s. m.* silvering, silver plating
pratear Ⓐ *v. tr.* to silver, to coat (plate) with silver Ⓑ *v. intr.* (of hair or beard) to turn grey or white, to make silvery
prateira *s. f.* case (or cupboard) for silverware
prateiro *s. m.* silversmith
pratel *s. m.* small plate, or dish
prateleira *s. f.* shelf; shelves; rack
prateleiro *s. m.* shelf; shelves; rack
pratense *adj.* meadowy
prática *s. f.* practice; experience, skill; exercise, action, application, performance, training; familiar discourse, lecture, speech; habit, custom; ***prática diária*** daily practice; ***pôr em prática*** to put into practice; ***um pouco de prática vale mais do que muita teoria*** an ounce of practice is worth a pound of theory; ***a prática faz o mestre*** practice makes perfect; ***de harmonia com a prática*** by rule of thumb; ***não tem prática*** he is out of practice, his hand is out; ***sem prática*** out of practice; ***falta de prática*** inexperience
praticabilidade *s. f.* practicability, practicableness, feasibility
praticador *s. m.* practiser
praticagem *s. f.* pilotage
praticamente *adv.* practically
praticante Ⓐ *adj.* practising Ⓑ *s. m. e f.* practitioner; probationer; ***praticante de máquinas*** assistant engineer; ***praticante de piloto*** apprentice pilot; ***praticante de escritório*** office-boy; ***praticante de um culto*** cultist
praticar Ⓐ *v. tr.* to practice, to execute, to perform, to exercise, to train, to drill Ⓑ *v. intr.* to work at, to pursue (some profession); to exercise oneself (in some art, game, etc.); to preach, to talk; ***praticar continuamente*** to keep one's hand in; ***praticar um erro*** to make a mistake, to blunder, to make a blunder
praticável *adj.* practicable, feasible, possible, likely, attainable
praticavelmente *adv.* practicably
prático Ⓐ *adj.* practical, trained, experienced, skilled; workable Ⓑ *s. m.* worker, practician; NÁUTICA pratique; ***piloto prático (da costa)*** coasting-pilot; ***prático local*** branch pilot; ***adoptar medidas práticas*** to adopt practical measures; ***espírito prático*** practical mind; ***pessoa prática*** business-like person, matter-of-fact person; ***aula prática*** practicum
pratícola *adj.* relating to the cultivation of meadows
praticultor *s. m.* cultivator of meadows
praticultura *s. f.* the culture of pastures
pratilheiro *s. m.* MÚSICA cymbal player, cymbalist, cymbaler
pratilho *s. m.* small dish
pratinho *s. m.* small plate or dish; [fig.] laughing stock; ***servir de pratinho*** to be the laughing-stock (of)
prato *s. m.* plate; dish; course, food, meal; scale of a balance; *pl.* MÚSICA cymbals; ***prato da sopa*** soup-plate; ***prato raso (ladeiro)*** dinner-plate; ***prato da sobremesa*** dessert-plate; ***jantar de dois pratos*** two-course dinner; ***prato ordinário*** standing dish; ***servir um prato*** to serve a dish; ***um prato de morangos*** a plate of strawberries; ***prato do dia*** dish of the day; ***prato de gira-discos*** turntable; ***a criança comeu um bom prato de sopa*** the child ate a full plate of soup; ***pôr tudo em pratos limpos*** to make a clean breast of it; ***prato de torno*** face plate of a lathe; ***do prato à boca se perde a sopa*** there is many a slip between the cup and the lip; [fig.] ***cuspir no prato em que se come*** to bite the hand that feeds you
pravidade *s. f.* perversity, badness, depravity
pravo *adj.* perverse, wicked, depraved
praxe *s. f.* praxis, practice, custom, tradition; etiquette; ***praxes marítimas*** uses and customs of the sea
praxeologia *s. f.* general science of human activity
práxico *adj.* referring to praxis
práxis *s. f.* praxis
praxismo *s. m.* set of customs
praxista *s. m. e f.* stickler
praxologia *s. f.* science of activity in general
prazente *adj.* pleasant
prazentear Ⓐ *v. tr.* to flatter; to praise falsely Ⓑ *v. intr.* to joke
prazenteio *s. m.* pleasantry, joking; flattery
prazenteiramente *adv.* joyfully, jollily, pleasantly, gaily
prazenteiro *adj.* joyful, jolly, gay, cheerful, jovial, affable; ***ter cara prazenteira*** to have a cheerful face
prazer Ⓐ *v. intr.* to please, to be pleasant, to be a pleasure; ***praza a Deus!*** God grant!; ***prouvesse a Deus que...!*** would to God that... Ⓑ *s. m.* pleasure, delight, enjoyment, gratification, happiness, comfort, satisfaction, amusement, fun, diversion; ***os prazeres da amizade*** the pleasures of friendship; ***prazeres fúteis*** hollow joys; ***com prazer*** with pleasure; ***muito prazer em conhecê-lo!*** glad to meet you!; ***ter prazer em*** to take pleasure in; ***entregue aos prazeres*** given up to pleasure; ***dá-me muito prazer*** it gives me the utmost pleasure; ***dar um prazer íntimo*** to warm the cockles of the heart
prazimento *s. m.* ⇒ **aprazimento**
prazível *adj.* ⇒ **aprazível**
prazo *s. m.* term, time; ***a pequeno prazo*** at short notice or term; ***a longo prazo*** at long term; ***conceder um prazo curto*** to give short notice; ***acabar o prazo*** to fall due; ***prazo de entrega*** time of delivery; ***fim de prazo*** closing date, deadline; ***prazo de vencimento*** term; ***ao prazo de um mês*** at the term of a month; ***vender a prazo*** to sell on time

pré *s. m.* pay (in army and navy); ***pré de readmissão*** reengagement pay
pré-abdome *s. m.* ⇒ **pré-abdómen**
pré-abdómen *s. m.* ZOOLOGIA pre-abdomen
pré-adamita *s. m. e f.* pre-Adamite
preadivinhar *v. tr.* to foresee
preado *adj.* hydrophobic
pré-agónico *adj.* pre-agonic
prealegar *v. tr.* to allege previously
preambular *v. tr.* to preambule, to preface; to open with a few remarks
preâmbulo *s. m.* preamble, preface, introduction, foreword
preanunciação *s. f.* preannouncement
preanunciador *adj.* pre-announcing
preanunciar *v. tr.* to announce previously, to preannounce
prear Ⓐ *v. tr.* to seize (by violence), to catch Ⓑ *v. intr.* to prey upon
pré-aviso *s. m.* previous advice
prebenda *s. f.* prebend, stipend; benefice, sinecure
prebendado Ⓐ *adj.* prebendal Ⓑ *s. m.* prebendary
prebendar *v. tr.* to bestow a prebend
prebendaria *s. f.* prebendaryship
prebendário *s. m.* prebendary
prebendeiro *s. m.* prebendary
prebostado *s. m.* provostship
prebostal *adj.* provostal
preboste *s. m.* provost
precação *s. f.* supplication
pré-câmbrico *s. m.* pre-Cambrian
pré-campanha *s. f.* POLÍTICA build-up (to the electoral campaign)
precantar *v. tr.* to vaticinate in verses
precariamente *adj.* precariously; uncertainly
precaridade *s. f.* precariousness
precário *adj.* precarious, uncertain, insecure, risky, dangerous, doubtful; ***precário estado de saúde*** a precarious state of health; ***viver em precárias circunstâncias*** to live in precarious circumstances
preçário *s. m.* price-list
precatadamente *adv.* cautiously, warily
precatado *adj.* wary, cautious, careful
precatar Ⓐ *v. intr.* to warn, to forewarn, to caution; to provide against Ⓑ *v. refl.* to be prepared for; to beware; to be on one's guard; ***quando mal me precato*** when I least expect it
precatória *s. f.* mandamus
precatório Ⓐ *adj.* precatory Ⓑ *s. m.* precatory letter
precaução *s. f.* precaution, careful foresight; ***tomar precauções contra*** to take precautions against; ***por precaução*** by way of precaution
precaucional *adj.* precautional, precautionary
precaucionar-se *v. refl.* to be on one's guard; to guard oneself against
precautelar *v. tr.* to prevent from; to guard against, to be on one's guard; to provide against
precautório *adj.* precautional, precautionary
precaver Ⓐ *v. intr.* to prevent from, to obviate, to provide against Ⓑ *v. refl.* to be on one's guard; to guard against; ***precaver-se contra perigos*** to guard against dangers, to look out for squalls; ***precaver-se contra as falsificações*** to beware of imitations, beware of conterfeits
precavido *adj.* precautious; vigilant, careful
prece *s. f.* prayer
precedência *s. f.* precedence, priority, superiority; ***dar precedência a alguém*** to give precedence to someone
precedente Ⓐ *adj.* preceding; precedent, antecedent, former, previous Ⓑ *s. m.* precedent; ***sem precedente*** without precedent, unheard of; ***criar um precedente*** to set a precedent
precedentemente *adv.* before, previously; hereinbefore
preceder *v. tr. e intr.* to precede, to come before; to anticipate; to excel, to surpass, to prevail; to go before, to have precedence of
preceito *s. m.* precept; commandment, mandate, maxim, rule, principle
preceituação *s. f.* ordering, ruling
preceituador Ⓐ *adj.* prescribing Ⓑ *s. m.* pre-scriber
preceituar Ⓐ *v. tr.* to ordain, to prescribe, to establish (as a precept) Ⓑ *v. intr.* to give precepts
preceituário *s. m.* collection of precepts (maxims)
preceituoso *adj.* sentencious
preceptivamente *adv.* didactically
preceptivo *adj.* preceptive; didactic
precepto *s. m.* precept
preceptor *s. m.* preceptor, tutor, teacher, instructor
preceptora *s. f.* preceptress, teacher, governess
preceptorado *s. m.* the office of a preceptor
preceptoral *adj.* preceptorial
preceptoria *s. f.* HISTÓRIA preceptory
preceptorial *adj.* connected with a preceptor
precessão *s. f.* precession; ***precessão dos equinócios*** precession of the equinoxes
precingir *v. tr.* to girdle, to gird; to enclose; to strap
precinta *s. f.* band, strap; NÁUTICA strip of canvas for covering ropes
precintar *v. tr.* to strap up
precinto *s. m.* precinct
preciosamente *adv.* preciously
preciosidade *s. f.* preciousness, valuableness, worth; ***preciosidade rara*** rare gem
preciosismo *s. m.* preciosity
precioso *adj.* precious, costly, valuable, excellent, splendid; highly esteemed or valued; beloved, affected, over-refined, pedantic; ***tempo precioso*** valuable time; ***pedras preciosas*** precious stones
precipício *s. m.* precipice, cliff; ***estar à beira de um precipício*** to stand on the brink of a precipice; ***é um precipício que causa vertigens*** it is a giddy precipice
precipitação *s. f.* precipitation; precipitance, precipitancy, rashness; ***proceder com precipitação*** to act rashly
precipitadamente *adv.* precipitately, hastily, rashly
precipitado Ⓐ *adj.* precipitated, rash, hasty, hurried, heedless; impetuous, inconsiderate Ⓑ *s. m.* QUÍMICA precipitate, sediment; ***ser precipitado*** to be overhasty; ***uma fuga precipitada*** a precipitate flight; ***tirar conclusões precipitadas*** to jump at conclusions
precipitante Ⓐ *adj.* precipitate Ⓑ *s. m.* QUÍMICA precipitant
precipitar Ⓐ *v. tr.* to precipitate; to throw down, to hurl down Ⓑ *v. refl.* to hasten on, to speed, to hurry, to bring on; QUÍMICA to be precipitated; ***serviu para precipitar a sua ruína*** it served to precipitate his ruin
precípite *adj.* hasty; dangerous
precipitina *s. f.* precipitin, coagulin
precipitoso *adj.* precipitous, vertically, steep; impetuous, rash, inconsiderate
precípuo Ⓐ *adj.* DIREITO essential, chief, principal Ⓑ *s. m.* right to a preference share
precisamente *adv.* precisely, exactly, quite so, absolutely; plainly, clearly and accurately
precisão *s. f.* poverty; precision, exactness, accuracy, preciseness; want, need, lack, necessity; obligation; ***ter precisão de*** to stand in need of; ***precisão de cálculo*** precision in calculation; ***precisão de tiro*** accuracy of fire; ***falta de precisão*** vagueness
precisar Ⓐ *v. tr.* to state exactly, to fix, to particularize Ⓑ *v. intr.* to want, to need, to require, to demand; to stand in need of; to be short of; ***preciso de alguns livros*** I want a few books; ***é isso mesmo o que eu preciso*** that's the sort of

thing I want; ***chame-me se precisar de mim*** call me if I am wanted; ***precisa-se*** wanted; ***já não preciso disso*** I don't need this any longer; ***ser preciso*** to be needed, to be required; ***precisar imenso de uma coisa*** to want a thing badly; ***ainda precisa disto?*** do you still require this?; ***precisamos de comer para viver*** we must eat in order to live; ***ele não precisa de se incomodar*** he need not trouble himself; ***ela precisa de ir tomar as águas*** she needs to go to a spa; ***ela precisa de acabar o trabalho hoje?*** does she need to finish the work today?

preciso *adj.* precise, exact, accurate, clear; wanted, necessary, needful, indispensable, required; ***se for preciso*** if necessary, if need be, if required

precitado *adj.* afore-mentioned, afore-said

precito Ⓐ *adj.* damned, condemned, reprobate; guilty Ⓑ *s. m.* reprobate, scoundrel

preclaridade *s. f.* fame, renown

preclaro *adj.* illustrious, famous, renowned, eminent, brilliant, distinguished

pré-clássico *adj.* preclassic(al)

preclusão *s. f.* preclusion; pressing of the lips; FONÉTICA stop

preço *s. m.* price; value, worth, expense, charge; cost; compensation, recompense, reward; ***preço de custo*** cost-price; ***preço médio*** average price; ***preço de fábrica*** manufacturer's price; ***preço corrente*** current price, ruling price; ***preço exclusivo*** extra all-round price; ***preço elevado*** high price; ***preço de concorrência*** price of competition, competitive price; ***preço justo*** fair price; ***preço da factura*** invoice price; ***preço da compra*** purchase price; ***preço combinado*** settled price; ***obter um preço*** to fetch a price; ***preço fixo*** set price, fixed price; ***preço de venda*** sale price; ***preço de especulação*** speculative price; ***preço do dia*** spot price; ***preço líquido*** net price; ***preço de ocasião*** bargain price; ***preço de resgate*** ransom; ***preço de venda por miúdo*** full (selling) price; ***preço proibitivo*** prohibitive price; ***preço tabelado*** price fixed by the victualling commission; ***preço com desconto, preço para revenda*** trade price, wholesale price; ***preço predominante*** ruling price; ***preço incluindo direitos*** long price; ***preço por atacado*** wholesale price; ***o mínimo preço*** the lowest price; ***preço bruto*** gross price; ***altear os preços*** to raise the prices; ***os preços descem*** prices are falling; ***baixa de preços*** fall in prices; ***os preços estão a subir*** prices are rising; ***preço por que se põe um objecto em leilão*** upset price, reserve price; ***fixar o preço*** to set a price; ***lista de preços (tarifa, quotização)*** price-list; ***a todo o preço*** at any price; ***catálogo com os preços*** priced catalogue; ***manter um preço*** to keep up a price; ***subir o preço*** to raise the price; ***baixar o preço*** to lower the price; ***os preços subiram repentinamente*** the prices shot up; ***ao preço de*** at the rate of; ***a preço de ouro*** at a very high price

preço-base *s. f.* starting price

precoce Ⓐ *adj.* precocious; premature, untimely Ⓑ *adv.* too early; ***criança precoce*** precocious child; ***talento precoce*** precocious talent

precocemente *adv.* precociously, prematurely, too early

precocidade *s. f.* precocity, precociousness, prematurity

precogitar *v. tr.* to premeditate; to deliberate beforehand

precognição *s. f.* precognition

precógnito *adj.* known previously; foreseen

pré-colombiano *adj.* pre-Colombian

preconceber *v. tr.* to preconceive, to conceive, to plan beforehand

preconcebido *adj.* preconceived, premeditated

preconceito *s. m.* prejudice, preconceit, preconceived opinion, bias; ***dominado por preconceitos*** swayed by prejudice; ***sem preconceito*** without prejudice

preconceituar *v. tr.* to prejudice against

preconceituoso *adj.* prejudiced, biased, bigoted

preconcepção *s. f.* preconception

preconização *s. f.* preconization

preconizador *s. m.* preconizer, praiser

preconizar *v. tr.* to preconize, to proclaim publicly; to commend publicly, to praise, to excel

pré-consciente *adj.* preconscious

precordal *adj.* MEDICINA situated near (belonging to) the spinal chord

precordial *adj.* precordial, praecordial

precursão *s. f.* precursorship

precursor Ⓐ *s. m.* precursor, forerunner, harbinger, predecessor Ⓑ *adj.* preceding, going before

predador *s. m.* predatory (animal)

predatório *adj.* predatory, plundering, pillaging

predecessor *s. m.* predecessor

predefinição *s. f.* predefinition

predefinir *v. tr.* to predefine

predestinação *s. f.* predestination, fate, destiny

predestinacionismo *s. m.* FILOSOFIA predestination

predestinacionista *s. m. e f.* predestinarian

predestinado *adj.* predestinate, predestinated, predestined, foreordained

predestinar *v. tr.* to predestinate, to destine, to determine beforehand; to predestine; to foreordain

predeterminação *s. f.* predetermination

pré-determinado *adj.* predetermined

predeterminante *adj.* predetermining

predeterminar *v. tr.* to predetermine, to predestine, to foreordain

predial *adj.* predial; ***crédito predial*** mortgage-loan; ***contribuição predial*** land tax, property tax, rate

prédica *s. f.* preaching, sermon

predicação *s. f.* predication; assertion

predicado *s. m.* GRAMÁTICA predicate; virtue, attribute, characteristic, quality, ability, talent, faculty

predicador Ⓐ *s. m.* preacher Ⓑ *adj.* predicant

predical *adj.* predicatory

predicamental *adj.* predicamental

predicamentar *v. tr.* to class; to classify

predicamento *s. m.* predicament, category; degree, order

predicante Ⓐ *adj.* predicant, preaching Ⓑ *s. m. e f.* predicant, preacher

predição *s. f.* prediction, prophecy, prognostication, vaticination

predicar *v. tr.* to preach, to predicate

predicativo *s. m., adj.* GRAMÁTICA predicative

predicatório *adj.* encomiastic, laudatory, flattering

predicável *adj.* predicable

predilecção *s. f.* predilection; preference, prepossession, partiality; liking, leaning, inclination; fondness; ***ter predilecção por*** to have a predilection for

predilecto Ⓐ *adj.* beloved Ⓑ *s. m.* darling, favourite; ***um predilecto*** a favourite, [coloq.] a blue-eyed boy

pré-diluviano *adj.* antediluvian

prédio *s. m.* house, building, edifice; land, property; ***prédio urbano*** town property, dwelling-house, building; ***prédio rústico*** land property; ***prédio de apartamentos*** block of flats, apartment house

predisponente *adj.* predisposing

predispor *v. tr.* to predispose, to incline beforehand; to adapt previously; to render liable to; to make susceptible to; to prearrange, to prepare

predisposição *s. f.* predisposition, tendency; liability, susceptibility; propensity

predisposto *adj.* predisposed; prejudiced

preditor *s. m.* predictor

predizer *v. tr.* to foretell, to predict, to presage, to prophecy

predominação *s. f.* predomination

predominador *adj.* predominant, predominating

predominância *s. f.* predominance, predominancy; ascendancy, preponderance, superiority

predominante *adj.* predominant, predominating, superior, prevailing; ***ventos predominantes*** prevailing winds
predominantemente *adv.* predominantly
predominar *v. intr.* to predominate, to prevail, to be superior to, to have ascendancy; to exceed, to preponderate; to hold sway
predomínio *s. m.* predominance, ascendancy, preponderance, supremacy, superiority
preeminência *s. f.* pre-eminence, great superiority, distinction
preeminente *adj.* preeminent, superior, distinguished, unsurpassed
preeminentemente *adv.* pre-eminently, surpassingly
preempção *s. f.* pre-emption
preencher *v. tr.* to fill; to fill completely, to fill up (in); to occupy, to perform, to accomplish; ***preencher uma lacuna*** to fill a gap; ***preencher um cheque*** to fill out a cheque; ***preencher um impresso*** to fill in a form; ***preencher uma vaga*** to fill up a vacancy
preenchimento *s. m.* completing, filling up, fulfilling, accomplishment
preensão *s. f.* prehension, grasping, seizing; mental apprehension
preênsil *adj.* prehensile; seizing; holding
pré-escolar *adj.* before schooling
preestabelecer *v. tr.* to pre-establish
preexcelência *s. f.* superexcellence
preexcelente *adj.* superexcellent
preexcelso *adj.* eminent, sublime, glorious, grand
preexistência *s. f.* pre-existence
preexistencialismo *s. m.* pre-existentialism
preexistente *adj.* pre-existent
preexistir *v. intr.* to pre-exist, to exist beforehand
pré-fabricação *s. f.* prefabrication
pré-fabricado *adj.* prefabricated; ***casa pré-fabricada*** prefabricated home; ***edifício pré-fabricado*** prefabricated building, [coloq.] prefab
pré-fabricar *v. tr.* to prefabricate
prefação *s. f.* prologue, preface, preamble
prefaciador *s. m.* prefacer, prologizer
prefaciar *v. tr.* to preface, to prologue; to make an introduction to (a text, etc.)
prefácio *s. m.* preface, introduction, prologue; RELIGIÃO preface (the section before the canon)
prefeito *s. m.* prefect; chief magistrate, mayor; monitor (of school), prefect
prefeitoral *adj.* prefectoral, prefectorial
prefeitura *s. f.* prefecture
preferência *s. f.* preference; choice, selection, option; predilection, liking, priority; ***de prefêrencia*** in preference; ***dar a preferência a*** to give the preference to; ***ter preferência por*** to have a preference for
preferencial *adj.* preferential, favoured
preferente Ⓐ *adj.* preferring Ⓑ *s. m. e f.* preferrer
preferentemente *adv.* preferentially, preferably
preferir *v. tr.* to prefer, to like better; to have the preference; to have rather, to choose, to select; ***eu preferia*** I would rather, I had rather; ***preferia não ir*** I would rather not go; ***preferia que não*** I would rather not; ***preferir esperar*** to prefer to wait; ***prefere sentar-se aqui?*** would you rather sit here?; ***preferir a cidade ao campo*** to prefer the town to the country
preferível *adj.* preferable, better, more desirable; ***a pobreza é preferível à doença*** poverty is preferable to ill-health
prefiguração *s. f.* prefiguration; prototype
prefigurador *s. m.* one who prefigures
prefigurar *v. tr.* to prefigure, to foreshadow, to represent in advance, to picture to oneself beforehand
prefinir *v. tr.* to pre-establish, to determine beforehand
prefixação *s. f.* prefixion; preappointment
prefixal *adj.* connected with prefix; prefixed
prefixamente *adv.* in a fixed manner
prefixar *v. tr.* GRAMÁTICA to prefix, to fix, to set at the beginning; to settle or to appoint beforehand
prefixativo *adj.* inflected by means of prefixes
prefixo Ⓐ *adj.* prefixed Ⓑ *s. m.* prefix
prefloração *s. f.* BOTÂNICA prefloration, aestivation
preflorescência *s. f.* BOTÂNICA prefloration, aestivation
prefoliação *s. f.* BOTÂNICA prefoliation, vernation
preformação *s. f.* preformation
pré-frontal *adj.* prefrontal
prefulgência *s. f.* effulgence
prefulgente *adj.* resplendent, effulgent, shining, luminous, bright, brilliant, radiant
prefulgir *v. tr.* to shine brightly, to glow intensely
prefulguração *s. f.* fulguration
prefulgurar *v. intr.* to shine brightly
prega *s. f.* pleat, fold; crease; ***vestido com pregas*** dress with pleats, pleated dress; ***pregas (em vestidos)*** pleats
pregação[1] *s. f.* preaching, sermon; lecture, admonition
pregação[2] *s. f.* nailing
pregadeira *s. f.* pin-cushion, pin-case
pregado *s. m.* ICTIOLOGIA turbot
pregador[1] *s. m.* preacher; ***frades pregadores*** predicant friars (Dominicans)
pregador[2] *s. m.* nailer
pregadura *s. f.* studding with nails; a lot of nails
pregagem *s. f.* nailing, nail work
pregalho *s. m.* NÁUTICA hoist rope, halyard
pregamento *s. m.* ⇒ **pregagem**
pregão *s. m.* street cry; proclamation; notice; *pl.* banns; ***ler os pregões*** to publish the banns
pregar[1] Ⓐ *v. tr.* to deliver a sermon; to give moral advice, to proclaim; to preach, to lecture, to admonish; to hold forth Ⓑ *v. intr.* to preach the gospel, to exhort; ***pregar um sermão a alguém*** to lecture a person; ***pregar economia*** to preach economy; ***pregar no deserto*** to cry out in the desert; ***bem prega Frei Tomás, fazei o que ele diz e não o que ele faz*** follow his preaching but not his practice
pregar[2] *v. tr.* to nail, to fasten (with nails); to sew on; to fix tight; to stick in; ***pregar um botão*** to sew on a button; ***pregar um prego*** to fix a nail; ***pregar uma partida a alguém*** to play a trick on someone; ***pregar um susto a alguém*** to give somebody a fright; ***não pregar olho toda a noite*** not to sleep a wink all night; ***pregar uma peta*** to tell a lie; ***pregar com alfinetes*** to pin; ***pregar um bofetão a*** to slap a person's face; ***ficar pregado no chão*** to be rooted to the ground
pregareta *s. f.* Dominican nun
pregaria *s. f.* nail-work; large quantity of nails, nail-factory
pré-glacial *adj.* pre-glacial
pré-glaciar *adj.* ⇒ **pré-glacial**
pregnância *s. f.* pregnancy
pregnante *adj.* pregnant
prego *s. m.* nail; [fam.] pawnshop; ***pôr no prego*** [fam.] to pawn, to leave at uncle's; ***pregos sem cabeça*** clout-nails; ***pregos com cabeça de latão*** brass-headed nails; ***prego de cabeça larga e chata*** bossed nail, stud; ***prego cortado*** cut nail; ***prego de gancho*** clasp nail; ***carta de prego*** sealed orders; ***dormir como um prego*** to sleep like a log, to sleep soundly; CULINÁRIA ***prego no prato*** chips, egg and steak
pregoador *s. m.* proclaimer, street-crier
pregoar *v. tr.* to cry, to proclaim, to publish, to divulge, to announce, to advertise
pregoeiro *s. m.* crier; auctioneer, bidder
pregresso *adj.* previous, antecedent, foregoing
pregueadeira *s. f.* pleating-knife, pleating-accordion
pregueado Ⓐ *adj.* pleated Ⓑ *s. m.* pleat, fold
pregueador *s. m.* ⇒ **pregueadeira**

preguear *v. tr.* to pleat, to crease, to fold; to make pleats
pregueiro *s. m.* nail-maker; nail-seller
preguiça *s. f.* laziness, idleness; sloth; slothfulness, indolence; sluggishness, inertness; ***preguiça de forja*** smith's prop of forge; ZOOLOGIA ***preguiça do Brasil*** sloth; ***a preguiça morreu de sede à beira de um rio*** the sluggard desires and has not
preguiçar *v. intr.* to idle, to laze, to lounge
preguiceira *s. f.* couch, sofa
preguiceiro Ⓐ *adj.* lazy, idle Ⓑ *s. m.* couch
preguicento *adj.* ⇒ **preguiçoso**
preguiçosamente *adv.* lazily, indolently, slothfully
preguiçoso *adj.* lazy, idle, slothful, sluggish, indolent, inert, inactive; ***um preguiçoso*** a lazy-bones
preguista *s. m. e f.* pawnbroker
pregustação *s. f.* foretasting, foretaste
pregustar *v. intr.* to taste first or beforehand; to foretaste
pré-história *s. f.* prehistory
pré-histórico *adj.* prehistoric
preia *s. f.* ⇒ **presa**
preia-mar *s. f.* high water, high tide
pré-imaginar *v. tr.* to fancy
preitear *v. tr.* to do homage, to pay tribute, to pay reverence to
preitejar *v. tr. e intr.* ⇒ **preitear**; [arc.] to contract
preito *s. m.* homage, respect, reverence; ***preito de homenagem*** as full homage, as a token of respect
prejudicador *s. m.* mischief-maker, impairer
prejudicar *v. tr.* to harm, to injure, to wrong; to spoil, to do harm; to prejudice, to damage, to impair; ***prejudicar-se a si próprio para fazer mal a outro*** to cut off one's nose to spite one's face; ***ser prejudicado com perdas monetárias*** to be hard hit by money losses; ***prejudicar os interesses de alguém*** to prejudice someone's interests; ***prejudicar as probabilidades de triunfo*** to prejudice one's chances of success
prejudicial *adj.* prejudicial, detrimental; hurtful, harmful, bad; mischievous
prejudicialmente *adv.* prejudicially; detrimentally, harmfully, hurtfully
prejuízo *s. m.* prejudice, loss (of value), damage, detriment, injury, wrong; ***sem prejuízo de*** without prejudice, without damage; ***com prejuízo de*** to the prejudice of, with damage to; ***são grandes os prejuízos causados pela chuva*** the damage caused by the rain is great; ***compensar um prejuízo*** to make good of a loss; ***vender com prejuízo*** to sell to disadvantage
prelação *s. f.* prelation, preference
prelacia *s. f.* prelacy, episcopacy, prelateship
prelacial *adj.* of a prelate, episcopal
prelaciar *v. intr.* to prelate
prelada *s. f.* abbess, prioress
preladia *s. f.* prelacy, prelature
prelado *s. m.* prelate
pré-lançamento *s. m.* pre-release
prelatício *adj.* prelatic(al)
prelativo *adj.* superior
prelatura *s. f.* prelature
prelazia *s. f.* prelature
prelecção *s. f.* prelection, public lecture, set discourse; dissertation; lesson
preleccionar Ⓐ *v. tr.* to lecture on, to prelect (at a university as a prelector); to give a lecture; to teach Ⓑ *v. intr.* to discourse
preleccionista *s. m. e f.* prelector, praelector
prelector *s. m.* prelector, lecturer, praelector
prelevar Ⓐ *v. intr.* to surmount, to outdo Ⓑ *v. tr.* to excuse
prelibação *s. f.* prelibation, foretaste (usually figurative)
prelibador Ⓐ *adj.* foretasting Ⓑ *s. m.* foretaster
prelibar *v. tr.* to antecipate the enjoyment of, to foretaste
preliminar Ⓐ *adj.* preliminary, introductory, preceding; preparatory Ⓑ *s. m.* preliminary, introduction; beginning; *pl.* preliminaries, preparatory arrangements; ***preparativos preliminares*** preliminary arrangements
prélio *s. m.* fight, struggle, battle; discussion
prelista *s. m. e f.* pressman
prelo *s. m.* printing-press; press; ***no prelo*** in the press; ***sair do prelo*** to come from the press; ***prelo de imprensa*** hand-press
pré-lógico *adj.* pre-logic
prelucidação *s. f.* previous elucidation; preliminary explanation
prelúcido *adj.* shining brightly
preludiar Ⓐ *v. tr.* to prelude, to introduce, to foreshadow Ⓑ *v. intr.* to prelude; to serve as a prelude; MÚSICA to play a prelude
prelúdio *s. m.* prelude; preface; introduction, begininng, opening; MÚSICA overture
preluzente *adj.* refulgent, brilliant
preluzir *v. intr.* to shine brightly
prema *s. f.* oppression, constraint
premar *v. tr.* to oppress; to trouble; to aggrieve
prematuração *s. f.* prematureness; prematurity
prematuramente *adv.* prematurely
prematuridade *s. f.* prematurity, prematureness, untimeliness; precocity
prematuro *adj.* premature, untimely, too early, hasty, unseasonable; ***morte prematura*** premature death
premaxilar *adj.* premaxillary
premedeira *s. f.* treadle, treddle (of a weaver's loom)
premeditação *s. f.* premeditation, forethought
premeditadamente *adv.* premeditatedly, deliberately
premeditador *s. m.* one who premeditates
premeditar *v. tr.* to premeditate, to plan; to contrive, to design, to scheme beforehand; ***premeditar um crime*** to premeditate a crime; ***premeditar vingança*** to swear revenge, to plan vengeance, to plot vengeance
premente *adj.* pressing, compressing, forcing; urgent; ***bomba premente*** force pump; ***necessidade premente*** crying need
premer *v. tr.* to compress, to press, to squeeze
pre-messiânico *adj.* pre-Messianic
premiador *s. m.* rewarder
premiar *v. tr.* to reward, to recompense, to requite, to repay
premiativo *adj.* referring to a prize
pré-militar *adj.* premilitary
prémio *s. m.* prize; reward, recompense; premium, bonus; ***ter um prémio (de lotaria)*** to draw a prize (in the lottery); ***ganhar o prémio*** to carry off the prize; ***ganhou o prémio da história*** he won the history prize; ***prémio de consolação*** consolation prize; ***detentor de prémio*** prizeman, prize winner; ***prémio de seguro*** premium of insurance; ***com prémio*** at a premium; ***prémio de exportação*** drawback; ***prémio aos armadores, construtores ou tripulantes*** bounty money; ***prémio anual*** annual premium; ***prémio em dinheiro*** cash prize
premir *v. tr.* ⇒ **premer**
premissa *s. f.* premise, premiss; ***premissa maior*** the major premise; ***premissa menor*** the minor premise
premoção *s. f.* premotion, previous motion
pré-molar *s. m., adj.* ANATOMIA, ZOOLOGIA premolar
premonição *s. f.* premonition; forewarning
premonitório *adj.* premonitory
premorso *adj.* BOTÂNICA premorse
premunição *s. f.* premunition
premunir Ⓐ *v. tr.* to caution against, to forewarn; to premonish Ⓑ *v. refl.* to be on one's guard, to look out
premunitivo *adj.* protective, precautionary, precautional, preventive

pré-natal *adj.* prenatal
prenda *s. f.* gift, present; token; ⌈pop.⌋ bad person; talent; *pl.* talents, accomplishments, endowments; ⌈fam.⌋ a bad lot; ***jogo de prendas*** game of forfeits; ***prenda de casamento*** wedding-present
prendado *adj.* accomplished, cultivated, gifted
prendar *v. tr.* to present with, to give a present to; to make a present to a person; to bestow on
prender Ⓐ *v. tr.* to fasten, to tie; to attach; to seize, to grasp, to take hold of, to catch; to capture, to arrest, to place under arrest Ⓑ *v. intr.* to seduce; to hinder; to captivate Ⓒ *v. refl.* to detain; to take root; to stick fast, to cling to; to be caught; to get married; ***prender-se com ninharias*** to strain at a gnat; ***prender com alfinetes*** to pin, to attach with pins; ***prender a atenção de*** to rivet someone's attention; ***prender um carteirista em flagrante*** to catch a pickpocket in the very act, to catch a pickpocket redhanded
prenhe *adj.* pregnant, gravid; full, replete
prenhez *s. f.* ⇒ **gravidez**
prenhidão *s. f.* ⇒ **gravidez**
prenhite *s. f.* prehnite
prenoção *s. f.* prenotion, foreknowledge
prenome *s. m.* praenomen, Christian name
prenomeação *s. f.* pre-appointment
prenominar *v. tr.* to give a praenomen; to designate by a praenomen
prenotar *v. tr.* to note in anticipation
prensa *s. f.* press, printing press; ***prensa rotativa*** rotary press; ***prensa hidráulica*** hydraulic press; ***prensa de encadernador*** screw press; ***prensa de algodão*** cotton press; ***prensa de estampar*** stamping press
prensador *s. m.* presser, pressman
prensagem *s. f.* pressing
prensar *v. tr.* to press; to squeeze, to compress
prensista *s. m. e f.* presser
prenunciação *s. f.* prenunciation, prediction, prophecy
prenunciador *s. m.* predictor; prophet
prenunciar *v. tr.* to predict, to prophesy, to foretell, to presage
prenunciativo *adj.* predictive, predicting, foretelling, prophetic
prenúncio *s. m.* presage, prediction, warning, prophecy, forewarning; omen, foreboding, sign
pré-nupcial *adj.* prenuptial, antenuptial
pré-objectal *adj.* PSICOLOGIA prior to the distinction between self, on one hand, and objects or persons, on the other
preocupação *s. f.* preoccupation, prepossession, anxiety, worry, care, apprehension, uneasiness; ***o filho é a sua preocupação constante*** his son is a constant concern to him; ***viver sem a preocupação do dia de amanhã*** to live without a thought for the morrow
pré-ocupação *s. f.* preoccupation
preocupado *adj.* preoccupied, uneasy, anxious; worried, troubled, heavy-hearted; ***está preocupada com a doença do filho*** she is worried about the illness of her son; ***tem um ar de quem está preocupado*** he wears a worried look
pré-ocupado *adj.* preoccupied
preocupante Ⓐ *adj.* preoccupying; worrying Ⓑ *s. m. e f.* preoccupant
pré-ocupante *s. m. e f.* preoccupant
preocupar *v. tr.* to preoccupy, to prepossess; to trouble, to worry, to cause anxiety, to disturb
pré-ocupar *v. tr.* to preoccupy
pré-operatório *adj.* preoperative
pré-opérculo *s. m.* pre-operculum, prae-operculum
preopinante Ⓐ *adj.* speaking before Ⓑ *s. m. e f.* preceding speaker
preopinar *v. intr.* to give one's opinion before another; to speak before
pré-orbitário *adj.* pre-orbital
preordenação *s. f.* pre-ordination, fore-ordination; predestination
preordenar *v. tr.* to pre-ordain, to fore-ordain, to ordain beforehand, to pre-establish, to predetermine
preparação *s. f.* preparation, preparative; ***preparação de lições*** preparation of lessons; ***sem preparação*** off-hand, extempore, without preparation; ***preparação do terreno*** development of land
preparado Ⓐ *adj.* prepared, ready Ⓑ *s. m.* preparation, medicine
preparador Ⓐ *s. m.* preparer, preparator, demonstrator Ⓑ *adj.* preparing
preparar Ⓐ *v. tr.* to prepare; to make ready; to fit out, to fit, to equip; to dispose; to instruct, to teach Ⓑ *v. refl.* to get ready, to be equiped; to be prepared, to prepare oneself; NÁUTICA to fit, to rig; ***preparar uma casa para habitação*** to prepare a house for habitation; ***preparar uma refeição*** to prepare a meal; ***preparar uma força militar*** to prepare a military force; ***preparar um aluno para exame*** to prepare a pupil for examination, to coach a pupil for examination; ***preparar as lições*** to prepare one's lessons; ***preparar os filhos para a luta da vida*** to prepare one's children for the struggle of life; ***preparar para o pior*** to prepare for the worst; ***preparar tudo o que é preciso*** to provide all that is wanted; ***estar preparado para tudo*** to stand ready for anything; ***preparar-se para trabalhar*** to roll up one's sleeves, to get ready for work; ***preparar-se (arranjar-se)*** to tidy oneself, to make oneself tidy; ***está tudo preparado*** all is in readiness; ***ter uma lição bem preparada*** to know a lesson off pat; ***preparar-se para*** to make preparations for; QUÍMICA ***preparar uma solução*** to prepare a solution; NÁUTICA ***preparar para combate*** to clear for action
preparativo Ⓐ *adj.* preparative, preparatory Ⓑ *s. m.* preparation, preparative; ***fazer preparativos para uma viagem*** to make preparations for a journey
preparatório Ⓐ *adj.* preparatory, introductory, preliminary Ⓑ *s. m.* preparatory studies, preparatories; ***escola preparatória*** preparatory school, ⌈coloq.⌋ prep school
preparo *s. m.* preparation; *pl.* first costs (court), materials
preponderância *s. f.* preponderance, superiority, supremacy; ascendency, ascendancy, prevalence, superiority (of influence); overweight, power; ***ter preponderância sobre*** to have the preponderance over
preponderante *adj.* preponderant, preponderating, predominant, prevailing, prevalent, supreme, outweighing; ***influência preponderante*** preponderant influence
preponderantemente *adv.* preponderantly, predominantly, prevailingly
preponderantismo *s. m.* predominance; supremacy, preponderant influence
preponderar *v. intr.* to preponderate, to outweigh, to predominate, to prevail
preponente *s. m. e f.* proposer, motionist
prepor *v. tr.* to preplace; to place before; GRAMÁTICA to prefix, to prepose; to appoint to a post; to prefer
preposição *s. f.* GRAMÁTICA preposition; ***a preposição que deve ser*** the right preposition
preposicional *adj.* prepositional
prepositivo *adj.* prepositive; placed before; prepositional
preposteração *s. f.* preposterousness, absurdity
preposterar *v. tr.* to reverse, to invert the order of
preposteridade *s. f.* preposterousness
prepóstero *adj.* preposterous, reversed; unreasonable, absurd; foolish, ridiculous, wrong
preposto *adj.* prefixed; preferred
prepotência *s. f.* prepotence, prepotency; tyranny, oppression
prepotente *adj.* prepotent, very powerful; preponderant; despotic, oppressive

pré-primária *s. f.* kindergarten, nursery school
pré-puberdade *s. f.* pre-puberty
prepucial *adj.* preputial
prepúcio *s. m.* ANATOMIA prepuce, foreskin
pré-rafaelismo *s. m.* pre-Raphael(it)ism
pré-rafaelista *s. m. e f.* pre-Raphaelite
pré-romano *adj.* pre-Roman
pré-romântico *adj.* pre-romantic
pré-romantismo *s. m.* pre-romanticism
prerrogativa *s. f.* prerogative, privilege, advantage; ***prerrogativas reais*** the royal prerrogatives
prerromper *v. intr.* to rush out, to bolt
presa *s. f.* capture, seizure, catch, hold, prisoner (woman); prize; talon (claw of a bird of prey); tusk, fang; prey, plunder
presador Ⓐ *s. m.* person who captures Ⓑ *adj.* that captures
presar *v. tr.* ⇒ **apresar**
presbiope *s. m. e f.* presbyope
presbiopia *s. f.* presbyopy, presbyopia
presbita *s. m. e f.* long-sighted person
presbiterado *s. m.* presbyterate, presbytership
presbiteral *adj.* presbyteral; presbyterial
presbiteranismo *s. m.* presbyterianism
presbiterano *s. m., adj.* presbyterian
presbiterianismo *s. m.* ⇒ **presbiteranismo**
presbiteriano *s. m.* ⇒ **presbiterano**
presbitério *s. m.* presbytery
presbítero *s. m.* presbyter, priest
presbitia *s. f.* presbyopia; far-sightedness, long-sightedness (related to advanced years)
presbitismo *s. m.* presbyopia; far-sightedness, long-sightedness (related to advanced years)
presciência *s. f.* prescience, foresight, foreknowledge
presciente *adj.* prescient, far-sighted, foreseeing
prescientemente *adv.* presciently
prescindir *v. intr.* to prescind, to dispense; to cut, to cut off; to abstract; to do without, to give up, to renounce; ***prescindo disso*** I will forego it, I can do without this, I can dispense with this; ***prescindir dos serviços de alguém*** to dispense with someone's services
prescindível *adj.* dispensable
prescito *s. m., adj.* ⇒ **precito**
prescrever Ⓐ *v. tr.* to prescribe, to lay down (with authority); to ordain, to order the use (of a medicine); to fix, to establish Ⓑ *v. intr.* to grow out of use or fashion; DIREITO to prescribe, to claim by prescription
prescribente *adj.* prescriptive
prescrição *s. f.* prescription, prescriptiveness, command, rule, order; DIREITO loss of a right, forfeiture
prescritível *adj.* prescriptive
prescrito *adj.* prescribed, ordered
prescritor *s. m.* prescriber
pré-selecção *s. f.* first selection; short-listing
presença *s. f.* presence, personal appearance; aspect, mien, demeanour; ***presença de espírito*** presence of mind; ***pede-se a sua presença*** your presence is requested; ***na presença de muita gente*** in the presence of a large company; ***pessoa de boa presença*** person of fine carriage
presencial *adj.* presential
presencialmente *adv.* presentially
presenciar *v. tr.* to be present, to witness, to observe, to see
presentação *s. f.* ⇒ **apresentação**
presentâneo *adj.* momentary; efficacious
presentar *v. tr.* ⇒ **apresentar**
presente Ⓐ *adj.* present, instant; existent Ⓑ *s. m.* present, the present time, the present day; present, gift; GRAMÁTICA present tense; person who is present; presentee; ***estar presente*** to be present; ***no caso presente*** in the present instance; ***peço às pessoas presentes*** I ask those who are present; ***todos os presentes concordaram*** all present assented; ***dar um presente*** to give a present (to); ***fazer presente de*** to make a present of; ***presente que incomoda mais do que vale*** a white elephant; ***no tempo presente*** at the present time; ***ter presente*** to bear in mind; ***ofício de corpo presente*** lying in state; ***pelo presente documento*** by this document
presenteador *s. m.* presenter
presentear *v. tr.* to present, to give presents, to offer as a gift
presentemente *adv.* at the present time, now
presepe *s. m.* ⇒ **presépio**
presépio *s. m.* crib
preservação *s. f.* preservation, preserving; conservation
preservador Ⓐ *adj.* preserving, conservative Ⓑ *s. m.* preserver
preservar *v. tr.* to preserve, to protect, to save; to defend, to guard, to secure, to keep from decay; to retain unaltered
preservativo Ⓐ *adj.* preservative, conservative Ⓑ *s. m.* condom; preservative, prophylactic, preventive
presidência *s. f.* presidency, presidentship; chairmanship; ***tomar a presidência*** to take the chair
presidencial *adj.* presidential; ***eleição presidencial*** presidential election
presidencialismo *s. m.* political system in which the chief of state is simultaneously head of government
presidencialista *s. m. e f.* presidentialist
presidenta *s. f.* presidentess, chairwoman
presidente *s. m.* president, chairman, superior; ***presidente da República Portuguesa*** President of the Portuguese Republic; ***presidente do Conselho de Ministros*** prime minister, premier; ***presidente da Academia das Ciências*** president of the Academy of Sciences; ***presidente da Câmara Municipal*** Lord Mayor; ***presidente de direcção*** chairman; ***presidente honorário*** honorary president
presidiar *v. tr.* to garrison; to defend a place
presidiário Ⓐ *adj.* presidiary Ⓑ *s. m.* convict
presídio *s. m.* fortress, military prison, penitentiary
presidir *v. intr.* to preside, to take (to occupy) the place of authority; to take the chair; to control, to direct, to guide
presiganga *s. f.* prison-ship
presigar *v. tr.* to eat bread (together with some other food)
presigo *s. m.* anything eaten with bread
presilha *s. f.* loop; staple; strap; shoe-strap
presilheiro *s. m.* slyboot, dodger
preso Ⓐ *adj.* arrested, imprisoned, jailed, captive Ⓑ *s. m.* prisoner; ***levar preso*** to take prisoner; ***preso a sete chaves*** under lock and key; ***preso pelo mau tempo*** weather-bound
pressa *s. f.* haste, hurry, speed, quickness, velocity, promptitude, celerity; ***não estejas com tanta pressa*** don't be in such a hurry; ***sem pressa*** unhurried; ***pressa desatinada*** hurry-scurry; ***com muita pressa*** [coloq.] in a post haste; ***à pressa*** in a hurry, in haste; ***a toda a pressa*** in great haste, with all possible speed; ***estar com pressa*** to be in a hurry; ***a pressa é inimiga da perfeição*** haste makes waste
pressagiador Ⓐ *s. m.* presager; foreboder Ⓑ *adj.* warning, foreboding
pressagiar *v. tr.* to presage, to foretell, to portend, to foreshow, to forebode; to prognosticate, to prophesy
presságio *s. m.* presage, foreboding, omen, portent, sign, prophecy, presentiment
pressagioso *adj.* presageful
pressago *adj.* ominous, foreboding
pressão *s. f.* pression, pressure; force; compulsion; ***fazer pressão*** to press, to try persistently, to persuade; NÁUTICA to get up steam; ***pressão atmosférica*** atmospheric pressure; ***pressão média*** intermediate pressure; ***pressão de regime*** working pressure; ***pressão alta*** high pressure; ***pressão baixa***

P

low pressure; ***pressão constante*** constant pressure; ***pressão da água*** water pressure; ***panela de pressão*** pressure cooker; ***sob a pressão das circunstâncias*** under the stress of circumstances

pressentido *adj.* foreseen; presentient

pressentimento *s. m.* presentiment, premonition foreboding, apprehension; ***pressentimento do perigo*** presentiment of danger; ***ter pressentimentos*** to have presentiments

pressentir *v. tr.* to surmise, to suspect, to foresee, to have a presentiment, to have a premonition

pressionado *adj.* pressed; constrained, compelled, forced, pushed

pressionar *v. tr.* to pressure, to constrain, to compel, to press, to force, to push

pressirrostro Ⓐ *adj.* pressirostral Ⓑ *s. m.* pressiroster

pressupor *v. tr.* to presuppose, to assume beforehand, to imply, to involve; to think, to suspect; to take for granted

pressuposição *s. f.* presupposition, presumption, conjecture

pressuposto Ⓐ *adj.* presupposed Ⓑ *s. m.* presupposition; design, plan, pretext

pressurização *s. f.* pressurization

pressurizar *v. tr.* to pressurize

pressurosamente *adv.* hastily, hurriedly, eagerly

pressuroso *adj.* hasty, hurried, quick, swift; eager, keen, impatient, desirous; busy

prestabilidade *s. f.* serviceableness

prestação *s. f.* instalment; lending; ***prestação de juramento*** oath-taking; ***às prestações*** by instalments, on the never-never; ***comprar a prestações*** to buy on the instalment plan; ***prestação mensal*** monthly instalment; ***prestação de contas*** accounts rendered; ***prestação de serviços*** services rendered

prestadio *adj.* serviceable, obliging

prestador *adj.* serviceable, useful; profitable

prestamista *s. m. e f.* pawnbroker; moneylender

préstamo *s. m.* ancient tribute paid in money or fruit

prestança *s. f.* ⇒ **prestância**

prestância *s. f.* utility, usefulness, advantageousness, service; excellence; convenience

prestante *adj.* profitable, useful, efficacious, excellent

prestar Ⓐ *v. intr.* to be useful, to be fit Ⓑ *v. tr.* to give; to lend; to render Ⓒ *v. refl.* to be serviceable, to be good; to offer oneself; to adapt oneself; ***prestar auxílio*** to render assistance; ***prestar atenção*** to pay attention, to lend an ear; ***não prestar atenção a*** to pay no regard to, to pay no attention to; ***prestar assistência*** to lend assistance; ***prestar homenagem*** to homage; ***prestar caução*** to give security; ***prestar juramento*** to take an oath; ***não prestar para nada*** to be quite useless, to be good for nothing; ***prestar contas*** to render account; ***prestar esclarecimentos*** to enlighten, to give information; ***prestar-se de boa vontade a fazer um favor*** to be willing to render a service; ***prestar socorro*** to assist, to render aid, to help; ***prestar um serviço*** to render a service

prestativo *adj.* serviceable, obliging; helpful, useful

prestável *adj.* obliging, kind, serviceable, helpful; ***em que posso ser-lhe prestável? (em que posso servi-lo?)*** what can I do for you?; ***em que poderei ser-lhe prestável?*** how can I be useful to you?

preste *adj., adv.* ⇒ **prestes**

prestes Ⓐ *adj.* ready, prompt; about to, on the point of; nimble, swift, quick, speedy Ⓑ *adv.* quickly, in a hurry, readily, promptly; ***prestes a partir*** about to start

prestesmente *adv.* speedily, quickly

presteza *s. f.* quickness, nimbleness, agility, swiftness, readiness, promptitude

prestidigitação *s. f.* prestidigitation, conjuring, juggling, legerdemain, sleight of hand

prestidigitador *s. m.* juggler, conjurer, prestidigitator

prestigiação *s. f.* ⇒ **prestidigitação**

prestigiador *s. m.* ⇒ **prestidigitador**

prestigiante *adj.* crediting

prestigiar *v. tr.* to give prestige to, to esteem

prestígio *s. m.* prestige, credit, good repute; influence; illusion, juggling trick

prestigioso *adj.* prestigious, very influential, highly respected; eminent, distinguished, deluding

prestímano *s. m.* ⇒ **prestidigitador**

préstimo *s. m.* utility, usefulness, serviceableness; aid, assistance; merit; service; ***não ter préstimo algum*** to be (of) no use; ***ter préstimo*** to be useful, to come in handy

prestimonial *adj.* relating to a priest's endowment

prestimoniário *adj.* ⇒ **prestimonial**

prestimónio *s. m.* endowment made to a priest

prestimoso *adj.* serviceable; useful, handy

prestíssimo *adj.* very quick; very prompt; MÚSICA prestissimo

préstito *s. m.* procession, train, cortege; ***préstito fúnebre*** funeral procession

presto Ⓐ *adj.* MÚSICA presto; quick, speedy, agile, prompt Ⓑ *adv.* soon, quickly

presumido Ⓐ *adj.* self-conceited, arrogant, presumptuous Ⓑ *s. m.* self-conceited person, flaunter; ***indivíduo presumido*** stuffed shirt

presumidor *s. m.* conjecturer, presumer

presumir Ⓐ *v. tr.* to presume, to assume, to suppose, to surmise, to take for granted Ⓑ *v. intr.* to be arrogant; ***presumo que saiba o que se passou*** I presume you know what happened

presumível *adj.* presumable, probable

presumivelmente *adv.* presumably, probably

presunção *s. f.* presumption; presumptuousness, arrogance, assurance, self-conceit, self-conceitedness; suspicion

presunçoso *adj.* presumptuous, arrogant, self-conceited, pretentious; ***ser presunçoso*** to get above oneself

presunho *s. m.* under-side of the pig's foot

presuntivamente *adv.* presumptively

presuntivo *adj.* presumptive, probable, apparent; ***herdeiro presuntivo*** presumptive heir

presunto *s. m.* salted or smoked ham

presuntuoso *adj.* conceited, proud, vain

presúria *s. f.* dam, dike, embankment

preta *s. f.* black woman, [depr.] Negress

pretalhada *s. f.* [depr.] Negroes

pretalhão *s. m.* [depr.] stout Negro

pretaria *s. f.* ⇒ **pretalhada**

pretendedor *s. m.* pretender

pretendente Ⓐ *s. m. e f.* pretender, demander, applicant, claimant, suitor Ⓑ *adj.* pretending, claiming; ***pretendente ao trono*** pretender to the throne; ***pretendente à Coroa*** claimant to the Crown

pretender *v. tr.* to claim, to put in a claim, to demand; to aim at, to aspire to, to wish; to intend; to try, to make an effort, to attempt, to endeavour; to affirm, to assent

pretendida *s. f.* intended, fiancée, bride

pretendido *adj.* claimed

pretensamente *adv.* supposedly, allegedly

pretensão *s. f.* claim, pretension; pretentiousness, ostentation; design; aim; presumption; self-conceit; ***não tenho a pretensão de*** I do not pretend to; ***cheio de pretensões*** of great pretentions; ***as suas pretensões são extravagantes*** his claims are extravagant; ***despido de toda a pretensão*** devoid of all pretence; ***desistir de uma pretensão*** to give up a claim; ***pretensões injustas*** unfair pretensions

pretensiosa *s. f.* conceited woman

pretensiosamente *adv.* pretentiously; ostentatiously
pretensiosismo *s. m.* pretentiousness, arrogance, snobbishness
pretensioso *adj.* pretentious, vain, conceited, assuming, presuming; ostentatious; ***eu detesto pessoas pretensiosas*** I hate conceited people
pretenso *adj.* supposed, so-called, would-be, alleged
pretensor Ⓐ *adj.* pretending Ⓑ *s. m.* pretender, claimer, suitor
preterência *s. f.* ⇒ **preterição**
preterição *s. f.* preterition, omission, disregard; RETÓRICA paraleipsis
preterir *v. tr.* to go beyond, to pass over, to omit, to pretermit; to leave out; ***preterir em testamento*** to omit lawful heirs in a will
pretérito Ⓐ *adj.* past, gone by Ⓑ *s. m.* past tense; ***pretérito mais-que-perfeito*** pluperfect
preterível *adj.* that can be pretermitted
pretermissão *s. f.* pretermission, omission, passing over
pretermitir *v. tr.* to pretermit, to omit
preternatural *adj.* preternatural; supernatural
pretexta *s. f.* RELIGIÃO praetexta
pretextar *v. tr.* to pretext, to allege (as excuse or pretext); to pretend, to feign; ***pretextar uma desculpa*** to offer an excuse
pretexto *s. m.* pretext, excuse, reason, motive; simulation, mask, colour, feint, subterfuge; ***sob o pretexto de*** on (under) the pretext of; ***ter um pretexto para qualquer coisa*** to have some pretext or other; ***encontrar um pretexto para*** to find a pretext for
pretidão *s. f.* blackness
pretinha *s. f. dim. de* **preta**
pretinho *s. m. dim. de* **preto**
preto Ⓐ *adj.* black, [depr.] Negro Ⓑ *s. m.* black colour, [depr.] Negro; ***pôr o preto no branco*** to set down in black and white; ***de olhos pretos*** black-eyed; ***cabelo preto e lustroso*** raven hair; ***quadro preto*** blackboard; ***vestir de preto*** to wear black; ***preto como uma amora*** as brown as a berry; ***dar no preto para acertar no branco*** to proceed by indirection
pretónico *adj.* GRAMÁTICA pretonic
pretor *s. m.* praetor, ancient Rome magistrate
pretoria *s. f.* praetorship, pretorship
pretoriano *s. m., adj.* praetorian
pretório Ⓐ *s. m.* praetorian court Ⓑ *adj.* general's tent
pré-universitário *adj.* pre-university
prevalecente *adj.* prevalent, prevailing
prevalecer Ⓐ *v. intr.* to prevail, to predominate, to preponderate, to dominate Ⓑ *v. refl.* to gain the mastery; to take advantage of; to avail oneself; ***a força prevalece contra o direito*** force prevails against right
prevalecimento *s. m.* prevalence, superiority
prevalência *s. f.* prevalence, predominance
prevaricação *s. f.* prevarication; quibbling, evasion, equivocation
prevaricador *s. m.* transgressor, prevaricator
prevaricar *v. tr.* to prevaricate, to transgress, to repass; to break the law; to sin; to pervert, to abase
prevenção *s. f.* prevention, precaution; cautiousness; preconception; warning
prevenidamente *adv.* advisedly, cautiously
prevenido *adj.* forewarned, advised; provident, cautious; prepared for; provided against; ***estar prevenido*** to be on one's guard; ***homem prevenido vale por dois*** forewarned is forearmed
preveniente *adj.* prevenient; anticipatory, expectant
prevenir Ⓐ *v. tr.* to prevent, to hinder; to forewarn, to warn, to give warning Ⓑ *v. refl.* to provide against; to guard against, to be on one's guard; ***mais vale prevenir que remediar*** prevention is better than cure, a stitch in time saves nine; ***prevenir inconvenientes*** to prevent any hitch, to avoid disappointments; ***prevenir um erro*** to prevent an error
preventivamente *adv.* preventively
preventivo *adj.* preventive, prophylactic; ***medidas preventivas*** preventive measures
preventor *adj.* warning; preventive
preventório *s. m.* preventive service
prever *v. tr.* to foresee, to see beforehand, to anticipate; to be aware (in advance); to reckon, to calculate, to expect
previamente *adv.* previously
previdência *s. f.* providence, prevision; precaution; prudence; foresight, forethought; ***previdência social*** social welfare; ***caixa de previdência*** provident fund
previdente *adj.* provident, cautious, prudent, far-seeing
previdentemente *adv.* providently, prudently
prévio *adj.* previous, preceding, prior, antecedent, former; ***aviso prévio*** previous notice
previsão *s. f.* prevision, foresight; foreknowledge, prescience; ***previsão meteorológica*** weather forecast; ***corresponder às previsões*** to come up to expectations
previsibilidade *s. f.* previsibility
previsível *adj.* previsible, foreknowable; forseeable
previso *adj.* foreseen
previsto *adj.* foreseen; fixed; ***não previsto*** unforeseen; ***previsto pela lei*** foreseen by the law; ***isto está previsto no contrato*** that is in the arrangement
prezado *adj.* esteemed; dear; ***prezados ouvintes*** ladies and gentlemen!, dear listeners!
prezador *s. m.* one who makes much of; one who thinks highly of
prezar Ⓐ *v. tr.* to esteem, to consider highly, to hold in respect; to cherish; to honour; to value, to prize; to love Ⓑ *v. refl.* to pride oneself on; ***prezar-se da sua dignidade*** to stand on one's dignity
prezável *adj.* estimable, respectable
priapismo *s. m.* MEDICINA priapism
prima *s. f.* cousin; RELIGIÃO prime; MÚSICA first string of a violin
primacial *adj.* primatial; superior, essential
primado *s. m.* primacy, priority; pre-eminence; supremacy; RELIGIÃO primate
prima-dona *s. f.* prima donna
primagem *s. f.* primage
primar *v. intr.* to excel, to surpass, to be superior to; to be pre-eminent; to make a point of; to do one's very best
primariamente *adv.* primarily
primário *adj.* primary, first, principal, leading, chief; earliest, original; fundamental; ***escola primária*** primary school, elementary school; ***instrução primária*** primary education
primarismo *s. m.* primitivism; elementariness
Primatas *s. m. pl.* ⇒ **Primates**
Primates *s. m. pl.* ZOOLOGIA Primates
Primavera *s. f.* spring, springtime; BOTÂNICA primrose; cowslip; [fig.] youth; BOTÂNICA ***primavera dos jardins*** oxlip; ***cheirar a Primavera*** to scent spring in the air; ***no princípio da Primavera*** in the early spring
primaveral *adj.* ⇒ **primaveril**
primaverar *v. intr.* to enjoy the springtime
primaveril *adj.* vernal; ***flores primaveris*** vernal flowers, spring flowers; ***tempo primaveril*** spring weather; ***aspecto primaveril dos bosques e dos campos*** the vernal aspect of the woods and fields, the appearance of the woods and fields in springtime
primaz *s. m.* primate, archbishop
primazia *s. f.* primacy, primateship; excellence, preeminence; priority
primeira *adj., s. f.* {*fem. de* **primeiro**} first; ***à primeira*** at first, at the beginning; ***à primeira vista*** at first sight; ***de primeira ordem*** first-rate, first-class; ***em primeira mão*** at first hand;

primeira viagem (de um navio) maiden voyage; ***primeira demão (de tinta)*** ground colour; ***a primeira impressão*** the first impression; ***primeira prova*** first proof; ***quando o viste pela primeira vez?*** when did you see him first?

primeiramente *adv.* first, firstly, in the first place

primeiranista *s. m. e f.* first year student

primeiríssimo *adj.* foremost; the very first

primeiro Ⓐ *adj.* first, foremost; former, earliest; leading, principal; highest; primary, fundamental Ⓑ *s. m.* the first Ⓒ *adv.* firstly, first, before; ***em primeiro lugar*** in the first place, to begin with; ***primeiro que tudo*** first of all; ***os primeiros socorros*** first aid; ***o primeiro que chega é o primeiro servido*** first come, first served; ***primeiro tenho de acabar isto*** I must get this done first; ***do primeiro ao último*** from first to last; ***o primeiro mês do ano*** the first month of the year; ***o primeiro de Abril*** All Fool's Day; ***primeiro andar*** ⌈Ingl.⌋ first floor, ⌈E.U.A.⌋ second floor; ***primeiro plano*** foreground; ***primeiro prémio*** first prize; ***ele é o primeiro em tudo*** he is the first in everything; ***primeiro vem a pele, depois a camisa*** near is my shirt, but nearer is my skin; ***primeiro os teus*** charity begins at home!

primeiro-ministro *s. m.* prime minister, premier

primeiro-sargento *s. m.* sergeant-major

primeiro-tenente *s. m.* first lieutenant

primevo *adj.* prim(a)eval, original, primitive

primicério *s. m.* the first (in dignity or rank); chanter, choir leader

primícias *s. f. pl.* first fruits; firstlings

primigénio *adj.* primigenial, primitive, primordial, primigenious

primígeno *adj.* ⇒ **primigénio**

primina *s. f.* BOTÂNICA primine

primípara *adj.* MEDICINA primiparous

primiparidade *s. f.* primiparity

primitiva *s. f.* primitive times, earliest ages or periods; origin

primitivamente *adv.* primitively, at the beginning, originally

primitivismo *s. m.* primitivism

primitivo *adj.* primitive; original, early; primordial; rude, barbaric; rudimental; old-fashioned

primo Ⓐ *s. m.* cousin Ⓑ *adj.* prime, first, chief, most important; first-rate; primary, principal; ***número primo*** prime number; ***primo co-irmão*** cousin-german

primogénito *adj.* first-born; ***filho primogénito*** first-born child

primogenitor *s. m.* primogenitor, progenitor, forefather

primogenitura *s. f.* primogeniture; ***direito de primogenitura*** right of primogeniture

primor *s. m.* perfection, excellence, perfectness, faultlessness, nicety, niceness, neatness, accuracy; precision, exactness; gentility; delicacy, skilfulness; ***é um primor*** it is just perfect; ***primor de arte*** masterpiece; ***feito com primor*** high-wrought

primordial *adj.* primordial; original, prim(a)eval; ***costumes primordiais*** primitive customs

primórdio *s. m.* primordium, origin

primorosamente *adv.* perfectly, excellently; nicely, precisely, neatly, elegantly

primoroso *adj.* perfect, excellent, masterly, impeccable, accurate; precise, well-turned, neat, distinguished, consummate, nice, beautiful

prímula *s. f.* BOTÂNICA primula, primrose

Primuláceas *s. f. pl.* BOTÂNICA *Primulaceae*

princeps *adj.* first (edition)

princesa *s. f.* princess; ***princesa real*** princess royal

principado *s. m.* principality, princedom

principal Ⓐ *adj.* principal, chief, leading, main, first, prime Ⓑ *s. m.* principal; head, chief, leader, headmaster; capital fund; main thing; superior of a religious community; ***as principais cidades*** the principal (main) towns; GRAMÁTICA ***oração principal*** principal (main) clause; ***o principal motivo do seu fracasso*** the principal cause of his failure; ***o motivo principal*** the prime motive; ***artigos principais de comércio*** staple commodities; ***alimento principal*** staple food; ***actor principal*** leading man (actor); ***papel principal*** leading role; NÁUTICA ***o principal pavimento*** the main deck

principalidade *s. f.* principalship, fundamentality

principalmente *adv.* principally, chiefly, mainly

príncipe *s. m.* prince; ***o Príncipe da Paz*** the Prince of Peace, the Saviour; ***príncipe regente*** prince regent; ***príncipe consorte*** prince consort; ***príncipe herdeiro*** crown prince; ***príncipe de Igreja*** prince of the church (or cardinal); ***viver como um príncipe*** to live like a prince; ***o príncipe dos poetas*** the prince of poets

principelho *s. m.* princelet; princekin; princeling

principescamente *adv.* in a princely manner

principesco *adj.* princely, magnificent, sumptuous, stately, grand, regal; ***presente principesco*** a princely gift; ***uma casa principesca*** a princely house

principiador Ⓐ *s. m.* beginner Ⓑ *adj.* beginning

principiante *s. m. e f.* principiant, beginner, novice, tyro; Johnny Raw; freshman

principiar *v. tr.* to begin, to start, to commence, to initiate; ***o espectáculo principia às 15 horas*** the performance begins at three o'clock; ***principiar por*** to begin by, to start by; ***principiar a trabalhar*** to begin to work; ***principiar a descarga*** to begin discharging; ***principiar uma viagem*** to begin a journey (or a voyage)

principículo *s. m.* petty prince

princípio *s. m.* beginning, start, commencement, starting-point; source, origin; principle, primary element, maxim, axiom; FÍSICA fundamental law; ***pequeno princípio que pode atingir grandes proporções (pano de amostra)*** the thin end of the wedge; ***um homem de princípios*** a man of principle; ***por princípio*** on principle; ***estabelecer como princípio*** to lay down as a principle; ***de princípios arraigados*** with deeply-rooted principles, firmly principled; ***um bom princípio*** a good beginning; ***o princípio do fim*** the beginning of the end; ***ao princípio*** at first, at the beginning; ***desde o princípio*** from the first, from the very beginning; ***bom princípio é metade do trabalho*** a good beginning is half the work done; ***o pior é o princípio*** all beginnings are difficult

prior *s. m.* prior, parish-priest

priora *s. f.* ⇒ **prioresa**

priorado *s. m.* priorate, priorship

prioral *adj.* relating to a prior or priorship

priorato *s. m.* priorate; priorship

prioresa *s. f.* prioress

prioridade *s. f.* priority, primacy, superiority; precedence

prioritário *adj.* prior, primary, urgent; ***assunto prioritário*** urgent business

prisão *s. m.* prison, cell, gaol, jail; arrest; imprisonment, confinement, incarceration; capture, seizure; chain, fetter; ***prisão celular*** solitary confinement; ***prisão rigorosa*** close arrest; ***prisão perpétua*** imprisonment for life, life sentence; ***prisão preventiva*** protective custody; ***dar voz de prisão*** to take into custody; ***meter na prisão*** to cast (to put) a person in jail; ***sob prisão*** under arrest; ***ordem de prisão*** warrant; ***entregar-se à prisão*** to render oneself prisoner; ***prisão de ventre*** constipation

prisca *s. f.* cigarette end; ⌈cal.⌋ fag end

priscilianismo *s. m.* doctrine of Priscillian, bishop of Avila, Spain

priscilianista *s. m. e f., adj.* Priscillianist

prisco *adj.* pristine, ancient

prisional *adj.* relating to prison

prisioneiro *s. m.* prisoner, captive; ***prisioneiro de guerra*** prisoner of war; ***fazer prisioneiro*** to take prisoner

prisma *s. m.* prism; [fig.] point of view
prismático *adj.* prismatic
prismatização *s. f.* arrangement under a prismatic form
prismatóide *adj.* ⇒ **prismóide**
prismóide *adj.* prismoidal, prismatoidal
pristino *adj.* pristine, primitive, original
prítane *s. m.* prytanis
prítica *s. f.* ⇒ **pírtiga**
prítico *s. m.* ⇒ **pírtigo**
prítiga *s. f.* ⇒ **pírtiga**
privação *s. f.* privation, want, need, destitution; loss (of); *pl.* hardships; ***suportar privações*** to bear hardships; ***sofrer muitas privações*** to suffer many privations; ***as privações da vida*** the privations of life
privacidade *s. f.* privacy, seclusion, secrecy
privada *s. f.* water-closet, latrine, privy (especially in a camp), toilet, lavatory
privado Ⓐ *adj.* deprived, private; not public, personal Ⓑ *s. m.* favourite, intimate friend; ***vida privada*** personal life
privança *s. f.* favour, great intimacy, closeness
privar Ⓐ *v. tr.* to deprive of, to strip of, to dispossess, to bereave; to forbid, to prohibit; to debar from Ⓑ *v. intr.* to live on intimate terms with Ⓒ *v. refl.* to abstain from, to deprive oneself of; ***privar alguém dos seus direitos*** to deprive a person of his rights; ***privar do prazer da companhia*** to deprive of the pleasure of one's company; ***privar-se do necessário*** to pinch oneself; ***privar-se de muita coisa*** to deny oneself, to go without many things
privativamente *adv.* exclusively; privatively
privativo *adj.* private, peculiar, exclusive
privatização *s. f.* privatization
privatizar *v. tr.* to privatize
privilegiado Ⓐ *adj.* privileged, favoured, distinct Ⓑ *s. m.* a privileged person; patentee; ***classe privilegiada*** privileged class
privilegiar *v. tr.* to privilege, to favour; to exempt from (a burden, or duty)
privilégio *s. m.* privilege, right, advantage prerogative; liberty, immunity; ***o privilégio da riqueza*** the privilege of wealth; ***gozar um privilégio*** to enjoy a privilege; ***viver o passado é um triste privilégio da velhice*** to remember the past is a sad privilege of old age
pró Ⓐ *s. m.* pro; advantage Ⓑ *adv.* in favour of, for, pro; ***os prós e os contras*** the pros and cons; ***nem pró nem contra*** neither for nor against; ***em pró de*** in favour of, for the benefit of
proa *s. f.* head, prow, stem (of a ship); [fig.] boast, pride, presumption, vanity, conceit; ***abaixar a proa*** to take a person down a peg; ***ter proa em*** to take a pride in; ***ter alguém pela proa*** to have someone on; NÁUTICA ***proa de beque*** raking stem; ***proa ao mar*** head to sea; ***proa ao vento*** head to wind; ***à proa*** before the mast, fore; ***de proa*** end on, fore; ***dar a proa*** to head; ***pela proa*** ahead, on the bow; ***pela proa direita*** right ahead; ***pôr a proa à terra*** to stand in shore; ***pôr a proa ao largo*** to stand off, to stand out
proar *v. intr.* ⇒ **aproar**
probabilidade *s. f.* probability; likelihood; likeliness; prospect; chance; ***com todas as probabilidades*** in all probability; ***as probabilidades são contra nós*** the odds are against us; ***nenhumas probabilidades de êxito*** no prospect of success; COMÉRCIO ***probabilidades de uma boa venda*** prospects of a good sale; ***há uma ligeira probabilidade de*** there is an off chance that; ***não ter probabilidade alguma*** not to have the ghost of a chance; ***probabilidade de lucro*** chance of gain; ***cálculo de probabilidade*** theory of probability
probabilismo *s. m.* probabilism
probabilista *s. m. e f.* probabilist
probabilizar *v. tr.* to render probable
probante *adj.* probative, evidential, convincing
probatório *adj.* probatory, probational
probidade *s. f.* probity, honesty, integrity, uprightness, rectitude; ***de probidade*** of probity
problema *s. m.* problem; MATEMÁTICA proposition; quiz, doubt; ***problema matemático*** mathematical problem; ***um problema difícil*** a great problem; ***é um problema ajustar as despesas ao rendimento*** [fig.] it is a problem to know how to make both ends meet; ***problema complicado*** a knotty problem; ***resolver um problema*** to solve a problem; ***estudar um problema até lhe achar solução*** to worry out a problem
problemática *s. f.* set of problems posed by a domain of thought or action
problemático *adj.* problematic(al), doubtful, questionable; ***toda a questão é problemática*** the whole question is problematic
problematização *s. f.* equation; analysis; questioning
problematizar *v. tr.* to give the form of a problem to, to equate; to put in doubt, to question
probo *adj.* honest, straightforward, upright, trustworthy, faithful
probóscida *s. f.* ⇒ **probóscide**
probóscide *s. f.* ZOOLOGIA proboscis (*plural* proboscides)
proboscídeo Ⓐ *adj.* ZOOLOGIA proboscidean, proboscidian Ⓑ *s. m. pl.* *Proboscidea*
procace *adj.* impudent, saucy; petulant
procacidade *s. f.* procacity, petulance, sauciness, impudence, forwardness
procaz *adj.* impudent, saucy, petulant
procedência *s. f.* provenance, source, provenience; ***procedência duvidosa*** doubtful origin
procedente *adj.* coming from, proceeding from; sprung; descended; logical, consequent
proceder Ⓐ *v. intr.* to proceed; to go on; to spring from, to arise from, to issue from; to proceed against; to take legal action; to act, to behave, to conduct oneself; to be inferred Ⓑ *s. m.* behaviour, conduct; proceeding; ***proceder lealmente*** to play fair, to act fairly; ***proceder de ma-fé*** to play foul or false; ***proceder de boa-fé*** to act in good faith; ***proceder estouvadamente*** to ride for a fall; ***proceder volúvelmente*** to play fast and loose, to act recklessly; ***proceder sem hesitação*** to stick at nothing; ***proceder com cautela*** to act cautiously, to err on the safe side; ***proceder à liquidação de*** to proceed to liquidation of; ***proceder a investigações*** to make researches or inquiries
procedido *adj.* sprung, proceeding from
procedimento *s. m.* behaviour, conduct, manners, deportment, demeanour; proceeding; procedure, suit, process, judicial proceedings; ***este procedimento fica-te mal*** this behaviour is unbecoming to you; ***procedimento incorrecto*** breach of propriety; ***procedimento grosseiro*** rude behaviour; ***procedimento condenável*** foul practice; ***procedimento correcto*** round dealing; ***procedimento contrário às regras de uma profissão*** unprofessional conduct
procela *s. f.* storm, tempest
procelária *s. f.* ORNITOLOGIA procellaria, stormy petrel
Procelariídas *s. m. pl.* ⇒ **Procelariídeos**
Procelariídeos *s. m. pl.* *Procellariidae*
proceleusmático *adj.* proceleusmatic
proceloso *adj.* stormy, tempestuous; ***vento proceloso*** rough (stormy) wind
prócer *s. m.* ⇒ **prócere**
prócere *s. m.* magnate
proceridade *s. f.* procerity
prócero *adj.* grand, lofty, elevated, illustrious
processador *s. m.* processor; ***processador de texto*** word processor
processamento *s. m.* processing; INFORMÁTICA ***processamento de dados*** data processing; INFORMÁTICA ***processamento de texto*** word processing
processão *s. f.* origin, provenance; procession; emanation

processar *v. tr.* to sue, to prosecute, to go to law, to take action; to proceed against
processável *adj.* that may be sued; liable to prosecution
processional *adj.* processional
processionalmente *adv.* processionally
processionária *s. f.* ZOOLOGIA processionary moth, processionary caterpillar
processionário *s. m.* processional (book)
processivo Ⓐ *s. m.* person with a pathological tendency to be involved in juridical problems Ⓑ *adj.* referring to a person with a pathological tendency to be involved in juridical problems
processo *s. m.* process, method, procedure; course, mode, lawsuit; ***processo químico*** chemical process; ***processo judicial*** judicial proceeding, lawsuit; ***processo civil*** civil suit; ***processo disciplinar*** disciplinary proceeding
processologia *s. f.* knowledge or study of processes used in an art or in a science
processológico *adj.* referring to the knowledge or study of processes used in an art or in a science
processual *adj.* processual
procidência *s. f.* MEDICINA procidentia, prolapse
procidente *adj.* procident
procissão *s. f.* procession; ***ir em procissão*** to go in procession
proclama *s. m.* proclamation; banns
proclamação *s. f.* proclamation, announcement, publication; ban, publishment; declaration
proclamador *s. m.* proclaimer
proclamar Ⓐ *v. tr.* to proclaim, to announce, to publish, to promulgate; to declare publicly Ⓑ *v. refl.* to proclaim oneself
proclamatório *adj.* proclamatory
proclame *s. m.* ⇒ **proclama**
proclinar Ⓐ *v. tr.* to bend forward; to lower; to let or bring down Ⓑ *v. refl.* to stoop
próclise *s. f.* GRAMÁTICA use of a proclitic word
proclítica *s. f.* GRAMÁTICA proclitic
proclítico *adj.* proclitic
proclive *adj.* inclined
proclividade *s. f.* proclivity
procônsul *s. m.* proconsul
proconsulado *s. m.* proconsulate, proconsulship
proconsular *adj.* proconsular
procrastinação *s. f.* procrastination, delay; dilatoriness
procrastinador *s. m.* procrastinator; dilatory, unpunctual person
procrastinar Ⓐ *v. tr.* to procrastinate, to defer, to delay Ⓑ *v. intr.* to be dilatory
procrastinatório *adj.* procrastinatory
procriação *s. f.* procreation
procriador *s. m.* procreator
procriar Ⓐ *v. tr.* to procreate; to generate, ⌈arc.⌋ to beget Ⓑ *v. intr.* to produce; to germinate
procronismo *s. m.* prochronism; ante-dating
proctal *adj.* referring to the anus or rectum
proctalgia *s. f.* proctalgia; pain in the anus or retum
proctite *s. f.* PATOLOGIA proctitis
proctocele *s. f.* protocele
proctoplastia *s. f.* proctoplasty
proctoscopia *s. f.* proctoscopy
proctoscópio *s. m.* proctoscope
proctotomia *s. f.* proctotomy
proctótomo *s. m.* proctotome
procumbir *v. intr.* to fall down dead or wounded
procura *s. f.* COMÉRCIO demand; search, quest, inquiry; ***à procura de*** in search of; ***procura e oferta*** demand and supply; ***procura bastante regular*** fairly steady demand
procuração *s. f.* procuration, proxy, power of attorney; warrant of attorney; ***por procuração*** by proxy, by attorney; ***casamento por procuração*** marriage by proxy
procuradeira *s. f.* curious and intriguing woman
procurador *s. m.* procurator, solicitor, proxy, agent; attorney, trustee, mandatary, mandatory; RELIGIÃO proctor; ***constituiu-me seu procurador*** he made me his proxy; ***procurador geral da Coroa ou da República*** Attorney General; ***procurador judicial*** prosecutor
procuradoria *s. f.* procuracy; attorneyship
procurar Ⓐ *v. tr. e intr.* to look for, to search, to seek; to inquire; to try, to attempt, to aim at, to endeavour; to quest; to visit, to call on Ⓑ *v. intr.* to act as an attorney; to administer; ***procurar pretextos (para fazer desordens)*** to trail one's coat-tails; ***procurar até encontrar*** to run to earth; ***procurar uma palavra no dicionário*** to look up a word in the dictionary; ***procurar por toda a parte*** to hunt up and down; ***ser muito procurado*** to be in great demand; ***procurar um emprego*** to seek a situation (or a job), to look out for a situation (or a job), to look for a situation (or a job); ***procurar ansiosamente*** to run after; ***procurar alguém*** to call on someone, to look for someone; ***procuram-no*** you are wanted; ***quem procura?*** whom do you want?; ***procuraram um lugar na sombra*** they looked for a shady spot; ***procurar dados*** to procure information, to make inquiries; NÁUTICA ***procurar o fundo*** to try the depth; ***procurar agulha em palheiro*** to seek a needle in a haystack
procuratória *s. f.* ⇒ **procuradoria**
procuratório *adj.* procuratory
procuratura *s. f.* ⇒ **procuradoria**
procústeo *adj.* ⇒ **procustiano**
procustiano *adj.* despotic(al), tyrannical
prodiagnóstico *s. m.* anticipated diagnosis
prodigalidade *s. f.* prodigality; open-handedness; wastefulness, extravagance; overprofusion; plenty, profusion, abundance, copiousness
prodigalíssimo *adj.* most prodigal
prodigalizador *s. m.* waster, prodigal; spender; spendthrift
prodigalizar *v. tr.* to prodigalize, to waste, to dissipate, to squander
prodigamente *adv.* prodigally, recklessly, wastefully, extravagantly
prodigar *v. tr.* ⇒ **prodigalizar**
prodígio *s. m.* prodigy, portent, marvel; wonder, phenomenon; ***um prodígio de saber*** a prodigy of learning; ***os prodígios da Natureza*** the prodigies or freaks of nature; ***menino prodígio*** infant prodigy
prodigiosamente *adv.* prodigiously; marvellously
prodigioso *adj.* prodigious, marvellous, amazing, wonderful
pródigo Ⓐ *adj.* prodigal; extravagant, wasteful, improvident, lavish Ⓑ *s. m.* prodigal, spendthrift, wastrel, squanderer; NÁUTICA rider; ***filho pródigo*** prodigal son; ***o regresso do filho pródigo*** the return of the prodigal son
proditor *s. m.* traitor, betrayer, informer
proditório *adj.* treacherous
prodrómico *adj.* MEDICINA prodromic, premonitory
pródromo *s. m.* MEDICINA prodrome, warning, premonitory symptom of a disease; preliminary book, prodromus (*plural* prodromi)
produção *s. f.* production, producing; product, produce; output, manufacturing; ***a produção está a diminuir*** the production is falling off; ***produção e consumo*** production and consumption; ***a produção das fábricas*** the produce (or output) of factories and mills; ***produção de energia*** power generation; ***produção nacional*** home production; ***produção em massa*** mass production; ***produção insuficiente*** underproduction; ***linha de produção*** production line; ***planeamento de produção*** production scheduling

producente *adj.* producing; logical, conclusive
produtibilidade *s. f.* productibility
produtivamente *adv.* productively, creatively, fruitfully, prolifically, profitably
produtível *adj.* producible
produtividade *s. f.* productivity; fertility, productiveness
produtivismo *s. m.* social doctrine which sees production development as the target of social evolution
produtivo *adj.* productive, fertile, creative, fruitful; ***solo produtivo*** productive soil
produto *s. m.* product; produce; proceeds, production; result, outcome, output; fruit; QUÍMICA product; MATEMÁTICA product, result; ***produtos da terra*** the products of the soil, the fruits of the earth; COMÉRCIO ***produto líquido*** proceeds; ***produto bruto*** gross proceeds; ***o produto reverterá a favor de obras de caridade*** the proceeds will be devoted to charity; ***o produto do seu trabalho*** the product of his labours; ***produtos químicos*** chemicals; ***produto estrangeiro*** foreign produce; ***produto básico*** basic product; ***produto secundário*** by-product; ***produto natural*** raw produce; ***produto da nossa época*** a child of our time; ***Produto Nacional Bruto*** gross national product (GNP); ***Produto Interno Bruto*** gross domestic product (GDP)
produtor Ⓐ *s. m.* producer; manufacturer Ⓑ *adj.* productive; producing
produtriz Ⓐ *s. f.* producer Ⓑ *adj.* productive
produzidor *s. m., adj.* ⇒ **produtor**
produzir *v. tr.* to produce; to bring forth; to bear, to yield; to bring about, to cause, to origin; to make, to manufacture, to create, to form; ***produzir uma boa colheita*** to yield a good crop; ***produzir mau efeito*** to give a bad impression; ***produzir uma reacção*** to have a repercussion; ***produzir um lucro*** to bring a profit; ***produzir efeito*** to take effect
produzível *adj.* producible
proeiro *s. m.* NÁUTICA bow oarsman, bowman
proejar *v. tr.* to row against the wind or current; to steer on a certain direction
proemial *adj.* proemial, prefatory, introductory, preliminary
proemiar *v. tr.* to preface
proeminar *v. intr.* to stand out, to project
proeminência *s. f.* prominence, prominency; protuberance, salience; eminence, distinction, conspicuousness, importance, pre-eminence
proeminente *adj.* prominent, projecting; pre-eminent, conspicuous, eminent, distinguished
proeminentemente *adv.* prominently; conspicuously, with distinction, pre-eminently
proémio *s. m.* proem, preface, introduction, preamble
proençal *adj.* ⇒ **provençal**
proenzima *s. f.* BIOQUÍMICA proenzyme
proestro *s. m.* period before rut (heat); preoestrous
proeza *s. f.* prowess, feat, exploit; deed; ***praticar uma proeza*** to set the Thames on fire
profanação *s. f.* profanation, desecration, violation
profanador Ⓐ *s. m.* profaner, desecrator, violator Ⓑ *adj.* desecrating
profanar *v. tr.* to profane, to desecrate; to pollute, to violate, to debase
profanável *adj.* that can be profaned
profanidade *s. f.* profanity, irreverence; blasphemy
profano Ⓐ *adj.* profane, secular; uninitiated; irreverent, blasphemous, sacrilegious; heathen, pagan Ⓑ *s. m.* layman; profane person; profane things; ***linguagem profana*** profane language
prófase *s. f.* prophase, mitosis
profecia *s. f.* prophecy, prediction, vaticination
profectício *adj.* profectitious
proferição *s. f.* ⇒ **prolação**
proferir *v. tr.* to utter, to express, to say; to pronounce; ***não proferiu uma palavra*** he didn't utter a word; ***proferir uma sentença*** to pronounce a verdict; ***proferir um discurso*** to make a speech
professante *adj.* professing
professar Ⓐ *v. tr.* to profess, to avow, to confess, to declare; to acknowledge; to proclaim Ⓑ *v. intr.* to profess oneself; to take the veil; to take religious vows as a nun or monk
professo Ⓐ *adj.* professed, declared, avowed, skilled; expert Ⓑ *s. m.* professed person; an expert
professor *s. m.* teacher; ***professor com vinte anos de exercício*** a teacher of twenty years standing; ***professor de línguas*** teacher of languages; ***professor catedrático*** professor (in a university); ***professor assistente (de uma universidade inglesa)*** reader, assistant, lecturer; ***professor particular*** domestic tutor
professora *s. f.* teacher; schoolmistress
professorado *s. m.* professorship, professorate, body of teachers
professoral *adj.* professorial
professorando *s. m.* he who is about to become a professor
professorar *v. intr.* to teach, to be a teacher
profeta *s. m.* prophet; ***ninguém é profeta na sua terra*** no man is a prophet in his own country
profético *adj.* prophetic, prophetical
profetisa *s. f.* prophetess
profetizador Ⓐ *s. m.* foreteller, predictor Ⓑ *adj.* foretelling, prophetizing, prophesying
profetizar *v. tr.* to prophesy, to prophetize, to foretell, to predict, to prognosticate; ***profetizar o futuro*** to prophesy (to foretell) the future
proficiência *s. f.* proficiency, skill, efficiency, expertness; competence
proficiente *adj.* proficient, skilled, expert, competent, adept
proficientemente *adv.* proficiently
proficuamente *adv.* usefully, profitably
proficuidade *s. f.* profitableness, utility, usefulness
profícuo *adj.* useful, profitable, advantageous
profiláctico *adj.* MEDICINA prophylactic, preventive, preservative
profilaxia *s. f.* prophylaxis
profissão *s. f.* profession, occupation, employment; calling, vocation; confession (of faith); affirmation (of loyalty, affection, etc.); ***profissão de fé*** profession of faith; ***profissões liberais*** the learned professions; ***jogador de profissão*** professional gambler; ***profissão de advogado*** the profession of a barrister; ***errar a profissão*** to mistake one's vocation
profissional Ⓐ *adj.* professional Ⓑ *s. m.* professional man; ***os profissionais*** professional men; ***os profissionais da imprensa*** professional journalists; ***dever profissional*** professional etiquette
profissionalismo *s. m.* professionalism
profissionalmente *adv.* professionally
profitente *adj.* professing
profligação *s. f.* profligacy; overthrowing, extermination, destruction; defeat; profligateness
profligador *s. m.* destroyer, overthrower
profligar *v. tr.* to defeat, to destroy, to overthrow, to rout; to corrupt; to profligate
profluente *adj.* profluent
pró-forma *adj., s. m. [expressão latina]* pro forma, for form's sake, as a matter of form; ***é apenas um pró-forma*** it is only a matter of form
prófugo *adj.* fugitive
profundador *s. m.* scrutinizer
profundamente *adv.* profoundly, deeply, soundly, thoroughly
profundar Ⓐ *v. tr.* to deepen; to make deep; to investigate deep, to sound, to fathom; to investigate, to explore;

to hollow; to examine thoroughly; to penetrate deep down Ⓑ *v. refl.* to become deeper; ***profundar um assunto*** to enter deeply into a matter

profundas *s. f. pl.* [pop.] the depths; profoundness; hell

profundável *adj.* that may be deepened; fathomable

profundez *s. f.* ⇒ **profundidade**

profundeza *s. f.* ⇒ **profundidade**; ***mandar para as profundezas do Inferno*** to send to the depths of hell

profundidade *s. f.* depth, profoundness, profundity, thoroughness; sagacity, penetration; ***que profundidade tem o poço?*** how deep is the well?, what is the depth of the well?; ***o poço tem 5 metros de profundidade*** the well is 5 metres deep, the well is 5 metres in depth; ***a profundidade dos seus (dele) estudos*** the thoroughness of his studies

profundo Ⓐ *adj.* deep, profound; recondite, fathomless, bottomless; sagacious, penetrating, mysterious, sound; thorough Ⓑ *s. m.* [poét.] deep, main, sea; hell; ***tomar interesse profundo*** to take a profound interest; ***conhecimento profundo*** profound knowledge; ***silêncio profundo*** deep silence; ***profunda gratidão*** deep (profound) gratitude; ***sono profundo*** sound (deep) sleep

profundura *s. f.* ⇒ **profundidade**

profusamente *adv.* profusely, copiously

profusão *s. f.* profusion, profuseness, abundance, plenty, exuberance; prodigality; ***profusão de flores*** profusion of flowers

profuso *adj.* profuse, plentiful, abundant, copious; prodigal, exuberant, extravagant, lavish, wasteful

progénie *s. f.* progeny

progénito *adj.* proceeder, descendant

progenitor *s. m.* progenitor, ancestor, forefather

progenitura *s. f.* progeniture, generation, progeny

progesterona *s. f.* progesterone

proglote *s. f.* ZOOLOGIA proglottid, proglottis

prognatismo *s. m.* prognathism

prógnato *adj.* prognathous

progne *s. f.* [poét.] swallow; [fig.] spring

prognose *s. f.* MEDICINA prognosis

prognosticação *s. f.* prognostication, foreboding, indication, omen, presage; prognostic

prognosticador *s. m.* prognosticator; foreteller

prognosticar Ⓐ *v. tr.* to prognosticate, to foretell, to forecast, to predict, to warn, to presage Ⓑ *v. intr.* MEDICINA to make a prognosis; ***prognosticar triunfo (êxito)*** to prognosticate success

prognóstico *s. m.* prognostic, omen, conjecture; prediction; MEDICINA prognosis

programa *s. m.* programme, [E. U. A.] program; outline, schedule, plan; card, bill, syllabus; ***fazer um programa de trabalho*** to draw up a timetable (or programme) of work; ***qual é o programa do dia?*** what is the programme for today?; ***um programa completo*** a full programme; ***programa de baile*** dance programme; ***programa de teatro*** playbill, theatre programme; ***programa musical*** musical programme; ***programa de televisão*** television broadcast, telecast

programação *s. f.* planning; INFORMÁTICA (computer) programming; ***programação televisiva*** TV programming

programador *s. m.* programmer

programar *v. tr.* to plan; INFORMÁTICA to program

programático *adj.* programmatic

programatizar *v. tr.* to plan

progredimento *s. m.* progressing; progress, advance

progredir *v. intr.* to advance, to progress; to improve, to develop, to make progress; to move forward; to go on; to proceed, to make one's way; ***o pequeno vai progredindo nos seus estudos*** the boy is making progress in his studies; ***a doença progrediu rapidamente*** the disease made rapid progress; ***progredir na vida*** to make one's way in the world, to get on in life

progressão *s. f.* progression; advance, progress; MATEMÁTICA progression; ***progressão aritmética*** arithmetical progression; ***progressão gradual*** graduation

progressismo *s. m.* progressism, progressionism

progressista *s. m. e f.* progressionist, progressist

progressivamente *adv.* progressively

progressividade *s. f.* progressiveness

progressivo *adj.* progressive, advancing, moving forward

progresso *s. m.* progress, advance, improvement, betterment; development, increase, expansion; forward move (or movement); ***fazer grandes progressos*** to make great progress; ***fazer progressos razoáveis*** to be progressing favourably, to make great strides; ***o progresso da civilização*** the progress of civilization; ***progresso da aviação*** progress in aviation; ***progresso da medicina*** progress of medicine; ***progresso considerável*** substantial progress

proibição *s. f.* prohibition, interdiction, forbidding

proibidor Ⓐ *s. m.* prohibiter, interdicter, forbidder Ⓑ *adj.* prohibiting, forbidding

proibir *v. tr.* to forbid, to prohibit; to inhibit, to deny, to ban, to disallow, to debar, to veto, to debar from, to interdict; ***é proibido passar sob pena de multa*** trespassers will be prosecuted; ***proibiram-no de votar*** he was prohibited from voting; ***proibir de falar*** to forbid to speak; ***proibir de entrar no país*** to forbid to enter the country, to prohibit from entering the country

proibitivamente *adv.* prohibitively

proibitivo *adj.* prohibitive, forbidding, prohibitory, interdictory

proibitório *adj.* prohibitory, prohibitive

proiz *s. m.* NÁUTICA painter (rope)

projecção *s. f.* projection, planning; delineation, scheme; prominence; throwing, casting; protuberance, overhang, bulge; GEOMETRIA projection, projecting of a figure; ***projecções luminosas*** lantern slides; ***projecção isométrica*** isometric projection; NÁUTICA ***projecção de águas das caldeiras*** priming of the boilers

projeccionista *s. m. e f.* projectionist

projectação *s. f.* ⇒ **projecção**

projectante Ⓐ *adj.* projecting Ⓑ *s. f.* projecting line

projectar *v. tr. e refl.* to project, to propel, to throw, to hurl, to cast, to shoot, to plan, to scheme out, to think out, to plot, to devise; to sketch, to outline, to delineate; to contrive; to protrude, to jut, to stick out; GEOMETRIA to project; to make a projection of; ***projectar um raio de luz*** to project a ray of light; ***projectar a reconstrução de uma cidade*** to plan the rebuilding of a town; ***projectar um passeio*** to plan a trip

projéctil Ⓐ *s. m.* projectile; missile, bullet, bomb Ⓑ *adj.* projectile; ***projéctil de artilharia*** shell; ***projéctil explosivo*** explosive projectile; ***projéctil dirigido*** guided missile; ***projéctil luminoso*** tracer

projectista *s. m. e f.* schemer, projector

projectivo *adj.* projective

projecto *s. m.* project, plan, design, idea, scheme; bill; ***opor-se a um projecto de lei*** to oppose a bill; ***achas bom o projecto?*** do you think the plan is a good one?; ***um belo projecto*** a good scheme; ***fazer projectos no ar*** to make idle projects; ***apresentar um projecto de lei*** to introduce (to bring in) a bill; ***projecto fantástico*** wild scheme; ***projecto de construção*** building plan; ***projecto definitivo*** definitive scheme

projecto-lei *s. m.* DIREITO bill; ***apresentar um projecto-lei*** to propose a bill; ***rejeitar o projecto-lei*** to throw out the bill; ***votar o projecto-lei*** to pass the bill

projector *s. m.* projector; searchlight; AERONÁUTICA ***projector do tecto*** ceiling projector

projectura *s. f.* ARQUITECTURA projecture, jutting out, standing out

prol *s. m.* profit, utility, advantage; ***em prol de*** in favour of
prolação *s. f.* pronunciation; pronouncement; prolation, utterance; prolongation of sound
prolapso *s. m.* MEDICINA prolapse, prolapsus
prolator *s. m.* one who promulgates the law; prolative
prole *s. f.* offspring, children, descendants, progeny; DIREITO issue
prolegómenos *s. m. pl.* prolegomena (*singular* prolegomenon); preliminary discourse or matter prefixed to a literary work; introductory part
prolepse *s. f.* RETÓRICA, LITERATURA prolepsis
proléptico *adj.* proleptic
proletariado *s. m.* proletariat(e), labouring classes, working class
proletário *s. m.* proletarian, member of the proletariat
proletarizar *v. tr.* to impoverish
prolfaças *s. m. pl.* ⇒ **parabéns**
proliferação *s. f.* proliferation; rapid growth of cells by budding or division; reproduction of new parts; prolification
proliferar *v. intr.* to proliferate, to reproduce; to grow in quick succession by proliferation
prolífero *adj.* proliferous, reproducing, prolific, productive, fertile, generative, increasing by proliferation
prolificação *s. f.* prolificity, prolificacy, prolificness, fruitfulness, fertility
prolificar *v. intr.* to proliferate, to reproduce, to breed, to render prolific or fruitful, prolification
prolificidade *s. f.* prolificness
prolífico *adj.* prolific, productive, generative, fertile, fruitful, abundant
prolígero *adj.* proligerous; productive; generactive
prolixamente *adv.* prolixly, diffusely
prolixidade *s. f.* prolixity, verbosity, diffuseness, tediousness, extension, length, wordines
prolixo *adj.* prolix, verbose, lengthy, long-winded, diffuse, tedious, tiresome, wearisome; ***escritor prolixo*** a prolix writer; ***discurso prolixo*** prolix speech
prologal *adj.* concerning the prologue; in the form of a prologue
prologar *v. tr.* to prologize, to write a prologue, to preface, to prologuize
prólogo *s. m.* prologue, introduction, preamble, preface (to a poem or play, etc.); ***prólogo de uma peça teatral*** curtain-raiser
prolonga *s. f.* delay, deferment; retardation, protraction; NÁUTICA binding-rope
prolongação *s. f.* prolongation, elongation, protraction, lengthening; extension
prolongadamente *adv.* lengthily, extendedly
prolongado *adj.* prolonged, delayed, lengthened, extended, protracted; ***muito prolongado*** long drawn out; ***vida prolongada*** long life
prolongador Ⓐ *s. m.* prolonger, one who prolongs, protractor Ⓑ *adj.* prolonging, protracting, extending
prolongamento *s. m.* prolongation, lengthening, extension; continuation; ***prolongamento da estrada*** extension of the road
prolongar *v. tr.* to prolong, to lengthen, to extend, to continue; to spin out; to make longer; to protract, to postpone, to delay, to put off, to defer; NÁUTICA to lay alongside of; ***prolongar a vida*** to prolong one's life; ***prolongar uma estrada*** to make an extension to a road; ***prolongar a agonia*** to prolong the agony; ***prolongou a sua estadia por mais algumas semanas*** he lengthened his stay for some weeks; ***prolongar fastidiosamente*** to spin out; ***prolongar o prazo*** to extend the term
prolongável *adj.* prolongable
proloquial *adj.* axiomatic, concerning a saying
prolóquio *s. m.* maxim, adage, proverb, saying, axiom
prolusão *s. f.* prolusion, introduction
promanar *v. intr.* to emanate from, to proceed from, to issue from, to spring from, to originate; to flow; to come forth
promessa *s. f.* promise, assurance, word, parole, engagement, pledge; votive offering; vow; ***fazer uma promessa*** to make a promisse; ***promessa de auxílio*** promise to help, promise of help; ***quebra de promessa de casamento*** breach of promise; ***apesar das suas repetidas promessas*** notwithstanding his repeated promises; ***cumprir uma promessa*** to fulfil a vow; ***promessas duvidosas*** doubtful promises; ***promessa de pagamento*** promise of payment
prometedor *s. m., adj.* promising, hopeful, full of promise; promiser; ***aluno prometedor*** a promising pupil; ***ser prometedor*** to shape well, to promise well, to be promising
prometedoramente *adv.* promisingly
prometeico *adj.* Promethean
prometer *v. tr. e refl.* to promise, to make a promise, to afford ground for hope; to assure (by promise); to give hopes; to give good prospect of; to afford expectations; to engage, to do something; to promise oneself; to betroth, to engage, to affiance; ***prometer não dizer*** to promise not to tell; ***prometer auxílio*** to promise help; ***prometer guardar segredo*** to promise secrecy; ***as colheitas prometem ser boas*** the crops promise well; ***prometer mundos e fundos*** to promise wonders, to promise mountains and marvels
prometida *s. f.* intended (future) wife, fiancée
prometido Ⓐ *adj.* promised, pledged; vowed, engaged Ⓑ *s. m.* thing promised, fiancé; ***cumprir o prometido*** to be as good as one's word; ***o prometido é devido*** a promise is binding, he who promises must keep his word
prometimento *s. m.* promise, promising; assurance; ***fazer prometimentos*** to make promises; ***prometimentos não faltam*** promises are not wanting
promiscuamente *adv.* promiscuously, confusedly, indiscriminately
promiscuidade *s. f.* promiscuity, promiscuousness, indiscriminate confusion
promiscuir-se *v. refl.* to mingle with
promíscuo *adj.* promiscuous, confused, mingled (together), indiscriminate, haphazard, miscellaneous, disorderly
promissão *s. f.* promise; ***Terra da Promissão*** Promised Land, Holy Land
promissivo *adj.* promissory, promissive
promissor Ⓐ *adj.* promising Ⓑ *s. m.* promiser
promissória *s. f.* promissory
promissório *adj.* promissory
promitente *adj.* ⇒ **promissor**
promoção *s. f.* promotion, advancement in rank or status; advance, elevation, rise, graduation; preferment, preference; ***promoção por escolha*** preferment; ***promoção de cadetes da marinha*** term of naval cadets; ***promoção por antiguidade*** promotion by seniority of service; ***promoção por distinção*** promotion for merit; ***promoção de vendas*** sales promotion
promocional *adj.* promotional; ***material promocional*** publicity material; ***vídeo promocional*** promo
promontorial *adj.* concerning a promontory
promontório *s. m.* foreland; promontory, headland, rocky cape
promotor *s. m., adj.* promotive; promoter; supporter; patron; ***promotor de justiça*** prosecutor
promotoria *s. f.* public prosecutor's office
promovedor *s. m.* promoter
promover *v. tr.* to promote, to advance, to further, to forward, to assist (in starting); to foster, to foment, to encourage; to upgrade, to give higher rank to, to advance (in station); to elevate, to honour, to raise; ***promover desordem*** to promote disorder; ***promover o desenvolvimento*** to promote

the development; ***promover a venda*** to push the sale; ***promover um capitão ao posto de major*** to raise (to promote) a captain to the rank of major; ***promover a agricultura*** to promote the interest in agriculture

promulgação *s. f.* promulgation, publication; public declaration; ***promulgação de um decreto*** promulgation of a decree

promulgador Ⓐ *s. m.* promulgator, publisher Ⓑ *adj.* promulgating, proclaiming, publishing

promulgar *v. tr.* to promulgate, to publish, to announce publicly; to proclaim (decree, law, etc.); to make known; ***promulgar um decreto*** to promulgate a decree

promulgativo *adj.* promulgating

pronação *s. f.* ANATOMIA pronation (opposite to supination), turning the hand palm downwards; lying face downwards

pronador *s. m., adj.* ANATOMIA that puts in prone position; pronator, muscle that effects or helps pronation

pronau *s. m.* ARQUITECTURA pronaos; vestibule

prónefro *s. m.* BIOLOGIA pronephros

pronígrado *adj.* referring to the quadruped locomotion

prono *adj.* [poét.] prone, bending forward; inclined, disposed, liable, propense, tending to

pronome *s. m.* GRAMÁTICA pronoun; ***pronomes pessoais*** personal pronouns

pronominal *adj.* GRAMÁTICA pronominal

pronominalmente *adv.* pronominally

pronominar *v. tr.* to add a pronoun to

pronóstico *s. m.* ⇒ **prognóstico**

pronoto *s. m.* ENTOMOLOGIA pronotum

prontamente *adv.* readily, promptly, willingly; ***desculpa-se prontamente*** he is very ready with excuses

prontidão *s. f.* readiness, promptness, promptitude, quickness, alacrity; willingness

prontificação *s. f.* act of getting or making ready

prontificar *v. tr. e refl.* to get ready, to make ready; to equip, to supply (with what is necessary); to be ready for; to offer oneself, to volunteer

pronto Ⓐ *adj.* ready, prompt, quick, nimble, speedy, prepared, expeditious, dexterous; prepared, arranged; inclined, disposed to; apt, easy, prompt; available Ⓑ *adv.* immediately; readily, promptly, quickly; NÁUTICA clear, due, fit, ready; ***estar pronto*** to be ready; ***pronto para agradar*** ready to please; ***pronto para uso*** ready for use; ***pronto pagamento*** cash down, cash payment; ***dar resposta pronta*** to give a prompt answer; ***pronto para o mal*** swift to do wrong, ripe for mischief; ***pronto, está dito!*** so that's that!; ***estou pronto a fazê-lo*** I am quite willing to do it; ***pronto para tudo*** up to anything; ***o jantar está pronto*** dinner is ready; ***ele nunca está pronto a tempo*** he is never ready in time; ***ele está sempre pronto para ir a qualquer lado*** he is always ready to go anywhere; ***pronto para voar*** ready to fly; ***pronto para impressão*** ready for printing; NÁUTICA ***pronto a largar (navio)*** about to sail, ready for sea (ship); ***está pronto!*** all ready!; ***pôr pronto*** to clear; ***pronto!*** stand by!; ***pronto a virar! (navio)*** ready about, ready oh!, station for stays! (ship)

pronto-a-vestir *s. m.* ready-to-wear, ready-made

pronto-socorro *s. m.* breakdown-car; ambulance station; first-aid car

prontuário *s. m.* handbook, ready reckoner, reference book, prompt, enchiridon, manual

prónubo *adj.* [poét.] nuptial; matchmaking

pronúcleo *s. m.* pronucleus

pronúncia *s. f.* pronunciation, act of pronouncing speech-sounds; articulation; utterance; DIREITO indictment, formal accusation; ***ensinar a pronúncia inglesa*** to teach English pronunciation; ***a sua (dele) pronúncia é defeituosa*** his pronunciation is faulty

pronunciação *s. f.* pronunciation, utterance; mode, style or manner of speaking; verdict

pronunciadamente *adv.* pronouncedly, markedly, with emphasis

pronunciado *adj.* pronounced, uttered; strongly marked; pronounced (accused), accentuated; stressed; emphasized

pronunciador *s. m.* pronouncer

pronunciamento *s. m.* pronunciation; insurrection, rebellion, revolt; proclamation, manifesto

pronunciar *v. tr. e refl.* to pronounce, to utter, to articulate, to have a specified style of pronunciation; to pronounce, to declare, to anounce solemnly and publicly; to deliver; to declare (as one's opinion); to pass sentence, to indict, to adjudge; ***pronunciar a sentença de morte*** to pronounce death sentence; ***pronunciar uma sentença*** to pronounce a verdict, to render judgement; ***não pronunciar uma palavra*** not to utter a word; ***é uma palavra difícil de pronunciar*** it is a word difficult to pronounce; ***pronunciar mal o Inglês*** to pronounce English badly; ***pronunciar-se a favor de*** to pronounce oneself in favour of; ***pronunciar-se contra*** to pronounce oneself against; ***pronunciar claramente*** to pronounce clearly

pronunciável *adj.* pronounceable, utterable

pronúncio *s. m.* nuncio

proótico *adj.* prootic (in front of the ear)

propagação *s. f.* propagation, generation, procreation, breeding, reproducing (offspring); reproduction, dissemination, spreading; transmission; ***propagação de doenças*** spread (propagation) of a disease; ***propagação de ideias*** propagation of ideas

propagador Ⓐ *s. m.* propagator; promoter; propagandist, spreader, diffuser Ⓑ *adj.* propagatory, propagative

propaganda *s. f.* propaganda, organized scheme for propagation of a doctrine or practice; advertising, publicity; ***fazer propaganda*** to make propaganda, to propagandize; ***fazer grande propaganda*** to advertise largely; ***secção de propaganda*** publicity department

propagandear *v. tr.* to propagandize, to publicize, to advertise

propagandista *s. m. e f.* propagandist; proselytizer; canvasser

propagandístico *adj.* propagandist

propagar *v. tr. e intr.* to propagate, to multiply (by successive generation or production); to reproduce; to procreate; to spread, to extend, to disseminate; to propagandize; to transmit; to multiply by reproduction; to have offspring; ***propagar doutrinas, ideias etc.,*** to propagate doctrines, ideas, etc; ***propagar calor*** to propagate heat

propagativo *adj.* propagative

propagável *adj.* that can be propagated

propágulo *s. m.* BOTÂNICA propagulum

propalador *s. m.* propagator; one who divulges, one who makes known; publisher

propalar *v. tr.* to divulge, to spread abroad, to make known, to blurt out, to publish; to blab, to let out

propano *s. m.* QUÍMICA propane

proparoxítono *s. m., adj.* GRAMÁTICA having the accent on the syllable just before the penultimate; word stressed on the antepenult

propasto *s. m.* dessert

propatia *s. f.* MEDICINA symptoms of a disease

propedeuta *s. m. e f.* one skilled or learned in propaedeutics

propedêutica *s. f.* preliminary education (or training) in science

propedêutico *adj.* propaedeutic(al)

propelir *v. intr.* to propel, to drive forward, to impel forward

propendente *adj.* inclining, leaning forward, tending, bent, propensive

propender *v. intr.* to lean forward; to incline, to be inclined to; to be in favour of

propeno *s. m.* QUÍMICA propene, propylene
propensão *s. f.* propensity, propension, inclination, tendency, disposition, penchant, proneness; ***propensão para a extravagância*** propensity to extravagance
propenso *adj.* inclined, disposed, addicted, disposed, willing
propianho *s. m.* ⇒ **perpianho**
propiciação *s. f.* propitiation, expiation, reconciliation, satisfaction, atonement
propiciador Ⓐ *s. m.* propitiator Ⓑ *adj.* propitiating
propiciar *v. tr.* propitiate, to render favourable, to make propitious, to appease
propiciatório Ⓐ *adj.* propitiatory, intended to propitiate; conciliatory Ⓑ *s. m.* propitiatory, the mercy-seat
propício *adj.* propitious, favourable, auspicious, fortunate; benevolent, kind, expedient; timely, opportune; benign; ***a ocasião não é propícia para especulações*** the moment is not favourable for speculations
propileu *s. m.* ARQUITECTURA propylaeum, entrance, vestibule (portico in front of any important building)
propina *s. f.* fee, entrance fee (school); entrance money (for examination); school fees; QUÍMICA propine
propinação *s. f.* the act of drinking first, and then offering the cup to another
propinador *s. m.* one who gives somebody a drink
propinar *v. tr.* to pledge in drinking; to propine; to present; to administer
propinquidade *s. f.* propinquity; nearness, proximity (in time, space, relationship, etc.); close kinship; kindred
propínquo Ⓐ *adj.* near, approaching, neighbouring; near Ⓑ *s. m. pl.* relations, kinsfolk
propiteco *s. m.* ZOOLOGIA group of mammals of the genus Lemus
proplástica *s. f.* the art of modelling clay
proplástico *adj.* concerned with modelling clay
própole *s. f.* propolis, bee-glue (thick waxy substance used by bees to stop the crevices of their hives)
própolis *s. f.* ⇒ **própole**
proponente Ⓐ *adj.* proponent Ⓑ *s. m. e f.* person who puts forward a motion, theory (or proposal); proponent; propounder
propor *v. tr. e refl.* to propose, to propound, to put forward for consideration; to suggest; to scheme, to form plans, to design; to submit for discussion; to offer marriage; to propose oneself as; to intend, to mean, to have in view; ***propor uma moção*** to propose a motion; ***propor um negócio vantajoso*** to propose a profitable line of business; ***propor medidas drásticas*** to propose drastic measures; ***propor-se para*** to propose oneself (as); ***propusemos que se fizesse uma mudança*** we proposed that a change should be made; ***propor uma nomeação*** to nominate; ***propor casamento*** [fam.] to pop the question
proporção *s. f.* proportion, comparative relation, ratio, rate; comparative part, share, lot; symmetry, uniformity; comparison; MATEMÁTICA proportion, equality of ratios; ***regra de proporção*** the rule of three; ***em proporção*** in proportion to; ***as proporções de um edifício*** the proportions of a building; ***proporção inversa*** inverse proportion
proporcionadamente *adv.* proportionably; proportionately
proporcionado *adj.* proportionate, proportional; adjusted or adapted, according to proportions or scale; harmonious, symmetrical; commensurate; harmonic; ***bem proporcionado*** well-proportioned
proporcionador Ⓐ *s. m., adj.* one who proportions Ⓑ *adj.* proportioning
proporcional *adj.* proportional, symmetrical, proportionate; ***um aumento proporcional de despesa*** a proportional increase in the expense
proporcionalidade *s. f.* proportionality, proportionateness, adequacy, ratability, ratableness
proporcionalmente *adv.* proportionally
proporcionar *v. tr.* to proportion, to make proportionate to; to adapt, to adjust; to form symetrically; to offer, to favour, to afford; to regulate, to graduate; to present itself (an opportunity); ***proporcionar uma oportunidade*** to afford an opportunity; to give an opportunity to; ***proporcionar facilidades*** to afford facilities
proporcionável *adj.* proportionable, proportional
proposição *s. f.* proposition, statement, assertion; theorem, problem; thesis; proposal, plan, scheme; clause
proposicional *adj.* propositional
propositadamente *adj.* on purpose, purposely, intentionally, with design, designedly; usefully, purposefully
propositado *adj.* on purpose, designed, purposive
propósito *s. m.* purpose, intention, determination, intent, design, aim, end, object, fitness, convenience; prudence, circumspection; ***fê-lo de propósito*** he did it on purpose; ***a propósito*** to speak to the purpose, by the way; ***a que propósito vem isso?*** to what purpose is that?, how does that help?; ***fora de propósito*** irrelevant, unreasonable; ***a propósito de*** in reference to, with regard to, about; ***muito a propósito*** much to the purpose, right to the point; ***com um propósito deliberado*** with a fixed purpose; ***com propósitos*** wisely
propositura *s. f.* act of propounding or bringing forth an action in court
proposta *s. f.* proposal; tender; offer; overture, plan, scheme, design; offer of marriage; motion; suggestion; ***defender uma proposta*** to second a motion; ***aceitar propostas*** to accept proposals; ***rejeitar uma proposta*** to decline a proposal; ***proposta definitiva*** final proposition; ***proposta de paz*** peace proposal; ***proposta de casamento*** proposal, offer of marriage
proposto *s. m.* locum tenens, deputy, representative
propriador *s. m.* worker at a hat factory
propriagem *s. f.* workshop where hats are made; hat-factory
propriamente *adv.* properly, appropriately; suitably, correctly, accurately, justly; ***propriamente dito*** properly so called; ***propriamente falando*** properly speaking
propriedade *s. f.* property; ownership, right to possess; real estate, land; immovable possessions; propriety; fitness, appropriateness, accuracy, justness; character, peculiarity, quality; individual right of property; possession; ***ter grandes propriedades*** to have great possessions; ***direitos de propriedade*** rights and duties of property; ***propriedade imobiliária*** real estate, real property; ***propriedade rústica*** property in land; ***propriedades químicas*** chemical properties; ***falar com propriedade*** to speak with propriety; ***propriedade literária*** copyright; ***direitos de propriedade literária*** author's rights; ***propriedade de estilo*** property of style; ***propriedade toda murada*** fenced property; ***propriedade cultivada*** developed estate; ***pequena propriedade*** small holding
proprietário Ⓐ *s. m.* owner, proprietor, landlord, possessor Ⓑ *adj.* proprietary; ***proprietário rural*** landowner, landlord; ***pequeno proprietário*** small-holder; ***proprietário de navios*** shipowner; ***proprietário de terras*** landed proprietor; ***proprietário de siderurgia*** iron master
próprio Ⓐ *adj.* proper, own, personal, individual, particular, peculiar, special; correct, exact, right, just; fit, suitable, becoming; very Ⓑ *s. m.* bearer; express, messenger; characteristic, peculiar quality, marked feature; ***eu próprio*** I myself; ***sou eu próprio*** I am the person; ***com o meu próprio punho*** with my own hand; ***por iniciativa própria*** of one's own accord; ***vi-o com os meus próprios olhos*** I saw it with my own eyes; ***no próprio dia*** on the very day; ***escolher a ocasião própria*** to choose the proper time; ***a ferocidade é própria dos tigres*** ferocity is natural to tigers; ***isto é próprio?***

is this suitable?; ***o próprio nome*** the very name; ***o próprio homem*** the very man, the man himself
proprioceptivo *adj.* proprioceptive
proprioceptor *s. m.* proprioceptor; type of sensory receptor
proptoma *s. m.* PATOLOGIA proptosis, protrusion of a part of the body, especially of the eye
proptose *s. f.* ⇒ **proptoma**
propugnação *s. f.* propugnation
propugnáculo *s. m.* bulwark, fortress, place where someone defends himself
propugnador Ⓐ *s. m.* defender, protector, vindicator, propugnator Ⓑ *adj.* defending, vindicating
propugnar *v. tr. e intr.* to contend for; to defend, to propugn, to fight for, to vindicate
propulsão *s. f.* propulsion, propelling, driving forward; ***avião de propulsão a jacto*** jet-propulsion plane, jet plane
propulsar *v. tr.* to propel, to drive, to impel forward; to keep away, to repel
propulsionador *adj.* propelling, driving
propulsionar *v. tr.* to propel, to drive
propulsivo *adj.* propulsive, propelling, driving
propulsor *s. m., adj.* propeller; propellant; ***aparelho propulsor*** propelling apparatus; ***veio propulsor*** propeller shaft; ***propulsor de hélice*** screw-propeller
proquestor *s. m.* instead of the questor
proquestura *s. f.* dignity or function of the proquestor
prorrogação *s. f.* prorogation; ***prorrogação do prazo*** extension of term (time)
prorrogador *s. m.* one who prorogues (prorogates)
prorrogar *v. tr.* to prorogue, to prorogate; to put off, to postpone, to adjourn (by authority); to prolong, to extend; ***prorrogar um prazo*** to extend a term; ***prorrogar o pagamento*** to defer the payment
prorrogativo *adj.* that can be prorogated
prorrogável *adj.* that may be prorogued, or prolonged; postponable
prorromper *v. intr.* to burst, to break out
prorrompimento *s. m.* act or result of bursting or breaking out
prosa Ⓐ *s. f.* prose; language (spoken or written) as in ordinary usage; dull, commonplace style; [fam.] talk, prattle, chat Ⓑ *s. m.* boastful or loquacious person
prosador *s. m.* prose writer, proser, prosaist
prosaicamente *adv.* prosaically, in a dull manner
prosaico *adj.* prosaic; dull, tedious; commonplace; monotonous; prosy; matter-of-fact, uninteresting; ***orador muito prosaico*** a very prosaic speaker; ***particularidades prosaicas da vida quotidiana*** prosaic details of everyday life; ***vida prosaica*** a prosaic life
prosaísmo *s. m.* prosaism, prosaic style, mere prose; prosaicness
prosaísta *s. m. e f.* prosaist, prose writer
prosápia *s. f.* progeny, offspring, race, generation; arrogance, overwhelming pride, conceit, haughtiness, vainglory; ***ter prosápia*** to be above oneself
prosar *v. intr.* to prose, to write in a dull, tedious, prosy way
proscénio *s. m.* proscenium, the front part of the stage between the curtain and the orchestra
proscrever *v. tr.* to proscribe, to outlaw, to expel, to banish, to ban; to prohibit, to forbid, to interdict; to exclude, to reject, to taboo
proscrição *s. f.* proscription; outlawry; interdiction; prohibition; condemnation
proscrito Ⓐ *s. m.* outlaw, a social outcast; an exile Ⓑ *adj.* proscribed, outlawed
proscritor Ⓐ *s. m.* proscriber Ⓑ *adj.* proscriptive
prosear *v. tr.* to talk, to chat
proseirão *s. m.* prosaic (material) person
proselítico *adj.* pertaining to proselytism
proselitismo *s. m.* proselytism, conversion to another religion, set of opinions, party, etc.
prosélito *s. m.* proselyte, convert, neophyte
prosênquima *s. m.* BOTÂNICA prosenchyma (tissue of elongated cells with pointed ends)
prosista *s. m. e f.* prose writer, proser
prosobrânquio *adj.* prosobranchiate
prosódia *s. f.* prosody (the science of versification, part of the language dealing with metrical composition)
prosódico *adj.* prosodic, prosodical, prosodiacal
prosodista *s. m. e f.* prosodist
prosonímia *s. f.* department of onomatology dealing with epithets (surnames)
prosónimo *s. m.* surname; epithet
prosonomásia *s. f.* rethorical figure based on the similarity of sounds
prosopalgia *s. f.* PATOLOGIA facial neuralgia, face-ache, prosopalgia
prosopografia *s. f.* prosopography; description of the face
prosopologia *s. f.* prosopology; study of faces
prosopopaico *adj.* ⇒ **prosopopeico**
prosopopeia *s. f.* RETÓRICA prosopopoeia, introduction of pretended speaker; personification of an abstract thing; bombastic personification
prosopopeico *adj.* prosopopoeic(al)
prospecção *s. f.* prospecting
prospectar *v. tr.* to prospect
prospectiva *s. f.* prospective
prospectivamente *adv.* prospectively
prospectivo *adj.* prospective, relating to the future
prospecto *s. m.* prospectus; *pl.* prospectuses, programme, circular describing the chief features of school (company, book, or of an undertaking about to be launched), handbill, prospect, view, wide outlook; ***prospecto de propaganda*** leaflet, handbill
prospector *s. m.* prospector, one who prospects or explores for gold, oil, etc.
prosperamente *adv.* prosperously, successfully, with good fortune
prosperar *v. tr. e intr.* to prosper, to thrive, to develop well; to succeed, to flourish; to develop; to be fortunate, to be prosperous, to render successful; ***prosperar muito*** to be flourishing
prosperidade *s. f.* prosperity, success, welfare, good luck, fortune; wealth; ***prosperidade do negócio*** success of the business, success of the undertaking; ***desejo-lhe muitas prosperidades*** I wish you all prosperity
próspero *adj.* prosperous, successful, fortunate, prospering, thriving, flourishing, lucky, favourable, fortunate; ***ano próspero*** a prosperous year; ***negócio próspero*** prosperous business
prospérrimo *adj.* very prosperous
prossector *s. m.* prosector
prossecução *s. f.* prosecution, pursuit, continuation; execution
prossecutor *s. m.* prosecutor
prosseguição *s. f.* ⇒ **prossecução**
prosseguidor *s. m., adj.* pursuer; prosecutor; continuing, pursuing
prosseguimento *s. m.* prosecution, following, continuation, pursuit; ***prosseguimento da guerra*** prosecution of the war
prosseguir *v. tr. e intr.* to prosecute, to pursue, to continue, to follow; to carry on, to carry out; to proceed, to go on (doing); ***prosseguir os estudos*** to continue one's studies; ***prosseguir as investigações*** to prosecute one's inquiry; ***prosseguir as negociações*** to proceed with negotiations
próstata *s. f.* ANATOMIA prostate, the prostate gland

prostatalgia *s. f.* MEDICINA pain in the prostate
prostatectomia *s. f.* CIRURGIA prostatectomy
prostático *adj.* MEDICINA prostatic
prostatite *s. f.* MEDICINA prostatitis, inflammation of the prostate
prosternação *s. f.* prostration
prosternamento *s. m.* ⇒ **prosternação**
prosternar *v. tr.* to prostrate; to overthrow, to throw down; to humiliate, to humble; to make submissive; to reduce to submission
prosterno *s. m.* ⇒ **episterno**
próstese *s. f.* addition, as prefix of a syllable to a word; GRAMÁTICA prosthesis; MEDICINA prosthesis
prostético *adj.* prosthetic
prostibular *adj.* of or pertaining to brothels
prostibulário *s. m.* person who frequents brothels, libertine
prostíbulo *s. m.* brothel, bawdy-house
prostilo *s. m.* ARQUITECTURA prostyle (portico in front of a temple with no more than four columns)
prostituição *s. f.* prostitution
prostituidor Ⓐ *adj.* prostituting Ⓑ *s. m.* prostitutor
prostituir *v. tr. e refl.* to prostitute, to corrupt (oneself)
prostituível *adj.* capable of being prostituted
prostituta *s. f.* prostitute; [vulg.] hooker
prostituto *s. m.* prostitute
prostração *s. f.* prostration, great depression; extreme bodily exhaustion, exhaustion, debility
prostramento *s. m.* prostration, great depression; extreme bodily exhaustion, exhaustion, debility
prostrar *v. tr. e refl.* to prostrate, to overthrow, to overcome; to exhaust, to depress; to make submissive; to cast oneself down; to prostrate oneself; ***estar prostrado de fadiga*** to be prostrated with fatigue, to be exhausted
protagonismo *s. m.* protagonism; leading role; [fig.] leadership; [fig.] exposure, publicity
protagonista *s. m. e f.* protagonist; leading figure
protagonizar *v. tr.* to play the lead role in; [fig.] to be at the centre of
protandria *s. f.* BOTÂNICA protandry
protândrico *adj.* BOTÂNICA protandric, protandrous, proterandrous
protão *s. m.* proton
protarso *s. m.* part of the tarsus
prótase *s. f.* GRAMÁTICA protasis, introductory clause of a conditional sentence
protático *adj.* protatic
prótea *s. f.* BOTÂNICA protea, genus of 60 species of shrubs or small trees in South Africa and Australia
Proteáceas *s. f. pl.* BOTÂNICA *Proteaceae*
protéases *s. f. pl.* group of enzymes present at the transformation of protein in aminoacids
protecção *s. f.* protection, guard, defence, shelter; cover, security (against financial risk or loss); ***debaixo da protecção de alguém*** under someone's wing; ***está seguro debaixo da sua protecção*** he is safe in your care, he is safe under your protection; ***protecção individual*** individual protection (or care); ***protecção antiaérea*** air defence; ***protecção da população civil*** protection of the civil population
proteccional *adj.* protective
proteccionismo *s. m.* ECONOMIA protectionism (system of protecting home industries)
proteccionista *s. m. e f.* ECONOMIA protectionist
protectoderme *s. f.* primitive ectoderm
protector *s. m., adj.* protector, patron; protecting, sheltering; ***ares protectores*** patronizing airs
protectora *s. f.* protectress
protectorado *s. m.* protectorate; protectorship
protectoral *adj.* protectoral
protectoria *s. f.* protectorship, office of a protector
protectório *adj.* protecting
protegedor *s. m., adj.* protector; protecting
proteger *v. tr.* to protect; to cover, to guard from (injury); to keep safe, to defend, to preserve; to secure; to care (for); to shelter, to shield; to favour, to support; ***proteger os filhos*** to protect one's children; ***proteger a vista do sol*** to protect (to shield) one's eyes from the sun; ***proteger alguém*** to take someone under one's wing; ***proteger contra o perigo*** to protect from danger
protegido Ⓐ *adj.* protected, defended Ⓑ *s. m.* protégé, one who is under the care (protection, or patronage) of another; favourite
proteico *adj.* albuminoid, proteinic, proteinous, proteinaceous; protean; multiform
proteiforme *adj.* proteiform (very changeable in form); protean, variable
proteína *s. f.* BIOQUÍMICA protein
protelação *s. f.* protraction; postponement, delay; procrastination
protelador Ⓐ *adj.* delaying, procrastinating Ⓑ *s. m.* delayer, procrastinator
protelamento *s. m.* procrastination; adjournment
protelar *v. tr.* to protract; to delay, to postpone, to prorogue, to procrastinate, to put off; to prolong
protencéfalo *s. m.* hindbrain, telencephalon
protendoderme *s. f.* primitive endoderm
próteo *adj.* changing easily of shape or opinion
proteólise *s. f.* BIOQUÍMICA proteolysis
proteolítico *adj.* BIOQUÍMICA proteolytic
proterótipo *s. m.* prototype (in systematics)
proterozóico *adj.* proterozoic
protérvia *s. f.* impudence, sauciness, pertness, insolence, petulance
protervo *adj.* brazen-faced, impudent, saucy, pert, insolent, shameless, petulant
prótese *s. f.* GRAMÁTICA prosthesis (the addition, as prefix, of a syllable to a word); CIRURGIA prothesis (making up deficiencies)
protestação *s. f.* protestation, protest; solemn declaration, asseveration
protestador *s. m., adj.* protester; protesting
protestante *s. m. e f.* Protestant
protestantismo *s. m.* Protestantism
protestantizar *v. tr.* to protestantize
protestar *v. tr. e intr.* to protest; to declare, to affirm solemnly; to make a protest, to raise objections; to disagree; to protest against; to refuse, to resist; ***protestar uma letra*** to protest a bill; ***protestar por falta de pagamento*** to protest for non-payment; ***protestar por falta de aceite*** to protest for non-acceptance; ***protestar energicamente*** to protest strongly (energetically); ***protestar a sua inocência*** to protest one's innocence
protestativo *adj.* that affirms or protests; protesting
protestatório *adj.* protesting; asseverating; witnessing
protesto *s. m.* protest, dissent, disapproval; remonstrance; asseveration, promise, solemn declaration, declaration by a public notary that payment or acceptance of a bill has been refused; ***despesas de protesto*** noting expenses; ***protesto de letra*** protest of a bill; ***protesto por falta de aceite*** protest for non-acceptance; ***protesto por falta de pagamento*** protest for non-payment; ***apresentar um protesto*** to make (to lodge) a protest; ***protesto marítimo*** ship's protest, average statement; ***protesto suplementar*** extension of protest; ***aceitar sem protesto*** to take a thing lying down
protético Ⓐ *adj.* LINGUÍSTICA prothetic; MEDICINA prosthetic Ⓑ *s. m.* prosthodontist
protídeo *s. m.* ⇒ **prótido**
protídico *s. m.* ⇒ **proteico**

prótido *s. m.* protein
protilo *s. m.* protyle, prothyl
protista *s. m.* protist, protista; kingdom of organized beings not distinguished as animals or plants
protisto *s. m.* protist, protista; kingdom of organized beings not distinguished as animals or plants
protistologia *s. f.* science of protist
proto- *pref.* proto-, first in time, earliest
proto-árico *s. m.* Indo-European, Indo-German, Aryan
protocanónico *adj.* protocanonical
protocloreto *s. m.* QUÍMICA protochloride
protocolar Ⓐ *adj.* relating to a protocol Ⓑ *v. tr.* to protocolize
protocolista *s. m. e f.* protocolist
protocolizar *v. tr.* to observe the protocol
protocolo *s. m.* protocol, registry; official formulas; formal statement of transaction; formulary of etiquette; papal bull; a judicial record; rule of etiquette
protocordado *s. m., adj.* ZOOLOGIA protochordate
protófita *s. f.* protophyte (*plural* protophyta)
protoginia *s. f.* proterogyny
protogínico *adj.* proterogynous
protógino *s. m.* GEOLOGIA protogynous
proto-história *s. f.* protohistory
proto-histórico *adj.* protohistoric
protolécito *s. m.* protoplastic part of the ovum cell
protólise *s. f.* reaction of an acid or base as solvent
protomártir *s. m.* protomartyr, first martyr (St. Stephen)
protonauta *s. m.* first navigator
protonema *s. m.* BOTÂNICA protonema
protónico *adj.* pretonic
protonotariado *s. m.* protonotaryship
protonotário *s. m.* protonotary, chief notary
protopapa *s. m.* protopope, protopapa
protopático *adj.* protopathic
protoplasma *s. m.* BIOLOGIA protoplasm (physical basis of organic life)
protoplasmático *adj.* protoplasmic, protoplasmatic
protoplásmico *adj.* ⇒ **protoplasmático**
protoplasto *s. m.* protoplast
protóptero *s. m.* protopterus; African fish
protórax *s. m.* prothorax, anterior segment of the thorax in insects
prototérios *s. m. pl.* ZOOLOGIA monotremata
prototípico *adj.* prototypic
protótipo *s. m.* prototype; model, pattern; archetype
prototórax *s. m.* ⇒ **protórax**
prototrófico *adj.* said of plants absorbing mineral substances as food
protóxido *s. m.* QUÍMICA protoxide (any metallic oxide of a series containing the smallest proportion of oxygen)
protozoário *s. m., adj.* ZOOLOGIA protozoal, protozoan (*plural* protozoa)
protozoologia *s. f.* protozoology
protraimento *s. m.* protraction; postponement, adjournment, delay
protrair *v. tr.* to protract, to lengthen, to prolong; to put off; to draw out
protraível *adj.* that can protract; protractive
protréptico *s. m.* protreptic
protrombina *s. f.* prothrombin
protrusão *s. f.* protrusion
protruso *adj.* protruded, protrusive; obtrusive
protuberância *s. f.* protuberance, projection, swelling
protuberante *adj.* protuberant, swelling, bulging out, protruding, prominent
protutela *s. f.* protutory, guardianship
protutor *s. m.* DIREITO guardian, protutor
proustite *s. f.* MINERALOGIA proustite
prova *s. f.* proof, demonstration; test, trial, examination; ordeal; essay; evidence; experiment; sign, token; relish, taste; proof-print, rehearsal; check, copy; ***dar provas de afeição*** to give a proof of one's affection; ***pôr à prova*** to put (something) to the proof (or test); ***prova tipográfica*** proof sheet; ***prova de impressão*** specimen sheet; ***prova negativa*** negative proof; ***corrigir provas (tipográficas)*** to read proofs; ***correcção de provas (tipográficas)*** proof-reading; ***revisor de provas*** proof-reader; ***prova limpa (para o autor)*** author's proof; TIPOGRAFIA ***prova de granel*** galley-proof; ***tirar uma prova*** to pull a proof; ***dar provas de coragem*** to give a sample of one's courage; ***prova escrita*** written test; ***prova oral*** oral test; ***à prova*** on trial, under proof; ***a primeira prova (de fato)*** the first fitting; ***gabinete de prova (de fato)*** fitting-room; ***prova de amizade*** mark of friendship, proof of friendship; ***desistir das provas escritas (num exame)*** to fail to do the written papers (in an examination); ***à prova do mau tempo*** weather-proof; ***à prova de fogo*** fire-proof; ***à prova de água*** water-proof; ***estar à prova de*** to be proof against; ***isto constitui prova suficiente*** this requires no further proof; DIREITO ***prova contrária*** rebutting evidence; ***como prova da minha afirmação*** in proof of my assertion; ***dar provas de sobejo*** to speak volumes for; ***resistir à prova*** to stand the test; ***nem sombra de prova*** not a shred of evidence
provação *s. f.* probation, trial, proof, hardship, tribulation, suffering, distress; novitiate
provado *adj.* experienced, learned; proved, demonstrated; tested, briefed
provador *s. m.* taster, one who tries or tastes; prover
provadura *s. f.* trial; the act of tasting or trying; sample; taste
provança *s. f.* juridical proof, legal proof
provar *v. tr.* to try, to test; to prove, to sample; to evince, to demonstrate, to testify; to essay; to verify; to establish (the validity); to show; to taste; to experiment; ***provar fatos*** to try on (clothes); ***provar uma acusação*** to prove a charge (accusation); ***provou-se a acusação contra o ladrão*** the charge against the thief was proved
provará *s. m.* each of the items in a bill of indictment
provável *adj.* probable, likely, possible; ***não é provável que ele venha*** it is not likely he will come; ***é provável que ele se esquecesse*** it is probable that he forgot; ***é pouco provável*** it's not likely; ***é provável que chova*** it is likely to rain
provavelmente *adv.* probably, likely; ***muito provavelmente*** very likely
provecto *adj.* old, aged; advanced in years; experienced, versed; well on; ***de idade provecta*** striken in years, well on in years, [fam.] to be long in the tooth
provedor *s. m.* purveyor; head of a charitable institution
provedoral *adj.* relative to a purveyor or the head of a charitable institution
provedoria *s. f.* purveyor's office
proveito *s. m.* profit, gain, advantage; ***tirar o proveito de*** to reap the profit of; ***tirar proveito de*** to profit by, to turn, to account; ***tirar o maior proveito de*** to make the most of; ***bom proveito*** much good may it do you, enjoy your meal!; ***não cabem dois proveitos no mesmo saco*** you cannot eat your cake and have it; ***tirar proveito do trabalho dos outros*** to profit from others' work
proveitosamente *adv.* profitably, with profit, with advantage
proveitoso *adj.* profitable, advantageous, useful, beneficial, benefic, gainful, lucrative, paying; ***ser proveitoso*** to stand in good stead, to be useful
provençal *s. m. e f., adj.* Provençal
provençalesco *adj.* relative to the poetry and poets of Provence
provençalismo *s. m.* school of Provençal, poets; influence of Provençal literature; Provençal idiom

proveniência *s. f.* source, origin, provenance, provenience
proveniente *adj.* proceeding from, coming from, originating in, deriving from
provento *s. m.* profit, gain, produce, return, revenue
proventrículo *s. m.* ZOOLOGIA proventriculus
prover *v. tr., intr. e refl.* to provide (with), to supply (with), to furnish; to equip; to foresee and prepare for; to provide for; to appoint; to attend to; to confer a title or employment; to give; to bestow, to grant, to provide oneself; ***prover o mercado*** to supply the market; ***prover-se dos fundos necessários*** to furnish oneself with funds
proverbial *adj.* proverbial; notorious; known for
proverbialmente *adv.* proverbially
proverbiar *v. intr.* to use proverbs
provérbio *s. m.* proverb, maxim, saying, adage; byword; ***os provérbios são a sabedoria das gerações*** proverbs are the wisdom of the ages
proveta *s. f.* test-tube, test glass
provete *s. m.* small mortar to try gunpowder; [pop.] areometer
providência *s. f.* Providence, the Almighty, God; foresight, prudence; care for the future; dispositions or measures taken, provision, arrangements, preventive measures or steps; ***a providência de Deus*** the providence of God; ***tomar providências*** to take precautionary measures
providencial *adj.* providential, favourable, beneficial; lucky, fortunate; opportune, seasonable, welcome
providencialismo *s. m.* providentialism
providencialista *s. m. e f., adj.* providentialist
providencialmente *adv.* providentially, luckily, fortunately
providenciar *v. tr. e intr.* to provide for; to make provision on behalf of; to be provided against; to make preparations, to prevent; to provide, to take precautionary measures; to foresee and prepare for; to be provident; to arrange, to look after, to concert oneself with
providente *adj.* provident, prudent, wise, cautious, careful; far-seeing, thoughtful, circumspect, far-sighted
providentemente *adv.* providently, prudently, with foresight
provido *adj.* provided, furnished with; supplied with, prepared; appointed, nominated
próvido *adj.* provident, cautious, prudent, careful, wise
provigário *s. m.* provicar
provimento *s. m.* providing; provisioning; appointment, nomination; provision; equipment; DIREITO ***dar provimento a*** to grant (a petition); ***negar provimento a*** to refuse (a petition)
província *s. f.* province, large division of a country; a country district; section, region, territory
provincial *s. m., adj.* provincial
provincialado *s. m.* office of a provincial
provincialato *s. m.* ⇒ **provincialado**
provincialismo *s. m.* provincialism
provincianismo *s. m.* provincialism; word (phrase) peculiar to the provinces; provincial manner, fashion
provincianizar-se *v. refl.* to acquire provincial habits
provinciano Ⓐ *adj.* provincial (pertaining to a province) Ⓑ *s. m.* provincial (an inhabitant of a province); countryman
provindo *adj.* proceeding from, coming forth from, arising from, issuing from
provir *v. intr.* to proceed from, to come from or forth, to issue, to arise from; to spring from; to result from
provisão *s. f.* provision, act of providing or supplying; things provided; stores or stock provided; *pl.* provisions, stock, stores, victuals, supplies, official document conferring some right or office; ***provisão inesgotável*** widow's cruse; ***provisão de água*** water-supply; ***provisão de gasolina*** petrol-supply; ***provisões frescas*** fresh provisions
provisional *adj.* provisional, provisory, interim
provisionar *v. tr.* to provide, to supply, to provision
provisor *s. m.* provider, purveyor; RELIGIÃO provisor; supplier, provider
provisorado *s. m.* provisorship
provisoria *s. f.* ⇒ **provisorado**
provisoriamente *adv.* provisionally, temporarily; conditionally, provisorily
provisoriedade *s. f.* transitoriness, temporariness
provisório *adj.* provisional, temporary, conditional, transitory; ***contrato provisório*** provisional agreement; ***medidas provisórias*** provisional measures
provitamina *s. f.* substance that can give origin to a vitamin
provocação *s. f.* provocation, provoking; affront; temporation; challenge; incitement; ***fê-lo debaixo de uma forte provocação*** he did it under severe provocation
provocador Ⓐ *adj.* provoking, provocative; challenging; vexatious, irritating, annoying Ⓑ *s. m.* provoker, one who provokes
provocante *adj.* provoking, irritating, provocative; tempting; annoying, exasperating, vexatious
provocantemente *adv.* provokingly
provocar *v. tr.* to provoke, to call forth, to give rise to; to rouse, to stir up, to instigate, to excite; to irritate, to exasperate, to annoy; to nettle; to insult; to affront; to challenge; to sting; ***provocar indignação*** to arouse indignation; ***provocar o riso*** to cause (to provoke) laughter; ***provocar uma aversão instintiva*** to set one's teeth on edge; ***provocar um tumulto*** to provoke a riot; ***provocar uma questão*** to pick a quarrel
provocativo *adj.* provocative, provoking
provocatório *adj.* provoking, irritating
proxeneta *s. m. e f.* pander, pimp; procurer, go-between, intermediary; match-maker; procuress
proxenetismo *s. m.* match-making, profession of a procurer
proximal *adj.* ANATOMIA proximal
proximamente *adv.* nearly, roughly; soon
proximidade *s. f.* proximity, nearness, contiguity, contiguousness, kinship; *pl.* surroundings, neighbourhood; ***proximidades de um porto*** approaches of a harbour
próximo *s. m., adj.* near, close, nigh, neighbouring, contiguous, adjacent; imminent, impeding, forthcoming; neighbour, fellow-creature; ***próximo da praia*** near the shore; ***um parente próximo*** a near relation; ***a Primavera está próxima*** spring is near; ***no dia 5 do próximo mês*** on the 5th of next month
prozóico *adj.* prior to living beings
prudência *s. f.* prudence, caution, common sense, sagacity, circumspection, wisdom, judiciousness; discretion
prudencial *adj.* prudential, prudent, discreet, wise
prudencialmente *adv.* prudentially, prudently
prudente *adj.* prudent, wise, discreet, circumspect, provident, judicious, sensible; thoughtful, cautious, wary, careful; ***ser prudente*** to be prudent
prudentemente *adv.* prudently, with prudence, carefully, cautiously, discreetly
pruído *s. m.* MEDICINA pruritus; itching; prurigo
pruína *s. f.* fine powder covering certain fruits
pruir *v. tr. e intr.* to cause an itch; to itch
pruma *s. f.* dry pine leaves
prumada *s. f.* casting of the lead (or plumb line) sounding; the vertical (plumb) line; ***dar uma prumada*** to cast the lead, to take a cast of the lead, to get a cast of the lead
prumador *s. m.* NÁUTICA leadsman
prumagem *s. f.* sounding, plumbing
prumar *v. intr.* to have the lead, to sound, to try the depth, to take soundings

prumo *s. m.* sounding-lead, lead, plumb, plumb-bob; [fig.] prudence, cleverness, good judgement; ***prumo de mão*** hand-lead; ***prumo grande*** deep sea lead; ***a prumo*** vertically, perpendicularly, up and down; ***navegar pelo prumo*** to feel the way with the lead; ***largar o prumo*** to sound the lead, to heave the lead
pruniforme *adj.* pruniform
prurido *s. m.* MEDICINA prurigo, pruritus, an intense itching of the skin; itch, itching; [fig.] burning desire, craving; impatience; prurience
pruriente *adj.* itching, prurient
prurigem *s. f.* PATOLOGIA prurigo, pruritus (diseased state of skin marked by violent itching)
pruriginoso *adj.* pruriginous
prurigo *s. m.* ⇒ **prurigem**
prurir *v. tr. e intr.* to cause an itch; to feel irritation in the skin, to itch; [fig.] to want eagerly; to stimulate
prussiano *s. m., adj.* Prussian
prussiato *s. m.* QUÍMICA prussiate
prússico *adj.* prussic; ***ácido prússico*** prussic acid, hydrocyanic acid
prusso *s. m., adj.* ⇒ **prussiano**
psamito *s. m.* GEOLOGIA psammite, psammitic gneiss; psammitic schist
psamofilia *s. f.* psammophily
psamófilo *adj.* BOTÂNICA psammophilous; BOTÂNICA sand loving
psamófita Ⓐ *s. f.* psammophyte Ⓑ *adj.* psammophyte
psamofítico *adj.* psammophytic
psamófito *s. m.* ⇒ **psamófita**
psefismo *s. m.* psephism
pselismo *s. m.* stammering, stuttering, impediment in speech
pseudo- *pref.* pseudo
pseudo-apendicite *s. f.* false appendicitis
pseudociência *s. f.* pseudoscience
pseudomorfo *adj.* MINERALOGIA pseudomorphic, pseudomorphous
pseudomorfose *s. f.* pseudomorphosis
Pseudoneurópteros *s. m. pl.* ZOOLOGIA *Pseudoneuroptera*
pseudonímia *s. f.* pseudonymity
pseudónimo Ⓐ *s. m.* pseudonym, nom de plume, penname Ⓑ *adj.* pseudonymous
pseudoparênquima *s. m.* pseudoparenchyma
pseudópode *s. m.* ZOOLOGIA pseudopod
pseudopódio *s. m.* ZOOLOGIA pseudopod
pseudoprofeta *s. m.* false prophet
pseudo-revelação *s. f.* false revelation
pseudo-sábio *s. m.* false scholar
pseudotecido *s. m.* pseudoparenchyma
pseudotuberculose *s. f.* pseudotuberculosis (disease of sheep)
psicadélico *adj.* PSICOLOGIA psychedelic, psychodelic
psicadelismo *s. m.* PSICOLOGIA psychedelic state
psicagogia *s. f.* psychagogy
psicalgia *s. f.* MEDICINA moral pain
psicanalisar *v. tr.* to psychoanalyse
psicanálise *s. f.* psychoanalysis
psicanalista Ⓐ *s. m. e f.* psychoanalyst; [fam.] shrink Ⓑ *adj.* psychoanalytic(al)
psicanalítico *adj.* psychoanalytic, psychoanalytical
psicastenia *s. f.* PATOLOGIA psychasthenia
psicasténico *adj.* psychasthenic
psicochoque *s. m.* MEDICINA sudden emotion provoked on a mental patient
psicocirurgia *s. f.* psychosurgery
psicodiagnóstico *s. m.* psychodiagnosis
psicodrama *s. m.* psychodrama
psicofísica *s. f.* psychophysics
psicofisiologia *s. f.* psychophysiology
psicogénese *s. f.* psychogenesis (genesis of the soul)
psicogenético *adj.* psychogenetic
psicogenia *s. f.* psychogenesis (genesis of the soul)
psicognosia *s. f.* psychognosis (deep knowledge of the qualities of the soul)
psicografia *s. f.* psychography
psicógrafo *s. m.* psychograph; psychographer
psicograma *s. m.* psychological profile
psicolepsia *s. f.* MEDICINA psycholepsia, psycholepsy
psicolexia *s. f.* PSICOLOGIA qualitative determination methods of psychic processes
psicologia *s. f.* psychology (science of nature, function and phenomena of the soul or mind)
psicologicamente *adv.* psychologically; mentally
psicológico *adj.* psychological, psychologic; ***no momento psicológico*** at the psychological moment, just at the right time, in the nick of time
psicologismo *s. m.* psychologism
psicologista *s. m. e f.* psychologist
psicólogo *s. m.* psychologist
psicomancia *s. f.* divination by evoking souls
psicómetra *s. m. e f.* psychometrist
psicometria *s. f.* psychometry
psicométrico *adj.* psychometric(al)
psicomotor *s. m.* psycho-motor
psiconeurose *s. f.* psychoneurosis
psicopata *s. m. e f.* psychopath, psycho
psicopatia *s. f.* psychopathy, mental disease or disorder
psicopático *adj.* psychopathic
psicopatologia *s. f.* psychopathology
psicopedagogia *s. f.* psychopedagogy
psicoplegia *s. f.* psychoplegia
psicoprofilaxia *s. f.* psychoprophylaxy
psicose *s. f.* psychosis (mental derangement, especially one which cannot be ascribed to organic lesion or neurosis)
psicossociologia *s. f.* psychosociology
psicossomático *adj.* psychosomatic
psicotécnica *s. f.* psychotechnology
psicoterapeuta *s. m. e f.* psychotherapist
psicoterapêutico *adj.* psychotherapeutic
psicoterapia *s. f.* MEDICINA psychotherapy
psicótico *s. m., adj.* psychotic
psicotrópico *s. m., adj.* psychotropic, psycho-active
psicrometria *s. f.* psychrometry
psicrométrico *adj.* psychrometric
psicrómetro *s. m.* psychrometer (wet-and-dry-bulb thermometer)
psilo *s. m.* a tamer of snakes
psilomelano *s. m.* psilomelane
psique *s. f.* psyche
psiquiatra *s. m. e f.* psychiatrist, alienist; [fam.] shrink
psiquiatria *s. f.* psychiatry (study and treatment of metal diseases)
psiquiatro *s. m.* psychiatrist
psíquico *adj.* psychic
psiquismo *s. m.* psychism
Psitácidas *s. m. pl.* ⇒ **Psitacídeos**
Psitacídeos *s. m. pl.* ZOOLOGIA *Psittacidae*, parrot family, family of psittaceous birds
psitacismo *s. m.* mind sickness consisting in fixed words and phrases uttered in the way of a parrot
psitacose *s. f.* PATOLOGIA psittacosis; parrot fever
psiu! *interj.* hist!, hush!, pst!
psoríaco *adj.* PATOLOGIA psoric
psoríase *s. f.* PATOLOGIA psoriasis
psoriático *adj.* suffering from psoriasis
psórico *adj.* ⇒ **psoríaco**
ptármica *s. f.* BOTÂNICA sneezewort

ptármico *adj.* sternutative, sternutatory, causing sneezing, ptarmic
Pteridófitas *s. f. pl.* BOTÂNICA *Pteridophyta*
pterígio *s. m.* PATOLOGIA pterygium (diseased condition of the conjunctiva of the eye)
pterigóide *adj.* ANATOMIA pterygoid
ptérila *s. f.* pteryla
ptério *s. m.* pterion
pterobranquiado *adj.* ptero-branchiate
Pterobrânquios *s. m. pl.* *Ptero-branchiae*
pterodáctilo *s. m.* ZOOLOGIA pterodactyl; extinct winged reptile
pterofagia *s. f.* habit of some birds of eating their own feathers
pterópode Ⓐ *adj.* ZOOLOGIA with feet like fins Ⓑ *s. m. pl.* kind of sea molluscs also called sea-butterflies
pterossáurio *s. m.* pterosaur
pterossauro *s. m.* pterosaur
pterótico *s. m.* pterotic
ptialina *s. f.* BIOQUÍMICA ptyalin (ferment contained in saliva)
ptialismo *s. m.* PATOLOGIA ptyalism (excessive flow of saliva; salivation)
ptolemaico *adj.* Ptolemaic
ptomaína *s. f.* ptomaine (poisonous alkaloid bodies produced by putrefaction of animal tissues)
ptomatina *s. f.* ptomaine (poisonous alkaloid bodies produced by putrefaction of animal tissues)
ptose *s. f.* PATOLOGIA ptosis; ***ptose intestinal*** enteroptosis, prolapsus of the intestine; ***ptose gástrica*** gastroptosis
pua *s. f.* sharp-pointed stake; sharp point; prick, point; ***arco de pua*** brace (and bit)
puada *s. f.* prick
puado *s. m.* flax-comb, hemp-comb
pube *s. f.* pubis
puberdade *s. f.* puberty
púbere *adj.* pubescent, reaching puberty
pubertário *adj.* pubertal
pubes *s. f.* pubes
pubescência *s. f.* pubescence
pubescente *adj.* pubescent
pubescer *v. intr.* to reach puberty
púbico *adj.* pubic
pubicórneo *adj.* having horns covered with hairs
púbis *s. f.* ANATOMIA pubis
publicação *s. f.* publication, announcement, proclamation
publicador *s. m., adj.* publisher; publishing
pública-forma *s. f.* authentic copy of a document
publicamente *adv.* publicly; openly
publicano *adj.* publican
publicar *v. tr.* to publish; to divulge, to proclaim, to announce, to declare, to disclose; to issue, to reveal; to publish, to print and offer for sale; ***publicar um livro*** to publish a book; ***publicar um decreto*** to issue a decree; ***publicar um anúncio*** to advertise, to put in an advertisement (in a paper)
publicidade *s. f.* publicity; notoriety; advertising, advertisement, [coloq.] ad; ***publicidade radiofónica*** radio advertising
publicismo *s. m.* journalism
publicista *s. m. e f.* publicist, writer, journalist
publicitar *v. tr.* to publicize, to advertise
publicitário Ⓐ *adj.* publicizing, advertising Ⓑ *s. m.* publicist, advertiser
público *s. m., adj.* public; concerned with (belonging to) all; open, common, general; the general body of the people; the public; audience, auditorium, hearers, spectators; ***dívida pública*** the National Debt; ***biblioteca pública*** public library; ***um escândalo público*** a public scandal; ***conferência pública*** public lecture; ***fazer um protesto público*** to make a public protest; ***tornar a notícia pública*** to make the news public; ***uma questão de domínio público*** a matter of public knowledge; ***saúde pública*** public health; ***ser do domínio público*** to be of public knowledge
publícola *s. m.* democrat, friend of people
púcara *s. f.* earthen mug; small drinking mug
pucareiro *s. m.* potter; place to put pots
púcaro *s. m.* ⇒ **púcara**
pudendo *adj.* shameful, shy, prudish, bashful, modest; ashamed
pudente *adj.* chaste, bashful, modest
pudera! *interj.* small wonder!, why!
pudibundo *adj.* shamefaced, modest
pudicícia *s. f.* modesty, bashfulness; pudicity; chastry; prudery, prudishness, shyness
pudico *adj.* chaste, bashful, modest
pudim *s. m.* CULINÁRIA pudding; GEOLOGIA pudding stone; ***pudim de maçã*** apple pudding; ***pudim de arroz*** rice pudding
pudor *s. m.* bashfulness, modesty, chastity
puelar *adj.* related to girls
puerícia *s. f.* boyhood, childhood
puericultor *s. m.* one who practises care for children; paediatrician, [E. U. A.] pediatrician
puericultura *s. f.* child-welfare; branch of medicine dealing with children; paediatrics, [E. U. A.] pediatrics
pueril *adj.* puerile, childish, foolish, silly, weak, futile
puerilidade *s. f.* puerility, foolishness, futile action, childishness, boyishness
puerilismo *s. m.* MEDICINA infantilism
puerilizar-se *v. refl.* to behave childishly; to play the child; to become puerile
puerilmente *adv.* puerilely, childishly
puérpera *s. f., adj.* parturient woman, woman in childbirth; parturient, puerperal
puerperal *adj.* puerperal; pertaining to childbirth; ***febre puerperal*** puerperal fever
puerperalidade *s. f.* puerpery
puerpério Ⓐ *s. m.* puerperium Ⓑ *adj.* puerperal
puf! *interj.* pooh!
pufe *s. m.* puff, fold in a dress; padded stool, pouffe, pouf(f)
pufo *s. m.* cooper's tool
púgil *s. m.* pugilist, boxer
pugilar *v. tr.* to fight with the fist
pugilato *s. m.* pugilism, boxing
pugilismo *s. m.* boxing
pugilista *s. m. e f.* pugilist, boxer, prize-fighter
pugilo *s. m.* a pinch; small quantity
pugilómetro *s. m.* instrument to measure the strength of a person's fist
pugna *s. f.* fight, strife, combat, contention, struggle, striving; battle; serious discussion
pugnace *adj.* pugnacious; quarrelsome; combative; ready to fight
pugnacidade *s. f.* pugnacity; quarrelsomeness; combativeness
pugnador *s. m.* fighter, defender
pugnar *v. intr.* to combat; to fight for (or against); to contest, to struggle, to contend, to strive for (victory); to debate hotly; to defend vigorously; ***pugnar por*** to stand up for
pugnaz *adj.* pugnacious, contentious, combative; fond of fighting, quarrelsome
puia *s. f.* small nail used by cobblers; cheat, fraud
puideira *s. f.* polishing powder, abrasive
puir *v. tr.* to wear out, to use up, to abrade; to polish
puíta *s. f.* kind of drum or tambourine with a stretched skin used for playing *sambas*
pujança *s. f.* vigour, vitality, strength, manliness; puissance; power; might; freshness; exuberance, copiousness; ***estar na pujança da vida*** to be in the prime of life

P

pujante *adj.* vigorous, full of life or vitality; strong, resolute; mighty; proud, haughty; magnificent
pujar *v. tr. e intr.* to surpass, to exceed, to excel; to exert oneself, to strive for; to conquer, to overpower
pula *s. f.* pool (at cards)
pulante *adj.* leaping, skipping, jumping
pular *v. tr. e intr.* to jump, to leap, to skip, to spring; to bound; to grow quickly; ***pular de contente*** to jump for joy
pulcrícomo *adj.* [poét.] having beautiful hair
pulcritude *s. f.* [poét.] beauty, loveliness, grace, pulchritude
pulcro *adj.* [poét.] beautiful, lovely, pulchritudinous
pule *s. f.* pool, ticket (horse racing)
pulga *s. f.* ENTOMOLOGIA flea
pulga-do-mar *s. f.* sand-hopper
pulgão *s. m.* plant-louse; ***pulgão das vinhas*** phylloxera, vine-pest
pulgoso *adj.* abounding with fleas
pulguedo *s. m.* large quantity of fleas; place abounding with fleas
pulguento *adj.* full of fleas
pulha *s. m. e f., adj.* [pop.] rogue, knave, mean fellow, rascal; jest, joke; roguish, knavish, low, contemptible
pulhastra *s. m. e f.* ⇒ **pulha**
pulhastro *s. m.* ⇒ **pulha**
pulhice *s. f.* [fam.] roguery, knavery; dirty trick; mean action, shabbiness; stinginess
pulhismo *s. m.* [fam.] roguery, knavery; dirty trick; mean action, shabbiness; stinginess
pulicária *s. f.* eruption of the skin, as if bitten by fleas; kind of rash
pulitária *s. f.* feverfew, pellitory
pulmão *s. m.* lung (one of the organs of respiration in air-breathing animals); ***ter bons pulmões*** to have good lungs; ***o pulmão direito*** the right lung; ***o pulmão esquerdo*** the left lung; ***pulmão de aço*** iron lung
pulmoeira *s. f.* paroxysmal dyspnoea; tuberculosis of cattle; ***cavalo com pulmoeira*** broken-winded horse
pulmonado *adj.* having lungs; pulmonate
pulmonar *adj.* pulmonary; ***doença pulmonar*** pulmonary disease
pulmonária *s. f.* BOTÂNICA lungwort
pulmotuberculose *s. f.* PATOLOGIA tuberculosis of the lungs
pulo *s. m.* jump, leap, hop, spring, vault, bound; ***aos pulos*** by leaps and bounds; ***levantou-se de um pulo*** he rose with a bound, he jumped up; ***dar um pulo*** to take a leap; ***de um pulo*** at a leap
pulôver *s. m.* sweater, jumper, pullover
púlpito *s. m.* pulpit; [fig.] preaching, pulpit eloquence
pulquérrimo *adj.* most lovely; most beautiful
pulsação *s. f.* pulsation, throbbing, rhythmical beating; pulse (the beating of the arteries); ***pulsação do coração*** heart-beat, heartthrob
pulsão *s. f.* drive, urge; ***pulsão sexual*** sex drive
pulsar *v. tr. e intr.* to beat, to pulse, to pulsate, to throb; to vibrate; to play; to impel
pulsátil *adj.* throbbing, pulsating, pulsatile
pulsatila *s. f.* BOTÂNICA pulsatilla, the pasque-flower; pulsatilla extract used in pharmacy
pulsatilha *s. f.* ⇒ **pulsatila**
pulsativo *adj.* pulsatory, pulsating, pulsative, throbbing, beating rhythmically
pulsatório *adj.* pulsatory, pulsating
pulsear *v. intr.* to try the strength of someone's wrist; to feel one's pulse
pulseira *s. f.* bracelet, wristband, bangle
pulsímetro *s. m.* pulsimeter, sphygmograph (an instrument for measuring the beat of the pulse)
pulso *s. m.* wrist, joint connecting hand with forearm; pulse, the beating or throbbing of the heart and blood-vessels; energy, vigour, strength; ***ter pulso*** to have command (or dominion) over; ***ter o pulso fraco*** to have a weak pulse; ***pulso frequente*** rapid pulse; ***pulso lento*** slow pulse; ***pulso rápido*** quick pulse; ***tomar o pulso*** to feel the pulse; [fig.] ***tomar o pulso a*** to grope; ***a pulso*** by force
pultação *s. f.* act of reducing certain medicine to the consistency of pap
pultáceo *adj.* pultaceous, pulpy, soft, semi-liquid, pappy; macerated; papescent
pululação *s. f.* sprouting, pullulation; development; agitation
pululamento *s. m.* sprouting, pullulation; development; agitation
pululância *s. f.* pullulation; luxuriance
pululante *adj.* pullulating, swarming, abounding; rank
pulular *v. intr.* to pullulate, to sprout, to grow; to spread abroad; to spring up; to multiply quickly; to swarm, to be agitated
pulveráceo *adj.* covered with dust
pulvéreo *adj.* dusty, pulverescent
pulverescência *s. f.* dustiness, pulverulence
pulverescente *adj.* pulverulent, dusty
pulveriforme *adj.* similar to dust
pulverinho *s. m.* dust tossed by the wind
pulverização *s. f.* pulverization; [fig.] destruction
pulverizador *s. m., adj.* pulverizer, (hand-)sprayer, spraying machine; spraying, powdering
pulverizar *v. tr.* to pulverize, to reduce to fine powder, dust, or spray
pulverizável *adj.* pulverizable
pulveroso *adj.* dusty, powdery
pulverulência *s. f.* dustiness, pulverulence, powder
pulverulento *adj.* pulverulent, covered with powder or dust, powdered
pulvímetro *s. m.* instrument to measure dust in the air
pulvinar *s. m.* pulvinar
pum! *interj.* bang!, boom!
puma *s. m.* ZOOLOGIA puma, cougar
pumba! *interj.* bang!, crash!
puna *s. f.* BOTÂNICA fiber-yielding tree; savanna, savannah (at the Andes)
punção Ⓐ *s. f.* punch; stamp, die Ⓑ *s. m.* CIRURGIA prick, puncture; ***punção de bico*** center punch; ***punção de caldeireiro*** puncheon (of coppersmith, or boiler-maker); ***punção para quebrar gelo*** icepick
punçar *v. tr.* to punch
punceta *s. f.* MECÂNICA steel punch
puncionar *v. tr.* to punch, to perforate, to make holes (with a punch); to puncture, to make a puncture in
punçoar *v. tr.* ⇒ **puncionar**
punctiforme *adj.* punctiform
punctura *s. f.* puncture
pundonor *s. m.* self-respect, nobility of character, sense of honour; dignity, honour, pride
pundonoroso *adj.* self-respecting, gentlemanly, full of dignity, proud; honour-loving
pungente *adj.* painful, keen, heart-breaking, bitter; pungent; poignant, piercing; painful
pungimento *s. m.* pugency, stimulation, compunction
pungir *v. tr. e intr.* to prick, to pierce; to inflict sharp pain; to distress keenly; to stimulate; to incite, to sprout, to begin to shoot (plants)
pungitivo *adj.* ⇒ **pungente**
pungue *s. m.* small African antelope
punhada *s. f.* punch (with fist), blow, fistcuff, cuff
punhado *s. m.* handful; a few; ***aos punhados*** handfuls of, by handfuls
punhal *s. m.* dagger
punhalada *s. f.* stab (with a dagger)

punhete *s. m.* mitt, mitten
punho *s. m.* fist, clenched hand; wrist, handle; cuff (of shirt); ***de seu próprio punho*** in his own handwriting; ***botão de punho*** cuff-link; ***verdades como punhos*** home truths; NÁUTICA ***punho de escota*** clew of a sheet; ***punho de remo*** grasp (grip) of an oar
punibilidade *s. f.* punishability, punishableness
Punicáceas *s. f. pl.* BOTÂNICA Punic apples, pomegranates, puniceous plants
punição *s. f.* punishment, penalty inflicted for offence or crime; fine
puníceo *adj.* resembling a pomegranate, reddish, puniceous
púnico *adj.* Punic, Carthaginian
punidor *s. m., adj.* punisher, punishing
punir *v. tr. e intr.* to punish; [arc.] to chastise; to inflict penalty, to penalize; to fight for; ***punir por alguém*** to take up the cudgels for someone
punitivo *adj.* punitive, retributive, punitory
punível *adj.* punishable
punja *s. f.* ⇒ **pungue**
pupa *s. f.* ZOOLOGIA pupa (*plural* pupae)
pupila *s. f.* ANATOMIA pupil (circular opening in the iris of the eye through which the light rays reach the retina); female pupil (girl under the age of puberty in charge of a guardian)
pupilagem *s. f.* pupilage, pupil age, tutorage, minority, nonage, education of a ward
pupilar Ⓐ *adj.* pupilary, pupillary Ⓑ *v. intr.* to cry (peacock)
pupilaridade *s. f.* period while one is a ward
pupilo *s. m.* pupil, scholar; ward; protégé
pupilómetro *s. m.* MEDICINA device used to measure the size and shape of the eye pupil
pupíparo Ⓐ *adj.* pupiparous Ⓑ *s. m. pl.* pupipara
puramente *adv.* purely, merely, simply
puré *s. m.* purée; dish consisting of mince-meat or vegetables; ***puré de batatas*** mashed potatoes, potato purée; ***sopa de puré*** a soup made from purée
pureia *s. f.* purée; dish consisting of mince-meat or vegetables
pureza *s. f.* purity, clearness, pureness, fineness; chastity, innocence, spotlessness; perfection; ***pureza de linguagem*** purity of language; ***pureza de ar*** purity of air; ***pureza de água*** purity of water
purga *s. f.* purgative, aperient, purgative medicine, laxative; purge
purgação *s. f.* purgation; purification, cleansing; purgery (sugar)
purgador *s. m.* purger; purifier, refiner
purgante Ⓐ *s. m.* purgative medicine Ⓑ *adj.* purgative, aperient, laxative
purgar *v. tr., intr. e refl.* to purge; to cleanse, to purify; to clean; to expiate; to clear out; to have looseness of the bowels; to take a purgative or a laxative; [fig.] to clear of guilt, to expiate
purgativo *s. m., adj.* purgative, laxative
purgatório *s. m.* RELIGIÃO purgatory, condition or place of spiritual purging; any place of temporary suffering or expiation
purgueira *s. f.* plant producing the physic-nut; physic-nut (plant)
puridade *s. f.* purity; secret; ***à puridade*** in secret
purificação *s. f.* purification, cleansing; the Purification of the Virgin Mary, a feast of the Church on February 2nd; ***purificação da água*** water purification
purificador *s. m., adj.* RELIGIÃO purificator; purifier; refiner; purifying; purificatory; ***purificador de ar*** air-filter
purificante *adj.* purifying; cleansing, purificatory
purificar *v. tr.* to purify, to cleanse, to make pure
purificativo *adj.* purificatory, purifying
purificatório *adj.* purificatory
puriforme *adj.* like pus, in the form of pus, puriform
purina *s. f.* QUÍMICA purine
purismo *s. m.* purism, purity in language, style, etc.
purista *s. m. e f.* purist, stickler for correctness or purity in language, style, etc.
puritanismo *s. m.* puritanism, notions or practice of puritans
puritano *s. m., adj.* puritan (person affecting extreme strictness in religion or morals); puritan, of the puritans, scrupulous in religion or morals
puro *adj.* pure, clean, unmixed, unmingled; unadulterated; mere, cheer, simple, real, genuine, unstained, untainted, stainless, honest, virtuous, innocent; ***é pura perda de tempo*** it is sheer waste of time; ***água pura*** pure water; ***ar puro*** pure air
puro-sangue *s. m.* pure-bred, thoroughbred
púrpura *s. f.* purple, purple colour; purple robe (dress of emperor or king); cardinalate; cardinal-ship; MEDICINA purpura (disease)
purpurado *s. m., adj.* RELIGIÃO clad in purple; one who has been raised to the cardinalate, cardinal
purpurar *v. tr.* to purple, to dye purple, to make purple; to raise to the cardinalate
purpurear *v. tr.* to purple, to make purple; to turn (a thing) purple
purpurejar *v. tr.* to purple, to make purple
purpúreo *adj.* purple, red, purplish, purply
purpurífero *adj.* producing or containing purpura
purpurina *s. f.* QUÍMICA purpurin (dye-stuff obtained from madder root); madder-purple
purpurino *adj.* purple, red; purply, purplish; purpureal
purpurizar Ⓐ *v. tr. e intr.* to purple, to make purple Ⓑ *v. refl.* to become purple
purulência *s. f.* purulence, purulency; formation of pus or purulent matter; suppuration
purulento *adj.* purulent, suppurating, suppurative, full of pus
pururuca Ⓐ *s. f.* young coconut; variety of hard maize Ⓑ *adj.* friable, hard
pus *s. m.* pus (yellowish-white matter produced by suppuration); ***juntar (criar) pus*** to gather pus
pusilânime *adj.* pusillanimous, faint-hearted; timid, cowardly
pusilanimidade *s. f.* pusillanimity; faint-heartedness, timidity, cowardice; poor spiritedness
pústula *s. f.* MEDICINA pustule (inflamed vesicle or pimple on the skin containing pus); corruption, vice
pustulação *s. f.* pustulation
pustulento *adj.* pustulous, pustular
pustuloso *adj.* ⇒ **pustulento**
puta *s. f.* [vulg.] harlot, whore, tart, hooker; bitch
putativamente *adv.* putatively
putativo *adj.* putative, supposed
puteal *s. m.* puteal, stone curb surrounding a well
pútega *s. f.* BOTÂNICA a herb which is parasitic on the roots of other plants
puto *s. m.* [cal.] child, kid, mate, chum; drake, duck; [pop.] fool, idiot, simpleton; ***pato bravo*** mallard, willd duck
putredinoso *adj.* putrid, rotten; corrupt
putrefacção *s. f.* putrefaction, putrescence, rotten substance; decay, rotting; ***putrefacção da raiz*** root putrefaction, root decay
putrefaciente *adj.* putrefactive, putrefying
putrefactivo *adj.* ⇒ **putrefaciente**
putrefacto *adj.* putrefied, rotten, putrid, decayed, putrefying
putrefactório *adj.* ⇒ **putrefaciente**

P

putrefazer *v. tr.* to putrefy, to decay, to rot, to decompose; to make rotten; to turn putrid

putrefeito *adj.* ⇒ **putrefacto**

putrescência *s. f.* putrescence, putrefaction

putrescente *adj.* putrescent, putrid, rotting, putrefacient

putrescibilidade *s. f.* putrefactiveness; putrescibility

putrescível *adj.* putrescible (that may be putrefied)

pútrido *adj.* putrid, putrefied, putrefying; rotten, decayed and stinking, decomposed; corrupt

putrificar *v. tr. e intr.* to putrefy, to decay, to rot, to decompose

putrívoro *adj.* feeding on putrescent matter

puxada *s. f.* pull, drawing; draft; go; first play or throw (at cards)

puxadeira *s. f.* handle; loop; string, strap, band

puxadela *s. f.* pull, act of pulling, drawing

puxadinho Ⓐ *adj.* well dressed; [fam.] very dear; dandy; ***andar muito puxadinho*** to look as if one had just come out of a bandbox Ⓑ *s. m.* [pop.] coxcomb

puxado *adj.* pulled, drawn; neat, tidy; dear (price), highly seasoned, exquisite (food)

puxadoira *s. f.* ⇒ **puxadoura**

puxador *s. m.* handle, knob

puxadoura *s. f.* handle; loop

puxante *adj.* pulling, drawing; piquant, sharp (to the taste); stimulating; inciting

puxão *s. m.* pull, jerk, tug, vigorous jerk, pull, shove; ***puxão de orelhas*** a box on one's ears; ***deu um puxão à campainha*** he gave a tug at the bell

puxa-puxa *s. m.* [Bras.] sticky caramel

puxar *v. tr., intr. e refl.* to pull, to draw, to drag, to tug, to haul; to strain; to stretch; to exert; to look very smart; to force; to urge; ***puxar com força*** to pull hard; ***puxar as orelhas a*** to twist a person's ears; ***puxar pela memória*** to cudgel one's brains; ***puxar pela bolsa*** to dip into one's pocket, to pay for; ***puxar certo*** to pull together; ***puxar os cordelinhos*** to pull the strings; ***não me puxes os cabelos*** don't pull my hair; ***puxar pela língua*** to make one speak without reserve, to make one blab out secrets, to draw one out; ***puxar para si*** to attract, to draw to oneself; ***puxar pela espada*** to draw the sword; ***puxar por si*** to advance, to make progress, to improve; NÁUTICA ***puxar para barlavento*** to claw to windward; ***puxar com o pano*** to carry on, to draw the sail, to stretch the sail; ***puxar pelo remo*** to tug at the oar

puxativo *adj.* stimulating, exciting

puxavante *s. m., adj.* butteris (farrier's tool for paring horse's hoofs); stimulating, piquant; tug, pull, jerk

puxo *s. m.* MEDICINA tenesmus; straining; labour; pangs of childbirth

q, Q *s. m.* the seventeenth letter of the alphabet
quacre *s. m.* Quaker (member of the religious body called the Society of Friends)
quacrismo *s. m.* the Society of Friends, Quakerism
quaderna *s. f.* face of a die with four pips
quadernado *adj.* BOTÂNICA quaternate; QUÍMICA quaternaty; forming a set (or sets) of four
quadra *s. f.* square room, yard or enclosure; [poét.] four-line stanza; quatrain; quartet; four (playing card); face of die, marked with four pips (domino); [fig.] season, occasion; age, period, time; ***quadras (dados)*** two-fours, double-four (dominoes)
quadraçal *s. m.* [reg.] granite in the quarry; granite zone
quadrado *s. m., adj.* square; equilateral rectangle; quadrate; square; MILITAR square, body of troops drawn up to form a square; ***quadrado (de um número)*** square (of a number); ***raiz quadrada*** square root; ***pé quadrado*** square foot; ***de ombros quadrados*** square-shouldered; ***em forma de quadrado*** square shaped; ***jarda quadrada*** square yard
quadrador Ⓐ *adj.* squaring Ⓑ *s. m.* squarer, frame maker
quadradura *s. f.* ⇒ **quadratura**
quadragenário *adj., s. m.* quadragenarian (forty years old; a person forty years old)
Quadragésima *s. f.* Quadragesima (the forty days of Lent)
quadragesimal *adj.* quadragesimal, of a fast (especially that of Lent) lasting for forty days
quadragésimo *s. m., adj.* fortieth; a fortieth part
quadrangulação *s. f.* arrangement in quadrangles
quadrangulado *adj.* ⇒ **quadrangular Ⓐ**
quadrangular Ⓐ *adj.* quadrangular, having four angles, shaped like a quadrangle Ⓑ *s. m.* ⇒ **quadrângulo**
quadrângulo *s. m.* quadrangle (plain figure with four angles and four sides); tetragon, quadrilateral
quadrantal *adj.* quadrantal; having the shape of, consisting of, connected with a quadrant or quarter-circle
quadrante *s. m.* GEOMETRIA quadrant (the fourth part of a circle or sphere); dial, face of a clock or watch
quadrar *v. tr. e intr.* to square, to make square, to give square shape to; to quadrate; MATEMÁTICA to square, to multiply (quantity) by itself; to suit, to fit, to adapt, to match; ***não me quadra*** it goes against the grain; ***isto quadra com o que eu ouvi*** this is in agreement with what I have heard
quadrático *adj.* quadratic
quadratim *s. m.* TIPOGRAFIA quadrat (small metal block used by printers for spacing)
quadratriz *s. f.* GEOMETRIA quadratrix (*plural* quadratrices), curve used in the process of squaring other curves
quadratura *s. f.* quadrature; quarter of the moon
quadraturista *s. m. e f.* painter of architectonic ornaments
quadrela *s. f.* section of a wall; piece of land
quadrelo *s. m.* squared arrow thrown by an arbalest
quadrialado *adj.* four-winged
quadriângulo *s. m.* quadrangle
quádrica *s. f.* quadric
quadricapsular *adj.* BOTÂNICA quadricapsular
quadricentenário *s. m.* fourth centenary
quadríceps *s. m.* ⇒ **quadricípite**
quadriciclo *s. m.* four-wheeled vehicle
quadricípite *s. m.* ANATOMIA quadriceps
quadricolor *adj.* quadricolour; having four colours
quadricórneo *adj.* ZOOLOGIA with four horns (antler, or animal)
quadricromia *s. f.* combination of four colours
quadrícula *s. f.* small square; division into small squares
quadriculado *adj.* ruled in squares, square-lined (of paper); cross-lined; chequered (of cloth); ***papel quadriculado*** ruled paper, squared paper, graph paper
quadricular Ⓐ *v. tr.* to chequer, to checker (to divide into small squares); to rule in squares, to cross-line Ⓑ *adj.* ruled in squares; cross-lined
quadrículo *s. m.* ⇒ **quadrícula**
quadricúspide *adj.* ending in four sharp points
quadridentado *adj.* ZOOLOGIA quadridentate(d) (having four teeth, serrations or identations)
quadridigitado *adj.* ZOOLOGIA quadridigitate, four-fingered
quadrienal *adj.* quadrennial (occurring every four years)
quadriénio *s. m.* quadrennium, quadriennium (four-year period)
quadrifendido *adj.* quadrifid (divided into four lobes or parts)
quadrífido *adj.* ⇒ **quadrifendido**
quadriflóreo *adj.* having four flowers
quadrifoliado *adj.* quadrifoliate
quadrifólio *adj.* BOTÂNICA quadrifoliate, four-leaved
quadriforcado *adj.* having four branches that spring out from the same place
quadriforme *adj.* quadriform (fourfold in form)
quadrifronte *adj.* having four fronts; having four faces
quadriga *s. f.* quadriga
quadrigário *s. m.* driver of a quadriga
quadrigémeo *adj.* quadrigeminal; quadrigeminous
quadrigémino *adj.* ⇒ **quadrigémeo**
quadrigúmeo *adj.* BOTÂNICA having four edges
quadríjugo *adj.* [poét.] drawn by four horses
quadril *s. m.* hip; haunch; hipbone; rump (of beef)
quadrilateral *adj.* quadrilateral, four-sided
quadrilátero Ⓐ *adj.* GEOMETRIA quadrilateral Ⓑ *s. m.* four sided figure; an area defended by four fortresses; quadrilateral
quadrilha *s. f.* gang, group of persons organized for evil or criminal purpose; quadrille (old-fashioned dance); cavalcade, joust; herd of horses; [fig.] crowd, gang, mob, rabble; ***quadrilha de ladrões*** gang of robbers
quadrilheiro *s. m.* gangster; brigand, bandit, highwayman
quadrilobado *adj.* BOTÂNICA quadrilobate, quadrilobed (having four lobes)
quadrilobulado *adj.* BOTÂNICA quadrilobate, quadrilobed
quadriloculado *adj.* BOTÂNICA quadrilocular; with four cavities
quadrilocular *adj.* ⇒ **quadriloculado**
quadrilongo *adj.* GEOMETRIA rectangular
quadrilunulado *adj.* having four meshes in the form of a moon crescent

quadrimaculado *adj.* having four stains
quadrímano *adj.* ZOOLOGIA four-handed
quadrimembre *adj.* quadrimembral
quadrimestral *adj.* four-monthly
quadrimestre *s. m.* period of four months
quadrimosqueado *adj.* having four stains
quadrimotor Ⓐ *adj.* four-engined Ⓑ *s. m.* four-engined aeroplane (aircraft); aircraft equipped with four engines
quadringentenário *s. m.* commemoration of an event that occurred four hundred years before
quadringentésimo *adj.* four hundredth
quadrinómio *s. m.* MATEMÁTICA four monomial
quadripartido *adj.* quadripartite
quadripenado *adj.* quadripennate
quadripene *adj.* quadripennate
quadripétalo *adj.* having four petals
quadripolo *s. m.* ELECTRICIDADE quadripole
quadrirreme *s. f.* quadrireme
quadrissecular *adj.* four centuries old
quadrissilábico *adj.* GRAMÁTICA quadrisyllable
quadrissílabo *s. m., adj.* GRAMÁTICA quadrisyllable; word of four syllables
quadrivalente *adj.* QUÍMICA quadrivalent, tetravalent
quadrivalve *adj.* quadrivalve
quadrivalvulado *adj.* quadrivalvular
quadrivalvular *adj.* quadrivalvular
quadrívio *s. m.* the meeting of four ways; cross-way, crossroads, quadrivial; quadrivium (the four sciences; geometry, arithmetic, astronomy and music)
quadro *s. m.* picture-frame, picture; painting, canvas; blackboard; list; map; view, scene, spectacle, sight; office staff; screen; notice-board, square, quadrilateral; ***quadro de distribuição*** switchboard; ***moldura de quadro*** picture-frame; ***quadro dos professores*** list of teaching staff; MILITAR, NÁUTICO ***quadro de reserva*** reserve list; ***quadro (de navios)*** anchoring place, berth, ground (of ships); ***quadro de anúncios*** notice-board, advertisement-board; ***quadro dos contadores*** meter-board; ***quadro sinóptico*** synopsis, summary, conspectus
quádrobo *s. m., adj.* ⇒ **quádruplo**
quadrúmano Ⓐ *adj.* ZOOLOGIA quadrumanous (having four hands) Ⓑ *s. m., adj.* quadrumane, quadruman Ⓒ *s. m. pl.* quadrumana
quadrunvirato *s. m.* a group or association of four men; dignity or function of the four men leading the municipalities of Rome
quadrúnviro *s. m.* each of the four men leading the municipalities of Rome
quadrupedante *adj.* quadruped
quadrupedar *v. intr.* [poét.] to go on all four feet
quadrúpede *s. m., adj.* ZOOLOGIA quadruped animal having four feet; quadruped, four-footed
quadruplar *v. tr.* ⇒ **quadruplicar**
quadruplicação *s. f.* multiplication by four
quadruplicar *v. tr. e intr.* to quadruplicate, to multiply by four; to increase fourfold, to double twice
quádruplo *s. m., adj.* quadruple, fourfold; having four times the amount of; quadruple, a fourfold amount
qual Ⓐ *pron. rel., interj.* which; what Ⓑ *interj.* nonsense!, what!, fiddlesticks!; ***diga-me de qual gosta mais*** please tell me which you like best; ***qual é o livro?*** which is the book?; ***diga qual prefere*** say which you would like best; ***sejam quais forem as suas (dele) razões*** whatever his reasons may be; ***qual deles?*** which of them?; ***cada qual*** everyone, each; ***tal qual, sem tirar nem pôr*** that's just it; ***qual quê!*** not at all!, no such thing!; ***qual história!*** nonsense!; ***seja qual for*** whatever may be; ***deve comer fruta, seja qual for*** you should eat fruit, it doesn't matter what kind; ***qual é a árvore que se desenvolve mais rapidamente?*** what tree grows the quickest?; ***qual dos seus amigos está em Londres?*** which of your friends is in London?
qualidade *s. f.* quality, sort, kind; class, qualification; excellence; attribute, characteristic; high rank; gentle birth, nobility; trait, condition, nature; brand; ***bolachas de várias qualidades*** biscuits of several sorts; ***de várias qualidades*** of various qualities; ***ele tem muito boas qualidades*** he has many good qualities; ***de má qualidade*** of poor quality; ***qualidade fina*** fine quality; ***qualidade inferior*** inferior quality; ***qualidade superior*** superior quality; ***na qualidade de*** in the capacity of; ***na qualidade de herdeiro*** in the capacity of an heir; ***de boa qualidade*** of good quality; ***a qualidade importa mais do que a quantidade*** quality matters more than quantity
qualificação *s. f.* qualification; qualifying; ability, capacity; classification, specification
qualificado *adj.* qualified, competent; able, having qualifications (for anything); fit; distinguished, distinct, noble
qualificador *s. m., adj.* he who, or that which, qualifies; qualifying
qualificar *v. tr.* to qualify; to attribute (qualities to); to describe as; to class; to classify; to characterize, to distinguish; to consider, to repute; GRAMÁTICA to limit the meaning of; to enable; ***os adjectivos qualificam os substantivos*** adjectives qualify nouns; ***qualificar uma pessoa de mentirosa*** to class a person as a notorious liar
qualificativo *adj.* qualificative, qualifying; GRAMÁTICA ***adjectivo qualificativo*** qualifying adjective
qualificável *adj.* qualifiable
qualitativamente *adv.* qualitatively
qualitativo *adj.* qualitative
qualquer *pron. indef.* any, anybody, either (of two); whichever, whoever; ***qualquer dos planos serve*** any (one) of the plans will do; ***em qualquer ocasião*** on any occasion; ***em qualquer parte*** anywhere; ***em qualquer caso*** in any case; ***qualquer pessoa*** anybody; ***de qualquer modo*** at any rate, in any way, anyhow; ***ser um qualquer*** to be of no account; ***em qualquer outra parte*** anywhere else; ***qualquer coisa serve*** anything will do; ***irei lá qualquer dia*** I will go there some day or other; ***qualquer dúvida que tenha*** whatever doubt you may have; ***ter um pretexto qualquer*** to have some pretext or other
quando *adv., conj.* when, at what time?, on what occasion?, how soon?, how long ago?, while; during the time that; whenever; although, even if; ***de quando em quando, de vez em quando*** now and then, now and again, from time to time; ***chovia quando partimos*** it was raining when we started; ***visitá-lo-ei quando voltar*** I will see him when I return; ***quando for rico*** [fig.] when my ship comes home; ***faz frio quando neva*** it is cold when it snows; ***quando vieste?*** when did you come?; ***faça-o quando puder*** do it when you can; ***desde quando?*** since when?; ***até quando?*** till when?; ***não sei quando foi*** I don't know when it was; ***até quando podes ficar?*** till when can you stay?, how long can you stay?; ***quando chove fica em casa*** when it rains he stays at home; ***quando muito*** at most, at the best; ***quando menos*** at least; ***ainda quando*** although, even if; ***quando parte o comboio para Londres?*** when does the train for London start?; ***diga quando*** say when; ***quando isso aconteceu*** when that happened; ***quando não fosse senão para lhe (a ele) agradar*** if for no other reason than to please him
quanta *s. m. pl.* FÍSICA quanta (*singular* quantum); ***teoria dos quanta*** quantum theory
quantia *s. f.* amount, sum; ***uma quantia aproximada*** a round figure; ***quantia mensal*** monthly payment
quantiar *v. tr.* to count; to evaluate, to value, to estimate, to rate
quântico *adj.* quantic
quantidade *s. f.* quantity, deal, number, amount, extent; ***uma certa quantidade de livros*** a certain quantity of books; ***comprar em grandes quantidades*** to buy in bulk, to

buy in large quantities; ***em grande quantidade*** in great quantity, by heaps, in shoals; ***comer uma quantidade de morangos*** to eat a lot of strawberries; ***grande quantidade*** a great deal, a lot; ***quantidade de movimento*** momentum; ***quantidade de calor desenvolvido*** quantity of heat developed

quantificação *s. f.* quantification

quantificar *v. tr.* to quantify

quantioso *adj.* numerous, rich, valuable, copious, abundant; of or pertaining to a sum or amount (of money)

quantitativamente *adv.* quantitatively

quantitativo *adj.* quantitative

quanto *adv., pron. rel., pron. interr.* all that, whatever, what as much as; how much?; as to, as for, as; ***quanto a esse assunto*** as to that (matter); ***quanto antes*** as soon as possible; ***quanto mais cedo melhor*** the sooner the better; ***quanto a mim*** as for me, as far as I am concerned; ***quanto a*** with regard to, in regard to, as to, as for; ***quantas vezes?*** how often?; ***quanto é?*** how much is it?; ***quantas vezes ao dia?*** how often daily?, how many times a day?, quantos?; ***quantas?*** how many?; ***quanto?*** how much?; ***tantas vezes quantas*** as often as; ***quanto tempo?*** how long?; ***quanto mais ... tanto mais*** the more ... the more; ***quanto mais quente melhor*** the warmer the better; ***quanto mais divertido, melhor*** the merrier, the better; ***quanto mais depressa, mais devagar*** more haste less speed; ***quanto mais pequeno é o dia, maior é a noite*** the shorter the day, the longer the night; ***quanto mais barato, melhor*** the cheaper the better; ***tanto quanto*** as much as; ***tanto quanto eu sei*** as far as I know

quantofrenia *s. f.* excessive tendency to use quantity and measurement in spiritual sciences

quantum *s. m.* FÍSICA quantum

quão *adv.* how

quarenta *num. card.* forty; ***quarenta e picos*** forty odd; ***ainda não fez os quarenta*** he is on the right side of forty; ***para cima dos quarenta*** on the shady side of forty; ***ter mais de quarenta anos*** to be on the wrong side of forty

quarentão *adj., s. m.* quadragenarian, forty years old; a forty-year-old person

quarentar *v. intr.* to have one's fortieth birthday

quarentena *s. f.* quarantine (period of isolation imposed on voyagers, travellers, sick persons, or infected ship that might spread contagious disease); ***fazer a quarentena*** to clear the quarantine; ***pôr de quarentena*** to put in quarantine

quarentenar *v. intr.* to quarantine, to put (to keep) in quarantine

quarentenário Ⓐ *adj.* related to quarantine, quarantining Ⓑ *s. m.* person in quarantine

quarentona *s. f.* woman about forty years old; quadragenarian woman, a woman in her forties

Quaresma *s. f.* Lent, Quadragesima (period from Ash Wednesday to Easter Eve, the 40 week-days of which are devoted to fasting and penitence in commemoration of Christ in the wilderness)

quaresmal *adj.* Lenten, Quadragesimal

quaresmar *v. intr.* to keep Lent

quaresmas *s. f. pl.* BOTÂNICA meadow saxifrage

quarta *s. f.* quarter, the fourth part; MÚSICA a quart, a fourth; a quart, a position in fencing; Wednesday; NÁUTICA ***quarta de agulha*** point of the compass, quarter of the compass; MATEMÁTICA ***quarta potência*** fourth power

quartã *s. f., adj.* quartan malaria; quartan

quartado *adj.* quartered

quarta-feira *s. f.* Wednesday; ***Quarta-Feira de Cinzas*** Ash Wednesday; ***Quarta-Feira de Trevas*** Wednesday of Holy Week

quartaludo *adj.* having a defect in the quarters (horse)

quartanário Ⓐ *adj.* suffering from quartan malaria Ⓑ *s. m.* one who suffers from quartan malaria

quartanista *s. m. e f.* student in the fourth year of a school or a college

quartão *s. m.* earthen jar; a liquid measure equivalent to 8 litres

quartapisa *s. f.* trimming of a dress of different colour

quartapisar *v. tr.* to adorn with a trimming

quartar *v. tr.* to move out of the line when fencing

quartau *s. m.* pony, small horse

quartear *v. tr.* to quarter, to divide into four parts or quarters; HERÁLDICA to quarter

quarteio *s. m.* (of bullfighter) act of dodging

quarteirão *s. m.* quarter (of a hundred), twenty-five; ***quarteirão de casas*** block of houses

quarteiro *s. m.* liquid measure = 2.1 litres; a former cereal tribute

quartejar *v. tr.* to quarter, to divide into quarters

quartel *s. m.* quarter, the fourth part of anything; MILITAR quarters, barracks, place alloted to troops as lodgings; HERÁLDICA quarter, quartering; period, epoch; quarters, habitation, abode; ***dar quartel*** to give quarter; ***último quartel da vida*** the last span of life, the last lap of life

quartelada *s. f.* ARQUITECTURA console, corbel, supporting bracket; part of a fishing net

quarteleiro *s. m.* MILITAR store-keeper (in barracks)

quartel-general *s. m.* headquarters

quartel-mestre *s. m.* quarter-master, officer in charge of paying the troops

quarterão *s. m.* quadroon

quarteto *s. m.* quartet, quartette, four instrumentalists (four singers) who play or sing together; set of four; four-lined stanza

quartil *adj.* quartile, aspect of the planets when distant from each other a quarter of a circle

quartilhada *s. f.* liquid contained in a pint

quartilhame *s. m.* many pints

quartilhar *v. tr.* to cut open olives before pickling

quartilho *s. m.* pint (measure of capacity, half a quart, eighth part of a gallon)

quartinha *s. f.* lug; pitcher

quartinho *s. m.* small room, cubicle

quarto Ⓐ *num. card.*, fourth Ⓑ *s. m.* fourth part, quarter; room; bedroom; crack in a horse's hoof; NÁUTICA watch; ***quarto de hora*** quarter of an hour; ***passar um mau quarto de hora*** to have a bad quarter of an hour; ***em quarto lugar*** fourthly, in the fourth place; ***quarto crescente*** first quarter; ***quarto minguante*** last quarter; ***alugar um quarto*** to take lodging; ***quartos para alugar*** rooms to let; ***quarto de recreio (das crianças)*** playroom; ***quarto pequeno, apertado*** poky room; ***quartos mobilados*** furnished rooms; ***quarto alugado (em casa particular)*** private lodging; ***quarto de arrumações*** lumber-room; ***quarto da frente*** front-room; ***quarto das traseiras*** back-room; ***quarto de banho*** bathroom; ***não há espaço neste quarto*** there is no place in this room; ***andar à procura de quartos*** to look for lodgings; ***quarto para pessoa só*** single room; ***quarto de casal*** double room; ***um quarto confortável*** a snug room; ***quarto reservado para hóspedes*** spare room (for guests); ***ter o quarto limpo e bonito*** to have the room clean and sweet; NÁUTICA ***quarto de serviço*** duty, spell, trick, watch; ***oficial de quarto*** officer of the watch; ***a quartos corridos*** watch and watch; ***quarto de alva*** morning watch, daybreak watch; ***quarto da meia-noite às quatro*** middle watch; ***quarto da modorra*** middle watch; ***quarto das oito ao meio-dia*** forenoon watch; ***quarto pequeno*** dog watch; ***quarto de prima (das oito à meia-noite)*** first watch; ***quarto de cima*** watch on deck; ***quarto de baixo*** watch below; ***quarto de dia*** day's watch; ***estar de quarto*** to keep watch, to spell the watch; ***fazer um quarto de castigo*** to stand on deck; ***quarto de folha*** quarter of a sheet

quartola *s. f.* cask or pipe holding 250 litres

quartzífero *adj.* quartziferous, bearing or containing quartz
quartzito *s. m.* quartzite
quartzo *s. m.* MINERALOGIA quartz (mineral of silica)
quartzoso *adj.* quartzose (containing quartz), quartzy
quase *adj.* almost, nearly, quasi; all but; ***quase o mesmo*** much the same, much of a muchness; ***quase outro tanto*** about as much again; ***quase nada*** next to nothing, hardly anything; ***quase impossível*** next to impossible; ***quase nunca*** hardly ever; ***quase sempre*** nearly always; ***está quase o mesmo*** he is pretty much the same; ***quase não te via*** I hardly saw you; ***quase não vale a pena*** it is hardly worth while
quase-delito *s. m.* DIREITO quasi-delict
quase-estática *s. f.* FÍSICA a very slow change of state
quase-nada *s. m.* [fam.] very little, next to nothing, hardly anything
quasimodal *adj.* ugly; monstrous
quasimodesco *adj.* ugly; monstrous
quasímodo *s. m.* monster; quasimodo Sunday, low Sunday
quassação *s. f.* crushing
quássia *s. f.* BOTÂNICA quassia
quassina *s. f.* FARMACOLOGIA quassin, the bitter principle of quassia
quassite *s. f.* ⇒ **quassina**
quaternado *adj.* BOTÂNICA quaternate, consisting of four, as of leaflets
quaternário *adj.* quaternary, fourfold (consisting of four elements); by fours; in sets of four; having four parts; MÚSICA quadruple, having four beats
quaternião *s. m.* MATEMÁTICA quaternion; FARMACOLOGIA balsam of four ingredients
quaternidade *s. f.* quaternity (group of four persons regarded as one)
quaterno *adj.* quaternate, in a set (or sets) of four, fourfold
quatriduano *adj.* lasting four days
quatríduo *s. m.* period of four days
quatrienal *adj.* quadrennial
quatrilião *s. m.* fifth power of a thousand; [E.U.A.] quadrillion
quatrim *s. m.* former small coin; farthing, trifle
quatrinca *s. f.* four cards of the same value
quatrineta *s. f.* the fourth layer of salt produced by a salt-pan in the same year
quatro *num. card.* four; ***quatro a quatro*** by fours, four by four; ***o dia quatro*** the fourth; ***quatro mil*** four thousand; [fam.] ***o diabo a quatro*** muddle, terrible fuss
quatro-cantinhos *s. m. pl.* puss-in-the-corner, a children's game
quatrocentismo *s. m.* style and taste of the Quattrocento
quatrocentista *s. m. e f., adj.* quattrocentist
quatrocentos *num. card.* four hundred
quatro-olhos *s. m.* variety of Brazilian fresh water fish; [pop.] person who wears glasses
quatuorvirado *s. m.* ⇒ **quadrunvirato**
quatuorvirato *s. m.* ⇒ **quadrunvirato**
quatuórviro *s. m.* ⇒ **quadrúnviro**
que *pron. rel., pron. interr., adv., conj.* who, which, that; what; that; because, for, how; ***o homem que viste à porta é meu irmão*** the man whom you saw at the door is my brother; ***o rapaz que está a ler o livro é meu filho*** the boy who is reading the book is my son; ***o meu gato, que se tinha perdido, apareceu*** my cat, which was lost, has been found; ***a carta que estou a escrever é muito importante*** the letter that I am writing is very important; ***o rapaz que ganhou o prémio é muito novo*** the boy that won the prize is very young; ***os que são diligentes merecem triunfar*** those (they) who are hard-working deserve to succeed; ***amanhã dar-te-ei uma coisa que muito te agradará*** I will give you something tomorrow that will please you very much; ***nada do que ele faz é mal feito*** nothing that he does is badly done; ***com que estás a escrever?*** what are you writing with?; ***a que aluno se refere?*** which pupil do you refer to?; ***que há?*** what's the matter?, what's up?; ***que há de novo?*** what's the news?; ***que é?*** what is it?; ***empreste-me o dinheiro que puder*** lend me what money you can; ***o que se seguiu foi desagradável*** what followed was unpleasant; ***que é isso?*** what is that?; ***já que*** since, seeing that; ***contanto que*** provided (that); ***de modo que, de maneira que*** so that; ***espero que sim*** I hope so; ***que vergonha!*** what a shame!; ***pelo que respeita*** as regards; ***ora, que grande surpresa!*** why, what a surprise!; ***que ideia!*** what an idea!; ***espero que tudo corra bem*** I hope that all will go well; ***declarou que o fez*** he declared he did it; ***que devo fazer?*** what shall I do?; ***que pergunta!*** what a question!; ***que lindo!*** how pretty (it is) !; ***aquele que*** he who; ***aquela que*** she who; ***que quer que lhe diga?*** what can I say to you?; ***as pessoas que encontrei*** the people that I met; ***que se segue?*** what next?; ***que há a esse respeito?*** what about it?; ***que é ele?*** what is he?; ***que se há-de fazer?*** what is to be done?; ***que dirá o mundo?*** what will people say?; ***diga-nos do que se trata*** tell us what it is about
quê Ⓐ *s. m.* anything, something, difficulty, complication; obstacle, rub; interruption Ⓑ *pron. rel., pron. interr., interj.* what; ***tem seus quês*** it has its pros and cons, it has its drawbacks; ***sem quê nem porquê!*** for no good reason!, all of a sudden!; ***para quê?*** what for?; ***não tem de quê*** not at all, not in the least, the pleasure is mine, don't mention it, you are welcome
quebra *s. f.* breaking, loss, rupture; bankruptcy; breach; ***quebra de líquidos*** leakage; ***quebra de vasilhame*** ullage; ***quebra de promessa de casamento*** breach of promise; ***quebra de relações*** severing (breaking-off) of relations
quebra-cabeças *s. m.* [pop.] teaser; puzzle, difficult problem; poser; enigma, riddle, conundrum; a hard nut to crack
quebração *s. f.* weakness; exhaustion; breaking, rupture
quebra-costas *s. f.* breakneck place, very steep street; a hug, very close embrace
quebrada *s. f.* steepness, opening (in shore); unevenness; slope, steep; steep hill
quebradamente *adv.* suddenly
quebradeira *s. f.* ⇒ **quebreira**
quebradela *s. f.* breaking; splitting
quebradiço *adj.* brittle, fragile, frail, breakable, delicate
quebrado *s. m., adj.* broken, destroyed, shattered; feeble, exhausted, weakened; fatigued, tired; steep, cragged, abrupt; despondent; bankrupt; rupture; fraction; MEDICINA ruptured person; ***número quebrado*** a fraction
quebrador *s. m.* breaker, a person who breaks (in any sense)
quebradura *s. f.* breaking; MEDICINA rupture, hernia
quebra-esquinas *s. m.* loafer, loiterer, saunterer, stroller, idler
quebra-gelo *s. m.* ice-breaker (ship)
quebra-jejum *s. m.* breakfast
quebra-luz *s. m.* lamp-shade
quebra-mar *s. m.* breakwater, jetty, pier, mole, sea-wall; ***quebra-mar de madeira*** washboard
quebramento *s. m.* breaking; breaking-point; weariness, prostration, exhaustion
quebrança *s. f.* noise of the breaking of waves against rocks
quebra-nozes *s. m.* nutcracker
quebrantado *adj.* broken down, dejected, exhausted, worn-out, prostrated, debilitated
quebrantador *s. m.* breaker, infringer, violator
quebrantamento *s. m.* breaking; exhaustion, weariness, prostration; dejection, depression; infringement
quebrantar *v. tr. e refl.* to break; to break down, to dispirit, to deject; to despond; to infringe; to weaken, to enfeeble, to debilitate; to raze, to ruin, to destroy; to soften, to quell, to assuage

quebranto *s. m.* lassitude, weariness, langour, weakness; bewitching (by an evil eye)
quebra-panelas *s. f.* BOTÂNICA heather, moor besom
quebrar *v. tr., intr. e refl.* to break, to fracture; to shatter, to smash to pieces; to go to pieces; to crack; to rupture; to make bankrupt, to ruin financially; to crush; to interrupt, to discontinue; to disconnect, to infringe, to violate, to weaken, to mitigate, to render less severe; to split, to divide into two or more parts; to part assunder; to lose strength; to wear out, to exhaust; to become bankrupt; to diminish (in weight); to burst; to waddle; to comb (waves); [fig.] ***quebrar a cabeça*** to rack one's brains, to cudgel one's brains; ***quebrar o encanto*** to break the spell; ***a corda quebra pelo mais fraco*** the strength of a chain is that of its weakest link, the weakest goes to the wall; ***quebrar lanças por*** to break lances for; ***quebrar um braço*** to break an arm; ***quebrar o silêncio*** to break the silence; ***quebrar o gelo (encetar uma conversação)*** to break the ice; ***quebrar a cabeça a alguém*** to break someone's head; NÁUTICA ***quebrar o seguimento*** to deaden the way; ***quebrar as amarras*** to break from the moorings
quebratura *s. f.* languishing (or voluptuous) movement; movement of the hips in dancing; waggling
quebreira *s. f.* weariness, exhaustion, prostration, fatigue, lassitude, languidness, languor; break-down; breaking-point
quebro *s. m.* inflexion or modulation of the voice; flexion of the body, turn, dodge of the body
queda *s. f.* fall, tumble; drop, downfall, moral lapse; mistake, sin; decadence, decline, decay; surrender, capitulation; ruin, disgrace; bankruptcy; tendency, inclination, bent; declivity; ***dar uma queda*** to have a heavy fall, [fam.] to come a cropper; ***queda da folha*** fall of the leaf; ***ser vítima de uma queda*** to break one's neck; ***sofrer uma queda desastrosa (de um cavalo ou carro)*** to have a nasty spill; ***queda de cabelo*** falling hair; ***queda de água*** waterfall; ***queda de temperatura*** drop in temperature; ***queda dos dentes*** loss of teeth; ***dei uma queda desastrosa*** I had a nasty fall; ***queda de produção*** decline of production
quedar *v. refl. e intr.* to stop; to halt; to restrain (oneself); to be still; to cease, to remain
quediva *s. m.* Khedive
quedive *s. m.* ⇒ **quediva**
quedo *adj.* quiet, still, calm; motionless; tranquil; stationary; ***estar a pé quedo*** to stand stock-still; ***a pé quedo*** unflinchingly; ***mudo e quedo como um penedo*** as silent and still as the grave
quefazer *s. m.* business, work, job, pursuit, occupation, affair; matter; duties, tasks, chores
quefir *s. m.* kefir (drink produced from milk fermentation)
quefirina *s. f.* powdered preparation used in making kefir
quefiroterapia *s. f.* treatment of a disease by means of kefir
queijada *s. f.* cheese-cake
queijadeiro *s. m.* cheese-cake maker (or seller)
queijadilho *s. m.* primrose
queijar Ⓐ *v. tr.* to make cheese Ⓑ *v. intr.* to become cheese
queijaria *s. f.* cheese-dairy; cheese-making
queijeira *s. f.* dairy, the place where cheese is made; woman that makes or sells cheese; cheese-dish, cheese-plate
queijeiro *s. m.* cheese-maker; cheesemonger
queijo *s. m.* cheese, food made of pressed curds; ***queijo flamengo*** Dutch cheese; ***apara de queijo*** cheese-paring; ***faca para queijo*** cheese-scoop, cheese-knife; ***queijo coalhado*** cheese curds; ***queijo feito de nata*** cream cheese; ***ser pão-pão, queijo-queijo*** to call a spade a spade; ***ter a faca e o queijo na mão*** to have the ball at his feet, to take the law into one's own hands; ***entre a pêra e o queijo*** at the end of the meal
queima *s. f.* burning, combustion, consuming; fire; firing; cremation; ***queima das fitas*** festivities at some Portuguese Universities
queimação *s. f.* burning, combustion, consuming; fire; firing; cremation
queimada *s. f.* forest fire, fire in a wood; wood ravaged by fire; burned over land; clearance of ground by fire; calcined earth serving as a fertilizer; shoal of sardines
queimadela *s. f.* burn, injury caused to human body by fire; scorch
queimado Ⓐ *adj.* burnt; scorched; blasted; frost-bitten; sunburnt, sunburned, tanned Ⓑ *s. m.* smell or taste of burnt food; ***queimado do sol*** scorched by the sun, sunburnt, tanned; ***morrer queimado*** to suffer at the stake; ***estar queimado*** to be brown
queimadoiro *s. m.* ⇒ **queimadouro**
queimador *s. m., adj.* burner; incendiary, burning
queimadouro *s. m.* pyre, pile of combustible material for burning a corpse; stake
queimadura *s. f.* burn, sore, mark on body made by burning; plant rust; blight
queimamento *s. m.* burning, scorching; conflagration
queimante *adj.* burning, scorching; piquant
queimão Ⓐ *adj.* piquant Ⓑ *s. m.* kimono
queimar *v. tr., intr. e refl.* to burn, to consume, to destroy by fire; to reduce to ashes; to cremate, to incinerate, to calcine, to char; to toast, to broil; to scorch; to tan, to bronze, to brown, to embrown; to parch, to become brown; to be put to death by fire; to blast, to blight, to suffer from high fever; to burn oneself; to be done for; ***a mostarda queima a língua*** mustard burns the tongue; ***queimar lenha*** to burn wood; ***as peles finas queimam-se facilmente ao sol*** delicate skins easily get sunburnt; ***arranjar lenha para se queimar*** to make a rod for one's own back; ***a geada queimou as flores*** the frost has nipped the flowers; ***queimar-se pela geada*** to freeze, to be frostbitten, to be nipped by frost; NÁUTICA ***queimar a tinta do fundo do navio*** to bream (to clear) the ship's bottom by burning and scraping; ***queimar as pestanas*** to work or study till late in the night; ***queimar o seu último cartucho*** to fire one's last shot
queima-roupa *s. f.* ***à queima-roupa*** point-blank, direct, downright
queimo *s. m.* piquancy, burning taste, acrid taste
queimor *s. m.* intense heat
queimoso *adj.* piquant, pungent, caustic; burning, hot
queiró *s. f.* BOTÂNICA Scotch heather; ling; moor besom
queiroga *s. f.* BOTÂNICA Scotch heather; ling; moor besom
queirós *s. f.* ⇒ **quiró**
queixa *s. f.* complaint, expression of grief, pain, or resentment; grievance; offence, resentment; discontent(ment); lamentation; protest, remonstrance, clamo(u)r, formal accusation; fault-finding; ***apresentar queixa*** to lodge a complaint; ***retirar uma queixa*** to withdraw a complaint; ***não ter razão de queixa*** to have no reason for complaint
queixa-crime *s. f.* criminal complaint
queixada *s. f.* jaw-bone, jaw, mandible
queixal *s. m., adj.* of the jaw, mandibular; molar tooth, grinder
queixar-se *v. refl.* to complain, to find fault with; to grumble; to lament, to bewail, to repine; to grieve, to murmur, to croak, to whine; ***está sempre a queixar-se*** he is always complaining; ***ele queixa-se com razão*** he complains with reason, he is right to complain; ***queixar-se da negligência de alguém*** to complain about someone's carelessness; ***queixar-se da alimentação*** to complain of the food; ***queixar-se de dores de cabeça*** to complain of a headache
queixeiro *adj.* ***dente queixeiro*** wisdom tooth
queixo *s. m.* chin; jaw-bone; jaw; ***de queixo caído*** crestfallen; ***batia o queixo com frio*** his teeth were chattering with

cold; NÁUTICA ***queixos do navio*** beak of the ship; ***pelos queixos (vento ou mar)*** in the teeth (of wind or sea)
queixoso Ⓐ *adj.* plaintive, wailing, doleful Ⓑ *s. m.* complainer; complainant, plaintiff
queixudo *adj.* big-jawed; big-chinned
queixume *s. m.* moan, lament; groan; complaining, complaint, wail, weeping, whinning
quejadilho *s. m.* ⇒ **queijadilho**
quejando *adj., pron.* like, alike, such, of the same kind or quality
quelha *s. f.* lane, alley; leat; plume; trough, chute
quelho *s. m.* lane, alley; gutter
quelícera *s. f.* ZOOLOGIA chelicere
quelicerado *adj.* having chelicera
Quelídidas *s. m. pl.* ⇒ **Quelidídeos**
Quelidídeos *s. m. pl.* ZOOLOGIA family of the order of reptiles called *Chelonia*
quelidónia *s. f.* ⇒ **celidónia**
quelípode *s. m.* ZOOLOGIA pincers of the *Chelonia*
quelma *s. f.* ICNOLOGIA variety of *Selachii*
quelme *s. m.* ⇒ **quelma**
Queloníidas *s. m. pl.* ⇒ **Queloniídeos**
Queloniídeos *s. m. pl.* ZOOLOGIA family of the order of reptiles called *Chelonia*
quelónios *s. m. pl.* tortoises and turtles
quelonófago Ⓐ *adj.* feeding on turtles Ⓑ *s. m.* eater of turtles or tortoises
quelonografia *s. f.* description of Chelonia
quelonógrafo *s. m.* naturalist devoted to the sudy of chelonians
quem *pron. rel., pron. interr., pron. indef.* who, whom, whose; someone, who; ***quem te disse isso?*** who told you so?; ***a quem deste isso?*** to whom did you give it?; ***gostava de saber quem ela é*** I should like to know who she is; ***quem é quem?*** who's who?; ***quem fez isto?*** who has done this?, who did this?; MILITAR ***quem vem lá?*** who goes there?; ***quem tal diria!*** who would have thought it!; ***a quem devo dar isto?*** to whom must I give this?; ***para quem compraste este livro?*** for whom did you buy this book?; ***com quem estás a falar?*** to whom are you speaking?; ***quem está aí?*** who's there?; ***quem me dera ser rico!*** if only I were rich!; ***quem me dera ser novo!*** I wish I were young again!; ***de quem é aquela casa?*** whose house is that?; ***de quem é este guarda-chuva?*** whose umbrella is this?; ***de quem é a culpa?*** whose fault is it?; ***de quem é aquele automóvel?*** whose motor-car is that?; ***quem me dera!*** I wish I could!; ***quem dera que isso fosse verdade!*** would that it were true!; ***seja quem for*** whoever it may be; ***quem dá aos pobres, empresta a Deus*** he who gives to the poor, lends to the Lord; ***quem quer que*** whoever; ***quem quer que venha*** whoever may come; ***quem me dera ver!*** would I could see!, how I should like to see!; ***de quem são estes sapatos?*** whose shoes are these?; ***por quem é!*** for goodness' sake, for heaven's sake, oh, please don't mention it!
quemose *s. f.* MEDICINA chemosis (oedema of the conjunctiva of the eye)
Quenopodiáceas *s. f. pl.* BOTÂNICA group of plants having achenes
quenopódio *s. m.* BOTÂNICA chenopod; sweet-scented goosefoot, kind of plant named from the shape of leaves
quentar *v. tr. e intr.* ⇒ **aquentar**
quente Ⓐ *adj.* warm, hot, heated, thermal; ardent, enthusiastic, animated, burning, intense, fiery, excited Ⓑ *s. m.* a warm place; the bed; ***países quentes*** warm countries; ***tempo quente*** warm weather; ***estar quente (fazer muito calor)*** to be hot; ***ferro quente*** hot iron
quentura *s. f.* heat, warmth; fever
quépi *s. m.* kepi, a cap with a flat top and a straight peak
queque *s. m.* small cake; ⌈pop.⌋ snob
quer *conj.* or, either, whether; ***quer queira quer não*** whether you like it or not, willy-nilly; ***devo fazê-lo quer gostes quer não*** I must do it whether you like it or not; ***onde quer que*** wherever; ***quer este, quer aquele*** either this or that; ***quer chova quer faça sol*** come rain or shine
queratina *s. f.* ⇒ **ceratina**
queratinização *s. f.* the phenomena occurring in the formation of keratins in the cells (or their effects)
queratite *s. f.* ⇒ **ceratite**
queratodermia *s. f.* ⇒ **queratose**
queratoscópio *s. m.* keratoscope
queratose *s. f.* keratosis
quercina *s. f.* quercetin
quercite *s. f.* QUÍMICA quercitol
quercitrina *s. f.* quercitrin
querco *s. m.* BOTÂNICA quercus, oak
querela *s. f.* plaint, suit, complaint, indictment, action; discussion, debating; controversy, altercation
querelado *s. m.* defendant, person sued in lawsuit, accused
querelador Ⓐ *s. m.* plaintiff, person who brings an action in a court of law, complainant, accuser, demandant Ⓑ *adj.* complaining, accusing
querelante *s. m. e f., adj.* querulous, complaining; plaintiff
querelar *v. refl. e intr.* to sue, to prosecute; to bring a legal action against; to complain
quereloso *adj.* querulous, plaintive, complaining
querena *s. f.* NÁUTICA bottom, keel, hull; ⌈pop.⌋ bearing course, direction; ***virar de querena*** to careen, to heave down; ***dar de querena*** to careen
querenar *v. tr.* NÁUTICA to careen; ***querenar um navio*** to careen a ship
querença *s. f.* will, desire, intention, mind; affection, liking, love, affection, fondness; place to which animals instinctively go
querençoso *adj.* desirous; longing for, affectionate, fond, loving
querente *adj.* willing, desirous of
querer *v. tr. e intr.* to want, to wish, to long for, to crave, to desire; to like, to love; to prefer; ***querer como a menina dos seus olhos*** to be to one as the apple of one's eye; ***querer é poder*** where there's a will there's a way; ***por querer*** intentionally, on purpose; ***sem querer*** unintentionally; ***querer mal a alguém*** to bear a person a grudge, to bear someone ill will; ***não te quero mal por isso*** I bear you no ill will for it; ***compreendes o que quero dizer*** you understand what I mean; ***querer muito a alguém*** to think the world of a person; ***apesar de o termos convidado ele não quis vir*** although we asked him, he would not come; ***nem sempre se pode fazer o que se quer*** you cannot always do as you like; ***querer bem*** to be kindly disposed (to a person), to wish well; ***queira dizer-me*** would you please tell me; ***eu antes queria ir do que ficar*** I would rather go than stay; ***eu antes queria (preferia)*** I had rather, I would rather; ***quanto quer pela corrida?*** what do you want for the drive?; ***ele quer que eu trabalhe muito mais*** he wants me to work much harder; ***que diabo queres?*** what the devil do you want?; ***quer tudo o que vê*** he wants everything he sees; ***quem tudo quer tudo perde*** grasp all, lose all, over ambition leads to loss of all; ***o que quer isso dizer?*** what does it mean?; ***que quer?*** what will you have?, what do you wish?; ***que quer que eu faça?*** what shall I do?; ***queira Deus!*** God grant!; ***como quiser*** as you like
querido *s. m., adj.* dear, beloved, precious; sweetheart, darling; ⌈E.U.A.⌋ honey; ***ela é tudo quanto há de mais querido para mim*** she is all the world to me; ***minha querida mãe*** my beloved mother; ***tornar querida*** to endear; ***tornar-se querido dos amigos*** to endear oneself to one's friends
quermes *s. m.* kermes
quermesite *s. f.* kermesite

quermesse *s. f.* bazaar; fair with noisy merry-making; kermess, wake or fair
quernite *s. f.* MINERALOGIA kernite, rasorite
quero-quero *s. m.* terutero, Cayenne lapwing
querosene *s. m.* kerosene, paraffin oil, coal oil
querubim *s. m.* cherub (*plural* cherubim ou cherubs)
querubínico *adj.* cherubic(al)
quérulo *adj.* querulous, plaintive
quesito *s. m.* query, question, inquiry; requisite
questão *s. f.* question, point of discussion, matter, affair; demand, interrogation; quarrel, dispute, discussion; ***resolver uma questão*** to settle a question; ***levantou-se uma questão vital*** a vital issue has been raised; ***ter uma questão para resolver*** to have a bone to pick (with a person); ***fazer nascer uma questão*** to start a quarrel; ***uma questão melindrosa*** a nice (delicate) point; ***questão intrincada*** knotty (nice) point; ***uma questão de vida ou de morte*** a matter of life and death; ***buscar motivos para questões*** to pick a quarrel; ***fora de questão*** out of the question; ***é uma questão de dias*** it is a matter of days; ***questão prévia*** previous question; ***questão judicial*** lawsuit; ***levantar uma questão*** to raise a question; ***questão debatida*** a vexed question; ***não ver bem a questão*** to miss the point; ***estudar a fundo uma questão*** to enter deeply into a subject
questionabilidade *s. f.* questionableness, questionability
questionador Ⓐ *s. m.* questioner, controvertist, controversialist Ⓑ *adj.* questioning
questionar *v. tr. e intr.* to question, to call in question, to raise objections to; to dispute, to discuss, to quarrel, to wrangle; to debate, to controvert, to argue, to controvert, to wrangle; ***estar sempre a questionar*** to be always at odds; ***ele é um homem de mau génio que está sempre a questionar*** he is an ill-tempered man who is always quarrelling; ***questionar o preço*** to bargain
questionário *s. m.* questionnaire (formal list of questions)
questionável *adj.* questionable, disputable, debatable
questiúncula *s. f.* little discussion or dispute; slight difference; useless discussion, a little controversy, question of minor importance
questor *s. m.* questor (state-treasurer; police official appointed by the Pope or a bishop)
questorado *s. m.* the office of questor
questório *adj.* relative to a question
questuário Ⓐ *s. m.* self-seeking person Ⓑ *adj.* self-seeking, ambitious
questuoso *adj.* profitable, lucrative
questura *s. f.* the office of questor; duration of that office
quetígero *adj.* having or producing cilia or silk
quetópode Ⓐ *s. m.* chaetopodous Ⓑ *adj.* chaetopod
quetzal *s. m.* quetzal; ZOOLOGIA resplendent trogon
quevel *s. m.* antelope; young gazelle (gazel)
queza *s. f.* variety of African shrub
quezilar *v. tr. e intr.* to worry, to tease, to harass, to chafe, to annoy; to anger; to vex, to plague, to torment, to irritate; to be disgusted with; to loathe; to feel strong aversion to, to have angry feelings
quezilento *adj.* averse, quarrelsome, annoying
quezília *s. f.* aversion, antipathy; angry feeling, abhorrence; quarrel, misunderstanding
quiabeiro *s. m.* okra
quiabo *s. m.* okra (pod or plant), gumbo
quiáltera *s. f.* MÚSICA sesquitertia
quiasma *s. m.* GRAMÁTICA chiasmus; ANATOMIA chiasm, chiasma
quiasmático *adj.* chiasmal, chiasmic, chiastic
quiasmo *s. m.* chiasmus
quiastolite *s. f.* MINERALOGIA chiastolite
quibanda *s. f.* tribute paid to an African tribal chief in Bié
quibandar *v. tr.* to sift with a coarse sieve (quibando)
quibando *s. m.* a coarse sieve
quibebe *s. m.* pap of pumpkins
quibuca *s. f.* [Ang.] caravan of people
quiçá *adv.* perhaps, maybe; perchance, possibly; who knows?
quíchua *s. m.* old Peruvian language
quício *s. m.* hinge
quico *s. m.* [fam.] ridiculous small hat; [Bras.] gypsy
quiço *s. m.* hinge
quididade *s. f.* quiddity
quididativo *adj.* related to quiddity
quiescente *adj.* quiescent, quiet, motionless, dormant, passive, resting
quietação *s. f.* quietness, rest, quietude, tranquillity, calmness, quiescence, peace, stillness
quietar *v. tr.* to quiet, to make quiet, to pacify, to soothe, to still, to lull, to calm, to quieten, to allay
quietismo *s. m.* quietism, passive mysticism
quietista Ⓐ *s. m. e f.* quietist Ⓑ *adj.* quietistic
quieto *adj.* quiet, still, calm, peaceful, noiseless, silent, motionless, serene; tranquil; restful, easeful; ***agora, meninos, estejam quietos!*** now, children, keep quiet!; ***estar quieto*** to be (to keep) quiet, to be still, to stay still; ***estar sentado muito quieto*** to sit still
quietude *s. f.* quietude, rest, quietness, tranquillity, repose; peacefulness; serenity, silence
quigombó *s. m.* okra, gumbo
quilatação *s. f.* assaying
quilatador *s. m.* assayer
quilatar *v. tr.* to assay (gold or silver); to value
quilate *s. m.* carat, karat, measure of weight for precious stones, about 3 1/5 grains; measure of purity of gold; excellence, superiority, perfection; ***pérola do mais fino quilate*** pearl of the finest water; ***homem de bom quilate*** man of sterling qualities; ***carácter de bom quilate*** sterling character
quilateira *s. f.* instrument from grading gems by size
quilha *s. f.* keel (of a ship); BOTÂNICA carina; NÁUTICA ***quilha de arriar*** drop keel; ***quilha central*** main keel; ***quilha chata*** flat keel, flat plate keel; ***quilha de encalhe*** docking keel; ***quilha maciça*** bar keel; ***fazer da quilha portaló*** to turn keel upwards, to keel
quilhar *v. tr.* to set a keel on a ship
quilíade *s. f.* chiliad, a thousand
quiliare *s. m.* a thousand ares (unit of surface)
quiliarquia *s. f.* chiliarchy
quilífero *adj.* FISIOLOGIA chylific, chylous, conveying chyle
quilificação *s. f.* FISIOLOGIA chylification
quilificar *v. tr.* to chylify, to convert into chyle
quilificativo *adj.* chylific
quilite *s. f.* lip inflammation
quilo *s. m.* kilogram(me) (weight of 1000 grammes); chyle (lymphatic juice by means of which fatty substance is conveyed to the blood-stream)
quilocaloria *s. f.* kilocalorie, Calorie, kilogram calorie, large calorie
quilociclo *s. m.* RÁDIO kilocycle
quilodieresia *s. f.* cleft-lip, hare-lip
quilofagia *s. f.* lip-biting (morbid habit)
quilógnatos *s. m. pl.* diplopoda, chilognatha
quilograma *s. m.* kilogram(me) (one thousand grammes, equivalent to about 21/ 5 lbs.)
quilograma-padrão *s. m.* kilogram prototype
quilograma-peso *s. m.* kilogram weight
quilogrâmetro *s. m.* FÍSICA kilogrammetre, measure of energy
quilohertz *s. m.* FÍSICA kilohertz
quilojoule *s. m.* FÍSICA kilojoule
quilolitro *s. m.* kilolitre, one thousand litres, one cubic metre
quilologia *s. f.* chylology, treatise on chyle

quilombo *s. m.* HISTÓRIA [Bras.] hiding-place for runaway slaves
quilometragem *s. f.* measurement in kilometres, distance in km
quilometrar *v. tr.* to measure (or to mark) in kilometres
quilométrico *adj.* kilometric(al)
quilómetro *s. m.* kilometre, one thousand metres (about five eighths of a mile)
quiloplastia *s. f.* CIRURGIA plastic surgery of the lip
quiloplástico *adj.* CIRURGIA relative to plastic surgery of the lip
quilópode *s. m.* chilopod (*plural* chilopoda)
quilose *s. f.* chylification; ZOOLOGIA chylifaction
quiloso *adj.* chylous
quilo-tonelada *s. f.* FÍSICA kiloton
quilovátio *s. m.* ⇒ **quilowatt**
quilovátio-hora *s. m.* ⇒ **quilowatt-hora**
quilovolt *s. m.* kilovolt
quilovolt-ampere *s. m.* FÍSICA kilovolt-ampere
quilovóltio *s. m.* kilovolt
quilowatt *s. m.* kilowatt (unit of electric power, one thousand watts)
quilowatt-hora *s. m.* kilowatt hour
quilúria *s. f.* MEDICINA chyluria (chyle in the urine)
quimalanca *s. f.* ZOOLOGIA one of the family of carnivorous mammals (of Angola) allied to the hyena
quimama *s. f.* Brazilian delicacy made of flour, sesame seeds and salt
quimanga *s. f.* a coconut vessel for keeping food
quimangata *s. m.* person who carries a tribal chief on his shoulders
quimão *s. m.* kimono (a long Japanese robe with short wide sleeves)
quimau *s. m.* ⇒ **quimão**
quimbembe *s. m.* [Bras.] hut, grass shack
quimbembé *s. m.* [Bras.] native drink
quimbembeques *s. m. pl.* amulets, pendants
quimbete *s. m.* a kind of Brazilian drum
quimbombo *s. m.* [África] kind of beer
quimbundo *s. m.* language spoken by natives in Angola
quimera *s. f.* chimera; bogey; dream, fantasy, fancy, illusion; fanciful conception; (day-)dream
quimérico *adj.* chimerical, illusory, fanciful, fantastic, visionary, utopian, unreal; romantic
quimerista *s. m. e f.* fantast, visionary
quimerizar *v. intr.* to create chimeras, to imagine
quimiatria *s. f.* iatrochemistry
química *s. f.* chemistry (science which deals with the composition of substances, and of the processes by which they are formed); ***química orgânica*** organic chemistry; ***química mineral*** inorganic chemistry
quimicamente *adv.* chemically
químico Ⓐ *adj.* chemical Ⓑ *s. m.* chemist, expert in chemistry
quimificação *s. f.* chymification
quimificar *v. tr.* to chymify (to convert into chyme)
quimiotactismo *s. m.* BIOLOGIA chemotaxis
quimioterapia *s. f.* chemotherapy, chemotherapeutics
quimiotropismo *s. m.* chemotropism
quimismo *s. m.* chemism
quimitipia *s. f.* TIPOGRAFIA chemitype
quimo *s. m.* chyme (food converted by gastric secretion into acid pulp)
quimono *s. m.* kimono; loose robe; loose dressing-gown
quimosina *s. f.* chymosin, rennin
quina *s. f.* corner; edge; five (at cards); cinque, five winning numbers (at lotto); BOTÂNICA quinquina (Peruvian bark yielding quinine and other febrifuge alkaloids); *pl.* five shields of the Portuguese (coat of) arms; *pl.* national (coat of) arms of Portugal
quinado Ⓐ *adj.* prepared with quinquina, quinate; cinchonized Ⓑ *s. m.* cinchonized wine
quinante *adj.* having shields engraved
quinaquina *s. f.* alkaloid extracted from cinchona
quinar Ⓐ *v. tr.* to prepare with quinquina; to cover a row of five at keno (kino) Ⓑ *v. intr.* to win (at lotto)
quinário *adj.* quinary, arranged in fives, consisting of five numbers; based on the number five; having five beats; [poét.] having five feet
quinau *s. m.* correction, correcting; ***dar quinau*** to point out a mistake, to show that someone is wrong
quincálogo *s. m.* the five commandments of the Roman Catholic Church
quincha *s. f.* straw covering for huts or carts
quinchar *v. tr.* to thatch
quinchorro *s. m.* ⇒ **quinchoso**
quinchoso *s. m.* small backyard
quincocial *adj.* ⇒ **quincuncial**
quincócio *s. m.* ⇒ **quincôncio**
quinconcial *adj.* ⇒ **quincuncial**
quincôncio *s. m.* quincunx (plantation of five trees disposed in a square, with one at each corner and one in the centre; group of five objects so arranged that one is at each corner of a square and one in the middle)
quincunce *s. m.* quincunx (plantation of five trees disposed in a square, with one at each corner and one in the centre; group of five objects so arranged that one is at each corner of a square and one in the middle)
quincuncial *adj.* BOTÂNICA quincuncial
quindecágono *s. m.* GEOMETRIA quindecagon (a plane figure with fifteen angles)
quindecenvirado *s. m.* ⇒ **quindecenvirato**
quindecenviral *adj.* concerning the quindecemvir
quindecenvirato *s. m.* quindecemvirate; dignity of the quindecemvir
quindecênviro *s. m.* HISTÓRIA quindecemvir
quindénio *s. f.* period of five years
quindim *s. m.* [pop.] difficulty; embellishment; blandishment; voluptuous movement of the body, petulant gracefulness; *pl.* [Bras.] sweets made with eggs and coconut
quineira *s. f.* BOTÂNICA a species of cinchona
quingentário *s. m.* captain that commanded 500 soldiers among the Goths
quingentésimo *num. ord., s. m.* five hundredth; the five hundredth part
quinhão *s. m.* share, portion, lot, ration; allotment, part, division, parcel; quota
quinhentismo *s. m.* cinquecento
quinhentista Ⓐ *s. m. e f.* cinquecentist; Ⓑ *adj.* of the 15th century
quinhentos *num. card.* five hundred
quinhoar *v. tr.* to share, to partake (with others), to participate in; to have a share, to apportion, to allot
quinhoeiro *s. m.* sharer; partner
quínico *adj.* quinic, obtained from quina
quinina *s. f.* QUÍMICA quinine (alkaloid with very bitter taste, obtained from the bark of the cinchona)
quininismo *s. m.* ⇒ **quinismo**
quinino *s. m.* quinine, sulphate of quinine
quínio *s. m.* quinine, not purified
quinismo *s. m.* MEDICINA cinchonism
quino *s. m.* lotto, keno, kino
quinoleína *s. f.* quinoline, chinoline
quinólogo *s. m.* quinologist
quinor *s. m.* harp; lyre
quinquagenário *s. m., adj.* quinquagenarian (fifty years old; a person between fifty and sixty years of age); ***ser quinquagerário*** to be in one's fifties

Quinquagésima *s. f.* Quinquagesima, period of fifty days (before Easter)
quinquagésimo *num. ord., s. m.* fiftieth; the fiftieth part
quinquangular *adj.* quinquangular; quinqueangled; having five angles
quinquecapsular *adj.* ZOOLOGIA having five capsules
quinquecelular *adj.* BOTÂNICA having five cells
quinquedentado *adj.* ZOOLOGIA five-toothed
quinquefoliado *adj.* BOTÂNICA quinquefoliated, having five leaves
quinquefólio *adj.* BOTÂNICA ⇒ **quinquefoliado**
quinquenal *adj.* quinquennial (lasting five years; occurring every five years)
quinquenário *adj.* ⇒ **quinquenal**
quinquenervado *adj.* BOTÂNICA said of the five nervure (veined) leaf
quinquénio *s. m.* quinquennium (a period of five years)
quinquevalente *adj.* quinquevalent, penvalent
quinquevalvar *adj.* BOTÂNICA quinquevalve
quinquevalve *adj.* BOTÂNICA ⇒ **quinquevalvar**
quinquevalvular *adj.* quinquevalvular
quinquevirado *s. m.* ⇒ **quinquevirato**
quinquevirato *s. m.* quinquevirate, dignity of a quinquevir
quinquéviro *s. m.* quinquevir
quinquídio *s. m.* ⇒ **quinquíduo**
quinquíduo *s. m.* period of five days
quinquilharia *s. f.* hardware, ironmongery; trifles, children's toys; gewgaws, fripperies, trinkets
quinquilheiro *s. m.* hardwareman, maker of hardware; dealer in hardware or trifles
quinquina *s. f.* quinquina, Peruvian bark, cinchona
quinta Ⓐ *s. f.* farm; estate, landed property; country seat, country house, homestead Ⓑ *s. f.* MÚSICA fifth, quint; ***estar nas suas sete quintas*** to be as happy as a sand-boy, to be as happy as a dog with two tails; ***casa de quinta*** farmhouse; ***instalações de quinta*** farm buildings
quintã *s. f., adj.* quintan (occurring every fifth day); quintan fever
quinta-coluna *s. f.* fifth column
quintador *s. m.* who divides into or by five
quinta-essência *s. f.* quintessence, purest possible type or example of a quality; refinement
quinta-feira *s. f.* Thursday; ***Quinta-Feira Santa*** Maundy Thursday
quintal *s. m.* kitchen-garden, fruit-garden, garden; backyard; a hundredweight (symbol: cwt.)
quintalada *s. f.* series of kitchen-gardens
quintalão *s. m.* large kitchen-garden
quintaleiro *s. m.* market gardener
quintalejo *s. m.* little garden
quintalório *s. m.* badly kept kitchen-garden
quintanista *s. m. e f.* student in the fifth year of a school or university
quintano Ⓐ *adj.* said of quintan fever; the fifth in a series Ⓑ *s. m. pl.* the soldiers of the fifth Roman legion
quintão *s. m.* a large farm
quintar *v. tr.* to take a fifth part; to divide among five
quintarola *s. f.* a small farm
quinta-substância *s. f.* quintessence
quinteira *s. f.* farmer's wife
quinteiro *s. m.* farmer, gardener, steward; farm-yard
quintessência *s. f.* quintessence
quinteto *s. m.* MÚSICA quintet, quintette, piece for performers of such a composition; set of five; ⇒ **quintilha**
quintifalange *s. f.* proximal phalanx of the fifth toe
quintifalangeta *s. f.* distal phalanx of the fifth toe
quintifalanginha *s. f.* middle phalanx of the fifth toe
quintilha *s. f.* metrical composition of five verses
quintilião *num. card.* quintillion; [E.U.A.] nonillion
quintissecular *adj.* having five centuries
quinto *num. ord., s. m.* fifth; one fifth; quint
quintupleta *s. f.* two-wheel velociped for five people
quintuplicação *s. f.* multiplication by five
quintuplicador Ⓐ *adj.* quintuplicating Ⓑ *s. m.* person who quintuples
quintuplicar Ⓐ *v. tr.* to quintuple; to multiply by five Ⓑ *v. intr.* to become five times as great or as many; to become fivefold
quintuplicável *adj.* that can be quintupled
quíntuplo *s. m., adj.* quintuple, fivefold; a fivefold amount; set of five things
quinze *num. card.* fifteen; ***o dia quinze*** the fifteenth; ***quinze dias*** a fortnight
quinzena *adj.* fortnight, two weeks; light double-breasted jacket
quinzenal *adj.* fortnightly, twice monthly, bi-weekly
quinzenalmente *adv.* fortnightly
quinzenário *s. m.* fortnightly publication
quiosque *s. m.* kiosk, bookstall, news stand
quiproquó *s. m.* [lat.] mistake, misinterpretation, quid pro quo
quiquerreme *s. f.* quinquereme (galley with five banks of oars)
quiragra *s. f.* MEDICINA gouty pain (in the hand)
quiralgia *s. f.* pain in the hands
quirana *s. f.* louse; [África] eight yards of any cloth
quirato *s. m.* Brazilian tree, same as fucament
quiriri *s. m.* dead of night
quiritário *adj.* quiritary, relative to the quirites
quirites *s. m. pl.* quirites, citizens of ancient Rome
quiroga *s. f.* ⇒ **queiroga**
quirografar *v. tr.* ⇒ **autografar**
quirografário *adj.* DIREITO chirographary
quirógrafo *s. m.* chirograph (document of various kinds formally written or signed; autograph)
quirologia *s. f.* dactylology
quirológico *adj.* relative to dactylology
quiromancia *s. f.* chiromancy, palmistry
quiromante *s. m. e f.* chiromancer, palmist, fortune-teller
quiromântico *adj.* chiromantic(al)
quirómetro *s. m.* instrument to measure the hand
quironomia *s. f.* chirology (the science of expression by means of gesture); gesture
quirónomo *s. m.* teacher of chironomy
quiroplasto *s. m.* chiroplast
quiropodia *s. f.* chiropody
quiropodista *s. m. e f.* ⇒ **calista**
quirópteros *s. m. pl.* ZOOLOGIA members of the *Cheiroptera*; the order of bats
quiroscopia *s. f.* chiroscopy
quirotonia *s. f.* chirotony
quirotríbia *s. f.* rubbing with the hand
quíscalo *s. m.* American blackbird
quissarro *s. m.* bird of the crow kind
quisto *s. m.* MEDICINA cyst, wen
quistoso *adj.* having cysts
quita *s. f.* ⇒ **quitação**
quitação *s. f.* acquittance, receipt in full; quittance; repayment; ***dar quitação*** to give acquitance
quitador *s. m.* one who gives acquittance; quitter
quitamento *s. m.* acquittance, receipt, discharge
quitamerenda *s. f.* BOTÂNICA kind of meadow saffron
quitança *s. f.* receipt in full, discharge
quitanda *s. f.* [Bras.] stall, shop, greengrocery tray of street vendors

quitandeiro *s. m.* greengrocer, street peddler
quitanga *s. f.* ⇒ **quitanda**
quitar *v. tr.* to acquit, to release from, to discharge (a debt); to give a receipt or acquittance; to hinder; to get rid of; to pardon, to let off; to quit
quite *adj.* quit, free, clear, rid, discharged, released; ***estar quite*** to be quit, to be even with, to get even
quitemente *adv.* freely, without hindrance
quitina *s. f.* chitin
quitinoso *adj.* QUÍMICA chitinous
quitó *s. m.* [pop.] very short person
quitude *s. f.* tasty appetizing dish, titbit; mildness
quitura *s. f.* [África] a measure of 828 litres of maize
quivi *s. m.* ⇒ **kiwi**
quixotada *s. f.* quixotry, vain boast
quixotesco *adj.* quixotic; extravagantly romantic; pretentious, affected
quixotice *s. f.* ⇒ **quixotada**
quixotismo *s. m.* quixotism
quociente *s. m.* MATEMÁTICA quotient; ***quociente diferencial*** differential quotient
quodore *s. m.* bite of food
quodório *s. m.* ⇒ **quodore**
quórum *s. m.* quorum
quota *s. f.* quota, portion, share, proportional part, allotment
quota-parte *s. f.* quota, share assigned to each member of a company; investment
quotidianamente *adv.* every day; daily
quotidiano *adj.* daily; ***o pão quotidiano*** the daily bread
quotiliquê *s. m.* person (or thing) of no importance
quotização *s. f.* subscription, raising money by each person of a group paying his share, sharing, stock exchange quotation
quotizar *v. tr. e refl.* to raise money by equal, contributions or subscriptions, to club together, to distribute shares, to parcel out; ***quotizaram-se para lhe oferecer um anel*** they clubbed together to give him a ring
quotizável *adj.* assessable, ratable, taxable

r, R *s. m.* the eighteenth letter of the alphabet
rã *s. f.* frog; ***rã das moitas*** tree-frog; ***rã do mar*** frogfish; ***rã gigante*** bullfrog
rabaça *s. f.* BOTÂNICA water parsnip; clumsy person
rabaçal *s. m.* place where water-parsnips grow; a variety of Portuguese cheese
rabaçaria *s. f.* inferior fruit; vegetables, greens
rabaceiro *adj.* very fond of fruit; ⌈pop.⌋ gay, merry, fond of fun
rabachola *s. m. e f.* merry-maker, reveller, carouser, roisterer
rabada *s. f.* ⌈pop.⌋ rump; (caudal) fin, tail; pig-tail plait of hair
rabadão *s. m.* herdsman
rabadela *s. f.* rump, tail-end; buttocks (of beast); tail (of fish or bird); coccyx
rabadilha *s. f.* ⇒ **rabadela**
rabado *adj.* tailed, caudate
rabalva *s. f.* ORNITOLOGIA erne, white-tailed sea eagle
rabalvo *adj.* white-tailed
rabanada *s. f.* stroke (hit) with the tail; French toast; ***rabanada de vento*** gust (blast) of wind
rabanal *s. m.* radish-plot
rabanete *s. m.* radish
rabanho *s. m.* kite, glede (bird of prey)
rábano *s. m.* French turnip, black radish; ***rábano picante*** horse-radish
rabão *adj.* short-tailed, bob-tailed
rabavento *adj.* flying before the wind
rabaz *adj.* rapacious
rabditiforme *adj.* having the form of the rhabdite
rabditóide *adj.* ⇒ **rabditiforme**
rabdologia *s. f.* rhabdology
rabdomancia *s. f.* rhabdomancy
rabdomante *adj.* rhabdomancer
rabdomântico *adj.* rhabdomantic
rabeador *adj.* wagging, whisking (tail)
rabeadura *s. f.* wagging, whisking (tail); stirring; fidgeting; ⌈fig.⌋ restlessness
rabear Ⓐ *v. intr.* to wag, to whisk (the tail); ⌈fig.⌋ to stir; to fidget, to be restless; to caper, to frisk about Ⓑ *v. tr.* to handle a plough; NÁUTICA to swing
rabeca *s. f.* violin, fiddle; cue, rest (used in billiards); ⌈pop.⌋ straw mattress; a nuisance, a bore, a pest (of people); ***que tal está o da rabeca!*** what a bore!
rabecada *s. f.* stroke (of the bow), the act of playing the violin; ⌈fam.⌋ rebuke, reprimand; ***ele deu-me uma rabecada!*** he gave me a blowing-up!
rabecão *s. m.* double-bass, contra-bass, violone
rabeco *s. m.* useless old book; boatman of the Alto Douro
rabeio *s. m.* wagging, whisking; frisking
rabeira *s. f.* track, trace; chaff; remains of anything
rabeirada *s. f.* lash (blow, stroke) with the reins
rabeiro *s. m.* rein (of a horse); ploughman
rabejador *s. m.* man who holds a bull by the tail during the catching of the bull in the arena
rabejar *v. tr.* to hold (a bull) by the tail
rabel *s. m.* ⇒ **arrabil**
rabela *s. f.* back part of a plough
rabelada *s. f.* ⇒ **rabela**
rabelho *s. m.* ⇒ **rabelo**
rabelo *s. m.* plough-tail, handle (of a plough); typical boat of river Douro
rabequear *v. intr.* to play the violin, to play the fiddle
rabequinha *s. f.* siskin (bird)
rabequista *s. m. e f.* violinist, fiddler
rabeta *s. f.* ZOOLOGIA white wagtail
rabi *s. m.* rabbi (Jewish doctor of the law)
rábia *s. f.* MEDICINA hydrophobia, rabies
rabiacoelha *s. f.* ⇒ **rabicoelha**
rabiar *v. intr.* to rage, to rave, to be furious, to run wild, to get into a rage
rabiça *s. f.* plough-tail, plough handle
rabiças *s. f. pl.* ⇒ **rabanete**
rabichão *adj.* ⇒ **rabão**
rabicheira *s. f.* crupper
rabicho Ⓐ *s. m.* crupper (of a horse); tail, pigtail; little tress of hair; ⌈fig.⌋ swindle, trick; NÁUTICA nippers Ⓑ *adj.* naughty, mischievous (of children); NÁUTICA ***fazer um rabicho*** to point
rábico *adj.* rabid, affected with rabies; mad, furious
rabicoelha *s. f.* water-hen
rabicurto *adj.* ⇒ **rabão**
rábida *s. f.* holy spot; place for prayer
rábido *adj.* rabid, mad, furious, wild, raging, infuriated
rabiforcado *adj.* ZOOLOGIA fork-tailed
rabigato *adj.* cat's tail (variety of grapes)
rabigo *adj.* that wags its tail; ⌈fig.⌋ restless, bustling, active, diligent
rabil *s. m.* Moorish rebec (rebeck) with two strings
rabila *s. f.* ORNITOLOGIA water-hen
rabileiro *s. m.* rebeck player
rabilha *s. f.* ⇒ **rabila**
rabilongo Ⓐ *adj.* long-tailed Ⓑ *s. m.* ORNITOLOGIA a kind of blue magpie
rabinice *s. f.* mischief, frolic, trick, innocent prank
rabínico *adj.* rabbinic(al)
rabinismo *s. m.* rabbinism
rabino Ⓐ *adj.* mischievous, frolicsome, troublesome, naughty Ⓑ *s. m.* rabbi, rabbin
rabiosca *s. f.* behind; snare, gin, trap; scrawl, scribble
rabioso *adj.* rabid, mad, furious, wild, fierce
rabiote *s. m.* ⌈pop.⌋ buttocks; rump
rabipreto *adj.* black-tailed
rabirruivo *s. m.* black bull-finch
rabisca *s. f.* scrawl, scribble, untidy handwriting; *pl.* hurried note (or letter)
rabiscadeira *s. f.* (woman) scribbler, scrawler
rabiscador Ⓐ *s. m.* scrawler, scribbler Ⓑ *adj.* scrawling, scribbling
rabiscar *v. tr. e intr.* to scrawl, to scribble, to write (hastily, carelessly) illegibly; ***rabiscar umas linhas*** to scribble a few lines, to dash off a few lines; ***rabisca-me umas linhas!*** drop me a line!
rabisco *s. m.* scrawl, scribble
rabiscoelha *s. f.* ⇒ **galinha-d'água**
rabisseco *adj.* barren, unproductive, unfruitful, sterile
rabisteco *s. m.* (baby's) buttocks

rabistel *s. m.* (baby's) buttocks
rabita *s. f.* ZOOLOGIA white wagtail
rábita *s. f.* ⇒ **rábida**
rabo *s. m.* ⇒ **cauda**; tail; handle (of a hammer, etc.); [fam.] buttocks, behind; seat; ***passar fome de rabo*** to be as hungry as a wolf; ***o rabo é o pior de esfolar*** the end is the hardest part of a job; ***aqui é que a porca torce o rabo*** there's the rub!; [coloq.] ***deitar o rabo do olho a*** to peep at, to look at out of the corner of one's eye, to look at out of the tail of one's eye; ***rabo de boi*** oxtail
rabocoelha *s. f.* ⇒ **galinha-d'água**
rabo-de-andorinha *s. m.* dovetail, swallow-tail
rabo-de-cão *s. m.* BOTÂNICA dog's-tail
rabo-de-cavalo *s. m.* BOTÂNICA ⇒ **cavalinha**; horse-tail, pony-tail
rabo-de-galo *s. m.* mare's tail
rabo-de-gato *s. m.* a variety of grape
rabo-de-junco *s. m.* ZOOLOGIA the tropic-bird
rabo-de-lebre *s. m.* BOTÂNICA hare's tail
rabo-de-macaco *s. m.* BOTÂNICA crested dog's tails
rabo-de-palha *s. f.* blot, stain, blemish on one's reputation
rabo-de-raposa *s. m.* BOTÂNICA foxtail grass
rabo-leva *s. m.* piece of paper (tail) hanging from one's back without being noticed by the carrier
rabona *s. f.* [coloq.] dress coat; spade with a short handle
rabo-ruivo *s. m.* black bullfinch
rabosalho *s. m.* long tail
rabosana *s. m. e f.* [reg.] rustic, boor, peasant, bumpkin, clodpole
raboso *adj.* long-tailed
rabotar *v. tr.* to plane, to smooth (with a plane)
rabote *s. m.* plane, jack plane
raboto *adj.* [reg.] tailless (bird, dog)
rabudo *adj.* long-tailed, tailed
rabuge *s. f.* moroseness, sulkiness, sullenness, moodiness, ill-temper, crossness, peevishness; the sulks, surliness; mange (parasitic disease of dogs)
rabugeira *s. f.* moroseness, sulkiness, sullenness, moodiness, ill-temper, crossness, peevishness; the sulks, surliness; mange (parasitic disease of dogs)
rabugem *s. f.* moroseness, sulkiness, sullenness, moodiness, ill-temper, crossness, peevishness; the sulks, surliness; mange (parasitic disease of dogs)
rabugento *adj.* morose, sulky, glum, moody, grumpy, sullen, cross, peevish, surly, gruff, sour; ***génio rabugento*** sour temper
rabugice *s. f.* moroseness, moodiness, crossness, peevishness, sulkiness, sullenness, sourness, churlishness, ill-temper
rabujado *adj.* said grumblingly
rabujar *v. intr.* to be cross, to be sulky, to sulk, to be sullen, to be peevish, to pout, to mope, to frown, to scowl; to grumble
rábula *s. m.* pettifogger, chicaner; prattler, prater, chatterer, rattle-head, gabbler
rabulão *s. m.* tricking lawyer, shyster; chicaner, pettifogger; ⇒ **rábula**
rabular *v. intr.* to pettifog, to practise legal chicanery; to quibble, to wrangle about petty points, to split hairs
rabularia *s. f.* pettifoggery, chicanery, quibbling, quibble; boast, bragging; prattle, prate, chatter, tattle, gabble, palaver
rabulice *s. f.* lawyer's chicanery; quibbling, pettifogging; ⇒ **rabularia**
rabulista Ⓐ *adj.* pettifogging Ⓑ *s. m. e f.* trickster, pettifogger
rabunador *s. m.* workman who cuts the bark of a cork-tree into strips
rabunar *v. tr.* to cut the bark of a cork-tree into strips
raça *s. f.* race, stock, breed; pedigree, ancestry; species; ***de pura raça*** full-blooded; ***cavalo de raça*** thorough-bred horse; ***de raça mista*** half-bred; ***a raça humana*** the human race; ***raça amarela*** yellow race; ***raça branca*** white race, Caucasians; ***raça vermelha*** red race; ***raça preta*** black race; ***que raça!*** what a set!
raçado *adj.* half-bred
ração *s. f.* ration, portion, allowance; ***ter uma magra ração*** to be on short commons; ***ração reduzida*** short allowance; ***pequena ração*** short commons; ***ração de carne*** meat ration
racémico *adj.* BOTÂNICA racemic
racemífero *adj.* BOTÂNICA racemiferous
racemiforme *adj.* BOTÂNICA racemiform
racemização *s. f.* QUÍMICA racemization
racemizar *v. tr.* to racemize
racemo *s. m.* BOTÂNICA raceme; a bunch of grapes
racemoso *adj.* racemose, racemous
racha *s. f.* split, gap, fissure, rent, chink, cleft, crevice, chap; splinter, chip; ***racha da madeira*** shake in timber, crack in timber; [coloq.] ***sair o pau à racha*** like father, like son
rachadeira *s. f.* cleaver, grafting knife
rachadela *s. f.* splitting, cleaving; ⇒ **racha**
rachador *s. m.* wood-cutter, hewer, splitter
rachadura *s. f.* ⇒ **racha, rachadela**
rachão *s. m.* big (rent, gap) clink; [reg.] a big log (of wood)
rachar Ⓐ *v. tr. e intr.* to split, to crack, to break up, to cleave; to splinter, to rend, to sunder, to sever, to divide lengthwise Ⓑ *v. refl.* to crack, to break up, to open into fissures; ***rachar ao meio*** to split asunder; ***rachar um madeiro em dois*** to cleave a block of wood in two; ***rachar a cabeça a alguém*** to split someone's head open; ***ou vai ou racha*** it's sink or swim
rachear *v. tr.* to fill up with mortar (stone)
rachedo *s. m.* a lot of stone splinters
racheta *s. f.* small crack
racial *adj.* racial
rácico *adj.* racial
racimado *adj.* clustered in racemes
racimífero *adj.* racemiferous
racimiforme *adj.* racemiform
racimo *s. m.* BOTÂNICA raceme, cluster
racimoso *adj.* racemose; growing in racemes; ordered in clusters
raciocinador Ⓐ *s. m.* reasoner Ⓑ *adj.* reasoning
raciocinar *v. tr.* to reason, to ratiocinate, to think out, to use the faculty of reason, to analyse logically; to argue, to consider
raciocinativo *adj.* ratiocinative, ratiocinatory
raciocínio *s. m.* reasoning, ratiocination, intelligence, reasoning power; ***raciocínio vago*** loose reasoning; ***raciocínio seguro*** sound reasoning
racionabilidade *s. f.* reasonableness; rationality
racionação *s. f.* reasoning, ratiocination, argumentation, argument
racional *adj.* rational, reasonable, sensible, logical, reasoning, sane; intellectual; just, right; ***o homem é um ser racional*** man is a rational being
racionalidade *s. f.* rationality; reasonableness
racionalismo *s. m.* rationalism
racionalista Ⓐ *s. m. e f.* rationalist Ⓑ *adj.* rationalistic
racionalização *s. f.* rationalization
racionalizar *v. tr.* to rationalize, to give a rational interpretation of; to bring into agreement with reason
racionalmente *adv.* rationally, reasonably, sensibly
racionamento *s. m.* ration, rationing; ***carta de racionamento*** ration-card
racionar *v. tr.* to ration, to supply with rations, to allot a ration; ***racionar o açúcar*** to ration sugar
racionável *adj.* reasonable; rational; that may be rationed

racioneiro *s. m.* who gives (receives) a ration
racismo *s. m.* racism
racista Ⓐ *adj.* racial Ⓑ *s. m. e f.* racist
raçoar *v. tr.* ⇒ **racionar**
raçoeiro *s. m.* ⇒ **racioneiro**
raconto *s. m.* narration, narrative, report
rad *s. m.* FÍSICA rad
rada *s. f.* roadstead
radar *s. m.* radar
radiação *s. f.* radiation; ***radiação do calor*** heat radiation
radiactividade *s. f.* ⇒ **radioactividade**
radiactivo *adj.* ⇒ **radioactivo**
radiado *adj.* BOTÂNICA, ZOOLOGIA radiate, radiated, radial
radiador *s. m.* radiator; ***radiador de aquecimento*** radiator (for heating); ***radiador eléctrico*** electric radiator
radial *adj.* radial
radialista *s. m. e f.* radio producer; radio announcer
radiância *s. f.* radiance, radiation; brightness
radiano *s. m.* MATEMÁTICA radian
radiante *adj.* radiant, shining, brilliant, bright, glorious, flooded with light, resplendent, effulgent, sparkling, glittering; [fig.] delighted, gay, very happy, beaming; ***radiante de felicidade*** radiant with happiness; ***radiante de alegria*** beaming with joy
radiantemente *adv.* radiantly, brightly, gloriously
radiar Ⓐ *v. intr.* to radiate, to emit rays of light and heat; to beam, to glitter, to gleam, to shine, to sparkle; to be on the air Ⓑ *v. tr.* to broadcast, to transmit by wireless, to shed, to diffuse
radiários *s. m. pl.* *Radiata*
radiastronomia *s. f.* radio astronomy
radiativo *adj.* radioactive
radicação *s. f.* radication; process of taking root
radical Ⓐ *adj.* radical, basic, basal, fundamental; thorough, complete, sweeping Ⓑ *s. m.* MATEMÁTICA radical sign; GRAMÁTICA root; radical (one who belongs to a radical party); ***uma mudança radical*** a radical change, a sweeping change; ***partido radical*** radical party; ***reforma radical*** radical reform; MATEMÁTICA ***sinal radical*** radical sign
radicalidade *s. f.* radicalism
radicalismo *s. m.* radicalism
radicalista *s. m. e f., adj.* radical
radicalmente *adv.* radically, completely
radicando *s. m.* MATEMÁTICA whatever is under the sign of root
radicante *adj.* radicant
radicar Ⓐ *v. tr.* to root, to fix deeply and firmly Ⓑ *v. refl.* to take root, to radicate, to settle
radiciação *s. f.* MATEMÁTICA radicalness
radicícola *adj.* radicicolous, living in (on) the roots
radiciforme *adj.* radiciform, root-shaped
radicívoro *adj.* radicivorous (feeding on roots)
radicóforo *s. m.* BOTÂNICA a leafless, rooted stalk
radícola *adj.* ⇒ **radicícola**
radicoso *adj.* BOTÂNICA rooty (abounding in roots)
radícula *s. f.* BOTÂNICA radicle, rootlet
radiculado *adj.* radicular, rooty
radiculalgia *s. f.* continuous pain caused by irritation or inflamation in the roots of cranial nerves
radicular *adj.* radicular
radielectricidade *s. f.* radio-electricity
radielemento *s. m.* radio element
radiemissão *s. f.* radiobroadcasting
radiemissor *s. m.* radiobroadcasting station
radiemitir *v. tr.* to radio
rádio Ⓐ *s. m.* ANATOMIA radius; QUÍMICA radium; wireless telegram, wire, cable; radio(gram) Ⓑ *s. m. e f.* wireless; radio (wireless) set; ***entusiasta da rádio (radiófilo)*** radio fan; ***aparelho de rádio*** wireless set, radio set; ***ligar o aparelho de rádio*** to switch on the radio set; ***desligar o aparelho de rádio*** to switch off the radio set; ***estação de rádio*** broadcasting station, radio station
radioactividade *s. f.* radioactivity
radioactivo *adj.* radioactive; ***lixo radioactivo*** radioactive waste
radioamador *s. m.* radio ham
radioastronomia *s. f.* ⇒ **radiastronomia**
radiobiologia *s. f.* radiobiology
radiocomunicação *s. f.* radiocommunication
radiocondutibilidade *s. f.* radioconductibility
radiocondutor *s. m.* radio-conductor
radiocultura *s. f.* use of colour radiations on plant growth
radiodermite *s. f.* radiodermatitis
radiodiagnóstico *s. m.* MEDICINA X-ray diagnosis; diagnosis by X-rays; radiological diagnosis
radiodifundir *v. tr.* to broadcast, to transmit by radio
radiodifusão *s. f.* broadcasting, radiofusion
radioelectricidade *s. f.* ⇒ **radielectricidade**
radioelemento *s. m.* ⇒ **radielemento**
radioemissão *s. f.* ⇒ **radiemissão**
radioemissor *s. m.* ⇒ **radiemissor**
radioemitir *v. tr.* ⇒ **radiemitir**
radioestesia *s. f.* radiosensitivity
radioestésico *adj.* radiosensitive
radiofarol *s. m.* radio beacon, radio beam
radiofone *s. m.* radiophone
radiofonia *s. f.* radiophony
radiofónico *adj.* radiophonic
radiofrequência *s. f.* radio frequency
radiofundir *v. tr.* ⇒ **radiodifundir**
radiogoniometria *s. f.* radio-goniometry
radiogoniométrico *adj.* radio-goniometric
radiogoniómetro *s. m.* radio-goniometer
radiografar *v. tr.* to radiograph, to X-ray
radiografia *s. f.* radiography, X-ray (photography) plate; ***tirar uma radiografia*** to have an X-ray
radiográfico *adj.* radiographic
radiograma *s. m.* radiogram, cable, wire, telegram
radioisótopo *s. m.* radioisotope
radiola *s. f.* radiophonograph
radiolários *s. m. pl.* ZOOLOGIA radiolaria
radiólise *s. f.* QUÍMICA radiolysis
radiologia *s. f.* radiology
radiológico *adj.* radiological
radiologista *s. m. e f.* radiologist
radioluminescência *s. f.* FÍSICA radioluminescence
radiomensagem *s. f.* radiomessage, radiogram
radiometria *s. f.* FÍSICA radiometry
radiómetro *s. m.* radiometer
radiomicrómetro *s. m.* radiomicrometer
radionuclídeo *s. m.* radionuclide
radiopatia *s. f.* MEDICINA injury caused by radiation
radioquímica *s. f.* radiochemistry
radioscopia *s. f.* radioscopy
radioscópico *adj.* radioscopic
radioso *adj.* radiant, shining, luminous, brilliant, glorious, lovely
radiossensibilidade *s. f.* radiosensibility
radiossonda *s. f.* METEOROLOGIA radiosonde
radiotáxi *s. m.* radio taxi, radio cab
radiotécnica *s. f.* radiotechnology
radiotelefone *s. m.* radiotelephone, radiophone; wireless telephone
radiotelefonia *s. f.* radiotelephony
radiotelefónico *adj.* radiotelephonic(al)
radiotelegrafia *s. f.* radiotelegraphy
radiotelegráfico *adj.* radiotelegraphic(al)

radiotelegrafista *s. m. e f.* wireless (radio) operator
radiotelegrama *s. m.* radio-telegram; wireless message
radiotelescópio *s. m.* radio telescope
radiotelevisão *s. f.* radiotelevision
radiotelevisor *s. m.* radiotelevision set
radioterapia *s. f.* MEDICINA radiotherapy, radiotherapeutics
radiouvinte *s. m. e f.* radio listener
rádon *s. m.* radon
rádula *s. f.* ZOOLOGIA radula, odontophore
raer *v. tr.* to sweep the embers out of the oven; to pull the salt (at salt-pit) with a squeegee
rafa *s. f.* [fam.] hunger, starvation; penury, poverty
rafado *adj.* shabby, ragged, faded; hungry, starved, starving; poor, mean
rafaelesco *adj.* Raphaelesque, Raffaelesque
rafaelismo *s. m.* Raphaelism
rafaelista *s. m. e f.* Raphaelite, follower of Raphael
rafar *v. tr.* to wear out, to render threadbare
rafe *s. m.* ANATOMIA, BOTÂNICA raphe
rafeiro *s. m.* sheep-dog, cattle-dog, watch-dog
ráfia *s. f.* BOTÂNICA rafia, raffia
ráfide *s. f.* BOTÂNICA raphis (*plural* raphides)
rafidografia *s. f.* ⇒ **rafigrafia**
rafigrafia *s. f.* a process of making letters with a pointer, for the blind
rafígrafo *s. m.* apparatus for writing rafigrafia
rágada *s. f.* ⇒ **rágade**
rágade *s. f.* rhagades (fissures on the skin)
ragóide *adj.* aciniform
ragu *s. m.* ragout
râguebi *s. m.* rugby, rugby football, rugger
raia *s. f.* ZOOLOGIA ray, skate; line, stroke, streak; border, frontier, boundary; blunder; gross mistake; *pl.* the highest degree, the limits; ***ultrapassar as raias*** to beat the band, to pass belief; [pop.] ***dar raia*** to bungle, to blunder, to drop a brick
raiado *adj.* streaky, streaked, veined, striped; grooved, fluted, channelled
raiano Ⓐ *s. m.* borderer Ⓑ *adj.* bordering upon
raiar *v. intr.* to break (the day); to radiate, to dart beams, to shine, to gleam, to sparkle; rifle (firearms); ***raiar a aurora*** to dawn, to break (the day); ***ao raiar da aurora*** at dawn, at daybreak
raigota Ⓐ *s. f.* BOTÂNICA radicle; hangnail Ⓑ *s. m.* stepfather
raigotoso *adj.* BOTÂNICA radicant; afflicted with hangnails
raigrás *s. m.* BOTÂNICA rye-grass, kind of fodder-grass
raineta *s. f.* ZOOLOGIA tree toad; BOTÂNICA queen apple
rainha *s. f.* queen; ***rainha viúva*** queen dowager; ***rainha-mãe*** queen mother; ***rainha reinante*** queen regnant; ***rainha de beleza*** beauty queen; ***rainha (dama) de paus (copas, oiros, espadas)*** queen of clubs (hearts, diamonds, spades); ***a rainha do baile*** the belle of the ball; ***ela parece uma verdadeira rainha*** she looks every inch a queen
rainha-cláudia *s. f.* variety of plum
rainha-dos-prados *s. f.* BOTÂNICA queen-of-the-meadow
rainho *adj.* red grain (maize)
rainúnculo *s. m.* ⇒ **ranúnculo**
raio *s. m.* ray, beam; spoke (of a wheel); flash of lightning, thunderbolt; GEOMETRIA radius; range, sphere; misfortune, sudden havoc; ***raio de acção*** radius of action, scope; ***raio de giração*** radius of gyration; ***Raios X*** X-rays, Roentgen-rays; ***um raio de esperança*** a ray of hope; ***raios visuais*** visual rays; ***raio lunar*** moonbeam; ***raio geométrico*** radius; [coloq.] ***raios o partam!*** damn him!
raiva *s. f.* VETERINÁRIA hydrophobia, rabies; madness, fury, rage, wrath; hate, dislike; ***ter raiva a alguém*** to hate a person, to bear extreme ill will against someone; ***mete-me raiva*** it makes me furious; ***cheio de raiva*** furious, wild, mad
raivar *v. intr.* to have rabies; to rage, to rave, to be furious; to be mad (dog)
raivecer *v. intr.* to have rabies; to rage, to rave, to be furious; to be mad (dog)
raivejar *v. intr.* to have rabies; to rage, to rave, to be furious; to be mad (dog)
raivento *adj.* infuriated, furious, filled with fury, mad, wild, choleric, angry
raivosamente *adv.* ragefully
raivoso *adj.* rabid, mad; ⇒ **raivento**
raiz *s. f.* root; source, origin; ***bens de raiz*** real estate; ***arrancar pela raiz*** to pull up by the roots, to root (up) out; ***raiz quadrada*** square root; ***raiz cúbica*** cube root; ***lançar raiz*** to take root, to strike root; ***ganhar raízes*** to take root
raizada *s. f.* ⇒ **raizame**
raizama *s. f.* ⇒ **raizame**
raizame *s. m.* rootage, roots (of a plant), lots of roots
raiz-da-guiné *s. f.* BOTÂNICA [Bras.] tree the roots of which are used as medicine
raiz-doce *s. f.* BOTÂNICA liquorice, licorice
raizeira *s. f.* the roots of a tree remaining in the ground after the felling of the tree
raizeiro *s. m.* the roots of a tree remaining in the ground after the felling of the tree
raja *s. f.* stripe, streak
rajá *s. m.* rajah, raja
rajada *s. f.* blast, gust, flaw, squall; ***rajada de vento*** blast (gust) of wind
rajado *adj.* striped, streaked, radiated
rajão *s. m.* ⇒ **cavaquinho** (musical instrument)
rajar *v. tr.* to stripe, to streak; to flute, to channel, to groove
rajeira *s. f.* hawser
rajo *s. m.* cut, cutting, slit; cut in a pine-tree for extracting the resin
rala *s. f.* bran, brown flour; MEDICINA rhonchus; râle; ***pão de rala*** brown bread, wholemeal bread
ralação *s. f.* worry, trouble, anxiety, care, concern, annoyance, disquietude, uneasiness; ***ter muitas ralações*** to have many worries
ralador Ⓐ *s. m.* grater, scraper Ⓑ *adj.* worrying, annoying, teasing
raladura *s. f.* (act of) scraping, grating; raspings, scrapings
ralar Ⓐ *v. tr. e refl.* to worry, to annoy, to plague, to trouble, to vex, to fret; to prey upon the mind Ⓑ *v. tr.* to grate, to rasp, to rub to small particles; ***não se rale antes de tempo!*** don't trouble till trouble troubles you!; ***não se rale com isso*** don't worry about it; ***não se rale se eu chegar tarde*** don't worry if I am late; ***não te rales!*** take it easy!
ralasso *s. m., adj.* lazy (indolent, slothful, idle, sluggard) fellow
ralé *s. f.* mob, rabble, scum of society, vulgar herd, populace, riff-raff; quarry (of a bird of prey)
raleado *adj.* thin, rare, sparse
raleadura *s. f.* thinning; scantiness, scantity
raleamento *s. m.* ⇒ **raleadura**
ralear Ⓐ *v. tr.* to thin, to make thin Ⓑ *v. intr.* to grow sparse (thin); to scant
raleira *s. f.* glade, clearing, opening (in a wood or forest); thinning (of the hair), bald spot
raleiro *s. m.* glade, clearing, opening (in a wood or forest); thinning (of the hair), bald spot
ralentar *v. tr.* ⇒ **ralear**
ralhação *s. f.* scolding, railing, rating, chiding, rebuke
ralhadela *s. f.* scolding, railing, rating, dressing
ralhador Ⓐ *s. m.* chider, scolder, reprimander Ⓑ *adj.* scolding
ralhão Ⓐ *s. m.* chider, scolder, reprimander Ⓑ *adj.* scolding
ralhar *v. intr.* to scold, to chide, to reprimand, to rebuke, to upbraid, to admonish, to reproach, to give a piece of one's mind; [coloq.] to dress down, to give a dressing; to make a fuss; to find fault with

ralheta *s. m. e f.* rebuker, chider
ralhete *s. m.* rebuke, reproof, blame, reproval, reprimand, dressing
ralho *s. m.* scolding, chiding, rebuke, reproof, reprimand; screaming, shouting; brawl, noisy quarrel
ralice *s. f.* ⇒ **ralação**
ralidade *s. f.* [pop.] ⇒ **raridade**
ralo Ⓐ *s. m.* grater, rasper; rose, filter, sprinkler, sprinkling nozzle; strainer; sieve, riddle; grating; ZOOLOGIA mole-cricket Ⓑ *adj.* thin, rare, diluted; ***o meu cabelo está a tornar-se ralo*** my hair is thinning; ***ralo de aspiração*** strainer; ***ralo de bomba*** rose of a pump
rama *s. f.* foliage (of trees); TIPOGRAFIA printer's chase; ***algodão em rama*** raw cotton; ***pela rama*** superficially
ramada *s. f.* boughs, branches, foliage; trellis; arbour, bower
Ramadã *s. m.* ⇒ **Ramadão**
Ramadão *s. m.* Ramadan, Ramazan
ramado *adj.* branchy, branched, bearing branches
ramagem *s. f.* branches, boughs, foliage of a tree; floral (leaf) pattern
ramal *s. m.* branch-line; branch, ramification; strands (of a rope); strings (of a wire rope); tassel (of a doctor's cap); telephone extension line; ***ramal de caminho-de-ferro*** branch-railway, branch-line; ***ramal de canalização*** branch of piping; ***ramal vertical de colector*** rising main
ramalhada *s. f.* boughs, branches; rustling of the foliage
ramalhão *s. m.* [pop.] big (branch) bough; big nosegay
ramalhar *v. tr.* to rustle, to cause to rustle; to make a rustling noise
ramalheira *s. f.* branches, boughs
ramalheiro *s. f.* ⇒ **ramalho**
ramalhete *s. m.* nosegay, bunch of flowers, bouquet; cluster
ramalheteira *s. f.* flower-girl, flower-woman, florist
ramalho *s. m.* dead bough, seared branch
ramalhoça *s. f.* [reg.] a big bunch; ⇒ **ramagem**
ramalhudo *adj.* branchy; [fig.] long-winded, verbose, wordy; having long eyelashes
ramaria *s. f.* branches, boughs, foliage (of a tree)
rameira *s. f.* prostitute, tart
rameiro *s. m.* brancher (hawk, when it begins to take to the branches)
ramela *s. f.* ⇒ **remela**
rameloso *adj.* ⇒ **remeloso**
ramerraneiro *adj.* customary, ordinary, monotonous, vulgar
ramerranesco *adj.* ⇒ **ramerraneiro**
ramerrão *s. m.* routine, regular course; unvarying sound; ***o ramerrão de todos os dias*** the daily round, the daily routine
ramificação *s. f.* ramification; branching
ramificar Ⓐ *v. tr.* to ramify, to form subdivisions (branches) Ⓑ *v. refl.* to branch off
ramiforme *adj.* BOTÂNICA ramiform
ramilhete *s. m.* ⇒ **ramalhete**
ramilho *s. m.* small bough, twig
raminho *s. m.* twig, little bough; little nosegay, small bunch of flowers
ramíparo *adj.* BOTÂNICA bough-producing
ramo *s. m.* bough, large branch (of a tree); branch, subdivision, section, department; nosegay, bouquet, bunch (of flowers); ***ramo de comércio*** branch of business, line of business; ***ramo especial de negócio*** particular line; ***que não tem ramos*** branchless; ***ramo de flores*** a bunch of flowers, a nosegay; ***Domingo de Ramos*** Palm Sunday; ***ramo de família*** stem (stock or line) of a family; ***ramo feminino*** distaff side, female branch of family; ***ramo de taberna*** tavern-bush; ***para o bom vinho não há mister ramo*** good wine needs no bush
ramonadeira *s. f.* rasp file used by farriers
ramosidade *s. f.* lot of branches, branchiness
ramoso *adj.* branchy, branched, ramose
rampa *s. f.* slope, ramp, declivity, inclined plane; stage
rampante *adj.* HERÁLDICA rampant
rampear *v. tr.* to slope
ramúculo *s. m.* small branch, branchlet, twig
ramudo *adj.* branchy, with many branches
rançado *adj.* rancid, rank, stale (rank) smelling; obsolete, stale, out of date
rançar *v. intr.* to grow rancid, to grow stale (rank), to grow musty
rancescer *v. intr.* ⇒ **rançar**
ranchada *s. f.* crowd, band, party, gang, body (of persons); mess
rancheiro *s. m.* messmate, regimental cook
ranchel *s. m.* small party, small band, small mess
rancho *s. m.* mess food (of soldiers or sailors); crowd, band, gang, party, troop, bevy; NÁUTICA crew space, mess; [Bras.] hut, shelter; *pl.* messing; ***um rancho de raparigas*** a bevy of young ladies; ***um rancho de crianças*** a swarm of children; NÁUTICA ***conta do rancho*** mess bill; ***material de rancho*** mess gear, traps; ***camarada de rancho*** messmate; ***a flor do rancho*** the rose of the party, the best of the bunch
rancidez *s. f.* rancidity, rancidness, rankness, rank smell
râncido *adj.* rancid, rank, evil-smelling; musty
râncio *adj.* ⇒ **râncido**
ranço Ⓐ *s. m.* rancidity, rank smell, rancidness, rankness; mustiness; [fig.] rubbish, old things Ⓑ *adj.* ⇒ **rançoso**; ***cheirar a ranço*** to smell rancid; ***cheiro a ranço*** rank smell; ***criar ranço*** to go rancid; to grow rank
rancor *s. m.* rancour, hate, hatred, ill will, spite, venom, gall, grudge, malice, spitefulness, malevolence, enmity, animosity, bitterness
rancorosamente *adv.* rancorously, malignantly
rancoroso *adj.* rancorous, spiteful, malicious, malign, malignant, hateful, bitter, vindicative
rançoso *adj.* rancid, rank, musty; [fig.] prolix, wordy, lengthy, long-spun, long-winded; tiresome, tedious, wearisome; out of date, stale; ***toucinho rançoso*** rancid pork fat
ranfóide *adj.* pointed
rangedeira *s. f.* inner sole; creaking, grating, gnashing
rangedor *adj.* creaking, grating, gnashing
rangente *adj.* ⇒ **rangedor**
ranger *v. intr.* to creak, to make a harsh (sharp, grating) sound; to cause to creak; to gnash, to grind (of teeth); ***ranger os dentes*** to gnash the teeth, to grind the teeth
rangido *s. m.* creaking; gnashing, grinding (of teeth)
rangífer *s. m.* ZOOLOGIA ⇒ **rangífero**
rangífero *s. m.* ZOOLOGIA reindeer, caribou
ranhar *v. tr. e intr.* to scratch; to scrape; ⇒ **raer**
ranheta Ⓐ *s. f.* ⇒ **ranho** Ⓑ *s. m. e f.* impertinent person
ranho *s. m.* snivel; [fam.] snot
ranhosa *s. f.* ZOOLOGIA squid, calamary, cuttlefish
ranhoso *adj.* snivelling, snotty, running at the nose, with a running nose
ranhura *s. f.* groove; rabbet; incision; slot, slit; ***introduza uma moeda na ranhura*** drop a coin in the slot; ***ranhura de um disco*** track of a record
ranicultor *s. m.* frog breeder
ranicultura *s. f.* frog breeding
Rânidas *s. m. pl.* ⇒ **Ranídeos**
Ranídeos *s. m. pl.* ZOOLOGIA members of frog family
ranilha *s. f.* VETERINÁRIA frog (of a horse's foot)
rânula *s. f.* MEDICINA ranula
Ranunculáceas *s. f. pl.* BOTÂNICA members of the family *Ranunculaceae*
ranunculáceo *adj.* ranunculaceous

ranúnculo *s. m.* BOTÂNICA buttercup, ranunculus; ***ranúnculo amarelo*** buttercup; ***ranúnculo rasteiro*** creeping buttercup
ranzinza *adj.* sullen; ill-humoured; impertinent; crabbed
rapa *s. m.* teetotum (small four-sided toy top lettered on each side to indicate player's score)
rapace *adj.* rapacious, ravenous, greedy, grasping, preying, plundering
rapacidade *s. f.* rapacity, rapaciousness, ravenousness, voracity, greed
rapadeira *s. f.* scraper, scrape, knife for scraping
rapadela *s. f.* scraping
rapado *adj.* scraped, rasped; clean-shaven; close-cropped pasture land
rapadoira Ⓐ *s. f.* ⇒ **rapadoura, rapador** Ⓑ *adj.* scraping, rasping
rapador *s. m.* scraper
rapadoura *s. f.* scraper, rasp
rapadura *s. f.* scraping, rasping; scrapings; shavings
rapagão *s. m.* stout boy, lusty youth, big lad, sturdy fellow
rapalhas *s. f. pl.* rubbish, junk, litter, garbage
rapante *adj.* HERÁLDICA scraping the ground, pawing
rapão *s. m.* one who gathers dirt (sweepings) for manure; saltworker's squeegee
rapapé *s. m.* ⌈pop.⌋ curtsy, scrape, salaam, salam; fawning, flattery, servility, cringing; ***fazer rapapé*** to insinuate oneself, to wheedle in order to gain something, to scrape a leg
rapar Ⓐ *v. tr.* to scrape, to rub out, to paint off (a wall, etc.); to paw (or to scrape) the ground (horses, etc.) Ⓑ *v. refl.* to shave, to get one's hair cut; ***rapar o cabelo*** to shave one's head; ***rapar o queixo*** to scrape one's chin, to shave one's chin; ***rapar frio*** to get bitterly cold, to get thoroughly chilled
rapariga *s. f.* girl, lass, lassie, damsel, maiden, maid; ***rapariga adorável*** sweet girl; ***rapariga acanhada*** a shy girl, ⌈fig.⌋ a violet; ***rapariga elegante*** a smart girl; ***rapariga delgada*** slender girl, slim girl
raparigaça *s. f.* robust (comely) girl; strapping girl
raparigada *s. f.* a bevy (troop, lot, number) of girls
raparigão *s. m.* ⇒ **raparigaça**
raparigota *s. f.* young lass
rapa-tachos *s. m. e f.* gorger; plate licker
rapaz Ⓐ *s. m.* boy, lad, stripling, youth, youngster, young fellow Ⓑ *adj.* ⇒ **rapace**; ***um rapaz simpático*** a nice boy; ***rapaz brincalhão (travesso)*** boy full of play, lively boy; ***um bom rapaz*** a nice (sort of) fellow
rapazada *s. f.* ⇒ **rapaziada**
rapazão *s. f.* ⇒ **rapagão**
rapazelho *s. m.* little boy, urchin
rapazete *s. m.* ⇒ **rapazelho**
rapaziada *s. f.* group (gang) of boys; boyish trick, boyish play, prank; merry-making, spree, frolic
rapazio *s. m.* group (gang) of boys; boyish trick, boyish play, prank; merry-making, spree, frolic
rapazola *s. m.* lad, young man; overgrown boy
rapazote *s. m.* ⇒ **rapazelho**
rapé *s. m.* rapee, snuff
rapeira *s. f.* itch, itching; seaweeds used as manure
rapidamente *adv.* rapidly, swiftly, quickly, speedily, double-quick
rapidez *s. f.* speed, swiftness, quickness, rapidity, fleetness, velocity, celerity, haste, hurry, despatch, dispatch, expedition; ***com grande rapidez e facilidade*** like a house on fire; ***ele calcula com rapidez e precisão*** he is quick and accurate at figures; ***rapidez de fogo*** speed of fire
rápido Ⓐ *adj.* rapid, swift, speedy, fleet, quick, fast, accelerated, hasty, expeditious Ⓑ *adv.* rapidly, fast, swiftly, quickly, expeditiously Ⓒ *s. m.* fast train, express train; *pl.* rapids (of a river); ***o seu rápido crescimento*** his quick growth; ***uma maneira rápida de o fazer*** a quick way of doing it; ***uma viagem rápida*** a rapid journey; ***um voo rápido*** a speedy flight; ***um restabelecimento rápido*** a speedy recovery
rapilho *s. m.* fragmented volcanic stone; sea plants used as manure; *pl.* rapilli
rapina *s. f.* pillage, plunder, depredation, prey, loot, robbery, looting; ***ave de rapina*** bird of prey
rapinação *s. f.* plundering, looting, robbing, preying
rapinador Ⓐ *s. m.* plunderer, robber Ⓑ *adj.* plundering, pillaging, looting
rapinagem *s. f.* plunder, pillage, robbery, loot
rapinança *s. f.* ⇒ **rapinagem**
rapinância *s. f.* ⇒ **rapinagem**
rapinanço *s. m.* ⇒ **rapinagem**
rapinante Ⓐ *s. m. e f.* plunderer, robber Ⓑ *adj.* pillaging, plundering, looting
rapinar *v. tr.* to plunder, to loot, to despoil, to rob
rapineiro *adj.* rapacious, raptorial
rapinhar *v. tr. e intr.* ⇒ **rapinar**
rapinice *s. f.* ⇒ **rapinagem**
rapino *s. m.* hawk
rapioca *s. f.* ⌈pop.⌋ merry-making, spree, feasting, fun, revelry, conviviality
rapioqueiro *adj.* ⌈pop.⌋ sporting, frolicsome
rapistro *s. m.* a kind of wind turnip
rapôncio *s. m.* BOTÂNICA rampion
raponço *s. m.* BOTÂNICA ⇒ **rapôncio**
raposa *s. f.* ZOOLOGIA fox; female fox, vixen; ⌈fig.⌋ crafty (sly or cunning) person; ⌈coloq.⌋ failure in an examination, plough; ⌈coloq.⌋ ***apanhar uma raposa*** to be ploughed in one's examination, to fail in one's examination, to flunk; ***manhoso como uma raposa*** as cunning as a fox; ***enganar uma raposa velha*** to catch a weasel asleep; ***rabo de raposa*** fox-brush; ***armadilha para apanhar raposas*** fox-trap, trap for foxes; ***caça à raposa (com cães)*** fox-hunting; ***pele de raposa*** fox fur; ***caçador de raposas*** fox-hunter
raposada *s. f.* nap, doze, forty winks
raposar *v. tr. e intr.* ⌈pop.⌋ to fail, to flunk, to plough (in examinations)
raposeira *s. f.* nap, short, sleep, doze, forty winks; intoxication, drunkenness; fox-earth, burrow (hole) of fox
raposeiro Ⓐ *adj.* cunning, crafty, foxy, artful, sly Ⓑ *s. m.* cunning (crafty, sly) person; ***cão raposeiro*** foxhound
raposia *s. f.* cunning, artfulness, slyness, craft
raposice *s. f.* ⇒ **raposia**
raposinhar *v. intr.* to play the fox
raposinho *s. m.* fox cub; body odour, effluvium
raposino *adj.* vulpine
raposo *s. m.* ZOOLOGIA fox; cunning (sly, crafty) man
rapsódia *s. f.* rhapsody; medley
rapsódico *adj.* rhapsodic(al)
rapsodista *s. m. e f.* rhapsodist; compiler of medleys
rapsodo *s. m.* rhapsode; ⌈fig.⌋ poet
rapsodomancia *s. f.* divination by verses
rapsodomante *s. m. e f.* that who divines by verses
raptador *s. m.* kidnapper, abductor
raptar *v. tr.* to kidnap, to steal a child, to abduct, to ravish, to carry off (a person) by illegal force
rapto *s. m.* kidnapping, abduction, ravishment; rapture, ecstasy, transport
raptor *s. m.* kidnapper, abductor, ravisher
ráptus *s. m.* MEDICINA sudden and temporary impulse that leads a person into serious and dangerous situations
rapúncio *s. m.* ⇒ **rapôncio**
raquete *s. f.* racket, racquet; bat
raquialgia *s. f.* MEDICINA rachialgia
raquiano *adj.* ⇒ **raquidiano**
raquídeo *adj.* ⇒ **raquidiano**
raquidiano *adj.* rachidian
raquiotomia *s. f.* CIRURGIA rachiotomy
ráquis *s. f.* ANATOMIA rachis, spine, backbone
raquítico Ⓐ *adj.* rickety, affected with rickets Ⓑ *s. m.* rickety person

raquitismo *s. m.* MEDICINA rickets, rachitis; ricketiness; AGRICULTURA blight
raramente *adv.* rarely, uncommonly, seldom, scarcely, infrequently; once in a while, once in a blue moon
rareamento *s. m.* thinning
rarear Ⓐ *v. tr.* to make rare, to rarefy Ⓑ *v. intr.* to become thin (scarce, rare)
rarefacção *s. f.* rarefaction, diminishing density
rarefaciente *adj.* rarefying; rarefiable
rarefactível *adj.* rarefiable
rarefactivo *adj.* rarefactive
rarefacto *adj.* ⇒ **rarefeito**
rarefactor *adj.* rarefying
rarefazer Ⓐ *v. tr.* to rarefy, to make thin (scarce); to reduce the density (of air, gas) Ⓑ *v. refl.* to become rarefied
rarefeito *adj.* rarefied; ***o ar rarefeito das montanhas*** the rare atmosphere of the mountains
rarescência *s. f.* rareness, rarity, sparseness, scantiness, thinness
rarescente *adj.* rarefying
rareza *s. f.* rarity, rareness, thinness, tenuity; uncommonness, infrequency, sparseness, scarcity; singularity, curiosity
raridade *s. f.* rarity, rareness, thinness, tenuity; uncommonness, infrequency, sparseness, scarcity; singularity, curiosity
rarifloro *adj.* BOTÂNICA rariflorous
rarifoliado *adj.* rarifoliate
rarifólio *adj.* ⇒ **rarifoliado**
rarípilo *adj.* thin-haired, with scanty hair
raro *adj.* rare; sparse, thinly scattered; thin, subtile; uncommon, infrequent, scarse, unfrequent, singular, strange, unusual; excellent, choice, fine, exquisite; ***ave rara*** a rare bird; ***vinho raro e magnífico*** a rare good wine; ***um livro raro*** a rare book; ***jóias raras*** rare jewels
rás *s. m.* arras (French tapestry); ras (title of an Abyssinian prince)
rasa *s. f.* bushel; strickle (rod used in strike-measure); payment made for a certain number of folios; the lowest price; discredit; ***pôr alguém pela rasa*** to slander someone, to criticize someone, to speak ill of someone; ***medir todos pela mesma rasa*** to measure all by the same yard-stick
rasadura *s. f.* measuring (of corn, salt, etc.) with a strickle; surplus (corn, salt, etc., taken off with a strike-measure)
rasamente *adv.* flatly, horizontally; to the ground
rasante *adj.* sweeping, grazing
rasão *s. m.* large strickle
rasar Ⓐ *v. tr.* to measure with a strickle; to graze, to touch lightly; to level, to equalize Ⓑ *v. refl.* to overflow
rasca *s. f.* trawl-net; ⌈pop.⌋ share (in the profit); ***ter rasca na assadura*** to have a finger in the pie
rascada *s. f.* trammel, trawl-net; scrape, plight, fix, difficulty, awkward predicament, tight corner
rascador *s. m.* scraper, rasp
rascadura *s. f.* scratch, graze, abrasion
rascância *s. f.* dryness of wine; astringency
rascante Ⓐ *adj.* tart, acrid, sour Ⓑ *s. m.* tart wine
rascão *s. m.* vagrant, loafer, wanderer; stewed mutton
rascar *v. tr. e intr.* to scratch, to scrape, to graze, to rasp; ⌈pop.⌋ to make love
rascasso *s. m.* a scorpion fish
rascoa *s. f.* ⌈arc.⌋ chambermaid; cook; prostitute
rascoeira *s. f.* ⇒ **rascoa**
rascoeiro *s. m.* ⇒ **rascão**
rascoíce *s. f.* ⇒ **rascância**
rascunhar *v. tr.* to draft, to make a rough draft; to prepare (to draw up) a rough copy of; to outline; to scribble, to scrawl, to scrabble, to scratch
rascunho *s. m.* rough draft, outline, sketch, rough copy; ***fazer um rascunho*** to make a draft
raseiro *adj.* shallow, draft
rasgadela *s. f.* tear, rent, split
rasgado *adj.* torn, rent, slit; slashed, lacerated, open, frank, plain; ***olhos rasgados*** slit eyes; ***janela rasgada*** balcony-window; ***trote rasgado*** full trot; ***rasgado em bocados*** torn to pieces
rasgador Ⓐ *s. m.* tearer, ripper Ⓑ *adj.* tearing, ripping; slashing
rasgadura *s. f.* rent, tear, rip, gash, rending, tearing, ripping, opening, aperture; breach
rasgamento *s. m.* rent, tear, rip, gash, rending, tearing, ripping, opening, aperture; breach
rasgão *s. m.* tear, rent, gash, rip, split; ***fazer um grande rasgão (num fato)*** to make a great rent or tear (in a suit)
rasgar Ⓐ *v. tr.* to tear, to rend, to pull apart, to pull (with violence), to strip, to slit, to rip; to split, to tear (away, off) out; to lacerate, to mangle; to make an opening Ⓑ *v. intr.* to be torn; to be split Ⓒ *v. refl.* to split; ***rasgar em bocados*** to tear to shreds; ***rasgar de alto a baixo*** to rip up; ***rasgar uma carta em bocados*** to tear a letter to pieces; ***rasgar o casaco*** to tear one's coat; ***rasgar o fato*** to tear one's suit; NÁUTICA ***rasgar uma vela*** to blow away a sail
rasgo *s. m.* tear, rend, cleft; dash, stroke (of a pen); ⌈fig.⌋ flash; ⌈pop.⌋ spirit, go, dash; ***rasgo de eloquência*** flash of eloquence; ***um rasgo de generosidade*** a fit of generosity; ***rasgo de esperteza*** a spark of cleverness; ***pessoa de rasgo*** person with plenty of (go) spirit; ***rasgo de espírito*** a flash of wit
raso Ⓐ *adj.* level, even, plain, flat, horizontal; vulgar, plebeian, low Ⓑ *s. m.* plain level tract of country; ***soldado raso*** private; ***campo raso*** open country; ***em campo raso*** in the open (country) field; ***deixar tudo raso*** to lay waste, to level; ***tiro raso*** direct shot; ***navio raso*** razee
rasoira *s. f.* strickle, carpenter's tool to smooth out the angles; engraver's tool for polishing; everything that cuts, smoothes
rasoirar *v. tr.* to level with a strickle; to level, to make equal
rasoura *s. f.* ⇒ **rasoira**
rasourar *v. tr.* ⇒ **rasoirar**
raspa *s. f.* shaving, chip, scraping; ***raspas de veado*** hart's horn shavings
raspadeira *s. f.* scraper; rasp; eraser
raspadela *s. f.* ⇒ **raspadura**
raspador Ⓐ *s. m.* scraper Ⓑ *adj.* scraping
raspadura *s. f.* scraping, rasping; erasion, erasure; abrasion
raspagem *s. f.* scraping, rasping; erasion, erasure; abrasion
raspança *s. f.* scraping, rasping; scratch; scolding, reprimand, rebuke, lecture, dressing down
raspançar *v. tr.* to scold, to rebuke, to chide, to find fault with; ⇒ **raspar**
raspanço *s. m.* shavings, filings; lecture, lesson, reprimand, scolding, dressing down; ***dar um raspanço a*** to teach a lesson, to give someone a lecture
raspão *s. m.* scratch, slight wound, graze; ***tocar de raspão*** to graze, to touch lightly in passing; ***de raspão*** lightly in passing
raspar *v. tr.* to scrape, to abrade (with something edged), to grate harshly over, to rasp, to bark; to scratch; to erase; to shave, to graze, to touch lightly; ⌈fam.⌋ to bolt, to run away, to make tracks for, to take to one's heels; ***raspar uma palavra*** to scratch a word
raspilha *s. f.* cooper's tool; edging-tool
raspinhadeira *s. f.* ⇒ **rapão**
raspinhar *v. tr.* to smooth with the squeegre (at the salt-pit)
rasqueta *s. f.* NÁUTICA scraper
rastear Ⓐ *v. tr.* to trace, to track, to track down Ⓑ *v. intr.* to creep, to crawl
rasteira *s. f.* ⌈fam.⌋ trip, tripping; crawling, creeping; ***passar uma rasteira a*** ⌈fam.⌋ to trip up
rasteiro *adj.* creeping, crawling; ⌈fig.⌋ cringing; sneaking, low; grovelling, abject; ***planta rasteira*** creeper; ***cão rasteiro*** terrier

R

rastejador Ⓐ *s. m.* searcher, tracker, tracer Ⓑ *adj.* searching, tracing, trailing
rastejamento *s. m.* ⇒ **rastejo**
rastejante *adj.* creeping, crawling
rastejar *v. tr. e intr.* to track, to trace, to trail, to follow the track of; to pursue; to creep, to crawl, to go on all fours; [fig.] to fawn, to cringe, to toady, to debase oneself, to eat humble pie; NÁUTICA to range
rastejo *s. m.* tracing, trailing; creeping, crawling; search, pursuit
rastelar *v. tr.* to hackle, to comb, to ripple (flax)
rastelo *s. m.* flax-comb, hackle, ripple; clod-crusher
rastilhar Ⓐ *v. tr.* to fix a fuse Ⓑ *v. intr.* [fig.] to hiss, to whizz, to whistle
rastilho *s. m.* train, fuse, match, igniting tube
rasto *s. m.* track, trace, vestige; clue; footmark; spoor, track (scent of animal); wake (especially of a ship); drag-net; ***no rasto*** on the scent; ***descobrir o rasto de*** to scent out, to track down; ***rasto de uma serpente*** trail of a serpent; ***levar de rastos*** to drag, to trail along the ground, to draw along; ***andar de rastos*** to crawl, to creep, to go on all fours
rastolhada *s. f.* ⇒ **restolhada**
rastolhar *v. intr.* ⇒ **restolhar**
rastolho *s. m.* stubble; noise, din, stir, uproar, racket, hubbub, hullabaloo, hurly-burly
rastrear *v. tr.* to creep, to crawl; to track down, to trace, to follow the track of
rastreio *s. m.* tracking, tracing
rastreiro *adj.* ⇒ **rasteiro**
rastrejar *v. tr. e intr.* ⇒ **rastejar**
rastro *s. m.* track, trace, footprint, footmark, vestige, spoor (of animal); drag-net
rasura *s. f.* erasure, rubbing out, blotting out (word, etc.), evasion
rasurar *v. tr.* to erase, to rub out, to scratch out
rata *s. f.* she-rat; large rat; mole; [fig.] fecund woman; [Bras.] flop, failure, fiasco
ratada *s. f.* litter of rats; trick, prank, mischief
ratado *adj.* gnawed, bitten
ratafia *s. f.* ratafia (liqueur)
ratão *s. m.* large rat; funny (queer, odd) person; ***ser um grande ratão*** to be a queer fellow
rataplã *s. m.* ⇒ **rataplão**
rataplão *s. m.* rataplan, drumming sound
ratar *v. tr.* to gnaw like rats; [pop.] to run down a person
rataria *s. f.* great number (lots) of rats
ratazana *s. f.* large rat; funny (comical, odd) person; thief
ratazanar *v. tr.* to gnaw (to bite) like a rat
rateação *s. f.* apportionment, allotment, partition; share, part, portion
rateadamente *adv.* pro rata, according to the proper share, proportionately, in proportion
rateador *s. m.* portioner, distributor, sharer
rateamento *s. m.* ⇒ **rateação**
ratear *v. tr.* to prorate, to apportion, to assign (as due share), to divide out, to portion out, to distribute justly and suitably
rateio *s. m.* apportionment, division into just shares, allotment pro-rata; just shares, share
rateiro Ⓐ *s. m.* ratter, rat-catcher Ⓑ *adj.* ratting; ***cão rateiro*** ratter
ratel *s. m.* ZOOLOGIA ratel
ratice *s. f.* oddity, eccentricity, whim, fad
raticida *s. m.* rat poison, rat killer, rat's-bane
raticídio *s. m.* extermination (destruction) of rats
ratificação *s. f.* ratification, confirmation, substantiation, sanction
ratificar *v. tr.* to ratify, to confirm, to substantiate, to make valid, to sanction, to seal, to settle; ***ratificar um tratado*** to ratify a treaty
ratificável *adj.* ratifiable, confirmable, sanctionable
ratiforme *adj.* shaped like a rat
ratina *s. f.* ratteen
ratinadora *s. f.* curling machine
ratinar *v. tr.* to frizz
ratinhar *v. tr.* to save, to economize, to pinch; to haggle (about) over (prices)
ratinheiro *adj.* haggling
ratinho *s. m.* little rat; little mouse; [fam.] each of a baby's first teeth
ratita *adj.* ⇒ **ratite**
ratite *adj.* ratite
ratívoro *adj.* that feeds on mice
rato *s. m.* mouse (*plural* mice), rat (larger than a mouse); [fig.] thief, pilferer; ***contente como um rato*** as pleased as Punch; ***rato de biblioteca*** bookworm; ***cor de rato*** mouse colour; ***calado como um rato*** as dumb as an oyster, mute as a fish, as a fish, as quiet as a mouse; ***cheira a rato*** it smells the rat; ***caçar ratos*** to hunt mice; ***caçador de ratos*** rat-catcher; ***rato de cano de esgoto*** sewer-rat
rato-almiscareiro *s. m.* musk-rat, musquash
rato-cego *s. m.* ⇒ **toupeira**
rato-chino *s. m.* ⇒ **cobaia**
rato-d'água *s. m.* water-rat
ratoeira *s. f.* mouse-trap; trap, snare, gin; ***cair na ratoeira*** to fall into a snare, to fall into the trap
ratona Ⓐ *s. f.* large rat; odd (eccentric) woman Ⓑ *adj.* odd, queer, eccentric
ratonar *v. intr.* ⇒ **ratonear**
ratonear *v. intr.* to pilfer
ratoneiro *s. m.* pilferer, petty thief, filcher, pickpocket
ratonice *s. f.* pilferage, petty theft, filching, pilfering
raucíssono *adj.* raucous, hoarse, husky
raucitroante *adj.* raucous, harsh, hoarse, raucous sounding
raudão *s. m.* sorrel (horse)
ravasco *s. m.* tramp, vagabond, vagrant, idle wanderer
ravina *s. f.* ravine, deep gully, gorge, mountain cleft
ravinado *adj.* with many ravines
ravinar *v. tr.* to ravine, to score with ravines; to hollow out
ravinoso *adj.* full of ravines
raviólis *s. m. pl.* Italian ravioli
razão *s. f.* reason (faculty of thinking logically); understanding, sanity, mind, sense, judgement; ground, cause, motive; COMÉRCIO ledger book; rate, ratio; ***ter razão*** to be right; ***não ter razão*** to be wrong; ***apresentar razões*** to produce reasons; ***ceder à razão*** to yield to reason; ***travar-se de razões com alguém*** to have words with someone; ***perder o uso da razão*** to lose one's reason; ***chamar à razão*** to bring to reason, to call to reason; ***dar razão a alguém*** to side with someone, to say that someone is right; ***tem muita razão*** you are quite right; ***como era de razão*** as was reasonable; ***idade da razão*** years of discretion; ***tenho razão para não acreditar*** I have reason not to believe; ***com ou sem razão*** right or wrong, rightly or wrongly; ***por que razão?*** for what reason, why?; ***dar ouvidos à razão*** to listen to reason; ***fazer voltar à razão*** to bring to one's senses; ***pelas razões expostas*** on your showing, for the reasons stated; ***a razão por que*** the reason why; ***por essa mesma razão*** for that very reason; ***com maior razão*** with greater reason; ***como for de razão*** in the most reasonable way; ***é mais uma razão*** all the more reason; ***razão de ser*** reason to exist, "raison d'être"; ***em razão de*** by reason of; ***na razão inversa*** in inverse ratio; ***à razão de*** at the rate of; COMÉRCIO ***livro-razão*** ledger; ***passar um lançamento para o livro-razão*** to carry to the ledger
razia *s. f.* razzia, raid, incursion; plundering, looting; destruction, devastation, havoc, ravage, waste, ruin
raziar *v. tr.* to devastate, to destroy, to desolate, to strip, to lay waste, to plunder
razoado Ⓐ *adj.* reasonable, rational Ⓑ *s. m.* speech, discourse, address, harangue; reasoning

razoador *s. m.* reasoner, one who reasons
razoamento *s. m.* reasoning, argumentation, discourse
razoar *v. intr.* to reason, to conclude, to infer; to argue, to discourse; DIREITO to defend, to plead
razoável *adj.* reasonable, rational, sensible, fair, decent, moderate, just, tolerant; ***preço razoável*** reasonable price; ***um pedido razoável*** a reasonable demand
razoavelmente *adv.* reasonably, moderately, fairly
RDIS ||*sigla de* **Rede Digital com Integração de Serviços**|| ISDN
ré Ⓐ *s. f.* (female) criminal, culprit, offender, defendant; NÁUTICA stern Ⓑ *s. m.* MÚSICA re, the note D; ***ré maior*** D major; NÁUTICA ***ré de embarcação*** stern; ***estar alojado à ré*** to walk the quarter-deck; ***à ré!*** astern!; back her!; ***à ré devagar!*** easy astern!; ***para ré*** abaft, astern
reabastecer *v. tr.* to revictual, to supply (with fresh provisions); to replenish, to renew the stocks; to refuel
reabastecimento *s. m.* restocking, replenishment; refueling
reabertura *s. f.* reopening
reabilitação *s. f.* rehabilitation; re-enabling
reabilitador Ⓐ *s. m.* rehabilitator Ⓑ *adj.* rehabilitative
reabilitar Ⓐ *v. tr.* to rehabilitate, to re-enable; to restore to rights; to clear, to right Ⓑ *v. refl.* to regenerate oneself
reabilitativo *adj.* rehabilitating
reabitação *s. f.* reinhabitation
reabitar *v. tr.* to reinhabit
reabituar-se *v. refl.* to regain the habit, to get used again
reabraçar *v. tr.* to embrace again
reabrir Ⓐ *v. tr.* to reopen, to pen up Ⓑ *v. intr.* to be opened again
reabsorção *s. f.* resorption; reabsorption
reabsorver *v. tr.* to reabsorb, to resorb, to absorb again, to suck in again
reabsorvível *adj.* reabsorbed
reacção *s. f.* reaction; response; revulsion; ***reacção alcalina*** alkaline reaction; ***reacção ácida*** acid reaction; ***reacção psicológica*** psychic response
reaccional *adj.* PSICOLOGIA reactional
reaccionário Ⓐ *adj.* reactionary, retrograde Ⓑ *s. m.* reactionary (person)
reaccionarismo *s. m.* reactionism, conservatism; absolutism
reaccionarista *s. m. e f.* reactionist, professed reactionary
reacender *v. tr.* to rekindle, to relight; to revive, to reinflame, to arouse again
reactância *s. f.* reactance
reactivação *s. f.* reactivation
reactivar *v. tr.* to reactivate
reactividade *s. f.* reactiveness, reactivity
reactivo Ⓐ *adj.* reactive Ⓑ *s. m.* reagent
reactor *s. m.* reactor, reagent
reactualizar *v. tr.* to remodel; to upgrade
reacusação *s. f.* recrimination, counter-charge
reacusar *v. tr.* to reaccuse, to accuse again, to make a counter-charge
readaptação *s. f.* readaptation
readaptar *v. tr.* to readapt
readmissão *s. f.* readmission, readmittance, re-engagement; ***readmissão ao serviço*** re-engagement
readmitir *v. tr.* to readmit, to admit again, to re-engage
readopção *s. f.* readoption, the action of adopting again
readoptar *v. tr.* to readopt, to adopt again
readormecer *v. intr.* to go to sleep again, to fall asleep again
readquirição *s. f.* reacquisition (the action of acquiring again)
readquirir *v. tr.* to acquire again, to recover, to regain, to get back, to recover possession of
reafirmação *s. f.* reaffirmation, a repeated affirmation, reassertion
reafirmar *v. tr.* to reaffirm, to affirm again, to restate, to reassert
reagente Ⓐ *adj.* reactive, reacting Ⓑ *s. m.* QUÍMICA reagent; ***papel reagente*** test paper, litmuspaper
reagir *v. intr.* to react; to respond; to resist; MILITAR to make counter-attacks
reagradecer *v. tr.* to thank again, to repeat (to renew) one's thanks
reagravar *v. tr.* to aggravate again, to make things worse again
reagrupar *v. tr.* to group again, to reassemble
reajustamento *s. m.* readjustment, rearrangement
reajustar *v. tr.* to readjust, to rearrange
reajuste *s. m.* readjustment
real Ⓐ *adj.* royal, kingly, kinglike, regal; real, actual, veritable, true, positive, genuine, authentic, certain Ⓑ *s. m. real,* (old Portuguese coin); ***Alteza Real*** Royal Highness; ***um banquete real*** a royal feast; ***a vida real*** real life; ***viver num esplendor real*** to live in regal splendour; ***a coisa real*** the thing, the real thing; ***não ter real*** not to have a penny; ***perder tudo por um real*** to spoil the ship for a hap'orth (half penny worth) of tar
realçar Ⓐ *v. tr.* to extol, to raise, to distinguish; to emphasize, to stress, to accentuate; to set off, to enhance, to render conspicuous, to make more striking Ⓑ *v. intr.* to show off, to become conspicuous; ***as jóias fazem realçar a beleza da mulher*** a woman's beauty is set off by jewelry
realce *s. m.* setting-off, relief, lustre, brilliance, splendour; distinction, distinctness; ***dar realce a*** to set off, to enhance, to show to advantage; ***partícula de realce*** expletive
realegrar *v. tr.* to make happy again
realejo *s. m.* barrel-organ; ***tocador de realejo*** organ-grinder
realengo Ⓐ *adj.* royal, regal, kingly, majestic, august Ⓑ *s. m.* fish found near the Azores
realentar *v. tr.* to reencourage, to reinvigorate
realeza *s. f.* royalty, royal personage, member of royal family; sovereignty; [fig.] magnificence, pomp; [arc.] reality, actuality, truth
realidade *s. f.* reality, actual fact, actual existence, actuality, truth, verity; ***descrição baseada na realidade*** a description based on reality, actual fact; ***as nossas expectativas não correspondiam à realidade*** our expectations were as nothing compared to the reality; ***estes pormenores ajudam a dar realidade à cena*** these details help to give reality to the scene; ***na realidade*** in reality, really, actually, in fact, in actual fact, as a matter of fact; ***está reproduzido com assombrosa realidade*** it is reproduced with startling reality
realismo *s. m.* realism, fidelity
realista Ⓐ *s. m. e f.* realist; royalist Ⓑ *adj.* realistic; royalistic
realistar *v. tr.* to re-enlist, to re-enrol
realístico *adj.* realistic
realizabilidade *s. f.* realizability
realização *s. f.* realization, achievement, accomplishment, attainment, execution, fulfilment; ***a realização dos nossos sonhos*** the fulfilment of our dreams
realizador Ⓐ *adj.* realizing, performing Ⓑ *s. m.* realizer; producer; CINEMA director, film-maker
realizar Ⓐ *v. tr.* to realize, to fulfil, to bring about, to effect, to carry out, to accomplish, to achieve; to convert into money; to create, to produce Ⓑ *v. refl.* to happen, to take place, to take effect; ***realizar as nossas ambições*** to fulfil our ambitions; ***realizar capital*** to raise (to realize) capital; ***realizar um negócio*** to strike a bargain; ***realizar um plano*** to carry out a plan; ***realizar valores*** to sell (out) securities
realizável *adj.* realizable, feasible, capable of being carried out; accomplishable; ***capital realizável*** realizable capital
realmente *adv.* really, in reality, in fact, as a matter of fact, actually, indeed, positively; ***o que realmente aconteceu foi ...*** what actually happened was...

R

realojamento *s. m.* rehousing
reamanhecer *v. intr.* to rejuvenate
reandar *v. tr.* to walk again, to cover the same way a second time
reanimação *s. f.* reanimation, revivification
reanimador Ⓐ *adj.* reanimating, reviving, stimulating, encouraging Ⓑ *s. m.* encourager, reviver
reanimar Ⓐ *v. tr.* to reanimate, to restore to animation, to bring back (to restore) to life, to give (new life, fresh spirit) strength to; to revive; to bring round Ⓑ *v. refl.* to rally, to recover energy (hope, courage), to come round; ***o doente reanimou-se e começou a melhorar*** the patient rallied and began to get better; ***reanimou-se com a esperança de partir em breve*** he took fresh courage at the thought that he would start soon
reaparecer *v. intr.* to reappear, to appear again
reaparecimento *s. m.* reappearance, renewed appearance
reaparição *s. f.* reappearance
reapoderar-se *v. refl.* to retake, to recover, to get (win) back
reapossar-se *v. refl.* to recover, to regain, to get back, to repossess
reaprender *v. tr.* to relearn
reaprendizagem *s. f.* relearning
reaquisição *s. f.* reacquisition, repurchase
rearmamento *s. m.* rearmament, rearming
rearmar *v. tr.* to rearm
reascender *v. tr. e intr.* to reascend, to ascend again
reassegurar *v. tr.* to reassure
reassenhorear-se *v. refl.* to recover, to regain, to get back, to win back
reassumir *v. tr.* to reassume, to resume, to retake, to take up again; ***reassumir o seu lugar*** to resume one's place
reassunção *s. f.* reassumption
reata *s. f.* halter, halter rope; NÁUTICA woolding
reatadura *s. f.* rebinding, refastening, binding (tying up) again; NÁUTICA woolding
reatamento *s. m.* renewal, renewing; resuming; rebinding, refastening
reatar *v. tr.* to recommence, to resume, to take up again, to go on with; to rebind, to refasten, to bind again, to tie up again; to reestablish, to reassume; ***reatar o fio de um discurso*** to resume the thread of a discourse; ***reatar as relações*** to renew acquaintance, to resume relations; ***reatar a amizade*** to be friends again, to make up
reatestar *v. tr.* to refill; to reconfirm
reato *s. m.* DIREITO condition of the culprit; RELIGIÃO obligation of atonement for a sin after absolution
reaver *v. tr.* to recover, to get back, to recuperate, to retrieve; ***reaver a sua fortuna*** to retrieve one's fortune
reaviar *v. tr.* to put on the right way, to bring back on the right way; to make up a prescription again; to serve again
reavisar *v. tr.* to warn (to advise) again
reaviso *s. m.* renewed warning, second notice
reavistar-se *v. refl.* to meet (to see) again
reavivar *v. tr.* to revive, to recall, to remember; to renew, to refresh
rebaixa *s. f.* reduction; rebate
rebaixado *adj.* lowered; debased; discredited
rebaixador *s. m.* rabbet-plane; rebate-plane
rebaixamento *s. m.* debasement, degradation, lowering, sinking; diminution of value, depreciation
rebaixar Ⓐ *v. tr.* to lower, to abate; to cheapen, to depreciate; to lessen, to diminish; to degrade, to debase; CARPINTARIA to shave off, to cut down Ⓑ *v. refl.* to abase oneself, to humble oneself; ***rebaixar o preço de*** to undersell
rebaixe *s. m.* garret, loft; span of a staircase; rabbet, recess, score; ⇒ **rebaixamento**
rebaixo *s. m.* garret, loft; span of a staircase; rabbet, recess, score; ⇒ **rebaixamento**; ***rebaixo de janela*** window rabbet
rebalsar Ⓐ *v. intr.* to grow marshy, to stagnate Ⓑ *v. refl.* to become stagnant
rebanhada *s. f.* large flock, herd; [fig.] crowd
rebanhar *v. tr.* to herd, to gather into a flock; [fig.] to bring together; to monopolize
rebanhio *adj.* living in a flock
rebanho *s. m.* flock (of sheep); herd (of cattle); [fig.] rabble, crowd; bunch, group
rebaptismo *s. m.* rebaptism
rebaptizar *v. tr.* to rebaptize
rebar *v. tr.* to fill with rubble (gravel)
rebarba *s. f.* edge, barb, seam; chipped edge (metal); mount part of the work of embedment of a precious stone
rebarbador *s. m.* parer, trimmer
rebarbar *v. tr.* to edge off, to pare, to trim, to dress
rebarbativo *adj.* double-chinned; [fig.] surly, wild, rough, disagreeable, rebarbative
rebate *s. m.* alarm, warning of danger; signal; COMÉRCIO discount, rebate, reduction; ***dar rebate*** to give the alarm; ***tocar a rebate*** to sound the alarm; ***rebate falso*** false alarm; ***rebate de consciência*** remorse, stings of conscience
rebatedor *s. m.* discounter, exchange broker
rebater *v. tr.* to beat again; to rivet; to refute; to attack (to fight) a disease; to repel, to beat back; COMÉRCIO to discount; ***rebater uma insinuação*** to refute an insinuation; ***rebater uma pessoa*** to silence (to nonplus) a person; ***rebater um argumento*** to meet an argument
rebatida *s. f.* refutation, disproof, refutal
rebatido *adj.* refuted, disproved; repelled, beaten back; pressed down; COMÉRCIO discounted
rebatimento *s. m.* riveting; discount; repulsion; refutation, repelling
rebatina *s. f.* controversial question, moot point; ***vender à rebatina*** to sell to the highest bidder
rebatinha *s. f.* controversial question, moot point; ***andar às rebatinhas com*** to vie with; ***às rebatinhas*** with rivalry
rebato *s. m.* threshold, door-step; step
rebeca *s. f.* fiddle, violin
rebel *adj.* ⇒ **rebelde**
rebelão *adj.* refractory, unruly, rebellious; restive, unmanageable; ***cavalo rebelão*** restive horse
rebelar Ⓐ *v. tr. e intr.* to excite (to stir up) to rebellion Ⓑ *v. intr.* to rebel, to revolt, to act as a rebel Ⓒ *v. refl.* to stand up against, to rise against, to revolt
rebelde Ⓐ *adj.* rebellious, insubordinate, undisciplined, unruly, defiant; refractory, stubborn, contumacious; MEDICINA refractory, resisting treatment Ⓑ *s. m. e f.* rebel, insurgent, mutineer; ***ser rebelde ao tratamento médico*** to be refractory to medical treatment; ***doença rebelde*** a protracted illness; ***temperamento rebelde*** rebellious temperament; ***actos rebeldes*** rebellious acts
rebeldia *s. f.* rebelliousness, obstinacy, stubbornness, disobedience; opposition, resistance; rebellion, revolt, mutiny; insurrection; ***a opressão provoca rebeldia*** even a worm will turn, oppression creates mutiny
rebeldismo *s. m.* rebelliousness, obstinacy, stubbornness, disobedience; opposition, resistance; rebellion, revolt, mutiny; insurrection
rebelião *s. f.* rebellion, insurrection, insubordination, revolt, mutiny; opposition, resistance
rebelionar *v. tr.* to cause to revolt
rebém *s. m.* lash
rebenta-boi *s. m.* BOTÂNICA deadly nightshade, belladona
rebentação *s. f.* bursting, breaking; surf, breakers, broken water; ***rebentação das vagas*** breaking of the waves
rebentamento *s. m.* explosion, deflagration, outburst
rebentão *s. m.* offset, offshoot, shoot, sprout, shrub; [pop.] offspring, children, descendants; [fig.] steep hill

rebentãozal *s. m.* shrubbery; field covered with shrubs
rebentar *v. tr. e intr.* to burst; to break open, to break down (by force); to break out (of fire, epidemy, etc.); to fly to pieces, to splinter, to crack; to snap; to explode, to go off, to shoot, to sprout, to bud (of plants); to gush out (of liquids); to burst forth; to burst out; ***rebentar de riso*** to burst out laughing, to split one's sides with laughter; ***os botões estão todos a rebentar*** the buds are all bursting; ***vai rebentar a bomba*** the fat is in the fire; ***a Segunda Guerra Mundial rebentou em 3 de Setembro de 1939*** the Second World War broke out on the 3rd of September, 1939
rebentina *s. f.* [fam.] rage, fury, passion; outburst of anger, fit of rage
rebentinha *s. f.* [fam.] ⇒ **rebentina**
rebento *s. m.* shoot, sprout, bud, offshoot; scion; [fig.] offspring, progeny
rebicar *v. tr.* to paint; to make up, to rouge the face
rebique *s. m.* make-up, rouge; excessive ornaments (make-up)
rebitar *v. tr.* to rivet, to clinch (bolt); to fasten with rivets; to secure nails
rebite *s. m.* rivet, bolt, nail
rebo *s. m.* rubble, gravel, grit
reboante *adj.* resounding, echoing, reverberating
reboar *v. intr.* to resound, to re-echo, to ring (with prolonged sound), to reverberate
rebocador Ⓐ *s. m.* tugboat, tug; plasterer Ⓑ *adj.* towing; plastering; ***rebocador a vapor*** steam-tug
rebocadura *s. f.* tow, towing, towage; plaster, plastering, rough-cast
rebocamento *s. m.* ⇒ **reboque**
rebocar *v. tr.* to plaster, to cover (or to coat) a wall (with plaster); to bedaub (with plaster), to parget; NÁUTICA ***rebocar a parede*** to plaster the wall, to tow, to take in tow; ***rebocar de braço dado*** to tow abreast
reboco *s. m.* plaster, rough-cast, parget; plaster-work; ***tirar o reboco a*** to unplaster; ***reboco de parede*** wall plaster
rebolado *s. m.* waddling, swinging (of the hips)
rebolão *s. m.* swaggerer, braggart, boaster, bully, blusterer
rebolar *v. tr., intr. e refl.* to roll, to tumble; to turn about, to revolve rapidly; to shake the hips, to wiggle; ***rebolar pela escada abaixo*** to topple downstairs, to tumble downstairs
rebolaria *s. f.* swaggering, bragging, vaunting, boasting
rebolear *v. tr.* [Bras.] to swing a lasso
reboleira *s. f.* the thickest part (of a forest or a standing crop); dirt which falls from a grindstone
reboleiro *s. m.* cattle-bell
reboliço *adj.* rolling, revolving, turning about
rebolir *v. intr.* to walk very fast; to swagger, to wiggle, to shake one's body
rebolo *s. m.* grindstone; tool grinding-machine; [pop.] cylinder; [reg.] moulder
reboludo *adj.* plump, bulky, rounded, roundish, full, fleshy
rebombar *v. intr.* ⇒ **ribombar**
rebombo *s. m.* ⇒ **ribombo**
reboo *s. m.* echo, resonance, reverberation
reboque *s. m.* NÁUTICA tow, towage; ***ir a reboque*** to be in tow; ***cabo de reboque*** tow-line rope; ***levar a reboque*** to take in tow
reboquear *v. tr.* ⇒ **rebocar**
rebora *s. f.* lawful age for marriage; ratification (of contract or donations)
reboração *s. f.* ratification, confirmation, sanction, seal; ⇒ **rebora**
reborar *v. tr.* to confirm, to ratify; to corroborate
rebordagem *s. f.* NÁUTICA damage done by a ship running foul of another; indemnity for said damage
rebordão *adj.* wild; ***castanheiro rebordão*** wild chestnut-tree
rebordar *v. tr.* to embroider again; to smooth the edges of polished glass; to bevel, to flange
rebordo *s. m.* edge, rim; bevelling
rebotado *adj.* blunt; repulsed
rebotalho *s. m.* offal, refuse, waste stuff, scraps, garbage; trash, rubbish; scum off-scourings, dross
rebotar Ⓐ *v. tr.* to blunt, to take the edge off; to drive back, to repel Ⓑ *v. refl.* to get (to grow) tired, to be bored with
rebote *s. m.* carpenter's plane
reboto *adj.* blunt; rude
rebraço *s. m.* gauntlet
rebramar *v. intr.* to roar; to bellow, to low; to shout, to vociferate; to resound, to reverberate
rebramir *v. intr.* ⇒ **rebramar**
rebrilhante *adj.* refulgent, splendid
rebrilhar *v. intr.* to shine again; to glow intensely, to sparkle
rebrilho *s. m.* intense brightness
rebuçadamente *adv.* disguisedly
rebuçado Ⓐ *s. m.* lollipop, sugar-plum; sweet, sweetmeat Ⓑ *adj.* disguised, muffled up
rebuçar Ⓐ *v. tr.* to muffle up, to disguise, to conceal Ⓑ *v. refl.* to muffle oneself up, to disguise oneself
rebuço *s. m.* dissimulation, disguise, dissembling, false pretence; collar (of a gown), hood, cowl; lapel (of a coat); ***falar sem rebuço*** to speak up out; ***sem rebuço*** fearlessly, frankly
rebulício *s. m.* fuss, stir, bustle, noise, hubbub, ado, flurry, to-do, agitation
rebuliço *s. m.* fuss, stir, bustle, noise, hubbub, ado, flurry, to-do, agitation; ***que rebuliço vai nesta casa!*** what a bustle (there) is in this house!
rebulir Ⓐ *v. tr.* to move, to stir again; to retouch, to improve Ⓑ *v. refl.* to waddle
rebusca *s. f.* research, careful search; gleaning; inquiry
rebuscado *adj.* searched for, sought after, desired; [fig.] finical (style), refined, finicking, finicky, far-fetched
rebuscar *v. tr.* to search for, to search again, to search thoroughly; to rummage, to ransack, to glean; to refine, to perfect; ***rebuscar as algibeiras*** to rummage through one's pockets; ***rebuscar uma casa*** to ransack a house; ***rebuscar as gavetas*** to rummage in the drawers
rebusco *s. m.* research; gleaning
rebusnar *v. intr.* ARQUITECTURA to bray
rebusno *s. m.* bray, braying, hee-haw
rebusqueiro *s. m.* seeker, searcher; gleaner
recachar Ⓐ *v. tr.* to shrug one's shoulders (contemptuously) Ⓑ *v. intr.* to set a trap in retaliation
recacho *s. m.* swaggering
recadar *v. tr.* ⇒ **arrecadar**
recadear *v. intr.* to run errands
recadeira *s. f.* errand-girl, messenger
recadeiro *s. m.* messenger, courier, errand boy
recadete *s. m.* scolding, reprehension, admonition, reprimand
recadista *s. m. e f.* errand-boy, errand-girl, messenger
recado *s. m.* errand; message; word, scolding, reprimand; *pl.* regards, respects, remembrances, greetings; ***ensinar o recado*** to put words into a person's mouth; ***tomar o recado na escada*** to answer before hearing the whole question; ***mandar recado*** to send word; ***deixar recado*** to leave word; ***ir a um recado*** to go on an errand, to run on an errand; ***dê-lhe muitos recados meus*** give him my kind regards, remember me kindly to him; ***se o vires, dá-lhe o recado*** if you see him, give him the message
recaída *s. f.* relapse; recurrence; ***o doente teve uma recaída grave*** the patient has had a serious relapse
recaidiço *adj.* relapsing, recidivous
recaimão *s. m.* ICTIOLOGIA ⇒ **tamboril**

recaimento *s. m.* ⇒ **recaída**
recair *v. intr.* to relapse, to fall back, to sink again into (illness); ***recair gravemente (de uma doença)*** to have a serious relapse (in an illness)
recalcado *adj.* rammed, beaten down; crammed, pressed down; trodden down; kept down; [fig.] repressed, repeated
recalcador *adj.* pressing, squeezing
recalcamento *s. m.* treading down, pressing down; cramming; [fig.] repression
recalcar *v. tr.* to tread down; to press down; to cram, to pack tightly, to squeeze in, to crush down; [fig.] to repress
recalcificação *s. f.* another calcification
recalcificador *adj.* ⇒ **recalcificante**
recalcificante *adj.* calcifying again
recalcificar *v. tr.* to recalcify
recalcitração *s. f.* recalcitration, recalcitrance; reluctance; obstinacy
recalcitramento *s. m.* ⇒ **recalcitração**
recalcitrante Ⓐ *adj.* recalcitrant, reluctant, refractory, unsubmissive, stubborn Ⓑ *s. m. e f.* recalcitrant (reluctant, stubborn) person
recalcitrar *v. intr.* to recalcitrate, to refuse compliance, to kick against (rules); to resist; to retort, to talk back, to back-answer, to be refractory
recalcular *v. tr.* to calculate again, to recount
recaldear *v. tr.* to recalesce
recalescência *s. f.* recalescence
recalmão *s. m.* NÁUTICA lull (in the middle of a hurricane)
recalque *s. m.* treading down, crushing down, pressing down; [fig.] repressing, repression
recamado *adj.* embroidered; ***recamado de estrelas*** spangled with stars
recamador *s. m.* embroiderer
recamadura *s. f.* embroidery; adornment, ornament
recamar *v. tr.* to embroider, to embellish, to adorn; to cover, to overlay; to fill with
recâmara *s. f.* wardrobe, dressing-room; [fig.] retreat, alcove, recess
recambiar *v. tr.* COMÉRCIO to return, to send back, to turn back, to devolve; to rechange, to change again; ***recambiar uma letra*** to return a bill
recâmbio *s. m.* COMÉRCIO return (of a protested bill); re-exchange; ***recâmbio aos compradores*** returns inwards; ***recâmbio aos fornecedores*** returns outwards; ***recâmbio de uma letra*** return of a bill
recamo *s. m.* golden or silvery thread for embroidering; ornament made with that thread; [fig.] adornment, decoration
recantação *s. f.* singing again, emphatic singing
recantar *v. tr.* to sing again; to sing in an emphatic manner
recanto *s. m.* corner, nock, recess, niche, retreat, place of hiding, retiring place, secret place; ***recanto do coração*** corner of the heart
recapacitar *v. tr.* to call to mind, to reflect upon; to persuade again
recapitulação *s. f.* recapitulation; repetition; summary, synthesis
recapitular *v. tr.* to recapitulate, to repeat, to summarize, to synthesize, to sum up; to give a summary of
recapturar *v. tr.* to recapture, to retake, to capture again
recarga *s. f.* fresh load, reload; recharge; second charge (of a wild animal)
recargar *v. tr.* to recharge, to repeat the attack
recarregar *v. tr.* to recharge, to reload
recasar *v. tr. e intr.* to remarry
recatadamente *adv.* modestly, shyly, discreetly, bashfully; prudently, cautiously
recatado *adj.* modest, shy, discreet, bashful; secret, private, secluded, retired; unassuming, prudent, cautious, wise
recatar Ⓐ *v. tr.* to safeguard, to keep in safety, to hide secretly; to search again, to ransack, to rummage Ⓑ *v. refl.* to be on one's guard; to be prudent (cautious)
recato *s. m.* cautiousness, prudence, circumspection, care, wariness; modesty, bashfulness, coyness; secrecy, privacy, seclusion, retirement, retreat, solitude, loneliness; ***com recato*** cautiously, safely; ***a recato*** in safety; ***tudo está a bom recato*** all is safe
recauchutagem *s. f.* retreading
recauchutar *v. tr.* to retread (a tyre)
recavar *v. tr.* to dig over again; [fig.] to insist, to persist
recavém *s. m.* the rear part of a wa(g)gon floor
recear *v. tr. e intr.* to fear, to dread; to be afraid, to be alarmed, to feel fear, to stand aghast; to doubt, to suspect; ***receio que seja muito tarde*** I fear (I'm afraid) it's too late; ***receio que ele chegue tarde*** I fear that he will be late
recebedor Ⓐ *s. m.* receiver; collector, tax-gatherer Ⓑ *adj.* receiving, gathering, collecting
recebedoria *s. f.* treasury, taxation office; collectorship
receber *v. tr. e intr.* to receive, to accept, to take, to get; to admit, to let in, to take in; to welcome, to entertain (friends, guests); to collect, to suffer (an injury, etc.); to marry; ***receber à consignação*** to take on consignment; ***recebi a vossa carta*** I received your letter; ***receber alguém com alegria*** to give a warm welcome to someone; ***receber a sua parte*** to receive one's share; ***receber em pagamento*** to receive in payment; ***receber uma percentagem*** to receive a percentage; ***em que dia recebe ela visitas?*** which is her at-home day?; ***receber notícias de*** to hear from; ***ainda não recebi notícias dele*** I haven't yet heard from him; ***receber amavelmente*** to receive a person kindly; ***não o receberei em minha casa*** he shall not be received at my house; ***receber visitas*** to entertain visitors; ***receber hóspedes*** to take in guests; ***receber um presente*** to receive a present; ***receber um convite*** to receive an invitation; ***receber no devido tempo*** to receive in due time; ***receber o ordenado*** to receive one's salary; ***ir receber ordens*** to go for orders; ***receber ordens de marcha*** to receive orders to march
recebimento *s. m.* receiving, reception; admission; acceptance; marriage, wedding
receio *s. m.* fear, dread, terror, fright, scare, alarm, funk, horror; apprehension, anxiety, concern, awe; ***receio infundado*** groundless fear; ***ter receio de*** to be afraid of; ***com receio de que*** for fear (that), lest; ***sem receio*** fearless; ***estou com receio de que chova*** I'm afraid it's going to rain
receita *s. f.* income, revenue, proceeds, earnings, takings; receipt(s); CULINÁRIA recipe; MEDICINA prescription; ***receita bruta*** gross earnings; ***receita do Estado*** public revenue; ***aviar uma receita*** to make up a prescription; ***passar uma receita*** to write out a prescription, to make out a prescription; ***mande aviar esta receita à farmácia*** have this prescription made up at the chemist's; ***a receita excede a despesa*** the receipts exceed the payments; ***livro de receita e despesa*** journal of receipts and expenditure; ***receitas (de um livro de cozinha)*** recipes (from a cookbook)
receitar *v. tr.* MEDICINA to prescribe, to advise use of medicine; to make out a prescription; ***receitar um medicamento*** to prescribe a medicine
receitário *s. m.* FARMACOLOGIA apothecary's file of prescriptions, prescription book; list of prescriptions
receituário *s. m.* FARMACOLOGIA pharmacopeia; prescription book
recém-casado *adj.* newly-married, newly-wed; ***os recém-casados*** the wedded pair, the newly-married couple, the newly-weds
recém-chegado Ⓐ *adj.* newly arrived Ⓑ *s. m.* newcomer
recém-falecido *adj.* recently deceased
recém-nado *adj.* ⇒ **recém-nascido**
recém-nascido *adj.* newly born; newborn baby
recém-saído *adj.* recently published, just out

recém-vindo Ⓐ *adj.* newly arrived Ⓑ *s. m.* new-comer
recenar *v. tr.* to gild again; to silver again
recendência *s. f.* sweet scent, redolence, fragrance, perfume
recendente *adj.* redolent, fragrant, strong (pleasant) scented, sweet-smelling
recender *v. intr.* to exhale an odour, to give forth a sweet scent, to smell sweet
recensão *s. f.* ⇒ **recenseamento**; critical appreciation of a literary work
recenseado *adj.* registered, included in a census
recenseador *s. m.* census taker, pollster, registrar
recenseamento *s. m.* census; count; ***boletim de recenseamento*** census-paper
recensear *v. tr.* to take the census; to count
recenseio *s. m.* ⇒ **recenseamento**
recental *s. m.* sucking lamb, lambkin
recente *adj.* recent, late, novel, modern, fresh
recentemente *adv.* recently, not long ago, lately, newly, freshly
receosamente *adv.* fearfully, apprehensively, shyly, timidly; anxiously
receoso *adj.* fearful, afraid, apprehensive; shy, timid, timorous, shrinking, faint-hearted, chicken-hearted, white-livered
recepagem *s. f.* close pruning
recepção *s. f.* reception; receipt, receiving, getting; greeting, welcoming, entertaining (of persons); entertainment, levee, party; welcome; ***recepção de mercadorias*** receipt of goods, receiving of goods; ***recepção entusiástica*** warm welcome, warm reception; ***sala de recepção*** reception room; ***dar uma recepção*** to give a party, to entertain
recepcionista *s. m. e f.* reception clerk
receptação *s. f.* receiving (of stolen goods)
receptacular *adj.* receptacular
receptáculo *s. m.* receptacle, vessel, container; depository
receptador *s. m.* receiver, fence (of stolen goods)
receptar *v. tr.* to receive, to accept (stolen goods)
receptibilidade *s. f.* receptibility
receptiva *s. f.* receptivity, receptiviness
receptível *adj.* receptible
receptividade *s. f.* receptivity, receptiveness
receptivo *adj.* receptive, open-minded
receptor Ⓐ *s. m.* receiver; wireless-set Ⓑ *adj.* receiving
recessão *s. f.* recession, depression, regression
recessivo *adj.* recessive
recesso *s. m.* recess, nook, niche, alcove (of wall); place of retirement, retreat
rechã *s. f.* tableland, plateau, plain
rechaçar *v. tr.* to repel, to repulse, to throw back, to drive back, to fight off; to rout, to defeat
rechaço *s. m.* throwing back, repulsion, resistance; ricochet, rebound
rechapagem *s. f.* retreading (of a tire)
rechapar *v. tr.* to retread (a tire)
recheado Ⓐ *s. m.* stuffing Ⓑ *adj.* stuffed, full, filled, crammed, replete; ***bolsa bem recheada*** well-lined purse; ***ter a algibeira recheada*** to have one's pockets lined; ***algibeira recheada*** deep pocket; ***peru recheado*** stuffed turkey
recheadura *s. f.* stuffing
rechear Ⓐ *v. tr.* to stuff, to fill with stuffing; to cram, to fill tightly Ⓑ *v. refl.* to fill one's pockets; ***rechear um peru*** to stuff a turkey
rechega *s. f.* the cutting of pines for collecting the resin
rechegar *v. tr.* [reg.] to mound, to heap up
rechego *s. m.* shady place; hunter's blind, shooting box
recheio *s. f.* stuffing; furniture (of a house); ***recheio de uma casa*** contents (effects) of a house
rechiar *v. intr.* to creak a lot; to make a grating sound
rechinante *adj.* creaking; sizzling, frizzling
rechinar *v. intr.* to creak, to squeak; to hiss, to sizzle, to frizzle; to stridulate (of cicadas)
rechino *s. m.* creaking, hissing; scorching
rechonchar *v. intr.* to become plump (fat)
rechonchudo *adj.* plump, fleshy, chubby, rounded, well filled out; roly-poly; ***criança rechonchuda*** chubby-cheeked child
recibo *s. m.* receipt, acquittance, quittance, voucher; ***passar recibo de*** to give a receipt for; ***recibo por saldo de contas*** receipt in full; ***recibo selado*** stamped receipt; ***selo de recibo*** revenue stamp; ***recibo em duplicado*** double receipt, duplicate receipt
reciclagem *s. f.* recycling (paper); retraining (teachers, employees)
reciclar *v. tr.* to recycle (paper); to retrain (teachers, employees)
recidiva *s. f.* relapse, return, reincidence, slipping (falling) back, recidive
recidivar *v. intr.* to return, to relapse, to recidivate
recidividade *s. f.* recidivism
recidivo *adj.* relapsing, recidivous
recife *s. m.* reef, ridge, ledge; ***recife à flor de água*** lurking-ridge; ***recife de coral*** coral reef
recifoso *adj.* reefy
recingir *v. tr.* to encircle again, to tighten
recinto *s. m.* enclosure, enclosed space; precinct; rink, pitch, court; ***recinto de (vários) jogos*** pitch; ***recinto de hóquei em patins*** rink; ***recinto de ténis*** tennis-court; ***recinto sagrado*** sanctuary
récipe *s. m.* prescription, medical prescription
recipiendário *s. m.* accepted candidate, new member, member-elect
recipiente Ⓐ *s. m.* recipient, receiver; vessel, receptacle, container Ⓑ *adj.* recipient, receiving, receptive; ***recipiente de lixo*** dustbin
recíproca *s. f.* reciprocal, inverse
reciprocação *s. f.* reciprocation, reciprocity; exchange; ***reciprocação de ideias*** reciprocation (exchange) of ideas
reciprocamente *adv.* reciprocally, mutually, in return; MATEMÁTICA inversely
reciprocar *v. tr.* to reciprocate, to give and take, to give in return; to interchange, to exchange, to alternate
reciprocidade *s. f.* reciprocity, reciprocality, mutuality
recíproco *adj.* reciprocal, mutual; alternate, interchangeable, interchanged; in return
récita *s. f.* performance, theatrical entertainment; recital, recitation; declamation; ***dar uma récita*** to give a recital
recitação *s. f.* recitation, recital; declamation; poetry reading
recitador *s. m.* reciter
recital *s. m.* recital; MÚSICA musical performance, concert
recitante Ⓐ *s. m. e f.* reciter Ⓑ *adj.* reciting
recitar *v. tr.* to recite, to declaim, to read with a clear voice; ***recitar um poema*** to recite a poem
recitativo Ⓐ *s. m.* recitative, recitativo; recitation Ⓑ *adj.* recitative, suitable for reciting
reclamação *s. f.* claim; right, request, demand; protest; ***apresentar uma reclamação*** to make a claim, to lodge a protest; ***reclamação justa*** just claim; ***reclamação dos danos*** claim for damages
reclamador Ⓐ *s. m.* claimer, claimant, protester Ⓑ *adj.* claiming, protesting, demanding
reclamante Ⓐ *s. m. e f.* claimer, claimant, protester Ⓑ *adj.* claiming, protesting, demanding
reclamar *v. tr. e intr.* to claim, to demand, to request, to require, to lay claim to, to assert as one's right; to vindicate; to object, to protest, to decoy birds (with a call); to reclaim back, to regain, to recover
reclamável *adj.* claimable, reclaimable
reclamista *s. m. e f.* propagandist

reclamo *s. m.* propaganda; advertisement, ad, commercial; bird-call; decoy-duck, allurement; ***reclamo pomposo*** exaggerated advertisement; ***fazer grande reclamo*** to advertise largely
reclinação *s. f.* reclining, leaning, lying
reclinar Ⓐ *v. tr.* to recline, to lay back Ⓑ *v. refl.* to lean back; to lie down; to rest, to repose
reclinatório *s. m.* that which is good for resting
recluir *v. tr.* to shut up, to seclude, to confine
reclusão *s. f.* seclusion, confinement, shutting up; prison, cell; ***casa de reclusão*** penitentiary, reformatory, prison
recluso Ⓐ *adj.* recluse, solitary, secluded, sequestered, shut up, retired Ⓑ *s. m.* recluse, hermit, solitary person; prisoner
reco *s. m.* ⇒ **porco**
recobramento *s. m.* recovery, recuperation
recobrar Ⓐ *v. tr.* to recover, to regain, to retrieve, to win back, to recuperate; to revive, to bring back to consciousness, to bring round Ⓑ *v. refl.* to recover, to rally, to come round; ***recobrar os sentidos*** to come round, to regain consciousness
recobrável *adj.* recoverable, retrievable
recobrir *v. tr.* to recover, to put a new cover upon, to cover again
recobro *s. m.* recovering, regaining, retrieving; recovery, retrieval, recuperation
recocto *adj.* overboiled, overbaked, overdone
recogitar *v. intr.* to reconsider, to think over
recognição *s. f.* recognition, acknowledgment, admission, avowal; identification
recognitivo *adj.* recognitory, for identification
recognoscível *adj.* recognizable; identifiable
recoitar *v. tr.* to rebake, to rekiln; to temper (steel); to anneal (glass); to reburn (cement)
recoito *s. m.* tempering, annealing, reburning (of lime)
recolecção *s. f.* recollection
recolecta *s. f.* nun, a Recollect; monastery of Recollects
recolecto Ⓐ *adj.* solitary, retired Ⓑ *s. m.* monk of a reformed order, especially Franciscan; Franciscan monk
recolha *s. f.* gathering; sheltering; garage; ***recolha de automóveis*** garage, car park
recolheita *s. f.* harvesting, gathering, picking; compiling
recolher Ⓐ *v. tr. e intr. (reunir)* to assemble, to hoard, to collect, to muster; *(colher)* to gather, to pick, to pluck; *(acolher)* to receive, to shelter, to lodge, to harbour; *(retirar-se)* to withdraw; to retire; to go home; to go to bed; to go to rest; *(refugiar-se)* to take shelter Ⓑ *v. refl.* to take shelter; to go to rest; to go to bed; to retire for the night; ***recolher as mercadorias*** to take up (to remove) the goods; ***recolher cedo*** to keep good hours; ***recolher náufragos*** to pick up ship-wrecked persons; ***recolher as velas*** to furl the sails
recolhida *s. f.* lay sister, woman who takes shelter in a convent or charity institution without professing
recolhidamente *adv.* retiringly; shyly; meditatively
recolhido Ⓐ *adj.* retired, secluded; collected; meditating; ***está ainda recolhido*** he is not up yet Ⓑ *s. m.* retirement; retiring; recluse, lay brother; harvest, picking, gathering
recolhimento *s. m.* retirement, solitude, privacy, seclusion; withdrawal; meditation; abstraction, contemplation, musing; shelter, home, refuge; asylum; retreat
recolho *s. m.* spouting (of whale); ⇒ **recolha**
recolocar *v. tr.* to put back; to restore
recolta *s. f.* ⇒ **recolha, colheita**
recoltar *v. tr.* ⇒ **recolher**
recombinação *s. f.* FÍSICA recombination
recomeçar *v. tr.* to recommence, to begin over again, to start afresh
recomeço *s. m.* recommencement, new beginning, fresh start, restart; reopening (of school)
recomendação *s. f.* recommendation, a good word; instruction, advice, counsel; warning; *pl.* remembrances, regards, compliments; ***mandar recomendações*** to send kind regards; ***carta de recomendação*** letter of recommendation, letter of introduction; ***fazer uma recomendação*** to give a warning
recomendado Ⓐ *adj.* recommended, advised Ⓑ *s. m.* recommended person
recomendar Ⓐ *v. tr.* to recommend, to advise, to counsel, to advise the use of, to suggest; to warn; to commend, to praise, to favour; to put in a word Ⓑ *v. refl.* to recommend oneself, to remember a person to, to send (or to present) one's compliments; ***recomendar alguém*** to give someone a testimonial, to give a person a good name, to say a good word for someone; ***recomendar um bom alfaiate*** to recommend a good tailor; ***recomendaram-me que não dissesse nada por enquanto*** I have been advised to say nothing for the present; ***recomendar um dicionário*** to recommend a dictionary; ***o médico recomendou comida leve e muito exercício*** the doctor recommended light food and plenty of exercise; ***recomenda-me à Maria*** remember me to Mary
recomendatório *adj.* recommendatory
recomendável *adj.* recommendable, worthy of recommendation, recommendative
recompensa *s. f.* recompense, recompensation, reward, repayment, satisfaction, retribution, requital, prize, premium, compensation, pay; ***em recompensa de*** in reward for, in return for; ***sem recompensa*** without reward, thankless; ***teve a recompensa do seu trabalho*** he was rewarded for his work
recompensação *s. f.* recompense, recompensation, reward, repayment, satisfaction, retribution, requital, prize, premium, compensation, pay
recompensador Ⓐ *s. m.* rewarder, recompenser Ⓑ *adj.* compensatory, rewarding
recompensar *v. tr.* to recompense, to reward, to requite; to compensate (for loss, injury, etc.); to indemnify; to repay, to make compensation for; to make up for; ***recompensar alguém pelos seus serviços*** to reward a person for his services; ***recompensar pelo tempo perdido*** to make up for lost time
recompensável *adj.* rewardable, worthy of reward
recompilação *s. f.* recompilation
recompilador *s. m.* recompiler, recompilator; recollector
recompilar *v. tr.* to recompile
recompilatório *adj.* recompilatory
recomponente *adj.* recomposing, restorative
recompor *v. tr.* to recompose, to compose again; to recombine, to rearrange; to reorganize; to reconcile, to harmonize, to conciliate
recomposição *s. f.* recomposition, rearrangement, remodelling; conciliation
recomprar *v. tr.* to buy again
recôncavo *s. m.* deep recess, hollow, cave; bight
reconcentração *s. f.* deep concentration; convergency, convergence
reconcentrar *v. tr. e refl.* to concentrate (again) afresh
reconcertar *v. tr.* to put right again; to harmonize again
reconcerto *s. m.* the action of harmonizing again or putting aright again
reconciliação *s. f.* reconciliation, renewal (of friendship), reconcilement, making up; harmonizing
reconciliado *adj.* reconciled
reconciliador Ⓐ *s. m.* reconciler, conciliator Ⓑ *adj.* reconciling, harmonizing
reconciliar Ⓐ *v. tr.* to reconcile, to conciliate, to appease, to compose, to restore to friendship; to bring to agreement, to harmonize; to settle, to adjust, to make it up, to make peace Ⓑ *v. refl.* to reconcile oneself, to ingratiate oneself; ***os dois irmãos reconciliaram-se*** the two brothers buried the hatchet, the two brothers made up
reconciliatório *adj.* reconciliatory, reconciling, conciliatory

reconciliável *adj.* reconcilable
recôndito Ⓐ *adj.* hidden, recondite, obscure, concealed Ⓑ *s. m.* recess, corner, nook, secret place
reconditório *s. m.* retreat, refuge, hiding place, reconditory
recondução *s. f.* reconduction; re-engagement; re-election, renomination, re-appointment
reconduzir *v. tr.* to reconduct, to conduct back again, to lead back; to re-elect, to renominate, to re-appoint
reconfessar *v. tr.* to confess again
reconfiguração *s. f.* reconfiguration
reconfortador Ⓐ *adj.* invigorating, refreshing, reviving, comforting, recomforting Ⓑ *s. m.* comforter; tonic, stimulant
reconfortante Ⓐ *adj.* invigorating, refreshing, reviving, comforting, recomforting Ⓑ *s. m.* comforter; tonic, stimulant
reconfortar *v. tr.* to comfort, to recomfort; to strengthen, to invigorate, to refresh, to stimulate, to cheer up; to soothe, to console, to ease, to relieve
reconfortável *adj.* ⇒ **reconfortador**
reconforto *s. m.* reinvigoration, comfort, refreshment, renewal (of strength or spirit), recomforture
recongraçar *v. tr.* ⇒ **reconciliar**
reconhecer *v. tr.* to acknowledge, to own, to confess, to admit; to understand, to realize; to recognize, to know again; to reconnoitre, to explore, to make a reconnaissance; to scout; to make out (ship, land, signal); to be grateful, to be thankful; ***reconhecer alguém pelo andar*** to recognize a person by his walk; ***não reconhecer (repudiar)*** to disown, to repudiate; ***reconhecer a legitimidade de uma reclamação*** to acknowledge the legitimacy of a claim; ***reconhecer o erro*** to see one's fault, to admit one's fault; ***reconhecer uma assinatura*** to witness a signature; ***não o reconhecia*** I should not know him from Adam; ***recusar-se a reconhecer*** to cut dead; ***mudou tanto que mal o reconheci*** he was so much changed that I hardly recognized him; ***reconhecer a dedicação de um amigo*** to reward the devotion of a friend; ***reconheço que lhe devo muitos favores*** I acknowledge his great kindness to me; NÁUTICA ***reconhecer sinais*** to answer the signals; ***reconhecer um navio*** to make out a ship
reconhecidamente *adv.* gratefully, thankfully, avowedly, admittedly
reconhecido *adj.* grateful, thankful, obliged; acknowledged, admitted, accepted; recognized; ***assinatura reconhecida*** witnessed signature; ***estou-lhe muito reconhecido*** I am much obliged to you
reconhecimento *s. m.* recognition, acknowledgment; gratitude; gratefulness, thankfulness; confession, admission; DIREITO recognizance; MILITAR reconnaissance; ***testemunhar reconhecimento*** to acknowledge gratitude, to return thanks; ***efectuar um reconhecimento*** to reconnoitre; ***reconhecimento de uma assinatura*** witnessing of a signature; ***reconhecimento aéreo*** air reconnaissance
reconhecível *adj.* recognizable; acknowledgeable
reconquista *s. f.* conquering again
reconquistar *v. tr.* to conquer again, to regain by conquest; to retake, to recover, to win back
reconsagrar *v. tr.* to consecrate again
reconsertar *v. tr.* to repair again, to remend
reconserto *s. m.* new repair
reconsideração *s. f.* reconsideration, reconsidering, reflexion, second thoughts
reconsiderar *v. tr. e intr.* to reconsider, to consider again, to give a second thought, to take into consideration again, to ponder, to review, to reflect; ***reconsiderar uma questão*** to reconsider a question; ***reconsiderando*** on second thoughts
reconsolidação *s. f.* a new consolidation
reconsolidar *v. tr.* to consolidate anew
reconsorciar *v. tr.* to remarry, to marry again
reconstituição *s. f.* reconstitution, recomposition
reconstituinte Ⓐ *adj.* reconstituent Ⓑ *s. m.* MEDICINA restorative, tonic
reconstituir *v. tr.* to constitute anew, to rebuild; to invigorate, to strengthen
reconstitutivo *adj.* ⇒ **reconstituinte**
reconstrução *s. f.* reconstruction, rebuilding
reconstruir *v. tr.* to reconstruct, to rebuild; to restore
reconstrutivo *adj.* reconstructive
reconstrutor *s. m.* rebuilder
recontagem *s. f.* recounting, rechecking, counting again
recontamento *s. m.* recounting, rechecking, counting again
recontar *v. tr.* to re-count, to count over again; to recount, to narrate, to give an account of, to retell, to tell over and over
recontente *adj.* highly pleased, delighted
reconto *s. m.* recount, a second count, recalculation; narrative; retelling
recontratar *v. tr.* to engage again
recontrato *s. m.* re-engagement; renewal of contract
recontro *s. m.* encounter, skirmish, brush, clash, battle, fight; chance meeting
reconvalescença *s. f.* convalescence, recovery
reconvalescente Ⓐ *adj.* convalescent Ⓑ *s. m. e f.* convalescent person
reconvalescer *v. intr.* to recover from illness; to be restored; to convalesce
reconvenção *s. f.* counteraction, countercharge, countersuit
reconversão *s. f.* reconversion
reconverter *v. tr.* to reconvert
reconvindo *adj.* said of the countercharging (or counterclaiming) person
reconvir *v. tr.* to counterclaim, to countercharge, to file a countersuit, to cross-demand, to file a cross-action; to put in a counterclaim
recopiar *v. tr.* to recopy, to copy again
recopilação *s. f.* compilation; summary, abridgement, synopsis; recapitulation
recopilador Ⓐ *s. m.* compiler Ⓑ *adj.* compiling
recopilar *v. tr.* to compile, to collect (materials into a volume), to gather (extracts from)
recorçar *v. tr.* PINTURA to foreshorten
recordação *s. f.* remembrance, recollection, reminiscence, memory; souvenir, keepsake, memento, token; ***envio-lhe uma pequena recordação do nosso passeio a França*** I send you a small souvenir of our trip to France
recordador Ⓐ *adj.* recalling, calling to mind Ⓑ *s. m.* recorder, reminder
recordar *v. tr. e refl.* to remember, to recollect, to recall (to memory), to call to mind; to bear in mind; to come to mind; to remind (someone) of; ***recordo-me muitas vezes do que o meu pai costumava dizer*** I often remember what my father used to say, what my father used to say often comes to my mind; ***recorda-te do que te disse!*** remember what I told you!; ***ela recordou-me que o comboio partia às 11 horas*** she reminded me the train was departing at 11 o'clock
recordativo *adj.* reminding, reminiscent; commemorative
recordatório *adj.* ⇒ **recordativo**
recorde *s. m.* record
recordista Ⓐ *s. m. e f.* record-breaker; record-holder Ⓑ *adj.* record-breaking; ***recordista mundial*** world record-holder
recordo *s. m.* remembrance, recordation
recoroar *v. tr.* to crown again
recorrência *s. f.* recurrence, return

recorrente Ⓐ *adj.* recurrent, recurring, occurring again, having recourse to Ⓑ *s. m. e f.* DIREITO appellant, appealer
recorrer Ⓐ *v. intr.* to resort to, to turn to; to have recourse to, to turn for aid to; to appeal (to a higher tribunal); TIPOGRAFIA to overrun Ⓑ *v. tr.* NÁUTICA to slack, to slip, to surge (rope); ***recorrer à violência*** to resort to violence; ***recorrer da sentença*** to appeal against a judgement, to appeal against a verdict; ***recorrer à caridade pública*** to have resort to public assistance, to appeal to charity
recorrido *s. m.* DIREITO appellee (the defendant in an appeal)
recorrível *adj.* appealable
recortado *adj.* cut out; indented
recortador Ⓐ *adj.* cutting, pinking Ⓑ *s. m.* cutter
recortar *v. tr.* to cut, to cut out, to cut away, to trim, to clip, to pare off; to indent; to slash, to slice; to cut figures in paper; to outline a figure; to overtrump (at cards)
recorte *s. m.* cutting out; outline, contour, profile, sketch; cut paperwork; indentation, indent, inward curve; overtrumping (at cards); ***recorte de jornal*** press-cutting, newspaper cutting; ***instrumento para fazer recortes*** nipping-tool; ***recorte de costa*** fringe of coast
recortilha *s. f.* punch, cutter
recoser *v. tr.* to sew again, to oversew
recostar *v. tr. e refl.* to lean (against) on, to recline, to lie back, to lean back; to rest against; to prop oneself up; ***recostar-se numa cadeira*** to lean back in a chair
recosto *s. m.* back of chair (seat); prop
recova *s. f.* conveyance (of goods); transport; transport-charges, carriage
récova *s. f.* ⇒ **récua**
recovado *s. m.* ⇒ **recovo**
recovagem *s. f.* ⇒ **recova**
recovar *v. tr.* to transport, to convey (goods from place to place)
recoveira *s. f.* woman-carrier; female muleteer; fisherman's yoke
recoveiro *s. m.* carrier; muleteer, mule driver; fisherman's yoke
recovo *s. m.* act of reclining
recozer *v. tr.* to bake again, to boil again; to reheat; to overcook, to overdo; to anneal, to temper (metals, glass); ***recozer o aço*** to anneal steel
recozido *adj.* overbaked, overboiled, overdone; reheated; annealed, tempered
recozimento *s. m.* overboiling, overcooking; rebeating; annealing (metals)
recrava *s. f.* groove (cut in the stone-work of a doorway to receive the door-frame)
recravar *v. tr.* to nail again, to nail firmly
recreação *s. f.* recreation, amusement, entertainment, enjoyment, relaxation, play, sport
recreador Ⓐ *adj.* amusing, entertaining, relaxing, sportive Ⓑ *s. m.* entertainer, amuser
recrear Ⓐ *v. tr.* to amuse, to entertain, to divert Ⓑ *v. refl.* to amuse oneself, to have a good time, to indulge in recreation
recreativo *adj.* recreative, entertaining, amusing; enlivening, refreshing; ***sarau recreativo*** evening entertainment
recreatório *adj.* recreative, diverting
recredencial *s. f.* official letter which puts an end to an ambassador's mission
recreio *s. m.* recreation, diversion, entertainment, pastime; play, game, sport; break, interval; playground, recreation ground; ***iate de recreio*** yacht; ***viagem de recreio*** pleasure-trip; ***hora de recreio*** playtime; ***pátio de recreio*** playground
recrementício *adj.* MEDICINA recrementitious
recremento *s. m.* MEDICINA recrement, recrementitious secretion (as saliva or bile)
recrescente *adj.* that grows again, recrudescent
recrescer *v. intr.* to grow again; to shoot up again; to augment, to recrudesce; to come upon suddenly; to be left over
recrescimento *s. m.* growth, increase, augmentation, development; overplus, excess; recrudescence, recrudescency
recréscimo *s. m.* ⇒ **recrescimento**
recrestar *v. tr.* to burn (to scorch) again; to parch, to dry up
recria *s. f.* ⇒ **recriação**
recriação *s. f.* re-creation; fresh (new) creation
recriar *v. tr.* to re-create, to create afresh
recriminação *s. f.* recrimination, counter-charge
recriminador Ⓐ *adj.* recriminating, recriminative, recriminatory Ⓑ *s. m.* recriminator
recriminar *v. tr.* to recriminate, to make counter-charges, to make an accusation; to reproach, to blame, to censure
recriminatório *adj.* recriminatory
recristianização *s. f.* act of coverting again to the religion of Christ
recristianizar *v. tr.* to christianize again
recru *adj.* very raw, not well annealed
recrudescência *s. f.* recrudescence, fresh outbreak, renewed activity (of disease, discontent, crime, etc.)
recrudescente *adj.* recrudescent
recrudescer *v. intr.* to recrudesce, to break out afresh, to revive; to become active again (disease, crime, etc.), to augment, to increase
recrudescimento *s. m.* recrudescence, fresh outbreak; MEDICINA relapse; augmentation, increase
recruta *s. m. e f.* recruit; tiro, novice, beginner; military training
recrutador *s. m.* recruiter, recruting officer
recrutamento *s. m.* recruitment, recruiting, enlistment; canvassing, soliciting
recrutar *v. tr.* to recruit, to enlist, to enrol; to canvas; to levy; to muster (troops)
recruzar *v. tr.* to cross over again; to return across
recruzetado *adj.* HERÁLDICA crosslet
recta *s. f.* straight line; straight road, straight stretch (of road); ***linha recta*** straight line; ***em linha recta*** as the crow flies, in a bee-line
rectal *adj.* ANATOMIA rectal
rectalgia *s. f.* rectalgia
rectamente *adv.* rightfully, honestly
rectangular *adj.* rectangular, right-angled, square, oblong
rectangularidade *s. f.* rectangularity, squareness
rectângulo Ⓐ *s. m.* rectangle, right-angled parallelogram; square Ⓑ *adj.* rectangular, right-angled
recta-pronúncia Ⓐ *s. f.* accepted pronunciation Ⓑ *s. m. e f.* well-spoken person
recticórneo *adj.* straight-horned
rectidão *s. f.* rectitude, justice, righteousness, uprightness; probity, integrity, straightforwardness
rectificação *s. f.* rectification; adjustment; ***rectificação do sextante*** adjustment of the sextant; ***rectificação de um erro*** rectification of an error; ***rectificação dos travões*** adjustment of the breaks
rectificador *s. m.* rectifier; adjuster, rectifying, adjusting
rectificar *v. tr.* to rectify, to make straight, to straighten, to put right, to adjust (machinery); to correct, to amend; to purify, to refine (alcohol, spirits, etc.); ***rectificar o sextante*** to adjust the sextant; ***rectificar um cronómetro*** to rectify a chronometer; ***rectificar a pontaria*** to correct the range
rectificativo *adj.* rectifying
rectificável *adj.* rectifiable, adjustable; erect
rectiforme *adj.* straight
rectígrado *adj.* rectigrade (walking on two feet)
rectilinearidade *s. f.* rectilinearity
rectilíneo *adj.* rectilinear, rectilineal; ***ângulo rectilíneo*** rectilinear angle; ***figura rectilínea*** rectilinear figure
rectinérveo *adj.* rectinerve

rectirrostro *adj.* rectirostral
rectite *s. f.* inflammation of the rectum
rectitude *s. f.* ⇒ **rectidão**
recto Ⓐ *adj.* straight; vertical; right, honest, equitable, just, fair, impartial, righteous, upright Ⓑ *s. m.* return; ***ângulo recto*** right angle; ***ele é muito recto*** he is perfectly straight; ***homem muito recto*** a thoroughly honest fellow; ***ser recto*** to be straight, to be honest
rectocele *s. f.* MEDICINA rectocele
rectocolite *s. f.* MEDICINA rectocolitis
rectoscopia *s. f.* MEDICINA rectoscopy
rectoscópio *s. m.* rectoscope
rectotomia *s. f.* CIRURGIA rectotomy, proctotomy
recto-uretral *adj.* MEDICINA recto-urethral
rectovaginal *adj.* MEDICINA recto-vaginal
rectricial *adj.* ORNITOLOGIA referring to retrix
rectriz *s. f.* ORNITOLOGIA rectrix (*plural* rectrices)
recua *s. f.* ⇒ **recuo**
récua *s. f.* troop (of ponies), drove (of pack-horses); load (they carry); gang; pack; ***uma récua de garranos*** a troop of ponies
recuada *s. f.* ⇒ **recuo**
recuadeira *s. f.* breeching (harness)
recuamento *s. m.* ⇒ **recuo**
recuanco *s. m.* ⇒ **recuo**; backspin (of a billiard ball)
recuão *s. m.* violent recoil; kick (of fire-arms)
recuar *v. tr. e intr.* to back, to move backwards, to draw back, to go backwards, to retreat, to step back, to shrink from; to recoil, to be retrograde; ***recuar um carro*** to back a car; ***ir recuando*** to go backwards; ***fazer recuar um cavalo*** to back a horse
recúbito *s. m.* recumbency, recumbent posture, leaning (back) down, lying, reclining
recuidar *v. tr.* to rack one's brains, to exert one's powers of thought to the utmost; to have many cares, to worry, to ponder
recultivar *v. tr.* to cultivate again
recumbente *adj.* recumbent, reclining
recumbir *v. intr.* to recumb, to lean, to recline
recunhar *v. tr.* to coin anew
recuo *s. m.* retreat; backing, backward movement, reversing; falling back; recoil, kick (of fire-arms); ***recuo de arma*** recoil of a fire-arm; NÁUTICA ***recuo de hélice*** slip of screw
recuperação *s. f.* recuperation, recovery, regaining, retrieval; reclamation, salvage; revival
recuperador Ⓐ *s. m.* recuperator, recoverer, retriever Ⓑ *adj.* recuperative, recuperating
recuperar *v. tr.* to recover, to get back, to win back, to regain, to retrieve; to recuperate, to regain (financial loss); to reclaim; to salvage; to rally; ***recuperar uma perda*** to retrieve a loss; ***recuperar a saúde*** to recover one's health; ***nunca recuperou as suas perdas*** he never recovered his losses; ***recuperar o tempo perdido*** to make up for lost time; ***recuperar o apetite*** to recover one's appetite
recuperativo *adj.* recuperative
recuperável *adj.* recoverable, reclaimable, retrievable
recurso Ⓐ *s. m.* recourse, application for help; resort; DIREITO appeal; memorial, petition Ⓑ *pl.* means, resources, funds, money; ***estar sem recursos*** to be at the end of one's tether; ***recursos próprios*** own resources; ***um homem cheio de recursos em qualquer emergência*** a man full of resource in any emergency; ***esgotar todos os recursos*** to be at the end of one's resources; ***último recurso*** last resort; ***ficar sem recursos*** to be stranded; ***ele tem recursos*** he can afford, he has the means; DIREITO ***sem recurso*** unprovided for; ***recursos humanos*** human resources
recurvado *adj.* recurved, recurvate; twisted; arched
recurvar *v. tr.* to recurve, to bend back, to curve back, to crook, to twist
recurvo *adj.* ⇒ **recurvado**
recusa *s. f.* refusal, denial, rejection, rebuff, repulse, declination, non-compliance, non-acceptance; ***recusa de pagamento*** refusal to pay, dishonour; ***recusa de uma boa oferta*** refusal of a good offer
recusação *s. f.* refusal, denial, rejection, rebuff, repulse, declination, non-compliance, non-acceptance
recusado *adj.* refused, rejected, not accepted
recusador *s. m.* refuser
recusante *adj.* refusing, rejecting
recusar *v. tr. e refl.* to refuse, to deny, to decline, to reject, to rebuff, to turn down, to disallow, to disavow, to give a refusal; to deny oneself; ***recusar-se a fazer (qualquer coisa) apressadamente*** to refuse to be rushed; ***recusar uma oferta*** to refuse an offer; ***recusar formalmente*** to give a definite refusal; ***recusar o pagamento*** to refuse payment; ***recusar um serviço*** to refuse a service; ***recusar um convite*** to decline an invitation; ***todos à uma recusaram*** all with one accord refused; ***e se eu recusar?*** what if I refuse?; ***não sabe recusar nada ao filho*** he can't deny his son anything; ***o árbitro recusou o golo*** the referee disallowed the goal
recusativo *adj.* rejectable
recusável *adj.* refusable, admitting of refusal, rejectable
redacção *s. f.* wording, drawing up; composition, essay; editing, editorship; editorial office; editorial staff; ***redacção de um jornal*** editorial office (editorial staff) of a newspaper
redactor *s. m.* writer, journalist; ***corpo de redactores*** editorial staff (of a newspaper)
redactor-chefe *s. m.* editor in chief
redactorial *adj.* editorial; ***corpo redactorial*** editorial staff
redada *s. f.* cast of a net; netful of fish, catch
redanho *s. m.* ⇒ **redenho**
redar *v. tr. e intr.* to net, to catch (by means of a net); to cast a net; to give back, to return, to give again
redarguente *adj.* retorting, recriminating
redarguição *s. f.* retort, sharp retaliatory reply, rejoinder, repartee; refutation
redarguir *v. tr.* to retort, to reply sharply; to return (an accusation, censure, etc.), to refute; to impugn, to argue
redarguitivo *adj.* retortive
rede *s. f.* net; snare, trap; hammock; network; system; ***apanhar na rede (prender)*** to lay by the heels; ***rede de ténis*** tennis-net; ***rede de apanhar pássaros*** fowling-net; ***rede de caminhos-de-ferro*** network of railroads; ***rede telegráfica*** telegraphic network; ***rede de comunicações*** network; ***rede telefónica*** telephonic network; ***fabricante de redes*** net maker; ***rede tarrafa*** casting-net; ***rede de pescar*** fishing-net, purse-seine; ***lançar uma rede*** to cast a net; ***rede metálica*** wire netting; ***rede de arame farpado*** barbed-wire entanglement; ***rede de estradas*** road system; ***rede de esgotos*** sewerage system; ***cair na rede*** to fall into a snare, to be trapped; ***tudo o que vem à rede é peixe*** all is grist that comes to one's mill; ***rede de cabelo*** hair-net; ***colher na rede*** to entrap, to ensnare; ***rede de arrasto*** drag-net; ***rede de comida*** food cover; ***rede fixa de rio*** kiddle; ***rede antiorpédica*** torpedo-net; NÁUTICA ***rede de balaustrada*** bulwark-net; ***rede varredoura*** sweeping-net; ***rede pequena (de pesca)*** tuck-net, seine
rédea *s. f.* rein; control, command, direction; ***assumir as rédeas do governo*** to assume the reins of government; ***largar as rédeas do governo*** to drop the reins of government; ***tomar as rédeas na mão*** to have the whip hand of; ***largar as rédeas*** to give a horse the reins, to give a horse his head, [fig.] to give the rein to one's passions, to allow foul play; ***correr à rédea solta*** to run at full speed
rede-fole *s. f.* funnel-shaped net, hoop-net
redeiro *s. m.* net-maker, net-knitter
redemoinhar *v. intr.* to whirl, to rotate, to spin, to revolve, to twirl, to swing round and round
redemoinho *s. m.* whirl; whirlwind; whirlpool, vortex, eddy; ***redemoinho de água*** whirlpool, eddy, vortex; ***redemoinho de vento*** whirlwind

redenção *s. f.* redemption, redeeming, salvation, release, deliverance, liberation
redenho *s. m.* ANATOMIA the great omentum (*plural* omenta); shrimp net
redentor Ⓐ *s. m.* redeemer, saviour; the Redeemer, redemptor, the Saviour, Jesus Christ Ⓑ *adj.* redeeming, saving
redentorista *s. m. e f.* redemptorist
redescender *v. intr.* to come (to go, to climb) down again
redescer *v. intr.* ⇒ **redescender**
redescoberta *s. f.* rediscovery
redescobrir *v. tr.* to rediscover; to reinvent
redescontar *v. tr.* to discount another time
redesconto *s. m.* another discount
redestilar *v. tr.* to distil again
redibição *s. f.* DIREITO cancellation of a sale; annulment of a sale due to concealed defects of the thing or object
redibir *v. tr.* DIREITO to annul (to cancel) a sale; to sell back
redibitório *adj.* DIREITO that which causes the cancellation of the sale
redigir *v. tr.* to word, to write out, to compose, to pen, to draught; to put speech into words; to write articles (for newspaper, etc.); ***redigir uma carta*** to write a letter; ***bem redigido*** well-worded; ***a carta estava redigida nestes termos*** the letter was worded thus; ***redigir uma escritura*** to draw up a deed
redil *s. m.* sheep-fold, sheep-pen; fold, pen, enclosure
redimensionamento *s. m.* reassessment, reappraisal, reevaluation
redimir *v. tr.* to redeem, to buy back; to ransom; to atone for; to save, to deliver; to liberate, to free
redimível *adj.* redeemable
redingote *s. m.* redingote; riding coat; frock coat
redintegrar *v. tr.* to redintegrate, to renew, to restore, to renovate; to reinstate
redistribuir *v. tr.* to redistribute
rédito *s. m.* profit, gain, return, interest, proceeds, revenue
redivivo *adj.* revived, restored to life, resuscitated; renewed
redizer *v. tr.* to say again, to repeat, to tell again
redobrado *adj.* redoubled; augmented; multiplied; more intense
redobramento *s. m.* redoubling; reduplication; repetition; multiplication
redobrar *v. tr. e intr.* to redouble, to double again; to duplicate by reflection; to increase (in amount or intensity); to refold, to fold again; to grow (greater) more intense; to multiply, to augment; ***redobrar de esforços*** to redouble one's efforts; ***o barulho redobrou*** the noise redoubled
redobre Ⓐ *s. m.* warbling, chirping (of birds); MÚSICA trilling; duplicity, falsity, double-dealing Ⓑ *adj.* redoubled; [fig.] cunning, crafty, artful
redobro *s. m.* redoubling, increase; quadruple
redoiça *s. f.* ⇒ **redouça**
redoiçar-se *v. refl.* ⇒ **redouçar-se**
redoirar *v. tr.* ⇒ **redourar**
redolente *adj.* [poét.] redolent, fragrant, scented, odorous, aromatic
redoma *s. f.* glass case, glass dome; [fig.] ***viver numa redoma*** to live in a glass-case, not to stir out of the house, to wrap oneself up in cotton-wool
redomão *s. m.* [Bras.] wild horse that is being tamed
redondamente *adv.* roundly; frankly, openly, in plain terms, without ambiguity or hesitation; ***caiu redondamente no chão*** he fell flat on the floor
redondear *v. tr.* to round, to make round, to give a round shape to; to round off
redondel *s. m.* bullring, arena
redondela *s. f.* small wheel, washer
redondez *s. f.* ⇒ **redondeza**
redondeza *s. f.* roundness; rotundity, rotundness, chubbiness; *pl.* surroundings, environs, suburbs; ***redondeza da terra*** round face of the earth
redondil *adj.* round, spherical
redondilha *s. f.* [poét.] line of five or seven syllables
redondo *adj.* round, spherical, circular; cylindrical, globular; plump, rotund; fleshy, chubby; curved, humped; blunt, downright; flat; ***rosto redondo*** round face; ***janela redonda*** round window; [coloq.] ***cair redondo*** to fall down flat, to fall full length; ***em números redondos*** in round figures; ***em letra redonda*** in print; ***um não redondo*** a flat denial, a blunt "no"; ***távola redonda*** Round Table; ***mesa redonda*** "table d'hôte"; NÁUTICA ***vela redonda*** square foresail
redopiar *v. intr.* ⇒ **rodopiar**
redopio *s. m.* ⇒ **rodopio**
redor[1] *s. m.* circuit; contour, outline; suburb, environs, surroundings; ***ao redor, em redor*** round about, around; ***cinco milhas ao (em) redor*** five miles around
redor[2] *s. m.* workman at the salt-pans; [reg.] rake, squeegee
redouça *s. f.* swing
redouçar-se *v. refl.* to swing
redourar *v. tr.* to gild again; to regild; to illuminate brightly
redra *s. f.* AGRICULTURA second dressing of vines
redrar *v. tr. e intr.* to dress vines a second time; to dig up again (around vines)
redução *s. f.* reduction, diminution, shortening, abbreviation; abatement, rebate, allowance, decrease; MATEMÁTICA, QUÍMICA reduction; ***redução de velocidade*** slowing down, reduction of speed, slacking up; ***redução no preço*** reduction in price; ***redução da taxa de desconto*** reduction of the rate of discount
reducente Ⓐ *adj.* reducing Ⓑ *s. m. e f.* reducent
redundância *s. f.* redundance, redundancy; superfluity, excess; pleonasm
redundante *adj.* redundant, superfluous, excessive, unnecessary; pleonastic
redundantemente *adv.* redundantly
redundar *v. intr.* to redound to, to result in, to conduce, to tend, to contribute to; to overflow, to run over; to be redundant; ***isso redunda em sua honra*** that redounds to his credit; ***redundar em proveito de alguém*** to work out to a person's advantage
reduplicação *s. f.* reduplication; redoubling; repetition
reduplicar *v. tr.* to reduplicate, to redouble, to repeat; to increase, to augment
reduplicativo *adj.* GRAMÁTICA reduplicative
redura *s. f.* scraping with the squeegee or the rake
redutibilidade *s. f.* reducibility
redutível *adj.* reducible
redutivo *adj.* reducing
reduto *s. m.* MILITAR redoubt, outwork, temporary fieldwork, fortification; key position, stronghold, bulwark; refuge
redutor *s. m., adj.* reducing; reducer
redúvias *s. f. pl.* scraps of food that remain between the teeth
reduzido *adj.* reduced, diminished; ***reduzido à mendicidade pelas ruas*** reduced to beggary in the streets
reduzir *v. tr.* to reduce, to decrease, to restrict, to cut down, to diminish, to lessen; to slow down; to lower, to shorten; to simplify, to convert; ***reduzir a despesa*** to reduce the expenditure, to cut down the expenditure; ***reduzir os preços*** to reduce prices; ***reduzir o volume do som do rádio*** to turn down the radio set; ***reduzir a velocidade*** to reduce speed, to slow down, to slack up; ***reduzir a breves palavras*** to sum up, to abridge; ***reduzir à miséria*** to reduce to poverty; ***reduzir-se a nada*** to come to dust and ashes; ***reduzir ao silêncio*** to reduce to silence; ***reduz-se a isto*** it all comes to this; ***reduza esse trecho a metade*** reduce that passage to half the number of words; NÁUTICA ***reduzir o pano*** to shorten sail, to take in sail

reduzível *adj.* reducible, diminishable
reedição *s. f.* re-edition, new edition, re-print
reedificação *s. f.* re-edification, rebuilding, reconstruction
reedificador *s. m.* rebuilder, reconstructor
reedificante *adj.* rebuilding, reconstructing
reedificar *v. tr.* to rebuild, to build again, to build afresh, to reconstruct; ***a casa foi toda reedificada*** the house has been entirely rebuilt
reeditar *v. tr.* to republish, to publish again, to reprint
reeducabilidade *s. f.* re-educability, quality of being able of a new education; new teachability
reeducação *s. f.* re-education
reeducador *s. m.* re-educator
reeducar *v. tr.* to re-educate
reeducável *adj.* re-educable
reelaborar *v. tr.* to re-elaborate, to elaborate again
reeleger *v. tr.* to re-elect, to elect again
reelegibilidade *s. f.* re-eligibility
reelegível *adj.* re-elegible, elegible again
reeleição *s. f.* re-election
reeleito Ⓐ *s. m.* re-elected, elected again (person) candidate Ⓑ *adj.* re-elected, elected again
reembarcar *v. tr. e intr.* to re-embark, to embark again; to put (persons or goods) on board a second time, to re-ship, to tranship
reembarque *s. m.* re-embarkation, re-shipment; transhipment; ***reembarque de carga*** re-shipment
reembolsar *v. tr.* to reimburse, to repay, to refund, to pay back; to indemnify; ***reembolsar o capital*** to pay off the capital
reembolsável *adj.* reimbursable, repayable
reembolso *s. m.* reimbursement, repayment, refunding; return; ***reembolso de exportação*** debenture, drawback on exportation; ***contra reembolso*** cash on delivery (C. O. D.); ***reembolso das despesas*** reimbursement of expenses
reemenda *s. f.* a new correction
reemendar *v. tr.* to correct again, to correct anew
reemergir *v. intr.* to re-emerge
reemigrar *v. intr.* to re-emigrate, to emigrate again
reempossar *v. tr.* to re-empower
reempregar *v. tr.* to re-employ
reencaixar *v. tr.* to put back, to set back
reencarcerar *v. tr.* to reimprison, to put back into prison
reencarnação *s. f.* reincarnation
reencarnar *v. intr.* to reincarnate
reencetar *v. tr.* to resume; to begin again
reencher *v. tr.* to refill, to fill up again
reenchimento *s. m.* refill, refilling
reencontrar *v. tr.* to meet again, to find again
reencontro *s. m.* reunion; a new or second meeting
reenfiar *v. tr.* to re-thread, to thread again
reensinar *v. tr.* to re-teach, to teach again
reentrância *s. f.* re-entrance, re-entry; recess
reentrante *adj.* re-entrant
reentrar *v. intr.* to re-enter, to enter again, to go (to come) in(to) again
reentrega *s. f.* redelivery
reentregar *v. tr.* to redeliver; to deliver again
reenviar *v. tr.* to send again, to redispatch, to forward again; to send back again, to return
reenvidar *v. tr.* to redouble one's efforts, to endeavour
reenvio *s. m.* return, reshipping, redispatching
reerguer *v. tr.* to re-erect, to reconstruct; to raise again
reescrever *v. tr.* ⇒ **rescrever**
reescrita *s. f.* rewrite, rescript
reestruturação *s. f.* restructuring
reestruturar *v. tr.* to restructure
reestudar *v. tr.* to re-study
reexaminar *v. tr.* to re-examine
reexistir *v. intr.* to exist again; to reappear
reexpedição *s. f.* reshipping; forwarding again, sending off again, redirection
reexpedir *v. tr.* to reship; to forward again, to send off again, to redirect
reexplicar *v. tr.* to explain again
reexpor *v. tr.* to expose again; to exhibit again
reexportação *s. f.* re-exportation, re-export
reexportador *s. m.* re-exporter
reexportar *v. tr.* to re-export, to export (imported goods) again
refalsado *adj.* false, perfidious, disloyal, feigned, deceitful
refalsamento *s. m.* falsehood, deceit, disloyalty, treachery
refalsar *v. tr.* to betray; to be disloyal to; to deceive, to delude, to mislead
refalsear *v. tr.* to betray; to be disloyal to; to deceive, to delude, to mislead
refalso *adj.* absolutely false, quite false
refartar *v. tr.* to satiate, to fill, to overfill, to overfeed, to glut
refastelado *adj.* stretched out; lolling, leaning, reclined; comfortable
refastelamento *s. m.* ⇒ **refestelo**
refastelar-se *v. refl.* to loll, to lean, to sprawl, to lie at ease, to recline lazily; ***refastelar-se numa cadeira*** to loll in a chair
refazedor *s. m.* remaker, restorer, reformer
refazer Ⓐ *v. tr. e refl.* to remake, to make again, to do again; to reform, to remodel; to restore, to recover, to refresh, to revigorate, to revive; to compensate, to repay, to indemnify, to repair, to mend, to refit Ⓑ *v. refl.* to rally, to gather strength, to refresh oneself, to indemnify oneself; ***refazer-se das fadigas*** to get over one's tiredness, to refresh oneself, to rally; ***refazer-se de um susto*** to recover from a fright; ***refazer-se de uma doença*** to recover from an illness; ***refazer o cálculo*** to do a calculation again, to compute again
refazimento *s. m.* renewal, remarking, remodelling; repair, mending; recovery
refece *adj., adv.* low-minded, base, mean, infamous, vile, nefarious, odious; dirt-cheap; ***a preço refece*** dirt-cheap
refecer *v. intr.* to cool, to grow cool; to moderate, to abate, to calm
refectivo *adj.* restoring, restorative
refectório *adj.* ⇒ **refectivo**
refecundar *v. tr.* to fecundate again
refega *s. f.* ⇒ **refrega**
refegado *adj.* pleated, folded, tucked
refegar *v. tr.* to fold, to pleat, to tuck
refego *s. m.* fold, pleat, tuck; ***fazer um refego num vestido*** to make a tuck in a dress
refeição *s. f.* meal; repast; ***refeição leve*** light repast, light meal, snack, refreshment; ***uma refeição principesca*** a meal fit for a king; ***refeição abundante*** a hearty meal; ***refeição completa*** a square meal; ***horas das refeições*** meal-times; ***tomar as refeições a horas certas*** to have one's meals regularly, to have one's meals at regular hours
refeito *adj.* remade, made anew; renewed; re-stored, recovered, refreshed; stout, sturdy, thickset, squat; ***homem refeito*** sturdy man, thickset man
refeitoreiro *s. m.* caretaker of a refectory
refeitório *s. m.* refectory, dining-hall (of a monastery, convent, or college), mess hall
refém *s. m.* hostage (person given to enemy as pledge); ransom (money, price, or value paid for the release of a prisoner of war)
refender *v. tr.* to split again, to cleave (to slit, to crack) again
refendimento *s. m.* splitting, cleaving, cracking
refentar *v. tr.* ⇒ **arrefentar**
referência *s. f.* reference, allusion, hint, remark, indication, mention, notice; respect, regard, concern; statement (of a passage, page of a book, etc.); *pl.* information, references;

ter boas referências to have good references; *com referência a* with reference to, in regard to; *em referência a* regarding to, in reference to; *fazer referência a* to make reference to; *de referência* regulating
referencial s. m. referential system
referenciar v. tr. to reference; to locate
referenda s. f. countersigning; counter-signature
referendar v. tr. to countersign, to authenticate, to legalize, to attest
referendário s. m. referendary
referendatário s. m. ⇒ **referendário**
referendo s. m. referendum, the holding of a plebiscite
referente adj. referring to, relating to, relative to, concerning, regarding, respecting
referido adj. afore-mentioned, afore-said; above-mentioned; reported, quoted, cited
referimento s. m. reference, referring, allusion; report, narration
referir Ⓐ v. tr. to refer, to tell, to relate, to report Ⓑ v. tr. e refl. to refer, to allude to; to concern, to have reference to; to indicate, to point to, to have relation to; *referir-se a* to refer to, to touch on; *a que peça se refere?* what play are you referring to?; *é este o livro a que se refere?* is this the book you refer to?; *as suas palavras não se referiam a mim* his words did not concern me
refermentação s. f. refermentation
refermentar v. intr. to ferment again
referrar v. tr. to shoe again (animals), to reshoe
referta s. f. ARQUITECTURA quarrel, strife, fray, skirmish; [fig.] objection, protest
refertadamente adv. unwillingly
refertar v. tr. to upbraid, to cast in the teeth; to impugn, to contest
referto Ⓐ adj. overfull, complete Ⓑ s. m. ⇒ **referta**
refervente adj. boiling, bubbling
referver v. intr. to boil again, to re-boil; to boil furiously; to ferment; [fig.] to flare up, to boil (with rage)
refervido adj. overboiled, spoiled by heat
refestelado adj. ⇒ **refastelado**
refestelar-se v. refl. to loil, to sit back, to lounge, to lean, to sprawl, to recline lazily; to delight in, to revel in; *refestelar-se numa cadeira* to loll (to lounge) in a chair
refestelo s. m. lolling, relaxing position
refesto s. m. deep wrinkle; re-entrance, recess
refiar v. tr. to respin; to divide in strands or sheets, to spin again
refilador adj. recalcitrant, stubborn, rebellious
refilão Ⓐ s. m. refractory person, recalcitrant, backbiter Ⓑ adj. recalcitrant, refractory, stubborn, backbiting
refilar v. intr. to reseize; to bite back; to recalcitrate, to retort; to be refractory, to kick back; to seize again
refilhar v. intr. to put forth new shoots; [fig.] to multiply, to spread
refilho s. m. new (shoot) sprout; second sprouting of some plants
refiltrar v. tr. to refilter, to filter again
refinação s. f. purification, refining, clarification; refinement, subtlety; refinery, refining plant; *refinação de açúcar* sugar-refinery
refinado adj. refined, purified, cleared (from dross or dregs), pure; polished, cultured; civil, polite; stylish, elegant; accomplished, finished, thorough, downright; *açúcar refinado* refined sugar; *refinado ladrão* arrant thief; *refinado tolo* downright fool; *refinada maldade* extreme wickedness
refinador Ⓐ s. m. refiner; purifier Ⓑ adj. refining; purifying
refinadura s. f. refining; refinement
refinamento s. m. refinement, refining; fineness, delicacy, nicety, polish, culture
refinar v. tr. e intr. to refine, to clarify, to purify; to polish, to civilize, to cultivate; *refinar açúcar* to refine sugar
refinaria s. f. refinery, refining plant; *refinaria de petróleo* oil refinery
refincar v. intr. to drive (to thrust, to stick) in again; to fasten anew
refirmação s. f. steadying, fixing, securing; re-statement, re-affirmation
refirmar v. tr. to steady, to fix, to secure; to re-state, to re-affirm
reflada s. f. rifle shot
refle s. m. rifle, short musket
reflectidamente adv. reflectively, thoughtfully; after due thought; sensibly, wisely
reflectido adj. reflective, thoughtful, judicious, wise, sensible, meditative, considerate; reflected
reflectidor Ⓐ adj. reflecting Ⓑ s. m. reflector
reflectir Ⓐ v. tr. to reflect, to throw back (heat, light, sound, etc.), to show image of; to reveal, to disclose, to show Ⓑ v. intr. to think over, to consider, to ponder, to meditate; *preciso de tempo para reflectir* I want time to think it over; *reflectir sobre um problema* to reflect upon a problem; *a sua conduta reflectir-se-á seriamente na sua futura carreira* his conduct will reflect seriously upon his future career; *depois de reflectir* on reflection, upon reflection, on second thoughts; *sem reflectir* thoughtlessly, without thinking; *depois de muito reflectir duvido de que ele tivesse razão* on mature reflection I doubt whether he was right; *as nuvens reflectem-se na água* the clouds are reflected in the water; *reflectir luz* to reflect light; *reflectir calor* to reflect heat
reflectividade s. f. reflectiveness
reflectivo adj. reflective; thoughtful, pondering, meditative
reflector Ⓐ s. m. reflector Ⓑ adj. reflecting; *reflector de lâmpada* reflecting mirror, reflector; *reflector metálico* metal reflector
reflexão s. f. reflection, reflexion; thought, meditation, cogitation, profound consideration; pl. remarks, comments; *deixar um homem entregue às suas reflexões* to leave a man to his own reflections, to leave a man to his own thoughts; *círculo de reflexão da luz* reflection of light
reflexibilidade s. f. reflexibility
reflexionar v. intr. to reflect, to muse, to think, to ponder, to consider, to cogitate
reflexível adj. reflexible
reflexivo adj. reflexive
reflexo Ⓐ adj. reflexive, reflex, reflective; instinctive; reactive Ⓑ s. m. reflex, reflection, reflex action; *reflexo de luz* reflection of light; *a conduta de um homem é apenas um reflexo do seu carácter* a man's behaviour is but a reflex of his character; *verbo reflexo* reflexive verb
reflorescência s. f. reflorescence, second flowering
reflorescente adj. reflowering
reflorescer v. intr. to blossom, to reflower, to flower again; [fig.] to rejuvenate, to recover
reflorescimento s. m. reflowering, second flowering
reflorir v. intr. to flower, to blossom again, to reflower
refluência s. f. refluence, reflux
refluente adj. refluent, flowing back, ebbing
refluir v. intr. to flow back, to recede; to reflow
reflutuação s. f. refloating
reflutuar Ⓐ v. tr. to refloat Ⓑ v. intr. to float again
refluxo s. m. flowing back; ebb, ebbing reflux; recess, retrocession; *refluxo da maré* ebb of the tide; *fluxo e refluxo da maré* rise and fall (ebb and flow) of the tide
refocilamento s. m. refreshment, refreshing, reanimation; recreation, pleasure
refocilante adj. refreshing, recreative
refocilar v. tr. to refresh, to brace, to revive, to reanimate; to fortify, to strengthen; to recreate; to recline lazily
refogado Ⓐ adj. fried sauce, stewed Ⓑ s. m. onion sauce; stew

refogar *v. tr.* to stew
refojo *s. m.* den, cavern, cave
refolgar *v. intr.* to repose, to take things easy
refolgo *s. m.* repose, rest
refolhado *adj.* covered with leaves; folded; disguised
refolhamento *s. m.* pleat; fold; disguise, dissimulation
refolhar *v. tr.* to disguise, to dissemble, to dissimulate; to hide; to fold, to pleat
refolho *s. m.* disguise, dissembling, dissimulation; fold, pleat, plait; gather
reforçado *adj.* reinforced, strengthened; robust, strong, brawny; double
reforçador Ⓐ *adj.* reinforcing, strengthening Ⓑ *s. m.* reinforcer
reforçar *v. tr.* to reinforce, to strengthen; to intensify, to stress; FOTOGRAFIA to tone up; ***reforçar o bloqueio*** to reinforce the blockade; NÁUTICA ***reforçar material*** to stiffen material
reforçativo *adj.* reinvigorative
reforço *s. m.* reinforcement, reinforcing; backing, aid, succour, relief; strengthening; welt; ***reforço de uma ponte*** bridge reinforcement; NÁUTICA ***chapa de reforço*** stiffening plate; ***reforço de proa contra o gelo*** ice doubling (lining) of the bows (of a ship)
reforjar *v. tr.* to forge again
reforma *s. f.* pension; reform, reformation, change for the better; amendment, improvement, correction; the Reformation (the religious movement at the beginning of the 16th century); retiring pension, disability; COMÉRCIO renewal; ***reforma de uma letra*** renewal of a bill; ***reforma de um oficial*** retirement of an officer; ***reforma por limite de idade*** superannuation; ***pensão de reforma*** retiring pension; ***reforma agrária*** land reform; ***reforma ministerial*** cabinet reshuffle
reformabilidade *s. f.* reformability; renewability
reformação *s. f.* reformation, definite change for the better; amendment, improvement, correction
reformado Ⓐ *adj.* reformed, protestant; retired; repaired, mended, restored Ⓑ *s. m.* retired officer, pensioner; protestant; COMÉRCIO renewed; ***estar reformado*** to be pensioned, to be retired
reformador Ⓐ *adj.* reforming, remodelling Ⓑ *s. m.* reformer, remodeller
reformar Ⓐ *v. tr.* to reform; to improve, to mend, to correct, to better, to remodel, to amend; COMÉRCIO to renew Ⓑ *v. refl.* to amend oneself; to retire; ***reformar uma letra*** to renew a bill
reformativo *adj.* reformative
reformatório *s. m., adj.* reformatory
reformável *adj.* reformable
reformismo *s. m.* reformism
reformista *s. m. e f.* reformer, reformist
reformular *v. tr.* to reformulate
refornecer *v. tr.* to resupply
refornecimento *s. m.* refurnishment
refortalecer *v. tr.* to strengthen again, to make strong again
refortificar *v. tr.* to refortify
refracção *s. f.* FÍSICA refraction; deflection; ***refracção da luz*** refraction of light; ***refracção eléctrica*** electrical refraction
refractar *v. tr.* to refract; to deflect
refractário Ⓐ *adj.* refractory, unmanageable, stubborn, resistent Ⓑ *s. m.* defaulting conscript, refractory; ***refractário ao fogo*** refractory, withstanding fire
refractarismo *s. m.* refractariness
refractivo *adj.* refractive, refracting, deflective
refracto *adj.* refracted
refractometria *s. f.* refractometry
refractómetro *s. m.* FÍSICA refractometer
refractor *adj.* ⇒ **refractivo**
refrangência *s. f.* ⇒ **refringência**
refrangente *adj.* refracting, refractive, refrangent
refranger *v. tr.* to refract
refrangibilidade *s. f.* refrangibility, refrangibleness
refrangível *adj.* refrangible
refrão *s. m.* refrain; proverb, saying
refreador Ⓐ *adj.* refraining Ⓑ *s. m.* refrainer, restrainer
refreamento *s. m.* refraining, restraining, curbing, checking, holding back; moderation, restraint
refrear Ⓐ *v. tr.* to refrain, to restrain, to repress, to check, to curb; to hold back; to control, to bridle Ⓑ *v. refl.* to obstain, to forbear, to keep oneself from, to refrain (oneself) from, to curb oneself, to restrain oneself, to control oneself; ***refrear um abuso*** to check an abuse
refreável *adj.* restrainable; controllable
refrega *s. f.* fray, fight, conflict, skirmish; ***refrega de vento*** blast (flurry, gust) of wind
refregar *v. intr.* to fight
refreio *s. m.* restraint, check; curb, bridle; bit
refrém *v. tr.* ⇒ **refrão**
refrescadela *s. f.* ⇒ **refrescamento**
refrescamento *s. m.* cooling, refreshing; soothing, comforting
refrescante *adj.* refreshing, cooling; soothing, comforting
refrescar Ⓐ *v. tr.* to refresh, to refreshen, to cool, to make cool; to renew; to relieve, to assuage, to soothe; to brace up, to revive, to reinvigorate Ⓑ *v. refl.* to take refreshment; to enjoy the cool air; to refresh oneself; ***refrescar as ideias*** to blow away the cobwebs; ***refrescar a memória*** to refresh one's memory; ***refrescar (o vento)*** to blow up, to freshen, to increase (the wind); ***refrescar (o tempo)*** to turn fresh (weather)
refrescativo *adj.* cooling, refreshing; soothing, comforting
refresco *s. m.* refreshment, refresher, cooling drink; MILITAR relief, succour, help; ***tomar um refresco*** to take some refreshment; ***refresco de conhaque*** brandy-mash; ***estar ansioso por beber qualquer refresco*** to be longing for a cooling drink (refresher)
refrigeração *s. f.* refrigeration, freezing, chilling; ***refrigeração de ar*** air cooling; ***refrigeração do navio*** ship's refrigeration
refrigerador *s. m.* refrigerator, freezer, ice-box; ***refrigerador eléctrico*** electric refrigerator
refrigerante Ⓐ *adj.* refrigerant, refreshing, refrigerating, cooling; refrigeratory Ⓑ *s. m.* refresher, refreshment, cooling drink; soft drink, [E. U. A.] soda
refrigerar *v. tr.* to refrigerate, to cool, to freeze, to restore, to refresh, to reinvigorate; to comfort
refrigerativo *adj.* refrigerating, cooling, chilling
refrigeratório *adj.* refrigerant, refrigeratory; ***vaso refrigeratório*** refrigeratory, cooler
refrigério *s. m.* refreshment, freshness, coolness; relief, comfort, consolation, solace
refringência *s. f.* ÓPTICA refringency; FÍSICA refractivity
refringente *adj.* refringent, refractive
refrondescer *v. intr.* to grow (to become) green again; to cover with new leaves again
refrulhar *v. tr.* to rustle, to swish, to whisper
refrulho *s. m.* rustle, rustling, swish, whispering
refugado *adj.* refused, rejected
refugador *s. m.* refuser, rejecter
refugar *v. tr.* to reject, to refuse, to throw aside; to despise, to scorn, to disdain
refugiado Ⓐ *s. m.* refugee, fugitive Ⓑ *adj.* sheltered
refugiar *v. intr.* to fly again, to flee again, to escape again
refugiar-se *v. refl.* to refuge, to take refuge, to seek refuge (safety), to shelter oneself, to fly for shelter; ***refugiar-se da chuva*** to take shelter from the rain
refúgio *s. m.* refuge, shelter, protection; safety; asylum, harbour, sanctuary; ***os livros são o refúgio dos pobres*** books are a refuge for the poor

refugo *s. m.* refuse, rubbish, waste matter, scrap, trash, dross; *pl.* dregs
refulgência *s. f.* refulgence, refulgency, brightness, radiance, sparkling, brilliancy
refulgente *adj.* refulgent, shining, bright, radiant, glowing, lucent, brilliant, resplendent
refúlgido *adj.* refulgent, shining, bright, radiant, glowing, lucent, brilliant, resplendent
refulgir *v. intr.* to shine, to glitter, to glow, to coruscate, to sparkle, to radiate; [fig.] to distinguish oneself
refundar *v. tr.* to dig deeper, to deepen
refundição *s. f.* recasting, recast, remelting
refundidor *s. m.* one who remelts (recasts, reforms)
refundir *v. tr.* to recast, to cast again, to mould again, to refound, to remelt; to reconstruct; to remodel
refusar *v. tr.* ⇒ **recusar**
refutação *s. f.* refutation, refute; disproving, disproval, disproof
refutador *s. m.* refuter, disprover
refutar *v. tr.* to refute, to prove (a person) wrong, to disprove; to rebut, to repel (by argument), to reject, to oppose, to contest, to disapprove; ***refutar uma acusação*** to meet a charge; ***refutar argumentos*** to refute arguments
refutativo *adj.* ⇒ **refutatório**
refutatório *adj.* refutative, refutatory, refuting, disproving
refutável *adj.* refutable; rejectable
rega *s. f.* watering, irrigation; drenching; shower; ***água de rega*** irrigation water
regabofe *s. m.* revelry, merry-making, spree, jollification; ***fazer um regabofe*** to have a high (jolly) time
regabofista Ⓐ *s. m. e f.* reveller, merry-maker, roisterer Ⓑ *adj.* revelling, merry-making, roistering
regaçada *s. f.* ⇒ **arregaçada**
regaçar *v. tr.* to tuck up, to turn up
regaço *s. m.* lap; [fig.] bosom; ***o filho sentou-se no regaço da mãe*** the child sat on (in) his mother's lap
regada *s. f.* irrigated field
regadeira *s. f.* irrigation (irrigating) ditch; heavy shower
regadia *s. f.* watering, irrigation; watered land
regadinho *s. m.* "regadinho" (popular dance and song)
regadio Ⓐ *adj.* well watered Ⓑ *s. m.* watering; ***campo de regadio*** irrigated field
regador Ⓐ *s. m.* watering-can Ⓑ *adj.* watering
regadura *s. f.* ⇒ **rega**
regaladamente *adv.* delightedly, with delight, very gladly; to one's heart's content
regalado *adj.* pampered, coddled; comfortable, snug; delighted, glad, well contented; ***levar uma vida regalada*** to live in the lap of luxury
regalador Ⓐ *adj.* pleasing, gratifying, delightful, charming Ⓑ *s. m.* liberal entertainer
regalão *s. m.* reveller, merry-maker, roisterer, gay dog
regalar Ⓐ *v. tr.* to regale, to delight, to gratify; to entertain, to treat, to feast lavishly Ⓑ *v. refl.* to enjoy, to delight in, to feast on, to treat oneself to, to feed oneself choicely; ***a boa música regala os ouvidos*** delightful music regales one's ears; ***regalar a vista*** to feast one's eyes on; ***regalámo-nos com uma boa chávena de chá*** we treated ourselves to a nice cup of tea
regalardoar *v. tr.* to reward again for, to recompense doubly
regaleira *s. f.* easy life
regalengo *adj.* regal, royal
regalia *s. f.* prerogative of royalty; privilege
regalismo *s. m.* regalism
regalista *s. m. e f.* regalist (upholder of royal privilege)
regalo *s. m.* pleasure, delight; treat; feast, entertainment; luxury, comfort; present, gift; muff; ***é um regalo ouvi-la*** it is a treat to hear her; ***é um regalo não termos de nos levantar cedo*** what a treat it is not to have to get up early
regalona *s. f.* ⇒ **regalão**
regalório *s. m.* regalement, merry-making, feasting, gaiety, rejoicing
regalvanização *s. f.* replating
regalvanizar *v. tr.* to galvanize again; to replate
regambolear *v. intr.* to revel, to go on the spree; to dance merrily
regamboleio *s. m.* revelling, feasting; dancing
reganhar Ⓐ *v. intr.* to grin, to show one's teeth; to shiver with cold; to bite showing the teeth Ⓑ *v. tr.* to regain, to win back, to get back, to recover (possession)
regar *v. tr.* to water, to irrigate
regata *s. f.* regatta, rowing (sailing match), boat-race; ***regata à vela*** sailing match
regatagem *s. f.* hucksterage, trade of a huckster; petty business
regatão *s. m.* huckster, retail dealer, petty trader; pedlar, hawker
regatar *v. tr.* ⇒ **regatear**
regateador *s. m.* haggler, bargainer
regatear *v. tr. e intr.* to bargain; to haggle (over the price of an article), to higgle, to chaffer, to cavil, to dispute, to wrangle; ***não regateou louvores*** he was loud in his praises; ***sem regatear*** unsparingly
regateio *s. m.* bargaining; haggling, wrangling, wrangle over terms
regateira *s. f.* huckstress; quarrelsome woman; ***linguagem de regateira*** Billingsgate (foul) language
regateiral *adj.* (of a) huckster, (of a) huckstress
regateiramente *adv.* like a huckstress; rudely, unmannerly
regateirice *s. f.* haggling, coarseness, rudeness, ill manners
regateiro *s. m.* haggler, cheapener, bargainer
regateirona *s. f.* extremely quarrelsome woman
regatia *s. f.* haggling
regato *s. m.* brook, rivulet, creek, rill, runnel, streamlet
regedor *s. m.* chairman of a parish council
regedoral *adj.* [arc.] concerning the chairman of the parish council
regedoria *s. f.* [arc.] jurisdiction of a parish council; office of a parish council
regelado *adj.* congealed, frozen, chilled; benumbed; ***regelado até aos ossos*** chilled to the bone
regelador *adj.* ⇒ **regelante**
regelante *adj.* chilling, freezing
regelar Ⓐ *v. tr.* to congeal, to freeze, to chill; to benumb, to turn to ice Ⓑ *v. intr.* to be congealed, to be frozen, to freeze
regélido *adj.* extremely (bitter) cold
regelo *s. m.* freezing, frost, hoar (white)-frost; [fig.] insensibility, coolness, iciness, indifference
regência *s. f.* regency; reigning, governing
regencial *adj.* relative to regency
regenerabilidade *s. f.* regeneracy
regeneração *s. f.* regeneration, transformation, revival, rebirth
regenerado *adj.* regenerate, renewed, reformed, restored, revived; amended
regenerador Ⓐ *adj.* regenerating Ⓑ *s. m.* regenerator
regenerando *adj.* bound to be regenerated
regenerante *adj.* regenerating
regenerar Ⓐ *v. tr.* to regenerate, to renew, to restore, to renovate, to revivify; to improve, to better; to amend; to generate, to produce again, to form again; to reform oneself (morally) Ⓑ *v. refl. e intr.* to become regenerated, to mend one's ways; to be born again

regenerativo *adj.* regenerative
regenerável *adj.* regenerable, amendable
regenerescência *s. f.* ⇒ **regeneração**
regente Ⓐ *s. m. e f.* regent, ruler; class (form) master; MÚSICA conductor, maestro, bandmaster Ⓑ *adj.* regent, ruling, governing; ***príncipe regente*** prince regent
reger Ⓐ *v. tr.* to rule, to govern, to reign, to hold rule over; to direct, to guide, to manage; MÚSICA to conduct; GRAMÁTICA to govern, to require; to teach, to lecture Ⓑ *v. refl.* to govern oneself, to go by, to follow, to obey; ***reger uma orquestra*** to conduct an orchestra; ***reger uma escola*** to run a school, to play the schoolmaster; ***reger uma cadeira (numa universidade)*** to occupy a chair (at a university)
regerar *v. tr.* to generate again, to regenerate
regiamente *adv.* regally, royally
região *s. f.* region, tract, area, district, country, place, space; ***regiões árcticas*** arctic regions; ***regiões sísmicas*** seismic regions; ***uma região muito povoada*** a thickly populated region; ***região encantada*** Fairyland, elf-land; ***região calcária elevada*** a weald; ***região acidentada*** hilly country; ***região litoral*** littoral, a coast-strip; ***regiões polares*** polar regions; ***região abdominal*** abdominal region; ***região epigástrica*** epigastric region; ***região lombar*** lumbar region; ***região de grande abundância*** land of milk and honey
regicida *s. m. e f.* regicide
regicídio *s. m.* regicide
régie *s. f.* "régie"
regime *s. m.* régime, regime, regimen, administration, system of government; MEDICINA course of treatment, dietetics; MECÂNICA rating; ***regime transitório*** transient state
regímen *s. m.* régime, regime, regimen, administration, system of government; MEDICINA course of treatment, dietetics; MECÂNICA rating
regimental *adj.* regimental
regimentar Ⓐ *v. tr.* to regulate Ⓑ *adj.* regimental
regimento *s. m.* MILITAR regiment; government, regime; rule, direction; MEDICINA dietetics, regimen; discipline, order; [fig.] swarm, legion
regina *s. f.* a kind of serpent; curet
reginar *v. tr.* to curet
regíneo *adj.* relating to the queen
régio *adj.* royal, regal, kingly; ***carta régia*** royal charter
regional *adj.* regional, local; ***trabalhos regionais*** regional works; ***danças regionais*** folk dancing (dances)
regionalismo *s. m.* regionalism, localism, provincialism
regionalista Ⓐ *adj.* regional, regionalistic, local Ⓑ *s. m. e f.* regionalist
regionalização *s. f.* regionalization
regionalizar *v. tr.* to regionalize
regirar Ⓐ *v. tr. e intr.* to turn again, to turn round, to revolve, to spin Ⓑ *v. tr.* to return, to send back
regiro *s. m.* spinning, revolving; rotation; circumlocution, roundabout way
registação *s. f.* registration, registering
registador Ⓐ *adj.* registering, recording Ⓑ *s. m.* recorder (person or machine); controller; registrar, keeper of records; ***registador de voltas*** tachometer, recording-device; ***registador automático de caixa*** cash-register
registar *v. tr.* to register; to record, to enter (in a register), to list, to inscribe, to book; to enlist, to enrol, to indicate, to show; ***registar uma carta*** to register a letter; ***registar uma marca*** to register a trade mark; ***registar num livro*** to register (to enter, to put down) in a book; ***registar um nascimento*** to register a birth; ***o termómetro regista cinco graus*** the thermometer registers (shows, indicates) five degrees
registável *adj.* recordable
registo *s. m.* register, record (of events, proceedings, names, etc.); registration office, registry; registration, enrolment; entry-book; (post office) registration; MÚSICA register, stop, knob; regulator; MECÂNICA gauge, damper; ***registo marítimo*** ship's register; ***registo de nascimento*** registration of birth; ***registo de documentos*** registration of documents; ***registo de uma hipoteca*** registration of a mortage; ***registo de uma marca*** registration of a trade mark; ***registo genealógico de cavalos de raça*** stud-book; ***registo de tropas*** muster-roll; ***registo de chaminé*** chimney damper; ***registo giratório*** swivelling damper
registrador *s. m., adj.* ⇒ **registador**
registrar *v. tr.* ⇒ **registar**
registrável *adj.* ⇒ **registável**
registro *s. m.* ⇒ **registo**
regnicídio *s. m.* extinction of a kingdom or of a monarchy; loss of national independence
rego *s. m.* furrow, channel, drain, trench; rut, cart-track, wheel-track; parting (of hair)
regoado *adj.* furrowed, rutted, marked (with ruts); BOTÂNICA sulcate, fluted
regoar *v. tr.* to furrow; to rut
regola *s. f.* rigol; ring, circle; trench, ditch
regoliz *s. m.* BOTÂNICA liquorice, licorice
regorjear *v. intr.* to warble very much; to redouble the trills
regorjeio *s. m.* intense (warbling) trilling
regougar *v. intr.* to croak (of frogs); to groan, to utter hoarse cries
regougo *s. m.* croak (of frogs); deep (hoarse) sound
regozijado *adj.* rejoiced, rejoicing, joyful, delighted, merry, cheerful
regozijador *adj.* rejoicing, exhilirating
regozijar *v. tr. e refl.* to rejoice, to delight, to cheer, to please, to gratify, to gladden, to make glad, to make merry; to feel great joy; ***regozijar-se com o triunfo de um amigo*** to rejoice at a friend's success; ***regozijo-me com isso*** I rejoice at it; ***regozijo-me por saber isso*** I rejoice to hear it, I am delighted to hear it
regozijo *s. m.* rejoicing, gladness, delight, satisfaction, great joy, jubilation, revelling, merry-making, festivity, exultation; ***em sinal de regozijo*** as a sign of rejoicing (satisfaction)
regra *s. f.* rule, principle; canon; regulation, law, precept; ruler, standard; custom, habit, common practice; line (on paper); ***regras do jogo*** laws of the game; ***impor uma regra fixa*** to draw a hard and fast line; ***estabelecer uma regra*** to lay down a rule; ***regra estabelecida*** standing rule; ***em regra, regra geral*** as a rule; ***por via de regra*** as a general rule; ***segundo as regras*** according to rules; ***impor-se a regra de, impor-se o costume de*** to make it a rule to; MATEMÁTICA ***regra de três*** rule of three; ***a excepção confirma a regra*** the exception proves the rule
regrada *adj.* [arc.] ⇒ **menstruada**
regradamente *adv.* orderly; moderately, in moderation
regradeira *s. f.* ruler
regrado *adj.* methodical, orderly; moderate, regular, temperate, judicious, sensible
regrador *s. m.* ruler
regrante *adj.* regular, observant, observing (religious order)
regrar Ⓐ *v. tr.* to rule, to draw lines; to regulate, to moderate, to direct Ⓑ *v. refl.* to regulate oneself, to guide oneself; to moderate oneself
regredir *v. intr.* to retrograde, to recede
regressão *s. f.* regression, return, retrogression, relapse
regressar *v. intr.* to return, to come (to go) back, to get back; ASTRONOMIA to regress; to reappear; ***o filho pródigo regressou à casa paterna*** the prodigal son returned to his father's house; ***regressar de uma viagem*** to return (to come back) from a journey
regressivamente *adj.* regressively
regressividade *s. f.* regressiveness
regressivo *adj.* regressive, retrogressive
regresso *s. m.* return; regression, regress, reversion; DIREITO recourse, appeal; ***no meu regresso*** on my return; ***regresso***

R

ao ponto de partida return to the starting-point; *o regresso é sempre uma manhã* return is like the dawn (a delight)
regreta *s. f.* TIPOGRAFIA reglet
regrista *s. m. e f.* stickler
régua *s. f.* ruler; ***régua graduada*** scale; ***régua de cálculo*** slide-rule; ***régua para traçar linhas paralelas*** parallel ruler
reguada *s. f.* blow (stroke) with a ruler
regua-tê *s. f.* T-square
regueifa *s. f.* ring of twisted bread; sweet loaf
regueifeiro *s. m.* maker of sweet loaf; seller of sweet loaf; baker
regueira *s. f.* ⇒ **regueiro**
regueiro *s. m.* small ditch; brook, rivulet, creek, small stream
reguengo Ⓐ *adj.* regal, royal Ⓑ *s. m.* crown land
reguengueiro *adj.* pertaining to a royal domain
reguinga Ⓐ *s. f.* short redingote Ⓑ *s. m.* contradicter, contester
reguingar *v. tr.* to retort, to reply sharply, to answer back, to recalcitrate, to kick back
reguingote *s. m.* ⇒ **redingote**
regulação *s. f.* regulation, rule, direction, prescribed principle; setting, settlement, settling; adjustment, fixing; ***regulação das contas*** settlement of accounts; NÁUTICA ***regulação de agulha*** adjustment of compass; ***regulação de avaria*** repair of damage
regulada *adj.* regulated, adjusted, set
regulado *adj.* regulated, ruled, ordered
regulador Ⓐ *adj.* ruling, regulative, regulating Ⓑ *s. m.* regulator, governor, corrector; ***regulador de velocidade*** speed governor; ***regulador de pressão*** pressure governor; ***regulador automático*** automatic governor (regulator)
regulamentação *s. f.* making (publication) of regulations; ⇒ **regulamento**
regulamentar Ⓐ *adj.* lawful, legal, constitutional, permissible, concerning regulation Ⓑ *v. tr.* to regularize, to regulate, to make regulations; ***exercícios regulamentares*** regulation exercises; ***luzes regulamentares*** regulation lights; ***exceder a velocidade regulamentar*** to exceed the speed limit
regulamentário *adj.* lawful, legal, constitutional, permissible, concerning regulation
regulamento *s. m.* regulation, reglement, law, by-law, direction, rule, order, precept; *pl.* rules and regulations; ***cumprir os regulamentos*** to observe the regulations; ***transgredir os regulamentos*** to break the rules, to trespass against rules; ***regulamentos aduaneiros*** customs regulations; ***regulamento em vigor*** regulation(s) in force
regular Ⓐ *adj.* regular, normal, natural, ordinary; orderly, methodical, uniform, unvarying; constant, periodical, habitual, usual, recurring, customary; fair, tolerable, passable, pretty good, moderate, so-so; ***uma vida regular*** an ordered life; ***feições regulares*** regular features; ***pulso regular*** regular pulse; ***fiz uma viagem regular*** I had a tolerable passage, I had a fairly good journey Ⓑ *v. tr.* to regulate, to adjust (machine, clock); to restrict, to moderate, to control, to guide, to direct, to methodize, to arrange Ⓒ *v. intr.* to work well (clocks); to serve as a rule Ⓓ *v. refl.* to regulate oneself; to be guided by; ***regular a temperatura de uma sala*** to regulate the temperature of a room; ***regular a velocidade de uma máquina*** to regulate the speed of a machine; ***regular o tiro da artilharia*** to adjust the range for a battery; ***regular a despesa*** to regulate expenditure; ***regular um aparelho*** to adjust an instrument; ***regular agulhas*** to adjust the compasses
regularidade *s. f.* regularity, strict observance; punctuality; steadiness; method, order; ***regularidade de feições*** regularity of features; ***regularidade de movimento*** regularity of motion
regularização *s. f.* regularization, regularizing
regularizador *adj.* regularizing, regulating
regularizar *v. tr.* to regularize, to make regular, to bring under rule (law); to right, to settle, to rectify, to square; ***regularizar uma conta*** to settle (to square) an account
regularmente *adv.* regularly; fairly well, pretty well, so-so; ***vestir regularmente*** to dress quite well; ***vem aqui regularmente todas as semanas*** he calls here regularly every week
regulete *s. m.* reglet
régulo *s. m.* kinglet, native ruler, black king; ASTRONOMIA Regulus
regurgitação *s. f.* ⇒ **regurgitamento**
regurgitamento *s. m.* regurgitation, backward flow
regurgitante *adj.* regurgitant, regurgitating
regurgitar *v. intr.* to regurgitate, to gush back, to flow back, to be poured back; to overflow; to be crammed, to be crowded; ***o teatro regurgitava de gente*** the theatre was crammed with people
rei *s. m.* king; monarch, sovereign; ruler; tycoon, magnate; king (a card, a piece in the game of chess); ***os três reis magos*** the three wise men; ***rei morto, rei posto*** the king is dead, long live the king!; ***ter palavra de rei*** to consider one's word as good as one's bond; ***dia de Reis*** Twelfth Night; ***rei de armas*** King-of-Arms; ***rei de copas*** king of hearts; ***um rei do petróleo*** an oil tycoon; ***sem rei nem roque*** without control, freely; ***em terra de cegos quem tem um olho é rei*** in the land of the blind the one-eyed man is king
Reídas *s. m. pl.* ⇒ **Reídeos**
Reídeos *s. m. pl.* ORNITOLOGIA *Rheidae*
rei-do-mar *s. m.* kingfisher
reificar *v. tr.* to reify
reima *s. f.* MEDICINA rheum; ⌈fig.⌋ bad temper
reimoso *adj.* rheumed; ill-tempered
reimplantação *s. f.* reimplantation
reimplantar *v. tr.* to reimplant
reimportação *s. f.* reimportation
reimportar *v. tr.* to reimport
reimpressão *s. f.* reprint, new impression, reprinting
reimpresso *adj.* reprinted
reimprimir *v. tr.* to reprint, to print again, to make a new impression
reimpulso *s. m.* fresh push, second push
reinação *s. f.* ⌈pop.⌋ fun, play, joking; merry-making, revelry
reinadio *adj.* ⌈pop.⌋ funny, comic, droll; amusing; merry-making
reinado *s. m.* reign; supremacy, predominancy; ***no reinado da rainha Vitória*** in (under) the reign of Queen Victoria; ***o reinado da paz*** the reign of peace
reinante Ⓐ *adj.* reigning, regnant, ruling; dominating, prevalent Ⓑ *s. m. e f.* ruler, king, queen, regent
reinar *v. intr.* to reign, to rule (as a sovereign), to be king (queen); to prevail, to be prevalent, to predominate, to hold sway; ⌈pop.⌋ to rage, to spread (epidemic, etc.); to sport, to play; to joke, to make fun, to pull a person's leg; ***reinar silêncio profundo*** to be able to hear a pin drop; ***reina o silêncio*** silence reigns; ***reina a discórdia*** dissension reigns
reinauguração *s. f.* second inauguration
reinaugurar *v. tr.* to inaugurate again
reincidência *s. f.* reiteration; relapse (into crime, sin, etc.); backsliding
reincidente *adj.* relapsing, backsliding
reincidir *v. tr.* to relapse, to backslide, to fall back into (vice, crime, sin, error, etc.)
reincitamento *s. m.* repeated incitement
reincitar *v. tr.* to incite again
reincorporação *s. f.* re-incorporation
reincorporar *v. tr.* to re-incorporate
reindustrialização *s. f.* reindustrialization
reineta *s. f.* rennet (a variety of apple)

reinfecção *s. f.* reinfection
reinfeccionar *v. tr. e intr.* to reinfect
reinfundir *v. tr.* to reinstil, to inculcate again
reingressar *v. intr.* to reenter
reingresso *s. m.* reentrance
reiniciar *v. tr.* to begin again, to recommence, to reinitiate
reinícola *adj.* belonging to a kingdom (realm)
reino *s. m.* kingdom, realm; ***o Reino Unido*** the United Kingdom; ***reino animal*** animal kingdom; ***o reino da fantasia*** the realms of fancy
reinol *adj.* born in a kingdom; belonging to a kingdom; ***ameixa reinol*** damson
reinola *s. f.* (kind of) sweet potato
reinquirição *s. f.* new inquiry
reinquirir *v. tr.* to inquire again
reinscrever *v. tr.* to reinscribe
reinscrição *s. f.* reinscription
reinserção *s. f.* reinsertion, reintegration
reinserir *v. tr.* to reinsert, to reintegrate
reinsistência *s. f.* repeated insistence
reinsistir *v. tr.* to reinsist
reinstalação *s. f.* second installation
reinstalar *v. tr.* to reinstate, to replace, to restore, to re-establish (a person or thing in a place); to reinstall in, to install again
reinstituição *s. f.* reinstitution, re-establishment
reinstituir *v. tr.* to reinstitute
reinsurgir-se *v. refl.* to rise in arms again, to protest again, to resist again
reintegração *s. f.* reintegration, reinstatement, restoration, re-establishment; ***reintegração da posse*** reintegration of possession
reintegrar *v. tr.* to reintegrate, to restore, to re-establish, to reinstate, to reinstall
reintegro *s. m.* reintegration
reinventar *v. tr.* to reinvent; to reformulate
reinvestir *v. tr.* to reinvest, to invest again, to reintegrate
reinvocação *s. f.* reinvocation
reinvocar *v. tr.* to reinvoke
rei-pescador *s. m.* ⇒ **pica-peixe**
reira *s. f.* MEDICINA lumbago; diarrhoea (looseness of the bowels); *pl.* buttocks
réis *s. m. pl.* "réis" (plural of "real"), an ancient Portuguese coin
reiteração *s. f.* reiteration, repetition, renewal
reiteradamente *adv.* repeatedly
reiterar *v. tr.* to reiterate, to renew, to repeat; to say (to do) over and over again; ***reiterar um pedido*** to repeat (to renew) a request; ***reiterar o seu agradecimento*** to thank again
reiterativo *adj.* reiterative, reiterating, repeating
reiterável *adj.* that may be renewed (reiterated)
reitor *s. m.* headmaster (of a school); principal (of college); RELIGIÃO parish priest; ***reitor de uma universidade*** principal of a university
reitorado *s. m.* rectorate, rectorship, period of the office of rector
reitoral *adj.* rectorial
reitoria *s. f.* rectorship; rectory; headmaster's office
reiuna *s. f.* short muzzle rifle
reiuno *adj.* [Bras.] relative to the kingdom, referring to the State
reivindicação *s. f.* claim, claiming, reclaiming, revindication
reivindicador *s. m.* claimant, demander, challenger
reivindicar *v. tr.* to revindicate; to claim, to claim back, to demand, to challenge, to call for, to lay claim to; to reclaim, to recover, to regain
reivindicativo *adj.* that contains revindication
reivindicatório *adj.* ⇒ **reivindicativo**
reixa *s. f.* [pop.] brawl, strife, quarrel, bickering; lattice, granting; Venitian blinds
reixelo *s. m.* [pop.] sucking-pig, kid, young lamb
reizete *s. m.* kinglet, petty king, regulus
rejeição *s. f.* rejection, repudiation, repulse, refusal
rejeitar *v. tr.* to reject, to repudiate, to repulse, to refuse, to decline; to spurn, to scorn; to throw away, to cast aside, to discard; to eject (from the stomach); ***rejeitar um pretendente*** to reject a suitor; ***rejeitar uma proposta de casamento*** to reject a proposal of marriage, to refuse an offer of marriage; ***rejeitar uma oferta*** to reject an offer, to spurn an offer, to scorn an offer; ***rejeitar uma proposta*** to reject a proposal
rejeitável *adj.* rejectable
rejeito *s. m.* ⇒ **rejeição**
rejubilar Ⓐ *v. tr.* to rejoice, to gladden, to make glad Ⓑ *v. intr.* to exult, to rejoice, to delight, to feel great joy
rejúbilo *s. m.* rejoicing, gladness, satisfaction, delight, exultation, joyfulness
rejuvenescedor *adj.* rejuvenescent
rejuvenescência *s. f.* ⇒ **rejuvenescimento**
rejuvenescente *adj.* rejuvenescent, growing young again
rejuvenescer Ⓐ *v. tr.* to rejuvenate, to make young again Ⓑ *v. intr.* to rejuvenesce, to grow young again, to renew one's youth, to become young again
rejuvenescimento *s. m.* rejuvenescence, renewal of youth
rela *s. f.* ZOOLOGIA tree-frog; snare (for catching birds)
relação *s. f.* relation, narrative, narration, description, report; MATEMÁTICA ratio, rate; connection; relationship, affinity; list, roll; regard, respect; *pl.* personal relations, terms, acquaintance, business connexion(s), commercial intercourse; ***relações de amizade*** friendly relations; ***relações comerciais*** business connections; COMÉRCIO ***boas relações*** kind support, good terms; ***cortar relações com*** to part company with, to break with, to sever one's connection with; ***acabar uma relação*** to break up; ***estar em boas relações com alguém*** to be on good terms with someone, to stand well with a person; ***entrar em relações comerciais*** to enter into business relations; ***em relação a*** in relation to; ***com relação a*** with regard to; ***animar as relações*** to give increased activity to connections; ***Tribunal da Relação*** Court of Appeal; ***relações adúlteras*** adulterous intercourse; ***relações sexuais*** sexual intercourse
relacionação *s. f.* relation, association, relationship, reference, connection
relacionado *adj.* related, connected, acquainted; ***bem relacionado*** well connected
relacional *adj.* relational
relacionamento *s. m.* ⇒ **relacionação**
relacionar Ⓐ *v. tr.* to relate, to report; to connect, to associate, to bring into relation with, to confront, to compare; to refer, to have reference to; to list, to make a list; to enrol, to include in a list Ⓑ *v. refl.* to make acquaintance with; to become acquainted with
relacrar *v. tr.* to reseal with wax
relamber *v. tr.* to lick again, to relick
relambório *s. m.* laziness, sluggishness, sloth
relâmpago *s. m.* lightning, flash (streak, sheet) of lightning; flash; ***clarão do relâmpago*** lightning flash; ***rápido como um relâmpago*** as quick as lightning; ***como um relâmpago*** like lightning; ***fazer relâmpagos*** to lighten; ***à luz dos relâmpagos*** by the gleam of the flashes; ***passar (cruzar) como um relâmpago*** to flash about
relampagueamento *s. m.* flashing, sparkling
relampagueante *adj.* flashing, sparkling
relampaguear *v. intr.* to lighten; [fig.] to glitter, to sparkle
relampar *v. intr.* ⇒ **relampaguear**
relampear *v. intr.* ⇒ **relampaguear**
relampejante *adj.* flashing; glittering, sparkling, glimmering
relampejar *v. intr.* ⇒ **relampaguear**

relampejo *s. m.* lightning; sheet-lightning
relampo *s. m.* ⇒ **relâmpago**
relançamento *s. m.* reedition, rethrowing; recasting, remodelling
relançar *v. tr.* to reedit; to remodel; to recast; to rethrow; ⇒ **relancear**
relance *s. m.* glance, glimpse; ***num relance*** at a glance; ***ver num relance*** to perceive at a glance
relancear *v. tr.* to glance at, to snatch a glance, to cast a glance at, to look hurriedly
relapsão *s. m.* relapse, sliding back, falling back
relapsia *s. f.* relapse, sliding back, falling back
relapso Ⓐ *adj.* relapsed, relapsing, backsliding Ⓑ *s. m.* relapser, backslider
relar *v. tr.* ⇒ **ralar**
relatador *s. m.* DESPORTO a reporter who does a running commentary
relatar *v. tr.* to relate, to report, to tell, to describe, to narrate, to recount; ***a história é relatada assim*** the story runs as follows; ***relatou o caso com pormenores*** he related the affair in detail
relativamente *adv.* relatively, comparatively; fairly
relatividade *s. f.* relativity, relativeness; ***a teoria da relatividade*** the theory of relativity
relativismo *s. m.* relativism
relativista Ⓐ *s. m. e f.* relativist Ⓑ *adj.* relativistic
relativizar *v. tr.* to relativize; [fig.] to belittle, to diminish, to devalue
relativo *adj.* relative, respecting, relating to, referring to, connected with; ***pronome relativo*** relative pronoun; ***a felicidade é uma concepção relativa*** happiness is a relative conception; ***tudo é relativo neste mundo*** everything is relative in this world
relato *s. m.* report, account, narration, description, running commentary; ***haverá relato do jogo*** there will be a running commentary on the match
relator *s. m.* reporter, relater, commentator
relatório *s. m.* report; account; narration, detail; statement, communication; ***fazer um relatório*** to draw up a report; ***relatório de sociedades de letras*** transactions of learned societies; ***relatório anual*** annual report; ***relatório dos peritos*** report of experts; NÁUTICA ***relatório de avaria*** damage report
relaxação *s. f.* relaxation, diminution of tension; slackness, loosening; lassitude; PATOLOGIA negligence, carelessness, neglect, heedlessness, relaxation
relaxado *adj.* relaxed, loose, slack; negligent; careless, sluggish, remiss-sloven; dissolute, lax, corrupt, licentious, depraved, abandoned, vicious; ***contribuição relaxada*** tax which is overdue for payment
relaxador Ⓐ *adj.* slouchy, relaxing Ⓑ *s. m.* slouch, negligent person
relaxamento *s. m.* slackness, negligence, carelessness, remissness, slovenliness; looseness; dissoluteness, depravation, vitiation, corruption, debasement, relaxation
relaxante *adj.* relaxing, relaxant
relaxar Ⓐ *v. tr.* to relax, to slacken, to abate, to loosen; to reduce tension (rigidity); to pervert, to corrupt, to lead astray Ⓑ *v. refl.* to become lax; to grow slack (remiss); DIREITO to transfer to judicial power unpaid taxes
relaxativo *adj.* relaxing, relaxant
relaxe *s. m.* relaxing; negligence; DIREITO compulsory collection of overdue taxes
relaxição *s. m.* ⇒ **relaxação**
relaxismo *s. m.* laxity, looseness
relaxista Ⓐ *s. m. e f.* person who tends to laxity Ⓑ *adj.* tending to laxity (laxness)
relé *s. m.* ELECTRICIDADE relay
relegação *s. f.* relegation; banishment, exile
relegar *v. tr.* to banish, to exile, to send into exile; to relegate; to transfer; to despise; ***relegar ao ostracismo*** to ostracize, to put outside the pale
relegável *adj.* that can be relegated, transferable
relego *s. m.* rest, repose, quiet, calm, tranquillity
releiro *s. m.* heap of crumbs; heap of rubbish; ⇒ **relheira**
releitura *s. f.* rereading, second reading
releixar *v. tr.* ⇒ **relaxar**
releixo *s. m.* negligence, carelessness, slackness, neglect
relembrança *s. f.* remembrance, recollection
relembrar *v. tr.* to remember, to recall (to memory), to call to mind; to remind
relembrativo *adj.* reminding
relentar Ⓐ *v. tr.* to dew, to bedew, to moisten Ⓑ *v. intr.* to become dewy
relento *s. m.* dew, moisture; night dew; ***dormir ao relento*** to sleep in the open air
reler *v. tr.* to reread, to read over again; ***ler e reler*** to read over and over again
reles *adj.* poor, worthless, contemptible, despicable, wretched; [coloq.] ***pessoa reles*** a wretch, a dirty dog
relevação *s. f.* forgiveness, pardon, remission, exemption; excuse, apology
relevado *adj.* exempted, excused, pardoned, absorved, forgiven
relevador Ⓐ *adj.* pardoning, indulgent Ⓑ *s. m.* pardoner, absolver, forgiver; reliever
relevamento *s. m.* ⇒ **relevação**
relevância *s. f.* relevance, relevancy, importance, prominence
relevante *adj.* relevant, pertinent; important, outstanding, prominent; ***prestar relevantes serviços à Pátria*** to render signal service (outstanding services) to one's country
relevantemente *adv.* relevantly
relevar Ⓐ *v. tr.* to pardon, to forgive, to excuse; to remit, to cancel; to exempt, to relieve, to acquit, to discharge, to release Ⓑ *v. intr.* to be of importance (consequence); to be necessary (indispensable); ***relevar faltas*** to overlook faults; ***queira relevar-me a indiscrição de o importunar*** please forgive me for troubling you
relevo *s. m.* relief, distinctness (of outline); vividness, brightness; importance, consequence; ***trabalho em relevo*** embossed work; ***em relevo*** in relief, relievo; ***mapa em relevo*** relief map; ***dar relevo a*** to make to stand out, to throw into relief; to give importance to
relha *s. f.* ploughshare; blade of plough
relhada *s. f.* blow (lash) with a whip
relhar *v. tr.* to whip
relheira *s. f.* furrow; rut
relheiro *s. m.* ⇒ **relheira**
relho Ⓐ *adj.* very old Ⓑ *s. m.* whip; buckle; (variety of) trout; ***velho e relho*** very old; ***sem relho nem trambelho*** groundless, without foundation (or reason)
relhota *s. f.* small ploughshare
relhote *s. m.* ⇒ **relhota**
relicário *s. m.* shrine, reliquary; tabernacle
relice *s. f.* poverty, misery, wretchedness; despicability
relicitação *s. f.* new licitation
relicitar *v. tr.* to bid again
religar *v. tr.* to bind (to tie) again
religião *s. f.* religion; faith, belief
religiomania *s. f.* religious mania, religionism
religionário *adj.* religionist
religiosa *s. f.* nun; ***casa de religiosas*** religious house, nunnery, convent
religiosamente *adv.* religiously, piously, devoutly; [fig.] scrupulously, exactly; punctually
religiosidade *s. f.* religiousness, religiosity; scruple; punctuality
religioso Ⓐ *adj.* religious, pious, devout, godly; [fig.] scrupulous, strict, conscientious; punctual Ⓑ *s. m.* member of a monastic order; ***ordens religiosas*** religious orders; ***homem religioso*** religious man

relimar *v. tr.* to file again; to polish, to refine, to perfect
relinchão *adj.* neighing
relinchar *v. intr.* to neigh, to whinny
relincho *s. m.* neigh; whinny (a gentle neigh)
relinga *s. f.* NÁUTICA bolt-rope
relingar *v. tr. e intr.* NÁUTICA to sew bolt-ropes to a sail; to let fly the sheets of sail loose to the wind
relíquia *s. f.* relic; memento, souvenir
relógio *s. m.* watch (carried on persons); clock (on walls, towers, etc.); timepiece; ***adiantar um relógio*** to set a clock (or a watch) forward, to put a watch on; ***atrasar um relógio*** to set a clock (or a watch) back, to put a clock (or a watch) back; ***acertar o relógio*** to set a clock right; ***dar corda ao relógio*** to wind up a clock (or a watch); ***o relógio está a dar horas*** the clock is striking; ***o relógio regula bem*** the clock keeps good time, the clock goes well; ***o relógio não anda*** the clock does not go, the clock isn't going, the clock has stopped; ***o relógio adianta-se*** the clock gains; ***o relógio atrasa-se*** the clock loses, the clock goes slow; ***o relógio está adiantado*** the clock is fast; ***o relógio está atrasado*** the clock is slow; ***mostrador de relógio*** face of a watch, dial of a watch; ***ponteiros do relógio*** hands of the clock; ***relógio de pulso*** wrist watch; ***relógio de repetição*** repeater; ***relógio despertador*** alarm-clock; ***relógio de bordo*** ship's clock; ***relógio de sol*** sun-dial; ***relógio de precisão*** chronometer; ***relógio de ponto*** time-recorder, stop-watch; ***relógio antimagnético*** non-magnetic watch; ***mecanismo de relógio*** clockwork; ***vidro do relógio*** watch-glass; ***caixa de relógio*** watch-case; ***relógio de parede*** hanging clock; ***relógio antigo de pesos*** grandfather's clock; ***relógio da torre*** church-clock; ***não ser relógio de repetição*** not to boil one's cabbage twice
relógio-da-morte *s. m.* ⇒ **carcoma**
relojoaria *s. f.* clock-making, watch-making; watch-maker's (shop)
relojoeiro *s. m.* watch-maker, watch-seller or watch repairer
reloucar *v. intr.* to go mad, to become mad
relouquear *v. intr.* ⇒ **reloucar**
relumbrante *adj.* ⇒ **deslumbrante**
relumbrar *v. intr.* to shine, to glitter, to sparkle
relutância *s. f.* reluctance, unwillingness, repugnance, aversion
relutante *adj.* reluctant, unwilling, loath, averse
relutar *v. intr.* to fight again; to struggle (to strive) against; to resist, to oppose, to show opposition, to show reluctance
relutividade *s. f.* ELECTRICIDADE reluctivity
reluzente *adj.* shining, refulgent, glittering, sparkling, bright, radiant, glowing
reluzir *v. intr.* to shine, to glitter, to sparkle, to flash, to gleam, to glow, to glimmer
relva *s. f.* grass; sward, swarth, lawn, turf; ***cortar a relva*** to mow the grass
relvado *s. m.* grass-plot, sward, lawn, turt; meadow
relvagem *s. f.* ⇒ **relvado**
relvar *v. tr.* to grass, to cover with grass (turf), to turf
relvedo *s. f.* ⇒ **relvado**
relvejar *v. intr.* to be covered (with new grass), to be turfed
relvoso *adj.* grassy, lawny, turfy
remada *s. f.* pull (stroke, sweep) of an oar
remadela *s. f.* rowing, row; ⇒ **remada**
remado *adj.* driven by oars; equipped with oars
remador *s. m.* oarsman, rower; paddler, sculler; ***ser bom remador*** to pull a good oar; ***remador (com dois remos)*** sculler
remadura *s. f.* rowing, row
remagnetizar *v. tr.* to remagnetize
remanchão Ⓐ *adj.* slow, slow-paced, sluggish, easy-going, tardy Ⓑ *s. m.* lagger, loiterer
remanchar *v. intr.* to delay, to put off, to loiter, to dally, to linger, to tarry; to work unwillingly
remancho *s. m.* slowness, slackness, remissness, indolence, idleness, sluggishness, lingering, loitering
remanência *s. f.* remanence
remanente *adj.* remanent
remanescente Ⓐ *adj.* remaining Ⓑ *s. m.* remainder, surplus
remanescer *v. intr.* to remain, to be left over
remangar *v. intr.* to turn up one's sleeves
remansado *adj.* calm, still, quiet, serene; slow, slack, not energetic
remansar-se *v. refl.* to stand still; to stop flowing (water)
remansear *v. intr.* to stand still, to be still, to be quiet; to grow slow; to rest, to repose, to have a rest
remanso *s. m.* stillness, quietness, calmness, tranquillity; ease, rest, repose; tardiness; dilatoriness; dead water, backwater
remansoso *adj.* quiet, still, serene, unruffled, restful, peaceful, untroubled
remar *v. intr.* to row; to paddle, to scull; [fig.] to fight, to struggle; ***remar com força*** to bend to the oars; ***remar com dois remos*** to scull; ***remar enxuto*** to row dry; ***rema certo!*** keep stroke!, pull together!; ***rema e cia!*** pull and back!; ***rema enxuto!*** pull dry!; ***remar contra a maré*** to swim against the stream
remarcar *v. tr.* to re-mark, to hallmark
remaridar-se *v. refl.* to take a new husband
remascar *v. tr.* to chew again; [fig.] to ruminate on, to ponder deeply, to meditate
remasse *s. m.* gunsmith's tool
remastigação *s. f.* chewing again, rumination
remastigar *v. tr.* to chew again, to chew the cud; [fig.] to ruminate, to cogitate
rematação *s. f.* ⇒ **arrematação**
rematado *adj.* ended; complete; total, consummate, perfect, utter, downright; surmounted, makeshift; ***é rematada tolice fazer tal coisa*** it is utter folly to do such a thing; ***louco rematado*** downright (utter) fool
rematador Ⓐ *adj.* finishing, completing Ⓑ *s. m.* finisher; scorer (in a game)
rematar Ⓐ *v. tr. e intr.* to end, to finish, to conclude, to wind up, to round off, to complete, to accomplish, to terminate, to finish off; to come to an end Ⓑ *v. tr.* to give the final touches to; to fasten (needlework); to have a shot at the goal (in a football game); ***rematar um espectáculo*** to round off a performance
remate *s. m.* end, conclusion; ARQUITECTURA top, pinnacle; pitch, height; DESPORTO shot (at goal); finishing touches; finishing off
remedar *v. tr.* ⇒ **arremedar**
remedeio *s. m.* stopgap, temporary substitute, makeshift
remediado *adj.* in easy circumstances, well-to-do, well-off, comfortably off, remedied; removed (defect)
remediador *s. m.* helper
remediar *v. tr.* to remedy, to provide remedy for; to repair, to amend; to improve, to put right, to set right; to remove defect in; to redress, to alleviate, to help; to check, to stop, to do, to make do; ***remediar-se com*** to have to do with; ***remediar os males sociais*** to remedy social ills; ***remediar os inconvenientes*** to remove drawbacks; ***remediar um mal*** to remedy an evil, to set a wrong right
remediável *adj.* remediable
remedição *s. f.* remeasuring; repeated measuring
remédio *s. m.* remedy, medicine, restorative, specific help; redress, restoration, reparation; ***o tempo é um grande remédio*** time is a great healer; ***o que não tem remédio, remediado está*** what cannot be cured must be endured, it is no use crying over spilt milk; ***não há remédio*** there is no help for it; ***depois do mal feito, não há remédio*** what is done cannot be helped; ***dar remédio a*** to remedy; ***sem remédio*** without remedy, remediless; ***males sem remédio*** incurable ills, remediless evils; ***para grandes males grandes remédios*** desperate ills need desperate remedies

remedir *v. tr.* to measure over again
remedo *s. m.* imitation, copying, mimicry, mocking, aping, parrotry
remeiro Ⓐ *s. m.* rower, oarsman, paddler Ⓑ *adj.* yielding to the oars; swift, rapid
remela *s. f.* gummous (gummy) secretion of the eye
remelado *adj.* ⇒ **remeloso**
remelão *adj.* ⇒ **remeloso**
remelar *v. intr.* to become blear-eyed; to make burned sugar
remeleiro *adj.* ⇒ **remeloso**
remelento *adj.* ⇒ **remeloso**
remelga *s. f.* [reg.] gambling (for low stakes)
remelgado *adj.* with everted eyelids, with ectropion (ectropium)
remeloso *adj.* blear-eyed, bleary
rememoração *s. f.* remembering, remembrance, recollection
rememorador *adj.* ⇒ **rememorativo**
rememorar *v. tr.* to remember, to recollect, to recall (to mind); to remind, to put in mind, to prompt
rememorativo *adj.* rememorative, remiding, calling to mind
rememorável *adj.* memorable, rememberable (worthy to be remembered)
rememoro *adj.* [poét.] unforgettable, memorable
remendado *adj.* patched, mended; darned (of a hole in a sock, etc.); speckled, spotted
remendagem *s. f.* act of patching, darning
remendão *s. m.* patcher, botcher, bungler, cobbler, clumsy workman; ***alfaiate remendão*** job-tailor; ***sapateiro remendão*** cobbler
remendar *v. tr.* to patch, to mend, to repair, to restore, to put patches on, to patch up; to piece together; to darn (a hole in a sock, etc.), to stitch up; [fig.] to patch up, to set to rights
remendeira *s. f.* woman who puts in patches, sewing woman; clumsy woman
remendeiro Ⓐ *adj.* patching, mending, bungling Ⓑ *s. m.* ⇒ **remendão**
remendo *s. m.* patch; amendment; excuse; ***obra de remendo*** patchwork; [fig.] ***remendo mal deitado*** lame excuse
remendona *s. f.* woman who patches, sewing woman; clumsy woman
remeneio *s. m.* wriggle, wriggling
remenicar *v. intr.* to reply; to object, to backbite
remerecedor *adj.* meritorious, well-deserving
remerecer *v. tr.* to deserve in high degree; to deserve thoroughly
remergulhar *v. tr.* to submerge again; to dip again; to jump again into the water
remessa *s. f.* remittance, forwarding, sending; shipment; parcel, package; ***remessa de dinheiro*** remittance; ***remessa de mercadorias*** goods forwarded; ***fazer remessa de dinheiro*** to send a remittance
remessão *s. m.* ⇒ **arremessão**
remessar *v. tr.* ⇒ **arremessar**
remesso *s. m.* ⇒ **arremesso**
remetedura *s. f.* ⇒ **arremetida**
remetente Ⓐ *s. m. e f.* sender; remitter Ⓑ *adj.* sending, forwarding; ***remetente de uma carta*** sender of a letter; ***morada do remetente*** address of the sender
remeter Ⓐ *v. tr.* to remit (money), to send, to forward, to despatch, to send off; to post, to mail Ⓑ *v. intr.* to refer to; to rush at, to attack, to assail Ⓒ *v. refl.* to keep, to devote oneself to, to deliver oneself, to surrender; ***remeter dinheiro (pelo correio)*** to send money (by post); ***remeter dinheiro*** to remit money; ***remeter mercadorias*** to send (off) goods; ***remeter à cobrança*** to forward cash-on-delivery (C. O. D.), to send cash-on-delivery (C. O. D.); ***remeter a factura*** to send (herewith) the invoice; ***remeter-se às informações de alguém*** to appeal to someone for a piece of advice, to appeal to someone for a decision; ***remeter-se ao silêncio*** to keep silent, to keep mum; ***ele remeteu-se às mãos do médico*** he delivered himself into the hands of the doctor
remetida *s. f.* ⇒ **remetimento**
remetimento *s. m.* attack, onset, charge, dash, assault
remexer Ⓐ *v. tr.* to stir again, to stir up, to churn; to rummage, to search Ⓑ *v. intr.* to fidget, to twitch, to hitch (about); to be restless
remexida *s. f.* stir, stirring, fuss, bustle, flurry, disorder, confusion; rummaging, search
remexido *adj.* fidgety, restless, unquiet, agitated, turbulent, disquieted; bustling, nimble, busy
remição *s. f.* redemption, deliverance; quittance
remidor *s. m.* redeemer, deliverer, ransomer
remiforme *adj.* remiform, shaped like an oar
rémige Ⓐ *s. f.* wing-quil Ⓑ *adj.* rowing
remígero *adj.* provided with oars
remígie *s. f.* ⇒ **rémige**
remígio *s. m.* wing-quill, flight-guide, flight-feather
remigração *s. f.* remigration, return
remigrar *v. intr.* to remigrate, to migrate again; to return (to the place from which one emigrated)
reminar-se *v. refl.* [Bras.] to rebel, to revolt, to turn against; to become a rebel
remineralização *s. f.* remineralization
remineralizar *v. tr.* to remineralize
reminiscência *s. f.* reminiscence, memory, recollection, remembering; *pl.* reminiscences, memoirs
remípede *adj.* remiped
remir Ⓐ *v. tr.* to redeem, to buy back, to repurchase, to regain (possession); to fulfil, to perform; to save, to deliver; to ransom, to free from captivity; to discharge (a mortgage), to pay off Ⓑ *v. refl.* to rehabilitate oneself, to redeem oneself; ***remir acções*** to redeem shares
remirar Ⓐ *v. tr.* to look at attentively, to gaze at, to examine carefully Ⓑ *v. refl.* to look at oneself again and again; ***remirar-se ao espelho*** to look at oneself in the mirror (repeatedly)
remissa *s. f.* adjournment, postponement, putting off; reticence, reserve (in expression)
remissão *s. f.* remission, pardon, forgiveness, absolution, acquittal, exoneration; relaxing, abatement, diminution, mitigation, lessening; ***remissão de pecados*** remission of sins
remissibilidade *s. f.* remissibility, remissibleness
remissível *adj.* remissible, pardonable, excusable
remissivo *adj.* remissive, remitting, forgiving
remisso *adj.* remiss, lax, negligent, careless, slack, lazy, indolent
remissório *adj.* tending to remission, remissive, remissory
remitarso *adj.* ZOOLOGIA having remiform feet
remitência *s. f.* remitting, abating (at intervals); MEDICINA remission, abatement, diminution (of a disease, fever, pain, etc.)
remitente *adj.* MEDICINA remittent, remitting, abating (at intervals)
remitir *v. tr.* to remit, to forgive, to pardon, to relieve; to excuse, to condone, to absolve; to abate, to diminish, to moderate; to slacken, to relax; to free, to set at liberty, to rescue; to pay off, to buy off
remível *adj.* redeemable, redemptible; recoverable
remo *s. m.* oar, paddle (short oar with broad blade); rowing; ***remo de concha*** scull; ***remo dobrado*** double scull; ***jogo de remos*** a set of oars; ***meter os remos na água*** to dip the oars; ***armar os remos*** to ship oars; ***arvorar os remos*** to toss (to peak) oars; ***armar remos! (estando arvorados)*** down oars!; ***armar remos! (estando dentro)*** out oars!; ***aguentar remos!*** pull away!; ***desarmar os remos*** to unship the oars; ***desporto do remo*** rowing

remoalho *s. m.* cud
remoçado *adj.* rejuvenated, rejuvenesced
remoçador Ⓐ *adj.* rejuvenating Ⓑ *s. m.* rejuvenator
remoção *s. f.* removal, removing; withdrawal; remotion; ***remoção da neve*** snow removal
remocar *v. tr.* to twit
remoçar Ⓐ *v. tr.* to make young again; to remake the youth; to rejuvenate Ⓑ *v. intr.* to rejuvenesce, to become young again
remoçativo *adj.* rejuvenating, rejuvenescent
remodelação *s. f.* remodelling, recast; transformation, modification; reshuffling, reshifting
remodelar *v. tr.* to remodel, to fashion afresh, to recast; to transform, to modify; to reshuffle, to reshift
remoedura *s. f.* chewing of the cud; rumination
remoer Ⓐ *v. tr.* to grind again, to chew again; to ruminate; [fig.] to turn over in the mind; to keep on repeating Ⓑ *v. refl.* to fret, to worry
remoinhar *v. intr.* to whirl; to turn round (like a whirpool); to whirl round in eddies
remoinho *s. m.* eddy, vortex, whirl, whirlpool, vortex (of water); whirlwind (of wind); ***remoinho do navio*** swirl made by ship
remoinhoso *adj.* eddying, whirling, turning swiftly
remolhar *v. tr.* to wet again; to soak, to steep, to wet thoroughly, to dip again
remolho *s. m.* soaking again, steeping anew
remondagem *s. f.* act of reweeding
remondar *v. tr.* to weed again
remonta *s. f.* remount, supply of fresh horses for regiment
remontado *adj.* remounted; remote, distant; sublime, noble, lofty, superior
remontante *adj.* BOTÂNICA remontant (rose, rasp-berry)
remontar Ⓐ *v. tr. e intr.* to remount, to reascend, to go up, to ascend, to climb on to (a hill, etc.) again Ⓑ *v. tr.* to supply fresh horses (army, regiment); to vamp, to put new vamps (on shoes) Ⓒ *v. intr.* to soar, to attain great elevation of thought (feeling, expression), to rise to heights Ⓓ *v. refl.* to refer, to allude, to make reference
remonte *s. m.* ascending, towering place; soaring; vamping (shoes)
remontista *s. m. e f.* remounter, a person who remounts
remoque *s. m.* sharp word, scoff, gibe, jibe, taunt, reproach
remoqueador *s. m.* taunter, giber
remoquear *v. tr.* to taunt, to flout, to mock, to scoff at, to fling in someone's face, to have a fling at, to jeer at, to gibe, to jibe
remora *s. f.* hindrance, obstacle; delay, adjournment, putting off
rémora *s. f.* ICTIOLOGIA remora, sucking-fish
remorado *adj.* retarded, delayed, adjourned, put off
remorar *v. tr.* ARQUITECTURA to delay, to retard; to slow down, to tarry
remordaz *adj.* gnawing, stinging; sarcastic, biting, caustic
remordedor *s. m., adj.* biting; stinging; tormenting
remordente *adj.* biting, gnawing, stinging
remorder Ⓐ *v. tr. e intr.* to bite again; to sting, to wound, to hurt, to torment; to decry, to disparage Ⓑ *v. refl.* to be tormented (by remorse)
remordimento *s. m.* remorse, regret; repentance
remoroso *adj.* ⇒ **remorado**
remorso *s. m.* remorse, pangs, qualms (of conscience), twinges (of conscience), repentance, sorrow, regret, self-reproach, stings of conscience; ***sem remorsos*** without remorse; ***roído de remorsos*** conscience-stricken
remorto *adj.* stone-dead, as dead as a dodo
remoto *adj.* remote, vague, removed, distant, far away, far off
remover *v. tr.* to remove; to take (to carry) away, to convey to another place, to shift, to clear, to withdraw; to displace, to transfer; to get rid of; to dismiss from, to turn out, to drive away; ***remover causas de dúvidas*** to remove causes of doubt; ***remover um obstáculo*** to remove (to clear away) an obstacle; ***remover dificuldades*** to remove difficulties
removimento *s. m.* removal, removing, displacement, transfer, shift, conveyance
removível *adj.* removable
remudar *v. tr.* to change (to remove) again
remugir *v. tr.* to moo again; to bellow
remuito *adv.* highly, extremely, very much
remuneração *s. f.* remuneration, fee, payment, salary, wages; reward, requital, recompense, gratification; ***remuneração pelo salvamento*** salvage remuneration
remunerador Ⓐ *adj.* remunerative, paying, profitable, compensatory, rewarding Ⓑ *s. m.* rewarder, remunerator, requiter; ***negócio remunerador*** remunerative (profitable) business
remunerar *v. tr.* to remunerate, to pay, to reward, to compensate, to recompense for, to requite, to repay; ***remunerar o trabalho de alguém*** to remunerate a person for his work
remunerativo *adj.* remunerative, profitable, paying
remuneratório *adj.* remunerative, profitable, paying
remunerável *adj.* remunerable
remuneroso *adj.* ⇒ **remunerativo**
remurmurar *v. intr.* to remurmur, to murmur again; to grumble, to mutter
remurmurejar *v. intr.* to remurmur, to keep on murmuring
remurmúrio *s. m.* continual murmuring
rena *s. f.* ZOOLOGIA reindeer
renal *adj.* renal, of the kidneys; ***doença renal*** renal disease, kidney disease; ***cálculo renal*** a renal calculus; ***artérias renais*** renal arteries
renano *adj.* relative to the Rhine (or the Rhineland)
renascença *s. f.* renascence, rebirth, renewal, revival; Renaissance (revival of the Greek and Roman classics); ***pintor da Renascença*** Renaissance painter
renascente *adj.* renascent, reviving, springing into fresh life and vigour; ***entusiasmo renascente*** renascent enthusiasm
renascentista *adj.* renaissant
renascer *v. intr.* to be born again; to revive, to reappear, to grow again, to spring up again; ***toda a natureza renasce*** all nature revives
renascimento *s. m.* ⇒ **renascença**
renavegar *v. intr.* to navigate again
renda *s. f.* lace; income, revenue; rent; ***renda vitalícia*** life annuity; ***renda semestral*** half-yearly income; ***renda trimestral*** quarterly income; ***renda da casa*** rent (of the house); ***dia de pagar a renda*** rent-day; ***pagar a renda*** to pay the rent; ***que não paga renda*** rent-free; ***renda de agulha*** needle-point lace; ***renda de Bruxelas*** Brussels lace; ***renda de bilros*** bobbin lace; ***renda de tear*** woven (net) lace
rendado Ⓐ *adj.* lace-trimmed, trimmed with lace Ⓑ *s. m.* lace-trimming, lace-work
rendar *v. tr.* to decorate with (lace) lacework; ⇒ **arrendar**
rendaria *s. f.* lace-making, lace industry
rendedoiro *adj.* profitable
rendedouro *adj.* profitable
rendeira *s. f.* lace-maker, hand-maid; lace-seller; tenant, renter; tenant farmer's wife
rendeiro *s. m.* lace-maker; lace-seller; tenant, tenant farmer, renter
render Ⓐ *v. tr.* to subdue, to conquer, to vanquish; to submit, to surrender; to relieve, to substitute; to produce, to yield Ⓑ *v. intr.* to be profitable, to pay; to suffer from a rupture Ⓒ *v. refl.* to surrender, to give oneself over, to yield (oneself), to submit (oneself), to knuckle under; to split, to crack; ***render a guarda*** to relieve the guard; NÁUTICA ***render o quarto*** to set the watch, to spell the watch, to relieve the watch; ***render-se ao inimigo*** to surrender to the enemy;

render-se a uma força superior to yield to a superior force; *render pouco* to bring in little; *render homenagem* to do homage, to pay homage; *render graças* to give thanks; *render muito* to pay well, to give a fair return; *a propriedade rende pouco* the property yields little; *há certos trabalhos que rendem pouco* some types of work give small returns; *render (produzir) bem* to yield good returns

rendição *s. f.* surrender, capitulation, delivery, yielding, giving in, giving up; relief; *rendição de tropas* surrender of troops; NÁUTICA *rendição de serviço* relief of duty

rendido *adj.* overcome, conquered; MEDICINA ruptured; hernial; split, rent

rendilha *s. f.* fine narrow lace

rendilhado Ⓐ *adj.* trimmed with lace, provided with lace Ⓑ *s. m.* trimming of fine lace; ARQUITECTURA fine ornament imitating lace

rendilhamento *s. m.* lacing, adorning, trimming

rendilhar *v. tr.* to adorn with lace, to lace, to trim with lace; to adorn, to embellish

rendilheira *s. f.* lace-maker; lace-seller

rendimento *s. f.* income, revenue; profit, yield; interest; output, production; *viver dum pequeno rendimento* to live on a small income; *viver dos seus rendimentos* to live on one's means; *gastar mais do que os seus rendimentos* to live beyond one's income, to live beyond one's means; *rendimentos públicos* revenue; *imposto de rendimento* income-tax; *rendimento líquido* net proceeds, net profit, clear profit; *rendimento de uma fábrica* output of a factory

rendível *adj.* lucrative, profitable, fruitful, productive, paying, yielding

rendoso *adj.* lucrative, profitable, fruitful, productive, paying, yielding; *negócio rendoso* profitable (paying) business; *trabalho rendoso* profitable work; *emprego rendoso* lucrative employment

renegação *s. f.* renegation, denial; apostasy; desertion of (party) principles

renegado *s. m.* renegade; apostate; turncoat, backslider; MILITAR deserter

renegador *s. m.* denier, disowner

renegar *v. tr. e intr.* to apostatize, to become an apostate (a renegade), to backslide, to foreswear one's faith; to abjure, to relinquish, to forego, to reject, to give up, to discard, to deny, to disown; to curse, to blaspheme

renegociar *v. tr.* to renegotiate; to discuss again; *renegociar os preços* to renegotiate the prices

renetar *v. tr.* to pare off (to cut, to trim) with a butteris

renete *s. m.* drawing-knife, butteris

rengo Ⓐ *s. m.* transparent cotton muslin, gauze Ⓑ *adj.* weak, feeble

renhidamente *adv.* fiercely, relentlessly, stubbornly

renhido *adj.* warmly debated, hotly contested, relentless, disputed, desperate; furious, fierce, implacable, stubborn, dogged; bloody, cruel; *combate renhido* fierce combat, desperate struggle

renhimento *s. m.* (the act of) disputing, debating, wrangling, fighting

renhir Ⓐ *v. tr.* to dispute, to debate (hotly), to wrangle, to contest, to impugn; to quarrel, to scuffle, to fight fiercely Ⓑ *v. intr.* to be fought

renículo *s. m.* MEDICINA renilobe (each of the lobes of the kidney)

renidente *adj.* sparkling, glittering, glistening, flashing

reniforme *adj.* reniform, kidney-shaped

renina *s. f.* rennin

rénio *s. m.* QUÍMICA rhenium

renitência *s. f.* resistance, opposition; stubbornness, obstinacy, doggedness; refusal (to comply), reluctance, stickiness, persistence, pertinacity, steadiness

renitente *adj.* recalcitrant, refractory, stubborn, obstinate, contumacious, dogged, pig-headed, resistant, sticky, persevering, pertinacious, steady; *estava renitente em conceder-me licença* he was rather sticky about giving me leave

renitir *v. intr.* to resist, to act stubbornly

renome *s. m.* renown, fame, celebrity, eminence, glory, high (exalted) reputation

renomear *v. tr.* to make renowned; to reappoint

renova *s. f.* shoot, sprout, off shoot; scion; renewal, renewing

renovação *s. f.* renovation, renewal, renewing; revival

renovador Ⓐ *adj.* renewing Ⓑ *s. m.* renewer, renovator

renovamento *s. m.* ⇒ **renovação**

renovar *v. tr.* to renew, to renovate, to restore, to revive; to repair, to refit, to rebuild; to replace, to substitute; to refresh, to rejuvenate; to reiterate, to repeat; to carry on again, to begin to make again; to put forth (new shoots); *renovar um contrato* to renew a contract (agreement);. *renovar um pedido* to repeat a request; *renovar uma escritura de arrendamento* to renew a lease; *renovar um convite* to repeat an invitation; *renovar a pintura de uma casa* to repaint a house; COMÉRCIO *renovar uma letra* to renew a bill

renovável *adj.* renewable

renovo *s. m.* sprout, young shoot, twig, scion, sprig; *pl.* the earliest products of the season

renque *s. m.* row, file, rank, string, series, line; *um renque de árvores* a row of trees

rentabilidade *s. f.* profitability, lucrativeness

rentabilização *s. f.* making profitable

rentabilizar *v. tr.* to profit; to make profitable, to render lucrative

rentão *adj.* very close, close by

rentar *v. intr.* to pass close by, to shave; to defy tauntingly; to flirt

rentável *adj.* ⇒ **rendoso, rendível**

rente Ⓐ *adj.* close, short; close-shaven Ⓑ *adv.* close, even with, close to, close by, on a level with Ⓒ *s. m.* snare, trap; ⌈pop.⌋ *armar um rente* to lay a trap (for someone); *passou rente à parede* he passed close to the wall; *o carro passou rente à parede* the car shaved the wall; *cortar rente* to cut off close

renteador Ⓐ *s. m.* gallant, suitor Ⓑ *adj.* philandering

rentear Ⓐ *v. tr.* to cut off close, to cut short Ⓑ *v. intr.* to court, to flirt, to woo, to make up to, to make love to, to play the spark

renuente *adj.* shaking the head; negative; renouncing

renuir *v. tr.* to renounce, to refuse

renúncia *s. f.* renunciation, renouncement; self-denial, self-sacrifice, giving up; relinquishment; (at cards) revoke

renunciação *s. f.* renunciation, renouncement; self-denial, self-sacrifice, giving up; relinquishment; (at cards) revoke

renunciador Ⓐ *adj.* renouncing Ⓑ *s. m.* renouncer, abjurer, relinquisher

renunciante *adj., s. m.* ⇒ **renunciador**

renunciar Ⓐ *v. tr. e intr.* to renounce, to resign, to withdraw from, to abandon (claim), to give up, to surrender, to forego, to relinquish, to disown, to waive, to disclaim; to abjure; to reject, to deny Ⓑ *v. intr.* (at cards) to revoke; *renunciar a um direito* to waive a right, to renounce a right, to give up a right, to surrender a right; *renunciar aos direitos de uma herança* to renounce one's rights to an inheritance; *renunciar ao trono* to renounce the throne; *renunciar a uma pretensão* to give up a claim

renunciatório Ⓐ *adj.* renunciatory Ⓑ *s. m.* DIREITO transferee

renunciável *adj.* that may be renounced

renutação *s. f.* negative movement with the head, shaking of the head

renzilha *s. f.* ⌈pop.⌋ quarrel, row, brawl, tiff, wrangle, squabble, jar, breeze

renzilhar *v. intr.* to quarrel, to wrangle, to clash, to squabble, to have words

reocórdio *s. m.* rheochord, rheocord
reocupação *s. f.* reoccupation
reocupar *v. tr.* to reoccupy, to occupy again
reófilo Ⓐ *s. m.* BIOLOGIA animal or plant adapted to living in strong watercourses Ⓑ *adj.* referring to the animal or plant accustomed to living in strong watercourses
reófobo Ⓐ *s. m.* BIOLOGIA animal or plant adapted to living in calm watercourses Ⓑ *adj.* referring to the animal or plant accustomed to living in calm watercourses
reóforo *s. m.* ELECTRICIDADE rheophore
reógrado *s. m.* FÍSICA rheograde
reologia *s. f.* rheology
reómetro *s. m.* ELECTRICIDADE rheometer, galvanometer
reordenação *s. f.* reordination
reordenar *v. tr.* to ordain afresh, to reordain; to reorder, to put in order again, to rearrange
reorganização *s. f.* reorganization; rearrangement, alteration, reform
reorganizador *s. m.* reorganizer; reformer
reorganizar *v. tr.* to reorganize, to organize again, to give a new organization to; to rearrange, to reform, to put on a new basis; ***reorganizar um exército*** to reorganize an army; ***reorganizar um ministério*** to reorganize a Ministry
reoscopia *s. f.* rheoscopy
reoscópio *s. m.* ELECTRICIDADE rheoscope
reostático *adj.* rheostatic
reóstato *s. m.* ELECTRICIDADE rheostat; ***reóstato automático*** automatic rheostat
reótomo *s. m.* ELECTRICIDADE rheotome, interruptor
reotropismo *s. m.* BOTÂNICA rheotropism
repa *s. f.* [pop.] thin hair
repagar *v. tr.* to repay, to pay again, to pay back
repaginação *s. f.* repagination
repaginar *v. tr.* to repaginate, to paginate again
repago *adj.* repaid
reparação *s. f.* reparation; repair; repairing; amends; compensation, redress, indemnification, restitution; satisfaction; indemnity; NÁUTICA repair, refitting; ***reparação importante*** extensive repairs; ***reparação geral*** thorough repair; ***reparação de uma avaria*** repair of damage, clearing of a fault; ***reparação de um navio*** repair of a vessel, refitting of a vessel; ***a casa está agora em reparações*** the house is now under repair; ***oficina de reparações*** repair-shop; ***em reparação*** under repair; ***fazer reparações*** to repair, to do repairs
reparadeira *s. f.* inquisitive woman
reparador Ⓐ *s. m.* repairer, restorer; observer Ⓑ *adj.* repairing, refreshing, restoring; ***sono reparador*** refreshing sleep
reparar Ⓐ *v. tr.* *(consertar)* to repair, to mend; *(restaurar)* to restore, to set right, to amend, to remedy; to make amends for, to compensate, to redress Ⓑ *v. intr.* *(prestar atenção)* to notice, to observe, to see, to take notice of, to pay attention to, to mind, to look out; ***reparar uma casa*** to repair a house; ***reparar as forças*** to refresh oneself, to gather one's strength; ***reparar um navio*** to refit a ship; ***reparar uma avaria*** to clear a fault; ***eu também não reparei nisso*** I didn't notice it either; ***repara no que estás a fazer!*** mind what you are doing!; ***reparar uma perda*** to repair a loss, to make good a loss; ***não reparar*** to take no notice; ***reparar um mal*** to repair a wrong, to set a wrong right; ***reparar uma injustiça*** to make good a wrong, to set a thing right; ***repara!*** watch!, look out!
reparatório *adj.* reparative, repairing
reparável *adj.* reparable, repairable; retrievable; noticeable
reparo *s. m.* repair, restoring (to sound condition); retrieval, amends; observation, objection, remark; defence, shield, trench; gun-carriage; ***fazer reparo*** to notice
repartição *s. f.* repartition, (re)distribution, allotment, distribution, division; partition, division (dividing) wall; office, department, section, branch; ***chefe de repartição*** head of a department; ***repartição de finanças*** treasury, finance bureau; ***repartição de uma herança*** division of a succession; ***repartição do registo civil*** registrar's office
repartideira *s. f.* copper pan (used in sugar-mills)
repartidor Ⓐ *s. m.* divider, sharer, distributor, dealer Ⓑ *adj.* dividing, distributing, sharing
repartimento *s. m.* compartment, room, partition
repartir Ⓐ *v. tr.* to divide, to distribute, to share, to apportion, to allot, to parcel, to meet out, to share out, to deal out Ⓑ *v. refl.* to be divided; to branch off; to dedicate oneself to several subjects; ***a mulher cortou a laranja e repartiu-a pelas três crianças*** the woman cut up the orange and shared it out among the three children; ***repartir com outro*** to divide (to share) with another; ***repartir os lucros*** to divide the profits; ***repartir as despesas*** to apportion the expenses; NÁUTICA ***repartir avarias*** to adjust (to repair) damages
repartitivo *adj.* distributive
repartível *adj.* distributive, dividable
repassado *adj.* soaked, steeped, drenched, imbued, impregnated, saturated, full of; gone through
repassage *s. f.* BOTÂNICA bristly oxtongue
repassar Ⓐ *v. intr.* to pass again; to soak through, to pass through, to percolate through, to go through; to imbue, to steep, to impregnate; to drench; (of paper) to blot, to take ink well Ⓑ *v. tr.* to revise, to peruse, to read carefully; to mend, to sew again, to darn; ***a humidade repassou*** the damp has gone through; ***esta tinta repassa*** this ink shows through
repasse *s. m.* imbibition, passing through, soaking through
repasso *s. m.* ⇒ **repasse**
repastar Ⓐ *v. tr.* to pasture (cattle) again; [fig.] to feed Ⓑ *v. refl.* to feast, to banquet, to regale (with a banquet); to fare sumptuously
repasto *s. m.* repast, meal, banquet
repatanar-se *v. refl.* [pop.] ⇒ **repoltrear-se**
repatriação *s. f.* repatriation
repatriador Ⓐ *s. m.* one who aids the repatriation; one who repatriates Ⓑ *adj.* repatriating
repatriamento *s. m.* ⇒ **repatriação**
repatriar Ⓐ *v. tr.* to repatriate, to send back to the native country Ⓑ *v. refl.* to return to one's own country; ***repatriar emigrantes*** to repatriate immigrants
repelão *s. m.* pull, push; jerk, shake, wrench; ***falar de repelão*** to speak sharply, to speak roughly; ***de repelão*** roughly, abruptly, brusquely, hastily
repelar *v. tr.* to pull (to push, to dishevel) one's own (another's) hair
repelência *s. f.* disgust, repulsion, loathing, repugnance, dislike, aversion, revulsion
repelente *adj.* repellent, disgusting, loathsome; revolting, repugnant, repulsive; sickening, nauseating, hateful, foul
repelir *v. tr.* to repel, to drive back, to repulse, to beat off (back), to thrust away (back), to turn away, to spurn; to reject, to ward off, to check, to resist, to strive against; to refuse admission (acceptance, approach) to; ***repelir um ataque*** to repel an attack; ***repelir uma acusação*** to refute an accusation; ***repelir uma insinuação*** to repel (to refute) an insinuation; ***ele repeliu-me*** he thrust me away; ***ser repelido rudemente*** to be snubbed
repelo *s. m.* ⇒ **repelão**; ***a repelo*** violently, sharply
repenicado *adj.* ringing, tingling, resounding
repenicar Ⓐ *v. intr.* to chime, to peal, to ring a merry peal; to ring chimes (on a set of bells) Ⓑ *v. tr.* to mince, to chop, to hash again; NÁUTICA to top the yards
repenique *s. m.* chime, peal
repensar *v. tr.* to reconsider, to debate (in one's mind) a second time, to think over, to turn over in one's mind; to take into consideration again

repente *s. m.* sally, sudden fit, sudden act; outburst; ***falar de repente*** to speak extempore, to speak on the spur of the moment; ***de repente*** suddenly, of a sudden, all at once, with a rush; ***ter repentes*** to have bursts (of passion, etc.), to have fits (of passion, etc.); ***num repente*** [fig.] in the twinkling of an eye

repentinamente *adv.* suddenly, all of a sudden, with a suddenness

repentino *adj.* sudden, abrupt, unexpected, unforeseen, unpremeditated; quick, rapid; ***doença repentina*** sudden illness; ***é muito repentino nos seus movimentos*** he is very sudden in his movements; ***mudança repentina*** a sudden change

repentinoso *adj.* impulsive, passionate, rash, hot, hasty

repentista *s. m. e f.* improvisator; extemporary speaker, improvisatore

repercussão *s. f.* repercussion, reverberation, echo; recoil, rebound, reflection; influence, effect

repercussivo *adj.* repercussive

repercusso *s. m.* ⇒ **repercussão**

repercutente *adj.* resounding, reverberating

repercutir Ⓐ *v. tr.* to deflect, to re-direct (sounds) Ⓑ *v. refl. e intr.* to reverberate, to re-echo, to resound, to ring; to reflect, to throw back; to have an influence upon; ***o som repercute-se a grande distância*** sound reverberates for a great distance

repergunta *s. f.* cross-examination

reperguntar *v. tr.* to reinterrogate; to cross-examine

repertório *s. m.* almanac; compilation; index, file; repertoire, program, repertory

repes *s. m.* rep, repp

repesador Ⓐ *s. m.* weight controller Ⓑ *adj.* reweighing

repesar *v. tr.* to re-weigh, to weigh again; to examine carefully, to reconsider

repescagem *s. f.* second chance; recovery

repeso Ⓐ *adj.* repentant, repenting, penitent; regretful, sorry Ⓑ *s. m.* weighing again; re-weighing office

repetenado *adj.* lolling, lounging, sprawling

repetenar-se *v. refl.* [fam.] to loll, to lounge, to sprawl, to sit lazily

repetência *s. f.* repetition, repeating; MEDICINA reflux (of humours)

repetente Ⓐ *adj.* repeating Ⓑ *s. m. e f.* repeater

repetição *s. f.* repetition, repeating, reiteration, redundancy; recurrence, reappearance; copy; ***relógio de repetição*** repeater, repeating clock (or watch); ***arma de repetição*** repeating rifle

repetidamente *adv.* repeatedly, over and over again; frequently, many times, at short intervals

repetido *adj.* repeated, twice told, reiterated; renewed; done over again, frequent; ***repetidas vezes*** repeatedly, again and again

repetidor Ⓐ *s. m.* repeater, tutor; [fam.] coach; [pop.] crammer Ⓑ *adj.* repeating; ***navio repetidor*** repeater, repeating vessel

repetir Ⓐ *v. tr.* to repeat, to say (over) again, to repeat after someone; to spread abroad, to make known; to do over again, to insist; to rehearse, to practise, to recapitulate; to copy, to reproduce Ⓑ *v. refl.* to repeat oneself; to recur, to reappear, to come back, to happen again, to keep on ocurring; ***repetir a mesma coisa*** to sing the same song; ***repita!*** repeat!, say that again!; ***repito o que já disse*** I repeat what I have already said; ***repetir uma lição*** to repeat a lesson; ***a história repete-se*** history repeats itself

repetitivo *adj.* repetitive, repetitious, recurrent; monotonous, iterative, boring, dull

repetitório *adj.* repeating

repicador *s. m.* ringer, chimer

repicagem *s. f.* ringing of bells; transplantation

repica-ponto *s. m.* perfection, excellence

repicar *v. tr. e intr.* to ring, to chime, to peal, to ring chimes (on a set of bells), to ring a merry peal; to sound (as a chime); to prick again (with a pin, etc.); to mince (to chop, to hash) again (meat, etc.); to rebound (billiards); ***os sinos repicam*** the bells are pealing, the bells are ringing (chimes); NÁUTICA ***repicar caranguejola*** to haul up the gaff, to peak the gaff, to steeve the gaff, to top the gaff

repimpadamente *adv.* lazily, comfortably; in a well-fed mood, in a satisfied way

repimpado *adj.* well-fed; comfortably seated, lolling, lounging, sprawling

repimpar-se *v. refl.* to loll, to sit (to recline) lazily, to lounge, to sprawl; to cram, to stuff one's stomach; ***repimpar-se numa cadeira*** to loll in a chair

repimpim *s. m.* BOTÂNICA pin-clover

repinchar *v. intr.* to jump with pain

repintalgado *adj.* spotted; variegated

repintar *v. tr. e intr.* to repaint, to paint again; to set off; TIPOGRAFIA to print (page) blurred (double)

repique *s. m.* ringing, chime, peal of bells; rebounding hit (in billiards); alarm, warning of danger; NÁUTICA peaking, steeve, topping; ***repique dos sinos*** ringing of bells

repiquetar *v. tr.* to check picketing; to rearrange the pickets (stakes)

repiquete *s. m.* [Bras.] steep hill; severe draught; repeated pealing (ringing) of bells

repisa *s. f.* second pressing; ***vinho de repisa*** wine of the last pressing

repisado *adj.* well-trodden; [fig.] rehashed

repisar *v. tr.* to tread over again, to trample again; to repeat over again; to keep on repeating, to harp on; to insist on; to crush again, to press grapes again; ***repisar o mesmo assunto*** to harp on the same string, to be always harping on the same string

replaina *s. f.* ⇒ **replaino**

replainar *v. intr.* to groove; to pare off with a grooving-plane

replaino *s. m.* grooving-plane

replanado *adj.* levelled out, filled with earth, made even

replantação *s. f.* replantation, replanting

replantar *v. tr.* to replant, to plant again, to plant anew

replantio *s. m.* ⇒ **replantação**

repleção *s. f.* repletion, fullness, surfeit

repleno Ⓐ *s. m.* embankment Ⓑ *adj.* ⇒ **repleto**

repletar *v. tr.* to fill up, to fill, to overflow, to fill to the brim

repleto *adj.* replete, full, filled, stocked, stuffed, crammed, gorged with; sated with; full up, packed, crowded; sold out; ***uma casa repleta de conforto e luxo*** a house replete with every comfort and luxury; ***o teatro estava repleto*** the theatre was sold out; ***o estádio estava repleto*** the stadium was packed

réplica *s. f.* retort, answer, repartee; replica, copy, duplicate, reproduction, facsimile; DIREITO replication; ***réplica mordaz*** a tart reply; ***réplica feliz*** sally

replicação *s. f.* retort, answer, repartee; replica, copy, duplicate, reproduction, facsimile; DIREITO replication

replicador *s. m.* replier, replicant

replicar *v. intr.* to answer, to retort, to reply (to an argument), to rejoin; DIREITO to reply to plaintiff's replication

repoisar *v. intr.* ⇒ **repousar**

repoiso *s. m.* ⇒ **repouso**

repolegar *v. tr.* to fold, to double with ornamental filet

repolego *s. m.* ornamental filet

repolhaço *s. m.* very fat (stout) man

repolhal *s. m.* cabbage field

repolhar Ⓐ *v. intr.* to grow to a round head (cabbage) Ⓑ *v. refl.* to grow stout, to become plump

repolho *s. m.* cabbage

repolhudo *adj.* cabbage-headed; grown to a round head; fat, plump, round

repoltrear-se *v. refl.* to loll, to lounge, to recline idly
repôncio *s. m.* ⇒ **rapôncio**
reponta *s. f.* new point; return thrust (in fencing)
repontão Ⓐ *adj.* grumbling, recalcitrant Ⓑ *s. m.* grumbler
repontar Ⓐ *v. tr.* to cause to flow back Ⓑ *v. intr.* to grumble, to complain; to cavil, to retort, to backanswer, to murmur angrily; to dawn, to grow light; to appear, to come up; NÁUTICA to begin to ebb
repontice *s. f.* grumble, complaint
repor *v. tr.* to replace, to put back in, to restore, to put back again; to replace (money), to give back, to return, to refund; to make good; to reestablish; ***ele repôs o dinheiro que tinha tirado*** he put back the money he had taken
reportação *s. f.* moderation, modesty; reference
reportado *adj.* moderate, temperate, discreet, wary; referred
reportagem *s. f.* report; reporting; reporters (as a class)
reportamento *s. m.* reference (to a document); moderation, modesty
reportar Ⓐ *v. tr.* to turn back; to moderate, to control; to attribute, to put down to, to ascribe Ⓑ *v. refl.* to refer to, to allude to; ***reportar na Bolsa*** to take in at the Exchange
repórter *s. m.* reporter, news writer; correspondent
reportório *s. m.* ⇒ **repertório**
reposição *s. f.* replacement, restitution, restoring, reestablishment; reintegration
repositório *s. m.* repository, depository, store; compilation, selection; wayside chapel (niche)
reposta *s. f.* money staked at ombre (card-game); restitution, return
repostada *s. f.* rude (uncivil, saucy) answer
repostar *v. tr.* to answer rudely, to give an uncivil answer; (fencing) to parry and thrust
reposte *s. m.* ARQUITECTURA storehouse for furniture
reposteiro *s. m.* door-curtain, door-hangings; footman at the royal household encharged with drawing and undrawing the curtains and hangings; treasurer of the store-house for furniture
repotear-se *v. refl.* ⇒ **repoltrear-se**
repotronar-se *v. refl.* ⇒ **repoltrear-se**
repousante *adj.* relaxing; refreshing; restful
repousar Ⓐ *v. intr.* to repose, to rest, to relax, to lie down, to lie at rest, to take rest Ⓑ *v. tr.* to give relief to, to relieve, to ease, to quiet; ***disse-lhe que repousasse porque estava fatigado*** I told him to rest as he was tired; ***repousar na cama*** to lie down in (on) the bed
repouso *s. m.* repose, rest, relaxation; peace, quietude, calmness, stillness; immobility; ease, peace of mind; ***estar em repouso*** to be at rest; ***o repouso da noite*** one's night's repose; ***repouso absoluto*** absolute rest; ***repouso aparente*** apparent rest
repovoação *s. f.* repopulating, repeopling
repovoamento *s. m.* repopulating, repeopling
repovoar *v. tr.* to repeople, to repopulate; to restock (with cattle)
repreendedor *s. m.* rebuker, reprover
repreender *v. tr.* to reprimand, to rebuke, to reprehend, to admonish, to scold, to reprove; to find fault with, to chide, to reproach, to censure, to blame, to upbraid; to rate at; ***o pai repreendeu-o severamente por vir tão tarde*** his father scolded him severely for being out so late; ***por que motivo está sempre a repreender-me asperamente? Não fiz nada que o ofendesse*** why are you always rating at me? I've done nothing to offend you; ***repreender alguém severamente*** to reproach someone bitterly; ***repreendi-o por ser desobediente*** I reprimanded him for being disobedient
repreensão *s. f.* reprimand, rebuke, reproach, reproof, reprehension, blame, censure, admonition, reprobation, reproval, a piece of one's mind; ***repreensão severa*** a stern rebuke; ***dar uma repreensão*** to give a rebuke; ***dei-lhe uma boa repreensão*** I gave him a piece of my mind; ***receber uma repreensão*** to receive a rebuke
repreensivamente *adv.* reprehensively
repreensível *adj.* reprehensible, blameworthy, blamable, censurable
repreensivelmente *adv.* reprehensibly
repreensivo *adj.* reprehending
repreensor *s. m.* ⇒ **repreendedor**
repregar *v. tr.* to nail again; to rivet
reprego *s. m.* nailing again; nailing fast (securely)
represa *s. m.* dam; sluice, weir; flood-gate; ARQUITECTURA console, corbel, bracket; [E.U.A.] ***represa na margem de um rio*** embankment, levee; ***represa de moinho*** mill-pond, mill-race
represado *adj.* stopped, kept back; confined, dammed up
represadura *s. f.* (act of) repressing
represália *s. f.* reprisal, retaliation, revenge; ***como represália*** by way of retaliation
represar *v. tr.* to dam up, to block up; to stop, to obstruct; to detain, to repress, to withhold; to recapture, to retake
representação *s. f.* representation, representing; deputation, body of delegates; agency; show, performance, display; DIREITO representation; petition, address
representador *s. m.* representer, player, actor
representante Ⓐ *s. m. e f.* representative, delegate, ambassador (ambassadress), minister, etc Ⓑ *adj.* representative, representing
representar Ⓐ *v. tr. e intr.* to represent, to figure, to depict, to portray, to describe, to show; to act (in a play), to play, to perform, to play the role of, to impersonate; to mean, to signify, to stand for; to typify, to symbolize; to act for (as agent, substitute, deputy); to take the place of; to state, to set forth; to lodge a protest Ⓑ *v. refl.* to figure to oneself, to represent to oneself, to fancy to oneself; ***todos os partidos estavam representados na reunião*** every party was represented at the meeting; ***não representar nada*** to stand for nothing; COMÉRCIO ***representar muitas firmas*** to be agent for several firms; ***representar alguém*** to represent someone; ***representar uma peça teatral*** to act a play; ***a peça foi representada durante dez noites*** the play ran for ten nights
representatividade *s. f.* representativeness
representativo *adj.* representative; typical, characteristic
representável *adj.* representable, actable
representear *v. tr.* to exchange presents
represo *adj.* rearrested, retaken; dammed up, kept back; stopped, blocked up
repressão *s. f.* repression, repressing, suppression, restraint, check; ***repressão da rebelião*** putting down of rebellion
repressivo *adj.* repressive; ***medidas repressivas*** repressive measures
repressor *s. m.* represser
reprimenda *s. f.* reprimand, rebuke, reproof, admonition, reproval, dressing-down, set-down; ***dar uma boa reprimenda*** to give a good dressing-down
reprimidor Ⓐ *s. m.* represser Ⓑ *adj.* repressive
reprimir Ⓐ *v. tr.* to repress, to suppress, to put down, to keep down, to curb, to check, to overcome, to overpower, to get the better of, to get the upper hand Ⓑ *v. refl.* to restrain from; to control oneself, to check oneself; ***reprimir as lágrimas*** to repress one's tears; ***reprimir um abuso*** to check an abuse
reprimível *adj.* repressive
reprincipiar *v. tr.* to begin again
repristinação *s. f.* revalidation, renewal
repristinar *v. tr.* to make valid again, to validate anew, to renew
reprobatório *adj.* reprobative, reprobatory
réprobo Ⓐ *adj.* reprobate, depraved, unprincipled Ⓑ *s. m.* a reprobate

reprodução *s. f.* reproduction; copy, replica, representation; ***reprodução fotográfica*** photographic image, photographic reproduction
reprodutibilidade *s. f.* reproductiveness, reproductivity
reprodutível *adj.* reproducible
reprodutivo *adj.* reproductive
reprodutor Ⓐ *adj.* reproductive Ⓑ *s. m.* reproducer; animal kept for breeding, stud-horse, bull, etc
reproduzir Ⓐ *v. tr.* to reproduce, to produce afresh, to repeat, to revive; to imitate, to copy, to transcribe; to represent, to describe Ⓑ *v. refl.* to procreate, to breed, to generate, to produce offspring
reproduzível *adj.* reproducible
reprofundar Ⓐ *v. tr.* to make deeper, to deepen Ⓑ *v. intr.* to sink, to submerge
reprografia *s. f.* reprography
reprogramação *s. f.* reprogramming
reprometer *v. tr.* to promise anew
repromissão *s. f.* new promise; mutual promise
reprovação *s. f.* reproof, blame, disapproval, censure; rejection, failure (in an examination), reprobation, condemnation; ***actos como estes provocam a reprovação geral*** such acts meet with general disapproval; ***reprovação da proposta*** rejection of the scheme; ***o ano passado houve muitas reprovações (nos exames)*** last year there were a great number of failures (in the examinations)
reprovado *adj.* rejected, refused; failed; [coloq.] ploughed, plucked (at an examination); ***ficar reprovado num exame*** to fail (to be ploughed, to be plucked) in an examination
reprovador Ⓐ *s. m.* reprover Ⓑ *adj.* reprobative, reprobatory
reprovar *v. tr.* to reprove, to blame, to censure; to turn down, to reject; to condemn, to vote against; to fail, to reject (a candidate) in an examination; [fam.] to plough a candidate, to pluck a candidate; ***reprovar o procedimento de alguém*** to disapprove of a person's conduct; [coloq.] ***ela ficou reprovada em inglês*** she failed in English, she was ploughed (or plucked) in English
reprovável *adj.* blameworthy, censurable
repruir *v. tr.* to cause pruritus; to inflame
reprurir *v. tr.* to cause pruritus; to inflame
reptação *s. f.* challenge, defiance, crawling, creeping (of some animals), reptation
reptador *s. m.* challenger, defier, provoker
reptamento *s. m.* ⇒ **reptação**
reptante Ⓐ *adj.* creeping, crawling, reptant; reptile Ⓑ *s. m. e f.* challenger, defier, provoker
reptar Ⓐ *v. tr.* to challenge, to defy, to provoke Ⓑ *v. intr.* to creep, to crawl
réptil Ⓐ *s. m.* ZOOLOGIA reptile (*plural* reptilia) Ⓑ *adj.* reptile, creeping, crawling, reptilian; despicable, contemptible
reptilário *adj.* reptilian
repto *s. m.* challenge, defiance, provocation
república *s. f.* republic; hostel (for students); [fig.] disordered house; ***República Portuguesa*** the Portuguese Republic; ***Presidente da República*** the President of the Republic; ***república de estudantes*** a hostel for students
republicação *s. f.* republishing; reissuing
republicanismo *s. m.* republicanism
republicanização *s. f.* republicanization
republicanizar *v. tr.* to republicanize
republicano *s. m., adj.* republican
republicar *v. tr.* to republish, to reissue
republicida *s. m. e f.* destroyer of a republic
republicídio *s. m.* destruction of a republic
repúblico *s. m., adj.* republican
republiqueiro *s. m.* simulated (sham) republican
repudiação *s. f.* repudiation, rejection
repudiado *adj.* repudiated, cast off, rejected, discarded; divorced
repudiar *v. tr.* to repudiate, to discard; to deny, to reject, to disclaim, to renounce, to cast off; to abandon, to divorce; ***repudiar uma obrigação*** to repudiate an obligation
repudiável *adj.* repudiable, rejectable; refusable
repúdio *s. m.* repudiation, rejection, divorce; disclaiming, disowning
repugnador Ⓐ *adj.* repugnant, offensive, disgusting Ⓑ *s. m.* disguster; disgusting person
repugnância *s. f.* repugnance, aversion, disgust, dislike; antipathy; reluctance, unwillingness; ***ter repugnância por alguém*** to have repugnance towards (against) someone
repugnante *adj.* repugnant, disgusting, distasteful, offensive, repellent, loathsome, detestable; ***um crime repugnante*** a villainous crime
repugnar Ⓐ *v. tr.* to cause repugnance to; to disgust, to sicken Ⓑ *v. intr.* to be repugnant to, to be contrary, to clash with (one's conscience); to refuse to, to be loath to (accept, agree, etc.)
repulsa *s. f.* repulse, snub, rebuff, refusal, denial
repulsão *s. f.* repulsion, aversion, dislike, antipathy, repugnance, disgust, loathing, hatred; antagonism, hostility; ***repulsão eléctrica*** electrical repulsion
repulsar *v. tr.* to repulse, to repel, to beat back (off), to drive back; to reject, to rebuff, to snub
repulsivo *adj.* repulsive, loathsome, repellent, disgusting, offensive, loathsome, nauseating, sickening, repugnant
repulso Ⓐ *adj.* repulsed, repelled, beaten (driven) back Ⓑ *s. m.* repulsion
repululação *s. f.* repullulation (act of sprouting again)
repulular *v. intr.* to repullulate; to bud again; to sprout out again; to develop
repungir *v. tr.* to hurt deeply, to mortify, to wound
repurgação *s. f.* new purgation
repurgar *v. tr.* to purge anew, to purify again
repurificação *s. f.* new purification
repurificar *v. tr.* to purify again
reputação *s. f.* reputation, repute, character, name, good fame, renown, credit, respectability; ***perder a reputação*** to lose one's reputation; ***gozar de boa reputação*** to enjoy a good reputation; ***de má reputação*** in evil repute
reputar *v. tr.* to repute, to deem, to consider, to hold, to esteem, to think, to judge, to reckon, to account; to be thought of, to be commonly considered as
repuxador *s. m.* embosser
repuxão *s. m.* drawing back, pulling back; a hard push
repuxar Ⓐ *v. tr.* to draw back, to pull back, to tighten, to draw tight, to emboss Ⓑ *v. intr.* to spout, to gush; NÁUTICA to drive out
repuxo *s. m.* jet of water, fountain; waterspout; recoil, drawing back; buttress, support (of a wall)
requebrado *adj.* tender, languid, amorous; refracted; MÚSICA trilled; BOTÂNICA bent, angled
requebrador *s. m.* wooer; waddler
requebrar Ⓐ *v. tr.* to woo, to court, to make eyes at Ⓑ *v. refl.* to waddle
requebros *s. m. pl.* amorous expressions, languishing looks, blandishments; MÚSICA trill
requeijão *s. m.* curd, curdled milk, curd cheese
requeijeiro *s. m.* curd cheese-maker
requeima *s. f.* act of burning; parchedness
requeimação *s. f.* burning; parchedness
requeimar Ⓐ *v. tr.* to burn, to toast to excess, to overcook; to scorch, to parch, to brown, to tan Ⓑ *v. intr.* to have a pungent flavour, to be hot (of food)
requeime *s. m.* poignancy; piquant flavour; acridity
requentado *adj.* heated (warmed) up again, reheated; ***não gosto de alimentos requentados*** I don't like reheated food, I don't like food heated up again
requentar Ⓐ *v. tr.* to heat (to warm) up again Ⓑ *v. intr.* to taste of smoke

requeredor Ⓐ *s. m.* petitioner; procurator Ⓑ *adj.* petitioning, requesting
requerente Ⓐ *s. m. e f.* petitioner, solicitant, applicant, requester Ⓑ *adj.* applying, requesting, requiring
requerer *v. tr.* to apply for, to make an application to, to petition, to request, to make a request for; to require, to need, to call for, to exact, to demand; to need, to want; to order, to summon; ***este trabalho requer muita atenção*** this work demands (calls for, exacts) great attention; ***requerer tempo*** to require time; ***requerer uma patente de invenção*** to apply for a patent
requerimento *s. m.* application, petition, request, demand; ***fazer um requerimento ao ministro*** to make an application to the minister; ***a requerimento*** on request, on demand
requesta *s. f.* strife, quarrel, dispute; demand, request
requestador *s. m.* petitioner, applicant; wooer, suitor
requestar *v. tr.* to request, to ask for, to solicit; to court, to woo, to make love to
requesto *s. m.* ⇒ **requesta**
réquie *s. m.* rest; Requiem
réquiem *s. m.* RELIGIÃO requiem, mass for the dead; musical setting for this mass; ***missa de réquiem*** mass for the dead, requiem mass
requietório *s. m.* the grave
requife *s. m.* binding, trimming
requifeiro *s. m.* seller of trimming
requinta *s. f.* high-pitched clarinet
requintado *adj.* refined, polished, elegant, perfect, accomplished, consummate
requintar Ⓐ *v. tr. e intr.* to refine, to excel, to exceed, to surpass Ⓑ *v. refl.* to affect refinement, to act in an affected manner; to use (niceties) subtleties (in language)
requinte *s. m.* refinement, nicety, fineness, subtlety; elegance, polish, delicacy, politeness; affectation; ***com requinte*** in style
requintista *s. m. e f.* player of high pitched-clarinet
requisição *s. f.* requisition, application, demand; ***a requisição*** on application; ***fazer uma requisição*** to make a requisition for; ***requisição de mercadorias*** requisitioning of goods
requisitante Ⓐ *s. m. e f.* applicant, petitioner Ⓑ *adj.* applying, petitioning
requisitar *v. tr.* to requisition, to request, to make a requisition for; to demand the supply of (for military purpose); to make a demand on; ***requisitar navios*** to requisition ships
requisito Ⓐ *s. m.* requisite, requirement, qualification Ⓑ *adj.* requisite, needed, required, essential, necessary
requisitório Ⓐ *adj.* beseeching, requisitory Ⓑ *s. m.* requisitory, public accusation
rer *v. tr.* to rake (salt) and heap it up
rés *adj.* close, level, even with; ***ao rés de*** close to
rês *s. f.* animal (any quadruped bred for meat production), cattle for slaughter; [fig.] crafty person, cheat, cunning person; ***má rês*** a bad lot
resalgar *v. tr.* ⇒ **rosalgar**
resbordo *s. m.* NÁUTICA resbordo de carga, cargo door; cargo port; gangway door
rescaldar *v. tr.* to scald anew
rescaldeiro *s. m.* chafer; brazier
rescaldo *s. m.* hot embers, cinders, smouldering ashes; remains of a fire; hot vapours; [fig.] result, issue, outcome
rescendência *s. f.* redolence, scent, fragrance
rescendente *adj.* sweet-scented, fragrant, redolent, odoriferous, perfumed, balmy
rescender *v. intr.* to emit a sweet scent; to smell sweet, to be odoriferous
rescindência *s. f.* ⇒ **rescisão**
rescindir *v. tr.* to rescind, to break, to dissolve, to annul, to revoke, to cancel, to abrogate, to make void, to break off, to cut off, to invalidate; ***rescindir um contrato*** to rescind a contract
rescindível *adj.* rescindable
rescisão *s. f.* rescission; annulment, abrogation, repeal, revocation, cancelling, abolition; ***rescisão de um contrato*** rescission from a contract
rescisor Ⓐ *s. m.* rescinder, revoker Ⓑ *adj.* rescinding, revoking
rescisório *adj.* rescissory, rescinding, annulling
rescrever *v. tr.* to rewrite, to write over (out) again, to recopy, to rescribe
rescrição *s. f.* rescription
rescrito Ⓐ *s. m.* rescript Ⓑ *adj.* rewritten
rés-do-chão *s. m.* ground-floor; ***morar no rés-do-chão*** to live on the ground-floor
reseda *s. f.* BOTÂNICA reseda, mignonette; dyer's weed
Resedáceas *s. f. pl.* BOTÂNICA *Resedaceae*
resedal *s. m.* plot (bed) of resedas (mignonettes)
resenha *s. m.* minute description, detailed list (report, inventory, enumeration)
resenhar *v. tr.* to relate (to report) minutely, to make a detailed list of, to inventory
resenho *s. m.* brand (on cattle)
resentadura *s. f.* ferment, leaven, yeast
reserva *s. f.* reserve, extra supply, store, stock; MILITAR, NÁUTICO the Reserve, reservists; reservation, restriction, restraint, reticence; discretion, caution; shyness, coyness; booking, reservation (of seats, accommodation, etc.); ***fundo de reserva*** reserve fund; ***pôr de reserva*** to store, to lay by, to keep in reserve, to keep in Bank; ***uma última reserva de dinheiro*** a shot in the locker; ***falar sem reserva*** to speak without reserve; ***ter uma grande reserva de energia*** to have a great reserve of energy; ***a tradicional reserva dos ingleses*** the traditional reserve of the English; ***reserva de água*** reservoir; ***reserva de caça*** game reserve; ***reserva de mercado*** protected market; ***reserva de petróleo*** oil reserve; ***reserva natural*** natural reserve; ***reserva em dinheiro*** cash reserve; ***reserva naval*** naval reserve; ***quadro de reserva (forças armadas)*** reserve list (armed forces); ***de reserva*** in store; ***sem reserva*** without reserve, unreservedly, unconditionally
reservação *s. f.* reserve, extra supply, store, stock; MILITAR, NÁUTICO the Reserve, reservists; reservation, restriction, restraint, reticence; discretion, caution; shyness, coyness; booking, reservation (of seats, accommodation, etc.)
reservadamente *adv.* reservedly; in a reserved (reticent) manner
reservado *adj.* reserved, kept, set apart; booked, reserved (of seats, hotels, etc.); private; cautious, diffident, shy, reticent, aloof; cold, stiff, unsociable, stand-offish; ***lugares reservados*** reserved seats; ***tornar-se reservado*** to shrink into oneself; ***mostrar-se muito reservado a respeito do assunto*** he shows great reticence about the subject; ***ele é muito reservado*** he is very reserved; ***reservados todos os direitos*** all rights reserved
reservador Ⓐ *s. m.* reserver Ⓑ *adj.* reserving
reservar Ⓐ *v. tr.* to reserve, to keep, to retain, to secure; to keep aside, to set apart, to keep in store; to book, to reserve (seats, accommodation, etc.); to save, to set by, to spare Ⓑ *v. intr.* to be reserved, to be in store for, to await Ⓒ *v. refl.* to reserve oneself, to await an opportunity; ***reservar para*** to lay up in store for; ***reservar um lugar num teatro*** to reserve (to book) a seat at a theatre; ***está-lhe reservado um grande futuro*** a great future is in store for him; ***estou a reservar-me para um esforço final*** I am reserving myself for a final effort; ***reservar energias*** to reserve energies; ***reservou o melhor quarto para ele*** he secured (kept) the best room for himself; ***reservar para alguém*** to keep (to set) aside for someone
reservativo *adj.* reservative; reserving
reservatório *s. m.* reservoir, tank, vessel; ***reservatório de água*** reservoir, water-cistern; ***reservatório de gasolina*** petrol tank

reservista *s. m.* reservist, reserve
resfolegadoiro *s. m.* ⇒ **resfolegadouro**
resfolegadouro *s. m.* air vent, breathing-hole
resfolegante *adj.* panting, gasping, puffing; snorting
resfolegar *v. tr. e intr.* to breathe, to pant, to gasp for breath, to puff; to snort; to spout out, to spurt, to discharge; [fig.] to gather strength, to gather oneself together
resfôlego *s. m.* respiration, breathing, panting, gasp; snort
resfolgadoiro *s. m.* ⇒ **resfolegadouro**
resfolgadouro *s. m.* ⇒ **resfolegadouro**
resfolgante *adj.* ⇒ **resfolegante**
resfolgar *v. tr. e intr.* ⇒ **resfolegar**
resfolgo *s. m.* ⇒ **resfôlego**
resfriado Ⓐ *s. m.* MEDICINA chill, cold Ⓑ *adj.* cooled, chilled
resfriadoiro *s. m.* ⇒ **resfriadouro**
resfriador Ⓐ *s. m.* cooler, refrigerator Ⓑ *adj.* cooling, refrigerating, freezing
resfriadouro *s. m.* cooler; cooling place
resfriamento *s. m.* chill, cold, feverish cold; cooling; ***apanhar um resfriamento*** to catch a cold (a chill)
resfriar Ⓐ *v. tr.* to cool, to make cool, to chill, to render cold; to refrigerate, to ice, to freeze Ⓑ *v. intr.* to grow cold, to become cold; [fig.] to cool, to reduce enthusiasm (ardour), to lose ardour, to grow lukewarm Ⓒ *v. refl.* to catch a chill; ***resfriar o entusiasmo*** to cool one's enthusiasm; ***o tempo resfriou*** the weather has turned cooler
resgatabilidade *s. f.* redeemableness
resgatador Ⓐ *s. m.* ransomer, redeemer, releaser Ⓑ *adj.* ransoming, redeeming, releasing
resgatar *v. tr.* to ransom, to redeem, to release, to recuse, to liberate, to free, to buy off; to buy the freedom of; to procure the restoration of; to atone for; to expiate; ***resgatar um prisioneiro de guerra*** to ransom a prisoner of war; ***resgatar um penhor*** to redeem a pawn; ***resgatar títulos*** to redeem bonds
resgatável *adj.* redeemable, capable of redemption (or repurchase); retrievable
resgate *s. m.* ransom (money paid by a prisoner for his freedom); redemption; release, liberation, deliverance (of a prisoner or captive); quittance; ***resgate de um penhor*** redemption of a pledge (pawn)
resguardado *adj.* protected, covered, kept, guarded, shielded; cautious, reserved, circumspect
resguardar *v. tr. e refl.* to protect, to guard, to keep, to defend, to preserve, to shelter, to screen, to shield; to be cautious; to take care of oneself; to be on one's guard; ***resguardar de*** to protect against
resguardo *s. m.* guard, protection, defence, shelter, screen; [fig.] security; watchfulness, vigilance, caution, prudence; care, precaution; NÁUTICA guard, rail; wide berth
residência *s. f.* residence, abode, home dwelling, lodging, domicile, place of residence; ***residência oficial*** official residence; ***fixar residência*** to take up one's residence, to settle
residencial *adj.* residential; ***bairro residencial*** residential quarter
residente Ⓐ *adj.* resident, residing, dwelling Ⓑ *s. m.* resident, diplomatic agent
residir *v. intr.* to reside, to live in, to dwell in, to inhabit, to lodge, to abide, to domiciliate; to say; to be found in; ***residir no estrangeiro*** to reside abroad; ***reside em Londres, mas agora está na província*** he lives in London, but he is now staying in the country
residual *adj.* residual, residuary, remaining, let over
residuário *adj.* residuary
resíduo *s. m.* residue, rest, remainder, remnant; dreg, lees; QUÍMICA residuum (*plural* residua)
resignação *s. f.* resignation, endurance, patience, submission; relinquishment, surrender, abandonment, abdication, retirement; ***sofrer com resignação*** to suffer with resignation
resignadamente *adv.* resignedly; with resignation, submissively, patiently, uncomplainingly
resignado *adj.* resigned, uncomplaining, acquiescent
resignante *adj.* resigning, abdicating, renouncing
resignar Ⓐ *v. tr.* to resign, to give up, to relinquish, to surrender; to hand over, to yield up; to abandon, to renounce, to retire, to give up an office, to withdraw from Ⓑ *v. refl.* to accept with resignation; to reconcile oneself to, to resign oneself; ***resignar-se com a sua sorte*** to resign oneself to one's fate
resignatário *s. m.* resignee
resignável *adj.* that may be resigned
resiliência *s. f.* resiliency, elasticity, resilience
resiliente *adj.* resilient, rebounding
resilir Ⓐ *v. tr.* ⇒ **rescindir** Ⓑ *v. intr.* to resile
resina *s. f.* resin, rosin
resinagem *s. f.* resinification
resinar *v. tr.* to resin, to apply resin to; to extract resin from trees
resineiro *s. m.* one who extracts resin
resinento *adj.* resinous, resiny
resinífero *adj.* resiniferous, yielding resin
resinificação *s. f.* resinification
resinificar *v. tr.* to resinify (to convert into resin)
resinificável *adj.* convertible into resin
resiniforme *adj.* resiniform
resinoso *adj.* resinous, resiny
resipiscência *s. f.* resipiscence, repentance, contrition, recognition of error, return to good sense
resistência *s. f.* resistance, opposition, hindrance; endurance, stamina, toughness, solidity; FÍSICA non-conductivity; ELECTRICIDADE resistance; antagonism, conflict, hostility, enmity; refusal to obey; ***oferecer resistência*** to offer resistance; ***oferecer resistência vigorosa*** to make a stout resistance; ***caixa de resistência*** resistance-box; ***bobina de resistência de fricção*** frictional resistance; ***resistência ao fogo*** refractoriness; ***resistência eléctrica*** electrical resistance
resistente *adj.* resistant, resisting; enduring, tough, hardy, solid; ***pessoa resistente*** obstinate person; ***resistente à humidade*** moisture proof, damp-proof
resistibilidade *s. f.* resistibility
resistir *v. intr.* to resist, to stand up against, to stand fast, to stand; to strive against, to withstand; to oppose, to offer resistance, to make opposition; to endure; to last, to wear well; ***resistir à prova*** to stand the test; ***resistir corajosamente*** to put on a brave face, to resist bravely; ***resistir à tempestade*** to weather the storm; ***resistir aos ataques do inimigo*** to resist the attacks of the enemy; ***resistir à tentação de fazer qualquer coisa*** to resist the temptation to do something; ***resistir à viagem*** to stand the voyage, to endure the voyage
resistível *adj.* resistible
resistividade *s. f.* ELECTRICIDADE resistivity
reslumbrar *v. intr.* to shine through
resma *s. f.* ream (twenty quires of 24 sheets of paper)
resmoneador *s. m.* ⇒ **resmungão**
resmonear *v. tr.* ⇒ **resmungar**
resmoneio *s. m.* grumbling, murmuring, complaint, fault-finding; growling
resmono *s. m.* grumbling, murmuring, complaint, fault-finding; growling
resmuda *s. f.* inverted order; exchange
resmungão Ⓐ *s. m.* grumbler, murmurer, complainer, fault-finder, growler Ⓑ *adj.* grumbling, murmuring, fault-finding, growling
resmungar *v. tr. e intr.* to grumble, to murmur, to mutter, to mumble, to complain, to find fault, to repine, to croak, to growl
resmunguento *adj.* ⇒ **resmungão**

resmunguice *s. f.* grumbling, complaint, murmuring, fault-finding
resolubilidade *s. f.* resolubility, resolubleness
resolução *s. f.* resolution, solution, decision, deliberation; determination, will, purpose, firm intention, decision, boldness, courage, stoutness, pluck, energy, tenacity; MEDICINA resolution; ***tomar uma resolução*** to come to a resolution, to make a decision; ***alta resolução*** high resolution
resolutamente *adv.* resolutely, deliberately, courageously, pluckily
resolutivo Ⓐ *adj.* resolutive Ⓑ *s. m.* MEDICINA resolvent, resolutive drug
resoluto *adj.* resolute, firm, unflinching, determined; bold, stout-hearted, courageous; unwavering, unswerving
resolutório *adj.* resolutory, explanatory
resolúvel *adj.* resolvable
resolvente *s. m., adj.* resolvent
resolver *v. tr. e intr.* *(dissolver,* desintegrar) to resolve, to dissolve, to separate, to disintegrate, to break up into parts; to analyse; *(decidir)* to resolve, to form a resolution, to determine, to decide, to make up one's mind; *(esclarecer, arrumar)* to solve, to settle, to clear up, to unravel, to decipher, to disentangle; DIREITO to lapse, to become void; ***resolver criteriosamente*** to pull a thing off well; ***resolver uma dificuldade prontamente*** to make short work of; ***resolver uma questão*** to settle a question, to settle a matter; ***resolver dificuldades*** to settle difficulties; ***resolver um problema*** to solve a problem; ***resolver uma equação*** to resolve an equation; ***ele resolveu ir para o Canadá*** he made up his mind to go to Canada, he decided to go to Canada
resolvido *adj.* solved; resolved, settled; decided, determined; [fig.] resolute, firm, determined, decided, steady, stanch, staunch
resolvível *adj.* resolvable, solvable
resorcina *s. f.* QUÍMICA resorcin(ol)
respaldar Ⓐ *v. tr.* to smooth, to make smooth (plain), to make level, to level Ⓑ *s. m.* back of a chair
respaldo *s. m.* smoothing; back of a chair; back of a seat; slope (of a hill)
respançadura *s. f.* erasure; scraping, rasping, erasing
respançamento *s. m.* erasure; scraping, rasping, erasing
respançar *v. tr.* to scrape, to rasp, to erase
respe *s. m.* [Bras.] censure, reproach
respectivamente *adv.* respectively
respectivo *adj.* respective, relative, relating; own, individual; ***vão para os vossos respectivos lugares*** go to your respective (own) places
respeitabilidade *s. f.* respectability, dignity, standing, reputation, repute, credit; ***pessoas de responsabilidade*** persons of good reputation
respeitado *adj.* respected, considered, esteemed; observed (of laws, customs, etc.); ***ser respeitado*** to be held in respect; ***há que respeitar as leis*** laws must be observed
respeitador Ⓐ *s. m.* respecter Ⓑ *adj.* respecting; respectful
respeitante *adj.* concerning, referring to
respeitar Ⓐ *v. tr. e intr.* to respect, to esteem, to honour, to venerate, to relate to, to concern, to regard; to observe, to follow, to obey, to comply with, to consider; to be concerned about (in, with) Ⓑ *v. refl.* to respect oneself; ***respeitar os pais*** to respect one's parents; ***respeitar a lei*** to respect (to observe, to comply with) the law; ***respeitar a velhice*** to respect old age; ***respeitar os mortos*** to honour the dead; ***fazer-se respeitar*** to make oneself respected; ***respeitar um contrato*** to fulfil a contract
respeitável *adj.* respectable, estimable, worthy, honourable; important, moderate, considerable, fair, pretty good (number of); ***um homem respeitável*** a respectable man; ***um rendimento respeitável*** a respectable income; ***a distância respeitável*** at a considerable distance; ***temos um número respeitável de livros*** we have a pretty good number of books; COMÉRCIO ***casa respeitável*** esteemed firm
respeitavelmente *adv.* respectably, reputably
respeito *s. m.* respect, regard, esteem, deference, reverence, consideration; due appreciation; relation, reference, respect; faithful observance; attention; *pl.* compliments, regards; ***no que me diz respeito*** as far as I am concerned; ***respeito pela velhice*** respect (or regard) for old age; ***não ter respeito por*** to pay no regard to; ***com respeito ao que dizes*** with respect to what you say, in reference to what you say; ***a esse respeito nada mais há a dizer*** in respect to that there is nothing more to be said; ***a nenhum respeito*** in no respect; ***com o respeito devido*** with all due deference (to you); ***a todos os respeitos*** in every respect; ***a respeito de; com respeito a*** in respect of, with respect to, as for, as to, as regards, concerning; ***dizer respeito a*** to concern; ***faltar ao respeito*** to treat with disrespect; ***falta de respeito*** disrespect, impoliteness; ***meter respeito*** to put one in fear, to inspire with awe; ***ter muito respeito por*** to stand in awe of, to have a great respect for; ***pessoa digna de todo o respeito*** a person well worthy of respect
respeitosamente *adv.* respectfully, dutifully
respeitoso *adj.* respectful, deferential, dutiful
réspice *s. m.* rebuke, scolding, childing, reprimand
respiga *s. f.* gleaning; NÁUTICA spigot
respigadeira *s. f.* woman gleaner
respigador Ⓐ *s. m.* gleaner Ⓑ *adj.* gleaning
respigão *s. m.* hang-nail, agnail
respigar *v. intr.* to glean, to pick up, to gather; [fig.] to collect (to gather) at random; to pick up odds and ends; to scrape together (news, facts, etc.)
respigo *s. m.* gleaning; brat, child
respingador Ⓐ *s. m.* peevish (refractory, recalcitrant) person Ⓑ *adj.* recalcitrant, refractory, non-compliant, peevish
respingão Ⓐ *s. m.* peevish (refractory, recalcitrant) person Ⓑ *adj.* recalcitrant, refractory, non-compliant, peevish
respingar* Ⓐ *v. tr.* to sprinkle, to spatter, to spray, to spot (with water) Ⓑ *v. intr.* to recalcitrate, to refuse to comply; to kick, to wince; to sparkle; to effervesce; to crackle
respingo *s. m.* sprinkle, splash; kicking; wincing; sparkling
respirabilidade *s. f.* respirability
respiração *s. f.* respiration, breathing; breath; ***respiração artificial*** artificial respiration; ***suster a respiração*** to hold one's breath; ***que tem a respiração curta*** short-winded, short of breath; ***respiração difícil*** difficult breathing; ***respiração profunda*** deep breathing
respiráculo *s. m.* ⇒ **respiradouro**
respiradoiro *s. m.* ⇒ **respiradouro**
respirador Ⓐ *s. m.* respirator Ⓑ *adj.* breathing; respiratory
respiradouro *s. m.* air-hole, air course; breathing-hole
respiramento *s. m.* respiration, breathing, breath
respirar *v. intr.* to breathe, to take in and expel air, to inhale and exhale, to respire; [fig.] to enjoy relief, to take rest, to recover spirit (hope); ***sem respirar*** unremittingly; ***respirar com dificuldade*** to gasp for breath; ***respirar fundo*** to breathe deeply
respiratório *adj.* respiratory
respirável *adj.* respirable
respiro *s. m.* breath, breathing; air-hole, vent; respite, rest, breathing spell
resplandecência *s. f.* resplendence, resplendency, brilliance, lustre, splendour, glitter, glory
resplandecente *adj.* resplendent, brilliant, dazzling, shining, radiant, beaming, effulgent, glorious, very splendid
resplandecentemente *adv.* resplendently, brilliantly, dazzlingly, splendidly, gloriously
resplandecer *v. intr.* to shine, to glitter, to gleam, to glow, to sparkle, to coruscate; to be brilliant, to excel (in some respect or sphere), to resplandish

resplandente *adj.* ⇒ **resplandecente**
resplander *v. intr.* ⇒ **resplandecer**
resplandor *s. m.* ⇒ **resplendor**
resplendência *s. f.* ⇒ **resplandecência**
resplender *v. intr.* ⇒ **resplandecer**
resplêndido *adj.* very splendid
resplendor *s. m.* brightness, brilliance, brilliancy, radiance; splendour, magnificence; aureol, halo, nimbus, glory
resplendoroso *adj.* resplendent, shining, bright, dazzling, brilliant, radiant, refulgent; glorious, magnificent, gorgeous
respondão Ⓐ *s. m.* grumbler, backbiter Ⓑ *adj.* peevish, snappish, recalcitrant, backbiting
respondedor *adj.* ⇒ **respondão**
respondência *s. f.* respondence, respondency
respondente *s. m. e f., adj.* DIREITO respondent
responder Ⓐ *v. tr.* to answer, to reply, to give an answer, to make a reply Ⓑ *v. intr.* to object; to retort; to grumble, to answer back, to give an answer; to respond, to react; to be responsible for, to answer for; ***responder a uma pergunta*** to answer a question, to reply to a question; ***ela não se dignou responder à minha carta*** she did not deign to reply to my letter; ***não sabia o que havia de responder*** he did not know what to reply; ***responder a uma carta*** to reply to a letter, to write back; ***responder a um questionário*** to answer a series of questions; ***quando lhe perguntavam a idade ela não respondia,*** when someone asked her age she did not reply; ***escrevi-lhe a semana passada, mas ele ainda não respondeu*** I wrote to him last week, but he hasn't answered yet; ***eu respondo por ele*** I will answer for him; ***responder rudemente*** to bite one's head off, to answer rudely
respondível *adj.* answerable
respondona *s. f.* grumbling (peevish, snappish) woman
responsabilidade *s. f.* responsibility; obligation; COMÉRCIO liability; ***tomar a responsabilidade*** to take responsibility for; ***lugar de responsabilidade*** position of responsibility; ***grande responsabilidade*** heavy responsibility; ***responsabilidade pessoal*** personal obligation; ***cargo de responsabilidade*** responsible post; ***ter à sua responsabilidade*** to have on one's hands; ***declinar responsabilidades*** to wash one's hands of, to decline all responsibility for; ***fê-lo sob a sua responsabilidade*** he did it on his own responsibility; COMÉRCIO ***responsabilidade limitada*** limited liability
responsabilizador *adj.* involving responsibility, responsible
responsabilizar Ⓐ *v. tr.* to hold responsible for; to put down to, to attribute Ⓑ *v. refl.* to be responsible for, to answer for, to be answer for; ***responsabilizo-me pelo pagamento da letra*** I will be responsible for the payment of the bill, I will stand surety for the payment of the bill
responsabilizável *adj.* liable to be called to account
responsar *v. tr.* to say responses; [coloq.] to speak ill of, to slander
responsável Ⓐ *adj.* responsible, answerable, liable, accountable for Ⓑ *s. m. e f.* responsible person, person in charge; ***tornar-se responsável*** to incur liabilities; ***responsável pelo pagamento*** liable for payment; ***tornar responsável*** to make liable; ***ser responsável pela segurança de alguém*** to be responsible for a person's safety; ***responsável para com*** responsible to; ***responsável por*** responsible for
responsavelmente *adv.* responsibly; answerably
responsivo *adj.* responsive, replying
responso *s. m.* RELIGIÃO responsory; response, reprimand, scolding, rebuke, reproof, admonition, reproval
responsório *s. m.* RELIGIÃO responsory; collection of responses
resposta *s. f.* answer, reply; repartee (witty retort), retort (quick, angry reply); response, rejoinder, replication, counterstatement; refutation, rebuttal, defence; solution; ***dar uma resposta*** to return an answer; ***não tem resposta*** there's no answer; ***por falta de resposta*** for lack of reply; ***resposta na volta do correio*** answer by return (of post); ***resposta paga*** prepaid reply; ***resposta pronta*** early reply; ***em resposta a*** in reply to; ***resposta imediata*** prompt reply; ***dar resposta pronta*** to give a prompt reply; ***agradecia uma resposta*** I beg for a reply; ***em resposta à sua carta datada de ontem*** in reply to your letter of yesterday's note; ***em resposta à sua carta de 17 de Novembro*** in reply to your letter of 17th November
respostada *s. f.* rude answer, sharp reply, retort
respostar *v. intr.* to answer discourteously, to answer insolently
resquício *s. m.* small fragments, vestige; residue, remainder; chink, cleft, opening, crack
ressaber Ⓐ *v. tr.* to know very well Ⓑ *v. intr.* to have a marked taste
ressabiado *adj.* suspicious, distrustful, resented; disgusted; skittish, unruly (horse); ***estar ressabiado*** to be in a huff, to be offended, to have a bad taste
ressabiar Ⓐ *v. intr.* to have a bad taste; to be annoyed, to show one's resentment Ⓑ *v. refl.* to become skittish (horse)
ressabido *adj.* very learned; erudite
ressábio *s. m.* ⇒ **ressaibo**
ressaborear *v. tr.* to appreciate very favourably; to taste again
ressaca *s. f.* backwater; hangover; surf, underset, undertow
ressacar *v. tr.* to redraw (to draw a new bill of exchange)
ressaibo *s. m.* bad taste, unpleasant after-taste; trace, vestige; resentment, grudge
ressaído *adj.* projecting, jutting out
ressaio *s. m.* wide place in front of a house
ressair *v. intr.* to project, to jut out; to stand out; to come anew
ressalga *s. f.* second (repeated) salting
ressalgar *v. tr.* to salt again
ressaltar Ⓐ *v. intr.* to stand out, to jut out; to rebound, to bounce Ⓑ *v. tr.* to give prominence to, to throw into relief; to heighten, to elevate; to exalt, to magnify
ressalte *s. m.* ⇒ **ressalto**
ressaltear *v. tr.* to assault again; to bound again, to jump again
ressalto *s. m.* rebound; jutting out, standing out, salience, projection; sprinkle, splash, speck, spot; tappet (motor-car)
ressalva *s. f.* certificate of exemption from military service; proviso, reservation; safety clause, safeguard; correction, confirmation of an erasure
ressalvar *v. tr.* to except, to make an exception; to safeguard, to protect, to caution; to free, to exempt; to correct, to confirm the erasure; ***ressalvar a rasura*** to confirm the erasure
ressangrar *v. intr.* to bleed again
ressaque *s. m.* COMÉRCIO redraft
ressarcido *adj.* compensated, repaired, indemnified, made good
ressarcimento *s. m.* amends, reparation, compensation, indemnity
ressarcir Ⓐ *v. tr.* to make amends (for); to compensate for, to indemnify, to make up for, to make good Ⓑ *v. refl.* to recover; ***ressarcir uma perda*** to make good a loss
ressaudação *s. f.* repeated greeting (salute); return of greeting (salute)
ressaudar *v. tr. e intr.* to salute again; to salute (to greet) in return; to return a salutation
ressecação *s. f.* exsiccation, thorough drying up
ressecar *v. tr.* to dry again, to overdry
ressecção *s. f.* CIRURGIA resection
resseco *adj.* very dry, parched
ressegar *v. tr.* to reap (to mow) again

ressegurar *v. tr.* to reinsure, to insure again
resseguro *s. m.* reinsurance
resselar *v. tr.* to reseal, to seal a second time
ressemear *v. tr.* to resow, to sow again
ressentidamente *adv.* resentfully
ressentido *adj.* hurt, offended, resentful
ressentimento *s. m.* resentment, displeasure, ill-feeling, grudge, bitterness; ***alimentar ressentimento*** to cherish resentment; ***ter ressentimento*** to bear a grudge
ressentir Ⓐ *v. tr.* to feel again Ⓑ *v. refl.* to resent; to feel and evince displeasure, to bear a grudge against; to take offense, to regard as offensive; to be (to feel) hurt, to be resentful; ***estar ressentido com alguém*** to bear a grudge against someone, to feel hurt at someone's conduct
ressequido *adj.* withered, shrivelled; very dry, parched; lean, lank, gaunt
ressequir Ⓐ *v. tr.* to dry up; to parch Ⓑ *v. intr.* to become dry; to whiter Ⓒ *v. refl.* to shrivel, to wither (with age)
resserenar *v. tr.* to restore serenity to, to tranquillize, to quieten
ressereno *adj.* very calm (serene)
ressesso *adj.* very dry; not fresh
ressicação *s. f.* exsiccation
ressicar Ⓐ *v. tr.* to dry up, to wither Ⓑ *v. refl.* to shrivel, to wither (with age)
ressio *s. m.* ⇒ **rossio**
ressoador *s. m.* resonator, resounder
ressoante *adj.* resonant, resounding, vibrating, ringing
ressoar *v. tr. e intr.* to tune, to intone; to resound, to reverberate, to re-echo, to ring (with a prolonged sound)
ressobrar *v. intr.* to be left over in excess, to abound excessively
ressoca *s. f.* [Bras.] second harvesting of sugar-cane
ressoldar *v. intr.* to solder again, to weld again
ressolhar *v. intr.* to feel (the horse) the effect of the sun
ressonador Ⓐ *adj.* resounding Ⓑ *s. m.* resonator, resounder
ressonância *s. f.* resonance, sonority, ring; ***ressonância acústica*** acoustic resonance
ressonante *adj.* resonant, sonorous, ringing, resounding; vibratory, vibrating, sounding; snoring (in sleep)
ressonar Ⓐ *v. tr. e intr.* to resound, to re-echo, to ring; to reverberate; to be filled (with sound) Ⓑ *v. intr.* to snore, to breathe heavily (in sleep)
ressono *s. m.* long and deep sleep
ressoo *s. m.* resounding, re-echoing, reverberation; snoring, snore
ressoprar *v. tr.* to blow again
ressorção *s. f.* resorption, resorbing
ressorcina *s. f.* QUÍMICA resorcin
ressorver *v. tr.* to resorb, to absorb again, to reabsorb
ressuar *v. intr.* to sweat abundantly
ressubir *v. tr. e intr.* to remount, to climb again; to climb often
ressudação *s. f.* perspiration, sweat, sweating, exudation; MEDICINA resudation
ressudar *v. tr. e intr.* to transude, to exude, to ooze out, to percolate, to filter, to strain; to distil; to sweat, to perspire
ressulcar *v. tr.* to plough (to furrow) again
ressumação *s. f.* ⇒ **ressumbro**
ressumar *v. tr. e intr.* ⇒ **ressumbrar**
ressumbrante *adj.* oozing, percolating, exuding
ressumbrar *v. tr.* to drip, to trickle, to ooze, to exude, to percolate, to filter through; to sweat, to perspire; to appear through; to disclose
ressumbro *s. m.* the act of dripping (trickling; disclosing)
ressunção *s. f.* resumption, reintegration; exposition
ressupinação *s. f.* BOTÂNICA resupination (inverted position)
ressupinado *adj.* BOTÂNICA resupinate, upside down, inverted (flower, leaf, etc.); bent backward; lying upon the back
ressupino *adj.* ⇒ **ressupinado**
ressurgência *s. f.* resurgence
ressurgente *adj.* resurgent, renewed, reviving
ressurgimento *s. m.* renewal, revival, renaissance; resurrection, resuscitation; resurgence
ressurgir *v. intr.* to emerge again, to rise again; to reappear, to revive; to return to life, to resuscitate; to resurge; to resurrect
ressurreccional *adj.* resurrectional
ressurrecto *adj.* resurrected
ressurreição *s. f.* re-emerging, renewal, resurrection, revival, rising; the Resurrection (the rising of Christ from the grave; festival commemorating this)
ressurtir *v. intr.* to spring up, to bounce up, to rebound; to stand out
ressuscitação *s. f.* [fig.] reappearance; ⇒ **ressurreição**
ressuscitado Ⓐ *adj.* resuscitated Ⓑ *s. m.* resuscitated person
ressuscitador Ⓐ *s. m.* resuscitator Ⓑ *adj.* resuscitating, reviving
ressuscitar Ⓐ *v. tr.* to resuscitate, to revive, to restore to life, to revivify, to reanimate; to rescue from oblivion; to bring back into use, to renew Ⓑ *v. intr.* to resuscitate, to revive, to reappear
ressuscitável *adj.* resuscitable
restabelecer Ⓐ *v. tr.* to re-establish, to establish again, to resettle, to reinstate, to reinstall; to restore Ⓑ *v. refl.* to recover (one's health), to recover from an illness, to get over an illness; ***restabelecer-se de uma doença*** to recover from an illness, to pull round; ***restabelecer-se depressa*** to make a quick recovery; ***ela está completamente restabelecida*** she is quite well again, she is quite recovered; ***restabelecer a linha telefónica*** to re-establish the telephone line, to reconnect the telephone wire; ***está restabelecida a paz*** peace has now been re-established; ***o general restabeleceu a ordem*** the general restored order
restabelecimento *s. m.* recovery, restoration; re-establishment, reinstatement; ***estar em via de restabelecimento*** to be on the way to recovery
resta-boi *s. m.* BOTÂNICA rest-harrow
restagnação *s. f.* stagnation, restagnation
restampa *s. f.* reimpression
restampar *v. tr.* to reprint an engraving; to pull a second print
restante Ⓐ *adj.* remaining, remanent, left over Ⓑ *s. m.* remainder, rest, surplus; ***os restantes*** the remainder, the remaining persons
restar *v. intr.* to be left over, to remain, to remain over; to survive; ***resta ver*** it remains to be seen; ***só me resta uma libra*** I have just one pound left; ***poucos amigos lhe restam*** he has few friends left; ***não me resta nada*** I have nothing left; ***ainda resta uma consolação*** there remains one consolation; ***é tudo o que me resta*** that is all I have left; ***resta-me ...*** it remains for me
restauração *s. f.* restoration, restoring, renewal; repairing, repair; re-establishment, restitution, reinstatement; ***restauração de obras de arte*** the restoration of works of art
restaurador Ⓐ *s. m.* restorer; re-establisher Ⓑ *adj.* restoring, refreshing, invigorating
restaurante Ⓐ *adj.* restoring, restorative Ⓑ *s. m.* restaurant, eating-house, chophouse; ***restaurante que vende acepipes ao balcão*** snack bar
restaurar Ⓐ *v. tr.* to restore, to re-establish; to repair; to renew, to renovate, to reconstruct Ⓑ *v. refl.* to recover (to regain) one's health; ***restaurar um quadro*** to restore a picture; ***restaurar uma igreja*** to restore a church
restaurativo *adj.* restorative, restoring, invigorating; MEDICINA analeptic

restaurável *adj.* restorable
restauro *s. m.* ⇒ **restauração**
reste *s. m.* rest (billiards)
restelada *s. f.* fallen olives
restelar *v. tr.* to hackle (to dress, to comb) flax
restelo *s. m.* hackle, flax-comb
resteva *s. f.* stubble, stumps of grain, stubble field; stowage, trimming of a ship
réstia *s. f.* rope (of reeds), string; ray of light; ***réstia de cebolas*** a string of onions; ***réstia de alhos*** a string of garlic; ***réstia de sol*** a ray of sunshine, sunbeam; ***réstia de esperança*** ray of hope
restiforme *adj.* ropelike
restilação *s. f.* redistillation
restilar *v. tr.* to distil again, to redistil
restilo *s. m.* ⇒ **restilação**
restinga *s. f.* spit, sandbank, shoal; shelf, reef
restingal *s. m.* a series of spits, a large number of spits
restinguir *v. tr.* to extinguish again
restituição *s. f.* restitution, return, restoring of (thing to proper owner); reparation, indemnification; rehabilitation; ***restituição de uma quantia*** return of a sum of money
restituidor Ⓐ *s. m.* restorer Ⓑ *adj.* restoring, returning
restituir Ⓐ *v. tr.* to give back, to return, to make restitution of; to send back; to bring back; to replace; to refund, to restore, to rehabilitate Ⓑ *v. refl.* to reinstate oneself; ***restituiu o guarda-chuva que levou por engano*** he brought back the umbrella he had taken by mistake; ***restituir um livro*** to return a book; ***restituir uma quantia*** to return a sum of money; ***o ar do mar restituiu-lhe a saúde*** the sea air restored his health
restituitório *adj.* pertaining to restitution
restituível *adj.* restitutory, restorable
restiva *s. f.* second tillage, second crop (in the same year)
restivada *s. f.* [reg.] second tillage, second crop (in the same year)
restivar *v. tr.* to till a second time (in the same year)
restivo *s. m.* second crop (in the same year)
resto *s. m.* rest, remainder, surplus, remnant, residue, residuum; *pl.* remains (corpse), ruins, leavings, scraps (food); COMÉRCIO balance; ***restos de cozinha*** kitchen-scraps; ***comer alguma coisa e dar o resto*** to eat something and to give the rest away; ***restos mortais*** remains; ***quanto ao resto*** as for the rest, as to the rest; ***de resto*** besides, otherwise
restolhada *s. f.* abundance of stubble, large quantity of stubble; [fig.] noise, disturbance uproar, hubbub
restolhal *s. m.* field of stubble
restolhar *v. tr.* to stubble, to clear (land) of stubble; to make a rustling noise, to rustle
restolheira *s. f.* noise, clamour, din, uproar; ⇒ **restolhal**
restolho *s. m.* stubble
restribar *v. refl. e intr.* to set the foot firm against; to rest firmly on; to insist on; to oppose, to resist, to withstand
restrição *s. f.* restriction, limitation, reserve; restraint; ***uma restrição obrigatória*** a binding restriction; ***restrição de liberdade*** restriction of freedom
restringência *s. f.* restringency, astringency
restringente *adj.* restringent, astringent
restringimento *s. m.* restriction
restringir *v. tr. e refl.* to restrict, to confine, to bound, to limit to, to circumscribe, to restrain; to impose limits upon; ***restringir as despesas*** to limit one's expenses; ***restringir as actividades*** to restrict one's activities; ***restringir os negócios*** to limit business transactions
restringível *adj.* restrainable, limitable
restritivo *adj.* restrictive, restraining, limiting
restrito *adj.* limited, restricted
restrugir *v. intr.* to resound, to sound repeatedly; to re-echo, to reverberate
restucar *v. tr.* to plaster again; to stop chinks with plaster, to fill holes with plaster
resulta *s. f.* result, effect
resultado *s. m.* result, outcome, conclusion; issue, effect, end, consequence, termination; DESPORTO score; ***dar resultado*** to be worth it, to turn out well, to work; ***as minhas tentativas não deram resultado algum*** nothing came of my efforts; ***sem resultado*** without result, in vain; ***com pouco resultado*** to little purpose; ***resultado pouco satisfatório*** poor result; ***com resultado*** to some purpose; ***o resultado final de toda a questão*** the conclusion of the whole matter, the outcome of the whole matter; ***o resultado ultrapassou a expectativa*** the result was beyond expectation; ***resultado previsto*** foregone conclusion; ***o resultado (do jogo) foi de 2-1*** the score was 2-1
resultância *s. f.* result, resultant
resultante Ⓐ *adj.* resultant, resulting, consequent, following Ⓑ *s. f.* MECÂNICA resultant force
resultar *v. intr.* to result, to come, to proceed, to spring from, to arise, to follow, to end in, to ensue; to issue, to give rise to; to work, to operate, to be effective; ***resultar num equívoco*** to give rise to a misunderstanding; ***resultar em benefício de alguém*** to turn to someone's advantage; ***o seu método não resulta*** his method does not work, his method is not effective
resumidamente *adv.* shortly, briefly, succintly, in short
resumido *adj.* abridged, condensed, summarized, abbreviated, curtailed; in a nutshell
resumidor Ⓐ *s. m.* abridger Ⓑ *adj.* abridging, condensing
resumir Ⓐ *v. tr.* to abridge, to condense, to abbreviate, to epitomize; to curtail, to cut down, to reduce, to diminish; to summarize, to sum up, to resume Ⓑ *v. refl.* to be summed up; ***resumir a breves palavras*** to sum up; ***a questão resume-se a isto*** the question boils down to this, the long and the short of it is; ***resumir a questão em quatro palavras*** to put the problem in a nutshell
resumo *s. m.* summary, abridgement, epitome, précis, synopsis, recapitulation; ***resumo das notícias*** news summary; ***em resumo*** in short, on the whole; ***fazer um resumo*** to make a précis, to make a summary
resupinar *v. tr.* to bend back, to invert, to turn upside down
resvaladeiro *s. m.* slide, glide, slope; slippery place; [fig.] danger, peril
resvaladiço Ⓐ *adj.* slippery; lubricated; perilous Ⓑ *s. m.* ⇒ **resvaladoiro**
resvaladio *adj.* ⇒ **resvaladiço**
resvaladoiro *s. m.* slide, glide, slope; slippery place; steep; precipice; [fig.] danger, peril
resvaladouro *s. m.* slide, glide, slope; slippery place; steep; precipice; [fig.] danger, peril
resvaladura *s. f.* skid, slide, slip; skidding, sliding, slipping; skid trace; [fig.] fault, lapse
resvalamento *s. m.* skid, slip, slide; [fig.] fault, lapse
resvalante *adj.* skidding, sliding, slipping
resvalar *v. intr.* to slide, to slip, to glide, to skid, to skim along; to graze, to shave, to pass very close; [fig.] to put oneself in the wrong, to err, to slip, to blunder, to stumble; ***resvalar por uma ladeira*** to slide down a slope
resvalo *s. m.* slope; ⇒ **resvaladura**
resvés *adv.* close, exactly
retabular *adj.* similar to a retable
retábulo *s. m.* retable, altar piece; decorated panel; retabulum
retaguarda *s. f.* rear, back, tail, end; rear-guard (of an army); ***estar na retaguarda*** to be in the rear; ***fechar a retaguarda*** to bring up the rear; ***da retaguarda*** rearmost, hindmost
retalhado *adj.* cut up, cut into shreds; slashed, slit
retalhador *s. m.* cutter, shredding

retalhadura *s. f.* cutting, shredding; superficial cut
retalhamento *s. m.* cutting, shredding; superficial cut
retalhar *v. tr.* to shred, to tear up, to cut into shreds; to cut up, to cut to pieces, to snip at (off); to slash, to rend; to sell at retail; [fig.] to hurt, to scare
retalheiro *s. m.* retailer, retail dealer
retalhista *s. m. e f.* retailer, retail dealer
retalho *s. m.* piece, shred, bit, rag, fragment; remnant; cut off (cloth, silk, etc.); retail; *pl.* odds and ends; ***comprei um retalho de fazenda preta*** I bought a remnant of black cloth; ***a retalho*** at retail; ***vender a retalho*** to sell retail, to retail; ***comprar a retalho*** to buy retail; ***negócio a retalho*** retail business; ***retalhos de tecidos*** remnants of stuff
retaliação *s. f.* retaliation, reprisal, requital, retaliating, counterstroke; [fig.] measure for measure, eye for eye, tit for tat
retaliar *v. tr.* to retaliate, to requite, to pay back, to repay, to return evil for evil; to revenge, to retort, to turn; [fig.] to serve with the same sauce
retaliativo *adj.* retaliatory
retaliatório *adj.* retaliatory
retambana *s. f.* [pop.] upbraiding, brawling
retame *s. m.* said of honey thick with boiling
retancha *s. f.* close pruning (of a vine)
retanchar *v. tr.* to set a new (shoot) spring (of vine); to replant (vine)
retanchoa *s. f.* to prune vines closely
retanto *adv.* double as much
retardação *s. f.* retardation, retarding; delay, slowdown; postponement, adjournment; ***retardação de maré*** retardation of the tide
retardador Ⓐ *s. m.* retarder, delayer Ⓑ *adj.* retarding, delaying; ***retardador de tubos (de caldeiras)*** retarder
retardamento *s. m.* ⇒ **retardação**
retardança *s. f.* ⇒ **retardação**
retardão Ⓐ *s. m.* slacker Ⓑ *adj.* slow, sluggish, lazy; obstinate
retardar Ⓐ *v. tr.* to retard, to delay, to make late (slow); to keep back; to check (progress); to put back (watch) Ⓑ *v. intr.* to be long in coming; to be late; to linger, to lag behind; ***retardar a chegada*** to delay one's arrival; ***retardar a resposta*** to postpone the answer
retardatário Ⓐ *s. m.* late-comer, laggard; defaulter, lingerer Ⓑ *adj.* tardy, lagging, retardatory
retardativo *adj.* retardative
retardio *adj.* tardy, late, slow, dilatory
retardo *s. m.* retard, retardation, delay
reteimar *v. intr.* to insist again, to maintain persistently
retelhação *s. f.* re-tiling; repairing of a roof
retelhadura *s. f.* re-tiling; repairing of a roof
retelhar *v. tr.* to re-tile, to tile anew, to repair the tiling of a house
retém *s. m.* store, stock, reserve; storehouse, depot; ***armazém de retém*** storehouse, depot
retêmpera *s. f.* ⇒ **retemperação**
retemperação *s. f.* retempering; strengthening
retemperante *adj.* reinvigorating, strengthening
retemperar *v. tr.* to temper again, to retemper; to reinvigorate, to strengthen, to give new vigour
retenção *s. f.* retention, retaining; detention; ***retenção biliar*** biliary retention
retenida *s. f.* NÁUTICA girtline, guy, heaving line; ***retenida (de embarcação)*** slide rope (of a vessel)
retensão *s. f.* great tension, great strain, great nervousness
retentiva *s. f.* retentiveness, retentive memory
retentividade *s. f.* retentiveness
retentivo *adj.* retentive
retentor *s. m.* retainer, one who retains
retentriz *adj.* retentive, tenacious
reter Ⓐ *v. tr.* to retain, to keep in one's possession; to remember, to keep in mind; to detain, to withhold, to keep, to hold back Ⓑ *v. refl.* to be long; to control oneself
retesador *s. m.* stretcher, tensioner
retesamento *s. m.* stretching, tightening, stiffening
retesar Ⓐ *v. tr.* to strech, to draw tight, to tighten, to strain, to make tense Ⓑ *v. refl.* to be stiff; to become hard, to become taut; to tauten
retesiar *v. intr.* to provoke a quarrel
reteso *adj.* stiff, tight, taut, tense
reticência *s. f.* reticence, reserve; *pl.* GRAMÁTICA omission points
reticenciar *v. tr.* to put reticences to; [fig.] to keep unsaid
reticencioso *adj.* reticent
reticente *adj.* reticent, silent
rético *s. m., adj.* Rhaetian; Rhaetic
retícula *s. f.* ⇒ **retículo**
reticulação *s. f.* reticulation; network
reticulado *adj.* ARQUITECTURA reticulate
reticular *adj.* reticular
retículo *s. m.* reticle; reticule; small net; ***retículo de um óculo*** reticle, graduated dial, graduated plate; BOTÂNICA ***retículo nuclear*** reticulum of nucleus
retido *adj.* retained, refrained
retiforme *adj.* retiform, reticulate
retilintar *v. intr.* to tinkle (jingle) a lot
retina *s. f.* ANATOMIA retina
retináculo *s. m.* retinaculum
retinência *s. f.* ⇒ **retenção**
retinente *adj.* tinking, clinking, jingling, ringing
retinérveo *adj.* ⇒ **rectinérveo**
retingir *v. tr.* to dye over again, to re-dye
retiniano *adj.* retinal
retínico *adj.* retinal
retinir *v. tr. e intr.* to tinkle, to clink; to jingle, to ring; to resound
retinite *s. f.* MEDICINA retinitis
retinito *s. m.* MINERALOGIA retinite
retintim *s. m.* tinkling, tinkle, clink, clinking, jingle, jingling, ringing
retintir *v. intr.* to clink, to tinkle, to clank
retinto *adj.* re-dyed; dark, deep, pitch black, coal black
retintório *s. m.* BOTÂNICA hedge bedstraw
retípede *adj.* having reticulated epidermis on the soles
retiração *s. f.* TIPOGRAFIA printing the back of a sheet; retreat, withdrawal
retirada *s. f.* retreat, withdrawal, retirement, recession, recoil, departure; ***bater em retirada*** to beat a retreat, to withdraw, to run away; ***tocar a retirada*** to sound a retreat; MILITAR ***bater em retirada*** to beat a retreat
retiradamente *adv.* retiredly, solitarily; secretely, in secrecy
retirado *adj.* retired, secluded, solitary, private, secret, lonesome, remote; ***um sítio retirado*** a remote spot; ***viver muito retirado*** to live in absolute privacy; ***uma vida retirada*** a retired life, a quiet life
retiramento *s. m.* retirement; solitude, seclusion, privacy
retirar *v. tr. e refl.* to retire; to withdraw, to go away, to leave; to retreat, to fall back, to move back; to go to bed, to go to rest; to give up (one's business), to withdraw from social activities; to retire into oneself, to shun society; ***retirar-se do negócio*** to retire from business; ***retirar a palavra*** to recall one's word; ***retirar a palavra a um orador*** to silence an orator; ***retirar mercadorias da alfândega*** to clear goods from the custom-house; ***o exército retirou em boa ordem*** the army retired in good order; ***tocar a retirar*** to sound a retreat; ***retirou-se às 11 horas*** he went to rest at 11 o'clock; ***retirar em tropel*** to troop off, to troop away, to retire in disorder

retiro *s. m.* retirement, withdrawal, retreat; solitude, privacy, seclusion; retirement, day of meditation; place of seclusion; haunt, resort, den; ***fazer um retiro espiritual*** to go into retreat

retocador *s. m.* retoucher, finisher; goldsmith's file

retocar *v. tr.* to retouch, to touch up, to add finishing touches; to touch again

retoiça *s. f.* ⇒ **retouça**

retoiçador *adj.* ⇒ **retouçador**

retoição *s. m.* ⇒ **retoução**

retoiçar *v. tr.* ⇒ **retouçar**

retoiço *s. m.* ⇒ **retouço**

retoiçoa *s. f.* ⇒ **retouçoa**

retoma *s. f.* resumption; recovery; takeoff; ***retoma económica*** economic takeoff, economic recovery

retomada *s. f.* recapture, reconquest, recovery, retrieval

retomar *v. tr.* to retake, to take back, to recapture, to recover, to retrieve; to resume, to go on; ***retomar o seu lugar*** to resume one's post, to take up one's job again; ***retomar o serviço*** to resume service; ***retomar o voo*** to continue the flight; ***retomar o trabalho*** to resume work, to return to work, to go back to work

retoque *s. m.* new touch, correction, improvement; finish, retouch, touching up; ***dar os últimos retoques*** to put the finishing touches; ***o último retoque*** the last touch

retor *s. m.* rhetor

retorção *s. f.* twist, twisting

retorce *s. m.* twisting, twist

retorcedeira *s. f.* twisting-machine

retorcedor *s. m.* twister

retorcedura *s. f.* twisting, twirling, winding; writhing

retorcer *v. tr.* to twist, to wind, to rewind; to twine, to entwine; to bend, to distort; to writhe, to contort, to make contortions, to twist about; ***torcer e retorcer*** to twist and turn

retorcido *adj.* twisted, bent round, distorted; wrested back; winding; twined

retórica *s. f.* rhetoric, oratory; persuasive power; ***figura de retórica*** figure of speech

retoricamente *adv.* rhetorically

retoricão *s. m.* a would-be rhetorician

retoricar *v. intr.* to speak (to write) rhetorically; to rethorize

retórico Ⓐ *adj.* rhetorical Ⓑ *s. m.* rhetorician, orator

retornado Ⓐ *s. m.* returnee, returner Ⓑ *adj.* returned

retornamento *s. m.* ⇒ **retorno**

retornança *s. f.* ⇒ **retorno**

retornar Ⓐ *v. intr.* to return, to come back Ⓑ *v. tr.* to bring back, to return

retornelo *s. m.* ritornello

retorno *s. m.* return, coming back, going back; COMÉRCIO re-exchange, exchange of goods; NÁUTICA lead, leader; ***viagem de retorno*** homeward journey (or voyage), voyage back, return journey; ***conta de retorno*** redraft account; NÁUTICA ***carga de retorno*** home cargo, homeward load

reto-romano *s. m., adj.* ⇒ **rético**

retorquir *v. tr.* to retort, to reply sharply, to cast back, to return (an accusation, a censure, etc.); to give tit for tat; to say by way of repartee; DIREITO to rejoin, to refute, to contradict

retorquível *adj.* refutable, contradictable

retorsão *s. f.* retostion, sharp (smart) reply, retort, repartee

retorta *s. f.* QUÍMICA retort

retorto *adj.* distorted, twisted, curved, bent down

retostar *v. tr.* to toast brown, to toast too much

retouça *s. f.* swinging rope

retouçador *adj.* ⇒ **retoução**

retoução *s. m., adj.* playful, frolicsome, frisky; boisterous (turbulent, rowdy) person

retoucar *v. tr.* to dress (to do) a person's hair again

retouçar Ⓐ *v. intr.* to frisk, to skip, to frolic, to romp, to caper, to gambol; to roll Ⓑ *v. tr. e intr.* to graze, to feed upon grass, to browse

retouço *s. m.* romping, frisking, play

retouçoa *s. f.* mad-cap, wild (high-spirited) girl

retraçar *v. tr.* to retrace; to trace again; to shred, to tear into shreds

retracção *s. f.* retraction, retracting, withdrawing, recoil

retraço *s. m.* chaff

retractação *s. f.* retractation (confession of an error); recantation

retractar Ⓐ *v. tr.* to retract; to unsay Ⓑ *v. refl.* to flinch, to wince; to hide one's thoughts; to withdraw one's word, to recant

retractável *adj.* retractable, retractible; withdrawable

retráctil *adj.* retractile

retractilidade *s. f.* retractility

retractivo *adj.* retractive

retracto *adj.* withdrawn, retracted

retradução *s. f.* retranslation

retraduzir *v. tr.* to retranslate

retraidamente *adv.* reservedly, shyly, timidly, coyly, sheepishly, bashfully

retraído *adj.* retracted; retired, distant; reserved, reticent; shy, timid, coy, bashful, sheepish, reserved, constrained

retraimento *s. m.* retraction, withdrawal, drawing inwards (backwards); contraction, shrinking; shyness, reservedness, coyness, modesty, reserve; retirement, privacy, reclusion, seclusion

retrair Ⓐ *v. tr.* to retract, to withdraw, to draw back Ⓑ *v. refl.* to become reserved, to conceal one's thoughts, to go into one's shell

retramar *v. tr.* to plot again

retranca *s. f.* crupper; NÁUTICA boom, gaffsail boom, spanker boom; NÁUTICA ***retranca da catita*** boomkin

retrancar *v. tr.* to bolt firmly

retrançar *v. tr.* to braid again

retransir *v. tr.* to trespass; to penetrate

retransmissão *s. f.* retransmission; rebroadcast

retransmissor *s. m.* retransmitter

retransmitir *v. tr.* to retransmit; to rebroadcast

retratação *s. f.* photograph; draw, painting

retratado *adj.* photographed; painted, portrayed, drawn, depicted

retratador Ⓐ *adj.* photographing, portraying Ⓑ *s. m.* portraitist, photographer

retratar Ⓐ *v. tr.* to photograph, to take a picture (photograph) of; to paint, to portray; to describe, to depict Ⓑ *v. refl.* to have one's photograph taken; to sit for one's portrait

retratável *adj.* drawable

retratista *s. m. e f.* portrait painter; photographer

retrato *s. m.* photograph, picture; portrait; likeness, resemblance, image; ***tirar um retrato*** to take a photo(graph); ***ela está favorecida no retrato*** the picture flatters her; ***fico sempre mal nos retratos*** in photographs I always come out badly, I always photograph badly; ***ela é o retrato vivo do pai*** she is the living image of her father, [coloq.] she is the dead spit of her father

retravar *v. tr.* to put on the brake again; to tie again, to tighten again; to recommence, to begin again

retrazer *v. tr.* to bring again

retremer *v. tr.* to tremble, to tremble for a long time

retreta *s. f.* MILITAR evening roll call; chambermaid (of a queen)

retrete *s. f.* lavatory, water-closet (W. C.), toilet

retribuição *s. f.* retribution, remuneration, pay; reward, compensation

retribuidor Ⓐ *s. m.* retributor, recompenser, rewarder Ⓑ *adj.* retributive, rewarding

retribuir *v. tr.* to retribute, to return, to make return for, to give in return, to repay, to reciprocate; to recompense for; to requite; ***retribuir salvas*** to return the salute; ***retribuir cumprimentos*** to return compliments
retrilhar *v. tr.* to tread again
retrincado *adj.* cunning, sly, artful, chaffing, dissembled
retrincar *v. tr.* to crunch, to crush (with the teeth) noisily; to misunderstand, to misconstrue, to misinterpret
retro *s. m.* front page (of a leaf)
retroacção *s. f.* retroaction, reverse action, retrospective effect
retroactividade *s. f.* retroactivity
retroactivo *adj.* retroactive; retrospective
retroagir *v. intr.* to retroact, to react
retroar *v. intr.* to resound again; to rumble (to thunder) again; to re-echo
retrocedente *adj.* retrocedent; retrograde
retroceder Ⓐ *v. intr.* to recede, to move backwards, to go back; to run back, to retrocede Ⓑ *v. tr.* to reverse direction, to draw back; ASTRONOMIA to retrograde, to retrogress
retrocedimento *s. m.* retrocession, retroceding, retrogression, going back, receding
retrocessão *s. f.* retrocession, retroceding, retrogression, going back, receding
retrocessivo *adj.* retrocessive
retrocesso *s. m.* going back, retrocession, retrogression; delay, retardation
retrodatar *v. tr.* to date back, to antedate
retrodesvio *s. m.* MEDICINA backwards movement of the uterus
retroescavadora *s. f.* mechanical digger
retroflectido *adj.* bent backwards, bent downwards
retroflexão *s. f.* retroflexion
retroflexo *adj.* retroflex, retroflexed, retroflected, bent (turned) backwards
retrogradação *s. f.* retrogradation
retrogradar *v. intr.* to retrograde, to go back, to retrocede, to revert, to retrogress
retrógrado Ⓐ *adj.* retrograde, moving (going) backwards Ⓑ *s. m.* a backward person; retrograde, reactionary
retrogressão *s. f.* retrogression, backward motion
retrogressivo *adj.* retrogressive
retroovário *adj.* behind the ovary
retropedalagem *s. f.* back-pedalling
retropedalar *v. intr.* to pedal backwards
retrorso *adj.* BOTÂNICA retrorse; bent backward; retroverse
retrós *s. m.* twisted sewing silk
retrosaria *s. f.* haberdasher's shop, haberdashery
retroseiro *s. m.* haberdasher
retrospecção *s. f.* retrospection, contemplation of the past
retrospectiva *s. f.* retrospect, backward view (look)
retrospectivamente *adv.* retrospectively
retrospectivo *adj.* retrospective, retroactive
retrospecto *s. m.* retrospect, review (survey) of the past
retrosseguir *v. intr.* to recede, to retrograde, to go back, to retrocede
retrotracção *s. f.* retroaction
retrotrair *v. tr.* to retroact, to give a retroactive effect
retrouterino *adj.* MEDICINA behind the uterus
retrovenda *s. f.* restricted sale (with the right of redemption)
retrovender *v. tr.* to sell (with the right to redeem)
retrovendição *s. f.* ⇒ **retrovenda**
retroversão *s. f.* retranslation; retroversion, retroverting
retroversivo Ⓐ *adj.* retroverse; retroverted Ⓑ *s. m.* retroverse person
retroverter *v. tr.* to retranslate, to translate back (into the original language); to retrovert, to turn back (backwards)
retrovisor *s. m.* rear view mirror
retrucar *v. tr.* to retort, to reply, to answer
retruque *s. m.* retort, repartee, smart reply
retumbância *s. f.* resounding, echo, repercussion, resonance, ringing; furore, widespread (enthusiastic) admiration; ***a peça (teatral) teve grande retumbância*** the play created quite a furore
retumbante *adj.* resounding, resonant, echoing, reverberating; ***o êxito foi retumbante*** it was a resounding success
retumbar Ⓐ *v. intr.* to resound, to re-echo, to reverberate, to re-echo loudly Ⓑ *v. tr.* to sound
retumbo *s. m.* boom, booming; rumble; loud echo, ring (with prolonged sound), reverberation
retundir *v. tr.* to beat back, to hold back, to thrust back, to repel, to check, to moderate
réu Ⓐ *s. m.* culprit, prisoner at the bar, offender, criminal, defendant, the accused Ⓑ *adj.* accused, guilty, criminal, wicked, sinful
reuma *s. f.* MEDICINA rheum, nasal catarrh, nasal secretion
reumatalgia *s. f.* rheumatic pain
reumático Ⓐ *s. m.* rheumatism; rheumatic (person) patient Ⓑ *adj.* rheumatic; ***dores reumáticas*** rheumatic pains
reumatismal *adj.* rheumatoid, rheumatismal
reumatismo *s. m.* rheumatism; ***tolhido com o reumatismo*** crippled with rheumatism; ***reumatismo articular*** articular rheumatism
reumatóide *adj.* MEDICINA rheumatoid
reumatologia *s. f.* treatise on rheumatism
reumatologista *s. m. e f.* specialist on rheumatic diseases
reumatólogo *s. m.* specialist on rheumatic diseases
reumoso *adj.* rheumy, rheumatic
reunião *s. f.* reunion; meeting; assembly, conference; party, circle, (social) gathering; ***marcar uma reunião*** to fix a meeting; ***realizar uma reunião*** to hold a meeting; ***convocar uma reunião*** to convene a meeting, to call a meeting; ***uma reunião de credores*** a meeting of creditors; ***reunião dos accionistas*** meeting of the shareholders; ***uma pequena reunião*** a small gathering; ***uma reunião de convidados*** a party of guests; ***reunião de antigos estudantes*** a college reunion; ***reunião militar*** military rally; ***reunião tumultuosa*** bear-garden; ***reunião de homens*** stagparty; ***reunião de senhoras*** [depr.] henparty
reunidor Ⓐ *adj.* reuniting, joining Ⓑ *s. m.* reuniter
reunificação *s. f.* reunification
reunificar *v. tr.* to reunite, to reunify
reunir Ⓐ *v. tr.* to reunite, to unite afresh, to join again; to bring together again, to call together, to rally, to assemble, to restore unity of Ⓑ *v. refl. e intr.* to meet, to assemble, to come together, to gather, to rally; ***reunir os credores*** to call a meeting of creditors, to convene a meeting of creditors; ***reuniu o grupo à sua volta*** he rallied his party round himself; ***eles reuniram-se em volta do seu chefe*** they rallied round their leader; ***reunir-se em assembleia*** to hold a meeting
revacinação *s. f.* revaccination, second vacination
revacinar *v. tr.* to revaccinate, to vaccinate again
revalenta *s. f.* FARMACOLOGIA revalenta (farinaceous food made from lentil-meal)
revalidação Ⓐ *s. f.* re-confirmation, revalidation, validating again Ⓑ *adj.* renewal
revalidar *v. tr.* to validate anew, to make valid again, to renew, to ratify, to confirm again
revalorização *s. f.* revalorization
revalorizar *v. tr.* to revalorize
revanchismo *s. m.* revanchism
revanchista *s. m. e f., adj.* revanchist
revedor *s. m.* reviewer, examiner
revel Ⓐ *s. m. e f.* defaulter; rebel; contumacious person Ⓑ *adj.* rebellious, contumacious; defaulting

revelação *s. f.* revelation; disclosure; FOTOGRAFIA development; ***esperam-se revelações espantosas durante o julgamento*** amazing revelations are expected during the trial; ***foi uma revelação para mim*** it was a revelation to me
revelador Ⓐ *s. m.* revealer, discloser; QUÍMICA test; FOTOGRAFIA developer Ⓑ *adj.* disclosing, revealing; ***revelador de fugas para a terra*** detector of shorts to earth, short-circuit detector
revelantismo *s. m.* FILOSOFIA system that searches in Revelation the answer to psychological and moral questions
revelantista *s. m. e f.* adherent of revelantismo
revelar Ⓐ *v. tr.* to reveal, to disclose, to divulge, to expose, to unveil, to betray; to discover, to detect; to communicate (knowledge by supernatural agency); FOTOGRAFIA to develop Ⓑ *v. refl.* to reveal oneself, to turn out to be; ***revelar o seu carácter*** to declare oneself, to show one's true colours; ***revelar segredos*** to tell tales out of school; ***revelar um segredo*** to betray a secret; [fig.] to let the cat out of the bag; ***revelar os seus próprios segredos*** to give oneself away; ***revelar um mistério*** to reveal a mystery; ***ela revelou-se muito esperta*** she turned out to be very clever
revelável *adj.* revealable
revelho *adj.* very old
revelhusco *adj.* oldish, rather old
revelia *s. f.* non-appearance, default; ***à revelia*** in default; ***julgar à revelia*** to try (to judge) in default; ***sentenciar à revelia*** to sentence in default (in absence)
revelim *s. m.* bridge protection or cover
revelir *v. tr.* MEDICINA to draw back bodily humours; to phlebotomize; [arc.] to revel
revenda *s. f.* resale, second sale; ***desconto para revenda*** trade discount
revendão *s. m.* hawker, pedlar, huckster
revendedeira *s. f.* (woman) pedlar, hucksteress
revendedor *s. m.* hawker, pedlar, huckster; reseller, middleman
revender *v. tr.* to resell, to sell again
revendição *s. f.* resale; reselling
revendilhão *s. m.* ⇒ **revendão**
revenerar *v. tr.* to revere greatly, to reverence profoundly, to venerate
rever Ⓐ *v. tr.* to revise, to look over (for correction), to reexamine; to consider critically, to think over; to see again, to see a second time Ⓑ *v. refl.* to look (to gaze) at oneself in a mirror; ***rever-se em alguém*** to gaze with extreme pleasure on a person; ***rever e corrigir um livro*** to revise and correct a book; ***rever provas tipográficas*** to read proofs
reverberação *s. f.* reverberation, reflection
reverberante *adj.* reverberating
reverberar Ⓐ *v. tr.* to reverberate, to reflect; to throw back Ⓑ *v. intr.* to shine, to glow, to glitter
reverberatório *adj.* reverberatory
revérbero *s. m.* reverberation, reflex, reflection; brightness, brilliance
reverdecer Ⓐ *v. tr.* to make green again Ⓑ *v. intr.* to become (to turn, to grow) green again; to sprout again; to acquire new freshness (vigour) of youth, to rejuvenesce
reverdejante *adj.* green, green-looking
reverdejar *v. intr.* to become very green
reverência *s. f.* reverence, respect, deference, veneration; bow, obeisance, curtsey; obedience
reverenciador *s. m.* reverencer
reverencial *adj.* reverential
reverenciar *v. tr.* to reverence, to regard (to treat) with reverence (admiration, love); to respect, to honour; to revere, to venerate
reverencioso *adj.* reverential, respectful; formal, ceremonious
reverendaço *s. m.* corpulent (stout, portly, rotund) priest
reverendas *s. f. pl.* RELIGIÃO bishop's letter allowing one of his diocesans to take orders in another diocese
reverendíssimo *adj.* Your Reverence, most reverend; The High Rev., the Lord Bishop of (for Bishops); the Most Rev., the Lord Archbishop of (for Archbishops)
reverendo Ⓐ *adj.* reverend; worthy to be revered Ⓑ *s. m.* Reverend (Rev.)
reverente *adj.* reverent, respectful, reverential, deferential
reveria *s. f.* [pop.] ⇒ **revelia**
reverificação *s. f.* rechecking, double checking, retesting
reverificador *s. m.* rechecker, verifier
reverificar *v. tr.* to recheck, to retest, to double check
reversal *adj.* DIREITO confirmatory
reversão *s. f.* reversion, reverting, reversal
reversar *v. tr. e intr.* to return; to vomit
reversibilidade *s. f.* reversibility
reversível *adj.* reversible; ***máquina reversível*** reversing engine
reversivo *adj.* reversible
reverso Ⓐ *adj.* reverse, contrary, opposite Ⓑ *s. m.* reverse (lower, under) side; reverse, back; ***o reverso da medalha*** the reverse of a medal
reverter *v. intr.* to revert, to go back, to return to original owner; to redound, to result in; ***reverter a favor de*** to revert on behalf of
revertível *adj.* revertible
revés *s. m.* reverse; misfortune; vicissitude, disaster, mischance; drawback, check, failure; backstroke, backhanded stroke (blow); *pl.* ups and downs, mishaps, disasters; ***ao revés*** the wrong way, contrary to, on the wrong side (cloth); ***sofrer um revés*** to suffer a reverse; ***de revés*** on the cross, on the bias, obliquely
revesilho *s. m.* back-stitch
revessa *s. f.* ***revessa de água*** back-wash, dead water, eddy
revessar *v. tr.* to reverse; to turn upside down
revesso *adj.* reverse, contrary; reversed, twisted; rough, hard; intractable
revestimento *s. m.* facing, lining, revetment; covering, coating; overlay, surface; ***revestimento isolador*** insulating sheath; lagging; ***revestimento betuminoso*** bituminous surface; ***revestimento de asfalto*** asphalt covering; ***revestimento de estradas*** road surface
revestir Ⓐ *v. tr.* to dress (to clothe) again; to coat, to face, to line, to reline, to overlay, to cover Ⓑ *v. refl.* to assume, to affect; to invest oneself with, to arm oneself with; ***revestir-se de paciência*** to arm oneself with patience; ***revestir de aço*** to coat with steel
revezadamente *adv.* by turns, in turn, alternately
revezado *adj.* alternate, alternating, by turns; replaced, relieved, substituted
revezador *s. m.* substitute
revezamento *s. m.* alternation, alternating; rotation
revezar Ⓐ *v. tr.* to substitute, to relieve; to alternate, to carry out (to perform) in turn; to alternate with, to rotate; to reciprocate Ⓑ *v. intr.* to happen in turn (successively); to take turns
revezes *s. f. pl.* ***a revezes*** by turns, in turn, alternately
revezo *s. m.* reserve pasture
revibração *s. f.* repeated vibration
revibrar *v. tr. e intr.* to vibrate again and again
reviçar *v. intr.* to grow again; to flourish again
reviço *s. m.* liveliness, vivacity, sprightliness
revidação *s. f.* retort, reply, objection; retribution
revidar *v. tr.* to retort, to reply, to object; to retribute
revigorante *adj.* invigorating, refreshing
revigorar *v. tr.* to revigorate, to strengthen, to brace, to refresh; to give fresh vigour (life, spirit) to
revimento *s. m.* perspiration, sweat; oozing, percolation
revinda *s. f.* return, returning, coming back
revindicação *s. f.* ⇒ **reivindicação**
revindicta *s. f.* revenge, retaliation, requital

revingar *v. tr.* to revenge a second time, to avenge doubly
revir *v. intr.* to return, to come again
reviralhista *s. m. e f.* POLÍTICA opposer, oppositionist
reviralho *s. m.* POLÍTICA opposition
reviramento *s. m.* sudden change; change of direction
revirão *s. m.* welt (of a shoe)
revirar *v. tr. e intr.* to turn again; to turn inside out; to turn round; to twist, to wrench; ***revirar os olhos*** to roll one's eyes
reviravolta *s. f.* turn, sudden change, turning round; volte-face; pirouette, spin, rotation; ***por uma reviravolta da sorte*** by a turn of fortune, by a turn of fortune's wheel
revirete *s. m.* [pop.] keen reply, smart reply, repartee
revisão *s. f.* revision, revising; re-examining; overhauling (of a car, etc.); ***revisão de provas tipográficas*** proof-reading; ***revisão das contas*** revision of accounts
revisar *v. tr.* to vise; to visa; to put a visé (visa) upon (a passport); to sign again; to check, to examine (a ticket); ***revisar o bilhete*** to clip (to punch) the ticket
revisibilidade *s. f.* quality of what is revisable
revisionismo *s. m.* political party that defends the revision of the constitution
revisionista *s. m. e f., adj.* revisionist
revisitação *s. f.* revisitation
revisor *s. m.* reviser, examiner, censor; TIPOGRAFIA proof-reader; ticket-collector; ***revisor de provas tipográficas*** proof-reader
revisório *adj.* revisory
revista *s. f.* review, inspection; survey, view, retrospect; periodical, magazine; TEATRO revue, musical comedy; search, investigation, rummage, scrutinising; ***passar em revista*** to review, to hold a review to; ***revista (magazine) quinzenal*** fortnightly review (magazine)
revistador Ⓐ *s. m.* reviewer, revisor; examiner; MILITAR inspecting officer Ⓑ *adj.* revising
revistar *v. tr.* to review, to inspect, to examine; to search; ***os passageiros foram revistados*** the passengers were searched
revisteca *s. f.* worthless magazine
revisteiro *s. m.* writer of revues
revisto *adj.* revised; reviewed, inspected, examined
revistógrafo *s. m.* ⇒ **revisteiro**
revitalizar *v. tr.* to revitalize
revivalismo *s. m.* revivalism; revival
revivalista *s. m. e f., adj.* revivalist
revivência *s. f.* revival; reviving
revivente *adj.* reviving, revivified; reanimating
reviver *v. intr.* to revive; to return (to be restored) to life; to revivify, to recover; to reanimate; to renew, to refresh; to become lively and vigorous again, to reinvigorate; QUÍMICA to restore to the natural state
revivescência *s. f.* reviviscence, revival, renewal of life (vigour, activity)
revivescente *adj.* reviviscent
revivescer *v. tr. e intr.* to revivify, to revive, to reanimate
revivescível *adj.* reviviscent
revivificação *s. f.* revivification, revivifying; revival, restoration, recovery; reviviscency
revivificador *adj.* reviving, bracing, envigorating
revivificar *v. tr.* to revivify, to revive, to give new life (vigour) to, to freshen; to reanimate
revivo *adj.* alive, full of life; [coloq.] alive and kicking
revoa *s. f.* ⇒ **revoada**
revoada *s. f.* flying back; flight (flock) of birds; opportunity
revoar *v. intr.* to fly again; to fly back; to soar; to flutter, to flit about
revocação *s. f.* revocation
revocar *v. tr.* to revoke, to cancel, to annul; to withdraw, to rescind, to recall
revocatória *s. f.* revocatory document (act)
revocatório *adj.* revocatory
revocável *adj.* revocable
revogabilidade *s. f.* revocableness, revocability
revogação *s. f.* repeal, abrogation, revocation; reversal, cancellation, annulment; ***revogação de um decreto*** revocation of a decree
revogador *s. m.* revoker, canceller
revogante *adj.* revoking
revogar *v. tr.* to revoke, to abrogate, to annul, to rescind, to repeal, to reverse, to recall, to cancel the effect of, to abolish; ***revogar uma lei*** to repeal a law; ***revogar uma sentença*** to revoke a sentence
revogatória *s. f.* ⇒ **revocatória**
revogatório *adj.* revocatory
revogável *adj.* revocable
revolitar *v. intr.* ⇒ **revolutear**
revolta *s. f.* revolt, insurrection, rebellion, rising, mutiny, sedition, outbreak, revolution; repugnance, disgust, dislike, reluctance, feeling of aversion; indignation, anger, wrath, displeasure; ***levantar o pendão da revolta*** to raise the standard of revolt; ***abafar uma revolta*** to suppress a rebellion; ***viram com assomos de revolta mal contida*** they saw with uncontrollable indignation
revoltado Ⓐ *adj.* revolted, insurgent, rebellious, seditious Ⓑ *s. m.* rebel, insurgent
revoltador *s. m.* disturber, agitator, stirrer up of strife, trouble-maker
revoltante *adj.* revolting, shocking, disgusting, sickening, offensive, abominable, loathsome, repulsive; ***é revoltante!*** it is shocking!
revoltão *s. m.* riot, tumult, disturbance
revoltar Ⓐ *v. tr.* to revolt; to revolt against, to rise against, to rebel against; to turn against; to refuse to submit to Ⓑ *v. intr.* to disgust, to be disgusted; to feel repugnance for, to feel aversion to Ⓒ *v. refl.* to rebel, to revolt, to turn against; to become a rebel; ***a crueldade e a baixeza revoltam as pessoas de bem*** cruelty and meanness revolt decent people; ***revoltar-se contra*** to turn against
revoltear Ⓐ *v. tr.* to turn around, to rotate, to spin, to revolve Ⓑ *v. intr.* to fly round about; to go round, to dance around
revolto *adj.* turbulent, boisterous, violent, rough (wind, sea, etc.); tumultuous, uproarious; dishevelled, in disorder, ruffled (hair); ***mar revolto*** rough sea, choppy sea; ***cabelo revolto*** ruffled hair, rumpled hair; ***terra revolta*** upturned ground; ***tempo revolto*** boisterous weather
revoltoso Ⓐ *adj.* revolted, insurgent, rebellious; turbulent, boisterous, rough Ⓑ *s. m.* insurgent, rebel
revolução *s. f.* revolution; rotation, revolving; insurrection, rebellion, revolt, mutiny, rising, sedition; radical change
revolucionamento *s. m.* ⇒ **revolta, revolução**
revolucionar *v. tr.* to revolutionize, to imbue with revolutionary principles; to render revolutionary; to infect with revolutionary principles or ideas, to change, to make fundamental changes in
revolucionariamente *adv.* in a revolutionary manner (way)
revolucionário Ⓐ *adj.* revolutionary; revolving Ⓑ *s. m.* revolutionary, revolutionist
revoluteante *adj.* whirling, revolving, spinning, turning around
revolutear *v. intr.* to revolve, to turn round and round, to whirl (to spin) round; to flutter, to flit about
revoluteio *s. m.* flutter, fluttering; agitation; whirling, eddying
revolutivo *adj.* revolving; whirling, spinning, fluttery
revoluto *adj.* rolled up; [fig.] revolved, agitated, stirred up
revolutoso *adj.* BOTÂNICA revolute (turned downwards and outwards)
revolvedor Ⓐ *adj.* revolving, upsetting Ⓑ *s. m.* one who revolves (upsets, stirs); rebel, insurgent, revolter

revolver Ⓐ *v. tr.* to revolve; to stir, to churn; to roll, to turn over, to turn round; to upset, to overturn Ⓑ *v. intr.* to ponder, to meditate, to turn over in one's mind; to rummage, to make a search Ⓒ *v. refl.* to wallow, to roll about in; to swell (the sea); ***revolver o céu e a terra*** to move heaven and earth, to leave no stone unturned; ***revolver os bolsos*** to rummage (to search) the pockets; ***revolver (os olhos)*** to roll (the eyes)
revólver *s. m.* revolver, pistol, gun
revolvimento *s. m.* rolling, revolving; stir, stirring, moving; upsetting; disturbance, commotion
revoo *s. m.* flying to and fro; flying (back) around
revulsão *s. f.* MEDICINA revulsion, counter-irritation
revulsar *v. tr.* MEDICINA to produce (to cause) revulsion, to revulse
revulsivo Ⓐ *adj.* revulsive Ⓑ *s. m.* revulsive, counter-irritant (application)
revulsor *s. m.* MEDICINA revulsive
revulsório *adj.* revulsive
rexelo *s. m.* ⇒ **reixelo**
reza *s. f.* prayer, praying
rezada *s. f.* common prayer for the deceased
rezadeira *s. f.* soothsayer, fortune-teller; bigot; fanatic
rezadeiro *adj.* praying; church-going
rezador Ⓐ *adj.* praying Ⓑ *s. m.* prayer; devotee
rezão *s. m.* [reg.] prayer; devotee
rezar *v. intr.* to pray, to utter prayers, to say prayers; [fig.] to grumble, to mumble; ***rezar o terço*** to say (to tell) one's beads; ***missa rezada*** low mass; ***o documento reza assim*** the document runs thus
rezinga *s. f.* grumbling, growling; quarrel, dispute, difference, squabble
rezingão *s. m.* grumbler, growler
rezingar *v. intr.* to grumble, to growl; to recalcitrate, to quarrel, to squabble
rezingueiro Ⓐ *adj.* grumbling, growling, squabbling Ⓑ *s. m.* ⇒ **rezingão**
rézio *adj.* hard
ria *s. f.* estuary, mouth of a river; river branch
riacho *s. m.* brook, rill, rivulet, creek, small stream
riamba *s. f.* hemp, marijuana
riba *s. f.* high river (bank); cliff, steep rock-face; ***em riba*** on top, above; ***de riba abaixo*** from top to bottom, from above downwards
ribada *s. f.* steep shore line; bank-high flood
ribaldar *v. intr.* to idle, to loiter, to loaf, to dawdle
ribaldaria *s. f.* ribaldry, irreverent jesting
ribaldeira *s. f.* "ribaldaria" (popular tune and dance)
ribaldeiro Ⓐ *s. m.* ribald, irreverent jester; rogue Ⓑ *adj.* irreverent, ribald, scurrilous
ribaldia *s. f.* ⇒ **ribaldaria**
ribaldio *s. m.* (a sort of) wild fig
ribaldo Ⓐ *adj.* scurrilous, irreverent, loose Ⓑ *s. m.* coarse (irreverent, profane) speaker
ribalta *s. f.* TEATRO limelight, footlights
ribamar *s. m.* seashore
ribana *s. f.* ⇒ **arribana**
ribanceira *s. f.* steep bank (of a river), ravine, chasm; cliff, steep slope
ribatejano Ⓐ *adj.* relating to the Portuguese province of Ribatejo Ⓑ *s. m.* person from Ribatejo
ribeira *s. f.* riverside, river-bank; rivulet, brook
ribeirada *s. f.* gush, gushing; strong current of river
ribeiradio *s. m.* rivulet
ribeirão *s. m.* large branch of a river
ribeirinho Ⓐ *adj.* riparian, riverine; waterside, marginal Ⓑ *s. m.* rivulet, rill, small brook, streamlet
ribeiro *s. m.* brook, stream, creek; ***ribeiro que corre mansamente*** smooth stream, quiet stream
ribésia *s. f.* red currant bush
ribete *s. m.* lace, ribbon; border; rill
riboflavina *s. f.* BIOQUÍMICA riboflavin (vitamin B-2)
ribombância *s. f.* booming, thundering
ribombante *adj.* booming, thundering
ribombar *v. intr.* to thunder, to roar; to boom, to resound, to rumble; ***o trovão ribomba*** the thunder roars
ribombo *s. m.* thundering, roar, rumbling, resounding
riça Ⓐ *adj.* frizzed, fuzzy (of hens) Ⓑ *s. f.* hair (that falls while working on felt-hats)
ricaço Ⓐ *adj.* very wealthy (rich) Ⓑ *s. m.* a wealthy man, a man of substance; [fam.] oof-bird; ***a vida está boa para os ricaços*** life is easy for the rich
rica-dona *s. f.* wife (daughter, heiress) of a wealthy man
ricalhaço *s. m., adj.* ⇒ **ricaço**
ricalhoiço *s. m., adj.* ⇒ **ricaço**
ricalhouço *s. m., adj.* ⇒ **ricaço**
ricamente *adv.* richly, abundantly, handsomely; thoroughly
ricanho Ⓐ *adj.* [pop.] rich and miserly, stingy, avaricious Ⓑ *s. m.* wealthy miser
riçar *v. tr.* to frizzle (the hair); to ruffle, to dishevel
ricardo *s. m.* teleostean fish of the family *Gadidae*
richarte *s. m.* little fat man
rícino *s. m.* BOTÂNICA castor oil plant, ricinus; ***óleo de rícino*** castor oil
rico *adj.* rich, wealthy, moneyed, opulent, affluent, well-to-do, flush; fortunate, grand, magnificent, splendid; costly, valuable, precious, luxurious; delicious, savoury, mellow; rich, fertile, productive, abundant, plentiful, luxuriant; highly seasoned; rich (wealthy, affluent, well-to-do) person; ***fazer de rico*** to pretend to be rich; ***ser rico*** to be well-off; [fig.] ***podre de rico*** as rich as Croesus; [fig.] ***ser podre de rico*** to have money to burn; ***os ricos*** the rich; ***jóias ricas*** rich jewels; ***ser muito rico*** to be rolling in money; ***quando for rico*** when my ship comes home; ***ele é muitíssimo rico*** he is worth a lot of money; ***as classes ricas*** the well-to-do
riço *adj.* curly, frizzed
ricochete *s. m.* ricochet, rebound (of a projectile); [coloq.] scoff, taunt; ***tiro de ricochete*** ricochet shot; ***fazer ricochete*** to ricochet, to rebound, to glance off
ricochetear *v. intr.* to ricochet, to rebound, to glance off
rico-homem *s. m.* grandee, nobleman
ricto *s. m.* rictus
ridência *s. f.* cheerfulness
ridente *adj.* smiling, gay, cheerful; blooming, prosperous
ridiculamente *adv.* ridiculously, absurdly, preposterously
ridicularia *s. f.* trifle, bauble, thing of no worth, mere nothing; trifling sum
ridicularização *s. f.* ridiculing
ridicularizador Ⓐ *adj.* ridiculing Ⓑ *s. m.* depreciator
ridicularizante *adj.* ridiculing
ridicularizar *v. tr.* to ridicule, to laugh at, to make fun of; to deride; to jeer, to scoff, to make game (sport) of
ridiculez *s. f.* ridiculousness
ridiculeza *s. f.* ridiculousness
ridiculizar *v. tr.* ⇒ **ridicularizar**
ridículo Ⓐ *adj.* ridiculous, absurd, preposterous, grotesque, laughable Ⓑ *s. m.* ridicule, mockery, derision; ***cair no ridículo*** to become ridiculous; ***meter a ridículo*** to take a rise out of a person
ridiculoso Ⓐ *adj.* ridiculous, absurd, preposterous, grotesque, laughable Ⓑ *s. m.* ridicule, mockery, derision
rifa *s. f.* raffle; ***fazer uma rifa*** to get up a raffle; ***bilhete de rifa*** raffle ticket
rifada *s. f.* sequence of cards of the same suit
rifador *s. m.* raffler
rifão *s. m.* proverb, adage, saying, maxim, dictum
rifar *v. tr.* to raffle, to sell by means of a raffle; to dispose off; [coloq.] to chuck away; ***rifar um quadro*** to raffle a picture

rifle *s. m.* rifle, carbine
riga *s. f.* Riga hemp, Riga oak, Riga fir
rigente *adj.* ⇒ **rígido**
rigidamente *adv.* rigidly, severely, sternly, strictly
rigidez *s. f.* rigidity, stiffness, harshness; inflexibility, strictness, severity, austerity; ***rigidez cadavérica*** rigor mortis; ***rigidez muscular*** muscular rigidity
rígido *adj.* rigid, stiff, unyielding, inflexible, rigorous, stern, strict, severe, austere, hard, harsh; ***disciplina rígida*** rigid discipline
rigor *s. m.* rigour, strictness, rigidity, rigidness, inflexibility, severity, sternness, harshness; inclemency of weather; ***no rigor do Inverno*** in the depth of winter; ***o máximo rigor da lei*** the utmost rigour of the law; ***no rigor do Estio*** in the height of summer
rigorismo *s. m.* rigorism, rigourism, severity, austerity of life, strictness (rigidity) of principles and conduct; exactness, preciseness
rigorista *s. m. e f.* rigorist, rigourist
rigorosamente *adv.* rigorously, strictly; austerely, severely
rigorosidade *s. f.* rigorousness, sternness, severity, harshness, strictness
rigoroso *adj.* rigorous, stern, inflexible, exacting, relentless, strict, hard, harsh, severe, austere, uncompromising; ***medidas rigorosas*** rigorous (strict) measures; ***um Inverno rigoroso*** a severe winter
rijamente *adv.* heavily, stoutly, sturdily, stiffly, rigidly
rijão *s. m.* rasher of bacon
rijar *v. tr. e intr.* to fry, to roast, to pan
rijeza *s. f.* hardness, rigidness, stiffness
rijo *adj.* hard, solid, firm, tough; stiff, unfeeling, hard-hearted; rigid, harsh, severe; sturdy, vigorous, hale; ***rijo e são*** hale and hearty; ***rijo e valente*** as hard as nails; ***mar rijo*** heavy sea; ***chuva rija*** heavy rain; ***carne rija*** tough meat
rilada *s. f.* suet; kidney stew
rilha-boi *s. m.* rest-harrow
rilhador Ⓐ *s. m.* gnawer, chewer, nibbler Ⓑ *adj.* nibbling, chewing, gnawing
rilhadura *s. f.* chewing, gnawing, nibbling
rilhar *v. tr.* to chew, to gnaw, to nibble; to munch, to crunch; to grind one's teeth
rilheira *s. f.* goldsmith's iron mould for making sheets of gold
rilheiro *s. m.* cellar; granary; ⇒ **relheiro**
rilhoto *s. m.* heap of dry dung
rim *s. m.* MEDICINA kidney; ***rim ptosado*** floating kidney, wandering kidney; ***rim lobulado*** lobulated kidney
rima *s. f.* rhyme, rime (consonance of terminal sounds); stack, heap, pile, mass, lot; chink, fissure, cleft, gap; ***uma rima de livros*** a stack of books
rimado *adj.* rhymed, rimed
rimador *s. m.* rhymer, rhymester; rhymist, rimist
rimance *s. m.* tale in verse; popular epic song, narrative poem
rimar Ⓐ *v. tr.* to rhyme, to rime, to put into rhyme Ⓑ *v. intr.* to rhyme; [fig.] to agree, to suit, to fit
rimário *s. m.* a book of rhymes (rimes)
rimiforme *adj.* shaped like a narrow crack
rimoso *adj.* cracked; full of (chinks, fissures) cracks
rímula *s. f.* ARQUITECTURA small cleft (crack, chink, fissure)
rinalgia *s. f.* MEDICINA rhinalgia
rinálgico *adj.* MEDICINA rhinal
rinanto *s. m.* BOTÂNICA rhinanthus, gamopetalous plant
rincão *s. m.* corner, nook, recess, niche, retired place; groove, stria
rinchada *s. f.* neighing, neigh; [coloq.] horse laughter, guffaw
rinchante *adj.* neighing
rinchão Ⓐ *adj.* neighing Ⓑ *s. m.* BOTÂNICA hedge mustard; ZOOLOGIA yaffingale, green woodpecker
rinchar Ⓐ *v. intr.* to neigh, to whinny Ⓑ *s. m.* ⇒ **relincho**
rincho *s. m.* whinny, neigh, the cry of a horse
rincolheira *s. f.* hiding place, refuge (of fish)
rinencéfalo *s. m.* ANATOMIA rhinencephalon
ringer *v. tr.* to grind, to gnash (the teeth); to creak, to squeak
ringir *v. tr.* ⇒ **ringer**
rinha *s. f.* cockpit; cockfight
rinhar *v. intr.* to fight (cocks); to let cocks fight
rinismo *s. m.* MEDICINA twang; nasal tone of voice
rinite *s. f.* MEDICINA rhinitis
rinobronquite *s. f.* MEDICINA rhinobronchitis
rinocéfalo *s. m., adj.* ⇒ **rinencéfalo**
rinoceronte *s. m.* ZOOLOGIA rhinoceros
rinocerote *s. m.* ZOOLOGIA rhinoceros
rinofaringe *s. f.* MEDICINA rhinopharynx
rinofaringite *s. f.* MEDICINA rhinopharyngitis
rinofonia *s. f.* ⇒ **rinismo**
rinologia *s. f.* MEDICINA rhinology
rinologista *s. m. e f.* MEDICINA rhinologist
rinólogo *s. m.* MEDICINA rhinologist
rinopatia *s. f.* MEDICINA rhinopathy
rinoplastia *s. f.* CIRURGIA rhinoplasty (plastic surgery of the nose)
rinoplástico *adj.* MEDICINA rhinoplastic
rinoptia *s. f.* MEDICINA esophoria
rinorragia *s. f.* MEDICINA rhinorrhagia
rinorreia *s. f.* MEDICINA rhinorrhea
rinoscopia *s. f.* MEDICINA rhinoscopy, examination of the nose
rinoscópio *s. m.* MEDICINA rhinoscope
rinotomia *s. f.* CIRURGIA rhinotomy
rio *s. m.* river; torrent; watercourse; ***descer o rio*** to go down river; ***ir rio abaixo*** to go downstream; ***rio acima*** up river, upstream; ***rio abaixo*** down river, downstream; ***nascente de rio*** spring (fountain, source) of a river; ***leito de rio*** river-bed; ***o rio Tamisa*** the river Thames; ***rios de sangue*** rivers of blood; ***desvio de um rio*** deflection of a course
ripa *s. f.* lath, batten, strip of wood
ripada *s. f.* stroke with a lath; [fig.] dressing down, scolding
ripadeira *s. f.* ripple (implement for cleaning flax or hemp from the seeds)
ripado *s. m.* lath work; paling, fence (of stakes)
ripador *s. m.* rippler
ripadura *s. f.* flax-dressing
ripagem *s. f.* flax-dressing
ripal *adj.* fixing laths; ***prego ripal*** lath-nail
ripançar *v. tr.* to ripple; to hackle
ripanço *s. m.* flax-comb, hackle; garden rake; couch, sofa; leisure, repose, indolence, book containing the office of Holy Week
ripar *v. tr.* to comb, to hackle (flax); to clear the earth; to strip the fruits (or leaves) off a tree; to lath, to fit with laths; [reg.] to purloin, to pilfer, to filch; ***ripar o cabelo*** to tear (to pull out) one's hair
ripária *s. f.* BOTÂNICA American vine
ripário *adj.* riparian, riparial
ripe *s. f.* ⇒ **ripa**
ripeira *s. f.* [reg.] old sword; ⇒ **ripa**
ripeirada *s. f.* stroke (with a lath)
ripeiro *s. m.* whip; ⇒ **ripeira**
ripiado *adj.* full of rough stones
ripícola *adj.* riparian, riverain
rípio *s. m.* rubble, stone chips, gravel; expletive
riposta *s. f.* DESPORTO riposte
ripostar *v. intr.* to make (a) repartee; DESPORTO to (make a) riposte, to parry and thrust; ***ripostar com êxito*** to come back upon
riqueza *s. f.* wealth, affluence, richness, fortune, riches, possessions, resources, accumulation of property, opulence;

abundance, profusion, largeness, amplitude, store, plenty, plenitude; ***acumulou grandes riquezas*** he has amassed great treasures

rir *v. refl. e intr.* to laugh; to smile; *(escarnecer)* to laugh at, to make fun of, to mock, to deride; *(gracejar)* to jest, to joke, to pull a person's leg; ***rir a bandeiras despregadas*** to split one's sides with laughter; ***rir à socapa*** to laugh up one's sleeve; ***rir perdidamente*** to shriek with laughter, to roar with laughter; ***rir-se de alguém (com desprezo)*** to snap one's fingers at someone; ***rir com riso amarelo*** to laugh on the wrong side of one's mouth; ***fazer rir*** to cause laughter, to move to laughter; ***rir à custa dos outros*** to laugh at another's expense; ***desatar a rir*** to burst out laughing; ***rir-se de*** to laugh at; ***rir-se para*** to smile at; ***isso dá vontade de rir*** that sounds funny; ***essa faz-me rir*** that makes me laugh, that amuses me; ***rir-se a bom rir*** to laugh heartily; ***discutir a rir*** to laugh over; ***rir sem vontade*** to give a forced laugh; ***rir sem motivo*** to laugh at nothing; ***ri melhor quem ri em último lugar*** he laughs best who laughs last

risada *s. f.* loud laughter, burst of laughter, peal of laughter

risadinha *s. f.* little laugh, titter, giggle

risbordo *s. m.* NÁUTICA ballast port

risca *s. f.* parting (of the hair); line; stripe, streak; scratch; ***à risca*** to the letter, closely, literally, exactly; ***risca do cabelo*** parting of one's hair; ***vestido de fazenda azul com riscas brancas*** dress of blue cloth with white stripes; ***preto com riscas vermelhas*** black with red streaks

riscadeira *s. f.* tracer

riscadilho *s. m.* striped chintz (calico)

riscadinha *s. f.* striped snake

riscado Ⓐ *s. m.* gingham, striped calico Ⓑ *adj.* erased; striped

riscador Ⓐ *s. m.* scriber; scribing-iron Ⓑ *adj.* scratching, erasing

riscadura *s. f.* erasure, scratch

riscanhada *s. f.* scribble, scrawl

riscar *v. tr.* to make lines on, to draw lines on; to cross off (out); to strike off (out); to cancel, to annul, to obliterate; to expunge, to expel, to eliminate; to delineate, to plan, to draw plans, to mould; to lose someone's friendship; ***riscar o nome de uma lista*** to strike a name off a list; ***riscar uma palavra*** to strike out a word

risco *s. m.* risk, danger, hazard, venture; sketch, delineation, outline, plan; stroke of pen, line; ***correr o risco*** to run the risk, to take the risk; ***ele corre o risco de se constipar*** there is the risk of his catching a cold; ***a própria vida está em risco*** life itself is at stake; ***contra todos os riscos*** against all risks; ***expor-se a todos os riscos*** to stand all hazards; ***risco de guerra*** war risk; ***risco de incêndio*** danger of fire; ***riscos de mar*** sea risks, perils of the sea; NÁUTICA ***dar um risco*** to forereach; ***de alto risco*** high-risk

risibilidade *s. f.* risibility, inclination to laugh, capacity for laughter

risível *adj.* risible, laughable, ridiculous

riso *s. m.* laughter, laughing; laugh, burst of merriment; giggle, guffaw, chuckle, titter, snigger; ***rebentar de riso*** to burst with laughter; ***riso forçado*** forced laugh; ***provocar o riso*** to raise a laugh; ***amargar o riso*** to laugh on the wrong side of one's mouth; ***ataque de riso*** a fit of laughter; ***chorar de riso*** to laugh till one cries; ***conter o riso*** to stop oneself from laughing; ***riso amarelo*** wan smile; ***forçar o riso*** to force a smile; ***morrer de riso*** to split one's sides with laughter

risonhamente *adv.* smilingly, with a smile, gaily, cheerfully, grinning

risonho *adj.* smiling, laughing, cheerful, pleasant, gay; grinning; ***rosto risonho*** a smiling face; ***perspectiva risonha*** smiling prospect; ***toda a natureza parece risonha e alegre*** all nature looks smiling and gay

risota *s. f.* ⌊pop.⌋ laugh, sneer, mocking laugh; giggling; fun

risote Ⓐ *adj.* sneering, mocking Ⓑ *s. m.* giggler, mocker, scoffer

rispidamente *adv.* harshly, sternly, sharply, roughly

rispidez *s. f.* harshness, severity, austerity, sternness

rispideza *s. f.* harshness, severity, austerity, sternness

ríspido *adj.* harsh, stern, rigid, austere, severe, stiff, bitter, hard

rissol *s. m.* rissole; ***rissol de carne*** meat rissole; ***rissol de peixe*** fish rissole

riste *s. m.* rest (of a lance); ***meter a lança no riste*** to couch a spear, to fix the lance in its rest

ritão *s. m.* rhyton, drinking vessel

ritidoma *s. m.* BOTÂNICA rhytidome

ritmado *adj.* rhythmic(al), cadenced

ritmar *v. tr.* to mark with rhythm; to cadence

rítmica *s. f.* rhythmics

ritmicamente *adv.* rhythmically

rítmico *adj.* rhythmic(al), cadenced

ritmo *s. m.* rhythm

rito *s. m.* rite, ceremony, observance

ritornelo *s. m.* ritornello

ritual Ⓐ *s. m.* ritual, rites, ritual service book; etiquette Ⓑ *adj.* ritual, formal, ceremonial

ritualismo *s. m.* ritualism, formalism

ritualista Ⓐ *adj.* ritualistic Ⓑ *s. m. e f.* ritualist

ritualização *s. f.* ritualization

rival Ⓐ *adj.* rival, competing, contending, opposing, emulating Ⓑ *s. m. e f.* rival, opponent, fellow-competitor, antagonist; ***sem rival*** without (a) rival, unequalled

rivalidade *s. f.* rivalry, competition, contention, contest, emulation

rivalizar *v. intr.* to rival, to compete with, to equal, to match, to vie with, to be comparable to

rivalizável *adj.* that can be rivalled

rixa *s. f.* brawl, row, noisy quarrel, scuffle, rough-and-tumble

rixador Ⓐ *s. m.* brawler Ⓑ *adj.* brawling, quarrelsome, rowdy

rixar *v. tr.* to brawl, to quarrel noisily, to wrangle

rixoso *adj.* quarrelsome, brawling, rowdy, contentious, disputatious

rizadura *s. f.* NÁUTICA reef, reefing

rizânteo *s. m., adj.* BOTÂNICA rhizanthous, rhizanth (*plural* rhizanthae)

rizanto *s. m., adj.* BOTÂNICA rhizanthous, rhizanth (*plural* rhizanthae)

rizar *v. tr. e intr.* NÁUTICA to reef, to take in the reefs (of sail); ***rizar nos últimos*** to reef close

rizes *s. m. pl.* NÁUTICA reef(s), reef point, reef beckets; ***meter nos rizes*** to take in reefs; ***forra de rizes*** reef band

rizicultura *s. f.* rice-growing, cultivation of rice

rizina *s. f.* BOTÂNICA rhizine, rhizoid

rizocárpico *adj.* BOTÂNICA rhizocarpic, rhizocarpous

rizocárpio *adj.* ⇒ **rizocárpico**

rizocarpo *adj.* ⇒ **rizocárpico**

rizocéfalo *adj.* ZOOLOGIA rhizocephalan, rhizocephalous

rizofagia *s. f.* rhizophagy

rizófago *adj.* rhizophagous

rizofilo *adj.* BOTÂNICA producing roots (said of the leaves of certain plants)

rizófilo *adj.* BOTÂNICA feeding on roots

rizoflagelado *adj.* ZOOLOGIA rhizoflagellate

Rizoforáceas *s. f. pl.* BOTÂNICA *Rhizophoraceae*

rizóforo Ⓐ *adj.* rhizogenetic, rhizogenous; rhizophorous Ⓑ *s. m.* rhizogen

rizografia *s. f.* BOTÂNICA description of roots

rizóide *s. m.* BOTÂNICA rhizoid

rizoma *s. m.* BOTÂNICA rhizome, rhizoma (*plural* rhizomata, rhizomas), rootstock

rizomatoso *adj.* BOTÂNICA rhizomatous

rizomorfo Ⓐ *adj.* BOTÂNICA rhizomorphous, rootlike Ⓑ *s. m.* rhizomorph
Rizópodes *s. m. pl.* ZOOLOGIA *Rhizopoda*
rizospermo *adj.* BOTÂNICA bearing fruit near the root (of the plant)
rizóstomo Ⓐ *adj.* ZOOLOGIA rhizostomatous Ⓑ *s. m. pl.* rhizotomata
rizotaxia *s. f.* BOTÂNICA rhizotaxy, rhizotaxis; disposition of plant roots
rizotomia *s. f.* CIRURGIA rhizotomy
rizótomo *s. m.* instrument used in rhizotomy
rizotónico *adj.* GRAMÁTICA stressed on the last or root syllable
roaz Ⓐ *adj.* gnawing, destructive, ravenous Ⓑ *s. m.* porpoise
robalete *s. m.* ZOOLOGIA small rock-bass; NÁUTICA bilge keel; rolling-chock
robalinho *s. m.* ICTIOLOGIA small rock-bass
robalo *s. m.* ICTIOLOGIA rock-bass
róber *s. m.* rubber (bridge)
roble *s. m.* oak tree, oak (wood)
robledo *s. m.* oak-grove
robô *s. m.* robot, automaton; automatic
robora *s. f.* ⇒ **rebora**
roboração *s. f.* corroboration, confirmation, ratification, strengthening
roborante *adj.* corroboratory, confirmatory, strengthening, corroborant
roborar *v. tr.* to corroborate, to confirm, to strengthen
roborativo *adj.* corroborative, confirmatory, corroborant
roboredo *s. m.* oak-grove
roborizar *v. tr.* to strengthen, to invigorate, to fortify
robótica *s. f.* robotics
robotização *s. f.* robotization
robotizar *v. tr.* to robotize, to automatize, to automate
róbur *s. m.* [fig.] robustness, vigour, strength
robustamente *adv.* robustly, strongly, firmly
robustecedor *adj.* fortifying, strengthening
robustecer Ⓐ *v. tr.* to strengthen, to fortify, to make robust, to invigorate Ⓑ *v. refl.* to grow strong, to become robust
robustecimento *s. m.* strengthening, invigorating, fortifying
robustez *s. f.* robustness, vigour, stoutness, hardiness, endurance
robusteza *s. f.* robustness, vigour, stoutness, hardiness, endurance
robusto *adj.* robust, robustious, vigorous, strong, hale, hearty hardy, lusty, sturdy, stout, brawny sound, strong-limbed, sinewy, powerful; ***homem robusto*** robust man
roca *s. f.* distaff; ***roca de roda*** spinning-wheel; ***cada terra com seu uso, cada roca com seu fuso*** each place has its own customs
roça *s. f.* clearing the ground, stubbling, grubbing up (of roots); large estate, landed property, plantation
rocada *s. f.* blow with a distaff; the flax that a distaff can hold
roçada *s. f.* clearing (of) the ground (with a scythe or sickle); cleared land
roçadeira *s. f.* scythe
roçadeiro *adj.* grazing, touching
roçadela *s. f.* clearing (of undergrowth), stubbing; graze, grazing, light touch; skimming
rocado Ⓐ *adj.* rocky Ⓑ *s. m.* rock, cliff; crag
roçado *s. m.* land cleared of wood; glade, clearing (in a wood)
roçadoira *s. f.* scythe
roçador *s. m.* one who makes clearings with a scythe or a spade
roçadoura *s. f.* scythe
roçadura *s. f.* clearing (of undergrowth); graze, slight touch, scratch; rubbing
roçagante *adj.* trailing, training, dragging; rustling; skimming
roçagar *v. intr.* to trail, to train, to drag along; to rustle, to move (with sound of rustling garments); to skim
rocal Ⓐ *adj.* very hard, hard as stone Ⓑ *s. m.* collar (string) of beads (pearls)
rocalha *s. f.* a quantity of beads; string of (beads) pearls
rocamalha *s. f.* storax
rocambolesco *adj.* entangled; full of incidents, fantastic
rocambolismo *s. m.* fantastic adventures; entanglement, complication
roçamento *s. m.* ⇒ **roçadura**
rocão *s. m.* [reg.] stick used to pick fruit; string of beads; a kind of distaff
rocar *v. intr.* to castle (at chess)
roçar Ⓐ *v. tr.* to clear land of wood (for cultivation); to graze, to touch lightly (in passing); to rub against; to skim Ⓑ *v. intr.* ⇒ **roçagar**; to wear out; ***roçar mato*** to clear land (of stumps, roots, undergrowth, etc.)
rocaz Ⓐ *s. m.* ICTIOLOGIA rock-fish Ⓑ *adj.* growing on (inhabiting) rocks
rocedão *s. m.* shoemaker's thread, twine
rocega *s. f.* NÁUTICA sweeping or dragging (under water); sweep, a length of cable
rocegar *v. tr.* NÁUTICA to drag (to sweep) the bottom of harbours (for lost cables, anchors, etc.)
roceiro *s. m.* planter; clearer
rocha *s. f.* rock; ***na rocha viva*** in the rock itself; ***firme como uma rocha*** as firm as a rock; ***água que emana das rochas*** rock water; ***cristal de rocha*** rock-crystal; ***rocha que deixa ressumar*** weeping rock; ***rocha a pique*** sheer rock; ***rochas vulcânicas*** volcanic rocks; ***rocha calcária*** limestone; ***rocha silenciosa*** burr-rock; ***de rocha*** rocky; ***estar firme como rocha*** to be built on the rock, to be as steady as a rock; ***rochas (bolos)*** rock cakes
rochaz *adj.* inhabiting (growing on) rocks; ⇒ **rocaz**
rochedo *s. m.* rock, steep rock, rugged rock, cliff; ANATOMIA petrous bone; ***dar contra um rochedo*** to split upon a rock; ***rochedo a pique*** sheer rock; ***o rochedo está a pique sobre o mar*** the rock descends sheer to the sea
rochoso *adj.* rocky, craggy, cragged; stony
rociada *s. f.* dew-forming, dew-fall; a lot, large quantity
rociado *adj.* dewy, bedewed
rocim *s. m.* a wretched nag, jade, feeble horse
rocinante *s. m.* a wretched nag, jade; ***"Rocinante"*** Don Quixote's horse
rocinar Ⓐ *v. tr.* to bedew, to sprinkle, to cover (with drops); to moisten Ⓑ *v. intr.* to fall (dew); to drizzle
rocio *s. m.* dew; drizzle, mizzle
rocioso *adj.* dewy, bedewed
rocló *s. m.* roquelaure (old-fashioned cloak)
rocloró *s. m.* roquelaure (old-fashioned cloak)
roço *s. m.* cutting of stones (in a quarry); groove (made in stones)
rococó *s. m., adj.* rococo
roda *s. f.* wheel (of a cart, etc.); circle, ring; circuit; slice; round (of drinks); lottery; width (of skirt of a dress); revolving hatch (in a convent or foundling-hospital); rack, torture; ***andar à roda*** to turn round, to spin round; ***fazer uma roda (de pessoas)*** to make a ring; ***passar à roda*** to hand round; ***apanhar uma roda de tolo*** to be insulted as a fool; ***sentir a cabeça à roda*** to feel one's head going round, to feel dizzy; ***fazer andar a cabeça à roda a*** to turn someone's head; ***à roda; em roda*** around, about, round about; ***alta-roda*** high-life, upper circles; ***na roda do ano*** all the year round; ***roda de parafuso sem-fim*** worm wheel; ***roda dentada*** cogwheel, pinion; ***roda cónica*** cone wheel; ***roda de coroa*** crown

wheel, bevel wheel, mitre wheel; ***roda de espiral*** scroll wheel; ***roda cilíndrica*** cylindrical wheel; ***roda motora*** driver, driving wheel, main spur wheel; ***roda de pás, roda propulsora*** paddle wheel; ***roda de pás fixas*** radial paddle wheel; ***navio que vem roda a roda*** meeter, meeting vessel; ***roda do leme*** steering-wheel; ***roda da fortuna*** fortune's wheel; ***amanhã anda a roda*** tomorrow is the sweep day, the sweep is held tomorrow, the prizes will be drawn tomorrow, the drums will go round tomorrow

rodada *s. f.* turn of a wheel; round of drinks

rodado Ⓐ *adj.* wheeled; dappled, mottled, roan (of a horse); run in (of a car) Ⓑ *s. m.* rut, track; wheels of a vehicle; width (of a dress); ***rodado de uma saia*** width of a skirt

rodagem *s. f.* wheel-work; ***em rodagem*** running-in (of a motor-car)

rodalho *s. m.* disk of earthenware (or of wood) on which potters mould vessels of clay; potter's wheel

rodante Ⓐ *adj.* rolling Ⓑ *s. m.* yoke of a scoop-wheel

rodapé *s. m.* ARQUITECTURA skirting-board, foot panel (a board running round the bottom of the walls of a room), valance (short curtain round a frame or canopy of bedstead); ***rodapé de madeira*** wooden skirting-board

rodapisa *s. f.* hem (of a skirt)

rodaque *s. m.* ARQUITECTURA old-fashioned waistcoat

rodar Ⓐ *v. tr. e intr.* to roll; to turn round, to move round; to wheel, to push along (a bicycle), to rotate, to spin; to rake, to work with a rake; to run in (a car); to torture on the wheel, to rack Ⓑ *v. intr.* to pass, to elapse; to circulate (money); [pop.] to be off, to go, to leave; MILITAR ***direita rodar!*** right about, turn! Ⓒ *s. m.* rumbling, rattling (of a carriage); rolling, rattling, rattle; passing of time; ***o rodar do carro ou da carruagem*** the rumbling of the wheels, the rattle of a carriage

roda-viva *s. f.* bustle, fuss, stir, rush; commotion, ado, to-do; ***andar numa roda-viva*** to rush to and fro, to be on the go

rodeado *adj.* surrounded, encircled, encompassed, enclosed, environed

rodeador Ⓐ *s. m.* one who goes round a place (or object) Ⓑ *adj.* surrounding, encircling, enclosing

rodeamento *s. m.* encircling, surrounding

rodear Ⓐ *v. tr.* to surround, to encircle, to enclose, to encompass, to environ; to hem, to hem in, to fence in; to girdle; to go round (a place or object); to by-pass, to go a roundabout way Ⓑ *v. intr.* to beat about the bush, to make use of circumlocutions Ⓒ *v. refl.* to surround oneself with, to gather round, to go about with, to mix with

rodeio *s. m.* detour, circuitous route, roundabout way; circumlocution, periphrasis, roundabout way of speaking; subterfuge, evasion, shift; ***usar de rodeios*** to beat about the bush; ***sem rodeios*** plainly, unambiguously, coming straight to the point; ***rodeios do rio*** turns of a river, bends of a river; ***deixar-se de rodeios*** to speak to the point, to speak straight to the point

rodeira *s. f.* nun in attendance at the revolving-hatch (in convent); rut, cart-track

rodeiro *s. m.* relating to a wheel; wheel; axle (of a cart or car); a pair of wheels

rodela *s. f.* (round) slice; small ring; small wheel, round (shield) buckler; knee-pan; ***rodela de limão*** slice of lemon

rodeleiro Ⓐ *s. m.* buckler; liar Ⓑ *adj.* shielded

rodelo *s. m.* shoe patch, patchwork

rodeta *s. f.* small wheel

rodete *s. m.* bobbin, reel, spool

rodício *s. m.* spiked iron ball at the end of a scourge

ródico *adj.* QUÍMICA from rhodium

rodilha *s. f.* dish-cloth, dish-clout, swab, mop; pad (for carrying burdens on); knee-pan; a drudge

rodilhão *s. m.* large dish-cloth; wheel of a barrow

rodilhar *v. tr.* to roll up; to entangle, to tangle, to knot, to twist

rodilho *s. m.* dish-cloth, swab, mop; pad (for carrying burdens on); rag, tatter, shred of cloth

ródio *s. m.* QUÍMICA rhodium; Rhodian (inhabitant of Rhodes)

rodízio *s. m.* ladle-boarded wheel (of a water mill); caster, castor (for tables); ***rodízios de metal (para mesas)*** casters (for tables)

rodo *s. m.* wooden rake (without teeth); fire-rake; croupier's rake; ***a rodos*** plentifully; ***dinheiro a rodos*** money to be raked in

rodocrosite *s. f.* MINERALOGIA rhodochrosite

rododendro *s. m.* BOTÂNICA rhododendron

Rodofíceas *s. f. pl.* BOTÂNICA ⇒ **Florídeas**

rodografia *s. f.* treatise on roses

rodoiça *s. f.* ⇒ **rodouça**

rodologia *s. f.* part of botany that deals with roses

rodomel *s. m.* honey of roses

rodonite *s. f.* rhodonite

rodopelo *s. m.* swirl (or twist) of hair on the skin of animals

rodopiante *adj.* swirling, vortical

rodopiar *v. intr.* to whirl, to swing round and round, to spin round, to twirl, to revolve

rodopio *s. m.* whirl, whirling, spinning (round); twirl, twirling; twist (of the hair)

rodopsina *s. f.* rhodopsin, visual purple

rodóstomo *adj.* ZOOLOGIA said of the animal having a pink mouth

rodouça *s. f.* pad (for carrying things on one's head)

rodovalho *s. m.* ICTIOLOGIA turbot

rodovia *s. f.* highway, through way

rodoviário *adj.* related to a highway

rodriga *s. f.* [reg.] stake, prop (for vines or beans)

rodrigar *v. tr.* to prop up (vines)

rodriguinho *s. m.* [coloq.] commonplace

rodura *s. f.* raking, ranking together; a rakeful

roedor Ⓐ *adj.* gnawing, nibbling rodent Ⓑ *s. m.* ZOOLOGIA rodent, a gnawing animal

roedouro *s. m.* moorland covered with grass

roedura *s. f.* gnawing; corrosion, wearing, erosion

roel *s. m.* washer, flat iron ring

roentgen *s. m.* roentgen, röntgen (international unit of X radiation)

roentgenterapia *s. f.* roentgenotherapy, röntgenotherapy

roer Ⓐ *v. tr.* to gnaw, to nibble, to bite, to chew, to corrode, to erote, to consume, to backbite, to grumble; [fig.] to hurt, to offend; to talk ill of a person, to slander Ⓑ *v. refl.* to fret, to worry; ***roer as unhas*** to bite one's nails; ***roer um osso*** to gnaw a bone, to pick a bone; [coloq.] ***roer a corda*** to break one's word, to back out; ***osso difícil de roer*** a hard nut to crack; ***roer o freio*** to mouth the bit

rofego *s. m.* ⇒ **refego**

rofo Ⓐ *adj.* wrinkled, dimmed, unpolished, rough Ⓑ *s. m.* wrinkle; pleat; scratch; roughness

roga *s. f.* [reg.] group of vintage workers

rogação *s. f.* rogation, supplication, entreaty

rogações *s. f. pl.* rogations (solemn supplications consisting of the litany of saints)

rogado *adj.* begged, implored

rogador *s. m.* supplicant, implorer; intercessor, mediator

rogal *adj.* related to a funeral pyre

rogar *v. tr. e intr.* to entreat, to supplicate, to beg, to crave, to ask, to implore, to beseech, to pray to; ***rogar pragas*** to curse, to imprecate; ***fazer-se rogado*** to need persuasion

rogativa *s. f.* request, prayer, supplication, entreaty

rogativo *adj.* supplicatory, entreating, pleading

rogatória *s. f.* request, entreaty, supplication

rogatório *adj.* supplicatory

rogo *s. m.* request, petition, entreaty, prayer, supplication; ***a rogo de*** at the request of

roído *adj.* gnawed, nibbled; corroded, eaten away, consumed, worn away
rojador Ⓐ *adj.* crawling, creeping, dragging, trailing Ⓑ *s. m.* crawler, creeper
rojão *s. m.* roast pork, crackling; kind of javelin; prod, goad
rojar Ⓐ *v. tr.* to drag, to trail along (the ground); to throw, to fling Ⓑ *v. refl. e intr.* to cringe, to crawl, to creep; to drag oneself along
rojo *s. m.* dragging along, trailing along (the ground); ***de rojo*** trailing (the ground); ***andar de rojo*** to trail along the ground, to drag oneself along the ground
rol *s. m.* roll, list; muster-book; ***rol da roupa suja*** laundry-book, washing-list; ***conferir o rol da roupa (vindo da lavandaria)*** to check the laundry list; NÁUTICA ***rol da equipagem*** ship's articles, muster-roll
rola *s. f.* ORNITOLOGIA turtle-dove
rolador Ⓐ *s. m.* roller, cylinder Ⓑ *adj.* rolling; cooing
rolagem *s. f.* rolling, passing a roller over
rolamento *s. m.* MECÂNICA roller-bearing, ball-bearing, bearing (part of machine that bears the friction); NÁUTICA rolling (of a ship)
rolante *adj.* rolling; running; revolving; ***material rolante*** rolling stock; ***fogo rolante*** running fire
rolão *s. m.* bran, grit, brown flour; wooden roller; roller, swelling wave, breaker
rolar Ⓐ *v. tr.* to roll, to rock, to move from side to side; to roll along; to turn over and over; to cut (a trunk of a tree) into logs Ⓑ *v. intr.* (of organ) to peel out (with resonant sound); to tumble; to roll (as waves); to coo (like turtle-doves)
roldana *s. f.* MECÂNICA pulley; ***roldana de construção*** construction pulley; NÁUTICA ***roldana de retorno*** guide pulley
roldão *s. m.* confusion, rashness, haste; ***de roldão*** pell-mell, in confusion, precipitately
roleira *s. f.* candlestick, rack, rack bar
roleiro Ⓐ *adj.* rolling; revolving; tumbling Ⓑ *s. m.* stack of wheat; ***mar roleiro*** rolling (rough) sea
roleta *s. f.* roulette
rolete *s. m.* small roller; hatter's roller
rolha *s. f.* cork; stopper; plug; [coloq.] scamp, scoundrel, rascal; ***tirar a rolha*** to uncork (a bottle), to draw the cork from, to take the cork out of; ***rolha de vidro*** glass stopper; ***rolha de borracha*** rubber stopper; ***rolha esmerilada*** ground-in stopper; ***és uma boa rolha!*** you are a nice scamp!; ***em Cascos de Rolha*** at the back of beyond; ***mandar para Cascos de Rolha*** to knock into the middle of next week
rolhador *s. m.* corking-machine
rolhadura *s. f.* corking
rolhagem *s. f.* corking
rolhar *v. tr.* to cork, to stopper, to fit with a stopper
rolheiro *s. m.* cork-maker; sheaf of wheat; whirlpool, vortex
rolhista *s. m. e f.* cork-cutter
rolho *adj.* fat, plump, chubby, round, bonny, buxom, fleshy, thick and round
roli *s. m.* ORNITOLOGIA Wilson's petrel
roliçar *v. tr.* to make round, to shape like a roll (cylinder)
roliço *adj.* roll-shaped, cylindrical; ⇒ **rolho**
rolieiro *s. m.* ORNITOLOGIA European roller
rolim *s. m.* ICTIOLOGIA sun-fish
rolinha *s. f.* ORNITOLOGIA little dove; Greenland (sea) turtle-dove
rolo *s. m.* roll, packet, bundle (folded into a cylindrical shape); roller, cylinder, road roller; roll of hair; ZOOLOGIA male turtle-dove; roller, long swelling wave; taper, wick (with slight coat of wax); rolling-pin; [fig.] crowd, throng, multitude; ***rolo de pasteleiro*** rolling-pin; ***rolo de mão*** hand-roller; ***fazer um rolo*** to roll round; ***rolo compressor*** streamroller; ***rolo de papel*** roll of paper; ***rolo de mar*** roller
romã *s. f.* BOTÂNICA pomegranate
romagem *s. f.* pilgrimage
romaica *s. f.* Romaic dance; Romaika
romaico *s. m., adj.* Romaic
romana *s. f.* Roman balance, steelyard
romança *s. f.* ballad, romance
romançada *s. f.* novels (a number of worthless novels)
romançaria *s. f.* novels (a number of worthless novels)
romance *s. m.* novel; romance; Romance language; [fig.] fiction, fancy; tale, story; ***toda a sua vida foi um romance*** his whole life was a romance; ***romance sensacional*** thriller; ***romance policial*** detective story, thriller
romanceação *s. f.* romanticizing
romanceado *adj.* romanced; told in story, in story form; exaggerated; fictitious; fanciful
romancear *v. tr.* to romance, to tell fictitious stories; to describe in novels; to romanticize, to render romantic; to exaggerate
romanceiro *s. m.* collection of romances
romanche *s. m.* Romansh
romancice *s. f.* [depr.] romantic fantasy; musing, fancy
romancismo *s. m.* Romanticism
romancista *s. m. e f.* novelist, writer of novels; romance writer, romancist
romanço *s. m.* the Romance languages (collectively); Romance (language)
romando *adj.* referring to the people of French Switzerland
romanesco Ⓐ *s. m.* Romanesque Ⓑ *adj.* romantic, unreal, fantastic, imaginary, fictitious; Romanesque
romanho *s. m.* Romany (language of the gypsies)
romani *s. m.* Romany (language of the gypsies)
românico Ⓐ *adj.* Romanic, Romance Ⓑ *s. m.* Romanic, Romance dialect
romanismo *s. m.* Romanism
romanista *s. m. e f.* Romanist
romanística *s. f.* Romanic phylology
romanístico *adj.* Romanistic
romanização *s. f.* Romanization
romanizar *v. tr.* to romanize
romanizável *adj.* capable of being Romanized
romano *s. m., adj.* Roman
romanologia *s. f.* study of Romance languages
romanologista *s. m. e f.* Romanist
romanólogo *s. m.* Romanist
romanticamente *adv.* romantically
romantice *s. f.* romantic character; fancy, imagination
romanticismo *s. m.* romanticism, romantism
romântico Ⓐ *adj.* romantic, imaginative, dreamy, fantastic, sentimental, picturesque Ⓑ *s. m.* romantic, romantic poet (writer); ***uma cena romântica*** a romantic scene; ***um sítio romântico*** a romantic spot
romantismo *s. m.* romantism, romanticism
romantizar *v. tr.* to romanticize, to make romantic, to impregnate with romance; to write in romantic style; to treat (artistic theme) in a romantic manner; to fancy, to imagine
romão *s. m., adj.* Roman; Romanesque (style)
romaria *s. f.* pilgrimage; festive gathering of people; popular festival
romãzeira *s. f.* BOTÂNICA pomegranate tree
romãzeiral *s. m.* grove of pomegranate-trees
rômbico *adj.* rhombic(al)
rombiforme *adj.* rhombic(al)
rombo Ⓐ *s. m.* GEOMETRIA rhomb; gap, hole, split, leak; [fig.] embezzlement Ⓑ *adj.* diamond (lozenge) shaped; blunt; [fig.] dull, stupid
rombododecaedro *s. m.* GEOMETRIA rhombododecahedron
romboédrico *adj.* rhombohedric, rhombohedral
romboedro *s. m.* GEOMETRIA rhombohedron
romboidal *adj.* rhomboid(al)
rombóide *s. m.* GEOMETRIA rhomboid
rombudo *adj.* very blunt
romeira *s. f.* woman pilgrim; (embroidered) cape; BOTÂNICA pomegranate-tree

R

romeiral *s. m.* ⇒ **romãzeiral**
romeiro *s. m.* pilgrim; ICTIOLOGIA pilot fish
romeno *s. m., adj.* Roumanian, Rumanian
rompante Ⓐ *adj.* arrogant, haughty; impetuous, hasty, rash, precipitate Ⓑ *s. m.* arrogance, haughtiness, impetuousness, rashness, precipitance, precipitancy, hastiness, rage, fury
rompão *s. m.* calk (of a horse-shoe)
rompedeira *s. f.* chisel; punch
rompedor *s. m.* destroyer; one who wears out his clothes very fast, one who is very hard on his clothes
rompedura *s. f.* tear, rent; tearin, rending
rompente *adj.* arrogant, haughty, proud, lordly; breaking, tearing, rending; HERÁLDICA rampant
romper Ⓐ *v. tr. e intr.* to tear, to rend, to tear into pieces; to break, to break up, to break open; to split asunder; to break through, to tear through, to make one's way through; to break with, to break off, to fail out with (a person), to break off relations with; to disperse, to rout, to put to flight; to break the ground, to till the soil; to begin, to break out; to open, to cut Ⓑ *s. m.* breaking, break; opening, beginning; ***romper com o uso*** to wear out (clothes); ***romper em pranto*** to burst into tears; ***romper o fogo*** to open fire; ***romper por entre a multidão*** to force one's way through the crowd; ***romper uma estrada*** to open a road, to cut a road; ***romper o silêncio*** to break the silence; ***romper as relações com alguém*** to break with someone; ***romper o fio ao discurso*** to break the thread of the speech, to interrupt the sequence of the talk; ***romper em altas gargalhadas*** to break into a loud laugh; ***o dia está a romper*** the day is breaking
rompida *s. f.* clearing, breaking-up (land)
rompimento *s. m.* breaking, break; breach, severance; rupture, split; opening, outbreak; start, beginning; ***rompimento de relações*** breaking of relations; ***rompimento das hostilidades*** outbreak of hostilities
ronca *s. f.* roar, roaring, peal, crash; snore, snoring; fog-horn; bravado
roncada *s. f.* snoring, snore; ⌈reg.⌋ nap, doze, short sleep
roncador Ⓐ *s. m.* snorer; ⌈coloq.⌋ boaster, braggart Ⓑ *adj.* snoring; ⌈coloq.⌋ boasting, bragging
roncadura *s. f.* snore, snoring; ⌈coloq.⌋ boasting, bragging
roncante *adj.* snoring, roaring; rumbling
roncão *adj.* snoring; ⌈coloq.⌋ boasting, bragging
roncar *v. intr.* to snore; to roar, to rumble; to brag, to boast; to threaten; ***roncar (o mar)*** to roar (the sea)
roncaria *s. f.* ⇒ **roncadura**
rončaria *s. f.* slowness, slackness, indolence, idlehood, idleness, laziness, sluggishness
roncear *v. intr.* to move slowly, to dawdle, to lounge about; to waste time, to dally, to idle away time, to fritter away time
ronceirice *s. f.* slowness, tardiness, sluggishness, slackness, indolence, dullness
ronceirismo *s. m.* slowness, tardiness, sluggishness, slackness, indolence, dullness
ronceiro *adj.* slow, slack, sluggish, tardy, indolent, dull, lazy, slothful; ***navio ronceiro*** slow sailer, straggler ship
roncice *s. f.* ⇒ **ronceirice**
roncinada *adj.* runcinate
ronco *s. m.* snore, snoring; rumbling, roar, roaring; snort, grunting, grunt (pig); bravado, boast, brag
roncolho *adj.* badly castrated
ronda *s. f.* MILITAR round, patrol, beat, watch; NÁUTICA messenger; night-patrol; round dance; ***fazer a ronda*** to go the rounds; ***eles fizeram a ronda*** they went their round (beat); ***oficial de ronda*** officer of the round
rondador *s. m.* patroller, watchman; night-guard
rondante Ⓐ *adj.* patrolling, inspecting; prowling Ⓑ *s. m. e f.* watchman, patroller
rondão *s. m.* ***de rondão*** pell-mell, precipitately, at random
rondar Ⓐ *v. tr.* to watch, to patrol, to prowl; to go round, to turn round Ⓑ *v. intr.* to do the rounds; to prowl (around, about), to hang around; ***rondar (o vento)*** to come round, to draw, to haul (the wind); ***rondar ao contrário (o vento)*** to back (the wind); ***rondar para o norte (o vento)*** to north (the wind)
rondear *v. intr.* ⇒ **rondar**
rondista *s. m. e f.* watchman, patroller; prowler
rondó *s. m.* ⌈poét.⌋ rondeau; MÚSICA rondo
ronha *s. f.* scab, mange (skin disease); craft, craftiness, cunning, deceit, shrewdness, artfulness
ronhento *adj.* VETERINÁRIA scabby, mangy
ronhoso *adj.* VETERINÁRIA scabby, mangy
ronquear *v. tr.* to prepare tunny-fish for pickling
ronqueira *s. f.* rattle (in the throat); (of animals) pulmonary disease; hoarseness, huskiness; wheeze; loud snoring, hoarse breathing (in sleep)
ronquejante *adj.* snoring, roaring
ronquejar *v. intr.* ⇒ **roncar**
ronquenho *adj.* hoarse, husky, raucous, harsh-sounding; rough
ronquidão *s. f.* snoring, snore; hoarseness, rancity
ronquido *s. m.* snorting (of horse)
ronrom *s. m.* purr, purring
ronronante *adj.* purring, whirring
ronronar *v. intr.* to purr
rópia *s. f.* ⌈reg.⌋ courage, boldness; petulance, sauciness
ropografia *s. f.* drawing of small objects
ropográfico *adj.* referring to the drawing of small objects
ropógrafo *s. m.* person dedicated to the drawing of small objects
roque *s. m.* rook (at chess); ***sem rei nem roque*** at sixes and sevens, without control, freely; ***fazer roque*** to change the position of the king and one of the rooks (castles) at chess, to castle
roqueira *s. f.* MILITAR stone mortar
roqueirada *s. f.* mortar shot
roqueiro Ⓐ *adj.* rocky; built on rocks Ⓑ *s. m.* distaff maker
roquete *s. m.* ratchet
roquinha *s. f.* children's toy rattle
roquinho *s. m.* ORNITOLOGIA petrel
ror *s. m.* ⌈pop.⌋ a lot, lots, a great deal, heaps
rorante *adj.* ⌈poét.⌋ dewy, rorid
rorejante *adj.* ⌈poét.⌋ dewy, rorid
rorejar *v. tr.* to bedew; to spray, to besprinkle
rorejo *s. m.* drop of dew; sprinkle
rorela *s. f.* BOTÂNICA the sundew
rórido *adj.* ⌈poét.⌋ dewy, roscid
rorífero *adj.* ⌈poét.⌋ containing dew; roscid
rorífluo *adj.* ⌈poét.⌋ dew-flowing
rorqual *s. m.* ZOOLOGIA rorqual
rosa Ⓐ *s. f.* BOTÂNICA rose; rose colour Ⓑ *adj.* pink, rosy, rose-coloured; ***botão de rosa*** rose-bud; ***rosa brava*** wild rose, Sweet Briar; ***rosa de todo o ano*** montly rose; ***rosa chá*** tea-rose; ***nem tudo são rosas*** not all roses; ***a vida não é um mar de rosas*** life is not a bed of roses; ***não há rosas sem espinhos*** no rose is without a thorn; ⌈fig.⌋ ***mar de rosas*** glassy sea; ***as guerras das duas rosas*** the wars of the Roses
rosa-almiscarada *s. f.* musk-rose
rosácea *s. f.* ARQUITECTURA rose-window
Rosáceas *s. f. pl.* BOTÂNICA *Rosaceae*
rosáceo *adj.* BOTÂNICA rosaceous, rose-shaped, rose-like
Rosa-Cruz *s. f.* Rosicrucian
rosa-da-china *s. f.* Bengal-rose
rosa-de-jericó *s. f.* rose of Jericho
rosa-de-toucar *s. f.* cabage-rose
rosado *adj.* rosy, rose, pinky; ***mel rosado*** honey of roses
rosa-dos-ventos *s. f.* NÁUTICA points of the compass, rhumb card, windrose
rosal *s. m.* rose-bed

rosalgar *s. m.* MINERALOGIA realgar (native sulphuret of arsenic)
rosário *s. m.* rosary; chaplet, string of beads; NÁUTICA jaw rope; ***rezar o rosário*** to tell the beads
rosar-se *v. refl.* to become rosy, to redden, to blush, to flush (up), to become ruddy
rosbife *s. m.* roast beef
rosca Ⓐ *s. f.* thread, screw thread; spiral; twisted loaf of bread; coil (of a serpent); ZOOLOGIA cutworm; [pop.] drunkenness Ⓑ *s. m. e f.* crafty (or cunning) person; trash, rubbish, worthless stuff; MECÂNICA ***abrir rosca ao torno*** to cut a thread on the lathe; ***rosca para tubos*** pipe thread; ***abrir roscas em parafusos*** to cut screw threads; ***fazer roscas*** to wriggle, to twist
roscar *v. tr.* to cut a thread (screw); to screw down, to screw in
róscido *adj.* dewy; bedewed; moistened
roseira *s. f.* rose, rose-bush, rose-plant
roseiral *s. m.* rose garden
roseirista *s. m. e f.* grower of roses
rosela *s. f.* BOTÂNICA sundew
roselha *s. f.* BOTÂNICA rock-rose
róseo *adj.* rosy, roseate, rose-coloured, roseal
roséola *s. f.* MEDICINA rose-rash, roseola, macular erythema
roseta *s. f.* little rose; rosette, roset, badge; rowel (of a spur); spot (stain) in the cheeks; rosette (in crochet)
rosetão *s. m.* ARQUITECTURA large rose
rosete *adj.* pinkish
rosicler Ⓐ *adj.* rose-pink Ⓑ *s. m.* ruby silver ore, pyrorgyrite; string (of pearls)
rosiflor *adj.* having rose flowers
rosilho *adj.* sorrel (a horse)
rosinha *s. f.* little rose
rosita *s. f.* tiny little rose
rosmaninhal *s. m.* grove of French lavender, rosemary plot
rosmaninho *s. m.* BOTÂNICA French lavender, rosemary
rosmanino *s. m.* BOTÂNICA ⇒ **rosmaninho**
rosnadela *s. f.* snarl, growl; muttering, grumbling
rosnado *s. m.* snarling, snarl, growl; grumbling, muttering
rosnador *s. m.* snarler, grumbler, growler
rosnadura *s. f.* snarling, snarl, growl; grumbling, muttering
rosnar *v. tr. e intr.* to snarl, to growl; to grumble, to speak surlily (roughly)
rosnento *adj.* growling
rosnido *s. m.* ⇒ **rosnadela**
rosólio *s. m.* rosolio
rosquear Ⓐ *v. intr.* to fall down (forming slings) Ⓑ *v. tr.* to thrash, to beat
rosquilha *s. f.* small loaf (biscuit) of ring shape
rosquilho *s. m.* small loaf (biscuit) of ring shape
rossio *s. m.* place, square, common
rostilhada *s. f.* ⇒ **restolhada**
rostir *v. tr.* to hit in the face; to grind; [fig.] to chew
rosto *s. m.* face; mien; countenance; front, frontispiece (of a book); head (of a coin); ***lançar em rosto*** to cast something in a person's teeth, to throw something in a person's teeth; ***voltar o rosto*** to turn the head, to look the other way; ***rosto (de livro)*** title-page
rostrado *adj.* rostrate(d), rostral, beaked
rostral *adj.* rostral
rostricórneo *adj.* ZOOLOGIA rostricorneous
rostrífero *adj.* rostriferous, having a rostrum
rostriforme *adj.* shaped like a beak
rostrilho *s. m.* BOTÂNICA rootlet of a germinated seed
rostro *s. m.* bird's beak; curved end of a ship's prow; figurehead (on a ship); rostrum, tribune (for orators); proboscis (of insects)
rota *s. f.* track, course, way, route; direction; rota (supreme ecclesiastical court of appeal); rout, defeat; ***de rota batida*** with all speed; NÁUTICA ***rota batida*** without touching at any port; ***rota aérea*** airline; ***rota marítima*** sea route; ***rota mercante*** merchant sea lane
rotação *s. f.* rotation, revolution, rotating (circular) motion; spin, twist; regular succession (alternation), recurrence; ***rotação completa*** full rotation; ***rotação de culturas*** rotation of crops
rotáceo *adj.* wheel-shaped; BOTÂNICA rotate
rotacional Ⓐ *s. m.* MATEMÁTICA rotation, curl Ⓑ *adj.* rotational
rotacismo *s. m.* rhotacism
rotador Ⓐ *adj.* rotatory, rotating Ⓑ *s. m.* ANATOMIA rotator (muscle) Ⓒ *s. m. pl.* ZOOLOGIA Rotifera
rotante *adj.* rotating, revolving, spinning
rotar *v. intr.* to rotate, to revolve, to spin, to go round
rotário *s. m.* Rotarian (member of a Rotary Club)
rotativa *s. f.* TIPOGRAFIA rotary (printing) press
rotativar *v. tr.* to rotate, to change (to take) in rotation
rotatividade *s. f.* rotation; alternation
rotativismo *s. m.* rotativism, rotation in office
rotativista *s. m. e f.* rotativist
rotativo *adj.* rotative, rotational, revolving, spinning
rotatório *adj.* rotatory, rotative
rotear *v. tr.* to grub land, to clear land of wood; NÁUTICA to work (to steer) a ship; [fig.] to educate
rotearia *s. f.* clearing (of lands)
roteia *s. f.* ⇒ **arroteia**
roteirista *s. m. e f.* writer of guide-books
roteiro *s. m.* itinerary, route; guide-book; NÁUTICA sailing directions, pilot directions; regulation, rule, norm of procedure
rotejar-se *v. refl.* to be rumoured, to be said, to noise
rotífero *adj.* ZOOLOGIA wheeled, rotiferous
rotiforme *adj.* ZOOLOGIA rotiform; wheel-shaped
rotim *s. m.* BOTÂNICA rat(t)an, cane
rotina *s. f.* routine, practice, regular course of procedure, custom; ***fora da rotina vulgar*** off the beaten track; ***a rotina da vida*** life's routine; ***rotina do dia*** the day's routine, the daily round, the daily run; ***cair na rotina*** to fall into the old groove
rotineira *s. f.* routinary, customary
rotineiramente *adv.* as usual, according to routine, as established
rotineiro Ⓐ *adj.* routinary, acting by routine Ⓑ *s. m.* routinist, routineer
roto Ⓐ *adj.* torn, ragged, in rags, tattered; shabby, out-at-elbow; broken; ruptured Ⓑ *s. m.* ragamuffin, shabby fellow; ***punhos rotos*** ragged cuffs
rotogravura *s. f.* TIPOGRAFIA rotogravure
rotor *s. m.* MECÂNICA, ELECTRICIDADE rotor
rótula *s. f.* lattice, patella, rotula; ***rótula do joelho*** knee-cap, knee-pan
rotulagem *s. f.* labelling
rotular *v. tr.* to label, to attach a label to; to ticket, to tag
rótulo *s. m.* label; ***pôr um rótulo em*** to put a lable on
rotunda *s. f.* ARQUITECTURA rotunda; circular place
rotundicolo *adj.* ZOOLOGIA rotundicollum (having a round collar or neck)
rotundidade *s. f.* rotundity, roundness, plumpness, obesity
rotundo *adj.* rotund, rounded, plump, chubby, obese, fat
rotura *s. f.* rupture; breach; rent, crack; MEDICINA hernia; fracture; ***rotura de um dique*** bursting of a dyke
roubador *s. m.* robber, thief, plunderer, highway-man; ravisher, kidnapper
roubalheira *s. f.* robbery, robbing, peculation; theft, exorbitant charge; ***uma roubalheira às claras*** a robbery in broad daylight, daylight robbery
roubar Ⓐ *v. tr. e intr.* to rob, to plunder, to pillage, to loot; to strip (of), to despoil (of); to pilfer, to thieve; to steal, to purloin, to peculate; to shoplift; to strip of; to ravish, to abduct, to kidnap Ⓑ *v. refl.* to sneak, to steal away, to slip away, to go away; ***roubaram-lhe o relógio*** he was robbed

of his watch; ***não me deixo roubar*** I am not going to be cheated; ***roubar dinheiro a alguém*** to rob a person of his money; ***roubar uma casa*** to rob a house; ***roubar a herança a alguém*** to rob a person of his inheritance; ***roubar um beijo*** to steal a kiss; ***ladrão que rouba a ladrão tem cem anos de perdão*** he who cheats a cheat (or robs a thief) earns a dispensation of a hundred years

roubo *s. m.* robbery, theft; peculation, spoliation, larceny; piracy, freebooting, plunder, pillage, loot, booty

rouca *s. f.* ZOOLOGIA wading bird

rouçar *v. tr.* ⇒ **roçar, roussar**

rouco *adj.* hoarse, raucous, husky, harsh, rough

rouço *s. m.* ⇒ **rousso**

roufenhar *v. intr.* to speak through one's nose, to nasalize, to speak with a hoarse voice; to have a husky voice

roufenho *adj.* hoarse, raucous, husky, snuffling, nasal

roupa *s. f.* clothing, dress, attire, apparel; clothes, garments; underclothes, underwear, linen; ***roupa usada*** worn(-out) clothes; ***roupas de lã*** woollen garments; ***rol da roupa*** laundry list; ***roupa de cama*** bed-clothes; ***lavar a roupa*** to wash the (linen) clothes; ***roupa suja*** dirty linen; ***roupa lavada*** clean linen; ***roupa (dada a lavar)*** laundry; ***torcer a roupa*** to wring out the linen; ***estender a roupa*** to hang out the washing; ***passar a roupa a ferro*** to iron the linen; ***roupa branca*** linen, underwear, underclothing; ***negociante de roupas usadas*** second-hand clothes dealer; ***roupa de casa*** household linen; ***roupa de mesa*** table-linen; ***roupas para homem*** men's wear; ***roupas para senhora*** ladies' wear; ***a minha roupa particular*** my personal stuff; ***roupa interior*** underwear; [coloq.] ***chegar a roupa ao pêlo a alguém*** to take one's slipper to someone; ***Deus dá o frio conforme a roupa*** God tempers the wind to the shorn lamb

roupa-de-franceses *s. f.* public property

roupagem *s. f.* clothing; drapery; [fig.] outward appearance, outwardness, superficiality

roupão *s. m.* dressing gown; bathing gown

roupar *v. tr. e intr.* ⇒ **enroupar**

rouparia *s. f.* a lot of clothes; linen room, linen cupboard, linen press; drapery store; the draper's (shops)

roupa-velha *s. f.* Irish stew

roupa-velheiro *s. m.* dealer in old clothes, rag-and-bone man

roupeiro *s. m.* (male) linen-keeper; cupboard for linen, wardrobe

roupeta *s. f.* cassock, dalmatic

roupido *adj.* clothed, dressed; well-provided (with clothes)

roupinha *s. f.* tight-fitting jacket

rouqueira *s. f.* ⇒ **rouquice**

rouquejar *v. intr.* to be hoarse; to utter a hoarse sound; [fig.] to roar

rouquenho *adj.* hoarse, raucous, husky, harsh, rough; somewhat hoarse

rouquice *s. f.* hoarseness, huskiness, raucity

rouquidão *s. f.* hoarseness, huskiness, raucity

rouquido *s. m.* hoarse sound; death-rattle; hoarseness, huskiness, raucity

rou-rou *s. m.* hide-and-seek

roussar *v. tr.* to ravish, to violate, to commit rape; to abduct, to carry off, to kidnap

rousso *s. m.* ravishment, violation, rape; abduction, carrying off, kidnapping

rouxinol *s. m.* ORNITOLOGIA nightingale

roxear Ⓐ *v. tr.* to purple, to dye purple, to colour with purple Ⓑ *v. intr.* to become (reddish)-purple

roxidão *s. f.* violet (shade) hue; bluishness

roxo *adj.* violet, reddish-purple

roxo-rei *s. m.* red ochre

R.U. *s. m.* ||*abrev. de* **Reino Unido**|| U.K. |*abrev. de* United Kingdom|

rua *s. f.* street; [fig.] mob, populace, riff-raff, rabble; ***rua de muito trânsito*** main street, thoroughfare; ***uma rua concorrida*** a busy street; ***na rua (ao ar livre)*** outside, under the open sky, in the open air; ***descer a rua*** to go down the street; ***subir a rua*** to go up the street; ***pela rua acima*** up the street; ***pôr no meio da rua*** [fam.] to send to the right-about, to turn someone out, to show someone the door; ***rua de um jardim*** alley; ***rua!*** get off!, get out!, clear off, off with you!; ***homem da rua*** the man in the street; ***varredor da rua*** street sweeper, scavenger; ***onde vai dar esta rua?*** where does this street lead to?; ***no meio da rua*** in the open street, on the road; ***morar numa rua sossegada*** to live in a quiet street; ***atravessar a rua*** to cross the street; ***correr as ruas*** to run about the streets; ***andar sempre na rua*** to live in the street; ***garoto da rua*** street Arab, urchin; ***porta da rua*** front door, street-door; ***à entrada da rua*** at the beginning of the street; ***ruas da cidade*** city streets; ***rua de sentido único*** one-way street; ***rua comercial*** shopping street; ***tome a segunda rua à esquerda!*** take the second turning to the left!

ruano *adj.* roan (horse)

ruante *adj.* spreading his feathers (applied to the peacock when it spreads out its tail)

ruão Ⓐ *s. m.* roan (soft flexible leather for book binding); the man in the street, man of the people; roan horse Ⓑ *adj.* roan (of animals)

rubefacção *s. f.* MEDICINA rubefaction (redness of the skin)

rubefaciente Ⓐ *adj.* MEDICINA rubefacient, causing redness Ⓑ *s. m.* rubefacient, counter-irritant, revulsive

rubejar *v. intr.* to blush, to redden, to flush

rubelite *s. f.* MINERALOGIA rubellite

rubente *adj.* ruby, red, ruddy, reddish

rúbeo *adj.* ruddy, red, reddish, ruby, deep glowing red

rubéola *s. f.* PATOLOGIA rubella, rubeola, German measles

rubescência *s. f.* rubescence, reddening, flush

rubescente *adj.* rubescent, reddening, flushing

rubescer *v. intr.* to redden, to flush, to blush

rubi *s. m.* MINERALOGIA ruby; ***rubi do Brasil*** yellow topaz; ***rubi oriental*** oriental ruby; ***rubi sintético*** boule; ***rubi negro*** almandine

Rubiáceas *s. f.* BOTÂNICA *Rubiaceae* (a family of plants of which madder is the typical genus)

rubiáceo *adj.* BOTÂNICA rubiaceous

rubicão *s. m.* hindrance, obstacle, difficulty; HISTÓRIA, GEOGRAFIA the Rubicon; ***passar o Rubicão*** to cross (to pass) the Rubicon

rubicundo *adj.* rubicund, reddish, ruddy, healthy, rosy

rubidez *s. f.* redness, blush, flush; modesty, shyness, coyness

rubídio *s. m.* QUÍMICA rubidium

rúbido *adj.* [poét.] reddish, rather red, ruby-coloured

rubificação *s. f.* rubification

rubificante *adj.* rubefacient

rubificar *v. tr.* to rubify, to redden, to give reddish tinge to

rubiforme *adj.* BOTÂNICA berry-shaped, bacciform

rubígine *s. f.* rustiness, rust

rubiginoso *adj.* rubiginous, rusty, rust-coloured

rubim *s. m.* ⇒ **rubi**

rubina *s. f.* QUÍMICA red powder, insecticide

rubinéctar *s. m.* red nectar; wine

rublo *s. m.* rouble

rubo *s. m.* BOTÂNICA blackberry; blackberry bush, bramble; briar

rubor *s. m.* blush, flush, reddening (of the face); bashfulness, shame, shyness, timidity, coyness; ***subiu-lhe o rubor às faces*** a blush suffused her cheeks

ruborescer *v. intr.* to blush, to flush, to redden, to become reddish; to be ashamed, to feel (to become) ashamed

ruborização *s. f.* blushing, flushing, reddening

ruborizar Ⓐ *v. tr.* to redden, to make red, to make blush Ⓑ *v. refl.* to blush, to flush, to redden; to be ashamed, to feel ashamed, to become ashamed; ***fazer ruborizar*** to put to the blush, to make blush

rubrica *s. f.* rubric, heading of a chapter (paragraph); red mark; [E.U.A.] caption; initialling, initials; directions (to actors); subject, item; ***a minha rubrica é esta*** these are my initials; ***rubrica de capítulo*** heading of chapter; ***o conferencista tratará das seguintes rubricas*** the lecturer will deal with the following items
rubricador *s. m.* rubricator
rubricar *v. tr.* to rubricate, to initial, to countersign, to check
rubricaule *adj.* red-stemmed
rubricista *s. m. e f.* rubricist, rubrician
rubricolo *adj.* ZOOLOGIA red-necked
rubricórneo *adj.* ZOOLOGIA having red feelers
rubrifloro *adj.* BOTÂNICA having red flowers
rubrigastro *adj.* ZOOLOGIA having a red belly
rubrípede *adj.* ZOOLOGIA having red feet
rubrirrostro *adj.* ZOOLOGIA rubri-rostrate (having a red beak)
rubro *adj.* red, glowing; ***rubro branco*** white heat; ***rubro branco a caldear*** sparkling heat; ***rubro a caldear*** welding heat; ***rubro sombrio*** dull red heat; ***ao rubro*** red-hot
ruçar Ⓐ *v. tr.* to make grey Ⓑ *v. intr.* to become grey
rucilho *adj.* having a white, red and black fell (of horses)
ruço *adj.* grey, whitish; faded; ***cabelo ruço*** sandy hair
ruda *interj.* get out!, be off!
rudão *s. m.* ⇒ **arrudão**
rude *adj.* rough, crude, rude, unpolished; violent, sudden, uncivil, uncouth, churlish, unmannerly, coarse, uncivilized; unrefined, boorish, raw, rugged; primitive, simple, uncultivated, ignorant; ***homem rude*** uncouth man; ***maneiras rudes*** rough manners
rudemente *adv.* rudely, roughly, uncivilly, in a rough manner, insolently; violently
rudez *s. f.* rudeness, roughness, crudeness, coarseness, churlishness; ignorance, boorishness
rudeza *s. f.* rudeness, roughness, crudeness, coarseness, churlishness; ignorance, boorishness
rudimental *adj.* rudimentary, elementary, rudimental, embryonic, initial, undeveloped
rudimentar *adj.* rudimentary, elementary, rudimental, embryonic, initial, undeveloped; ***ele tem um conhecimento rudimentar da matemática*** he has a rudimentary knowledge of mathematics
rudimento *s. m.* rudiment, element, underlying principle; germ, embryo; beginning, commencement, A. B. C., basic notion; nucleus; ***rudimentos de Latim*** rudiments of Latin, the A. B. C. of Latin
rudo *adj.* ⇒ **rude**
rueiro *adj.* related to streets
ruela *s. f.* alley, side-street, lane, passage; washer, iron ring
rufadela *s. f.* beat on the drum; drumming
rufado *adj.* ruffled, plaited, flounced
rufador Ⓐ *adj.* drumming Ⓑ *s. m.* drummer
rufar *v. tr. e intr.* to drum, to beat (a drum); to pleat, to make ruffs, to frill; to roll; ***rufar o tambor*** to beat the drum, to drum
rufia *s. m.* ruffian, bully, blackguard; hooligan, thug
rufianaz *s. m.* true ruffian; villain
rufianesco *adj.* ruffianly
rufião *s. m.* ⇒ **rufia**
rufiar *v. intr.* to play the ruffian; to lead the life of a ruffian
ruficarpo *adj.* ZOOLOGIA having red fruits, ruficarpous
ruficórneo *adj.* ⇒ **rubricórneo**
rufigastro *adj.* ZOOLOGIA red-bellied
rufinérveo *adj.* ZOOLOGIA having the ribs of the wings red-coloured
rúfio *s. m.* ruffian, hooligan, thug, rowdy man
rufista *s. m.* drummer
rufitarso *adj.* ZOOLOGIA rufitarsal
ruflar *v. tr.* to flutter; to rustle
ruflo *s. m.* ruffling, rustling, fluttering
rufo *s. m.* roll (of a drum), drumbeat; ruff, frill, ruffle; ***num rufo*** [coloq.] in a jiffy, like one o'clock, in half a shake, in less than no time
ruga *s. f.* wrinkle, pucker, fold, furrow, crease, rumple, corrugation, ridge, rumple, crumple; ***fazer rugas*** to wrinkle, to pucker
rugar *v. tr.* to wrinkle, to pucker, to rumple, to crumple, to crease, to corrugate
ruge-ruge *s. m.* rustling (of silk), rustle; [fig.] rumour, gossip, talk
rugido *s. m.* roar; growl; thunder; ***o rugido do leão*** the roar of the lion
rugidor Ⓐ *adj.* roaring, thundering Ⓑ *s. m.* roarer
rugiente *adj.* roaring, howling
rugina *s. f.* surgical instrument used in osteotomy
rugir Ⓐ *v. intr.* to roar; to growl; to thunder; to rustle (of silk, etc.); ***o leão ruge*** the lion roars Ⓑ *s. m.* ⇒ **rugido**
rugosidade *s. f.* rugosity, corrugation; roughness
rugoso *adj.* rugous, wrinkled, creased, creasy, furrowed; corrugated; rumpled, crumpled
ruibarbo *s. m.* BOTÂNICA rhubarb; [E.U.A.] pieplant
ruidar *v. intr.* to make noise
ruído *s. m.* noise, din; outcry, uproar, row, fuss; [fig.] fame, renown; rumour, hearsay; show, display, ostentation; sound; ***o ruído das máquinas na oficina*** the rattle of the machinery in the workshop; ***ruídos cardíacos*** cardiac sounds, (murmurs); ***ruídos respiratórios*** respiratory murmurs; ***ruído surdo*** muffled noise; ***o ruído do motor por cima de nós*** the drone of the engine overhead
ruidosamente *adv.* noisily, uproariously, loudly; tumultuously
ruidoso *adj.* noisy, clamorous, uproarious, tumultuous, obstreperous, boisterous, vociferous, blatant, brawling, riotous, loud; [fig.] famous, renowned; showy, ostentatious
ruim *adj.* wicked, bad, ill, vile, mean, low, poor, inferior; [coloq.] rotten; ***erva ruim não a queima a geada*** ill weeds grow apace; [fam.] ***homem ruim*** a wicked man, a rotter
ruimmente *adv.* wickedly, meanly, vilely
ruína *s. f.* ruin, downfall, destruction, collapse, wreck; decay, decline, fall; havoc, devastation, desolation, waste, ravage; perdition, undoing; *pl.* remains, debris; ***levar à ruína*** to bring to ruin; ***a ruína de um país*** the ruin of a country; ***uma casa em ruínas*** a tumble-down house; ***em ruína*** tumble-down; ***evitar a ruína financeira*** to keep one's head above water; ***acarretar ruína*** to spell ruin; ***ir para a ruína*** to go smash; ***ele é uma ruína*** he is a wreck
ruinaria *s. f.* ruins, heap of ruins
ruindade *s. f.* wickedness, meanness, baseness, vileness; malice
ruinosamente *adv.* ruinously
ruinoso *adj.* ruinous, destructive, harmful, pernicious; ***despesa ruinosa*** ruinous expense
ruir *v. intr.* to tumble down, to fall down, to collapse, to fall into ruins, to crumble down, to cave in
ruiva *s. f.* BOTÂNICA madder-plant; ORNITOLOGIA song thrush, throstle; red-haired woman, ginger-haired woman
ruivaca *s. f.* ICTIOLOGIA goldfish
ruivacento *adj.* reddish
ruiva-dos-tintureiros *s. f.* BOTÂNICA dyer's madder
ruivo Ⓐ *adj.* reddish brown, russet; red-haired, ginger-haired; ***cabelo ruivo*** red hair, ginger hair Ⓑ *s. m.* ICTIOLOGIA red surmullet
rulão *s. m.* bran, brown flour
rulo *s. m.* coo(ing)
rum *s. m.* rum
rumar Ⓐ *v. tr.* to put a ship on the right course Ⓑ *v. intr.* to steer for, to head for
rumba *s. f.* rumba (dance)
rume *s. m.* Turkish or Egyptian soldier
rúmen *s. m.* rumen

ruminação *s. f.* rumination, chewing; [fig.] mental reflection, meditation, consideration
ruminadoiro *s. m.* ZOOLOGIA rumen, paunch
ruminadouro *s. m.* ⇒ **ruminadoiro**
ruminante Ⓐ *s. m.* ruminant, ruminant animal, ruminator Ⓑ *adj.* ruminant, ruminating, chewing the cud
ruminar *v. tr. e intr.* to ruminate, to chew the cud; [fig.] to ruminate, to reflect, to meditate, to muse, to ponder deeply, to turn things over in one's mind
rumo *s. m.* (ship's) course; rhumb, bearing; [fig.] path, direction, way; ***fazer rumo*** to bear, to stand, to steer; ***ele perdeu o rumo*** he has lost his bearings, he is out of his bearing
rumor *s. m.* rumour, din, noise, rumble; talk, rumour, gossip, report, news, tidings; ***ouvir rumores*** to get wind of
rumorejante *adj.* rustling; murmuring, whispering, rumbling
rumorejar Ⓐ *v. intr.* to rustle (trees); to quiver (leaves); to babble (brooks); to ripple (laughter); to murmur, to whisper; to rumble Ⓑ *v. refl.* to be rumoured, to get about, to be reported; ***as folhas rumorejavam com a viração*** the leaves quivered in the breeze
rumorejo *s. m.* rustling, rustle; quivering; ripple, babble (of water); hum of talk, rumbling; whispering; rumour, gossip, report
rumorinho *s. m.* murmur
rumoroso *adj.* rustling, babbling, rippling; noisy, clamorous, loud
runa *s. f.* sap (of the pine-tree); rune
rúnico *adj.* runic
runografia *s. f.* in runes; runic writing
runográfico *adj.* referring to runic writing
runógrafo *s. m.* runologist
runrum *s. m.* rumour, report; hum
rupestre *adj.* rupestral (engraved on rocks; growing on rocks)
rupia *s. f.* rupee
rúpia *s. f.* MEDICINA rupia
rupícola *adj.* BOTÂNICA, ZOOLOGIA living on rocks
rúptil *adj.* BOTÂNICA dehiscent; breakable; fragile
ruptilidade *s. f.* dehiscence; fragility
ruptório *s. m.* CIRURGIA cauterizing iron
ruptura *s. f.* rupture, breach, breaking, break, split, disruption, burst, crack, rent, rip; MEDICINA rupture, hernia; ***ruptura de circuito eléctrico*** break of circuit (contact)
rural *adj.* rural, rustic, sylvan; ***vida rural*** rural life; ***(o) polícia rural*** rural policeman; ***regresso à vida rural*** back to the land
ruralidade *s. f.* rurality
ruralismo *s. m.* ruralism
ruralista *s. m. e f.* ruralist
ruralizar *v. tr.* to ruralize
ruralmente *adv.* rurally
rurícola *adj.* living in the country; living on farming
rurígena *s. m. e f.* one born in the country, country-born person
rurógrafo *s. m.* he who writes about the country
rusga *s. f.* noise, uproar, disorder, disturbance; search; round-up
rusgar *v. tr.* to search for (police)
russificação *s. f.* turning into Russian
russificar *v. tr.* to russianize, to russify
russo *s. m., adj.* Russian
russófilo *s. m., adj.* Russophil(e)
russófobo *s. m.* Russophobe
rusticação *s. f.* rustication
rusticamente *adv.* rustically, boorishly
rusticano *adj.* ⇒ **rústico**
rusticar *v. intr.* to rusticate; to live in the country
rusticidade *s. f.* rusticity, boorishness; roughness, coarseness, rudeness; rusticalness
rústico Ⓐ *adj.* rustic, rural, country; countrified, unpolished, uncouth, loutish, rough, rude, boorish; clownish, coarse; simple, homely, artless, plain unsophisticated; sylvan, silvan, pastoral Ⓑ *s. m.* rustic, countryman, peasant, boor, bumpkin, yokel; ***habitações rústicas*** rural (rustic) dwellings
rustificar *v. tr.* to render rustic (homely, rural); to imbue with rural manners, to countrify, to rusticate
rustiquez *s. f.* ⇒ **rusticidade**
rustiqueza *s. f.* ⇒ **rusticidade**
rutabaga *s. f.* BOTÂNICA swede, Swedish turnip
Rutáceas *s. f. pl.* BOTÂNICA *Rutaceae*
rutamurária *s. f.* BOTÂNICA wall rue
ruténio *s. m.* QUÍMICA ruthenium
rutherfórdio *s. m.* QUÍMICA rutherfordium
rutilação *s. f.* brilliancy, brightness, glamour, refulgence, splendour; twinkle, twinkling
rutilância *s. f.* brilliancy, shining, glowing; ruddiness
rutilante *adj.* glittering, shining, bright, glowing, resplendent, refulgent; twinkling
rutilar *v. tr. e intr.* to cause to shine, to glitter, to shine, to sparkle, to glow, to gleam; to twinkle
rútilo *adj.* shining (with golden light), brilliant, resplendent
rutina *s. f.* QUÍMICA, FARMACOLOGIA capric acid, rutin, rutic acid
rútulo *s. m.* member of the Rutuli (ancient inhabitants of the Lacio)
ruvinhoso *adj.* worm-eaten; rusty; [fig.] whimsical, capricious; ill-humoured

s, S *s. m.* the nineteenth letter of the alphabet
sã *adj.* {*fem. de* **são**} sound, healthy, honest
saba *s. f.* pitcher used in Lunda (Africa)
sabadeador Ⓐ *adj.* sabbatarian Ⓑ *s. m.* Sabbath-keeper, sabbatarian
sabadear *v. intr.* to sabbatize, to keep the Sabbath
sábado *s. m.* Saturday; Sabbath (Jewish); ***Sábado de Aleluia*** Holy Saturday, Easter Eve
sabaísmo *s. m.* ⇒ **sabeísmo**
sabão *s. m.* soap; ⌈pop.⌋ learned man; scolding; ***sabão mole*** soft soap; ***sabão ordinário*** curd soap; ***sabão medicinal*** medicinal soap; ***sabão de barba*** shaving soap; ***água de sabão*** suds, soap-suds; ***bola de sabão*** soap bubble
sabat *s. m.* Sabbath
sabático *adj.* sabbatical, sabbatic
sabatina *s. f.* repetition of lessons; schoolwork on Saturdays; discussion of matter previously studied at school on Saturdays
sabatinar *v. tr. e intr.* to discuss in detail
sabatineiro *adj.* of (or referring to) a discussion
sabatino *adj.* related to Saturday
sabatismo *s. m.* sabbatism
sabatizar *v. intr.* to sabbatize, to sabbatise
sabedor Ⓐ *adj.* acquainted with, cognizant of, aware of, informed of; learned Ⓑ *s. m.* a learned man, sage
sabedoria *s. f.* learning, erudition, knowledge; wisdom; sagacity, prudence, discretion
sabeísmo *s. m.* Sabaism, Sabeism, Tsabaism, Zabaism, Sabianism
sabeísta *s. m. e f.* Sabaist, Sabian
sabeíta *s. m. e f.* Sabaist, Sabian
sabelianismo *s. m.* Sabellianism
sabeliano *s. m.* Sabellian
sabélico *s. m., adj.* Sabellian
sabença *s. f.* ⌈pop.⌋ learning, science
saber Ⓐ *v. tr.* to know, to be aware of, to be cognizant of; to be informed of; to recognize, to identify Ⓑ *v. intr.* to be aquainted with; to have experience of; to perceive, to discern; to taste, to smack, to savour; to know, to be learned; can, to be able Ⓒ *s. m.* knowledge, learning, erudition, acquirements, scholarship, instruction; ***não saber o que faz*** not to know whether one is standing on one's head or on one's heels; ***não saber o que fazer ou dizer*** to be at one's wit's end; ***saber com surpresa*** to be much surprised on hearing, to learn with surprise; ***sabe-se lá!*** you can never tell!; ***sei de uma loja onde se compram coisas mais baratas*** I know of a shop where you can get things cheaper; ***sei fazê-lo*** I can do it; ***saber a sua obrigação*** to know one's business; ***saber as linhas com que se cose*** to know where the shoe pinches; ⌈fig.⌋ ***saber da poda*** to know how many beans make five; ***fazer saber*** to inform, to let (someone) know; ***saber de cor*** to know by heart; ***saber na ponta da língua*** to have something on the tip of one's tongue; ***saber de fonte limpa*** to have (it) on good authority; ***não saber o que fazer*** to be at a loss; ***não saber a quantas anda*** to be in a mess; ***ele sabe o que faz*** he knows what he's doing, he knows his way about; ***já se sabe*** that is understood; ⌈fig.⌋ ***não saber da missa metade*** to know nothing about the matter; ***nada se faz que não se saiba*** murder will out; ***não saber em que há-de ocupar-se*** to be at a loose end; ***saber bem*** to have a good taste, to taste good; ***saber a peixe*** to taste of fish; ***sem eu o saber*** without my knowing it, unknown to me; ***não que eu saiba*** not that I know of; ***se isto vem a saber-se*** if this gets known; ***saber a fundo*** to know thoroughly; ***fui saber dele*** I went to inquire after him; ***saber por ouvir dizer*** to know by hearsay, to take upon trust; ***saber por experiência*** to know by experience; ***saber notícias de*** to hear of (from, about); ***saber equilibrar o barco*** to make both ends meet; ***sei jogar o ténis*** I can play tennis; ***há-de saber-se*** it will out; ***não sei*** I don't know, I can't say; ***saber uma língua*** to know a language; ***saber fazer*** to know to do (to make); ***se eu soubesse*** if only I knew; ***a saber*** namely; ***ao que sabemos*** as far as we know; ***dar a saber*** to make known; ***vir a saber*** to come to know; ***saber viver*** to know how to live; ***não querer saber de*** not to want to hear of
saberete *s. m.* superficial knowledge; smattering
sabeu *s. m., adj.* Sabaean, Sabean
sabiá *s. m.* ORNITOLOGIA ⌈Bras.⌋ song-thrush
sabiamente *adv.* wisely, prudently
sabichão Ⓐ *s. m.* wiseacre; a wise, or learned person (in contempt) Ⓑ *adj.* erudite, learned
sabichar *v. tr.* ⌈pop.⌋ to try to know; to inquire here and there
sabichona *s. f.* a very erudite woman; blue-stocking; pedantic lady
sabichoso *adj.* ill-used (knowledge)
sabidamente *adv.* openly, wisely
sabidas *s. f. pl.* ***às sabidas*** publicly, openly
sabido *adj.* known; wise, intelligent; prudent; knowing, cunning, smart, shrewd, skilful; ***um homem sabido*** a knowing fellow, a downy old bird; ***é sabido*** it is understood
sabina *s. f.* BOTÂNICA savin, savine
sabino Ⓐ *adj.* roan (horse); Sabine Ⓑ *s. m.* Sabine
sábio Ⓐ *s. m.* scholar, a learned man; sage, wise man; scientist Ⓑ *adj.* learned, scholarly, erudite, lettered, versed; ***os sábios*** the learned world, the intellectuals, the scientists
sabível *adj.* knowable
sable *s. m.* HERÁLDICA sable, black
saboaria *s. f.* soap-works, soap-manufacture; soap-trade; soap-shop
saboeira *s. f.* woman who sells soap; BOTÂNICA soap-berry
saboeiro *s. m.* soap-maker; BOTÂNICA soap-berry tree
sabóia *s. f.* savoy
saboiano Ⓐ *adj.* Savoyard Ⓑ *s. m.* Savoyard
sabonetada *s. f.* ⌈pop.⌋ reprimand, scolding, reproof, a dressing down
sabonete Ⓐ *s. m.* cake of soap, toilet-soap Ⓑ *adj.* scolding, fault-finding; ***sabonete fino*** toilet-soap
saboneteira *s. f.* soap-dish; soap-bowl
sabor *s. m.* savour, taste, flavour, relish; zest; smack; ⌈fig.⌋ whim; ***um sabor especial*** a peculiar flavour; ***este vinho não se compara em sabor com o primeiro*** this wine does not equal the first in flavour; ***esta carne não tem sabor nenhum*** this meat is tasteless; ***a sabor*** according to one's wish, at one's pleasure, at will; ***ao sabor das ondas*** at the mercy of the waves
saborear Ⓐ *v. tr.* to relish; to enjoy, to like Ⓑ *v. refl.* to get pleasure out of; ***saborear a comida*** to relish one's food; ***saborear um bom jantar*** to relish a good dinner

saborido *adj.* ⇒ **saboroso**
saborosamente *adv.* tastefully, with relish; pleasantly; savourily, appetizingly
saboroso *adj.* savoury, tasty, delicious, appetizing, flavoured; pleasant, agreeable; ***um prato saboroso*** a savoury dish
sabotagem *s. f.* sabotage
sabotar *v. tr.* to sabotage, to wreck, to undermine
sabrada *s. f.* stroke with a sabre
sabre *s. m.* sabre
sabre-baioneta *s. m.* sword-bayonet
sabrista *s. m.* sabreur, a soldier armed with a sabre
sabugal *s. m.* plantation of elder-trees; a variety of grapes
sabugo *s. m.* elder; the pith of the elder; ANATOMIA root of nails; root of the tail
sabugueirinho *s. m.* the Mediterranean herb elder
sabugueiro *s. m.* BOTÂNICA elder-tree; ***baga de sabugueiro*** elderberry; ***sumo de baga de sabugueiro*** elderberry juice
sabujar *v. tr.* to fawn on, to cringe to, to act servilely (towards), to cajole, to flatter
sabujice *s. f.* fawning, cringing, sycophancy
sabujismo *s. m.* fawning, cringing, sycophancy
sabujo *s. m.* bloodhound; cringer, fawner, sycophant
sabuloso *adj.* sandy, gravelly
saburra *s. f.* MEDICINA sabulous; fur (coating) of the tongue
saburral *adj.* sabulous, furry
saburrar *v. tr.* to ballast (a ship)
saburrento *adj.* furred; ***língua saburrenta*** furred tongue
saburrinha *s. f.* kind of weed seen in salt-pans
saburroso *adj.* furred
saca *s. f.* sack, bag
saca-balas *s. m.* CIRURGIA bullet-extractor
saca-bocados *s. m.* punching-machine
saca-buchas *s. m.* MILITAR wad-hook
sacabuxa *s. f.* MÚSICA sackbut
sacada *s. f.* ARQUITECTURA balcony; terrace; bay-window, balcony window; plunge (of a horse); bagful
sacadela *s. f.* pull; jerk; the pulling up of a fishing-line
sacado *s. m.* COMÉRCIO drawee
sacador *s. m.* COMÉRCIO drawer
saca-filaça *s. f.* MILITAR wire-riddle, wad-hook
saca-fundo *s. m.* screw (to fasten the rail-chairs to the sleeper)
sacaí *s. m.* dry branches, twigs
sacalão *s. m.* pull, jerk
sacalinha *s. f.* trip; stumble; wedge
saca-metal *s. m.* packing-needle
saca-molas *s. m.* tooth-drawer
sacana *s. m., adj.* rascal, villain, rogue, scoundrel; dishonest, crooked, knavish, randy
saca-nabo *s. m.* piston rod of a ship's pump
sacão *s. m.* jolt, jerk
saca-projéctil *s. m.* bullet-extractor
sacar *v. tr.* to draw out, to pull out, to extract; COMÉRCIO to draw against; ***sacar a descoberto*** to overdraw; ***sacar a noventa dias*** to draw at ninety days' date; ***sacar à vista*** to draw at sight; ***sacar a curto prazo*** to draw at short date; ***sacar contra*** to value on; ***sacar dinheiro sobre o navio e carga*** to borrow on bottomry, to borrow on the ship's security; ***sacar um revólver*** to pull a gun
saca-rabo *s. m.* mongoose
sacaria *s. f.* large quantity of sacks
sacárico *adj.* saccharic
sacarídeo *adj.* saccharoid
sacárido *s. m.* QUÍMICA saccharide
sacarífero *adj.* sacchariferous
sacarificação *s. f.* saccharification
sacarificante *adj.* saccharifying
sacarificar *v. tr.* to saccharify, to convert into sugar
sacarificável *adj.* that may be saccharified
sacarígeno *adj.* sacchariferous
sacarimetria *s. f.* saccharimetry, saccharometry
sacarímetro *s. m.* saccharimeter
sacarina *s. f.* saccharine
sacaríneas *s. f. pl.* gramineous plants
sacarino *adj.* saccharine
sacarismo *s. m.* MEDICINA organic perturbation caused by an exaggerated ingestion of sugar
sacarívoro *adj.* that feeds on sugar
sácaro *s. m.* saccharum
sacaróide *adj.* saccharoid
sacarol *s. m.* FARMACOLOGIA sugar considered as an excipient
saca-rolhas *s. m.* cork-screw
sacarologia *s. f.* a treatise on sugar
sacarometria *s. f.* ⇒ **sacarimetria**
sacarómetro *s. m.* saccharometer
sacarose *s. f.* saccharose, sucrose
sacaroso *adj.* saccharated
sacarrão *s. m.* large bag (or sack)
saca-trapos *s. m.* cleaning-rod
saceliforme *adj.* sacciform, sac-shaped
sacelo *s. m.* sanctuary; sacellum (*plural* sacella)
sacerdócio *s. m.* priesthood; priestly function (or office); honourable profession
sacerdocracia *s. f.* power (or influence) of the priesthood
sacerdotal *adj.* sacerdotal
sacerdotalismo *s. m.* sacerdotalism
sacerdote *s. m.* priest, clergyman
sacerdotisa *s. f.* priestess
sacha *s. f.* weeding; hoe
sachada *s. f.* weeding, hoeing
sachadela *s. f.* a slight hoeing
sachador *s. m.* weeder, hoer, raker
sachadura *s. f.* weeding, raking
sachão *s. m.* large hoe
sachar *v. tr.* to hoe, to weed; to rake; to clear ground (of weeds)
sacho *s. m.* weeding-hoe
sachola *s. f.* small hoe
sacholada *s. f.* blow with a hoe
sacholar *v. tr.* to hoe, to uproot (with hoe); to dig up (with a hoe)
sacholo *s. m.* a small spade
saci *s. m.* [Bras.] a legendary little black man who wanders in the lanes during the night
saciar Ⓐ *v. tr.* to satiate, to sate, to gratify, to satisfy to the full, to glut, to cloy, to surfeit Ⓑ *v. refl.* to eat one's fill; to satisfy oneself; ***saciar a sede*** to quench one's thirst; ***saciar a fome*** to appease one's hunger
saciável *adj.* satiable
saciedade *s. f.* satiety, satiation
sacífero *adj.* with an organ looking like a sack
saciforme *adj.* sacciform; saclike
saco *s. m.* bag, sack; sac; stout corpulent person; [fig.] ***comprar nabos em saco*** to buy a pig in a poke; [fig.] ***meter a viola no saco*** to hold one's tongue; [fig.] ***despejar o saco*** to say one's say, to make a clean breast; ***saco de borracha (para água quente)*** rubber hot-water bottle (or bag); ***saco lacrimal*** lachrymal sac; ***saco de papel*** paper bag; ***um saco de carvão*** a sack of coal; ***um saco de batatas*** a sack of potatoes; ***saco de marinheiros (da Armada)*** ditty-bag
saco-aéreo *s. m.* ZOOLOGIA bird's organ which provides oxygen and makes its body lighter
saco-cama *s. m.* sleeping bag
sacóforo Ⓐ *adj.* ⇒ **sacífero** Ⓑ *s. m.* penitent who covers himself with a sack
sacola *s. f.* wallet, knapsack
sacolejar *v. tr.* to shake (a liquid)
sacolejo *s. m.* shaking (liquid)

saco-roto *s. m. e f.* [fam.] prattler, chatterer; blabbermouth
sacra *s. f.* canon of the mass
sacral *adj.* sacral
sacralgia *s. f.* pain in the sacral region (sacrum)
sacralização *s. f.* sacralization (making sacred)
sacralizar *v. tr.* to consecrate, to sanctify
sacramentado *adj.* that has received the last sacraments
sacramental *adj.* sacramental
sacramentar Ⓐ *v. tr.* to administer the sacraments Ⓑ *v. refl.* to take (or to receive) the sacraments
sacramentário *s. m.* sacramentarian
sacramento *s. m.* sacrament; ***Santíssimo Sacramento*** the Blessed Sacrament, Holy Sacrament
sacrário *s. m.* tabernacle; sacrarium (*plural* sacraria); sanctuary, shrine; [fig.] refuge
sacratíssimo *adj.* most sacred, most holy
sacre *s. m.* ZOOLOGIA saker
sacrífero *adj.* transporting holy things
sacrificado *adj.* sacrificed
sacrificador *s. m.* sacrificer
sacrifical *adj.* sacrificial
sacrificante Ⓐ *adj.* sacrificing Ⓑ *s. m. e f.* sacrificer
sacrificar Ⓐ *v. tr.* to sacrifice; to offer as sacrifice, to make an offering (or a sacrifice); to give up; to immolate Ⓑ *v. refl.* to resign oneself to parting with; to sacrifice oneself; ***sacrificar-se pelo bem da humanidade*** to sacrifice oneself for the good of humanity; ***sacrificar as férias para acabar o trabalho*** to sacrifice one's holidays in order to finish one's work; ***sacrificar o seu próprio interesse*** to sacrifice one's own interests
sacrificativo *adj.* sacrifical
sacrificatório *adj.* sacrificatory
sacrificável *adj.* sacrifical
sacrificial *adj.* sacrificial
sacrifício *s. m.* sacrifice; offering, immolation; oblation; abnegation, self-denial; [fig.] mass; ***fazer sacrifícios*** to make sacrifices; ***mesmo à custa de sacrifícios*** even at some sacrifice; ***sacrifício pecuniário*** financial sacrifice
sacrífico *adj.* sacrificing
sacrifículo *s. m.* acolyte
sacrilégio *s. m.* sacrilege, desecration, profanation, irreverence
sacrílego *adj.* sacrilegious; impious, irreverent, disrespectful
sacrilíaco *adj.* sacroiliac
sacripanta *s. m. e f.* despicable person, vile, wretch, rascal; sanctimonious person
sacripante *s. m. e f.* despicable person, vile, wretch, rascal; sanctimonious person
sacrista *s. m.* sexton (of parish church), sacrist
sacristã *s. f.* lay woman who keeps the vestry; sexton's wife, vestry-nun
sacristania *s. f.* office of a sexton
sacristão *s. m.* sexton, sacristan; church-clerk; ***bens de sacristão cantando vêm, cantando vão*** easy come, easy go, lightly won, lightly gone
sacristia *s. f.* vestry; sacristy
sacro Ⓐ *adj.* sacred, holy Ⓑ *s. m.* ANATOMIA sacrum (*plural* sacra); ***osso sacro*** sacrum; ***música sacra*** sacred music
sacrociático *adj.* sacrosciatic
sacrococcígeo *adj.* sacrococcygeal
sacrocoxalgia *s. f.* sacro-coxalgia
sacrofemoral *adj.* ANATOMIA sacro-femoral
sacrolombar *adj.* sacro-lumbar
sacrorraquidiano *adj.* sacro-rachidian
sacrossanto *adj.* sacred, sacrosanct, inviolable; most holy
sacrovertebral *adj.* sacro-vertebral
sacudida *s. f.* shake; shaking; cleansing, dusting
sacudidamente *adv.* in a shaky manner; by jerks, by fits and starts; roughly, boldly
sacudidela *s. f.* shake; agitation; jerk, jolt, wag; [fam.] smack; rejection
sacudido *adj.* shaken; agitated; expeditious, prompt, rapid, unhampered; harsh; determined
sacudidor *s. m.* shaker; beater
sacudidura *s. f.* shake, shaking, shock, jerk; agitation; rejecting; jolt; jog; dusting, cleansing
sacudimento *s. m.* shaking, jerk; jolt; agitation; quaking; rejection; shock
sacudir Ⓐ *v. tr.* to shake; to shake off; to jerk, to jolt, to toss; to agitate; to shock; to get rid of; to spread out and shake; to rouse, to stir up; to enliven, to stimulate; to wag; to dust; to beat; to vibrate Ⓑ *v. refl.* to shake oneself; to quake, to quiver; ***sacudir o jogo*** to shake off the yoke; ***sacudir o pó dos sapatos*** to shake the dust off one's shoes; ***sacudir os tapetes*** to shake the carpets; ***sacudir o pó*** to shake off the dust; ***sacudir alguém*** to shake off a person, to give a person a shaking; ***sacudir a cauda*** (dog) to wag the tail, to fawn
sacular *adj.* sacculate
saculiforme *adj.* sacciform
sáculo *s. m.* saccule; ANATOMIA, BIOLOGIA small sac; sacculus (*plural* sacculi)
sádico *s. m., adj.* sadist
sadio *adj.* sound, wholesome, healthy
sadismo *s. m.* sadism
sadista Ⓐ *s. m. e f.* sadist Ⓑ *adj.* sadistic
sadomasochismo *s. m.* sadomasochism
sadomasochista Ⓐ *adj.* sadomasochistic Ⓑ *s. m. e f.* sadomasochist
sadomasoquismo *s. m.* sadomasochism
sadomasoquista Ⓐ *s. m. e f.* sadomasochist Ⓑ *adj.* sadomasochistic
sadrá *s. f.* BOTÂNICA large tree of hot countries
saduceísmo *s. m.* Sadduceeism
saduceu *s. m.* Sadducee
safa! *interj.* out of the way!, get out!; good heavens!
safadeza *s. f.* ⇒ **safadice**
safadice *s. f.* knavishness; shamelessness; trickishness
safado Ⓐ *adj.* worn-out, threadbare; bare-faced, shameless, brazen, base Ⓑ *s. m.* a despicable man; rogue; trickster
safanão *s. m.* jerk, push, shove, jostle; [pop.] slap
safar Ⓐ *v. tr.* to wear out; NÁUTICA to clear; to unload; to steal away Ⓑ *v. refl.* to get off, to run away, to flee, to take to flight; NÁUTICA to heave off; ***o ladrão safou-se*** the thief stole away; NÁUTICA ***safa cabos!*** coil the ropes down!, clear the decks!
sáfara *s. f.* desert land full of stones
safardana *s. m. e f.* wretch, rascal; good-for-nothing fellow
safari *s. m.* safari
sáfaro *adj.* sterile, barren, unproductive; rude, rustic, boorish
safata *s. f.* dory, gilthead
safena *s. f.* ANATOMIA saphena
safeno *adj.* saphenous
sáfico *adj.* Sapphic; ***verso sáfico*** Sapphic verse
safio *s. m.* ZOOLOGIA conger, large sea-eel
sáfio *adj.* ⇒ **sáfaro**
safira *s. f.* sapphire
safirina *s. f.* sapphirine
safismo *s. m.* Sapphism, Lesbianism
safista *s. f.* Sapphist
safo *adj.* clear, free, ready; NÁUTICA ***pôr safo*** to get ready
safões *s. m. pl.* wide breeches; sheepskin trousers
safra *s. f.* smith's anvil; harvest, harvest-time
safrão *s. m.* afterpiece of the rudder
safreira *s. f.* itching, prickle
saga *s. f.* saga; witch

sagacidade *s. f.* sagacity, shrewdness; cunningness; discernment, keen intelligence; sound judgement; acuteness
saganha *s. f.* BOTÂNICA rock-rose; frost-weed
saganho *s. m.* BOTÂNICA rock-rose; frost-weed
sagaz *adj.* sagacious; far-seeing, shrewd; acute, clever, intelligent; keen, discerning, penetrating, perspicacious; ***comentário sagaz*** sagacious comment
sagazmente *adv.* sagaciously; wisely
sage *adj.* discreet, prudent
sagenite *s. f.* MINERALOGIA sagenite
sageza *s. f.* prudence; wisdom
sagitado *adj.* BOTÂNICA sagittate
sagital *adj.* ANATOMIA sagittal, arrow-shaped (of a suture in the skull)
sagitária *s. f.* BOTÂNICA arrowhead
Sagitário *s. m.* ASTRONOMIA, ASTROLOGIA Sagittarius
sagitífero *adj.* [poét.] arrow bearing
sagra *s. f.* sacred feast dedicated to St. Dominic in Cascais
sagração *s. f.* consecration; ***sagração de bispos*** the consecration of bishops
sagradamente *adv.* sacredly
sagrado *adj.* sacred; consecrated, holy, hallowed, sanctified; ***livros sagrados*** sacred books; ***sagrada escritura*** Holy Writ; ***história sagrada*** Sacred History; ***Sagrado Coração de Jesus*** Sacred Heart of Jesus; ***Sagrada Família*** Holy Family; ***o meu juramento é sagrado*** my oath is sacred
sagrador Ⓐ *adj.* consecrating Ⓑ *s. m.* consecrator
sagrante Ⓐ *adj.* consecrating Ⓑ *s. m.* consecrator
sagrar *v. tr.* to consecrate; to sanctify, to hallow, to render holy; ***sagrar uma igreja*** to dedicate a church
sagu *s. m.* sago
sagual *s. m.* sago-palm grove
saguão *s. m.* inner yard or court; back-yard
saguate *s. m.* present, gift
sagueiro *s. m.* BOTÂNICA sago-palm
sagui *s. m.* sapajou, sagoin
saguim *s. m.* sapajou, sagoin
sagum *s. m.* ⇒ **sagu**
sai *s. m.* ⇒ **bonzo**
saí *s. m.* ZOOLOGIA capuchin (monkey)
saia *s. f.* skirt; ***saia interior*** petticoat; ***saia-calção*** divided skirt; ***agarrado às saias da mãe*** tied to his mother's apron-strings; NÁUTICA ***saia de chaminé*** funnel-casing; ***saia de mastro*** coat of a mast; ***saia (de vela)*** bonnet (of a sail)
saial *s. m.* ancient garment worn by both sexes
saião *s. m.* BOTÂNICA houseleek
saibo *s. m.* taste, flavour; savour; bad taste
saibramento *s. m.* trenching; gravel covering
saibrão *s. m.* gravelly soil
saibrar *v. tr.* to trench (the soil); to dig deeply (for the plantation of vine shoots); to cover with gravel
saibreira *s. f.* gravel-pit, sand-pit
saibro *s. m.* gravel, coarse sand
saibroso *adj.* gravelly
saída *s. f.* way out, exit; going out, departure; parting; outlet, issue; lively remark, witty retort; sale, ready market; expedient; DESPORTO start; retirement; ***saída de um porto*** clearing; ***saída em terra*** landing; ***direitos de saída*** export duties; ***beco sem saída*** cul-de-sac, blind alley, deadlock; ***saída de um sócio*** retirement of a partner; ***dar saída a um negócio*** to find a way to make a business successful; ***saída do ano*** year's end; ***saída de emergência*** emergency exit; ***saída precipitada*** outrush; ***achar uma saída*** to find a way out; ***ter boas saídas*** to give witty answers
saído *adj.* jutting out, sticking out; projecting; salient; gone out; bold
saieta *s. f.* serge
saiga *s. f.* ZOOLOGIA saiga, antelope
saimel *s. m.* ARQUITECTURA springer
saimento *s. m.* funeral, funeral procession
saimiri *s. m.* saimiri
sainete *s. m.* joke, jest, humour; taste, flavour; bait (given to a hawk)
sainte *adj.* going out; leaving; about to end
saio *s. m.* sort of loose upper coat; Roman military cloak
saiote *s. m.* petticoat
sair Ⓐ *v. intr.* to go out, to come out; to get out, to go off, to set out for; to leave, to depart; to retire; to go away; to turn out; to issue from; to jut out, to stick out; to go beyond, to exceed; to be published (books); to be established (laws) Ⓑ *v. refl.* to escape; to be successful; ***sair apressadamente*** to hurry out; ***sair precipitadamente*** to rush out, to pop out; ***sair da sala*** to leave the room; ***sair sem ser visto*** to slip out; ***sair à francesa*** to take French leave; ***ele acaba de sair*** he has just gone out; ***sair a passeio*** to go out for a walk; ***sair do caminho*** to get out of the way; ***não sair de casa*** to keep to the house; ***sair-se mal*** to come off badly, to fail; ***sair mal (bem)*** to turn out badly (well); ***sair-se brilhantemente*** to come off with flying colours; ***sair-se bem*** to succeed, to be succeeded, to come off well; ***sair-se bem num exame*** to pass in an examination; ***sair-se mal num exame*** to fail in an examination; ***sair-se com uma das suas*** to come out with one of his usual witty sayings; ***sair a lume*** to come out, to be published (book); ***fazer sair*** to drive out, to get out; ***sair a campo*** to enter the lists; ***sair caro*** to come out dear, to pay through the nose, to cost much; ***sair a sorte grande*** to win the first prize in the lottery; ***sair a alguém*** to take after, to resemble someone; ***sair para o mar*** to put to sea; ***sair fora dos limites*** to go beyond the bounds; ***sair de embaraços*** to get out of troubles; ***sair de um aperto (de uma dificuldade)*** to pull through; ***sair melhor do que se esperava*** to succeed beyond one's expectations; ***sair certo*** to come true; ***deixar sair*** to let go, to let come out; ***não saio disto*** I stick to that; ***sair do seu sério*** to discard one's habitual serious look; ***sair fora de si*** to lose one's head, to go wild, to go mad; ***fazer sair fora de si*** to make someone lose his temper; ***sair do propósito*** to step out of one's subject; ***sair fora dos eixos*** to go beyond the bounds, to overstep the limit (the bounds); ***sair do ovo*** to hatch; ***quem sai aos seus não degenera*** he is a chip of the old block; ***sair em busca de*** to go after, to go out to look for, to start out to seek; ***sair de casa*** to leave the house; ***sair da casa*** to remove, to leave a house for good; ***nunca saiu de casa*** she never stirred out of the house; ***nunca saímos*** we never go out; ***não ter esperança de sair-se bem*** to be out of the running
sal *s. m.* salt, seasoning, relish; wit; pungency; ***sal amargo*** Epsom salt, magnesium sulphate; ***sal marinho*** sea-salt; ***sal refinado*** table salt; ***sal amoníaco*** salt-ammoniac; ***pedra de sal*** a lump of salt; ***sais de cheiro*** smelling-salts; ***sal (graça, espírito) ático,*** refined wit, attic wit; ***sais de banho*** bath salts; ***pôr o sal na moleira a*** to make one lose one's patience
sala *s. f.* room, large room; ***sala de estar*** living-room, sitting-room; ***sala de visitas*** drawing-room; ***sala de espera*** waiting-room; ***sala de fumo*** smoking-room; ***sala de jantar*** dining-room; ***sala de leitura*** reading-room; ***sala de reunião*** meeting-hall; ***sala do trono*** presence-chamber, throne-room; ***sala de baile*** ball-room; ***sala de espectáculos*** playhouse; ***sala de operações*** surgery, operating-theatre; ***sala de sessões*** assembly-room; ***sala de desenho*** studio, drawing-office; NÁUTICA ***sala de fumo*** deck saloon; ***sala do risco*** mould loft; ***homem de sala*** man of fashion
salabórdia *s. f.* tastelessness
salácia *s. f.* lechery, lewdness
salacidade *s. f.* lechery, lewdness
salada *s. f.* salad; mess, medley, confusion; ***salada de alface*** lettuce salad; ***temperar a salada*** to dress salad; ***molho de salada*** salad-dressing; ***mexer a salada*** to mix the salad; CULINÁRIA ***salada de frutas*** fruit salad; ***salada russa*** Russian salad

saladeira *s. f.* salad-bowl
saladeiro *s. m.* [Bras.] place where meat is salted
salado *adj.* salted; salty
salafrário *s. m.* [pop.] scoundrel, rascal
salalé *s. m.* ZOOLOGIA termite, white ant
salamaleque *s. m.* salaam, oriental salutation; low bow
salamandra *s. f.* ZOOLOGIA salamander, salamander-stove; small portable stove
salamanta *s. f.* [Bras.] name given to some snakes
salamântega *s. f.* [pop.] salamander
salamântica *s. f.* [pop.] ⇒ **salamântega**
salamântiga *s. f.* [pop.] ⇒ **salamântega**
salame *s. m.* salame
salamurdo Ⓐ *adj.* sly, artful, cunning Ⓑ *s. m.* sly fellow
salangana *s. f.* ORNITOLOGIA salangane
salão *s. m.* saloon; salon, a large hall; reception room; public drawing-room or lounge (in a hotel); ***salão de chá*** tea-room; ***salão de bilhar*** billiard-saloon; ***salão de dança*** dance-hall; ***salão de paquete*** saloon of a liner; ***salão de vendas*** showroom
salapeira *s. f.* orchis
salariado *s. m.* wage earner
salariato *s. m.* salariat
salário *s. m.* pay, wages; ***salário insignificante*** pittance
salaz *adj.* salacious, lustful
salazarismo *s. m.* political, economic and social system of the Portuguese statesman Salazar
salazarista *s. m. e f., adj.* referring to Salazar's political, economic and social system; folllower of Salazar's political, economic and social system
salchicha *s. f.* ⇒ **salsicha**
saldar *v. tr.* to balance, to square, to pay in full; to settle (an account); to sell at a low price; ***saldar agravos antigos*** to pay off old scores; ***saldar contas*** to settle accounts
sal-de-azedas *s. m.* oxalic acid
saldo *s. m.* COMÉRCIO balance; [pop.] remnant, remainder; ***saldo (pechincha)*** joblot; ***saldo para nova conta*** balance brought forward, balance carried forward; ***saldo pequeno*** odd money; ***por saldo de conta*** in full of all demands; ***saldo positivo*** credit balance; ***saldo negativo*** debit balance, overdraft; ***saldo de conta*** payment in full, settling; ***saldo a favor de*** balance in favour of
salé *s. f.* [pop.] salted meat
saleiro *s. m.* salt-cellar; salt seller, salt-merchant; salt-maker; salter
salema *s. f.* ICTIOLOGIA pigfish
salepo *s. m.* BOTÂNICA salep
salero *s. m.* grace, comeliness, elegance; blandishment
salésia *s. f.* Salesian
salesiano *adj.* Salesian
saleta *s. f.* sitting-room; boudoir
salga *s. f.* salting
salgação *s. f.* salting; sorcery, witchcraft
salgadeira *s. f.* salting-tub; salting-box (for meat); BOTÂNICA salt-bush
salgadiço *adj.* salt, brackish (water)
salgadinho *s. m.* savoury, snack
salgadios *adj.* ⇒ **salgadiço**
salgado Ⓐ *adj.* salted, salty; too dear, costly; witty; piquant Ⓑ *s. m.* unproductive seashore soil; ***água salgada*** salt water
salgadura *s. f.* salting
salgalhada *s. f.* mess, medley, confusion; a pretty kettle of fish; mixture; ***fazer uma salgalhada*** to make a hash of
salgar *v. tr.* to salt, to flavour (with salt); to preserve (in salt or brine); to pickle; to sprinkle (with salt); to put fantastically high prices on goods; ***salgar uma conta*** to salt an account; ***a comida está muito salgada*** the food is too salty
sal-gema *s. m.* halite, rock salt, mineral salt, chloride sodium
salgueiral *s. m.* plantation of willows
salgueirinha *s. f.* BOTÂNICA willow-weed, purple loosestrife
salgueiro *s. m.* BOTÂNICA willow (tree); ***salgueiro chorão*** weeping willow; ***saliência nas folhas do salgueiro*** willow gall
salgueiro-branco *s. m.* BOTÂNICA white willow
salgueiro-chorão *s. m.* BOTÂNICA weeping willow
salgueiro-preto *s. m.* BOTÂNICA black willow
Salicáceas *s. f. pl.* *Salicaceae* (salicaceous family of plants)
salicilato *s. m.* QUÍMICA salicylate
salicílico *adj.* salicylic; ***ácido salicílico*** salicylic acid
salicilina *s. f.* salicin
saliciloso *adj.* salicylic, salicylous
salicina *s. f.* QUÍMICA salicin
salicívoro *adj.* feeding on willow leaves
sálico *adj.* Salic; ***lei sálica*** Salic law
salícola *adj.* saliferous; salt-producing; salt-exploiting
salicórnia *s. f.* BOTÂNICA glasswort
salicultor *s. m.* salt-producer
salicultura *s. f.* salt-production
saliência *s. f.* projection, prominence, salience, saliency
salientar Ⓐ *v. tr.* to point out, to stress; to mark out, to render more striking; to enhance; to jut out Ⓑ *v. refl.* to become prominent, to become conspicuous; to make oneself conspicuous, to distinguish oneself
saliente *adj.* salient, jutting out, projecting; pointing outwards; prominent, conspicuous; noteworthy, noticeable, remarkable, striking, outstanding; ***estar saliente*** to stand out, to stick out; ***tornar-se saliente*** to become prominent; ***ângulo saliente*** salient angle
salífero *adj.* saliferous, salt-bearing
salificação *s. f.* salification
salificar *v. tr.* QUÍMICA to salify (to form salt)
salificável *adj.* salifiable
salina *s. f.* salt-pan, salt-pit; saltern, salt-works; ***lagoa salina*** salt-marsh
salinação *s. f.* QUÍMICA salification, salt-making
salinagem *s. f.* QUÍMICA ⇒ **salinação**
salinar *v. tr.* to crystallize (salt)
salinável *adj.* salifiable
salineiro *s. m.* salter, dealer in salt; maker of salt; workman in a salt-works (or mine)
salinidade *s. f.* salinity; saltness
salino *adj.* saline, salty
salinómetro *s. m.* salinometer, brine-gauge, salt-gauge
sálio *s. m., adj.* Salian
salitração *s. f.* QUÍMICA nitrification
salitral *s. m.* nitre-bed
salitrar *v. tr.* to nitrify, to convert into saltpetre; to cover with saltpetre (nitre)
salitraria *s. f.* saltpetre refinery
salitre *s. m.* QUÍMICA saltpetre, nitrate; nitre
salitreira *s. f.* saltpetre-mine
salitreiro *s. m.* saltpetre-man; dealer in saltpetre
salitrização *s. f.* nitrification
salitrizar *v. tr.* to nitrify
salitroso *adj.* nitrous
saliva *s. f.* saliva, spittle, spit
salivação *s. f.* salivation
salival *adj.* salivating
salivante *adj.* salivating
salivar Ⓐ *v. intr.* to salivate, to spit, to eject saliva Ⓑ *adj.* salivary; ***glândulas salivares*** salivary glands
salivoso *adj.* salivary, salivous
salmão *s. m.* salmon; ***cor de salmão*** salmon colour; ***posta de salmão frio*** salmon steak; ***série de degraus para o salmão poder subir um rio*** salmon-ladder, salmon-leap, salmon-stair; ***salmão que não pesa ainda um quilo*** salmon-peal, salmon-peel; ***salmão novo*** par, parr; ***salmão rei*** blueblack salmon

salmear *v. tr. e intr.* to sing psalms
salmejar *v. tr. e intr.* ⇒ **salmear**
sálmico *adj.* psalmodic
salmista *s. m. e f.* psalmist
salmo *s. m.* psalm; ***livro de salmos*** psalter
salmodia *s. f.* psalmody
salmodiar *v. tr. e intr.* to psalmodize, to sing psalms
salmoeira *s. f.* brine
salmoeiro *s. m.* vessel for salting
salmoira *s. f.* ⇒ **salmoura**
salmoirar *v. tr.* ⇒ **salmourar**
salmonada *s. f.* a kind of salmon; a quantity of salmon
salmonado *adj.* salmon-like
salmonejo *s. m.* ICTIOLOGIA salmonet, red mullet
salmonela *s. f.* salmonella
salmonelose *s. f.* salmonellosis
salmonete *s. m.* ZOOLOGIA salmonet; ***salmonete vermelho*** red mullet
salmonicultura *s. f.* ICTIOLOGIA culture of *Salmonidae*
Salmónidas *s. m. pl.* *Salmonidae*
salmonídeo *adj.* ICTIOLOGIA salmonoid, salmonlike
Salmonídeos *s. m. pl.* ⇒ **Salmónidas**
salmoura *s. f.* brine; salt water; ***em salmoura*** in salt; ***pôr de salmoura*** to cure
salmourar *v. tr.* to brine, to steep (or to pickle) in brine, to wet (with brine); to thrash, to ill-treat
salobre *adj.* brackish, rather salty, saltish; ***água salobre*** brackish water
salobro *adj.* brackish, rather salty, saltish
saloia *s. f.* countrywoman
saloiada *s. f.* [depr.] peasants; countrymen
saloiice *s. f.* boorishness, rudeness, coarseness
saloio Ⓐ *s. m.* countryman, country dweller, peasant, villager; boor, ill-mannered man; clod-hopper, bumpkin, lout Ⓑ *adj.* rustic, boorish, clownish, loutish, rude, ungainly, coarse, clumsy; ***esperteza saloia*** knavish trick, low cunning
salol *s. m.* salol
salomónico *adj.* Salomonic; ***colunas salomónicas*** twisted columns
salpa *s. f.* ZOOLOGIA salpa (oceanic tunicate); *pl.* salpae, salpas
salpica *s. f.* sprinkle; splash of mud; grain of salt
salpicado *adj.* besprinkled, sprinkled; bedewed; speckled, spotted; bespattered
salpicador Ⓐ *s. m.* salter; spotter Ⓑ *adj.* salting, besprinkling
salpicadura *s. f.* sprinkle, splash, splash of mud; grain of salt
salpicão *s. m.* sausage of pickled pork; pork pie
salpicar *v. tr.* to sprinkle, to powder, to besprinkle, to spatter; to speckle; to dot; to stain, to spot, to blemish; ***salpicar de sal*** to sprinkle with salt; ***salpicar de lama*** to splash with mud
salpico *s. m.* sprinkle, splash, speckle; small spot; grain of salt; blemish
Sálpidas *s. m. pl., adj.* ⇒ **salpídeos**
Salpídeos Ⓐ *s. m. pl.* tunicates, *Salpidae* Ⓑ *adj.* salpian
salpimenta *s. f.* pepper-and-salt; greyish, speckled
salpimentar *v. tr.* to season with pepper and salt
salpinge *s. f.* salpinx
salpingectomia *s. f.* salpingectomy
salpingite *s. f.* salpingitis
salpresar *v. tr.* to salt slightly
salpreso *adj.* powdered (or sprinkled) with salt; salty, salted
salsa *s. f.* BOTÂNICA parsley
salsa-brava *s. f.* BOTÂNICA mountain parsley
salsada *s. f.* mess, muddle, confusion; imbroglio, intricate affair
salsaparrilha *s. f.* BOTÂNICA salsaparilla
salseira *s. f.* sauce-boat
salseirada *s. f.* shower of rain; NÁUTICA spray, swish
salseiro *s. m.* rain, shower; sarsaparilla; Brazilian tree similar to the willow
salsicha *s. f.* sausage
salsichão *s. m.* large, thick sausage
salsicharia *s. f.* pork-butcher's shop
salsicheiro *s. m.* pork-butcher
salsifré *s. m.* brawl (dance); brawl (quarrel)
salsifri-negro *s. m.* viper's grass; scorzonera
salso *adj.* [poét.] salt, salted
salsola *s. f.* BOTÂNICA salsola
Salsoláceas *s. f. pl.* salsolaceous plants
salsugem *s. f.* saltness; saline mud; salineness
salsuginoso *adj.* salsuginous, brackish
saltada *s. f.* rush; big leap; assault, attack; ***dar uma saltada a casa de alguém*** to drop in (to look in, to pop in) and see a person, to pay a sudden visit to someone
saltado *adj.* jumped, leaped; jutting
saltadoiro *s. m.* ⇒ **saltadouro**
saltador Ⓐ *s. m.* jumper, hopper, vaulter, leaper; jumping-horse; grasshopper Ⓑ *adj.* jumping; leaping
saltadouro *s. m.* net for catching mullets; place where a wall can be more easily jumped
saltante *adj.* jumping; HERÁLDICA salient
saltão *s. m.* grasshopper, locust; jumping, leaping
salta-pocinhas *s. m.* person with mincing walk (or affected gait)
saltar Ⓐ *v. tr.* to jump, to leap, to skip, to hop, to caper, to bound; to vault; to frisk; to get over Ⓑ *v. intr.* to spring; to alight, to get down; to skip over, to spring over; NÁUTICA to chop, to fly about, to shift (wind); ***saltar a corda*** to skip, to use a skipping-rope; ***saltar da cama*** to jump out of bed; ***saltar de contente*** to jump for joy; ***saltar a pés juntos*** to jump with the feet together; ***saltar em terra*** to land, to come on shore; ***saltar do cavalo*** to alight, to dismount; ***saltar do carro*** to get out of a car, to alight, to jump off a bus; ***fazer saltar*** to blow up, to knock off; ***fazer saltar uma mina*** to spring a mine; ***saltar para trás*** to start back, to spring back; ***saltar aos olhos (à vista)*** to strike the eye; ***os factos saltam à vista*** the facts stare us in the face; ***saltar por cima*** to spring over, to jump over; ***saltar as agulhas*** to foul the points (railway); ***saltar uma linha*** to miss a line; ***saltar o muro*** to jump over the wall; ***saltar palavras*** to skip words; ***saltaram-lhe as lágrimas aos olhos*** tears started from her (his) eyes; ***saltar de uma coisa para outra*** to digress from the subject; ***saltar ao pescoço de alguém*** to fall upon someone's neck; ***saltar de pára-quedas*** to descend by parachute, to bail out
salta-regra *s. f.* set square
saltarelo Ⓐ *adj.* fond of leaping (or jumping) Ⓑ *s. m.* saltarello
saltaricar *v. intr.* to go by jumps, to hop, to skip
saltarico *s. m.* hopper, jumper, skipper
saltarilhar *v. intr.* ⇒ **saltaricar**
saltarilho *s. m.* he who is jumping all the time
saltarinhar *v. intr.* ⇒ **saltaricar**
salta-sebes *s. f.* fumitory
saltatriz *s. f.* female dancer, ballet-girl; a kind of spider
salta-valados *s. m.* great jumper
salteada *s. f.* assault; charge
salteadamente *adv.* alternatedly
salteado *adj.* alternated, interpolated, interposed; robbed, assaulted; ***saber de cor e salteado*** to have at one's finger-tips, to know by heart
salteador *s. m.* highwayman, brigand, bandit, robber; *(a pé)* footpad
salteamento *s. m.* assault; attack
saltear Ⓐ *v. tr.* to assault, to make a violent attack upon; to attack by sudden rush; to skip over Ⓑ *v. intr.* to lead a burglar's life

salteio *s. m.* ⇒ **salteamento**
salteira *s. f.* heel-blank, heel-block, heel-lift
salteiro *s. m.* heel-maker
salter *s. m.* MÚSICA psaltery; psalter, Book of Psalms; psalterium
saltério *s. m.* MÚSICA psaltery; psalter, Book of Psalms; psalterium
salterista *s. m. e f.* psalter player
saltígrado *adj.* ZOOLOGIA saltigrade
saltimbanco *s. m.* mountebank, acrobat; jongleur, minstrel
saltimbarca *s. f.* ancient rural clothing
saltinvão *s. m.* boy's game
saltitante *adj.* hopping, skipping
saltitar *v. intr.* to hop, to skip; to digress, to show inconstancy
salto *s. m.* leap, jump, bound, hop, skip, caper; assault; bounce; heel; robbery; ***triplo salto*** triple jump, hop skip and jump, hop step and jump; ***salto à vara*** pole vault; ***salto em comprimento*** long jump; ***salto mortal*** somersault, flying leap, death dive; ***salto em altura*** high jump; ***dar um salto*** to take a leap; ***de um salto*** at a jump, at a leap; NÁUTICA ***salto de vento*** shift of wind; ***dar um salto*** to check; ***aos saltos*** leaping; ***colocar saltos em sapatos*** to heel a pair of shoes
sáltria *s. f.* woman psalter player
salubérrimo *adj.* most salubrious; very healthy
salubre *adj.* salubrious, wholesome, healthy, healthful; ***ar salubre*** salubrious air
salubridade *s. f.* salubrity, salubriousness, wholesomeness, healthfulness, hygienism
salubrificação *s. f.* cleansing hygiene, hygienics
salubrificar *v. tr.* to make healthy, to render salubrious; to cleanse, to render hygienic
salubrizar *v. tr.* to make healthy, to render salubrious; to cleanse, to render hygienic
saludador *s. m.* charmer; charlatan
saludar *v. tr.* to quack
saluga *s. f.* ⇒ **saruga**
salutar *adj.* salutary, healthgiving, wholesome, beneficial, good, hygienic; ***conselhos salutares*** salutary (or sound) advice; ***doutrinas salutares*** sound doctrine
salutífero *adj.* salutary, beneficial; useful
salva *s. f.* (garden) sage, salvia; salver, tray; salute, saluting volley (of guns); MILITAR salvo (discharge of guns); ***uma salva de 21 tiros*** a salvo of 21 guns; ***uma salva de artilharia*** a volley of gun-fire; ***dar uma salva*** to volley; ***uma salva de palmas*** a round (volley) of applause
salva-brava *s. f.* BOTÂNICA wood germander
salvação *s. f.* salvation; redemption, deliverance; preservation, rescue (from danger, calamity, etc.); lifesaving; ***aparelho de salvação*** life-preserver; ***cinto de salvação*** life-belt; ***bóia de salvação*** life-buoy; ***exército de salvação*** Salvation Army
salvádego Ⓐ *s. m.* salvage money, salvor Ⓑ *adj.* said of the ship helping to save another
salvador Ⓐ *s. m.* saviour; saver, the Saviour, Jesus Christ; NÁUTICA salvor Ⓑ *adj.* saving
salvadorenho *s. m., adj.* Salvadorian, Salvadoran
salvados *s. m. pl.* salvage; wreckage, wreck, remnants; rescue of property (from fire); salvaged property; ***entrega dos salvados ao segurador*** salvage loss; ***direitos sobre os salvados*** salvage money
salvagem *s. f.* salvage; salvage rights; ancient cannon
salvaguarda *s. f.* safeguard; defence; protection, guard; security; safe-conduct; ***é uma salvaguarda para os seus interesses*** it is a safeguard for his interests
salvaguardar *v. tr.* to safeguard, to protect, to secure, to defend, to shield
salvamento *s. m.* salvation, safety; NÁUTICA salvage; ***salvamento de navio (carga, etc.)*** salvage of ship (cargo, etc.); ***contrato de salvamento*** salvage agreement; ***chegada a salvamento*** safe arrival
salvanda *s. f.* thin layer of clay between the vein of a mine and the surrounding soil
salvante Ⓐ *adj.* saving Ⓑ *prep.* except, saving
salvar Ⓐ *v. tr.* to save, to rescue, to deliver, to free, to liberate, to preserve, to defend; to redeem Ⓑ *v. intr.* to salute Ⓒ *v. refl.* to fly, to make one's escape; to get away, to seek safety; ***salvar a pele*** to save one's skin, to save one's bacon; ***salvar alguém de morrer afogado*** to save a person from drowning; ***salvar a vida*** to save one's life; ***salvar a situação*** to save the situation; ***salvar da desgraça*** to save (a person) from ruin, to save (someone) from disgrace; ***salvar pessoas de um incêndio*** to rescue people from fire; ***salve-se quem puder!*** every man for himself!; ***Deus vos salve!*** God save you!
salvatela *s. f.* ANATOMIA name of the vein which starts from the back of the hand and goes up to the forearm
salvatério *s. m.* salvation; escape
salvável *adj.* salvable
salva-vidas *s. m.* life-buoy, life-belt; ***barco salva-vidas*** lifeboat
salve! *interj.* hail!
salve-rainha *s. f.* Salve Regina!, Hail, Holy Queen
salveta *s. f.* salver, tray; BOTÂNICA garden sage
sálvia *s. f.* BOTÂNICA ⇒ **salva**
salvínia *s. f.* BOTÂNICA plant of the genus salvia
salvo Ⓐ *adj.* safe, free from danger (or risk); sheltered, protected, secure, secured; unharmed, unhurt, sound, whole, unscathed Ⓑ *prep.* save, except, but; ***pôr-se a salvo*** to run for dear life; ***a salvo*** in safety; ***pôr a salvo*** to put in a safe place; ***são e salvo*** safe and sound; ***a crise passou e o doente agora está salvo*** the crisis is over and the patient is now out of danger; ***o navio está salvo*** the ship is safe; ***salvo erro ou omissão*** errors and omissions excepted; ***salvo aviso (em) contrário*** unless otherwise advised; ***salvo força maior*** except in circumstances beyond one's control; ***salvo ordem em contrário*** contrary orders excepted
salvo-conduto *s. m.* safe-conduct; pass, passport
sama *s. f.* ⇒ **caruma**; ICTIOLOGIA ⇒ **salema**
sâmago *s. m.* alburnum, sap-wood
sâmara *s. f.* BOTÂNICA samara
samário *s. m.* QUÍMICA samarium
samarita Ⓐ *adj.* ⇒ **samaritano** Ⓑ *s. f.* [pop.] a sort of sandal
samaritano *s. m., adj.* Samaritan
samarra *s. f.* a heavy coat, generally with a furred lapel, cassock; sheepskin garment
samarrão *s. m.* big cassock; fat man
samarreiro *s. m.* sheepskin dealer
samba *s. m.* samba (Brazilian dance)
sambacuim *s. m.* ⇒ **matataúba**
sambador *s. m., adj.* ⇒ **sambista**
sambaqui *s. m.* prehistoric shells found on the Brazilian coast
sambar *v. intr.* to dance the samba
sambarca *s. f.* breastband of a harness
sambarcar *v. tr.* to bar, to bolt; [pop.] to monopolize
sambenitar *v. tr.* HISTÓRIA to dress with a sanbenito
sambenito *s. m.* HISTÓRIA sanbenito
sambista *s. m. e f.* samba dancer (or composer)
samblador *s. m.* joiner, wood-carver; ⇒ **ensamblador**
samblagem *s. f.* ⇒ **ensambladura**
samblar *v. tr.* to carve in wood; ⇒ **ensamblar**
sambódromo *s. m.* carnival parade ground
sambuca *s. f.* sambuca
sambúcina *s. f.* sambuca player
sambuco *s. m.* small Indian boat
samelo *s. m.* small stone; stupid fellow
sãmente *adv.* soundly; thoroughly

samicas *adv.* [arc.] perhaps
sâmio *s. m., adj.* Samian
samo *s. m.* ⇒ **alburno**
samoano *s. m., adj.* Samoan
samoco *s. m.* ⇒ **samouco**
samoiedo *s. m.* Samoyed (language of a race of Siberian Mongols)
samouco *s. m.* beech-tree; ⇒ **faia**
samovar *s. m.* samovar (Russian tea-urn)
samurai *s. m., adj.* samurai; ***tradição samurai*** samurai tradition; ***guerreiro samurai*** samurai warrior
sanação *s. f.* curing, cure
sanador Ⓐ *adj.* sanative, curative Ⓑ *s. m.* healer
sanamunda *s. f.* herb bennet, common avens
sanar *v. tr.* to cure, to restore to health; [fig.] to make up, to compose
sanativo *adj.* sanative
sanatório *s. m.* sanatorium
sanatorizar *v. tr.* to admit (to send) to a sanatorium
sanável *adj.* curable
sanca *s. m.* ARQUITECTURA cove, ogee
sancadilha *s. f.* trip (up), stumble
sanção *s. f.* sanction; confirmation; ratification; law, decree; penalty (or reward) attached to a law
sancionador Ⓐ *adj.* sanctioning, confirming, ratifying Ⓑ *s. m.* sanctioner, ratifier
sancionar *v. tr.* to sanction, to give sanction to; to authorize, to countenance, to support; to ratify
sancionatório *adj.* sanctionary
sanco *s. m.* shank (of birds or animals)
sandalha *s. f.* ⇒ **sandália**
sandália *s. f.* sandal
sandalino *adj.* similar to sandalwood
sândalo *s. m.* BOTÂNICA sandal(wood); sandal-tree
sandará *s. f.* BOTÂNICA Indian plant
sandáraca *s. f.* sandarac, realgar
sande *s. f.* ⇒ **sanduíche**
sandejar *v. intr.* to talk rot, to play the fool, to act like a fool
sanderlingo *s. m.* sanderling
sandeu Ⓐ *adj.* foolish, idiotic Ⓑ *s. m.* utter fool
sandia *s. f.* foolish woman; water-melon
sandice *s. f.* folly, imbecility, stupidity, nonsense, nescience
sandim *s. m.* BOTÂNICA Italian buckthorn
sandio *adj.* foolish, nonsensical
sandiz *s. m.* native cinnabar, red lead
sanduichar *v. tr.* to shape like a sandwich; to sandwich
sanduíche *s. f.* sandwich; ***sanduíche de fiambre*** ham sandwich; ***sanduíche de queijo*** cheese sandwich
saneador Ⓐ *adj.* sanitizing, improving, curing Ⓑ *s. m.* sanitationist, improver
saneamento *s. m.* sanitation, clearance; dismissal; ***saneamento dos bairros pobres*** slum clearance
sanear *v. tr.* to sanitate, to render sanitary, to make healthy, to cleanse, to repair; to dismiss; ***sanear terrenos*** to render a district healthy by draining its marshes
saneável *adj.* that can be made healthy
sanedrim *s. m.* ⇒ **sanédrio**
sanédrio *s. m.* sanhedrim, sanhedrin
sanefa *s. f.* valance, pelmet (for window); NÁUTICA cover, curtain, canvas screen, screen; ***sanefa de fumo*** smoke sail
sanfeno *s. m.* BOTÂNICA sainfoin, fodder plant; ***sanfeno de Espanha*** French honeysuckle
sanfona *s. f.* hurdy-gurdy; blacksmith's tool
sanfonada *s. f.* inharmonious song
sanfonar *v. intr.* ⇒ **sanfoninar**
sanfonha *s. f.* ⇒ **sanfona**
sanfonina *s. f.* small hurdy-gurdy
sanfoninar *v. intr.* to play the hurdy-gurdy; to pester, to worry, to plague, to harass
sanfonineiro *s. m.* hurdy-gurdy player, organ-grinder
sanfoninheiro *s. m.* ⇒ **sanfonineiro**
sanga *s. f.* [Bras.] mouth of underwater cavity by which fishes get in
sangacho *s. m.* black part of tunny
sangado *adj.* caught (in the *sanga*)
sangalho *s. m.* an ancient measure (equal to five quarts)
sangra *s. f.* liquid pressed out of olives; ⇒ **sangradura**
sangradeira *s. f.* doorway (in the salterns) between the crystallizing tanks and the pools
sangradoiro *s. m.* ⇒ **sangradouro**
sangrador Ⓐ *s. m.* bleeder Ⓑ *adj.* that bleeds
sangradouro *s. m.* blood-letting; trench for draining; ANATOMIA antecubital fossa
sangradura *s. f.* bleeding, blood-letting
sangramento *s. m.* bleeding, blood-letting
sangrar Ⓐ *v. tr.* to bleed; to draw blood (surgically) from; (of trees) to lose sap from a cut through the bark; [fig.] to consume, to exhaust Ⓑ *v. refl.* to bleed oneself; ***sangrar-se em saúde*** to be on one's guard, to avoid responsibility, to pass the baby; ***o coração sangra*** the heart bleeds; ***tem as mãos a sangrar*** his hands are bleeding
sangrento *adj.* bloody, sanguinary
sangria *s. f.* bleeding, blood-letting; ***sangria de vinhos*** negus
sangue *s. m.* blood; progeny, offspring, family; temper, disposition; ***sangue coagulado*** coagulated blood; ***sangue arterial*** arterial blood; ***sangue venoso*** venous blood; ***sangue negro*** black-blood; ***sangue azul*** blue blood, aristocratic birth; ***sangue real*** royal blood; ***defender o seu sangue*** blood is thicker than water; ***baptismo de sangue*** baptism of blood; ***esvair-se em sangue*** to bleed to death; ***derramar sangue*** to spill blood; ***estancar o sangue*** to stop bleeding; ***ficar sem pinga de sangue*** to have one's heart in one's mouth, to become as white as a sheet; [fig.] ***fazer ferver o sangue*** to make one's blood boil; [fig.] ***gelar o sangue nas veias*** to freeze (to curdle) one's blood; ***está-lhe na massa do sangue*** it is in his (her) blood; [fig.] ***ter sangue na guelra*** to be very lively and gay; ***ter sangue de preto*** to have a touch of the tar brush; ***mãos tintas de sangue*** hands stained with blood; ***sangue novo na família*** fresh blood; ***charco de sangue*** pool of blood; ***um mar de sangue*** a sea of blood, a pool of blood; ***correr o sangue nas veias*** to run in the blood; ***bife em sangue*** underdone beefsteak; ***sangue, suor e lágrimas*** blood, sweat and tears; ***banco de sangue*** blood bank; ***banhado em sangue*** bathed in blood, blood-drenched; ***ter sangue de barata*** to be meek
sangue-de-drago *s. m.* BOTÂNICA dragon's blood
sangue-frio *s. m.* cold blood, sang-froid; ***a sangue-frio*** cold-blooded, in cold blood; ***perder o sangue-frio*** to lose one's head; ***conservar o sangue-frio*** to keep one's head
sangueira *s. f.* bloodshed; war, slaughter
sanguentado *adj.* ⇒ **ensanguentado**
sanguento *adj.* bloody, sanguinary
sanguessuga *s. f.* leech
sanguífero *adj.* [poét.] blood producing
sanguificação *s. f.* sanguification
sanguificar *v. tr.* to sanguify, to produce blood
sanguificativo *adj.* ⇒ **sanguífico**
sanguífico *adj.* sanguifying
sanguina *s. f.* sanguine; blood-stone, haematite
sanguinação *s. f.* sanguification
sanguinária *s. f.* BOTÂNICA prostrate knotweed
sanguinário *adj.* sanguinary, bloodthirsty, cruel, murderous, bloody; ***tirano sanguinário*** a brutal tyrant
sanguínea *s. f.* red pencil drawing; BOTÂNICA blood-wort; a variety of apple and pear
sanguíneo *adj.* sanguineous, full-blooded; sanguine; blood-coloured; ***vaso sanguíneo*** blood vessel; ***temperamento sanguíneo*** sanguine temperament
sanguinha *s. f.* BOTÂNICA prostrate knotweed; blood-pudding

sanguinhal *s. m.* BOTÂNICA a plantation of dogwood
sanguinho *s. m.* BOTÂNICA dogwood; purificator (a special cloth used after the Eucharist to cleanse the vessels)
sanguinidade *s. f.* consanguinity
sanguino Ⓐ *adj.* sanguine, sanguineous Ⓑ *s. m.* blood-red colour
sanguinolência *s. f.* bloodthirstiness, cruelty, ferocity; quality of being sanguinary, sanguinariness
sanguinolento *adj.* bloody, sanguinary
sanguinoso *adj.* bloody, bloodthirsty
sanguissedento *adj.* bloodthirsty, ferocious, ruthless, murderous
sanguívoro *adj.* sanguivorous
sanha *s. f.* wrath, rage, fury, ire, anger, passion
sanheiro *s. m.* tattler, sandpiper
sanhoso *adj.* angry, enraged, furious, infuriated, wrathful
sanhudo *adj.* furious, raging, infuriated, fierce
sanicar *v. tr.* to agitate; to move; to shake
sanícula *s. f.* BOTÂNICA sanicle
sanidade *s. f.* sanity; soundness, hygiene; healthy condition; sanitation
sanidina *s. f.* MINERALOGIA sanidine
sânie *s. f.* sanies, ichor
sanificação *s. f.* sanification; disinfection
sanificador *adj.* ⇒ **sanificante**
sanificante *adj.* sanitary, improving
sanificar *v. tr.* to sanify, to make wholesome (or sanitary); to improve the sanitary conditions; to clear (slums)
sanioso *adj.* having sanies
sanisca *s. f.* fragment, scrap
saníssimo *adj.* most healthful
sanita *s. f.* lavatory; water closet; toilet
sanitário *adj.* sanitary; medical; hygienic; ***cordão sanitário*** sanitary cordon
sanitarista *s. m. e f.* sanitarian
sanja *s. f.* gutter, drain
sanjaco *s. m.* sanjak
sanjaque *s. m.* ⇒ **sanjaco**
sanjar *v. tr. e intr.* to drain, to make drains (or gutters)
sanjiaco *s. m.* ⇒ **sanjaco**
sanquitar *v. tr.* to sprinkle the dough with flour after kneading
sansadurninho Ⓐ *s. m.* ⌈vulg.⌋ dissembler, hypocrite, pretender Ⓑ *adj.* dissembling, hypocritical
sansão *s. m.* ⌈técn.⌋ kind of powerful crane; a sturdy man, strong man
sanscrítico *adj.* Sanskritic
sanscritismo *s. m.* quality of being Sanskritic
sanscritista *s. m. e f.* Sanskritist
sânscrito *s. m., adj.* Sanskrit, Sanscrit
sanscritologia *s. f.* study of Sanskrit
sanscritólogo *s. m.* ⇒ **sanscritista**
santa Ⓐ *s. f.* saint; powder-magazine; ⌈Bras.⌋ kind of ray Ⓑ *adj.* saint
santa-bárbara *loc. interj.* God help us!
santa-fé *s. f.* a kind of Brazilian grass used for covering huts like straw
Santaláceas *s. f. pl.* BOTÂNICA *Santalaceae* (from santal)
santaláceo *adj.* BOTÂNICA santalaceous (similar to sandalwood)
santalina *s. f.* santalin
santa-luzia *s. f.* ⌈fam.⌋ ferule
santamente *adv.* holily, piously
santanário Ⓐ *adj.* hypocritical, sanctimonious, deceitful Ⓑ *s. m.* bigot, hypocrite
santantoninho *s. m.* ⌈fam.⌋ favourite, pet, apple of the eye
santão *s. m.* hypocrite, bigot, fanatic
santarrão *s. m.* ⇒ **santão**
santeiro Ⓐ *s. m.* image-maker Ⓑ *adj.* devout, sanctimonious
santelmo *s. m.* ***fogo-de-santelmo*** Saint Elmo's fire, corposant
santiamém *s. m.* ⇒ **santiámen**
santiámen *s. m.* moment, instant
santidade *s. f.* holiness, sanctity, sacredness; ***Sua Santidade*** His Holiness
santificação *s. f.* sanctification, sanctifying
santificador Ⓐ *adj.* sanctifying Ⓑ *s. m.* sanctifier
santificante *adj.* sanctifying
santificar *v. tr.* to sanctify, to make holy, to hallow; to purify from sin; to consecrate; to moralize
santificável *adj.* sanctifiable
santigar *v. tr.* to bless; to make the sign of the cross
santimónia *s. f.* sanctimony, sanctimoniousness
santimonial *adj.* sanctimonious; hypocritic
santinho *s. m.* little saint; goody-goody; weakly, sanctimonious person; holy picture; ***santinho de pau carunchoso*** fraud, person who is not as good as he looks; ***parece mesmo um santinho*** he looks as if butter wouldn't melt in his mouth
santíssimo Ⓐ *adj.* most holy Ⓑ *s. m.* the Sacrament; ***o Santíssimo*** the Blessed Sacrament
santo Ⓐ *adj.* saint, saintly, holy, sacred, pure Ⓑ *s. m.* saint; ***o Santo Padre*** the Holy Father, the Pope; ***Santo Deus!*** good heavens!; ***o santo graal*** the holy grail; ***Santo Sepulcro*** Holy Sepulchre; ***Santa Sé*** Apostolic See; ***Espírito Santo*** Holy Ghost, Holy Spirit; ***dia santo*** saint's day; ***sexta-feira santa*** Good Friday; ***semana santa*** Holy Week; ***santo padroeiro*** patron saint; ***Dia de Todos-os-Santos*** All Saints' Day; ***todo o santo dia*** the whole blessed day; ***remédio santo*** good (wonderful) remedy; ***um santo homem*** a very good man; ***de fazer perder a paciência a um santo*** enough to try the patience of a saint; ***fazer cara de santo*** to pull a sanctimonious face; ***santos de casa não fazem milagres*** no one is a prophet in his own country; ***a cada santo a sua vela*** honour to whom honour is due; ***despir um santo para vestir outro*** to rob Peter to pay Paul; ***fazer-se de santo*** to play the saint
santo-e-senha *s. m.* watchword; password, catchword
santola *s. f.* spider-crab
santolina *s. f.* BOTÂNICA lavender-cotton; cotton-weed
santolinha *s. f.* hairy-crab
santonina *s. f.* BOTÂNICA santonica; QUÍMICA santonin
santoral *s. m.* book of sermons; book containing the lives of saints
santório *s. m.* blessing given on All Saints' Day
santoro *s. m.* ⇒ **santório**
santórum *s. m.* ⇒ **santório**
santuário *s. m.* sanctuary, a holy place; shrine; church; refuge
sanzala *s. f.* ⇒ **senzala**
são Ⓐ *adj.* sound, wholesome; healthy, hale; hardy, vigorous, entire, perfect, unimpaired, undecayed, good, undamaged; reliable; logical; judicious, flawless; sane, true, right, honest; saint Ⓑ *s. m.* the sound part, the healthy limb; a sturdy man; ***juízo são*** sound judgement; ***ser são como um pêro*** to be as sound as a bell, to be as fit as a fiddle; ***alimentos sãos*** wholesome food; ***são de espírito*** sane, of sound mind
são-bernardo *s. m.* St. Bernard dog
são-joaneiro *adj.* ⇒ **são-joanino**
são-joanino *adj.* referring to St. John
são-miguel *s. m.* harvest-time
sapa *s. f.* shovel, spade; MILITAR sapping; short woman; ***trabalho de sapa*** underhand work
sapador *s. m.* sapper
sapal *s. m.* toad-hole; marshy place
sapar *v. intr.* to sap, to undermine, to dig a tunnel
saparrão *s. m.* big toad; clumsy man
sapata *s. f.* leathern slipper; ARQUITECTURA bracket, console, overspan; round bit of leather (on the under part of the keys

of musical instruments); NÁUTICA dead-eye; ***levar com a sapata*** to be driven away
sapatada *s. f.* blow with a shoe
sapatadinha *s. f.* light blow with a shoe; a popular game
sapatão *s. m.* large clumsy shoe; wooden shoe
sapataria *s. f.* shoemaker's (shop); trade of a shoemaker
sapateada *s. f.* stamping (of the feet), hooting, hissing
sapateado *s. m.* clog-dancing, tap-dancing
sapatear Ⓐ *v. tr.* to beat time (with the foot); to stamp Ⓑ *v. intr.* to tap-dance
sapateira *s. f.* shoemaker's wife, shoe-closet; ***azeitona sapateira*** olive spoiled in the pickle
sapateiral *adj.* clumsy
sapateiro *s. m.* shoemaker; cobbler; shoeseller
sapateta *s. f.* simple slipper; noise of footsteps
sapatião *s. m.* small Chinese boat
sapatilha *s. f.* slipper, canvas shoes; light shoes
sapatilho *s. m.* NÁUTICA lizard, thimble
sapatinho *s. m.* small shoe, baby's shoe; BOTÂNICA slipper wort
sapato *s. m.* shoe; ***sapatos de tacões altos*** high-heeled shoes; ***sapatos de tacões baixos*** low-heeled shoes; ***o maior tamanho em sapatos*** the biggest size in shoes; ***calçar os sapatos*** to put on one's shoes; ***descalçar os sapatos*** to take off one's shoes; ***sapatos de pelica*** kid shoes; ***sapatos de polimento*** patent-leather shoes; ***sapatos de baile*** dancing shoes, pumps; ***atacadores de sapatos*** shoe-laces; ***dar muito lustro aos sapatos*** to put a good shine on the shoes; ***fazer gato-sapato de*** to make light of, to make sport of; ***andar com a pedra no sapato*** to smell a rat; ***esperar por sapatos de defunto*** to wait for dead men's shoes, to entertain vain hopes
sapatola *s. f.* big shoe; clumsy shoe
sapatorra *s. f.* clumsy shoe; ⇒ **sapatola**
sapatorro *s. m.* clumsy shoe; ⇒ **sapatola**
sape! *interj.* shoo!, away with you!
sapé *s. m.* Gramineae
sapeca *s. f.* old Chinese coin
sapecar Ⓐ *v. tr.* to parch (mate leaves); to scorch (meat for preserving) Ⓑ *v. intr.* to flirt, to court, to woo
sape-gato *s. m.* a child's game
sapeira *s. f.* ⇒ **sapal**; variety of fresh water trout; [pop.] hate
sapeiro *s. m.* kite
sapejar Ⓐ *v. tr.* to scare, to frighten away Ⓑ *v. intr.* to crawl like a toad
sapezal *s. m.* ground abounding with *Gramineae* (sapés)
sapezeiro *s. m.* ⇒ **sapezal**
sápia *s. f.* variety of pine wood
sapidez *s. f.* sapidity
sápido *adj.* sapid, savoury, palatable
sapiência *s. f.* wisdom, learning, knowledge, scholarship; ***oração de sapiência*** inaugural speech (in schools)
sapiencial *adj.* sapiential
sapiente *adj.* wise, learned, scholary
Sapindáceas *s. f. pl. Sapindaceae*
sapindáceo *adj.* soap producer
sapinho *s. m.* small toad; BOTÂNICA chick-weed; *pl.* thrush, aphthae; *pl.* disease on a horse's tongue
sapiranga *s. f.* [Bras.] blepharitis
sapiroca *s. f.* [Bras.] ⇒ **sapiranga**
sapo *s. m.* toad; ***pedra-de-sapo*** toadstone; ***engolir sapos vivos*** to sit back and take it
sapo-concho *s. m.* fresh-water tortoise
sapoila *adj.* indolent; slow
sapoilo *adj.* ⇒ **sapoila**
sapoléu *s. m.* kite
sapo-leve *s. m.* kite; sparrow-hawk
Saponáceas *s. f. pl.* BOTÂNICA soap-plants
saponáceo *adj.* saponaceous
saponária *s. f.* BOTÂNICA soap-wort
saponário *adj.* FARMACOLOGIA remedy or medicine with soap as one of the ingredients
sapónase *s. f.* lipase, fat digesting enzyme
saponificação *s. f.* saponification
saponificar *v. tr.* to saponify
saponificável *adj.* saponifiable
saponiforme *adj.* soaplike
saponina *s. f.* QUÍMICA saponin
saponite *s. f.* MINERALOGIA saponite
sapopema *s. f.* large prop root
saporífero *adj.* saporous
saporífico *adj.* ⇒ **saporífero**
sapota *s. f.* sapota
Sapotáceas *s. f. pl.* BOTÂNICA *Sapotaceae*
sapotáceo *adj.* BOTÂNICA sapotaceous
sapoti *s. m.* sapodilla (tree and fruit), naseberry
sapotilha *s. f.* sapodilla
sapotizeiro *s. m.* ⇒ **sapoti**
saprema *s. f.* [Bras.] stone used as the fulcrum of a lever
sapremar *v. tr.* to work with the lever and saprema
sapremia *s. f.* sapraemia
saprófago Ⓐ *adj.* saprophagous Ⓑ *s. m. pl.* ZOOLOGIA saprophagans
saprófilo *adj.* saprophile
saprofitia *s. f.* saprophytism
saprófito *s. m.* saprophyte
saprogénico *adj.* saprogenic
saprógeno *adj.* ⇒ **saprogénico**
Saprolegniáceas *s. f. pl.* family of saprogenous fungi
saproxilóbio *s. m.* any organism living on rotten wood
saprozóico *adj.* said of the saprophyte animal
sapucaia *s. f.* sapucaia
sapucaieira *s. f.* ⇒ **sapucaia**
sapudo *adj.* thickset, short and stout, stocky
saque *s. m.* COMÉRCIO draft, bill; plundering, pillaging, sack; ***saque bem acolhido*** honoured draft; ***saque mal acolhido*** dishonoured draft; ***saque a longo prazo*** long dated bill; ***saque a curto prazo*** short dated bill; ***saque à vista*** bill (draft) at sight; ***saque a descoberto*** overdraft; ***saque de letra*** drawing
saqué *s. m.* sake, saki
saqueador *s. m.* plunderer, pillager, looter
saquear *v. tr.* to sack, to plunder, to pillage, to loot; to spoil
saqueio *s. m.* plunder, sack, pillage
saqueiro *s. m.* sack-maker; sack-seller
saquete *s. m.* small sack
saquiforme *adj.* ⇒ **saciforme**
saquilhão *s. m.* bundle of branches placed at the plough in such a way as to enlarge the furrow
saquim *s. m.* kosher butcher's knife
saquinho *s. m.* small bag
saquitel *s. m.* small bag; satchel
saquitéu *s. m.* ⇒ **saquitel**
saquito *s. m.* small bag; satchel
sarabanda *s. f.* saraband, reprimand, rebuke; ***passar uma sarabanda*** to talk like a Dutch uncle, to reprimand severely, to give a wigging
sarabandear *v. intr.* to dance the saraband
sarabatana *s. f.* horn; speaking-trumpet, megaphone
sarabulha *s. f.* ⇒ **sarabulho**
sarabulhento *adj.* lumpy, rough; pimpled, blotched
sarabulho *s. m.* roughness (at the surface of earthenware); blotch, pimple
sarabulhoso *adj.* ⇒ **sarabulhento**
saracote *s. m.* ⇒ **saracoteio**
saracoteador *s. m.* waddler, stroller, rambler
saracotear Ⓐ *v. tr.* to waddle Ⓑ *v. refl.* to walk with a rocking motion; to waggle

saracoteio *s. m.* waddle
saracura *s. f.* Brazilian variety of manioc
saragoça *s. f.* brown woollen cloth originated at Saragossa
saragoçano Ⓐ *adj.* relating to Saragossa Ⓑ *s. m.* inhabitant of Saragossa
saraiva *s. f.* hail
saraivada *s. f.* hail-storm, shower of missiles (or questions)
saraivar *v. intr.* to hail; to fall as hail
saraiveiro *s. m.* [pop.] ⇒ **saraivada**
saraivisco *s. m.* hail-storm
saramaganta *s. f.* ⇒ **salamandra**
saramago *s. m.* BOTÂNICA radish, wild radish
saramântiga *s. f.* ⇒ **salamandra**
saramátulo *s. m.* shoot of a stag
saramba *s. m.* [Bras.] a sort of fandango
sarambeque *s. m.* a very gay Negro dance; ⇒ **saramba**
saramenho *s. m.* musk-pear
sarampão *s. m.* attack of measles
sarampelo *s. m.* German measles, rubella
sarampo *s. m.* measles
saramposo *adj.* measled, measly
saranda Ⓐ *s. m. e f.* vagabond Ⓑ *adj.* loafing, rambling
sarandagem *s. f.* vagrancy
sarandalhas *s. f. pl.* chaff; remains
sarandalhos *s. m. pl.* ⇒ **sarandalhas**
sarandear *v. intr.* to rock, to wriggle
sarandilhar *v. intr.* to rock, to wriggle
sarapanel *s. m.* ARQUITECTURA depressed arch
sarapantado *adj.* frightened; ⇒ **assarapantado**
sarapantão *adj.* speckled, spotted
sarapantar *v. tr.* to startle, to frighten, to scare; to astonish
sarapatel *s. m.* haggis; [fig.] confusiori; pell-mell
sarapintadela *s. f.* speckling, spotting
sarapintado *adj.* speckled, spotted, specked, marked with small spots or specks
sarapintar *v. tr.* to speckle, to spot, to speck; to dot; to variegate (with spots)
sarar Ⓐ *v. tr.* to heal, to cure Ⓑ *v. intr.* to recover (from, of); ***sarar uma ferida*** to heal a wound
sarará *s. m. e f.* termite
sarau *s. m.* evening-party; concert, evening musical entertainment; ***sarau recreativo*** social evening
sarça *s. f.* BOTÂNICA bramble, thorn bush; ***sarça ardente*** evergreen thorn, burning bush
sarçal *s. m.* brambly place, bramble thicket
sarcasmo *s. m.* sarcasm; taunt, gibe, mockery; satire; bitter (or wounding) remark
sarcasticamente *adv.* sarcastically
sarcástico *adj.* sarcastic, ironical, biting, taunting, satirical, bitterly mocking, cutting, sardonic
sarcite *s. f.* a flesh-coloured stone; muscular inflammation
sarcocárpico *adj.* sarcocarpic
sarcocárpio *s. m.* sarcocarp
sarcocarpo *s. m.* ⇒ **sarcocárpio**
sarcoderma *s. m.* sarcoderm
sarcódio *s. m.* BIOLOGIA sarcobe
sarcofagia *s. f.* sarcophagy
sarcófago *s. m.* sarcophagus (*plural* sarcophagi)
sarcofila *s. f.* BOTÂNICA the fleshy part of a leaf
sarcóide *adj.* BIOLOGIA sarcoid, fleshlike
sarcoidose *s. f.* chronic skin disease the origin of which is unknown and that causes deep lesion
sarcolema *s. m.* ANATOMIA sarcolemma
sarcolite *s. f.* MINERALOGIA sarcolite
sarcólito *s. m.* MINERALOGIA sarcolite
sarcologia *s. f.* ANATOMIA sarcology
sarcoma *s. f.* PATOLOGIA sarcoma (*plural* sarcomata)
sarcomático *adj.* sarcomatous
sarcomatose *s. f.* PATOLOGIA sarcomatosis
sarcomatoso *adj.* PATOLOGIA sarcomatous
sarcoplasma *s. m.* sarcoplasm
sarcose *s. f.* BOTÂNICA an abnormal formation of bark
sarçoso *adj.* brambly, thorny
sarcospermo *adj.* with fleshy seeds
sarcótico *adj.* sarcous
sarda *s. f.* ICTIOLOGIA horse-mackerel; freckle; *pl.* sporadic sunburn, freckles
sardanisca *s. f.* wall lizard; prudish woman
sardão *s. m.* ZOOLOGIA green lizard
sardento *adj.* freckled
sardinha *s. f.* sardine; ***como sardinha em canastra*** packed like sardines; ***chegar a brasa à sua sardinha*** to bring grist to one's mill, to turn something to one's own advantage; ***sardinhas de conserva*** tinned sardines
sardinheira *s. f.* fisherwoman; net for catching sardines; sardine-seller; BOTÂNICA geranium
sardinheiro Ⓐ *s. m.* sardine-seller; sardine-fisher Ⓑ *adj.* pertaining to sardine-fishing
sárdio *s. m.* sard, variety of cornelian
sardo *s. m., adj.* Sardinian
sardónia *s. f.* BOTÂNICA crowfoot; spear-wort
sardónica *s. f.* sardonyx
sardónico *adj.* sardonic; ironical
sardónio *adj.* ⇒ **sardo**
sardonisca *s. f.* ⇒ **sardanisca**
sardonismo *s. m.* quality of being sardonic, bitterness, scornfulness
sardoso *adj.* ⇒ **sardento**
sargaça *s. f.* BOTÂNICA rock-rose
sargaçal *s. m.* place abounding in sea-weed
sargaceiro *s. m.* sea-weed seller
sargaço *s. m.* BOTÂNICA sargasso, gulf-weed; sea lentil; sea-weed; ***Mar dos Sargaços*** Sargasso Sea
sargento *s. m.* sergeant; ***sargento de marinha (de guerra)*** petty officer; ***sargento-ajudante (de marinha)*** chief petty officer; ***sargento-ajudante (do exército)*** sergeant-major; ***sargento instrutor*** drill sergeant; ***divisas de sargento*** sergeant's stripes
sargo *s. m.* ICTIOLOGIA sargus, sea-bream, sargo
sari *s. m.* saree, sari
sariema *s. f.* ORNITOLOGIA [Bras.] wading bird common in Brazil
sariguê *s. m.* ZOOLOGIA South American opossum
sarigueia *s. f.* ZOOLOGIA South American opossum
sarilhar Ⓐ *v. tr.* to pile, to stack (arms) Ⓑ *v. intr.* to bustle, to hurry about; to move about; to be troublesome
sarilho *s. m.* reel, windle; turn round the horizontal bar; confusion, hubbub, bustle, agitation; ***que sarilho!*** here is a pretty kettle of fish!; ***andar num sarilho*** to be always on the go; ***meter-se em sarilhos*** to get into a mess; MILITAR ***sarilho de armas*** arms stack
sarja *s. f.* serge; CIRURGIA scarification, slight incision
sarjação *s. f.* scarification
sarjado *adj.* serge-like
sarjador *s. m.* scarificator
sarjadura *s. f.* scarification, scarifying
sarjão *s. m.* coarse woollen cloth
sarjar *v. tr.* MEDICINA to scarify (to make superficial incisions in); to cup; to twill (fabric)
sarjeta *s. f.* gutter; thin narrow serge; ***tirar alguém da sarjeta*** to pick someone up from the gutter
Sarmentáceas *s. f. pl.* BOTÂNICA plants of the genus *Vitis*; plants of the vine family
sarmentáceo *adj.* similar (or pertaining) to the vine; sarmentaceous
sarmentício *adj.* BOTÂNICA sarmentose, sarmentous
sarmentífero *adj.* bearing runners

sarmento *s. m.* BOTÂNICA sarment, vine-shoot (or twig)
sarmentoso *adj.* BOTÂNICA sarmentous, sarmentose
sarna Ⓐ *s. f.* itch, scabies Ⓑ *s. m. e f.* a very tiresome person
sarnento *adj.* itchy, scabious
sarnir *v. tr.* [pop.] to plague, to worry, to tease, to annoy
sarnoso *adj.* ⇒ **sarnento**
sarópode *adj.* having hairy paws
sarpar *v. tr. e intr.* to weigh anchor
sarrabiscar *v. tr. e intr.* to scrawl, to scribble
sarrabiscos *s. m. pl.* scrawls, scribbles, scribbling
sarrabulhada *s. f.* confusion, disorder, uproar, hubbub, riot; coagulated blood of a hog, dish made of it
sarrabulho *s. m.* coagulated blood of a hog; dish made of pig's blood, suet, etc; confusion, uproar, riot, hubbub
sarracénia *s. f.* BOTÂNICA sarracenia
Sarraceniáceas *s. f. pl. Sarraceniaceae*
sarraceno *s. m., adj.* Saracen, Arab
sarrafaçador Ⓐ *adj.* botching Ⓑ *s. m.* botcher
sarrafaçadura *s. f.* cutting with a blunt tool, botching
sarrafaçal *s. m.* bungler, botcher, clumsy workman
sarrafaçana *s. m.* scoundrel; ⇒ **sarrafaçal**
sarrafaçar *v. intr.* to botch, to bungle, to carry out work clumsily; to repair badly; to cut with a blunt tool
sarrafão *s. m.* small joist
sarrafar *v. intr.* ⇒ **sarrafaçar**
sarrafo *s. m.* lath, shingle, batten
sarrafusca *s. f.* [pop.] riot, uproar, tumult; squabble, quarrel; disorder; commotion
sarrazina *s. f.* ⇒ **serrazina**
sarreiro *s. m.* dealer in argol
sarrento *adj.* tartarous; MEDICINA furred
sarreta *s. f.* batten
sarrido *s. m.* rattle (in the throat); difficulty in breathing; voice of the elephant
sarro *s. m.* argol, tartar, fur; crust (adhering to surface); fur of a boiler; coating formed on tongue (in sickness); ***sarro da língua*** fur on the tongue
sarronca *s. f.* toad-fish
sarsório *s. m.* ancient mosaic composed of several marbles
sarta *s. f.* shrouds of a ship
sartal *s. m.* string of beads used as ornament
sartório *adj.* ANATOMIA sartorius
saruga *s. f.* beard (particles on the ears of corn)
sassafrás *s. m.* BOTÂNICA sassafras
sassar *v. tr.* ⇒ **peneirar**
Satã *s. m.* ⇒ **Satanás**
Satanás *s. m.* Satan, the Devil
satanicamente *adv.* satanically, diabolically
satânico *adj.* satanic(al)
satanismo *s. m.* satanism, diabolism
satanista *s. m. e f.* satanist
satanizar *v. tr.* to satanize
satélite *s. m.* satellite; attendant, dependent, follower; ***países satélites*** satellite states
satelização *s. f.* action of being a satellite
satilha *s. f.* night-shade, banewort
sátira *s. f.* satire
satirião-bastardo *s. m.* BOTÂNICA satyrium; ⇒ **satirião-macho**
satirião-macho *s. m.* BOTÂNICA orchis
satirião-menor *s. m.* BOTÂNICA ⇒ **satirião-macho**
satiríase *s. f.* MEDICINA satyriasis, priaprism
satiricamente *adv.* satirically
satírico Ⓐ *adj.* satiric, satirical, sarcastic, cynical, ironical, mordacious, biting Ⓑ *s. m.* satirist; ***poema satírico*** satiric(al) poem, satire; ***estilo satírico*** satiric style; ***poeta satírico*** satiric poet, satirist, lampooner
satírio-bastardo *s. m.* ⇒ **satirião-bastardo**
satírio-macho *s. m.* ⇒ **satirião-macho**
satírio-menor *s. m.* ⇒ **satirião-macho**
satirizar *v. tr.* to satirize, to lampoon; to ridicule, to censure, to attack (by means of satire)
sátiro *s. m.* satyr, a lecherous man; ZOOLOGIA satyr (a butterfly); ZOOLOGIA orang-utan, orang-outang
satiromania *s. f.* ⇒ **satiríase**
satisdação *s. f.* bail, security
satisdar *v. intr.* to bail, to give security
satisfação *s. f.* satisfaction, gratification, contentment, content; pleasure; amends, reparation; RELIGIÃO atonement; ***ter satisfação em*** to find satisfaction in, to be delighted to; ***dá-me muita satisfação*** it makes me proud; ***com satisfação de*** to one's satisfaction; ***exprimir a sua satisfação*** to express one's satisfaction at (with); ***é uma satisfação saber que ...*** it is a satisfaction to know that...; ***pedir uma satisfação*** to demand satisfaction; ***dar satisfações*** to explain oneself; ***dar uma satisfação*** to offer an apology; ***ter de pedir satisfações a alguém*** to have a bone to pick with someone; ***dar satisfação a uma queixa*** to settle a complaint
satisfatoriamente *adv.* satisfactorily
satisfatório *adj.* satisfactory, agreeable, sufficient; compensating; RELIGIÃO atoning
satisfazer Ⓐ *v. tr.* to satisfy, to gratify, to please, to content; to satiate; to fulfil, to discharge, to perform, to observe fully; to pay in full (a debt), to give satisfaction; to persuade, to convince; to set right (a fault); to compensate, to make amends for; to be sufficient for Ⓑ *v. refl.* to be satisfied, to satisfy oneself; ***satisfazer um desejo*** to satisfy a wish; ***satisfazer um apetite*** to satisfy a craving; ***satisfazer inteiramente*** to satisfy fully; ***satisfazer um pedido*** to comply with a request; ***satisfazer uma dívida*** to meet a debt, to pay a debt; ***satisfazer uma reclamação*** to discharge a claim; ***nada o satisfaz*** nothing satisfies him; ***satisfazer as exigências*** to fulfil the requirements; ***satisfazer os seus compromissos*** to comply with one's engagements; ***satisfazer a fome*** to appease hunger
satisfeito *adj.* satisfied; pleased, glad, content; gratified; satiated, satiate, sated; ***dar-se por satisfeito*** to pronounce oneself satisfied; ***mostrar-se satisfeito*** to show satisfaction, to seem pleased; ***satisfeito com o bom resultado*** pleased with the good result; ***satisfeito com o procedimento de*** satisfied with the conduct of
sativo *adj.* BOTÂNICA sative (sown or planted)
sátrapa *s. m.* satrap
satrapear *v. intr.* to play the satrap
satrapia *s. f.* satrapy, province, or government ruled by a satrap; governorship of a satrap
satrapismo *s. m.* authority and modes of a satrap
saturabilidade *s. f.* QUÍMICA saturability
saturação *s. f.* QUÍMICA saturation
saturado *adj.* saturated; full, replete; sick and tired; weary
saturador *s. m.* QUÍMICA saturator
saturagem *s. f.* BOTÂNICA sweet basil
saturante *adj.* QUÍMICA saturant, saturating; tedious, tiresome
saturar Ⓐ *v. tr.* QUÍMICA to saturate, to soak thoroughly, to drench, to imbue, to impregnate; to fill with moisture, to steep; to satiate, to sate, to surfeit Ⓑ *v. refl.* to become satiated; to saturate oneself in
saturável *adj.* QUÍMICA saturable
Saturnais *s. f. pl.* saturnalia, orgy, bout of noisy riot and revelry; ancient Roman festival of Saturn
saturnal *adj.* Saturnal
saturniano *s. m., adj.* Saturnian
saturnino *adj.* Saturnian, saturnine
satúrnio *adj.* ⇒ **saturnino**
saturnismo *s. m.* MEDICINA saturnism, lead-poisoning
saturno *s. m.* ASTRONOMIA Saturn; QUÍMICA lead (metal)
saúco *s. m.* the hollow of a horse's hoof

saudação *s. f.* salutation, greeting, welcoming, welcome; ***com as minhas saudações*** with my compliments
saudade *s. f.* longing; yearning; nostalgia, homesickness; BOTÂNICA scabiosa; ***ter saudades da sua terra (da pátria)*** to be homesick; ***matar saudades*** to cheer oneself by the sight of someone or something one longs for; ***dê-lhe saudades minhas*** remember me to him; ***tenho muitas saudades dele*** I long to see him, I miss him very much; ***deixou muitas saudades a todos*** his going away was regretted by all, everybody misses him
saudador Ⓐ *s. m.* saluter Ⓑ *adj.* saluting
saudar Ⓐ *v. tr.* to salute, to greet, to welcome Ⓑ *v. refl.* to salute (or) to greet each other
saudável *adj.* healthy, sound, wholesome, healthful, salutary, bracing, beneficial; ***um sítio saudável*** a healthy place; ***clima saudável*** healthy climate; ***criança saudável*** healthy child; ***leva uma vida saudável*** he leads a healthy life
saudavelmente *adv.* healthily
saúde *s. f.* health, soundness, healthiness, wholesomeness; [fam.] ***estar perfeitamente bem de saúde*** to be in good health, to be as fit as a fiddle, to be in the pink (of health); ***ter pouca saúde*** to suffer from ill-health; ***ter a saúde abalada*** to be in failing health; ***apesar do seu precário estado de saúde está sempre alegre*** in spite of ill-health he is always gay; ***arruinei a minha saúde por trabalhar demais*** I wrecked my health by working too much; ***por falta de saúde*** owing to poor health; ***saúde de corpo e espírito*** health of body and mind; ***saúde pública*** public health; ***a luz do sol e as brisas do mar dão saúde*** there is health in the sea-breezes and sunshine; ***a saúde é um bem precioso*** good health is a great asset; ***a saúde é a maior riqueza*** health is the greatest treasure; ***vender saúde*** to be the picture of health; ***saúde e felicidades*** more power to your elbow; ***beber à saúde de alguém*** to drink someone's health, to toast; ***fazer uma saúde*** to propose a toast; ***à sua saúde!*** (to) your health!, cheers!; ***casa de saúde*** nursing-home; ***Junta de Saúde*** Board of Health, Medical Board
saudosamente *adv.* longingly
saudosismo *s. m.* doctrine of a group of symbolic character that in the beginning of this century defended the doctrine of longing for the good old days in poetry and philosophy
saudosista *s. m. e f.* defender of saudosismo
saudoso *adj.* longing; yearning; heart-felt, nostalgic
sauna *s. f.* sauna; ***fazer sauna*** to take a sauna
sáurio Ⓐ *s. m., adj.* ZOOLOGIA saurian Ⓑ *s. m. pl.* sauria; lizards, crocodile
saurófago *adj.* ZOOLOGIA saurophagous (feeding on sauria)
saurografia *s. f.* ZOOLOGIA saurography; description of sauria
saurográfico *adj.* ZOOLOGIA saurographic
saurógrafo *s. m.* ZOOLOGIA saurographer
saurologia *s. f.* ZOOLOGIA saurology (description of lizards and crocodiles)
saurológico *adj.* saurologic
saurologista *s. m. e f.* saurologist, student of sauria
saurólogo *s. m.* saurologist, student of sauria
saussurite *s. f.* MINERALOGIA saussurite
sautor *s. m.* a figure resembling St. Andrew's cross
saúva *s. f.* [Bras.] sauba ant, leaf-cutting ant
savacu *s. m.* black-crowned night heron
saval *s. m.* kind of fishing net for shad
savana *s. f.* savannah, prairie, treeless plain
savarim *s. m.* kind of pudding owing its name to the gastronome Brillat-Savarin
saveiro *s. m.* long and narrow river fishing boat; fisherman using this boat
sável *s. m.* ZOOLOGIA shad
savelha *s. f.* small shad
saxão Ⓐ *s. m.* Saxon; member, language of a Teutonic people Ⓑ *adj.* Saxon, connected with the Saxons
saxátil *adj.* BOTÂNICA, ZOOLOGIA saxatile
saxícola *adj.* BOTÂNICA, ZOOLOGIA ⇒ **saxátil**
saxífraga *s. f.* BOTÂNICA saxifrage; ***saxífraga do reino*** a sort of pimpernel
Saxifragáceas *s. f. pl.* BOTÂNICA *Saxifragaceae*
saxifragáceo *adj.* saxifragaceous
saxífrago *adj.* stone-breaking
saxígeno *adj.* saxigenous, producing (coral) rocks or reefs
saxofone *s. m.* saxophone
saxofonista *s. m. e f.* saxophone player
saxónio Ⓐ *s. m.* Saxon (an inhabitant of Saxony) Ⓑ *adj.* Saxon
saxoso *adj.* stony
saxotromba *s. f.* MÚSICA ⇒ **saxotrompa**
saxotrompa *s. f.* MÚSICA horn, sax-horn, sax-cornet, sax-tuba
sazão *s. f.* season; time, proper time, opportunity; ***sem sazão*** out of season; ***em sazão*** at the proper time
sazoamento *s. m.* ⇒ **sazonação**
sazoar *v. tr.* to season, to mature, to ripen
sazonação *s. f.* maturity, maturation, ripening
sazonado *adj.* seasoned, ripe, mature; pondered; experienced
sazonador *adj.* seasoning
sazonal *adj.* seasonal
sazonamento *s. m.* ⇒ **sazonação**
sazonar *v. tr.* to season, to mature, to ripen; to bring to maturity, to reach full development
sazonável *adj.* seasonable
se Ⓐ *pron. refl.* himself; herself; itself; oneself; yourself; yourselves; themselves; each other; one another Ⓑ *pron. indef.* one; we; you; they; men; people Ⓒ *conj.* if, whether, in case that, provided that; ***o petiz veste-se de manhã*** the little boy dresses himself in the morning; ***sirva-se de pão*** help yourself to bread; ***as crianças serviram-se de fruta*** the children helped themselves to some fruit; ***diz-se*** it is said, they say; ***não se pode acreditar em tudo o que se diz*** one must not believe all that is said, you ought not to believe everything that is said; ***deve-se cuidar da saúde*** one must take care of one's health; ***vêem-se os defeitos dos outros mais depressa do que os nossos próprios*** one sees other people's faults more readily than one's own; ***que se vai fazer aqui?*** what are they going to do here?; ***ama-se hoje o que se aborrece amanhã*** we love today what we hate tomorrow; ***nunca se sabe ao certo o que está para acontecer*** you never can tell what will happen; ***devia dizer-se sempre a verdade*** one should always tell the truth; ***não sei se chove ou não*** I don't know whether it is raining or not; ***se eu fosse tu*** if I were you; ***como se*** as if, as though; ***se quiseres vamos lá*** if you like we shall go there; ***não sei se ele está aqui*** I don't know if he is here; ***perguntou se estavas em casa*** he asked if you were at home; ***se não*** if not; ***se bem que*** though; ***se chovesse*** if it should rain; ***diga-me se é verdade*** tell me if it is true; ***se o tempo o permitir*** weather permitting
sé *s. f.* see, cathedral; ***a Santa Sé*** the Holy See
seara *s. f.* corn-field, corn-land, wheat-field, harvest-field; harvest
seareiro *s. m.* tiller, small farmer
seba *s. f.* BOTÂNICA sea-wrack; marine vegetation cast up on the shore; manure for vineyards; sea weeds left by the sea at the seaside
sebáceo *adj.* sebaceous, fatty, greasy; ***glândulas sebáceas*** sebaceous glands
sebácico *adj.* QUÍMICA sebacic; ***ácido sebácico*** sebacic acid
sebada *s. f.* hedge, hedgerow
sebastianismo *s. m.* Sebastianism (belief in the return of D. Sebastião from Africa)
sebastianista *s. m. e f.* Sebastianist
sebastião *s. m.* simpleton, fool
sebastro *s. m.* coloured strip on the priest's vestments

sebato *s. m.* QUÍMICA sebate
sebe *s. f.* hedge, fence; ***sebe viva*** quickset hedge
sebeiro *s. m.* tallow seller
sebenta *s. f.* notes taken from lectures and then typed and made in form of a book for university students
sebentão Ⓐ *adj.* dirty, greasy, sebaceous Ⓑ *s. m.* a dirty, greasy, careless fellow
sebenteiro *s. m.* student who writes, studies, or duplicates lecture-notes
sebentice *s. f.* dirtiness, filthiness, greasiness, oiliness
sebento Ⓐ *adj.* dirty, filthy; greasy, oily, tallowy, unctuous Ⓑ *s. m.* a dirty fellow
sebesta *s. f.* BOTÂNICA sebesten
sebesteira *s. f.* sebesten-tree
sebesteiro *s. m.* sebesten-tree
sebipira *s. f.* locust (tree)
sebo *s. m.* suet, tallow, fat, grease
seborreia *s. f.* MEDICINA seborrhoea
seborreico *adj.* MEDICINA seborrhoeic
seboso *adj.* suety, tallow, tallowish, greasy, oily
seca Ⓐ *s. f.* drying, hanging up to dry; [fig.] bore, annoyance; dryness, drought, spell of dry weather Ⓑ *s. m. e f.* a tiresome person
secação *s. f.* dryness, drought, drying-up
secadal *s. m.* waste; barren land
secadeira *s. f.* drier, dryer
secadio *s. m.* ⇒ **secadal**
secadoiro *s. m.* ⇒ **secadouro**
secador *s. m.* dryer, desiccator; ***secador (de cabelo)*** hot air apparatus, hair dryer
secadouro *s. m.* drying-place, drying-house, drying-room
secagem *s. f.* drying; seasoning (of wood)
secamente *adv.* dryly; coldly; uninterestedly; indifferently
secância *s. f.* secancy
secante Ⓐ *adj.* drying; [fig.] boring, tedious, wearisome Ⓑ *s. f.* GEOMETRIA secant Ⓒ *s. m.* siccative, dryer, drying
secar Ⓐ *v. tr.* to dry, to drain, to exsiccate, to desiccate; to season (wood); to parch Ⓑ *v. intr.* to cease to yield water; to become dry; to grow dry Ⓒ *v. refl.* to pine away, to waste away; to wither, to fade; ***o sol secou o trigo*** the sun has parched the corn; ***secar a roupa ao sol*** to dry the clothes in the sun; ***o relvado seca depressa com o vento*** the lawn will soon dry in the wind; ***o poço secou*** the well has gone dry, the well is dry
secarrão *adj.* [pop.] very dry
secativo *s. m., adj.* a siccative substance; siccative
secatória *s. f.* shears
secatório *adj.* ⇒ **secativo**
secatura *s. f.* ⇒ **seca**
secção *s. f.* section, separation; part cut off; portion; division, subdivision; GEOMETRIA section, intersection; ARQUITECTURA section of a building; section, division, department; ***secção transversal do navio*** frame section (station) of ship; ***secção de contabilidade*** accounts department
seccional *adj.* sectional
seccionamento *s. m.* ELECTRICIDADE section-gap
seccionar *v. intr.* to divide into sections
secernente *adj.* secernent
secessão *s. f.* secession, seceding
secesso *s. m.* retreat, retirement, secess
sécia *s. f.* BOTÂNICA China aster; fine lady, belle, coquette
sécio Ⓐ *adj.* coquettish Ⓑ *s. m.* dandy
seco Ⓐ *adj.* dry, parched, dried up; thirsty; arid, barren; dry, meagre; tedious, uninteresting, tiresome; uncommunicative, taciturn; insensitive, indifferent Ⓑ *s. m.* shoal; *pl.* dry provisions; ***seco como uma palha*** as dry as a bone; ***tosse seca*** dry cough; ***doca seca*** dry dock; ***ama seca*** dry nurse; ***tempo seco*** dry weather; ***terreno seco*** thirsty soil; ***pão seco*** stale bread; ***homem seco*** a man of few words; ***soldada a seco*** wages without board; ***engolir em seco*** to swallow the pill; NÁUTICA ***dar em seco*** to ground; ***em seco*** aground, dry; ***seco (onde não chega a maré)*** high and dry, out of the water
secreção *s. f.* secretion, secreting
secreta *s. f.* RELIGIÃO private examination preceding the graduation of licentiates, silent prayer; secret police; [pop.] latrine, privy
secretamente *adv.* secretly, in secret, privately, covertly
secretaria *s. f.* general office; department; (in barracks) orderly room
secretária *s. f.* woman secretary, writing-desk, secretaire
secretariado *s. m.* secretariate, secretaryship; secretarial staff; secretary's department
secretarial *adj.* secretarial
secretariar *v. tr.* to act as secretary
secretário *s. m.* secretary; ***secretário particular*** private secretary; ***secretário da Câmara*** town clerk
secretário-geral *s. m.* secretary-general
secretício *adj.* excreted
secreto Ⓐ *adj.* secret, private; hidden, covert, concealed, mysterious, occult; remote, retired, secluded; inscrutable Ⓑ *adv.* in secret Ⓒ *s. m.* secret, secrecy; ***um tratado secreto*** a secret treaty; ***comércio secreto de drogas*** secret traffic in drugs; ***o mais secreto*** the innermost; ***porta secreta*** concealed-door, jib-door
secretor *s. m., adj.* secretory
secretório *adj.* secretory, secreting
sectante *adj.* cutting
sectário Ⓐ *adj.* sectarian Ⓑ *s. m.* sectarian; adherent, partyist
sectarismo *s. m.* sectarianism
sectarista *s. m., adj.* ⇒ **sectário**
séctil *adj.* sectile
sector *s. m.* GEOMETRIA sector; MILITAR sector, a section (or division) of a fortified line
sectorial *adj.* sector-based; partial
sectório Ⓐ *adj.* sectorial, cutting Ⓑ *s. m.* premolar teeth
sectura *s. f.* cutting of medical substances into small pieces
secular Ⓐ *adj.* secular, lay, temporal, worldly; century-old Ⓑ *s. m.* layman; ***o clero secular*** the secular clergy
secularidade *s. f.* secularity
secularismo *s. m.* secularism
secularista Ⓐ *adj.* secularistic Ⓑ *s. m. e f.* secularist
secularização *s. f.* secularization
secularizar *v. tr. e refl.* to secularize
secularmente *adv.* secularly
seculo *s. m.* any of the individuals belonging to the council of the chief of a tribe (Africa), sakulu, councillor, counsellor
século *s. m.* century, age, long period; the world; ***durante muitos séculos*** for ages; ***de século em século*** from age to age; ***há séculos que não o vejo*** I have not seen him for ages; ***pelos séculos dos séculos*** to all eternity, for ever and ever
secundano *s. m.* a Roman soldier
secundar *v. tr.* to second, to support, to back up; to assist, to aid; to repeat an act; ***secundar os esforços de alguém*** to second someone's efforts
secundariamente *adv.* secondarily
secundário *adj.* secondary; subordinate, minor, inferior, unimportant; ***escola secundária*** secondary school; ***importância secundária*** secondary importance; ***desempenhar um papel secundário*** to play second fiddle; ***pessoa secundária*** secondary person
secundina *s. f.* BOTÂNICA secundine; *pl.* MEDICINA secundine, secundines, afterbirth
secundogénito *s. m.* the second son
secura *s. f.* dryness, thirst; roughness (of temper); indifference, insentiveness
secure *s. f.* small axe, hatchet

securiforme *adj.* securiform
seda *s. f.* silk; ***seda crua*** raw silk, floss; ***seda artificial*** artificial silk; ***seda furta-cores*** shot silk; ***seda ondeada*** watered-silk; ***seda lavrada*** figured-silk; ***seda japonesa*** Jap silk; ***artigos de seda*** silk goods; ***vestido de seda*** silk dress
sedação *s. f.* mitigation, allaying; allayment
sedaceiro *s. m.* kite (bird)
sedaço *s. m.* coarse silk
sedalha *s. f.* fishing-line
sedalina *s. f.* fabric imitating silk
sedante *adj.* sedative
sedar *v. tr.* to assuage, to allay (pain or irritation), to soothe; to hackle, to dress flax
sedativo Ⓐ *adj.* sedative, soothing Ⓑ *s. m.* MEDICINA sedative drug
sede[1] *s. f.* seat, headquarters; ***sede social*** head-office; ***sede do distrito*** chief town, country-town; ***a sede do governo*** the seat of government; ***sede da associação comercial*** commercial trade-hall; ***sede de um clube*** club-house
sede[2] *s. f.* thirst, thirstiness; craving, ardent desire; dryness; ***matar a sede*** to quench one's thirst; ***morrer de sede*** to be dying with thirst, to be parched with thirst; ***ter sede*** to be thirsty; ***far-lhe-á sede*** it will make you thirsty; ***causar sede a*** to make one thirsty, to cause thirst to
sedeado *adj.* polished (with a silk brush)
sedear *v. tr.* to polish (with a silk brush)
sedeiro *s. m.* hackle, flax-comb
sedela *s. f.* fishing-line used to attach the hooks
sedenho *s. m.* CIRURGIA seton, fontanel
sedentariamente *adv.* sedentarily
sedentariedade *s. f.* sedentariness
sedentário *adj.* sedentary; ***vida sedentária*** sedentary life
sedentarismo *s. m.* sedentary habits
sedente *adj.* thirsty, desiring to drink, parched; eager, desirous
sedento *adj.* thirsty, desiring to drink, parched; eager, desirous; ***sedento de prazer*** pleasure-seeking
sedeúdo *adj.* silky; hairy
sediado *adj.* based; centered; positioned; stationed; founded
sediar *v. tr.* to base; to position; to station
sedição *s. f.* sedition, riot, public commotion, tumult, mutiny, rising, revolt
sediciosamente *adv.* seditiously
sedicioso *adj.* seditious, insurgent
sediela *s. f.* ⇒ **sedela**
sedígero *adj.* that produces silk
sedilúvio *s. m.* ⇒ **semicúpio**
sedimentação *s. f.* sedimentation
sedimentar Ⓐ *v. tr.* to form sediment, to settle Ⓑ *adj.* sedimentary
sedimentário *adj.* sedimentary
sedimento *s. m.* sediment, dregs, lees; settlings; silt
sedimentologia *s. f.* sedimentology
sedimentoso *adj.* sedimentary, dreggy; silty, muddy
sedonho *s. m.* a disease of hogs (characterized by the growth of bristles in the throat)
sedoso *adj.* silky
sedução *s. f.* seduction, seducement, charm, allurement
sédulo *adj.* sedulous, diligent; solicitous, constant, assiduous
sedutor Ⓐ *adj.* seductive, seducing, alluring, charming, winning, enticing, tempting, captivating Ⓑ *s. m.* seducer, enticer; ***sorriso sedutor*** a seductive smile
seduzimento *s. m.* seduction
seduzir *v. tr.* to seduce; to corrupt, to deprave, to lead astray, to entice away (from virtue and good conduct); to mislead; to deceive; to decoy, to inveigle; to attract, to allure, to charm
seduzível *adj.* seducible
sefia *s. f.* kind of sargus
sega *s. f.* mowing, harvest, harvest-time; coulter, cutter of a plough
segada *s. f.* mowing; harvest-time
segadeira *s. f.* scythe; mowing-machine; grass-cutter, harvester (machine)
segadoiro *adj.* ⇒ **segadouro**
segador *s. m.* mower; reaper, harvester
segadouro *adj.* ripe; ready for harvest
segadura *s. f.* mowing
segão *s. m.* ploughshare
segar *v. tr.* to mow, to cut, to reap, to harvest
sege *s. f.* two-wheeled chaise
segeiro *s. m.* coach-maker; driver of a coach
segetal *adj.* related to a cornfield
segmentação *s. f.* segmentation; BIOLOGIA ***segmentação do ovo*** cleavage, segmentation
segmentar Ⓐ *v. tr.* to segment, to divide, to cut into segments Ⓑ *v. refl.* to split up, to become divided into segments; to undergo segmentation
segmentário *adj.* segmental, segmentary
segmento *s. m.* segment; GEOMETRIA a part cut off from any figure by a line (or plane); BIOLOGIA a cell formed by cleavage (or segmentation); ***segmento de um círculo*** segment of a circle
segnícia *s. f.* indolence, negligence
segnície *s. f.* ⇒ **segnícia**
segredar Ⓐ *v. tr. e intr.* to whisper, to speak in a low voice Ⓑ *v. tr.* to insinuate
segredeiro *adj.* secret-teller
segredinho *s. m.* whisper; little secret
segredismo *s. m.* secrecy; whisper
segredista Ⓐ *adj.* whispering Ⓑ *s. m. e f.* secret-telling; secret-keeping; whisperer, tale-bearer, telltale
segredo *s. m.* secret, secrecy, close confinement; secretiveness; seclusion; secret place; privacy; confidence; ***em segredo*** in secret, under the rose; ***agir em segredo*** to act with secrecy; ***falar em segredo*** to speak under the rose; ***estar no segredo*** to be in the secret, to be in the know; ***guardar segredo*** to keep a secret, to keep a thing dark; ***não se pode guardar segredo disso*** there can be no secrecy about it; ***arrancar um segredo a alguém*** to export a secret from someone; ***estar no segredo dos deuses*** to be in the lap of the gods; [fam.] ***revelar um segredo*** to let the cat out of the bag, to betray a secret, to spill the beans; ***dizer um segredo (com malícia)*** to tell tales out of school; ***segredo de abelha*** stage whisper; ***segredo de estado*** state secret; ***segredo muito importante*** top secret
segregação *s. f.* segregation, separation; secretion, secreting
segregar *v. tr.* to segregate, to cut off, to separate, to set apart, to isolate; to secrete
segregatício *adj.* related to segregation
segregativo *adj.* segregative; GRAMÁTICA partitive
segrel *s. m.* troubadour, jester
seguida *s. f.* following, continuation, sequence; ***em seguida*** afterwards, then, after that
seguidamente *adv.* consecutively, without a break, following on, continuously
seguidilha *s. f.* seguidilla
seguidilheiro *s. m.* seguidilla dancer
seguido *adj.* followed, continuous, unbroken, continued, uninterrupted; connected; running; ***três dias seguidos*** three days running
seguidor *s. m.* follower
seguimento *s. m.* following, pursuance, continuation; NÁUTICA head, headway, way; ***ir em seguimento de*** to follow, to pursue; NÁUTICA ***seguimento a ré*** stern way
seguinte *adj.* following, next, after, subsequent; ***o capítulo seguinte*** the next chapter; ***o dia seguinte*** the next day, the day after
seguintemente *adv.* consecutively; therefore, then

seguir Ⓐ *v. tr.* to follow; to come after, to go after; to pursue, to chase; to carry on, to carry through (to a conclusion); to observe; to watch; to understand; to copy, to imitate; to attend, to accompany Ⓑ *v. intr.* to proceed, to go ahead; to continue; to issue, to succeed; to result; to follow up, to come after or later, to ensue; to occur, to take place; ***seguir alguém*** to follow (after) someone; ***seguir a sua própria opinião*** to go one's own way; ***seguir o seu caminho*** to continue on one's way; ***seguir caminho*** to be on the way; ***seguir a carreira de actor*** to go on the stage; ***seguir a vida do mar*** to go to sea; ***seguir o exemplo*** to follow the example, to take example by; ***seguir o conselho*** to follow the advice; ***seguir as pisadas de*** to follow in the footsteps of; ***seguir sempre o mesmo método (de vida, trabalho, etc.)*** to get into a rut; ***seguir (alguém) de perto*** to follow on the heels of someone, to pursue someone closely; ***seguir alguém*** to pursue (someone) closely; ***seguir os cães de caça*** to ride to hounds; ***seguir por mau caminho*** to be on the wrong track; ***segue-se que*** the result is that, it follows that; ***seguir a direito*** to follow one's nose, to go straight on; ***seguir viagem*** to pursue one's journey; ***seguir para o mar*** to put to sea; ***que se segue?*** what next?; ***a palavra que se segue*** the next word; ***quem se segue?*** who is next?; ***seguir um programa*** to follow a plan; ***as coisas devem seguir o seu curso natural*** things must run their course; NÁUTICA ***seguir avante*** to go forward, to shoot ahead; ***seguir com pouco pano*** to keep under easy sail

segunda *s. f.* TIPOGRAFIA second proofsheet; secondly, in the second place; MÚSICA second

segunda-feira *s. f.* Monday

segundanista *s. m. e f.* second-year student (at the University)

segundo Ⓐ *num. ord.* second Ⓑ *adj.* next, secondary; [fig.] alike, similar Ⓒ *s. m.* second Ⓓ *prep.* according to Ⓔ *adv.* secondly, in the second place; ***comprar em segunda mão*** to buy second-hand; ***segundo capítulo de um livro*** second chapter of a book; ***segundo andar*** second floor; ***em segundo lugar*** in the second place, secondly; ***segunda via de letra*** second of exchange; ***de segunda ordem*** second-rate; ***passageiro de segunda classe*** second-class passenger; ***ele foi o segundo a chegar*** he was the second to come (to arrive); ***segundo a amostra*** according to sample; ***segundo o aviso de*** as per advice of; ***segundo o nosso uso*** in conformity with our usual custom; ***segundo a tarifa*** as per tariff; ***segundo as ordens de*** according to the orders of

segundogénito *s. m.* the second son

segundo-piloto *s. m.* second mate, second pilot

segundo-tenente *s. m.* second lieutenant

segura *s. f.* cooper's adze (adz)

seguração *s. f.* safety, security

segurado *s. m.* the insured, policy holder

segurador *s. m.* insurer, underwriter; ***segurador de cartas*** letter file; ***segurador marítimo*** underwriter; ***companhia seguradora*** insurance company

seguramente *adv.* surely, certainly; safely; securely

segurança *s. f.* safety, safeguard; security; certainty, assurance; pledge, guarantee; ***em segurança*** out of harm's way, in safety; ***estar em segurança*** to be secure; ***cofre de segurança*** safe, strong box; ***pode dizer-se com segurança*** it is safe to say; ***alfinete de segurança*** safety pin; TEATRO ***cortina de segurança*** safety curtain; ***fecho de segurança*** safety catch; ***segurança social*** social security

segurar Ⓐ *v. tr.* to insure, to underwrite; to secure; to make safe (or secure); to guard, to protect; to fasten; to bind, to cling, to hold, to seize; to assure; to make firm Ⓑ *v. refl.* to secure oneself; to steady oneself; ***segurar com alfinetes*** to pin up; ***segura bem!*** hold tight!; ***segurar com força*** to hold firmly; ***segurar bem*** to keep tight hold on; ***segurar a vida*** to insure one's life; ***segurar propriedade contra incêndio*** to insure one's property against fire; ***segurar contra acidentes*** to insure against accidents; ***segurar contra os riscos de guerra*** to insure against war risks; ***segurar contra os riscos aéreos*** to insure against air risks; ***segurar contra todos os riscos*** to insure against all risks; ***o meu chapéu não se segura*** my hat won't stay on

segure *s. f.* ⇒ **secure, segura**

segurelha *s. f.* BOTÂNICA savory

segureza *s. f.* safety, security; assurance

seguridade *s. f.* safety, security; assurance

seguro Ⓐ *adj.* safe, secure, secured, protected, sheltered; reliable, sure, trustworthy; firm, steady; settled; cautious, prudent Ⓑ *s. m.* insurance; protection; ***fazer um seguro*** to take out an insurance; ***seguro de vida*** life insurance; ***apólice de seguro*** insurance policy; ***seguro contra incêndio*** fire insurance; ***seguro marítimo*** marine insurance; ***seguro por menos valor*** underinsured; ***seguro por mais do valor*** overinsured; ***seguro por tempo limitado*** time insurance; ***seguro de ida*** insurance out; ***seguro de volta*** insurance home; ***estorno de seguro*** return insurance; ***seguro de ida e volta*** insurance out and home; ***seguro contra acidentes*** accident insurance; ***seguro contra os riscos de guerra*** insurance against war risks; ***seguro contra os riscos aéreos*** insurance against air risks; ***companhia de seguros*** insurance company; ***corretor de seguros*** insurance broker; ***anular um seguro*** to cancel an insurance; ***tempo seguro*** settled weather; ***o seguro morreu de velho*** prevention is better than cure, to be always on the safe side; ***um lugar seguro*** a safe place; ***agora estamos seguros*** now we are safe; ***ela é pessoa segura*** she is a reliable person; ***ir pelo seguro*** to make assurance double sure; ***pode estar seguro disso*** you can gamble on that, you may be sure of that

seiça *s. f.* BOTÂNICA willow

seiçal *s. m.* plantation of willow-trees

seice *s. m.* willow; ⇒ **salgueiro**

seiceiro *s. m.* willow; ⇒ **salgueiro**

seima *s. f.* ⇒ **garoupa**

seio *s. m.* breast; sinuosity, bend; core, pith, heart, bosom; ***no seio de*** among, in the midst of; ***no seio da família*** in the bosom of one's family; NÁUTICA ***seio de cabo*** bight (coil) of a rope

seira *s. f.* wicker basket; frail

seirão *s. m.* big basket

seis *num. card., s. m.* six; TIPOGRAFIA ***o corpo seis*** nonpareil; ***o dia seis*** the sixth; ***o seis de espadas*** the six of spades; ***seis contra um*** six to one

seiscentésimo *num. ord.* sixhundreth

seiscentismo *s. m.* literary school (or style) of the 17th century writers

seiscentista Ⓐ *adj.* concerning the 17th century Ⓑ *s. m. e f.* a 17th century writer

seiscentos *num. card.* six hundred

seiscentos-e-seis *s. m.* salvarsan

seisdobro *s. m.* sextuple; sixfold amount

seita *s. f.* sect; party, faction; denomination

seitoira *s. f.* ⇒ **seitoura**

seitoura *s. f.* scythe

seiva *s. f.* sap, vigour, force, spirit; ***a seiva da mocidade*** the sap of youth

seivoso *adj.* BOTÂNICA sappy, juicy; [fig.] young, vigorous

seixagal *s. m.* ⇒ **seixal**

seixal *s. m.* place full of pebbles

seixebra *s. f.* BOTÂNICA wood-sage

seixo *s. m.* pebble

seixoeira *s. f.* ORNITOLOGIA king fisher, halcyon

seixoso *adj.* pebbly

seja! *interj.* be it; ***seja como for*** be that as it may

sela *s. f.* saddle; ***arção de sela*** pommel of a saddle; ***sela para senhoras*** pillion

seláceo *adj.* ⇒ **seláquio**

selada *s. f.* saddleback, a saddle-shaped hill

selado *adj.* saddled (a horse); sealed (a letter, etc.); stamped; ***papel selado*** stamped paper; ***está selado*** it is under seal; ***firmado e selado por*** under the hand and seal of
seladoiro *s. m.* part of a horse's back where the saddle is placed
selador *s. m.* sealer; saddler
seladouro *s. m.* ⇒ **seladoiro**
seladura *s. f.* saddling
selagão *s. m.* kind of saddle
selagem *s. f.* sealing
selaginela *s. f.* BOTÂNICA selaginella
Selagineláceas *s. f. pl.* BOTÂNICA family of cryptogams
selago *s. m.* BOTÂNICA selago
seláquio *s. m., adj.* ZOOLOGIA selachian (sharks)
selar *v. tr.* to saddle, to seal, to affix a seal to, to seal up; to stamp, to affix a postage stamp to (a letter, document, etc.); to close up, to close tightly; ***selar papel*** to stamp (to seal) paper; ***as autoridades selaram a casa*** the officials have sealed up the house; ***a carta está selada?*** is the letter stamped?
selaria *s. f.* saddlery
selecção *s. f.* selection, selecting; choice, choosing; (games) team chosen to represent a country, town, etc; ***selecções para um campeonato*** selections for a match; ***selecção manual*** hand-sorting; ***selecção nacional*** national team; ***selecção natural*** natural selection
seleccionador Ⓐ *adj.* selecting Ⓑ *s. m.* selector, chooser
seleccionar *v. tr.* to select, to choose, to pick out, to sort
seleccionismo *s. m.* theory of those who believe in natural selection
selecta *s. f.* anthology; reader, reading-book; a variety of pear
selectar *v. tr.* to select; to choose
selectividade *s. f.* selectivity
selectivo *adj.* selective
selecto *adj.* select, chosen, picked out, selected; excellent, fine, prime
selector *s. m.* selector; ***selector automático*** automatic selector; ***selector de corrente*** current selector
seleiro *s. m.* saddle-maker; saddler
selenato *s. m.* QUÍMICA ⇒ **seleniato**
seleniato *s. m.* QUÍMICA selenate
selénico *adj.* QUÍMICA selenic; ***ácido selénico*** selenic acid
selenífero *adj.* seleniferous
selénio *s. m.* QUÍMICA selenium
selenioso *adj.* selenious
selenita *s. m.* Selenite (hypothetical inhabitant of the moon)
selenite *s. f.* MINERALOGIA selenite
selenito *s. m.* MINERALOGIA selenite
selenitoso *adj.* selenitic
selenodonte *adj.* selenodont
selenografia *s. f.* selenography
selenográfico *adj.* selenographic
selenógrafo *s. m.* selenographer, selenographist
selenologia *s. f.* selenology
selenólogo *s. m.* ⇒ **selenógrafo**
selenose *s. f.* lunula, half-moon
selenóstato *s. m.* instrument for observing the movement of the moon
self-indução *s. f.* ELECTRICIDADE self-induction
selha *s. f.* tub, wash-tub; wooden vessel
selim *s. m.* English saddle; ***selim de bicicleta*** saddle of a bicycle
selo *s. m.* seal; stamp, signet; postage-stamp; token, guarantee; ***selo branco*** embossed seal (stamp); ***selo da alfândega*** custom's seal; ***selo inutilizado*** cancelled stamp; ***selo de recibo*** receipt stamp; ***selo fiscal*** revenue stamp; ***selo privado*** privy seal; ***selo real*** Great Seal; ***selo do Pescador (de S. Pedro) (o selo privado do Papa)*** Fisher's seal; ***imposto de selo*** stamp duty; ***inutilizar um selo*** to cancel a stamp; ***levantar os selos*** to break (to take off) the seals; ***carimbar um selo*** to stamp to seal; ***álbum de selos*** stamp album; ***pôr o selo oficial*** to set the seal of office
selo-de-salomão *s. m.* BOTÂNICA Solomon's seal
selote *s. m.* ⇒ **selim**
selva *s. f.* jungle, wood, forest; wilderness
selvagem Ⓐ *s. m. e f.* savage, barbarian Ⓑ *adj.* savage, barbaric, wild, uncivilized; untamed; primitive; barbarous, ferocious, brutal, fierce, cruel, inhuman, pitiless, beastly; ***raças selvagens*** savage races; ***costumes selvagens*** savage customs
selvageria *s. f.* ⇒ **selvajaria**
selvagíneo *adj.* wild, savage, fierce, barbarous, ferocious
selvagino *adj.* ⇒ **selvagíneo**
selvagismo *s. m.* savagism, savagery, barbarity
selvajaria *s. f.* savageness, savagery, barbarity; cruelty, wildness
selvático *adj.* wild, rude, uncivilized
selvícola *s. m. e f., adj.* ⇒ **silvícola**
selvoso *adj.* woody
sem *prep.* without, in want of, free from, lacking; ***sem tir-te nem guar-te*** without any warning, without further ado, suddenly; ***sem mais nem menos*** without further ado; ***sem quê nem para quê*** for no apparent reason; ***sem tom nem som*** without rhyme or reason; ***gastar sem conta nem medida*** to spend (money) right and left; ***passar sem*** to do without; ***não pode andar sem uma bengala*** he cannot walk without a stick; ***sem dinheiro*** out of money; ***sem dinheiro, sem casa e sem amigos*** without money, home or friends; ***sem cerimónia*** without ceremony, informal, familiar, abrupt, wanting in courtesy; ***sem cessar*** continually, unceasingly; ***sem costura*** seamless; ***todos sem excepção,*** all without exception; ***sem dúvida*** without doubt, doubtless, certainly; ***sem falta*** without fail, for certain; ***sem fim*** endless, without end, everlasting, interminable; ***sem consideração por*** without regard for; ***sem derramamento de sangue*** without shedding of blood, without bloodshed; ***sem casa*** homeless; ***sem causa*** causeless; ***sem trabalho*** out of work, unemployed; ***sem cuidados*** free from care, carefree, without responsibility; ***sem dificuldade*** easily; ***sem culpa*** innocent; ***sem esforço*** strainless; ***sem hesitação*** unhesitatingly, without hesitation; ***sem parar*** on and on; ***sem rumo*** at random; ***sem destino*** aimlessly; ***sem número*** without number, innumerable; ***sem sal*** without salt, insipid; ***sem valor*** of no worth, valueless; ***sem senão*** without a defect, faultless; ***sem sentidos*** unconscious; ***sem que eu lá vá*** without my going there, unless I go there; ***uma rosa sem espinhos*** a rose without a thorn; ***sem efeito*** cancelled, without effect; ***sem contar*** excluding; ***sem demora*** without delay; ***sem garantia*** without any guarantee; ***sem igual*** unequalled, unparalleled, unmatched; ***sem mais discussão*** without further discussion; ***sem perda de tempo*** without loss of time; ***sem responsabilidade*** without (any) responsibility; ***sem pés nem cabeça*** without head or tail; ***foi sem querer!*** it was an accident!, he did not mean it!; ***sem tirar nem pôr*** exactly; ***sem tugir nem mugir*** without uttering a word
sema *s. m.* LINGUÍSTICA seme
semafórico Ⓐ *adj.* semaphoric; semaphorical Ⓑ *s. m.* operator at a signal-station; ***estação semafórica*** signal-station
semáforo *s. m.* semaphore, signal; signal station
semana *s. f.* week; ***antes do fim da semana*** before the week is out; ***de hoje a uma semana*** today week; ***Semana Santa*** Holy Week; ***sai todas as semanas*** it comes out weekly; ***nalgumas semanas*** in a few weeks; ***durante a semana*** through the week; ***dentro de uma semana*** within the next week, within a week; ***uma semana de viagem*** a week's journey; ***para a semana*** next week; ***para a semana***

dos nove dias when two Sundays come together; *a semana passada* last week; *que dia é da semana?* what day of the week is it?; *não te vejo há semanas* I have not seen you for weeks; *pode vir estar connosco uma semana?* can you come to us for a week?; *ele está de serviço esta semana* he is on duty this week; *semanas e semanas* week in week out; *semana inglesa* five-and-a-half-day week; *semana sim, semana não* every other week; *à semana* by the week; *semanas a fio* weeks running; *só daqui a muitas semanas* weeks ahead; *de duas em duas semanas* every two weeks

semana-americana *s. f.* five-day working week

semanada *s. f.* weekly wages, weekly allowance

semana-inglesa *s. f.* five-day and Saturday morning working week

semanal *adj.* weekly, hebdomadal; hebdomadary; *jornal semanal* weekly paper; *publicação semanal* weekly publication

semanalmente *adv.* weekly

semanário Ⓐ *adj.* weekly Ⓑ *s. m.* weekly publication

semantema *s. m.* LINGUÍSTICA sememe, semanteme

semântica *s. f. pl.* LINGUÍSTICA semantics, semasiology

semântico *adj.* semasiological, semantic

semantista *s. m. e f.* semasiologist

semasiologia *s. f.* semasiology

semasiológico *adj.* semasiological

sematologia *s. f.* sematology

sematológico *adj.* semasiological

semblante *s. m.* countenance, face, physiognomy; mien, expression, look, aspect; *de semblante sério e impassível* straight-faced

sem-cerimónia *s. f.* off-handedness; unceremoniousness, informality; rudeness

sem-cerimonioso *adj.* unceremonious, informal

sem-Deus *s. m., adj.* ⇒ **ateu**

sem-dita *s. m. e f.* unhappy person

sêmea *s. f.* bran bread

semeação *s. f.* sowing; scattering (of seed)

semeada *s. f.* sowing, seed-bed, seed-time

semeado *adj.* sown, scattered, spread; studded, dotted, strewn; *semeado de flores* strewn with flowers; *semeado de perigos* beset with perils; *semeado de estrelas* star-spangled, starred

semeadoiro *s. m.* ⇒ **semeadouro**

semeador Ⓐ *adj.* sowing Ⓑ *s. m.* sower; sowing-machine

semeadouro Ⓐ *s. m.* piece of ground fit (or prepared) for sowing Ⓑ *adj.* fit for sowing

semeadura *s. f.* sowing

semear *v. tr.* to sow, to scatter or to cast seed on the ground; to scatter; to plant (with seed); to spread, to disseminate, to strew; *semear trigo* to sow wheat; *semear aveia* to sow oats; *semear relva* to sow grass; *semear a discórdia* to sow the seeds of dissension, to sow discord; *quem semeia ventos colhe tempestades* we (must) reap what we have sown, sow the wind and reap the whirlwind!; *à mão de semear* within reach of the hand; *semear um campo* to sow a field

semeável *adj.* that can be sown (land)

semeia-o-linho *s. m.* ⇒ **chapim** (bird)

semeia-o-milho *s. m.* ⇒ **chapim** (bird)

semelhança *s. f.* resemblance, likeness, similitude, similarity; *à semelhança de* in imitation of, similarly to; *semelhança com* likeness to

semelhante Ⓐ *adj.* like Ⓑ *s. m. pl.* similar to, resembling, alike, such; fellow-creatures; *os nossos semelhantes* our fellow-creatures; *ser semelhante* to be like, to be similar (to)

semelhantemente *adv.* similarly, in the same way; likewise

semelhar *v. tr. e refl.* to be like, to resemble, to be similar to; to have a resemblance to

semelhável *adj.* that can be likened to; similar to, alike

semema *s. m.* LINGUÍSTICA sememe

sémen *s. m.* seed; semen, sperm

semental *adj.* relating to sowing

sementar *v. tr.* to sow

semente *s. f.* seed; source, origin, germ; *lançar a semente* to sow (the seeds of); *trigo (centeio, milho) para semear* seed-corn

sementeira *s. f.* seed-time; sowing; seeding; a sown land (or field)

sementeiro *s. m.* seed-bag; sower

sementilhas *s. f. pl.* seeds of the soap-wort

sementio *s. m.* ⇒ **semeadura**

semeóforo *s. m.* standard-bearer, flag-bearer (Greek and Roman armies)

semestral *adj.* semestrial, half-yearly; semi-annual

semestralidade *s. f.* semestrial payment

semestralmente *adv.* half-yearly, six-monthly

semestre *s. m.* semester, half year

semestreiro *adj.* ⇒ **semestral**

sem-fim *s. m.* immensity; [Bras.] the striped cuckoo

semiaberto *adj.* half open, ajar

semiacerbo *adj.* rather sour

semialma *s. f.* stupid person

semianalfabeto *s. m., adj.* ignorant (person)

semiânime *adj.* half-dead

semiânimo *adj.* ⇒ **semiânime**

semianual *adj.* semi-annual, half-yearly

semianular *adj.* semianular

semibárbaro *adj.* semi-barbarian

semibreve *s. f.* MÚSICA semibreve

semicadáver *s. m.* half-dead person

semicarpo *s. m.* MITOLOGIA satyr, faun

semicerrado *adj.* half-closed, half-shut, half-open

semicerrar *v. tr.* to shut partly, to close up to the half

semicilíndrico *adj.* semicylindric(al)

semicircular *adj.* semicircular

semicírculo *s. m.* semicircle

semicircunferência *s. f.* semicircumference

semicivilizado *adj.* half-civilized

semiclausura *s. f.* confinement less hard than prison

semicolcheia *s. f.* MÚSICA semiquaver

semicondutor *adj.* ELECTRICIDADE said of certain substances the conductivity of which is small

semiconsciente *adj.* semi-conscious

semiconsoante *s. f.* GRAMÁTICA semi-consonant

semicúpio *s. m.* hip-bath

semidefunto *adj.* half-dead

semideiro *s. m.* path, footway, shortcut

semidesértico *adj.* semi-desertic

semideus *s. m.* demigod

semidiáfano *adj.* semidiaphanous

semidiâmetro *s. m.* semidiameter

semiditongo *s. m.* crescent diphthong

semidiurno *adj.* semi-diurnal

semidivindade *s. f.* semi-deity

semidivino *adj.* almost divine

semidobrado *adj.* BOTÂNICA semi-double

semidoido *adj.* half-crazy

semidoudo *adj.* ⇒ **semidoido**

semieixo *s. m.* semi-axis

semienfastiado *adj.* rather annoyed

semienterrado *adj.* half-buried

semiesfera *s. f.* hemisphere

semiesférico *adj.* hemispheric(al), semispherical

semiesferoidal *adj.* semispheroidal

semiesferóide *s. m.* semispheroid

semifabuloso *adj.* semifabulous

semifendido *adj.* half-split
semífero *adj.* semi-feral
semifluido *adj.* semifluid
semifusa *s. f.* MÚSICA hemi, demi-semiquaver
semigasto *adj.* half-worn
semigótico *adj.* semi-Gothic
semi-hebdomadário *adj.* semi-weekly
semi-histórico *adj.* semihistorical
semi-homem *s. m.* halfman
semi-inconsciente *adj.* semi-unconscious
semi-internato *s. m.* day school (at which pupils take their meals)
semi-interno *adj.* day-boarding
semilíquido *adj.* semiliquid
semilouco *adj.* half-crazy
semilunação *s. f.* semilunation; half lunar month
semilunar *adj.* semilunar
semilunático *adj.* half-lunatic
semilúnio *s. m.* semilunation (half-phase of moon)
semimetal *s. m.* QUÍMICA semimetal
semimorto *adj.* half-dead
seminação *s. f.* BOTÂNICA semination, sowing or spreading; dissemination; coitus
seminal *adj.* seminal
seminário *s. m.* seminary
seminarista *s. m.* seminarist, seminarian
seminarístico *adj.* seminarial
seminífero *adj.* BOTÂNICA, ANATOMIA seminiferous
semínima *s. f.* MÚSICA crotchet, quarternote
seminíparo *adj.* seminiferous
seminó *s. m.* a fishing-net, float
seminu *adj.* half-naked
seminudez *s. f.* semi-nudity, half-nakedness
semínula *s. f.* seminule
semínulo *s. m.* seminule
semioficial *adj.* semi-official
semioficioso *adj.* semi-officious
semiografia *s. f.* semeiography; description of symptoms
semiologia *s. f.* semeiology, semiology
semiológico *adj.* semeiological, semiologic; semiological
semiologista *s. m. e f.* semiologist
semiólogo *s. m.* semiologist, semeiologist
semiótica *s. f.* semeiotics, semiotics
semiótico *adj.* semiotic, semeiotic
semipagão *s. m.* semipagan
semiparente *adj.* kindred, distantly related
semipedal *adj.* semipedal
semipermeável *adj.* semipermeable
semiplenamente *adv.* incompletely, imperfectly
semipleno *adj.* incomplete, half-full
semiprecioso *adj.* semiprecious
semiprotegido *adj.* semi-protected
semiprova *s. f.* half-proof
semiputo *s. m.* [cal.] second year university student (Coimbra)
semipútrido *adj.* half-putrid, half-rotten
semi-racional *adj.* very stupid
semi-reboque *s. m.* semitrailer
semi-recta *s. f.* half (or part) of a straight line
semi-recto *adj.* of forty-five degrees (an angle)
semi-rei *s. m.* half-king
semi-roto *adj.* half-ragged
semi-sábio *s. m.* superficial scholar
semiscarúnfio *adj.* [pop.] entangled; queer; ugly; ill-disposed
semi-secular *adj.* half-century
semi-segredo *s. m.* semisecret
semi-selvagem *adj.* semi-savage
semi-sólido *adj.* QUÍMICA semi-solid
semi-som *s. m.* semitone
semita *s. m. e f.* Semite
sémita *s. f.* ⇒ **senda**
semítico *adj.* Semitic
semitismo *s. m.* Semitism
semitista *s. m. e f.* Semitist
semitom *s. m.* MÚSICA semitone, demitone
semitónico *adj.* semitonic
semitónio *s. m.* ⇒ **semitom**
semítono *s. m.* ⇒ **semitom**
semitransparente *adj.* semi-transparent, translucent
semiusto *adj.* half-burnt
semíviro *s. m.* halfman, eunuch
semivítreo *adj.* semivitreous
semiviver *v. intr.* to half-live
semivivo *adj.* half-alive
semivogal *s. f.* semivowel
sem-justiça *s. f.* injustice, unfairness
sem-luz *s. m. e f.* blind person, person who lives in darkness
sem-nome *s. m.* anonymous person
sem-número *s. m.* numberless quantity
sêmola *s. f.* semolina
semolina *s. f.* semolina
semostração *s. f.* vanity, ostentation, futility
semostradeira *s. f.* woman who likes to show off
semostrar-se *v. refl.* to show off
semoto *adj.* distant, retired
semovente *adj.* self-moving, self-moved; ***bens semoventes*** movables, movable property, goods and chattels
sem-par *adj.* unequalled, peerless, matchless, unrivalled, unique, unmatched, unsurpassed, incomparable, unparalleled
sempiternidade *s. f.* eternity
sempiterno *adj.* eternal, everlasting; sempiternal
sempre *adv.* always, ever; continually, constantly; really, in fact; forever; ***para sempre*** for good and all, for ever, for ever and ever; ***sempre que*** whenever; ***de uma vez para sempre*** once for all; ***nem sempre*** not always; ***quase sempre*** nearly always; ***como sempre*** as usual, as always; ***a história de sempre*** the same old story; ***não está sempre aqui*** he is not always here; ***sempre é certo que ...*** it's true after all that...; ***sempre é verdade que ela chegou ontem?*** did she really arrive yesterday?; ***sempre há cada parvo neste mundo!*** have you ever met such a fool!
sempre-noiva *s. f.* BOTÂNICA knot-grass
sempre-verde *s. f.* BOTÂNICA laurel, bay-tree
sempre-viva *s. f.* BOTÂNICA sengreen, house-leek
sem-pudor *s. m.* shamelessness
sem-razão *s. f.* wrong, injustice, calumny; unreason
sem-sabor Ⓐ *adj.* insipid; flat Ⓑ *s. m. e f.* flat person
sem-sal *adj.* insipid, not salted
sem-segundo *adj.* unequalled, unmatched, matchless
sem-termo *s. m.* endless period, time without end
sem-valor *adj.* valueless, worthless
sem-ventura *s. m. e f.* unhappy person
sem-vergonha Ⓐ *s. f.* shamelessness, boldness Ⓑ *s. m. e f.* shameless person
sena *s. f.* six (at cards)
senáculo *s. m.* seat of the senate
senado *s. m.* senate; Senate house
senador *s. m.* senator
sena-do-reino *s. f.* BOTÂNICA the honey cronilla
senadoria *s. f.* senatorship
senal Ⓐ *adj.* rough, uncut (diamond) Ⓑ *s. m.* rough diamond
senão Ⓐ *conj.* otherwise, if not, unless, else; without, except Ⓑ *prep.* except, but Ⓒ *s. m.* defect, fault; ***não come senão fruta*** he eats nothing but fruit; ***não há bela sem senão*** there's no rose without a thorn; ***não ter outro remédio senão esperar*** to have no choice but to wait;

nenhum passou no exame senão o mais velho only the oldest passed the examination; *senão quando* except when, suddenly
senatoria s. f. ⇒ **senadoria**
senatorial adj. senatorial
senatório adj. ⇒ **senatorial**
senatriz s. f. senator's wife; female senator
senátus-consulto s. m. senatus-consultum
senceno s. m. ⇒ **sincelo**
senciente adj. sentient
sencientemente adv. sentiently
senda s. f. path, footway, way; track; routine, regular course (of procedure)
sendeirada s. f. ⇒ **sendeirice**
sendeirice s. f. foolishness; despicable action
sendeiro Ⓐ s. m. despicable man; good-for-nothing; sorry horse, jade, worn-out horse Ⓑ adj. despicable; *cavalo sendeiro* a jade, worn-out horse
sene s. m. BOTÂNICA senna, cassia
senecto adj. old, decrepit
senectude s. f. old age, decrepitude, senility
senegalense s. m. e f., adj. Senegalese
senegalês s. m., adj. Senegalese
senegalesco adj. Senegalese
senescal s. m. seneschal
senescalia s. f. seneschalship
senescência s. f. senescence
senga s. f. leavings, screenings
sengar v. tr. to sift, to screen
sengo adj. intelligent; wise, judicious
senha s. f. voucher, document, receipt; TEATRO check, ticket; MILITAR watchword, countersign, password; *senhas de racionamento de farináceos* rationing tickets for flour, ration cards
senho Ⓐ s. m. sign, signal; watchword, beckon Ⓑ adj. intelligent, wise
senhor s. m. master; owner, possessor; lord; sir, mister (Mr. before a name); *o Senhor* the Lord, God; *no ano de Nosso Senhor* in the year of our Lord; *o dia do Senhor* the Lord's day; *tomar o Senhor* to receive the Holy Communion; *ser senhor de si próprio* to be one's own master; *ficar senhor do campo* to remain master of the field, to carry the day; *estar senhor da situação* to be master of the situation; *caro Senhor* Dear Sir; *cada um é senhor em sua casa* a man's house is his castle; *ruim senhor, ruim servidor* like master like man
senhora s. f. lady; mistress; miss; *Nossa Senhora* Our Lady, Virgin Mary; *dia de Nossa Senhora* Lady-Day; *capela dedicada a Nossa Senhora* Lady-chapel; *altar de Nossa Senhora* Lady-altar; *uma senhora de educação esmerada, uma verdadeira senhora* a perfect lady; *minhas senhoras e meus senhores* ladies and gentlemen; *uma senhora de distinção* a lady of quality; *a senhora Watson está em casa?* is Mrs. Watson in?; [coloq.] *reunião de senhoras* hen-party
senhoraça s. f. woman who tries to appear a lady; well-developed woman
senhoraço s. m. uneducated man who gives himself airs of importance; a bigwig
senhorama s. f. the ladies collectively
senhoreador Ⓐ s. m. master Ⓑ adj. domineering, self-asserting
senhorear Ⓐ v. tr. to master, to domineer, to govern, to subject, to conquer Ⓑ v. intr. to tower over; to exercise dominion Ⓒ v. refl. to become master of; to make oneself master of; to control oneself
senhoreca s. f. depreciative of senhora
Senhor-fora s. m. ⇒ **viático**
senhoria s. f. landlady; *Vossa Senhoria* Your Lordship (or Ladyship), Your Honour
senhoriagem s. f. seigniorage, royalty (attribute), seignorage
senhorial adj. seignioral, manorial, seignorial
senhoril adj. lordly, manorial; distinguished, grave, lord-like, ladylike, refined, elegant
senhorinha s. f. a young unmarried woman
senhorio s. m. landlord; *pagar ao renda ao senhorio* to pay the rent to the landlord
senhorita s. f. young lady
senil adj. senile, aged, old
senilidade s. f. senility, old age
senilização s. f. getting old
senilizar Ⓐ v. intr. to grow old Ⓑ v. refl. to become senile
senilmente adv. senilely
sénior Ⓐ adj. senior, older, elder Ⓑ s. m. senior, older
seno s. m. MATEMÁTICA sine; *seno de ângulo* sine of angle
senra s. f. corn-field
senrada s. f. BOTÂNICA vast corn-field
senradela s. f. bird's eye
sensabor Ⓐ adj. tasteless, insipid, flavourless, savourless; dull; uninteresting, tedious, spiritless Ⓑ s. m. displeasure, insipidity, annoyance, uneasiness, trouble; tastelessness
sensaborão Ⓐ adj. insipid, tasteless, dull, uninteresting Ⓑ s. m. an awful bore, a dull person
sensaboria s. f. tastelessness, insipidity; disagreeableness, trouble; unpleasantness; displeasure, annoyance, bore, dullness, nuisance; *ter sensaborias* to have unpleasant experiences
sensaborizar v. tr. to make insipid
sensação s. f. sensation, feeling, perception, sense, impression; excitement, stir; *causar sensação* to make a great sensation; *ter sensação de dor* to have a sensation of pain; *sensação de aborrecimento* a feeling of weariness, a sense of frustration (boredom or annoyance); *uma sensação agradável* a pleasant sensation; *sensação de horror* creeps; *ter sensação de calor* to have a sensation of heat; *sensação de sede* sensation of thirst; *uma forte sensação* a strong feeling, a thrilling experience, a great thrill
sensacional adj. sensational, striking, remarkable; *notícias sensacionais* sensational news; *crime sensacional* a sensational crime; *novidade sensacional que esquece depressa* a nine-days' wonder
sensacionalismo s. m. sensationalism, ballyhoo
sensacionalista Ⓐ s. m. e f. sensationalist Ⓑ adj. sensationalist, sensationalistic
sensacionalmente adv. sensationally, strikingly, remarkably
sensacionismo s. m. sensationism, sensationalism
sensacionista s. m. e f., adj. sensationist, sensationalist
sensatamente adv. wisely, shrewdly
sensatez s. f. wisdom, sensibleness, judiciousness, prudence, sound judg(e)ment, good sense, discreetness; *ele mostra sensatez em tudo o que faz* he shows good sense in all he does
sensato adj. sensible, reasonable, judicious, prudent, wise, discreet; *ser muito sensato* to have one's head screwed in the right way; *um homem sensato* a sensible man; *observação sensata* a sensible remark
sensibilidade s. f. sensibility; feeling; sensitiveness; delicacy, susceptibility; (some instruments) sensitivity; precision; *ferir a sensibilidade de alguém* to hurt someone's feelings; *sensibilidade absoluta* extreme sensitivity
sensibilização s. f. sensitization
sensibilizador Ⓐ adj. touching; moving, affecting Ⓑ s. m. sensitizer, sensitizing agent (chemical or biological)
sensibilizante adj. touching, moving
sensibilizar v. tr. to affect, to touch, to move; to sensitize; *as suas palavras sensibilizaram-me profundamente* his words moved me profoundly
sensibilizável adj. movable, influenceable, touchable

sensificar *v. tr.* to sensitize
sênsil *adj.* sensile
sensila *s. f.* ZOOLOGIA sensilla; insect sense organs
sensismo *s. m.* sensationalism
sensista *s. m. e f.* sensationalist, sensist
sensitiva *s. f.* BOTÂNICA sensitive plant (*Mimosa pudica* or *Mimosa sensitiva*); [fig.] a sensitive person
sensitivo *adj.* sensitive, susceptible, delicate, tender, impressible
sensitometria *s. f.* FOTOGRAFIA sensitometry
sensível *adj.* sensible; sensitive, impressionable; tender-hearted, touchy, nice; compassionate; perceptible; grevious; ***uma diferença sensível na temperatura*** a marked difference in the temperature; ***uma mudança sensível para melhor*** a distinct change for the better; ***ser muito sensível*** to have fine feelings; ***criança sensível*** a sensitive child; ***sensível à bondade*** sensible to kindness; ***sensível à luz*** sensitive to light; ***ele é muito sensível à dor*** he is very susceptible to pain
sensivelmente *adv.* sensibly; perceptibly; markedly, distinctly
sensivo *adj.* ⇒ **sensível**
senso *s. m.* sense; good judgement, sagacity, wisdom; brains; reasoning, common sense, reason; ***senso comum*** common sense, reason; ***dotado de senso comum*** level-headed; ***ele é um homem sem senso*** he is a senseless man; ***homem de senso*** a man of sense
sensor *s. m.* sensor
sensorial *adj.* sensorial, sensory
sensorimetria *s. f.* sensorimetry
sensório Ⓐ *adj.* ANATOMIA sensory Ⓑ *s. m.* sensorium
sensual *adj.* sensual
sensualidade *s. f.* sensuality
sensualismo *s. m.* FILOSOFIA sensualism
sensualista Ⓐ *s. m. e f.* sensualist Ⓑ *adj.* sensualistic
sensualização *s. f.* sensualization
sensualizar *v. tr.* to sensualize
sentar Ⓐ *v. tr.* to seat, to place Ⓑ *v. refl.* to take a seat, to sit down; to fix oneself; to settle; ***faça favor de se sentar*** please sit down; ***sentar-se ao lado de*** to sit by, to sit beside; ***sentar-se à mesa*** to sit at table; ***não te sentes muito tempo ao sol*** don't sit too long in the sun; ***é melhor sentares-te à sombra*** you had better sit in the shade; ***estar sentado na cama*** to sit up in bed; ***ficar sentado (não se levantar)*** to keep one's seat; ***sentar-se numa rocha*** to seat oneself on a rock, to sit on a rock; ***pegou na criança e sentou-a na mesa*** he took up the child and sat him on the table; ***mandar sentar*** to tell to sit down
sentença *s. f.* DIREITO sentence, verdict, condemnation, judg(e)ment, opinion; maxim, saying, proverb; ***sentença absolutória*** acquittal; ***sentença arbitral*** award; ***sentença definitiva*** final judg(e)ment; ***sentença favorável*** favourable verdict; ***sentença de morte*** death-sentence; ***dar uma sentença*** to pass sentence; ***cumprir uma sentença*** to serve one's time, to serve a sentence; ***cada cabeça sua sentença*** everyone to his own taste
sentenciado *s. m.* condemned man, convict
sentenciador Ⓐ *s. m.* judge Ⓑ *adj.* one who passes sentence
sentenciar Ⓐ *v. intr.* to sentence, to pronounce sentence upon; to give an opinion Ⓑ *v. tr.* to sentence, to condemn, to judge, to declare condemned to; to doom; ***sentenciar um homem à morte*** to sentence a man to death
sentenciosamente *adv.* sententiously
sentencioso *adj.* sententious
sentenciúncula *s. f.* adage, proverb
sentido Ⓐ *adj.* sorry, grieved, sorrowful, dissatisfied; tainted (meat); offended, shocked; sad, moaning Ⓑ *s. m.* sense, feeling, appreciation; meaning; orientation, direction; purpose, intent Ⓒ *interj.* attention!; ***os cinco sentidos*** the five senses; ***sentido do olfacto*** sense of smell; ***sentido do tacto*** sense of touch; ***sentido do ouvido*** sense of hearing; ***no verdadeiro sentido da palavra*** in the true sense of the word; ***compreender o sentido*** to catch the sense; ***não faz sentido*** it does not make sense; ***no sentido literal*** in the literal sense; ***no sentido exacto*** in the strict sense; ***num sentido*** in a way; ***tomar sentido*** to pay attention, to take to heart; MILITAR ***sentido!*** attention!; ***em posição de sentido*** standing to attention; ***ter duplo sentido*** to have a double meaning; ***recuperar os sentidos*** to recover one's senses; ***caiu no chão sem sentidos*** he fell senseless to the floor; [coloq.] ***perder os sentidos*** to lose consciousness, to swoon, to pass out; ***em sentido figurado*** in a figurative sense; ***em todo o sentido*** in every sense (of the word), in the full sense (of the word); ***rua de sentido único*** one-way street
sentimental *adj.* sentimental, emotional, tender, impressionable
sentimentalão Ⓐ *s. m.* a very sentimental person Ⓑ *adj.* very sentimental, highly emotional, spoony
sentimentalidade *s. f.* sentimentality
sentimentalismo *s. m.* sentimentalism
sentimentalista *s. m. e f.* sentimentalist
sentimentalizar *v. tr.* to sentimentalize
sentimentalmente *adv.* sentimentally
sentimento *s. m.* sentiment; feeling; emotion, sensibility; grief, sorrow; passion; presentiment, apprehension; condolence, condolement; ***apelar para o sentimento*** to appeal to sentiment; ***está animado de nobres sentimentos*** he is animated by noble sentiments; ***sentimento de piedade*** the sentiment of pity; ***sentimento patriótico*** patriotic sentiment; ***o sentimento geral*** the general feeling; ***sentimento de culpa*** guilty feelings; ***sentimento de solidariedade*** fellow-feeling; ***maus sentimentos*** ill feelings
sentina *s. f.* water-closet (W. C.), lavatory, toilet
sentinela *s. f.* sentry, orderly, sentinel; ***estar de sentinela*** to be on sentry duty, to do sentry-go; ***render a sentinela*** to relieve the sentry; ***de sentinela*** on sentry-go, on sentry duty; ***fazer quarto de sentinela*** to stand sentinel over
sentir Ⓐ *s. m.* feeling, sentiment Ⓑ *v. tr.* to feel, to experience; to touch, to be very sensitive to, to perceive Ⓒ *v. intr.* to regret, to grieve Ⓓ *v. refl.* to be moved (or affected); to take offence, to resent; ***sentir-se esquecido (desprezado)*** to feel out of it; ***sentir-se à vontade com alguém*** to feel at home with someone; ***sentir-se doente (estar em baixo de saúde)*** to feel run down, to feel ill; ***sentir-se bem*** to feel quite oneself; ***sente-se bem aqui?*** do you feel comfortable here?; ***sentir a falta de alguém*** to miss someone; ***sentir a falta de alguma coisa*** to feel the want of something; ***sentir-se à altura de*** to feel up to; ***sentir-se fora do seu elemento*** to feel like a fish out of water; ***sentir fome*** to feel hungry; ***sentir-se feliz*** to feel happy; ***sentir-se triste*** to feel sad; ***sentir-se com coragem*** to take heart; ***não me sinto bem*** I am not quite myself, I am not quite the thing; ***sentir frio*** to feel cold; ***sentir formigueiro*** to feel pins and needles; ***sinto muito dizer*** I am sorry to say; ***sentir pena (de)*** to be sorry (for); ***sentir prazer*** to feel pleasure; ***como se sente?*** how do you feel?
senzala *s. f.* slave quarters
sépala *s. f.* BOTÂNICA sepal, calyx-leaf
sepalóide *adj.* sepaloid
separabilidade *s. f.* separability, separableness
separação *s. f.* separation, separating; judicial separation; dissociation, disunion, division; disconnection, disjunction, segregation; ***separação judicial*** judicial separation; ***separação de bens*** separate estate, antinupcial contract
separadamente *adv.* separately
separado *adj.* separate; divided, disjoined, distinct, disconnected, severed; dissociated; independent; ***um livro em dois volumes separados*** a book in two separate volumes; ***viver separado dos outros*** to live separate from others; ***em separado*** separately

separador Ⓐ *adj.* separating; dividing Ⓑ *s. m.* separator, sorter, parter; milk-skimmer; ***separador magnético*** magnetic separator
separadora *s. f.* ⇒ **separador**
separar Ⓐ *v. tr.* to separate; to sever, to disunite; to divide, to cut up, to discriminate; to disperse, to scatter; to come apart; to dissolve; to segregate; to sort Ⓑ *v. refl.* to disintegrate; to part from; to become separate, to leave; ***separar-se de*** to part from, to part with, to part company with; ***separar-se judicialmente*** to divorce; ***não posso separar-me destes livros*** I cannot part with these books; ***separar uma mãe de um filho*** to separate a mother from her child; ***caminhámos uma milha juntos e depois separámo-nos*** we walked a mile together and then we parted; ***o Canal separa a Inglaterra da França*** the Channel separates England from France; QUÍMICA ***separar por filtração*** to separate by filtration
separata *s. f.* reprint, reprinted article, leaflet, separate
separatismo *s. m.* separatism
separatista *s. m. e f., adj.* separatist
separativo *adj.* separative
separatório *adj.* QUÍMICA separatory; separative
separável *adj.* separable
sépia *s. f.* sepia
sepícola *adj.* sepicolous; ZOOLOGIA living in hedges
sepiolite *s. f.* MINERALOGIA sepiolite
sepsia *s. f.* MEDICINA sepsis, putrefaction
sepsina *s. f.* sepsine
septado *adj.* septate
septêmplice *adj.* with seven folds; sevenfolded
septena *s. f.* seven-lined stanza
septenal *adj.* septennial
septenário Ⓐ *adj.* septennary, septennial, septennate; consisting of seven Ⓑ *s. m.* septennate; period of seven days (or seven years)
septenato *s. m.* septennate
septenial *adj.* septennial
septénio *s. m.* septennium (period of seven years)
septeno *s. m.* ⇒ **septénio**
septenvirado *s. m.* septemvirate
septenviral *adj.* septemviral
septenvirato *s. m.* ⇒ **septenvirado**
septênviro *s. m.* septemvir
septeto *s. m.* MÚSICA septet
septicemia *s. f.* MEDICINA septicaemia, septicemia, blood-poisoning
septicémico *adj.* septicaemic
septicida *adj.* BOTÂNICA septicidal
séptico *adj.* MEDICINA septic, septical
septicolor *adj.* septicoloured
septicorde *adj.* MÚSICA with seven strings
septífero *adj.* BOTÂNICA septiferous
septifólio *adj.* BOTÂNICA septifolius
septiforme *adj.* septiform
septífrago *adj.* BOTÂNICA septifragal
séptil *adj.* BOTÂNICA said of seeds or placenta when they join the septum
septilião *num. card.* septillion
septímano *s. m.* a Roman soldier
septingentésimo *num. ord.* seven-hundreth
septíssono *adj.* with seven sounds
septo *s. m.* septum (*plural* septa), dissepiment; ***septo nasal*** nasal septum
septuagenário Ⓐ *adj.* septuagenary (seventy years old) Ⓑ *s. m.* septuagenarian
Septuagésima *s. f.* Septuagesima (third Sunday before Lent)
septuagésimo *adj.* seventieth
séptuor *s. m.* ⇒ **septeto**
septuplicar *v. tr.* to septuple (to multiply by seven)
séptuplo *adj.* septuple, sevenfold
sepulcral *adj.* sepulchral; funereal; ghostly, gloomy, dismal; ***lousa sepulcral*** tombstone; ***silêncio sepulcral*** peace of the grave, silent as the grave
sepulcrário *s. m.* burying-place, burying-ground; cemetery
sepulcro *s. m.* sepulchre, burial place, grave, tomb; a vault; ***Santo Sepulcro*** Holy Sepulchre
sepulcrologia *s. f.* study on sepulchres
sepultado *adj.* buried; hidden away
sepultador *s. m.* grave-digger
sepultamento *s. m.* funeral, entombment, burial
sepultante *adj.* that buries
sepultar *v. tr.* to bury; to hide away in; to entomb
sepulto *adj.* buried, entombed
sepultura *s. f.* grave, resting-place, tomb; ***dar sepultura a*** to bury; ***levar à sepultura*** to bring to the grave, to cause the death of; ***a sepultura no mar*** Davy Jones' Locker, burial at sea
sepultureiro *s. m.* ⇒ **sepultador**
sequaz Ⓐ *s. m.* follower, partisan, supporter, adherent Ⓑ *adj.* following
sequeira *s. f.* ⇒ **seca**
sequeiro Ⓐ *adj.* unirrigated, dry; barren Ⓑ *s. m.* unirrigated, dry arable land; drying-room; dryer; clothes-house; ***fruta de sequeiro*** preserved fruit; ***arroz de sequeiro*** upland (hill) rice
sequela *s. f.* sequel, consequence; gang, crew (of persons); sequence of things
sequência *s. f.* sequence, succession, continuity, series; ***a sequência dos factos*** the sequence of the facts; ***a sequência das estações*** the sequence of the seasons; ***seguirei a sequência dos acontecimentos*** I shall follow the sequence of events
sequencial *s. m.* RELIGIÃO sequence book
sequente *adj.* sequent, following, succeeding, subsequent, sequential
sequer *adv.* at least, even; ***nem sequer*** not so much as, not even; ***nem sequer um*** not a single one, not even one; ***nem sequer me falou*** he didn't even speak to me
sequestração *s. f.* sequestration
sequestrador Ⓐ *adj.* sequestrating Ⓑ *s. m.* sequestrator, distrainer; sequestree
sequestrar Ⓐ *v. tr.* to sequestrate, to sequester, to seclude, to isolate, to set apart, to withdraw; to confiscate Ⓑ *v. refl.* to sequester oneself; ***sequestrar os bens de alguém*** to seize someone's property
sequestrável *adj.* sequestrable
sequestro *s. m.* sequestration; confiscation, seizure; ***sequestro de bens móveis*** execution on movables
sequidão *s. f.* dryness; roughness; coldness, indifference, unconcern
sequilho *s. m.* cracknel
sequiosamente *adv.* thirstily
sequioso *adj.* thirsty; dried up, parched; eager for, strongly desirous, impatient, avid
séquito *s. m.* retinue, suite, train attendance; escort
sequóia *s. f.* BOTÂNICA sequoia (a gigantic Californian conifer)
ser *v. intr.* to be; to exist, to have existence; to come to pass; to happen; to cost; to amount to, to stand for, to be used for; to belong; to become; ***ser natural de*** to be a native of; ***que será?*** what can the matter be?; ***foi uma cartada*** it was a gambler's stroke; ***que é feito do Tomás?*** what has become of Thomas?; [fig.] ***ser o homem da casa*** to wear the trousers; ***isso é com ele*** that is his affair; ***como Deus é servido*** as God wills; ***se assim for*** if that be the case; ***ser miudinho em coisas insignificantes*** to strain at a gnat; ***ser ou não ser, eis a questão*** to be or not to be, that is the question; ***ser curioso, ser perguntador*** to poke and pry; ***ser forçado a responder*** to be obliged to reply; ***ser um homem liquidado***

to be undone, to be a broken man; ***ser necessário*** to be necessary; ***ser bastante*** to be enough (sufficient); ***ser impossível*** to be impossible; ***ser prejudicial aos interesses de alguém*** to be prejudicial (harmful) to someone's interests; ***ser alguém*** to be somebody; ***ser breve*** to be brief; ***ser fonte de preocupações*** to be a source of worry; ***ser difícil de contentar*** to be hard to please; ***ser um obstáculo*** to lie in the way; ***ser lesma morta*** to be a stick-in-the-mud; ***ser mesmo à justa*** to cut it fine; ***ser asseado*** to be clean in one's habits; ***ser engraçado e divertido*** to be full of fun; ***ser esperto*** to be clever, to know a thing or two; ***ser exactamente o contrário*** to be all the other way about; ***ser contrário*** to be against; ***ser competente*** to be competent; ***ser de opinião*** to be of opinion; ***ser da mesma opinião*** to be of the same opinion; ***ser de opinião diferente*** to differ in opinion; ***ser responsável por*** to be responsible for; ***ser um caso extraordinário*** to be an uncommon case; ***sejam quais forem as suas (dele) razões*** whatever his reasons may be; ***ser como o cão e o gato (prontos a lutar)*** to be at daggers drawn (with someone); ***ser capacho de alguém*** to be someone's doormat, to be belittled, to be despised; ***ser de fácil venda*** to find a ready sale; ***ser devedor*** to be in debt, to be a debtor; ***ser credor*** to have credit, to be credited with, to have money owing to one, to be a creditor; ***ser de pouco valor*** to be of little value; ***ser preferível*** to be preferable; ***ser de difícil execução*** to be of difficult execution, to be difficult to accomplish; ***ser de fácil realização*** to be easily done, to be easily performed; ***ser pau para toda a colher*** to lend oneself to anything; ***ser um óptimo cartaz*** to be a drawing card; ***é bem feito!*** it serves you right!; ***era uma vez*** once upon a time there was; ***éramos cinco*** there were five of us; ***tal como deve ser*** as it should be; ***será que...?*** I wonder if ...?; ***ser de*** to belong to; ***de quem são estes livros?*** whose books are these?; ***isso é dos livros*** as sure as fate, quite certain; ***não é com essas ...!*** do you see any green in my eye?; [coloq.] ***sou eu*** it's I, it's me; ***sou muito dessa casa*** I frequent that house a good deal, I am a great friend of the folks there; ***quanto é isto?*** how much is this?; ***a como é a jarda?*** how much a yard?; ***seja assim!*** be it so!; ***fosse eu, se eu fosse*** were I; ***como se fosse possível*** as if it were possible; ***quem me dera ser passarinho!*** I would I were a little bird!; ***se ele fosse sensato, aceitava a proposta*** were he wise, he would accept the offer; ***quem dera que isso fosse verdade!*** would that it were true!; ***tomara eu que assim fosse!*** I would it were so!, I wish it were so!; ***quem me dera ser rico!*** if only I were rich!; ***se fosse eu, não saía num dia de tanta chuva*** if I were you, I should not go out on such a rainy day; ***ser tiro e queda*** to be death cert

serafanado *s. m.* the old world widgeon

seráfico *adj.* seraphic, angelic; pure

serafim *s. m.* seraph

serafina *s. f.* a sort of cloth

seral *adj.* nightly, made at night time

serandar *v. intr.* ⇒ **seroar**

seranzar *v. intr.* ⇒ **seroar**; to go from place to place doing minor works

serão *s. m.* night work; overtime; evening-party, evening entertainment, sitting up to work in company at night time; ***fazer serão*** to work overtime, to work late, at night time

serapilheira *s. f.* sackcloth, packing-cloth

sereia *s. f.* mermaid; dangerously fascinating woman; sweet singer; siren, foghorn; hooter; steam-whistle

serelepe Ⓐ *s. m. e f.* a sharp and lively person Ⓑ *s. m. pl.* a kind of ground squirrels (Brazil)

serena *s. f.* a kind of slow churn for butter-making

serenada *s. f.* ⇒ **serenata**

serenado *adj.* calm, tranquil, cleared up

serenagem *s. f.* tranquillizing

serenamente *adv.* serenely, calmly, quietly; clearly

serenar Ⓐ *v. tr.* to make serene, to calm, to pacify, to tranquillize Ⓑ *v. intr.* to clear up; to grow fair; to grow quiet, to quieten Ⓒ *v. refl.* to become serene, to get calm, to be tranquillized; ***serenar os ânimos*** to calm one's spirits, to quieten one's nerves

serenata *s. f.* serenade, evening concert in open air; ***fazer uma serenata a*** to give a serenade to; ***cantar uma serenata a uma senhora*** to serenade a lady

serenateiro *s. m.* serenader

serenidade *s. f.* serenity, tranquillity, composure, calmness, placidity, peacefulness; ***conservar a serenidade*** to keep one's head; [coloq.] ***perder a serenidade*** to go off the deep end, to lose self-control

serenim *s. m.* ancient ladies' garment; evening-party where royal ladies sang; ancient Portuguese song

sereníssimo Ⓐ *s. m.* Serene Highness Ⓑ *adj.* very calm; most peaceful; quite undisturbed

sereno Ⓐ *adj.* serene, calm, placid, tranquil, unruffled; peaceful, composed, cool; undisturbed; still; bright, clear, unclouded Ⓑ *s. m.* night dew; evening mist; ***lago sereno*** a still lake; ***as águas serenas do Pacífico*** the serene waters of the Pacific; ***uma vida serena*** a quiet life; ***noite serena*** still evening; ***sereno como um lago*** as smooth as a mill-pond

seres *s. m. pl.* Seres

seresma *s. f.* hag, weak and useless woman, indolent woman

sergeta *s. f.* ⇒ **sirigaita**

serguia *s. f.* ⇒ **serguilha**

serguilha *s. f.* coarse woollen cloth

seriação *s. f.* seriation

serial *adj.* serial

seriama *s. f.* ⇒ **sariema**

seriamente *adv.* seriously, gravely; solemnly, impressively; severely, dangerously; ***está seriamente doente*** he is seriously ill

seriar *v. tr.* to catalogue, to file; to arrange in series, to order

seriário *adj.* serial

seríceo *adj.* [poét.] sericeous, silky

sericícola Ⓐ *adj.* seri(ci)cultural Ⓑ *s. m. e f.* ⇒ **sericicultor**

sericicultor *s. m.* seri(ci)culturist

sericicultura *s. f.* seri(ci)culture

sericífero *adj.* ⇒ **serígeno**

sericígeno *adj.* silk-producing

sericímetro *s. m.* apparatus for measuring the elasticity and tenacity of silk

sericina *s. f.* sericin

sericite *s. f.* sericite

sérico *adj.* silken

sericógeno *adj.* ⇒ **sericífero**

sericultor *s. m.* ⇒ **sericicultor**

sericultura *s. f.* ⇒ **sericicultura**

série *s. f.* series; succession, continuation; set, sequence, row; order, line, course, run, train; ***uma série de colunas*** a series of columns; ***uma série de infelicidades*** a series of misfortunes; ***uma série de desastres*** a succession of disasters; ***uma série de acontecimentos*** a train of events; ***uma série de mentiras*** a web of lies; ***série contínua*** continuum; ***série descontínua*** broken series; ***série sucessiva*** chain; ELECTRICIDADE ***ligação em série*** series connection; ***produção em série*** mass production

seriedade *s. f.* seriousness; gravity, earnestness, sternness; integrity

seriema *s. f.* ⇒ **sariema**

serigaita *s. f.* ORNITOLOGIA spider-catcher, wall-creeper; petulant girl

serigaitar *v. intr.* to move petulantly

serigaria *s. f.* lacemaker's shop

serigrafia *s. f.* serigraphy

serigráfico *adj.* referring to serigraphy

serígrafo *s. m.* serigraph

serigueiro *s. m.* silkman

seriguilha *s. f.* rough woollen cloth
serina *s. f.* albumin of the serum
seringa *s. f.* syringe; ⌈fam.⌋ a troublesome person; ***seringa hipodérmica*** hypodermic syringe
seringação *s. f.* syringing; bore, annoyance, nuisance
seringada *s. f.* syringing; bore
seringadela *s. f.* ⇒ **seringação**
seringador Ⓐ *adj.* boring; he who syringes; squirter Ⓑ *s. m.* ⌈fam.⌋ troublesome person
seringal *s. m.* of rubber trees or seringas (syringas)
seringão *s. m.* boring person
seringar *v. tr.* to syringe, to sluice or to spray (with a syringe); to squirt; to bore
seringatório Ⓐ *adj.* related to a syringe Ⓑ *s. m.* injection, medicine injected by a syringe
seringueira *s. f.* ⌈Bras.⌋ seringa, syringa
seringueiro *s. m.* ⌈Bras.⌋ rubber-gatherer, rubber-tapper; seringa, syringa
sério Ⓐ *adj.* serious, grave; sober, solemn, earnest, thoughtful, staid; important, weighty; decent, modest; trustworthy Ⓑ *s. m.* seriousness; gravity Ⓒ *adv.* really; ***estás a falar a sério?*** are you speaking seriously?; ***não tomar a sério*** to take things easy, to take it as a joke, to play at a thing; ***tomar a sério*** to take to heart; ***isto é um passo sério*** this is a serious step; ***precisamos de ter uma conversa a sério*** we must have a serious talk; ***um caso sério*** a serious matter; ***não falas a sério quando dizes ...*** you don't mean to tell me that...
sermão *s. m.* sermon, preach, discourse; ⌈irón.⌋ tedious harangue; ***pregar um sermão a alguém*** to give (one) a lecture, to lecture (someone)
sermonar *v. tr.* to sermon
sermonário *s. m.* book of sermons
sermonear *v. intr.* to preach, to evangelize
seroada *s. f.* long night's work, long evening; ***fazer seroada*** to sit up to work, to burn the midnight oil
seroar *v. intr.* to sit up to work; to burn the midnight oil; to work late; to work far into the night; to be together in the evening
serodiamente *adv.* late, tardily
serôdio *adj.* tardy, belated; BOTÂNICA serotinous
serologia *s. f.* serology
serológico *adj.* serologic
seropositividade *s. f.* MEDICINA HIV infection
seropositivo Ⓐ *adj.* MEDICINA HIV positive Ⓑ *s. m.* MEDICINA person who is HIV positive
serosa *s. f.* MEDICINA serosa, serous membrane
serosidade *s. f.* serosity
serosite *s. f.* serositis (inflammation of the serous membrane)
seroso *adj.* serous
seroterapia *s. f.* MEDICINA serotherapy
seroterápico *adj.* MEDICINA serotherapic; serotherapeutic
serpão *s. m.* BOTÂNICA wild thyme
serpe *s. f.* ⌈poét.⌋ serpent
serpeante *adj.* winding, bending, twisting, turning, meandering; trailing, creeping, serpentine
serpear *v. intr.* to wind about, to meander, to turn, to twist, to bend; to twine, to squirm, to serpent
serpejante *adj.* winding, meandering; twisting, turning
serpejar *v. intr.* to wind, to meander
serpentão *s. m.* serpent (an obsolete bass wind-instrument)
serpentária *s. f.* BOTÂNICA Virginian snake-root, serpentary
serpentário *s. m.* ZOOLOGIA secretary-bird; serpent-eater; ASTRONOMIA Serpentarius
serpente *s. f.* ZOOLOGIA serpent, snake; ⌈pop.⌋ a malevolent, venimous person; ***encantador de serpentes*** snake-charmer
serpenteado *adj.* sinuous, winding
serpenteante *adj.* winding
serpentear *v. intr.* to wind, to meander; to turn, to go in spirals
serpenticida Ⓐ *s. m. e f.* serpent-killer Ⓑ *adj.* serpent-killing
serpentífero *adj.* ⌈poét.⌋ generating or having serpents
serpentiforme *adj.* serpentiform, serpentine, serpent-like
serpentígeno *adj.* ⇒ **serpentífero**
serpentina *s. f.* serpentine; branched candlestick, chandelier; BOTÂNICA serpentine (dragonwort, etc.), girandole; revolving, firework; paper streamer used during carnival for throwing; an old form of cannon; ***serpentina de tubos*** coil; ***serpentina de refrigeração*** cooling serpentine
serpentinito *s. m.* MINERALOGIA serpentine
serpentino *adj.* serpentine, twisting, winding, sinuous, meandering; crooked, tortuous; treacherous; ***pedra serpentina*** serpentine stone; ***língua serpentina*** an evil tongue
serpete *s. m.* pruning-knife
serpil *s. m.* BOTÂNICA ⇒ **serpilho**
serpilho *s. m.* BOTÂNICA wild thyme, running thyme
serpol *s. m.* BOTÂNICA ⇒ **serpilho**
serra *s. f.* saw (tool); serra, ridge of mountains; ***ir à serra*** to get huffed, to take umbrage; ***serra de fender*** rip-saw; ***serra braçal*** broad saw, whipsaw; ***serra de fita (para metal)*** band saw (for metal); ***serra eléctrica*** electric saw; ***serra mecânica*** mechanical saw; ***serra circular*** circular saw; ***serra de arco*** bow-saw; ***serra de cadeia*** chain-saw; ***serra de mão*** buck-saw; ***serra de vaivém*** gig-saw; ***travadeira de serras*** saw-wrench
serrabulho *s. m.* ⇒ **sarrabulho**
serração *s. f.* sawing; saw-mill
serradela *s. f.* BOTÂNICA bird's-foot, bird's foot trefoil
serradiço *adj.* sawed and square (timber)
serrador *s. m.* sawyer; lumber-jack (Canada); ***cavalete de serrador*** saw-horse
serradura *s. f.* sawdust; ⇒ **serragem**
serragem *s. f.* saw-mill; saw-dust
serralha *s. f.* BOTÂNICA saw-thistle
serralhar *v. tr.* to cut, to carve
serralharia *s. f.* blacksmith's workshop; iron-worker's workshop
serralheiro *s. m.* blacksmith; locksmith
serralho *s. m.* seraglio (old palace of a sultan in Turkey); harem, hareem
serramento *s. m.* act of sawing
serrana *s. f.* mountain-dweller (woman)
serrania *s. f.* ridge of mountains, cordillera, mountain range
serranice *s. f.* crude manners; manners of a mountaineer
Serrânidas *s. m. pl.* ⇒ **Serranídeos**
Serranídeos *s. m. pl.* ICTIOLOGIA *Serranidae*
serranilha *s. f.* bucolic song
serranizar *v. intr.* to bore, to weary, to annoy, to pester; to harp on the same string
serrano Ⓐ *adj.* mountainous Ⓑ *s. m.* mountaineer
serrão *s. m.* two-handled cross-cut saw; ICTIOLOGIA a kind of perch; ORNITOLOGIA the blue-black grass-quit
serrar Ⓐ *v. tr.* to saw, to cut (with a saw) Ⓑ *v. intr.* to work with a saw; ***serrar madeira*** to saw timber; ***a madeira rija não se serra facilmente*** hard wood does not saw easily; ***serrar em pranchas*** to plank
serraria *s. f.* saw-mill; sawyer's frame
serra-serra *s. m.* blue-black grass-bird
serrátil *adj.* serriform, saw-shaped
serrazina *s. m. e f.* tiresome person, pester; bore, nuisance
serreado *adj.* BOTÂNICA saw-toothed, serrate, serrated
serrear *v. tr.* to serrate, to notch, to cut like a saw; to make saw-toothed
serrenho *adj.* ⇒ **serrano**
sérreo *adj.* saw-toothed, related to saw

serreta *s. f.* small saw; small mountain
serricórneo *adj.* serricorn
serridentado *adj.* ZOOLOGIA ⇒ **serridênteo**
serridênteo *adj.* ZOOLOGIA serridentate
serril *adj.* mountainous; rustic, rude; wild; ⇒ **sérreo**
serrilha *s. f.* milling; milled edge of a coin; pointed curb; saw-toothed ornamentation
serrilhado *adj.* serrulate(d), milled
serrilhador *s. m.* milling-machine (of coins)
serrilhar Ⓐ *v. tr.* to mill (a coin), to rim, to serrate Ⓑ *v. intr.* to bridle a bolting horse by alternate pulls of the reins
serrim *s. m.* sawdust; BOTÂNICA saw-wort
serrinha *s. f.* small saw
serrino *adj.* saw-shaped
serrípede *adj.* ZOOLOGIA saw-footed; serriped
serrirostro *adj.* serrirostrate, saw-billed (of birds)
serro *s. m.* mountain ridge
serrobeco *s. m.* kind of rough woollen coffee coloured material
serrotar *v. tr.* to cut (with a hand-saw)
serrote *s. m.* hand-saw, cross-cut saw; ***serrote para metal*** hack-saw; ***serrote para cortar o osso*** meat-saw; ***serrote de arco*** frame saw, bow saw
sertã *s. f.* frying-pan
sertanejo *adj.* rude, sylvan; of (or from) the back country forest, inland; inlander
sertanista *s. m. e f.* inland explorer
sertão *s. m.* inland, hinterland, back-country; wilderness; the backwoods, the bush
sertela *s. f.* ⇒ **sertelha**
sertelha *s. f.* tackle for fishing eels
sertulária *s. f.* ZOOLOGIA sertularia
serubuna *s. f.* ⇒ **serutinga**
sérum *s. m.* serum; whey
serutinga *s. f.* a species of mangrove, the black mangrove
serva *s. f.* woman servant; ***serva do Senhor*** servant of God
servência *s. f.* service; utility
servente *s. m. e f.* servant; ***servente de pedreiro*** bricklayer's assistant (or mate), errand-boy
serventia *s. f.* service, utility; use; servitude; passage, entrance
serventuário *s. m.* deputy, substitute; servant
serviçal Ⓐ *adj.* serviceable, obliging, willing (to render service) Ⓑ *s. m. e f.* servant; ***pessoa serviçal*** a serviceable person, willing horse
servição *s. m.* valuable help
serviço *s. m.* service; occupation (employment, position) of a servant; duty; office, function; ceremony; help, advantage; official duty; set of dishes, plates, cups, saucers, etc; RELIGIÃO office, divine service; *pl.* offices; ***serviço militar*** military service; ***serviço corrente*** routine duties; ***serviço secreto de informações*** Intelligence Department; ***serviço aéreo*** air service, flying duty; ***serviço administrativo*** administration, management; ***serviço directo (de navios)*** through service (of ships); ***serviço de embarque*** service afloat; ***escaler de serviço*** service boat; ***serviço de porto*** harbour service; ***serviço de saúde*** quarantine service, health department, medical services; ***serviço de bordo*** ship duty; ***serviço de correio*** postal service; ***serviço aeropostal*** air-mail service; ***serviço obrigatório*** compulsory service; ***serviço diário*** daily service; ***serviço doméstico*** domestic service, house work; ***serviços da aeronáutica*** air service; ***folha de serviços*** service record; ***apto para o serviço*** fit for service; ***casa particular com pensão e serviço*** service flat; ***tomar ao seu serviço*** to take into one's service; ***estar no serviço activo*** to be on active service; ***prestar serviços a*** to render services to; ***prestar um bom serviço*** to do a good turn; ***quer prestar-me um serviço?*** will you do me a favour?; ***os serviços públicos*** the public services; ***serviço de comboios*** train service; ***serviço de automóveis*** car hire service; ***serviço de autocarros*** bus service; ***serviço de noite*** night service; ***serviço esmerado*** irreproachable service; ***serviço combinado com...*** service arranged with...; ***estação de serviço*** service station; ***um serviço de chá*** a tea-service, a tea-set; ***serviço de jantar*** dinner set, dinner service; ***serviço de porcelana*** set of China; ***serviço de prata*** a set of silverware; ***o serviço está incluído?*** is service included?; ***serviço telefónico*** telephone service; ***fazer um serviço inútil*** to plough the sands; ***deixar o serviço*** to give up, to leave the service; ***de serviço*** on duty; ***estar de serviço*** to be on duty; [coloq.] ***que lindo serviço! (que bela coisa!)*** what a fine job!; ***ela esteve ao meu serviço durante muitos anos*** she was in my service for many years; ***prestar serviços ao seu país*** to render service to one's country
servidão *s. f.* servitude; slavery, serfdom, bondage; right-of-way, public right of free passage over road or path
servidiço *adj.* worn out, old
servido *adj.* served, used, worn; ***como Deus é servido*** as God wills; ***se Deus for servido*** if it shall please God; ***é servido de almoçar connosco?*** will you join us for lunch?; ***ser servido*** to be provided (with); ***o primeiro que chega é o melhor servido*** first come, first served
servidor *s. m.* servant; attendant; ***servidores (funcionários) do Estado*** civil servants
serviente *adj.* servient
servil *adj.* servile, cringing, fawning, abject, obsequious, submissive, slavish
servilha *s. f.* a boat for fishing sardines
servilheiro *s. m.* fisher of sardines
servilheta *s. f.* housemaid
servilismo *s. m.* servility, subservience, sycophancy, slavishness; servilism
servilizar *v. tr.* to render servile
servilmente *adv.* servilely; basely
sérvio Ⓐ *adj.* Serbian Ⓑ *s. m.* a Serb
serviola *s. f.* NÁUTICA cathead
servir Ⓐ *v. tr. e intr.* to serve; to work for; to be useful to; to wait on; to attend; to perform duties or service (for); to be of use, to avail; to help, to assist; to serve up (a dish); to serve (in tennis) Ⓑ *v. refl.* to use, to make use of; to avail oneself of, to help oneself (at table); to deign, to be pleased; ***servir à mesa*** to wait at table; ***servir um freguês*** to attend (to) a customer; ***andar a servir*** to be in service; ***ir servir*** to go out to service; ***não serve de nada*** it's (of) no use, it is no good; ***não servir de nada (não produzir efeito)*** to run like water off a duck's back; ***serve da mesma maneira*** it will do just as well; ***qualquer coisa serve*** any old thing will do; ***servir de lição*** to serve as a lesson, to serve as an example; ***servir de norma*** to serve for guidance, to be a guide; ***para que serve isto?*** what is this (good) for?, what is the use of this?; ***serve-lhe isto?*** will this do?, does this suit you?; ***um cobertor velho serviu de cortina*** an old blanket served as a curtain; ***a criada serviu-nos o jantar*** the maid waited on us at dinner; ***servir café em chávenas de Sèvres*** to serve coffee in Sèvres cups; ***servem para a ocasião*** they will serve for the moment; ***sirva-se!*** help yourself!; ***sirva-se de mais*** please have some more; ***as crianças serviram-se de fruta*** the children helped themselves to some fruit; ***permita-me que o sirva*** allow me to help you; ***quer que o sirva de vinho?*** may I pour you out some wine?; ***em que posso servi-lo?*** what can I do for you?; ***isto pode servir-lhe*** this may be of some use to you, this may be some good to you; ***aquele serve*** that one will do; ***posso servir-me do seu telefone?*** may I use your telephone?; ***servir de exemplo*** to serve as an example; ***servir de testemunha*** to appear as a witness; ***ele nunca se serve do dicionário*** he never uses the dictionary; ***já não me sirvo dele*** I am not using it any more; ***isto serve para muitas coisas*** that has several uses; ***para que serve dizer-lhe?*** what is the use of telling him?; ***servir-se da ocasião*** to seize (to take) the opportunity
servitas *s. f. pl.* Servites (religious order)
servitude *s. f.* servitude

servível *adj.* serviceable, useful
servo *s. m.* servant; serf
servocomando *s. m.* servo command
servo-croata *s. m.* Serbo-Croatian, Serbo-Croat
servofreio *s. m.* servo-brake
servomecanismo *s. m.* servo-motor, servo-mechanism
servomotor *s. m.* servomotor
serzeta *s. f.* ZOOLOGIA kind of snipe
serzino *s. m.* ORNITOLOGIA a bird of the family *Fringillidae* with yellow plumage
sésamo *s. m.* BOTÂNICA sesame; [fig.] a key to a mystery; sesame
sesamóide *adj.* ZOOLOGIA sesamoid; ***osso sesamóide*** sesamoid bone
sesgo *adj.* sloped; twisted; oblique
sesma *s. f.* sixth of anything
sesmado *adj.* portioned, allotted, divided
sesmar *v. tr.* [arc.] to divide (or to distribute) uncultivated lands
sesmaria *s. f.* allotment (division or distribution) of uncultivated (or abandoned) lands
sesmeiro *s. m.* [arc.] distributor of uncultivated lands
sesmo *s. m.* uncultivated land for distribution; [arc.] limit, partition
sesquiáltera *s. f.* MÚSICA sesquialtera; MATEMÁTICA sesquialter ratio
sesquiáltero *adj.* sesquialter(al)
sesquióxido *s. m.* sesquioxide
sesquipedal *adj.* sesquipedalian
sesquitércio *adj.* ⇒ **sesquiterço**
sesquiterço *adj.* sesquitertian, sesquitertial
sessa *s. f.* ⇒ **sessação**
sessação *s. f.* sifting; penetrating
sessamento *s. m.* sifting; penetrating
sessão *s. f.* session; meeting of Parliament (or an assembly); sitting; ***estar em sessão*** to be in session, to be sitting, to be assembled; ***adiar a sessão*** to adjourn the meeting; ***acta de sessão*** minutes of the meeting; ***abrir a sessão*** to open the session; ***adiar para uma nova sessão*** to defer to a new session; ***encerrar a sessão*** to close the meeting; ***sessão da tarde*** matinée
sessar *v. tr.* to sift, to screen; to penetrate
sessenta *num. card.* sixty; ***ainda não fez sessenta anos*** he has not yet turned sixty
sessentão *s. m., adj.* sexagenarian
séssil *adj.* BOTÂNICA, ZOOLOGIA sessile
sessilifloro *adj.* sessileflowered
sessilifoliado *adj.* sessileleaved
sesso *s. m.* buttocks
sesta *s. f.* nap, siesta; ***dormir a sesta*** to take a nap (after lunch)
sesteada *s. f.* afternoon nap; siesta; sheltering cattle from the heat
sestear Ⓐ *v. intr.* to take an afternoon rest or nap Ⓑ *v. tr.* to shelter cattle from the heat
sesterciário *s. m.* very poor person
sestércio *s. m.* sesterce, sestercius
sestra *s. f.* left-hand
sestro Ⓐ *adj.* sinister, left-handed Ⓑ *s. m.* fate, lot; humour, fancy
sestroso *adj.* fanciful, whimsical, unruly; vicious (horse)
seta *s. f.* arrow, dart; BOTÂNICA arrow head; ASTRONOMIA Arrow, Sagitta; ***seta indicadora*** indication arrow
setáceo *adj.* setaceous
setada *s. f.* arrow-shot; wound made by an arrow
sete *num. card.* seven; ***o dia sete*** the seventh; ***as sete maravilhas do mundo*** the Seven Wonders of the World; ***a Guerra dos Sete Anos*** the Seven Years War; ***os sete pecados mortais*** the seven deadly sins
seteal *s. m.* country-side
setear *v. tr.* to wound or to kill (with an arrow)
setecentismo *s. m.* style and school of the 18th century writers
setecentista Ⓐ *s. m. e f.* a 18th century writer Ⓑ *adj.* relating to the 18th century writers
setecentos *num. card.* seven hundred
sete-cotovelos *s. m.* BOTÂNICA a variety of pear
sete-e-meio *s. m.* a card game
sete-em-rama *s. f.* BOTÂNICA tormentil, sept-foil
sete-estrelo *s. m.* ASTRONOMIA seven stars, the Pleiads, the Great Bear
seteira *s. f.* loop-hole, embrasure
seteiro *s. m.* archer, bowman
setembrino *adj.* relating to the month of September
setembrismo *s. m.* political party of the septembrists
setembrista *s. m. e f.* septembrist
Setembro *s. m.* September
sete-mês *adj.* born in the seventh month of pregnancy (child)
sete-mesinho *adj.* born in the seventh month of pregnancy (child)
setenado *adj.* BOTÂNICA septenate, heptamerous
setenta *num. card.* seventy; ***a casa dos setenta (anos)*** the seventies
setentrião *s. m.* Septentrion; the north, the northern regions; north pole; north wind
setentrional Ⓐ *adj.* septentrional, northern Ⓑ *s. m. e f.* a northerner
setia *s. f.* kennel (of a mill), mill-race, leaf of a mill; kind of nail wire
setial *s. m.* ornamented seat in a church; natural seat on top of a monticule
seticórneo *adj.* ZOOLOGIA having setiform antennae
setífero *adj.* setiferous; bristly
setifloro *adj.* setiflorous
setiforme *adj.* setiform
setígero *adj.* setigerous; bristly
setilha *s. f.* seven-lined stanza
sétima *s. f.* MÚSICA seventh
setimanista *s. m. e f.* seventh-year student
sétimo Ⓐ *num. ord.* seventh Ⓑ *s. m.* the seventh part
setoira *s. f.* ⇒ **setoura**
setoura *s. f.* large scythe
seu Ⓐ *adj. poss.* his, her; its; your; their Ⓑ *pron. poss.* his, hers; its; yours; theirs; ***seu próprio*** his own, her own, its own, your own, their own; ***ficar na sua*** to stick to his point; ***ter de seu*** to be well-off; ***fazer das suas*** to be at his old tricks; ***os seus*** one's family
seva *s. f.* [Bras.] act of grating manioc roots; horizontal liana or rope for drying tobacco leaves
sevadeira *s. f.* woman who grates manioc roots; machine for grating manioc roots
sevandija Ⓐ *s. f.* vermin, parasite Ⓑ *s. m. e f.* contemptible person, lickspittle, abject rascal, cringer, parasite
sevandijaria *s. f.* parasitism
sevandijar-se *v. refl.* to degrade oneself, to act as a lickspittle; to cringe, to fawn
sevar *v. tr.* to grate manioc roots
severamente *adv.* severely, harshly, rigorously
severidade *s. f.* severity, austerity; harshness, rigour
severo *adj.* severe; harsh, austere, strict, stern, rigorous, rigid, grave; inexorable; exacting; hard; ***castigo severo*** severe punishment; ***ser severo para alguém*** to be hard on a person
sevícia *s. f.* ill-treatment, cruelty, ill-usage
seviciar *v. tr.* to ill-treat, to treat cruelly
sevilhana *s. f.* big folding-knife; variety of big olives good for eating; lady's mantilla; popular Sevillian song; woman from Seville

sevilhano Ⓐ *adj.* relating to Seville Ⓑ *s. m.* an inhabitant of Seville; natural of Seville
sevo *adj.* cruel, ferocious
sexagenário Ⓐ *adj.* sexagenarian, sixty years old Ⓑ *s. m.* a sexagenarian, person between sixty and seventy years old
sexagésima *s. f.* the sixtieth part; Sexagesima Sunday (the second Sunday before Lent)
sexagesimal *adj.* sexagesimal
sexagésimo Ⓐ *adj.* sixtieth Ⓑ *s. m.* the sixtieth part
sexangulado *adj.* hexangular, hexagonal
sexangular *adj.* ⇒ **sexangulado**
sexcentésimo *adj.* six hundredth
sexdigitado *adj.* ⇒ **sexdigital**
sexdigital *adj.* sexdigitate
sexdigitário *s. m.* sexdigitate, sexdigitist
sexdigitismo *s. m.* sexdigitism
sexenal *adj.* sexennial
sexénio *s. m.* sexennian (six years period)
sexiparidade *s. f.* sexual reproduction
sexismo *s. m.* sexism
sexista *adj.* sexist
sexo *s. m.* sex; ***atracção do sexo*** sex appeal; ***o belo sexo*** the fair sex; ***o sexo fraco*** the weaker sex; ***o sexo forte*** the sterner sex; ***sexo feminino*** the female sex; ***sem distinção de sexo ou idade*** without distinction of sex or age
sexologia *s. f.* sexology
sexológico *adj.* sexological
sexologista *s. m. e f.* ⇒ **sexólogo**
sexólogo *s. m.* sexologist
sexta *s. f.* sext (the office of the 6th hour, recited at noon); MÚSICA sixth (interval); Friday
sexta-feira *s. f.* Friday; ***Sexta-Feira Santa*** Good Friday
sextanista *s. m. e f.* student in the sixth year
sextante *s. m.* sextant
sextário *s. m.* sextary
sextavado *adj.* hexagonal, hexangular
sextavar *v. tr.* to give hexagonal form to
sexteto *s. m.* sextet
sextil *adj.* sextile
sextilha *s. f.* stanza of six lines
sextilião *num. card.* sextillion
sextina *s. f.* sestina
sexto Ⓐ *adj.* sixth Ⓑ *s. m.* the sixth part; ***o sexto dia da semana*** the sixth day of the week; ***no sexto ano*** in the sixth year; ***ele está no sexto ano (do liceu)*** he is in the sixth form (at school)
sêxtuor *s. m.* MÚSICA sextet
sextuplicação *s. f.* sextupling
sextuplicar *v. intr.* to sextuple; to multiply by six
sêxtuplo *adj.* sextuplex, sixfold
sexuado *adj.* having sex
sexual *adj.* sexual; ***relações sexuais*** sexual intercourse
sexualidade *s. f.* sexuality
sexualismo *s. m.* sexualism
sexualista *adj.* sexualist; showing sex
sexualizar *v. tr.* to sexualize
sexualmente *adv.* sexually
sezão *s. f.* ague, shivering fit; malarial fever; intermittent fever
sezoar *v. intr.* to ripen
sezonado *adj.* affected by malaria
sezonal *adj.* related to malaria
sezonático *adj.* malarial
sezónico *adj.* ⇒ **sezonático**
sezonígeno *adj.* malaria producing, malarial
sezonismo *s. m.* malaria
sezonologia *s. f.* a treatise on malaria
sezonologista *s. m. e f.* ⇒ **malariologista**

shakespeariano *adj.* Shakespearean
si[1] *pron. rel.* himself; herself; itself; oneself; yourself; yourselves; themselves; ***de per si*** by himself (herself, themselves); ***de si para si*** to oneself, within oneself; ***voltar a si*** to come round, to come back to one's senses; ***dar sinal de si*** to show signs of life; ***estar fora de si*** to be beside oneself (with anger); ***ser senhor de si*** to be one's master
si[2] *s. m.* MÚSICA si, B seventh note of octave; ***si bemol*** B flat; ***si maior*** B major; ***si menor*** B minor; ***si sustenido*** B sharp; ***si natural*** B natural
siá *s. f.* [Bras.] ⇒ **senhora**
sial *s. m.* sial
sialadenite *s. f.* MEDICINA sialo-adenitis, sialadenitis
sialagogo Ⓐ *s. m.* MEDICINA sialagogue Ⓑ *adj.* sialagogue, sialogogic
sialismo *s. m.* salivation, ptyalism, sialorrhea
sialofagia *s. f.* MEDICINA continuous swallowing of saliva
sialogia *s. f.* branch of medicine that deals with saliva and salivary glands
sialologia *s. f.* branch of medicine that deals with saliva and salivary glands
sialológico *adj.* sialologic
sialorreia *s. f.* sialorrhea
siame *s. m., adj.* ⇒ **siamês**
siamês *s. m., adj.* Siamese
siamise *s. f.* Siamese musical instrument with three strings vibrating over a cat skin
siar *v. tr.* to close (wings) to come down quicker
siba *s. f.* ZOOLOGIA cuttle-bone
sibana *s. f.* [ant.] hut
sibar *s. m.* Asiatic boat
sibarismo *s. m.* sybaritism
sibarita *s. m. e f., adj.* Sybarite
sibaritar *v. intr.* to lead a luxurious life
sibarítico *adj.* Sybaritic
sibaritismo *s. m.* Sybaritism
siberiano Ⓐ *adj.* Siberian Ⓑ *s. m.* a Siberian, inhabitant or native of Siberia
sibila *s. f.* sibyl; soothsayer, witch
sibilação *s. f.* sibilation, hissing
sibilância *s. f.* sibilance
sibilante Ⓐ *adj.* sibilant Ⓑ *s. f.* hissing, hissing consonant; ***som sibilante*** sibilant sound, hissing sound
sibilantizar *v. tr.* to render sibilant
sibilar *v. tr.* to hiss; to sibilate; to whistle; to whizz
sibilino Ⓐ *adj.* sibylline, oracular, sybilous Ⓑ *s. m.* hiss, hissing, whistling sound
sibilismo *s. m.* sibyllism
sibilista *adj.* sibyllist
sica *s. f.* dagger worn by the ancient Romans
sicambros *s. m. pl.* Sicambri (ancient people who inhabited the North of Germany)
sicandra *s. f.* sponge
sicariato *s. m.* murder (committed with a dagger) by a hired murderer
sicário Ⓐ *s. m.* hired murderer Ⓑ *adj.* cruel, bloodthirsty
sicatividade *s. f.* siccative quality; siccity
sicativo Ⓐ *adj.* siccative Ⓑ *s. m.* siccative, substance which promotes drying
sícera *s. f.* any drunking beverage (except wine)
siciliana *s. f.* MÚSICA Siciliana, Sicilian music and dance
siciliano *s. m., adj.* Sicilian
siciliense *s. m. e f., adj.* Sicilian
siclo *s. m.* shekel (ancient coin of the Hebrews)
sicófago Ⓐ *s. m.* that lives on figs Ⓑ *adj.* living on figs
sicofanta *s. m. e f.* sycophant, toady, servile, flatterer, fawner, lickspittle
sicofantismo *s. m.* sycophancy
sicomancia *s. f.* sycomancy (divination by fig-leaves)

sicomante *s. m. e f.* sycomancer (diviner by fig-leaves)
sicómoro *s. m.* BOTÂNICA sycamore, sycomore
sícon *s. m.* sponge
sícone *s. m.* BOTÂNICA ⇒ **sicónio**
sicónio *s. m.* BOTÂNICA syconium
sicose *s. f.* MEDICINA sycosis, barber's itch
sicrano *s. m.* Mr. So-and-so; such-and-such a person
sículo *adj.* Sicilian
sida *s. f.* MEDICINA AIDS
sideração *s. f.* sideration; astrological influence; sudden paralysis, apoplexy; fulmination
sideral *adj.* sideral
siderar *v. tr.* to fulminate
sidéreo *adj.* sidereal, starry, astral
sidérico *adj.* ⇒ **sideral**; ferric, ferrous
siderismo *s. m.* cult of stars
siderite *s. f.* siderite
siderografia *s. f.* siderography
siderográfico *adj.* siderographic
siderógrafo *s. m.* siderographist
sideromancia *s. f.* sideromancy
sideromante *s. m. e f.* diviner using smoke from hot iron
sideroscopia *s. f.* sideroscopy
sideroscópio *s. m.* sideroscope
siderose *s. f.* siderite; siderosis
siderósio *s. m.* siderite; siderosis
sideróstato *s. m.* siderostat
siderotecnia *s. f.* siderotechny (the art of working iron)
siderotécnico *adj.* siderotechnic
siderurgia *s. f.* siderurgy, iron-foundry
siderúrgico *adj.* siderurgic(al)·
sidesmógrafo *s. m.* syndesmographer
sidónio *s. m., adj.* Sidonian
sidra *s. f.* cider, apple wine
sienito *s. m.* syenite
sifão *s. m.* siphon, syphon
sifílide *s. f.* MEDICINA syphilide, syphilid
sifiligrafia *s. f.* syphilography
sifiligrafista *s. m. e f.* syphilo-grapher
sifilígrafo *s. m.* syphilo-grapher
sífilis *s. f.* MEDICINA syphilis
sifilismo *s. m.* syphilosis
sifilista *s. m. e f.* ⇒ **sifiligrafista**
sifilítico Ⓐ *adj.* syphilitic Ⓑ *s. m.* luetic, syphilitic person
sifilização *s. f.* syphilization
sifilizar *v. tr.* to syphilize
sifilografia *s. f.* ⇒ **sifiligrafia**
sifilógrafo *s. m.* ⇒ **sifiligrafista**
sifilologia *s. f.* syphilology
sifilologista *s. m. e f.* syphilologist
sifilólogo *s. m.* syphilologist
sifiloma *s. m.* MEDICINA syphiloma
sifiloterapia *s. f.* syphilotherapy
sifiloterápico *adj.* syphilotherapic
siflar *v. tr. e intr.* to whistle
sifonado *adj.* having a siphon
sifonóide *adj.* siphon-shaped, siphonated
sigilação *s. f.* sealing, sigillation
sigilado *adj.* BOTÂNICA sigillated
sigilar *v. tr.* to seal; to sigillate
sigilária *s. f.* sigillaria
sigilismo *s. m.* a religious schism manifested in Portugal in the 18th century
sigilo *s. m.* secret, seal; ***o sigilo da confissão*** the seal of the confession
sigilografia *s. f.* sigillography
sigiloso *adj.* secret, classified
sigla *s. f.* monogram; abbreviation, sigla
sigma *s. m.* sigma
sigmático *adj.* sigmatic
sigmatismo *s. m.* sigmatism
sigmóide *adj.* sigmoid, sigmoidal
sigmoidite *s. f.* MEDICINA sigmoiditis (inflammation of the sigmoid flexure of the colon)
sigmoidostomia *s. f.* CIRURGIA sigmoidostomy
signa *s. f.* standard, ensign, flag
signatário *s. m.* signatory, undersigned, signer
signífero *s. m.* flag-bearer
significação *s. f.* meaning, significance, signification, sense, interpretation
significado *s. m.* meaning, sense, significance, signification
significador *s. m.* signifier; significative, expressive
significante *adj.* significant, telling, expressive, suggestive
significar *v. tr.* to mean, to signify; to denote, to indicate, to imply, to portend; to tell, to show, to manifest; to matter; ***significar satisfação*** to show one's satisfaction; ***que significa isto?*** what does this mean?; ***não significar coisa alguma*** to amount to nothing
significativamente *adv.* significantly
significativo *adj.* significative, expressive, significant; ***com um olhar muito significativo*** with a look of deep significance; ***isso é bem significativo*** that is saying a great deal
signo *s. m.* sign; [fig.] fate, destiny; MÚSICA a note
signografia *s. f.* set of signs concerning a science or ar
signo-saimão *s. m.* amulet, talisman, charm
sílaba *s. f.* syllable; ***sílaba tónica*** stressed syllable
silabação *s. f.* syllabication, syllabification
silabada *s. f.* wrong accent or pronunciation of a word
silabar *v. intr.* to syllabize, to syllable; to spell
silabário *s. m.* spelling-book
silábico *adj.* syllabic
silabismo *s. m.* syllabism
sílabo *s. m.* syllabus
silagem *s. f.* ensilage; silage
silano *s. m.* QUÍMICA silanes
silena *s. f.* BOTÂNICA silene, catchfly
Silenáceas *s. f. pl.* BOTÂNICA *Silenaceae*
silenciador *s. m.* silencer
silenciamento *s. m.* silencing
silenciar Ⓐ *v. tr.* to silence, to reduce to silence; to hush; to put down, to crush Ⓑ *v. intr.* to keep silent, to be silent
silêncio Ⓐ *s. m.* silence, stillness; quiet; calm; oblivion, secrecy; taciturnity Ⓑ *interj.* silence!; hush!; mum!; ***silêncio profundo*** dead silence; ***no profundo silêncio da noite*** in the stillness of the night, in the dead of night; ***o silêncio do deserto*** the silence of the desert; ***não compreendemos o vosso longo silêncio*** we cannot understand your long silence; ***guardar silêncio*** to observe silence; ***quebrar o silêncio*** to break the silence; ***silêncio de morte*** silence of death; ***o silêncio é de ouro*** silence is golden
silenciosa *s. f.* silent sewing-machine
silenciosamente *adv.* silently, noiselessly
silencioso Ⓐ *adj.* silent; mute; dumb; quiet, still; noiseless; undisturbed; taciturn; speechless Ⓑ *s. m.* a Brazilian bird; ***oração silenciosa*** silent prayer; ***o motor é silencioso e trabalha suavemente*** the engine is very quiet and runs smoothly
sileno *s. m.* kind of butterfly
silente *adj.* ⇒ **silencioso**
silepse *s. f.* GRAMÁTICA syllepsis
siléptico *adj.* sylleptic
silesiano *s. m., adj.* Silesian
sílex *s. m.* MINERALOGIA silex, flint, silica
sílfide *s. f.* MITOLOGIA sylph, sylphid; slender, graceful woman
silfídico *adj.* sylphish
silfo *s. m.* MITOLOGIA sylph, elf, gnome

silha *s. f.* stone seat of the beehive
silhadoiro *s. m.* ⇒ **silhadouro**
silhadouro *s. m.* apiary, bee-house, bee-garden
silhal *s. m.* apiary, bee-house, bee-garden
silhão *s. m.* building around a square; side-saddle (for ladies)
silhar *s. m.* ARQUITECTURA ashlar; ⇒ **silha**
silharia *s. f.* ashlar-work, ashlar-masonry
silhueta *s. f.* silhouette, profile, outline (of a person or object)
sílica *s. f.* QUÍMICA silica; silex; silicon dioxide
silicatado *adj.* MINERALOGIA silicated
silicato *s. m.* silicate; ***silicato de sódio*** sodium silicate; ***silicato de alumínio*** aluminium silicate
sílice *s. m.* ⇒ **sílex**
silícico *adj.* QUÍMICA silicic
silicícola *adj.* silicicolous
silicífero *adj.* siliciferous
silicificação *s. f.* silicification
silício *s. m.* QUÍMICA silicon
silicioso *adj.* siliceous, silicious, silicic
silicone *s. m.* QUÍMICA silicone
silicose *s. f.* MEDICINA silicosis
silícula *s. f.* BOTÂNICA siliqua, silique (*plural* siliquae)
siliculiforme *adj.* siliquose
siliculoso *adj.* siliquous
siligem *s. f.* ⇒ **siligo**
siliginário *s. m.* pastry-man, pastry-maker
siligo *s. m.* first class bread
silindra *s. f.* sweet mockorange; sweet syringa
síliqua *s. f.* BOTÂNICA siliqua, silique
siliquiforme *adj.* siliquiform
siliquoso *adj.* siliquous
silo *s. m.* silo, pit, trench, garner
silogismo *s. m.* syllogism
silogístico *adj.* syllogistic
silogizar *v. tr.* to syllogize, to reason (by syllogisms)
silógrafo *s. m.* satirist; poet
silte *s. m.* silt
siluriano *adj.* silurian, siluroid fish, silure
silúrico *s. m., adj.* GEOLOGIA silurian
Silúridas *s. f. pl.* ⇒ **Silurídeos**
Silurídeos *s. f. pl.* ICTIOLOGIA *Siluridae*
siluro *s. m.* ICTIOLOGIA silurus, silure (*plural* siluri)
silva *s. f.* BOTÂNICA bramble, blackberry-bush; miscellany; a poetical composition, sylva, silva; MILITAR gold lace, galloon on the cuff (or collar) of a uniform; ***amora de silva*** blackberry
silvado *s. m.* blackberry thicket, bramble; thicket
silvandra *s. f.* lepidopterus insect
silvano Ⓐ *adj.* sylvan, silvan Ⓑ *s. m.* MITOLOGIA sylvan spirit
silvão *s. m.* BOTÂNICA quality of bramble
silvar *v. tr.* to whistle
silvático *adj.* sylvan; wild, savage
silvedo *s. m.* bramble thicket
silveira *s. f.* BOTÂNICA bramble; blackberry; blackberry thicket
silveiral Ⓐ *adj.* brambly Ⓑ *s. m.* bramble thicket
silvestre *adj.* wild, sylvan, silvan, sylvestral; woody
silviano *adj.* sylvian
silvícola *s. m. e f., adj.* sylvan
silvicultor *s. m.* sylviculturist, arboriculturist
silvicultura *s. f.* sylviculture; arboriculture
Silviídas *s. m. pl.* ⇒ **Silviídeos**
Silviídeos *s. m. pl.* BOTÂNICA *Sylviidae*
silvina *s. f.* MINERALOGIA sylvine
silvinite *s. f.* QUÍMICA sylvinite
silvite *s. f.* MINERALOGIA sylvite
silvo *s. m.* whistle, whistling; whizz, hiss
silvoso *adj.* full of brambles; brambly; enclosed by briars or brambles

sim Ⓐ *adv.* yes Ⓑ *s. m.* consent, affirmation; ***sim, certamente*** yes, certainly; ***dizer que sim*** to say yes; ***julgo que sim*** I think so; ***pois sim*** all right, very well; ***sim, decerto*** yes, indeed; ***sim, minha senhora*** yes, madam; ***fazer sinal de «sim»*** to nod assent; ***pelo sim, pelo não*** just in case, in view of the doubt; ***dia sim, dia não*** every other day
sima *s. m.* sima
simão *s. m.* [pop.] simian
simaruba *s. f.* BOTÂNICA simaruba
Simarubáceas *s. f. pl.* BOTÂNICA *Simarubaceae*
simbionte *s. m.* BIOLOGIA organism living in symbiosis
simbiose *s. f.* BIOLOGIA symbiosis
simbiota *s. m.* ⇒ **simbionte**
simbiótico *adj.* BIOLOGIA symbiotic
simbólica *s. f.* symbolics
simbolicamente *adv.* symbolically
simbólico *adj.* symbolic(al), representative, figurative; typic(al)
simbolismo *s. m.* symbolism
simbolista *s. m. e f.* symbolist
simbolístico *adj.* symbolistic(al)
simbolização *s. f.* symbolization
simbolizador *s. m.* simbolizer, symbolist
simbolizante *adj.* symbolizing
simbolizar Ⓐ *v. tr.* to symbolize; to typify, to figure, to represent; to image Ⓑ *v. intr.* to symbolize; to speak (or write) symbolically; ***o pavão simboliza a vaidade*** the peacock is symbolical of pride
símbolo *s. m.* symbol; representation; emblem; type, figure; sign; token; mark; sigla; ***o símbolo da morte*** skull and crossbones; ***o ramo de oliveira é o símbolo da paz*** the olive branch is the symbol of peace
simbologia *s. f.* symbology
simbológico *adj.* symbological
simbolologia *s. f.* ⇒ **simbologia**
simbolológico *adj.* ⇒ **simbológico**
simetria *s. f.* symmetry; congruity, harmony; proportion, balance; ***estar em simetria*** to be in symmetry
simetricamente *adv.* symmetrically
simétrico *adj.* symmetric(al), harmonious
simetrização *s. f.* act of symmetrizing
simetrizar Ⓐ *v. tr.* to symmetrize, to make symmetrical, to arrange symmetrically Ⓑ *v. intr.* to have symmetry
simiano *adj.* ⇒ **simiesco**
simiesco *adj.* simian, ape-like; apish
Simiídas *s. m. pl.* ⇒ **Simiídeos**
Simiídeos *s. m. pl.* ZOOLOGIA *Simiidae*
símil Ⓐ *adj.* like, similar Ⓑ *s. m.* simile
similar *adj.* similar, like, resembling
similaridade *s. f.* similarity, likeness, resemblance
símile Ⓐ *s. m.* simile; analogy, resemblance Ⓑ *adj.* like, similar
simílimo *adj.* very like, much resembling
similitude *s. f.* similitude; similarity; semblance; likeness
similitudinário *adj.* somewhat similar
símio Ⓐ *s. m.* ape, monkey, baboon Ⓑ *adj.* simian; ape-like
simiologia *s. f.* study on the simians
simonia *s. f.* simony
simoníaco Ⓐ *adj.* simoniacal Ⓑ *s. m.* simoniac
simonte *s. m.* snuff made of the best leaf
simpatalgia *s. f.* pain originated in the sympathetic nervous system
simpatectomia *s. f.* ⇒ **simpaticectomia**
simpatia *s. f.* liking (for), affection, inclination (towards); understanding (between); sympathy; fellow-feeling, commiseration, compassion for, kindness; ***ter simpatia por*** to like, to have a liking for; ***por simpatia*** out of kindness
simpaticectomia *s. f.* CIRURGIA sympathectomy, sympatheticectomy; cutting of the sympathetic nerve
simpaticíssimo *adj.* very kind; very nice; very charming

S

simpático Ⓐ *adj.* nice, attractive, charming; winsome, appealing; warm-hearted; kind Ⓑ *s. m.* ANATOMIA sympathetic (nerve)
simpaticotomia *s. f.* perturbation consisting of the sympathetic nervous system taking over the general functioning of the organs
simpatiquíssimo *adj.* ⇒ **simpaticíssimo**
simpatizante Ⓐ *adj.* sympathizing, supporting Ⓑ *s. m. e f.* sympathizer; adherent, supporter
simpatizar *v. intr.* to take a liking to, to take to; to sympathize with; to like; to feel inclined towards; ***simpatizar com alguém*** to take to someone, to take a fancy to someone, to have a liking for someone
simpétalo *adj.* gamopetalous
simpiezómetro *s. m.* sympiesometer
simpléctico *s. m., adj.* symplectic
simples Ⓐ *adj.* simple; uncompounded; clear, intelligible, evident; easy; plain, unadorned, single; natural, unaffected, artless; ingenuous; innocent, naïve; unsophisticated; simple-hearted; frank, open; elementary; unmixed, pure Ⓑ *s. m. e f.* simpleton, simple-minded person Ⓒ *s. m.* ARQUITECTURA wooden centering; center; ***tarefa simples*** a simple task; ***maneira simples de vestir*** simple mode of dress; ***estilo simples*** a simple style (of writing); ***comida simples*** plain food; ***um modo de vida simples*** a simple mode of life; ***de simples efeito*** simple-acting; ***juro simples*** simple interest; ***o problema é muito simples*** the problem is very simple; ***ela é uma pessoa simples*** she is a simple-minded person
simplesmente *adv.* simply, plainly, clearly; merely, only; unaffectedly; ***simplesmente para lhe agradar*** merely to please you
simpleza *s. f.* simplicity, plainness, naturalness, artlessness
símplice *adj.* ⇒ **simples**
símplices *s. m. pl.* ingredients, components
simplicidade *s. f.* simplicity; plainness; naturalness; innocence, ingenuousness; artlessness; credulity; sincerity; modesty; purity; ***simplicidade no vestuário*** simplicity in dress; ***a simplicidade de um problema*** the simplicity of a problem
simplicíssimo *adj.* most simple
simplicista *s. m. e f.* person who heals by ingredients only
simplificação *s. f.* simplification; simplifying
simplificador Ⓐ *adj.* simplifying Ⓑ *s. m.* simplifier
simplificar *v. tr.* to simplify; to make simple or simpler; to facilitate; to clarify; to explain; to make easy to do (or to understand); MATEMÁTICA to reduce a fraction
simplificativo *adj.* simplifying
simplificável *adj.* that can be simplified
simplismo *s. m.* simplism
simplista Ⓐ *adj.* simplistic Ⓑ *s. m. e f.* simplicist
símploce *s. f.* RETÓRICA symploce (rhetorical figure in which the phrases begin and end by the same words)
simplório Ⓐ *adj.* silly, simple, dull-witted, witless Ⓑ *s. m.* simpleton, greenhorn
simpodial *adj.* sympodial
simpódico *adj.* sympodial
simpódio *s. m.* BOTÂNICA sympodium
simpósio *s. m.* symposium; banquet
simulação *s. f.* simulation, feigning, pretence
simulacro *s. m.* simulacrum; image, likeness; imitation; sham, pretence; ***simulacro de combate*** sham fight
simuladamente *adv.* feignedly
simulado *adj.* simulate, feigned, dissembled; assumed; pretended
simulador *s. m.* dissembler, simulator, pretender
simulamento *s. m.* simulation, pretence
simular *v. tr.* to simulate; to feign; to sham; to mimic; to assume, to pretend, to affect; ***simular doença*** to simulate illness, to feign sickness
simulatório *adj.* simulatory
simultaneamente *adv.* simultaneously, at the same time; together
simultaneidade *s. f.* simultaneity, simultaneousness, synchronism
simultâneo *adj.* simultaneous; synchronous; concurrent, concomitant; ***acções simultâneas*** simultaneous actions
simum *s. m.* simoom, simoon
sina *s. f.* fate, destiny, lot, the finger of fate; ***ler a sina*** to tell one's fortune; ***mandar ler a sina*** to have one's fortune told
sinadelfo *s. m.* MEDICINA monster with one head and one body but eight limbs
sinagelástico *adj.* living in groups
sinagoga *s. f.* synagogue
sinal *s. m.* sign; mark; indication; token; signal; symbol; proof, emblem; mole, patch, beauty spot; COMÉRCIO earnest, deposit; omen, presage; nod, beckon; signature (for official recognition); symptom; trace; (railway) semaphore; ***abrir sinal (no notário)*** to register one's signature (at a notary public); ***fazer sinal com a mão*** to beckon, to make a sign with the hand (to a person); ***fazer sinal com a cabeça*** to nod; ***não dar sinal de si*** to give no sign of one's presence; ***fazer sinais*** to make signs; ***fazer o sinal da cruz*** to make the sign of the cross; ***sinal numérico*** numerical sign; ***sinal de respeito*** tribute of respect; ***sinal de socorro*** signal of distress; ***sinal de perigo*** danger signal, warning sign, alarm; ***sinal de alarme*** alarm signal; ***sinal luminoso*** luminous sign(al); ***sinal luminoso de trânsito*** traffic light; ***sinal rodoviário*** road sign; ***sinal de ocupado*** busy signal, engaged tone; ***sinais convencionais*** conventional signs; ***sinal de chamada (telefone)*** line signal (telephone); ***sinal de marcar (telefone)*** dialling tone (telephone); ***código de sinais*** code of signals; ***sinal de partida (de navio)*** sailing-signal (of a ship), Blue Peter; ***sinal de nevoeiro*** fog-signal; ***facho de sinais*** signal torch; ***sinal para marcar livros*** bookmarker; TIPOGRAFIA ***sinal de referência*** dagger, double dagger; ***sinal de cabeça*** nod; ***sinal de mau agoiro*** unlucky omen, the writing on the wall; ***sinal acústico*** sound signal; ***cabina de sinais*** (railway) signal-box; ***bandeira de sinais*** signal flag; ***balão de sinais*** signal ball; NÁUTICA ***sinal de apito (de manobra)*** pipe (for manoeuvres); ***sinal de execução*** executive signal; ***sinal horário*** time signal; ***fazer um sinal*** to make a sign, to signal; ***em sinal de reconhecimento*** in token of gratitude; ***dar sinal*** to give earnest (money), to leave a deposit; ***dar sinal de partida (a um comboio)*** to whistle (a train)
sinalagma *s. m.* bilateral contract
sinalagmático *adj.* synallagmatic
sinalar *v. tr.* to mark; to signalize, to point out; to designate
sinal-da-cruz *s. m.* sign of the cross
sinalefa *s. f.* GRAMÁTICA synaloepha; (book-binding) pallet, gilding tool
sinaleiro *s. m.* (railway) signalman, semaphorist; signaller; traffic policeman; [fam.] traffic cop; signalman
sinalética *s. f.* science of (criminal) identification
sinalgia *s. f.* MEDICINA referred pain
sinalhada *s. f.* tolling (or tinkling) of many bells
sinalização *s. f.* road-signs, signalling; ***sinalização automática*** automatic signals, automatic signalling; ***sinalização de estradas*** traffic signs; ***sinalização luminosa de estradas*** traffic control signals, traffic lights
sinalizar *v. intr.* to signal; to signalize; to exercise functions of signalman (traffic policeman); to mark; to equip with signs (or signals)
sinantéreo *adj.* BOTÂNICA synantherous
sinantérico *adj.* BOTÂNICA ⇒ **sinantéreo**
sinápico *adj.* sinapic, sinapine
sinapismo *s. m.* sinapism
sinapizar *v. tr.* to flavour with mustard
sinapse *s. f.* synapse, synapsis
sináptico *adj.* synaptic
sinaptologia *s. f.* study of the nervous synaptic functions
sinartrose *s. f.* ANATOMIA synarthrosis

sincarpado *adj.* BOTÂNICA syncarpous
sincárpico *adj.* BOTÂNICA ⇒ **sincarpado**
sincárpio *s. m.* BOTÂNICA syncarp
sincéfalo *s. m.* monster with two interconnected heads
sinceiral *s. m.* plantation of willows
sinceiro *s. m.* willow
sincelo *s. m.* icicle
sincenho *s. m.* icicle
sinceno *s. m.* ⇒ **sincelo**
sinceramente *adv.* sincerely, frankly; genuinely, unaffectedly, earnestly, truthfully; ***desejo-lhe sinceramente prontas melhoras*** I sincerely wish you a speedy recovery
sinceridade *s. f.* sincerity; cordiality; honesty, candour; purity; frankness; simplicity; ***duvidar da sinceridade de alguém*** to doubt someone's sincerity
sincero *adj.* sincere; honest; true, truthful, frank, open; genuine, straightforward, loyal; pure, candid; unaffected; outspoken, plain; ***um amigo sincero*** a sincere friend; ***amizade sincera*** true friendship
sincício *s. m.* BIOLOGIA syncytium
sincinesia *s. f.* MEDICINA unwanted joint movement
sincipital *adj.* ANATOMIA sincipital
sincipúcio *s. m.* ANATOMIA sinciput
sinciput *s. m.* ANATOMIA ⇒ **sincipúcio**
sinclinal Ⓐ *adj.* GEOLOGIA synclinal Ⓑ *s. f.* syncline
sinclinório *s. m.* GEOLOGIA syncline
sínclise *s. f.* GRAMÁTICA intercalation of a pronoun in a word
sinclítico *adj.* GRAMÁTICA of or related to an interpolated pronoun
sinclitismo *s. m.* GRAMÁTICA the intercalation of a word in another one
sincopado *adj.* syncopated, syncopic, syncopal
sincopal *adj.* syncopal
sincopar *v. tr.* to syncopate, to shorten (word); MÚSICA to invert rhythm (of note, tone)
síncope *s. f.* MEDICINA syncope, fainting-fit, swooning; MÚSICA syncope, syncopation; GRAMÁTICA syncope
sincotiledóneo *adj.* BOTÂNICA syncotylous
sincrético *adj.* syncretic, electric
sincretismo *s. m.* syncretism
sincretista *s. m. e f.* syncretist
síncrise *s. f.* antithesis; coagulation of two mixed liquids
sincrítico *adj.* of, pertaining to, or related to antithesis; MEDICINA astringent substance
sincronia *s. f.* synchronicity; ***em sincronia*** in sync
sincrónico *adj.* synchronic, synchronistic, synchronous; simultaneous, coincident, contemporary
sincronismo *s. m.* synchronism; synchrony
sincronista Ⓐ *adj.* synchronizing Ⓑ *s. m. e f.* synchronizer
sincronização *s. f.* synchronization
sincronizar *v. tr.* to synchronize
síncrono *adj.* ⇒ **sincrónico**
sincronologia *s. f.* synchronology
sincronológico *adj.* synchronological
sincroscópio *s. m.* ELECTRICIDADE synchroscope, synchronoscope
sincrotrão *s. m.* synchrotron (cyclotron particle accelerator)
sindactilia *s. f.* syndactilism
sindáctilo *adj.* MEDICINA, ZOOLOGIA syndactyl, syndactylous
sindérese *s. f.* synderesis, synteresis
sindesmite *s. f.* MEDICINA syndesmitis
sindesmografia *s. f.* ANATOMIA syndesmography
sindesmográfico *adj.* ANATOMIA syndesmographic(al)
sindesmologia *s. f.* syndesmology
sindesmologista *s. m. e f.* ANATOMIA syndesmologist
sindesmólogo *s. m.* ANATOMIA syndesmologist
sindesmose *s. f.* ANATOMIA syndesmosis
sindesmotomia *s. f.* CIRURGIA syndesmotomy
sindético *adj.* syndetic
sindicação *s. f.* syndication
sindicado Ⓐ *adj.* acquired Ⓑ *s. m.* syndicate
sindicador Ⓐ *adj.* syndicating Ⓑ *s. m.* prosecutor
sindical *adj.* syndical
sindicalismo *s. m.* syndicalism
sindicalista Ⓐ *adj.* syndicalist Ⓑ *s. m. e f.* member of a syndicate
sindicalizar *v. tr.* to syndicalize, to syndicate
sindicância *s. f.* syndication; investigation, inquiry
sindicante *s. m. e f.* prosecutor, inquirer, investigator, questioner
sindicar *v. tr. e intr.* to investigate, to inquire
sindicato *s. m.* syndicate; trade union
sindicatura *s. f.* syndicate
síndico *s. m.* trustee; syndic
síndroma *s. f.* ⇒ **síndrome**
síndrome *s. f.* syndrome
sindrómico *adj.* related to syndrome
sindromo *s. m.* ⇒ **síndroma**
sinecura *s. f.* sinecure
sinecurismo *s. m.* sinecurism
sinecurista *s. m. e f.* sinecurist
sinédoque *s. f.* RETÓRICA synecdoche
sinedrim *s. m.* ⇒ **sinédrio**
sinédrio *s. m.* sanhedrim, synedrion, synedrium (*plural* synedria)
sineira *s. f.* bell tower
sineiro *s. m.* bell-ringer; toller; bell-maker
sinema *s. m.* BOTÂNICA synema
sinemático *adj.* staminate, related to stamens
sinéquia *s. f.* MEDICINA synechia
sinérese *s. f.* GRAMÁTICA synaeresis, syneresis
sinergia *s. f.* MEDICINA working together; cooperation
sinérgico *adj.* MEDICINA synergic, synergistic(al)
sinérgide *s. f.* synergidae, synergidis
sinergídea *s. f.* ⇒ **sinérgide**
sinergista *s. m.* synergist
sínese *s. f.* GRAMÁTICA synesis
sinestesia *s. f.* FISIOLOGIA synaesthesia
sineta *s. f.* small bell
sinetar *v. tr.* to mark with a seal
sinete *s. m.* seal, signet; ***anel com sinete*** signet-ring
sinfilia *s. f.* ZOOLOGIA symphile
sínfise *s. f.* ANATOMIA symphysis
sinfonia *s. f.* symphony
sinfónico *adj.* symphonic
sinfonista Ⓐ *s. m. e f.* symphonist Ⓑ *adj.* ⇒ **sinfónico**
sinfonizar *v. tr.* to compose symphonies, to harmonize
sinforina *s. f.* BOTÂNICA a bush of the family *Loniceraceae* originated in Virginia and similar to honey-suckle
singelamente *adv.* plainly, sincerely, ingenuously; singly
singeleira *s. f.* fishing-net (for catching small fish)
singelez *s. f.* ⇒ **singeleza**
singeleza *s. f.* simplicity, plainness, homeliness, naturalness; sincerity, frankness, openness; innocence; chastity, purity
singelo *adj.* simple, single; sincere, frank, open, candid, plain, innocent, ingenuous; unmixed, unmingled, bare, mere; ***flor singela*** single flower
singenesia *s. f.* BOTÂNICA syngenesia
singenésico *adj.* syngenesian, syngenesious
singenético *adj.* syngenetic
singlete *s. m.* singlet
Singnátidas *s. m. pl.* ⇒ **Signatídeos**
Singnatídeos *s. m. pl.* *Syngnathidae*
singradeiro *s. m.* place in a river or sea where boats can pass

singradouro *s. m.* place in a river or sea where boats can pass
singradura *s. f.* NÁUTICA a day's run, a day's sail
síngrafo *s. m.* syngraph, bond (written contract signed by both parties)
singrante *adj.* ready to sail
singrar *v. intr.* to sail; [fig.] to do well
singular Ⓐ *adj.* singular, single, individual; unusual; strange, queer, odd, funny, eccentric, peculiar, extraordinary, surprising Ⓑ *s. m.* GRAMÁTICA singular; singular number, the singular; ***primeira pessoa do singular*** first person singular; ***número singular*** singular number
singularidade *s. f.* singularity, eccentricity, strangeness, oddity, oddness, queerness, peculiarity, uncommonness, rareness, rarity
singularizar Ⓐ *v. tr.* to singularize, to make singular; to single out, to particularize, to specify Ⓑ *v. refl.* to distinguish oneself, to make oneself conspicuous
singularmente *adv.* singularly, strangely, oddly, uncommonly
sinhá *s. f.* [Bras.] ⇒ **senhora**
sínico *adj.* related (pertaining) to China
sinistra *s. f.* left hand
sinistrado Ⓐ *adj.* injured; damaged, wrecked Ⓑ *s. m.* casualty, victim, injured person
sinistrar *v. intr.* to suffer a disaster (accident)
sinistrismo *s. m.* left-handedness, sinistrorse
sinistro Ⓐ *adj.* sinister, evil, inauspicious, disastrous, dismal, of ill omen; baneful, malignant, ill-looking; unlucky Ⓑ *s. m.* casualty, disaster, accident, loss, damage; ***sinistros marítimos*** disasters to shipping, accidents at sea; ***aspecto sinistro*** sinister aspect; ***cara sinistra*** sinister countenance
sinistrorso *adj.* sinistrorse
sinizese *s. f.* sinizesis (the pronouncing of two vowels without forming dipthong)
sino *s. m.* bell; ***sino de mergulhador*** diving-bell; ***sino de rebate*** storm (alarm) bell; ***sino de recolher*** curfew bell; ***tanger um sino*** to ring a bell; ***dobrar os sinos*** to toll; ***andava tudo num sino*** all went as merrily as a marriage-bell; ***fundidor de sinos*** bell-founder; ***em forma de sino*** bell-shaped; ***torre de sinos*** bell-tower, belfry; ***repique de sinos*** chime of bells; ***badalo de sino*** clapper of a bell; ***bóia com sino*** bell-buoy
sinodal *adj.* synodal
sinodático *adj.* synodic; synodal
sinódico *adj.* RELIGIÃO synodal, synodic(al)
sínodo *s. m.* synod, ecclesiastical council
sinologia *s. f.* sinology
sinológico *adj.* sinological
sinólogo *s. m.* sinologist (expert in sinology)
sinonimar *v. tr.* to synonymize, to give synonyms, to use synonyms
sinonímia *s. f.* synonymy, synonymity
sinonímica *s. f.* synonymic
sinonímico *adj.* synonymous
sinonimista *s. m. e f.* synonymist
sinonimizar *v. tr.* to synonymize, to give synonyms, to use synonyms
sinónimo Ⓐ *s. m.* synonym Ⓑ *adj.* synonimous
sinopla *s. f.* ⇒ **sinople**
sinople *s. f.* sinople; HERÁLDICA green, vert (of escutcheons); sinoper
sinopse *s. f.* synopsis (*plural* synopses), summary
sinopsia *s. f.* MEDICINA coloured hearing
sinopticamente *adv.* synoptically
sinóptico *adj.* synoptic, synoptical
sinoptizar *v. tr.* to make the synopsis of; to summarize
sino-saimão *s. m.* Solomon's seal
sino-salomão *s. m.* Solomon's seal
sinóvia *s. f.* ANATOMIA synovia, synovial fluid
sinovial *adj.* synovial
sinovite *s. f.* synovitis
sínquise *s. f.* synchysis
sinsépalo *adj.* BOTÂNICA gamosepalous
sintáctico *adj.* syntactic(al)
sintagma *s. m.* syntagma
sintagmático *adj.* syntagmatic, syntagmic
sintaxe *s. f.* GRAMÁTICA syntax
sintáxico *adj.* ⇒ **sintáctico**
síntese *s. f.* synthesis, combination, composition, construction, putting together
sinteta *s. m. e f.* synthesist, synthetist
sinteticamente *adv.* synthetically
sintético *adj.* synthetic(al)
sintetismo *s. m.* synthetism
sintetização *s. f.* synthetizing, synthesis, abridgement; summing up
sintetizar *v. tr.* to synthetize, to make a synthesis, to abridge, to shorten; to sum up
sintoísmo *s. m.* ⇒ **xintoísmo**
sintoísta *s. m. e f., adj.* ⇒ **xintoísta**
sintoma *s. m.* symptom; sign, indication; [fig.] trace, clue; omen, augury; ***tem todos os sintomas de febre palustre*** he has all the symptoms of malaria
sintomático *adj.* symptomatic, indicative of
sintomatologia *s. f.* symptomatology, symptomatics
sintomatológico *adj.* symptomatical
sintomia *s. f.* conciseness, brevity
sintonia *s. f.* syntony
sintónico *adj.* syntonic
sintonização *s. f.* syntonization, tuning in (of wireless)
sintonizado *adj.* tuned in
sintonizar *v. intr.* to tune in; to syntonize; ***sintonizar uma estação*** to tune in to a station
sinuosidade *s. f.* sinuosity, bend, winding, curvature, crook, tortuosity, sinus; ***as sinuosidades de um rio*** the windings of a river
sinuoso *adj.* sinuous, bending, winding, meandering, snaky, serpentine, wavy, undulating, tortuous; curved, crooked; BOTÂNICA sinuate
sinusite *s. f.* sinusitis
sinusoidal *adj.* MATEMÁTICA sinusoidal
sinusóide *s. f.* MATEMÁTICA sinusoid
sionismo *s. m.* Zionism
sionista *s. m. e f.* Zionist
sipai *s. m.* ⇒ **sipaio**
sipaio *s. m.* sepoy
sipal *s. m.* ⇒ **sipaio**
sipilho *s. m.* frayed end of a rope
sirage *s. m.* sesame oil
sire *s. m.* Sire
sirena *s. f.* sirene, buzzer; mermaid, siren
sirene *s. f.* siren; hooter (in a factory); ***sirene de incêndios*** fire alarm
sirénico *adj.* ZOOLOGIA sirenian
sirga *s. f.* NÁUTICA track rope; ***ir à sirga, alar à sirga*** to track, to be towed along
sirgagem *s. f.* towing, towage
sirgar *v. tr.* to tow, to track, to take in tow, to warp, to haul along
sirgaria *s. f.* lots of ropes; rope factory, rope spinnery
sirgideira *s. f.* tackle, ropes of a vessel
sirgo *s. m.* silkworm
sirgueiro *s. m.* silk thrower, silk spinner
sirguilha *s. f.* rough woolen cloth
sirigaita *s. f.* ZOOLOGIA wren; [coloq.] forward woman, pert girl
siringe *s. f.* syringa, syringe

siringotomia *s. f.* MEDICINA syringotomy
sírio *s. m.* ASTRONOMIA Sirus, the chief of the constellation Great Dog; Syrian (native of Syria)
siro *s. m., adj.* Syrian
siroco *s. m.* sirocco
sirtes *s. m. e f. pl.* reef, shoal; syrtis, quicksand; danger, peril
sirvente *s. m.* satyric poetry
sirventês *s. m.* ⇒ **sirvente**
sisa *s. f.* DIREITO transfer (conveyance) tax
sisal *s. m.* sisal
sisão *s. m.* ZOOLOGIA bittern
sisar *v. tr. e intr.* to pay the transfer (conveyance) tax; to exact the transfer
siseirão *s. m.* ⇒ **sisão**
siseiro *s. m.* collector of conveyance tax
sismal *adj.* seismal
sismicidade *s. f.* seismicity
sísmico *adj.* seismic
sismo *s. m.* seismism, earthquake; ***sismos vulcânicos*** volcanic earthquakes
sismogénico *adj.* causing seisms
sismografia *s. f.* seismography
sismográfico *adj.* seismographic(al)
sismógrafo *s. m.* seismograph
sismograma *s. m.* graphic of a seismograph
sismologia *s. f.* seismology
sismológico *adj.* seismological
sismólogo *s. m.* seismologist
sismómetro *s. m.* seismometer
siso *s. m.* sense, judg(e)ment, brains; common sense; ***dente do siso*** wisdom tooth; ***vender siso a Catão*** to teach your grandmother to suck eggs
sissomia *s. f.* monster characterized by congenital junction of two bodies
sistáltico *adj.* ANATOMIA systaltic, pulsatory
sistema *s. m.* system, method, plan, arrangement, rule, theoy, mode, means, way; habit, practice; ***esse sistema não serve*** that plan is no use; ***sistema de pesos usados para ouro e prata*** troy weight; ***sistema de pagar em géneros*** truck system; INFORMÁTICA ***sistema operativo*** operating system; ***sistema de medidas*** system of measures; ***sistema de sinalização*** signalling system; ***sistema métrico*** metric system; ***sistema solar*** solar system; ***sistema nervoso*** nervous system
sistemata *s. m. e f.* systematist
sistemática *s. f.* systematics, taxonomy
sistematicamente *adv.* systematically, methodically, regularly
sistemático *adj.* systematic, methodical, orderly, regular
sistematização *s. f.* systematization
sistematizador Ⓐ *adj.* systematizing, systemizing Ⓑ *s. m.* systematizer, systemizer
sistematizar *v. tr.* to systematize, to reduce to system, to arrange (in accordance with a system)
sistematologia *s. f.* systematology; treatise on systems
sistilo *s. m.* ARQUITECTURA systyle
sistolar *adj.* systolic
sístole *s. f.* MEDICINA, GRAMÁTICA systole
sistólico *adj.* systolic
sistrado *adj.* carrying a sistrum
sistre *s. m.* MÚSICA ⇒ **sistro**
sistro *s. m.* MÚSICA sistrum (*plural* sistra, sistrums)
sisudamente *adv.* seriously, gravely, solemnly, judiciously, wisely
sisudez *s. f.* seriousness, gravity, circumspection, discretion, prudence, wisdom
sisudeza *s. f.* ⇒ **sisudez**
sisudo *adj.* serious, grave, solemn, prudent, judicious, wise
sitiado *adj.* besieged, beleaguered
sitiador Ⓐ *adj.* besieging Ⓑ *s. m.* besieger
sitial *s. m.* ⇒ **setial**
sitiante Ⓐ *adj.* besieging Ⓑ *s. m. e f.* besieger
sitiar *v. tr.* to besiege, to lay siege to, to beleaguer, to surround
sitibundo *adj.* [poét.] thirsty
sítio *s. m.* place, spot, site, locality; siege; ***estado de sítio*** martial law; ***no sítio*** on the spot; ***é um lindo sítio*** it is a lovely spot; ***um sítio muito só*** a lonely desert place
sitiofobia *s. f.* MEDICINA sitiophobia, sitiomania
sitiologia *s. f.* sit(i)ology; diectics
sitiomania *s. f.* MEDICINA sitiomania
sitioterapia *s. f.* dietotherapy
sito *adj.* situated, located, standing
sitófago *adj.* wheat-eating
sitómetro *s. m.* device used to measure cereal density
situação *s. f.* situation, state, position, circumstance; site, place, locality; job, post, employment; plight, predicament, difficulty; ***situação política*** political situation; ***estar em situação aflitiva*** to be on one's beam-ends; [fam.] ***estar numa situação difícil*** to be in a sad plight, to be in a hole; ***examinar a situação com serenidade*** to take a calm survey of the situation; ***estar numa situação embaraçosa*** to be in a tight corner, to be in a quandary; ***situação privilegiada*** a place in the sun; ***uma situação difícil*** an awkward position; ***sair de uma situação difícil*** to come out of a difficult situation; ***avaliar a situação*** to take stock of the position; ***situação financeira*** financial position; ***estar em má situação financeira*** [coloq.] to be hard up, to be in Queer Street; ***estar em boa situação financeira*** to be well off; ***situação desagradável*** uncomfortable situation; ***estar em situação de poder fazer alguma coisa*** to be in a position to do something
situacionismo *s. m.* (political) party in power
situacionista *s. m. e f.* member of the party in power, "in"
situado *adj.* situated, placed; ***estar situado*** to stand, to lie; ***a casa está bem situada*** the house stands in a fine situation; ***a casa está situada num monte*** the house stands (is situated) on a hill; ***uma casa bem situada*** a well situated house; ***situado em ...*** located at ... (or in ...); ***a Escócia está situada ao norte da Inglaterra*** Scotland lies to the North of England
situar *v. tr.* to place, to situate, to assign a place to; to locate, to position
sítula *s. f.* wooden piece at a mill which shuffles and allows the cereal to press
sizígia *s. f.* ASTRONOMIA syzygy
snobe *s. m.* snob
snobismo *s. m.* snobbery, snobbishness
só Ⓐ *adj.* alone, solitary, lonely, lonesome, by oneself Ⓑ *adv.* sole, only, exclusively, but, just, solely Ⓒ *s. m.* a solitary person; ***só eu lhe mandei uma carta*** only I sent him a letter; ***foi só uma carta que lhe mandei*** I sent him only one letter; ***só ontem o vi*** I only saw him yesterday; ***só (sozinho)*** by himself; ***a sós*** by oneself; ***só se*** only if; ***não só ... mas também*** not only ... but also; ***nem um só*** not even one, not a single one; ***inteiramente só*** quite alone; ***viver só*** to live alone; ***só eu sei a história*** only I know the story; ***uma palavra só*** only a word, just one word; ***uma desgraça nunca vem só*** misfortunes never come single, it never rains but it pours
soabrir *v. tr.* to half open, to open a little, to set (to leave) ajar
soada *s. f.* tone, sound, musical sound; intonation of a song; noise, din; rumour, report
soado *adj.* reported, rumoured; sounded, struck
soagem *s. f.* BOTÂNICA viper's bugloss, blueweed
soalha *s. f.* MÚSICA metal disk (of a tambourine)
soalhado *s. m.* floor, flooring; wood (planks) for flooring
soalhal *adj.* ⇒ **soalheiro**

soalhar *v. tr.* to floor, to plank; to jingle, to strike the disks (of a tambourine)
soalheira *s. f.* intense sunshine; blazing sun; noonday heat
soalheiro Ⓐ *adj.* sunny, sun-drenched, exposed to the sun, bathed in sunlight Ⓑ *s. m.* a place in the sun; [pop.] gossip; ***o lado soalheiro*** the sunny side; ***o sítio ou lugar mais soalheiro*** the sunniest spot
soalho *s. m.* floor, flooring
soante *adj.* sounding, sonorous, resonant, ringing
soão *s. m.* hot and choking east wind
soar *v. intr.* to sound, to resound, to echo, to reverberate, to ring, to make a sound; to strike (the hour); to peal, to chime; to hear, to learn, to get an inkling; to be said, to be rumoured, to be reported; ***soa bem ao ouvido*** it sounds well, it reads well; ***soar aos ouvidos*** to ring in one's ears; ***soar o sinal de alarme*** to sound the alarm; ***logo que soaram as onze horas*** as soon as the clock struck eleven; ***o bem soa e o mal voa*** ill news fly apace
sob *prep.* under, below, beneath, underneath; ***sob pena de morte*** on pain of death, under death penalty; ***sob pena de*** on pain of; ***sob os auspícios de*** under the auspices of; ***sob juramento*** under oath; ***sob pretexto de ignorância*** under pretence of ignorance; ***sob o nome de*** under the name of; ***estar sob a protecção de*** to be under the protection of; ***sob a condição de*** under the condition of; ***sob a rubrica*** under the title; ***ela escreveu o seu nome sob o teu*** she wrote her name below (under, beneath, underneath) yours
soba *s. m.* chief (of an African tribe)
sobado *s. m.* land governed by a *soba* (in Africa)
sobalçar *v. tr.* to raise high; to exalt, to elevate
sobarba *s. f.* curb (of a bridle)
sobarbada *s. f.* blow (chuck) under the chin
sobeira *s. f.* row of tiles under the eaves (of a house)
sobejamente *adv.* exceedingly; definitely, clearly
sobejar *v. intr.* to be left (over), to remain over, to superabound, to exceed; to have left; ***sobeja-me tempo*** I have got time over; ***sobejar dinheiro*** to have plenty of money to spare; ***o que sobeja de uma refeição*** what is left over from a meal; ***sobejar alguma coisa*** to have something over; ***comprou o que precisava e sobejou-lhe uma libra*** he bought what he needed and had a pound over
sobejidão *s. f.* excess, superfluity, redundancy, superabundance, profusion
sobejo Ⓐ *s. m.* remains, leavings, overplus; remainder Ⓑ *adj.* left over; ***os sobejos do jantar*** the scraps of the dinner; ***dar aos pobres os sobejos da comida*** to give the remains of the food to the poor
sobemenda *adv.* subject to correction
soberanamente *adv.* sovereignly, supremely, absolutely
soberania *s. f.* sovereignty, supreme power, supreme dominion, supremacy
soberanizar *v. tr.* to make sovereign; to exalt, to extol, to praise; to sovereignize
soberano Ⓐ *adj.* sovereign, supreme, chief, paramount, royal, reigning, excellent, efficacious, effectual (to a high degree) Ⓑ *s. m.* sovereign, monarch, king, emperor; sovereign (a gold coin of Great Britain)
soberba *s. f.* pride, haughtiness, arrogance, loftiness, lordliness, vanity, self-exaltation, self-esteem, swagger, conceit, pomposity, presumption, hauteur
soberbaço *adj.* very proud, excessively arrogant (vain, haughty)
soberbamente *adv.* proudly, haughtily, arrogantly, pompously
soberbão *adj.* ⇒ **soberbaço**
soberbete *adj.* somewhat proud
soberbia *s. f.* extreme arrogance, excessive pride; ⇒ **soberba**
soberbo Ⓐ *adj.* proud, arrogant, imperious, haughty, supercilious, lordly; superb, grand, magnificent, splendid, lovely, excellent, wonderful, sublime Ⓑ *s. m.* a proud person; ***uma vista soberba*** a superb view; ***uma ocasião soberba para ir ao estrangeiro*** a splendid opportunity for going abroad
soberboso *adj.* [pop.] ⇒ **soberbo**
sobernal *s. m.* overwork, overstrain, excessive toil
sobestar *v. intr.* to be below, to be inferior to, to be under
sobgrave *adj.* under the grave (sound)
sóbole *s. f.* BOTÂNICA sprout, shoot; [fig.] offspring, progeny
soborralhadoiro *s. m.* ⇒ **soborralhadouro**
soborralhadouro *s. m.* oven-broom
soborralhar *v. tr.* to bake under the embers
soborralho *s. m.* hot embers, hot cinders, hot ashes
sobpé *s. m.* base, root, foot
sobpear *v. tr.* to tread on, to trample, to trample down; [fig.] to subjugate, to oppress
sobpor *v. tr.* to put under, to lay beneath; [fig.] to despise, to contemn, to disdain
sobra *s. f.* excess, surplus, overplus, remainder, remnant; *pl.* leavings, remains, scraps, offal(s); ***ficar de sobra*** to be left over, to remain; ***não há sobras*** there is nothing over
sobraçar *v. tr.* to put under the arm; to hold under one's arm; [fig.] to support, to help; to hold; to give one's arm to; to go arm in arm; ***sobraçar a pasta do Interior (ministério)*** to be Home Secretary, to hold the office of Home Secretary
sobradamente *adv.* superfluously, excessively, over and above
sobradar *v. tr.* to floor, to board, to plank, to cover (with planks)
sobrado *s. m.* floor
sobral *s. m.* plantation of cork-trees (cork-oaks)
sobrançaria *s. f.* haughtiness, superciliousness, loftiness, disdain, contempt, pride, hauteur
sobrancear *v. intr.* to rise above, to hang over, to tower over; to be superior to, to excel, to outdo
sobranceiramente *adv.* aloft, high, above; haughtily, arrogantly, loftily, superciliously, aloof; ***olhar sobranceiramente para os outros*** to look down upon the others
sobranceiro Ⓐ *adj.* hanging over; on the brink of; proud, haughty, supercilious Ⓑ *adv.* ⇒ **sobranceiramente**
sobrancelha *s. f.* brow; eye-brow; ***franzir as sobrancelhas*** to knit the brows, to frown
sobrancelhudo *adj.* having heavy eyebrows
sobranceria *s. f.* ⇒ **sobrançaria**
sobrante *adj.* leftover, surplus
sobrar *v. intr.* to remain over, to be left over, to have left; to be superfluous, to be over and above; ***quanto lhe sobra?*** how much have you left?; ***sobra-me uma libra*** I have a pound left over
sobrasar *v. tr.* to place embers under
sobre *prep.* on; on top of; upon; over; above; about, concerning; besides; somewhat; towards; ***estar sobre brasas*** to be on thorns, to be on tenterhooks; ***falar sobre um assunto*** to speak on a subject; ***falar sobre*** to speak about; ***sobre a tarde*** towards evening; ***dar a sua opinião sobre*** to give one's opinion on; ***sobre o jantar*** immediately after dinner; ***estar sobre si*** to paddle one's canoe; ***tomar sobre si*** to take upon oneself; ***sacar sobre*** to draw on; ***sobre o azul*** somewhat blue; ***sobre o negócio de minha mãe*** about my mother's business; ***escrever um livro sobre arte*** to write a book on art; ***ter dúvidas sobre o assunto*** to have doubts on the subject; ***sobre ser patife, é tolo*** besides being a rascal, he his a fool
sobreabundar *v. intr.* to superabound, to be excessive, to be in excess
sobreaguado *adj.* covered with water, overflowed, inundated, flooded, waterlogged
sobreagudar *v. intr.* to float, to drift
sobrealcunha *s. f.* second nickname
sobrealimentação *s. f.* superalimentation, overfeeding
sobrealimentar *v. tr.* to overfeed

sobreanca *s. f.* saddlecloth
sobreapelido *s. m.* second surname
sobreaquecer *v. tr.* to overheat
sobreaquecido *adj.* overheated
sobreaquecimento *s. m.* overheating
sobrearco *s. m.* ARQUITECTURA lintel
sobreavisar *v. tr.* to caution, to forewarn, to alert
sobreaviso *s. m.* precaution, provident care, forethought; ***estar de sobreaviso*** to be forewarned, to be on one's guard
sobreaxilar *adj.* supraaxilary
sobrebailéu *s. m.* secondary scaffolding
sobrebainha *s. f.* outer skin of the hem
sobrebico *s. m.* upper part of the beak of a bird
sobrecabado *adj.* topmost
sobrecâmara *s. f.* atttic, garret, loft
sobrecana *s. f.* VETERINÁRIA splint, hard tumour (on the leg of a horse)
sobrecarga *s. f.* surcharge, overcharge, extra charge; overburden, overload, extra (load) burden; overweight; NÁUTICA supercargo; ⇒ **sobrecilha**
sobrecarregado *adj.* surcharged, overloaded, overburdened, overcharged
sobrecarregar *v. tr.* to overload, to overburden, to surcharge, to overcharge; ***sobrecarregar com trabalho (ou responsabilidade)*** to saddle with too much work (or responsibility); ***sobrecarregar de impostos*** to overtax; ***estou sobrecarregado de trabalho*** I am swamped with work
sobrecarta *s. f.* confirmatory letter
sobrecasaca *s. f.* frock-coat
sobreceia *s. f.* after supper ration for the animals
sobrecelestial *adj.* supercelestial
sobrecenho *s. m.* frown, stern look
sobrecéu *s. m.* canopy
sobrechegar *v. intr.* to arrive at the same time
sobrecheio *adj.* overfilled, filled to the brim
sobrecilha *s. f.* girth; surcingle (belt or strap round a horse's body to hold the saddle)
sobreclaustra *s. f.* upper cloister
sobreclaustro *s. m.* upper cloister
sobrecoberta *s. f.* second (upper) cover (covering)
sobrecompensação *s. f.* overcompensation
sobrecompostas *adj.* BOTÂNICA double-compound (leaves)
sobrecomum *adj.* of common gender (noun)
sobrecopa *s. f.* lid, cover (of a vessel)
sobrecoser *v. tr.* to oversew
sobrecostura *s. f.* oversewing
sobrecu *s. m.* uropygium
sobrecurva *s. f.* VETERINÁRIA curb, windgall
sobredental *adj.* supradental
sobredente *s. m.* projecting tooth
sobredimensionar *v. tr.* to expand; to reinforce, to strengthen
sobredito *adj.* above-mentioned, referred to aforesaid; ***o sobredito senhor*** the above-mentioned gentleman
sobredivino *adj.* superdivine
sobredoirado Ⓐ *s. m.* gilt work Ⓑ *adj.* gilded over, regilt
sobredoirar *v. tr.* to gild anew, to gild over, to regilt
sobredourado *s. m., adj.* ⇒ **sobredoirado**
sobredourar *v. tr.* ⇒ **sobredoirar**
sobreeminência *s. f.* supereminence, supreme eminence
sobreeminente *adj.* supereminent, conspicuously eminent
sobreerguer Ⓐ *v. tr.* to raise higher Ⓑ *v. refl.* to make oneself superior to; to assume superiority to
sobreexaltação *s. f.* supperexaltation
sobreexaltar *v. tr.* to superexalt, to exalt to the highest degree
sobreexcedente *adj.* exceeding, surpassing, surplus
sobreexceder *v. tr. e intr.* to exceed considerably, to exceed, to surpass; to go beyond, to outstrip; to excel, to outdo
sobreexcelência *s. f.* superexcellence, superexcellency, extreme excellence
sobreexcelente *adj.* superexcellent
sobreexcitação *s. f.* overexcitement, superexcitation
sobreexcitar *v. tr.* to overexcite, to excite too much, to stir up (to rouse) considerably
sobrefoliáceo *adj.* suprafoliaceous
sobrefusão *s. f.* superfusion
sobregata *s. f.* miz(z)en-top-gallant sail
sobregatinha *s. f.* NÁUTICA miz(z)en-royal sail
sobregávea *s. f.* NÁUTICA topsail
sobregoverno *s. m.* supreme power, supreme government
sobre-humanizar *v. tr.* to render superhuman
sobre-humano *adj.* superhuman
sobreir *v. intr.* to go against, to be against
sobreira *s. f.* very big or very old cork-tree
sobreiral *s. m.* plantation of (cork-oaks) cork-trees, cork-oak grove
sobreiro *s. m.* BOTÂNICA cork-oak, cork-tree
sobreirritar *v. tr.* to superirritate
sobrejacente *adj.* superjacent, lying above, overlying
sobrejoanete *s. m.* NÁUTICA royal sail
sobrelanço *s. m.* outbinding
sobrelevante *adj.* surpassing, surmounting
sobrelevar *v. tr. e intr.* to surpass, to surmount, to rise above, to overtop, to exceed in height; to outdo, to get the better of, to dominate
sobreloja *s. f.* entresol, mezzanine
sobrelotação *s. f.* surcharge, overcharge, overloading, overload
sobreluzir *v. intr.* to shine brightly; to sparkle, to glitter; to flash
sobremaneira *adv.* excessively, greatly, extremely
sobremanhã *s. f.* dawn, daybreak, break of day
sobremão *s. m.* [elem. de loc. adv.] ***de sobremão*** leisurely, with all the interest
sobremaravilhar Ⓐ *v. tr.* to amaze, to dazzle; to astonish Ⓑ *v. refl.* to be very amazed; to wonder extraordinarily
sobremesa *s. f.* dessert
sobremodo *adv.* excessively, extremely, greatly, much
sobrenadar *v. intr.* to swim (to float) on the surface
sobrenatural Ⓐ *adj.* supernatural, miraculous Ⓑ *s. m.* the supernatural; miracle
sobrenaturalidade *s. f.* supernaturalness
sobrenaturalismo *s. m.* supernaturalism
sobrenaturalizar *v. tr.* to render supernatural
sobrenome *s. m.* surname; family name
sobrenomear *v. tr.* to surname, to give a surname; to nickname, to give a nickname
sobrenumerável *adj.* innumerable, numberless
sobreolhar *v. tr.* to look down upon; to look with contempt
sobreosso *s. m.* VETERINÁRIA swelling of bone, thickening of bone
sobrepaga *s. f.* extra pay; gratuity, gratification, tip
sobrepairar *v. intr.* to hang over; to hover over
sobreparto Ⓐ *adv.* MEDICINA, VETERINÁRIA after child birth Ⓑ *s. m.* post partum, child-birth confinement, afterbirth, placenta
sobrepasto *s. m.* dessert
sobrepeliz *s. f.* RELIGIÃO surplice
sobrepensado *adj.* intentional, deliberate, on purpose
sobrepensar *v. tr.* to weigh carefully, to turn over in the mind, to think over
sobrepesar *v. tr.* to overweight; to weigh maturely, to think over, to turn over in one's mind, to consider carefully
sobrepeso *s. m.* excess weight, overweight
sobrepor *v. tr.* to superimpose, to place one (thing) above another; to overlap, to overlay

sobreporta *s. f.* door transom
sobreposição *s. f.* superposition; overlapping
sobreposse *adv.* excessively, too much
sobreposto Ⓐ *adj.* superimposed, superposed, overlapped Ⓑ *s. m.* ornamental overlay
sobrepovoamento *s. m.* overpopulation, overcrowding
sobrepovoar *v. tr.* to overpopulate
sobrepratear *v. tr.* to silver over, to plate with silver
sobreprofundidade *s. f.* extra depth
sobreprova *s. f.* new proof, double-check, confirmation
sobrepujado *adj.* exceeded, surpassed
sobrepujamento *s. m.* surpassing, excelling; great strength and vigour; superabundance, excess
sobrepujança *s. f.* surpassing, excelling; great strength and vigour; superabundance, excess
sobrepujante *adj.* surpassing, excelling
sobrepujar *v. tr. e intr.* to surmount, to exceed; to surpass, to excel, to outdo; to rise above, to go beyond, to get the better of, to triumph over; to outstrip
sobrequilha *s. f.* NÁUTICA centre keelson, keelson; ***sobrequilha superior*** rider keelson
sobrerrenal *adj.* ⇒ **supra-renal**
sobrerrestar *v. intr.* to be left over; to remain
sobrerronda Ⓐ *s. f.* inspection (check) round Ⓑ *s. m. e f.* inspector of rounds (policeman's beat)
sobrerrondar *v. tr. e intr.* to inspect (to check) rounds
sobrerrosado *adj.* pinkish
sobrescrever *v. tr.* to superscribe; to address (a letter)
sobrescritar *v. tr.* to address (a letter)
sobrescrito *s. m.* envelope; cover; address
sobresperar *v. tr. e intr.* to wait a long time; to have great hopes
sobressaia *s. f.* top skirt
sobressair *v. intr.* to stand out, to loom up, to become visible, to be salient; to surpass, to excel; to overtop, to exceed in height
sobressalente *adj.* ⇒ **sobresselente**
sobressaliente *adj.* ⇒ **sobresselente**
sobressaltado *adj.* startled, frightened, taken aback, scared, surprised; ***acordar sobressaltado*** to wake with a start
sobressaltar Ⓐ *v. tr.* to pass over, to jump over; to startle, to frighten, to surprise, to dumbfound, to shock, to give (a person) a fright Ⓑ *v. refl.* to be startled at, to start; to be surprised at; to be perplexed (at anything); to be dumbfounded, to be shocked
sobressaltear *v. tr.* to attack by surprise, to assail, to storm, to make a surprise attack
sobressalto *s. m.* start, sudden surprise, alarm, shock, fear, fright; ***levantar-se de sobressalto*** to start up, to rise suddenly
sobressano *s. m.* NÁUTICA underwater hull; bottom of a ship
sobressarado *adj.* healed superficially
sobressarar *v. tr. e intr.* to heal superficially
sobressaturação *s. f.* supersaturation
sobressaturado *adj.* supersaturated, excessively saturated
sobressaturar *v. tr.* to supersaturate
sobresselente Ⓐ *adj.* supernumerary; spare; reserve Ⓑ *s. m.* spare part(s) (of machine); NÁUTICA spare gears; ***roda sobresselente (de autómovel)*** spare wheel (of motor-cars)
sobresselo *s. m.* surcharge, surtax; excess postage
sobressemear *v. tr.* to sow over again
sobresser *v. intr.* to desist, to give up; to stop
sobressinal *s. m.* badge, emblem, insignia
sobressolar *v. tr.* to sole again (shoes or boots), to resole
sobressubstancial *adj.* supersubstantial
sobrestante Ⓐ *adj.* overseeing, overlooking Ⓑ *s. m.* overseer, superintendent
sobrestar *v. intr.* to desist from a design, to give up, to cease, to discontinue; to abstain (to refrain) from
sobrestimar *v. tr.* to overestimate
sobretarde *s. f.* nightfall, evening; dusk, gloaming
sobretaxa *s. f.* surtax, extra tax, surcharge, additional tax; ***sobretaxa postal*** excess postage, postage due
sobretecer *v. tr.* to overweave, to overweb
sobreteima *s. f.* excessive obstinacy
sobretensão *s. f.* ELECTRICIDADE overcharge
sobreterrestre *adj.* superterrestrial, superterrene, superterranean, superterraneous
sobretoalha *s. f.* top towel; cover (of cloths)
sobretónica *s. f.* supertonic
sobretudo Ⓐ *s. m.* overcoat, great-coat, top-coat Ⓑ *adv.* above all, mainly, principally, especially, chiefly
sobrevalor *s. m.* over value
sobrevalorização *s. f.* overestimation; overvaluation
sobrevalorizado *adj.* overrated; disappointing
sobrevalorizar *v. tr.* to overestimate, to overvalue; to overrate
sobrevento *s. m.* gust of wind, squall; sudden occurrence
sobreveste *s. f.* outer garment
sobrevestir *v. tr.* to wear over (another garment); ⇒ **revestir**
sobrevigiar *v. tr.* to superintend, to control, to check, to keep an eye on
sobrevindo Ⓐ *adj.* occurring, happening Ⓑ *s. m.* an unexpected arrival
sobrevir *v. intr.* to befall, to come to pass, to come upon; to occur, to happen; to supervene, to turn up, to arise; ***sobreveio uma desgraça*** a misfortune occurred
sobrevirtude *s. f.* wimple
sobrevivência *s. f.* survival
sobrevivente Ⓐ *adj.* surviving Ⓑ *s. m. e f.* survivor; ***os sobreviventes do terramoto*** the survivors of the earthquake
sobreviver *v. intr.* to survive; to outlive, to live longer; to continue to live, to exist after; to escape, to resist
sobrevivo Ⓐ *s. m.* survivor Ⓑ *adj.* surviving
sobrevoar *v. intr.* to fly over, to overfly
sobrevoo *s. m.* flying over; flight over
sobriamente *adv.* soberly; frugally, moderately
sobriedade *s. f.* sobriety; abstemiousness; moderation; frugality
sobrinha *s. f.* niece
sobrinha-neta *s. f.* grand-niece
sobrinho *s. m.* nephew
sobrinho-neto *s. m.* grandnephew
sóbrio *adj.* sober, temperate, frugal; sparing, economical, thrifty, parsimonious; abstinent, abstemious
sobro *s. m.* BOTÂNICA cork-oak-tree; (timber from the) cork-oak
sob-roda *s. f.* bump in the road
sob-rojar *v. intr.* ⇒ **rastejar**
sobrolho *s. m.* eyebrow; brow
soca *s. f.* [pop.] bulb; second harvest of sugar cane; slipper; wooden shoe, clog
socadura *s. f.* tamping; mashing
socairo *s. m.* NÁUTICA slatch; thin rope; cave, shelter
socalcar *v. tr.* to tread (down) on, to trample on; to terrace, to form into terraces
socalco *s. m.* terrace, piece of land on the side of a mountain sustained by a wall
socancra Ⓐ *s. m. e f.* artful person; a miser Ⓑ *adj.* artful; deceitful, avaricious; mean; ***à socancra*** on the sly
socapa *s. f.* pretence, disguise; ***à socapa*** stealthily, furtively; secretly; ***rir à socapa*** to laugh in (up) one's sleeve
socar *v. tr.* to strike (with the fists), to punch, to pound, to box, to thump, to pummel; [fam.] to biff; to ram home (the charge in a gun); to knead (dough); NÁUTICA to tighten, to tighten up
socarrão *s. m.* sly fellow, scoundrel
socava *s. f.* subterranean hole (cave), underground chamber
socavado Ⓐ *adj.* excavated, undermined Ⓑ *s. m.* rubbish, debris

socavão *s. m.* cave; hideaway
socavar *v. tr. e intr.* to excavate, to undermine; to sap, to tunnel under, to undercut
sochantrado *s. m.* dignity of a subchanter
sochantre *s. m.* subchanter
sociabilidade *s. f.* sociability, good fellowship; conviviality
sociabilizar *v. tr.* to make sociable; [fig.] to civilize
social *adj.* social; sociable, friendly, amicable, convivial; ***relações sociais*** relations, social contacts; ***convívio social*** social intercourse; ***deveres sociais*** social duties; ***posição social*** social position; ***capital social*** capital, capital stock; ***problemas sociais*** social problems
social-democracia *s. f.* social democracy
social-democrata Ⓐ *adj.* social democratic Ⓑ *s. m. e f.* social democrat
socialismo *s. m.* socialism
socialista Ⓐ *adj.* socialist(ic) Ⓑ *s. m. e f.* socialist
socialização *s. f.* socialization
socializar *v. tr.* to socialize, to make (to render) social; to incorporate in a society; to arrange socialistically
socialmente *adv.* socially
sociatria *s. f.* psychotherapy of social behaviour
sociável *adj.* sociable, friendly, gregarious; social, communicative, companionable; ***tornar-se pouco sociável*** to retire into oneself, to be unsociable
sociedade *s. f.* society; community; association; union; corporation; partnership; company, companionship, fellowship; fashionable society; ***os hábitos e a moralidade da sociedade mudaram muito desde a 2.ª Grande Guerra*** the habits and morality of society have changed greatly since the World War II; ***mulher da sociedade*** a society woman; ***frequentar a sociedade*** to go into society; ***sociedade literária*** literary society; ***frequenta muito a sociedade*** he goes a great deal into society; ***homem de sociedade*** fashionable man; ***alta sociedade*** high-life; ***a sociedade elegante*** fashionable society, high society; ***viver afastado da sociedade*** to live away from the world; ***a sociedade elegante da terra*** all the swells of the place; ***frequentava uma sociedade muito diferente*** he moved in quite another sphere; ***frequentar a melhor sociedade*** to move in the best circles; ***Sociedade Protectora dos Animais*** Society for the Prevention of Cruelty to Animals; ***sociedade anónima*** anonymous society, limited company; ***sociedade cooperativa*** co-operative society; ***sociedade em comandita*** limited society, company of nominal and dormant partners; ***sociedade em nome colectivo*** copartnership; ***sociedade comercial*** trading company; ***sociedade por acções*** joint-stock company; ***dar sociedade a*** to take into partnership; ***escritura de sociedade*** articles of partnership; ***dissolver uma sociedade*** to dissolve a partnership
societariado *s. m.* partnership, membership; the partners, the members
societário Ⓐ *s. m.* partner, copartner; sharer; member Ⓑ *adj.* associated
sócio Ⓐ *s. m.* partner, copartner; sharer, joint owner; (associate) member; abetter, accomplice; companion Ⓑ *adj.* associated; ***sócio gerente*** active (or managing) partner; ***sócio principal*** principal (chief, senior) partner; ***sócio de indústria*** working partner; ***sócio comanditário*** silent (sleeping) partner; ***sócio capitalista*** moneyed partner; ***sócio responsável*** responsible partner; ***sócio técnico*** technical partner; ***o nosso sócio*** our Mr, our partner
sociocracia *s. f.* regime in which power belongs to society as a whole
sociocultural *adj.* socio-cultural
sociodrama *s. m.* socio-drama
socioeconómico *adj.* socioeconomic
sociofamiliar *adj.* referring to family and society
sociofilia *s. f.* tendency to like social contacts
sociofobia *s. f.* tendency to isolation, avoiding social contacts
sociografia *s. f.* science that describes different types of society and different social groups
sociograma *s. m.* graphic showing different relationships between different members of a given social group
sociolatria *s. f.* religious cult of society
sociologia *s. f.* sociology
sociológico *adj.* sociological
sociologismo *s. m.* theory according to which sociology alone explains all social facts, without the interference of psychology
sociologista *s. m. e f.* sociologist
sociólogo *s. m.* sociologist
sociometria *s. f.* sociometry
sociopatologia *s. f.* social pathology
sociopolítico *adj.* sociopolitical
sociotécnica *s. f.* use of psycho-social data to solve industrial and comercial problems
soco[1] *s. m.* punch, blow, box, cuff, hit; [fam.] biff; [pop.] embezzlement, graft; ***um soco valente*** a sound stroke, a heavy blow; ***deram-lhe um soco que o fez cambalear*** he received a staggering blow
soco[2] *s. m.* wooden shoe, clog; ARQUITECTURA socle
soçobrar Ⓐ *v. tr.* to turn upside down; to sink, to founder; to overwhelm Ⓑ *v. intr.* to capsize; to founder, to sink, to go to the bottom, to go down, to shipwreck; to discourage, to lose courage; ***não soçobrar*** to be buoyant
soçobro *s. m.* sinking, foundering, shipwreck, submersion; fall, ruin; discouragement
socorredor Ⓐ *adj.* succouring, helping Ⓑ *s. m.* succourer, helper
socorrer Ⓐ *v. tr.* to help, to aid, to assist, to relieve, to succour, to rescue Ⓑ *v. refl.* to have recourse to, to resort to; ***socorrer os pobres*** to relieve the poor; ***socorrer os náufragos*** to rescue the shipwrecked
socorrimento *s. m.* assistance, help, aid, relief, succour, rescue
socorrismo *s. m.* help, assistance, aid, succour
socorrista *s. m. e f.* helper, assister, aider, succourer
socorro Ⓐ *s. m.* assistance, help, aid, succour, relief, rescue Ⓑ *interj.* help!; ***socorros a náufragos*** life-saving; ***fundo de socorro social*** relief fund; ***socorro ao domicílio*** outdoor relief; ***socorro imediato*** immediate assistance; ***socorro aos indigentes (numa casa de caridade)*** indoor relief; ***os primeiros socorros*** first aid; ***socorro!, socorro!*** help!, help!; ***gritar por socorro*** to cry for help
socrático *adj.* Socratic; ***método socrático*** Socratic method
soda *s. f.* QUÍMICA soda, washing soda; ***borato de soda*** borate of soda, sodium borate; ***soda cáustica*** caustic soda
sodalício *s. m.* sodality, fraternity, fellowship, brotherhood
sodalite *s. f.* sodalite
sódico *adj.* sodic
sódio *s. m.* QUÍMICA sodium; ***bicarbonato de sódio*** sodium bicarbonate; ***fosfato de sódio*** sodium phosphate; ***sulfato de sódio*** sodium sulphate
sodomia *s. f.* sodomy, pederasty
sodómico *adj.* sodomitical
sodomita *s. m. e f.* sodomite, pederast
sodomítico *adj.* sodomitical
soer *v. intr.* to be accustomed, to be in the habit of
soerguer *v. tr.* to lift, to raise
soez *adj.* vile, worthless, base, low, abject
sofá *s. m.* sofa, settee, couch
sofá-cama *s. m.* sofa-bed, day-bed
sofisma *s. f.* sophism, captious argument, fallacy; quibble
sofismar Ⓐ *v. tr.* to sophisticate, to make sophisticated; to mislead, to misguide, to delude, to deceive Ⓑ *v. intr.* to use sophistry, to be sophistical
sofismável *adj.* that may be sophisticated (evaded, dodged, tampered with)

sofista *s. m. e f.* sophist, quibbler, captious (fallacious) reasoner
sofistaria *s. f.* sophistry
sofística *s. f.* sophistry; fallacious reasoning
sofisticação *s. f.* sophistication
sofisticado *adj.* sophisticated, refined; complex; pretentious, false
sofisticador *s. m.* sophisticator
sofisticar Ⓐ *v. tr.* to sophisticate, to make sophisticated; to adulterate, to falsify Ⓑ *v. intr.* to use sophistry, to be sophistical
sofístico *adj.* sophistical, misleading, deceiving, deceptive, fallacious
sofito *s. m.* ARQUITECTURA soffit
sofomania *s. f.* mania of knowing all
sofomaníaco *s. m.* know-all
sofómano *s. m.* know-all
sofrear *v. tr.* to bridle, to curb, to bring under control; to refrain, to restrain, to control, to hold back, to hold in check, to check, to repress
sofreável *adj.* capable of being repressed (curbed, refrained, checked)
sofredor Ⓐ *adj.* suffering, tolerating Ⓑ *s. m.* sufferer, endurer
sofregamente *adv.* greedily, avidly, eagerly
sôfrego *adj.* greedy, voracious; eager for, gasping, greedy for, desirous of, avid for
sofreguice *s. f.* greed, greediness, voraciousness; avidity, graspingness, eagerness, impatience, covetousness
sofreguidão *s. m.* greed, greediness, voraciousness; avidity, graspingness, eagerness, impatience, covetousness; ***comeu com sofreguidão*** he ate greedily
sofrer *v. tr. e intr.* to suffer, to undergo, to be subjected to; to sustain; to bear, to go through, to experience pain (loss, grief, defeat, punishment, etc.); to endure, to stand, to tolerate, to put up with; to forbear; to allow, to permit; ***sofrer as consequências dos seus actos*** [fam.] to stew in one's own juice; ***sofrer as consequências*** to abide the consequences, to face the music; ***sofrer uma derrota*** to sustain a defeat, to suffer defeat; ***sofrer um ferimento*** to sustain an injury; ***sofrer uma grande mudança*** to undergo a great change; ***nasce-se para sofrer*** men are born to suffer; ***sofrer dores*** to suffer pain; ***sofrer castigo*** to suffer punishment, to suffer a penalty; ***já não posso sofrer aquele rapaz*** I can no longer stand (tolerate, put up with) that boy; ***sofrer alterações*** to undergo alterations; ***sofrer uma desgraça*** to meet with misfortune; ***sofrer uma perda*** to suffer loss; ***ela sofreu grande desgosto com a morte do seu cão*** she experienced deep grief at the death of her dog; ***sofrer um temporal*** to be caught in a storm; ***sofrer de gota*** to suffer from gout; ***nem o carro nem os passageiros sofreram muito com o desastre*** neither car nor passengers suffered much in the accident; ***o automóvel deles sofreu grandes avarias com o desastre*** their motor-car suffered seriously in the accident; ***sofreu de reumatismo toda a vida*** he suffered from rheumatism all his life; ***sofrer prejuízos*** to incur loss; ***sofrer uma operação*** to undergo an operation, to be subjected to an operation; ***ela tem sofrido muitos desgostos*** she has undergone many trials, she has had many disappointments
sofrido *adj.* suffered, endured
sofrimento *s. m.* suffering, sufferance, endurance, pain, anguish, agony; tribulation, misery, distress, torment, passion; ***é custoso ser-se resignado quando o sofrimento é doloroso*** it is hard to be patient when one is undergoing great suffering; ***sofrimento mudo*** inarticulate sorrow
sofrível *adj.* tolerable; passable, fair, middling, reasonable, so-so; sufferable, bearable, endurable; ***a tua composição está sofrível*** your composition is passable
sofrivelmente *adv.* pretty well, fairly well, tolerably, fairly, passably
soga *s. f.* rope, cord (of esparto grass), hemp rope; thong, halter for leading oxen
sogar *v. tr.* to tie with a thong or halter
sogra *s. f.* mother-in-law; pad for carrying weights on head
sogro *s. m.* father-in-law
soidade *s. f.* [arc.] ⇒ **soledade, saudade**
soidão *s. f.* [arc.] ⇒ **solidão**
soído *s. m.* sound, noise, din
soiteira *s. f.* sickle
soja *s. f.* BOTÂNICA soya bean, soy, soya
sol *s. m.* ASTRONOMIA sun, sunlight; sunshine; ***sol da meia-noite*** midnight sun; ***o sol nasce*** the sun rises; ***o sol põe-se*** the sun sets; ***nasceu o sol*** the sun is up; ***ao pôr do sol*** at sunset, at sundown; ***do nascer ao pôr do sol*** from sunrise to sunset; ***sentar-se ao sol*** to sit in the sun; ***o sol dá-lhe nos olhos*** he has the sun in his eyes; ***sol de pouca dura*** a flash in the pan; ***o sol comeu a cor das cortinas*** the sun has faded the colour of the curtains; ***faz sol, está sol*** the sun is shining; ***o sol está a desaparecer no horizonte*** the sun is sinking beneath the horizon; ***raios de sol*** sunbeams, rays of the sun; ***banho de sol*** sun-bath; ***relógio de sol*** sundial; ***deixar entrar o sol*** to let in the sun; ***aquecer-se ao sol*** to bask in the sun; ***a minha casa tem muito sol*** my house gets a lot of sun; ***sem sol*** sunless; ***um lugar ao sol*** a place in the sun
sola *s. f.* sole; leather; ***sola do pé*** sole of the foot; ***solas dos sapatos*** soles of the shoes; ***as solas estão gastas*** the soles are worn through (out); ***pôr solas e tacões*** to sole and heel; ***o nosso sapateiro não está a utilizar sola boa*** our shoemaker is not using good leather
solado *adj.* soled
solagem *s. f.* soling, providing with a sole
solama *s. f.* burning (scorching) sun; excessive heat
Solanáceas *s. f. pl.* BOTÂNICA *Solanaceae*
solandre *s. m.* VETERINÁRIA spavin; sallenders
Solâneas *s. f. pl.* ⇒ **Solanáceas**
solanina *s. f.* QUÍMICA solanine
solano *s. m.* BOTÂNICA solanum
solão *s. m.* sandy soil
solapa *s. f.* undermining sap; [fig.] trick, ruse; ***à solapa*** secretly
solapadamente *adv.* secretly, underhandedly, clandestinely
solapado *adj.* undermined, excavated, hollowed out; [fig.] hidden, secret, underhand, hole-and-corner, clandestine
solapamento *s. m.* undermining
solapar Ⓐ *v. tr.* to undermine, to excavate, to hollow out; [fig.] to hide, to conceal Ⓑ *v. refl.* to hide oneself
solar Ⓐ *v. tr.* to sole, to provide with soles Ⓑ *v. intr.* to win at solo (card game) Ⓒ *adj.* solar Ⓓ *s. m.* manor-house, manor; ***hora solar*** solar time; ***sistema solar*** solar system; ***mancha solar*** sun-spot; ***raios solares*** solar rays, sun's rays
solarego *adj.* manorial
solarengo *adj.* manorial
solaria *s. f.* soles (of shoes); a large quantity of leather
solarímetro *s. m.* solarimeter, pyranometer
solário *s. m.* solarium; sundial
solarização *s. f.* solarization
solarizar *v. tr.* to solarize
solau *s. m.* old melancholic song, sung by troubadours
solavancar *v. intr.* to jolt, to bump, to jostle
solavanco *s. m.* jolt, jerk, jog, bump; ***dar solavancos*** to give a jog, to jerk, to bump (car)
solcris *s. m.* eclipse of the sun
solda *s. f.* solder; ***solda de estanho*** soft solder; ***solda forte*** hard solder
soldada *s. f.* pay; wages
soldadeira *s. f.* soldering pan
soldadesca *s. f.* soldiery; rank and file; ***à mercê da soldadesca indisciplinada*** at the mercy of undisciplined soldiery

soldadesco *adj.* soldierly, soldierlike
soldado *s. m.* soldier; private; ***o soldado desconhecido*** the unknown warrior, the unknown soldier; ***um verdadeiro soldado*** every inch a soldier; ***soldado raso*** private; ***soldados rasos*** the rank and file; ***soldado de infantaria*** foot soldier; ***soldado de cavalaria*** mounted soldier; ***soldado pára-quedista*** paratrooper; ***soldados de chumbo*** tin soldiers, toy-soldiers; ***o soldado inglês*** Tommy (Atkins); ⌈fam.⌋ ***soldado de marinha*** marine; jolly
soldador *s. m.* soldering iron (instrument); soldering; welder
soldadura *s. f.* soldering; solder; weld; welding
soldagem *s. f.* soldering; welding
soldanela *s. f.* BOTÂNICA sea-bindweed
soldar *v. tr.* to solder, to weld; to unite with solder; to tinker; ***colher de soldar*** soldering ladle
soldável *adj.* that can be soldered; weldable
soldo *s. m.* pay (army and navy); ***soldo por inteiro*** full pay; ***meio soldo*** half-pay
soldra *s. f.* VETERINÁRIA kind of tumour near the knee (horses, asses, etc.)
solear *s. m.* ANATOMIA peroneal muscle
solecismo *s. m.* solecism
solecista *s. m. e f.* solecist
soledade *s. f.* solitude, loneliness, solitariness, lonesomeness
sol-e-dó *s. m.* ⌈pop.⌋ music, bad music; village brassband
soleira *s. f.* threshold; door-stone; strap of a spur; ⇒ **soalheira**; ***soleira da porta*** threshold; NÁUTICA ***soleira de doca*** dock sill
solene *adj.* solemn, pompous, ceremonial, formal, serious, grave, important, magnificent, grand, weighty; ***em ocasiões solenes como esta*** on such solemn occasions as this; ***uma promessa solene*** a solemn promise
solenemente *adv.* solemnly, gravely, with due solemnity, formally, ceremoniously
solenidade *s. f.* solemnity, celebration, festival; ***a solenidade da ocasião*** the solemnity of the occasion; ***solenidades religiosas*** religious ceremonies
solenização *s. f.* solemnization
solenizador *s. m.* solemnizer; he who solemnizes
solenizar *v. tr.* to solemnize, to celebrate, to make solemn; to commemorate, to honour
solenócito *s. m.* solenocyte
solenóide *s. m.* ELECTRICIDADE solenoid
solércia *s. f.* shrewdness, craftiness, craft, cunning, subtlety; skill
solerte Ⓐ *adj.* shrewd, crafty, cunning, subtle; skilful Ⓑ *s. m. e f.* knave, rogue, rascal; cunning person
soles *s. m.* a smaller beam attached to the beam of an oxcart for another couple of oxen
soleta *s. f.* small sole
soletração *s. f.* spelling
soletrador *s. m.* speller
soletrar Ⓐ *v. tr.* to spell, to name the letters, to read carefully, to read distinctly Ⓑ *v. intr.* to spell, to read badly; ⌈fig.⌋ to decipher, to guess, to understand; ***soletrar às avessas*** to spell backwards; ***soletrar uma palavra*** to spell a word
solevantamento *s. m.* raising, lifting
solevantar *v. tr.* to lift, to raise, to take up
solevar *v. tr.* to lift, to raise, to take up
solfa *s. f.* solmisation, solmization, solfaism, sol-fa; ⌈pop.⌋ music; ⌈fig.⌋ din, noise; shouting, yelling
solfado *adj.* ruled over the whole page (of paper)
solfar *v. tr.* to glue torn sheets (of paper)
solfatara *s. f.* solfatara
solfejação *s. f.* MÚSICA solmization, solfeggio, sol-fa (exercise for voice)
solfejar *v. tr.* to sol-fa, to solmizate
solfejista *s. m. e f.* sol-faist, one who solmizates
solfejo *s. m.* ⇒ **solfejação**
solfista *s. m. e f.* ⇒ **solfejista**
solha *s. f.* ICTIOLOGIA flounder, flat-fish
solhar *v. tr.* ⇒ **soalhar**
solheiro *adj.* ⇒ **soalheiro**
solho *s. m.* ICTIOLOGIA plaice; floor
solicitação *s. f.* solicitation, soliciting, earnest request, appeal
solicitador *s. m.* solicitor; ***solicitador encartado*** solicitor
solicitamente *adv.* solicitously
solicitante Ⓐ *s. m. e f.* solicitant Ⓑ *adj.* soliciting, solicitant
solicitar Ⓐ *v. tr.* to solicit, to beg, to ask for, to apply for, to petition, to entreat, to appeal; to attract, to draw; to induce, to incite Ⓑ *v. intr.* to exercise the functions of a solicitor; ***solicitar um emprego*** to apply for a situation; ***solicitar o pagamento*** to solicit payment
solicitável *adj.* that may be solicited
solícito *adj.* solicitous, eager, desirous to, anxious, careful, concerned, diligent; nice, obliging, mindful, attentive; ***solícito para agradar*** anxious to please, eager to please
solicitude *s. f.* solicitude, anxiety, care, diligence, industry, concern
solidamente *adv.* solidly, strongly, stoutly
solidão *s. f.* solitude, loneliness, seclusion, solitariness, isolation, privacy, retiredness, recluseness, retirement; lonely (deserted) place, wilderness; ***viver na solidão*** to live in solitude
solidar *v. tr.* to make solid, to solidify, to strengthen; to confirm
solidariamente *adv.* solidarily, sympathetically
solidariedade *s. f.* solidarity, fellowship, comradeship; community of interests, feelings and action; ***solidariedade das nações*** the solidarity of (the) nations
solidário *adj.* solidary, jointly liable; ***ser solidário (com alguém)*** to be jointly liable (with someone)
solidarização *s. f.* ⇒ **solidariedade**
solidarizar Ⓐ *v. tr.* to solidarize, to render solidary Ⓑ *v. refl.* to make common cause; to become jointly liable
solidéu *s. m.* calotte, skull-cap (of priests)
solidez *s. f.* solidity, solidness, stoutness, soundness, firmness, stability; strength
solidificação *s. f.* solidification
solidificar Ⓐ *v. tr.* to solidify, to make firm (solid, compact) Ⓑ *v. intr.* to solidify, to become solid
sólido Ⓐ *adj.* solid, firm, compact, consistent, hard; massive, substantial; sound; well-established, well grounded Ⓑ *s. m.* GEOMETRIA solid; ***um edifício pouco sólido*** an unsubstantial building; ***parede sólida*** a solid wall; ***algumas destas casas novas não parecem muito sólidas*** some of these new houses don't look very solid; ***comida sólida*** substantial food; ***ter bases sólidas para supor*** to have solid (good) grounds for supposing; ***argumentos sólidos*** sound (well-grounded) arguments
solidónia *s. f.* BOTÂNICA columbine
solífugo *adj.* shunning the sunlight; nocturnal
solilóquio *s. m.* soliloquy, talking to oneself, monologue
solimão *s. m.* corrosive sublimate
solinhadeira *s. f.* quarryman's hammer
solinhar *v. tr. e intr.* to cut wood (stone) along a drawn line
solinho *s. m.* act of cutting (wood) stone
sólio *s. m.* throne (with a canopy)
solipa *s. f.* wooden sandal
solipé *s. m.* ⇒ **pé-coxinho**
solípede Ⓐ *adj.* ZOOLOGIA soliped, solid-hoofed, with a whole or uncloven hoof Ⓑ *s. m.* soliped, solid-hoofed animal
solipsismo *s. m.* FILOSOFIA solipsism
solipso *s. m.* solipsist

solista *s. m. e f.* MÚSICA soloist
solitária *s. f.* ZOOLOGIA tapeworm, taenia
solitariamente *adv.* solitarily
solitário Ⓐ *adj.* solitary, alone, lonely, lone, forlorn, lonesome, retired, secluded, single, sole Ⓑ *s. m.* solitary man, hermit; ZOOLOGIA rock-thrush; tall, narrow flower-vase (for one flower); ***levar vida solitária*** to lead a solitary life; ***uma vila solitária*** a solitary village, an isolated town
sólito *adj.* accustomed, used, wont, habitual, usual
solmização *s. f.* ⇒ **solfejo**
solmizar *v. tr.* ⇒ **solfejar**
solo *s. m.* soil, ground, earth, land, country; MÚSICA solo (*plural* solos); solo (card game); ***solo argiloso*** clayey soil
sol-pôr *s. m.* sunset
sol-posto *s. m.* sunset
solsticial *adj.* solstitial
solstício *s. m.* solstice; ***solstício de Verão*** summer solstice; ***solstício de Inverno*** winter solstice
solta *s. f.* releasing, release, unfastening, freeing; clog, shackle, fetter (for animals); ***andar à solta*** to go loose, to be at large; ***o Diabo anda à solta*** the devil has been let loose; ***à solta*** on the loose
soltador Ⓐ *adj.* loosening, releasing Ⓑ *s. m.* releaser, liberator
soltar Ⓐ *v. tr.* to loosen, to untie, to unfasten, to release; to unhook, to unhitch; to unchain, to unlink; to let go, to liberate, to set at liberty, to free, to let loose, to slacken, to ease, to ease off Ⓑ *v. refl.* to get loose, to set oneself free, to escape; ***soltar o último suspiro*** to breathe (to gasp) one's last; ***soltar uma gargalhada*** to burst out laughing, to let out a guffaw; ***solta o cão!*** let the dog loose (off, free)!; ***soltar um preso*** to release a prisoner; NÁUTICA ***soltar o rumo*** to shape a course
solteira *s. f.* single woman, unmarried lady, maid(en), spinster
solteirão *s. m.* old bachelor, confirmed bachelor
solteiro Ⓐ *adj.* single, unmarried Ⓑ *s. m.* bachelor, single man, unmarried man; ***o estado de solteiro*** single blessedness, bachelordom, bachelorhood; ***continuar solteiro*** to continue single
solteirona *s. f.* old maid, spinster
solto *adj.* loose, untied, unfastened, unbound, disconnected, free; released, liberated; slack, loose, dissolute, immoral, licentious; blank (verse); ***dormir a sono solto*** to sleep like a top; ***verso solto*** blank verse; ***o cão está solto*** the dog is loose
soltura *s. f.* release, releasing, freeing, setting at liberty, letting loose; impertinence, insolence, rudeness, impudence; looseness (of the bowels), diarrhoea
solubilidade *s. f.* solubility
solubilização *s. f.* QUÍMICA solubleness
solubilizante *s. m., adj.* solubilizing
solubilizar *v. tr.* to solubilize
soluçado *adj.* interrupted by sobs
soluçante *adj.* sobbing, weeping
solução *s. f.* solution; answer, explanation, clearing up (of a problem, mystery, riddle, etc.); way out; ***solução de um problema*** solution of a problem; ***solução aquosa*** aqueous solution; ***não tem solução*** it has no answer, there is no solution, there is no way out
soluçar Ⓐ *v. tr. e intr.* to sob, to weep convulsively Ⓑ *v. intr.* to hiccup, to have the hiccups
solucionar *v. tr.* to solve, to resolve, to decide, to find a solution (way out), to give a solution
solucionista Ⓐ *s. m. e f.* solver Ⓑ *adj.* solving, solvent
soluço *s. m.* sob; hiccup; ***abafar um soluço*** to stifle a sob
soluçoso *adj.* sobbing, accompanied with sobs
solutivo *adj.* solvent; laxative
soluto Ⓐ *s. m.* solute; solution Ⓑ *adj.* loose
solúvel *adj.* soluble; solvable
solvabilidade *s. f.* solvability
solvável *adj.* solvable
solvência *s. f.* solvency
solvente *adj.* solvent
solver *v. tr.* to solve, to clear up, to untie, to unravel, to disentangle, to explain; to dissolve, to melt; to pay (to meet) one's liabilities
solvibilidade *s. f.* solvency
solvido *s. m.* solute
solvível *adj.* COMÉRCIO solvent
som *s. m.* sound; ***sons suaves*** soft sounds; ***som agudo*** piercing sound; ***som grave*** deep tone; ***som gutural*** guttural sound; ***som labial*** labial sound; ***som de trombeta*** blast of a trumpet; NÁUTICA ***som de apito*** blast of whistle; ***à prova de som*** sound-proof
soma *s. f.* sum, total amount; addition; quantity, great deal; whole, aggregate; ANATOMIA soma; ***soma importante (de dinheiro)*** a good round sum; ***soma total*** sum total; ***a soma não está certa*** the sum is not right; ***uma boa soma*** a pretty penny; ***gastar grandes somas de dinheiro*** to spend large sums of money
somada *s. f.* ⇒ **assomada**
somali *s. m. e f.* Somalian
somar *v. tr. e intr.* to sum up, to add up; to totalize, to total; to gather up (evidence, facts, arguments, etc.); ***ele soma bem*** he is good at sums
somático *adj.* somatic, bodily, corporeal, physical
somatização *s. f.* act or instance of being somatic
somatizar *v. intr.* to become somatic
somatoagnosia *s. f.* MEDICINA pathological ignorance of a body part
somatognosia *s. f.* knowledge of one's body
somatologia *s. f.* somatology
somatológico *adj.* somatologic
somatologista *s. m. e f.* somatologist
somatopleura *s. f.* somatopleure
somatório *s. m.* sum; total, sum total
sombra *s. f.* shade (partial darkness caused by interception of light); shadow (patch of shade); reflection; apparition, phantom shading (of a picture); darkness, obscurity, gloom, umbrage; degree, touch, sort; colour, hue, tint; ***à sombra de uma árvore*** under a shady tree, in the shade of a tree; ***à sombra*** in the shade; ***as sombras da noite*** the shades of night; ***sentemo-nos à sombra*** let us sit in the shade; ***as árvores dão sombra à rua*** the trees shade the street; ***vejo a minha sombra na parede*** I see my shadow on the wall; ***fazer sombra a alguém*** to eclipse a person, to put a person in the shade; ***sem sombra de dúvida*** without a shade of doubt; ***a sombra de uma casa*** the shadow of a house; ***ela é uma sombra do que era*** she is a mere shadow of her former self; ***ponto de sombra*** shadow-stitch; ***de má sombra*** black look; ***ser a sombra negra de alguém*** to be someone's pet aversion
sombreado Ⓐ *adj.* shaded Ⓑ *s. m.* shading, shade
sombreal *s. m.* shady place, shade
sombrear *v. tr.* to shade (drawing); to darken, to obscure; to dim; to cloud; to cast shade upon, to throw shade on; to grade off; ⌈fig.⌋ to sadden, to grieve
sombreira *s. f.* lamp-shade; BOTÂNICA colt's foot
sombreiro Ⓐ *s. m.* umbrella, sunshade, parasol; a shady place; wide-brimmed hat Ⓑ *adj.* shading, shadowy
sombrejar *v. tr. e intr.* ⇒ **sombrear**
sombrela *s. f.* shade (bell-shaped vessel)
sombria *s. f.* meadow pipit
sombrinha *s. f.* umbrella, sunshade, parasol
sombrio *adj.* shady, shadowy, shaded; dark, gloomy, dismal, dreary; dim, dusky, cloudy, clouded; sour, sullen, morose; ***lugar sombrio*** a shady spot; ***uma expressão sombria toldou-lhe o rosto*** a shadow crossed his face
sombroso *adj.* shady, shadowy, shaded; dark, gloomy, dismal, dreary; dim, dusky, cloudy, clouded; sour, sullen, morose

someiro *s. m.* wind-chest (of an organ); ARQUITECTURA summer; lintel
somenos *adj.* of little worth, paltry, inferior
somente *adv.* only, solely, simply, merely, exclusively
somiticaria *s. f.* avarice; niggardliness; meanness
somítico *adj.* stingy, miserly, greedy, avaricious, niggardly, mean, close-fisted
sonaja *s. f.* "sonja" (Mexican popular musical instrument)
sonalha *s. f.* ⇒ **soalha**
sonambular *adj.* somnambulant, somnambulistic
sonambúlico *adj.* somnambulic, somnambulistic
sonambulismo *s. m.* MEDICINA somnambulism, sleep-walking
sonâmbulo Ⓐ *s. m.* somnambulistic, sleep-walker Ⓑ *adj.* somnambulistic, sleep-walking
sonância *s. f.* sonance
sonante *adj.* sonant, sounding, ringing; ***metal sonante*** hard cash
sonata *s. f.* MÚSICA sonata
sonatina *s. f.* MÚSICA sonatina
sonda *s. f.* NÁUTICA sounding, sounding-lead, fathom, plummet; CIRURGIA probe; MEDICINA catheter (tubular instrument for passing into bladder); sound; ***sonda do porão*** sounding-rod; ***linha de sonda*** sounding-line; ***sonda espacial*** space probe
sondador *s. m.* sounder; ⇒ **sonda**
sondagem *s. f.* NÁUTICA sounding; boring, drilling (mines); CIRURGIA probing; POLÍTICA opinion poll; poll
sondar *v. tr.* to sound; to test the depth (of the sea, river, lake, etc.); to bore, to drill (mines); CIRURGIA to probe, to examine (with a sound); to try to ascertain (the opinions, feelings, wishes of a person); to fathom, to explore; ***sondar uma ferida*** to examine a wound, to probe a wound; ***sondar o terreno*** to bore the earth; ***sondar alguém*** to try to ascertain someone's feelings, to sound someone
sondareza *s. f.* NÁUTICA sounding-line
sondável *adj.* soundable, fathomable
soneca *s. f.* nap, doze, snooze, forty winks, a short sleep; ***dormir uma soneca*** to take a nap
sonega *s. f.* concealing, concealment, holding back; misappropriation; theft
sonegação *s. f.* concealing, concealment, holding back; misappropriation; theft
sonegadamente *adv.* secretly
sonegador *s. m.* concealer; withholder
sonegados *s. m. pl.* objects concealed (held back)
sonegamento *s. m.* ⇒ **sonega**
sonegar *v. tr.* to steal, to conceal, to hide (from justice), to withhold, to hold back
sonetar *v. intr.* to write sonnets
sonetear *v. intr.* to write sonnets
soneteiro *s. m.* sonneteer, minor (indifferent) writer of sonnets
sonetilho *s. m.* sonnet of short verses
sonetista *s. m. e f.* sonneteer, a writer of sonnets
soneto *s. m.* sonnet
songa *s. m. e f.* sly boots; trickster
songamonga *s. m. e f.* sly boots; trickster
songuinha *s. m. e f.* a very secretive person
sonhador Ⓐ *s. m.* dreamer; visionary; star-gazer Ⓑ *adj.* dreamy, dreaming; ***olhos sonhadores*** dreamy eyes
sonhar Ⓐ *v. intr.* to dream; ⌈fig.⌋ to fancy, to imagine; to stargaze Ⓑ *s. m.* dreaming; ***nunca disse tal coisa, deves estar a sonhar*** I never said anything of the sort, you must be dreaming; ***sonhei contigo*** I dreamt of you, I dreamt about you; ***passar a vida a sonhar*** to dream away one's life; ***sonhar acordado*** to daydream
sonho *s. m.* dream; vision, reverie, day-dream, day-dreaming; fancy, fiction; ***realizar todos os sonhos*** to fulfil all one's dreams; ***a vida é um sonho*** life is a dream; ***ter sonhos*** to dream
sónica *s. f.* phonetic spelling
sónico *adj.* sonic, phonic, acoustic
sonido *s. m.* sound, noise, din; acute sound, report; rumbling, murmur
sonífero Ⓐ *adj.* soporific, somniferous, somnolent Ⓑ *s. m.* soporific drug; opiate
sonîloquo *s. m.* somniloquist
sonípede Ⓐ *adj.* stamping Ⓑ *s. m. e f.* one who stamps his feet while walking
sono *s. m.* sleep; slumber; ***o melhor sono*** beauty sleep; ***dormir a sono solto*** to sleep soundly, to sleep like a top; ***o sono da morte*** one's last sleep, the sleep of death; ***ter muito sono*** to feel (to be) very sleepy; ***ter sono, estar com sono*** to be sleepy, to feel sleepy; ***estar cheio de sono*** to be quite overcome with sleep; ***fazer sono*** to send to sleep, to make a person sleepy; ***sono quebrado*** broken sleep; ***sono de chumbo*** heavy sleep; ***sono leve*** light sleep; ***cair com sono*** to drop with sleep; ***dormir o sono dos justos*** to sleep the sleep of luck; ***cair num sono profundo*** to sink into a deep sleep; ***doença do sono*** sleeping sickness; ***o sono*** the land of Nod
sonolência *s. f.* sleepiness, drowsiness, somnolence
sonolento *adj.* sleepy, drowsy, somnolent, dozy; mentally sluggish; indolent (measurement of harmonic intervals)
sonoluminescência *s. f.* production of light as liquids are irradiated with ultra-sound waves
sonometria *s. f.* sonometry
sonométrico *adj.* sonometric(al)
sonómetro *s. m.* sonometer, audiometer
sonoplastia *s. f.* sound moulding
sonoridade *s. f.* sonority, resonance, sonorousness, loudness, volume, fullness of sound
sonorização *s. f.* sonorousness
sonorizar *v. tr.* to render sonorous
sonoro *adj.* sonorous, resonant, resounding, loud, full, ringing, high-sounding, deep (sound)
sonorosidade *s. f.* ⇒ **sonoridade**
sonoroso *adj.* full-sounding, full-toned, high-sounding, sonorous, resonant, resounding
sonotipo *s. m.* tuning-fork
sonsa *s. f.* slyness, cunning, shrewdness, craftiness; sham, dissimulation; ***pela sonsa*** on the sly
sonsice *s. f.* slyness, cunning, shrewdness, craftiness; sham, dissimulation
sonsinho *adj.* sly, crafty, shrewd
sonso Ⓐ *adj.* sly, cunning, artful Ⓑ *s. m.* shammer, slyboots, a secretive person
sonsonete *s. m.* tone of mockery
sopa *s. f.* soup; sop (piece of bread dipped in broth); ***sopa de hortaliça*** vegetable soup; ***sopa de carne*** clear (meat) soup; ***sopa económica*** soup-kitchen; ***sopa juliana*** soup maigre, clear vegetable soup; ***sopa fingida de tartaruga*** mock-turtle soup; ***sopa de puré de batata*** potato soup; ***sopa de tartaruga*** turtle soup; ***caiu como sopa no mel*** I met with a stroke of luck; ⌈pop.⌋ ***molhar a sopa*** to thrash, to beat; ***estar numa sopa*** to be wet through, to be drenched to the skin, to be sopping with rain; ***está que nem uma sopa*** he is as drunk as a lord; ***viver às sopas de alguém*** to be dependent on someone
sopapear *v. tr.* to slap, to strike, to clod, to smack, to cuff
sopapo *s. m.* slap, smart blow, clap
sopé *s. m.* foot, bottom, base (of a hill, a mountain, etc.); ***no sopé da montanha*** at the foot of the mountain
sopeado *adj.* oppressed, humiliated, humbled
sopeador Ⓐ *s. m.* represser Ⓑ *adj.* repressive, checking, humiliating
sopeamento *s. m.* repression, restraint, check; humiliation
sopear *v. tr.* to trample under foot; to curb, to check, to repress, to keep under; to humiliate
sopegar *v. intr.* to halt, to limp

sopeira *s. f.* tureen; [fam.] maid-servant; [cal.] slavey
sopeiro Ⓐ *s. m.* one who likes soup Ⓑ *adj.* (pertaining to) soup; ***prato sopeiro*** soup-plate
sopesar Ⓐ *v. tr.* to weigh (in one's hand); to estimate the weight of; to try the weight of; to counterweigh, to balance; to share out Ⓑ *v. refl.* to keep one's balance
sopeso *s. m.* weighing, estimation of weight
sopetear Ⓐ *v. intr.* to sop, to dip and soak (bread in broth, milk, etc.) Ⓑ *v. tr.* to relish, to enjoy
sopiar *v. tr.* to baptize at home (child in danger of life)
sopista *s. m. e f.* soup-eater
sopitamento *s. m.* lulling; calming, soothing
sopitar *v. tr.* to make drowsy, to lull; to assuage, to allay, to calm, to soothe; to buoy up (with hopes)
sopito *adj.* asleep, laid to sleep; allayed, calmed; benumbed; buoyed up (with hopes)
sopontadura *s. f.* series of points under a word indicating that it could be suppressed, underlining
sopontar *v. tr.* to underscore, to underline
sopor *s. m.* heavy sleep, drowsiness; torpor, stupor, lethargy
soporado *adj.* sleepy; somnolent; soporiferous
soporativo Ⓐ *adj.* soporific Ⓑ *s. m.* soporific, narcotic, hypnotic
soporífero *adj.* soporiferous
soporífico *adj.* FARMACOLOGIA soporific; ***poção soporífica*** sleeping-draught
soporizar *v. tr.* to make soporific
soporoso *adj.* soporiferous
soportal *s. m.* threshold; hall; courtyard, yard
soprador Ⓐ *adj.* blowing Ⓑ *s. m.* blower; breather
sopranino *s. m.* sopranino
sopranista *s. m. e f.* MÚSICA sopranist, treble singer
soprano *s. m. e f.* MÚSICA soprano
soprar *v. tr. e intr.* to blow, to force wind upon, to blast, to puff; to blow out, to extinguish; to whisper; to prompt; [coloq.] to pump; ***o vento sopra rijo*** the wind is blowing hard; ***soprar constantemente*** to puff away
sopresar *v. tr.* to seize as prey; to capture
soprilho *s. m.* very light silk
sopro *s. m.* blowing, puff of air, breath of air, whiff; breath, breathing; [fig.] inspiration, influx; sound, sigh; ***instrumento de sopro*** wind instrument; MEDICINA ***sopro cardíaco*** cardiac murmur; ***sopro do vidro*** glass-blowing
soquear *v. tr.* to strike (to hit) with the fist, to give a blow; to beat, to thrash, to sock; [fam.] to biff; [coloq.] to box
soqueira *s. f.* roots of sugar-cane (after the latter has been cut)
soqueiro *s. m.* maker of wooden shoes; winner (in a row)
soqueixar *v. tr.* to tie (to bind) under the chin
soqueixo *s. m.* bandage under the chin
soquete *s. m.* MILITAR rammer, ram rod; a soft punch, tap, rap
soquetear *v. tr.* MILITAR to ram down; to punch lightly; to tap, to rap
sorar *v. tr.* to convert into whey
sordes *s. m.* [pop.] sordes, foul matter
sordícia *s. f.* sordidness, meanness, paltriness; dirtiness, foulness, filthiness; stinginess, avarice
sordície *s. f.* sordidness, meanness, paltriness; dirtiness, foulness, filthiness; stinginess, avarice
sordidamente *adv.* sordidly, meanly, ignobly
sordidez *s. f.* ⇒ **sordícia**
sordideza *s. f.* ⇒ **sordícia**
sórdido *adj.* sordid, dirty, filthy, foul, mean, ignoble, low, base, nasty, disgusting, squalid; stingy, miserly
sorgo *s. m.* BOTÂNICA sorghum, Indian millet
sorita *s. m.* sorites, chain-syllogism
sorites *s. m.* sorites, chain-syllogism
sorna Ⓐ *s. f.* heaviness, slowness, indolence, laziness, slothfulness Ⓑ *s. m. e f.* lazy-bones, a lazy person Ⓒ *adj.* boring, annoying, wearisome; lazy, sluggish
sornar *v. intr.* to go slowly, to linger, to loiter, to dawdle (away); [pop.] to sleep; ***estar sornando*** not to care, not to trouble, not to take any notice
sorneiro *s. m., adj.* lazy, sluggish, indolent, torpid; lazy-bones, a lazy person
sornice *s. f.* indolence, laziness, sluggishness
soro *s. m.* whey (of milk); serum (from blood); ***soro antidiftérico*** antidiphtheritic serum; ***soro fisiológico*** physiological saline, physiological solution of sodium chloride; ***soro do leite*** whey
soromenha *s. f.* wild pear-tree; wild pear
soromenho *s. m.* wild pear-tree; wild pear
sóror *s. f.* sister (title given to nuns)
sororicida *s. m. e f.* sororicide
sororicídio *s. m.* sororicide
sororoca *s. f.* death struggle; Spanish mackerel
sorose *s. f.* BOTÂNICA sorosis
sorosite *s. f.* ⇒ **serosite**
soroso *adj.* wheyey, wheyish, serous
soroterapia *s. f.* MEDICINA serum-therapy
sorrabar *v. tr.* to flatter, to coax, to cajole, to fawn
sorrascadoiro *s. m.* oven-broom
sorrascador *s. m.* oven-broom
sorrascadouro *s. m.* oven-broom
sorrascar *v. tr.* to sweep out (with an oven-broom); [fig.] to dirty, to besmear
sorrasco *s. m.* ⇒ **sorrascadoiro**; [fig.] dirt; splotch
sorrasqueiro *s. m.* [reg.] small cake baked on the cinders
sorrasquinho *s. m.* [reg.] small cake baked on the cinders
sorrateiramente *adv.* slyly, in a sly way, on the sly, stealthily, cunningly, shrewdly, secretly, furtively
sorrateiro *adj.* sly, crafty, cunning, shrewd, sneaking, stealthy, artful
sorrelfa Ⓐ *s. f.* hypocrisy, pretence, dissimulation Ⓑ *s. m. e f.* a stingy and cunning person Ⓒ *adj.* dissembled, stingy; ***à sorrelfa*** secretly, by stealth; ***ir-se à sorrelfa*** to give (someone) the slip
sorrelfo *adj.* secretive; disguised, artful; furtive; covetous
sorridente *adj.* smiling, wearing a smile, grinning, beaming, radiant, cheerful; ***mostrar-se muito sorridente*** to be wreathed in smiles
sorrir *v. intr.* to smile; to grin, to smile broadly; ***sorrir-se para*** to smile at; ***sorrir a alguém*** to smile at someone; ***sorrir afavelmente*** to smile sweetly; ***sorrir cinicamente*** to smile cynically; ***a sorte sorriu-lhe desde que nasceu*** fortune has smiled upon him from his birth; ***toda a natureza sorri*** all nature smiles; ***ela sorriu de satisfação*** she grinned with delight
sorriso *s. m.* smile; grin, broad smile; ***consentir com um sorriso*** to smile assent; ***um sorriso de desprezo*** a smile of contempt; ***um sorriso de bom acolhimento*** a smile of welcome; ***saudar com um sorriso*** to greet someone with a smile
sortalhão *s. m.* great luck, unexpected luck
sorte *s. f.* fate, destiny, lot, doom; fortune, luck, chance; share, allotment; ***experimente a sua sorte!*** try your luck!; ***não ter sorte nenhuma*** to have no luck; ***pouca sorte!*** hard luck!, bad luck!; ***que pouca sorte!*** what bad luck!; ***sorte do diabo*** devil's luck; ***que sorte!*** how lucky!, what a lucky thing!; ***estás com sorte*** you're lucky; ***deixar correr à sorte*** to leave things to chance; ***virar-se a sorte*** to turn up trumps; ***estar com pouca sorte*** to have a run of ill-luck; ***estamos com muita sorte*** we're very lucky; ***de sorte que*** so that; ***de tal sorte*** in such a way; ***por sorte*** for luck, luckily, fortunately, by good luck; ***sair a sorte grande*** to draw the first prize in the lottery; ***tirar à sorte*** to draw lots; ***deitar sortes*** to cast lots; ***cair em sorte a alguém*** to fall to someone's lot; ***seria uma sorte grande se alguém nos emprestasse um carro para a***

viagem it would be a great stroke of luck if someone would lend us a car for the journey; ***agradecer a sua sorte*** to thank one's lucky stars; ***seguir a sua sorte (correr o risco)*** to take one's chance; BÍBLICO ***ser bafejado pela sorte*** to have one's lines fall in pleasant places; ***não há nada como ter sorte*** nothing succeeds like success; ***encontrei-o por sorte*** I met him by chance; ***a sua sorte foi triste*** his lot was a hard one; ***dar sorte (ir à serra)*** to take offence at, to take umbrage; ***sorte súbita e inesperada*** windfall

sorteado Ⓐ *s. m.* what has been chosen by chance Ⓑ *adj.* assorted, variegated; selected, drawn (by lot)

sorteador *s. m.* sorter, classifier; caster of lots

sorteamento *s. m.* ⇒ **sorteio**

sortear *v. tr.* to cast lots, to draw lots; to raffle; to assort, to variegate

sorteio *s. m.* lottery, raffle, draw; allotment; casting lots

sorteiro *s. m.* ⇒ **sorteador**

sortela *s. f.* magic ring

sortelha *s. f.* magic ring

sortido Ⓐ *adj.* assorted Ⓑ *s. m.* assortment

sortilégio *s. m.* sortilege, witchcraft, sorcery, witchery

sortílego *s. m.* sortileger, fortuneteller

sortilha *s. f.* ⇒ **sortela**

sortimento *s. m.* assortment, stock, supply; variety; choice

sortir Ⓐ *v. tr.* to stock, to furnish, to supply Ⓑ *v. intr.* to fall to by luck Ⓒ *v. refl.* to furnish oneself, to lay in a stock

soruma *s. f.* BOTÂNICA [África] hemp

sorumbático *adj.* sour, sullen, gloomy, somber, taciturn, moody

sorva *s. f.* BOTÂNICA sorb, service-tree

sorvado *adj.* half rotten (fruit); over-ripe (fruit)

sorvalhada *s. f.* fallen fruit, strewn fruit on the ground

sorvar-se *v. refl. e intr.* to become overripe (fruit); to go rotten, to rot, to decay (fruits)

sorvedela *s. f.* sipping, sip

sorvedoiro *s. m.* whirpool, vortex, eddy; abyss, chasm, gulf, pit

sorvedouro *s. m.* whirpool, vortex, eddy; abyss, chasm, gulf, pit

sorvedura *s. f.* ⇒ **sorvo**

sorveira *s. f.* BOTÂNICA sorb, service-tree

sorver Ⓐ *v. tr.* to sip, to take a sip, to suck, to absorb, to aspirate; to swallow Ⓑ *v. refl.* to sink

sorvete *s. m.* ice, ice-cream; sherbet, cooling drink

sorveteira *s. f.* ice-cream pail (barrel); ice-chest; freezer

sorveteiro *s. m.* ice-cream peddler (pedlar), iceman

sorvo *s. m.* sipping, sip, draught, swallow, gulp

sós *adv.* ***a sós*** alone, by oneself

sósia *s. m. e f.* double, second self, duplicate, counterpart

soslaio *s. m.* slant, oblique position; ***de soslaio*** askew, aslant, obliquely, sideways

sossega *s. f.* rest, quiet, calm; sleep, doze, nap

sossegadamente *adv.* quietly, calmly

sossegado *adj.* quiet, calm, still, peaceful, serene, at peace; undisturbed, unruffled; ***meninos, estejam sossegados por algum tempo*** now, children, keep quiet for a while; ***uma rua sossegada*** a quiet (peaceful) street; ***estar sossegado (quieto)*** to be still (quiet)

sossegador Ⓐ *s. m.* tranquillizer, pacifier Ⓑ *adj.* appeasing, tranquillizing, calming

sossegar Ⓐ *v. tr. e intr.* to calm, to quiet, to quieten, to tranquillize, to appease, to soothe, to still, to lull, to pacify Ⓑ *v. intr.* to be quiet, to grow calm, to become tranquil; ***sossegar o espírito*** to set one's heart at ease (at rest)

sossego *s. m.* quiet, quietness, calm, calmness, tranquillity, stillness, peace, rest, repose, hush, quietude; ***sossego de espírito*** peace of mind; ***perturbar o sossego da casa*** to disturb the peace of the household

sosso *adj.* ***pedra sossa*** stone without cement, loose stone in building

sostenido *s. m.* MÚSICA ⇒ **sustenido**

sostra *s. f.* slovenly, untidy woman

sostrice *s. f.* slovenliness, untidiness

sota Ⓐ *s. m.* postil(l)ion, rider; second Ⓑ *s. f.* queen (at cards); NÁUTICA lull, calm; ***dar sota e ás*** to queen at cards, to get the best of

sota-almirante *s. m.* rear-admiral, vice-admiral

sota-capitânia *s. f.* second flagship

sota-capitão *s. m.* first mate, the second in command of a ship

sota-cocheiro *s. m.* second coachman

sota-comitre *s. m.* second master of galley-slaves

sotaina Ⓐ *s. f.* cassock; [pop.] thrashing, spanking Ⓑ *s. m.* [depr.] priestling

sotana Ⓐ *s. f.* cassock; [pop.] thrashing, spanking Ⓑ *s. m.* [depr.] priestling

sótão *s. m.* garret, attic; loft; ***ter macaquinhos no sótão*** to have bats in the belfry, to have a bee in one's bonnet, to have a slate (screw, tile) loose

sota-patrão *s. m.* second skipper

sota-piloto *s. m.* second pilot

sotaque *s. m.* accent, brogue; reproach, censure, rebuke

sotaquear *v. tr.* to gibe, to scoff, to taunt, to tease

sotaventar Ⓐ *v. tr.* to turn to leeward Ⓑ *v. refl. e intr.* to fall to leeward, to make leeway, to sag

sotaventeado *adj.* NÁUTICA driven to leeward

sotaventear *v. tr. e intr.* ⇒ **sotaventar**

sotaventino *adj.* eastern; inhabitant (native) of the "*Sotavento*" (Algarve - Portugal)

sotavento *s. m.* lee, leeward, lee gauge; ***a sotavento*** alee, lee, leeward, under the lee; ***para sotavento*** under the lee, towards the lee

soteia *s. f.* terrace, belvedere

soterração *s. f.* burying, interment, covering with earth

soterramento *s. m.* burying, interment, covering with earth

soterrâneo *adj.* ⇒ **subterrâneo**

soterrar *v. tr.* to bury, to put underground, to cover with earth

soto-almirante *s. m.* rear admiral, vice admiral

soto-capitão *s. m.* first mate, second in command

soto-embaixador *s. m.* deputy ambassador

soto-mestre *s. m.* boatswain's assistant, vice-master

soto-ministro *s. m.* steward of a monastery

sotopor *v. tr.* to put under; to omit, to leave out, to disregard

soto-soberania *s. f.* dependent sovereignty

sotrancão *adj.* dissembled, disguised

sotrancar *v. tr.* to monopolize; to forestall; to hinder, to encircle, to embrace; to attain

soturnidade *s. f.* taciturnity, sullenness, sadness

soturno *adj.* taciturn, sullen, downcast, gloomy, crestfallen, dejected, dull, morose; silent, quiet

souto *s. m.* plantation (grove) of chestnut-trees; thicket, thick wood

sova *s. f.* beating, thrashing, spanking, flogging, drubbing, cudgelling, hiding; ***dar uma sova*** to give a good hiding

sovaco *s. m.* armpit, axilla

sovadela *s. f.* ⇒ **sova**

sovado *adj.* thrashed, drubbed, cudgelled, beaten; kneaded; [fig.] worn out

sovadura *s. f.* kneading; trampling, pressing; ⇒ **sova**

sovaqueiro *s. m.* thief who escapes with stolen goods under his arm

sovaquinho *s. m.* smell of the armpit

sovar *v. tr.* to knead, to work dough (in bread-making); to trample, to press (grapes); to thrash, to beat, to flog, to whip, to drub, to cudgel, to give a hiding

sovela *s. f.* awl; pricker; ORNITOLOGIA avoset, avocet

sovelada *s. f.* hole (made with an awl)

sovelão *s. m.* big awl; [pop.] a miser, skinflint, niggard, hunks, pinchfist
sovelar *v. tr.* to pierce (to prick) with an awl
soveleiro *s. m.* awl-maker, awl-seller
soveral *s. m.* grove of cork-trees
sovereiro *s. m.* BOTÂNICA ⇒ **sobreiro**
soviete *s. m.* Soviet
soviético *adj.* Sovietic, Soviet
sovietismo *s. m.* Sovietism, bolshevism
sovina Ⓐ *s. f.* wood; vice; dovetail; wooden pin Ⓑ *s. m. e f.* miser, skinflint, niggard, hunks, pinchfist Ⓒ *adj.* stingy, mean, miserly, niggardly, avaricious
sovinada *s. f.* pricking with wooden pin; spicy saying, piquant remark
sovinar *v. tr.* to prick, to sting with a sharp tool (or instrument); [fig.] to molest, to vex, to offend, to hurt
sovinaria *s. f.* avarice, stinginess, miserliness, covetousness, graspingness
sovinice *s. f.* avarice, stinginess, miserliness, covetousness, graspingness
sozinho *adj.* alone, by oneself, single-handed; solo; ***fiz o trabalho sozinho*** I did the job single-handed (by myself)
sua Ⓐ *adj. poss.* his, her, its; your; their Ⓑ *pron. poss.* his, hers, its; yours; theirs; ***sua própria*** his own, her own, its own, your own, their own; ***fazer das suas*** to play wild pranks; ***ficar na sua*** to stick to one's point, to stick to one's guns
suã *s. f.* pork meat of the lower part of the back bone; pork back bone; any pork vertebra
suaçu *s. m.* [Bras.] ⇒ **veado**
suadela *s. f.* sweating, sweatiness; perspiration
suadir *v. tr.* ⇒ **persuadir**
suado *adj.* sweaty, sweating, perspiring, covered (wet) with sweat
suadoiro *s. m.* ⇒ **suadouro**
suador Ⓐ *adj.* sweating, perspiring Ⓑ *s. m.* sweater, one who sweats excessively
suadouro *s. m.* sudorific; back of horse (region of saddle); ⇒ **suadela**
suão Ⓐ *s. m.* south wind, simoon Ⓑ *adj.* south, from the south
suar *v. tr. e intr.* to sweat, to perspire, to exude sweat; to ooze, to distil; to drip, to trickle; [fig.] to drudge, to toil, to work hard, to labour; ***ele sua muito no Verão*** he sweats a lot in summer; ***estar a suar*** to be in a sweat, to be perspiring; ***suar em bica*** [coloq.] to sweat buckets
suarda *s. f.* wool oil, yolk
suarento *adj.* sweating, sweaty, perspiring, covered (moist) with sweat
suasivo *adj.* suasive, persuasive
suasório *adj.* suasive, persuasive, convincing, inducing
suástica *s. f.* swastika, swastica, fylfot, filfot
suástico *adj.* swastika, swastica
suave *adj.* suave, bland, mild, smooth, soft; gentle, sweet, pleasing, pleasant; affable, kind, gracious; ***voz suave*** soft voice; ***uma encosta suave*** a gentle slope
suavemente *adj.* suavely, softly, mildly, smoothly, sweetly
suavidade *s. f.* suavity, gentleness, softness, smoothness, sweetness, mildness, blandness
suaviloquência *s. f.* suaviloquence
suavização *s. f.* smoothing, softening, sweetening; suasion
suavizador *adj.* softening, mollifying, smoothing, soothing
suavizar *v. tr.* to soften, to milden, to mollify, to appease, to alleviate, to soothe, to ease; to allay, to mitigate; to tone down, to subdue; ***suavizar o mal de alguém*** to pour balm into a person's wounds; ***suavizar a dor*** to soothe the pain
subabdominal *adj.* subabdominal
subácido *adj.* subacid
subadjacente *adj.* subadjacent, underlying
subaéreo *adj.* subaerial
subafluente *s. m.* subaffluent
subagente *s. m. e f.* subagent
subagudo *adj.* subacute
subalado *adj.* having winglike appendices
subalar *adj.* subalary; under the wings
subalimentação *s. f.* subalimentation, undernourishment
subalimentar *v. tr.* to underfeed, to undernourish
subalpino *adj.* subalpine
subalternação *s. f.* subalternation
subalternar Ⓐ *v. tr.* to make subordinate, to render subaltern Ⓑ *v. refl. e intr.* to alternate; to take turns
subalternidade *s. f.* subalternity, dependence, subordinate condition
subalternização *s. f.* condition of being subaltern, subordination
subalterno Ⓐ *adj.* subaltern, subordinate, inferior Ⓑ *s. m.* subaltern; subordinate
subalugar *v. tr.* to sublet, to underlet
subaluguer *s. m.* subrenting, subletting
subaquático *adj.* subaquatic, underwater
subarbustivo *adj.* subshrubby, undershrubby
subarbusto *s. m.* undershrub
subarmónico *adj.* subharmonic
subarqueado *adj.* slightly arched
subarrendamento *s. m.* subtenancy, subletting, underletting, undertenancy
subarrendar *v. tr.* to sublet, to sublease
subarrendatário *s. m.* subtenant, under-tenant
subasta *s. f.* DIREITO legal auction
subastação *s. f.* DIREITO legal auction
subastar *v. tr.* to auction
subatómico *adj.* QUÍMICA subatomic
subaxilar *adj.* subaxillary
sub-bibliotecário *s. m.* assistant librarian
subcacuminal *adj.* ⇒ **reverso**
subcategoria *s. f.* subcategory
subchefe *s. m.* subchief, deputy chief; assistant director
subcinerício *adj.* subcinereous; that is (or was) under the ashes
subclasse *s. f.* subclass
subclavicular *adj.* subclavicular, subclavian
subcloreto *s. m.* (sub-)chloride
subcomandante *s. m.* subcaptain, second in command; first mate
subcomissão *s. f.* subcommittee
subcomissário *s. m.* subcommissioner
subconjunto *s. m.* MATEMÁTICA subset
subconsciência *s. f.* subconsciousness
subconsciente Ⓐ *adj.* subconscious, dimly conscious Ⓑ *s. m.* subconscious (mind)
subcontinente *s. m.* subcontinent
subcontrário *adj.* subcontrary
subcontrato *s. m.* ECONOMIA subcontract
subcorrente *s. f.* undercurrent
subcostal *adj.* subcostal
subcultura *s. f.* subculture
subcutâneo *adj.* subcutaneous
subdelegação *s. f.* subdelegation; ***subdelegação de saúde*** district health office
subdelegacia *s. f.* subbranch, subagency
subdelegado *s. m.* subdelegate; ***subdelegado de saúde*** assistant medical officer of health
subdelegante *adj.* subdelegating
subdelegar *v. tr.* to subdelegate
subdelegável *adj.* that may be subdelegated
subdelírio *s. m.* subdelirium, intermittent delirium
subderivado *adj.* subderived

subdesenvolvido *adj.* underdeveloped, undergrown
subdesenvolvimento *s. m.* underdevelopment, undergrowth
subdiaconado *s. m.* subdiaconate
subdiaconato *s. m.* subdiaconate
subdiaconisa *s. f.* subdeacon's wife
subdiácono *s. m.* subdeacon
subdialecto *s. m.* subdialect
subdirecção *s. f.* assistant-headmastership; deputy directorship
subdirector *s. m.* subdirector, deputy director, assistant manager
subdirectoria *s. f.* ⇒ **subdirecção**
subdirigir *v. tr.* to subdirect, to submanage
subdistinção *s. f.* subdistinction
subdistinguir *v. tr.* to subdistinguish
súbdito Ⓐ *s. m.* subject Ⓑ *adj.* subject, inferior
subdividir *v. tr.* to subdivide
subdivisão *s. f.* subdivision
subdivisionário *adj.* subdivisional
subdivisível *adj.* subdivisible
subduplo *adj.* subduplicate, subdouble, in the ratio of 1 to 2
subemprazamento *s. m.* subrenting; subinfeudation
subemprazar *v. tr.* to subrent; to subinfeud; to subinfeudate
subenfiteuse *s. f.* subinfeudation, emphyteutic, underlease (perpetual right to a piece of land)
subenfiteuta *s. m. e f.* subemphyteuta, undertenant of emphyteutic lands
subenfiteuticar *v. tr.* to subinfeud, to sublease emphyteutic land
subenfitêutico *adj.* subemphyteutic(al)
subentender *v. tr.* to understand, to infer, to take as implied, to interpret, to assume, to presume, to take for granted; ***subentender-se uma coisa*** to go without saying; ***subentende-se*** it is understood
subentendido *adj.* implied, implicit, taken for granted; understood
subentendimento *s. m.* being understood, taking for granted
subenvasamento *s. m.* subbasement
súber *s. m.* suber
suberato *s. m.* QUÍMICA suberate
subérico *adj.* suberic, of cork, obtained from cork
subericultura *s. f.* cork oak culture
suberificação *s. f.* ⇒ **suberização**
suberificar *v. tr.* ⇒ **suberizar**
suberiforme *adj.* suberous, suberose
suberina *s. f.* QUÍMICA suberin
suberização *s. f.* suberization
suberizar *v. tr.* to suberize
suberoso *adj.* suberous, suberose, suberic, corky, like cork
subespécie *s. f.* subspecies
subespontâneo *adj.* subspontaneous
subestação *s. f.* substation
subestimação *s. f.* underestimation
subestimar *v. tr.* to underestimate, to underrate, to undervalue; to misestimate; to minimize
subface *s. f.* inferior part of the head (of insects)
subfamília *s. f.* subfamily
subfeudatário *s. m.* subfeudatory
subfeudo *s. m.* feud (dependent on another)
subfiança *s. f.* sub-bond; a second amount deposited as a guarantee, supplementary bond
subfluvial *adj.* subfluvial
subfoliáceo *adj.* subfoliaceous
subfretar *v. tr.* NÁUTICA to underfreight; to charter again
subgemíparo *adj.* subgemmiparous
subgénero *s. m.* BOTÂNICA, ZOOLOGIA subgenus
subglabro *adj.* nearly bald; nearly round
subgloboso *adj.* subglobose
subgrave *adj.* MÚSICA sub-bass
subgrupo *s. m.* sub-group
sub-harmónico *s. m., adj.* MÚSICA subharmonic
sub-hastação *s. f.* auction, subhastation
sub-hastar *v. tr.* to auction, to sell (to buy) at auctions
sub-hepático *adj.* subhepatic
subida *s. f.* ascent, mounting, ascension, climb, climbing up, going up; rising, rise; slope, hill, up-grade; ***subida de preços*** rise in prices; ***a subida de um monte*** the ascent of a hill; ***subida de barómetro*** rise (rising) of barometer; ***subida de maré*** growth (rise, rising) of tide
subidamente *adv.* in a high degree, highly
subido *adj.* raised, mounted; expensive, excessive, dear; finest, sublime, most excellent, superb, lofty
subidouro *s. m.* hill, steep road, gradient
subimento *s. m.* rise
subinflamação *s. f.* subinflammation
subinflamatório *adj.* subinflammatory
subinspector *s. m.* subinspector, deputy inspector
subinte *adj.* ascending, rising
subintendência *s. f.* deputy commissaryship; deputy commissary's office
subintendente *s. m.* subintendant
subintender *v. intr.* to act as intendant, to deputize for the intendant
subintitular *v. tr.* to subtitle, to furnish with a subtitle
subintrante *adj.* MEDICINA subintrant, nearly continuous (of fevers)
subir Ⓐ *v. tr. e intr.* to go up, to mount (up), to come up, to ascend, to climb (up), to get on, to get on top; to clamber Ⓑ *v. intr.* to rise, to tower, to soar Ⓒ *v. tr.* to raise, to lift, to heave; to exalt, to aggrandize, to elevate; ***subir de posição*** to rise in the world; ***subir as escadas*** to go upstairs, to climb the stairs; ***subir os preços*** to raise the prices; ***subir os ordenados*** to raise the salaries; ***subir um monte*** to climb (up) a hill; ***subir ao trono*** to ascend the throne; ***subir e descer correndo*** to run up and down; ***subir às ocultas*** to steal up; ***o barómetro está a subir*** the barometer is rising; ***os preços vão subindo*** prices are looking up, prices are rising; ***o champanhe subiu-lhe à cabeça*** the champagne went to his head; ***subir (a maré)*** to rise (the tide); ***subir no horizonte*** to heave in sight, to raise on the horizon; ***subir o rio*** to sail up the river; ***subir verticalmente (aeroplano)*** to take off vertically, to zoom
subitamente *adv.* suddenly, all of a sudden, unexpectedly, abruptly
subitaneidade *s. f.* suddenness, hastiness
subitâneo *adj.* sudden, unexpected, abrupt, hasty
súbito Ⓐ *adj.* sudden, unexpected, abrupt, hasty Ⓑ *s. m.* a sudden event Ⓒ *adv.* ⇒ **subitamente**; ***de súbito*** all of a sudden, suddenly; ***morte súbita*** sudden death; ***um choque súbito*** a sudden shock
subjacente *adj.* subjacent, underlying
subjecção *s. f.* rhetorical question
subjectivação *s. f.* subjectiveness
subjectivamente *adv.* subjectively (from a subjective point of view)
subjectivar *v. tr.* to make subjective
subjectividade *s. f.* subjectivity
subjectivismo *s. m.* subjectivism
subjectivista *s. m. e f.* subjectivist
subjectivo Ⓐ *adj.* subjective Ⓑ *s. m.* subjective case, nominative
subjugação *s. f.* subjugation
subjugador *s. m.* subjugator, subduer, conqueror
subjugante *adj.* subjugating, dominating
subjugar *v. tr.* to subjugate, to subdue, to subject, to overcome, to master, to dominate, to conquer; to restrain, to quell, to control, to bring into subjection

subjunção *s. f.* subjunction, subjoining
subjuntivo Ⓐ *adj.* subjunctive Ⓑ *s. m.* subjunctive mood
sublacustre *adj.* sublacustrine
sublenhoso *adj.* BOTÂNICA subligneous
sublevação *s. f.* rising, insurrection, revolt, rebellion, sedition
sublevador *s. m.* insurrectionist, rebel
sublevantamento *s. m.* upheaval, uplift
sublevantar *v. tr.* to upheave, to uplift
sublevar Ⓐ *v. tr.* to excite, to stir up, to raise, to urge to insurrection Ⓑ *v. tr. e refl.* to revolt, to rebel, to rise in arms against, to take up arms; ***sublevar o país*** to raise the country
sublimação *s. f.* sublimation; sublimating
sublimado Ⓐ *adj.* sublimated, sublimed, elevated, exalted, honoured; refined, etherealized Ⓑ *s. m.* sublimate, sublimated substance; ***sublimado corrosivo*** corrosive sublimate
sublimar Ⓐ *v. tr.* to sublimate, to refine, to etherealize, to elevate, to purify, to exalt, to extol, to honour; QUÍMICA to sublimate, to sublime, to vaporize Ⓑ *v. refl.* to raise oneself to a high state
sublimativo *adj.* subliming, elevating, exalting
sublimatório Ⓐ *adj.* sublimatory Ⓑ *s. m.* sublimatory
sublimável *adj.* sublimable, capable of sublimation
sublime Ⓐ *adj.* sublime, majestic, grandiose, impressive, exalted, lofty, stately, grand, superb, fine, magnificent Ⓑ *s. m.* the sublime, sublimity, sublimeness, elevation, excellence, grandeur, greatness, loftiness; ***estilo sublime*** a sublime style; ***heroísmo sublime*** sublime heroism
sublimidade *s. f.* sublimity, excellence, loftiness, exaltation, grandeur, greatness, sublimeness, elevation, moral grandeur
subliminal *adj.* subliminal
sublinear *adj.* sublinear
sublingual *adj.* sublingual
sublinha *s. f.* underlining, underline, underscore
sublinhado Ⓐ *s. m.* underlining Ⓑ *adj.* underlined
sublinhar *v. tr.* to underline, to underscore, to draw a line under; to emphasize, to stress, to lay stress upon, to make clear; ***sublinhar uma palavra*** to underline a word
sublocação *s. f.* underletting, undertenancy, subletting
sublocador *s. m.* sub-lessor
sublocar *v. tr.* to sublet, to underlet
sublocatário *s. m.* undertenant, sub-lessee
sublunar *adj.* sublunar, sublunary
subluxação *s. f.* subluxation; partial luxation
submarino Ⓐ *s. m.* submarine, U-boat Ⓑ *adj.* submarine, underwater
submaxilar *adj.* submaxillary
submental *adj.* submental; under the chin
submergir *v. tr.* to flood, to inundate; to submerge, to immerse, to sink; [fig.] to destroy, to waste, to ravage, to quench, to dismantle
submergível *adj.* submersible, sinkable
submersão *s. f.* submersion; flood, inundation; deluge
submersível Ⓐ *adj.* submersible, submergible Ⓑ *s. m.* submarine, submarine boat, submergible
submerso *adj.* submerged, submersed, underwater, sunk
submeter Ⓐ *v. tr. e refl.* to submit, to subject Ⓑ *v. tr.* to present, to propose; to subdue, to conquer, to overcome, to dominate Ⓒ *v. refl.* to yield, to surrender, to resign oneself; ***submeti-me às circunstâncias*** I resigned (myself) to the circumstances; ***submeter alguém*** to bring a person to his knees; ***submeter à aprovação*** to submit to approval; ***submeter-se a um exame*** to submit to (to sit for, to undergo) an examination
submetimento *s. m.* submission, subjection, surrender
subministração *s. f.* subministration
subministrador *s. m.* subministrator
subministrar *v. tr.* to subministrate; to provide, to supply, to furnish
submissamente *adv.* submissively
submissão *s. f.* submission, subjection, vassalage, submitting, yielding, compliance, obedience, resignation
submisso *adj.* submissive; docile, yielding, compliant, meek, obedient, resigned, humble, amenable, acquiescing; broken, tamed
submúltiplo *s. m.* submultiple
submundo *s. m.* underworld
subnasal *adj.* subnasal
subnegar *v. tr.* ⇒ **sonegar**
subnutrição *s. f.* underfeeding, malnutrition
suboccipital *adj.* suboccipital
subocular *adj.* subocular, suborbital
subordem *s. f.* suborder
subordinação *s. f.* subordination; obedience, subjection
subordinacionismo *s. m.* RELIGIÃO subordinationism
subordinacionista *s. m. e f.* subordinationist
subordinada *s. f.* subordinate clause
subordinadamente *adv.* subordinately
subordinado Ⓐ *adj.* subordinate, dependent, secondary, inferior, minor Ⓑ *s. m.* subordinate, an inferior, underling, dependant; GRAMÁTICA ***oração subordinada*** subordinate clause
subordinador Ⓐ *adj.* subordinating Ⓑ *s. m.* one who subordinates
subordinante *adj.* subordinating
subordinar Ⓐ *v. tr.* to subordinate, to place in inferior position, to subject Ⓑ *v. refl.* to submit, to yield, to follow, to conform
subordinativo *adj.* subordinative
subordinável *adj.* that can be subordinated
subornação *s. f.* ⇒ **suborno**
subornador *s. m.* briber, suborner
subornamento *s. m.* ⇒ **suborno**
subornar *v. tr.* to bribe, to suborn, to give a bribe to; [coloq.] to grease a person's palm, to oil a person's hand; ***deixar-se subornar*** to be easily bribed (bought)
subornável *adj.* bribable; [coloq.] that can be bought
suborno *s. m.* bribe, subornation; [E.U.A.] graft, boodle; ***prestar-se ao suborno*** to have an itching palm
subóxido *s. m.* suboxide
subpolar *adj.* subpolar
subpor *v. tr.* to put under, to place beneath
subprefeito *s. m.* subprefect, assistant prefect
subprefeitura *s. f.* subprefecture
subproduto *s. m.* subproduct, derivate, byproduct
subpromotor *s. m.* subpromoter
sub-raça *s. f.* subrace
sub-região *s. f.* subregion
sub-reino *s. m.* subkingdom; BIOLOGIA phylum
sub-repção *s. f.* subreption
sub-repticiamente *adv.* surreptitiously, stealthily, furtively, secretly
sub-reptício *adj.* surreptitious, clandestine, stealthy, furtive, secret (done in an underhand manner)
sub-rogação *s. f.* subrogation; ***sub-rogação de hipoteca*** subrogation of mortgage
sub-rogador *s. m.* subrogator
sub-rogante *adj.* subrogating
sub-rogar *v. tr.* to subrogate
sub-rogatório *adj.* subrogatory
sub-rostrado *adj.* subrostrate
subscrever Ⓐ *v. tr.* to subscribe, to sign (one's name); to agree, to approve, to assent Ⓑ *v. intr.* to subscribe, to contribute (with some money), to pay a sum of money (for publication of a book, etc.); ***subscrever-se para obras de caridade*** to subscribe (to leave) money to charities
subscrição *s. f.* subscription; contribution; sum subscribed; ***fazer uma subscrição a favor dos hospitais*** to make a contribution to the hospitals; ***subscrição de acções*** subscription of shares

subscritar *v. tr.* to sign, to undersign, to put one's signature on (documents)
subscrito *adj.* signed, underwritten, subscribed; subscript; ***capital subscrito*** subscribed capital
subscritor *s. m.* subscriber
subsecção *s. f.* subsection; subdivision
subsecivo *adj.* subsecive
subsecretariado *s. m.* under-secretaryship; office of under-secretary
subsecretariar *v. tr.* to act as under-secretary
subsecretário *s. m.* under-secretary; ***subsecretário da Educação*** Under-Secretary of State for Education
subsecutivo *adj.* subsequential, successive, consecutive
subseguir *v. intr.* to follow after; to come after
subseguro *s. m.* subinsurance
subsentido *s. m.* double meaning, reserved meaning; not very clear
subsequência *s. f.* subsequence, continuation, sequel, result, outcome, issue
subsequente *adj.* subsequent, following, succeeding, posterior, sequent, attendant, ensuing
subsequentemente *adv.* subsequently, secondarily
subserviência *s. f.* subserviency, servility, obsequiousness, cringing, flattery, fawning, compliance
subserviente *adj.* subservient, servile, cringing, crawling, obsequious, fawning
subservientemente *adv.* subserviently, obsequiously
subsidiado *adj.* subsidized, financed, aided, supported
subsidiar *v. tr.* to subsidize, to pay subsidy to, to finance, to aid, to support by subsidy
subsidiário *adj.* subsidiary, additional, auxiliary, helpful, helping, adjuvant
subsídio *s. m.* subsidy, support, aid; grant, dole; bounty, bounty money; ***receber subsídio (de desemprego)*** to be on the dole
subsistência *s. f.* subsistence, living, livelihood, support, maintenance, sustenance
subsistente *adj.* subsisting, remaining in existence
subsistir *v. intr.* to subsist, to be extant, to exist, to continue to live, to survive; to persist, to endure, to remain; ***a dúvida subsiste*** the doubt remains
subsolo *s. m.* subsoil
subsónico *adj.* subsonic
substabelecer *v. tr.* to substitute, to subrogate, to appoint a deputy; ***substabelecer uma procuração*** to appoint a substitute (an agent)
substabelecimento *s. m.* substitution, subrogation, appointment of a proxy (deputy)
substância *s. f.* substance, essence; pith, purport, gist, meaning; material, matter, stuff, substantiality, body, firm consistency; means, resources; strength; ***substâncias químicas*** chemical substances, chemicals
substanciado *adj.* resumed, concentrated
substancial Ⓐ *adj.* substantial, solid, firm; nourishing; weighty, important; essential, principal Ⓑ *s. m.* the essential, the essence, the main point, the core; ***refeição substancial*** a substantial (solid, square) meal; ***o essencial da questão*** the core of the matter
substancialidade *s. f.* substantiality
substancialismo *s. m.* substantialism
substancialista Ⓐ *s. m. e f.* substantialist Ⓑ *adj.* substantialistic
substancializar *v. tr.* to substantialize, to make substantial; to give substance (reality) to
substancialmente *adv.* substantially, essentially
substanciar *v. tr.* to substantiate; to feed, to nourish, to prove, to corroborate, to implement, to show to be true
substancioso *adj.* substantial, rich, nourishing, nutritive
substantificar *v. tr.* to substantiate
substantífico *adj.* ⇒ **substancioso**
substantivação *s. f.* converting into a noun (substantive)
substantivar *v. tr.* to substantive, to convert into a substantive; to use as a noun
substantivo Ⓐ *s. m.* substantive, noun Ⓑ *adj.* substantive; ***substantivo próprio*** proper noun
substatório *adj.* stopping, checking
substituição *s. f.* substitution, exchange, shift, replacement, locum tenancy
substituído Ⓐ *adj.* substituted Ⓑ *s. m.* person who has been substituted
substituinte Ⓐ *adj.* substitutionary, substituting Ⓑ *s. m. e f.* substitute, deputy, locum tenens
substituir *v. tr.* to substitute, to replace, to take the place of, to supersede; to deputize for, to act for, to represent, to take a person's place; to change, to put one thing in place of another; ***substituir um artigo por outro*** to replace one article by another; ***substituir alguém*** to substitute (to replace) a person; ***substituir os fusíveis*** to change the fuses; NÁUTICA ***substituir as máquinas de*** to re-engine; ***substituir o pessoal de*** to re-man
substituível *adj.* replaceable
substitutivo *adj.* substitutive
substituto Ⓐ *s. m.* substitute, deputy, representative, locum tenens Ⓑ *adj.* substituting
substrato *s. m.* substratum (*plural* substrata)
substrução *s. f.* substructure, foundation
substrutura *s. f.* substructure
subsultar *v. tr.* to bounce; to hop
subtangente *s. f.* subtangent
subtendente *s. f., adj.* GEOMETRIA subtense; chord of an arch
subtender *v. tr.* to subtend, to extend under
subtenente *s. m.* sub-lieutenant
subtensa *s. f.* GEOMETRIA subtense
subtenso *adj.* GEOMETRIA subtense
subterfluente *adj.* subterfluent, subterfluous
subterfúgio *s. m.* subterfuge, evasion, blind, excuse, expedient, shift, artifice, sophistry, stratagem, dodge, ruse, feint; ***cheio de subterfúgios*** full of dodges
subterfugir *v. intr.* to use subterfuges, to dodge, to shuffle, to evade, to play fast and loose
subterrâneo Ⓐ *adj.* subterranean, subterraneous, underground Ⓑ *s. m.* subterranean cave, subterranean dwelling; ***passagem subterrânea*** subterranean (underground) passage
subterrar *v. tr.* to put under ground; to bury; to cover up (with earth)
subtérreo *adj.* subterranean, subterraneous underground
subtil *adj.* subtle; acute, keen, shrewd, sagacious, deep, discerning; crafty, cunning, artful, sly, wily, astute, designing; intriguing; clever, ingenious; airy, light, ethereal, volatile, delicate, nice, refined
subtileza *s. f.* subtlety, acuteness, keenness, shrewdness, astuteness, sharpness, cleverness, sagacity; craft, craftiness, cunning, artifice, artfulness, guile, slyness; refinement, nicety, fineness; rareness, delicacy
subtilidade *s. f.* subtlety, acuteness, keenness, shrewdness, astuteness, sharpness, cleverness, sagacity; craft, craftiness, cunning, artifice, artfulness, guile, slyness; refinement, nicety, fineness; rareness, delicacy
subtilização *s. f.* subtilization
subtilizador Ⓐ *s. m.* one who subtilizes Ⓑ *adj.* subtilizing
subtilizar *v. tr.* to subtilize, to make subtle (refined, ethereal); to make fine distinctions; to split hairs
subtilmente *adv.* subtly, shrewdly; astutely, cleverly
subtipo *s. m.* subtype
subtítulo *s. m.* subtitle, subheading
subtracção *s. f.* MATEMÁTICA subtraction; deduction; embezzlement, defalcation (of money)
subtractivo *adj.* subtractive

subtraendo *s. m.* subtrahend
subtrair Ⓐ *v. tr.* to subtract, to deduct; to take, to withdraw; to embezzle, to defraud, to swindle out of money Ⓑ *v. refl.* to give the slip, to steal away; to shun, to dodge, to evade; ***subtrair um objecto*** to steal a thing; ***subtrair-se ao pagamento*** to free oneself from the payment; ***subtrair-se à lei*** to evade (dodge, shun) the law
subtribo *s. f.* subtribe
subtropical *adj.* subtropical
subtutor *s. m.* subtutor, subpreceptor
subulado *adj.* subulate, awl-shaped
subunidade *s. f.* subdivision of a larger military formation
suburbano *adj.* suburban, outlying
suburbicário *adj.* suburbicarian, suburbican
subúrbio *s. m.* suburb; *pl.* outskirts, environs, suburbs, precincts; ***viver nos subúrbios*** to live in the suburbs
subvalorizar *v. tr.* to undervalue, to underestimate; to underrate
subvenção *s. f.* subvention, subsidy, grant of money
subvencional *adj.* referring to subvention
subvencionar *v. tr.* to subsidize, to assist (to aid) by the payment of a subvention
subventral *adj.* subventral
subversão *s. f.* subversion, overthrow, ruin; revolt, rebellion
subversivo *adj.* subversive, destructive; revolutionary
subversor Ⓐ *s. m.* subverter Ⓑ *adj.* subverting, overthrowing
subvertedor Ⓐ *s. m.* subverter Ⓑ *adj.* subverting, overthrowing
subverter Ⓐ *v. tr.* to subvert, to overthrow, to overturn, to upset; to destroy, to ruin; to pervert, to corrupt; to revolutionize Ⓑ *v. refl.* to sink, to drown, to ruin oneself
subvertimento *s. m.* ⇒ **subversão**
subzona *s. f.* subzone
sucará *s. f.* Arab bagpipes
sucata *s. f.* scrap, scrap-iron, junk; ***mandar para a sucata*** to place on the scrap-heap, to throw on the scrap-heap
sucateiro *s. m.* junk-dealer
sucção *s. f.* suction, sucking
sucedâneo Ⓐ *s. m.* MEDICINA succedaneum; substitute, makeshift, stopgap Ⓑ *adj.* succedaneous
suceder Ⓐ *v. intr.* to succeed, to come after; to follow, to ensue; to occur, to happen, to come to pass, to befall; to take up another's office Ⓑ *v. refl.* to follow, to come next; ***o rei Jorge V sucedeu a seu pai, o rei Eduardo VII*** King George V succeeded his father, King Edward VII; ***os dias sucedem-se*** day succeeds day; ***ora sucedeu...*** now it happened; ***suceda o que suceder*** come what may, whatever may come to pass; ***às vezes sucede cada coisa*** something unexpected always happens; ***suceder frequentemente*** to occur (to happen) often
sucedido Ⓐ *adj.* successful, happened Ⓑ *s. m.* event, happening, occurrence, incident, adventure, affair, fact; ***ser bem sucedido*** to succeed, to get on well, to prosper in life, to go well; ***ser mal sucedido*** to fail
sucedimento *s. m.* ⇒ **sucessão, sucesso**
sucenturiado *adj.* replacing another organ of the same kind
sucessão *s. f.* succession, chain, series, sequence, continuity, consecution, following (in order); heirs, offspring, descendants; ***direitos de sucessão*** succession duties, rights of succession; ***sucessão masculina (filhos varões)*** male heirs, male issue
sucessivamente *adv.* successively, in succession, progressively
sucessível *adj.* entitled to inherit; capable of succession
sucessivo *adj.* successive, consecutive, following in succession; ***durante dias sucessivos*** for days running; ***em reinados sucessivos*** in successive reigns; ***três grandes vitórias sucessivas*** three great victories in succession
sucesso *s. m.* success, good luck, good fortune, lucky hit, favourable issue; sensation, hit; victory, triumph, achievement; event, occurrence, fact; parturition, childbirth; ***fazer sucesso*** to be a success; ***não ter sucesso*** to fail; ***o espectáculo foi um sucesso*** the show was a success; ***a nova fita teve grande sucesso*** the new film scored a hit
sucessor *s. m.* successor; ***sucessor de seu pai*** successor to his father
sucessório *adj.* successional; ***imposto sucessório*** succession duties
súcia *s. f.* gang, rabble, mob, rout
suciar *v. intr.* to be one of a mob, to belong to a gang
suciata *s. f.* [pop.] merry-making, spree, revelry, high jinks
sucíneo *adj.* of the colour of amber, succinic
sucínico *adj.* QUÍMICA succinic (acid)
súcino *s. m.* yellow amber
sucintamente *adv.* succinctly, concisely, briefly, in a nut-shell
sucinto *adj.* succint, brief, concise
súcio Ⓐ *s. m.* scoundrel, rascal, scamp, cheat, vile wretch Ⓑ *adj.* scoundrelly, base, mean, villainous, disgraceful
suco *s. m.* juice; essence, sap; ***suco gástrico*** gastric juice
sucosidade *s. f.* juiciness, succulence; sappiness
sucoso *adj.* juicy, succulent
sucrose *s. f.* sucrose, saccharose
suctório *adj.* sucking
súcuba *s. f.* [fig.] harlot, prostitute, whore
súcubo Ⓐ *adj.* related to a succubus Ⓑ *s. m.* succubus
suculência *s. f.* succulence, juiciness; sappiness
suculento *adj.* succulent, juicy, sappy
sucumbir *v. intr.* to succumb, to give way to, to yield, to submit, to sink under, to be overcome; to die, to perish, to pass away
sucuri *s. m.* ZOOLOGIA large Brazilian snake
sucuriúba *s. f.* large Brazilian snake
sucursal *s. f.* COMÉRCIO branch, branch office
sucussão *s. f.* succussion
sudação *s. f.* sweat, sweating, perspiration
sudâmina *s. f.* sudamina
sudanês *s. m., adj.* Sudanese
sudário *s. m.* sudarium; sweat cloth; handkerchief; winding-sheet, shroud; series of misfortunes; ***Santo Sudário*** Sacred Sudarium, Kerchief of St. Veronica
sudatório Ⓐ *adj.* sudatory, sudorific Ⓑ *s. m.* sudatorium
sudeste Ⓐ *s. m.* south-east; southeaster Ⓑ *adj.* south-east, south-eastern; ***para sudeste*** south-eastward; ***vento do sudeste*** southeaster, south-eastern wind; ***de sudeste*** southeasterly
sudoestada *s. f.* strong south-west wind, southwester
sudoestar *v. intr.* to blow from the south-west (of the wind)
sudoeste Ⓐ *s. m.* south-west Ⓑ *adj.* south-west; south-western; ***para sudoeste*** southwestward; ***vento sudoeste*** southwester, south-western wind; ***de sudoeste*** south-westerly
sudorífero Ⓐ *adj.* sudoriferous, sudatory Ⓑ *s. m.* sudorific medicine
sudorífico *s. m., adj.* sudorific, sudatory
sudoríparo *adj.* sudoriferous, sudoriparous
sudoroso *adj.* ⇒ **sudorífero**
sudra *s. f.* sudra (member of the lowest Hindu caste)
sueca *s. f.* quadrille, game (at cards)
suécia *s. f.* MECÂNICA swage-block, kind of anvil (with hollows)
sueco Ⓐ *adj.* Swedish Ⓑ *s. m.* Swede (native of Sweden); Swedish (language of Sweden)
suestada *s. f.* southeaster
suestar *v. intr.* to blow from the south-east (wind)
sueste *s. m., adj.* ⇒ **sudeste**; ***sueste (chapéu de oleado, usado pelos marítimos)*** sou'wester
sueto *s. m.* leisure, rest; holiday
sufaraque *s. f.* Arab flute
suficiência *s. f.* sufficiency, competency; aptitude, ability, capacity

suficiente *s. m., adj.* sufficient; enough; fair, satisfactory; ***o suficiente é quanto basta*** enough is as good as a feast; ***mais do que o suficiente*** more than enough; ***ser suficiente*** to serve one's (its) turn; ***é o suficiente*** that is sufficient, that is enough; ***o teu trabalho está suficiente*** your essay is satisfactory
suficientemente *adv.* sufficiently, adequately, satisfactorily, enough; ***suficientemente provido de meios*** sufficiently provided with means
sufixação *s. f.* suffixion
sufixal *adj.* suffixed
sufixar *v. tr. e intr.* to suffix, to add as a suffix, to append
sufixativo *adj.* referring to languages that use suffixes
sufixo *s. m.* suffix
suflar *v. tr.* to blow
sufocação *s. f.* suffocation, choking, smothering, stifling
sufocador *adj.* suffocating, choking, smothering, stifling
sufocamento *s. m.* ⇒ **sufocação**
sufocante *adj.* suffocating, stifling, choking, oppressive, very close, stuffy, sweltering, sultry; ***numa atmosfera sufocante*** in sweltering heat
sufocar Ⓐ *v. tr. e intr.* to suffocate, to smother, to stifle, to choke Ⓑ *v. tr.* to repress, to quench, to overcome; ***sufoco, se permaneço neste quarto abafado*** I shall suffocate if I stay in this close room; ***este fumo sufoca-me*** I am being smothered by this smoke; ***sufoca-se com esta atmosfera abafada*** this close atmosphere is stifling; ***sufocar uma revolta*** to repress a riot
sufocativo *adj.* ⇒ **sufocante**; [fig.] repressing, suppressing, crushing
sufoco *s. m.* suffocation, choking; [fig.] hassle; eagerness, anxiety
sufragâneo *adj.* suffragan
sufragar *v. tr.* to approve by suffrage, to vote, to bear witness, to suffragate; to suffrage; ***sufragar os mortos*** to pray for the dead
sufrágio *s. m.* suffrage, vote, approval, voice, ballot, franchise; ***sufrágio universal*** universal suffrage
sufragismo *s. m.* suffragism
sufragista Ⓐ *s. m. e f.* suffragist (supporter of woman suffrage); suffragette (female advocate of woman suffrage) Ⓑ *adj.* suffragistic(al)
sufumigação *s. f.* suffumigation, fumigation
sufumigar *v. tr.* to suffumigate
sufumígio *s. m.* ⇒ **sufumigação**
sufusão *s. f.* suffusion
sugação *s. f.* sucking, suck
sugadoiro *s. m.* ⇒ **sugadouro**
sugador Ⓐ *adj.* sucking Ⓑ *s. m.* one who sucks; [fam.] sucker
sugadouro *s. m.* sucker (insects)
suga-flor *s. m.* ⇒ **beija-flor**
sugar *v. tr.* to suck, to draw liquid into the mouth; to absorb; to extort
sugerir *v. tr.* to suggest, to hint, to insinuate, to imply, to call up the idea of; to propose, to present, to recommend, to advise, to indicate, to prompt, to give an inkling; ***sugerir um plano*** to suggest a plan; ***essa tua observação sugere-me outra*** that remark of yours prompts me to make another; ***sugerir um passeio*** to suggest a walk
sugerível *adj.* suggestible
sugestão *s. f.* suggestion, suggesting, hint, intimation, insinuation, indication, prompting; ***por sugestão minha*** on my suggestion; ***fazer uma sugestão*** to make a suggestion, to give a hint; ***a sugestão dele foi aprovada*** his suggestion was approved
sugestibilidade *s. f.* suggestibility
sugestionar *v. tr.* to suggest, to influence (by suggestion), to incite (by suggestion), to inspire, to stimulate, to stir, to cheer
sugestionável *adj.* suggestible
sugestível *adj.* suggestible
sugestivo *adj.* suggestive
sugilação *s. f.* suggillation
sugilar *v. tr.* to bruise, to contuse
sugo *s. m.* wool oil, yolk; sewage
suíça *s. f.* side whiskers, whiskers
Suíça *s. f.* Switzerland
suicida Ⓐ *s. m. e f.* suicide Ⓑ *adj.* suicidal
suicidar-se *v. refl.* to commit suicide, to make away with oneself, to do away with oneself
suicídio *s. m.* suicide, self-murder
suíço *s. m., adj.* Swiss
Suídas *s. m. pl.* ⇒ **Suídeos**
Suídeos *s. m. pl.* ZOOLOGIA *Suidae* (hog or pig family)
suinicultor *s. m.* pig breeder, hog raiser
suinicultura *s. f.* pig breeding, hog raising
suíno Ⓐ *adj.* swinish Ⓑ *s. m.* hog, pig, swine; *pl.* swine (collectively)
sujar Ⓐ *v. tr.* to dirty, to soil, to make dirty, to tarnish, to stain, to defile, to pollute, to befoul, to sully, to draggle, to smudge, to smut Ⓑ *v. intr.* to defecate Ⓒ *v. refl.* to become dirty; to besmear oneself; to commit infamous acts; ***sujar os dedos de tinta*** to stain one's fingers with ink
sujeição *s. f.* subjection, dependence, subordination, submission, domination; allegiance, bondage; ***ter em sujeição*** to keep under
sujeira *s. f.* ⇒ **sujidade**; [fig.] shame, disgrace, dishonour
sujeitador Ⓐ *adj.* subjecting, subduing Ⓑ *s. m.* subduer
sujeitar Ⓐ *v. tr.* to subject, to subdue, to subordinate, to master, to subjugate, to overcome, to conquer; to expose, to make liable Ⓑ *v. refl.* to subject oneself, to expose oneself, to submit to, to yield, to conform to; ***sujeitar-se a um insulto*** to subject oneself to insult; ***sujeitar-se à crítica*** to subject oneself to criticism, to lay oneself open to criticism; ***sujeitar alguém a dissabores*** to subject a person to annoyances; ***estar sujeito a*** to be subject to, to be liable to
sujeitável *adj.* capable of being submitted
sujeito Ⓐ *adj.* subject, subordinate, dependant; liable, exposed to, prone to Ⓑ *s. m.* fellow, man, person, individual; [fam.] chap, customer, cove; GRAMÁTICA subject; ***sujeito a direitos*** liable to duty; ***sujeito a prejuízo ou avaria*** subject to damage; ***estamos todos sujeitos às leis da Natureza*** we are all subject to the laws of nature; ***um certo sujeito*** such a one, so and so, a certain person; ***o sujeito é meu primo*** the chap (the fellow) is my cousin; ***é bom sujeito*** he is a nice fellow; [fam.] ***um sujeito esquisito*** a queer fellow, an odd stick; [fam.] ***mau sujeito*** bad lot, rotter, scamp; ***sujeito a erro*** liable to error; ***sujeito a pagamento*** liable for payment; ***sujeito a deteriorar-se*** liable to be spoiled
sujeitório *s. m.* wretch, rogue, rascal, scoundrel, hound
sujidade *s. f.* dirt, filth, foulness, foul matter, muck, grime, dirtiness, filthiness, defilement; nastiness
sujo *adj.* dirty, filthy, foul; nasty, sordid, unclean, messy, soiled, begrimed, defiled, sullied; mean, vile, abject, low grovelling, shabby; ***mãos sujas*** dirty hands; ***cara suja*** dirty face; ***costado (de navio) sujo*** foul side (of the ship)
sul Ⓐ *s. m.* south; souther Ⓑ *adj.* south, southern; ***Pólo Sul*** the South Pole; ***América do Sul*** South America; ***as colinas do Sul da Inglaterra*** the South Downs; ***o Sul da França*** the South of France; ***os países do Sul*** the southern countries; ***vento sul*** souther; ***do sul*** southerly; ***para sul*** southward; ***mais ao sul*** southernmost
sula *s. f.* BOTÂNICA sulla; sweetvetch
sul-africano *s. m., adj.* South African
sul-americano *s. m., adj.* South American
sulano *s. m.* souther, south wind
sulaventear *v. intr.* NÁUTICA to make leeway
sulavento *s. m.* NÁUTICA lee, leeward direction
sulcador Ⓐ *adj.* ploughing Ⓑ *s. m.* ploughman

sulcar *v. tr.* to furrow, to make furrows, to plough; (of a ship) to plough (the seas), to cross; ***sulcar os mares*** to plough the seas, to cleave the water
sulcífero *adj.* sulcate, furrowy, rutted
sulciforme *adj.* sulciform
sulco *s. m.* furrow, channel (made in land); rut, wrinkle; wake (of a ship); sulcus (*plural* sulci)
sulfamida *s. f.* FARMACOLOGIA, QUÍMICA sulphonamide
sulfarsenieto *s. m.* QUÍMICA sulpharsenite
sulfatadeira *s. f.* [pop.] spraying machine; sprayer
sulfatador *s. m.* sulphurator, copper-sulphate sprayer
sulfatagem *s. f.* application of copper sulphate; copper sulphate spraying
sulfatar *v. tr.* to sulphurize; to sprinkle with copper sulphate; to spray copper sulphate
sulfatara *s. f.* GEOLOGIA solfatara
sulfatização *s. f.* sulphatization; sulphating
sulfatizar *v. tr.* to sulphatize (to convert into sulphate)
sulfato *s. m.* QUÍMICA sulphate
sulfidrato *s. m.* sulphydrate, hydrosulphide
sulfídrico *adj.* QUÍMICA sulphuretted (hydrogen), sulphydric
sulfidrometria *s. f.* QUÍMICA quantitative analysis of the amount of sulphur in sulphurous water
sulfito *s. m.* sulphite
sulfobactéria *s. f.* sulphobacteria
sulfonal *adj.* sulphonal
sulfonamida *s. f.* ⇒ **sulfamida**
sulfónico *adj.* sulphonic
súlfur *s. m.* sulphur
sulfuração *s. f.* sulphuration
sulfurador *s. m.* sulphurator
sulfurar *v. tr.* to sulphurate, to impregnate (to treat) with sulphur
sulfurável *adj.* sulphorable
sulfureira *s. f.* ⇒ **sulfatara**
sulfúreo *adj.* sulphureous
sulfuretar *v. tr.* to sulphurate
sulfureto *s. m.* sulphide
sulfúrico *adj.* QUÍMICA sulphuric; ***ácido sulfúrico*** sulphuric acid, oil of vitriol
sulfurino *adj.* sulphur-coloured, sulphur-yellow
sulfuroso *adj.* QUÍMICA sulphureous
sulino Ⓐ *s. m.* southerner Ⓑ *adj.* southern
sulista Ⓐ *s. m. e f.* southerner Ⓑ *adj.* southern
sultana *s. f.* sultana; sultan's wife
sultanado *s. m.* sultanate
sultanato *s. m.* sultanate
sultanesco *adj.* sultanic
sultania *s. f.* sultanate, sultany
sultânico *adj.* sultanic
sultão *s. m.* sultan
sulvento *s. m.* souther, south wind
suma *s. f.* abridg(e)ment, epitome, abstract, summary; ***em suma*** in short, all told
sumaca *s. f.* smack (boat); ***sumaca de pesca*** fishing-smack
sumagral *s. m.* sumach (sumac) field
sumagrar *v. tr.* to dye (to tan) with sumac(h)
sumagre *s. m.* BOTÂNICA sumac(h); ***sumagre dos tintureiros*** fustic-wood, yellow wood
sumagreira *s. f.* BOTÂNICA sumac(h)
sumagreiro *s. m.* sumach (sumac) dealer
sumamente *adv.* extremely, to an extreme degree; highly, very highly
sumaré *s. m.* BOTÂNICA orchid
sumarento *adj.* juicy, succulent, lush; ***pêras sumarentas*** juicy pears
sumariamente *adv.* summarily, briefly, concisely
sumariar *v. tr.* to summarize, to make a summary of; to synthetize, to condense; to sum up
sumário Ⓐ *adj.* summary, short, concise, brief, condensed Ⓑ *s. m.* summary, epitome, digest, synopsis, abstract, résumé, précis
sumaúma *s. f.* BOTÂNICA kapok, kapok tree, silk cotton tree
sumbucístria *s. f.* sambuca player
súmeas *s. f. pl.* NÁUTICA boards to strengthen the rudder; pieces of timber reenforcing the rudder
sumição *s. f.* vanishing, disappearance
sumiço *s. m.* vanishing, disappearance; ***levar sumiço*** to disappear, to pass out of sight
sumidade *s. f.* top, apex, summit, highest point, pinnacle; prominent person, a celebrity, greatly distinguished person
sumidiço *adj.* evanescent, liable to disappear
sumido *adj.* thin, lean; disappeared, vanished; indistinct, low, faint, weak, hollow, sunk; ***voz sumida*** low voice; ***olhos sumidos*** hollow eyes; ***falou em voz sumida*** he spoke in a subdued tone
sumidoiro *s. m.* drain, sink; gutter, sewer
sumidouro *s. m.* drain, sink; gutter, sewer
sumidura *s. f.* disappearance
sumilher *s. m.* steward of the royal household
sumir Ⓐ *v. tr.* to make disappear; to lose; to sink; to submerge; to hide, to conceal Ⓑ *v. refl.* to disappear, to pass out of sight, to vanish; to sink, to submerge; to hide, to conceal; to die away, to pass away, to fade away
sumista *s. m. e f.* summist
sumo Ⓐ *adj.* highest, supreme, maximum; most excellent Ⓑ *s. m.* juice; ***Sumo Pontífice*** Sovereign Pontiff
sumoso *adj.* juicy, succulent
sumpção *s. f.* sumption, consumption; swallow
sumpto *s. m.* expense; cost, price; charge
sumptuário *adj.* sumptuary
sumptuosamente *adv.* sumptuously, luxuriously, magnificently, gorgeously, pompously, lavishly
sumptuosidade *s. f.* sumptuousness, magnificence, grandeur, splendour, pomp, state, gorgeousness, luxury
sumptuoso *adj.* sumptuous, luxurious, rich, costly, pompous, stately, magnificent, lavish, gorgeous, superb, splendid
súmula *s. f.* epitome, abridgement, summary, condensation, digest, sum and substance; précis
sumular *v. tr.* to abridge, to epitomize, to summarize, to shorten, to condense, to reduce; to make a précis
sumulista *s. m. e f.* compiler, abridger, resumer
suor *s. m.* sweat, perspiration; [fig.] toil, labour, drudgery; ***estou alagado em suor*** I am bathed in perspiration; ***com o suor do rosto*** by the sweat of one's brow; ***suores frios*** cold sweat; ***escorria em suor*** he was dripping with sweat; ***nadar em suor*** to be all in a sweat; ***sangue, suor e lágrimas*** blood, sweat and tears
supedâneo *s. m.* footstool, footboard, footrest; [fig.] pedestal, stand
supeditar *v. tr.* to furnish, to supply
superabundância *s. f.* superabundance, excessive amount, excess, superfluity; ***superabundância de peixe*** a glut of fish
superabundante *adj.* superabundant, abounding, copious, superfluous, luxuriant, exuberant
superabundantemente *adv.* superaboundantly, lavishly
superabundar *v. tr.* to superabound, to be very abundant
superação *s. f.* excess, superfluity; surplus, remainder, superableness
superacidez *s. f.* excessive acidity, superacidity
superácido *adj.* super-acid, supersalt
superalimentação *s. f.* supercharging; overfeeding, cramming
superalimentar *v. tr.* to supercharge; to overfeed; [coloq.] to cram
superando *adj.* capable of being overcome, surmountable
superante *adj.* surpassing, excelling

superar *v. tr.* to surpass, to surmount, to exceed; to outdo, to excell, to outclass, to top, to surpass; to overcome, to defeat, to dominate; ***superar um obstáculo*** to overcome an obstacle; ***a Maria superou todas as colegas*** Mary topped (excelled, outbid) all her schoolfellows

superável *adj.* surmountable (susceptible of being overcome)

superavit *s. m.* superavit, surplus, budget surplus

superaxilar *adj.* ⇒ **supra-axilar**

supercarburante *s. m.* super; high quality fuel with a high octane rating

superciliar *adj.* superciliary

supercílio *s. m.* eyebrow, superciliary region; [fig.] pride, conceit, vanity

supercilioso *adj.* supercilious

supercivilizado *adj.* supercivilized

supercondutividade *s. f.* FÍSICA superconductivity, superconduction

supercondutor *adj.* FÍSICA superconductor

superego *s. m.* superpersonality; super-ego

superelegante *adj.* very elegant

superelevação *s. f.* superelevation

supereminência *s. f.* supereminence, supreme eminence

supereminente *adj.* supereminent, conspicuously eminent

superexcelência *s. f.* superexcellency

superexcitação *s. f.* superexcitation

superexcitar *v. tr.* to superexcite; to over-excite

superfetação *s. f.* superfetation; [fig.] excrescence

superfetar *v. intr.* to superfete, to conceive by superfetation

superficial *adj.* superficial, light, slight, shallow, frivolous; external, exterior, outer, on the surface, outward; skindeep; ***conhecimento superficial*** smattering (slight, superficial) knowledge; ***uma ferida superficial*** a superficial wound; ***a sua delicadeza é apenas superficial*** his politeness is only skindeep (on the surface); ***de maneira superficial*** in a perfunctory manner

superficialidade *s. f.* superficiality, shallowness

superficialmente *adv.* superficially

superfície *s. f.* surface, outside, exterior, superficies; GEOMETRIA face, plane; ***superfície de flutuação*** water-plane; ***à superfície*** on the surface; ***superfície lisa*** smooth surface; ***superfície rugosa*** rough surface; ***superfície terrestre*** earth's surface; ***superfície total*** total surface

superfino *adj.* superfine, extra fine, excellent, choice, prime, first-rate, of the finest quality

superfluamente *adv.* superfluously

superfluidade *s. f.* superfluity, excess, superabundance, redundance, redundancy, surfeit, enough and to spare

superfluido *s. m.* FÍSICA superfluid

supérfluo Ⓐ *adj.* superfluous, excessive, needless, useless, unnecessary, superabundant, redundant Ⓑ *s. m.* ⇒ **superfluidade**; ***fazer alguma coisa supérflua*** to paint the lily

superfortaleza *s. f.* superfortress

super-herói *s. m.* superhero

super-homem *s. m.* superman

super-humano *adj.* super-human

superinfecção *s. f.* superinfection

superintendência *s. f.* superintendence, management, running

superintendente *s. m.* superintendent, director, manager, overseer

superintender *v. tr. e intr.* to superintend, to direct, to manage, to run; to guide, to control

superior Ⓐ *s. m.* superior, master, chief, boss, head Ⓑ *adj.* superior, better, higher, loftier, upper, greater; paramount, excellent, first-rate, first class, better quality; ***os nossos superiores*** our elders and betters; ***Superior (de um mosteiro)*** Father Superior; ***ele é superior aos colegas*** he stands head and shoulders above his colleagues; ***oficial superior*** superior officer; ***as classes superiores*** the upper classes; ***ser superior às suas forças*** to be above one's strength; ***o inimigo atacou com forças superiores*** the enemy attacked with superior forces; ***ser superior aos preconceitos*** to be superior to prejudice, to be above having prejudices; ***esta fazenda é de qualidade superior*** this material is first class (excellent); ***a vontade do rei é superior*** the king's will is paramount

superiora *s. f.* superior, Mother Superior; superioress; ***superiora de um convento*** Mother Superior of a convent

superiorato *s. m.* office (dignity) of a superior

superioridade *s. f.* superiority, pre-eminence, ascendency, ascendancy, supremacy, advantage; excellence, worthiness; ***adquirir superioridade em*** to get the upper hand of; GRAMÁTICA ***comparativo de superioridade*** comparative of superiority

superiorizar *v. tr.* to distinguish, to exalt

superiormente *adv.* superiority, in a superior manner, excellently

superlativação *s. f.* act of making superlative

superlativamente *adv.* superlatively, to a superlative degree

superlativar *v. tr.* to render superlative

superlativo Ⓐ *adj.* superlative, supreme, most eminent, most excellent, incomparable Ⓑ *s. m.* GRAMÁTICA superlative

superlotação *s. f.* overloading

superlotar *v. tr.* to overload, to overcrowd

supermercado *s. m.* supermarket

supernal *adj.* supernal

supernatural *adj.* ⇒ **sobrenatural**

superno *adj.* BOTÂNICA supernal

supernumerário *adj.* supernumerary

súpero *adj.* superior, greater, higher, upper

súpero-anterior *adj.* supero-anterior

súpero-posterior *adj.* supero-posterior

superoxidação *s. f.* superoxygenation

superpopulação *s. f.* overpopulation

superpor *v. tr.* to superpose, to lay upon

superposição *s. f.* superposition

superpotência *s. f.* superpower

superpovoado *adj.* overpopulated

superpovoamento *s. m.* overpopulation

superprodução *s. f.* overproduction

superprotão *s. m.* FÍSICA superproton

super-realismo *s. m.* surrealism, superrealism

super-realista Ⓐ *s. m. e f.* surrealist Ⓑ *adj.* surrealistic

super-requintado *adj.* superrefined

supersaturação *s. f.* supersaturation

supersaturar *v. tr.* to supersaturate

supersecreção *s. f.* excessive secretion

supersensível *adj.* supersensible

supersónico *adj.* supersonic

superstição *s. f.* superstition, credulity; fanaticism

supersticiosamente *adv.* superstitiously

supersticiosidade *s. f.* superstitiousness

supersticioso *adj.* superstitious, credulous; bigoted, fanatical; ***gente supersticiosa*** superstitious people

supérstite *adj.* surviving

superstrutura *s. f.* superstructure; ***superstrutura do navio*** superstructure of the ship

supersubstancial *adj.* supersubstantial

superumeral *adj.* superhumeral

supervacâneo *adj.* superfluous, redundant

supervácuo *adj.* superfluous, redundant

supervenção *s. f.* supervention

superveniência *s. f.* supervention, supervenience

superveniente *adj.* supervenient

supervisão *s. f.* supervision

supervisionar *v. tr.* to supervise

supervisor *s. m.* supervisor

supervivência *s. f.* survival

supervivente Ⓐ *adj.* surviving Ⓑ *s. m. e f.* survivor

supetão *s. m.* ***de supetão*** suddenly, unexpectedly
supinação *s. f.* supination
supinador *s. m.* ANATOMIA supinator
supino Ⓐ *adj.* supine, lying on the back; upper; superior Ⓑ *s. m.* supine
suplantação *s. f.* supplanting
suplantador *s. m.* supplanter
suplantar *v. tr.* to supplant, to oust, to supersede, to replace; to usurp position (function) of
suplementar *adj.* supplementary, supplemental, additional, extra; spare
suplementário *adj.* supplementary
suplemento *s. m.* supplement, addition, addendum, appendix; MATEMÁTICA supplement; ***suplemento de um ângulo*** supplement of an angle; ***suplemento de imposto*** additional tax
suplência *s. f.* substitution, replacement
suplente Ⓐ *adj.* substituting, replacing, extra; spare Ⓑ *s. m. e f.* substitute, reserve (in sport); TEATRO understudy; ***juiz suplente*** assistant judge
supletivo *adj.* suppletive, supplemental
supletório *adj.* suppletory, supplementary
súplica *s. f.* supplication, petition, request, prayer, entreaty
suplicação *s. f.* ⇒ **súplica**; [arc.] ***casa de suplicação*** High Court of Justice
suplicado *s. m.* DIREITO defendant, accused
suplicante Ⓐ *s. m. e f.* suppliant, plaintiff; petitioner, supplicant, suitor Ⓑ *adj.* supplicating, entreating, beseeching, imploring, begging, praying, suing
suplicar *v. tr.* to supplicate, to pray, to entreat, to beg for, to implore, to beseech, to crave, to plead, to sue, to address in prayer, to put up a prayer; ***suplicar perdão*** to beseech for pardon
suplicativo *adj.* supplicatory, expressing supplication
suplicatório *adj.* supplicatory, expressing supplication
súplice *adj.* suppliant, beseeching, craving, begging, pleading
supliciado Ⓐ *adj.* executed, tortured; tormented Ⓑ *s. m.* executed criminal
supliciador Ⓐ *adj.* ⇒ **supliciante** Ⓑ *s. m.* torturer; executor
supliciante *adj.* torturing, agonizing, racking, tormenting
supliciar *v. tr.* to execute, to inflict capital punishment on; to torture
suplício *s. m.* capital punishment, pain of death, torture, torment, anguish, agony, rack, suffering
supor Ⓐ *v. tr.* to suppose, to imagine, to conceive, to conjecture, to fancy, to picture Ⓑ *v. intr.* to think, to suppose, to believe, to guess, to assume, to take for granted; ***suponho que ele gosta de Londres*** I suppose (believe, guess) he likes London; ***suponho que sim*** I suppose so, I think so; ***suponhamos que eu ia também*** what if I went as well?; ***suponho que ele não vem*** I don't suppose he will come; ***não é de supor*** it is not to be supposed
suportação *s. f.* endurance, toleration, enduring
suportar *v. tr.* to support, to bear the weight of; to hold up, to bear up; to sustain, to maintain; to bear, to endure, to undergo, to suffer, to go through, to submit to; to put up with, to tolerate, to stand, to show forbearance to; ***não posso suportar o barulho*** I can't stand the noise; ***não suportar uma pessoa*** to be unable to bear a person; ***como suporta ele a dor?*** how does he stand the pain?; ***não podia suportar mais*** he could not stick it any longer; ***suportar a fadiga*** to resist fatigue; ***suportar o sofrimento*** to endure suffering; ***não poder suportar*** not to be able to endure; ***suportar as despesas*** to bear (to defray) the expenses; ***suportar o prejuízo*** to suffer the damage
suportável *adj.* endurable, tolerable, supportable, bearable
suportavelmente *adv.* supportably, bearably, tolerably, passably
suporte *s. m.* prop, support, stay; pillar, column; buttress (against a wall); rest, stand, pedestal; bearing, frame; ***suporte de lâmpada*** lamp socket (holder); NÁUTICA ***suporte de veio*** propeller strut, shaft bracket, stern bracket; ***suporte de chumaceira*** bearing block; ***suporte para ferros*** tool-holder; ***suporte do berço*** cradle support
suposição *s. f.* supposition, surmise, conjecture, assumption, presumption, guess; ***isto é uma mera suposição*** this is mere presumption
supositício *adj.* suppositious, spurious, false
supositivo *adj.* suppositive; fictitious, supposed, sham
supositório *s. m.* suppository (medicine)
suposto Ⓐ *adj.* supposed, assumed, hypothetic(al) Ⓑ *s. m.* supposition; ***suposto que*** allowing that, granting that, though; ***suposto isso*** that being supposed
supra-axilar *adj.* BOTÂNICA supra-axilary
supraciliar *adj.* superciliary
supracitado *adj.* above-mentioned; referred to, mentioned before, aforesaid
supracitar *v. tr.* to mention above, to mention before, to speak of previously, to refer to previously
supradito *adj.* ⇒ **supracitado**
supra-estrutura *s. f.* ship structure over the deck
suprajacente *adj.* suprajacent, overlying
supralunar *adj.* supralunar
supramencionado *adj.* above-mentioned
supramundano *adj.* supermundane
supranatural *adj.* supernatural, miraculous
supranaturalismo *s. m.* supernaturalism
supranaturalista *s. m. e f.* supernaturalist
supranormal *adj.* above normal
supranumerário *s. m., adj.* supernumerary, extra
supra-occipital *adj.* supraoccipital
supra-renal *adj.* suprarenal
supra-renalite *s. f.* MEDICINA inflamation of suprarenal glands
supra-sensível *adj.* super-sensible
supra-sumo *s. m.* climax, culmination, top; ***o supra-sumo das elegâncias*** the height of elegance
supratorácico *adj.* suprathoracic
supratranscrito *adj.* above-transcribed, transcribed before, aforetranscribed
supremacia *s. f.* supremacy, power, highest authority; domination, sovereignty; preponderance, mastery, uper hand, primacy
supremamente *adv.* supremely
supremo *adj.* supreme, highest, greatest, paramount, dominant, predominant, leading; utmost, greatest possible, superlative; ***Supremo Tribunal de Justiça*** the Supreme Court of Judicature; ***coragem suprema*** supreme courage; ***hora suprema*** the supreme hour; ***o supremo magistrado da nação*** the Lord Chief Justice, (in Portugal) the President of the Republic
supressão *s. f.* suppression, overthrow, crushing, stoppage, check, repression; omission
supressivo *adj.* suppressive
supressor *adj.* suppressive
supressório *adj.* suppressible
supridor Ⓐ *s. m.* supplier, furnisher Ⓑ *adj.* supplying, furnishing
suprimento *s. m.* supply, subsidy, loan; ***fazer suprimentos*** to make loans, to supply
suprimir *v. tr.* to suppress, to eliminate, to cut out, to omit; to extinguish, to crush, to subdue, to stifle; to repress, to keep back, to stop, to check, to arrest; ***suprimir uma palavra*** to delete a word
suprir Ⓐ *v. tr.* to supply, to furnish; to stock, to fill up, to complete; to make up for, to compensate (for) Ⓑ *v. intr.* to run to help; to do duty for, to substitute, to replace another; ***suprir a falta de alguém*** to fill another's place, to stop a gap; ***a qualidade supre a deficiência do número*** quality makes up for lack of quantity; ***suprimir uma deficiência temporariamente*** to stop a gap; ***posso suprir as suas faltas*** I can supply your wants

suprível *adj.* suppliable; replaceable, that which can be supplied (made up) for
supuração *s. f.* suppuration
supurante *adj.* suppurating, purulent
supurar *v. tr.* to suppurate, to produce pus; [fig.] to show up, to appear, to crop up
supurativo *s. m., adj.* suppurative
supuratório *adj.* suppurative
suputação *s. f.* computation, calculation, reckoning, estimate
suputar *v. tr.* to compute, to reckon, to value, to estimate, to calculate
sura *s. f.* "sura", fermented sap (of various species of palm)
sural *adj.* sural
súrculo *s. m.* shoot, sprout, stipe (trunk of a palm tree)
surdamente *adv.* deafly, without hearing
surdear *v. intr.* to feign deafness, to pretend to be deaf
surdescente *adj.* ⇒ **ensurdecedor**
surdez *s. f.* deafness
surdimutismo *s. m.* deaf-mutism
surdina *s. f.* MÚSICA sordine, mute; ***em surdina*** on the sly, secretly
surdinar *v. intr.* to rustle
surdir *v. intr.* to spring, to well forth (of spring); to flow forth; to emerge, to appear; to result
surdo Ⓐ *adj.* deaf; [fig.] heedless, insensible, regardless, inattentive; muffled, dulled (of sound) Ⓑ *s. m.* a deaf person; ***surdo como uma porta*** as deaf as a post, as deaf as an adder
surdo-mudo *adj.* deaf-and-dumb
surgidoiro *s. m.* ⇒ **surgidouro**
surgidouro *s. m.* NÁUTICA roadstead, anchorage
surgir *v. intr.* to rise, to ascend, to mount, to move upward; to emerge, to appear, to come into view, to come to light; to come forth, to come out; to gush out; to spring, to have source, to take rise, to flow from, to start; to happen, to occur, to come by chance; NÁUTICA to proceed sailing; ***surgir inesperadamente*** to appear unexpectedly; ***surgiram dificuldades*** difficulties arose; ***surge uma dúvida*** a doubt arises
suro *adj.* tailless
surpreendente *adj.* surprising, astonishing, amazing, wonderful, remarkable, staggering, marvellous, extraordinary, startling
surpreendentemente *adv.* surprisingly, astonishingly, amazingly, remarkably, marvellously
surpreender *v. tr. e refl.* (*espantar, chocar*) to surprise; to astonish, to stun, to dumfound, to amaze; to startle; to stagger; to strike (with wonder); to take aback; to shock; (*aparecer de repente, apanhar descuidado*) to come upon unexpectedly; to overcome; to catch; to take by surprise; to rush in upon; to take unawares; to catch red-handed; to catch in the act; ***a noite surpreendeu-nos*** night overtook us; ***nada do que ele faz me surpreende*** nothing he does surprises me; ***o que me surpreendeu foi a generosidade da oferta*** what struck me was the generosity of the offer; ***fiquei muito surpreendido com a notícia*** I was very much surprised at the news
surpreendido *adj.* surprised, perplexed, amazed, astonished, astounded, stunned, dumfounded, startled, struck, taken aback; ***ficar surpreendido com*** to be surprised at
surpresa *s. f.* surprise, wonder, astonishment, amazement; blow, shock; unexpected attack; ***a sua chegada foi uma grande surpresa*** his arrival was a great surprise; ***apanhar de surpresa*** to take one by surprise, to take unawares, to catch napping; ***uma grande surpresa*** a bolt from the blue; ***causar surpresa*** to make a person sit up; ***que surpresa!*** what a surprise!; ***tenho uma surpresa para ti*** I have a great surprise for you; ***com grande surpresa minha*** to my great surprise; ***uma visita de surpresa*** a surprise visit; ***caixinha de surpresas*** surprise packet; ***tenho uma surpresa reservada para ela*** I have a surprise in store for her
surpresar *v. tr.* ⇒ **surpreender**
surpreso *adj.* ⇒ **surpreendido**
surra *s. f.* thrashing, beating, spanking, hiding, whipping, flogging, cudgelling
surrado *adj.* tanned, tannish; curried, worn, worn out, threadbear; beaten, spanked, thrashed
surrador *s. m.* currier, tanner; beater, flogger
surramento *s. m.* tanning, currying (of leather); ⇒ **surra**
surrão *s. m.* shepherd's wallet; dirty worn-out clothes
surrar *v. tr.* to tan, to curry, to dress leather; to cudgel, to beat, to thrash, to spank, to give a hiding; to wear out (by use)
surreal *adj.* surreal
surrealismo *s. m.* ⇒ **super-realismo**
surrealista *s. m. e f., adj.* ⇒ **super-realista**
surrento *adj.* dirty, filthy, nasty
surriada *s. f.* hoot, hiss, hooting, mockery, jeer, scoff; volley (of guns); spray (of waves); ***fazer surriada*** to hoot, to hiss, to mock
surriar *v. tr.* to hoot, to hiss, to mock, to scoff, to taunt; to jeer
surriba *s. f.* AGRICULTURA scarifying, excavation, deep trenching, subsoil ploughing
surribar *v. tr.* AGRICULTURA to scarify, to excavate, to dig deeply, to trench ground
surripiagem *s. f.* pilfering, filching, stealing
surripianço *s. m.* pilfering, filching, stealing
surripiar *v. tr.* to pilfer, to purloin, to filch, to steal; to cheat, to trick, to dupe, to take in
surro *s. m.* dirtiness, filthiness, smut; coal-dust
surrobeco *s. m.* [reg.] burel, coarse woollen cloth
surtida *s. f.* sortie, sally (of beleaguered garrison)
surtir Ⓐ *v. tr.* to produce, to occasion, to cause Ⓑ *v. intr.* to succeed, to result, to work; ***surtir efeito*** to take effect, to become operative
surto Ⓐ *adj.* NÁUTICA anchored, moored Ⓑ *s. m.* soaring, lofty flight (of birds); outbreak (of an epidemic disease); COMÉRCIO boom; impetus, impulse; ***surto epidémico*** outbreak of epidemics
surucucu *s. f.* ZOOLOGIA [Bras., África] surucucu (viper)
sus! *interj.* [arc.] come!, up!
susceptância *s. f.* ELECTRICIDADE susceptance
susceptibilidade *s. f.* susceptibility; sensibility, impressibility
susceptibilizar Ⓐ *v. tr.* to hurt, to offend Ⓑ *v. refl.* to take offence, to feel hurt
susceptível *adj.* susceptible, sensitive, impressible, impressionable, touchy; capable, open (to), admitting; ***factos que não são susceptíveis de prova*** facts not susceptible of proof; ***o trecho é susceptível de outra interpretação*** the passage is susceptible of another interpretation; ***susceptível de*** susceptible of (to); ***susceptível de melhoria*** susceptible (capable, admitting) of improvement
suscitação *s. f.* stirring, exciting, instigation, incitement
suscitador *s. m.* instigator, inciter, rouser; encourager, prompter
suscitamento *s. m.* ⇒ **suscitação**
suscitar *v. tr.* to rouse, to excite, to stir up, to make appear, to give rise to; to suggest, to promote; to encourage, to prompt
suscitável *adj.* suggestive
suserania *s. f.* suzerainty
suserano *s. m.* suzerain
súsino *adj.* referring to the lily; lily-like; relating to an aromatic oil extracted from the lily
suspeição *s. f.* suspicion, distrust; ⇒ **suspeita**
suspeita *s. f.* suspicion, distrust, mistrust, doubt, misgiving, fear; surmise, conjecture, guess; ***tenho graves suspeitas da integridade do homem*** I have grave suspicions of the man's integrity; ***acima de toda a suspeita*** above all suspicion; ***preso por suspeita*** arrested (taken) on suspicion; ***já há muito tempo que tenho as minhas suspeitas*** I have long had my suspicions
suspeitador Ⓐ *s. m.* suspecter, suspector, suspicious person Ⓑ *adj.* suspecting, suspicious

suspeitar Ⓐ *v. tr.* to suspect, to mistrust, to doubt, to distrust; [fig.] to smell; to presume, to suppose, to conjecture, to surmise, to imagine, to believe, to guess Ⓑ *v. intr.* to be suspicious; to entertain suspicions, to have suspicion; to be afraid; ***suspeito da sua sinceridade*** I doubt his sincerity; ***suspeitar da veracidade dos factos*** to suspect the veracity of the facts; ***suspeito de que ele não venha às 11 horas*** I'm afraid he won't be there at 11 o'clock
suspeito *adj.* suspicious; untrustworthy, suspect, doubtful, questionable, arousing suspicion, suspicious looking; ***parece-me suspeito*** it looks suspicious; ***com um olhar suspeito*** with a suspicious look; ***em circunstâncias suspeitas*** in suspicious circumstances
suspeitosamente *adv.* suspiciously
suspeitoso *adj.* suspicious, arousing suspicion, suspicious looking, doubtful
suspender Ⓐ *v. tr.* to suspend, to hang up; to postpone, to defer, to adjourn, to delay, to hinder; to interrupt, to intermit, to stay, to discontinue, to break off, to stop, to cease, to give over, to withhold; to debar (as from an office) temporarily, to dismiss; to rusticate (as from the University) Ⓑ *v. refl.* to suspend oneself, to hang oneself; NÁUTICA to hoist, to trice, to hang; ***suspender pagamentos*** to stop (to suspend) payment; ***suspender a remessa*** to defer (the) sending; ***suspender o serviço*** to discontinue the working; ***suspender o trabalho*** to strike (work), to go off (to leave) work; MILITAR ***suspender o fogo*** to cease fire; ***suspendeu a entrega das mercadorias*** he suspended the delivery of the goods; ***suspender de repente*** to terminate suddenly; ***suspender uma sentença*** to defer (a) judg(e)ment; ***suspender a sessão*** to suspend (adjourn) the meeting; ***suspender da janela*** to hang out of the window; ***suspender um funcionário*** to suspend an official (employee); NÁUTICA ***suspender âncora*** to weigh anchor
suspensão *s. f.* suspension, suspending, hanging up; interruption, stoppage, breaking off, intermission, suspense, stay; postponement, adjournment, delay, putting off; temporary dismissal; rustication (from the University); floating (as of minute particles); ***suspensão temporária*** temporary suspension; ***suspensão de trabalho*** strike; ***suspensão de hostilidades*** cessation of hostilities
suspensivo *adj.* suspensive
suspenso *adj.* suspended, hanging, pendent, pendulous, pensile; interrupted, discontinued; stopped; perplexed; ***em suspenso*** in suspense
suspensor Ⓐ *adj.* suspending; hanging Ⓑ *s. m.* suspender; hanger
suspensório Ⓐ *adj.* suspensory Ⓑ *s. m.* MEDICINA suspensory; suspender; *pl.* braces, suspenders
suspicácia *s. f.* suspiciousness, mistrust
suspicaz *adj.* suspicious, suspecting, distrustful
suspiráculo *s. m.* place where one can hardly breathe
suspirado *adj.* longed for, greatly desired, hankered after, craved for
suspirador Ⓐ *s. m.* one who very often sighs Ⓑ *adj.* sighing
suspirante *adj.* sighing; craving for
suspirar Ⓐ *v. tr.* to sigh for, to crave for, to long for, to hanker after, to covet, to yearn for Ⓑ *v. intr.* to sigh; ***suspirar por*** to sigh for, to pant for (or after), to crave for, to long for, to yearn for, to pine for
suspiro *s. m.* sigh, suspiration, breath; small meringue; BOTÂNICA scabious; ***dar um suspiro de alívio*** to have a sigh of relief; ***dar o último suspiro*** to breathe one's last; ***soltar um suspiro profundo*** to heave a deep sigh; ***dar suspiros*** to sigh; ***soltar um suspiro*** to heave a sigh
suspiroso *adj.* sighing; complaining, lamenting, mournful
sussurrante *adj.* murmuring, whispering, lisping; babbling, rippling, purling; rustling; ***regato sussurrante*** purling brook
sussurrar Ⓐ *v. intr.* to murmur, to purl (of a brook or stream), to babble, to ripple; to rustle (of silk, etc.) Ⓑ *v. tr.* to whisper, to murmur, to breathe, to utter softly
sussurro *s. m.* rustle (of leaves, silk, etc.); purl (of water); susurrus, whisper, whispering, murmur, murmuring sound; humming, susurration, hum, undertone; ***que sussurro!*** what a rustling (noise)!
sustância *s. f.* substance; food, nourishment; vigour, strength
sustar *v. tr. e intr.* to stop, to halt, to pull up, to hold up, to suspend, to cease temporarily
sustatório *adj.* stopping
sustenido *s. m.* MÚSICA sharp
sustenizar *v. tr.* MÚSICA to mark a note with a sharp sign; to make sharp (musical note); to raise a note by half a tone
sustentação *s. f.* sustenance, maintenance, nourishment, food, bread; livelihood, subsistence; feed (for animals); support, prop, shore
sustentáculo *s. m.* stay, prop, support; supporter, sustainer, upholder, champion, partisan; ***ele é o principal sustentáculo da causa*** he is the chief supporter of the cause
sustentador Ⓐ *s. m.* ⇒ **sustentáculo** Ⓑ *adj.* sustaining, supporting
sustentamento *s. m.* ⇒ **sustentação**
sustentante *adj.* sustaining, supporting
sustentar Ⓐ *v. tr.* to sustain, to bear, to support, to uphold, to hold up, to prop, to keep from falling; to nourish, to maintain, to support, to supply with food; to suffer, to undergo, to bear, to brave; to confirm, to sanction, to approve; to establish; MÚSICA to hold, to continue Ⓑ *v. refl.* to feed oneself, to live on; ***sustentar uma família*** to support a family; ***sustentar-se de*** to live on; ***sustentar a sua palavra*** to stick to one's word; ***sustentar uma opinião*** to maintain an opinion; ***sustentar-se de ar*** to live on air; ***muito pouco alimento para sustentar a vida*** too little food to support life; ***sustentar os seus direitos*** to enforce one's rights
sustentável *adj.* sustainable, maintainable, defensible
sustento *s. m.* sustenance, maintenance, nourishment, food, bread, nutrition, subsistence; livelihood; feed (for animals); support, prop, shore; ***para o meu sustento*** for my support
suster Ⓐ *v. tr.* to sustain, to hold up, to support, to prop, to hold back; to stop, to check, to keep back, to withhold, to suppress, to keep in, to conceal; to bring to a halt, to pull up; to face, to meet, to resist, to bear Ⓑ *v. refl.* to refrain, to restrain oneself; to keep oneself up; ***suster as lágrimas*** to restrain one's tears, to keep back one's tears
sustimento *s. m.* support, sustainment, sustaining
susto *s. m.* fright, fear, alarm, terror, dismay, scare, funk, panic, shock; ***pregar um susto a*** to frighten a person out of his wits, to give a person a fright; ***apanhar um susto*** to get (to have) a fright; ***morrer de susto*** to die of fright
su-sudoeste Ⓐ *s. m.* south-southwest Ⓑ *adj.* south-southwest; south-southwestern
su-sueste Ⓐ *s. m.* south-southeast Ⓑ *adj.* south-southeast; south-southeastern
susunu *s. m.* MÚSICA a musical instrument of Timor
suta *s. f.* level, level square; bevel, bevelling, bevelment
sutache *s. f.* braid
sutamento *s. m.* bevelling
sutar *v. tr.* to adjust by means of a level; to bevel
sutiã *s. m.* [gal.] brassiere, brassière, bra
sútil *adj.* sewed, stitched
sutra *s. f.* sutra; [reg.] compass of a mason
sutura *s. f.* ANATOMIA, CIRURGIA suture, line of junction, seam; ***sutura subcutânea*** subcutaneous suture; ***sutura de uma artéria*** suture of an artery
sutural *adj.* sutural
suturar *v. tr.* to suture, to join with a suture
suxar *v. tr.* to slacken, to loosen, to relax
suxo *adj.* slack, relaxed, loose

t, T *s. m.* the twentieth letter of the alphabet
ta *interj.* stop!, stop it!, hold!, enough!
taba *s. f.* Indian village
tabacal Ⓐ *s. m.* tobacco plantation Ⓑ *adj.* tobacco, of tobacco
tabacaria *s. f.* tobacconist's (shop), tobacco (shop) store
tabacino *adj.* related to tobacco; said of the ophtalmia caused by the excessive use of tobacco
tabaco *s. m.* tobacco; [coloq.] baccy; ***tabaco em pó (rapé)*** snuff; ***tabaco fraco*** mild tobacco; ***tabaco forte*** strong tobacco; ***tabaco em rama (ou de folha)*** raw (leaf) tobacco; ***tabaco ordinário*** coarse tobacco; ***uma onça de tabaco*** an ounce of tobacco; ***bolsa de tabaco*** tobacco-pouch; ***tabaco em rolo*** roll of tobacco; ***cheirar muito a tabaco*** to reek of tobacco; ***que cheira a tabaco*** redolent of tobacco; ***levar para o seu tabaco*** to be taught a lesson
tabacomania *s. f.* tobacco-mania
tabacomaníaco *s. m., adj.* tobacco-maniac
tabacómano *s. m.* ⇒ **tabacomaníaco**
tabagismo *s. m.* tobaccoism, intoxication caused by tobacco
tabagista Ⓐ *s. m.* ⇒ **tabaquismo** Ⓑ *s. m. e f.* ⇒ **tabaquista**
tabão *s. m.* ⇒ **tavão**
tabaque *s. m.* Indian drum made from a hollow log (Brazil)
tabaqueação *s. f.* tobacco smoking; tobacco snuffing; tobacco chewing
tabaquear *v. tr. e intr.* to smoke tobacco; to take snuff, to chew tobacco
tabaqueira *s. f.* tobacco-pouch; snuffbox; tobacco-shop assistant; *pl.* nose, nostrils
tabaqueiro *adj.* tobacco, relating to tobacco; large red handkerchief; [pop.] smoker; big nose
tabaquismo *s. m.* tobaccoism; intoxication caused by tobacco
tabaquista *s. m. e f.* smoker; snuffer, tobacco chewer
tabardilha *s. f.* small tabard
tabardilho *s. m.* typhus fever
tabardo *s. m.* HISTÓRIA tabard
tabatinga *s. f.* [Bras.] variety of clay used in pottery
tabaxir *s. m.* tailor's chalk
tabe *s. f.* tabes, ataxia, ataxis
tabefe *s. m.* whey; eggnog (milk beaten with sugar and eggs); [pop.] slap, cuff, blow, buffet, box, box on the ear
tabela *s. f.* table, slab, plate, tablet; (time)table, schedule; index, list, chart, tabulation, catalogue; record, file; cushion (of a billiard-table); billiard-maker; NÁUTICA legend; ***por tabela*** to catch it as well, indirectly; ***à tabela*** up to schedule (time), on time; ***o comboio chegou à tabela*** the train was up to time, the train arrived on time; ***tabela do serviço*** duty roster, routine board; ***tabela de juros*** interest table; ***tabela sinóptica*** synoptic table; ***tabela de marés*** tide-table; ***vender a tabela*** to sell at the fixed price (standard price); ***tabela de preço*** price-list; ***jogar pela tabela*** to play double
tabelamento *s. m.* price-control
tabelar *v. tr.* to fix (to regulate) price, to keep to fixed price, to abide by the controlled price
tabeliado *s. m.* office of a notary; [arc.] notarial tax
tabelião *s. m.* notary (public)
tabeliar *v. tr.* to exercise the functions of a notary
tabelionado *s. m.* office of a notary
tabelionato *s. m.* office of a notary
taberna *s. f.* public-house; [coloq.] pub, inn, tavern
tabernáculo *s. m.* tabernacle; reliquary, shrine; [pop.] habitation; tent; filthy house
tabernal *adj.* of a public-house; tavern-like
tabernário *adj.* of a public-house; tavern-like
taberneiro *s. m.* innkeeper; publican; taverner
tabes *s. f.* MEDICINA tabes, wasting, emaciation; tabes dorsalis, ataxia, ataxis
tabescência *s. f.* MEDICINA tabescence, ematiation
tabescente *adj.* tabescent, wasting away, declining
tabético *adj.* tabetic
tabi *s. m.* tabby (tafeta)
tabica *s. f.* wedge; NÁUTICA plank sheer; sideplank around the deck
tabicar *v. tr.* to furnish with planks
tabidez *s. f.* tabidness
tábido *adj.* tabid, tabetic
tabífico *adj.* corrupting
tabique *s. m.* partition wall; partition; narrow partition wall
tabizar *v. tr.* to tabby, to give a wavy appearance (to silk)
tabla *s. f.* metal plate, sheet metal
tablado *s. m.* platform, scaffold; stage (of a theatre)
tablilha *s. f.* billiard table cushion
tablóide *s. m.* tabloid
tabo *s. m.* one masted Asiatic and African sailing boat
taboca *s. f.* bamboo; small shop; [fig.] deception; fraud
tabocal *s. m.* area abounding in bamboos
taboqueiro *s. m.* owner of a small shop
tabu *s. m.* tabu, taboo
tabua *s. f.* BOTÂNICA flag red-mace, water-torch, cat's-tail; ***mandar à tabua*** to send one about one's business
tábua *s. f.* board, plank; VETERINÁRIA each side of a horse's neck; ***tábua de salvação*** any port in a storm, a sheet-anchor; ***tábua de mesa*** leaf of a table; ***tábua de sobrado*** floor board; ***tábua de passar a ferro*** ironing-board; ***fazer tábua rasa*** to wipe off the slate; ***acrescentar uma tábua à mesa*** to put a leaf in the table; ***tábua de logaritmos*** table of logarithms; NÁUTICA ***tábua da estima ou do ponto*** traverse table
tabuada *s. f.* tables, arithmetical tables; [fig.] series, tiresome recital
tabuado *s. m.* floor; planking; wooden (plank) fence
tabual *s. m.* cat's-tail plantation
tabuão *s. m.* large plank
tabuinha *s. f.* {*dim. de* **tábua**} small thin board; ***agarrar-se a uma tabuinha de salvação*** to catch at a straw; ***salvar-se numa tabuinha*** to have a narrow escape
tábula *s. f.* each of the round pieces used at games like draughts; [arc.] gaming table
tabulado *s. m.* wooden partition, floor planks (boards); ⇒ **tablado**
tabulador *s. m.* tabulator (key); tab
tabuladora *s. f.* tabulator
tabulageiro *s. m.* gaming-house keeper; keeper of gambling-den

tabulagem *s. f.* gaming-house
tabulão *s. m.* work-table of a goldsmith
tabular *adj.* tabular; table-like
tabulário *adj.* wood-engraved (books)
tabuleiro *s. m.* tray; bed (in a garden); landing (of a flight of stairs); roadway, carriageway (of a bridge); salt pan; patch, piece of ground; ***tabuleiro de xadrez*** chess-board; ***tabuleiro do jogo das damas*** draught-board; ***tabuleiro do chá*** tea-tray; ***tabuleiro de relva*** grass-plot; ***tabuleiro de composição*** compositor's board, letter-board; ***tabuleiro da ponte*** roadway of a bridge; NÁUTICA ***tabuleiro de fogueiro*** drippan, save-all (of a stoker)
tabuleta *s. f.* sign-board; plate; [pop.] face, mug; (of a doctor, dentist, etc.) name plate, brass-plate; ***tabuleta luminosa*** electric sign
tabulista *s. m. e f.* author, authoress of tables
taburno *s. m.* footstool; stairstep; platform
taca *s. f.* blow, wooden piece for slaves flagellation, leather strap
taça *s. f.* cup; goblet; vessel; champagne glass; ***taça para leite-creme*** custard cup; ***aqueles jogadores ganharam a taça*** those players won the cup
tacacá *s. m.* "tacacá", appetizing Brazilian dish prepared with tapioca, garlic and shrimps
tacada *s. f.* stroke (with a cue); NÁUTICA ***tacada em tábua*** graving piece in a board; ***de uma tacada*** in one go, at one blow
taçada *s. f.* cupful, glassful
tacamaca *s. f.* BOTÂNICA tacamahac, tacamahaca; balsam poplar
tacamagueiro *s. m.* BOTÂNICA balsam poplar
tacamaqueiro *s. m.* BOTÂNICA balsam poplar
tacanharia *s. f.* meanness, narrow-mindedness
tacanhear *v. intr.* to act the miser, to act meanly, to be narrow-minded
tacanhez *s. f.* avarice, stinginess, meanness; stupidity, narrow-mindedness
tacanheza *s. f.* avarice, stinginess, meanness; stupidity, narrow-mindedness
tacanhice *s. f.* avarice, stinginess, meanness; stupidity, narrow-mindedness
tacanho *adj.* stingy, niggardly, grasping, avaricious, covetous; stupid, mean, narrow-minded; ***pessoa de espírito tacanho*** a narrow-minded person
tacaniça *s. f.* gutter; hip rafter
tacão Ⓐ *s. m.* heel; [fig.] hissing, hooting Ⓑ *adj.* ⇒ **tacanho**; ***tacão alto*** high heel; ***tacão baixo*** low heel
tacar *v. intr.* to eat something between lunch and dinner; to strike with the cue (at billiards)
taceira *s. f.* show-case for cups
tacelo *s. m.* any part of a model (statue)
tacha *s. f.* tack (small broad-headed nail); shoestud; brass tack; [fig.] blur, fault, stain, blemish, blot
tachã *s. f.* ORNITOLOGIA tanager
tachada *s. f.* panful; potful; [fam.] drunkenness, intoxication
tachado *adj.* [fam.] drunken, drunk, intoxicated, tipsy; [coloq.] tight, boozy
tachão *s. m.* large tack; large pan
tachar Ⓐ *v. tr.* to find fault with, to censure, to blame; to qualify, to nickname, to tax, to brand Ⓑ *v. refl.* [fam.] to get drunk
tachear *v. tr.* to tack, to stud with tacks
tachim *s. m.* leather case cover to keep a book in; book-cover
tachinha *s. f.* {*dim. de* **tacha**} small tack; small stain
tacho *s. m.* pan, pot; [cal.] ***ter um bom tacho*** to have a soft job
tachola *s. f.* large tack
tachonado *adj.* studded
tachonar *v. tr.* to stud, to adorn with brass studs
tacícula *s. f.* small drinking-cup; goblet
tacitamente *adv.* tacitly, implicitly
tacitífluo *adj.* silent-flowing
tácito *adj.* tacit, unspoken, understood, implied (by silence), implicit, silent, inferred
taciturnamente *adv.* taciturnly, reservedly
taciturnidade *s. f.* taciturnity, reserve, muteness, dumbness
taciturno *adj.* taciturn, silent, reserved, reticent, uncommunicative, close, mute, dumb
taco *s. m.* cue (used in billiards); plug, bung; [pop.] lunch (among labourers); ***taco de golfe*** club; ***taco de soalho*** parquet block
tacógrafo *s. m.* tachograph, tacho
tacometria *s. f.* tachometry
tacómetro *s. m.* tachometer
tacteabilidade *s. f.* ⇒ **tactilidade**
tacteamento *s. m.* grope, groping, touch, feeling
tacteante *adj.* groping, fumbling; touching; [fig.] probing
tactear *v. tr.* to grope, to feel about (as in the dark), to search blindly, to fumble, to grabble
tacteável *adj.* touchable
tacteio *s. m.* taction, touching, feeling, groping
táctica *s. f.* tactics; policy, diplomacy, strategy; ***táctica naval*** naval tactics; ***táctica aérea*** air tactics; ***táctica militar*** military tactics; ***mudar de táctica*** to change one's tactics
táctico Ⓐ *adj.* tactical Ⓑ *s. m.* tactician
tacticografia *s. f.* graphic representation of the tactical disposal of campaigning troops
tacticográfico *adj.* referring to the graphic representation of the tactical disposal of campaigning troops
táctil *adj.* tactile; tangible
tactilidade *s. f.* tactility; tangibility
tactismo *s. m.* BIOLOGIA taxis
tacto *s. m.* touch, feeling, sense of feeling; tact, adroitness, discretion, skill; ***um homem de tacto*** a man of tact; ***conhecer pelo tacto*** to know by the touch
tactura *s. f.* ⇒ **tacteamento**
tacuara *s. f.* bamboo
tacuaral *s. m.* thicket of bamboos
tacuaré *s. m.* [Bras.] *tacuare* (hardwood tree of the family *Clusiaceae*)
tádega *s. f.* BOTÂNICA ploughman's spikenard
tael *s. m.* tael (Chinese silver weight)
tafetá *s. m.* taffeta, taffety; ***tafetá de Inglaterra*** courtplaster
tafiá *s. m.* tafia
tafofobia *s. f.* morbid fear of being buried alive
tafoné *s. m.* rap, light blow struck by one finger; fillip
taful Ⓐ *adj.* dandyish, fashionable Ⓑ *s. m.* dandy, fashionable man, fop, coxcomb; professional gambler
tafula *s. f.* coquette, garish woman
tafular *v. intr.* to dress in fashion; to be fashionable
tafularia *s. f.* fashionableness, dandyism, group of gamesters
tafulhar *v. tr.* to cram, to stuff, to gorge
tafulho *s. m.* plug, cork, bung, stopper
tafulice *s. f.* ⇒ **tafularia**
tafulo *s. m., adj.* ⇒ **taful**
tagal *s. m.* tagel, tegal, tagal
tagalo *s. m.* male inhabitant of Philippine islands
tagana *s. f.* ZOOLOGIA grey mullet
tagantada *s. f.* lash (stroke, cut) with a whip
tagantar *v. tr.* to flog, to lash, to whip, to scourge
tagante *s. m.* whip, lash, scourge; thong
tagantear *v. tr.* ⇒ **tagantar**
tagarela Ⓐ *s. m. e f.* chatterbox, incessant talker, tattler, prattler, babbler Ⓑ *adj.* talkative, prattling, gabbling, garrulous; ***que tagarela tu és!*** how your tongue wags!
tagarelar *v. intr.* to chatter, to chat, to gossip, to prattle, to prate, to babble, to tattle, to gabble, to jabber; to talk nonsense

tagarelice *s. f.* chatter, chattering, gossip, prattle, tottle-tattle; idle talk, babble, gabble, twaddle, nonsense
tagarote *s. m.* ORNITOLOGIA hobby
tagaté *s. m.* [fam.] endearment, cajolery; ***fazer tagatés*** to wheedle, to cajole
tágide *s. m.* [poét.] nymph of the river Tagus
tagra *s. f.* tagra (former Portuguese capacity measure of two litres)
tágueda *s. f.* ⇒ **tádega**
taiá *s. f.* BOTÂNICA taro
taiaçu *s. m.* ZOOLOGIA tiger bittern; wild pig (Brazil); peccary
taifa *s. f.* ship's stewards; HISTÓRIA [arc.] marines
tailandês *s. m., adj.* Thai
taimado *adj.* malicious; crafty, cunning, foxy
taina *s. f.* [reg.] spree, revelry, jolly time; thrashing, spanking
tainar *v. intr.* to revel, to go on the spree, to have a jolly time
taineiro *s. m.* reveller, merry-maker, carouser
tainha *s. f.* ICTIOLOGIA grey mullet
taipa *s. f.* lath-and-plaster wall; partition (wall)
taipal *s. m.* mould for adobe-walls; *pl.* outside shutters (of a shop), side walls (of a cart)
taipão *s. m.* ⇒ **taipal**
taipar *v. tr.* to make mud-walls; to enclose (with mud-walls)
taipeiro *s. m.* mason who makes mud-walls
taira *s. f.* tayra
tairoca *s. f.* ⇒ **taroca**
tairocar *v. intr.* to clatter along, to walk clattering one's clogs
taitiano *s. m., adj.* Tahitian
tajã *s. m.* Moorish saber (sabre)
tajabuçu *s. m.* BOTÂNICA taro, elephant's ear
tajaçu *s. m.* ZOOLOGIA peccary; ⇒ **taiaçu**
tal Ⓐ *adj.* such, like, similar; so much, so great Ⓑ *pron. dem.* that, a certain, one Ⓒ *pron. indef.* that, such a thing Ⓓ *adv.* so, in such a manner Ⓔ *s. m.* anvil (of goldsmith); ***uma tal coisa!*** such a thing!; ***nunca disse tal*** I never said such a thing; ***tal qual*** exactly so; ***outro que tal*** the like, another such; ***ele comprou-o a um tal Estêvão*** he bought it from a fellow called Stephen; ***de tal maneira que*** in such a way that; ***que tal é?*** what is it like?; ***que tal?*** well?, what do you think of it?, what of it?; ***tal pai, tal filho*** like father, like son; ***não admira que tivesse apanhado tal constipação*** it is no wonder he caught such a cold; ***um tal Sr. Brown*** one Mr. Brown; ***tal como*** such as; ***a tal ponto*** to such an extent; ***quem tal havia de pensar!*** who would have thought of it; ***de tal modo*** in such a way; ***apanhou um tal susto que ia morrendo*** she had such a fright that she hardly survived it; ***que tal é o vinho?*** what sort of wine is it?, what is the wine like?, how do you like this wine?
tala *s. f.* ditching, trenching; lath; CIRURGIA splint; *pl.* dilemma, predicament, fix; ***ver-se em talas*** to be in a tight corner, to be in a fix
talabardão *s. m.* NÁUTICA any one of the planks which connects the quarter-deck to the stern
talabartaria *s. f.* saddlery, shop where leather belts, sword-belts, etc., are sold
talabarte *s. m.* sword-belt
talado Ⓐ *s. m.* goldsmith's boring tool Ⓑ *adj.* devastated, destroyed
talador Ⓐ *adj.* devastating; tilling Ⓑ *s. m.* tiller; destroyer
talagarça *s. f.* canvas (thick material for embroidering)
talambor *s. m.* (kind of) secret lock
talamento *s. m.* ditching, trenching; destruction, ravage, devastation
tálamo *s. m.* nuptial bed; wedding; ANATOMIA, BOTÂNICA thalamus
talante *s. m.* will, desire, pleasure; ***a seu talante*** at one's pleasure, at one's will
talão *s. m.* COMÉRCIO counterfoil, stock, counterpart, stump of vine left after pruning; ARQUITECTURA ogee; heel, heel-piece
talar Ⓐ *v. tr.* to trench, to cut trenches; to ditch, to make ditches; to furrow, to make furrows; to cut down; to waste, to ravage; to spoil Ⓑ *adj.* reaching down to the heels; ***hábitos talares*** long robes
talassa *s. m. e f.* reactionary, monarchist
talassaria *s. f.* reactionary tendencies; a group of monarchists
talassia *s. f.* seasickness
talássico *adj.* thalassic, related to (similar to) the sea
talassícola *s. m. e f.* inhabiting the sea
talassiófito *s. m.* thalassiophyte
talassocracia *s. f.* thalassocracy, maritime supremacy
talassódromo *s. m.* any freshwater fish which moves to the sea for egg-laying
talassófito *s. m.* thalassophyte; marine alga
talassofobia *s. f.* thalassophobia, morbid fear of the sea
talassografia *s. f.* thalassography, oceanography
talassómetro *s. m.* thalassometer, tide-gauge
talassoplâncton *s. m.* oceanic plankton
talassosfera *s. f.* liquid part of the terrestrial globe
talassoterapia *s. f.* thalassotherapy
talassotério *adj.* referring to the mammal adapted to living in the sea
talco *s. m.* talc, talcum; ***pó de talco*** talcum powder
talcoso *adj.* talcky, talcose, talcous
talefe *s. m.* [reg.] geodesic mark
taleiga *s. f.* wallet; small sack; ancient capacity measure
taleigada *s. f.* sackful
taleigo *s. m.* long and narrow wallet
talentaço *s. m.* [fam.] great talent; man of great talent
talentão *s. m.* [fam.] great talent; man of great talent
talento *s. m.* talent, ability, aptitude, endowment, gift, faculty, capacity, ableness, cleverness, turn, knack, skill; genius; talent (ancient weight and sum of money); ***homem de talento*** a man of talent; ***ele é um talento para as línguas*** he has a gift for languages; ***um dos melhores talentos do país*** one of the best brains in the country; ***sem talento*** talentless, not gifted
talentosamente *adv.* talentedly, skilfully; cleverly, giftedly
talentoso *adj.* talented, endowed with talent, gifted, able, clever
táler *s. m.* thaler (old German silver coin); a dollar
talha *s. f.* pitcher, water-pot, vessel (for water or oil); carving, cut, cutting, incision; woodcarving; deal (at cards); CIRURGIA lithotomy; NÁUTICA tiller-rope; tackle, pulley block; ***talha do amante*** top tackle; ***talha do leme*** relieving tackle; ***dar uma talha*** to bowse, to bouse
talhada *s. f.* slice, part, piece, share; [coloq.] scolding, reproof, rebuke, censure; ***uma talhada de melão*** a slice of melon; ***uma talhada de melancia*** a portion of water-melon
talhadeira *s. f.* chopping-knife; blunt chisel, chisel, hot chisel
talhadia *s. f.* lopping (of trees)
talhadiço *adj.* in a condition to be felled (lopped, cut)
talhadinha *s. f.* {*dim. de* **talha**} small (thin) slice
talhado *adj.* cut, carved, shaped; sliced; chopped; [fig.] able, fit, apt, appropriate, proper; ***talhado a pique*** sheer, steep, precipitous, cut off sheer; ***rochedo talhado a pique*** sheer rock, sheer cliff; ***talhado de molde*** cut to pattern, fit, proper; ***talhado para marinheiro*** cut out for a sailor; ***estar bem talhado*** to be well shaped
talhadoiro *s. m.* ⇒ **talhadouro**
talhador *s. m.* cutter, chopper; chopping-knife; chopping-board; ***talhador de limas*** file cutter
talhadouro *s. m.* place where irrigation water is made to run to other sides
talhadura *s. f.* cut, cutting, incision
talha-frio *s. m.* chisel, cold chisel
talha-mar *s. m.* NÁUTICA cutwater, lace-piece; *pl.* hobstays

talhame *s. m.* NÁUTICA tackles considered together
talhamento *s. m.* ⇒ **talhadura**
talhante Ⓐ *adj.* cutting Ⓑ *s. m.* butcher; NÁUTICA cutwater
talhão *s. m.* piece (plot) of ground, strip of land; large earthen water-pot; ***um talhão de favas*** a patch of horse-beans
talhar Ⓐ *v. tr.* to cut, to cut out (a suit, etc.); to hew, to hew down (trees, etc.); to carve, to chisel; to engrave, to prevent, to put a stop to, to cause to curdle Ⓑ *v. intr.* to cut, to fashion (by cutting); to curdle, to form into curd Ⓒ *v. refl.* to split; ***talhar um molde*** to cut out a pattern; ***talhar um fato*** to cut out a suit; ***o leite talhou*** the milk curdled; ***talhar uma carapuça a alguém*** to put the shoe on the right foot, to make the cap fit
talharia *s. f.* large number of earthen pitchers; large number of butcheries
talharim *s. m.* flat macaroni
talhe *s. m.* cut, shape, style, fashion, cutting; configuration, figure; size, stature; ***o fato tem bom talhe*** the cut of the sun is very good
talher *s. m.* cover (at table), place; set of knife, fork, and spoon, cutlery; ***um jantar de 150 talheres*** a dinner for 150 (people) guests; ***pôr mais um talher*** to lay one more cover (place)
talhinha *s. f.* NÁUTICA [cal.] handy billy
talho *s. m.* butchery, butcher's (shop), butcher's (stall); cut, loping (of trees); cutting; chopping-block (board); shambles; a piece of ground; a plot (or a strip) of land; ***vir a talho de foice*** to come in the nick of time, to come at the right time; ***a talho de foice*** to the purpose, by the way; ***ter bom talho de letra*** to write a good hand
taliáceo *adj.* thaliacean
talião *s. m.* talion; ***pena de talião*** talion, law of retaliation, tit for tat
talictro *s. m.* meadow rue
talidomida *s. f.* FARMACOLOGIA thalidomide
taliforme *adj.* BOTÂNICA thaloid, stalked; stalklike, stalky; stemlike
talim *s. m.* sash (badge or ornament)
talinga *s. f.* NÁUTICA cable; rope, fastening
talingadura *s. f.* NÁUTICA clinch
talingar *v. tr.* to bend, to clinch, to shackle (a cable)
talinheira *s. f.* [reg.] alley; passage; lane, back-passage
tálio *s. m.* thallium
talionar *v. tr. e intr.* to retaliate, to repay insult; to pay back in the same kind, to give tit for tat, to return like for like, to give a Roland for an Oliver
talionato *s. m.* talion, the law of retaliation
talisca *s. f.* fissure, chink, cleft, crevice
talismã *s. m.* talisman, charm, amulet
talismânico *adj.* talismanic, talismanical
tálitro *s. m.* knuckle; stroke with the knuckles
Talmude *s. m.* Talmud
talmúdico *adj.* Talmudic(al)
talmudista Ⓐ *s. m. e f.* Talmudist Ⓑ *adj.* Talmudistic
talo *s. m.* BOTÂNICA stalk, support, stem; petiole, leaf-stalk; shoot (from root); thallus; shaft (of a column)
talocha *s. f.* mason's mortar-board
taloeira *s. f.* gaff, fishing spear
talófita *s. f.* BOTÂNICA thallophyte
talonado *adj.* furnished with counterfoil
taloso *adj.* stalky, stalked, having a long stalk; [fig.] lanky, lean, skinny, gaunt
talpiforme *adj.* shaped like a mole
tal-qualmente *adv.* in the same way; equally; in an equal manner
taluda *s. f.* [pop.] the highest prize (in a lottery); [fam.] jackpot
taludão *s. m.* tall and strong fellow
taludar *v. tr.* to slope, to bevel, to scarp
talude *s. m.* shelving, slope, bank, embankment, ramp, incline, scarp, slant, talus; ***talude de um dique*** slope (talus) of a dike (an embankment)
taludo *adj.* stalky; big, grown up, stout, tall, full developed
talvegue *s. m.* talweg, thalweg
talvez *adv.* perhaps, possibly, maybe, it may be; perchance, by chance, peradventure; ***eu talvez venha*** perhaps I'll come; ***talvez gostasses de o ver*** perhaps (maybe) you would like to see it (him); ***talvez sim, talvez não*** maybe, maybe not
tamanca *s. f.* clog, sabot; NÁUTICA half-block
tamancada *s. f.* blow with a clog
tamancaria *s. f.* clog factory; clog shop
tamanco Ⓐ *s. m.* wooden shoe, clog Ⓑ *adj.* stupid, dull, obtuse, thick, dumb
tamanduá *s. m.* ZOOLOGIA tamandua, ant-eater
tamanhão Ⓐ *adj.* very tall, burly, big, stout, corpulent Ⓑ *s. m.* a very tall, strong fellow
tamanhinho *adj.* very short (little, small); tiny, minute
tamanhino *adj.* very short (little, small); tiny, minute
tamanho Ⓐ *adj.* so large (great, big) Ⓑ *s. m.* size, bulk, largeness, bigness, dimensions, greatness, magnitude, volume, extent; ***tamanho natural*** full length, life size; ***de tal tamanho*** of such a size; ***o maior tamanho em sapatos*** the largest size shoes; ***tamanho e peso*** size and weight
tamaninho *adj.* ⇒ **tamanhinho**
tamanino *adj.* ⇒ **tamanhinho**
tamanquear *v. intr.* to wear clogs; to make noise (to clatter) with clogs; to patter along
tamanqueiro *s. m.* clog-maker
tamanquinha *s. f.* slipper; small clog; ***firmar-se nas tamanquinhas*** to keep (to stand, to hold) one's ground
tâmara *s. f.* BOTÂNICA date
tamaral *s. m.* growth of date-palms
tamareira *s. f.* BOTÂNICA date-palm
tamarga *s. f.* BOTÂNICA tamarisk
tamargal *s. m.* grove of tamarisks
tamargueira *s. f.* ⇒ **tamarga**
Tamaricáceas *s. f. pl.* BOTÂNICA *Tamaricaceae*
tamaricáceo *adj.* tamaricaceous
tamarinada *s. f.* tamarind sirup
tamarindal *s. m.* grove of tamarinds
tamarindeira *s. f.* BOTÂNICA tamarind-tree
tamarindeiro *s. m.* BOTÂNICA tamarind-tree
tamarindo *s. m.* BOTÂNICA tamarind
tamarineira *s. f.* ⇒ **tamarindeira**
tamarineiro *s. m.* ⇒ **tamarindeira**
tamarinho *s. m.* ⇒ **tamarindo**
tamarino *s. m.* ⇒ **tamarindo**
tamarisco *s. m.* tamarisk seed
tamariz *s. m.* ⇒ **tamargueira**
tamaru *s. m.* ZOOLOGIA mantis crab
tamarutaca *s. f.* ZOOLOGIA large mantis crab
tamatiá *s. m.* ZOOLOGIA boatbill
tambaca *s. f.* tombac
tambaque *s. m.* tombac
tambarutaca *s. f.* ⇒ **tamarutaca**
tambatajá *s. m.* caladium
tambeira *s. f.* tame heifer
tambejo *s. m.* ⇒ **sariguê, sarigueia**
também *adv.* also, too, as well, likewise, withal, besides, moreover, furthermore, in addition; ***também eu*** so do I, so did I, so am I, so have I
tambica *s. f.* leaden sinker of a fishing net
tambo *s. m.* nuptial bed, wedding; stool where friars sat at meals as a kind of punishment
tambor *s. m.* drum (an instrument of percussion, tympanum of the ear, metal barrel for liquids); drummer (one who beats the drum); cylinder, barrel (in machinery); ARQUITECTURA tambour; NÁUTICA drum, pulley, reel; ***tocar tambor*** to beat

the drum, to play the drum, to tattoo; ***o rufar dos tambores nos quartéis*** the beating of the drums in the barracks; NÁUTICA ***tambor do indicador de pressões*** indicator barrel; ***tambor dos gualdropes*** chain drum
tamborete *s. m.* footstool, low stool; NÁUTICA reinforcement planks; ***tamborete de enora*** mast partner-chock
tamboril *s. m.* ZOOLOGIA frog-fish; MÚSICA tambourine, tambour
tamborilada *s. f.* drum beat, playing of drums
tamborilar *v. intr.* to beat the tambourine; to patter (to beat, to drum) with one's finger
tamborileiro *s. m.* drummer, tambourine player
tamborilete *s. m.* small drum
tamborim *s. m.* tambourine
tamborinar *v. intr.* ⇒ **tamborilar**
tamiça *s. f.* small cord of mat-weed
tamis *s. m.* fine sieve, silk sieve, strainer of cloth
tamisação *s. f.* sieving, sifting, straining
tamisar *v. tr.* to sieve, to sift, to strain
tamoeiro *s. m.* ⇒ **temoeiro**
tampa *s. f.* lid, cover, covering; case; ***a tampa de uma chaleira*** the lid of a kettle; ***tampa com rosca*** screw-cap; NÁUTICA ***tampa de chaminé*** funnel cover, funnel hood; ***tampa de porta de visita*** manhole cover, manhole door; [pop.] ***levar uma tampa*** to be snubbed
tampão *s. m.* large lid (cover); stopper, plug, bung; CIRURGIA tampon, compress, plug
tampar *v. tr.* to cover with a lid, to put a lid on; to cork, to bung, to plug, to tampon, to plug (a wound) with a tampon
tampo *s. m.* cover, cap; head (of a cask); top (of a table); seat (of a chair); sound-board (stringed instrument); ⇒ **tampa**; ***tampo de barrica*** head(ing) of a cask; ***tampo de vidro esmerilado*** ground-in (ground glass) stopper; ***tampo de cadeira*** end plate of a boiler
tamponar *v. tr.* to tampon, to plug, to bung; to shut up; to stop
tamuje *s. m.* BOTÂNICA a species of blackthorns
tamujo *s. m.* ⇒ **tamuje**
tâmul *s. m.* one of the dialects spoken in South India (Tamil)
tanaceto *s. m.* tansy
tanado *adj.* brown, tan-coloured, chestnut-coloured; tanned
tânagra *s. f.* tanagra
Tanágridas *s. m. pl.* ⇒ **Tanagrídeos**
Tanagrídeos *s. m. pl.* ORNITOLOGIA *Tanagridae*
tanas *s. m.* [pop.] a nobody (a person without importance)
tanásia *s. f.* BOTÂNICA tansy
tanato *s. m.* QUÍMICA tannate
tanatofilia *s. f.* thanatophilism, love of death
tanatofobia *s. f.* thanatophobia; hatred of death
tanatologia *s. f.* thanatology
tanatomania *s. f.* thanatomania; obsession with death
tanatómetro *s. m.* thanatometer
tanchagem *s. f.* BOTÂNICA rib-grass; ***tanchagem aquática*** water-plantain
tanchão *s. m.* vine-prop, vine-stick; slip, sapling, young plant
tanchar *v. tr.* to set plants (slips); to punt
tanchoal *s. m.* plantation of saplings
tanchoeira *s. f.* ⇒ **tanchão**
tancredo *s. m.* bullfighting pass which consists in the bullfighter's immobility
tandem *s. m.* tandem
taneco *s. m.* [pop.] Old Nick
tanga *s. f.* loin-cloth; [coloq.] ***estar de tanga*** to be penniless
tanganhão *s. m.* slave dealer; [pop.] big man
tanganheira *s. f.* large breasted Negress
tanganho *s. m.* [reg.] a dry bough; a clumsy man
tangão *s. m.* swinging boom
tangapema *s. f.* Indian mace (weapon)
tangar Ⓐ *v. tr.* to cover with a loin-cloth Ⓑ *v. intr.* to dance the tango
tangará *s. m.* ORNITOLOGIA tanager (North America)
tangedoira *s. f.* ⇒ **tangedoura**
tangedoiro *s. m.* ⇒ **tangedouro**
tangedor *s. m.* player (on stringed instruments)
tangedoura *s. f.* stick with which an ironsmith works his bellows
tangedouro *s. m.* monotonous sound, continuous sounding (playing); inverted trunked wooden pyramid for storing grain while it is being milled
tange-foles *s. m. e f.* person working with the bellows in an ironsmith's shop
tangência *s. f.* tangency
tangencial *adj.* tangential
tangencialmente *adv.* tangentially
tangenciar *v. tr.* to touch; to be tangent to
tangente Ⓐ *s. f.* GEOMETRIA tangent Ⓑ *adj.* tangent, touching; ***escapar pela tangente*** to go off (to fly off) at a tangent
tanger Ⓐ *v. tr.* to play (on musical instruments); to strum (a string instrument); to drive (cattle); to blow a bellows; to ring (bells) Ⓑ *v. intr.* to sound; [fig.] to concern, to refer to, to touch lightly
tangerina *s. f.* mandarin, tangerine
tangerineira *s. f.* mandarin-tree, tangerine-tree
tangerino Ⓐ *s. m.* Tangerine (native of Tangier) Ⓑ *adj.* of Tangier
tangibilidade *s. f.* tangibility, tangibleness
tangível *adj.* tangible, tactile
tanglomanglo *s. m.* [pop.] sortilege, witchcraft, sorcery
tango *s. m.* tango
tangromangro *s. m.* ⇒ **tanglomanglo**
tangueiro Ⓐ *adj.* (referring to) loin-cloth Ⓑ *s. m.* loin-cloth
tanguista *s. m. e f.* tango dancer
tanho *s. m.* big basket (for cereals)
tânico *adj.* tannic; ***ácido tânico*** tannic acid
taninizar *v. tr.* to add tannin to
tanino *s. m.* tannin
taninoso *adj.* abounding in tannin, tanniferous
tanjão *adj.* lazy, idle, indolent; lazy-bones, lazy person
tanoa *s. f.* cooper's workshop, cooperage
tanoar *v. intr.* to cooper, to make casks (barrels); to repair casks
tanoaria *s. f.* ⇒ **tanoa**
tanoclarímetro *s. m.* device used to see if wines are ready to be cleaned and which is the necessary quantity of glue and tannin
tanoeiro *s. m.* cooper, barrelmaker
tanque *s. m.* tank, cistern, reservoir; MILITAR tank; ***tanque de óleo*** oil tank; ***despejar um tanque*** to drain a tank (or a pond); ***tanque de guerra*** tank; ***tanque de beber*** watering-pond, horse-pond; ***tanque para lavar a roupa*** washtub; NÁUTICA ***tanque de aguada*** fresh water tank, water-tank; ***tanque de ornamentação*** trimming-tank
tanso Ⓐ *adj.* foolish, silly, daft Ⓑ *s. m.* simpleton, nincompoop, booby, fool, ninny, greenhorn
tantã *s. m.* going; tom-tom
tantálico *adj.* tantalic
tantálio *s. m.* QUÍMICA tantalum
tantalite *s. f.* MINERALOGIA tantalite
tantalizar *v. tr.* to tantalize
tântalo *s. m.* QUÍMICA tantalum
Tântalo *s. m.* MITOLOGIA Tantalus; ***suplício de Tântalo*** the tortures of Tantalus
tantinho Ⓐ *s. m.* a very little bit, a tiny bit Ⓑ *adj.* very little
tantito *s. m., adj.* ⇒ **tantinho**
tanto Ⓐ *adj., pron. indef.* as much, so much, as many, so many Ⓑ *adv.* in such a way, so long, as much, so much;

alike, equally, similarly © *s. m.* so much, amount, sum; ***tanto como*** as much as; ***tanto... como...*** both... and; ***não tanto como*** not so much as; ***vinte e tantas libras*** twenty pounds odd; ***é um tanto difícil*** it is somewhat difficult; ***quase outro tanto*** about as much again; ***tantos*** so many; ***tantas vezes*** so often; ***tantas vezes quantas*** as often as; ***não tanto como*** not so much as; ***tanto quanto*** as far as, as much as; ***tanto melhor*** so much the better, all the better; ***às tantas horas*** at such and such a time; ***outro tanto*** as much again; ***ele deu-lhe tanto*** he gave him so much; ***outros tantos*** as many again; ***tanto por mar como por terra*** both by sea and by land; ***tanto um como o outro*** both (the) one and the other; ***tanto mais que*** all the more since; ***tanto mais*** all the more so; ***tantos de um como do outro*** as many of one as of the other; ***algum tanto*** a little, somewhat; ***se tanto*** at most, if that; ***tanto assim que*** so much that; ***tanto quanto possível*** as much as possible; ***tanto menos*** so much the less; ***tanto se me dá como se me deu*** I don't care in the least, I don't care a tinker's cuss, I don't care a tinker's damn; ***tanto faz!*** it's all the same!

tão *adv.* so, much, as; ***tão bem como*** as well as; ***tão... como...*** as... as, so... as; ***tão... quanto*** as... as, so... as; ***tão certo como dois e três serem cinco*** as sure as eggs are eggs; ***tão bom como*** as good as; ***ele não é tão rico como se diz*** he is not so rich as they say; ***sei isso tão bem como você*** I know it as well as you do; ***nunca tinha lido livro tão bom*** I'd never read such a good book

tão-só *adv.* only, but, except

tão-somente *adv.* only, but, except

tapa *s. f.* horny part of a hoof; plug; tampon (of a gun); slap, cuff; clincher, clencher, final argument, an argument without answer

tapa-boca *s. m.* slap on the mouth

tapada *s. f.* park, enclosure, preserve, deer park; ***tapada com caça para desporto*** game preserve

tapadão *s. m.* a very stupid (obtuse, dull, unintelligent, blunt-witted) person; large enclosed park

tapadeiro *s. m.* cover, lid

tapado *adj.* stupid, obtuse, dull, unintelligent, doltish, slow, blunt-witted, thick-headed; stopped up, plugged, closed, shut, covered; ***tapado como uma porta*** a perfect dunce, a complete dullard

tapadoira *s. f.* ⇒ **tapadoura**

tapadoiro *s. m.* ⇒ **tapadouro**

tapador *s. m.* cover, lid

tapadoura *s. f.* stopper, stopple, plug

tapadouro *s. m.* cover; the nut which keeps the axle in place

tapadura *s. f.* hedge, fence; stopping, covering

tapagem *s. f.* stopping, corking; fish trap (in rivers); enclosure, fence, hedgerow

tapa-luz *s. m.* lamp-shade

tapamento *s. m.* covering, stopping; enclosure, fence

tapa-misérias *s. m.* overcoat (coat) to hide shabby clothes

tapa-olhos *s. m.* [pop.] slap in the eye

tapar Ⓐ *v. tr.* to cover, to cover up; to stop up, to obstruct, to fill up; to close, to close up; to block; to plug, to fill (stop) with a plug; to fence, to wall, to hedge, to enclose, to shut up, to shut in Ⓑ *v. refl.* to cover oneself; ***tapar os ouvidos*** to stop one's ears; ***tape-se bem*** cover yourself up well; ***tapar a boca*** to silence someone; to shut a person's mouth; ***tapar os olhos*** to cover one's eyes; ***tapar um buraco*** to stop up a hole; ***tapar uma fuga (um rombo)*** to stop a leak

tapa-sol *s. m.* Venetian blind, sunblind

tapeação *s. f.* [Bras.] swindle, cheat, trickery; fake, sham

tapear *v. tr.* to disguise, to dissemble, to trick, to fool, to dupe

tapeçar *v. tr.* to carpet, to cover with (a) carpet

tapeçaria *s. f.* tapestry, drapery, arras, hangings, upholstery

tapeceiro *s. m.* tapestry-maker; upholsterer

tapera *s. f.* [Bras.] decayed house; fallow land

taperá *s. m.* ORNITOLOGIA (big) swallow

tapetar *v. tr.* to carpet, to cover with (a) carpet

tapete *s. m.* carpet, rug; stair-carpet; ***tapete de relva*** carpet of grass; ***um tapete de flores*** a carpet of flowers; ***tapete isolador*** insulating mat

tapeteiro *s. m.* carpet-maker

tapiço *s. m.* [reg.] covering

tapicuri *s. m.* [Bras.] manioc wine

tapicuru *s. m.* ORNITOLOGIA Brazilian barefaced ibis

tapigo *s. m.* hedge, fence; MILITAR barricade

tapioca *s. f.* tapioca

tapir *s. m.* ZOOLOGIA tapir

tapira *s. f.* ZOOLOGIA tapir

tapirete *s. m.* small tapir

tapiriba *s. f.* hog-plum tree

tapiro *s. m.* ⇒ **tapir**

tapiz *s. m.* ⇒ **tapete**

tapizar *v. tr.* ⇒ **atapetar**

tapona *s. f.* [pop.] blow, thrash, stroke, knock, slap, box on the ears

tapuia *s. m. e f.* [Bras.] savage; [reg.] boor, yokel, rustic person

tapuio *s. m.* [Bras.] savage; [reg.] boor, yokel, rustic person

tapulhar *v. tr.* to plug; to obstruct, to jam

tapulho *s. m.* tampon, stopple, plug, stopper

tapume *s. m.* hedge, hedgerow; fence; hoarding, paling, palisade; screen, partition

taquara *s. f.* BOTÂNICA (variety of) bamboo; ZOOLOGIA motmot

taquaral *s. m.* bamboo thicket, bamboo growth

taquari *s. m.* [Bras.] pipestem, bamboo pipe

taqueira *s. f.* cue rack

taqueógrafo *s. m.* tachygraph

taqueometria *s. f.* tachymetry

taqueómetro *s. m.* tachymeter

taquicardia *s. f.* MEDICINA tachycardia

taquicardíaco *adj.* tachycardiac

taquigénese *s. f.* tachygenesis

taquigrafar *v. tr.* to write shorthand, to stenograph

taquigrafia *s. f.* stenography, tachygraphy

taquigráfico *adj.* stenographic, tachygraphic

taquígrafo *s. m.* stenographer, shorthand writer, tachygraph

taquilalia *s. f.* MEDICINA hurried speaking

taquilha *s. f.* ⇒ **taqueira**

taquimetria *s. f.* tachometry

taquímetro *s. m.* tachometer; ***taquímetro eléctrico*** electric tachometer

taquipsiquia *s. f.* abnormal and quick linking of ideas

tara *s. f.* tare; defect; derangement; blemish

tarado *adj.* tared; mentally deranged

taralhão *s. m.* ORNITOLOGIA a kind of ortolan; [pop.] meddler

taralhar *v. intr.* [Bras.] to sing like the ortolan

taralheira *s. f.* trap for ortolans

taralhoeira *s. f.* trap for ortolans

taralhouco *adj.* [fam.] foolish, mad

tarambecos *s. m. pl.* ⇒ **tareco**

tarambola *s. f.* ORNITOLOGIA plover; ***tarambola dourada*** golden plover

taramela *s. f.* mill-clapper; wooden bolt; rattle-head, chatterbox; ***dar à taramela*** to chatter, to prattle, to babble, to talk idly

taramelagem *s. f.* talkativeness; loquacity; prattle, gabble, chatter, palaver, idle talk

taramelar *v. intr.* to chatter, to prattle, to babble, to gabble, to palaver, to talk idly

taramelear *v. intr.* to chatter, to prattle, to babble, to gabble, to palaver, to talk idly

tarameleiro *s. m.* prater, chatterer, rattlehead, prattler, babbler, palaverer, chatterbox

taramelice *s. f.* ⇒ **taramelagem**
taramelo *s. m.* ⇒ **taramelagem**
tarampabo *s. m.* fan-palm
taranta *s. m. e f.* nervous (confused, bewildered puzzled) person
tarantela *s. f.* tarantella
tarantismo *s. m.* MEDICINA tarantism
tarântula *s. f.* ZOOLOGIA tarantula
tarantulismo *s. m.* ⇒ **tarantismo**
tarar *v. tr.* COMÉRCIO to tare, to reckon (to determine) weight for tare
tarara *s. f.* winnowing-machine
tarasca *s. f.* ugly woman; old sword; monster
tarasco *adj.* coarse, raw, severe
tarata *s. m.* soldier, private, common soldier, "doughboy"
taráxaco *s. m.* BOTÂNICA taraxacum, dandelion
taraxo *s. m.* screw; nail
tardada *s. f.* delay, retardation, slowness
tardador Ⓐ *s. m.* delayer, deferrer; dilatory person Ⓑ *adj.* dilatory, tardy, slow
tardamento *s. m.* retardation, detention; lingering, tarrying, stay; procrastination, postponement, deferring; tardiness, slowness
tardança *s. f.* retardation, detention; lingering, tarrying, stay; procrastination, postponement, deferring; tardiness, slowness
tardão Ⓐ *s. m.* slow person, sluggard, slug Ⓑ *adj.* sluggish, indolent, lazy, slow
tardar Ⓐ *v. tr.* to delay, to defer, to postpone, to procrastinate, to put off, to stave off Ⓑ *v. intr.* to loiter, to linger, to hang, to drag; to be tardy, to be long, to be late; ***sem tardar*** without delay; ***tardar a fala a*** to stammer, to stutter, to be hesitant in one's speech
tarde Ⓐ *s. f.* afternoon Ⓑ *adv.* late, tardily, at the eleventh hour; a day after the fair; ***fazer-se tarde*** to grow late, to get late; ***mais tarde*** later on, afterwards, at a later period; ***tarde ou cedo*** sooner or later; ***muito tarde*** too late; ***dar as boas tardes*** to wish (a person) good afternoon; ***boas tardes!*** good afternoon!; ***no sábado de tarde*** on Saturday afternoon; ***esta tarde*** this afternoon; ***ontem à tarde*** yesterday afternoon; ***amanhã à tarde*** tomorrow afternoon; ***vir tarde*** to come late; ***levantar-se tarde*** to get up late; ***deitar-se tarde*** to go to bed late; ***à tarde, de tarde*** in the afternoon; ***antes tarde do que nunca*** better late than never
tardego *adj.* ⇒ **tardio**
tardeiro *adj.* ⇒ **tardio**
tardeza *s. f.* tardiness, slowness, dilatoriness, delay, slackness, lateness
tardiamente *adv.* late, tardily
tardião *adj.* ⇒ **tardio**
tardígrado Ⓐ *adj.* tardigrade, slow-moving, sluggish Ⓑ *s. m.* tardigrade, slow-moving animal
tardíloquo *adj.* stammering, stuttering; slow-speaking
tardinha *s. f.* evening, eventide, nightfall, close of day
tardinheiro *adj.* sluggish, slow, lazy
tardio *adj.* slow, tardy, sluggish; late, behind time, belated; untimely; ***retribuição tardia*** tardy retribution
tardívago *adj.* slow, moving slowly, sluggish; ⇒ **tardo**
tardo *adj.* slow, sluggish, dull, lazy, tardy, lingering
tardonho *adj.* slow, sluggish, dull, lazy, tardy, lingering
tardoz *s. m.* inside face of a masonry stone
tarear *v. tr.* to thrash, to drub, to beat, to cudgel; to tare, to balance
tarecada *s. f.* lumber, trash, rubbish; foolishness, nonsense; rumble, bustle, noise
tareco *s. m.* foolish, prattler; roguish (mischievous) person; arch boy; [pop.] cat, puss; *pl.* lumber rubbish, junk
tarefa *s. f.* task, toil, work, job, piece of work; ***tarefa difícil*** hard task; ***acabaste essa tarefa?*** are you through with that job?; ***acabar uma tarefa*** to accomplish a task
tarefar *v. tr. e intr.* to task; to perform a task; to assign as task
tarefeiro *s. m.* jobman, jobber
tarega *s. m.* secondhand dealer, junkman
taregicagem *s. f.* junk-dealing
tareia *s. f.* drubbing, thrashing, sound beating, hiding, flogging, dressing down
tarela *s. m. e f.* ⇒ **tagarela**
tarelar *v. intr.* [pop.] ⇒ **tagarelar**
tarelice *s. f.* [pop.] ⇒ **tagarelice**
tarelo *s. m.* ⇒ **tagarela**
targana *s. f.* a species of mullet
tari *s. m.* "tari" (liquor prepared of fermented palm juice)
tarifa *s. f.* tariff; rate; price-list; scale of transport charges; ***tarifa de transportes*** carriage rates, freight list; ***tarifa inteira*** through rate; ***tarifa de caminho-de-ferro*** overload tariff; ***tarifa de seguros*** insurance tariff; ***tarifa telegráfica*** telegraphic rates; ***tarifa reduzida*** reduced rate, reduced tariff; ***tarifa alfandegária*** customs duty
tarifação *s. f.* fixing of tariffs
tarifar *v. tr.* to tariff, to rate, to fix a duty on
tarifário *adj.* related to tariff
tarim *s. m.* "tarim" (Spanish silver coin)
tarima *s. f.* dais
tarimba *s. f.* plank-bed; bunk
tarimbar *v. intr.* [pop.] to serve in the army, to be a soldier
tarimbeiro Ⓐ *s. m.* officer risen from the ranks Ⓑ *adj.* rude, impolite
tarja *s. f.* border, edging; old shield; black edging (to paper)
tarjado *adj.* bordered, black edged
tarjão *s. m.* wide border; rectangular engraved gravestone
tarjar *v. tr.* to border (to provide) with a black edge
tarjeta *s. f.* narrow border, narrow black edging
tarlatana *s. f.* tarlatan
tármico *adj.* sternutatory, causing sneezes, sternutative
taro *s. m.* BOTÂNICA taro
taró *s. m.* [fam.] cold; cold wind
taroca *s. f.* [reg.] sabot, clog
taroco *s. m.* small log
tarouco *adj.* idiotic, imbecile, slow (by age), stupid
tarouquice *s. f.* idiocy, imbecility, stupidity
tarraçada *s. f.* [pop.] large measure of wine (drunk at a time); bowlful
tarraço *s. m.* [reg.] mug, pailful
tarrada *s. f.* pailful; ⇒ **tarraçada**
tarrafa *s. f.* casting-net; sweep-net
tarrafar *v. intr.* to fish with the casting-net
tarrafear *v. intr.* to fish with the casting-net
tarraxa *s. f.* screw, die, screw stock; wedge; bolt, peg, pin; [pop.] recommendation; ***tarraxa de palmatória*** screw-plate, die-plate
tarraxar *v. tr.* to screw, to rivet
tarrenego! *interj.* [pop.] the devil!; away with you!
tarrincar *v. tr.* [reg.] to masticate, to bite
tarro *s. m.* milk-pail; tartar (substance deposited from fermented wines)
tarrote *s. m.* ORNITOLOGIA sparrow
tarsalgia *s. f.* MEDICINA tarsalgia
tarsectomia *s. f.* CIRURGIA tarsectomy
tarseíte *s. f.* ⇒ **tarsite**
tarsiano *adj.* ANATOMIA, ZOOLOGIA tarsal, tarsoid
társico *adj.* ANATOMIA, ZOOLOGIA tarsal, tarsoid
tarsite *s. f.* MEDICINA tarsitis
tarso *s. m.* ANATOMIA tarsus, the ankle or foot, tarsal bone or tarsal joint; ZOOLOGIA shank (of birds), tarso-metatarsus
tarsotomia *s. f.* CIRURGIA tarsotomy
tártago *s. m.* BOTÂNICA caper-spurge
tartamelear *v. intr.* to stammer, to falter, to stutter
tartamelo *s. m.* stutterer, stammerer

tartamudear *v. intr.* to stutter, to stammer, to falter (speaking)
tartamudez *s. f.* stammering, stuttering, faltering
tartamudo Ⓐ *s. m.* stammerer, stutterer Ⓑ *adj.* stammering, stuttering, faltering
tartana *s. f.* tartan, tartane
tartaranha *s. f.* female kestrel; fishing-net, drag-net, fishing boat (used on the river Tagus)
tartaranhão *s. m.* ORNITOLOGIA male kestrel
tartarato *s. m.* QUÍMICA tartrate
tartarear *v. intr.* to stammer, to stutter, to falter; to prattle, to gabble
tartáreo *adj.* Tartarean
tartárico *adj.* QUÍMICA tartaric; ***ácido tartárico*** tartaric acid
tartarizar *v. tr.* QUÍMICA to tartarize, to mix with tartar
tártaro Ⓐ *s. m.* tartar (of wine, teeth); [poét.] Tartarus, hell; a Tartar (native of Tartary) Ⓑ *adj.* Tartarian
tartaroso *adj.* tartarous, containing tartar
tartaruga Ⓐ *s. f.* ZOOLOGIA turtle, tortoise Ⓑ *s. m. e f.* scarecrow, ugly old person; ***concha de tartaruga*** turtle-shell; ***sopa de tartaruga*** turtle-soup
tartuficar *v. tr.* to play the hypocrite
tartufice *s. f.* Tartuffery, hypocrisy
tartufismo *s. m.* Tartuffery, hypocrisy
tartufista *adj.* Tartuffish, Tartuffian
tartufo *s. m.* Tartuf(f)e, hypocrite, religious hypocrite
tarubá *s. f.* "taruba" (beverage containing tapioca)
taruca *s. f.* ZOOLOGIA vicuña, vicuna
taruga *s. f.* ZOOLOGIA vicuña, vicuna
tarugamento *s. m.* doweling, fastening with dowels
tarugar *v. tr.* to dowel, to fasten with dowels
tarugo *s. m.* dowel, joint dowel, fimber dowel, wooden peg (pin)
tás *s. f.* hand-anvil
tasca *s. f.* tavern, low public-house; cookshop, eating-house, pothouse; swingle, swingling, scutching, dressing (flax, hemp, etc.)
tascadeira *s. f.* woman swingler
tascante Ⓐ *s. m.* innkeeper, publican Ⓑ *adj.* swingling, scutching, dressing (flax, hemp, etc.)
tascar *v. tr.* to beat hemp (flax), to swingle, to scutch, to dress; to eat; to gnaw, to nibble; (of horses) to bite the bit
tasco *s. m.* refuse of (flax) hemp; ⇒ **tasca**
tascoa *s. f.* swingling, scutching, dressing
tasmânia *s. f.* BOTÂNICA Tasmanian myrtle
tasmânio *s. m., adj.* Tasmanian
tasna *s. f.* BOTÂNICA ragwort
tasneira *s. f.* BOTÂNICA ragwort
tasneirinha *s. f.* BOTÂNICA groundsel
tasninha *s. f.* ⇒ **tasna**
tasqueiro *s. m.* keeper of an eating-house, taverner, innkeeper, publican
tasquinha *s. f.* swingle, hemp-brake; nibbler; pecker; small pub (tavern, inn)
tasquinhador Ⓐ *s. m.* swingler; [pop.] nibbler, pecker Ⓑ *adj.* swingling; [pop.] nibbling, pecking, gnawing
tasquinhar *v. tr. e intr.* to chew, to eat, to nibble, to peck at one's food; to swingle, to scutch, to dress, to beat (flax)
tassalho *s. m.* [fam.] slice, piece, big morsel; cut
tasselo *s. m.* ARQUITECTURA tassel, torsel
tataí *s. f.* BOTÂNICA fustic tree
tataíba *s. f.* BOTÂNICA fustic tree
tatajiba *s. f.* BOTÂNICA fustic tree
tatajuba *s. f.* BOTÂNICA fustic tree
tatalar *v. intr.* to rattle, to clatter; to whir(r)
tatamba *s. m. e f.* timid (shy) person; stammerer
tataraneto *s. m.* ⇒ **tetraneto**
tataranha *s. m. e f.* bashful (shy, timid) person; muddle-headed person
tataranhão *s. m.* ⇒ **tartaranhão**
tataranhar *v. tr.* to stammer, to stutter; to become confused, to be disconcerted; to be bashful (timid); to entangle oneself, to be at a loss, to be bewildered; to muddle, to make a mess of
tataranho Ⓐ *s. m.* stammerer, stutterer Ⓑ *adj.* stammering, stuttering
tataravó *s. f.* ⇒ **tetravó**
tataravô *s. m.* ⇒ **tetravô**
tatarema *s. f.* [Bras.] ⇒ **tataí**
tatarez *s. f.* stuttering, stammering; stutter, stammer
tátaro Ⓐ *adj.* stammering, stuttering, disconcerted Ⓑ *s. m.* stammerer
tataúba *s. f.* [Bras.] ⇒ **tataí**
tate! *interj.* look out!, mind!
tatibitate Ⓐ *adj.* stammering, stuttering; timid, shy, silly, foolish Ⓑ *s. m. e f.* bashful (timid) person, awkward (shy) person; stammerer, stutterer, simpleton
tato *s. m., adj.* ⇒ **gago**
tatu *s. m.* ZOOLOGIA armadillo (*plural* armadillos)
tatuador *s. m.* tattooer
tatuagem *s. f.* tattooing, tattoo
tatuar *v. tr.* to tattoo, to mark with tattoos
tau *s. m.* tau (the name of the letter T in the Greek alphabet); tau (T-shaped cross)
tauaçu *s. m.* [Bras.] anchor stone (of rafts)
tauísmo *s. m.* Taoism
tauísta *s. m. e f.* Taoist
taumaturgia *s. f.* thaumaturgy, magic, conjuring, wonder-working
taumatúrgico *adj.* thaumaturgic(al), miraculous
taumaturgo *s. m.* thaumaturge; worker of miracles, magician, wonder-worker
táureo *adj.* bullish; [poét.] taurine
tauricéfalo *adj.* bull-headed
tauricida *s. m. e f.* bull-slaughter
tauricídio *s. m.* bull-slaughtering
tauricorne *adj.* having horns like a bull
tauricórneo *adj.* having horns like a bull
taurífero *adj.* abounding in bulls
tauriforme *adj.* tauriform
taurifrônteo *adj.* referring to the bull's forehead
taurina *s. f.* QUÍMICA taurine
taurino *adj.* taurine, bullish
Tauro *s. m.* ASTRONOMIA Taurus
taurocéfalo *adj.* bull-headed
tauródromo *s. m.* bull-ring
tauromaquia *s. f.* tauromachy, bull-fighting
tauromáquico *adj.* tauromachic
tautocronismo *s. m.* tautochronism
tautócrono *adj.* tautochronous
tautofonia *s. f.* tautophony
tautófono *adj.* tautophonical, tautophonic
tautograma *s. m.* poem in which all lines begin with the same letter
tautologia *s. f.* tautology
tautológico *adj.* tautologic(al)
tautomeria *s. f.* QUÍMICA tautomerism
tautomerismo *s. m.* QUÍMICA tautomerism
tautómero *adj.* tautomeric
tautometria *s. f.* excess of symmetry causing monotony
tautométrico *adj.* referring to an excess of symmetry which causes monotony
tautonímia *s. f.* tautonymy
tautónimo *adj.* tautonymic, tautonymous
tautossilábico *adj.* tautossyllabic
tautossilabismo *s. m.* tautossyllabism
tauxia *s. f.* damaskeening, damascening, inlay

tauxiado *s. m.* damaskeening, damascening, inlay
tauxiar *v. tr.* to damascene, to damaskeen, to inlay
tavajiba *s. f.* ⇒ **tataí**
tavajuba *s. f.* ⇒ **tataí**
tavanês *adj.* rash, careless, heedless; restless, fidgety, unquiet; active, busy, diligent
tavão *s. m.* ZOOLOGIA gad-fly, horse-fly
táveda *s. f.* ⇒ **tádega**
taverna *s. f.* tavern, wine house, pub, inn
taverneiro *s. m.* taverner, innkeeper, publican
távoa *s. f.* ⇒ **tábula**
távola *s. f.* ⇒ **tábula**
tavolageiro *s. m.* ⇒ **tabulageiro**
tavolagem *s. f.* gaming-house; gambling vice; gambling house (place)
taxa *s. f.* tax, duty, rate; royalties (especially on literary work); ***taxa de desconto*** bank rate; ***taxa de juro*** rate of interest; ***taxa postal*** postal rate; ***taxa adicional*** surcharge, additional tax; ***taxa de seguro*** rate of insurance; ***taxa do prémio*** rate of premium; ***taxa sobre testamentos e heranças*** probate duty; ***taxa de câmbio*** rate of exchange; NÁUTICA ***taxa de doca*** dock dues, docking, dock charges; ***taxa de eclusa*** lockage; ***taxa de exportação*** export duty; ***taxa fixa*** flat rate; ***taxa de inscrição*** entrance fee; ***taxa de retorno*** rate of return
taxação *s. f.* rating, taxation, valuation, assessment
taxador *s. m.* taxer, rate fixer, valuer, assessor
taxar *v. tr.* to tax, to put a tax upon, to assess tribute upon, to rate, to fix as payment; to value, to set a price; to limit, to set limits, to restrict; to accuse, to charge, to lay upon, to censure
taxativamente *adv.* restrictedly
taxativo *adj.* restricted, limited, circumscribed; limitative; taxative, taxing
táxi *s. m.* taxi, taxicab, cab
taxia *s. f.* ⇒ **tactismo**
taxícola *adj.* living as a parasite on a yew
taxidermia *s. f.* taxidermy
taxidérmico *adj.* taxidermic, taxidermal
taxidermista *s. m. e f.* taxidermist
taxiforme *adj.* BOTÂNICA yewlike
taxilogia *s. f.* taxonomy, science of classification
taxilógico *adj.* taxonomic, taxonomical
taxilogista *s. m. e f.* taxonomist
taxílogo *s. m.* taxonomist
taxímetro *s. m.* taximeter
taxinomia *s. f.* taxonomy, taxology, principles of classification
taxinómico *adj.* taxonomic(al)
taxinomista *s. m. e f.* taxonomist, taxonomer
taxiologia *s. f.* ⇒ **taxilogia**
taxiológico *adj.* ⇒ **taxilógico**
taxionomia *s. f.* ⇒ **taxinomia**
taxionómico *adj.* ⇒ **taxinómico**
taxionomista *s. m. e f.* ⇒ **taxinomista**
taxista *s. m. e f.* taxi driver
Taxodiáceas *s. f. pl.* BOTÂNICA *Taxaceae* (of the yew genus)
taxonómico *adj.* ⇒ **taxinómico**
taxonomista Ⓐ *s. m. e f.* ⇒ **taxinomista** Ⓑ *adj.* ⇒ **taxonómico**
taylorismo *s. m.* Taylor's economic system (Taylor – American engineer); Taylorism
te Ⓐ *pron. pess.* you, to you; RELIGIÃO [arc., poét.] thee, to thee Ⓑ *pron. refl.* yourself; RELIGIÃO [arc., poét.] thyself
Teáceas *s. f. pl.* BOTÂNICA *Theaceae*
teáceo *adj.* BOTÂNICA related to the tea (plant)
teada *s. f.* piece of linen
teagem *s. f.* web, texture, network, fabric; BIOLOGIA cellular texture
teandria *s. f.* ⇒ **teantropia**
teândrico *adj.* ⇒ **teantrópico**
teantropia *s. f.* theanthropism
teantrópico *adj.* theanthropic, theandric
tear *s. m.* weaver's loom, bookbinder's sewing machine, the assemble of gears of a clock
teatino *s. m.* Theatine
teatrada *s. f.* theatrical performance, amateur performance
teatral *adj.* theatrical, affected, studied, not natural, showy, artificial; theatric
teatralidade *s. f.* theatricality
teatralismo *s. m.* theatricalism
teatralizar *v. tr.* to theatricalize
teatralmente *adv.* theatrically
teátrico *adj.* theatrical
teatrista Ⓐ *adj.* playgoing Ⓑ *s. m. e f.* playgoer, theatre-goer
teatro *s. m.* theatre, playhouse; stage; [fig.] scene; ***teatro anatómico*** anatomy theatre; ***teatro de guerra*** theatre of war; ***teatro de fantoches*** Punch and Judy show; ***frequentador de teatros*** theatre-goer; ***peça de teatro*** (theatre) play; ***teatro radiofónico*** broadcast plays; ***teatro de variedades*** vaudeville theatre; ***teatro de marionetas*** puppet show
teatrólogo *s. m.* dramatist, playwright
tebaico *adj.* Thebaic, Teban (of or belonging to ancient Thebas)
tebaida *s. f.* retirement, solitude, lonesomeness
tebano Ⓐ *s. m.* Theban Ⓑ *adj.* Theban, Thebaic
teca *s. f.* BOTÂNICA teak; [fam.] dough, brass, money
tecal *adj.* related to (pertaining to) teak
tecedeira *s. f.* woman weaver
tecedor *s. m.* weaver; [fig.] contriver
tecedura *s. f.* weaving; texture, web; [fig.] plot, intrigue, scheme
tecelagem *s. f.* weaving; weaving business; weaver's trade
tecelão *s. m.* weaver; ZOOLOGIA weaver-bird
tecelona *s. f.* woman weaver; weaver's wife
tecer Ⓐ *v. tr.* to weave; to web; to tissue (to weave with gold or silver threads); to interlace, to interwine, to entwine; to twist, to spin; [fig.] to plot, to intrigue, to contrive (a plot) Ⓑ *v. intr.* to wriggle; to weave; to walk to and fro; ***tecer fio*** to spin thread; ***tecer considerações sobre*** to enlarge upon
tecido Ⓐ *s. m.* cloth, material, woven fabric; tissue; *pl.* textiles, woven fabrics, soft goods Ⓑ *adj.* woven; [fig.] contrived, arranged, designed, plotted; ***tecido de algodão*** cotton material; ***tecido de lã*** woollen cloth; ***tecido fibroso*** fibrous tissue; ***tecido subcutâneo*** subcutaneous tissue; ***tecido adiposo*** adipose tissue; ***tecido cutâneo*** epithelial tissue; ***tecido celular*** cellular tissue; ***tecido impermeável*** waterproof cloth
tecidual *adj.* referring to tissue
tecla *s. f.* key (of a piano, an organ, a typewriter, etc.); debated subject (or point); sensitive spot; ***ferir uma tecla*** to strike a note (piano), to harp; ***dar na tecla*** to hit the mark, to hit the nail on the head; ***insistir na mesma tecla*** to harp always on the same string; INFORMÁTICA ***tecla de controlo*** control key; INFORMÁTICA ***tecla de função*** function key; INFORMÁTICA ***tecla de saída*** exit key
teclado *s. m.* keyboard; INFORMÁTICA keypad
teclista *s. m. e f.* MÚSICA keyboardist, keyboard player
tecnécio *s. m.* QUÍMICA technetium
técnica *s. f.* technique; skill; ***técnicas de comunicação*** communicating skills
tecnicamente *adv.* technically, in a technical manner
tecnicismo *s. m.* technicality; ⇒ **tecnia**
tecnicista *adj.* of technical nature; excessively technical
técnico Ⓐ *adj.* technical Ⓑ *s. m.* technician, technicist; ***ensino técnico profissional*** technical education; ***termos técnicos*** technical terms; ***comissão técnica*** research staff; ***escola técnica*** technical school
tecnicolor *adj.* technicolour

tecnismo *s. m.* art influence
tecnocracia *s. f.* technocracy
tecnocrata *s. m. e f.* technocrat
tecnocrático *adj.* technocratic
tecnocratismo *s. m.* technocratic attitude
tecnofobia *s. f.* technofear, technophobia
tecnografia *s. f.* technography
tecnográfico *adj.* technographic(al)
tecnógrafo *s. m.* technograph (expert in technography)
tecnologia *s. f.* technology
tecnológico *adj.* technologic(al)
tecnologista *s. m. e f.* technologist
tecnólogo *s. m.* technologist
tecnopsicologia *s. f.* technopsychology; industrial psychology
tectiforme *adj.* roof-like; tectiform
tecto *s. m.* ceiling; [fig.] home, shelter, roof; ***tecto de madeira*** wood ceiling
tectogénese *s. f.* GEOLOGIA process leading to rock deformation
tectónica *s. f.* tectonics
tectónico *adj.* tectonic
tectonização *s. f.* GEOLOGIA result of tectonic actions
tectonizar *v. tr.* GEOLOGIA to cause the distortion of the earth's crust
tectrizes *s. f. pl.* ZOOLOGIA tectrices (*singular* tectrix)
tecum *s. m.* palm-leaf fiber
tecumão *s. f.* kind of palm-tree of South America
tédio *s. m.* tedium, weariness, irksomeness, monotony, tediousness, boredom
tedioso *adj.* tedious, boring, dull, tiresome, wearisome, irksome, flat, uninteresting
tefe-tefe *s. m.* pit-a-pat; throb (of the heart); [coloq.] shaking in one's shoes
tefromancia *s. f.* tephromancy
tégmen *s. m.* tegmen
tégula *s. f.* tegula
tegumentar *adj.* tegumental
tegumentário *adj.* tegumentary
tegumento *s. m.* tegument, integument, tegmen
teia *s. f.* web, texture, woven fabric; [fig.] intrigue, plot; bar, railing; screen, choir screen; ***teia de aranha*** cobweb, spider's web
teiga *s. f.* a sort of basket
teima *s. f.* obstinacy, stubbornness, pigheadedness; argument, discussion, controversy
teimar *v. intr.* to be obstinate, to be stubborn, to persist in, to insist on, to resist obstinately, to argue, to dispute, to use arguments
teimice *s. f.* ⇒ **teimosia**
teimosamente *adv.* obstinately, stubbornly
teimosia *s. f.* obstinacy, doggedness, headiness, stubbornness, pigheadedness, wilfulness, persistency, pertinacity, resoluteness, tenacity
teimoso *adj.* obstinate, stubborn, dogged, heady, pigheaded, headstrong, wilful, self-willed, contumacious, resolute, pertinacious, unyielding, persistent, tenacious; ***um teimoso nunca está só*** it takes two to make a quarrel; ***teimoso como um burro*** as obstinate as a mule
teína *s. f.* QUÍMICA theine
teiró *s. f.* ⇒ **ateiró**
teísmo *s. m.* theism
teísta Ⓐ *s. m. e f.* theist Ⓑ *adj.* theistic, theistical
teiú *s. m.* ZOOLOGIA [Bras.] big lizard; BOTÂNICA nettle-spurge
teixe *s. m.* ancient golden trinket
teixo *s. m.* BOTÂNICA yew
teixugo *s. m.* ⇒ **texugo**
tejadilho *s. m.* roof (of a vehicle); ***tejadilho móvel*** sunshine roof
teju *s. m.* ⇒ **teiú**
tela *s. f.* linen, linen cloth; canvas; gauze; painting; picture; screen (at a cinema); ***na tela da discussão*** under discussion; ***tela metálica*** wire gauze; ***tela de esmeril*** emery cloth; ***tela encerada*** oil-cloth
telagarça *s. f.* ⇒ **talagarça**
telalgia *s. f.* pain in the breast
télamon *s. m.* ARQUITECTURA telamon (*plural* telamones)
telangiectasia *s. f.* MEDICINA telangiectasis
telangioma *s. m.* tumour in the capillary veins
telão *s. m.* advertising curtain (at a theatre)
telautógrafo *s. m.* telautograph
telecinesia *s. f.* telekinesis
telecinético *adj.* telekinetic
telecomandar *v. tr.* ⇒ **teleguiar**
telecomando *s. m.* remote control
telecompra *s. f.* teleshopping
telecomunicações *s. f. pl.* telecommunications
telecópia *s. f.* telefacsimile, facsimile transmission, fax
teledetecção *s. f.* radiolocation; radar
teledetectar *v. tr.* to locate by means of a radar
teledinâmica *s. f.* teledynamics
teledinâmico *adj.* teledynamic
teledirigir *v. tr.* to control from a long distance
teledisco *s. m.* video clip
telefax *s. m.* ⇒ **fax**
teleférico *s. m.* telpher railway, rope-way teleferic
telefilme *s. m.* television film
telefonadela *s. f.* telephone call, ring, phone call
telefonar *v. tr. e intr.* to telephone, to phone, to send a message by telephone, to ring up; to give (a person) a ring; ***telefona-me amanhã!*** (tele)phone me tomorrow!, ring me up tomorrow!; ***amanhã telefono-te ao meio-dia*** tomorrow I'll give you a ring at twelve o'clock, tomorrow I'll ring you up at twelve o'clock; ***ele telefona-me de uma cabina*** he is ringing me up from a call-box; ***precisa de telefonar?*** do you want to phone?
telefone *s. m.* telephone, phone; ***telefone automático*** automatic telephone; ***telefone sem fios*** cordless telephone; ***chamada ao telefone*** telephone call; ***marcar um número (no telefone)*** to dial a number (on the phone); ***estar ao telefone*** to be on the phone; ***o telefone está a falar*** the line is engaged; ***desligar o telefone*** to ring off; ***o telefone ouve-se mal*** the line is bad; ***ligar o telefone*** to put someone through; ***a ligação (do telefone) está feita*** the call is through; ***espera um momento, não desligues o telefone!*** hold on a minute, don't ring off!; ***Central dos Telefones*** Telephone Exchange; ***falar ao telefone*** to speak on the phone; ***chamar alguém ao telefone*** to call someone to the phone; ***assinante do telefone*** telephone subscriber
telefonema *s. m.* telephone; message, (telephone) call; ***telefonema interurbano*** trunk call
telefonia *s. f.* telephony, wireless-set; ***aparelho de telefonia*** wireless set; ***telefonia sem fios*** wireless, radio, broadcasting
telefonicamente *adv.* telephonically
telefónico *adj.* telephonic; ***cabina telefónica*** call-box, telephone-box, phone box; ***abertura do serviço telefónico*** opening of the telephone service; ***lista telefónica*** telephone directory
telefonista *s. m. e f.* telephonist, (telephone) operator
telefoto *s. m.* telephoto
telefotografia *s. f.* telephotography
telefotográfico *adj.* telephotografic
telefotógrafo *s. m.* telephotographer
telefotometria *s. f.* telephotometry
telega *s. f.* telega
telegenia *s. f.* telegeny
telegénico *adj.* telegenic

telegestão *s. f.* tele-administration, tele-management
telegonia *s. f.* BIOLOGIA telegony
telegrafar *v. tr. e intr.* to telegraph (to send message by telegraph); to cable (to send message by submarine cable); to wire; ***telegrafa-me a dizer o resultado*** wire me the result; ***telegrafa-lhe a dizer que venha*** send a cable for him to come; ***telegrafa-me à chegada*** wire me on arrival
telegrafia *s. f.* telegraphy; ***telegrafia sem fios*** wireless; ***telegrafia aérea*** aerial telegraphy
telegraficamente *adv.* telegraphically; [fig.] briefly, concisely
telegráfico *adj.* telegraphic; ***serviço telegráfico*** telegraphic service; ***endereço telegráfico*** telegraphic address; ***vale telegráfico*** telegraphic money order
telegrafista *s. m. e f.* telegraphist, telegraphér, telegraph operator
telégrafo *s. m.* telegraph; ***telégrafo sem fio*** wireless telegraph; ***telégrafo aéreo*** aerial telegraph; ***telégrafo automático*** automatic telegraph; ***telégrafo eléctrico*** electric telegraph
telegrama *s. m.* telegram, telegraph message, wire, cable
teleguiado *s. m.* guided missile
teleguiar *v. tr.* to radio-control
teleimpressor *s. m.* telewriter
telejornal *s. m.* television news
telemecânica *s. f.* telemechanics
telemetria *s. f.* telemetry
telemétrico *adj.* telemetric
telemetrista *s. m. e f.* telemeter operator, range-taker
telémetro *s. m.* telemeter; range-finder
telemicrofone *s. m.* telemicrophone
telemóvel *s. m.* mobile phone; cellular phone; cellphone
telencéfalo *s. m.* telencephalon
telenovela *s. f.* soap opera
teleobjectiva *s. f.* FOTOGRAFIA telephoto lens
teleologia *s. f.* teleology
teleológico *adj.* teleologic(al)
teleologista *s. m. e f.* teleologist
teleossauro *s. m.* ZOOLOGIA teleosaur
teleósteo Ⓐ *adj.* ZOOLOGIA teleostean Ⓑ *s. m.* teleost
teleóstomo Ⓐ *adj.* teleostean Ⓑ *s. m.* teleostome
telepata *s. m. e f.* telepathist, telepath
telepatia *s. f.* telepathy (thought transference)
telepático *adj.* telepathic
teleponto *s. m.* [Ingl.] autocue; [E.U.A.] teleprompter
teleprocessamento *s. m.* teleprocessing
teleprojéctil *s. m.* guided projectile; guided missile
telerreceptor *s. m.* television set, television receiver
telescola *s. f.* school through television
telescopia *s. f.* telescopy
telescópico *adj.* telescopic
telescópio *s. m.* telescope; ***telescópio de refracção*** refracting telescope; ***telescópio dióptrico*** dioptric telescope
telescritor *s. m.* telewriter, telautograph
telésia *s. f.* MINERALOGIA corundum; ⇒ **corindo**
telespectador *s. m.* televiewer
telessismo *s. m.* distant seismism, distant shock (earthquake felt in a distant area)
telessismógrafo *s. m.* teleseismograph
telessonda *s. f.* radiosonde, radiometereograph
telestereógrafo *s. m.* telestereograph
telestereoscópio *s. m.* telestereoscope
televisão *s. f.* television; [fam.] telly; ***aparelho de televisão*** television set; ***televisão a cores*** colour television; ***televisão por cabo*** cable television
televisor *s. m.* television set, television receiver; [fam.] telebox, telly
telex *s. m.* telex, teleprinter, teletypewriter
telexar *v. tr.* to telex, to teletype
telexista *s. m. e f.* telex operator
telha *s. f.* tile, roof-tile; whim, fancy, mania; ***telha de Marselha*** French gutter tile; ***telha de vidro*** glass tile; ***telha de canudo*** hollow tile; ***telha de cobrir*** hip tile; ***telha curva*** ridge tile; ***telha de beiral*** margin tile (for gables); ***deu-lhe na telha partir às 4 horas*** he took it into his head to leave at 4 o'clock
telhado *s. m.* roof; ***telhado de duas águas*** saddle-roof, ridge-roof; ***telhado de quatro águas*** foursided roof; ***telhado a pino*** steep roof; ***telhado de ardósia*** slate roof; ***telhado envidraçado*** glazed roof; ***telhado em terraço*** flat roof; ***telhado de colmo*** thatched roof; ***quem tem telhados de vidro não deve atirar pedradas*** people who live in glass houses should not throw stones to their neighbours'
telhador *s. m.* tiler, roofer, slater
telhadura *s. f.* tiling, roofing, covering with tiles; tile works, tilery
telhal *s. m.* tilery, tile works; tile kiln
telhão *s. m.* large tile; pressed tile
telhar *v. tr.* to tile, to roof, to cover with tiles
telha-vã *s. f.* unlined tiled roof
telheira *s. f.* tile works, tilery
telheiro *s. m.* tiler, tile maker; shed, barn
telhice *s. f.* whim, fad, crotchet, eccentricity
telho *s. m.* earthen lid; bit of tile
telhudo *adj.* [fam.] crackbrained, crazy, whimsical, eccentric
telilha *s. f.* thin web; gauze
telim *s. m.* tinkle, clinking (of coins, etc.)
telintar *v. intr.* to tinkle, to jingle, to clink
telite *s. f.* MEDICINA inflammation of the nipple (teat)
teliz *s. m.* saddle-cloth
telometria *s. f.* ⇒ **telemetria**
telométrico *adj.* ⇒ **telemétrico**
telómetro *s. m.* ⇒ **telémetro**
telopsia *s. f.* ⇒ **televisão**
telóptico *adj.* televisional, televisionary
telorragia *s. f.* MEDICINA haemorrhage through the mamilla
télson *s. m.* ZOOLOGIA telson
telugo *s. m.* Telugu
telurato *s. m.* QUÍMICA tellurate
telureto *s. m.* QUÍMICA telluret
telúrico *adj.* telluric
telurífero *adj.* tellurous, containing tellurium
telúrio *s. m.* QUÍMICA tellurium
telurismo *s. m.* tellurism
telurite *s. f.* MINERALOGIA tellurite
tema *s. m.* theme, thema (*plural* themata), subject, topic, thesis, text; exercise, writing, discourse, essay; GRAMÁTICA stem
temão *s. m.* ⇒ **timão**
temática *s. f.* all the themata of an artistic work considered together
temático *adj.* thematic
tematologia *s. f.* part of morphology concerned with word themes
tematológico *adj.* referring to the part of morphology concerned with word themes
temedoiro *adj.* dreadful, appalling, terrific
temedouro *adj.* dreadful, appalling, terrific
temente *adj.* fearing, reverent; ***temente a Deus*** God-fearing
temer Ⓐ *v. tr.* to fear, to dread, to apprehend, to doubt, to be afraid of; to stand in awe of, to reverence, to respect; to suspect Ⓑ *v. intr.* to be afraid (alarmed, frightened)
temerado *adj.* ⇒ **temerato**
temerar *v. tr.* ⇒ **conspurcar**
temerariamente *adv.* rashly, daringly, imprudently, recklessly, hastily, foolhardily
temerário *adj.* rash, inconsiderate, precipitate, foolhardy, reckless, bold, daring, risky, venturous; groundless, unfounded; ***juízo temerário*** rash judgement

temerato *adj.* soiled, defiled, tarnished, stained
temeridade *s. f.* rashness, boldness, daring, audacity, temerity, foolhardiness, venturesomeness, precipitancy
temerosamente *adv.* dreadfully, fearfully; timorously
temeroso *adj.* dreadful, fearful, terrible, tremendous, awe-inspiring
temibilidade *s. f.* frightfulness
temido *adj.* feared, dreaded; ⇒ **temível**
temível *adj.* dreadful, terrible, inspiring fear, exciting terror; terrific, dire, direful
temoeiro *s. m.* leatherstrap (to fasten the yoke to the shaft); shaft (of an oxcart)
temonar *v. tr.* to steer, to guide
temoneira *s. f.* female coxswain
temoneiro *s. m.* ⇒ **timoneiro**
temor *s. m.* fear, awe, dread; reverence, terror; zeal; ***temor de Deus*** fear of God
temoroso *adj.* frightening, terrifying, intimidating; timorous, fearful, timid (destitute of courage)
têmpera *s. f.* temper (of metals); temper, disposition, humour, frame, mood, temperament, nature, character, type, quality; PINTURA tempera, distemper; feeding hawks the day before they go hunting; ***homens de outra têmpera*** men of a different stamp
temperadamente *adv.* temperately, moderately
temperado *adj.* temperate, moderate, mildly seasoned, flavoured; sober, frugal; hardened, toughened (of steel); ***clima temperado*** temperate (mild) climate; ***comida bem temperada*** savoury (well-seasoned) food; ***zona temperada*** temperate zone
temperador Ⓐ *s. m.* temperer Ⓑ *adj.* tempering, seasoning, moderating; hardening
temperamental *adj.* temperamental, hasty, fiercy, hot-headed
temperamento *s. m.* temperament; nature, temper, mood, humour, disposition, constitution; temperance; ***temperamento artístico*** artistic temperament; ***temperamento calmo*** placid temperament; ***temperamento impetuoso*** impetuous nature; ***de temperamento desigual*** of uneven temper; ***temperamento nervoso*** nervous temperament; ***temperamento sanguíneo*** sanguine temperament
temperança *s. f.* temperance, moderation, self-restraint, self-control; sobriety, frugality, soberness, abstinence
temperante *adj.* tempering, soothing; sedative
temperar *v. tr.* to temper, to bring to a due proportion; to season, to flavour (food); to moderate, to regulate, to diminish; to mitigate, to calm, to soothe; to toughen or to harden (metal or glass), to anneal (glass); MÚSICA to tune (instruments); ***temperar salada*** to dress salad; ***temperar a comida*** to season (to flavour) the food; ***temperar um metal*** to harden a metal
temperatura *s. f.* temperature; ***tirar a temperatura*** to take one's temperature; ***ter temperatura*** to have a temperature, to be feverish; ***a temperatura do quarto era muito alta*** the temperature of the room was too high; ***temperatura elevada*** high temperature; ***temperatura baixa*** low temperature; ***temperatura do ar*** air-temperature; ***temperatura máxima*** maximum temperature; ***temperatura mínima*** minimum temperature
temperatural *adj.* (of) temperature
tempereiro *s. m.* working part of a weaver's loom
tempérie *s. f.* temperament, temper, nature; temperature
temperilha *s. f.* condiment, seasoning; [fig.] sedative, calmative
temperilho *s. m.* way of driving a team of horses; poor seasoning
tempero *s. m.* seasoning, condiment, sauce, spice; dressing (of food), flavouring; [fig.] remedy; lenitive, palliative; ***ele gosta da comida com muitos temperos*** he likes highly seasoned food
tempestade *s. f.* storm, rainstorm, thunderstorm, tempest; [fig.] tumult, agitation, trouble, commotion; ***tempestade de neve*** snowstorm; ***tempestade de areia*** sandstorm; ***tempestade de lágrimas*** storm of weeping, storm of tears; ***uma tempestade num copo de água*** a storm in a tea-cup; ***açoitado pela tempestade*** storm-beaten; ***depois da tempestade vem a bonança*** after a storm comes a calm; ***deixar passar a tempestade*** to let the storm blow over; ***vencer uma tempestade*** to ride out a storm; ***a tempestade amainou*** the storm subsided; ***apanhado pela tempestade*** overtaken by the storm; ***batido pela tempestade*** storm-tossed
tempestivo *adj.* seasonable, opportune, timely, appropriate to, suitable for, convenient
tempestuosamente *adv.* tempestuously, agitatedly, violently
tempestuosidade *s. f.* tempestuousness; storminess
tempestuoso *adj.* tempestuous, stormy, rough, tumultuous, violent, agitated, wild; ***mar tempestuoso*** a stormy sea
templário *s. m.* Templar, Templary; ***Cavaleiro da Ordem do Templo*** Knight Templar; *pl.* Knights Templars
templo *s. m.* temple; church, house of God, meeting-house, holy place
tempo *s. m.* time (duration of time); period, spell (of time); season, epoch, era, age; weather (state of the atmosphere); GRAMÁTICA tense; MÚSICA duration of a note; opportunity, turn; leisure; ***passar um tempo delicioso*** to have the time of one's life; ***custa-me muito a passar o tempo*** time hangs heavily on me; ***passar um tempo aborrecido*** to have a weary time; ***o tempo traz muitas mudanças*** time works many changes; ***com o andar dos tempos*** as time goes on; ***passar um tempo estúpido*** to have a dull time; ***passámos um tempo admirável*** we had a glorious time; ***ter tempo de sobra*** to have plenty of time, to have time to spare; ***o tempo vai passando*** time is going on; ***o tempo que quiser*** as long as you please; ***já é tempo*** it is about time; ***em tempos idos*** in times gone by, in the old days, in olden days; ***o tempo passado*** the time past; ***ainda leva muito tempo*** it will still take a long time; ***ainda leva tempo*** it will still be a little longer; ***desperdiçar tempo*** to waste time; ***passar o tempo*** to spend the time; ***perder tempo*** to lose time; ***o tempo mostrará quem tem razão*** time will show who is right; ***há tempo para tudo*** there is time for everything; ***com o decorrer do tempo*** in the course of time; ***gasto pelo tempo*** time worn; ***o tempo e a maré não esperam por ninguém*** time and tide wait for no man; ***ganhar tempo*** to gain time; ***passar um tempo agradável*** to have a fine (good, lovely) time; ***esses foram bons tempos!*** those were fine times!, those were the days!; ***tempos áureos*** (one's) palmy days; ***tempo livre*** spare time; ***aproveitar bem o tempo*** to make the best of one's time, to make the most of one's time, to improve the time; ***a tempo e fora de tempo*** in season and out of season; ***imenso tempo*** heaps of time; ***nos tempos afonsinos*** in a very remote epoch, in times of yore; ***há quanto tempo aconteceu?*** how long ago did that happen?, is it long since that happened?; ***passado algum tempo*** some time after; ***não há muito tempo*** not long ago; ***há quanto tempo isso lá vai!*** how long it is since then!; ***muitíssimo tempo*** lots of time, oceans of time; ***tempos difíceis*** hard times; ***ao tempo que*** just as; ***há pouco tempo*** a short time ago; ***há muito tempo*** long since, long ago, a long time ago; ***em pouco tempo*** in a short time; ***há quanto tempo?*** how long is it since?, how long is it?; ***por algum tempo*** for some time, for a while; ***muito tempo depois*** long after; ***de tempos a tempos*** from time to time, now and then, once in a while; ***há muito tempo tive o prazer de...*** it is long since I had the pleasure of; ***no tempo marcado*** in due time; ***em devido tempo*** in due time; ***o tempo expirou*** time is up; ***há já algum tempo*** for some time past; ***o tempo urge*** time presses; ***disponho de pouco tempo*** I have little time at my disposal, I can't spare much time, I am pressed for time; ***ter tempo marcado para fazer qualquer coisa*** to have a race with

time; ***gostava de ter tempo para o fazer*** I wish I could spare the time to do it; ***passar um tempo maravilhoso*** [fam.] to have a ripping time; ***o tempo corre sempre não esperando por ninguém*** time rolls on waiting for nobody; ***não dar tempo*** to run it fine; ***ao mesmo tempo*** at the same time; ***é o tempo dos morangos*** strawberries are in season, it is strawberry time; [coloq.] ***tempo de vacas magras*** lean time; ***a tempo e horas*** at the appropriate time; ***em tempo recorde*** in record time; DESPORTO ***primeiro tempo*** first half; ***dentro de pouco tempo*** within a short time, shortly, at an early date; ***um tempo muito crítico*** a very trying time; ***tempo perdido*** waste of time; ***tempo indefinido*** an indefinite time, a week of Sundays; ***no tempo em que...*** at the time when; ***já não é sem tempo*** it is high time; ***bastante tempo*** quite a while; ***a tempo*** in time, in the nick of time; ***passar o tempo ociosamente*** to fritter one's time away, to trifle away one's time, to spend one's time idly; ***não perder o seu tempo*** to make the most of one's time; ***não ter tempo a perder*** to have no time to spare; ***não há tempo a perder*** there is no time to lose; ***até ao tempo presente*** up to date, up to the present; ***pelo tempo que*** so long as; ***muito tempo*** a good while; ***por quanto tempo?*** for how long?; ***durante muito tempo*** for a long time; ***ao mesmo tempo que*** at the same time as; ***antes de tempo*** untimely, before time; ***houve tempo em que*** time was when; ***desde tempos imemoráveis*** from time out of mind, from time immemorial; ***nos tempos que correm*** at the present time; ***estou aqui há pouco tempo*** I've been here for a short time; ***tenho tempo de apanhar o comboio?*** have I time to catch the train?; ***o tempo passa sem se dar por isso*** time flies by imperceptibly, time passes before you know it; ***tempo sideral*** sideral time; ***tempo solar*** solar time; ***tempo de voo*** flying time; ***que tal está o tempo?*** what is the weather like?; ***está um tempo esplêndido*** it is glorious weather; ***tempo claro*** clear weather; ***tempo favorável*** favourable weather; ***tempo desfavorável*** unfavourable weather; ***mau tempo*** bad weather; ***tempo péssimo*** [fam.] rotten weather; ***tempo bonançoso*** calm weather, fair weather; ***tempo de aguaceiros*** showery weather, squally weather; ***tempo pesado e húmido*** muggy weather; ***tempo sombrio*** dull weather, gloomy weather; ***tempo abafado*** stifling weather, close weather; ***tempo coberto (enevoado)*** cloudy weather, misty weather; ***gasto pela acção do tempo*** weather-worn; ***tempo chuvoso*** rainy weather, wet weather; ***tempo tempestuoso*** stormy weather; ***tempo seco*** dry weather; ***tempo próprio da estação*** seasonable weather; ***tempo variável*** changeable weather, unsettled weather; ***tempo nublado*** cloudy weather; ***tempo quente*** hot weather; ***tempo húmido*** damp weather; ***tempo de nevoeiro*** foggy weather; ***tempo agreste*** raw weather; ***embargado pelo mau tempo*** weather bound; ***se o tempo permitir*** weather permitting; ***está um tempo terrível*** it is shocking weather; ***temos tido um longo período de bom tempo*** we have had a long spell of fine weather; ***bom tempo em ocasiões solenes*** King's (Queen's) weather; ***no fim de contas o tempo pôs-se bom*** the weather has turned out fine after all; ***desbotado (manchado) por estar exposto ao tempo*** weather-stained

temporada *s. f.* a long period (spell), space of time, length of time; stay; season; ***temporada da pesca*** fishing season; ***temporada lírica*** opera season; ***vou estar uma temporada em Londres*** I'm having a stay in London; ***vamos ter uma temporada fria*** we are in for a cold spell

temporal Ⓐ *adj.* temporary, transient, fleeting, short-lived; worldly, mundane, secular, lay, of this world, earthly; ANATOMIA temporal; *pl.* temporal bones Ⓑ *s. m.* storm, gale; ***temporal desfeito*** hard gale; ***capaz de resistir aos temporais*** seaworthy; ***força de temporais*** stress of weather

temporalidade *s. f.* temporality, temporalty

temporalizar *v. tr.* to secularize, to render secular

temporaneidade *s. f.* temporariness, transitoriness

temporâneo *adj.* temporary, transitory, brief, fleeting, short-lived; ⇒ **contemporâneo**

temporão *adj.* premature, early, early ripe, untimely; ***morangos temporões*** early strawberries

temporariamente *adv.* temporarily, for a time only, for the time being; in the interim

temporário *adj.* temporary, provisional; transient, fleeting, brief, transitory, short, ephemeral, short-lived, temporal, for a time; ***nomeação temporária*** a temporary (provisional interim) appointment

têmporas *s. f. pl.* ANATOMIA temples; RELIGIÃO Ember days

temporejar *v. intr.* to be born at the same time; to appear (to grow) simultaneously

temporização *s. f.* temporization

temporizador Ⓐ *s. m.* temporizer Ⓑ *adj.* temporizing

temporizamento *s. m.* temporization

temporizar Ⓐ *v. intr.* to temporize, to comply with the times, to yield to current opinion, to accede, to assent Ⓑ *v. tr.* to delay, to procrastinate; ⇒ **contemporizar**

temporoccipital *adj.* ANATOMIA temporoccipital

tem-tem *s. m.* [fam.] toddling gait, baby's walk

tem-te-não-caias *s. m.* toddling, wobble, wobbling

temulência *s. f.* MEDICINA temulency, intoxication, drunkenness

temulento *adj.* temulent, intoxicated, drunken, inebriated

tenacidade *s. f.* tenacity, pertinacity, persistence, stubborn, perseverance, toughness; retentiveness, adhesiveness, firmness

tenal *adj.* of (belonging to) the palm of the hand, thenar

tenalgia *s. f.* MEDICINA pain in the tendons

tenalha *s. f.* MILITAR tenaille

tenantite *s. f.* MINERALOGIA tennantite, tetrahedrite

tenar *s. m.* ANATOMIA thenar, the palm of the hand

tenaz Ⓐ *adj.* tenacious, stubborn, dogged, persistent, obstinate, unyielding, pertinacious, firm, tough; cohesive, sticky, retentive Ⓑ *s. f.* tongs, a pair of pincers (tongs); ***inimigo tenaz*** tenacious foe; ***adversário tenaz*** tough opponent; ***tenaz de dentista*** dental forceps

tenca *s. f.* ZOOLOGIA tench

tença *s. f.* pension, annuity

tenção *s. f.* intention, intent, purpose, end, aim, design, plan; HERÁLDICA emblem, device; ***tenção firme*** fixed purpose; ***mudar de (in)tenção*** to change one's mind; ***fazer tenção de*** to intend to, to have a mind to

tencionar Ⓐ *v. tr.* to intend, to mean, to design, to purpose, to have a mind to, to plan; to contemplate Ⓑ *v. intr.* DIREITO to pass sentence; ***tencionamos partir amanhã*** we intend to leave tomorrow; ***tenciona ir connosco?*** do you intend to go with us?

tencionário *s. m.* pensioner

tenda *s. f.* MILITAR tent; stall, booth (in market); pedlar's stand; small grocer's shop

tendal *s. m.* NÁUTICA tilt, awning; place in sugar-works where the sugar-moulds are set to cool; place where sheep are shorn

tendão *s. m.* ANATOMIA tendon, sinew; ***tendão de Aquiles*** Achilles' tendon

tendedeira *s. f.* board on which the dough is made into loaves (bakery)

tendedura *s. f.* shaping of (bread) loaves

tendeiro *s. m.* grocer; stallkeeper, shopkeeper

tendência *s. f.* tendency, inclination, proneness, bent, leaning, propensity, penchant, vocation; drift, trend; ***tendência para engordar*** a tendency to corpulence; ***tendência para a bebida*** tendency (proneness, inclination) to drink too much; ***tendência acentuada*** pronounced (tendency, inclination) bent; ***tendência para a alta*** upward drift (tendency); ***tendência para baixar*** downward tendency; ***tendência geral*** general trend

tendencial *adj.* with a tendency to; underlying, subjacent

tendenciosidade *s. f.* tendentiousness

tendencioso *adj.* tendentious, biassed, partial, not impartial

tendente *adj.* tending, prone to, inclined to, apt to
tender Ⓐ *v. intr.* to have a tendency (an inclination) to, to tend, to aim at Ⓑ *v. tr.* to stretch out, to unfold; to shape (to mould) bread; ***tender a massa (do pão)*** to mould bread
tênder *s. m.* tender (of a locomotive)
tendido *adj.* spread out, stretched out, unfolded
tendilha *s. f.* tiny shop, stall
tendilhão *s. m.* camp tent, large tent
tendinoso *adj.* tendinous, tendonous, sinewy, sinewous
tendola *s. f.* shabby (miserable, poor) tent
tenebrário Ⓐ *s. m.* RELIGIÃO chandelier (used in the *Tenebrae*) Ⓑ *adj.* tenebrous
tenebricosidade *s. f.* dimness, obscurity; darkness; disturbance of mind
tenebricoso *adj.* dark, dim, obscure; disturbed in mind, mentally disturbed; tenebricose
tenebrosidade *s. f.* darkness, gloominess, duskiness, shadiness; frightfulness, terribleness, horror
tenebroso *adj.* LITERATURA tenebrous; dark, gloomy, dusky, shady; wicked, felonious, iniquitous, demoniacal; frightful, terrible, horrible
tenência *s. f.* lieutenancy
tenente *s. m.* MILITAR lieutenant; deputy
tenente-coronel *s. m.* lieutenant-colonel
tenente-general *s. m.* lieutenant-general
tenesmo *s. m.* MEDICINA tenesmus
tenesmódico *adj.* MEDICINA tenesmic
ténia *s. f.* ZOOLOGIA taenia, tapeworm
teníase *s. f.* MEDICINA taeniasis
tenífugo *s. m.* MEDICINA taenifuge
tenilha *s. f.* [reg.] striped cotton cloth
tenióide *adj.* ZOOLOGIA taenioid
teniope *adj.* having streaky-coloured eyes
tenióptero *adj.* having streaky-coloured wings or fins
ténis *s. m.* (lawn) tennis; ***bola de ténis*** tennisball; ***recinto de ténis*** tennis-court; ***partida de ténis*** tennis match; ***torneio de ténis*** tennis tournament; ***é um ás a jogar o ténis*** he is a dab at tennis, he is a seeded player at tennis; ***ténis de mesa*** table tennis, ping-pong
tenista *s. m. e f.* tennis-player
tenoísmo *s. m.* obedience of the Japanese to their Emperor
tenopatia *s. f.* MEDICINA tendon disease
tenor *s. m.* MÚSICA tenor; ***voz de tenor*** tenor voice
tenorino *s. m.* MÚSICA tenor's voice with a long acute sound
tenotomia *s. f.* CIRURGIA tenotomy
tenótomo *s. m.* tenotome
tenreira *s. f.* ⇒ **vitela**
tenreiro Ⓐ *s. m.* ⇒ **bezerro, vitelo, novilho** Ⓑ *adj.* ⇒ **tenro**
tenro *adj.* tender, soft, delicate, flimsy, weak, feeble; young; ***de tenra idade*** of tender age, of tender years; ***carne tenra*** tender meat; ***planta tenra*** a tender plant
tenrura *s. f.* softness, tenderness
tensão *s. f.* tension, tenseness, strain, stress; stiffness; effort; ***tensão arterial*** blood-pressure; ***tensão arterial elevada*** high blood-pressure; ELECTRICIDADE ***alta tensão*** high tension; ***de tensão*** tensile; ***tensão máxima*** maximum pressure; ***tensão muscular*** muscular tension
tênsil *adj.* tensile
tensímetro *s. m.* tensimeter
tensioactivo *adj.* FÍSICA, QUÍMICA referring to a substance which, if added to a liquid, diminishes its superficial tension increasing its wetting power
tensivo *adj.* tensive, tensional
tenso *adj.* tense, taut, strained, tight, fully stretched, rigid, stiff; braced up
tensor Ⓐ *s. m.* ANATOMIA tensor (muscle); MATEMÁTICA tensor Ⓑ *adj.* stretching
tensorial *adj.* tenso
tenta *s. f.* CIRURGIA probe; mock fight with newly branded bullocks; ⇒ **tentação**
tentação *s. f.* temptation, attraction, allurement, inducement; ***ceder à tentação*** to yield to temptation
tentaculado *adj.* tentaculate, tentaculated, furnished with tentacles
tentacular *adj.* tentacular
tentaculífero *adj.* ZOOLOGIA tentaculiferous
tentaculiforme *adj.* tentacle-shaped
tentáculo *s. m.* ZOOLOGIA tentacle, feeler (of insects); horn (of a snail)
tentadiço *adj.* tempting; easily tempted
tentador Ⓐ *adj.* tempting, attractive, alluring, enticing, seductive, inviting Ⓑ *s. m.* tempter, the Tempter, the Devil; ***oferta tentadora*** a tempting offer; ***o passeio é tentador, mas não posso ir*** the trip is inviting, but I can't go
tentame *s. m.* attempt, endeavour, effort, go
tentâmen *s. m.* attempt, endeavour, effort, go
tentamento *s. m.* ⇒ **tentativa**; tentação
tentante *adj.* attempting; tempting, attracting
tentar *v. tr. e intr.* to attempt, to try, to essay, to endeavour, to seek; to risk, to venture, to hazard, to tempt, to allure, to attract, to decoy, to lure; to entice; ***tentar obter*** to try for; ***tente fazê-lo!*** try to do it!; ***estou quase tentado a aceitar*** I am almost tempted to accept; ***tentar uma experiência*** to try an experiment, to make an attempt
tentativa *s. f.* attempt, trial, effort, endeavour, essay, experiment, undertaking, enterprise, venture; ***fazer uma tentativa*** to make an attempt; ***tentativa para salvar a vida*** an attempt to save one's life; ***tentativa frustrada*** vain attempt; ***tentativa de assassínio*** attempt at murder
tentativo *adj.* tentative, experimental, essaying, probationary, probative
tenteador *s. m.* essayer, examiner, prober; calculator
tentear *v. tr.* to probe, to sound, to examine, to essay, to explore; to grope one's way; to try, to put to the proof (test); to count with counters, to calculate; to balance, to adjust; ***vai tenteando a vida*** he rubs along as well as he can
tenteio *s. m.* probing, searching; fumbling
tentilhão *s. m.* ORNITOLOGIA finch, chaffinch
tento *s. m.* counter, mark, point (in games), goal (in football); attention, care, caution, heed; sense, wisdom, understanding, judgement
tentório *s. m.* MILITAR tent, pavilion, shed, awning
ténue *adj.* tenuous, fine, slender, thin, subtle, faint, feeble; filmy, flimsy, scanty, scant, meagre
tenuicorne *adj.* tenuihorned
tenuicórneo *adj.* tenuihorned
tenuidade *s. f.* tenuity, thinness, fineness, slenderness, scantness, scantiness, smallness, lightness, flimsiness, subtlety; insignificance
tenuifloro *adj.* tenuiflorous
tenuifoliado *adj.* BOTÂNICA tenuifolious
tenuípede *adj.* ZOOLOGIA tenuipede
tenuipene *adj.* tenuipennate
tenuirrostro *adj.* ZOOLOGIA tenuirostral, slenderbilled
teobromina *s. f.* QUÍMICA theobromine
teobromo *s. m.* BOTÂNICA theobroma
teocal *s. m.* ARQUITECTURA teocalli
teocale *s. m.* ARQUITECTURA teocalli
teocracia *s. f.* theocracy
teocrata *s. m. e f.* theocrat
teocraticismo *s. m.* theocracy
teocrático *adj.* theocratic
teocratização *s. f.* subjecting (subjection) to theocracy
teocratizar *v. tr.* to subject to theocracy
teodiceia *s. f.* theodicy
teodolito *s. m.* theodolite
teofania *s. f.* theophany

teofilantropia *s. f.* theophilanthropy
teofilina *s. f.* theophylline
teofobia *s. f.* theophobia
teófobo *s. m.* theophobist
teogenesia *s. f.* ⇒ **teogonia**
teogonia *s. f.* theogony
teogónico *adj.* theogonic
teogonista *s. m. e f.* theogonist
teologal *adj.* theological
teologastro *s. m.* theologaster
teologia *s. f.* theology
teologicamente *adv.* theologically
teológico *adj.* theological
teologismo *s. m.* theologism
teologizar *v. tr.* to theologize
teólogo *s. m.* theologian
teomancia *s. f.* theomancy
teomania *s. f.* theomania
teomaníaco *adj.* theomaniac
teomante *s. m. e f.* theomancer
teomitia *s. f.* set of ancient myths
teomitologia *s. f.* theomythology; treatise on pagan gods
teomitológico *adj.* theomythologic
teomorfo *adj.* theomorphic
teonímia *s. f.* part of onomasticon concerned with the names of Gods
teónimo *s. m.* name of a divinity
teopsia *s. f.* alleged vision of a divinity
teor *s. m.* tenor, meaning; wording, text; QUÍMICA contents, proportion; ***a carta é do teor seguinte*** the letter runs (reads) as follows; ***teor alcoólico*** alcoholic contents; ***baixo teor de nicotina*** low tar
teorema *s. m.* MATEMÁTICA theorem; ***teorema fundamental*** fundamental theorem
teorético *adj.* theoretic(al)
teoria *s. f.* theory; speculation, surmise, principle, assumption, conjecture; plan, scheme, system; ***isso está tudo muito bem em teoria, mas que dará na prática?*** this is all very well in theory, but how will it work in practice?; ***teoria química*** chemical theory
teórica *s. f.* theoretics
teoricamente *adv.* theoretically, in theory, as a theory
teórico *adj.* theoretic(al), speculative, conjectural, hypothetical
teórico-prático Ⓐ *adj.* theoretical and practical Ⓑ *s. m.* theorist and practitioner
teorismo *s. m.* theorization
teorista *s. m. e f.* theorist, theorizer, speculator, man of abstractions
teorização *s. f.* theorizing, theorization
teorizante *adj.* theorizing, speculating; guessing
teorizar *v. tr. e intr.* to theorize, to form theories, to speculate, to guess
teose *s. f.* deification
teosofia *s. f.* theosophy
teosófico *adj.* theosophic
teosofismo *s. m.* theosophism
teosofista *s. m. e f.* theosophist
teósofo *s. m.* theosophist
tépala *s. f.* BOTÂNICA tepal
tepalóide *adj.* BOTÂNICA referring to a tepal-formed perianth
tepidamente *adv.* tepidly
tepidez *s. f.* tepidity, moderate warmth, lukewarmness
tépido *adj.* tepid, lukewarm
tepor *s. m.* ⇒ **tepidez**
ter Ⓐ *v. tr.* *(possuir)* to have, to have got, to own, to possess, to be in possession of, to hold; *(conter)* to contain, to hold; *(gozar)* to feel, to enjoy; *(receber)* to receive, to get, to obtain; *(dar à luz)* to give birth to; to beget; *(considerar)* to consider, to judge, to think, to hold, to look upon; to keep (animals, etc.) Ⓑ *v. refl.* to keep up; to stand up; to consider oneself; ***ter de*** to have to, to have got to, to be obliged to, to be compelled to, must; ***ir ter com*** to meet, to join, to see; ***ter uma grande fortuna*** to have a large fortune; ***ter um automóvel*** to have a motor-car; ***ter bom êxito*** to turn out well, to be successful; ***ter a culpa*** to be in the wrong, to be to blame, to be one's fault; ***ter a opção*** to have the option; ***ter a firme convicção*** to be firmly convinced; ***ter acesso*** to have admission; ***ter confiança em alguém*** to have confidence in someone; ***ter contrariedades*** to be in trouble; ***ter direito a*** to be entitled to; ***ter em mira (alguma coisa)*** to aim at (something); ***ter força de lei*** to have legal power; ***ter muita prática de*** to have a lot of practice in, to be experienced in; ***ter por norma*** to be one's rule, to make it a rule; ***ter mau fim*** to have an unlucky end; ***ter boa letra*** to have a good hand, to have good handwriting; ***ter suspeitas*** to entertain suspicion; ***ter má reputação*** to be in bad reputation; ***ter motivo para se queixar*** to have reason for complaint; ***ter amigos*** to have friends; ***tenho um amigo*** I've got a friend; ***ter queda para alguma coisa*** to have a bent for something; ***ter a ver com*** to have to do with; ***não ter vergonha na cara*** to have no shame; ***ela tem uns lindos olhos azuis*** she has lovely blue eyes, she's got lovely blue eyes; ***ter mau génio*** to have a bad temper; ***ter o descaramento de dizer*** to have the impudence (pertness or cheek) to say; ***ter uma esperança*** to have hope; ***ter compaixão*** to have mercy, to have compassion; ***ter um ataque de gota*** to have an attack of gout; ***que tenho de fazer?*** what am I to do?; ***tenho de ir ao dentista*** I'll have to go to the dentist's; ***tenho (trago) dinheiro comigo*** I have money about me; ***não tenho dinheiro comigo*** I've got no money about me; ***tenho de fazer o meu trabalho*** I have to do my work, I've got to do my work; ***eles têm de ir hoje*** they have to go today; ***ter que tratar com alguém*** to have to do with someone; ***tenha cuidado no que diz*** take care how you speak, take care what you say; ***eu, de facto, tinha*** I did have; ***ter o coração ao pé da boca*** to wear one's heart on one's sleeve; ***ter que fazer*** to have something to do; ***não ter nada com*** to have nothing to do with; ***ter por princípio*** to make a point of; ***ter por dever*** to make it a point to; ***ter a aprovação de*** to be approved by, to have the blessing of; ***ter boa memória*** to have a good memory; ***ter ciúmes*** to be jealous; ***ter parecenças*** to bear a resemblance; ***ter a bondade de*** to be so kind as to; ***quanto tem ele?*** what is he worth?; ***ele tem dez mil libras de rendimento por ano*** he is worth ten thousand pounds a year; ***aqui me tem em carne e osso*** here I am as large as life; ***tenho qualquer coisa, mas não sei o que é*** something is wrong with me, but I don't know what it is; ***ter falta*** to want, to be in want of, to lack; ***ir ter (dar) a*** to lead to; ***ter por bem*** to allow, to be pleased to; ***ter-se em pé*** to stand; ***ter muita precisão de*** to stand in great need of; ***ter prazer em*** to be glad to, to be delighted to; ***ter muito que fazer*** to be very busy; ***ter por*** to regard as; ***ter o aspecto de*** to look like; ***ter febre*** to be feverish; ***ter calor*** to be hot, to be warm; ***ter frio*** to be cold; ***ter sede*** to be thirsty; ***ter fome*** to be hungry; ***ter dor de dentes*** to have toothache; ***ter dores de cabeça*** to have a headache; ***ter dores de ouvidos*** to have an earache; ***ter sono*** to be sleepy; ***ter receio de*** to be afraid of; ***ter medo*** to fear, to feel fear, to be afraid; ***ter bom apetite*** to have a good appetite; ***ter dedo*** to be skilful; ***ter mão*** to restrain; ***que tens?*** what is the matter with you?, what is up with you?, what's wrong with you?; ***não tenho nada*** there is nothing the matter with me, nothing's wrong with me, nothing in particular; ***ter razão*** to be right; ***ter muita razão*** to be quite right; ***não ter razão*** to be wrong; ***tem-se como um sábio*** he considers himself a wise man; ***ter muita influência*** to be very influential; ***eu tenho 30 anos*** I am 30 years old (of age)
terapeuta *s. m. e f.* therapist; physician
terapêutica *s. f.* therapeutics

terapêutico *adj.* therapeutic(al)
terapia *s. f.* therapy
teratogénese *s. f.* BIOLOGIA ⇒ **teratogenia**
teratogenesia *s. f.* BIOLOGIA ⇒ **teratogenia**
teratogenia *s. f.* BIOLOGIA teratogeny
teratogénico *adj.* BIOLOGIA teratogenic
teratógeno *adj.* BIOLOGIA teratogenic
teratologia *s. f.* BIOLOGIA teratology
teratológico *adj.* BIOLOGIA teratological
teratologista *s. m. e f.* teratologist
teratólogo *s. m.* teratologist
teratoma *s. m.* MEDICINA teratoma, teratoid tumour
térbio *s. m.* QUÍMICA terbium
terça Ⓐ *s. f.* third part; RELIGIÃO tierce; terce; MÚSICA third; Tuesday Ⓑ *adj.* third
terçã Ⓐ *s. f.* MEDICINA tertian, tertian fever Ⓑ *adj.* tertian, recurring every third day
terçado *s. m.* sabre; said of the bread made of three qualities of flour
terçador *s. m.* intercessor, mediator, interceder, peacemaker, go-between
terça-feira *s. f.* Tuesday
terçar Ⓐ *v. tr.* to mix (or to mingle) three things; to divide into three parts; to fence, to practise fencing; to set something diagonally Ⓑ *v. intr.* to intercede, to mediate, to cross swords for, to fight for; ***terçar armas*** to fence, to cross swords
terçaria *s. f.* intercession, mediation
terceira *s. f.* MÚSICA third, tierce; mediatrix, woman who mediates; ***terceira via*** third of exchange
terceiranista *s. m. e f.* third year student, third year undergraduate
terceiro Ⓐ *adj.* third Ⓑ *s. m.* mediator, intercessor, interceder
terceiro-mundismo *s. m.* underdevelopment; third-world poverty
terceiro-mundista *adj.* underdeveloped; third-world
tercenário *s. m.* person who receives the third part of an inheritance
terceto *s. m.* ⌊poét.⌋ triplet, tercet; MÚSICA trio
tércia *s. f.* tierce, terce
terciado *adj.* divided into three; HERÁLDICA tierce, tiercé
terciarão *s. m.* ARQUITECTURA intermediate rib (in Gothic vaulting), tierceron
terciário *adj.* tertiary
tercina *s. f.* MÚSICA triplet
tércio-décimo *adj.* thirteenth
tercionário *s. m., adj.* (person) affected with tertian fever
terciopelo *s. m.* a kind of velvet
terço *s. m.* the third part; string of beads; third part of a rosary; chaplet; MILITAR regiment; NÁUTICA ***terço de verga*** middle part of a yard, sling of a yard; ***rezar o terço*** to tell one's beads
terçogo *s. m.* MEDICINA ⇒ **terçolho**
terçol *s. m.* MEDICINA ⇒ **terçolho**
terçolho *s. m.* MEDICINA sty, stye; ***um terçolho*** a sty(e) in one's eye
terebentina *s. f.* ⇒ **terebintina**
Terebintáceas *s. f. pl.* BOTÂNICA *Terebinthaceae*
terebintina *s. f.* turpentine, terebinthine
terebintinar *v. tr.* to mix (to prepare) with turpentine (terebinthine)
terebinto *s. m.* BOTÂNICA turpentine-tree, terebinth-tree
térebra *s. f.* ZOOLOGIA terebra
terebração *s. f.* terebration, perforating, boring, drilling, piercing
terebrante *adj.* terebrant, boring
terebrar *v. tr.* to terebrate, to bore, to perforate, to drill, to pierce
terebrátula *s. f.* PALEONTOLOGIA lamp shell of the genus *Terebratula*
teredem *s. m.* ZOOLOGIA teredo (*plural* teredines); ship-worm
teredo *s. m.* ZOOLOGIA ⇒ **teredem**
teres *s. m. pl.* riches, possessions, wealth, money, means, property
tereticaude *adj.* tereticaudate
teretiforme *adj.* teretiforme; rounded
teretirrostro *adj.* ZOOLOGIA teretirostrate
tergal *adj.* tergal, dorsal
tergeminado *adj.* tergeminate, thrice-double, having three pair of leaflets
tergémino *adj.* tergeminate, thrice-double, having three pair of leaflets
tergite *s. f.* ZOOLOGIA tergite
tergito *s. m.* ZOOLOGIA ⇒ **tergite**
tergiversação *s. f.* tergiversation, evasion, subterfuge, shifting, veering, vacillation, change of mind
tergiversador Ⓐ *s. m.* tergiversator, shuffler Ⓑ *adj.* tergiversating, shuffling
tergiversante *adj.* tergiversating
tergiversar *v. intr.* to tergiversate, to shuffle, to use subterfuge, to shift, to flinch, to vacillate; to go back on one's word
tergiversatório *adj.* tergiversatory, ambiguous
tergo *s. m.* ZOOLOGIA tergum (*plural* terga)
teríaca *s. f.* ⇒ **teriaga**
teriacal *adj.* theriacal
teriacologia *s. f.* study on poisonous animals
teriaga *s. f.* theriac
teriodontes *s. m. pl.* theriodonts
terlintar *v. intr.* ⇒ **tilintar**
terma *s. f.* ⇒ **térmite**
termal *adj.* thermal, hot, warm; ***águas termais*** thermal waters; ***nascentes de águas termais*** thermal springs, hot springs
termalgia *s. f.* MEDICINA cutaneous pain caused by heat
termalidade *s. f.* quality or state of thermal waters
termalismo *s. m.* science related to the use and exploration of thermal waters
termântico *adj.* exciting; warming
termas *s. f. pl.* watering-place, hot baths (springs), spa; ***ir para as termas*** to go to a spa
termelectricidade *s. f.* thermoelectricity
termeléctrico *adj.* thermoelectric
termestesia *s. f.* thermesthesia; sensibility to heat
termia *s. f.* FÍSICA thermal unit
termião *s. m.* thermion
termiatria *s. f.* part of therapeutics that deals with thermal waters
térmico *adj.* thermic, thermal
termidor *s. m.* HISTÓRIA Termidor
terminação *s. f.* end, ending, conclusion, termination, close, finish; completion; GRAMÁTICA termination; ending of a word; suffix; final sound; ***terminação do prazo*** expiration of the term
terminal Ⓐ *s. m.* ELECTRICIDADE, INFORMÁTICA terminal Ⓑ *adj.* terminal
terminante *adj.* categorical, absolute, positive, decisive, definite; ending, conclusive
terminantemente *adv.* categorically, positively absolutely, decisively, determinedly
terminar Ⓐ *v. tr.* to end, to finish, to terminate, to conclude, to close, to stop, to discontinue, to drop, to bring to an end, to put a stop to, to put an end to, to make an end of, to cut short; to wind up; to limit, to bound Ⓑ *v. intr.* to conclude, to terminate, to end, to cease, to come to an end, to come to a close; to be over; to have an end; ***terminar em ponta*** to taper; ***terminar a licença*** to finish one's leave; ***terminou a minha licença*** my leave is up; ***terminar mal*** to turn out badly; ***terminar uma questão*** to put a stop to litigation

terminativo *adj.* terminative
término *s. m.* terminus (*plural* termini); limit, boundary, landmark
terminologia *s. f.* terminology
terminológico *adj.* terminological
terminologista *s. m. e f.* terminologist
termiónica *s. f.* FÍSICA thermionics
termiónico *adj.* thermionic
termístor *s. m.* thermistor
térmita *s. f.* ⇒ **térmite**
termite *s. f.* METALURGIA thermite
térmite *s. f.* ENTOMOLOGIA termite, white ant
termiteira *s. f.* nest of termites
termiteiro *s. m.* ⇒ **termiteira**
termítico *adj.* (relating to the) termite
termo[1] *s. m.* thermos (bottle, flask, etc.)
termo[2] *s. m.* term, word, name, designation, expression; limit, end; boundary; time limit, period, spell; MATEMÁTICA term; *pl.* manners, behaviour; conditions, terms; DIREITO tenor, stipulation; ***pôr termo a*** to make an end of, to put an end to; ***o justo meio termo*** the golden mean, the happy medium; ***pôr termo às hostilidades (reconciliar-se)*** to bury the hatchet; ***termo técnico*** technological term, technical term; ***termo geográfico*** geographical expression; ***assinar um termo*** to bind oneself, to sign a bond; ***meios termos*** subterfuge, evasion; ***termos correntes*** stock phrases; ***estar em termos*** to be in (due) order; ***não estar em termos de fazer uma coisa*** not to be fit to do something, not to be in a condition to do something; ***meio termo*** compromise; ***termo médio*** average, median
termobarómetro *s. m.* thermobarometer
termocautério *s. m.* thermocautery
termodieléctrico *s. m.* ELECTRICIDADE thermodielectric
termodinâmica *s. f.* thermodynamics
termoelectricidade *s. f.* thermoelectricity
termoeléctrico *adj.* thermoelectric(al)
termófilo *adj.* thermophil, thermophile
termofobia *s. f.* thermophobia
termófobo *s. m.* thermophobe
termóforo *s. m.* thermophore
termogéneo *adj.* thermogenous, thermogenic
termogénese *s. f.* BIOLOGIA thermogenesis
termogenia *s. f.* BIOLOGIA ⇒ **termogénese**
termógrafo *s. m.* thermograph
termograma *s. m.* thermogram
termólise *s. f.* thermolysis
termologia *s. f.* thermology
termológico *adj.* thermological
termomagnético *adj.* thermomagnetic
termomagnetismo *s. m.* thermomagnetism
termomanómetro *s. m.* thermomanometer
termometria *s. f.* thermometry
termométrico *adj.* thermometric(al)
termómetro *s. m.* thermometer; ***termómetro centígrado*** centigrade thermometer; ***termómetro Fahrenheit*** Fahrenheit thermometer; ***termómetro de mercúrio*** mercurial thermometer
termometrógrafo *s. m.* thermometrograph
termomultiplicador *s. m.* thermopile
termonuclear *adj.* thermonuclear
termopar *s. m.* FÍSICA thermocouple
termopilha *s. f.* thermopile
termoplástico *adj.* thermoplastic
termoquímica *s. f.* thermochemistry
termoquímico *adj.* thermochemical
termorresistente *adj.* heat-resistant
termoscopia *s. f.* thermoscopy
termoscópico *adj.* thermoscopic(al)
termoscópio *s. m.* thermoscope
termossifão *s. f.* thermosiphon
termóstato *s. m.* thermostat
termotactismo *s. m.* thermotaxis
termotaxia *s. f.* ⇒ **termotactismo**
termoterapia *s. f.* thermotherapy
termotropismo *s. m.* thermotropism
ternado *adj.* BOTÂNICA ternate (of leaves); arranged in groups of three
ternamente *adv.* tenderly, mildly, gently, softly, kindly, lovingly
ternário *adj.* ternary, ternal, threefold; said of the crystallographic axis showing three times the same aspect when the crystal turns one time around it; MÚSICA ***compasso ternário*** triple proportion
terno Ⓐ *adj.* tender, gentle, mild, affectionate, loving, kind; sympathetic, lenient Ⓑ *s. m.* ternary, triad; three (at cards; die with three spots); ***um coração terno*** a tender heart; ***um olhar terno*** a tender glance
ternura *s. f.* tenderness, affection, love, solicitude, kindness, gentleness; ***ela trata os filhos com grande ternura*** she treats her children with great affection
terolero *s. m.* "terolero" (ancient popular dance); [fig.] rash person
terpeno *s. m.* QUÍMICA terpene
terpina *s. f.* QUÍMICA terpene
terpsicórico *adj.* terpsichorean
terra *s. f.* earth, world, globe; land, soil, ground; shore, coast, land, country, territory, birthplace, motherland, native land; landed property, estate; ***terra de ninguém*** no man's land; ***terra firme*** dry land, mainland; ***terra natal*** birthplace, native land, native place; ***Terra Prometida, Terra da Promissão*** Promised Land; ***Terra Santa*** Holy Land; ***o céu e a terra*** heaven and earth; ***terra fértil*** fertile soil (or ground); ***terra refractária*** refractory clay; ***terra vegetal*** mould; ***terra estéril*** barren ground, barren soil; ***lavrar a terra*** to plough the land; ***saltar em terra*** to come ashore, to land; ***cobrir de terra*** to earth up, to cover with earth; ***lançar por terra*** to throw down, to knock down; ***deitar terra nos olhos de alguém*** to throw dust in a person's eyes; ***terra argilosa*** loam, clayey land (or soil); ***viajar por terra*** to travel by land; ***regresso a terra*** back to the land; ***terra dos vivos*** land of the living; ***possuir terras*** to own land; ***casas e terras*** houses and lands, estates; ***por cima da terra*** above ground; ***sobre a face da terra*** on the face of the earth; ***de que terra é?*** where are you from?; ***na minha terra*** where I come from; ***terra de lavoura*** arable land; ***perder a terra de vista*** to lose sight of land; ***visitar terras longínquas*** to visit far-off lands; NÁUTICA ***fazer-se à terra*** to near the land; ***ir a terra*** to go on shore, to land; ***em terra*** ashore; ***com terra alagada*** aloof; ***à terra*** inshore; ***para a terra*** landward, shoreward; ***terra!*** land ho!; ***cercado de terra*** landlocked
terraço *s. m.* terrace
terracota *s. f.* terra-cotta, hard pottery
terrada *s. f.* heap of earth; light canoe (Asia)
terrádego *s. m.* area occupied by a stall (in a market)
terrádigo *s. m.* ⇒ **terrádego**
terrado *s. m.* terrace; ⇒ **terrádego**
terral *adj.* blowing from the land
terramoto *s. m.* earthquake
terra-nova *s. m. e f.* Newfoundland (dog)
terra-noveiro *adj.* said of the fishing boats going to Newfoundland grounds
terranquim *s. m.* kind of Indian boat
terrantês Ⓐ *adj.* native, natural Ⓑ *s. m.* a kind of grape
terraplanagem *s. f.* ⇒ **terraplenagem**
terraplanar *v. tr.* ⇒ **terraplenar**
terraplenagem *s. f.* levelling of the ground
terraplenar *v. tr.* to level, to make even (ground), to fill with earth; to raise a rampart

terrapleno *s. m.* rampart; levelled ground
terráqueo Ⓐ *adj.* terraqueous Ⓑ *s. m.* earthling
terreal *adj.* terrestrial, earthly; worldly, mundane
terrear *v. intr.* to be thinly sown; to be sparsely covered with vegetation; to look earth-like
terreiro *s. m.* yard, public square; terrace
terrejar *v. intr.* ⇒ **terrear**
terrejola *s. f.* ⇒ **terriola**
terremoto *s. m.* ⇒ **terramoto**
terrenal *adj.* ⇒ **terreal**
terrenho Ⓐ *adj.* ⇒ **terreal** Ⓑ *s. m.* hamlet, small village
terreno Ⓐ *s. m.* ground, soil, piece of ground, site; GEOLOGIA formation Ⓑ *adj.* earthly, terrestrial, mundane, terrene, worldly; ***terreno aurífero*** gold-field; ***terreno alagado*** swamp; ***terreno arenoso*** sandy soil; ***terreno acidentado*** rough ground, uneven ground; ***terreno arável*** arable land; ***terreno cultivado*** tilled ground; ***terreno inculto*** untilled ground; ***terreno inundado*** flooded area; ***terreno pedregoso*** stony ground; ***terrenos para construção*** building sites; ***terreno de um edifício*** ground plot; ***perder terreno*** to give ground, to lose ground; ***ganhar terreno*** to gain ground; ***defender o terreno*** to stand one's ground; ***preparar terreno*** to break ground; ***ceder terreno*** to give way, to yield ground; ***sondar terreno*** to feel one's way
terrento *adj.* ⇒ **terroso**
térreo *adj.* low, even with the ground; ***andar térreo (rés-do-chão)*** [Ingl.] ground floor, [E.U.A.] first floor; ⇒ **terrestre, terroso**
terrestre *adj.* terrestrial, earthy, earthly, mundane, worldly, terrene; ***globo terrestre*** terrestrial globe
terréu *s. m.* waste land
terribilidade *s. f.* terribleness, fearfulness, dreadfulness
terribilíssimo *adj.* most terrible; most dreadful; most frightful
terriço *s. m.* humus, humous ground
terrícola *s. m. e f.* inhabitant of the earth
terrificador *adj.* terrific, terrifying, frightful, fearful, alarming, awe-inspiring, dreadful, appalling, shocking
terrificamente *adv.* terrifically, frightfully, dreadfully, appallingly
terrificante *adj.* terrific, terrifying, frightful, fearful, alarming, awe-inspiring, dreadful, appalling, shocking
terrificar *v. tr.* to terrify, to frighten, to fright, to alarm, to scare, to horrify, to appal, to daunt, to strike with terror, to petrify with terror, to shock
terrífico *adj.* terrific, frightful, fearful, alarming, terrible, appalling, dreadful, awe-inspiring
terrígeno *adj.* terrigenous, earthborn, native of the soil
terrina *s. f.* tureen, terrine
terriola *s. f.* hamlet, small village, small place
terríssono *adj.* frightening (sound)
territorial *adj.* territorial; ***possessões territoriais*** territorial possessions; ***aquisições territoriais*** territorial acquisitions
territorialidade *s. f.* territoriality, territorial rights
territorialmente *adv.* territorially
território *s. m.* territory, land, region, district, area
terrível *adj.* terrible, frightful, dreadful, horrible, shocking, dire, formidable, fearful, terrific, tremendous, appalling, awesome, gruesome, horrid, hideous; ***os sofrimentos terríveis causados pela guerra*** the terrible sufferings caused by war; ***um calor terrível*** (a) terrible heat; ***uma maçada terrível*** a terrible bore
terrivelmente *adv.* terribly, dreadfully, horribly, formidably, awfully, tremendously, appallingly; [coloq.] excessively, extremely, severely
terrívomo *adj.* expelling earth
terroada *s. f.* clods; blow with a clod
terrola *s. f.* ⇒ **terriola**
terror *s. m.* terror, horror, dismay, dread, fright, alarm, fear, panic, awe
terrorífico *adj.* ⇒ **terrífico**
terrorismo *s. m.* terrorism, state of terror, reign of terror
terrorista *s. m. e f.* terrorist, panic-monger
terrorizar *v. tr.* to terrify, to fill (to strike, to petrify) with terror, to alarm, to frighten, to fright, to scare, to horrify, to appal, to daunt, to dismay
terroso *adj.* earthy, earth-coloured; dull (of colours); cadaverous (of the countenance), sallow
terrulento *adj.* earthy, earth-coloured; dull (of colours); cadaverous (of the countenance), sallow
terso *adj.* terse, clear, neat, concise (style); polished, bright, smooth
tersol *s. m.* priest's towel (napkin)
tertúlia *s. f.* club; literary assembly; family party
tesamente *adv.* stiffly, rigidly, firmly, tautly, wirily
tesão *s. m.* tension, rigidity; severity; rabdiness; turn-on; [vulg.] hard-on
tesar *v. tr.* to stiffen, to stretch, to make taut; NÁUTICA to haul up, to run in the slack; ***tesar cabo*** to tauten a rope
tese *s. f.* thesis (*plural* theses); proposition; dissertation
tesidão *s. f.* stiffness; austerity; vanity, pride; vigour, wiriness
tesmóteta *s. m.* thesmothete
teso Ⓐ *adj.* stiff, hard, firm, inflexible, stubborn; tough; tight, taut; strong, vigorous; courageous, brave, valiant; starched, stiff; broke (money) Ⓑ *s. m.* steep hill, steep; ***teso como um pau*** as stiff as a poker; ***é um homem teso e às direitas*** he is an upright and straightforward man; NÁUTICA ***cabo teso*** stiff rope, taut rope; [fam.] ***estar teso*** to be penniless, to be stone-broke
tesoira *s. f.* ⇒ **tesoura**
tesoirada *s. f.* ⇒ **tesourada**
tesoirar *v. tr.* ⇒ **tesourar**
tesoiro *s. m.* ⇒ **tesouro**
tesoura *s. f.* scissors, a pair of scissors; shears, clippers; [fig.] detractor, backbiter; ***boa tesoura*** good cutter; ***tesoura de podar*** pruning-shears; ***tesoura de vindimar*** grape shears; ***tesoura para chapas*** plate-shearing machine; ***tesoura para recortes*** cutting-out scissors; ***uma tesoura de unhas*** a pair of nail scissors; ***tesoura mecânica*** shearing-machine; ***tesoura de jardim*** shears; ***onde está a minha tesoura?*** where are my scissors?
tesourada *s. f.* cut (clip) with scissors; [fig.] backbiting, calumny
tesourar *v. tr.* to cut with scissors; to shear, to clip; [fig.] to backbite, to speak evil of someone (in his absence), to calumniate
tesouraria *s. f.* treasury; treasurer's office; treasurership
tesoureiro *s. m.* treasurer; ***tesoureiro da universidade ou do liceu*** secretary, registrar, bursar
tesouro *s. m.* treasure, wealth, riches; exchequer, treasury, the Treasury, public purse; [fig.] darling, love, dear, dear one; ***tesouro achado*** treasure-trove; ***esta pequena é um verdadeiro tesouro*** this girl is a perfect treasure; ***perda para o tesouro*** loss to the treasury (revenue); ***bilhetes do Tesouro*** treasury bills; ***meu tesouro! (meu amor querido!)*** my treasure!, my precious!
tessálico *adj.* Thessalian
tessálio *s. m., adj.* Thessalian
tessalonicense *s. m. e f., adj.* Thessalonian
tessela *s. f.* tessera (*plural* tesserae)
tesselário *s. m.* mosaicist; dice maker
téssera *s. f.* tessera
tessitura *s. f.* MÚSICA tessitura, compass, range (of voice or instrument)
testa *s. f.* forehead; brow; front, forepart, head; ***estar à testa de*** to be at the head of; ***pôr-se à testa de*** to put oneself at the head of; NÁUTICA ***testa de esquadra*** lead of fleet squadron, leading vessel
testaça *s. f.* [pop.] large forehead

testaceiforme *adj.* shaped like a shell, shell-like
testáceo *adj.* ZOOLOGIA testaceous, testacean; pertaining to the *Testacea*
testaceografia *s. f.* testaceography
testaceologia *s. f.* testaceology
testaçudo *adj.* headstrong, self-willed, wilful, obstinate, stubborn
testada *s. f.* road in front of a building; ***varrer a sua testada*** to decline all responsibility, to wash one's hands of a thing
testa-de-ferro *s. m.* figurehead; dummy
testador *s. m.* testator, bequeather
testadora *s. f.* testatrix
testamental *adj.* testamental, testamentary
testamentaria *s. f.* office of the executor of a will
testamentário Ⓐ *adj.* testamentary, testamental Ⓑ *s. m.* heir by will, legatee
testamenteiro *s. m.* executor of a will
testamento *s. m.* will, last will and testament, testament; ***fazer testamento*** to make a will; ***ele não fez testamento*** he made no will; ***testamento feito perante o notário*** will executed before a notary; ***abertura de um testamento*** reading of a will; ***lembrar-se de alguém no testamento*** to remember a person in one's will; ***o último testamento*** one's last will and testament; ***o Velho e o Novo Testamento*** the Old and the New Testament; ***morrer sem testamento*** to die intestate
testante Ⓐ *s. m. e f.* testator Ⓑ *adj.* bequeathing; witnessing
testar Ⓐ *v. intr.* to make one's will Ⓑ *v. tr.* to bequeath, to leave, to demise, to give by will; to witness, to testify, to declare, to give evidence; to test
teste *s. m.* test, examination; trial; DIREITO witness
testeira *s. f.* front, forepart, frontage; headstall (of a harness); head-band (of a nun)
testeiro *adj.* facing, opposite
testemunha *s. f.* witness; deponent, testifier, eye-witness, bystander, onlooker, spectator; ***testemunha ocular*** eye-witness; ***testemunha de ouvido*** auricular witness; ***testemunha idónea*** able witness; ***testemunha de defesa*** witness for the defence, defendant's witness; ***testemunha de acusação*** witness for the prosecution; ***no banco das testemunhas*** in the witness-box
testemunhadeira Ⓐ *s. f.* telltale, tale-bearer, tattler Ⓑ *adj.* testifying, witnessing
testemunhador Ⓐ *s. m.* witness Ⓑ *adj.* bearing witness, testifying, witnessing
testemunhal *adj.* testimonial
testemunhar Ⓐ *v. tr.* to witness, to testify, to prove, to depose, to show Ⓑ *v. intr.* to give evidence, to bear witness, to serve as witness; ***testemunhar afeição*** to show affection; ***testemunhar confiança*** to show confidence
testemunhável *adj.* testifying, witnessing; believable, credible
testemunho *s. m.* testimony, evidence, proof; statement, witness, ground of belief; ***dar testemunho*** to give evidence; ***em testemunho de*** in witness of, as proof of; ***testemunho de causa criminal*** evidence in crown case; ***testemunho de um réu contra os seus cúmplices*** king's evidence
testico *s. m.* each of the head-pieces of a carpenter's saw
testicondo *adj.* said of the horse whose testicles are not in sight
testicular *adj.* ANATOMIA testicular, testiculate
testículo *s. m.* testicle
testificação *s. f.* testification, evidence, testified statement, testifying; ⇒ **testemunho**
testificador Ⓐ *adj.* testifying Ⓑ *s. m.* testifier
testificante Ⓐ *adj.* testifying Ⓑ *s. m. e f.* testifier
testificar *v. tr.* to testify, to affirm, to assure, to make a solemn declaration, to declare, to give evidence
testilha *s. f.* quarrel, dispute, brawl, fray, contention, tiff, wrangle, contest, broil, jar, breach, fight, discord, bickering
testilhante *adj.* quarreling, disputing, contending, wrangling
testilhar *v. intr.* to quarrel, to dispute, to fight, to wrangle, to squabble, to bicker, to brawl, to spar, to clash, to jar
testilho *s. m.* top of a box
testo[1] *adj.* firm, steady, stubborn, resolute, constant, staunch, steadfast, stable, unwavering
testo[2] *s. m.* cover, lid
testosterona *s. f.* testosterone
testudaço *adj.* obstinate, stubborn, mulish, heady, headstrong
testudo *adj.* large-headed; [fig.] headstrong, stubborn, obstinate, dogged, mulish, wilful, heady
tesura *s. f.* stiffness, firmness, rigour, inflexibility, rigidity; toughness; vanity, pride
teta[1] *s. m.* theta (the eighth letter of the Greek alphabet, o)
teta[2] *s. f.* teat, nipple, tit
tetania *s. f.* MEDICINA tetany
tetânico *adj.* connected with tetanus
tetaniforme *adj.* like tetanus
tetanização *s. f.* tetanization
tetanizar *v. tr.* to tetanize
tétano *s. m.* MEDICINA tetanus, lock-jaw
teteia *s. f.* trinket, toy, babble, knick-knack, trifle (for children)
tetérrimo *adj.* hideous, shocking, very ugly
tetim *s. m.* plaster made of brick powder, lime and olive oil
tetina *s. f.* nipple, teat of a nursing-bottle
teto *s. m.* nipple, teat
Tetrabranquiados *s. m. pl.* ICTIOLOGIA *Tetrabranchiata*
tetra-carpo *adj.* BOTÂNICA bearing four fruits
tetracorde *adj.* ⇒ **tetracordo**
tetracórdio *s. m.* tetrachord
tetracordo *adj.* MÚSICA tetrachord
tetracromia *s. f.* four-colour composition
tétrada *s. f.* BOTÂNICA tetrad
tetradactilia *s. f.* tetradactyl
tetradáctilo *adj.* ZOOLOGIA tetradactyl; tetradactylous
tetraédrico *adj.* GEOMETRIA tetrahedral
tetraedro *s. m.* GEOMETRIA tetrahedron
tetrafilo *adj.* tetraphyllous
tetrágino *adj.* tetragynous
tetragonal *adj.* MINERALOGIA tetragonal
tetrágono Ⓐ *adj.* GEOMETRIA tetragonal Ⓑ *s. m.* tetragon
tetragrama *s. m.* tetragram
tetralogia *s. f.* tetralogy
tetrâmere *adj.* tetrameral, tetramerous
tetrâmero *adj.* tetrameral, tetramerous
tetramétrico *adj.* tetrametric
tetrâmetro *s. m.* tetrameter
tetrandria *s. f.* tetrandria
tetrandro *adj.* BOTÂNICA tetrandrous
tetraneto *s. m.* great-great-great-grandson
tetrapétalo *adj.* BOTÂNICA tetrapetalous
tetraplegia *s. f.* tetraplegia, quadriplegia
tetraplégico *s. m., adj.* tetraplegic, quadriplegic
tetrápode *adj.* ZOOLOGIA tetrapodic
tetráptero *adj.* ZOOLOGIA, BOTÂNICA tetrapterous
tetraquénio *s. m.* BOTÂNICA fruit composed of four achenes
tetrarca *s. m.* tetrarch
tetrarcado *s. m.* tetrarchate
tetrarquia *s. f.* tetrarchy
tetraspermo *adj.* BOTÂNICA tetraspermal, tetraspermous
tetrasporângio *s. m.* BOTÂNICA tetrasporangium
tetrásporo *s. m.* BOTÂNICA tetraspore
tetrassépalo *adj.* BOTÂNICA tetrasepalous

tetrassilábico *adj.* tetrasyllabic(al)
tetrassílabo Ⓐ *s. m.* tetrasyllable Ⓑ *adj.* tetrasyllabic
tetrástico Ⓐ *adj.* tetrastichal Ⓑ *s. m.* tetrastich
tetrastilo *s. m.* ARQUITECTURA tetrastyle
tetratómico *adj.* tetratomic
tetravalente *adj.* tetravalent
tetravó *s. f.* great-great-great-grandmother
tetravô *s. m.* great-great-great-grandfather
tetraz *s. m.* ZOOLOGIA black grouse
tetricidade *s. f.* sadness, gloominess; sternness
tétrico *adj.* horrible, frightful, direful, dreadful, dreary, gloomy, mournful, awful, gruesome
tetro *adj.* black, dark, gloomy, dismal, horrible
tétrodo *s. m.* ELECTRICIDADE tetrode
tetroftalmo *adj.* having four eyes
tetudo *adj.* having a large breast
tétum *s. m.* language spoken by the large majority of Timor people
teu Ⓐ *adj. poss.* your; [poét.] thy Ⓑ *pron. poss.* yours; [poét.] thine; *pl.* your people, your family; ***os teus*** your own relations, your family, your people; ***o teu (próprio)*** your own; ***tudo o que tenho é teu*** whatever I have is yours
teúba *s. f.* small yellow bee
teucrieta *s. f.* speedwell (veronica)
teucro *s. m., adj.* ⇒ **troiano**
teurgia *s. f.* theurgy, divine work, miracle; sorcery, magic
teúrgico *adj.* theurgic(al)
teurgismo *s. m.* theurgy
teurgista *s. m. e f.* theurgist
teurgo *s. m.* theurgist
teutão *s. m.* Teuton
teutomania *s. f.* Teutomania
teutónico *adj.* Teutonic
teutonismo *s. m.* Teutonism
teutonista *s. m. e f.* Teutonist
textiforme *adj.* net-like
têxtil *adj.* textile, woven
texto *s. m.* text; wording, words; theme, subject; ***texto original*** original text; ***texto revisto*** revised text; ***o texto diz assim*** the text reads thus
textório *adj.* textorial
textual *adj.* textual, textuary, literal, word for word
textualista *s. m. e f.* textualist
textualmente *adv.* textually
textuário *s. m.* text-book, textuary
textura *s. f.* texture, (woven) fabric; structure, arrangement; ***textura granulosa*** granulose texture
texturação *s. f.* texture, (woven) fabric; structure, arrangement
texturar *v. tr.* to texture
texugo *s. m.* ZOOLOGIA badger
tez *s. f.* complexion, natural colour; skin, cutis, epidermis; ***tez clara*** fair complexion; ***tez rosada*** rosy complexion
ti *pron. pess.* you; PROSÓDIA [poét.] thee
tia *s. f.* aunt; [pop.] old maid
tia-avó *s. f.* great-aunt, grandaunt
tiara *s. f.* tiara; [fig.] papal dignity; ***tiara pontifical*** triple crown, triplet
tibetano *s. m., adj.* Tibetan
tíbia *s. f.* ANATOMIA tibia, shin-bone; flute, life
tibial *adj.* tibial
tibiez *s. f.* ⇒ **tibieza**
tibieza *s. f.* lukewarmness, indifference, remissness, slowness; slackness
tíbio *adj.* tepid, lukewarm; [fig.] indifferent, torpid, phlegmatic, listless, slack, slow
tibiotarsiano *adj.* ⇒ **tibiotársico**
tibiotársico *adj.* tibiotarsal
tibornice *s. f.* [pop.] hodgepodge
tição *s. m.* firebrand, brand, piece of burning wood; [fig.] a very dark person, swarthy person; ***negro como um tição*** as dark as pitch
tico *s. m.* tic, twitch; MEDICINA ***tico doloroso de face*** trigemical neuralgia; ***tico nervoso*** nervous tic
tiçoada *s. f.* stroke of a firebrand
tiçoeiro *s. m.* poker
tiçonado *adj.* burned, scorched
ticotico *s. m.* crown sparrow
ticum *s. m.* sort of special linen for net making
ticuna *s. f.* curare, curari
tifa *s. f.* BOTÂNICA flag, cat's-tail
tifão *s. m.* non-stratified ground
tífico *adj.* MEDICINA typhous
tifismo *s. m.* typhous nature of certain fevers
tiflectomia *s. f.* CIRURGIA appendicectomy, appendectomy
tiflite *s. f.* MEDICINA typhlitis
tiflografia *s. f.* typhlography
tiflógrafo *s. m.* typhlograph
tiflologia *s. f.* typhlology
tiflológico *adj.* typhlologic
tiflólogo *s. m.* typhlologist
tiflostomia *s. f.* typhlostomy
tiflotomia *s. f.* CIRURGIA caecum section
tifo *s. m.* MEDICINA typhus, typhoid fever; ***tifo exantemático*** typhus fever, typhus exanthemicus
tifobacilose *s. f.* typhobacillosis
tifóide *adj.* typhoid; ***febre tifóide*** typhoid fever, enteric fever
tifóideo *adj.* typhoid
tifomania *s. f.* typhomania
tifoso Ⓐ *adj.* typhous Ⓑ *s. m.* person affected by typhus
tigela *s. f.* bowl, basin
tigelada *s. f.* bowlful
tigelinha *s. f.* small bowl; illumination-lamp
tigmotáctico *adj.* thigmotactic
tigmotactismo *s. m.* thigmotaxis
tigmotrópico *adj.* thigmotropic
tigmotropismo *s. m.* thigmotropism
tigrado *adj.* striped like a tiger; tigerlike
tigre *s. m.* ZOOLOGIA tiger; (female) tigress; ***rugir como um tigre*** to roar like a tiger
tigrino *adj.* tig(e)rish, fierce, cruel, rapacious, bloodthirsty; ***lírio tigrino*** tiger-lily
tigróide *adj.* tigerlike
tijolada *s. f.* lot (number) of bricks; hit with a brick
tijolaria *s. f.* brick-field; ⇒ **tijolada**
tijoleira *s. f.* large brick
tijoleiro *s. m.* brick-maker; bricklayer
tijolo *s. m.* brick; ***fabrico de tijolos*** brickmaking; ***obra de tijolos*** brickwork; ***tijolo refractário*** fire-brick, kiln-brick; ***tijolo vidrado*** glazed brick
til *s. m.* til, tilde
tílburi *s. m.* tilbury
tilha *s. f.* NÁUTICA cuddy, monkey forecastle
tília *s. f.* BOTÂNICA linden, lime-tree
Tiliáceas *s. f. pl.* BOTÂNICA *Tiliaceae* plants
tilintada *s. f.* tinkling, tinkle, jingle, jingling, clinking, ringing
tilintante *adj.* tinkling, jingling, clinking, ringing
tilintar *v. intr.* to clink, to chink, to jingle, to tinkle; ***o tilintar dos copos na mesa*** the clinking of the glasses on the table
tilo *s. m.* ⇒ **tilose**
tiloma *s. m.* MEDICINA tyloma, corns, callus
tilose *s. f.* tylosis, callosity
timão *s. m.* beam (of a plough); pole (of a coach); NÁUTICA tiller (of a rudder); [fig.] helm, command, direction
timbale *s. m.* kettledrum, timbal, tymbal; atabal
timbalear *v. intr.* to play the kettledrum

timbaleiro *s. m.* kettle-drummer
timbaúba *s. f.* a timber tree
timbaúva *s. f.* ⇒ **timbaúba**
timbó *s. m.* woody vine
timbrado *adj.* stamped, sealed, marked; toned, musical
timbrador *s. m.* stamper
timbragem *s. f.* stamping
timbrar Ⓐ *v. tr.* to stamp Ⓑ *v. intr.* to take a pride in, to pride oneself on
timbre *s. m.* HERÁLDICA crest, emblem; stamp, mark; timbre, timbrel; tone (of musical sound, or of a human voice); [fig.] point of honour
timbroso *adj.* capricious, nice in points of honour; having timbre
timbu *s. m.* ⇒ **sarigueia**
timburi *s. m.* ⇒ **tamborim**
timectomia *s. f.* CIRURGIA thymectomy
timia *s. f.* humour, mood
timiatecnia *s. f.* the art of making perfumes
tímico *adj.* thymic
timidamente *adv.* timidly, shyly
timidez *s. f.* timidity, fear, shyness, coyness, diffidence; nervousness, fearfulness, faint-heartedness, timorousness, cowardice, pusillanimity
tímido *adj.* timid, shy, diffident, poor-spirited, bashful, fearing, faint-hearted, chicken-hearted, timorous, fearful, skittish, afraid, cowardly, pusillanimous
timo *s. m.* ANATOMIA thymus; BOTÂNICA thyme
timocracia *s. f.* timocracy
timocrata *s. m. e f.* adept of timocracy
timocrático *adj.* timocratic(al)
timol *s. m.* QUÍMICA thymol
timonar *v. tr.* to steer, to pilot, to guide, to direct, to govern
timoneiro *s. m.* helmsman, steersman, coxswain; quartermaster; [fig.] leader, guide, director; ***timoneiro ao leme*** the man at the helm (wheel)
timopatia *s. f.* thymopathy
timopsiquia *s. f.* set of afective functions
timorato *adj.* timorous, faint-hearted, timid, fearful, scrupulous; ⇒ **tímido**
timorense Ⓐ *s. m. e f.* native of Timor Ⓑ *adj.* referring to Timor
timpanal *adj.* tympanic
timpanectomia *s. f.* CIRURGIA surgical excision of the tympanum
timpânico *adj.* ⇒ **timpanal**
timpanilho *s. m.* inner tympan (of a printing-press)
timpanismo *s. m.* MEDICINA ⇒ **timpanite**
timpanite *s. f.* MEDICINA tympanites
timpanização *s. f.* affection of the tympanum; ⇒ **timpanite**
timpanizar *v. tr.* to cause tympanites, to affect with tympanites
tímpano *s. m.* ANATOMIA tympanum, tympanic membrane, ear-drum; tympan (of a printing-press); ARQUITECTURA tympanum; scoop-wheel (for raising water from a stream)
timpanoplastia *s. f.* CIRURGIA surgical repair of the tympanum
tina *s. f.* tub, wooden vessel, vat; bath; ***tina para lavar o ouro*** sluice-box; NÁUTICA ***tina do lixo*** scran-bag
tinada *s. f.* tubful, vatful
tinalha *s. f.* vintage-tub
Tinâmidas *s. m. pl.* ⇒ **Tinamídeos**
Tinamídeos *s. m. pl.* *Tinamidae*, family of birds of the genus *Tinamus*
tinca *s. f.* tench (freshwater fish)
tincal *s. m.* tincal, tincar, crude borax
tincaleira *s. f.* tincal container, tincal box
tinção *s. f.* dye, tincture
tineleiro *s. m.* keeper of a servant's dining-room; one who eats in a servants' dining-room
tinelo *s. m.* servants' dining-room
tineta *s. f.* [fam.] whim, fancy, caprice; ***dar na tineta*** to take it into one's head, to have an urge
tingidor Ⓐ *s. m.* dyer Ⓑ *adj.* dyeing
tingidura *s. f.* dyeing, tinting
tingir Ⓐ *v. tr.* to dye, to colour, to tinge, to colour slightly, to tint, to imbue; ***tingir um fato*** to dye a suit Ⓑ *v. refl.* to blush
tingitano Ⓐ *s. m.* Tangerine, inhabitant of Tangier Ⓑ *adj.* Tangerine, of Tangier
tingui *s. m.* BOTÂNICA tingui (Brazilian plants)
tinguijada *s. f.* fishing with tingui
tinguijar *v. tr.* to poison fish with tingui
tinha *s. f.* MEDICINA scurf, scab, ringworm, tinea (ringworm)
tinhorão *s. m.* BOTÂNICA caladium
tinhoso *adj.* scurfy, scabby
tinido *s. m.* tinkling, jingling, clink, ringing sound
tinidor Ⓐ *s. m.* object that tinkles Ⓑ *adj.* tinkling, ringing, jingling
tininte *adj.* tinkling, clinking, jingling, ringing
tinir *v. intr.* to tinkle, to clink, to jingle, to ring, to chink, to tingle; to clatter; [pop.] to shiver (with cold or fear); [fam.] ***estar (andar) a tinir*** to be penniless, to be stone-broke
tino *s. m.* judgement, sense, brains; prudence, caution, common sense, wisdom; ***perder o tino*** to lose one's wits; ***perder o tino de*** not to know where a thing is placed; ***dar tino*** to notice, to take notice, to mind; ***sem tino*** foolishly
tinote *s. m.* small tub; [pop.] the brains
tinta *s. f.* ink (fluid used in writing, printing, etc.); paint (for painting); tincture (used for the field on emblazoned shields); tint, colour, dye; hue, shade; ***tinta de preparo*** priming paint; ***tinta de impressão*** printer's ink; ***tinta para fotogravura*** etching ink; ***tinta mate*** mat ink, non-gloss ink; ***tintas brilhantes*** glossy inks; ***tinta de esmalte*** enamel paint; ***caixa de tintas*** paint-box; ***tinta de escrever*** ink; ***tinta de aguarela*** water-colour; ***tinta em pasta*** tablet of paint (colour); ***sem tinta*** inkless; ***borrão de tinta*** a blot (of ink); ***frasco de tinta*** ink-bottle; ***lápis de tinta*** ink-pencil; ***tinta de copiar*** copying-ink
tinta-da-china *s. f.* Indian ink
tinteiro *s. m.* inkpot, inkstand; [fig.] ***deixar no tinteiro*** to omit to say, to forget designedly
tintim [elem. de loc. adv.] ***tintim por tintim*** minutely, in detail, in full detail, in all particulars, item by item; ***explicar tudo tintim por tintim*** to give chapter and verse
tintinabular *v. tr.* to play with a tintinnabulum
tintinábulo *s. m.* tintinnabulum, small tinkling bell
tintinante *adj.* ⇒ **tilintante**
tintinar *v. intr.* ⇒ **tilintar**
tintinir *v. intr.* ⇒ **tilintar**
tinto *adj.* dyed, tinged; stained, soiled; ***vinho tinto*** red wine
tintorial *adj.* tinctorial; colouring
tintório *adj.* dye-producing; ⇒ **tintorial**
tintura *s. f.* dyeing; dye; FARMACOLOGIA tincture; *pl.* traces, smattering; ***tintura de iodo*** (tincture of) iodine
tinturaria *s. f.* dyer's (shop); dye-house; dye-works; cleaner's (shop)
tintureira *s. f.* woman-dyer; [Bras.] tree the seedpods of which are used for dyeing
tintureiro Ⓐ *s. m.* dyer; cleaner Ⓑ *adj.* dyeing, fit to dye; ***plantas tintureiras*** dye-plants
tio *s. m.* uncle
tio-avô *s. m.* great-uncle
tiobactéria *s. f.* thiobacteria
tiol *s. m.* thiol
tiónico *adj.* QUÍMICA thionic

tionina *s. f.* QUÍMICA thionine
tiorba *s. f.* MÚSICA theorbo
tiorga *s. f.* [Bras.] drunkenness
tiossulfato *s. m.* QUÍMICA thiosulphate
tiossulfúrico *adj.* QUÍMICA thiosulphuric
tipicamente *adv.* typically
típico *adj.* typical, representative, symbolic, emblematic
tipificação *s. f.* typification
tipificado *adj.* typified, stereotyped
tipificar *v. tr.* to typify; to render typical
tipiti *s. m.* [Bras.] tipiti
tiple *s. m. e f.* MÚSICA treble, soprano
tipo *s. m.* type, pattern, model; class, sort, kind, variety; prototype, standard; [fam.] chap, fellow, bloke; TIPOGRAFIA ***fundição de tipos*** type foundry; ***fundidor de tipos (de imprensa)*** type-founder; ***tipo de papel*** kind of paper; ***tipo de padrão*** standard type; ***tipo de letra*** type; ***tipos de cores diversas*** two-colour letters; ***tipo de navio*** class of ship; ***tipo de casas*** type of houses
tipocromia *s. f.* colour printing
tipografar *v. tr.* to print
tipografia *s. f.* printing-office, printing plant; typography, (art of) printing
tipograficamente *adv.* typographically
tipográfico *adj.* typographic(al); ***prova tipográfica*** press-proof; ***revisor de provas tipográficas*** proof-reader
tipógrafo *s. m.* printer, setter, typesetter; ***tipógrafo-compositor*** typographer, compositor, type-setter
tipóia *s. f.* hammock; cab, carriage; wench, strumpet
tipologia *s. f.* typology
tipometria *s. f.* TIPOGRAFIA typometry
tipómetro *s. m.* typometer
tipotelegrafia *s. f.* typotelegraphy, printing telegraphy
tipótono *s. m.* ⇒ **diapasão**
tiptologia *s. f.* typtology; spiritism
tiptólogo *s. m.* typtologist
tipu *s. m.* Brazilian tree producing good wood
tipuana *s. f.* ⇒ **tipu**
típula *s. f.* tipula (*plural* tipula ou tipulae)
tique *s. m.* tic, twitch, twitching; bad habit; idiosyncrasy; ***tique nervoso*** nervous tic
tiquetaque *s. m.* tick-tack, ticking (of a clock or watch); pit-a-pat, palpitation (of the heart)
tiquetaquear *v. intr.* to tick, to click, to beat, to tap
tiquetique *s. m.* ⇒ **tiquetaque**
tira *s. f.* strip, stripe, strap, ribbon, band; ***tira de pano*** strip of cloth; ***tira de papel*** strip of paper; ***fazer em tiras*** to tear to pieces, to tear into strips
tira-bragal *s. f.* truss; MEDICINA padded belt
tiração *s. f.* removing, taking; extraction, drawing out, pulling out
tiracolo *s. m.* shoulder-belt, baldric; ***a tiracolo*** cross-wise, slung from the shoulder
tirada *s. f.* long walk, stretch, extent; long speech, tirade; ***de uma tirada*** at a stretch; ***é uma tirada até à igreja*** it is a (long) stretch to the church
tiradeira *s. f.* strap, strip of leather
tiradoira *s. f.* ⇒ **tiradoura**
tirador *s. m.* drawer; TIPOGRAFIA pressman; NÁUTICA tackle fall
tiradoura *s. f.* beam of a cart (or plough)
tiradura *s. f.* removing, taking
tira-dúvidas *s. m.* he who (or that which) removes doubts, he who (or that which) resolves a question
tira-flor *s. f.* skimmer
tira-fundo *s. m.* large auger
tiragem *s. f.* drawing, pulling, hauling, draught; (post-office) collection (of letters); TIPOGRAFIA edition (of newspaper), issue, output, circulation, print run; TIPOGRAFIA ***tiragem de provas*** pulling proofs; NÁUTICA ***tiragem de fornalha*** draught of a furnace; ***tiragem forçada*** forced draught; ***tiragem natural*** natural draught; ***tiragem de ar*** air draught; ***fazer a tiragem de*** to get out books; ***a tiragem do livro foi de dez mil exemplares*** this edition of the book was of ten thousand copies; ***tiragem de correspondência*** collection of letters
tira-leite *s. m.* milker, milking machine
tira-linhas *s. m.* drawing-pen; ruling-pen
tiramento *s. m.* ⇒ **tiragem**
tirana *s. f.* tyranness, shrewish wife; tirana (a sort of fandango)
tiranete *s. m.* petty tyrant; imp, mischievous child
tirania *s. f.* tyranny, despotism, oppressive rule, absolutism, autocracy
tiranicida *s. m. e f.* tyrannicide
tiranicídio *s. m.* tyrannicide
tirânico *adj.* tyrannic(al), despotic, oppressive, cruel
tiranismo *s. m.* ⇒ **sadismo**
tiranizador Ⓐ *s. m.* tyrant Ⓑ *adj.* tyrannical, despotic
tiranizar *v. tr.* to tyrannize over, to play the tyrant, to rule despotically, to oppress
tirano Ⓐ *s. m.* tyrant, autocrat, despot, oppressor Ⓑ *adj.* tyrannical, despotic, cruel
tira-nódoas *s. m.* stain-remover
tirante Ⓐ *s. m.* beam, strap, gear; MECÂNICA brace collar-piece; NÁUTICA rod, stay, strut, tie-rod; ARQUITECTURA architrave, trussed beam Ⓑ *adj.* drawing, pulling Ⓒ *prep.* save, except; ***tirante a amarelo*** yellowish; NÁUTICA ***tirante de mudança de marcha*** reversing link; ***tirante de manivela*** connecting-rod of handle; ***tirante invertido*** return connecting-rod
tirão *s. m.* pull, haul, tug, jerk; long way, stretch, long walk
tira-olhos *s. m.* ZOOLOGIA dragon-fly
tirapé *s. m.* shoemaker's stirrup
tirar Ⓐ *v. tr.* to draw, to draw forth, to pull, to drag; to take out, to draw out, to extract, to derive; to remove, to take away, to take off; TIPOGRAFIA to print, to get off (out); to infer, to deduce; to make a discount, to give a discount Ⓑ *v. intr.* to resemble, to bear likeness to, to look like, to be like Ⓒ *v. refl.* to get rid of, to free oneself; to get away, to get off; ***tirar nódoas*** to remove stains; ***tirar o casaco*** to remove one's coat, to take off one's coat; ***tirar uma fotografia*** to take a photograph of, to have one's photograph taken; ***tirar todas as dúvidas*** to remove all doubts; ***tirar uma dificuldade*** to remove a difficulty; ***tirar proveito de*** to derive profit from, to profit from; ***tirar o chapéu*** to remove one's hat, to take off one's hat, to lift one's hat; ***tirar a limpo*** to make a fair copy of, to find out; ***tirar à sorte*** to draw lots; ***tirar uma conta*** to draw up an account; ***tirar lucro*** to draw a profit; ***tirar um molde*** to draw a pattern, to make a pattern; ***tirar a um para pagar a outro*** to rob Peter to pay Paul; ***tirar informações*** to make inquiries; ***tirar grande proveito e prazer*** to derive much profit and pleasure, to get much profit and pleasure; ***tirar um dente*** to have a tooth extracted, to have a tooth pulled; ***tirar uma amostra*** to sample, to take a sample of; ***tirar licença*** to get a license; ***tirar alguém de apuros*** to free someone from difficulties; TIPOGRAFIA ***tirar provas em granéis*** to pull galley-proofs; ***tirar uma prova*** to make a proof; ***tirar provas (tipográficas)*** to pull proofs; ***tirar a prova*** to check up a calculation; ***tirar as medidas a*** to take the measures of; ***tirar a cópia*** to take a copy; ***tirar partido de*** to take advantage of; ***tirar o casaco rapidamente*** to whip off one's coat; ***o criado tirou-me o prato rapidamente*** the waiter whisked my plate off; ***sem tirar nem pôr*** for all the world like; ***estes doces vão tirar-te o apetite*** these sweets will spoil your appetite; ***não pode tirar-lhe isso da cabeça*** you cannot get it out of his head; ***tire os que quiser*** take as many as you please; ***tirar a nata do leite (tirar o melhor)*** to skim the cream off; ***tirar a gordura*** to remove the grease; ***tirar a casca a*** to peel, to shell, to husk, to rind, to bark; ***tirar um diploma*** to take a diploma; ***tirar fora uma cavilha*** to drive out a bolt, to drive out a peg, to drive out a pin; ***tirar a sardinha com a mão***

do gato to make a cat's paw of a person; NÁUTICA ***tirar da doca*** to undock; ***tirar o lastro a*** to unballast; ***tirar voltas às amarras*** to clear the chain cables, to clear hawse; ***tirar água*** to draw water
tira-teimas *s. m.* final argument, final word
tiratrão *s. m.* thyratron; electronic gas valve
tira-vergal *s. m.* shaft of a litter
tira-vira *s. m.* parbuckle, double sling; lizard fish
tireóide *adj.* ⇒ **tiróide**
tireoidectomia *s. f.* ⇒ **tiroidectomia**
tireóideo *adj.* ⇒ **tiróideo**
tireoidismo *s. m.* ⇒ **tiroidismo**
tireoidite *s. f.* ⇒ **tiroidite**
tireoidoterapia *s. f.* ⇒ **tiroidoterapia**
tireoidotomia *s. f.* ⇒ **tiroidectomia**
tirete *s. m.* GRAMÁTICA hyphen; dash
tírio Ⓐ *adj.* Tyrian; purple, scarlet Ⓑ *s. m.* Tyrian (a native of Tyre)
tiririca Ⓐ *s. f.* ICTIOLOGIA [Bras.] small freshwater fish; BOTÂNICA flatsedge Ⓑ *adj.* irate, infuriated, mad; angry
tiritação *s. f.* shivering, shiver, tremor, shuddering
tiritante *adj.* shivering, shaking, trembling
tiritar *v. intr.* to shiver, to shake (to tremble) with cold
tiro *s. m.* shot; shooting, firing; report (of a gun); hint, allusion; team (of beasts of draught); [poét.] purple; ***dar tiros*** to shoot, to fire; ***dar um tiro*** to fire a shot; ***de um só tiro*** at a shot, all at once, suddenly; ***tiro ao alvo*** target practice; ***tiro aos pombos*** pigeon shooting; ***carreira de tiro*** shooting-range, shooting-gallery; ***tiro de canhão*** cannon-shot, gunfire; ***tiro certeiro*** direct hit; ***tiro de barragem*** barrage fire; ***tiro desgarrado*** stray shot; ***tiro de flanco*** flanking fire; ***tiro curvo*** high-angle firing; ***tiro falhado*** misfire; ***tiro de peça*** gunshot; ***tiro perdido*** random shot; ***tiro de pólvora seca*** blank shot; ***a um tiro de peça*** within gunshot; ***de tiro rápido*** quick firer, quick firing; ***tiro de minuto em minuto*** minute gun; ***linha de tiro*** line of sight; ***errar o tiro*** to miss the mark; ***tiro de ricochete*** ricochet shot; ***tiro de longo alcance*** long-range fire; ***cavalete de tiro*** aiming tripod; ***fica a um tiro daqui*** it is only a stone's throw away
tirocinante *s. m. e f.* probationer, apprentice, trainee
tirocinar *v. intr.* to be a probationer, to be an apprentice; to be apprenticed; to practise
tirocínio *s. m.* apprenticeship, probation, traineeship; ***fazer tirocínio*** to serve one's time to gain promotion, to work out one's apprenticeship
tiróide *adj.* ANATOMIA thyroid; ***glândula tiróide*** thyroid gland
tiroidectomia *s. f.* CIRURGIA thyroidectomy
tiróideo *adj.* ANATOMIA thyroid
tiroideu *adj.* ANATOMIA thyroid
tiroidismo *s. m.* thyroidism; thyroid disturbance
tiroidite *s. f.* MEDICINA thyroiditis; inflammation of the thyroid gland
tiroidoterapia *s. f.* thyrotherapy
tiroidotomia *s. f.* ⇒ **tiroidectomia**
tirolês *s. m., adj.* Tyrolese; Tyrolean
tirolesa *s. f.* Tyrolienne (dance and song)
tiroliro *s. m.* fife; blowing of the fife; [reg.] a children's game
tiromancia *s. f.* alleged divination by the use of cheese
tiromante *s. m. e f.* practitioner of an alleged divination by the use of cheese
tiromântico *adj.* referring to an alleged divination by the use of cheese
tirotear *v. intr.* to fire, to shoot
tiroteio *s. m.* firing, shooting, volley of guns
tirotomia *s. f.* thyrotomy, thyreotomy
tirrénio *s. m., adj.* Tyrrhenian, Etruscan; Etrurian
tirreno *s. m., adj.* ⇒ **tirrénio**
tirsígero *adj.* bearing a thyrsus
tirso *s. m.* thyrsus, wand, staff
tirsoso *adj.* BOTÂNICA thyrsoid
tisana *s. f.* MEDICINA ptisan, tisane, herbal decoction, medicinal tea
tisanuro *s. m.* ZOOLOGIA bristletail
tísica *s. f.* MEDICINA consumption, tuberculosis (of the lungs), phthisis; ***tísica galopante*** galloping consumption
tisicar *v. tr.* to render consumptive
tísico Ⓐ *adj.* consumptive, tuberculous, affected by tuberculosis; phthisical Ⓑ *s. m.* a consumptive person
tisiologia *s. f.* MEDICINA phthisiology
tisiologista *s. m. e f.* MEDICINA phthisiologist (lung specialist)
tisiólogo *s. m.* MEDICINA ⇒ **tisiologista**
tisioterapia *s. f.* phtisiotherapy
tisna *s. f.* spot of soot, smut
tisnadura *s. f.* ⇒ **tisna**
tisnar Ⓐ *v. tr.* to smut, to soot, to blacken, to smear Ⓑ *v. intr.* to get (to become) sunburnt
tisne *s. m.* black spot, soot, sooty mark, smudge, smear
tisneira *s. f.* scorching (blazing) heat
titã *s. m.* MITOLOGIA Titan; powerful crane
titânico *adj.* titanic, huge, gigantic, colossal
titanífero *adj.* QUÍMICA titaniferous
titânio *s. m.* QUÍMICA titanium
titanite *s. f.* MINERALOGIA titanite
titela *s. f.* breast (of a fowl)
títere *s. m.* puppet, marionette; jumping Jack
titerear *v. intr.* to wirepull marionettes, to act like a puppet
titereiro *s. m.* puppeteer; pup, pet showman
titilação *s. f.* titillation, tickling, tickle
titilamento *s. m.* titillation, tickling, tickle
titilante *adj.* tickling, titillating
titilar Ⓐ *v. tr.* to titillate, to tickle; [fig.] to flatter, to cajole, to humour, to fondle, to caress Ⓑ *v. intr.* to tickle, to throb, to tremble Ⓒ *adj.* ANATOMIA ***veias titilares*** veins in the axilla
titilomania *s. f.* scratching mania
titiloso *adj.* ⇒ **titilante**
titímalo *s. m.* BOTÂNICA spurge, spurge-laurel; spurge-flax
titónico *adj.* [poét.] relating to the daybreak
titónio *adj.* [poét.] ⇒ **titónico**
titónis *s. f.* [poét.] sunrise
titubeação *s. f.* vacillation, hesitation, wavering, faltering; stagger, staggering, tottering, sway, swaying, reel, reeling
titubeante *adj.* vacillating, hesitating, wavering, faltering, staggering, tottering, swaying, reeling
titubear *v. intr.* to stagger, to totter, to waver, to sway, to reel; to falter, to hesitate, to speak hesitatingly; ***sem titubear*** without flinching
titulação *s. f.* QUÍMICA titration
titulado *adj.* having a title, titled; QUÍMICA titrated
titular Ⓐ *adj.* titular, nominal, titulary Ⓑ *s. m.* nobleman, title-holder; office-holder, cabinet member, minister Ⓒ *v. tr.* to award (to give, to grant) a title; QUÍMICA to titrate; ***o titular da pasta da Educação*** the Minister of Education (he who holds the title of Minister of Education)
titularidade *s. f.* quality of what is titular
tituleira *s. f.* TIPOGRAFIA type founding machine
tituleiro *s. m.* TIPOGRAFIA type founder
título *s. m.* title, name, heading (of a book, or other work of art); heading (of a chapter); rank, distinction; claim (of right); designation, denomination, epithet; label; COMÉRCIO bond; pretext, pretence; ***título de dívida*** bond; ***título nominativo*** registered bond; ***título de conta*** heading (title) of an account; ***título ao portador*** active bond; ***título em depósito*** deposited deed; ***título privilegiado*** privileged claim; ***título bancário*** security to the bearer; ***títulos negociáveis*** negotiable instruments; ***títulos garantidos por hipoteca*** mortgage debentures; ***título de renda*** stock certificate; ***títulos consolidados*** consolidated funds; ***a título de*** on pretence of; ***a título de experiência*** by way of trial; ***a***

título de curiosidade out of curiosity; ***título de câmbio*** bill of exchange; ***título universitário*** degree

tixotropia *s. f.* QUÍMICA thixotropy

tixotrópico *adj.* thixotropic(al)

tláspio *s. m.* BOTÂNICA penny-cress

tlintar *v. intr.* ⇒ **tilintar**

tmese *s. f.* GRAMÁTICA tmesis

toa *s. f.* NÁUTICA tow-line, track-rope; ***à toa*** at random, anyhow, carelessly, in a slapdash manner, haphazardly; ***falar à toa*** to speak at random

toada *s. f.* tune, air, melody; tone, sound; rumour, report; style, fashion, manner

toadilha *s. f.* little melody, little tune

toalha *s. f.* towel; table-cloth; [fig.] sheet; ***toalha de mesa*** table-cloth; ***toalha de rosto*** face towel; ***toalha contínua*** roller-towel; ***toalha felpuda e áspera*** Turkish towel; ***toalha de altar*** altar-cloth; ***toalha de água*** sheet of water; ***pôr a toalha*** to lay the cloth, to put the cloth on

toalheiro *s. m.* towel-rack, towel-horse

toalhete *s. m.* little towel

toalhinha *s. f.* little towel; nun's veil

toante *adj.* sounding; consonant

toar *v. intr.* to sound, to resound; to thunder, to roar; to suit, to fit, to please

toarda *s. f.* ⇒ **atoarda**

toca *s. f.* hole, burrow (of an animal); den, lair (of wild beasts); [fig.] mean habitation (abode), hovel

tocadela *s. f.* touch, contact, feeling; ringing, ring

tocadilho *s. m.* a game similar to backgammon

tocado *adj.* bruised (fruit), going off, somewhat rotten; tipsy, drunk, boozy, fuddled

tocador *s. m.* player (of an instrument); ringer (of bells)

tocadura *s. f.* ⇒ **tocadela**

tocaia *s. f.* ambush

tocaiar *v. tr.* to ambush

tocaio *s. m.* namesake

toca-lápis *s. m.* the leg of a compass which carries the pencil

tocamento *s. m.* ⇒ **tocadela**

tocante *adj.* touching, moving, affecting, pathetic; concerning, pertaining; ***cena tocante*** touching scene; ***no tocante a*** concerning, with respect to, regarding, in regard to, as to

tocar Ⓐ *v. tr. e intr.* to touch, to feel (with the hands or fingers), to finger, to handle, to paw, to play (a musical instrument); to ring (a bell), to reach, to attain to; to move, to affect, to impress, to strike; to distress, to hurt, to afflict, to molest, to wound; to concern, to regard, to relate, to have to do with; to hit, to strike against; to stimulate, to incite, to urge, to goad, to rouse, to spur; to call (at a port); to fall to one's share (or lot) Ⓑ *v. refl.* to be touched (or affected); to get tipsy; to begin to rot; ***pede-se o favor de não tocar nos objectos expostos*** visitors are requested not to touch the exhibits, visitors are requested not to handle the exhibits; ***hoje não toquei em comida*** I haven't touched food all day; ***não toco piano há meses*** I haven't played the piano for months; ***a lei não pode tocar-lhe*** the law can't touch him; ***a sua generosidade tocou-me profundamente*** his generosity touched me profoundly; ***tocámos em muitos assuntos na nossa conversa*** we touched on many topics in our talk; ***tocar o sino*** to ring the bell; ***começar a tocar (instrumentos)*** to strike up; ***tocar ao de leve num assunto delicado*** to slide over a delicate subject, to skim over a delicate subject; ***tocar à missa*** to ring for mass; ***tocar a recolher*** to sound a tattoo, to tattoo; ***tocar na ferida*** to hurt someone's feelings, to touch on a tender spot; ***tocam à porta*** there is a ring at the door; ***não tocar mais no assunto*** to set a matter at rest, to let the subject drop; NÁUTICA ***tocar num baixo*** to strike on a shoal, to touch on a shoal; ***tocar num porto*** to call at a port, to touch at a port; ***tocar a unir*** to recall; ***tocar cabos (amarras)*** to pay out ropes (cables, mooring chains), to overhaul ropes (cables, mooring chains); ***ele quase toca no tecto com a cabeça*** his head nearly touches the ceiling; ***pelo que me toca (pelo que me diz respeito)*** as far as I am concerned

tocarola *s. f.* dissonant musical performance; handshake

tocata *s. f.* toccata, serenade; musical performance

tocha *s. f.* large candle, torch, flambeau, firebrand

tocheira *s. f.* candleholder, torch-holder

tocheiro *s. m.* ⇒ **tocheira**

toco *s. m.* stump, stub; worn out broom

tocografia *s. f.* tocography; writing on obstetrics

tocográfico *adj.* tocographic

tocógrafo *s. m.* tocographer

tocologia *s. f.* tocology; obstetrics

tocológico *adj.* obstetric(al)

tocologista *s. m. e f.* tocologist, obstetrician

tocólogo *s. m.* tocologist, obstetrician

toconomia *s. f.* toconomy; obstetrics

toconómico *adj.* toconomic; obstetrical

tocotecnia *s. f.* tocotechnics

toda *s. f.* ORNITOLOGIA tody, bird of the family *Todidae*

todavia Ⓐ *conj.* however, yet, but, nevertheless, still, though Ⓑ *adv.* notwithstanding

todo Ⓐ *adj. indef.* all, every, whole, entire, complete, total Ⓑ *pron. indef.* all; *pl.* all, everybody, everyone Ⓒ *s. m.* the whole, total, sum total, totality, entirety; ***todo o mundo*** all the world, the whole world; ***diz-me toda a verdade*** tell me the whole truth; ***toda a casa*** the whole house; ***a toda a pressa*** in great haste, with all possible speed; ***todo o ano*** all the year round; ***todo o dia*** all day long, all day, the whole day; ***todos os dias*** every day; ***todos os quinze dias*** every fortnight; ***todos os meses*** every month; ***todas as vezes*** every time; ***toda a sua vida*** all his life; ***todo o homem*** every man; ***todos os homens*** all men; ***todos nós*** all of us; ***todo vestido de branco*** all dressed in white; ***ao todo*** in all, at the most; ***todos quantos*** as many as; ***em todo o caso*** in any case, anyway, at all events; ***todo coberto de lama*** all covered with mud; ***fomos todos*** we all went; ***fazer uma coisa com toda a alma*** to do a thing with one's whole heart; ***toda a gente*** everybody, everyone, all people; ***todos os riscos*** all risks; ***a toda a velocidade*** at full speed; ***a todo o galope*** at full gallop; NÁUTICA ***a todo o pano*** all sail set; ***toda a gente acima!*** all hands on deck!, all hands ahoy!; ***todos à uma*** to a man, all together

todo-o-terreno Ⓐ *adj.* cross-country; four-wheel Ⓑ *s. m.* cross-country racing; *(veículo)* four-wheel (drive)

Todo-Poderoso *s. m.* The Almighty

toeira *s. f.* every other string of a guitar

toesa *s. f.* fathom; [pop.] huge foot

tofo *s. m.* MEDICINA tophus, tofus (*plural* tophi)

toga *s. f.* gown, robe, toga, cloak

togado Ⓐ *adj.* gowned Ⓑ *s. m.* gownsman, magistrate

togar *v. tr.* to gown; to robe, to clothe (to invest) in a robe; to apparel

toiça *s. f.* ⇒ **touça**

toiceira *s. f.* ⇒ **touceira**

toiceiral *adj.* ⇒ **touceiral**

toicinheiro *s. m.* ⇒ **toucinheiro**

toicinho *s. m.* ⇒ **toucinho**

toiço *s. m.* ⇒ **touço**

toira *s. f.* ⇒ **toura**

toirada *s. f.* ⇒ **tourada**

toiral *s. m.* ⇒ **toural**

toirão *s. m.* ⇒ **tourão**

toiraria *s. f.* ⇒ **touraria**

toireador *s. m.* ⇒ **toureador**

toirear *v. tr. e intr.* ⇒ **tourear**

toireio *s. m.* ⇒ **toureio**

toireiro *s. m.* ⇒ **toureiro**

toirejão *s. m.* ⇒ **tourejão**

toirejar *v. tr. e intr.* ⇒ **tourejar**

toiril *s. m.* ⇒ **touril**
toirinha *s. f.* ⇒ **tourinha**
toiro *s. m.* ⇒ **touro**
tojal *s. m.* a gorsy place; a place full of furze (gorse)
tojeira *s. f.* furze-bush, gorse-bush; (woman) gorse-gatherer
tojeiro *s. m.* (male) gorse-gatherer
tojo *s. m.* BOTÂNICA furze, gorse, whin; ***tojo molar*** dwarf furze
tola *s. f.* [pop.] head, noddle
tolaria *s. f.* foolishness, folly, silliness, nonsense, stupidity
tolaz *adj.* silly, very foolish
tolda *s. f.* awning; NÁUTICA quarter-deck; clouding (of wine)
toldado *adj.* overcast (weather); mouldy (wine); [pop.] tipsy, half-seas-over, fuddled
toldar Ⓐ *v. tr.* to hang (to spread) an awning over; [fig.] to overcast, to cloud, to darken; to obscure, to blur, to gloom, to dim Ⓑ *v. refl.* to become (overcast, cloudy, dark, blurred, dim) gloomy; [pop.] to get drunk, to get tipsy
toldo *s. m.* awning, tilt, covering; sunblind (of shop)
toledana *s. f.* toledo; native of Toledo (woman or thing) sword made in Toledo
toledano *s. m., adj.* Toledan, native of Toledo
toledo *s. m.* ⇒ **tolaria**
toleima *s. f.* foolishness, folly, silliness, conceitedness, vanity
toleirão *adj.* ⇒ **tolo**
toleirar *v. intr.* to act (speak) foolishly
tolerabilidade *s. f.* tolerability
tolerada *s. f.* prostitute
tolerância *s. f.* tolerance, toleration, endurance, sufferance, forbearance, indulgence
tolerante *adj.* tolerant, forbearing, indulgent, liberal
tolerantismo *s. m.* tolerationism
tolerar *v. tr.* to tolerate, to endure, to bear, to put up with, to stand, to abide, to suffer, to support, to permit, to allow, to let; ***como pode tolerar-lhe a insolência?*** how can you suffer his insolence?; ***não posso tolerar tal coisa*** I cannot bear such a thing; ***tolerar um abuso*** to tolerate an abuse; ***já não posso tolerar tal insolência*** I cannot support (stand) such insolence any longer
tolerável *adj.* tolerable, endurable, bearable, supportable, sufferable, permissible; passable, middling, so-so, fair, fairly good, pretty good, not very bad; ***a comida era tolerável*** the food was tolerable; ***a dor era violenta, mas tolerável*** the pain was severe, but tolerable
toleravelmente *adv.* tolerably, moderately, reasonably, fairly
toleta *s. f.* silly girl
toletano *s. m., adj.* native of Toledo; ⇒ **toledano**
tolete *s. m.* NÁUTICA rowlock, thole, thole-pin
toleteira *s. f.* NÁUTICA rowlock
tolher Ⓐ *v. tr.* to hinder, to check, to thwart, to impede, to hamper, to obstruct, to oppose, to prevent from, to embarrass, to encumber; to injure, to lame, to cripple, to disable Ⓑ *v. refl.* to become disabled, to become crippled; ***tolher os movimentos a*** to hinder one's movements, to hamper one's movements
tolhiço *s. m.* monstrosity, abortion
tolhido *adj.* palsied, paralysed; crippled, lame, disabled; benumbed, numb; ***tolhido de frio*** benumbed with cold; ***tolhido de reumatismo*** crippled with rheumatism
tolhimento *s. m.* obstacle, hindrance, impediment, obstruction; palsy; disability; lameness, crippledom
tolice *s. f.* folly, silliness, nonsense, foolishness, stupidity, imbecility, shallowness, dullness, doltishness, silly-stuff, foolish act, blunder; conceitedness, vanity, priggery, priggism; ***que tolice!*** what rot!, (what a) nonsense!; ***dizer tolices*** [fam.] to talk rot
tolina *s. f.* sponging
tolinar *v. tr.* to sponge, to dupe
tolitates *s. m.* prig, puppy, conceited fellow
tolo Ⓐ *adj.* foolish, silly, weak, daft, simple, shallow, ridiculous, idiotic, senseless; [fam.] half-baked Ⓑ *s. m.* fool, idiot, simpleton, half-wit, dolt, witling, imbecile, nit-wit, ninny; ***fazer de tolo*** to play the giddy goat
tolontro *s. m.* bump, lump (on the head)
tolu *s. m.* tolu (balsam)
tolueno *s. m.* QUÍMICA toluene
toluico *adj.* toluic
toluidina *s. f.* QUÍMICA toluidine
toluífero *adj.* tolu-producing
toluol *s. m.* toluol, toluene
tom *s. m.* tone (pitch of the voice; musical sound); MÚSICA key; shade (of colour); mental attitude, tenor, drift; ***tom doce*** sweet tone; ***tom suave*** sweet (soft) tone; ***tom maior*** major tone (key); ***tom menor*** minor tone (key); ***tons cardíacos*** heart sounds; ***tom agudo*** shrill tone; ***em tom alto*** high-pitched; ***num tom zangado*** in an angry tone; ***não me fales nesse tom!*** don't speak to me in that tone of voice!; ***mudar de tom*** to change one's tone; ***sem tom nem som*** without rhyme or reason
toma Ⓐ *s. f.* taking, seizure, capture Ⓑ *interj.* there you are!
tomada *s. f.* taking, seizure, capture; conquest; ***tomada (de corrente eléctrica)*** plug (of current), wall socket, contact box; NÁUTICA ***tomada de água*** inlet of water; ***tomada de água do mar*** sea-connection, sea-suction
tomadia *s. f.* capture, seizure, taking, catch; prize, booty
tomadiço *adj.* peevish, fretful, irritable, cantankerous
tomado Ⓐ *adj.* taken, seized, caught Ⓑ *s. m. pl.* folds, tuck (of clothes); ***tomado do vinho*** tipsy, half-seas-over; ***tomado de pânico*** panic-stricken
tomadoiro *s. m.* ⇒ **tomada, tomadouro**
tomador Ⓐ *s. m.* taker, seizer, bearer (of a draft) Ⓑ *adj.* taking, seizing, catching; ***tomador de letra*** bearer of a bill
tomadouro *s. m.* NÁUTICA girthline, lashing (of hammock); ***tomadouro de vela*** furling-line, gasket, reel line, spilling line, stop (of sail); ***passar o tomadouro*** to frap
tomadura *s. f.* gall, sore (on a horse's back)
tomar Ⓐ *v. tr. e intr.* to take; to lay hold on, to seize, to catch, to grasp, to capture, to occupy, to get, to gam; to hold; to adopt; to accept, to receive; to consider, to assume; to eat, to drink, to have Ⓑ *v. refl.* to take offence, to feel hurt; to get drunk; ***tomar de assalto*** to take by storm; ***tomar parte na alegria*** to participate in the happiness; ***tomar ar*** to take in the air; ***tomar coragem*** to take courage; ***tomar medidas*** to take measures, to take steps; ***tomar precauções*** to take precautions; ***tomar a peito*** to take to heart; ***tomar conselho*** to take advice; ***tomar o partido de alguém*** to take someone's side, to take someone's part; ***tomar a gerência de uma casa*** to take up the management of a company; ***tomar apontamentos*** to note down, to take notes; ***tomar boa nota*** to take due note; ***tomar muito tempo*** to take too much time; ***tomar o fresco*** to take the fresh air; ***tomar gosto a uma coisa*** to take to a thing; ***tomar a iniciativa*** to take the initiative, to take the lead (in doing something); ***tomar a resolução*** to resolve, to decide; ***tomar a sério*** to take in earnest, to take seriously; ***tomar grandes proporções*** to assume large proportions; ***tomar por modelo*** to take as a model; ***tomar um advogado*** to engage a lawyer; ***tomar conhecimento (de)*** to take cognizance (of), to take notice (of); ***tomar a liberdade de*** to take the liberty of, to beg leave to; ***tomar em consideração, tomar em conta*** to take on oneself; ***tomem os seus lugares!*** take your seats!; ***tomar a mal*** to take amiss; ***tomar de surpresa*** to take by surprise; ***tomar uma refeição*** to have a meal; ***tomar ordens sacras*** to take holy orders, to be ordained; ***tomar à sua conta*** to take charge of; ***tomara eu que assim fosse!*** I would it were so!; ***tomar o gosto a*** to find delight in; ***tomar em conta as circunstâncias atenuantes*** to make allowance for; ***tomar posse de um lugar*** to take (up) a post; ***tomar***

conta de to take care of, to look after; ***tomar ao seu cuidado*** to take in hand; ***tomar parte em*** to take part in; ***tomei-o por outra pessoa*** I took you for someone else; ***tomar muita confiança*** to take liberties; ***por quem me tomas?*** what do you take me for?; ***tomas-me por parvo?*** do you take me for a fool?; [coloq.] ***toma!*** here you are!; ***toma lá, dá cá*** give and take; ***tomar liberdades com alguém*** to take liberties with somebody; NÁUTICA ***tomar praça para carga*** to bespeak room for cargo, to take room for cargo, to secure room for cargo

tomares *s. m. pl.* ***ter seus dares e tomares com*** to fall out with, to have words with, to quarrel with

tomatada *s. f.* tomato pulp; tomato soup; tomato jam

tomatal *s. m.* tomato plot

tomate *s. m.* tomato (*plural* tomatoes); ***doce de tomate*** tomato jam; ***salada de tomate*** tomato salad

tomateira *s. f.* BOTÂNICA ⇒ **tomateiro**

tomateiro *s. m.* BOTÂNICA tomatoplant

tomba *s. m.* patch on the toe cap of a shoe

tombada *s. f.* watershed

tombadilho *s. m.* NÁUTICA poop, poop-deck, quarter-deck; ***tombadilho corrido*** shade-deck; ***tombadilho de passeio*** promenade-deck; ***tombadilho superior*** hurricane-deck; ***com tombadilho*** pooped

tombador Ⓐ *adj.* stumbling, falling down Ⓑ *s. m.* stumbler; tableland

tombar Ⓐ *v. tr.* to throw down; to tilt, to tip; [fig.] to fell, to knock down; to kill; to tumble Ⓑ *v. tr. e intr.* to turn over, to topple over; to capsize Ⓒ *v. intr.* to fall down, to fall over; to reel, to stagger; ***tombar (morto) ferido*** to bite the dust

tombo *s. m.* fall, tumble; cartulary (collection of records); register; land-office; ***Torre do Tombo*** National Cartulary; ***dar um tombo*** to come a cropper; ***andar aos tombos*** to stumble along

tômbola *s. f.* tombola, raffle; lotto, bingo

tombolar *v. intr.* to win in the tombola

tomentelo *s. m.* ⇒ **tomilho**

tomentilho *s. m.* ⇒ **tomilho**

tomento *s. m.* tow, hurds, hards, refuse (of flax and hemp); BOTÂNICA tomentum

tomentoso *adj.* BOTÂNICA tomentose

tomilhal *s. m.* ground covered with thyme

tomilhinha *s. f.* ⇒ **tomilho**

tomilho *s. m.* BOTÂNICA thyme

tomismo *s. m.* Thomism

tomista Ⓐ *s. m. e f.* Thomist Ⓑ *adj.* Thomist(ic)

tomístico *adj.* Thomistic

tomo *s. m.* tome, volume; [fig.] value, importance

tomografia *s. f.* MEDICINA tomography

tomograma *s. m.* MEDICINA tomography

tomotocia *s. f.* Caesarean, Cesarean section

tona *s. f.* bast, inner bark (of trees); surface; ***andar à tona de água*** to be awash, to float; ***à tona de água*** awash, afloat

tonadilha *s. f.* rustic song

tonal *adj.* tonal

tonalidade *s. f.* MÚSICA tonality, key; PINTURA tonality, shade, colouring

tonalito *s. m.* GEOLOGIA tonalite

tonalizar *v. tr.* MÚSICA to give a tone to

tonante *adj.* thundering, thunderous

tonar *v. intr.* to thunder

tonário *s. m.* a kind of flute; diapason

tondinho *s. m.* ARQUITECTURA tondo

tone *s. m.* [África, Índ.] canoe

tonel *s. m.* tun, large cask, vat; [fig.] drunkard, boozer

tonelada *s. f.* ton; ***tonelada métrica*** metric ton (1,000 kilograms, 2,204.6 lb.); ***tonelada inglesa*** 2,240 lb., 20 cwt.

tonelagem *s. f.* tonnage; ***tonelagem (bruta) de arqueação*** gross tonnage; ***tonelagem de carga*** capacity, dead weight, dead weight carrying capacity; ***tonelagem de deslocamento*** displacement tonnage; ***tonelagem (líquida) de registo*** net tonnage, net register tonnage; ***tonelagem de um navio*** tonnage of a ship

tonelaria *s. f.* cooperage

tonia *s. f.* tonicity

tónica *s. f.* GRAMÁTICA tonic, tonic vowel, stressed syllable; MÚSICA keynote

tonicardíaco *adj.* heart-invigorating

tonicidade *s. f.* tonicity

tónico Ⓐ *adj.* tonic, strengthening, invigorating; bracing; tonic, accentual; ***acento tónico*** tonic accent Ⓑ *s. m.* MEDICINA tonic

tonificação *s. f.* invigoration, strenghtening

tonificante *adj.* invigorating, strengthening, bracing

tonificar *v. tr.* to invigorate, to strengthen, to make vigorous, to tone up; to refresh, to brace, to animate

tonilho *s. m.* tune, mild song

toninha *s. f.* ZOOLOGIA porpoise, (young) tunny; ***um cardume de toninhas*** a school of porpoises

toninho *s. m.* ZOOLOGIA porpoise, (young) tunny

tonismo *s. m.* MEDICINA tetanus

tonitruante *adj.* thundering

tonitruar *v. intr.* to thunder

tonítruo *adj.* thundering

tonitruoso *adj.* thunderous

tonizar *v. tr.* ⇒ **tonificar**

tono *s. m.* MÚSICA tone, air, song; FISIOLOGIA tonus, muscular tonus; attitude

tonometria *s. f.* tonometry

tonómetro *s. m.* tonometer

tonotecnia *s. f.* tonotechnics

tonsila *s. f.* tonsil

tonsilar *adj.* tonsillar

tonsilite *s. f.* tonsillitis

tonsura *s. f.* tonsure

tonsurado Ⓐ *adj.* tonsured Ⓑ *s. m.* priest

tonsurar *v. tr.* to tonsure, to administer the tonsure to, to make a tonsure on

tontaria *s. f.* folly, silliness, nonsense, foolishness, stupidity, shallowness, dulness, doltishness

tontear *v. intr.* to act foolishly, to play the fool, to play the monkey, to trifle, to toy, to jest, to talk nonsense; to be dizzy

tonteira *s. f.* dizziness, giddiness; ⇒ **tontaria**

tontice *s. f.* dizziness, giddiness; ⇒ **tontaria**; ***tontice de velho*** dotage

tontina *s. f.* COMÉRCIO tontine, annuity

tonto Ⓐ *adj.* foolish, silly, stupid, nonsensical, daft, weak, inept, shallow, [fam.] half-cracked; dizzy, giddy Ⓑ *s. m.* fool, simpleton, half-wit, idiot, nit-wit, ninny, dunce, dolt, booby, nincompoop, noodle, driveller, noddy, silly person

tontura *s. f.* dizziness, giddiness, swimming in the head, vertigo

topa *s. f.* teetotum

topa-a-tudo *s. m.* [fam.] Jack of all trades

topada *s. f.* stumbling, tripping, trip

topalgia *s. f.* MEDICINA topalgia

topar Ⓐ *v. tr.* to find, to come across, to meet with (by chance), to strike against, to hit; to run against; to stumble on, to collide with, to run into; to run foul of

toparca *s. m.* toparch

toparquia *s. f.* toparchy

topázio *s. m.* topaz

tope *s. m.* clashing, striking; cockade, rosette; top, summit; NÁUTICA mast-head, head; ***bandeiras nos topes*** mast-head flags; ***tope de mastro (mastaréu)*** mast-head; ***tope!*** stop!

topetada *s. f.* butt with the head

topetar Ⓐ *v. tr.* to touch the top, to touch the highest point of Ⓑ *v. intr.* to bump one's head, to strike one's head against; to butt, to push, to bunt

topete *s. m.* tuft of hair, forelock; tuft of feathers (of birds); [fig.] impudence, cheekiness, sauciness, insolence
topeteira *s. f.* ⇒ **testeira**
topetudo *adj.* [fig.] cheeky, saucy, impudent
topiária *s. f.* topiary
topiário *s. m.* topiarian, topiary, landscape gardener
tópica *s. f.* the science of topical remedies
tópico Ⓐ *s. m.* topic, theme, subject (of discourse), argument; discussion, conversation Ⓑ *adj.* topical
topinambo *s. m.* BOTÂNICA Jerusalem artichoke
topinambor *s. m.* BOTÂNICA ⇒ **topinambo**
topo *s. m.* top, summit, peak, the highest point; end, extremity, edge; ***topo a topo*** end to end; NÁUTICA ***topos sobrepostos*** lap butts
topofilia *s. f.* affection for certain places
topófilo *s. m.* person who is very fond of certain places
topofobia *s. f.* topophobia (fear of certain places)
topófobo *s. m.* person suffering from topophobia
topografar *v. tr.* to topographize
topografia *s. f.* topography
topograficamente *adv.* topographically
topográfico *adj.* topographic(al)
topógrafo *s. m.* topographer
topologia *s. f.* topology
topológico *adj.* topologic(al)
toponímia *s. f.* toponymy
toponímico *adj.* toponymic(al)
topónimo *s. m.* toponym
toponomástica *s. f.* places onomasticon
toponomástico *adj.* referring to places onomasticon
toque *s. m.* touch, feeling; contact; peal, ringing (of bells); call, toot; blast (of wind instruments); assay, touch, test (of metals); handshake, handclasp; the last touch; standard, trial, proof; stroke, touch; lady's hat, toque; ***toque de apito de manobra*** whistle for manoeuvre; ***toque de corneta*** bugle-call; ***toque de alvorada*** reveille, rouse; ***toque de campainha*** ring (of a bell); ***toque de reunir*** recall; ***toque de silêncio*** lights out, last post; ***toque de finados*** death-bell; ***o toque dos clarins na marcha em continência*** the blowing of the trumpets in the march past; ***ao mais leve toque*** at the slightest touch; ***toque de pincel*** touch of the brush, stroke of the brush; ***a toque de tambor*** drumbeat; [coloq.] ***a toque de caixa*** in all haste, in a hurry; ***toque de buzina de caça*** call of the huntsman's horn
toque-emboque *s. m.* a sort of cricket (game)
toqueira *s. f.* stump (of a tree)
toqueiro *s. m.* ⇒ **toqueira**
tora *s. f.* share or portion of meat; Torah
toracadelfia *s. f.* four-legged monstrosity
toracadelfo *s. m.* four-legged monster
toracentese *s. f.* thoracocentesis
torácico *adj.* ANATOMIA thoracic
toracocentese *s. f.* ⇒ **toracentese**
toracofacial *adj.* thoracofacial
toracometria *s. f.* thoracometry
toracómetro *s. m.* thoracometer
toracoplastia *s. f.* thoracoplasty
toracospia *s. f.* thoracoscopy
toracotomia *s. f.* CIRURGIA thoracotomy
torada *s. f.* each of the logs in which a fallen tree is divided
torado *adj.* cut into logs
toral *s. m.* the strongest part of a lance (spear)
toranja *s. f.* grape-fruit
toranjeira *s. f.* grape-fruit (tree)
torar *v. tr.* to cut into stumps (a tree); to cut up
tórax *s. m.* ANATOMIA thorax
torbernite *s. f.* torbernite, copper-uranite
torça *s. f.* lintel (of a door)
torçal *s. m.* twisted silk, silk cord
torçalado *adj.* decked with twisted silk
torção *s. m.* twisting, twist, torsion, turn
torcaz *adj.* ***pombo torcaz*** ring-dove, woodpigeon
torcedoira *s. f.* twisting-apparatus (silk); cable-twisting; wringing-machine, wringer
torcedor Ⓐ *s. m.* twister; throwster (one who twists silk); spindle; [Bras.] rooter, supporter (in sporting competitions) Ⓑ *adj.* twisting
torcedoura *s. f.* twisting-apparatus (silk); cable-twisting; wringing-machine, wringer
torcedura *s. f.* twisting, twist; tortuosity, sinuosity, winding, bending, bend, turn; flexure; ***torcedura de pé*** sprain, twisting of one's ankle; ***torcedura de uma corda*** twist of a rope
torcegão *s. m.* twist; wrench; pinch
torcegar *v. tr.* to twist, to wrench, to wring, to distort; to pinch
torcer Ⓐ *v. tr. e intr.* to twist; to wind, to twine, to entwine; to wring; to turn, to bend; to wreathe, to encircle with; to distort, to contort; to pervert, to misinterpret, to misconstrue, to alter the meaning Ⓑ *v. refl.* to contort oneself, to wriggle, to writhe; to become warped; ***torcer um pé*** to twist one's foot, to sprain one's foot; ***torcer um braço*** to twist an arm; ***torcer o caminho*** to go out of one's way, to deviate, to leave the beaten track; ***torcer o passo*** to turn back, to go back; ***torcer o pescoço a um frango*** to wring the neck of a chicken; ***torcer a roupa (molhada)*** to wring out the linen; ***torcer o sentido*** to twist the sense, to strain the sense; ***torcer com força (espremendo)*** to wring out; ***torcer a boca*** to make a wry mouth; ***torcer fio*** to twist thread; NÁUTICA ***torcer um navio*** to cant a ship, to rack a ship, to twist a ship; [fig.] ***torcer a orelha e não deitar sangue*** to repent, to come to see one's mistake; ***antes quebrar que torcer*** rather break than yield; ***não dar o braço a torcer*** to refuse to acknowledge oneself, to be in the wrong; ***torcer para que tudo dê certo*** to keep one's fingers crossed so that everything works out right, to wish luck
torcicolar *v. intr.* to wind, to meander, to turn in and out, to zigzag
torcicolo *s. m.* stiff neck, crick in the neck; [fig.] roundabout way, subterfuge, evasion; ZOOLOGIA wryneck
torcida *s. f.* wick; [Bras.] group of rooters (supporters)
torcido *adj.* twisted, crooked; wrested; tortuous, winding, sinuous, curved, sinuate, oblique; ***uma coluna torcida*** a wreathed column
torcilhão *s. m.* twist, wrench, wring
torcimento *s. m.* ⇒ **torcedura**
torcionário *s. m.* extortioner; torturer
torço *s. m.* turban worn in the city of Baía (Brazil); ⇒ **torcedura**
torcular Ⓐ *adj.* shaped like a small press (polisher) Ⓑ *v. tr.* to smooth, to polish
tórculo *s. m.* machine for polishing metals; small printing press
torda *s. f.* ORNITOLOGIA female thrush; ***torda mergulheira*** razor-bill
tordeia *s. f.* ⇒ **tordeira**
tordeira *s. f.* thrush
tordilho *adj.* dapple, dapplegrey (horse)
tordinho *s. m.* ⇒ **estorninho**
tordo *s. m.* ORNITOLOGIA thrush; ***tordo visgueiro*** misselthrush; ***tordo pretinho*** redwing; ***cair como tordos*** to tumble over one another
toreumatografia *s. f.* toreutics
toreumatógrafo *s. m.* expert in toreutics
toreuta *s. m. e f.* artist who sculptures toreutics
torêutica *s. f.* toreutics
torêutico *adj.* toreutic
torga *s. f.* BOTÂNICA heather, common heath, briar
torgal *s. m.* heather-covered ground

torgalho *s. m.* small ribbon (lace); bit of string
torgueira *s. f.* ⇒ **torga**
torilo *s. m.* BOTÂNICA bract
tório *s. m.* QUÍMICA thorium
torite *s. f.* MINERALOGIA thorite
tormenta *s. f.* storm, tempest; [fig.] disturbance, commotion, agitation, trouble
tormentila *s. f.* BOTÂNICA tormentil
tormentilha *s. f.* BOTÂNICA ⇒ **tormentila**
tormento *s. m.* torment, pain, torture, anguish, severe suffering, affliction, agony, rack, pang; worry, annoyance, anxiety; ***esta criança é um verdadeiro tormento*** this child is a positive torment; ***o seu filho desobediente é o tormento da sua vida*** your undutiful son is the torment of your life
tormentório *adj.* stormy, tempestuous, turbulent
tormentoso *adj.* stormy, tempestuous, turbulent, violent; tormenting, troublesome, vexatious, embarrassing; ***uma vida tormentosa*** a stormy life
torna *s. f.* return, restitution; compensation, requital, offset
torna-boda *s. f.* second banquet on the day after the wedding
tornada *s. f.* return (from a journey); the liquid that spouts out of a cask when the tap is taken out
tornadiço *adj.* treacherous, deserting, renegade, apostate
tornado *s. m.* tornado
tornadoira *s. f.* ⇒ **tornadoura**
tornadoiro *s. m.* ⇒ **tornadouro**
tornador *s. m.* ⇒ **torneador**
tornadoura *s. f.* machine to make hoops
tornadouro *s. m.* [reg.] harrow (cord for easing the turns of the harrow)
tornadura *s. f.* ⇒ **tornadoura**
torna-fio *s. m.* combmaker's tool
tornar Ⓐ *v. tr.* to return, to give back, to pay back, to repay; to render, to make; to turn, to change Ⓑ *v. intr.* to reply, to answer, to retort; to return, to go back, to come back Ⓒ *v. refl.* to become, to turn (into), to grow; to be changed; ***tornar-se tímido (irresoluto)*** to lose one's nerve; ***tornar-se solidário com alguém*** to render oneself jointly liable with someone; ***tornar a falar do assunto*** to come back to the subject; ***tornar a chamar*** to recall, to call again; ***tornar possível*** to render possible; ***tornar responsável por*** to make responsible for; ***tornar-se responsável por alguém*** to make oneself answerable for someone; ***tornar-se merecedor da confiança*** to show oneself worthy of the confidence; ***tornar-se conhecido*** to become known; ***tornar-se pálido*** to turn pale; ***tornar a dizer*** to repeat, to say again; ***tornar a si*** to recover one's senses; ***tornar a fazer*** to do again, to make again; ***tornar atrás*** to turn back (again); ***tornar a escrever*** to write again; ***a idade tornou-o rabugento*** age has rendered him sour; ***tornou-se estúpido quando envelheceu*** he became stupid as he grew old
tornassol *s. m.* BOTÂNICA sunflower; ***papel de tornassol*** litmus paper
torna-viagem *s. f.* return voyage; ***de torna-viagem*** homeward, homeward bound
torneado *adj.* turned, rounded on a lathe; roundish; [fig.] well chosen (words)
torneador *s. m.* turner; a gunsmith's tool; wheelwright's workbench
torneamento *s. m.* turning (on the lathe)
tornear Ⓐ *v. tr.* to turn, to turn round, to go round; to turn on a lathe, to fashion on a lathe; to round, to make round; to surround, to encompass Ⓑ *v. intr.* to joust, to tilt, to take part in a tournament; ***tornear uma face*** to face
tornearia *s. f.* turner's workshop, turnery
torneável *adj.* turnable
torneio *s. m.* turning, shaping (on a lathe); tournament, joust, tilt; [fig.] argument, discussion, polemics
torneira *s. f.* tap; cock; ***abrir a torneira*** to turn on the tap; ***fechar a torneira*** to turn off the tap; ***torneira de gás*** gas tap; NÁUTICA ***torneira de fundo*** sea-cock; ***torneira de lubrificação*** grease-cock; ***torneira de prova*** pet-cock, test-cock; ***com a boca na torneira (na botija)*** red-handed
torneiro *s. m.* turner
torneja *s. f.* axle-pin, linchpin
tornejamento *s. m.* curving, bending; going round
tornejar Ⓐ *v. tr.* to curve, to bend; to make round, to go around Ⓑ *v. intr.* to meander, to wind, to turn, to go around
tornel *s. m.* swivel
tornesol *s. m.* BOTÂNICA ⇒ **tornassol**
tornessol *s. m.* BOTÂNICA ⇒ **tornassol**
tornilheiro *s. m.* deserter (soldier)
tornilho *s. m.* small vice; MILITAR punishment; ZOOLOGIA starling (bird); [fig.] difficult plight, scrape, pinch
torniquete *s. m.* turnstile, revolving gate; CIRURGIA tourniquet; rack (instrument of torture); ***torniquete hidráulico*** reaction wheel; ***torniquete eléctrico*** electric (whirl) vane; ***apertar o torniquete*** to use rigour, to be hard (on)
torno *s. m.* lathe (machine for turning and polishing articles of wood, metal, etc.); vice; wooden peg, pin; spigot, plug; ***torno de mão*** vice; ***torno de bancada*** screw-vice; ***torno mecânico*** turning-lathe; ***torno de fiar*** spinning-wheel; ***torno de pau*** wooden pin; ***torno de pipa*** tap, cock; ***torno mecânico*** power lathe; ***torno de oleiro*** potter's wheel; ***em torno*** round, around, about
tornozelo *s. m.* ankle; anklebone
toro *s. m.* trunk, stump (of a tree); log; trunk (of the body); ARTES torso; ARQUITECTURA torus
toronja *s. f.* ⇒ **toranja**
toroso *adj.* knotty; pulpous, pulpy, fleshy; robust
torpe *adj.* ignoble, infamous, indecorous, obscene, disgraceful, shameful, ignominious, base, vile, dirty, low
torpecer *v. intr.* to grow numb
torpedeamento *s. m.* torpedoing
torpedear *v. tr.* to torpedo, to attack with a torpedo; to strike (to destroy) with a torpedo; [fig.] to wreck, to ruin, to crush
torpedeiro *s. m.* torpedo-boat, destroyer
torpedo *s. m.* torpedo; ***torpedo aéreo*** aerial torpedo; ***torpedo fixo*** mine; ***lança-torpedos*** torpedo-tube; ***peixe-torpedo*** torpedo fish, electric ray
torpeza *s. f.* torpidity, torpidness; infamy, baseness, meanness, vileness, dirtiness, dishonesty; obscenity, filthiness, indecency, ugliness, disreputableness
torpidade *s. f.* torpidity, torpidness; infamy, baseness, meanness, vileness, dirtiness, dishonesty; obscenity, filthiness, indecency, ugliness, disreputableness
tórpido *adj.* torpid, inactive, dull, apathetic, lethargic
torpilha *s. f.* sulphurator
torpor *s. m.* torpor, numbness; inactivity, dullness, apathy, insensibility, sluggishness, dormancy
torquaz *adj.* ⇒ **torcaz**
torra *s. f.* (act of) toasting; roasting; [pop.] thrashing, beating, whacking
torração *s. f.* (act of) toasting; ⇒ **torrefacção**
torrada *s. f.* toast; ***torrada lourinha*** crisp toast; ***torrada com manteiga*** buttered toast
torradeira *s. f.* toaster
torrado *adj.* toasted; roasted; dried (with heat), parched; crisp, crispy; ***torrado pelo sol*** sunburnt; ***biscoito (bolacha) torrado*** crisp biscuit
torrador *s. m.* toaster, roaster
torragem *s. f.* toasting; ⇒ **torrefacção**
torrão *s. m.* clod, lump; *pl.* landed property, farmland, soil; [fig.] motherland, fatherland, home (land); ***torrão natal*** native land; ***torrão de açúcar*** sugar-loaf, lump of sugar
torrar *v. tr.* to toast; to roast; to brown; to parch, to dry; ***torrar café*** to roast coffee; ***torrar pão*** to toast bread
torre *s. f.* tower; steeple (high tower with a spire on a church); fortress; (at chess) castle, rook; ***alto como uma***

torre as tall as a poplar-tree; ***torre de observação*** watch-tower; ***torre de Babel*** Tower of Babel; ***torre de menagem*** donjon, keep; ***torre albarrã*** watch-tower; ***torre de artilharia*** tower of artillery; ***a Torre de Londres*** the Tower of London; NÁUTICA ***torre de comando*** conning-tower; ***torre de couraçado*** turret of battleship

torreado *adj.* turreted, tower-shaped, provided with towers

torreame *s. m.* series (great number) of towers

torreante *adj.* towering

torreão *s. m.* turret, small tower; fortified tower, keep, pavilion

torrear *v. tr.* to surround with towers

torrefacção *s. f.* torrefaction, roasting (coffee); toasting

torrefacto *adj.* torrefied, roasted, scorched, toasted

torrefactor *s. m.* ⇒ **torrador**

torrefazer *v. tr.* ⇒ **torrificar**

torrefeito *adj.* ⇒ **torrefacto**

torreira *s. f.* violent (scorching) heat (of the sun)

torrejar *v. tr.* ⇒ **torrear**

torrela *s. f.* turret, small tower

torrencial *adj.* torrential; ***chuva torrencial*** pouring rain, cloudburst, violent downpour

torrencialmente *adv.* torrentially

torrente *s. f.* torrent, rushing stream (of water); great downpour (of rain); gush; flood, violent outburst (of tears, grief, etc.); multitude; ***uma torrente de lágrimas*** a flood of tears; ***uma torrente de palavras*** a stream of words

torrentoso *adj.* torrent, rushing

torresmada *s. f.* [reg., Açor.] foolishness, silliness, folly, nonsense; stupidity, imbecility

torresmo *s. m.* crackling (the rind of roast pork); residues of burnt coal

torreta *s. f.* ⇒ **torrinha**

tórrido *adj.* torrid, scorching, burning; ***zona tórrida*** torrid zone

torrificação *s. f.* torrefying, torrefaction, roasting

torrificar *v. tr.* to torrefy, to roast, to scorch, to dry by fire

torrígero *adj.* turreted, turriculated

torrinha *s. f.* small turret; TEATRO box in the last tier; [pop.] peanut gallery, the gods

torriscar *v. tr.* to toast too much, to overtoast

torroada *s. f.* pile of clods; blow with a clod

torso Ⓐ *s. m.* torso (*plural* torsos) Ⓑ *adj.* twisted, crooked

torta *s. f.* tart (containing fruit or jam); pie (containing fruit or meat); ***torta de maçã*** apple-tart, apple-pie; ***torta de limão*** lemon-tart, lemon-pie; ***torta de frango*** chicken-pie

torteira *s. f.* patty-pan

torticeiro *adj.* unjust, unfair; dishonest

torticolo *s. m.* ⇒ **torcicolo**

tortilha *s. f.* small tart

torto *adj.* crooked, twisted, bent, curved, awry; askew, oblique; tortuous, winding; deformed, distorted; dishonest, unfair, deceitful; ***a torto e a direito*** at random, right and left, anyhow; ***torto das pernas*** bow-legged, bandy-legged; ***quem torto nasce tarde ou nunca se endireita*** what is bred in the bone will come out in the flesh; ***boca torta*** wry mouth

tortor *s. m.* NÁUTICA Spanish windlass

tortual *s. m.* lever (of a wine press)

tortueiral *s. m.* ⇒ **tortual**

tortulheira *s. f.* mushroom plot; (number of) shoots, sprouts, saplings; [fig.] crowd, throng, host, herd

tortulho *s. m.* BOTÂNICA mushroom, button mushroom; [fig.] stubby man

tortumelo *s. m.* bulge, protuberance; lump; swelling; tumour, wen

tortuosamente *adv.* tortuously, with turns and twists

tortuosidade *s. f.* tortuosity, sinuosity, winding, twist, turn

tortuoso *adj.* tortuous, crooked, full of twists, turns and windings, twisted, mazy, sinuous, winding, devious, curved; [fig.] crooked, perverse, deceitful, roundabout, ambiguous

tortura *s. f.* torsion, bend, twisting, curvature; [fig.] torture, pain, anguish, agony, torment, pang; ***instrumentos de tortura*** instruments of torture, rack

torturado *adj.* tortured, troubled, afflicted, tormented

torturante *adj.* torturing, excruciating, tormenting, distressing

torturar *v. tr.* to torture, to torment, to rack, to put to the rack; to distress, to afflict, to harass, to plague; ***a dúvida e o desespero torturavam-no*** doubt and despair tortured him; ***ser torturado*** to be put to (the) torture; ***estar torturado com dores*** to be tortured with pain, to be racked with pain

tórulo *s. m.* BOTÂNICA torula (*plural* torulae)

toruloso *adj.* torulose, torulous

torvação *s. f.* disquietude, perturbation, agitation, disorder, disturbance (of mind); apprehension, restleness; sullenness, moodiness, sulkiness

torvamento *s. m.* disquietude, perturbation, agitation, disorder, disturbance (of mind); apprehension, restleness; sullenness, moodiness, sulkiness

torvar Ⓐ *v. tr.* to disturb, to perturb, to upset, to agitate, to vex, to worry, to irritate Ⓑ *v. intr.* to become moody (sullen); to get irritated

torvelinhar *v. intr.* to whirl, to eddy

torvelinho *s. m.* whirl, eddy, vortex; whirlwind, whirlpool, swirl; ***andar num torvelinho*** to be in a whirl, to be always on the go

torvelino *s. m.* ⇒ **torvelinho**

torvidade *s. f.* fright, alarm, scare, severity, sternness, rigour, strictness; perturbation, disturbance; rage, fury, passion

torvo *adj.* stern, grim, ghastly, frightful, dreadful, terrific, grisly; moody, frowning

tosa *s. f.* thrashing, drubbing, beating, cudgelling; flogging, pounding, shearing (sheep); ***apanhar uma tosa*** to get a thrashing; ***dar uma tosa*** to give a dressing-down, to give a beating

tosador *s. m.* shearer; cudgeller

tosadura *s. f.* (sheep) shearing

tosão *s. m.* fleece; ***tosão de ouro*** the Golden Fleece

tosar *v. tr.* to shear, to clip, to fleece; to shear (cloth); [fig.] to nibble, to gnaw; to crop, to browse; to drub, to thrash, to beat, to cudgel, to cane, to flog

toscamente *adv.* coarsely, roughly

toscanejar *v. intr.* to doze, to drowse, to slumber, to be drowsy

toscano *s. m., adj.* Tuscan

toscar *v. tr.* [fam.] to catch sight of, to notice, to perceive, to see, to understand

tosco *adj.* coarse, rough, crude; unpolished, rude, uncouth, clumsy, awkward; unwrought, primitive

tosquenejar *v. intr.* ⇒ **toscanejar**

tosquia *s. f.* shearing, sheep-shearing; [fig.] critique, criticism, dressing-down, rebuke; ***tempo (época) da tosquia*** shearing-time

tosquiadeira *s. f.* shears

tosquiadela *s. f.* slight shearing; [fig.] rebuke, dressing-down

tosquiador *s. m.* shearer; sheepshearer

tosquiadora *s. f.* shearing-machine

tosquiadura *s. f.* ⇒ **tosquia**

tosquiar *v. tr.* to shear, to clip; to cut, to crop; ***ir buscar lã e ficar tosquiado*** to get as good as one gives, to go for wool and return shorn

tosse *s. f.* cough, coughing; hack, hem; ***ter muita tosse*** to have a bad cough; ***tosse convulsa*** whooping-cough, hooping-cough; ***tosse seca*** hacking cough, dry cough

tossegoso *adj.* coughing, troubled with cough; ⇒ **tosseguento**

tossegueira *s. f.* ⇒ **tosseira**

tosseguento *adj.* coughing

tosseira *s. f.* [pop.] dry cough, hacking cough

tossequeira *s. f.* ⌈pop.⌋ dry cough, hacking cough
tossicar *v. intr.* to hack, to cough repeatedly
tossidela *s. f.* coughing, cough, hack
tossido *s. m.* coughing
tossiquento *adj.* hacking, coughing
tossir *v. intr.* to cough; to cough up, to cough out, to clear the throat; ***tossir levemente*** to give a slight cough
tosta *s. f.* toast
tostadela *s. f.* toasting, roasting (slightly)
tostado *adj.* toasted, roasted (slightly); parched; sunburnt, tanned (by the sun)
tostadura *s. f.* toasting, roasting; parching
tostão *s. m.* Portuguese coin of 10 *centavos*
tostar Ⓐ *v. tr.* to toast, to roast brown; to parch; to dry (by the sun); to tan, to make brown Ⓑ *v. refl.* to become brown, to get a tan
total Ⓐ *adj.* total, entire, full, complete, absolute, utter Ⓑ *s. m.* total, whole, sum, lot; ***eclipse total*** total eclipse; ***soma total*** sum total; ***a perda total do navio*** the total loss of the ship; ***ruína total*** utter ruin
totalidade *s. f.* totality, the whole number, (sum, quantity) total, entirety; ***na totalidade*** in all; ***a totalidade dos lucros orçava por uns milhões de libras*** the total of their gains amounted to some millions of pounds
totalista *s. m. e f.* totalizator, totalizer
totalitário *adj.* totalitarian
totalitarismo *s. m.* totalitarianism
totalitarista *s. m. e f., adj.* totalitarian
totalização *s. f.* totalization
totalizador *s. m.* totalizator, totalizer
totalizar *v. tr.* to totalize, to find the total of; to add up, to amount to; to use a totalizer
totalmente *adv.* totally, wholly, utterly, entirely, completely; ***é totalmente impossível*** it is utterly impossible
tótem *s. m.* totem
tóteme *s. m.* ⇒ **tótem**
totémico Ⓐ *adj.* totemic, totemistic Ⓑ *s. m.* totemist
totemismo *s. m.* totemism
totipalmes *s. f. pl.* totipalmate
totipotente *adj.* totipotent
totó *s. m.* ⌈fam.⌋ little dog, pug, puppy, pup; ⌈reg.⌋ pig; *pl.* bunches; ***usar totós*** to wear the hair in bunches
totobola *s. m.* football betting game
totoloto *s. m.* public lotto
touca *s. f.* cap, hood, toque, bonnet
touça *s. f.* ⌈pop.⌋ wood, thicket; stem of sugar-cane
toucado *s. m.* hairdressing, coiffure, headdress
toucador *s. f.* dressing-table; dressing-room
toucar *v. tr.* to dress the hair; to adorn; to surmount
touceira *s. f.* large stump (of a tree); big stalk of a sugar-cane
touceiral *s. m.* thicket copse (coppice), brush, bush, tuft
toucinheiro *s. m.* pork-seller
toucinho *s. m.* uncured bacon, salted pork fat; ***uma manta de toucinho*** flitch of bacon; ***fatia fina de toucinho*** a rasher
touço *s. m.* beam (of a plough); ⌈pop.⌋ lard, bacon
toupeira *s. f.* ZOOLOGIA mole; ***pele de toupeira*** mole-skin
toura *s. f.* heifer, young cow
tourada *s. f.* bullfight; drove of bulls
toural *s. m.* cattle-market
tourão *s. m.* ZOOLOGIA polecat, wild ferret
touraria *s. f.* riot, tumult, uproar, row, brawl, quarrel
toureador *s. m.* bullfighter, toreador
tourear Ⓐ *v. intr.* to fight bulls Ⓑ *v. tr.* ⌈fig.⌋ to harass, to worry, to pester
toureio *s. m.* bullfighting, art of fighting bulls
toureiro Ⓐ *s. m.* bullfighter, toreador Ⓑ *adj.* bullfighting
tourejão *s. m.* axle pin
tourejar *v. tr.* ⇒ **tourear**
touriga *s. f.* variety of red grape
touril *s. m.* ox-stall, bull-cage
tourinha *s. f.* sham bull-fight
tourista *s. m.* ⇒ **toureiro**
touro *s. m.* bull; ***correr touros*** to fight bulls; ***arena de praça de touros*** bull-ring; ***touro bravo*** wild bull
Touro *s. m.* ASTRONOMIA, ASTROLOGIA Taurus
touta *s. f.* ⌈fam.⌋ head, nape, occiput
touteador Ⓐ *adj.* silly, foolish Ⓑ *s. m.* silly person, fool, simpleton
toutear *v. intr.* to talk foolishly; to play the fool
toutiçada *s. f.* blow on the nape (hindhead)
toutiço *s. m.* occiput, the back of the head; nape; ⌈fam.⌋ ***meter no toutiço*** to put (a thing) into a person's head, to cram
toutinegra *s. f.* ZOOLOGIA blackcap
toxemia *s. f.* ⇒ **toxicemia**
toxicar *v. tr.* to poison
toxicemia *s. f.* PATOLOGIA toxaemia (blood-poisoning)
toxicidade *s. f.* toxicity, poisonousness
tóxico Ⓐ *adj.* toxic; toxicant Ⓑ *s. m.* toxic drug, toxin
toxicodependência *s. f.* addiction; dependence on narcotic drugs
toxicodependente Ⓐ *s. m. e f.* drug addict Ⓑ *adj.* addicted to drugs
toxicofagia *s. f.* habit of ingesting small portions of a poison
toxicófago *s. m.* person who ingests small portions of a poison
toxicofobia *s. f.* toxiphobia; morbid fear of poison
toxicóforo *adj.* containing or carrying poison (toxic)
toxicógeno *adj.* producing poison
toxicografia *s. f.* a treatise on poison
toxicográfico *adj.* said of a treatise on toxins
toxicologia *s. f.* toxicology
toxicológico *adj.* toxicological
toxicologista *s. m. e f.* toxicologist
toxicólogo *s. m.* toxicologist
toxicomania *s. f.* toxicomania
toxicomaníaco *s. m.* toxicomaniac, drug addict
toxicómano *s. m.* toxicomaniac, drug addict
toxicopatia *s. f.* MEDICINA any disease caused by toxicants
toxicose *s. f.* MEDICINA toxicosis (*plural* toxicoses)
toxicotraficante *s. m. e f.* drug dealer, drug trafficker, pusher
toxicotráfico *s. m.* drug trafficking, drug dealing
toxidade *s. f.* ⇒ **toxicidade**
toxidermia *s. f.* toxidermatitis, toxidermitis
toxidérmico *adj.* toxidermic
toxígeno *adj.* ⇒ **toxicógeno**
toxina *s. f.* toxin; ***toxina celular*** cellular toxin; ***toxina intestinal*** intestinal toxin
toxinose *s. f.* ⇒ **toxicose**
toxiterapia *s. f.* toxitherapy
toxodontes *s. m. pl.* order of the toxodons; toxodonta
toxofilo *adj.* BOTÂNICA toxophil
toxofobia *s. f.* toxophobia; morbid fear of poison
toxúria *s. f.* uraemia, uremia
trabal *adj.* said of the nail used for fastening beams; ***prego trabal*** clasp-nail
trabalhadeira Ⓐ *adj.* laborious, diligent, industrious, active, painstaking, hard-working; unremitting Ⓑ *s. f.* industrious (hard-working) woman
trabalhado *adj.* elaborate, laboured, ornate, wrought; polished; well made; ***bem trabalhado*** well wrought
trabalhador Ⓐ *adj.* laborious, hard-working, diligent, industrious, painstaking, indefatigable Ⓑ *s. m.* worker, workman, labourer; ***trabalhador rural*** labourer; ***trabalhador agrícola*** farm hand; ***trabalhador de doca*** docker; ***tra-***

balhador de porto longshore man; ***trabalhador braçal*** manual worker; ***dia do trabalhador (1º de Maio)*** Labour Day

trabalhador-estudante *s. m.* worker student

trabalhão *s. m.* hard work, (heavy) tiring work, big job, drudgery

trabalhar Ⓐ *v. intr.* to work, to toil, to labour; to exert oneself, to strive, to struggle, to strain; to slave, to drudge; to operate, to function, to act; to be employed, to have regular occupation; to run (of a machine) Ⓑ *v. tr.* to shape, to mould; to form; to engrave, to carve, to work; ***trabalhar muito*** to work hard; ***trabalhar com vontade*** to work with a will; ***trabalhar numa fábrica*** to work in a factory; ***trabalhar para o bispo*** to work without reward, to have a thankless task; ***trabalhar a jornal*** to work by the day; ***trabalhar à hora*** to work by the hour; ***trabalhar de empreitada*** to work by contract, to do piece-work; ***trabalhar com persistência*** to peg away, to work unremittingly; ***trabalhar como um mouro*** to work like a Trojan, to work away; ***trabalhar arduamente*** to work doggedly; ***trabalhar em excesso*** to work oneself to a shadow; ***trabalhar sem descanso*** to be hard at work, to work without stopping; ***trabalhar em vão*** to plough the sands; ***fingir que trabalha*** to give eye-service, to pretend to work; ***trabalhar com grande energia*** to work like a horse; ***trabalhar sem ter os meios necessários*** to make bricks without straw; ***trabalhar alternadamente*** to work by turns; ***trabalhar horas extraordinárias*** to work overtime; ***só trabalha aos bocados*** he only works by snatches; ***trabalha ou terás necessidades*** work or want

trabalheira *s. f.* laborious (hard) work, drudgery, toil; ***que trabalheira!*** what a labour!, what an effort!

trabalhismo *s. m.* labourism

trabalhista Ⓐ *s. m. e f.* member of the Labour Party Ⓑ *adj.* labour; ***partido trabalhista*** Labour Party

trabalho *s. m.* work, toil, labour, drudgery, exertion, production, product, fruit, results; business, trade, occupation, job, office, function, task, employment; performance, show; piece of work; ***trabalho gratuito (feito por prazer)*** labour of love; ***passar trabalhos*** to undergo troubles, to rough it; ***passar (sofrer) muitos trabalhos*** to experience great hardship; ***trabalho escolar (feito em casa)*** homework; ***trabalho escolar*** school work; ***trabalho artístico*** art work; ***trabalho à hora*** work by the hour; ***trabalho de encomenda*** ordered work; ***trabalho de uma máquina*** work of an engine; ***trabalho excessivo*** overwork; ***trabalho remunerador*** profitable work; ***trabalhos preliminares*** preliminary operations; ***trabalho perdido*** waste of time, lost labour; [fig.] ***trabalho de sapa*** spade-work, underhand work; ***trabalho por tarefa, trabalho por empreitada*** piece-work, job-work; ***trabalho mecânico*** mechanical power; [fam.] ***companheiro de trabalho*** fellow-worker, mate; ***com muito trabalho*** with much difficulty; ***meter-se ao trabalho*** to set to work, to put one's shoulder to the wheel; ***trabalho à peça*** piece-work; ***trabalho manual*** handwork, handicraft; ***trabalho que não exige aprendizagem especial*** unskilled labour; ***trabalho especializado*** skilled labour; ***pagou a dívida com trabalho*** he has worked off his debt; ***o trabalho está bem feito*** the work is well done; ***está-lhe preparado o trabalho*** his work is cut out for him; ***estar ocupado com o seu trabalho*** to be at work; ***agarrar-se ao trabalho*** to stick to one's work; ***trabalho agradável*** sweet toil; ***dá muito trabalho*** it takes a lot of doing; ***meter-se em trabalhos*** to get into trouble, to get into deep water; ***amarrar-se ao trabalho*** to keep one's nose to the grindstone; ***trabalho de casa*** housework, household work, chores; ***trabalho imperfeito*** sloppy work, shoddy work; ***trabalho mal remunerado*** poorly paid work; ***não vale o trabalho nem a despesa*** it is not worth powder and shot; ***voltar à vida de trabalho*** to return to the plough; ***trabalhos forçados*** penal servitude, hard labour; ***trabalho de rotina*** routine work; ***não há atalho sem trabalho*** there's no short cut to success; ***pôr o trabalho em dia*** to catch up with one's work; ***trabalho que se faz com prazer*** work congenial to someone; ***não vale o trabalho que dá*** the game is not worth the candle; ***trabalho comum, trabalho de nenhum*** too many cooks spoil the broth; ***trabalho bem começado é meio caminho andado*** well begun is half done

trabalhosamente *adv.* laboriously, toilsomely, with difficulty; troublesomely, fatiguingly

trabalhoso *adj.* laborious, toilsome, hard, tiring, tiresome, painful, arduous, difficult

trábea *s. f.* trabea (*plural* trabeae)

trabécula *s. f.* trabecula, structure resembling a small beam or bar

trabeculado *adj.* trabeculate

trabeculoso *adj.* trabecular

trabelho *s. m.* wooden piece for tightening the hand-saw

trabucada *s. f.* shot with a trebuchet; noise caused by a trebuchet

trabucador *s. m.* industrious (diligent, hard-working) man

trabucar Ⓐ *v. tr.* to attack with a trebuchet; to sink (ships); to work noisily Ⓑ *v. intr.* to sink (of a ship); to work hard; to busy oneself; ***quem não trabuca, não manduca*** no work, no pay; he cannot eat who does no work

trabuco *s. m.* trebuchet

trabular *v. tr.* to saw, to cut with a saw

trabulo *s. m.* saw (with a grip at each end)

trabuquete *s. m.* small trebuchet

trabuzana *s. f.* [fam.] storm; illness; drunkenness; surfeit; scolding

trabuzanada *s. f.* violent storm; drunkenness; surfeit; row; scolding, rebuke, reprehension

traça *s. f.* ZOOLOGIA moth, clothes-moth; book-worm; plan, scheme, outline, sketch, draft; cunning, craft, trick; hunger; ***roído da traça*** moth-eaten

traçado Ⓐ *adj.* moth-eaten; eaten; delineated; marked out Ⓑ *s. m.* outline, plan, sketch, draught, [E. U. A.] draft, layout; ***traçado das cidades*** town planning; ***traçado e construção das estradas*** highway planning and building

traçador *s. m.* sketcher, draughtsman, [E. U. A.] draftsman, designer

traçalhão *s. m.* [reg.] big piece of bread and meat; [pop.] fine woman

tracalhaz *s. m.* [pop.] big slice, big lump; hunk, chump, chunk

traçamento *s. m.* plan, scheme, sketch, outline, layout

tracanaço *s. m.* ⇒ **tracalhaz**

tracanaz *s. m.* ⇒ **tracalhaz**

traçar Ⓐ *v. tr.* to trace, to trace out, to outline, to draw, to sketch, to delineate, to mark out (with lines); to lay out, to mark out (plans of buildings); to plan, to project, to scheme; to rule, to line; to cut up, to cut to pieces Ⓑ *v. refl.* to be moth-eaten; ***traçar a capa (estudantes)*** to tuck up one's gown (students); ***traçar um plano*** to draw a plan; ***traçar uma perpendicular*** to draw a perpendicular (line); ***traçar o perfil*** to draw the profile; NÁUTICA ***traçar a rota*** to shape a course

tracção *s. f.* traction, drawing, pulling, pull, draught, hauling, tension, contraction; ***de tracção*** tensile; ***luta de tracção*** tensile test; ***tracção eléctrica*** electric traction

tracejado Ⓐ *adj.* hatched Ⓑ *s. m.* ⇒ **tracejamento**

tracejamento *s. m.* sketching, outlining, delineating, delineation, laying out; dotting

tracejar *v. tr. e intr.* to draw, to sketch, to delineate, to outline; to trace; to line, to rule, to draw lines, to hatch

tracista *s. m. e f.* tracer, designer, draughtsman

traço *s. m.* line (traced); dash; stroke (of a pen, pencil, brush); trace, mark; track, trail, footstep, vestige, sign, indication; feature, trait, aspect, touch; ***traço de união*** hyphen; ***traços de família*** family features; ***traço de referência*** mark, reference mark

tracóide *s. m.* BOTÂNICA tracheid, tracheide

tracoma *s. m.* MEDICINA trachoma

tracomatoso *adj.* trachomatous
tracto *s. m.* tract, expanse
tractor *s. m.* tractor, traction-engine; ***tractor agrícola*** farm tractor; ***tractor eléctrico*** electric tractor
tractório *adj.* tractive
tractorista *s. m. e f.* tractor driver
tradear *v. tr.* to bore (with an auger)
tradela *s. f.* [pop.] ⇒ **verruma**
tradescância *s. f.* BOTÂNICA spiderwort
tradição *s. f.* tradition, usage, custom; ***tradições populares*** folklore; ***transmitido pela tradição*** handed down by tradition; ***conservar as tradições de família*** to keep up the family traditions
tradicional *adj.* traditional, traditionary, customary, habitual
tradicionalismo *s. m.* traditionalism
tradicionalista Ⓐ *s. m. e f.* traditionalist Ⓑ *adj.* traditionary; traditional
tradicionalmente *adv.* traditionally, by tradition
tradicionário *s. m., adj.* ⇒ **tradicionalista**
trado *s. m.* auger, boring-tool; ***trado de carpinteiro*** auger
tradução *s. f.* translation, translating, version; [fig.] meaning, interpretation, explanation; image; ***fazer traduções*** to do translations; ***a tradução está bem feita*** the translation is well done; ***tradução literal*** literal translation
tradutor *s. m.* translator; interpreter; ***tradutor juramentado*** legally recognized translator
traduzibilidade *s. f.* translatability
traduzir *v. tr.* to translate, to render, to turn into; [fig.] to represent, to portray, to interpret, to express; ***traduzir para outra língua*** to translate into another language, to render into another language, to turn from one language into another; ***quer traduzir-me isto para francês?*** will you translate this for me into French?, will you turn this for me into French?; ***traduzir para inglês*** to put into English; ***traduzir inglês para português*** to turn English into Portuguese
traduzível *adj.* translatable
trafegar *v. intr.* to traffic, to negociate, to trade; to labour, to toil, to work hard
tráfego *s. m.* traffic, transportation, transport; business, trade, commerce; [fig.] work, toil, labour, drudgery; ***afluência de tráfego*** pressure of traffic; ***tráfego aéreo*** air traffic; ***tráfego aéreo de passageiros*** air passenger service; ***tráfego marítimo*** sea traffic
trafeguear *v. intr.* ⇒ **trafegar**
traficância *s. f.* roguery, knavery, rascality, swindling
traficante Ⓐ *s. m.* rogue, knave, swindler, crook, rascal Ⓑ *adj.* roguish, knavish, dishonest, deceitful
traficar *v. tr. e intr.* to traffic, to trade (in goods), to barter, to deal (in merchandise); [pop.] to deal fraudulently, to swindle, to cheat
tráfico *s. m.* traffic, trade, commerce, barter, business; shady business; ***aberto ao tráfico (público)*** open to public traffic; ***tráfico de passageiros*** passenger traffic; ***tráfico de automóveis*** motor traffic; ***tráfico de drogas*** drug traffic(king)
trafogueiro *s. m.* ⇒ **trasfogueiro**
trafulha *s. m. e f.* cheat, trickster, rogue, swindler, sharper, knave
trafulhice *s. f.* trick, fraud, blind, catch, swindle, deceit, bit of knavery
tragacanta *s. f.* BOTÂNICA tragacanth; ***goma de tragacanta*** gum tragacanth
tragacanto *s. m.* BOTÂNICA tragacanth
tragada *s. f.* draft, draught; pull
tragadeiro *s. m.* [pop.] gullet; gulf; whirlpool, eddy, vortex
tragadoiro *s. m.* ⇒ **tragadouro**
tragador Ⓐ *s. m.* glutton, devourer Ⓑ *adj.* devouring, swallowing
tragadouro *s. m.* abyss, bottomless chasm, gulf; whirlpool, eddy, vortex
tragamento *s. m.* swallowing, engulfing
traga-moiros *s. m.* bully, blusterer; browbeater
traga-mouros *s. m.* bully, blusterer; browbeater
tragar *v. tr.* to swallow, to absorb, to engulf; to gulp down, to gorge, to devour; [fig.] to tolerate, to put up with, to receive (patiently), to suffer; ***ele foi tragado pelas ondas*** he was sucked down by the waves, the waves swallowed him up
tragável *adj.* swallowable, absorbable, eatable, edible; [fig.] endurable
tragaz *adj.* eager, greedy, anxious, avid
tragédia *s. f.* tragedy, calamity, disaster, catastrophe; ***a viagem foi uma verdadeira tragédia*** the journey was an absolute tragedy; ***tragédia sangrenta*** a bloody tragedy, a fatal tragedy
tragediar *v. tr.* to turn into tragedy, to tragedize
tragedifarsa *s. f.* tragifarce
tragediógrafo *s. m.* tragedian (writer of tragedies)
trágica *s. f.* tragedienne, tragic actress
tragicamente *adv.* tragically, calamitously
trágico Ⓐ *adj.* tragic, calamitous, mournful, disastrous, shocking, terrible Ⓑ *s. m.* tragedian, writer of tragedies; tragic actor; ***uma cena trágica*** a tragic scene
trágico-marítimo *adj.* referring to tragic events occurred at sea
tragicomédia *s. f.* tragicomedy
tragicómico *adj.* tragicomic
trago *s. m.* draught, gulp; pull, swing; bad accident; misfortune; ***de um trago*** at one gulp; ***engolir de um trago*** to swallow at (in) one gulp
traição *s. f.* treason, betrayal, mistrust, treachery, perfidy, falseness, double-dealing, breach of faith, disloyalty; [fig.] trap, snare, pitfall; ***crime de alta traição*** high treason; ***essa pergunta é uma traição*** that question is a trap
traiçoeiramente *adv.* treacherously
traiçoeiro *adj.* treacherous, traitorous, disloyal, false, faithless, insidious, deceitful, perfidious, treasonable, betraying; unreliable, unsafe; ***memória traiçoeira*** treacherous memory; ***tempo traiçoeiro*** treacherous weather
traidor Ⓐ *s. m.* traitor, betrayer, deceiver, renegade, turncoat, Judas, snake in the grass Ⓑ *adj.* ⇒ **traiçoeiro**
traimento *s. m.* ⇒ **traição**
traina *s. f.* sardine-net
traineira *s. f.* trawler, trawl-boat; ***traineira a vapor*** steam-trawler
trair Ⓐ *v. tr.* to betray, to deliver up, to give up treacherously, to give over to the foe; to double-cross, to be disloyal to, to be false to; to reveal treacherously, to reveal involuntarily, to give away; to lead astray, to mislead, to lure, to ensnare, to entrap; to violate, to infringe, to transgress Ⓑ *v. refl.* to betray oneself, to give oneself away
traíra *s. f.* a species of voracious fresh-water fish
trajadura *s. f.* ⇒ **traje**; variety of white grape
trajar *v. tr. e intr.* to dress, to wear, to be clothed; to array oneself; ***trajar de luto*** to wear mourning; ***trajar bem*** to dress well; ***trajar mal*** to dress badly; ***trajar de branco*** to wear white clothes
traje *s. m.* dress, clothes, costume, apparel, garb, attire, raiment, garments; ***em traje domingueiro*** in one's Sunday best, in one's Sunday clothes; ***traje ordinário*** everyday dress; ***traje de fantasia*** fancy dress; ***traje de cerimónia*** full dress, evening dress, formal dress; ***traje de noite*** evening dress; ***em trajes menores*** in smalls, in underwear
trajecto *s. m.* way, road, route, course, passage, track, distance, stretch; journey
trajectória *s. f.* trajectory, course
trajo *s. m.* ⇒ **traje**
tralha *s. f.* "tralha" (small fishing-net); gear, luggage, kit; NÁUTICA bolt-rope; [pop.] rubbish, trash; ***onde vais com toda essa tralha?*** where are you off to with all that gear?; ***toda a tralha*** bag and baggage, luggage and kit; NÁUTICA ***tralha da testa ou da valuma*** leech-rope; ***tralha de gurutil*** head-rope; ***tralha da esteira*** foot-rope

tralhar *v. tr. e intr.* to cast the "tralha", to fish with the "tralha"
tralho *s. m.* small fishing-net
tralhoada *s. f.* confusion, medley, miscellany, jumble
trama *s. m. e f.* woof, weft, cross threads of web-texture; plot, intrigue, secret scheme
tramado *adj.* woofed; wefted; [pop.] done for, taken in, swindled
tramador *s. m.* weaver; plotter, intriguer
tramaga *s. f.* ⇒ **tramagueira**
tramagal *s. m.* growth of mountain ash
tramagueira *s. f.* rowan, rowan tree, mountain ash
tramar *v. tr.* to weave; to lace, to twine, to braid, to mat; to plot, to scheme, to intrigue, to devise secretly
trambalazana *s. m. e f.* fool, moon-calf, idiot
trambecar *v. intr.* to stagger, to totter
trambelho *s. m.* ⇒ **trabelho**
trambicar Ⓐ *v. tr.* to swindle, to cause damage Ⓑ *v. intr.* to send away with contempt Ⓒ *v. refl.* to harm oneself
trambolhada *s. f.* a lot of things, bunch; tumble, fall
trambolhão *s. m.* tumble, fall, tumbling down; ***dar um trambolhão*** to come a cropper; ***andar aos trambolhões*** to stumble along
trambolhar *v. intr.* to tumble down, to go stumbling along; to fall down; [fam.] to jabber, to stammer, to stutter, to falter
trambolho *s. m.* clog, tether; encumbrance, hindrance, burden; heavy person
tramela *s. f.* ⇒ **taramela**
tramelo *s. m.* little mouse; naughty little boy, scamp, imp
tramitação *s. f.* set of legal requirements necessary for the formation of a process
tramitar *v. intr.* to go through the procedure
trâmite *s. m.* path, course, way; *pl.* means, procedure, formalities, way, course; ***seguir os seus trâmites*** to go one's own way; ***seguir os trâmites legais*** to follow the order of procedure
tramo *s. m.* span (of a bridge); space between two roof trusses; each of the parts in which is divided
tramóia *s. f.* [fam.] intrigue, plot; trick, swindle
tramolhada *s. f.* slough, bog, marsh, fen
tramontana *s. f.* north wind; pole-star, North Star; direction, orientation, guidance; ***perder a tramontana*** to lose one's bearings, to be at a loss, to be bewildered, to stand nonplussed
tramontar *v. intr.* to pass beyond the mountains; to set (the sun) beyond the mountains
trampa *s. f.* dung, shit; [fig.] rubbish, rot
trampão Ⓐ *s. m.* swindler, cheater, trickster Ⓑ *adj.* swindling, cheating
trampear *v. tr. e intr.* to swindle, to cheat, to deceive
trampista *s. m. e f.* ⇒ **trampão**
trampolim *s. m.* spring-board, leaping-board, jumping-board; ***trampolim para mergulhar*** diving-board
trampolina *s. f.* [pop.] cheat, trick, knavery, swindle
trampolinagem *s. f.* trickery, cheating, swindle
trampolinar *v. intr.* [pop.] to cheat, to take in, to swindle
trampolineiro *s. m.* trickster, deceiver, cheat, swindler
trampolinice *s. f.* deceit, cheating, cheat, trickery, imposture, deception
trampolinista *s. m. e f.* ⇒ **trampolineiro**
tramposo *adj.* dirty, filthy; nauseating, sickening
trâmuei *s. m.* tramway; local (suburban) train
tranar *v. tr.* to swim across
tranca *s. f.* bar, transverse-bar, crossbar; espagnolette, fastening of French window; cudgel, thick stick; NÁUTICA ***tranca de escotilha*** hatch batten, batten (of hatchway)
trança *s. f.* plait, braid (of hair, etc.)
trancada *s. f.* stroke (blow) with a bar; hair-ribbon
trancado *adj.* bolted, fastened with bars, barred; cancelled, crossed out; null and void
trançado Ⓐ *adj.* plaited, braided Ⓑ *s. m.* braided (plaited) hair; ribbon (for the hair)
trancafiar *v. tr.* to seize, to grasp; to arrest, to imprison, to put into gaol, to shut up, to place behind the bars
trancafio *s. m.* shoemaker's thread, string; NÁUTICA lash
trancalho *s. m.* bough, branch (of a tree)
trancamento *s. m.* barring, bolting
trancanaz *s. m.* ⇒ **tracalhaz**
trancão *s. m.* large cross-bar
trancar *v. tr.* to bar, to fasten with a bar, to bolt; to lock, to shut up; to arrest, to imprison, to lock up, to put under lock and key, to place behind the bars; [fig.] to wind up, to finish, to cancel; to stop, to bar, to prevent; to cross (with a line), to criss-cross; ***trancar as portas*** to bolt the doors; NÁUTICA ***trancar o leme*** to put over the rudder
trançar *v. tr.* to plait, to braid, to twist, to interlace
trancaria *s. f.* great quantity of bars
tranca-ruas *s. m.* bully
tranca-trilhos *s. m.* gate (at a railway crossing)
trancelim *s. m.* thin gold chain; gold braid; small plait (of hair)
trancha *s. f.* tinsmith's edging tool
tranchar *v. tr.* to cut short, to cut close
trancinha *s. f.* little (small) plait
tranco *s. m.* bump, jolt; slow trot
trangalhandanças *s. m. e f.* [coloq.] a tall and awkward person, a gawk, a lout
trangalhão *s. m.* badly dressed man
trangalho *s. m.* log of wood; heavy person
trangalomango *s. m.* ⇒ **tranglomanglo**
tranganho *s. m.* ⇒ **trangalho**
tranglomanglo *s. m.* sortilege, witchery, witchcraft, sorcery
trangola *s. m.* very tall, thin man; long-legs
trangolomango *s. m.* ⇒ **tranglomanglo**
trangomango *s. m.* ⇒ **tranglomanglo**
tranquear *v. tr.* ⇒ **trancar**
tranqueira *s. f.* stockade, palisade, fence of stakes; ⇒ **tranca**
tranqueiro *s. m.* wooden prop (for a log that is being sawed)
tranqueta *s. f.* latch, door-latch, window-latch; bolt, catch, pawl; little crossbar
tranquia *s. f.* ⇒ **tranqueira**
tranquibernar *v. intr.* to trick, to cheat
tranquiberneiro Ⓐ *adj.* cheating Ⓑ *s. m.* trickster, cheat
tranquibérnia *s. f.* fraud, deceit, cheat
tranquiberniar *v. intr.* ⇒ **tranquibernar**
tranquibernice *s. f.* ⇒ **tranquibérnia**
tranquilamente *adv.* tranquilly, calmly, quietly, peacefully; leisurely
tranquilha *s. f.* small bar; pin; bolt (in watches); ⇒ **tranqueta**
tranquilheiro *s. m.* ⇒ **tranquiberneiro**
tranquilidade *s. f.* tranquillity, quietness, peacefulness, calmness, peace, serenity, composure; leisure, placidity, ease; ***dias de tranquilidade*** halcyon days
tranquilizador Ⓐ *s. m.* tranquillizer Ⓑ *adj.* tranquillizing; reassuring; lulling
tranquilizante *s. m. e f., adj.* ⇒ **tranquilizador**
tranquilizar Ⓐ *v. tr.* to tranquillize, to calm (down), to quieten, to appease, to make tranquil; to allay (of pain, anxiety, etc.); to set at ease, to reassure Ⓑ *v. refl.* to become tranquil; ***tranquilizar o espírito*** to set one's mind at ease, to set one's mind at rest; ***tranquilizar alguém*** to set a person at rest, to reassure a person
tranquilo *adj.* tranquil, calm, still, placid, peaceful, quiet, serene, undisturbed, unperturbed, unruffled, unmoved,

untroubled; ***não posso estar tranquilo a esse respeito*** I cannot make myself easy about it; ***águas tranquilas*** still waters; ***tinha o espírito tranquilo*** he preserved a tranquil mind; ***vida tranquila*** a tranquil life; ***deixe-me tranquilo*** leave me alone

tranquitana *s. f.* ⇒ **traquitana**

transacção *s. f.* transaction, agreement, affair, deed, negotiation, proceeding, business; deal, dealing; ***fazer transacções comerciais*** to do business, to make (or to effect) business transactions; ***está ocupado com várias transacções*** he is engaged in various transactions; ***fazem-se transacções*** dealings take place; ***transacções locais*** local business; ***transacções recíprocas*** mutual dealings, mutual transactions; ***mais vale uma má transacção do que uma boa demanda*** a lean agreement is better than a fat law-suit

transaccionador *s. m.* transactor, dealer, negotiator, intermediary, go-between

transaccional *adj.* transactional

transaccionar *v. intr.* to transact, to carry through (business or negotiations), to perform (to negotiate) business (transactions)

transaccionista *s. m. e f.* ⇒ **transaccionador**

transacto *adj.* past, former, previous; COMÉRCIO ult.

transactor *s. m.* ⇒ **transaccionador**

transalpino *adj.* transalpine, beyond the Alps

transar Ⓐ *v. tr.* [coloq., Bras.] to arrange, to plan Ⓑ *v. intr.* [coloq., Bras.] to make out, to have sex

transatlântico Ⓐ *adj.* transatlantic Ⓑ *s. m.* transatlantic liner; [fam.] ocean greyhound; ***paquete transatlântico*** transatlantic liner, ocean greyhound

transbordador *s. m.* transhipping-crane

transbordante *adj.* overflowing, brimful

transbordar *v. intr.* to overflow, to overrun, to run over, to spill over; to overspread; to tranship, to transfer (cargo, person); ***transbordar passageiros*** to tranship passengers; ***transbordar mercadorias*** to tranship goods

transbordo *s. m.* overflow, overflowing; flooding, inundation; transhipment, transfer, change; ***transbordo de passageiros*** transhipment of passengers

transcaspiano *adj.* trans-Caspian

transcendência *s. f.* transcendence, transcendency, superior excellency, marked superiority

transcendental *adj.* transcendental

transcendentalismo *s. m.* transcendentalism

transcendentalista *s. m. e f.* transcendentalist

transcendentalizar *v. tr.* to transcendentalize

transcendentalmente *adv.* transcendentally

transcendente *adj.* transcendent, superior, surpassing, exceeding, pre-eminent, unequalled, unparalleled, unrivalled, unsurpassed, supreme in excellence

transcender Ⓐ *v. tr.* to transcend, to go beyond, to overpass, to overtop, to surpass, to excel, to exceed, to surmount, to outstrip Ⓑ *v. intr.* to be superior to, to rise above

transcensão *s. f.* transcendence

transcoação *s. f.* infiltration, percolation

transcoar *v. tr. e intr.* to strain, to filter, to transude, to ooze, to transpire, to pass out through the pores

transcolação *s. f.* ⇒ **transcoação**

transcolar *v. tr. e intr.* ⇒ **transcoar**

transcondutância *s. f.* ELECTRICIDADE transconductance

transcontinental *adj.* transcontinental

transcorrência *s. f.* course, duration

transcorrente *adj.* transcurrent

transcorrer *v. intr.* to elapse, to go by, to slip past, to glide away

transcorvo *adj.* said of the horse whose fore legs are not completely straight

transcrever *v. tr.* to transcribe, to copy out, to write out, to write down; [fig.] to defer, to postpone; to translate

transcrição *s. f.* transcription, copy, transcript

transcrito Ⓐ *adj.* transcribed, copied out; translated Ⓑ *s. m.* transcript, written copy; translation

transcritor *s. m.* transcriber

transcurar *v. tr.* to neglect, to lay aside, to overlook, to ignore, to disregard

transcursão *s. f.* course, lapse, passage (of time)

transcursar *v. tr. e intr.* to slip away, to glide away, to pass away, to go beyond

transcurso Ⓐ *s. m.* course, lapse, passage (of time) Ⓑ *adj.* elapsed, passed, passed farther on; ***transcurso da vida*** course of life

transcurvo *adj.* ⇒ **transcorvo**

transdanubiano *adj.* trans-Danubian

transdução *s. f.* transduction, bringing across

transdutor *s. m.* FÍSICA transducer

transe *s. m.* trance; anguish, acute suffering, mental pain, distress; predicament, crisis; ***a todo o transe*** at all hazards, at any cost

transecular *adj.* through centuries, through ages

transeptal *adj.* transept

transepto *s. m.* transept

transequatorial *adj.* transequatorial

transeunte Ⓐ *s. m.* passer-by Ⓑ *adj.* transient, transitory, passing

transexual *s. m. e f., adj.* transsexual

transexualidade *s. f.* transsexuality

transexualismo *s. m.* transsexualism

transferência *s. f.* transfer, transference, conveyance, transferring, removal, change, shift; ***pedir a transferência para outra terra*** to ask to be transferred to another place; ***transferência de acções*** transfer of shares; ***transferência de crédito*** transfer of credit

transferidor *s. m.* transferrer; protractor (instrument for measuring angles); transferor

transferir Ⓐ *v. tr.* to transfer, to change, to shift, to remove; to convey, to transport; to make over possession (of property to a person); to transmit; to put off, to postpone, to defer, to adjourn Ⓑ *v. refl.* to move away, to shift; ***transferir uma propriedade*** to transfer (to convey) a property; ***transferir acções*** to transfer stocks (shares)

transferível *adj.* transferable

transfiguração *s. f.* transfiguration

transfigurador Ⓐ *adj.* transfiguring Ⓑ *s. m.* one who transfigures

transfigurar *v. tr.* to transfigure, to transform, to transmute, to alter (to change) the appearance of

transfigurável *adj.* that may be transfigured

transfiltrar *v. tr.* to filter, to strain, to filtrate, to percolate; to ooze, to transude

transfixação *s. f.* transfixion, piercing through

transfixão *s. f.* MEDICINA transfixion

transfixar *v. tr.* to transfix, to pierce through, to transpierce, to impale, to pin, to broach

transformação *s. f.* transformation, alteration, change, modification

transformado *adj.* transformed, changed, altered, modified

transformador Ⓐ *adj.* transforming, changing, altering, modifying Ⓑ *s. m.* transformer; ***transformador eléctrico*** transformer; ***transformador de corrente*** current transformer

transformante *adj.* transforming, changing, altering, modifying

transformar *v. tr. e refl.* to transform, to change, to alter, to remodel; to transmute; to transfigure, to metamorphose; to convert, to turn (into); to be transformed, to be transmuted; ***a lagarta transforma-se em borboleta*** the caterpillar is transformed into a butterfly; ***transformar um chapéu*** to alter a hat; ***transformar um vestido*** to alter a dress, to

remodel a frock; ***transformar uma casa pequena num palácio*** to transform a cottage into a mansion; MATEMÁTICA ***transformar por cálculo*** to transform by reckoning
transformativo *adj.* transformative, transforming
transformável *adj.* transformable, alterable, changeable
transformismo *s. m.* transformism
transformista Ⓐ *s. m. e f.* transformist Ⓑ *adj.* transformistic
transfretano *adj.* beyond the strait of Gibraltar; ultramarine, overseas
transfretar *v. tr.* to ship overseas
trânsfuga *s. m. e f.* deserter, runaway; turncoat
transfúgio *s. m.* desertion, deserting
transfugir *v. intr.* to desert, to flee, to run away
transfunctório *adj.* carelessly made (done)
transfundir Ⓐ *v. tr.* to transfuse, to convey, to transfer (liquid from one vessel to another); to transmit, to pour; to instil; to spread Ⓑ *v. refl.* to turn into; to be transformed, to be transmuted
transfusão *s. f.* transfusion; ***transfusão de sangue*** blood transfusion
transgangético *adj.* trans-Gangetic
transgredir *v. tr.* to transgress, to infringe, to violate, to break, to offend, to trespass; to go beyond, to exceed; ***transgredir a lei*** to transgress the law, to break the law; ***transgredir um regulamento*** to break a regulation (or a rule)
transgressão *s. f.* transgression, infringement, violation, offence, trespass; ***transgressão da lei*** infringement of the law
transgressivo *adj.* transgressive
transgressor *s. m.* transgressor, infringer, violator, offender, lawbreaker, trespasser; ***os transgressores serão processados*** trespassers will be prosecuted
transiberiano *adj.* trans-Siberian
transição *s. f.* transition, change, passage, shift, shifting; ***uma transição gradual de um clima tropical para um clima frio*** a gradual transition (shifting) from a tropical to a cold climate; ***um período de transição*** a period of transition; ***uma transição repentina*** a sudden transition (shift, change)
transido *adj.* chilled, shivering, numb, benumbed, worn-out (with anguish or grief); ***transido de frio*** frozen stiff; ***transido de medo*** shivering with fear (fright)
transigência *s. f.* compromise, condescension, compliance, consent, tolerance, indulgence, broad-mindedness
transigente *adj.* compromising, condescending, compliant, yielding, indulgent, broad-minded
transigir *v. tr. e intr.* to condescend, to acquiesce, to compound, to agree, to make terms, to come to terms, to compromise, to yield
transigível *adj.* that can be compromised
transilvano *s. m., adj.* Transylvanian
transir Ⓐ *v. tr.* to pass through, to penetrate; [fig.] to stun, to terrify, to scare Ⓑ *v. intr.* to be benumbed, to chill (with cold), to tremble (all over) from fear; ***transir-se de frio*** to be frozen stiff; ***transir-se de medo*** to snake in one's shoes
transistor *s. m.* transistor
transistorizado *adj.* ELECTRICIDADE transistorized
transistorizar *v. tr.* ELECTRICIDADE to transistorize
transitabilidade *s. f.* passableness; practicability, usability
transitar *v. intr.* to pass, to pass through, to go through; to travel through (to pass by) a place; to journey, to travel; to change (state or condition); (of a pupil) to be transferred, to be moved up; ***transitar à classe seguinte*** to be moved up, to move up to a higher (the next) form; ***transitar em julgado*** to become an executory sentence
transitário *s. m.* forwarding agent, transport agent
transitável *adj.* passable, practicable, usable; ***uma estrada transitável*** a practicable (passable) road
transitivamente *adv.* transitively
transitivar *v. tr.* to give a transitive form to
transitivo *adj.* GRAMÁTICA transitive; ***verbo transitivo*** transitive verb
trânsito *s. m.* transit, passage, going; conveyance, conveying; traffic; crowds of people (in the street); [fig.] death, demise, passing away; ***rua de muito trânsito*** a busy street; ***em trânsito*** in passage; ***passageiros em trânsito*** transit passengers; ***direitos de trânsito*** transit duty; ***mercadorias em trânsito*** transit goods; ***o polícia regula o trânsito*** the policeman controls the traffic; ***rua de trânsito (sentido) único*** one-way street
transitoriamente *adv.* transitorily, temporarily, for a time only, for the time being
transitoriedade *s. f.* transitoriness
transitório *adj.* transitory, fleeting, evanescent, unstable, transient, ephemeral, passing, momentary, fugitive, brief
transjordânico *adj.* Transjordanian
transjordano *adj.* Transjordanian
transjugar *v. tr.* to cross over (mountains)
transjurano *adj.* trans-Jura
translação *s. f.* removal; metaphor; version, translation; FÍSICA translation
transladação *s. f.* ⇒ **trasladação**
transladar *v. tr.* ⇒ **trasladar**
translatício *adj.* metaphoric, figurative
translativo *adj.* translative
translato *adj.* metaphorical; figurative; transferred, removed
translator *s. m.* translator
translineação *s. f.* splitting (of word) to next line
translinear *v. tr.* to split (word) to next line
transliteração *s. f.* transliteration
transliterar *v. tr.* to transliterate
translucidar *v. tr.* to make translucent (translucid)
translucidez *s. f.* translucence, translucency; pellucidity
translúcido *adj.* translucent, partially transparent, semi-transparent
translumbrar *v. tr.* to dazzle
transluzente *adj.* translucent
transluzir Ⓐ *v. intr.* to shine through, to appear through; to be translucent, to glimmer through; to be obvious, to appear Ⓑ *v. tr.* to reveal, to reflect
transmalhar *v. tr.* ⇒ **tresmalhar**
transmarino *adj.* transmarine, overseas, beyond the sea
transmeabilidade *s. f.* permeability
transmear *v. tr. e intr.* to permeate, to penetrate; to perspire, to sweat, to exude
transmeável *adj.* permeable
transmigração *s. f.* transmigration; metempsychosis
transmigrador Ⓐ *s. m.* transmigrator Ⓑ *adj.* transmigrant
transmigrante *adj.* transmigrant, transmigratory
transmigrar Ⓐ *v. intr.* to transmigrate, to migrate from one country to another; (of the soul) to pass into another body Ⓑ *v. tr.* to cause a person to migrate (to move)
transmigratório *adj.* transmigratory
transmissão *s. f.* transmission; DIREITO ***direitos de transmissão*** death duties; ***transmissão de movimento*** gear, transmission, gearing, motion; ***transmissão radiofónica*** radio broadcasting, wireless transmission; ***transmissão de pensamento*** thought transfer, telepathy; ***transmissão do calor*** heat-transmission; ***transmissão hidráulica*** fluid drive; ***engrenagem de transmissão*** transmission gear wheel; ***transmissão ao vivo*** live broadcast
transmissário *s. m.* DIREITO transmitter, transferrer
transmissibilidade *s. f.* transmissibility, possibility of being transmitted
transmissível *adj.* transmissible; ***doença sexualmente transmissível*** sexually transmitted disease

transmissivo *adj.* transmissive, transferable, transmitting
transmissor Ⓐ *s. m.* transmitter Ⓑ *adj.* transmitting; ***transmissores de doença*** disease-carriers; ***transmissor radiotelefónico*** radio-telephonic transmitter
transmissório *adj.* ⇒ **transmissor**
transmitir Ⓐ *v. tr.* to transmit, to pass on, to convey, to communicate, to tell, to impart, to deliver, to give; to hand over, to hand on, to hand down; to send, to forward; to broadcast Ⓑ *v. refl.* to spread, to extend; ***transmitirá o título aos seus descendentes*** he will transmit the title to his descendants; ***transmitir uma ordem*** to send on an order; ***transmitir um pedido de comunicação*** to pass a booking; ***transmitir pelo telefone*** to transmit by phone; ***transmitido pela tradição*** handed down by tradition; ***a B. B. C. transmitiu a conferência ontem à noite*** the B. B. C. broadcasted the talk last night
transmontanismo *s. m.* ⇒ **trasmontanismo**
transmontano *s. m., adj.* ⇒ **trasmontano**
transmontar *v. intr.* to disappear beyond the mountains; to exceed
transmover *v. tr.* to remove, to take away, to carry away
transmudação *s. f.* transmutation, transmuting, transformation, change
transmudar *v. tr.* to transmute, to change from one form (nature, substance) into another; to transform, to change, to alter, to transform
transmudável *adj.* ⇒ **transmutável**
transmutabilidade *s. f.* transmutability
transmutação *s. f.* ⇒ **transmudação**
transmutar *v. tr.* to transmute, to transform, to change, to alter
transmutativo *adj.* transmutative
transmutável *adj.* transmutable
transnadar *v. tr.* to swim across
transnavegar *v. intr.* to sail across
transnominação *s. f.* metonymy
transnominar *v. intr.* to use metonymies
transobjectivo *adj.* factitive, causative
transoceânico *adj.* transoceanic, beyond the ocean, overseas
transónico *adj.* AERONÁUTICA transonic
transordinário *adj.* ⇒ **extraordinário**
transpadano *adj.* transpadane, lying beyond the river Po (Italy)
transparecer *v. intr.* to appear through, to show through; to shine through; [fig.] to become manifest, to manifest itself, to reveal itself
transparência *s. f.* transparency, transparence, clearness, limpidness, pellucidity
transparentar Ⓐ *v. tr.* to make transparent, to make evident, to make obvious Ⓑ *v. intr.* to become transparent; to become obvious
transparente Ⓐ *adj.* transparent, pellucid, clear, diaphanous; patent, obvious, manifest Ⓑ *s. m.* transparent fabric; ***tecido transparente*** transparent fabric
transparentemente *adv.* transparently
transpassação *s. f.* passing over, overstepping, crossing
transpassamento *s. m.* passing over, overstepping, crossing
transpassar *v. intr.* to pass over, to go beyond, to overstep, to cross; to transmit, to transfer
transpiração *s. f.* perspiration, sweat, sweating, exhalation, transpiration; ***transpiração abundante*** copious perspiration
transpiradeiro *s. m.* pore; [fig.] air-hole, vent, air-drain
transpirar *v. intr.* to perspire, to sweat, to exhale, to transpire; [fig.] to become known, to be disclosed, to come out, to get abroad, to leak out, to ooze out, to transpire; ***o segredo transpirou cá para fora*** the secret leaked out; ***nada transpirou do que se passou*** nothing transpired of all that happened; ***transpirar muito*** to perspire freely
transpiratório *s. m., adj.* ⇒ **sudorífero**
transpirável *adj.* transpirable
transplantação *s. f.* transplantation
transplantador Ⓐ *adj.* transplanting Ⓑ *s. m.* transplanter
transplantar *v. tr.* to transplant, to remove and plant in another place; to transfer; to transmigrate
transplantatório *adj.* ⇒ **transplantável**
transplantável *adj.* transplantable
transplante *s. m.* transplantation
transplatino *adj.* beyond the River Plate
transponível *adj.* transposable
transpor Ⓐ *v. tr.* to transpose, to change the place (order) of things, to transfer; to pass (over) beyond, to cross over; to leap over, to clear, to overcome, to get over; MÚSICA to put into a different key Ⓑ *v. refl.* to hide; to vanish; ***transpor um obstáculo*** to overcome a difficulty; TIPOGRAFIA ***transpor uma linha*** to transpose a line
transportação *s. f.* transport, transportation, conveyance, carriage, haulage; [fig.] rapture, ravishment, bliss
transportador Ⓐ *s. m.* transporter, conveyor Ⓑ *adj.* transporting, conveying; ***transportador mecânico*** mechanical transporter; ***transportador de impulsão*** swinging conveyor; NÁUTICA ***transportador de carga*** dumper
transportamento *s. m.* ⇒ **transportação**
transportar Ⓐ *v. tr.* to transport, to convey, to carry, to move, to transfer, to truck, to haul, to ship; MÚSICA to transpose, to change the key of; [fig.] to transport, to enrapture, to ravish, to charm, to delight, to carry away (by excitement) Ⓑ *v. refl.* to be transported; to repair to, to resort to, to refer to; to be in a transport; ***transportar passageiros e bagagem*** to transport passengers and luggage, to carry passengers and luggage; ***transportar encomendas postais*** to convey parcels; ***transportar mercadorias*** to convey goods, to carry goods; COMÉRCIO ***transportar uma verba de conta*** to transfer an item; ***transportar em barcaças*** to lighter; ***transportado de alegria*** transported with joy; COMÉRCIO ***a transportar*** to be carried forward, to be carried over
transportável *adj.* transportable, conveyable; transferable
transporte *s. m.* transport, transportation, conveyance, carriage, haulage; transport ship; troopship; MÚSICA transposal; COMÉRCIO transfer, extension (of balance); [fig.] transport, ecstasy, rapture, trance, delight, ravishment; ***transporte por água*** water carriage; ***navio de transporte de tropas*** troopship; ***navio de transporte*** transport ship; ***transporte por terra*** portage (or porterage) by land; ***transporte em barcaças*** lighterage; ***transporte de encomendas postais*** conveyance of parcels; ***transporte de passageiros*** conveyance of passengers, transport of passengers; ***transporte aéreo*** air transport; ***transporte fluvial*** river transport; COMÉRCIO ***transporte (de uma soma)*** transfer, extension, balance brought forward, the carrying forward of an account; ***transporte pago*** carriage paid; ***transporte em caminho-de--ferro*** railway freight; ***transporte de mercadorias*** goods traffic; ***transportes colectivos*** public transport; ***transporte de gado*** conveyance of cattle
transposição *s. f.* transposition
transpositivo *adj.* transpositive, transpositional
transpositor *adj.* transposing
transposto *adj.* transposed, passed, overcome, surpassed
transrenano *adj.* beyond the Rhine
transtagano *adj.* beyond the river Tagus (Portugal)
transtornado *adj.* disturbed, confused, perplexed
transtornador *s. m.* disturber; subverter
transtornar *v. tr.* to upset, to disorder, to confuse, to perturb, to derange, to perplex, to trouble, to change, to alter; ***as notícias transtornaram-no por completo*** the news quite upset him; ***transtornar os planos*** to upset one's plans, to upset one's apple-cart; ***estar transtornado (não saber o que faz)*** not to know whether one is standing on one's head or one's heels

transtorno *s. m.* upset, difference, trouble, derangement, inconvenience; disappointment; misfortune; confusion, perturbation; ***fez-me muito transtorno ir lá hoje*** going there today was a great inconvenience to me
transtrocar *v. tr.* to change, to invert; to confuse, to change the order of
transubstanciação *s. f.* transubstantiation
transubstancial *adj.* transubstantial
transubstanciar *v. tr.* to transubstantiate, to change into another substance
transudação *s. f.* transudation, transpiration, perspiration, sweating
transudar *v. tr. e intr.* to transude, to pass out (through the pores); to ooze out, to exude
transumanar *v. tr.* to transhumanize
transumância *s. f.* transhumance
transumano *adj.* transhuman, superhuman
transumante *adj.* transhumant
transumar *v. tr.* to transhume
transumir *v. tr.* to transhume
transunto *s. m.* copy, duplicate, transcript; image, model, example
transvaliano *s. m., adj.* Transvaalian (inhabitant of Transvaal)
transvasamento *s. m.* decanting, pouring into another vessel, drawing off
transvasar *v. tr.* to transfuse, to pour (liquid from one receptacle into another), to decant, to rack off, to draw off (wine, cider) from the lees
transvase *s. m.* ⇒ **transvasamento**
transvazar *v. tr.* to spill, to empty, to pour out
transverberação *s. f.* reflection, shine, translucence; [fig.] self-revealing
transverberar Ⓐ *v. tr.* to reflect; to shine, to shine forth Ⓑ *v. intr.* to be translucent; [fig.] to manifest (to reveal) itself
transversal Ⓐ *adj.* transversal, transverse, cross Ⓑ *s. f.* transversal; ***linha transversal*** transverse line
transversalidade *s. f.* transversality
transversalmente *adv.* transversally, transversely
transversão *s. f.* ⇒ **transformação**
transverso Ⓐ *adj.* transverse, cross, crosswise, oblique, thwart Ⓑ *s. m.* transverse muscle
transverter *v. tr.* to upset, to confuse, to perturb, to trouble; to transform, to alter, to convert, to translate; to instil
transviado *adj.* stray, straggling, lost, wandering; gone astray
transviar Ⓐ *v. tr.* to mislead, to lead astray, to deviate, to misguide Ⓑ *v. intr.* to go astray, to stray, to get lost, to roam
transvio *s. m.* going astray, straying, wandering, straggling, roaming
transvoar *v. tr. e intr.* to fly across
transvoo *s. m.* flight across
transvorar *v. tr.* to devour, to gorge, to eat ravenously, to gulp down, to wolf
tranvia *s. f.* local (suburban) railway; tramway
trapa *s. f.* trap, pitfall, snare; NÁUTICA gripe, lashing
trapaça *s. f.* trickery, cheating, fraud, knavery, deceit, hoax, swindle, jugglery, humbug, gammon
trapaçaria *s. f.* trickery, cheating, fraud, knavery, deceit, hoax, swindle, jugglery, humbug, gammon
trapacear Ⓐ *v. intr.* to cheat Ⓑ *v. tr.* to cheat, to trick, to defraud, to take in, to deceive, to swindle, to dupe, to hoax, to gammon, to play false
trapaceiro Ⓐ *s. m.* trickster, cheater, cheat, sharper, impostor, deceiver, swindler, shuffler, artful dodger Ⓑ *adj.* cheating, swindling, deceitful, tricky
trapacento *adj.* ⇒ **trapaceiro**
trapacice *s. f.* ⇒ **trapaça**
trapada *s. f.* lot of rags
trapagem *s. f.* ⇒ **trapada**
trapalhada *s. f.* confusion, disorder, muddle, mess, entanglement, jumble, hodge-podge, imbroglio, intricate business, intricacy; ***que trapalhada!*** what a pretty kettle of fish!, what a confusion!, what a mess!
trapalhado *adj.* half-curdled (milk)
trapalhão Ⓐ *s. m.* bungler, clumsy workman, blunderer, unskilful person; swindler, cheat, liar; big rag Ⓑ *adj.* bungling, clumsy, blundering
trapalhice *s. f.* swindle, cheat, cheating, deception; ⇒ **trapalhada**
traparia *s. f.* ⇒ **trapada**
trape! *interj.* crack!
trapear *v. intr.* to flap (sails), to flutter, to flop
trapeira *s. f.* dormer-window; (woman) rag-picker
trapeiro *s. m.* ragman, rag-and-bone man, rag-picker, rag-gatherer
trapejante *adj.* flapping, fluttering, flopping
trapejar *v. intr.* to crack, to explode; ⇒ **trapear**
trapento *adj.* ragged, in rags, torn, tattered
trape-zape *s. m.* clink (of swords)
trapeziforme *adj.* trapeziform
trapézio *s. m.* GEOMETRIA trapezium; ANATOMIA trapezoid; trapeze (in a circus)
trapezista *s. m. e f.* trapeze artist; acrobat
trapezoédrico *adj.* trapezohedral
trapezoedro *s. m.* trapezohedron
trapezoidal *adj.* trapezoidal
trapezóide *s. m., adj.* trapezoid
trapicalhada *s. f.* heap of rags
trapicalho *s. m.* rag, tatter, bit
trapiche *s. m.* warehouse near quay; customs house
trapicheiro *s. m.* manager of a *trapiche*
trapista *s. m. e f., adj.* Trappist (from *La Trappe*)
trapistina *s. f.* Trappist liqueur
trapo *s. m.* rag, shred, tatter; old clothes, shreds, rags; ***não ter um trapo para se cobrir*** not to have a rag to one's back; ***boneca de trapos*** rag-doll, rag-baby; ***saco dos trapos*** rag-bag; ***inglês de trapos*** pidgin English; ***pega-lhe com um trapo quente*** it's no good crying over spilt milk; NÁUTICA ***trapo na linha de barca*** straymark in the log line
trápola *s. f.* trap, snare, pitfall
traque *s. m.* [coloq.] fart, breaking of wind, detonation, crack; [Bras.] firecracker
traqueado *adj.* tracheate
traqueal *adj.* tracheal
traqueano *adj.* trachean
traqueia *s. f.* ANATOMIA trachea, windpipe
traqueia-artéria *s. f.* ANATOMIA human trachea
traqueíte *s. f.* MEDICINA tracheitis
traquejar *v. tr. e intr.* to pursue, to chase, to track
traquejo *s. m.* experience, practice, proficiency
traqueliano *adj.* relating to the trachelium
traquelismo *s. m.* MEDICINA trachelism
traquelite *s. f.* MEDICINA trachelitis
traquelocele *s. f.* ⇒ **traqueocele**
traqueobronquite *s. f.* MEDICINA tracheobronchitis
traqueocele *s. f.* tracheocele, goitre
traquéola *s. f.* small trachea
traqueorragia *s. f.* MEDICINA haemorrhage of the trachea
traqueoscopia *s. f.* tracheoscopy
traqueoscópio *s. m.* tracheoscope
traqueostomia *s. f.* CIRURGIA ⇒ **traqueotomia**
traqueotomia *s. f.* CIRURGIA tracheotomy
traquete *s. m.* NÁUTICA foresail, fore course; ***mastro do traquete*** foremast; ***traquete latino*** fore spencer, fore try-sail; ***traquete latino com retranca*** boom foresail
traquina Ⓐ *adj.* restless, troublesome, frolicsome, turbulent, naughty, fidgety Ⓑ *s. m. e f.* pert, naughty child

T

traquinada *s. f.* noise, uproar; naughtiness, boyish prank, roguish trick, practical joke, lark, frolic
traquinagem *s. f.* naughtiness; prank, practical joke
traquinar *v. intr.* to play pranks, to romp about (of children); to lark about
traquinas *s. m., adj.* ⇒ **traquina**
traquinice *s. f.* ⇒ **traquinada**
traquíola *s. f.* ⇒ **traquéola**
traquitana *s. f.* old carriage, rattle-trap
traquite *s. f.* ⇒ **traquito**
traquítico *adj.* GEOLOGIA trachytic
traquito *s. m.* MINERALOGIA trachyte
traquitóide *adj.* trachytoid
trás Ⓐ *adv., prep.* behind, after; back Ⓑ *interj.* bang!; ***andar para trás*** to walk backwards, to walk back; ***olhar para trás*** to glance backwards, to look back; ***ir para trás*** to go backwards; ***deixar muito para trás*** to leave far behind
trás-anteontem *adv.* ⌈pop.⌋ three days ago
trasantontem *adv.* ⌈pop.⌋ ⇒ **trás-anteontem**
trasbordamento *s. m.* overflow, overflowing, flowing over; flooding
trasbordante *adj.* overflowing, running over
trasbordar Ⓐ *v. intr.* to overflow, to flow over the brim, to run out (over), to flow out, to spill; to overspread Ⓑ *v. tr.* to trans-ship, to transfer, to change (of persons); ***trasbordar carga*** to trans-ship cargo; ***o copo está a trasbordar*** the glass is full to overflowing; ***a trasbordar*** full to overflowing, full to the brim
trasbordo *s. m.* trans-shipment; transfer, change (of persons); ***fazer trasbordo*** to change trains; ***trasbordo de carga*** trans-shipment of cargo
traseira *s. f.* back, back part, rear; ***nas traseiras da casa*** at the back of the house
traseiro Ⓐ *s. m.* ⌈pop.⌋ the behind, bottom; bum; buttocks Ⓑ *adj.* back, rear, hind, hindmost, posterior; ***porta traseira*** back-door
trasfega *s. f.* racking, transfer (of liquid); decantion
trasfegador *s. m.* decanter
trasfegadura *s. f.* ⇒ **trasfega**
trasfegar *v. tr.* to rack, to transfer (of liquid); to decant; ⌈fig.⌋ to deal, to trade (in)
trasfego *s. m.* ⇒ **trasfega**
trasfegueiro *s. m.* small boat used on the river Douro
trasfogueiro *s. m.* andiron, firedog
trasfoliar *v. tr.* to copy by tracing on a transparent sheet
trasgo *s. m.* goblin, elf, bog(e)y, hobgoblin; mischievous imp; bugbear, ghost, apparition
trasguear *v. intr.* ⇒ **traquinar**
traslação *s. f.* translation; removal
trasladação *s. f.* removal, change (of place), conveyance; translation, transcription
trasladador Ⓐ *s. m.* transcriber, remover, conveyer Ⓑ *adj.* removing, conveying
trasladar *v. tr.* to remove, to transfer; ⌈fig.⌋ to transcribe, to copy, to give a figurative sense; to defer, to postpone, to adjourn
trasladável *adj.* transferable
traslado *s. m.* copy, transcript, duplicate, translation; ⌈fig.⌋ model, resemblance, image
traslar *s. m.* the back of a fireplace
trasmontanismo *s. m.* expression (word) used in Trás-os-Montes
trasmontano Ⓐ *adj.* lying beyond the mountains; of Trás-os-Montes Ⓑ *s. m.* a native of Trás-os-Montes
trasmontar *v. intr.* to flee beyond the mountains
trasmudar *v. tr.* ⇒ **transmudar**
trasorelho *s. m.* MEDICINA mumps, infectious parotitis
traspassação *s. f.* delay, retardation, deferment, postponement; death, demise; decease, dying
traspassamento *s. m.* delay, retardation, deferment, postponement; death, demise; decease, dying
traspassar Ⓐ *v. tr.* to pass over, to go beyond, to cross; to pierce, to penetrate, to go through; to transfer, to transmit; to copy, to transcribe Ⓑ *v. intr.* to rend (the heart), to tear; to pine away; to faint; to die; to be struck with
traspasse *s. m.* transfer, assignment; subletting; decease, death
traspasso *s. m.* violent grief, great pain; ⇒ **traspasse**
traspés *s. m. pl.* staggering, stumbling
traspilar *s. m.* pillar (column) behind another
traspor *v. tr.* ⇒ **transpor**
trastada *s. f.* lumber, old furniture; rascals, knaves, rogues, scoundrels; rascality, knavery, roguery, scoundrelism, baseness
trastagano *adj.* ⇒ **transtagano**
trastalhada *s. f.* lumber, shoddy, dross
trastalhão *s. m.* ⌈pop.⌋ scamp, great rascal, archknave
trastaria *s. f.* ⇒ **trastalhada**
traste *s. m.* piece of furniture; ⌈pop.⌋ scamp, worthless fellow, rascal; *pl.* furniture, household goods; ***trastes velhos*** lumber
trasteio *s. m.* furniture
trastejar Ⓐ *v. intr.* to deal in second-hand curiosities (goods); to supervise housework; ⌈pop.⌋ to play the rascal Ⓑ *v. tr.* to furnish, to supply with furniture
trastempar *v. intr.* to lapse, to become void, to prescribe
trasvazar *v. tr.* ⇒ **transvazar**
trasvestir-se *v. refl.* to change (clothes); to disguise oneself
trasvisto *adj.* seen from the side
tratadista *s. m. e f.* author of treatises
tratadístico *adj.* referring to a treatise
tratado *s. m.* POLÍTICA treaty, agreement, negotiation; LITERATURA treatise; ***tratado de comércio*** commercial treaty
tratador Ⓐ *adj.* dealing; waiting on; attending to Ⓑ *s. m.* trainer; cattle-feeder, horse-breeder; negotiator
tratamento *s. m.* treatment, treating, handling, management; attendance, service; address, honorary title; food, board; welcome, reception; ***tratamento médico*** medical attention; ***tratamento por injecções*** injection treatment; ***tratamento consecutivo*** aftertreatment, subsequent treatment; ***tratamento pela luz*** light-treatment, light therapy; ***tratamento cirúrgico*** surgical treatment; ***tratamento prévio*** preliminary treatment; ***bom tratamento*** good table; ***tratamento duro*** cruel (hard or unkind) treatment; ***um novo tratamento para a tuberculose*** a new treatment for consumption; ***dar mau tratamento a*** to treat badly
tratantada *s. f.* roguery, knavery, rascality, villainy, fraud, cheating, trickery, swindling, knavish trick
tratante *s. m.* ⌈arc.⌋ dealer, merchant; ⌈fig.⌋ rogue, sharper, swindler, knave, cheat, mischief maker, trickster, rascal, scamp, scoundrel
tratar Ⓐ *v. tr.* to treat, to handle, to deal, to use, to manage; MEDICINA to treat, to attend, to care for, to dress (a wound), to give medical care to; to feed, to look after; to arrange, to settle, to discuss, to see about; to look after, to cultivate, to grow (flowers) Ⓑ *v. intr.* to mind; to discourse, to hold forth, to talk; to negotiate, to transact business with, to deal with Ⓒ *v. refl.* to treat oneself, to take care of oneself, to look after oneself; ***tratar os criados com estima*** to treat one's servants with consideration; ***tratar com estima*** to make much of; ***tratar com aspereza*** to treat brusquely; ***tratar-se bem*** to keep a good table; ***tenho um negócio urgente a tratar*** I have some pressing business to attend to; ***tratar sem cerimónia*** to treat familiarly; ***tratar pessoalmente*** to treat in person; ***tratar alguém com uma atenção especial*** to give someone special attention; ***tratar dos negócios*** to look after one's business; ***o médico tratou da minha constipação*** the doctor treated me for a cold; ***tratar alguém friamente*** to give someone the cold shoulder; ***tratar mal*** to treat badly, to use ill; ***tratar com desprezo***

to tread under foot; ***tratar com muito respeito*** to pay great attention (to a person), to show great respect; ***tratar sem contemplações*** to handle without gloves; ***tratar de*** to take care of; ***trata da tua vida*** mind your own business; ***não se trata disso*** that is not the question; ***de quem se trata?*** who is it about?; ***trata-se de ...*** the question is; ***de que trata este livro?*** what does this book deal with?; ***tratar de um doente*** to look after a patient, to treat a patient; ***tratar da roupa*** to see to the clothes; ***trata-se de um caso sério*** a serious matter is at stake; ***trata-se de um assunto muito importante*** we are dealing with a very important matter; ***ele trata-se bem*** he keeps a good table; ***tratar um como filho de Deus e outro como filho do Diabo*** to make fish of one and flesh of another

tratável *adj.* tractable, amenable, pliant, docile, easy, manageable, controllable, tame

tratear *v. tr.* to rack, to torture, to mistreat, to afflict, to torment, to worry

trato *s. m.* treatment, treating, dealing, handling, caring for; food, board, fare, entertainment; address, manner; agreement, contract; *pl.* rack, torture; ***dar tratos à imaginação*** to cudgel one's brains; ***pessoa de fino trato*** person of refined manners; ***ser de ruim trato*** to be hard to deal with

traulitada *s. f.* [fam.] beating, cudgelling, blow, stroke

traulitânia *s. f.* [pop.] a period when the political situation was dominated by the "cudgellers"

trauliteiro *s. m.* cudgeller

traulito *s. m.* stick, cudgel, club

trauma *s. m.* MEDICINA trauma (*plural* traumata, traumas), injury, wound

traumático *adj.* traumatic

traumatismo *s. m.* traumatism

traumatizar *v. tr.* to cause trauma, to bring about traumatism

traumatologia *s. f.* traumatology

traumatológico *adj.* traumatologic

trauta *s. f.* spoor, track

trautear *v. tr. e intr.* to trill, to hum, to quaver, to sing (in a low voice); [pop.] to reprimand, to beat

trauteio *s. m.* trill, hum, quaver

trava *s. f.* check, checking, drawing back; fetter, tether; transom, beam; girder, clog, trammel; setting (of a saw)

travação *s. f.* connexion, connection, link; joining; bracing; juncture, enchainment; braking

trava-contas *s. m.* mistake in accounts; difference, dispute, alteration (about accounts)

travada *s. f.* span (between two beams); summit, peak, top; strength, power

travadeira *s. f.* saw-set; ARQUITECTURA bondstone

travado *adj.* connected, joined, linked together, drawn up; braced, checked (with brake); set (a saw); restrained (the tongue or speech); ***passo travado*** jerky pace

travadoira *s. m.* ⇒ **travadoura**

travadoiro *s. m.* ⇒ **travadouro**

travador Ⓐ *adj.* joining, linking, checking Ⓑ *s. m.* saw-set

travadoura *s. f.* saw-set

travadouro *s. m.* fetlock-joint, pastern

travadura *s. f.* ⇒ **travação**

travagem *s. f.* braking; ⇒ **travação**

traval *adj.* related to a beam (girder)

trava-língua *s. m.* [pop.] game consisting in the correct pronunciation of a phrase which is repeated quickly by any of the players; tongue-twister

travamento *s. m.* ⇒ **travação**

travanca *s. f.* obstacle, barrier, clog, hindrance; stumbling-block

travanco *s. m.* obstacle, barrier, clog, hindrance; stumbling-block

travão *s. f.* brake; shackle (for horses); [fig.] check, curb, restraint, obstacle, impediment, bar; ***pôr um travão*** to put on (to apply) a brake; ***travão automático*** self-acting brake; ***travão eléctrico*** electric brake; ***alavanca do travão*** brake-lever

travar Ⓐ *v. tr.* to brake, to put on (to apply) the brake; to put the clog (drag, skid, block) on; to clog, to fetter, to tether (animals); to join, to brace; to engage in, to start; to set (the teeth of a saw); [fig.] to keep down, to moderate, to check Ⓑ *v. intr.* to taste sour, to have a sharp acrid taste, to taste bitter; to be joined (or linked) together; ***travar conhecimento com*** to make the acquaintance of, to get to know; ***travar-se de razões*** to cross words with; ***travar relações*** to enter into dealings, to establish contact; ***querer travar conhecimento à força*** to scrape acquaintance with; ***travar combate*** to engage in fight, to fight a battle; ***travar amizade*** to become friendly; ***travar a serra*** to set the teeth of a saw; ***travar automaticamente*** to brake automatically

trave *s. f.* beam, bar, crossbar; girder, transom; [pop.] frenum (of tongue)

travejamento *s. m.* framework, framing, timber work (of a building)

travejar *v. tr.* to lay the beams, to lay the frame work; to timber (a mine, a well, etc.)

travela *s. f.* ZOOLOGIA cutworm; [pop.] wooden door-knocker

travelho *s. m.* fetter, tether

travento *adj.* acrid, sharp, tart, pungent

travertino *s. m.* MINERALOGIA travertine, travertin

través *s. m.* inclination (to one side), slant, bias; ***de través*** across, crosswise, aslant, athwart; ***olhar de través*** to look down one's nose, to look askew; NÁUTICA ***pelo través*** abeam, abreast, across, athwart, on the beam; ***dar o través*** to athwart

travessa *s. f.* crossbar, bar, traverse, beam, transom, girder; sleeper (of railway line); dish, platter (for serving food); alley, bystreet; passage; comb (for the hair), sidecomb; ***uma mão travessa*** a hand's breadth; ***porta travessa*** side-door; ***por portas travessas*** in secret, by stealth; ***travessa simples*** single cross-bar; ***travessa em cruz*** diagonal stay; ***pôr na travessa (comida)*** to serve, to dish up (food); NÁUTICA ***travessa de reforço*** reinforcing spur

travessão Ⓐ *adj.* cross, contrary, athwart, transverse Ⓑ *s. m.* large dish; beam (of a balance); contrary wind, head-wind; GRAMÁTICA dash; a brooch, ornamental pin; ***travessão de balança*** scale-beam; NÁUTICA ***travessão de abita*** battledore, bitt-bolt

travessar *v. tr.* ⇒ **atravessar**

travessear *v. intr.* to play pranks, to romp about

travesseira *s. f.* pillow

travesseiro *s. m.* bolster, pillow; ***consultar o travesseiro*** to take counsel of one's pillow, to sleep over something

travessia *s. f.* crossing, passage; cross wind, contrary wind, head-wind; ***travessia do canal da Mancha*** Channel crossing; ***má travessia*** rough passage, rough crossing; ***travessia das ruas*** crossing the roads; ***travessia por mar*** sea crossing voyage

travesso[1] *adj.* contrary, across, athwart, transverse, side

travesso[2] *adj.* restless, turbulent, mischievous, naughty, noisy; ***criança travessa*** mischievous (naughty) child

travessura *s. f.* prank, trick, joke, mischievous trick, practical joke; ***que travessuras tens feito?*** what tricks have you been up to?

travesti *s. m.* transvestite; drag artist; [fig.] travesty, disguise

travestir-se Ⓐ *v. refl.* to disguise oneself (as as woman or as a man) Ⓐ *v. tr.* to travesty

travestismo *s. m.* transvestism

travia *s. f.* pigs' feed; coarse food; ***perder a travia*** to lose one's head

travinca *s. f.* small beam; pin; bolt

travo *s. m.* bitterness, sourness, acridity, acridness, pungency

travor *s. m.* ⇒ **travo**

travoso *adj.* sour, bitter, acrid, pungent, acrimonious

trazedor Ⓐ *s. m.* bringer, carrier, bearer Ⓑ *adj.* bringing, carrying, bearing

trazer *v. tr.* to bring, to carry, to transport, to convey; to bear, to hold; to fetch; to cause, to occasion, to produce, to lead (to), to draw; to wear, to have on; ***trazer consigo*** to have about oneself, to have on oneself; ***trazer consequências*** to involve consequences; ***trazer muito benefício*** to bring in much profit, to do a lot of good; ***o trabalho intenso traz recompensa*** hard work brings its reward; ***ela trazia um vestido branco*** she was wearing a white dress; ***trazer no pensamento*** to have on one's mind; ***trazer más notícias*** to bear ill tidings; ***trazer o almoço ao quarto*** to bring lunch to one's room, to carry up lunch to one's room; ***trazer à memória*** to call to mind; ***trazer alguém de ponta*** to bear a grudge against someone; ***trazer de volta*** to bring back; NÁUTICA ***trazer o navio para o vento*** to bring the ship to the wind
trazida *s. f.* carrying, bringing, conveying, fetching; importation
trazimento *s. m.* carrying, bringing, conveying, fetching; importation
trebaz *adj.* skilful, skilled, deft, clever, handy
trebelhar *v. intr.* to move a chessman, to play at chess; [fig.] to play, to romp
trebelho *s. m.* chessman; folly, jest; dance
trebola *s. f.* cachalot, sperm whale
trebolha *s. f.* ⇒ **trebola**
trecentésimo Ⓐ *adj.* three hundredth Ⓑ *s. m.* three hundredth part
trecentista *s. m. e f.* trecentist, trecentista
trecheio *adj.* overfull
trecho *s. m.* passage (part of a literary work); extract; piece (of music); interval, space, period of time; ***a trecho*** by fits and starts, at intervals; ***a breve trecho*** shortly after, soon, presently
treco *s. m.* [Bras.] contraption, gadget
treçolho *s. m.* ⇒ **terçol**
trécula *s. f.* rattle
tredecénio *s. m.* period of thirteen years
tredécimo *num. ord.* thirteenth
tredice *s. f.* disloyalty, falseness, treachery, faithlessness
tredo *adj.* treacherous, disloyal, perfidious, false, faithless
trêfego *adj.* turbulent, restless, unquiet, fidgety; naughty, mischievous; subtle, crafty, sly, cunning
trefilagem *s. f.* wiredrawing
trefilar *v. tr.* to wiredraw
trefilaria *s. f.* wiredraw factory
trefo *adj.* ⇒ **trêfego**
trégua *s. f.* rest, pause, respite; calm, tranquillity; *pl.* truce, cessation of hostilities; RELIGIÃO ***trégua de Deus*** truce of God
treina *s. f.* quarry, prey; [fig.] food, meal
treinador *s. m.* trainer, coach
treinamento *s. m.* ⇒ **treino**
treinar Ⓐ *v. tr.* to train, to train up, to drill, to instruct, to exercise, to coach Ⓑ *v. refl.* to practise, to train, to go into training; ***treinar-se para um desafio (corrida, etc.)*** to go into training for a match (race, etc.); ***treinar cavalos de corrida*** to train racehorses; ***treinar aviadores*** to train airmen; ***treinar futebolistas*** to coach football players; ***treinar-se para uma regata*** to train for a boat-race; ***treinar rapazes na natação*** to teach boys swimming
treino *s. m.* training, coaching, drill, practice, exercise, preparation, development
treita *s. f.* vestige, trace, footstep, mark, track
treiteiro *adj.* divisible into strips
treitento *adj.* cunning, smart, crafty
treito *adj.* prone to; subject to
treitoeira *s. f.* ⇒ **treitoura**
treitoira *s. f.* ⇒ **treitoura**
treitoura *s. f.* wooden bearings (of an ox-cart)
trejeitador *s. m.* grimacer, buffoon, mocker; juggler
trejeitar *v. intr.* ⇒ **trejeitear**
trejeitear *v. intr.* to make grimaces, to grimace, to make faces
trejeito *s. m.* grimace, wry face; caper, antic, twist; juggle, sleight of hand
trejurar *v. tr. e intr.* to swear (often) repeatedly
trela *s. f.* leash, strap, lead (for holding dogs); [pop.] chat, talk, gossip; [fig.] licence, liberty; ***dar trela a*** to allow someone reasonable freedom, to give someone rope; ***trela de coiro para cães*** leather leash for dogs
treleado *adj.* perplexed, bewildered, confused
trelear *v. intr.* to be (to become) bewildered
trelho *s. m.* staff for beating the milk for making butter
trem *s. m.* carriage, coach; retinue, suite, train; ***trem de cozinha*** kitchen utensils; ***trem de artilharia*** artillery-train; ***trem de aterragem*** landing gear, under-carriage
trema *s. m.* diaeresis, dieresis
tremão *s. m.* ICTIOLOGIA cramp-fish, torpedo-fish, electric ray
tremar *v. tr.* to mark with a diaeresis
trematodes *s. m. pl.* ZOOLOGIA trematoda; trematodes; flukes
tremebundo *adj.* trembling; frightening, dreadful, fearful
tremecém *adj.* ⇒ **tremês**
tremedal *s. m.* morass, fen, swamp, bog, marsh; state of moral degradation
tremedeira *s. f.* ⇒ **tremão**
tremedoiro *s. m.* ⇒ **tremedouro**
tremedor Ⓐ *s. m.* trembler; quaker Ⓑ *adj.* trembling, shivering, quaking
tremedouro *s. m.* frequent shivering (trembling)
tremedura *s. f.* trembling, quaking, shivering
tremelear *v. intr.* to quiver, to quake, to shiver; to stammer, to falter; [fig.] to be perplexed
tremelejar *v. intr.* to shimmer
tremelejo *s. m.* shimmer, wavering shine
tremelga *s. f.* ⇒ **tremão**
tremelica Ⓐ *adj.* timorous, faint-hearted, timid, poor-spirited, pusillanimous Ⓑ *s. m. e f.* a faint-hearted person, poltroon, coward, milksop
tremelicar *v. intr.* to tremble, to shiver, to quaver, to shudder, to quiver, to quake, to shake
tremelicas *s. m. e f., adj.* ⇒ **tremelica**
tremelicoso *adj.* trembling, shivering, shaking, quivering, shuddering
tremelique *s. m.* ⇒ **tremeliques**
tremeliquento *adj.* ⇒ **tremelicoso**
tremeliques *s. m. pl.* shivering, trembling, quivering; shivers; ***com tremeliques*** in fear and trembling
tremeluzente *adj.* flickering, shimmering; sparkling, glistening; twinkling
tremeluzir *v. tr.* to flicker, to shimmer, to sparkle, to glisten, to twinkle
treme-mão *s. m.* ⇒ **tremelga**
tremenda *s. f.* piece of lard that the Bernardines (Cistercian friars) ate during the night
tremendo *adj.* tremendous, terrifying, awe-inspiring, momentous, overpowering; fearful, dreadful, terrible, horrible, awful, appalling; huge, immense, enormous; ***apanhar um susto tremendo*** to get a tremendous fright; ***uma tarefa tremenda*** a tremendous job
tremenhos *s. m. pl.* manners, behaviour; aspect, look
tremente *adj.* trembling, quivering, shivering, shaky; ***asas trementes*** quivering wings
tremer Ⓐ *v. intr.* to tremble, to quiver, to shake, to shiver, to shudder; to quaver, to vibrate, to oscillate; to shimmer, to flicker, to be tremulous, to be agitated; to be shaky; to be shaken Ⓑ *v. tr.* to shake; to fear, to dread; ***tremer de medo*** to tremble with fear; ***tremer de frio*** to shiver with cold; ***tremo de medo ao pensar no que possa acontecer*** I shudder to think what might happen; ***tremer de cólera*** to tremble with rage; ***tremer como varas verdes*** to shake in one's shoes; ***a terra tremeu violentamente*** the earth shook violently
tremês *adj.* lasting three months, three-month; that comes up and ripens in three months; ***trigo tremês*** spring corn

tremesinho *adj.* lasting three months, three-month; that comes up and ripens in three months
tremido Ⓐ *adj.* shaky; doubtful, risky, dubious Ⓑ *s. m.* tremor, trembling, shaking; sinuosity; ***letra tremida*** shaky handwriting
trémito *s. m.* ⇒ **frémito**
tremó *s. m.* piece of furniture with a mirror placed at the wall between two windows
tremoçada *s. f.* great quantity of lupins
tremoçagem *s. f.* sowing of lupin
tremoçal *s. m.* plantation of lupins
tremoçar *v. tr.* to sow lupin in
tremoceira *s. f.* woman seller of lupine-seeds
tremoceiro *s. m.* BOTÂNICA lupin(e); seller of lupin-seeds
tremoço *s. m.* BOTÂNICA lupin(e)
tremonha *s. f.* hopper (of a mill)
tremor *s. m.* tremor, shaking, quivering, trembling, tremulousness, shake, shudder, quiver; ***tremor de terra*** earthquake
trempe *s. f.* trivet, tripod; trio, group of three persons; NÁUTICA bowsprit step; ***trempe do gurupés*** bowsprit step; ***trempe (de cozinha)*** trivet
tremulação *s. f.* wavering, flickering, fluttering; shivering, trembling
tremulamente *adv.* tremulously
tremulante *adj.* waving (in the air), fluttering
tremular Ⓐ *v. tr.* to wave, to swing Ⓑ *v. intr.* to oscillate, to flicker, to twinkle, to shimmer; to tremble, to shiver; to swing, to quiver, to waver, to flutter; [fig.] to vacillate, to hesitate
tremulina *s. f.* glimmer, shimmer, glitter, twinkle, sparkle
tremulinar *v. intr.* ⇒ **tremeluzir**
trémulo Ⓐ *adj.* tremulous, quivering, shaky, trembling, fluttering; [fig.] timid, fearful Ⓑ *s. m.* MÚSICA tremolo; ***mão trémula*** tremulous hand; ***um velho trémulo*** a shaky old man; ***voz trémula*** tremulous voice
tremuloso Ⓐ *adj.* tremulous, quivering, shaky, trembling, fluttering; [fig.] timid, fearful Ⓑ *s. m.* MÚSICA tremolo
tremura *s. f.* tremor, tremulousness, shaking, trembling, quivering, shivering; *pl.* fright, terror, horror; ***tremura de frio*** cold shiver
trena *s. f.* ribbon (for the hair), hair-ribbon; cord (of a top)
trenar *v. tr.* ⇒ **treinar**
trengo *s. m., adj.* timid, coy; narrow-minded; wobbly
treno *s. m.* lament; elegy, song of mourning; crooning, crooning song; ⇒ **treino**
trenó *s. m.* sled, sledge, sleigh; toboggan
trentino *adj.* ⇒ **tridentino**
trepa *s. f.* thrashing, cudgelling, beating; dressing-down, rating, scolding
trepada *s. f.* climb, ascent; slope
trepadeira Ⓐ *s. f.* BOTÂNICA creeper, creeping (climbing) plant; ZOOLOGIA creeper Ⓑ *adj.* climbing, creeping; ***planta trepadeira*** climbing plant, creeper
trepadoiro *s. m.* ⇒ **trepadouro**
trepador Ⓐ *s. m.* climber; scansorial bird Ⓑ *adj.* climbing, creeping; ZOOLOGIA ***ave trepadora*** scansorial bird
trepadoras *s. f. pl.* ZOOLOGIA climbers
trepadouro *s. m.* a place where one climbs
trepa-gato *s. m.* ⇒ **trepadeira** (bird)
trepanação *s. f.* trepanning, trepanation
trepanar *v. tr.* to trepan, to trephine, to perform the operation of trepanning
trépano *s. m.* trepan
trepante *adj.* climbing, creeping, twining
trepa-pinheiros *s. m.* ⇒ **trepadeira** (bird)
trepar Ⓐ *v. tr.* to climb, to ascend, to mount, to scale, to go up; to creep up, to clamber up, to crawl up Ⓑ *v. intr.* to scramble, to come slowly up; to creep, to twine, to clamber (of plants); [fig.] to climb, to rise in the world, to attain an important position; [reg.] to trample on, to humiliate, to oppress; ***trepar por uma árvore*** to climb (up) a tree; ***trepar como um gato*** to climb like a cat
trepe *s. m.* ⇒ **estrepe**
trepeira *s. f.* ⇒ **trepadeira** (bird)
trepidação *s. f.* trepidation, vibration, involuntary trembling; shaking, quaking; alarm, fear; flurry, nervous fluster
trepidante *adj.* shaking, oscillating, tremulous, wavering; [fig.] afraid
trepidar *v. intr.* to tremble, to shake, to quake, to vibrate, to oscillate, to hesitate, to vacillate, to waver
trepidez *s. f.* trembling, shaking; fright, alarm, terror, scare
trépido *adj.* tremulous, fluttering, quivering, trembling; frightened, alarmed, afraid
tréplica *s. f.* DIREITO surrebutter
treplicar *v. tr.* to answer, to surrebut
treponema *s. m.* one of the spirochaetes
três *num. card.* three; ***no dia três*** on the third; ***aos três*** by threes; ***navio de três pontes*** three-decker; ***navio de três mastros*** three-master; ***corrida de três pernas*** three-legged race; ***três vezes*** three times, thrice; ***três vezes mais*** three times as much; ***três vezes por mês*** three times monthly, three times a month; MATEMÁTICA ***regra de três*** rule of three; ***às duas em três*** two out of three times; ***dois é bom, três é (gente) de mais*** two is company, three is a crowd
tresandar Ⓐ *v. tr.* to cause to go back; to disturb, to upset Ⓑ *v. intr.* to stink
tresantontem *adv.* ⇒ **trasantontem**
trescalância *s. f.* strong smell
trescalante *adj.* with a strong smell
trescalar *v. tr. e intr.* to smell strong
tresdobrado *adj.* treble, threefold, triple
tresdobradura *s. f.* trebling, tripling, triplication
tresdobrar Ⓐ *v. tr.* to treble, to triplicate, to triple Ⓑ *v. intr.* to increase threefold
tresdobre Ⓐ *adj.* triplex; threefold Ⓑ *s. m.* triplet
tresdobro *s. m.* triple; a threefold amount
tresfogueiro *s. m.* ⇒ **trasfogueiro**
tresfolegar *v. intr.* ⇒ **tresfolegar**
tresfôlego *s. m.* panting; hard breathing
tresfolgar *v. intr.* to pant, to puff, to breathe hard, to gasp
tresfolgo *s. m.* ⇒ **tresfôlego**
tresfoliar *v. intr.* to enjoy oneself very much
tresgastador Ⓐ *adj.* wasting, squandering Ⓑ *s. m.* squanderer
tresgastar *v. tr.* to spend lavishly, to squander; to waste
tresjurar *v. tr. e intr.* ⇒ **trejurar**
tresler *v. intr.* to read backwards; to talk nonsense
tresloucado *adj.* crazy, deranged, mad, insane
tresloucar Ⓐ *v. tr.* to madden, to drive mad Ⓑ *v. intr.* to become insane, to lose one's reason
tresmalhado *adj.* strayed, fugitive; runaway
tresmalhar Ⓐ *v. tr.* to let a stich slip (in knitting); to let go, to lose Ⓑ *v. intr.* to escape; to scatter, to straggle, to disperse; to go astray, to stray
tresmalho *s. m.* going astray, scattering, straggling; trammel (fishing net)
Três-Marias *s. f. pl.* the three stars of the Orion Belt
tresmontar *v. intr.* to run away
tresmudar *v. tr.* to transmute, to change, to transform
tresnoitar Ⓐ *v. tr.* to prevent from sleeping, to keep awake Ⓑ *v. intr.* to spend a sleepless night; to be sleepless, to be awake
tresnoutar Ⓐ *v. tr.* to prevent from sleeping, to keep awake Ⓑ *v. intr.* to spend a sleepless night; to be sleepless, to be awake
trespano *s. m.* material made of three warp threads
trespassação *s. f.* ⇒ **traspassação**
trespassar *v. tr.* to transfer, to transmit; to pass over, to go beyond; to transgress; to trespass; to violate; to pierce

through, to strike through; to sublet; ***trespassado pela dor*** pierced with sorrow; ***trespassar acções*** transfer shares (stocks)
trespasse *s. m.* transfer; conveyance; death, decease; ***trespasse de propriedade*** conveyance (transfer) of property
trespasso *s. m.* transfer; conveyance; death, decease
trespor Ⓐ *v. tr.* ⇒ **transplantar** Ⓑ *v. refl.* to hide (the sun)
tresquiáltera *s. f.* MÚSICA triplet, trio
tressuado *adj.* sweated
tressuante *adj.* sweaty; laborious, toilsome
tressuar *v. intr.* to sweat very much
trestampar *v. intr.* to play the fool; to talk childishly
tresvairo *s. m.* ⇒ **tresvario**
tresvariar *v. intr.* to rave, to be delirious; to speak wildly; to act foolishly
tresvario *s. m.* delirium, madness, mental disorder, folly
tresvoltear *v. tr.* to take three or more turns; to turn around
treta *s. f.* prattle, verbosity; stratagem, wile, craft, feint; ***pessoa de muita treta*** windbag
treteiro Ⓐ *s. m.* dodger, scal(l)awag, scallywag; prattler Ⓑ *adj.* crooked
treva *s. f.* ⇒ **trevas**
trevagem *s. f.* BOTÂNICA wild lucern
trevas *s. f. pl.* darkness, obscurity; ignorance; night; ***Quarta-Feira de Trevas*** Wednesday in Holy Week
trevo *s. m.* BOTÂNICA clover, shamrock; ***trevo vermelho*** marsh trefoil; ***trevo dos prados*** meadow clover, red clover; ***trevo cervino*** hemp agrimony; ***trevo de cheiro*** sweet clover; ***trevo branco*** white clover
trevo-de-quatro-folhas *s. m.* four-leaf clover
trevoso *adj.* ⇒ **tenebroso**
treze *num. card.* thirteen
trezena *s. f.* a group of thirteen; a period of thirteen days
trezénio *s. m.* a period of thirteen years
trezeno *adj.* thirteenth
trezentos *num. card.* three hundred
triácido *adj.* QUÍMICA triacid
tríada *s. f.* ⇒ **tríade**
tríade *s. f.* triad
triadelfo *adj.* BOTÂNICA adelphous (with three united stamens)
triádico *s. m.* trias
triaga *s. f.* ⇒ **teriaga**
triagem *s. f.* switching; sorting; screening
triagueiro *s. m.* person who prepares the treacle
triandria *s. f.* BOTÂNICA triandria
triândrico *adj.* BOTÂNICA ⇒ **triandro**
triandro *adj.* BOTÂNICA triandrian, triandrous, triandrious
triangulação *s. f.* triangulation
triangular Ⓐ *adj.* triangular, three-cornered Ⓑ *v. tr.* to triangulate
triangularidade *s. f.* triangularity
triângulo *s. m.* triangle, musical instrument of steel in the form of a triangle; GEOMETRIA ***triângulo isósceles*** isosceles triangle; ***triângulo equilátero*** equilateral triangle; ***triângulo rectângulo*** right-angled triangle; ***triângulo escaleno*** scalene triangle; ***triângulo acutângulo*** acute-angled triangle
triar *v. tr.* to make a selection of, to sort out
triarca *s. m.* triarch
triarestado *adj.* having three edges
triarquia *s. f.* triarchy
Trias *s. m.* Trias
Triásico *adj.* Triassic
triatlo *s. m.* DESPORTO triathlon
triatomicidade *s. f.* trivalence, trivalency
triatómico *adj.* triatomic
triaxífero *adj.* triaxial
tríbade *s. f.* tribade, lesbian
tribadismo *s. m.* tribadism, lesbianism
tribal *adj.* tribal
tribásico *adj.* QUÍMICA tribasic
tribo *s. f.* tribe, clan, race, class, family; ***membro de uma tribo*** tribesman; ***chefe da tribo*** head of the tribe
triboelectricidade *s. f.* electricity produced by friction
tribofe *s. m.* cheating at horse racing
tribofísica *s. f.* tribophysics
triboluminescência *s. f.* triboluminescence
tribometria *s. f.* tribometry
tribómetro *s. m.* tribometer
tríbraco *s. m.* tribrach
tribulação *s. f.* tribulation, grief, distress, mental suffering; acute trial; ***rodeado de tribulações de toda a espécie*** beset by tribulations of all kinds
tríbulo *s. m.* caltrop; difficulty
tribuna *s. f.* tribune, stand, platform, rostrum; bishop's throne, pulpit; ***subir à tribuna*** to mount the rostrum; ***tribuna da Imprensa*** reporter's gallery; ***tribuna principal*** grandstand
tribunado *s. m.* tribunate
tribunal *s. m.* tribunal, court of justice, bar; ***perante o tribunal da opinião pública*** before the bar of public opinion; ***ir para o tribunal*** to go to law; ***Tribunal de Contas*** Audit Department of Exchequer; ***Tribunal de Primeira Instância*** Country Court; ***Tribunal de Apelação*** Court of Appeal; ***Supremo Tribunal de Justiça*** Supreme Court of Judicature; ***Tribunal da Relação*** High Court of Justice; ***Tribunal de Pequenos Delitos*** Police-Court; ***Tribunal Criminal Central*** Old Bailey, Central Criminal Court; ***Tribunal do Trabalho*** Industrial Tribunal
tribunato *s. m.* tribunate
tribunício *adj.* tribunician, tribunitian
tribuno *s. m.* tribune, popular leader
tributação *s. f.* tribute, tax; contribution, taxation, assessment
tributal *adj.* concerning tributes
tributando *adj.* taxable
tributar Ⓐ *v. tr.* to tax, to impose tax on (persons, goods, etc.), to assess; to pay homage and respect to Ⓑ *v. refl.* to contribute, to become tributary
tributário Ⓐ *adj.* tributary, contributary, contributing; confluent Ⓑ *s. m.* tributary, tax-payer, contributor; tributary stream (or river)
tributável *adj.* taxable
tributo *s. m.* tribute, contribution; impost; tax; mark of respect; ***tributo de admiração*** tribute of admiration, mark of esteem
trica *s. f.* chicanery, pettifogging, quibble, verbal subterfuge; trick, cheat
tricâmaro *adj.* ⇒ **tricâmero**
tricâmero *adj.* BOTÂNICA three-chambered
tricana *s. f.* Portuguese country-woman (at Coimbra)
tricapsular *adj.* BOTÂNICA tricapsular
tricar *v. intr.* to cheat, to swindle, to deceive, to trick
tricefalia *s. f.* tricephaly; quality of having three heads (monster)
tricéfalo *adj.* tricephallous; three-headed
tricelular *adj.* BOTÂNICA three-celled
tricenal *adj.* tricennial
tricénio *s. m.* period of thirty years
tricentenário Ⓐ *adj.* tricentenary, tercentenary, tercentennial Ⓑ *s. m.* tercentenary, tricentenary
tricentésimo *num. ord.* three-hundredth
tricêntrico *adj.* referring to the arch with three centres
tricicleta *s. f.* ⇒ **triciclo**
triciclo *s. m.* tricycle
tricipital *adj.* tricipital
tricípite Ⓐ *adj.* ANATOMIA triceps (of muscle), three-headed Ⓑ *s. m.* triceps (extensor muscle at the back of the upper arm)

triclínico *adj.* triclinic
triclínio *s. m.* [arc.] triclinium
tricociste *s. f.* ZOOLOGIA trichocyst
tricoco *adj.* tricoccous
tricofitia *s. f.* ⇒ **tricofitíase**
tricofitíase *s. f.* scurf
tricófito *s. m.* trichophyton
tricofobia *s. f.* MEDICINA abnormal fear or aversion to touching hairy things
tricófobo *adj.* having an abnormal fear or aversion to touching hairy things
tricogínio *s. m.* ⇒ **tricógino**
tricógino *s. m.* trichogyne
tricóide *adj.* trichord
tricologia *s. f.* trichology
tricolor *adj.* tricolour, tricolor, tricoloured
tricoma *s. m.* PATOLOGIA trichoma, trichome
tricomatoso *adj.* affected by trichoma
tricomicose *s. f.* trichoma
tricorde *adj.* trichord
tricórdio *s. m.* MÚSICA trichord
tricorne *adj.* three-horned
tricórnio *s. m.* cocked-hat, tricorn, three-cornered hat
tricose *s. f.* trichosis
tricoso *adj.* tricky
tricotada *s. f.* many small volumes
tricotar *v. tr e intr.* to knit
tricote *s. m.* small volume
tricotomia *s. f.* BOTÂNICA trichotomy
tricotómico *adj.* trichotomous
tricroísmo *s. m.* trichroism
tricromia *s. f.* three-colour process
tricúspide *adj.* tricuspid
tridacna *s. f.* tridacna
tridáctilo *adj.* tridactylous
tridentado *adj.* tridentate, three-pronged; three-forked
tridente *s. m.* trident (instrument or weapon with three prongs); [fig.] the sea
tridênteo *adj.* related to the trident
tridentífero *adj.* bearing a trident
tridentígero *adj.* ⇒ **tridentífero**
tridentino *s. m., adj.* Tridentine
tridigitado *adj.* ⇒ **tridáctilo**
tridimensional *adj.* tridimensional
tridimite *s. f.* MINERALOGIA tridymite
triduano *adj.* triduan
tríduo *s. m.* RELIGIÃO triduo, triduum, three days' service of prayer
triebdomadário *adj.* occurring three times a week
trieco *adj.* trioecious
triedro Ⓐ *adj.* GEOMETRIA trihedral Ⓑ *s. m.* trihedron, angle, quoin
trienado *s. m.* triennial
trienal *adj.* triennial
triénio *s. m.* triennial (space or period of three years)
trierarca *s. m.* trierarch
trierarquia *s. f.* trierarchy
triestino *s. m., adj.* of (related to) Trieste
trietérico *s. m.* trieteric
trietéride *s. f.* a period of three years
trifacial *s. m.* trifacial
trifário *adj.* trifarious
trifásico *adj.* having 3 phases
trifauce *adj.* three-headed
trífido *adj.* ZOOLOGIA, BOTÂNICA trifid, three-cleft, tridentate; tripartite
trifloro *adj.* BOTÂNICA triflorous, three-flowered
trifoliado *adj.* BOTÂNICA trifoliolate
trifólio *s. m.* trifolium, trefoil; clover; ARQUITECTURA trefoil
trifoliolado *adj.* ⇒ **trifoliado**
trifório *s. m.* triforium
triforme *adj.* triform
trifurcação *s. f.* trifurcating
trifurcado *adj.* trifurcate, three-forked, three-pronged
trifurcar *v. tr.* to trifurcate, to branch out into three; to divide into three
triga *s. f.* carriage with three horses
trigal *s. m.* wheat-field, corn-field
trigamia *s. f.* trigamy
triga-milha *s. f.* bread made of wheat and corn meal
trígamo *s. m.* trigamist
trigança *s. f.* haste, hurry, bustle
trigar-se *v. refl.* to hurry up, to hasten, to bustle, to move quickly
trigémeo *s. m.* triplet (each of the three babies born at one birth)
trigeminado *adj.* said of a window with six openings
trigémino *adj.* trigeminal
trigésimo Ⓐ *num. ord.* thirtieth Ⓑ *s. m.* the thirtieth part
trigina *s. f.* BOTÂNICA trigynia
trígino *adj.* BOTÂNICA trigynous
tríglifo *s. m.* ARQUITECTURA triglyph
trigloquine *adj.* tricuspid
trigloquino *adj.* ⇒ **trigloquine**
triglota Ⓐ *adj.* trilingual Ⓑ *s. m. e f.* one who speaks three languages
trigo *s. m.* wheat; ***trigo mourisco*** buckwheat; ***trigo durázio*** stiff wheat; ***trigo tremês*** spring wheat; ***gabela de trigo*** a sheaf of corn; ***trigo que está em pé*** standing corn; ***ceifar o trigo*** to cut the corn, to reap the corn; ***campo de trigo*** cornfield, a field of wheat; ***insecto destruidor da flor do trigo*** wheat-fly, wheatmidge; ***de trigo*** wheaten
trígone *s. f.* trigone
trígono Ⓐ *adj.* trigonal, triangular Ⓑ *s. m.* trigon
trigonocarpo *adj.* trigonocarpous
trigonocefalia *s. f.* trigonocephaly
trigonocéfalo *adj.* trigonocephalous; foetus with triangular head
trigonometria *s. f.* trigonometry; ***trigonometria plana*** plane trigonometry
trigonometricamente *adv.* trigonometrically
trigonométrico *adj.* trigonometric(al)
trigoso *adj.* in haste, hasty
trigrama *s. f.* trigram, trigraph
trigueirão Ⓐ *s. m.* ZOOLOGIA corn bunting Ⓑ *adj.* swarthy, dark-skinned
trigueiro Ⓐ *adj.* swarthy, dark, brown Ⓑ *s. m.* brunet, a dark-skinned person
triguenho *adj.* swarthy, dark; brown
triguilho *s. m.* chaff of wheat
trijugado *adj.* BOTÂNICA three-parted (leaf); composed of three pairs of folioles (leaflets)
trilado Ⓐ *s. m.* trill, quaver Ⓑ *adj.* trilled, quavered
trilar *v. tr. e intr.* to trill, to quaver
trilateral *adj.* trilateral, three-sided
trilátero *adj.* trilateral, three-sided
trilema *s. m.* trilemma
trilha *s. f.* thrashing (of the grain), threshing; track, trace, trail, footstep; example
trilhada *s. f.* thrashing (of the grain), threshing; track, trace, trail, footstep; example
trilhadela *s. f.* contusion, bruise
trilhado *adj.* thrashed, threshed; trodden, beaten; common, well-known, habitual; ***caminho trilhado*** beaten track, common routine
trilhador *s. m.* thrasher, thresher; threshing-machine
trilhadura *s. f.* thrashing, threshing

trilhamento *s. m.* thrashing, threshing
trilhar *v. tr.* to thrash, to thresh, to tread out (the corn), to beat; to tread, to follow; to crush, to press down
trilho *s. m.* track, pathway; harrow (for thrashing corn); churn-staff; rail; routine; ***trilho de roda*** tread of a wheel
trilião *num. card.* trillion
trilinear *adj.* trilinear
trilingue *adj.* trilingual
trilíngue *adj.* ⇒ **trilingue**
triliteral *adj.* ⇒ **trilítero**
trilítero *adj.* triliteral
trílito *s. m.* trilith, trilithon (a prehistoric stone monument)
trilo *s. m.* MÚSICA trill, quaver; warble
trilobado *adj.* BOTÂNICA trilobate
trilobite *s. f.* ZOOLOGIA trilobite
triloculado *adj.* BOTÂNICA three-celled
trilocular *adj.* BOTÂNICA ⇒ **triloculado**
trilogia *s. f.* trilogy
trílogo *s. m.* three persons dialogue
trilongo *adj.* of three long syllables (Greek or Latin verse)
trimaculado *adj.* possessing three spots (stains)
trimbolim *s. m.* old and badly kept carriage
trimembre *adj.* having three members
trimensal *adj.* quarterly, trimensual, three-monthly
trímero *adj.* trimerous; QUÍMICA trimeric
trimestral *adj.* trimensual, trimestr(i)al, quarterly
trimestralidade *s. f.* trimestria payment, quarterly payment
trimestralmente *adv.* trimestrially, quarterly
trimestre *s. m.* quarter (of a year), school or university term of this length; sum paid quarterly
trimétrico *adj.* trimetric(al)
trímetro *s. m.* trimeter
trimilénio *s. m.* a period of three thousand years
trímodo *adj.* trifarious
trimorfia *s. f.* ⇒ **trimorfismo**
trimorfismo *s. m.* trimorphism
trimorfo *adj.* trimorphous, trimorphic
trimotor *s. m.* three-engined aeroplane
trimúrti *s. f.* Hindu Trinity
trinado *s. m.* trill, shake, warble
trinador *adj.* warbling, chirping
trinar *v. tr. e intr.* to trill, to shake, to quaver; ***trinar uma nota*** to shake a note
trinca *s. f.* trine; ⌈pop.⌋ bite; NÁUTICA ***trinca do gurupés*** gammoning of the bowsprit; ***à trinca (navio)*** in the eye of the wind (ship); ***andar à trinca*** to keep close, to keep the luff, to keep to
trinca-cevada *s. f.* a sort of popular game
trincadeira *s. f.* a variety of grapes; food, meal
trincadela *s. f.* bite
trinca-dente *s. f., adj.* a variety of white grape
trincado *adj.* bitten off; sly; NÁUTICA ***trincado duplo*** raised and sunken
trincadura *s. f.* fishing boat of Biscaia
trinca-espinhas *s. m. e f.* ⌈pop.⌋ barebone; spindle-shanks, spindle-legs
trincafiado *adj.* sewn with a shoemaker's thread
trincafiar *v. tr.* NÁUTICA to seize; to sew with shoemaker's thread; to tice
trincafio *s. m.* shoemaker's thread; slyness, craftiness, shiftiness
trinca-fortes *s. m.* street-rioter
trincal *s. f.* a variety of grapes
trincaniz *s. m.* NÁUTICA deck stringer, deck beam stringer, gunwale stringer
trinca-nozes *s. m.* ⌈Bras.⌋ red cross-bill
trinca-pau *s. m.* ZOOLOGIA goat-moth
trinca-pinhas *s. m.* ORNITOLOGIA crossbeak, crossbill
trinca-pinhões *s. m.* ORNITOLOGIA crossbeak, crossbill
trinca-pintos *s. m. e f.* fox, vixen
trincar *v. tr.* to crunch, to crush, to bite; to eat, to get angry
trincha *s. f.* adze, broad brush; nail puller
trinchador Ⓐ *s. m.* carver Ⓑ *adj.* carving
trinchante Ⓐ *s. m.* carver; carving-knife; dresser (a kind of sideboard) Ⓑ *adj.* carving
trinchão *s. m.* carver
trinchar *v. tr.* to carve, to cut up (meat)
trincheira *s. f.* trench, long narrow ditch; railway cutting; parapet, barrier; (circus) tier; NÁUTICA netting; ***trincheira (abrigo)*** shelter-trench
trincheirar Ⓐ *v. tr.* to entrench Ⓑ *v. refl.* to entrench oneself
trincheiro *s. m.* foothold in a trenchwall
trinchete *s. m.* shoemaker's knife
trincho *s. m.* trencher, wooden platter (for carving); way of carving, carving; board on which cheese is squeezed by the press
trinco *s. m.* latch; small spring lock; DESPORTO anchorman; ***chave de trinco*** latch-key; ***trinco automático*** door spring
trindade *s. f.* trinity; ***trindades*** angelus, angelus-bell; ***tocar às trindades*** to toll the angelus; ***a Santíssima Trindade*** the Holy Trinity
trinervado *adj.* ⇒ **trinérveo**
trinérveo *adj.* three-nerved, trinervate
trineta *s. f.* great-great-grand-daughter
trineto *s. m.* great-great-grandson
trinfar Ⓐ *v. intr.* to chirp, to twitter Ⓑ *s. m.* chirp, twittering sound produced by the swallow
trinitário *s. m., adj.* trinitarian
trinitroglicerina *s. f.* QUÍMICA trinitroglycerin, nitroglycerin
trinitrotolueno *s. m.* QUÍMICA trinitrotoluene, trinitrotoluol, TNT
trino Ⓐ *adj.* trine, threefold, triple, triune Ⓑ *s. m.* warble, trill; a Trinitarian Friar
trinomial *adj.* ⇒ **trinominal**
trinominal *adj.* having three names
trinómine *adj.* ⇒ **trinominal**
trinómio *s. m.* MATEMÁTICA trinomial
trinque *s. m.* coat-peg; neatness, elegance
trinquebale *s. m.* ⇒ **trinquevale**
trinquevale *s. m.* heavy lorry (for guns)
trinta *num. card.* thirty; ***o dia trinta*** the thirtieth; ***trinta vezes mais*** thirty times as much, thirtyfold; ***trinta e um*** thirty-one; ***uns trinta*** about thirty, some thirty; ***ela já passou os trinta*** she is over thirty, she is out of her thirties
trinta-e-um *s. m.* thirty-one (a card game)
trintanário *s. m.* lackey, lacquey
trintão Ⓐ *adj.* thirtyish Ⓑ *s. m.* man in his thirties
trintar *v. intr.* to be thirty years old
trinta-reis *s. m.* ZOOLOGIA royal tern
trintário *s. m.* month's mind (the commemoration service on the thirtieth day after burial); trental (a set of thirty masses)
trintena *s. f.* a thirtieth; group of thirty persons or things
trintenário Ⓐ *adj.* thirtyish Ⓑ *s. m.* man of thirty years
trintona *s. f.* thirty-year-old woman
trio *s. m.* MÚSICA trio, triplet, group of three persons
trióbolo *s. m.* triobol
tríodo *s. m.* ELECTRICIDADE triode
trióico *adj.* BOTÂNICA trioecious; ⇒ **trieco**
trioleína *s. f.* QUÍMICA triolein
trional *s. m.* QUÍMICA trional
triovulado *adj.* BOTÂNICA having three ovules
tripa *s. f.* intestine; gut; *pl.* bowels, entrails; ***fazer das tripas coração*** to pluck up heart, to put a bold face on it; ***tripa de porco (para enchidos)*** hog's casings (for sausages)
tripa-forra *s. f.* ***à tripa-forra*** for nothing, gratis; ***comer à tripa-forra*** to have one's fill, to eat to one's heart's content;

viver à tripa-forra to be in clover, to live on the top of the land
tripagem *s. f.* intestines, guts
tripalhada *s. f.* guts, entrails
tripalmitina *s. f.* tripalmitin; glycerid from edible oils
tripanossoma *s. m.* trypanosome
tripanossomíase *s. f.* MEDICINA trypanosomiasis
tripanossomo *s. m.* ⇒ **tripanossoma**
tripanossomose *s. f.* ⇒ **tripanossomíase**
tripar *v. intr.* [cal.] to be on a trip, to be tripping, to be high; *está a tripar* he's tripping (on acid)
triparco *adj.* producing and reproducing in groups of three
triparia *s. f.* offal shop, tripeshop
tríparo *adj.* BOTÂNICA producing in groups of three
tripartição *s. f.* tripartition
tripartir *v. tr.* to divide into three parts
tripartível *adj.* that may be divided into three parts
tripé *s. m.* tripod; three-legged stool
tripeça *s. f.* three-legged stool; tripod; shoemaker's job
tripeiro *s. m.* offal (or tripe) merchant; [coloq.] a nickname of anybody born at Oporto
tripétalo *adj.* tripetalous
tripetrepe *adv.* step by step; gently
tripla *s. f.* a triplicate way of entering football pools
triplamente *adv.* triply, trebly
triplano *s. m.* triplane
triple *adj.* ⇒ **triplo**
tripleta *s. f.* triplet
tríplex *s. m.* triplex
triplicação *s. f.* triplication, triplicating
triplicadamente *adv.* threefold, in triplicate
triplicado *adj.* triplicate, threefold; reproduced in three identical copies; one of three identical copies (or things)
triplicar *v. tr.* to triplicate, to treble; to make three copies of
triplicata *s. f.* third copy
tríplice *adj.* triplex, triple, threefold; *extensão tríplice* triple extension
triplicidade *s. f.* triplicity
triplo Ⓐ *adj.* triple, threefold Ⓑ *s. m.* triplex, triple, triplicate
triplóide *adj.* BIOLOGIA triploid
triploidia *s. f.* triploid state
triplopia *s. f.* MEDICINA sight perturbation which causes the appearance of three images instead of one
tripó *s. m.* triangular stool, three-cornered stool, tripodal stool
trípoda *s. f.* ⇒ **trípode**
trípode *s. f.* tripod
tripodia *s. f.* tripody
tripófago *adj.* ZOOLOGIA feeding on insects and worms
trípoli *s. m.* tripoli; friable siliceous deposit, rotten-stone
tripolino *s. m., adj.* ⇒ **tripolitano**
tripolitano *s. m., adj.* Tripolitan
tripsina *s. f.* trypsin
tríptero *adj.* three-winged
tríptico *s. m.* triptych
tripudiante *adj.* tripudiant, dancing for joy
tripudiar *v. intr.* to tripudiate; to rejoice; to dance for joy; [fig.] to live in debauchery
tripúdio *s. m.* tripudiation, dancing; licentiousness
tripulação *s. f.* crew, ship's crew, ship's company; *tripulação do avião* flight crew; *com tripulação reduzida* light-handed, shorthanded, undermanned
tripulante *s. m. e f.* man, seaman, sailor, member of the crew
tripular *v. tr.* to man, to furnish with men
triques Ⓐ *adj.* [fam.] dandy, smart Ⓑ *s. m. e f.* a dandy; [fam.] *todo triques à beirinha* dressed up to the nines, all togged up
triquete *s. m.* *a cada triquete* everywhere, at every step
triquetraque *s. m.* a sort of firework
triquetraz *adj.* ⇒ **traquinas**
tríquetro *adj.* triquetrous
triquíase *s. f.* MEDICINA trichiasis
tríquina *s. f.* trichina, nematode
triquinado *adj.* trichinous
triquiníase *s. f.* trichinosis
triquinose *s. f.* ⇒ **triquiníase**
triquinoso *adj.* ⇒ **triquinado**
triquismo *s. m.* filiform fracture of a bone
triquite *s. f.* ⇒ **triquito**
triquito *s. m.* trichocyst
trirradiado *adj.* triradiated
trirramoso *adj.* having three branches
trirrectângulo *adj.* tri-rectangular
trirregno *s. m.* triarchy
trirreme *s. f.* trireme
triságio *s. m.* Trisagion
trisanual *adj.* triennial (lasting for three years); occurring every three years
trisarquia *s. f.* triarchy
trisavó *s. f.* great-great-grandmother
trisavô *s. m.* great-great-grandfather
trisca *s. f.* quarrel; intrigue
triscar *v. intr.* to pick up a quarrel; to kick up a shindy, to make a disturbance, to quarrel, to dispute
Trismegisto *s. m.* Trismegistus
trismo *s. m.* MEDICINA trismus, lock-jaw
trispermo *adj.* BOTÂNICA having three seeds
trissacramental *adj.* admitting only three sacraments; trisacramentarian
trissar Ⓐ *v. intr.* to chirp, to twitter Ⓑ *s. m.* chirp, twitter
trissecar *v. tr.* GEOMETRIA to trisect (to divide into three equal parts)
trissecção *s. f.* division in three sections
trissector Ⓐ *s. m.* trisector Ⓑ *adj.* trisecting
trissectriz *s. f.* trisector, trisection-line
trissecular *adj.* three-century-old
trissemanal *adj.* occurring 3 times a week
trissemestral *adj.* occurring 3 times a semester
trissépalo *adj.* BOTÂNICA trisepalous
trisseriado *adj.* triseriate, triserial in three series
trissilábico *adj.* trisyllabic
trissílabo *s. m.* trisyllable
trisso *s. m.* chirp, twitter
trissulcar *v. tr.* to make tripartite
trissulco *adj.* trisulcate, trifid, tripartite
tristaminífero *adj.* BOTÂNICA having three stamens
triste Ⓐ *adj.* sad, sorrowful, dejected, gloomy, melancholic, mournful; lamentable, calamitous; heavy, depressed, afflicted, unhappy; despairing; cloudy, sombre, dark, dull, downcast Ⓑ *s. m.* a sad person; *é muito triste o que me contas* what you tell me is very sad; *um triste espectáculo* a sorry sight; *num triste estado* in a sorry plight; *estar triste* to feel sad, to be sad, to look blue; *fazer triste figura* to cut a poor figure
tristearina *s. f.* QUÍMICA tristearin
tristemente *adv.* sadly, sorrowfully, mournfully
tristeza *s. f.* sadness, sorrow, affliction; misery, unhappiness, grief, melancholy, wretchedness, dejection, depression (of spirits); dullness, gloom, gloominess; *profunda tristeza* deep sorrow; *entregar-se à tristeza* to give oneself up to sorrow; *tristeza do coração* heart heaviness; *tristezas não pagam dívidas* weeping won't make it any better, no use crying over spilt milk
tristificar *v. intr.* to sadden, to mortify
tristimania *s. f.* chronic sadness
tristimaníaco *s. m., adj.* (someone) affected by chronic sadness

tristímano *s. m., adj.* ⇒ **tristimaníaco**
tristonho *adj.* somewhat sad; dull
tristura *s. f.* ⇒ **tristeza**
tritão *s. m.* MITOLOGIA Triton; ZOOLOGIA triton
triteísmo *s. m.* tritheism
triteísta *s. m. e f.* tritheist
triticale *s. m.* triticale
tritíceo *adj.* like wheat; related to wheat
triticina *s. f.* triticin
trítio *s. m.* QUÍMICA tritium
trito *adj.* triturated, mashed
tritongo *s. m.* triphthong
tritoniano *adj.* fossiliferous
Tritónidas *s. m. pl. Tritonidae*
Tritonídeos *s. m. pl. Tritonidae*
trítono *s. m.* MÚSICA tritone
tritura *s. f.* grinding; trituration; [fig.] mortification
trituração *s. f.* trituration; triturating, crushing, grinding
triturado *adj.* triturated, ground, crushed, masticated, mashed; [fig.] tormented
triturador *adj.* triturating, crushing
trituramento *s. m.* ⇒ **trituração**
triturar *v. tr.* to triturate, to grind, to pulverize; to masticate thoroughly; [fig.] to torment, to thrash, to hurt, to offend
triturável *adj.* triturable
triunfador *adj.* successful, victorious; triumpher, victor, conqueror
triunfal *adj.* triumphal; ***arco triunfal*** triumphal arch
triunfalismo *s. m.* triumphalism
triunfalista *adj.* triumphalist
triunfalmente *adv.* triumphantly, victoriously
triunfante *adj.* triumphant, successful, victorious; elated, exulting, rejoicing
triunfar *v. intr.* to triumph; to win, to conquer, to achieve success; to succeed; to exult, to rejoice; to prevail; ***triunfar na vida*** to be very successful
triunfo *s. m.* triumph; victory, success, conquest; exultation, ovation; ***um triunfo é uma escada para muitos triunfos*** nothing succeeds like success; ***um triunfo*** a feather in one's cap; ***ter o triunfo assegurado*** to have the ball at one's feet; ***alcançar grandes triunfos*** to achieve great triumphs; ***um triunfo fácil*** a walk-over
triunvirado *s. m.* ⇒ **triunvirato**
triunviral *adj.* triumviral
triunvirato *s. m.* triumvirate
triúnviro *s. m.* triumvir
trivalência *s. f.* trivalence
trivalente *adj.* trivalent
trivalve *adj.* trivalve
trivial *adj.* trivial, trifling, small, unimportant, petty, valueless, worthless; trite, specific
trivialidade *s. f.* triviality, trivialness, unimportance; banality, pettiness
trivializar *v. tr.* to trivialize
trivialmente *adv.* trivially
trívio *s. m.* crossroads; trivium
trivogal *s. f.* ⇒ **tritongo**
triz *s. m.* instant; ***por um triz*** on the point of; ***escapar por um triz*** to have a narrow escape, to escape by a hair's breadth, to escape by the skin of one's teeth
troada *s. f.* a roar, loud noise; thunder
troante *adj.* thundering
troar *v. intr.* to thunder
troca *s. f.* exchange, barter, commerce, intercourse; truck, trade; interchange; change; ***em troca*** in return; ***troca de ideias*** exchange of ideas; ***troca de cartas*** exchange of letters
troça *s. f.* mockery, derision, ridicule, scornful laughter, scoff, jeer; ***fazer troça*** to laugh at a person's expense, to pull someone's leg, to make fun of; ***expor à troça*** to hold a person up to ridicule; ***fazer troça cruel*** to poke savage fun
trocadilhar *v. intr.* to quibble; to make puns
trocadilhista *s. m. e f.* quibbler; punster
trocadilho *s. m.* pun, quibble
trocador Ⓐ *s. m.* exchanger Ⓑ *adj.* exchanging
troçador Ⓐ *adj.* mocking Ⓑ *s. m.* mocker, pester
trocados *s. m. pl.* puns, quibbles, anecdotes; embroidering; (small) change
trocaico Ⓐ *adj.* trochaic Ⓑ *s. m.* a trochaic verse
trocânter *s. m.* ZOOLOGIA trochanter
trocantino *adj.* trochanteric
trocar *v. tr. e refl.* to exchange, to interchange; to bank, to convert, to barter, to truck, to permute; to confound, to equivocate; ***trocar saudações*** to exchange greetings; ***trocar dinheiro português por dinheiro inglês*** to exchange Portuguese money for English; ***trocar ideias*** to exchange ideas (or views); ***trocar cartas*** to exchange letters; ***trocar lugares*** to change places (or seats); ***trocar de roupa*** to change clothes; ***trocar as voltas a*** to upset someone's apple-cart, to spoil someone's plans
troçar *v. tr.* to mock, to scoff, to jeer, to laugh at, to make fun of; to ridicule, to deride; ***estão a troçar de ti*** they are making fun of you
trocarte *s. m.* CIRURGIA trocar
trocas-baldrocas *s. f. pl.* fraudulent bartering
troca-tintas *s. m. e f.* dauber; trickster; ***ser troca-tintas*** to blow hot and cold
trocável *adj.* changeable, convertible
trochada *s. f.* blow with a cudgel; stroke
trochado *adj.* strong, reinforced (gun barrel)
trochar *v. tr.* to rifle
trocho *s. m.* cudgel
trociscação *s. f.* fragmentation; preparation of troches
trociscar *v. tr.* to fragmentate; to prepare troches
trocisco *s. m.* troche
trocista Ⓐ *s. m. e f.* mocker, scoffer Ⓑ *adj.* mocking, scoffing
tróclea *s. f.* ANATOMIA trochlea
troclear *adj.* ANATOMIA trochlear, trochleate
troco *s. m.* small change; odd money; pert answer; flippant rejoinder; ***a troco de*** in exchange for, at the price of; ***não tenho troco para lhe dar*** I have no (small) change to give you, I can't give you change
troço *s. m.* fragment, broken piece; cabbage stalk; pin, split pin; ***troço de rio*** branch of a river; ***troço de soldados*** a body of soldiers; ***troço de uma linha*** section of a line; ***troço de via-férrea*** branch line
trocófora *s. f.* ⇒ **trocosfera**
trocóide *adj.* trochoid, cycloid
trocóideo *adj.* ⇒ **trocóide**
trocosfera *s. f.* larva appearing during the development of some invertebrate
tróculos *s. m. pl.* the common fox-glove
trofa *s. f.* cape made of rushes or of straw
troféu *s. m.* trophy, token of victory; [fig.] triumph, victory
trófico *adj.* trophic
trofologia *s. f.* trophology
trofoneurose *s. f.* trophoneurosis
trofonúcleo *s. m.* trophonucleus
trofopatia *s. f.* MEDICINA any disease caused by nutrition disturbances
trofoplasma *s. m.* trophoplasm
trofosperma *s. m.* trophosperm
trofotropisma *s. m.* trophotropism
troglodita *s. m. e f.* troglodyte (primitive cave-dweller)
troglodítico *adj.* troglodytic(al), troglodytal
tróia *s. f.* ancient game simulating a battle
troiano *s. m., adj.* Trojan
troile *s. m.* puffin
troilite *s. f.* troilite
troixa *s. f.* ⇒ **trouxa**

troixada *s. f.* ⇒ **trouxada**
troixe-moixe *s. m.* ⇒ **trouxe-mouxe**
troixo *s. m.* ⇒ **trouxo**
trolaró *s. m.* ***ao trolaró*** clumsily
trólei *s. m.* trolley
troleicarro *s. m.* trolley-bus
troles-boles *s. m.* impostor; swindler, cheater
trolha Ⓐ *s. f.* trowel; ***trolha de pedreiro*** mason's trowel Ⓑ *s. m.* mason, bricklayer;
trolho *s. m.* squat person; ancient measure of capacity for cereals
trololó *s. m.* [Bras.] light music
trom *s. m.* bang, boom, rattle of thunder; noise of a gun; catapult
tromba *s. f.* trunk, elephant's trunk or proboscis; snout; ***fazer trombas*** to look sullen
trombada *s. f.* blow with the trunk (or snout); collision
tromba-d'água *s. f.* water-spout
trombão *s. m.* trombone
trombeiro *s. m.* flutemouthed fresh-water fish
trombejar Ⓐ *v. tr.* to strike with the trunk Ⓑ *v. intr.* to frown, to pout
trombeta Ⓐ *s. f.* trumpet Ⓑ *s. m.* trumpeter
trombetada *s. f.* short trumpet sound
trombetão *s. m.* big trumpet
trombetear *v. intr.* to trumpet
trombeteiro *s. m.* trumpeter, trumpet-player; trumpet-maker; trumpeter (birds with long neck and legs, living in South America)
trombetinha *s. f.* small trumpet
trombetista *s. m. e f.* trumpeter
trombídio *s. m.* mite of the family *Trombiculidae*
trombidiose *s. f.* MEDICINA trombidiasis
trombífero *adj.* having a trunk
trombina *s. f.* thrombin
trombinha *s. f.* ⇒ **trombetinha**
trombo *s. m.* MEDICINA thrombus
trombócito *s. m.* thrombocyte (blood platelet)
trombocitose *s. f.* MEDICINA disease caused by an excess of thrombocytes (platelets) in the blood
tromboflebite *s. f.* thrombophlebitis
trombóide *adj.* related to coagulation
trombone *s. m.* trombone; trombone player
trombonista *s. m. e f.* trombonist
tromboplastina *s. f.* thromboplastin, thrombokinase
trombose *s. f.* MEDICINA thrombosis
trombudo *adj.* provided with a trunk; [fig.] sullen, sulky, frowning, surly, scowling, moody
trompa *s. f.* trumpet; ***trompa de caça*** hunting horn; ANATOMIA ***trompas do útero*** Fallopian tubes; ANATOMIA ***trompa de Eustáquio*** Eustachian tube, Syrinx
trompaço *s. m.* ⇒ **trompázio**
trompada *s. f.* ⇒ **trompázio**
trompão *s. m.* large trombone
trompázio *s. m.* blow, bump
trompejar *v. intr.* to trump; to play a trump
trompeta Ⓐ *s. m.* rascal Ⓑ *s. f.* trumpet
trompete *s. m.* trumpet
trompetista *s. m. e f.* trumpeter
trompista *s. m. e f.* trumpeter; trumpet-maker
tronante *adj.* thundering
tronar *v. tr.* to thunder
troncado *adj.* truncate(d)
troncar *v. tr.* to truncate, to cut off
troncas *s. f.* toll calls (telephone)
tronchar *v. tr.* to cut off close to the root; to chop off; to mutilate
troncho Ⓐ *s. m.* stump, cabbage-stalk Ⓑ *adj.* mutilated; curtailed
tronchuda *s. f.* thick-stalked species of cabbage
tronchudo *adj.* thick-stalked; [fig.] stout
tronco *s. m.* trunk, stock, lineage, pedigree, descent, race; HISTÓRIA stocks; trave, frame (for cattle or horses); ***tronco de madeira*** round log of wood; GEOMETRIA ***tronco de pirâmide*** frustum of pyramid
troncudo *adj.* sturdy, strong, vigorous
troncular *adj.* referring to the trunk
trônculo *s. m.* small trunk
troneira *s. f.* embrasure (opening in a wall for) a cannon
troneto *s. m.* small throne
trono *s. m.* throne, chair of state; royal power and authority; ***subir ao trono*** to ascend the throne; ***renunciar ao trono (abdicar)*** to renounce the throne, to abdicate
tronqueira *s. f.* gatepost
tronqueiro *s. m.* jailor, gaoler
tropa Ⓐ *s. f.* troop, band, gang; riot police Ⓑ *s. m.* a soldier; *pl.* military forces, army; ***tropas de choque*** shock troops; ***tropa de linha*** regulary army; ***tropas aéreas*** flying corps; ***tropas de pára-quedistas*** para-chute troops, paratroops; ***tropas de reforço*** reserve troops, reserves
tropa-fandanga *s. f.* rabble; mob, riotous crowd
tropeada *s. f.* trampling, stamping with the feet
tropear *v. intr.* to trample, to clatter
tropeçamento *s. m.* stumbling, tripping
tropeção *s. m.* stumble, trip(ping), false step; ***aos tropeções*** by fits and starts
tropeçar *v. intr.* to stumble, to trip, to flounder; to miss one's footing; to hesitate over, to be perplexed; to falter; to come across a difficulty; ***tropeçar com dificuldades*** to meet with difficulties
tropecilho *s. m.* obstacle, hindrance
tropeço *s. m.* obstacle, stumbling-block, impediment
tropeçudo *adj.* stumbling frequently
trôpego *adj.* doddery, tottery, unsteady
tropeirada *s. f.* muleteers
tropeiro *s. m.* muleteer
tropejar *v. intr.* ⇒ **tropear**
tropel *s. m.* tramping of feet; rush, bustle, hurry; clatter of horses' hoofs; tumult, uproar; mob, rabble, throng, press (of people), crowd, multitude; ***de tropel*** in a throng, tumultuously; ***em tropel*** in a huddle; ***entrar de tropel*** to come bursting in
tropelão *adj.* clattering (horse)
tropelia *s. f.* uproar, disorder; hurry, bustle; prank, mischief; oppression, outrage; ***fazer tropelias*** to get into mischief (with)
Tropeoláceas *s. f. pl.* BOTÂNICA *Tropaeolaceae*
tropéolo *adj.* tropaeolum
tropicada *s. f.* stumble, flounder, trip
tropical *adj.* tropical; very hot, sultry; ***doenças tropicais*** tropical diseases; ***plantas tropicais*** tropical plants; ***calor tropical*** tropical heat
tropicalista *s. m. e f.* specialist in tropical subjects
tropicar *v. intr.* to stumble (of horses), to knock feet together on going; to miss one's footing; to lose balance (in walking); to trot
trópico *s. m.* tropic; *pl.* the hot regions between the tropics; ***trópico de Câncer*** Tropic of Cancer; ***trópico de Capricórnio*** Tropic of Capricorn
tropido *s. m.* ⇒ **tropeada, tropismo**
tropilha *s. f.* drove of horses following a leading mare
tropismo *s. m.* BOTÂNICA tropism
tropo *s. m.* RETÓRICA trope (metaphorical use of a word)
tropologia *s. f.* tropology
tropológico *adj.* tropological
troponómico *adj.* referring to the changes that an object undergoes due to time or place
tropopausa *s. f.* tropopause

troposfera *s. f.* GEOLOGIA troposphere
tropotaxia *s. f.* ⇒ **tropismo**
troque *s. m.* sound produced by squeezing two fingers and letting them loose with attrition (when calling a dog, or while dancing)
troquel *s. m.* die, engraved stamp for coining (or striking medals)
troqueu *s. m.* trochee
troquilheira *s. f.* prostitute
tróquilo *s. m.* trochilus
troquisco *s. m.* ⇒ **trocisco**
troquiteira *s. f.* ⇒ **troquilheira**
troquiter *s. m.* trochanter
trotada *s. f.* trotting; riding at a trot
trotador Ⓐ *s. m.* trotter; trotting horse Ⓑ *adj.* trotting
trotão *s. m.* trotting horse
trotar *v. intr.* to trot, to go at a trot; to run easily
trote *s. m.* trot, quick walk, jog; ***andar sempre a trote*** to be always on the go, to be kept on the trot; ***trote brando*** dog-trot; ***meio trote*** jog-trot; ***trote travado*** jerky trot; ***trote largo*** canter; ***a trote*** trotting, in a trot, at a trot, in haste
trotear *v. intr.* ⇒ **trotar**
troteiro Ⓐ *adj.* trotting Ⓑ *s. m.* trotter
trotil *s. m.* trinitrotoluene
trouxa Ⓐ *s. f.* bundle, package, truss, packet; ***trouxa de roupa*** bundle of washing; ***arrumar a trouxa*** to pack one's traps; ***andar sempre com a trouxa às costas*** to be always on the move Ⓑ *s. m. e f.* silly person, sucker
trouxada *s. f.* a large bundle (or packet)
trouxe-mouxe *s. m.* [elem. de loc. adv.] ***a trouxe-mouxe*** at random, in a disorderly manner, higgledy-piggledy; ***fazer as coisas a trouxe-mouxe*** to do things anyhow
trouxo *s. m.* small bundle
trova *s. f.* lay, ballad, minstrel's song
trovador *s. m.* ministrel, troubadour, bard
trovadoresco *adj.* relating to a troubadour; like a troubadour
trovão *s. m.* thunder; ***gritar com voz de trovão*** to thunder out; ***o ribombar do trovão*** the peal of thunder, the rumbling of the thunder; ***voz de trovão*** thundering voice; ***um grande trovão*** a loud clap of thunder; ***detonação do trovão*** thunder-clap; ***muito trovão é sinal de pouca chuva (cão que ladra não morde)*** a barking dog seldom bites
trovar Ⓐ *v. intr.* to make rhymes, to write poetry; to versify, to write ballads Ⓑ *v. refl.* to put into rhyme
troveiro *s. m.* troubadour
trovejado *adj.* accompanied by thunder
trovejante *adj.* thundering
trovejar *v. intr.* to thunder; to utter loudly; ***está a trovejar*** it is thundering
trovento *adj.* ⇒ **trovejante**
troviscada *s. f.* pounded spurge-laurel for killing fish
troviscado *adj.* intoxicated; tipsy
troviscal *s. m.* spurge-laurel ground
troviscar *v. intr.* [pop.] to thunder faintly (or slightly)
trovisco *s. m.* BOTÂNICA spurge-laurel
troviscoso *adj.* bitter
trovisqueira *s. f.* ⇒ **trovisco**
trovista *s. m. e f.* versifier, rhymer
trovoada *s. f.* thunderstorm; uproar, turmoil; ***chuva com trovoada*** thunder-shower
trovoar *v. intr.* [pop.] to thunder
trovoso *adj.* thunderous
truanaz *s. m.* ⇒ **truão**
truanear *v. intr.* to play the buffoon
truanesco *adj.* droll, funny, clownish
truania *s. f.* ⇒ **truanice**
truanice *s. f.* buffoonery
truão *s. m.* buffoon, jester
trucidação *s. f.* decapitation, murder by decapitation
trucidador *adj.* ⇒ **trucidante**
trucidante *adj.* killing; decapitating
trucidar *v. tr.* to kill with cruelty generally by decapitation; to mutilate; to decapitate
truculência *s. f.* truculence, fierceness, savageness
trufa *s. f.* truffle
trufar *v. tr.* to fill (or condiment) with truffles
trufeiro Ⓐ *s. m.* place where truffles are cultivated; seller of truffles Ⓑ *adj.* said of a kind of oak near which truffles grow
truficultor *s. m.* he who cultivates truffles
truficultura *s. f.* cultivation of truffles
trugimão *s. m.* ⇒ **turgimão**
truísmo *s. m.* triviality, a trifle
truita *s. f.* ⇒ **truta**
truncado *adj.* truncate, truncated; mutilated; incomplete
truncamento *s. m.* truncation, act of truncating
truncar *v. tr.* to truncate, to cut off, to shorten
truncatura *s. f.* truncation
trunfa *s. f.* head of hair; dishevelled hair; mop of hair; unruly mane
trunfar *v. intr.* to play a trump; to have a high official standing
trunfo *s. m.* trump card; a bigwig, important person; ***ter os trunfos na mão*** to have the ball at one's foot, to have every chance; ***puxar a trunfo*** to lead trumps; ***cortar com trunfo*** to take with a trump
trupar *v. intr.* to knock at someone's door
trupe! *interj.* bang!, crash!
trúpia *s. f.* ***ser levado das trúpias*** to play the devil, to be naughty (mischievous)
trupo *s. m.* banging (of a door); pulsation
truque *s. m.* a game at cards; dodge, trick; ***não acreditar no truque*** not to believe in the trick, to call someone's bluff; ***conhecer todos os truques*** to know all the tricks
truta *s. f.* trout; ***não se pescam trutas a bragas enxutas*** no gains without pains; ***truta assalmoada*** salmon trout; ***poço num rio de trutas*** trout-hole
trutífero *adj.* bearing trout, trouty
trutina *s. f.* ponderation, ponderance
trutinar *v. tr. e intr.* to weigh, to measure; [fig.] to appreciate
truz! Ⓐ *interj.* crash! Ⓑ *s. m.* a rap, a knock; ***de truz*** excellent, first-rate, topping, capital, superb, splendid
tsé-tsé *s. m.* tsetse-fly
tu *pron. pess.* you, thou; [fam.] ***ser tu cá, tu lá com*** to be on most friendly terms with; ***e tu?*** and what about you?
tua Ⓐ *adj. poss.* your; thy Ⓑ *pron. poss.* yours; thine; ***essa bicicleta é tua?*** is that your (own) bicycle? Ⓒ *s. f.* ZOOLOGIA an African long-legged bird
tuaca *s. f.* sago liqueur
tuaregue *s. m., adj.* Tuareg
Tuaregues *s. m. pl.* the Tuaregs
tuba *s. f.* tuba, bass horn; [fig.] poetical style
tubáceo *adj.* tubular
tubagem *s. f.* tubing, system of tubes (or pipes)
túbara *s. f.* ⇒ **túbera**
tubarão *s. m.* ZOOLOGIA shark; [fig.] profiteer
tubeira *s. f.* nozzle
tubel *s. m.* METALURGIA scale of metal
túbera *s. f.* truffle, tuber
Tuberáceas *s. f. pl.* *Tuberaceae*
tuberculado *adj.* BOTÂNICA tuberculate, tubercular
tubercular *adj.* tubercular
tuberculífero *adj.* tuberculiferous
tuberculiforme *adj.* tuberculiform
tuberculina *s. f.* tuberculin
tuberculinização *s. f.* tuberculinization

tuberculinizar *v. tr.* to tuberculinize
tuberculização *s. f.* tuberculization
tuberculizar Ⓐ *v. tr.* to tuberculize, to tubercularize, to infect with tuberculosis Ⓑ *v. refl.* to become tuberculous
tuberculizável *adj.* tubercular
tubérculo *s. m.* PATOLOGIA tubercle; BOTÂNICA wartlike excrescence; small tuber
tuberculose *s. f.* tuberculosis, phthisis, consumption; ***tuberculose pulmonar*** pulmonary tuberculosis, consumption; ***tuberculose óssea*** tuberculosis of bones and joints; ***tuberculose intestinal*** intestinal tuberculosis; ***tuberculose ganglionar*** tuberculous adenitis
tuberculoso Ⓐ *adj.* tuberculous, consumptive; BOTÂNICA tubercular Ⓑ *s. m.* a consumptive person
tuberiforme *adj.* tuberiform
tuberóide *adj.* tuberiform
tuberosa *s. f.* BOTÂNICA tuberose
tuberosidade *s. f.* tuberosity
tuberoso *adj.* tuberous
tubífero *adj.* tubiferous
tubiforme *adj.* tubiform
tubinares *s. f. pl.* procellariformes
tubíporas *s. f. pl.* tubipora
tubo *s. m.* tube, pipe; ***tubo de ensaio*** test-tube; ***tubo acústico*** speaking-tube; ***tubo capilar*** capillary; ***tubo de comunicação*** joint-pipe; ***tubo flexível*** hose; ***tubo de alimentação*** feeder-pipe; ***tubo de lubrificação*** oil-pipe; ***tubo de respiração*** air-pipe; ***tubo de descarga de vapor*** discharge-pipe; waste-steam pipe; ***tubo de borracha*** (piece of) rubber tubing; ***tubo de vidro*** glass tube; ***tubo de cachimbo*** pipe-stem; ***tubo de órgão*** organ pipe; ***tubo curvo*** bent tube, bent pipe; ***tubo de cimento*** cement pipe; ***tubo de distribuição*** distributing pipe; ***tubo de escape*** exhaust-pipe; ***tubo lança-torpedos*** torpedo-tube; ***pôr tubos*** to tube; ***braçadeira para tubos*** pipe clip
tubulação *s. f.* tubulation, tubing; series of pipes
tubulado *adj.* tubulated
tubuladura *s. f.* tubulure, piping
tubular *adj.* tubular
tubulífero *adj.* tubuliferous
tubulifloro *adj.* BOTÂNICA tubuliflorous
tubuliforme *adj.* tubuliform
tubuloso *adj.* tubulous, tubular
tubulura *s. f.* ⇒ **tubuladura**
tucanabóia *s. f.* poisonous snake of the Amazonian forests
tucano *s. m.* ZOOLOGIA toucan
tucum *s. m.* tucum, tucuma (palm tree)
tucumã *s. m.* ⇒ **tucum**
tucupi *s. m.* manioc
tudel *s. m.* metal tube for keeping the reed of musical instruments
tudesco *s. m., adj.* German
tudo Ⓐ *pron. indef.* all, anything, everything Ⓑ *s. m.* the whole, everything; ***tudo junto*** all together; ***tudo absolutamente*** lock, stock, and barrel; ***tudo incluído*** no extras, all-in; ***tudo quanto, tudo o que*** all that, whatever; ***tudo o que fizeres faz bem*** whatever you do, do it properly; ***tudo ou nada*** neck or nothing; ***tudo asneira*** all nonsense; ***farei tudo o que puder*** I will do my utmost; ***perdeu tudo quanto tinha*** he lost his all; ***tudo contado*** all told; ***tudo bem considerado*** all things considered, all in all; ***está tudo perdido*** all is lost; ***tudo compreendido*** in full; ***tudo depende de ...*** everything depends on...; ***tudo o que há de bom*** everything good; ***antes de tudo*** first of all; ***nem tudo o que luz é ouro*** all that glitters is not gold; ***estar por tudo*** to agree with everything and everybody
tudo-nada Ⓐ *s. m.* little bit, jot, trifle Ⓑ *adv.* trifle; ***um tudo-nada difícil*** a trifle difficult
tufão *s. m.* hurricane, typhoon, gale
tufar Ⓐ *v. tr.* to swell out, to puff up Ⓑ *v. intr.* to form into tuffs; to swell
tufo *s. m.* tuft (of feathers, hairs, or grass); puff (small gathered loose fold in a dress); bunch; MINERALOGIA tufa, tuff
tufoso *adj.* swollen, puffy, tuffaceous
tugido *s. m.* muttering
tugir *v. intr.* to mutter; ***não tugir nem mugir*** to hold one's tongue, not to say a word
tugue *s. m.* thug (member of an Indian sect of murderers)
tugúrio *s. m.* hut, hovel, mean dwelling
tuí *s. m.* [Bras.] small parrot
tuia *s. f.* BOTÂNICA arbor vitae
tuição *s. f.* DIREITO defense
tuim *s. m.* ⇒ **tuí**
tuitivo *adj.* defensive, protective
tuiuiú *s. m.* wood ibis
tuja *s. f.* ⇒ **tuia**
tujuba *s. f.* a small yellow bee
tula *s. f.* BOTÂNICA arbor vitae, tree of life; ***tula ocidental*** the American "arbor vitae"; ***tula oriental*** the Chinese "arbor vitae"
tule *s. m.* tulle
tulha *s. f.* olive-bin in olive oil mills; granary, corn-loft
tulheiro *adj.* used as a bin
túlio *s. m.* QUÍMICA thulium
túlipa *s. f.* BOTÂNICA tulip; [coloq.] glass lampshade
tulipáceo *adj.* similar to a tulip
tulipeira *s. f.* tulip-tree
tulipeiro *s. m.* ⇒ **tulipeira**
tum! *interj.* bang!
tumba Ⓐ *s. m. e f.* bier; grave, tomb; unlucky devil, man of broken fortunes; ***o que o berço dá a tumba o leva*** what's bred in the bone will come out in the flesh Ⓑ *interj.* crash!, smash!
tumbal *adj.* relating to a tomb
tumbeiro *s. m.* coffin-bearer
tumbice *s. f.* unluckiness, bad luck
tumefacção *s. f.* tumefaction, swelling
tumefaciente *adj.* provoking swellings
tumefacto *adj.* tumefied, swollen
tumefazer *v. tr.* to tumefy, to swell up
tumefeito *adj.* ⇒ **tumefacto**
tumeficante *adj.* tumefying
tumeficar *v. tr.* to tumefy
tumente *adj.* swollen
tumescência *s. f.* tumescence, swelling, puffiness
tumescente *adj.* tumescent
tumescer *v. tr. e intr.* to swell up
tumescimento *s. m.* ⇒ **intumescimento**
tumidez *s. f.* tumidity
tumidificar *v. tr.* to tumefy
túmido *adj.* tumid, puffed up, swollen, inflated, turgid; [fig.] haughty, arrogant
tumor *s. m.* tumour; ***tumor branco*** lipoma, fatty tumour; ***tumor maligno*** malignant tumour; ***tumor benigno*** benign tumour; ***tumor sebáceo*** sebaceous cyst, steatoma
tumorização *s. f.* formation of a tumour
tumoroso *adj.* tumorous; tumid
tumular Ⓐ *adj.* tumular; ***pedra tumular*** tombstone Ⓑ *v. tr.* to bury, to entomb
tumulizar *v. tr.* to entomb, to bury
túmulo *s. m.* tomb, sepulcre, sepulchral monument, vault, grave
tumulto *s. m.* tumult, riot, uproar, commotion, turbulence, agitation, disturbance
tumultuador *s. m.* agitator
tumultuante *adj.* tumultuous, uproarious
tumultuar Ⓐ *v. tr.* to excite (a tumult), to stir up (a tumult), to agitate Ⓑ *v. intr.* to become tumultuous; to spread out in confused waves

tumultuariamente *adv.* tumultuarily, in a disorderly manner
tumultuário *adj.* tumultuary, undisciplined, disorderly, confused, agitated
tumultuosamente *adv.* tumultuously
tumultuoso *adj.* tumultuous, uproarious, noisy, violent, turbulent; greatly agitated, deeply stirred; ***paixões tumultuosas*** tumultuous passions; ***assembleia tumultuosa*** tumultuous assembly (or gathering)
tuna *s. f.* students' musical group; idle life, vagrancy; BOTÂNICA prickly pear; [pop.] ***andar à tuna*** to idle about town
tunantagem *s. f.* vagrancy, vagabondage
tunantaria *s. f.* ⇒ **tunantagem**
tunante Ⓐ *s. m. e f.* vagrant, vagabond; a student forming part of a *tuna* Ⓑ *adj.* idling
tunantear *v. intr.* ⇒ **tunar**
tunar *v. intr.* to loaf, to idle, to ramble, to wander
tunda *s. f.* sound beating, thrashing; bitter criticism; ***dar uma tunda a*** to give someone a dressing down, or a sound thrashing
tundar *v. tr.* to beat soundly, to cudgel
tundo *s. m.* head-priest (Africa); certain Japanese schools
tundra *s. f.* tundra
túndrico *adj.* related to tundra
túnel *s. m.* tunnel; ***atravessar um túnel*** to pass through a tunnel
tunesino *s. m., adj.* Tunisian
tunetense *s. m. e f., adj.* Tunisian
tunga *s. f.* ZOOLOGIA chigoe, chigre, chigger
tungstato *s. m.* QUÍMICA tungstate
tungsténico *adj.* tungstenic
tungsténio *s. m.* tungsten
túngstico *adj.* tungstic
túnica *s. f.* tunic; BOTÂNICA tunic, covering, husk, integument; skin; ANATOMIA tunic enveloping membrane; RELIGIÃO dalmatic
tunicados *s. m. pl.* ZOOLOGIA *Tunicata*
tunicários *s. m. pl.* ZOOLOGIA ⇒ **tunicados**
tunicela *s. f.* tunicle
tunicífero *s. m., adj.* ⇒ **tunicados**
tunicina *s. f.* tunicin
tuniquete *s. m.* ⇒ **tunicela**
tunisino *s. m., adj.* Tunisian
tuno *s. m., adj.* ⇒ **tunante**
Tupá *s. m.* ⇒ **Tupã**
Tupã *s. m.* the supreme divinity among the Indians (Brazil)
tupaia *s. f.* tupaia
Tupaíidas *s. m. pl.* ⇒ **Tupaiídeos**
Tupaiídeos *s. m. pl.* Tupaiidae
tupi *s. m.* Tupi
tupia *s. f.* wood shaper; a kind of lathe for the making of picture frames
tupi-guarani *s. m.* Tupi-Guarani (language of most of the Indians in Brazil)
tupinamba *s. f.* BOTÂNICA ⇒ **tupinambo**
tupinambo *s. m.* BOTÂNICA artichoke
tupinambor *s. m.* BOTÂNICA ⇒ **tupinambo**
tupir *v. tr.* to compress, to squeeze; to block, to clog
turaniano *s. m.* Turanian
turari *s. f.* a supple jack
turba *s. f.* crowd, throng, multitude
turbação *s. f.* disturbance, perturbation, confusion, disorder
turbado *adj.* disordered, confused, perplexed; cloudy, rough, overcast
turbador Ⓐ *s. m.* disturber Ⓑ *adj.* disturbing, turbulent
turbamento *s. m.* ⇒ **turbação**
turbamulta *s. f.* rabble, mob, populace
turbante *s. m.* turban
turbar Ⓐ *v. tr.* to disturb, to disorder, to trouble; to perturb, to upset, to confuse; to dim Ⓑ *v. refl.* to become overcast; to get perplexed (or troubled); to grow cloudy
turbativo *adj.* perturbative, perturbing
turbável *adj.* that can be disturbed
turbelariado *s. m.* ⇒ **turbelário**
turbelário *s. m.* turbellarian
turbidez *s. f.* turbidity, turbidness
túrbido *adj.* turbid, thick; cloudy, muddy; confused, disturbed
turbilhão *s. m.* whirl; vortex; whirlwind, tumult, uproar; ***tenho a cabeça num turbilhão*** my thoughts are in a whirl
turbilho *s. m.* ZOOLOGIA name of several gastropod pectinibranchian molluscs
turbilhonar *v. intr.* to spin, to whirl, to twirl
turbina *s. f.* turbine; ***turbina de ar comprimido*** compressed air turbine; ***turbina de vapor de escape*** exhaust steam-turbine; NÁUTICA ***turbina de marcha a ré*** reversing-turbine
turbinado *adj.* turbinate
turbinal *adj.* turbinal
turbinectomia *s. f.* turbinectomy
turbíneo *adj.* turbinal, spinning
turbiniforme *adj.* turbiniform, turbinoid
turbinoso *adj.* turbinal, spinning
turbinótomo *s. m.* apparatus to perform the turbinectomy
turbito *s. m.* BOTÂNICA turpeth, turbith
turboalternador *s. m.* turbo-alternator
turbomotor *s. m.* turbo engine
turborreactor *s. m.* turbo jet, turboreactor
turbulência *s. f.* turbulency, turbulence, agitation, disturbance, disorder, noise, tumult, confusion
turbulentamente *adv.* turbulently
turbulento Ⓐ *adj.* turbulent, riotous, unruly, uproarious, insubordinate, disorderly, tumultuous, agitated, noisy Ⓑ *s. m.* a turbulent person
turca *s. f.* Turkish woman; [pop.] drunkenness
turco Ⓐ *s. m.* Turk; NÁUTICA davit Ⓑ *adj.* Turkish; ***banho turco*** Turkish bath
turcófilo *s. m., adj.* Turcophil(e)
turcófobo *s. m., adj.* Turcophobe
turcomania *s. f.* Turkomania
turcomano *s. m., adj.* Turkoman
Túrdidas *s. m. pl.* ⇒ **Turdídeos**
Turdídeos *s. m. pl.* thrush-family
turdonha *s. f.* thrush
turfa *s. f.* turf (*plural* turves, turfs), peat; ***canal cheio de turfa*** turfed-drain
turfeira *s. f.* peat-bog; peat-moss, great quantity of turf
turgência *s. f.* turgidity, swelling, turgescency
turgente *adj.* turgid, swollen, puffed up, turgent
turgescência *s. f.* turgescence
turgescente *adj.* turgescent, turgid; swelling, inflated, turgent
turgescer *v. tr., intr. e refl.* to make turgid, to swell, to puff up
turgidez *s. f.* turgidity
túrgido *adj.* turgid, swollen, puffed up
turgimão *s. m.* dragoman, interpreter
turgir *v. tr.* ⇒ **turgescer**
turião *s. m.* BOTÂNICA turion (*plural* turiones), young shoot
turibular *v. tr.* to incense, to thurify; to burn incense in honour of; [fig.] to flatter, to cajole
turibulário *s. m.* censer, thurifer, acolyte; [fig.] flatterer, cajoler
turíbulo *s. m.* thurible, censer
turícremo *adj.* [poét.] used for burning incense
turiferação *s. f.* ⇒ **turificação**
turiferar *v. tr.* ⇒ **turificar**
turiferário *s. m.* thurifer
turífero *adj.* thuriferous
turificação *s. f.* thurification, incense-burning
turificador *s. m.* one who incenses (fumigates or burns incense)

turificante *adj.* incense-burning
turificar *v. tr.* to incense; to perfume with incense, to burn incense
turino *adj.* relating to incense; Frisian (of Friesland); ***vaca turina*** Frisian cow
turismo *s. m.* tourism, touring; ***agência de turismo*** travel agency, travel bureau
turista *s. m. e f.* tourist, excursionist, tripper
turístico *adj.* touristic
turma *s. f.* form, division, group (school); band, company
turmalina *s. f.* MINERALOGIA tourmaline
túrnepo *s. m.* BOTÂNICA variety of turnip (for cattle)
turno *s. m.* turn, team; ***por turnos*** by turns, by spells; ***por seu turno*** in his turn; ***turno da noite*** night shift
túrpido *adj.* base, vile, wicked
turpilóquio *s. m.* indecent talk
turpitude *s. f.* turpitude, baseness, vileness, wickedness
turquês *s. f.* pincers, nippers
turquesa *s. f.* MINERALOGIA turquoise
turquesada *s. f.* blow with pincers
turquesado *adj.* turquoise-coloured
turquestano *s. m., adj.* Turkestani
turqui *adj.* deep blue
turra *s. f.* ⌈fam.⌋ butt, push with the head; obstinacy; bickering, altercation; wrangle; ***andar às turras com alguém*** to be on bad terms with someone
turrão Ⓐ *adj.* obstinate, headstrong Ⓑ *s. m.* an obstinate person, blockhead
turrar *v. intr.* ⌈fam.⌋ to butt (against), to bump one's head against, to run one's head against; to be obstinate; to contend; to bicker, to wrangle
turrífago *adj.* ⌈poét.⌋ that destroys towers
turrífero *adj.* bearing a turret (elephant)
turrígero *adj.* ⌈poét.⌋ castled
turrista *s. m. e f.* pig-headed person
turturinar *v. intr.* ⌈poét.⌋ to coo; to groan
turturino *adj.* relating to a turtledove
turvação *s. f.* perturbation, uneasiness, disquietude, anxiety, flurry; muddiness, clouding (wine), overcasting (weather)
turvador *adj.* disturbing; muddling; muddying
turvamento *s. m.* ⇒ **turvação**
turvar Ⓐ *v. tr.* to disturb, to trouble, to confuse, to bewilder, to upset, to flurry; to muddle; to make turbid Ⓑ *v. refl.* to grow cloudy; to grow sullen
turvejar *v. tr.* to become turbid
turvo *adj.* muddy, not clear, turbid, opaque; confused, troubled, bewildered, disturbed, cloudy; ***pescar em águas turvas*** to fish in troubled waters; ***água turva*** muddy water; ***de olhos turvos*** blear-eyed
tusébio *s. m.* variety of black marble
tussilagem *s. f.* BOTÂNICA colt's foot
tutáculo *s. m.* shelter; protection
tuta-e-meia *s. f.* ⌈pop.⌋ a bit, a spot, almost nothing; ***comprar por tuta-e-meia*** to buy for a song
tutano *s. m.* ANATOMIA marrow; pith; ⌈fig.⌋ essence
tutela *s. f.* guardianship, tutelage, tutorship; charge, protection; care; ***estar sob a tutela de*** to be in ward to, to be under the guardianship of
tutelado *adj.* tutored, subject to a guardian
tutelagem *s. f.* tutelage; tutorage
tutelar Ⓐ *adj.* tutelar, tutelary, protective Ⓑ *v. tr.* to tutor, to protect, to defend
tutia *s. f.* QUÍMICA tutty (crude zinc oxide)
tutiar *v. intr.* to create tutty
tutinegra *s. f.* ⇒ **toutinegra**
tutor *s. m.* tutor, guardian, protector; ***tutor de menores*** guardian; ***tutor de pessoa interdita*** trustee
tutora *s. f.* tutoress, guardian
tutorar *v. tr.* to be a guardian; to act as guardian
tutorear *v. tr.* to be a guardian; to act as guardian
tutoria *s. f.* guardianship, tutelage, tutorship; protection; place where young boys and girls are kept under tutelage; tutorage; tutory
tutório *adj.* tutory
tutu *s. m.* ⌈pop.⌋ child's bum; ⌈Bras.⌋ hobgoblin, bogey, bugbear; big shot; a dish prepared with beans, bacon and manioc
tútulo *s. m.* tutulus
tuvino *s. m.* ORNITOLOGIA leaf-scraper
tzar *s. m.* ⇒ **czar**

u, U *s. m.* the twenty-first letter of the alphabet
uabaína *s. f.* FARMACOLOGIA, QUÍMICA active and toxic glucide found in the strophantus
uacari *s. m.* ZOOLOGIA [Bras.] ouakari, American monkey, wakari, genus cacajao
uacauã *s. m.* [Bras.] ⇒ **acauã**
uaicima *s. f.* BOTÂNICA [Bras.] Caesar weed
uamiri *s. m.* [Bras.] small arrow
uariquena *s. f.* BOTÂNICA [Bras.] ⇒ **uariquina**
uariquina *s. f.* BOTÂNICA [Bras.] variety of red pepper
uatapu *s. m.* horn (which is supposed by the Brazilian Indians to attract fish)
uauaçu *s. m.* BOTÂNICA "babaçu", Brazilian palm
ubá *s. f.* herbaceous plant of the family *Annonaceae*; Indian dug-out
ubacaba *s. f.* a plant of the ginger family
ubarana *s. m.* [Bras.] lady-fish
ubatã *s. m.* [Bras.] Brazilian tree
uberar *v. tr.* to fertilize, to fecundate
uberdade *s. f.* fertility, rich growth, fruitfulness; copiousness, abundance, plenty
úbere Ⓐ *adj.* fertile, fruitful Ⓑ *s. m.* udder
uberoso *adj.* uberous
ubérrimo *adj.* very fruitful, most fertile; extremely abundant
ubertoso *adj.* ⇒ **úbere**
ubiquidade *s. f.* ubiquity, omnipresence
ubiquista *s. m. e f.* ubiquitary
ubiquitário *s. m.* RELIGIÃO ubiquitarian
ubíquo *adj.* ubiquitous, omnipresent
ubuçu *s. m.* a species of palm trees also known as *buçu*
uçá *s. m.* [Bras.] kind of crab
ucasse *s. m.* ukase
ucha *s. f.* box, bin, chest (as for grain); larder
uchão *s. m.* butler
ucharia *s. f.* pantry, store-room, larder
ucraniano *s. m., adj.* Ukrainian
ucromia *s. f.* inopportunity, the wrong time
uçu *adj.* [Bras.] big
udo *adj.* big; ***sem udo nem miúdo*** without anything
udometria *s. f.* calculation by the udometer
udométrico *adj.* pluviometric
udómetro *s. m.* udometer, raingauge, pluviometer
ufa *s. f.* ***à ufa*** at large, at another's expense, in abundance
ufa! *interj.* hey!, hi!
ufanar Ⓐ *v. tr.* to render proud; to flatter Ⓑ *v. refl.* to boast; to be proud of; to be elated
ufania *s. f.* pride, haughtiness, vainglory, ostentation; boasting
ufano *adj.* proud; exulting, elated; haughty; vain; ***estar ufano*** to be puffed up
ufanoso *adj.* proud, boasting, vain, self-satisfied
ugabe *s. m.* ancient designation of the harpsichord
ugalha *s. f.* ⇒ **igualha**
ugalhar *v. tr.* ⇒ **ugar**
ugandês *s. m., adj.* Ugandan
ugar Ⓐ *v. tr.* [reg.] ⇒ **igualar** Ⓑ *v. intr.* to shout
Ugros *s. m. pl.* Ugrians
ui! *interj.* oh!, whew!, ugh!
uiara *s. f.* [Bras.] ⇒ **mãe-d'água**
uigure *s. m.* Ugrian
uigúrico *adj.* Ugric
uiofobia *s. f.* pathological aversion to one's own children
uirapuru *s. m.* legendary song-bird
uistiti *s. m.* ouistiti, wistiti
uísque *s. m.* whisky, whiskey
uivada *s. f.* a series of howls
uivador Ⓐ *adj.* howling Ⓑ *s. m.* howler
uivante Ⓐ *adj.* howling
uivar *v. intr.* to howl; to yell; to rage; to roar (the wind), to bawl, to cry; ***o vento uiva na floresta*** the wind howls through the forest
uivo *s. m.* howl
ujica *s. f.* [Bras.] dainty, delicacy, tit-bit
ulalgia *s. f.* pain in the gums
ulano *s. m.* uhlan, lancer
úlcera *s. f.* ulcer; ***úlcera gástrica*** gastric ulcer; ***úlcera duodenal*** duodenal ulcer
ulceração *s. f.* ulceration
ulcerar Ⓐ *v. tr.* to ulcerate, to affect with an ulcer; to corrupt morally Ⓑ *v. refl. e intr.* to become ulcerated
ulcerativo *adj.* ulcerative
ulcerável *adj.* susceptible of becoming ulcerous
ulceróide *adj.* ulcer-like
ulceroso *adj.* ulcerous, ulcerated
ulema *s. m.* ulema (Moslem doctors of sacred law and theology)
uliginário *adj.* BOTÂNICA uliginose, uliginous
uliginoso *adj.* swampy, oozy, muddy, slimy; uliginose
ulisseu *adj.* referring to Ulysses, Ulyssean; tricky; astute, cunning, shrewd
ulissiponense *adj.* of (belonging to) Lisbon
ulite *s. f.* MEDICINA inflammation of the gums; elmen; elmy; related to elms
Ulmáceas *s. f. pl.* BOTÂNICA *Ulmaceae*
ulmáceo *adj.* BOTÂNICA ulmaceous
ulmária *s. f.* BOTÂNICA meadow-sweet, queen of the meadows
ulmeiro *s. m.* BOTÂNICA elm-tree
úlmico *adj.* ulmic
ulmina *s. f.* ulmin
ulmo *s. m.* ⇒ **ulmeiro**
ulna *s. f.* ANATOMIA ulna
ulnal *adj.* ⇒ **ulnar**
ulnar *adj.* ulnar
ulnário *adj.* ⇒ **ulnar**
ulo *s. m.* lament, groan
Ulotricáceas *s. f. pl.* *Ulotrichaceae*
ulótrico *adj.* ulotrichous
ulterior *adj.* ulterior; further, more remote; following, happening in the future, future; later
ulterioridade *s. f.* remoteness, ulteriority
ulteriormente *adv.* ulteriorly, more remotely; in the future
ultimação *s. f.* finish, finishing touch; completion, perfection; ultimacy
ultimado *adj.* finished, ended, completed, complete, perfect, ultimate

ultimador *s. m.* finisher
ultimamente *adv.* lastly, lately, of late, recently, latterly
ultimar *v. tr.* to ultimate; to finish, to end; to complete, to conclude; to perfect; to put final touches to; ***ultimar um trabalho*** to finish a work
últimas *s. f. pl.* final throes, mortal agonies, last moments; decisive cast (of dice); ***dizer as últimas*** to throw someone the worst vulgarities in his face, to address supreme insults (to someone); ***ele está nas últimas*** it is all up with him
ultimato *s. m.* ultimatum
último Ⓐ *adj.* last; ultimate, preceding, latest; hindmost, final; decisive Ⓑ *s. m.* last; ***o último dia do ano*** the last day of the year; ***as últimas palavras que ele proferiu*** the last words he uttered; ***o último suspiro*** the last breath; ***até ao último momento*** till the last; ***última novidade*** latest fashion; ***última prova*** final proof; ***última prova de máquina*** second press proof; ***último preço*** last price; ***a última vontade*** one's last wish; ***última esperança*** forlorn hope; ***quando o viste pela última vez?*** when did you see him last?; ***disse a última palavra sobre o assunto*** he has said the last word on the matter; ***o último mas não o de menos importância*** last but not least; ***por último*** at last, lastly; ***a última vez*** the last time; NÁUTICA ***o último da cauda*** rearmost
ultimogénito *s. m.* the youngest child
ulto *adj.* revenged, avenged
ultor *s. m.* revenger, avenger
ultrabásico *adj.* GEOLOGIA ultrabasic
ultracentrifugação *s. f.* QUÍMICA ultracentrifugation
ultracentrifugar *v. tr.* QUÍMICA to ultracentrifuge
ultracorrecção *s. f.* excessive correction
ultracurto *adj.* ultrashort (waves)
ultrafiltração *s. f.* ultrafiltration
ultra-humano *adj.* preter-human
ultrajado *adj.* affronted
ultrajador *s. m.* slanderer, reviler; insulter
ultrajante *adj.* insulting, wounding, offending, outrageous, reviling
ultrajar *v. tr.* to insult, to offend, to affront, to revile, to abuse
ultraje *s. m.* insult, affront, offence, outrage, abuse, reviling
ultrajoso *adj.* insulting, offending, reviling, outrageous
ultraleve Ⓐ *adj.* ultralight Ⓑ *s. m.* ultralight, microlight
ultraliberal *adj.* ultra-liberal, extremely liberal
ultraliberalismo *s. m.* ultra-liberalism
ultramar *s. m.* overseas territory, overseas (or colonial) possessions
ultramarino *adj.* oversea, overseas; ultramarine, transmarine; ***domínios ultramarinos*** overseas dominions
ultramicroscopia *s. f.* ultramicroscopy
ultramicroscópico *adj.* ultramicroscopic
ultramicroscópio *s. m.* ultramicroscope
ultramoderno *adj.* ultra-modern
ultramontanismo *s. m.* ultramontanism
ultramontano Ⓐ *adj.* ultramontane Ⓑ *s. m.* ultramontanist
ultra-oceânico *adj.* transoceanic
ultrapassagem *s. f.* overtaking
ultrapassar *v. tr.* to surpass, to exceed; to go beyond; to cross; to excel, to rise above, to outstrip, to overtake, to pass; [fam.] ***ultrapassar as marcas*** to be beyond belief, to beat the band; ***ultrapassar outro automóvel*** to overtake another car; ***ultrapassar o preço*** to exceed the price; ***ultrapassar o peso*** to go beyond the weight
ultrapressão *s. f.* ultra-pressure
ultra-radical *adj.* ultra-radical
ultra-rápido *adj.* ultra-rapid
ultra-realismo *s. m.* ultra-realism
ultra-realista *s. m. e f., adj.* ultra-realistic
ultra-romântico *adj.* ultra-romantic
ultra-romantismo *s. m.* ultra-romanticism
ultra-sensível *adj.* extremely sensitive
ultra-som *s. m.* supersonic vibrations and waves
ultra-sónico *adj.* supersonic, ultrasonic
ultraterrestre *adj.* ultra-terrestrial
ultravioleta *adj.* ultra-violet; ***raios ultravioleta*** ultra-violet rays
ultravírus *s. m.* BIOLOGIA ultra-virus
ultrazodiacal *adj.* ultra-zodiacal
ululação *s. f.* ululation, moaning (wind); howling, wailing
ululador Ⓐ *adj.* ululating Ⓑ *s. m.* howler
ululante *adj.* ululant, howling, moaning (wind)
ulular *v. intr.* to ululate, to howl; to hoot; to yell, to shriek; to bawl; to moan (wind)
ululato *s. m.* ⇒ **ululação**
ululo *s. m.* ⇒ **ululação**
Ulváceas *s. f. pl.* *Ulvaceae*
um Ⓐ *adj.* one; single; indivisible Ⓑ *art. indef.* a, an Ⓒ *num. card.* one Ⓓ *pron. indef.* one; *pl.* some; ***um a um*** one by one; ***um depois do outro*** in turn, one after another; ***um dia pago-lhe*** one day I will pay you; ***nem um nem outro*** neither of them; ***um e outro*** both, each; ***um que deu cartas*** a has-been; ***um par de sapatos*** a pair of shoes; ***um e outro*** one and another; ***um a mais (de sobra)*** one too much; ***um ano depois*** after a year's time, a year later; ***um é pouco, dois é bom, três é de mais*** one isn't enough, two's company, three's a crowd; ***quando um quer, dois não brigam*** it takes two to make a quarrel; ***uns dizem que sim, outros dizem que não*** some say so, others say no; ***uns cinquenta*** some fifty; ***desviado umas dez milhas*** some ten miles off; ***das duas uma*** either one thing or the other; ***uma vez*** once; ***mais uma vez*** once more, once again; ***uma só vez*** just this once; ***uma vez sequer*** for once, only once; ***era uma vez*** once upon a time; ***uma despesa enorme*** a heavy expense; ***uma e outra vez*** once in while, now and then
uma Ⓐ *adj.* one; single; indivisible Ⓑ *art. indef.* a, an Ⓒ *num. card.* one Ⓓ *pron. indef.* one; *pl.* some; ***desviado umas dez milhas*** some ten miles off; ***das duas uma*** either one thing or the other; ***uma vez*** once; ***mais uma vez*** once more, once again; ***uma só vez*** just this once; ***uma vez sequer*** for once, only once; ***era uma vez*** once upon a time, a year later; ***uma despesa enorme*** a heavy expense; ***uma e outra vez*** once in a while, now and then
umari *s. m.* [Bras.] the spiny andira
umbala *s. f.* [Ang.] group of African houses
umbamba *s. f.* [Bras.] palm-tree developing in marshes
umbaúba *s. f.* [Bras.] the silverleaf pumpwood (or trumpet tree)
umbela *s. f.* sunshade, canopy; BOTÂNICA umbel, umbella
umbelado *adj.* umbellate
Umbelíferas *s. f. pl.* BOTÂNICA *Umbelliferae*
umbelífero *adj.* BOTÂNICA umbelliferous
umbeliforme *adj.* BOTÂNICA shaped like an umbella
umbélula *s. f.* BOTÂNICA umbellule
umbigada *s. f.* push with the navel region
umbigo *s. m.* navel, umbilicus
umbigueira *s. f.* umbilical affection of calves
umbilicado *adj.* umbilicate
umbilical *adj.* umbilical; ***cordão umbilical*** umbilical cord, funiculus
umbraculífero *adj.* BOTÂNICA with an organ like an umbrella
umbraculiforme *adj.* BOTÂNICA umbraculiform; umbeliform
umbráculo *s. m.* BOTÂNICA umbraculum
umbral *s. m.* door-post, side post
umbrático *adj.* umbrageous; obscure; phantastic
umbratícola *adj.* ⇒ **umbrícola**
umbrátil *adj.* ⇒ **umbrático**
umbrela *s. f.* umbrella
umbria *s. f.* the shadowy part of a mountain; [poét.] umbrageous place

U

úmbrico Ⓐ *adj.* Umbrian Ⓑ *s. m.* a native of Umbria
umbrícola *adj.* living in the shade
umbrífero *adj.* [poét.] umbriferous, shady, umbrageous
úmbrio *s. m.* Umbrian (dialect of Umbria)
umbro *s. m.* staghound; Umbrian, a native of Umbria
umbrófilo *adj.* ⇒ **umbrícola**
umbrófobo *adj.* living in the light, avoiding dark places
umbroso *adj.* umbrageous, shady; [fig.] dark; obscure
umbuzeiro *s. m.* umbra tree
ume *s. m.* alum
umeral *adj.* ANATOMIA of the shoulder
umerário *adj.* ANATOMIA ⇒ **umeral**
úmero *s. m.* ANATOMIA humerus
unanimar *v. tr.* to render unanimous, to agree
unânime *adj.* unanimous
unanimemente *adv.* unanimously
unanimidade *s. f.* unanimity, agreement (in opinion), consensus; ***votado por unanimidade*** carried unanimously (by general agreement); ***unanimidade de opinião*** unanimity of opinion
unanimismo *s. m.* unanimity
unanimista Ⓐ *adj.* unanimous Ⓑ *s. m. e f.* unanimist
unar *v. tr.* to unite; to join
unário *adj.* unique; single, sole
unção *s. f.* unction, anointing, ointment; excessive suavity; fervour of words (or tone)
uncial *adj.* uncial
unciforme *adj.* ANATOMIA unciform, hook-shaped
uncinado *adj.* uncinate, hooked
uncirrostro *adj.* hook-billed
undabundo *adj.* agitated, excited; turbulent; choppy, rough
undação *s. f.* inundation; river-course; flood
undante *adj.* wavy
undecágono *s. m.* GEOMETRIA hendecagon (figure with eleven angles and sides)
undecenal *adj.* occurring every eleven years
undécimo *num. ord.* eleventh
undécuplo *adj.* eleven times as much
undícola *adj.* living in wavy water
undífero *adj.* making waves, wavy, undulant
undiflavo *adj.* [poét.] having golden-coloured waves
undífluo *adj.* fluctuating, moving over the waves
undíssono *adj.* roaring like waves
undívago *adj.* floating; wafted on the waves
undoso *adj.* wavy; undulating
undulação *s. f.* undulation
undular *v. tr.* to undulate, to wave, to ripple
unduloso *adj.* undulating, wavy
ungido *adj.* anointed; ***o Ungido do Senhor*** The Lord's Anointed, Christ
ungir *v. tr.* to anoint, to consecrate, to invest
ungual *adj.* ⇒ **ungueal**
unguari *s. m.* African wild fowl considered as good game in Angola
ungueal *adj.* ungual (connected with a nail or claw)
unguentáceo *adj.* unguentary
unguentar *v. tr.* to anoint, to oil
unguentário *adj.* unguentary
unguento *s. m.* unguent, ointment, balm, unction
unguiculado *adj.* ZOOLOGIA unguiculate
unguífero *adj.* unguiferous
unguiforme *adj.* unguiform, nail-shaped
unguinoso *adj.* oily, unctuous
únguis *s. m.* ANATOMIA lachrymal bone
ungulado Ⓐ *adj.* ZOOLOGIA ungulate, hoofed Ⓑ *s. m. pl.* ungulata
ungulígrado *adj.* ZOOLOGIA unguligrade
unha *s. f.* nail, claw; talon, hoof; ***roer as unhas*** to bite one's nails; ***cortar as unhas*** to pare the nails, to cut one's nails; ***unha do pé*** toe-nail; ***unha encravada*** ingrowing nail; ***tesoura de unhas*** nail-scissors; ***lima para as unhas*** nail-file; ***à unha*** with bare hands; ***com unhas e dentes*** tooth and nail; ***agarrar-se com unhas e dentes*** to hold on like grim death, to cling fast to anything; [fam.] ***meter a unha*** to overcharge, to demand too high a price; [fig.] ***enterrar a unha*** to sell dear, to dig in one's nails; ***escapar pelo negro de uma unha*** to have a hairbreadth escape; NÁUTICA ***unha de âncora*** bill (pea) of the anchor; ***ser unha e carne com alguém*** to be like hand and glove, to be hand and glove with someone
unhada *s. f.* nail-scratch
unha-de-asno *s. f.* BOTÂNICA colt's-foot
unha-de-cavalo *s. f.* BOTÂNICA ⇒ **unha-de-asno**
unhador *s. m.* scratcher
unhagata *s. f.* BOTÂNICA rest-harrow
unhamento *s. m.* layering (of vines)
unhante *s. m.* young deer; [pop.] pilferer, fingerer, stealer; fisher at *ria* of Aveiro, who fishes eels with his bare hands
unhar *v. tr.* to layer (vines); to scratch (with the nails); ***unhar (o ferro)*** to bite, to grip (the anchor); NÁUTICA ***unhar bem (o ferro)*** to take hold of (to hold) the anchor
unhas-de-fome *s. m. e f.* niggard, close-fisted person, skinflint
unhas-de-gato *s. f. pl.* BOTÂNICA cat's-foot
unheiro *s. m.* agnail, whitlow, tumour beneath nail, hangnail
uniangular *adj.* BOTÂNICA uniangulate
união *s. f.* union; junction, coalition, fusion; connexion; joining, combination; tie, binding, concord, agreement; conformity, unity; confederation, league, alliance, match; marriage; ***traço de união*** hyphen; ***união postal*** the postal union; NÁUTICA ***união de esfera*** ball and socket joint; ***união de manga*** box coupling, muff coupling; ***vivem todos juntos em perfeita união*** they all live together in perfect harmony; ***a união faz a força*** union is strength; ***união aduaneira*** customs union
uniarticulado *adj.* ZOOLOGIA uniarticulate
uniaxial *adj.* uniaxial
unibranquiado *adj.* ZOOLOGIA unibranchiate
unicamente *adv.* only, merely; uniquely, solely, exclusively; in one manner, in no other way; ***fi-lo unicamente para bem dele*** I only did it for his benefit, I did it solely for his good
unicapsular *adj.* BOTÂNICA unicapsular
unicarpelar *adj.* unicarpellary
unicaule *adj.* BOTÂNICA having only one stalk
unicelular *adj.* unicellular
unicidade *s. f.* uniqueness, exclusiveness, singularity
uniciliar *adj.* possessing only one cilium
único *adj.* unique; only, single, sole, unmatched, matchless, unequalled, unparalleled; singular, rare; ***a minha única esperança*** my one and only hope; ***a sua única alegria*** her only joy; ***filho único*** an only child, a single child; ***à minha única e exclusiva responsabilidade*** on my own sole responsibility; ***único depositário*** sole depositary; ***único no seu género*** the only one to be found, the only one of its kind; ***eles eram as únicas pessoas que estavam presentes*** they were the only people present; ***um único acontecimento*** a unique event; ***julga-se que este quadro seja único*** this picture is thought to be unique; ***o meu único alívio*** my sole relief; ***o único meio*** the only way
unicolor *adj.* unicoloured
unicorne *adj. e s. m.* ⇒ **unicórnio**
unicórnio Ⓐ *adj.* unicornous Ⓑ *s. m.* unicorn
unicultor *s. m., adj.* ⇒ **monoteísta**
unicúspide *adj.* unicuspidate, single-pointed
unidáctilo *adj.* monodactylus
unidade *s. f.* unity, unit; concord, uniformity; agreement; harmony; MATEMÁTICA unity; MILITAR body of soldiers; ***unidade de acção, de lugar e tempo*** the dramatic unities; ***unidade nacional*** national unity; ***unidade absoluta*** absolute unit;

unidade de calor thermal unit; *unidade de trabalho* unit of work; *unidade eléctrica* electric unit; *unidade militar* corps; *unidade monetária* monetary unit; *unidade de família* family unit; INFORMÁTICA *unidade de processamento central* central processing unit; INFORMÁTICA *unidade de disco* disk drive; INFORMÁTICA *unidade de fita* tape streamer

unidireccional *adj.* unidirectional

unido *adj.* united, joined; combined; connected

unifacial *adj.* referring to only one face

unificação *s. f.* unification

unificador Ⓐ *adj.* unifying Ⓑ *s. m.* unifier

unificar *v. tr.* to unify, to make a unit of, to standardize

unifilar *adj.* unifilar

unifloro *adj.* BOTÂNICA uniflorous, oneflowered

unifoliado *adj.* BOTÂNICA unifoliate, unifoliolate

unifólio *adj.* unifoliate

uniformar *v. tr.* ⇒ **uniformizar**

uniforme Ⓐ *adj.* uniform, regular, constant, unchanging, unvarying Ⓑ *s. m.* uniform, regimentals; MILITAR *grande uniforme* full dress uniform, full regimentals; *uniforme de serviço* undress (uniform)

uniformemente *adv.* uniformly

uniformidade *s. f.* uniformity

uniformização *s. f.* standardization

uniformizador *adj.* standardizing

uniformizar Ⓐ *v. tr.* to standardize, to render (to make) uniform; to put on uniform Ⓑ *v. refl.* to wear a uniform

unífugo *adj.* ⇒ **unijugado**

unigamia *s. f.* ⇒ **monogamia**

unígamo *s. m., adj.* ⇒ **monógamo**

unigénito *adj.* only begotten

unijugado *adj.* BOTÂNICA unijugate

unilabiado *adj.* unilabiate

unilateral *adj.* unilateral, one-sided; DIREITO obligatory for one party only; *contrato unilateral* unilateral contract

unilateralidade *s. f.* one-sidedness

unilingue *adj.* unilingual

uniliteral *adj.* uniliteral

unilítero *adj.* ⇒ **uniliteral**

unilobado *adj.* unilobulated, unilobulate

unilobulado *adj.* unilobulated, unilobulate

unilocular *adj.* unilocular, one-celled

uníloquo *adj.* expressing the feeling or will of only one

unímano *adj.* one-handed

unimetalismo *s. m.* monetary system which uses only one metal in coinage

uninervado *adj.* BOTÂNICA uninerved

uninérveo *adj.* BOTÂNICA ⇒ **uninervado**

uninominal *adj.* uninominal

uninucleado *adj.* uninuclear

uninuclear *adj.* ⇒ **uninucleado**

unioculado *adj.* one-eyed

Uniónidas *s. m. pl.* ⇒ **Unionídeos**

Unionídeos *s. m. pl.* *Unionidae* (unionids)

unionismo *s. m.* unionism

unionista *s. m. e f.* unionist

uniovular *adj.* uniovular, uniovulate

uniparidade *s. f.* quality of being uniparous

uníparo *adj.* uniparous

unipedal *adj.* uniped

unípede *adj.* ⇒ **unipedal**

unipessoal *adj.* unipersonal

unipétalo *adj.* unipetalous

unipolar *adj.* FÍSICA unipolar

unipolaridade *s. f.* unipolarity

unir Ⓐ *v. tr.* to unite, to join; to connect; to combine; to bind, to tie; to fasten; to attach Ⓑ *v. intr.* to adhere; to associate Ⓒ *v. refl.* to become united; to marry; *unir duas famílias pelo casamento* to unite two families by marriage; *estar unido* to stand together; *unir de topo* to graft up, to scarf

unirocrisia *s. f.* oneirocriticism

unirrefringente *adj.* isotropic

unirreme *adj.* unireme; lone-oared

unispérmico *adj.* ⇒ **monospérmico**

unispermo *adj.* ⇒ **monospérmico**

unisseriado *adj.* uniserial, uniseriate

unissexo *adj.* unisex, unisexual

unissexuado *adj.* ⇒ **unissexual**

unissexual *adj.* unisexual; BOTÂNICA diclinous

unissexualidade *s. f.* BIOLOGIA gonochorism; unisexuality

unissexualismo *s. m.* BIOLOGIA ⇒ **unissexualidade**

unissonância *s. f.* unisonance

unissonante *adj.* unisonant

uníssono Ⓐ *adj.* unisonous Ⓑ *s. m.* unison

unitário Ⓐ *adj.* unitary, unitarian Ⓑ *s. m.* Unitarian

unitarismo *s. m.* Unitarianism

unitarista *s. m. e f., adj.* Unitarianist

unitivo *adj.* unitive

univalência *s. f.* QUÍMICA univalency, monovalence

univalente *adj.* univalent, monovalent

univalve *adj.* univalve

univalvular *adj.* univalvular

unível *adj.* joinable, connectable, combinable

universal Ⓐ *adj.* universal, general; *língua universal* universal language Ⓑ *s. m.* universal

universalidade *s. f.* universality

universalismo *s. m.* universalism

universalista Ⓐ *s. m. e f.* universalist Ⓑ *adj.* universalistic

universalização *s. f.* universalization

universalizar *v. tr.* to universalize, to make universal

universalmente *adv.* universally

universidade *s. f.* university

universitário Ⓐ *adj.* of a university Ⓑ *s. m.* university professor; student of a university

universo Ⓐ *s. m.* universe; *o centro do universo* the hub of the universe Ⓑ *adj.* universal

univocação *s. f.* quality of that which is univocal

univocidade *s. f.* univocal quality

unívoco *adj.* univocal, unambiguous

uno *adj.* sole, one only, single

unóculo Ⓐ *adj.* uniocular Ⓑ *s. m.* one-eyed person

untadela *s. f.* grease, greasing, slight anointing

untador Ⓐ *s. m.* dauber, greaser; lubricator Ⓑ *adj.* greasing, lubricating

untadura *s. f.* greasing, grease, daubing

untar *v. tr.* to grease, to daub; to smear, to rub with grease; to anoint; to lubricate (with grease); to bribe; [fig.] *untar as mãos a alguém* to grease someone's palm (or hand), to bribe a person; *untar as molas* to grease the springs

unto *s. m.* grease, fat (of animals); *unto de porco* (hog's) lard

untuosidade *s. f.* unctuosity, unctuousness, greasiness

untuoso *adj.* unctuous, greasy, oily; [fig.] mellifluous, smooth, bland

untura *s. f.* grease, greasing; unguent, ointment; smattering; superficial knowledge

upa Ⓐ *s. f.* frisk, jerk, bounce (of a horse) Ⓑ *interj.* up!, up!; *upa!, levanta-te!* up with you!, up you get!

upar *v. intr.* to capriole (horse)

Upúpidas *s. m. pl.* ZOOLOGIA ⇒ **Upupídeos**

Upupídeos *s. m. pl.* ZOOLOGIA *Upupidae* (the hoopoe is a specimen)

ura *s. f.* ZOOLOGIA ⇒ **berne**

uraca *s. f.* arrack

uracrasia *s. f.* incontinence of urine

uraliano *adj.* Uralian

urálio *adj.* ⇒ **uraliano**

uralite *s. f.* MINERALOGIA uralite
uralitização *s. f.* uralitization
uralo-altaico *adj.* Ural-Altaic
uranato *s. m.* uranate
urânia *s. f.* ZOOLOGIA tropical moth; BOTÂNICA traveller's tree
urânico *adj.* uranic
uraninite *s. f.* MINERALOGIA uraninite
urânio *s. m.* MINERALOGIA uranium
uranismo *s. m.* uranism
uranista *s. m. e f.* uranist
uranite *s. f.* QUÍMICA uranite
Úrano *s. m.* ASTRONOMIA Uranus
uranografia *s. f.* uranography
uranográfico *adj.* uranographic(al)
uranógrafo *s. m.* uranographer
uranólito *s. m.* aerolite
uranologia *s. f.* uranology
uranológico *adj.* uranologic(al)
uranometria *s. f.* uranometry
uranométrico *adj.* uranometrical
uranómetro *s. m.* uranometer
uranoplastia *s. f.* uranoplasty
uranorama *s. m.* representation of the planetary system with a globe
uranoscopia *s. f.* uranoscopy
uranoscópico *adj.* uranoscopical
urapará *s. m.* Indian's bow
urato *s. m.* urate
urbanamente *adv.* urbanely, courteously
urbanidade *s. f.* urbanity, politeness, refinement, affability, courtesy
urbanismo *s. m.* urbanization, act of urbanizing
urbanista *s. m. e f.* urbanist
urbanístico *adj.* urbanistic
urbanita *s. m. e f.* townsman; town-dweller
urbanização *s. f.* urbanization; town-planning
urbanizar *v. tr.* to urbanize; to make urban, to convert into a city (or town)
urbano *adj.* urbane; affable, courteous, polished, refined, polite, civil
urbe *s. f.* city, town
urbícola *s. m. e f.* town-dweller
urbígena *s. m. e f.* person who was born in a town
urca Ⓐ *s. f.* NÁUTICA hooker; Dutch or Irish fishing-smack; ⌈pop.⌋ fat and ugly woman Ⓑ *adj.* ⌈Bras.⌋ big
urcela *s. f.* each of the two wooden beams on one side of the wine press
urcéola *s. f.* BOTÂNICA ⇒ **urcéolo**
urceolado *adj.* BOTÂNICA urceolate, urnshaped
urceolar *adj.* BOTÂNICA ⇒ **urceolado**
urceolífero *adj.* BOTÂNICA having urceolus
urcéolo *s. m.* BOTÂNICA urceolus
urco Ⓐ *adj.* ⌈Bras.⌋ huge, enormous Ⓑ *s. m.* big horse
urdideira *s. f.* woman warper; warping-frame; warp-beam
urdidor *s. m.* warper; intriguer
urdidura *s. f.* warp, warping; intrigue, plot
urdimaças Ⓐ *s. m. e f.* warper, intriguer Ⓑ *s. f. pl.* intrigue, plot
urdimalas Ⓐ *s. m. e f.* warper, intriguer Ⓑ *s. f. pl.* intrigue, plot
urdimenta *s. f.* ⇒ **urdimento**
urdimento *s. m.* warping
urdir *v. tr.* to warp; to arrange yarns on a warp-beam; to plot, to contrive
urdu *s. m.* Urdu, Hindustani
urdume *s. f.* ⇒ **urdidura**
uredígeno *adj.* BOTÂNICA uredinous
uredíneos *s. m. pl.* BOTÂNICA uredines
uredo *s. m.* BOTÂNICA uredo, blight, brand
uredósporo *s. m.* uredospore
urega *s. f.* ray, skate
ureia *s. f.* QUÍMICA urea
uremia *s. f.* QUÍMICA uraemia, uremia; ***uremia convulsiva*** convulsive uraemia
urémico *adj.* QUÍMICA uraemic, uremic
urência *s. f.* ardency
urente *adj.* ardent, fiery, hot
ureometria *s. f.* measurement of the quantity of urea in the urine and blood
ureómetro *s. m.* apparatus for measuring the quantity of urea in the urine and blood
uretalgia *s. f.* ⇒ **ureteralgia**
uretálgico *adj.* ⇒ **ureterálgico**
ureter *s. m.* ANATOMIA ureter
ureteral *adj.* ⇒ **uretérico**
ureteralgia *s. f.* ureteralgia
ureterálgico *adj.* ureteralgic
ureterectomia *s. f.* CIRURGIA ureterectomy
uretérico *adj.* ureteric
ureterite *s. f.* MEDICINA ureteritis
ureterografia *s. f.* ureterography
ureterotomia *s. f.* ureterotomy
urético *adj.* uretic
uretra *s. f.* ANATOMIA urethra
uretral *adj.* urethral
uretralgia *s. f.* urethralgia
uretrálgico *adj.* urethralgic
uretrectomia *s. f.* CIRURGIA urethrectomy
uretrico *adj.* urethral
uretrite *s. f.* MEDICINA urethritis
uretrocistotomia *s. f.* CIRURGIA urethrocystotomy
uretrodinia *s. f.* ⇒ **uretralgia**
uretrofraxia *s. f.* MEDICINA obstruction of the urethra canal
uretrografia *s. f.* X-ray photograph of the urethra
uretrorragia *s. f.* MEDICINA haemorrhage through the urethra
uretrorreia *s. f.* MEDICINA gleet
uretroscopia *s. f.* MEDICINA urethroscopy
uretroscópico *adj.* urethroscopic
uretroscópio *s. m.* urethroscope
uretrostenia *s. f.* urethrostenosis (aperture in the urethra)
uretrostenose *s. f.* ⇒ **uretrostenia**
uretrotomia *s. f.* CIRURGIA urethrotomy
uretrótomo *s. m.* urethrotome
uretrovaginal *adj.* urethrovaginal
urgebão *s. m.* BOTÂNICA vervain
urgência *s. f.* urgency, pressure of necessity; need, exigence; speed, rapidity, haste; ***um assunto de grande urgência*** a matter of great urgency; ***eu tenho urgência de falar ao Sr. Lee*** it is urgent for me to speak to Mr. Lee, I want to speak to Mr. Lee urgently
urgente *adj.* urgent; pressing, imperative; impending, immediate; ***uma necessidade urgente*** an urgent necessity, a pressing need; ***o assunto é urgente*** the matter is urgent; ***um pedido urgente*** an urgent demand; ***eles têm necessidade urgente de auxílio*** they are in urgent need of help
urgentemente *adv.* urgently, insistently
urgevão *s. m.* ⇒ **urgebão**
urgir *v. intr.* to be urgent; to urge; to drive, to impel, to push forward; to press insistently; ***o tempo urge*** time presses
urgueira *s. f.* matweed
urgueiral *s. m.* matweed field
uricemia *s. f.* MEDICINA uricaemia, uricemia
uricémico *adj.* uricaemic, uricemic
úrico *adj.* QUÍMICA uric; ***ácido úrico*** uric acid
urina *s. f.* urine

urinação *s. f.* urination, micturition
urinar *v. tr.* to urinate; to make water, to pass water; to micturate
urinário *adj.* urinary
urinífero *adj.* uriniferous
uriníparo *adj.* uriniparous
urinol *s. m.* urinal, public lavatory (or convenience)
urinoso *adj.* urinous
urna *s. f.* urn; ballot-box; coffin
urnário *s. m.* table on which the Romans placed urns with water
urnígero *adj.* BOTÂNICA urn-shaped
uro *s. m.* ZOOLOGIA urus (*plural* uri); aurochs
urobilina *s. f.* BIOQUÍMICA urobilin
urociste *s. f.* urocyst, bladder
urocistite *s. f.* urocystitis
urocisto *s. m.* ⇒ **urociste**
urocordado *adj.* urochord
urocrisia *s. f.* urocrisia
urocrítico *adj.* referring to urocrisia
urocromo *s. m.* BIOLOGIA urochrome
urodelo *s. m., adj.* ZOOLOGIA urodele
urodiálise *s. f.* MEDICINA urodialysis
urodinia *s. f.* urodynia
urofilia *s. f.* urinary erotism
urogenital *adj.* ANATOMIA urogenital
urografia *s. f.* urography
urólito *s. m.* MEDICINA urolith
urologia *s. f.* MEDICINA urology
urológico *adj.* urologic(al)
urologista *s. m. e f.* urologist
urólogo *s. m.* ⇒ **urologista**
urómetro *s. m.* urinometer
uromorfo *adj.* in the form of a tail
uropatágio *s. m.* uropatagium
uropigial *adj.* uropygial
uropígio *s. m.* ZOOLOGIA uropygium
urópode *s. m.* uropod
uropódio *s. m.* ⇒ **urópode**
uropoese *s. f.* uropoiesis
uropoiese *s. f.* ⇒ **uropoese**
urorragia *s. f.* haemorrhage (hemorrhage) on any of the organs of the urinary system
urorreia *s. f.* abnormal and abundant flow of urine
uroscopia *s. f.* MEDICINA uroscopy
uroscópico *adj.* MEDICINA uroscopic
urose *s. f.* MEDICINA common name for the disease of the urinary system
urostilo *s. m.* urostyle
urotropina *s. f.* urotropine
uroxantina *s. f.* uroxanthin, indican
urraca *s. f.* NÁUTICA traveller
urrar *v. tr. e intr.* to roar; to bellow; to bawl
urro *s. m.* roar, roaring
ursa *s. f.* ZOOLOGIA female bear; she-bear; ***Ursa Maior*** the Great Bear, Ursa Major; ***Ursa Menor*** Little Bear, Ursa Minor
Úrsidas *s. m. pl.* ⇒ **Ursídeos**
Ursídeos *s. m. pl.* *Ursidae* (ursine family)
ursinho *s. m.* cub, bear cub
ursino *adj.* ursine
urso *s. m.* ZOOLOGIA bear; rough surly person; HISTÓRIA [arc.] a distinguished pupil or student; ***pior que um urso*** as cross as two sticks; ***urso pardo*** grizzly bear; ***urso polar*** polar bear; ***fazer figura de urso*** to cut a poor figure; [fam.] ***o urso da escola*** the head boy, the senior prefect
urso-formigueiro *s. m.* tamandua, ant-bear, ant-eater
ursulina *s. f.* Ursuline
urticação *s. f.* urtication
Urticáceas *s. f. pl.* BOTÂNICA *Urticaceae*
urticante *adj.* urticating
urticar *v. tr.* ⇒ **urtigar**
urticária *s. f.* MEDICINA urticaria, nettle-rash
urtiga *s. f.* BOTÂNICA urtica, nettle; ***urtiga comum*** small nettle
urtigação *s. f.* urtication
urtigal *s. m.* place where nettles grow
urtigão *s. m.* BOTÂNICA a scratch-bush
urtigar *v. tr.* to urticate, to nettle, to sting with nettles
uru *s. m.* ORNITOLOGIA [Bras.] partridge; kind of basket where Brazilians keep tobbaco, hooks and other objects
urubu *s. m.* ORNITOLOGIA [Bras.] urubu, black vulture
urucari *s. m.* Brazilian palm-tree; annatto
urucu *s. m.* annatto
uruçu *s. m.* Brazilian bee
urucubaça *s. f.* [Bras.] misfortune, bad luck, witchcraft
urucueiro *s. m.* annatto tree
urucuri *s. m.* ⇒ **urucari**
urucuuba *s. f.* ⇒ **urucueiro**
urucuzeiro *s. m.* ⇒ **urucueiro**
uruguaiano *s. m., adj.* ⇒ **uruguaio**
uruguaio *s. m., adj.* Uruguayan
urupé *s. m.* BOTÂNICA [Bras.] ⇒ **urupê**
urupê *s. m.* BOTÂNICA [Bras.] white agaric
urupema *s. f.* [Bras.] a kind of sieve of vegetal fibre used in the kitchen
urupemba *s. f.* [Bras.] ⇒ **urupema**
urutu *s. m.* [Bras.] dangerously poisonous cobra
urzal *s. m.* heath; moorland
urze *s. m.* BOTÂNICA heath; heather; ***flor de urze*** heather-bell
urzeira *s. f.* heath; moorland
urzela *s. f.* BOTÂNICA cudbear; ***urzela de montanha*** earth orchid
usado *adj.* worn-out, threadbare; second-hand; usual; ***roupa muito usada*** worn-out clothes
usagre *s. m.* scald-head; infantile eczema; skin disease; impetigo
usança *s. f.* usage; habitual use, custom
usar Ⓐ *v. tr.* to use; to utilize, to make use of; to employ; to apply; to wear, to have on; to wear out; ***usar luvas*** to wear gloves; ***usar com discrição*** to use with discretion; ***para usar só em grandes ocasiões*** for best wear; ***para usar no Verão*** for summer wear; ***modo de usar*** directions for use; ***usam-se muito as sarjas*** serges are now in general use; ***usa e serás mestre*** practice makes perfect Ⓑ *v. refl.* to be in general use; to be un fashion
usável *adj.* wearable; usable
useiro *adj.* used, accustomed, wonted, customary; ***ser useiro e vezeiro*** to be given to doing the same thing repeatedly
usina *s. f.* [Bras.] factory, manufacturing establishment
usineiro *s. m.* factory-worker
usismo *s. m.* intoxication (by alcoholic drinks)
úsnea *s. f.* BOTÂNICA usnea
uso *s. m.* use, using; employment, application; usage, custom, habit, mode, fashion, practice; wear, wearing; ***pôr em uso*** to bring into use; ***fazer uso de*** to make use of; ***fazer mau uso de*** to misuse; ***fazer bom uso de*** to make good use of; ***é para uso e não para enfeite*** it is meant for use not ornament; ***estragos causados pelo uso*** wear and tear; ***uso imoderado do álcool*** over-use of alcohol; ***fora de uso*** not generally used, out of use
ussa *s. f.* African plant bearing red flowers; [arc.] ⇒ **ursa**
ustão *s. f.* cauterization; burning
usto *adj.* burnt
ustório *adj.* burning
ustulação *s. f.* ustulation
ustular *v. tr.* to roast; to burn

usual *adj.* usual; habitual, customary; commonplace, ordinary, familiar
usualmente *adv.* usually, generally, as a rule
usuário *s. m., adj.* DIREITO usufructuary
usucapião *s. m.* DIREITO usucapion
usucapiente *s. m. e f.* DIREITO usucapient
usucapir *v. tr.* DIREITO to usucapt
usucapto *adj.* DIREITO usucapted
usufruição *v. tr.* ⇒ **usufruto**
usufruidor *s. m., adj.* usufructuary
usufruir *v. tr.* to usufruct, to enjoy the usufruct of
usufruto *s. m.* usufruct
usufrutuar *v. tr.* ⇒ **usufruir**
usufrutuário *s. m.* usufructuary
usura *s. f.* usury, unlawful interest
usurar *v. tr.* to practise usury
usurário Ⓐ *s. m.* usurer, an extortionate money-lender; miser, niggard Ⓑ *adj.* usurious
usureiro *s. m.* usurer
usurpação *s. f.* usurpation, usurping; encroachment; wrongful seizure
usurpador *s. m.* usurper
usurpar *v. tr. e intr.* to usurp, to encroach; to assume (without right); to seize; ***usurpar os direitos de alguém*** to encroach on a person's rights
usurpatório *adj.* usurpatory
uta *s. f.* large sieve
utensilagem *s. f.* utensils, implements (considered together)
utensílio *s. m.* utensil; tool; instrument; implement; ***utensílios de cozinha*** kitchen utensils, kitchenware; ***utensílios agrícolas*** agricultural implements; ***utensílios tipográficos*** printing materials
utente *adj.* user
uteralgia *s. f.* hysteralgia
utérculo *s. m.* small leather contrivance for liquids
uteremia *s. f.* MEDICINA blood congestion in the uterus
uteriforme *adj.* having the shape of an uterus; uterus-like
uterino *adj.* uterine
uterismo *s. m.* spasmodic pain in the uterus
uterite *s. f.* PATOLOGIA inflammation of the uterus; metritis
útero *s. m.* ANATOMIA uterus (*plural* uteri), womb
uterodinia *s. f.* pain in the uterus
uteromania *s. f.* PATOLOGIA nymphomania
uteromaníaca *adj.* nymphomaniac
uterorragia *s. f.* MEDICINA metrorrhagia
uterorreia *s. f.* MEDICINA metrorrhoea, leucorrhea
uteroscopia *s. f.* MEDICINA uteroscopy, hysteroscopy
uteroscópio *s. m.* speculum for viewing the cavity of the uterus
uterotomia *s. f.* CIRURGIA hysterotomy
uterótomo *s. m.* apparatus for performing hysterotomy
útil Ⓐ *adj.* useful; practical; serviceable, advantageous, profitable, beneficial; helpful; ***um livro útil para crianças*** a useful book for children; ***posso ser-lhe útil?*** can I be of any use to you?, what can I do for you?; ***terei muito prazer, se puder ser-lhe útil*** I shall be very happy to help you, if I can; ***tem-me sido muito útil*** it has been of great use to me, it has stood me in good stead; ***ser útil a*** to be of service to; ***ele sugeriu-me algumas ideias úteis*** he gave me some useful hints; ***trabalho útil*** useful work; ***dias úteis*** weekdays Ⓑ *s. m.* utility, usefulness, useful thing
utilidade *s. f.* utility, usefulness; advantage, benefit, service, profit, avail; *pl.* utilities, useful things; ***não ter utilidade*** to be of no use; ***sem utilidade*** of no use, useless
utilitário Ⓐ *adj.* utilitarian, practical; economic Ⓑ *s. m.* utilitarian, adherent of utilitarianism
utilitarismo *s. m.* utilitarianism
utilitarista *s. m. e f., adj.* utilitarian
utilização *s. f.* utilization
utilizador *s. m.* utilizer, user
utilizar Ⓐ *v. tr.* to utilize; to make use of; to profit Ⓑ *v. intr.* to be useful Ⓒ *v. refl.* to take advantage of, to use; ***utilizar-se dos serviços de alguém*** to use someone's services
utilizável *adj.* utilizable, usable
utilmente *adv.* usefully, advantageously
utopia *s. f.* utopia; chimera, fancy
utópico *adj.* utopian; chimerical, fanciful
utopista *s. m. e f.* utopian, a visionary
utricular *adj.* utricular, uterine
utriculária *s. f.* BOTÂNICA bladderwort, utricularia
utriculariáceo *adj.* ⇒ **utricular**
utriculariforme *adj.* utricular, utriculiform
utriculiforme *adj.* ⇒ **utriculariforme**
utrículo *s. m.* ANATOMIA utricle; small sac; utriculus
utriculoso *adj.* ⇒ **utricular**
utriforme *adj.* utriform
uva *s. f.* grape; ***cacho de uvas*** bunch of grapes; ***uva moscatel*** muscadine, muscatel grape
uva-crespa *s. f.* BOTÂNICA gooseberry-plant
uvada *s. f.* grape jam
uva-de-cão *s. f.* BOTÂNICA dulcamara, bittersweet
uva-de-urso *s. f.* BOTÂNICA bear-berry
uva-do-monte *s. f.* BOTÂNICA the myrtle whortleberry
uva-espim *s. f.* BOTÂNICA bearberry
uval *adj.* grapy
uva-ursina *s. f.* ⇒ **uva-de-urso**
úvea *s. f.* ANATOMIA uvea
uveira *s. f.* a tree upon which the vine creeps (or climbs)
úvico *adj.* ⇒ **tartárico**
uvífero *adj.* bearing bunches of grapes
uviforme *adj.* grapelike
úvula *s. f.* ANATOMIA uvula
uvular *adj.* ANATOMIA uvular
uvulária *s. f.* BOTÂNICA double-tongue
uvulário *adj.* ⇒ **uvular**
uvuliforme *adj.* resembling an uvula
uvulite *s. f.* PATOLOGIA uvulitis
uxoriano *adj.* uxorial
uxoricida *s. m.* uxoricide
uxoricídio *s. m.* uxoricide (the crime of killing one's own wife)
uxórico *adj.* uxorious
uxório *adj.* ⇒ **uxórico**
uzífur *s. m.* cinnabar, red mercuric sulphide; vermilion
uzífuro *s. m.* ⇒ **uzífur**

v, V *s. m.* the twenty-second letter of the alphabet
vá! *interj.* scat!, carry on!, proceed!; [cal., E.U.A.] scram!
vaca *s. f.* cow; ***carne de vaca*** beef; ***carne assada (de vaca)*** roast beef; ***vaca marinha*** sea-cow
vacação *s. f.* vacancy, vacation, rest, holiday
vacada *s. f.* herd of cows
vaca-fria *s. f.* ***voltar à vaca-fria*** to return to our muttons, to return to the point
vaca-loira *s. f.* ⇒ **vaca-loura**
vaca-loura *s. f.* stag-beetle
vacância *s. f.* vacancy, unoccupied post
vacante *adj.* vacant, not occupied, free
vacão *s. m.* [pop.] bumpkin, a country lout; stupid fellow
vacar *v. intr.* to vacate, to be vacant, to be at leisure, to be on vacation (holiday), ⇒ **vagar**
vacaria *s. f.* herd-house, cow-shed
vacaril *adj.* ⇒ **vacum**
vacarino *adj.* ⇒ **vacum**
vacatura *s. f.* vacancy; unoccupied post
vacilação *s. f.* vacillation, hesitation, wavering, unsteadiness; irresolution
vacilante *adj.* vacillating, hesitating, wavering
vacilar Ⓐ *v. intr.* to vacillate, to waver, to hesitate; to stagger, to reel, to totter Ⓑ *v. tr.* to vacillate, to sway
vacilatório *adj.* vacillatory, wavering
vacina *s. f.* vaccine; ***vacina tífica*** typhus vaccine; ***vacina anti-rábica*** antirabic vaccine; ***vacina bactérica*** bacterial vaccine; ***vacina antivariólica*** vaccine against smallpox
vacinação *s. f.* vaccination, vaccinating; ***vacinação anti-rábica*** antirabic vaccination
vacinado *adj.* vaccinated
vacinador *s. m.* vaccinator
vacinal *adj.* vaccinal
vacinar *v. tr.* to vaccinate
vacínico *adj.* vaccinal, vaccinic
vacinífero *adj.* serving for the production of vaccines
vacinogenia *s. f.* vaccinogeny
vacinogénico *adj.* vaccinogenous; vaccinogenic
vacinostilo *s. m.* vaccinator
vacinoterapia *s. f.* vaccine therapy
vacuidade *s. f.* vacuity, emptiness
vacuísmo *s. m.* doctrine of those who admit that beyond worlds there is only vacuum
vacum *adj.* ***gado vacum*** cattle, oxen
vácuo Ⓐ *s. m.* vacuum (*plural* vacuums *ou* vacua); void Ⓑ *adj.* vacuous, empty, void
vacuolar *adj.* vacuolar, vacuolate
vacuolização *s. f.* BIOLOGIA vacuolation
vacúolo *s. m.* BIOLOGIA vacuole
vacuoma *s. m.* vacuome
vadeação *s. f.* wading, fording
vadear *v. tr.* to ford, to wade through
vadeável *adj.* wadeable, fordable
vade-mécum *s. m.* vade-mecum, handbook
vadeoso *adj.* fordable
vadiação *s. f.* vagrancy, vagabondage, idleness; vagrants (or tramps) collectively
vadiagem *s. f.* vagrancy, vagabondage, idleness; vagrants (or tramps) collectively
vadiar *v. intr.* to wander, to roam, to rove, to ramble at random; to loaf, to idle away
vadiice *s. f.* vagrancy, idleness
vadio Ⓐ *s. m.* tramp, vagabond; vagrant, sluggard, loafer, wanderer, lounger; rover Ⓑ *adj.* wandering, roving; sluggish; idle, lazy; ***cão vadio*** stray dog; ***vadio dos cais*** loafer
vadiote *s. m.* tramp, vagrant
vadoso *adj.* ⇒ **vadeoso**; fordable
vadroil *s. m.* a broom stick made of rags for cleaning and washing boats
vaga *s. f.* billow, wave; vacancy, unoccupied post; leisure; ***vaga curta*** short sea; ***vaga de ondulação*** surge; ***vaga da popa*** pooping; ***receber uma vaga*** to ship a sea; ***vaga de frio*** cold snap, cold spell
vagabundagem *s. f.* vagabondage, vagrancy; vagabonds collectively; ***entregar-se à vagabundagem*** to take to vagabondage
vagabundar *v. intr.* ⇒ **vagabundear**
vagabundear *v. intr.* to vagabond; to wander about idly; to rove, to tramp about
vagabundo Ⓐ *s. m.* vagabond, vagrant, tramp Ⓑ *adj.* wandering, rowing, rambling, vagabond
vagação *s. f.* ⇒ **vacância, vaga**
vágado *s. m.* giddiness; fainting fit, vertigo
vagalhão *s. m.* surge, large wave (or billow)
vaga-lume *s. m.* glow-worm, fire-fly
vagamente *adv.* vaguely, indistinctly, indefinitely
vagamundear *v. intr.* to vagabond, to wander about, to tramp
vagamundo *s. m.* vagrant, vagabond
vagante Ⓐ *adj.* vacant, free; vagrant Ⓑ *s. f.* vacancy
vagão *s. m.* waggon, railway truck; ***vagão de carga*** goods-waggon
vagão-cama *s. m.* sleeping car
vagão-restaurante *s. m.* dining-car, restaurant car
vagar Ⓐ *v. intr.* to become vacant, to be unoccupied, to be vacant (or empty), to vacate; to loiter, to idle, to ramble Ⓑ *s. m.* leisure, spare time, free time; slowness; laziness; ***com vagar*** at leisure; ***ter vagar*** to be at leisure, to have time; ***não ter vagar*** to have no time at one's disposal
vagarento *adj.* ⇒ **vagaroso**
vagareza *s. f.* [pop.] slowness, tardiness
vagarosa *s. f.* [fam.] prison, gaol
vagarosamente *adv.* slowly; leisurely
vagaroso *adj.* slow, tardy; dilatory, slack; lingering; drawling; dull; ***vagaroso como o caracol*** as slow as a snail; ***vagaroso no falar*** drawling, slow of speech
vagatura *s. f.* vacancy
vagem *s. f.* pod (of beans, peas); shell
vagido *s. m.* wail, wailing; baby's cry
vagina *s. f.* ANATOMIA, BOTÂNICA vagina
vaginal *adj.* ANATOMIA, BOTÂNICA vaginal
vaginectomia *s. f.* CIRURGIA vaginectomy
vaginífero *adj.* vaginate
vaginiforme *adj.* vaginiform

vaginismo *s. m.* MEDICINA vaginismus
vaginite *s. f.* vaginitis
vaginodinia *s. f.* pain in the vagina
vaginoscopia *s. f.* vaginoscopy
vaginoscópio *s. m.* vaginoscope
vaginotomia *s. f.* vaginotomy
vagínula *s. f.* BOTÂNICA vaginula
vaginulado *adj.* BOTÂNICA vaginulate
vaginulífero *adj.* BOTÂNICA ⇒ **vaginulado**
vagir *v. intr.* to whimper, to whine; to cry feebly
vago Ⓐ *adj.* vacant, empty, void, unoccupied, unfilled; indefinite, vague, confused, indistinct, undertermined, unsettled; fickle; vagrant, rambling, wandering Ⓑ *s. m.* confusion, vagueness; ANATOMIA vagus (*plural* vagi)
vagoneta *s. f.* trolley, trolly, wagonette; tip-waggon; truck that can be tilted; ***vagoneta de mina*** mine-car, mine-dog
vagotonia *s. f.* MEDICINA vagotonia, vagotony
vagueação *s. f.* wandering, rambling, roving; reverie, musing
vaguear *v. intr.* to rove, to ramble, to wander; to roam about, to loiter, to loaf; to be fickle; to muse upon; to have day-dreams; to fluctuate, to float
vagueiro *s. m.* piece of barren land
vaguejar *v. intr.* ⇒ **vaguear**
vagueza *s. f.* vagueness, tenuousness
vaia *s. f.* hoot, hooting; scoff, derision, jest
vaiador Ⓐ *adj.* mocking Ⓑ *s. m.* mocker
vaiar *v. tr. e intr.* to hoot, to assail, to mock, to hiss at, to boo
vaidade *s. f.* vanity; [fam.] pride; conceit; futility; ***sem vaidade alguma*** without a grain of vanity
vaidosamente *adv.* conceitedly, vainly
vaidoso *adj.* vain, conceited, proud; arrogant, self-conceited, haughty, flaunting; ***pessoa vaidosa*** a conceited person, a fly on the wheel; ***tornar-se vaidoso*** to grow too big for one's boots, to become vain; ***vaidoso como um pavão*** as vain as a peacock; ***ser vaidoso*** to be vain, to get above oneself
vai-não-vai Ⓐ *s. m.* a moment, an instant Ⓑ *adv.* by a hair's breadth; on the point of; ***estive vai-não-vai para comprar um automóvel*** I was on the verge of buying a motor-car; ***estive vai-não-vai para lhe falar*** I was on the point of speaking to you
vaira *s. f.* robalo (snook)
vaivém *s. m.* MECÂNICA seesaw, fluctuation, sway; alteration; battering-ram; vicissitude; freak, caprice; ***os vaivéns da sorte*** the ups and downs of life; ***porta de vaivém*** swing-door; ***movimento de vaivém*** reciprocating motion, seasaw motion
vala *s. f.* ditch, drain, trench; ***vala comum*** common grave
valada *s. f.* long ditch
valadio *adj.* cut by trenches (piece of land); with loose tiles (roof)
valado Ⓐ *s. m.* hedge, hedgerow, fence, stockade; bank; ditch Ⓑ *adj.* ditched, fenced
valador *s. m.* worker who makes ditches
valagem *s. f.* fencing
valão Ⓐ *s. m.* Walloon Ⓑ *adj.* Wallonian
valáquio Ⓐ *s. m.* Wallach, Wallack Ⓑ *adj.* Wallachian
valar *v. tr.* to ditch, to surround with ditches; to fence, to wall in
valdeiro *adj.* vagabond, roguish
valdense Ⓐ *adj.* connected with Waldenses; Waldensian Ⓑ *s. m. e f. pl.* Waldenses
valdevinos *s. m.* rogue, scamp; rascal; waster; wretch; [fam.] rotter
valdo *s. m.* rogue, scamp; rascal; waster; wretch; [fam.] rotter
vale *s. m.* valley, vale; glen; dale; bill, bond; COMÉRCIO IOU ("I owe you"); ***por montes e vales*** over hill and dale; ***vale de lágrimas*** slough of despond, vale of tears; ***vale postal*** postal order (P.O.); ***vale telegráfico*** telegraphic money order
valedio *adj.* valid, current (of paper money)
valedoiro *adj.* ⇒ **valedouro**
valedor Ⓐ *adj.* helping, protecting Ⓑ *s. m.* helper, protector
valedouro *adj.* protecting, helping; valid
valeira *s. f.* small ditch (or gutter)
valeiro *s. m.* gutter
valejo *s. m.* small valley, dell
valência *s. f.* QUÍMICA valency; valencia, valentia
valenciana *s. f.* Valenciennes (a rich kind of lace made at Valenciennes)
valenciano *s. m., adj.* Valencian
valencina *s. f.* Valencian fabric
valentaço Ⓐ *adj.* brave, courageous; bragging, arrogant Ⓑ *s. m.* a brave and courageous man; a sturdy fellow; braggart, ruffian
valentão Ⓐ *adj.* brave, courageous; bragging, arrogant Ⓑ *s. m.* a brave and courageous man; a sturdy fellow; braggart, ruffian
valente *adj.* brave, courageous, intrepid, valiant, daring, dauntless, stouthearted; ***valente como as armas*** as bold as a lion
valentemente *adv.* bravely, valiantly, dauntlessly, courageously
valentia *s. f.* bravery, courage, intrepidity, daring; boldness; valour
valentona *s. f.* brave woman; ***à valentona*** violently
valer Ⓐ *v. tr.* to be worth, to be of value, to be equivalent to; to be valuable, to cost; to mean Ⓑ *v. intr.* to stand for; to protect, to assist, to help; to hold good; to have influence, to be valid Ⓒ *v. refl.* to avail oneself of, to have recourse to, to make use of; ***valer a pena*** to be worthwhile; ***vale a pena ver*** it is worth seeing; ***não valer o pão que come*** not to be worth one's salt; ***valer alguma coisa*** to be of some value; [coloq.] ***vale tudo!*** anything goes!; ***não valer nada*** to be worth nothing; ***não vale nada*** it is not worth a rap; ***não vale um caracol*** it is not worth a farthing; ***valer muito*** to be worth much, to be worth a lot; ***não vale a pena o incómodo*** it is not worth the trouble; ***não vale o trabalho que dá*** the game isn't worth the candle; ***pouco ou nada vale*** it is worth little or nothing; ***fazer valer os seus direitos*** to assert one's rights; ***fazer valer*** to make good; ***vale mais*** it is better; ***valer-se de*** to avail oneself of, to have recourse to, to make use of; ***valer-se da ocasião*** to improve the occasion, to make use of the opportunity; ***valer-se de um direito*** to avail oneself of a right; ***valer-se do pretexto*** to use as pretext; ***vale-se dos seus amigos nas ocasiões precisas*** he has recourse to his friends as occasion may require, he makes use of his friends when he needs to; ***a valer*** in good earnest; ***fazer-se valer*** to put oneself forward, to set oneself off; ***valer aos pobres*** to come to the assistance of the poor, to help the poor; ***mais vale pouco do que nada*** half a loaf is better than no bread; ***mais vale a astúcia do que a força*** what the lion cannot, the fox can; ***mais vale um pássaro na mão do que dois a voar*** a bird in hand is worth two in the bush; ***valha-me Deus!*** bless me!, God help me!; [fam.] ***vale quanto pesa*** he is worth his weight in gold, it is as good as it looks; ***a jóia vale muito dinheiro*** the jewel is worth a lot of money; ***vales mais que todos eles juntos*** you are worth all the rest put together; ***quanto vale a casa?*** what is the house worth?
valerato *s. m.* ⇒ **valerianato**
valeriana *s. f.* BOTÂNICA valerian
Valerianáceas *s. f. pl.* BOTÂNICA *Valerianaceae*
valerianato *s. m.* QUÍMICA valerianate, valerate
valeriânico *adj.* QUÍMICA valerianic
valeroso *adj.* ⇒ **valoroso**
valeta *s. f.* gutter; ***valeta empedrada*** paved gutter
valete *s. m.* knave (at cards)
valetudinário *adj.* valetudinarian, sickly

valhacoito *s. m.* ⇒ **valhacouto**
valhacouto *s. m.* shelter, refuge; asylum
valia *s. f.* value, worth; price; credit, favour; merit
validação *s. f.* validation
validade *s. f.* validity; ***validade de um contrato*** validity of a contract; ***validade dos bilhetes*** validity of tickets
validar *v. tr.* to validate, to render valid, to make valid; to ratify, to confirm; ***validar um acto*** to make a deed valid
validez *s. f.* good health, soundness, vigour, robustness; validity
valido Ⓐ *s. m.* favourite, minion Ⓑ *adj.* favourite
válido *adj.* valid, sound, robust, strong, vigorous; available; ***homem válido*** an energetic man; ***tornar válido*** to render valid; ***este horário ainda é válido?*** is this time-table still in force?; ***um contrato válido*** a valid contract; ***por quanto tempo é válido este bilhete?*** for how long is this ticket valid?, how long does this ticket last?
valimento *s. m.* value; worth; power, influence; merit, favour, protection; credit
valiosamente *adv.* valuably, usefully
valioso *adj.* valuable, precious, worthy, costly; important; ***uma colecção de quadros valiosos*** a collection of valuable pictures; ***valioso auxílio*** valuable assistance; ***informação valiosa*** valuable information
valo *s. m.* entrenchment; ditch; list (tournament)
valor *s. m.* value, worth; price; meaning; value, length (or duration) of a note of music; bravery, courage, intrepidity; importance; merit; *pl.* securities, bonds, stocks, (school) marks; ***valor declarado*** declared value, money letter; ***valor abaixo do par*** value below par; ***valor ao par*** par value; ***valor aproximado*** approximate value; ***valor em ouro*** value in gold; ***valor comercial*** commercial value; ***valor fictício*** fictitious value; ***valor intrínseco*** real value, intrinsic worth; ***valores mobiliários*** debentures, stocks; ***valores móveis*** movables, personal estate; ***valores imóveis*** real estate; ***valor em carteira*** stock in portfolio, bills receivable; ***valor em conta*** value in account; ***valor nominal*** nominal value, face value; ***valor efectivo*** real value; ***valores estrangeiros*** foreign assets; ***valores realizáveis*** liquid assets, securities; ***valor incalculável*** incalculable value, above rubies; ***valor em espécie*** value in cash; ***valor recebido*** value received; ***valor estimativo*** sentimental value; ***dar valor a*** to set a value on; ***é de valor incalculável*** it is worth a king's ransom; ***sem valor*** null and void, valueless, worthless; ***um homem de valor*** a man of great worth
valoração *s. f.* valorization; evaluation
valorar *v. tr.* to valorize; to evaluate
valorativo *adj.* referring to valorization
valorização *s. f.* valorization; valuation; rise in value, increased worth
valorizar *v. tr.* to valorize; to value; to increase the value; to put up the price; to give added value to; ***valorizar uma propriedade*** to evaluate an estate, to improve some property
valorosamente *adv.* valorously, intrepidly, bravely
valorosidade *s. f.* quality of being valorous
valoroso *adj.* valorous; brave, intrepid, courageous, dauntless; energetic, active, vigorous
valquíria Ⓐ *s. f.* MITOLOGIA Valkyria, Valkyrie, Valkyr Ⓑ *adj.* Valkyrian
valsa *s. f.* waltz
valsador *s. m.* waltzer
valsar *v. intr.* to waltz, to dance a waltz
valsejar *v. intr.* ⇒ **valsar**
valsista *s. m. e f.* waltzer
valva *s. f.* BOTÂNICA, ZOOLOGIA valve
valvar *adj.* valvate
valverde *s. m.* BOTÂNICA summer cypress; a kind of firework
valviforme *adj.* valve-shaped
válvula *s. f.* valve; RÁDIO tube; ***válvula esférica*** ball valve; ***válvula de escape*** escape valve, exhaust valve; ***válvula de alimentação*** feed valve, check valve, feed check valve, inlet valve; ***válvula de expansão*** cut-off valve; ***válvula accionada*** mechanically operate valve; ***válvula de admissão de vapor*** steam inlet valve; ***válvula do êmbolo*** piston valve; ***válvula de passagem*** by-pass valve; ***válvula de segurança*** safety-valve; ***válvula de saída de ar*** vent valve; ***válvula equilibrada*** equilibrium valve; ***haste de válvula*** valve-rod; ***válvula semiautomática*** selfclosing valve; ***válvula de descarga*** outlet valve; ANATOMIA ***válvula mitral*** mitral valve; ***válvula de garganta*** throttle valve
valvulado *adj.* valved
valvular *adj.* valvular
valvulite *s. f.* valvulitis
valvulotomia *s. f.* surgical cut of a valve
vãmente *adv.* in vain, uselessly, vainly
vampírico *adj.* vampiric
vampirino *adj.* ⇒ **vampírico**
vampirismo *s. m.* vampirism
vampirizar *v. tr.* to exploit, to strip; to suck
vampiro *s. m.* vampire
vanadato *s. m.* QUÍMICA vanadate
vanádico *adj.* vanadic
vanadinite *s. f.* MINERALOGIA vanadinite
vanádio *s. m.* QUÍMICA vanadium
Vandáceas *s. f. pl. Vandaceae* (orchidaceous plants)
vandálico *adj.* vandalic; Vandalic, Vandal
vandalismo *s. m.* vandalism; Vandalism
vândalo Ⓐ *s. m.* Vandal; destroyer of works of art (vandal) Ⓑ *adj.* Vandalic
vanglória *s. f.* vainglory; boastfulness
vangloriar-se *v. refl.* to boast of; to brag; to praise oneself; to pride oneself (on)
vanglorioso *adj.* vainglorious, conceited; boastful
vanguarda *s. f.* vanguard, van, front, head
vanguardear *v. tr.* to precede, to lead, to head
vanguardeiro Ⓐ *adj.* foremost Ⓑ *s. m.* [fig.] pioneer
vanguardista Ⓐ *adj.* avant-garde Ⓑ *s. m. e f.* avant-garde artist
vanguejar *v. intr.* to slip; to vacillate
vanidade *s. f.* vanity
Vaniláceas *s. f. pl. Vanilaceae, Orchidaceae*
vanilina *s. f.* vanillin
vaniloquência *s. f.* bragging, vain talk
vaniloquente *adj.* given to bragging, vain talk
vanilóquio *s. m.* empty words; vain reasoning
vaníloquo *adj.* given to speaking at random; braggart
vaníssimo *adj.* most vain; most futile; most frivolous
vantagem *s. f.* advantage; superiority; benefit; gain, profit; odds given at play; ***levar vantagem sobre*** to gain an advantage over (a person); ***ter pequena vantagem sobre*** to have an edge on; ***vantagem mútua*** mutual advantage; ***proceder de maneira a dar vantagem ao adversário*** to play into an opponent's hands; ***a vantagem de uma boa educação*** the advantage of a good education; ***as vantagens e as desvantagens*** the ins and outs
vantajosamente *adv.* advantageously, with advantage, profitably
vantajoso *adj.* advantageous, beneficial, profitable; fruitful; worthwhile
vante *s. f.* NÁUTICA afore, fore, forward, forebody; prow; ***a vante*** ahead, before the mast; ***a vante devagar*** slow ahead; ***a vante e à ré*** fore and aft, fore and after; ***para vante*** afore, before; ***andar a vante*** to go ahead; ***ir a vante*** to go ahead
vão Ⓐ *s. m.* empty space, vacuum; embrasure; window-opening; ARQUITECTURA span, bay (of an arch); interspace; AERONÁUTICA bay; ***vão de janela*** window opening, window recess; ***vão de escada*** the space under the staircase; ***vão de porta*** door opening; ***vão da parede*** wall channel; ***vão de elevador*** well, well of a lift Ⓑ *adj.* vain; futile, useless;

empty, frivolous, foolish; false, ineffectual; ***em vão*** in vain, to no purpose, without avail

vápido *adj.* vapid, insipid, dull

vapor *s. m.* vapour, steam; steamer, steam-boat; ***dar vapor à máquina*** to get up steam; ***vapor de luxo*** pleasure steamer; ***vapor de carga*** cargo steamer; ***vapor de carreira (de rio, porto, etc.)*** ferry-boat; ***vapor de excursionistas*** excursion steamer, pleasure boat; ***vapor de hélice*** screw-steamer; ***vapor de rodas*** paddle boat; ***a vapor*** by steam; ***a todo o vapor*** at full steam; ***vapor de água*** steam; ***vapor de alta pressão*** high-pressure steam; ***vapor saturado*** saturated steam; ***vapores densos*** thick vapours; ***vapor húmido*** wet steam; ***vapores ácidos*** acid vapours; ***banho de vapor*** vapour bath; ***máquina de vapor*** steam-engine; ***caldeira de vapor*** steam boiler

vaporação *s. f.* evaporation

vaporada *s. f.* spout of steam

vaporar Ⓐ *v. tr.* to exhale Ⓑ *v. intr.* to evaporate

vaporável *adj.* evaporable

vaporífero *adj.* vaporiferous

vaporímetro *s. m.* vaporimeter

vaporização *s. f.* vaporization

vaporizador *s. m.* vaporizer

vaporizar *v. tr.* to vaporize, to convert into vapour

vaporoso *adj.* vaporous, vaporose, vapoury, steamy; transparent; airy, airlike; fanciful, imaginary

vapular *v. tr.* to whip, to flog, to vapulate

vaqueano *s. m.* [Bras.] guide; helmsman

vaqueirada *s. f.* group of cowboys

vaqueirama *s. f.* ⇒ **vaqueirada**

vaqueiro *s. m.* herdsman, cowman, cowherd; cowboy

vaquejada *s. f.* round-up

vaquejar *v. tr.* to pursue

vaqueta *s. f.* thin leather for lining the footwear

vara *s. f.* rod, pole, twig (minor shoot of a tree), stick, cane; wand; DIREITO jurisdiction; ell (measure of length); [fig.] corporal punishment, discipline; ***vara de porcos*** a herd of swine; ***vara para cortina*** tringle; ***vara de passadeira*** carpet rod; ***vara para saltos*** jumping rod; ***tremer como varas verdes*** to tremble like an aspen leaf, to tremble in one's shoes; ***vara de prumar*** sounding-stick

varação *s. f.* beaching (of ship)

varada *s. f.* blow with a rod

vara-de-ouro *s. f.* BOTÂNICA golden rod

varado *adj.* stranded; aground; [fig.] astonished

varadoiro *s. m.* ⇒ **varadouro**

varador *s. m.* gauger, exciseman for the correct volumes of barrels

varadouro *s. m.* beaching-place; place for running a vessel aground; meeting-place

varal *s. m.* shaft (of a cart or carriage); thill; pole (of sedan-chairs, etc.); ***varal do arado*** plough beam

varanda *s. f.* balcony, veranda(h), terrace; toothed wheel of an oil-press; ***varanda de grade de ferro*** veranda in iron trellis; ***varanda envidraçada*** conservatory

varandim *s. m.* narrow balcony; platform; NÁUTICA ***varandim de popa*** stern walk

varão Ⓐ *s. m.* man, male; man of respectability; rod; round bar; ***varões para a passadeira da escada*** stair-rods; NÁUTICA ***varão da escota*** lee fang; ***varão dos gualdropes*** steering-rod Ⓑ *adj.* male, masculine

varapau *s. m.* cudgel, stick, staff, pole

varar Ⓐ *v. tr.* to beat (with a rod); to beach (a ship); to run aground; to cross (a river), to pierce, to shoot through, to go through; to amaze, to dumbfound, to stagger Ⓑ *v. intr.* to run aground, to run on or shallow; ***ficar varado*** to be dumbfounded

vareagem *s. f.* punting (of a boat); measurement by *varas*

varear *v. tr.* to punt (a boat); to measure by *varas*

varedo *s. m.* rafters sustaining the lath-work of a roof

vareio *s. m.* raving delirium; fright

vareiro *s. m.* [Port.] fisherman from Ovar, or nearby; punter

vareja *s. f.* ENTOMOLOGIA meat-fly, bluebottle; bumble-bee, blowfly; beating down the fruit of trees

varejador *s. m.* fruit-gatherer

varejadura *s. f.* ⇒ **varejamento**

varejamento *s. m.* beating a fruit tree; measuring by the ell

varejão *s. m.* long pole

varejar Ⓐ *v. tr.* to beat trees with a long pole; to knock down fruit; to measure by the ell; to batter, to sweep, to assail (with artillery); to fire shots; to beat, to flog; to search; to ransack Ⓑ *v. intr.* to blow hard

varejeira *s. f.* ZOOLOGIA bluebottle, blow-fly

varejo *s. m.* beating down the fruit of trees; search (for contraband or stolen goods); battering; scolding, lecture, rebuke

vareque *s. m.* seaweed; varec, impure carbonate of soda obtained from sea-weed

varestilha *s. f.* fishing apparatus with various hooks

vareta *s. f.* ramrod, rod; rib, stretcher (of umbrella); leg (of a pair of compasses)

varga *s. f.* marshy plain; fish-trap

várgea *s. f.* ⇒ **várzea**

vargedo *s. m.* lowland at riversides

vargeiro *s. m.* rice-grower

vargem *s. f.* ⇒ **várzea**

vargueiro *s. m.* man who makes fishtraps

vária *s. f.* collectanea

variabilidade *s. f.* variability, variableness; inconstancy, changeableness

variação *s. f.* variation; alteration, modification, change; rate of change; difference; grammatical inflexion; MÚSICA variation; ***variações de temperatura*** changes of temperature; ***variação de preços*** variation of prices, fluctuation in prices; ***variação de câmbio*** variation in the rate of exchange; ***variação de velocidade*** change of speed; NÁUTICA ***variação de agulha*** error of the compass; ***variação da distância por minuto (tiro)*** rate of change of range (shot)

variado *adj.* varied, various; different; assorted; variegated; fickle, unstable; [fig.] inconsiderate, delirious; ***pôr ou fazer qualquer coisa de forma variada*** to ring the changes

variagem *s. f.* ancient customs tax

variamente *adv.* variously

variância *s. f.* variance, variation

varianela *s. f.* European corn-salad

variante Ⓐ *adj.* variant, different Ⓑ *s. f.* variant; difference; variation

variar Ⓐ *v. tr.* to vary; to change; to transform; to alter; to modify; to variegate; to diversify; to alternate Ⓑ *v. intr.* to differ, to be unlike; to be at variance, to disagree; to become different; to alter, to change, to be changeable, to fluctuate; [fig.] to rave, to be delirious; ***variar as refeições*** to vary one's meals; ***variar o método de trabalho*** to vary one's method of work; ***os preços variam de um xelim a uma libra*** the prices range from a shilling to a pound; ***para variar*** for a change

variável *adj.* variable, changeable; unsteady, unsettled, fickle, inconstant, unstable; fluctuating, wavering; MATEMÁTICA variable, indeterminate; ***tempo variável*** unsettled weather; ***vento variável*** unsteady wind; ***temperatura variável*** variable temperature; MATEMÁTICA ***quantidades variáveis*** variable quantities

variavelmente *adv.* variably, changeably

varicela *s. f.* MEDICINA chicken-pox, varicella

varicelóide *adj.* similar to varicella

varicocele *s. f.* MEDICINA varicocele

varicose *s. f.* MEDICINA varicosis

varicosidade *s. f.* MEDICINA varicosity

varicoso *adj.* MEDICINA varicose

varicotomia *s. f.* CIRURGIA surgery of varices

variedade *s. f.* variety; diversity, multiformity; class, kind, sort; ***a variedade é o sal da vida*** variety is the spice of life;

teatro de variedades variety theatre; *uma variedade de pratos excelentes* a variety of excellent dishes; *muitas variedades de fruta* various kinds of fruits
variegação *s. f.* variegation, diversity of colours
variegado *adj.* variegated; particoloured, motley, mottled; *de variegadas cores* of a variety of colours, many-coloured
variegar *v. tr.* to variegate, to mark with different colours; to diversify, to vary
varina *s. f.* fishwife
varinagem *s. f.* fishwife; group of fishwives
varinel *s. m.* ancient rowing-boat
varinha *s. f.* little wand; twig, switch, small stick; *varinha de condão* magic wand; *servir-se da varinha de condão* to work the oracle, to wave the wand
varino *s. m.* long narrow boat; a cloak with sleeves and hood
vário *adj.* various; different, diverse; variegated; inconstant; unsteady, unstable, fickle; *pl.* several; *há várias razões para acreditar* there are several reasons for believing; *os vários membros da Junta* the several members of the Board; *tenho dito a mesma coisa várias vezes* I have said the same thing several times
varíola *s. f.* MEDICINA variola; smallpox; *varíola suína* swine-pox; *varíola bovina* cow-pox; *varíola ovina* sheep-pox
variolado *adj.* variolous
variolar *adj.* ⇒ **variolado**
variólico *adj.* MEDICINA variolic
varioliforme *adj.* varioloid
variolização *s. f.* variolation
variolóide Ⓐ *s. f.* MEDICINA varioloid Ⓑ *adj.* varioloid
varioloso *adj.* variolous
variómetro *s. m.* variometer; *variómetro de intensidade* magnetical intensity variometer
variz *s. f.* MEDICINA varix (*plural* varices); varicose vein
varja *s. f.* ⇒ **várzea**
varloas *s. f. pl.* NÁUTICA stays
varola *s. f.* ⇒ **vareta**
varonia *s. f.* male line; masculinity, manliness, virility
varonil *adj.* manly, virile, masculine; vigorous, sturdy, robust
varonilidade *s. f.* manliness, virility; vigour, sturdiness
varrão *s. m.* boar; a land-worker who comes from other places
varrasco *s. m.* ⇒ **varrão**
varredeira *s. f.* NÁUTICA the lower studding sail
varredela *s. f.* sweeping
varredoira *s. f.* ⇒ **varredoura**
varredoiro *s. m.* ⇒ **varredouro**
varredor Ⓐ *s. m.* sweeper; *varredor das ruas* scavenger, street-sweeper Ⓑ *adj.* sweeping
varredoura *s. f.* NÁUTICA lower studding-sail; havoc; slaughter; *rede varredoura* drag-net, sweep-net
varredouro *s. m.* oven-broom
varredura *s. f.* sweeping; sweepings
varrer *v. tr.* to sweep, to broom; to clean, to remove dirt, dust, rubbish (with a broom); to drive (or to carry) along (or off) with force; to blot out; to put to flight; to disappear, to be forgotten; to lose credit; *o vento varre tudo diante de si* the wind sweeps everything before itself; *varrer o quarto* to sweep the room; *varrer-se da ideia* to sweep the whole thing clean out of one's mind; *o mar varre o navio* the sea sweeps (overtakes) the ship
varrido Ⓐ *adj.* swept, clean; complete, outright; [fig.] mad; *doido varrido* stark mad, utter fool Ⓑ *s. m.* sweeping
varriscar *v. tr. e intr.* to sweep often
varudo *adj.* long, straight (trunk of tree)
varunca *s. m.* hen-pecked husband
varve *s. f.* GEOLOGIA varve
várzea *s. f.* tilled plain; plain, level tract of land; lea
varzim *s. m.* small tilled plain
varzino *adj.* of (pertaining to) a várzea
vasa *s. f.* silt, mud deposit of a river, sea; mud, mire; [fig.] moral degradation; mob
vasca *s. f.* convulsion; nausea; qualm; pang; rattle; *vascas da morte* pangs of death
vascão *s. m.* ⇒ **vasco**
vasco *s. m.* Basque
vascolejador Ⓐ *adj.* agitating, shaking (liquid) Ⓑ *s. m.* shaker
vascolejamento *s. m.* shaking; agitation
vascolejar *v. tr.* to agitate, to shake (liquid); to excite, to disturb
vasconcear *v. intr.* to speak Basque
vasconço *s. m.* Basque; [fig.] gibberish
vascongado Ⓐ *adj.* Biscayan, Basque Ⓑ *s. m.* Basque
vascoso *adj.* convulsive
vascular *adj.* ANATOMIA, BOTÂNICA vascular; *sistema vascular* vascular system
vascularidade *s. f.* vascularity
vascularização *s. f.* vascularization
vascularizar *v. tr.* to develop the vascularization of (a body)
vasculhadeira *s. f.* broom
vasculhador Ⓐ *adj.* sweeping; searching Ⓑ *s. m.* sweeper; searcher
vasculhar *v. tr.* to sweep, to clean; to rummage, to ransack, to search, to ferret about
vasculho *s. m.* broom (to sweep walls and ceilings with); [vulg.] a sloven, a slut
vasculoso *adj.* ⇒ **vascular**
vasectomia *s. f.* CIRURGIA vasectomy
vaselina *s. f.* vaseline
vasento *adj.* slimy, muddy, oozy
vasícola *adj.* living in the shine of a river or sea
vasiforme *adj.* vasiform
vasilha *s. f.* vessel, pail; cask, barrel
vasilhame *s. m.* set of casks; large number of (empty) vessels
vaso *s. m.* vessel; vase, flower-pot; vessel, ship; ANATOMIA vein, artery; *vaso sanguíneo* bloodvessel; *vasos linfáticos* lymphatics; *vaso de guerra* man-of-war
vasoconstrição *s. f.* MEDICINA vasoconstriction
vasoconstritor *adj.* MEDICINA vasoconstritor
vasodilatação *s. f.* MEDICINA vasodilation
vasodilatador *adj.* MEDICINA vasodilator
vasomotor *adj.* MEDICINA vasomotor
vasoso *adj.* ⇒ **vasento**
vasqueiro *adj.* nauseating; scare; difficult
vasquejante *adj.* convulsing; shaking; vacillating; agonizing
vasquejar *v. intr.* to have convulsions, to shake with convulsions; to be convulsed with pain; to writhe; to agonize
vasquim *s. m.* [Bras.] bodice
vasquinha *s. f.* bodice; dress with many pleats around the waist
vassalagem *s. f.* vassalage; dependence, subordinate position; servitude; vassals collectively
vassalo Ⓐ *s. m.* vassal, dependant; subject; bondsman; HISTÓRIA holder of land by feudal tenure Ⓑ *adj.* dependent; servile, submissive
vassoira *s. f.* ⇒ **vassoura**
vassoirada *s. f.* ⇒ **vassourada**
vassoireiro *s. m.* ⇒ **vassoureiro**
vassoirinha *s. f.* ⇒ **vassourinha**
vassoiro *s. m.* ⇒ **vassouro**
vassoura *s. f.* broom; sweeping-brush; *vassoura mecânica* mechanical sweeper; *cabo de vassoura* broomstick
vassourada *s. f.* blow with a broom; sweeping
vassourar *v. tr. e intr.* to broom, to sweep; [fig.] to clean, to cleanse

vassoureiro *s. m.* broom-maker; broom-seller; Brazilian tree
vassourinha *s. f. dim. de* **vassoura**; a children's game; BOTÂNICA broomweed
vassouro *s. m.* broom; oven-broom
vastação *s. f.* ⇒ **devastação**
vastador *s. m., adj.* ⇒ **devastador**
vastamente *adv.* vastly, greatly
vastar *v. tr.* ⇒ **devastar**
vasteza *s. f.* ⇒ **vastidão**
vastidão *s. f.* vastness, immensity, im-menseness, hugeness, expansion, wideness; magnitude
vasto *adj.* vast, immense, huge, enormous, great; wide, spacious; expansive, boundless; ***país vasto*** vast country; ***vastas planícies*** vast plains; ***gastou vastas somas de dinheiro*** he spent vast sums of money; ***a vasta expansão do oceano*** the vast expanse of the ocean
vastuoso *adj.* desert, wild, unpeopled
vatapá *s. m.* Brazilian dish (made of manioc flour, oil, pepper, fish, meat)
vate *s. m.* [poét.] bard; prophet
vaticanismo *s. m.* Vaticanism
Vaticano *s. m.* Vatican, the palace of the Pope at Rome; the papal authority
vaticinação *s. f.* vaticination, prophecy, prediction
vaticinador Ⓐ *s. m.* prophesier; prophet, soothsayer Ⓑ *adj.* prophesying, foretelling, vaticinal
vaticinante *adj.* vaticinal, foretelling, prophesying
vaticinar *v. tr.* to vaticinate, to prophesy, to foretell, to predict, to presage, to augur
vaticínio *s. m.* prophecy, prediction; foreboding, presage
vático *adj.* poetic
vatídico *adj.* vaticinal, oracular
vatímetro *s. m.* wattmeter
vátio *s. m.* watt
vátua *s. m.* Vatua, tribe of Angola
vau *s. m.* ford, crossing; NÁUTICA beam; ***passar a vau (a cavalo)*** to ride a ford; ***passar a vau*** to cross a river by a ford, to wade through a river; NÁUTICA ***vau de convés*** deck-beam; ***vau móvel*** shifting-beam; ***vaus e picadeiros de embarcações*** gallows; ***vau de gávea*** crosstree; ***vau de enora*** mast beam; ***vau de bailéu*** orlop beam
vavavá *s. m.* [Bras.] noise, hubbub; agitation
vaza *s. f.* trick (at cards); cards played in one round; ***cortar as vazas a alguém*** to take the wind out of someone's sails; ***fazer uma vaza*** to make a trick (at cards)
vaza-barris *s. m.* reefy coast; [fig.] place of hidden riches; ruin
vazado *adj.* emptied; molten
vazadoiro *s. m.* ⇒ **vazadouro**
vazador *s. m.* bit, boring-piece, drill punch (tool); melter
vazadouro *s. m.* deposit of night-soil; refuse pit; sewer
vazadura *s. f.* act of emptying
vazamento *s. m.* act of emptying; ***vazamento em moldes*** moulding
vazante Ⓐ *s. f.* ebb, ebb-tide, low-water Ⓑ *adj.* receding
vazão *s. f.* emptying; outlet; sale; extraction; solution; ***vazão de água*** outflow of water, discharge of water
vazar Ⓐ *v. tr.* to empty; to pour out Ⓑ *v. intr.* to ebb (the tide), to leak, to ooze out; to flow away Ⓒ *v. refl.* to become empty, to drain; ***vazar o lixo*** to shoot rubbish; ***a maré está a vazar*** the tide is ebbing, the tide is going out; ***vazar em moldes*** to mould
vaziador *adj.* that evacuates too much (horse)
vaziamento *s. m.* emptying
vaziar *v. tr.* to empty, to pour out; to make vacant
vazio Ⓐ *adj.* empty; vacant, vacuous; void, unoccupied; unfurnished; deserted, uninhabited; unfilled; hollow; frivolous, vain, futile; senseless, meaningless; ***uma caixa vazia*** an empty box; ***uma casa vazia*** an empty house; ***estômago vazio*** empty stomach; ***teatro vazio*** a thin house Ⓑ *s. m.* vacum, void, cavity, vacant space, hollow
veação *s. f.* hunting; venison
veada *s. f.* hind (female of the deer)
veadeiro *s. m.* deerhound; deer hunter
veado *s. m.* hart, male deer, stag, red deer; ***caçada aos veados (de emboscada)*** deer-stalking; ***caçador de veados*** deer-stalker; ***atrair os veados à noite por meio de luz*** to shine deer
veador *s. m.* [arc.] hunter, huntsman
vearia *s. f.* compartment to keep the venison
vectação *s. f.* act of riding
vector *s. m.* GEOMETRIA vector; MATEMÁTICA ***vector unitário*** unit vector
vectorial *adj.* vectorial
vectrices *s. f. pl.* *Coniferae*
veda *s. f.* close season (hunting), prohibition
vedação *s. f.* barrier, fence, rail, railing; enclosure; hedge; ***vedação para tubo*** pipe joint
vedado *adj.* forbidden, not allowed, prohibited; interdicted; fenced, walled in; tight; ***mal vedado*** leaky; ***vedado à água*** watertight; ***vedado ao ar*** airtight
vedador Ⓐ *s. m.* one who forbids (or stops) Ⓑ *adj.* forbidding, prohibiting, enclosing
vedália *s. f.* insect of the order *Coleoptera*
veda-luz *s. m.* ⇒ **quebra-luz**
vedar Ⓐ *v. tr.* to forbid, to prohibit, to interdict, to fence, to enclose, to surround with a fence; to tighten, to tighten up Ⓑ *v. intr.* to stop; ***vedar um veio de água*** to stop a leak; NÁUTICA ***vedar uma costura*** to parcel a seam (splice); ***vedar um rombo*** to stop a leak
vedável *adj.* that can be forbidden (or enclosed or stopped)
vedeta *s. f.* vedette, picket-guard; mounted sentry; TEATRO, CINEMA star; NÁUTICA vedette-boat; picket-boat
védico *adj.* RELIGIÃO Vedic, the language of the Vedas, Sanskrit
vedo *s. m.* enclosure; BOTÂNICA pipal
vedor *s. m.* overseer, controller, inspector; water-finder, water diviner, dowser
vedoria *s. f.* office (department) of an inspector; controllership
vedro Ⓐ *s. m.* enclosure, fence Ⓑ *adj.* old, ancient
veeira *s. f.* ⇒ **veeiro**
veeiro *s. m.* vein of ore; sort of fine fur
veemência *s. f.* vehemence, impetuosity, violence, intensity, force, eagerness; fervour
veemente *adj.* vehement; impetuous, violent, eager, ardent, passionate, hot, energetic
veementemente *adv.* vehemently, ardently, passionately
veementizar *v. tr.* to render vehement; to ravish; to enrapture
vegetabilidade *s. f.* vegetability
vegetabilismo *s. m.* vegetarianism
vegetação *s. f.* vegetation, plant life; ***vegetação tropical*** tropical vegetation; ***vegetação exuberante*** luxuriant vegetation
vegetal Ⓐ *s. m.* vegetable; ***prato de vegetais*** vegetable dish; ***comer muitos vegetais*** to eat a lot of vegetables; ***sustentar-se de vegetais*** to live on vegetables Ⓑ *adj.* vegetal
vegetálculo *s. m.* any very small vegetable
vegetaliano *s. m., adj.* ⇒ **vegetalista**
vegetalidade *s. f.* vegetality
vegetalina *s. f.* antidote to snake poison
vegetalino *s. m., adj.* ⇒ **vegetalista**
vegetalismo *s. m.* vegetarianism
vegetalista Ⓐ *adj.* vegetarian Ⓑ *s. m. e f.* vegetarian
vegetalizar *v. tr.* to shape like a vegetable
vegetante *adj.* vegetating
vegetar *v. intr.* to vegetate; to live a dull, monotonous life

vegetarianismo *s. m.* ⇒ **vegetarismo**
vegetariano Ⓐ *s. m.* vegetarian; ***ser vegetariano*** to be a vegetarian Ⓑ *adj.* vegetarian; ***regime vegetariano*** vegetable diet
vegetarismo *s. m.* vegetarianism
vegetarista *s. m. e f.* vegetarian
vegetativo *adj.* vegetative, growing
vegetável *adj.* vegetative, vegetable
végeto *s. m.* ⇒ **vegetativo**; strong, vigourous
veia *s. f.* vein; blood-vessel; bent, tendency, disposition; streak; BOTÂNICA fibre forming the framework of a leaf; ***ter veia poética*** to have a flair for poetry, to be of a poetical vein; ***estar de veia*** to be in the vein; ANATOMIA ***veia jugular*** jugular vein; ***veia pulmonar*** pulmonary vein
veiculador *s. m.* QUÍMICA vehicle
veicular Ⓐ *adj.* vehicular Ⓑ *v. tr.* to convey, to transmit
veículo *s. m.* vehicle, carriage, cart; a means of transmission; a medium; FARMACOLOGIA excipient; ***servir de veículo*** to act as transmitter
veiga *s. f.* plain, pasture ground by a riverside
veio *s. m.* vein, thread, streak, seam; fissure, cleft; MECÂNICA shaft, spindle; [fig.] main point, cloud (marble); ***o veio da madeira*** the grain of the wood; ***madeira cheia de veios*** markedly grained wood; ***veio metálico*** reef; MINERALOGIA ***veio mineral*** dike; ***veio de carvão*** coal seam; NÁUTICA ***veio de água*** leak; ***veio de torno*** mandrel of lathe; ***veio de transmissão*** transmitting shaft; ***veio de mudança de marcha*** shaft, weigh bar; ***veio motor*** crank shaft, main shaft; ***veio oscilante*** rocking shaft; ***veio cancelado*** fluted shaft; ***veio accionado*** driven shaft
veirado *adj.* HERÁLDICA vairy
veiro *s. m.* HERÁLDICA vair
vela *s. f.* candle, light; sail, vane (of a windmill), watch, watching; sentinel; NÁUTICA sail, canvas plug; sparking plug (automobile); ***vela de cera*** wax-candle, taper; ***vela de estearina*** stearin candle, composite candle; ***vela de sebo*** tallow candle; ***à luz de uma vela*** by candle light; ***estar de vela*** to be on the watch; NÁUTICA ***navegação à vela*** navigation under sails; ***barco de vela*** sailing-craft; ***regata à vela*** sailing match, regatta; ***navio de vela*** sailing-vessel; ***fazer-se de vela*** to get under way, to get under sail, to sail, to set sail; ***sob vela*** under canvas, under sail; ***à vela*** sailing; ***de velas enfunadas*** in full sail; ***arriar as velas*** to lower sail, to strike sail; ***desfraldar as velas*** to set sail, to unfurl the sails; ***orientar as velas*** to trim sails; ***largar as velas*** to loose sails; ***vela alta*** flying kite, upper sail; ***vela de amurar ao mastro*** standing lug, working lug; ***vela nos calções*** goose wing; ***vela de carangueja*** gaff sail, spencer; ***vela de enrolar*** patent sail; ***vela de entremastros*** staysail; ***vela de espicha*** spritsail; ***vela de estai*** stay foresail, stay sail; ***vela de estai de gávea*** topmast staysail; ***vela de estai do joanete*** top-gallant staysail; ***vela grande*** main sail; ***vela grande latina*** driver; ***vela latina (triangular)*** Latin sail, lateen triangular sail; ***vela londrina, vela de pendão*** lug sail, dipping-lug; ***vela de proa*** head sail; ***vela de ré*** spanker; ***vela redonda*** square sail, trapezoidal sail; ***vela triangular*** triangular sail; ***agulha para coser as velas*** sail-needle; ***fio de vela*** sail-twine
velação *s. f.* veiling; hiding; blunning
velacho *s. m.* NÁUTICA fore topsail
velada *s. f.* veiling; watch
veladamente *adv.* in a hidden way
velado *adj.* veiled; concealed, hidden; wakeful (night); ***voz velada*** husky voice
velador *s. m.* watcher; wooden candlestick
veladura *s. f.* watch, veiling; PINTURA glazing; FOTOGRAFIA fog
velame *s. m.* sails in general
velâmen *s. m.* ⇒ **velame**
velamento *s. m.* ⇒ **velação**
velança *s. f.* ⇒ **veladura**
velar *v. tr.* to veil; to conceal, to hide; to disguise, to dissimulate; to watch, to be (or to keep) awake; to tend, to sit up, to keep vigil; to stay up; ***velar um doente*** to sit up with a sick person, to watch by a patient's bedside; ***velar por (ter cuidado em)*** to watch over; ***a enfermeira velou-o toda a noite*** the nurse watched all night by his side
velário *s. m.* velarium
velatura *s. f.* ⇒ **veladura**
velear *v. tr.* to rig, to equip with sails
veleidade *s. f.* velleity, faint desire, fancy, whim, caprice
veleiro Ⓐ *s. m.* sailing-boat, sailer; sail-maker; candle-maker Ⓑ *adj.* sailing; swift sailing
velejar *v. intr.* to sail
velenho *s. m.* BOTÂNICA henbane
veleta *s. f.* weathercock
velha *s. f.* old woman
velhacada *s. f.* knavery, underhand dealing; dishonesty, roguery
velhacagem *s. f.* ⇒ **velhacada**
velhacão *s. m.* knave, rogue
velhacaria *s. f.* knavery
velhacaz *s. m.* ⇒ **velhacão**
velhaco Ⓐ *adj.* knavish, tricky, untrusworthy, dishonest, roguish, crafty Ⓑ *s. m.* knave, rogue, deceitful person; ***para velhaco, velhaco e meio*** diamond cuts diamond, set a thief to catch a thief
velhacório *s. m.* ⇒ **velhacão**
velhada *s. f.* the old; the aged; old people collectively; the old folks
velhão Ⓐ *adj.* very old, elderly Ⓑ *s. m.* a very old man; a man much advanced in years
velhaquear Ⓐ *v. intr.* to be a double-dealer Ⓑ *v. tr.* to deceive, to take in, to cheat
velhaquesco *adj.* roguish; knavish
velhaqueta *s. f.* sly woman
velhaquete Ⓐ *s. m.* a bit of a rogue; sly dog Ⓑ *adj.* sly, crafty, knavish
velharia *s. f.* old things; old rubbish, lumber
velhice *s. f.* old age, oldness, agedness; the ebb of life, the yellow leaf (Shakespeare); ***fazer um pecúlio para a velhice*** to make a nest-egg for one's old age; ***idade sem velhice*** agerasia; ***uma velhice vigorosa*** a sturdy old age
velhinha Ⓐ *s. f.* a very old woman Ⓑ *adj.* very old
velhinho Ⓐ *s. m.* a very old man Ⓑ *adj.* very old
velho Ⓐ *adj.* old; aged, advanced in years; ancient; antique; elderly; antiquated; out of date; long practised Ⓑ *s. m.* an old man; ***os velhos*** old people; ***um cavalo velho*** an old horse; ***vinho velho*** old wine; ***amigos velhos*** old friends; ***estar muito velho*** to be advanced in years; ***tão velho como a Sé de Braga*** as old as the hills, as old as Adam; ***o irmão mais velho*** the eldest brother; ***ela é mais velha do que eu*** she is older than I; ***qual dos dois é o mais velho?*** which of the two is the elder?; ***meu velho!*** old man!, old chap!, old fellow! old boy!; ***os velhos da famíla*** the old folks; ***novos e velhos*** young and old
velhori *adj.* greyish, grayish (horse)
velhorro *s. m.* a very old man
velhote *s. m.* an elderly man, oldster
velhusco *s. m.* ⇒ **velhote**
velhustro *s. m.* ⇒ **velhote**
velicação *s. f.* pinching, vellication
velicar *v. tr.* to pinch, to vellicate
velicativo *adj.* pinching, pungent
velífero *adj.* veliferous
veliforme *adj.* having the shape of a sail; sail-like
velígero *adj.* veligerous
velilho *s. m.* transparent veil
velino *s. m.* vellum
velívago *adj.* that sails
velívolo *adj.* that sails quickly

velo *s. m.* fleece; ***o velo de ouro*** the Golden Fleece
velocidade *s. f.* velocity, speed; rate; quickness, swiftness, rapidity (of motion); ***primeira, segunda, terceira velocidade (automóvel)*** first, second, third gear (motor-car); ***pequena velocidade*** low speed, low gear; ***grande velocidade*** high gear, top speed; ***velocidade acelerada*** accelerated speed; ***velocidade ascensional*** climbing speed; ***velocidade de tiro*** velocity of fire; ***velocidade do som*** speed of sound, sound velocity; ***velocidade do vento*** wind speed; ***velocidade por hora*** speed per hour; ***partiu a toda a velocidade*** he went off at a great rate; ***à velocidade de 50 milhas por hora*** at the rate of fifty miles an hour, at a velocity of 50 miles per hour; ***caixa de velocidades (automóvel)*** gear-box (motor-car); ***correu a toda a velocidade*** he ran at the top of his speed; ***passar com grande velocidade*** to sweep by; ***em grande velocidade*** by fast train; ***em pequena velocidade*** by goods train; ***a toda a velocidade*** at full speed; ***velocidade económica*** economical speed, optimum (or optimal) speed
velocídromo *s. m.* ⇒ **velódromo**
velocímetro *s. m.* velocimeter
velocino *s. m.* sheep's skin; MITOLOGIA the Golden Fleece
velocípede *s. m.* velocipede, bicycle
velocipedia *s. f.* ⇒ **velocipedismo**
velocipedismo *s. m.* cycling
velocipedista *s. m. e f.* cyclist
velocíssimo *adj.* very swift
velódromo *s. m.* velodrome
velório *s. m.* variety of grapes not good either for wine or for eating
veloso *adj.* downy, wooly; hairy, shaggy
veloz *adj.* swift, rapid, quick, fast, speedy, expeditious, fleet; nimble, prompt, alert, agile, active; ***veloz no andar*** nimble-footed; ***um cavalo veloz*** a swift horse
velozmente *adv.* swiftly; quickly, rapidly
veludado *adj.* velvety, smooth, soft
veludilho *s. m.* cotton velvet
veludíneo *adj.* velvetlike
veludo *s. m.* velvet; ***veludo de algodão*** cotton velvet; ***ela trazia um vestido de veludo preto*** she wore a black velvet dress
veludoso *adj.* velvet-like; as smooth as velvet
velutina *s. f.* silk velvet
venábulo *s. m.* javelin, light spear
venação *s. f.* the net of veins in an organism
venado *adj.* veined
venal *adj.* venal, mercenary, corruptible
venalidade *s. f.* venality, mercenary behaviour; corruption, bribability
venalizar *v. tr.* to corrupt, to bribe
venatório *adj.* venatic(al)
vencedor Ⓐ *s. m.* winner, victor, conqueror, vanquisher Ⓑ *adj.* winning; victorious
vencelho *s. m.* ⇒ **vencilho**
vencer Ⓐ *v. tr.* to win; to vanquish, to conquer; to overcome, to subdue; to surmount; to defeat, to overpower, to discomfit; to prevail over, to master Ⓑ *v. intr.* to be victorious; to fall due, to be due, to mature Ⓒ *v. refl.* to master oneself, to control oneself; ***vencer-se (uma letra)*** to fall due (a bill); ***letra a vencer*** running bill; ***venceu-se o prazo*** the stated term has expired; ***vence-se o pagamento*** the payment becomes due, the payment falls due; ***vencer a corrente*** to stem the current; ***venceram muitos obstáculos*** they surmounted many obstacles; ***vencer uma dificuldade*** to tide oneself over a difficulty; ***vencer uma resistência*** to overcome a resistance; ***vencer todos os obstáculos*** to triumph over all obstacles; FUTEBOL ***vencer (um jogo) por quatro a um*** to win by four goals to one, to win four-one; ***vencer ou morrer*** to do or die
vencibilidade *s. f.* conquerableness; COMÉRCIO expiry
vencida *s. f.* victory, conquest, act of vanquishing defeat; time of falling due; ***levar de vencida*** to get the better of
vencido *adj.* vanquished, defeated, overcome, subdued, conquered; COMÉRCIO due; COMÉRCIO ***letra vencida*** bill due or overdue
vencilho *s. m.* kind of straw rope
vencimento *s. m.* victory, conquest; COMÉRCIO maturity, time of falling due; pay, salary; ***dia do vencimento*** date of maturity; ***vencimento de uma letra*** expiration of a bill; ***vencimento do prazo*** expiration of the term; ***antes do vencimento*** before naturity; ***ao vencimento*** when due; ***pagar no vencimento*** to discharge at maturity; ***até ao seu vencimento*** till it's falling due; ***queira pagá-la no vencimento*** please have it paid when due, please pay it when due
vencível *adj.* conquerable; ***letra vencível a 30 dias*** bill payable in 30 days
venda *s. f.* sale, selling; market, selling transaction; inn; shop; tavern; bandage (over the eyes); ***vendas a pronto pagamento*** cash sales; ***vendas a crédito*** credit sales; ***vendas a prazo*** sales on instalment; ***venda difícil*** slow sale; ***venda pública*** public sale; ***venda por miúdo*** sale by retail; ***vendas efectuadas*** turnover; ***à venda*** now on sale, now ready; ***em venda*** on sale; ***para venda*** for sale; ***de boa venda*** easily sal(e)able; ***de má venda*** unsal(e)able; ***venda para liquidação*** clearance sale; ***venda de ocasião*** opportune sale, lucky sale; ***venda especial a preços reduzidos*** bargain sale; ***impostos sobre as vendas*** sales tax, VAT (value added tax); ***venda simulada*** pro forma sale; ***venda da semana*** weekly sale; ***venda judicial*** judicial sale; ***preço de venda*** selling price; ***pôr à venda*** to put up for sale; ***vendas rápidas (grande saída)*** quick returns; ***venda forçada*** selling out; ***venda em leilão*** sale by auction; ***ter boa venda*** to meet with a good sale
vendagem *s. f.* sale, selling; blindfolding
vendar *v. tr.* to blindfold, to cover the eyes with a bandage; to hinder from seeing; ***de olhos vendados*** blindfold, deluded
vendaval *s. m.* storm-wind, high wind, gale
vendedeira *s. f.* saleswoman; a female vender (or seller)
vendedoiro *s. m.* ⇒ **vendedouro**
vendedor *s. m.* seller, vendor, vender; ***vendedor ambulante*** pedlar, hawker, street seller
vendedouro Ⓐ *s. m.* market place Ⓑ *adj.* sal(e)able
vendeiro *s. m.* inn-keeper
vender Ⓐ *v. tr.* to sell, to exchange; to retail Ⓑ *v. refl.* to betray (for a pecuniary reward); to be sold; to take a bribe; ***vender por junto*** to sell wholesale, to wholesale, to sell in bulk; ***vender a retalho*** to sell retail; ***vender a peso*** to sell by weight; ***vender a prazo*** to sell on account; ***vender a prestações*** to sell on instalments; ***vender a pronto pagamento*** to sell for cash; ***vender à peça*** to sell by the piece; ***vender caro*** to sell dear; ***vender com lucro*** to sell with a profit; ***vender barato*** to sell at a low price, to sell cheaply; ***vender-se rapidamente*** to sell quickly; ***vender-se facilmente*** to find a ready sale; ***vender por metade do preço*** to sell at half price; ***ter para dar e vender*** to have enough and to spare, to have enough of a thing; ***vender por tuta-e--meia*** to sell for a mere song; ***vender fiado*** to sell on trust; ***vendo-a pelo preço de custo*** I am selling it at cost price; [fig.] ***vende-se que nem canela*** it sells like hot cakes; ***por vender*** unsold; ***vender pelas ruas*** to hawk; ***o livro vende-se bem*** the book is selling well; ***vender ao preço da tabela*** to sell at the standard price; ***vender com prejuízo*** to sell at a loss; ***tornar a vender*** to resell; ***vender-se pouco*** to sell badly; ***vender saúde*** to be bubbling over with health
vendição *s. f.* sale, vendition
vendido *adj.* sold; betrayed; constrained, uncomfortable, ill at ease; bribed; shamed; ***uma, duas, três ... vendido (em leilão)*** going, going ..., gone (at an auction); ***está vendida toda a existência*** all the goods are sold
vendilhão *s. m.* pedlar, hawker

vendimento *s. m.* ⇒ **venda**
vendível *adj.* saleable, marketable
veneficiar *v. tr.* to poison
venefício *s. m.* venefice
venéfico *adj.* venefical, venefic; poisonous; malefic
venenífero *adj.* carrying poison
veneníparo *adj.* that secretes poison
veneno *s. m.* poison, venom; toxicant; malignity, spite; virus; malignant person; ***veneno lento*** slow poison; ***veneno para os ratos*** arsenic, rat poison
venenosidade *s. f.* venomousness
venenoso *adj.* poisonous, venomous; malignant, spiteful, maleficient, pernicious, baneful; corrupting; ***influência venenosa*** poisonous influence; ***cogumelo venenoso*** poisonous toadstool; ***cobra venenosa*** a poisonous snake; ***ela tem uma língua venenosa*** she has a venomous tongue
venera *s. f.* decoration; scallop-shell
venerabilidade *s. f.* venerability, venerableness
venerabundo *adj.* reverent
veneração *s. f.* veneration; profound respect, reverence; ***olhar com veneração*** to regard with reverence
venerado *adj.* venerated, revered, reverenced; regarded with great respect, esteemed
venerador *s. m.* venerator
venerando *adj.* venerable
venerar *v. tr.* to venerate, to reverence, to revere; to regard with deep respect
venerável *adj.* venerable, reverend
veneravelmente *adv.* venerably
venéreo *adj.* of (pertaining to) Venus; venerean, venery; ***doença venérea*** venerial disease
venereologia *s. f.* venereology
venereologista *s. m. e f.* venereologist
vénero *adj.* [poét.] of or pertaining to Venus
veneta *s. f.* fancy, whim, humour, will; ***dar na veneta*** to take a fancy to, to take into one's head
veneziana *s. f.* jalousie, Venetian blind
veneziano *s. m., adj.* Venetian
venezuelano *s. m., adj.* Venezuelan
vénia *s. f.* permission; bow; forgiveness
veniaga *s. f.* commodity; swindle, fraud, cheat
veniagar *v. tr. e intr.* ⇒ **traficar**
venial *adj.* venial, slight; excusable
venialidade *s. f.* veniality
venida *s. f.* sudden attack; care, diligence
venífluo *adj.* flowing in the veins
venissecção *s. f.* venesection
venosidade *s. f.* venosity
venoso *adj.* venose, venous; [arc.] venal
venta *s. f.* nostril; *pl.* nose; ***ter pêlo na venta*** to be a ticklish customer
ventã *s. f.* ⇒ **ventana**
ventana *s. f.* window; fan
ventanear Ⓐ *v. tr.* to ventilate, to air Ⓑ *v. intr.* to blow hard
ventaneira *s. f.* high wind
ventanejar *v. intr.* to blow wildly (the wind)
ventania *s. f.* high wind; gale
ventanilha *s. f.* window; fan; pocket of a billiard table
ventar *v. intr.* to blow (the wind); [fam.] to be favourable; ***ventar muito*** to blow hard
ventarola *s. f.* fan
ventígeno *adj.* [poét.] producing wind; produced by the wind
ventilabro *s. m.* fan, winnowing-machine
ventilação *s. f.* ventilation; free discussion, debate; ***ventilação natural*** natural ventilation; ***ventilação artificial*** artificial ventilation
ventilador *s. m.* ventilator; ***ventilador de aspiração*** air extractor; ***ventilador de cogumelo*** mushroom ventilator; ***ventilador metálico*** air shaft; ***ventilador de lona*** wind sail; ***ventilador dinâmico*** dynamical ventilator; ***ventilador de telhado*** roof ventilator
ventilante *adj.* ventilating
ventilar *v. tr.* to ventilate; to air, to aerate; to discuss, to debate; ***ventilar uma sala*** to air a room; ***ventilar uma questão*** to debate a subject
ventilativo *adj.* ventilative
vento *s. m.* wind; air, draught of air; breeze; gale; vanity; conceit; ***vento bonançoso*** gentle breeze; ***vento duro*** hard gale; ***vento de feição*** flowing wind, slope of wind; ***vento feito*** settled breeze, settled wind; ***vento forte, rijo*** gale, high wind; ***vento fraco*** gentle breeze; ***vento frescalhão*** strong breeze, spanking breeze; ***vento fresco*** fresh breeze; ***vento geral*** trade wind; ***vento incerto*** shifting wind; ***vento moderado*** moderate wind; ***vento muito forte, muito rijo*** fresh vale; [fam.] ***vento ponteiro*** wind ahead, muzzler; ***vento contrário*** head wind, contrary (or unfavourable) wind; ***vento favorável*** fair (or favourable) wind; ***vento norte*** Boreas, north wind; ***vento sul*** Notus, Auster, south wind; ***vento de proa*** head sea wind; ***vento tempestuoso*** strong gale; ***ventos alísios*** trade winds; ***vento húmido*** damp wind; ***o assobiar do vento nas árvores*** the whistling of the wind in the trees; ***a dois ventos*** wing and wing; ***chegado ao vento*** near the wind; ***vir para o vento*** to come up to the wind, to fly up to the wind; ***o vento cai*** the wind is falling; ***fazer muito vento*** to be very windy; ***ver de que lado sopra o vento*** to see which way the wind is blowing; ***ir de vento em popa*** to get on like a house on fire (prosperously, successfully); ***faz vento*** the wind is blowing; ***rápido como o vento*** on the wings of the wind; ***bons ventos o levem!*** how good that he left!; ***beber os ventos por alguém*** to be very fond of a person; ***com vento fresco*** without ceremony; ***vento de Março e chuva de Abril fazem Maio florir*** March winds and April showers bring forth May flowers; NÁUTICA ***açoitado pelo vento*** tempest-tossed; ***levado pelo vento*** wind-blown; ***retido por ventos contrários*** windbound; ***ir a cavalo no vento*** to sail fine; ***ventos dominantes*** prevailing winds
ventoinha *s. f.* fan, screw fan, blower; fickle, capricious person; weathercock; ***ventoinha eléctrica*** electric fan; ***ventoinha de compressão*** blast engine
ventoinhar *v. intr.* to go like a fan; [fig.] to hesitate, to run about
ventor *s. m.* bloodhound
ventosa *s. f.* cupping-glass; ZOOLOGIA sucker; ***ventosa escarificada*** cupping with scarification
ventosidade *s. f.* windiness; flatulence
ventoso *adj.* windy, breezy; wordy, verbose, prolix, vain, inflated
ventrada *s. f.* bellyful
ventral *adj.* ventral
ventre *s. m.* abdomen; belly; ***prisão de ventre*** constipation; ***ventre de batráquio*** frog's belly, belly of a batrachian
ventrecha *s. f.* slice of fish cut off next to the head
ventricular *adj.* ventricular
ventriculito *s. m.* ventriculite
ventrículo *s. m.* ANATOMIA ventricle
ventrilavado *adj.* white-bellied (horse)
ventriloquia *s. f.* ventriloquism
ventriloquismo *s. m.* ⇒ **ventriloquia**
ventriloquista Ⓐ *s. m. e f.,. adj.* ⇒ **ventríloquo**
ventríloquo Ⓐ *s. m.* ventriloquist Ⓑ *adj.* ventriloquial
ventripotente *adj.* strong-stomached, ventripotent
ventrista *s. f.* ⇒ **ventrecha**
ventrosidade *s. f.* ventricosity, ventricoseness
ventrudo *adj.* pot-bellied, big-bellied
vêntulo *s. m.* breeze
ventura *s. f.* fortune, luck; destiny, fate, change; risk, hazard; ***à ventura*** at random (haphazard); ***ir à ventura*** to try one's fortune

ventureiro Ⓐ *adj.* casual, contingent; risky Ⓑ *s. m.* mercenary; adventurer, venturer
venturina *s. f.* MINERALOGIA aventurine
venturo *adj.* future, coming
venturoso *adj.* lucky, fortunate, auspicious, prosperous, successful
ventusa *s. f.* air purging (in piping)
vénula *s. f.* venule, small vein
venulado *adj.* showing small veins (venulas)
vénus *s. f.* Venus (a beautiful woman)
venusino *adj.* Horatian; referring to Venusia (Italian city)
venustidade *s. f.* great beauty; gracefulness
venusto *adj.* beautiful, graceful
ver Ⓐ *v. tr. e intr.* to see Ⓑ *v. tr.* to observe; to descry, to discern; to perceive, to notice, to distinguish, to know, to understand; to witness; to behold, to view, to glimpse; to regard; to mark; to reflect; to examine, to find out; to heed; to visit, to pay a visit to, to call on someone; to take care, to attend to; to consider, to think Ⓒ *v. refl.* to be seen, to be visible; to be obvious; to see each other (or one another), to see oneself Ⓓ *s. m.* opinion; new aspect, light; inspection, impression; judgement; ***a meu ver*** in my opinion, as far as I can see, to my reckoning; ***ver mosquitos na outra banda (ser perspicaz)*** to see through a brick wall; [fig.] ***ver longe*** to see far; ***ver a olho nu*** to see with the naked eye; ***ver as coisas a seu modo*** to have a one-track mind; ***ver as coisas como elas são*** to see things as they are; ***veja lá!*** mind!, take care!, mind you!; ***ora veja!*** just see!; ***é para inglês ver*** it's for mere show; ***não ter nada que ver com*** to have nothing to do with; ***não há que ver*** there's no doubt about it; ***espero vê-lo mais vezes*** I hope to see more of you; ***vêmo-lo poucas vezes*** we don't see much of him; ***ver sem dificuldade*** to see with half an eye; ***ver por alto*** to oversee; ***mal o vi*** I hardly saw him; ***veja por si*** see for yourself; ***já se vê*** to be sure, of course; ***até mais ver!*** farewell!; [fig.] ***ficar a ver navios*** to be ba(u)lked in one's expectations; ***ele faz que não vê*** he shuts his eyes to; ***felizes os olhos que os vêem!*** you are a sight for sore eyes!; ***ver-se e desejar-se*** to be at a loss, to be in a fix; ***maneira de ver*** point of view; ***ver à légua*** to have good eyesight; ***ver-se obrigado a*** to see oneself compelled to; ***ver-se na necessidade de*** to be under the necessity of, to feel the need of; ***pelo que vejo*** from what I see; ***não ver bem a questão*** to miss the point; ***por isso se vê*** that just shows; ***conseguir ver*** to get a sight of; ***fazer ver a*** to advise, to advert; ***não há quem vos veja!*** you are quite a stranger!; ***não viu vivalma*** he didn't see a soul; ***quem me dera ver!*** I wish I could see!; ***não se pode ver o todo pela parte*** you can't see the wood for trees; ***desejar ver alguém pelas costas*** to want to see the back of someone; ***não o posso ver!*** I hate the very sight of him!; ***deixe-me ver*** let me see; ***ver para crer como S. Tomé*** seeing is believing; ***tenho muito prazer em vê-lo*** I am very glad to see you; ***ver se está tudo em ordem*** to see that everything is right; ***digno de se ver*** worth seeing; ***resta ver*** remains to be seen; ***ver-se em calças pardas*** to have a hard nut to crack, to be in a tight corner; ***espero que venha ver-nos amanhã*** I hope you will come to see us tomorrow; ***o que os olhos não vêem o coração não sente*** what the eyes do not see the heart does not grieve over, out of sight, out of mind!; ***quem vê caras não vê corações*** the face alone does not reveal the heart; ***não ver um palmo diante do nariz*** not to see the nose on one's face; ***quem te viu e quem te vê!*** you have been doing nicely!; ***não tenho nada a ver com isto*** I have nothing to do with this
veracidade *s. f.* veracity, truthfulness, truth; ***duvida-se da veracidade de tais afirmações*** one doubts the veracity of such statements
veracíssimo *adj.* most truthful; most veracious
vera-efígie *s. f.* portrait; perfect likeness
veramente *adv.* really, actually; indeed, in reality, truly; earnestly
veraneante *s. m. e f.* holiday-maker
veranear *v. intr.* to spend the summer; to summer
veraneio *s. m.* the act of spending the summer (at the seaside or in the country); taking holidays, having a holiday
veranista *s. m. e f.* ⇒ **veraneante**
Verão *s. m.* summer; ***Verão de São Martinho*** Indian summer, St. Luke's (St. Martin's) summer; ***passar o Verão*** to spend the summer; ***tempo ou estação de Verão*** summertime; ***no pino do Verão*** at the height of summer; ***hora de Verão*** summer time; ***férias de Verão*** summer holidays; ***casa de Verão*** summer house
veras *s. f. pl.* reality, truth; earnestness; ***com todas as veras*** with all one's might, earnestly, in earnest
verascópio *s. m.* verascope
Veratráceas *s. f. pl.* *Veratraceae, Liliaceae*
verátrico *adj.* veratric
veratrina *s. f.* FARMACOLOGIA veratrine
veratro *s. m.* BOTÂNICA veratrum; ***veratro branco*** white hellebore
veraz *adj.* truthful, veracious
verba *s. f.* item, an entry in an account (or list); sum; an article of law (will, etc.); ***verba de conta*** item; ***verba lançada em conta*** booked item
verbal *adj.* verbal, spoken, oral; GRAMÁTICA ***flexão verbal*** verbal inflexion
verbalismo *s. m.* verbalism; wordiness
verbalista *s. m. e f.* verbalist
verbalização *s. f.* verbalization
verbalizar *v. tr.* to verbalize
verbalmente *adv.* verbally
verbasco *s. m.* BOTÂNICA verbascum, great mullein
verbena *s. f.* BOTÂNICA vervain, verbena; night festival in the open air; BOTÂNICA ***verbena odorífera (lúcia-lima)*** lemon-scented verbena
Verbenáceas *s. f. pl.* BOTÂNICA *Verbenaceae*
verbenáceo *adj.* BOTÂNICA verbenaceous
verberação *s. f.* beating, striking; censure, reproof; verberation
verberador *adj.* flagellant; reprobative; punitive
verberante *adj.* ⇒ **verberador**
verberão *s. m.* BOTÂNICA vervain
verberar *v. tr.* to beat, to strike; to whip, to flagellate; to reprove, to censure; to reverberate
verberativo *adj.* good for verberating
verbetar *v. tr.* to ticket, to jot
verbete *s. m.* note, jotting; ticket
verbeteiro *s. m.* card registry
verbiagem *s. f.* verbiage, verbosity, diction
verbo *s. m.* GRAMÁTICA verb; the World (Christ); Logos; ***verbo auxiliar*** auxiliary verb; ***verbo reflexo*** reflexive verb; [coloq.] ***agarrar-se ao verbo*** to study hard
verbo-de-encher *s. m.* [pop.] supernumerary (extra hand not really necessary for the work)
verbomania *s. f.* excessive tendency to talk
verbomaníaco Ⓐ *s. m., adj.* ⇒ **verbómano**
verbómano Ⓐ *s. m.* chatterbox, blabbermouth Ⓑ *adj.* garrulous, talkative
verborreia *s. f.* verbosity, verboseness, prolixity, wordiness
verborreico *adj.* verbose, prolix
verbosidade *s. f.* verbosity, prolixity; diffuseness
verboso *adj.* verbose, prolix, long-winded; wordy, diffuse
verça *s. f.* BOTÂNICA a sort of cabbage
verdacho Ⓐ *adj.* greenish Ⓑ *s. m.* a kind of green used by painters
verdade *s. f.* truth, veracity; accuracy, exactness; fact; fidelity, integrity, sincerity; ***verdades amargas*** home truths; ***dizer a verdade*** to tell the truth, to speak the truth; ***ser verdade*** to be true; ***fora da verdade*** far from the truth; ***não há uma***

palavra de verdade nisso there is no truth in it; ***é verdade o que ele diz*** what he says it's true, there is truth in what he says; ***na verdade*** in truth, in fact, indeed, as a matter of fact; ***nem todas as verdades se dizem*** truths are not always for repetition; ***a verdade anda sempre ao cimo da água*** truth will out, murder will out; DIREITO ***a verdade e só a verdade*** the truth, the whole truth, and nothing but the truth; ***para dizer a verdade*** to tell the truth; ***a verdade é que me esqueci de trazer o livro*** the truth is that I forgot to bring the book; ***disse-te toda a verdade*** I have told you the whole truth; ***verdade indiscutível*** Gospel truth; ***isso é verdade?*** is that so?; ***é verdade que ele veio?*** did he really come?; ***a verdade nua e crua*** the naked truth, plain facts; ***isso é muito verdade*** that is only too true; ***ser a verdade em pessoa*** to be the personification of truth

verdadeiramente *adv.* truly, in fact, indeed; really, actually, genuinely, faithfully

verdadeiro Ⓐ *adj.* true, truthful; veracious; faithful, loyal, constant, staunch; sincere, reliable; genuine, real, actual, authentic; exact, accurate, correct Ⓑ *s. m.* true, the truth, the true; ***uma história verdadeira*** a true story; ***um amigo verdadeiro*** a true friend; ***ele é um verdadeiro benfeitor*** he is a true (real) benefactor; ***é um verdadeiro absurdo*** it is a perfect nonsense; ***é um verdadeiro diabo*** he is a devil incarnate

verdasca *s. f.* switch, cane

verdascada *s. f.* blow with a switch

verdascar *v. tr.* to switch, to lash, to flog, to strike (with a switch)

verdasco *s. m.* tart wine

verde Ⓐ *adj.* green, emerald; fresh, flourishing; verdant; unripe, immature; raw, inexperienced, gullible; sickly, pale Ⓑ *s. m.* green vegetables; green, greenness, green colour; green fodder; ***estão verdes!*** sour grapes!; ***verde como salsa*** as green as grass; ***fruta verde*** green fruit, unripe fruit; ***vinho verde*** tart wine; ***madeira verde*** green timber, unseasoned wood; ***lenha verde*** green wood; ***verdes anos*** young days, youth

verdeal Ⓐ *adj.* greenish (applied to a kind of corn, apple, olive, pear and grapes) Ⓑ *s. m.* an usher of the University of Coimbra

verde-amarelo *s. m., adj.* yellow-green

verdear *v. intr.* to grow green; to become green

verdecer *v. intr.* to grow green

verde-claro *s. m., adj.* peagreen, grass green, light green

verde-escuro *s. m., adj.* dark green

verde-esmeralda *s. m., adj.* chrome green

verde-gaio *s. m., adj.* light green, pale green

verdegar *v. intr.* ⇒ **verdejar**

verde-garrafa *s. m.* bottle green

verdejância *s. f.* verdancy

verdejante *adj.* fresh and green; verdant

verdejar *v. intr.* to grow green, to green, to become green, to turn green

verdelha *s. f.* ZOOLOGIA yellow-hammer

verdelhão *s. m.* ZOOLOGIA greenfinch

verdelho *s. m.* vine

verde-mar *s. m., adj.* sea-green

verde-metilo *s. m., adj.* methyl green

verde-negro *s. m., adj.* dark green

verdete *s. m.* verdigris; verdet

verdilhão *s. m.* ⇒ **verdelhão**

verdizela *s. f.* switch of a snare for birds; peewit

verdoega *s. f.* ⇒ **beldroega**

verdoengo *adj.* greenish, unripe

verdor *s. m.* verdure, verdancy; inexperience; freshness, vigour; ***o verdor dos anos*** the freshness of youth, youthful days

verdoso *adj.* green, verdant

verdote *adj.* greenish; young, imature

verdugão *s. m.* wale, weal, scar

verdugo *s. m.* hangman, executioner; NÁUTICA moulding

verdum *s. m.* ⇒ **verdume**

verdume *s. m.* verdure; greenness

verdunização *s. f.* chlorination

verdunizar *v. tr.* to chlorinate

verdura *s. f.* verdure, green vegetation, grass, herbage; greens, vegetables, garden-stuff; verdancy, greenness, inexperience; youth, innocence, simplicity, full vigour; prime of life; *pl.* wild oats (of youth); [fig.] ***as verduras da mocidade*** the wild oats of youth

verdureiro *s. m.* [Bras.] greengrocer

vereação *s. f.* town council

vereador *s. m.* town councillor

vereamento *s. m.* aldermanship

verear *v. intr.* to act as an alderman

verecúndia *s. f.* [arc.] verecund; modesty; shyness, coyness

verecundo *adj.* ⇒ **vergonhoso**

vereda *s. f.* footpath; bypath, byway

veredicto *s. m.* verdict, decision, judgement, opinion; ***pronunciar o seu veredicto*** to bring in a verdict

verga *s. f.* switch, stick, twig; NÁUTICA yard; ***verga de porta, verga de janela*** lintel; NÁUTICA ***bracear as vergas*** to brace the yards; ***pôr as vergas em cruz*** to square the yards; ***verga de bastardo*** lateen yard; ***verga de gávea*** topsail yard; ***verga de joanete*** topgallant yard; ***verga de redondo*** square sail yard; ***verga de baioneta*** sliding gunter; ***verga de sécia*** brace boomkin; ***cadeira de verga*** a wicker chair

vergadiço *adj.* flexible

vergado *adj.* bent

vergadura *s. f.* bending

vergal *s. m.* trace

vergalhada *s. f.* lash, stroke with a thong (or whip)

vergalhamento *s. m.* lashing, flogging, whipping

vergalhão *s. m.* NÁUTICA boom, square bar

vergalhar *v. tr.* to lash, to beat (or to strike) with a thong

vergalho *s. m.* lash, whip

vergame *s. m.* the yards of a ship

vergamota *s. f.* [Bras.] kind of orange tree; bergamot

vergão *s. m.* wale, weal, streak left by the blow of a stick (or whip)

vergar Ⓐ *v. tr.* to bend, to curve, to humble; to submit, to subdue Ⓑ *v. intr.* to bend; to stoop; to yield; to humble oneself

vergasta *s. f.* switch, rod

vergastada *s. f.* blow with a switch

vergastão *s. m.* big switch, big rod; ⇒ **vergastada**

vergastar *v. tr.* to switch, to strike with a switch; to thrash, to flog

vergasteiro *s. m.* switch, rod

vergel *s. m.* orchard

vergência *s. f.* vergency

vergonha *s. f.* shame; timidity, shyness; modesty, decorum; blushing; discredit, disgrace; humiliation; dishonour; ***ele é a vergonha da família*** he is the black sheep of his family; ***que vergonha!*** what a disgrace!, how disgraceful!, what a shame!; ***ter vergonha de*** to feel ashamed at (of); ***causar a vergonha da famíla*** to bring shame on one's family; ***esconder a cara com vergonha*** to hide one's face in shame; ***perder a vergonha*** to lose all shame; ***sem vergonha*** without shame; ***considero uma vergonha proceder assim*** I think it a shame to behave like that

vergonhaça *s. f.* ⇒ **vergonhaço**

vergonhaço *s. m.* shame; disgrace; dishonour, vexation

vergonhosa *s. f.* BOTÂNICA sensitive plant

vergonhosamente *adv.* shamefully, disgracefully

vergonhoso *adj.* shameful; disgraceful, disgusting; outrageous; indecent, dishonourable, low, base; ***é vergonhoso!*** it is disgraceful!

vergôntea *s. f.* shoot, sprout, scion; offshoot; offspring; NÁUTICA boom, pole, spar; ***vergôntea delgada*** hand spar

vergonteado *adj.* flexible
vergontear *v. intr.* to shoot forth, to sprout
vergueiro *s. m.* switch; cudgel; wooden handle of choppers (instruments); NÁUTICA bend, pendant, jackstay; ***vergueiro do leme*** rudder chain, rudder pendant; ***vergueiro do guardim*** vang pendant
vergueta *s. f.* HERÁLDICA narrow bezel in shields
verguinha *s. f.* switch (twig) used in the making of furniture
verguio *adj.* flexible; easy to bend
veridicidade *s. f.* veracity, truthfulness
verídico *adj.* veridical, veracious, truthful
verificação *s. f.* verification, examination; confirmation; test, check; COMÉRCIO ***verificação das contas*** examination of accounts, checking of accounts; ***verificação de caixa*** cash checking
verificador *s. m.* verifier, examiner; ***verificador da alfândega*** customshouse inspector, customs official; ***aparelho verificador*** test set
verificar Ⓐ *v. tr.* to verify, to confirm; to test, to control Ⓑ *v. refl.* to happen, to occur; ***verificar um documento*** to check a bill (paper, document, etc.); ***verificar uma conta*** to check an account; ***verificar a caixa*** to check the cash; ***verificar o peso*** to check the weight; ***verificar uma coisa*** to ascertain something; ***verificar um caso*** to go into a matter; ***verificar os votos*** to check votes
verificativo *adj.* verificatory
verificável *adj.* verifiable, checkable
verisímil *adj.* ⇒ **verosímil**
verisimilhança *s. f.* ⇒ **verosimilhança**
verissímil *adj.* [Bras.] ⇒ **verosímil**
verme *s. m.* worm; larva; grub; somewhat vermin; ***verme intestinal*** helminth, intestinal worm
vermelhaço *adj.* reddish; red
vermelhão *s. m.* vermilion, cinnabar
vermelhar *v. tr.* to redden
vermelhear *v. intr.* ⇒ **vermelhar**
vermelhecer *v. intr.* to redden; to blush
vermelhejar *v. tr. e intr.* ⇒ **vermelhar**
vermelhidão *s. f.* redness; blush
vermelhinha *s. f.* a sort of card game
vermelho Ⓐ *adj.* red; rubious, crimsom, scarlet Ⓑ *s. m.* red, red colour; ***pôr-se vermelho (corar)*** to turn red, to blush; ***ela tem os olhos vermelhos de chorar*** her eyes are red with crying
vermelho-amarelado *s. m., adj.* salmon colour
vermelho-cereja *s. m., adj.* cherry-red
vermelho-escuro *s. m., adj.* dark-red, coral
vermelho-púrpura *s. m., adj.* purplish-red
vermelho-vivo *s. m., adj.* blood-red
vermelhuço *adj.* ⇒ **vermelhusco**
vermelhusco *adj.* reddish
vermicida Ⓐ *s. m.* vermicide Ⓑ *adj.* vermicidal
vérmico *adj.* vermiculous
vermiculação *s. f.* vermiculation
vermiculado *adj.* ARQUITECTURA vermiculated
vermicular *adj.* ARQUITECTURA vermicular; ***ornatos vermiculares*** vermicular work, vermiculated work
vermiculária *s. f.* BOTÂNICA stonecrop
vermiculite *s. f.* MINERALOGIA vermiculite
vermículo *s. m.* vermicule
vermiculoso *adj.* vermiculated
vermiculura *s. f.* ARQUITECTURA vermiculation, vermicular ornamentation; vermiculate work
vermiforme *adj.* vermiform
vermífugo Ⓐ *s. m.* vermifuge Ⓑ *adj.* vermifugal
vermilíngue *adj.* ZOOLOGIA referring to the animal with a cylindrical tongue
vérmina *s. f.* ⇒ **verminose**
verminação *s. f.* vermination
verminado *adj.* verminous
verminal *adj.* verminous
verminar *v. tr.* to spread vermin; to infest with vermin
vermineira *s. f.* breeding place of vermin
verminose *s. f.* MEDICINA verminosis
verminoso *adj.* verminous
vérmio *s. m.* wormian bone
vérmis *s. m.* vermis
vermívoro *adj.* vermivorous
vermute *s. m.* vermouth
vernação *s. f.* BOTÂNICA vernation
vernaculamente *adv.* vernacularly
vernaculidade *s. f.* vernacularity
vernaculismo *s. m.* vernacularism
vernaculista *s. m. e f.* person who writes or speaks vernacularly
vernaculização *s. f.* vernacularization
vernaculizar *v. tr.* to vernacularize
vernáculo Ⓐ *adj.* vernacular, native, indigenous Ⓑ *s. m.* a vernacular idiom, mother tongue
vernal *adj.* ⇒ **verno**
vernante *adj.* ⇒ **verno**
vernar *v. intr.* to bud, to sprout
vernes *s. m.* tumour underneath the skin
vernicífero *adj.* producing varnish
vernícomo *adj.* vernal, that is born in warm weather
vernissage *s. f.* opening, vernissage
verniz *s. m.* varnish, gloss, polish; superficial politeness; ***verniz das unhas*** nail varnish, nail polish; ***verniz de âmbar*** amber varnish
verno *adj.* vernal, of Spring
vero *adj.* true, venrable, real, genuine
veronal *s. m.* veronal
veronense *s. m. e f., adj.* Veronese, from Verona
veronês *s. m., adj.* Veronese (from Verona)
verónica *s. f.* BOTÂNICA veronica, speedwell; RELIGIÃO veronica; BOTÂNICA ***verónica da Alemanha*** speedwell
verosímil *adj.* likely, probable, verisimilar
verosimilhança *s. f.* likelihood, probability, verisimilitude
verosimilhante *adj.* likely, probable, verisimilar
verosimilitude *s. f.* ⇒ **verosimilhança**; verisimility
verosimilmente *adv.* in all likelihood; in all probability
verrasco *s. m.* ⇒ **varrasco**
verrina *s. f.* lampoon, satirical attack; violent accusation; harsh criticism
verrinar *v. tr.* to accuse publicly
verrinário *adj.* lampooning
verrineiro Ⓐ *s. m.* lampooner Ⓑ *adj.* lampooning
verrinista *s. m. e f., adj.* ⇒ **verrineiro**
verrinoso *adj.* satiric
verrucal *adj.* warty, verrucose
verrucária *s. f.* BOTÂNICA European turnsole, wartwort
verrucífero *adj.* verruciferous (bearing verrucae), warty, verrucose
verruciforme *adj.* verruciform, wartlike
verruga *s. f.* wart, verruca
verrugoso *adj.* warty, verrucose
verruguento *adj.* ⇒ **verrugoso**
verruma *s. f.* gimlet, boring tool, drill
verrumão *s. m.* auger, auger-bit, large sized borer
verrumar *v. tr.* to bore; to perforate, to drill; to afflict, to torture
verrumeiro *s. m.* gimlet maker
versa *s. f.* corn field laid down by rain (or storm)
versado *adj.* versed, skilled, conversant; practised; experienced; well up in; well acquainted with; well-read; ***ser versado em*** to be well up in, to be at home in, to be conver-

sant with; ***é muito versado em matemática*** he is well up in mathematics; he is well versed in mathematics

versal *s. f.* capital letter

versalete *s. m.* capital letter in small size

versalhada *s. f.* [depr.] doggerel; bad poetry

versão *s. f.* version; translation; view, explanation

versar Ⓐ *v. tr.* to turn; to exercise; to practise; to study Ⓑ *v. intr.* to treat of; to deal with; to consist in; ***a conversação versou sobre esse assunto*** the conversation turned on that subject

versaria *s. f.* ⇒ **versalhada**

versátil *adj.* fickle, changeable, inconstant, capricious

versatilidade *s. f.* versatility; changeableness

versejador *s. m.* rhymester, poetaster, versifier

versejadura *s. f.* versifying

versejar *v. intr.* to verse, to compose, to make verses; to versify; to make doggerel verses

verseto *s. m.* verset; verse; TIPOGRAFIA versicle

versicolor *adj.* versicoloured; variegated; iridescent

versicorado *adj.* versicoloured

versículo *s. m.* versicle; a short verse

versificação *s. f.* versification

versificador *s. m.* versifier; versemonger, versemaker; poetaster

versificar Ⓐ *v. intr.* to versify, to turn into verse Ⓑ *v. tr.* to make verses

versífico *adj.* of (or pertaining to) verse

versilibrismo *s. m.* modern way of making poetry based mainly on rhythm

versilibrista *s. m. e f., adj.* modern poet

versista *s. m. e f.* versifier, poetaster, versemaker

verso *s. m.* verse, poetry; verso, the reverse of a coin or medal; ***verso solto (verso branco)*** blank verse; ***verso coxo (de pé-quebrado)*** lame verse

versor *s. m.* versor

vértebra *s. f.* ANATOMIA vertebra (*plural* vertebrae); ***vértebra dorsal*** dorsal vertebra; ***vértebra lombar*** lumbar vertebra

vertebrado Ⓐ *adj.* vertebrate Ⓑ *s. m. pl.* vertebrate animals, members of the vertebrata

vertebral *adj.* vertebral; ***coluna vertebral*** vertebral column, the spine, backbone

vertebralidade *s. f.* quality of the vertebral

vertebrar *v. tr.* ⇒ **estruturar**

vertebrilíaco *adj.* vertebro-iliac

vertebrocostal *adj.* vertebrocostal

vertebroso *adj.* vertebral

vertedoiro *s. m.* ⇒ **vertedouro**

vertedor Ⓐ *adj.* spilling, pouring Ⓑ *s. m.* vessel, jug

vertedouro *s. m.* NÁUTICA a wooden scoop (for bailing); bail, shallow bucket

vertedura *s. f.* spilling; overmeasure; leakage

vertente Ⓐ *s. f.* slope, declivity Ⓑ *adj.* leaking; spilling, outpouring

verter Ⓐ *v. tr.* to spill, to pour out, to flow out (of a vessel); to turn into, to translate; to shed Ⓑ *v. intr.* to leak, to ooze; ***verter gota a gota*** to pour drop by drop; ***verter lágrimas*** to weep, to shed tears

vértex *s. m.* vertex

vertical Ⓐ *adj.* vertical, perpendicular; ***ângulos verticais*** vertical angles Ⓑ *s. f.* vertical line, the vertical

verticalidade *s. f.* verticality

verticalização *s. f.* erectness, erection

verticalizar *v. tr.* to erect

verticalmente *adv.* vertically

vértice *s. m.* vertex (*plural* vertices); top, summit; cusp; ANATOMIA crown of the head; ASTRONOMIA the zenith; GEOMETRIA the point (or angle) of a figure opposite to the base; ***vértice de um polígono*** vertex of a polygon

verticidade *s. f.* verticity

verticilado *adj.* BOTÂNICA verticillate; whorled

verticilastro *s. m.* verticillaster

verticilo *s. m.* BOTÂNICA verticil, whorl, verticillus

vertigem *s. f.* giddiness, dizziness, vertigo (*plural* vertigoes, vertigines); ***ter vertigens*** to feel dizzy, to have a dizzy spell

vertiginosamente *adv.* vertiginously

vertiginoso *adj.* giddy, dizzy, vertiginous, very quick; ***altura vertiginosa*** giddy height, a vertiginous height; ***corrente vertiginosa*** vertiginous current

verve *s. f.* verve, enthusiasm, intellectual energy, zest

vesânia *s. f.* insanity, mental derangement, vesania

vesânico *adj.* relating to insanity

vesano *adj.* insane, demented, deranged, crazed

vesco *adj.* eatable

vesgo Ⓐ *adj.* squint-eyed, squinting, crosseyed Ⓑ *s. m.* squint-eyed person, squinter

vesguear *v. intr.* to squint; to look obliquely at

vesgueiro *adj.* squint-eyed

vesicação *s. f.* MEDICINA vesication

vesical *adj.* vesical

vesicante Ⓐ *adj.* vesicant, raising blisters Ⓑ *s. m.* vesicant (blistering agent or substance), vesicatory

vesicar *v. tr.* to vesicate, to blister

vesicatório *s. m., adj.* vesicatory

vesicorrectal *adj.* vesicorectal

vesicotomia *s. f.* CIRURGIA vesicotomy

vesicovaginal *adj.* vesico-vaginal

vesícula *s. f.* vesicle; sac; ***vesícula biliar*** gall-bladder

vesiculação *s. f.* MEDICINA vesiculation

vesicular *adj.* vesicular

vesiculectomia *s. f.* vesiculectomy

vesiculífero *adj.* vesiculiferous; with vesicles

vesiculiforme *adj.* vesiculiform; vesicle shaped

vesiculite *s. f.* vesiculitis

vesiculoso *adj.* vesiculous, vesiculose

vesiculotomia *s. f.* CIRURGIA surgical incision of a vesicle

vesicuterino *adj.* MEDICINA vesicouterine (bladder and uterus)

vespa *s. f.* ZOOLOGIA wasp

vespão *s. m.* ZOOLOGIA hornet

vespeiro *s. m.* wasp's nest

Vésper *s. m.* Vesper (the planet Venus); the evening; the west

véspera *s. f.* eve, the day before; evening; *pl.* vespers, evensong; ***véspera do Ano Bom*** New Year's Eve; ***véspera de Natal*** Christmas Eve; ***véspera de Reis*** Twelfth Night; ***véspera de Todos os Santos*** Hallowe'en

vesperal Ⓐ *adj.* evening, vespertine Ⓑ *s. m.* vesperal (Book)

véspero *s. m.* vesper

vespertino *adj.* vespertine

Véspidas *s. m.* ENTOMOLOGIA ⇒ **Vespídeos**

Vespídeos *s. m.* ENTOMOLOGIA *Vespidae,* vespine family

vespilão *s. m.* a Roman slave in charge of burying the poor people during the night

vessada *s. f.* tract of fertile land

vessadela *s. f.* deep ploughing

vessadoiro *s. m.* ⇒ **vessadela**; right to plough a land

vessadouro *s. m.* ⇒ **vessadela**; right to plough a land

vessar *v. tr.* to plough; to plough deeply

Vestais *s. f. pl.* ancient feasts in honour of Vesta (goddess of the hearth)

vestal Ⓐ *s. f.* vestal; chaste woman; a nun Ⓑ *adj.* vestal, chaste, pure

vestalino *adj.* vestal

veste *s. f.* vest, clothes, garment; vestment; ***vestes sacerdotais*** vestments; ***com as vestes doutorais*** in cap, gown and hood

véstia *s. f.* [arc.] jacket; leather coat used by cowherds (Brazil)

vestiaria *s. f.* vestiary, robing-room
vestiário *s. m.* cloak-room
vestibular *adj.* vestibular
vestíbulo *s. m.* vestibule; porch, entrance hall; ANATOMIA vestibule
vestido Ⓐ *s. m.* dress, frock; costume, lady's gown; ***vestido de noite*** evening dress; ***vestido de tarde*** afternoon dress; ***vestido de noiva*** wedding dress; ***vestido decotado*** low-necked dress; ***vestido afogado*** high-necked dress; ***vestido de viagem*** travelling costume; ***um vestido elegante*** a smart dress; ***vestido de baile*** ball gown Ⓑ *adj.* dressed; clad; ***vestida com elegância*** neatly dressed; ***vestido com esmero*** dressed up to the nines; ***lindamente vestida*** prettily dressed; ***bem vestido*** well dressed; ***andar mal vestido*** to be badly dressed
vestidura *s. f.* clothes, garments, apparel; NÁUTICA rig, rigging
vestígio *s. m.* vestige; evidence, sign, mark, slight indication, trace, clue; trail; ***a dor deixou-lhe vestígios no rosto*** sorrow has left its traces on her face
vestimenta *s. f.* dress, clothing, attire; vestment
vestimenteiro *s. m.* vestment maker; chasuble maker
vestir Ⓐ *v. tr.* to dress, to clothe, to enrobe; to cover with; to wear; to put on, to slip on; to attire, to array Ⓑ *v. refl. e intr.* to dress Ⓒ *v. refl.* to dress oneself; to put on one's clothes; to slip on one's clothes; NÁUTICA to rig, to fit; ***vestir-se ridiculamente*** to make a sight of oneself; ***vestir-se depressa*** to slip on one's clothes; ***vestir-se com esmero*** to dress up; ***vestir-se com requintado apuro*** to spruce oneself up; ***vestir-se apressadamente*** to throw on one's clothes; ***vestir-se com elegância*** to dress smartly; ***vestir bem*** to dress well; ***vestir mal*** to dress badly; ***vestir-se de branco*** to dress in white; ***vestir-se de preto*** to dress in black; NÁUTICA ***vestir verga*** to fit (to rig) a yard
vestuário *s. m.* clothing, clothes, garments, raiment, wearing apparel; ***apurado no vestuário*** nice in one's dress, particular as to clothes
vesuvianite *s. f.* MINERALOGIA vesuvianite
vesuviano *adj.* Vesuvian
veteramento *s. m.* antique
veteranice *s. f.* quality of being a veteran
veterano Ⓐ *adj.* veteran, old and experienced Ⓑ *s. m.* a veteran, old-timer; expert
veterinária *s. f.* veterinary science
veterinário Ⓐ *s. m.* veterinary surgeon, vet Ⓑ *adj.* veterinary; ***Director dos Serviços Veterinários*** chief veterinary officer; ***medicina veterinária*** veterinary science
vetérrimo *adj.* very old; very ancient
vetiver *s. m.* BOTÂNICA vetiver, vetivert
veto *s. m.* veto (*plural* vetoes), authoritative prohibition
vetustade *s. f.* antiquity, ancientness, old age
vetustez *s. f.* ⇒ **vetustade**
vetusto *adj.* vetust, very old; ancient
véu *s. m.* veil, curtain, mask, screen, disguise, fall (of women's hats); ***véu de freira*** wimple; ***cobrir com um véu*** to veil, to cover with a veil; ***tomar o véu*** to take the veil, to become a nun; ***os factos estão ocultos num véu de mistério*** the facts are hidden in a veil of mystery, the facts are veiled in mystery; ***véu palatino*** soft palate
vexação *s. f.* vexation, annoyance, oppression
vexador *s. m.* vexer
vexame *s. m.* vexation, shame, affront, disgrace; abuse, offence; ***passar por um vexame*** to suffer the shame of
vexante *adj.* vexing
vexar *v. tr.* to vex, to molest, to humiliate; to affront, to harass, to mortiphy; to shame; to bring disgrace upon; to put to shame; ***ficar vexado*** to be put to shame, to be humiliated
vexativo *adj.* vexatious, vexing, vexed
vexatório *adj.* vexatious, vexing, harassing, humiliating
vexilar *adj.* BOTÂNICA vexillary
vexilário *s. m.* HISTÓRIA vexillary (standard-bearer)
vexilífero *s. m.* standard-bearer
vexilo *s. m.* HISTÓRIA, BOTÂNICA vexillum (*plural* vexilla); banner
vez *s. f.* time, turn; opportunity, occasion; ***era uma vez*** once upon a time; ***muitas vezes*** many times, often; ***uma vez*** once; ***duas vezes*** twice; ***duas vezes maior*** twice as large; ***de uma só vez*** all at one go; ***mais uma vez*** once more; ***uma só vez*** once only, for once; ***de uma vez para sempre*** once for all; ***outra vez*** once again, over again; ***cada vez mais*** more and more; ***cada vez menos*** less and less; ***de vez em quando*** off and on, from time to time, now and again, now and then; ***para mim basta uma vez*** once is enough for me; ***uma vez por acaso*** once in a while; ***uma vez por dia*** once a day; ***por esta vez*** (for) this time; ***em vez de*** instead of; ***foi-se de vez*** he went away for good and all; ***fica para a outra vez*** it will do another time; ***da última vez*** last time; ***desta vez*** for this time; ***pela primeira vez*** for the first time; ***de certa vez*** once; ***estar à vez*** to be waiting for one's turn; ***repetidas vezes*** repeatedly, scores of times, over and over again; ***raras vezes*** seldom, rarely, once in a while; ***por vezes*** at times; ***as mais das vezes*** very often; ***uma vez por outra*** once in a while; ***a minha vez há-de chegar*** my turn will come; ***é a sua vez (de jogar)*** it is your turn; ***uma vez não são vezes*** once doesn't make a habit; ***também lhe há-de chegar a vez*** every dog has his day; ***quando chegar a minha vez*** when it comes to my turn; ***cada um por sua vez*** everyone in his turn; ***tomar a sua vez*** to take one's turn; ***uma vez que*** seeing that, since; ***fazer as vezes de*** to replace, to take the place of; ***todas as vezes que*** whenever; ***uma vez na vida*** once in a lifetime, once in a blue moon; ***a próxima vez*** next time; ***vejo-o às vezes*** I see him sometimes; ***quantas vezes*** how many times, how often; ***vezes sem conta*** times without number; ***umas vezes está quente, outras vezes está frio*** sometimes it is hot and sometimes cold; ***à vez*** by turn; ***de vez*** for good and all; ***fazer as vezes de alguém*** to represent someone; ***matar o assunto de vez*** to settle the matter for all
vezada *s. f.* ⌈pop.⌋ time, turn
vezar *v. tr. e refl.* to accustom, to habituate
vezeira *s. f.* ⌈pop.⌋ herd (of swine or sheep) which takes turns with another on a certain pasture
vezeireiro *s. m.* one who keeps the *vezeira*
vezeiro *adj.* accustomed, used
vezo *s. m.* custom, use; bad habit, vice
via *s. f.* way, road, path, course, track, passage; route, direction; duct, canal (in the human body); mode, manner, method, means; procedure; COMÉRCIO ***via de letra*** copy of a bill; ***via única*** sole of Exchange; ***primeira via*** first of Exchange; ***chegar a vias de facto*** to come to blows; ASTRONOMIA ***Via Láctea*** the Milky Way; ***Via Ápia*** Appian Way; ***Via Sacra*** the way of the Cross; ***via da agulha*** switch track; ***via dupla*** double line; ***via aérea*** airway, air line; ***via de comunicação*** road, way, route; ***via pública*** public way (road or route); ***por via aérea*** by air mail; ***por via marítima*** by sea; ***por via terrestre*** overland; ***por via de*** by way of; ***por via de regra*** as a general rule; ***estar em via(s) de*** to be about to; ***por via das dúvidas*** just in case
viabilidade *s. f.* viability; practicability, feasibility
viabilizar *v. tr.* to make viable
viação *s. f.* traffic; street net; conveyance, transport
viador *s. m.* traveller; passenger
viaduto *s. m.* viaduct
via-férrea *s. f.* railway; ***via-férrea suplementar*** loop-line; ***por via-férrea*** by railroad
viageiro Ⓐ *s. m.* traveller; passenger Ⓑ *adj.* travelling
viagem *s. f.* journey, travel; voyage (by sea); trip, tour, excursion, run; crossing; ***ir de viagem*** to go on a journey; ***interromper a viagem*** to break one's journey; ***uma viagem à volta do mundo*** a voyage round the world; ***em viagem*** while travelling; ***fazer viagem de negócios*** to travel on business; ***viagem ao estrangeiro*** foreign tour; ***companheiro de viagem*** fellow-traveller, travelling companion; ***despesas de***

viagem travelling expenses; ***fato de viagem*** travelling suit; ***uma feliz viagem!*** a pleasant journey!, a pleasant voyage!; ***desejo-lhe boa viagem*** I wish you a good journey, have a nice trip!, pleasant journey!; ***fatigado das viagens*** travel-worn; ***sujo de pó da viagem*** travel-soiled, travel-stained; ***regressou das suas viagens*** he has returned from his travels; ***maleta de viagem*** travelling-bag; ***artigos de viagem*** travelling requisites; ***viagem aérea*** flight, journey by air; ***viagem interrompida*** interrupted journey; ***viagem de núpcias*** wedding-trip, honeymoon; ***viagem de recreio*** cruise, pleasure trip; ***fazer uma viagem de avião*** to travel by air (by plane); ***dois dias de viagem*** two days' journey, two days' voyage; ***viagem de ida e volta*** return trip, voyage out and in; ***viagem de retorno*** homeward voyage, return voyage; ***dias de viagem*** passage days; ***em viagem para portos estrangeiros (navio)*** outward bound (ship); ***fazer uma viagem (por mar)*** to make a voyage; ***a primeira viagem (de um navio)*** maiden voyage, virgin cruise (of a ship); ***agente de viagens*** travel agent

viajada *s. f.* ⇒ **viajata**

viajador Ⓐ *s. m. e adj.* ⇒ **viajante**

viajante Ⓐ *s. m. e f.* traveller Ⓑ *adj.* travelling

viajar *v. tr. e intr.* to travel; to journey; to tour; to make a journey; to voyage; ***viajar de avião*** to fly (in an aeroplane); ***viajar pelo ar*** to travel by air; ***viajar por terra*** to travel by land, to journey; ***viajar a pé*** to travel on foot; ***viajar por mar*** to travel by sea; ***viajar em primeira classe*** to travel first class; ***viajar em negócios*** to travel on business; ***viajou por toda a França*** he travelled all over France; ***passou a vida a viajar*** he spent his life (in) travelling; ***gosta de viajar?*** are you fond of travelling?

viajata *s. f.* ⌈fam.⌋ trip, tour

viajor *s. m.* ⇒ **viajante**

vial *adj.* viatical

vianda *s. f.* viand; food, dressed meat

viandante *s. m. e f.* traveller, wayfarer; foot-passenger

viandar *v. intr.* to travel; to walk; to peregrinate, to roam

viandeiro Ⓐ *s. m.* viander Ⓑ *adj.* gluttonous

via-rápida *s. f.* fast lane

viário *s. m.* bed of railway line; related to travelling

via-sacra *s. f.* stations of the Cross, Via Dolorosa

viaticar *v. tr.* to administer the viaticum

viático *s. m.* viaticum (*plural* viatica) (the Eucharist administered to dying people); provision for a journey

viatório *adj.* viatical

viatura *s. f.* vehicle

viável *adj.* practicable, feasible; viable

viba *s. f.* BOTÂNICA sugar-cane

víbora *s. f.* ZOOLOGIA viper; adder; malignant person; puff-adder

vibordo *s. m.* NÁUTICA gunwale, gunnel

vibração *s. f.* vibration; oscillation, trepidation; resonance; thrill, thrilling (of emotions); FONÉTICA trill; ***vibração mecânica*** mechanical vibration; ***vibrações do motor*** engine vibrations

vibrador Ⓐ *adj.* vibrating Ⓑ *s. m.* vibrator; trembler; buzzer

vibrante *adj.* vibrant, vibrating; quavering, tremulous; resonant

vibrar Ⓐ *v. tr.* to vibrate, to oscillate, to shake; ***vibrar um golpe*** to strike (to deal) a blow Ⓑ *v. intr.* to quiver; to swing; to waver; to round; to thrill, to throb

vibrátil *adj.* vibratile

vibratilidade *s. f.* quality of being vibratile

vibratório *adj.* vibratory, vibrative

vibrião *s. m.* vibrio, vibrion (*plural* vibriones)

vibrissas *s. f. pl.* vibrissae

vibroscópio *s. m.* vibroscope

viburno *s. m.* BOTÂNICA viburnum

viçar Ⓐ *v. tr.* to make luxuriant; luxuriant Ⓑ *v. intr.* to grow

vicarial *adj.* vicarial, vicarian

vicariante *adj.* substitutionary

vicariato *s. m.* vicariate; office of a vicar; period of tenure of this office

vicário Ⓐ *s. m.* substitute Ⓑ *adj.* substitutionary, vicarious

vice *pref.* vice

vice-almirantado *s. m.* vice-admiralty

vice-almirante *s. m.* vice-admiral

vice-chanceler *s. m.* vice-chancellor

vice-cônsul *s. m.* vice-consul

vice-consulado *s. m.* vice-consulate

vice-consular *adj.* vice-consular

vice-director *s. m.* vice-president

vice-gerente *s. m.* vice-manager; vicegerent

vice-governador *s. m.* vice-governor; deputy governor

vicejante *adj.* luxuriant, exuberant, growing, lush; rank; verdant

vicejar *v. intr.* to grow exuberantly; to grow rankly and luxuriantly

vicejo *s. m.* rankness, luxuriant growth

vice-legação *s. f.* office of a vice-legate

vice-legado *s. m.* vice-legate

vice-mordomo *s. m.* deputy majordomo; deputy steward

vicenal *adj.* that is remade, renewed, or happens every twenty years

vicénio *s. m.* period of twenty years

vicentino *s. m.* Vincentian; related to Gil Vicente, the dramatist

vicentista *s. m. e f.* ⇒ **vicentino**

vice-presidência *s. f.* vice-presidency

vice-presidente *s. m. e f.* vice president

vice-primeiro-ministro *s. m.* minister who substitutes the prime minister while he is abroad

vice-realeza *s. f.* viceroyalty

vice-rei *s. m.* viceroy

vice-reinado *s. m.* viceroyship

vice-reino *s. m.* viceroyalty

vice-reitor *s. m.* assistant (vice) headmaster; vice-chancellor; vice-rector

vice-reitorado *s. m.* prorectorate

vice-reitoria *s. f.* prorectorate

vice-secretário *s. m.* under-secretary

vicesimal *adj.* vigesimal

vicésimo *num. ord.* ⇒ **vigésimo**

vice-versa *adv.* vice versa, conversely

viciação *s. f.* vitiation, contamination, pollution; corruption; DIREITO invalidation

viciado *adj.* vitiated, contaminated, corrupted; foul; addicted; ***ar viciado*** foul air

viciador Ⓐ *s. m.* corrupter; falsifier Ⓑ *adj.* corrupting

viciamento *s. m.* vitiation

viciar Ⓐ *v. tr.* to vitiate; to taint, to contaminate, to pollute; to corrupt, to adulterate, to falsify; to annul, to make invalid or ineffectual Ⓑ *v. refl.* to indulge, to addict; ***o gás pode viciar o ar de um quarto*** gas may vitiate the air of a room

vicinal *adj.* vicinal, neighbouring; ***caminho vicinal*** nearby way, vicinal way

vicinalidade *s. f.* vicinity, vicinage

vício *s. m.* vice, fault, flaw, defect, blemish; depravity, immorality; gross wickedness; bad trick (in a horse); ***tem o vício da gula*** he has the vice of gluttony; ***vício da bebida*** drinking habit; ***dado a um vício*** addicted

viciosamente *adv.* viciously

viciosidade *s. f.* viciousness; faultiness, defectiveness, vice

vicioso *adj.* vicious; faulty, imperfect, defective, corrupt, unruly; ***círculo vicioso*** vicious circle

vicissitude *s. f.* vicissitude; mutation, change of fortune; ***as vicissitudes da vida*** the ups-and-downs of life

vicissitudinário *adj.* vicissitudinary, vicissitudinous, changeful

viço *s. m.* exuberance, luxuriance, sturdy growth; fire, ardour; ***sem viço*** withered

viçoso *adj.* luxuriant, exuberant, verdant, green and fresh

vicunha *s. f.* ZOOLOGIA vicuna

vida *s. f.* life; being, existence; vitality, vigour; lifetime; way of living, manner, conduct; vivacity, liveliness, animation; spirit; biography; ***vida airada*** a loose life; ***vida sã*** healthy living; ***vida sentimental*** emotional life, sentimental life; ***vida conjugal*** wedlock; ***vida de família*** family life; ***vida errante*** errantry; ***vida de vagabundo*** roving life; ***vida miserável*** low life; ***vida rica*** high life; ***vida principesca*** good living, the fleshpots of Egypt; ***uma vida dura*** a hard life, a rugged life; ***uma vida retirada*** a secluded life; ***uma vida serena*** a serene life; ***levar vida regalada*** to live in clover; ***levar vida movimentada*** to lead a stirring life; ***levar vida desregrada*** to lead an indisciplined life; ***ter uma vida sossegada*** to lead a quiet life, to have a sheltered existence; ***ter uma vida acidentada*** to have a chequered life; ***dar má vida a alguém*** to lead someone a miserable life; ***tornar a vida insuportável*** to make life unbearable; ***tirar anos de vida*** to drive a nail in one's coffin; ***vida futura*** the world to come; ***seguir vida nova*** to turn over a new leaf; ***levar uma vida activa*** to lead (or to live) an active life; ***andar à boa vida*** to have a good time, to pass one's time idly; ***levar boa vida*** to live a gay life; ***estar na flor da vida*** to be in the prime of life; ***passar má vida*** to have a rough time; ***é uma questão de vida ou de morte*** it is a matter of life and death; ***dar vida a um retrato*** to put life into a portrait; ***nunca na minha vida*** never in my life; ***toda a vida e mais seis meses*** for ever and a day; ***a vida está para ti*** life lies before you; ***estas são as alegrias da vida*** these are the joys of existence; ***isto vai durar a nossa vida*** it will last our time; ***dar a sua vida*** to give one's life; ***estar aborrecido da vida*** to be weary of life; ***como lhe vai correndo a vida?*** how is the world using you?, how's life?; ***a vida corre-me bem*** the world goes very well with me; ***estar lançado na vida*** to be out in the world; ***a luta pela vida*** the struggle for existence, the struggle for life; ***a agitação da vida da cidade*** the excitement of city life; ***aceitar a vida como ela é*** to take the rough with the smooth; ***as dificuldades e as arrelias da vida*** the rubs and worries of life; ***de vida efémera*** short-lived; ***de longa vida*** long-lived; ***a sua vida declinava rapidamente*** his life was rapidly ebbing away; ***em perigo de vida*** in danger of life; ***o dinamismo (o ritmo acelerado) da vida moderna*** the rush of modern life; ***a carestia da vida*** the high cost of living; ***a vida não é só brincadeira*** life is not all beer and skittles; ***sustentar a vida*** to keep body and soul together; ***a vida é só um momento*** life is but a span; ***vida de casados*** married life; ***o curso da vida*** the stream of life; ***triunfar na vida*** to get on in life, to succeed; ***salvar a vida a alguém*** to save a person's life; ***objectivo na vida*** object in life; ***meio de vida*** livelihood; ***vida privada*** private life; ***enquanto há vida há esperança*** while there's life there's hope; ***ganhar a vida*** to earn one's living (livelihood); ***modo de vida*** calling, profession; ***seguro de vida*** life insurance; ***para a vida*** for life; ***sem vida*** lifeless; ***com vida*** alive, living; ***voltar à vida*** to come to life; ***entre a vida e a morte*** between life and death; ***passar desta (vida) para melhor*** to pass away; ***cada qual com a sua vida*** live and let live; ***meta-se na sua vida!*** mind your own business!; ***entrar na vida*** to enter upon life

vidama *s. m.* HISTÓRIA vidame

vidamia *s. f.* dignity of a vidame

vidar *v. tr.* to plant vines

vide *s. f.* vine, grape-vine; ***coberto de vides*** vine-clad; ***folha de vide (parra)*** vine-leaf

videasta *s. m. e f.* video director

videira *s. f.* BOTÂNICA grape-vine; ***videira americana*** American vine

videirinho *s. m.* individualist (one who cares but for his own interest); livewire; ***ser videirinho*** to have an eye to the main chance, to look after number one

videiro *s. m.* individualist (one who cares but for his own interest); livewire

vidência *s. f.* clairvoyance

vidente Ⓐ *s. m. e f.* seer, visionary; clairvoyant, prophet Ⓑ *adj.* visionary; ***mãos videntes*** seeing hands

vídeo *s. m.* video; video cassette recorder; video tape

videocassete *s. f.* video cassette, video tape; video

videoclube *s. m.* video shop, video store

videoconferência *s. f.* video conference

videodisco *s. m.* videodisc

videofone *s. m.* videophone

videofrequência *s. f.* video frequency

videograma *s. m.* videogram

videogravação *s. f.* videotape

videogravador *s. m.* video recorder, video cassette recorder, video tape recorder

videoteca *s. f.* place where videos are kept for people to refer to when needed; video collection

videotexto *s. m.* videotext

vido *s. m.* BOTÂNICA ⇒ **vidoeiro**

vidoeiro *s. m.* BOTÂNICA white birch

vidonha *s. f.* ⇒ **vidonho**

vidonho *s. m.* the shoot of a vine

vidraça *s. f.* pane, window-pane; window-glass; ***porta de vidraça*** glass-door

vidraçaria *s. f.* glass-windows; glazier's (shop), glaziery

vidraceiro *s. m.* glazier

vidracento *adj.* glassy

vidracista *s. m. e f.* glass stainer

vidraço *s. m.* glasslike stone

vidrado Ⓐ *adj.* glazed; dim Ⓑ *s. m.* glaze

vidrador *s. m.* glazier; glazer

vidragem *s. f.* glazing

vidral *s. m.* stained glass

vidralhada *s. f.* a lot of glass

vidramento *s. m.* glazing

vidrão *s. m.* very big glass bin; big wastebasket used especially for wasted glass

vidrar Ⓐ *v. tr.* to glaze, to put glass into; to coat with a glassy layer Ⓑ *v. refl.* to become glassy or glazed; to grow dim; to lose life and fire (of the eye)

vidraria *s. f.* glasshouse, glass factory; glass works; glazier's shop

vidreiro Ⓐ *s. m.* glassmaker; glass-seller; glazier; glass-blower, glass-cutter Ⓑ *adj.* related to glass-making

vidrento *adj.* glassy, vitreous; brittle; peevish, fretful; ticklish

vidrilho *s. m.* glass beads; glass trinkets

vidrino *adj.* vitreous, glassy

vidro *s. m.* glass; pane (of a window); small bottle; touchy person; ***vidro de boa qualidade (para montras)*** plate glass; ***olho de vidro*** glass eye; ***fabricante de vidros*** glass maker; ***objectos de vidro*** glassware; ***vidro estriado, vidro canelado*** corrugated glass; ***vidro de cores*** stained glass; ***vidro amarelo*** yellow glass; ***vidro da Boémia*** Bohemian glass; ***vidro de relógio*** clock-glass, watch-glass; ***vidro fosco*** frosted-glass; ***vidro de janela*** window-glass; ***vidro de garrafas*** bottle-glass; ***vidro de quartzo*** quartz glass; ***caixa de vidro (vitrina)*** glass-case; ***telha de vidro*** glass tile; NÁUTICA ***vidro de vigia*** bull's eye, illuminator of scuttle

vidroso *adj.* vitreous, glassy

vidual *adj.* of (or pertaining to) widowhood

vieira *s. f.* ZOOLOGIA scallop, scallop-shell; HERÁLDICA scallop-shell

vieiro *s. m.* vein (metallic)

viela *s. f.* lane, narrow street; alley; each of the four iron pieces of a mill-wheel

vienense *s. m. e f., adj.* Viennese

viés *s. m.* obliquity; bias-binding; cloth cut on the cross; bias band; ***ao viés*** slopingly, obliquely, on the cross; ***de viés*** askance, asquint

vietnamita *s. m. e f., adj.* Vietnamese
viga *s. f.* beam, girder; NÁUTICA boom; ***viga de madeira*** beam; ***viga transversal*** cross beam; ARQUITECTURA ***viga de armação*** binder; ***viga reforçada*** trussed beam; ***viga de calha (de canal em U)*** semibox-beam; ***viga de suspensão*** lifting-beam, rider beam; ***viga mestra*** bearer, cross beam girder; ***viga de ponte*** bridge girder; ***viga de fachada*** top beam; ***viga de ferro*** iron girder; ***guarnecer com vigas*** to rafter
vigairada *s. f.* rapid visit, merry-making
vigamento *s. m.* beams (of a building), framework; timbering; ***vigamento de ferro*** iron framework; ***vigamento do telhado*** roof timbers
vigar *v. tr.* to put beams into, to rafter
vigararia *s. f.* vicarship, vicarage
vigária *s. f.* nun who replaces the abbess in her absence
vigariato *s. m.* ⇒ **vigararia**
vigarice *s. f.* swindle
vigário *s. m.* vicar; ***vigário de Cristo*** Vicar of Christ (a title of the Pope); ***ensinar o Padre-Nosso ao vigário*** to teach one's grandmother how to suck eggs
vigarismo *s. m.* ⇒ **vigarice**
vigarista *s. m. e f.* confidence man; swindler
vigarizar *v. tr.* to swindle
vigência *s. f.* period in which a law is in force; validity, force
vigente *adj.* in force, valid
viger *v. intr.* to be valid; to be in force, to be in vigour
vigésimo Ⓐ *num. ord.* twentieth Ⓑ *s. m.* the twentieth part
vigia *s. m. e f.* watch; watching; vigil, look-out; sentinel; sentry-box, watch-box; NÁUTICA lookout man-scuttle; porthole, side light; ***vigia do costado*** scuttle light, port light, side light, light from side; ***vigia do mastro*** masthead man; ***vigia (de serviço)*** watch (on duty); ***estar de vigia*** to be on the lookout, to be on the watch
vigiador Ⓐ *s. m.* watcher, watchman Ⓑ *adj.* watching
vigiante *adj.* watching
vigiar Ⓐ *v. tr.* to watch, to keep watch; to look out; to look at, to observe, to guard; to spy; to keep in view; to watch over; to be on the look-out for Ⓑ *v. intr.* to remain awake and alert; ***vigiar cuidadosamente*** to keep an eye on, to keep a sharp lookout; ***é preciso vigiá-lo*** you must watch him; ***vigiar os trabalhos*** to superintend the work(s); ***vigiar as crianças*** to keep an eye on the children; ***vigiar os operários*** to superintend the workmen
vígil *adj.* vigilant, watchful
vigilador *s. m.* ⇒ **vigiador**
vigilância *s. f.* vigilance, lookout, watchfulness; alertness, caution; ***comissão de vigilância*** vigilance committee, watch committee; ***vigilância aturada*** constant watchfulness
vigilante Ⓐ *adj.* vigilant; watchful, alert; attentive, wary, cautious, careful, open-eyed; observant; sleepless Ⓑ *s. m. e f.* watchman, sentinel, watcher; monitor, overseer, vigilant
vigilantemente *adv.* vigilantly
vigilar *v. tr.* ⇒ **vigiar**
vigília *s. f.* vigil, watching; insomnia, sleeplessness; eve
vigonho *s. m.* ⇒ **vicunha**; vigogne
vigor *s. m.* vigour; strength, energy, power, force; activity; manliness, robustness; vitality, force, legality, validity; ***entrar em vigor*** to come into force; ***pôr em vigor*** to enforce, to compel observance (of laws); ***entrada em vigor*** coming into force; ***estar em vigor*** to be in force, to be binding; ***dar vigor a*** to invigorate, to strengthen, to animate, to encourage
vigorante *adj.* invigorating, bracing, stimulating
vigorar Ⓐ *v. tr.* to invigorate, to strengthen, to brace Ⓑ *v. intr.* to grow vigorous; to be in force
vigorite *s. f.* very explosive powder used in mining
vigorizar *v. tr.* to strengthen, to invigorate; to make vigorous, to brace, to fortify
vigorosamente *adv.* vigorously
vigoroso *adj.* vigorous; strong, robust, sturdy, potent, virile; energetic, active; well-marked
vigota *s. f.* small beam; ***vigota de madeira*** scantling, small beam
vigote *s. m.* small beam
vil Ⓐ *adj.* vile, base, worthless, despicable; depraved; abject; shameful Ⓑ *s. m. e f.* a despicable person; wretch
vila *s. f.* small town; suburban house, villa
vilã *s. f.* {*fem. de* **vilão**} despicable woman; wicked woman; inhabitant (woman) of a *vila*
vila-diogo *s. f.* ***dar às de vila-diogo*** to show a clean pair of heels, to take to one's heels
vilanaço *adj.* ⇒ **vilanaz**
vilanagem *s. f.* villains; villainy
vilanaz Ⓐ *adj.* villainous, infamous Ⓑ *s. m.* a great villain, rogue
vilancete *s. m.* pastoral poem, lyric poem, villanelle
vilancico *s. m.* a poem, villanelle
vilanesco *adj.* rustic
vilania *s. f.* villainy; rascality, blackguardism; great wickedness; villainous conduct, depravity
vilão Ⓐ *s. m.* villager; countryman; villain, scoundrel; knave, rogue; a despicable man; miser Ⓑ *adj.* villainous, vile, wicked; ***para vilão, vilão e meio*** set a thief to catch a thief
vilar *s. m.* hamlet
vilegiatura *s. f.* villeggiatura; residence in the country; excursion, tour, pleasure trip; ***andar em vilegiatura*** to tour the countryside
vilegiaturista *s. m. e f.* holiday-maker
vilela *s. f.* small town
vilescer *v. tr.* ⇒ **envilecer**
vileta *s. f.* ⇒ **vilela**
vileza *s. f.* vileness; baseness, abjectness, wickedness, depravity
vilhancete *s. m.* ⇒ **vilancete**
vilhancico *s. m.* ⇒ **vilancico**
vílico *s. m.* ancient administrator who collected taxes and administered justice
vilificar *v. tr.* to render vile, to degrade, to debase
vilipendiador Ⓐ *s. m.* slanderer, backbiter, traducer Ⓑ *adj.* slandering, traducing
vilipendiar *v. tr.* to slander, to defame, to traduce, to vilify, to calumniate
vilipêndio *s. m.* contempt, slander, traducement, despite
vilipendioso *adj.* contemptuous; slanderous
vilmente *adv.* vilely, basely
vilória *s. f.* village, townlet
vilosidade *s. f.* villosity; villus (*plural* villi); ***vilosidades intestinais*** intestinal villi
viloso *adj.* villous, hairy
vilota *s. f.* ⇒ **vilória**
vilta *s. f.* ⇒ **aviltamento**
viltança *s. f.* ⇒ **aviltamento**
viltar *v. tr.* ⇒ **aviltar**
vima *s. f.* willow; household medicine
vime *s. m.* osier; osier twig; wattle, wicker; ***artigos de vime*** basketwork; ***cadeira de vime*** wicker chair
vimeiro *s. m.* BOTÂNICA osier, willow
vimial *s. m.* ⇒ **vimieiro**
vimieiro *s. m.* field of osiers
vimíneo *adj.* BOTÂNICA vimineous
viminoso *adj.* BOTÂNICA ⇒ **vimíneo**
vimoso *adj.* BOTÂNICA ⇒ **vimíneo**
vina *s. f.* kind of palm tree; vina
vináceo *adj.* vinaceous, wine-red, wine-coloured
vinagem *s. f.* wine-making; vinification
vinagrada *s. f.* vinegar-flavoured drink, vinegar sauce
vinagrar *v. tr.* to sour; to make bitter; to add vinegar
vinagre *s. m.* vinegar; sour person; bitter substance; bitter pill; ***vinagre aromático*** aromatic vinegar; ***galheta do vinagre*** vinegar cruet

vinagreira *s. f.* vinegar bottle; BOTÂNICA vinegar plant
vinagreiro *s. m.* vinegar-seller; vinegar-maker
vinagrento *adj.* vinegary, very sour
vinagreta *s. f.* [pop.] bad wine tasting like vinegar
vinagrete *s. m.* vinaigrette
vinário *adj.* vinous, winy; ***cascos vinários*** wine-casks
vincada *s. f.* ⇒ **vinco**
vincar *v. tr.* to crease, to plait; to wrinkle; to furrow; ***vincar um par de calças*** to crease a pair of trousers
vincelho *s. m.* ⇒ **vincilho**
vincendo *adj.* falling due (debt)
vincilho *s. m.* osier string; strawrope
vincituro *adj.* that will win
vinco *s. m.* crease, plait; furrow; wrinkle; wale (on the flesh), weal
vinculado *adj.* entailed; bound, linked
vinculador Ⓐ *s. m.* entailer Ⓑ *adj.* entailing
vincular Ⓐ *v. tr.* to entail; to bond; to annex; to bind, to tie, to fasten; to subject, to oblige Ⓑ *adj.* entailing
vinculativo *adj.* binding
vinculatório *adj.* ⇒ **vinculativo**
vinculável *adj.* that may be entailed (or linked)
vínculo *s. m.* tie, link, bond; entail
vinda *s. f.* coming, arrival
Vindemiário *s. m.* Vendémiaire (first calender month of the French revolution)
vindicação *s. f.* vindication; claim, demand, defence; justification; revenge
vindicador Ⓐ *s. m.* claimant; vindicator Ⓑ *adj.* claiming, vindicating
vindicar *v. tr.* to vindicate; to claim, to assert one's right; to demand; to justify, to prove; to recover; to defend
vindicativo *adj.* vindicative, vindicatory; justificatory, defensive
vindícia *s. f.* claim; reclamation
vindiço *adj.* adventitious
vindicta *s. f.* vengeance, revenge
vindima *s. f.* vintage, grape-gathering; [fig.] gain
vindimadeira *s. f.* vintager, woman grape-gatherer
vindimado *adj.* gathered (grapes)
vindimador *s. m.* vintager, grape-gatherer
vindimadura *s. f.* ⇒ **vindima**
vindimal *adj.* referring to the vintage
vindimar *v. tr.* to gather grapes; [fig.] to harvest; to destroy; to kill
vindimeiro *adj.* ⇒ **vindimo**
vindimo *adj.* pertaining to vintage, autumnal
vindo *adj.* arrived, come, coming from
vindoiro Ⓐ *adj., s. m. pl.* ⇒ **vindouro**
vindouro Ⓐ *adj.* future, coming Ⓑ *s. m. pl.* the future generations (of men), posterity; ***as gerações vindouras*** the future generations
víneo *adj.* ⇒ **vináceo**
vingação *s. f.* ⇒ **vingança**
vingador Ⓐ *adj.* vindictive, revengeful Ⓑ *s. m.* revenger, avenger
vingança *s. f.* revenge, vengeance; ***por vingança*** out of vengeance; ***uma vingança terrível*** a fearful vengeance; ***espírito de vingança*** vindictive spirit
vingar Ⓐ *v. tr.* to revenge, to avenge; to retaliate, to repay, to requite (by injurious action) Ⓑ *v. intr.* to succeed in, to go on well; to thrive; to come to maturity; [fam.] to pay one out Ⓒ *v. refl.* to revenge oneself, to take revenge; ***vingar-se de alguém*** to take one's revenge on someone; ***vingar-se de um insulto*** to avenge an insult
vingativamente *adv.* revengefully, vindictively
vingativo *adj.* revengeful, vindictive
vinha *s. f.* vineyard, vine plantation
vinhaça *s. f.* bad wine; a great deal of wine; drunkenness
vinháceo *adj.* winy; vinous
vinhaço *s. m.* skins and pips (of grapes) before going to the wine-press
vinhádego *s. m.* vineyard, large vineyard
vinhadeiro *s. m.* ⇒ **vinheiro**
vinhagem *s. f.* ⇒ **vinhádego**
vinhago *s. m.* ⇒ **vinhádego**
vinhal *s. m.* ⇒ **vinhádego**
vinhão *s. m.* good wine
vinharrão *s. m.* ⇒ **vinhão**
vinhataria *s. f.* viniculture, wine-growing
vinhateira *s. f.* NÁUTICA becket; ***vinhateira de verga*** hand becket, grommet of yard
vinhateiro Ⓐ *s. m.* vine-dresser, wine-grower, vineyardist Ⓑ *adj.* vinicultural; vine-growing; ***país vinhateiro*** wine-growing country
vinhático *s. m.* Brazilian mahogany
vinha-virgem *s. f.* kind of creeping vine
vinhedo *s. m.* large vineyard
vinheiro *s. m.* vine-dresser; vineyard-keeper
vinheta *s. f.* vignette
vinhete *s. m.* weak wine, sorry wine
vinhetista *s. m. e f.* vignette-drawer
vinho *s. m.* wine; drunkenness; intoxication; ***vinho branco*** white wine; ***vinho tinto*** red wine; ***provador de vinhos*** wine-taster; ***vinho verde*** green wine; ***vinho espumante*** sparkling wine; ***vinho doce*** sweet wine; ***vinho fino*** fine wine, port wine, port; ***vinho gelado*** iced wine; ***vinho seco*** dry wine; ***vinho de mesa*** table wine; ***vinho de malvasia*** malmsey wine; ***vinho quinado*** cinchona wine; ***vinho de cola*** kola wine; ***vinho ferruginoso*** iron wine; ***vinho do Porto*** port wine; ***vinho de Xerez*** sherry; ***vinho da Madeira*** Madeira wine; ***vinho branco do Reno*** hock; ***vinho do Reno*** Rhenish, Rhine wine; ***vinho engarrafado*** bottled wine; ***um copo de vinho*** a glass of wine; ***negociante de vinhos*** wine-merchant; ***vinho de maçãs*** cider; ***vasilha para refrescar o vinho*** wine-cooler; ***cor de vinho*** wine-colour(ed), maroon, wine-red; ***garrafa para vinho*** wine-bottle; ***barril de vinho*** wine-cask; ***estragar o vinho com água*** to drown the miller; ***obsequiou-nos com vinho do Porto e Xerez*** he treated us to port and sherry
vinhoca *s. f.* inferior wine, bad wine
vinho-judeu *s. m.* a kind of rice-fermented drink used in India
vinhote *s. m.* drunkard; boozer
vínico *adj.* vinic
vinícola *adj.* wine-growing
vinicolorímetro *s. m.* device used to compare and evaluate wine colour
vinicultor *s. m.* wine-maker; wine-grower; viniculturist
vinicultura *s. f.* viniculture, viticulture, vine culture
vinífero *adj.* viniferous; wine-producing
vinificação *s. f.* vinification
vinificador *s. m.* apparatus for making wine keeping it from the surrounding air
vinificar *v. tr.* to convert into wine
vinil *s. m.* vinyl
vinolência *s. f.* inebriation, intoxication, inebriety; vinolence, vinolency
vinolento *adj.* inebriate, drunken, intoxicated; addicted to wine
vinosidade *s. f.* vinosity
vinoso *adj.* vinous, winy, wine-coloured; that produces wine
vintavo *s. m.* a twentieth part
vinte Ⓐ *num. card.* twenty Ⓑ *s. m.* pin, hob (the peg at which the quoit is aimed); ***o dia vinte*** the twentieth; ***dar no vinte*** to hit the nail on the head, to hit the mark; ***ela ainda não chegou aos vinte anos*** she is still in her teens

vinte-e-um *s. m.* card game in which the winning points are twenty-one
vintém *s. m.* an ancient Portuguese coin; ***não ter um vintém de seu*** not to have a penny to bless oneself with
vintena *s. f.* score; set of twenty; the twentieth part
vinténio *s. m.* period of twenty years
vinteno *adj.* with 2,000 warps (cloth); vigesimal
viola *s. f.* Spanish guitar; ⇒ **violeta**
violabilidade *s. f.* violableness
violação *s. f.* violation; infringement; desecration; breaking (of an oath); rape; breaking into privacy; ***violação da lei*** infringement of the law
violáceas *s. f.* BOTÂNICA *Violaceae*
violáceo *adj.* violet, violaceous, purplish-blue
violador Ⓐ *s. m.* violator; infringer; desecrator, profaner, law-breaker Ⓑ *adj.* infringing, violative, violer
violal *s. m.* violet-bed
violão *s. m.* large guitar
violar *v. tr.* to violate; to infringe; to transgress, to trespass; to desecrate, to profane; to break in upon; to disturb (a person's privacy); to outrage, to rape, to commit rape upon; ***violar a virgindade de*** to deflower, to rape; ***violar a propriedade alheia (para caçar)*** to poach on another's preserves; ***violar a quarentena*** to break quarantine; ***violar a lei*** to trespass against the law, to infringe the law; ***violar um contrato*** to break a contract; ***violar um juramento*** to break an oath
violaria *s. f.* guitar-shop
violatório *adj.* violative
violável *adj.* violable
violeiro *s. m.* guitar-maker; guitar-player; violer
violência *s. f.* violence; vehemence; impetuosity; roughness; injury, outrage; passion, fierceness; force, strength; ***atacar o inimigo com violência*** to attack the enemy with violence; ***ser obrigado a empregar a violência*** to be compelled to use violence (force); ***a violência do temporal*** the violence of the storm; ***a violência do mar*** the force of the sea
violentado *adj.* violated, forced
violentador Ⓐ *adj.* forcing Ⓑ *s. m.* violator
violentamente *adv.* violently, forcibly
violentar *v. tr.* to force, to overpower (by strength); to violate; to rape, to do violence to; to coerce, to secure (by force)
violento *adj.* violent; impetuous, tumultuous; passionate; vehement; forcible; furious, intense; severe; fierce; raging; hot, fiery; irascible; ***uma tempestade violenta*** a violent storm; ***uma dor violenta*** a violent pain; ***um choque violento*** a violent shock; ***morte violenta*** violent death
violeta *s. f.* BOTÂNICA violet; violet (colour); MÚSICA a kind of violin (fiddle)
violete *adj.* violet
violeteira *s. f.* BOTÂNICA creeping skyflower
violetista *s. m. e f.* violist
violinista *s. m. e f.* violinist, violin-player
violino *s. m.* violin, a fiddle; ***tocar violino magistralmente*** to play the violin in a masterly way
violista *s. m. e f.* violist
violoncelista *s. m. e f.* violoncellist, cellist, violoncello-player
violoncelo *s. m.* violoncello, 'cello, bass viol
violonista *s. m. e f.* guitarist
vipéreo *adj.* viperous, viperish
Vipéridas *s. m. pl.* ⇒ **Viperídeos**
Viperídeos *s. m. pl.* *Viperidae*
viperina *s. f.* BOTÂNICA viper's bugloss, blue-weed
viperino *adj.* viperine, viperous; sarcastic, caustic; malignant; ***língua viperina*** viperine tongue, stinging tongue
vir *v. intr.* to come; to arrive; to reach, to approach, to draw near; to advance; to happen, to come about, to take place, to befall; to occur, to issue, to proceed, to ensue; to result; to arise, to follow; to turn out to be, to amount to; to return; ***vir juntamente*** to come together; ***vir à ideia*** to come into one's head; ***vir à memória*** to come to one's mind; ***vir para casa*** to come home; ***vir a ser*** to turn out; ***vir a propósito*** to suit one's purpose, to come at the right moment; ***vir a correr*** to come running; ***vir da Inglaterra*** to come from England; ***tornar a vir*** to come back again; ***vir abaixo*** to tumble down, to collapse; ***vir à baila*** to come up in discussion; ***vir à luz*** to be brought to light, to come out, to come to light; ***vir a público*** to become known, to leak out; ***vir a saber*** to find out; ***vir às mãos*** to come to hand (letters), to come to grips; ***o médico vem cá todos os dias*** the doctor comes here every day; ***venha a minha casa*** come to my house; ***a não ser que venhas depressa*** unless you come quickly; ***não vem cá tantas vezes como costumava*** he does not come here as often as he used to; ***vir a suceder*** to come to pass, to happen; ***vir depois*** to follow; ***vir atrasado*** to be late, to be behind time, to arrive late; ***mandar vir*** to send for; ***vir ao mundo*** to come into the world, to be born; ***vir a si*** to come round, to recover consciousness; ***vir às boas*** to come to terms; ***vir a talhe de foice*** to come at just the right time; ***vir com rodeios*** to beat about the bush; ***vir com 4 pedras na mão*** to make an angry remark; ***um ir e vir de gente*** a constant coming and going of people; ***a que propósito vem isso?*** to what purpose is that?; ***os que vêm e os que vão*** those who come and those who go; ⌊fam.⌋ ***para cá vem ele de carrinho*** he is not going to fool me; ***eu vinha ver-vos*** I was coming to see you; ***ele diz tudo o que lhe vem à cabeça*** he says whatever comes into his head; ***venha o que vier*** come what may; ***virá um dia*** there will come a day; ***pensei que ele viesse*** I thought that he would come; ***se por acaso ele viesse*** if he happened to come; ***já veio?*** has he already come?; ***donde vens?*** where do you come from?; MILITAR ***quem vem lá?*** who goes there?; ***venha!*** come along!; ***isso não vem ao caso*** this has nothing to do with it, this is irrelevant; ***isto vem de longe!*** this is nothing new!; ***afinal, ele não pode vir*** he can't come after all; ***não deixe de vir*** don't fail to come
vira *s. f.* welt (of a shoe); sort of popular dance and song in certain regions in Portugal
vira-acento *s. m.* ⇒ **apóstrofo**
viração *s. f.* sea-breeze; fresh breeze
vira-casaca *s. m.* turn-coat, floater
vira-cu *s. m.* somersault
virada *s. f.* turning; upset
viradeira *s. f.* trowel (kitchen utensil); woman dancer of *vira*
virador *s. m.* NÁUTICA bow rope, head rope, line rope, tow cable, towing cable, warp; gold stamping tool of a book-binder; ***volante do virador*** turning wheel; ***virador de vapor*** turning gear
viragem *s. f.* turning bath (for photographic prints); turning (of a motor-car); ***viragem apertada*** sharp turn
virago *s. f.* virago, vixen, termagant; turbulent woman
vira-latas *s. m.* ⌊coloq., Bras.⌋ mongrel; ⌊coloq., Bras.⌋ bum
viramento *s. m.* ⇒ **viragem**
vira-mexe *s. m. e f.* restless person
vira-pedras *s. m.* ruddy turnstone
virar Ⓐ *v. tr.* to turn, to cause (or to make) to go round; to turn about; to reverse, to invert, to change; to turn upside down, to move round, to shift; to rotate, to revolve; to empty Ⓑ *v. intr.* to change one's opinions; to become; to shift; to point to; NÁUTICA to come up, to heave, to slue, to slew, to trundle, to turn up Ⓒ *v. refl.* to capsize; ***virar a casaca*** to turn one's coat, to change one's opinions and principles; ***virar-se contra alguém*** to turn against someone; ***virar do avesso*** to turn (something) inside out; ***não saber para onde há-de virar-se*** not to know which way to turn, to be up to the eyes in work; ***virar as costas a*** to turn one's back on, to refuse to recognize; ***mandar virar um fato*** to have a suit turned; ***virar-se na cama*** to turn (over) in bed; ***virar a página (de um livro)*** to turn over the page (of a book); ***virar de cima para baixo*** to turn upside down; ***virar***

de um lado para o outro to turn over; *virar para baixo* to turn down; *virar-se o feitiço contra o feiticeiro* to turn the tables on someone; *virar para dentro* to turn inwards; *vire à esquerda!* turn to the left!; *a casa está virada ao sul* the house faces (the) south; NÁUTICA *virar o navio* to swing the ship, to turn the ship; *virar de bordo* to wind; *virar por d'avante* to tack, to bring about, to put about; *virar o cabrestante* to come up, to heave, to trundle, to turn the capstan; *virar ao molinete* to windlass; *virar redondo* to heave round; *virar de querena* to careen, to heave down; *virar em roda* to veer, to wear; *estar virado por d'avante* to be in stays

viravolta *s. f.* turning; somersault; round trip; vicissitude, change of fortune; the ups-and-downs of life

viravoltar *v. tr.* to turn about

virente *adj.* virent, verdant, green; viridescent; flourishing, prosperous, successful

virescência *s. f.* virescence

virga *s. f.* ⇒ **verga**

virga-férrea *s. f.* violence; severity

virgem Ⓐ *s. f.* virgin, maiden; *a Virgem* The Virgin, the Virgin Mary, the Mother of Christ Ⓑ *adj.* virgin, virginal; chaste; pure, innocent; unmixed, untouched; undefiled, unsullied; fresh, unspotted; *floresta virgem* virgin forest; *terra virgem* virgin soil; *mel virgem* virgin honey

Virgem *s. f.* ASTRONOMIA, ASTROLOGIA Virgo

virginal *adj.* virgin, virginal; pure, innocent, unsullied

virginalizar *v. tr.* to purify

virgindade *s. f.* virginity, virginhood; ANATOMIA maidenhead

virgíneo *adj.* virgin

virgínia *s. f.* virginia (tobacco)

virginizar *v. tr.* to purify

vírgula *s. f.* comma; *ponto e vírgula* semicolon

virgulação *s. f.* the act of inserting commas; punctuation

virgular *v. tr.* to insert commas, to punctuate

virgulta *s. f.* twig, willow

viricultura *s. f.* eugenics

viridante *adj.* ⇒ **viridente**

viridário *s. m.* orchard; garden; paradise

viridente *adj.* greenish, viridescent; flourishing

viridiário *s. m.* ⇒ **viridário**

viril *adj.* virile, manly; strong, vigorous, sturdy, robust; *idade viril* manhood

virilha *s. f.* ANATOMIA groin

virilidade *s. f.* virility, manliness; vigour, force, robustness

virilismo *s. m.* presence of masculine characteristics in women

virilizar *v. tr.* to give virility; to strengthen

virilmente *adv.* in a manly way; in a virile way

viripotente *adj.* nubile, marriageable; manly

viro *s. m.* ⇒ **vírus**

virola *s. f.* ferrule

virologista *s. m. e f.* virologist

viroso *adj.* virose, virous, poisonous

virotada *s. f.* arrow wound

virotão *s. m. aum. de* **virote**

virote *s. m.* short arrow; busybody; NÁUTICA spline

virtual *adj.* virtual

virtualidade *s. f.* virtuality

virtualmente *adv.* virtually; in point of fact; to all intents and purposes

virtude *s. f.* virtue, virtuousness; goodness; integrity; merit, rectitude, uprightness; chastity, purity; eficacy, legal force; *a virtude é a própria recompensa* virtue is its own reward; *as virtudes mais sólidas* the steadiest virtues; *ser ensinado a amar a virtude* to be taught to love virtue; *as virtudes cardeais: prudência, justiça, força de alma, temperança* the cardinal virtues: prudence, justice, fortitude, temperance; *fazer da necessidade virtude* to make a virtue of necessity; *a humildade é uma virtude difícil de alcançar* humility is a virtue difficult to attain; *a virtude é uma jóia de grande valor* virtue is a jewel of great price; *em virtude de* in virtue of, on account of, on the ground of; *por virtude de* by virtue of, by means of

virtuosamente *adv.* virtuously

virtuosidade *s. f.* virtuosity

virtuoso Ⓐ *adj.* virtuous; moral, good; honourable, honest Ⓑ *s. m.* virtuoso, artist

virulência *s. f.* virulence, virulency

virulento *adj.* virulent, poisonous, venomous, noxious; malignant, bitter, spiteful, acrimonious; *veneno virulento* rank poison; *doença virulenta* virulent disease

vírus *s. m.* virus; bacterium (*plural* bacteria); poison; evil influence; *o vírus da hidrofobia* the virus of rabies; *o vírus revolucionário* the virus of revolution

viruta *s. f.* musical record played at the beginning and closing of a radio broadcast; signature tune

visada *s. f.* aim, the act of pointing with a weapon

visado *adj.* aimed at

visador Ⓐ *adj.* aiming Ⓑ *s. m.* aimer

visagem *s. f.* visage, face; grimace

visão *s. f.* vision, sight; imagination; insight, intuition; divine revelation; apparition, phantom, chimera; *as visões românticas da mocidade* the romantic visions of youth; *a noiva parecia uma visão adorável* the bride was a lovely vision; *visão dupla* diplopia, double vision

visar Ⓐ *v. tr.* to aim at, to direct at; to visa, to visé, to mark with a visa or visé (a passport) Ⓑ *v. intr.* to aim, to seek, to have in view, to tend towards

vis-à-vis *s. m., adj.* vis-à-vis

víscera *s. f.* viscus; inward; *pl.* viscera, entrails, guts, bowels

visceral *adj.* visceral

visceralgia *s. f.* pain in a viscera

visceralmente *adv.* abdominally; penetratingly

vísceras *s. f. pl.* viscera

visceroptose *s. f.* MEDICINA visceroptosis

visceroso *adj.* visceral

viscidez *s. f.* viscidity

víscido *adj.* viscid, sticky

viscina *s. f.* QUÍMICA viscin

viscívoro *adj.* feeding on mistletoe

visco *s. m.* bird-lime, sticky stuff spread on twigs to catch birds; enticement, allurement, bait; BOTÂNICA mistletoe

viscoelasticidade *s. f.* FÍSICA quality of certain liquids which are viscous and elastic at the same time

viscoelástico *adj.* viscous and elastic

viscondado *s. m.* viscounty, viscountship

visconde *s. m.* viscount (a nobleman below an earl and above a baron, in rank)

viscondessa *s. f.* viscountess (wife of a viscount)

viscose *s. f.* QUÍMICA viscose

viscosidade *s. f.* viscosity, viscousness, stickiness, clogginess, lentor, viscidity

viscosimetria *s. f.* viscometry

viscosímetro *s. m.* viscometer, viscosimeter

viscoso *adj.* viscous, sticky, glutinous, viscid, limy, adhesive; possessing viscosity

viseira *s. f.* HISTÓRIA visor, vizor, visard, vizard, the upper movable part of a helmet; protection; disguise

visgar *v. tr.* to attract, to allure, to seduce

visgo *s. m.* ⇒ **visco**

visgueiro *s. m.* Brazilian leguminous tree the pods of which produce a substance like bird-lime

visguento *adj.* ⇒ **viscoso**

visibilidade *s. f.* visibility, visibleness, perceptibility; degree of clarity of atmosphere especially for flying; eyeshot; *visibilidade nula* zero visibility; *visibilidade ilimitada* unlimited visibility

visigodo *s. m.* Visigoth, Teutonic (race)

visigótico *adj.* Visigothic
visiómetro *s. m.* optical instrument for measuring sight
visionação *s. f.* the act of seeing as in a vision
visionamento *s. m.* the act of seeing as in a vision
visionar *v. tr. e intr.* to see (to present) as in a vision; to have visions, to imagine, to think of, to dream
visionário Ⓐ *s. m.* visionary, dreamer, idealist; an unpractical schemer Ⓑ *adj.* visionary, unsubstantial, imaginary, unreal, chimerical, castle-builder; ***projectos visionários*** visionary projects
visionice *s. f.* ⇒ **fantasia**
visita *s. f.* visit, act of visiting; a friendly call; official inspection; brief stay of friendship; visitor (one who visits); a caller; visitant; *pl.* regards, compliments; ***visita curta*** a flying visit; ***visita médica*** medical examination, doctor's visit; ***visita aduaneira*** custom's examination; ***em que dia recebe ela visitas?*** which is her at-home day?; ***fazer uma visita casualmente*** to drop in, to pay a short visit, to look in, to pay a flying visit, to pop in and pop out; ***a sua visita deu-nos verdadeiro prazer*** your visit has been a source of real pleasure to us; ***lista de visitas (a fazer)*** visiting list; ***fazer uma visita*** to pay a visit, to make a call; ***retribuir uma visita*** to return a visit, to return a call; ***visita de cerimónia*** formal call; ***ir fazer visitas*** to go visiting; ***dia de visita (hospital)*** visiting-day; ***ela esteve de visita em casa de uns amigos*** she was on a visit to some friends
visitação *s. f.* visitation, visiting; sightseeing; ***freiras da Visitação*** nuns of the Visitation
visitador *s. m., adj.* visitor, one who visits, a caller; visiting; ***visitadora sanitária*** health visitor
visitadora *s. f.* social services agent
visitante Ⓐ *adj.* visiting Ⓑ *s. m. e f.* visitor; sightseer; ***livro dos visitantes*** visitors' book
visitar *v. tr.* to visit, to call upon, to go to see; to inspect, to examine; to go on a visitation; to frequent; to come round; to pay visits; to appear (as a celestial spirit); ***visitar um doente*** to visit a sick person; ***visitar um velho amigo*** to visit an old friend; ***visitar países estrangeiros*** to visit foreign countries; ***nunca nos visitaram*** they have never visited us; NÁUTICA ***visitar o navio (ou as máquinas)*** to overhaul (to rummage, to survey) the ship (or engines)
visitável *adj.* visitable
visiteiro *s. m.* one who likes to pay visits
visiva *s. f.* vision, power of seeing
visível *adj.* visible, to be seen; perceptible; discernible; plain, manifest, obvious, clear; apparent; ***muitas estrelas são visíveis com o auxílio do telescópio, mas não a olho nu*** many stars are visible with the help of a telescope, but not to the naked eye; ***falou com visível impaciência*** he spoke with visible impatience
visivelmente *adv.* visibly, perceptibly; ***ele estava visivelmente comovido*** he was visibly moved
visivo *adj.* ⇒ **visível, visual**
vislumbrar *v. tr. e intr.* to catch a glimpse, to see for a moment; to glimmer, to glow faintly; to conjecture
vislumbre *s. m.* glimpse, passing sight; shimmer; slight trace; faint and transient appearance; momentary view; fleeting impression; idea, notion; a faint glimmer; ***não mostrar o menor vislumbre de interesse*** not to show a spark of interest
viso *s. m.* sight; aspect; semblance, appearance; sign, indication; trace; likeness; top, summit; hillock; ***tem visos de verdade o que ele diz*** what he says has a ring of truth
visonha *s. f.* horrible apparition, ghost
visor *s. m.* view finder; sight; sighthole
visório *adj.* ⇒ **visual**
vispar-se *v. refl.* to run away; to escape from
víspora *s. f.* lotto
visqueira *s. f.* ⇒ **visqueiro**
visqueiro *s. m.* mistletoe
vista *s. f.* sight, faculty of seeing, vision, eyesight; panorama, spectacle, view; scene; aspect; landscape; prospect; scenery, vista; purpose, design, intention; view, plan; ***vista curta (miopia)*** short sight, short-sightedness, near-sightedness, myopia; ***vista cansada*** long sight; ***vista aérea*** aerial view, air view, bird's eye view; ***vista em voo*** flying view; ***vista de cima*** view from above; ***conhecer de vista*** to know by sight; ***de longas vistas*** long-sighted, far-seeing; ***perder de vista*** to lose sight of; ***perdi-o de vista durante muitos anos*** I've lost sight of him for many years; ***dar nas vistas*** to strike the eye, to catch one's eye; ***tocar música à primeira vista*** to play music at sight; ***uma linda vista*** a lovely view, a beautiful sight; ***ter bom golpe de vista*** to have a good eye for anything; ***passar a vista por*** to glance over; ***lançar uma vista de olhos por*** to glance at; ***à primeira vista*** at first sight, without further examination; ***uma vista soberba*** a grand sight, a superb view; ***a perder de vista*** as far as the eye can reach; ***que linda vista!*** what a glorious view!, what a beautiful sight!; ***de vistas largas*** large-minded; ***estes aspectos não se devem perder de vista*** such points must not be lost sight of; COMÉRCIO ***à vista*** within sight, at sight, on demand; ***pagar à vista*** to pay cash; ***com vista a*** with a view to; ***em vista de*** in view of, in consideration of; ***ter em vista*** to have in view, to keep in view; ***a terra apareceu à vista*** the land came in sight; ***vistas*** sights; ***fazer vista grossa*** to shut one's eyes; ***ter a vista turva*** to be dim-sighted; ***de vista aguda*** quick-sighted; ***desenho à vista*** free-hand drawing; ***uma vista de olhos*** a glance; ***ter vista para o mar*** to look on the sea; ***ter à vista*** to have before one's eyes; ***ter vistas largas*** to have wide views; ***à vista de terra*** within sight of land; ***aparecer à vista*** to come in sight; COMÉRCIO ***a três meses de vista*** at 3 months after sight; ***longe da vista, longe do coração*** out of sight, out of mind; ***some-te da minha vista!*** get out of my sight!; ***dar cabo da vista*** to ruin one's eyesight; ***fui ver as vistas da cidade*** I went to see the sights of the city; ***a minha vista turva-se*** my sight is getting weak; ***ponto de vista*** point of view; ***ele estava bem à vista da multidão*** he stood in full view of the crowd; ***tem vistas da cidade?*** have you views of the town?; ***ter boa vista*** to have good eyesight; ***é fogo de vista*** it is a flash in the pan; ***não estar à vista*** to be out of sight; ***regular a vista*** to feast one's eyes on; ***não tirar a vista de cima*** to be unable to take one's eyes off; ***um espectáculo que alegra a vista*** a sight to rejoice one's eyes; ***até à vista!*** so long!
vistão *s. m.* good figure; ***fazer um vistão*** to cut a good figure, to cut a dash
visto Ⓐ *adj.* seen, examined; known; considered; respected; accepted, acknowledged; ***está visto*** it is evident Ⓑ *s. m.* visa, visé; ***pôr o visto em*** to put a visa on, to mark with a visa; ***visto que*** seeing that, because
vistor *s. m.* ⇒ **vistoriador**
vistoria *s. f.* inspection, survey, examination; NÁUTICA damage survey; overhauling; ***passar uma vistoria a*** to inspect; ***vistoria dos peritos*** survey
vistoriador Ⓐ *s. m.* inspector, surveyor; supervisor Ⓑ *adj.* inspecting, surveying
vistoriar *v. tr.* to inspect, to survey, to examine, to overhaul (ship); to rummage, to search
vistorizar *v. tr.* ⇒ **vistoriar**
vistosamente *adv.* showily, gaudily, ostentatiously, gorgeously
vistoso *adj.* showy, noticeable and attractive, gaudy, ostentatious, gorgeous; sightly; good-looking; gallant, handsome
visual *adj.* visual; optic, optical, ocular
visualidade *s. f.* visuality, visibility, visibleness; mirage; probability
visualizar *v. tr.* to visualize
Vitáceas *s. f. pl.* BOTÂNICA members of the *Ampelidae*; vines; members of the *Vitaceae*
vital *adj.* vital, essential, important, indispensable; necessary; ***energias vitais*** vital energies; ***uma questão de importância***

vital a question of vital importance; ***as funções vitais*** the vital functions

vitalício *adj.* lifelong, for life; ***renda vitalícia*** life-annuity

vitalidade *s. f.* vitality, vital force, vital power, animal life; strength, vigour, energy

vitalismo *s. m.* vitalism

vitalista *s. m. e f., adj.* vitalistic; vitalist

vitalização *s. f.* vitalization

vitalizador *s. m., adj.* vitalizer; vitalizing

vitalizante *adj.* ⇒ **vitalizador**

vitalizar *v. tr.* to vitalize, to impart vitality to; to invigorate, to fortify; to give spirit (or animation)

vitamina *s. f.* vitamin

vitaminação *s. f.* adding of vitamins; act of vitaminizing

vitaminado *adj.* vitamin-enriched, with added vitamins

vitaminar *v. tr.* to vitaminize

vitaminizar *v. tr.* ⇒ **vitaminar**

vitaminose *s. f.* affection caused by an excess of activity of certain vitamins

vitaminoterapia *s. f.* medical treatment by means of vitamins

vitatório *adj.* to be avoided; abominable

vitela *s. f.* heifer; calf, a young cow; veal, calf's flesh; calf, leather made from the skin of the calf; ***carne de vitela*** veal; ***costeleta de vitela*** veal cutlet; ***caldo de vitela*** veal-broth; ***empadinha de vitela*** veal-pie

viteleiro *s. m.* calf merchant

viteliducto *s. m.* yolk (vitellus) of a seed

vitelífero *adj.* yolky, vitelline; containing yolk (or vitelary substance)

vitelina *s. f.* vitellin

vitelino *adj.* vitelline (pertaining to the yolk of an egg)

vitelo *s. m.* young bull; male calf; vitellus (*plural* vitelli), the yolk of an egg

viteloducto *s. m.* ⇒ **viteliducto**

vitelogéneo *adj.* vitellogenous

vitelogénese *s. f.* process of formation of nutritive substances (vitellus)

Viticáceas *s. f. pl.* *Verbenaceae* (family of monopetalous plants, chiefly tropical)

vitícola Ⓐ *adj.* viticultural, pertaining to grape-growing Ⓑ *s. m. e f.* viticulturist, grape-grower, vineyardist

viticultor *s. m., adj.* viticultural; viticulturist, grape-grower, viticulturer

viticultura *s. f.* viticulture, grape-growing; viticulture

vitífero *adj.* vine-bearing, viticultural

vitiligem *s. f.* PATOLOGIA vitiligo

vitilígio *s. m.* PATOLOGIA ⇒ **vitiligem**

vítima *s. f.* victim; sufferer, sacrifice; prey, sport; ***ser vítima de*** to be a victim of; ***tem sido vítima do ódio dos seus inimigos*** he has been the victim of his enemies' hatred

vitimador *s. m.* ⇒ **vitimário**

vitimar *v. tr.* to victimize; to make a victim of; to cause to suffer; to kill, to slay, to injure

vitimário *s. m.* victimizer

vitinga *s. f.* variety of Brazilian meal

vitivinícola *adj.* vinegrowing, viticultural

vitivinicultor *s. m.* vinegrower, viticulturer, viticulturist

vitivinicultura *s. f.* vinegrowing, viticulture

vitória *s. f.* victory, conquest, triumph, success; victoria, a fourwheeled carriage; ***uma vitória fácil*** a walk over, a walk away; ***não cantes vitória antes de tempo*** don't halloo till you are out of the wood; ***combater denodadamente pela vitória*** to fight hard for victory; ***a batalha terminou com uma vitória decisiva*** the battle ended in a decisive victory; ***alcançar vitória*** to gain a victory, to carry the day, to win the victory

vitoriano *adj.* Victorian

vitoriar *v. tr.* to applaud, to cheer, to praise by handclapping

vitória-régia *s. f.* BOTÂNICA victoria regia (gigantic species of water-lily indigenous of South America)

vitoriosamente *adv.* victoriously, triumphantly

vitorioso *adj.* victorious, conquering, triumphant, successful; ***as tropas vitoriosas entraram na cidade*** the victorious troops entered the city

vitral *s. m.* stained-glass window; glass window

vitraleiro *s. m.* artist who makes stained glass windows

vitralizar *v. tr.* ⇒ **vitrificar**

vitre *s. m.* sort of canvas

vítreo *adj.* vitreous, transparent, vitric, hyaline, glassy; ***superfície vítrea*** glassy surface

vitrescibilidade *s. f.* vitrescence

vitrescível *adj.* vitrescent

vitrificação *s. f.* vitrification, vitrifaction

vitrificar *v. tr. e refl.* to vitrify, to convert into glass; to be converted into glass; to become vitriform

vitrificável *adj.* vitrifiable, vitrescible

vitrina *s. f.* shop-window; show-case; show-window; display-window; vitrine

vitrine *s. f.* ⇒ **vitrina**

vitriolado *adj.* vitriolated

vitriólico *adj.* vitriolic

vitriolização *s. f.* vitriolization

vitriolizar *v. tr.* to vitriolate, to convert into vitriol; to vitriolize

vitríolo *s. m.* vitriol; sulphuric acid (or any of its salts)

vitripene *adj.* having transparent wings

vitrola *s. f.* gramophone

vitualhar *v. tr.* to victual, to provide food, to provision

vitualhas *s. f. pl.* victuals, food, provisions

vítulo Ⓐ *s. m.* calf; veal Ⓑ *adj.* vituline

vituperação *s. f.* vituperation; severe reproach; abusive censure; verbal castigation

vituperador *s. m.* vituperator, abuser; insulter, slanderer

vituperar *v. tr.* to vituperate, to revile, to abuse, to rate soundly, to abuse loudly; to trounce, to dress down; to defame, to slander, to decry

vituperativo *adj.* vituperative

vituperável *adj.* vituperable, deserving vituperation

vitupério *s. m.* vituperation, ignominy, disgrace; insult, infamy, opprobrium

vituperioso *adj.* vituperative, ignominious, disgraceful, infamous; ignoble

vituperoso *adj.* ⇒ **vituperioso**

viúva *s. f.* widow (woman whose husband has died and who has remained unmarried); ZOOLOGIA widow-bird, whidah-bird, whydah-bird; BOTÂNICA scabious; ***viúva alegre*** merry widow

viuvar *v. intr.* to widow, to make a widow or widower; to bereave of husband or wife

viuvez *s. f.* widowhood; wifelessness; solitude, loneliness; privation, destitution

viuvinha *s. f.* a young widow; ZOOLOGIA whidah-bird

viúvo *s. m.* widower (man whose wife has died and who has remained unmarried)

viva *s. m., interj.* applause, shout of joy, cheer; hurra!, hooray!; rustic greeting; ***viva o rei!*** long live the King!; ***viva a rainha!*** long live the Queen!; ***viva a Inglaterra!*** England for ever!; ***viva Portugal!*** up with Portugal!, Portugal for ever!; ***dar vivas*** to cheer, to give cheers

vivace *adj.* vivacious, lively, animated

vivacidade *s. f.* vivacity, liveliness, sprightliness, gaiety, animation, spirit, life; ***ela tem muita vivacidade*** she is very lively; ***vivacidade de imaginação*** quickness of imagination; ***cheio de vivacidade*** full of spirits

vivacíssimo *adj.* most vivacious; most lively; very longlived

vivaço *adj.* [coloq.] fresh, saucy, perky, cheeky, flippant

vivalma *s. f.* ***nem vivalma*** not a (living) soul

vivamente *adv.* cheeringly, applaudingly, enthusiastically, animatedly; vividly
vivandeira *s. f.* sutler-woman (woman who follows an army and sells provisions, liquor, etc. to the troops); vivandlière
vivandeiro *s. m.* sutler
vivar *v. intr.* to cheer; to give cheers
vivaz *adj.* vivacious, lively; longlived; perennial; ***planta vivaz*** perennial plant
vivedoiro *adj.* ⇒ **vivedouro**
vivedor *adj.* long-lived; industrious; careful; solicitous, diligent
vivedouro *adj.* long-lived; long-lasting
viveirista *s. m. e f.* nurseryman, gardener in a nursery
viveiro *s. m.* nursery (garden), a place (or garden) for rearing young plants; hotbed; fishpond, fish-pool; ***viveiro de plantas*** nursery; ***viveiro de vides*** vine-nursery; ***viveiro florestal*** seedling-nursery; ***viveiro de pássaros*** aviary; ***viveiro de peixes*** fish-rearing pond; ***viveiro de ostras*** oyster-bed; ***viveiro de lagostas*** lobster-bed
vivência *s. f.* experience; way of living (or behaving)
vivencial *adj.* referring to the way of living (or behaving)
vivenda *s. f.* dwelling-place; cottage, country-house, villa; homestead, detached; house; abode; daily feeding or ration; subsistence, livelihood; behaviour
vivente *s. m. e f., adj.* living, alive; living creature, being; ***na terra dos viventes*** in the land of the living
viver *v. tr. e intr.* to live, to exist, to be alive; to enjoy life; to subsist (upon); to reside, to dwell; to endure; to spend, to pass one's life; to remain alive; ***viver num céu aberto*** to live in the seventh heaven; ***viver no mundo da Lua*** to have one's head in the clouds; ***viver com luxo*** to live in great style, to live in the lap of luxury; ***viver regaladamente*** to live in clover; ***viver em conformidade com*** to live up to; ***viver de expedientes*** to live on one's wits, to live by one's wits; ***viver economicamente*** to live carefully; ***viver da usura*** to live on usury; ***viver mal (com dificuldades)*** to find it hard to make both ends meet, to live rough; ***viver sem preocupações*** to live free from care; ***viver à grande*** to live on the fat of the land; ***não ter com que viver*** to have nothing to live on; ***viver e deixar viver*** to live and let live; ***viver de*** to live on; ***viver do seu trabalho diário*** to live from hand to mouth; ***viver à custa dos outros (viver sem trabalhar)*** to eat the bread of idleness, to sponge on other people; ***ela vive na casa pegada com a minha*** she lives next door to me; ***viver feliz*** to live happily; ***viver à beira-mar*** to live at the seaside; ***trabalhar para viver*** to work for one's living; ***viver dos rendimentos*** to live on one's dividends (property or income); ***viver ou morrer*** to stand or fall; ***continuar a viver (existir)*** to survive one's usefulness; ***vivem juntos*** they live together; ***quem viver verá*** time will show; ***ele vive no estrangeiro*** he resides abroad; ***vai vivendo como pode*** he shifts for himself; ***enquanto eu viver*** as long as I live; ***viver só*** to live alone, to live by oneself; ***viver do ar*** to live on air; ***viver económica e pacatamente*** to live in a modest way; ***ter com que viver*** to have enough to live on; ***viver ao Deus-dará*** to live from hand to mouth; ***viver do seu ordenado*** to live on one's salary; ***viver além das suas possibilidades*** to live beyond one's means
víveres *s. m. pl.* victuals, stores, victualling; provisions, food; ***fazer provisão de víveres a*** to supply with provisions; ***víveres deterioráveis*** perishables
Vivérridas *s. m. pl.* ⇒ **Viverrídeos**
Viverrídeos *s. m. pl.* ZOOLOGIA *Viverridae*
viverrino *adj.* viverrine
viveza *s. f.* vivacity, liveliness, sprightliness, gaiety, animation, life; spirit; ***mostrar viveza*** to show spirit
vivianite *s. f.* MINERALOGIA vivianite
vivicombúrio *s. m.* cremation of a living person
videz *s. f.* vividity
vivido *adj.* experienced in life
vívido *adj.* vivid, lively, animated; clear, bright, intense, brilliant, glaring
vivificação *s. f.* vivification; enlivenment
vivificador Ⓐ *adj.* vivifying; vivific; enlivening Ⓑ *s. m.* one who vivifies; vivifier
vivificante *adj.* vivifying, life-giving, enlivening
vivificar *v. tr. e refl.* to vivify, to revive, to vivificate, to vitalize, to give life (liveliness) to; to animate, to quicken, to enliven
vivificativo *adj.* vivifying, vivificative
vivífico *adj.* vivifying, life-giving, animating, vitalizing
vivinatalidade *s. f.* live-birth rate
viviparidade *s. f.* ZOOLOGIA viviparity, viviparousness
viviparismo *s. m.* ZOOLOGIA ⇒ **viviparidade**
vivíparo *adj.* viviparous
vivissecção *s. f.* vivisection
vivisseccionista *s. m. e f.* vivisectionist
vivissector *s. m.* vivisector
vivo Ⓐ *adj.* alive, lively, brisk, living, quick, cheerful, alert; sprightly, animated, active, energetic; keen, spirited, gay, bright, eager; sharp, smart, fresh; new Ⓑ *s. m.* the quick, sensitive flesh below nails (or skin or a sore); core; living person; ***pintar o vivo*** to give a vivid impression, to give a life-like impression; ***vivo desejo*** earnest desire, earnest wish; ***uma criança viva*** a sharp child, a lively child; ***carne viva*** raw flesh; ***estar com o olho vivo*** to be on one's guard, to be on the lookout; ***cal viva*** quicklime; ***brasa viva*** burning coal; ***sebe viva*** quickset hedge; ***de viva voz*** by word of mouth, viva voce, orally; ***dar no vivo, tocar no vivo*** to strike home, to touch the quick; ***rocha viva*** living rock; ***à viva força*** by main force; ***mais morto que vivo*** more dead than alive; ***língua viva*** living language; ***fogo vivo*** a flame; ***vivo ou morto*** dead or alive; ***águas vivas*** spring tides; ***olhos vivos*** bright eyes, sparkling eyes; ***ao vivo*** live
vivório *s. m.* shouts of applause
vivoteio *s. m.* ⇒ **vivório**
vívula *s. f.* VETERINÁRIA vives
vizindade *s. f.* vicinage
vizinhança *s. f.* neighbourhood, proximity; one's neighbours collectively; vicinity; region round about; surroundings, environs; ***fazer boa vizinhança*** to be a good neighbour; ***má vizinhança*** bad neighbourhood; ***era motivo de riso para toda a vizinhança*** he was the laughing-stock of the whole neighbourhood
vizinhante *adj.* neighbouring or living near, adjacent
vizinhar *v. refl. e intr.* to neighbour, to be a neighbour; to adjoin; to approach, to be near to; to border on; to be contiguous; to draw near, to approach
vizinho Ⓐ *adj.* neighbouring, living (or being) near; nigh, adjoining, adjacent, close, contiguous Ⓑ *s. m.* neighbour, person next door; [fig.] analogous, alike; ***o meu vizinho do lado é muito boa pessoa*** my next-door neighbour is a regular brick; ***bons vizinhos*** good neighbours
vizir *s. m.* vizier (State Minister in Mohammedan countries); high official
vizirado *s. m.* ⇒ **vizirato**
vizirato *s. m.* vizierate
vizo-rei *s. m.* ⇒ **vice-rei**
vizo-reinado *s. m.* ⇒ **vice-reinado**

voadeiras *s. f. pl.* ⇒ **voadouros**
voadoiros *s. m. pl.* ⇒ **voadouros**
voador Ⓐ *adj.* flying; speedy, swift, very fast; ***insecto voador*** flying insect; ***disco voador*** flying saucer Ⓑ *s. m.* flier, person (or thing) that flies
voadouros *s. m. pl.* remiges, wing feathers
voadura *s. f.* flying, flight
voagem *s. f.* chaff
voante *adj.* flying, speedy, very fast, fleeting, passing, transient
voar *v. intr.* to fly, to rise in the air with wings; to wing; to pass swiftly; to flutter; to flee, to run away; to rush; to mount, to

soar; to hasten, to go at great speed; to slip away; to disappear, to vanish rapidly; to spread rapidly (rumour); ***voar em estilhaços*** to fly in pieces; ***o dinheiro voa*** money flies; ***fazer voar*** to blow up, to blast; ***voar a pequena altura*** to fly low; ***voar contra o vento*** to fly head on to the wind, to fly against the wind; ***voar por entre as nuvens*** to fly through the clouds; ***voar sobre*** to fly over; ***voar em linha recta*** to fly straight; ***entusiasta por voar*** keen on flying; ***a voar*** on the wing; [fig.] ***voar alto*** to aim high

voaria *s. f.* falconry, hawking; a flight of birds especially falcons or hawks

voborde *s. m.* ⇒ **vibordo**

vocabular *adj.* relative to a vocable

vocabulário *s. m.* vocabulary, list of words; stock of words used; range (scope) of language; ***vocabulário vasto*** a rich vocabulary

vocabularista *s. m. e f.* author of a vocabulary

vocabulista *s. m. e f.* ⇒ **vocabularista**

vocabulizar *v. tr.* to represent onomatopoeias, to name a thing from the sound associated with it

vocábulo *s. m.* vocable, word, term, name

vocação *s. f.* calling, vocation, talent for a particular occupation; profession, walk in life; vein, endowment; ***errar a vocação*** to mistake one's vocation; ***ter vocação para a música*** to have a bent for music; ***tem pouca (ou nenhuma) vocação para a literatura*** he has little (or no) vocation for literature

vocacionado *adj.* with a vocation for; with vocational training in; ut out to

vocacional *adj.* vocational

vocal *adj.* vocal; ***as cordas vocais*** the vocal chords; ***órgãos vocais*** vocal organs

vocálico *adj.* vocalic

vocalismo *s. m.* vocalism

vocalista *s. m. e f.* vocalist; singer

vocalização *s. f.* vocalization

vocalizador *s. m., adj.* vocalizing; one who vocalizes

vocalizar *v. tr.* to vocalize, to make vocal; to vowelize; to make vocalic; to hum; to sin

vocalizo *s. m.* MÚSICA vocalization

vocalmente *adv.* vocally (in words)

vocativo *s. m.* GRAMÁTICA vocative, the vocative case

você *pron. pess.* you

vociferação *s. f.* vociferation, shouting, bawling; clamour

vociferador *s. m., adj.* vociferator, shouter, bawler; vociferating; vociferant, clamorous

vociferante *adj.* vociferant

vociferar *v. tr. e intr.* to vociferate, to shout, to bawl out, to bawl, to utter loud cries; to yell; to roar out

vodca *s. m.* vodka

voeira *s. f.* ⇒ **alvéola** (bird)

voejante *adj.* fluttery, flickery, hovering

voejar *v. intr.* to flutter, to flicker; to hover, to flap

voejo *s. m.* fluttering, flapping

voga *s. f.* vogue, the prevailing fashion; custom, popular mode; style practice at the time; usage; NÁUTICA main rower of a boat; strokeoar; ***picar a voga*** to row amain, to pull hard; ***à voga surda*** with muffled oars; ***em voga*** in vogue, in fashion, fashionable; ***a grande voga*** all the vogue, the latest thing; ***os chapéus grandes estão em voga*** large hats are the vogue

voga-avante *s. m.* rower; condemned to the galleys; galley slave

vogal Ⓐ *adj.* vocal, vocalic Ⓑ *s. f.* vowel (a single open sound uttered without any constriction of the vocal organs); a letter representing such a sound; ***vogal longa*** long vowel; ***vogal breve*** short vowel Ⓒ *s. m.* voter; member of a jury (or of a governing staff)

vogante *adj.* rowing, sailing, navigating; floating, drifting

vogar *v. tr. e intr.* to row, to impel by means of oars; to float, to drift on; to glide; to be in vogue (in fashion); to be about (rumour); to prevail

vogue *s. m.* small Indian boat

volante Ⓐ *adj.* flying, loose, movable; portable, shifting Ⓑ *s. m.* steering wheel (of a motor-car); fly-wheel, heavy wheel in a machine (which regulates its motion); shuttlecock; a driver; arrow; diaphanous silky muslin; ***volante de direcção*** steering-wheel; ***volante dentado*** geared flywheel; ***volante de manobra*** handwheel; ***volante do aparelho de marcha*** reversing-wheel; ***volante de máquina*** flywheel; ***volante do virador*** turning wheel; ***volante de direcção de artilharia*** training wheel of artillery

volanteira *s. f.* very handy fishing-net

volantim *s. m.* rope-dancer, tight-rope walker; funambulist; acrobat

volapuque *s. m.* Volapük, Volapuk (artificial language invented in 1879 by a German priest, Johann M. Schleyer)

volapuquista *s. m. e f.* one who speaks Volapuk

volata *s. f.* MÚSICA a rapid flight of notes like the singing of a bird

volataria *s. f.* falconry (art of training or hunting with falcons); hawking; breeding of hawks; birds chased (or killed)

volatear *v. intr.* to flutter, to flap

volátil Ⓐ *adj.* volatile, evaporating rapidly; fickle, changeable; fugacious; flying Ⓑ *s. m.* having wings; bird

volatilidade *s. f.* volatility

volatilização *s. f.* volatilization

volatilizante *adj.* volatilizing

volatilizar *v. tr. e refl.* to volatilize, to render volatile; to evaporate, to pass off in vapour

volatilizável *adj.* volatilizable

volatim *s. m.* rope-dancer

volatina *s. f.* a quick and simple musical composition

volatório *adj.* appropriate for flying

voleibol *s. m.* volleyball (game like net-ball); ***jogador de voleibol*** volleyball player

voleibolista *s. m. e f.* volleyball player

volentina *s. f.* ancient woollen cloth

volframato *s. m.* QUÍMICA wolframate

volfrâmico *adj.* referring to wolfram

volfrâmio *s. m.* wolfram (mineral ore yielding tungsten or wolfram)

volframista *s. m. e f.* person who deals with wolfram; upstart

volframite *s. f.* MINERALOGIA wolframite

volição *s. f.* volition, power of willing; exercise of the will, choice, decision

volitante *adj.* fluttering, flickering; lapping; hovering; volitant

volitar *v. intr.* to flutter, to flicker, to hover; to volitate; to flap

volitivo *adj.* volitive, having the power of will, volitional

volível *adj.* depending on the will

volo *s. m.* vole; the winning of all the tricks in a game of cards (the *solo*)

volt *s. m.* volt

volta *s. f.* turn, turning; revolution, rotation; return; change, alteration; twist, meander, winding, deviation; vicissitude; deflection; bend, curve; white neck-band (worn by clergymen); change of fortune; going back; ***dar a volta ao mundo*** to go round the world; ***dar voltas*** to turn about, to turn round, to go round; ***ir dar uma volta*** to take a stroll; ***dar meia volta*** to turn short, to wheel (about); ***meia volta à direita!*** right about turn!; ***meia volta à esquerda!*** left about turn!; ***dar volta à chave*** to turn the key in the lock; ***dar uma grande volta*** to go a long way round; ***voltas e reviravoltas*** windings and twistings, twists and turns; ***deu voltas na cama toda a noite*** he tossed on his bed all night long; ***ela espalha alegria à sua volta*** she diffuses cheerfulness round her; ***dar uma volta*** to take a turn; ***na volta do***

correio by return of post; *volta para a direita* a turn to the right; *dar voltas ao juízo* to cudgel one's brains, to rack one's brains; *de volta* back; *por volta de* about; *em volta da casa* around the house; *bilhete de ida e volta* return ticket; *dar volta ao país* to tour the country; *dar uma volta no jardim* to take a turn in the garden; *dar volta ao navio* to box-haul; *ainda tenho de dar umas voltas* I still have a few things to do, I still have to do a few errands, I still have to make a few calls; *dar volta ao estômago* to turn the stomach; *gostavas de dar uma volta pelo parque?* would you like to walk round the park?; *quando estarás de volta?* when will you be back?; NÁUTICA *uma volta a vante (a ré)* a turn ahead (astern); *tirar voltas às amarras* to clear the chain cable, to clear hawse; *dar volta num cabeço* to bitt; *dar volta* to belay, to make fast; *volta curta* short-radius curve; *estar às voltas com a polícia* to be in deep water with the police; *volta e meia* every now and then

voltado *adj.* turned up; that faces (stands) opposition

voltagem *s. f.* voltage; *voltagem normal* normal voltage

voltaico *adj.* voltaic; *arco voltaico* voltaic arc

voltaísmo *s. m.* voltaism

voltaização *s. f.* electro-therapy

voltâmetro *s. m.* voltameter; *voltâmetro de volume* volume voltameter

voltar *v. tr., intr. e refl.* to return, to come back; to regress; to recur; to turn again; to cause (to make) to go round; to turn, to change the direction of; to reverse; to send back, to return, to give back; to devolve; to turn over, to revolve, to move round; to turn upside down; to change; *voltar à vida de trabalho* to return to the plough; *voltar de uma viagem* to return from a journey, to return from a voyage; *voltar a si* to collect oneself, to pull oneself together, to come back to one's senses; *voltar a andar depois de uma doença* to find one's legs again; *voltar a folha* to turn over the page; *voltar as costas a* to turn one's back on; *voltar o bico ao prego* to turn up trumps, to succeed after apparent failure; *voltar a casa* to come back home, to return home; *voltar para baixo* to turn down; *voltar-se para* to turn about, to turn towards; *voltar-se contra* to turn against; *voltar à vaca fria* to get back to the subject; *voltar-se na cama* to turn (over) in bed; *voltar os pés para dentro* to turn the toes in; *voltar-se rapidamente* to turn short; *voltar de cima para baixo* to turn upside down; *voltar-se lentamente e com esforço* to pull round, to turn slowly round with an effort

voltarete *s. m.* ombre (an old game of cards played by three persons)

voltaretista *s. m. e f.* a person who likes to play ombre

voltário *adj.* fickle

volte *s. m.* the act of turning up the first card which is the trump at the game of ombre

volteação *s. f.* act (or effect) of turning round

volteada *s. f.* round-up (of cattle)

volteador *s. m.* rope-dancer; funambulist; tight-rope walker; vaulter

volteadura *s. f.* vaulting; rope-dancing

voltear *v. tr. e intr.* to whirl, to swing round and round; to rotate; to circle about; to revolve rapidly; to vault; to turn round; to go about; to flutter; to rummage, to stir

volteface *s. m.* about-turn, U-turn

volteio *s. m.* vaulting; dancing on the slack rope

volteiro *adj.* fluttering; unsteady; disorderly; fickle, changeable, instable

voltejar *v. tr. e intr.* ⇒ **voltear**

voltímetro *s. m.* ELECTRICIDADE voltmeter; *voltímetro de Faraday* Faraday's voltmeter; *voltímetro de precisão* precision voltmeter

vóltio *s. m.* volt (unit of electromotive force or potencial difference)

voltómetro *s. m.* voltameter, voltmeter

volubilidade *s. f.* fickleness, inconstancy, changeableness (of character); capacity of rolling (revolving); volubility, versability

volubilismo *s. m.* volubility

volumaço *s. m.* ⇒ **volumão**

volumão *s. m.* large volume

volumar Ⓐ *v. tr.* ⇒ **avolumar** Ⓑ *adj.* volumetric

volume *s. m.* volume, book, tome; a considerable mass, body, amount, bulk; space occupied (measured in cubic units); capacity, content, cubage; quantity (or fullness) of voice or tone; pack, packet, bundle; *uma obra em dois volumes* a work in two volumes; *primeiro volume* first volume; *uma biblioteca com muitos milhares de volumes* a library of many thousands of volumes; *um grande volume de água* a great volume of water, a great quantity of water; *volume específico* specific volume

volumetria *s. f.* volumetry

volumétrico *adj.* volumetric(al)

volúmico *adj.* referring to the volume unit

voluminímetro *s. m.* volumenometer (instrument for measuring the volume of a solid body)

voluminoso *adj.* voluminous, bulky, ample, large

volumoso *adj.* voluminous, bulky; extensive; large; occupying much space; intense, loud (sound); *correspondência volumosa* voluminous correspondence

voluntariado *s. m.* volunteering; volunteers collectively; class of volunteers; voluntarysm

voluntariamente *adv.* voluntarily, freely, of one's own accord, of one's free will, willingly

voluntariedade *s. f.* voluntariness, spontaneousness, spontaneity; freedom of choice; caprice, whim

voluntário Ⓐ *adj.* voluntary, free, spontaneous, willing, unrestrained Ⓑ *s. m.* volunteer, one who offers services (or joins a force, etc.) of his own free will

voluntariosidade *s. f.* wilfulness; capriciousness

voluntarioso *adj.* self-willed, headstrong, whimsical, capricious, obstinate, wilful

voluntarismo *s. m.* voluntarism

volúpia *s. f.* voluptuousness, sensuality

voluptuar *v. intr.* to indulge in sensual pleasures; to luxuriate

voluptuário *adj.* voluptuous; frolicsome

voluptuosamente *adv.* voluptuously, sensually

voluptuosidade *s. f.* voluptuousness; voluptuosity

voluptuoso *adj.* voluptuous, sensual, luxurious; libertine, arousing sensuality

voluta *s. f.* ARQUITECTURA volute (a spiral scroll forming the chief feature of the Ionic capital); a spiral shell

volutabro *s. m.* slough, mire where hogs roll; baseness

volutar *v. tr.* to roll in the mire; to wallow; to become depraved

volutear Ⓐ *v. intr.* to turn, to rotate, to circle Ⓑ *s. m.* rotation, revolution

volúvel *adj.* fickle, inconstant, unreliable, changeable; shifty, revolving, rotating; BOTÂNICA twining, twisting; *ser volúvel* to be fickle; *volúvel como um cata-vento* as changeable as a weathercock

voluvelmente *adv.* inconstantly, changeably, versatilely

volva *s. f.* BOTÂNICA volva

volváceo *adj.* BOTÂNICA ⇒ **volvado**

volvado *adj.* BOTÂNICA volvate

volver Ⓐ *v. tr., intr. e refl.* to turn, to move on an axis; to roll; to turn round; to revolve; to elapse, to pass by (time); to return; to transform; to retort; to reply, to answer; to turn over in one's mind; to turn towards; *direita volver!* right turn!; MILITAR *esquerda volver!* left turn!; *volver de olhos* glance, look Ⓑ *s. m.* lapse (of time); evolution

volvido *adj.* decided, resolved; passed, elapsed

volvo *s. m.* PATOLOGIA volvulus

vómer *s. m.* vomer

vómica *s. f.* MEDICINA vomica (*plural* vomicae), pus or putrid matter in any organ; cavity in lung with pus

vomição *s. f.* vomition

vomitado *s. m.* vomit, matter vomited
vomitador Ⓐ *adj.* vomiting Ⓑ *s. m.* one who vomits
vomitar *v. tr. e intr.* to vomit, to eject from stomach through mouth; to belch; to throw up; to discharge; to spew, to spue; to emit, to discharge; to pour out; to utter with violence and volubility; ***ter vontade de vomitar*** to feel (to be) sick; ***vomitar o jantar*** to bring up one's dinner; ***as chaminés vomitam fumo*** the chimneys belch forth smoke
vomitivo Ⓐ *adj.* emetic, tending to cause vomitting, vomitive Ⓑ *s. m.* an emetic
vómito *s. m.* vomit, matter vomitted from the stomach, spew, puke, sickness; ***provocar o vómito*** to provoke vomitting; ***ter vómitos*** to be sick, to feel sick, to retch; ***vómito seco*** retching
vómito-negro *s. m.* black vomit, yellow fever
vomitório Ⓐ *s. m.* vomitory, an emetic Ⓑ *adj.* vomitory, vomitive, causing vomitting
vontade *s. f.* will, wish, desire, craving; determination; choice; intention; inclination, disposition; whim, caprice; fancy; spontaneousness; appetite; volition, decision; mind; ***de minha livre vontade*** of my own free will; ***de livre e espontânea vontade*** of one's own free will; ***não ter vontade própria*** to have no will of one's own; ***fê-lo contra a minha vontade*** he did it against my will; ***à vontade*** at one's pleasure, at one's discretion; ***as últimas vontades*** one's last wishes; ***pôr-se à vontade*** to make oneself at home, to put oneself at ease; ***da melhor vontade*** most willingly; ***sentir-se à vontade*** to feel at home; ***fazer a vontade a alguém*** to comply with a person's wishes; ***vontade de ferro*** will of iron; ***de má vontade*** unwillingly, reluctantly; ***fazer uma coisa de má vontade*** to do something unwillingly (against one's will); ***não ter vontade de comer*** not to feel like eating; [coloq.] ***ter vontade de comer*** to be hungry, to feel rather peckish; ***com vontade ou sem ela*** willy-nilly; ***má vontade*** ill will; ***ter vontade de*** to have a strong will to; ***ter vontade de*** to have a mind to; ***fazer a sua vontade*** to please oneself, to have one's own way; ***tenho grande vontade de*** I feel much inclined to; ***aqui estamos muito à nossa vontade*** we are very comfortable here; ***fá-lo-ia de muito boa vontade*** I would do it very willingly; ***esteja à sua vontade*** make yourself at home; ***tenho a melhor vontade de lhe fazer isso*** I am very willing to do that for you; ***inteiramente de acordo com a sua vontade*** at your will; ***fazer a vontade a uma criança*** to humour a child; ***seja feita a vossa vontade*** Thy will be done
voo *s. m.* flight, act (or way) of flying through the air; flying; volitation, running away, hasty retreat; swift passage of time; ecstasy, rapture, transport; ***durante o voo*** on the flight; ***levantar voo*** to take off (aeroplane), to fly off, to take flight; ***voo a grande altura*** flight at high altitudes; ***voo livre*** hand-gliding; ***voo picado*** nose dive; ***voo a baixa altura*** low flight; ***voo acrobático*** acrobatic flight; ***voo de treino*** training flight; ***voo directo*** nonstop flight; ***voo entre nuvens*** cloud flight; ***voo das aves*** flight of birds; ***que têm voo rápido (aves)*** swift-winged (birds)
vorace *adj.* voracious, ravenous
voracidade *s. f.* voracity, voraciousness, gluttony; ravenousness, greed, greediness
voragem *s. f.* gulf, abyss; vortex; eddy, whirlpool, chasm, bottomless pit
voraginoso *adj.* full of gulfs (or whirlpools)
voraz *adj.* voracious, ravenous, greedy; rapacious, gluttonous, insatiable; wolfish
vorazmente *adv.* voraciously, ravenously, greedily, hungrily
vórtice *s. m.* vortex (*plural* vortices), fluid in rotatory motion, whirlpool, whirl
vorticela *s. f.* ZOOLOGIA vorticella
vorticidade *s. f.* variation of a fluid rotation per unit of time
vorticismo *s. m.* vorticism
vorticista *adj.* vorticist
vorticoso *adj.* vortical, vorticose, whirling
vortilhão *s. m.* vortex, strong eddy
vortilhonar *v. intr.* to whirl (to move in a vortex)
vos *pron. pess.* you, to you
vós *pron. pess.* you
vosear *v. intr.* to address people using the second person plural *vós*
vossemecê *pron. pess.* [aglutinação de *vossa mercê*, usada regionalmente] you
vosso Ⓐ *adj. poss.* your Ⓑ *pron. poss.* yours
votação *s. f.* voting, election, poll; ***grande votação*** heavy poll; ***votação por escrutínio*** secret ballot; ***votação secreta*** secret ballot; ***admitir por votação*** to vote in; ***decidir por votação*** to decide by vote; ***encabeçar a votação*** to be at the head of the vote; ***levar à votação*** to put to the vote
votante Ⓐ *s. m. e f.* voter Ⓑ *adj.* voting
votar *v. tr., intr. e refl.* to vote, to give a vote; to vote, to grant (to enact) by vote; to devote, to dedicate, to apply oneself; to vow, to promise, to pledge solemnly, to destinate, to consecrate; ***votar ódio implacável*** to hate the sight of; ***votado por unanimidade*** carried unanimously; ***votar contra*** to vote against; ***votar a favor*** to vote in favour
votífero *adj.* votive
votivamente *adv.* by vow
votivo *adj.* votive, given (or consecrated) by vow
voto *s. m.* vote, formal expression by ballot, show of hands (or voice) for some particular candidate for an office; a ballot; the right to vote; suffrage; result of an election; vow, solemn promise, offering; oath; ***obter o maior número de votos numa eleição*** to head a poll; ***pedir voto por escrutínio*** to demand a poll; ***voto de desempate*** casting vote; ***voto de confiança*** vote of confidence; ***voto de desconfiança*** vote of censure; ***voto de castidade*** vow of chastity; ***voto branco*** blank vote; ***voto nulo*** blank vote; ***fazer voto de não beber vinho*** to be under a vow to drink no wine; ***os nossos votos mais sinceros*** our sincerest wishes; ***fazemos votos pelo pronto restabelecimento de vosso pai*** we wish your father a speedy recovery; ***deitar o voto*** to cast the vote; ***o candidato obteve cem mil votos*** the candidate received a hundred thousand votes; ***não ter voto na matéria*** to have no voice at all in the matter; ***por maioria de votos*** by a majority of votes; ***dar o voto a*** to vote for
vovente Ⓐ *s. m. e f.* vower Ⓑ *adj.* votive
vovó *s. f.* granny, gran, grandmamma, grandma
vovô *s. m.* grandpa, grandpapa
voz *s. f.* voice, sound given out by a person in speaking or singing; utterance; tone, accent; faculty of speech; language; articulation; clamour, outcry; vote; suffrage; expression, opinion; GRAMÁTICA voice (set of forms of a verb showing relation of the subject to the action); ***uma voz de prata*** a clear silvery voice; ***voz forte*** strong voice; ***a voz da consciência*** the voice of conscience, the inner voice; ***levantar a voz*** to lift up one's voice; ***sem voz*** voiceless; ***ao alcance da voz*** within earshot; ***voz de comando*** word of command; ***voz de falsete*** falsetto; ***a uma voz*** with one voice; ***de viva voz*** viva voce, by word of mouth; ***ter voz no capítulo*** to have a voice in the matter, to have a say on the subject; ***voz passiva*** passive voice; ***voz activa*** active voice; ***a voz do povo*** the voice of the people; ***uma voz melodiosa*** a sweet voice; ***voz velada*** a veiled voice; ***gritar em voz alta*** to shout at the top of one's voice; ***não reconheci a sua voz*** I did not recognize your voice; ***em voz alta*** in a loud voice, aloud; ***em voz baixa*** in a low voice, soft-spoken, soft-voice, in a whisper; ***a voz do povo é a voz de Deus*** the voice of the people is the voice of God; ***voz fina*** thin voice, weak voice; NÁUTICA ***dar vozes de comando*** to sing out; ***mais as nozes que as vozes*** highly exaggerated
vozeada *s. f.* bawling, shouting; clamour, jabber, vociferation
vozeador *s. m.* bawler
vozeamento *s. m.* outcry, bawling, shouting, yelling, crying

vozear Ⓐ *v. tr. e intr.* to bawl, to cry out, to clamour, to shout loudly; to halloo Ⓑ *s. m.* bawling, shouting, clamour, outcry
vozearia *s. f.* bawling, outcry, clamour, shouting, hallooing, vociferation, jabber
vozeio *s. m.* bawling; shouting; clamour
vozeirão *s. m.* a very loud voice; strong voice; person who has a very loud voice
vozeirar *v. intr.* to speak with a strong, loud voice
vozeiro Ⓐ *s. m.* talker; ⇒ **vozeirão** Ⓑ *adj.* talkative
vudu *s. m.* voodoo
vulcâneo *adj.* Vulcanian, vulcanian, volcanic
vulcanicidade *s. f.* volcanicity, volcanism
vulcânico *adj.* volcanic (produced by a volcano); ebulient, violent, intense, impetuous
vulcaniforme *adj.* conic, cone-shaped; having the form of a volcano
vulcanismo *s. m.* volcanism
vulcanista *s. m. e f.* volcanist
vulcanite *s. f.* vulcanite; ebonite
vulcanização *s. f.* vulcanization
vulcanizador *s. m.* vulcanizer; vulcanizing-machine
vulcanizar *v. tr.* to vulcanize, to treat rubber by mixing with sulphur at high temperature to increase its elasticity; ***vulcanizar borracha*** to vulcanize rubber
vulcanologia *s. f.* volcanology (the science that deals with volcanoes)
vulcanologista *s. m. e f.* volcanist, plutonist
vulcanólogo *s. m.* ⇒ **vulcanologista**
vulcão *s. m.* volcano (*plural* volcanos ou volcanoes), hill (or mountain) with a deep vent in the summit through which lava, ashes, gases, smoke, etc., are discharged; ***vulcão extinto*** extinct volcano, volcano which has ceased to be active; ***vulcão activo*** active volcano
vulgacho *s. m.* rabble, mob, populace, the lower class of society
vulgar Ⓐ *adj., s. m.* common, ordinary, everyday, trivial, commonplace, general; coarse, low, vulgar, unrefined; plebeian; the vulgar tongue, the vernacular; ***língua vulgar*** the vulgar tongue, the vernacular; ***expressões vulgares*** everyday expressions; ***qualquer coisa fora do vulgar*** anything out of the ordinary Ⓑ *v. tr.* to divulge, to make known
vulgaridade *s. f.* commonness; vulgarity, rudeness, coarseness, grossness
vulgarismo *s. m.* vulgarism, vulgarity; unrefined mode of speech; vulgar behaviour; solecism
vulgarização *s. f.* vulgarization
vulgarizador *s. m., adj.* vulgarizing
vulgarizar *v. tr. e refl.* to vulgarize, to make vulgar (common, unrefined, or commonplace); to become vulgar, to debase
vulgarmente *adv.* commonly, generally, popularly, ordinarily, vulgarly
Vulgata *s. f.* Vulgate (Latin version of the Bible)
vulgívago *adj.* degrading, debasing
vulgo *s. m.* the man in the street; the populace, the common people, the masses; mob, rabble
vulgocracia *s. f.* democracy
vulnerabilidade *s. f.* vulnerability, vulnerableness
vulneração *s. f.* wounding, wound; offence, vulneration
vulnerador *adj.* ⇒ **vulnerante**
vulneral *adj.* vulnerary
vulnerante *adj.* hurting (the feelings)
vulnerar *v. tr.* to wound; to inflict a wound upon; to wound (to hurt) the feelings
vulnerária *s. f.* BOTÂNICA kidney vetch, lady's fingers, woundwort
vulnerário *adj.* vulnerary, used for healing wounds
vulnerativo *adj.* wounding (that wounds)
vulnerável *adj.* vulnerable, liable to be wounded; susceptible of attack (injury, or criticism); weak; ***o ponto vulnerável*** the vulnerable point, the weak point
vulnífico *adj.* that hurts or is liable to hurt, that cuts
vulpino *adj.* vulpine, fox-like, foxy, sly, crafty, shrewd, cunning
vulto *s. m.* countenance, face; indistinct figure; bulk, volume; importance; weight, consequence; a big wig; [fam.] person of importance; ***tomar vulto*** to become important; ***de vulto*** important
vultoso *adj.* voluminous
vultuosidade *s. f.* bulk, size; hugeness
vultuoso *adj.* swollen, turgid; huge, large
vulturino *adj.* vulturine, vulture-like, vulturous
vulturno *s. m.* south-east wind
vulva *s. f.* vulva
vulvar *adj.* vulval, vulvar (referring to the vulva)
vulvário *adj.* ⇒ **vulvar**
vulvite *s. f.* vaginitis
vulvovaginite *s. f.* vulvo-vaginitis
vurmar *v. tr.* to suppurate
vurmeiro *s. m.* suppurating surface especially on the sole of the foot
vurmo *s. m.* pus, matter formed (or discharged) by a sore (or ulcer)
vurmoso *adj.* purulent, septic, suppurating
vuvu *s. m.* [Bras.] quarrel; hubbub

w, W *s. m.* twenty-third letter of the alphabet, used only in internationally known symbols and abbreviations and in foreign words adopted by the Portuguese language
W *s. m.* QUÍMICA symbol for wolfram; GEOGRAFIA symbol for West
wad *s. m.* MINERALOGIA wad
wagneriano *adj.* Wagnerian
wagnerismo *s. m.* Wagnerism
wagnerite *s. f.* MINERALOGIA magnesian limestone
watt *s. m.* watt
watt-hora *s. m.* watt-hour; watt
wattímetro *s. m.* wattmeter
watt-segundo *s. m.* watt-second
weber *s. m.* weber (unit of magnetic flux)
weberiano *adj.* Weberian
wellingtónia *s. f.* Wellingtonia
wellingtoniano *adj.* Wellingtonian
Welwitschiáceas *s. f. pl.* BOTÂNICA *Weltwitscheae*
westminsteriano *adj.* connected with Westminster
whist *s. m.* whist
wiclefismo *s. m.* Wycliffism
wiclefista *s. m. e f.* Wycliffite, Wyclifit
wildiano *adj.* referring to Wilde
wilsoniano *adj.* related to Wilson, a former President of the U. S. A
windsoriano *adj.* related to the Windsor treaty between England and Portugal
Winteranáceas *s. f. pl.* BOTÂNICA *Lauraceae*
wurtzite *s. f.* wurtzite

x, X *s. m.* the twenty-fourth letter of the alphabet; Roman numeral for ten; MATEMÁTICA the first unknown quantity

X *s. m.* QUÍMICA symbol of xenon; ***raios X*** X-rays, Roentgen-rays, Röntgen-rays

xá *s. m.* shah (sovereign of Iran (Persia))

xaboucar *v. tr.* to scutch hemp (or flax)

xabouco Ⓐ *s. m.* [reg.] large puddle; lagoon Ⓑ *adj.* rude, lowly

xabouqueiro Ⓐ *adj.* ordinary, rude; common Ⓑ *s. m.* a rude fellow

xabraque *s. m.* [Bras.] shabrack, shabracque, cavalry saddle-cloth

xácara *s. f.* ballad, ditty, romance

xadrez *s. m.* chess, checker, chequer; pattern resembling squares of a chess-board; Scottish plaid; plaid stuff; tartan cloth; NÁUTICA ***tabuleiro de xadrez*** chess board, checker, chequer, grating, gratings; NÁUTICA ***xadrez de paneiro de embarcação*** foot grating of craft; ***xadrez da percha*** head grating; ***xadrez da proa*** fore sheets; ***de xadrez*** grated; ***bóia em xadrez*** checkered buoy

xadrezar *v. tr.* to chequer (to mark in squares)

xadrezista *s. m. e f.* chess player

xaguão *s. m.* ⇒ **saguão**

xaia *s. f.* BOTÂNICA Indian madder

xaiá *s. m.* ZOOLOGIA crested screamer

xaile *s. m.* shawl

xaile-manta *s. m.* blanket-shawl (blanket used as a shawl)

xaimel *s. m.* timber-work (framework used in the making of a partition)

xairel *s. m.* saddle-cloth (cloth of thick felt placed upon horse's back for the saddle to rest on)

xairelado *adj.* said of the horse with a white spot at the place where the saddle-cloth goes

xajá *s. m.* ⇒ **xaiá**

xalavar *v. tr.* ⇒ **enxalavar**

xale *s. m.* ⇒ **xaile**

xale-manta *s. m.* ⇒ **xaile-manta**

xalmas *s. f. pl.* rack for holding the cargo at the sides of boats or oxen carts

xama *s. m. e f.* member of a Brazilian tribe; related to this tribe

xamã *s. m.* Shaman

xamane *s. m.* ⇒ **xamã**

xamanismo *s. m.* Shamanism

xamanista Ⓐ *s. m. e f.* Shamanist Ⓑ *adj.* Shamanistic

xamanístico *adj.* Shamanistic

xamata *s. m.* kind of oriental silk shawl embroidered with gold

xamate *s. m.* ⇒ **xeque-mate**

xantato *s. m.* xanthate

xanteína *s. f.* QUÍMICA xanthin

xantelasma *s. m.* xanthoma

xantemia *s. f.* presence of yellow pigments in the blood

xantena *s. f.* variety of precious stone

xântico *adj.* xanthic, yellow, yellowish; ***ácido xântico*** xanthic acid

xantina *s. f.* QUÍMICA xanthin (a yellow nitrogenous compound, allied to uric acid)

xântio *s. m.* BOTÂNICA xanthium, cocklebur

xanto *s. m.* yellow precious stone

xantocarotina *s. f.* xanthin

xantocéfalo *adj.* yellow-headed

xantocromia *s. f.* abnormal yellow colour

xantodermia *s. f.* xanthodermia

xantodonte *adj.* xanthodont, xanthodontous, yellow-toothed

xantofila *s. f.* xanthophyll (the yellow colouring matter of autumn leaves)

xantogastro *adj.* having a yellow abdomen

xantogénico *adj.* PATOLOGIA relating to the virus of yellow-fever

xantogénio *s. m.* yellow-green pigment found in some plants

xantógnato *adj.* having yellow jaws

xantoleucito *s. m.* chromoplastid

xantoma *s. m.* MEDICINA xanthoma

xantomatose *s. f.* state of being xanthomatous

xantomatoso *adj.* xanthomatous

xantoplasta *s. m.* chromatophore, chromoplast

xantoplastídio *s. m.* ⇒ **xantoplasta**

xantópode *adj.* having yellow feet

xantopsia *s. f.* MEDICINA xanthopsia, xanthopsy (abnormal condition in which objects appear yellow)

xantóptero *adj.* yellow-winged

xantorrizo *adj.* yellow-rooted

xantose *s. f.* yellow discolo(u)ration

xantospermo *adj.* xanthospermous (bearing yellow seeds)

xantúria *s. f.* MEDICINA excessive and abnormal quantity of xanthine in the urine

xaputa *s. f.* ICTIOLOGIA grey flat fish

xaque *s. m.* check (in chess)

xaquear *v. tr.* to check

xara *s. f.* wooden arrow; BOTÂNICA rock-rose

xará *s. m., adj.* [Bras.] homonym; person who has the same name as another; country dance

xarau *s. m.* kind of palm wine fermented two or three times

xarda *s. f.* freckle; speckle

xardoso *adj.* having freckles or speckles

xarel *s. m.* ⇒ **xairel**

xarém *s. m.* maize-meal

xareta *s. f.* a fishing-net

xaréu *s. m.* piece of leather with which cowboys cover the croup of their horses; teleost, teleostean fish of Brazil

xaroco *s. m.* sirocco (hot wind blowing from the Libyan deserts)

xaropada *s. f.* cough medicine, dose of syrup; tiresome thing

xaropar *v. tr.* to treat with syrup; to dose with syrup (or cough medicine)

xarope *s. m.* syrup, ptisan, tisane

xaroposo *adj.* syrupy; sticky

xarroco *s. m.* ZOOLOGIA toadfish

xátria *s. m.* Kshatriya, Kshatri

xauter *s. m.* Moslem guide for the Arabian desert

xavante *s. m. e f.* Indian of S. Paulo, Goiá and Mato-Grosso (Brazil)

xaveco *s. m.* old worthless boat; xebec
xávega *s. f.* fishing-net, or fishing boat from Algarve
xecado *s. m.* office (or jurisdiction) of a sheik(h)
xelim *s. m.* shilling (old British silver coin and money of account, 20 of which were equivalent to the pound sterling, equal to 12 pence); ***dê-me um xelim de chocolates*** give me a shilling's worth of chocolates
xelindró *s. m.* [pop.] jail
xelma *s. f.* rack; ⇒ **xalmas**
xenartros *s. m. pl.* ZOOLOGIA the order of the xenarthral mammals
xenelasia *s. f.* banishment of foreigners (law among the Greeks)
xénia *s. f.* ⇒ **xénio**
xénio *s. m.* xenium
xenismo *s. m.* ⇒ **estrangeirismo**
xeno *s. m.* xenon
xenobiose *s. f.* xenobiosis
xenodonte *s. m.* poisonous tropical snake
xenofilia *s. f.* xenophilism (liking for foreigners, love for (towards) foreigners)
xenófilo Ⓐ *adj.* xenophile Ⓑ *s. m.* xenophile person
xenofobia *s. f.* xenophoby (hatred towards foreigners)
xenofobismo *s. m.* ⇒ **xenofobia**
xenófobo Ⓐ *adj.* xenophobe Ⓑ *s. m.* one who hates foreign persons (or things)
xenografia *s. f.* study of foreign languages
xenógrafo *s. m.* polyglot
xenologia *s. f.* ⇒ **xenelasia**
xenomania *s. f.* xenomania; love of foreigners and foreign ways
xenomaníaco Ⓐ *adj.* that only likes what is foreign Ⓑ *s. m.* a person who only likes foreign things
xenómano *s. m.* xenophile person
xenomórfico *adj.* xenomorphic
xenon *s. m.* ⇒ **xeno**
xeque *s. m.* check (in chess); opposition of majority (in parliament); sheik(h); ***pôr em xeque*** to keep in check, to curb, to lay open, to expose
xeque-mate *s. m.* checkmate (the final winning move in chess); any overthrow defeat
xerasia *s. f.* xerasia (excessive dryness of the hair)
xerém *s. m.* ⇒ **xarém**
xereta *s. m. e f.* intriguer; telltale
xeretar *v. tr. e intr.* [Bras.] to interfere, to poke one's nose in; to flatter, to fawn, to coax
xerez *s. m.* sherry, a variety of Spanish wine; a variety of black grape; xeres
xerga *s. f.* coarse woollen cloth, russet; estamin; straw bed
xerifado *s. m.* sheriffdom (the office and jurisdiction of a sheriff)
xerife *s. m.* sheriff (chief officer of the crown in a county or shire, in charge of keeping the peace, administering justice under the direction of the courts, etc.)
xerodermia *s. f.* MEDICINA xeroderma, xerodermia (a disease of the skin characterized by dryness)
xerofagia *s. f.* xerophagy (the practice of living on a diet of dried food)
xerófago Ⓐ *adj.* practising xerophagy Ⓑ *s. m.* one who practises xerophagy
xerofilia *s. f.* xerophily
xerofilismo *s. m.* ⇒ **xerofilia**
xerófilo Ⓐ *adj.* (of plant) xerophilous, drought-loving, living in dry climate Ⓑ *s. m.* xerophil(e)
xerofitia *s. f.* xerophytic vegetation of a region
xerofítico *adj.* xerophytic
xerófito Ⓐ *adj.* xerophytic Ⓑ *s. m.* xerophyte
xeroftalmia *s. f.* MEDICINA xerophthalmia (variety of conjunctivitis)
xeroftálmico *adj.* related to xerophthalmia
xerografia *s. f.* xerography; study of dry regions
xerográfico *adj.* related to xerography
xeroma *s. f.* ⇒ **xeroftalmia**
xerose *s. f.* xerosis; xerophthalmia
xerotermo *adj.* heat-resistant
xerotropismo *s. m.* xerotropism; turning towards the heat
xerume *s. m.* herb used for smoking by Manica natives; aroma
xeta *s. f.* [Bras.] kiss
xeura *s. f.* gauge for the boards of the side covering of a ship; pattern for those boards
xevá *adj.* null, void; vain
xexé *s. m.* masked person dressed like an old man; ridiculous person; fool; stupid fellow
xexéu *s. m.* Brazilian bird
xiba *s. f.* samba; Brazilian dance
xícara *s. f.* cup
xicarada *s. f.* cupful
Xifiídas *s. m. pl.* ⇒ **Xifiídeos**
Xifiídeos *s. m. pl.* family of fish of the genus *Xiphias*
xífio *s. m.* MEDICINA variety of lily
xifiplastrão *s. m.* xiphiplastron
xifirrinco *adj.* said of the ensiform and long-snouted animal
xifisterno *s. m.* xiphisternum
xifófilo *adj.* having ensiform leaves
xifóide *adj.* xiphoid; ensiform; sword-like
xifóideo *adj.* ⇒ **xifóide**
xifoidiano *adj.* ⇒ **xifóide**
xifopagia *s. f.* quality (state) of the xiphopagus
xifópago Ⓐ *adj.* xiphopagous Ⓑ *s. m.* xiphopagus
xifosuros *s. m. pl.* xiphosurans
xigogo *s. m.* kind of empty space in the central part of a native village (Mozambique)
xila *s. f.* filth; cotton fabric
xilarmónico *s. m.* xylophone
xilema *s. m.* BOTÂNICA xylem
xileno *s. m.* xylene
xilidina *s. f.* xylidine
xilite *s. f.* MINERALOGIA xylite; xylitote
xilo *s. m.* cotton plant
xilobálsamo *s. m.* xylobalsamum (dried twigs of the balm-of-Gilead tree)
xilocarpo *s. m.* BOTÂNICA hard woody fruit; tree bearing such fruit
xilócopo *adj.* xylotomous
xilocultura *s. f.* cotton farming
xilódio *s. m.* BOTÂNICA very hard and somewhat lignified fruit
xilofagia *s. f.* quality of being xylophagous
xilófago *adj.* xylophagous
xilófilo *adj.* loving the hardest part of plants
xilófito *s. m.* ligneous plant
xilofone *s. m.* xylophone (musical instrument consisting of a series of wooden bars, graduated in length)
xilofonista *s. m. e f.* player of xylophone
Xilofórias *s. f. pl.* Hebraic feast during which wood was carried for the sacred fire
xilóforo *s. m.* Hebraic priest that carried wood and kept the sacred fire alive
xilogénio *s. m.* substance that exists in the membrane of the plant cells
xilógeno *adj.* xylogenus
xiloglifia *s. f.* xylography
xiloglífico *adj.* xylographic
xilóglifo *s. m.* wood-engraver
xilografia *s. f.* xylography, the art of wood-engraving; ***xilografia a cores*** chrome wood-engraving

xilográfico *adj.* xylographic, xylographical
xilógrafo *s. m.* xylographer
xilogravador *s. m.* xylographer
xilogravura *s. f.* xylograph
xilóide *adj.* woody, ligneous
xilol *s. m.* xylol
xilólatra *s. m. e f.* worshipper of wooden idols
xilolatria *s. f.* worship of wooden idols
xilólito *s. m.* fossil wood
xilologia *s. f.* xylology (treatise on wood mainly for building purposes)
xilológico *adj.* related to wood
xilólogo *s. m.* one who is versed in wood
xilomancia *s. f.* divination by wood
xilometria *s. f.* wood cubing
xilométrico *adj.* referring to wood cubing
xílon *s. m.* xylonite; xylon
xilópia *s. f.* ligneous plant
xilopódio *s. m.* BOTÂNICA tuberosity existing in the roots of certain plants which contains a reserve of water
xilosa *s. f.* xylose, wood-sugar
xilose *s. f.* very sweet glycide obtained from wood (or straw)
xilreu *s. m.* triangular-shaped fishing net used in Algarve
ximarrão *s. m.* [Bras.] maté without sugar
ximbaúva *s. f.* variety of acacia
ximbute *s. m.* short and fat person
xingação *s. f.* abuse; chiding, scolding; mockery
xingador *adj.* mocker
xingamento *s. m.* ⇒ **xingação**
xingar *v. tr. e intr.* [Bras.] to chide, to scold, to rail; to mock
xintoísmo *s. m.* Shintoism
xintoísta *s. m. e f.* Shintoist
xipo *s. m.* leather belt from which cloth hangs
xiquexique *s. m.* [Bras.] yellow lupine; variety of cactus
Xiridáceas *s. f. pl.* BOTÂNICA *Xyridaceae*
xistento *adj.* ⇒ **xistoso**
xístico *adj.* related to schist; related to xystus
xisto *s. m.* schist; ***xisto argiloso*** slate clay
xistocarpo Ⓐ *s. m.* BOTÂNICA fruit that opens through a cleavage at its pericarp Ⓑ *adj.* referring to the fruit that opens through a cleavage at its pericarp
xistocristalino *adj.* said of the schistous rock
xistóide *adj.* schistoid
xistosidade *s. f.* schistosity, foliation
xistoso *adj.* schistous, schistose
xistro *s. m.* instrument used by dentists to scrap tartar from the teeth
xistrópodes *s. m. pl.* ZOOLOGIA subdivision of the bird class that includes *Gallinaceous* and *Columbidae*
xivaísmo *s. m.* Sivaism (the worship of Siva)
xivaísta *s. m. e f.* Sivaist
xivaíta *s. m. e f.* ⇒ **xivaísta**
xixi *s. m.* wee, pee, wee-wee; ***fazer xixi*** to wee, to pee, to piddle
xixica *s. f.* [Bras.] tip, gratuity; drink-money
xó! *interj.* an exclamation used to stop beasts
xô! *interj.* shoo! (exclamation for scaring away chickens)
xocar *v. tr.* [pop.] to scare, to scare away (birds)
xodó *s. m.* [Bras.] flirtation
xofrango *s. m.* ZOOLOGIA kind of eaglet, vulture
xotar *v. tr.* ⇒ **xocar**
xrâmane *s. m.* Buddhist ascetic
xucro *adj.* untamed (animal); unbroken (horse); wild
xué *s. m.* kind of toad
xumberga *s. f.* drunkeness
xumbergar-se *v. refl.* [Bras.] to get drunk
xurdir *v. intr.* [pop.] to toil and moil; to be a drudge; to
xurreia *s. f.* mire, quagmire; pigsty
xuxo *s. m.* a kind of Portuguese fish similar to the ray

y, Y *s. m.* twenty-fifth letter of the alphabet, used only in international known symbols and abbreviations; QUÍMICA symbol for yttrium; MATEMÁTICA the second unknown quantity drudge

yanguiano *adj.* referring to the Chinese scientist Chen Ning Yang

Yb QUÍMICA symbol for ytterbium

yeatsiano *adj.* referring to the Irish poet William B. Yeats

yekkeniano *adj.* referring to the Japanese writer Kaibara Yekken

yen *s. m.* yen (standard monetary unit of Japan)

yersiniano *adj.* referring to the French physician Alexandre Yersin

yoga *s. m.* yoga

yorkshiriano *adj.* referring to Yorkshire

younguiano *adj.* referring to Young

yuan *s. m.* yuan (standard monetary unit of the People's Republic of China)

yverdoniano *adj.* referring to the Swiss town of Yverdon

Z

z, Z *s. m.* the twenty-sixth letter of the alphabet; MATEMÁTICA the third unknown quantity
zabumba *s. m.* big drum; a big top hat; [Bras.] thorn apple
zabumbar *v. tr. e intr.* to deafen; to beat a big drum; to stun, to make giddy
zabumbeiro *s. m.* drummer; zabumba player
zaburreira *s. f.* [reg.] muddy ground, mud hole
zaburro *adj.* ***milho zaburro*** a kind of maize or Indian corn; ***zaburro vermelho*** millet, Guinea corn
zaco *s. m.* highest priest among bonze
zacum *s. m.* Arabian plant with stings (pricks) and bitter fruit
zaga *s. f.* South African tree from which wood assagais are made
zagaia *s. f.* assagai, assegai (spear of South African tribes)
zagaiada *s. f.* wound caused by an assagai
zagaiar *v. tr.* to assagai
zagaieiro *s. m.* man armed with an assagai
zagal *s. m.* shepherd
zagalote *s. m.* small bullet, used in a shot-gun
zagorrino *adj.* ⇒ **zagorro**
zagorro *adj.* knavish, fraudulent, villainous
zagucho *adj.* sharp, spirited
zagueiro *s. m.* DESPORTO [Bras.] full back
zagunchada *s. f.* wound caused by an assagai
zagunchar *v. tr.* to wound with a javelin; to taunt; to rebuke
zaguncho *s. m.* javelin, light spear, a kind of assegai, dart
zãibo *adj.* squint-eyed, having a malicious look; awry, crooked
zaino *adj.* darkbrown (horse); knavish; said of a dull black bull
zaire *s. m.* zaire (standard monetary unit of Zaire)
zairense *s. m. e f., adj.* Zairian, Zairese
zamba *s. f.* zamba (Argentinian dance)
zambaio *s. m., adj.* one-eyed, having a single eye; one-eyed person; squint-eyed
zambaneira *s. f.* hussy, pert, wench; a forward woman or girl; woman of doubtful character
zambo *s. m., adj.* zambo, sambo
zamboa *s. f.* a kind of cider; [fig.] stupid, dull person
zamboeira *s. f.* a kind of lemon-tree; citron-tree
zamborrada *s. f.* rain-storm; shower of rain
zambra *s. f.* a kind of Arab dance and music
zambro *adj.* bandy-legged; bow-legged; baker-legged
zambujal *s. m.* plantation of wild olive trees
zambujeiro *s. m.* BOTÂNICA wild olive, oleaster
zambujo *s. m.* BOTÂNICA ⇒ **zambujeiro**
zampar *v. tr. e intr.* to eat greedily, to devour, to cram, to pack up
zanaga Ⓐ *adj.* squint-eyed, evil, spiteful Ⓑ *s. m.* squint-eyed person, cross-eyed
zanga *s. f.* anger, hot displeasure, annoyance, indignation; wratch; quarrel, angry dispute, tiff; misunderstanding, altercation; ***ter uma zanga com alguém*** to have a tiff with someone
zangado *adj.* angry, heated, cross; infuriated, piqued, chafed; indignated, exasperated, annoyed, inflamed, wrathful; out of temper; ***andar zangado com*** to be at variance with; ***estar zangado com*** to be angry with, to be cross with (a person)
zangador Ⓐ *s. m.* annoyer, pesterer Ⓑ *adj.* annoying, making anger
zangalhão *s. m.* ⇒ **zangaralhão**
zangalho *s. m.* ⇒ **zangaralhão**
zangão *s. m.* lazy loafer; idler
zângão *s. m.* ZOOLOGIA drone, male honey-bee, bumble-bee; lazy loafer; idler
zangar Ⓐ *v. tr.* to anger, to irritate, to infuriate, to exasperate, to annoy, to provoke, to incense, to enrage, to excite, to wrath, to make angry Ⓑ *v. refl.* to get angry, to fret; ***fazer zangar*** to annoy, to put out of temper, to make angry
zangaralhão *s. m.* ill-shaped fellow
zangarelha *s. f.* sweep-net; fishing-net, casting net, sweep-seine, dragnet
zangarelho *s. m.* ⇒ **zangarelha**
zangarilhar *v. intr.* to move (to go) backwards and forwards; to move to and fro
zangarilho *s. m.* a person who goes up and down a place
zangarrear *v. intr.* to play the viola monotonously; to sing out of tone; to strum
zangarreio *s. m.* strumming
zanguizarra *s. f.* [pop.] uproar, hubbub; agitation, tumult, strumming, noise made by one who strums
zangurriana *s. f.* musical instrument out of tune; [pop.] spree, drinking bout; drunkenness
zanoio *s. m., adj.* ⇒ **zarolho**
zanolho *s. m., adj.* ⇒ **zarolho**
zântio *s. m.* BOTÂNICA spiny clotbur; burdock
zanza *s. f.* musical instrument from Congo
zanzador *adj.* wandering
zanzar *v. intr.* to wander, to perambulate
zanzibar *s. m.* Bantu language spoken along the eastern coast of Africa
zanzibarita *s. m. e f.* Zanzibari (native of Zanzibar)
zanzo *s. m.* BOTÂNICA queensland hemp
zão-zão *s. m.* ⇒ **zunzum**
zape! *interj.* blow!, smack!, bong!
zarabatana *s. f.* blowpipe, blowtube, peashooter
zarabatanada *s. f.* blowpipe shot, blowgun shot
zaragalhada *s. f.* uproar, turmoil, hubbub, riot, rabble; mob
zaragata *s. f.* uproar, riot, turmoil, hubbub, disorder, bustle, din, disturbance, squabble, confusion
zaragatear *v. intr.* to cause riot, to rouse turmoil
zaragateiro Ⓐ *s. m.* a rowdy person; rioter; bustler, muddler Ⓑ *adj.* rowdy, noisy; turbulent
zaragatoa *s. f.* a little sponge for applying medicaments to the throat or nostrils; swab; medicine applied by means of a swab; BOTÂNICA a sort of plantain
zaragatoadela *s. f.* brushing with a swab to apply a medicine
zaragatoar *v. tr.* to brush with a swab to apply a medicine
zaranza Ⓐ *s. m. e f.* heedless person; scatterbrain, potterer Ⓑ *adj.* impertinent, foolish
zaranzar *v. intr.* to potter about, to loaf, to lounge, to drift, to loiter

zarcão *s. m.* minium; red lead
zarco *adj.* light-blue-eyed; said of the horse with a white speck (or circle) around the eyes
zarelha *s. f.* meddlesome woman, a busybody
zarelhar *v. intr.* to meddle, to interfere officiously; to intrigue; to play tricks
zarelho *s. m.* meddlesome person, busybody; mischief-maker
zargo *adj.* ⇒ **zarco, zarolho**
zargunchada *s. m.* ⇒ **zagunchada**
zargunchar *v. tr.* ⇒ **zagunchar**
zarolho *adj.* squint-eyed, cross-eyed; one-eyed
zarpar *v. tr. e intr.* to weigh anchor, to sail away
zarro *s. m.* NÁUTICA head line; white-eyed duck
zaruca *adj.* ⇒ **zaruco**
zaruco *adj.* imbecile, silly, backward
zarzagitânia *s. f.* cotton fabric formerly worn by Moors
zarzuela *s. f.* Spanish comic opera; Spanish song and dance play
zarzuelista *s. m. e f.* composer of zarzuela
zás! *interj.* bang!, slash!, crash!, pop!
zás-catatrás! *interj.* bang!, slash!, crash!, pop!
zás-trás! *interj.* bang!, slash!, crash!, pop!
zavra *s. f.* small East African ship
zazo *s. m.* Japanese high-priest
zé *s. m.* short for José; workman; simpleton
zê *s. m.* zed, zee, z (letter)
zebo *s. m.* ZOOLOGIA zebu (the humped Indian ox or cow)
zebra Ⓐ *s. f.* ZOOLOGIA zebra Ⓑ *s. m.* [Bras.] stupid person
zebrado Ⓐ *adj.* striped like a zebra Ⓑ *s. m.* stripes like those of a zebra
zebrainho *s. m.* variety of wine producing black grapes
zebral *adj.* ⇒ **zebrado**
zebrar *v. tr.* to stripe like a zebra
zebrino *adj.* ⇒ **zebrado**
zebro *s. m.* holly; wild horse
zebróide *adj.* zebra-like
zebrum *adj.* said of semidark horse
zebruno *adj.* ⇒ **zebrum**
zebu *s. m.* zebu
zécora *s. f.* BOTÂNICA evening-primrose; ZOOLOGIA onager
zé-cuecas *s. m.* useless fellow; simpleton
zé-da-véstia *s. m.* a nobody
zedoária *s. f.* BOTÂNICA zedoary (an aromatic plant); ***zedoária amarela*** cassumunar
zé-dos-anzóis *s. m.* [pop.] any person, Mr. So-and-So, nobody
zé-faz-formas *s. m.* vulgar man, insignificant person
zefir *s. m.* zephyr cloth
zefirino *adj.* referring to zephyr (wind); [fig.] gentle
zéfiro *s. m.* zephyr, west wind, gentle breeze
zelação *s. f.* ⇒ **zelo**
zelador Ⓐ *adj.* watching Ⓑ *s. m.* overseer, inspector; janitor
zeladoria *s. f.* department which deals with surveillance affairs
zelandês *s. m., adj.* Zeelander
zelante *adj.* zealous, acting with zeal
zelar *v. tr. e intr.* to watch over, to keep an observant eye on; to administer, to manage; to treat carefully; to be jealous; to take an interest in
zelo *s. m.* eal, interest, care, ardour, fervour, hearty service; *pl.* jealousy; ***ter zelos*** to be jealous
zelosamente *adv.* zealously, with zeal; with jealousy
zeloso *adj.* zealous, careful, solicitous, watchful; concerned, cautious, attentive; jealous
zelote *adj.* zealotic
zembro *adj.* ⇒ **zambro**
zemiobiose *s. f.* interaction between two organisms which causes the destruction of one of them
zemiodemia *s. f.* interaction between two individuals of a same species which causes damages leading to the destruction of the species
zenda *s. m.* ⇒ **zende**
zende *s. m.* zend
zendicismo *s. m.* religious doctrine of the Zend-Avesta
zendicista *s. m. e f.* ⇒ **zendista**
zendista *s. m. e f.* follower of the religious doctrine of the Zend-Avesta
zé-ninguém *s. m.* a nobody, a no-one
zenital *adj.* zenithal
zénite *s. m.* zenith (the point of the sky directly over head); culminating point; top, apex, vertex
zenónico *adj.* referring to Zeno or to his philosophy
zenonismo *s. m.* doctrine of the Greek philosopher Zeno of Elea who defended that motion and change are illusions in a series of paradoxical elements; stoicism
zenonista Ⓐ *s. m. e f.* follower of *zenonismo* Ⓑ *adj.* referring to zenonismo
zenzém *s. m.* big tree of São Tomé
zeófogo *adj.* feeding on maize
zeolítico *adj.* referring to zeolite
zeólito *s. m.* zeolite
zepelim *s. m.* Zeppelin (large dirigible airship)
zé-pereira *s. m.* player of a big drum; big drum
zé-povinho *s. m.* [fam.] the people, the populace, plebs
zé-quitólis *s. m.* insignificant person, a nobody
zeribanda *s. f.* rebuke, reprimand
zeribando *s. m.* scourge, whip
zero *s. m.* zero (*plural* zeros); the figure 0; cipher, a nought, symbol of nothingness; nil, nothingness; a point on a graduated instrument from which positive and negative quantities are reckoned; insignificant person (or thing); ***zero horas*** zero hour; ***ele é um zero na sociedade*** he is nobody in society; [coloq.] ***ele é um zero à esquerda!*** he's useless; ***abaixo de zero*** below zero, below freezing point; NÁUTICA ***zero hidrográfico*** low water standard
zerovalente *adj.* QUÍMICA having the valency of zero
zerumba *s. f.* Indian drug; ginger
zerumbete *s. m.* zerumbet
zesto *s. m.* zest
zeta *s. m.* zeta
zetacismo *s. m.* sibilance, sibilation
zetética *s. f.* research, investigation, inquiry
zetético *adj.* MATEMÁTICA, FILOSOFIA zetetic
zeugma *s. m.* GRAMÁTICA zeugma, a figure of speech
zeugmático *adj.* zeugmatic
zeugo *s. m.* double flute played by the ancient Greeks
zibelina *s. f.* zibeline, fur of the sable; ZOOLOGIA sable (a kind of weasel valued for its handsome dark glossy fur)
zibeta *s. m.* zibet, civet (Asiatic species)
zichar *v. intr.* to run in spurts; to burst forth
zicho *s. m.* gush, outpouring
zigal *adj.* zygal
zigobrânquio *adj.* ZOOLOGIA zygobranchial
zigocardíaco *adj.* ZOOLOGIA zygocardiac
zigodáctilo *adj.* zygodactylic, zygodactylous
zigodonte *adj.* zygodont
zigófase *s. f.* BIOLOGIA stage in the development cycle of a plant
Zigofiláceas *s. f. pl.* *Zygophyllaceae*
zigofiláceo *adj.* zygophyllaceous
zigoma *s. m.* zygoma (*plural* zygomata), malar bone
zigomático *adj.* zygomatic, jugal
zigomicetes *s. m. pl.* BOTÂNICA zygomycete
zigomorfo *adj.* BOTÂNICA zygomorfic
zigonema *s. m.* a chromosome

zigose *s. f.* BIOLOGIA zygosis, conjugation, reproduction
zigospório *s. m.* BOTÂNICA zygospore
zigoto *s. m.* zygote
ziguezague *s. m.* zigzag, sinuosity; winding; ***fazer ziguezagues*** to zigzag, to move in a zigzag course, to reel about, to meander; ***cercado de ziguezague*** worm-fence, snake fence
ziguezagueante *adj.* zigzagging
ziguezaguear *v. intr.* to zigzag, to reel about; to meander
ziguezigue *s. m.* children's toy; cicada; mischievous child
zilro *s. m.* ORNITOLOGIA swift
zima *s. f.* mania; whim, fancy
zímase *s. f.* zymase, enzime
zimbo *s. m.* univalve shell used as money in Congo
zimbório *s. m.* dome, cupola
zimbrada *s. f.* lashing, flogging, rocking
zimbral *s. m.* plantation of juniper trees
zimbrar *v. tr. e intr.* to strike, to lash, to flog, to beat; to pitch (a ship); to refine the sound of drum
zimbreiral *s. m.* ⇒ **zimbral**
zimbreiro *s. m.* BOTÂNICA juniper tree
zimbro *s. m.* BOTÂNICA juniper, juniper tree
zimeose *s. f.* vine-disease
zímico *adj.* zymotic
zimodiagnóstico *s. m.* MEDICINA diagnosis upon the nature of leucocytes in pus or in a effusion
zimogenia *s. f.* BOTÂNICA, QUÍMICA growth of ferments; zymogenesis
zimogénico *adj.* zymogenic, zymogenetic
zimologia *s. f.* zymology
zimose *s. f.* zymolisis; MEDICINA zymosis
zimosimetria *s. f.* process used to evaluate the degree of liquid fermentation
zimosimétrico *adj.* referring to the process of evaluating the degree of liquid fermentation
zimosímetro *s. m.* instrument used to determine the degree of fermentation of a liquid
zimotecnia *s. f.* zymotechnics
zimotécnico *adj.* zymotechnical
zimoterapia *s. f.* use of ferments to treat diseases
zimótico *adj.* zymotic
zina *s. f.* apogee, apex, culmination, top; mamilla, nipple, teat
zincado *adj.* zinic
zincagem *s. f.* zinc-covering; zinc coating, galvanization
zincar *v. tr.* to coat with zinc
zíncico *adj.* zincic, zincous
zincífero *adj.* producing zinc
zinco *s. m.* zinc (bluish-white metal); ***cobrir de zinco*** to lay with zinc; ***protector de zinco*** zinc protector
zincografar *v. tr.* to zincograph, to produce pictures by zincographic process; to print, to produce (design, picture) from a zincograph
zincografia *s. f.* zincography
zincográfico *adj.* zincographic, zincographical
zincógrafo *s. m.* zincographer
zincogravador *s. m.* ⇒ **zincógrafo**
zincogravar *v. tr.* to zincograph
zincogravura *s. f.* zincograph (an impression from a zinc plate), zincography
zineta *adj.* tipsy; partly intoxicated
zinga *s. f.* [Bras.] pole to push boats in some rivers
zingamocho *s. m.* weathercock; weather vane; pinnacle, top, summit
zingar *v. intr.* to work a pole in pushing a boat
zingarear *v. intr.* to rove, to wander, to roam; to live a gipsy's life
zíngaro *s. m.* gipsy; zingaro
Zingiberáceas *s. f. pl.* *Zingiberaceae*
zingiberáceo *adj.* zingiberaceous
zingração *s. f.* mockery, scoffing, derision, jesting
zingrar *v. tr. e intr.* to mock, to scoff, to deride; to jest; to dupe
zinho Ⓐ *s. m.* [Bras.] guy, fellow Ⓑ *suf.* meaning diminution
zínia *s. f.* BOTÂNICA zinnia
zinideira *s. f.* a bull-roarer
zinir *v. intr.* to hum, to whir (whirr); to buzz, to whiz (whizz)
zinzilular *v. intr.* to chirp, to chirrup, to cheep; to twitter
zip *s. m.* zip, zipper
zirbo *s. m.* ANATOMIA epiploon, omentum
zircão *s. m.* zircon
zircónico Ⓐ *adj.* zirconic Ⓑ *s. m.* zirconium
zirro *s. m.* ORNITOLOGIA swift
zito *s. m.* a kind of beer manufactured by ancient Egyptians
zizânia *s. f.* BOTÂNICA zizania
ziziar *v. intr.* to chirp, to chirr; to whiz; to shrill
zlóti *s. m.* zloty (standard monetary unit of Poland)
zoada *s. f.* hum; loud sound, buzz
zoadeira *s. f.* loud noise
zoantários *s. m. pl.* ZOOLOGIA zoantharians
zoante *adj.* whizzing, humming; FONÉTICA voiced
zoantropia *s. f.* PATOLOGIA zoanthropy
zoantrópico *adj.* zoanthropic
zoantropo *s. m.* patient suffering from zoanthropy
zoar *v. intr.* to sound, to hum, to buzz
zodiacal *adj.* zodiacal
zodíaco *s. m.* zodiac
zoécia *s. f.* zooecium
zoeira *s. f.* hum; [Bras.] tumult, quarrel
zoga *s. f.* [reg.] heather stick; spinning-top
zogada *s. f.* blow with a heather-stick
zoiatra *s. m.* veterinarian
zoiatria *s. f.* veterinary
zoiatro *s. m.* ⇒ **zoiatra**
zoiatrologia *s. f.* treatise on veterinary science
zoiatrologista *s. m. e f.* one versed in veterinary; veterinarian
zóico *adj.* related to animal life
zóide Ⓐ *s. m.* zooidal Ⓑ *adj.* resembling animals
zoidiofilia *s. f.* sexual reproduction with the intervention of spermatozoids
zoidiogamia *s. f.* sexual reproduction with the intervention of spermatozoids
zoidiógano *adj.* zoophilous
zoilo *s. m.* zoilus
zoina Ⓐ *adj.* hare-brained Ⓑ *s. m.* giddy, dizzy; hare-brained fellow Ⓒ *s. f.* prostitute
zoísmo *s. m.* zoism
zombador *s. m., adj.* jester, mocker; mocking, scoffing
zombar *v. intr.* to mock, to jest, to scoff, to jeer at, to drive, to chaff, to banter
zombaria *s. f.* mockery, derision, scoffing, jeering, bantering
zombetear *v. intr.* ⇒ **zombar**
zombeteiro *s. m., adj.* mocking; mocker, jester
zona *s. f.* zone, belt, band, stripe, area; one of the five regions into which the surface of the world is divided by imaginary lines parallel to the equator; MEDICINA shingles, herpes, zoster, painful skin disease; ***zona geográfica*** belt; ***zona de aterragem*** landing area; ***zona neutral*** neutral zone; ***zona abastecida*** area of supply; ***zona interdita*** prohibited zone; ***zona de calmas*** calm belt; ***zonas das calmas tropicais*** horse latitudes; ***zona temperada*** temperate zone; ***zona frígida*** frigid zone; ***zona tórrida*** torrid zone
zonada *s. f.* fodder, feed, forage
zonado *adj.* zoned, marked
zonal *adj.* zonal

zonar *v. tr. e intr.* to zone; to divide into zones; to establish as a zone
zonária *adj.* said of the placenta of some mammals
zonchadura *s. f.* pumping
zonchar *v. intr.* to pump
zoncho *s. m.* pump handle
zondálio *s. m.* Mongol
zonzar *v. intr.* to make giddy; to be stunned
zonzear *v. intr.* ⇒ **zonzar**
zonzeira *s. f.* [Bras.] dizziness, giddiness
zonzo *adj.* dizzy, giddy
zoobia *s. f.* animal life
zoóbio *adj.* entozoan, entozoic
zoobiologia *s. f.* zoology, the biology of animals
zoobiótico *adj.* ⇒ **zoóbio**
zoocorografia *s. f.* description of animals of a particular region
zoocultura *s. f.* zooculture
zoodinâmica *s. f.* zoodynamics
zooelectricidade *s. f.* zooelectricity
zooética *s. f.* the science of animal habits
zoofagia *s. f.* quality of the zoophaga
zoófago Ⓐ *adj.* zoophagous (eating other animals) Ⓑ *s. m.* zoophagan
zoofilia *s. f.* zoophily; love of animals
zoófilo *s. m., adj.* zoophilist (a lover of animals); fond of animals
zoofilogia *s. f.* scientific study of zoophites
zoofitário *adj.* zoophytoid
zoofítico *adj.* zoophytic(al)
zoófito *s. m.* zoophyte
zoofitografia *s. f.* zoophyte description
zoofitógrafo *s. m.* person dedicated to zoophyte description
zoofitólogo *s. m.* naturalist versed on the scientific study of zoophytes
zoofobia *s. f.* zoophobia
zoófobo *s. m.* zoophobus
zoóforo *s. m.* ARQUITECTURA zoophorus, zophorus
zoogâmeta *s. m.* zoogamete
zoogamia *s. f.* ⇒ **zoidiofilia**
zoógamo *adj.* connected with sexual reproduction
zoogenia *s. f.* formation of animals, or animal organs; viviparism
zoogénico *adj.* zoogenic
zoogénio *s. m.* viscous substance existing in some mineral waters
zoogeografia *s. f.* zoogeography (science of geographical distribution of animals)
zoogonia *s. f.* zoogony
zoógono *adj.* zoogonous
zoografar *v. tr.* to describe or draw animals
zoografia *s. f.* zoography (descriptive zoology)
zoográfico *adj.* zoographic, zoographical
zoógrafo *s. m.* zoographer
zoóide *s. m., adj.* zooid, resembling or having the nature of an animal; an animal in one of its inferior stages of development
zoólatra Ⓐ *adj.* zoolatrous Ⓑ *s. m. e f.* zoolater, one who worships animals
zoolatria *s. f.* zoolatry (worship of animals), zootheism
zoolítico *adj.* referring to zoolites
zoólito *s. m.* zoolite (a fossil animal)
zoologia *s. f.* zoology
zoológico *adj.* zoological; ***Jardim Zoológico*** Zoological Garden, [coloq.] Zoo
zoologista *s. m. e f.* ⇒ **zoólogo**
zoólogo *s. m.* zoologist
zoomagnético *adj.* zoomagnetic
zoomagnetismo *s. m.* zoomagnetism (animal magnetism)
zoomania *s. f.* excessive love for animals
zoomaníaco Ⓐ *adj.* suffering from an excessive love for animals Ⓑ *s. m.* person who suffers from an excessive love for animals
zoómano *s. m.* ⇒ **zoomaníaco**
zoomorfia *s. f.* part of zoology dealing with animal drawing (forms)
zoomórfico *adj.* zoomorphic
zoomorfismo *s. m.* zoomorphism
zoomorfo *adj.* ⇒ **zoomórfico**
zoomorfologia *s. f.* ⇒ **zoomorfismo**
zoomorfose *s. f.* animal transformation; metamorphosis
zoonímia *s. f.* zoological names
zoonito *s. m.* BIOLOGIA zoonite
zoonomia *s. f.* zoonomy (the established laws for explaining the origin and development of animal organisms)
zoonómico *adj.* referring to zoonomy
zoonomista *s. m.* specialist on zoonomy
zoonose *s. f.* zoonosis
zoonosologia *s. f.* ⇒ **zoopatologia**
zoonosológico *adj.* ⇒ **zoopatológico**
zoopatologia *s. f.* zoopathology
zoopatológico *adj.* zoopathological
zoopedia *s. f.* art of taming and teaching animals
zooplâncton *s. m.* BIOLOGIA zooplankton
zooplasma *s. m.* protoplasm of animal cells
zooplastia *s. f.* zooplasty
zoopsia *s. f.* MEDICINA hallucinatory state consisting in the alleged seeing of animals
zooquímica *s. f.* zoochemistry
zooscopia *s. f.* zooscopy
zooscópico *adj.* zooscopic
zoosperma *s. m.* BIOLOGIA zoosperm, spermatozoon
zoospermia *s. f.* presence of live spermatozoa in the sperm
zootaxia *s. f.* zootaxy (zoological classification)
zootáxico *adj.* zootaxic(al)
zooteca *s. f.* zootheca
zootecnia *s. f.* zootechny
zootécnico *adj.* zootechnic
zooterapêutica *s. f.* zootherapeutics
zooterapia *s. f.* zootherapy, veterinary
zooterápico *adj.* zootherapeutic, veterinary
zootomia *s. f.* zootomy (dissection or anatomy of animals)
zootómico *adj.* zootomic(al)
zootomista *s. m. e f.* zootomist
zootrofia *s. f.* animal nutrition
zootrófico *adj.* referring to animal nutrition
zootrópio *s. m.* zootrope
zopeiro *adj.* crippled, lame; doddering; fat
zopo *s. m., adj.* lame; sluggish; idle fellow, clumsy person, lazy person
zorate Ⓐ *adj.* crazy, insane Ⓑ *s. m.* crazy person
zorato Ⓐ *adj., s. m.* ⇒ **zorate**
zorilha *s. f.* ZOOLOGIA zoril, zorille, zorillo, polecat
zornão *adj.* braying; woman chaser
zornar *v. tr.* to bray
zoroástrico *adj.* Zoroastrian
zoroastrismo *s. m.* Zoroastrianism
zorra *s. f.* a low truck (or trolley); an old fox; a very slow person; ***zorra eléctrica*** electric trolley, works runabout
zorragar *v. tr.* ⇒ **azorragar**
zorrague *s. m.* scourge, whip
zorrão *s. m.* [pop.] sluggish person; lazybones
zorreiro *adj.* slow, tardy, lazybones
zorrilho *s. m.* zoril, zorille, zorrillo (African animal allied to the skunk)
zorro *s. m.* zorro
zoster *s. m.* zoster; shingles

zostera *s. f.* zostera, grasswrack
zote Ⓐ *s. m. e f.* idiot, simpleton Ⓑ *adj.* silly
zotismo *s. m.* silliness, stupidity
zoupeiro *s. m., adj.* clumsy; shy; a sluggard, sluggish person
zoupo *s. m.* lame man, totterer
zouvineiro *s. m.* intriguer, mischief-maker
zovo *s. m.* hippopotamus, river-horse
zuarte *s. m.* nankeen, denim
zuavo *s. m.* zouave
zuca *s. m. e f.* ⌈pop.⌋ crazy person
zucar *v. tr.* to beat, to strike, to thrash
zuído *s. m.* buzzing, hum
zuidoiro *s. m.* ⇒ **zuidouro**
zuidouro *s. m.* continuous buzzing
zuinglianismo *s. m.* Zwinglianism
zuingliano *s. m.* Zwinglian, Zwinglianist
zuir *v. intr.* to buzz, to hum, to whiz (whizz)
zula *s. m.* ⇒ **zulo**
zulo *s. m.* Zulu
zumba! *interj.* crash!, bang!
zumbaia *s. f.* profound reverence
zumbaiar *v. tr.* to bow, to make a low bow; to bow and scrape; to flatter
zumbaieiro *s. m.* flatterer, toady
zumbar *v. intr.* to buzz; to strike, to beat
zumbido *s. m.* buzzing, hum, humming; whispering; tingling; buzzing noise; ***o zumbidos das abelhas*** the hum of bees; ***sinto um zumbido nos ouvidos*** I've got a buzzing in my ears
zumbidor *adj.* buzzing, humming; whirring
zumbir *v. intr.* to buzz, to hum, to whir; to whiz (whizz); to drone, to murmur; to zoom
zumbir-se *v. refl.* to bow down; to humiliate oneself
zumbo *s. m.* buzz, buzzing, confused noise, drone
zuna *s. f.* ⌈reg.⌋ ⇒ **zinideira**
zunideira *s. f.* continuous whizz; buzzing sound; toy which produces a buzzing sound; stone with which goldsmiths polish gold
zunido *s. m.* whiz, whizzing; buzzing; whistling; hum; tingling; whirring; ***o zunido da bala no ar*** the whizzing of the bullet through the air
zunidor *adj.* humming, buzzing, whizzing, whistling
zunir *v. intr.* to whiz, to buzz; to hiss, to whistle; to hum; to tingle; to whir(r); to rustle; to zoom
zunzum *s. m.* rumour, report, hum
zunzunar *v. intr.* to hum; to whiz(z); to be rumoured
zupa! *interj.* crash!, bang!, whang!
zupar *v. tr. e intr.* to strike, to drub; to thrash; to butt
zurbada *s. f.* blow, stroke; push; shower
zurrada *s. f.* braying; the braying of many asses
zurrador *s. m., adj.* braying; brayer
zurrapa *s. f.* sorry wine; wash, thin or weak liquor
zurrar *v. intr.* to bray
zurraria *s. f.* the braying of several asses
zurro *s. m.* bray, braying (the harsh cry of an ass)
zurza *s. f.* thrashing, beating
zurzidela *s. f.* thrashing, cudgelling, drubbing, spanking
zurzidor Ⓐ *adj.* thrashing Ⓑ *s. m.* one who beats or spanks
zurzir *v. tr.* to thrash, to drub, to beat, to cudgel, to whip, to flog; to upbraid fiercely; to criticize harshly
zus! *interj.* go on!, courage!